Estudios de Dogmática Reformada

⸆

Una Nueva Teología Sistemática de la Fe Cristiana

Dr. Robert L. Reymond

McAllen, Texas
www.editorialdoulos.com

Editorial Doulos
2024 N 10th St
McAllen, Texas 78501
www.editorialdoulos.com
editor@editorialdoulos.com

Publicado originalmente con el título *A New Systematic Theology of the Christian Faith,* Second Edition, por Thomas Nelson Publishers, Nashville, Tennessee. Published by arrangement with The Zondervan Corporation L.L.C, a division of HarperCollins Christian Publishing, Inc.

Equipo de Traducción:
Martín Bobadilla
Manuel Bento Falcón
Glenn Martínez

Equipo de Revisión:
Rev. Valentín Alpuche
Francisco Campos
Juan Flavio de Sousa
Jorge de Sousa

Portada: *Angel sonando trompeta* por Adrian Van de Venne, 1643.

Copyright © 2023 Editorial Doulos para la versión en español
Todos los derechos reservados.
ISBN: 978-1-953911-20-9

UNA DEDICATORIA ESPECIAL

Para Shirley, mi compañera de vida,
quien a diario trae el gozo y el orden de la música a mi vida.

CONTENIDO

Capítulo		Página
	Prefacio a la Primera Edición	i
	Prefacio a la Segunda Edición	iv
	Introducción	v
	Primera Parte – Una Palabra de Otro Mundo	1
1	*El Hecho de la Revelación Divina*	2
2	*La Naturaleza Inspirada de las Sagradas Escrituras*	16
3	*Los Atributos de las Sagradas Escrituras*	36
4	*La Naturaleza de la Verdad Bíblica*	62
5	*La Biblia como el ποῦ στῶ para el Conocimiento y el Significado Personal*	73
	Segunda Parte – Dios y el Hombre	85
6	*Introducción a la Doctrina de Dios*	86
7	*Los Nombres y la Naturaleza de Dios*	102
8	*Dios como Trinidad*	139
9	*La Trinidad en los Credos*	218
10	*El Decreto Eterno de Dios*	235
11	*La Obra de Dios en la Creación y en la Providencia*	263
12	*El Punto de Vista Bíblico del Hombre*	286
	Tercera Parte – Nuestra "Salvación tan Grande"	318
13	*El Plan Eterno de Dios de la Salvación*	319

14	*La Unidad del Pacto de la Gracia*	349
15	*El Cristo Sobrenatural de la Historia*	379
16	*El Cristo de los Primeros Concilios*	406
17	*El Carácter de la Obra de Cristo en la Cruz*	434
18	*El Designio Divino tras la Obra de Cristo en la Cruz*	467
19	*La Aplicación de los Beneficios de la Obra de Cristo en la Cruz*	490
	Cuarta Parte – La Iglesia	560
20	*La Naturaleza y el Fundamento de la Iglesia*	561
21	*Los Atributos y las Marcas de la Iglesia*	583
22	*La Autoridad y los Deberes de la Iglesia*	599
23	*El Gobierno de la Iglesia*	623
24	*Los Medios de Gracia en la Iglesia*	634
	Quinta Parte – Las Ultimas Cosas	678
25	*La Escatología Bíblica*	679
26	*Tendencias en la Escatología Evangélica Contemporánea*	740
	Apéndices	
A	*Dos Cristologías Modernas*	758
B	*Los Antilegómena del Nuevo Testamento*	763
C	*La Historicidad de la Conversión de Pablo*	768
D	*El Punto de vista de la satisfacción de Anselmo respecto a la expiación*	772
E	*Los Cinco Puntos del Calvinismo*	773
F	*¿A quién representa el hombre en Romanos 7:14-25?*	774

Bibliografía Teológica General Seleccionada   779

Acerca del Autor   785

Bosquejo Analítico

Introducción
- Justificación de la teología como disciplina intelectual
- El propio método teológico de Cristo
- El mandato de Cristo a su Iglesia de discipular y enseñar
- El modelo apostólico
- La actividad de la Iglesia en el Nuevo Testamento
- La divina inspiración y autoridad de la Sagrada Escritura
- La tarea teológica
  - Aspectos generales de la tarea teológica
  - Aspectos específicos de la tarea teológica reformada

Primera Parte – *Una Palabra de Otro Mundo*

El Hecho de la Revelación Divina
- El proceso revelacional
  - Evidencia del Antiguo Testamento
  - Evidencia del Nuevo Testamento
- La objeción Neo-ortodoxa
- La objeción de la filosofía del lenguaje

La Naturaleza Inspirada de las Sagradas Escrituras
- Lo revelacional del mensaje de la Biblia
  - Evidencia del Antiguo Testamento
    - Éxodo 4:10-16; 7:1-4
    - Números 12:6-8
    - Deuteronomio 18:14-21
    - Habacuc 2:2-3
    - Jeremías 1:4-10
    - Jeremías 36
  - Evidencia del Nuevo Testamento
    - Gálatas 1:11-2:21
    - 1 Tesalonicenses 2:13
    - 1 Corintios 2:6-13
    - 2 Pedro 3:15-16
    - 2 Timoteo 3:16
    - 1 Pedro 1:10-12
- El carácter inspirado de la Biblia
  - La autentificación que Cristo hace de la Escritura
  - La identificación que los autores del NT hacen de la Escritura con la Palabra de Dios
  - Implicaciones hermenéuticas

Los Atributos de las Sagradas Escrituras
- La necesidad de la Biblia
- La inspiración de la Biblia
  - La formación y cierre del canon de la iglesia
  - Infalibilidad bíblica
- La autoridad de la Biblia
  - La auto-autentificación de la Biblia

La suficiencia de la Biblia
La perspicuidad de la Biblia
   El carácter determinante de la Biblia

La Naturaleza de la Verdad Bíblica
La naturaleza de las afirmaciones de la Biblia sobre Dios y nuestro conocimiento resultante de Dios
La paradoja como una categoría hermenéutica

La Biblia como el ΠΟΥ ΣΤΩ para el Conocimiento y el Significado Personal
La justificación del conocimiento
La justificación del significado personal del hombre

Segunda Parte – *Dios y el Hombre*

Introducción a la Doctrina de Dios
El único Dios verdadero
Por qué creo en el Dios de la Biblia
   El argumento ontológico
   Los argumentos empíricos

Los Nombres y la Naturaleza de Dios
Los títulos y nombres significativos de Dios
   Dios (אֵל, *ʾēl*)
   Dios (אֱלוֹהַּ, *ʾelôah*)
   Dios (אֱלֹהִים, *ʾelōhîm*)
   Dios Altísimo (אֵל עֶלְיוֹן, *ʾēl ʿelyôn*)
   Señor, Amo (אָדוֹן, *ʾāḏôn*)
   Dios Omnipotente/Todo suficiente (אֵל שַׁדַּי, *ʾēl šadday*)
   Yahweh (יהוה, *yhwh*)
   Yahweh de los ejércitos (יהוה צְבָאוֹת, *yhwh ṣᵉḇāʾôṯ*)
   El Nombre (שֵׁם, *šēm*)
   Dios (Θεός, *theos*)
   Señor (Κύριος, *kyrios*)
La naturaleza de Dios
   La relación entre la naturaleza de Dios y Dios mismo
   Clasificaciones de los atributos
   Análisis de la definición del Catecismo Menor
      Excurso sobre la gloria de Dios
   Dios es Espíritu
   Infinito, eterno e inmutable en su ser
      Infinito en su ser
      Eterno en su ser
      Inmutable en su ser
   Infinito, eterno e inmutable en su sabiduría
   Infinito, eterno e inmutable en su poder
   Infinito, eterno e inmutable en su santidad
   Infinito, eterno e inmutable en su justicia
   Infinito, eterno e inmutable en su bondad
   Infinito, eterno e inmutable en su verdad

Dios como Trinidad
    El fundamento revelacional de la doctrina
    La naturaleza histórica de su revelación
    La Deidad del Hijo
        Las predicciones del AT de un Mesías Divino
        El autotestimonio de Jesús sobre su Deidad
            El título Hijo del Hombre
            El título Hijo (de Dios)
        Los cuatro grandes paralelos
            La parábola de los labradores malvados
            El hijo ignorante
        El "Hijo" del Nombre Trino
            El Hijo Divino
    La unidad del Hijo y del Padre
    La Preexistencia eterna del Hijo
    Hechos de Jesús
        Perdón de pecados
        Escuchar y responder oraciones
        Recibir adoración y alabanza de los hombres
        El objeto de la fe de los hombres
    Los atributos divinos de Jesús
        Soberanía y omnipotencia
        Omnipresencia
        Omnisciencia
    La enseñanza de Jesús
        Su exposición autoritativa de la Ley
        Su percepción de su relación con el Reino de Dios
        Su referencia a otras Dos Personas y su empleo de verbos en plural
    La Cristología de Pablo
        Las frases "entre paréntesis"
        Las cláusulas "entre paréntesis"
            Romanos 9:5
            Tito 2:13
            Colosenses 1:15-20
            Colosenses 2:9
            Filipenses 2:6-11
            1 Timoteo 1:15
            1 Timoteo 3:16
    Los testigos no paulinos del Nuevo Testamento
        La Cristología de Santiago
        La Cristología de Hebreos
        La Cristología de Pedro
            Declaraciones de Pedro en los Evangelios
            El testimonio de Pedro acerca de Jesús en su sermón de Pentecostés
                El marco contextual de Pentecostés
                El significado de Pentecostés
                Implicaciones de Pentecostés para la naturaleza de Cristo
            El testimonio epistolar de Pedro acerca de Jesús
                1 de Pedro
                2 de Pedro
        La Cristología de los autores sinópticos
            La Cristología de Marcos

    La Cristología de Mateo
    La Cristología de Lucas
   La Cristología de Judas
   La Cristología de Juan
    La Cristología del Evangelio de Juan
    La Cristología epistolar de Juan
    La Cristología de Juan en el Apocalipsis
   Pasajes de Yahvé del AT aplicados a Jesús
   Un Resumen de Θεός, *Theos*, como título Cristológico
  La Deidad y la subsistencia personal del Espíritu Santo

La Trinidad en los Credos
  Análisis del Credo Niceno y su Cristología
   Sus afirmaciones principales
  Tres cuestiones
   El significado de "persona"
   La relación de los Tres al Uno
   La generación eterna del Hijo por el Padre
    El significado antiguo y medieval
    La cualificación de la Reforma
    Opinión reformada más reciente
     Charles Hodge
     Benjamin B. Warfield
     John Murray
  Análisis de la pneumatología del Credo Niceno-Constantinopolitano
  Dos precauciones para concluir

El Decreto Eterno de Dios
  El debate sobre la soberanía divina y la libertad humana
   La tesis de Pinnock
   La propuesta de Pinnock
    Análisis de la propuesta de Pinnock
     Fracaso al resolver el problema
     Una norma defectuosa para la construcción teológica
  La perspectiva bíblica
   Ilustraciones del AT
   Ilustraciones del NT
  Por qué Dios no es el autor del pecado ni causa imputable del mismo
  Una teodicea bíblica
  Una crítica de los errores específicos de Pinnock
   La creación y caída de Adán
   La degeneración acumulativa del hombre
   La gracia contractiva de Dios

La Obra de Dios en la Creación y en la Providencia
  La obra de Creación de Dios
   La integridad histórica de Génesis 1-11
   ¿Creació *ex nihilo*?
    La Nueva Versión Judía
    La Anchor Bible Génesis
    La razón cultural
    La razón gramatical

       Los días de la Creación
       La edad del universo
       El propósito del universo creado
   Las obras de la providencia de Dios
       Sus obras ordinarias de providencia
       Sus obras especiales de providencia
   El pacto de obras
   El pacto de gracia y "Heilgeschichte"
   El proceso revelador de los milagros
       El proceso revelador
       Milagros que autentifican

El Punto de Vista Bíblico del Hombre
   El Hombre como criatura pactual de Dios
       Los elementos constituyentes de la naturaleza humana
           Monismo ("hombre completo")
           Tricotomía
           Dicotomía
           El origen del alma
   El Hombre como la Imago Dei
       Los datos bíblicos y su significado sintáctico
       La naturaleza de la imagen
           La naturaleza del pacto de Génesis 2
           La característica representativa del pacto de obras
               El punto de vista agnóstico
               El punto de vista realista
               El punto de vista federal (imputación inmediata)
               El punto de vista de la "nueva escuela" (imputación mediata)
       La normatividad continua del pacto
   El Hombre quebranta el pacto
       La naturaleza de la caída
       Seis efectos de la caída
       El estado del hombre caído
           Depravación total
           Incapacidad total
           Culpa verdadera

Tercera Parte – *Nuestra "Salvación tan Grande"*

El Plan Eterno de Dios de la Salvación
   El Hecho y elementos centrales del eterno plan de Dios
       El propósito eterno de Dios
       La obra de la cruz de Cristo en el plan
       La presciencia de Dios y la predestinación de los elegidos en el plan
       La elección de los hombres en el plan
   La Naturaleza del plan eterno de Dios
       ¿Quién salva a los hombres?
       ¿Cómo salva Dios a los hombres?
       ¿En quién realiza Dios la obra de salvación?
       ¿Por quién hizo Cristo su obra en la cruz?
           El esquema amiraldiano
       El principio que gobierna el orden de los decretos

        Infralapsarianismo: el principio histórico
        Supralapsarianismo: el principio teológico
        La primacía del principio particulizador
        Consideración de dos objeciones exegéticas
        El principio de propósito que gobierna la mente racional
    Consideración de cuatro objeciones teológicas

La Unidad del Pacto de la Gracia
    Cinco argumentos para la unidad del Pacto
    Un Descargo de responsabilidad y una respuesta
        Crítica del fundamento bíblico de los dispensacionalistas
        Dos consecuencias trágicas
            La Justificación inconsciente del dispensacionalismo de la crucifixión
            La Sugerencia implícita del dispensacionalismo de que la cruz no era absolumente imprescindible para la salvación del pecador

El Cristo Sobrenatural de la Historia
    La Historicidad de la concepción virginal de Jesús
        Los datos bíblicos
        El testimonio de la iglesia
        El propósito de la concepción virginal
    La Historicidad de los milagros de Jesús
        Los datos bíblicos
        Respuestas críticas
        Respuestas evangélicas
        Su significado
            Juan 5:36
            Juan 10:24-25, 37-38
            Juan 14:11
            Mateo 11:4-5; Lucas 7:22
            Mateo 9:1-8; Marcos 2:1-12; Lucas 5:17-26
    La Historicidad de la transfiguración de Jesús
        Su trasfondo
        Su historicidad
        La "metamorfosis" en sí
        La voz desde la nube
        La pregunta de los discípulos
    La Historicidad de la resurrección de Jesús
        El primer hilo de evidencia: la tumba vacía
            La teoría del cuerpo robado
            La teoría del desmayo
        El segundo hilo de evidencia: las apariciones de Jesús después de la crucifixión
        Puntos de vistas críticos a consideración
    La Historicidad de la ascensión de Jesús
        Los datos bíblicos
        Su significado

El Cristo de los Primeros Concilios
    Los padres apostólicos
    Los apologistas
    Los padres antignósticos
    Orígenes de Alejandría

Monarquianismo
La controversa arriana y el Concilio de Nicea
Apolinarismo y el Concilio de Constantinopla
Nestorianismo y el Concilio de Efeso
Eutiquianismo y el Concilio de Calcedonia
    Análisis de la Definición de Calcedonia y su cristología
    Separaciones de la Definición

El Carácter de la Obra de Cristo en la Cruz
El Cuerpo de Cristo
La Sangre de Cristo
La Cruz de Cristo
La Muerte de Cristo
La Obediencia de Cristo en la totalidad de su vida
    Los datos bíblicos
    El carácter de su obediencia
    El propósito de su obediencia
        La Obra de la Cruz de Cristo como una obra obediente de sacrificio (presuposición: pecado y culpa humanos)
            Su obra como Sumo Sacerdote
            Su obra como Cordero de Dios
            Su obra como un sacrificio
            Su obra como ofrenda
            La importancia de su muerte como sacrificio
        La Obra obediente de la cruz de propiciación de Cristo (presuposición: la ira divina)
            ¿Expiación o propiciación?
            La referencia hacia a Dios en la propiciación
        La Obra de reconciliación de la cruz obediente de Cristo (presuposición: la alienación divina)
            ¿Distanciamiento de Dios o del hombre?
            Romanos 5:10-11
            2 Corintios 5:17-21
            Efesios 2:14-17
            Colosenses 1:19-22
            ¿Pagano o cristiano?
        La obra de redención obediente de la cruz de Cristo (presuposición: esclavitud o servidumbre)
            ¿Liberación por poder o redención por precio?
            El testimonio de Jesús
            El testimonio de Pedro
            El testimonio de Juan
            El testimonio del autor de Hebreos
            El testimonio de Pablo
            La referencia hacia a Dios de la redención
            Las referencias hacia el de la redención
        La obra de destrucción de la cruz obediente de Cristo (presuposición: un reino del mal)
            Los nombres y títulos de Satanás
            Acciones de Satanás
            Aspectos-poderes del Reino de las Tinieblas
            La actividad triunfante de Cristo sobre Satanás
                1 Juan 3:8c
                Mateo 12:20; Lucas 11:21-22

    Juan 12:31
    Juan 16:11
    1 Corintios 15:24-26
    Colosenses 2:13c-15
    Hebreos 2:14-15
   Resumen de las categorías bíblicas de la obra de cruz de Cristo
   La absoluta necesidad de la obra de cruz de Cristo
   La perfección de la obra de la cruz de Cristo

El Designio Divino tras la Obra de Cristo en la Cruz
  Diez líneas de evidencia para la doctrina de la redención particular
   El vocabulario particularista de la Escritura
   El amor redentor de Dios no incluye a los ángeles caídos
   La condición irreversible de los hombres caídos que ya estaban en el infierno cuando Cristo murió
   El número limitado de personas que, por disposición divina, escucha el Evangelio
   El servicio como Sumo Sacerdote de Jesús restringido solamente a los escogidos
   La voluntad y obra salvífica particular del Padre
   La muerte al pecado y la resurrección a una vida nueva de todos aquellos por quienes Cristo murió
   La implicación de la particularidad del don de fe, que es una bendición "adquirida", para la obra de la cruz de Cristo, que es acto que la "procura"
   La eficacia intrínseca de la obra de Cristo en la cruz es necesariamente exclusivista
   Una expiación de alto valor necesariamente excluye una de extensión universal
    Exposición de los pasajes supuestamente universalistas
     Los pasajes del "todo"
      Mateo 10:22
      Hechos 26:4
      1 Corintios 15:27
      Joel 2:28; Hechos 2:17
      1 Timoteo 6:10
      Juan 12:32
      Romanos 3:22-24
      Romanos 5:18b
      Romanos 8:32
      Romanos 11:32
      2 Corintios 5:14-15
      1 Timoteo 2:5-6
      Tito 2:11
      Hebreos 2:9
      2 Pedro 3:9
     Los pasajes acerca del "mundo"
      Juan 3:16
      1 Juan 2:2
      2 Corintios 5:19
     Los pasajes acerca de que los "cristianos pueden perecer"
      Romanos 15:15b; 1 Corintios 8:11
      2 Pedro 2:1

La Aplicación de los Beneficios de la Obra de Cristo en la Cruz
  Garantia escritural para los aspectos y el orden de aplicación
   La estructura del Ordo en Romanos 8:29-30

- Llamamiento eficaz, justificación y glorificación
- La posición de arrepentimiento para vida en el marco estructural
- La posición de la fe en Jesucristo en el marco estructural
- Las posiciones de la adopción y la regeneración en el marco estructural
  - Adopción
  - Regeneración
- La posición de la santificación definitiva en el marco estructural
- Las posiciones de la santificación progresiva y la perseverancia en santidad en el marco estructural
- El orden de aplicación completa

Los Actos y procesos específicos en el orden de aplicación
- Dos actos divinos
  - Llamamiento eficaz
    - Su carácter e intención
    - Su relación con la presentación externa del evangelio
    - La fuerza efectiva en el llamamiento eficaz
    - Resumen de la doctrina
  - Regeneración (Nuevo nacimiento)
    - Los datos bíblicos
    - Sus efectos
    - Su monergismo divino
    - Resumen de la doctrina
- Dos actividades divino-humanas (Conversión)
  - Arrepentimiento para vida
    - Un aspecto de la predicación evangélica
    - Los datos bíblicos
    - Su carácter de don obtenido por la obra de la cruz y efectuado por la regeneración
    - Su distinción de la mera "tristeza mundana"
    - Resumen de la doctrina
  - Fe en Jesucristo
    - La naturaleza de la "fe salvífica"
    - Su carácter psíquico humano
    - La función instrumental de la fe
    - El "carácter de don" de la fe salvífica adquirido por la oba de la cruz de Cristo y efectuado por la regeneración
    - El carácter de la fe salvífica como lo diametralmente opuesto a la observancia de la Ley
    - El carácter de la fe salvífica se corresponde solo con la salvación por gracia
    - Resumen de la doctrina
  - Unión con Cristo
    - Los datos bíblicos
    - La realidad de la unión
    - Resumen de la doctrina
- Tres actos divinos
  - Justificación
    - Su carácter como sentencia legal
    - La justicia de la justificación
    - Objeciones a la doctrina protestante
    - Resumen de la doctrina
  - Santificación definitiva
    - Los datos bíblicos
    - El significado de estas afirmaciones

               El fundamento de la ruptura del cristiano con el pecado
               Resumen de la doctrina
          La adopción y el sello del Espíritu
               Adopción
                    Los datos bíblicos
                    Una acción legal con consecuencias eternas
                    Resumen de la doctrina
               El sello del Espíritu Santo
                    Los datos bíblicos
                    La naturaleza del sello del Espíritu
                    Su distinción del bautismo del Espíritu Santo
                    Su distinción de la llenura del Espíritu Santo
                    Resumen de la doctrina
     Dos actividades divino-humanas
          Santificación progresiva
               Los datos bíblicos
               La naturaleza de la vida santificada
               El triple patrón de la vida santificada
               La meta de la vida santificada
               Los agentes e instrumentos que efectúan la vida santificada
               Resumen de la doctrina
          La perseverancia de los santos
               Los datos bíblicos
               Respuesta a las objeciones
               La seguridad de la salvación
               Resumen de la doctrina
     Un acto divino final
          Glorificación
               Los tiempos de la salvación
               La naturaleza de la glorificación
               El significado de la glorificación de los cristianos para la Creación
               El significado de su glorificación para los propios cristianos
               El significado de la glorificación para la Iglesia de Cristo
               Resumen de la doctrina

Cuarta Parte – *La Iglesia*

La Naturaleza y el Fundamento de la Iglesia
     La Asamblea en el Antiguo Testamento
     La congregación en el Antiguo Testamento
     El uso de Jesús de Ekklesia
          Mateo 16:18
          Mateo 18:17
     La Ekklesia en Hechos 1-12
     La Ekklesia en Santiago
     La Ekklesia en Hechos 13-28
     La Ekklesia en las cartas de Pablo
     La Ekklesia en Hebreos
     La Ekklesia en las cartas de Pedro
     La Ekklesia en Judas
     La Ekklesia en las cartas de Juan
     La Ekklesia en el Apocalipsis de Juan

Los Atributos y las Marcas de la Iglesia
    Los atributos de la verdadera iglesia (o asamblea)
        La unicidad de la Iglesia
        La santidad de la Iglesia
        La catolicidad de la Iglesia
        La apostolicidad de la Iglesia
    La interpretación papal de los atributos
    Las "marcas" protestantes de la verdadera iglesia
        La verdadera proclamación de la Palabra de Dios
        La correcta administración de los sacramentos
        El ejercicio de la disciplina de la Iglesia
    Testimonio confesional de las marcas de Iglesia verdadera

La Autoridad y los Deberes de la Iglesia
    La autoridad de la Iglesia
        Su fuente
        Su naturaleza
    Las obligaciones de la Iglesia
        La obligación de adorar y servir a Dios
        Liturgia de la Palabra
        El deber de dar testimonio de la verdad divina
        El deber de evangelizar y hacer crecer la Iglesia
        El deber de administrar los sacramentos
        El deber de ministrar a los santos
            La naturaleza del ministerio
            El objetivo del ministerio
        El deber de gobernar sus asuntos
            Autoridad para hacer cumplir las leyes de Cristo
            Autoridad para elaborar constituciones y manuales de orden de la iglesia
            Autoridad para disciplinar a los rebeldes y réprobos
            Autoridad para separarse a sí misma del error y la incredulidad
        El deber de hacer obras de benevolencia y misericordia

El Gobierno de la Iglesia
    Presbiterianismo
        Su historia
        Los deberes de los ancianos
        Cualificaciones de los ancianos
        El diaconado
        Conexionalismo presbiteriano
    Episcopado
    Congregacionalismo
    Erastianismo
    La importancia del gobierno de la iglesia presbiteriana

Los Medios de Gracia de la Iglesia
    La Palabra de Dios como medio de gracia
        La eficacia de la Palabra
        El ministerio de la Palabra
    Los sacramentos como medio de gracia
        Bautismo

                Antecedentes del AT
                Institución
                Importación
                Bautismos apostólicos en el Nuevo Testamento
                Exposición de las referencias paulinas al bautismo
                Modo
                Paidobautismo
                    Testimonio del AT
                    Testimonio del NT
                Eficacia
                Su carácter de signo
                Su sello o carácter "confirmante"
            La Cena del Señor
                Terminología
                Institución
                Observancia
                La relación de la presencia de Cristo con los elementos
                    El punto de vista católico romano – transubstanciación
                    El punto de vista luterano – consubstanciación
                    El punto de vista zwingliano – representación simbólica
                    El punto de vista reformado – presencia espiritual real
                Importancia
                    Una celebración conmemorativa
                    Una anticipación escatológica
                    Un medio de gracia
                    Una ordenanza exigente
                    Una apologética reinvindicativa
            La oración como medio de gracia
                Vocabulario bíblico
                Oración en la Biblia
                Discursos significativos sobre la oración en la historia de la iglesia
                Eficacia de la oración

Quinta Parte – *Las Ultimas Cosas*

La Escatología Bíblica
    El Debate sobre la escatología
        Escatología clásica liberal
        Escatología consistente
        Escatología realizada
        Escatología existencial
        Escatología dispensacional
    Escatología del AT
    Escatología del NT
        La escatología de Juan el Bautista
        La escatología de Jesús
            Sus parábolas del reino de los cielos
            Su discurso en el Monte de los Olivos
                Su emplazamiento
                Una advertencia acerca de las falsas señales
                Una amonestación a prepararse para las dificultades
                La señal de la destrucción de Jerusalén

- Una advertencia acerca de los falsos mesías
- La caída de Israel y el Jubileo
- Una parábola
- El "texto del tiempo" crucial
- El correctivo
- ¿Calculó mal Jesús el momento de su Parusia?
- Resumen de la escatología de Jesús
- La escatología de Santiago
- La escatología de Pablo
  - El estado presente
  - El estado intermedio
  - El estado futuro
    - El mecanismo de arranque del estado futuro
    - ¿Creía Pablo en el rapto pretribulacional de la Iglesia?
    - ¿Cuándo va a tener lugar la reunión de "todo Israel"?
    - ¿Cuál debería ser la actitud de los cristianos hacia el Israel étnico?
    - La apostasía y el hombre de pecado
    - ¿Creía Pablo en un reino milenial?
    - Tres preguntas finales
      - ¿Un regreso inmediato?
      - ¿Un cambio de parecer?
      - ¿Una expectativa errónea?
- La escatología de Hebreos
- La escatología de Pedro
- La escatología de Judas
- La escatología de Juan
  - La escatología del Evangelio de Juan
  - La escatología epistolar de Juan
  - La escatología en el Apocalipsis de Juan
    - Métodos de interpretación
    - Su autor
    - Su lugar de origen
    - Su fecha de composición
      - La evidencia para una fecha tardía
      - La evidencia para una fecha temprana
    - Su ocasión
    - Un bosquejo de su contenido

Tendencias en la Escatología Evangélica Contemporánea
- La negación de un retorno literal de Cristo
- Castigo eterno interpretado como aniquilación
  - El lenguaje de las Escrituras
    - La doctrina del castigo eterno del AT
    - La doctrina del castigo eterno del NT
      - Juan el Bautista
      - Jesucristo
      - Demonios
      - Pablo
      - Santiago
      - El autor de Hebreos
      - Pedro
      - Judas

    Juan
   La imaginería de las Escrituras
    Justicia divina bíblica
    Universalismo bíblico
La no necesidad de la fe consciente en Jesucristo para la salvación final
Revelación general y condenación universal
El inclusivismo y la necesidad de la fe en Cristo para la salvación

Prefacio a la Primera Edición

La publicación de una teología sistemática de la religión cristiana es siempre un acontecimiento trascendental, en particular para el autor, ya que la obra pretende mostrar una vida profesional de reflexión sobre todos los temas principales (*loci communi* o «lugares comunes») de la Sagrada Escritura y sus implicaciones para las perspectivas históricas y contemporáneas. Esto sigue siendo cierto aun cuando más de sesenta teologías sistemáticas (Gabriel Fackre las llama «teologías en proceso»)—algunas evangélicas, algunas ecuménicas, algunas experimentales—han sido publicadas tan solo en el mundo de habla inglesa desde finales de los años 70.

El presente volumen busca establecer una teología sistemática de la fe cristiana que será netamente bíblica. Mis años de estudio y enseñanza me han persuadido de que una teología bíblica se alinea más adecuadamente con lo que el mundo teológico caracteriza como *una teología reformada*. En última instancia, la teología debe centrarse en Dios en todos sus pronunciamientos y resistir todo esfuerzo humano de introducir una «analogía del ser» (*analogia entis*) no bíblica en las formas de pensamiento bíblico, es decir, poner un «y» o «más» donde la Biblia pone un «solamente». Por ejemplo, en la metodología teológica no se debe decir, «entiendo *y* creo», sino, «creo para poder entender»; en la soteriología no se debe insistir en «Dios *y* al hombre», sino en «Dios solamente» como Salvador; no se debe enseñar «fe *y* buenas obras» como instrumentos de justificación, sino más bien la «fe solamente».

El contenido de este trabajo consiste esencialmente en las conferencias de clase que impartí mientras enseñaba teología sistemática durante un período de veintidós años en el Covenant Theological Seminary en St. Louis, Missouri, y siete años en el Knox Theological Seminary en Fort Lauderdale, Florida. Estas conferencias fueron escritas para los cursos requeridos en los programas de Maestría en Divinidades de ambos seminarios. Durante los últimos quince años, más o menos, he entregado mis conferencias a mis estudiantes en forma de sílabo, y al tomar este enfoque encontré que podía cubrir mucho más material en clase, y los estudiantes aprendieron mis ponencias básicas en su totalidad sin tener que concentrarse en tomar muchos apuntes. Mi principal motivo para ofrecerlas ahora a un público de lectores más amplio es que mis estudiantes me han alentado cientos de veces a lo largo de los años a hacerlo. Así que, en un sentido muy real, mientras ustedes, mis lectores actuales, avanzan por estos capítulos es como si estuvieran sentados en mi aula de seminario y presenciando mi intento de dar a conocer el gran plan dentro de la mente divina que, estoy convencido, el único Dios vivo y verdadero ha revelado a los hombres en la Sagrada Escritura para su salvación eterna y beneficio espiritual.

Una segunda razón por la que ofrezco este volumen a un público más amplio es que aquellos de nosotros que enseñamos en la tradición reformada a nivel de seminario hemos tenido que acudir a la Teología Sistemática del venerado (y digno de confianza) Louis Berkhof como nuestro libro de texto básico de un volumen en inglés en el campo de la sistemática, y luego hemos tenido que complementar a Berkhof con lecturas de gigantes teológicos como Charles y A. A. Hodge, Benjamin B. Warfield, John Murray, y G. C. Berkouwer. Aunque estoy plenamente convencido de que no se escribirá ninguna teología sistemática que hará que todos los suplementos ya no sean necesarios, he tratado de valerme de las mejores ideas de los teólogos bíblicos e históricos y de interactuar con sus disciplinas mientras he ido cumpliendo mi responsabilidad fundamental de establecer una teología sistemática que pasara la prueba bíblica. Espero, por supuesto, que mi «teología sistemática» hable por sí misma en su intento de ser bíblica e interesante, y que resulte atractiva para otros maestros de la fe reformada. Me bastaría como recompensa de mis labores si alguno encontrara en ella «lo que está buscando» para sus propios estudiantes.

Mi tercera y principal razón para desear ver estas conferencias en forma publicada es mi amor por el evangelio de nuestro Señor Jesucristo y por la iglesia por la cual Él murió. Pero la iglesia—*su* iglesia—por muchos años ha sido seducida, tanto en sus aulas de seminario como desde multitudes de sus púlpitos, con retratos sub-bíblicos de lo que es el verdadero evangelio de Dios. Me refiero a los pelagianos, semipelagianos, semi-semipelagianos, arminianos, apóstatas, y los «evangelios de decláralo y reclámalo» que abundan por doquier. El único antídoto a todos estos falsos «evangelios» es la fe reformada. Para mí la fe reformada no es simplemente un credo que la iglesia puede ahora o en algún momento futuro echar al basurero de la historia; para mí, su propagación es *tanto una pasión* como *una misión*. Puesto que creo que la expresión reformada del evangelio es la verdad eterna del único Dios vivo y verdadero, creo que mi representación del evangelio de Cristo puede servir como una corrección a estos otros «evangelios» que realmente no son el evangelio eterno en absoluto. Espero, por supuesto, que mi esfuerzo aquí contribuya a la educación de la iglesia en un momento en el que existen pruebas de que la iglesia literalmente ha «perdido su comprensión evangélica» y está revoloteando en el anti-intelectualismo y el pensamiento no bíblico. Si puedo, en cualquier medida, corregir esta situación actual, seré ampliamente recompensado por todos mis esfuerzos.

Aunque he escrito desde una perspectiva reformada, no he seguido al pie de la letra el patrón establecido de pensamiento «ortodoxo» o «reformado» cuando no me pareció correcto debido a su incapacidad de conformarse de alguna manera a lo que yo percibo como la enseñanza de la Sagrada Escritura. Por ejemplo, en mi tratamiento de la doctrina de la Escritura en la primera parte, la he presentado desde lo que se conoce en el área de la apologética como la perspectiva presuposicional, que creo que honra más a Dios que cualquier otra alternativa. En el capítulo seis sostengo que los cristianos reformados no deben emplear, como muchos de ellos lo hacen, los argumentos tradicionales para la existencia de Dios. En el capítulo siete me he rehusado a clasificar los atributos divinos, y sigo sin convencerme a partir de cualquier exégesis (o argumento filosófico) que he visto hasta la fecha de que la eternidad de Dios necesariamente implica la calidad de la supratemporalidad o atemporalidad. A lo largo de este capítulo mi principal preocupación es que el lector sea confrontado por el Dios de la Biblia en lugar del Dios de los escolásticos, el cual a menudo parece ser más «griego» que bíblico. En el capítulo nueve, recomiendo seriamente a mi lector el entendimiento reformado de la Trinidad, que es claramente diferente en algunos aspectos de la representación «Niceno-Constantinopolitana» de esa doctrina que se mantuvo en el seno de la cristiandad durante más de mil trescientos años antes de que fuera desafiada por Juan Calvino y que, lamentablemente, sigue siendo abrazada involuntariamente por muchos de sus seguidores. En el capítulo diez, mostrando las debilidades inherentes y el carácter no bíblico del arminianismo, afirmo—más contra algunos pensadores reformados que prefieren representar las cosas simplemente como misterios para los cuales la Biblia no proporciona respuestas— que Dios es la causa decretal del mal en el sentido de que Él es la única causa decretal final de todas las cosas. También defiendo la igualdad entre —aunque no una identidad exacta de la causalidad divina detrás de— la elección y la reprobación en el decreto divino. En el capítulo once sostengo, en contra de muchos pensadores reformados, que la creación misma siempre ha tenido la redención como su *raison d'etre*, y que el insistir en otra cosa proporciona un terreno que «presta ayuda y consuelo» a una teología natural metodológica no reformada. En el capítulo doce insto, en contra de lo que yo veo como una tendencia de degradación entre algunos pensadores reformados, que la teología reformada debe retener su clásica insistencia en un pacto original de obras entre Dios y Adán. Y en el capítulo trece adopto un orden supralapsariano de los decretos divinos, pero ofrezco mi propio orden allí en la medida en que el orden ofrecido habitualmente por los supralapsarianos es inconsistente con sus mejores percepciones. Confío en que las ideas presentadas a lo largo del libro avancen las discusiones en curso en sus respectivas áreas entre teólogos y laicos por igual.

Algunas personas han sido de gran ayuda personal para mí en mi desarrollo profesional; sin ellos este libro nunca habría sido escrito. En primer lugar, quiero expresar mi aprecio duradero por el ya fallecido Robert G. Rayburn, el primer presidente del Covenant Theological Seminary, St. Louis, quien me recomendó cuando era solo un teólogo novato a la mesa directiva del seminario para una posición de enseñanza en el departamento de teología sistemática. Tengo una gran deuda de gratitud además con la mesa directiva de dicha institución, que me contrató y siempre nos animó a todos los docentes a escribir, dándonos sabáticos para hacerlo. También quiero reconocer mi deuda con R. Laird Harris, el primer decano de la facultad bajo el cual serví en el Covenant Seminary, y al difunto J. Oliver Buswell Jr., profesor de teología sistemática en el Departamento de Teología Sistemática, quienes estuvieron de acuerdo en ser mis "mentores" en mis primeros años de trabajo bajo su dirección y tutelaje. Dirijo una palabra muy especial de aprecio para mi querido amigo, David C. Jones, quien fue mi colega en el departamento de teología sistemática en el Covenant Seminary por más tiempo que cualquier otra persona y que con su ejemplo académico me enseñó más de lo que él jamás sabrá sobre el método teológico adecuado y el significado eterno del quehacer teológico.

A la mesa directiva del Knox Theological Seminary, estoy en deuda por concederme un sabático para dar los toques finales a este trabajo. Estoy realmente agradecido por esta disposición tan generosa.

A Roger R. Nicole, profesor visitante de teología en el Reformed Theological Seminary de Orlando, cuya amistad ha honrado mi vida desde hace varios años y cuyo conocimiento enciclopédico de la teología solo puedo soñar con adquirir. Debo expresarle profunda gratitud por leer mi teología sistemática en su totalidad en forma de manuscrito y hacer muchas sugerencias valiosas (la mayoría de las cuales acepté). También estoy muy agradecido con John M. Frame, profesor de apologética y teología sistemática en el Westminster Theological Seminary en California, y William Edgar, profesor de apologética en el Westminster Theological Seminary en Filadelfia, los cuales agudizaron mi argumento en el capítulo seis. Por último, quiero agradecer a todos mis numerosos estudiantes, que a través de los años han ofrecido decenas de sugerencias que han mejorado mucho la precisión y presentación del material.

A todas estas personas –humildes y amables siervos de Cristo, quienes me enseñaron con palabras y ejemplos lo que es el servicio cristiano– dedico humildemente este libro con gran alegría y profundo aprecio con palabras que no alcanzan a expresar todo mi agradecimiento. Cualquier elogio expresado por parte de lectores eruditos pertenece no solo a mí, sino también a ellos; todos los errores y deficiencias restantes, claro está, son completamente míos.

Fort Lauderdale, Florida
Marzo de 1997

Prefacio a la Segunda Edición

Han pasado cuatro años desde que se publicó por primera vez *Una nueva teología sistemática de la fe cristiana*. La primera edición ha sido imprimida varias veces y estoy agradecido por la recepción que el público lector cristiano le ha concedido. Quiero expresar mi agradecimiento a la Asociación Evangélica de Editores Cristianos por haber sido seleccionada en 1999 como «Nominado Final» para su Premio Medallón de Oro. También me siento profundamente agradecido por el hecho de que varios de los principales seminarios evangélicos la hayan adoptado como su texto de elección para sus cursos de teología sistemática.

A medida que avanza esta segunda edición, quiero agradecer tanto a los que han halagado la obra como a los que la han criticado por el tiempo y esfuerzo que dedicaron a revisar el trabajo. Todos sus comentarios críticos fueron tomados en serio, y a menudo estos comentarios condujeron a una modificación de expresión o de concepción. Esta edición, preservando la paginación de la edición anterior, incluye estas modificaciones. Si han mejorado la obra en cualquier grado, se lo agradezco a estos fieles siervos de Cristo.

Mi sincera esperanza es que esta segunda edición demuestre ser aún más beneficiosa para la iglesia que la primera.

Fort Lauderdale, Florida
Diciembre de 2001

INTRODUCCIÓN

Como lo sugiere la palabra misma, «teología»[1] (del latín *theologia*, a su vez del griego θεολογία, *theologia*) en su sentido amplio se refiere al discurso intelectual o racional («razonado») sobre Dios o las cosas divinas.[2] Como el esfuerzo inteligente para entender y explicar toda la Biblia considerada como verdad revelada, la «teología» en el sentido enciclopédico amplio abarca las disciplinas del currículo clásico de divinidad con sus cuatro departamentos de teología exegética (o bíblica), teología histórica, teología sistemática y teología práctica.[3]

Por «teología sistemática»—el departamento de teología del que este libro se ocupa principalmente—me refiero a la disciplina que responde a la pregunta: «¿Qué nos enseña toda la Biblia acerca de un tema dado?». Dicho de forma técnica, la teología sistemática es el estudio metodológico de la Biblia que concibe a las Sagradas Escrituras como *una revelación completa*, a diferencia de las disciplinas de la teología del Antiguo Testamento, la teología del Nuevo Testamento y la teología bíblica, que se acercan a las Escrituras como *una revelación progresiva*. En consecuencia, el teólogo sistemático, al concebir a las Escrituras como una revelación completa, busca entender holísticamente el plan, propósito e intención didáctica de la mente divina revelada en las Sagradas Escrituras, y presentar ese plan, propósito e intención didáctica de manera ordenada y coherente como artículos de la fe cristiana.[4]

La teología sistemática cubre, como parte integral del cuerpo total de la Sagrada Verdad de las Sagradas Escrituras, los temas teológicos de las Sagradas Escrituras mismas, Dios, el hombre, Cristo, la salvación, la iglesia, y las últimas cosas. También entran dentro del terreno de esta disciplina la articulación del patrón de vida de un creyente (ética personal y social) y la presentación cristiana de la verdad a quienes están fuera de la iglesia (apologética).[5]

JUSTIFICACIÓN DE LA TEOLOGÍA COMO DISCIPLINA INTELECTUAL

Sin embargo, la teología, como la hemos definido, ha caído en tiempos difíciles. Cabe recordar aquí la lamentable definición de Søren Kierkegaard del teólogo como «profesor del hecho de que Otro ha sufrido». Al mismo tiempo, el recordatorio de Jaroslav J. Pelikan de que los equivalentes más cercanos al término «teólogo» en el Nuevo Testamento son «escribas y fariseos» no ayuda a hacer la obra del teólogo más atractiva, ya sea para la iglesia o para el mundo en general. De hecho, a medida que el mundo occidental se ha convertido gradualmente más en una «ciudad secular», cada vez más hombres y mujeres dentro y fuera de la iglesia argumentan que es imposible incluso decir algo significativo sobre Dios. En consecuencia, Gordon H. Clark comienza su libro *En defensa de la teología* con la siguiente

---

[1] Antes de que la "teología" llegara a ser un término común, la iglesia hablaba de ella como *sacra doctrina* ("doctrina sagrada").
[2] En su sentido estrecho –"teología propia"– la empleamos para referirnos a la doctrina de Dios y abordamos tópicos que tienen que ver con la naturaleza de Dios, la trinidad en unidad y la unidad en trinidad, pero en este contexto enfocamos la teología en su sentido amplio simplemente como un discurso racional sobre Dios.
[3] Para una sólida discusión y defensa (en la medida en que mantienen su unidad esencial) de los cuatro departamentos de las disciplinas del currículo clásico, véase Richard A. Muller, *The Study of Theology: From Biblical Interpretation to Contemporary Formulation* (Grand Rapids, Mich.: Zondervan, 1991).
[4] J. Gresham Machen en su discurso, "Westminster Theological Seminary: Its Purpose and Plan", impartido en la apertura del Seminario Westminster en Filadelfia, el 25 de septiembre de 1929, declara que la teología sistemática "busca exponer, no según el orden del tiempo en que fue revelada [teología bíblica], sino según el orden de relaciones lógicas, la suma total de lo que Dios nos ha dicho en su Palabra".
Klaus Bockmuehl en "The Task of Systematic Theology en *Perspectives on Evangelical Theology*", editor Kenneth S. Kantzer y Stanley N. Gundry (Grand Rapids, Mich.: Baker, 1979), declara que la teología sistemática, "un servicio para la iglesia en la iglesia", denota el esfuerzo intelectual de producir "un sumario de la doctrina cristiana, un sumario o sinopsis ordenado de los temas de enseñanza en la Santa Escritura". Sigue diciendo que el teólogo sistemático debe "reunir las diferentes y dispersadas proposiciones sobre temas esenciales o tópicos del AT y NT y organizarlos en un orden que se adecúe con la materia de estudio en cuestión... [y el teólogo debe] hacer esto a la luz de la historia de la teología que prácticamente es una historia de la interpretación de importantes pasajes bíblicos" (1).
[5] La escuela del "Old Princeton" y la escuela de Warfield hicieron de la apologética un departamento separado de la teología y la colocaron a la cabeza de otros cuatro departamentos de la enciclopedia teológica porque, como disciplina, supuestamente ella es la única que 'no presupone nada'". Véase Robert L. Reymond, *The Justification of Knowledge* (Phillipsburg, N.J.: Presbyterian and Reformed, 1984), 4, 47-70, donde hay muchas razones para rechazar esta reconstrucción.

evaluación: «La teología, una vez aclamada *la Reina de las Ciencias*, hoy apenas alcanza el rango de criada; a menudo se la desprecia, se la considera con sospecha o simplemente se la ignora». Si el juicio de Clark es correcto, el cristiano bien podría concluir que debería abandonar la teología como disciplina intelectual y dedicar su tiempo a una búsqueda mental que prometa una mayor estima. El problema se puede encuadrar de forma concreta: ¿Cómo se justifica hoy la teología—interpretada como una disciplina intelectual *que merece* el interés más alto de la iglesia y la ocupación de la mente humana a lo largo de toda la vida? Aún más claramente: ¿Por qué, *como cristiano, me involucro* a lo largo de mi vida en la reflexión académica sobre el mensaje y el contenido de las Sagradas Escrituras? Y ¿por qué debo continuar haciéndolo de la manera particular en que la iglesia (en sus mejores momentos) lo ha hecho en el pasado? Yo ofrecería las siguientes cinco razones por las que deberíamos comprometernos en la empresa teológica:

1. El propio método teológico de Cristo;
2. El mandato de Cristo a su iglesia de discipular y enseñar;
3. El modelo apostólico;
4. El ejemplo y la actividad de la iglesia del Nuevo Testamento aprobados por los apóstoles;
5. La naturaleza misma de las Sagradas Escrituras

EL PROPIO MÉTODO TEOLÓGICO DE CRISTO

Los cuatro Evangelistas describen a un Jesús de Nazaret profundamente adentrado en el compromiso de la mente con la Escritura; un Jesús de Nazaret que sacaba de la Biblia fascinantes deducciones sobre sí mismo. Por ejemplo, en numerosas ocasiones, ilustrado por los siguientes pasajes del Nuevo Testamento, aplicó el Antiguo Testamento a sí mismo:

Lucas 4:16–21: Vino a Nazaret, donde se había criado; y en el día de reposo entró en la sinagoga, conforme a su costumbre, y se levantó a leer. Y se le dio el libro del profeta Isaías; y habiendo abierto el libro, halló el lugar donde estaba escrito: El Espíritu del Señor está sobre mí, por cuanto me ha ungido para dar buenas nuevas a los pobres; me ha enviado a sanar a los quebrantados de corazón; a pregonar libertad a los cautivos, y vista a los ciegos; a poner en libertad a los oprimidos; a predicar el año agradable del Señor. Y enrollando el libro, lo dio al ministro, y se sentó; y los ojos de todos en la sinagoga estaban fijos en él. Y comenzó a decirles: Hoy se ha cumplido esta Escritura delante de vosotros.

Juan 5:46: Porque si creyeseis a Moisés, me creeríais a mí, porque de mí escribió él.

Lucas nos informa expresamente que más tarde, «comenzando desde Moisés, y siguiendo por todos los profetas, [el Cristo glorificado] les *declaraba* [διερμήνευσεν, *diermēneusen*] en todas las Escrituras lo que de él decían» (Lucas 24:27; véase también 24:44–47). *Un compromiso tan extenso de su mente en la exposición de la Escritura involucró a nuestro Señor en la actividad teológica en el más alto sentido concebible.* Entonces es Cristo mismo quien estableció para su iglesia el patrón y el fin de toda la teologización— *el patrón es este*: Debemos hacer de la exposición de la Escritura la base de nuestra teología; *su debido fin*: Debemos llegar finalmente a Él en todo nuestro quehacer teológico.

EL MANDATO DE CRISTO A SU IGLESIA DE DISCIPULAR Y ENSEÑAR

Después de determinar para su iglesia el *patrón* y el *fin* de toda la teología, el Cristo glorificado comisionó a su iglesia para discipular las naciones, bautizando y enseñando a sus seguidores a obedecer todo lo que Él les había mandado (Mt. 28:18–20). La Gran Comisión entonces impone a la iglesia demandas intelectuales específicas. Existe *la exigencia evangelística* de contextualizar sin compromiso la proclamación del Evangelio para satisfacer las necesidades de cada generación y cultura. Existe *la demanda didáctica* de correlacionar los múltiples datos de la Escritura en nuestras mentes y de aplicar este conocimiento a todas las fases de nuestro pensamiento y conducta. Y existe *la apologética* para justificar la existencia del cristianismo como la religión revelada de Dios y para proteger su mensaje de la adulteración y la distorsión (ver Tit. 1:9). La teología ha aumentado en la vida de la iglesia en respuesta a estas demandas concretas de la Gran Comisión. La empresa teológica sirve entonces a la Gran Comisión cuando busca explicar de una manera lógica y coherente para los hombres en todas partes la verdad que Dios ha revelado en las Sagradas Escrituras acerca de sí mismo y del mundo que Él ha creado.

EL MODELO APOSTÓLICO

Tal actividad que eventualmente llevó a la participación de la iglesia en la teología se encuentra no sólo en el ejemplo y la enseñanza de Jesucristo, sino también en el resto del Nuevo Testamento. Pablo no perdió tiempo después de su bautismo en su esfuerzo por «demostrar» (συμβιβάζων, *symbibazōn*) a sus compañeros judíos que Jesús es el Hijo de Dios y el Cristo (Hch. 9:20–22). Más tarde, como misionero experimentado entró en la sinagoga en Tesalónica «y por tres días de reposo *discutió* [διελέξατο, *dielexato*] con ellos, *declarando* [διανοίγων, *dianoigōn*] y *exponiendo* [παρατιθέμενος, *paratitemenos*] por medio de las Escrituras que era necesario que el Cristo padeciese y resucitase de los muertos» (Hechos 17:2–3). El elocuente Apolos «refutaba públicamente a los judíos *demostrando* [ἐπιδεικνὺς, *epideiknys*] por las Escrituras que Jesús era el Cristo» (Hch. 18:28).

Tampoco la «teologización» evangelística de Pablo se limitaba a la sinagoga. A la espera de Silas y Timoteo en Atenas, Pablo «discutía» (διελέγετο, *dielegeto*) no sólo en la sinagoga con los judíos y los griegos temerosos de Dios, sino también en «plaza cada día con los que concurrían» (Hch. 17:17). Esto le dio la oportunidad de dirigirse al Areópago, lo cual hizo en términos que podían entender los filósofos epicúreos y estoicos reunidos allí, pero sin acomodar su mensaje a lo que estaban dispuestos a creer. Luego, además de ese período de tres meses en Éfeso durante el cual habló audazmente en la sinagoga «discutiendo y persuadiendo» acerca del reino de Dios (Hch. 19:8), Pablo «discutía» diariamente en la escuela de Tirano (tal vez el nombre que sus padres le dieron; más probablemente, el nombre que sus estudiantes le dieron), sin vacilar, como él diría más tarde a los ancianos de Éfeso, en predicar cualquier cosa que sería de ayuda a ellos y enseñarles «públicamente y por las casas, testificando a judíos y a gentiles acerca del arrepentimiento para con Dios, y de la fe en nuestro Señor Jesucristo» (Hch. 20:20–21).

También vemos en la carta de Pablo a los Romanos su exposición teológica del mensaje que se le había confiado, tanto en el amplio esquema como en el contenido esencial del evangelio que predicó y además en el método teológico que él empleó. Hay que tener en cuenta el brillante «flujo teológico» de la carta: cómo se mueve lógica y sistemáticamente de la difícil situación de la condición humana a la provisión de Dios de la salvación en Cristo; después, en su momento, a los resultados de la justificación, las dos grandes objeciones a la doctrina (la justificación por la fe solamente otorga licencia al pecado y anula las promesas que Dios hizo a Israel como nación), y finalmente a la ética cristiana que las misericordias de Dios requieren de nosotros.

No menoscaba en modo alguno la «inspiración» de Pablo (véase 1 Ts. 2:13; 2 P. 3:15–16; 2 Ti. 3:16) reconocer que reflejó y reforzó sus conclusiones teológicas apelando a conclusiones anteriores, a la historia bíblica, e incluso a su propia relación personal con Jesucristo mientras desplegaba su percepción doctrinal del evangelio de Dios bajo la superintendencia del Espíritu. Uno encuentra estas reflexiones teológicas y deducciones incrustadas en Romanos en el corazón mismo de algunas de las afirmaciones más radicales del apóstol. Por ejemplo, al menos diez veces, después de declarar una propuesta específica, Pablo pregunta: «¿Qué diremos?» Y procede a «deducir mediante una buena y necesaria consecuencia» la conclusión que deseaba que sus lectores alcanzaran (Ro. 3:5, 9; 4:1; 6:1, 15; 7:7; 8:31; 9:14, 30; 11:7). En el cuarto capítulo, el apóstol extrae las conclusiones teológicas de que la circuncisión es innecesaria para la bendición de la justificación y que Abraham es el padre espiritual del creyente gentil incircunciso con base en la simple observación basada en la historia del Antiguo Testamento de que Abram «creyó a Jehová, y le fue contado por justicia» (Gn. 15:6) unos catorce años *antes* de ser circuncidado (Gn. 17:24) — ¡deducciones teológicas llamativas a las que arriba en su entorno religioso y cultural particular simplemente de la relación «antes y después» entre dos *acontecimientos históricos*! Entonces, para probar que «aun en este tiempo ha quedado un remanente escogido por gracia» (Ro. 11:5), Pablo simplemente apela a su propio estatus como judío cristiano (Ro. 11:1); una vez más una afirmación teológica llamativa derivada del simple hecho de su propia fe en Jesús.

El modelo apostólico de exposición, reflexión y deducción de las Escrituras apoya nuestro compromiso en la empresa teológica. Si queremos ayudar a nuestra generación a entender las Escrituras, nosotros también debemos deducir y presentar conclusiones de lo que hemos obtenido de nuestras labores exegéticas en las Escrituras y estar listos para «dialogar» con los hombres. El compromiso y el resultado de esta tarea es la teología.

LA ACTIVIDAD DE LA IGLESIA DEL NUEVO TESTAMENTO

Nuestro compromiso con la teología como disciplina intelectual basada en las Sagradas Escrituras obtiene apoyo adicional de la actividad de la iglesia del Nuevo Testamento. El Nuevo Testamento llama nuestra atención una y otra vez a un corpus de verdad salvadora, como en 2 Tesalonicenses 2:15 («la doctrina»), Romanos 6:17 («forma de doctrina»), Judas 3 («la fe que ha sido una vez dada a los santos»), 1 Timoteo 6:20 («lo que se te ha encomendado»), y «la palabra fiel» de las cartas pastorales de Pablo (1 Ti. 1:15; 3:1; 4:7–9; 2 Ti. 2:11–13; Tit. 3:4–8). Estos términos y frases descriptivos indican que ya en los días de los apóstoles había comenzado el proceso teologizante de reflexión y comparación de la Escritura con la Escritura, cotejando, deduciendo, y elaborando las declaraciones doctrinales en fórmulas confesionales («creedal» en inglés) acercándose al carácter de las confesiones de la iglesia (ejemplos de estas fórmulas confesionales pueden ser vistos en Ro. 1:3–4; 10:9; 1 Co. 12:3; 15:3–4; 1 Tim. 3:16 así como en los «dichos fieles» de las Pastorales).[6] Además, todo esto se hizo con el pleno conocimiento y la aprobación de los propios apóstoles. De hecho, los apóstoles mismos estaban personalmente involucrados en este proceso teologizante. En Hechos 15:1–16:5, por ejemplo, los apóstoles trabajaron como ancianos en la actividad deliberativa de preparar una respuesta teológica conciliar al tema que se estaba considerando entonces para la dirección de la iglesia.

Por lo tanto, cuando hoy, bajo la guía del Espíritu de Dios y con fe, venimos a las Sagradas Escrituras y con nuestras mejores herramientas intelectuales hacemos un esfuerzo para explicar sus proposiciones y preceptos, rastrear su funcionamiento en el mundo,

---

[6] Un excelente repaso de este material se puede encontrar en J. N. D. Kelly, "Creedal Elements in the New Testament", en *Early Christian Creeds* (London: Longmans, Green, 1950).

sistematizar sus enseñanzas y formularlas en credos, y propagamos su mensaje al mundo, estamos participando en el proceso teológico ya presente e iniciado por la iglesia del período apostólico.

LA DIVINA INSPIRACIÓN Y AUTORIDAD DE LA SAGRADA ESCRITURA

Como discutiremos en la primera parte de nuestro estudio, la Biblia es la Palabra revelada de Dios. Cristo, el Señor de la iglesia, consideraba el Antiguo Testamento como tal, y dio a la iglesia una amplia razón para considerar el Nuevo Testamento de la misma manera. Esto significa que el Dios y Padre de nuestro Señor Jesucristo—en verdad, el Dios Trino—«está realmente allí y ha hablado». Si está allí, entonces debe ser alguien que la gente debe conocer. Y si nos ha hablado en y por las Escrituras del Antiguo y Nuevo Testamento, entonces ese hecho por sí solo es suficiente para estudiar las Escrituras. Dicho de otra manera, si Dios ha revelado la verdad acerca de sí mismo, acerca de nosotros, y acerca de la relación entre sí mismo y nosotros en las Sagradas Escrituras, entonces debemos estudiar la Escritura. Es tan simple como eso. De hecho, si tomamos en serio la verdad bíblica de que solo a la luz de la Palabra de Dios entenderemos cualquier cosa como deberíamos (Sal. 36:9), *debemos* estudiar las Sagradas Escrituras, o lo que equivale a la misma cosa, debemos comprometer nuestras mentes en la búsqueda de *la verdad teológica*. No estar interesado en el estudio de las Sagradas Escrituras cuando *el único Dios vivo y verdadero se ha revelado en ella*, es la cima de la locura espiritual.

Por estas cinco razones la iglesia debe permanecer comprometida con la tarea teológica. Y puede hacerlo con la plena seguridad de que sus labores no serán un uso vano de su tiempo y energía. Porque ninguna búsqueda intelectual será más gratificante en última instancia que la adquisición de un conocimiento de Dios y de sus caminos y obras. De hecho, tan claro es el mandato bíblico para la empresa teológica que la pregunta primaria de la iglesia no debe ser si debe involucrarse en teología o no—el Señor de la iglesia y sus apóstoles no dejan aquí ninguna opción. La iglesia *debe* estar comprometida con la teología si quiere ser fiel a Él. Más bien, lo que debería ser de mayor preocupación para la iglesia es si, en su compromiso con la teología, está escuchando a la voz de su Señor hablando a su iglesia en las Sagradas Escrituras con la conciencia y sumisión debida. En resumen, la preocupación principal de la iglesia debe ser, no si participar en la teología, sino si su teología ¿es correcta? ¿Es ortodoxa? O quizás mejor: ¿*Es bíblica*?

LA TAREA TEOLÓGICA

Precisamente cómo se describe la tarea teológica será determinada por *el Sitz im Leben* del teólogo individual, gobernado como es por sus propias cualidades intelectuales, situación sociohistórica, aprendizaje y posición teológica.

ASPECTOS GENERALES DE LA TAREA TEOLÓGICA

Al igual que Louis Berkhof, creo que la tarea teológica en general es constructiva y demostrativa, tanto crítica como defensiva.

1. La teología es *constructiva* por cuanto el teólogo, tratando principalmente con los dogmas encarnados en la confesión de su iglesia, busca combinarlos en un todo sistemático. Esta no siempre es una tarea fácil, ya que los vínculos de conexión entre muchas verdades que se enuncian simplemente de una manera general deben ser descubiertos, suministrados y formulados de tal manera que la conexión orgánica de

los varios dogmas se haga clara, con nuevas líneas de desarrollo que armonicen con la estructura teológica del pasado.
2. La teología es *demostrativa* por cuanto el teólogo no debe por su sistematización de dogmas simplemente describir lo que su iglesia insta a otros a creer, sino también debe demostrar la verdad de que ella está *demostrando exegéticamente que cada parte está profundamente arraigada en las Escrituras*, ofrecer pruebas bíblicas para los dogmas separados, para sus vínculos de conexión, y para cualquier elemento nuevo que él pueda sugerir;
3. La teología es *crítica* por cuanto el teólogo debe admitir la posibilidad de apartarse de la verdad en algún momento u otro en los dogmas de su iglesia y en la sistemática que él mismo propone: es decir, primero, que si detecta errores en cualquier lugar, debe tratar de remediarlos de la manera adecuada; y segundo, si descubre lagunas, debe esforzarse por suministrar lo que falta (para los teólogos reformados, este aspecto de la tarea teológica se refleja en el lema ecclesia reformata semper reformanda — «Una iglesia reformada siempre se está reformando»).
4. Por último, la teología es *defensiva* en el sentido de que el teólogo, preocupado por la búsqueda de la verdad absoluta, no solo debe tener en cuenta las anteriores desviaciones históricas de la verdad para evitarlas por sí mismo, sino que también debe evitar todos los ataques heréticos actuales contra los verdaderos dogmas encarnados en el sistema de su iglesia.[7]

Con respecto a la tarea de *la teología sistemática* en particular, estoy de acuerdo con Gabriel Fackre en que debe ser (1) *comprensiva*, es decir, debe cubrir todas las enseñanzas estándar de las Escrituras, (2) *coherente*, es decir, debe demostrar las interrelaciones de los diversos temas, (3) *contextual*, es decir, debe interpretar, siempre y cuando sea posible, el alcance de la doctrina en términos de temas y modismos actuales, y (4) *conversacional*, es decir, debe enganchar puntos de vista históricos y contemporáneos.[8]

Y con Klaus Bockmuehl, creo que el teólogo sistemático mismo (1) «debe alentar… y ejercitar el ministerio de la enseñanza en la iglesia» y «reactivar [la] función catequética para confirmar tanto a las iglesias como a los creyentes individuales, de modo que no sean empujados por doctrinas ajenas y finalmente destruidos»; (2) debe alterar su forma de expresión, siempre que sea posible, alejándola de la de los conceptos metafísicos de pensamiento y lenguaje griegos para acercarse a la del dinamismo bíblico concerniente a la *historia* de las obras de misericordia de Dios; y (3) en contra de la filosofía del señorío del hombre, «hay que pedir la reversión de la decisión [de la sociedad moderna] del secularismo [es decir, la falta de Dios]» y otra vez «afirmar públicamente y alentar a afirmar el señorío de Dios… [y] anunciar a Dios verdaderamente como Dios a una generación que ha olvidado este hecho fundamental».[9]

---

[7] Louis Berkhof, *Introductory Volume to Systematic Theology* (Grand Rapids, Mich.: Eerdmans, 1932), 58-59. Para una opinión similar, véase Pelikan ("The Functions of Theology", *passim*) que insiste en que la teología como una disciplina todavía debe cumplir las siguientes cinco funciones en la iglesia moderna si la iglesia quiere ser fiel al mayor de todos los mandamientos: "Amarás al Señor tu Dios con todo tu corazón, con toda tu alma y con toda tu mente".
  i. La función *confesional*, es decir, ayudar a la iglesia o denominación específica en que sirve a responder de manera más profunda a su tradición;
  ii. La función *preservadora*, es decir, preservar la rica tradición de la historia cristiana;
  iii. La función *católica*, es decir, darle continuidad a la "gran conversación" con los padres de la iglesia y recordarle a la iglesia sus obligaciones transdenominacionales.
  iv. La función *crítica*, es decir, hablar en contra de cualquier proyecto teológico que no es ni relevante ni responsable al permitir que la Escritura se siente continuamente en juicio sobre la iglesia; y
  v. La función *correlacional*, es decir, escuchar realmente lo que el secularista dicen acerca de su mundo, el mal, la muerte y cosas así, y buscar correlacionar las preguntas del secularista con las respuestas cristianas.

[8] Gabriel Fackre, "The Revival of Systematic Theology", *Interpretation* 49, núm. 3(1995): 230.

[9] Klaus Bockmuehl, "The Task of Systematic Theology", *Perspectives on Evangelical Theology*, 10-14. Véase el apéndice A, "Two Modern Christologies", para mi ilustración de lo que implica hoy la tarea teológica.

ASPECTOS ESPECÍFICOS DE LA TAREA TEOLÓGICA REFORMADA

Con estos aspectos generales de la tarea teológica como guía, el teólogo sistemático reformado es específicamente responsable de proporcionar a sus lectores (1) información cognitiva organizada que es radicalmente bíblica (esto es simplemente lo que significa ser «reformado») y (2) hacerlo de tal manera que la información estimule el crecimiento tanto en habilidades ministeriales como en actitudes específicas del corazón hacia las cosas del Espíritu.

El sistemático reformado debe proporcionar a sus lectores *información cognitiva* relativa a:

1. Los *loci* principales y las doctrinas cardinales de la teología cristiana según lo establecido en las Sagradas Escrituras (lo que él da a sus lectores debe ser, sin ningún cambio en el contenido básico, *material predicable y enseñable*).
2. La fe histórica de la iglesia primitiva y la manera en que la iglesia articuló y expresó su fe en credos y símbolos tales como el Credo de los Apóstoles, el Credo Niceno, el Credo Niceno-Constantinopolitano, la Definición de Calcedonia y el llamado Credo Atanasiano.
3. La naturaleza distintiva, riqueza y belleza de la fe reformada como enseñanza de la Sagrada Escritura, y como se interpreta, se expone y exhibe en la *Institución de la religión cristiana* de Juan Calvino y en las grandes confesiones reformadas nacionales, particularmente la Confesión de Fe de Westminster y los Catecismos Mayores y Menores de la Asamblea de Westminster.
4. La ortodoxia reformada y su validez como la expresión contemporánea más viable de la ortodoxia bíblica.
5. Motivos dominantes de la teología contemporánea desde la postura del biblicismo y confesionalismo reformado.
6. Temas filosóficos, ideológicos y religiosos del pensamiento contemporáneo donde afectan el contenido del evangelio cristiano interpretado como incluyendo tanto la proclamación cristiana como la enseñanza cristiana.

El sistemático reformado también es responsable de impartir esta información cognitiva de una manera que aliente a sus lectores a crecer en ciertas afecciones religiosas específicas, específicamente en su:

1. Reverencia por las Sagradas Escrituras como la Palabra de Dios para nosotros y como la fuente instructiva final y norma para la fe y la vida.
2. Disponibilidad constante para ver el reino de Dios y la unidad de los pactos bíblicos como la clave hermenéutica para la comprensión de la Sagrada Escritura;
3. Aprecio por la herencia teológica reformada.
4. Perseverancia en su esfuerzo por crecer como teólogos sistemáticos.
5. Respeto por el trabajo de otros que se han dirigido a la tarea sistemática, por ejemplo, Orígenes, Agustín de Hipona, Tomás de Aquino, Juan Calvino, William Ames, Francis Turretin, Jonathan Edwards, Heinrich Heppe, Charles y A. A. Hodge, William G. T. Shedd, James Henley Thornwell, Robert Lewis Dabney, Abraham Kuyper, Herman Bavinck, Augustus Hopkins Strong, Benjamin B. Warfield, Francis Pieper, Louis Berkhof, J. Oliver Buswell Jr., Gerrit C. Berkouwer, John Murray, John H. Gerstner y Wayne Grudem.
6. Temor reverencial de aquellos a los que se les ha concedido el gran privilegio de estudiar la «mente de Cristo» como se revela en la Sagrada Escritura.
7. Sobriedad de los que han sido llamados a difundir la palabra de juicio de Dios a las gentes del mundo.

8. Alegría de los que han sido llamados a proclamar la palabra de gracia de Dios a la misma gente;

9. Mansedumbre de aquellos que reconocen que ellos también deben vivir por y bajo esa misma Palabra que ellos estudian y aplican a las vidas de otros.

10. Audacia al aplicar las ideas doctrinales que ganan de forma consciente y práctica a la vida cristiana y a un mundo muy necesitado.

11. Preocupación sincera por una evangelización bíblicamente fiel de un mundo perdido y por la subyugación jurídica de las naciones bajo la «equidad general» de la actual regla mesiánica de Cristo (Confesión de Fe de Westminster, XIX/iv); y

12. Confianza humilde en Dios, marcada por la oración, para todas estas cosas, orando siempre que el «favor del Señor descansará sobre ellos y establecerá el trabajo de sus manos» (Sal. 90:17).

Con esta percepción de la tarea de la teología—y de una teología sistemática reformada en particular—gobernando nuestro pensamiento, ahora comenzaremos nuestro viaje hacia el fascinante y deslumbrantemente rico mundo de la teología como disciplina intelectual. Puesto que toda teología verdadera debe tener un terreno apropiado, comenzaremos con un tratamiento propedéutico de las Sagradas Escrituras como el único terreno legítimo para las predicaciones teológicas autorizadas. Entonces abordaremos a su vez los loci teológicos clásicos, a saber, la doctrina de Dios (o teología propia), el hombre como criatura del pacto y transgresor del pacto, la naturaleza de la encarnación de Cristo, su salvación en sus aspectos tanto cumplidos como aplicados, la iglesia y sus atributos y marcas, su autoridad y deberes, su gobierno y sus sacramentos, y finalmente, las maravillosas pero desconcertantes complejidades de las «últimas cosas».

Primera Parte
Una Palabra de Otro Mundo

1 | EL HECHO DE LA REVELACIÓN DIVINA

Cientos de científicos alrededor del mundo gastan cantidades enormes de sus tesoros nacionales intentando lograr un contacto con seres racionales imaginados que habitan el vasto espacio. Es un afán altamente cuestionable por múltiples razones, pero la sed insaciable de recibir una palabra de otro mundo los impulsa poderosamente en un esfuerzo que hasta la fecha no ha dado resultado alguno.

La iglesia cristiana, sin embargo, cree que ya posee dicha palabra del «espacio exterior», o más precisamente, una palabra de *más allá* del espacio: una palabra del mismo Dios trino de los cielos. Mi objetivo en esta sección de la obra es presentar una porción sustantiva de la evidencia a favor de la enseñanza que la Biblia es, de hecho, la palabra revelada e inspirada de otro mundo que ha sido entregada a los habitantes de este mundo. Mostraremos que, aunque la Biblia fue escrita en su totalidad por hombres, es a la misma vez enteramente la Palabra del Dios viviente debido al hecho de que el Espíritu de Dios inspiró a hombres a escribirla en su totalidad y en cada una de sus partes. La relación entre los autores humanos y el Espíritu de Dios, sin embargo, no fue una relación de simple cooperación o coautoría. Los hombres no pudieron haber escrito la Biblia aparte de la actividad superintendente del Espíritu ni la habrían querido escribir si tuvieran la habilidad. El Espíritu Santo, entonces, es el autor de las Escrituras en un sentido más profundo y original que aquel en el que los escritores humanos podrían haber (o hubieran) sido. Dios es el autor primario de las Sagradas Escrituras. Los escritores humanos son autores únicamente en la medida que el Espíritu mandó, inició y les proveyó el impulso de escribir. La Biblia jamás ha existido, ni en todo ni en parte, aparte de su carácter inspirado ni aparte de la ordenación del Espíritu. Por eso, considerar la Biblia como una biblioteca más o menos fiable de documentos antiguos escrita por autores humanos –como incluso algunos evangélicos conceden que lo haga el incrédulo (al menos) como parte de la fase inicial de su estrategia apologética.[1] - es hacer caso omiso de uno de los hechos más fundamentales de la Biblia y del reclamo más importante que la Biblia hace de sí misma.

La convicción de que el Espíritu Santo es el autor primario de las Escrituras incluye también otra creencia - que la influencia del Espíritu sobre las mentes de los escritores bíblicos aseguró que ellos escribieran precisamente lo que Dios quería que escribieran. Por eso, puesto que el Dios de la verdad por medio del Espíritu de la verdad inspiró a los escritores para que escribieran lo que Él quería que escribieran, el resultado fue de un original o autógrafo *inerrante*. Si no reconocemos en las páginas de la Biblia la voz de nuestro Maestro hablándonos su verdad infalible desde otro mundo hacia al nuestro, nos destruimos epistémica y personalmente, pues abandonamos el único fundamento para la certeza del conocimiento y la única «base de significado» por medio de la cual podemos verdaderamente conocer al único Dios, infinito y personal, y así conocernos a nosotros mismos como personas

---

[1] Ver Benjamin B. Warfield, *The Inspiration and Authority of the Bible* (Philadelphia: Presbyterian and Reformed, 1948), 210; John Warwick Montgomery, *History and Christianity* (Downers Grove, Ill.: InterVarsity Press, 1972), 25–26; R. C. Sproul, John Gerstner, and Arthur Lindsley, *Classical Apologetics* (Grand Rapids, Mich.: Zondervan, 1984), 137–55. Pero los cristianos deben decirles a los incrédulos que ellos presuponen, nada menos, que la totalidad de la verdad acerca de la Biblia.

de dignidad y valor..[2]

EL PROCESO REVELACIONAL

La Biblia enseña que Dios se reveló a las personas «muchas veces y de muchas maneras» (Heb. 1:1–2)..[3] Las designaciones más comunes en el Antiguo Testamento para referirse a esta idea revelacional son las frases «la palabra de Yahweh [o Dios]» (יהוה דְּבַר אֱלֹהִים, *d^ebar yhwh, ^elōhîm*), que ocurre decenas de veces y «la ley [de Yahweh]» (תּוֹרַת יהוה, *tōrat [yhwh]*), cuyo significado apropiado es «instrucción», lo que sugiere claramente «una comunicación divina autoritativa»..[4] El verbo principal en el Antiguo Testamento que expresa la idea de revelación es גָּלָה, *gālåh*, que ocurre en unas veintidós ocasiones, y cuyo significado radical parece ser «desnudez». Cuando este verbo se aplica a la revelación parece sugerir la eliminación de los obstáculos a la «percepción», pues el profeta a menudo es llamado un «vidente» (רֹאֶה, *rō'eh*, or חֹזֶה, *ḥōzeh*) que «ve» visiones (מַרְאֶה, *mar'eh*, חָזוֹן, *ḥ^azôn*, חָזוּת, *ḥāzût*, חִזָּיוֹן, *hizzayôn*) (ver Is. 1:1; 2:1; 13:1; 29:10–11; Jer. 38:21; Lm. 2:14; Ez. 1:3, 4; 13:3; Am. 1:1; Miq. 1:1; Hab. 1:1; 2:1)..[5] A veces el verbo יָדַע, *yāḏa'*, en su raíz causativa («hacer conocer») se usa con el sentido de «revelar» (Sal. 25:4; 98:2). En el Nuevo Testamento, el grupo principal de palabras referentes a la idea revelacional se forman de los verbos ἀποκαλύπτω (*apokalyptō*, revelar; ver ἀποκάλυψις, *apokalypsis*, revelación) y φανερόω (*phaneroō*, manifestar; ver ἐπιφάνεια, *epiphaneia*, manifestación)..[6]

¿Qué fue lo que Dios reveló? Reveló (1) tanto su existencia como algo de su naturaleza, y además sus preceptos morales, a través de la naturaleza del hombre como *imago Dei* (Pr. 20:27; Ro. 2:15), (2) su gloria, en la creación y en la naturaleza, de una manera no proposicional (Sal. 19:1, 3; Ro. 1:20), y (3) su sabiduría y poder, tanto a través de sus actos de providencia ordinaria,[7] y sus proezas en la «historia de la salvación» o *Heilsgeschichte* (e.g., la salvación de la familia de Noé en el diluvio, el éxodo, la encarnación, la cruz de Cristo y la resurrección). Estas «proezas de Dios en la historia», claro está, requerían de explicaciones *proposicionales* que siempre las acompañaran (Am 3:7), pues sin dichas explicaciones los observadores las interpretarían de la manera que les fuera posible. De hecho, en más de tres mil ochocientas ocasiones los escritores del Antiguo Testamento introducen sus afirmaciones con formulaciones tales como «la boca del Señor ha hablado», «el Señor ha dicho», «escuchen la palabra del Señor», «el Señor me ha mostrado», o «la palabra del Señor vino a mí diciendo». Considere los siguientes datos..[9]

EVIDENCIA DEL ANTIGUO TESTAMENTO

En la época pre-patriarcal (Gn. 1-11), Dios habló directa y proposicionalmente con Adán habiendo tomado forma parecida al hombre para hacerlo (Gn. 2:16-17; 3:8) y estableció un pacto con él, prometiéndole a Adán grandes bendiciones por la obediencia y el castigo de muerte por la desobediencia. También habló a Caín (4:6-12), a Noé (6:13-21) y a Noé y sus

---

[2] Ver Robert L. Reymond, *The Justification of Knowledge* (Phillipsburg, N.J.: Presbyterian and Reformed, 1976) en donde he sostenido que la Biblia es nuestro único fundamento para la certeza del conocimiento. Parte fundamental de mi argumento es el concepto de que la Biblia como revelación divina necesariamente se auto-valida o se auto-autentifica, pues contiene en sí su propia *indicia divina* (ver 15-16; véase tambien Confesión de Fe de Westminster I/v). También insisto que la Biblia nos provee el único fundamento para justificar el sentido y el valor que tenemos de nuestras propias personas.

[3] Con "revelación" me refiero en primera instancia al hecho divino en que Dios deliberadamente da a conocer una porción desconocida y no conocible (no conocible, es decir, a la mente humana sin ayuda divina) de su conocimiento y/o de su propósito para su creación. En este sentido pues, solo una parte de la Biblia es revelación. Lo demás son registros de eventos, juicios axiomáticos, etc. Pero el término además puede referirse a la totalidad de la Biblia cuando se considera a la Biblia, como el mensaje de Dios, como el producto de la actividad "inspiradora" del Espíritu Santo.

[4] Warfield, *Inspiration and Authority of the Bible*, 99–100.

[5] Ibid., 97.

[6] Ibid., 97–98; ver también George W. Knight III, *Prophecy in the New Testament* (Dallas: Presbyterian Heritage, 1988), 13, fn. 8, para un comentario útil sobre los matices semánticos presentes en los usos de palabras derivadas de ἀποκαλύπτω, *apokalyptō* en el Nuevo Testamento.

[7] La revelación general —o sea, la revelación de Dios en la humanidad, en la creación en general y en sus actos ordinarios de providencia—hace posible todo el conocimiento que poseen los seres humanos *como humanos* (ver Hch 17:26-29a). La gracia común hace posible todo el conocimiento que poseen los seres humanos como *pecadores* al reprimir que supriman toda la verdad y proveer lo que necesitan para vivir aun a pesar de la corrupción del pecado (Sal. 145:9; Mt. 5:44; Lc. 6:35–36; Hch. 14:16).

[9] Las ideas bosquejadas aquí provienen de la conferencia de David C. Jones sobre el proceso revelacional dada en Covenant Theological Seminary, St. Louis, Missouri.

hijos (9:1, 8).

En la época patriarcal (Gn. 12–50), Dios volvió a revelar sus promesas pactuales y preceptivas por medio de teofanías («el ángel del Señor»,[10] Gn. 16:7–13; 28:13 [ver 31:11–13]; 32:22–32 [ver 48:15–16; Os. 12:3–4]), y también habló por medio de visiones (Gn. 12:7; 15:1, 12; 26:24; Job 4:13; 20:8; 33:15) y por medio de dos clases de sueños: sueños que comunicaban revelaciones directas (Gn. 15:12; 20:3, 6; 28:12; 31:10, 11; 46:2), y sueños simbólicos que requerirían de interpretación divina (Gn. 37:5, 6, 10; 40:5–16; 41:1, 5).[11]

En la época mosaica (Éxodo a Deuteronomio), Dios continuó revelándose a través de medios teofánicos (su «ángel», la zarza ardiente, la columna de fuego) y a través de visiones (Nm. 22:20). Pero el órgano principal de la revelación fue Moisés mismo, a quien Dios había comisionado en la zarza ardiente para ser su vocero autorizado y, así, un profeta singular en la historia de Israel (Nm. 12:6–8; Dt. 18:18, Os. 12:13). En el mar, Dios se reveló como el Dios del pacto, liberando a su pueblo y juzgando a sus enemigos. En múltiples ocasiones, leemos que Moisés registró lo que Dios le dijo (Ex. 17:14; 24:4, 7; 34:27; Nm. 33:2; Dt. 31:9, 24; ver Jn. 5:46–47). En el monte, Moisés recibió «el libro del pacto» (Ex. 24:7—סֵפֶר הַבְּרִית, *sēper habberîth*; ver también «el libro de la ley», Dt. 31:26) el cual tenía una autoridad igual a la de Moisés mismo. El Urim y Tumim del sumo sacerdote también sirvieron como mediadores de la voluntad del Señor (Ex. 28:30; Nm. 27:21; 1 S. 14:41, niv *mg;* 28:6; Esd. 2:63; Neh. 7:65) y al mismo tiempo los levitas fueron comisionados para preservar y enseñar la ley (Dt. 17:18; 31:9–13; ver Mal. 2:5–7). Fue durante esta época que Moisés escribió el Salmo 90. Además, en esta época vemos la prohibición del espiritismo y la hechicería como medios para determinar la voluntad divina (Lv. 19:26; 20:27; Dt. 18:14).

En la época de la conquista (Josué a Rut), la ley de Moisés permaneció como la palabra rectora de Israel (Jos. 1:7–8; 8:30–35; conocido también como «el libro de la ley de Dios», Jos. 24:26) y Dios siguió revelándose a Josué (Jos. 1:1, 5, *passim*) y por medio de sus ángeles a los jueces como Gedeón (Jue. 6:12). También habló por medio de un sueño a un soldado madianita (Jue. 7:13–15).

En la gran época de los profetas (Samuel a Malaquías; ver Hch. 3:24), Dios habló a viva voz con Samuel (1 S. 3; ver también 1 S. 10:25: «las leyes del reino» [que Samuel] «escribió en un libro» [סֵפֶר, *sēper*] y «guardó delante de Jehová» subraya el papel de Samuel en la escrituración de la revelación). Samuel, por su parte, organizó escuelas de profetas (1 S. 10:5-11) quienes suplementaron la Palabra de Dios entregada a Moisés con el fin de instruir a Israel en los caminos de Dios y de salvaguardar la teocracia. Además, en estos «tipos claustros dedicados a la religión y al saber»[12] los profetas estudiaban la ley revelada de Dios, registraban la historia de Israel[13] y preservaban sus propios escritos proféticos.

Durante la época del reino unido, Dios habló a David (1 S. 23:2-4) y a Salomón (1 R. 3:5; 9:2; 2 Cr. 7:12) por medio de profetas como Natán (2 S. 7:4–17; 12:1–14; 1 Cr. 17:3), por medio de (al menos) setenta y tres salmos de David[14] y dos salmos de Salomón, y

---

[10] Ver Robert L. Reymond, *Jesus, Divine Messiah: The Old Testament Witness* (Fearn, Ross-shire, Scotland: Christian Focus Publications, 1990), cap. 1, para un comentario sobre "el ángel del Señor" en el Antiguo Testamento.

[11] Ver Benjamin B. Warfield, "Dream," in *Selected Shorter Writings of Benjamin B. Warfield*, ed. John E. Meeter (Nutley, N.J.: Presbyterian and Reformed, 1973), 2:152–66.

[12] Edwin R. Thiele, *A Chronology of the Hebrew Kings* (Grand Rapids, Mich.: Zondervan, 1977), 55.

[13] Por ejemplo, Samuel, Natán y Gad registraron la historia de David (1 Cr. 29:29); Natán, Ahías e Iddo registraron la historia de Salomón (2 Cr. 9:29); Semaías e Iddo registraron el reinado de Roboam (2 Cr. 12:15); Iddo registró la historia de Abías (2 Cr. 13:22); Jehú registró el reinado de Josafat (2 Cr. 20:34); Isaías registró las historias de Uzías y Ezequías (2 Cr. 26:22; 32:32); y "videntes" anónimos registraron la historia de Manasés (2 Cr. 33:19). Puesto que los libros de Samuel, Reyes y Crónicas se basaban en dichos registros (y seguramente otros afines), la historia que estos libros bíblicos registran es verdadera y precisa, tomada de fuentes literarias escritas por profetas inspirados y preservadas por sus escuelas proféticas.

[14] Ver 2 S. 23:2, cuando declara David, "El Espíritu de Jehová ha hablado por mí, y su palabra ha estado en mi lengua". Ver también Hch. 1:16 y 4:24-26 para dos afirmaciones neotestamentarias del mismo hecho: "Varones hermanos, era necesario que se cumpliese la Escritura en que el Espíritu Santo habló antes por boca de David" y "Y ellos, habiéndolo oído, alzaron unánimes la voz a Dios y dijeron: Soberano Señor, tú eres el Dios que hiciste el cielo y la tierra, el mar y todo lo que en ellos hay; que por boca de David tu siervo [en Sal. 2]".

finalmente a través de la literatura sapiencial de sabios varones de Dios.[15] Fue además durante esta época que se marcó una clara división entre la revelación general y la revelación especial (ver Sal. 19).

En la época del reino dividido, antes de los tiempos de los grandes profetas escritores, Dios habló por medio de profetas tales como Ahías (1 R. 11:29-39; 14:6-16), Semaías (1 R. 12:22-24), Elías (pero note en 2 Cr. 21:12-19 una profecía escrita por Elías), Micaías (1 R. 22:17-28) y Eliseo (2 R. 2-13) quien hizo predicciones de corto plazo (*e.g.*, 1 R. 17:1 para dar autenticidad a la institución profética de Israel como verdaderamente de Dios) y de largo plazo (*e.g.*, 1 R. 13:2).

Luego, a partir del siglo IX hasta el siglo V, Dios habló en visiones a los llamados profetas escritores: Abdías y Joel (siglo IX), Jonás, Amos, Oseas, Miqueas e Isaías (siglo VIII), Nahum, Sofonías, Habacuc y Jeremías (siglo VII), Daniel, Ezequiel, Hageo y Zacarías (siglo VI) y Malaquías (siglo V). También habló mediante sueños a Nabucodonosor y Daniel (Dn. 2:1, 3, 19, 26; 4:5; 7:1; ver también Jer. 23:25, 28, 32; 27:9; 29:8; Zac. 10:2).

Al transmitir el mensaje de Dios al pueblo, todo lo que decían estos profetas era, en última instancia, de Dios (ver 2 T. 3:16; 2 P. 1:20–21). De hecho, en varias ocasiones el factor divino se apoderó tanto del factor humano que el último quedó imperceptible. Como bien ha dicho Louis Berkhof:

> La palabra profética a menudo inicia hablando de Dios en tercera persona y luego, sin indicar la transición, cambia a la primera persona. Las palabras iniciales son palabras del profeta, pero luego de golpe, sin preparar al lector para el cambio, la voz humana desaparece y el autor divino habla sin intermediario aparente, Is. 19:1, 2; Os. 4:1–6; 6:1–4; Miq. 1:3–6; Zac. 9:4–6; 12:8, 9. De esta manera, la palabra del profeta se confunde con la del Señor sin transición formal alguna. Ambas palabras se fusionan y se presentan como una sola palabra.[16]

El Antiguo Testamento también arroja evidencia de que Dios claramente indicó a varios profetas que preservaran las revelaciones por escrito (1 Cr. 29:12, 19; Is. 8:1; 30:8; Jer. 25:13; 30:1–2; 36:2, 27–28; Ez. 24:1, 2; 43:11; Dn. 9:2; 12:4; Hab. 2:2; ver además 2 T. 3:16; 2 P. 1:20-21), en lo que se justifica la inferencia que Dios hizo lo mismo con todos los profetas.

Los profetas también hablan de la mano del Señor sobre ellos de manera que estaban limitados —a veces en contra de su deseo natural (Ex. 3:11; 4:10, 13; Jer. 1:6)— a proclamar el mensaje divino (Is. 8:11; Ez. 1:3; 3:22; 37:1). Jeremías expresó la compulsión santa que sintió para proclamar el mensaje de Dios diciendo: «Había en mi corazón como un fuego ardiente metido en mis huesos; Traté de sufrirlo, y no pude [וְלֹא אוּכָל, $w^e l\bar{o}$ ' $\hat{u}\underline{c}\bar{a}l$]» (Jer. 20:9).

A lo largo de esta época de desmoronamiento del reino se evidencia un proceso explícito de la escrituración de la Palabra divina; cada libro bíblico en esta época, así escriturado, se volvía un documento pactual y del reino entregado al pueblo de Dios en la historia de la redención. Los profetas tardíos reconocían la absoluta autoridad de estos escritos y los citaban como la Palabra de Dios (ver Jl. 2:32 y Abd . 17; Am. 1:2 y Jl. 3:16; Jer. 26:18 y Miq 3:12; Jer. 49:14–22 y Abd., *passim*; Ez. 14:14, 20; Dn. 9:2 y Jer. 29:10; Zac. 7:12; Mal. 4:4).

Fue, sin duda, en esta época de los grandes profetas que se escribieron los doce salmos de Asaf, los diez salmos de los hijos de Coré, el salmo de Hemán ezraíta y el salmo de Etán ezraíta y se añadieron al salterio.

Resumamos ahora el concepto revelacional en el período veterotestamentario:

1. Dios se reveló a sí mismo en el contexto de la «historia de la redención» (en dicha historia

---

[15] Ver Bruce K. Waltke, "The Authority of Proverbs: An Exposition of Proverbs 1:2–6," *Presbuterion: Covenant Seminary Review* 12, no. 1 (1987). 65–78.
[16] Louis Berkhof, *Introductory Volume to Systematic Theology* (Grand Rapids, Mich.: Eerdmans, 1932), 149.

actuó con misericordia y juicio para redimir a su pueblo).

2. Esta «historia de la redención» se estructura a través de varios pactos que Dios hizo con Adán, con Noé, con Abraham, con Israel (tanto en Sinaí como en los campos de Moab), y con David y también a través del nuevo pacto prometido en Jeremías 31. Cada pacto se fundamenta en el anterior en el desenvolvimiento del propósito salvífico de Dios.

3. A su vez, esta historia estructurada pactualmente, necesariamente incluyó y fue auxiliada por una comunicación verbal de verdad proposicional, afirmaciones hechas a veces inmediatamente por Dios mismo o proviniendo de Él, y hechas otras veces por personas autorizadas, autentificadas e inspiradas por Dios.[17]

4. La actividad reveladora que acompañó y estaba al servicio de la actividad redentora de Dios fue necesariamente progresiva. Su progresión mostraba un carácter orgánico, o sea, había una perfección en cada etapa (y esta es una de las razones por la que los profetas tardíos no dudaban en citar a los profetas tempranos).[18]

5. Estas revelaciones llegaron a nosotros a través de teofanías, sueños, y visiones que acompañaban y elucidaban la actividad redentora de Dios, pero llegaron a su culminación en la época mosaica y en cada época subsiguiente en la progresiva escrituración de la Palabra de Dios. Ciertas descripciones del Antiguo Testamento encontrados en el Nuevo llaman la atención pues sugieren que los autores del Nuevo Testamento consideraban el Antiguo como un corpus literario completado y autoritativo: «La ley y los profetas» (ὁ νόμος καὶ οἱ προφῆται, *ho nomos kai hoi prophētai*) Lc. 16:16; «Moisés y los profetas» (Μωϋσέα καὶ τοὺς προφῆτας, *Mōusea kai tous prophētas*) Lc. 16:29; «la ley de Moisés, los profetas y los salmos» (τῷ νόμῳ Μωϋσέως καὶ τοῖς προφήταις καὶ ψαλμοῖς, *tō nomō Mōuseōs kai tois prophētais kai psalmois*) Lc. 24:44; la «Ley» (τῷ νόμῳ, *tō nomō* [citado de Salmos]) Jn. 10:34; «la escritura» o «las escrituras» (ἡ γραφή, *hē graphē*, αἱ γραφαί, *hai graphai*) Jn. 10:35; Ro. 9:17; Lc. 24:27; «santas Escrituras» (γραφαῖς ἁγίαις, *graphais hagiais*) Ro. 1:2; los «oráculos de Dios» (τὰ λόγια τοῦ θεοῦ, *ta logia tou theou*) Ro. 3:2; «palabras de vida» (λόγια ζῶντα, *logia zōnta*) Hch. 7:38; «Escrituras proféticas» (γραφῶν προφητικῶν, *graphōn prophētikōn*) Ro. 16:26; y «[las] Sagradas Escrituras» [τὰ] ἱερὰ γράμματα, ([*ta*] *hiera grammata*) 2 Ts. 3:15.

6. La lectura y enseñanza públicas de la Palabra de Dios continuaron después de su escrituración para que la Palabra de Dios fuera mantenida ante el pueblo como su revelación perpetua para ellos (Jos. 8:30–35; Neh. 8:1–18; Mal. 4:4–6).

EVIDENCIA DEL NUEVO TESTAMENTO

1. En la época del Nuevo Testamento (un período mucho más abreviado que el del Antiguo Testamento que tan solo abarca unos cien años), Dios reinauguró el proceso revelacional que había terminado con Malaquías. Las primeras palabras fueron entregadas por Gabriel a Zacarías y a María (Lc. 1:13-20, 28-37) y cinco sueños sobrenaturales a José y los magos (Mt. 1:20; 2:12, 13, 19, 22).

2. Luego Dios habló por medio de Juan el Bautista. En Lucas 3:2 se describe el surgimiento de la revelación a Juan con palabras que hacen eco de la fórmula veterotestamentaria: «Vino palabra de Dios a Juan» (ἐγένετο ῥῆμα θεοῦ ἐπὶ Ἰωάννην, *egeneto rhēma theou epi Iōannēn*).

3. Luego reveló su gloria, gracia y verdad de forma personal y directa en el Hijo encarnado que es el Verbo de Dios (Jn. 1:1, 14, 17; 17:3-8; Heb. 1:1-2), cuya persona manifiesta el

---

[17] Ver parte dos, capítulo once, "Las obras de Dios de creación y providencia" para mayor evidencia escritural de esta relación.
[18] Geerhardus Vos (*Biblical Theology* [Grand Rapids, Mich.: Eerdmans, 1948], 15–16) expresa esta idea haciendo una analogía entre el proceso revelacional y el crecimiento de un árbol: "A menudo se supone que el progreso de la revelación niega su perfección en cada etapa. Tal sería el caso si no fuera un progreso orgánico. El proceso orgánico es de semilla a desarrollo pleno; sin embargo, no decimos, en sentido cualitativo, que la semilla es menos perfecta que el árbol."

nombre y la naturaleza de Dios (Jn. 17:6), cuya obra revela la obra de Dios (Jn. 17:4) y cuyas palabras revelan las palabras divinas (Jn. 12:44-50; 17:8).

4. Por último, en la época apostólica Dios proveyó la explicación de la «revelación del Hijo» por medio de la «palabra revelada» a través de los apóstoles y profetas de Cristo (Jn. 15:12-15; 1 Ts. 2:13; 1 Co. 2:13; 12–14; Ef. 3:5; 2 P. 3:15–16).[19]

Podemos resumir el concepto revelacional en la época del Nuevo Testamento atendiendo a seis puntos adicionales:

1. En los evangelios, Cristo el Verbo encarnado, anunciado como el Mesías del Antiguo Testamento por Juan, reclama la autoridad suprema, última y absoluta del mismo Señor Dios (ver Mt. 9:2; 11:27; 28:18; Lc. 21:33).

2. En los evangelios, Cristo llama, equipa y envía a los apóstoles a hablar y obrar con su potestad y les provee lo necesario para que continúen con su testimonio autoritativo (Lc. 6:13; 9:1-6 [aquí se les asigna una especie de «pasantía» para ejercer esta autoridad], Jn. 14:25-26; 16:12-15; 17:20 [en estos pasajes se les asegura que no tendrán que depender de sus memorias para el conocimiento y la precisión; el Espíritu Santo les ayudará; aquí también deben ser salir a su tarea como misioneros de la iglesia, como «plenipotenciarios» de Cristo, que poseen la autoridad de Él]).[20]

3. En la época neotestamentaria, después de la resurrección y ascensión de Cristo, los apóstoles son autentificados como los representantes autoritativos de Cristo a través de las «marcas del apóstol» (Hch. 5:12; 2 Co. 12:12; Heb. 2:4).

4. El testimonio apostólico, que en primera instancia era sobre todo *oral*, progresivamente culminó en la tradición apostólica *escrita*, que luego se convirtió en la norma y autoridad de la iglesia para la fe y la práctica (1 Ts. 2:13; 5:27; 2 Ts. 2:15; 3:6, 14; 2 Co. 10:8; 13:10; Ef. 3:1–4; Col. 4:16; 1 Jn. 1:1–4; 4:6; Jn. 20:30–31).

5. La iglesia recibió estos escritos apostólicos con la misma autoridad que recibieron las Escrituras del Antiguo Testamento (expresamente afirmado en 1 Ts. 5:18 [ver Luc. 10:7]; 2 P 3:16; afirmado implícitamente en 1 Ts. 5:27; Col. 4:16; 1 Ts. 4:13; Ap. 1:3).[21]

6. La iglesia post-apostólica no «canonizó» las Escrituras del Nuevo Testamento. Lo que hizo la iglesia fue declarar que las había recibido como autoritativas y normativas desde un inicio como un cuerpo literario inspirado. La lista más antigua que contenía solo veintisiete libros del Nuevo Testamento surge en una carta de Atanasio, en 367 d.C.; el primer concilio en afirmar los veintisiete libros del Nuevo Testamento fue el Tercer Concilio de Cartago, en 397 d.C.

Anticipando un asunto que se abordará en más detalle en el capítulo tres, es decir la cesación de la revelación especial, es importante aclarar aquí que el proceso revelacional que produjo nuestro Antiguo y Nuevo Testamento no fluyó sin interrupción. Entre Génesis 49:27 y Éxodo 2:1 hay un espacio de un poco más de cuatrocientos años, durante los cuales hubo un «*cierre*» de comunicación divina hasta la familia de Jacob en Egipto. Y luego, después de

---

[19] Ver C. H. Dodd, "The Primitive Preaching," *The Apostolic Preaching and Its Developments* (New York: Harper & Row, 1964), y Leon Morris, *The Apostolic Preaching of the Cross* (London: Tyndale, 1955) para un análisis del evangelio que los apóstoles proclamaron al mundo pagano y el valor teológico de la cruz que los apóstoles enseñaron a los creyentes cristianos.

[20] En ningún sentido la revelación de la palabra por medio de los órganos apostólicos le quitan valor al carácter de Jesús como *el* Verbo de Dios o debilitan el carácter definitorio de la revelación de Dios al hombre en y por medio de Cristo, pues es la Palabra de Cristo que los apóstoles proclaman.

[21] En 1 Timoteo 5.18 Pablo trata la afirmación de Lucas 10:7 bajo el rubro de "Escrituras"; en 2 Pedro 3:16 Pedro sugiere que los escritos de Pablo son Escrituras al referirse a ellas en el contexto que menciona las "otras Escrituras". Y luego cuando Pablo y Juan exigen que sus escritos sean leídos en las asambleas reunidas de las iglesias junto con la lectura del Antiguo Testamento, la implicación es que sus escritos habrían de considerarse como guía normativa para la fe y la práctica, como la Palabra de Dios.

la muerte de Malaquías, el último de los profetas del Antiguo Testamento, pasaron otros cuatrocientos años de oscuridad antes de que el ángel Gabriel se apareciera al sacerdote Zacarías, iniciando así la revelación del período neotestamentario. Tales épocas anteriores de «suspensión» revelacional nos han de preparar para la naturalidad de la suspensión revelacional que ha estado en efecto desde el cierre del canon del Nuevo Testamento.

LA OBJECIÓN NEO-ORTODOXA

En el siglo pasado se registró una objeción sofisticada a toda la idea de la revelación verbal. La objeción mantiene que la verdad religiosa, por su misma naturaleza, será siempre verdad existencial; o sea, una verdad subjetiva, "una verdad para mí", el individuo humano. Se dice que debido a que el lenguaje oral y escrito siempre se ubica en el marco de la relatividad histórica, el lenguaje resulta un medio inadecuado para satisfacer la demanda subjetiva del alma de la certeza religiosa; su función en el mejor de los casos es un *Hinweis* – un indicador – "del encuentro existencial de la verdad" subyacente y comunicado por las palabras de las Escrituras, y que se experimenta *de forma no verbal* por el individuo humano. En otras palabras, la revelación nunca es proposicional, sino que siempre es personal en términos del «evento de Cristo», pues solo Cristo es la Palabra de Dios. La Biblia, de esta manera, llega a ser testigo humano falible de la Palabra de Dios, y el Espíritu inspira, no la Biblia, sino "la fe", recreando el "evento de Cristo" *en nosotros* existencialmente. Es el creyente que en realidad es «inspirado».[22]

Tal es el pronunciamiento dogmático de la neo-ortodoxia clásica. Como una faceta de la impresionante empresa de la segunda, tercera y cuarta década del siglo XX, la neo-ortodoxia se sitúa en la visión más amplia de novedad teológica que, bajo la influencia de la distinción de Kant entre el mundo «fenomenal» y el mundo «noumenal»,[23] trazó una distinción cualitativa entre Dios y el hombre, entre la eternidad y el tiempo. Emmanuel Kant (1724-1804) argumentó que el mundo fenomenal, el mundo de las apariencias, estaba bajo el control de la razón pura, mientras que el mundo noumenal consistía en el mundo de Dios, de la libertad y de la fe bajo el control de la razón práctica. Por ello, los teólogos neo-ortodoxos mantenían que mientras la eternidad puede tocar el tiempo tal como una tangente hace contacto con un círculo, la eternidad nunca entra en el tiempo. Aunque Dios «hable» al hombre existencialmente, esta "revelación" siempre permanece fuera del alcance de la historia en el sentido en que los proponentes de este punto de vista se refieren como la historia «primigenia» (*Urgeschichte*) y nunca se ha de identificar con las palabras de la Biblia ni de cualquier otro libro en el sentido de A = A. Esta objeción, entonces, percibe la Biblia como un registro imperfecto de la revelación de Dios al ser humano y nunca como la revelación misma. La revelación es siempre una teofanía directa no-verbal fuera de la historia ordinaria, y la verdad religiosa es siempre una verdad personal y existencial, el producto de un encuentro crítico existencial (el evento de Cristo) entre Dios y el ser humano individual.

Yo daría al menos tres respuestas para rebatir esta objeción a la doctrina protestante histórica de las Escrituras como la verdadera Palabra de Dios.[24] Primero, no importa lo que uno piense acerca del carácter verbal o proposicional de la revelación especial, debe al menos admitir que *las Escrituras mismas afirman que una forma -de hecho, una forma significativa-*

---

[22] A menudo se dice que los teólogos neo-ortodoxos enseñan que la Biblia "contiene" la Palabra de Dios. Esto no es cierto. Tampoco enseñan que la Biblia se "convierte" en la Palabra de Dios en un sentido objetivo. Lo que enseña el teólogo neo-ortodoxo es que la Biblia se vuelve el instrumento que reproduce el "evento de Cristo" *en* uno subjetivamente.
[23] Para una discusión perspicaz de la influencia del pensamiento de Kant en la neo-ortodoxia, ver John M. Frame, *Cornelius Van Til: An Analysis of His Thought* (Phillipsburg, N.J.: Presbyterian and Reformed, 1995), 353–69.
[24] Ver I. Howard Marshall, *Biblical Inspiration* (Grand Rapids, Mich.: Eerdmans, 1983), 13–15, y su crítica cuádruple de la representación neo-ortodoxa de la revelación como siempre y únicamente un encuentro personal.

de revelación divina asume precisamente este carácter. El mismo James Barr, quien no fue amigo de la doctrina evangélica de las Escrituras, reconoce este hecho en su libro *Old and New in Interpretation*. En un apéndice titulado «Una nota sobre el fundamentalismo», Barr observa: «En las teologías revelacionales modernas [con esto se refiera a las teologías neo-ortodoxas], es un argumento común en contra del fundamentalismo [con esto se refiere a la teología evangélica] anotar que esta depende de una visión proposicional de la revelación aun cuando la visión correcta de la revelación es una de encuentro, de eventos y de historia».[25] Pero Barr afirma que la posición de uno debe basarse en «una exégesis de los textos tales como existen»[26] y por ello reconoce que el teólogo evangélico ha leído bien su Biblia:

> En la medida que se puede usar el término «revelación», es acertado decir que en el Antiguo Testamento la revelación se lleva a cabo a través de la comunicación verbal y a través de los hechos en la historia. Hay comunicación verbal en el hecho que Dios habla directamente con el hombre y también en el hecho que los hombres aprenden de los antepasados por medio de la forma verbal de la tradición. Cuando hablamos de la naturaleza altamente «personal» del Dios del Antiguo Testamento, nos fundamentamos en este carácter verbal de su comunicación con el hombre. Los hechos de Dios cobran sentido porque se realizan dentro del marco de esta comunicación verbal. Dios revela lo que está haciendo o dice lo que va a hacer. No hace cosa alguna a menos que se lo diga a sus siervos los profetas (Am. 3:7). Un Dios que actuara en la historia sin revelar el propósito de dicha acción con la conversación verbal resultaría un ente misterioso y más allá de lo personal.[27]

Hay cierta renuencia a encarar el hecho de esta comunicación verbal debido al problema apologético que introduce. No nos podemos siquiera imaginar la comunicación verbal entre Dios y el hombre, y nos preocupan las terribles consecuencias que se desatarían en la iglesia y el daño irreparable a la racionalidad de la presentación del cristianismo si se admitiera la importancia de dicha comunicación verbal.

Pero, en primer lugar, dichas consideraciones apologéticas no deberían detenernos de afirmar el carácter histórico de la literatura antigua. Cuando hablamos de la importancia de la comunicación verbal, estamos hablando como eruditos histórico-literarios acerca del carácter de la literatura y las formas de expresión que se manifiestan en ella. Bien puede ser que como historiadores no podemos dar fe adecuada para estos fenómenos; pero sí podemos intentar dar fe de cómo fueron recibidos y de la manera en que ellos dominan los patrones y las formas de la literatura.[28]

Podemos decirlo de esta manera: cualesquiera que fuesen los actos y encuentros que formaron la experiencia del hombre ante Dios en el Antiguo Testamento, la forma tangible que adoptan es la de afirmación verbal, lingüística y literaria. Es esta afirmación que suple el *contenido* de todos los actos y encuentros, y provee la distinción entre estos actos y encuentros y los elementos de propósito y voluntad personal. Por ello, la experiencia de Israel y sus profetas se cristaliza en la forma de enunciados y complejos literarios que constituyen la forma articulada (es decir, la forma conocible) de la manera en que Dios se reveló y se relacionó con ellos.[29]

En su artículo «La revelación a través de la historia en el Antiguo Testamento y en la teología moderna»,[30] Barr expresa su convicción con mayor énfasis:

> Nos enfrentamos a aquellos textos que han suplido los ejemplos básicos para la idea revelacional a través de la historia, tal como el relato del éxodo. Si tratas este registro como la revelación a través de la historia, generalmente hablas como si la base fuese la realización de ciertos actos

---

[25] James Barr, *Old and New in Interpretation* (London: SCM, 1966), 201.
[26] Ibid., 77.
[27] Ibid., 77–78.
[28] Ibid., 79.
[29] Ibid., 80.
[30] James Barr, "Revelation Through History in the Old Testament and in Modern Theology," *Interpretation* (April 1963): 193–205.

> divinos (la naturaleza de dichos actos, sin embargo, resulta difícil de determinar). Pero la forma presente de la tradición diría que en su detalle y su circunstancia el pasaje provee una interpretación o una meditación sobre los actos, una reflexión teológica en torno a los actos de Dios. Por ello, podemos escuchar que el gran pasaje revelador de Éxodo 3 se describe como la interpretación del acto divino de la salvación o como una inferencia desprendida del acto específico; o sea, que Dios sacó a Israel de Egipto.
>
> Pero me resulta difícil encajar este esquema en los textos, pues esta no es la manera que el texto representa los eventos del éxodo. Lejos de representar los actos divinos como la base de todo conocimiento de Dios y comunicación con él, representan a Dios comunicándose libremente con el hombre, particularmente con Moisés, antes, durante y después de dichos eventos. Lejos de ser el incidente en la zarza ardiente una «interpretación» de los actos divinos, a mí me parece una comunicación directa entre Dios y Moisés para revelarle sus propósitos e intenciones. No es que esta conversación represente la interpretación de un acto divino sino más bien es una precondición del acto. Si Dios no se hubiera comunicado con Moisés, los israelitas no hubieran demandado su partida de Egipto y la liberación en el Mar Rojo no se hubiera realizado.
>
> Desde una óptica crítica, claro está, podríamos argumentar que los registros de dichos diálogos surgieron a partir de una inferencia desprendida de actos divinos ya conocidos y creídos. Puede ser que existan buenas razones por pensar así. Lo único que deseo enfatizar es que, si hacemos este postulado, lo hacemos en un fundamento crítico y no en un fundamento bíblico, pues esta no es la manera que la narrativa bíblica presenta los hechos ... [31]

La comunicación directa [entre Dios y el hombre] es, creo yo, un hecho incontrovertible de la Biblia y del Antiguo Testamento en particular. Dios puede enunciar mensajes verbales específicos cuando quiere y a quien quiere. Si no fuera por esta comunicación, si somos fieles a la representación veterotestamentaria de los incidentes, no habría un llamado a Abraham, un éxodo ni profecía alguna. La comunicación directa de Dios al hombre reclama la médula de la tradición en la misma medida que la revelación a través de los eventos en la historia. Si nos ceñimos a la postura que la comunicación directa y específica ha de considerarse bajo el rubro de la revelación a través de los eventos en la historia y que, por lo tanto, no es más que la interpretación de dichos eventos, terminamos abandonando la representación que la Biblia misma adopta, lo cual nos presenta con otro problema apologético.

Y aquí me gustaría delatar la falsedad de esta posición. En tiempos modernos se nos ha presentado el «escándalo» en la idea de la revelación a través de la historia [el lector ha de percatarse que, desde la perspectiva neo-ortodoxa, este «escándalo» es con lo que el evangelio desafía la mente moderna y por lo tanto es algo deseable], y aceptar dicho escándalo es difícil para la mente moderna, aun para la mente teológica. Lo contrario me parece a mí ser el caso. La razón por la cual lo usamos con tanta frecuencia es la inversa: lejos de ser una traba a nuestras mentes, es algo que utilizamos porque es una idea aceptada dentro de nuestra situación teológica; por ello, nos permite mitigar las dificultades que la Biblia presenta —dificultades que en el fondo son infinitamente más escandalosas—; elementos como la comunicación verbal directa, la predicción profética o los milagros.[32]

Lo que Barr nos dice es que el erudito neo-ortodoxo ha de admitir que la idea revelacional adoptada por los evangélicos es la idea de la Biblia misma y que su rechazo del «punto de vista evangélico» se basa, no en la Biblia misma, sino en un fundamento filosófico-crítico

---

[31] Ibid., 197.
[32] Ibid., 201- 2. El argumento de Barr que es el "fundamentalista" que ha leído correctamente las Escrituras me recuerda el reconocimiento que menciona Kirsopp Lake en su libro "La Religión de ayer y hoy" (Boston: Houghton, 1926), 61:
> Es un error común entre las personas cultas que tienen poco conocimiento de la teología histórica suponer que el fundamentalismo es una forma de pensamiento novedosa y extraña. No es tal cosa; el fundamentalismo es la supervivencia parcial e inculta de una teología una vez aceptada por todos los cristianos. ¿Cuántas personas había, por ejemplo, en las iglesias cristianas del siglo XVIII que dudaban de la inspiración infalible de las Escrituras? Algunas, tal vez; pero eran seguramente la minoría. El fundamentalista puede equivocarse; y yo pienso que se equivoca. Pero somos nosotros quienes nos hemos desviado de la tradición, no él; y lamento el fin de cualquiera que intente argumentar con el fundamentalista en base a la autoridad. La Biblia y el *corpus theologicum* de la iglesia están en el lado del fundamentalista.

extrabíblico.

La base epistemológica que la neo-ortodoxia ofrece para justificar su reclamo al conocimiento religioso porta todas las debilidades apologéticas de toda teología del «salto de fe», específicamente el subjetivismo radical y la irracionalidad inherente en toda experiencia religiosa no verbal. El existente humano religioso que adopta la visión epistemológica de la neo-ortodoxia no puede asegurarse jamás que el encuentro subjetivo no verbal fue en encuentro con Dios, con su propia consciencia o con Satanás mismo. ¿Cómo reconoce una experiencia religiosa verdadera y cómo la distingue de la falsa? ¿Qué razón puede dar para justificar su explicación verbal de su experiencia religiosa no verbal? ¿Y por qué ha de ser creído?

Por último, notemos el juicio emitido por la historia teológica reciente en torno a estas conclusiones. ¿Cuál ha sido el fin de la neo-ortodoxia clásica? Fue el bultmannianismo radical de la cuarta y quinta década del siglo XX el que llevó las implicaciones de la neo-ortodoxia a sus conclusiones lógicas. Por medio de su programa de la desmitologización del Jesús del Nuevo Testamento, hicieron imposible descubrir cualquier información acertada acerca de Él. La teología, pues, se redujo a una antropología existencial heideggeriana. Después del bultmannianismo radical surgió una especie de nueva búsqueda post-bultmanniana del Jesús histórico en las décadas sexta, séptima y octava del siglo XX.[33] Este post-bultmannianismo adoptaba una visión teológica que hablaba de los portentos de Dios en la historia, pero que al mismo tiempo se rehusaba a identificar cualquier hecho histórico como un acto de Dios; una teología que hablaba mucho acerca del Cristo de la fe, pero que rehusaba identificar a Jesús de Nazaret con el Cristo; una teología que hablaba mucho acerca de la Palabra de Dios, pero que rehusaba identificar la Biblia o cualquier otro libro con esa Palabra. Dicha teología resultó al fin incapaz de responder a las preguntas difíciles de los inquisitivos. Un evangelio cuyo Cristo es un fantasma, cuya cruz es un simple símbolo, y cuya resurrección ocurre únicamente en la historia primigenia, pero no en la historia real donde se experimenta el dolor y la muerte, carece de durabilidad. La inquietud creciente precisamente con la ausencia del elemento histórico en la neo-ortodoxia fue lo que dio el ímpetu a la nueva búsqueda del Jesús histórico que es la tendencia de la mayor parte de la erudición neotestamentaria post-bultmanniana. Dice mucho de la longevidad de la neo-ortodoxia clásica con su idea revelacional no histórica y existencial que mientras Bultmann tituló su propia examinación existencial de la vida de Jesús simplemente *Jesús*, su discípulo, Günther Bornkamm le puso de título a su obra semejante, *Jesús de Nazaret*. Y aunque su contenido dista mucho de la ortodoxia, demuestra una desviación de las teologías existenciales que dominaban el panorama hace algunas décadas.

Sigue siendo bíblico insistir en que Jesucristo es el Verbo encarnado de Dios, su revelación suprema y no un «evento» vago que ocurre solo en un encuentro personal no verbal.[34] Y es todavía apropiado enseñar que la Biblia es la Palabra escrita (proposicional) de Dios, inspirada divinamente y por eso, infalible. Y el Espíritu Santo inspiró la Biblia y genera la fe salvadora en los redimidos, iluminándoles con respecto a la naturaleza de las Escrituras y a su mensaje para ellos.

LA OBJECIÓN DE LA FILOSOFÍA DEL LENGUAJE

Una segunda objeción a la idea revelacional como una palabra verbal y proposicional de Dios

---

[33] Esta "nueva búsqueda" del Jesús histórico, realizado por hombres tales como E. Käsemann, H. Conzelmann, N. Perrin, y R. H. Fuller está destinado al fracaso porque su búsqueda de los dichos auténticos de Jesús se rige por la aplicación de los criterios fracasados de disimilitud, coherencia y frecuencia.
[34] Ver Robert L. Reymond, *Jesus, Divine Messiah: The New Testament Witness* (Phillipsburg, N.J.: Presbyterian and Reformed, 1990), para una defensa de la doctrina cristológica de Jesús como el Hijo de Dios encarnado.

al hombre propone que el lenguaje es sencillamente demasiado inadecuado para ser un vehículo de la comunicación personal, y por ello incapaz de expresar verdades literales acerca de realidades trascendentes. Esta objeción —anclada en el positivismo escéptico de la actualidad— se ha expresado por poetas como Gertrude Stein, por novelistas como Franz Kafka, por dramaturgos como Samuel Beckett y por filósofos como Ludwig Wittgenstein y A. J. Ayers. Se expresa, además, en las ideas religiosas orientales (como el taoísmo) que enfatizan la inexpresibilidad de Dios.

Claro que la objeción no carece de problemas. Vern S. Poythress ha señalado el problema del valor. Pregunta:

> ¿Sobre qué base hemos de emitir juicio acerca de la adecuación y la inadecuación...? ¿Qué queremos decir al afirmar que el lenguaje es inadecuado para hablar de Dios...? ¿En qué sentido es «inadecuado»? ¿Qué expectativa tenemos para el lenguaje acerca de Dios? Nuestras definiciones y expectativas de la «adecuación» ... están impregnadas de valores, de preferencias, de deseos, de normas y, posiblemente también, de desilusiones por objetivos propuestos, pero no alcanzados. ¿De dónde provienen estos valores? Si Dios es Señor, debemos conformarnos con sus estándares. Entonces hay una rebelión intrínseca en nuestra conclusión que el lenguaje bíblico es inadecuado para hablar de Dios.[35]

Poythress destaca un segundo problema epistemológico:

> ¿Cómo es posible que un crítico obtiene el conocimiento necesario acerca de Dios, la verdad y la cultura para emitir juicio acerca de la adecuación del lenguaje para expresar teología y verdad, y para comunicar a través de las culturas? ¿Cómo es posible si el crítico también está limitado por su propio lenguaje y cultura?[36]

Una variante más radical de esta objeción mantiene que el lenguaje humano es incapaz de expresar cualquier verdad literal.[37] Uno de los proponentes de esta teoría, Wilbur Marshall Urban, escribe que «estrictamente hablando no existe tal cosa como la verdad literal en sentido absoluto ... No hay enunciados estrictamente literales ... No hay tal cosa como la verdad literal ... Cada expresión lingüística contiene un elemento simbólico.»[38] Urban insiste que una verdad enteramente literal «es imposible dada la misma naturaleza del lenguaje y la expresión. Si hubiera tal cosa como la verdad literal, no se podría expresar».[39]

Esta teoría del lenguaje se basa en la premisa que el lenguaje humano tuvo su origen en los chillidos y gruñidos de los animales. Las primeras palabras enunciadas, se dice, eran sustantivos o nombres cuyo sonido imitaba el emitido por el referente; si el objeto no hacía ningún sonido, se usaba un método arbitrario para asignarle un sustantivo. Pero en todo caso, el lenguaje tiene un origen totalmente sensorial; toda palabra, con su origen inmediato en la impresión sensorial, deriva su significado del mundo sensorial. Por ende, todo lenguaje es simbólico. Los significados literales, particularmente cuando se trata de la metafísica, son imposibles puesto que una palabra nunca puede desatarse por completo de su origen sensorial.

¿Qué diremos ante una teoría tan radical? En primer lugar, la teoría del lenguaje cae bajo su propio peso. Se observa la inconsistencia de la teoría cuando le preguntamos a un defensor de ella: ¿Es la teoría del lenguaje, tal como ha sido expresada, literalmente verdadera? Si afirma que es verdadera, entonces la veracidad literal del enunciado falsifica la teoría puesto que al ser una proposición enunciada en el lenguaje rebate la proposición hecha por la teoría: que el lenguaje no puede expresar la verdad literal. Si responde que su formulación de la

---

[35] Vern S. Poythress, "Adequacy of Language and Accommodation," en *Hermeneutics, Inerrancy, and the Bible*, ed. Earl D. Radmacher and Robert D. Preus (Grand Rapids, Mich.: Zondervan, 1984), 353.
[36] Ibid., 354.
[37] Ver el artículo de Poythress y James I. Packer, "The Adequacy of Human Language," en *Inerrancy*, ed. Norman L. Geisler (Grand Rapids, Mich.: Zondervan, 1980), 197–226, para una respuesta más elaborada a esta objeción.
[38] Wilbur Marshall Urban, *Language and Reality* (London: George Allen & Unwin, 1961), 382, 383, 433.
[39] Ibid., 446.

teoría es la excepción singular a la tesis que propone, nos daremos cuenta de que aun esta respuesta falsifica la teoría. Y si afirma que su teoría no es literalmente verdadera, entonces simplemente la podemos rechazar. Si responde que mientras su teoría no es literalmente verdadera, sino que (según el postulado de la misma teoría) es simbólicamente verdadera, únicamente hay que preguntar: «¿Simbólicamente verdadera de qué?» Cualquier respuesta que da, según su teoría, solo puede ser simbólicamente verdadera de otra cosa, y así ad infinitum. La regresión infinita de la explicación simbólica ultimadamente conduce a la aseveración principal (esta teoría es simbólicamente verdadera) - aseveración que resulta imposible justificar.

A un nivel práctico, además, nadie podría vivir cómodamente con la noción de que el lenguaje no puede comunicar verdad literal. Los hombres y las mujeres usan el lenguaje a diario en situaciones políticas, económicas y sociales. Su intención, dejando a un lado las figuras de dicción obvias como las metáforas (las cuales representan una verdad literal una vez que hayan sido interpretadas), es que su lenguaje sea entendido y recibido como literalmente verdadero por sus oyentes. Y a la vez, se toma por sentado que las palabras que ellos escuchan son literalmente verdaderas. Cuando no se entiende lo que otra persona está diciendo, se pide aclaración. Cuando se duda de la veracidad de lo que se dice, se intenta verificar o falsificar la proposición. En pocas palabras, los hablantes no operan sobre la base de que el lenguaje está impregnado con dificultades teóricas con respecto a lo que se expresa y que por ello su valor como un vehículo para comunicar la verdad literal se reduce a cero. Los hablantes simplemente no consideran que sus enunciados son tan ambiguos que sus palabras no pueden expresar lo que intentan. John M. Frame elabora esta preocupación y aplica sus conclusiones al asunto de la autoridad de las Escrituras.

(a) Algunos enunciados son, en un sentido, perfectamente precisos y comprehensivos. Por ejemplo, el enunciado «Washington es la capital de los Estados Unidos» es una afirmación precisa y comprehensiva.

(b) Claro está, aun este enunciado no es enteramente comprehensivo en el sentido que afirme todo lo que se pueda decir acerca de Washington y de los Estados Unidos. Pero ningún ser humano intenta decir todo lo que se puede decir acerca de todos los temas que trata. La Biblia tampoco dice todo lo que se puede decir acerca de Dios. La infalibilidad de las Escrituras no implica este tipo de comprehensión. Y si no hay un reclamo de la comprehensión, la falta de comprehensión no puede refutar la comprehensión.

(c) La imprecisión tampoco se deberá considerar necesariamente una falla. «Pittsburgh queda a unas 300 millas de Filadelfia». En un sentido este enunciado es impreciso, pero es perfectamente bueno y no se consideraría un enunciado falso. Un libro «infalible» puede contener varios enunciados de este tipo que son imprecisos pero verdaderos. Se acepta, pues, que, en un sentido, el lenguaje humano nunca expresa la «verdad total», pero no hay que renunciar a la doctrina ortodoxa de la autoridad bíblica por ello.[40]

Ahora bien, si la validez del proceso comunicativo se toma por sentado cuando se trata del discurso humano cotidiano, la comunicación de la verdad mediante proposiciones verbales emitidos por el Dios infinito y personal se debe igualmente tomar por sentado. Si Dios es omnipotente, seguramente puede comunicar verdades literales y no simbólicas a los seres humanos sin que sus intenciones sean distorsionadas y anuladas por las ambigüedades. De hecho, según las Escrituras esto es precisamente lo que ha hecho. Nuestro Dios es un Dios que usa el lenguaje; ha hablado verdades literales a la humanidad.[41] Y si Dios creó a los

---

[40] John M. Frame, "God and Biblical Language: Transcendence and Immanence," in *God's Inerrant Word*, ed. John W. Montgomery (Minneapolis: Bethany, 1974), 160.
[41] Para una discusión más amplia de la habilidad de Dios de usar el lenguaje ver James I. Packer ("The Adequacy of Human Language," 206–7). Vale la pena citar el siguiente párrafo:

El testimonio explícito de la Epístola a los Hebreos nos sirve de comprobación. El autor inicia su epístola con la gran afirmación: "Dios, habiendo hablado muchas veces y de muchas maneras en otro tiempo a los padres por los profetas, en estos postreros días nos ha hablado por el Hijo" (Heb. 1:1-2). La identificación de "muchas

seres humanos con el fin de que ellos tuvieran comunión con Él, entonces podemos suponer que los habría creado con la capacidad de entender la verdad literal de Dios que se les ha entregado *ab extra* y con la capacidad de responder verbalmente a esa comunicación sin pérdida o distorsión de la verdad en el intercambio. (Seguramente esta capacidad es un aspecto de la imagen de Dios en que los seres humanos fueron creados). No hacemos otra cosa aquí más que ubicar el origen y el significado del lenguaje dentro del marco de la enseñanza de las mismas Escrituras. Las Escrituras enseñan que el ser humano es la corona de la creación de Dios y que todas las habilidades humanas son de origen divino. Las Escrituras afirman, en específico, que el lenguaje humano, lejos de ser un legado de los gruñidos y chillidos del hombre primitivo, es un don de Dios. Cuando Moisés usó su falta de elocuencia como excusa para rehusar el llamado de Dios, Dios le respondió: «Y Jehová le respondió: ¿Quién dio la boca al hombre? ¿o quién hizo al mudo y al sordo, al que ve y al ciego? ¿No soy yo Jehová?» (Ex. 4:11). Dios es la fuente y el origen del lenguaje. Creó al hombre y a la mujer en su propia imagen con el fin de intercambiar verdades literales. El cristiano tiene buenas y numerosas razones por creer que las Escrituras son un registro confiable de ese diálogo entre Dios y el ser humano.

Algunos han rechazado la idea de que Dios le hablara al ser humano. Aun si pudiera hablar, preguntan: ¿No es posible que aquellos quienes lo escucharon lo mal entendieron? Y si eso es una posibilidad real: ¿Cómo se puede estar seguro de que no lo mal entendieron?

En teoría es posible que los primeros receptores hayan mal entendido a Dios y que por ello lo hayan representado mal a los demás. Pero esa es la razón por la cual los evangélicos, en consonancia con las Escrituras mismas, mantienen que «los santos hombres de Dios hablaron siendo inspirados por el Espíritu Santo» al escuchar y transmitir el mensaje de Dios y que el Espíritu mismo los guía al registrar permanentemente su Palabra, precisamente para que la registraran sin error (ver 1 Co. 2:13; 2 P. 1:20–21).

Y ¿qué de nosotros? ¿No se invalida el valor de las Escrituras como vehículo de la verdad literal por el hecho de que nosotros somos capaces de mal entenderlas? Pues, es cierto que el mismo texto bíblico puede tener múltiples interpretaciones. William Temple, arzobispo de Canterbury (1942–44), dijo que aun si Dios se hubiera revelado de manera verbal (él mismo no lo creía), el valor de esta revelación como una comunicación verbal se vería destruida por la posibilidad del mal entendimiento humano de su intención.[4.2] Pero si Temple tiene razón, el valor de su propio libro se invalida por el mismo principio: debido al hecho que puede ser mal entendido significa que carece de valor como una comunicación de verdad literal. Pero aparentemente Temple no pensó que su libro carecía de valor. Si fuera así no lo habría escrito.

Las Escrituras pueden ser mal interpretadas y, de hecho, algunos las han mal entendido para su propia destrucción (ver 2 P. 3:16). Pero, aun así, no es cierto que la Biblia es simplemente una nariz de cera que puede ser moldeada para querer decir lo que el intérprete quiere que diga. Por ejemplo, la afirmación, «Porque de tal manera amó Dios al mundo que ha dado a su Hijo unigénito para que todo aquel que crea en él no perezca mas tenga vida eterna» es clara y concisa. Quiere decir una sola cosa: El Hijo de Dios, el regalo de amor de Dios a personas que no lo merecen, salvará de la eterna perdición y dará vida eterna a todo

---

maneras" señala los sueños, las visiones, las teofanías, los mensajes angelicales y otras formas de locución directa en que Dios reveló su mente a sus mensajeros veterotestamentarios. También indica la naturaleza ocasional y parcial de las revelaciones mismas, al menos cuando se evalúan a la luz de la revelación final y definitiva que Dios dio a través de su Hijo encarnado, Cristo Jesús. Pero cuando el autor escribe "ha hablado por el Hijo" lo que tiene en mente es precisamente la misma comunicación verbal que contempla cuando escribe que Dios ha hablado por los profetas. Avanza el argumento con la inferencia de que, por la dignidad suprema del Hijo, debemos prestar mayor atención al mensaje de la salvación tan grande que Él proclamó y que sus primeros oyentes, los apóstoles, comunicaron en sus testimonios orales (Heb. 2:1–3). El autor expone y explica los pasajes del Antiguo Testamento para hacer y apoyar sus puntos teológicos - que cita como lo que el Padre, el Hijo o el Espíritu Santo dicen a los creyentes (ver 1:5-13; 5:5ff.; 8:3-12; 10:30, 37ff.; 12:26; 13:5 para el Padre; 2:11-13; 10:5-9 para el Hijo; y 3:7-11; 9:8; 10:15-17 para el Espíritu Santo).

[42] William Temple, *Nature, Man and God* (London: Macmillan, 1934), 310–11.

Una Palabra de Otro Mundo

aquel que confía en Él. Este versículo no significa ni puede significar que Esar-hadon, rey de Asiria, amó tanto al mudo que dio a su hijo por él, o que el mundo amó tanto a Dios, ni tampoco permite la interpretación de que confiar en Jesucristo lleva a la perdición eterna. Las reglas gramaticales son demasiados inflexibles para permitirlo. Y estoy seguro de que cualquiera que sostenga que Juan 3:16 puede significar todas estas cosas, no quisiera que la misma regla hermenéutica se aplicara a sus propias palabras; pues si fuera así, sus palabras podrían ser entendidas como un apoyo a la idea de que Dios puede revelar verdades literales al hombre.[43]

Ahora bien, es cierto que la Biblia se interpreta de formas distintas. De hecho, en ciertas ocasiones los intérpretes pueden hacer conclusiones opuestas sobre un mismo pasaje de las Escrituras. ¿Cómo se explica esto? Y ¿por qué no destruye esta variabilidad interpretativa el valor de las Sagradas Escrituras como la revelación escrita de Dios? Bueno, tenemos que ser lo suficientemente racionales y tener suficiente valor para declarar que ambas interpretaciones no pueden ser correctas. Pueden estar ambas equivocadas, pero ambas no pueden ser correctas. Al menos una de las dos interpretaciones, si no ambas, necesita corregirse a través de la aplicación rígida de los principios de la hermenéutica gramático-histórica, manteniendo siempre el principio de la «analogía de la fe» en que la Escritura interpreta a la Escritura. No debemos decir que como el lenguaje es incapaz de comunicar un significado preciso y literal, aun interpretaciones contradictorias pueden ser ambas correctas. Lejos de ser incapaz de expresar verdades literales, el lenguaje es el único y más capaz vehículo para transmitir verdades literales de una mente a otra. La verdad solo se puede expresar proposicionalmente, pero las proposiciones no se pueden formular independientemente del lenguaje. Es tan sencillo como esto: si le negamos al lenguaje la capacidad de comunicar verdades literales, entonces rechazamos el único medio que existe para comunicar verdades literales de una mente a otra. Y para enunciar esta negación es menester que se asuma una forma lingüística. Como ya hemos notado, pues, al fin la teoría cae por su propio peso si es que pretende ser verdadera.

Un comentario final: cualquier teoría que propone la idea de que la verdad literal no puede ser revelada o comunicada proposicionalmente por Dios al hombre porque el lenguaje humano es incapaz de hacerlo es, a fin de cuentas, un atentado en contra de Jesucristo mismo. Pues en «los días de su carne» Jesús enseñó a las multitudes usando los idiomas del arameo y el griego y diciendo que al hacerlo impartía verdad eterna (véase por ejemplo Jn. 8:26, 40). Por ello, una negación de la posibilidad de una revelación verdadera de parte de Dios al ser humano atenta en contra de Jesucristo en su oficio de profeta y maestro, pues Él dijo ser el mensajero de dicha revelación. Aquellos que quieran ser leales a Jesús deben afirmar no solo que Dios puede revelarse, sino que se ha revelado de forma proposicional y que dicha revelación se ha registrado fielmente en las Escrituras cristianas.

Los cristianos han de hacer de esta revelación proposicional la piedra angular de su fe, pues solo en la medida que creen que la verdad se origina con Dios mismo pueden tener certeza respecto a la validez de sus convicciones religiosas.

---

[43] Walter C. Kaiser Jr., "A Response to 'Author's Intention and Biblical Interpretation,'" in *Hermeneutics, Inerrancy, and the Bible*, ed. Earl D. Radmacher and Robert D. Preus (Grand Rapids, Mich.: Zondervan, 1984), 409, observa:

Una obra literaria como la Biblia puede tener una y solo una interpretación correcta y esa interpretación ha de determinarse según la intención de veracidad del autor humano; de otra manera, a todos los supuestos significados se les daría el mismo grado de seriedad, factibilidad y veracidad de modos que una interpretación no podría ser más válida o correcta que otra ... Esto es tan fundamental al proceso de interpretación que para negar su legitimidad hay que asumir el mismo principio hermenéutico, aunque sea solo por un instante. Es gracioso ver como muchos defensores de la hermenéutica de múltiples sentidos demandan que sean entendidos por la intención de veracidad singular de sus propias palabras a la vez que argumentan que las palabras de la Biblia tienen múltiples significados.

2 | LA NATURALEZA INSPIRADA DE LAS SAGRADAS ESCRITURAS

El capítulo anterior consideró los datos bíblicos sobre el hecho de la existencia de un proceso de revelación verbal o proposicional en la historia. Este capítulo presenta argumentos a favor de la veracidad de la Biblia al proporcionar información sobre este proceso de revelación, así como de su carácter divinamente inspirado. Tras fundamentar exegéticamente el hecho del proceso de revelación y el carácter «revelado» del mensaje de la Biblia, buscaré demostrar la relación entre este proceso de revelación y el proceso de inspiración que lo acompaña.

LO «REVELACIONAL» DEL MENSAJE DE LA BIBLIA

Por «revelacional» quiero decir que la Biblia, con respecto al origen de su materia de estudio o «mensaje», es una revelación de Dios. Es decir, «cuenta una historia» que las personas no podrían conocer ni habrían conocido sin la ayuda divina. Dios fue su autor y su fuente. Él tuvo que contárselo a ellos.

Evidencia del Antiguo Testamento

La evidencia de que los profetas eran los mensajeros de Dios y que su mensaje era de origen divino abunda en el Antiguo Testamento. Considere los siguientes pasajes clave:

Éxodo 4:10–16; 7:1–4
Warfield se refiere al material del Éxodo que detalla la comisión de Dios a Moisés y Aarón como «el pasaje fundamental» para determinar lo que significaba ser un verdadero profeta (נָבִיא, *nāḇî'*).[1] El pasaje dice:

Entonces dijo Moisés a Jehová: ¡Ay, Señor! nunca he sido hombre de fácil palabra, ni antes, ni desde que tú hablas a tu siervo; porque soy tardo en el habla y torpe de lengua».

Y Jehová le respondió: ¿Quién dio la boca al hombre? ¿O quién hizo al mudo y al sordo, al que ve y al ciego? ¿No soy yo Jehová? Ahora pues, ve, y yo estaré con tu boca, y te enseñaré lo que hayas de hablar.

Y él dijo: ¡Ay, Señor! envía, te ruego, por medio del que debes enviar.

Entonces Jehová se enojó contra Moisés, y dijo: ¿No conozco yo a tu hermano Aarón, levita, y que él habla bien? Y he aquí que él saldrá a recibirte, y al verte se alegrará en su corazón. Tú hablarás a él, y pondrás en su boca las palabras, y yo estaré con tu boca y con la suya, y os enseñaré lo que hayáis de hacer. Y él hablará por ti al pueblo; él te será a ti en lugar de boca, y tú serás para él en lugar de Dios. (Ex. 4:10–16)

Jehová dijo a Moisés: Mira, yo te he constituido dios para Faraón, y tu hermano Aarón será tu profeta [נָבִיא, *nāḇî'*]. Tú dirás todas las cosas que yo te mande, y Aarón tu hermano hablará a Faraón, para que deje ir de su tierra a los hijos de Israel. Y…. no os oirá (Ex. 7:1–4).

Dios declara que Aquel que hizo la boca del hombre estará con Moisés para enseñarle qué

---

[1] Benjamin B. Warfield, «The Biblical Idea of Revelation», en *The Inspiration and Authority of the Bible* (Phillipsburg, N.J.: Presbyterian and Reformed, 1948), 87.

decir al pueblo de Israel y a Faraón (Ex. 4:12). Cuando este continuó objetando que no era elocuente, Dios declaró a Moisés que él sería «dios para Faraón» (7:1), y utilizaría a Aarón como su «profeta» (נָבִיא, nāḇî) (7:1), y que Aarón hablaría al pueblo y a Faraón en lugar de Moisés: «él te será a ti en lugar de boca, y tú serás para él en lugar de Dios» (4:16). De acuerdo con esto, cuando Faraón se negó a escuchar a Aarón, en realidad estaba negándose a escuchar a Moisés (7:4). Con base en este material, vemos que, para que Aarón fuese el «profeta» de Moisés, eran esenciales dos condiciones: (1) él no podía hablar por sí mismo, y (2) aquel por quien hablaba tenía que ser para él como «Dios». Según estos pasajes, un verdadero profeta era alguien que no expresaba sus propias palabras ni «hablaba de su propio corazón», sino que era un «vocero designado como representante de un superior divino, cuyo discurso conlleva la autoridad de este».[2] Resumiendo, el profeta era el portavoz de Dios.

Números 12:6–8

A Aarón y Miriam, que habían cuestionado la autoridad de Moisés, Dios declaró:
Cuando haya entre vosotros profeta de Jehová,
le *apareceré* [אֶתְוַדָּע, ʾetwaddāʿ] en visión, [בַּמַּרְאָה, bammarʾaḇh],
en sueños [בַּחֲלוֹם, baḥǎlôm] hablaré [אֲדַבֶּר, ʾǎdaḇēr] con él.
No así a mi siervo Moisés,
que es fiel en toda mi casa.
Cara a cara [פֶּה אֶל פֶּה אֲדַבֶּר, peh ʾel peh ʾǎdaḇēr] hablaré con él,
y claramente, *y no por figuras* [וְלֹא בְחִידֹת, wᵉlōʾ bᵉḥîḏōt];
y verá la apariencia de Jehová.
¿Por qué, pues, no tuvisteis temor
de hablar contra mi siervo Moisés? (Nm 12:6–8)

Aunque la idea fundamental de este pasaje es la defensa del favor particular y la dignidad superior que disfrutaba Moisés sobre todos los otros profetas del Antiguo Testamento,[3] también destaca de manera única el carácter general del mensaje del Antiguo Testamento. Ya sea Moisés o los otros profetas, su mensaje proviene igualmente de Dios (véase el «le apareceré» y «hablaré»). En cuanto al origen y autoridad divinos de sus respectivos mensajes, no se hace ninguna distinción entre Moisés y los otros profetas. «No se sugiere ninguna inferioridad, ya sea en la franqueza o en la pureza de su carácter sobrenatural, que esté asociada con otros órganos de revelación».[4] En este sentido, son iguales.

Deuteronomio 18:14-21

Este pasaje proporciona una garantía de que la institución profética y su mensaje en Israel eran de origen divino:

Porque estas naciones que vas a heredar, a agoreros y a adivinos oyen; [a fin de discernir la voluntad de sus dioses] mas a ti no te ha permitido esto Jehová tu Dios. Profeta [נָבִיא, nāḇî] de en medio de ti, de tus hermanos, como yo, te levantará Jehová tu Dios; a él oiréis; conforme a todo lo que pediste a Jehová tu Dios en Horeb el día de la asamblea, diciendo: No vuelva yo a oír la voz de Jehová mi Dios, ni vea yo más este gran fuego, para que no muera.

Y Jehová me dijo: Han hablado bien en lo que han dicho. Profeta les levantaré de en medio de sus hermanos, como tú; y pondré mis palabras en su boca, y él les hablará todo lo que yo le mandare. Mas a cualquiera que no oyere mis palabras que él hablare en mi nombre, yo le pediré cuenta. El profeta que tuviere la presunción de hablar palabra en mi nombre, a quien yo no le haya mandado hablar, o que hablare en nombre de dioses ajenos, el tal profeta morirá.

Y si dijeres en tu corazón: ¿Cómo conoceremos la palabra que Jehová no ha hablado?; si el

---

[2] Geerhardus Vos, *Biblical Theology* (Grand Rapids, Mich.: Eerdmans, 1948), 210.
[3] Sugiero que los profetas del Nuevo Testamento eran para los apóstoles lo que los profetas del Antiguo Testamento eran para Moisés: «como» ante un «superior». En el Antiguo Testamento, los profetas habían de ser «como» Moisés (Dt. 18:15, 18) y su mensaje había de estar de acuerdo con las enseñanzas de Moisés. En el Nuevo Testamento, los profetas estaban bajo la autoridad de la dirección apostólica (1 Co. 14:29-31).
[4] Warfield, «The Biblical Idea of Revelation», 86.

profeta hablare en nombre de Jehová, y no se cumpliere lo que dijo, ni aconteciere, es palabra que Jehová no ha hablado; con presunción la habló el tal profeta; no tengas temor de él (Dt. 18:14–21). En contraste con las prácticas paganas de hechicería y adivinación, en las cuales se prohibía a Israel participar (Dt. 18:14), Moisés declaró que, como alternativa, «profeta de en medio de ti, de tus hermanos, como yo, te levantará Jehová tu Dios», y Dios pondría sus palabras en boca de este profeta. Moisés además afirmó que el profeta hablaría las palabras de *Dios*. También en el versículo 18:22 se implica que el contenido del mensaje del profeta, aunque no estaría restringido a predecir sucesos futuros, podría e incluiría dicho elemento (véase «si... no se cumpliere lo que dijo, ni aconteciere»; véase también Dt. 13:1–3 para la prueba de la «analogía de la fe» del profeta del Antiguo Testamento, es decir, que su teología debía estar de acuerdo con la enseñanza previamente revelada).

Habacuc 2:2–3
Este pasaje es altamente significativo por lo que nos enseña acerca de la naturaleza de la profecía bíblica:

Y Jehová me respondió, y dijo:
Escribe la *visión* [חָזוֹן, *ḥāzôn*],
y declárala en tablas,
para que corra el que leyere en ella.
Aunque la *visión* [חָזוֹן, *ḥāzôn*] tardará aún por un tiempo,
mas se apresura hacia el fin,
y no mentirá;
aunque tardare, espéralo,
porque sin duda vendrá, no tardará. (Hab. 2:2–3)

Lo primero que se ha de notar es que la verdadera profecía es revelación, ya que en dos ocasiones el contenido de Habacuc 2 es referenciado por la palabra חָזוֹן, *ḥāzôn* (literalmente, «visión»). Esto significa que los verdaderos profetas no solo eran hombres de ingenio político o sabios pensadores con un punto de vista inusual acerca de los asuntos civiles y del mundo. Sino que, más bien, eran hombres que hablaban según el Espíritu Santo «los llevaba». En segundo lugar, se nos asegura que la profecía puede incluir la *predicción de sucesos futuros*, porque se nos dice que «la *visión* tardará aún por un tiempo», que «se apresura hacia el fin», y que lo que predice «vendrá». En tercer lugar, el oráculo divino declara que la visión tiene un *cumplimiento seguro*: la profecía «no mentirá» y «sin duda vendrá [בֹא יָבֹא, *bōʾ yābōʾ*]». En resumen, lo que Dios estaba prometiendo lo iba a cumplir sin duda. En cuarto lugar, hemos de notar que se instruye al profeta: «escribe [כְּתֹב, *kᵉṯōḇ*] la visión y declárala en tablas [הַלֻּחוֹת, *halluḥôṯ*]». Claramente, la profecía bíblica podía asumir y, de hecho, asumió *la forma concreta de Escritura*. En este contexto inmediato, la «visión» se refiere a la revelación que Dios da al profeta en Habacuc 2. En quinto y último lugar, su carácter escrito asegura su preservación, permitiendo que el «heraldo» (קוֹרֵא, *qôrēʾ*, lit., «aquel que lee» las tablas) corra con su mensaje proclamándolo a otros.

Jeremías 1:4–10
Al explicar el origen de su misión profética, Jeremías declaró:

Vino, pues, palabra de Jehová a mí, diciendo:
Antes que te formase en el vientre te conocí,
  y antes que nacieses te santifiqué,
  te di por profeta a las naciones.
Y yo dije: ¡Ah! ¡ah, Señor Jehová! He aquí, no sé hablar, porque soy niño.
  Y me dijo Jehová: No digas: Soy un niño; porque a todo lo que te envíe irás tú, y dirás todo lo que te mande...
  Y extendió Jehová su mano y tocó mi boca, y me dijo Jehová: He aquí he puesto mis palabras

en tu boca. Mira que te he puesto en este día sobre naciones y sobre reinos, para arrancar y para destruir, para arruinar y para derribar, para edificar y para plantar (Jer 1:4–10).

Aquí Jeremías deja claro que Dios le había apartado antes de nacer (de hecho, antes incluso de ser concebido) para el oficio profético. Una vez más, de este pasaje queda claro que, para ser profeta, uno tenía que ser comisionado por Dios, y que la persona que es comisionada tiene la obligación de hablar las palabras de *Dios*. En resumen, el mensaje del profeta había de tener su origen en Dios.

De acuerdo con este concepto, encontramos cientos de veces las expresiones: «Así dice Jehová» (כֹּה אָמַר יהוה, *kōh ʾāmar yhwh*) o «Vino a mí palabra de Jehová, diciendo» (וַיְהִי דְבַר יהוה אֵלַי לֵאמֹר, *wayᵉhî dᵉbar yhwh ʾēlay lēʾmōr*), como prefacio a las palabras del profeta.

Jeremías 36

Finalmente, con frecuencia encontramos que Dios ordena a los profetas escribir sus oráculos a fin de preservarlos (Ex. 17:14; 24:4, 7; 34:27; Nm. 33:2; Dt. 31:9, 24; 1 Cr. 29:12, 19; Hab. 2:2; Jer. 30:1–2; 36:2, 4, 6, 27–28). Jeremías 36 resulta particularmente instructivo por el hecho de que proporciona un gráfico retrato de la palabra divina en su proceso de asumir la forma escrita, destacando la identificación de la palabra divina con el producto final de la Escritura. Este capítulo muestra que, en primer lugar, el Señor es capaz de hablar verbalmente a los seres humanos (y de hecho lo hace); en segundo lugar, lo que dice es posible ponerlo por escrito; en tercer lugar, las palabras que se leyeron del rollo eran las palabras del Señor y las de Jeremías (el Señor las dijo, y Jeremías también). Esto destaca lo que Warfield llama la relación *confluente* entre los autores divinos y humanos;[5] y en cuarto lugar, el proceso de poner por escrito las palabras del Señor no tiene por qué afectar negativamente la pureza e integridad de su palabra, ya que las palabras que Baruc leyó al final del proceso de dictado, aunque seguían siendo las palabras dictadas por Jeremías, también eran las palabras dictadas por el Señor, y, cuando estas palabras fueron destruidas, Dios requirió que fueran reemplazadas por las mismas palabras, añadiendo incluso algunas más.

Tomados juntos, estos pasajes demuestran que los profetas de Israel sabían que habían sido llamados por el Señor, y, en ocasiones, en contra de su propio deseo natural (véase Ex. 3:11; 4:10, 13; Jer. 1:6), para hablar su palabra. Eran tan conscientes de este hecho, que a menudo registran el tiempo y el lugar cuándo y dónde el Señor les habló (véase Is. 1:1; 6:1; Jer. 6:3; 26:1; 27:1; 33:1; Ez. 3:16; 8:1; 12:8). Como evidencia adicional de que el mensaje que traían al pueblo llegaba a ellos *ab extra* (desde afuera), los profetas en ocasiones indicaron que no entendían completamente algo que estaban diciendo (véase Dn. 12:8, 9; Zac. 1:9; 4:4–5; 1 P. 1:10–11).

EVIDENCIA DEL NUEVO TESTAMENTO

El hecho de que el mensaje de la Biblia es «revelacional» también se enseña claramente en varios pasajes clave del Nuevo Testamento.[6]

Gálatas 1:11–2:21

Pablo declaró a los gálatas que el evangelio que les predicaba «*no es según hombre* [οὐκ ... κατὰ ἄνθρωπον, *ouk ... kata anthrōpon*], pues yo ni lo recibí ni lo aprendí de hombre alguno sino [que lo recibí] *por revelación de Jesucristo* [δι' ἀποκαλύψεως Ἰησοῦ Χριστοῦ, *di' apokalypseōs Iēsou Christou*]" (Gal. 1:11–12). Es claro que Pablo creía que el evangelio que proclamaba, incluyendo no solo su contenido factual, sino también su interpretación tenía su origen en el Cristo glorificado. Él argumentó haber recibido su evangelio, no de la situación de su vida antes de su conversión (Gal. 1:13–14), ni de la situación después de su conversión

---

[5] Ibid., 160; véase también Clark Pinnock, *Biblical Revelation—The Foundation of Christian Theology* (Chicago: Moody, 1971), 92–95.
[6] Véase Edwin A. Blum, «The Apostles' View of Scripture», en *Inerrancy*, ed. Norman L. Geisler (Grand Rapids, Mich.: Zondervan, 1980), 39–53.

(Gal. 1:16–2:10), sino precisamente *en conexión con* la experiencia de su conversión (Gal. 1:12, 15). Cristo le había hablado desde el cielo, y le había entregado su oficio apostólico. Cuestionar su evangelio era, por extensión, cuestionar el oficio apostólico que le había sido otorgado por Cristo, y cuestionar su oficio apostólico era cuestionar su evangelio. Y hacer esto, tronaba él, daría como resultado la condenación de su antagonista (Gal. 1:8–9). Así pues, dada la autoridad apostólica de Pablo y el evangelio específico que proclamaba como apóstol de Cristo, hemos de concluir que si Pablo simplemente escribió el evangelio que estaba proclamando (véase Ro. 1:1–4, 9, 16–17), lo que escribió sería igualmente divino con respecto a su carácter revelado.

1 Tesalonicenses 2:13

A los tesalonicenses Pablo escribió: «Nosotros sin cesar damos gracias a Dios, de que cuando recibisteis la palabra de Dios que oísteis de nosotros, la recibisteis no como palabra de hombres, sino según es en verdad, la palabra de Dios, la cual actúa en vosotros los creyentes» (1 Ts. 2:13). La afirmación que Pablo pronuncia aquí describe el mensaje que había proclamado a los tesalonicenses (λόγον ἀκοῆς, *logon akoēs*, lit., «una palabra escuchada») en vez describirlo como una carta que les había escrito, pero, aun así, sigue siendo muy significativo que Pablo caracterice el mensaje que había proclamado, no como palabra de hombre, sino «sino según es en verdad, la palabra de Dios». Aquí se destaca la verdad de que, aunque algunos preferirían considerar este mensaje como simplemente humano en vista de que Pablo, un ser humano, lo está proclamando. Pablo mismo lo considera básica y fundamentalmente (ἀληθῶς, *alēthōs;* lit., «verdaderamente») palabra divina (véase su τοῦ θεοῦ, *tou theou,* y θεοῦ, *theou;* lit., «de Dios»), ya que Dios mismo era su fuente. Si no tuviéramos ninguna otra afirmación del apóstol aparte de esta, podríamos inferir con amplia justificación que las mismas atribuciones serían válidas con respecto al mensaje que escribió como apóstol. Aunque lo estaba escribiendo, si era el mismo mensaje que había proclamado, sería, de hecho, palabra de Dios (ἀληθῶς λόγον θεοῦ, *alēthōs logon theou*) en cuanto a su carácter «revelacional», ya que Dios mismo seguía siendo su fuente.

1 Corintios 2:6–13

En este pasaje a los corintios sobre las doctrinas de la inspiración y revelación, que Charles Hodge describe como «el pasaje didáctico más formal de la Biblia»,[7] Pablo afirmó acerca de sí mismo como apóstol de Cristo: «lo cual también hablamos [los pensamientos libremente entregados a nosotros por Dios (del 2:12)], no con palabras enseñadas por sabiduría humana, sino con las [palabras] enseñadas por el Espíritu, *con las [palabras] del Espíritu explicando los pensamientos del Espíritu (acomodando lo espiritual a lo espiritual RV60)* [πνευματικοῖς πνευματικὰ συγκρίνοντες, *pneumatikois pneumatika synkrinontes*]»1 Co. 2:13).[8]

El pasaje es algo complicado, pero la intención de Pablo es clara. En primer lugar, él afirma que proclamar a Cristo crucificado (es decir, el evangelio) tal y como él lo estaba haciendo, era hablar la «sabiduría de Dios en misterio» (σοφίαν ἐν μυστηρίῳ, *sophian en mystēriō*), una sabiduría que ninguno de los «príncipes» de este siglo conoció (y esta clasificación incluye a los sabios, eruditos, y filósofos; véase 1 Co. 1:20). Él describe este mensaje como sabiduría «oculta», porque, según dice, lo que estaba proclamando son «cosas que ojo [humano] no vio, ni oído [humano] oyó, ni han subido en corazón de hombre» (2:9).

En segundo lugar, en respuesta a la posible pregunta de cómo llegó a poseer esta sabiduría que es inaccesible a los mortales, Pablo afirma: «Dios nos las *reveló* [ἀπεκάλυψεν, *apekalypsen*] a nosotros por el Espíritu» (2:10a).

---

[7] Charles Hodge, *Systematic Theology* (Grand Rapids, Mich.: Eerdmans, n.d.), 1:165.
[8] Hodge, *Systematic Theology*, 1:162, traduce la última frase como «revistiendo las verdades del Espíritu en las palabras del Espíritu».

En tercer lugar, Pablo dice que la razón por la que el Espíritu puede revelar la mente de Dios es porque (al ser Dios mismo), el Espíritu conoce los pensamientos de Dios (2:11b).

En cuarto lugar, Pablo afirma que la razón por la que él, como apóstol, podía hablar lo que el Espíritu de Dios conoce, es porque había recibido el Espíritu de Dios (2:12), que le *enseñaba*, no solo los pensamientos de Dios, sino también las palabras mismas en las que debía formularlos: «["Lo que Dios nos ha concedido gratuitamente", por medio del Espíritu (del 2:12b)]». Pablo dice: «lo cual también hablamos, no con 'palabras enseñadas por sabiduría humana', sino con las [palabras] del Espíritu explicando las 'cosas' del Espíritu» (2:13, traducción del autor).

Finalmente, Pablo afirma que ha de ser de esta forma, es decir, que se ha de recibir el Espíritu de Dios para comprender «lo que enseña el Espíritu», porque «el hombre natural no percibe las cosas que son del Espíritu de Dios, porque para él son locura, y no las puede entender, porque se han de discernir espiritualmente [es decir, se disciernen por medio del Espíritu]» (2:14).

Resumiendo, Pablo afirma aquí que, en su capacidad de apóstol, tanto los *pensamientos* que proclamaba (véase su λαλοῦμεν, *laloumen;* lit., «nosotros estamos hablando») como las *palabras mismas* con las que los formulaba, no eran finalmente suyos, sino que eran originalmente los pensamientos y palabras del Espíritu. La afirmación de Pablo muestra que es apropiado hablar de «inspiración *verbal*». Una vez más, podemos inferir con justicia que, si Pablo registró estos pensamientos en forma escrita, dándoles forma por medio de esas palabras enseñadas por el Espíritu, lo que escribió sería igualmente los pensamientos y palabras del Espíritu en forma escrita.

2 Pedro 3:15–16

¿Encontramos alguna afirmación en algún lugar acerca de que lo que Pablo *escribió* como apóstol era la Palabra de Dios? Sí, en el pasaje al que George E. Ladd se refiere como «la referencia más temprana al hecho de que la iglesia apostólica consideraba que las cartas paulinas eran Escritura (o al menos algunas de ellas)».[9] En 2 Pedro 3:15–16 Pedro declara: «Nuestro amado hermano Pablo, según la sabiduría que le ha sido dada, os ha escrito, casi en todas sus epístolas, hablando en ellas de estas cosas... las cuales los indoctos e inconstantes tuercen, como *también las otras Escrituras* [καὶ τὰς λοιπὰς γραφάς, *kai tas loipas graphas*], para su propia perdición». Es importante que observemos cuatro cosas acerca de esta afirmación. En primer lugar, Pedro declara que lo que Pablo escribió, no solo a los lectores de Pedro, sino en todas sus cartas, lo hizo de acuerdo con la sabiduría *que le había sido dada*, es decir, que las cartas de Pablo contienen sabiduría divina. En segundo lugar, Pedro coloca las cartas de Pablo en la categoría de Escrituras divinamente inspiradas mediante el particular giro de su frase, «como también las otras Escrituras». En tercer lugar, su autoridad divina se ve en la afirmación de Pedro acerca de que cuando los indoctos e inconstantes distorsionan el mensaje de las cartas de Pablo, lo hacen para su propia perdición. Finalmente, Pedro dice esto acerca de las cartas de Pablo a pesar de que él mismo es reprendido duramente en una de ellas por su práctica inconsistente en Antioquía (véase Gal. 2:11), mostrando con esto que estaba dispuesto a colocarse bajo la autoridad de la palabra apostólica que había sido entregada a Pablo.

Por consiguiente, Pedro aboga tanto por el origen intrínsecamente divino como por la autoridad de las cartas de Pablo, que es precisamente lo que podríamos esperar a la luz de las afirmaciones que el mismo Pablo hace acerca del origen de su mensaje.

2 Timoteo 3:16

---

[9] George E. Ladd, *A Theology of the New Testament* (Grand Rapids, Mich.: Eerdmans, 1974), 605.

Una Palabra de Otro Mundo

En nuestra discusión del versículo anterior asumimos el origen divino y el carácter «revelacional» de «las otras Escrituras»; Pablo habla de ellas en 2 Timoteo 3:16 cuando declara que «toda la Escritura es inspirada por Dios [πᾶσα γραφὴ θεόπνευστος, *pasa graphē theopneustos*]».[10] Para entender lo que quiere decir, hemos de entender primero lo que quería significar con la frase «toda la escritura», y luego lo que quería decir con «inspirada por Dios».

Como mínimo, con «toda la Escritura» Pablo se refería a las Escrituras del Antiguo Testamento. Esto resulta aparente en su afirmación a Timoteo en el versículo inmediatamente anterior: «Desde la niñez has sabido las Sagradas Escrituras [(τὰ) ἱερὰ γράμματα, *(ta) hiera grammata*]», refiriéndose con esto al Antiguo Testamento que hoy día tenemos. Pero existe una buena razón para creer que Pablo habría estado dispuesto a incluir, y casi seguro incluyó dentro de esta categoría técnica de «toda la Escritura», los documentos del Nuevo Testamento, incluyendo también los suyos. Porque cuando Pablo escribió lo que escribió en 1 Corintios 7, afirmó sarcásticamente contra aquellos que reclamaban tener la aprobación del Espíritu que hacían lo contrario de lo que él había instruido: «Y pienso que también yo tengo el Espíritu de Dios [δοκῶ δὲ κἀγὼ πνεῦμα θεοῦ ἔχειν, *dokō de kagō pneuma theou echein*]» (1 Co. 7:40). Pablo expresa su conciencia de que, lo que escribía como apóstol, lo hacía bajo la dirección del Espíritu. Una vez más, Pablo expresa una conciencia de la influencia de la dirección del Espíritu sobre él cuando escribe en 1 Corintios 14:37: «Si alguno se cree profeta, o espiritual, reconozca que lo que os escribo son mandamientos del Señor». En 1 Timoteo 5:18 Pablo escribe: «La Escritura [ἡ γραφή, *hē graphē*] dice», y luego continúa citando Deuteronomio 25:4 y Lucas 10:7. Esto solo puede significar que Pablo consideraba que el Evangelio de Lucas era «Escritura» inspirada, al nivel de Deuteronomio. Así pues, Pablo habría incluido dentro de su expresión «toda la Escritura» a todos y cada uno de los documentos escritos que provenían de Dios y tenían la naturaleza de «escritos sagrados», incluyendo no solo el Antiguo Testamento y aquellas porciones del Nuevo Testamento que ya estaban escritas, sino también todas aquellas que habían de ser escritas. Porque para Pablo, cualquier cosa que fuera «Escritura» era «inspirada por Dios». De hecho, precisamente porque era «inspirada por Dios» era «sagrada Escritura».

¿Qué quería decir Pablo específicamente cuando afirmaba que toda la Escritura es «inspirada por Dios» (θεόπνευστος, *theopneustos*)? La palabra en griego solo aparece en este lugar, pero A. T. Robertson la identifica como un adjetivo verbal que se basa en una antigua forma pasiva de participio.[11] Su análogo más cercano en el Nuevo Testamento (con el prefijo θεο-, *theo-* y el final -ος, *-os*) es θεοδίδακτος, *theodidaktos*, que significa «enseñado por

---

[10] La traducción de la RV (Revised Version) de la afirmación de Pablo como «Cada Escritura inspirada por Dios es también útil» requiere dos comentarios: En primer lugar, supone poca diferencia si πᾶσα γραφή, *pasa graphē*, se traduce por «cada Escritura [pasaje]» o «toda la Escritura» en el sentido de «el todo [o la totalidad] de la Escritura». El resultado final es esencialmente el mismo. Nigel Turner (*A Grammar of New Testament Greek*, ed. James H. Moulton [Edinburgh: T. & T. Clark, 1963], 3:199) afirma que πᾶς, *pas*, antes de un sustantivo anártrico (sin artículo) significa «cada» en el sentido de «cualquiera»: «no toda persona... sino cualquiera que te plazca». De acuerdo con esto, él traduce πᾶσα γραφή, *pasa graphē*, «cualquier cosa que sea Escritura». Pero continúa diciendo que el «πᾶς, [*pas*] anártrico también significa *todo, la totalidad de*, tal como lo hace cuando tiene el artículo». Por tanto, Turner fácilmente pudo haber traducido de la misma forma πᾶσα γραφή, *pasa graphē*, «toda la Escritura» en el sentido de «el todo de la Escritura». De hecho, a la luz del contexto que favorece la idea de que Pablo está pensando en el Antiguo Testamento, es más probable que este sea ciertamente el significado. Pablo prácticamente afirma esto en Romanos 15:4 cuando dice que «las cosas (todo lo que [NVI]) que se escribieron en el pasado [ὅσα προεγράφη, *hosa proegraphē*], se escribieron para enseñarnos, a fin de que, alentados por las Escrituras [γραφῶν, *graphōn*], perseveremos en mantener nuestra esperanza» (ὅσος, *hosos*, de acuerdo con BAGD, sec. 2, 586, cuando se usa en sentido absoluto como se hace aquí, significa «todo lo que»). C. F. D. Moule (*An Idiom Book of New Testament Greek* [Cambridge: Cambridge University Press, 1953], 95) está de acuerdo. Él insiste en que es «muy improbable» que πᾶσα γραφή, *pasa graphē*, signifique «toda Escritura inspirada», y que es «mucho más probable que signifique *la totalidad de la Escritura*».

En segundo lugar, en lo que respecta a la traducción de la RV (Revised Version) en su conjunto, Merrill F. Unger, en su *Introductory Guide to the Old Testament* (Grand Rapids, Mich.: Zondervan, 1956), 25–26, ha sostenido con acierto que (1) *es débil exegéticamente*, ya que no necesitamos que se nos diga lo obvio, es decir, que toda Escritura inspirada por Dios es también útil, (2) *es sintácticamente objetable*, ya que la RV traduce la misma construcción (un sujeto seguido de dos adjetivos de predicado unidos por la conjunción καί, *kai*) en 1 Corintios 11:30, 2 Corintios 10:10, 1 Timoteo 4:4, y Hebreos 4:12–13 directamente como dos adjetivos predicativos coordinados, (3) *es críticamente precario*, ya que muy pocos académicos han aprobado dicha traducción, y (4) *doctrinalmente peligroso*, ya que sugiere que alguna parte sagrada de la Escritura puede no ser producto de la inspiración divina. Véase también los comentarios similares de J. N. D. Kelly en su *A Commentary on the Pastoral Letters* (New York: Harper & Brothers, 1964), 203.

[11] A. T. Robertson, *A Grammar of the Greek New Testament in the Light of Historical Research* (Nashville, Tenn.: Broadman, 1934), 1095–97. Véase también su extenso análisis que realiza Warfield sobre la voz de θεόπνευστος, *theopneustos*, en su artículo «God-Inspired Scripture», en *The Inspiration and Authority of the Bible*, 245–96. También concluye que su voz es pasiva.

Una Palabra de Otro Mundo

Dios» (nótese la idea de la voz pasiva), y que aparece en 1 Tesalonicenses 4:9 [*N. del T.: en este versículo aparece como «aprendido de Dios» en la RVR1960, pero la NVI traduce en forma activa: Porque Dios mismo les ha enseñado*]. Este significado apoya la idea de la acción de la voz pasiva en θεόπνευστος, *theopneustos*, y de ahí nuestra traducción «inspirada por Dios». Pero ¿qué significa esto? ¿Significa que Dios inspiró algo en las Escrituras, o significa que Dios «exhaló» las Escrituras? Después de una investigación extensa, Warfield concluyó que significa lo segundo: que Dios «exhaló las Escrituras», saliendo estas de sí mismo, y su conclusión generalmente ha guiado el campo de la opinión académica. Afirma que «inspirada» es una «traducción distinta, e incluso engañosa», y ofrece la siguiente razón para su conclusión:

> La palabra griega en este pasaje –θεόπνευστος, *theopneustos*– muy claramente no significa «inspirada por Dios». Esta frase más bien es la traducción del latín, *divinitus inspirata*, recuperada de las versiones de Wyclif («Toda Escritura de Dios inspirada es…») y Rhemish («Toda Escritura inspirada de Dios es…») de la Vulgata. La palabra en griego ni siquiera significa, como traduce la Authorized Version en inglés: «dada por inspiración de Dios», aunque esa traducción (heredada de Tindale: «Toda Escritura dada por inspiración de Dios es…» y sus sucesores; véase la versión de Ginebra: «La totalidad de las Escrituras es dada por inspiración de Dios y es…») tiene al menos que decir en su defensa que, aunque quizás sea algo tosca, es una paráfrasis no engañosa del término griego en el lenguaje teológico de su época. Sin embargo, el término griego no tiene nada qué decir sobre *in*spirar o *in*spiración: solo habla de un «espirar» o «espiración». Lo que dice de la Escritura es, no que «Dios inspira dentro de ellas» o que sean producto de que Dios «inspira» dentro de sus autores humanos, sino que es exhalada por Dios, «espirada por Dios», el producto de la espiración (aliento) creativa de Dios. En resumen, lo que declara este pasaje fundamental es simplemente que las Escrituras son un producto divino, sin ninguna indicación de cómo Dios operó para producirlas.[12]

Entonces, cuando Pablo declaró que Dios «exhaló» las Escrituras, estaba afirmando «con tanta energía como podía emplear, que las Escrituras son producto de una operación específicamente divina».[13] Dicho de otra forma, estaba afirmando el origen divino de la totalidad de las Escrituras, en el todo y en las partes, de forma tan segura como si hubiera escrito πᾶσα γραφὴ ἐκ θεοῦ (*pasa graphē ek theou*, «toda la Escritura es de Dios» (*N. del T.: toda la Escritura procede de Dios*). Dicho de forma diferente, estaba afirmando que la Biblia es revelación divina. James S. Stewart afirma con acierto que, Pablo como fariseo y más tarde como cristiano, creía que «cada palabra» del Antiguo Testamento era «la auténtica voz de Dios».[14]

Además, cuando caracterizó las Escrituras como «teopnéusticas», es decir, como siendo del carácter de este «aliento exhalado por Dios», Pablo estaba afirmando algo acerca de su naturaleza. Tal y como el «aliento» de Dios (es decir, su palabra) creó todo el ejército de los cielos (Sal. 33:6), tal y como su «aliento» dio vida física a Adán y a toda la humanidad (Gn. 2:7; Job 33:4), tal y como su «aliento» dio vida espiritual a Israel, al «valle de huesos secos» (Ez. 37:1–14), su poderoso y creador «aliento» en forma de palabra, es vivo y activo (Heb. 4:12), imperecedero, y permanente (1 P 1:23), y, a través de él, el Espíritu de Dios imparte nueva vida en el alma. Como Pedro escribe en 1 Pedro 1:23–25:

> siendo renacidos, no de simiente corruptible, sino de incorruptible, *por la palabra de Dios que vive y permanece para siempre* [διὰ λόγου ζῶντος θεοῦ καὶ μένοντος, *dia logou zōntos theou kai menontos*]. Porque:
> Toda carne es como hierba,

---

[12] Warfield, «The Biblical Idea of Inspiration», 132–33; véase también 154.
[13] Ibid., 133.
[14] James S. Stewart, *A Man in Christ* (London: Hodder and Stoughton, 1935), 39.

y toda la gloria del hombre como flor de la hierba.
la hierba se seca, y la flor se cae;
mas la palabra del Señor permanece para siempre.
y esta es la palabra que por el evangelio os ha sido anunciada [τοῦτο δέ ἐστιν τὸ ῥῆμα τὸ εὐαγγελισθὲν εἰς ὑμᾶς, *touto de estin to rhēma to euangelisthen eis humas*].

Pablo concluye su descripción de «toda la Escritura» diciendo que es «útil para enseñar, para redargüir, para corregir, para instruir en justicia, a fin de que el hombre de Dios sea perfecto, enteramente preparado para toda buena obra» (2 Ti. 3:16–17).[15] Aquí Pablo está afirmando la suficiencia de la Escritura en lo que respecta a la necesidad del hombre piadoso de tener una revelación o palabra del cielo.

1 Pedro 1:10–12

Los profetas que profetizaron de la gracia destinada a vosotros inquirieron y diligentemente indagaron acerca de esta salvación, escudriñando qué persona y qué tiempo indicaba el Espíritu de Cristo que estaba en ellos, el cual anunciaba de antemano [προμαρτυρόμενον, *promartyromenon*] los sufrimientos de Cristo, y las glorias que vendrían tras ellos. A éstos se les reveló [ἀπεκαλύφθη, *apekalyphthē*] que no para sí mismos, sino para nosotros, administraban las cosas que ahora os son anunciadas por los que os han predicado el evangelio por el Espíritu Santo enviado del cielo.

Esta afirmación es inconfundible: Cuando los profetas, de los que se dice aquí que fueron receptores de la revelación divina, profetizaron de cosas por venir, era el Espíritu de Cristo en ellos el que estaba prediciéndolas.

Hemos de concluir que la Biblia habla de un Dios que se revela de forma proposicional a través de vasos escogidos, y que se representa a sí misma como la revelación-palabra o mensaje de Dios para los necesitados seres humanos.

EL CARÁCTER «INSPIRADO» DE LA BIBLIA

¿Cómo entregó Dios su revelación-palabra a los hombres? La Biblia responde a esta pregunta de manera general. Pedro escribe: «ninguna profecía de la Escritura es de interpretación privada, porque nunca la profecía fue traída por voluntad humana, sino que los santos hombres de Dios hablaron siendo llevados por el Espíritu Santo» (2 P. 1:20–21, traducción del autor).

Primero hemos de considerar el contexto en que suceden estas afirmaciones. Los falsos maestros, probablemente entusiastas gnósticos (o pre-gnósticos), al propagar su teología de la γνῶσις, *gnōsis* a través del Imperio Romano, afirmaban tener una nueva palabra de Dios que suplantaba la palabra autorizada de los profetas del Antiguo Testamento y de los apóstoles del Nuevo Testamento, y por eso Pedro sintió la necesidad de responder a su afirmación antes de que pudieran infectar a su rebaño. Primero describió su «conocimiento» como «fábulas artificiosas» (σεσοφισμένοις μύθοις, *sesophismenois mythois,* 2 P. 1:16) y «palabras fingidas» (πλαστοῖς λόγοις, *plastois logois,* 2:3). Luego argumentó que su experiencia como testigo ocular y auricular de la majestuosa transfiguración de Jesús (que era en sí misma el cumplimiento de la Escritura del Antiguo Testamento) «confirmó la palabra profética [βεβαιότερον, *bebaioteron*]» (1:19a),[16] con respecto a la cual, aconsejó a

---

[15] Añadiría que «toda buena obra» incluye la obra apologética, y diría que la apologética, cuando se realiza correctamente, presupondrá la verdad revelada de las Santas Escrituras y basará su argumentación en las enseñanzas de la Biblia solamente como *evidencia* incontrovertible de la veracidad de la postura cristiana.

[16] La AV (Authorized Version) traduce βεβαιότερον, *bebaioteron,* con la frase «más segura» —«Tenemos también una palabra profética *más segura*»— dando la impresión de que la Palabra escrita es más segura que la «voz enviada del cielo» o el testimonio ocular y auricular de Pedro acerca de esa voz. Esto es algo desafortunado, porque en ambos casos es la misma voz la que habla, y la misma autoridad. Es cierto que βεβαιότερον, *bebaioteron*, es un adjetivo comparativo, pero aquí tenemos un caso en el que el adjetivo comparativo toma el lugar de su superlativo, algo que ocurre ocasionalmente en el griego (véase Lc. 9:48; 1 Ti. 4:1; 1 Co. 13:13) –y ha de traducirse de acuerdo con esto– «la más segura». El pensamiento que se quiere transmitir es que la Palabra profética escrita que hablaba de la gloria del Mesías se convirtió en «la más segura», es decir «fue confirmada según el pacto» por la transfiguración. Véase G. Adolf Deissmann, *Bible Studies,* trad. Alexander Grieve (Edinburgh: T. and T. Clark, 1903), 104–9, que defiende que βεβαίωσις (*bebaiōsis*) es una expresión técnica de una garantía legal, una certeza o confirmación del pacto.

sus lectores: «a la cual hacéis bien en estar atentos como a una antorcha que alumbra en lugar oscuro, hasta que el día esclarezca y el lucero de la mañana salga en vuestros corazones» (1:19b). Luego Pedro concluyó su respuesta con su clásica afirmación sobre la inspiración: «entendiendo primero esto [nótese su uso de la palabra en la que los gnósticos se enorgullecían], que ninguna profecía de la Escritura es de interpretación privada, porque nunca la profecía fue traída por voluntad humana, sino que los santos hombres de Dios hablaron siendo llevados por el Espíritu Santo» (2 P. 1:20–21, traducción del autor).

Es destacable que Pedro primero afirme dos negativos acerca de cómo se produce la profecía: en primer lugar, que ninguna profecía de la Escritura tuvo su origen («surgió, procedió de» γίνεται, *ginetai*) en la estimación del profeta acerca del actual estado de las cosas, o de su pronóstico del futuro, es decir, ninguna profecía de la Escritura surgió de su propio entendimiento. Y, en segundo lugar, que ninguna profecía de la Escritura fue motivada por voluntad humana, es decir, ninguna profecía de la Escritura vino por un simple impulso humano. Por medio de estos negativos, Pedro excluye totalmente el elemento humano como la causa final originadora de la Escritura.

A continuación, Pedro asevera dos afirmativos acerca de la profecía de la Escritura, oponiéndolos a sus negativos anteriores con un fuerte adversativo ἀλλά (*alla*, «sino» o «por el contrario»). Ahora bien, estos afirmativos son tan interesantes como los negativos. Primero declara que los profetas hablaron de parte de Dios. Esto significa como mínimo que lo que hablaron no salía de ellos, sino que les fue dado por Dios. Esta afirmación también significa, ya que para Pedro lo que «hablaron» los profetas incluía lo que «escribieron» (porque recordemos que Pedro está describiendo la «profecía de la *Escritura*»), que las Escrituras proféticas mismas llegaron a ellos de Dios. Como otra evidencia de que Pedro incluyó dentro de la categoría de lo que «hablaron» lo que un profeta «habló» en y a través de sus escritos, podemos ver lo que escribe en 2 Pedro 3:15-16: «Nuestro amado hermano Pablo, según la sabiduría que le ha sido dada, os ha *escrito* [ἔγραψεν, *egrapsen*], casi en todas sus epístolas, *hablando* [λαλῶν, *lalōn*] en ellas de estas cosas».

En segundo lugar, él nos dice que la razón o medios por los que los profetas podían hablar de Dios como lo hicieron es que estaban siendo continuamente llevados (φερόμενοι, *pheromenoi*, participio pasivo presente) por el Espíritu Santo mientras hablaban o escribían. Es decir, ellos estaban bajo la directa influencia del Espíritu que los dirigía en todo momento mientras hablaban o escribían como profetas. El pensamiento de Pedro aquí se puede ilustrar con Hechos 27:15: «Y siendo arrebatada la nave [en el violento viento], y no pudiendo poner proa al viento, nos abandonamos a él y *fuimos llevados* [ἐφερόμεθα, *epherometha*]» (traducción del autor). Tal y como el barco, sin voluntad propia, fue «llevado» por la «voluntad» del viento, también los profetas, sin voluntad propia en sentido último, fueron «llevados» (misma raíz verbal) por la voluntad del Espíritu Santo. Warfield comenta:

> Lo que enfatiza este lenguaje de Pedro (y lo que se enfatiza en toda la información que los profetas dan de su propia conciencia) es, para hablar claro, la pasividad de los profetas con respecto a la revelación que se da a través de ellos. Este es el significado de la frase: «siendo llevados por el Espíritu Santo los hombres hablaron de parte de Dios». Ser «llevado» (φέρειν, *pherein*) no es lo mismo que ser liderado (ἄγειν, *agein*), mucho menos que ser guiado o dirigido (ὁδηγεῖν, *hodēgein*): El que es «llevado» no contribuye al movimiento inducido, sino que es él mismo el objeto que se mueve. Sin embargo, el término «pasividad» puede ser susceptible de malentendidos, y no debería enfatizarse en exceso. No se intenta negar que la inteligencia de los profetas estaba activa en la recepción de su mensaje; fue por medio de su inteligencia activa que recibieron su mensaje: su inteligencia fue el instrumento de la revelación. Lo que se intenta negar únicamente es que su inteligencia estuviera activa en la producción de su mensaje: que estuviera creativamente activa en

lugar de solo receptivamente activa. Porque la recepción misma es un tipo de actividad. Los profetas desean que sus lectores entiendan que ellos en ningún sentido eran coautores de sus mensajes junto con Dios. Sus mensajes les fueron dados completamente, y les fueron entregados precisamente tal como ellos los entregaban. Dios habla por medio de ellos: no son simplemente sus mensajeros, sino «su boca».[17]

¿Significa esto que los profetas eran simplemente robots secretarios a través de los que hablaba el oráculo divino? Contra la objeción de que «en interés de las personalidades [de los profetas] se nos pide no representar a Dios tratando mecánicamente con ellos, derramando revelaciones en sus almas para que las reciban simplemente como cubos, o luchando violentamente con sus mentes para sacarlos de sus propias acciones y así poder Dios elaborar sus propios pensamientos con ellos»[18] –la objeción que insiste en que toda revelación ha de ser «mediada psicológicamente» y que ha de convertirse primero para sus receptores en su «propia posesión espiritual», en el sentido de que los profetas son sus verdaderos autores finales– Warfield recuerda dos cosas a sus lectores.

En primer lugar, este modo de comunicación de los mensajes proféticos que la objeción prefiere está directamente contradicha por las propias representaciones que los profetas hacen de sus relaciones con el Espíritu revelador: «Desde el punto de vista de los mismos profetas, ellos solo eran instrumentos a los que Dios entregó revelaciones. Estas revelaciones salían de ellos no como un producto propio, sino como la pura palabra de Jehová».[19] Warfield continúa:

> Lo plausible de tales cuestionamientos [no debería] cegarnos respecto a su carácter engañoso. Estos explotan consideraciones subordinadas que no carecen de cierta validez en su lugar y bajo sus propias condiciones, pero que se usan como si fueran las únicas determinantes en el caso, descuidando las consideraciones verdaderamente determinantes. Dios mismo es el autor de los instrumentos que emplea para comunicar sus mensajes a los hombres, y los ha formado para que sean los instrumentos precisos que deseaba para la comunicación exacta de su mensaje. Existe un buen fundamento para esperar que utilizará todos los instrumentos que emplea de acuerdo con sus naturalezas; los seres inteligentes como inteligentes, los agentes morales como agentes morales. Pero no existe fundamento para afirmar que Dios es incapaz de usar a seres inteligentes que Él mismo creó y formó según su voluntad, para proclamar sus mensajes tal como se los entrega; o de hacer que mentes racionales en verdad hagan suyos conceptos en cuya creación no tuvieron parte. Tampoco existe fundamento para imaginar que Dios es incapaz de dar forma a su propio mensaje en el lenguaje de los órganos de su revelación, sin que este deje de ser puramente su mensaje porque se expresa de forma natural a dichos órganos. Debemos suponer que está en la misma naturaleza del caso que, si el Señor hace cualquier tipo de revelación a los seres humanos, lo hará en el lenguaje de estos. O para individualizarlo de manera más explícita, en el lenguaje de la persona que utiliza como órgano de su revelación. Y eso naturalmente significa, no solo el lenguaje de su nación o de su entorno, sino el lenguaje propio de esa persona particular, incluyendo todo lo que da individualidad a su forma de expresarse. Si lo deseamos, podemos hablar de esto como «la acomodación del Dios revelador a las distintas individualidades proféticas». Pero hemos de evitar pensar [en esta «acomodación»] de manera externa y mecánica, como si el Espíritu revelador expresara el mensaje que da por medio de cada profeta de manera artificial en las formas del habla particulares propias de la individualidad de cada uno, para crear la ilusión de que el mensaje sale del corazón del profeta mismo. Precisamente lo que los profetas afirman es que sus mensajes no salen de sus propios corazones, y no representan la obra de sus propios espíritus... Resulta vano decir que el mensaje entregado por el instrumento de una lengua [humana] está condicionado, al menos en su forma, por la lengua con que se habló, si no es que, en verdad, está limitado,

---
[17] Warfield, «The Biblical Idea of Revelation», 91.
[18] Ibid., 92.
[19] Ibid.

restringido, o en algún grado determinado, incluso en su contenido, por ella. No solo fue Dios el Señor quien hizo la lengua, y quien hizo esta lengua particular con todas sus peculiaridades teniendo en cuenta el mensaje que transmitiría por medio de ella, sino que su control es perfecto y completo, por lo que resulta absurdo decir que Él no puede hablar su mensaje con pureza por medio de ella sin que este mensaje sufra una alteración a causa de las peculiaridades de su tono o modos de enunciación. Esto sería como decir que ninguna verdad nueva puede anunciarse en ningún lenguaje, ya que los elementos del habla por medio de los que la verdad en cuestión se anuncia, ya existían con su limitado rango de connotaciones. Dicho de otra forma, las marcas de las distintas individualidades impresas en los mensajes de los profetas son solo parte del hecho general de que estos mensajes están envueltos en lenguaje humano, y en ningún modo esto afecta su pureza como comunicaciones directas de Dios.[20]

En segundo lugar, desarrollando el concepto de la preparación de los órganos de revelación para la tarea profética a la que alude en los comentarios anteriores, Warfield escribe:

A veces se representa como si cuando Dios deseaba producir libros sagrados que incorporaran su voluntad (una serie de cartas como las de Pablo, por ejemplo), hubiera estado reducido a la necesidad de descender a la tierra y laboriosamente escudriñar a los hombres, buscando con afán uno o dos de entre ellos que fuera más prometedor para sus propósitos, para luego forzar con violencia el material que quería expresar a través de ellos contra sus inclinaciones naturales, a fin de que la pérdida a causa de sus recalcitrantes características fuera la menor posible. Por supuesto, lo que sucedió no tiene nada que ver con esto. Si Dios quería entregar a su pueblo una serie de cartas como las de Pablo, preparaba a Pablo para escribirlas, y el Pablo al cual llamaba a la tarea era alguien que escribiría espontáneamente dichas cartas.

Si tenemos esto en mente, sabremos cómo estimar la representación común de que las características humanas de los autores deben, y de hecho condicionan y cualifican los escritos producidos por ellos, y que, por eso, no podemos tener una palabra pura de Dios a través de los hombres. Se nos dice que, tal y como sucede con la luz que pasa a través de la vidriera coloreada de una catedral, la luz viene del cielo, pero está teñida por el cristal; cualquier palabra de Dios que pasa por la mente y alma de un ser humano saldrá decolorada por la personalidad de aquel que la entrega, y, a ese grado, deja de ser la pura palabra de Dios. Pero ¿qué sucedería si esta personalidad ha sido formada por Dios mismo, de modo que sea precisamente la que es, con el propósito expreso de comunicar la palabra entregada por medio de ella, justo con el color que le proporciona? ¿Qué sucedería si los colores de la ventana de cristal tintado han sido diseñados por el arquitecto con el propósito expreso de dar a la luz que inunda la catedral ese tono y cualidad precisos? ¿Qué sucedería si la palabra de Dios que sale de su pueblo está formada por Él para que sea así, precisamente por medio de las cualidades de los hombres que Él formó para este propósito, y a través de los cuales dicha palabra se entrega? Cuando [el largo proceso providencial de preparar a los hombres que produjeron las Escrituras se toma en cuenta], no podemos seguir maravillándonos de que se diga constantemente que las Escrituras resultantes son la pura palabra de Dios. Más bien hemos de maravillarnos de que se piense necesaria una operación adicional de Dios (lo que llamamos específicamente «inspiración» en su sentido técnico). Cuando en nuestros pensamientos damos el lugar que merece a la universalidad de la providencia de Dios, a la minuciosidad y plenitud de sus movimientos y a su invariable eficacia, puede que nos inclinemos a preguntarnos qué es necesario más allá de este gobierno providencial para asegurar la producción de libros sagrados que estén absolutamente de acuerdo en cada detalle con la voluntad divina.

La respuesta es que no es necesario nada más que la simple providencia para asegurar estos libros (siempre y cuando no esté en el propósito divino que estos libros posean cualidades que estén más allá de las capacidades de los hombres, incluso bajo la guía divina más completa [tales como el conocimiento de los propósitos divinos]. Porque la providencia es guía, y la guía solo nos puede llevar tan lejos como nuestro propio poder lo permita. Si se han de escalar alturas más allá del propio potencial natural humano, entonces se necesita algo más que guía, aunque esta sea muy

---

[20] Ibid., 92–94.

efectiva. Esta es la razón por la que la dirección de la operación divina adicional que técnicamente llamamos «inspiración» es necesaria al final del largo proceso de producción de las Escrituras. Por medio de ella, el Espíritu de Dios, fluyendo en confluencia con la obra llena de gracia y providencialmente determinada de los hombres, produce espontáneamente bajo la dirección divina los escritos asignados, y da al producto una cualidad divina inalcanzable para el potencial humano por sí solo. Así pues, estos libros no solo llegan a ser las palabras de hombres piadosos, sino la inmediata palabra de Dios mismo, que, como tal, habla de forma directa a la mente y el corazón de todo lector...

Igualmente, queda claro por las alusiones del Nuevo Testamento respecto al tema, que sus autores entendían que la preparación de los hombres para convertirse en vehículos del mensaje de Dios no era algo que comenzase unos días antes, sino que tenía su inicio en el origen mismo de sus seres. Por ejemplo, el llamado por el que Pablo fue hecho apóstol de Jesucristo fue repentino y aparentemente sin antecedentes; pero es precisamente Pablo quien reconoce este llamado como solo un paso de un largo proceso, que comienza antes de su propia existencia: «Pero cuando agradó a Dios, que me apartó desde el vientre de mi madre, y me llamó por su gracia, revelar a su Hijo en mí» (Gal 1:15.16; véase Jer 1: 5; Is 49:1.5).[21]

Aquí está la respuesta a la pregunta: ¿Por qué el Espíritu de Dios «llevó» a los profetas mientras escribían? Los dirigió al escribir, no solo para garantizar a los libros su carácter *revelador* (véase que dice «*de Dios* hablaron siendo llevados por el Espíritu Santo»), sino también para asegurar su cualidad *divina* completa, y, por tanto, su infalible fiabilidad.

La percepción de Pedro era que los profetas de Dios hablaron y escribieron *como profetas*, solo por y bajo la influencia directora del Espíritu Santo. Los profetas, en resumen, eran órganos de revelación. Lo que escribieron fue pura revelación inspirada por el Espíritu, y como tal, era inerrante.

Muchos teólogos (p. ej., Emil Brunner, Karl Barth, Ernst Käsemann), afirman que la Biblia no solo se contradice en sus enseñanzas —según dicen está llena de errores y contradicciones— sino que también Dios, que «se deleita en sorprendernos» y que «puede dibujar una línea recta con un palo torcido» nos habla incluso a través de sus contradicciones. De manera natural surge la siguiente pregunta: ¿Acaso los cristianos evangélicos han impuesto sobre la Escritura una exigencia de consistencia doctrinal que ella misma no exige? Henri Blocher observa con bastante acierto:

> En todas las etapas de la historia bíblica, la coherencia ha sido tenida en alta estima, y se ha adscrito a cualquier enseñanza que se crea que viene de Dios. La verdad... rima con la eternidad y la permanencia inmutable (Sal. 119:160). La ley del Señor es pura, es decir, perfectamente homogénea, más purgada de escoria que la plata y el oro refinado; todas sus ordenanzas van juntas como una unidad en justicia (Sal. 19:9). Ningún milagro puede autorizar profecías que no sean ortodoxas (Dt. 13:1ss). A pesar de la libertad de Dios para mostrar nuevas cosas en la historia, el fracaso a la hora de armonizarlas con el tono dominante de revelaciones previas levanta dudas sobre la autenticidad del mensaje (Jer. 28:7ss). Pablo exhorta a sus lectores a sentir lo mismo (Flp. 2:2, etc.); han de crecer en la unidad de la fe (Ef. 3:13), ya que solo existe una sola fe y un solo bautismo bajo un solo Señor (v. 5). Su predicación no es «Sí» y «No» (2 Co. 1:18), un eco de las famosas palabras de Jesús... Pablo insiste que su mensaje es idéntico al de los otros apóstoles (1 Co. 15:11)... 2 Pedro 3:16 reafirma esto confrontando las malas interpretaciones. Juan llama la atención sobre el acuerdo de los tres testigos (1 Jn. 5:8), y el cuarto evangelio expone un tema de «repetición», no como los loros, sino respondiendo a una preocupación por la identidad y la sustancia (Jn. 8:26, 28; 16:13). La discordia es síntoma de falta de verdad, como era el caso con los falsos testigos en el juicio de Jesús (Mc. 14:56, 59). Los que contradicen han de ser refutados (Ro. 16:17; Tit. 1:9): esto nunca podría hacerse si el estándar mismo aceptase distintas teologías en conflicto. De hecho, toda la lógica de que nuestro Señor apele a las Escrituras en sus argumentos

---

[21] Ibid., 155– 58, 159.

(y que sus apóstoles lo hagan de forma similar), colapsaría instantáneamente si se eliminara la presuposición de la coherencia de las Escrituras. Incluso contra el Tentador, Jesús confía en la consistencia interna de la Palabra de su Padre, citando las Escrituras para rechazar un uso torcido de las mismas. El «escrito está» dejaría de zanjar los temas si se concediera que en las páginas del Libro compiten distintas visiones contradictorias. La autoridad de la Palabra de Dios dejaría de funcionar como lo hace en las Escrituras si ese fuera el caso... Los hombres de Dios que tuvieron parte en la redacción de la Biblia valoraban la consistencia, la asociaban de manera axiomática con la revelación divina; era una característica de la colección de textos sagrados que les habían sido entregados y que se ampliaba por medio de su propio ministerio.[22]

LA AUTENTIFICACIÓN QUE CRISTO HACE DE LA ESCRITURA

Dado que las Santas Escrituras, aunque han sido escritas por hombres, son más fundamentalmente la Palabra imperecedera y coherente de Dios inspirada por el Espíritu, ellas poseen una autoridad intrínseca y son la única regla infalible para la vida y la fe. Jesucristo, el Hijo encarnado de Dios, a quien su Padre levantó de la muerte al tercer día,[23] consideró las Escrituras precisamente de esta forma, y declaró que eso eran.[24] Entre otras cosas que dijo sobre el Antiguo Testamento, declaró: «La Escritura no puede ser quebrantada [οὐ δύναται λυθῆναι ἡ γραφή, *ou dynatai luthēnai hē graphē*]» (Juan 10:35). Con respecto a esta afirmación, Warfield declara:

La palabra «quebrantada» que se utiliza aquí, es la que se emplea comúnmente para cuando se quebranta la ley, el Sabat, o similares (Jn. 10:18; 7:23; Mt. 10:19), y el significado de la declaración es que es imposible que las Escrituras sean anuladas, o su autoridad resistida o negada.[25]

De manera similar, Jesús dijo: «No penséis que he venido para abrogar la ley o los profetas; no he venido para abrogar, sino para cumplir. Porque de cierto os digo que hasta que pasen el cielo y la tierra, ni una jota ni una tilde pasará de la ley, hasta que todo se haya cumplido» (Mt. 5:17–18). Además, afirma: «Pero más fácil es que pasen el cielo y la tierra, *que se frustre una tilde de la ley*. [Τοῦ νόμου μίαν κεραίαν πεσεῖν, *tou nomou mian keraian pesein*]" (Lucas 16:17).[26]

Una y otra vez, Jesús se refirió a «la Ley y los Profetas» (Mt. 5:17; 7:12; 11:13; 22:40), citándolos con frecuencia para zanjar un tema (Mt. 12:5; 15:3–6; 21:13, 42), y también implicando al hacerlo que el Antiguo Testamento era para Él un canon fijo de autoridad. Consideró su historia incuestionable, citando con frecuencia hechos del Antiguo Testamento para sus ilustraciones, los cuales muestran ser menos aceptables como historia verídica para los académicos contemporáneos. Hechos tales como la creación del hombre al principio por un acto directo de Dios (Mt. 19:4–5), el asesinato de Abel (Mt. 23:35), el diluvio de Noé (Mt. 24:37), la destrucción de Sodoma y Gomorra (Mt. 10:15; 11:23–24), el trágico final de la mujer de Lot (Lucas 17:32), y el pez que tragó a Jonás (Mt. 12:40).

Jesús rechazó al Tentador citando simplemente Deuteronomio 8:3, 6:16, y 6:13 (véase Mt. 4:4, 7, 10), demostrando cada vez que creía en la autoridad definitiva del Antiguo Testamento, diciendo antes de cada cita «Escrito está [y así permanece]» (γέγραπται,

---

[22] Henri Blocher, «The 'Analogy of Faith' in the Study of Scripture», en *The Challenge of Evangelical Theology* (Edinburgh: Rutherford House, 1987), 29–31.
[23] Véase Robert L. Reymond, *Jesus, Divine Messiah: The Old Testament Witness* (Ross-shire, Scotland: Christian Focus, 1990), y *Jesus, Divine Messiah: The New Testament Witness* (Phillipsburg, N.J.: Presbyterian and Reformed, 1990), para el testimonio que Antiguo y Nuevo Testamento dan tanto de la deidad de Jesús como la Segunda Persona de la Santa Trinidad, como de su investidura mesiánica.
[24] La autentificación que Cristo hace de la Escritura como Palabra de Dios no es la única razón por la que el cristiano cree que la Biblia es la Palabra de Dios, pero ciertamente es una de las principales. Véase John W. Wenham, «Christ's View of Scripture», en *Inerrancy*, ed. Norman L. Geisler (Grand Rapids, Mich.: Zondervan, 1980), 3–36; véanse también sus sugerencias para una lectura adicional, 35–36.
[25] Warfield, «The Biblical Idea of Inspiration», 139. Leon Morris comenta lo siguiente sobre este pasaje: «El término "quebrantada" no se define, y es una palabra que no se utiliza con frecuencia para las Escrituras o similares... Pero es perfectamente inteligible. Significa que no se puede mostrar que las Escrituras sean erróneas y despojarlas de su fuerza» (*The Gospel According to John* [Grand Rapids, Mich.: Eerdmans, 1971], 527).
[26] De acuerdo con algunos críticos, Jesús criticó y repudió a menudo partes del Antiguo Testamento. Se han dado siete ejemplos (su enseñanza sobre el Sabat, sacrificios, alimentos «puros», la ética del Antiguo Testamento, el divorcio, la *lex talionis* y la actitud hacia nuestros enemigos). Pero véase la respuesta de Wenham a esas acusaciones («Christ's View of Scripture», 23–29).

gegraptai, o su equivalente arameo), y lo que quería decir con esta expresión era «Dios dice» o «ciertamente es verdad» (véase también Mt. 11:10; 21:13; 26:24, 31).

Cristo preguntó repetidas veces: «¿No habéis leído [las Escrituras]?» (Mt. 12:3; 19:4; 21:16; 22:31). Ordenó al leproso que había limpiado que obedeciera la legislación mosaica sobre los casos de limpieza (Mt. 8:4). Enseñó que Juan el Bautista cumplía la predicción de Malaquías 3:1 (Mt. 11:10). Consideró que ya fuesen las palabras de Adán o Moisés (probablemente el último, Gn. 2:24), ellas tenían su origen fundamentalmente en Dios (Mt. 19:4). Declaró que, si alguien no creía a Moisés y los profetas, no creería en Dios por una resurrección milagrosa (Lucas 16:31).[27] Acusó a los saduceos de error con respecto a la resurrección porque no conocían las Escrituras (Mt. 22:29), dando a entender con eso que las Escrituras no se equivocaban. Advirtió que la profecía de Daniel acerca de la abominación desoladora (Dn. 9:27; 11:31; 12:11) estaba a punto de cumplirse (Mt. 24:15; Lucas 21:20).

Enseñó que las Escrituras del Antiguo Testamento «daban testimonio» acerca de Él (Juan 5:39), y que Moisés escribió acerca de Él (Juan 5:46–47). Después de leer en voz alta Isaías 61:1–2 en la sinagoga de Nazaret, afirmó: «Hoy se ha cumplido esta Escritura delante de vosotros». También declaró a sus discípulos: «He aquí subimos a Jerusalén, y se cumplirán todas las cosas escritas por los profetas acerca del Hijo del Hombre» (Lucas 18:31). En la última cena declaró: «El Hijo del Hombre va, según está escrito de él» (Mt 26:24), y luego dijo: «es necesario que se cumpla todavía en mí aquello que está escrito [Is. 53:12]. Lo que está escrito de mí, tiene cumplimiento» (Lucas 22:37). Luego, en el Monte de los Olivos, declaró; «Todos vosotros os escandalizaréis de mí esta noche; porque escrito está: Heriré al pastor, y las ovejas del rebaño serán dispersadas» (Mt. 26:31). Claramente, Jesús creía que el Antiguo Testamento hablaba con autoridad y de manera explícita acerca de Él. De hecho, para Jesús las Escrituras tenían tanta autoridad, que era más importante para Él que se cumplieran que escapar del arresto y la horrible muerte de la crucifixión. «¿Acaso piensas...?», le preguntó a Pedro, «que no puedo ahora orar a mi Padre, y que él no me daría más de doce legiones de ángeles? ¿Pero cómo entonces se cumplirían las Escrituras, de que es necesario que así se haga?... Mas todo esto sucede, para que se cumplan las Escrituras» (Mt. 26:53–56; Marcos 14:49).[28] En su muerte, sus pensamientos estaban centrados en las Escrituras, ya que citó el Salmo 22:1 momentos antes de morir (Mt. 27:46). Después, tras su resurrección, el Cristo glorificado enseñó a sus discípulos: «Estas son las palabras que os hablé, estando aún con vosotros: que era necesario que se cumpliese todo lo que está escrito de mí en la ley de Moisés, en los profetas y en los Salmos» (Lucas 24:44; véase 24:45–47). Cualquiera que revise los relatos de los Evangelios por sí mismo llegará a la conclusión de Reinhold Seeberg: «Jesús mismo describe y emplea el Antiguo Testamento como autoridad infalible (p. ej., Mt. 5:17; Lucas 24:44)».[29]

Muchos académicos críticos reconocen que esta es la descripción que se hace en el Nuevo Testamento de lo que Jesús pensaba acerca del Antiguo Testamento, pero inmediatamente abandonan la importancia de su concesión al sugerir: (1) que Jesús simplemente ignoraba los verdaderos orígenes del Antiguo Testamento, o (2) que, conociendo la verdad, acomodó sus enseñanzas acerca del Antiguo Testamento al punto de vista de sus oyentes para conseguir que lo escucharan, o (3) que la representación que el Nuevo Testamento hace de la actitud de Jesús hacia el Antiguo Testamento, es en realidad una «versión de la iglesia» más tardía, que

---

[27] Los apologistas cristianos deberían prestar atención a la afirmación que Cristo realiza aquí: sin importar cuán convincentes sean las evidencias, estas no convencerán de la verdad de las afirmaciones del cristianismo a aquellos que no se han sometido en fe a la Palabra de Dios.
[28] Juan pone las palabras de Jesús a la par con las profecías del Antiguo Testamento, al usar la misma fórmula que se emplea con referencia al cumplimiento de las profecías del Antiguo Testamento «para que se cumpliese», aplicándola a las palabras de Jesús (Juan 18:9, 32).
[29] Reinhold Seeberg, *Textbook of the History of Doctrine* (Grand Rapids, Mich.: Baker, 1952), 1:82.

ha sido retrotraída hasta las enseñanzas de Jesús. Sin embargo, los académicos evangélicos han dado respuesta a estas afirmaciones en repetidas ocasiones, y mostrado sus deficiencias.[30]

Jesús no solo aprobó el origen divino del Antiguo Testamento, su inspiración y autoridad, sino que también realizó una autentificación previa del Nuevo. Él declaró a sus discípulos: «El Consolador, el Espíritu Santo... él os enseñará todas las cosas, y os recordará todo lo que yo os he dicho» (Jn. 14:26), y «Aún tengo muchas cosas que deciros, pero ahora no las podéis sobrellevar. Pero cuando venga el Espíritu de verdad, él os guiará a toda la verdad; porque no hablará por su propia cuenta, sino que hablará todo lo que oyere, y os hará saber las cosas que habrán de venir. El me glorificará; porque tomará de lo mío, y os lo hará saber» (Jn. 16:12–14). Del mismo modo, los apóstoles no solo compartieron la visión de Cristo acerca del Antiguo Testamento, sino que también, estando ellos autentificados como mensajeros autorizados, y su mensaje como su palabra para la iglesia y el mundo, se presentaron a sí mismos a sus oyentes como embajadores del Señor, y su mensaje como palabra de Dios (véase 1 Ts. 2:13), proclamado «no con palabras enseñadas por sabiduría humana, sino con las que enseña el Espíritu» (1 Co. 2:13). Declararon que las iglesias habían de reconocer que lo que escribieron eran los mandamientos de Cristo (1 Co. 14:37–38), y que las iglesias debían inclinarse ante sus normas apostólicas (1 Co. 11:2; 2 Ts. 2:5), y que, además, los miembros de la iglesia que no lo hicieran, habían de ser excomulgados (2 Ts. 3:6, 14).

LA IDENTIFICACIÓN QUE LOS AUTORES DEL NUEVO TESTAMENTO HACEN DE LA ESCRITURA CON LA PALABRA DE DIOS

Los autores del Nuevo Testamento, de los cuales al menos cuatro (Santiago, Pedro, Mateo y Juan) conocieron a Cristo personalmente y se convirtieron en testigos de su resurrección, consideraban que las Escrituras eran la Palabra viva y escrita de Dios. No se puede dar una prueba más clara de esto que la provista por Warfield en su análisis de dos clases de pasajes en el Nuevo Testamento, cada uno de los cuales:

> al tomarse de forma separada, pone a la luz más clara que las habituales referencias [la de los autores del Nuevo Testamento] al texto del Antiguo Testamento son hechas como si Dios mismo estuviera hablando, mientras que juntos, nos dan una impresión irresistible de la absoluta identificación que hacen los autores de las Escrituras con la voz viva de Dios. En una de estas clases de pasajes se habla de las Escrituras como si ellas mismas fueran Dios; en la otra se habla de Dios como si Él fuese las Escrituras; en las dos clases juntas, Dios y las Escrituras forman tal conjunción que muestran que, en cuanto a la franqueza de la autoridad no se hace distinción alguna entre ellos. ... [31]

Ejemplos de la primera clase de pasajes son los siguientes: Gal. 3:8 «Y la Escritura, previendo que Dios había de justificar por la fe a los gentiles, dio de antemano la buena nueva a Abraham, diciendo: En ti serán benditas todas las naciones» (Gn. 12:1–3); Ro. 9:17, «Porque la Escritura dice a Faraón: Para esto mismo te he levantado» (Ex. 9:16). Sin embargo, no fue la Escritura (que no existía en aquel momento) la que, previendo los propósitos de gracia de Dios en el futuro, dijo estas preciosas palabras a Abraham, sino Dios mismo en persona: no fue la Escritura, que aún no existía, las que realizó este anuncio a Faraón, sino Dios mismo por medio de la boca de su profeta Moisés. Estos actos solo pueden atribuirse a la «Escritura» como resultado de una identificación habitual en la mente del autor del texto de la Escritura con Dios hablando, de tal forma que se volvió natural utilizar el término «la Escritura dice», cuando en realidad lo que se quería decir era «Dios, tal como se registra en la Escritura, dijo».

Ejemplos de la otra clase de pasajes son estos: Mt. 19:4-5: «Él, respondiendo, les dijo: ¿No habéis leído que el que los hizo al principio, varón y hembra los hizo, y dijo: Por esto el hombre

---

[30] Véase, p. ej., James I. Packer, *"Fundamentalism" and the Word of God* (Grand Rapids, Mich.: Ferdmans, 1959), 59–61; y Wenham, «Christ's View of Scripture», 7–10, 14–16. Véase también Reymond, *Jesus, Divine Messiah: The New Testament Witness*, capítulo dos, acerca del testimonio que da Jesús de sí mismo.
[31] Benjamin B. Warfield, « "It Says:" "Scripture Says:" "God Says," » en *The Inspiration and Authority of the Bible* (Philadelphia: Presbyterian and Reformed, 1948), 299, énfasis añadido.

dejará padre y madre, y se unirá a su mujer, y los dos serán una sola carne?» (Gn. 24); Heb. 3:7: «Por lo cual, como dice el Espíritu Santo: Si oyereis hoy su voz», etc. (Sal. 95:7); Hechos 4:24,25: «Tú eres el Dios... que por boca de David tu siervo dijiste: ¿Por qué se amotinan las gentes, y los pueblos piensan cosas vanas?» (Sal. 2:1); Hechos 13:34-35: «Y en cuanto a que le levantó de los muertos para nunca más volver a corrupción, lo dijo así: Os daré las misericordias fieles de David» (Is. 55:3); «Por eso dice también en otro salmo: No permitirás que tu Santo vea corrupción» (Sal. 16:10); Heb. 1:6: «Y otra vez, cuando introduce al Primogénito en el mundo, dice: Adórenle todos los ángeles de Dios» (Dt. 32:43); «Ciertamente de los ángeles dice: El que hace a sus ángeles espíritus, y a sus ministros llama de fuego» (Sal. 104:4); «Mas del Hijo dice: Tu trono, oh Dios, por el siglo del siglo», etc. (Sal. 45:6); y, «Tú, oh Señor, en el principio» etc. (Sal. 102:25). Sin embargo, en el texto del Antiguo Testamento estos dichos no aparecen en boca de Dios: son las palabras de otras personas, registradas en el texto de la Escritura como habladas a Dios, o acerca de Dios. Solo pueden atribuirse a Dios al existir una identificación tan habitual en las mentes de los autores del texto de la Escritura con lo que Dios dijo, que se había vuelto natural usar el término «dice Dios» cuando lo que realmente se quería decir era: «La Escritura, la Palabra de Dios, dice»

Estos dos conjuntos de pasajes unidos muestran una identificación absoluta en la mente de los autores entre la «Escritura» y el Dios que habla.[32]

Toda la Biblia es revelada, inspirada y autentificada por Cristo como Palabra de Dios, y también es identificada por los autores del Nuevo Testamento con la voz viviente de Dios. Podemos concluir que el Dios infinito y personal ha hablado a los hombres de forma proposicional en las Escrituras. Ciertamente, la persona que hace la Palabra del Dios viviente el cimiento de su vida está sobre terreno firme, y posee un fundamento de autoridad para saber lo que debe creer con respecto a Dios, así como las obligaciones que Dios requiere de la humanidad (Catecismo Menor de Westminster, pregunta 3), así como un fundamento normativo para la tarea teológica.

IMPLICACIONES HERMENÉUTICAS

La doctrina misma de la Escritura acerca de la Escritura tiene tres implicaciones para la hermenéutica bíblica:

En primer lugar, la doctrina de la Escritura acerca de la Escritura, al exponer su propio carácter revelador e inspirado, nos obliga a emplear el método de exégesis gramático-histórico. Packer nos recuerda:

La doctrina de la inspiración... nos dice que Dios ha puesto palabras en bocas de personas, haciendo que estas palabras sean registradas en escritos de hombres cuya individualidad, como personas de su tiempo, no fue disminuida en modo alguno por el hecho de su inspiración, y quienes hablaron y escribieron para ser entendidos por sus contemporáneos. Ya que Dios ha hecho efectiva una identificación entre las palabras de ellos y la suya, la forma de entrar a la mente divina, si podemos decirlo así, es a través de la de ellos. Sus pensamientos y discurso acerca de Dios constituyen el testimonio de Dios acerca de sí mismo.[33]

Pero, entonces, esto significa que el exégeta, si quiere captar el testimonio que Dios da de sí mismo, debe buscar colocarse en el lugar lingüístico, cultural, histórico y religioso del autor para descubrir el significado que el *autor* pretendía transmitir. Este esfuerzo exegético es al que nos referimos con el término de *método gramático-histórico* de exégesis, que todo documento bíblico y toda parte de cualquier documento bíblico dado ha de ser estudiado en su contexto literario inmediato, y en la situación en la que fue escrito. Esto exigirá un entendimiento de (1) la estructura y modismos de los lenguajes bíblicos, (2) el género literario de un documento (¿está en prosa o poesía, es historia o alegoría, parábola o apocalipsis?), (3) el trasfondo histórico del documento, (4) sus condiciones geográficas, y (5) su *Sitz im Leben*

---

[32] Ibid., 299–300.
[33] James I. Packer, "Biblical Authority, Hermeneutics, and Inerrancy," en *Jerusalem and Athens*, ed. E. R. Geehan (Nutley, N.J.: Presbyterian and Reformed, 1971), 147.

(«entorno vital»), es decir, ¿qué lo ocasionó? ¿Qué problema o cuestión trataba de responder?

En segundo lugar, la doctrina de la Escritura acerca de la Escritura nos compromete con la armonización de la Escritura. Esto es así porque la doctrina de la inspiración significa que la totalidad de las Escrituras, aunque fueron escritas en un período de quince siglos, es finalmente el producto de una sola mente divina que es la verdad misma y que, de acuerdo con esto, no puede mentir o contradecirse a sí misma. A su vez significa que existe una unidad orgánica final entre el Antiguo y el Nuevo Testamento,[34] y que la Escritura puede y debería interpretarse por la Escritura misma (*Scriptura Scripturae interpres*). De hecho, la Escritura es el único intérprete *infalible* de la Escritura (Confesión de Fe de Westminster, I/ix). También significa que las Escrituras nunca deben ponerse en contra de sí mismas, y que:

> lo que parece ser secundario u oscuro en las Escrituras debería estudiarse a la luz de lo que parece principal y claro. Este principio nos obliga a hacernos eco de los énfasis principales del Nuevo Testamento, y a desarrollar una exégesis Cristo-céntrica, pactual y kerigmática de ambos Testamentos; también nos obliga a preservar un estudiado sentido de proporción con respecto a lo que se consideran detalles minuciosos, y a no permitir que estos ensombrezcan lo que Dios ha indicado que son asuntos de más peso.[35]

Este principio de la armonía, que implica estas distintas cosas, es a lo que nos referimos con el principio de la Reforma de la *analogia totius Scripturae* («analogía de toda la Escritura»). Basándonos en la expresión de Pablo, «conforme a la medida de la fe» [literalmente: «la analogía de la fe», N. del T.] (ἡ ἀναλογία τῆς πίστεως, *hē analogia tēs pisteōs*) en Romanos 12:6,[36] el punto principal de este principio hermenéutico es la comparación estudiada de todos los pasajes bíblicos relevantes en cualquier tema, sometiéndonos al deber metodológico para evitar contradicciones. Se da por supuesta la coherencia bíblica, el canon cerrado, y el carácter orgánico del discurso bíblico.[37]

Walter C. Kaiser Jr. pone en duda una aplicación sin modificaciones de este principio, argumentando que permitir que un pedazo de la revelación posterior determine por nosotros la intención anterior del autor, es un fracaso a la hora de conceder su lugar a la progresividad de la revelación, así como «desequilibrar» el proceso de revelación de forma que resulta demasiado favorable a los intereses de la teología sistemática.[38] Él insiste en lo que llama «la analogía de la Escritura (antecedente)», queriendo decir con esto que, al determinar el significado que pretendía dar el autor a un pasaje, en ningún caso el intérprete debe emplear la enseñanza de un pasaje posterior para «abrir el significado o mejorar el uso» del primer pasaje. El intérprete ha de limitarse al estudio del pasaje mismo y a las «afirmaciones que se encuentran en pasajes que *preceden* a aquel que se estudia».[39]

Sin embargo, además del irritante hecho de que simplemente no conocemos a ciencia cierta la relación cronológica que existe entre algunas porciones de las Escrituras (¿Fue Abdías escrito antes de Joel, el salmo «x» antes del salmo «y», Marcos antes de Mateo, Colosenses antes de Efesios, 2 Pedro antes de Judas?), y que, por tanto, podríamos fallar a la

---

[34] Cuando la iglesia evangélica afirma la unidad del Antiguo y Nuevo Testamento, se ha de dar su debido lugar a la progresividad de la revelación y a la periodicidad en la revelación particular del Antiguo Testamento, determinada por las distintas disposiciones pactuales que encontramos en él. Véase John Murray, «The Unity of the Old and New Testaments», *Collected Writings of John Murray* (Edinburgh: Banner of Truth, 1976), 1:23–26.
[35] Packer, «Biblical Authority, Hermeneutics, and Inerrancy», 149.
[36] Algunos comentaristas importantes de Romanos (p. ej., F. F. Bruce, John Murray, C. E. B. Cranfield) instan a que cuando Pablo dice «fe» en este punto, quiere decir fe en el sentido subjetivo. Es decir, Pablo está instando a los que quieren ser profetas para hablar en conformidad con su fe subjetiva, esto es, dependiendo de Cristo. Ernst Käsemann, seguido por Alphonse Maillot, Heinrich Schlier, y Henri Blocher, por otra parte, defienden que no tendría sentido en absoluto sugerir que el profeta debe juzgarse a sí mismo por su propia fe, ya que esto es un procedimiento que abriría la puerta a todo tipo de falsas enseñanzas. Según esto, instan a que Pablo quiere decir «fe» en el sentido objetivo, refiriéndose a la «forma de doctrina» que habían recibido (véase Ro. 6:17). Para apoyar el significado objetivo de «fe» aquí podemos notar (1) las distintas ocurrencias en los escritos de Pablo en los que emplea «fe» de este modo (Gal. 1:23; 3:23, 25; 6:10; Ef. 4:5, 13; 1 Ti. 2:7; 3:9; 4:1, 6; 5:8; 6:10, 12, 21; 2 Ti. 3:8; 4:7; Tit. 1:1), y (2) la expresión, «medida de fe» (μέτρον πίστεως, *metron pisteōs*), que ocurre solo tres versículos antes. El significado primario de «medida» es «estándar de medida», lo cual sugiere en este contexto que Dios ha asignado a cada persona la función que él o ella ha de cumplir en la iglesia de Cristo de acuerdo con el estándar de la «fe» (construyéndose «fe» aquí como un acusativo de referencia).
[37] Blocher, «The 'Analogy of Faith' in the Study of Scripture», 29–34.
[38] Walter C. Kaiser Jr., *Toward an Exegetical Theology: Biblical Exegesis for Preaching and Teaching* (Grand Rapids, Mich.: Baker, 1981), 137, 161.
[39] Ibid., 140, 136. El énfasis en la última cita es el colocado por Kaiser.

hora de intentar utilizar una porción de revelación anterior o colocar mal otra porción de revelación que sigue, es un hecho que existen pasajes donde ninguna forma de exégesis puede discernir lo que el autor u orador querían decir sin el beneficio de la enseñanza revelacional posterior. Por poner un ejemplo, sin las enseñanzas autorizadas posteriores de los apóstoles que se encuentran en Hechos 2:24–31 y 13:34–37, no existe forma en que un exégeta moderno pudiese discernir, en base a lo que le permite Kaiser, que David no estaba hablando de su propia resurrección cuando escribió el Salmo 16, sino que *específicamente* estaba hablando *en exclusiva* de la resurrección del Mesías.

Además, aunque no discutiríamos con Kaiser que la forma de llegar a la mente de Dios es por medio de la mente del autor bíblico, también es verdad que, ya que el significado del autor humano y del autor divino coinciden, entender mejor al Autor divino es entender mejor la mente del autor humano. Por tanto, no hemos de dudar en emplear expresiones posteriores de la mente del Autor divino, habladas por medio de hombres inspirados, para aclarar el significado de expresiones anteriores de su mente a hombres también inspirados. Es cierto que existen obstáculos con este procedimiento. Podemos malinterpretar una porción de revelación posterior y, al aplicarle a otra porción anterior, entenderla mal también. (Por supuesto, ¡este error puede suceder también cuando consideramos una porción de revelación anterior en lugar de posterior!) Pero, como Blocher declara: solo porque una valoración precisa del significado de afirmaciones posteriores en un debate particular de interpretación exija mucha habilidad, precaución y tacto, «no hemos de renunciar a la *analogia fidei;* ¡hagamos un mejor uso de esta!»[40]

En tercer y último lugar, a pesar del carácter «ocasional» o ad hoc de sus muchas partes literarias,[41] la doctrina de la Escritura acerca de la Escritura nos obliga a ver sus enseñanzas como verdades eternas para «*enseñar, para redargüir, para corregir, para instruir en justicia*». Esto no es solamente una inferencia justa de pasajes tales como 2 Timoteo 3:16–17, sino que Pablo lo afirma con claridad en varios lugares:

Romanos 4:23–24: «Y no solamente con respecto a él [Abraham] se escribió que le fue contada, sino también con respecto a nosotros a quienes ha de ser contada, esto es, a los que creemos en el que levantó de los muertos a Jesús, Señor nuestro».

Romanos 15:4: «Porque las cosas que se escribieron antes, para nuestra enseñanza se escribieron, a fin de que por la paciencia y la consolación de las Escrituras, tengamos esperanza».

1 Corintios 9:9–10: «Porque en la ley de Moisés está escrito: No pondrás bozal al buey que trilla. ¿Tiene Dios cuidado de los bueyes, o lo dice enteramente por nosotros? Pues por nosotros se escribió»

1 Corintios 10:6, 11: «Mas estas cosas sucedieron como ejemplos para nosotros, para que no codiciemos cosas malas, como ellos codiciaron... estas cosas les acontecieron como ejemplo, y están escritas para amonestarnos a nosotros, a quienes han alcanzado los fines de los siglos»

Lo impactante e instructivo acerca de las afirmaciones de Pablo sobre que las Escrituras del Antiguo Testamento fueron escritas para *nuestra* instrucción, es que, en el uso que él mismo hace de las Escrituras:

escribe casi como si no existiese ninguna separación en absoluto entre las Escrituras escritas años antes y el «nosotros» para quienes se escriben como instrucción, o como si la analogía y similitudes

---

[40] Blocher, «The "Analogy of Faith" in the Study of Scripture», 35.
[41] Cuando hablo del «carácter *ad hoc*» de las Escrituras, me refiero al hecho de que cada libro canónico de estas fue escrito para un individuo, iglesia o pueblo específico, que vivía en un tiempo y situación específica. Véase Gordon D. Fee, «Reflections on Church Order in the Pastoral Epistles, with Further Reflection on the Hermeneutics of Ad Hoc Documents», *Journal of the Evangelical Theological Society* 28, no. 2 (1985): 141-51, para una discusión de este tema en conexión con el gobierno de la iglesia.

fueran tan grandes que la separación, no solo puede salvarse fácilmente, sino que Dios tenía la intención de que se hiciese, porque también nos tenía en mente a nosotros cuando fueron escritas. Esto es particularmente relevante por el hecho de que la mayoría de los pasajes se emplean para instar a una conducta apropiada indicada por las Escrituras. [Pablo reconoce que los tipos y sombras de la ley ceremonial y de la entidad teocrática judía han sido respectivamente cumplidos y eliminados con la primera venida de Cristo]. Pero en ningún caso escribe acerca de la conducta en el ámbito de la moralidad y dice o implica que las Escrituras no fuesen en ese caso escritas para nuestra instrucción...

Ya que este principio es cierto para las Escrituras del AT, que fueron escritas antes de que hubiera llegado el fin de los tiempos, ¿cuánto más será cierto de las Escrituras del NT, escritas en un período del final en el que vivieron tanto los que las recibieron originalmente como nosotros? Ya que la instrucción ética ha salvado esa brecha tan significativa entre el AT y el NT y se aplica a nosotros, ciertamente no existe una brecha de momento religioso real entre nosotros y la iglesia del NT, y deberíamos esperar una correlación aún más directa entre las enseñanzas de este y nosotros. No necesitamos argumentar como Pablo hizo en 1 Corintios 10, las analogías entre las ceremonias y situaciones del AT y las nuestras, porque no se tratará de analogías, sino de identidad en el ámbito religioso.[42]

La afirmación explícita que Pablo realiza acerca de que las Escrituras fueron escritas para nuestra instrucción significa que, aunque hemos de distinguir las amonestaciones que están condicionadas por la cultura, tales como «saludaos los unos a los otros con ósculo santo» (Ro. 16:16), de aquellas que no están condicionadas en su aplicación, hemos de evitar que las diferencias culturales «ocasionales» que existen entre el mundo del Nuevo Testamento y el nuestro anulen toda aplicación directa de las instrucciones de las Escrituras para nosotros.

---

[42] George W. Knight III, «The Scriptures Were Written for Our Instruction», *Journal of the Evangelical Theological Society* 39, no. 1 (1996): 12.

3 | LOS ATRIBUTOS DE LAS SAGRADAS ESCRITURAS

Todo lo que existe tiene atributos que lo definen, lo hacen ser lo que es, y lo distinguen de todo lo demás; así también la Santa Escritura posee atributos que la definen, que la hacen ser lo que es, y que la distinguen de todos los demás escritos. Este capítulo trata con los siete atributos de la Biblia: su necesidad, inspiración, autoridad, auto-autentificación, suficiencia, perspicuidad y finalidad. El primer capítulo del gran credo protestante del siglo diecisiete, la Confesión de Fe de Westminster, titulado «De la Santa Escritura», será usado como marco para mis comentarios.[10]

LA NECESIDAD DE LA BIBLIA

Aunque la luz de la naturaleza y las obras de creación y de providencia manifiestan la bondad, sabiduría y poder de Dios de tal manera que los hombres quedan sin excusa, sin embargo, no son suficientes para dar aquel conocimiento de Dios y de su voluntad que es necesario para la salvación; por lo que le agradó a Dios en varios tiempos y de diversas maneras revelarse a sí mismo y declarar su voluntad [revelación] a su iglesia; y además, para conservar y propagar mejor la verdad y para el mayor consuelo y establecimiento de la iglesia contra la corrupción de la carne, la malicia de Satanás y el mundo, le agradó dejar esa revelación [que Él había declarado ser su voluntad para su iglesia] por escrito; por todo lo cual las Santas Escrituras son muy necesarias, y tanto más cuanto que han cesado ya los modos anteriores por los cuales Dios reveló su voluntad a su iglesia. (Confesión de Fe de Westminster, I/i, énfasis agregado).

La Confesión comienza afirmando que aunque todos los hombres y mujeres conocen a Dios a un cierto nivel de consciencia o inconsciencia (ver Ro 1:21: γνόντες τὸν θεὸν, gnontes ton theon; Ro 1:32: τὸ δικαίωμα τοῦ θεοῦ ἐπιγνόντες, to dikaio̅ma tou theou epignontes) debido a la obra reveladora de Dios tanto dentro de ellos –es decir, «la luz de la naturaleza» dentro de los hombres y mujeres[11] (Jn. 1:9; Ro. 2:14-15)– como alrededor de ellos en su creación y cuidado providencial (Sal. 19:1; Hch. 14:17; Ro. 1:20),[12] sin embargo, esta revelación

---

[10] Los redactores de la Confesión, al tratar del tema de la Santa Escritura en el capítulo uno, muestran su astucia teológica. Eran sumamente conscientes de que el tema principal en religión es epistemológico, el tema de la autoridad. Sin importar lo que confesaron después, ellos sabían que siempre se les podía desafiar con las preguntas: «¿Cómo sabes que lo que confiesas es verdad? ¿Cuál es tu autoridad para decir lo que dices?» Por consiguiente, abordan esta cuestión epistemológica desde el principio, incluso antes de su tratamiento de la doctrina de Dios.

Benjamin B. Warfield («The Westminster Doctrine of Holy Scripture», *Selected Shorter Writings of Benjamin B. Warfield*, ed. John E. Meeter [Nutley, N.J.: Presbyterian and Reformed, 1973], 2:561) observa a este respecto: «Es de acuerdo con la idea fundamental y la práctica ordinaria de la teología reformada, que la Confesión comienza su exposición de la doctrina con la enseñanza de la Santa Escritura, como la raíz de donde crece toda doctrina, debido a que las Escrituras son la fuente de la cual fluye todo el conocimiento del propósito salvífico y el plan de Dios».

James Denney, en sus *Studies in Theology* (Grand Rapids, Mich.: Baker, 1976 [reimpreso de la edición de 1895]), 202-4, se equivoca cuando trata a la Escritura solo bajo la rúbrica de los medios de gracia al fallar en no distinguir entre los usos religioso y teológico de la Escritura. La Escritura está diseñada para otros usos además de aquellos que tienen que ver con el crecimiento espiritual: es fundamental para toda la doctrina cristiana (ver 2 Tim. 3:16-17).

[11] Juan Calvino habló de esta «luz de la naturaleza» (*Institutes of the Christian Religion*, trans. Ford Lewis Battles [Philadelphia: Westminster Press, 1960] I.iii.1, 3; I.iv.1, 4) dentro de los hombres como el *sensus divinitatis*, *sensus deitatis*, y *semen religionis*. Escribe:

Hay dentro de la mente humana, y en efecto por instinto natural, una consciencia de la divinidad... Aquellos que en otros aspectos de la vida parecen diferenciarse muy poco de los brutos aún continúan reteniendo alguna semilla de religión... [Hay] un sentido de deidad inscrito en los corazones de todos (Institución I.iii.1)

... Aunque la necia dureza de sus mentes que los impíos manifiestan para rechazar a Dios se disipa, sin embargo, el sentido de la divinidad que tanto deseaban extinguir, prospera y al momento florece. De esto concluimos que no se trata de una doctrina que deba aprenderse en la escuela, sino de una de la que cada uno de nosotros es maestro desde el vientre materno y que la naturaleza misma no permite que nadie olvide, aunque muchos luchan con todas sus fuerzas para este fin (Institución, I.iii.3).

... Dios ha sembrado una semilla de religión en todos los hombres. Pero apenas se encuentra un hombre entre cien que la haga fructificar en su corazón una vez recibida, y ninguno hay en quien madure; mucho menos que dé fruto a su tiempo (Institución, I.iv.1).

[Los hombres] se enredan en una masa tan enorme de errores que la maldad enceguecedora sofoca y finalmente extingue esas chispas que alguna vez brillaron para mostrarles la gloria de Dios. Sin embargo, hay una semilla que permanece y no puede ser desarraigada: que hay algún tipo de divinidad; pero esta semilla está tan corrompida que en sí misma solo produce los peores frutos (Institución, I.iv.4).

[12] Estos versículos implican que no es necesario que el cristiano trate de probar la existencia de Dios a la gente. Sugieren, más bien, que todo ser humano ya conoce a cierto nivel de consciencia o inconsciencia que Dios «realmente está ahí». El no regenerado, por supuesto, hace todo lo que puede para eliminar este conocimiento (Ro. 1:18), aunque jamás lo logra por completo. Es por esta razón que la Biblia dice de la persona no regenerada que conoce a Dios (Ro. 1:21; 2:14-15) y que no lo conoce (1 Co. 1:21; 2:14; 1 Ts. 4:5; 2 Ts. 1:8) al mismo tiempo, es decir, sabe que Dios realmente está ahí, pero no lo conoce salvíficamente.

general no es suficiente para darles el conocimiento de Dios que es necesario para la salvación. Todo lo que hace es dejarlos en su idolatría sin excusas (Ro. 1:20)..[13] Por lo tanto, continúa la Confesión, Dios se reveló a sí mismo (proposicionalmente) en diferentes tiempos y de diferentes maneras, y declaró que el contenido de esa actividad reveladora especial es su voluntad para su iglesia. Esto hace que la Santa Escritura sea «sumamente necesaria», sostiene la Confesión (contra Roma y los místicos anabautistas), «puesto que ahora han cesado ya aquellos modos anteriores por los cuales Dios reveló su voluntad a su pueblo»..[14] Aquí hay una afirmación de la *necesidad* de la Santa Escritura. Es ciertamente necesaria para la salvación y el conocimiento de la voluntad de Dios para su iglesia, teniendo sus más inmediatas áreas de aplicación dentro del contexto de la declaración confesional misma. Pero también necesaria para la justificación de todo conocimiento y del significado personal mismo..[15]

Es importante que veamos claramente que la Confesión fundamenta su doctrina de la necesidad de la Escritura en dos condiciones antecedentes que se obtienen hasta ahora, a saber, (1) la insuficiencia de la revelación general, y (2) el cese de la revelación especial..[16] Si la revelación general es insuficiente para proporcionar ese conocimiento de Dios y de su voluntad que es esencial para la salvación, y si la revelación especial ha cesado, entonces *uno debe ir a la Escritura si quiere aprender esas cosas que «necesariamente deben saberse, creerse y observarse para la salvación»* (I/vii). Además, debe notarse que en la medida en que uno cree que Dios todavía habla directamente a los hombres y mujeres el día de hoy a través de los profetas y glosolalistas (los que hablan en lenguas), en la misma medida está diciendo que no necesita absolutamente la Biblia para una palabra que proceda de Dios y, por consiguiente, ha abandonado el gran principio reformado de *sola scriptura*.

Obviamente, hay una complejidad psicológica aquí: «El no creyente conoce cosas a cierto nivel de su consciencia que busca desterrar en otros niveles… conoce a Dios, sabe lo que Dios exige, pero no quiere que ese conocimiento influencie su decisión, excepto negativamente: el conocimiento de Dios le dice cómo desobedecer a Dios» (John M. Frame, *Apologetics to the Glory of God* [Phillipsburg, N. J., Presbyterian and Reformed, 1994], p. 8). En consecuencia, argumentar como lo hace el apologista clásico, que es necesario probar la existencia de Dios (si no para todos, al menos para unos) implica que algunas personas no saben que Dios existe, que no son «gente religiosa», y, por lo tanto, no son culpables delante de Dios por rechazar adorarlo, hechos desmentidos en su totalidad por Ro. 1:18-2:16.

[13] Mucho se podría decir sobre la teología natural metodológica, pero es suficiente decir aquí que en ninguna parte la Biblia respalda la noción de que la revelación general fue dada para proporcionar a la gente la información mediante la cual podrían, comenzando desde sí mismos, razonar su camino hacia Dios. La Biblia introduce la revelación general junto con la revelación especial para enfatizar la culpabilidad del hombre. Todo el esfuerzo de la teología natural tomista de descubrir a Dios por la razón natural aparte de Jesucristo debe juzgarse no solo como un fracaso (ver 1 Co. 1:20-21), sino también como presentando un servicio involuntario a la completa rebelión de la filosofía humana contra la necesidad de la revelación especial. ver Robert L. Reymond, *The Justification of Knowledge* (Phillipsburg, N.J.: Presbyterian and Reformed, 1984), 118–30, y capítulo seis de este libro.

[14] Wayne A. Grudem (*The Gift of Prophecy in 1 Corinthians* [Lanham, Md.: University Press of America, 1982]) argumenta que el don de profecía del Nuevo Testamento es hoy todavía un don legítimo de la iglesia, pero, fundamentando su punto de vista primordialmente en Hch. 21:4, 10-11 y 1 Co. 14:29, declara que el que tiene el don, aunque inspirado por el Espíritu o inducido por el Espíritu, no habla con «autoridad divina absoluta» y puede, de hecho, enseñar el error en ciertas cosas (78-79). Para refutaciones de este punto de vista influyente pero erróneo, ver Richard B. Gaffin Jr., *Perspectives on Pentecost* (Phillipsburg, N.J.: Presbyterian and Reformed, 1979), 65-67; R. Fowler White, «Richard Gaffin y Wayne Grudem sobre 1 Cor. 13:10: A Comparison of Cessationist and Noncessationist Argumentation,» *Journal of the Evangelical Theological Society* 35, no. 2 (1992): 173–81, y «Gaffin y Grudem sobre Ephesians 2:20: In Defense of Gaffin's Cessationist Exegesis,» *Westminster Theological Journal* 54 (Fall 1993): 303–20; O. Palmer Robertson, *The Final Word* (Carlisle, Pa.: Banner of Truth, 1993), 85–126; y Edmund P. Clowney, *The Church* (Downers Grove, Ill.: InterVarsity Press, 1995), 257–68.

[15] Véase Reymond, *The Justification of Knowledge*, y «The Theological Significance of the Biblical Doctrine of Creationism», *Presbyterion* 15 (otoño de 1989): 2, 16-26, y el capítulo cinco de este libro. Véanse también los escritos de Francis A. Schaeffer a este respecto.

[16] La noción del cese de la revelación especial con el fallecimiento de los apóstoles, o más específicamente de esa actividad divina que produjo las Sagradas Escrituras, no debe considerarse extraña. El proceso de revelación nunca llegó en una continuación ininterrumpida, sino más bien, en un lenguaje no técnico, en «rachas» o períodos. Considere los siguientes hechos: entre Génesis 49:1–27 (la última vez que Dios habló a través de un patriarca de Génesis, cuya profecía fue pronunciada por Jacob el año en que murió en 1858 a. C.) y Éxodo 3:4 (cuando Dios le habló a Moisés alrededor de 1446 a. C.) hubo un «apagón» de comunicación divina para la familia de Jacob en Egipto durante más de cuatrocientos años. Luego Moisés fue levantado para sacar al pueblo de Dios de Egipto y escribir el Pentateuco. Con referencia a la ley de Dios, Moisés advirtió que no se debía agregar ni quitar nada de los mandamientos, estatutos y juicios que él dio a Israel (Dt. 4: 2). Nadie, ni esposas, hermanos, hijos, amigos, ni siquiera los profetas que vendrían después de él, podían agregar o quitar de su ley (véase Dt. 12: 32-13: 8). En suma, con respecto a la ley *per se*, era un «canon cerrado». Los profetas del Antiguo Testamento, por supuesto, dieron más revelación a medida que el proceso redentor avanzaba hacia su meta consumada en Jesucristo. Pero al hacerlo, no agregaron ni quitaron de la ley mosaica en lo que respecta a la legislación, sino que llamaron continuamente a Israel para que volviera a obedecer la ley mosaica (Mal. 4: 4). E incluso toda actividad de revelación cesó después de Malaquías por espacio de otros cuatrocientos años. Así que, claramente, el Antiguo Testamento en su conjunto se convirtió en un «canon cerrado». En consecuencia, si uno afirma (ver Robert L. Reymond, *What About Continuing Revelations and Miracles in the Presbyterian Church Today?* [Phillipsburg, NJ: Presbyterian and Reformed, 1977], y George W. Knight III, *Prophecy in the New Testament* [Dallas : Presbyterian Heritage, 1988], 17-23) que los datos del Nuevo Testamento apoyan la posición de que el Nuevo Testamento mismo se ha convertido en un «canon cerrado», la conclusión no debe considerarse ajena al paradigma bíblico.

Una nota final: la mayoría de casi todos los eruditos y teólogos bíblicos que insisten en la realidad de la revelación continua en la actualidad aparentemente también están dispuestos a afirmar que la Biblia es un «canon cerrado». Me alegro de verdad por esta afirmación. Por otro lado, parecen no darse cuenta de que el argumento a favor de un canon cerrado, que afirman, es también el argumento a favor del cese de la revelación; que los dos permanecen o caen juntos, y que, si el proceso de revelación ha continuado de hecho hasta el día de hoy, entonces no existe un canon verdaderamente cerrado.

LA INSPIRACIÓN DE LA BIBLIA

Bajo el nombre de «Santa Escritura», o la Palabra de Dios escrita, están contenidos ahora todos los libros del Antiguo y Nuevo Testamento, los cuales son:

[Los sesenta y seis libros del Antiguo y Nuevo Testamento son a continuación enlistados por nombre].

Todos estos fueron dados por inspiración de Dios para que sean la regla de fe y conducta.

Los libros comúnmente llamados apócrifos, por no ser de inspiración divina, no forman parte del canon de las Santas Escrituras, y por lo tanto no son de autoridad para la iglesia de Dios, ni deben aprobarse o usarse sino de la misma manera que otros escritos humanos. (WCF, I/B, C)

Al definir primeramente la Palabra de Dios *extensivamente* en cuanto a sus partes constituyentes, es decir, después de enlistar los treinta y nueve libros del Antiguo Testamento y los veintisiete libros del Nuevo Testamento «bajo el nombre de Santa Escritura, o la Palabra de Dios escrita», el segundo artículo de la Confesión de Fe, capítulo uno, define la Palabra de Dios *intensivamente* en cuanto a su carácter esencial, declarando: «Todos estos fueron dados por inspiración de Dios para que sean la regla de fe y conducta» (El Catecismo Mayor, en la pregunta 3, agrega aquí la palabra «única», «la única regla de fe y conducta»).

Luego, precisamente porque «los libros comúnmente llamados apócrifos» no «son de inspiración divina», el artículo tercero continúa afirmando que «no forman parte del canon de la Escritura, y por lo tanto no son de autoridad en la iglesia de Dios, ni deben aprobarse o usarse, sino de la misma manera que otros escritos humanos»..[17] El lector debe tomar cuidadosa nota de las cuatro cosas negativas afirmadas por la Confesión sobre los libros apócrifos: *No* son inspirados; por lo tanto, *no* son canónicos, *no* son autoritativos, y *no* deben ser aprobados o utilizados por la iglesia de ninguna manera distinta a otros escritos humanos ordinarios.

Este artículo de la Confesión plantea los problemas relacionados con la canonicidad y el efecto concomitante de la inspiración, a saber, la infalibilidad bíblica.

LA FORMACIÓN Y CIERRE DEL CANON DE LA IGLESIA

Desde el principio del proceso de escrituración de la Palabra de Dios hasta la actualidad, la fe bíblica siempre ha sido una «religión del libro». Es decir, durante este período el pueblo de Dios siempre ha tenido un canon («regla» o «estándar») autoritativo, divinamente inspirado, compuesto de documentos que les han servido como guía en cuestiones de fe y vida. Pero no tuvieron que vagar por el mundo para encontrar estos documentos divinamente inspirados.

En los tiempos del Antiguo Testamento, Dios, como el «canon» supremo de su pueblo, anunció que los profetas serían sus portavoces autorizados (Dt. 18:14-19), y Él mismo dio el criterio para discernir al profeta verdadero del falso: (1) Declaró en Dt. 18:21-22 que las predicciones del verdadero profeta se cumplirían (en otras palabras, la palabra profética del verdadero profeta siempre serían verdaderas), y (2) declaró en Dt. 13:1-3 que el mensaje

---

[17] Los judíos palestinos nunca aceptaron los libros apócrifos, siendo su canon el mismo que el del Antiguo Testamento protestante (ver Josefo, Contra Apión, 1.41; Talmud de Babilonia, Yomah 9b, Sota 48b, Sanedrín 11a). Ni Jesús ni los escritores del Nuevo Testamento citaron jamás estos libros. Luego entonces, cuando Pablo declaró que los judíos poseían «los oráculos de Dios» (Rom. 3: 2), estaba excluyendo implícitamente a los apócrifos de esos «oráculos».
Según Gleason L. Archer Jr. (*A Survey of Old Testament Introduction* [Chicago: Moody, 1985], 75), la Septuaginta –la traducción judía alejandrina precristiana al griego del Antiguo Testamento hebreo– era la única versión antigua que incluía los libros de la Apócrifa. Esto ha llevado a algunos estudiosos a hablar de un «canon alejandrino» que tenía una autoridad entre los judíos igual a la del «canon palestino». Pero mientras que Filón de Alejandría «cita frecuentemente de los libros canónicos del "canon palestino", nunca cita ninguno de los libros apócrifos» (Archer, 75). Además, la versión griega de Aquila, aunque no contenía los apócrifos, fue aceptada por los judíos alejandrinos en el siglo II d.C. (Archer, 75). Jerónimo explicó la presencia de la Apócrifa en la versión alejandrina al decir que incluía tanto los libros canónicos como los libros que eran «eclesiásticos», es decir, considerados valiosos, aunque no inspirados (Archer, 76). Si bien es cierto que la Septuaginta sirvió como la «Biblia» griega de la iglesia primitiva y de los apóstoles en su misión a los gentiles, no hay evidencia de que un escritor del Nuevo Testamento cite de ninguno de los libros apócrifos.
Merrill F. Unger, *Introductory Guide to the Old Testament* (Grand Rapids, Michigan: Zondervan, 1956), 81-114, trata los fenómenos de la Apócrifa que hacen evidente que estos libros no son productos de la inspiración del Espíritu. Véase también R. Laird Harris, *Inspiration and Canonicity of the Bible* (Grand Rapids, Michigan: Zondervan, 1957), capítulos 6, 8, y Roger Beckwith, *The Old Testament Canon of the New Testament Church and Its Background in Early Judaism* (Grand Rapids, Michigan: Eerdmans, 1986), 338–437.

profético del verdadero profeta siempre estaría en acuerdo doctrinal con la revelación redentora e histórica antecedente. Aquí vemos a Dios mismo estableciendo lo que ha llegado a conocerse como el principio de la *analogia fidei* o *analogia doctrinae* [analogía de la fe o analogía de la doctrina]: la revelación subsecuente siempre estará de acuerdo en contenido con la revelación antecedente. Luego, Él mismo autentifica a los verdaderos profetas empoderándolos para obrar milagros. Como ya hemos notado, Moisés, los profetas «como él» y las escuelas de los profetas de Israel cuidadosamente recopilaron y conservaron los escritos históricos y proféticos inspirados de la nación conforme eran redactados.

En los tiempos del Nuevo Testamento, Jesucristo –la segunda persona de la Deidad presente en su iglesia como su «canon» definitivo– validó personalmente para su iglesia el canon particular del Antiguo Testamento del primer siglo del judaísmo palestino, a saber, los veinticuatro libros del canon hebreo (ver su alusión al canon tripartito del judaísmo palestino en Lucas 24:44), que corresponden a los treinta y nueve libros del Antiguo Testamento protestante, pero no a los cuarenta y seis libros del Antiguo Testamento católico-romano (Roma agrega a los treinta y nueve libros indisputables los libros de Tobías, Judit, 1 y 2 de Macabeos, la Sabiduría de Salomón, Sirácida [o Eclesiástico] y Baruc). Así pues, la iglesia del primer siglo heredó los treinta y nueve libros del Antiguo Testamento y la enseñanza oral de Jesucristo, alguna de las cuales están registradas en los evangelios (Juan 21:25, ver también las palabras de Jesús en Hechos 20:35: «es más bienaventurado dar que recibir»; aunque estas palabras no se encuentran en ninguno de los evangelios, Pablo cita aquí un dicho dominical de la tradición oral), como la base canónica para el canon del Nuevo Testamento que apareció en su debido momento.

Cristo mismo estableció para su iglesia la «estructura de autoridad formal» que sería «la fuente y la norma para toda la predicación futura del evangelio», a saber, el apostolado (Mr. 3:14; Hch. 10:41; Ef. 2:20),[18] y pre-autentificó su palabra hablada y escrita:

Jn. 14:26: «Mas el Consolador, el Espíritu Santo, a quien el Padre enviará en mi nombre, él os enseñará todas las cosas, *y os recordará todo lo que yo os he dicho*». Aquí Cristo promete por implicación que el Espíritu Santo supervisará la producción de los evangelios.

Jn. 16:12-15: «Aún tengo muchas cosas que deciros, pero ahora no las podéis sobrellevar. Pero cuando venga el Espíritu de verdad, *él os guiará a toda la verdad*; [con respecto a lo que no pueden sobrellevar ahora]. Porque no hablará por su propia cuenta, sino que hablará todo lo que oyere, y os hará saber las cosas que habrán de venir». Debido a que los apóstoles no pudieron comprender el significado de la muerte de Cristo en ese momento, aquí Cristo promete por implicación que el Espíritu Santo supervisaría la producción de las epístolas del Nuevo Testamento que explican la obra de la cruz de Cristo. Y en su declaración de que el Espíritu Santo «os hará saber las cosas que habrán de venir», Cristo promete por implicación que el Espíritu Santo supervisará la escritura del Apocalipsis de Juan.

A su debido tiempo, Dios mismo autentificó estos órganos de la revelación histórico-redentora del Nuevo Testamento como sus portavoces al otorgarles el poder de realizar milagros (Hch. 14:3; 2 Co. 12:12). Estos apóstoles primero ejercieron su autoridad oralmente mediante la predicación, más que por escrito; pero cuando comenzaron a escribir, consideraron sus propios escritos y los de los otros apóstoles, como hemos visto, de igual autoridad con sus palabras habladas (2 Ts. 2:15; 2 P. 3:15-16). Sus palabras autoritativas constituían el «depósito» o «tradición» apostólica que la iglesia debía guardar y a la cual debía (lo cual hizo, de hecho, de manera inmediata) adherirse en cuestiones de fe y vida. De este modo –los apóstoles claramente respaldando con su Señor el canon del Antiguo

---

[18] Herman N. Ridderbos, *Redemptive History and the New Testament Scriptures* (segunda edición revisada, Phillipsburg, N.J.: Presbyterian and Reformed, 1988), 13.

Testamento del judaísmo palestino del primer siglo y tratando ese antiguo canon en su totalidad como los oráculos de Dios (Ro. 3:2)– agregaron a ese canon sus propios escritos, que tanto ellos como la iglesia apostólica también consideraron inmediatamente como la Palabra de Dios. Todo esto es confirmado por la Escritura misma y es indiscutible.

Pero el proceso a través del cual la iglesia llegaría a entender qué libros debían formar el canon del Nuevo Testamento y se daría cuenta de que ese canon estaba completo fue un proceso lento, casi imperceptible. Martin H. Franzmann nota que antes del 170 d.C. ninguno de los padres apostólicos:

> pregunta o responde explícitamente la pregunta, «¿Qué libros deben ser incluidos en la lista de aquellos que son normativos para la iglesia? Lo que encontramos en los escritos de los así llamados padres apostólicos (Clemente de Roma, la Epístola de Bernabé, Ignacio, Policarpo, Hermas, la Enseñanza de los Doce Apóstoles) es, primero, un testimonio del hecho de que los libros destinados a llegar a ser el canon del Nuevo Testamento están ahí, operando en la iglesia desde el principio. Los libros son citados y aludidos, más a menudo sin mención del autor o título que por medio de una cita formal. En segundo lugar, encontramos un testimonio del hecho de que el pensamiento y vida de la iglesia estaban siendo formados por el contenido de los escritos del Nuevo Testamento desde el principio, y además por el contenido de todos los tipos de escritos del Nuevo Testamento. La influencia de [todos estos tipos] (evangelios sinópticos, obras juaninas, cartas paulinas, cartas católicas) es claramente discernible. A juzgar por la evidencia de este período, los cuatro evangelios y las cartas de Pablo fueron en todas partes las unidades básicas en el canon emergente del Nuevo Testamento.
>
> Y, en tercer lugar, hay mucho testimonio específico en estos escritos del hecho de que los escritos del Nuevo Testamento asumieron una posición de autoridad en la iglesia, autoridad que no comparten con ningunos otros escritos. «El Señor» y «los apóstoles» aparecen como voces autoritativas además de las Escrituras del Antiguo Testamento...
>
> Más evidencia de la autoridad ejercida por los escritos del Nuevo Testamento se encuentra en el hecho, registrado por Justino Mártir, de que los escritos del Nuevo Testamento... eran leídos en los servicios de adoración de la iglesia de manera intercambiable con el Antiguo Testamento. Esta es quizá la pieza más significativa de evidencia de este período.[19]

Herman N. Ridderbos está de acuerdo con la opinión de Franzmann:

> Nunca hubo una discusión de la «canonicidad» de la mayoría [y al principio de ninguno] de los escritos del Nuevo Testamento. La iglesia jamás consideró esos escritos como siendo alguna otra cosa, sino el testimonio autorizado del gran tiempo de redención... La incertidumbre sobre algunos de [sus] escritos ...solo surgió después, como resultado de ciertas acciones que sucedieron dentro o en contra de la iglesia.[20]

En su último comentario, Ridderbos alude al tiempo alrededor del 160 d.C. cuando Marción, el hereje gnóstico, rechazó el Antiguo Testamento completo y aceptó solo una mutilación de Lucas/Hechos y diez epístolas de Pablo «corregidas» como su canon. De este modo, la cuestión del canon del Nuevo Testamento se volvió materia de preocupación en algunos sectores de la iglesia. Y parece que esta incertidumbre regional posterior «dañó la autoridad que tenía el documento desde el principio y destruyó la certeza original de la iglesia» sobre algunos libros del Nuevo Testamento.[21] Incluso así, según el Canon Muratoriano o Fragmento Muratoriano –así llamado por el bibliotecario de la biblioteca Ambrosiana de Milán, Lodovico Muratori, quien descubrió el documento y lo publicó en 1740, que fue escrito por un autor desconocido (Muratori lo atribuyó a Cayo, un anciano de Roma)

---

[19] Martin H. Franzmann, *The World of the Lord Grows* (St. Louis: Concordia, 1961), 287-288.
[20] Ridderbos, *Redemptive History*, pág. 40. F. F. Bruce, *The Canon of Scripture* (Downers Grove, Ill,: InterVarsity, 1988), 255, está de acuerdo con Franzmann y Ridderbos, al escribir:

Los primeros cristianos no se preocuparon por los criterios de canonicidad; no habrían entendido fácilmente la expresión. Aceptaron las escrituras del Antiguo Testamento tal como las habían recibido: la autoridad de esas escrituras fue suficientemente ratificada por la enseñanza y el ejemplo del Señor y sus apóstoles. La enseñanza y el ejemplo del Señor y sus apóstoles, ya sea transmitidos oralmente o por escrito, tenían autoridad axiomática para ellos.

[21] Ridderbos, ibid., 44.

alrededor del 175 d.C.,—[22]– parece que nunca ha habido ninguna duda de parte de la iglesia en general con respecto al estatus canónico de veinte libros del Nuevo Testamento, a saber, los cuatro evangelios, Hechos, las trece cartas de Pablo, 1 Pedro y 1 Juan.[23] El estado canónico de los restantes siete libros del Nuevo Testamento, a saber, Santiago, Hebreos, 2 Pedro, 2 Juan, 3 Juan, Judas y Apocalipsis (así como el estado canónico de algunos otros libros, tales como los Hechos de Pablo, el Pastor de Hermas, el Apocalipsis de Pedro y la Epístola de Bernabé, que fueron finalmente rechazados), continuó siendo motivo de preocupación en algunas regiones por cerca de dos siglos antes de que tuvieran un lugar fijo en el canon del Nuevo Testamento de la iglesia. Pero en la medida en que varias regiones de la iglesia crecieron en sus vínculos con otras, se volvió cada vez más evidente que las dudas con respecto a estos escritos solo fueron regionales y que estas dudas regionales contradecían lo que la iglesia en su mayor parte había creído durante mucho tiempo sobre estas cuestiones.

Por lo tanto, durante el tercer siglo, junto con el rechazo cada vez mayor de todos los demás pretendientes literarios al estado canónico, los siete libros en disputa continuaron ganando terreno lentamente en las iglesias. Sin embargo, ninguna comisión de teólogos o concilio de la iglesia se reunió para definir o imponer un canon sobre la iglesia. En el siglo cuarto (325 d.C.), puesto que Eusebio de Cesárea no podía apelar entonces a nada «oficial» (a ningún decreto conciliar, a ningún pronunciamiento definitivo que tuviera la autoridad de la iglesia a su favor), examinó en su *Historia Eclesiástica*, libro 3, capítulo 25, el estado de diversos libros en la iglesia. Y esto es lo que informa: veintisiete libros entonces ocuparon un lugar de autoridad en la vida de la iglesia. Pero debido a que todavía había controversia, Eusebio, deseando ser escrupulosamente exacto, dividió los veintisiete libros en los *homolegómenos* (los libros «aprobados») y los *antilegómenos* (los libros «de los que se habla en contra»). Entre los primeros enlistó veintidós libros: los cuatro evangelios, Hechos, catorce cartas de Pablo (incluyendo Hebreos entre las cartas paulinas), 1 Pedro, 1 Juan y el Apocalipsis de Juan (con la anotación: «si realmente parece correcto»). Entre los *antilegómenos* (que, no obstante, son reconocidos por muchos) enlistó cinco libros: Santiago, Judas, 2 Pedro, 2 Juan y 3 Juan. De una manera un tanto curiosa, si esta segunda colocación del Apocalipsis de Juan no es simplemente un error involuntario de su parte, lo enlista nuevamente, no entre los *antilegómenos*, sino entre un tercer grupo, lo *nothoi* (los «libros rechazados») con la anotación, «si parece apropiado que algunos, como dije, lo rechazan, pero que otros lo clasifican entre los libros aceptados». Un poco más de cuarenta años después, en el 367 d.C., Atanasio, en su Carta Trigésimo-Novena (a menudo referida como su carta «Pascual» porque anunciaba la fecha oficial de pascua para las iglesias), sin hacer distinción como Eusebio había hecho entre *homolegómenos* y *antilegómenos*, sintió la libertad de enlistar los veintisiete libros del canon de Eusebio como «las fuentes de la salvación, de las cuales quien esté sediento puede beber hasta saciarse de sus palabras sagradas». Desde esta fecha en adelante, el canon de la iglesia estuvo prácticamente determinado, y antes del fin del cuarto siglo, bajo la influencia de Jerónimo y Agustín, la iglesia había resuelto todas las cuestiones canónicas satisfactoriamente. Por consiguiente, en 397 d.C. el tercer concilio de Cartago exigió que nada debía leerse en la iglesia bajo el título de divina Escritura excepto los libros «canónicos», y luego afirmó precisamente la colección actual de veintisiete libros del Nuevo Testamento como el canon del Nuevo Testamento. Y

---

[22] G. M. Hahneman, *The Muratorian Fragment and the Development of the Canon* (Oxford, Oxford University Press, 1992), ha desafiado recientemente la fecha del *Fragmento* del siglo II, considerándolo como un documento del siglo IV de origen oriental.

[23] Curiosamente, el autor muratoriano afirma que los oficios de apóstol y profeta en el Nuevo Testamento eran cosas del pasado, al igual que lo hace Hipólito (c. 170-c. 236 d. C.) en su «Tratado sobre Cristo y el Anticristo», *Anti-Nicene Fathers* (Grand Rapids, Michigan: Eerdmans, reimpresión de 1990): 5, 204-19, y Crisóstomo (c. 347-407 d. C.) posteriormente en sus *Homilías sobre Primera de Corintios* en *Nicene and Post-Nicene Fathers* (Grand Rapids, Mich: Eerdmans, Reimpresión de 1989): Homilías 29, 36.

debido a la convicción cristiana casi universal que ha prevalecido desde entonces,[24] de que el Señor de la iglesia ha dado estos libros específicos, y solo estos, a su pueblo como el canon del Nuevo Testamento, la iglesia por los últimos mil seiscientos años ha restringido el canon del Nuevo Testamento a los veintisiete libros del Nuevo Testamento comúnmente recibido. En resumen, a partir de ese momento el canon del Nuevo Testamento ha sido «un dato literario, histórico y teológico».[25]

Los eruditos cristianos, de acuerdo con este hecho, han debatido mucho sobre los criterios que la iglesia empleó durante el tercer y cuarto siglos para determinar la canonicidad de un libro determinado. Se ha insistido en que la iglesia primitiva aplicó criterios tales como: (1) la apostolicidad (¿fue un determinado libro escrito por un apóstol o por alguien muy cercanamente asociado con un apóstol que recibió su respaldo apostólico?), (2) la antigüedad (debido a que solo los documentos de la era apostólica deben ser considerados como candidatos para la canonicidad, ¿se escribió un documento determinado en esa época?), (3) la ortodoxia (¿era un determinado libro doctrinalmente correcto, es decir, de acuerdo con la «fe apostólica», particularmente con respecto a la persona y obra de Cristo?), (4) la catolicidad (¿era un determinado libro aceptado universalmente o virtualmente en toda la iglesia?), (5) la lectura (¿era un libro determinado ampliamente leído y usado en las iglesias?), y (6) la inspiración (¿era un determinado libro inspirado?), para juzgar si un libro determinado debía ser visto o no como «canónico».[26]

Sin embargo, Richard B. Gaffin Jr., ha argumentado convincentemente, y pienso que correctamente, dada la mezcla peculiar de libros que componen el Nuevo Testamento, que la erudición no ha sido capaz de establecer un conjunto de criterios para la canonicidad que al mismo tiempo no amenacen con socavar el canon del Nuevo Testamento como ha llegado a nosotros. Según Gaffin, los problemas con los muchos criterios sugeridos son los siguientes: (1) El criterio de *apostolicidad* no cuenta para Marcos, Lucas-Hechos, Hebreos,[27] Judas y muy probablemente Santiago esté incluido. Decir que Marcos y Lucas/Hechos son apostólicos debido a que el primero es el «evangelio de Pedro» (por ejemplo, Papías) y el último es el «evangelio de Pablo» no es suficiente, ya que no se nos da ninguna razón para pensar que los apóstoles podrían impartir su apostolicidad a otros. Tampoco este criterio explica por qué algunas de las otras cartas de Pablo (ver 1 Co. 5:9; 2 Co. 2:4; Col. 4:16) no fueron incluidas. (2) El criterio de *antigüedad* es realmente una variación de la apostolicidad y no explica por qué la carta «previa» de Pablo (1 Co. 5:9), que era anterior a Hebreos, no fue incluida mientras que Hebreos sí. (3) El criterio de *inspiración*, aunque ciertamente necesario para la canonicidad, no puede explicar por qué la carta de Pablo a los laodicenses (Col. 4:16), también apostólica e inspirada, no fue incluida. Este criterio también enfrenta la insuperable dificultad de demostrar la inspiración de libros tales como Marcos y Judas. Y (4) el criterio de *lectura* no puede explicar por qué documentos tales como el Pastor de Hermas y la Didajé, que fueron usados y ocasionalmente leídos en la adoración pública, fueron finalmente rechazados, mientras que hay poca o ninguna evidencia que obras tales como 2 Pedro, 3 Juan y Judas fueron usadas así. Si bien no se niega que criterios tales como la autoría apostólica y la conformidad con la ortodoxia apostólica se utilizaron en la iglesia primitiva a medida que avanzaba hacia un consenso sobre el canon del Nuevo Testamento, Gaffin

---

[24] La iglesia etíope es la «resistencia» aquí, ya que tiene tanto el canon de veintisiete libros del Nuevo Testamento como un canon más largo del Nuevo Testamento con siete libros adicionales. Esta última tradición canónica debe considerarse aberrante a este respecto.
[25] Bruce, *The Canon of Scripture*, 250.
[26] Ibíd., 255–269. Benjamin B. Warfield, «The Westminster Doctrine of Holy Scripture», Selected Shorter Writings of Benjamin B. Warfield, editado por John E. Meeter (Nutley, NJ: Presbyterian and Reformed, 1973), II, 565, declara: «el orden del procedimiento en la determinación de las Escrituras es establecer primero el canon, luego su inspiración y luego, como corolario, su autoridad». Para un punto de vista contrario, véase R. Laird Harris, Inspiration and Canonicity of the Bible (Grand Rapids, Michigan: Zondervan, 1957), 219–80, particularmente 280: «el principio de canonicidad fue la inspiración y … la prueba de la inspiración fue la autoría de… los apóstoles».
[27] Estoy en desacuerdo con Gaffin aquí, Ver el apéndice B.

sostiene que incluso el empleo que la iglesia primitiva hace de sus criterios, cualesquiera que fueran, en ocasiones se aplicaron de manera defectuosa para llegar a lo que finalmente resultaron ser decisiones correctas. Tiene en mente aquí el libro de Hebreos, cuya autoría la iglesia primitiva (él piensa incorrectamente) atribuyó a Pablo. Además, Gaffin sostiene que todos los intentos de demostrar estos criterios someten la autoridad absoluta del canon a la relatividad del estudio histórico y del punto de vista humano falible.[28] Con respecto a este último punto Ridderbos también observa:

> no importa qué tan fuerte pueda ser la evidencia a favor de la apostolicidad (y, por lo tanto, para la canonicidad) en muchos casos, y no importa qué tan fuerte puedan ser los argumentos en favor de la apostolicidad de otros escritos, los juicios históricos no pueden ser el fundamento final y único para la aceptación de la iglesia del Nuevo Testamento como canónico. Aceptar el Nuevo Testamento sobre ese fundamento significaría que la iglesia fundamenta su fe, en última instancia, sobre los resultados de la investigación histórica.[29]

Por supuesto, si este fuera el caso, uno podría preguntar, ¿cómo puede estar segura la iglesia, sin una declaración directa de Dios sobre el asunto, de que eran solo estos libros en particular los que Él pretendía que fueran canónicos? ¿Cómo puede alguien estar seguro de que el Nuevo Testamento no incluye un libro que no debía ser incluido o que excluye un libro que debía haber sido incluido? ¿Cómo puede alguien estar seguro de que el canon del Nuevo Testamento está incluso cerrado? Y la posición propugnada por Gaffin y Ridderbos, si fuera respaldada, ¿no involucraría a la iglesia en el mismo fundamento de su fe en un tipo de «fideísmo»?

A tales preguntas no pueden darse respuestas que satisfagan completamente la mente que desea pensar autónomamente, es decir, independientemente de la Escritura. Porque independientemente de si el académico cristiano piensa o no que posee el único criterio correcto o la única lista correcta de criterios para la canonicidad de un determinado libro, en algún punto –y si no en algún otro punto, al menos en el punto de establecer el número, a saber, veinte siete libros del Nuevo Testamento, no veintiséis o veintiocho– el cristiano debe aceptar por fe que la iglesia, bajo la guía providencial del Espíritu de Dios, tenía el número y la «lista» correcta, ya que Dios no le proporcionó a la iglesia una lista específica de libros del Nuevo Testamento. Todo lo que sabemos sobre la historia de los primeros cuatro siglos de la iglesia sugiere que el Espíritu de Dios providencialmente dirigió a su iglesia –de manera imperceptible aunque inexorablemente– cuando la iglesia formuló sus preguntas, cualesquiera que fueran, para adoptar los veintisiete documentos que la Divinidad había determinado que sirvieran como el fundamento de la enseñanza doctrinal de la iglesia y, de este modo, sería un testimonio infalible a lo largo de la era cristiana de los grandes eventos centrales objetivos de la historia de la redención, y que *esta «tradición apostólica» se autentificó y se estableció* con el tiempo en la mente de la iglesia como el fundamento y testimonio infalible.

En cuanto a la cuestión del cierre del canon, los mil seiscientos años que han pasado desde que la iglesia resolvió todos los temas con respecto al asunto de la canonicidad satisfactoriamente, período durante el cual no se ha hecho ningún intento serio en algún lugar de agregar un documento adicional o de quitar alguno del canon del Nuevo Testamento, suponen un fuerte argumento circunstancial para su cierre. Incluso una figura tan significativa en los tiempos de la Reforma como Martín Lutero no llegó a ninguna parte cuando planteó la interrogante de la canonicidad de Santiago, a la que llamó «una epístola llena de paja»

---

[28] Richard B. Gaffin, Jr., «The New Testament as Canon», *Inerrancy and Hermeneutics*, editado por Harvey M. Conn (Grand Rapids, Michigan: Baker, 1988), 168-70.
[29] Ridderbos, ibid..., 32-33.

porque parecía centrarse más en la ley que en Cristo y el evangelio.[30] Además, la posibilidad de que un documento alguna vez llegue a presentarse para la inclusión en el canon que, dado el estado fragmentario de la iglesia por los últimos mil años, pudiera o recibiera la completa aceptación de la iglesia, es tan infinitesimal que, para todo propósito práctico, es inexistente.

En suma, la formación del canon de veintisiete libros del Nuevo Testamento, después de todo lo que se ha dicho y hecho, parece en última instancia haber sido la obra, no de los hombres, ni incluso de la iglesia, sino solo del Espíritu Santo. F. F. Bruce nota a este respecto:

> Ciertamente, cuando uno considera retrospectivamente el proceso de canonización en los primeros siglos cristianos, y recuerda alguna de las ideas de las que fueron capaces algunos escritores de la iglesia, es fácil concluir que para llegar a una conclusión sobre los límites del canon fueron dirigidos por una sabiduría superior que la propia. Puede ser que aquellos cuyas mentes han sido formadas por la Escritura canonizada encuentren natural hacer un juicio de este tipo. Pero no es mera comprensión retrospectiva decir, con William Barclay, que «los libros del Nuevo Testamento se volvieron canónicos debido a que nadie podía impedir que así fuera» o incluso, en el lenguaje exagerado de Oscar Cullmann, que «los libros que iban a formar el canon futuro se impusieron en la iglesia por su intrínseca autoridad apostólica, como todavía lo hacen, porque el Kyrios-Cristo habla en ellos».[31]

Concluyendo su propia revisión de la historia sobre la formación del canon, Franzmann parece estar de acuerdo con este juicio:

> el Nuevo Testamento como una colección contiene una clase de historia curiosamente informal y casi casual. El libro que estaba destinado a permanecer como el libro sagrado para millones de cristianos por los siglos de los siglos llegó a la iglesia sin fanfarrias, de una manera callada y evasiva. La historia del Libro del Mormón es un buen ejemplo de cómo el hombre piensa que un libro sagrado debe venir al hombre –milagrosamente, garantizado por su milagrería. El canon es un milagro, en efecto, pero un milagro de otro tipo, un milagro como la encarnación de nuestro Señor, un milagro en forma de siervo. Solo un Dios que realmente es Señor de toda la historia podría correr el riesgo de traer su palabra escrita a la historia de la manera en que el Nuevo Testamento de hecho fue traído. Solo el Dios, quien por su Espíritu reina soberanamente sobre su pueblo, podía guiar a sus iglesias débiles, asediadas y perseguidas, para formular las preguntas correctas respecto de los libros que hicieron su reclamo sobre el pueblo de Dios y de encontrar las respuestas correctas; para fijarse con un instinto guiado por el Espíritu en aquello que era genuinamente apostólico (ya sea escrito directamente o no por un apóstol) y, por lo tanto, genuinamente autoritativo. Solo Dios mismo podía hacer ver a los hombres que esa lectura pública en las iglesias era una pista segura de canonicidad; solo el Espíritu de Dios podía hacer ver a los hombres que una palabra que ordena la obediencia del pueblo de Dios, por consiguiente, se estableció a sí misma como la palabra de Dios y debe inevitablemente eliminar de la escena a todos los demás pretendientes.
>
> Esto hizo el canon de veintisiete libros. Se estableció a sí mismo en los primeros siglos de la iglesia y se mantuvo en la vida continua de la iglesia… Y se mantendrá a sí misma de ahora en adelante. La cuestión de los límites del canon puede ser abierta teóricamente, pero la historia de la iglesia indica que para propósitos prácticos está cerrado. Los 27 libros están ahí en la iglesia, operando en la iglesia. Ellos son lo que Atanasio llamó «las fuentes de la salvación» para toda la cristiandad. Y en último análisis, la iglesia de Dios puede convencerse y permanecer segura que ellas son, en efecto, las fuentes de la salvación solo bebiendo de ellas».[32]

---

[30] Véase el *Prefacio de Lutero al Nuevo Testamento* («En comparación con [el evangelio y la primera epístola de San Juan, las epístolas de San Pablo, especialmente las de Romanos, Gálatas y Efesios, y la primera epístola de San Pedro], la epístola de Santiago es una epístola llena de paja, porque no contiene nada evangélico») y su *Prefacio a la Epístola de Santiago* en el que rechaza su autoría y procedencia apostólica y le niega «un lugar entre los escritores del verdadero canon» (1) «porque, en oposición directa a San Pablo y todo el resto de la Biblia, atribuye la justificación a las obras», (2) «porque, en toda su enseñanza, ni una sola vez da a los cristianos ninguna instrucción o recordatorio de la pasión, resurrección o espíritu de Cristo», y (3) «porque le pareció que fue escrito «mucho más tarde que San Pedro o San Pablo».
[31] Bruce, *The Canon of Scripture*, 282. No creo que el lenguaje de Cullmann sea «exagerado» en lo absoluto.
[32] Franzmann, *The Word of the Lord Grows*, 294-295.

Así pues, en respuesta a la pregunta «fundamental», por qué, de todos los pretendientes literarios a la canonicidad y de todas las escrituras apostólicas inspiradas, los actuales veintisiete libros del Nuevo Testamento, y solo estos veintisiete, finalmente llegaron a ser el canon auto-autentificante del Nuevo Testamento, debemos contentarnos simplemente en decir con Gaffin:

> Solo estos veintisiete libros son los que Dios ha escogido preservar, y no nos ha dicho por qué...
>
> Asimismo, en la cuestión del Nuevo Testamento como canon, hasta que Jesús venga «caminamos por fe y no por vista» (2 Co. 5:7). Pero esa fe, fundamentada en la tradición apostólica del Nuevo Testamento, no es arbitraria ni ciega. Tiene sus razones, sus buenas razones; está en conflicto solamente con la autonomía de la razón.[33]

Meredith G. Kline también ha argumentado, creo que con éxito, que la revelación bíblica es estructuralmente «pactual», y como tal, debido a que sus palabras autoritativas que provienen de Dios son «palabras pactuales» [en forma de tratados] autoritativas, es intrínsecamente «canónica» y de una índole única en sí misma.[34] Como documentos pactuales o de tratados del Nuevo Pacto, los Evangelios y los Hechos proporcionan el «prólogo histórico» del Nuevo Pacto, con los primeros dando testimonio de la ratificación del pacto de Dios con su pueblo en la muerte sacrificial de Cristo, y Hechos enfocándose en la fundación de la comunidad del nuevo pacto a través de la proclamación apostólica, y proveyendo al mismo tiempo el marco histórico para las epístolas. Las epístolas del Nuevo Testamento, en cambio, proporcionan las estipulaciones y sanciones del nuevo pacto, es decir, sirven como los medios para formar e instruir a la comunidad del pacto de Dios y efectuar la demanda del pacto de Dios contra su iglesia cuando surja la necesidad. Como tales, los libros del Nuevo Testamento, junto con el Antiguo, funcionaron *desde el principio* por su naturaleza como «documentos del pacto» para formar y estructurar la comunidad del nuevo pacto y para ordenar su fe y vida. Por lo tanto, el Nuevo Testamento como canon en forma de tratado que estuvo en la iglesia desde el principio, formó a la iglesia y no viceversa, confirmando el entendimiento de la Reforma sobre este tema contra la afirmación de Roma de que la iglesia determinó y formó el canon.

INFALIBILIDAD BÍBLICA

Warfield define la inspiración como sigue: «Inspiración es esa influencia extraordinaria, sobrenatural (o, pasivamente, el resultado de ella,) ejercida por el Espíritu Santo sobre los escritores de nuestros libros sagrados, por la cual sus palabras llegaron a ser también las palabras de Dios *y, por lo tanto, perfectamente infalibles*».[35] Su definición resalta la verdad de que debido a que la Biblia es la Palabra de Dios, la iglesia siempre ha insistido no solo en su carácter revelador y divino sino también en el efecto concomitante de la inspiración, la infalibilidad.

¿Qué significa la palabra «infalibilidad»? La Confesión de Westminster utiliza la palabra «infalible» en I/v y I/ix («la verdad *infalible* y la autoridad divina de la misma», «La regla *infalible* de interpretación de la Escritura es la Escritura misma»). Porque es infalible afirmamos que la Biblia es verdad, es decir, libre e incapaz de enseñar falsedad o error de cualquier tipo en todo lo que pretende afirmar.[36] Internamente no es contradictoria y es doctrinalmente consistente. Sus afirmaciones corresponden a lo que Dios mismo entiende que es la verdad y la verdadera naturaleza de las cosas.

---

[33] Gaffin, «The New Testament as Canon», 181.
[34] Meredith G. Kline, *The Structure of Biblical Authority* (Revised edition, Grand Rapids, Mich.: Eerdmans, 1975, 27-75).
[35] Benjamin B. Warfield, «Inspiration and Criticism,» *The Inspiration and Authority of the Bible*, 420, énfasis añadido; ver también Edward J. Young, *Thy Word Is Truth* (Grand Rapids, Mich: Eerdmans, 1957), 54.
[36] La sección expositiva de la Declaración de Chicago sobre la inerrancia bíblica define «infalible» de la siguiente manera: «Infalible significa la cualidad de no engañar ni ser engañado y, por lo tanto, salvaguarda en términos categóricos la verdad de que la Sagrada Escritura es una regla y guía verdadera, segura y confiable en todos los asuntos».

Una Palabra de Otro Mundo

Por «inerrancia» entendemos esencialmente lo mismo que «infalibilidad», a saber, que la Biblia no comete errores en ninguna de sus afirmaciones, ya sea que las afirmaciones se hagan en las esferas de las realidades espirituales o morales, historia o ciencia, y es, por lo tanto, incapaz de enseñar error.[37] Debido a que la Biblia es la Palabra de Dios, sus afirmaciones son tan verdaderas como si Dios le hablara al hombre hoy directamente desde el cielo.

Es importante que lo que queramos decir con estas dos palabras sea ni más ni menos lo que la Biblia misma permita por sus propias afirmaciones de veracidad y por su fenómeno textual.[38] Es decir, no debemos evaluar la Escritura según los estándares de verdad y error que sean extraños a su *Sitz im Leben* (entorno vital), uso o propósito. Fenómenos tales como la falta de una precisión técnica moderna, irregularidades percibidas de gramática y ortografía, descripciones observacionales de la naturaleza, el uso de la hipérbole y números redondos, el arreglo temático del material, las selecciones variantes de materiales en relatos paralelos y el uso de citas libres no deberían usarse como argumentos contra la inerrancia de la Escritura.

Muchas son las objeciones que se han planteado contra la doctrina de la infalibilidad o inerrancia de la Biblia,[39] incluyendo:

1. La Biblia contiene errores históricos y científicos. *Respuesta*: Los inerrantistas no afirman que pueden resolver cada dificultad histórica que se da en la Biblia. Si bien, es cierto, tendremos ocasionalmente dificultad en comprender una referencia o alusión histórica en la Escritura, nunca se ha probado que exista ningún error histórico en la Escritura. Esta misma integridad es cierta respecto a las así llamadas afirmaciones científicas de la Escritura.[40] Además, no debemos fundamentar el caso de la inerrancia de la Biblia o de la falta de ella simplemente en un estudio inductivo de los fenómenos de la Biblia solamente. Debemos tomar seriamente lo que dice didácticamente sobre sí misma y estudiar sus fenómenos históricos y científicos a la luz de sus declaraciones didácticas acerca de sí misma, es decir, debemos aproximarnos al fenómeno de la Escritura no inductiva, sino presuposicionalmente.[41]

2. Los escritores de la Biblia nunca afirman ser inerrantes en sí mismos. *Respuesta*: Es cierto que los escritores bíblicos reconocen su propia finitud y pecaminosidad personal, y de este modo su propensión al error. De hecho, insisten en que todos son (o pueden ser) mentirosos (Sal. 58:3; 116:11; Ro. 3:4). Sin embargo, afirman la inerrancia de la Palabra escrita de Dios que Él dio a la humanidad a través de ellos por inspiración (Sal. 19:7-9; 119:86, 138, 142, 14, 151, 160; Juan 17:17; 2 Ti. 3:16; 2 P. 1:20-21). De hecho, es precisamente debido a que pueden errar, que la influencia inspiradora del Espíritu fue necesaria para guardarlos del error.

3. La doctrina de la inerrancia conduce a la esclavitud a un libro y, por lo tanto, a la esclavitud espiritual. *Respuesta*: Al contrario, la doctrina de la inerrancia garantiza la veracidad de la Escritura, y la verdad nunca ata a uno de manera malsana. Es la verdad la que libera a uno de la esclavitud del pecado, otorgando así la verdadera libertad (Jn 8:32) que es esclavitud a Dios y a su Cristo.

---

[37] La sección expositiva de la Declaración de Chicago sobre la inerrancia bíblica define «inerrante» de la siguiente manera: «Inerrante significa la cualidad de estar libre de toda falsedad o error y, por lo tanto, salvaguarda la verdad de que la Sagrada Escritura es completamente verdadera y confiable en todas sus afirmaciones».

[38] Para obtener ayuda aquí, consulte la Declaración de Chicago sobre la inerrancia bíblica, producida por la primera Conferencia Internacional sobre la inerrancia bíblica, reunida en Chicago, 1978.

[39] Estoy en deuda con David C. Jones, quien sugiere y responde a las siguientes seis objeciones en su disertación distribuida (pero no publicada) en el aula sobre la infalibilidad, impartida en el Covenant Theological Seminary.

[40] Un libro excelente que trata todas las dificultades bíblicas es la Encyclopedia of Bible Difficulties de Gleason Archer (Grand Rapids, Michigan: Zondervan, 1982).

[41] Véase John Murray, «The Infallibility of Scripture», *Collected Writings of John Murray* (Edimburgo: Banner of Truth, 1976): 9-15, para una mayor aclaración del punto de que la garantía para sostener la doctrina de la infalibilidad bíblica es el testimonio didáctico de la Escritura sobre sí misma y no nuestra capacidad de demostrar que es infalible en cada punto.

4. La inerrancia obscurece o niega el elemento humano que estaba íntegramente presente en la producción de la Escritura. El argumento es: «La Escritura fue escrita por humanos, todos los humanos se equivocan, por lo tanto, la Escritura debe necesariamente errar». *Respuesta:* Este es un argumento falaz. Puede ser cierto que errar es humano, pero no es cierto que es intrínseco a la humanidad errar siempre necesariamente. Un ser humano puede y a menudo hace oraciones que no contienen errores (ej., «David mató a Goliat»). Por consiguiente, no es más esencial para la Biblia que *deba* errar debido a su lado humano de lo que es esencial que Cristo deba errar por su naturaleza humana. Su naturaleza humana era sin pecado. De igual forma, el lado humano de la Biblia es «sin error» por la supervisión del Espíritu sobre los escritores de la Biblia. Mientras que a menudo este punto de vista se dice que es «docetista» («docetismo» era una antigua herejía que negaba la verdadera humanidad de Cristo) y que «niega la verdadera humanidad de la Escritura» (no hace esto, por supuesto, más bien, reconoce adecuadamente que ser un ser humano no necesariamente implica error, y que el Espíritu guardó a los escritores bíblicos de cometer errores que de otra manera hubieran cometido), uno podría argumentar que el punto de vista liberal que niega la «inspiración» de la Biblia, su inerrancia concomitante, y, por lo tanto, su carácter divino es de hecho «arriano» (el arrianismo era una antigua herejía que niega la verdadera deidad de Cristo).

5. La inerrancia desvía el énfasis de Cristo como el objeto adecuado de la adoración cristiana a la Escritura, que se vuelve entonces el objeto inerrante de adoración. *Respuesta:* Esta es una acusación sin fundamento. ¡Ningún evangélico jamás ha adorado la Biblia! El evangélico siempre ha reconocido que en la adoración debe moverse en fe más allá de las palabras de la Escritura al Cristo del que la Escritura le habla. Pero también está convencido de que jamás debe separar la palabra del Cristo de la Escritura de la palabra de la Escritura misma, ya que cree que esta última es la palabra del primero. En consecuencia, escuchar la Escritura y atribuirle inerrancia es escucharlo y atribuirle inerrancia a Él que es la verdad y la fuente de la inerrancia de la Escritura.

No debemos olvidar que *la única fuente confiable de conocimiento que tenemos sobre Cristo es la Santa Escritura*. Si la Escritura comete errores en algún lugar, entonces no tenemos seguridad de que es verdaderamente inerrante en lo que enseña sobre Él. Y si no tenemos información confiable sobre Él, entonces es precario, de hecho, adorar al Cristo de la Escritura, ya que podemos estar albergando una representación errónea de Cristo y, por lo tanto, podemos estar cometiendo idolatría. La única manera de evitar esta conclusión es mantener al Cristo de la Escritura y la Escritura misma en unión vital mutua –Cristo como el Dador de la Escritura– y afirmar que la Escritura es verdadera porque fue inspirada por Cristo que es la verdad misma (Jn. 14:6).

6. La inerrancia es una «estratagema» apologética de parte de los evangélicos para justificar su estrecha postura teológica. *Respuesta:* No es así. La insistencia evangélica sobre la inerrancia bíblica fluye en última instancia de su sometimiento a la enseñanza de la Escritura sobre la naturaleza de Dios. Por naturaleza, Dios es digno de confianza (inerrante), su palabra es verdad, no puede mentir. Lo que declara a los seres humanos debe ser verdad, es decir, sin error. Si entonces la Biblia es la Palabra de Dios (y hemos dado amplia razón para insistir en que lo es), entonces la Biblia debe ser verdad, es decir, sin error científico, histórico o contradicción lógica. Esto no es racionalismo cartesiano. Es simplemente racionalismo bíblico-cristiano.

LA AUTORIDAD DE LA BIBLIA

> La autoridad de la Santa Escritura, por la que debe ser creída y obedecida, no depende del testimonio de algún hombre o iglesia, sino completamente de Dios (quien es la verdad misma), el autor de ellas; y, por lo tanto, debe ser creída porque es la Palabra de Dios (Confesión de Fe de Westminster, I/iv, énfasis añadido).

Este artículo, que explica el fundamento de la autoridad de la Biblia, primero establece la base en la que no reside la autoridad de la Biblia: no reside en el testimonio de alguna persona o iglesia con respecto a la Biblia. Porque cualquier persona o iglesia que insista en que la gente debe creer y obedecer la Biblia por el testimonio de ellos, fundamenta su autoridad en la opinión de hombres falibles.

En segundo lugar, el artículo establece la única razón del por qué la Biblia debe ser creída y obedecida: Porque Dios, que es la verdad en sí mismo,[42] es en un sentido único su autor, y, por lo tanto, es la misma Palabra del único Dios vivo y verdadero. En suma, recibe su autoridad del cielo, no necesita defensa terrenal con respecto al problema de su autoridad. Su autoridad es intrínseca e inherente, es decir, se autovalida. En ningún sentido su autoridad deriva del testimonio humano.

Este artículo originalmente tenía la intención de arremeter contra el dogma católico-romano de que la autoridad de la Biblia depende de la autoridad de la iglesia. La enseñanza católico-romana es que, ya que la iglesia es la que determinó el canon de la Escritura en primer lugar,[43] las Escrituras dependen de la iglesia para su autoridad. Un comentario desafortunado de Agustín se cita a menudo para probar el punto: «No creería en el evangelio si la autoridad de la Iglesia Católica no me hubiera movido a ello».[44] La postura de Roma se basa sobre la noción de que la iglesia canonizó las Escrituras, cuando, de hecho, la iglesia meramente recibió y preservó las Escrituras que ya eran autoritativas, tal y como fueron escritas, y eventualmente declaró como «canónicos» los veintisiete libros que el Espíritu de Dios decidió que deberían estar en el canon del Nuevo Testamento, porque no podía hacer otra cosa.

Esta posición también plantea una cuestión sobre mucha de la estrategia apologética contemporánea. La apologética clásica, representada por el apologista de Ligonier, R.C. Sproul, argumenta a favor de la autoridad infalible de la Biblia como la Palabra de Dios sobre la base de una progresión desde la premisa de la confiabilidad o fiabilidad básica o general de la Biblia[45] hasta la conclusión de su infalibilidad y, por lo tanto, de su carácter autoritativo divino. Este razonamiento procede de la manera siguiente:

Premisa A: La Biblia es un documento básica o generalmente fiable y digno de confianza.

Premisa B: Sobre la base de este documento (generalmente) confiable tenemos suficiente evidencia para creer con seguridad que Jesucristo es el Hijo de Dios.

Premisa C: Jesucristo, por ser el Hijo de Dios, es una autoridad infalible.

Premisa D: Jesucristo enseña que la Biblia es más que generalmente digna de confianza: es la misma Palabra de Dios.

Premisa E: La Palabra, en el sentido de que proviene de Dios, es completamente digna de confianza porque Dios es completamente digno de confianza.

Conclusión: Sobre la base de la autoridad infalible de Jesucristo, la iglesia cree que la Biblia es completamente digna de confianza, es decir, infalible (y, por lo tanto, autoritativa).

---

[42] No debemos olvidar que la autoridad de las Escrituras está inevitablemente ligada a la cuestión de su veracidad inerrante. Como observa J. I. Packer: «Las declaraciones que no son absolutamente verdaderas y confiables no pueden ser absolutamente autoritativas» (*«Fundamentalism» and the Word of God*, [Grand Rapids, Michigan: Eerdmans, 1959], 96).

[43] El *Catecismo de Baltimore* declara que «es solo por la Tradición (preservada en la Iglesia Católica) que podemos saber cuáles de los escritos de la antigüedad son inspirados y cuáles no».

[44] Agustín, *Contra epistolam Manichaei*, 5, 6. Ver *Catechism of the Catholic Church* (1994), párrafo 119 en la página 34. Ver la explicación de Juan Calvino sobre el comentario de Agustín en su Institución, I. vii. 3.

[45] Los cristianos no deben presuponer menos que la verdad acerca de la Biblia ni deben sugerir que los incrédulos presuponen menos que la verdad acerca de la Biblia.

Sproul nota que «esta progresión no involucra un razonamiento *circular*»..[46]

Sin embargo, estas cinco premisas se expresan de una manera prejuiciada por parte del apologista cristiano que ya cree en la infalibilidad de la Escritura. No creo que la progresión sea un argumento válido en el sentido de que la conclusión declare más de lo que permite la premisa original. Si uno aborda estos asuntos sin presuposiciones cristianas, uno solo puede concluir a lo sumo que la Biblia es probablemente, e incluso solo probablemente, la Palabra de Dios.

Con respecto a la premisa A, ¿puede Sproul simplemente afirmar que la Biblia es generalmente confiable o debe demostrarlo? Seguramente es lo último. ¿Pero cómo hace uno esto? La Biblia es un libro grande que afirma registrar con precisión el acontecer de cientos, de hecho, de miles de eventos, la mayoría de ellos afirmando ser divinamente planeados e inducidos, cualquiera de los cuales, de no ser ciertos, nulificarían lo indefectible de la Escritura. A menudo no hay evidencia arqueológica para apoyar la historicidad de estos eventos, o incluso ninguna evidencia en lo absoluto más allá de la palabra de los escritores, muchos de cuyas identidades son puestas en duda por la erudición crítica.

Consideremos por un momento uno de los más intrigantes eventos bíblicos, a saber, la transfiguración de Jesús. ¿Cómo va a probar uno que sucedió y que sucedió de la manera en que lo reportan los evangelistas? ¿Citando evidencia arqueológica? Creo que todos admitiríamos que no podemos citar evidencia arqueológica de su ocurrencia. ¿Citando entonces quizá lo que pretende ser el testimonio de un testigo ocular? Seguro que sí. Pero solo tenemos el testimonio de Pedro que pretende ser tal. No tenemos nada de los otros dos testigos oculares reportados, Santiago y Juan. Y Mateo, Marcos y Lucas que reportan el evento en sus respectivos evangelios no fueron testigos oculares sino más bien reporteros de segunda mano (o incluso más alejados). Entonces digamos que alguien cita el supuesto testimonio ocular de Pedro en 2 P. 1:16-18 como su prueba primaria para la ocurrencia del evento. ¿Satisfará tal apelación el escepticismo del historiador secular? No lo creo. Así que ahora el apologista debe comenzar por acumular la evidencia requerida mostrando primero que, fue Pedro quien de hecho escribió estas palabras (el lector debe recordar aquí que la erudición crítica del Nuevo Testamento, pienso que erróneamente, niega la autoría petrina de 2 Pedro), y segundo, que cuando las escribió, escribió la verdad.

Notemos en el primer caso que la evidencia tendría que establecer tanto una fecha del primer siglo para 2 Pedro como, de hecho, la autoría apostólica (ciertamente petrina) de la carta. Notemos también en el segundo caso, debido a que los supuestos seculares prohíben asumir la veracidad de los apóstoles sobre la base de la fe y debido a que el testimonio de Pedro incluye una referencia a una voz del cielo, que uno tendría que establecer más allá de toda duda razonable la posibilidad, de hecho, la probabilidad de la existencia de tal voz y la probabilidad de que la voz dijo lo que Pedro reporta que dijo. Esto presumiblemente llevaría a uno a la cuestión de justificar la validez de, y luego, a la utilización de al menos uno de los así llamados argumentos de la existencia de Dios, ¡tarea nada fácil! Y le requeriría a uno demostrar que existió una relación favorable entre Cristo y esa voz sobre la base de la cual la voz dijo lo que dijo. Esto a su vez necesitaría que uno entrara profundamente en las extremadamente dificultosas áreas *teológicas* de la cristología y el trinitarianismo, donde mucho de lo que se concluye fluye de una concepción teológica más amplia, a saber, el teísmo *per se*. Esta visión teológica, a su vez, necesitaría ser justificada.

---

[46] R. C. Sproul, *Reason to Believe* (Grand Rapids, Michigan: Zondervan, 1982), 30–31. Si esta línea de razonamiento es sólida, ¿por qué alguien debería usar alguna otra línea de argumento a favor de la fe cristiana? ¿Por qué no simplemente defender frente al incrédulo la autoridad infalible de las Escrituras y argumentar todo lo demás desde esta «presuposición»?

Uno podría también ser retado a demostrar que la voz del cielo era la voz de Dios y no la voz de un demonio que quería engañar a Pedro. Nótese también que la demostración no solo tendría que vindicar la veracidad de lo que estos versículos particulares dicen, sino también tendría que montar pruebas independientes para al menos la confiabilidad general de la enseñanza de todos los demás versículos de la carta. Luego uno tendría que hacer lo mismo con las fuentes secundarias en el Nuevo Testamento que reportan su ocurrencia– una tarea nada pequeña, para decir lo mínimo.

Pero presumamos que uno completa este trabajo satisfactoriamente. Ahora la confianza general del resto de los escritores bíblicos tendría que ser demostrada de la misma manera con respecto a todo lo demás que reportan en la Biblia, y reportan miles de eventos sobrenaturales. Por supuesto, simplemente no hay evidencia investigable más allá del reporte mismo de la ocurrencia de eventos sobrenaturales registrados en la Biblia, tales como el Espíritu de Dios moviéndose sobre las aguas en Génesis 1:2 o el endurecimiento del corazón de Faraón por parte de Dios durante la liberación del Éxodo. Tales declaraciones *teológicas* tendrían que ser aceptadas sobre la base del registro histórico «generalmente confiable» corroborado en otras partes. Si es así, estaríamos pidiendo al secularista que acepte la confiabilidad del explícito y pleno sobrenaturalismo de la Biblia sobre la base del naturalismo «generalmente confiable» de la Biblia. Pero todavía quedaría un gran número de eventos naturales por investigar y corroborar en general. Sospecho que algunos terminarían oponiéndose desesperadamente a dicha corroboración. De hecho, muy pocos eventos bíblicos, comparativamente hablando, pueden verificarse extrabíblicamente de forma que satisficiera al secularista de que realmente sucedieron de la manera que la Biblia los informa. Pero por el bien del argumento, digamos que uno completa esta tarea a su debido tiempo y ahora está satisfecho de que la Biblia es un libro básica o generalmente confiable, al menos en esas áreas donde puede ser corroborado. Ahora él procede a sacar las inferencias declaradas.

Pero la premisa B, basada como está en la premisa A («La Biblia es un documento básica o generalmente fiable y digno de confianza»), realmente debería afirmar: «Sobre la base de este documento generalmente confiable y digno de confianza, que se ha mostrado ser así al menos en aquellas relativamente pocas áreas donde podríamos realizar una investigación, *posiblemente* tengamos evidencia de que Jesucristo es el Hijo de Dios».

Pero entonces esto significa a su vez que la premisa C debería decir: «Jesucristo, *posiblemente* siendo el Hijo de Dios, es *posiblemente*, por lo tanto, una autoridad infalible». (Pero esto significa que su testimonio, por ser solo posiblemente infalible, no resuelve finalmente este o algún otro asunto. Su testimonio solo es una parte más de la evidencia total en un constructo de posibilidad para alguna conclusión deseada).

La Premisa D debería entonces decir: «Jesucristo, posiblemente representado con precisión por las Escrituras como el Hijo de Dios (Premisa B) y, por lo tanto, posiblemente infalible (Premisa C), posiblemente enseñó infaliblemente (premisa C) que la Biblia es más que generalmente digna de confianza, es decir, que es la misma Palabra de Dios». No podemos decir más que esto acerca del testimonio de Jesús respecto a la Biblia sobre la base de un registro sobre Él que es representado solo como generalmente confiable.

La premisa E debería entonces decir: «La Biblia, *posiblemente* la Palabra misma de Dios (Premisa D), es, por lo tanto, *posiblemente* confiable del todo, en que el Dios de quien habla está representado como completamente digno de confianza en sus declaraciones».

La conclusión entonces debería decir: «Sobre la base de la *posiblemente* infalible autoridad de Jesucristo, la iglesia cree que la Biblia es *posiblemente* completamente digna de confianza, es decir, infalible y, por lo tanto, autoritativa».

Me parece que esta es la única forma en que se podría reescribir la progresión para ganar la aprobación de un incrédulo inteligente educado en la lógica. Pero Dios no es honrado cuando sacamos tales conclusiones sobre su Hijo y su Palabra a partir de datos que son realmente revelacionales en naturaleza y, como veremos en nuestra discusión del siguiente atributo de la Biblia, se autentifican a sí mismos.

Los apologistas de Ligonier, R. C. Sproul, John H. Gerstner y Arthur Lindsley, ofrecen una variación de este argumento en su *Classical Apologetics*:

Premisa A: Está virtualmente garantizado que la Biblia (no se supone que esté inspirada) contiene generalmente historia confiable.
Premisa B: La Biblia registra milagros como parte de su historia generalmente confiable.
Premisa C: Estos milagros autentifican a los mensajeros de la Biblia y su mensaje.
Conclusión 1: Por lo tanto, el mensaje de la Biblia debe ser recibido como divino.
Premisa D: El mensaje de la Biblia incluye la doctrina de su propia inspiración.
Conclusión 2: Por lo tanto, la Biblia es más que un registro generalmente confiable. Es un registro divinamente inspirado.[47]

La mayoría de los aspectos de mi evaluación antes mencionados se contraponen igualmente a esta línea de razonamiento. Una vez más se le pide al escéptico por la premisa B que acepte el sobrenaturalismo de la Biblia «sobre la base de la historia generalmente confiable de la Biblia». Pero como también declara John Frame:

> Me parece que los autores sobreestiman el consenso académico actual sobre la confiabilidad de los evangelios. Asumen que casi todos los eruditos del NT concederán que los evangelios son «generalmente confiables». Lo dudo.[48]

En cuanto a su premisa de que los milagros del evangelio autentifican el mensaje de Jesús como venido de Dios, Frame resalta:

> Incluso si garantizamos que algunos eventos muy inusuales tuvieron lugar en el ministerio de Jesús [en una nota de pie de página en este punto Frame escribe: «y por supuesto la pregunta debe plantearse en cuanto a qué tan inusual debe ser un evento antes de llamarlo milagro»], ¿cómo podemos estar seguros de que estos pueden explicarse solo como una certificación divina de la autoridad de Jesús? Es extremadamente difícil probar (aparte de las presuposiciones cristianas) la proposición negativa de que ninguna otra causa pudo haber producido estos eventos. Los autores necesitan probar esta proposición para poder defender su caso, pero nada en el libro equivale a tal prueba.[49]

Lo que Frame está resaltando en su segundo comentario es el problema que siempre surge cuando uno intenta probar una proposición universal negativa. Dichas proposiciones siempre son extremadamente difíciles, si no imposibles, de probar.

Otro argumento igualmente no saludable de la veracidad de la Biblia es el que presenta Edward John Carnell en *An Introduction to Christian Apologetics* y que Francis A. Schaeffer recomienda en *The God Who Is There*. Su prueba para la veracidad de la Biblia y, por tanto, de su autoridad, para usar la frase de Carnell, es «consistencia sistemática».[50] Es decir, la afirmación de la Biblia sobre la veracidad (1) debe pasar una rígida aplicación de la ley de la no-contradicción, es decir, sus enseñanzas deben ser internamente autoconsistentes (la prueba «horizontal»), y (2) debe ser consistente con, o ajustarse a, toda la información de la historia,

---

[47] RC Sproul, John Gerstner, Arthur Lindsley, *Classical Apologetics* (Grand Rapids, Michigan: Zondervan, 1984), 141. Uno podría preguntarse de nuevo, si es que esta línea de razonamiento es sólida, ¿por qué no deberían discutir todo lo demás con el incrédulo sobre la base de este hecho «establecido» de la autoridad divina de la Biblia?
[48] John M. Frame, «Van Til and the Ligonier Apologetic,» Westminster Theological Journal 47 (1985): 297.
[49] Ibid., 297.
[50] Edward John Carnell, *An Introduction to Christian Apologetics* (Grand Rapids, Mich.: Eerdmans, 1948), 106–113.

arqueología, sociología, cosmogonía científica y antigüedad humana, así como con la naturaleza humana (la prueba «vertical»). En respuesta a la pregunta, «¿Cómo sabemos que la Biblia es verdad?» Schaeffer escribe que:

> La prueba científica, la prueba filosófica y la prueba religiosa siguen las mismas reglas. Es posible que tengamos ante nosotros cualquier problema que queramos resolver; puede referirse a una reacción química o al significado del hombre. Después de que la pregunta haya sido definida, en cada caso la prueba consiste en dos pasos:
>
> A. La teoría debe ser no-contradictoria y debe dar una respuesta al fenómeno en cuestión.
>
> B. Debemos ser capaces de vivir consistentemente con nuestra teoría. Por ejemplo, la respuesta dada a la reacción química debe conformarse a lo que observamos en el tubo de ensayo. Con respecto al hombre y su «característica distintiva de ser hombre», la respuesta dada debe conformarse a lo que observamos en una amplia consideración del hombre y cómo se comporta.[51]

La consistencia sistemática como prueba de verificabilidad, sin embargo, es la misma prueba ideada por el hombre autónomo apóstata para determinar qué puede ser o no ser, y qué es verdad o no, la misma prueba que, para su teoría del hecho, solo tiene pura contingencia y que tiene para su objetivo, en el mejor de los casos, ¡solo probabilidad! Además, cómo la gente en general aplica la ley de no-contradicción a la Escritura y cómo juzga si la Biblia «se ajusta o no a todos los hechos» depende de su compromiso *religioso* previo. Los incrédulos, utilizando la prueba de verdad que Carnell y Schaeffer les otorgan, pueden afirmar que encuentran muchas contradicciones en la Biblia, y el punto de vista de la Biblia sobre la humanidad es la última interpretación que el incrédulo adoptará. Usando este método nadie será capaz finalmente de concluir que la Biblia es verdadera en su totalidad y en sus partes. Creo que la Biblia es internamente autoconsistente y que se «ajusta a los hechos» de la historia y la arqueología, etc. Pero esto es porque yo soy cristiano, habiendo sido persuadido como resultado de la obra regeneradora del Espíritu Santo de que la Biblia es de hecho la Palabra autoritativa de Dios, que es intrínsecamente autoritativa y *debe ser creída porque es la Palabra de Dios*.[52]

LA AUTO-AUTENTIFICACIÓN DE LA BIBLIA

> El testimonio de la iglesia puede movernos e inducirnos a tener una alta y reverente estima por la Santa Escritura; a la vez que el carácter celestial de su contenido, la eficacia de su doctrina, la majestad de su estilo, la armonía de todas sus partes, el alcance [propósito] del todo (que es el de dar toda la gloria a Dios); el completo descubrimiento [revelación] que hace del único camino de la salvación del hombre; las muchas otras incomparables excelencias y su entera perfección, son argumentos por los cuales la Biblia misma demuestra abundantemente que es la Palabra de Dios. Sin embargo, nuestra completa persuasión y seguridad de su verdad infalible y autoridad divina, proviene de la obra interna del Espíritu Santo, quien da testimonio por y con la Palabra a nuestros corazones (CFW, I/v, énfasis agregado).

Este artículo afirma tanto el carácter de *auto-autentificación, auto-evidenciación, auto-testificación* y *auto-validación* de la Biblia como la Palabra de Dios como también de la necesidad de la obra salvífica del Espíritu Santo para que podamos creer en ella de manera salvífica. Reconoce que la Palabra de Dios, por necesidad, tendría que ser auto-autentificable, auto-testificable y auto-validable, porque si necesitara a alguien o algo más para autentificar y validar su carácter divino, basado en el principio de que la fuente que valida siempre es la autoridad más alta y final (ver Heb. 6:13), no sería la Palabra de Dios.[53] Porque mientras este

---

[51] Francis A. Schaeffer, *The God Who Is There* (Downers Grove, Ill.: InterVarsity Press, 1968), 109, énfasis añadido

[52] Véase Reymond, *The Justification of Knowledge*, 130–48, para una refutación más extensa de la coherencia sistemática como la prueba del hombre sobre la verdad religiosa.

[53] Cuando Cristo como el Hijo encarnado de Dios autentificó las Escrituras, debe recordarse que estaba autentificando su propia Palabra, y lo estaba haciendo de acuerdo con su propia autoridad declarada de acuerdo con el principio que enunció en Jn. 8:14: «Aun si testifico en mi nombre, mi testimonio es válido, porque sé de dónde vengo y adónde voy». El punto principal aquí es que Jesús validó sus afirmaciones apelando a su conocimiento de sí mismo, sin ser intimidado por la posible acusación de *petitio principii* (la apelación de Jesús al autoconocimiento aquí concuerda con el procedimiento divino estipulado en Heb. 6:13: «Cuando Dios hizo su promesa a Abraham, ya

artículo reconoce que el testimonio de la iglesia del carácter divino de la Biblia como un recurso motivador para las afirmaciones de la Biblia (un *motivum credibilitatis*), *puede* mover a los cristianos (ver el «nosotros» y el «nuestro» en el artículo) a una «alta y reverente estima por la Santa Escritura», también reconoce que el testimonio definitivo de la Biblia como la Palabra de Dios no se deriva del testimonio humano o de la iglesia. Más bien, la Biblia lleva dentro de su propio seno, por decirlo así, sus propios *indicios* divinos.[54] El artículo generaliza ocho de tales características autoevidentes: (1) lo celestial de su contenido, (2) la eficacia de su doctrina, (3) la majestad de su estilo, (4) el consenso de todas sus partes, (5) el propósito del todo, a saber, dar toda la gloria a Dios, (6) la plena revelación que hace del único camino de salvación, (7) sus muchas otras excelencias incomparables y (8) su completa perfección. Estos, establece el artículo, «son todos argumentos por los cuales la Biblia *demuestra abundantemente* que es la Palabra de Dios».[55]

Pero si la Biblia, como declara la Confesión, es auto-evidenciable como la Palabra de Dios, ¿por qué no todos la reconocen como tal? La respuesta es porque se necesita algo más. ¿Qué es lo que falta? La Confesión no colocaría ni por un momento esta insuficiencia en la Biblia. Más bien, tomando seriamente lo que la Biblia enseña sobre la oscuridad del corazón humano (ver VI/4; Catecismo Mayor, pregunta 25), aquí presupone la ceguera espiritual de hombres y mujeres. Si podemos emplear la analogía de la estación de radio y la radio en casa, la Confesión diría que no hay nada malo con la estación de radio, es decir, la transmisión de la Biblia. Está «transmitiendo» precisamente lo que debería. Si su transmisión no es recibida, el problema está en la recepción final, con la «radio en casa», el corazón humano. Para citar a Warfield, el hombre necesita «en lenguaje ordinario, un nuevo corazón, o en el lenguaje de la Confesión, "la obra del Espíritu Santo, quien da testimonio por y con la Palabra de Dios a nuestros corazones"».[56]

La referencia aquí en la Confesión a «la obra del Espíritu Santo» es a menudo llamada el «testimonio interno del Espíritu Santo».[57] ¿Qué es precisamente esta obra? Louis Berkhof responde:

> ¿Cuál es el fundamento sobre el que descansa nuestra fe en la Palabra de Dios? O, quizá mejor aún, ¿por qué medios se produce en nuestros corazones la convicción con respecto a la verdad de la revelación especial de Dios? En respuesta a estas preguntas, los teólogos reformados señalan al testimonio del Espíritu Santo… Los reformadores… derivaron su certeza respecto a la verdad de la revelación divina de la obra del Espíritu Santo de Dios en los corazones de los creyentes…
>
> Debemos tener en mente que la obra particular del Espíritu Santo descrita con [este] nombre no se mantiene en pie por sí misma, sino que está conectada con toda la obra del Espíritu Santo en la aplicación de la redención realizada en Cristo. El Espíritu renueva la oscuridad espiritual del entendimiento e ilumina el corazón, para que la gloria de Dios en Cristo sea vista claramente…
>
> La obra del Espíritu Santo capacita [a los hombres] para aceptar la revelación de Dios en Cristo, para apropiarse las bendiciones de la salvación, y alcanzar la seguridad de la fe. Y el testimonio del Espíritu Santo es meramente un aspecto especial de su obra más general en la esfera de la redención.

---

que no hay otro mayor por quien jurar, juró por sí mismo»). Dado que entonces las Escrituras son la Palabra de Cristo, uno nunca debe separar las palabras de las Escrituras de las palabras del Cristo de la Escritura. Es el mismo Cristo, que da fe de sí mismo, que habla en y a través de ambos. Dudar de la veracidad de las Escrituras es dudar del Cristo de la Escritura, y dudar del Cristo de la Escritura es tanto inmoral como operar con un ideal y una prueba falsos de la verdad.

[54] Juan Calvino en la versión latina de su *Institución* declara (usando el griego) que la Escritura es un *autopiston*, es decir, «auto-autentificable» (I.7.5). En la versión francesa de la misma obra afirma que la Escritura «lleva dentro [en] sí misma sus [propias] credenciales» (*porte avec soi sa créance*).

[55] El Catecismo Mayor, pregunta 4, dice lo mismo con palabras algo diferentes: «Las Escrituras manifiestan en sí mismas que son la palabra de Dios por su majestad y pureza, por el consentimiento de todas sus partes, y por el fin del todo, el cual es dar toda la gloria a Dios; por su luz y poder para convencer y convertir a los pecadores, para consolar y edificar a los creyentes en la salvación».

[56] Warfield, «The Westminster Doctrine of Holy Scripture», *Selected Shorter Writings*, 2:567.

[57] Pablo enseña en 1 Co. 2: 14-15 que solo aquellos que reciben la iluminación del Espíritu pueden aceptar y comprender de manera salvadora las verdades que provienen del Espíritu de Dios. Tales verdades deben ser «discernidas espiritualmente» (*pneumatikos anakrinetai*).

Después de subrayar los dos hechos de que este testimonio especial del Espíritu no trae una nueva revelación, ya que entonces esta nueva revelación requeriría un testimonio mayor *ad infinitum* (indefinidamente), ni es idéntica a la experiencia de la fe, ya que el testimonio del Espíritu es la causa eficiente de la fe, Berkhof continúa:

> El testimonio del Espíritu Santo es simplemente la obra del Espíritu Santo en el corazón del pecador mediante la cual elimina la ceguera del pecado, de modo que el otrora ciego, que no tenía ojos para el carácter sublime de la Palabra de Dios, ahora ve claramente y aprecia las marcas de su naturaleza divina, y recibe una certeza inmediata respecto al origen divino de la Escritura…
>
> El cristiano cree que la Biblia es la Palabra de Dios en último análisis con base en el testimonio que Dios mismo da respecto a esta cuestión en su Palabra, y reconoce esa Palabra como divina mediante el testimonio de Dios en su corazón. El testimonio del Espíritu Santo es, por lo tanto, estrictamente hablando, no tanto el fundamento definitivo de la fe, sino más bien el medio de la fe. El fundamento definitivo de la fe es solo la Escritura, o mejor aún, la autoridad de Dios que está impresa en el creyente por el testimonio de la Escritura. El fundamento de la fe es idéntico con su contenido, y no puede separarse de él. Pero el testimonio del Espíritu Santo es la causa que impulsa la fe. Creemos en la Escritura, no debido a, sino a través del testimonio del Espíritu Santo.[58]

Edward J. Young también responde:

> De algo podemos estar seguros. [El testimonio del Espíritu Santo] no es la comunicación de información más allá de lo que está contenido en la Biblia. No es la impartición de nuevo conocimiento. No es una nueva revelación de Dios para el hombre. Es más bien ese aspecto de la obra sobrenatural del nuevo nacimiento en que los ojos de nuestro entendimiento han sido abiertos para que nosotros, que una vez estuvimos en la oscuridad y la esclavitud del pecado, ahora veamos aquello a lo que anteriormente habíamos estado ciegos… Ahora, al fin, el pecador está convencido de que este libro es distinto de todos los demás libros. Contempla que viene de Dios en un sentido que no es cierto de ningún otro escrito. La divinidad de las Escrituras es por primera vez claramente percibida, y la voz del Padre celestial se escucha claramente.
>
> Entonces, es de Dios mismo que aprendemos el verdadero carácter de las Escrituras. Por la misma naturaleza del caso, debe ser así. Solo Dios puede identificar lo que Él mismo ha hablado… Nosotros los cristianos no debemos avergonzarnos de proclamar valientemente que nuestra persuasión final de la divinidad de la Biblia viene de Dios mismo. Dios, en su gentil gracia, ha identificado su Palabra para nosotros; nos ha dicho que la Biblia viene de Él mismo. Aquellos que le conocen no desprecian esta doctrina del testimonio interno del Espíritu, aquellos que son suyos saben que Dios los ha sacado verdaderamente de las tinieblas a la luz.[59]

LA SUFICIENCIA DE LA BIBLIA

Todo el consejo de Dios tocante a todas las cosas necesarias para su propia gloria, la salvación, fe y vida del hombre, está expresamente expuesto en las Escrituras, o se puede deducir de ellas por una buena y necesaria consecuencia; y, a esta revelación de su voluntad, nada ha de añadirse en

---

[58] Louis Berkhof, *Introductory Volume to Systematic Theology* (Grand Rapids, Mich.: Eerdmans, 1932), 182–185.
[59] Edward J. Young, *Thy Word Is Truth* (reimpresión, Edimburgo: Banner of Truth, 1963), 34–35; ver también Packer, *«Fundamentalism» and the Word of God*, 119:

Esta parte del ministerio del Espíritu como su testimonio de la verdad divina ... es una curación de las facultades espirituales, una restauración en el hombre de una receptividad permanente hacia las cosas divinas, un dar y sostener el poder para reconocer y recibir las declaraciones divinas por lo que son. Se da junto con oír o leer tales declaraciones, y el fruto inmediato de ello es una ineludible conciencia de su origen y autoridad divinos.

Y cuando esto comienza a suceder, nace la fe. La fe comienza al dar crédito a las verdades reveladas, no como opiniones humanas populares o probables, sino como palabras pronunciadas por el Creador, y pronunciadas, no sólo a la humanidad en general, sino al alma individual en particular.

Véase Packer de nuevo, *Jerusalem and Athens*, ed. E. R. Geehan (Phillipsburg, Nueva Jersey: Presbiteriano y reformado, 1971), 143:

Las Escrituras se autentifican ante los creyentes cristianos a través de la obra convincente del Espíritu Santo, quien nos permite reconocer e inclinarnos ante las realidades divinas. Él es quien nos ilumina para recibir al hombre Jesús como Hijo encarnado de Dios y nuestro Salvador; de manera similar, es Él quien nos ilumina para recibir sesenta y seis piezas de escritura humana como la Palabra escrita de Dios, dada para hacernos «sabios para la salvación por la fe que es en Cristo Jesús» (2 Ti. 3:15). En ambos casos, no es una revelación privada de algo que no se ha hecho público, sino la apertura de mentes pecaminosas cerradas para que reciban pruebas a las que antes eran insensibles. La evidencia de la divinidad está ante nosotros, en las palabras y obras de Jesús en el primer caso, y en las palabras y cualidades de las Escrituras en el otro. No consiste en pistas que se ofrecen como base para una inferencia discursiva a aquellos que son suficientemente inteligentes, como en una historia de detectives, sino en la fuerza única que, a través del Espíritu, la historia de Jesús y el conocimiento de las Escrituras, siempre llevan consigo para impactar a todos los que vendrán. En ningún caso, sin embargo, nuestras mentes pecaminosas reciben esta evidencia sin la iluminación del Espíritu. La iglesia da testimonio, pero el Espíritu produce convicción, y por eso, en contra de Roma, los evangélicos insisten en que es el testimonio del Espíritu, no el de la iglesia, lo que autentifica el canon para nosotros.

cualquier momento, ni por nuevas revelaciones del Espíritu, ni por las tradiciones de los hombres. Sin embargo, reconocemos que la iluminación interna del Espíritu de Dios es necesaria para que se entiendan de una manera Salvadora las cosas que están reveladas en la Palabra [ya implicadas en I/v], y que hay algunas circunstancias tocantes a la adoración de Dios y al gobierno de la iglesia, comunes a las acciones y sociedades humanas, que deben arreglarse conforme a la luz de la naturaleza y de la prudencia cristiana, de acuerdo con las reglas generales de la Palabra que han de observarse siempre (Confesión de Fe de Westminster I/F, énfasis agregado).

Este artículo, que contrapone la doctrina de los reformadores de la *sola Scriptura* tanto con las afirmaciones de Roma acerca de su tradición como con el misticismo anabautista, afirma la suficiencia de la Santa Escritura, propiamente entendida, para informar a la humanidad con respecto al «consejo completo de Dios tocante a todas las cosas necesarias para su propia gloria y para la salvación, fe y vida del hombre». Asumiendo su primera afirmación de que la revelación especial ha cesado, este artículo declara que «nada ha de añadirse [a las Santas Escrituras], ni por nuevas [supuestas] revelaciones del Espíritu, ni por las tradiciones de los hombres». En suma, como afirma el Catecismo Mayor en la pregunta 3: «Las Santas Escrituras del Antiguo y Nuevo Testamento son la palabra de Dios, la *única* regla de fe y obediencia».

Esta posición asume, por supuesto, que los dones reveladores encarnados en los órganos vivientes de revelación (el apóstol, el profeta, los que hablan en lenguas y su intérprete) –tan prominentes en la vida de la iglesia del primer siglo– dejaron de existir en la vida de la iglesia con la completitud del canon escriturado. Efesios 2:20 coloca al apóstol y al profeta del Nuevo Testamento en el *fundamento* de la iglesia, y 2 Timoteo 3:16-17 afirma que es la Escritura que «equipa completamente al hombre de Dios para toda buena obra».[60] También existe la sugerencia teológico-bíblica extraída del orden histórico de las diversas piezas del Nuevo Testamento, de que un cambio tuvo lugar incluso dentro de la vida de la iglesia del primer siglo al alejarse de las primeras admoniciones de escuchar las voces vivientes de las profecías (ver 1 Ts. 5:20) para obedecer las exhortaciones de leer y estudiar la Palabra escrita (ver 1 Ti. 4:13). David C. Jones sugiere que, cuando se completó el canon, los dones proféticos y de enseñanza parecen haberse fusionado con la experiencia distintiva de la *inspiración* inmediata del Espíritu, dando paso a la *iluminación* del Espíritu, obrando por y con la palabra escrita. La profecía de Joel (2:28-32), sugiere Jones, sigue siendo programática para todo el período interadventual, pero en la medida en que la inspiración de los profetas del Nuevo Testamento cesó, también el oficio profético cesó; y en la medida en que su función de enseñanza continúa, el oficio profético se ha fusionado con el oficio de la enseñanza que continúa hasta el tiempo actual.[61] También vemos ilustrado esto por las listas de requisitos dados en 1 Timoteo 3 y Tito 1, donde los oficiales de la iglesia debían ser seleccionados por medio del discernimiento prudente de la iglesia al evaluar sus cualificaciones y no por la inspiración directa como se exhibió antes en Hechos 13:1-2.

Debe observarse cuidadosamente que la asamblea de Westminster no está aquí atacando la tradición que desempeña alguna función en la vida de la iglesia; solo se opone a que la tradición se coloque a la par de la Escritura con respecto a la autoridad. El protestantismo histórico y, en particular, la Iglesia Reformada dentro del protestantismo siempre ha tenido sus tradiciones, las cuales se expresan primeramente en los grandes credos nacionales del protestantismo reformado. Pero los redactores de estos credos jamás los consideraron como poseyendo una autoridad intrínseca para vincular las consciencias de los hombres en

---

[60] Según muchos eruditos, Daniel 9:24, que coloca «la acción de sellar las visiones y profecías» dentro del marco de tiempo de las setenta semanas decretadas para el pueblo de Daniel, también apoya la opinión de que la revelación verbal cesó con el fin de la era apostólica.
[61] David Clyde Jones, «The Gift of Prophecy Today,» *The Presbyterian Guardian* (December 1974), 163–64.

cuestiones de fe y moral, expresamente declarando que «todos los sínodos o concilios desde los tiempos de los apóstoles, ya sean generales o particulares, pueden errar, y muchos han errado; por esa razón no deben ser la regla de fe o de conducta, sino una ayuda para ambas» (Confesión de Fe de Westminster, XXXI/C). En resumen, solo en la medida en que sus pronunciamientos como credos estén en consonancia con la enseñanza de la Escritura deben ser considerados como autoritativos, e incluso así su completa autoridad solo se deriva de la Escritura misma.

Por otro lado, la Iglesia Católica Romana insiste, primero, en que la tradición de la iglesia posee una autoridad equivalente a la de la Escritura misma y, segundo, que la iglesia debe recibir y venerar su tradición con la misma piedad y reverencia que le da al Antiguo y Nuevo Testamento.[62] Muy astutamente, el Catecismo de la Iglesia Católica (1994) borra la distinción entre la revelación canónica (que es indisputablemente autoritativa) y la tradición posterior de Roma (que no es canónica y, por lo tanto, no autoritativa) cuando declara:

La tradición en cuestión aquí proviene de los apóstoles y transmite lo que recibieron de la enseñanza y el ejemplo de Jesús, y lo que aprendieron del Espíritu Santo. La primera generación de cristianos todavía no había escrito el Nuevo Testamento, y el Nuevo Testamento mismo demuestra el proceso de la tradición viva (párrafo 83).

Es cierto que los primeros cristianos no habían escrito el Nuevo Testamento, pero tenían vivos a los apóstoles inspirados entre ellos para darles la instrucción revelada autorizada que se conoce como «las tradiciones», (τὰς παραδόσεις, lit., «las cosas transmitidas») en 2 Tesalonicenses 2:15. Pero es un paso gigantesco en la lógica simplemente afirmar –porque existía algo llamado «tradición apostólica» en la era del Nuevo Testamento– que *esa* tradición justifica la postulación de un «proceso de tradición viva» continua después del cierre del canon del Nuevo Testamento.

El problema con la autoridad dual de la Escritura y posteriormente de la tradición, por supuesto, es que las Escrituras no pueden (de hecho, no lo hacen) realmente gobernar el contenido de la tradición, sin mencionar el hecho de que, con este punto de vista sobre la tradición, dado el punto de vista de Roma de sí misma como un organismo *viviente* en su capacidad de «depositaria de la tradición», no puede haber una codificación o limitación impuesta al contenido de esta tradición. Como afirma Charles Elliot: «Hasta donde somos conscientes, no existe una publicación que contenga un resumen de lo que la iglesia cree bajo el encabezado de tradición».[63] Como resultado, debido a que la tradición es libre de afirmar doctrinas que son la misma antítesis de la enseñanza de la Escritura mientras reclama la autoridad divina, convirtiéndose así en una mala tradición como la historia reciente lo verifica (ver los dogmas papales de la inmaculada concepción en 1854, la infalibilidad papal en 1870, y la asunción de María en 1950), la iglesia queda vulnerable a todo tipo de innovación. Además, la enseñanza de Roma sobre la tradición implica impíamente, dado que el protestantismo rechaza conscientemente uno de los dos «indispensables medios de revelación divina», que el protestantismo no puede ser posiblemente la iglesia de Cristo, cuando de hecho es Roma con sus deliberaciones dogmáticas desde el Concilio de Trento hasta nuestros días, la que pervierte la verdad cristiana por sus tradiciones de hombres.

Se debe decir una palabra sobre la disposición de la Confesión de incluir dentro de «todo el consejo de Dios» las verdades que «se pueden deducir de la Escritura por una buena y

---

[62] *Dei Verbum* del Vaticano II, 9 (noviembre de 1965), declara que la iglesia «no deriva su certeza acerca de todas las verdades reveladas únicamente de las Sagradas Escrituras. Tanto la Escritura como la Tradición deben ser *aceptadas y honradas con sentimientos iguales de devoción y reverencia*» (énfasis agregado). Es una extralimitación teológica del peor tipo cuando algunos apologistas católico-romanos demasiado celosos encuentran en las declaraciones de Juan 20:30 y 21:25 motivos para las muchas tradiciones posteriores de esa comunión que contradicen la enseñanza del Nuevo Testamento.
[63] Charles Elliot, *Delineation of Roman Catholicism* (London: J. Mason, 1851), 40.

necesaria consecuencia». Algunos cristianos han insistido que la deducción lógica agrega a la Escritura y, por lo tanto, debe rechazarse. Esto es equivocado. Las verdades válidamente deducidas no agregan nada a la verdad general de la Escritura. John Frame ha declarado correctamente:

> La implicación no agrega nada nuevo [en el argumento silogístico]; meramente reordena la información contenida en las premisas. Toma lo que está implícito en las premisas y lo declara explícitamente. De este modo, cuando aprendemos las implicaciones lógicas de las declaraciones, estamos aprendiendo más y más acerca de lo que ellas significan. La conclusión representa parte del significado de las premisas.
>
> De la misma manera en teología, las deducciones lógicas establecen el significado de la Escritura... Cuando se usa correctamente, la deducción lógica no agrega nada a la Escritura. Simplemente establece lo que está ahí. Así que no necesitamos temer ninguna violación de la sola Scriptura siempre que usemos la lógica responsablemente. La lógica establece el significado de la Escritura.[64]

Un ejemplo de ello es la doctrina de la Trinidad. Ni un solo pasaje de la Escritura expone la doctrina completa de la Trinidad. Pero la iglesia ha deducido «por buena y necesaria consecuencia», como lo implican todos los datos de la Escritura, la doctrina de la Trinidad, ¡la cual debe creerse tan ciertamente como la declaración explícita de la Escritura de que Dios es amoroso!

Un comentario final. Aunque los redactores de la Confesión estaban absolutamente convencidos de la suficiencia de la Escritura y así lo declararon, afirman una vez más aquí que «la iluminación interna del Espíritu de Dios [es] necesaria para la comprensión salvífica de las cosas que se revelan en la Palabra». Al hacerlo así, manifestaron su celo de preservar la fuente de vida espiritual donde siempre debe preservarse: directamente solo en Dios. ¡Es el Espíritu de Dios, operando inmediata y directamente por y con la Palabra de Dios en los corazones de los hombres, el que imparte vida espiritual!

LA PERSPICUIDAD DE LA BIBLIA

Todas las cosas contenidas en la Escritura no son igualmente evidentes en sí mismas, ni igualmente claras para todos; sin embargo, las cosas que necesariamente deben saberse, creerse y guardarse para la salvación, se proponen y declaran claramente en uno u otro lugar de las Escrituras, de tal manera que no sólo los eruditos, sino aun los indoctos, pueden adquirir un conocimiento suficiente de tales cosas por el debido uso de los medios ordinarios (CFW, I/vii).

Como un corolario lógico de la representación de la Biblia de su naturaleza revelada e inspirada, el propósito de esta completa actividad de parte de Dios fue revelar sus caminos y obras de una manera comprensible a aquellos para quienes su revelación vino originalmente. «Habló y escribió» para ser entendido. Y los profetas, apóstoles y, de hecho, Jesús mismo, dirigieron sus mensajes a todo el pueblo, y jamás los trataron como pigmeos intelectuales que fueran incapaces de comprender cualquier cosa de lo que dijeron.

Aunque la Confesión reconoce que «todas las cosas contenidas en la Escritura, no son igualmente evidentes ni son igualmente claras para todos» (es este hecho, entre otros, el que exige una aplicación diligente tanto del método gramático-histórico de exégesis como del principio de *analogia Scripturae*), la Confesión afirma, de nuevo contra Roma, que «las cosas que necesariamente deben saberse, creerse y guardarse para la salvación, se proponen y declaran claramente en uno u otro lugar de las Escrituras, de tal manera que no sólo los eruditos, sino aun los indoctos [¡incluso el indocto incrédulo!– autor], pueden adquirir un

---

[64] John M. Frame, *The Doctrine of the Knowledge of God* (Phillipsburg, N.J.: Presbyterian and Reformed, 1987), 247.

conocimiento suficiente de tales cosas por el debido uso de los medios ordinarios»..[65] Como declara el salmista, la Palabra de Dios es lámpara a nuestros pies y lumbrera a nuestro camino (119:105). Notemos que la Confesión declara que hombres «indoctos» a través del uso de «medios ordinarios» pueden llegar al conocimiento de la verdad de la Escritura. ¿Qué son estos «medios ordinarios»? Simplemente la lectura, la escucha y el estudio de la Palabra. Por ejemplo, uno no necesita ser «erudito» al leer los evangelios o escuchar su lectura o proclamación, para descubrir que tienen la intención de enseñar que Jesús nació de una virgen, vivió una vida sin pecado, realizó milagros poderosos, murió en la cruz «en rescate por muchos», y se levantó de los muertos al tercer día después de la muerte. Estas cosas son claras, se encuentran a primera vista en los evangelios. Uno no necesita ser instruido por un predicador para aprender que debe creer en Jesús para ser salvo del castigo que merecen sus pecados. Esto incluye al incrédulo, que es ciertamente capaz de seguir un argumento. Todo lo que uno necesita hacer para descubrir estas cosas, para expresarlo claramente, es sentarse en una silla bastante cómoda, abrir los evangelios, y con una buena lámpara de lectura, leer los evangelios como se leería cualquier otro libro. Por supuesto, si uno *cree* que estas cosas son verdaderas, que conducen a la salvación de su alma (es decir, cree que las afirmaciones de los evangelios corresponden a lo que Dios mismo cree), otro factor se ha inmiscuido en la situación, que la Confesión ya ha descrito tanto como la «obra interna del Espíritu Santo, dando testimonio por y con la Palabra en nuestros corazones» y como la «iluminación interna del Espíritu de Dios».

EL CARÁCTER DETERMINANTE DE LA BIBLIA

El Antiguo Testamento en hebreo (que era el idioma nativo del antiguo pueblo de Dios) y el Nuevo Testamento en griego (que en el tiempo en que se escribió era el más conocido para las naciones), siendo inspirados inmediatamente por Dios, y por su cuidado y providencia especiales fueron guardados puros en todas las edades, son por consiguiente auténticos (es decir, fiables, dignos de confianza). Por ello, en todas las controversias de religión, la iglesia definitivamente debe apelar a ellos. Pero debido a que todo el pueblo de Dios, que tiene derecho e interés en las Escrituras y que se les manda en el temor de Dios leerlas y escudriñarlas, no conoce estos idiomas originales, por lo tanto, las Escrituras deben ser traducidas al idioma de todos los pueblos a donde llegan, para que la Palabra de Dios more abundantemente en todos, para que adoren a Dios de una manera aceptable, y por la paciencia y consuelo de las Escrituras tengan esperanza (CFW, I/viii, énfasis agregado).

El Juez Supremo por el cual deben decidirse todas las controversias de religión, y todos los decretos de los concilios, las opiniones de los escritores antiguos, las doctrinas de hombres y de espíritus privados, deben examinarse, y en cuya sentencia debemos descansar, no es ningún otro más que el Espíritu Santo que habla en la Escritura (Confesión de Fe de Westminster, I/x, énfasis añadido).

Ningún atributo de la Escritura es más significativo que su atributo de ser determinante o definitiva, porque este atributo es la respuesta de la Biblia a la pregunta candente de nuestro día: «¿Cuál debería ser nuestra autoridad *última* en toda controversia religiosa?» La Confesión declara que «debe apelarse finalmente a los originales en esos idiomas en toda controversia [el Antiguo y Nuevo Testamentos en sus idiomas originales hebreo y griego respectivamente]». John Murray observa apropiadamente que la expresión confesional del carácter determinante de la Escritura aquí está orientada, sin duda, a la refutación de la apelación de Roma a la tradición de la iglesia y a la «voz viva» de Dios en la persona del

---

[65] A. A. Hodge, *A Commentary on the Confession of Faith* (Philadelphia: Presbyterian Board of Publication y Sabbath-School Work, 1869), 63, escribe: «Los protestantes afirman y los romanistas niegan (a) que todo artículo esencial de fe y regla de práctica pueda aprenderse claramente de la Escritura, y (b) que a los cristianos particulares y no instruidos se les permita con prudencia interpretar la Escritura por sí mismos». Para ilustrar la actitud actual de Roma al respecto, se puede citar el Catecismo de la Iglesia Católica (1994): «la tarea de interpretación [de la Palabra de Dios, ya sea en su forma escrita o en la forma de la Tradición] ha sido encomendada a los obispos en comunión con el sucesor de Pedro, el obispo de Roma» (párrafo 85).

pontífice romano por un lado, y a la afirmación de la revelación especial mediante la luz interna mística por el otro,[66] pero su enseñanza milita igualmente contra las afirmaciones del islam respecto al Corán y a las pretensiones mormonas respecto al Libro del Mormón.[67] Mediante su apelación a los idiomas originales de la Biblia, el hebreo y el griego, también se opone a la posición autoritativa que Roma ha otorgado a la Vulgata Latina.[68] Además Murray escribe:

> Ya que no tenemos profetas, ya que no tenemos a nuestro Señor con nosotros como estuvo con los discípulos, y ya que no tenemos nuevos órganos de revelación como en tiempos apostólicos, la Escritura en toda su extensión, según la concepción albergada por nuestro Señor y sus apóstoles, es la única revelación de la mente y voluntad de Dios disponible para nosotros. Esto es lo que significa la finalidad o carácter determinante de la Escritura para nosotros; ella es la única Palabra reveladora de Dios que existe.
>
> …Es solo en y a través de la Escritura que tenemos algún conocimiento o contacto con Aquél que es la imagen del Dios invisible… Sin la Escritura estamos excluidos completamente del conocimiento, la fe y la comunión con Aquél que es el resplandor de la gloria del Padre y la imagen misma de su ser, tan desprovistos de la Palabra de vida como los discípulos lo habrían estado si Jesús no se hubiera revelado a sí mismo a través de su palabra hablada…
>
> Nuestra dependencia de la Escritura es total. Sin ella estamos privados de la Palabra de Dios revelada, del consejo de Dios «respecto a todas las cosas necesarias para su propia gloria, la salvación del hombre, fe y vida».
>
> …Es porque no hemos estimado y apreciado la perfección de la Escritura y su carácter determinante o definitivo, que hemos recurrido a otras técnicas, recursos y métodos de abordar el dilema que nos confronta a todos si estamos atentos a la necesidad de este tiempo… Sepamos también que no es la tradición del pasado, ni una herencia preciosa, ni las labores de los padres, que han de servir a esta generación y este tiempo, sino la Palabra del Dios vivo y eterno depositada para nosotros en la Santa Escritura.[69]

La segunda parte del capítulo I/viii de la Confesión declara el derecho de todos a quienes llega el evangelio de tener y usar versiones vernáculas. Esto es tan evidentemente correcto que no necesita decirse nada sobre la conveniencia de las naciones que poseen la Palabra de Dios en sus idiomas nativos.

Pero algo se debe decir sobre la naturaleza de estas traducciones o versiones. ¿Deben considerarse como la Palabra de Dios? ¿Son autoritativas? ¿Están inspiradas? No necesitamos vacilar al afirmar que en la medida en que las traducciones y las versiones capturan la intención de la autoría de los autógrafos, en la misma medida estas traducciones son la Palabra de Dios y son, por lo tanto, autoritativas. La suya, por supuesto, es una autoridad *derivada*, mientras que la autoridad de los autógrafos es una autoridad intrínseca, inmediata e inherente. Mientras que uno puede referirse a las traducciones y versiones como «Escritura inspirada» en el sentido de que son copias de los autógrafos inspirados, *solo los autógrafos fueron directamente inspirados y, por lo tanto, inerrantes*. Las copias y versiones de los autógrafos no son directamente inspirados y pueden contener errores de varios tipos.[70] La disciplina de la crítica textual ha demostrado que lecturas de variantes –la mayoría de una naturaleza intrascendente.[71]– han ocurrido en la transmisión textual de un nivel de copia a

---

[66] Ver John Murray, «The Finality and Sufficiency of Scripture,» en *Collected Writings of John Murray* (Edinburgh: Banner of Truth, 1976), 1:16–22.
[67] Mediante su parábola de los labradores malvados (Mt. 21:33-40 y los paralelos sinópticos), Jesús enseñó lo determinante de su investidura mesiánica, representándose a sí mismo como el embajador definitivo, tras cuyo envío no puede venir nadie superior. Los escritores del Nuevo Testamento, y solo ellos, se convirtieron en sus vasos elegidos para dar a su iglesia la revelación conclusiva que Él quería que tuviera (véase Juan 14: 25-26; 16: 12-15).
[68] Debido a que este artículo dice lo que dice sobre los idiomas originales, cualquier seminario bajo el gobierno de un tribunal de la iglesia comprometido con los estándares de Westminster tiene la obligación de enseñar los idiomas originales a aquellos hombres que estén estudiando para el ministerio.
[69] Murray, *Collected Writings*, 1:19-22.
[70] Para ver ejemplos de los diversos tipos de errores que se han introducido en los textos existentes del Nuevo Testamento, consultar Kurt Aland y Barbara Aland, *The Text of the New Testament* (Grand Rapids, Michigan: Eerdmans, 1987), 275-311.
[71] Douglas Stuart, «Inerrancy and Textual Criticism», en *Inerrancy and Common Sense*, ed. Roger R. Nicole y J. Ramsey Michaels (Grand Rapids, Michigan: Baker, 1980), 98, escribe a este respecto:

otro a través de los errores no intencionales y de los esfuerzos intencionales de los copistas de proporcionar ayuda para la comprensión del lector.

A menudo se ha argumentado que la distinción que los evangélicos hacen entre los autógrafos inerrantes y los apógrafos errantes (copias) es altamente tendenciosa en la medida en que no estamos en posesión de los autógrafos. Todos tenemos copias con errores de los autógrafos, y no hay forma de saber si lo errores en las copias estaban presentes primero en los autógrafos. Pero es imperativo por razones *teológicas* que insistamos en que todos y cada uno de los errores ocurrieron en niveles apográficos y *no* en los autógrafos originales. Porque si Dios, de hecho, inspiró a los escritores originales para poner por escrito su Palabra, reflexionamos negativamente, si no de manera blasfema, sobre su naturaleza como el Dios de la verdad, el supremo autor de la Escritura, si admitimos errores en los originales. Significaría, simple y llanamente, que el Dios de la verdad inspiró la producción de una regla de fe y práctica para su iglesia ¡que contiene errores!.[72]

La importancia de la distinción entre el autógrafo inerrante y el apógrafo errante puede ser visto desde otro ángulo. ¿Qué diferencia habría, se han preguntado algunos, si los autógrafos contenían algunos errores que están presentes en las copias? ¿No es el resultado final de la crítica textual y la hermenéutica tanto de evangélicos como no evangélicos esencialmente el mismo? En cuanto concierne a los resultados de la crítica textual y la hermenéutica, la respuesta a esta última pregunta es si. Por una sólida aplicación de los cánones de la crítica textual, la mayoría de los errores pueden detectarse y corregirse. Y tanto evangélicos como no evangélicos pueden hacer una exégesis adecuada del texto críticamente establecido. Pero el no evangélico que no hace una diferencia entre la inerrancia de los autógrafos y la errancia de las copias, después de que ha hecho su crítica textual y su exégesis gramático-histórica, todavía tiene que responder a la pregunta: ¿es verdadera la afirmación a la que he llegado mediante mi trabajo de crítica textual y hermenéutica? Solo puede intentar determinar esto sobre otros fundamentos (extrabíblicos), pero jamás sabrá con certeza si su determinación es correcta. Sin embargo, el evangélico que hace la distinción entre el autógrafo inerrante y el apógrafo errante, una vez que ha hecho un análisis crítico-textual adecuado que le asegura que está trabajando con el texto original y aplica adecuadamente los cánones de la exégesis a dicho texto, descansa en la confianza de que su labor ha resultado en el logro de la verdad.

Algunos académicos críticos han sugerido que la distinción entre el autógrafo inerrante y los apógrafos errantes es algo reciente, de hecho, una estratagema evangélica para minimizar el impacto de los «resultados seguros de la crítica textual» sobre su posición. Esto es erróneo. La declaración de Agustín, que representa la opinión general de la era patrística, es respuesta suficiente para demostrar que la distinción no es una novedad reciente:

La gran mayoría de las divergencias textuales implican la incapacidad de elegir entre expresiones igualmente plausibles y generalmente sinónimas, haplografías simples (pérdida de palabras) que no afectan el significado general de un pasaje o combinaciones (agregar palabras de otra parte del mismo libro) que a menudo son muy útiles para el sentido del pasaje.

Por lo tanto, no sería correcto sugerir que las diversas versiones antiguas de la Biblia están en desacuerdo desalentador entre sí, o que el porcentaje de corrupciones textuales es tan alto como para hacer cuestionables grandes bloques de Escritura. Más bien, es justo decir que los versículos, capítulos y libros de la Biblia leerían en gran medida lo mismo y dejarían la misma impresión en el lector, incluso si uno adoptara prácticamente todas las lecturas *alternativas* posibles a las que ahora sirven como base para las traducciones actuales al inglés y español. De hecho, absolutamente nada esencial de las principales doctrinas de la Biblia se vería afectado por cualquier decisión responsable en el área de la crítica textual...

Una comparación de ejemplos de versículos de varias versiones populares de la Biblia en inglés y español moderno le dará a cualquier lector una idea general de cuál podría ser el rango de diferencias entre los textos: las traducciones al inglés y español modernos son en sí mismas textos, y son aproximadamente paralelas a las versiones antiguas en los tipos y variedades de divergencias que son posibles bajo circunstancias normales.

[72] Véase Greg L. Bahnsen, «The Inerrancy of the Autographs», en *Inerrancy*, ed. Norman B. Geisler (Grand Rapids, Michigan: Zondervan, 1980), 151 93, para un tratamiento más completo de este tema *extremadamente* importante. Con respecto a nuestra preocupación inmediata, Bahnsen emplea la siguiente ilustración oportuna:

Mi edición de Old Cambridge de una obra de Shakespeare puede contener palabras erróneas o controversiales en comparación con el texto original de Shakespeare, pero eso no me lleva a la conclusión extrema de que el volumen de mi escritorio no es una obra de Shakespeare. Es shakesperiano en la medida en que refleja el propio trabajo del autor, que (debido al alto grado de correlación generalmente aceptado) es una cualificación que no necesita ser expresada explícitamente con frecuencia. Así que también mi American Standard Versión de la Biblia contiene palabras erróneas o controversiales con respecto al texto autógrafo de las Escrituras, pero sigue siendo la misma Palabra de Dios... en la medida en que refleja la obra original de Dios, que (debido al grado objetivo, universalmente aceptado y sobresaliente de correlación a la luz de la crítica textual) es una cualificación que rara vez necesita ser enunciada.

> He aprendido a conceder este respeto y honor solo a los libros canónicos de la Escritura, ya que creo firmemente que ninguno de sus autores ha cometido ningún error al escribir. Y si en sus escritos quedo perplejo por cualquier cosa que me parezca contraria a la verdad, no dudo que sea nada más que o el manuscrito está corrupto, o que el traductor no ha seguido lo que fue dicho, o que no lo he entendido. Pero cuando leo otros autores, por eminentes que sean en santidad y erudición, no creo que algo sea necesariamente verdad porque ellos lo crean, sino porque han sido capaces de convencerme, ya sea por la autoridad de los escritores canónicos o por una razón probable que no es inconsistente con la verdad. Y creo que tú, mi hermano, sientes lo mismo; además, digo, no creo que tú quieras que tus libros sean leídos como si fueron los de los profetas y apóstoles, de cuyos escritos, libres de todo error, es ilícito dudar..[73]

Finalmente, cuando la Confesión establece que «El Juez Supremo [es decir, definitivo] por el cual deben decidirse todas las controversias religiosas, todos los decretos de los concilios, las opiniones de los hombres antiguos, las doctrinas de hombres y de espíritus privados, y en cuya sentencia debemos descansar, no es ningún otro más que el Espíritu Santo que habla en las Escrituras» (I/x), debemos ser claros que esto no es una tercera referencia al *testimonium Spiritus Sancti* (ver los artículos, E y F). Murray explica:

> En la sección x, la Confesión está tratando con la Escritura como canon, y utiliza la expresión «el Espíritu Santo habla en la Escritura» para recordarnos que la Escritura no es letra muerta sino el discurso vivo y permanente del Espíritu Santo [ver Heb 3:7; 10:15, 17]. Los reformadores necesitaron enfatizar esta cualidad de la Escritura para contrarrestar el alegato de Roma de que una voz viva es necesaria para la fe y la guía de la iglesia, y también para enfrentar el mismo argumento de los entusiastas de la voz interior del Espíritu en el creyente..[74]

En otras palabras, según I/x, las Escrituras son la Palabra de Dios en tal sentido que apelar a ellas es realmente apelar directamente al Espíritu Santo mismo que habla en toda la Escritura.

Estos entonces son los atributos de la Escritura que la asamblea de teólogos de Westminster creyó que se podían afirmar legítimamente sobre la base del testimonio de las Escrituras. Tanto teólogos liberales como neo-ortodoxos a menudo han alegado que atribuir estas propiedades a la Escritura es atribuir a las criaturas finitas perfecciones que propiamente pertenecen solo al Creador, y que esto es cometer blasfemia. Además, la reverencia que conlleva esta atribución es un acto de adoración, y esto es cometer idolatría, más específicamente, bibliolatría.

¿Cómo responderemos a estas acusaciones? Además de señalar a estos críticos que una Biblia *infalible* es la única base sobre la que podrían saber con certeza qué perfecciones pertenecen propiamente al Creador, diría dos cosas más: Primero, debido a que la Biblia es la Palabra de Dios, necesariamente compartiría la indefectibilidad de Dios. Lejos de ser una blasfemia, insto a que no atribuir a la Palabra de Dios la perfección de la verdad de Dios es cometer blasfemia. Segundo, ningún evangélico ha adorado jamás la Biblia, más bien, la reverencia porque es la Palabra de Dios y, por lo tanto, la única luz verdadera en el camino que lleva al Dios Trino. Dicha reverencia no es bibliolatría, es simplemente el honor debido a la Palabra del Dios viviente que es su autor. Así que si bien es cierto que los evangélicos buscan al Señor que vive «más allá de la página sagrada», es igualmente cierto que buscan al Señor *a través* del estudio de las páginas sagradas de su Palabra que les llegó del mundo que todavía no habían visto excepto con los ojos de la fe.

---

[73] *Epístolas de Agustín* 82, a Jerónimo.
[74] Murray, *Collected Writings*, 1:16-17

4 | LA NATURALEZA DE LA VERDAD BÍBLICA

Dos asuntos adicionales pertenecientes a la naturaleza de la verdad bíblica deben ser abordados antes de que cualquier tratamiento de la Biblia como Palabra inspirada de Dios esté completo. El primero tiene que ver con la naturaleza de las afirmaciones que la Santa Escritura hace sobre Dios y la realidad en general: ¿son unívocas o analógicamente verdaderas? Algunos teólogos hoy día insisten en que el conocimiento de Dios de sí mismo y de las cosas en general, y el conocimiento humano de estas mismas cosas (incluso aunque este último esté de acuerdo con los significados previstos por Dios en la Escritura revelada) jamás coinciden en ningún punto. Se dice que la relación entre estos «dos contenidos de conocimiento» es analógica y no «unívoca».

El segundo tema tiene que ver con la cuestión de la paradoja. ¿Es la paradoja una categoría hermenéutica legítima en la interpretación de la Escritura? Nuevamente, en nuestros días algunos de nuestros mejores eruditos evangélicos insisten en que, incluso cuando se interpretan correctamente, las Escrituras a menudo representarán sus verdades incluso al ser humano *creyente* –sobre todo por su carácter analógico– en términos paradójicos, es decir, en términos «enseñados inerrantemente en la infalible Palabra de Dios», la cual, aunque «no es realmente contradictoria», sin embargo, «no puede reconciliarse ante el tribunal de la razón humana».[1]

LA NATURALEZA DE LAS AFIRMACIONES DE LA BIBLIA SOBRE DIOS Y NUESTRO CONOCIMIENTO RESULTANTE DE DIOS

¿Es la revelación bíblica sobre Dios unívoca o analógica? ¿Podemos conocer a Dios como es en sí mismo, o es una comprensión analógica lo máximo que podemos esperar?[2] La diferencia es esta: Un predicado determinado aplicado *unívocamente* a sujetos distintos pretenderá que los sujetos posean el predicado en un sentido exactamente idéntico. Lo opuesto de univocidad es equivocidad, la cual atribuye un predicado dado a sujetos distintos en un sentido completamente diferente o no relacionado. Ahora bien, entre la univocidad y la equivocidad se encuentra la analogía. Un predicado empleado *analógicamente* se refiere a una relación entre diferentes sujetos basada en una comparación o proporción. ¿Puede el contenido del conocimiento de Dios de sí mismo y el contenido del conocimiento del hombre que se obtiene de la revelación de Dios ser unívoco (el mismo), o debe ser inevitablemente equívoco (distinto) o analógico (en parte igual, o en parte distinto, es decir, proporcional a la naturaleza específica del sujeto)?

Tomás de Aquino (1224-1274) fue uno de los primeros teólogos cristianos en tratar formalmente con este asunto.[3] No fue el primero, por supuesto, en abordar el asunto de la

---

[1] R. B. Kuiper, citado con aprobación por George W. Marston, *The Voice of Authority* (Filadelfia: Presbyterian and Reformed, 1960), 16. La declaración completa de Kuiper es la siguiente:
Una paradoja no es, como piensa Barth, dos verdades realmente contradictorias. La verdad no es irracional. Una paradoja tampoco es dos verdades que son difíciles de reconciliar, pero que pueden reconciliarse ante el tribunal de la razón humana. Esa es una aparente paradoja. Pero cuando dos verdades, ambas enseñadas inequívocamente en la infalible Palabra de Dios, no pueden reconciliarse ante el tribunal de la razón humana, entonces surge una paradoja.
[2] He adaptado las páginas 96–102 de Robert L. Reymond, *¡Preach the Word!* (Edimburgo: Rutherford House Books, 1990), 17-26.
[3] Ver su *Summa Contra Gentiles* XXXII-XXXIV.

naturaleza del conocimiento y las funciones y límites del lenguaje. Agustín (354-430), por ejemplo, había lidiado con estos asuntos en su tratado *De magistro* e, incidentalmente, había llegado a conclusiones radicalmente distintas. Aquino declaró que nada puede predicarse de Dios y el hombre en un sentido unívoco. Hacerlo y decir que, por ejemplo, tanto Dios como el hombre son «buenos» y pretender para «bueno» el mismo significado, es ignorar la diferencia entre las esencias de Dios el Creador (su existencia es idéntica con su esencia) y el hombre la criatura (su existencia y su esencia son dos materias distintas). Pero Aquino vio también que pretender un significado equívoco para «bueno» llevaría a una completa ambigüedad y a un escepticismo epistemológico. Por lo tanto, insistió en la vía de la proporcionalidad o la analogía como la vía media entre la univocidad y la equivocidad. En otras palabras, la afirmación, «Dios y el hombre son buenos», significa analógicamente que la bondad del hombre es proporcional al hombre como la bondad de Dios es proporcional a Dios, pero también significa que la bondad no puede ser la misma bondad en ambos casos. En suma, Aquino estuvo seguro de esto: nada puede predicarse de Dios y el hombre en sentido unívoco. Más bien, solo la predicación analógica es propiamente posible cuando se habla de la relación entre ellos.

Pero ahora surge un problema: ¿qué hay en cualquier analogía que la salve de convertirse en una completa equivocidad? ¿No está el elemento unívoco implícito en ella? Por ejemplo, si afirmo que se puede establecer una analogía entre una manzana y una naranja, ¿no tengo la intención de sugerir que la manzana y la naranja, obviamente distintos en algunos aspectos, son lo mismo en al menos uno de ellos? De otra manera, ¿por qué estaría llamando la atención a la relación entre ellas? Aunque es verdad que el único aspecto en que percibo que son similares no será inmediatamente evidente a nadie más sin una explicación extra de mi parte, debería ser claro, sin embargo, para todos, si afirmo que son análogos entre sí, que creo que en algún sentido existe una característica unívoca entre ellos– en este caso, puede ser que tenga en mente que ambas son frutas, o que ambas son esféricas, o que ambas tienen una extensión en el espacio o tienen masa. Tengo la intención de sugerir que, a pesar de todas sus diferencias, tienen algo en común. El predicado indica que algo es igualmente cierto en ambas. Lo que estoy argumentando aquí es que el éxito de cualquier analogía yace en la fuerza del elemento unívoco en ella. O, como ha afirmado Edward John Carnell, la base para cualquier analogía no es lo no analógico, es decir, unívoca.[4] El dilema de Aquino es que quiso tener su pastel y comérselo también. Quiso afirmar la relación análoga entre Dios y el hombre, por un lado, pero negó toda coincidencia unívoca en la predicación respecto a ellos. Pero si afirma que la relación entre Dios y el hombre es verdaderamente análoga, no puede negar consistentemente que exista en algún sentido un elemento unívoco entre ellos. O si niega toda coincidencia unívoca en la predicación entre Dios y el hombre, no puede continuar hablando de una relación predicativa entre ellos como una relación de analogía. De hecho, Gordon H. Clark ha argumentado que la doctrina de Aquino de la *analogia entis* (analogía del ser) entre Dios y el hombre no es realmente analógica en lo absoluto sino realmente equívoca.[5]

¿Cómo responderemos a este asunto? Consideremos los pronunciamientos del ampliamente respetado teólogo reformado Cornelius Van Til. En su teología y apologética, Van Til siempre tuvo como objetivo ser fiel a una visión ontológica única e inicial: la

---

[4] Edward John Carnell, *An Introduction to Christian Apologetics* (Grand Rapids, Mich.: Eerdmans, 1948), 147.
[5] Si Clark tiene razón, y estoy convencido de que la tiene, la teología natural de Tomás de Aquino, que se basó en su comprensión de la *analogia entis*, también es defectuosa, ya que, por necesidad, trabajó con dos significados diferentes de la palabra «existencia» como el único predicado que se aplica a Dios y a los datos sensoriales; así, su argumento a partir de la existencia de los datos sensoriales para la existencia de Dios comete el error de equivocarse, es decir, usar una sola palabra con dos significados diferentes en el mismo argumento.

distinción entre el Creador y la criatura. A lo largo de sus escritos, Van Til insistió una y otra vez en que el conocimiento humano es y solo puede ser analógico al conocimiento divino.[6] Lo que esto significa para Van Til es el rechazo expreso de cualquier coincidencia cualitativa entre el contenido de la mente de Dios y el contenido de la mente del hombre. Es decir, según Van Til, el conocimiento de Dios no solo antecede y es necesario para el conocimiento del hombre, que siempre es secundario y derivado (estoy en total acuerdo con esto), el conocimiento de Dios no solo es autovalidante, mientras que el conocimiento del hombre depende del previo conocimiento autovalidante de Dios para su justificación (también estoy de acuerdo con esto), sino que también para Van Til esto significa que el hombre cualitativamente no sabe nada de cómo Dios conoce una cosa.

En su obra, *An Introduction to Systematic Theology*, Van Til escribe: «Toda predicación humana es una reinterpretación analógica de la pre-interpretación de Dios. De este modo la incomprensibilidad de Dios debe enseñarse con respecto a *cualquier* proposición revelacional».[7] En su introducción a *The Inspiration and Authority of the Bible* de Warfield, Van Til declara:

> Cuando el cristiano reafirma el contenido de la revelación Escritural en la forma de un «sistema», dicho sistema se basa en y, por lo tanto, es análogo al «sistema existencial» que Dios mismo posee. Al estar basado en la revelación de Dios es, por un lado, totalmente cierto y, por el otro, en ningún punto es idéntico al contenido de la mente divina».[8]

En una Queja presentada contra el presbiterio que votó a favor de aprobar el examen de ordenación de Gordon H. Clark, al que Van Til puso su nombre como firmante, se declaró un «hecho trágico» que la epistemología de Clark «lo llevó a eliminar la distinción cualitativa entre el contenido de la mente divina y el conocimiento que es posible para la criatura».[9] La Queja también afirmó: «No nos atrevemos a sostener que el conocimiento [de Dios] y nuestro conocimiento coinciden *en ningún punto*».[10] Es importante notar aquí que no es la forma en que Dios y los seres humanos conocen algo lo que la Queja declara que es diferente. Tanto los querellantes como Clark concuerdan en que Dios conoce todo por intuición eterna, mientras que las personas aprenden lo que saben (excluyendo ciertas ideas innatas) discursivamente. Más bien, Van Til y algunos de sus estudiantes insisten en que es el contenido del conocimiento del hombre el que es cualitativamente distinto del conocimiento de Dios.

Debido a su particular visión ontológica, Van Til insiste en que toda la revelación verbal que venga de Dios a los humanos será necesariamente «antropomórfica», es decir, debe asumir «forma humana» para ser entendida al nivel de la comprensión finita de las criaturas. Pero Van Til igualmente insiste en que esta autorevelación divina por la iluminación habilitante del Espíritu puede producir en los hombres un «verdadero» conocimiento de Dios, aunque su conocimiento será solo «analógico» respecto al conocimiento que Dios tiene de sí mismo. ¡Jamás corresponderá al conocimiento de Dios en ningún punto! De qué manera Van Til puede considerar este conocimiento que «nunca corresponde» como conocimiento «verdadero» es, por decir lo menos, un problema serio. Quizá quiere decir que el Creador está dispuesto a considerar como «verdadero» el conocimiento que los hombres derivan de su autorevelacion para ellos, aunque no es un conocimiento unívoco en ningún punto, porque debido a su finitud humana Dios tuvo que adaptar su revelación a la comprensión finita de

---

[6] Ver, por ejemplo, Cornelius Van Til, *The Defense of the Faith* (Philadelphia: Presbyterian and Reformed, 1955), 56, 65, y *Common Grace* (Philadelphia: Presbyterian and Reformed, 1954), 28.
[7] Cornelius Van Til, *In Defense of the Faith*, vol. 5, *An Introduction to Systematic Theology* (Nutley, N.J.: Presbyterian and Reformed, 1976), 171, énfasis suyo.
[8] Cornelius Van Til, introduction to *The Inspiration and Authority of the Bible*, by Benjamin B. Warfield (Philadelphia: Presbyterian and Reformed, 1948), 33, énfasis añadido; ver también *An Introduction to Systematic Theology*, 165, para el mismo debate.
[9] Minuta de la Twelfth General Assembly of the Orthodox Presbyterian Church, 1945, 15.
[10] Ibid., 14, énfasis original.

las criaturas. La revelación verbal de Dios a los seres humanos, en otras palabras, ya que va «orientada a las criaturas» (es decir, es «analógica») no es una declaración unívoca de su comprensión de sí mismo o de cualquier otra cosa y, de este modo, no puede producir jamás algo más elevado que una comprensión («analógica») creatural de Dios o de cualquier otra cosa. Si esto es lo que quiere decir Van Til, es difícil ver cómo, con su rechazo explícito del elemento unívoco (véase su «no corresponde en ningún punto») en el llamado conocimiento «analógico» de Dios por parte del hombre, Van Til puede rescatar dicho conocimiento para que no sea en realidad un equívoco total y no un conocimiento verdadero en lo absoluto. También es difícil ver cómo puede rescatar a Dios de la irracionalidad al aceptar como verdadero lo que de hecho (si Van Til está en lo correcto) ya sabe que no coincide en ningún punto con su propio conocimiento, que es tanto verdadero como el estándar de la verdad.

Contra todo esto, Clark sostiene que la posición de Van Til lleva a una total ignorancia humana:

> Si Dios conoce todas las verdades y conoce el significado correcto de cada proposición, y si ninguna proposición significa lo que significa para Dios, de tal manera que el conocimiento de Dios y el conocimiento del hombre no coinciden en ningún punto, se sigue por rigurosa necesidad que el hombre no puede tener ninguna verdad en lo absoluto.[11]

Además, argumenta:

> Si Dios y el hombre conocen, debe haber, con sus diferencias, al menos un punto de similitud, porque si no hubiera ningún punto de similitud sería inapropiado utilizar el término conocimiento en ambos casos… Si Dios tiene la verdad y si el hombre solo tiene una analogía [esta «analogía» que no contiene ningún elemento unívoco], se sigue que él (hombre) no tiene la verdad.[12]

Clark ilustra su punto de esta manera:

> Si… creemos que David fue rey de Israel, y los pensamientos de Dios no son los nuestros, se sigue luego que Dios no piensa que David fue rey de Israel. David en la mente de Dios era quizá primer ministro de Babilonia.
>
> Para evitar esta irracionalidad, … debemos insistir en que la verdad es la misma para Dios y para el hombre. Naturalmente, no podemos saber la verdad sobre ciertos asuntos. Pero si sabemos algo, lo que sabemos debe ser idéntico a lo que Dios sabe. Dios conoce la verdad, y a menos que sepamos algo que Dios sabe, nuestras ideas son falsas. Por lo tanto, es absolutamente esencial insistir en que existe un área de coincidencia entre la mente de Dios y la nuestra. Un ejemplo, tan bueno como cualquier otro, es el ya usado, a saber, David fue rey de Israel.[13]

Clark concluye:

> Si Dios es omnipotente, puede decirles a los hombres la verdad clara, pura y literal. Puede decirles que David fue rey de Israel, puede decirles que es omnipotente, puede decirles que creó el mundo, y… puede decirles todo esto en términos positivos, literales, no-analógicos y no-simbólicos.[14]

Por supuesto, en lo que respecta a la extensión o cantidad de sus respectivos datos de conocimiento, Clark reconoció fácilmente que Dios sabe más y siempre sabrá más que los hombres y mujeres. Apenas es necesario afirmar esto. Pero si vamos a conceder a los seres humanos cualquier conocimiento, Clark mantiene que debemos insistir en que, si tanto Dios como el hombre realmente conocen algo, entonces lo que conocen debe tener algún punto de correspondencia en lo que respecta al contenido de su conocimiento. Estoy completamente de acuerdo, y creo que la máxima de Francis Schaeffer es acertada: los seres humanos en verdad pueden tener «conocimiento verdadero, aunque no exhaustivo».

Ciertas referencias bíblicas parecen apoyar la afirmación de Van Til de que el conocimiento de Dios y el conocimiento del hombre siempre y en cada punto son

---

[11] Gordon H. Clark, «Apologetics», in *Contemporary Evangelical Thought*, ed. Carl F. H. Henry (New York: Harper Channel, 1957), 159.
[12] Gordon H. Clark, "The Bible as Truth," *Bibliotheca Sacra* (April 1957): 163.
[13] Gordon H. Clark, "The Axiom of Revelation," in *The Philosophy of Gordon H. Clark*, ed. Ronald H. Nash (Philadelphia: Presbyterian and Reformed, 1968), 76-77.
[14] Ibid., 78.

cualitativamente distintos. El mismo Van Til señala Deuteronomio 29:29, Job 11:7-8, Salmo 145:3, Isaías 40:28, 55:8-9, Mateo 11:27, Lucas 10:22, Juan 1:18, 6:46, Romanos 11:33 y 1 Timoteo 6:16 como apoyo para su afirmación de que con respecto a cualquier proposición revelada, Dios aún permanece, incluso después del hecho revelador, el Dios incomprensible.[15] No obstante, un examen cercano de estos versículos mostrará que, aunque no niegan la sabiduría y el conocimiento inconmensurables de Dios, se preocupan principalmente por subrayar la necesidad que el hombre tiene de la revelación proposicional para conocer a Dios de manera salvadora. Job 11:7-8, Salmo 145:3; Isaías 40:28, Romanos 11:33 y 1 Timoteo 6:16, aunque ciertamente afirman la infinitud de Dios, simplemente significan que los hombres y mujeres, comenzando consigo mismos y rechazando el beneficio de la revelación divina, no pueden, como Pablo declara enfáticamente en 1 Corintios 1:21, llegar a Dios a través de su propia sabiduría, o, dicho de manera algo distinta, que los hombres y mujeres siempre serán dependientes de la revelación informativa divina para un conocimiento verdadero y salvífico de Dios. Franz Delitzsch captura la esencia de la intención de estos versículos cuando comenta el Salmo 145:3:

> Para la «grandeza» de Yahvé... no hay forma de investigarla, es decir, es tan abismalmente profunda que ninguna investigación puede llegar al fondo (como en Is. 40:28, Job 11:7ss.). Sin embargo, ha sido revelada, y sigue siendo revelada continuamente, y es por esta misma razón que se celebra en el versículo 4.[16]

En cuanto a Deuteronomio 29:29, Mateo 11:27, Lucas 10:22 y Juan 1:18, 6:46 (ver v.45), estos versículos realmente enseñan que los seres humanos pueden conocer a Dios y sus pensamientos verdaderamente, al grado en que se revela a sí mismo en su palabra hablada. Finalmente, Isaías 55:8-9 lejos de describir «el abismo que separa el conocimiento divino del humano»,[17] en realidad sostiene la posibilidad verdadera de que la gente pueda conocer los pensamientos de Dios y los insta a volverse de sus propios pensamientos y aprender los de Dios que Él les revela. En 55:7 Dios pide al impío abandonar su camino y pensamientos. ¿A dónde deben acudir? Al Señor, por supuesto (55:6-7). ¿Por qué debe abandonar su camino y pensamientos? «Porque», dice el Señor, «mis pensamientos no son vuestros pensamientos, ni vuestros caminos mis caminos» (55:8). El contexto completo, lejos de afirmar que los caminos y pensamientos de Dios están más allá de la capacidad humana de conocer, al contrario, expresamente pide al impío alejarse de sus caminos y pensamientos y buscar los caminos y pensamientos de Dios. Al hacerlo así, el impío adquiere caminos y pensamientos que, tal como los cielos trascienden la tierra, trascienden los suyos. Lejos de enseñar que existe un abismo infranqueable entre los pensamientos de Dios y los nuestros, estos versículos realmente llaman al impío, en arrepentimiento y humildad, a buscar y pensar los pensamientos de Dios. De nuevo, Franz Delitzsch interpreta correctamente estos versículos:

> La exhortación a dejar sus propios caminos y pensamientos, y entregarse a Dios el redentor y a su palabra, se insta sobre el fundamento de la amplia diferencia entre los caminos y pensamientos de este Dios y los pensamientos desesperados de los hombres (Cap. 40:27, 49:24), y sus caminos laberínticos sin rumbo... ¿Desde qué ángulo debe verse esta gran superioridad? Esto se muestra en lo que sigue. [Los pensamientos de Dios] no son tan volubles, tan poco fiables e impotentes.[18]

Ninguno de estos versículos enseña que el conocimiento de Dios por parte del hombre pueda ser «analógico» al conocimiento de Dios en el mejor de los casos, en el sentido de Van Til. Al contrario, algunos de ellos expresamente declaran que, dependiendo de la autorevelación proposicional de Dios en la Escritura, los seres humanos pueden conocer

---

[15] Minuta, 12.
[16] Franz Delitzsch, *Biblical Commentary on the Psalms* (Grand Rapids, Mich.: Eerdmans, n.d.), 3:389.
[17] Minuta, 12.
[18] Franz Delitzsch, *Commentary on Isaiah* (Grand Rapids, Mich.: Eerdmans, n.d.), 2:358.

algunos de los pensamientos de Dios verdaderamente, es decir, unívocamente (aunque, por supuesto, no exhaustivamente), es decir, que pueden conocer una proposición revelada en el mismo sentido en que Dios la conoce y la ha revelado.

Nada de esto pretende sugerir que las Escrituras no contienen figuras retóricas. Por supuesto que sí. Por ejemplo, la Biblia está llena de metáforas (Sal. 18:2: «El Señor es mi roca, mi fortaleza») y símiles (Is. 1:30: «Porque seréis como encina a la que se le cae la hoja, y como huerto al que le faltan las aguas»). Pero las metáforas y símiles tienen significados unívocos, y una vez que los cánones apropiados de la hermenéutica gramático-histórica han determinado el significado literal preciso de una metáfora, su significado debe ser precisamente el mismo para Dios y para el hombre.

Los cristianos deberían sentirse abrumados por la magnitud de esta verdad que simplemente dan por sentado: que *el Dios eterno se ha dignado compartir con nosotros algunas de las verdades que están en su mente. Condesciende para elevar a pobres pecadores indignos como nosotros, al compartir con nosotros una porción de lo que conoce.* Por consiguiente, ya que la Escritura exige que la fe salvífica se fundamente en el conocimiento verdadero (ver Ro. 10:13-14), la iglesia debe oponerse vigorosamente a cualquier teoría lingüística o revelacional, por muy bien intencionada que sea, que intente alejar a los hombres y mujeres del único fundamento de su conocimiento de Dios y, en consecuencia, de su única esperanza de salvación. Contra la teoría del conocimiento humano que le niegue la posibilidad de correspondencia unívoca en cualquier punto con la mente de Dios en cuanto al contenido, es vitalmente importante que nos pongamos del lado de la razón cristiana y trabajemos con una teoría cristiana del conocimiento que insista en la posibilidad de, al menos, alguna identidad entre el contenido del conocimiento de Dios y el contenido del conocimiento del hombre..[19]

LA PARADOJA COMO UNA CATEGORÍA HERMENÉUTICA

Los estudiantes de la Biblia deben mostrase solícitos para interpretar las Escrituras de una manera no contradictoria; deben luchar por armonizar la Escritura con la Escritura porque las Escrituras reflejan el pensamiento de una sola mente divina..[20]

Pero muchos de nuestros mejores eruditos evangélicos modernos insisten en que incluso después de que el intérprete humano ha entendido la Biblia correctamente, a menudo la Biblia representará sus verdades ante el ser humano –incluso al ser humano *creyente*– en términos

---

[19] Algunos de los estudiantes de Van Til han intentado sacar a su venerado mentor de la grave dificultad en la que se ha visto atrapado. John M. Frame, en su monografía *Van Til: The Theologian* (Phillipsburg, NJ: Pilgrim, 1976), argumenta que Van Til no quiere decir otra cosa, en su negación de la identidad de contenido entre las mentes divina y humana, sino que el conocimiento de Dios, a diferencia del humano, es original y autovalidante (21). Es cierto que Van Til sí enseña esto, y no tengo nada en contra de dicha enseñanza. Pero tengo que estar de acuerdo con Jim Halsey, quien argumenta en su reseña, «*Una Crítica Preliminar de Van Til: El Teólogo*» (Westminster Theological Journal XXXIX [Otoño de 1976]: 120-36), que Van Til de hecho tiene la intención, debido a «consideraciones ontológicas», de negar la identidad *cualitativa* del contenido del conocimiento en las mentes divina y humana, y que Frame no ha entendido el punto de Van Til (128-131) y, en consecuencia, no ha representado con precisión su teoría del conocimiento (133). Sugiero que las citas tomadas de Van Til, que ya he ofrecido, apoyan a Halsey en lugar de Frame. Gilbert Weaver, tanto en *Jerusalem and Athenas*, ed. ER Geehan (Phillipsburg, NJ: Presbyterian and Reformed, 1971), 323-27, como en *The Philosophy of Gordon H. Clark* (303-305), también sostiene que por «pensamiento analógico humano», Van Til solo tiene la intención de referirse al «proceso de razonamiento» en el hombre y no a su contenido de conocimiento como tal. Si esto es todo lo que pretende Van Til, uno se pregunta a qué se debió todo el alboroto de 1945 entre Van Til y Clark sobre la doctrina de la incomprensibilidad de Dios, ya que ambos coincidían en que los «procesos de razonamiento» divino y humano eran diferentes, el de Dios siendo eternamente «intuitivo», el del hombre siendo principalmente discursivo. En consecuencia, no estoy de acuerdo con Frame o Weaver (tampoco lo hace Ronald H. Nash), ya que el mismo Van Til dice, como hemos señalado, que una doctrina adecuada del conocimiento analógico humano negará toda coincidencia cualitativa entre el contenido del conocimiento de Dios y el contenido del conocimiento del hombre. Pero esto ya no es una analogía en absoluto, sino una forma de equivocidad, que Dios, según Van Til, decide llamar verdadera, aunque no coincide en ningún momento con la verdad. Esta afirmación, en última instancia, atribuye irracionalidad a Dios e ignorancia al hombre y, por lo tanto, no tiene un lugar legítimo en una epistemología cristiana.

Tanto en su *The Doctrine of the Knowledge of God* (Phillipsburg, NJ: Presbyterian and Reformed, 1987) como en su más reciente *Cornelius Van Til: An Analysis of His Thought* (Phillipsburg, NJ: Presbyterian and Reformed, 1995), 92-93, en conexión con su discusión de la controversia Van Til/Clark, Frame ha continuado defendiendo (de ninguna manera acríticamente, sin duda) la visión básica de Van Til con respecto al carácter analógico del conocimiento del hombre, al insistir en que ambos hombres (porque cada uno enfatizó su particular «perspectiva») simplemente no entendieron la preocupación real del otro. Insiste en que su propuesta de «el multiperspectivismo en teología ayuda a restablecer el equilibrio adecuado, porque nos ayuda a ver que algunas doctrinas, que aparentemente se oponen, son en realidad equivalentes, presentando la misma verdad desde varios puntos de vista» (*Knowledge*, 235; *Analysis*, 170- 175). La negativa de Frame para descartar la «perspectiva» defectuosa de Van Til sobre el conocimiento analógico humano es, en mi opinión, parte de la explicación de lo que percibo como debilidades en el propio enfoque "multiperspectivista" de la teología de Frame. Para el lector interesado que desee un análisis breve pero más completo del enfoque de Frame, lo refiero a Mark W. Karlberg, "On the Theological Correlation of Divine and Human Language: A Review Article», *Journal of the Evangelical Theological Society* 32, no. 1 (1989): 99-105.

[20] He adaptado las páginas 103-110 de Reymond, *Preach the Word!*, 27-34.

paradójicos, es decir, en términos «enseñados inerrablemente en la infalible Palabra de Dios», la cual, aunque no es realmente contradictoria, sin embargo, «no puede ser reconciliada ante el tribunal de la razón humana».[21] Se afirma comúnmente, por ejemplo, que la doctrina de la Trinidad, la unión hipostática de la naturaleza divina y humana en la persona de Cristo, la soberanía de Dios y la responsabilidad humana, la elección incondicional y la sincera oferta del evangelio, y la redención particular y el ofrecimiento universal del evangelio todas son paradojas bíblicas, cada una de las cuales respectivamente expresa verdades *antitéticas* enseñadas inequívocamente en la Palabra de Dios que no pueden ser reconciliadas con la razón human.[22] James I. Packer afirma igualmente la presencia de dichas paradojas en la Escritura en su *Evangelism and the Sovereignty of God*, aunque prefiere el término de «antinomia» a «paradoja». Escribe:

> Una antinomia –en teología, en todo caso– es… no una contradicción real, aunque parezca una. Es una aparente incompatibilidad entre dos aparentes verdades. Una antinomia existe cuando un par de principios están uno al lado del otro, aparentemente irreconciliables, pero ambos innegables… [una antinomia] es irresoluble… ¿Qué debe hacer uno, entonces, con una antinomia? Aceptarla por lo que es, y aprender a vivir con ella. Debemos rehusarnos a considerar la contradicción aparente como real.[23]

Cornelius Van Til incluso declara que, debido a que el conocimiento humano es «solo analógico» con respecto al conocimiento de Dios, *toda* la verdad cristiana será finalmente paradójica, es decir, toda la verdad cristiana parecerá al final ser contradictoria para la existencia humana:

> [Las antinomias] están involucradas en el hecho de que el conocimiento humano jamás puede ser conocimiento completamente comprensivo. Cada transacción de conocimiento tiene en algún lugar un punto de referencia a Dios. Ahora bien, ya que Dios no es totalmente comprensible para nosotros, estamos destinados a entrar en lo que parecen ser contradicciones en todo nuestro conocimiento. Nuestro conocimiento es analógico y, por lo tanto, debe ser paradójico.[24]
>
> Mientras que rehuimos como veneno a la idea de lo realmente contradictorio, abrazamos con pasión la idea de lo aparentemente contradictorio.[25]
>
> Toda enseñanza de la Escritura es *aparentemente* contradictoria.[26]
>
> Todas las verdades de la religión cristiana tienen necesariamente la apariencia de ser contradictorias… No tememos aceptar lo que tiene la apariencia de ser contradictorio… En el caso de la gracia común, como en el caso de toda otra doctrina bíblica, debemos considerar todos los factores de la enseñanza de la Escritura y unirlos en relaciones sistemáticas unos con otros tanto como podamos. Pero no esperamos tener una relación lógicamente deducible entre una doctrina y otra. Esperamos tener solo un sistema analógico.[27]

¿Qué debería uno decir respecto a esta noción tan repetida de que la Biblia a menudo (siempre de acuerdo con Van Til) expondrá sus verdades en términos irreconciliables? Para decir lo mínimo, uno debe concluir, si es así, que condena de entrada como inútil incluso el intento de una teología sistemática (ordenada) que Van Til exije en la última fuente citada, ya que es imposible reducir a un sistema las paradojas irreconciliables que resisten con firmeza todo intento de sistematización armoniosa. Uno debe estar contento simplemente con vivir teológicamente con una serie de «discontinuidades».[28]

---

[21] R. B. Kuiper, citado con aprobación de George W. Marston, *The Voice of Authority*, 16.
[22] Marston, *The Voice of Authority*, 17, 21, 70, 78, 87.
[23] James I. Packer, *Evangelism and the Sovereignty of God* (Chicago: InterVarsity Press, 1961), 18-25.
[24] Van Til, *The Defense of the Faith*, 61, énfasis añadido.
[25] Cornelius Van Til, *Common Grace and the Gospel* (Philadelphia: Presbyterian and Reformed, 1973), 9.
[26] Ibid., énfasis original.
[27] Ibid., 165-166.
[28] Afortunadamente, y como era de esperarse, la práctica de Van Til aquí es mucho mejor que su teoría. De hecho, John M. Frame en su *Cornelius Van Til: An Analysis of His Thought*, 161-65, demuestra que Van Til es «uno de los pensadores más sistemáticos», enfatizando las relaciones lógicas entre las doctrinas «más que casi cualquier otro teólogo» (162).

Ahora bien, si nada más pudiera o fuera a decirse, esto ya es suficientemente problemático por las implicaciones que dicha construcción conlleva con respecto a la naturaleza de la verdad bíblica. Pero se puede y se debe decir más. Primero, la definición ofrecida de «paradoja» (o antinomia) como dos verdades que son ambas enseñadas inerrablemente en la Palabra de Dios, pero que tampoco pueden ser reconciliadas ante el tribunal de la razón humana es en sí misma problemática, porque el que define el término de esta manera está sugiriendo por implicación que, o sabe por medio de una omnisciencia que normalmente no hay ser humano que sea capaz de reconciliar la verdades en cuestión, o que de alguna manera ha encuestado universalmente a todos los que han vivido, viven ahora, y vivirán en el futuro y ha descubierto que nadie ha sido capaz, es capaz, o será capaz de reconciliar esas verdades. Pero no hace falta decir que ninguna de estas condiciones es o puede ser cierta. Por lo tanto, la misma afirmación de que existen paradojas, así definidas, en la Escritura es seriamente defectuosa en términos de la definición misma. No hay forma de saber si dicho fenómeno está presente en la Escritura. El mero hecho de que cierto número de eruditos hayan fracasado en reconciliar satisfactoriamente dos verdades determinadas de la Escritura, no es prueba de que las verdades no se puedan armonizar. Y si solo un erudito afirma que ha reconciliado las verdades satisfactoriamente, esto *ipso facto* hace a la definición arbitraria y sospechosa.

Segundo, mientras que aquellos que propugnan por la presencia de paradojas en la Escritura se muestran solícitos en señalar que esas paradojas son *solo* aparentes y no contradicciones reales, parecen ignorar el hecho de que, si realmente las verdades no contradictorias pueden aparecer como contradictorias y si ninguna cantidad de estudio o reflexión puede eliminar la contradicción, no hay medios disponibles para distinguir entre esta «aparente» contradicción de una contradicción real. Dado que ambas clases de contradicciones aparecerían al humano existente precisamente en la misma forma y dado que ninguna revelará su naturaleza contradictoria al estudio y la reflexión, ¿cómo sabe el hombre con certeza que solo está «abrazando con pasión» una contradicción aparente y no una contradicción real?

Tercero (y relacionado con el segundo punto), existe un problema intrínseco de significado en cualquier paradoja así definida. ¿Qué pueden significar dos verdades interpretadas como una contradicción irresoluble? ¿Qué significado tendría un triángulo con cuatro lados para nosotros? ¿Qué significado tendría un círculo cuadrado para nosotros? David Basinger explica:

> Si conceptos tales como la libertad humana y la soberanía divina son realmente contradictorios a nivel humano, entonces… a nivel humano son comparables a la relación entre un cuadrado y un círculo. Asumamos que Dios nos ha dicho en la Escritura que ha creado círculos cuadrados… El problema fundamental sería uno de significado. Podemos decir la frase «círculo cuadrado», y podemos concebir cuadrados y podemos concebir círculos. Pero ya que un círculo no es cuadrado por definición y un cuadrado no es circular por definición, no está del todo claro que podamos concebir un círculo cuadrado, es decir, concebir algo que sea a la vez tanto totalmente un cuadrado como totalmente un círculo. Esto es porque a nivel humano, el lenguaje (y el pensamiento sobre referentes lingüísticos) presupone la ley de no contradicción. «cuadrado» es un término útil porque decir que algo es cuadrado lo distingue de otros objetos que no son cuadrados. Pero si algo puede ser un cuadrado y también un no cuadrado al mismo tiempo, entonces nuestra habilidad de concebir, e identificar y discutir cuadrados queda destruida. En suma, «cuadrado» ya no permanece para el nivel humano como un término significativo. Y lo mismo es cierto del término «círculo» en este contexto.

Pero, qué tal si añadiéramos que el concepto de círculo cuadrado no es contradictorio desde la perspectiva de Dios y de este modo que para Él tiene sentido. ¿Esto clarificaría algo? Esto ciertamente nos dice algo sobre Dios: que es capaz de pensar en categorías distintas a las humanas. Pero no haría que el concepto tuviera más significado para nosotros. Dadas las categorías de significado con las que parece que fuimos creados, el concepto permanecería sin sentido desde nuestra perspectiva como antes.[29]

Cuarto –y como si las tres anteriores dificultades no fueran suficientes, este último punto, rara vez reconocido, debería dar el tiro de gracia a toda la noción de que existen contradicciones irreconciliables (solo «aparentes», por supuesto) en la Escritura– una vez que uno afirma que una verdad puede legítimamente asumir la forma de una contradicción irreconciliable, se ha rendido a toda posibilidad de no detectar jamás una falsedad real. Cada vez que rechaza una proposición como falsa porque «contradice» la enseñanza de la Escritura o porque es ilógico de alguna otra manera, el proponente de una proposición solo necesita afirmar que únicamente parece contradecir la Escritura o ser ilógica, y que su proposición es simplemente uno de los términos (la Escritura puede proporcionar el otro) de una más de las paradojas que hemos reconocido que tienen un lugar legítimo en nuestros «pequeños sistemas», para tomar prestada una frase de Alfred Lord Tennyson.[30] Pero esto significa tanto el fin del carácter único del cristianismo como de la religión revelada de Dios, ya que entonces es susceptible de –y, más que esto, debe estar abierta a– absorber todas y cada una de las afirmaciones de verdad de cualquier tipo, y la muerte de la fe racional.

Ahora bien, si uno ya ha concedido que la Biblia en sí misma puede y enseña que las verdades pueden venir al ser humano en términos paradójicos, esto obliga responder a esto insistiendo que uno simplemente debe creer lo que la Biblia dice sobre estas otras afirmaciones de verdad y simplemente rechazar aquellas que contradicen a la Biblia. ¿Por qué debería preferirse una de las dos proposiciones de la contradicción «declarada» cuando se aplica la Escritura a una afirmación de verdad contradictoria? ¿Por qué no vivir simplemente con otra antítesis irresuelta? La única solución es negarle a la paradoja, si se entiende como contradicción irreconciliable, un lugar legítimo en una teoría cristiana de la verdad, y reconocerla por lo que es, es decir, la hija de una era irracional. Si las afirmaciones de la verdad del cristianismo deben ser ofensivas, deberían ser las implicaciones éticas de la cruz de Cristo y no la irracionalidad de las contradicciones proclamadas a los hombres como ciertas.

Ciertamente existen conceptos bíblicos que no podemos entender completamente. Puede que nunca seamos capaces de explicar, por ejemplo, cómo Dios creó algo de la nada, cómo puede resucitar a alguien de entre los muertos, o cómo el Espíritu de Dios da vida al alma no regenerada (ver Juan 3:8).[31] Dichos conceptos son *misterios* para nosotros, pero no son contradicciones de términos. De nuevo, es cierto que el Dios viviente, en ocasiones, empleó paradojas (entendidas como contradictorias en apariencia, pero *reconciliables*) en su palabra hablada. Pero lo hizo así por la misma razón que nosotros las empleamos: como arreglos retóricos o literarios para darle fuerza al pensamiento que se expresa, para despertar el interés humano, para intrigar, para retar al intelecto, y para sacudir y frustrar a la mente perezosa. Pero la noción de que la verdad de Dios siempre aparecerá al ser humano como contradictoria debe rechazarse. Específicamente, la noción de que las doctrinas cardinales de la fe –la

---

[29] David Basinger, «Biblical Paradox: Does Revelation Challenge Logic?» *Journal of the Evangelical Theological Society* 30, no. 2 (1987): 208, énfasis añadido.
[30] Tennyson escribe:
    Nuestros pequeños sistemas tienen su día,
    Tienen su día y dejan de serlo.
    No son más que luces defectuosas de ti,
    Y tú, Señor, las sobrepasas mucho más.
    -*In Memoriam*.
[31] Si algún día nos dice cómo hizo estas cosas, entonces, por supuesto, seremos capaces de entenderlas.

Trinidad, la persona de Cristo, las doctrinas de la gracia– cuando se proclaman correctamente deben proclamarse como constructos contradictorios es una farsa.

Con toda seguridad es posible para un exégeta equivocado interpretar dos afirmaciones de la Escritura que crea que enseñan proposiciones contradictorias. Pero, o él ha malinterpretado una afirmación (tal vez ambas), o ha intentado relacionar dos afirmaciones que jamás pretendían ser relacionadas una con la otra. Afirmar lo contrario, es decir, afirmar que las declaraciones de la Escritura, cuando se interpretan adecuadamente, pueden enseñar lo que para el ser humano es irreconciliablemente contradictorio y, sin embargo, sigue siendo verdadera, es hacer del cristianismo y de la revelación proposicional en la que basa sus enseñanzas algo irracional, y esto ataca la naturaleza racional de Dios que habla a través de sus páginas. Dios es la verdad misma, Cristo es el Logos de Dios, y no pueden mentir, lo que dicen es auto consistente y no contradictorio, y nada de esto se altera en el proceso de la revelación.

Pero ¿no presenta la doctrina clásica de la Trinidad, si no una contradicción real, al menos una aparente? La ampliamente aclamada «paradoja» de la Trinidad –a saber, que tres equivale a uno y uno equivale a tres– no lo es, de hecho, en lo absoluto. Si los adjetivos numéricos «uno» y «tres» están destinados a describir en ambos casos el mismo sustantivo de tal forma que el teólogo pretende decir que un Dios equivale a tres dioses y que tres dioses equivale a un Dios en la misma manera en que uno puede decir que una manzana numéricamente equivale a tres manzanas y que tres manzanas numéricamente equivalen a una manzana, esto no es una contradicción aparente o paradoja. ¡Esta es una contradicción que ni Dios puede resolver! ¡Ni trataría de hacerlo! Pero esto no es lo que la iglesia enseña en su doctrina de la Trinidad, aunque esta representación es presentada muy a menudo no solo por laicos sino también por buenos teólogos. Por ejemplo, rechazando la distinción tradicional de que Dios es uno en un sentido (esencia) y tres en otro sentido (persona), Van Til escribe:

> Dios es un ser uniconsciente, y, sin embargo, es un ser triconsciente... la obra adscrita a cualquier de las personas es la obra de una persona absoluta... En ocasiones se afirma que podemos probar a los hombres que no estamos afirmando nada que deban considerar irracional, en la medida en que decimos que Dios es uno en esencia y tres en persona. Por lo tanto, declaramos que no hemos afirmado la unidad y la trinidad exactamente de la misma cosa.
>
> Sin embargo, esta no es toda la verdad del asunto. Afirmamos que Dios, es decir, la plenitud de la Deidad es una persona... dentro de la Trinidad ontológica debemos sostener que Dios es numéricamente uno. Él es una persona... Sin embargo, dentro del ser de una persona las Escrituras nos permiten y exigen hacer la distinción entre un tipo de ser específico o genérico, y tres subsistencias personales.[32]

Pero ningún credo ortodoxo jamás ha representado así la doctrina. De hecho, es evidente que todos los credos históricos de la iglesia han sido extremadamente celosos para evitar la apariencia misma de contradicción en este tema utilizando un sustantivo («Dios» o «Deidad») con el numeral «uno», y otro sustantivo («personas») con el numeral «tres». La iglesia jamás ha enseñado que tres dioses son un Dios o que una persona son tres personas, sino más bien que «en la unidad de la Deidad existen tres personas» (Confesión de Fe de Westminster, II/C), el Padre, el Hijo, y el Espíritu Santo, y que mientras que cada uno es completa y esencialmente divino, ninguna persona comprende o abarca totalmente todo lo que la Deidad es hipostáticamente. Ciertamente algunos de los atributos divinos que aseguran la unidad de la Deidad nos pueden ser desconocidos. Pero cuando la Biblia se refiere al Padre y al Hijo y al Espíritu Santo, quiere que pensemos en tres personas, es decir, en tres centros

---

[32] Van Til, *An Introduction to Systematic Theology*, 220, 228, 229-230, énfasis añadido.

de autoconsciencia hipostáticamente distintos dentro de la Deidad, mientras que cuando emplea el título impreciso y flexible de «Dios», se refiere a la Deidad entendida en su completitud unitaria (por ejemplo, Génesis 1:26) o a una de las personas de la Deidad, específicamente a cual debe determinarse por el contexto (por ejemplo, «Dios» en Ro. 8:28 se refiere al Padre mientras que «Dios» en Ro. 9:5 se refiere al Hijo). Así interpretada, la doctrina de la Trinidad no nos confronta siquiera con una aparente contradicción, mucho menos una real. *¡El Dios Trino es un ser complejo, pero no una contradicción!*

Similarmente, la iglesia cristiana nunca ha declarado en sus credos que Cristo es una persona y también dos personas, o una naturaleza y también dos naturalezas. Más bien, la iglesia ha declarado que el Señor Jesucristo, «siendo el Hijo eterno de Dios, se hizo hombre, así fue y continúa siendo Dios y hombre, en dos diferentes naturalezas y una persona para siempre» (Catecismo Meno de Westminster, Pregunta 21). Nótese de nuevo: Cristo es una persona que posee el complejo completo de los atributos divinos y el complejo completo de los atributos humanos. Cristo es complejo, sin duda, ¡pero no es una contradicción!

Que nadie concluya a partir de este rechazo de la paradoja (como Marston la ha definido) como una categoría hermenéutica legítima que estoy promoviendo un racionalismo cartesiano que presupone la autonomía de la razón humana y libre de la revelación divina, un racionalismo que afirma que debe comenzar consigo mismo en la construcción del conocimiento. Sino que más bien: Estoy a favor de un *racionalismo cristiano* que afirme con franqueza que la revelación divina que alegremente posee y que constituye la base de todos sus esfuerzos intelectuales es internamente autoconsistente, es decir, no contradictoria. Los cristianos creen que su Dios es racional, es decir, que es lógico. Esto significa que piensa y habla en una manera que indica que las leyes de lógica –la ley de identidad (A es A), la ley de no contradicción (A no es no-A), y la ley del tercero excluido (A es A o es no-A)– son leyes de pensamiento *originales e intrínsecas a Él mismo*. Esto significa que su conocimiento es autoconsistente. Y debido a que es un Dios de verdad no puede, de hecho, no miente (ver Tit. 1:2; Heb. 6:18). Por consiguiente, debido a que Dios es racional, autoconsistente, y siempre y necesariamente veraz, debemos asumir que su revelación proposicional escrita para nosotros –la Santa Escritura– también por necesidad es racional, autoconsistente y verdadera. Que este punto de vista de la Santa Escritura es una convicción cristiana común se confirma, sugiero, en la voluntad consensuada de los cristianos en todas partes para afirmar que no existen contradicciones en la Escrituras. La iglesia en todo el mundo ha visto adecuadamente que el carácter racional del único Dios vivo y verdadero tendría que reflejarse necesariamente en cualquier autorevelación proposicional que Él decidiera dar a los seres humanos, y, en consecuencia, ha confesado la completa veracidad (inerrancia) y carácter no contradictorio de la Palabra de Dios. Negarse a extraer de la Escritura una teología *armoniosa* desprovista de paradojas es sonar la campana de la muerte no solo para la teología *sistemática,* sino también para *toda* teología que se recomiende a los hombres como la verdad del único Dios vivo y racional.

5 | LA BIBLIA COMO EL ΠΟΥ ΣΤΩ PARA EL CONOCIMIENTO Y EL SIGNIFICADO PERSONAL

Cuando Dios nos dio su Palabra, nos dio mucho más que una información básica sobre sí mismo. Nos dio el ποῦ στῶ, *pou sto*,[1] o base que justifica tanto nuestras afirmaciones de conocimiento como nuestras afirmaciones de significado personal.[2]

LA JUSTIFICACIÓN DEL CONOCIMIENTO

Es un axioma epistemológico de que a menos que exista un conocimiento comprehensivo de todas las cosas en alguna parte, no puede haber conocimiento en ninguna parte. Esto se debe a que toda la información del conocimiento está interrelacionada inextricablemente. Para que el conocedor finito comience solo por sí mismo con cualquier dato, ya sea que ese dato sea subjetivo u objetivo, ideal o material, mental o no mental, y para tratar de entenderlo comprehensiva y exhaustivamente debe llevarlo inevitablemente a otros datos, pero siendo finito no puede examinar ningún dato o todas las posibles relaciones de ese dato comprehensiva o exhaustivamente, por no mencionar todos los demás datos en el universo. Además, no hay manera de que pueda estar seguro de que el siguiente dato que podría haber analizado en el punto en que concluyó su investigación en su finitud, habría estado de acuerdo con todo lo que había concluido hasta ese punto o le tendría que requerir reevaluar toda su labor hasta ese momento.[3] La única forma de liberarse de la fuerza de este hecho es evitar por completo la cuestión de la epistemología.

Toda la historia de la filosofía hasta tiempos más recientes puede resumirse precisamente como el esfuerzo racional del hombre[4] (comenzando consigo mismo y no aceptando ayuda externa) para «examinar» lo suficiente ciertas particularidades escogidas del universo – particularidades tanto subjetivas como objetivas, ideales y materiales, mentales y no mentales– para encontrar los universales que dan a estas particularidades su significado. Para ser algo más específico, los hombres han intentado llegar al conocimiento y luego a la justificación de sus afirmaciones de conocimiento a través de los métodos epistemológicos del racionalismo o empirismo.

Los racionalistas, creyendo que todo el conocimiento comienza con un criterio innato de verdades a priori, de las cuales se derivan otras verdades por el proceso deductivo, instan a que por este método se llegue a un conocimiento seguro. Pero incluso si estos criterios de ideas a priori incluyeran las leyes de la lógica, nuestros propios estados mentales y la existencia de la verdad objetiva, podemos, como ha insistido Frame:

> deducir muy poco de tales ideas a priori. Ciertamente, no podemos deducir toda la producción del conocimiento humano de ellas o incluso suficiente conocimiento para elaborar una filosofía significativa. Nada se sigue de las leyes de la lógica tomadas por sí solas, excepto posiblemente

---

[1] Cuando Arquímedes, el matemático griego, trabajando con la máquina de la palanca, dijo: «Dame [*un lugar*] *donde pueda pararme* [ποῦ στῶ] y moveré el mundo», estaba pidiendo una base para el punto de apoyo de su palanca necesariamente fuera del cosmos. De modo que la Biblia es la base extracósmica del conocimiento y el significado del cristiano.
[2] Ver también Robert L. Reymond, *The Justification of Knowledge* (Phillipsburg, N.J.: Presbyterian and Reformed, 1984) y Reymond, "The Theological Significance of the Biblical Doctrine of Creationism," Presbyterion 15, no. 2 (1989): 16–26.
[3] Este es el error que cometen los apologistas de Ligonier cuando afirman que "el yo es el único lugar de partida posible" para la acumulación de conocimiento (Classical Apologgetics [Grand Rapids, Michigan: Zondervan, 1984], p. 212).
[4] Desde la época de Hegel hasta el presente, muchos filósofos han dejado de intentar encontrar un propósito y significado en el mundo pensando racionalmente. Han rechazado la noción de cualquier antítesis real en la lógica y han optado por el irracionalismo epistemológico o el relativismo.

más leyes de la lógica. De las proposiciones sobre nuestros propios estados mentales, no se obtiene nada excepto más proposiciones sobre nuestros propios estados mentales. De la declaración «existen verdades objetivas», nada específico se desprende, y una declaración que no nos dice nada específico... no es una afirmación significativa... De tal modo que, si el conocimiento se limita a los tipos de proposiciones que hemos examinado, solo conoceremos nuestras propias mentes y no sobre el mundo real porque a menudo nos engañan nuestros estados mentales. De esta manera, el racionalismo nos deja no con el cuerpo de certezas que soñaron Platón y Descartes sino sin ningún conocimiento del mundo real.[5]

Los empiristas, creyendo que un mundo de «hechos reales» existe «ahí afuera» para ser estudiado y comprendido, instan a que el conocimiento se obtenga a través del método inductivo científico: observando, formando hipótesis, experimentando, e infiriendo conclusiones de esa experimentación. Están satisfechos de que tal procedimiento proporcione a la humanidad un programa para alcanzar el conocimiento. Pero aparte del hecho de que una miríada de presuposiciones *a priori* está implícita en el método inductivo,[6] alguien que siguiera consistentemente el enfoque empírico del conocimiento debe renunciar a muchas afirmaciones del conocimiento que de otra manera se harían sin vacilación. Por ejemplo, para citar a Frame:

(i) El empirismo no puede justificar una proposición general, tal como «todos los hombres son mortales... De forma similar, las proposiciones de la lógica y la matemática, proposiciones que afirman ser universalmente ciertas, no pueden establecerse sobre una base empírica. (ii) El empirismo no puede justificar ninguna afirmación sobre el futuro... (iii) El empirismo no puede justificar ninguna afirmación sobre valores éticos. Las declaraciones sobre hechos sensibles no implican nada sobre la bondad o la maldad ética, lo correcto o lo incorrecto, o la obligación o la prohibición... (iv) [Pero si el empirismo no puede justificar el lenguaje sobre los valores éticos, entonces no puede justificar ninguna afirmación de conocimiento porque] el empirismo no puede justificar el empirismo. Porque el empirismo es una visión de cómo uno debería (un «deber» ético) justificar sus creencias, y sobre una base empirista, no podemos justificar desde la experiencia sensorial la proposición de que debemos justificar nuestras creencias de esa manera.

[Y, por supuesto], el empirismo descarta las afirmaciones de conocer a Dios, si se piensa que Dios es invisible o que se resiste a los «procedimientos de verificación».[7]

Immanuel Kant intentó evitar las trampas del racionalismo y el empirismo puros, ninguno de los cuales, él afirmó, puede justificar sus afirmaciones de conocimiento de forma aislada uno del otro, argumentando formalmente en su monumental *Crítica de la Razón Pura* que el sujeto cognoscente, aunque posee ideas innatas de espacio y tiempo así como doce categorías específicas de pensamiento (unidad, pluralidad, totalidad, realidad, negación, limitación, sustancialidad, causalidad, reciprocidad, posibilidad e imposibilidad, existencia y no existencia, y necesidad y contingencia), también necesita de los hechos objetivos del «mundo nouménico»– el mundo como realmente es aparte de nuestra experiencia –que provienen de la experiencia sensorial. De lo contrario, estos «pensamientos sin percepciones» estarían en «blanco» o «vacíos». Por otro lado, si el sujeto cognoscente solo tiene los datos del mundo nouménico fluyendo a través de los sentidos a una mente que es una libreta en blanco, estas

---
[5] John Frame, *The Doctrine of the Knowledge of God* (Phillipsburg, N.J.: Presbyterian and Reformed, 1987), 113.
[6] De manera inusual, incluso Warfield, cuya vida académica entera estuvo dedicada a una apologética evidencialista que valora los «hechos» y busca autentificar la fe cristiana como una fe razonable basada en evidencia buena y suficiente, argumenta en un lugar que «si las doctrinas que no tienen relación con los hechos son mitos, mentiras, [entonces] los hechos que no tienen conexión con lo que llamamos doctrina no podrían tener ningún significado para nosotros. Es lo que llamamos doctrina lo que da todo su significado a los hechos. Un hecho sin doctrina es simplemente un hecho que no se comprende. Ese elemento intelectual llevado a la mente a la contemplación de los hechos, que llamamos «doctrina» ... es la condición de cualquier comprensión adecuada de los hechos... Tan estrechamente unidos están esos elementos intelectuales, esos elementos del conocimiento previo, o del conocimiento derivado de otras fuentes, con los hechos tal como los captamos en nuestras mentes en el complejo acto de apercepción, que posiblemente no hemos logrado separarlos y, en consecuencia, en nuestra adoración de lo que llamamos tan fluidamente «los hechos desnudos», hemos considerado muy poco lo que es un simple hecho y qué tan poco significado podría tener para nosotros». («The Right of Systematic Theology», Shorter Selected Writings [(Nutley, Nueva Jersey: Presbyterian and Reformed, 1973], 2: 235–36).

Ningún presuposicionalista vantiliano podría haber defendido mejor la falta de sentido de los «hechos brutos» y la insistencia de Van Til de que toda argumentación apologética supone un compromiso básico a priori del corazón y, por lo tanto, es un razonamiento circular.
[7] Frame, *The Doctrine of the Knowledge of God*, 117-118.

«percepciones sin conceptos» serían «ciegos» o «caóticos». Así que argumentó la necesidad de combinar algunos elementos tanto del racionalismo (que proporciona la «forma») y el empirismo (que proporciona la «materia») en la adquisición y la construcción del conocimiento.[8]

Sin embargo, debido a que las ideas innatas de la mente y las categorías de pensamiento imponen una estructura sobre los datos sensoriales traídos a ella, uno nunca puede conocer los hechos objetivos del mundo como realmente son, sino como la mente misma los ha «creado».[9] Permaneciendo siempre entre el sujeto cognoscente y la cosa a ser conocida solo está el proceso de conocimiento creativo del cognoscente en sí mismo. Pero si uno nunca puede conocer «la cosa en sí misma» (*das Ding-an-sich*) sino solo «la cosa como ha sido creada por la mente», nos quedamos de nuevo en el escepticismo, si no es que en una total ignorancia. Además, la epistemología de Kant, como señalaron pensadores posteriores, plantea la perspectiva de la inexistencia incluso de su mundo nouménico objetivo, puesto que como es incognoscible no se puede demostrar que sea objetivo. Además, aunque postuló una «armonía preestablecida» como la base de sus categorías en las mentes humanas (habiendo rechazado la visión cristiana del hombre como un cognoscente creado a imagen divina con el propósito de tener relaciones cognitivas con Dios, el mundo externo, y otros egos como la base para el conocimiento), Kant no puede proporcionar razones válidas del porqué existe una armonía preestablecida. Porque si, como sostiene, el conocimiento es exclusivamente un producto conjunto de formas y percepciones, no puede explicar cómo es posible adquirir información válida sobre las categorías que para él son puramente mentales.[10]

Debe ser evidente que todos estos esfuerzos filosóficos han terminado con resultados desalentadores. En tiempos más recientes, desde Hegel y Kierkegaard hasta el presente, muchos filósofos, reconociendo la falla de este esfuerzo humano para llegar al conocimiento cierto de algo, han concluido que este fracaso se debió a que estos pensadores anteriores pensaron racionalmente (o antitéticamente). Por supuesto, al abandonar Hegel el concepto bíblico de antítesis racional (A no es no-A) por su concepto de verdad dialéctica (el proceso tesis-antítesis-síntesis), en el que la síntesis de conceptos continúa emergiendo del proceso de conflicto entre tesis opuestas y antítesis, y en el que la verdad del concepto debe encontrarse solo en el extremo último del proceso, su propia filosofía resultó falsa porque solo es parte de un proceso dialéctico no terminado. En otras palabras, si la filosofía de Hegel es verdadera, ¡es falsa! Y cuando Kierkegaard abandonó el concepto bíblico de verdad por su concepto de verdad como tesis y antítesis irresolubles, renunció a toda posibilidad de identificar alguna vez una declaración de verdad real en cualquier lugar. Por consiguiente, estos filósofos han abandonado la racionalidad por la irracionalidad y ahora insisten en que el significado no tiene nada que ver con pensar racionalmente. La verdad es relativa y el significado de la vida debe ser alcanzado por un «salto de fe» a cualquier cosa que dé incluso una *raison d'être* momentánea.[11]

---

[8] La teoría epistemológica de Kant de que todo conocimiento es una combinación de las formas y categorías a priori de la mente y el flujo de la experiencia sensorial tiene graves implicaciones para la teología. Según Kant, el conocimiento de Dios solo podría afirmarse si Dios mismo fuera inmediatamente accesible a nuestra conciencia o si "Dios" fuera una de las categorías mentales demostrablemente necesarias para ordenar y dar forma a nuestro entendimiento. Pero dado que Dios es supuestamente espíritu puro y, por tanto, no directamente accesible a nosotros a través de los sentidos, y dado que las categorías a priori que hacen posible el pensamiento son inaplicables más allá de la esfera de la sensación, la mente humana no puede legítimamente pensar en Dios como uno, como una causa, como necesario, etc. Tampoco se puede probar su existencia, porque todas las afirmaciones de existencia dependen de la verificación sensorial. Kant insistió, por tanto, en que el reino nouménico de Dios, la libertad y la inmortalidad –conceptos que necesitaba para fundamentar el «imperativo categórico» de su ética– era cognoscible por la «razón práctica», es decir, por la fe. Pero esta fe, por supuesto, carece de datos concretos cognoscibles mediante la razón pura.
[9] John M. Frame afirma correctamente en su *Cornelius Van Til: An Analysis of His Thought* (Phillipsburg, NJ: Presbyterian and Reformed, 1995): «Por lo tanto, la mente del hombre no solo es su autoridad última, sino que también reemplaza a Dios como el planificador inteligente y creador del universo experimentado» (45). En consecuencia, en su *Religión dentro de los límites de la razón*, Kant argumentó que «la mente humana nunca puede ni debe sujetarse a ninguna autoridad más allá de sí misma» (Frame, 45).
[10] Ver Carl F. H. Henry's critique of Kant's epistemology en *God Who Speaks and Shows*, vol. 1 of *God, Revelation and Authority* (Waco, Tex.: Word, 1976) 387–92.
[11] Ver Francis A. Schaeffer, *Escape from Reason* (Downers Grove, Ill.: InterVarsity, 1968), 40–45.

El cristiano evita todo esto a favor de la epistemología dada por gracia en el hecho y el contenido proposicional de la Santa Escritura. Reconoce que en el hecho de la Escritura misma tiene una solución verdaderamente profunda a la necesidad del hombre, la necesidad de un punto de referencia infinito para que el conocimiento se convierta en una realidad. Entiende que debido a que existe un conocimiento comprehensivo de Dios, el conocimiento real y verdadero es posible para el hombre, ya que Dios que conoce toda la información exhaustivamente en todas sus relaciones infinitas y quien posee, por lo tanto, verdadero conocimiento está en posición de otorgar cualquier parte de ese conocimiento verdadero al hombre. El cristiano cree que esto es precisamente lo que Dios hizo cuando se reveló a sí mismo proposicionalmente al hombre. Y descansa en la confianza de que es precisamente en y por las Escrituras –que le llega *ab extra* (de «fuera del cosmos»)– que posee el «*pou sto* arquimediano» que necesita para el desarrollo del conocimiento y la justificación de sus afirmaciones de conocimiento. Tomando todas sus direcciones del *pou sto* trascendente de la mente divina revelada en la Santa Escritura, el cristiano afirma, primero, la actualidad creada de un mundo *real* de personas cognoscentes y objetos conocibles externos a estas personas cognoscentes. Segundo, afirma la necesidad legítima tanto de la experiencia sensorial y el proceso de razonamiento en la actividad del aprendizaje, porque la legitimidad de estas cosas es autentificada por las Escrituras mismas. Finalmente, reconoce felizmente que la mente divina que ha revelado algo de su conocimiento en la Escritura es su Pou Sto para los universales, para justificar sus afirmaciones de verdad. En suma, hace de la Palabra del Cristo autotestificante de la Escritura la base epistémica para todo razonamiento y conocimiento, incluso al razonar sobre la razón o sobre la revelación de Dios.

LA JUSTIFICACIÓN DEL SIGNIFICADO PERSONAL DEL HOMBRE

La Biblia no solamente es el *Pou Sto* del hombre para la justificación del conocimiento; también es su *Pou Sto*, mediante su doctrina de la creación y la interpretación de Dios de su estado creado, para su significado humano personal. Es la doctrina bíblica de la creación en una forma única y profunda la que define lo que somos –criaturas *personales*, significantes, pactuales– *distintos* de Dios, ciertamente, porque somos creados, pero *semejantes* a Él porque somos creados a su imagen.

Los cosmólogos modernos que insisten en que los hombres son el producto de un principio *impersonal* además del tiempo y el azar, están realmente diciendo que no existe un fundamento inteligible para afirmar un significado personal para la raza humana. El Hamlet de Shakespeare captura acertadamente su punto:

¿Qué es un hombre,
Si lo más importante que hace en su tiempo
No es más que dormir y alimentarse? Una bestia, no más.
(*Hamlet*, IV. Iv. 35–37)

Pero entonces, si no existe una diferencia real entre el hombre y la bestia, no existe una base inteligible tampoco para la moral humana. Que estos teóricos continúen insistiendo en su valor personal y la necesidad de la moral bajo tal condición es simplemente puro misticismo; el salto existencial a una afirmación dogmática infundada, porque si solo somos el producto del azar, ¿por qué no deberían prevalecer las leyes de la jungla? Solo el más apto debería sobrevivir, la fuerza es lo correcto.

El pensamiento moderno, sin embargo, considera los primeros capítulos del Génesis a lo máximo como una saga religiosa, es decir, como relatos mitológicos que, aunque no realmente históricos, sin embargo, pueden transmitir verdades religiosas. El problema en estos capítulos para los hombres y mujeres modernos, influenciados como están por el dictado dogmático infundado del cientificismo de la evolución cósmica y biológica, es el carácter distintivo *sobrenatural* de los eventos que reportan, a saber, la creación del universo *ex nihilo* y la creación del hombre por un acto directo de Dios. Debido a la supuesta naturaleza «precientífica» de los eventos que estos capítulos registran, la tendencia en el pensamiento crítico moderno es considerar los así llamados dos relatos de la creación en Génesis 1 y 2 como cosmogonías hebreas comparables al *Enuma Elish* de la antigua Babilonia, es decir, como mitología religiosa.

Pero la iglesia debe resistir esta tendencia racionalista y continuar sosteniendo, como se ha hecho históricamente, la integridad histórica de los primeros capítulos de Génesis. La evidencia interna es sólida de que están históricamente intencionados:

1. El carácter del hebreo mismo, que emplea el verbo consecutivo *waw* para describir eventos secuenciales, el uso frecuente del acusativo y del pronombre «relativo», así como las características estilísticas y sintácticas de la narrativa hebrea más que la poesía hebrea, indican que el autor (Moisés) pretendió que estos capítulos se tomaran como una narración histórica directa de la historia terrenal temprana. (Si uno desea una muestra en esta sección de la Escritura de cómo se vería la poesía del autor –con su paralelismo de pensamiento y pares fijos– puede considerar Gn. 4:23:24)

2. En Génesis 12-50 el autor utiliza la frase «Estas son las generaciones de…» cinco veces para introducir la historia de un nuevo patriarca, la historia general de la que no se duda por la erudición contemporánea (ver 25:12, 19; 36:1, 9; 37:2). Pero también emplea la misma frase seis veces en Génesis 1-11 para introducir nuevos bloques de material (ver 2:4; 5:1; 6:9; 10:1; 11:10, 27), el último de los cuales (11:27) contiene la historia de Abraham, cuya historicidad general no es ya cuestionada por la mayoría de los estudiosos del Antiguo Testamento. ¿No sugiere esto que pretendió también que las primeras cinco apariciones de la frase introdujeran bloques de registro histórico? ¿Y eso no sugiere que pretendió que todo el Génesis fuera visto bajo la rúbrica del género histórico?

3. En Génesis 1-11 existen 64 términos geográficos, 88 nombres personales, 48 nombres genéricos y al menos 21 términos culturales identificables (oro, bedelio, ónice, latón, betún, mortero, ladrillo, piedra, arpa, pipa, ciudades, torres), y todos sugieren que el autor estaba describiendo el mundo que conocemos y no un mundo perteneciente a otro nivel de realidad o concepción mental.

4. Cada juicio divino en Génesis 1-11 es seguido de una exhibición de la gracia divina: La cobertura divina de nuestros primeros padres después de que pronunció juicio sobre ellos, su protección de Caín después de que lo juzgó, y su establecimiento del pacto con Noé después del juicio del diluvio. Pero ¿dónde está la exhibición de la gracia de Dios después de su dispersión de la raza en naciones en Génesis 11? ¿El llamado de Dios a Abraham en Génesis 12, en quien todas las naciones dispersas de la tierra serían bendecidas, no responde al carácter del juicio de Babel y de este modo completa el patrón de juicio/gracia? Así parece. Aparentemente, el autor no estaba consciente de la ruptura entre Génesis 11 y 12 provocada por el cambio de género entre las dos secciones (1-11, mito; 12-50, historia) que muchos estudiosos del Antiguo Testamento instan que debe reconocerse.

5. La Escritura en su totalidad considera el relato de Génesis de los primeros comienzos y hechos del hombre como historia confiable. El relato de la creación del Génesis es referido muchas veces en otros lugares en las Escrituras del Antiguo Nuevo y Testamento (incluyendo Ex. 20:11; 31:17; Dt. 4:32; Sal. 33:6; 90:2; 136:5-9; 148:2-5; Is. 40:25-26; 42:5; 44:24; 45:12; 48:13; 51:13; Am. 4:13; Jer. 10:12; Zac. 12:1; Mt. 19:4-5; Jn. 1:2-3; Ef. 3:9; Col. 1:16; 1 Ti.

2:13; Heb. 1:2; 11:3; 2 P. 3:5; y Ap. 4:11; 10:6-7). En cada ejemplo el relato de la creación de Génesis yace detrás de estas referencias y ellas lo asumen como un registro confiable de lo que Dios hizo «en el principio». Poner en duda la confiabilidad histórica de Génesis 1 y 2 es poner en duda la confiabilidad de la totalidad del testimonio de la Escritura sobre el tema de los orígenes. La caída de Adán es referida en Job 31:33, Isaías 43:27, Oseas 6:7, Romanos 5:12-19, 2 Corintios 11:3 y 1 Timoteo 2:14. El asesinato de Abel por Caín es referido en Mateo 23:35, Lucas 11:51, Hebreos 11:4, 1 Juan 3:12 y Judas 11. Finalmente, el diluvio de Génesis es referido en Isaías 54:9, Mateo 24:37-39, Lucas 17:26-27, Hebreos 11:7, 1 Pedro 3:20 y 2 Pedro 2:5, 3:6. Poner en duda la historicidad de Génesis 3-11, entonces, es poner en duda la confiabilidad de una gran cantidad de testimonios escriturales posteriores.

6. Las genealogías en 1 Crónicas 1 y Lucas 3 consideran a Adán como el primer ser humano. Ninguna genealogía da la más ligera impresión de que uno deba percatarse de que se encuentra en terreno histórico confiable hasta el tiempo de Abraham, pero que los nombres de los ancestros de Abraham dados en Génesis 5 y 11 sean históricamente inestables y poco confiables. Estas primeras genealogías, de hecho, son tratadas por el cronista y por Lucas siendo tan confiables como la genealogía posterior de Génesis de Abraham, Isaac y Jacob, o la genealogía de David en Rut 4:18-20.

7. Finalmente, la integridad de la propia enseñanza de nuestro Señor está en juego, porque en Mateo 19:4-5 y Marcos 10:6-8 se refiere a la creación del hombre de tal manera que está fuera de duda (1) Él tenía en mente Génesis 1:27 y 2:24, y (2) que veía estos así llamados dos relatos divergentes de la creación, como un registro confiable de lo que sucedió en el principio de la historia humana. También se refiere a la «sangre de Abel» (Mateo 23:35) y al diluvio de Génesis (Mateo 24:37-39). Cuestionar la autenticidad y la integridad básica histórica de Génesis 1-11 es atacar la integridad de la propia enseñanza de Cristo.

Por lo tanto, la iglesia no solo puede, sino que debe considerar el relato de la creación de Génesis como un registro confiable del origen del universo, un registro preservado del error por la supervisión del Espíritu Santo (2 P. 1:20-21; 2 Ti. 3:15-17). Podemos encontrar dificultades al interpretar algunos detalles de Génesis 1 y 2 simplemente porque estamos trabajando exegética y hermenéuticamente con relatos narrativos altamente circunscritos, muy comprimidos, no técnicos del principio del universo; pero estas dificultades interpretativas son infinitamente preferibles a las dificultades científicas y filosóficas que confrontan a aquellos intérpretes modernos que proponen soluciones no teístas a la cuestión del origen del universo.

El hombre moderno ha encontrado básicamente solo dos formas de vivir sin el Dios vivo y verdadero como la base para la ciencia y la moral:

1. *Ignorando las implicaciones de su ateísmo declarado*. Mientras que sigue insistiendo en la santidad de su significado y derechos personales, puede rechazar completamente enfrentar las implicaciones de su ateísmo y volverse así meramente en un simple «técnico» en sus labores diarias, saltando entonces –por irracional que tal salto pueda ser (y es irracional; véase el tema de la «falta de significado» del maestro de Eclesiastés) e incluso aunque su salto pueda de hecho destruirlo físicamente al final– a cualquier cosa que incluso lo haga *sentir* temporalmente significante, tales como la adquisición de cosas materiales, el amor al arte, la promiscuidad sexual, drogas y terapia, cosas que se han convertido ahora en sus «dioses».

2. *Justificando su ateísmo declarado por sus ciencias*. El hombre moderno puede también hacer un esfuerzo estudiado para argumentar mediante sus ciencias físicas o biológicas que

ningún Dios personal creó el universo de la nada, sino que, al contrario, que el universo se «creó» espontáneamente (y continúa «creándose») a sí mismo y a todo en él. De hecho, puede argumentar que no existe un Creador infinito y personal. Es decir, poniendo en mayúsculas la «c» de la palabra «cosmos», lo hace la causa y el fin de sí mismo y de todas las cosas en él, incluido él mismo, y sin reconocer que lo que está haciendo es ofrecer, al ahora cosmos deificado, la adoración y el servicio que él como «hombre religioso» (*homo religiosus*) debe reservar para su Creador. Trágicamente, en ambos casos el hombre moderno, en su huida de Dios y de la razón correcta, se destruye a sí mismo como una persona que toma decisiones verdaderamente relevantes y significativas, porque abandona la única base para justificar, primero, lo que cree en el fondo de su corazón que es verdadero sobre sí mismo, a saber, que es individual y personalmente significante, y segundo, sus conclusiones en ciencia y moral.

Debo decir algo más sobre esta segunda senda, ya que da la apariencia de ser la más «culta» y, por lo tanto, la más «respetable» de las dos, puesto que más y más científicos le dan crédito al llamarla «hecho científico», y ya que lo que es el «hecho científico» de una persona hoy se vuelve el día de mañana la «religión» de la humanidad.

Siempre ha habido una idea no negociable y absolutamente necesaria para la ciencia. Es el *sine qua non* –el «sin el cual nada»– de toda investigación científica. Esta idea controladora se expresa por la máxima latina *ex nihilo nihil fit*: «nada surge de la nada». Este axioma es aceptado universalmente y asumido en todos lados. Como María cantaba en *The Sound of Music* al enterarse de que el capitán Von Trapp la amaba: «Nada surge de la nada, nada podría jamás, así que, en algún lugar de mi juventud o niñez, debí haber hecho algo bueno». Su teología aquí es miserable, pero su ciencia y lógica son impecables: «nada surge de la nada, nada podría jamás». La ciencia es hemofílica en este punto. Simplemente elimine este axioma absoluto y la ciencia moderna sangrará hasta morir, ya que toda ciencia experimental tendrá entonces que reconocer la posibilidad real, independientemente del control levantado alrededor de su experimentación, de que en cualquier momento un totalmente «nuevo principio» pueda inmiscuirse en el área de control. De hecho, nunca se puede estar seguro en cualquier experimento de que un totalmente «nuevo principio» no detectado no se ha inmiscuido en sus resultados y haya sesgado sus conclusiones. Sin embargo, para evitar lo que refieren como la «hipótesis de Dios», los cosmólogos modernos están cada vez más dispuestos a ignorar esta verdad autoevidente y adoptar alguna forma de generación espontánea de la nada como la explicación del universo.

La edición del 13 de junio de 1988 de la revista Newsweek documentó esta tendencia cada vez mayor en un artículo titulado «Where the Wild Things Are». Reflexione sobre las siguientes citas de este artículo: «Los cosmólogos no se contentan ya con invocar la deidad» como la última explicación detrás del universo..[12] ¿A qué miran ahora? «Para mejor o peor [ellos] han echado su suerte con las leyes de la física y no con el antiguo amigo de Einstein, el Creador»..[13] «En el mayor salto de la imaginación, *la mayoría [!] de los cosmólogos ahora creen que el universo surgió de la nada, y que la nada es tan seguro para dar lugar a algo como la noche engendra el amanecer*»..[14] Alan Guth, un brillante cosmólogo del MIT (Instituto Tecnológico de Massachussets), declara que el universo es un «almuerzo gratis», es decir, surge de la nada –que no existía nada, ni Dios, ni energía, ni materia, simplemente nada (pero espere, dice, ¡había una «posibilidad»!)– y entonces de repente espontáneamente el vacío de la nada dio lugar a, no, más bien, «decayó» en toda la materia y la energía que

---

[12] «Where the Wild Things Are», *Newskeek* (Junio 13, 1988),60.
[13] Ibid., 65.
[14] Ibid., 60, énfasis añadido.

ahora tiene el universo. Él sostiene que el universo, «no tanto con un estallido sino con un resoplido, ... se infló accidentalmente de la vaciedad infinita de la eternidad, de una quietud tan profunda que no había "ahí" o "entonces", solo posibilidad».[15] Guth, por supuesto, está eludiendo la cuestión aquí; ni siquiera podría haber posibilidad, un concepto matemático, si no hubiera nada. Más técnicamente, ha propuesto (con refinamientos de otros) que un punto caliente infinitamente denso (nótese el uso de un término tradicionalmente reservado como una descripción del Dios personal infinito) llamado «singularidad» (no explica por qué o cómo esta singularidad infinita llegó «ahí»; aparentemente «decayó» espontáneamente de la nada) explotó espontáneamente, que en una diez millonésima parte de una cuatrillonésima parte de una sextallonésima (un 1 precedido por 42 ceros después del punto) de un segundo después el universo era del tamaño de un grano de polvo, que una ciento milésima parte de una cuatrillonésima de cuatrillonésima (un 1 precedido 34 ceros después del punto) de un segundo más tarde había duplicado su tamaño, que –bueno, el lector entiende el punto– se ha estado expandiendo y formando quarks y leptones (los bloques constitutivos de la materia), luego (posiblemente) «cuerdas» cósmicas (las semillas de las galaxias), luego los protones y neutrones (los bloques constitutivos del núcleo atómico), luego los átomos y galaxias (en ese orden) desde entonces. Todo esto supuestamente comenzó aproximadamente hace quince billones de años, con nuestro propio sol y sistema solar emergiendo de todo esto aproximadamente hace cinco billones de años.

Edward P. Tryon, profesor de física en el City University of New York, propone que el universo se creó a sí mismo «espontáneamente de la nada (*ex nihilo*) como resultado de los principios establecidos de la física».[16] Alex Vilenkin, un cosmólogo de la Tufts University, explica todo esto de esta manera: «El universo como una burbuja joven había salido de un túnel como un topo metafísico de algún otro lugar para llegar al espacio y al tiempo. Ese otro lugar era la nada».[17] Edward Kolb del Fermi National Accelerator Laboratory cerca de Chicago, explica esto al informarnos que «¡incluso cuando tienes nada, algo está pasando!».[18] Estas explicaciones descriptivas del origen del universo, pienso que uno debe estar de acuerdo, suenan como algo escrito, si no por estudiantes de primer año que reprobaron su curso introductorio de lógica, en el mejor de los casos por poetas románticos, en vez de deliberaciones escritas por científicos serios.

Carl Sagan, profesor David Duncan de ciencias astronómicas y del espacio y director del Laboratory for Planetary Studies en la Cornell University, utiliza palabras distintas, pero su punto de vista no es más científicamente demostrable o lógicamente respetable. «El cosmos», dogmatiza «como un profeta» en sus *best seller*, *Cosmos*, «es todo lo que es o fue o será» (una afirmación que va más allá de la declaración científica y que entra profundamente en la metafísica, la filosofía especulativa, la religión e incluso la escatología). Aparentemente, él cree que el material del cosmos, si no ha existido por siempre en alguna forma (un credo, dicho sea de paso, que no carece de sus propias dificultades y ambigüedades filosóficas), «creó» y sigue «creándose» a sí mismo.

Además, él explica lo que llama la «belleza y la diversidad del mundo biológico», la «música de la vida», por el concepto de evolución llevado a cabo a través de las mutaciones ocasionalmente benéficas de la «selección natural».[19] Para Sagan, esta concepción, frente a

---

[15] Dennis Overbye, «The Universe according to Guth», *Discover* (Junio 1983), 93, énfasis añadido.
[16] Edward Tryon, «What Made the World? » *New Scientist* 101 (Marzo 10, 1984), 14.
[17] Overbye, «Universe According to Guth», 99.
[18] «Wild Things», 62
[19] El biólogo de Oxford, Richard Dawkins, afirma que la teoría de la selección natural de Darwin «hace posible ser un ateo intelectualmente realizado». Y la Asociación Nacional de Maestros de Biología ha declarado explícitamente que toda la vida es el resultado de «un proceso no supervisado, impersonal, impredecible y natural». Pero los hallazgos de la biología molecular contradicen esta presunción. Michael J. Behe, *Darwin's Black Box: The Biochemical Challenge to Evolution* (Nueva York: Free Press, 1996), un biólogo molecular católico-romano, sostiene que los sistemas moleculares de las células son irreduciblemente complejos: «máquinas» químicas

la así llamada hipótesis personal de Dios, es «igualmente atractiva, humana y mucho más convincente»..[20]

Pero ¿cómo uno puede hablar significativa o inteligentemente de una materia impersonal «seleccionando» algo? La «selección» sugiere la elección inteligente de un fin o curso de acción en vez de un fin o curso de acción menos inteligente. Pero ¿qué produce las así llamadas mutaciones benéficas de la «selección natural» de Sagan? ¿Sagan cree que la inteligencia dirige los poderes de la naturaleza? No, no lo cree. Así que pregunto de nuevo, ¿qué son entonces los «poderes causales» dentro del proceso evolutivo? ¡Accidente, aleatoriedad, destino, casualidad! Todas estas palabras son sinónimos para «casualidad». ¿Y qué es la casualidad? Casualidad es una palabra que usamos para describir posibilidades matemáticas, pero *la casualidad no puede ser una causa de algo porque la casualidad no es una cosa* –no es un ser, no es energía, no es masa, no es poder, no es inteligencia, no es una entidad. Solo es un concepto matemático. Una vez que vemos esto, es claro que Sagan nos pide una vez más creer en que la «nada» seleccionó algo –incluyéndonos a usted y a mí– para ser, que hemos surgido de la no inteligencia, ¡que hemos surgido de un ser impersonal!, Pero ¿cómo podemos, sobre estas bases, seguir pensando en nosotros mismos como personas significantes? ¿Por qué no es, por estos motivos, apropiado considerarnos a nosotros mismos como meros «accidentes de la naturaleza» (como lo hizo Sir James Jeans en su *The Mysterious Universe*) o como «el resultado grotesco de una falta de la naturaleza en tomar medidas antisépticas» (como lo hizo Sir Arthur Eddington en su *New Pathways in Science*)? Y ¿por qué no es apropiado considerar al elefante como una etapa más avanzada del proceso evolutivo, ya que tiene una piel más gruesa que el hombre? ¿O al perro, ya que tiene un sentido del olfato más agudo? ¿O al caballo, ya que puede correr grandes distancias? ¿Y por qué no es también apropiado concluir, ya que el hombre busca depredar, domesticar, aprisionar y utilizar para su propio uso a todas las demás criaturas de la tierra, que él, entre todas las especies vivientes, es el mayor depredador de todas y, por lo tanto, la etapa más baja de desarrollo evolutivo hasta la fecha?

Estos puntos de vista de los nuevos cosmólogos no son «igualmente atractivos, igualmente humanos y mucho más convincentes» que el «punto de vista de un Dios personal». Preferir la noción de que la «nada» es la realidad última para el concepto de las palabras de apertura del Génesis, «en el principio creó Dios», representa el nadir del pensamiento teórico. Estos puntos de vista saltan por encima de la razón al mar del absurdo. Y ¿por qué? Porque volverse realmente consciente de Dios es volverse realmente consciente del pacto, y volverse realmente consciente del pacto es volverse consciente del pecado. Y quieren evitar esta situación a cualquier costo, incluso para su propio daño. Porque en la negación de Dios, también destruyen su propio significado como seres humanos.

---

compuestas de partes interdependientes, lo que significa que no pueden haberse originado mediante un proceso gradual paso a paso. Todos tenían que estar allí en la celda desde el principio, haciendo lo suyo, o la vida nunca habría existido. En resumen, nuestros asombrosamente complejos sistemas celulares deben haberse originado todos a la vez para que funcionen, lo que sugiere que una Inteligencia es el originador de la célula. La literatura científica profesional hasta la fecha guarda total silencio sobre este tema, obstaculizada por la complejidad y elegancia de la célula, ¡la base de toda vida!

Phillip E. Johnson, autor de *Darwin on Trial* (Downers Grove, Ill .: InterVarsity Press, 1991), en «Shouting 'Heresy' in the Temple of Darwin», *Christianity Today* (24 de octubre de 1994):26 énfasis añadido, señala el talón de Aquiles de toda la empresa evolutiva cuando escribe:

Michael Ruse, un destacado defensor académico del darwinismo, dio una charla sobre mí en la reunión anual de 1993 de la American Associations for the Advancement of Science. Se suponía que la charla era un ataque, pero Ruse admitió el punto principal en disputa entre nosotros. El darwinismo se basa en una imagen naturalista de la realidad, admitió. Esa concesión será fatal si los científicos evolucionistas acceden a hacerla, porque la versión darwiniana de la evolución hasta ahora se ha presentado al público como un hecho libre de valores. Los biólogos tienen autoridad para decirnos hechos que conocen por el estudio de la biología, pero no tienen autoridad intelectual o moral para ordenarnos que adoptemos una filosofía particular que ellos prefieran. *Una vez que se admite la influencia crucial de la filosofía, se debe permitir que los no biólogos e incluso la gente común decidan si creen lo que dicen los biólogos.*

Los científicos darwinianos no han observado nada parecido a [la selección natural creando nuevos órganos o ... un proceso paso a paso de cambio fundamental registrado consistentemente en el registro fósil]. Lo que han hecho es *asumir como cuestión de primer principio* que los procesos materiales sin propósito pueden hacer todo el trabajo de la creación biológica porque, *según su filosofía*, nada más estaba disponible. Han definido su tarea como encontrar la descripción más plausible o menos inverosímil de cómo podría ocurrir la creación biológica en ausencia de un creador. Las respuestas específicas que obtienen pueden o no ser reconciliables con el teísmo, pero la forma de pensar es profundamente atea.

[20] Carl Sagan, *Cosmos* (New York: Random House, 1980), 15-19.

Lo irónico es que el punto de vista de los orígenes de los creacionistas no puede ser enseñado en los sistemas de escuela pública de nuestro país y no se tolera en los departamentos de física, geología y biología de nuestras universidades estatales porque es juzgado como un concepto puramente religioso, a pesar de que se ajusta mejor al principio fundamental *ex nihilo nihil fit* de la ciencia y responde a las cuestiones filosóficas últimas del ser: ¿Por qué existe algo en vez de nada? Y, ¿por qué existe el cosmos (orden) en vez de caos (desorden)? R.C. Sproul observa a este respecto:

> La razón demanda que... si algo existe ahora, entonces algo siempre ha existido. Postular que algo viene de la nada es substituir la mitología por la ciencia.
>
> El cristianismo clásico afirma la doctrina de la creación ex nihilo. Eso significa creación de la nada. Sin embargo, esto no significa que una vez no había nada y ahora hay algo. La creación ex nihilo significa que el Dios eterno y auto existente (quien es algo) trajo al universo a la existencia por el poder de creación..[21]

¡Estos nuevos cosmólogos están defendiendo un misticismo absoluto y una pura locura intelectual! El significado teológico del creacionismo bíblico no es solo que aborda y satisface nuestra necesidad intelectual de una explicación racional del universo y de nosotros mismos, sino que también define lo que somos como hombres y mujeres, y nos deja con un gran valor y dignidad. También proporciona el contexto teísta necesario para los absolutos morales. Sin la doctrina de la creación quedamos sin respuestas en estas áreas.

Dos hombres llamados Francis vieron muy claramente la futilidad de un mundo sin respuestas, y la vacuidad y falta de significado de un universo sin Dios en su fundamento, y quienes en consecuencia describieron la amenaza al significado personal humano intrínseco a los dos caminos básicos que el hombre moderno toma para evitar a Dios. El primero, un poeta inglés de la era Victoriana, es Francis Thompson (1859-1907), quien inmortalizó la futilidad de la vida sin Dios en su conmovedor poema, *The Hound of Heaven*. Empieza catalogando poéticamente su propia huida de Dios y su búsqueda por un refugio alternativo en el amor humano, en una vida descuidada de ocio indolente, incluso en la inocencia de las sonrisas de los niños, y después comienza a elaborar lo que descubrió con base en su intento de encontrar una realización duradera en el estudio y el dominio de los misterios del universo material. Concluye:

> Pero no fue por esa razón encontré alivio para mi inteligencia humana.
> En vano mis lágrimas mojaron la mejilla gris del cielo.
> ¡Ah! no sabemos lo que dicen los demás,
> Estas cosas y yo; y digo:
> Su sonido no es más que su agitación, hablan por silencios.
> La naturaleza, pobre madrastra, no puede apagar mi sequedad;
> Déjala, si ella me debe,
> Suelta el velo azul del cielo y enséñame
> Los pechos de su ternura:
> Ninguna leche suya bendijo jamás
> Mi boca sedienta.

Francis Thompson aprendió que vivir la vida y tratar de entenderse a uno mismo y al universo material sin el Dios que hizo todas las cosas es vivir en futilidad.

El segundo es Francis A. Schaeffer de reciente y venerado recuerdo. Ningún hombre en nuestro tiempo ha probado ser más perceptivo o expresarse a sí mismo más profundamente sobre estas materias. Todo el ministerio de su *L'Abri Fellowship* se comprometió a exponer el vacío de la moderna y declarada atea cosmovisión y visión de la vida del hombre. Las

---

[21] R. C. Sproul, «Cosmos or Chaos», *Table Talk* (Agosto 25, 1988), 7.

siguientes palabras dictó a su esposa, Edith, desde su cama de hospital pocos días antes de su muerte el 15 de mayo de 1984. Ella nos dice que se convertirían en su «última página escrita, terminando los libros que había escrito, exponiendo una vez más el fundamento básico que sintió tan importante como una base para la vida, una cosmovisión».[22] Sería bueno escuchar sus últimas palabras dictadas.

Desde hace mucho tiempo, se ha sostenido y aceptado universalmente, que la realidad última es energía que ha existido por siempre en alguna forma, y una energía que tiene su forma por pura casualidad. En otras palabras, la inteligencia no ha tenido un lugar básico en la estructura del universo desde la Ilustración en adelante. Por lo tanto, debemos aceptar totalmente la estructura básica del universo como impersonal.

Por lo tanto, esto significa que ni la religión o la inteligencia están en el universo. El tema de la personalidad no entra en lo que es el universo, ni en quienes son las personas en esta teoría. Bajo esta teoría, no hay lugar para la moral, ni para que haya algún significado para el universo. Y el problema es que [esta descripción de las cosas] simplemente no es lo que observamos sobre el universo, ni especialmente sobre el hombre mismo. A pesar de esto, el hombre moderno sigue insistiendo, diciendo que esto es lo que es el universo, y especialmente lo que es el individuo. En otras palabras, se nos ha dicho que en la fe debemos insistir ciegamente en lo que es el universo y el hombre. En otras palabras, el hombre simplemente es una cosa matemática –o fórmula– aunque le produzca dolor.

Esto es simplemente misticismo en su peor forma, y la negación final de la racionalidad. Con entendimiento, uno ve el orgulloso egoísmo de sostener este concepto filosófico básico frente a lo que llega al hombre de todos lados.

¿Qué haríamos con cualquier otra teoría que postulara dicho teorema? Ciertamente quedaría descartada. ¿Por qué continuamos sosteniendo este teorema en cuanto a qué es la realidad, cuando en cualquier otra área simplemente lo descartaríamos?

La respuesta es clara, es simplemente una aceptación mística. En otras palabras, el hombre es tan orgulloso que sigue aceptando ciegamente lo que no es solo intelectualmente inviable, sino aquello con lo que nadie puede vivir en el gobierno o la vida personal, y con lo que la vida cívica no puede vivir.

Regresar y aceptar lo que es completamente opuesto –que la realidad última es un Dios personal infinito que creó el mundo– es racional, y nos regresa a respuestas inteligentes, y espontáneamente abre la puerta. No solo da respuestas, sino que nos pone una vez más en un cosmos en que la gente puede vivir, respirar y regocijarse.

Si solo el hombre moderno fuera honesto, diría que es su teoría la que está en colapso.[23]

Schaeffer está en lo correcto. La Biblia y la correcta razón condenan rotundamente como una perversidad moral deliberada tanto el ateísmo práctico del hedonismo moderno como las afirmaciones ateístas de los cosmólogos modernos, insistiendo la Biblia en lo contrario, en que el único Dios viviente y verdadero ha existido eternamente, y en que el universo comenzó como resultado de su actividad creativa.

Solo la respuesta bíblica a la cuestión del origen humano tiene sentido, y solo el contexto teísta detrás de ella (1) define a los hombres y mujeres de tal manera en que poseen un valor y dignidad genuinos, (2) proporciona a las ciencias humanas una base inteligente para la predicación y la moralidad humana con la base necesaria para las decisiones morales justas, y (3) salva a los hombres y mujeres de quedar atrapados en el surco del «caos y la noche eterna» (Milton), un cifrado sin sentido ahogado en un mar sin significado de cifrados.

Génesis 1 y 2 son la base de esta enseñanza. La iglesia ha entendido tradicionalmente el Génesis como la enseñanza de una creación divina *ex nihilo*, y más particularmente, la creación del hombre a su propia imagen por un acto directo de Dios. En esta doctrina está el

---

[22] Edith Schaeffer, *Forever Music* (Nashville, Tenn.: Thomas Nelson, 1986), 62.
[23] Ibid., 61-62.

fundamento para el significado personal y la justificación del conocimiento y una ética con la que los hombres pueden vivir. La iglesia no puede permitirse abandonar esta enseñanza absolutamente fundamental de la Escritura, porque este es de hecho el único Pou Sto, para el significado personal del hombre, para sus afirmaciones de conocimiento y para una ética universal justa. La iglesia lo haría solo a un gran costo para sí misma y para el pueblo que busca ganar para la fe y para un hogar en el cielo, porque solo como seres humanos, sus criaturas tienen significado personal, y solo como criaturas de Dios son capaces de justificar sus afirmaciones de verdad y son capaces de verse a sí mismos como seres morales *responsables* que toman decisiones morales significantes.

Segunda Parte
Dios y el Hombre

6 | INTRODUCCIÓN A LA DOCTRINA DE DIOS

La adquisición de una teología sistemática de la doctrina de Dios que pase el examen de las Escrituras es seguramente una de las empresas intelectuales más exigentes que el hombre jamás emprenderá. Las «vastas profundidades» del sujeto último de la teología, quien es «infinito, eterno e inmutable, en Su ser, sabiduría, poder, santidad, justicia, bondad y verdad» (Catecismo Menor de Westminster, Pregunta 4), a menudo extienden el entendimiento de la criatura más allá de sus poderes de comprensión y lo humillan como nada más puede o quiere. A menudo se encontrará exclamando con Pablo:

¡Oh profundidad de las riquezas de la sabiduría y de la ciencia de Dios! ¡Cuán insondables son sus juicios, e inescrutables sus caminos! Porque ¿quién entendió la mente del Señor? ¿O quién fue su consejero? (Ro. 11:33–34).

En Éxodo 3, la reacción inmediata de Moisés ante la zarza ardiente fue decir: «Iré yo ahora y veré esta grande visión», y luego se acercó. Pero Dios inmediatamente se opuso a su resolución: «No te acerques; quita tu calzado de tus pies, porque el lugar en que tú estás, tierra santa es» (Ex 3:5). Debemos aprender del anuncio divino, como escribe Donald Macleod, que

Dios no es simplemente un gran espectáculo, objeto de curiosidad especulativa. La revelación de Su gloria y todo el proceso teológico que legítimamente se deriva de ella es tierra santa. No podemos presentarnos como superiores a Dios o a su Palabra. No podemos analizar y cotejar fría y desapegadamente las grandes obras y declaraciones auto reveladoras de Jehová. No podemos teologizar sin emoción y compromiso. La doctrina debe emocionar y regocijar. Debe humillar y derribar... La teología ha perdido su rumbo y, de hecho, su alma misma, si no puede decir con Juan: «Caí a sus pies como muerto» (Ap. 1:17).[1]

EL ÚNICO DIOS VERDADERO

Respondiendo a su quinta pregunta, «¿Hay más dioses que uno?» el Catecismo Menor de Westminster declara: «Hay uno solo, el Dios vivo y verdadero». El Catecismo deriva su descripción de Dios aquí de Jeremías 10:10: «Mas Jehová es el Dios verdadero; él es Dios vivo y Rey eterno». Su afirmación monoteísta es apoyada expresamente y asumida en todas partes tanto por el Antiguo como por el Nuevo Testamento:

Deuteronomio 6:4: «Oye, Israel: Jehová nuestro Dios, Jehová uno es [יהוה אֶחָד, yhwh ʾeḥād]».

Isaías 45:5: «Yo soy Jehová, y ninguno más hay [אֵין עוֹד, ʾēyn ʿôd]; no hay Dios fuera de mí».

Zacarías 14:9b: «En aquel día Jehová será uno [יִהְיֶה יהוה אֶחָד, yihyeh yhwh ʾeḥād], y uno su nombre».

Marcos 12:29: «Oye, Israel; el Señor nuestro Dios, el Señor uno es [κύριος εἷς ἐστιν, kyrios heis estin]».

Romanos 3:30: «Porque Dios es uno [εἷς ὁ θεός, heis ho theos], y él justificará por la fe a los de la circuncisión, y por medio de la fe a los de la incircuncisión».

1 Corintios 8:4: «sabemos que un ídolo nada es en el mundo, y que no hay más que un Dios [οὐδεὶς θεὸς εἰ μὴ εἷς, oudeis theos ei mē heis]».

1 Timoteo 2:5: «Porque hay un solo Dios [εἷς γὰρ θεός, heis gar theos], y un solo mediador entre

---

[1] Donald Macleod, *Behold Your God* (Ross-shire, Scotland: Christian Focus Publications, 1990), 39.

Dios y los hombres, Jesucristo hombre».

Santiago 2:19: «Tú crees que Dios es uno [εἷς ἐστιν ὁ θεός, heis estin ho theos]; bien haces. También los demonios creen, y tiemblan».

Las Sagradas Escrituras enseñan que el único Dios vivo y verdadero creó el universo (Gn. 1–2; Heb. 1:2; 11:3) no por una necesidad ontológica de complementarse a sí mismo (Is 40:12–31; Hch. 17:25), porque ontológicamente era exactamente el mismo después de su actividad creadora que antes (Sal. 90:2), sino únicamente porque quiso hacerlo (Ap. 4:11) y con el propósito de glorificarse a sí mismo (Is. 43:6–7). No necesita nada fuera de sí mismo para ser plenamente Dios. En suma, el Dios de la Escritura es autónomo y autosuficiente, de ninguna manera ontológicamente correlativo a su creación.

Después de crear el universo, a diferencia del dios del deísmo, el Dios infinito y personal de la Escritura continúa preservando y gobernando a todas sus criaturas y todas sus acciones (Sal. 103:19; 104:24; 145:17; Mt. 10:29–30; Heb. 1:3). Todo lo que hace y todo lo que sucede en el cielo y en la tierra está determinado por su decreto eterno (Sal. 115:3; Dn. 4:17, 25, 35; Hch. 2:23; 4:27–28; Ro. 9:11–23; Ef. 1:3–14; 1 P. 1:20).

En la siguiente discusión entiendo por "Dios" a este Dios Creador vivo y verdadero de la Sagrada Escritura. Es sólo la existencia de este Dios lo que confieso. Con referencia a la supuesta existencia de cualquier otro dios como el verdadero Dios, no soy simplemente agnóstico, soy un ateo convencido. Niego que existan otros dioses salvo como creaciones idólatras en la mente de hombres pecadores que «cambiaron la verdad de Dios por la mentira, honrando y dando culto a las criaturas antes que al Creador, el cual es bendito por los siglos. Amén» (Ro. 1:25).

POR QUÉ CREO EN EL DIOS DE LA BIBLIA

Una palabra está en orden acerca de por qué empiezo en el lugar donde lo hago y no con una discusión sobre el valor de las «pruebas» tradicionales o argumentos para la existencia de Dios (a diferencia de muchas otras teologías sistemáticas reformadas, incluyendo los *Institutes of Electic Theology* de Francis Turretin, la *Systematic Theology* de Charles Hodge, las *Lectures in Systematic Theology* de Robert Lewis Dabney y la *Systematic Theology* de Louis Berkhof). Comienzo donde empiezo porque no recomiendo estos argumentos, como he dicho en *The Justification of Knowledge*,[2] dado que son fundamentalmente erróneos, y porque los cristianos no deben usar argumentos erróneos ni instar a los incrédulos a depositar su confianza en ellos. Creo que Dios está «realmente ahí», por supuesto, porque se ha revelado a todos los hombres *en general* por la creación y la providencia, es decir, todos los hombres tienen ya una conciencia de Dios (*sensus deitatis*) en virtud de su imagen divina dentro de ellos y su revelación de sí mismo tanto en la naturaleza como en sus tratos providenciales con su mundo, proposicionalmente en las Escrituras del Antiguo y Nuevo Testamento,[3] personalmente en su Hijo, el Señor Jesucristo, y salvadoramente a través de la obra de su Palabra y Espíritu.[4] Y creo que Él está «realmente ahí» porque, sin Él como la realidad final del universo, no habría inteligibilidad en ninguna parte. Pero no confieso su existencia sobre la base de los argumentos teístas tradicionales, ya sean ontológicos o

---
[2] Robert L. Reymond, *The Justification of Knowledge* (Phillipsburg, N.J.: Presbyterian and Reformed, 1984).
[3] Ver la primera parte para conocer mis razones para creer que Dios nos ha hablado en las Escrituras del Antiguo y Nuevo Testamento.
[4] Si bien creo que Dios se me ha revelado de estas cuatro maneras, no creo que llegue a conocerlo de manera salvadora por medio de estos cuatro modos de revelación en el orden en que los acabo de presentar. Antes de mi conversión, mientras «conocía» a Dios y sus justas ordenanzas por revelación general (Hch. 17:23; Ro 1:20, 21, 32; 2:14-15), suprimí este conocimiento (Ro 1:18). Llegué a conocerlo primero y salvadoramente solo cuando el Espíritu Santo, obrando por y con su revelación proposicional, me regeneró y me reveló a Cristo. Solo entonces, y no antes, entendí correctamente la evidencia revelada por Él (que estuvo allí todo el tiempo) en la creación y la providencia. Estoy totalmente de acuerdo con el comentario de Calvino: «Al igual que los hombres viejos o con ojos llorosos y aquellos con visión débil, si les presentas un volumen muy hermoso, incluso si reconocen que es algún tipo de escritura, apenas pueden interpretar dos palabras, pero con la ayuda de anteojos comenzará a leer claramente, así la Escritura, reuniendo en nuestras mentes el conocimiento de Dios que de otro modo sería confuso, habiendo disipado nuestro embotamiento, nos muestra claramente al Dios verdadero» (*Institutes*, I.vi.1; ver también I.xiv.1).

empíricos.

EL ARGUMENTO ONTOLÓGICO

El argumento ontológico, expuesto por Anselmo (1033-1109) en forma de oración en su *Proslogion* (1078) sostiene que el concepto mismo de Dios en el entendimiento como «el ser del cual no puede pensarse mayor» (*aliquid quo nihil maius cogitari possit*) exige su existencia, porque tal concepto concibe el ser más perfecto que puede imaginarse como necesariamente existente. Pero, continúa,

> supóngase que existe sólo en el entendimiento: entonces puede concebirse que existe en la realidad, que es mayor.
>
> Por tanto, si sólo en el entendimiento existe aquello de lo cual nada mayor puede concebirse, el ser mismo de lo cual nada mayor puede concebirse es uno de lo que puede concebirse un mayor. Pero obviamente esto es imposible. Por lo tanto, no hay duda de que existe un ser del cual nada mayor puede concebirse, y existe tanto en el entendimiento como en la realidad.
>
> Y ciertamente existe tan verdaderamente que no se puede concebir que no exista. Porque es posible concebir un ser que no puede concebirse que no exista, y esto es mayor que uno que puede concebirse que no existe. Por lo tanto, si puede concebirse que no existe aquello de lo que no puede concebirse nada mayor, no es aquello de lo que no puede concebirse nada mayor. Pero esto es una contradicción irreconciliable. Hay, pues, tan verdaderamente un ser del cual nada mayor puede concebirse que exista, que ni siquiera puede concebirse que no exista, y siendo esto tú eres, oh Señor, nuestro Dios..[5]
>
> ... ¿Por qué entonces el necio ha dicho en su corazón que no hay Dios, siendo tan evidente para una mente racional que tú existes en el grado más alto de todos? ¿Por qué?, si no es porque él es torpe y necio.
>
> Como oración, este argumento presupone la existencia del Dios de Anselmo pero, como se ha señalado a menudo, este argumento como argumento puro, en el mejor de los casos, solo prueba que las personas son incapaces de mantener el concepto de un Dios perfecto en la mente que no incluye su existencia en la realidad. Pero su *concepto* de que Dios existe en realidad y la existencia real de tal Dios no son lo mismo. Lo primero no establece la realidad objetiva de su entidad correspondiente más que la escritura de ceros de un comerciante en su libro mayor aumenta su riqueza real (así lo dice Kant). Gaunilo, un monje francés de Marmoutier y contemporáneo de Anselmo, en su réplica, *On Behalf of the Fool*, dijo en efecto: «Tengo una idea de una isla que no puede concebirse más perfecta, una idea que por lo tanto incluye la existencia de la isla, pero mi idea de tal isla no significa que la isla realmente exista porque tal isla realmente no existe».
>
> No sin cierta justificación se ha descrito este argumento como el intento de definir la existencia de Dios. Es esencialmente una tautología que meramente define a Dios como un ser perfecto que existe necesariamente sin proporcionar ninguna razón más allá de la definición misma para pensar que tal ser existe realmente. Pero el pensamiento humano *per se* no impone ninguna necesidad a las cosas..[6]

J. Oliver Buswell Jr. intenta validar el argumento ontológico de forma inductiva (que declara haber encontrado en Descartes) aportando algunas razones más allá de la propia definición. Él escribe: «Por supuesto que no sostenemos que toda idea corresponde a un existente ontológico. Lo que sí sostenemos es que cada idea en la cultura humana tiene alguna causa»..[7] Ofrece una ilustración de lo que quiere decir:

> Si descubriéramos una isla tropical, aparentemente llana, y si encontráramos que la gente de esa isla tiene un idioma bastante distinto de cualquier otro conocido por nosotros, y si encontráramos que esta gente en esta isla tropical aparentemente llana tiene una palabra para una montaña

---

[5] Para algunas religiones orientales la adscripción a Dios de la existencia no sería una adscripción de grandeza o perfección sino de imperfección. Por ejemplo, en el budismo hinayana, el *nirvana*, el estado de perfección y la meta a ser alcanzada por todos los *arhats*, es el no ser, ya que ser es sufrir, mientras que en el budismo mahayana, el *nirvana* no es ni existente ni inexistente: es simplemente la aseidad o el vacío. Esto muestra que el argumento ontológico de Anselmo presupone el concepto occidental, es decir cristiano, de perfección.

[6] Ver Alister McGrath, *Christian Theology: An Introduction* (Oxford: Blackwell, 1994), 130–32, para una breve evaluación útil del argumento de Anselmo.

[7] J. Oliver Buswell Jr., *A Systematic Theology of the Christian Religion* (Grand Rapids, Mich.: Zondervan, 1962), 1:99.

cubierta de nieve, deberíamos encontrar necesario hacer preguntas sobre la fuente de su idea. Deberíamos concluir que o había una montaña cubierta de nieve en el interior de su isla, o que habían emigrado de alguna región que contenía montañas altas, o que algún viajero les había hablado de montañas cubiertas de nieve. A partir de los datos de una isla tropical plana, los nativos no pudieron construir la idea de una montaña cubierta de nieve.[8]

Su punto aquí es que nuestra idea de que existe un ser perfecto es el efecto de una causa. Esta causa (y aquí está la inducción) son los datos del universo de los cuales los hombres infieren su idea de que existe un ser perfecto que es la causa última del universo.

La ilustración de la isla de Buswell, sin embargo, ignora el hecho de que no todas las ideas que los hombres puedan tener pueden o deben ser atribuibles a un dato empírico. Los hombres tienen una imaginación muy activa (recordar nuestras novelas modernas de «ciencia ficción» y películas de terror), incluso delirios, y cada cultura ha desarrollado su propia mitología. Cualquiera de estas causas no empíricas podría ser la fuente original de la palabra montaña cubierta de nieve para estos habitantes de las llanuras. De manera similar, una imaginación activa o una mitología cultural podrían dar cuenta de la idea de un ser perfecto que existe. El intento de Buswell de validar el argumento ontológico no me convence.

Los apologistas de Ligonier presentan un argumento ontológico en su *Classical Apologetics* que vale la pena mencionar. Afirman, siguiendo a Jonathan Edwards:

> Tenemos una idea del ser y no podemos tener ni siquiera una idea del no ser. «Que no haya nada en absoluto es absolutamente imposible…»
>
> Por lo tanto, no podemos pensar en el ser que no sea nunca ni en ninguna parte... En consecuencia, este ser eterno, infinito, necesariamente debe existir porque no podemos pensar que no exista, y la única prueba definitiva de la existencia de algo es que no podemos pensar que no exista nunca.[9]

Este ser necesario, concluyen, es Dios. Lo primero y más simple que decir con respecto a su argumento es que yo y, sospecho, muchos otros también podemos hacer precisamente lo que insisten en que es imposible, a saber, «tener una idea de [en el sentido de "imaginar"] el no ser». Aparentemente ellos mismos también tienen alguna idea de lo que es el no ser, de lo contrario, la palabra tal como la usan es un término sin sentido. John Frame plantea otra objeción:

> Por más infinito que sea el ser, nuestra idea de ser se extiende también al ser finito. Por lo tanto, si el «ser» es divino, entonces los seres finitos son parte de ese ser divino. En otras palabras, sin algunas modificaciones, el argumento prueba el panteísmo. Y el argumento no establece ninguna distinción entre el tipo de «infinidad», «eternidad», «omnipresencia», etc. atribuibles a un dios panteísta, y los atributos muy diferentes (pero que suenan similares) revelados con respecto al Dios de las Escrituras.[10]

LOS ARGUMENTOS EMPÍRICOS

Tampoco confieso la existencia de Dios sobre la base de los argumentos empíricos o inductivos de la teología natural metodológica. Siguiendo el ejemplo de Aristóteles, Tomás de Aquino expuso sus famosas «cinco vías» en su *Summa theologica*, 1, 2, 3, y *Summa contra Gentiles*, I, xiii. Por ellas intentó demostrar la existencia de Dios únicamente a partir de los datos de los sentidos, sin ningún equipo *a priori*. Por las siguientes razones sus argumentos son inválidos:

1. Uno simplemente no puede comenzar con la existencia de datos sensoriales y proceder por las leyes formales de la lógica a la existencia de una conclusión no sensorial.

---
[8] Ibid., I:99-100.
[9] R. C. Sproul, John Gerstner, Arthur Lindsley, *Classical Apologetics* (Grand Rapids, Mich.: Zondervan, 1984), 106.
[10] John M. Frame, «Van Til and the Ligonier Apologetic», *Westminster Theological Journal* 47 (1985): 296.

2. Tomás de Aquino creía que la mente, antes de las impresiones de los sentidos, es una *tabula rasa*, una pizarra en blanco. Pero una epistemología de *tabula rasa* está cargada de obstáculos insuperables para la acumulación de conocimiento, porque si todo lo que la mente tiene para trabajar son percepciones sensoriales como informes de lo que está sucediendo en el mundo externo, el conocimiento nunca podrá elevarse a lo universal y lo necesario ya que del flujo solo puede provenir flujo. En otras palabras, la negación de Tomás de Aquino de las ideas innatas de Dios o de cualquier otra cosa hace imposible la acumulación de conocimiento.

3. Para llegar a un primer motor inmóvil, Tomás de Aquino argumenta que la serie de cosas movidas por otras cosas en movimiento no puede retroceder hasta el infinito, ya que tal regreso descartaría un primer motor. Por supuesto, una serie infinita de causas móviles es inconsistente con un primer motor inmóvil, pero si el argumento está diseñado para demostrar la existencia de este último, la existencia de este último no puede usarse de antemano como una de las premisas del argumento. Esta es una flagrante «afirmación de la consecuencia».

4. Los argumentos de Tomás de Aquino requieren que el universo como un todo sea un efecto. Pero nadie ha visto nunca el universo como un todo, y ninguna observación de las partes observadas del universo da esta suposición necesaria. No existe ninguna razón demostrable por la que el universo como un todo no pueda estar compuesto de contingencias interdependientes que, al operar juntas, se sustenten y apoyen mutuamente.[11]

5. Debido a que Tomás de Aquino estaba convencido de que nada se puede predicar de la creación en el mismo sentido que se predica de Dios, cuando argumenta desde la «*existencia*» del mundo a la «existencia» de Dios, usa la palabra existencia en dos diferentes sentidos y, por lo tanto, comete la falacia lógica del equívoco.

6. Concediendo, en aras del argumento, la validez de la relación de causa y efecto, si es válido concluir de los efectos observados la existencia de su(s) causa(s), no es válido atribuir a su(s) causa(s) ninguna propiedad más allá de las necesarias para producirlos. Todo lo que exigiría la existencia de un mundo finito es la existencia de una causa finita suficientemente poderosa para causarlo, muy lejos del Creador omnipotente de la Biblia. Además, dado que mucho de lo que uno observa involucra lo que los cristianos llaman mal moral, una aplicación estricta de la relación de causa y efecto requeriría la conclusión de que la causa última de estos efectos no es completamente moralmente buena.

7. Concediendo, de nuevo por el bien del argumento, que Tomás de Aquino demostró a partir del movimiento la existencia de un motor inmóvil, sin embargo, cuando agrega: «Y todos entienden que esto es Dios», podemos objetar. El argumento tomado al pie de la letra probaría la mera existencia de una causa inmóvil del movimiento físico. Pero tal motor no tiene cualidades de personalidad trascendente. Es muy significativo que los términos que emplea Tomás de Aquino para designar al Dios al que cree llegar por este método son todos neutros: *ens perfectissimum, primum movens*, etc. En otras palabras, si sus argumentos fueran válidos, ya que no hay nada trascendente o sobrenatural sobre la primera causa de Tomás de Aquino, serían destructivos del cristianismo con su Dios infinito y personal.[12]

Todos los argumentos empíricos de la teología natural a favor de la existencia de Dios (interpretados metodológicamente)[13] pueden reducirse al argumento cosmológico o

---

[11] Ver Buswell, *Systematic Theology*, 1:80.

[12] Ver el rechazo de la teología natural en favor de una «alternativa revelatoria» sobre bases similares de Carl F. H. Henry en su *God Who Speaks and Shows*, vol. 2 de *God, Revelation and Authority* (Waco, Tex.: Word, 1976), 104–23. Ver también la oposición de los argumentos teístas de Karl Barth en *Church Dogmatics*, ed. Y trad. G. W. Bromiley (Edinburgh: T. & T. Clark, 1957), 2:1, 79ss.

[13] Hay un sentido legítimo en el que la conciencia de Dios que todos los hombres tienen en virtud de haber sido creados a su imagen y en virtud de su ineludible revelación de sí mismo a ellos en la naturaleza (Ro. 1:20) puede llamarse «teología natural». Con este uso del término no tengo ningún problema, de hecho, lo apoyo de todo corazón. Pero cuando me refiero a «teología natural metodológica» me refiero a ese método teológico por el cual un prolegómeno filosófico de «primer piso» es primero construido por la razón natural que trabaja independientemente con lo que se presenta como «datos neutrales» sobre los cuales se establece un «segundo piso» de creencias derivadas de una revelación especial que se coloca después. En este tipo de «teología natural», la revelación cristiana, que no pretende desplazar o funcionar como fundamento del

variaciones de este..[14] Este argumento asume al menos cinco cosas que no deben y no pueden asumirse, sino que deben demostrarse si ha de aceptarse el argumento:
1. la validez de la teoría epistemológica del empirismo;
2. un criterio empírico para descartar datos sensoriales no deseados;
3. el carácter de «efecto» del universo;
4. la validez de la relación de causa y efecto; y
5. la imposibilidad de una regresión causal infinita.

Para validar y demostrar estos asuntos (y hay muchos otros asuntos que tendrían que abordarse en el camino) requerirá que el cristiano se involucre en una argumentación interminable e intrincada que, si es incorrecta en cualquier punto de su cadena de razonamiento, anula toda su empresa intelectual. Lo explicaré.

En primer lugar, me parece que la validación de la teoría epistemológica del empirismo requeriría que se hiciera *empíricamente*. Los empiristas, como señalé en el último capítulo, creyendo que un mundo de «hechos brutos» reales están «realmente ahí» para ser estudiados, comprendidos y «racionalizados», instan a que el conocimiento se obtenga a través del método inductivo del científico —observar, formular hipótesis, experimentar e inferir conclusiones de esa experimentación. Están satisfechos de que tal procedimiento proporcione al hombre un programa para alcanzar el conocimiento. Pero aparte del hecho de la miríada de supuestos a priori (¿debo decir presuposiciones?) que están implícitos en el método inductivo, alguien que siguiera consistentemente el enfoque empírico del conocimiento debe renunciar a muchas afirmaciones de conocimiento que de otro modo haría sin dudarlo o encontrar alguna manera de superar las objeciones, planteadas por John Frame y muchos otros, que

> el empirismo no puede justificar una proposición general, como «todos los hombres son mortales»,… no puede justificar ninguna declaración sobre el futuro,… no puede justificar ninguna declaración sobre valores éticos [ya que uno nunca puede pasar del «es-ser» al «debe ser»— autor] Por lo tanto, el empirismo no puede justificar el empirismo. Porque el empirismo es una visión de cómo uno debe (un «debe» ético) justificar sus creencias, y sobre una base empirista, no podemos justificar a partir de la experiencia de los sentidos la proposición de que debemos justificar nuestras creencias de esa manera..[15]

Entonces, también, si el ser de Dios es resistente a los procedimientos empíricos de verificación, como Él, siendo espíritu, ciertamente lo es (no puede ser visto, tocado, probado, olido, oído, medido de ninguna manera), el evidencialista cristiano debe demostrar cómo su empirismo no descarta llegar a cualquier afirmación de un conocimiento del Dios cristiano desde el principio.

En segundo lugar, el evidencialista cristiano también debe enfrentarse al hecho, una vez que hace su apelación inicial a los datos de los sentidos en bruto como evidencia de la existencia de Dios, de que ningún dato de los sentidos puede ser excluido de la consideración a menos que pueda proporcionar un criterio empírico para filtrar los datos de los sentidos que no quiere considerar. Nunca he visto tal criterio ofrecido. Los datos de los sentidos *per se* incluyen una naturaleza que no solo está aparentemente en guerra con la humanidad en los esfuerzos de supervivencia de esta última, sino que también es «cruel y despiadada» en relación con ella misma. Los datos de los sentidos también incluyen los males de la historia. Hitler gaseó a varios millones de judíos y cristianos, Stalin asesinó a un mayor número de ucranianos. Mao asesinó a treinta o posiblemente cincuenta millones de chinos y

---
prolegómeno filosófico, presupone el prolegómeno filosófico y presumiblemente lo confirma y lo complementa. Argumento en contra de la «teología natural» en este último sentido en *The Justification of Knowledge*.
[14] Ver mi *The Justification of Knowledge*, 118–30.
[15] John M. Frame, *The Doctrine of the Knowledge of God* (Phillipsburg, N.J.: Presbyterian and Reformed, 1987), 117–18.

prácticamente aniquiló a los tibetanos. Y, por supuesto, están Gengis Kan, Iván el Terrible y Atila el huno, sin mencionar los desastres naturales recurrentes del mundo, como inundaciones y sequías, huracanes e incendios, y el nacimiento de bebés con deformidades y enfermedades congénitas. En otras palabras, los datos de los sentidos introducen el problema del mal en la discusión. Pero agregue estas experiencias sensoriales al «efecto» del movimiento de una canica de Tomás de Aquino (véase su «primera vía») y vea qué sucede con el argumento que intenta probar la existencia del único Dios verdadero sobre la base de datos empíricos únicamente.

El gran pastor y teólogo puritano, Jonathan Edwards, que es una especie de «santo patrón» de los apologistas de Ligonier en su esfuerzo por resucitar la apologética evidencialista en nuestro tiempo, vio claramente la futilidad de la razón humana, trabajando independientemente de la revelación especial, para tratar de probar solo por datos de los sentidos la existencia de Dios precisamente por este hecho de la presencia del mal en el universo:

> No puedo decir si algún hombre habría considerado las obras de la creación como efectos, si nunca se le hubiera dicho que tenían una causa... Pero, admitiendo que todo hombre puede demostrarse a sí mismo que el mundo y todas las cosas contenidas en él son efectos y tuvieron un comienzo, *lo que considero una suposición de lo más absurda*, y la considero casi.[16] imposible para que la razón sin ayuda llegue tan lejos; sin embargo, *si los efectos deben atribuirse a causas similares, y un efecto bueno y sabio debe suponer una causa buena y sabia, por la misma forma de razonamiento, todo el mal y la irregularidad del mundo deben atribuirse a una causa mala e imprudente*. De modo que, o la causa primera debe ser tanto buena como mala, sabia y necia, o bien debe haber dos causas primeras, una mala e irracional, así como un principio bueno y sabio. Así, el hombre, abandonado a sí mismo, sería apto para razonar de la siguiente manera: «Si la causa y los efectos son similares y conformes, la materia debe tener una causa material, no habiendo nada más imposible de concebir para nosotros que cómo la materia ha de ser producida por el espíritu, o cualquier otra cosa que no sea la materia». El mejor razonador del mundo, que se esfuerza por descubrir las causas de las cosas por las cosas mismas, podría ser conducido a los errores y contradicciones más groseros, y encontrarse, al final, en extrema necesidad de un instructor..[17]

Tercero, el carácter de «efecto» del universo debe demostrarse sin asumir primero que es un efecto, ya que esta característica del universo es una parte importante del tema en debate. Es decir, el evidencialista cristiano primero debe probar empíricamente, es decir, a partir de datos sensoriales en bruto, que el mundo como un todo tuvo un primer momento antes de que pueda comenzar a investigar sobre su causa. Pero, para ser completamente franco, ningún empirista ha visto jamás el mundo *como un todo* y la observación de sólo partes del mundo no puede dar este dato necesario ya que el mundo como un todo podría ser esencialmente diferente de la suma de sus partes constituyentes.

En cuarto lugar, me parece que el argumento cosmológico comete la falacia lógica de la *petitio principii* («plantear la pregunta») (1) al simplemente descartar desde el principio la regresión causal infinita como una imposibilidad, ya que esto no dejaría lugar para una primera causa, y luego (2) «afirmando la consecuencia», es decir, afirmando o postulando —no demostrando— la existencia de Dios como la primera causa para explicar toda causa menor. Comete otra falacia lógica cuando insiste en que la esencia de esta primera causa es totalmente diferente (infinita, sobrenatural, sin causa, no empírica) de la esencia de todas las segundas causas sobre las que se hace descansar su existencia (finita, natural, causada,

---

[16] Edwards podría haber ahorrado a su lector este «casi», ya que nadie ha observado «todas las cosas» que contiene el mundo para demostrar su carácter de «efecto».
[17] Jonathan Edwards, «Observations on the Scriptures;—their authority—and necessity», *Miscellaneous Observations* from *The Works of Jonathan Edwards* (Edinburgh: Banner of Truth, 1974), 2:476, énfasis agregado.

empírica) ya que es una violación de la lógica atribuir a una causa propiedades más allá de las necesarias para explicar los efectos.

Quinto, el argumento cosmológico, tal como se enmarca tradicionalmente, es en forma un argumento inductivo y como tal afirma ser un argumento de probabilidad.[18] (Por supuesto, aparte del teísmo cristiano el mundo es un mundo en el cual el azar es lo último, lo que hace que el concepto mismo de probabilidad carezca de sentido). En realidad, es solo un argumento de *posibilidad* que no llega a la prueba apodíctica o certeza y no hace justicia a los datos probatorios, que el cristiano sabe que son teístas, datos reveladores que apuntan incontrovertiblemente a Dios. Y un argumento que reduce los datos de las revelaciones a «datos brutos» que apuntan, en el mejor de los casos, a la posibilidad de la existencia de Dios es un argumento totalmente inadecuado, incluso apóstata, que los cristianos no deberían usar ni respaldar.

Al igual que con el argumento ontológico, los apologistas de Ligonier ofrecen su propia versión del argumento cosmológico que, afirman, supera este problema de posibilidad (o probabilidad). Comienzan afirmando que todo efecto, por definición, tiene una causa antecedente. El mundo no es una ilusión ni se crea a sí mismo. Si es autoexistente, es decir, no contingente, entonces en efecto es trascendente y hemos encontrado a «Dios». Sin embargo, si el mundo es contingente, ya que una regresión infinita de causas anteriores contingentes —según afirman— es inconcebible, debe ser el efecto de un ser autoexistente, es decir, no contingente, y una vez más hemos probado a Dios.[19]

Frame también tiene algo que decir sobre este argumento:

Lo que más me llama la atención es que… los autores fallan claramente en descartar la alternativa panteísta, a saber, que el universo es su propio dios. Casi todo lo que puedo encontrar en el libro respondiendo a esta objeción es una oración: «(Dios) es personal porque Él es la causa omnipresente de todas las cosas, incluido el propósito y lo personal» [123]. Pero de ninguna manera es obvio que un ser deba ser en sí mismo personal para ser la causa de la personalidad.[20]

Además, simplemente no es el caso de que una cadena infinita de causas previas contingentes sea inconcebible. No hay nada ilógico en tal concepción. Buswell, quien otorga gran valor a los argumentos teístas en su *Teología sistemática*, lo reconoce correctamente:

Debemos rechazar la idea de que es imposible concebir una regresión infinita de causas. Más bien se da el caso de que es difícil concebir lo contrario. Argumentar que, dado que todo evento tiene una causa, debe haber algún evento al principio que no tenga causa, es claramente una falacia.

… No hay fundamento para decir que no podría haber existido una cadena infinita de seres contingentes…

Que lo condicional exija lo que es absoluto e incondicionado es… una falacia… No hay ninguna razón lógica por la que el universo entero no pueda estar compuesto de contingencias interdependientes.[21]

Los eruditos de Ligonier insisten en que evitan un cristianismo que solo sea probablemente verdadero tanto como lo hacen los apologistas presuposicionales (el cristianismo debe ser ciertamente verdadero, de lo contrario, los hombres tienen una excusa para la incredulidad).

---

[18] Benjamin B. Warfield afirma el carácter de «probabilidad» de su método apologético en su artículo, «El verdadero problema de la inspiración», en *The Inspiration and Authority of the Bible* (Phillipsburg, N.J.: Presbyterian and Reformed, 1948), 218–19. Pero mientras que su método pretende proporcionar un argumento de probabilidad, en realidad no lo hace. Por «probabilidad» en este contexto normalmente se entiende el grado de verificabilidad que se puede atribuir a una hipótesis o creencia religiosa. Pero para cualquier creencia religiosa, independientemente del número de instancias de prueba favorables o de confirmación, hay un número indefinido, si no infinito, de posibles consecuencias de prueba, lo que simplemente significa que no es posible calcular matemáticamente la probabilidad de esa creencia. De hecho, si el número de posibles consecuencias de la prueba es infinito, la probabilidad de esa creencia nunca puede elevarse por encima de cero. No tiene sentido, por lo tanto, hablar de una creencia religiosa dada, sobre la base de pruebas empíricas, como «probable» o «altamente probable». De hecho, aparte del teísmo cristiano, este mundo es un mundo de azar en el que el concepto mismo de probabilidad no tiene sentido.

[19] Sproul, Gerstner, Lindsley, *Classical Apologetics*, pp. 111, 116–23.

[20] Frame, «Van Til and the Ligonier Apologetic», 296.

[21] Buswell, *Systematic Theology*, 1:79–80. John M. Frame, *Apologetics to the Glory of God* (Phillipsburg, N.J.: Presbyterian and Reformed, 1994), 112, argumenta que, si no hay una primera causa al comienzo de la cadena de causas, entonces no hay un «descanso cognitivo» para la razón humana. Si bien presenta su argumento aquí como un argumento epistemológico, Frame es demasiado inteligente para no reconocer que el suyo es más un argumento emotivo que probatorio.

Dios y el Hombre

Pero dado que no quieren ser «presuposicionales» y apelan a la revelación especial para esta certeza deseada, apelan, como fundamento de su teología natural, a ciertas «suposiciones universales y necesarias», a saber, la ley de no contradicción, la «ley de causalidad», y «la confiabilidad básica de la percepción de los sentidos», que, afirman, «nadie niega... regular y consistentemente»,[22] y que, aparentemente, para ellos, son más innegociables al comienzo de su búsqueda por Dios y la verdad de lo que es Dios mismo.[23] Estas suposiciones, dicen, junto con todas y cada una de sus implicaciones (una de las cuales, intentan mostrar, es la existencia del Dios cristiano), deben considerarse ciertas.

Pero cuando la certeza cristiana se basa en supuestos que se consideran «religiosa- mente neutrales» y no distintivamente cristianos y, en el caso de la percepción de los sentidos, pueden ser y a menudo son muy poco fiables, ¿cómo pueden tales supuestos implicar lógicamente y obligar a la cosmovisión cristiana? ¿Puede ser que en el camino esté ocurriendo alguna presuposición involuntaria de la cosmovisión cristiana? Si bien estos eruditos afirman que su argumento a favor de Dios aquí es, en cierto sentido, «trascendental», es decir, están postulando suposiciones que afirman que son necesarias para que la vida y el conocimiento sean posibles,[24] y cuya última implicación, dicen, es Dios, creo que sus conclusiones todavía están cargadas con el problema de la incertidumbre que los sistemas apologéticos empíricos nunca han podido superar debido a las limitaciones de la epistemología empírica y porque la percepción de los sentidos en particular no siempre es confiable, de hecho, a menudo no es confiable.

Sexto, todo el enfoque de la teología natural como método trata a las personas (algunas, al menos) como si fueran «neutrales» acerca del hecho de la existencia de Dios, «simplemente operando de acuerdo con la naturaleza humana»,[25] y como si estuvieran abiertos a encontrar —de hecho, necesitan (al menos algunos de ellos) encontrar— probada la existencia de Dios. Pero las Sagradas Escrituras enseñan lo contrario: que los seres humanos no necesitan que se les demuestre la existencia de su Creador, porque (1) *Él se les ha revelado* a través de la revelación natural (Sal. 19:1; Ro. 1:19-20) y (2) *entienden* (νούμενα, *nooumena*) esa revelación porque ellos la ven claramente (καθορᾶται, *kathoratai*) (Ro. 1:20–21, 32; 2:14–15). Sin embargo, ni le glorifican como a Dios ni le dan gracias, por lo que no tienen excusa delante de Él (Ro. 1:20).[26] Y lejos de ser neutrales, hacen todo lo que pueden en su

---

[22] R. C. Sproul, John Gerstner y Arthur Lindsley, *Classical Apologetics*, 72. Por supuesto, esta negación universal no es cierta. Muchos científicos y filósofos de la ciencia actuales niegan regularmente la ley de la causalidad (para obtener evidencia de esto, consulte la revisión de Gordon H. Clark, «Classical Apologetics», en *Against the World: The Trinity Review, 1978–88*, ed. John W. Robbins [Hobbs, N.M.: Trinity Foundation, 1996]: 190–91.

[23] Estos supuestos, como punto de partida, reflejan la convicción de los apologistas de Ligonier de que la apologética cristiana «debe comenzar con la persona que está haciendo el viaje intelectual» (*Classical Apologetics*, 212); «Desde tiempos inmemoriales todas las personas han asumido que deben comenzar su pensando consigo mismos porque no hay otro lugar donde *puedan* comenzar. Pensadores *cristianos y no cristianos por igual*, siendo humanos, no han encontrado un punto de partida sino en el sujeto humano» (ibid., énfasis añadido). Pero ¿no debemos hacer distinción aquí entre pensadores cristianos y no cristianos (ver Ex. 20:3; Pr. 1:7; 1 Co. 10:31)? Para estos apologistas, aparentemente no. Pero ¿refleja esto una doctrina de depravación digna de los calvinistas? Además, dado que cada dato del universo está relacionado de alguna manera con cualquier otro dato, ¿cómo pueden estar seguros, comenzando por ellos mismos en su finitud, de haber interpretado correctamente incluso el primer dato, a saber, ellos mismos?

Aparte del hecho de que su negación universal es evidentemente falsa, ya que ni Euclides ni Tomás de Aquino ni Spinoza comenzaron con ellos mismos, y los apologistas presuposicionales ciertamente no comienzan con ellos mismos, cuando los apologistas de Ligonier admiten en su intento de justificar su apelación a «la confiabilidad básica de la percepción de los sentidos», «¿Cómo podemos estar seguros de que nuestros sentidos son básicamente fiables y no totalmente distorsionadores? No podemos. Por eso nos queda la necesidad de sentido común de asumirlo» (87), están depositando su fe en un supuesto sin fundamento, y así revelan su propio «fideísmo».

Sus suposiciones, por supuesto, en realidad ni siquiera pueden existir o tener algún significado aparte de la cosmovisión cristiana. El comienzo de la acumulación de cierto conocimiento con supuestos «de este mundo» que se consideran «religiosamente neutrales» parece negar el origen teísta de estos supuestos y poner lo «criatura» por delante del Creador.

[24] En correspondencia privada fechada el 3 de abril de 1996, Frame describió el trascendentalismo de Ligonier como «en el mejor de los casos» *ad hominem*: «Esperan que el incrédulo conceda estas suposiciones. Quizás la mayoría de los incrédulos lo harán. Luego, los Ligonier se dedican a hacer suposiciones. Pero te encuentras con algunos escépticos que no aceptan ninguna suposición inicial».

[25] Así que los apologistas de Ligonier, *Classical Apologetics*, 233. Frame pregunta correctamente: «Ahora en serio ¿es esta una doctrina de depravación digna de los calvinistas?» («Van Til y la apologética de Ligonier», 292).

[26] Algunos teólogos han argumentado sobre la base del tiempo aoristo (punctiliar) del participio γνόντες (*gnontes*, «saber») en Romanos 1:21 que, si bien la raza entera puede haber conocido a Dios en algún momento en el pasado, ese conocimiento no ha continuado en el presente y, por lo tanto, el participio aoristo no describe a todos hoy. John Frame ha respondido a este argumento en su *Apologetics to the Glory of God*, 8, nota al pie 12:

El propósito de Pablo en este pasaje... es mostrar que todos han pecado... ¿Cómo pueden [los gentiles] ser considerados responsables sin acceso a la ley escrita? Por el conocimiento de Dios que han obtenido de la creación. Si ese conocimiento fuera relegado al pasado, tendríamos que concluir que los gentiles en el presente no son responsables de sus acciones, contrario a 3:9. La forma pasada se usa (participialmente) porque el tiempo pasado es dominante en el contexto. Eso es apropiado, porque Pablo tiene la intención de embarcarse en una «historia de suprimir la verdad» en los vv. 21-32. Pero... claramente está usando esta historia para describir la condición

Dios y el Hombre

pecaminosidad, porque es ahora su naturaleza para hacerlo, para suprimir ese conocimiento, atrayendo la ira de Dios sobre ellos como resultado (Ro. 1:18).

Todo esto significa que no existe tal cosa entre la humanidad como un verdadero ateo. Solo hay teístas, algunos de los cuales afirman ser ateos. Pero la Palabra de Dios declara que estos «ateos» no son ateos reales, solo intentan vivir como si no hubiera Dios. Pero ellos saben en sus corazones que Él está «allí» y que algún día los juzgará por su pecado. Como hemos dicho, son teístas que odian e intentan hacer todo lo posible para suprimir su teísmo innato. Sus «problemas intelectuales» con el cristianismo son en realidad solo máscaras o racionalizaciones para encubrir su odio a Dios y su amor y esclavitud al pecado. Estos «ateos practicantes» insisten en que la carga de la prueba recae en el teísta para demostrarles la existencia de Dios. Pero la carga de la prueba en realidad es de ellos para demostrar que el mundo físico es la única realidad y que no existe ningún ser espiritual sobrenatural en ninguna parte. Esto, por supuesto, no lo pueden hacer. Por lo tanto, su «ateísmo» es su «gran suposición» no probada —¡una suposición, por cierto, con la que no pueden vivir de manera consistente!

Séptimo, el Dios de las Escrituras llama a los seres humanos a comenzar o «presuponerlo» en todos sus pensamientos (Ex. 20:3;[27] Pr. 1:7). Pero comenzando como lo hace el evidencialista cristiano en su búsqueda del conocimiento, no con Dios como su estándar último y punto de referencia básico para toda predicación humana (para «evitar a toda costa el razonamiento circular»), sino sin criterio alguno o con el criterio «provisional» de los no cristianos y con «los hechos» vistos simplemente como «hechos brutos, no interpretados», él

> postula una excepción a 1 Corintios 10:31: que cuando apenas estás comenzando tu búsqueda de conocimiento, no necesitas pensar «para la gloria de Dios», usted puede pensar justificadamente en la gloria de algo/alguien más..[28]

Tal comienzo está fuera de discusión para el cristiano para quien «el temor del Señor es el principio del conocimiento». Benjamin B. Warfield es un ejemplo destacado de aquellos que comienzan su apologética del cristianismo en el lugar equivocado cuando, en su nota introductoria a *Apologetics* de Francis R. Beattie, escribe:

> *Antes de sacarlo de las Escrituras*, debemos asegurarnos de que hay un conocimiento de Dios en las Escrituras. Y, *antes de hacer eso*, debemos asegurarnos de que hay un conocimiento de Dios en el mundo. Y, *antes de hacer eso*, debemos asegurarnos de que un conocimiento de Dios es posible para el hombre. Y, *antes de hacer eso*, debemos asegurarnos de que hay un Dios que conocer..[29]

Aquí Warfield pide que la razón humana construya una teología natural muy completa. Sería muy interesante saber de él cómo pretendía probar, sin presuponer la veracidad de todo lo que las Escrituras afirman sobre tales materias, que existe el único Dios vivo y verdadero, que el hombre es innatamente capaz de conocerlo, que hay un conocimiento de Dios en el mundo, y que este Dios se ha dado a conocer a sí mismo únicamente proposicionalmente en el punto de las Escrituras Hebreas/Cristianas, y probar todo esto antes de sacar nada de eso de las Escrituras. Francamente, si los hombres pudieran asegurarse de todo esto por sí mismos, y asegurarse de todo esto antes de sacar nada de eso de las Escrituras, se puede preguntar legítimamente, ¿necesitarían alguna revelación de las Escrituras? ¿Y su «religión» no estaría basada en sus obras, un monumento a su propia inteligencia? Con una mayor

---

actual de los gentiles ante Dios. Por lo tanto, el aoristo *gnontes* no debe presionarse para indicar tiempo pasado exclusivamente. A medida que continúa la supresión, también lo hace el conocimiento que hace que la supresión sea culpable.

[27] El Catecismo Mayor de Westminster, Pregunta 106, nos informa que las palabras «delante de mí» en el primer mandamiento tienen la intención, entre otras cosas, de «persuadirnos a hacer como a sus ojos todo lo que hagamos en Su servicio». Esto incluye disculpas.

[28] Frame, «Van Til and the Ligonier Apologetic», 287.

[29] Benjamin B. Warfield, «Introductory Note» a Francis Beattie, *Apologetics* (Richmond, Va.: Presbyterian Committee of Publication, 1903), 24, énfasis añadido.

comprensión de la necesidad del hombre de razonar «presuposicionalmente», Jonathan Edwards escribió:

> El raciocinio *sin... la luz espiritual* nunca le dará a uno tal ventaja para ver las cosas en sus verdaderas relaciones y respectos a otras cosas, y a las cosas en general... Un hombre que se pone a razonar sin la luz divina es como un hombre que va en la oscuridad a un jardín lleno de las plantas más hermosas y ordenadas de la manera más ingeniosa, y compara las cosas yendo de una cosa a la otra para sentirlas todas, para percibir su belleza.[30]

Para los evidencialistas cristianos, tal razonamiento huele a circularidad, por supuesto, y el razonamiento circular es el gran «espanto» para ellos; uno que debe evitarse a toda costa. También es su principal crítica a lo que hoy se conoce como «apologética presuposicional». Los presuposicionalistas, declaran, «presuponen» en lugar de probar las conclusiones que sostienen e insisten en que el incrédulo también debería presuponerlas. Así, según los evidencialistas, la iglesia se queda sin defensa de sus creencias.

La preocupación evidencialista de no dejar indefensa a la iglesia es ciertamente legítima y encomiable. Pero los presuposicionalistas no creen que dejen a la iglesia en ese estado. Por el contrario, ellos creen (1) que es el evidencialista quien deja a la iglesia indefensa en el sentido de que la iglesia se deja sobre bases evidencialistas sin una autoridad absolutamente cierta,[31] y (2) que solo es la apologética presuposicional la que ofrece una defensa sólida de la fe cristiana que no comprometa al mismo tiempo la «Divinidad» de Dios y el carácter de autoautenticación de la Escritura. Conviene decir algo para explicar este enfoque apologético.

En el fondo, es realmente bastante simple. En la forma en que los presuposicionalistas emplean la palabra, «presuposición» puede usarse tanto objetiva como subjetivamente. Empleada objetivamente, se refiere al fundamento trascendental real del significado y la inteligibilidad universales, a saber, el Dios trino. Usado subjetivamente, se refiere al compromiso personal más básico del corazón de una persona, teniendo este compromiso (1) la mayor autoridad en el pensamiento de uno, siendo la creencia menos negociable en la red de creencias de uno, y (2) la mayor inmunidad a la revisión. Entonces, en asuntos de compromiso final, si uno es consistente, la conclusión prevista de la línea de argumentación de uno también será el *estándar* o presuposición que rige la forma de argumentación de esa conclusión. De lo contrario, la conclusión prevista no es el compromiso final de uno en absoluto. Es algo más. Para el presuposicionalista cristiano, «los dos conceptos coinciden, porque su compromiso básico es la lealtad a aquel que realmente es el fundamento de toda inteligibilidad universal».[32]

Creyendo que «el temor del Señor es el principio del conocimiento» (Pr. 1:7), que «todos los tesoros de la sabiduría y del conocimiento están escondidos en Cristo» (Col. 2:3), y, *por lo tanto*, que el Dios uno y trino (y/o el Cristo que da testimonio de sí mismo) es la base *trascendental* y necesaria de todo significado, inteligibilidad y predicación, el apologista presuposicional sostiene que la verdad de la Palabra de Dios que se autentica a sí misma debe presuponerse de principio a fin a lo largo del testimonio apologético de uno. En consecuencia, mientras que el presuposicionalista valora la lógica, entiende que aparte de Dios no hay razón para creer que las leyes de la lógica corresponden universalmente a la realidad objetiva. Si bien valora la ciencia, comprende que, aparte de Dios, no existe una base confiable para hacer ciencia. Si bien valora la ética, entiende que, aparte de Dios, los principios morales son simplemente convenciones cambiantes y los vicios de hoy pueden convertirse en las virtudes

---

[30] Jonathan Edwards, «Miscellanies #408», en *The Philosophy of Jonathan Edwards*, ed. H. G. Townsend (1955; reprint, Westport, Conn.: Greenwood, 1972), 249, énfasis añadido.
[31] Ver la primera parte, capítulo tres, páginas 59-74, para mi discusión y evaluación del argumento de los apologistas de Ligonier sobre la autoridad de la Biblia.
[32] De la correspondencia privada que me envió John M. Frame, fechada el 6 de mayo de 1996.

de mañana. Si bien afirma la dignidad y el significado de la personalidad humana, comprende que, aparte de Dios, el hombre es simplemente una máquina biológica, un accidente de la naturaleza, una cifra. Y mientras valora los conceptos de propósito, causa, probabilidad y significado, comprende que, aparte de Dios, estos conceptos no tienen una base o un significado reales. Por lo tanto, piensa que el evidencialista cristiano está siendo infiel a su propia fe cuando otorga al incrédulo la posibilidad hipotética de que este sea un mundo no teísta que pueda funcionar con éxito y ser entendido correctamente en términos de las leyes de la lógica y las ciencias humanas. Y sugerir que la ley de la no contradicción, la «ley de causalidad» y «la fiabilidad básica de la percepción de los sentidos» son más innegociables en este mundo que Dios mismo es negar la existencia del Dios soberano del universo «para quién y a través de quién y para quién son todas las cosas» (Ro. 11:36). Hacerlo es también abandonar a Cristo que «es antes de todas las cosas, en quien todas las cosas subsisten» (Col. 1:17), «en quien están escondidos todos los tesoros de la sabiduría y del conocimiento» (Col. 2:3), y sin el cual el hombre nada puede hacer (Jn. 15:5). Le recuerda al evidencialista que no es Dios quien es el criminal en juicio, los hombres son los delincuentes. No es el carácter y la Palabra de Dios lo que es cuestionable, son los hombres (Job 40:1, 8; Ro. 3:4; 9:20). Y no es el cristiano el intruso no autorizado en este mundo. Este es el mundo de su Padre, y el cristiano está «en casa» en él.

Entonces, no es el cristiano en primer lugar quien debe justificar su presencia cristiana en el mundo, sino el no cristiano a quien se debe hacer sentir la carga de justificar sus puntos de vista no cristianos.

Al presuponer al Dios Triuno de las Escrituras cristianas y las Escrituras de este Dios, con todas sus declaraciones de verdad, el presuposicionalista no tiene que comenzar por desarrollar argumentos intrincados y profundos para justificar su empleo de la ley de no contradicción, la ley de causalidad y la confiabilidad general de los sentidos, porque las Escrituras como la Palabra cierta de Dios justifican estos asuntos para él.[33] Para ilustrar, las Escrituras justifican la legitimidad de la ley de no contradicción, primero, por su afirmación de que toda persona, por ser imagen de Dios, posee innatamente las leyes de la razón como don del mismo Logos divino (Jn. 1:3, 9), segundo, por el hecho de que el Dios de la verdad emplea los idiomas hebreo, arameo y griego —que presuponen la leyes de la razón— para comunicar su verdad a la mente humana, y tercero, por sus muchos usos de varios tipos de argumentos lógicos e inferencias lógicas. Justifica la idea de causalidad con el empleo de palabras como כִּי, ki, יַעַן כִּי, ya‹an ki, la preposición עַל, ‹al, con el infinitivo, ὅτι, hoti; γάρ, gar; διά, dia, con el caso acusativo, y el participio causal. Y da fe de la confiabilidad general de los sentidos al declarar que todos los sentidos del hombre son de origen divino (Ex. 4:11; Sal. 94:9; Pr. 20:12), y estos están representados en la Escritura como jugando un papel regular en la adquisición y acumulación de conocimiento (Lc. 24:36–43; Jn. 20:27; Ro. 10:14–17; 2 P. 1:16–18; 1 Jn. 1:1–3; 3 :14).[34]

El apologista presuposicional cree que su propagación y defensa de la fe debe realizarse

---

[33] Todo hecho que es un hecho teísticamente justificado. No existe tal cosa como un hecho «bruto», es decir, no interpretado, en ninguna parte del universo. Cada hecho que es disfruta de su «eso-idad» en virtud de alguna actividad de Dios y, por lo tanto, ya lleva su «interpretación» dentro de sí. Para un hombre, conocer verdaderamente cualquier hecho significaría entonces que su interpretación de un dato dado de este mundo tendría que estar de acuerdo con la interpretación previa de Dios. Tal conocimiento, como declara Van Til, sería una «reconstrucción receptiva», es decir, pensar los pensamientos de Dios según Él, en lugar de una «construcción creativa», es decir, dar significado a hechos «brutos» por primera vez por medio de la intelección humana.

[34] Las leyes de la razón e incluso los siempre fiables sentidos no darían por sí mismos a los hombres un conocimiento cierto, porque con la sola ayuda de estos aparatos de aprendizaje, el mayor erudito del mundo no podría saber con seguridad que el universo entero no habría surgido hace cinco minutos con la luz de las estrellas llegando ya a la tierra, árboles llenos de anillos, humanos con ombligos, ideas que llamamos memorias, etc. Además de estos aparatos, los hombres necesitan un punto de referencia infinito —un ποῦ στῶ, pou stō arquimediano, fuera el universo, brindándoles cierto conocimiento desde el cual lanzar su esfuerzo para justificar sus afirmaciones de conocimiento y significado. El cristiano encuentra este trascendente ποῦ στῶ, pou stō, en el conocimiento completo y cierto de todas las cosas del Dios Triuno, una parte del cual Dios se ha dignado compartir con nosotros en las Escrituras. Y los hombres también necesitan del Cristo que da testimonio de sí mismo, el único gran Maestro (διδάσκαλος, didaskalos) (Mt. 23:8) y el gobierno providencial sobre ellos, guiando y gobernando su empleo de las leyes de la razón y la sensación, si alguna vez van a llegar al mínimo conocimiento acerca de cualquier cosa.

entonces de manera que sea consistente con su compromiso más fundamental para que no se vuelva incoherente e ineficaz. En consecuencia, no cree que pueda mejorar el mensaje total que Dios le ha encomendado dar a los hombres caídos. Tomando muy en serio todo lo que dicen las Escrituras acerca de la incapacidad del hombre caído para comprender las cosas del Espíritu (1 Co. 2:14; ver también Ro. 8:7–9; Ef. 4:17–18),[35] él habla el mensaje de Dios, no al llamado hombre racional y neutral que afirma estar de pie ante él (esta es la presuposición errónea del hombre caído acerca de sí mismo), sino a la persona espiritualmente ciega, espiritualmente hostil y espiritualmente muerta que Dios dice que está de pie ante Él. Y lo hace con la confianza de que el Espíritu de Dios, obrando por y con la Palabra de Dios, regenerará a los elegidos y los llamará a sí mismo. Si el evidencialista objeta que el presuposicionalista solo está «arrojando piedras de evangelio a la cabeza del incrédulo» cuando insiste en que el incrédulo debe aceptar sus criterios bíblicos para la verificación de la verdad, el presuposicionalista, impertérrito, responderá que debe continuar siguiendo este enfoque tal como el psiquiatra debe continuar razonando con un paciente mental, aunque este último viva en su propio mundo de sueños y crea que es el terapeuta el que está loco.

En su argumentación con el incrédulo, el presuposicionalista se complace en emplear todos los datos bíblicos y sus implicaciones para la naturaleza y la historia como evidencia (preinterpretada por Dios) de la veracidad de la posición cristiana (y es una evidencia poderosa en verdad).[36] Pero no está dispuesto a responder al «necio bíblico» (es decir, al incrédulo) de acuerdo con su insensatez. Es decir, no defenderá el caso del teísmo cristiano utilizando las pruebas de verdad de la visión del mundo y de la vida del incrédulo, no sea que «se vuelva como el necio» (Pr. 26:4). Cuando «responde al necio según su necedad», lo hace sólo como un *ad hominem*, para mostrarle lo ininteligible de este mundo sin Dios y los nefastos resultados de vivir de acuerdo con su cosmovisión atea (por supuesto, ningún incrédulo, como argumentó constantemente Francis Schaeffer a lo largo de los años, vive o puede vivir de manera consistente con su visión anti teísta del mundo), y el presuposicionalista lo hace para evitar que el incrédulo «se vuelva sabio en su propia opinión» (Pr. 26:5).

En conclusión, el presuposicionalista desea que el evidencialista reconozca que él también tiene sus presuposiciones como todas las demás personas, y que él también razona circularmente.[37] Por ejemplo, aunque el evidencialista no permitirá que la Biblia se autentique a sí misma, presupone (erróneamente) que los datos sensoriales (cosmológicos, históricos, arqueológicos, etc.) se autentican a sí mismos,[38] y por lo tanto es tan «dogmático» sobre la experiencia sensorial como lo es el presuposicionalista sobre la revelación. De ahí que la objeción de circularidad que el evidencialista lanza contra el presuposicionalista se aplica a sí mismo con igual fuerza. Pero su método, comenzando donde lo hace, es decir, con datos sensoriales brutos «no interpretados», se vuelve lógicamente inválido por las razones

---

[35] Richard B. Gaffin señala en «Some Epistemological Reflections on 1 Co. 2:6–16», *Westminster Theological Journal* 57 (1995): 122–23:

[D]onde más podríamos esperar [1 Co. 2:6–16] para ser tratado [en *Classical Apologetics*], no hay nada, ni siquiera una referencia entre paréntesis. Más notablemente, el v. 14 (la incapacidad del incrédulo para entender) y la antítesis en los vv. 14–15 ni siquiera se mencionan, y mucho menos se abordan… Aparentemente, los autores de la *Classical Apologetics* consideran que el pasaje es irrelevante. Entonces, al menos necesitan mostrarnos cómo es eso: por ejemplo, … cómo la incapacidad cognitiva de los incrédulos en el v. 14 no excluye la competencia racional para llegar a una teología natural sólida, o cómo «todas las cosas» del v. 15 deben ser circunscritas y no incluyen las verdades de tal teología. Tampoco se cita Efesios 4:17–18.

[36] Ver, por ejemplo, la primera parte, capítulos uno a tres, para mi argumento a favor del origen divino de las Escrituras, la primera parte, capítulo cinco, para mi argumento a favor de la creación de Génesis, y la tercera parte, capítulo quince, para mi argumento a favor del Cristo sobrenatural. Ver también Juan Calvino, *Institutes*, I.8, una lectura cuidadosa de cuyo capítulo tan discutido (que, en mi opinión, sería mejor titular, «Evidencias de las Escrituras para la Credibilidad de las Escrituras») mostrará que Calvino está en lo principal presentando datos bíblicos a favor de la veracidad de la Biblia. Prácticamente toda su argumentación a favor de la credibilidad de las Escrituras («el carácter celestial de su doctrina», su «majestad muy celestial», «el hermoso acuerdo de todas las partes», sus «milagros incontestables» y «profecía confirmada») se basa en la Biblia. La poca evidencia que aduce no extraída directamente de las Escrituras (la indestructibilidad de las Escrituras a través de los siglos, su amplia aceptación por las naciones, mártires dispuestos a morir por ella; I.8.12, 13) no es el objetivo principal de su capítulo y no es convincente (lo mismo podría decirse de otros libros como el Corán). En la medida en que utilizó estas evidencias externas, Calvino comprometió su propio principio sola Scriptura.

[37] Ver Frame, *The Doctrine of the Knowledge of God*, 130–33.

[38] Ver la admisión de Warfield, citada en la primera parte, capítulo cinco, p. 113, nota al pie. 6.

establecidas en esta introducción y, por lo tanto, nunca puede llegar al único Dios vivo y verdadero ni obtener los hechos.

Octavo, la Biblia declara que los seres humanos (y esto incluye a Aristóteles y Tomás de Aquino más tarde, quienes trataron de demostrar la existencia del Motor inmóvil) nunca han sido capaces, comenzando por sí mismos, de razonar ante Dios (1 Co. 1:21), y su mismo intento de hacerlo está muy equivocado.[39] Edwards escribe:

> El que piensa probar que, de hecho, el mundo alguna vez conoció por sabiduría a Dios, que cualquier nación sobre la tierra o cualquier grupo de hombres alguna vez, *a partir de los principios de la razón solo sin la ayuda de la revelación*, descubrió la verdadera naturaleza y la verdadera adoración de la deidad, debe descubrir alguna historia del mundo completamente diferente de todos los relatos que nos dan los actuales escritores sagrados y profanos, o su opinión debe resultar una mera suposición y conjetura de lo que es apenas posible, pero lo que toda la historia nos asegura que nunca se hizo realmente en el mundo.[40]

Noveno, por el método evidencialista, la base de la fe cristiana se cambia y se hace descansar en doctrinas certificadas por la «probabilidad» declarada de evidencia masiva, y más finalmente en la habilidad, el oficio y el arte del amasador humano de la evidencia y no en la verdad de la Palabra de Dios y la obra del Espíritu de Dios. Es decir, el fundamento último de la fe se convierte en la obra del hombre y no en la Palabra de Dios.[41] Pero Pablo rechaza expresamente tal fundamento:

> y ni mi palabra ni mi predicación fue con palabras persuasivas de humana sabiduría, sino con demostración del Espíritu y de poder, para que vuestra fe no esté fundada en la sabiduría de los hombres, sino en el poder de Dios (1 Co. 2:4-5).

Finalmente, la teología natural metodológica no cuadra con la actividad apologética real de la iglesia primitiva tal como la encontramos descrita en el libro de los Hechos. El teólogo natural sostiene que no es correcto pedir a los escépticos que crean en Cristo sobre la base de la autoridad de las Escrituras antes de que hayan tenido la oportunidad de considerar la evidencia que respalda las afirmaciones cristianas. Pero ¿posee el incrédulo algún criterio independiente de verificación que pueda *y deba* autenticar la verdad de la revelación cristiana antes de la fe? Yo creo que no. De lo contrario, debemos concluir que Dionisio el Areopagita, quien creyó en Cristo simplemente sobre la base del testimonio de Pablo antes de cualquier investigación sobre lo que Pablo proclamó, fue el tonto más grande en la Colina de Marte ese día en d.C. 50 (Hch. 17:22–34), y que los hombres más inteligentes fueron aquellos que decidieron volver a escuchar a Pablo en alguna ocasión posterior. No, los esfuerzos misioneros de Pedro, Esteban, Felipe y Pablo nunca instan a los hombres perdidos a hacer otra cosa que no sea arrepentirse del pecado e inclinarse en fe ante Jesucristo. Cuando debaten, sacan sus argumentos de las Escrituras (Hch. 17:2; 18:28). Nunca implican que sus oyentes puedan cuestionar legítimamente la existencia del Dios cristiano, la verdad de las Escrituras o la historicidad de la muerte y resurrección de Jesucristo antes del compromiso personal. Nunca sugieren por su apelación a la evidencia de la presencia y benevolencia de Dios (Hch. 4:9-10; 14:17; Ro. 1:20-21) que están tratando de erigir una «construcción de probabilidad». Salieron al mundo no como lógicos profesionales y teólogos filosóficos sino como predicadores y testigos, insistiendo en que el arrepentimiento hacia Dios y la fe en Jesucristo son las únicas respuestas apropiadas del pecador al testimonio apostólico. Salieron

---

[39] Si los hombres lo pudieran hacer y lo hubieran hecho, entonces Pablo está equivocado cuando declara: «… en la sabiduría de Dios, el mundo, por su sabiduría, no le conoció». Pero si Pablo tiene razón, entonces debemos concluir que todos los argumentos teístas lanzados desde la tierra hacia el cielo, incluso si no podemos identificar ninguna de sus falacias, no logran lo que sus defensores afirman.

[40] Jonathan Edwards, «Miscellanies #986», en *The Philosophy of Jonathan Edwards*, 213, énfasis añadido.

[41] Un ejemplo clásico de este cambio puede verse en la defensa de la inspiración de Warfield en su «The Real Problem of Inspiration», en *The Inspiration and Authority of the Bible* (Phillipsburg, N.J.: Presbyterian And Reformed, 1948), 169–226. Ver mi crítica, «Warfield: A Case Study in Traditional Apologetic Methodology», *The Justification of Knowledge*, 47–70.

Dios y el Hombre

con plena confianza de que su mensaje, en cuanto a su veracidad, era incontrovertible e incuestionable, y en cuanto a su efecto, ya fuera la fragancia de la vida para los que estaban siendo salvados por él o el hedor de la muerte para los que se negaban a inclinarse ante sus demandas (2 Co. 2:15-16), haciéndolos culpables, por su negativa, de «hacer a Dios mentiroso» (1 Jn. 5:10). Estaban seguros de que, aunque para algunos su Cristo sería motivo de tropiezo y para otros, locura, sin embargo, para los llamados eficazmente Él sería tanto el poder como la sabiduría de Dios.

Como hemos visto, las pruebas teístas no son válidas como argumentos lógicos. Pero, aunque no son válidos como argumentos lógicos, algunos apologistas cristianos sostienen que siguen siendo útiles como «testimonios» de la existencia de Dios. Uno recuerda aquí el comentario de Alasdair C. MacIntyre:

> Ocasionalmente se escucha a maestros de teología afirmar que, aunque las pruebas no brindan bases concluyentes para creer en Dios, son al menos indicativos, indicadores. Pero un argumento falaz no apunta a ninguna parte (excepto a la falta de perspicacia lógica por parte de quienes lo aceptan). Y tres argumentos falaces no son mejores que uno.[42]

Debo concluir que su uso es el empleo de herramientas en mal estado como medio para ganar a los hombres para Cristo. Los defectos en los argumentos son muchos y evidentes. ¿No está el apologista, entonces, exponiéndose a ser humillado si su auditor tiene la habilidad de señalar los defectos presentes en ellos? ¿Y no hay algo sospechoso —incluso deshonesto y deshonroso para el Dios de las Escrituras que da fe de sí mismo y que ordena soberanamente a los hombres en todas partes que se arrepientan y se inclinen ante su Cristo— en la posición de uno cuando intenta ganar a la gente para la fe en Cristo mediante el uso de lo que uno sabe son engañosos argumentos intelectuales?

J. I. Packer ha escrito sobre los argumentos teístas:

> Todos los argumentos a favor de la existencia de Dios, todas las exposiciones de la analogía del ser, de la proporcionalidad y de la atribución, como medios para conceptualizar inteligiblemente a Dios, y todos los intentos de mostrar la naturalidad del teísmo, son lógicamente imprecisos. No establecen más que posibilidades (ya que las probabilidades son solo un tipo de posibilidad) y es posible argumentar en contra de ellas indefinidamente. No se pueden hacer impermeables, y si se ofrecen como tales, cualquiera que sepa algo de lógica puede demostrar que no lo son. Esto dañará el crédito de cualquier teología que parezca estar construyendo y apoyándose en estos argumentos.[43]

Estoy de acuerdo con Packer. Y afirmo que creo en la existencia del Dios cristiano porque soy cristiano por la gracia de Dios y por la evidencia incontrovertible que implica la fe cristiana, fundada como está en la veracidad y la historia del Escrituras del Antiguo y Nuevo Testamento. En resumen, el mío es un compromiso cristiano y un intento apologético de basarme únicamente en la Biblia. Y que nadie —ciertamente ningún cristiano, especialmente ningún cristiano reformado comprometido con los estándares de Westminster— califique tal compromiso de fe meramente como «fideísmo», es decir, una fe fundada en nada, porque mi fe como cristiano en el Dios cristiano y el Cristo que da testimonio de sí mismo del Nuevo Testamento es el resultado de la obra regeneradora del Espíritu de Dios que Él forjó en mi corazón por y con la verdad objetiva y revelada de la Palabra de Dios que se evidencia y valida por sí misma.[44]

---

[42] Alasdair C. MacIntyre, *Difficulties in Christian Belief* (New York: Philosophical Library, 1960), 63.

[43] J. I. Packer, «Theism for Our Time», en *God Who Is Rich in Mercy* (Grand Rapids, Mich.: Baker, 1986), 13.

[44] Los cristianos comprometidos con la teología de las normas de Westminster creen que «la autoridad de las Sagradas Escrituras, por las cuales se debe creer y obedecer, no depende del testimonio de ningún hombre o iglesia, sino enteramente en Dios (quien es la verdad misma) el autor de la misma; y por lo tanto debe ser recibida, porque es la Palabra de Dios» (Confesión de Fe de Westminster, I/iv). También creen que la Sagrada Escritura «se evidencia abundantemente como la Palabra de Dios» (I/v) mediante «argumentos» claros e incontrovertibles tales como «la celestialidad del asunto, la eficacia de la doctrina, la majestuosidad del estilo, el consentimiento de todas las partes, el alcance del todo (que es dar toda la gloria a Dios), el pleno descubrimiento [revelación] que hace del único camino de salvación del hombre, las muchas otras excelencias incomparables, y la perfección entera del mismo» (I/v).

En consecuencia, no comenzaremos nuestro estudio de la doctrina de Dios con la pregunta: «¿Existe Dios?» Por supuesto que Dios existe. Como Gordon H. Clark ha argumentado en repetidas ocasiones, cualquier cosa que tenga un leve significado «existe».[45] Pero supone una gran diferencia si Dios es un sueño, un espejismo, la raíz cuadrada de menos uno o el Dios infinito personal de la Sagrada Escritura. En consecuencia, comenzaré este estudio de la doctrina de Dios donde comienza el Catecismo Menor, es decir, con la pregunta: «¿Qué es Dios?» y expone la naturaleza del Dios que, según Romanos 1:20-21, todos los hombres ya conocen porque se les ha revelado. Hablando apologéticamente, es la existencia de este Dios, el Dios Triuno de las Sagradas Escrituras, la que proporciona las únicas respuestas viables a las preguntas más desconcertantes con respecto al origen y la naturaleza del mundo y la humanidad y los temas titánicos de la vida y la muerte.

---

[45] Ver Gordon H. Clark, Three Types of Religious Philosophy (Jefferson, Md.: Trinity Foundation, 1989), 43–44. Simplemente decir que una cosa «existe» es predicar de ella una idea sin contenido significativo:

> Las estrellas existen, pero esto no nos dice nada acerca de las estrellas; las matemáticas existen, pero esto no nos enseña matemáticas; las alucinaciones también existen. El punto es que un predicado, como la existencia, que se puede unir a todo indiscriminadamente, no nos dice nada acerca de nada. Una palabra, para significar algo, tampoco debe significar algo... [Pero] como todo existe, existe está desprovisto de información [ya que no «distingue nada de otra cosa»]. («Atheism», en *Against the World: The Trinity Review*, 1978–1988, ed. John W. Robbins [Hobbs, N.M.: Trinity Foundation, 1996], pág. 135).

7 | LOS NOMBRES Y LA NATURALEZA DE DIOS

Nuestro conocimiento de Dios depende totalmente de la revelación (1 Co. 2:11). Todos los hombres conocen algo del carácter de Dios a causa de la luz natural que existe en ellos (Jn. 1:9; Ro. 2:14–15) y la revelación natural que está a su alrededor (Sal. 19:1 (Ro. 1:20); pero debido a su condición caída, ocultan este conocimiento y pervierten su mensaje (Ro. 1:18, 23, 25, 28). Por tanto, si los hombres han de conocer cómo es Dios, han de acudir a la revelación que Él hace de sí mismo en la Santa Escritura, donde pueden contemplarle de forma correcta. El carácter de Dios se revela en la Escritura tanto en lo que hace como en lo que dice acerca de sí mismo. Consideraremos dos áreas de la revelación que Dios hace de sí mismo en este capítulo: los nombres de Dios y su naturaleza.

LOS TÍTULOS Y NOMBRES SIGNIFICATIVOS DE DIOS

La mente occidental concede poca importancia (si es que alguna) al significado del nombre que se le da a un niño, y los factores determinantes que predominan son la preferencia personal de los padres o su compatibilidad fonética con el apellido familiar. Pero este no era el caso en el antiguo Medio Oriente. El nombre que se daba con frecuencia conmemoraba algún suceso histórico o religioso importante, o denotaba la valoración o la esperanza del padre acerca del carácter de un hijo (véase p. ej. Gn. 4:1; 4:25; 5:29; 10:25; 17:5, 15; 1 Sam. 25:25). Manteniendo este último ejemplo, es decir, en el que el nombre refleja el carácter de la persona, Dios, en su revelación en las Escrituras, seleccionó progresivamente títulos y nombres que reflejaban aspectos de su divino carácter. Estos títulos y nombres son demasiado numerosos como para discutirlos todos en detalle, pero en esta sección hablaremos brevemente de los diez más significativos.

Dios (אֵל, *'ēl*)

אֵל, *'ēl*, el participio Qal de אוּל, (ʾ, «ser fuerte»), empleado 217 veces en el Antiguo Testamento para referirse al Dios verdadero, tiene un significado etimológico semejante a «El Fuerte» o «El Poderoso», traduciéndose a nuestro idioma por el término «Dios».[1]

Dios (אֱלוֹהַּ, *'elôah*)

אֱלוֹהַּ, *'elôah*, de la raíz אָלָה (*āla–h*, «temer o reverenciar») significa «el reverenciado». Se encuentra 57 veces en el Antiguo Testamento, y se usa ocasionalmente para designar al Dios verdadero de la Escritura, aunque se usa principalmente en la poesía (p.ej. Dt. 32:15, 17; Sal. 18:32; 50:22; 114:7; 139:19; Job 3:4 y otras 41 veces en Job; Pr. 30: 5 (Is. 44:8; Hab. 3:3; Neh. 9:7).[2]

Dios (אֱלֹהִים, *'elōhîm*)

אֱלֹהִים, *'elōhîm*, se encuentra 2570 veces en el Antiguo Testamento, también se utiliza para designar al único Dios verdadero. Al igual que אֵל, *'ēl*, es más un título que un nombre propio (aunque al utilizarlo se trate en ocasiones como un nombre propio), ya que con frecuencia lleva artículo, y esto es algo que nunca puede hacer un nombre en hebreo. Lo más probable

---

[1] Véase Brown, Driver, y Briggs, *Hebrew and English Lexicon of the Old Testament* (Oxford: Clarendon, edición de 1966), 42.
[2] Ibid., 41, 43.

es que אֱלֹהִים, ’*elōhîm*, se relacione en su origen con אֵל, ’*ēl*, («El Fuerte») o con la raíz אָלָה, ’*ālåh*, que algunos académicos sugieren puede estar relacionada con el significado pasivo de la raíz arábiga de las mismas consonantes, que significa «correr de un lado a otro con temor y confusión», de ahí, «Aquel que ha de ser temido» (véase Gn. 31:42).[3] En cuanto a forma parece ser el plural numérico (obsérvese la terminación ים) de אֱלֹהַּ, ’*elôah*, pero construir la terminación ים como un plural numérico requiere que la palabra se traduzca como «dioses» que es un concepto politeísta. Su uso prácticamente uniforme con verbos y modificadores en singular cuando se refiere al único Dios verdadero de Israel indicaría, más bien, que el título ha de construirse como un nombre singular, entendiendo entonces su *apariencia* plural, de acuerdo con la *Hebrew Grammar* de *Gesenius*, realmente como una expresión de la noción abstracta de majestad:

Los *pluralis excellentiae* o *maiestatis*... además de poseer el sentido secundario de *intensificación* de la idea original [del plural abstracto], ... están estrechamente relacionados con los plurales de amplificación... que en su mayoría se encuentran en la poesía. Así, especialmente אֱלֹהִים [’*elōhîm*] Deidad, Dios...Que el lenguaje ha rechazado completamente la idea de la pluralidad numérica en אֱלֹהִים [’*elōhîm*] (siempre que denota *un solo* Dios), esto se prueba especialmente al estar casi invariablemente unido con un atributo singular. Por tanto, אֱלֹהִים [’*elōhîm*] puede haber sido utilizado originalmente, no solo como un numeral, sino también como un plural abstracto (que se corresponde con el latín *numen*, y nuestra *Deidad*), y, al igual que otras palabras abstractas del mismo tipo, se han transferido a un dios concreto y único (incluso de los paganos).[4]

Así pues, אֱלֹהִים, ’*elōhîm*, significa algo así como «el poderoso [o majestuoso]», y, por tanto, cuando se refiere al Dios de las Escrituras, significa simplemente «[el único y verdadero] Dios».

Dios Altísimo (אֵל עֶלְיוֹן, ’*ēl* ‘*elyôn*)

Este título se forma por la conjunción del nombre אֵל (’*ēl*, «Dios») y el sustantivo calificativo עֶלְיוֹן (‘*elyôn*, «alto»), derivándose este último del verbo עָלָה, ‘*ālåh*, que significa «ascender, remontarse».[5] El significado superlativo del sustantivo calificativo como «altísimo» o «el *más* exaltado» puede inferirse (1) de su conexión con אֵל, ’*ēl*, (2) de la frase apositiva, «Creador de los cielos y de la tierra», que se encuentra en Génesis 14:19, 22, y (3) de su uso junto con יהוה, *yhwh,* en los Salmo 7:18 y 47:3, y con אֱלֹהִים, ’*elōhîm*, en los Salmo 57:3 y 78:56.

Señor, Amo (אָדוֹן, ’*āḏôn*)

אָדוֹן, ’*āḏôn*, se deriva de אָדַן (’*āḏan*, «gobernar sobre»), y, de acuerdo con esto, se traduce como «Gobernante, Señor, Amo». Se encuentra como un compuesto con יהוה, *yhwh,* en Génesis 15:2 (אֲדֹנָי יהוה, ’*aḏonāy yhwh*, «mi Señor Yahweh») y en el Salmo 110 se coloca frente a Yahweh para designar a una segunda persona distinta que se sienta sobre el trono de Yahweh, un versículo que se cita con frecuencia en el Nuevo Testamento para apoyar la investidura mesiánica de Jesús. Sus muchas ocurrencias en plural refiriéndose al único Dios verdadero se explican como plurales de intensidad, que enfatizan el rango exaltado señorial de Dios.[6]

Dios Omnipotente/Todo suficiente (אֵל שַׁדַּי, ’*ēl šadday*)

Mucho se ha escrito acerca del significado de אֵל שַׁדַּי, ’*ēl šadday*, el título de Dios que se identifica de manera particular con la era patriarcal (Ex. 6:3). Unos pocos académicos trazan

---

[3] Ibid., 41, 43.
[4] *Gesenius' Hebrew Grammar*, 124g, 398–99.
[5] Véase BDB, 751.
[6] *Gesenius' Hebrew Grammar*, 124i, 399.

el origen del sustantivo calificativo שַׁדַּי, *šadday*, a la raíz שָׁדַד, *šādad*, que significa «despojar, tratar violentamente con», e instan a que este título denota a Dios como el Destructor. Esto es muy dudoso. Si se les concede su lugar a las consideraciones contextuales del Génesis, la raíz más probable es שָׁדַד, *šādad*, de la más original שָׁדָה, *šādāh*, que significa «humedecer» o «amamantar» (שַׁד, *šad*, significa «pecho»), de ahí «Dios el que bendice, el que nutre, el Proveedor». En Génesis 17:1–8 Dios se revela como אֵל שַׁדַּי, *ʾēl šadday*, a Abraham, que aún no ha recibido al hijo de la promesa, y anuncia que, en cumplimiento de su pacto, hará muy fructífero a Abraham, de forma que reyes y naciones saldrán de él. En el 28:3 es Dios, en su carácter de אֵל שַׁדַּי, *ʾēl šadday*, al que Isaac invoca para bendecir a Jacob y hacerlo fructífero. En 35:11 es en su carácter como אֵל שַׁדַּי, *ʾēl šadday*, que Dios amonesta a Jacob: «crece y multiplícate; una nación y conjunto de naciones procederán de ti, y reyes saldrán de tus lomos». En 43:14, Jacob utiliza este mismo nombre para hablar del Dios que concederá misericordia a sus hijos. En 48:3 declara que fue אֵל שַׁדַּי, *ʾēl šadday*, el que se le apareció y le prometió que lo haría fructífero y sacaría de él una gran compañía de personas. Finalmente, en 49:25 Jacob bendice a José con la declaración de que אֵל שַׁדַּי, *ʾēl šadday*, le bendecirá con «bendiciones del vientre». Resulta claro que, en Génesis אֵל שַׁדַּי, *ʾēl šadday*, no es Dios el Destructor, sino Dios el que bendice o el que socorre, capaz de someter la naturaleza a los propósitos de su pacto y de conceder a la estéril innumerables hijos. Aquí vemos a Dios, en su carácter de אֵל שַׁדַּי, *ʾēl šadday*, como el Dios capaz de socorrer a su pueblo y suplirlo en toda necesidad.

Yahweh (יהוה, *yhwh*)

Si es apropiado decir que el Dios del Antiguo Testamento tiene un nombre propio, este es el tetragrama יהוה, *yhwh*. En hebreo se puntúa con las vocales de אֲדֹנָי, *ᵃdonāy*, (el Qere, «lo que había de leerse»), que da lugar a la palabra híbrida יְהֹוָה, *yᵉho–wåh*, de la cual se deriva el imposible «Jehová». Su revelación, de acuerdo con Éxodo 6:3, aunque no era totalmente desconocida en eras anteriores (véase p. ej. Gn. 9:26; 15:2), pertenece y es característica del período mosaico y posterior. Por medio de este texto algunos críticos han argumentado que todas las referencias a Yahweh en Génesis son evidencia de un documento J, distinguible de una fuente E, pero la afirmación del Éxodo no ha de tomarse como algo absoluto para sugerir que el nombre no se conocía antes. Tal y como escribe Geehardus Vos:

Es improbable a priori que Moisés hubiera sido enviado a sus hermanos, a los que tenía que hacer recordar al Dios de sus padres que habían olvidado, con un nuevo nombre en sus labios para este Dios, un nombre que fuese desconocido anteriormente. Luego está el hecho de que la madre de Moisés [Autor: en realidad probablemente una antepasada] lleve un nombre compuesto con Jehovah en su forma abreviada «Jo», a saber, «Jocabed». ... Examinado cuidadosamente, Ex. 6:3 no exige un desconocimiento previo absoluto de esta palabra. La afirmación no necesita significar más que los patriarcas todavía no estaban en posesión del conocimiento práctico y la experiencia de esa faceta del carácter divino, que encuentra expresión en el nombre.[7]

El nombre mismo –que aparece más de 6000 veces en la Biblia hebrea[8]– podría haberse pronunciado originalmente «Yahweh», según las opiniones más actuales (יַהְוֶה, *yâhweh*). Esto se afirma con base en (1) la forma poética contraída יָהּ, *yâh* (que aparece 50 veces, p.ej., Ex. 15:2; Is. 38:11), (2) el יָהוּ, *yâhû*, de los nombres hebreos compuestos, y (3) la transliteración griega Ιαουαι, Iaouai, hallada en Clemente de Alejandría (Stromata, 5.6.34) y 'Ιαβε, Iabe,

---

[7] Geerhardus Vos, *Biblical Theology* (Grand Rapids, Mich.: Eerdmans, 1948), 130; véase Éxodo 6:6, 7.
[8] 6823 de acuerdo con BDB, 217–18, y 5321 de acuerdo con TDNT, 3:1067.

Dios y el Hombre

hallada en Teodoro y Epifanio.[9]

En apariencia, el nombre parece ser un imperfecto Qal arcáico[10] del verbo הָוָה, *hāwåh*, una forma más inusual de הָיָה, *hāyåh*, «ser». Por tanto, el nombre significaría «Él es», «Él existe» o «Él está presente». Así pues, cuando Dios se refirió a sí mismo después de que Moisés le preguntara su nombre, Él dijo «Yo soy el que soy.[11] Así dirás a los hijos de Israel: "Yo soy" [אֶהְיֶה, *ehyeh*] me envió a vosotros» (Ex. 3:14-15). Pero cuando le dio a su pueblo un nombre por el que pudieran conocerle, se llamó a sí mismo «Él es» o «Él existe», aludiendo a su auto existencia y «fiel presencia».[12] R. Laird Harris ha argumentado con base en la evolución de la ortografía fonética hebrea, que existe un problema con la pronunciación «Yahweh», porque el *eh* final es probablemente una forma postdavídica, tanto como los verbos ל"ה (en los cuales se dice que יהוה, *yhwh*, se basa) originalmente terminaban con una י, *y*; y porque «si la palabra era deletreada con cuatro letras en los días de Moisés, sería de esperar que tuviera más de dos sílabas, ya que en ese período no existían vocales. Todas las letras eran sonoras». También afirma que la palabra tiene un origen desconocido, y que no podemos saber cuál era la pronunciación, concluyendo que «estaremos más seguros si encontramos el carácter de Dios a través de sus obras y las descripciones que se hacen de Él en las Escrituras, en lugar de depender de una etimología cuestionable de su nombre».[13] Estoy de acuerdo, pero sugeriría, con base en su conexión con אֶהְיֶה, *ehyeh*, en Éxodo 3:14, que *yhwh* está relacionado con *hāyåh*.

Dado que este nombre de Dios es característico de la era mosaica (Ex. 6:3) y posterior, durante la cual Dios habló mucho acerca de su carácter pactual (Ex. 33:19), parece que Dios, en su carácter *Yahwístico* es el auto existente, autodeterminado y fiel Dios del pacto. Geerhardus Vos coincide, e íntima que el nombre:

> da expresión a la autodeterminación, la independencia de Dios que, especialmente en asociaciones sotéricas, estamos acostumbrados a llamar su soberanía. ... El nombre... significa principalmente que, en todo lo que Dios hace por su pueblo, Él determina sus acciones desde su ser interior, sin ser motivado por influencias externas.[14]

El cristiano también debería ser consciente del hecho de que el Yahveh del Antiguo Testamento es también el Dios tripersonal del Nuevo Testamento, usándose el nombre en algunos contextos del Antiguo Testamento para designar específicamente al Padre (Sal. 2:7; 110:1), en otros contextos al Hijo (Is. 6:1; véase Juan 12:41), y aún en otros para designar al Espíritu Santo (Sal. 95:7–11; véase Heb. 3:7–9).

Yahweh de los ejércitos (יהוה צְבָאוֹת, *yhwh ṣeḇā'ôṯ*)

Con respecto a este título de Dios, Vos afirma: «Este es un nombre de Dios especialmente profético, que no aparece en el Pentateuco, Josué, o Jueces. Nos encontramos por primera vez con él en Samuel y Reyes, luego en ocho Salmos, en los cuatro primeros profetas, y en todos los demás profetas excepto Joel, Abdías, Jonás y Ezequiel. Finalmente aparece en tres pasajes en Crónicas».[15] En otras palabras, en el momento en que Israel asumió su carácter monárquico, Yahweh se reveló a sí mismo como Monarca por medio de este nombre –el «Señor de los ejércitos»– de hecho, el verdadero monarca de Israel.

Ya que los nombres propios –en este caso יהוה, *yhwh*, («Yahweh»)– no pueden

---

[9] BDB, 217–18.
[10] Dado que parece estar lingüísticamente conectado con אֶהְיֶה, *ehyeh*, que en Éxodo 3:14 es una forma Qal, muchos académicos sostienen que *yhwh* debería formarse como un Qal, y no una forma Hiphil.
[11] Algunos académicos sugieren que, con esta afirmación, Dios estaba rehusando decir a Moisés su nombre. Pero como Dios procede a darle su nombre a Moisés, esta postura es insostenible.
[12] So J. Barton Payne, *The Theology of the Older Testament* (Grand Rapids, Mich.: Zondervan, 1962), 147–48.
[13] R. Laird Harris, *Theological Wordbook of the Old Testament*, ed. Harris, Gleason Archer, and Bruce Waltke (Chicago: Moody, 1980) 1:210–11. Véase también su artículo «The Pronunciation of the Tetragram», en *The Law and the Prophets*, ed. J. H. Skilton (Nutley, N.J.: Presbyterian and Reformed, 1974), 215–24.
[14] Vos, *Biblical Theology*, 134.
[15] Ibid., 258; véase también κύριος Σαβαώθ, *kyrios sabaōth*, en Romanos 9:29 y Santiago 5:4.

Dios y el Hombre

mantenerse en su estado constructo, es muy probable que יהוה צְבָאוֹת, *yhwh ṣᵉḇā˒ôṯ*, sea una abreviación de יהוה אֱלֹהֵי צְבָאוֹת, *yhwh ˒ᵉlo–hēy ṣᵉḇā˒ôṯ* «Yahweh, Dios de los ejércitos». Hay un acuerdo general entre los académicos con respecto a estas observaciones básicas. Pero ¿qué son los «ejércitos» aquí? Se han avanzado cuatro propuestas: la suma de todos los seres creados, los ejércitos celestiales, los ejércitos humanos de Israel, y los espíritus angélicos.

Cada una de estas opciones tiene mérito, y pueden citarse ciertos versículos de las Escrituras para apoyarlas. Por ejemplo, Génesis 2:1 puede citarse para apoyar el primer punto de vista, pero no hay mucha evidencia para esta idea más allá de este único versículo. El segundo punto de vista tiene a su favor aquellos pasajes que hablan del «ejército del cielo», tales como Deuteronomio 4:19; 17:3; Jeremías 8:2; 19:13; y Sofonías 1:5; pero en contra está el hecho de que las estrellas se llaman uniformemente «ejército» del cielo, en singular, y no «ejércitos» en plural, y nunca son llamadas «el ejército de Yahweh». El tercer punto de vista tiene más a su favor que los primeros dos, puesto que la expresión que se considera, de hecho parece explicarse por «el Dios de los escuadrones de Israel» en 1 Samuel 17:45, y en que la maquinaria de guerra de Israel se llama «nuestros ejércitos [refiriéndose a los de Israel]» en Salmo 44:9; 60:10; 108:11. Pero el cuarto punto de vista es el más antiguo y el más ampliamente apoyado, debido a los pasajes en los que el título se asocia con seres angélicos (1 S. 4:4; 2 S. 6:2; Is. 6:2–3; 37:16; Sal. 89:5–8; 103:19–21). Es enteramente posible que el referente original de «ejércitos» fueran los ejércitos de Israel, pero con la creciente apostasía que se desarrolló en dicha nación y, por tanto, la creciente «indignidad para que el Israel nacional fuera considerado como el ejército de Yahweh»,[16] los profetas de la dividida monarquía transfiriesen cada vez más el honor de ser considerados la fuerza militar de Dios del Israel terrenal a los ángeles del cielo.

Este nombre, con su aroma guerrero, parece ser el «nombre real» de Dios, designándolo como Rey todopoderoso tanto sobre la historia humana en general, como sobre la historia redentora (véase Is. 6:5; 24:23; Jer. 46:18; 48:15; 51:57).

El Nombre (שֵׁם, *šēm*)

A la luz del hecho de que muchas facetas del carácter de Dios se reflejaban en sus títulos y el Tetragrama (יהוה, *yhwh),* la palabra para «nombre» en singular (שֵׁם, *šēm)* fue empleada ocasionalmente como una representación suficiente en sí misma de sus títulos y nombre, tal y como la encontramos en Levítico 24:11: «el hijo de la mujer israelita blasfemó el Nombre» (véase también Ex. 20:7; Sal. 76:2). «En tales casos "el nombre" representa la manifestación completa de Dios en relación con su pueblo, o simplemente para la persona, de tal forma que se vuelve un sinónimo de Dios».[17]

Dios (Θεός, *theos*)

En la Septuaginta griega, que fue extensamente utilizada por la iglesia primitiva, θεός, *theos,* fue empleado con regularidad para traducir אֵל, *˒ēl,* אֱלוֹהַּ, *˒ᵉlôah,* y אֱלֹהִים, *˒ᵉlōhîm*. Así que fue natural que θεός, *theos,* se convirtiera en el término común para «Dios» en el Nuevo Testamento. Se utiliza casi enteramente para hacer referencia a Dios Padre, aunque existen unos ocho o nueve lugares en los que se emplea para referirse a Dios Hijo (Juan 1:1, 18; 20:28; Hechos 20:28; Ro. 9:5; Tit. 2:13; Heb. 1:8; 2 P. 1:1; 1 Juan 5:20).[18]

Señor (Κύριος, *kyrios*)

En la Septuaginta, κύριος, *kyrios,* fue regularmente empleado para traducir los nombres divinos יה, *yh,* y יהוה, *yhwh*. Es muy interesante que, aunque es común que los autores del

---

[16] J. Barton Payne, *The Theology of the Older Testament* (Grand Rapids, Mich.: Zondervan, 1962), 150.
[17] Louis Berkhof, *Systematic Theology* (Grand Rapids, Mich.: Eerdmans, 1932), 47.
[18] Véase Murray J. Harris, *Jesus as God* (Grand Rapids, Mich.: Baker, 1992), para estudios sobre cada uno de estos versículos.

Nuevo Testamento reserven θεός, *theos,* para el Padre, emplearon κύριος, *kyrios,* para Jesucristo. Siendo evidentemente sensibles a la posible acusación de enseñar la creencia en dos dioses, generalmente siguieron la convención literaria de emplear el título θεός, *theos,* cuando se referían al Padre, y el nombre pactual de Dios utilizado en la Septuaginta, *kyrios,* para referirse a Cristo.

LA NATURALEZA DE DIOS

La Confesión de fe de Westminster declara:

> Hay un solo Dios, vivo y verdadero, quien es infinito en su ser y perfección, un Espíritu purísimo, invisible, sin cuerpo, partes o pasiones. Es inmutable, inmenso, eterno, incomprehensible, todopoderoso, sapientísimo, santísimo, totalmente libre y absoluto. Hace todas las cosas según el consejo de su propia inmutable y justísima voluntad para su propia gloria. Es amorosísimo, benignísimo, misericordiosísimo, pacientísimo, abundantísimo en bondad y verdad, que perdona la iniquidad, la transgresión y el pecado; es galardonador de aquellos que le buscan diligentemente, y, además, es justísimo y terrible en sus juicios, que detesta el pecado, y que de ninguna manera declarará como inocente al culpable.
>
> Dios tiene, en sí mismo y por sí mismo, toda vida, gloria, bondad y bienaventuranza. Él es el único todo suficiente, en y por sí mismo, no teniendo necesidad de ninguna de sus criaturas hechas por Él, ni derivando gloria alguna de ellas, sino que manifiesta su propia gloria en ellas, por ellas, hacia ellas y sobre ellas. Él es la única fuente de toda existencia, de quien, por quien y para quien son todas las cosas; y tiene el más soberano dominio sobre ellas para hacer por medio de ellas, para ellas o sobre ellas todo lo que a Él le plazca. Todas las cosas están abiertas y manifiestas ante su vista; su conocimiento es infinito, infalible, independiente [esto es, no dependiente] de la criatura, de tal manera que para Él nada es contingente o incierto. Él es santísimo en todos sus consejos, en todas sus obras y en todos sus mandamientos. A Él son debidos toda adoración, servicio y obediencia que a Él le place requerir de los ángeles, de los seres humanos y de toda criatura (II/i-ii).[19]

El Catecismo Menor de Westminster (en su pregunta 4), que la Asamblea misma preparó para los niños de la iglesia, reduce todo esto a: «Dios es espíritu, infinito, eterno e inmutable en su ser, sabiduría, poder, santidad, justicia, bondad y verdad». Esta afirmación ha sido caracterizada por Charles Hodge como «probablemente la mejor definición [extrabíblica] de Dios jamás escrita por el hombre».[20] Esta definición del Catecismo Menor será, pues, la que utilicemos aquí como estructura básica para nuestra discusión acerca de Dios.

LA RELACIÓN ENTRE LA NATURALEZA DE DIOS Y DIOS MISMO

Por el término *naturaleza* me refiero al complejo de atributos o características que corresponden o son inherentes a cualquier entidad, y que la hacen ser lo que es para distinguirla de todo lo demás. A veces los atributos de Dios se representan con relación a Él en el mismo sentido que los alfileres se relacionan con un alfiletero. Este pensamiento es extremamente erróneo. Mientras que un alfiler, que tiene naturaleza por sí mismo, puede añadirse o quitarse de un alfiletero, que también tiene naturaleza en sí mismo, sin cambiar en forma alguna la naturaleza esencial del alfiletero, los atributos de Dios son esenciales a la

---

[19] Algunos comentaristas de la Confesión, p. ej., James Benjamin Green, sugieren que estos dos párrafos detallan respectivamente lo que Dios es *ontológicamente* en sí mismo (*in se*) y lo que es *económicamente* para nosotros (*pro nobis*). Pero, aunque parece existir cierto fundamento para esta observación, se ha de reconocer, como John Murray observa, que «las dos secciones que tratan con el ser, atributos y consejo de Dios, son tan inclusivas y están tan comprimidas, *que resulta difícil, si no imposible, descubrir el orden de pensamiento que se sigue*». Green mismo reconoce que la división que traza entre los dos párrafos no se puede mantener con rigidez, porque pregunta retóricamente: «¿Acaso la segunda sección no repite algunas de las ideas expresadas en la primera?» Donald Macleod, profesor de teología sistemática en la Free Church de Scotland College en Edimburgo, incluso afirma que la Confesión «se contenta [en estos párrafos] con una lista casi al azar de las perfecciones que se adscriben a Dios en la Biblia». Quizás los teólogos de Westminster tenían la intención de que el primer párrafo describiese lo que Dios es en sí mismo, colocando sus reacciones hacia los seres humanos al final del párrafo solo para proveer de un listado más completo de aquellos atributos que describen lo que Dios es en sí mismo, y añadiendo el segundo párrafo al primero *en cuanto a la esfera de autoridad*, enfatizando el dominio soberano de Dios sobre todas sus obras, incluyendo ángeles y hombres, teniendo derecho como el único Soberano divino a requerir de ellos cualesquiera adoración, servicio u obediencia que le plazca. Ciertamente la confesión no intenta clasificar los atributos de Dios de alguna manera distinguible irrefutablemente, ni siquiera de la manera más favorecida por los teólogos reformados, es decir, la de los atributos «comunicables» e «incomunicables».

[20] Charles Hodge, *Systematic Theology* (Grand Rapids, Mich.: Eerdmans, n.d.), 1:367.

Dios y el Hombre

naturaleza de Dios. Comprenden las características de Dios que lo distinguen como Dios. Es precisamente en la suma total de sus atributos que su esencia como Dios encuentra su expresión. Con ellos Él se distingue como Dios de todas las demás entidades. Sin ellos, ya sea colectiva o individualmente, simplemente dejaría de ser Dios.

A veces se realiza un esfuerzo por aislar de la suma total de la naturaleza de Dios algún atributo «primario» que luego se dice que constituye su «ser» o «esencia»: una *substancia* que «subyace» y une toda la variedad y multiplicidad de atributos «secundarios» en una entidad unificada. A este respecto, «Espíritu» es el atributo que con más frecuencia se selecciona. Por ejemplo, Gordon R. Lewis escribe: «Los atributos son esenciales para distinguir al Espíritu divino de todos los demás espíritus. El Espíritu divino es necesario para unir todos los atributos en un solo ser».[21] Pero la Biblia no parece apoyar la idea de que podamos aislar algún atributo primario único que una a todos los demás, es decir, no parece apoyar que exista un único atributo «metafísico» del que todos los demás (los «no metafísicos») dependan para tener unidad. La Biblia sugiere la identificación de la esencia de Dios con todos sus atributos. Es decir, la naturaleza de Dios es su «esencia» (lo que Él es) y su «esencia» es su naturaleza. Es cierto que la Biblia dice: «Dios es espíritu» (Juan 4:24). Sin duda es esta afirmación la que guía a aquellos que eligen el «Espíritu» de Dios como la «sustancia» subyacente a todos los demás atributos, insistiendo que este es su atributo *metafísico* y que todos los demás son inherentes a este atributo «metafísico» único. Pero cuando decimos que Dios es «espíritu», lo único que estamos haciendo es utilizar una abreviatura teológica para decir que Dios es personal e incorpóreo: dos de sus otros atributos. Además, la Biblia dice: «Dios es luz» (1 Juan 1:5), «Dios es amor» (1 Juan 4:8, 16), y «Dios es fuego consumidor» (Heb. 12:29). ¿Es Dios más fundamentalmente «espíritu», es decir, personal e incorpóreo, que, por ejemplo «amor»? Por supuesto, se defiende que las cuatro afirmaciones son diferentes, que la afirmación «Dios es espíritu» es metafísica, y que las otras tres son éticas. Pero es significativo, como observa Morton H. Smith:

> que el mismo tipo de predicado se utiliza en ambas áreas. Aunque estos son los únicos cuatro atributos que se colocan en una proposición así en la Biblia, son suficientes para hacernos concluir que se podrían hacer afirmaciones similares con respecto a cualquiera de sus atributos. «Todo atributo es idéntico con el ser de Dios. Él es lo que tiene. Todo lo que Dios es lo es completa y simultáneamente» (H. Bavinck, Doctrine of God [Grand Rapids, Mich.: Baker, 1951], 121). Por medio de esta doctrina, la teología cristiana se guarda de caer en el error de considerar los atributos de Dios como algo separado o independiente de su esencia [el error de los hiperrealistas medievales que concebían a Dios como compuesto de partes reales o «universales».[22]

Esta es una enseñanza valiosa, y sugiere que la tentación de distinguir entre la «esencia metafísica» de Dios y su «naturaleza no metafísica», haciendo que aquélla sea más importante que la segunda, ha de resistirse.

Por otra parte, es igualmente necesario cuando declaramos que el ser de Dios es idéntico a sus atributos, resistir el error de algunos nominalistas medievales, que sostenían que los atributos de Dios no son más que palabras (*nomina* en latín), de tal manera que las distinciones que sugieren no están realmente presentes en la esencia divina única. Porque es seguro que la eternidad de Dios no es más idéntica a su conocimiento, su conocimiento no es más idéntico a su poder, su poder no más idéntico a su omnipresencia, y su omnipresencia no es más idéntica a su santidad de lo que nuestro conocimiento es idéntico a nuestro poder, o nuestra bondad idéntica a nuestra extensión finita en el espacio. Los atributos de Dios son

---
[21] Gordon R. Lewis, «God, Attributes of», en el *Evangelical Dictionary of Theology* (Grand Rapids, Mich.: Baker, 1984), 451.
[22] Morton H. Smith, «God, The Attributes of», en *The Encyclopedia of Christianity*, ed. Philip E. Hughes (Marshallton, Del.: National Foundation for Christian Education, 1972), 4:367. Véase también Robert L. Dabney, *Lectures in Systematic Theology* (edición de 1878; Grand Rapids, Mich.: Zondervan, 1972), 178.

características reales y distinguibles de su divino ser.

CLASIFICACIONES DE LOS ATRIBUTOS

Los teólogos, tanto reformados como medievales, han delineado de manera muy uniforme una lista de atributos divinos, clasificándolos luego ya sea en naturales y morales, absolutos y relativos, originales y derivados, activos e inactivos, transitivos e intransitivos o (y estas son las clasificaciones más comunes) atributos comunicables e incomunicables.[23] Sin importar cuál sea la clasificación preferida, estas selecciones me parecen de una naturaleza altamente escolástica. Donald Macleod escribe:

> Ninguna de estas [clasificaciones] tiene demasiadas cosas que elogiar, y ciertamente ninguna ha de considerarse autoritativa. Las Escrituras no intentan realizar una clasificación en ninguna parte... Todas las clasificaciones sugeridas son artificiales y engañosas, no menos que aquellas que han sido más favorecidas por los teólogos reformados: la división entre atributos comunicables e incomunicables. El problema aquí es que las cualidades a las que nos referimos como incomunicables se adhieren de manera inalterable a aquellas a las cuales nos referimos como comunicables. Por ejemplo, Dios es «infinito, eterno e inmutable» (El Catecismo Menor, Respuesta 4) y estos atributos son considerados como propiedades incomunicables; y Dios es misericordioso, es considerado como una propiedad comunicable. Pero la misericordia misma es «infinita, eterna e inmutable» y, como tal, es incomunicable. Lo mismo es cierto de todos los así llamados atributos comunicables, tales como el amor, la justicia y la fidelidad de Dios. Por otra parte, el hablar de la omnipotencia, omnisciencia y omnipresencia como incomunicables es igualmente insatisfactorio. Si eliminamos el prefijo *omni*, nos quedamos solamente con poder, conocimiento y presencia, todos los cuales tienen analogías con nuestra propia existencia humana.[24]

Berkhof, aunque él mismo emplea la clasificación incomunicable/comunicable afirmando que «en los círculos reformados siempre ha sido popular», reconoce que «sin embargo, se sintió desde muy al principio que esta distinción era insostenible sin añadirle una calificación más precisa». Continúa diciendo para justificar el uso de esta distinción que:

> Si... recordamos que ninguno de los atributos de Dios es incomunicable en el sentido de que no hay en el hombre alguna traza de él; y que ninguno es comunicable en el sentido de que se encuentre en el hombre en la misma plenitud con que se encuentra en Dios, veremos que no hay razón para que nos apartemos de una ya antigua clasificación que se considera familiar en la teología reformada.[25]

Pero estas mismas palabras dan motivos para *no* utilizar esta clasificación, y para ilustrar las cualificaciones que han de introducirse en cada clasificación que el teólogo podría seleccionar. Por tanto, discutiremos simplemente los atributos revelados de Dios de forma conveniente y ordenada, considerando la definición del Catecismo Menor.

ANÁLISIS DE LA DEFINICIÓN DEL CATECISMO MENOR

El Catecismo Menor comienza empleando la frase «espíritu» para describir a Dios. Él es «espíritu». Esta frase luego se cualifica por medio de tres adjetivos: «infinito, eterno e inmutable». Después, una frase preposicional introducida por «en» modifica los tres adjetivos; sus siete sustantivos son a su vez cualificados por los tres adjetivos. Lo que esta representación trata de mostrar es esto: que Dios es un Ser personal (obsérvese el «su»), incorpóreo, que es infinito, eterno e inmutable en su ser; infinito, eterno e inmutable en su sabiduría; infinito, eterno e inmutable en su poder; infinito, eterno e inmutable en su santidad; infinito, eterno e inmutable en su justicia; infinito, eterno e inmutable en su bondad, e infinito,

---

[23] Juan Calvino es una notable excepción, al no tratar apenas los atributos de Dios (a los que llama *virtutes*) en ninguna parte de su *Institución*. Lo más próximo a un tratamiento se encuentra en su *Institución*, I.x.2, pero incluso ahí no es ni sistemático ni desarrollado, sino más bien concentrado, no en lo que Dios es en sí mismo, sino en lo que Él es para nosotros.
[24] Donald Macleod, *Behold Your God* (Fearn, Ross-shire, Scotland: Christian Focus Publications, 1990), 20–1.
[25] Berkhof, *Teología sistemática*, 49 y 50–6.

eterno e inmutable en su verdad. Esto puede representarse como:

Adjetivos trascendentes	Nombres condescendientes	Referente de resumen
	ser	
Infinito	*sabiduría*	
	poder	
espíritu eterno	Santidad	*GLORIA*
	Justicia	
inmutable	*bondad*	
	verdad	

Se hacen necesarias tres observaciones: En primer lugar, es importante notar que no es el primer sustantivo *per se* el que distingue a Dios de la criatura de forma absoluta; los ángeles también son seres incorpóreos (Heb. 1:14). Tampoco son los últimos siete sustantivos los que distinguen a Dios de los ángeles o de las criaturas humanas; de nuevo, estos tienen, o pueden tener, esas mismas características en un cierto grado. Son los tres atributos «infinito, eterno e inmutable» los que distinguen a Dios en sentido absoluto de los ángeles y las criaturas humanas que llevan su imagen; solamente Dios posee estas características en el sentido infinito, eterno e inmutable.

En segundo lugar, es importante destacar la verdad de que, cuando hablamos del ser «infinito, eterno e inmutable» de Dios, estamos hablando de aquellos atributos que comprenden lo que las Escrituras quieren decir cuando hablan de su gloria. Es decir, *la gloria de Dios es la suma total de todos sus atributos, así como cualquiera de sus atributos*. Si la criatura le niega cualquiera de sus atributos, está atacando la gloria misma de Dios, negándole aquello sin lo cual Él dejaría de ser Dios. Asimismo, si se le atribuye cualquier atributo que Él mismo no afirme expresamente tener, dicha atribución solo puede anular otro atributo que Él sí afirme tener, y de nuevo le representa como algo menos de lo que Él es, atacando su gloria. Por esta razón, resulta imperativo escuchar cuidadosamente la descripción que Dios realiza de sí mismo en las Escrituras.

En tercer lugar, se ha de tener siempre en mente que lo que afirmamos aquí acerca de Dios, no solamente lo estamos afirmando acerca de Dios Padre, sino también igualmente acerca de Dios Hijo y Dios Espíritu Santo. En otras palabras, la definición que el Catecismo Menor hace de Dios debe verse como una descripción del Dios *Trino* (Padre, Hijo y Espíritu Santo) y no solo una descripción de Dios Padre.

Dios y el Hombre

Excurso sobre la gloria de Dios

La palabra hebrea traducida por nuestra palabra «gloria» es כָּבֹד, *kābôḏ*, que proviene de la raíz verbal que significa «ser pesado». Aparentemente, en la mentalidad hebrea, la importancia de una persona se concebía en términos de «ser pesado» o importante. La palabra griega traducida por «gloria» es δόξα, *doxa*, de la raíz verbal que significa «pensar», refiriéndose a la opinión que alguien tiene de sí mismo o a lo que otros piensan acerca de él, es decir, su reputación.

En la Biblia, ambos términos se refieren básicamente a la importancia de una persona. En el caso de los hombres, esta importancia es determinada normalmente por su riqueza, y es efímera. La riqueza de Jacob es llamada su «gloria» (Gn. 31:1), mientras que la posición de José en Egipto es llamada su «gloria» (Gn. 45:13). Cuando Job perdió su riqueza, se quejó: «[Dios] me ha despojado de mi gloria» (Job 19:9). La nobleza de Israel es referenciada como la «gloria» de la nación (Is. 5:13). Y el salmista nos recuerda que cuando el hombre rico muere, «[no] descenderá tras él su gloria» (Sal. 49:16–17).

La Biblia, sin embargo, habla principalmente de la gloria de Dios, y, cuando lo hace, se refiere a lo que Dios es en su ser o naturaleza esencial. Es decir, la gloria de Dios es el ineludible «peso» de la pura e intrínseca divinidad de Dios, inherente en los atributos que son esenciales a Él como la Deidad. Como aplicación de este modismo, la Biblia con frecuencia sustituye la palabra «gloria» por un atributo específico de Dios, teniendo que determinarse el atributo por medio del contexto. Unos cuantos ejemplos servirán para ilustrar esto:

Éxodo 33:19: Cuando Moisés le pidió al Señor que le mostrase su gloria (כָּבֹד, *kābôḏ*), el Señor respondió: «Yo haré pasar todo mi bien delante de tu rostro, y proclamaré el nombre de Jehová delante de ti; y tendré misericordia del que tendré misericordia, y seré clemente para con el que seré clemente». Luego, el Señor declaró que su gloria pasaría. Aparentemente, por su «gloria» en este contexto, Dios quería significar su bondad (es decir, su misericordia y compasión), pero una misericordia y compasión que Él administra soberanamente como quiere.

1 Samuel 15:29: «El que es la Gloria [נֵצַח, *nēṣaḥ*] de Israel no mentirá, ni se arrepentirá». Aquí, la palabra «Gloria» es un sinónimo de Dios como verdadero y fiel.

Salmo 19:1: «Los cielos cuentan la gloria [כָּבֹד, *kābôḏ*] de Dios». Por «gloria» aquí hemos de pensar sin duda en la majestad de Dios, su sabiduría y su poder (véanse las ocurrencias de la palabra «gloria» en los contextos de Sal. 8:1–3; 104:24–31; Ro. 1:20-22).

Isaías 6:3: El clamor antifonario de los serafines: «Santo, santo, santo, Jehová de los ejércitos; toda la tierra está llena de su gloria [כָּבֹד, *kābôḏ*]», probablemente intenta declarar que la majestuosa santidad de Dios está presente y es manifiesta a lo largo de toda la tierra.

Romanos 3:23: En la frase «todos pecaron, y están destituidos de la gloria [δόξα, *doxa*] de Dios», la palabra «gloria» se refiere de manera particular a la justicia de Dios.

Romanos 6:4: La frase «Cristo resucitó de los muertos por la gloria [δόξα, *doxa*] del Padre», habla particularmente del poder de Dios, su amor y fidelidad hacia su Hijo.

Efesios 1:6,12,14: Como Pablo habla de la «alabanza de la gloria de su gracia» en Efesios 1:6, probablemente con su expresión «alabanza de su gloria» en 1:12 y 1:14 trata de transmitir la misma idea. Si es así, «gloria» se refiere de manera específica en estos últimos versículos a la gracia de Dios.

La definición del Catecismo Menor es entonces en realidad una descripción catequética de la gloria del Dios Trino.

Dios es Espíritu

La descripción que hace el Catecismo de Dios como «Espíritu» se basa en el texto griego de Juan 4:24: πνεῦμα ὁ θεός, *pneuma ho theos,* literalmente, «espíritu [es] el Dios». Lo primero a tratar es la intención del anártrico (sin artículo) πνεῦμα, *pneuma.* Leon Morris insta sabiamente a que deberíamos omitir el artículo indefinido en nuestra traducción.[26] Jesús no está diciendo que «Dios es un espíritu entre muchos»; más bien trataba de enfatizar la verdad de que la esencia de Dios es de la naturaleza de un *espíritu.*

¿Qué enseña Jesús acerca de la naturaleza esencial de Dios cuando describe a Dios como «espíritu»? El primer punto es que Dios es personal, esto es, consciente de sí mismo y autodeterminado, viviente y activo. Esta es la base por la que la respuesta del Catecismo puede emplear el pronombre «su» unas cuantas palabras más tarde (el hecho de que la Biblia asigne a Dios atributos como la sabiduría, conocimiento, una voluntad, y bondad, también indica que Dios es personal). El Dios de la Biblia no es en modo alguno una impersonalidad inerte: es un Creador vivo y activo, y el Arquitecto del universo, el benéfico Proveedor de las necesidades de la criatura, el Defensor de los pobres y oprimidos, un Luchador por la libertad, Juez justo, Consejero empático, Siervo sufriente y triunfante Libertador. Sin embargo, no se debería creer que su personalidad signifique que Dios es *una* persona; porque, aunque es verdad que Dios prefiere, en su revelación a las personas, utilizar la convención literaria de hablar como un «Yo» (véase el «Yo soy» de Éxodo. 3:14), hablando solo en contadas ocasiones como un sujeto plural y usando la primera persona del plural «nosotros» (véase Is. 6:8 y las afirmaciones de Jesús en Juan 10:30 y 14:23), no obstante, en la «plenitud» de su propio ser Él habla de sí mismo como un sujeto plural, ya que, en realidad es *tripersonal* (véase Gn. 1:26; 3:22; 11:7; Is. 6:8). De acuerdo con esto, Berkhof observa: «Atendiendo al hecho de que hay tres personas en Dios, es mejor decir que Dios es personal que decir que Dios es una persona».[27]

La segunda cosa que significa la naturaleza *espiritual* de Dios es que Él es incorpóreo. Esto puede demostrarse por medio de Lucas 24:36-43, donde, en respuesta a la percepción de los discípulos de que Él era «un espíritu», Jesús dijo: «Mirad mis manos y mis pies, que yo mismo soy; palpad, y ved; porque un espíritu no tiene carne ni huesos, como veis que yo tengo» (v. 39). Pero ¿qué significa para Dios, como espíritu, el ser incorpóreo? Significa que *no* se le puede atribuir ninguna propiedad de la materia. Él no tiene extensión en el espacio, ni peso, ni masa, ni volumen, no tiene partes, ni forma, ni sabor, ni olor. Él es invisible (1 Ti. 1:17; 6:16) y, siendo uno en esencia y sin partes, es indivisible (este último término denota lo que algunos teólogos refieren por su «simplicidad»).

Es este hecho de su esencia *espiritual* el que subyace en el segundo mandamiento, que prohíbe cualquier intento de modelar una imagen de Él. Moisés recordó a la nación de Israel: «Guardad, pues, mucho vuestras almas; pues ninguna figura visteis el día que Jehová habló con vosotros de en medio del fuego; para que no os corrompáis y hagáis para vosotros escultura, imagen de figura alguna, efigie de varón o hembra» (Dt. 4:15-16). El resultado de cualquier esfuerzo por moldear una imagen es una distorsión, y, por tanto, un ídolo. Dios es *espíritu,* y los que le adoran han de adorarle *en espíritu* y en verdad. Por tanto, el cristiano siempre ha de ser solícito a no pensar nunca que Dios tenga alguna característica material en su esencia espiritual.

Infinito, Eterno, e Inmutable en su Ser

Hemos afirmado que Dios, como espíritu, es una entidad substantiva que es personal e

---

[26] Leon Morris, *The Gospel of John* (Grand Rapids, Mich.: Eerdmans, 1971), 271.
[27] Berkhof, *Teología sistemática,* 88 [Capítulo 8].

incorpórea. Pero esta descripción, aunque puede distinguir a Dios de la criatura humana corporal, no logra distinguir a Dios de los ángeles, que son también entidades personales incorpóreas. (Este hecho ilustra el punto de que ninguna palabra se define a sí misma; toda palabra ha de cualificarse lo suficiente como para distinguir a su referente de otras cosas). Así que la siguiente cosa que el Catecismo dice acerca de Dios como personal e incorpóreo, es que es «infinito, eterno, e inmutable en su ser». ¿Qué significa esto?

Infinito en su Ser

En el contexto de la respuesta del Catecismo, es evidente que por «infinito en su ser», los teólogos de Westminster querían afirmar que Dios es omnipresente, es decir, que Dios trasciende todas las limitaciones espaciales y está inmediatamente presente en cada parte de su creación o (lo que es decir lo mismo), que todas las cosas y personas están inmediatamente en su presencia.

Algunos han inferido el atributo de la omnipresencia de Dios de sus atributos de omnipotencia y omnisciencia. Por ejemplo, Richard Swinburne argumenta:

> Una persona que es omnipotente es capaz de producir efectos en todas partes por medio de sus acciones básicas. Alguien que es omnisciente en un determinado momento ha justificado creencias verdaderas acerca de cosas que suceden en cualquier lugar y en cualquier momento…. Un ser omnisciente no depende para su conocimiento del correcto funcionamiento de intermediarios. Por tanto, una persona omnipotente y omnisciente… es un espíritu omnipresente por lógica necesidad.[28]

Aunque este razonamiento es valioso al demostrar la coherencia de los atributos de Dios, no estamos limitados a una inferencia como el fundamento de la afirmación cristiana de la omnipresencia de Dios. Es algo que se enseña directamente en las Escrituras:

Salmo 139:7–10: «¿A dónde me iré de tu Espíritu? ¿Y a dónde huiré de tu presencia [מִפָּנֶיךָ, *mippāneykā*]? Si subiere a los cielos, allí estás tú; y si en el Seol hiciere mi estrado, he aquí, allí tú estás. Si tomare las alas del alba y habitare en el extremo del mar, aun allí me guiará tu mano, y me asirá tu diestra».

1 Reyes 8:27: «Pero ¿es verdad que Dios morará sobre la tierra? He aquí que los cielos, los cielos de los cielos, no te pueden contener; ¿cuánto menos esta casa que yo he edificado?».

Proverbios 15:3: «Los ojos de Jehová están en todo lugar [בְּכָל־מָקוֹם, *bᵉkol-māqôm*], mirando a los malos y a los buenos».

Amós 9:2–4: «Aunque [refiriéndose al apóstata Israel] cavasen hasta el Seol, de allá los tomará mi mano; y aunque subieren hasta el cielo, de allá los haré descender. Si se escondieren en la cumbre del Carmelo, allí los buscaré y los tomaré; y aunque se escondieren de delante de mis ojos en lo profundo del mar, allí mandaré a la serpiente y los morderá. Y si fueren en cautiverio delante de sus enemigos, allí mandaré la espada». (Véase también Abd. 4)

Jeremías 23:23–24: «¿Soy yo Dios de cerca solamente, dice Jehová, y no Dios desde muy lejos? ¿Se ocultará alguno, dice Jehová, en escondrijos que yo no lo vea? ¿No lleno yo, dice Jehová, el cielo y la tierra?»

Ezequiel 8:12: «Y [El Señor] me dijo: Hijo de hombre, ¿has visto las cosas que los ancianos de la casa de Israel hacen en tinieblas, cada uno en sus cámaras pintadas de imágenes? Porque dicen ellos: No nos ve Jehová; Jehová ha abandonado la tierra».

Hechos 17:27–28: «Dios… no está lejos de cada uno de nosotros. Porque en él vivimos, y nos movemos, y somos».

---

[28] Richard Swinburne, *The Coherence of Theism* (Oxford: Clarendon, 1977), 222.

Dos palabras de precaución: En primer lugar, la doctrina de la omnipresencia de Dios no debería interpretarse de forma que se identifique a Dios con el universo, como sucede en el panteísmo. Tampoco debería interpretarse, como hacen los teólogos del proceso panteístico, de forma que se identifique a Dios con la fuerza impersonal que mueve el mundo, siendo el mundo su «cuerpo». La «personalidad» de Dios y el hecho de una creación real no toleran tal interpretación. Aunque Dios está presente y activo en todo lugar de su universo (doctrina de la divina inmanencia del teísmo cristiano), Él, como *increado* permanece ontológicamente separado del universo que creó y es esencialmente distinto de él (doctrina de la divina trascendencia del teísmo cristiano). La enseñanza bíblica sobre la distinción Creador/criatura es la que nos guarda contra las reconstrucciones panteísticas y panenteísticas del Dios bíblico.

En segundo lugar, el hecho de la omnipresencia de Dios nos impide entender literalmente las descripciones que la Biblia hace de Dios «ascendiendo», «descendiendo», «yendo» y «viniendo». Dios, al estar presente en todo lugar, no «viene» o «va» desde o hacia sitios específicos. Allí donde se emplea este lenguaje (por ejemplo, Gn. 11:5; Is 64:1–2), se debe reconocer por lo que es, lenguaje metafórico indicando o invocando una *manifestación especial* de la obra de Dios, ya sea en gracia o juicio. Además, ya que todo lo que decimos acerca de la naturaleza de Dios *per se* es igualmente cierto para cada una de las personas de la Deidad, esta conclusión tiene importantes implicaciones con respecto al significado tanto de la encarnación como de la «venida» del Espíritu Santo al mundo en Pentecostés. Al ser Él mismo omnipresente, Dios Hijo no «vino» literalmente al mundo en el sentido de llegar a un lugar donde antes no estaba. El suceso de la encarnación no debería interpretarse como que Dios el Hijo literalmente «abandonó el cielo», «vino al mundo» y «se confinó» a sí mismo al cuerpo terrenal de Jesús. Esto significaría que, en cierto modo, se despojó a sí mismo de su omnipresencia. Lo que más bien trata de transmitir es el hecho de que el Hijo de Dios se manifestó de manera única al mundo y a los hombres en y a través de la carne humana. Dios Hijo, mediante la concepción virginal, se unió a nuestra naturaleza humana en un sentido tan real y vital, que es apropiado declarar que Jesús de Nazaret era Dios manifestado en carne. Pero en ningún momento queremos sugerir que el Hijo de Dios se despojó de alguna manera de su omnipresencia cuando se hizo hombre. Cirilo de Alejandría, quien lideró la oposición ortodoxa contra Nestorio en el concilio de Éfeso en el 431 d.C., escribió en una carta a Nestorio:

[El Verbo eterno] se sujetó a sí mismo al nacimiento por nosotros, y se hizo hombre de una mujer, sin abandonar lo que Él era; ... aunque asumió carne y sangre, siguió siendo lo que era, Dios en esencia y verdad. Tampoco decimos que su carne se mudó en la naturaleza de la divinidad, ni que la inefable naturaleza de la Palabra de Dios fue puesta a un lado por la naturaleza de la carne; porque Él es inalterable y absolutamente inmutable, siendo el mismo siempre, de acuerdo con las Escrituras. Porque, aunque fuera visible y un niño envuelto en pañales, e incluso en el vientre de su Madre Virgen, Él llenaba toda la creación como Dios, y era cogobernante con Aquel que lo engendró, porque la Deidad no tiene cantidad ni dimensión, y no puede tener límites.[29]

Veinte años después, en el año 451 d.C., el Concilio de Calcedonia, cuyos esfuerzos confesionales produjeron la definición cristológica que fijó los límites de todos los debates futuros, declaró que Jesús poseía:

dos naturalezas sin confusión [ἀσυγχύτως, asynchytōs], sin mutación [ἀτρέπτως, atreptōs], sin

---

[29] De «The Epistle of Cyril to Nestorius with the XII Anathematisms», en *A Select Library of Nicene and Post-Nicene Fathers of the Christian Church* ed. Philip Schaff y Henry Wace (Grand Rapids, Mich.: Eerdmans, 1956 [segunda serie]), 14:202, énfasis añadido.

división [ἀδιαιρέτως, adiairetōs], sin separación [ἀχωρίστως, achōristōs], sin que la distinción entre las naturalezas fuera eliminada en modo alguno por la unión, sino que las propiedades de cada naturaleza fueron preservadas.

Por tanto, Calvino difícilmente estaba siendo heterodoxo, como fue acusado sarcásticamente por los Luteranos por medio de su *extra-Calvinisticum* («esa cosa extra-Calvino») [30] cuando escribió:

> Nos echan en cara, como si fuera un gran absurdo, que si el Verbo divino se vistió de carne tendría que estar encerrado en la estrecha prisión de un cuerpo formado de tierra. Esto es un despropósito. Aunque unió su esencia infinita con la naturaleza humana en una sola persona, sin embargo, no podemos hablar de encerramiento ni prisión alguna: porque el Hijo de Dios descendió milagrosamente del cielo, sin dejar de estar en él; y también milagrosamente descendió al seno de María, y vivió en el mundo y fue crucificado de tal forma que, entretanto, con su divinidad ha llenado el mundo, como antes.[31]

El *Catecismo de Heidelberg* concede a esta posición un estatus confesional explícitamente reformado cuando declara en la Pregunta 48:

> Dado que la divinidad [de Cristo] es incomprensible y está presente en todo lugar, resulta necesariamente que en efecto está fuera de la naturaleza humana que ha tomado, pero con todo y con eso está en ella y queda unida a ella personalmente.

Esto también es cierto con respecto a la «venida» del Espíritu Santo en Pentecostés. Él no «vino» al mundo en un sentido que sugeriría que abandonó una localización anterior y llegó a un lugar (el aposento alto) en el que no había estado antes. Más bien su presencia se manifestó de manera única en el aposento alto en Pentecostés.

Eterno en su Ser

Al decir «eterno en su ser», el Catecismo intenta enseñar la eternidad de Dios en «ambas direcciones»: que Dios siempre existió en el pasado y siempre existirá en el futuro. Nunca comenzó a ser, no crece o envejece, ni dejará de ser. Los siguientes versículos destacan este atributo de Dios:

Génesis 21:33: «Plantó Abraham un árbol tamarisco [pequeño y de hojas perennes] en Beerseba, e invocó allí el nombre de Jehová Dios eterno».

Salmo 29:10: «Jehová preside en el diluvio, y se sienta Jehová como rey para siempre».

Salmo 45:6: «Tu trono, oh Dios, es eterno y para siempre». (Véase Heb 1:8, donde el autor aplica este pasaje al Hijo de Dios, y Heb 13:8, donde el autor dice de Jesucristo: «Jesucristo es el mismo [ὁ αὐτός, *ho autos*] ayer, y hoy, y por los siglos [καὶ εἰς τοὺς αἰῶνας, *kai eis tous aiōnas*]»).

Salmo 48:14: «Porque este Dios es Dios nuestro eternamente y para siempre; Él nos guiará aun más allá de la muerte».

Salmo 90:2, 4: «Antes que naciesen los montes y formases la tierra y el mundo, desde el siglo y hasta el siglo, tú eres Dios... mil años delante de tus ojos son como el día de ayer, que pasó, y como una de las vigilias de la noche». (Véase también 2 P 3:8: «Para con el Señor un día es como mil años, y mil años como un día».

Salmo 102:25–27: «Desde el principio tú fundaste la tierra, y los cielos son obra de tus manos. Ellos perecerán, mas tú permanecerás; y todos ellos como una vestidura se envejecerán; como un vestido los mudarás, y serán mudados; pero tú eres el mismo, y tus

---

[30] Por causa de su doctrina de la consubstanciación, los luteranos creen que en la unión de las naturalezas en la persona única de Jesucristo, la naturaleza divina de nuestro Señor comunicó sus atributos a su naturaleza humana, dando como resultado que dicha naturaleza se convirtiese en «ubicua», o presente en todo lugar. Si esto fuera así, entonces, por supuesto, la naturaleza divina de nuestro Señor nunca estaría *extra* («fuera de») de su naturaleza humana, ya que esta última estaría en todo lugar. (Los luteranos también creen que la naturaleza humana de nuestro Señor se «vació» a sí misma de su ubicuidad durante los días terrenales de su carne, pero la asumió de nuevo en su resurrección). El mundo reformado percibe la doctrina luterana de la *communicatio idiomatum* como un rechazo eutiquiano de los grandes adverbios de Calcedonia ἀσυγχύτως, *asynchytōs* («sin confusión») y ἀτρέπτως, *atreptōs* («sin mutación»).

[31] Calvino, *Institución*, II.xiii.4, énfasis añadido.

Dios y el Hombre

años no se acabarán. (Véase Heb 1:10–12, donde el autor aplica este pasaje al Hijo de Dios).

Isaías 40:28: «Dios eterno es Jehová, el cual creó los confines de la tierra».

1 Timoteo 1:17: «--por tanto, al Rey de los siglos [τῷ δὲ βασιλεῖ τῶν αἰώνων, *tō de basilei tōn aiōnōn*], inmortal [ἀφθάρτῳ, *aphthartō*], invisible [ἀοράτῳ, *aoratō*], al único y sabio Dios [μόνῳ θεῷ, *monō theō*], sea honor y gloria por los siglos de los siglos. Amén».

Estos versículos claramente atribuyen a Dios el ser eterno. Pero lo que no está tan claro es si esta existencia eterna debería entenderse, como hacen la mayoría de los pensadores cristianos clásicos (por ejemplo, Agustín, Anselmo, Aquino), como algo que involucra también la noción de *atemporalidad*.

En su discusión acerca de la eternidad de Dios, pienso que Berkhof realiza una observación altamente significativa: «La forma en que la Biblia describe la eternidad de Dios es simplemente diciendo que su duración abarca edades sin fin».[32] Pero inmediatamente cancela la importancia de esta afirmación al apuntar: «Debemos recordar, sin embargo, que, al hablar así, la Biblia usa el lenguaje popular, no el de la filosofía». Pero es puro dogmatismo afirmar que la Biblia está usando «lenguaje popular», dando a entender que la verdad real del asunto se encuentra en otro lugar, y que, para llegar a dicha verdad, hemos de apelar a categorizaciones filosóficas. ¿Cómo sabe Berkhof esto?

Su comentario, por supuesto, refleja la influencia de Agustín y otros, que argumentan que *el tiempo es una sucesión de ideas en una mente finita*,[33] y como Dios, siendo omnisciente, no puede tener una sucesión así en su mente, es, por tanto «atemporal», y su «eternidad atemporal» ha de verse como algo cualitativamente separado y distinto del tiempo. Gordon H. Clark, siguiendo también a Agustín, explica:

> Si existe una sucesión de ideas en la mente de Dios, entonces las ideas que se sucedieron hoy no estaban presentes ayer, y, presumiblemente, algunas de las ideas de ayer, ya han pasado. Pero esto significa que Dios no conocía todas las cosas ayer, y que tampoco es omnisciente hoy.
>
> ¿Acaso no es claro que una sucesión temporal de ideas en la mente de Dios es incompatible con la omnisciencia? Precisamente, el hombre no es omnisciente porque sus ideas vienen y van. La mente humana cambia de un día a otro; la de Dios es omnisciente, inmutable, y, por tanto, eterna.[34]

Aparte del hecho de que la visión agustiniana parece convertir la «eternidad» de Dios, vista en términos de atemporalidad, más en una inferencia del atributo de la omnisciencia inmutable (nótese el «por tanto» de Clark) que en un atributo del ser esencial de Dios como tal (¿dónde está en su definición de la eternidad de Dios, así entendida, la «eternidad» de la que tanto habla la Biblia?), me parece puro dogmatismo declarar que, debido a que Dios es omnisciente (lo cual no niego), no puede existir una conciencia de duración sucesiva en su mente. Y es un *non sequitur* (incongruencia) concluir que, por el hecho de que Dios sea omnisciente, no tiene *idea de sucesión*, es decir, que no tiene conocimiento del pasado, presente o futuro relativo a su propia existencia. Hacer esto es confundir la noción de *la sucesión de ideas* –que sin duda *no* es cierto de Dios si con esto queremos decir que Dios aprende nuevos hechos– con la noción de *la idea de sucesión* que afirmo que Dios ciertamente tiene. Robert Lewis Dabney observa:

> Si... la conciencia divina de su propia existencia no tiene relación con la duración sucesiva, creo que eso es algo que no está demostrado, y que no se nos puede probar. De aquí que tampoco toda la idea sea plausible; que los teólogos... infieren: Ya que todos los pensamientos de Dios siempre están igualmente presentes en Él, no puede tener sucesión de su conciencia; y, por tanto, no tiene relación con la sucesión del tiempo. Pero el análisis es falso, y no demostraría la validez de esta

---

[32] Berkhof, *Teología sistemática*, 55 [Capítulo 6].
[34] Gordon H. Clark, «Time and Eternity», *Against the World. The Trinity Review, 1978–1988* (Hobbs, New Mexico: Trinity Foundation, 1966), 79.

conclusión con respecto a Dios si fuera correcto... En todos los actos y cambios de las criaturas, la relación de sucesión es actual y cierta. Ahora bien, aunque el conocimiento subjetivo que Dios tiene de estos cambios no es sucesivo [Nota del autor: Entiendo que quiere decir con esto que Dios no aprende estos cambios como la criatura piensa y actúa estos cambios], este [su conocimiento] es sin duda correcto, es decir, cierto en todos los hechos objetivos. Pero estos [hechos objetivos] tienen una sucesión real. De tal forma que la idea de la duración sucesiva ha de estar incluida en el pensamiento de Dios. ¿Acaso no tiene Él todas las ideas que tenemos nosotros, e infinitamente más? Pero si Dios, al pensar en lo que es objetivo, piensa alguna vez en la duración sucesiva, ¿podemos acaso estar seguros de que su conciencia de su propia subsistencia no tiene relación con la sucesión en el tiempo?[35]

Concuerdo con el análisis de Dabney. El hecho de no hacer esto, e insistir en que Dios es atemporal, es decir, que las distinciones de tiempo y la existencia en sucesión no tienen referencia con Él, es lo que se esconde tras muchos desórdenes teológicos. Por ejemplo, Charles Hodge, que se sitúa en la tradición clásica, escribe que «para Él [Dios] *no hay distinción* entre el pasado, presente y futuro, sino que *todas las cosas son igualmente y siempre presentes para Él*. Para Él la duración es un *eterno ahora*», que «para Él no es ni pasado ni futuro... el pasado y el futuro son siempre igualmente presentes para Él [como un eterno ahora (o presente)]», y «para Él no hay ni pasado ni futuro, ni antes ni después».[36]

Pero estas palabras parecen llegar demasiado lejos. Primero en que, si se toman literalmente, reducen a cero la importancia de la referencia temporal en cada forma verbal finita hebrea, aramea y griega que Dios empleó en su descripción revelada a nosotros de sus pensamientos, palabras y actos, y prácticamente las transforma todas en participios sin tiempo.

En segundo lugar, también reducen a cero la importancia de la preposición בְּטֶרֶם (*bᵉṭerem*, «antes») en versículos como Salmo 90:2 y Jeremías 1:5 y la preposición אַחַר (*'aḥar*, «después») en versículos como Josué 24:5 y Jeremías 12:15, así como la importancia de la preposición πρό, *pro*, en «antes conoció» (προγινώσκω, *proginōskō*) y «predestinó» (προορίζω, *proorizō*) en Romanos 8:29 y en la expresión: «según nos escogió en Él *antes* [πρὸ, *pro*] de la fundación del mundo» (Ef 1:4; véase también Juan 17:24). ¿No nos está informando Dios en estos versículos que Él tenía un plan (su «propósito eterno») *antes* de crear el mundo? ¿No significa este dato que *antes* de la creación del mundo, si un ángel le hubiera preguntado acerca del «cuándo» de dicha creación, Él podría haber dicho, o, de hecho, se habría visto obligado a decir como Dios de verdad que es: «Todavía no he creado el mundo. Su creación está aún en el futuro»? ¿Y no tiene que decir ahora, como Dios de verdad: «He creado el mundo; su creación *ya no está* en el futuro, *ahora* está en el pasado»? Ciertamente parece que, para Dios, el pasado es pasado, el presente es presente, y el futuro es futuro. ¡Tan ciertamente como lo son para nosotros! Y, aunque ciertamente y de forma infalible *conoce* el futuro porque Él lo ordenó, sigue conociéndolo como *futuro*. Resulta extraño como mínimo argumentar como E. L. Mascall que todos los actos de Dios son dipolares, y que un acto dado, desde el extremo de la criatura, es temporal (ya sea pasado, presente o futuro), mientras que, desde el extremo del Creador, el mismo acto es atemporal.[37] Si las «palabras temporales» que Dios nos dice respecto a sus planes y actos no significan para Dios lo mismo que para nosotros, entonces *para Él* la creación del mundo puede no haber sucedido, *para Él* la primera venida de Cristo puede ser solo un asunto de profecía

---

[35] Dabney, *Lectures in Systematic Theology*, 40.
[36] Hodge, *Systematic Theology*, 1:385 (énfasis añadido), 386, 538. Aparentemente, este tema era algo incómodo para Hodge, ya que cuando más tarde escribe acerca del conocimiento de Dios, hace una mejor afirmación: «Dios conoce todas las cosas como son, ... el pasado como pasado, el presente como presente, el futuro como futuro. Aunque todas las cosas están siempre presentes a sus ojos, las ve como sucesivas en el tiempo» (1:397).
[37] E. L. Mascall, *The Openness of Being* (Philadelphia: Westminster, 1971), 166.

predictiva, *para Él* la segunda venida de Cristo puede ser algo pasado, *para Él* el cristiano puede estar aún en sus pecados y bajo la condenación divina, o *para Él* estas cosas y todo lo demás puede ser pasado, presente y futuro al mismo tiempo. En resumen, si Dios es atemporal y todos sus actos son atemporales para Él, no podemos tener un conocimiento verdadero y cierto sobre nada, excepto, quizás, las matemáticas puras.

En tercer lugar, parece existir una contradicción inherente al decir que una persona *atemporal* vive en un «eterno presente» porque el referente de la palabra «presente» tiene significado solamente en la categoría ordenada que incluye también al pasado y al futuro. Nicholas Wolterstorff apunta:

> Para que algo sea atemporal, ninguna de estas relaciones de orden [pasado, presente o futuro] pueden serle aplicables. Si un ser es verdaderamente atemporal, sería imposible para él existir a la vez con cualquier otra cosa, o antes o después de cualquier otra cosa. Una vez que se establece [Autor: o se argumenta como hace Hodge] que un ser ocupa una de esas relaciones de orden, ese ser es claramente temporal.[38]

Por estas tres razones, parece que atribuir a Dios el atributo de atemporalidad (entendido como la ausencia de conciencia divina de una duración sucesiva con respecto a su propia existencia) es algo que no puede apoyarse a partir de las Escrituras, ni es consistente en sí mismo. En el mejor de los casos, es solo una inferencia de las Escrituras (y muy probablemente falaz). Estas razones también sugieren que el cristiano debería estar dispuesto a afirmar que las relaciones de orden (antes, ahora, después) que se representan normalmente como relaciones de tiempo, *son* ciertas para Dios, así como lo son para el hombre.

Por otra parte, el cristiano no debería defender sin una matización cuidadosa la idea de que el tiempo es un aspecto de la eternidad de Dios. Todo depende de cómo se defina el tiempo. Por ejemplo, si se piensa en el tiempo como «la sucesión *objetiva* de momentos que existen aparte de las mentes», y se aplica al ser de Dios, esto sugeriría que el ser de Dios está, de hecho, sufriendo un «proceso de envejecimiento». Además, algo independiente de Dios (es decir, el tiempo mismo) parecería estar moviendo la historia, haciendo recaer una sombra sobre el señorío soberano de Dios sobre el tiempo y la historia. Pero si se adopta una definición como la de J. Oliver Buswell Jr. en la que el tiempo es la «simple posibilidad abstracta [es decir, ideada] de la relación en secuencia entre el antes y el después»,[39] es decir, si el tiempo se define como la *idea* en una mente consciente (nota: no solo en una mente *finita*, sino en una mente consciente que incluye también la mente de Dios) de la relación «antes y después» en una sucesión de duración, no existe problema en proponer que el tiempo reside eternamente en la mente de Dios y que es descriptivo, por una parte, de la relación entre sus pensamientos y sus acciones creativas (precediendo estos a aquellas en una secuencia de duración) y, por otra parte, de su conocimiento de la relación entre cualquier acción divina particular y una segunda acción divina (un acto divino que precede o sigue a otro en una secuencia de duración).[40] Esto significaría que, para Dios, aunque Él mismo siempre permanece *ontológicamente* inalterado por la secuencia de duración (es decir, su conciencia de esta duración secuencial no afecta negativamente en modo alguno a su «divinidad»), y, aunque sus pensamientos mismos (es decir, su sabiduría y conocimiento) son eternamente intuidos, exhaustivos y teológicamente ordenados y *no* se llega a ellos de forma cronológica mediante el proceso de discurso, aun así, el concepto o idea de la posibilidad del

---

[38] Parafraseado por Ronald H. Nash, *The Concept of God* (Grand Rapids: Zondervan, 1983), 81. Para las palabras del propio Wolterstorff, véase su «God Everlasting», en *God and the Good*, ed. C. Orlebeke y Lewis Smedes (Grand Rapids, Mich.: Eerdmans, 1975)), 181–203.

[39] J. Oliver Buswell Jr., *A Systematic Theology of the Christian Religion* (Grand Rapids, Mich.: Zondervan, 1962), 1:47.

[40] El teólogo evangélico filosófico Ronald H. Nash concluye su discusión sobre la «eternidad» de Dios en *The Concept of God* con las palabras: «¿Es Dios un ser atemporal o eterno? En este momento, no lo sé... el jurado aún está deliberando, y, en el momento, no veo razón por la que el teísmo no pueda acomodarse a cualquiera de las dos interpretaciones» (83). Personalmente me inclino más por ver la eternidad de Dios en términos de eternidad.

Dios y el Hombre

«antes» y el «después» en secuencia de duración o sucesión es una categoría *epistemológica* distinta, aplicable tanto a Él como a nosotros. En consecuencia, Dios no solo conoce el pasado, presente y futuro de la criatura, sino que también conoce sus propios *pensamientos* por una parte y sus *acciones* por otra, relacionados los unos con las otras, los primeros con las segundas, en la relación «antes y después» en una secuencia de duración» (véase, por ejemplo, «nos escogió en él antes de la fundación» en Ef. 1:4). Y también conoce que sus acciones se relacionan unas con otras en una sucesión de duración (por ejemplo, sabe que creó los ángeles antes que los hombres en una secuencia, lo cual diría que es una inferencia legítima de Job 38:4–7).

Afirmar esto permite al cristiano sostener que Dios, aunque siempre y en cualquier momento es inmanente en su mundo, sigue siendo el Creador soberano y Señor sobre él, de forma que el mundo (incluyendo su futuro) no es en modo alguno extraño o desconocido para Él, y que la historia (pasada, presente y futura) es producto de su plan eterno, actividad creativa, preservación providencial, y la gracia común y especial.

Inmutable en su Ser

El Catecismo afirma aquí la naturaleza inmutable o carácter de Dios (al que nos referimos como inmutabilidad en el vocabulario teológico). Esta doctrina afirma que Dios, en el sentido ontológico y decretivo, no cambia ni puede cambiar. Versículos tales como los siguientes proveen la base de esta convicción cristiana clásica:

Números 23:19: «Dios no es hombre, para que mienta, ni hijo de hombre *para que se arrepienta* [וְיִתְנֶחָם, *w^{e}yitneḥām*]. El dijo, ¿y no hará? Habló, ¿y no lo ejecutará?»

1 Samuel 15:29: «La Gloria de Israel no mentirá, *ni se arrepentirá* [וְלֹא יִנָּחֵם, *w^{e}lō' yinnāḥēm*]; porque no es hombre para que se arrepienta».

Salmo 102:26: "[Los cielos y la tierra] perecerán, mas *tú permanecerás*; [וְאַתָּה תַעֲמֹד, *w^e'attāh ta^{a}mōḏ*]; Y todos ellos como una vestidura se envejecerán... *pero tú eres el mismo* [וְאַתָּה־הוּא, *w^e'attāh hû'*]."

Malaquías 3:6: «Porque yo Jehová *no cambio* [לֹא שָׁנִיתִי, *lō' šānîṯî*]; ; por esto, hijos de Jacob, no habéis sido consumidos».

2 Timoteo 2:13: «Si fuéremos infieles, *él permanece* [μένει, *menei*] fiel; Él no puede negarse a sí mismo».

Hebreos 6:17–18: «Por lo cual, queriendo Dios mostrar más abundantemente a los herederos de la promesa la *inmutabilidad de su consejo* [τὸ ἀμετάθετον τῆς βουλῆς αὐτοῦ, *to ametatheton tēs boulēs autou*], interpuso juramento; [véase Gn 15: 8–18]. para que por dos *cosas inmutables* [πραγμάτων ἀμεταθέτων, *pragmatōn ametathetōn*], en las cuales es imposible que Dios mienta, tengamos un fortísimo consuelo».

Santiago 1:17: «Toda buena dádiva y todo don perfecto desciende de lo alto, del Padre de las luces, en el cual no hay mudanza, ni sombra de variación [παρ' ᾧ οὐκ ἔνι παραλλαγὴ ἢ τροπῆς ἀποσκίασμα, *par hō ouk eni parallagē ē tropēs aposkiasma*]».

Estos versículos enfatizan la *constancia* de su ser (naturaleza o carácter) y su propósito, y esta constancia a su vez garantiza que Él permanece siempre siendo el único y mismo Dios de verdad, fiel a sí mismo, a sus decretos y sus obras.

Por lo que han dicho acerca de su inmutabilidad, como una consecuencia de su entendimiento de la eternidad de Dios como algo que involucra la atemporalidad, los teístas clásicos han hecho ver a Dios a veces como Alguien prácticamente congelado en una inmovilidad o inactividad atemporal. Este es un ejemplo de los desórdenes teológicos que se acumulan al atribuir la atemporalidad a Dios. Estos teístas defienden con acierto que, ya que Dios es un ser perfecto, es incapaz de ningún cambio ontológico, pues este cambio sería bien para mejor, bien para peor. No puede cambiar a mejor porque ya es perfecto, y no puede cambiar para peor, ya que eso daría como resultado volverse imperfecto. Se argumenta incorrectamente que lo mismo es cierto con respecto a cualquier movimiento o actividad por parte de Dios. Que cualquier movimiento mejora su condición o la empeora, pero ninguna de estas dos cosas es posible para una Deidad perfecta. Por tanto, permanece en una «postura eternamente congelada» (esta es la caracterización que hace Packer) como el Dios impasible. Pero esta no es la descripción bíblica de Dios. El Dios de las Escrituras está constantemente actuando en la condición humana, y reaccionando a ella. No está metafísicamente aislado, desconectado, despreocupado o es insensible o indiferente a la condición de los hombres caídos. En todo lugar se muestra tanto como Aquel que registra dolor, tristeza, desagrado e ira por el pecado y sus ruinosos efectos, como Aquel que en compasión y amor ha tomado pasos efectivos en Jesucristo para revertir la miseria de los hombres. En todas partes se muestra a Dios como Alguien que puede y entra en relaciones de amor interpersonales, auténticas y profundas con sus criaturas, y como un Dios que verdaderamente se preocupa por ellas y su felicidad.

Resumiendo, como declara W. Norris Clarke, Dios es «un Dios "religiosamente disponible" a nivel personal».[41] Así pues, decir que Dios no puede cambiar, es decir, que es «inmutable», no ha de entenderse como que Él no puede actuar ni lo hace. ¡El Dios bíblico se nos muestra actuando en cada página de la Biblia! No es estático en su inmutabilidad; es dinámico en medio de ella. Pero su inmutabilidad dinámica en modo alguno afecta a su naturaleza esencial como Dios (es decir, a su «Divinidad»); por el contrario, dejaría de ser el Dios de las Escrituras si no tuviera la voluntad y actuara de las maneras que la Biblia le atribuye. Pero, como Isaías declaró, Él tiene voluntad de actuar y actúa en fidelidad a sus decretos: «Has hecho maravillas; tus consejos antiguos son verdad y firmeza» (Is 25:1). Berkhof concluye con acierto:

> No debe entenderse como si implicara *inmovilidad*, como si en Dios no hubiera movimiento... La Biblia nos enseña que Dios entra en multiformes relaciones con el hombre, y como si así fuera, vive la vida humana con los hombres. Todo cambia alrededor de Dios, hay cambio en las relaciones del hombre para con Él; pero no se efectúa cambio alguno en el Ser Divino, ni en sus atributos, decretos, motivos de acción, ni en sus promesas.[42]

Por tanto, siempre que la impasibilidad divina se interpreta como que Dios es insensible al dolor humano o incapaz de empatizar con la aflicción del hombre, esto ha de denunciarse y rechazarse rotundamente. Cuando la Confesión de Fe declara que Dios es «sin... pasiones» se ha de entender como que Dios no tiene pasiones *corporales*, tales como el hambre o el impulso humano por la realización sexual. Como escribe A. A. Hodge: «negamos que le pertenezcan las propiedades de la materia, tales como las partes y pasiones corporales».[43]

Sin embargo, afirmamos que la criatura no puede *infligir* sufrimiento, dolor, o ningún tipo de angustia sobre Él *en contra* de su voluntad. En este sentido Dios *es* impasible. Bien dice J. I. Packer:

> En la medida en que Dios entra en una experiencia de este tipo, es por la empatía con sus criaturas y de acuerdo con su propia decisión deliberada, y no como víctima de dichas criaturas... Imaginarse a Dios como *apathetos*, libre de todo *pathos*, caracterizado siempre por la *apatheia*, no representa un término bíblico, sino que fue introducido a la teología cristiana en el siglo II: ¿qué se supone que significaba? La respuesta histórica es que no significa impasibilidad, falta de preocupación, ni desapego personal frente a la creación; tampoco insensibilidad o indiferencia a las angustias de un mundo caído; ni incapacidad o falta de disposición para empatizar con el dolor

---

[41] Clarke, «A New Look at the Immutability of God», en *God, Knowable and Unknowable*, ed. Robert J. Roth (New York: Fordham, 1973), 44.
[42] Berkhof, *Teología sistemática*, 54 [Capítulo 6].
[43] A. A. Hodge, *A Commentary on the Confession of Faith* (Philadelphia: Presbyterian Board of Publications, 1869), 73–4.

Dios y el Hombre

y la aflicción humana; sino simplemente que las experiencias de Dios no recaen sobre Él como lo hacen sobre nosotros, porque las suyas son conocidas de antemano, deseadas y elegidas por sí mismo, y no son sorpresas involuntarias forzadas sobre Él desde fuera, aparte de su propia decisión, del mismo modo que las nuestras regularmente lo son. En otras palabras, Él nunca es en realidad la víctima a quien el hombre hace sufrir; incluso el Hijo sobre su cruz... estaba sufriendo conscientemente tanto por su conocimiento previo y elección como los del Padre, y aquellos que le hicieron sufrir, aunque fueran libres y culpables de su acción, eran verdaderamente herramientas de la divina sabiduría y agentes del divino plan, aunque lo fueran sin saberlo (véase Hechos 2:23, 1 P. 1:20).[44]

Una objeción contra la inmutabilidad decretiva de Dios que con frecuencia se plantea es la siguiente: si Dios siempre actúa de acuerdo con su propósito eterno previamente conocido, el cual está fijado de manera inalterable, si siempre es fiel a su propio decreto eterno, ¿cómo podemos explicar el hecho de que las Escrituras hablen de que Dios «se arrepintió» de alguna acción, o de que «cambiara de parecer», expresando su disposición de seguir un curso de acción distinto de aquel en el que está? ¿Es que su «arrepentimiento» o su «cambiar de parecer» también son aspectos de su inmutabilidad dinámica, y, si es así, qué significa «inmutabilidad»? ¿Y cómo encaja esto con la inalterable fijación de su decreto eterno? Esta objeción se basa en versículos tales como:

1. Génesis 6: 5–7: «Y vio Jehová que la maldad de los hombres era mucha en la tierra, y que todo designio de los pensamientos del corazón de ellos era de continuo solamente el mal. Y se arrepintió Jehová de haber hecho hombre en la tierra, y le dolió en su corazón. Y dijo Jehová: Raeré de sobre la faz de la tierra a los hombres que he creado... pues me arrepiento de haberlos hecho».

La pregunta es: ¿cómo Dios puede estar dolido por el mal del hombre (tan dolido, de hecho, que expresa arrepentimiento de haber creado al hombre), si ya sabía que el hombre llegaría a esto y todo estaba de acuerdo con su eterno decreto?

2. Éxodo 32: 9–10: «Dijo más Jehová a Moisés: Yo he visto a este pueblo [los israelitas, que habían pecado adorando el becerro de oro], que por cierto es pueblo de dura cerviz. Ahora, pues, déjame que se encienda mi ira en ellos, y los consuma; y de ti yo haré una nación grande».

Al amenazar con consumir a Israel y hacer de Moisés, que era de la tribu de Leví [Ex. 2:1] una gran nación, ¿no está Dios implicando con sus palabras que estaba considerando anular y dejar sin efecto su promesa acerca de que el Mesías vendría por la línea de Judá (Gn. 49:10)? Y, si es así, ¿no significa esto que Dios puede «cambiar de parecer» en cualquier momento y, por tanto, alterar su plan eterno y toda la historia posterior?

3. 1 Samuel 15:11: «Me pesa haber puesto por rey a Saúl, porque se ha vuelto de en pos de mí, y no ha cumplido mis palabras».

De nuevo se pregunta, ¿cómo podría a Dios pesarle el haber hecho rey a Saúl si ya sabía que Saúl haría las cosas que hizo y si todo esto era de acuerdo con su divino propósito?

4. Jonás 3:3–5, 10: «Jonás... fue a Nínive... y predicaba diciendo: De aquí a cuarenta días Nínive será destruida. Los hombres de Nínive creyeron a Dios. Proclamaron ayuno, y se vistieron de cilicio desde el mayor hasta el menor de ellos... Y vio Dios lo que hicieron, que se convirtieron de su mal camino; y se arrepintió del mal que había dicho que les haría, y no lo hizo».

¿No cambió Dios de propósito después de su anterior declaración incondicional de

---

[44] Packer, «Theism for Our Time», ed. Peter T. O'Brien and David G. Peterson, *God Who Is Rich in Mercy* (Grand Rapids, Mich.: Baker, 1986) 7 16–17.

juicio? Y si lo hizo, ¿dónde entonces está su inmutabilidad?

Se puede dar una respuesta cuádruple a estas preguntas. En primer lugar, allí donde el texto bíblico, después de una lectura superficial, parece sugerir que Dios *de hecho* cambió su curso de acción respecto a uno declarado previamente, deberíamos entender que este «nuevo curso» es tan solo su respuesta establecida e *inmutablemente cierta* –de acuerdo con los principios de conducta con respecto a sí mismo que enuncia en Jeremías 18:7-10– a un cambio en la respuesta humana a sus santas leyes:

En un instante hablaré contra pueblos y contra reinos, para arrancar, y derribar, y destruir. Pero *si esos pueblos se convirtieren de su maldad* contra la cual hablé, yo me arrepentiré del mal que había pensado hacerles, y en un instante hablaré de la gente y del reino, para edificar y para plantar. Pero *si hiciere lo malo delante de mis ojos, no oyendo mi voz*, me arrepentiré del bien que había determinado hacerle (énfasis añadido).

En otras palabras, Dios *siempre* actúa del mismo modo hacia la maldad moral, y del mismo modo hacia el bien moral. En todas sus reacciones a las respuestas de los hombres hacia Él, resulta evidente la firmeza moral *inmutable* de su carácter. Si los hombres y mujeres alteran sus relaciones con Él, siempre responderá de forma consistente con la inmutabilidad de su santo carácter. Siendo esto así, Dios no considera necesario añadir a cada promesa que hace o a cada predicción de juicio que emite las condiciones para la prosperidad o aflicción humana. Se ha de entender que siempre están vigentes, aunque no se afirmen. Siempre están operativas, de manera que sea lo que sea que los hombres hagan, Dios responderá de acuerdo con ello. Y si el intérprete bíblico no se da cuenta de esto –de que estas condiciones están operativas a pesar de que no se afirmen– puede concluir que Dios ha roto una promesa o no ha llevado a cabo un juicio que había predicho.

Un ejemplo de ello son sus tratos con Nínive por medio de la predicación de Jonás. Aunque el mensaje que mandó proclamar a Jonás para Nínive parece ser absoluto e incondicional en su declaración de juicio («de aquí a cuarenta días Nínive será destruida»), el hecho de que el juicio no había de recaer sobre ellos hasta cuarenta días después implica que, si durante ese período de tiempo Nínive se arrepentía de su maldad, el juicio «prometido» sería retirado. Dicho de otra forma, el significado completo del mensaje de Jonás era: «Tenéis cuarenta días para arrepentiros. Si no lo hacéis, Nínive será destruida. Si lo hacéis, Dios no os afligirá con el juicio que os amenazaba». Este es precisamente el punto que Dios mismo enuncia en Jeremías 18:7–10. Podemos estar seguros de que Dios *siempre* se relaciona con sus criaturas con una firmeza moral que está basada en una justicia perfecta. Como el salmista declaró: «Con el misericordioso te mostrarás misericordioso, y recto para con el hombre íntegro. Limpio te mostrarás para con el limpio, y severo serás para con el perverso. Porque tú salvarás al pueblo afligido, y humillarás los ojos altivos» (Sal. 18:25-27).

¿Significa esto que la relación de Dios con su creación ha de verse únicamente de un modo *reaccionario*, es decir, que sus acciones son siempre y solamente *reacciones* de último momento a las *acciones* más originales y definitivas del hombre? No. Como argumentaré en el capítulo 10, Dios «desde toda la eternidad, por el sapientísimo y santísimo consejo de su propia voluntad, ordenó libre e inmutablemente todo lo que acontece» (Confesión de fe de Westminster, III/i), no habiendo decretado nada «porque lo previó como futuro» (CFW, III/ii) y no habiendo decretado nada con respecto al bien de la criatura por «la previsión de la fe o buenas obras, o la perseverancia en ninguna de ellas, o de cualquier otra cosa que haya en las criaturas, como condiciones o causas que le muevan a ello» (CFW, III/v).[4,5] Es decir, Él no

---

[45] Las palabras «previó como futuro» y «previsión» en estos artículos de la Confesión, sugieren que Dios vio el futuro como futuro. Pero Él no decretó el futuro con base en esta previsión.

ha decretado nada como *reacción* a alguna acción predicha y definitiva de la criatura. De acuerdo con esto, al mantener su eterno propósito, Él concede o retira el arrepentimiento como le place, «de quien quiere, tiene misericordia, y al que quiere endurecer, endurece» (Ro. 9:18); esta misericordia que es concedida o retirada, *al llegar a realizarse y reflejarse en la vida de la criatura* le causa gozo o tristeza respectivamente.

Lo que he dicho aquí simplemente se desprende de tomar en serio el carácter de Dios, quien al *ser santo* nunca puede aprobar el mal, y, por tanto debe retroceder ante él a pesar de haber decretado su existencia; quien, al *ser justo* siempre debe aprobar la obediencia, pronunciar que es buena, y regocijarse sobre ella a pesar de que, allí donde existe en una criatura, Él es el autor definitivo de la misma; y quien, simplemente porque *es bueno* ha de responder siempre al mal del pecador con dolor y al arrepentimiento del pecador con deleite. Dicho de otra forma, la Biblia simplemente no apoya ninguna construcción teológica que permita que el decreto eterno de Dios aparezca tan grande y domine todo de tal forma que Dios mismo sea representado como inconmovible por el pecado *real* y/o arrepentimiento *real* de su criatura. En lugar de eso, hemos de estar dispuestos a decir que Dios ha querido todas las condiciones actuales del mundo para cumplir el objetivo particular que Él ha determinado, incluso aunque algunas de esas condiciones puedan ofenderle o afligirle (porque Él es bueno).

En segundo lugar, al ser Dios no solo el Dios de la santidad infinita, sino también de la bondad y compasión infinitas, no debería sorprendernos leer que, en reacción al mal de aquellos que rehúsan obedecerle, puede dolerle haberlos creado. De hecho, sería extraño que no oyéramos decir que su pecado y maldad son una fuente de gran aflicción para Él. Dios mismo declaró: «No quiero la muerte del impío, sino que se vuelva el impío de su camino, y que viva» (Ez. 33:11). Tal como, debido a su santidad, Dios no puede mirar con aceptación el pecado del hombre (Hab 1:13), también, por su compasión, no puede ver la condenación del pecador con placer (Ez. 33:11). La obediencia de las criaturas *siempre* le produce gozo; el pecado de las criaturas *siempre* le aflige, incluso hasta el punto de poder declarar que se arrepiente de haber creado a aquellos que le desobedecen. Buswell captura este punto de manera conmovedora:

> La inmutabilidad de Dios es la consistencia absolutamente perfecta de su carácter en sus relaciones reales a través de la historia con su creación finita. Siempre que un pecador se arrepiente, hay gozo en la presencia de los ángeles (Lucas 15:7, 10). Siempre que un hijo de Dios, «sellado» por su Espíritu, cae en pecado, el Espíritu Santo se «contrista» (Ef 4:30).[46]

En tercer lugar, aunque la ira de Dios contra Israel no era fingida en modo alguno cuando amenazó con destruirlos y «comenzar de nuevo» con Moisés, Él sabía que no existía el riesgo de que llegase a realizarse. Sus palabras hacia Moisés: «Ahora, pues, déjame...», indican que, desde la perspectiva de Dios, Moisés estaba ante Él como mediador de Israel. Y Dios sabía, porque había creado a Moisés y había determinado por decreto asignarle su carácter de «mediador», que este ciertamente intercedería por Israel, y que Él mismo, en respuesta a la mediación, retiraría su «amenaza». Al permitir que su respuesta ante el pecado de Israel cambiase por la mediación de Moisés –como uno de los muchos ejemplos de mediación en la Biblia (véase también, por ejemplo, Gn. 18:22–33; 19:29; Ex. 17:9–13; Job 1:4–5; Ez. 22:30)– Dios quería enseñar que siempre se relaciona con los hombres por medio de un mediador para su salvación. Cuando Moisés apeló a favor de Israel a las promesas del pacto realizadas a Abraham, Isaac e Israel (Ex. 32:13) y, para «expiar» los pecados de Israel, declaró que, si Dios no les perdonaba, él quería ser borrado del libro que Dios había escrito (Ex. 32:30–32), estaba por su mediación siendo una señal del principio de salvación por

---

[46] Buswell, *Systematic Theology*, 1:57.

mediación, y, al hacerlo, dicha mediación se convirtió por designio divino en un tipo de la obra mediadora de Cristo en el Antiguo Testamento. Así pues, lo que muchos afirman ser un ejemplo de la *mutabilidad* del propósito de Dios, es, en realidad, un destacable ejemplo del *propósito fijo* de Dios de relacionarse con hombres pecadores con base en la intercesión de un Mediador designado.

En cuarto lugar, a aquellos que responden preguntando por qué Dios, que es un Dios de compasión, creó a los hombres si sabía de antemano (sin mencionar su decreto) que algunos de ellos le insultarían y le causarían aflicción, resultando en su hostilidad eterna hacia ellos y el daño eterno de estos, diría que, antes de encontrar faltas en la sabiduría y amor de Dios en relación con el mundo que en realidad existe, deberían ser capaces de mostrar que otro mundo en el que el mal no pudiera realizarse sería más rico en valores espirituales y morales, cumpliría mejor los mismos fines, y estaría más de acuerdo con toda la gama de sus atributos divinos. A la luz del objetivo final que Dios sabiamente ha determinado cumplir, es decir, la glorificación de su amado Hijo como «Primogénito» entre muchos hermanos (Ro. 8:29), glorificándose también a sí mismo, parece imposible que cualquier mundo imaginado pudiera justificarse a sí mismo cumpliendo estos criterios.

INFINITO, ETERNO, E INMUTABLE EN SU SABIDURÍA

Dios es infinitamente sabio de forma eterna e inmutable. Su sabiduría se refleja tanto en su plan eterno como en sus caminos y obras. Él tiene sabias razones para los fines que determina, aunque tales razones no siempre resulten aparentes a las criaturas. Obviamente, el Catecismo en este punto también tiene la intención de incluir dentro de esta categoría la categoría del conocimiento, ya que no se menciona en ninguna otra parte de la definición. En otras palabras, Dios conoce todas las cosas y todas las proposiciones que son ciertas (omnisciencia), siempre ha conocido y conocerá todas las cosas, y no puede aprender más u olvidar nada que ya conozca. Las Escrituras están repletas de esta enseñanza:

1 Samuel 2:3: «No multipliquéis palabras de grandeza y altanería; cesen las palabras arrogantes de vuestra boca; porque el Dios de todo saber es Jehová, y a él toca el pesar las acciones».

1 Samuel 16:7: «El hombre mira lo que está delante de sus ojos, pero Jehová mira el corazón».

Job 37:16: «¿Has conocido tú las diferencias de las nubes, las maravillas del Perfecto en sabiduría?»

Salmo 33:13: «Desde los cielos miró Jehová; vio a todos los hijos de los hombres; desde el lugar de su morada miró sobre todos los moradores de la tierra. Él formó el corazón de todos ellos; atento está a todas sus obras».

Salmo 94:9–11: «El que hizo el oído, ¿no oirá? El que formó el ojo, ¿no verá? El que castiga a las naciones, ¿no reprenderá? ¿No sabrá el que enseña al hombre la ciencia? Jehová conoce los pensamientos de los hombres, que son vanidad».

Salmo 104:24: «¡Cuán innumerables son tus obras, oh Jehová! Hiciste todas ellas con sabiduría».

Salmo 139: 1–4, 15–16: «Oh Jehová, tú me has examinado y conocido. Tú has conocido mi sentarme y mi levantarme; has entendido desde lejos mis pensamientos. Has escudriñado mi andar y mi reposo, y todos mis caminos te son conocidos. Pues aún no está la palabra en mi lengua, he aquí, oh Jehová, tú la sabes toda... No fue encubierto de ti mi cuerpo, bien que en oculto fui formado, y entretejido en lo más profundo de la tierra. Mi embrión vieron tus ojos, y en tu libro estaban escritas todas aquellas cosas que fueron luego formadas».

Proverbios 8:22-23, 27– 30: «Jehová me poseía [esto es, la sabiduría] en el principio, ya

Dios y el Hombre

de antiguo, antes de sus obras. Eternamente tuve el principado, desde el principio, antes de la tierra... cuando formaba los cielos... cuando trazaba el círculo sobre la faz del abismo; con él estaba yo ordenándolo todo».

Proverbios 15:3: «Los ojos de Jehová están en todo lugar, mirando a los malos y a los buenos».

Isaías 40:13–14: «¿Quién enseñó al Espíritu de Jehová, o le aconsejó enseñándole? ¿A quién pidió consejo para ser avisado? ¿Quién le enseñó el camino del juicio, o le enseñó ciencia, o le mostró la senda de la prudencia?»

Isaías 40:27–28: «¿Por qué dices, oh Jacob, y hablas tú, Israel: Mi camino está escondido de Jehová, y de mi Dios pasó mi juicio? ¿No has sabido, no has oído que el Dios eterno es Jehová, el cual creó los confines de la tierra? No desfallece, ni se fatiga con cansancio, y su entendimiento no hay quien lo alcance».

Isaías 46:10: «Anuncio lo por venir desde el principio, y desde la antigüedad lo que aún no era hecho».

Romanos 11:33–36: «¡Oh profundidad de las riquezas de la sabiduría y de la ciencia de Dios! ¡Cuán insondables son sus juicios, e inescrutables sus caminos! Porque ¿quién entendió la mente del Señor? ¿O quién fue su consejero?»

Romanos 16:27: «Al único y sabio Dios, sea gloria mediante Jesucristo para siempre. Amén».

Hebreos 4:13: «No hay cosa creada que no sea manifiesta en su presencia; antes bien todas las cosas están desnudas y abiertas a los ojos de aquel a quien tenemos que dar cuenta».

1 Juan 3:20: «Mayor que nuestro corazón es Dios, y *él sabe todas las cosas* [γινώσκει πάντα, *ginōskei panta*]».

Así pues, el Dios de toda sabiduría es consciente en todo momento de lo que alguna vez fue, de lo que ahora es, y de lo que alguna vez será. Y nunca ha sido de otra forma. Él necesariamente se conoce a sí mismo por completo, y conoce necesariamente su creación exhaustivamente, y conoce ambas cosas de forma instantánea, simultánea y eterna. Su conocimiento de sí mismo y de todo lo demás es completamente exhaustivo y eternamente «intuido», es decir, nunca ha aprendido nada porque siempre lo ha sabido todo. Él «nunca recibe de alguna otra fuente o de su propio genio inventivo una idea que nunca haya tenido antes» (Clark). El conocimiento de Dios se extiende a todo lo que existe. Todas las cosas creadas están dentro del alcance del conocimiento de Dios, de hecho, son lo que son por virtud del conocimiento previo de Dios (su presciencia) y su consejo determinado (su plan eterno). Todo hecho en el universo tiene significado (¿debería decir una interpretación?) en virtud de su lugar en el conocimiento y plan de Dios. No existe ninguna identidad «bruta», esto es, no interpretada, sobre la cual el hombre asigne significado por primera vez mediante su sabiduría y conocimiento. Ya que entonces el conocimiento del hombre es «receptivamente reconstructivo y nunca creativamente constructivo» (Van Til), si un hombre aprende un hecho en alguna medida, su conocimiento de este ha de estar de acuerdo con el conocimiento anterior de Dios sobre él. Y Dios ha dicho algo acerca de todo en su Palabra inspirada. El conocimiento de Dios, revelado en las Santas Escrituras, es así el criterio de validez para toda predicación humana. Solo en la luz de Dios vemos la luz (Sal 36:9).

Algunos de los primeros teólogos cuestionaron si Dios se molesta en conocer las trivialidades terrenales (es decir, las «singularidades»). Jerónimo, por ejemplo, pensó que era «indigno de la majestad divina rebajarse a saber cuántos mosquitos nacen o mueren a cada momento, [o el] número de chinches y pulgas sobre la tierra».[47] Sin embargo, las Escrituras

---

[47] Jerónimo, *Commentary on Habakkuk*, on 1:13, 14. Véase también Tomás de Aquino, *Suma de Teología*, I, Q. 23, Art. 7: «Aun cuando Dios conoce el número de seres

Dios y el Hombre

afirman explícitamente que Dios tiene este conocimiento, declarando que Él determina el número de las estrellas y llama a cada una por su nombre (Sal. 147:4), y que «no hay cosa creada que no sea manifiesta en su presencia; antes bien todas las cosas están desnudas y abiertas a los ojos de aquel a quien tenemos que dar cuenta» (Heb. 4:13). Jesús dijo que ni un pajarillo es olvidado por Dios (Lucas 12:6), y que «aun vuestros cabellos están todos contados» (Mt. 10:29, 30).

Una implicación muy significativa del atributo del conocimiento de Dios, que es absolutamente exhaustivo, y engloba todo, se relaciona con su infalible conocimiento de los sucesos *futuros*. La Biblia enseña que Dios conoce el futuro de manera infalible, y esto es así porque lo ha decretado. También declara que una distinción entre Él y todos los dioses falsos de este mundo es su infalible capacidad para predecir el futuro.

Se habla del conocimiento que Dios tiene del futuro en los siguientes versículos:

Isaías 41:22–23, 25–27: «Traigan, anúnciennos lo que ha de venir... hacednos entender lo que ha de venir. Dadnos nuevas de lo que ha de ser después, para que sepamos que vosotros sois dioses... Del norte levanté a uno, y vendrá; del nacimiento del sol invocará mi nombre... ¿Quién lo anunció desde el principio, para que sepamos; o de tiempo atrás, y diremos: Es justo? Cierto, no hay quien anuncie; sí, no hay quien enseñe; ciertamente no hay quien oiga vuestras palabras. Yo soy el primero que he enseñado estas cosas a Sion».

Isaías 42:8–9: «Yo Jehová; este es mi nombre; y a otro no daré mi gloria, ni mi alabanza a esculturas. He aquí se cumplieron las cosas primeras, y yo anuncio cosas nuevas; antes que salgan a luz, yo os las haré notorias».

Isaías 43:11–12: «Yo, yo Jehová, y fuera de mí no hay quien salve. Yo anuncié, y salvé, e hice oír, y no hubo entre vosotros dios ajeno».

Isaías 44:7–8: «¿Y quién proclamará lo venidero, lo declarará, y lo pondrá en orden delante de mí, como hago yo desde que establecí el pueblo antiguo? Anúncienles lo que viene, y lo que está por venir. No temáis, ni os amedrentéis. ¿no te lo hice oír desde la antigüedad, y te lo dije? Luego vosotros sois mis testigos. No hay Dios sino yo. No hay Fuerte; no conozco ninguno».

Isaías 44:24–28: «Así dice Jehová, tu Redentor, que te formó desde el vientre:
Yo Jehová,
[A] que [1] lo hago todo,
que [2] extiendo solo los cielos,
que [3] extiendo la tierra por mí mismo; [estas tres cláusulas se refieren a la actividad *creativa* de Dios en el pasado distante]
[B] que deshago [1] las señales de los adivinos, y enloquezco a los agoreros;
que [2] hago volver atrás a los sabios, y desvanezco su sabiduría.
Yo, el que [3] despierta la palabra de su siervo, y cumple el consejo de sus mensajeros; [estas tres cláusulas se refieren a la actividad *de revelación* de Dios, que estaba realizando en los días de Isaías]
[C] que dice [1] a Jerusalén: Serás habitada; y a las ciudades de Judá: Reconstruidas serán, y sus ruinas reedificaré;
que dice [2] a las profundidades: Secaos, y tus ríos haré secar;
que dice [3] de Ciro: Es mi pastor, y cumplirá todo lo que yo quiero, al decir a Jerusalén: Serás edificada; y al templo: Serás fundado».[48] [estas tres cláusulas de predicción se refieren a la actividad *redentora* de Dios, que había de realizar en el futuro distante]

---

humanos individuales [corruptos], sin embargo, el número de bueyes o de mosquitos o de otras cosas no es predeterminado por Dios».
[48] Véase O. T. Allis, *The Unity of Isaiah* (Philadelphia: Presbyterian and Reformed, 1950), 62–80, para una discusión completa de este «himno de trascendencia» en Isaías.

Isaías 45:18–21: «Porque así dijo Jehová...
Yo soy Jehová,
y no hay otro.
No hablé en secreto,
en un lugar oscuro de la tierra;
no dije a la descendencia de Jacob:
En vano me buscáis.
Yo soy Jehová que hablo justicia,
que anuncio rectitud.
Reuníos, y venid;
juntaos todos los sobrevivientes de entre las naciones.
No tienen conocimiento aquellos que erigen el madero de su ídolo,
y los que ruegan a un dios que no salva.
Proclamad, y hacedlos acercarse,
 y entren todos en consulta;
¿quién hizo oír esto desde el principio,
y lo tiene dicho desde entonces,
sino yo Jehová?
 Y no hay más Dios que yo;
Dios justo y Salvador;
ningún otro fuera de mí».
Isaías 46:10–11:
«Anuncio lo por venir desde el principio,
 y desde la antigüedad lo que aún no era hecho;
que digo: Mi consejo permanecerá,
y haré todo lo que quiero;
que llamo desde el oriente al ave [Ciro],
y de tierra lejana al varón de mi consejo.
Yo hablé, y lo haré venir;
lo he pensado, y también lo haré».
Isaías 48:3–7:
«Lo que pasó, ya antes lo dije,
y de mi boca salió; lo publiqué,
lo hice pronto, y fue realidad.
Por cuanto conozco que eres duro...
te lo dije ya hace tiempo;
antes que sucediera te lo advertí,
para que no dijeras:
Mi ídolo lo hizo,
mis imágenes de escultura y de fundición mandaron estas cosas ...
Ahora, pues, te he hecho oír cosas nuevas
y ocultas que tú no sabías.
Ahora han sido creadas, no en días pasados,
ni antes de este día las habías oído,
para que no digas:
He aquí que yo lo sabía».

Ahora bien, todo esto resulta muy problemático para algunos, principalmente por lo que implica el conocimiento que Dios tiene del futuro para la «libertad de la indiferencia» (libertad de toda necesidad) que desean atribuirle. Con bastante acierto observan que, si Dios sabe todas las cosas, entonces debe conocer el futuro de forma infalible. Si conoce el futuro de manera infalible, debe conocer infaliblemente todos los actos futuros de los hombres. Si conoce infaliblemente todos los actos futuros de los hombres, entonces dichos actos han de ser de ocurrencia cierta. Pero, si sus actos son de ocurrencia cierta, entonces los hombres no son libres para elegir y actuar como desean. Según esto, concluyen que la omnisciencia divina es incompatible con la libertad humana.

Para evitar este problema, los jesuitas (Fonseca, Lesio, y Molina), contra la oposición de los dominicos, inventaron (y los socinianos, luteranos y arminianos adoptaron más tarde) la idea de un «conocimiento medio» en Dios *(scientia media)*,[49] por medio del cual Dios conoce de manera absoluta lo que los hombres harán libremente, sin haber decretado sus actos de forma específica, «ya que [Él] sabe lo que cualquier criatura libre haría en cualquier situación, [y por tanto] puede, creando las situaciones apropiadas, hacer que las criaturas logren sus fines y propósitos y... que lo hagan libremente».[50] Pero las acciones futuras absolutamente arbitrarias (o contingentes) de los hombres no son conocibles, incluso cuando se garantizan las condiciones previas divinamente creadas y determinadas, porque estas condiciones, según este punto de vista, nunca *determinan* los actos humanos arbitrarios. Resumiendo, el indeterminismo humano excluye el conocimiento medio divino.[51] Además, no es solo que tales contingencias no sean conocibles para Dios, sino que tales «contingencias libres y futuras», *no existen y no pueden existir* porque no existen en la mente de Dios como aspecto de un universo cuyos eventos Él gobierna providencialmente, ha decretado ciertamente, y causado creativamente. Las fuerzas creadas no pueden ser independientes, y las fuerzas independientes no pueden ser creadas. Estos pensadores se niegan a reconocer que si hubiese una pulgada cuadrada de todo este universo que no estuviera bajo el gobierno soberano, Dios no sería ni completamente soberano ni omnisciente, ya que esa pulgada tendría derecho a su propia soberanía para hacer lo que quisiera, y autoridad para poner una señal que dijese: «¡Manténganse fuera!». Esta construcción teológica permite que existan millones y millones de estas «pulgadas» humanas soberanas a lo largo del universo de Dios, todas negando mediante su propio derecho soberano la soberanía de Dios sobre ellas.[52] Esta idea no se puede reconciliar con los pasajes bíblicos que enseñan que Dios, de hecho, ordenó anticipadamente todo lo que sucede, conoce todas las cosas de forma infalible, y gobierna providencialmente todas sus criaturas y acciones para llevar a cabo sus propios y santos fines (p.ej., véase Hechos 2:23; Ro. 9:16; Ef. 1:11; Flp. 2:13).

Otros teólogos han insistido en que Dios simplemente limita su conocimiento de forma que no sabe lo que los hombres van a hacer hasta que lo hacen.[53] Pero de acuerdo con Isaías

---

[49] «Medio», es decir, entre lo que fue llamado «conocimiento necesario» de Dios acerca de sí mismo y todas las cosas posibles, porque Él es *necesariamente* omnisciente, y su «conocimiento libre» de todas las cosas, pasadas, presentes y futuras, porque Él *libremente* quiso estas cosas.
[50] Este punto de vista es conocido como «Molinismo» por el erudito jesuita L. Molina (1536–1600). Para una introducción amena a la noción del «conocimiento medio» en Dios escrita por un evangélico, recomendaría: *The Only Wise God* (Grand Rapids, Mich.: Baker, 1987), 127-51, de la que se ha tomado esta cita (135).
[51] John M. Frame, en su reseña acerca de *The Providence of God* de Paul Helm (*Westminster Theological Journal* 56 [Fall 1994]: 440), afirma qué él «no puede entender por qué tantos... sofisticados filósofos no han visto este punto».
[52] Para obtener más discusiones analíticas de utilidad y refutaciones de esta enseñanza del «conocimiento medio», recomendaría *Institutes of Elenctic Theology* de Francis Turretin (Phillipsburg, N.J.: Presbyterian and Reformed, 1992), 1:212–18; Paul Helm, *The Providence of God* (Downers Grove, Ill.: InterVarsity Press, 1993); David Basinger, «Divine Control and Human Freedom: Is Middle Knowledge the Answer?» *Journal of the Evangelical Theological Society* 36, no. 1 (1993): 55–64; y David M. Ciocchi, «Reconciling Divine Sovereignty and Human Freedom», *Journal of the Evangelical Theological Society* 37, no. 3 (1994): 395–412.
[53] Véase Clark H. Pinnock, «God Limits His Knowledge», *Predestination and Free Will*, ed. David and Randall Basinger (Downers Grove, Ill.: InterVarsity Press, 1986), 156–57. Véase también Richard Rice, *God's Foreknowledge and Man's Free Will* (Minneapolis: Bethany, 1985), 39, 54, y Clark Pinnock, Richard Rice, John Sanders, William Hasker, y David Basinger, *The Openness of God* (Downers Grove, Ill.: InterVarsity Press, 1994).
Ronald H. Nash apunta que esta creencia de Pinnock, choca con su creencia de que Dios, al desear la salvación de todos, debe hacer accesible su salvación a todo el mundo. Nash escribe:
No sé cómo el Dios de Pinnock puede hacer eso, dada su ignorancia sobre la innumerable cantidad de personas, sucesos y relaciones involucradas. Todos sabemos cómo los seres humanos son concebidos. Presumiblemente, la mayoría de estas concepciones suceden como resultado del comportamiento humano voluntario, es decir, el tipo

esto coloca a Dios al nivel de los ídolos y lo convierte en alguien no mejor que un adivino o vidente, siendo sus profecías, en el mejor de los casos, ilusiones.

Aún otros teólogos como Buswell simplemente afirman una incompatibilidad entre la completa omnisciencia divina y la libertad humana incondicional, e insisten que hemos de aprender a vivir con dicha incompatibilidad:

> Hemos llamado la atención hacia teólogos que, con base en la omnisciencia de Dios, han negado la posibilidad de actos libres. También hemos llamado la atención sobre autores filosóficos quienes, con base en la suposición de que algunas acciones son libres, han negado la posibilidad de la omnisciencia. Aquí negamos positivamente ambas conclusiones y nos mantenemos en nuestra simplicidad.
>
> A la pregunta que surge entonces acerca de cómo puede Dios conocer un acto libre en el futuro, respondo que no lo sé... El conocimiento de los sucesos libres del futuro es solamente un misterio más, que se revela en las Escrituras.[54]

Buswell toma aquí el camino del agnosticismo, afirmando simplemente la omnisciencia divina íntegra, por una parte, y el hecho de la libertad humana por otra.

Muchos pensadores cristianos, por ejemplo, Agustín, Lutero, Calvino, Edwards, Turretin, Charles Hodge, A. A. Hodge, y Berkhof, no han estado dispuestos a aprobar estas soluciones al problema. Ellos negaron que los hombres tengan la libertad de la indiferencia, es decir, la libertad para elegir cualquiera de dos cursos incompatibles de acción con la misma facilidad y sin ninguna necesidad, o la libertad para actuar de una forma contraria a sus naturalezas. Sin embargo, sí han reconocido que los hombres tienen la libertad de la espontaneidad, esto es, que normalmente pueden elegir una acción según quieren (*lubentia rationalis*), lo cual significa que, siempre y cuando sus actos sean expresiones de lo que quieren hacer, estos serán percibidos como libres, incluso si su voluntad está determinada de algún modo.[55]

De todos estos enfoques, el último parece el camino adecuado a tomar. Baste decir aquí que la razón por la que Dios sabe y puede predecir todos los sucesos del futuro es porque los ha decretado de manera soberana.[56]

INFINITO, ETERNO, E INMUTABLE EN SU PODER

De acuerdo con el Catecismo, Dios es todopoderoso (omnipotente), y su poder no puede aumentar (al ser ya infinito) ni disminuir. Esto significa que «Dios puede hacer lo que quiera de la manera que quiera».[57] Dado su atributo de omnipotencia, es una inferencia legítima decir que Dios no está sujeto al dominio de otro, sino que es el Rey y Señor de todo. Una vez más, los versículos de las Escrituras a tal efecto podrían llenar varias páginas. Entre ellos están los siguientes:

Génesis 18:14: «¿Hay para Dios alguna cosa difícil? Al tiempo señalado volveré a ti, y según el tiempo de la vida, Sara tendrá un hijo».

Salmo 115:3: «Nuestro Dios está en los cielos; todo lo que quiso ha hecho».

Jeremías 32:17, 26–27: Jeremías oró: «¡Oh Señor Jehová! he aquí que tú hiciste el cielo y la tierra con tu gran poder, y con tu brazo extendido, ni hay nada que sea difícil para ti» ... Y vino palabra de Jehová a Jeremías, diciendo: «He aquí que yo soy Jehová, Dios de toda carne; ¿habrá algo que sea difícil para mí?»

Lucas 1:34, 37: A la pregunta de María: «¿Cómo será esto? pues no conozco varón»

---

de actos futuros de los seres humanos que el Dios de Pinnock no puede conocer [Nota del autor: aunque el código genético del hijo está más allá del control de los padres, y el Dios de Pinnock no determinaría dichos asuntos]. Esto permitiría que el Dios de Pinnock no pudiera conocer qué seres humanos existirían en el futuro. Gran parte del acceso a la salvación que estos humanos tendrían parece por tanto depender de los actos voluntarios de ellos mismos y otros. Pero el Dios de Pinnock, en gran parte, debe ser también ignorante de esto. (*Is Jesus the Only Savior?* [Grand Rapids, Mich.: Zondervan 1954], 131.)

[54] Buswell, *Systematic Theology*, 1:60–61. Buswell introduce aquí una paradoja irreconciliable entre el conocimiento anticipado divino de los actos futuros, por una parte, y la libertad humana por otra, algo que evita antes en el 1:19–23.

[55] Este punto de vista se conoce filosóficamente como «determinismo blando».

[56] Véase mi posterior discusión en el capítulo diez sobre el decreto de Dios.

[57] Gordon R. Lewis, «God, Attributes of», el *Evangelical Dictionary of Theology* (Grand Rapids, Mich.:

Gabriel respondió: «Nada hay imposible para Dios»

Efesios 1:19–20: «La supereminente grandeza de su poder... la cual operó en Cristo, resucitándole de los muertos».

Apocalipsis 19:6 «El Señor nuestro Dios Todopoderoso [ὁ παντοκράτωρ, *ho pantokratōr*, lit. "Aquel que todo lo puede"] reina».

Además de estas didácticas afirmaciones, las Sagradas Escrituras nos presentan repetidas veces las obras de creación de Dios (Ro. 1:20), providencia (Heb. 1:3), y redención (Ro. 1:16; Ef. 1:19) como efectos de su poder omnipotente.[58]

Cuando hablamos de la omnipotencia divina, sin embargo, *no queremos decir que Dios pueda hacer cualquier cosa.* Lo primero que Dios no puede hacer es cualquier cosa que sea metafísica o éticamente contraria a su naturaleza. Por ejemplo, no puede mentir (Heb. 6:17–18; Tit. 1:2), romper sus promesas (2 Co. 1:20), negarse a sí mismo (2 Ti. 2:13), o cambiar (Nm. 23:19; 1 S. 15:29). Estas imposibilidades divinas, lejos de restar gloria a Dios, «son su gloria, y para nosotros descartar tales "imposibilidades" sería negar la gloria y perfección de Dios».[59]

En segundo lugar, debería resultar aparente que Dios no puede hacer lo que es irracional, es decir, lo que es contradictorio en sí mismo, lo que George Mavrodes llama «pseudo tareas». Ni siquiera lo intentará, porque las contradicciones son disrupciones *eternas* de su racionalidad. No puede hacer que dos y dos sean igual a cinco, o crear montes adyacentes sin valles entre ellos, hacer que una roca sea demasiado pesada como para levantarla, crear un triángulo de cuatro esquinas, o un círculo cuadrado. Tal y como acertadamente observa Buswell, todo lo que tenemos que hacer es preguntarnos a nosotros mismos: «¿Cuánto poder conllevaría realizar lo que es autocontradictorio, por ejemplo, convertir la respuesta incorrecta de un cálculo aritmético en correcta sin cambiarla?» Conllevaría darse cuenta de que tales «irracionalidades» pertenecen al dominio de la lógica (y son condenadas por ella), y no al dominio del poder en lo absoluto.[60]

En tercer lugar, es inherentemente imposible para Dios agotar su poder, es decir, ejercitarlo por completo en cualquier momento dado. Decir algo así impone una limitación finita sobre dicho poder. El hecho del asunto es que no existe nada que podamos decir que es el efecto evidente de su *omni*potencia, sino solo de su divina potencia. No agotó su poder cuando creó el universo finito.[61] No existe motivo para creer que no podía haber hecho más estrellas, o más criaturas terrestres y marinas, o más variedades de *flora*, si así hubiera querido hacerlo. De hecho, «no hizo ningún esfuerzo» por su actividad creadora en lo más mínimo. Simplemente habló, y fue hecho (Sal. 33:9). Job habla del universo y sus obras como «los bordes de sus caminos» un «susurro» de su poder. «¿Quién lo puede comprender?», pregunta, refiriéndose a «el trueno de su poder» (Job 26:5–14).

Lo que las Escrituras quieren decir cuando atribuyen la omnipotencia a Dios es que Él puede hacer cualquier cosa que requiera poder para hacerse. Él tiene poder para hacer incluso aquello que no quiere hacer, y la única razón por la que no ejercita su poder en dicha área es que no quiere hacerlo (esta verdad apunta al hecho de que Dios tiene completa autoridad sobre su poder en todo momento; está siempre bajo el gobierno de su eterno plan y sabio control). Pero tiene poder para hacer cualquier cosa que quiera. En otras palabras, *Dios puede hacer y hace toda su santa voluntad.* Sin embargo, Dios no quiere hacer todo lo que puede

---

[58] H. Bavinck, *The Doctrine of God* (Grand Rapids, Mich.: Baker, 1977), 242–43.
[59] John Murray, *Redemption—Accomplished and Applied* (Grand Rapids, Mich.: Eerdmans, 1955), 13.
[60] Buswell, *Systematic Theology*, 1:63–64.
[61] Es precisamente por esta razón (porque el universo es finito) que un teólogo natural que parte de un (supuesto) «efecto» finito, no puede avanzar en su argumento para probar la existencia del infinito Dios personal de las Escrituras. Todo lo que un efecto finito exige para explicar su existencia, es una causa suficientemente poderosa para producirlo, pero una causa que simplemente sea suficientemente poderosa para efectuar algo, no es el «Dios infinito» de las Escrituras.

hacer. Por ejemplo, tiene el poder de eliminar todo el mal del mundo ahora mismo, pero, por sabias y santas razones que están determinadas desde toda la eternidad, no quiere hacerlo.

Este es el concepto de la omnipotencia de Dios tal y como lo ha percibido el teísmo cristiano. Dios tiene el poder para hacer todo lo que ha determinado que hará, e incluso el poder para hacer aquello que no es contradictorio pero que no desea hacer. El cristiano no debería tener problemas a la hora de aceptar esto, ya que no hay nada en el concepto que se contradiga una vez que se explica de forma adecuada. Tal y como J. L. Mackie declara:

> Una vez que hemos decidido que la omnipotencia no debe incluir el poder para lograr imposibilidades lógicas (y no debe incluirlo si queremos que se pueda hablar de ella), no puede existir ninguna contradicción en el concepto mismo.[62]

INFINITO, ETERNO, E INMUTABLE EN SU SANTIDAD

Dios es santo infinitamente, eternamente e inmutablemente. La raíz hebrea (קדשׁ, *qāḏaš*) y la griega (ἁγιάζω, *hagiazō*) que expresan esta idea, tienen ambas el mismo significado básico de «separación». Cuando se usan para describir a Dios, esta «separación» no ha de entenderse en primera instancia como el atributo moral de la «separación del pecado», es decir, lo que normalmente caracterizamos como pureza moral. Es cierto que el grupo con la misma raíz en hebreo llegó a ser empleado para describir también la pureza moral de Dios, pero, de forma más básica, describe la «inaccesibilidad» intrínseca de Dios, es decir, de su majestuosa trascendencia como Deidad por encima de la criatura. Vemos esta dimensión trascendente de la santidad de Dios reflejada en un detalle significativo de una visión que Isaías tuvo de Dios en Isaías 6:1–3. Isaías escribe:

> En el año que murió el rey Uzías vi yo al Señor sentado sobre un trono alto y sublime, y sus faldas llenaban el templo. Por encima de él había serafines; cada uno tenía seis alas; con dos cubrían sus rostros, con dos cubrían sus pies, y con dos volaban. Y el uno al otro daba voces, diciendo: Santo, santo, santo, Jehová de los ejércitos; toda la tierra está llena de su gloria.

Juan, que nos cuenta que a quien Isaías estaba contemplando era el Hijo preencarnado de Dios en toda su gloria (Juan 12:40–41), tuvo una visión similar, y nos da información adicional acerca de esos serafines y su canto antifonario:

> Alrededor del trono, cuatro seres vivientes llenos de ojos delante y detrás. El primer ser viviente era semejante a un león; el segundo era semejante a un becerro; el tercero tenía rostro como de hombre; y el cuarto era semejante a un águila volando. Y los cuatro seres vivientes tenían cada uno seis alas, y alrededor y por dentro estaban llenos de ojos; y no cesaban día y noche de decir: Santo, santo, santo es el Señor Dios Todopoderoso, el que era, el que es, y el que ha de venir. (Ap. 4:6–8)

Ahora bien, cuando Isaías vio esta asombrosa escena y escuchó a estas cuatro criaturas cantando, inmediatamente se vio confrontado por su propia impureza moral (véase la referencia a que es «inmundo de labios»). Pero, lo que a menudo se pasa por alto es que los serafines son criaturas *sin pecado*, y, aun así, en presencia de Dios Hijo, sienten que es necesario cubrirse a sí mismas con sus alas. Claramente, *para ellos* la «santidad» de Dios era su «separación» de ellos, debida a su transcendencia por encima de su condición de criaturas. Probablemente los siguientes contextos también celebran la santidad trascendente de Dios, tal como se evidencia por el énfasis continuo acerca de lo único que es Dios entre los dioses y los hombres:

Éxodo 15:11 «¿Quién como tú, oh Jehová, entre los dioses? ¿Quién como tú, magnífico en santidad, terrible en maravillosas hazañas, hacedor de prodigios?»

1 Samuel 2:2: «No hay santo como Jehová; porque no hay ninguno fuera de ti, y no hay refugio como el Dios nuestro».

---

[62] Mackie, «Omnipotence», *Sophia* 1 (1962): 24–25.

Isaías 8:13 «A Jehová de los ejércitos, a él santificad; sea él vuestro temor, y él sea vuestro miedo»

Isaías 57:15: «Porque así dijo el Alto y Sublime [las mismas dos palabras hebreas que en el 6:1], el que habita la eternidad, y cuyo nombre es el Santo: Yo habito en la altura y la santidad, y con el quebrantado y humilde de espíritu».

Oseas 11:9: «Dios soy, y no hombre, el Santo en medio de ti».

Geerhardus Vos concluye con respecto a la santidad majestuosa o trascendente de Dios: Tomando la santidad divina de esta forma, podemos fácilmente percibir que no es en realidad un atributo a coordinar con otros que se distinguen en la naturaleza divina. Es algo aplicable y que se extiende a todo lo que puede decirse de Dios: Él es santo en todo lo que le caracteriza y le revela, santo en su bondad y gracia, no menos que en su justicia e ira.[63]

Dios también es éticamente distinto de los hombres pecadores. Y, como ya hemos notado, las Escrituras emplean los mismos grupos de palabras para describir su santidad majestuosa y su santidad ética (Lv. 11:44–45; 19:2; 1 P. 1:15–16). Porque, al igual que como Creador está trascendentalmente «separado» de los hombres como criaturas, también está éticamente «separado» de ellos como pecadores. Él es moralmente puro, y lo es infinita, eterna e inmutablemente con respecto a su carácter, pensamientos y sus acciones. No existe ni la más ligera mancha de deseo maligno, de motivo impuro o inclinación impía en Él. Las Escrituras están repletas de esta representación de Dios.

Salmo 5:4–6: «Porque tú no eres un Dios que se complace en la maldad; el malo no habitará junto a ti. Los insensatos no estarán delante de tus ojos; aborreces a todos los que hacen iniquidad. Destruirás a los que hablan mentira; al hombre sanguinario y engañador abominará Jehová».

Salmo 11:5–7: «Jehová prueba al justo [y lo absuelve]; pero al malo y al que ama la violencia, su alma los aborrece. Sobre los malos hará llover calamidades; fuego, azufre y viento abrasador será la porción del cáliz de ellos. Porque Jehová es justo, y ama la justicia; el hombre recto mirará su rostro». (Véase también Sal. 15; 33:5)

Habacuc 1:13: «Muy limpio eres de ojos para ver el mal, ni puedes ver el agravio».

1 Juan 1:5: «Dios es luz, y no hay ningunas tinieblas [morales] en él».

Dado que Dios es tanto majestuosamente trascendente como éticamente puro, «se vuelve importante trazar un límite de santidad a su alrededor para excluir a lo "profano"».[64] Según esto, el cielo es llamado santo, el monte del Señor sobre el que su templo descansa es santo, su templo y sus servicios son santos, sus mandamientos son llamados santos, y el Sabbat es santo. Y si los hombres han de vivir en su presencia en modo alguno, no han de tratar de cruzar caprichosamente la barrera entre Él y ellos, o transgredir sus santas leyes, que delinean dicha barrera. Específicamente, si los hombres han de vivir en su presencia, han de obedecer las leyes que Él considera esenciales para proteger su majestuosa y ética santidad de toda profanación, leyes que Dios, como su Creador, ha escrito sobre sus corazones y revelado en el Sinaí. Él juzga como éticamente «santos» a aquellos que obedecen sus leyes. Pero considera que aquellos que transgreden sus santas leyes (aunque solo sea una), están atacando la gloria de su propia trascendencia divina y pureza moral, y, de acuerdo con esto, los trata como transgresores y pecadores.

INFINITO, ETERNO, E INMUTABLE EN SU JUSTICIA

La justicia infinita, eterna e inmutable de Dios está estrechamente relacionada con su santidad ética. Por dicha justicia, el cristiano entiende que las Escrituras declaran que Dios es

---

[63] Vos, *Biblical Theology*, 266; véase también Berkhof, *Teología sistemática*, 73 [Capítulo 7].
[64] Vos, *Biblical Theology*, 268.

necesariamente *justo* (Heb צַדִּיק, *sāḏîq;* Gr. δίκαιος, *dikaios*) en sus juicios, recompensando siempre a sus criaturas racionales de manera directamente proporcional a sus obras, sin mostrar parcialidad hacia nadie (Dt. 10:17), sino absolviendo siempre al justo y condenando siempre al culpable (Ex. 23:7). Como Juez de toda la tierra, Él es justo en todos sus caminos y juicios (Gn. 18:25). Tal y como Moisés declaró, el Señor «es la Roca, cuya obra es perfecta, porque todos sus caminos son rectitud; Dios de verdad, y sin ninguna iniquidad en él; es justo y recto» (Dt. 32:4). Sin embargo, mientras que los jueces de entre los hombres se consideran justos cuando se alinean con la ley que está *por encima* de ellos, Dios como Juez justo, no conoce otro estándar de ley por encima de Él al que deba conformar sus decisiones judiciales. El criterio de justicia al que ha de conformar sus justos estándares es su propia verdad santa y justa. Según esto, la criatura no ha de temer ser juzgada según un mandato arbitrario; puede descansar segura en que la justicia de Dios se basa en su infinita sabiduría y conocimiento, su compromiso con la verdad, y las exigencias que su propia santidad ética impone sobre Él, y, por tanto, es y será irrefutablemente recto y justo. En resumen, sus juicios serán de acuerdo con el criterio de su propia naturaleza santa y justa.

Las Escrituras representan su justicia como *retributiva,* así como *remunerativa.* En el aspecto retributivo, Él juzga a los impíos en justicia:[65]

Salmo 7:11: «Dios es juez justo, y Dios está airado contra el impío todos los días».

Salmo 9:7–8: «Pero Jehová permanecerá para siempre; ha dispuesto su trono para juicio. El juzgará al mundo con justicia, y a los pueblos con rectitud».

Salmo 96:10–13: «Decid entre las naciones: Jehová reina. ... Porque vino a juzgar la tierra... Juzgará al mundo con justicia, y a los pueblos con su verdad».

Isaías 5:16: «Pero Jehová de los ejércitos será exaltado en juicio, y el Dios Santo será santificado con justicia».

Daniel 9:14: «Porque justo es Jehová nuestro Dios en todas sus obras que ha hecho».

Romanos 2:5–6: «Pero por tu dureza y por tu corazón no arrepentido, atesoras para ti mismo ira para el día de la ira y de la revelación del justo juicio de Dios, el cual pagará a cada uno conforme a sus obras».

Romanos 3:5–6: «¿Qué diremos? ¿Será injusto Dios que da castigo?... En ninguna manera; de otro modo, ¿cómo juzgaría Dios al mundo?».

2 Tesalonicenses 1:5–7: «Del justo juicio de Dios... Porque es justo delante de Dios pagar con tribulación a los que os atribulan, y a vosotros que sois atribulados, daros reposo».

Pero, aunque es cierto que las Escrituras asignan a la justicia de Dios un papel retributivo, Herman Bavinck destaca con bastante acierto que el castigo de los impíos «normalmente se deriva de la *ira* de Dios», siendo la justicia de Dios «normalmente representada como el principio de salvación del pueblo de Dios», esto es, como el «atributo en virtud del cual Dios justifica [absuelve] a los justos, y los exalta a la gloria y la honra».[66] De acuerdo con esto, en

---

[65] Los siguientes cuatro versículos (tres en el Antiguo Testamento y uno en el Nuevo) han sido citados con frecuencia para oponerse a la idea de que Dios trata con justicia estricta al hombre:
Isaías 40:2: «Hablad al corazón de Jerusalén; decidle a voces que su tiempo es ya cumplido, que su pecado es perdonado; que doble [כִּפְלַיִם, *kiplayim*] ha recibido de la mano de Jehová por todos sus pecados».
Jeremías 16:18: «Pagaré al doble [מִשְׁנֶה, *mišnêh*] su iniquidad y su pecado».
Jeremías 17:18c: «Trae sobre ellos día malo, y quebrántalos con doble [מִשְׁנֶה, *mišneh*] quebrantamiento».
Apocalipsis 18:6b-c: «Pagadle doble [διπλώσατε τὰ διπλᾶ, *diplōsate ta dipla*] según sus obras; en el cáliz en que ella preparó bebida, preparadle a ella el doble [διπλοῦν, *diploun*]».
¿Acaso estos versículos no afirman que Dios puede ejecutar y de hecho ejecuta un castigo doble contra el pecador? ¿No están sugiriendo «un desequilibrio en la balanza de la justicia divina, cargando en un plato dos talentos de castigo por cada talento de pecado en el otro» para usar las palabras de Meredith G. Kline («Double Trouble», *Journal of the Evangelical Theological Society* 32, no. 2 [1989]: 171–79)? ¿Qué deberíamos decir acerca de este aparente problema ético? Simplemente que ha habido una mala traducción. Kline ha demostrado que las palabras griegas y hebreas que se traducen por «doble» en este contexto, significan «equivalente» o «coincidente», tal y como cuando hablamos de una cosa y su «doble». Así que, en lugar de negar la justicia estricta de Dios, estos versículos afirman que los tratos de Dios con los seres humanos están de acuerdo con la justicia estricta.
[66] Bavinck, *The Doctrine of God*, 216, 217. Vos (*Biblical Theology*, 271) habla de la justicia de Dios en esta conexión como «una justicia de vindicación y una justicia de salvación».

Dios y el Hombre

el Antiguo Testamento, el pueblo de Dios:

anhela el futuro, porque el Mesías, que será el renuevo *justo*, Jer. 23:5, que será justo, Zac. 9:9; y que no juzgará según la vista de sus ojos, sino con justicia, Is. 11:3–5; y cuyo juicio, por tanto, consistirá en que «tendrá misericordia del pobre y del menesteroso (quienes son ahora descuidados y silenciados), y salvará la vida de los pobres», Sal. 72:12–14. De ahí que ejercitar la justicia consistirá especialmente en liberar a los necesitados; por así decirlo, hacer justicia se convierte en un acto de gracia y compasión con referencia a estos necesitados.[67]

Según esto, como Juez justo, Dios:

Concede salvación a los piadosos, porque Él los establece, Sal. 7:9; los ayuda, 31:1; les responde, 65:5; los escucha, 143:1; los libra, 143:11; los vivifica, 119:40; los redime, 34:22; les concede la justicia que se les debe, 35:23; etc.; mientras que los impíos no entran en su justicia, 69:27, 28. Por esto, la justicia de Jehová no se contrasta con su misericordia, como sí lo hace su ira, Sal. 69:24ss; sino que es sinónima con su misericordia, Sal. 22:31; 33:5; 35:28; 40:10; 51:15; 89:14; 145:7; Is. 45:21; Jer. 9:24; Os. 2:18; Zac. 9:9. La manifestación de la justicia de Dios es, al mismo tiempo, la manifestación de su gracia, Sal. 97:11, 12; 112:4; 116:5; 119:15–19. Incluso el perdón de los pecados se debe a la *justicia* de Dios, Sal. 51:15; 103:17; 1 Jn. 1:9. Así pues, las revelaciones de esta justicia son obras de redención, de salvación, y de liberación Jue. 5:11; 1 S. 12:7; Sal. 103:6; Is. 45:24, 25; Miq. 6:5.[68]

Cómo es posible que el Juez justo de toda la tierra pueda en justicia *perdonar* y *mostrar compasión* hacia los pecadores, se debe a que, aunque sus hijos son culpables de todo tipo de iniquidad, aun así:

defienden una causa justa, confían en el Señor, y esperan que Él les conceda justicia [rectitud], esperan que Él peleará sus batallas, y les dé la victoria de la salvación, Sal. 17:1ss; 18:20, 21; 34:15; 103:6; 140:12. Esta salvación [consiste] especialmente en que Dios concede el perdón de los pecados a su pueblo, en que Él derrama su Espíritu en sus corazones, en que les da un nuevo corazón, y en que escribe su ley en sus corazones, para que caminen perfectamente ante su rostro..., Is. 43:25; Jer. 31:33, 34; 32:39, 40; 33:8; Ez. 11:19; 36:25; Joel 2:28ss. [Son pecadores, pero se dan cuenta de que] nadie más que Jehová puede librarles de su pecado; «Ciertamente en Jehová está la justicia y la fuerza», Is. 45:24.[69]

Reconocen que solamente como el Señor es justo en su *fidelidad* hacia su pacto, que solamente «en Jehová será justificada y se gloriará toda la descendencia de Israel» (Is. 45:25), que es solamente conforme el Señor les acerca su justicia que la salvación no se detendrá (Is. 46:13).

Estos principios de justicia que operan en el Antiguo Testamento también preparaban la revelación de la justicia de Dios en Cristo en el Nuevo Testamento. En el evangelio se revela que la justicia de Dios es por fe y para fe (Ro. 1:17; 3:21). En virtud de la justicia de Cristo, Dios puede perdonar y conceder justicia a los creyentes, «siendo justificados gratuitamente por su gracia, mediante la redención que es en Cristo Jesús» (Ro. 3:24). Finalmente, la obra expiatoria de Cristo es el fundamento sobre el que Dios, el Juez justo, «[pasó] por alto [esto es, perdonó], en su paciencia, los pecados pasados [cometidos por los elegidos en el Antiguo Testamento]», así como esa obra demuestra la justicia de Dios en la época presente, posibilitando que Él sea siempre justo y el que justifica al que es de la fe de Jesús (Ro 3:25-26).

INFINITO, ETERNO, E INMUTABLE EN SU BONDAD

Dios siempre ha sido y siempre será infinitamente bueno (hebreo טוֹב, *ṭôḇ*; griego. ἀγαθός, *agathos*), según enseña el Catecismo, atribuyéndole esa perfección de la divina naturaleza

---

[67] Bavinck, *The Doctrine of God*, 217.
[68] Ibid., 218.
[69] Ibid., 218.

que le impulsa a tratar con amabilidad y generosidad a todas sus criaturas.[70] Si el atributo de la santidad majestuosa de Dios es el que enfatiza su *trascendencia sobre* la creación, es el atributo de su bondad el que destaca su *condescendencia hacia* la creación. Porque tal y como el Catecismo incluye el conocimiento de Dios bajo la rúbrica de su sabiduría, también el Catecismo quiere que esta hermosa palabra sea la categoría general dentro de la cual el amor, gracia, misericordia, piedad, compasión, paciencia, benignidad y otras expresiones de su tierno y paternal carácter se incluyan. Entre las porciones de las Escrituras que testifican acerca de estas características de la naturaleza de Dios están:

Éxodo 33:19: «Yo haré pasar todo mi bien delante de tu rostro, y proclamaré el nombre de Jehová delante de ti; y tendré misericordia del que tendré misericordia, y seré clemente para con el que seré clemente». Nótese como Dios define su bondad aquí en términos de su misericordia y compasión soberanas.

Salmo 73:1: «Ciertamente es bueno Dios para con Israel, para con los limpios de corazón». La bondad de Dios aquí es su bondad Salvadora.

Salmo 103 y 104 en su totalidad.

Salmo 106:1, 44–46: «Alabad a Jehová, porque él es bueno; porque para siempre es su misericordia. [A pesar del gran pecado y rebelión de Israel], con todo, Él miraba cuando estaban en angustia, oía su clamor; y se acordaba de su pacto con ellos, y se arrepentía conforme a la muchedumbre de sus misericordias. hizo asimismo que tuviesen de ellos misericordia todos los que los tenían cautivos».

Salmo 107 todo el capítulo.

Salmo 118:1, 29: «Alabad a Jehová, porque él es bueno; porque para siempre es su misericordia». El cuerpo de este salmo se extiende acerca de la bondad de Dios, y tal como comenzó, concluye con el estribillo: «Alabad a Jehová, porque él es bueno; porque para siempre es su misericordia».

Salmo 145:7–9, 13, 15, 16: «[Las generaciones de tu pueblo] proclamarán la memoria de tu inmensa bondad, y cantarán... [sobre tu remunerativa] justicia [nótese aquí como la bondad de Dios se explica en términos de su gracia y compasión]. Clemente y misericordioso es Jehová, lento para la ira, y grande en misericordia. Bueno es Jehová para con todos, y sus misericordias sobre todas sus obras... Los ojos de todos esperan en ti, y tú les das su comida a su tiempo. Abres tu mano, y colmas de bendición a todo ser viviente».

Ezequiel 33:11: «Vivo yo, dice Jehová el Señor, que no quiero la muerte del impío, sino que se vuelva el impío de su camino, y que viva. Volveos, volveos de vuestros malos caminos; ¿por qué moriréis, oh casa de Israel?»

Miqueas 7:18 «¿Qué Dios como tú, que perdona la maldad, y olvida el pecado del remanente de su heredad? No retuvo para siempre su enojo, porque se deleita en misericordia».

Mateo 5:45, 48: «[Vuestro Padre celestial] hace salir su sol sobre malos y buenos, y envía la lluvia sobre justos e injustos... Por tanto, incluid a todos en vuestro amor [τέλειοι, *teleioi*], tal y como vuestro Padre celestial incluye a todos en el suyo». (Traducción del autor. Véase Lucas 6:35–36 como apoyo para entender τέλειοι, *teleioi*. La bondad de Dios es aquí la bondad común que se extiende a todas sus criaturas).

Marcos 10:18: «Ninguno hay bueno, sino sólo uno, Dios».

Hechos 14:17: «Haciendo bien, dándonos lluvias del cielo y tiempos fructíferos, llenando de sustento y de alegría nuestros corazones». De nuevo aquí, la bondad de Dios es la bondad común que se extiende a todas sus criaturas.

---

[70] Véase Berkhof, *Teología sistemática*, 70–71.

Romanos 8:28: «Y sabemos que a los que aman a Dios, todas las cosas les ayudan a bien [a conformarse a la imagen de Cristo], esto es, a los que conforme a su propósito son llamados».

1 Juan 4:8: «Dios es amor [ὁ θεὸς ἀγάπη ἐστίν, *ho theos agapē estin*]».

Estos y otros miles de pasajes que hablan de la bondad de Dios para con todos (bondad para los justos y los injustos, lo que los teólogos llaman su «gracia común»), y su amor por el mundo que le movió a dar incluso a su propio Hijo por él (Juan 3:16), su ternura y sus ricas misericordias que le llevan a aliviar la miseria y angustia humana con el socorro de una madre y el cuidado de un padre (Ef. 2:4; 2 Co. 1:3–4), y de su gracia (ese favor inmerecido de Dios que le lleva a extender perdón al pecador culpable y que los teólogos llaman gracia especial), todos afirman la infinita bondad de Dios. E incluso cuando hace lo que muchas de sus criaturas racionales dicen que es la peor de las obras, condenando al infierno al injusto, Él no está siendo malo. Simplemente está siendo retributivamente justo. Para Él es imposible ser malo o deleitarse en el horrible fin de los injustos

INFINITO, ETERNO, E INMUTABLE EN SU VERDAD

Al afirmar que Dios es infinita, eterna e inmutablemente «verdadero», el Catecismo está declarando que es lógicamente racional, éticamente confiable y pactualmente fiel, y que siempre ha sido, es, y siempre será así.

Cuando las Escrituras declaran que Dios es el Dios «verdadero», lo que quieren afirmar, en primer lugar, es que Dios es, en el aspecto *metafísico*, el único Dios que «verdaderamente está ahí» (Jer. 10:10; Juan 17:3 [refiriéndose al Padre]; 1 Jn. 5:20 [refiriéndose al Hijo]), en oposición a los dioses de las naciones, a quienes las Escrituras llaman «mentiras» (Sal. 96:5; 97:7; 115:4–8; Is. 44:9–10, 20; Jer. 10:2–16; Amos 2:4; Jon 2:9).[7.1] Entonces, dado que Él es *racional* no existe ninguna contradicción inherente ni en lo que declara, ni en su propio entendimiento. Dicho de otra forma, como Dios de verdad, para Él las leyes de la lógica, que son las *leyes* de verdad, son intrínsecamente válidas porque son intrínsecas a su naturaleza. Incluso defendería, junto con John M. Frame, que «la lógica es un atributo de Dios».[7.2]

Por tanto, Él es éticamente *confiable*, esto es, hay, ha habido, y siempre habrá una equivalencia precisa entre *lo que piensa y lo que dice,* lo que dice refleja sin error lo que piensa, y lo que piensa se refleja infaliblemente en lo que dice: su Palabra es verdad, y, por tanto, confiable. En consecuencia, declara las cosas y relaciones tal y como son realmente; no puede mentir (Nm. 23:19; Ro. 3:4; Heb. 6:18; Tito 1:2). No se volverá atrás del propósito que declaró.

Dado que es éticamente confiable, Dios es *fiel* en su pacto, es decir, existe una equivalencia precisa entre *lo que dice que hará y lo que, de hecho, hace*: «Todas las sendas de Jehová son misericordia y verdad, para los que guardan su pacto y sus testimonios» (Sal. 25:10). La fidelidad a su pacto es la base de la confianza de los santos, el fundamento de su esperanza, el motivo de su regocijo, y la fuente de su aliento: «Si fuéremos infieles, Él permanece fiel; Él no puede negarse a sí mismo.» (2 Timoteo 2:13).

* * * * *

«Un Ser incorpóreo, (tri) personal, infinito, eterno, e inmutable en Su ser, sabiduría, poder, santidad, justicia, bondad y verdad», este es el punto de vista reformado, y, de hecho, cristiano, acerca del Dios de las Santas Escrituras, tal y como se confiesa en el gran himno

---

[71] Véase Vos, *Biblical Theology*, 255.
[72] John M. Frame, *The Doctrine of the Knowledge of God* (Phillipsburg, N.J.: Presbyterian and Reformed, 1987), 253.

de Chalmers Smith:

Inmortal, invisible, único sabio Dios,
En luz inaccesible, oculto de nuestros ojos,
El más bendito, el más glorioso, el Anciano de Días,
Todopoderoso, victorioso, alabamos Tu gran nombre.

Incansable, sin prisas, y silencioso como la luz,
Sin faltantes, sin desperdicio, Tú gobiernas con poder;
Tu justicia se eleva a lo alto, como la cima de las montañas.
Tus nubes son fuentes de bondad y amor.

Gran Padre de Gloria, puro Padre de luz,
Tus ángeles te adoran, todos velando sus ojos;
Toda alabanza te rendiremos; Oh, ayúdanos a ver
¡Es solo el esplendor de la luz lo que te oculta!

Este punto de vista sobre Dios también se expresa en un conmovedor himno de Frederick W. Faber. El hecho de que Faber fuera un católico romano solo destaca la amplia base común que existe entre católicos romanos y protestantes que creen las Escrituras en lo que respecta a la naturaleza de Dios:

Mi Dios, cuán maravilloso eres,
¡Cuán brillante tu majestad!
¡Cuán hermoso tu asiento de misericordia,
En las profundidades de luz abrasadora!

¡Cuán terribles son tus años eternos,
Oh, eterno Señor,
Por los santos ángeles, día y noche,
adorado incesantemente!

Cuán maravillosa, cuán hermosa,
ha de ser la visión de ti,
¡Tu sabiduría sin fin, tu poder sin límites,
Y tu asombrosa pureza!

No existe padre terrenal que ame como tú,
Ni madre que sea la mitad de dulce
Que soporte y perdone, como has hecho tú
Conmigo, Tu hijo pecador.

Oh cómo te temo, Dios viviente,
Con los más profundos y tiernos temores;
Y te adoro con temblorosa esperanza,
Y con lágrimas penitentes.

Pero también te puedo amar, Oh Señor,
Todopoderoso como eres;
Porque tú te has inclinado a pedirme

Dios y el Hombre

El amor de mi pobre corazón.

Padre de Jesús, recompensa de amor,
¡Qué arrebatador será
Postrarse ante tu trono para yacer
Y contemplarte más y más!

8 | DIOS COMO TRINIDAD

En la unidad de la Divinidad hay tres personas, de una misma sustancia, poder y eternidad: Dios Padre, Dios Hijo y Dios Espíritu Santo. El Padre no es engendrado ni procede de nadie. El Hijo es eternamente engendrado del Padre, y el Espíritu Santo procede eternamente del Padre y del Hijo (Confesión de Fe de Westminster II/iii).

En conformidad con la tradición dogmática occidental que se remonta hasta Agustín, el último capítulo trató la cuestión de los atributos de Dios sin referencia específica a aquellos asuntos que se relacionan con la doctrina de la Trinidad, explicando la naturaleza de Dios *como Dios*. Este capítulo retoma el dogma de Dios *como Trinidad*, con la completa consciencia de que todo lo que se ha dicho sobre Dios como tal, si existe la Deidad Trina, debe ser igualmente cierto de las tres Personas de la Divinidad, lo que significa que el Padre como espíritu divino es infinito, eterno, e inmutable, el Hijo como espíritu divino es infinito, eterno, e inmutable, y el Espíritu Santo como espíritu divino es infinito, eterno, e inmutable, y, sin embargo, no hay tres dioses sino un Dios.[1]

Tres proposiciones (o doctrinas) son esenciales para la doctrina cristiana de la Trinidad: (1) Hay un solo Dios vivo y verdadero que es eterna e inmutablemente indivisible (la doctrina del monoteísmo); (2) el Padre, el Hijo, y el Espíritu Santo son cada uno plena e igualmente Dios (la doctrina de la «igualdad en esencia divina» de las tres Personas)[2]; y (3) el Padre, el Hijo y el Espíritu Santo son cada uno Personas distintas (la doctrina de la «distinción en la subsistencia» de las tres Personas).[3] Estos tres conceptos representan en forma concisa la doctrina bíblica de la Trinidad.[4]

EL FUNDAMENTO REVELACIONAL DE LA DOCTRINA

La palabra «Trinidad» no aparece en la Biblia, y tampoco las expresiones «igualdad en sustancia» y «distintos en subsistencia». Sin embargo, la Iglesia desde el tercer siglo encontró útiles tales expresiones al explicar la enseñanza de la Escritura de la triple personalidad de la Divinidad, estando convencidos, como Benjamin Warfield afirma de una manera algo sorprendente, que «es mejor preservar la verdad de la Escritura que las palabras de la Escritura».[5] Esto significa, contrario a lo que los unitarios pensarían y dirían, que la iglesia ha propuesto su punto de vista distintivo de la triple personalidad del único Dios verdadero no debido a que se enamoró del pensamiento griego o que siguió una hermenéutica espuria, sino porque estuvo convencida de que la Trinidad es una doctrina *revelada*; no en el sentido de que yace delante de nosotros en las páginas de la Escritura como una «definición

---

[1] Los teólogos distinguen habitualmente entre la Trinidad ontológica y la Trinidad económica, entendiendo por la primera lo que Dios como Trinidad es en sí mismo y por la segunda lo que Dios como Trinidad es para o hacia su creación. En este capítulo nos ocupamos principalmente de la doctrina de la Trinidad ontológica, para la cual se extraen algunas pruebas de la enseñanza bíblica sobre la Trinidad económica, tal como se reveló en el desarrollo progresivo del proceso redentor.
[2] En latín, *substantia*, literalmente «lo que está debajo», se usaba para designar la «esencia» de Dios. Esta doctrina también se conoce como la doctrina de la *homoousia* (Gr., ὁμοούσια, literalmente «igualdad en esencia»).
[3] En latín, *subsistentia*, literalmente «estar o permanecer debajo», llegó a significar «sustancia vista como esencia individualizada». Otras palabras que se emplearon para referirse a las distintas personas de la Deidad fueron el latín *persona* («carácter»), el griego *prosōpon*, «rostro», y más tarde *hypostasis*, «ser real».
[4] Negar la primera proposición es caer en el error del triteísmo; repudiar la segunda es abrazar alguna forma de subordinacionismo esencial dentro de la Deidad; rechazar la tercera es abrazar alguna forma de modalismo.
[5] Benjamin B. Warfield, "The Biblical Doctrine of the Trinity," en *Biblical and Theological Studies* (Philadelphia: Presbyterian and Reformed, 1952), 22; F. Turretin coincide (ver *Institutes of Elenctic Theology* [Phillipsburg, N.J.: Presbyterian and Reformed, 1992], 1:263).

formulada», sino en el sentido de que aparece ahí en la forma de «alusiones fragmentarias»; por consiguiente:

> cuando reunimos los *disjecta membra* en su unidad orgánica, no estamos yendo más allá de la Escritura, sino que entramos más completamente en el significado de ella. Podemos enunciar la doctrina en términos técnicos, proporcionados por la reflexión filosófica, pero la doctrina es una doctrina genuinamente escritural.[6]

¿Dónde se revela la doctrina en la Escritura? La respuesta a esta pregunta ocupará una gran parte de este capítulo, pero no será superfluo esbozar aquí su *modus* revelado antes de considerar sus detalles revelados.

LA NATURALEZA HISTÓRICA DE SU REVELACIÓN

Es improbable que alguien familiarizado con, o que lea solo el Antiguo Testamento hoy día, sin ningún conocimiento del Nuevo Testamento, podría concluir que dentro de la vida interior del Ser divino reside una multiplicidad personal real y distinta. Sin embargo, esto no sugiere que el Antiguo Testamento no sea «trinitario», porque lo es hasta la médula. Ni es sugerir que los santos del Antiguo Testamento que tuvieron el beneficio de los profetas iluminados de Dios viviendo entre ellos y que podían, por lo tanto, consultarlos respecto al significado de sus escritos, fueron *completamente* ignorantes de una multiplicidad personal en Dios. Es solo al tomar seriamente el hecho de que la revelación del Antiguo Testamento *per se*, como un corpus escrito –para usar la deliciosa metáfora de Warfield– es como:

> una habitación ricamente amueblada pero tenuemente iluminada; la introducción de la luz no trae nada que no estuviera antes en ella, sino que saca a la vista mucho de lo que contiene y que solo se percibía tenuemente o incluso no se percibía en lo absoluto. El misterio de la Trinidad no se revela en el Antiguo Testamento; pero el misterio de la Trinidad subyace a la revelación del Antiguo Testamento, y en diferentes partes casi salta a la vista. De este modo, la revelación del Antiguo Testamento no es corregida por la revelación más completa que le sigue, sino solo perfeccionada, extendida y ampliada.[7]

Los escritores del Nuevo Testamento –completamente «trinitarios» en su teología– evidentemente no vieron ninguna incongruencia entre su doctrina de Dios y el monoteísmo del Antiguo Testamento. En consecuencia, es muy adecuado sugerir que todos los siguientes fenómenos deben ser vistos como esbozos de la doctrina de la Trinidad en el Antiguo Testamento:

1. el plural cohortativo «hagamos» y el pronombre plural «nuestra» en Génesis 1:26: «Hagamos al hombre a nuestra imagen» (ver también Gn. 3:22; 11:7; Is. 6:8).[8]

2. esas cercanas yuxtaposiciones de algún título para Dios que diferencian a Dios en un sentido de Dios en otro sentido, como en:

Salmo 45:6-7: «Tu trono, oh Dios, es eterno y para siempre… Has amado la justicia y aborrecido la maldad; por tanto, te ungió Dios, el Dios tuyo, con óleo de alegría más que a tus compañeros» (ver Heb. 1:8);

Salmo 110:1: «Jehová (יהוה, *yhwh*) dijo a mi Señor (אֲדֹנָי, *ᵃdōnī*–): Siéntate a mi diestra, hasta que ponga a tus enemigos por estrado de tus pies» (ver Mt. 22:41-45, también Nm. 6:24; Is. 33:22; Dn. 9:19);

3. el «ángel del Señor» que es *identificado* con Dios y, sin embargo, *diferenciado* de Dios

---

[6] Warfield, «Biblical Doctrine of the Trinity», 22.
[7] Ibid., 30.
[8] Como se discutió en el último capítulo, אֱלֹהִים, *ᵉlōhīm*, no debe ser interpretado como un sustantivo numéricamente plural y presentado como evidencia de la Trinidad: para interpretarlo como tal, sería necesario traducirlo como «Dioses», y la iglesia cristiana nunca ha creído en tres dioses. Este sustantivo se emplea consistentemente con verbos y modificadores singulares, lo que demuestra que debe tomarse como un sustantivo singular. Su terminación -*īm* probablemente debería entenderse como un plural mayestático.

(Gn. 16:17-13; 22:1-2, 11-18; 24:7, 40; 28:10-17 y 31:11-13; 32:9-12, 24-30; 48:15-16; Ex. 3:2-6; 13:21 y 14:19; 23:20-23 y 33:14; 32:34; Jos. 5:13-15; Jue. 6:11-24; 13:3-22; 2 S. 24:16; Os. 12:4; Zac. 12:8 y Mal. 3:1).

4. aquellos pasajes que describen la Palabra y el Espíritu de Dios virtualmente como concausas con Dios de su obra, como en:

Génesis 1:2: «y el Espíritu de Dios se movía sobre la faz de las aguas»,
Salmo 33:6: «Por la palabra de Jehová fueron hechos los cielos, Y todo el ejército de ellos por el aliento de su boca» (ver Jn. 1:1-3; también Is. 42:1; 43:9-12; Hag. 2:5-6);

5. aquellos pasajes que tienden a «personalizar» la Palabra de Dios, como en:

Salmo 107:20: «Envió su palabra, y los sanó» (ver también Gn. 1:3; Sal. 33:6; 147:15-18; Is. 55:11),

Y que tienden a hacer lo mismo con el Espíritu de Dios, como en:

Isaías 63:10: «Mas ellos fueron rebeldes, e hicieron enojar su santo Espíritu» (ver también Is. 48:16; Ez. 2:2; 8:3; Zac. 7:12).

6. aquellos pasajes en que el Mesías como portavoz divino se refiere al Señor y/o al Espíritu diciendo que lo han enviado, como en:

Isaías 48:16: «desde el principio no hablé en secreto; desde que eso se hizo, allí estaba yo; y ahora me envió Jehová el Señor, y su Espíritu»,

Isaías 61:1 «El Espíritu de Jehová el Señor está sobre mí, porque me ungió Jehová; me ha enviado a predicar buenas nuevas a los abatidos» (ver Lc. 4:16-18),

Zacarías 2:10-11: «Canta y alégrate, hija de Sion; porque he aquí vengo, y moraré en medio de ti, ha dicho Jehová. Y se unirán muchas naciones a Jehová en aquel día, y me serán por pueblo, y moraré en medio de ti; y entonces conocerás que Jehová de los ejércitos me ha enviado a ti».

7. aquellos pasajes en que el profeta habla del Señor, del ángel de su presencia, y de su Espíritu Santo como personas virtualmente distintas, como en:

Isaías 63:9-10: «En toda angustia de ellos él fue angustiado, y el ángel de su faz los salvó; en su amor y en su clemencia los redimió, y los trajo, y los levantó todos los días de la antigüedad. Mas ellos fueron rebeldes, e hicieron enojar su santo espíritu; por lo cual se les volvió enemigo, y él mismo peleó contra ellos».

8. y finalmente, aquellos pasajes en que se emplea un sustantivo plural para referirse a Dios (sin embargo, estos podrían ser plurales de intensificación, sobre la analogía de לֹהִים, *ᵉlōhîm*), tales como:

Salmo 149:2: «Alégrese Israel en su Hacedor [בְּעֹשָׂיו, *bᵉʿōsåayw;* lit., «Hacedores»]; los hijos de Sion se gocen en su Rey».

Eclesiastés 12:1: «Acuérdate de tu Creador [בּוֹרְאֶיךָ, *bōrᵉʾeykā;* lit., «Creadores»] en los días de tu juventud».

Isaías 54:5: «Porque tu marido [בְּעָלַיִךְ, *bōʿalayik;* lit., «maridos»] es tu Hacedor [עֹשַׂיִךְ, *ʿōsåayik;* lit., «Hacedores»]; Jehová de los ejércitos es su nombre».

Por otro lado, cuando nos dirigimos a las páginas del Nuevo Testamento, encontramos la doctrina del carácter trino de Dios *asumida* en todas partes (ver Mt. 28:19; Mr. 1:9-11; Jn. 14:16-26; 15:26; 16:5-15; 1 Co. 12:3-6; 2 Co. 13:14; Ef. 1:3-14; 2:18; 4:4-6; Gal. 4:4-6; Ro. 8:1-11; 2 Ts. 2:13-14; Tit. 3:4-6; 1 P. 1:2; Jud. 20-21; Ap. 1:4); no luchando por nacer, sino ya en escena y completamente asimilada dentro de las formas de pensamiento de la comunidad cristiana. Es decir, en el Nuevo Testamento la doctrina no se está elaborando a través de un debate riguroso o una reflexión teológica, sino que ya está hecha (Warfield). ¿Cómo explicarnos el hecho de que el Antiguo Testamento parece haber sido escrito «antes» de la revelación de la doctrina de la Trinidad mientras que el Nuevo Testamento parece haber sido escrito «después» de su revelación? Para citar a Warfield:

La revelación misma no fue hecha en palabra, sino en hecho. Fue hecha en la encarnación del Hijo de Dios y en el derramamiento de Dios el Espíritu Santo. La relación de los dos Testamentos con esta revelación es, en un caso, la de preparación para ella, y en el otro, el de ser producto de ella. La revelación misma está encarnada precisamente en Cristo y en el Espíritu Santo.[9]

A menudo se ha dicho, como la razón que subyace a la determinación de la sabiduría divina de revelar el hecho de la Trinidad de esta manera, que fue la tarea del Antiguo Testamento «fijar firmemente en las mentes y corazones del pueblo de Dios la gran verdad fundamental de la unidad de la Divinidad; y que habría sido peligroso hablarles de la pluralidad dentro de esta unidad hasta que esta tarea se hubiera cumplido por completo».[10] Pero, como argumenta Warfield, es más probable que la completa revelación de la multiplicidad personal de la Divinidad estuviera necesariamente vinculada al desarrollo del proceso de la *redención*, y que en cuanto ese proceso se materializó, la revelación de la Trinidad necesariamente fuera revelada como su corolario:

la revelación de la Trinidad fue... el efecto inevitable de la consumación de la redención. Fue en la venida del Hijo de Dios en semejanza de carne pecaminosa para ofrecerse a sí mismo como sacrificio por el pecado; y en la venida del Espíritu Santo para convencer al mundo de pecado, de justicia y de juicio, que la Trinidad de Personas en la Unidad de la Deidad fue revelada de una vez y para siempre a los hombres. Aquellos que conocían a Dios el Padre, quien los amó y les dio a su propio Hijo para morir por ellos; y conocían al Señor Jesucristo, quien los amó y se entregó a sí mismo como ofrenda y sacrificio por ellos; y conocían al Espíritu de gracia, quien los amó y habita dentro de ellos, como un poder para justicia, conocían al Dios trino y no podían pensar o hablar de Dios de otra manera que como trino. La doctrina de la Trinidad, en otras palabras, es simplemente la modificación producida en la concepción del único Dios por su completa revelación de sí mismo en el proceso redentor. Por lo tanto, necesariamente esperó a la finalización del proceso de redención para revelarse, y su revelación necesariamente está completa en el proceso de redención.

La prueba fundamental de que Dios es una Trinidad la proporciona, pues, la revelación fundamental de la Trinidad *en hecho*: es decir, en la encarnación de Dios el Hijo y el derramamiento de Dios el Espíritu Santo. *En una palabra, Jesucristo y el Espíritu Santo son la prueba fundamental de la doctrina de la Trinidad*. Esto equivale a decir que toda la evidencia de cualquier clase, y de cualquier fuente que se derive, –que Jesucristo es Dios manifestado en carne, y que el Espíritu Santo es una Persona divina– es simplemente una gran evidencia para la doctrina de la Trinidad; y que cuando acudimos al Nuevo Testamento en busca de evidencia para la doctrina de la Trinidad, hemos de buscarla, no meramente en las alusiones esparcidas a la Trinidad como tales, numerosas e instructivas como son, sino primeramente en toda la masa de evidencia que el Nuevo Testamento proporciona de la Deidad de Cristo y de la personalidad divina del Espíritu Santo.[11]

Louis Berkhof concuerda:

El Antiguo Testamento no contiene una completa revelación de la existencia trinitaria de Dios, pero contiene muchas indicaciones de ella. Y esto es exactamente lo que podría esperarse. La Biblia jamás trata con la doctrina de la Trinidad como una verdad abstracta, sino que revela la vida trinitaria en sus diversas relaciones como una realidad viva, hasta cierto punto en conexión con las obras de la creación y providencia, pero particularmente en relación con la obra de la redención. *Su revelación más fundamental es una revelación dada en hechos más que en palabras.*

---
[9] Warfield, «Biblical Doctrine of the Trinity», 33.
[10] Ibid., 33-34.
[11] Ibid., 33, 35, énfasis añadido.

Dios y el Hombre

Y esta revelación incrementa en claridad en la medida en que la obra redentora de Dios es revelada con más claridad, como en la encarnación del Hijo y el derramamiento del Espíritu Santo. Y cuanto más se destaca la gloriosa realidad de la Trinidad en los hechos de la historia, se vuelven más claras las declaraciones de la doctrina. La completa revelación de la Trinidad en el Nuevo Testamento se debe al hecho de que la Palabra se hizo carne, y que el Espíritu Santo hizo su morada en la iglesia..[12]

Fueron, en suma, los dos grandes acontecimientos redentores objetivos, el de la encarnación y Pentecostés, los que precipitaron y concretizaron la modificación del pensamiento de los primeros cristianos sobre el único Dios vivo y verdadero. Porque estaban convencidos de que los hombres habían sido confrontados por nada menos que la gloria íntegra de Dios en la persona de Jesucristo (2 Co. 4:6) y que el Espíritu Santo poseía una subsistencia personal con el Padre y el Hijo, a los primeros cristianos se les dio el ímpetu para formular su comprensión de Dios en términos trinitarios.

Entonces, dado que la deidad y subsistencia personal del Padre pueden ser vistas como un hecho,.[13] la evidencia de la Trinidad es solo la evidencia bíblica de la deidad de Jesucristo y la distintiva subsistencia personal de Dios el Espíritu Santo. Dicho de otra manera, cualquier evidencia bíblica, dondequiera que se exprese en la Santa Escritura, que pueda ser aducida en apoyo de la deidad de Cristo y la subsistencia personal del Espíritu Santo, es evidencia de la doctrina de la Trinidad. Por consiguiente, la mayor parte del resto de este capítulo será dedicado a argumentar la evidencia bíblica de la deidad de Cristo y de la subsistencia personal del Espíritu Santo.

LA DEIDAD DEL HIJO

La evidencia bíblica de la deidad del Hijo incluye (1) los anuncios y predicciones del Antiguo Testamento de un Mesías divino, (2) el mismo testimonio de Jesús tanto en palabras como en obras, (3) su resurrección, (4) el testimonio unánime de los escritores del Nuevo Testamento, y (5) específicamente, los nueve pasajes del Nuevo Testamento en que «Dios» (θεός, *theos*) es utilizado como un título para Cristo.

LAS PREDICCIONES DEL ANTIGUO TESTAMENTO DE UN MESÍAS DIVINO

Los testimonios del Antiguo Testamento sobre la deidad del Mesías prometido son tan numerosos que solo se pueden enumerar algunos de los más destacados:.[14]

1. Un estudio cuidadoso de las referencias al «ángel del Señor» revelará que él se *diferencia de Dios* como su mensajero por el mismo título como también por el hecho de que Dios se refiere a él o se dirige a él (ver Ex. 23:23; 32:34; 2 S. 24:16). Y, sin embargo, en sus discursos el ángel reclama prerrogativas y poderes divinos; de hecho, se *identifica con Dios* (ver Gn. 31:11-13), estableciendo así el patrón presente en dichos pasajes del Antiguo Testamento como Sal. 2:7, 45:6-7, y 110:1 y pasajes del Nuevo Testamento tales como Jn. 1:1, 18, Heb. 1:8 y 1 Jn. 5:20. Geerhardus Vos establece que la única manera de hacer justicia a ambas características, la diferenciación y la identidad, es:

asumir que detrás de la doble representación yace una multiplicidad real en la vida interior de la Deidad. Si el ángel enviado fuera él mismo participante de la Deidad, entonces podría referirse a Dios como su remitente, y al mismo tiempo hablar como Dios, y en ambos casos habría una realidad detrás de ello. Sin todos estos datos de lo que llamamos Trinidad, la transacción no podría sino haber sido irreal e ilusoria.

---
[12] Louis Berkhof, *Systematic Theology* (Grand Rapids, Mich.: Eerdmans, 1932), 85, énfasis añadido.
[13] Para un tratamiento de la «divinidad» del Padre, ver Benjamin B. Warfield, «God Our Father and the Lord Jesus Christ», en *Biblical and Theological Studies* (Philadelphia: Presbyterian and Reformed, 1992), 60–78.
[14] Ver Benjamin B. Warfield, «The Divine Messiah in the Old Testament», en *Biblical and Theological Studies* (Philadelphia: Presbyterian and Reformed, 1952), 79–126.

Señala además que las declaraciones del ángel sobre su identidad con Dios (que él llama la intención «sacramental» de Dios) subrayan el deseo de Dios de estar presente con su pueblo para apoyarlo en su fragilidad y limitación; pero sin la diferenciación del ángel de Dios (que él llama la intención «espiritual» de Dios), la verdadera naturaleza espiritual de la Deidad habría sido amenazada. Por tanto, el ángel habla de Dios en tercera persona.

De este análisis, Vos concluye:

> En la encarnación de nuestro Señor tenemos la expresión suprema de este arreglo fundamental... La completa encarnación, con todo lo que le pertenece, es un gran sacramento de la redención. Y, sin embargo, incluso aquí se pone especial cuidado para impresionar a los creyentes con la espiritualidad absoluta de aquel que se ha hecho a sí mismo de nuestra naturaleza. El principio en juego ha encontrado expresión clásica en Jn. 1:18: «A Dios nadie le vio jamás; el unigénito Hijo, que está en el seno del Padre, él le ha dado a conocer».[15]

2. David, en el Sal. 2:7, identifica al Mesías como el único Hijo de Dios, un título en este contexto que conlleva implicaciones de deidad, de acuerdo con el escritor de Hebreos, porque todos los ángeles de Dios tienen la orden de adorarlo (Heb. 1:5-6). Además, cuando el escritor explica el contenido de este «más excelente nombre», lo hace atribuyendo a Cristo los títulos supremos de θεός, *theos*, y κύριος, *kyrios*; no atribuyendo nombres nuevos adicionales al título «Hijo», sino explicaciones del contenido del más excelente título «Hijo» del Sal 2.

3. En el Sal. 45:6-7, el Mesías es llamado «Dios»: «Tu trono, oh Dios [אֱלֹהִים, *ᵉlōhîm*], es eterno y para siempre» (ver Heb. 1:8).

4. En el Sal. 102:25-27, el Mesías lleva como su nombre el sagrado tetragrama (יהוה, yhwh), poseyendo, por consiguiente, los atributos de poder creativo y eternidad (ver Heb. 1:10-12).

5. En el Sal. 110:1, el Mesías lleva el título de אֲדֹנִי (*ᵃdōnî*, «mi Señor"), un título que de nuevo conlleva implicaciones de deidad debido a que el que lleva este título se sienta a la diestra de Yahweh, una posición superior a los ángeles (Heb. 1:13). Algunos ángeles tienen el privilegio de estar delante de Dios (Lc. 1:19), pero nunca se dice que alguien se sienta delante de Él, mucho menos que se sienta sobre su trono. Aquel que se sienta con Dios debe seguramente compartir el reino divino como siendo él mismo divino.

6. En Is. 7:14, el Mesías virginalmente concebido es «Dios con nosotros» (עִמָּנוּ אֵל, *immānû ᵓēl*) (ver Mt. 1:23).

7. En Is. 9:6, el Mesías es el portador de los «cuatro títulos maravillosos»: «Admirable Consejero», «Dios Fuerte» (אֵל גִּבּוֹר, *ᵓēl gibbôr*), «Padre Eterno» y «Príncipe de Paz».

8. En Dn. 7:14, el Mesías es la «figura como de hombre», *semejante a un hombre* solo para distinguir el carácter de su reino de los cuatro reinos «bestia» que preceden al suyo, pero siendo Él mismo *divino* como se evidencia por (a) su libre acceso al Anciano de días, (b) su «venida sobre las nubes» (empleado como una metáfora descriptiva solo de la deidad, ver Nah. 1:3), (c) el reino universal y eterno que el Anciano de días le otorga, y (d) la adoración que los pueblos y naciones del mundo le ofrecen.

9. En Mal. 3:1, el Mesías, el Mensajero del Pacto, delante de quien su propio mensajero («Elías») va para preparar su camino, es Yahvé de los ejércitos (ver el «antes de mí»).[16]

10. Si incluimos a Juan el Bautista entre los profetas del Antiguo Testamento como el «Elías que había de venir» (ver Mt. 11:13-14), entonces tenemos el testimonio de Juan sobre (a) la preexistencia del Mesías (Jn. 1:15, 30),[17] y (b) la filiación divina del Mesías (Jn. 1:34). Con

---

[15] Geerhardus Vos, Biblical Theology (Grand Rapids, Mich.: Eerdmans, 1948), 85–89.

[16] Para una exposición más amplia del Sal. 2:7; 45:6–7; 102:25-27, 110:1; Is. 7:14; 9:6; Dn. 7:14; y Mal. 3:1, ver Robert L. Reymond, *Jesus, Divine Messiah: The Old Testament Witness* (Ross-shire, Scotland: Christian Focus, 1990).

[17] Ver Vos, Biblical Theology, 347: «...'protos' con el imperfecto del verbo significa absoluta anterioridad en cuanto al modo de existencia; se relaciona con la existencia eterna del Señor, generalmente llamada su preexistencia».

respecto a este último testimonio, Vos señala:
> Que [el título «Hijo de Dios»] no puede ser menor en su importancia que el mismo título a través del evangelio [de Juan] se desprende de la posición que tiene como la pieza culminante de este primer estadio de testimonio, al ser comparado con la declaración del autor del evangelio (20:31). De acuerdo con esta declaración, las cosas que se registraron sobre Jesús fueron escritas para crear fe en la divina filiación del Salvador. Con esto en mente, se han ordenado una serie de episodios y discursos. Obviamente, la sección de Juan el Bautista forma la primera de esta serie, y ahí radica la razón por la que resulta en el testimonio sobre la filiación bajo discusión. Que tenía un alto significado también aparece en la [declaración de Juan en Jn. 1:15, 30], en que ya se había afirmado nada menos que la preexistencia del Mesías..[18]

Aquí entonces existen múltiples líneas de evidencia del Antiguo Testamento de la venida de un Mesías que sería divino en naturaleza. De este modo se preparó el escenario para la aparición en su mundo del Mesías divino concebido virginalmente, quien dio testimonio concerniente a su deidad de muchas maneras inconfundibles.

EL AUTOTESTIMONIO DE JESÚS SOBRE SU DEIDAD

El título Hijo del Hombre

Una literatura verdaderamente vasta ha surgido alrededor del título Hijo del Hombre en los evangelios y solo una breve discusión se puede dar aquí.

El título mismo (ὁ υἱὸς τοῦ ἀνθρώπου, *ho huios tou anthrōpou*, sin artículo solo en Jn. 5:27, pero esta anomalía se explica por la regla de Colwell)[19] ocurre sesenta y nueve veces en los sinópticos, apareciendo en las cuatro supuestas fuentes documentales anteriores (*Ur-Markus*, Q, M y L), y trece veces en el cuarto evangelio, para un total de ochenta y dos apariciones en los evangelios. Los propios dichos del Hijo del Hombre describen la figura del Hijo del Hombre en tres situaciones distintas: la de su ministerio actual, la de su sufrimiento a manos de los hombres (maltratado, traicionado, ejecutado y sepultado), y la de su resurrección y aparición en gloria sobre las nubes del cielo. ¿Quién es este Hijo del Hombre? ¿O son estas situaciones tan dispares que debamos hablar más específicamente de más de un Hijo del Hombre?

Suponiendo la autenticidad de estos dichos como conteniendo la *ipsissima vox Jesu*, la iglesia ha entendido tradicionalmente la frase «Hijo del Hombre» como el título que Jesús eligió como una autodesignación de manera precisa porque, aunque ciertamente mesiánico (ver Dn. 7:13), el título era ambiguo en significado para la imaginación popular actual. Esto le permitió afirmar ser el Mesías con poco peligro de que se le asociara con los puntos de vistas erróneos antes de que tuviera la oportunidad de asignarle el contenido completo de la tarea mesiánica que fue prefigurada y predicha por el Antiguo Testamento.

Además, conforme a la comprensión tradicional de la iglesia, Jesús expuso su tarea mesiánica como el Hijo del Hombre precisamente en términos de las tres situaciones de servicio, sufrimiento y gloria, y aplicó estas situaciones a sí mismo, cumpliéndose las primeras dos en conexión con su primer advenimiento, la última a ser cumplida primero en la «menos (típica) venida en juicio» en la destrucción de Jerusalén en el 70 d.C. (a la cual refiere muy probablemente Mt. 10:23; 24:27, 30 y quizá otros), y segundo en su gran y final revelación apocalíptica en gloria escatológica.

Que la iglesia tenía razón cuando entendió el título como una autodesignación de Jesús y cuando aplicó estas situaciones del Hijo del Hombre a Jesús es evidente de las siguientes

---

[18] Ibid., 351.
[19] Ver E. C. Colwell, "A Definite Rule for the Use of the Article in the Greek New Testament," *Journal of Biblical Literature* 52 (1933): 12–21. Algunos eruditos del Nuevo Testamento (e.g., Nigel Turner, D. A. Carson) han expresado reservas con respecto a esta «regla», aunque Bruce Metzger respalda su validez *general* en «On the Translation of John 1:1», *The Expository Times* 63 (1951–52): 125–26, y «The Jehovah's Witnesses and Jesus Christ», *Theology Today* (April 1953): 75, como lo hace Leon Morris (*Gospel According to John* [Grand Rapids, Mich.: Eerdmans, 1971], 77, n. 15) y C. F. D. Moule, *An Idiom Book of New Testament Greek* (Cambridge: Cambridge University Press, 1953), 115–16.

cuatro líneas de evidencia:

1. Donde Mateo (5:11) dice «por mi causa», Lucas (6:22) dice «por causa del Hijo del Hombre»; donde Mateo (10:32) tiene «yo», Lucas (12:8) tiene «el Hijo del Hombre». Donde Marcos (8:27) y Lucas (9:18) tienen «yo», Mateo (16:13) dice «el Hijo del Hombre», pero donde Marcos (8:31 y 8:38) y Lucas (9:22 y 9:26) tienen «el Hijo del Hombre», Mateo (16:21 y 10:33) correspondientemente dice «él» y «yo». Claramente el título, al menos en ocasiones, era simplemente una perífrasis para «yo» o «mí», demostrando que Jesús se proponía a sí mismo como su referente. Y siempre estando en el trasfondo se encontraba la figura escatológica de Daniel 7.

2. Cuando Judas besó a Jesús, de acuerdo con Lucas 22:48 (ver también Mt. 26:23-24, 45), Jesús preguntó: «¿con un beso entregas al Hijo del Hombre?»

3. Como argumenta Royce G. Gruenler:

> Mt. 19:28 es especialmente instructivo sobre el asunto de quién es el Hijo del Hombre glorificado, porque Jesús promete a sus discípulos con el autoritativo «De cierto os digo» que «en la regeneración, cuando el Hijo del Hombre se siente en el trono de su gloria, vosotros que me habéis seguido también os sentaréis sobre doce tronos, para juzgar a las doce tribus de Israel». Seguramente Jesús, a quien habían seguido y en términos de quien reinarían, no estaría excluido de reinar con ellos. ¿Habrá entonces dos figuras centrales entronizadas? El sentido del pasaje exegéticamente implicaría que solo se asume una persona central, Jesús el Hijo del Hombre.[20]

Además, argumenta:

> Es probable que suposiciones naturalistas estén detrás del rechazo a permitir que estos dichos [que retratan al Hijo del Hombre como un ser divino glorificado] sean la propia visión profética de Jesús de su vindicación y glorificación en el juicio venidero. Ciertamente no existe sugerencia en otra parte de los evangelios de que anticipó que alguna otra figura aparecería después de Él. De hecho, entre los dichos de Marcos… 9:9 [Mt. 17:9, ver también Mr. 8:31 (Lc. 9:22; 24:7); 9:31 (Mt. 17:22-23); Mr. 10:33-34 (Mt. 20:18-19; Lc. 18:31-33)] claramente se refiere a su propia resurrección como el Hijo del Hombre de entre los muertos, y en 14:62, la escena delante del sumo sacerdote combina su confesión «yo soy» de que Él es el Cristo, el Hijo del Bendito, con el sustituto para «yo» el Hijo del Hombre, «sentado a la diestra del poder, y viniendo con las nubes del cielo».[21]

4. Cuando Jesús preguntó al hombre nacido ciego, a quien acababa de sanar: «¿Crees en el Hijo del Hombre?»,[22] el hombre preguntó: «¿Quién es Señor? Dímelo, para que crea en Él». Jesús le contestó: «Pues ya lo has visto; es el que está hablando contigo (Jn. 9:35-37 NVI).

De este modo es claro que los cuatro evangelistas pretenden que sus lectores entiendan que Jesús es el Hijo del Hombre en los papeles tanto del siervo sufriente «que vino a buscar y a salvar lo que se había perdido» (Lc. 19:10), que también «no vino para ser servido, sino para servir, y para dar su vida en rescate por muchos» (Mr. 10:45; Mt 20:28), como de futuro juez y rey escatológico.

En cuanto a su trasfondo, tanto el consenso evangélico como el creciente consenso crítico, es que Daniel 7:13-14 es la fuente primaria.[23] Una objeción común que se plantea en contra de que la «figura humana» de Daniel sea la fuente de los «dichos del Hijo del Hombre» de

---

[20] Royce G. Gruenler, "Son of Man," *Evangelical Dictionary of Theology* (Grand Rapids, Mich.: Baker, 1984), 1035–1036.
[21] Ibid., 1035.
[22] Ver Bruce M. Metzger, *A Textual Commentary on the Greek New Testament* (New York: United Bible Societies, 1971). 228–29, para su nota sobre esta variante textual.
[23] Delbert Burkett, en su «The Son of Man in the Gospel of John», *Journal for the Study of the New Testament, Supplement Series* 56 (1991), basando su tesis en su propia traducción, sostiene que los antecedentes de los dichos del «Hijo del hombre» en Juan son Pr. 30:1-4, en cuyo oráculo el personaje que se designa a sí mismo como «el Hombre» es en realidad Dios, y se describe a sí mismo en términos sobrenaturales a su hijo Itiel. Se dice que Jesús se ve a sí mismo como el Itiel antitipo y, por lo tanto, por su uso del título «Hijo del Hombre», afirma ser el Hijo de Dios. La tesis es intrigante, pero tiene pocos datos que la respalden. ¿Por qué Dios Padre se identificaría a sí mismo como «el Hombre»? ¿Quién es Ucal?, ¿el segundo hijo de Dios? Y por qué ignorar la evidencia más abundante de los sinópticos de que es Daniel 7:13-14 el que proporciona el trasfondo para la autodenominación de Jesús, «el Hijo del Hombre»?

Dios y el Hombre

Jesús es la supuesta ausencia del motivo del sufrimiento en la descripción de esta figura en Daniel 7, mientras que la idea del sufrimiento a menudo se agrega al título en el uso de Jesús. Este problema se ha respondido adecuadamente por la erudición evangélica del Nuevo Testamento.[24] Cuando Jesús empleó el título era autoconsciente de afirmar que era el Hijo del Hombre de Daniel y, por lo tanto, el Mesías, uniendo dentro de la única figura del Antiguo Testamento tanto el motivo del sufrimiento (la obra del siervo sufriente de Isaías) como el motivo de su venida apocalíptica para juzgar la tierra y llevar el reino de Dios a su consumación.

Comentando sobre el significado del título «Hijo del Hombre», escribe Geerhardus Vos:
> En estrecho apego al espíritu de la escena en Daniel del cual fue tomado, sugería una carrera mesiánica en la que, de repente, sin interferencia humana o conflicto militar, a través de un acto inmediato de Dios, la más alta dignidad y poder son conferidos. La realeza aquí representada no solo es sobrenatural, es «trascendental».[25]

Incluso un examen superficial de los dichos del Hijo del Hombre de Jesús confirmará todo lo que Vos afirma aquí y más. Por ejemplo, este título en el cuarto evangelio «connota el lado celestial, superhumano de la existencia misteriosa de Jesús»,[26] expresando lo que comúnmente se llama su preexistencia (Jn. 3:13; 6:62). Como el Hijo del Hombre, Jesús en los sinópticos afirmó tener la autoridad para perdonar pecados (Mt. 9:6; Mr. 2:10; Lc 5:24) y para regular incluso la observancia de la ordenanza divina del Sabbat (Mt. 12:8; Mr. 2:28; Lc. 6:5) –claramente prerrogativas exclusivas de la deidad. Hablar en contra del Hijo del Hombre, dijo, aunque perdonable, es blasfemia (Mt. 12:32). Como Hijo del Hombre, los ángeles son suyos (Mt. 13:41), lo que implica su propio estado supra angélico y su señorío sobre ellos. Como el Hijo del Hombre conocería un período de humillación, no teniendo dónde recostar su cabeza (Mt. 8:20; Lc. 9:58) y finalmente sufriría la cruel muerte de la crucifixión; pero Él declaró que el Hijo del Hombre sufriría y moriría solo con el fin de que pudiera rescatar a otros (Mt. 20:28; Mr. 10:45). Él enseñó que el destino eterno de un hombre dependería de su relación con el Hijo del Hombre, porque a menos que el Hijo del Hombre dé vida al hombre, no hay vida en él (Jn. 6:53). Como el Hijo del Hombre, se levantaría de entre los muertos y «se sentará a la diestra del poder», y «vendrá en las nubes con gran poder y gloria» (Mt. 24:30; Mr. 13:25; Lc. 21:27) –viniendo con todos sus santos ángeles en la gloria de su Padre, de lo cual no hay duda (Mt. 16:27; Mr. 8:38), pero viniendo también en su propia gloria (Mt. 25:31). Y cuando venga, declaró, vendrá con la autoridad para ejecutar juicio sobre todos los hombres precisamente porque (ὅτι, *hoti*) Él es el Hijo del Hombre (Jn. 5:27). Claramente los dichos del Hijo del Hombre expresan la concepción mesiánica de Jesús, y sus asociaciones fueron de carácter sobrenatural, incluso divinas. Warfield no exagera el asunto entonces cuando escribe:
> Es… en la imagen que Jesús mismo traza para nosotros del «Hijo del Hombre» que vemos retratada su naturaleza sobrehumana. Porque la figura así representada delante de nosotros es distintivamente sobrehumana, una que no solo está en el futuro para ser vista sentada a la diestra del poder y viniendo con las nubes del cielo…, sino que en el mundo actual en sí mismo ejerce funciones que son realmente divinas; pues ¿quién es el Señor del Sabbat sino el Dios que lo instituyó en conmemoración de su propio descanso (2:28), y quién puede perdonar pecados sino solo Dios (2:10, ver el versículo 7)? La asignación al Hijo del Hombre de la función de juez del mundo y la adscripción a Él del derecho de perdonar pecados son, en cada caso, otra forma de decir que Él es una persona divina, porque estos son actos divinos.[27]

---

[24] Ver mi *Jesus, Divine Messiah: The New Testament Witness* (Phillipsburg, N.J.: Presbyterian and Reformed, 1990), 60–1.
[25] Geerhardus Vos, *The Self-Disclosure of Jesus* (1926; reprint, Phillipsburg, N.J.: Presbyterian and Reformed, 1978), 254.
[26] Ibid., 239.
[27] Benjamin B. Warfield, *The Lord of Glory* (1907; reprint, Grand Rapids, Mich.: Baker, 1974), 41.

El título Hijo (de Dios)

Jesús reclamó, como Hijo de Dios, unidad divina esencial con Dios en los evangelios sinópticos en Mt. 11:27 (Lc. 10:22); 21:37-38 (Mr. 12:6; Lc. 20:13); 24:36 (Mr. 13:32); y 28:19; y en el evangelio de Juan en (al menos) 5:17-29; 6:40; 10:36; 11:4; 14:13; 17:1. A estos deben agregarse aquellos ejemplos en el cuarto evangelio cuando afirmó que Dios era su Padre en un sentido tan único que el liderazgo religioso judío percibió correctamente que estaba afirmando una filiación con Dios que constituía una unidad divina esencial e igualdad con Dios y, por lo tanto, desde su perspectiva, era cometer blasfemia (Jn. 5:17-18; 10:24-39, especialmente los versículos 25, 29, 30, 32-33; 37, 38 ver también 19:7).

LOS CUATRO GRANDES PARALELOS

En Mt. 11:25-27 (Lc. 10:21-22), considerado por Vos como «el punto culminante de la autorrevelación de nuestro Señor en los sinópticos»,[28] Jesús traza cuatro paralelos entre Dios como «el Padre» y Él mismo como «el Hijo» de 1 Cr. 17:13; Sal. 2:7; Is. 9:6, y Mt. 3:17 (Mr. 1:11; Lc. 3:22). La naturaleza única e íntima de la relación Padre-Hijo afirmada aquí por Jesús se expresa en términos de estos paralelos.

El primer paralelo tiene que ver con el conocimiento exclusivo y mutuo que el Padre y el Hijo tienen uno del otro. Jesús declara en Mt. 11:27: «nadie *conoce* [ἐπιγινώσκει, *epiginōskei*] al Hijo, sino el Padre, ni al Padre *conoce* [ἐπιγινώσκει, *epiginōskei*] alguno, sino el Hijo». Jesús pone énfasis en la exclusividad de este conocimiento mutuo («nadie conoce»). Pero igualmente sorprendente es la inferencia de que la naturaleza de este conocimiento que Jesús afirma tener lo eleva sobre la esfera del mortal ordinario y lo coloca «en una posición, no simplemente de igualdad, sino de una absoluta reciprocidad e interpenetración de conocimiento con el Padre».[29] Vos observa:

> Que se da a entender conocimiento esencial más que adquirido se desprende… de la correlación de las dos cláusulas: el conocimiento que Dios tiene de Jesús no puede ser conocimiento adquirido [por el hecho de que es conocimiento de Dios debe ser directo, intuitivo, e inmediato –en una palabra, divino– autor]; en consecuencia, el conocimiento que Jesús tiene de Dios no puede ser conocimiento adquirido tampoco [debe ser directo, intuitivo, e inmediato– autor] porque estos dos están completamente alineados. En otras palabras, si uno es diferente del conocimiento humano, entonces el otro debe serlo de igual forma.[30]

La única conclusión que se puede sacar es que Dios tiene este conocimiento exclusivo e interpenetrante del Hijo porque Él es el Padre del Hijo. Y dado que el conocimiento que Jesús reclama aquí para sí mismo no pudo haber sido el resultado de la investidura de la tarea mesiánica, sino que debe haberse originado en una filiación que, por necesidad, habría sido *antecedente* a su investidura mesiánica, es claro que la filiación de Jesús y la tarea mesiánica con que había sido investido no describen relaciones idénticas con el Padre, sino que la primera debe haber precedido lógicamente a la segunda y proporcionado el fundamento para ella.

El segundo paralelo, que descansa sobre el primero, involucra la afirmación de Jesús de la necesidad mutua del Padre y el Hijo de revelarse uno al otro si los hombres han de tener un conocimiento salvífico de ellos. Este paralelo puede ser visto en la acción de gracias de Jesús al Padre, Señor del cielo y de la tierra, que Él –el Padre– había *escondido* (ἔκρυψας, *ekrupsas*) los misterios del reino que están centrados en el Hijo (porque fue a Él a quien esa generación [11:19] y las ciudades de Corazín, Betsaida y Capernaum [11:20-24] estaban rechazando) de los «sabios» (es decir, los «sabelotodo» espirituales) y los había *revelado*

---

[28] Vos, *Self-Disclosure*, 143.
[29] Benjamin B. Warfield, "The Person of Christ According to the New Testament," in *The Person and Work of Christ* (Philadephia: Presbyterian and Reformed, 1950), 65.
[30] Vos, *Self-Disclosure*, 149.

(ἀπεκάλυψας, *apekalypsas*) a los «niños» (es decir, a hombres como Pedro, ver Mt. 16:17) (11:25), y su declaración posterior de que «ni al Padre conoce alguno, sino el Hijo, y aquel a quien el Hijo lo quiera revelar [ἀποκαλύψαι, *apokalypsai*]» (11:27). La razón de que la tarea mesiánica fuera investida en el Hijo se vuelve más clara desde este paralelo: no solo el Hijo conoce al Padre con suficiente profundidad (es decir, hasta el infinito) para dar una revelación fiel de Él, sino también, y precisamente porque solo Él tiene dicho conocimiento, solo el Hijo puede ser el canal revelador de la bendición salvífica para ir al Padre (Juan 14:6). Por lo tanto, la investidura mesiánica tiene que reposar en Él.

El tercer paralelo es evidente por el señorío absoluto mutuo que se dice que cada uno posee, el señorío del Padre expresado en las palabras «Señor del cielo y la tierra», el del Hijo en su declaración «toda autoridad me es dada».

El cuarto paralelo es la absoluta soberanía mutua que cada uno ejerce al dispensar su revelación del otro. La soberanía del Padre se muestra en las palabras de Jesús: «Sí, Padre, porque así te agradó (εὐδοκία, *eudokia*) (11:26), la del Hijo en sus palabras: «y aquel a quien el Hijo lo quiera revelar» (βούληται ἀποκαλύψαι, *boulētai apokalypsai*) (11:27).

Es inconcebible una expresión más alta de la paridad entre el Padre y el Hijo con respecto a la posesión de los atributos divinos de omnisciencia y soberanía en la dispensación de la revelación salvífica. Warfield escribe con respecto a esto que es «en algunos aspectos la [declaración] más notable en todo el ámbito de los cuatro evangelios»:

en ella nuestro Señor afirma para sí mismo una relación de igualdad práctica con el Padre, aquí descrita en los términos más elevados como el «Señor del cielo y de la tierra» (v.25). Como solo el Padre puede conocer al Hijo, así solo el Hijo puede conocer al Padre: y los demás solo pueden conocer al Padre como es revelado por el Hijo. Es decir, no solo el Hijo es simplemente el revelador exclusivo de Dios, sino que el conocimiento mutuo del Padre y del Hijo se pone en lo que parece muy a la par. El Hijo solo puede ser conocido por el Padre en todo lo que Él es, como si su ser fuera infinito y como tal inescrutable a la inteligencia finita; y solo su conocimiento –de nuevo como si Él fuera infinito en sus atributos– es competente para abarcar las profundidades del infinito ser del Padre. Aquel que mantiene esta relación con el Padre no puede ser concebiblemente una criatura..[31]

Dicha paridad con el Padre es la base sobre la que nuestro Señor fundamenta su invitación al cansado que sigue a esta declaración –una invitación a venir no al Padre, sino a sí mismo como el revelador del Padre– como una usurpación impía de lugar y privilegio divino si Él mismo no fuera la divinidad. Y no deja de ser significativo que su invitación, en su amplitud que lo abarca todo («todos los que están cansados y trabajados») y la absoluta certeza de su promesa de incondicional bendición («y yo os haré descansar»), es paralela en forma a la invitación divina en Isaías 45:22, como es evidente si uno coloca las dos invitaciones en sus diversas partes una al lado de la otra como sigue:

Isaías 45:22: «Mirad a mí, y sed salvos, todos los términos de la tierra [es decir, los salvaré]».

Mateo 11:28: «Venid a mí todos los que estáis trabajados y cargados, y yo os haré descansar».

Claramente, por su promesa de socorrer a todo aquel que venga a Él, Jesús afirmó para sí mismo un lugar de poder y privilegio como el Hijo del Padre al nivel de la deidad.

La parábola de los labradores malvados

En la parábola de los labradores malvados registrada en Mateo 21:33-39 (Mr. 12:1-11; Lc. 20:9-15), Jesús cuenta la historia de un propietario que arrendó su viña a unos labradores.

---
[31] Warfield, *Lord of Glory*, 82-83.

Cuando llegó el tiempo de recibir su pago de renta en producto del fruto de la viña, envió siervo tras siervo a sus labradores, solo para que cada uno de ellos fuera golpeado, apedreado o asesinado. Finalmente, envió a su hijo (Lucas: su «hijo amado»; Marcos: «aún un [otro] hijo suyo, amado», que evoca las palabras anteriores del Padre desde el cielo [1:11; 9:7]), diciendo: «tendrán respeto a mi hijo». Pero cuando los labradores lo vieron, dijeron: «Este es el heredero; venid, matémosle, y la heredad será nuestra». Así lo hicieron, arrojando su cuerpo fuera de la viña. Cuando vino el propietario, destruyó a los labradores y arrendó su viñedo a otros.

Los referentes a los que se dirige la parábola son obvios: el propietario es Dios, la viña es la nación de Israel (Is. 5:7), los labradores son los líderes de la nación, los siervos son los profetas de la teocracia (Mt. 23:37a), y el hijo es Jesús mismo, el Hijo de Dios. La enseñanza central de la parábola es también obvia, tal como la fue a su audiencia original (Mt. 21:45): Dios, el verdadero propietario de Israel, después de haber enviado a sus profetas repetidamente a la nación y a sus líderes para llamarla de regreso a Él de su rebelión e incredulidad, solo para que los rechazaran y a menudo asesinaran, en Jesús había enviado más que simples siervos. En Jesús, Dios finalmente ha enviado a su Hijo amado (es decir, su «único») que sería igualmente rechazado. Pero *su* rechazo, a diferencia del rechazo de aquellos antes de Él, no implicó un mero cambio de administración político-religiosa, sino «el derrocamiento completo de la teocracia, y la formación desde los cimientos de una nueva estructura en la cual el Hijo [la piedra del ángulo elevada] recibiría una completa reivindicación y honor supremo».[32] La alta cristología de la parábola –reflejando la autoconsciencia de Jesús– encuentra expresión en los detalles de la historia, como explica Vos:[33]

1. En virtud de su filiación, Jesús posee «una mayor dignidad y una relación más estrecha con Dios que el estatus oficial más alto e íntimo conocido en la teocracia del Antiguo Testamento». Esto es evidente del muy sugerente «amado» adjuntado al título «Hijo», sin mencionar el título mismo «Hijo» frente a la palabra «siervo».
2. El estatus exaltado del Hijo en la economía salvífica de Dios se hace evidente por la *finalidad* de la investidura mesiánica que posee. De la palabra ὕστερον (*hysteron*, «finalmente») (ver el «teniendo aún un hijo suyo» y su ἔσχατον [*eschaton*, «finalmente»]); también Lucas: «¿Qué haré?»), es claro que Jesús se presenta a sí mismo como el último y embajador final, después de cuyo envío nada más se puede hacer. «El Señor de la viña no tiene más recursos, el Hijo es el más alto mensajero de Dios que se pueda concebir» (ver Heb. 1:1-2).[34]
3. No se puede hacer que los primeros dos puntos respondan simplemente a una «filiación mesiánica» funcional como afirman algunos teólogos. Esto es evidente por los dos puntos que Jesús presenta de sí mismo como el Hijo *antes* de su misión y que Él es el «Hijo amado» ¡ya sea que fuera enviado o no! «Su envío describe... su mesianidad, pero esta mesianidad fue provocada precisamente por la necesidad de enviar a alguien que fuera el más sublime y amado que el Señor de la viña podría delegar... la filiación, por lo tanto, existió antes de la misión mesiánica».[35] Y porque Él era, como el Hijo, el «heredero» (en los tres sinópticos, ver también Sal. 2:8; Heb 1:2, donde el Hijo es el heredero de todas las cosas antes de que

---

[32] Vos, *Self-Disclosure*, 162.
[33] Ibid., 161-163.
[34] Esta parábola descarta claramente como falsa la afirmación de cualquier religión posterior de ser una revelación de Dios más alta que Jesús, como la afirmación del islam sobre Mahoma.
[35] Vos, *Self-Disclosure*, 161-163.

creara el mundo), su filiación es el fundamento subyacente de su mesianidad.

Existe una insinuación muy fuerte aquí de la preexistencia de Jesús con el Padre como el «Hijo amado» de este último. Y se confirma su posición divina en asociación con su Padre antes de su compromiso mesiánico en la historia. El «Hijo» en esta parábola de Jesús, un autorretrato uno podría decir con amplia justificación, es claramente divino.

El Hijo ignorante

Ya en su artículo de 1901, titulado «Evangelios», aparecido en la *Encyclopaedia Biblica*, Paul Wilhelm Schmiedel había incluido Mr. 13:32 entre sus infames nueve «pilares fundacionales para una vida verdaderamente científica de Jesús», queriendo decir con este título que los evangelios «demostraban que en la persona de Jesús tenemos que ver con un ser completamente humano», y que «lo divino solo debe buscarse en Jesús en la forma en que lo divino se puede encontrar en un hombre».[36] Para Schmiedel, estos nueve pasajes (Mr. 3:21; 6:5; 8:12, 14-21; 10:17; 13:32; 15:34; Mt. 11:; 12:31) podrían servir como base para una «verdadera vida científica de Jesús» porque cada uno en su propia manera afirma de Él algo que podría ser apropiado para un Jesús humano, pero que sería imposible para un Jesús divino. La razón para su inclusión de Marcos 13:32 entre estos nueve es la admisión que Jesús hace de su ignorancia sobre el día y de la hora de su regreso en gloria. Pero ¿este pasaje muestra que Cristo no pudo haber sido divino?

Sería fácil suponer, como lo hizo Schmiedel, que el pasaje coloca al Hijo completamente dentro de la categoría de simple humano. No toma en cuenta la clara afirmación de Jesús en Mateo 11:27 de un conocimiento que todo lo abarca en carácter, conocimiento igual al del Padre mismo.[37] Pero es igualmente fácil simplemente declarar, como lo hace el decreto Católico Romano, *Circa quasdam propositiones de scientia animae Christi* (1918), que Cristo no quiere decir aquí que como hombre no supiera el día del juicio, que la idea de cualquier limitación del conocimiento de Cristo no puede enseñarse en vista de la unión hipostática de las dos naturalezas. Claramente, es el sesgo dogmático que está gobernando aquí la exégesis Católica Romana. ¿Cómo es que alguien que está realmente interesado en «escuchar» el texto puede entender este pasaje?

Que Jesús habla aquí como alguien con una autoconsciencia divina es evidente por tres razones: primero, esta es la connotación de la simple expresión «el Hijo» cuando es asociada como aquí con «el Padre», como ya hemos tenido ocasión de observar en Mateo 11:27 y observaremos cuando tratemos Mateo 28:19; segundo, es de su venida como el Hijo del Hombre en gloria que Jesús habla en este pasaje (y en 25:31), cuya figura del libro de Daniel es sobrenatural, incluso divina en carácter; y tercero, viniendo como lo hace la frase «ni el Hijo» después de su referencia a los ángeles, Jesús se coloca a sí mismo, en una escala ascendente de clasificación, sobre los ángeles del cielo, los más altos de todos los seres creados, que están significativamente aquí señalados como supramundanos (ver «del cielo» de Mateo, «del cielo» de Marcos). Claramente, se categoriza a sí mismo con el Padre más que con la clase angélica, al igual que como en otros lados se representa a sí mismo como el Señor de los ángeles, cuyos mandamientos obedecen (Mt. 13:41, 49; 24:31; 25:31; ver Heb. 1:4-14). Y si esto es así, y si para estos dos sinópticos, Jesús no es meramente sobrehumano sino supra-angélico, «la pregunta se impone de inmediato si una persona supra-angélica no es por ese mismo hecho removida de la categoría de las criaturas».[38]

Pero si aquí Jesús está hablando con una autoconsciencia divina, como pensamos que ya

---

[36] Schmiedel, «Gospels», *Encyclopaedia Biblica*, ed. T. K. Cheyne and J. Sutherland Black (New York: Macmillan, 1914), 1881.
[37] El hecho de que esta afirmación se encuentre en Mateo 11:27 podría explicar por qué un escriba habría omitido "ni siquiera el Hijo" de Mateo 24:36 (ver x1, K, L, W, Δ, 33, y algunos Padres), pero la habría dejado en Marcos 13:32, ya que Marcos no contiene el «rayo del cielo de Juan» (Mateo 11:27)
[38] Warfield, *Lord of Glory*, 37.

hemos demostrado, ¿cómo puede decir de sí mismo que es ignorante del día y la hora de su venida en gloria? En respuesta, diría que el lenguaje de Jesús refleja una construcción teológica con respecto a sí mismo que es también muy común en el lenguaje de los escritores del Nuevo Testamento cuando hablan sobre Él. La construcción teológica a la cual me refiero es esta: debido a la *unión* de las naturalezas divina y humana en la persona divina, Cristo se designa aquí a sí mismo y es ocasionalmente designado por otros en otras partes de la Escritura, en términos de lo que Él es en virtud de una naturaleza cuando lo que entonces se predica de Él, así designado, es verdad de Él en virtud de su otra naturaleza. Como dice la Confesión de Fe de Westminster:

En la obra de mediación, Cristo actúa según ambas naturalezas, haciendo por medio de cada naturaleza lo que es propio de cada una. Sin embargo, debido a la unidad de la persona, aquello que es propio de una naturaleza, algunas veces en la Escritura se le atribuye a la Persona denominada por la otra naturaleza. (VIII/vii)

Esto significa que, independientemente de la designación que la Escritura pudiera emplear para referirse a Él, siempre es la *persona* del Hijo y no una de sus naturalezas que es el tema de la declaración. Para ilustrar: cuando lo que se predica de Cristo es verdad de Él en virtud de todo lo que pertenece a su persona como esencialmente divino y supuestamente humano, por ejemplo, «para venir a ser… sumo sacerdote» (Heb. 2:17), es la persona de Cristo, tanto divina como humana, y no una de sus naturalezas, quien es el sujeto. De nuevo, cuando lo que se predica de Cristo, designado en términos de lo que Él es como humano, es cierto de Él en virtud de su naturaleza divina, por ejemplo, Él es «el hombre [ἄνθρωπος, *anthrōpos*] del cielo» (1 Co. 15:47-49) y «un hombre [ἀνήρ, *anēr*] que… era antes de [Juan]» (Jn. 1:30), todavía es su persona y no su naturaleza humana quien es el sujeto. Finalmente, cuando lo que se predica de Cristo, designado en términos de lo que es como divino, es cierto de Él en virtud de su naturaleza humana, por ejemplo, la referencia de Elizabet a María como la «madre de mi Señor» y el «crucificaron al Señor de la gloria» de Pablo (1 Co. 2:8), de nuevo es su persona y no su naturaleza divina la que es el sujeto.

Así en Marcos 13:32 encontramos a Cristo designándose a sí mismo en términos de lo que Él es como divino («el Hijo» del «Padre»), pero entonces lo que dice de sí mismo, a saber, la ignorancia en cuanto al día y la hora de su regreso en esplendor celestial es cierto de Él en términos de lo que es como humano, no en términos de lo que es como divino. Como el Dios-hombre, es simultáneamente omnisciente como Dios (en compañía de las otras personas de la Deidad) e ignorante de algunas cosas como hombre (en compañía de las otras personas de la raza humana). Así que lo que tenemos en Marcos 13:32, contrario al «pilar para una vida verdaderamente científica de Jesús» de Schmiedel como un simple hombre, es un testimonio sorprendente de nuestro Señor mismo como se puede encontrar en cualquier lugar de la Escritura (1) tanto de su supremacía como el Hijo de Dios sobre los ángeles –la más alta de las entidades personales creadas (2) y al mismo tiempo de sus limitaciones criaturales como hombre, (3) así como de la unión de ambos complejos de atributos –los divinos y los humanos– en el único sujeto personal de Jesucristo. Concluyo que en este dicho que nos trae ante nosotros «al hijo ignorante», Jesús, como «el Hijo», se coloca fuera de y sobre la categoría incluso de los ángeles, es decir, fuera de y sobre las criaturas del más alto orden, y se asocia a sí mismo como el Hijo divino con el Padre, mientras que testifica al mismo tiempo de su humanidad plena e íntegra.

El «Hijo» del Nombre Trino

A veces entre su resurrección y ascensión, nuestro Señor se reunió con sus once discípulos y les dio la comisión de «id, y haced discípulos a todas las naciones» (Mt. 28:19).

Como preludio a la gran comisión misma, nuestro Señor declaró que toda autoridad le había sido dada en el cielo y en la tierra, palabras reminiscentes de Daniel 7:13-14, reclamando así una soberanía ilimitada y toda abarcante sobre el universo entero. En su postludio a ello, declaró que estaría con su iglesia («estoy con ustedes»), palabras reminiscentes del título Emanuel de Isaías 7:14 y Mateo 1:23, implicando que los atributos de omnipresencia y omnisciencia eran suyos. En las palabras adicionales («siempre, hasta el fin del mundo»), implicó su posesión del atributo de eternidad. Entre el preludio y el postludio –ambos con insinuaciones de deidad– viene la comisión misma (Mt. 28:19-20a). En sus palabras, «a todas las naciones... enseñándoles que guarden todas las cosas que os he mandado», se afirma su señorío universal. Soberanía, omnipresencia, omnisciencia, eternidad y señorío universal –todo ello demuestra que el Cristo resucitado afirmó ser divino.

Particularmente interesante es la forma precisa de la fórmula bautismal. Jesús no dice «en los nombres [plural] del Padre y del Hijo y del Espíritu Santo», o lo que es su equivalente virtual, «en el nombre del Padre, y del nombre del Hijo y del nombre del Espíritu Santo», «como si», para citar a Warfield, «tuviéramos que lidiar con tres seres separados».[39] Ni dice, «en el nombre del Padre, Hijo y Espíritu Santo» (omitiendo los tres artículos recurrentes), citando de nuevo a Warfield, «como si, el Padre, el Hijo y el Espíritu Santo, pudieran tomarse como tres designaciones de una sola persona». Lo que dice es esto: «en el nombre [singular] del Padre, y del Hijo, y del Espíritu Santo», primero [afirmando] la unidad de los tres al combinarlos a todos dentro de los límites del único nombre, y luego [poniendo] énfasis en la distinción de cada uno introduciéndolos a su vez con el artículo repetido».[40]

Para comprender completamente la importancia de la declaración de Jesús, uno debe apreciar el significado del término «el nombre» para la mente hebrea. En el Antiguo Testamento, el término hace más que servir como una simple designación externa de la persona. Más bien, se refiere a la esencia de la persona misma. Warfield escribe: «en su nombre el ser de Dios se expresa, y el nombre de Dios –este nombre glorioso y temible, Jehová tu Dios (Dt. 28:58)– era por consiguiente la cosa más sagrada, siendo, de hecho, virtualmente equivalente a Dios mismo» (ver Is. 30:27; 59:19). «Tan fecunda era la implicación del nombre, que era posible que el término fuese usado absolutamente... como la representación suficiente de la majestad de Jehová» (ver Lv. 24:11). Warfield concluye:

Por lo tanto, cuando nuestro Señor ordenó a sus discípulos bautizar a aquellos a quienes trajeran a su obediencia «en el nombre de...», estaba usando un lenguaje cargado de gran significado para ellos. No se le podría haber entendido de otro modo que sustituyendo el Nombre de Jehová con este otro Nombre «del Padre, y del Hijo, y del Espíritu Santo», y esto no podría haber significado para sus discípulos otra cosa, sino que Jehová ahora debería ser conocido por el nuevo nombre del Padre, y del Hijo, y del Espíritu Santo. La única alternativa habría sido que, para la comunidad que estaba fundando, Jesús estaba suplantando a Jehová con un Dios nuevo, y esta alternativa es más bien monstruosa. Por lo tanto, no existe alternativa sino entender que Jesús aquí está dando para su comunidad un nuevo nombre a Jehová y que el nuevo nombre es el triple nombre de «el Padre, y el Hijo, y el Espíritu Santo».[41]

¿Cuáles son las implicaciones para su persona de una declaración que coloca a Jesús como «el Hijo» junto con el Padre y el Espíritu Santo e igual a ellos «incluso en los imponentes recintos del nombre divino mismo»?[42] La respuesta es obvia: ¡Jesús está afirmando aquí su

---

[39] Warfield, «Biblical Doctrine of the Trinity», 42.
[40] Ibid., 42.
[41] Ibid., 43-44.
[42] Warfield, *Lord of Glory*, 156.

propia deidad incondicional e íntegra! Y que esta es su intención puede entenderse aún más desde un análisis de la parte de la declaración que precede a la mención de «el Hijo», a saber, la frase «el nombre del Padre». Claramente, en esta expresión abreviada, la frase «el nombre» debe tener la connotación más alta, incluso la de la deidad misma, puesto que es el nombre del Padre y, por lo tanto, la naturaleza del Padre la que se designa así. Pero es precisamente este mismo «nombre» que también determina al genitivo «del Hijo» y «del Espíritu Santo», y con el que el Hijo (junto con el Espíritu Santo) se relaciona, evidenciando su igualdad con el Padre en la medida en que respecta a su deidad.

De este modo, el significado del título «el Hijo» para los evangelistas sinópticos es consistente y generalizado: como «el Hijo» del «Padre» Jesucristo es la deidad encarnada. Y cuando profundizamos nuestra investigación del significado de los dichos del «Hijo [de Dios]» de Jesús en el cuarto evangelio, no encontramos nuevo contenido doctrinal en ellos respecto a su persona sino más bien solo un testimonio más generalizado de la misma doctrina de la filiación divina de Jesús que encontramos en los evangelios sinópticos.

Si bien es cierto que los evangelios sinópticos solo informan con poca frecuencia del uso de Jesús de «el Hijo» como una autodesignación, prefiriendo preservar para la iglesia la memoria de que Jesús favoreció el título «Hijo del Hombre» como su auto designación pública (hecho que, por supuesto, Juan no ignora, como por ejemplo, en 1:51; 3:13; 5:27; 6:62 y 9:35, y el cual, como hemos visto, connota a través de su asociación con el «Hijo del Hombre» de Daniel un mesías divino), Juan nos informa que nuestro Señor empleó con mayor frecuencia y como autodesignación el título «el Hijo» en asociación directa con «el Padre». Jesús también usa «el Padre» por sí mismo unas setenta veces adicionales y «mi Padre» por sí mismo casi treinta veces más.

El Hijo Divino

Que para Juan el título «el Hijo de Dios» es mesiánico queda confirmado por su aparición en su evangelio junto con títulos claramente mesiánicos como «el Rey de Israel», «el Cristo», y «que ha venido al mundo» (1:49; 11:27; 20:31). Pero que connota más que el oficio mesiánico *per se* también es evidente en muchos de los discursos de Jesús registrados en Juan. En Juan 5:17-29, después de sanar al cojo en el día del Sabbat, Jesús justificó su acción ante la jerarquía religiosa ofendida al reclamar para sí tanto la capacidad como las prerrogativas de «ver» y «hacer» como lo hace «el Padre»: «Mi Padre hasta ahora trabaja, y yo trabajo» (5:19a). De hecho, «todo lo que el Padre hace, también lo hace el Hijo igualmente [ὁμοίως, *homoiōs*]" (5:19b). Además, como «el Hijo», Jesús afirmó tener el derecho soberano «otorgado por el Padre» de dar vida: «el Hijo a los que quiere da vida» (5:21b). Aquí no hay limitaciones: se da a entender tanto la vida espiritual como la física; porque como los espiritualmente muertos escuchan la voz del «Hijo de Dios», y «viven» (5:24-25; ver también 6:40a), y como los muertos físicamente algún día oirán su voz, saldrán de sus tumbas (5:28-29; ver también 6:40b). Y cuando lo hagan, Jesús declaró, lo harán solo para estar frente a Él en el Juicio porque el Padre le ha encomendado todo juicio a Él (5:22-27). Estas son claramente actividades dentro de la providencia y poderes de la deidad solamente; Jesús afirmó, como «el Hijo», estar coordinado con «el Padre», el Soberano de la vida, de la salvación, de la resurrección, y del juicio final. Pero quizá su afirmación más enfática de igualdad con el Padre viene en 5:23 cuando hace que el honrar «al Padre» se convierta en asunto de si uno honra «al Hijo», es decir, a sí mismo. Con estas palabras Jesús reclamó el derecho a exigir, al igual que el Padre, ¡el honor (es decir, devoción y adoración) de los hombres!.⁴³ No es de extrañar, dada la suposición de los líderes religiosos de que era solo un hombre, que pensaran de acuerdo con la ley judía (Lv. 24:16), que merecía la muerte: por la relación única que estaba reclamando con el Padre, se hacía «igual [ἴσον, *ison*] a Dios» (5:18).

En vista de las declaraciones explícitas de Jesús de que «No puede el Hijo hacer nada por sí mismo, sino lo que ve hacer al Padre» (5:19), y «No puedo yo hacer nada por mí mismo» (5:30), y su declaración posterior de que «el Padre es mayor que yo» (14:28; ver también 1 Co. 15:28), los unitarios han concluido que la acusación de que se hacía a sí mismo «igual a Dios» era infundada y que Jesús mismo la rechazó expresamente. Es cierto que, al hacer estas afirmaciones, nuestro Señor estaba afirmando en algún sentido una subordinación al Padre. ¿Pero en qué sentido: ¿en un sentido esencial, pactual o funcional? Warfield nos sensibiliza al problema y ofrece palabras de precaución aquí:

> No existe, por supuesto, ninguna duda de que en «modos de operación» como se le llama técnicamente –es decir, en las funciones adscritas a las diversas personas de la Trinidad en el proceso redentor, y más ampliamente, en el completo trato de Dios con el mundo– el principio de subordinación está expresado claramente... El Hijo es enviado por el Padre y hace la voluntad del Padre (Jn. 6:38)... Con una firme decisión, nuestro Señor incluso declara de hecho: Mi Padre es mayor que yo (Jn. 14:28)... Pero no es tan claro que el principio de subordinación gobierne también en los «modos de subsistencia», como está técnicamente redactado; es decir, en la relación necesaria de las personas de la Trinidad entre sí. La propia riqueza y la variedad de la expresión de su subordinación mutua, en los modos de operación, crea una dificultad de alcanzar certeza de si están representadas también como subordinadas una con la otra en los modos de subsistencia. En cada caso de aparente insinuación de subordinación en los modos de subsistencia se plantea la cuestión de si, después de todo, no puede ser explicable solo como otra expresión de subordinación en los modos de operación. Puede ser natural asumir que una subordinación en los modos de operación descansa sobre una subordinación en los modos de subsistencia, que la razón del porqué el Padre es el que envía al hijo... es que el Hijo está subordinado al Padre... pero debemos tener en cuenta que estas relaciones de subordinación en los modos de operación también puede deberse a una convención, a un acuerdo, entre las personas de la Trinidad –un «pacto» como se le llama técnicamente– en virtud del cual una función distinta en la obra de la redención es asumida voluntariamente por cada uno. Por lo tanto, es eminentemente deseable, por lo menos que se pueda descubrir alguna evidencia definitiva de subordinación en los modos de subsistencia antes de suponerla..⁴⁴

En el contexto que estamos considerando no es en absoluto evidente que, al «subordinarse» a sí mismo «al Padre», Jesús estuviera negando que era en esencia uno con el Padre. Cuando se le acusó de blasfemia por hacerse Él mismo «igual a Dios», una acusación que lo acosó hasta el final de su vida y que se volvió finalmente la base para el juicio de muerte en su contra (ver 8:58-59; 10:33; 19:7; en los sinópticos, Mt. 26:65-66; Mr. 14:61, 62; Lc. 22:70-71), no dijo nada para disipar la sospecha de los líderes religiosos con respecto a Él, sino que le dio seguimiento la acusación de ellos con el mismo discurso que hemos estado considerando en que reclamó los poderes y privilegios que pertenecen solo a la deidad.

LA UNIDAD DEL HIJO Y DEL PADRE

En el discurso del buen pastor en Juan 10:22-39, Jesús afirmó que la seguridad de sus ovejas se fundamenta en que son guardadas tanto por Él mismo como por el Padre (Jn. 10:28, 19). Luego nuestro Señor explicó que este cuidado *coordinado* de parte suya y del Padre estaba basado en la unidad esencial del «Padre» y del «Hijo»: «Yo y el Padre uno somos [ἕν

---

[43] Los cristianos no adoran la naturaleza humana de Cristo; eso sería idolatría, ya que implicaría adorar a la criatura. Al adorar a Cristo entendemos que adoramos a la Segunda Persona de la Santísima Trinidad, Dios el Hijo, quien por la Encarnación se hizo hombre por nosotros y para nuestra salvación.
[44] Warfield, «Biblical Doctrine of the Trinity», 54.

ἐσμεν, hen esmen]», declaró (Jn. 10:30; ver también 12:45; 14:9, 23). Con respecto a esta declaración escribe B.F. Westcott:

> Parece claro que la unidad de que se habla aquí no puede estar por debajo de la unidad de la esencia. La idea surge de la igualdad de poder (*mi mano, la mano de mi Padre*), pero el poder infinito es un atributo esencial de Dios, y es imposible suponer que dos seres distintos en esencia pudieran ser iguales en poder.[45]

Cuando Jesús fue confrontado por los líderes religiosos que tomaron piedras para matarlo, acusándolo de blasfemia (Jn. 10:33), si estaban esperando que alguna palabra suya aliviaría sus sospechas, quedaron decepcionados, porque en vez de declarar que lo habían mal entendido, arguyendo *a minori ad majus* («de menor a mayor»), insistió en que si los jueces humanos, debido a que habían sido hechos recipientes de, y fueron de este modo, los administradores responsables de la justicia de la Palabra de Dios, podían ser llamados «dioses» (ver Sal. 82:6), cuanto mayor derecho tenía Él –«al que el Padre santificó y envió al mundo» (Jn. 10:36)– de ser llamado «el Hijo de Dios». El hecho de que la afirmación de Jesús de ser el «Hijo de Dios» tanto aquí (10:36) como antes (5:25) suscitara en ambas ocasiones la misma respuesta de la oposición judía, a saber, la acusación de blasfemia señala qué tan equivocada está la percepción moderna popular que concluye que la demanda de Jesús de su «filiación» pretendía algo menos que la afirmación de divinidad. «No estaba afirmando ser Dios, solo estaba afirmando ser el Hijo de Dios», dice el refrán. Tal percepción pasa completamente por alto el hecho de que el liderazgo religioso de su día entendió que su afirmación involucraba la afirmación de deidad. Y que la respuesta de Jesús pretendía la afirmación de deidad es también evidente del hecho de que, como Vos señala con respecto al orden de las palabras «santificado» y «enviado» en la explicación de Jesús de su derecho al título de «el Hijo de Dios», que Él «coloca la santificación antes del envío al mundo, porque precede al mundo, y una insinuación de preexistencia acompaña a la declaración».[46] Aquí Jesús afirma que no es «el Hijo» porque fue enviado, sino que más bien era «el Hijo» y fue «santificado» (es decir, fue «apartado» e investido con la tarea mesiánica») antes de que fuera enviado; y fue enviado precisamente porque solo Uno como Él que era «el Hijo» podía completar la tarea que suponía la investidura mesiánica.

LA PREEXISTENCIA ETERNA DEL HIJO

Esta última observación de Vos nos catapulta al centro de una controversia que arde alrededor de la persona de Cristo: ¿Afirmó Jesús para sí mismo preexistencia, y si es así, en qué sentido: en el sentido ontológico (esencial) o en el ideal («conocido de antemano»)? El evangelio de Juan testifica que Jesús afirmó preexistencia eterna: «Padre, glorifícame», Jesús oró, «con aquella gloria que tuve contigo antes que el mundo fuese» (Jn. 17:1, 5), de hecho, con «mi gloria que me has dado; porque me has amado desde antes de la fundación del mundo» (17:24). Esta declaración por parte de Jesús de una preexistencia eterna con su Padre no es una aberración porque Él habla en otros lados, aunque en términos algo distintos, de esa misma preexistencia:

Juan 3:13: «Nadie subió al cielo, sino el que descendió del cielo; el Hijo del Hombre».

Juan 6:38: «Porque he descendido del cielo, no para hacer mi voluntad, sino la voluntad del que me envió» (ver también 6:33, 50, 58).

Juan 6:46: «No que alguno haya visto al Padre, sino aquel que vino [παρά, *para*, con genitivo; es decir, de uno que estaba a lado de] de Dios».

---

[45] B.F. Westcott, The Gospel According to St. John (1881, reimpresión, Grand Rapids, Mich.: Eerdmans, 1958), 159.
[46] Vos, *Self-Disclosure*, 198.

Juan 6:62: «¿Pues qué, si viereis al Hijo del Hombre subir adonde estaba *primero* [τὸ πρότερον, *to proteron*]?»

Juan 8:23: «Vosotros sois de abajo, yo soy de arriba; vosotros sois de este mundo, yo no soy de este mundo».

Juan 8:38: «Yo hablo lo que he visto cerca del Padre».

Juan 8:42: «yo *de* [ἐκ, *ek*, con genitivo] Dios he salido, y he venido».

Juan 16:28: «Salí del [ἐκ, *ek*, παρά, *para*] Padre, y he venido al mundo» (ver también 9:39; 12:46; 18:37).

Pero quizá la más grande afirmación de la preexistencia eterna debe encontrarse en el dicho «Yo soy» de Jesús de Juan 8:58. La mayoría de sus frases «Yo soy», es cierto, se dan con un complemento subjetivo de algún tipo, tal como:

«Yo soy el pan de vida» (Jn. 6:35, 48, 51)
«Yo soy la luz del mundo» (8:12; 9:5)
«Yo soy la puerta de las ovejas» (10:7, 9)
«Yo soy el buen pastor» (10:11, 14)
«Yo soy la resurrección y la vida» (11:25)
«Yo soy el camino, la verdad y la vida» (14:6) y
«Yo soy la vid» (15:1, 5).

Pero según D.A. Carson, «dos son indudablemente absolutos tanto en forma como en contenido… y constituyen una autoidentificación explícita con Yahveh quien ya se había revelado a los hombres en términos similares (ver especialmente Is. 43:10-11)».[47] Las dos frases a que se refiere Carson están en Juan 8:58 y 13:19, pero bien podría haber otros como su uso del «Yo soy» en Juan 6:20; 8:24, 28; y 18:5-8. En Juan 8:58, estando delante de los hombres que lo consideraban como demoniaco, Jesús declaró: «Antes que Abraham fuese, Yo soy», invocando no solo el término por el cual Yahveh en el Antiguo Testamento había escogido como su propio término especial de autoidentificación, sino afirmando también una preexistencia («antes que Abraham fuese») solo apropiada para aquel que poseyese la naturaleza de Yahveh. Su significado no pasó desapercibido para su audiencia, porque «tomaron entonces piedras para arrojárselas» (8:59). Entendieron que Jesús estaba reclamando preexistencia divina para sí y por tanto se estaba igualando a Dios.

En el caso de su «Yo soy» en 13:19 Jesús mismo explicó sus implicaciones para su unidad con el Padre y a su vez su propia identidad Yahvista cuando declaró en el versículo siguiente: «El que me recibe a mí, recibe al que me envió». En 6:20, por su «Yo soy» en «Yo soy, no temáis», Jesús ciertamente podría haberse simplemente identificado con sus aterrorizados discípulos, pero como señala Carson: «Sin embargo, no todos los "Yo" podrían encontrarse caminando sobre el agua». Luego en 8:24, siguiendo inmediatamente a su declaración de que era «de arriba» y «no de este mundo», el «Yo soy» de Jesús en su declaración, «si no creéis que yo soy, en vuestros pecados moriréis», seguramente conlleva consigo implicaciones divinas. Finalmente, en el caso de su «Yo soy» en 18:5-8, tan pronto como terminó estas palabras, sus posibles captores «retrocedieron, y cayeron a tierra». Juan seguramente tenía la intención de sugerir con esto que sus lectores debían reconocer también su autoidentificación implícita con Yahveh en la confirmación de Jesús de que Él era Jesús de Nazaret.

HECHOS DE JESÚS

Además de sus imponentes milagros («poderes») que fueron diseñados para autentificar su afirmación mesiánica (Mt. 11:2-6; Jn. 5:36; 10:25; 38; 14:11; Hch. 2:22) y para revelar su

---

[47] D. A. Carson, «'I Am' Sayings», en *Evangelical Dictionary of Theology* (Grand Rapids, Mich.: Baker, 1984), 541.

gloria (Jn. 2:11), ejemplos del ejercicio de Jesús de otras prerrogativas divinas (como sus afirmaciones públicas de deidad en sí, como hemos visto) ocurren con suficiente frecuencia para justificar que tomemos nota de ellas.

PERDÓN DE PECADOS

Jesús afirmó, como el Hijo del Hombre, tener la autoridad para perdonar pecados (Mt. 9:5; Mr. 2:10; Lc. 5:24) y, de hecho, perdonó a hombres de sus pecados contra Dios como se evidenció no solo por su palabra hablada (Mt. 9:2; Mr. 2:5; Lc. 5:20; 7:48), sino también por su voluntad de comer con pecadores (Lc. 15:1-2). Esta autoridad, como los maestros de la ley que estuvieron presentes en la ocasión de la sanidad por parte de Jesús del paralítico juzgaron correctamente, es la prerrogativa exclusiva de Dios. El único factor que no reconocieron pero que les habría explicado su forma de actuar es el factor de su deidad. Es cierto, por supuesto, que un hombre puede perdonar las transgresiones de otro hombre contra él, pero Jesús perdonó a los hombres de sus pecados ¡*contra Dios*! Solo uno que es divino en sí mismo tiene el derecho de hacer eso.

ESCUCHAR Y RESPONDER ORACIONES

Jesús declaró que respondería las oraciones de sus discípulos (Jn. 14:13), pero igualmente significativo para nuestro propósito, es que se representa a sí mismo como aquel a quien las oraciones pueden dirigirse adecuadamente. En el versículo 14, Jesús declaró de nuevo que Él mismo respondería las oraciones de sus discípulos, seguramente una afirmación implícita de deidad ya que uno tendría que ser divino para escuchar, en todos los idiomas del mundo, las miles de oraciones que se le ofrecen en cualquier momento y luego sabiamente responder cada oración. Ya que muchos otros ejemplos podrían citarse, los ejemplos de oración dirigidas a Jesús en Hechos 1:24, 7:59, 9:10-17, 2 Corintios 12:8, 1 Tesalonicenses 3:11 y 2 Tesalonicenses 2:16 corroboran la literalidad con que los discípulos entendieron la promesa de Jesús, y reflejan su pronta disposición de reconocer su divinidad.

RECIBIR ADORACIÓN Y ALABANZA DE LOS HOMBRES

Inmediatamente después de su entrada triunfal en Jerusalén, cuando se le pidió por parte del indignado jefe de los sacerdotes que callara a los niños que lo alababan (Mt. 21:16), Jesús defendió su alabanza apelando al Salmo 8:2 (Heb. 8:3), que habla de niños alabando a Dios. Con respecto a la apelación de Jesús al Salmo 8:2, Carson escribe:

> Dios ha ordenado la alabanza para sí mismo por parte de «niños y bebés» … La respuesta de Jesús es un golpe maestro… 1. Proporciona un tipo de base bíblica para dejar que los niños continúen con su entusiasta alabanza… 2. Al mismo tiempo personas reflexivas, reflexionando en el incidente después (especialmente después de la resurrección), percibieron que Jesús estaba diciendo mucho más. Los «hosanas» de los niños no están dirigidos a Dios sino al Hijo de David, el Mesías. Por lo tanto, Jesús está no solo reconociendo su Mesianidad, sino justificando la alabanza de los niños aplicándose un pasaje de la Escritura que solo se aplica a Dios..[48]

Después de su resurrección, Jesús aceptó la adoración de Tomás como su «Señor y Dios». No puede haber duda, a la luz de estos claros ejemplos que cuando Jesús aceptó y aprobó la adoración y la alabanza de los hombres, estaba respaldando la noción de su propia deidad.

EL OBJETO DE LA FE DE LOS HOMBRES

En la familiar frase de Juan 14:1, si las dos ocurrencias de πιστεύετε εἰς (*pisteuete eis* «creer en [con una confianza sin reservas]») deben ser traducidas de forma indicativa («creéis en») o imperativamente («creed»), o si el primero debe ser traducido de forma indicativa y solo el segundo debe ser traducido imperativamente, no hace diferencia en relación con nuestro propósito actual; Jesús se coloca a la par con el Padre como el objeto adecuado de la confianza

---

[48] D. A. Carson, *Matthew, Expositor's Bible Commentary* (Grand Rapids, Mich.: Zondervan, 1984), 443.

de los hombres. Si Jesús no fue de hecho divino, dicha frase constituiría una blasfemia. El único fundamento sobre el cual se puede conservar su bondad a la luz de dicha enseñanza es afirmar su Divinidad. No puede ser un simple hombre y al mismo tiempo ser bueno mientras enseña a los hombres a confiar en Él como confiarían en el Padre.

LOS ATRIBUTOS DIVINOS DE JESÚS

Jesús, además de ejercer los poderes divinos y reclamar prerrogativas divinas, afirmó poseer también atributos divinos. Hemos señalado el atributo de preexistencia; otros atributos divinos de Jesús incluyen:

SOBERANÍA Y OMNIPOTENCIA

Al reclamar la autoridad de revelar al Padre a quien Él quiera (Mt. 11:27) y dar vida a quienquiera que eligiera (Jn. 5:21); al reclamar tanto la prerrogativa como el poder de llamar a todos los hombres algún día para salir de sus tumbas (Jn. 5:28-29) y la autoridad de juzgar a todos los hombres (Jn. 5:22, 27); al reclamar la autoridad de poner su vida y la autoridad para tomarla de nuevo (Jn. 10:18); al declarar que volvería algún día «en poder y gran gloria» (Mt. 24:30); al reclamar que toda autoridad en los cielos y en la tierra le ha sido dada por el Padre (Mt. 28:18), nuestro Señor estaba reclamando, implícita y explícitamente, una completa soberanía y poder sobre el universo; afirmaciones, que de haber sido hechas por algún otro hombre, solo merecerían ser juzgadas como locura, pero que hechas por Él merecen nuestra adoración y alabanza.

OMNIPRESENCIA

Cuando Jesús prometió que «donde están dos o tres congregados en mi nombre, *allí estoy yo en medio de ellos* [ἐκεῖ εἰμι ἐν μέσῳ αὐτῶν, *ekei eimi en mesō autōn*]» (Mt. 18:20), y cuando prometió «yo estoy con vosotros todos los días [ἐγὼ μεθ᾽ ὑμῶν εἰμι πάσας τὰς ἡμέρας, *egō meth hymōn eimi pasas tas hēmeras*] (Mt. 28:20), Jesús no solo estaba invocando el lenguaje del título de Emanuel sino también estaba afirmando que Él mismo personalmente siempre estaría con los suyos, no solo en el poder y la presencia de su Espíritu Santo, sino Él mismo como el Salvador omnipresente.

OMNISCIENCIA

Cuando Jesús sorprendió a Nataniel con su comentario: «Antes que Felipe te llamara, cuando estabas debajo de la higuera, te vi» (Jn. 1:48), Jesús estaba revelando un nivel de conocimiento no accesible a los hijos de los hombres y por encima de lo simplemente humano. Y cuando Jesús reclamó para sí mismo la prerrogativa de escuchar y responder a las oraciones de sus discípulos, estaba haciendo una afirmación implícita de la posesión de la omnisciencia. Uno que puede escuchar las innumerables oraciones de sus discípulos, ofrecidas a Él día y noche, día tras día a través de los siglos, mantener cada petición infaliblemente relacionada con su solicitante, y responderlas de acuerdo con la mente y voluntad divinas necesitaría ser él mismo omnisciente. Y cuando Jesús afirmó tener no solo un conocimiento exclusivo del Padre, sino también un conocimiento cuyo objeto es justamente Dios el Padre mismo y todas las infinitas profundidades de su ser divino (Mt. 11:27), estaba afirmando estar en posesión, como «el Hijo», de un grado de conocimiento que no es menos que la omnisciencia misma.

LA ENSEÑANZA DE JESÚS

Otras indicaciones de que la autocomprensión de Jesús implicaba la percepción de su propia deidad son: (1) la forma autoritativa en que expuso la ley de Dios a sus contemporáneos, (2) la forma en que se relacionó con el reino de Dios, y (3) su referencia a

Dios y el Hombre

las otras dos personas y su ocasional uso especial de verbos en plural.

SU EXPOSICIÓN AUTORITATIVA DE LA LEY

Jesús afirmó conocer la voluntad y la verdadera intención de Dios que estaba detrás de la ley (ver sus «Pero yo os digo –Mt. 5:22, 28, 32, 34, 39, 44, y sus muchas frases introducidas por ἀμήν [*amēn*, «de Cierto»]– Mt. 6:2, 5, 16). De la manera en que habló, escribe I. Horward Marshall, Jesús:

> no reclamó una inspiración profética; ningún «así dice el Señor» salió de sus labios, sino que más bien habló en términos de su propia autoridad. Reclamó el derecho de dar la interpretación autoritativa de la ley, y lo hizo así en una manera que fue más allá que los profetas. De este modo habló como si Él fuera Dios.[49]

SU PERCEPCIÓN DE SU RELACIÓN CON EL REINO DE DIOS

Otra indicación, aunque indirecta, de que la autocomprensión de Jesús incluyó la autopercepción de deidad puede discernirse en su enseñanza con respecto al reino de Dios. Según Jesús, mientras que el reino o gobierno de Dios vendría algún día en el futuro en poder y gran gloria en conjunto con su propia παρουσία, *parousia* (Mt. 25:31-46, particularmente v.34), ya había invadido la historia en el sentido soteriológico/redentor (su forma «misteriosa»), en su propia persona y ministerio (ver Mt. 11:2-6 contra el trasfondo de Is. 35:5-6; Mt. 12:28; 13:24-30, 36-43). En Él el reino de Dios había invadido el reino de Satanás, y Él mismo había atado al «hombre fuerte» (Mt. 12:29; Mr. 3:27), una afirmación que claramente conlleva implicaciones mesiánicas. Pero Jesús fue igualmente explícito en que el reino de Dios es tanto sobrenatural en naturaleza como realizado *sobrenaturalmente*. George Ladd explica:

> Como la actividad dinámica del gobierno de Dios, el reino es sobrenatural. Es una obra de Dios. Solo el acto sobrenatural de Dios puede destruir a Satanás, vencer a la muerte (1 Co. 15:26), resucitar a los muertos en cuerpos incorruptibles para heredar las bendiciones del reino (1 Co. 15:50 ss.), y transformar el orden mundial (Mt. 19:28). El mismo gobierno sobrenatural de Dios ha invadido el reino de Satanás para liberar a los hombres de la esclavitud de las tinieblas satánicas. La parábola de la semilla que crece por sí misma establece esta verdad (Mr. 4:26-29). La tierra da fruto por sí misma. Los hombres pueden sembrar la semilla predicando el reino (Mt. 10:7; Lc. 10:9; Hch. 8:12; 28:23, 31), pueden persuadir a los hombres son respecto al reino (Hch. 19:8), pero no pueden construirlo. Es obra de Dios. Los hombres pueden recibir el reino (Mr. 10:15; Lc. 18:17), pero nunca se dice que lo establezcan. Los hombres pueden rechazar el reino y rehusarse a recibirlo o entrar en él (Mt. 23:13), pero no pueden destruirlo. Pueden esperarlo (Lc. 23:51), orar por su venida (Mt. 6:10), y buscarlo (Mt. 6:33), pero no pueden traerlo. El reino es totalmente obra de Dios, aunque obra en y a través de los hombres. Los hombres pueden hacer cosas por el bien del reino (Mt. 19:12; Lc 18:29), trabajar por él (Col. 4:11), sufrir por él (2 Ts. 1:5), pero no se dice que actúen sobre el reino mismo. Pueden heredarlo (Mt. 25:34; 1 Co. 6:9-10; 15:50), pero no pueden dárselo a otros.[50]

Jesús se veía a sí mismo como aquel sobre quien descansaba la responsabilidad de traer este reino sobrenatural. Pero «si Jesús se vio a sí mismo como aquel en quien este tipo de reino estaba siendo inaugurado, entonces tal percepción es una afirmación cristológica que sería fraudulenta y engañosa si Jesús era ignorante de su divinidad».[51]

SU REFERENCIA A OTRAS DOS PERSONAS Y SU EMPLEO ESPECIAL DE VERBOS EN PLURAL

Cristo habló directa e inequívocamente de otras *dos* personas, junto con Él mismo, dentro de la divinidad. En los pasajes siguientes observe las referencias reiterativas a «Yo», «el Padre», y «el Espíritu», y específicamente el uso de verbos *plurales*:

---

[49] I. Howard Marshall, *The Origins of New Testament Christology* (Downers Grove, Ill.: InterVarsity Press, 1976), 49–50.
[50] George Ladd, «Kingdom of God, Heaven», *Evangelical Dictionary of Theology* (Grand Rapids, Mich.: Baker, 1984), 609.
[51] David F. Wells, *The Person of Christ* (Waco, Tex.: Crossway, 1984), 38.

Juan 14:16-26: «Y yo rogaré al Padre, y os dará otro [ἄλλον, *allon*] Consolador, para que esté con vosotros para siempre: el Espíritu de verdad… El que me ama, mi palabra guardará; y mi Padre le amará, y vendremos [ἐλευσόμεθα, *eleusometha*] a él, y haremos [ποιησόμεθα, *poiēsometha*] morada con él. El Consolador, el Espíritu Santo, a quien el Padre enviará en mi nombre, él os enseñará todas las cosas, y os recordará todo lo que yo os he dicho».

Juan 15:26: «Pero cuando venga el Consolador, a quien yo os enviaré del Padre, el Espíritu de verdad, el cual procede del Padre, él dará testimonio acerca de mí».

Juan 16:5-15: «Pero ahora voy al que me envió…Os conviene que yo me vaya; porque si no me fuera, el Consolador no vendría a vosotros; mas si me fuere, os lo enviaré… Pero cuando venga el Espíritu de verdad, él os guiará a toda la verdad; porque no hablará por su propia cuenta, sino que hablará todo lo que oyere, Él me glorificará; porque tomará de lo mío, y os lo hará saber. Por eso dije que tomará de lo mío, y os lo hará saber».

De este modo no solo en los títulos específicos que empleó, sino también en las afirmaciones explícitas y las obras que hizo, Jesús mostró que creía estar en posesión de atributos y prerrogativas que solo son propios de Dios, y de esta manera estaba afirmando ser Dios encarnado.

LA CRISTOLOGÍA DE PABLO

Pablo revela su evaluación de Jesús como divino de muchas maneras. Por ejemplo, él: (1) oró a Cristo (2 Co. 12:8-9), (2) declaró que «el nombre de nuestro Señor Jesucristo» es el nombre que debe ser «invocado» en la iglesia (1 Co. 1:2; Ro. 10:9-13), (3) combinó «el Señor Jesucristo» con «Dios nuestro Padre» como la co-fuente de las bendiciones espirituales de gracia, misericordia y paz que solo Dios otorga (Gal. 1:3; Ro. 1:7; etc.), (4) aplicó a Cristo el título κύριος, *kyrios*, que en la Septuaginta es utilizado para traducir el nombre sagrado de Yahvé, (5) aplicó directamente a Cristo pasajes del Antiguo Testamento en que Yahvé es el sujeto (por ejemplo, Is. 45:23 y Fil. 2:10), y (6) dio por sentada la preexistencia de Cristo como el Hijo de Dios (Ro. 8:3; 2 Co. 8:9; Gal. 4:4; Fil. 2:6-7; Col. 1:15-16; Ef. 4:8-9).

Pero existen ocho perícopas específicas donde Pablo hace explícito su punto de vista de Cristo: Ro. 1:3-4; 9:5; Tit. 2:13; Col. 1:15-20; 2:9; Fil. 2:6-11; y 1 Ti. 1:15 y 3:16.

Si bien todos los escritores del Nuevo Testamento conocen y aplican el significado de la resurrección de Cristo al creyente de una u otra forma, es particularmente Pablo quien resalta el significado de la resurrección de Jesús para su filiación divina.

En los primeros versículos del tratado teológico de Pablo a la iglesia en Roma, nos informa de ciertas características del evangelio. Nos dice que es el evangelio de Dios, que había sido *prometido en las Escrituras del Antiguo Testamento*, y que se «referían a su Hijo». Es lo que luego dice en 1:3-4 con respecto a Jesús como «Hijo de Dios» lo que nos concierne aquí. Una interpretación literal de estos versículos sería:

acerca de su Hijo,
quien *llegó a ser* [o «vino a ser», es decir, «nació»] de la simiente de David, según la carne,
quien *fue señalado* como Hijo de Dios en poder, según el espíritu de santidad, por la resurrección de entre los muertos,
Jesucristo, nuestro Señor.

Las frases «Entre Paréntesis»

Téngase en cuenta que las dos cláusulas en participio (con sangría en la traducción arriba para fácil identificación; los participios están en cursivas) están «entre paréntesis» entre las dos frases «su Hijo» y «Jesucristo, nuestro Señor»; y si fuera el caso de que Pablo hubiera omitido por completo las cláusulas en participio intermedias, aún tendríamos aquí el más alto tipo de cristología de la encarnación. La primera frase («su Hijo») indica tanto la relación en que Jesús, como Hijo de Dios, permanece con Dios el Padre como lo que Él es en sí mismo, mientras que la última frase («Jesucristo, nuestro Señor») designa lo que es, como tal, para nosotros. En vista de los muchos contextos donde Pablo emplea el título «Hijo», específicamente aquellos en que habla de Dios «enviando [πέμψας, *pempsas*] a su Hijo» (Ro. 8:3), «no escatimando a su propio Hijo» (Ro. 8:32), y «envió [ἐξαπέστειλεν, *exapesteilen*] a su Hijo» (Gal. 4:4), es claro que para Pablo el Hijo disfrutaba de una existencia con Dios el Padre antes de ser enviado, y que en este estado de preexistencia permaneció en una relación con el Padre como el *único* Hijo del Padre (ver también Col. 1:13, 16-17 donde se dice que el Hijo es «antes de todas las cosas»). El pronombre reflexivo y el adjetivo posesivo respectivamente en Romanos 8:3 y 8:32 (ἑαυτοῦ, *heautou,* and ἰδίου, *idiou*), en palabras de John Murray, también destacan:

> la unicidad de la filiación que pertenece a Cristo y la unicidad de la paternidad que pertenece al Padre en relación con el Hijo... en el lenguaje de Pablo esto corresponde al título *monogenes* [«único en su clase»] como aparece en Juan (Jn. 1:14, 18; 3:16, 18; 1 Jn. 4:9). Es la filiación eterna que está a la vista y para esta filiación no existe aproximación en la filiación adoptiva que pertenece a los hombres redimidos. Lo mismo aplica a la paternidad de la primera persona. En el sentido en que Él es el Padre eterno en relación con el Hijo no es el Padre de sus hijos adoptados.[52]

Siendo esto así, Murray está justificado cuando también escribe con respecto a la frase «su Hijo» en Romanos 1:3:

> Existen buenas razones para pensar que en este ejemplo el título se refiere a una relación que el Hijo sostiene con el Padre antecedentemente a, e independientemente de, su manifestación en la carne. (1) Pablo tuvo la más alta concepción de Cristo en su identidad divina y preexistencia eterna (ver 9:5; Fil. 2:6; Col. 1:19; 2:9). Consideró que el título «Hijo» se aplicaba a cristo en su preexistencia eterna y definía su relación eterna con el Padre (8:3, 32; Gal. 4:4). (2) Debido a que esta es la primera ocasión en que el título se utiliza en la epístola, debemos esperar que se le atribuya la más alta connotación. Además, la conexión en que se utiliza el título es una que no exigiría una connotación menor que la que es evidente en 8:3, 32; el apóstol está declarando aquello de lo que trata el evangelio como tema de la epístola. (3) La interpretación más natural del versículo 3 es que el título «Hijo» no debe interpretarse como algo que se predica de Él en virtud del proceso definido en las cláusulas que le siguen, sino más bien lo identifican como el Hijo en el evento histórico de la encarnación. Por estas razones concluimos que Jesús es identificado aquí por ese título que expresa su relación eterna con el Padre y que cuando el tema del evangelio se define como lo que pertenece al Hijo eterno de Dios, el apóstol en el umbral de la epístola está elogiando el evangelio al mostrar que tiene que ver con aquel que no tiene una posición menor que la de igualdad con el Padre.[53]

C.E.B. Cranfield coincide:

> Está claro que, como es utilizada por Pablo con referencia a Cristo, la designación «Hijo de Dios» expresa nada menos que una relación con Dios que es «personal, ética e inherente», involucrando una comunidad real de naturaleza entre Cristo y Dios. La posición de las palabras τοῦ υἱοῦ αὐτοῦ [tou huiou autou, «su Hijo»] –... se toman naturalmente para controlar ambas cláusulas participiales– parecerían implicar que aquel que nació de la simiente de David ya era Hijo de Dios antes, e independientemente de, la acción indicada por el segundo participio.[54]

Con la última frase («Jesucristo, nuestro Señor»), Pablo obviamente intenta explicar la primera. Es decir, quien está en relación con Dios el Padre como su único Hijo y quien es en sí mismo el preexistente Hijo de Dios es también en su identidad histórica simplemente «Jesús» de Nazaret, quien debido a su filiación antecedente recibió la investidura mesiánica

---

[52] John Murray, *Romans* (Grand Rapids, Mich.: Eerdmans, 1960), 1:279.
[53] Ibid., 1:5.
[54] C. E. B. Cranfield, *Romans* (Edinburgh: T. & T. Clark, 1975), 1:58.

(«Cristo») y como tal no solo es «Señor», quien ha sido exaltado a la diestra del Padre «Sal. 110:1; Fil. 2:9-11) y quien ejerce toda autoridad en los cielos y en la tierra (Mt. 28:18), sino también, «*nuestro* Señor», al único a quien debemos absoluta obediencia y quien propiamente ejerce dicho señorío sobre la criatura que es prerrogativa solo de aquél quien es en sí mismo el Creador divino.

Las dos frases entre paréntesis son de este modo una afirmación resumida de la cristología de Pablo: para Pablo, el Hijo, en su estado preexistente, es tanto igual con el Padre como Dios como distinguible del Padre como Hijo. Este, de acuerdo con los términos de su investidura mesiánica, se hizo hombre, y en virtud de su obra como el Hijo encarnado fue exaltado hasta el lugar de honor más alto en los cielos y le fue dado un nombre sobre todo nombre («Señor»), «para que en el nombre de Jesús se doble toda rodilla de los que están en los cielos, y en la tierra, y debajo de la tierra; y toda lengua confiese que Jesucristo es el Señor, para gloria de Dios Padre» (Fil. 2:10-11).

LAS CLÁUSULAS «ENTRE PARÉNTESIS»

Al pasar a las cláusulas en participio entre las frases en paréntesis, es imperativo que tengamos en cuenta constantemente que lo que el apóstol nos dice ahora sobre Cristo se presenta contra el fondo de su deidad implícita en las frases entre «paréntesis». Por ejemplo, debemos darnos cuenta inmediatamente que algo anda mal en nuestra exégesis si, al determinar el significado del segundo participio, concluimos que Pablo enseña que en su resurrección Jesús fue «constituido» o «señalado» como «Hijo de Dios». Tal cristología adopcionista queda excluida desde el principio por la representación que Pablo hace de su Sujeto como *siendo* el Hijo de Dios antes de, e independientemente de, ya sea de «nacer» de la simiente de David o de ser «señalado» como el Hijo de Dios. Independientemente de lo que se haga con la segunda cláusula de Pablo, las frases entre «paréntesis» excluyen cualquier forma de adopcionismo.

Existe una pequeña discusión respecto al significado de la primera cláusula, «quien vino [es decir, vino a ser, o nació] de la simiente de David, según la carne». Pablo simplemente intentó que su lector entendiera que, en un sentido, es decir, «según la carne», el Hijo de Dios tuvo un *comienzo histórico* como el Hijo de David. Dice esencialmente lo mismo en Gálatas 4:4: «Pero cuando vino el cumplimiento del tiempo, Dios envió a su Hijo, nacido [la misma palabra como en Ro. 1:3] de mujer»; solo en Romanos 1:3 especifica el linaje del cual vino, a saber, la línea davídica. Al hacer mención específica del linaje davídico de Jesús, Pablo pretendía dejar claro que Jesús, ubicado como estaba en la línea davídica en su lado humano, era el Mesías y rey prometido.

Nótese que Pablo simplemente no dice que Jesús nació de la simiente de David, sino que agrega la frase cualitativa «según la carne». ¿Qué pretende con esta idea adicional? Como en Romanos 9:5, la frase pretende una especificidad y limita el sentido en el que se puede decir que Jesús tuvo un comienzo histórico como la simiente de David. No puede haber duda de que la palabra «carne» denota la naturaleza humana de Cristo en su totalidad. En el uso del Nuevo Testamento, σάρξ (sarx, «carne»), cuando se aplica a Cristo (ver Jn. 1:14; 6:51; Ro. 8:3; 9:5; Ef. 2:14; Col. 1:22; 1 Ti. 3:16; Heb. 5:7; 10:20; 1 P. 3:18; 4:1; 1 Jn. 4:1; 2 Jn. 7), no denota simplemente el aspecto material o físico de su naturaleza humana frente al aspecto no material, es decir, frente a su espíritu humano. Más bien, se refiere uniformemente a Él en la totalidad de su humanidad como hombre. Por consiguiente, cuando Pablo dice que Jesús tuvo un principio histórico «según la carne», pretende, como dice Cranfield,

> que el hecho de la naturaleza humana de Cristo, respecto de la cual lo que se acaba de decir es verdad, no es toda la verdad acerca de Él. «Hijo de David» es una descripción válida de Él en la

medida en que sea aplicable, pero el alcance de su aplicabilidad no coincide con la plenitud de Su persona..[55]

El sentido en el cual la descripción lineal de Jesús como el Hijo de David deja de ser aplicable como una descripción completa ya se ha expresado implícitamente en la primera de las frases entre «paréntesis»: Jesús no solo es el hijo de David sino también «el Hijo [de Dios]». Pablo hace esto explícito en la segunda cláusula en participio. Dice: «que fue declarado Hijo de Dios con poder, según el Espíritu de santidad, por la resurrección de entre los muertos». Esta cláusula ha mostrado ser difícil para los exégetas, pero parece que, mientras la primera cláusula habla del principio histórico de Jesús como «el Hijo de David» en su lado humano, esta última cláusula habla del *establecimiento histórico* de Jesús, por su resurrección de los muertos, como el Hijo de Dios en su lado divino. Mis razones para esta conclusión son las siguientes:

El participio ὁρισθέντος, *joristhentos*, el pasivo aoristo de ὁρίζω, *jorizo*, sugiero, debe traducirse «fue marcado», o «fue delineado», o «fue designado». El verbo es usado en la Septuaginta en el sentido de «fijar», o «marcar» o «delinear» límites (ver Nm. 34:6; Jos. 13:27; 15:12; 18:20; 23:4), y el sustantivo ὅρια, *joria*, es usado tanto en la Septuaginta como en el Nuevo Testamento para «límites» o «bordes» (ver Mt. 2:16; 4:13; 8:34; 15:22, 39; 19:1; Mr. 5:17; 7:24, 31; 10:1; Hch. 13:50).

De acuerdo con su uso uniforme como perífrasis para el adverbio «poderosamente» (ver Mr. 9:1; Col. 1:29; 1 Ts. 1:5; 2 Ts. 1:11), construiría la frase ἐν δυνάμει (*en dynamei*, «en poder»), en sintonía con Meyer, Hodge, Sanday y Headlam, H. Alford, F. Godet, y Warfield, con el participio más que con «el Hijo de Dios», y traducir el participio y la frase preposicional por «fue poderosamente marcado» o «fue poderosamente delineado».

La preposición ἐκ, *ek*, que introduce la frase «la resurrección de [uso ablativo del genitivo] los muertos», tiene un matiz diferente de ἐκ, *ek*, en la primera cláusula. Mientras que la preposición ἐκ, *ek*, en la primera cláusula, después del participio «engendrar», claramente denota «origen», es decir, «vino a ser [o «nació»] de [o «*proceder de*»] la simiente de David», en la segunda cláusula, después del participio pasivo «fue marcado», denota «instrumentalidad» o incluso «resultado» (en la analogía de su uso en Heb. 11:35). En consecuencia, traduciría la última frase de la cláusula por «a través de la instrumentalidad de [o «como resultado de»] la resurrección de entre los muertos». Esto puede, por supuesto, y probablemente debería reducirse a lo más simple, «por la resurrección de entre los muertos».

La última frase que se discutirá es «según el Espíritu de santidad». Se acepta universalmente que la frase está en contraste con «según la carne» de la primera cláusula. Ya que «carne» en la primera cláusula denota la humanidad de Cristo *en su totalidad*, incluyendo aspectos tanto corpóreos como no corpóreos de su naturaleza humana, «espíritu», en la segunda cláusula no se puede referir al espíritu humano de Jesús. Su espíritu humano ya está incluido dentro de la «carne» davídica que asumió en su nacimiento. Su referente debe buscarse fuera de su humanidad. Muchos, si no la mayoría, de los comentadores modernos asumen que la frase se refiere al Espíritu Santo, pero no estoy de acuerdo. En cada ocasión en el Nuevo Testamento donde se agrega la palabra «santo» al sustantivo «espíritu» para referirse al Espíritu Santo, se emplea el adjetivo ἅγιος, *hagios*. Pero aquí, precisamente para evitar una referencia al Espíritu Santo, sugeriría que Pablo emplea la forma genitiva del sustantivo ἁγιωσύνη, *hagiōsynē*: «el Espíritu de santidad».

Si «Espíritu» no se refiere al espíritu humano de Cristo o al Espíritu Santo, entonces ¿a qué se refiere? Sugiero que se refiere a la naturaleza divina de Cristo, a lo que Él es, como el

---

[55] Ibid., 1:60

Hijo de Dios, en su aspecto divino. Existen dos razones para esto: primero, porque la frase está en contraste con «carne» en la primera cláusula que refiere a lo que Cristo, como el Hijo de David, es en su aspecto humano, la implicación es que «Espíritu» en la segunda cláusula también debe referirse a algo intrínsecamente inherente en Cristo. Pero estando en tan estrecha correlación con el título «el Hijo de Dios» en la misma frase que denota a Cristo en términos de su divinidad, se sigue que su referencia aquí es a lo que Él es, como el Hijo de Dios, en su aspecto divino, es decir, a su deidad. Segundo, en la misma carta, algunos capítulos después (9:5) Pablo se refiere de nuevo a Cristo como «de los patriarcas, específicamente según la carne», dando a entender que algo más se puede y se debe decir sobre Él. En este último contexto, lo que es este «algo más», Pablo mismo nos lo proporciona en la frase «Dios sobre todas las cosas, bendito por los siglos». De forma similar en Romanos 1:3-4 Pablo nos informa que Cristo es «de David, según la carne», pero en el sentido de que no es «de David» y no es «carne», era y es, como el Hijo de Dios, «el Espíritu de santidad» (ver 1 Co. 15:45), es decir, Espíritu divino, entendiendo por esta frase lo que explica explícitamente en el contexto final de Romanos 9:5. Warfield explica:

> [Pablo] no está hablando de una investidura de Cristo, ya sea del o con el Espíritu Santo... está hablando de ese Espíritu divino que es el complemento en la constitución de la persona de Cristo de la naturaleza humana según la cual era el Mesías, y en virtud de la cual no era simplemente el Mesías, sino también el mismo Hijo de Dios. A este Espíritu lo llama distintivamente el Espíritu de santidad, el Espíritu cuya característica misma es la santidad. Está hablando no de una santidad adquirida sino de una santidad intrínseca; no entonces, de una santidad que había sido conferida u obtenida mediante la resurrección de entre los muertos, sino una santidad que siempre había sido la misma cualidad del ser de Cristo [ver Lc. 1:35; 5:8; Jn. 6:69].[56]

De esta forma la cláusula completa puede parafrasearse como «quien fue designado poderosamente como el Hijo de Dios de acuerdo con su naturaleza divina por su resurrección de entre los muertos».

John Murray (Cranfield también) está convencido de que el verbo ὁρίζω, *jorizo*, significa «nombrar» o «constituir» en este contexto y connota, como la primera cláusula, un nuevo «principio histórico» de algún tipo comenzando con la resurrección. Por consiguiente, considera que las dos cláusulas representan las «dos etapas sucesivas» de *humiliatio* y *exaltatio* en el proceso histórico del estado mesiánico encarnado de Jesús. Evita cuidadosamente lo que de otra manera sería una cristología adopcionista al afirmar que en la segunda de las dos etapas lo que fue «constituido» no era Jesús como el Hijo de Dios *per se* sino Jesús como el Hijo de Dios «en poder». Este agregado, escribe, «hace toda la diferencia».[57] Las etapas sucesivas se encuentran en la construcción de Murray en un cierto tipo de *antítesis* entre sí, la primera cláusula denotando lo que Jesús era *antes* de su resurrección, la segunda cláusula denotando lo que fue *después* de su resurrección. En otras palabras, en la primera etapa, habiendo «nacido de la simiente de David según la carne», Jesús, como el Hijo de David, estaba en una etapa de aparente *debilidad*; pero con su resurrección, Jesús entró a una nueva etapa de existencia mesiánica, una poderosa «dotación neumática» (según Murray este es el significado de «según el espíritu de santidad») proporcional a su señorío mesiánico, un señorío «completamente condicionado por poderes neumáticos».[58] Escribe Murray: «la relativa debilidad de su etapa antes de la resurrección, reflejada en el versículo 3, es contrastada con el poder triunfante exhibido en su señorío

---

[56] Warfield, «The Christ That Paul Preached», 87–88; así también Charles Hodge, *Systematic Theology* (Grand Rapids, Mich.: Eerdmans, n.d.) 1:472, y Robert Lewis Dabney, *Lectures in Systematic Theology* (1878, reimpresión, Grand Rapids, Mich.: Zondervan, 1972), 208.
[57] Murray, Romans, 1:10.
[58] Ibid., 1:11.

después de la resurrección.»⁵⁹ Pero el punto de vista tradicional de que lo que Pablo pretendía enseñar es que Jesús fue constituido poderosamente como el Hijo de Dios de acuerdo con lo que es en su aspecto divino por su resurrección parece tener argumentos más fuertes de su lado.

El punto de vista de Murray, representando las dos cláusulas como «etapas sucesivas», inyecta un contraste entre las cláusulas (lo que Jesús era *antes*, y lo que fue *después* de su resurrección) que no está en el texto. Murray implica que ser «el Hijo de David según la carne» quiere decir un cierto estado de humildad y debilidad, esta primera cláusula necesitando ser leída, al menos en cierto grado, despreciativa o concesivamente («aunque nació…»). Pero como dice Warfield de la primera cláusula:

> Decir «de la simiente de David» no quiere decir debilidad; quiere decir majestad. De hecho, es bastante seguro que la afirmación «que era de la simiente de David» no puede leerse concesivamente, preparando la senda para la celebración de la gloria de Cristo en la cláusula siguiente. Se sitúa más bien en paralelismo con la cláusula que le sigue, afirmando con ella la suprema gloria de Cristo.»⁶⁰

En otras palabras, si bien existe el indicio de la idea de una segunda etapa sucesiva dentro de la segunda cláusula misma simplemente debido a la mención de la resurrección, no es la idea dominante en el pasaje. En cuanto a la sucesión entre las cláusulas, está ausente del contexto. Las dos cláusulas, como es evidente del paralelismo de los dos participios genitivos (τοῦ γενομένου, τοῦ ὁρισθέντος, *tou genomenou, tou horisthentos*) sin partícula de conexión, son paralelas entre sí, ya que juntas representan todo lo que el Hijo de Dios es en su estado encarnado. Esto también se aclara en la declaración similar de Pablo en 2 Timoteo 2: 8, donde escribe, para animar a Timoteo: «Acuérdate de Jesucristo, del linaje de David, resucitado de los muertos conforme a mi evangelio». Claramente, la descendencia de Cristo de David era, en la mente de Pablo, una verdad que debería hacer que el cristiano atribulado se regocijara, porque habla de la majestad mesiánica de Cristo. De ninguna manera habla de debilidad y no debe contraponerse a su estado inaugurado por su resurrección, porque es precisamente Jesucristo como aquel que «ha resucitado» (el mismo tema que en Romanos 1:4) y quien «es la simiente de David» (el mismo tema que en Romanos 1:3) quien es en *ambos* aspectos el que debe ser recordado por el cristiano que se halla en angustia. La relación de la segunda cláusula participial con la primera en Romanos 1:3-4 no es entonces una de oposición o contraste, sino más bien de clímax, no de superación sino de superposición. Esto es obvio por el hecho de que Jesús no dejó de ser «el Hijo de David» ni «carne» en su resurrección; de hecho, la resurrección aseguró que Él continuaría siendo ambos (un hecho que reconoce Murray). Entonces, lo que Pablo está diciendo en la primera cláusula es que el Hijo de Dios nació como el Mesías davídico con todas las glorias que tal investidura conlleva; lo que está diciendo en la segunda cláusula es que:

> la Mesianidad, inexpresablemente gloriosa como es, no agota la gloria de Cristo. Él tenía una gloria aún mayor que esta. Su Mesianidad fue el principio de su gloria. Vino a este mundo como el Mesías prometido, y salió del mundo como el Hijo de Dios revelado. En estas dos cosas se resume la majestad de su manifestación histórica.»⁶¹

De este modo, Pablo nos ofrece en estos dos versículos una cristología magnificente: el Hijo eterno de Dios, que nació de la simiente de David según su humanidad, fue también el Hijo de Dios según su deidad. Y este último hecho fue poderosamente marcado o mostrado por su resurrección de los muertos, y no solo Él mismo ejerció ese poder divino que había

---

⁵⁹ Ibid.
⁶⁰ Warfield, «The Christ That Paul Preached», 81.
⁶¹ Ibid., 80.

exhibido al resucitar a otros de entre los muertos resucitando Él mismo de los muertos (Jn. 2:19; 10:18), sino también su Padre colocó su sello de aprobación en todo lo que su Hijo había hecho resucitándolo de los muertos «según la obra del poder de su fuerza que ejerció en Cristo cuando lo resucitó de entre los muertos». (Ro. 4:24; 6: 4; 8:11; Ef. 1: 19-20).

De este modo Romanos 1:3-4, que bien puede ser una parte de una temprana confesión cristiana, nos enseña que la resurrección de Jesús de entre los muertos fue tanto el testimonio poderoso suyo y de su Padre del hecho de que Jesús de Nazaret era Dios encarnado y no simplemente un hombre.

Romanos 9:5

Este versículo dice: «de quienes vino el Mesías según la carne, el cual es sobre todas las cosas, Dios bendito por los siglos. Amén» (KJV). El debate que rodea a este versículo no surge de una divergencia de opinión sobre las variantes textuales o el significado de las palabras sino más bien sobre el asunto de la puntuación. La forma más natural de puntuar el versículo es colocar la coma después tanto de «carne» como de «todas las cosas» y un punto después de «por los siglos», como se indicó anteriormente.

Nadie expresa el significado del contexto para el significado de Romanos 9:5 con mayor profundidad de discernimiento que E.H. Gifford:

> San Pablo expresa la angustia de su corazón ante la caída de sus hermanos: esa angustia se profundiza por el recuerdo de sus privilegios, sobre todo, por el pensamiento de que su raza dio a luz al divino Salvador, a quien han rechazado. En esta, que es la interpretación usual, todo es más natural: la última y más grande causa de dolor es el clímax de la gloria de que la raza escogida ha caído..[62]

En cuanto a la demanda gramatical del versículo, difícilmente se puede negar que la forma más natural de manejar «el cual es» (ὁ ὢν, ho ōn, el artículo definido y el participio presente) es ver la frase como introduciendo una cláusula relativa y para adjuntarla al inmediatamente precedente ὁ Χριστὸς, *ho Christos*.

La demanda implicatoria del versículo fluye de la presencia de las palabras τὸ κατὰ σάρκα (*to kata sarka*, «en cuanto a la carne se refiere»). Esta expresión naturalmente plantea la pregunta: ¿en qué sentido el Mesías no desciende de los patriarcas? La segunda mitad de la antítesis implícita se da en las palabras que siguen: «que es sobre todas las cosas, Dios bendito por los siglos» (KJV). Este tratamiento del versículo atribuye una deidad plena e incondicional al Mesías, y ha contado con el apoyo de muchos padres primitivos, la gran mayoría de los comentaristas, y también la AV (1611), RV (1881), ASV (1901), NASV (1971), NIV (1978) y NKJV (1982).

Debido a que ellos consideran que referirse a Cristo como «Dios» es una locución no paulina, los eruditos que se oponen (Ver RSV [1946] y NEB [1970]) han propuesto dos puntuaciones alternativas, la primera separando la última expresión, θεὸς εὐλογητὸς εἰς τοὺς αἰῶνας, *theos eulogētos eis tous aiōnas*, y construyéndola como una doxología de lo precedente; la segunda separando la expresión completa después de σάρκα, *sarka*, de lo precedente, de nuevo construyendo la cláusula como una doxología.

En cuanto a la objeción en sí misma, es un caso claro de «petición de principio» declarar una referencia a Cristo como Dios «no paulina» en una carta paulina donde toda la evidencia sintáctica indica que este bien puede ser el momento en que lo ha hecho así. ¿Un escritor jamás puede expresar un *hapax legomenon* teológico («dicho solo una vez»)? Y afirmar que no lo hace así en ninguna otra parte requiere el juicio adicional de que Tito 2:13 es en el mejor de los casos «deutero-paulino», es decir, de autoría no paulina, aunque sí es «paulino» en

---

[62] E. H. Gifford, *Romans* (London: John Murray, 1886), 168–69.

estilo y sustancia esencial. Además, es ignorar las palabras de Colosenses 2:9, sin mencionar la profusión de terminología sublime a lo largo de los escritos de Pablo en que adscribe deidad a Jesús.

¿Y qué hay acerca de las dos propuestas alternativas? La primera, como indicamos, sugiere que las últimas palabras del versículo deben interpretarse como una doxología desconectada («¡Bendito sea Dios antes!»). Pero Bruce M. Metzger ciertamente parece tener razón cuando escribe: «Tanto lógica como emocionalmente, tal doxología interrumpiría el hilo del pensamiento y sería inconsistente con el estado de ánimo de tristeza que impregna los versículos anteriores»..[63]

Además, si esta cláusula separada es una doxología a Dios, invierte el orden de la palabra de toda otra doxología en la Biblia (más de treinta veces en el Antiguo Testamento y doce veces en el Nuevo), donde el adjetivo verbal siempre *precede* al sustantivo para Dios y jamás lo sigue (como aquí). Es difícil de creer que Pablo, cuyo oído para las fórmulas lingüísticas y sintácticas hebreas y helenísticas adecuadas estaba afinado con precisión, violaría la forma establecida para expresar la alabanza a Dios que incluso él mismo observa en otras partes (Ef. 1:3; 2 Co. 1:3).

Finalmente, si esta cláusula es una adscripción de alabanza a Dios, difiere en otro aspecto de cualquier otra ocurrencia de este tipo en los escritos de Pablo. Invariablemente, cuando Pablo atribuye la santidad a Dios, conecta la expresión ya sea por algún dispositivo gramatical o por una yuxtaposición directa a una palabra que la precede. Existe, en otras palabras, una referencia antecedente a Dios en el contexto inmediatamente precedente. Por ejemplo, emplea ho estin (Ro. 1:25), ὁ ὤν, ho ōn (2 Co. 11:31), ᾧ, hō (Gal. 1:5; 2 Ti. 4:18), αὐτῷ, autō (Ro. 11:36; Ef. 3:21), y τῷ δὲ θεῷ, tō de theō (Fil. 4:20; 1 Ti. 1:17) para introducir adscripciones de alabanza a Dios. En los casos de Efesios 1:3 y 2 Corintios 1:3, incluso aquí existe una referencia antecedente a Dios en los contextos precedentes inmediatos. De este modo, todas las doxologías hacia Dios de Pablo están conectadas ya sea gramaticalmente o yuxtaposicionalmente a una referencia antecedente inmediatamente anterior a Dios. Nunca hay un cambio abrupto de un tema (en este caso, el Mesías en 9:5a) a otro (Dios en 9:5b) como sugiere esta propuesta.

La segunda propuesta es la preferida de la mayoría de los eruditos que rechaza la idea de que Pablo se refiera a Cristo como Dios, y es recomendada por el *Greek New Testament* (United Bible Societies), la RSV, y la NEB. Pero no solo las objeciones contra la propuesta anterior dicen lo mismo en contra de ella, sino que también puede registrarse una objeción adicional. Desconectando todo después de σαρκα, *sarka*, y construyendo la porción desconectada como una atribución independiente de alabanza, niega al participio ὤν, ōn, cualquier significado real. Metzger destaca este defecto:

Si… la cláusula [comenzando con ὁ ὤν, *ho ōn*] es tomada como una doxología asindética (desconectada) a Dios, … la palabra ὤν [*ōn*] se vuelve superflua, porque «el cual es Dios sobre todo» se representa más simplemente en griego por ὁ ἐπὶ πάντων θεός [*ho epi pantōn theos*]. La presencia del participio sugiere que la cláusula funciona como una cláusula relativa (no «el que es…» sino «quien es…»), y de este modo describe ὁ Χριστός [*ho Christos*] como siendo «Dios sobre todo»..[64]

Nigel Turner también señala que separar las palabras que comienzan con ὁ ὤν, *ho ōn*, de la cláusula precedente «introduce un asíndeton y no hay ninguna razón gramatical por la cual el participio que está de acuerdo con «Mesías» debe primero separarse de él y luego recibir

---

[63] Bruce M. Metzger, «The Punctuation of Romans 9:5», en *Christ and Spirit in the New Testament* (Cambridge: Cambridge University Press, 1973), 108.
[64] Ibid., 105–6. La discusión de Metzger sobre Romanos 9:5 en *Textual Commentary on the Greek New Testament* (New York: United Bible Societies, 1971), es un tratamiento excelente del asunto.

la fuerza de un deseo, recibiendo a una persona diferente como su tema».[65] Es extraño que algunos eruditos puedan reconocer la presencia y fuerza natural del relativo ὁ ὤν, *ho ōn*, en 2 Corintios 11:31, donde encontramos precisamente la misma construcción sintáctica («Dios..., quien es bendito por los siglos»), y sin embargo no lo reconozcan en Romanos 9:5.

No puede haber duda justificable de que Pablo en Romanos 9:5, por el uso de θεός, *theos*, como un título cristológico, rodeándolo con las frases descriptivas particulares que él hace, atribuye la deidad completa a Jesucristo que es y *permanece como* (la fuerza del participio presente) divino Señor sobre el universo, y que merece la alabanza eterna de todos.

Tito 2:13

El debate que rodea a este versículo es si Pablo pretendía referirse a una persona (Cristo) o a dos personas (Dios el Padre y Cristo) cuando escribió: «mientras esperamos la esperanza bienaventurada, la manifestación de la gloria [o, aparición gloriosa] del gran Dios y Salvador nuestro, Jesucristo» (traducción del autor). Existen cinco razones convincentes para entender que Pablo se refiere solamente a Cristo a lo largo del versículo y por tanto traducir la frase relevante como «la manifestación de nuestro gran Dios y Salvador, Jesucristo».

Primero, es la forma más natural de traducir la oración griega, como numerosos comentadores y gramáticos han observado. De hecho, más de un gramático ha señalado que jamás se habría cuestionado si «Dios» y «Salvador» se refieren a una persona si la oración hubiera simplemente hubiera terminado con «nuestro Salvador». Segundo, los dos sustantivos están bajo el régimen de un solo artículo definido que precede a «Dios», indicando (según la regla de Granville Sharp, formulada en 1798, que establece que cuando dos sustantivos del mismo caso están conectados por un *kai*, un solo artículo antes del primer sustantivo denota unidad conceptual, mientras que la repetición del artículo con ambos sustantivos denota particularidad) que deben entenderse como uno, no separadamente, es decir, que tienen un único referente. Si Pablo hubiera pretendido hablar de dos personas, podría haber expresado esto sin ambigüedades insertando un artículo delante de «Salvador» o escribiendo «nuestro Salvador» después de «Jesucristo». Tercero, ya que «manifestación» nunca se refiere a Dios el Padre, sino que es consistentemente empleado para referirse al regreso de Cristo en gloria, la conclusión *prima facie* es que «la manifestación gloriosa de nuestro gran Dios» se refiere a la manifestación de Cristo y no a la manifestación del Padre. Cuarto, los términos θεὸς καὶ σωτήρ (*theos kai sōtēr*, «Dios y Salvador») fueron empleados en combinación en el segundo y el primer siglo a.C. en la literatura secular para referirse a los destinatarios únicos de la adoración pagana. James H. Moulton, por ejemplo, escribe:

> Un eco curioso [de Tito 2:13] se encuentra en la fórmula ptolemaica aplicada a los reyes deificados: GH 15 (ii/B.C.), τοῦ μεγάλου θεοῦ ... καὶ σωτῆρος ..., *tou megalou theou ... kai sōtēros*.... La frase aquí es, por supuesto, aplicada a una persona.[66]

Y Walter Lock escribe en la misma línea:

> La combinación σωτὴρ καὶ θεός [*sōtēr kai theos*] θεὸς ἐπιφανής [*theos epiphanēs*] ha sido aplicada a Antíoco Epífanes, θεὸν ἐπιφανῆ καὶ...σωτῆρα [*theon epiphanē kai ... sōtēra*] a Julio César [Éfeso, 48 B.C.].[67]

Es muy probable a la luz de esta información, que uno de los impulsos detrás de la descripción que Pablo hace de Cristo, fue su deseo de contrarrestar la extravagante investidura titular que se había otorgado a los gobernantes humanos. Quinto, contrario a la muy repetida afirmación de que el uso de θεός, *theos*, como título cristológico es una «locución no paulina» y de este

---

[65] Nigel Turner, *Grammatical Insights into the New Testament* (Edinburgh: Clark, 1965), 15.

[66] James H. Moulton, *A Grammar of New Testament Greek* (Edinburgh: T. & T. Clark, 1930), 1:84.
[67] Walter Lock, *The Pastoral Epistles*, International Critical Commentary series (London: T. & T. Clark, 1928), 145.

modo el sustantivo no puede referirse aquí a Cristo, nuestra exposición de Romanos 9:5 ha demostrado que esto no es así. Gramatical y bíblicamente, la evidencia indicaría que Pablo pretendía en Tito 2:13 describir a Cristo como «nuestro gran Dios y Salvador».

Si no pudiéramos indagar más allá de la cristología de Pablo que en estos dos textos – Romanos 9:5 y Tito 2:13– tendríamos que concluir que la suya era una cristología del más alto tipo. A aquel que se identificó a Pablo en el camino a Damasco como «Jesús de Nazaret» (Hch. 22:8), quien como su Señor había llamado a Pablo para sí mismo y a quien Pablo ahora servía, estaba «sobre todas las cosas, el siempre bendito Dios» (Ro. 9:5, traducción del autor) y su «gran Dios y Salvador» (Tit. 2:13). Y considerando la amplitud de los viajes misioneros de Pablo y la importancia de la iglesia (Roma) y el hombre (Tito) a quienes escribió estas cartas, esta misma alta cristología habría llegado a ser ampliamente aceptada y considerada como preciosa por todos aquellos que aceptaron la autoridad apostólica de Pablo. Pablo y sus iglesias se habrían aferrado a una alta y ontológica cristología de la encarnación.

Colosenses 1:15-20

En esta perícopa hímnica, comenzando en 1:15 con las palabras «Él es», cuyo antecedente es «su Hijo [es decir, «del Padre», ver 1:12] amado» en 1:13, Pablo nos da una descripción magnífica de la persona de nuestro Señor:

Señor de la creación natural:
Quien es la imagen del Dios invisible
el Primogénito de toda la creación,
porque por Él fueron creadas todas las cosas en el cielo y en la tierra,
las cosas visibles e invisibles
sean tronos o dominios,
sean gobernantes o autoridades—
[porque] todas las cosas por Él y para Él han sido creadas,
y Él es antes de todas las cosas, y todas las cosas por Él perduran.
Señor de la creación espiritual:
Y él es la cabeza del cuerpo, la iglesia,
quien es el principio,
el primogénito de entre los muertos, para que llegue a ocupar el primer lugar en todas las cosas,
porque en él [el Padre] quiso que habitara toda la plenitud, y
[porque] por medio de él [el Padre quiso] reconciliar todas las cosas,
haciendo la paz por medio de la sangre de su cruz,
a través de Él,
ya sea las cosas en la tierra,
o las cosas en el cielo. (traducción del autor)

Lo primero que Pablo nos dice es que Cristo, como el Hijo del Padre, es la «imagen del Dios invisible». ¿A qué se refiere con esto? En vista de la ecuación de Pablo de «la luz del evangelio de la gloria de Cristo, el cual es la imagen de Dios» (2 Co. 4:4) con «la iluminación de la gloria de Dios [representada] en la faz de Jesucristo» (2 Co. 4:6), parece que está diciendo que en Jesucristo la gloria de Dios, sí Dios mismo se manifiesta. Cuando uno recuerda, además, que el escritor de Hebreos (¿Pablo?) también describió al Hijo de Dios como «el resplandor de su gloria, y la imagen misma de su sustancia» (1:3), y que Santiago describió a «nuestro Señor Jesucristo» como «la gloria» de Dios (2:1, ver Zac. 2:5), no puede caber duda de que Pablo, junto con los escritores del Nuevo Testamento en general, pretendieron afirmar que Jesucristo es el Dios invisible hecho visible.

Este entendimiento –que Pablo tuvo la intención de afirmar aquí la naturaleza divina de Jesús– recibe apoyo adicional por las descripciones que el himno hace de Él. Pablo explícitamente afirmó que el Hijo gozó de la preexistencia junto con el Padre antes de la creación del universo cuando nos dice que (1) el Hijo es («existe») «antes de todas las cosas» (1:17, ver Juan 1:17, 30; 8:58), y (2) que Dios creó «todas las cosas en los cielos y en la tierra –las cosas visibles e invisibles– ya sean tronos, dominios, principados o potestades» por (ἐv, *en*) Él, por medio (διά, *dia*) de Él, y para (εἰς, *eis*) Él (1:16). (3) El carácter divino del Hijo también es evidente en la declaración de Pablo de que «todas las cosas [creadas]» dependen de Él para continuar existiendo: «todas las cosas en él subsisten [o «se mantienen juntas»]» (1:17; ver Heb. 1:3), (4) Finalmente, la descripción paulina de Cristo como «el primogénito de la creación», a la luz del contexto completo, debe entenderse, como en Romanos 8:29, en el sentido hebraico de una adscripción de prioridad de rango al Hijo primogénito que disfruta de un lugar especial en el amor del padre..[68]

Los recientes intentos de algunos eruditos de vaciar la descripción de Pablo de toda referencia a la preexistencia *personal* del Hijo, y de hacer que sus palabras signifiquen nada más que el poder que Dios ejerció en la creación ahora está completamente revelado y encarnado en Cristo, están muy lejos del significado completo del pasaje. Además, la intención de Pablo detrás de su descripción de Jesús como «el primogénito de toda creación» está muy lejos de la interpretación arriana de los Testigos de Jehová que insisten en que la palabra muestra que el Hijo fue el «primero» de todas las *otras* cosas creadas; el contexto completo demanda que el término debe entenderse en el sentido hebraico como una adscripción de esa prioridad que el primogénito disfrutaba en el amor del padre.

Que el Hijo también es preeminente sobre la iglesia se afirma en la descripción de Pablo de Él como «la cabeza del cuerpo, la iglesia», «el principio [de la nueva humanidad]», «el primogénito de entre los muertos, para que en todo tenga la preeminencia [como el Hijo exaltado del Padre] sobre todas las cosas» (1:18a, b, c; ver Ro. 8:29) y Aquel a través de cuya obra de la cruz pacificadora, Dios finalmente reconciliará todas las cosas para su gloria [de Cristo] (1:20).

Es difícil encontrar cualquier pasaje bíblico que afirme más explícitamente la completa e íntegra deidad de Jesucristo que Colosenses 1:15-20, explicando como lo hace en una escala de dimensiones cósmicas su función de crear y preservar todas las cosas y su preeminencia divina sobre todas las cosas creadas como Creador y Redentor. Aquí Pablo explícitamente declara que Jesucristo, como el Hijo de Dios, existía con el Padre antes de la creación del universo, Él mismo era el agente de Dios en la creación, y como la imagen del Dios invisible, es decir, como Dios mismo, por su encarnación hizo al Dios invisible visible para los hombres. Luego, como el «primogénito de entre los muertos» encarnado, su preeminencia escatológica está implicada en la afirmación de Pablo de que Dios quiso reconciliar todas las cosas para la gloria de Cristo (εἰς αὐτόν, *eis auton*) que finalmente se cumplirá en el «Escatón».

Colosenses 2:9

He pospuesto la discusión de la frase en 1:19, «toda la plenitud», hasta este punto, porque Pablo utiliza la frase en 2:9 con incluso mayor claridad de significado, y la frase casi con certeza significa lo mismo en ambos contextos.

En Colosenses 1:19, Pablo escribió: «por cuanto agradó al Padre que en Él habitase toda plenitud». Aquí en 2:9 Pablo dice virtualmente lo mismo, pero especifica la naturaleza de la «plenitud» y la forma en que la «plenitud» habita en Jesús. Para ver esto, sigamos su pensamiento. En los últimos versículos de Colosenses 1, Pablo discute el «misterio» de Dios, que, dice, es «Cristo en vosotros, la esperanza de gloria» (1:27) «en quien están escondidos todos los tesoros de la sabiduría y del conocimiento» (2:3). Esto destaca la singularidad de

---

[68] Ver Robert L. Reymond, «Firstborn», en *Evangelical Dictionary of Theology*, ed. Walter A. Elwell, 2d ed. (Grand Rapids, Mich.: Baker, 1998).

Cristo como único verdadero depositario y punto integrador de todo conocimiento. Pablo entonces da la razón del porqué sus lectores deben «caminar» en Cristo y estar «en guardia» de que nadie los lleve cautivos tras la búsqueda del conocimiento que brota de la filosofía y tradición humanas. Traducido literalmente, 2:9 dice: «porque en Él [Cristo] habita toda la plenitud de la deidad corporalmente».

Para evaluar la intención aquí de Pablo, será necesario prestar atención a sus tres palabras. Por «plenitud» (πλήρωμα, *plērōma*), que quizá es un ejemplo de su empleo de la terminología de sus oponentes (¿pre-gnósticos?), Pablo quiere decir llana y simplemente «completitud», «totalidad», o «suma total». Para asegurarse que nadie pierda su intención, pablo califica este sustantivo con «toda», es decir, «toda [no solo alguna] la plenitud».

Si esta es una alusión al lenguaje de sus oponentes, esta frase ya conlleva connotaciones de «plenitud de la deidad», pero Pablo clarifica su intención por el siguiente genitivo definitorio «de la deidad». La palabra para «deidad» aquí es θεότης, *theotēs*, el sustantivo abstracto θεός, *theos*, que significa «el ser como Dios», o «el ser de la misma esencia de la deidad». Poniendo estas dos palabras juntas, Pablo está hablando de la «totalidad de todo lo que es esencial a la naturaleza divina». Con respecto a esta «totalidad de la esencia divina» Pablo afirma que «habita [permanentemente]» (porque esta es la fuerza de la preposición κατά, *kata*, prefijada al verbo y al tiempo presente del verbo κατοικέω, *katoikeō*) en Jesús.

Precisamente el cómo es que esta «totalidad de la misma esencia de la deidad» permanentemente «habita» en Él, Pablo lo específica por el adverbio griego σωματικῶς, *sōmatikōs*. Algunos eruditos sugieren que la palabra significa «esencialmente» o «realmente» (en contraposición con «simbólicamente», ver el contraste en 2:17 entre «sombra» y «realidad» [σῶμα, *sōma*]), pero es mucho más probable que signifique «corporalmente», es decir, «en forma corporal», indicando que el modo o la manera en que debe entenderse la permanente morada de la total plenitud de la deidad en Jesús es en términos de encarnación. En suma, Pablo pretende decir que en Jesús tenemos que ver con la misma «materialización» o encarnación de la deidad. Cristo es Dios «manifestado en carne» (1 Ti. 3:16). Aquí tenemos el equivalente paulino al juanino «la palabra se hizo carne» (Jn 1:14). Finalmente, para subrayar la singularidad de Jesús como tal, Pablo inserta el «en Él» adelante en la oración a la posición de énfasis, implicando con esto, contra la afirmación de sus oponentes de que la «plenitud» se puede encontrar en otras partes, que «en Él [y en ningún otro lado]» reside permanentemente en forma corporal ¡la misma esencia de la deidad!

Interpretar así a Pablo está claramente en consonancia con su «himno» anterior a Cristo en 1:15-20, como virtualmente todo comentarista reconoce. Este punto de vista por sí solo coincide con el rico lenguaje del himno donde, como hemos visto, Cristo es descrito como la «imagen del Dios invisible», que era «antes de todas las cosas» y por, a través, y por quien Dios creó todas las cosas, y en quien todas las cosas «se mantienen juntas».

Algunos eruditos modernos creen que el lenguaje de Pablo debe construirse, tanto en 1:15-20 y en 2:9, como un lenguaje funcional, pero dicha interpretación no toma en serio la naturaleza de la salvación prevista en 2:10, ya que su importancia solo es significativa si el Salvador que la efectúa es Aquel en quien reside la plenitud de la deidad. Aquí, entonces, es otro contexto en el que Pablo afirma el pleno estatus divino de Cristo.

Filipenses 2:6-11
Lo que en realidad podríamos haber preservado para nosotros en estas dos famosas perícopas son porciones de dos himnos cristianos primitivos: el primero comprende 2:6-8 y está basado en Génesis y en material de Isaías; el segundo comprende 2:9-11 y está basado principalmente en material de Isaías. Propongo el siguiente arreglo estructural de los dos himnos propuestos,

cuyo arreglo deja el texto intacto tal y como nos llegó en la carta de Pablo y permite que el material gobierne el arreglo y división de la estrofa. El «primer himno» lo arreglaría como sigue:

El cual *[se refiere antecedentemente a «Jesucristo» en 2:5]*,
Estrofa 1:
Aunque existiendo en forma de Dios,
no estimó el ser igual a Dios como cosa a que aferrarse,
sino que se despojó a sí mismo,
habiendo tomado forma de siervo.

Debe señalarse que hay cuatro líneas en esta estrofa, la primera y la cuarta siendo cláusulas participiales, separadas por la segunda y tercera líneas («no estimó…» y «sino que se despojó…»). Que la primera y cuarta líneas parecen estar juntas en forma de estrofa se hace evidente por la aparición de μορφή, *morphē* («forma») en ambas, y por la aparición de los participios en ambas, sugiriendo también que deben ser vistas como cláusulas «entre paréntesis», uniendo estas líneas.

Estrofa 2:
hecho semejante a los hombres;
y estando en la condición de hombre,
se humilló a sí mismo,
haciéndose obediente hasta la muerte,
Adenda de culminación:
y muerte de cruz.

Posponiendo por el momento cualquier discusión sobre la adenda de culminación, que puede haber sido un estribillo coral corto al final del himno o una adenda del propio Pablo destinada a resaltar el carácter vergonzoso de la muerte con la que nuestro Señor murió, quisiera señalar nuevamente que tenemos un arreglo de estrofa de cuatro líneas, y de nuevo la primera y cuarta son las cláusulas principales separadas por la segunda y tercera líneas («y estando en condición…» y «se humilló…»). Que estas cuatro líneas parecen formar una estrofa natural y simple es evidente del hecho de que los participios en la primera y cuarta líneas son los mismos en ambos (γενόμενος, *genomenos*), aunque es cierto que su matiz de significado es distinto y que aparecen en el orden inverso de las palabras –en el último lugar en la primera línea, en primer lugar, en la segunda línea. De nuevo, sugeriría que estas cláusulas participiales sirven como «paréntesis» para separar la estrofa de la anterior y de las que siguen. Más evidencia de que estas líneas deben construirse juntas en forma de estrofa es el paralelismo culminante de pensamiento entre la primera y la segunda línea y las apariciones de la palabra para «hombre» en la primera y la segunda línea (aunque es cierto que difieren en número, siendo plural en la primera línea y singular en la segunda línea).

Nótese ahora el paralelo entre las dos estrofas que sugiere que ellas forman un solo himno:

1. Las dos estrofas comienzan con el mismo número de líneas.
2. Ambas primeras líneas comienzan con la preposición ἐν (*en*, «en»), que luego es seguida en cada caso con el sustantivo dativo, luego un sustantivo genitivo, concluyendo con un participio.
3. Las primeras líneas de las dos estrofas contienen un paralelismo antitético: «forma de Dios» y «semejanza de hombres».
4. La tercera línea en ambas estrofas adscriben a Cristo una acción reflexiva, la relación del pronombre reflexivo ἑαυτόν (*heauton*, «sí mismo») con el verbo que aparece en orden inverso –en el primero, «se despojó a sí mismo», en el segundo, «se humilló a sí mismo». Esta

sorprendente similitud sugiere que las dos acciones significan esencialmente la misma cosa, una posibilidad que recibe un apoyo adicional de la probabilidad de que la primera frase tenga a Isaías 53:12 como su trasfondo, mientras que la última frase se hace eco del pensamiento de Isaías 53:8 (LXX), que es citado en Hechos 8:33 («En su humillación no se le hizo justicia»), ambas declaraciones inspiradas en Isaías, por supuesto, describen al siervo sufriente.

5. Posponiendo la razón de mi interpretación para más adelante, pero asumiendo su validez aquí en aras de agrupar los muchos paralelos entre las estrofas, el himno se mueve desde la idea de la «muerte» («despojándose a sí mismo») en la estrofa 1, línea 3, hasta «servidumbre» («se humilló a sí mismo») en la estrofa 2, línea 3; pero se mueve en orden inverso desde la idea de «servidumbre» («la forma de siervo») en la estrofa 1, línea 4, hasta la «muerte» («obediente hasta la muerte») en la estrofa 2, línea 4.

6. En la estrofa 1 la palabra «Dios» aparece en la primera y la segunda línea; en la estrofa 2 la palabra «hombre» aparece en la primera y la segunda línea, sugiriendo un paralelo antitético entre estas líneas de dos estrofas.

7. Ambas estrofas tratan con el mismo tema, a saber, el estado de humillación de Jesús.

El «segundo himno» debe ser arreglado como sigue:
Por lo cual *[a la luz de la «obra de siervo» de Cristo descrita en el primer himno]*,
Estrofa 1:
Dios también le exaltó hasta lo sumo,
y le dio un nombre
que es «sobre todo» nombre,

Estas líneas están separadas tanto del himno precedente por el «Por lo cual» que las precede y de las líneas que le siguen por la siguiente partícula de propósito «para que», que introduce el propósito detrás de la acción divina de esta estrofa. Evidencia adicional de que estas líneas deben distinguirse de las estrofas precedentes es el cambio en el sujeto de las acciones de Cristo en las primeras estrofas al Padre aquí. Pero la indicación más obvia de que estas líneas pueden ser distinguidas de *forma hímnica* de las dos estrofas previas es el hecho de que en esta estrofa solo encontramos tres líneas, frente a las cuatro de las estrofas previas. Las tres líneas aquí siguen el patrón de «línea independiente, línea independiente, línea dependiente (o modificante)».

Como evidencia de que estas líneas deben interpretarse juntas en forma de estrofa, podemos citar los paralelismos sinónimos de pensamiento innegables entre la primera y la segunda línea, y los tres paralelos léxicos internos, a saber, el repetido «Él» (αὐτόν, *auton*, y αὐτῷ, *autō*) en las líneas 1 y 2 (en ambos casos en la posición enfática), la preposición repetida ὑπέρ (*hyper*, «sobre») en las líneas 1 y 3, y la referencia repetida a «el nombre» en las líneas 2 y 3.

Para que
Estrofa 2
en el nombre de Jesús
se doble toda rodilla de los que están en los cielos, y en la tierra, y debajo de la tierra;
y toda lengua confiese que Jesucristo es el Señor,
Adenda de culminación:
para gloria de Dios Padre.

Posponiendo por el momento de nuevo cualquier discusión sobre la adenda de culminación, somos conscientes inmediatamente de que tenemos de nuevo solo tres líneas a considerar. Pero también es inmediatamente evidente que en la estrofa 2 el arreglo estructural es el inverso exacto de la estrofa 1: donde antes teníamos el arreglo «línea independiente, línea independiente, línea dependiente», aquí encontramos el arreglo «línea dependiente (o calificante), línea independiente, línea independiente». Dentro de la estrofa misma, de nuevo tenemos un paralelismo sinónimo de pensamiento innegable entre las líneas 2 y 3. Este paralelismo está subrayado por la presencia de la palabra «toda» en ambas líneas, en la forma verbal subjuntiva del aoristo en ambas líneas, y la frase modificante adverbial en ambas líneas, la primera anticipando la pregunta «¿dónde?» o «¿quién? y la última anticipando la pregunta «¿qué?». Existe también una conexión lexical entre las líneas 1 y 3 a través de la repetición del nombre propio «Jesús», que se encuentra aquí y en ningún otro lado del himno.

Habiendo distinguido entre las dos estrofas, podemos notar los siguientes paralelos entre ellas:

1. La frase «el nombre» se encuentra en la línea dependiente de ambas estrofas.
2. La palabra "toda" se encuentra en la línea 3 de ambas estrofas.
3. Ambas estrofas se refieren al mismo tema, a saber, el estado de exaltación de Jesús, la primera estableciendo el hecho en sí mismo, y la segunda estableciendo el designio del Padre detrás del hecho.

Ahora, con respecto a la adenda de culminación, «y muerte de cruz» y «para la gloria de Dios Padre», que pueden haber sido tanto original en ambos himnos o adiciones paulinas en ambos: es evidente que una marcada antítesis yace entre ellas, cada una de ellas captando el tono de su respectivo himno. La primera, al designar el tipo particular de la muerte que Cristo sufrió, subraya la profundidad de la *humillación* que Cristo voluntariamente padeció. La segunda destaca la gloria del Padre que conllevó la *exaltación* de Cristo. La primera concentra nuestra atención sobre la muerte de Jesús, la segunda centra nuestra atención en la gloria del Padre. La primera cierra el primer himno centrándose en la cruz, la segunda cierra el segundo himno centrándose en la gloria que siguió. Estas adendas resumen claramente para nosotros el flujo esencial del pensamiento del apóstol: de la humillación a la exaltación, de la cruz a la corona.

La misma primera línea de la primera estrofa está directamente relacionada con el asunto del presente estudio. ¿Qué quiere decir Pablo cuando declara que Jesucristo «existía en forma de Dios»? Aquellos que son defensores de lo que se llama la cristología de Adán insisten en que este es el equivalente a la descripción de Génesis de Adán como creado a la imagen de Dios –lo que significa que Cristo, como Adán, era verdaderamente hombre. Ahora bien, es cierto que las dos palabras griegas εἰκών (*eikōn*, «imagen») y μορφή (*morphē*, «forma») son empleadas para traducir la misma raíz semítica en la Septuaginta, εἰκών, *eikōn*, traduciendo el sustantivo hebreo צֶלֶם, *ṣelem*, en Daniel 3:19. Pero esto difícilmente es evidencia para garantizar la conclusión de que son intercambiables o sinónimos, y μορφή, *morphē*, no es la palabra usada en la Septuaginta para traducir צֶלֶם, *ṣelem*, o דְּמוּת, *demût*, en Génesis 1:26-27. Además, esto ignora la aparición de μορφή, *morphē*, tres líneas después, porque Jesús claramente no asume la simple «imagen» de siervo, sino que se vuelve de hecho el siervo de Yahvé. De este modo, la conexión denotativa entre Adán como la «imagen de Dios» y Cristo como la «forma de Dios» no puede establecerse sobre la base de una evidencia lingüística tan escasa.

Otros instan a que el significado de μορφή, *morphē*, debe establecerse sobre la base de su uso en la Septuaginta, pero el problema aquí es que solo se usa cuatro veces en la Septuaginta, y en cada ocasión como la traducción de una palabra hebrea distinta (ver Jue 8:18; Job 4:16; Is 44:13; Dn 3:19). En el mejor de los casos, en conjunto, la idea de μορφή, *morphē*, en la Septuaginta parece ser la de «forma visible», pero el número de ejemplos es demasiado pequeño y muy diverso para sacar conclusiones estrictas y rápidas. Además, si significa «forma visible», es cuestionable si esto cumple con las condiciones de la primera aparición en Filipenses 2:6, porque ahí no se dice que Cristo sea «la μορφή, *morphē*, de God» sino «*en* la μορφή, *morphē*, de Dios». Pero «en la forma visible de Dios» sería escrituralmente inapropiado puesto que como Dios es «invisible», como nos recuerda Colosenses 1:15.

Incluso otros mantienen que μορφή, *morphē*, en 2:6a es equivalente en significado a δόξα (*doxa*, «gloria»), pero difícilmente se puede argumentar que esta misma equivalencia es apropiada en la frase «forma de siervo» tres líneas después.

A la luz de estos problemas, parece que el peso de la evidencia lingüística todavía está del lado de J.B. Lighfoot, que demostró a partir de un estudio de ambos su uso a lo largo de la historia del pensamiento griego y las apariciones de la raíz μορφ en el Nuevo Testamento, que μορφή, *morphē*, se refiere a los «atributos esenciales» de una cosa, y que el ser de Cristo *en* la forma de Dios, aunque no es el equivalente lingüístico, es el equivalente connotativo de la descripción paulina de Cristo en 2 Corintios 4:4 y Colosenses 1:15 como la «imagen [esencial] de la imagen del Dios [invisible]».[69] Warfield concuerda:

> «Forma» es un término que expresa la suma de aquellas cualidades características que hacen a una cosa ser lo que es. De esta forma, la «forma» de una espada (en este caso principalmente cuestiones de configuración externa) es todo lo que hace a una pieza determinada de metal específicamente una espada, más que, por decir, una pala. Y la «forma de Dios» es la suma de características que hacen al ser que llamamos «Dios», específicamente Dios, más que algún otro ser –un ángel, por decir, o un hombre. Cuando se dice que nuestro Señor es en «la forma de Dios», por lo tanto, se declara de la manera más expresa posible, ser todo lo que Dios es, poseer la completa plenitud de atributos que hacen a Dios ser Dios.[70]

Murray concuerda,[71] y David F. Wells declara que «parece ineludible que por «forma» debemos entender que Pablo quiere decir la esencia o características esenciales de una cosa».[72] Esta comprensión del término se ajusta a ambos casos en 2:6: «forma de Dios» y «forma de siervo». Cuando luego también se toma en cuenta la fuerza del participio presente que transmite la idea de «subsistir continuamente», que a su vez excluye la idea de que este modo de subsistencia llegó a su fin cuando asumió la forma de siervo, tenemos aquí una afirmación audaz e incondicional tanto de la preexistencia como de la plena e íntegra deidad de Jesucristo.

La interpretación evangélica clásica de la perícopa completa sostiene que estos versículos representan una gran parábola, comenzando con Dios el Hijo en la gloria de su condición preexistente de compartir la esencia divina con Dios el Padre («en la forma de Dios existente»), luego rastreando su movimiento «hacia abajo» mediante la encarnación («se despojó a sí mismo») a su «obra en la cruz» como el siervo del Padre, y luego registrando su movimiento «hacia arriba» mediante de la exaltación del Padre a través de la resurrección y la ascensión a su presente sesión a la diestra del Padre como «Señor». Ningún evangélico se opondrá al sentimiento detrás de esto o a la alta cristología en sí misma que se extrae de estos versículos por dicha exposición. Ciertamente yo no. Ni por un momento tengo la intención de negarle a nuestro Señor en el más mínimo grado su derecho legítimo a la deidad completa e incondicional o a la igualdad con el Padre en poder y gloria. Esto ya lo he demostrado en mi exposición de 2:6a. Tampoco disputo el hecho de que el Nuevo Testamento expone la obra de Cristo precisamente en términos de «descenso-ascenso» (κατάβασις, *katabasis*-ἀνάβασις, *anabasis*) en algunos contextos. Pero es precisamente este motivo de «descenso-

---

[69] J. B. Lightfoot, *Philippians* (1868; reprint, Grand Rapids, Mich.: Zondervan, 1953), 110
[70] Warfield, "The Person of Christ According to the New Testament," *The Person and Work of Christ*, 39.
[71] John Murray, *Collected Writings of John Murray* (Edinburgh: Banner of Truth), 3:359
[72] Wells, *Person of Christ*, 64

ascenso» el que ha creado para los eruditos evangélicos en este contexto particular una dificultad mayor, o más bien dos dificultades.

La primera dificultad es esta: si entendemos el punto de inicio del «fluir» del pasaje, como lo hace el punto de vista clásico, de ser el estado preencarnacional del Hijo de Dios («en la forma del ser de Dios») y tomamos las frases, «despojándose a sí mismo y tomando forma de siervo», como la alusión metafórica del acto de «descender» de la encarnación, es solo con la mayor dificultad, debido a la cláusula intermedia, que se puede evitar la conclusión de que «el vaciamiento» involucró su entrega de la «forma» («naturaleza misma» –NVI) de Dios. Concedo que el verbo κενόω, *kenoō*, puede tener un significado metafórico, como en sus otras apariciones en el Nuevo Testamento (Ro. 4:14; 1 Co. 1:17; 9:15; 2 Co. 9:3), y que no necesita traducirse literalmente como «vaciado» en Filipenses 2:6 (yo también al final le doy un significado no literal). Pero incluso una metáfora tiene un significado literal cuando se le despoja de su «envoltura» metafórica. ¿Qué significa esta metáfora cuando literalmente se «desempaqueta» en interés de la interpretación? La rápida respuesta de aquellos que sostienen el punto de vista clásico es que se refiere al evento de la encarnación («Se despojó de su reputación al tomar la forma de siervo»). Pero es justo aquí donde surge la dificultad. Porque según el punto de vista clásico, la cláusula intermedia («no consideró…»), en el «fluir» del himno, tiene que reflejar una actitud en el Hijo preexistente que prevaleció en el «lado anterior» del evento de la encarnación. Pero si esta cláusula describe lo que el Hijo de Dios preexistente como Dios el Hijo «pensó» (ἡγήσατο, *hēgēsato*) de su igualdad con Dios, no importa, sugeriría, si ἁρπαγμὸν, *harpagmon* (de la raíz ἁρπάζω, *harpazō*, que significa «apoderarse») se interpreta *res rapta*, es decir, «una cosa a que aferrarse», o *res rapienda*, es decir, «una cosa de la cual apoderarse» –ninguna es apropiada como una descripción de lo que el Hijo «pensó» con respecto a su «igualdad con Dios». La primera es teológicamente herética porque implica que el Hijo estaba dispuesto y, de hecho, se despojó de su deidad («la forma de Dios») cuando tomó «forma de siervo», porque es lo que «igualdad con Dios» significa léxicamente, contextualmente, y según Juan 5:18 y 10:28-33. La segunda también es teológicamente sospechosa porque sugiere que el Hijo no poseía ya igualdad con Dios. Pero esto introduce confusión al pasaje a la luz del hecho de que está claramente afirmado en la primera cláusula de 2:6, como hemos visto, que el Hijo era Dios y, por lo tanto, era como tal «igual a Dios».

Si se respondiera que la razón por la que se dice que el Hijo no «se aferró» a la igualdad con Dios es porque ya la tenía, como afirma la primera cláusula, respondería que esto ahora introduce cierta esterilidad teológica, si no es que una necedad exegética, en el texto en el mismo punto donde, obviamente, se pretende un discernimiento muy significativo, porque uno no necesita informarse de lo obvio –que el Hijo no buscó algo de lo cual ya estaba en posesión. En consecuencia, presentaría, desde la perspectiva de la interpretación clásica de la perícopa, que es solo la interpretación *res rapta* de ἁρπαγμὸν, *harpagmon*, la que elude esta esterilidad de significado, pero entonces el erudito evangélico solo puede escapar con gran dificultad, si es que puede, de la conclusión de que el Hijo es representado, por la implicación de su voluntad de renunciar a su «igualdad con Dios», es decir, de renunciar a sus atributos divinos esenciales, como si se hubiera despojado de su carácter «natural mismo» de Dios cuando se hizo hombre. (No estamos debatiendo en este momento lo que todos admiten que es la imposibilidad de que alguien que es Dios haga tal cosa. Aquí solo estamos interesados en interpretar el texto de una manera gramatical). Uno solo tiene que leer con detenimiento la literatura evangélica sobre estos versículos para ver a qué contorsiones hermenéuticas se recurre para afirmar, por un lado, que el Hijo no consideró ser igual a Dios («la forma de

Dios y el Hombre

Dios») como cosa a que aferrarse, y que en consecuencia se «despojó a sí mismo» (o, «se hizo nada a sí mismo») al volverse hombre, y, sin embargo, por el otro lado, que todavía retuvo todo lo que esencialmente es y fue desde el principio. Por ejemplo, se dice: «no se despojó de sus atributos divinos, sino solo del uso independiente de sus atributos». Pero ¿cuándo el Hijo ejerció sus atributos independientemente de la Trinidad? O, «no se despojó de su deidad, sino solo de la gloria de su deidad». Pero ¿no es su «gloria divina» simplemente la suma y sustancia de su deidad? Y ¿cómo cuadra uno esta interpretación con Juan 1:14 y 2:11? O, «no se despojó a sí mismo de su deidad, sino solo de sus derechos como deidad».[73] Pero ¿a qué derechos renunció como Dios cuando se hizo hombre? Si bien no concuerdo con los teólogos «kenóticos» que enseñan que el Hijo, según la enseñanza de este pasaje, se despojó a sí mismo de al menos algo que era esencialmente suyo como Dios cuando se hizo hombre, puedo entender, si se asume que el pasaje comienza con el Hijo preexistente, cómo llegaron a esta conclusión.

La segunda dificultad es esta: si el fluir del pasaje comienza con Dios el Hijo en su estado preexistente, ¿qué significado puede haber tenido para Él su exaltación posterior? La exaltación debe involucrar la elevación a un estado del cual no se tenía posesión anteriormente. Pero tal estado elevado es simplemente inexistente con respecto a Dios el Hijo como Dios. Si alguien responde que su estado exaltado posterior involucró ser elevado, como declara el segundo himno, a la posición de señorío sobre todas las cosas, debo preguntar si la Escritura nos permite creer que Dios el Hijo, a menudo identificado por la Escritura misma como el Dios y Yahvé del Antiguo Testamento, no era ya *de jure* y *de facto* Señor sobre toda la creación, la naturaleza, las instituciones religiosas tales como la ley y el Sabbat, y, de manera más significativa, sobre las vidas de los hombres, antes de la exaltación sobre la cual se habla en Filipenses 2:9-11. Una reflexión cuidadosa sobre lo que implica ser Dios el Hijo, ¿no obliga a uno a concluir que el Hijo, como Dios el Hijo, continuó siempre, incluso durante los días de su ministerio terrenal, siendo el mismo Señor que fue desde el principio? Solo es con la mayor dificultad que el académico evangélico puede escapar a la conclusión, si insiste en que la exaltación fue, de hecho, la exaltación del Hijo de Dios preexistente *per se*, que el estado anterior del Hijo fue menor en dignidad que su estado posterior, y que el estado posterior del Hijo lo elevó a un estado que estaba sobre el estado del cual disfrutó cuando «existía en forma de Dios» antes de su encarnación. Pero la Escritura y lo correcto simplemente no permiten dicha conclusión.

Estas dos dificultades deberían hacernos querer considerar otra interpretación que evite ambos problemas y al mismo tiempo afirme la doctrina *vere deus vere homo* (verdadero Dios, verdadero hombre) de la cristología clásica.

La clave de la solución de ambas dificultades y la interpretación adecuada de estos versículos es reconocer que no es Dios el Hijo en su estado preencarnado como la segunda persona de la Santa Trinidad quien es el tema de las primeras dos estrofas y a quien se hace referencia por el «Él» del versículo 9 de la tercera estrofa, sino más bien «Jesucristo» (ver 2:5 y las referencias a «Jesús» y «Jesucristo» en 2:10-11 respectivamente) —Dios el Hijo ciertamente, porque este es el significado de «el cual, siendo en forma de Dios», Dios el Hijo *ya* encarnadamente presente con los hombres como el mismo Dios-hombre.[74] El himno comienza con «Jesucristo» y afirma que, como el Dios-hombre, rechazó seguir un camino alternativo a la gloria al que su Padre le había trazado. Ni se refiere al movimiento

---

[73] El Catecismo Mayor, pregunta 46, enseña que «el estado de humillación de Cristo fue esa condición inferior en la que, por nuestro bien, despojándose de su gloria, tomó sobre sí la forma de siervo ...» La alusión a Filipenses 2:7 aquí es clara a primera vista y, de hecho, es una de las referencias de apoyo dadas aquí por el Catecismo para su afirmación.

[74] No niego que, en otros contextos, por ejemplo, 1 Timoteo 1:15, «Cristo Jesús», como una descripción titular, sí designa al Hijo de Dios en su estado pre encarnado.

«descendente» (la κατάβασις, *katabasis*) del evento de la encarnación en sí, una parte tan vital del punto de vista clásico, salvo como un evento que ya había tenido lugar, presuponiéndolo en su afirmación de que «aunque existiendo como Dios», había «tomado la forma de siervo». Mediante esta construcción, todo lo que se dice de Él, se dice como el Mesías, el Hijo ya enviado a su misión. Es posible, y esto es solo una conjetura, que el primer himno haya sido «decapitado», y que una estrofa previa tratara con su estado preexistente puro como Dios Hijo e Hijo eterno del Padre eterno.

¿Cómo esta eliminación del estado preexistente del Hijo y su «descenso» encarnacional del «fluir» del himno eluden las dos dificultades que acabamos de mencionar? La respuesta es que ahora no estamos ya interactuando en el punto de Filipenses 2:6 con la encarnación como un evento futuro, sino con la encarnación como, desde el comienzo, del estado existente del ser del Dios-hombre. Por consiguiente, las cláusulas bajo discusión pueden ahora interpretarse dentro del contexto de la encarnación como un *fait accompli* y no dentro del contexto de la encarnación como un *fait anticipé*. Pero ¿están a la mano las interpretaciones significativas? A esto respondería afirmativamente. Con respecto a la cláusula, «no estimó el ser igual...», insto a que ahora se puede interpretar como *res rapienda*, es decir, «no estimó el ser igual a Dios como cosa a que aferrarse», y que debe interpretarse en contraste con el trasfondo de su tentación registrada en Mateo 4. Sabemos que Pablo está dispuesto a contrastar a Adán y a Cristo en Romanos 5:12-19 y 1 Corintios 15:45-49, refiriéndose realmente a Cristo en el último pasaje como el último Adán y el segundo hombre. Aquí el himno de Filipenses establece un contraste entre las respectivas tentaciones de Adán y Cristo. A diferencia de Adán, el primer hombre, que «estimó la igualdad con Dios [τὸ εἶναι ἴσα θεῷ, *to einai isa theō*] como cosa a que aferrarse»,[75] Cristo, el último Adán y segundo hombre, cuando se le instó a demostrar su igualdad con Dios (ver Mt. 4:3, 6: «ya que eres hijo de Dios...») rechazó tomar las cosas en sus propias manos y afirmar sus derechos como el Hijo. Resistió con firmeza la sugerencia del tentador de «aferrarse a la igualdad», es decir, de ya no caminar en la senda del siervo del Señor y alcanzar el «señorío» sobre «todos los reinos de este mundo» (Mt. 4:8) por un camino no trazado para el siervo en la economía de la salvación.

Hay otro motivo del Antiguo Testamento, más allá del contraste Adán-Cristo que nos asiste cuando abordamos el significado de «se despojó a sí mismo», y ese es el motivo del «siervo» de los «cantos del siervo» de Isaías. En lo que he llamado el segundo himno, claramente las líneas 1 y 2 de la estrofa 1 toman prestado un sentimiento de Isaías 42:1-8, y las líneas 2 y 3 de la estrofa 2 reflejan directamente el lenguaje de Isaías 45:23. Y en lo que he llamado el primer himno, las referencias de Pablo al «siervo» en la estrofa 1, línea 4, y a la «autohumillación» y «obediencia hasta la muerte» de Cristo en las líneas 3 y 4 de la estrofa 2 son alusiones generales al motivo del «siervo» de los cantos de Isaías (ver Is. 53:8 [LXX] y Hechos 8:33). (Pablo también relaciona a Cristo tanto con Adán como con el motivo del «siervo» en Romanos 5:12-19). Algunos eruditos del Antiguo Testamento, por lo tanto, han sugerido que la frase «se despojó a sí mismo» es el equivalente dinámico griego de Pablo a la expresión de Isaías «derramó su alma hasta la muerte» (que significa, «murió voluntariamente») en Isaías 53:12, descripción culminante de la obra del autosacrificio del Siervo Sufriente tan a menudo referida en otros lados en el Nuevo Testamento (ver, por ejemplo, Mt. 8:17; Lc. 22:37; Hch. 8:32-35; 1 P. 2:21-25). La frase, así interpretada, deriva su significado en contraste con el trasfondo del ministerio sumo sacerdotal de nuestro Señor

---

[75] Ver Génesis 3:5, donde la tentación de la Serpiente se enmarca en las palabras «serás *como* [כְּ, *kᵉ*, traducido por *isa* en la LXX en Dt 13:6; Job 5:14; 10:10; 13:28; 27:16; 29:14; 40:10; Is. 51:23] Dios, conociendo el bien y el mal».

más bien que contra el trasfondo de su preexistencia, referido al sacrificio de su vida y no a un «autodespojo» (o autovaciamiento) que ocurrió en y por su encarnación. Sugiero entonces que el participio aoristo λαβών, *labōn*, en el primer himno, estrofa 1, línea 4, debe construirse como un participio que denota acción antecedente,[76] colocando así el «autodespojo» de Cristo posterior en tiempo al «tomar». Es decir, el participio no explica el significado del «autodespojo» («despojado por tomar») sino que más bien denota una acción anterior que fue la precondición necesaria del «autodespojo». La siguiente paráfrasis de la primera estrofa ayudará al lector a entender esta sugerencia:

Aunque Cristo Jesús era y sigue siendo Dios *[ahora, por supuesto, Dios encarnado]*,
no consideró la igualdad con Dios como algo a que aferrarse *[en su tentación por un ejercicio voluntario del poder]*,
sino que «se derramó» *[hasta la muerte]*,
habiendo tomado la forma del Siervo *[de Isaías 53]*

Con esta construcción hemos excluido desde el principio tanto una interpretación cristológica kenótica como la primera dificultad mencionada antes, y hemos podido dar un significado sustancial a 2:6-7b, algo que el punto de vista clásico solo es capaz de hacer con una gran ingenuidad exegética.

Pero ahora estamos también en posición de dar un significado sustancial al acto de exaltación afirmado en el segundo himno, porque ahora podemos referirlo, no a Dios el Hijo *per se*, sino a Dios el Hijo en su estado encarnado como el Mesías. Es, en otras palabras, el Mesías divino-humano, Jesucristo, quien es exaltado. Y porque estamos obligados por el hecho histórico mismo a describir al Hijo, ahora existente encarnadamente en Jesucristo, como «el Mesías divino-humano», podemos decir con valentía, sin miedo a denigrar su honor divino, que la exaltación del Padre de Jesucristo supuso para el Hijo, como Mesías, una nueva y genuina experiencia de exaltación. Precisamente porque debemos utilizar la palabra «humano» como parte de nuestra descripción de Él ahora, podemos también decir que algo realmente nuevo y único sucedió en la resurrección y la ascensión de Jesucristo: el hombre Jesucristo –el Último Adán y Segundo hombre– asumió *de facto* soberanía sobre todo el universo, sobre todo principiado y potestad en las regiones celestes, y sobre todos los demás hombres, exigiendo que se sometieran a la autoridad de su cetro. El nombre del Rey es Jesús, ante la mención de cuyo oficio algún día toda rodilla se doblará y toda lengua confesará que Jesucristo –el Mesías divino-humano– ¡es el Señor!

En conclusión, esta perícopa adscribe deidad a «Jesucristo». Lo hace de tres maneras: primero, por su descripción de Jesús como «siendo [continuamente] en forma de Dios»; por su tácita adscripción a Él de la «igualdad con Dios» cuando afirma que Él no se «aferró» a esta posición en el sentido de que, en el momento de su tentación no se reafirmó en una demostración de poder voluntariosa de su posición divina; y tercero, por la naturaleza misma de su señorío delegado, la implicación de su exaltación. Es cierto que su señorío le fue «delegado», en su rol como Mesías, como resultado de sus labores (ver el «por cuanto» de Is. 53:12 y el «por lo cual» de Fil. 2:9). Pero este señorío, descrito como es en términos de Isaías 45:23, donde se declara que es la prerrogativa de Yahvé solamente, contiene una base pactual sobre la cual se determinó que Él debería «recibir» este tipo específico de señorío como el Mesías con base en el cumplimiento de su sufrimiento por derecho de su propia filiación divina, la condición antecedente de su investidura mesiánica. Dicho de otra manera, es porque Él fue, como el Mesías, «obediente hasta la muerte, incluso muerte de cruz» que

---

[76] «Habiendo tomado». Al contrario de lo que algunos gramáticos afirman, un participio aoristo que sigue a un verbo principal en tiempo aoristo puede expresar una acción antecedente, como reconoce Moulton, *Grammar of New Testament Greek*, 1: 132.

fue exaltado al señorío, pero también es porque Él es «en forma de Dios» e «igual a Dios», como el Mesías *divino*, que el señorío que le fue delegado podía asumir las proporciones que tiene e involucrar la obligación universal de los hombres de adorarlo.

1 Timoteo 1:15

En la declaración de Pablo en 1 Timoteo 1:15: «Jesucristo vino al mundo –pecadores para salvar» (traducción del autor)– el primero de los cinco «dichos fieles» en sus cartas pastorales, de nuevo se implica la preexistencia de Cristo y, como corolario de su preexistencia, su filiación divina también.

Es cierto, tal como el «subiendo» en Efesios 4:8 no requiere en sí mismo un descenso previo, que la frase «vino al mundo» no contiene necesariamente dentro de sí misma la noción de preexistencia *per se* (ver Ro. 5:12; 1 Ti. 6:7). Como observa George W. Knight II en este punto:

Una cosa es señalar que la frase ἦλθεν [ἔρχεσθαι] εἰς τὸν κόσμον [ēlthen (erchesthai) eis ton kosmon] en sí misma no implica la preexistencia y otra hacer esta evaluación de la frase cuando es usada por los cristianos con Jesucristo como el sujeto. ¿No es, de hecho, evidente que el uso uniforme de esa frase con referencia a Jesucristo es tanto para su preexistencia como también para su encarnación?[77]

Luego procede a mostrar con base a un análisis de las seis apariciones de la frase en el evangelio de Juan (1:9; 3:19; 11:27; 12:46; 16:28; 18:37) –el único otro libro del Nuevo Testamento donde se encuentra la expresión– que cuando la frase se aplica a Jesucristo, «exige entender la preexistencia como también la encarnación».[78]

1 Timoteo 3:16

Con la ayuda de un compendio sucinto de la grandeza del gran «misterio de la piedad» (es decir, el «secreto revelado» de la fe, Jesucristo; ver Col. 1:27; 2:2-3) en la forma de una cita de un himno cristiano primitivo, Pablo elabora su cristología –el gran misterio»– en seis frases:

Quien *[es decir, Cristo Jesús]*
se manifestó en la carne,
fue reivindicado en el espíritu,
fue visto por ángeles,
fue proclamado entre las naciones,
fue creído en el mundo,
fue llevado en gloria. *(traducción del autor)*

Tal como con los otros himnos cristológicos que hemos considerado, este se ha sometido a un análisis considerable con respecto a su arreglo en estrofas. Algunos ven una progresión estrictamente cronológica a través de las seis líneas, con cada línea, por lo tanto, recibiendo un trato independiente. Otros ven dos estrofas de tres líneas cada una (o dos estrofas de dos líneas y un refrán). Incluso otros –el punto de vista mayoritario hoy día– dividen la cita en tres coplas.

El himno parecer ser una pieza de poesía finamente elaborada no con uno, sino con dos patrones de relaciones internas que vinculan las seis líneas juntas en una notable unidad literaria. Primero están los seis sustantivos dativos –carne, espíritu, ángeles, naciones, mundo y gloria– que casi con seguridad pretenden estar construidos tanto antitética como quiásticamente, es decir, el himno se mueve de lo que es terrenal («carne») a lo que es celestial («espíritu», luego de lo que es celestial («ángeles») de vuelta a lo que es terrenal («naciones»), luego de nuevo vuelve a lo que es terrenal («mundo») a lo que es celestial

---

[77] George W. Knight III, *The Faithful Sayings in the Pastoral Letters* (Nutley, N.J.: Presbyterian and Reformed, n.d.), 36–37.
[78] Ibid., 38.

(«gloria»). Siendo esto así, parece que el poeta estaba pensando en términos de coplas siguiendo un patrón a/b, b/a, a/b, con el movimiento del himno siendo no primariamente cronológico sino espacial, enfatizando la verdad de que tanto la esfera terrenal como la celestial encuentran su centro en Cristo.

Robert H. Gundry ha observado que cuando las seis líneas son consideradas individualmente en su totalidad, parecen también haber un paralelismo sintético entre las líneas 2 y 3 —«reivindicado, visto»— y líneas 4 y 5 —«proclamado, creído», ambos enmarcados entre la línea 1 que conmemora el «descenso» del Señor y la línea 6 que conmemora el «ascenso» del Señor.[79] El primero de estos paralelos sintéticos (líneas 2 y 3) tienen lugar en el reino de lo *invisible* para los hombres, el segundo de estos paralelos (líneas 4 y 5) tienen lugar en el reino de lo *visible* para los hombres, mientras que el tercero (líneas 1 y 6) comienza en el reino *visible* y pasa al *invisible*. Aquí el patrón sería a, bb, aa, b. Este análisis de las estrofas o alguno muy similar tiene hoy una amplia vigencia. Volviendo a una consideración de las líneas individuales mismas, notemos lo siguiente:

Línea 1: «fue manifestado en carne». Es reconocido comúnmente que «fue manifestado en carne» refiere a la encarnación, y por el aoristo constatativo habla de la vida entera encarnada de Cristo como de una revelación del Hijo divino «en la esfera del ser humano». Que hace referencia a la encarnación, implicando también la preexistencia de Cristo como el Hijo de Dios, es evidente no solo del hecho de que no hablamos de esta manera de un hombre ordinario, sino también del hecho de que el Nuevo Testamento habla en otros lugares de la vida encarnada de Jesús en términos de «manifestación» (Jn. 1:31; Heb. 9:26; 1 P. 1:20; 1 Jn. 1:2; 3:5, 8; ver Jn. 1:14; Col. 2:9).

Línea 2: «fue reivindicado en el espíritu». Las opiniones varían con respecto al significado de esta línea. Debido a que σάρξ (*sarx*, "flesh") hace referencia a la línea anterior a la naturaleza humana de Cristo en su completitud, incluyendo su espíritu humano (ver la exposición sobre Romanos 1:3-4), es muy improbable (contra Grundy) que su espíritu humano es el referente pretendido de πνεῦμα (*pneuma*, «espíritu») aquí. La elección yace entre entender que el referente es el Espíritu Santo, o la naturaleza divina de Cristo. ¿Existen alguna indicación sobre cual se pretende? Si se refiere al Espíritu Santo, la preposición ἐν, *en*, debe construirse instrumentalmente («por»), y ya que esto es ciertamente posible, violenta la simetría presente en el sentido locativo uniforme de todas las demás ocurrencias de ἐν, *en*. Por lo tanto, ya que Pablo nos ha instruido en Romanos 1:3-4 que Cristo fue «declarado Hijo de Dios con poder, según el Espíritu de santidad [su propio espíritu santo divino], por la resurrección de entre los muertos», su resurrección ahí siendo representada como un evento reivindicativo [como el Hijo de Dios por la resurrección] en la esfera del [su espíritu] espíritu».

Línea 3: «visto por ángeles». Ya que esta línea no contiene ἐν, *en*, en «ángeles» probablemente debe interpretarse como un dativo verdadero más que instrumental. Esto significa en cambio que ὤφθη, *ōphthē*, que «casi siempre significa la auto exhibición del sujeto» (Gundry), muy probablemente significa «apareció» mas que «fue visto». El resultado de estos dos puntos es que la frase significa algo del orden de «aparecido a los ángeles», que no sustantivamente distinto de la traducción tradicional. No hay duda de que esta línea se refiere tanto al triunfo de Cristo sobre las fuerzas angélicas por su cruz como a su exaltación sobre los poderes angélicos en su ascensión (ver Ef. 1:21; Col. 2:15; Fil. 2:9-11; Heb. 1:4-

---

[79] Robert H. Gundry, «The Form, Meaning and Background of the Hymn Quoted in 1 Timothy 3:16», en *Apostolic History and the Gospel*, ed. Gasque & Martin (Exeter, U.K.: Paternoster, 1970), 230.

14; 1 P. 3:22; Ap. 5:8-14). Ciertamente implica su dignidad super angélica.

Líneas 4, 5 y 6: Existe un pequeño desacuerdo sustantivo entre los eruditos sobre el significado de las líneas 4, 5 y 6. La línea 4, «fue proclamado entre las naciones», refleja la convicción de la iglesia de que Cristo es propiamente el sujeto de la proclamación a todo el mundo y también el hecho de que la iglesia estaba en el proceso de proclamarlo como tal. Línea 5, «fue creído en el mundo», refleja la confianza de la iglesia en el resultado de esa proclamación —las naciones del mundo se volverán sus discípulos. Y línea 6, «fue llevado en [no «en la»] gloria», lleva el himno a un cierre con la imagen de la ascensión de Jesús al cielo *en* la gloria que lo acompaña en esa ocasión (ver la «nube de gloria» en Hechos 1:9, ver también Hch. 1:11 y Mt. 24:30; 26:64; Mr. 14:62).

Desde el principio hasta el fin esta confesión de fe hímnica (ver el adverbio ὁμολογουμένως, *homologoumenōs*, «por común confesión», en la introducción preparatoria de Pablo al himno) ensalza a Cristo —el Hijo preexistente que se volvió «encarnado», que fue luego «reivindicado» como el Hijo divino de Dios por su resurrección de los muertos, quién, habiendo «ascendido», es propiamente el Señor reconocido entre los «ángeles» y el Señor «proclamado» en el mundo de los hombres. De este modo, la cristología que se encuentra en el marco confesional de este himno cristiano primitivo está de acuerdo con esa alta cristología que se encuentra a través del corpus paulino que confiesa un mesías que es la deidad encarnada.

De este modo Pablo presenta a Cristo como el creador preexistente y el Yahvé del Antiguo Testamento (Col. 1:15-17) y la co-fuente con el Padre de todas las bendiciones espirituales, cuyo nombre debe ser invocado en la iglesia, y a cuyo nombre toda rodilla se doblará y toda lengua confesará que Él es Señor (Ro. 10:12-13; Fil. 2:9-11). Como el Hijo de Dios encarnado, Él es la visible «imagen del Dios invisible» (Col. 1:15), que «siendo en forma de Dios», posee todos los atributos esenciales de Dios y es «igual a Dios» (Fil. 2:6-7). «En [Cristo] habita toda la plenitud de la deidad corporalmente» (Col. 2:9), el resultado de que el Hijo de Dios se haya «encarnado» dentro de la línea regia de David como un hombre como los demás hombres (Ro. 1:3; Fil. 2:7; 1 Ti. 3:16), quién como hombre murió por los pecados de los demás hombres y fue sepultado, pero quién resucitó al tercer día y ascendió a la diestra de Dios, asumiendo soberanía mediadora sobre el universo. Él es, para Pablo, el Señor «sobre todo, Dios bendito para siempre» (Ro. 9:5) y «nuestro gran Dios y Salvador» (Tit. 2:13).

Si bien es indudablemente cierto que algunas de las descripciones de Pablo de Jesús deben ser vistas como «funcionales» (por ejemplo, Cristo, siervo, cabeza de la iglesia, incluso el Señor en el sentido mediador), muchas no lo son (por ejemplo, Hijo, Hijo de Dios, Señor en el sentido Yahvista, imagen del Dios invisible, y Dios). E incluso las descripciones funcionales de Jesús derivan su poder de evocar nuestro interés y devoción religiosas en última instancia de las descripciones ontológica de Cristo que las rodean y yacen detrás de ellas.

No satisfará todos los datos reconocer, por un lado, que Jesús fue para Pablo a la vez *vere deus* y *vere homo*, pero afirmar, por el otro, que su cristología era una anomalía en el pensamiento de la iglesia del primer siglo. Como escribió Warfield:

> Pablo no está escribiendo una generación o dos [después de la generación de los que habían acompañado a Jesús en su vida], cuando la fe de los primeros discípulos era sólo cuestión de memoria, quizás de una memoria que se desvanecía; y cuando le fue posible representarlo como algo diferente de lo que era. Está escribiendo desde el seno mismo de esta comunidad primitiva y bajo sus propios ojos. Su testimonio del tipo de Jesús en el que creía esta comunidad es tan válido y convincente, por lo tanto, como su testimonio de que creía en Jesús. En él y por él habla la voz

de la misma comunidad primitiva, proclamando su fe segura en su divino Señor.[80]

Desde que Warfield escribió estas palabras incluso más evidencia ha salido a la luz de que esto es verdad, porque existe un consenso general hoy entre los eruditos tanto críticos como evangélicos de que en Colosenses 1:15-20, Filipenses 2:6-11 y 1 Timoteo 3:16 tenemos en forma de himno reflexiones de la cristología primitiva de la iglesia temprana que muy bien puede ser anterior a las cartas de Pablo en que aparecen. Luego en 1 Corintios 15:3-5 y Romanos 1:3-4 tenemos lo que bien pueden ser reflexiones de las confesiones de la iglesia primitiva, mientras que en 1 Timoteo 1:15 tenemos una confesión de la iglesia temprana en la forma de una «palabra fiel» no paulina que Pablo avala declarándola ser «digna de ser recibida». Todas estas perícopas reflejan el más alto tipo de cristología en que Jesús es considerado como la divinidad, el Hijo de Dios preexistente que al «descender» se hizo «carne» para nosotros los hombres y para nuestra salvación y que al «ascender» asumió la jefatura mediadora sobre el universo y la iglesia. Y en el caso de 1 Timoteo 1:15 es significativo que aquí tenemos al portavoz de la llamada comunidad paulina elogiando lo que ahora se reconoce como una pieza de la enseñanza enmarcada en la redacción de la «comunidad juanina». Así que, en vez de haber comunidades en *competencia* en la iglesia primitiva, cada una liderada por un apóstol específico compitiendo una con otra por las mentes de las masas, aquí hay una indicación de que la iglesia primitiva, al menos la porción mayoritaria que siguió la guía de los apóstoles y para quienes los apóstoles fueron maestros autorizados en la iglesia, fue uno en su comprensión esencial de Cristo. Cual también se toma en cuenta que los apóstoles de Jerusalén aprobaron el evangelio de Pablo (que seguramente habría incluido un relato de quién era Jesús para Pablo) cuando les informó de ello en su segunda visita a Jerusalén (Gal. 2:2, 6-9), más el hecho de que tanto para los cristianos arameo parlantes (¿palestinos?) como greco parlantes (¿helenistas?) en la iglesia primitiva Jesús era «Señor» (ver la ocurrencia de ambos κύριος [*kyrios*, «Señor»] y Μαρανα θα [*Marana tha*, arameo, significa tanto «Nuestro Señor ha venido [vendrá]» o «Nuestro Señor, viene»] en 1 Co. 16:22), debemos concluir que dichas distinciones estrictas como han sido hechas por algunos eruditos modernos entre una cristología primitiva de la iglesia judía palestina, una cristología tardía de la iglesia judía helenista (o misión), y una cristología todavía más tardía de la iglesia helenista gentil (o misión) (todas etapas de desarrollo antes de Pablo) existe más en las mentes de aquellos que las exponen que en la iglesia real misma del siglo primero. El testimonio de Pablo, reflejado a lo largo de sus cartas, da evidencia del hecho de que para los cristianos en general que vivieron en ese tiempo, Jesús era, como escribe Warfield:

> un hombre de verdad y el mesías elegido que había venido a redimir al pueblo de Dios, pero en su ser esencial simplemente el gran Dios mismo. A la luz del testimonio [de Pablo] es imposible creer que hubo alguna vez una concepción diferente de Jesús que prevaleció en la iglesia: la marca de los cristianos desde el principio fue obviamente que ellos miraron a Jesús como su «Señor» e «invocaron su nombre» en su adoración.[81]

LOS TESTIGOS NO PAULINOS DEL NUEVO TESTAMENTO
LA CRISTOLOGÍA DE SANTIAGO

Entre los eruditos críticos modernos que apoyan la fecha pre-paulina de la carta de Santiago, comúnmente se expresa que su «cristología discreta» —A.M. Fairbairn habló en 1893 de «la pobreza de la cristología [de Santiago]»[82] —refleja «un tipo importante de cristianismo

---

[80] Warfield, *Lord of Glory*, 257.
[81] Ibid., 255-256.
[82] A. M. Fairbairn, *The Place of Christ in Modern Theology*, 10th ed. (London: Hodder and Stoughton, 1902), 328.

eclipsado y malinterpretado a través de la figura e influencia de Pablo».[83] El hecho de que no hace mención de la muerte y resurrección de Jesús, por ejemplo, se interpreta en el sentido de que «el autor no se dio cuenta de la importancia de ellos».[84] Para aquellos eruditos que instan a que Santiago fue escrito contemporáneamente al corpus paulino, el mismo silencio respecto a la muerte y resurrección de Jesús se interpreta en el sentido de que su autor escribió «para proporcionar un contraataque al cristianismo paulino en el interés de la cristiandad judaizante».[85]

Pero la cristología de Santiago no es ni «ante-paulina» ni «anti-paulina». J. Adamson señala:

> Evidencia como la del Mar Muerto y Nag Hammadi ha revelado o confirmado casi milagrosamente... la continuidad conservada en el carácter, el pensamiento y el lenguaje judíos distintivos de la teología cristiana primitiva. Ahora podemos ver que los primeros cristianos judíos habían crecido en una rica tradición antigua pero viva de la cristología mesiánica, de modo que Santiago, escribiendo a los judíos conversos que habían aceptado el mensaje cristiano, «Este es Él», pudo brindar la mayor parte de su carta cristiana no a la teología cristiana, sino al cristianismo de la vida cotidiana.[86]

En otras palabras, Santiago dio por sentados los grandes eventos que se centraron en la persona histórica de Jesús mientras se embarcaba en la tarea de escribir su guía para el comportamiento cristiano. Cualquiera de las razones que estén detrás de su decisión de no hablar directamente de la muerte y resurrección de Jesús (y cualquier número de otras cosas que también puedan ser mencionadas, tales como su concepción sobrenatural en el vientre de María, sus poderosos milagros, su ascensión, y su estancia presente a la diestra de su Padre), ciertamente va más allá de la evidencia para concluir que Santiago no era consciente de estas cosas y su significado — sea testigo de su propia respuesta en fe a la aparición de Jesús en la resurrección— o que se opuso a la cristología de Pablo — sea testigo de su aprobación del evangelio de Pablo en Gálatas 2: 9 y su juicio en el concilio de Jerusalén después de escuchar los testimonios de Pedro y Pablo. De hecho, si no tuviéramos más que su única carta en la que basarnos, todavía tendríamos que concluir que la cristología de Santiago en ninguna manera contradice y que en todo sentido es consistente con la cristología del mismo testimonio de Jesús y de otros escritores del Nuevo Testamento.

Existen paralelos suficientes entre el Sermón del Monte y la carta de Santiago para sugerir que Santiago había oído la predicación de Jesús en numerosas ocasiones.[87] Y mientras que es cierto que él habla de Jesús por nombre solo dos veces (1:1; 2:1), en ambas ocasiones no solo habla de Él como «el Señor Jesucristo» —designaciones de reverencia, hablando de ambas de su calidad de mesías como de su señorío— sino también en cada caso esta designación sublime se ve reforzada por un característica contextual que lo coloca a la par con Dios el Padre. En el primer caso (1:1), Santiago se describe como un «siervo de Dios y del Señor Jesucristo» —una coordinación genitiva de Dios y Jesús que implica la igualdad de último con Dios. En el segundo caso (2:1), Santiago describe de forma aposicional a Jesús como, literalmente, «la gloria» (τῆς δόξης, *tēs doxēs*),[88] indudablemente intentando con este término no solo atribuirle la gloria relacionada a su resurrección y ascensión sino también para describirlo como la gloria de Dios manifestada o «Shekinah» («morada») (ver Jn. 1:14;

---

[83] E. M. Sidebottom, *James, Jude and 2 Peter* (Camden, N.J.: Thomas Nelson, 1967), 24.
[84] Ibid., 24.
[85] G. R. Beasley-Murray, *The General Epistles* (Nashville: Abingdon, 1965), 21.
[86] J. Adamson, *The Epistle of James* (Grand Rapids, Mich.: Eerdmans, 1976), 23.
[87] Ver Stg. 1:2 y Mt. 5:10–12; Stg. 1:4 y Mt. 5:48; Stg. 1:5 y Mt. 7:7–8; Stg. 1:17 y Mt. 7:11; Stg. 1:20 y Mt. 5:22; Stg. 1:22–27 y Mt. 7:21–23; Stg. 1:22–23 y Mt. 7:24; Stg. 1:23 y Mt. 7:26; Stg. 2:13 y Mt. 6.14ss., Stg. 2:5 y Mt. 5:3; Stg. 2:13 y Mt. 5:7; Stg. 2:14 y Mt. 7;21–23; Stg. 2:15–16 y Mt. 6:11; Stg. 3:2 y Mt. 12:36, 37; Stg. 3:10–13 y Mt. 5:16; Stg. 3:17–18 y Mt. 5:9; Stg. 4:3 y Mt. 7:7; Stg. 4:4, 8 y Mt. 6:22, 24; Stg. 4:11–12 y Mt. 7:1; Stg. 4:13–14 y Mt. 6:34; Stg. 5:2–3 y Mt. 6:19; y Stg. 5:12 y Mt. 5:34–37.
[88] La exposición de J. B. Mayor de *tēs doxēs* sigue siendo la mejor y más completa en inglés; ver su *The Epistle of James* (London: Macmillan, 1913), 79–82.

2 Co. 4:4; Heb. 1:3; Ap. 21:3). Como observa Warfield:

> El pensamiento del escritor parece estar fijo en esos pasajes del Antiguo Testamento en los que se describe a Jehová como la «Gloria»: por ejemplo, «Yo seré para ella, dice Jehová, muro de fuego en derredor, y para gloria estaré en medio de ella». (Zac. 2:5). En el Señor Jesucristo, Santiago ve el cumplimiento de estas promesas: Él es Jehová venido para estar con Su pueblo, y habiendo morado entre ellos, han visto su gloria. Él es, en una palabra, la Gloria de Dios, la Shekinah: Dios manifestado a los hombres. ¡Así es como Santiago pensaba y hablaba de su propio hermano, que murió de una muerte violenta y vergonzosa cuando aún era joven!.[89]

Santiago también habla de Jesús como «el Señor» (el uso del Nuevo Testamento de dicho título presupone su resurrección y ascensión) quien, como tal, es aquel en cuyo nombre los cristianos deben orar y quien responde las oraciones (5:13-14), quien sana y perdona (5:14-15), y cuya venida esperan con paciencia los cristianos (5:7-8). Y si bien es cierto que Santiago también se refiere al Padre como «el Señor» (ver 1:7; 4:15; 5:10-11), precisamente porque puede ir y venir entre el Padre y Jesús en su uso del κύριος, kyrios, implica lo adecuado de pensar en Jesús en términos de igualdad con Dios. Existe incluso una razón sólida para creer que es Jesús quien está en su mente cuando habla en 4:12 del legislador y juez (ver particularmente 5:9).

Luego, como medio hermano de Jesús, Santiago seguramente sabía de la muerte de Jesús. Y como había experimentado de primera mano un encuentro con el Cristo glorificado (1 Co. 15:7), sabía de y creía en la resurrección de Jesús. De sus referencias a Cristo como «Señor» y la venida de Cristo (παρουσία, parousia) en 5:7-8, podemos suponer que Santiago también fue consciente de su ascensión y estancia presente a la diestra del Padre. Por lo tanto, no va más allá de los datos disponibles insistir que Santiago conocía y aceptaba los grandes eventos centrales objetivos de la redención.

Así que, aunque la cristología declarada de Santiago difícilmente es una cristología exhaustiva, lo que dice sobre Jesús es explícito y sublime, quedando nada lejos de implicar lo que vendría a ser conocido después como la filiación metafísicamente divina de Jesús.

La Cristología de Hebreos

El Cristo de Hebreos es tan pleno y verdaderamente humano como en cualquier otro lado de la Escritura —compartió nuestra humanidad (Heb 2:14), pudo simpatizar con la debilidad humana, habiendo sido tentados en todos los sentidos como nosotros (2:17), fue un descendiente de Judá (7:14), pudo simpatizar con la debilidad humana, habiendo sido tentados en todos los sentidos como nosotros (2:18; 4:15), y quien «en los días de su carne» ofreció oraciones y peticiones con gran clamor y lágrimas (¿una referencia a Getsemaní?) (5:7) cuando «aprendió obediencia de lo que padeció» (5:8). Y finalmente fue condenado a muerte fuera de Jerusalén (13:12). Todo esto apunta a una vida y muerte genuinamente humanas.

Pero el Cristo de Hebreos es divino también. Si bien las designaciones de Cristo pueden encontrarse esparcidas a lo largo de la carta,[90] el título favorito del autor para Jesús es «[el] Hijo» (1:2, 5 [dos veces], 8; 3:6; 5:5, 8; 7:28) o su forma más completa «[el] Hijo de Dios» (4:14; 6:6; 7:3; 10:29). De hecho, es como Hijo de Dios en el sentido preeminente (divino) de ese título que el autor de Hebreos introduce primero a Jesús a sus lectores (1:2).

Como el «Hijo» de Dios Él es la forma más elevada y final de la revelación a los hombres, y como «Hijo» de Dios Él es más alto que los mayores representantes de Dios en la tierra, es decir, los profetas del Antiguo Testamento (1:1-2), superior incluso que Moisés, que en

---

[89] Warfield, *Lord of Glory*, 265.
[90] Ver el simple «Jesús» (Heb. 2:9; 3:1; 6:20; 7:22; 10:19; 12:2, 24; 13:12), «[el] Cristo» (3:6, 14; 5:5; 6:1; 9:11, 14, 24, 28; 11:26), «Jesucristo» (10:10; 13:8, 21), «[el] Señor» (1:10; 2:3; 7:14; quizá 12:14; los primeros dos ejemplos están claramente dirigidos en el sentido Yahvista), «Señor Jesús» (13:20), y «Jesús el Hijo de Dios» (4:14).

comparación solo fue un siervo en la casa de Dios (3:5-6). Finalmente, su nombre como «Hijo», cuyo portador es representado como: (1) heredero de todas las cosas, (2) el agente cooperante de Dios en la creación del mundo, (3) la gloria radiante de Dios, (4) la misma imagen de su naturaleza, (5) el sustentador de todas las cosas, (6) el purificador del pecado, y (7) el Señor (de Sal. 110:1) sentado a la diestra de la Majestad en las alturas (1:2-3), es incluso «más excelente» que la más alta de las criaturas, el «ángel» (1:4), cuyos portadores son solo «espíritus ministradores» (1:14), y cuyo deber es adorarlo (1:6).

Como explicación del contenido de ese «más excelente nombre» superangélico de «Hijo», y no simplemente de los nuevos nombres aducidos además del de «Hijo», Él es el «Dios» (θεός, *theos*) del Salmo 45:6-7 y «el Señor» (κύριος, *kyrios*), es decir, el Yahvé del Salmo 102:25-27.

Cuando escribió, «Mas del Hijo dice [Dios]: Tu trono, oh Dios, por el siglo del siglo» (1:8), el autor de Hebreos, como Tomás, Pablo, Pedro y Juan, utiliza θεός, *theos*, como título para Cristo. La controversia que rodea a este versículo es sobre si θεός, ho *theos*, debe construirse como un nominativo (si es así, puede ser un nominativo de sujeto: «Dios es tu trono por los siglos de los siglos», o un nominativo predicado: «Tu trono es Dios por los siglos de los siglos») o un vocativo, que daría lugar a la traducción dada anteriormente. Con la «abrumadora mayoría de los gramáticos, comentadores, autores de estudios generales, y traducciones inglesas»,[91] creo que el escritor aplica el Salmo 45:6 a Jesús de tal manera que es tratado directamente como Dios en el sentido ontológico de la palabra. Esta posición exige (1) que ὁ θεός, *ho theos*, sea interpretado como un vocativo y (2) que el carácter teótico atribuido a Jesús se entienda en términos ontológicos y no funcionales.

El hecho de que el sustantivo ὁ θεός, *ho theos*, parezca nominativo en su forma declinada no significa nada. El llamado nominativo articular con fuerza vocativa es un modismo bien establecido en el griego clásico, la Septuaginta, y el Nuevo Testamento griego. De modo que el caso del sustantivo en Hebreos 1:8 debe establecerse sobre bases distintas en su forma de caso, y que es vocativo es evidente por las siguientes razones: primero, el orden de las palabras en Hebreos 1:8 sugiere más naturalmente que ὁ θεός, *ho theos*, es vocativo. Un vocativo inmediatamente después «tu trono» sería perfectamente natural. Pero si ὁ θεός, *ho theos*, tuviera la intención de ser un predicado nominativo («Dios es tu trono»), que Nigel Turner considera como una «interpretación grotesca»,[92] es más probable que ὁ θεός, *ho theos*, hubiera aparecido antes de «tu trono». Si tuviera la intención de ser un predicado nominativo («Tu trono es Dios»), que Turner considera «sólo concebible»,[93] es más probable que ὁ θεός, *ho theos*, se hubiera escrito inarticuladamente, apareciendo antes de «tu trono» o después de «por el siglo del siglo». Segundo, en la LXX del Salmo 45, que el escritor está citando, al rey se le dirige por el vocativo δύνατε, *dynate* («Oh poderoso»), en 45:4 y 45:6). Este doble uso del vocativo aumenta la probabilidad, dado el orden de las palabras, de que en el versículo siguiente ὁ θεός, *ho theos*, deba traducirse «Oh Dios». Tercero, aunque «sobre» o «concerniente» es probablemente la traducción más precisa de la preposición πρός, *pros*, en Hebreos 1:7 (dado el tono de la siguiente cita), es más probable que πρὸς, *pros*, en el versículo 8 deba traducirse «a» a la luz del carácter de segunda persona de la cita misma y de la analogía de la fórmula en Hebreos 1:13, 5:5, y 7:21. Esto sugeriría que ὁ θεός, *ho theos*, es vocativo. Cuarto, la siguiente cita en Hebreos 1:10-12 (de Sal 102:25-27) está conectada por el simple καί, *kai*, con la cita bajo discusión en los versículos 8-9, indicando que también se

---

[91] Ver Murray J. Harris, «The Translation and Significance of ὁ θεός [*ho theos*] in Hebrews 1:8–9», *Tyndale Bulletin* 36 (1985): 146–48; ver notas de pie de página 56, 57, 58, 59. También ver Harris, «The Translation of אלהים [*.lhym*] in Psalm 45:7–8», *Tyndale Bulletin* 35 (1984): 65–89.
[92] Turner, *Grammatical Insights into the New Testament*, 461.
[93] Nigel Turner, *A Grammar of New Testament Greek* (Edinburgh: T. & T. Clark, 1965), 3:34.

Dios y el Hombre

encuentra bajo el régimen de las palabras que introducen los versículos 8-9. En los últimos versículos, el Hijo es claramente abordado como κύριε, kyrie («Oh Señor»). Estas cinco características textuales y sintácticas claramente indican que ὁ θεός, *ho theos*, debe construirse de forma vocativa, lo que significa que el escritor de Hebreos tuvo la intención de representar a Dios el Padre dirigiéndose al Hijo como «Dios».

¿Pero que pretendía el escritor con este discurso? Opiniones van desde el comentario de Vincent Taylor de que «nada puede construirse de esta referencia, porque el autor comparte la misma reluctancia de los escritores del Nuevo Testamento de hablar explícitamente de Cristo como Dios»,[94] hasta el comentario de Oscar Cullmann de que «el Salmo es citado aquí precisamente por causa de este discurso»,[95] y la declaración de que «la deidad de Jesús es más poderosamente afirmada en Hebreos que en cualquier otro escrito del Nuevo Testamento, con excepción del evangelio de Juan».[96]

Instaría a partir del contexto de Hebreos 1 en sí mismo a que el Hijo de Dios es llamado Dios en el sentido ontológico. Esto puede verse del hecho de que, como una «revelación del Hijo» y la palabra de Dios final y suprema al hombre (Heb. 1:2), Él es el heredero de todas las cosas y el agente del Padre en la creación del universo. Él *permanece* como (ver el atemporal ὤν, *ōn*, en el v.3) el «perfecto resplandor de la gloria de Dios» y la «misma imagen de su naturaleza» (v.3). Como el Hijo de Dios, es superior a los ángeles, por lo que es apropiado que se les ordene adorarlo (v.6). Él es el Yahvé y el Elohim del Salmo 102, que eternamente existió antes de que creara los cielos y la tierra (Heb. 1:10) y quién permanece eternamente el mismo, aunque la creación misma perezca (1:11-12, ver 13:8). Debido a que Él es todas estas cosas, realmente no agrega nada a lo que el escritor ha dicho para entender que él describe al Hijo de Dios en el sentido ontológico en 1:8.

E.C. Wickham y otros han sugerido que si ὁ θεός, *ho theos*, está verdaderamente atribuyendo deidad ontológica al Hijo, el clímax del argumento vendría en el versículo 8, ya que nada más sublime puede decirse sobre Él. Dado que, de hecho, el autor continúa en el versículo 10 para describir al Hijo como κύριος, *kyrios*, este desarrollo posterior del carácter del Hijo llega al clímax, indicando que la primera descripción no puede construirse ontológicamente. Pero esta objeción no comprende el significado de los dos términos. Ya que θεός, *theos*, es de hecho un término de sublime importancia cuando se usa de forma adscriptiva al Dios verdadero, solo habla de su esencia divina. Aquí es el κύριος, *kyrios*, que llega a nosotros de la cita del Antiguo Testamento, es el nombre personal de Dios. En el sentido del pacto, ¡es el más sagrado de los dos! Entonces en realidad el argumento del escritor, incluso aunque atribuye deidad ontológica al Hijo en 1:8, no alcanza su clímax hasta que adscribe el carácter de Yahvé mismo al Hijo, indicando por este título adscriptivo que el Hijo no solo es el creador sino el Dios del pacto también. El escritor realmente no puede decir nada más elevado que esto.

Dos de las frases descriptivas anteriores merecen un comentario adicional. Además de atribuirle la obra divina de la creación y el sostén del universo, el escritor describe al Hijo como «el resplandor [ἀπαύγασμα, *apaugasma*] de la gloria de Dios [δόξα, *doxa*]» y «la misma imagen [χαρακτήρ, *charaktēr*] de su naturaleza [ὑπόστασις, *hypostasis*]». En la

---

[94] Vincent Taylor, *The Person of Christ in New Testament Teaching* (London: Macmillan, 1958), 96. Raymond E. Brown comentó: «no podemos suponer que el autor no se dio cuenta que su cita tuvo este efecto» de dirigirse al Hijo de Dios («Does the New Testament Call Jesus God?» *Theological Studies* 26, no. 4 [1965]: 563).
[95] Oscar Cullmann, *The Christology of the New Testament* (London: SCM, 1980), 310.
[96] Ibid., 305. Cullmann es, sin embargo, un «cristólogo funcional» y escribe: «Debemos estar de acuerdo con Melanchthon cuando insiste en que el conocimiento de Cristo se entiende sólo como un conocimiento de su obra en la historia redentora ... Toda especulación acerca de su naturaleza es... no bíblica tan pronto como deja de tener lugar a la luz de las grandes obras históricas de redención» (*Christ and Time*, trad. Floyd V. Filson [Philadephia: Westminster, 1950], 128). También dice: «Llegamos a la conclusión de que en los pocos pasajes del Nuevo Testamento en los que Jesús recibe el título de 'Dios', esto ocurre, por un lado, en relación con su exaltación al señorío... y, por otro lado, en relación con la idea de que Él mismo es la revelación divina» (*Christology*, 325). En otras palabras, para Cullmann Jesús no es Dios en sí mismo, sino sólo Dios en la *Heilsgeschichte* («santo-» o «historia de la salvación»).

primera expresión, con la «gloria» denotando su naturaleza bajo la imagen de su esplendor, como su «brillo» (de ἀπαυγάσω, *apaugasō*, «emitir brillo»), Jesús es representado como el «resplandor» personal de la gloria divina de Dios como el resplandor que brilla desde la fuente de luz. En la segunda expresión, con la hipóstasis de Dios denotando su «completa naturaleza, con todos sus atributos» (Warfield), su «verdadera esencia» (F.F. Bruce), o su «misma esencia» (P.E. Hughes), como su χαρακτήρ, *charaktēr* (de χαράσσω, *charassō*, «grabar, inscribir, estampar»), Jesús es descrito como la «misma imagen» de Dios, con lo que se quiere decir «una correspondencia tan cercana como la que una impresión devuelve a un sello» (Warfield), su «representación y encarnación exacta» (Bruce), o la «misma estampa» (Hughes) de Dios. Tales descripciones claramente pretenden la adscripción del estatus divino al Hijo. Por consiguiente, es muy probable, en la medida en que el Hijo es el Yahvé del Salmo 102:25-27 que permanece el mismo para siempre (1:11-12) y que en la persona de Jesucristo es «el mismo ayer, hoy y por los siglos» (13:8), que Él sea también el sujeto de la doxología en 13:21, a quien se atribuye la gloria eterna. Ciertamente, la colocación del pronombre relativo y el título «Jesucristo» en 13:21 favorece dicha interpretación.

Sin embargo, J.A.T. Robinson, ha insistido en que todas estas descripciones sublimes son verdad de Jesús como el «hombre de Dios», y que solo su relación funcional con Dios como el «Hijo» de Dios es «decisivamente diferente» de la relación que se obtiene entre Dios y otros hombres.[97] Aduce en apoyo de su punto de vista (1) la supuesta derivación de las descripciones de 1:3 de Filón y Sabiduría 7:26 y (2) lo que él denomina terminología «adopcionista» en 1:2, 4, 9, 13; 2:9, 10, 12f, 16; 3:2s; 5:1–6, 8, 10; 7:28.[98] James D.G. Dunn también insiste en (1) que «no hay lenguaje adopcionista en Hebreos más de lo que lo hay en cualquier otro documento del Nuevo Testamento»,[99] y (2) que «el elemento de la cristología de Hebreos que pensamos que atribuye preexistencia al Hijo de Dios debe enmarcarse dentro del contexto de su deuda al idealismo platónico e interpretarse con referencia cruzada a la forma en que Filón trata al Logos», es decir, «lo que podemos aceptar es que el autor de Hebreos en última instancia tiene en mente una preexistencia ideal [del Hijo], la existencia de una idea [del Hijo] en la mente de Dios»,[100] y esto dentro de una monoteísmo estricto en que el concepto de filiación preexistente es «quizá más una idea y propósito en la mente de Dios que un ser personal divino».[101] En resumen, para Dunn, Hebreos ve a Jesús en términos del lenguaje de sabiduría, así que «la idea de la preexistencia está presente, pero en términos de cristología sapiencial es el acto y poder de Dios lo que, propiamente hablando, es lo que preexiste; Cristo no es tanto el acto y poder de Dios preexistente como su encarnación escatológica».[102]

Estoy de acuerdo con la evaluación de I. Howard Marshall de que esta construcción impersonal de la doctrina de la filiación divina en Hebreos es «muy ajena a la comprensión bíblica de Dios como personal, además de imponer una interpretación muy artificial sobre el texto bíblico».[103] Porque mientras es cierto que el Hijo «fue constituido» heredero de todas las cosas (1:2), y «se sentó a la diestra de la Majestad en las alturas, habiendo llegado a ser mucho mejor que los ángeles, ya que ha heredado un más excelente nombre que ellos» (1:4), esto no necesitar ser lenguaje «adopcionista». Más bien es el lenguaje el que visualiza la gloria que se convirtió en la del Hijo después de la conclusión de su humillación en su papel

---

[97] John A. T. Robinson, *The Human Face of God* (London: SCM, 1973), 156.
[98] Ibid., 156-161.
[99] James D. G. Dunn, *Christology in the Making: A New Testament Inquiry into the Origins of the Doctrine of the Incarnation* (London: SCM, 1980), 52.
[100] Ibid., 54.
[101] Ibid., 56.
[102] Ibid., 209.
[103] I. Howard Marshall, «Incarnational Christology in the New Testament», en *Christ the Lord: Studies in Christology Presented to Donald Guthrie*, ed. H. H. Rowdon (Leicester: Inter–Varsity Press, 1982), 11, nota de pie de página 25.

como mesías y mediador (ver Heb. 2:9; Sal 2:8). Philip E. Hughes está de acuerdo en que así es como debe interpretarse el llamado lenguaje adopcionista, escribiendo sobre 1:4:

> Es cierto, por supuesto, que en virtud de su filiación eterna tiene una herencia eterna y posee un nombre que es eternamente supremo —el nombre que significa, particularmente en la mente hebrea, el carácter esencial de una persona en sí misma y en su obra. Pero nuestro autor en este punto está hablando de algo más que esto: el Hijo que para nuestra redención se humilló a sí mismo por un corto tiempo a una posición por debajo de los ángeles por su subsiguiente exaltación se ha vuelto superior a los ángeles (2:9 abajo), y al hacerlo así ha alcanzado y retenido la herencia de un nombre que es mucho más excelente que el de ellos..[104]

Y si se dice que «heredó» el nombre de «Hijo», como dice Bruce,

> esto no significa que el nombre no fuera suyo antes de su exaltación. Era claramente suyo en los días de su humillación: «Y aunque era Hijo, por lo que padeció aprendió la obediencia (cap. 5:8). Era suyo, de hecho, eras antes de su encarnación: esta es la clara indicación de la afirmación en cap. 1:2 que Dios habiéndonos hablado «en su Hijo… por medio del cual también hizo los mundos»..[105]

Todo el llamado lenguaje adopcionista propuesto por Robinson y Dunn puede explicarse de manera similar, nada de esto requiere que la personal preexistencia del Hijo deba ser perdida en deferencia a una preexistencia ideal e impersonal en la mente de Dios. E incluso si el lenguaje del escritor es el de Filón y el libro de sabiduría, Bruce señala que,

> su significado va más allá de el de ellos. Porque para ellos el logos o sabiduría es la personificación de un atributo divino; para él, el lenguaje es descriptivo de un hombre que había vivido y muerto en Palestina unas pocas décadas antes, pero que, sin embargo, era el Hijo eterno y la suprema revelación de Dios..[106]

Martin Hengel incluso declara que:

> la naturaleza divina del «Hijo» en Hebreos está … establecida desde el principio. El enfoque … es el mismo que en el himno [Fil. 2: 6-11] que cita Pablo; la diferencia es que [en Hebreos] se hace más preciso en términos de la sustancialidad metafísica de Cristo..[107]

Visto entonces desde la perspectiva escritural del paradigma *humillación-exaltación*, los supuestos pasajes «adopcionistas» en Hebreos no son del todo «adopcionistas» y la carta a los Hebreos apoya la plena deidad del Hijo.

La Cristología de Pedro

Encontramos la cristología de Pedro en sus declaraciones evangélicas, en Hechos y en sus epístolas.

Declaraciones de Pedro en los Evangelios

Lucas 5:8: La confesión de Pedro de Jesús como «Señor». En una ocasión después de que Jesús se había dirigido a las multitudes desde la barca de Pedro (Lc. 5:1-11), invitó a Pedro a ir mar adentro y echar sus redes para pescar. Aunque Pedro protestó levemente de que no serviría de nada ya que había estado pescando toda la noche y no había pescado nada, sin embargo, se dirigió a Jesús como su «maestro» (Ἐπιστάτα, *Épistata*), y accedió a hacer lo que se dijo. Inmediatamente después de cumplir la orden de Jesús, pescó tantos peces que sus redes comenzaron a romperse, y cuando la segunda barca se acercó para prestar ayuda, ¡la pesca era tan abundante que ambas barcas comenzaron a hundirse!

Debido a que ciertos detalles en el relato se asemejan al milagro de Juan 21:1-14, Bultmann y su escuela han insistido que Lucas ha prefechado una historia posterior a la pascua, pero C.H. Dodd ha mostrado que el relato carece de la «forma» esencial de una historia de resurrección y debe ser colocada en el período previo a la resurrección. El solo

---

[104] Philip E. Hughes, *A Commentary on the Epistle to the Hebrews* (Grand Rapids, Mich.: Eerdmans, 1977), 50.
[105] F. F. Bruce, *Commentary on the Epistle to the Hebrews* (Grand Rapids, Mich.: Eerdmans, 1964), 8.
[106] Ibid., 5.
[107] Martin Hengel, *The Son of God* (Philadelphia: Fortress, 1976), 87.

hecho de que los dos relatos de los dos incidentes se parezcan uno al otro en algunos detalles no significa necesariamente que ambos reflejen una historia original en la «tradición». Hay numerosos ejemplos en los evangelios de pares de incidentes similares pero distintos (ver Mt. 9:27-31 y 20:29-34; Lc. 7:37-38 y Jn. 12:1-3). No existe razón para negar la historicidad o la autenticidad del relato lucano.

Ante esta demostración de poder y conocimiento sobrenatural de Jesús, vencido por la consciencia de su propia pecaminosidad en la presencia de la santidad de Jesús, Pedro cae de rodillas ante Jesús, diciendo: «Apártate de mí, Señor, porque soy hombre pecador». Aunque Marshall afirma que «ninguna connotación precisa (por ejemplo, de divinidad) se puede atribuir necesariamente al [uso que hace Pedro de κύριος, kyrios, 'Señor']».,[108] el acto de Pedro de postrarse ante las rodillas de Jesús, acompañado de un reconocimiento de su pecaminosidad, solo puede ser visto como un acto de adoración religiosa. Mientras que los hombres piadosos y los ángeles siempre rechazaron tal postración como un acto de devoción equivocada, de hecho, como un acto de idolatría (ver Hch. 10:25-26; 14:11-15; Ap. 19:9-10), Jesús no emitió dicha prohibición a Pedro. Al contrario, aprobó la adoración de Pedro llamándolo a seguirlo como un «pescador de hombres». Con respecto al discurso de Pedro sobre Jesús como «Señor» aquí, Warfield comenta que:

> parece ser una atribución a Jesús de una majestad que se reconoce claramente como sobrenatural: no sólo se expresa aquí el contraste de «Señor» con «Maestro» (véase el versículo 5), sino también la frase «Apártate de mí, Señor, porque soy hombre pecador» (v. 8) es la expresión natural de ese sentido de indignidad que abruma a los hombres en la presencia de lo divino [ver Job 42: 5–6; Is. 6: 5; Dn. 10:16; Lc. 18:13; Ap. 1:12-17], y que está señalado en las Escrituras como la marca del reconocimiento de la presencia divina..[109]

Juan 6:69: la confesión de Pedro de Jesús como «el Santo de Dios». Si los últimos días antes de esta confesión habían sido un período de gran importancia para los discípulos con respecto a la cuestión de la persona de Jesús, tanto más habían sido para Pedro, puesto que había sido él quien realmente había caminado con Jesús en el mar de Galilea. Ahora en esta ocasión, presumiblemente solo unas horas antes o días después, ciertamente no semanas (ver Jn. 6:22), Pedro acababa de escuchar el discurso de su Señor sobre el pan de vida, en el que Jesús había afirmado que había bajado del cielo (Jn. 6:33, 38, 51, 62), era el dador de vida eterna al mundo (6:33, 40, 50, 51, 53, 54, 57, 58), y era el Señor de la resurrección (6:39, 40, 44, 54). Debido a estas afirmaciones sublimes, exclusivas y universales y la insistencia de Jesús sobre la inherente inhabilidad del hombre de creer en Él (6:44-45, 65), muchos de sus seguidores se apartaron y no lo siguieron más. Ante esta deserción, Jesús se volvió a los doce y preguntó: «¿Queréis acaso iros también vosotros?» Aunque la pregunta se les hizo a todos, fue Pedro quién respondió por el grupo: «Señor, ¿a quién iremos? Tú tienes palabras de vida eterna. Y nosotros hemos creído y conocemos que tú eres el Cristo, el Hijo del Dios viviente» (Jn. 6:68-69).

Dado que no hay milagro en esta perícopa, la mayoría de los eruditos críticos conceden la autenticidad general de los comentarios de Pedro. Algunos, sin embargo, insisten en que esta es la variante del relato del Cuarto Evangelio de la confesión de Pedro en Cesarea de Filipo, sacado de su contexto histórico y colocado aquí contra la traición que estaba creciendo en el corazón de Judas (ver Jn. 6: 70-71). Sin embargo, contra tal identificación, pueden colocarse las diferencias de lugar, el enfoque de Jesús, las circunstancias y la redacción de la confesión misma, y plantearé esto como una confesión separada, distinta y anterior por parte de Pedro.

A la luz de muchas indicaciones en los evangelios de la creciente apreciación de Pedro de

---

[108] Marshall, *Gospel of Luke*, 204.
[109] Warfield, *Lord of Glory*, 142.

Dios y el Hombre

la deidad de Cristo, aunque es cierto que su término de intervocación aquí («Señor») «podía significar mucho o poco» en sí mismo, en este contexto, Morris escribe, «no puede haber duda de que la palabra tiene el significado máximo no el mínimo» de la atribución de deidad a Jesús..[110]

En cuanto a su declaración «Tú eres el Santo de Dios», ya que es ciertamente un título mesiánico, también se pueden decir muchas cosas a favor de verlo como una afirmación adicional, por implicación, del origen y carácter divino de Jesús. El primer factor es la apreciación creciente de Pedro de lo que Jesús era. Señalamos antes su confesión de Jesús como su «Señor» (y que en el sentido divino) en la ocasión de su llamamiento a convertirse en un «pescador de hombres» en Lucas 5 cuando, asombrado por el conocimiento y poder sobrenatural de Jesús, reconoció su propia pecaminosidad frente a la majestad y la santidad ética de Jesús. Notamos que el título con el que se dirige aquí y allá («Señor») sugiere deidad, y, una vez que un hombre ha comenzado a comprender que Jesús es divino, ningún título (con excepción de aquellos que claramente lo marcan como un hombre verdadero) que alguna vez emplee para referirse a Él puede ser completamente vacío de pretender la atribución de deidad.

Segundo, ya que este título («el Santo de Dios») se aplica a Jesús solo en otra ocasión, dejando poco lugar para un estudio comparativo extenso del título, esa otra ocasión arroja algo de luz sobre su significado aquí. El título aparece en la boca del endemoniado en la sinagoga de Capernaum, revelando claramente la consciencia del demonio de quién era Jesús (Mr. 1:24; Lc. 4:34). El demonio obviamente temeroso de Jesús insinuaba que tenía el poder de arrojarlo al infierno, lo que sugiere que Jesús poseía la autoridad y el poder divino como «el Santo de Dios».

Tercero, el énfasis de la santidad en el título es significativa. Nos recuerda el título que aparece frecuentemente para Dios, «el Santo de Israel», en el Antiguo Testamento. A este respecto, Morris escribe: «no puede haber la más ligera duda de que el título está destinado a asignar a Jesús el lugar más alto posible. Enfatiza su consagración y su pureza. Lo pone a Él con Dios y no con el hombre»..[111]

Finalmente, C.H. Dodd llama la atención a la similitud entre las palabras de Pedro aquí, «Y nosotros hemos *creído* y *conocemos*» y las palabras de Yahvé, «para que *sepas* y *creas* que yo soy» (LXX, Is 43:10). Dodd escribe:

La combinación [en la confesión de Pedro] πιστεύειν καὶ γινώσκειν [pisteuein kai ginōskein] sigue a Isaías de cerca, pero para ὅτι ἐγώ εἰμι [hoti egō eimi, «que Yo soy»] se sustituye por ὅτι σὺ εἶ ὁ ἅγιος τοῦ θεοῦ [hoti su ei ho hagios tou theou, «que tú eres el Santo de Dios»]. El contenido del conocimiento es el estatus único de Cristo mismo, que es equivalente al conocimiento de Dios..[112]

Por estas razones parece probable que la confesión de Pedro, enfatizando como lo hace el carácter de santidad interno de Jesús, lo marca no solo como mesías, sino también, en virtud de que posee una majestad y una santidad ética idéntica a la de Dios mismo (ver Lc. 5:8), como siendo Él mismo divino. Y de nuevo Jesús aceptó la apreciación tácita de Él como mesías y su identificación implícita como divino.

Mateo 16:16: la confesión de Pedro sobre Jesús como «el Cristo, el Hijo del Dios viviente». En Cesárea de Filipo, Jesús al interrogar a los discípulos obtuvo de Pedro su gran confesión: «Tú eres el Cristo, el Hijo del Dios viviente» (Mt. 16:16; ver Mr. 8:29; Lc. 9:20).

Bultmann consideró todo el capítulo como una leyenda de la iglesia primitiva destinada a

---

[110] Leon Morris, *The Gospel According to John* (Grand Rapids, Mich.: Eerdmans, 1971), 389.
[111] Ibid., 390.
[112] C. H. Dodd, *The Interpretation of the Fourth Gospel* (Cambridge: Cambridge University Press, 1953), 168.

afianzar su «fe pascual» en la mesianidad de Jesús, y R.H. Fuller considera a Mateo 16:17-19 como una «expansión de Mateo» y de este modo «claramente secundaria» y Marcos 8:30-32 tanto una redacción de Marcos como una tradición posterior, siendo el resultado final que Jesús se representa como rechazando positivamente toda afirmación de mesianidad como una «tentación diabólica». Pero no existe una base legítima para cuestionar la historicidad del evento o la autenticidad de la respuesta registrada de Jesús.

Dado el hecho de que los tres evangelistas sinópticos informan que Pedro confesó fe en la mesianidad de Cristo (Mateo y Marcos: «tú eres el Cristo»; Lucas: «tú eres el Cristo de Dios»), y que en Mateo Jesús da aprobación expresa y en Marcos y Lucas aprobación tácita a esta confesión, concluyo que aquí hay un ejemplo claro e incontrovertible de que Jesús afirmo ser el Mesías.

Pero Mateo informa que la confesión de Pedro contiene una segunda parte: «[tú eres] el Hijo del Dios viviente». No tenemos manera de saber por qué Marcos y Lucas no informan de esta segunda parte, solo podemos suponer que no sirve a sus respectivos propósitos. Se ha sugerido que la segunda parte solo es una elucidación adicional o sinónimo para «el Cristo» de Pedro, y que los dos evangelistas no vieron necesidad para dicha elucidación. Pero hay cuatro razones convincentes para creer que Pedro pretendió ir más allá de la atribución a Jesús de la investidura mesiánica y confesarlo como el Hijo de Dios tanto en cuanto a naturaleza como en origen.

Primero, en el acto de adoración anterior de los discípulos en Mateo 14:33, su confesión conjunta de Jesús como «verdaderamente el Hijo de Dios» le atribuyen filiación divina.[113] El título, «el Hijo del Dios viviente» en 16:16 difícilmente puede tener una menor importancia en esta segunda ocasión de lo que la misma frase tuvo en la primera. De hecho, la palabra adicional «viviente» en esta última expresión, en todo caso, agrega peso a la importancia de la confesión de Pedro, en que ella particulariza al Dios cuyo Hijo es Jesús, y por extensión, también lo particulariza a Él.

Segundo, si la segunda parte de la confesión de Pedro no pretende *más* que la atribución de la mesianidad a Jesús, entonces se sigue que todo lo que Pedro confesó aquí es solo la mesianidad de Jesús. Pero tal confesión, expresada tanto por Pedro como por otros en otras ocasiones (ver Jn. 1:41, 49; 6:69), difícilmente explica la respuesta inusual de Jesús aquí a la confesión de Pedro. ¿Por qué la confesión de Pedro del mero hecho de la mesianidad de Jesús en esta ocasión provocaría su declaración de que la confesión de Pedro fue la consecuencia de una revelación especial y sobrenatural cuando «los medios ordinarios de autorrevelación durante la larga relación de nuestro Señor con Pedro habrían sido suficientes?».[114] La pregunta no puede responderse inteligentemente sobre la suposición de que la confesión de Pedro implica el reconocimiento de la mesianidad de Jesús.

Tercero, los dos hechos —(1) que los dos evangelistas que no informan la segunda parte de la confesión de Jesús tampoco reportan la respuesta de Jesús a Pedro, mientras que Mateo informa ambas, y (2) que Jesús se refirió a Dios en su respuesta a Pedro no como «Dios», que habría sido apropiado a la luz de la referencia de Pedro a «el Dios viviente», sino como «mi Padre» —sugiere fuertemente que la bendición de Jesús no era primeramente una respuesta a la primera parte (aunque la primera parte no puede divorciarse del contexto en que la

---

[113] Podemos deducir el acto de adoración de los discípulos de la palabra de Mateo προσεκύνησαν, *prosekynēsan*, «ellos [cayeron y] adoraron, rindieron pleitesía, se postraron ante, reverenciaron». Por lo menos, la palabra connota una actitud de reverencia, pero debido al carácter del milagro en sí (ver Sal. 89: 9; 106: 9; 107: 23-30, que los pescadores judíos seguramente deben haber sabido de memoria), la palabra debe recibir su significado completo de «adoración». Su pregunta anterior, «¿Qué hombre es éste, que aun los vientos y el mar le obedecen?» (Mt. 8:27) recibe aquí su respuesta: «¡Verdaderamente eres el Hijo de Dios!» Esto solo puede significar que creían que estaban en presencia de uno que era sobrenatural, de hecho, divino. Vos comenta que, en su disociación de la idea del mesianismo, la confesión de Mateo 14:33 es más elevada que la confesión de Pedro, «porque a través de ella, los discípulos por un momento captaron una visión de este carácter [sobrehumano] de Jesús como tal, además de su reflejo en la mesianidad» (Auto-Revelación de Jesús, 178–79).
[114] Vos, *Self-Disclosure of Jesus*, 180.

respuesta de Jesús debe interpretarse) sino más bien fue la respuesta principalmente a la segunda parte. Ahora, si es cierto que cualquier evaluación correcta de Jesús debe ser rastreada hasta la «enseñanza» del Padre (Jn. 6:45), es especialmente cierto que la «enseñanza» del Padre es necesaria con respecto a la filiación esencial de Jesús. Jesús expresamente declaro que esto es así en Mateo 11:25-27: «nadie conoce *al Hijo*, sino *el Padre*», dijo, y si alguien ha de conocer «al hijo», también afirmó, será a través del acto de revelación del Padre y por su buena voluntad. Ahora bien, Jesús declara que la confesión de Pedro es el resultado de una revelación sobrenatural (16:17), y por su referencia a «mi Padre» en 16:17, es evidente (1) que Jesús consideró la confesión de Pedro de su filiación como un ejemplo de la actividad reveladora del Padre de la que había hablado en 11:25-26, y (2) que la revelación hecha a Pedro se refería a la relación paternal («Padre») y filial («Hijo») entre Dios y Jesús y no simplemente a la investidura mesiánica *per se*.

Cuatro, la yuxtaposición de las dos apariciones de σὺ εἶ (*su ei*, «tú eres») en este contexto no debe pasarse por alto: el «tú eres el Cristo, el Hijo del Dios viviente» de Pedro (v.16), y el «tú eres Pedro (o «roca»)» de Jesús (v.18). Son muy importantes para determinar la intención de la confesión de Pedro, la correspondencia entre ellos siendo destacada por las palabras de Jesús: «Y yo también te digo» (16:18). La importancia del «tú eres» de Jesús eleva a Pedro, como el apóstol que confiesa la revelación del Padre, por su título de «roca» a una categoría completamente nueva y superior, el representante confesor de todos los apóstoles y de este modo la misma fundación de la iglesia que Jesús erigió (Ef. 2:20; Ap. 21:14; ver Gal. 2:9). La correspondencia, entonces, entre el «tú eres» de Pedro y el «tú eres» de Jesús sugiere que la previa confesión de Pedro debe interpretarse de forma similar como elevando a Jesús más allá de una interpretación puramente *oficial*, a una atribución supramesiánica en la cual su naturaleza y origen sobrenatural anterior recibe un énfasis especial. Y como un asunto de registro histórico, es un hecho que la iglesia que Jesús levantó sobre el fundamento de (la doctrina de) los apóstoles y profetas jamás ha confesado a Jesús simplemente como el Mesías, sino que también lo ha declarado ser el Hijo divino de Dios con respecto tanto a naturaleza como a origen.

Por estas razones insto a que por su confesión Pedro autoconscientemente pretendió, como resultado de la actividad reveladora del Padre, afirmar la deidad plena e íntegra de Jesús como «el Hijo» del «Padre», y que Jesús, al declararlo al hacer dicha confesión de haber sido bendecido por su Padre, tácitamente afirmó ser Dios encarnado.

El testimonio de Pedro acerca de Jesús en su sermón de Pentecostés
E. Zeller, A. Loisy y E. Haenchen ven el suceso de Pentecostés registrado en Hechos 2 como la construcción dogmática del genio teológico de Lucas, es decir, como su propia adaptación redaccional de una leyenda judía primitiva en que la voz de Dios se divide en setenta idiomas en el momento de la promulgación de la ley en Sinaí, adaptación que Lucas destinó como una explicación del origen de la iglesia. Sin dar una refutación detallada de este punto de vista aquí, es suficiente decir que no existe evidencia para apoyarla y toda razón para creer que Lucas, como historiador, estaba simplemente informando bajo inspiración un incidente con raíces profundas en la tradición cristiana primitiva común con respecto a los primeros días de la iglesia después de la resurrección y ascensión de Cristo.

En cuanto a la popular hipótesis asociada con el nombre de E. von Dodschütz de que el evento de Pentecostés es realmente una variante del relato de la aparición de la resurrección a los quinientos hermanos que Pablo menciona en 1 Corintios 15:6, pero despojado de sus características de aparición por Lucas para destacar la importancia distintiva de pentecostés, ¡aquí ha estado de nuevo en operación el poder de la imaginación!

En cuanto al análisis crítico de fuentes del evento que insta que Lucas (o su fuente) tomó un relato de una experiencia de glosolalia extática de la iglesia primitiva y, bajo la influencia de la historia de Babel o su propio deseo de retratar simbólicamente la aceptación universal de la iglesia, lo transformó en un milagro de hablar idiomas extranjeros, debe decirse de nuevo que esta aproximación carece de evidencia, es altamente subjetivo y parece ser un intento de explicar sobre bases racionalistas lo que Lucas planeó como un evento sobrenatural de profunda y permanente significado.

Finalmente, los intentos modernos de explicar el relato de Hechos psicológicamente sobre la base de lo que se conoce sobre el movimiento pentecostés moderno invierte el verdadero orden de cosas al hacer del movimiento moderno la norma para determinar la naturaleza del evento de Pentecostés, en vez de hacer del relato de Hechos la norma para evaluar la validez de los sucesos reales de la glosolalia.

Por lo tanto, propongo tomar el relato de Hechos como una traducción narrativa directa de lo que realmente ocurrió y presentar la evidencia en él para el punto de vista de Pedro de la naturaleza divina de Cristo.

El Marco Contextual de Pentecostés

Los eventos que ocurrieron en el día de pentecostés se establecen en el contexto de la declaración de Jesús, hecha justo antes de su ascensión, de que bautizaría a sus discípulos con el Espíritu Santo «dentro de no muchos días» (Hch. 1:5). A la luz de la enseñanza de Mateo 3:11, Marcos 1:8, Lucas 3:16, 24:49, y Juan 1:33, no puede haber duda de que la afirmación de Jesús «seréis bautizados» (Hch. 1:5) significa «los bautizaré». Este hecho —que Jesús bautizó a su iglesia en dicha ocasión— proporciona el paradigma hermenéutico para la comprensión del evento de Pentecostés.

El Significado de Pentecostés

Mientras que los hechos de Pentecostés se describen con bastante claridad en Hechos, lo que a menudo se malentiende es el significado de este evento. La gente ha tendido a concentrar su atención sobre que el Espíritu Santo fue «derramado [o «exhalado»]», y/o sobre el fenómeno empírico que acompañan a su «derramamiento», más que sobre el que «bautiza», aquel que «derramó». Pero Pedro explicó el significado del evento en su sermón que respondió la pregunta de la gente «¿Qué quiere decir esto?» (Hch. 2:12).

Para los discípulos, la «llenura del Espíritu» significaba su «empoderamiento» como testigos, como sabemos por las declaraciones de nuestro Señor en Lucas 24:49 y Hechos 1:8, y por el sermón mismo de Pedro, que ilustra clásicamente este efecto. Pero desde la perspectiva de la historia de la redención, significaba algo más, y es esto lo que Pedro saca a relucir en su sermón.

Pedro comienza citando la promesa de Yahvé en Joel 2:28-32a que en los últimos días derramaría su Espíritu sobre todo tipo de «carne» —hijos e hijas, jóvenes y viejos, hombres, siervos y siervas (Hch 2:16-21). Por su «esto es lo dicho por el profeta Joel» (2:16), Pedro identificó los eventos de Pentecostés como el (fase iniciática [?] del) cumplimiento de esa profecía. Luego argumenta a partir de los eventos de Pentecostés a favor del el señorío y la investidura mesiánica de Jesucristo. El argumento concluye y culmina en 2:36: «Sepa, pues, ciertísimamente toda la casa de Israel, que a este Jesús a quien vosotros crucificasteis, Dios le ha hecho Señor y Cristo». Más indicios de que Pedro pretendía que sus comentarios fueran una apología del señorío de Jesús y de su mesianidad pueden ser vistos en su referencia a que Dios acreditó a Jesús al hacer milagros autentificadores a través de Él y en su insistencia en qu su audiencia conocía las obras poderosas de Jesús. Estas características indican que los comentarios de Pedro antes de su 2:36 «sepa» debe ser considerado como un argumento

Dios y el Hombre

destinado a respaldar esta conclusión.

En Hechos 2:24 pedro comenta que Dios había resucitado a Jesús de entre los muertos. ¿Por qué Dios ha hecho esto? «Porque», dice Pedro, «era imposible que la muerte lo retuviera». ¿Y por qué no? Porque David había profetizado con respecto a la resurrección de Jesús en el Salmo 16:8-11. Pedro argumentó que David estaba hablando del Mesías más que de sí mismo, porque David murió y su cuerpo se descompuso, y porque como un profeta inspirado, David había sido informado de la resurrección del Mesías y la entronización celestial (2:29-31).

En Hechos 2:33, con el Salmo 110 en mente, Pedro describe la exaltación de Jesús a la diestra de Dios. ¿Pero cómo sabemos que David estaba hablando del Mesías en el Salmo 110? Porque, dice Pedro, «David no subió a los cielos» (2:34) —empleando la misma forma de argumento a partir de la historia que había usado antes. Así que David no hablaba de sí mismo en el Salmo 110:1 sino del Mesías, que habría de ser exaltado a la diestra de Dios, cada detalle de dicha profecía se había cumplido en Jesús.

Hasta este punto, Pedro ha demostrado que David había predicho todo lo que tenía que pasar con respecto a «este Jesús», que sería resucitado de entre los muertos y sería exaltado a la diestra de Dios y derramaría su Espíritu. ¿Pero por qué uso Pedro el evento de pentecostés para defender la mesianidad de Jesús? La respuesta es que para Pedro, Pentecostés debía verse como una autoafirmación milagrosa más concreta de parte de Jesús de que era el Mesías, y así concluye sus comentarios con un vigoroso «sepa» —«Sepa… toda la casa de Israel, que a este Jesús a quien vosotros crucificasteis, Dios le ha hecho Señor y Cristo».

De este modo, para Pedro el significado del evento no estaba principalmente en el hecho de que el Espíritu Santo se había manifestado en una manera única y sorprendente, sino más bien en el hecho de que Jesús, el Señor exaltado y Mesías, por esta muestra adicional de su autoridad, había atestiguado una vez más su señorío divino y su mesianidad al «soplar» («bautizar») a sus discípulos.

Debido a que las mentes de los hombres han tendido a centrarse sobre el fenómeno empírico de pentecostés en vez del bautizante mismo, la comprensión de la iglesia del significado de Pentecostés se ha torcido y distorsionado. El punto de énfasis se ha alejado de ver el milagro como una auto confirmación a Israel del señorío divino de Cristo y ha llegado a descansar sobre la persona y la obra del Espíritu Santo. Los redactores de la Confesión de Fe de Westminster fueron más perceptivos cuando escribieron:

A todos aquellos para quienes Cristo compró la redención, *Él aplica y comunica con certeza y eficacia la misma*, intercediendo por ellos y revelándoles, en y por la palabra, los misterios de la salvación, persuadiéndolos eficazmente por su Espíritu para que crean y obedezcan, y gobernando sus corazones por su Palabra y Espíritu, venciendo a todos sus enemigos por su omnipotente poder y sabiduría, de la manera y forma más consonante con su maravillosa e inescrutable dispensación. (VII/viii, énfasis añadido)

Los teólogos de Westminster solo están aquí manifestando de una manera distinta lo que confiesan en otros lados cuando afirman que Cristo ejerce el oficio de profeta, sacerdote, y rey, no solo en su estado de humillación sino también en su estado de exaltación (Catecismo Menor, preguntas 23-28).

Aquí entonces está el verdadero significado de Pentecostés en la historia de la redención: fue una auto confirmación de Jesús de la verdad de que Él era el Señor y Mesías de Israel. Y el irrepetible «Pentecostés samaritano» (Hch. 8:14-17) y el irrepetible «Pentecostés gentil» [o «los confines de la tierra»] (Hch. 10:44-46) deben ser vistos en la misma luz: ambos fueron auto confirmaciones a la iglesia y a todo el pueblo involucrado, en las coyunturas críticas del esfuerzo misionero que había delineado en Hechos 1:8, de su carácter mesiánico y señorío

Salvador sobre las naciones (ver 8:14; 11:17-18).

Implicaciones de Pentecostés para la Naturaleza de Cristo

Al explicar el significado de Pentecostés, Pedro también dijo ciertas cosas que conllevan implicaciones con respecto a la naturaleza divina de Jesús.

Primero, el mismo hecho de su ascensión y de su sesión a la diestra del Padre sugiere que Jesús es divino. F.F. Bruce comenta:

> Los ángeles más exaltados son aquellos cuyo privilegio es «estar en la presencia de Dios» como Gabriel (Lc. 1:19), pero ninguno de ellos jamás ha sido invitado a sentarse delante de Él, mucho menos a sentarse en el lugar de honor único a su diestra.[115]

Solo al divino Hijo se le ha concedido este honor (Heb. 1:4, 13).

Segundo, el hecho de que fue el *Jesús* ascendido quien derramó el Espíritu (Hch. 2:33) se mueve en la misma dirección, porque la conexión entre lo que Pedro enfatiza en 2:17 por su inserción de las palabras «dice Dios» en la profecía de Joel («En los últimos días, dice Dios, derramaré mi espíritu») y su declaración posterior en 2:33 (*Él* [el Jesús ascendido]) *ha derramado esto que vosotros veis y oís*» no puede ser accidental. Pedro conecta al Dios y Yahvé de Joel 2 que prometió derramar su Espíritu con el Jesús ascendido que derramó el Espíritu.

Tercero, el hecho de que la autoridad para aplicar los beneficios de su redención por su Espíritu a quien quiera que le plazca en su papel como bautizante de hombres por su Espíritu (salvación) y por fuego (juicio) significa que las prerrogativas y las funciones de la deidad para ejercerlas son suyas, y, por lo tanto, que Él mismo es Dios.

Cuarto, cuando Pedro, en respuesta a la pregunta de sus oyentes «Varones hermanos, ¿qué haremos?», Pedro les dijo: Arrepentíos, y bautícese cada uno de vosotros *en el nombre de Jesucristo*» (Hch. 2:38), parece que los estaba instando a seguir el camino de salvación del que había hablado Joel: «Y todo aquel que invocare *el nombre del Señor*, será salvo» (Hch. 2:21). Así que para Pedro Jesús era el Señor de Joel 2:32a (ver Ro. 10:19-13), el Yahvé que habló por medio de Joel.

El testimonio epistolar de Pedro acerca de Jesús

Al volver a las cartas de Pedro, debemos tener en mente que a partir de las numerosas experiencias que tuvo como uno de los doce discípulos originales había adquirido una percepción de primera mano del carácter y obra de su Señor. Y estaba entre los discípulos en el aposento alto que le confesaron a Jesús: «Ahora entendemos que sabes todas las cosas, y no necesitas que nadie te pregunte [para que sepas lo que está en su mente]; por esto creemos que has salido de Dios» (Jn. 16:30).

Además de ver los milagros que Jesús realizó públicamente, Pedro también estaba entre el círculo íntimo de los discípulos que fueron testigos de su transfiguración y escucharon el testimonio del Padre de su filiación única (Mt. 17:2-6). También fue el beneficiario privado de una de las apariciones después de la resurrección de Jesús (probablemente fue el primer apóstol en verlo; Lc. 24:34; 1 Co. 15:5), y lo vio en muchas otras ocasiones, escuchando la confesión de Tomás sobre Jesús como «Señor y Dios» durante una de ellas (Jn 20:28). Fue testigo de la ascensión de Jesús al cielo, y fue Pedro quién predicó el sermón en el día de Pentecostés en que afirmó tanto la mesianidad como el señorío mediador del Jesús divino. No debemos pasar por alto el hecho, finalmente, de que Pedro estaba seguramente consciente de la cristología de Pablo y su aprobación (Gal. 1:19; 2:1-9; 2 P. 3:15-16). Por consiguiente, uno no debe sorprenderse de encontrar a Pedro propugnando el más alto tipo de cristología «desde arriba» en sus cartas.

---

[115] Bruce, *Commentary on the Epistle to the Hebrews*, 24.

Dios y el Hombre

1 de Pedro

En su primera carta Pedro se refiere a Jesús como «[el] Cristo» —su más común designación para Él (1 P. 1:11, 19; 2:21; 3:15, 16, 18; 4:1, 13, 14; 5:1, 10, 14), «Jesucristo» (1:1, 2, 3, 7, 13; 2:5; 3:21; 4:11), «[el] Señor» (2:3, 13; 3:15; quizá también en 1:25; 3:12), y «nuestro Señor Jesucristo» (1:3). Lo que Pedro dice sobre Jesús en estos contextos revela una cristología de la encarnación completamente desarrollada. Implica su preexistencia con el Padre (1:20a), afirmando que fue el Espíritu de Cristo el que había inspirado a los profetas en tiempos del Antiguo Testamento (1:11) y el que se había «manifestado» en estos últimos tiempos (1:20b). De acuerdo con la profecía del Antiguo Testamento (1:11), como nuestro sustituto sin pecado (2:22, una cita de Is 53:9) sufrió la muerte de forma vicaria en la cruz (1:2, 11, 19; 2:21, 23, 24; 3:18; 4:1, 13; 5:1), fue resucitado de entre los muertos (1:3, 21; 3:18, 21), ascendió a la diestra de Dos y a la gloria (1:11, 21; 3:22), y será revelado en el *Escatón* (1:7, 13; 5:1, 4). Es el mediador entre Dios y el hombre (1:21; 2:5; 4:11; 5:10, 14) y en aquel en quien los hombres deben confiar para salvación (2:6).

No solo Pedro coloca a Cristo en el contexto trinitario del Padre y el Espíritu (1 P. 1:2, 3, 11; 4:14), sino que tres veces se refiere a los pasajes del Antiguo Testamento en el que Yahvé es el sujeto y los usa sobre Cristo en una manera que sugiere que Cristo debe ser equiparado con el Yahvé de las Escrituras del Antiguo Testamento. En 2:3, aludiendo al Salmo 34:8 («Gustad, y ved que es bueno Jehová»), escribe con referencia a Cristo: «si es que habéis gustado la benignidad del Señor». En 2:8, citando Isaías 8:14b, él equipara allí al Señor de los Ejércitos, quien se convertiría en «piedra de tropiezo, y roca que hace caer» con Cristo, la «piedra puesta en Zion» (2:6, citando Is 28:16), y la «piedra que los edificadores desecharon, [que] Ha venido a ser la cabeza del ángulo» (2:7, citando Sal. 118:22). Y en 3:14-15, aludiendo a Isaías 8:12-13, equipara al Señor de los ejércitos que ha de ser santificado con Cristo («santificad a Cristo como Señor en vuestros corazones»).

Finalmente, Pedro nos proporciona con dos descripciones pastorales de Cristo «al Pastor y Obispo de vuestras almas» (1 P. 2:25) y al «Príncipe de los pastores» (1 P. 5:4).

2 de Pedro

En su segunda carta Pedro se refiere a Jesús como «Jesucristo» (2 P. 1:1), «[el] Señor» (3:8, 9, 10, 15; quizá 2: 9), «el Señor y Salvador» (3: 2), «nuestro Señor y Salvador Jesucristo» (1:11; 2:20; 3:18), y finalmente, «nuestro Dios y Salvador Jesucristo» (1:1).

Esta última referencia es muy importante, porque ahora encontramos a Pedro —como Tomás, Pablo y el autor de Hebreos ante Él— empleando θεός, *theos*, como título cristológico. Esta afirmación no ha quedado sin respuesta, la sugerencia alternativa es que por θεός, *theos*, Pedro pretendía referirse al Padre. Como antes con Tito 2:13, la cuestión gira en torno a si con la frase, «la justicia de nuestro Dios y Salvador Jesucristo», Pedro pretendía referirse a dos personas (Dios el Padre y Jesús) o a una sola persona, solo a Jesús. Es mi opinión, así como la de la KJV, RV, RSV, NASV, NEB, NIV y la NKJV, que Pedro pretendía referirse solo a Cristo. Ofrecería las siguientes seis razones para esto:

Primero, es la manera más natural de leer la oración griega. Si Pedro hubiera pretendido hablar de dos personas, podría haberse expresado sin ambigüedad para ese efecto, como lo hace en el mismo versículo siguiente («conocimiento de Dios y de nuestro Señor Jesús»), colocando «nuestro Salvador» después de «Jesucristo» o insertando simplemente un artículo antes de «Salvador» en el orden de las palabras actual. Charles Bigg observa correctamente: «si el autor pretendía distinguir dos personas, se ha expresado con singular inexactitud».[116]

Segundo, tanto «Dios» como «Salvador» están bajo el régimen del único artículo antes de

---

[116] Charles Bigg, *A Critical and Exegetical Commentary on the Epistles of St. Peter and St. Jude* (Edinburgh: T. & T. Clark, 1902), 251.

«Dios», vinculando los dos sustantivos juntos como referentes a una sola persona. De nuevo Bigg afirma correctamente: «Difícilmente está abierto para que alguien traduzca en 1 P. 1:3 ὁ θεὸς καὶ πατὴρ [*ho theos kai patēr*] por 'el Dios y Padre' y, sin embargo, aquí declinan traducir ὁ θεὸς καὶ σωτήρ [*ho theos kai sōtēr*] por 'el Dios y Salvador'».[117]

Tercero, cinco veces en 2 Pedro, incluida esta, Pedro usa la palabra «Salvador». Siempre se combina con un sustantivo precedente (las otras cuatro veces siempre con κύριος, *kyrios*) en precisamente el mismo orden que en 1:1. Aquí están los últimos cuatro usos en su orden de palabras preciso:

1:11: «reino de nuestro Señor y Salvador Jesucristo»
2:20: «conocimiento del Señor y Salvador Jesucristo»
3:2: «mandamiento del Señor y Salvador»
3:18: «conocimiento del nuestro Señor y Salvador Jesucristo»

En cada uno de estos casos, «Señor» y «Salvador», se encuentran bajo el régimen del único artículo antes de «Señor», se refieren a la misma persona. Si sustituimos la palabra θεός, *theos*, por κύριος, *kyrios*, tenemos precisamente el orden de las palabras del versículo 1: «la justicia de nuestro Dios y Salvador Jesucristo». En otras palabras, las frases en estos versículos son perfectamente similares y deben permanecer o caer juntas. El paralelismo del orden de las palabras entre la frase en 1:1 y las otras cuatro frases, donde solo se pretende una persona, coloca más allá de toda duda razonable que se pretende una persona también en el versículo 1:1.

La opinión de Ernst Käsemann es que «nuestro Señor y Salvador» en las cuatro ocurrencias refleja una fórmula cristológica «estereotipada», y que, por lo tanto, el empleo de θεοῦ, *theou*, en 1:1 está fuera del estereotipo, la frase se refiere a dos personas.[118] Pero no hay ninguna razón por la que no pueda ocurrir una variante de una fórmula estereotipada, y aquí la gramática indica claramente que ha ocurrido.

Cuarto, la doxología de «nuestro Señor Jesucristo» en 3:18 le atribuye «gloria ahora y hasta el día de la eternidad». Es una adscripción que sugiere una cristología en la que Cristo puede ser glorificado de la misma manera en que Dios lo es. Entonces, no habría nada incongruente en describir a Cristo como Dios en 1:1.

Quinto, seguramente Pedro estuvo presente en la ocasión de la confesión de Jesús de Tomás como Señor y Dios (Jn. 20:28), confesión que recibió la aprobación de Cristo. El recuerdo de esa confesión, sin mencionar su propia confesión en Mateo 16:16, habría disuelto cualquier reticencia por parte de Pedro para referirse a Jesús como θεός, *theos*, y una descripción de Jesús aquí como Dios está en línea con esas confesiones anteriores.

En sexto lugar, dado que es casi seguro que Pedro conocía el contenido de la carta de Pablo a la iglesia romana, parece aludir a ella en 2 Pedro 2:19 y 3:15 (comparar 2:19 con Ro. 6:16 y 3:15 con Ro. 2:4; 9:22-23, 11:22-23), probablemente habría sido consciente de que Pablo en Romanos 9:5 se había referido a Cristo como «sobre todos, el Dios siempre bendito» (traducción del autor). Según el «estatus escritural» de las cartas de Pablo (2 P. 3:16), no habría visto nada inapropiado o «no bíblico» en su propia descripción de Cristo como Dios, así como su «querido hermano Pablo» lo había hecho algunos años antes.

Concluimos entonces que 2 Pedro 1:1 toma su lugar junto con Romanos 9:5, Tito 2:13, y Hebreos 1:8 como un versículo en el cual Jesús es descrito como Dios por el uso de θεός, *theos*, como un título cristológico.

Si bien la cristología de Pedro en 2 Pedro no es tan completa con respecto a los detalles

---

[117] Ibid., 251.
[118] Ernst Käsemann, «An Apologia for Primitive Christian Eschatology», en *Essays on New Testament Themes* (London: SCM, 1964), 183

como en su primera carta, sigue siendo la misma alta cristología. Que Jesús es Dios encarnado está atestiguado por la descripción de Pedro de Él como «nuestro Dios» (2 P. 1: 1), y por ser, con el Padre, la co-fuente de gracia y paz (1:2). Se le asigna el poder divino (τῆς θείας δυνάμεως, *tēs theias dynameōs*), la esencia divina (θείας φύσεως, *theias physeōs*) y la majestad divina (μεγαλειότητος, *megaleiotētos*) (1:3, 4, 16). El suyo es un reino eterno (1:11), en el que los cristianos serán bienvenidos cuando venga en poder (1:16) en su «día» (3:10), que es «el día de Dios» (3:12), para destruir los cielos y la tierra con fuego (3:10-12). Él es el Dueño (δεσπότην, *despotēn*) de los hombres (2:1), cuyos mandatos deben obedecer (3:2), y a través del conocimiento de quien proviene toda bendición espiritual y virtud cristiana (1:2, 8; 2:20; 3:18). Finalmente, a Él se dirige la doxología en 3:18 («a él sea gloria ahora y hasta el día de la eternidad»), una doxología no diferente de las que se le dirigieron a ambos (2 Ti. 4:18; Heb. 13:20-21; 1 P. 4:11; Ap. 1:5b –6) y al Padre (1 P. 5:11; Jud. 24-25) en otros lugares. Y, sin embargo, es distinto de su Padre como el Hijo del Padre, quien en su papel de mediador recibe el honor y la gloria de su Padre (1:17). Todo esto concuerda con lo que hemos visto en otras partes del testimonio petrino de Jesús y agrega el peso de su testimonio a la descripción que hace el Nuevo Testamento de la deidad de Jesucristo.

La Cristología de los autores sinópticos

Fue muy probablemente durante la séptima década del primer siglo —la década en que fueron escritas muchas de las cartas del Nuevo Testamento y también en que Pedro y Pablo fueron martirizados— que los autores de los sinópticos escribieron sus evangelios. En sus relatos de la vida y ministerio de Jesús no solo informaron del testimonio de Jesús con respectó a Él mismo sino también revelaron lo que creían sobre Jesús. De este modo, se puede decir que el testimonio *de sí mismo* de Jesús refleja también *su* comprensión sobre Él —que para los tres autores Jesús fue el divino Hijo de Dios quién, siendo igual al Padre en cuanto a su deidad, fue enviado a la misión mesiánica y así se hizo hombre y murió por los pecados del hombre, quién después resucitó de entre los muertos y que ahora se sienta a la diestra de Dios, esperando el tiempo cuando regresará en poder y gran gloria para juzgar al mundo. Pero existen diferencias de autoría entre los evangelistas, y también es importante tomarlas en cuenta.

La cristología de Marcos

Es cierto que Mateo y Lucas son de alguna manera más explícitos que Marcos con respecto a sus puntos de vista sobre Cristo. Pero sigue siendo cierto que Jesús es divino para Marcos: «Hijo de Dios» como un título cristológico sucede en Marcos 3:11 y 15:39, con las variantes «Hijo del Dios altísimo» e «Hijo del Bendito» que ocurre en 5:7 y 14:61 respectivamente. A un lado de estos está el sencillo «un hijo» (12:6), «el Hijo» (13:22), y «mi Hijo» (1:11; 9:7). En cada uno de estos ejemplos el título pretende la atribución a Jesús de una relación filial única con el Padre, esta filiación única se basa en última instancia en su coesencia trascendente con el Padre.

El «Hijo del hombre» de Marcos también indica que, aunque Jesús como el «Hijo de hombre» de Daniel sufriría y sería entregado en manos de pecadores y moriría (8:31; 9:31; 10:33-34; 14:21, 41), Él es, como ese mismo Hijo de hombre, también una figura, sobrehumana, superangélica de dignidad trascendente que hace obras poderosas, es el Señor del Sabbat (2:28), tiene autoridad para perdonar pecados (2:10), en realidad *da* su vida en rescate por muchos (10:45) de acuerdo con las Escrituras proféticas (14:21), pero resucita de entre los muertos (8:31; 9:9, 31; 10:34), se sienta a la diestra del Todopoderoso (14:62), y regresará en las nubes con los santos ángeles y con gran poder y gloria para juzgar al mundo (8:38; 13:26–27).

E. Lohmeyer correctamente declara que, como el Hijo de Dios, Jesús para Marcos es:

no principalmente humano sino una figura divina... no está dotado simplemente con el poder de Dios, sino que Él mismo es divino en cuanto a su naturaleza, no solo son divinos su palabra y obra sino también su esencia..[119]

Y William L. Lane observa que «es ampliamente reconocido que la figura de Jesús en el evangelio de Marcos es totalmente sobrenatural».[120]

La cristología de Mateo

Para Mateo, como para Marcos, Jesús es el Hijo de Dios (Mt. 2:15; 3:17; 4:3, 6; 11:27; 14:33; 16:16; 17:5; 21:37–38; 22:2; 24:36; 26:63–64; 27:54; 28:19), por cuyo título entiende todo lo que Marcos quiere decir con él —que Jesús está en una relación filial única con el Padre porque, como el Hijo del Padre, Él es divino. Pero Mateo hace explícitos en algunos puntos lo que Marcos da por sentado. Mateo registra la entrada sobrenatural de Jesús en el mundo como «Emanuel», «Dios con nosotros» (1:18-25). En el «cuarto evangelio embrionario» en 11:27, él pone de manifiesto que la verdad de que el conocimiento del Padre de Jesús está a la par del conocimiento recíproco que el Padre tiene de Él, y que su soberana disposición de ese conocimiento para la gente también está a la par con la disposición soberana recíproca del Padre de su conocimiento del Hijo (11:27). Y es en el relato de Mateo de la gran comisión que vemos a Jesús colocándose incluso en los «espantosos recintos del nombre divino» (Warfield) como aquel que comparte con el Padre y el Espíritu el único nombre inefable o esencia de Dios (28:19).

Como el Hijo de Dios mesiánico, el Jesús de Mateo atraviesa un período de humillación al servir a los hombres (20:28) y sufre todo tipo de indignidades —incluso la muerte— a manos de ellos (12:40; 17:12, 22–23; 20:18–19, 28; 26:2, 24, 45). Pero como el Hijo del hombre posee la autoridad para perdonar pecados (9:6) y es el Señor del Sabbat (12:8). Aunque es muerto, según Mateo su muerte fue un autosacrificio —«en rescate por muchos» (20:28)— de acuerdo con la Escritura profética (26:24), pero resucita de entre los muertos (12:40; 17:9, 23; 20:19), asume autoridad a la diestra del todopoderoso (26:64), y regresará entre las nubes con sus ángeles (16:27; 24:31) en poder y gran gloria para juzgar a las naciones del mundo (19:28; 24:27, 30, 39, 44; 25:31–46; 26:64).

De esta forma, el Jesús de Mateo, si bien es hombre, es, como «el Cristo» (11:2), también de origen sobrenatural, y es superhumano, superangélico, de hecho, en igualdad con el Padre en naturaleza de esencia, aunque sometido a la voluntad del Padre en su papel mediador como el Mesías.

La cristología de Lucas

El testimonio de la filiación divina de Jesús de Lucas es tan claro como el de los demás escritores sinópticos (Lc. 1:32, 35; 3:22; 4:3, 9, 41; 8:28; 9:35; 10:22; 20:13; 22:70). Junto con Mateo reporta el nacimiento sobrenatural de Jesús y afirma tener un conocimiento del Padre equivalente en todo sentido —completo, exhaustivo e ininterrumpidamente continuo— con el conocimiento que el Padre tiene de Él, en virtud de lo cual Él es el único revelador adecuado del Padre para con los hombres, tal como el Padre es el único revelador adecuado del Hijo para con los hombres (10:21-22). Con los otros escritores sinópticos, el Jesús de Lucas, como el Hijo del hombre de Daniel, sufre por un tiempo a manos de los hombres «para salvar lo que se había perdido» (9:22, 44; 18:31–32; 19:10) como había sido predicho en la Escritura (18:31; 22:22). Pero luego resucita de entre los muertos (9:22; 18:33; 24:7), asciende a la diestra del todopoderoso (22:69) y regresará en las nubes con poder y gran gloria

---

[119] E. Lohmeyer, *Das Evangelim des Markus* 12th ed., (Göttingen: Vandenhoech and Ruprecht, 1953), 4 (author's translation).
[120] William L. Lane, *The Gospel According to Mark* (Grand Rapids, Mich.: Eerdmans, 1974), 44, fn. 23

(9:26; 21:27) para determinar los destinos de los hombres —ciertamente una prerrogativa y función divinas (9:26; 12:8; 21:36). De nuevo, como en los otros evangelios sinópticos, el Jesús de Lucas como el Hijo de hombre es una figura de proporciones trascendentes.

Pero el evangelio de Lucas contiene una característica que está ausente en los otros evangelios sinópticos. Aunque es cierto que Jesús esta también para Marcos y Mateo "el Señor" (ver Mr. 1:3; Mt. 3:3), Lucas hace esta caracterización de Jesús explícita a través de su uso narrativo recurrente de «el Señor» (Lc. 7:13, 19; 10:1, 39, 41; 11:39; 12:42; 13:15; 17:5, 6; 18:6; 19:8; 22:61; 24:3; ver las numerosas apariciones de la misma característica en los Hechos de Lucas), sin duda reflejando la terminología de la iglesia primitiva.[121] En cuanto al significado del uso de Lucas, después de observar que «lo que era en el AT [LXX] el nombre de Dios se ha aplicado a Jesús», y que ὁ κύριος (*ho kyrios*, «el Señor») «se usa tanto para Dios como para Jesús de manera bastante indiscriminada [en Hechos], por lo que a menudo es difícil determinar a qué persona se refiere», Marshall declara que en su Evangelio, Lucas lo emplea particularmente para introducir declaraciones autorizadas de Jesús y concluye que «Jesús ... es para Lucas el Señor [en el sentido yahvista] durante su ministerio terrenal»,[122] aunque Lucas tiene cuidado de no colocar el título con ese significado en labios de los discípulos de manera indiscriminada y anacrónica.

LA CRISTOLOGÍA DE JUDAS

En esta corta carta de solo veintinueve versículos, Judas se refiere a Jesús seis veces por nombre y siempre en conjunción con uno o más títulos adicionales: «Jesucristo» (Judas 1 [dos veces]), «nuestro Señor Jesucristo» (vv. 17, 21), «Jesucristo, nuestro Señor» (v.25), y «nuestro único Soberano y Señor» (v.4 NVI). Todos atribuyen a Jesús tanto la investidura mesiánica como el señorío, mientras que los contextos en que suceden sugieren que, para Judas, la posición de Cristo no estaba debajo del Padre mismo en lo que respecta al estatus divino. Porque si en Dios Padre se ama a los llamados, en Jesucristo o para Jesucristo se los guarda (v.1). Si han de mantenerse en el amor del Padre, no deben menos que esperar la misericordia de nuestro Señor Jesucristo para otorgarles la salvación eterna (v.21). Si es el Padre quien ha de ser glorificado para la salvación final de los llamados, es por Jesucristo, nuestro Señor, que esa alabanza debe ser mediada (v.25). Si es el Padre el «único Dios» (v.25), es Jesucristo quien es «nuestro único soberano y Señor» (τὸν μόνον δεσπότην καὶ κύριον, *ton monon despotēn kai kyrion*, v.4). Y si Judas se ve a sí mismo como un siervo, es como un siervo de Jesucristo (v.1) precisamente porque es Jesucristo quien es «nuestro único soberano y Señor» (v. 4 NVI).

Hay cierto debate, debe admitirse, en cuanto a sí el título completo en el versículo 4 se refiere solo a Cristo («Jesucristo, nuestro único soberano y Señor» NVI) o tanto a Dios el Padre («el único soberano») como a Jesús («nuestro Señor Jesucristo»). Muchos comentaristas argumentan que ésta última es la interpretación más probable, pero dos factores están en contra de este punto de vista. Primero, ambos sustantivos («soberano» y «Señor») están bajo el régimen del artículo único antes de «soberano», lo que sugiere que deben interpretarse juntos como caracterizaciones de la misma persona. Si bien también es cierto que Judas había pretendido referirse tanto a Dios el Padre como a Jesús, podía haber hecho esa intención explícita colocando «nuestro Señor» después de «Jesucristo» como lo hace en

---

[121] Vos escribe sobre esta característica de Lucas en su Auto-Revelación de Jesús, 119:
> En [el caso de Lucas que usa el título «el Señor» para Jesús] no tenemos, por supuesto, más que un ejemplo de la costumbre que prevalecía generalmente en el momento en que se escribieron los evangelios, de referirse a Jesús como «el Señor». El evangelista debe haber seguido esta costumbre en su discurso diario, y no se puede descubrir ninguna razón por la que se haya abstenido de seguirla por escrito, aunque debería haber sido, estrictamente hablando, un anacronismo. Porque no solo el evangelista, sino también los lectores para los que escribía, así se expresaban a diario. Analizado gramaticalmente ... el lenguaje significa simplemente esto: «Aquel a quien ahora llamamos el Señor ...»

[122] I. Howard Marshall, *Luke, Historian and Theologian* (Exeter, U.K.: Paternoster, 1970), 166–67.

el versículo 25, o empleando un segundo artículo antes de «nuestro Señor Jesucristo» como lo hace en otros dos lugares donde refiere individualmente a Jesús por ese título (vv. 17, 21). Segundo, 2 Pedro 2:1, reflejando esta frase aquí, evidentemente entendió Judas 4 para referirse a Jesús como el soberano. De este modo Judas pretendió describir a Jesús tanto como nuestro soberano y como nuestro Señor.

Ya que es dudoso que los dos títulos sean un pleonasmo o una tautología, ¿qué pretendía Judas insinuar por el primer título? Además del hecho de que Jesús es «nuestro Señor», Judas por este título destaca el hecho de que Jesús es el «dueño» de los cristianos en virtud de su obra mesiánica, con el derecho que es inherente a tal propiedad de mandar a sus seguidores y de esperar su respuesta inmediata y humilde.

Pero Judas supone mucho más. Además de las seis referencias directas a Jesús por nombre, existe razón para pensar que tenía a Jesús en mente cuando se refiere a «el Señor» en los versículos 5 y 14. Considere primero el último contexto. Independientemente de quién sea el referente en 1 Enoc 1:4-9, parece que Judas pretendía referirse a Jesús cuando escribió: He aquí, vino el Señor [ἦλθεν, *ēlthen*, un aoristo con intención profética (futuro)] con sus santas decenas de millares» (ver Mt. 16:27; 25:31; Mr. 8:38; Lc. 9:26; 1 Ts. 3:13; 2 Ts. 1:7–10). A la luz del testimonio cristiano uniforme, ningún otro referente será suficiente. Pero entonces, siendo esto así, Judas aquí atribuye la prerrogativa divina del juicio escatológico a Jesús.

En el primer versículo (Judas 5), aparte del hecho de que «Jesús» puede bien ser la lectura original en vez de «Señor», hay muchas razones para creer que Jesús todavía puede haber sido el referente pretendido de Judas. Considere los siguientes hechos. Primero, no hay duda de que Judas empleó «Señor» para referirse a Jesús cuatro veces (vv. 4, 17, 21, 25). Segundo, acabamos de ver que el referente casi seguro de «Señor» en el versículo 14 es Jesús. Y tercero, esta aparición de «Señor» en el versículo 5 viene inmediatamente después de la referencia cierta de Judas a Jesús en el versículo inmediato anterior como «Jesucristo, nuestro único soberano y Señor». Así que no solo es posible sino también virtualmente cierto que es a Jesús, en su estado preencarnado como el Yahvé del Antiguo Testamento, que atribuye, primero, la liberación de Israel de Egipto y luego la destrucción de aquellos dentro de la nación que se rebelaron; segundo, el juicio de los ángeles en el tiempo de su primera caída; y tercero, la destrucción de Sodoma y Gomorra. Y si esto es así, Judas estaba claramente pensando en Jesucristo en términos que abarcan la deidad del Antiguo Testamento. Pero cual sea la interpretación de este último versículo, es evidente a partir de los demás que, para Judas, Cristo era el amo soberano y Señor de los hombres, que a su venida ejercerá la prerrogativa de dispensar la salvación escatológica y el juicio como el Salvador y juez de los hombres. No puede haber duda de que para él Cristo era divino.

LA CRISTOLOGÍA DE JUAN

La cristología de Juan se expone en las declaraciones de su evangelio, sus epístolas y el Apocalipsis.

La cristología del Evangelio de Juan

En algún momento durante las últimas cuatro décadas del primer siglo (es imposible ser más específico), Juan el apóstol escribió su evangelio, la cristología del cual es explícitamente encarnacional, como reconocen incluso los críticos más radicales.

Juan 20:28: Incluso aunque la aparición de θεός, *theos*, como un título cristológico en la gran confesión de Tomás, su incorporación en su evangelio muestra que refleja su propio pensamiento cristológico.

El versículo en que sucede la confesión de Tomás, en las palabras de Raymond E. Brown, es un texto críticamente seguro «donde claramente Jesús es llamado Dios»..[123] Como tal, la confesión de Jesús de Tomás como su «Señor [κύριος, kyrios] y Dios [θεός, theos]» es el «supremo pronunciamiento cristológico del cuarto evangelio»..[124] Aquí dentro de la semana de la resurrección de Jesús, en la presencia de los demás discípulos que seguramente habrían aprendido de las palabras de Tomás y de la respuesta favorable de Jesús de la pertinencia de hacerlo así, un discípulo por primera vez emplea θεός, *theos*, como título cristológico. Esto demuestra que no hay base, de hecho, para la opinión de algunos eruditos de la crítica de las formas de que la iglesia solo llegó gradualmente al punto de vista de una cristología encarnacional. Los cristianos virtualmente desde el principio creyeron que en Jesús tenían que ver con el Dios encarnado.

Ningún erudito moderno ha mostrado algún interés en seguir la opinión de Teodoro de Mopsuestia (350-428 d.C.) de que las palabras de Tomás no se refieren a Cristo: «pero habiendo quedado asombrado por la maravilla de la resurrección, Tomás alabó a Dios que resucitó a Cristo»..[125] Esta opinión fue rechazada por el segundo concilio de Constantinopla en 553 d.C. Lo más cercano a encontrar esta idea expresada hoy día es en la insistencia de los Testigos de Jehová de que el primer título estaba dirigido a Jesús mientras que el segundo estaba dirigido a Jehová. Pero Bruce M. Metzger tiene razón cuando escribe:

> No está permitido dividir la exclamación de Tomás… dicho recurso tan prepotente pasa por alto las palabras las sencillas palabras introductorias, «Tomas le dijo: '¡Mi Señor y mi Dios!'».[126]

Además, el hecho de que ambas denominaciones parezcan tener una forma nominativa no debería ocasionar dificultad para la opinión de que los términos están dirigidos a Jesús. El nominativo articular con fuerza vocativa es un modismo bien conocido en el griego clásico, de la Septuaginta y del Nuevo Testamento.

La confesión de Tomás es aún más asombrosa cuando uno reflexiona, primero, sobre la incongruencia de una confesión de esta magnitud viniendo del menos propenso probablemente a hacerla —un hombre dado a la melancolía y la tristeza (Jn. 11:16) a la falta de brillo teológico (Jn. 14:5), y, segundo, sobre el hecho de que es Tomás quién «deja claro que uno puede dirigirse a Jesús en el mismo lenguaje en que Israel se dirigía a Yahvé» (ver Sal. 35:23; 38:15, 21)..[127] Sin duda, Juan pretendía que su informe del ascenso de Tomás del escepticismo a la fe plena en Jesús como Señor y Dios, bajo el impacto de la realidad histórica de la resurrección, ilustrara lo que él pensaba que debería ser la respuesta de todos cuando se le proporcionó la evidencia de la resurrección de Jesús.

Dos características contextuales de la confesión de Tomás también valen la pena notar. La primera es que solo una semana antes Jesús en su conversación con María había hablado de su Padre como «mi Dios», usando precisamente las mismas palabras que Tomás había utilizado después sobre Él. También dijo en aquella ocasión que *su* Dios era también el Dios de sus discípulos. Y sin embargo ahora, solo una semana después, acepta la descripción de Tomás sobre sí mismo como ¡el Dios de su discípulo! Claramente en la mente de Jesús había una multiplicidad en la profundidad del ser divino que permitiría que su Padre fuera considerado como su Dios y también a Él mismo como su Dios.

La segunda característica contextual interesante es que la confesión de Tomás es seguida inmediatamente por una declaración de la intención de Juan al escribir su evangelio, a saber, para que sus lectores creyeran «que Jesús es el Cristo, el Hijo de Dios» (20:31). Si Juan hubiera pretendido con el título de «Hijo de Dios» algo diferente o menos que una atribución

---

[123] Brown, "Does the New Testament Call Jesus God?" 561.
[124] Raymond E. Brown, *The Gospel According to John XIII–XXI*, Anchor Bible Series (Garden City, N.Y.: Doubleday, 1970), 1047.
[125] Ver H. Denzinger y A. Shönmetzer, *Enchiridion Symbolorum* (Freiburg: Herder, 1976), 150, sec. 434.
[126] Metzger, «The Jehovah's Witnesses and Jesus Christ», 71, n. 13.
[127] Brown, *The Gospel According to John XIII–XXI*, 1047.

de la plena deidad a Jesús es extraño que hubiera traído este título menor tan cerca de la confesión de Tomás de la plena e íntegra deidad de Jesús. Claramente la única explicación adecuada para la casi yuxtaposición de los títulos es que, mientras que «Hijo de Dios» distingue a Jesús como Hijo del Padre, no lo distingue como Dios de Dios el Padre. Ser el Hijo de Dios en el sentido que Juan quiso decir de Jesús es simplemente ser Dios el Hijo.

Juan 1:1: Juan comienza su evangelio con una poderosa declaración con respeto al logos (ὁ λόγος, *ho logos*) —un término, según su uso, que significa «la Palabra [o Sabiduría] [de Dios] [independiente, personalizada]». Deliberadamente repite el término tres veces en el versículo 1 para referirse al Hijo de Dios —en el contexto de las formas primer siglo de la teología pregnóstica y estoica— para advertir a sus lectores contra todas las formas falsas de la doctrina del logos..[128] Traducido literalmente, el versículo 1 dice:

En el principio era el verbo,
y el verbo estaba con Dios,
y Dios era el verbo.

El término aparece en cada cláusula, en cada ocasión en caso nominativo (sujeto nominativo), y tres veces ἦν, *ēn*, el imperfecto de εἰμί, *eimi*, ocurre expresivo en cada caso de existencia pasada continua.

En la primera cláusula, la frase «en el principio», como observan todos los comentadores, evoca la misma frase en Génesis 1:1. Lo que Juan está diciendo es que «en el principio», en el tiempo de la creación del universo, la palabra ya «era [continuamente]» —no «llegó a existir». Esto es claro no solo del por el tiempo imperfecto del verbo sino también del hecho de que Juan declara que la palabra estaba en el principio con Dios y que «todas las cosas por él fueron hechas, y sin él nada de lo que ha sido hecho, fue hecho» (Jn 1:3). En suma, el *ser* preexistente y continuo del Verbo se contrapone antecedentemente al *devenir* de todas las cosas creadas.

En la segunda cláusula, el Verbo está coordinado con Dios y, en cierto sentido, se distingue *de* Dios como poseyendo una identidad propia. El sentido en que el verbo se distingue de Dios puede discernirse al comparar la frase en 1:1, ἦν πρὸς τὸν θεόν, *ēn pros ton theon*, con su contraparte en 1 Juan 1:2, donde leemos que «el verbo», que era «desde el principio» (v.1), «estaba con el Padre» (ἦν πρὸς τὸν πατέρα, *ēn pros ton patera*). Esto muestra que Dios quiere decir con «Dios» en Juan 1:1b Dios el Padre. El verbo que está coordinado con y, sin embargo, se distingue de Dios como *Padre* es por implicación el Hijo preexistente, que significa que Juan está pensando en el verbo en términos personales. Este pensamiento es reminiscencia de Hebreos 1:8-9, donde el Hijo se identifica como Dios mismo pero se distingue de Dios el Padre.

En la tercera cláusula, Juan ahora afirma lo obvio: «Y el Verbo era Dios» (KJV, RV, ASV, RSV, NASV, NIV, NKJV). Que ὁ λόγος, *ho logos*, es el sujeto con θεὸς, *theos*, ya que el predicado nominativo es evidente por el hecho de que el primero es articular mientras que el segundo es inarticulado. Pero el hecho de que θεός, *theos*, esté sin artículo no significa que

---

[128] La idea del logos se remonta a Heráclito (siglo VI a. C.), quien enseñó que en medio de todos los constantes flujos y reflujos del universo hay un principio eterno de orden, el logos, que hace del mundo un «cosmos», que es, un todo ordenado. Los estoicos, enfrentados al dualismo griego común de forma y materia, emplearon la noción de un logos seminal que impregna todas las cosas para resolver el problema del dualismo y proporcionarles la base de una vida moral racional. Filón de Alejandría empleó el logos como medio de mediación entre Dios, que es absolutamente trascendente y separado del universo material, y el universo mismo. Para él, el logos era tanto el modelo divino del mundo como el poder que lo formó. En la literatura de sabiduría judía, uno puede encontrar la sabiduría personificada en Proverbios 8: 22–31. Todo esto llevó a C. H. Dodd a concluir en su *The Interpretation of the Fourth Gospel* (Cambridge: Cambridge University Press, 1953), 280:

Las frases iniciales ... del prólogo [del Evangelio] son claramente inteligibles sólo cuando admitimos que el logos, aunque lleva consigo la asociación de la palabra del Señor del Antiguo Testamento tiene también un significado similar al que tiene en el estoicismo como fue modificado por Filón, y paralelo a la idea de sabiduría en otros escritores judíos. Es el principio racional del universo, su significado, plan o propósito, concebido como una hipóstasis divina en la que el Dios eterno se revela y actúa.

George Eldon Ladd en *A Theology of the New Testament* (Grand Rapids, Michigan: Eerdmans, 1974) señala, sin embargo, que el logos nunca está personalizado o encarnado en estos usos anteriores del concepto: «el uso teológico que hace Juan del logos ... no puede tener paralelo ni en la filosofía helenística ni en el pensamiento judío» (241). Leon Morris está de acuerdo en *The Gospel According to John* (Grand Rapids, Michigan: Eerdmans, 1971), 115-26, esp. 116, 123-25.

deba interpretarse cualitativamente, es decir, adjetivamente («divino», como sugiere la traducción de Moffatt) o indefinidamente («un dios», como sugiere la traducción del Nuevo Mundo de los Testigos de Jehová). Ningún léxico griego estándar ofrece «divino» como uno de los significados de θεός, *theos*, ni el sustantivo se convierte en un adjetivo cuando «arroja» su artículo. Si Juan había querido un sentido adjetival, tenía un adjetivo (θεῖος, *theios*) listo a la mano. Que el sustantivo sin artículo no connota indefinición es evidente a partir de los casos recurrentes del θεός, *theos*, sin artículo a lo largo del prólogo juanino mismo (Jn. 1: 6, 12, 13, 18), donde en cada caso es definido y su referente es Dios el Padre.

Que θεός, *theos*, debe interpretarse con un significado definido, lo sugiere su posición en la cláusula antes de la cópula ἦν, *ēn*, de acuerdo con la observación de E. C. Colwell. Pero que Juan haya escrito θεός, *theos*, sin artículo también se debe muy probablemente a su deseo de mantener el verbo hipostáticamente distinto del Padre al que acababa de referirse con τὸν θεόν, *ton theon*. Si Juan hubiera seguido a 1:1b diciendo, «y ὁ θεός [*ho theos*] era el verbo» o «y el verbo era ὁ θεός [*ho theos*]», habría implicado un retroceso, si no una contradicción de la clara distinción que acababa de trazar en 1:2b, y así caería en el error que más tarde se conocería como sabelianismo. Ladd está de acuerdo:

> Si Juan hubiera usado el artículo definido con *theos*, habría dicho que todo lo que Dios es, el Logos lo es: una identidad exclusiva. Tal como está, dice que todo lo que el verbo es, Dios lo es, pero implica que Dios es más que el verbo.[129]

Aquí, entonces, Juan identifica al Verbo como Dios (*totus deus*) y al hacerlo le atribuye la naturaleza o esencia de la deidad. Cuando Juan dice además en 1:2 que «Este [οὗτος, *houtos*, aquel a quien acababa de designar como «Dios»] estaba en el principio con Dios», y en 1:3 que «por medio de él fueron creadas todas las cosas», la conclusión es que, como Dios, su deidad es tan fundamental como su carácter distintivo como Hijo, mientras que su carácter distintivo como Hijo es tan fundamental como su deidad como Dios.

Cuando Juan luego declara que el verbo, a quien acababa de describir como Hijo y Dios personal eternamente preexistente, increado, personal, «se hizo carne», no sólo va más allá de cualquier cosa en la teología pregnóstica del primer siglo, sino que también asciende a una cristología encarnacional. Marshall ha observado que:

> el prólogo del Evangelio llega a su punto culminante en la afirmación de que el verbo que había estado desde el principio con Dios y estaba activo en la obra de la creación y era la luz y la vida de los hombres se hizo carne y habitó entre nosotros. Es de notar que el tema del pasaje es el verbo o logos. Es la carrera del Logos la que se describe, y no es sino hasta el versículo 17 que el nombre de Jesucristo se usa por primera vez, identificando así al verbo que se hizo carne con la figura histórica de ese nombre. A partir de ese momento, Juan deja de usar el término logos y escribe sobre Jesús, usando su nombre y una variedad de títulos mesiánicos judíos para referirse a Él.
>
> Para Juan, entonces, Jesús es indudablemente el verbo personal de Dios que ahora adopta una forma de existencia carnal. Cuando hablamos de encarnación, esto es lo que significa, porque es aquí donde el Nuevo Testamento ofrece el equivalente lingüístico más cercano al término «encarnación»: *ho logos sarx egeneto*.[130]

Juan 1:18: En este versículo enfrentamos un problema que no habíamos enfrentado antes en nuestra valoración de los versículos en que Jesús es o descrito o abordado como θεός, *theos*. Aquí cualquier conclusión que alcancemos debe ser hecha sobre la base de determinar la lectura original en el texto griego. ¿El texto original de Juan 1:18 decía (1) ὁ μονογενής, *ho monogenēs*, (2) ὁ μονογενὴς υἱός, *ho monogenēs huios*, (3) μονογενὴς θεός, *monogenēs theos*, or (4) ὁ μονογενὴς θεός, *ho monogenēs theos*?

---

[129] Ladd, *A Theology of the New Testament*, 242.
[130] Morris, *The Gospel According to John*, 114.

Dios y el Hombre

La primera lectura, aunque tiene en su favor el hecho de que es la más corta, puede ser descartada porque no tiene sustento en ningún manuscrito griego. La segunda lectura tiene en su favor el apoyo de los unciales griegos A, el tercer corrector C, K, un suplemento posterior a W, X, D, Q, 063, y muchos manuscritos minúsculos tardíos de la tradición bizantina. También se encuentra en la Latina Antigua, la Vulgata Latina, el Siriaco Curetoniano, el texto Siriaco Harklean, y la versión Armenia. También se encuentra en cerca de veinte padres de la iglesia. Además, tiene en su favor el hecho de que, aparte de Juan 1:14 donde se encuentra sola, en los otros tres lugares donde ocurre μονογενής, *monogenēs* en la literatura juanina, aparece en una construcción con υἱός, *huios* (Jn. 3:16, 18; 1 Jn. 4:9). Pero esta lectura tiene tres puntos en contra. Primero, sobre la base del canon crítico del texto que «los manuscritos deben ser evaluados, no contados», el apoyo textual para esta lectura, en comparación con las dos lecturas restantes, no es impresionante, ya que se encuentra principalmente en manuscritos inferiores y tardíos. Segundo, el hecho de que se encuentra en algunos padres de la iglesia importantes no es un argumento sustantivo en su favor, ya que los padres antenicenos tendían a «seguir la analogía de las versiones», υἱός, *huios*, siendo «una de las numerosas lecturas antenicenas del 'tipo occidental', ...[que no logran] aprobarse como originales en comparación con las lecturas alternativas».[131] Tercero, si bien pude entenderse fácilmente, si θεός, *theos*, fuera la lectura original, ¿cómo υἱός, *huios*, pudo haber surgido, es decir, a través de la tendencia de los escribas a adaptar una lectura extraña a una más común (en este caso, a la fórmula en Jn 3:16, 18 y 1 Jn. 4:9)?, es difícil explicar por qué un escriba habría cambiado υἱός, *huios*, a θεός, *theos*.

Las dos lecturas restantes, ambas apoyan un original θεός, *theos*, difieren solo en que la primera omite el artículo mientras que la segunda lo retiene delante de μονογενής, *monogenēs*. El soporte del manuscrito para el primero es el Papiro Bodmer 66, la letra original de א, B, la letra original de C y L, más la Peshita Siríaca, la lectura marginal del Siríaco Harklean, el Etiópico Romano, el Diatesarón y aproximadamente diecisiete padres de la iglesia, incluidos los herejes valentinianos y Arrio. La evidencia manuscrita de este último es el Papiro Bodmer 75, la tercera letra de א, el Minúsculo griego 33 (el mejor de los cursivos) y el Copto Boháirico. De estos dos, el primero tiene el mejor apoyo manuscrito. Pero el peso *combinado* de ambos presta un apoyo extremadamente fuerte a la originalidad de θεός, *theos* en Juan 1:18. También tiene a su favor el hecho de que es la lectura más difícil (la *lectio difficilior*). Debido a que la naturaleza del problema requiere un juicio de evidencia, la decisión final siempre tendrá un elemento de incertidumbre al respecto, pero la evidencia es de peso de que θεός, *theos*, es la lectura original. De hecho, si no fuera por las implicaciones cristológicas en la lectura misma («[el] único [Hijo], [él mismo] Dios») uno sospecha que la evidencia sería suficiente para dominar el campo de la opinión académica. Aun así, existe una tendencia en las traducciones modernas a adoptar θεός, *theos*, como la lectura original (NASV, NIV). Por lo tanto, sugeriría que Juan 1:18 se traduzca de la siguiente manera:

A Dios ningún hombre lo ha visto jamás;
el único *[Hijo], [él mismo]* Dios,
que está continuamente en el seno del Padre—
ese uno lo reveló.

El presente participio ὁ ὤν, *ho ōn*, en la tercera línea indica un estado continuo de ser: «que está continuamente en el seno del Padre». Comenta León Morris:

---

[131] F. J. A. Hort, *Two Dissertations* (Cambridge: Macmillan, 1876), págs. 7-8. La disertación de Hort sentó las bases para prácticamente todo el trabajo crítico del texto subsiguiente sobre Juan 1.18 y proporcionó el mayor impulso hacia la conclusión de que θεός, theos, es la lectura original. Lo más revelador como indicación de su cuidadosa erudición es que Hort hizo su trabajo sin la ventaja de tener los dos grandes papiros de Bodmer 66 y 75, cuyo descubrimiento posterior justificó su conclusión. Bruce Metzger escribe: «Con la adquisición de p66 y p75, que dicen θεός, theos, el apoyo externo de esta lectura se ha fortalecido notablemente» (*Textual Commentary*, 198).

La cópula «está» expresa una unión permanente. El Unigénito está continuamente en el seno del Padre. Cuando el verbo se hizo carne, sus actividades cósmicas no quedaron en suspenso hasta que terminó el tiempo de la vida terrenal. Hay misterios aquí que el hombre no puede sondear, pero seguramente debemos sostener que la encarnación significó agregar algo a lo que el verbo estaba haciendo, más que el cese de la mayoría de sus actividades..[132]

De esta forma muy probablemente aquí en Juan 1:18 tenemos otro ejemplo de θεός, *theos*, como un título para Cristo, y el contexto claramente muestra que Juan consideró a Jesús como Dios el Hijo encarnado.

Miscelánea: El evangelio de Juan explica la autocomprensión de Jesús particularmente en sus dichos del «Hijo de Dios» (ver Jn. 5:17-26; 10:30, 36), sus dichos del «Hijo del hombre» (ver 3:13; 6:62), y sus dichos del «Yo soy» (ver 8:24, 58). También hay evidencia corroborativa apoyando la deidad de Cristo en el registro de Juan de sus «obras» y su informe de los testimonios de los discípulos de Jesús respecto a Él (ver 1:34, 49; 6:69; 11:27; 16:30; 20:28). Ahora que Juan incorporó estos datos en su evangelio, podemos asumir que reflejan también su propia cristología, porque él expresamente declara que escribió para llevar a sus lectores a la fe en Jesús como «el Cristo, el Hijo de Dios» (Jn. 20:31). Seguramente, por ejemplo, la alta cristología de la encarnación en su prólogo refleja su cristología personal. Pero existen otras tres características en el evangelio de Juan que todavía no hemos abordado en alguna forma directa que permiten una mayor comprensión de su cristología personal.

Primero, hay dos párrafos en Juan 3:16-21 y 3:31-36, que pueden ser en sus contextos comentarios continuos de Jesús y de Juan el Bautista respectivamente (la NVI parece interpretarlos como tales), que pueden ser reflexiones de Juan el evangelista mismo sobre los temas tocados por Jesús y el Bautista. Si es correcto esto último, tenemos en ambas instancias discursos de Juan sobre la naturaleza y origen trascendente de Jesús. En 3:16-21, habla de Jesús como el «único Hijo» de Dios (ὁ υἱος ὁ μονογενής, *ho huios ho monogenēs*, 3:16, 18), a quién Dios «envió al mundo» (3:17), quién Él mismo, como la luz, «ha venido al mundo» (3:19), y por medio de la fe en quien se media la vida eterna (3:16, 18). En 3:31-36, se avanzan los mismos temas: Jesús es el Hijo de Dios a quién Dios «envió» (3:34) y que puede ser caracterizado así como «el que viene de arriba» (3:31a) y «el que viene del cielo» (3:31b). Lo que Jesús declara es lo que Él mismo ha visto y oído en el cielo (3:32). Él está «sobre todo» (3:31) porque su Padre «entregó todas las cosas en su mano» (3:35), incluido el Espíritu sin medida (3:34). Y, como en el párrafo anterior, el destino de hombres y mujeres depende de su relación con Él (3:36). Estos rasgos: el «descenso» de Cristo del mundo celestial, el carácter experiencial de su conocimiento de las cosas del cielo, su identificación con Dios de modo que escucharlo es sellar la veracidad de Dios, su autoridad omnipresente en la esfera de la revelación, la función de la fe en Él como mediadora de la vida eterna, mientras que la incredulidad resulta en la exclusión de la vida y la permanencia permanente bajo la ira de Dios; todas estas características subrayan tanto la preexistencia como el carácter absolutamente trascendente de Jesucristo.

Segundo, cuando esta percepción de Jesús se combina con la cita de Juan de Isaías 6:10 en 12:41, destacando la soberanía divina en la salvación y la reprobación, y con respecto a lo que la cita de Juan declara: «Isaías dijo esto cuando vio su [del hijo preencarnado] gloria, y habló acerca de Él», uno debe concluir que el carácter trascendente de Jesucristo es la trascendencia de Yahvé mismo, porque era el «Señor sentado sobre un trono alto y sublime» (Is. 6:1; ver 57:15) a quién Isaías informa que vio. Como comenta León Morris:

---

[132] Morris, *The Gospel According to John*, 114.

> Juan ve en las palabras del profeta principalmente una referencia a la gloria de Cristo. Isaías dijo estas cosas «porque vio su gloria». Las palabras de Isaías 6: 3 se refieren a la gloria de Yahvé, pero Juan no establece una distinción estricta entre los dos. Para él, está claro que Isaías tenía en mente la gloria revelada en Cristo..[133]

Siendo así, no debe pasar desapercibido que fue el Cristo pre encarnado quién comisionó y envió a Isaías a su misión profética, un hecho que Jesús mismo señaló en Mateo 23:34 (ver Lc. 11:49) y al que Pedro alude en 1 Pedro 1:11.

Tercero, ya que para Juan la gloria de Cristo es equivalente a la gloria de Yahvé mismo, es altamente probable que cuando Juan se refiere a Cristo como «el Señor» (ὁ κύριος, *ho kyrios*) en la narrativa de su evangelio (ver 4:1; 6:23; 11:2; 20:20; 21:12), pretende que el título, utilizado como en la Septuaginta para traducir el nombre divino Yahvé, en su sentido más eminente, es decir, divino, yahvista.

No puede haber duda de que la cristología del evangelio de Juan es encarnacional en el sentido concebible más alto, Jesucristo siendo verdadero Dios y verdadero hombre. Ningún punto de vista de la cristología de Juan que afirme lo contario puede reclamar ser exegéticamente sólida.

La cristología epistolar de Juan

Es inmediatamente evidente incluso en una lectura superficial de las cartas de Juan que «el mismo concepto de la encarnación que uno encuentra en el evangelio está presente en 1 y 2 de Juan, y de hecho es la principal idea cristológica en estas epístolas»..[134] Esto es claro del hecho de que Juan defiende (1) la confesión dual de que Jesús es tanto el Cristo (1 Jn. 2:22; 5:1) y el Hijo de Dios (1 Jn. 2:22–23; 4:15; 5:5; ver 1:3, 7; 2:24; 3:8, 23; 4:9, 14; 5:9, 11, 12, 13, 20), y (2) el prerrequisito de la encarnación, de que Dios el Padre «envió» a su Hijo al mundo (1 Jn. 4:9, 10, 14), y que, habiendo sido «enviado», el Hijo fue «enviado» de tal manera que «vino en carne» (1 Jn. 4:2; 2 Jn. 7; ver 1 Jn. 5: 6, 20) y así fue «manifestado» a los hombres (1 Jn. 1:2 [dos veces]; 3:8) de tal manera que, mientras todavía «la vida eterna, que estaba con el Padre» desde el principio (1 Jn. 1:1–2), podía ser escuchado, visto con el ojo humano, contemplado y tocado por manos humanas. Tan intensa es la convicción de Juan con respecto a la necesidad de una encarnación real que hace de la confesión, «Jesucristo ha venido en carne», una prueba de ortodoxia —confesar lo mismo es ser «de Dios», negarlo es «no ser de Dios» sino «del Anticristo» (1 Jn. 4:2-3). El Cristo encarnado también fue sin pecado (3:5).

1 Juan 5:20: Un versículo en 1 Juan requiere especial atención, porque en él Juan muy probablemente pretende emplear el θεός, *theos*, como en Juan 1:1, 18 y 20:28, como un título cristológico. Traducido literalmente 1 Juan 5:20 dice:

> Y sabemos que el Hijo de Dios ha venido y nos ha dado entendimiento para que conozcamos al verdadero. Y estamos en el verdadero en su Hijo Jesucristo. Este es el Dios verdadero y la vida eterna.

El asunto es determinar quién es al que Juan tenía en mente cuando escribió, «este es el Dios verdadero y la vida eterna», el Padre o el Hijo. Estoy personalmente convencido de que puede argumentarse mejor entender θεός, *theos*, como refiriéndose al Hijo.

El argumento de que el Padre sea el referente del «Dios verdadero» resalta las siguientes características en el versículo. Primero, la referencia al Padre es indirecta pero claramente presente en los genitivos «de Dios» y «su» después de las dos apariciones de «el Hijo».

---

[133] Ibid., 605.
[134] Marshall, «Incarnational Christology in the New Testament», 5.

Segundo, es probable que las dos apariciones del «verdadero» (τὸν ἀληθινόν, τῷ ἀληθινῷ, *ton alēthinon, tō alēthinō*) se refieran al Padre porque (1) sería una traducción estridente interpretar a Juan diciendo que «él [el Hijo] nos ha dado entendimiento para que conozcamos al verdadero [es decir, a sí mismo]», (2) el Padre claramente parece ser el referente de la segunda aparición del «verdadero» debido al αὐτοῦ, *autou*, en la frase que sigue inmediatamente, «en su Hijo» (la NVI traduce, «con en su Hijo», implica la presencia de un καί, *kai*, antes de la frase preposicional, pero no hay καί, *kai*, en el texto griego); (3) es más cierto para el pensamiento de Juan representar la misión mesiánica del Hijo como una revelación del Padre que como una revelación de sí mismo (ver Jn. 1:18; 17:3-4). Se insiste en estas características ya que es muy poco probable que Juan se hubiera referido a dos personas diferentes tan de cerca en el mismo versículo con el adjetivo «verdadero», señalan al Padre como el referente de la frase de Juan «el Dios verdadero». Esto estaría de acuerdo con la clara referencia de Juan al Padre como «el único Dios verdadero» en Juan 17: 3. En consecuencia se insta a que la afirmación de Juan al final de 5:20, «Este es el Dios verdadero y la vida eterna», tiene como referente al Padre. Tanto exegética como teológicamente, esta interpretación es posible y ha sido adoptada por Brooke (ICC), Westcott y Dodd. Murray J. Harris también insta a esta interpretación en su *Jesus as God*.[135]

Pero hay cuatro consideraciones gramaticales o exegéticas que se oponen a esta interpretación. Primero, el antecedente más cercano posible a οὗτός, *houtos* («este») es la frase inmediatamente precedente «Jesucristo», y es un principio exegético generalmente sólido encontrar el antecedente de un pronombre demostrativo en el sustantivo más cercano posible a menos que existan razones de peso para no hacerlo. No hay tales razones aquí, como las hay en los contraejemplos frecuentemente citados de 1 Juan 2:22 o 2 Juan 7, que requerirían que uno avance en la oración a «su» o al «verdadero» o a «Dios». La sugerencia de algunos críticos de que «en su Hijo Jesucristo» es una glosa y por lo tanto debe omitirse, sugiriéndose esto para hacer de «el verdadero» el antecedente más cercano, no tiene respaldo manuscrito y es una mera conveniencia.

En segundo lugar, elegir el antecedente más distante, es decir, el Padre, inyecta una tautología en el versículo, porque uno no necesita ser informado de que el Padre, que ya ha sido identificado dos veces como el «verdadero», es «el Dios verdadero», mientras que Juan avanza el pensamiento y evita la tautología si está diciendo que Jesucristo es «el Dios verdadero». Es cierto que Jesús describe al Padre como «el único Dios verdadero» en Juan 17:3, pero ahí el Padre no había sido previamente identificado como el «verdadero».

Tercero, tanto el singular οὗτός, *houtos*, como el hecho de que «Dios verdadero» y «vida eterna» estén bajo el régimen del artículo único antes de «Dios», vinculando los dos predicados estrechamente juntos en el patrón, por ejemplo, de «el Dios verdadero que es (también para nosotros) vida eterna» (a menos que ambos sean *títulos* de una persona, lo que parece preferible porque evita colocar a una persona y un concepto abstracto bajo el régimen de un solo artículo) indican que *una* persona está en la mente del apóstol. Esto elimina la sugerencia de algunos de que el primer título se refiere al Padre y el segundo al Hijo. Y, si bien, es cierto que el Padre tiene vida en sí mismo (Jn. 5:26; 6:57) y da a los hombres vida eterna (1 Jn. 5:11), en ninguna parte se lo designa como «la vida eterna» como lo es Jesús en 1 Jn. 1:2 (ver también Jn. 1:4; 6:57; 11:25; 14:6). «Este predicado encaja mejor con Jesús que con Dios», escribe Raymond E. Brown.[136] Pero entonces si Jesucristo es el referente de «vida eterna», y si ambos títulos refieren a una persona, se seguiría que también es el referente de

---

[135] Murray J. Harris, *Jesus as God* (Grand Rapids, Mich.: Baker, 1992), 239–53.
[136] Raymond E. Brown, *The Epistles of John*, Anchor Bible (Garden City, N.Y.: Doubleday, 1982), 626.

«el Dios verdadero».

Cuarto, si bien Juan informa que Jesús describe al Padre como «el único Dios verdadero» (Jn. 17:3), él mismo describe o registra que Jesús se describe así mismo como «la luz verdadera» (Jn. 1:9; 1 Jn. 2:8; ver Jn. 1:14, 17), «el verdadero pan» (Jn. 6:32), «la vid verdadera» (Jn. 15:1), «el verdadero» (Ap. 3:7; 19:11), «el testigo verdadero» (Ap. 3:14), y «el soberano verdadero» (Ap. 6:10). Ya hemos establecido que Juan no se muestra reticente en lo absoluto a designar a Cristo como «Dios» (ver Jn. 1:1; 1:18 20:28). Así que como «el verdadero» puede referirse como título tanto al Padre (1 Jn. 5:20) como al Hijo (Ap. 3:7), no hay nada que impida a Juan vincule el adjetivo «verdadero», que se usa para Jesús en otros lugares, y el sustantivo «Dios» que él mismo ha utilizado para Jesús, y aplicando ambos en su forma combinada como «el Dios verdadero» a Jesucristo. Estas consideraciones hacen altamente probable que 1 Juan 5:20 sea otra aparición de θεός, *theos*, como un título cristológico. Atanasio, Cirilo de Alejandría, Jerónimo, Beda, Lutero y Calvino en épocas anteriores, y Charles Hodge, Bengel, RL Dabney, BB Warfield, Raymond E. Brown, FF Bruce, R. Bultmann, IH Marshall, John Murray, Olshausen, Schnackenburg y los traductores de la NVI, por nombrar solo algunos en tiempos más modernos, así lo han interpretado aquí.

Retratando a Jesucristo, el Hijo del Padre, entonces, simplemente como «el Dios verdadero y la vida eterna» (1 Jn. 5:20) y la co-fuente con el Padre de las bendiciones de la gracia, la misericordia y la paz (2 Jn. 3), que «vino en la carne» y que también vino «a través del agua y la sangre, no sólo con el agua, sino con el agua y con la sangre», Juan afirma una «unión real y duradera entre el Hijo de Dios y la carne de Jesús».[137] desde el comienzo mismo de la vida de Jesús y durante todo su ministerio, incluso en el evento de su muerte. Presuponiendo el mismo concepto de encarnación que se encuentra en Juan 1:1-3, 14, Juan no deja lugar para una cristología docética o adopcionista. Solo la encarnación real del Hijo de Dios satisface todas las afirmaciones doctrinales de estas cartas.

No hay una cristología explícita en 3 Juan, la única alusión a Cristo es la referencia al «nombre» en el versículo 7. Pero sobre este término escribe Westcott: «Es evidente de los contextos que 'el nombre' es 'Jesucristo'…, o, como está escrito extensamente, 'Jesucristo, el Hijo de Dios' (Jn. 20:31; 1 Jn. 4:15). Este 'Nombre' es en esencia la suma del credo cristiano… Cuando se le analiza revela el 'Nombre' trino en que el cristiano se bautiza, Mt. 28:19».[138]

La cristología de Juan en el Apocalipsis

La naturaleza del Apocalipsis como «apocalíptico», siendo única dentro del corpus del Nuevo Testamento, no debería sorprender al encontrar que su cristología es más «maravillosa», si no más «de otro mundo», que en cualquier otra parte del Nuevo Testamento. Pero esto no quiere decir que su representación de Cristo difiera de manera esencial de la cristología del mismo Cristo o de Pablo, o de los evangelistas sinópticos, o de los escritores de las epístolas generales, o del resto del corpus juanino. Pero hay que reconocer que su cristología es más sistemáticamente «avanzada», para usar el término de Beasley-Murray,[139] en el sentido de que retrata a Cristo casi de manera singular desde la perspectiva de su estado de exaltación.

Los nombres y títulos habituales de Jesús todavía están presentes: «Jesús» (1:9 [dos veces]; 12:17; 14:12; 17: 6; 19:10 [dos veces]; 20: 4; 22:16), «Cristo» (20:4, 6; ver también «su Cristo [del Señor]», 11:15; «su Cristo [de Dios]», 12:10), «Jesucristo» (1:1, 2, 5), «Señor» (11:8; probablemente 14:13; ver también «el Señor de señores», 17:14; 19:16; y «el día del Señor», 1:10), «Señor Jesús» (22:20, 21), «un hijo de hombre», que significa «un hombre»

---
[137] Marshall, «Incarnational Christology in the New Testament», 5.
[138] B.F. Westcott, *The Epistles of St. John*, 3d ed. (London: Macmillan, 1892), 238–39; ver también Warfield, *Lord of Glory*, 274.
[139] G. R. Beasley-Murray, *The Book of Revelation* (London: Oliphants, 1974), 24.

(1:13; 14:14; ver Dn 7:13-14), «el Hijo de Dios» (una vez, en 2:18, pero ver «Mi Padre», 2:27; 3:5, 21; y «su Dios y Padre», 1: 6), y «la Palabra de Dios» (19:13). Pero, por mucho, el nombre «nuevo» más común (veintiocho veces), casi personal, que Juan (1:1, 9; 22: 8) usa para el Cristo glorificado es «el Cordero» (ἀρνίον, *arnion*, 5:6, 8, 12, 13; 6:1, 16; 7:9, 10, 14, 17; 12:11; 13:8; 14:1, 4 [dos veces], 10; 15:3; 17:14 [dos veces]; 19:7, 9; 21:9, 14, 22, 23, 27; 22:1, 3), una representación que se encuentra en otras partes del Nuevo Testamento solo en Juan 1:29, 36 y 1 Pedro 1:19 (ver Hch. 8:32) donde la palabra es ἀμνός, *amnos*. Lo notable de este título en el Apocalipsis es el hecho de que, si bien «el cordero» se identifica como «el Cordero que fue inmolado» (5:6, 9, 12; 13:8), con alusiones a su muerte en expresiones tales como «la sangre del Cordero» (7:14; 12:11), y aunque el término en sí mismo, como señala Warfield, siempre lleva la «referencia implícita al sacrificio real»,[140] nunca es aquel, así designado, todavía una figura de mansedumbre en un estado o condición de humildad. Isbon T. Beckwith observa:

> [Cordero] es el nombre que se le da en las escenas más augustas. Como objeto de la adoración ofrecida por las huestes del cielo y la tierra, capítulos 4-5, como el revelador de los destinos de las edades, capítulos 5-6, como uno entronizado, ante quien y a quien los redimidos rinden alabanza de su salvación, 7:9ss., como controlador del libro de la vida, 13:8, como el Señor de los ejércitos en el monte de Sion, 14:1, como el vencedor sobre las huestes del Anticristo, 17:14, como esposa de la iglesia glorificada, 19:7, como templo y luz de la nueva Jerusalén, 21:22ss., como participante en el trono de Dios, 22:1, —Cristo es llamado el Cordero. En ninguna parte de la aparición del nombre hay una alusión evidente a la figura de la *mansedumbre* y *la delicadeza* en el sufrimiento.[141]

En otras palabras, si Jesús es «el cordero» en el Apocalipsis, es como el «Cordero glorificado» que se le representa. Y es esta descripción de Cristo como el Cordero glorificado la que predomina en todo el Apocalipsis.

Por supuesto, Él es ciertamente un Mesías *humano* todavía, como el «hijo varón» (Apocalipsis 12:5, 13), el «león de la tribu de Judá» (5:5) y la «raíz y linaje de David» (5:5; 22:16) quien es capaz de morir, pero quien por su exaltación es el «primogénito de entre los muertos» (1: 5), y, por lo tanto, el «gobernante de los reyes de la tierra» (1:5), de hecho, el «rey de reyes y Señor de señores» (19:16; ver 17:14). Pero mientras se enfrenta a Dios en el hecho de que es el Hijo de Dios (2:18) y la palabra de Dios (19:13), y en el sentido de que Dios es su Padre (1:6; 2:27); 3: 5, 21; 14: 1), de hecho, incluso en el sentido de que Dios es su Dios (1:6; 3:2, 12; ver 11:15; 12:10) quien le da tanto la autoridad para gobernar (2:27) como la revelación misma para mostrar a sus siervos (1:1), se lo representa como siendo Él mismo divino. Beckwith observa nuevamente a este respecto:

> En ningún otro lugar se encuentran estas maravillosas escenas que revelan a los ojos y al oído la majestad del estado ascendido de Cristo, y estas numerosas declaraciones expresan en términos aplicables únicamente a Dios la verdad de su naturaleza y poder divinos. Se le ve en la primera visión en una forma que tiene la apariencia de un hombre, pero glorificado con atributos por los cuales los escritores del Antiguo Testamento han tratado de retratar la gloria de Dios, su cabello es blanco como la nieve, su rostro resplandece con la luz deslumbrante del sol, sus ojos son una llama de fuego, su voz como el trueno de muchas aguas, se anuncia a sí mismo como eterno, como uno que, aunque murió, es el esencialmente viviente, que tiene todo el poder sobre la muerte, 1:13-18. Aparece en la corte del cielo como igual a Dios en la adoración ofrecida por las huestes más elevadas del cielo y por todo el mundo, 5:6-14. Se le ve saliendo sobre las nubes como juez y árbitro del mundo, 14:14-16. Llevando coronas e insignias que lo marcan como rey de reyes y Señor de señores, conduce a los ejércitos del cielo a la gran batalla con el anticristo, 19:11-21. De

---
[140] Warfield, *Lord of Glory*, 290.
[141] Isbon T. Beckwith, *The Apocalypse of John* (1919; reprint, Grand Rapids, Mich.: Baker, 1967), 315.

Dios y el Hombre

acuerdo con estas escenas, los atributos y prerrogativas que se entiende que pertenecen a Dios solo le son asignados a Él solo o unido a Dios, Él es el alfa y la omega, el primero y el último, el principio y el fin, 22:13, 1:17, 2: 8 — una designación que Dios también pronuncia de sí mismo, 1:8, ver Is. 44:6, 48:12; se le ofrece adoración en común con Dios, 7:10, 5:13— una adoración que los seres angelicales tienen prohibido recibir, 19:10, se le rinden doxologías como a Dios, 1:6; el trono de Dios es su trono, los sacerdotes de Dios son sus sacerdotes, 3:21, 22:1, 20: 6, la vida le pertenece esencialmente a Él como a Dios, comparar 1:18 con 4:9, 10..[142]

En este mismo sentido escribe H.B. Swete:

¿Cuál es la relación de Cristo, en su estado glorificado, para con Dios? (i) Tiene las prerrogativas de Dios. Escudriña los corazones de los hombres (2:23), puede matar y devolver la vida (1:18; 2:23), recibe un culto que se le rinde sin distinción a Dios (5:13), sus sacerdotes también son sacerdotes de Dios (20:6), ocupa un trono con Dios (22:1, 3) y comparte una soberanía (11:15). (ii) Cristo recibe los títulos de Dios. Él es el viviente (1:18), el santo y el verdadero (3:7), el alfa y la omega, el primero y el último, el principio y el fin (22:13). (iii) Los pasajes que en el Antiguo Testamento se relacionan con Dios se aplican sin vacilación a Cristo, por ejemplo, Dt. 10:17 (Ap. 17:14), Pr. 3:12 (Ap. 3:19), Dn. 7:9 (Ap. 1:14), Zac. 4:10 (Ap. 5:6). De este modo, el escritor parece coordinar o identificar a Cristo con Dios. Sin embargo, ciertamente no es consciente de ninguna tendencia al diteísmo, porque su libro ... es rígidamente monoteísta, ni, por otro lado, es culpable de confundir a las dos Personas..[143]

Beasley-Murray afirma del mismo modo:

Constantemente se atribuyen a Cristo los atributos de Dios, como en la visión inicial del primer capítulo, que es significativamente una visión de Cristo y no de Dios. Los rasgos del Señor resucitado son los del anciano de días y de su ángel en el libro de Daniel (capítulos 7 y 10). Cristo es confesado como alfa y omega (22:13), como también Dios (1:8). Las implicaciones de la afirmación se describen en el libro en su totalidad... En la visión final de la ciudad de Dios... Dios y el Cordero están unidos como Señor del reino y fuente de su bienaventuranza. Es especialmente digno de mención que Juan describe el trono de Dios y el Cordero como la fuente del río de agua de vida en la ciudad, transmitiendo así la noción de un solo trono, una sola regla y una sola fuente de vida. Y añade: «sus siervos le adorarán; verán su rostro, y su nombre estará en sus frentes» (22:3ss.). En el contexto, es difícil interpretar el pronombre «suyo» como una unidad que no sea «Dios y el Cordero». El Cordero sigue siendo el mediador..., sin embargo, es inseparable de Dios que realiza sus obras... a través de Él..[144]

El Apocalipsis de Juan une así su testimonio «del otro mundo» con el testimonio previo consentido de todo el Nuevo Testamento en apoyo de la deidad plena e íntegra del Hijo de Dios.

PASAJES DE YAHVÉ DEL ANTIGUO TESTAMENTO APLICADOS A JESÚS

Los escritores del Nuevo Testamento no dudan en aplicar a Cristo las descripciones y privilegios del Antiguo Testamento que están reservados específicamente para Yahvé. Por ejemplo, (1) La descripción de Moisés de Yahvé como el «rey de reyes» (Dt. 10:17) Juan la aplica a Cristo (Ap. 17:14; 19:16); (2) el autor de Hebreos aplica todo el Salmo 102:25-24 a Él (1:10-12); (3) Proverbios 18:10 proporciona el trasfondo para la afirmación de Pedro en Hechos 4:12; (4) el llamado de Joel de confiar en Yahvé (2:32) Pablo lo emplea para llamar a los hombres a la fe en Cristo (Ro. 10:13); (5) cuando Isaías miró a Yahvé (Is. 6:1-3), según Juan estaba contemplando la gloria del Hijo de Dios preencarnado (Jn. 12:40-41); (6) El llamado de Isaías a santificar a Yahvé en el corazón (8:12-13) Pedro lo aplica directamente a Cristo —Él es el que debe ser santificado como el Señor en el corazón (1 P. 3:14-15); (7) La representación de Yahvé de Isaías como una roca que hace tropezar a los hombres y una roca

---
[142] Ibid., 312–13.
[143] H. B. Swete, *The Apocalypse of St. John*, 3d ed. (London: Macmillan, 1911), clxii.
[144] Beasley-Murray, *Revelation*, 24–25.

que los hace caer (8:14) Pablo la aplica a Cristo (Ro. 9:32-33); (8) Yahvé, cuya venida sería precedida por el precursor de Yahvé (Is. 40:3; Mal .3:1; 4:5), es equiparada con Cristo (Mt. 3:3; 11:10; Mr. 1:2-3; Lc. 1:16-17: 3:4; Jn. 1:23); (9) Jesús mismo emplea las palabras de Yahvé en Isaías 43:10 y 45:22 para llamar a los hombres a ser sus testigos y a descansar en Él (Hch. 1:8; Mt. 11:28); (10) la descripción de Isaías de Yahvé como «el primero y el último» (44:6) Juan la emplea para describir al Cristo glorificado (Ap. 2:8; 22:12-13); (11) Yahvé «delante de quien se doblará toda rodilla, y jurará toda lengua» (Is. 45:23), Pablo lo identifica con Cristo (Ro. 14:10; Fil. 2:10); y (12) Yahvé, el traspasado a quién los hombres mirarían y llorarían (Zac. 12:10), nos dice Juan que es el Cristo (Jn. 19:37).

Un Resumen de ΘΕΟΣ, *Theos,* como Título Cristológico

A la luz de esta abrumadora cantidad de evidencia de la completa e íntegra deidad de Jesús, no es del todo sorprendente, como se señaló, que en ocasiones los escritores del Nuevo Testamento se refieran a Él como θεός, *theos*, el título normalmente reservado para el Padre. Por ejemplo,

1. Exactamente una semana después de la resurrección de Jesús, en presencia de los otros diez discípulos, Tomás lo adoró con su aclamación: «[Tú eres] mi Señor y mi Dios» (Jn. 20:28).
2. En su carta a los Romanos, Pablo habla de Él como «Dios sobre todas las cosas, bendito por los siglos» (Ro. 9:5).
3. En su carta a Tito, Pablo habla de Cristo como «nuestro gran Dios y Salvador» (Tit. 2:13).
4. En su discurso de despedida a los ancianos de Efesios en Mileto, Pablo les dijo: «para apacentar la iglesia del Señor, la cual Él ganó por su propia sangre.» (Hechos 20:28).
5. En su segunda carta, Pedro se refiere a Él como «nuestro Dios y Salvador Jesucristo» (2 P. 1: 1).
6. En la Carta a los Hebreos se representa a Dios mismo refiriéndose al Hijo como «Dios» (Heb. 1:8).
7. En el primer versículo de su Evangelio, Juan nos informa: «En el principio era el verbo, y el verbo estaba con Dios, y el verbo era Dios», y luego escribe: "Y el verbo se hizo carne, y habitó entre nosotros» (Jn. 1:14).
8. En Juan 1:18, el versículo final de su prólogo, Juan escribe: «Nadie ha visto a Dios jamás. Pero su único [Hijo, Él mismo] Dios, que está en el seno del Padre, él lo ha dado a conocer».
9. En 1 Juan 5:20, Juan escribe: «estamos… en su Hijo, Jesucristo. Éste es el Dios verdadero y la vida eterna».

Así, el Nuevo Testamento intenta enseñar que Jesucristo es divino en el mismo sentido que Dios el Padre es divino.

LA DEIDAD Y LA SUBSISTENCIA PERSONAL DEL ESPIRITU SANTO

En las Escrituras se hace referencia a la tercera persona de la divinidad de muchas maneras sorprendentes. En el Antiguo Testamento, además de las numerosas referencias a Él simplemente como «el Espíritu de Dios» (Gn. 1:2 *et al.*) y «el Espíritu de Yahvé» (Jue. 3:10 *et al.*), es designado «el Espíritu del Señor Dios» (Is. 61: 1), el «buen Espíritu» de Dios (Neh. 9:20), el «Espíritu Santo» de Dios (Sal. 51:11), el «Espíritu Santo» de Yahvé (Is. 63:10, 11), «el Espíritu de sabiduría y de inteligencia» (Is. 11:2), «el Espíritu de consejo y de poder» (Is. 11:2), «el Espíritu de ciencia y de temor de Jehová» (Is. 11:2), y «el Espíritu de gracia y de oración» (Zac. 12:10).

Dios y el Hombre

En el Nuevo Testamento, además de las numerosas referencias a Él como «el Espíritu de Dios» (Mt. 3:16 *et al.*), se le designa como «el Espíritu del Dios viviente» (2 Co. 3:3), «El séptuple Espíritu de Dios» (Ap. 1:4; 3:1; 4:5; 5:6; ver Is. 11:2), «el Espíritu de vuestro Padre» (Mt. 10:20), «el Espíritu del que resucitó a Jesús de entre los muertos» (Ro. 8:11), «el Espíritu del Hijo [de Dios] (Gal. 4:6), «el Espíritu de Cristo» (Ro. 8:9; 1 P. 1:11), «el Espíritu de Jesucristo» (Fil. 1:19), «el Espíritu Santo» (Lc. 11:13), «el Espíritu Santo de la promesa» (Ef. 1:13) , «el Espíritu eterno» (Heb. 9:14), «el Espíritu de verdad» (Jn. 14:17; 15:26 16:13), «el Espíritu de filiación [o adopción]» (Ro. 8:15), «el Espíritu de vida» (Ap. 11:11), «el Espíritu de gracia» (Heb. 10:29), «el Espíritu de sabiduría y de revelación» (Ef. 1:17), «el Espíritu de gloria y de Dios» (1 P. 4:14), y el «consejero [o consolador]» (Jn. 14:16, 26; 15:26; 16:7).

De varias otras formas, además de estos títulos, las Escrituras afirman la deidad completa e íntegra del Espíritu Santo:

1. Se le identifica como Dios: según Pedro, cuando Ananías «mintió al Espíritu Santo», estaba «mintiendo a Dios» (Hch. 5:3-4).
2. Se le identifica como el Yahvé del Antiguo Testamento: (a) lo que Isaías informa que Yahvé dijo en Isaías 6: 9-10, Pablo afirma que el Espíritu Santo lo dijo (Hch. 28:25-27), (b) lo que el salmista pone en la boca de Yahvé en el Salmo 95:7-11, el autor de Hebreos lo pone en la boca del Espíritu Santo (Heb. 3:7-9), y (c) donde Levítico 26: 11-12 predice la «morada de Yahvé con su pueblo», Pablo, citando el pasaje de Levítico, habla de la iglesia en 2 Corintios 6:16 como el antitipo «templo del Dios viviente» en que Yahvé habita. ¿Y cómo habita Yahvé en su iglesia? En la persona del Espíritu Santo (quien, según Ro. 8:9, es también el Espíritu de Dios y el Espíritu de Cristo).
3. Aunque se distingue de ellos, se le representa como igual al Padre y al Hijo en los grandes pasajes trinitarios del Nuevo Testamento (Mt. 3:16; 28:19; 1 Co. 12: 4-6; 2 Co. 13:14; Ef. 2:18; 4:4-6; 1 P. 1:2). En Mateo 28:19 Él es, junto con el Hijo, traído e incluido dentro del nombre divino mismo, seguramente divino ya que es el «nombre» del Padre.
4. Posee atributos divinos: es eterno (Heb. 9:14; ver también «con ustedes para siempre» en Jn. 14:16), omnipresente (Sal. 139:7-10), omnipotente (Sal. 104:30; Ro. 15:19), omnisciente (Is. 40:13-14; 1 Corintios 2:10-11) y soberano (Jn. 3:8).
5. Viene del Padre (Jn. 15:26), y es enviado por el Padre y el Hijo (Jn. 16:7; 14:26; ver también Jn. 14:18; Hch. 2:33; 16:7; Ro. 8: 9-10).
6. Por consiguiente, hace obras divinas: crea (Gn. 1:2; Job 26:13a; 33:4; Sal. 104:30a), regenera (Ez. 37:1-14; Jn. 3:5-6); Tit. 3:5), resucita (Ez. 37:12-14; Ro. 8:11) y ejerce autoridad divina en la iglesia de Cristo (Hch. 13:2, 4; 15:28; 16:6-7). Más específicamente, efectuó la concepción virginal de María (Mt. 1:18-20; Lc. 1:35), ungió y empoderó a Cristo durante todo su ministerio terrenal y en la hora de su muerte (Is. 11:1-2; 42:1-3; 61:1-2; Mt. 12:28; Lc. 4:1-18; Jn. 1:32-33; 3:34; Hch. 10:38; Heb. 9:14), glorifica a Cristo (Jn. 16:13-14), inspiró las Escrituras (Jn. 14:26; 16:13-14; Ef. 6:17; 1 P. 1:11; 2 P. 1:20-21), convence al mundo de pecado, de justicia y de juicio (Jn. 16:8-11), invita a los hombres a venir a Cristo (Ap. 22:17), edifica la iglesia (Ef. 2:22), «viene sobre» y habita en los creyentes como el «sello», «el anticipo» y las «primicias» de su herencia completa (Jl. 2:28; Ez. 36:24-27; Jn. 7:38; Hch. 2:17; 8:15-17; 10: 44-45 ; 11:15; Ro. 8:9-11, 23; 2 Corintios 1:22; Ef. 1:13-14; 4:30), bautiza (es decir, regenera; Jn. 3:8), lleva a la fe en Cristo (1 Jn. 5:1), el domina sobre el pecado (1 Jn. 3:9; 5:18), opera justicia (1 Jn. 2:29) y el amor por los demás (1 Juan 4: 7), induce a los creyentes a su percepción de Jesús como Señor (1 Co. 12:3) y a su conciencia filial de Dios como su Padre (Ro. 8:15-16; Gal. 4:6), capacita a los creyentes para la valentía,

el amor y la autodisciplina (Hch. 4:29; 2 Ti. 1:7), santifica (1 Co. 6:11; Ro. 15:16; Gal. 5:16-18), produce fruto santo en el creyente (Gal. 5:22-23), da «dones» al creyente (1 Co. 12:1-11), intercede por ellos en su ignorancia (Ro. 8:26-27), y los levanta de entre los muertos a la gloria (Ro. 8:11).

De esta forma el Espíritu Santo se representa en la Santa Escritura como completamente divino. El asunto más pertinente al Espíritu Santo y la doctrina de la Trinidad es si la Santa Escritura representa al Espíritu Santo no solo como personal sino también como una persona distinta de las personas del Padre y del Hijo. Creo que esto lo hace, por las siguientes razones:

1. Se usan pronombres personales de Él (Jn. 15:26; 16:13–14; ver particularmente Hch. 10:19–20: «le dijo el Espíritu: He aquí, tres hombres te buscan… porque yo los he enviado» (ver 11:12); Hechos 13:2: «el Espíritu Santo dijo: Apartadme a Bernabé y a Saulo para la obra a la que los he llamado"»);
2. Se le atribuyen propiedades personales, como entendimiento o sabiduría (Is. 11:2; 1 Co. 2:10-11), voluntad (1 Co. 12:11; Jn. 3:8) y poder (Is. 11:2; Mi. 3:8; Hch. 10:38; Ro. 15:13; Ef. 3:16).
3. Se le atribuyen actividades personales: habla (Mr. 13:11b; Hch. 13:2; 21:11; 1 Ti. 4:1; Heb. 3:7; 10:15), revela (Lc. 2:26; 1 P. 1:11), guía a toda la verdad (Jn. 16:13), enseña (Lc. 12:12; Jn. 14:26), consuela, aconseja, ayuda y ama al creyente (Jn. 14:16, 26; 15:26; 16:7; Ro. 15:30; Stg. 4:5), alienta (Hch. 9:31), advierte (1 Ti. 4:1), nombra a un cargo (Hch. 13:2; 20:28), se le puede entristecer (Is. 63:10; Ef. 4:30), se le puede mentir (Hch. 5:3), se le puede resistir (Hch. 7:31), y puede ser blasfemado (Mt. 12:31–32).

Estos datos muestran que el Espíritu Santo es, como Cristo, una persona divina. Por lo tanto, tenemos que ver con tres personas divinas en la Deidad: Dios el Padre (para cuya deidad no hemos ofrecido ningún argumento separado ya que nunca ha sido cuestionado seriamente en la iglesia), Dios el Hijo y Dios el Espíritu Santo.

*****

Hoy en día, muchos «doctores de la iglesia» modernos buscarían liberar a la iglesia de su «esclavitud de todos los modelos arcanos de trascendencia vertical». Pero el cristiano no debe tener dudas de que la evidencia bíblica de la doctrina de la Trinidad está de su lado: la Biblia no conoce otro Dios que el único Dios vivo y verdadero que ha existido eternamente como el Padre, el Hijo y el Espíritu Santo —*tres personae in una substantia*. Fue el reconocimiento de este hecho el que subyace a la declaración de Gregorio de Nacianceno (c. 329-c. 389): «No puedo pensar en el uno, pero estoy inmediatamente rodeado por el esplendor de los tres, ni puedo descubrir claramente a los tres, sino que de repente soy llevado de regreso al uno».[145] Juan Calvino también declaró que Dios «se proclama a sí mismo como el único Dios de tal manera que se ofrece a sí mismo para ser contemplado claramente en tres personas. A menos que los comprendamos, sólo el nombre desnudo y vacío de Dios revolotea en nuestro cerebro, con exclusión del Dios verdadero» (Institución, 1. xiii, 2). Además, si a la personalidad trina de Dios se le da el lugar que le corresponde en la soteriología bíblica, los diversos aspectos de la salvación, como veremos, encajan como «guante en mano» y forman un todo glorioso y armonioso, si uno rechaza la personalidad trina de Dios, tanto la salvación

---

[145] Gregory of Nazianzus, *Oratio 41*, *Patrologia Graeca*, ed. por J.P. Migne (Paris, 1857–1866), 36, 417.

del Antiguo como del Nuevo Testamento, particularmente la última, quedan en total confusión. Y uno pierde todo menos una percepción vacía de Dios para comenzar.

Por consiguiente, la iglesia de Jesucristo ha incluido gustosamente en su himnario himnos tan amados como el de Reginald Heber.

¡Santo, Santo, Santo, Señor Dios Todopoderoso!
De madrugada elevaremos nuestro cántico a Ti;
¡Santo, santo, santo! ¡Misericordioso y poderoso!
¡Dios en tres personas, bendita Trinidad!

y el himno anónimo:

Ven, rey todopoderoso, ayúdanos a cantar tu nombre,
Ayúdanos a alabar:
Padre, todo glorioso, todo victorioso,
Ven y reina sobre nosotros, Anciano de días.

Ven, verbo encarnado, ciñe tu espada poderosa,

Nuestra oración atiende:

Ven, y tu pueblo bendice, y da éxito a tu palabra;
Espíritu de santidad, desciende sobre nosotros.

Ven, santo consolador, tu sagrado testimonio da
En esta hora alegre:
Tú, que eres todopoderoso, ahora gobiernas en cada corazón,
Y ninguno de nosotros se aparta, Espíritu de poder.

Al gran Uno en Tres sean alabanzas eternas,
Desde ahora y para siempre.
Su soberana majestad, que en gloria veamos,
Y por la eternidad amar y adorar.

9 | LA TRINIDAD EN LOS CREDOS

ANÁLISIS DEL CREDO NICENO Y SU CRISTOLOGÍA

Es a la luz de los datos bíblicos que hemos examinado en el capítulo ocho, que los cristianos de los tres primeros siglos (tan monoteístas en su visión como el antiguo Israel, y que, de hecho, creían que rendían culto al Dios de Israel al hacerlo a Dios Padre, el Señor Jesucristo, y al Espíritu Santo) comenzaron a formular su doctrina de Dios en términos trinitarios. Esto quiere decir que el trinitarianismo de la primera iglesia fue una deducción apropiada y necesaria de su convicción de que tanto Jesucristo como el Espíritu Santo eran personas divinas. El proceso mismo de formulación que se precipitó en los primeros tres siglos, particularmente a causa del surgimiento del gnosticismo y la cristología del Logos en el s. II, del sabelianismo del s. III, y del arrianismo de principios del s. IV., llevó a la iglesia a una cristalización básica pero real de la doctrina del Credo Niceno del 325 d. C. Este credo del Primer Concilio Ecuménico afirma lo siguiente:

Creemos en un Dios Padre, Todopoderoso, Creador de todas las cosas visibles e invisibles;

Y en un Señor Jesucristo, el Hijo de Dios, engendrado del Padre, unigénito, esto es, de la esencia del Padre *[ἐκ τῆς οὐσίας τοῦ πατρός, ek tēs ousias tou patros]*, Dios de Dios *[θεὸν ἐκ θεοῦ, theon ek theou]*, Luz de Luz, Dios verdadero de Dios verdadero *[θεὸν ἀληθινὸν ἐκ θεοῦ ἀληθινοῦ, theon alethinon ek theou alēthinou]*, engendrado no creado, *de la misma esencia del Padre [ὁμοούσιον τῷ πατρί, homoousion to patri]*, por medio del cual todas las cosas vinieron a la existencia, tanto en el cielo como en la tierra; quien por nosotros los hombres y por nuestra salvación bajó y se encarnó, haciéndose humano. Él sufrió y resucitó al tercer día, y ascendió a los cielos. Y vendrá a juzgar a los vivos y a los muertos. Y *[creemos]* en el Espíritu Santo.

Pero aquellos que dicen que una vez no fue, o que Él no era antes de su generación, o que salió de la nada, o que afirman que Él, el Hijo de Dios, es de una *hipóstasis* o *ousía* diferente, o que Él es una criatura, o que es cambiante, o mutable, son declarados anatema por la Iglesia Católica y Apostólica..[1]

SUS AFIRMACIONES PRINCIPALES

Mediante este credo, el Concilio Niceno afirmó, en primer lugar, que la iglesia continuaría siendo una iglesia trinitaria (véase la forma «trinitaria» del anterior Antiguo Símbolo Romano). Su compromiso trinitario resulta evidente en la entrega misma del Credo: «Creemos en un Dios Padre, Todopoderoso, Creador de todas las cosas visibles e invisibles, y en un Señor, Jesucristo..., de la esencia del Padre, por medio del cual todas las cosas vinieron a existencia, tanto en el cielo como en la tierra..., y en el Espíritu Santo».

En segundo lugar, al confesar la fe en la ὁμοούσια, *homoousia*, («misma esencia») del Hijo con el Padre, lo cual es una parte esencial de la doctrina de la Trinidad, y al describirlo como «verdadero Dios», el Concilio afirmó el continuado compromiso de la iglesia con la plena deidad del Hijo de Dios.

En tercer lugar, al confesar su fe en los términos en que lo hizo, el Concilio, con su doctrina de la ὁμοούσια, *homoousia*, distanció a la iglesia de todas las formas de politeísmo,

---
[1] Véase el Capítulo dieciséis, 505-538, para mi discusión de los antecedentes históricos y teológicos que llevan al Concilio y los procedimientos de este.

triteísmo y arrianismo.

En cuarto lugar, al distinguir entre Padre e Hijo de la forma en que lo hizo (el Padre engendra eternamente al Hijo, el Hijo está siendo eternamente engendrado del Padre), el Concilio distanció a la iglesia de todas las formas de sabelianismo.

En quinto lugar, al confesar que el único Señor Jesucristo, quien es «verdadero Dios» y «de la esencia del Padre», «por nosotros los hombres y por nuestra salvación bajó y se encarnó, haciéndose humano, sufrió y resucitó al tercer día, y ascendió a los cielos, y vendrá a juzgar a los vivos y a los muertos», el Concilio declaró que la iglesia continuaría presentándose a sí misma como una comunidad redimida con un mensaje de redención, estando en el centro de ese mensaje de forma destacada la verdadera encarnación de Dios en la persona del Hijo, siendo el resultado el Señor divino y humano Jesucristo.

En resumen, el concilio declaró que la iglesia continuaría reteniendo como corazón de su fe, como pieza central de su vida doctrinal y piedad devocional, la verdad del único Dios verdadero y viviente (siendo asegurado su monoteísmo por la cláusula acerca de la «misma esencia»), que eternamente subsiste como tres Personas conscientes de sí mismas en la única unidad divina en la que permanecen en una relación de «Tú—Yo» las unas con las otras (la doctrina de *tres personae in una substantia*). La iglesia, como se determina, también continuaría confesando que la Deidad triuna se reveló a sí misma en la encarnación del Hijo por el poder del Espíritu con propósitos redentores.

TRES CUESTIONES

Esta descripción del concilio acerca del Dios del teísmo cristiano plantea tres cuestiones en particular en lo que respecta a la doctrina ortodoxa de la Trinidad: (1) el significado de «persona» en la construcción trinitaria, (2) la relación de las tres Personas en la esencia divina única, y (3) el significado teológico del instrumento doctrinal que los Padres Nicenos emplearon para distinguir entre el Padre y el Hijo, es decir, la eterna generación que realiza el Padre del Hijo. Cada uno de estas cuestiones requiere un comentario.

EL SIGNIFICADO DE «PERSONA»

¿Cuál es el significado de «Persona» en la representación ortodoxa de la Trinidad? Etimológicamente, la palabra proviene del latín *persona*, de *per*, «a través de», y *sono*, «hablar», por tanto es «hablar a través de» y de ahí la «máscara» a través de la que el actor romano hablaba, y el «personaje» específico que representaba. Es cierto que la palabra en sí no aparece en el Credo Niceno. Pero es la palabra que, remontándose su uso doctrinal a tiempos de Tertuliano, acabó finalmente siendo empleada de manera universal por la iglesia para designar las Tres Personas en el Dios Único, y para distinguirlas de la divina esencia que cada una de ellas es como Dios.

Hoy día los teólogos ortodoxos entienden comúnmente que se refiere al «yo o ego consciente», es decir, a un «centro de conciencia de sí mismo» en el contexto trinitario. Sin embargo, con frecuencia se alega que *persona* no significaba en el siglo IV y V lo mismo que signfica hoy, sino que originalmente se refería solo a los «papeles» que Dios asumía, y que solo desde Descartes y Locke esa «persona» comenzó a definirse como un centro autoconsciente de individualidad, y que, por tanto, por esta moderna divergencia de su primera y original intención, «persona» debería ser desechado como término teológico, al haber perdido su utilidad. ¿Qué hemos de decir en respuesta a esto? En este punto hemos de recordar la opinión de Calvino acerca de que las palabras que la iglesia encuentra útiles después del cierre del canon para servir de ayuda en el entendimiento de la Escritura, son admisibles siempre y cuando afirmen lo que la Escritura misma dice. Admito que no hay nada sacrosanto en la palabra «persona», y que si la iglesia descubriese otra palabra que transmitiese con más precisión la intención de las Escrituras, sería bienvenida. De hecho, estoy seguro de que Calvino habla por todos los cristianos cuando escribe:

> Podría desear que ellas [es decir, las palabras griegas ὁμοούσια, *homoousia*, οὐσια, *ousia*, πρόσωπον, *prosōpon*, y la del latín *substantia, persona*] fueran enterradas si todos los hombres estuvieran de acuerdo en esta fe: que el Padre, el Hijo y el Espíritu son un Dios, y, sin embargo, el Hijo no es el Padre, ni el Espíritu el Hijo, sino que se diferencian por una cualidad peculiar.[2]

John Murray también advierte:

> Hemos de evitar con celo el peligro de adjuntar la formulación de la doctrina de la Trinidad a ciertos términos de invención meramente humana si estos términos han mostrado ser inadecuados o engañosos, y no hemos de permitir que la doctrina de la Trinidad sea prejuzgada por las fluctuaciones en el significado a las que las palabras están sujetas en diferentes periodos de pensamiento.[3]

Sin embargo, habiendo expuesto estas consideraciones, Murray además escribe:

> Con referencia a la palabra «persona»... no parece... que el cambio alegado desde el tiempo de Descartes y Locke haya anulado la propiedad en el empleo de la palabra... con referencia a las distinciones y diferenciaciones que son inmanentes y eternas en Dios... ¿por qué habríamos de tener ninguna duda al pensar en la «autoconciencia» como algo predicable de cada una de las personas de la Deidad? ¿Por qué habríamos de tener dificultad en ver a cada persona como «un centro distinguido de conciencia»?... ¿Acaso la Escritura no representa al Padre dirigiéndose al Hijo como «Tú», y el Hijo al Padre como «Tú»?... Y lo mismo es cierto del Espíritu si la distinción trinitaria se aplica a Él de la misma forma que al Padre y al Hijo. ¿Y acaso no nos enseña la Escritura a dirigirnos a las personas de la Trinidad en su distinción así como en su unidad? Si hemos de dirigirnos al Padre en su distinción como Padre que está en el cielo, su «Tú» ha de ser distinto del «Tú» del Hijo y del Espíritu. Socava el testimonio bíblico de los elementos de la doctrina de la Trinidad el afirmar la unidad... de esencia como si esta obstaculizara o fuera inconsistente de algún modo con la realidad de la autoconciencia distintiva de las personas en referencia de las unas a las otras... Apenas se puede evitar la sospecha de una inclinación unitaria cuando no se logra apreciar la distintiva autoconciencia en las tres personas de la Deidad.[4]

Estoy de acuerdo, e instaría, a pesar de las reservas que algunos teólogos modernos han expresado con respecto al término, que hasta que surja otro que sea de más utilidad a la iglesia, esta debería continuar utilizando «persona» para designar y distinguir entre el Padre, el Hijo y el Espíritu Santo como Egos reales, distintos y conscientes de sí mismos dentro de la Deidad.

LA RELACIÓN DE LOS TRES AL UNO

¿Cuál es la relación de las tres Personas de la deidad con la esencia divina única? Es cierto que se trata de un asunto extremadamente complejo.

Los credos trinitarios (Niceno, Niceno-Constantinopolitano), en conformidad con la Escritura, enseñan que solo hay un Dios (Dt. 6:4; Is. 45:5; Ro. 3:30; 1 Co. 8:4; 1 Ti. 2:5; Stg. 2:19). También enseñan, de nuevo en conformidad con la Escritura, que han existido tres Personas eternamente en la Deidad, a saber, el Padre, el Hijo, y el Espíritu Santo (Mt. 28:19; Jn. 14:16–26; 15:26; 16:5–15; 1 Co. 12:3–6; 2 Co. 13:14; Gal. 4:4–6; Ef. 1:3–14; 2:18; 4:4–6; Tit. 3:4–6; 1 P. 1:2; Jud. 20–21; Ap. 1:4). Así que cualquier cosa que digamos con respecto a este asunto ha de hacerse con cuidado de preservar tanto la unidad de Dios (su ser numéricamente único, indivisible, e inmutable) y su aspecto triple (su personalidad triple eterna).

Esto significa, en primer lugar, que ya que cada Persona de la Deidad es plenamente Dios,

---

[2] Juan Calvino, *Institución*, I.xiii.5.
[3] John Murray, *Collected Writings of John Murray* (Edinburgh: Banner of Truth, 1982), 4:278.
[4] Murray, *Collected Writings*, 4:278–79.

cada una de estas Personas tienen en sí misma la entera plenitud del ser de Dios (véase Col. 2:8). No hemos de pensar en las tres Personas como si ocuparan un tercio del ser de Dios. Al ser Dios cada una de ellas, cada Persona posee el único ser completo de Dios. Esto significa que las tres Personas juntas no han de considerarse como un ser divino mayor que cualquiera de las Personas vista de forma individual, y también que cualquiera de las Personas vista de forma individual no ha de considerarse menos un ser divino que las tres vistas en conjunto. También significa que cada Persona posee todos los atributos del Dios único, o, por decirlo de otra manera, cada persona posee el ser completo y no dividido de Dios.[5]

Esto significa, en segundo lugar, que dado que las tres Personas son tan reales y eternas como el ser divino único que cada una posee, hemos de concebir a las Personas como «egos» distintos (*no* separados), poseyendo cada uno de ellos sus propiedades distintivas e incomunicables, que los diferencian de los otros dos. Comúnmente se dice que la propiedad distintiva del Padre es su paternidad, que la propiedad distintiva del Hijo es su filiación o calidad de hijo, y que la propiedad distintiva del Espíritu es su espiración o procesión.

Esta representación del «uno» y los «tres» *no* significa que la Trinidad es una contradicción. Los credos de la iglesia han sido celosos a la hora de evitar la apariencia misma de contradicción empleando para uno de los sustantivos («Dios» o «Deidad») el numeral «un» o «una» y para el sustantivo «Personas» el numeral tres. La iglesia siempre ha enseñado que «en la unidad de la Deidad existen tres personas» (*Confesión de Fe de Westminster*, II/iii). Así pues, cuando la Biblia se refiere a «el Padre», «el Hijo», y «el Espíritu Santo», tiene la intención de que pensemos en tres Personas. Cuando se refiere a «Dios», se refiere bien a la Deidad trina construida en su plenitud unitaria (véase Gn 1:26), o a alguna de las personas de la Deidad, determinándose cuál específicamente por el contexto. Si se interpreta de esta forma, *¡el Dios trino es un ser complejo, pero no una contradicción!*

Esto significa, en tercer lugar, que mientras hemos de afirmar, si queremos ser fieles a la Escritura, que cada Persona es distinta, aun así, debido a la realidad de su igualdad en esencia divina (la famosa ὁμοούσια, *homoousia* nicena), nunca podemos pensar con propiedad que estas tres personas existen independientementes la una de la otra. Dios Padre es eternamente «el Padre del Hijo» y Dios Hijo es eternamente «el Hijo del Padre», mientras que Dios Espíritu Santo es eternamente «el Espíritu de Dios [Padre]» y «el Espíritu de Cristo [el Hijo]».

Por tanto, al describir la unidad de la Trinidad, y perteneciendo esa unidad a su esencia divina, hemos de hablar de la igualdad de su «sustancia», «esencia», «ser» o «naturaleza». Es decir, cada Persona posee la sustancia, esencia, ser o naturaleza divina única. Por ejemplo, cada Persona es *esencialmente* omnisciente, es decir, conoce todas las cosas (el Padre, 1 Juan 3:20; el Hijo, Mt 11:27; el Espíritu Santo, 1 Co. 2:11). Pero al designar las distinciones entre los Egos autoconscientes en sí mismos, hemos de emplear el término «personas» (o

---

[5] La doctrina de Capadocia conocida como la περιχώρησις, *perichōrēsis* (siendo el equivalente latino, *circumincessio*) (la doctrina de la interpenetración *ontológica* de las Personas o co-inherencia mútua o habitación de las tres Personas dentro de la Deidad) —que se piensa que fue enseñada por Jesús en su declaración: «El Padre está en mí, y yo [estoy] en el Padre» (Jn. 10:38; véase 14:10, 11; 17:21)— enseña que esta habitación mutua es una característica vital de la unidad divina. Aunque la doctrina es necesariamente cierta, dado el simple hecho que el Dios trino es *un* ser divino, advertiría que no está completamente claro desde el contexto de Juan que nuestro Señor quisiera hablar de esta interpenetración ontológica entre las personas del Padre y el Hijo cuando dijo esto. ¿Podían deducir los contemporáneos de Jesús, simplemente observando sus obras, la doctrina de la coinherencia ontológica o interpenetración de las Personas de la Deidad? Sin embargo, podrían haber deducido de la observación de sus obras milagrosas que su ministerio estaba de acuerdo con la voluntad de Dios y disfrutaba de la bendición del Padre, y que, por tanto, el Padre estaba en cierto sentido *en unión* con Jesús y Jesús *en unión* con el Padre.

Entonces, cuando los teólogos reformados interpretan la preposición ἐν (*en*) de Pablo en la frase ἐν Χριστῷ, *en Christō*, y su frase Χριστὸς ἐν ὑμῖν, *Christos en humin*, (Col. 1:27), que es la misma preposición que aparece en Juan 10:38, ¿no son consistentes al decir que las frases de Pablo hablan de la unión vital y espiritual del cristiano con Jesucristo? ¿Diría alguno que las frases hablan de la coinherencia ontológica mutua o de la interpenetración de personas entre sí? Cuando Jesús oró que todo su pueblo «sean uno; *como tú*, [καθὼς, *kathōs*] oh Padre, en mí, y yo en ti, que también ellos sean uno *en nosotros*» (Juan 17:21), y cuando afirmó que la gloria que el Padre le había dado, Él la había dado a su pueblo «*para* [ἵνα, *hina*] que sean uno, *así como* [καθὼς, *kathōs*] nosotros somos uno» (Juan 17:22), ¿diría alguien que estaba enseñando que los cristianos conocerían en algún momento una coinherencia ontológica mutua entre sí o una interpenetración de personas? ¿Acaso no dicen los teólogos reformados que estaba orando por la unidad espiritual *observable* de la iglesia en cuanto a su propósito en amor y acción en este mundo?

Sea lo que sea que decidamos acerca de la doctrina de la *perichōrēsis* (la cual acepto no por Juan 10:38, sino por la unidad unitaria de Dios), hemos de tener una garantía suficiente en las enseñanzas de la Biblia de que las tres Personas (Mt. 28:19), cada una plenamente Dios (Col. 2:8), siguen siendo *un* Dios (Ro. 3:30; 1 Co. 8:4; 1 Ti. 2:5; Stg. 2:19) para afirmar la idéntica esencia numérica de las tres.

«hipóstasis») para destacar la verdad de que existe una *diferencia subjetiva* autoconsciente y real en la profundidad del Ser divino único, y que se corresponde con los títulos Padre, Hijo y Espíritu.

Algunos críticos han afirmado que la doctrina ortodoxa de la Trinidad no puede evitar el triteísmo, la idea de que la Trinidad no es un Dios, sino tres Dioses. Pero, ¿es cierto esto? No lo creo, porque toda forma de triteísmo real exige tres Dioses *separables* y *distinguibles*, es decir, uno de ellos podría ser eliminado sin menoscabar la «divinidad» de los otros en modo alguno. Pero si cualquiera de los tres «centros de autoconciencia» dentro de la Trinidad fuera eliminado de la Deidad, dicha eliminación acabaría con la unidad de la misma, y acabaría necesariamente en la eliminación de datos procedentes del conocimiento de las otras dos personas, resultando por tanto en un menoscabo de su omnisciencia, que es inmutable. De manera simple, la omnisciencia inmutable y compartida de las tres Personas de la Deidad significa que la posibilidad de cualquier separación triteísta queda anulada. Por tanto, hemos de afirmar que solo existe un ser divino, y que cada Persona de la Deidad posee este ser divino al completo, una Unión en Trinidad y una Trinidad en Unión.

La generación eterna del Hijo por el Padre

Abordamos ahora el asunto extremadamente complejo de la distinción nicena entre el Padre y el Hijo por medio de su doctrina de la generación eterna, la cual Louis Berkhof define con aprobación como «ese acto eterno y necesario de la primera persona de la Trinidad por el que Él, dentro del Ser divino, es la base de una segunda subsistencia personal como la suya, y pone a esta segunda persona en posesión de toda la esencia divina, sin división, alineación o cambio alguno».[6]

El significado antiguo y medieval

Hemos de comenzar aclarando lo que los Padres Nicenos intentaban expresar con sus frases «engendrado del Padre», «del mismo ser [οὐσίας, ousias] del Padre» y «Dios de Dios, Luz de Luz, Dios verdadero de Dios verdadero». En mi investigación personal, he descubierto que los pastores evangélicos que utilizan la última expresión «Dios verdadero de Dios verdadadero» desde sus púlpitos como una descripción de Cristo, creen que la frase es simplemente una convención literaria sobre la analogía de frases como «Rey de reyes» y «Señor de señores», pensada para denotar un grado superlativo. Sin embargo, una reflexión superficial mostrará que si esta fuera la intención de la frase, la segunda ocurrencia de la palabra «Dios» debería ser plural y en minúscula, con «d», y eso haría que el «verdadero» que la acompaña fuera inapropiado. Ya que no es así como la frase se construye, debería resultar obvio que no se tiene simplemente la intención de exaltar al Hijo por encima de todos los dioses falsos que los hombres imaginan y adoran.

La frase es, por supuesto, nicena. Y cuando los Padres Nicenos emplearon la frase, lo hicieron para distanciar a la iglesia del sabelianismo (lo cual era una preocupación muy apropiada y elogiable). Estaban diciendo que el Padre y el Hijo poseen propiedades distintivas (ἰδιότητες, [idiotētes]) que no permiten que el «Padre» y el «Hijo» sean simples modalidades revelacionales mediante las cuales «la Mónada divina indiferenciada se manifiesta a sí misma a su creación» (la herejía modalista). Lo que estaban diciendo es que solamente el Padre es no engendrado. El Hijo, sin embargo, es engendrado por el Padre, sucediendo esto por medio de un acto eterno de continua generación por parte del Padre, pero en un sentido tal, que el Hijo está siendo «engendrado, no creado». ¿Qué quiere decir esto de manera precisa? Quiere decir que estos Padres enseñaron que el Padre es la Fuente del Hijo, y que el Hijo deriva su ser esencial como Dios del Padre (véase el «del mismo ser del Padre») por medio de un acto

---

[6] Louis Berkhof, *Systematic Theology* (Grand Rapids: Eerdmans, 1949), 94.

de engendramiento del Padre «que siempre continúa y nunca se completa». En resumen, solamente el Padre tiene ser por sí mismo; el Hijo deriva eternamente su ser del Padre. Tanto en tiempos nicenos como posteriores, esta doctrina de la generación eterna del Hijo por el Padre fue apoyada principalmente por cuatro argumentos: (1) se decía que los títulos mismos de «Padre» e «Hijo» implican que el Padre genera al Hijo; (2) se pensaba que el término μονογενής, *monogenēs*, (Juan 1:14, 18; 3:16; 1 Juan 4:9) enseñaba que el Padre engendraba al Hijo; (3) Juan 5:26, declara expresamente que el Padre, quien tiene vida en sí mismo «también ha dado al Hijo el tener vida en sí mismo», y se pensaba que esto enseñaba que el Padre comunica la esencia divina al Hijo; y (4) 1 Juan 5:18b —«Aquel que fue engendrado por Dios le guarda»— se decía que enseñaba de manera explícita que el Hijo era generado por el Padre.[7]

Con respecto al primer argumento, los títulos «Padre» e «Hijo» no han de cargarse respectivamente con las ideas occidentales de origen del ser y superioridad esencial por una parte, y de subordinación y dependencia por otra. En lugar de eso, deberían verse en el sentido bíblico como que denotan, en primer lugar, la igualdad de la naturaleza, y, en el caso de Jesús, la igualdad con el Padre con respecto a su deidad (véase Juan 10:30–36), y, en segundo lugar, el afecto recíproco infinito.[8] En cuanto al segundo argumento, existe un consenso general entre los académicos de hoy en que μονογενής, *monogenēs*, no significa «unigénito», aludiendo a alguna forma de generación, sino más bien «único», «único en su especie» o «sin igual».[9] Por ejemplo Warfield escribe: «El adjetivo "unigénito" no transmite la idea de derivación y subordinación, sino de unicidad y consustancialidad: Jesús es todo lo que Dios es».[10] En cuanto al tercer argumento, los teólogos y comentaristas no han llegado a un consenso en absoluto acerca de si las palabras de Juan 5:26 se refieren a una dotación ontológica. Es enteramente posible, y de hecho mucho más probable, que se refieran a un aspecto de la investidura mesiánica del Hijo *encarnado*. Juan 5:22–23 precede a este versículo, y se refiere a su autoridad designada para juzgar, que es claramente un aspecto de su papel mesiánico, y también lo es el pensamiento similar del 5:27 que le sigue. Según esto, el 5:26, haciendo un paralelismo con el 5:27, parece proporcionar el fundamento por el que el Hijo puede resucitar a los muertos: Se debe a que es una de las prerrogativas de su investidura mesiánica.[11] Con respecto al cuarto argumento, no está en absoluto claro que 1 Juan 5:18b enseñe que el Padre genera eternamente al Hijo. Por ejemplo, Raymond E. Brown, discute cinco interpretaciones que han sido propuestas por los académicos sobre esta relevante afirmación, optando él finalmente por la idea de que «Aquel que fue engendrado por Dios» se refiere al cristiano al que Dios capacita para guardarse a sí mismo.[12] Incluso aquellos que disputan que la frase se refiere a Jesús (y la mayoría de los traductores optan por este punto de vista) han de reconocer que no está claro si Juan tenía en mente un engendramiento esencial. De hecho, de los muchos comentaristas que consulté, ninguno de los que aplicaban la frase a Jesús afirmaba que Juan estaba refiriéndose a la generación eterna del Hijo por el Padre. La única conclusión que podemos sacar con justicia de estos datos es que la Escritura proporciona poca o ninguna garantía clara para especular que los Padres

---

[7] Francis Turretin en sus *Institutes of Elenchtic Theology* (Phillipsburg, N.J.: Presbyterian and Reformed, 1994), tercer tópico, Pregunta XXIX, afirma que la doctrina también se enseña y prueba en el Salmo 2:7, Proverbios 8:22–31, Miqueas 5:2, Colosenses 1:5 y Hebreos 1:3. Su exégesis es sin embargo más asertiva que probatoria, más escolástica que bíblica.
[8] Véase Benjamin B. Warfield, «la doctrina de la Trinidad de Calvino», *The Works of Benjamin B. Warfield* (Reedición: Grand Rapids: Baker, 1991), V:278, fn. 136.
[9] Se ha de mencionar de pasada que si Jesús hubiera sido el «unigénito» hijo biológico de María, tal y como afirma el catolicismo, Lucas podría haber informado a sus lectores de este hecho utilizando μονογενής, *monogenēs*, en Lucas 2:7 tal y como lo hizo en Lucas 7:12, 8:42, y 9:38. Sin embargo, empleó πρωτότοκος, *prōtotokos*, que significa «primogénito», implicando que tuvo otros hijos después de dar a luz a Jesús.
[10] Benjamin B. Warfield, «The Person of Christ» *Works*, II:194; véase también Dale Moody, «God's Only Son: The Translation of John 3:16 in the Revised Standard Version», *Journal of Biblical Literature* LXXII (1953), 213–19; y Richard N. Longenecker, "The One and Only Son," en *The Making of the NIV* (Grand Rapids: Baker, 1991), 117–24.
[11] Véase Charles Hodge, *Systematic Theology* (Grand Rapids, Eerdmans, n. d.), I:470–71.
[12] Raymond E. Brown, *The Epistles of John* (AB) (New York: Doubleday, 1982), 620–22.

Nicenos establecieran una base sólida para las propiedades distintivas del Padre y del Hijo. De hecho, cuando enseñaron que el Padre es el «origen» (ἀρχή, *archē*, or *fons*), «fuente» (πηγή, *pēgē*) y «raíz» (ῥίζα, *rhiza*) del Hijo, y que el Hijo a su vez es Dios *de* (ἐκ, *ek*) Dios, es decir, que fue engendrado del ser del Padre por un acto *continuado* de engendramiento por parte del mismo, estaban, sin proponérselo, negando al Hijo el atributo de la autoexistencia, que es un atributo esencial a la divinidad. Entre los Padres hubo excepciones, tales como la de Cirilo y el más tardío Agustín, que no enseñaron esto.

Los Padres Nicenos estaban satisfechos con haber guardado cuidadosamente la plena divinidad del Hijo al afirmar la *homoousia* e insistir en que el Hijo fue «engendrado, no creado». Y no hay duda de que esto resguardó su divinidad. Pero su lenguaje («del ser del Padre», «Dios de Dios»), a pesar de su encomiable intención de distanciar a la iglesia del sabelianismo por medio de este, sugiere la subordinación del Hijo al Padre, no solo en su modo de operación, sino también en cierto modo *esencial* al no ser Dios por sí mismo. Y esto se convirtió en gran medida en la doctrina de la iglesia y no fue desafiado durante bastante más de mil años.

La cualificación de la Reforma

En el siglo XVI, Juan Calvino disputó la subordinación del Hijo al Padre en lo que respecta a su esencia divina en sus debates con el hereje Valentinus Gentilis, que defendía que solamente el Padre es αὐτόθεος, *autotheos*—«Dios en sí mismo», y con Miguel Servet, el unitario. Citando a Agustín, Calvino escribe:

> Cristo es llamado Dios con respecto a sí mismo, e Hijo con respecto al Padre. Asímismo, el Padre es llamado Dios con respecto a sí mismo, y Padre con respecto al Hijo. En tanto que es llamado Padre respecto del Hijo, no es el Hijo. En tanto que es llamado Hijo respecto del Padre, no es el Padre. En tanto que son llamados Padre con respecto a sí mismo e Hijo con respecto a sí mismo, son el mismo Dios.

De esto, Calvino concluye:

> Por tanto, cuando hablamos simplemente del Hijo con respecto al Padre, es apropiado y hacemos bien en declarar que lo es *de sí mismo*; y por esta razón lo llamamos el único principio. Pero cuando destacamos la relación que tiene con el Padre, hacemos bien en hacer del Padre el principio del Hijo (*Institución*, I.xiii.19, énfasis añadido).

Lo que Calvino afirma aquí es que el Hijo, en referencia a sí mismo, es Dios por sí mismo,[13] pero en relación con su Padre, deriva su *identidad hipostática* de su relación con Él. En este sentido *relacional,* Calvino está dispuesto a hablar de que el Padre «engendra» al Hijo (véase *Institución*, I.xiii.7, 8,18,23, 24). En el hecho de que el Nuevo Testamento emplea el nombre divino Yahweh como una adscripción titular de Cristo, Calvino también declara que todo lo que está implícito en el nombre, incluyendo su autoexistencia, es igual de cierto para el Hijo que para el Padre (*Institución*, I.xiii.23).[14] Además, aunque Calvino diría que el término «Dios» se aplica a veces al Padre «porque es la fuente original y comienzo de la deidad— y esto se hace para hacer notar la unidad simple de la esencia» (*Institución*, I.xiii.23), explica que lo que quiere expresar con esta frase de «comienzo de la deidad» no es «*la concesión de la esencia...,* sino la razón del orden» (*Institutes*, I.xiii.26). Por eso, él admite «que en lo que respecta al orden... el comienzo de la divinidad está en el Padre» (*Institución,* I, xiii.24). Así que no hay duda de que Calvino abrazaba la doctrina de la eterna generación del Hijo como algo cierto con respecto a su identidad hipostática, es decir, con respecto a su condición de Hijo, y que empleó la doctrina para distinguir entre el Padre y el Hijo con respecto a su orden,

---

[13] Estoy de acuerdo, pero cuando digo que las tres Personas de la Deidad lo son «por sí mismas», no quiero decir que posean la cualidad de la aseidad independientemente la una de la otra. Eso implicaría el triteísmo. Lo que quiero decir es que, en el hecho de que cada uno es plenamente Dios, *comparten* la cualidad de la aseidad, inherente en la esencia divina única.

[14] Charles Hodge, *Systematic Theology*, I:467, declara que este argumento de Calvino es «concluyente».

pero no abrazaba la doctrina como cierta en lo que respecta a la esencia divina del Hijo. Concluyó su tratamiento de la doctrina de la Trinidad declarando que la antigua especulación de que la «generación eterna» del Hijo *siempre* continúa era de «poco provecho», innecesariamente «gravosa», un «problema inútil» y «necia».

> ... aunque soy celoso por la edificación de la iglesia, siento que es más aconsejable no tocar tantas cosas que serían de poco provecho y que cargarían a mis lectores con inútiles problemas. Porque ¿qué sentido tiene disputar si el Padre engendra o no eternamente? Ciertamente es necio imaginar un acto continuo de engendramiento, ya que resulta claro que las tres personas han subsistido en Dios desde la eternidad (*Institución*, I.xiii.29).

No queriendo que el hereje Valentinus Gentilis pudiera afirmar que él, al insistir en la autoexistencia del Hijo, estaba de algún modo en desacuerdo con la tradición de los credos de la antigua iglesia, Calvino escribe en su prefacio a su *Expositio impietatis Valen. Gentilis* (1561):

> ... *las palabras del Concilio Niceno dicen: Deum esse de Deo.* Confieso que es un dicho duro [*dura locutio*], pero para eliminar su ambigüedad, nadie puede resultar ser un intérprete más adecuado que Atanasio, que lo dictó. Y ciertamente la idea de los padres [puede que tuviera particularmente en mente a Cirilo y Agustín en este punto] no era otra que mantener el origen que el Hijo toma del Padre con respecto a la Persona, sin oponerse en modo alguno a la igualdad de esencia y deidad en los dos, de manera que en cuanto a esencia el Verbo es Dios *absque principio* [sin principio], aunque en Persona el Hijo tiene Su *principium* [principio (pero con referencia al orden)] en el Padre.

Por su frase «un dicho duro» Calvino parece significar que «la forma de la afirmación es inexacta— requiriéndose que el término *Deus* se tome en cada caso que aparece en sentido personal y no natural—y eso, siendo inexacto, puede ser mal usado en interés de defender la idea de un Dios creado»,[15] que es lo que estaba enseñando el hereje Gentilis. También podría haber intentado sugerir que una forma menos ambigua (él afirma específicamente que existe «ambigüedad» con respecto a esto) debería haberse usado para expresar que el Hijo toma su origen con respecto a Su Persona del Padre, algo distinto de la locución *Deus de Deo*, que ciertamente puede ser malentendida como una enseñanza de que el Hijo debe su esencia divina al Padre. Pero en cualquier caso, es bastante claro que Calvino, al hablar de la «batología» del credo,[16] estaba dispuesto a ser crítico con el lenguaje del Credo Niceno y, sin duda, con parte del entendimiento que estaba tras el mismo.

Los sucesores de Calvino en Ginebra, Teodoro Beza y Josías Simler, así como la masa de maestros reformados representativos, tales como Danaeus, Perkins, Kerckermann, Trelcatius, Tilenus, Polanus, Wollebius, Scalcobrigius, Altingius, Grynaeus, Schriverius, Zanchius, Chamierus, Zadeel, Lectius, Pareus, Mortonus, Whittaker, Junius, Vorstius, Amesius, Rivetus, y Voetius, todos enseñaron que Cristo ha de ser llamado apropiadamente αὐτόθεος, *autotheos*. Seguramente fue la presencia de esa masa de maestros reformados representativos lo que llevó a Gerald Bray a afirmar que:

> los reformadores protestantes, a pesar de sus vínculo con la tradición agustiniana, ... tenían una visión de Dios que era fundamentalmente distinta[17] de cualquier cosa *que hubiera sido antes,* o que haya aparecido desde entonces.[18]

Una de las formas en que su visión de Dios «*fundamentalmente* distinta» se distinguía del pasado, de acuerdo con Bray, era precisamente su creencia de que «las personas de la Trinidad

---

[15] Warfield, «Calvin's Doctrine of the Trinity», *Works*, V:249.
[16] En su disputa con Peter Caroli, Calvino se refiere a la «batología» del Credo Niceno, no para contradecir las palabras, sino para simplemente dejar claro a todos que él no se sentía «confinado a las palabras mismas de las antiguas fórmulas en su expresión de la doctrina de la Trinidad» (Warfield, «Calvin's Doctrine of the Trinity», *Works*, V:210 11).
[17] Probablemente, «fundamentalmente diferente» son palabras un poco fuertes. «Diferente en algunos aspectos» creo que sería una descripción más cierta.
[18] Gerald Bray, *The Doctrine of God* (Downers Grove, Ill.: InterVarsity, 1993), 197.

son iguales en todo aspecto»,[19] una posición, según dice Bray, que, aunque tiene su origen en el Credo de Atanasio, ha sido calificada en la tradición medieval con el significado de que «el Padre era reconocido como la fuente de divinidad en maneras en que no lo eran las otras dos personas».

Opinión reformada más reciente

Desde los días de la Reforma, muchos teólogos reformados respetados han discutido esta doctrina y la forma en que Calvino la trata. Algunos clérigos protestantes, tales como George Bull y John Pearson, han escrito en defensa de las afirmaciones trinitarias del Credo Niceno. Esto es lo que tres teólogos reformados norteamericanos han escrito acerca de Nicea y el tratamiento que hace Calvino de la trinidad:

Charles Hodge. Hodge, sistemático del siglo XIX del Princeton Theological Seminary, declara que la excepción ha de hacerse, *no de los hechos mismos* de la subordinación del Hijo y el Espíritu Santo al Padre y de la naturaleza de la eterna generación del Hijo, sino de *la explicación de ellos que realizan los Padres Nicenos.*[20] Él explica lo que quiere decir de la siguiente manera:

> ... los padres que dieron forma al credo [Niceno], y aquellos por quienes fue defendido, *fueron más allá de [los] hechos* [los hechos de la Escritura con respecto a la subordinación del Hijo al Padre como modo de subsistencia y operación]. Se esforzaron por explicar cuál era la naturaleza de esa subordinación... continuaban hablando del Padre como la Mónada, como de Aquel que, en el orden de pensamiento, contenía toda la Deidad en sí mismo, *de forma que solamente Él era Dios por sí mismo* (αὐτόθεος, *autotheos*, en ese sentido de la palabra), Él era la fuente, la causa, la raíz... de la divinidad que subsiste en el Hijo y el Espíritu; Él era mayor que las otras personas divinas...
>
> ... No hay duda de que es un hecho escritural que la relación entre la Primera y Segunda Persona de la Trinidad se expresa por los términos relativos Padre e Hijo. También se dice que el Hijo es engendrado por el Padre... Por tanto, la relación de la Segunda persona con la Primera es de filiación o la de ser Hijo. Pero ni la Biblia ni el Credo explican lo que se quiere decir con ese término. Puede ser la igualdad de naturaleza... Puede ser la semejanza... Puede ser la derivación de esencia... O puede ser algo completamente inescrutable e incomprensible para nosotros.
>
> Los Padres Nicenos, *en lugar de dejar el asunto donde lo dejan las Escrituras,* se toman la tarea de explicar lo que significa la condición de Hijo, y enseñan que significa una derivación de esencia. *La Primera Persona de la Trinidad es Padre porque comunica la esencia de la Deidad a la Segunda Persona; y la Segunda Persona es Hijo porque deriva esa esencia de la Primera Persona.* Esto es lo que querían expresar con la generación eterna. Con respecto a la cual se enseña,—
>
> 1. Que fue la persona y no la esencia del Hijo lo que se generó. Que la esencia es autoexistente y eterna, pero *la persona del Hijo es generada (es decir, Él llega a ser una persona) por medio de la comunicación que se le hace de la esencia divina.* Se continuó insistiendo en este punto en los periodos posteriores de la Iglesia (Los puntos 2 al 5 de Hodge continúan en la siguiente página).[21]

Hodge escribe lo siguiente con respecto a la actitud de los reformadores respecto de estas especulaciones nicenas:

> Los mismos reformadores estaban poco inclinados a entrar en estas especulaciones. Para mentes como las de Lutero, eran especialmente repugnantes. Él insistió en tomar los hechos escriturales como eran, sin hacer ningún intento por explicarlos...[22]

---
[19] Bray, *The Doctrine of God*, 200.
[20] Charles Hodge, *Systematic Theology*,: 468.: Es bastante interesante que tanto Hodge (*Systematic Theology*, I:462) como Warfield tracen una distinción entre el Credo Niceno como tal y la teología de los Padres Nicenos que lo produjo (Warfield, «Calvin's Doctrine of the Trinity», *Works*, V:250). Al hacer esta distinción, tanto Hodge como Warfield dan su apoyo al Credo tal y como está escrito, a la vez que ponen en cuestión algunos de los pensamientos doctrinales de los Padres Nicenos que están detrás de las formulaciones prácticas del Credo. Encuentro esta distinción algo extraña, por decir poco. Un credo normalmente *contiene* la doctrina y *refleja* la teología de aquellos que lo componen. Esto significa que, en el caso que tenemos entre manos, si somos críticos con la *doctrina* de los Padres Nicenos en ciertas áreas, deberíamos ser igualmente críticos con aquellas *formulaciones* que son producto de esa doctrina y estas aparecen en el Credo Niceno.
[21] Hodge, *Systematic Theology*, I:465, 468, énfasis añadido.
[22] Véase el comentario de Martín Lutero sobre el Salmo 2:7, por ejemplo, en *What Luther Says*, compilado por Ewald M. Plass (St. Louis, Mo.: Concordia: 1959), 1387,

Calvino también se opuso a ir más allá de las simples afirmaciones de las Escrituras.[23]

Después de citar un largo pasaje en latín (como solía hacer) tomado de la *Institución* de Calvino, el I.xiii.19–20, Hodge concluye:

> Aquí tenemos [es decir, en el entendimiento de Calvino de la Trinidad] los tres hechos esenciales involucrados en la doctrina de la Trinidad, es decir, la unidad de esencia, la distinción de personas, y la subordinación *sin intento alguno de explicación*.[24]

Benjamin B. Warfield. Warfield, el gigante teológico del Princeton Theological Seminary de inicios del siglo XX, afirma en su ensayo sobre la doctrina de la trinidad de Calvino:

> Aunque [Calvino] enseñó que el Hijo era engendrado del Padre y que, por supuesto, era engendrado antes de todos los tiempos, o, como decimos nosotros, desde toda la eternidad, *parece haberse apartado de la doctrina de la «generación eterna» tal y como era expuesta por los Padres Nicenos*. Ellos acostumbraban a explicar la «generación eterna»... no como algo que ocurrió de una vez por todas en algún punto del tiempo en el pasado... sino como algo que siempre está sucediendo, *un movimiento perpétuo de la esencia divina de la primera Persona a la segunda, siempre completo y nunca completo. Calvino parece haber encontrado este concepto difícil, sino carente de significado*.[25]

Como prueba de su afirmación, Warfield cita las propias palabras de cierre de Calvino en su *Institución*, I.xiii.29, las palabras que cité más arriba. Warfield también afirma en un segundo artículo:

> Bajo el liderazgo de Atanasio, esta doctrina [la del Dios Trino, uno en ser, pero cuya unidad subsiste en tres Personas cosustanciales] fue proclamada como fe de la iglesia en el Concilio de Nicea en el 325 d. C., y por su esforzada labor y la de «los tres grandes capadocios»,... gano gradualmente la aceptación de toda la iglesia... *El lenguaje [del más tarde así llamado Credo de Atanasio] todavía retiene elementos del discurso cuyo origen debemos a los modos de pensamiento característicos de la cristología del logos del siglo II, fijados en la nomenclatura de la Iglesia por el Credo Niceno del 325 d.C., aunque cuidadosamente guardados allí contra la subordinación inherente en esta cristología, y convertidos más bien en el vehículo de las doctrinas nicenas de la generación enterna del Hijo y la procesión del Espíritu, con la consecuente subordinación del Hijo y el Espíritu al Padre en modos de subsistencia así como de operación*... Se ha visto necesario... de tiempo en tiempo, reafirmar vigorosamente el principio de ecualización, contra la *indebida tendencia a enfatizar los elementos de subordinacionismo que todavía mantienen su lugar en el lenguaje tradicional usado por la iglesia para afirmar su doctrina de la Trinidad*. En particular, recayó en Calvino, en interés de la verdadera Deidad de Cristo (que es el motivo constante de todo el cuerpo de pensamiento trinitario), reafirmar y hacer bueno el atributo de autoexistencia (*autotheotēs*) del Hijo. Así Calvino toma su lugar junto con Tertuliano, Atanasio y Agustín como uno de los principales contribuyentes a la misma y vital afirmación de la doctrina cristiana del Dios trino.[26]

Luego, al comentar con aprobación la doctrina de Calvino sobre la Trinidad en el primer artículo citado, Warfield escribe:

> El punto de partida de la doctrina [de Calvino] acerca de la Trinidad, no fue el concepto que él formó sobre la relación del Hijo con el Padre, y del Espíritu con el Padre y el Hijo, expresado respectivamente por los dos términos «generación» y «procesión», sino la fuerza de su convicción acerca de la igualdad absoluta de las Personas. *El punto de vista que ajustaba todo al concepto de «generación» y «procesión» tal y como fue elaborado por los Padres Nicenos, era completamente extraño para él. Encontraba difícil el concepto mismo, si no impensable. Aunque admitió los hechos de «generación» y «procesión», los trató como simples hechos,*[27] *y rehusó convertirlos en*

---

entrada 4469.
[23] Hodge, *Systematic Theology*, I:466.
[24] Hodge, *Systematic Theology*, I:466–67, énfasis añadido.
[25] Benjamin B. Warfield, «Calvin's Doctrine of the Trinity», *Works*, V:247, énfasis añadido.
[26] Benjamin B. Warfield, «The Biblical Doctrine of the Trinity», *Works* II: 170–170, énfasis añadido.

Dios y el Hombre

constitutivos de la doctrina de la Trinidad. En lugar de eso, ajustó todo a la absoluta divinidad da cada una de las Personas, siendo la comunidad de estas la única Deidad verdadera; y *no podemos dudar que estaba dispuesto, no solo a subordinar, sino incluso a sacrificar si fuera necesario todo el cuerpo de la especulación nicena en favor de esto*. Además, *como mínimo, parecería muy dudoso si Calvino, a la vez que retenía el concepto de «generación» y «procesión», afirmando con firmeza que el Padre es el* principium divinitatis [inicio de la divinidad], *que el Hijo era «engendrado» por Él antes de todas las edades, y que el Espíritu «procedía» del Padre y el Hijo antes de que el tiempo comenzase, pensase que este engendramiento y procesión involucraba alguna comunicación de la esencia*. Su concepto era que, dado que es la persona del Padre la que engendra la Persona del Hijo, y que la Persona del Espíritu es la que procede de las Personas del Padre y del Hijo, es precisamente la propiedad distintiva de Hijo lo que se engendra, *no la esencia común al Padre y al Hijo,* y la propiedad distintitva de Espíritu lo que se produce en la procesión, *no la esencia que es común a las tres personas*[28].

Finalmente, Warfield afirma:

la prueba escritural directa en la que normalmente se confía para [el] establecimiento [de la doctrina de la «generación eterna» de los Padres Nicenos], fue destruida [por Calvino], al negarse a hacer descansar sobre «textos distorsionados» una determinación doctrinal. Por tanto, dejó poca evidencia bíblica para la doctrina..., excepto lo que podría inferirse de los simples términos «Padre», «Hijo» y «Espíritu», y la consideración general de que nuestra propia adopción a la relación de hijos de Dios en Cristo implica para Él una condición de Hijo de un carácter más elevado y más inmanente, que es Suyo por naturaleza. Ciertamente otras explicaciones de estos hechos son posibles... [29] Mientras tanto, nada podría ilustrar con mayor impacto la vitalidad de la tradición eclesiástica que en tal estado del caso la construcción nicena de la Trinidad conservó su lugar: lo conservó con Calvino mismo *en su centro sustancial,* y con la mayoría de sus seguidores *en su completa elaboración especulativa*.[30]

Warfield hace una distinción aquí entre el «centro sustancial» de la tradición nicena, la cuál afirma que Calvino sostenía (conclusión con la cual estoy de acuerdo) y la «completa elaboración especulativa», la cual dice que continúan siguiendo la mayoría de los seguidores de Calvino. Es decir, Calvino rechazó el cuerpo de la especulación de la tradición nicena con respecto a la doctrina de la trinidad, que habría incluído, como antes Warfield afirmó, el concepto de «generación» *continuado* de los antiguos Padres y la «procesión» que comprendía la *comunicación continuada de la esencia* del Padre al Hijo y del Padre y el Hijo al Espíritu Santo. En este punto de su exposición de la doctrina de Calvino, salta a la vista que Warfield reconoce lo que para él son tres «sorpresas»:

Estamos sorprendidos de la persistencia de una infusión tan grande de la fraseología nicena en las exposiciones de Agustín, después de que esa fraseología haya quedado anticuada por su principio fundamental de ecualización en su construcción de las relaciones trinitarias: *estamos más sorprendidos* por el esfuerzo que realizó Calvino para alegar el apoyo niceno para sus propias concepciones: y *estamos aún más sorprendidos* por la tenacidad con la que sus seguidores se aferran a todas las antiguas especulaciones.[31]

Aunque nunca fue la intención de Calvino crear una facción —simplemente quería reformar la iglesia restaurando en ella una teología escritural—Warfield observa que, a pesar de ello, la posición de Calvino, que marca una época en la historia de la iglesia,

no parecía una cuestión de rutina cuando la enunció por primera vez. *Levantó oposición y creó una facción. Pero sí que creó una facción, y esta en poco tiempo fue la de las Iglesias Reformadas,* de las cuales se volvió característico sostener y enseñar la auto-existencia de Cristo como Dios, defendiendo para Él la aplicación del término αὐτόθεος [*autotheos*]; es decir, en la doctrina de la

---

[28] Warfield, «Calvin's Doctrine of the Trinity», *Works*, V:257–58, énfasis añadido.
[29] Para estas explicaciones, véase Warfield, «Calvin's Doctrine of the Trinity», *Works*, V:278, fn. 136.
[30] Warfield, «Calvin's Doctrine of the Trinity», *Works*, V:277–79; para evidencia de esta afirmación, véase 277, fn. 135.
[31] Warfield, «Calvin's Doctrine of the Trinity», *Works*, V:279, énfasis añadido.

Trinidad hicieron énfasis en la igualdad de las Personas que compartían la misma esencia, y de ese modo se posicionaron, de manera más o menos absoluta, contra la subordinación al explicar las relaciones que las Personas de la Trinidad tienen unas con las otras.[32]

Anteriormente en este mismo ensayo, Warfield se extiende acerca de la oposición que se levantó.

> ... aunque parezca extraño, los teólogos en gran medida se habían acostumbrado a aplicar el principio de cosustancialidad a las Personas de la Trinidad hasta la vigorosa afirmación de Calvino, *con al menos algunas reservas aparentes* acerca de él. Y cuando él lo aplicó sin reserva, *sorprendió a muchos como si se tratase de una novedad alarmante, si no de una depravación herética. La razón por la que la cosustancialidad de las Personas de la Trinidad, a pesar de su establecimiento en la controversia arriana y su incorporación al formulario niceno como pilar mismo de la ortodoxia, tardó tanto en llegar a su pleno derecho en la comprensión general, fue sin duda que la ortodoxia nicena preservó en sus formas de afirmar la doctrina de la Trinidad algunos remanentes de los conceptos y fraseología propia del antiguo prolacionismo de la cristología del Logos*,[33] y estos, aunque se convertían en inócuos por las explicaciones de los Padres Nicenos y en la práctica anticuados desde Agustín, aún mantenían su lugar formal y más o menos condicionado en la mente de los hombres—especialmente aquellos que sostenían la doctrina de la Trinidad de una manera más o menos tradicional. La consecuencia fue que cuando Calvino enseñó la doctrina en su pureza, libre de la levadura de la subordinación que todavía encontraba un lugar donde habitar en el pensamiento y discurso de la época, *pareció violentamente revolucionario* a aquellos hombres entrenados en las antiguas formas de discurso e imbuidos con los antiguos modos de concepción, levantando reprobación en los lugares más inesperados.[34]

John Murray. Murray, profesor de teología sistemática en el Westminster Theological Seminary, afirma con respecto al punto de vista de Calvino sobre la doctrina «católica» de la generación eterna del Hijo por parte del Padre:

> Los estudiantes de teología histórica están familiarizados con la ola de protestas que la insistencia de Calvino sobre la auto-existencia del Hijo en cuanto a su deidad levantó en tiempos de la Reforma. Calvino era demasiado estudioso de la Escritura como para contentarse con seguir las líneas de lo que se había considerado como la ortodoxia nicena en este tema en particular. Era demasiado celoso de las implicaciones de la cláusula *homoousion* del Credo Niceno como para estar dispuesto a adherirse a la interpretación que los Padres Nicenos, incluyendo a Atanasio, pusieron sobre otra expresión en el mismo credo, esto es, «verdadero Dios de verdadero Dios» (θεὸν ἀληθινὸν ἐκ θεοῦ ἀληθινοῦ [*theon alēthinon ek theou alēthinou*]). Sin duda, esta expresión es repetida por personas ortodoxas sin pensar ni sugerir en ningún momento lo que la evidencia derivada de los escritos de los Padres Nicenos indica que era la intención. Esta evidencia muestra que el significado que se quería dar es que el Hijo *derivaba* su deidad del Padre, y que el Hijo, por tanto, no era αὐτόθεος [*autotheos*]. *Fue precisamente esta posición la que Calvino disputó con vigor*. Él mantuvo que, en lo que respecta con la distinción personal, el Hijo era del Padre, pero en lo que respecta a la deidad, Él era auto-existente (*ex se ipso*). *Esta posición iba en contra de la tradición nicena*. De ahí que las acusaciones se inclinaran contra él. Sin embargo, se ha de dar crédito a Calvino por no permitir que su propio y más sobrio pensamiento fuera suprimido por deferencia a un patrón establecido, cuando este último no se encomendaba a la conformidad con la Escritura y era dañino para la identidad divina de Cristo.[35]

Por tanto sugeriría, junto con Calvino y estos teólogos norteamericanos, que los cristianos no

---

[32] Warfield, «Calvin's Doctrine of the Trinity», *Works*, V:251, énfasis añadido.
[33] Los remanentes «prolacionales» de los *conceptos y fraseología* de la cristología del Logos que Warfield afirma fueron preservados en la ortodoxia nicena, fueron preservados, en mi opinión, precisamente en la siguiente serie de frases referidas a la «generación eterna» de los Credos Niceno y Niceno-Constantinopolitano: «engendrado *del* [ἐκ, *ek*] Padre ..., es decir, *de* [ἐκ, *ek*] la esencia [οὐσίας, *ousias*] del Padre» (El Credo Niceno-Constantinopolitano del 381 d. C. elimina esta frase explicativa que comienza con «es decir» y la sustituye por la frase «desde toda la eternidad»), «Dios *de* [ἐκ, *ek*] Dios», «Luz *de* [ἐκ, *ek*] Luz», «verdadero Dios *de* [ἐκ, *ek*] verdadero Dios».
[34] Warfield, «Calvin's Doctrine of the Trinity», *Works*, V:233, énfasis añadido. La oposición durante la era de la Reforma vino (principalmente) de los romanistas, de algunos luteranos, y después de algunos arminianos.
[35] John Murray, «Systematic Theology», *Collected Writings* (Edinburgh, Banner of Truth, 1982), 4:8, énfasis añadido. Murray cita en una nota al pie en la misma página la evidencida de la *Expositio Fidei* de Atanasio «donde claramente se afirma que el Padre tiene ser de sí mismo... mientras que el Hijo deriva Su Deidad [θεότης, *theotēs*] del Padre... Véase también su *De Decretis Nicaeneae Synodi*, párrafo 3 y 19».

deberían creer que el Padre, por medio de un acto eterno de engendramiento en la profundidad del ser divino que *siempre* continúa, está engendrando de sí mismo el ser esencial del Hijo como Dios, acto que «pone a esta segunda persona en posesión de la plenitud de la esencia divina».[3.6] Deberían creer, más bien, que el Hijo, con respecto a su ser esencial, es plenamente Dios de sí mismo (αὐτόθεος, *autotheos*). También deberían creer que el Hijo, como segunda Persona de la Deidad, deriva su identidad *hipostática* como Hijo de la relación «generada antes de todos los tiempos» que sostiene con Dios Padre, la primera Persona de la Deidad (lo que esto significa más allá del «orden» es algo que no puedo decir y no intentaré hacer), y que el Padre precede al Hijo por razón de orden. Esto significa que no existe una subordinación esencial del Hijo al Padre dentro de la Deidad.

ANÁLISIS DE LA PNEUMATOLOGÍA DEL CREDO NICENO-CONSTANTINOPOLITANO

Absorto como estaba trabajando en la doctrina de la persona del Hijo contra las afirmaciones de los arrianos, el Concilio Niceno no dijo nada acerca del Espíritu Santo más allá de la simple declaración de que la Iglesia creía en Él. Fue natural que hasta que la Iglesia no hubo establecido el tema de la deidad y subsistencia personal del Hijo, no pudiera realizar mucho progreso en lo que respecta a la doctrina del Espíritu Santo. Esta carencia fue abordada en el Concilio de Constantinopla en 381 d.C. Cuando, además de encargarse de la enseñanza de Apolinar, que dañaba la plena humanidad de Cristo, declaró (en contra de las facciones arrianas y semi-arrianas que estaban enseñando que tal y como el Padre había creado al Hijo, el Hijo había creado al Espíritu)[3.7] que la Iglesia cree «en el Espíritu Santo, el Señor, el Dador de vida, quien procede del Padre [τό ἐκ τοῦ πατρὸς ἐκπορευόμενον, *to ek tou patros ekporeuomenon*], quien, junto con el Padre y el Hijo, es adorado y glorificado, quien habló por medio de los profetas». Por medio de la frase «quien procede del Padre» (la Vulgata había traducido el griego con *qui a Patre procedit*), el Concilio trataba de apuntar la propiedad única (ἰδιότης, *idiotēs*) del Espíritu que lo distinguía del Padre y del Hijo, y por esta confesión quería decir que tal y como el Hijo es esencial, necesaria y eternamente generado por el Padre, también el Espíritu esencial, necesaria y eternamente procede del Padre. El origen de la doctrina más tardía de la doble procesión (que afirma que el Espíritu procede también del Hijo), puede trazarse hasta Hilario, Ambrosio, Jerónimo y Agustín, y era común en Roma en el siglo V, declarando el Papa León I que era un aspecto de la fe ortodoxa.[3.8] Esto también está reflejado en el *et Filio* del versículo 23 del Credo de Atanasio del siglo V. Según esto, el Tercer Concilio de Toledo en el 589 d.C. lo proclamó un principio de ortodoxia y puede haber insertado las palabras «y el Hijo» (Lat. *filioque*) en el tercer artículo del Credo, reflejando la teología anti-arriana del cristianismo occidental al anunciar en el hecho de la procedencia del Espíritu tanto del Padre como del Hijo, la *co-igualdad* con el Padre.[3.9] Louis Berkhof define con aprobación la «espiración» del Espíritu Santo como «ese acto necesario de la primera y

---

[36] Berkhof, *Teología Sistemática*, 94.
[37] Philip Schaff, *History of the Christian Church* (Quinta edición revisada de la publicación original de 1910; reedición, Grand Rapids: Eerdmans, 1960), III:663.
[38] En su carta *Quam laudabiliter* al obispo español Toribio de Astorga, fechada el 21 de Julio del 447, León I, siguiendo una tradición latina temprana, declaró que quería ver la doctrina de la doble procesión del Espíritu afirmada en el concilio que habría de celebrarse en Toledo. Véase *Enchiridion Symbolorum* (ed. por Denzinger y Schönmetzer), 284.
[39] La cláusula *filioque*, adoptada oficialmente en Roma alrededor del 1017, continúa siendo a día de hoy una de las principales diferencias entre el cristianismo occidental y las iglesias orientales que la rechazan porque fue aprobada por el Tercer Concilio de Toledo, sin consultar o buscar los puntos de vista teológicos de una reunión ecuménica más amplia. Esta cláusula contribuyó a que fuese evitada la reunión de las iglesias en el 1274 y el 1439.

El patriarca Focio de Constantinopla, que reinó del 864 al 867 y del 880 al 886, añadió detrás de las palabras «del Padre» la palabra «solo» en su exposición de la teología capadociana, porque, en primer lugar, Juan 15:26 se refiere al Espíritu como procedente *solamente* del Padre, y, en segundo lugar, la doble procesión tiende a fusionar al Padre y al Hijo en un solo *arché*, haciendo renacer bien el semi-sabelianismo o el diteísmo. Otros teólogos orientales han añadido una tercera y cuarta razón, es decir, en tercer lugar, la doble procesión ya no permite que la Persona del Padre, como única fuente del Hijo y del Espíritu, sea el fundamento de la unidad dentro de la Deidad, sino que debe basar la unidad de las Personas en la *esencia* divina que comparten, eclipsando de esa forma, mediante dicha esencia, la diversidad de las Personas y despersonalizando la Trinidad a la vez que se hace de Dios una abstracción; en cuarto lugar, ya que el Espíritu se subordina al Hijo, ha sido descuidado en occidente, y como consecuencia la iglesia occidental se considera en exceso a sí misma como una institución del mundo, gobernada en términos de poder terrenal y jurisdicción centralizada. Esto a su vez contribuyó a la autoridad papal en occidente. En mi opinión, solo la primera de estas cuatro razones tiene algún mérito real. Es extrapolar bastante, por decir poco, el afirmar que la doble procesión lleva al sabelianismo, despersonaliza la Trinidad, y contribuye por descuido del Espíritu a la autoridad papal en occidente.

segunda personas en la Trinidad por el que, dentro del Ser divino, se convierten en la base de la subsistencia personal del Espíritu Santo, y ponen a la tercera persona en posesión de la plenitud de la esencia divina, sin ninguna división, alineación, o cambio».[40]

La base escritural para esta doctrina, más allá de los nombres de las Personas de la Deidad, es bastante ligera en el mejor de los casos. El Nuevo Testamento enseña que el Padre y el Hijo «envían» (Juan 14:26, πέμψει, *pempsei*, 15:26, πέμψω, *pempsō*, 16:7, πέμψει, *pempsei*) al Espíritu Santo, y que el Hijo «sopló» (Juan 20:21, ἐνεφύσησεν, *enephysēsen*) y «derramó» (Hechos 2:17, ἐκχεῶ, *ekcheō*; 33, ἐξέχεεν, *execheen*) el Espíritu Santo en el día de Pentecostés. Pero estas expresiones son descriptivas de la actividad sotérica del Padre y del Hijo, así como de la sumisión operacional del Espíritu a ellos *en la economía de la redención,* y no de un proceso inescrutable, misterioso y eterno de traspiración dentro de la Trinidad. De hecho, solamente un versículo en todo el Nuevo Testamento recuerda remotamente a tal enseñanza, esto es, Juan 15:26, que contiene la frase: «el cual procede [παρὰ ... ἐκπορεύεται, *para ... ekporeuetai*] del Padre».[41] Pero incluso aquí, el significado mucho más probable de acuerdo con Juan 14:26, es que el Espíritu «procede del Padre» *hacia el mundo* en su *misión salvífica de dar testimonio de Jesucristo*. B. F. Westcott, declara al comentar sobre este verso:

El término original ἐκπορεύεται [*ekporeuetai*] puede en sí mismo describir la procedencia de una fuente, o bien el proceder a una misión. En el primer sentido, la preposición «salido de» (ἐκ, *ek*) se requeriría naturalmente para definir la fuente (Ap. i.16, etc.); por otra parte, la preposición «de» (παρά, *para*) es la que habitualmente se emplea con el verbo «salir» [ἐξέρχομαι, *exerchomai*] hablando de la misión del Hijo, *p. ej.* xvi.27, xvii.8. El uso de la segunda preposición [παρά, *para*] en este lugar [15:26] parece por tanto mostrar de forma decisiva que la *referencia en este punto es a la misión temporal del Espíritu Santo, y no a la procesión eterna...* es digno de mención que los Padres Griegos que aplican este pasaje a la eterna procesión, instintivamente sustituyen ἐκ, *ek*, por παρά, *para*, en su aplicación del mismo.[42]

Alfred Plummer concurre:

Parece mejor interpretar esta tan discutida cláusula como simplemente otra forma de expresar el hecho de la *misión* del Paráclito... no aparenta haber nada en la palabra [ἐκπορεύεσθαι, *ekporeuesthai*] en sí misma que la limite a la procesión eterna. Por otra parte el παρά, *para*, está fuertemente a favor de que la referencia sea a la misión.[43]

J. H. Bernard escribe:

Aquí [en Juan 15:26 ἐκπορεύεσθαι, *ekporeuesthai*] se usa para expresar... que el Espíritu «sale» de Dios en Su misión de dar testimonio. Interpretar la frase como lo que se llama «la procesión eterna» del Espíritu, ha sido un hábito de los teólogos... pero afirmar que esta interpretación estaba presente en la mente de Juan sería importar en el Evangelio las controversias y doctrinas del siglo IV. [La cláusula] no se refiere a la misteriosa relación entre las Personas de la Santa Trinidad, sino solamente al hecho de que el Espíritu que da testimonio de Jesucristo ha venido de Dios.[44]

H. R. Reynolds declara:

[Juan 15:26] es el gran texto en el que la Iglesia Oriental, y de igual manera los griegos, se han apoyado para su doctrina acerca de la «procesión del Espíritu», las relaciones eternas y anteriores al mundo entre las Personalidades de la Deidad... Existen aquellos... que instan a que estos pasajes no tratan en absoluto de las relaciones internas de la Deidad, sino que simplemente se refieren a la misión temporal del Espíritu Santo... y se puede decir mucho en favor de este punto de vista. *Si*

---

[40] Berkhof, *Teología Sistemática*, 97.
[41] Juan Calvino escribe un largo tratado sobre la Trinidad en su *Institución* I.xiii, tal y como ya hemos indicado. Sin embargo, aunque esta está repleta de un discurso acerca de la deidad de Cristo y su carácter de Dios en sí mismo, solamente puedo encontrar dos alusiones acerca de cómo el Espíritu procede del Padre (1.xiii. 17, 18). Turretin en sus *Institutes of Elenchtic Theology*, Tercer tópico, Pregunta XXXI, propone una evidencia aún menos bíblica para esta doctrina de la que propuso para la generación eterna del Hijo por el Padre (que era virtualmente nula). Aquí se refiere a Juan 15:26; 16:7, 13–15; 20:22; Gálatas 4:6. Pero, una vez más, su exégesis es ligera, y en todo punto asume la posición que desea probar. En estos versículos, el que el Espíritu sea enviado o venga, en realidad es una referencia a su misión salvífica en este mundo, y no una relación intra-trinitaria.
[42] B. F. Westcott, *The Gospel According to St. John* (1881; reedición, Grand Rapids, Mich: Eerdmans, 1962), 224–25 (énfasis añadido).
[43] Alfred Plummer, *The Gospel According to St. John* (1882; reedición, Grand Rapids, Mich.: Baker, 1981), 288–89.
[44] J. H. Bernard, *A Critical and Exegetical Commentary on the Gospel According to St. John* (Edinburgh: T. & T. Clark, 1928), 2:499.

este versículo no constituye la base de un argumento, no existe otro que pueda utilizarse para establecer el punto de vista ya sea de la Iglesia Oriental u Occidental.[45]

Raymond E. Brown está de acuerdo con las opiniones estudiadas, así como F. F. Bruce, Leon Morris, y J. I. Packer.[46] Y D. A. Carson declara:

La *procesión* del Espíritu era entendida [tanto por el credo de Nicea como el de Constantinopla] en términos metafísicos, es decir, se entendía que esta cláusula se refería a la relación ontológica del Espíritu con el Padre, no a la misión en la que era enviado. [Pero] es casi seguro que las palabras «el cual procede del Padre», colocadas en paralelismo sinónimo con «a quien yo os enviaré del Padre», no se refieren a alguna «procesión» ontológica, sino a la misión del Espíritu.[47]

Loraine Boettner escribe:

En el griego original [de Juan 16:28] la frase «salí del», dicha acerca de Jesús, es más fuerte que el «procede del» [en el 15:26], dicho acerca del Espíritu; sin embargo, el contexto de Juan 16:28 deja perfectamente claro que lo que Jesús dijo de sí mismo tenía como referencia Su misión, y no lo que comúnmente se designa como Su generación eterna, porque su salida del Padre al mundo se contrasta con su partida del mundo y la vuelta al Padre. Por supuesto, se nos dice que el Espíritu Santo es enviado por el Padre y por el Hijo; pero la misión conforme a la que Él viene a aplicar la redención es algo enteramente diferente de la procesión. Parece mucho más natural asumir que las palabras de Juan 15:26, que formaban parte del discurso de despedida, y que, por tanto, se hablaban a la sombra misma de la cruz, no eran filosóficas, sino prácticas, diseñadas para suplir una necesidad presente y urgente, esto es, consolar y fortalecer a los discípulos para la prueba por la que pronto iban a pasar... Por tanto, Juan 15:26, en el mejor de los casos, no lleva un peso decisivo con respecto a la doctrina de la procesión del Espíritu, y eso si ciertamente no está diseñado con bastante claridad para servir un propósito enteramente diferente.[48]

En lo esencial, estoy de acuerdo con esta conclusión básica. Por tanto sugeriría que los cristianos no deberían creer que el Espíritu Santo, por medio de un acto eterno de procedencia en la profundidad del ser divino que *siempre* continúa, está continuamente procediendo del Padre y del Hijo en cuanto a su ser esencial como Dios, acto por el cual «ponen a la tercera persona en posesión de la plenitud de la esencia divina».[49] Deberían creer, más bien, que el Espíritu Santo, con respecto a su ser esencial, es plenamente Dios en sí mismo (αὐτόθεος, *autotheos*). También deberían creer que el Espíritu Santo, como tercera Persona de la Deidad, deriva su *identidad hipostática* de su «espiración antes de todos los tiempos» de Dios el Padre, la primera Persona de la Deidad, y de Dios Hijo, la segunda Persona de la Deidad (lo que esto significa más allá del «orden» y cómo la espiración difiere en naturaleza de la generación, es algo que no puedo decir y no intentaré hacerlo, excepto para afirmar que lo primero primero proviene tanto del Padre como del Hijo y lo segundo es solo del Padre), y que el Padre y el Hijo preceden al Espíritu Santo en razón de orden. Esto significa que no existe una subordinación esencial del Espíritu al Padre y al Hijo dentro de la Deidad.

DOS PRECAUCIONES PARA CONCLUIR

Conforme cierro este capítulo, quería ofrecer dos precauciones. En primer lugar insistiría, precisamente porque la Biblia defiende la existencia de la Deidad tri-personal, que las tres Personas de la Deidad necesariamente existen y que tienen propiedades distintivas que son reales, eternas y necesarias. Ciertamente, sin estas propiedades personales distintivas no habría Trinidad. La propiedad distintiva del Padre es la paternidad (*paternitas*) de la cual fluyen actividades «económicas» que son únicas a su paternidad; la del Hijo es la filiación

---

[45] H. R. Reynolds, *The Gospel of John* (reedición de *The Pulpit Commentary*, vol. 17, Grand Rapids, Mich.: Eerdmans, 1962), 2:276 (énfasis añadido). .
[46] Raymond E. Brown, *The Gospel According to John (xiii-xxi)* (Garden City, N. Y.: Doubleday, 1970), 29a:689; F. F. Bruce, *The Gospel of John* (Grand Rapids: Eerdmans, 1983), 316; Leon Morris, *The Gospel According to John* (Grand Rapids: Eerdmans, 1971), 683 (véase también su comentario en *New Testament Theology* (Grand Rapids: Academie: 1986), 265, fn. 18: «... [ἐκ]πορεύεται *(ek) poreuetai*] en [Juan 15:26] no está describiendo las relaciones eternas entre las Personas de la Trinidad, sino que se refiere al envío del Espíritu al mundo después de la partida del Hijo»); J. I. Packer, *Knowing God* (Downers Grove: InterVarsity, 1973), 59.
[47] D. A. Carson, *The Gospel According to John* (Grand Rapids: Eerdmans, 1991), 528–29.
[48] Loraine Boettner, *Studies in Theology* (Phillipsburg, N. J.: Presbyterian y Reformed, 1985,), 123.
[49] Berkhof, *Teología Sistemática*, 97.

(*filiatio*) de la que fluyen actividades «económicas» que son únicas a su filiación; y del Espíritu Santo es la espiración (*spiratio*) de la cual fluyen actividades «económicas» que son únicas a su espiración, y todas estas descripciones pueden ser justificadas por la Escritura. Pero también insistiría en que la iglesia ha de tener una extrema precaución a la hora de afirmar lo que estas propiedades distintivas significan, para no ir más allá de la Escritura. No pueden existir dudas de que, en su paternidad, el Padre es el Padre del Hijo. Pero *no hemos de intentar definir, más allá del hecho de un orden claramente implicado, un «cómo» modal sobre la paternidad del Padre.* Y no puede haber dudas de que el Hijo es el Hijo del Padre. Sabemos que su condición de Hijo significa que Él es igual al Padre en lo que respecta a la deidad (Juan 5:18; 10:33–36), y también sabemos que como Hijo ha de distinguirse del Padre en lo que respecta a su propiedad personal de filiación (Juan 1:1–3, 18). También sabemos que la condición de Hijo implica un orden de subordinación relacional (no esencial) al Padre (que es sin duda lo que dictó la división de labores en el pacto eterno de redención) en el hecho de que es impensable que el Hijo haya enviado al Padre para hacer su voluntad. Pero no nos atrevemos a ir más allá de esto. *No hemos de intentar definir, más allá del hecho de un orden claramente implicado, un «cómo» modal de la filiación del Hijo.* Es suficiente con saber que las Escrituras afirman que los títulos «Padre» e «Hijo» hablan de una multiplicidad personal y diferenciada (es decir de «personalidades subjetivamente conscientes» que son reales) dentro de la profundidad del Ser divino. Finalmente, no hay duda de que el Espíritu Santo es una persona divina, que es tanto el Espíritu de Dios como el Espíritu de Cristo (Ro. 8:9), y que él «procede» o «salió» del Padre y del Hijo (Juan 14:26; 15:26; 16:7; 20:22) en Pentecostés, en su misión salvífica de dar testimonio del Hijo. Pero *no hemos de intentar definir, más allá del hecho de un orden claramente implicado, un «cómo» modal de la espiración del Espíritu.* Es suficiente con conocer que las Escrituras afirman que este título distingue un tercer yo subjetivo y consciente en la profundidad del Ser divino. Así que sugeriría que los Padres Nicenos y Post-Nicenos no cometieron su error por su preocupación en distinguir entre las personas de la Deidad. En absoluto. Esa tarea *había de llevarse a cabo* en vistas de la herejía sabeliana que negaba cualquier distinción personal real entre ellos. Donde cometieron el error es en sus intentos especulativos por explicar *cómo* es que el Hijo «se convirtió» en Hijo del Padre y *cómo* es que el Espíritu «se convirtió» tanto en el Espíritu de Dios como en el Espíritu de Cristo. Las explicaciones que se ofrecían generalmente (hubo claras excepciones como las de Cirilo y Agustín) mostraban al Hijo *adquiriendo* su esencia y subsistencia personal del Padre por medio de un acto eterno continuado en el que era engendrado, y al Espíritu *adquiriendo* su esencia y subsistencia del Padre y del Hijo por medio de un acto eterno continuado de procedencia de ambos. Pero al hacer esto, fueron más allá de la Escritura y concluyeron en formulaciones que, en su efecto, hacían que solamente Dios Padre fuera Dios por sí mismo, negando al Hijo y al Espíritu su naturaleza auto-existente y auto-teótica (el efecto opuesto a la intención dominante que los gobernó en sus esfuerzos, y que les llevó a afirmar la doctrina de la *homoousia*, en su intento por escribir una afirmación que defendiese la divinidad única, no dividida ni limitada, de las tres Personas de la Deidad).

En segundo lugar, advertiría que estos dos credos tempranos no son *evangélicos*, es decir, no son credos que expliquen asuntos sotéricos. Estaban enmarcados en el contexto de los debates Trinitarios del siglo IV, están poco desarrollados y prácticamente guardan silencio en cuanto a asuntos soteriológicos. Como se ha apuntado, no existe nada en ellos que los judaizantes, a los que Pablo confrontó en su carta a los gálatas, no pudieran haber defendido también. Sin embargo, Pablo condenó a los judaizantes con los términos más fuertes posibles, porque estaban predicando «otro evangelio que no era evangelio» al corromper su doctrina de justificación solo por fe. Es bastante obvio que, de acuerdo con Pablo, no existe un valor *salvífico* en mantener una «postura ortodoxa» de Dios como Trinidad si al mismo tiempo se está manteniendo una postura «no ortodoxa» acerca de la *obra* de salvación de la Trinidad.

Herman Bavinck, profesor de teología en la Universidad Libre de Amsterdam, ha observado con acierto al respecto: «la Reforma ha traído a la luz que la simple creencia histórica en la doctrina de la trinidad, sin importar lo pura que sea, no es suficiente para salvación, sino solo una confianza nacida en el corazón que descansa en Dios mismo, que en Cristo se ha revelado a sí mismo como Dios trino».[50] Así que hemos de ver claramente que existe un peligro en recitar incluso el reverenciado, honrado a través del tiempo, y lleno de verdad Credo de los Apóstoles, si suponemos que simplemente creyendo sus distintos puntos somos por eso necesariamente salvos, ya que es posible creer el Credo de los Apóstoles, así como todos los otros credos trinitarios, y, sin embargo, creer al mismo tiempo que si queremos ir al cielo al morir tenemos que poner un «y» o un «más» de buenas obras que se añada a la obra de salvación del Dios trino. Pero aquel que confíe en la obra de salvación de Dios *mas* sus propias «buenas obras», que, presumiblemente, tienen algún mérito ante Dios, ha, de acuerdo con Pablo, convertido la obra de Cristo en la cruz en algo sin valor para él, como hicieron los judaizantes antes (ὑμᾶς οὐδὲν ὠφελήσει, *humas ouden ōphelēsei*, Gal. 5:2); ha sido alienado de Cristo (κατηργήθητε ἀπὸ Χριστοῦ, *katērgēthēte apo Christou*, 5:4a); ha caído de la gracia (τῆς χάριτος ἐξεπέσατε, *tēs charitos exepesate*, 5:4b); ha abolido la ofensa de la cruz (κατήργηται τὸ σκάνδαλον τοῦ σταυροῦ, *katērgētai to skandalon tou staurou*, 5:11); está confiando en en un «evangelio diferente que no es evangelio en absoluto» (1:6–7), y lo hace con peligro para su alma, porque está mostrando con esto que nunca fue regenerado de verdad por el Espíritu Santo (de lo contrario, se sometería a la enseñanza de la Santa Escritura en materia de salvación[51]), sino que continúa perdido en su pecado.

---

[50] Herman Bavinck, *The Doctrine of God*, traducido por William Hendriksen (Grand Rapids: Baker, 1951), 285.
[51] A la luz de Juan 4:41–42, 8:47, 1 Tesalonicenses 2:13, y 1 Juan 4:9–10, la *Confesión de Fe de Westminster*, XIV/ii, nos recuerda que el cristiano que tiene fe salvadora «cree que es cierto todo lo revelado en la palabra, por la autoridad de Dios mismo que habla en ella».

10 | EL DECRETO ETERNO DE DIOS

> Dios, desde la eternidad, por el sabio y santo consejo de Su propia voluntad, ordenó de forma libre e inmutable todo lo que sucede. Aun así, Dios no es el autor del pecado ni violenta la voluntad de las criaturas, ni tampoco arrebata la libertad o contingencia de las causas secundarias, sino que, más bien, la establece.
>
> Aunque Dios conoce cualquier cosa que podría suceder bajo cualesquiera condiciones supuestas, no ha decretado nada porque lo visualizara de antemano como futuro, o como aquello que sucedería bajo determinadas condiciones. (Confesión de Fe de Westminster, III/i-ii)

Todo cristiano tendrá o bien una teología centrada en Dios, o una centrada en el hombre. El cristiano que da a la Biblia su lugar aprenderá que, tal y como el objetivo final del hombre es glorificar a Dios y disfrutar de Él para siempre, el objetivo final de Dios es glorificarse y disfrutar de *sí mismo* para siempre. Aprenderá de la Escritura que Dios se ama a sí mismo con amor santo y con todo su corazón, alma, mente y fuerzas, que Él mismo es el centro de sus afectos y que el impulso que le dirige y lo que busca en todo es Su propia gloria. Aprenderá que Dios creó todas las cosas *para Su gloria* (Is. 43:7, 21), más específicamente, para poder mostrar por medio de la iglesia Su «multiforme» sabiduría a los principados y potestades en lugares celestiales (Ef. 3:9–10), que eligió a Israel para Su renombre, alabanza y honra (Jer. 13:11), que fue por amor a su nombre y para hacer notorio su poder que liberó a Su antiguo pueblo una y otra vez después de que se rebelara contra Él (Sal. 106:7–8), y que es por amor a su nombre que no los rechazó (1 S. 12:20–22), los perdonó repetidas veces (Ez. 20:9, 14, 22, 44), y tuvo misericordia de ellos, no buscando su completa destrucción (Is. 48:8–11). También aprenderá que Jesús vino por primera vez a glorificar a Dios haciendo la voluntad y obra de su Padre (Juan 17:4, 6), que cada detalle de la salvación que Jesús procuró y que Él mismo disfruta, lo dispuso Dios para la alabanza de la gloria de su gracia (Ef. i:6, 12, 14), y que Jesús volverá «para ser glorificado en sus santos y ser admirado en todos los que creyeron» (2 Ts. 1:9–10).

Por eso, el creyente no debería dudar en declarar que ese interés—*glorificarse a sí mismo*—es algo central al plan eterno de Dios. En palabras de la Confesión de Fe de Westminster, «Dios,, desde la eternidad, por el sabio y santo consejo de Su propia voluntad, ordenó de forma libre e inmutable todo lo que sucede» (III/i), y

> por el decreto de Dios, *para manifestación de Su propia gloria,* algunos hombres y ángeles son predestinados para la vida eterna y otros preordenados a muerte eterna. (III/iii, énfasis añadido)

No cabe discusión de que esta es, ciertamente, una de las «profundidades» de la sabiduría divina.[1]

Con respecto a aquellos de la humanidad predestinados a la vida eterna, la Confesión afirma que:

> Dios, antes de establecer los fundamentos del mundo, según su eterno e inmutable propósito, y el

---

[1] El tema del orden de los decretos es tratado en la parte tres, capítulo trece «El eterno plan de salvación de Dios».

secreto consejo de su voluntad, los ha escogido en Cristo para gloria eterna, por libre gracia y amor, sin previsión de fe o buenas obras, o perseverancia en cualquiera de ellas, o de cualquier otra cosa en la criatura, como condiciones o causas que le muevan a ello. Y *todo esto para la alabanza de Su gloriosa gracia.* (III/v, énfasis añadido)

Con respecto al «resto de la humanidad», la Confesión enseña que:

Dios ha querido pasarla por alto, según el inescrutable consejo de Su propia voluntad por el cual otorga Su misericordia o la retiene como quiere, *para la gloria de Su soberano poder sobre Sus criaturas*, destinándolas a deshonra e ira por causa de sus pecados, *para alabanza de Su gloriosa justicia.* (III/vii, énfasis añadido)

Estos dos grupos no alcanzan sus destinos divinamente determinados de forma arbitraria, sin interés alguno por parte de Dios en cuanto a lo que creerán o cómo se comportarán antes de llegar allí, ya que

así como Dios ha designado a los elegidos para la gloria, también, por el propósito eterno y completamente libre de Su voluntad, ha preordenado los medios para ello (III/vi),

tales como la obra de expiación de su bienamado Hijo, Su propio llamado efectivo a los elegidos, la obra de regeneración del Espíritu por la que el arrepentimiento y la fe llegan al corazón humano, y Su propio acto de justificación así como su obra de santificación. Además, aunque es cierto que la determinación de Dios de pasar por alto al resto de la humanidad (este «pasar por alto» se llama «preterición» del latín *praeteritio*) tiene su fundamento solo en el inescrutable consejo de su propia voluntad, Su determinación para ordenar a aquellos que pasará por alto a la deshonra y la ira (condenación), toma en cuenta la única condición que merece Su ira—el pecado de ellos.

Este propósito o plan eterno (Ef. 3:11) fue puesto en ejecución por medio de la obra de creación de Dios (Catecismo Menor, Pregunta 8). De hecho, desde la creación del mundo a este momento presente, Dios ha continuado ejecutando su propósito eterno de traer gloria sobre sí mismo por medio del ejercicio providencial de Su poder, Su inescrutable sabiduría, e infinita bondad, Su providencia que se extiende a todas Sus criaturas y actos:

aún hasta la primera caída y a todos los otros pecados de los ángeles y de los hombres, y esto no solo por un simple permiso, sino que los ha unido a ella con la más sabia y poderosa atadura, ordenándolos y gobernándolos [todos los pecados de ángeles y hombres] en una administración múltiple para *sus propios fines santos*; (V/iv, énfasis añadido)

En cuanto al pecado de Adán, «a Dios le ha placido, de acuerdo con Su sabio y santo consejo [consejo que existía eternamente en su perfección antes de la creación del mundo], permitirlo, *habiéndose propuesto ordenarlo para Su propia gloria*» (VI/i, énfasis añadido). Por su pecado, Adán cayó de su estado original de justicia (*status integritatis*) —un estado en el que era posible para él tanto pecar como no pecar (*posse peccare aut posse non peccare*)— y así «llegó a estar muerto en pecado, y contaminado en todas las partes y facultades de cuerpo y alma» (*status corruptionis*) (VI/ii); un estado en el que era *imposible* para él *no* pecar (*non posse non peccare*). Además, dado que Adán era el representante pactual (federal) de su raza por disposición divina, su primer pecado con su corrupción fue imputado a toda la humanidad que descendía de él por generación ordinaria (VI/iii). Por esto, toda la humanidad es considerada por Dios pecadora en Adán (con la única excepción de Cristo, quién no descendía de Adán por generación ordinaria). Por su representación en Adán y también por su propio pecado y corrupción, todos los hombres fracasan continuamente a la hora de estar a la altura de la santidad ética de Dios y los justos estándares de su ley (Ro 3:23), y están por tanto bajo sentencia de muerte.

Pero de acuerdo con su propósito elector en gracia, Dios se complace en salvar a sus elegidos por siempre por medio de la muerte expiatoria de Cristo a su favor y en su lugar, y por la aplicación a ellos de los beneficios de las virtudes redentoras de Cristo que el Espíritu Santo hace. Y aunque los elegidos ciertamente creen en Cristo para salvación de sus almas, no contribuyen con nada que sea *finalmente* determinante a dicha salvación. Todo lo que llevan a su salvación es su pecado y polución moral, de los cuales necesitan ser salvados. La salvación de principio a fin pertenece completa y finalmente al Señor (Jonás 2:10), *para alabanza de la gloria de su gracia* (Ef. 1:6, 12, 14).

EL DEBATE SOBRE LA SOBERANÍA DIVINA Y LA LIBERTAD HUMANA

Aquellos que se oponen a la fe reformada, tanto desde dentro como desde fuera de la iglesia, insisten en que, si todo esto es verdad, surge un problema horrible y sin solución. Esto es, si Dios mismo ha preordenado todo lo que sucede, la única conclusión que podemos sacar es que los hombres no son libres en realidad; y si no son realmente libres cuando se ven enfrentados con cursos incompatibles de acción, sino que más bien están determinados divinamente a tomar las decisiones que toman, entonces sus decisiones pecaminosas tienen origen finalmente en Dios. Si esto es así, ¿cómo puede escapar Dios a la acusación de ser el «autor del pecado»? ¿Y cómo puede hacer responsables a los hombres por su incredulidad y desobediencia con justicia?

Los teólogos arminianos han defendido que este problema por sí solo debería ser suficiente para mostrar el carácter no bíblico del pensamiento reformado. J. Kenneth Grider, citando a Arminio, defiende que el pensamiento reformado a este respecto es «repugnante a la naturaleza sabia, justa y buena de Dios, y a la naturaleza libre del hombre», y «convierte a Dios en el autor del pecado».[2] En su biografía, Grider recomienda al lector un volumen de ensayos ampliamente aclamado, editado por Clark Pinnock, quien propone la teología arminiana.[3] Pinnock mismo está convencido de que Dios no puede hacer responsables a los hombres por sus pecados bajo las condiciones descritas por los teólogos reformados. En el capítulo que contribuye al volumen, titulado «Libertad responsable y el flujo de la historia bíblica» (*Responsible Freedom and the Flow of Biblical History*), presenta un rechazo sostenido a toda forma de predestinación que infrinja la libertad humana. Ya que su posición en estos asuntos representa el pensamiento arminiano en general, emplearé el artículo de Pinnock como base para analizarlo.[4]

---

[2] J. Kenneth Grider, «Arminianism», en *Evangelical Dictionary of Theology* (Grand Rapids, Mich.: Baker, 1984), 79–81.
[3] Clark Pinnock, ed., *Grace Unlimited* (Minneapolis: Bethany, 1975). Todas las referencias de Pinnock a continuación son de este título.
[4] Desde la publicación de *Grace Unlimited*, Clark Pinnock ha sido coautor, junto con Richard Rice, John Sanders, William Hasker, y David Basinger, de un libro llamado *The Openness of God* (Downers Grove, Ill.: InterVarsity Press, 1994). En este volumen los autores defienden básicamente la misma posición que Pinnock expuso en sus anteriores contribuciones a *Grace Unlimited*, esto es, que el Dios de la Escritura, al haberse restringido a sí mismo en la creación en Su soberanía (vista en términos de dominio y control) y omnisciencia, puede ser sorprendido:

Dios se deleita en algo que sucede, o se enfada por ello; a veces, en relación con estos sucesos, se arrepiente o cambia de parecer. Por eso nosotros [los autores de *Openness*] creemos que Dios monitoriza todo lo que sucede, y que conoce el futuro con gran detalle, pero en la historia se suceden sorpresas, y el propio conocimiento de Dios las toma en cuenta cuando suceden, en lugar de hacerlo antemano. Vemos el futuro como algo que no está completamente establecido y que, por supuesto, se relaciona con los riesgos que Dios enfrenta en él. Nuestra seguridad no viene de creer que Dios conoce todo con exhaustividad (un punto de vista que bíblicamente cuestionamos), sino de creer que tiene la sabiduría para encargarse de cualquier sorpresa que pueda surgir. Entendemos que la predestinación significa, no que Dios cree un plan de todo lo que sucederá jamás, sino que Dios ha predestinado los propósitos y objetivos que busca... [Dios] voluntariamente limita su propio poder de manera que la criatura pueda decidir cosas, incluso aquellas que Dios desaprueba. (Pinnock, «Does God Relate?» *Academic Alert*, boletín de la IVP no. 4 (1994); véase también Pinnock, «God's Sovereignty in Today's World», *Theology Today* 53, no. 1 (1996), 15–21.

En *The Openness of God* Pinnock defiende que el Dios de la Escritura ha limitado su poder libremente a fin de que haya una libertad humana sin límites (112–13). Él ve la soberanía de Dios como algo abierto y flexible, una soberanía de «infinita recursividad en el uso sutil del poder», más que una soberanía que «domina, manipula, obliga y tiraniza» a la gente. De acuerdo con Pinnock, el conocimiento que Dios tiene no incluye un conocimiento completo del futuro, porque, si lo hiciera, «el futuro sería fijo y determinado» y la libertad humana sería una ilusión (121). Él escribe «Se requiere más poder y sabiduría de Dios para hacer que se cumpla su voluntad en un mundo en que no controla que en uno que controla» (124).

El libro en su conjunto, con su visión revisionista de Dios como auto-limitado y la noción no compatibilista arminiana del autor acerca de la libertad humana, fracasa a la hora de responder adecuadamente tres preguntas básicas: (1) ¿Puede un Dios que toma riesgos y que está auto-limitado, un Dios que raramente (si lo hace alguna vez) interviene en las decisiones y acciones libres de los agentes humanos, saber que la historia terminará de la forma que visualiza y predice, *sin tener que robarle su libertad a las criaturas?* (2) ¿Puede este Dios que no conoce el futuro tener visiones falsas acerca del futuro? (3) ¿Por qué deberían los cristianos orar a este Dios por la salvación de agentes que son absolutamente libres? También se muestra una falta de familiaridad con las raíces históricas de la doctrina ortodoxa de Dios y de la tradición evangélica. Para ilustrarlo, Robert B. Strimple argumenta en «What Does God Know?» en *The Coming Evangelical Crisis*, ed. John H. Armstrong (Chicago: Moody, 1996), que la propuesta de *The Openness of God* acerca de un Dios que se auto-limita, no es en realidad arminianismo en absoluto, tal y como afirma, sino la antigua herejía sociniana que la iglesia rechazó hace siglos.

Para cuatro reseñas críticas acerca de *The Openness of God*, véase Roger Olson, Douglas F. Kelly, Timothy George, y Alister McGrath, «Has God Been Held Hostage by Philosophy?» *Christianity Today* (9 de enero de 1995): 30–34.

La tesis de Pinnock

Repudiando por su nombre y apellidos las ideas de notables eruditos reformados como Loraine Boettner, J. I. Packer y John H. Gerstner (101), Pinnock reúne en apoyo de su posición, junto a su propia interpretación de los datos bíblicos, las opiniones de Mortimer J. Adler, Gordon D. Kaufman, Walther Eichrodt, Antony Flew, Karl Barth y Karl Rahner, ninguno de los cuales, por desgracia, es siquiera evangélico (por no decir arminiano), en su perspectiva doctrinal. Este hecho por sí solo debería poner en guardia a sus lectores frente a la conclusión de Pinnock. Pero apoyado por tales hombres, Pinnock mantiene en todo su capítulo que los seres humanos son agentes morales libres no determinados por la voluntad divina. Considera que la libertad humana es «una de las intuiciones humanas más profundas» (95) y una «percepción de uno mismo fundamental». Afirma que «universalmente, los hombres casi sin excepción hablan y se sienten *como si fueran* libres» (95, énfasis del original), y, además, que «la libertad humana es una condición previa a la responsabilidad moral e intelectual» (95). Pinnock está persuadido de que «cuando surge una teoría, ya sea filosófica, teológica o psicológica, que trata de negar esta intuición de libertad, es en contra de una autopercepción humana básica que acaba abrumándola» (96).

La propuesta de Pinnock

Para tener una imagen real de los tratos de Dios con la raza humana «que entendamos de manera fresca», Pinnock propone que «volvamos a contar la historia bíblica y le permitamos crear su propia impresión sobre nosotros» (97). Cuando hacemos esto, todo determinismo, fatalismo, y lo que Pinnock (siguiendo a Kaufman) llama «anteproyecto de predestinación» se «deshará» y «el claro testimonio bíblico a la significativa libertad humana» se imprimirá sobre nosotros (97).

Ahora bien, aunque parezca increíble, el «volver a contar la historia bíblica» de Pinnock no incluye ninguna referencia a los numerosos pasajes didácticos esparcidos por toda la Escritura en los que la predestinación divina en general, y la soberanía divina en la salvación en particular, se enseñan claramente con abundancia de palabras. En lugar de eso, limita su exposición de la Escritura a Génesis 1–12, y más específicamente solo a una breve consideración de cuatro temas que encuentra allí: (1) la creación del hombre, (2) la caída de Adán, (3) lo que él llama «el ciclo de degeneración acumulativa» que invadió a la humanidad tras la caída de Adán, y (4) la «gracia contra activa» de Dios.

Con respecto a este primer tema—la creación del hombre—Pinnock está en lo cierto en que, por causa del carácter de portador de la imagen de Dios, el hombre «ha sido creado... capaz... de la autodeterminación», y en que como *imago Dei* es una «criatura que, por medio del ejercicio de su libertad, será capaz de dar forma a su propio futuro» (98). Según Pinnock, Génesis muestra a Adán «disfrutando del libre albedrío en el sentido más pleno, actuando sin ninguna coerción» (98).

La entrada del pecado en la humanidad—que es el segundo tema de Pinnock—sucedió cuando Adán hizo un mal uso de su libertad divinamente otorgada (100). Por su voluntaria rebelión, escribe Pinnock, Adán «vetó la voluntad de Dios» y contravino el propósito que Este tenía para él (101). Pinnock insiste en que en ningún sentido podemos sugerir, sin blasfemarle, que Dios predestinó la caída del hombre (102). Por el contrario, Pinnock afirma que la caída de Adán surgió *por completo* de su propia y libre decisión de desobedecer a Dios. *En ningún sentido* fue la rebelión del hombre resultado de la voluntad divina de Dios.

Ahora surge la pregunta: ¿Afectó el pecado de Adán a sus descendientes de alguna manera? Ciertamente no, en ningún sentido biológico o legal, escribe Pinnock (104). La «degeneración acumulativa» que siguió al pecado de Adán—el tercer tema de Pinnock—se explica como resultado de la «situación social alterada» que enfrenta ahora a todo hombre con la tentación a utilizar mal su libertad (104–5), y que invariablemente pervierte a todos los hombres. De acuerdo con Pinnock, esta es la *única* construcción de la doctrina del pecado original que la Biblia tolera (104).

En el escenario de la «degeneración acumulativa» del hombre, que es resultado solamente del mal uso de su libertad moral, Dios inyecta su «gracia contra activa» (ilustrada por el llamado de Dios a Abraham en Génesis 12) como respuesta al mal uso que el hombre hace de su voluntad (107). A fin de aclarar su idea sobre la actividad de gracia de Dios, Pinnock declara que Dios no tiene un plan secreto «de acuerdo con el cual solo desee salvar a algunos» (105). En lugar de esto, Él quiere la salvación de todos los hombres (105), y que «[Cristo] fue entregado por el mundo entero» (106). Sin embargo, la voluntad de Dios no siempre se hace, continúa Pinnock, porque Él no fuerza su gracia sobre ningún hombre. De ahí que, «la gente perece porque rechazan el plan de Dios para ellos... y *por ninguna otra razón* (106, énfasis añadido). Pinnock considera una blasfemia afirmar que la rebelión del hombre contra Dios es «*en cualquier sentido* producto de la soberana voluntad o causación primaria de Dios» (102, énfasis en el original).

Esta es, pues, la construcción teológica propuesta por Pinnock para explicar la presencia del pecado humano, y el fundamento y base sobre la que Dios puede justamente hacer a los hombres responsables por sus transgresiones contra sus santas leyes. A modo de resumen, Pinnock insiste en que Dios ha creado a los hombres con libre albedrío, y, por tanto, con el poder de elegir con igual facilidad entre cursos de acción incompatibles. Dios también determinó permitirles elegir el camino de muerte si eso es lo que desean. Por supuesto, Él insiste a los hombres que escojan la vida, y se deleita cuando algunos lo hacen, pero la decisión es completamente de ellos. Pinnock concluye que, por tanto, cuando el hombre le desobedece, Dios puede hacerlo en justicia responsable por su pecado.

Aunque no todos los arminianos estarán de acuerdo con cada detalle de la exposición de Pinnock, las conclusiones generales que éste extrae reflejan la clásica posición arminiana, que basa uniformemente la responsabilidad humana en la *libertad* para pecar por el lado del hombre y la *permisividad* para pecar del lado de Dios. Es importante que el lector vea claramente que estos dos postulados forman el corazón de la doctrina arminiana acerca de la responsabilidad humana.

Resulta claro que la posición reformada o calvinista y la posición arminiana son visiones contrapuestas de la relación de Dios con las acciones humanas, y ambas no pueden ser correctas. La primera traza el origen de todas las cosas finalmente en Dios (de ahí que hablemos de una teología «centrada en Dios»); la segunda relaciona a Dios con las acciones humanas solo de manera «permisiva», surgiendo finalmente toda elección a favor o en contra de Cristo de la voluntad humana «libre» (de ahí que hablemos de una teología «centrada en el hombre»). ¿Qué posición aprueba la Biblia?

Análisis de la propuesta de Pinnock

Desde varias perspectivas distintas, la propuesta de Pinnock (y el arminianismo al grado que Pinnock lo refleja de forma precisa) es marcadamente no bíblica, y, por tanto, no fiable. Esto no significa que Pinnock se haya propuesto confundir intencionalmente: su apasionada preocupación por enseñar la verdad resulta obvia en cada párrafo. Solo podemos mostrar admiración ante la tenaz forma en que aplica rígidamente la ley de no contradicción cuando escribe:

A buen seguro es una contradicción *real*... afirmar (1) que Dios determina todos los sucesos, y (2) que el hombre es libre de aceptar o rechazar su voluntad. Afortunadamente, la

Escritura no nos exige que intentemos hacer malabarismos lógicos de este tipo. No enseña que Dios «determina» todas las cosas. (109, fn. 17)

También ataca correctamente el pronunciamiento evangélico que se escucha a menudo: «Dios es soberano y el hombre es libre», afirmándose que ambas cosas son igualmente ciertas y definitivas y presentándonos simplemente con una «paradoja» o «antinomia» (101). Ciertamente es lamentable que algunos teólogos reformados no hayan percibido con la misma claridad que Pinnock que estas proposiciones encierran una contradicción *real* y no solo *aparente* que Dios exige que creamos como cierta. Sirve de poco que nos informen que esta contradicción solo es «aparente y no real» (no está claro en absoluto cómo es posible distinguir entre las dos), ya que sigue siendo una contradicción que se nos dice debemos creer. Y, por supuesto, una vez creemos que dos cosas contradictorias pueden ser ambas ciertas al mismo tiempo, resulta imposible detectar algo que de verdad es falso. Estas observaciones de Pinnock son positivas. Pero Pinnock está en un grave error en su entendimiento de lo que la Biblia enseña con respecto a los temas significativos que aborda. La siguiente evaluación crítica demostrará por qué la construcción de Pinnock fracasa totalmente a la hora de ser un entendimiento verdaderamente cristiano de la relación de Dios con los sucesos humanos.

Fracaso al resolver el problema

Como hemos visto, Pinnock, junto con el pensamiento arminiano en general, cree que, a menos que postulemos de parte de Dios una actitud de *laissez-faire* hacia las decisiones y acciones humanas, y la completa libertad para elegir uno de entre dos cursos de acción incompatibles, de parte del hombre, Dios se convierte en la causa responsable del pecado, y, por tanto, se hace a sí mismo incapaz (al menos en justicia) de llamar a cuentas a los hombres por sus pecados. Sin embargo, la construcción contraria de Pinnock, asumiendo que fuera correcta para continuar con el argumento, no cumple, como afirma hacer, a la hora de distanciar a Dios de toda implicación en las decisiones del hombre. Esto puede demostrarse desde dos perspectivas diferentes.

En primer lugar, está la perspectiva *legal*. Consideremos la siguiente ilustración: Si yo, conociendo la intención de mi hijo menor de antemano, le *permitiese* cometer un crimen violento con la pistola y el entrenamiento que le di, afirmando como base para exonerarme de toda responsabilidad que, aunque sabía su intención y no lo evité, le advertí del castigo por hacer lo malo, y que fue él, en ejercicio de su libertad (que yo le concedí), quien eligió el curso de acción ilegal, el consenso legal sostendría que, en base a mi conocimiento de sus planes y mi fracaso a la hora de emplear toda la fuerza legal para restringirle, yo soy «cómplice antes y durante el hecho». De la misma forma, si Dios determinó que permitiría a sus criaturas racionales, en uso de los dones que Él les dio, pecar si quieren hacerlo, y también que Él no haría nada para interferir con su libertad divinamente otorgada sabiendo sin embargo, aún antes de crearlos, (ya que él conoce todas las demás cosas de acuerdo con su presciencia que lo abarca todo), que si Él los creaba y se lo permitía, Adán y todos los demás hombres ciertamente pecarían, de nuevo el consenso legal concluiría justamente que su creación *informada* de hombres que Él sabía que, de hecho, pecarían, convierte a Dios en un «cómplice antes y durante el hecho», y que es, «en este sentido» responsable por sus pecados, habiendo de ser juzgado «culpable» junto con ellos.

En sus escritos recientes, como hicimos notar en conexión con nuestra discusión del conocimiento infinito de Dios en la parte dos, capítulo 7, ¡Pinnock circunnavega esta objeción *negando* que Dios conozca lo que los hombres van a hacer antes de que lo hagan! Pero esto— rechazar la omnisciencia divina con respecto a las acciones humanas que aún son futuras—

es un paso demasiado audaz que está totalmente fuera de los límites de la Escritura.[5] También ilustra las extremas medidas que Pinnock está dispuesto a tomar con tal de preservar la libertad del hombre.

En segundo lugar, están los problemas *teológicos* implícitos en la descripción cuasi-deísta que Pinnock hace de la relación de Dios con los actos humanos considerándolos «simplemente permisivos». Gordon H. Clark ha destacado que el *simple permiso* para hacer el mal, en comparación con la *causalidad positiva, en cierto sentido* no libera a Dios de la implicación en el pecado del hombre, ya que fue Dios después de todo, quien creó en primer lugar el mundo y al hombre con la capacidad de pecar.[6] Según los principios que los arminianos exigen para Él, Dios podía haber creado tanto el mundo como el hombre de forma diferente, o, como mínimo, podría haber creado a la humanidad con la libertad para hacer solamente el bien (tal y como es la condición de los santos glorificados en el cielo).[7] Según esos mismos principios, un Dios omnisciente y omnipotente podía haber hallado alguna forma de evitar que la humanidad pecase sin inhibirlos. Está claro que, si el Dios Creador simplemente permite a un hombre pecar, sigue estando relacionado con el hecho cuando ese hombre peca. Juan Calvino, en respuesta a los teólogos de su época que buscaban hacer la misma distinción que Pinnock realiza entre la voluntad de decreto de Dios y su mero permiso, no aceptaba ninguna de ellas. Escribe:

> Han recurrido a la distinción entre voluntad y permiso. Mediante esto, defienden que el impío perece porque Dios lo permite, no porque lo quiera. Pero ¿por qué hemos de hablar de «permiso» a menos que sea porque Dios lo quiere así? Aun así, no es probable que un hombre atraiga la destrucción sobre sí mismo por medio de sí mismo, por el simple permiso de Dios y sin que haya ningún ordenamiento. ¡Como si Dios no estableciera la condición en la que desea que esté la principal de sus criaturas! No dudaré en confesar, junto con Agustín, que «la voluntad de Dios es la necesidad de las cosas» y que lo que Él ha querido, necesariamente llega a suceder.[8]

Esto es ya lo suficientemente serio como para ilustrar lo inadecuado de la solución de Pinnock al problema del pecado humano. Pero existe un segundo factor que Pinnock no enfrenta. Como Clark declara:

> La idea de permisión solo es posible donde existe una fuerza independiente [más allá del control de quien permite]. Pero esta no es la situación en el caso de Dios y el universo. Nada en el universo puede ser independiente del Creador Omnipotente, porque en Él vivimos, nos movemos y existimos [un hecho que ni siquiera Pinnock querría negar, ya que Clark solamente está citando la Escritura]. Por tanto, la idea del [simple] permiso no tiene sentido cuando se aplica a Dios.[9]

Además, si Dios simplemente «permite» que la gente tome las decisiones que toma, lo hará o bien de buena gana o a regañadientes. Si les permite hacerlo *a regañadientes*, entonces

---

[5] A pesar de afirmaciones tales como Isaías 42:8–9; 44:8; 45:21; 46:9–10; 48:4–6; y Hechos 15:18, en su capítulo en *The Openness of God*, Pinnock cita seis versículos como evidencia de que Dios no posee un conocimiento completo del futuro (Gn. 22:12; Dt. 13:3; Jonás 3:10; Jer 26:3; 32:25; Ez. 12:3) (121–22). El espacio impide realizar una refutación detallada de su uso de estos textos, pero baste con decir que, en cada uno de los casos, se puede hacer una interpretación menos radical de las palabras del Señor. Por ejemplo, Calvino escribe acerca de las palabras de Dios «ya conozco...» en su comentario de Génesis 22:12.

Pero ¿cómo puede llegar Dios a conocer alguna cosa, si para Él todas las cosas siempre han sido presentes? Ciertamente, Dios aquí dice lo que ha experimentado se le ha hecho conocido para condescender a la costumbre de los hombres. Y habla esto con nosotros, no de acuerdo con su propia sabiduría infinita, sino de acuerdo a nuestra debilidad.

Gordon J. Wenham ofrece una interpretación alternativa: «la mención de Dios conociendo se utiliza más en el sentido de confirmar su conocimiento» (*Word Biblical Commentary, Genesis 16–50*, en el lugar citado). Lo mismo puede decirse de Deuteronomio 13:3. Jonás 3:10 ha sido comentado al hablar de la inmutabilidad de Dios (véase p. 181).

Una vez más, el uso que hace el Señor de «quizá» en Jeremías 26:3 y Ezequiel 12:3 no tiene por qué significar que Dios no sabía lo que harían los hombres descritos en estos versículos.

Dios ciertamente tiene un conocimiento perfecto de todos los hechos, y no tiene duda alguna con respecto a lo que sucederá... [Pero al decir «quizás»] Él... fortalece a Su profeta; porque puede que de su larga experiencia se haya visto llevado a pensar que toda su labor sería en vano; por tanto, Dios añade esto, para que el profeta] no cese de continuar en el curso de su llamado, porque lo que parecía increíble [para él] puede tener lugar, aún más allá de lo que espera.

Lo mismo puede decirse acerca de las palabras de Dios en todas las afirmaciones similares de la Escritura: Dios está hablando de manera *antropomórfica* para beneficiar a su pueblo.

[6] Gordon H. Clark, *Religion, Reason and Revelation* (Philadelphia: Presbyterian and Reformed, 1961), 205.

[7] Digo «Según los principios que los arminianos exigen para Él...» porque, de acuerdo con la Confesión de Fe de Westminster, III/i «Dios desde toda la eternidad, por el sabio y santo consejo de Su propia voluntad, ordenó de forma libre e inmutablemente todo lo que sucede». Cuando dice «de forma libre» en este punto, la Confesión quiere decir que Dios decretó lo que hizo sin ninguna coerción externa.

[8] Calvino, *Institución*, III.xxiii.8.

[9] Clark, *Religion, Reason and Revelation*, 205.

solamente podemos concluir que existe algo más poderoso que Dios, y así «perdemos» a Dios por completo, o, más bien, Él coloca esa cosa más poderosa que contraordena Su voluntad en Su trono mismo. Pero si Dios *de buena gana* permite a los hombres tomar las decisiones que toman, *sabiendo* como sabe que *tomarán* decisiones pecaminosas, y se niega a evitar que tomen esas decisiones, entonces la afirmación que hace Pinnock del permiso divino como mitad de la solución del problema del pecado, no proporciona la solución que se supone debería dar. Ciertamente, si *Dios* sabe que tomarán malas decisiones antes de que las tomen, entonces sus actos futuros son ciertos y no pueden ser otra cosa, y, de nuevo, el «simple permiso» demuestra ser una inadecuada irrelevancia.

Finalmente, existen problemas con su afirmación de que los hombres tienen libre albedrío (entendido como la capacidad o poder de elegir cualquiera de entre numerosos cursos de acción incompatibles). Simplemente, no existe una voluntad que esté desligada o sea totalmente independiente de la persona que toma la decisión, suspendida, por así decirlo, en mitad del aire y disfrutando de algún «punto de vista extra-personal» desde el cual pueda determinarse a sí misma. La voluntad es «la mente eligiendo» (Edwards). Los hombres eligen las cosas que hacen debido a que son personas finitas y complejas. No pueden decidir caminar sobre las aguas o agitar sus brazos y volar. Sus decisiones en tales asuntos están restringidas por sus capacidades físicas. De forma similar, sus decisiones morales también están determinadas por la complejión total de quiénes son.[10] Y la Biblia nos informa que los hombres no solo son finitos, sino que *ahora* son también pecadores, que por naturaleza *no pueden* dar frutos buenos (Mt. 7:18), por naturaleza *no pueden* escuchar la palabra de Cristo para tener vida (Juan 8:43), por naturaleza *no pueden* sujetarse a la ley de Dios (Ro. 8:7), por naturaleza *no pueden* discernir verdades del Espíritu de Dios (1 Co. 2:14), por naturaleza *no pueden* confesar a Jesús como Señor desde el corazón (1 Co. 12:3), por naturaleza *no pueden* domar la lengua (Santiago 3:8), por naturaleza *no pueden* venir a Cristo (Juan 6:44, 45, 65). Para hacer estas cosas, han de recibir una poderosa ayuda *ab extra*. Así que simplemente no existe una voluntad libre que pueda elegir siempre lo correcto.

Pero asumiendo, de nuevo solo como hipótesis, que la voluntad del hombre es *normalmente* libre, ni siquiera Pinnock negaría que hay causas desconocidas que pueden influenciar e incluso forzar a las personas a decidirse por un curso de acción en lugar de otro. El clima—desconocido al menos algunas veces para nosotros—afecta cómo nos sentimos, por ejemplo, lo que a su vez influencia nuestras decisiones.[11] Enfermedades de las que no somos conscientes y que están presentes en nuestro cuerpo (por ejemplo, los tumores cerebrales) pueden hacer que tomemos decisiones irracionales a la vez que creemos que estamos sanos. Los padres, aunque muertos hace tiempo, por medio de su enseñanza y ejemplo en nuestros años de formación, a menudo sin que seamos conscientes, siguen ejerciendo una poderosa influencia, que es determinante sobre nosotros en nuestros años

---

[10] Por esta razón no podemos responder a la pregunta «¿Tiene la gente libre albedrío?» con un simple sí o no. La respuesta ha de tener en cuenta el estado específico de la humanidad que tiene en mente la persona que hace la pregunta. En su estado de inocencia, Adán «tenía libertad y poder para querer y hacer aquello que era bueno y agradable a Dios; sin embargo, era mutable, de forma que podía caer de ese estado» (*posse non peccare et posse peccare*). En el estado de pecado, la humanidad «ha perdido completamente la capacidad de desear ningún bien espiritual que acompañe a la salvación; de forma que, un hombre natural, siendo completamente contrario a ese bien, y muerto en pecado, no es capaz, por su propia fuerza, de convertirse a sí mismo o prepararse para ello» (*non posse non peccare*). En el estado de gracia, el pecador convertido, liberado por Dios de su ataduranatural al pecado, puede «querer y hacer libremente lo que es bueno espiritualmente; sin embargo, por causa de la corrupción que permanece en él, no lo hace de manera perfecta, ni hará solamente aquello que es bueno, sino que también hara lo que es malo» (*posse non peccare sed non prorsus et posse peccare*). Finalmente, en el estado de gloria, la voluntad del santo glorificado «es hecha perfecta e inmutablemente libre solo para el bien» (*non posse peccare*). Véase también la Confesión de Fe de Westminster, «Del libre albedrío», IX/ii–v, y Thomas Boston, *Human Nature in Its Fourfold State* (1850; reedición, London: Banner of Truth, 1964).

[11] Sallie Tisdale («Weather's Unseen Power», *Outside* [Diciembre de 1995]), destaca estudios en bio-meteorología (el estudio del poder del clima sobre los seres vivos) que han hallado que (1) la temperatura tiene un efecto sobre la densidad ósea, (2) los frentes cálidos aumentan la inflamación de la goma, (3) los vientos catabáticos aumentan la probabilidad de infarto y ataques al corazón, (4) la baja presión atmosférica se asocia con ataques al corazón y úlceras sangrantes, así como el mal comportamiento en las escuelas, (5) las manchas y erupciones solares influyen en la lluvia y las fuerzas geomagnéticas, que a su vez parecen aumentar la presión intraocular en personas sanas a un mayor número de ataques al corazón y epilépticos (la actividad solar también está ligada a las hormonas del crecimiento) y (6) el fin de un ciclo de manchas solares de once años parece producir un descenso en los niveles de inmunoglobulina. Estas condiciones climáticas afectan nuestras decisiones y comportamiento, y no somos conscientes de muchas de ellas en el momento,.

adultos (Pr. 22:6). El problema que surge es este: ¿Cómo puede ningún hombre estar seguro, cuando ha elegido un curso de acción específico, de que es completamente libre de todas estas causaciones externas e internas?

La conclusión es evidente ¿verdad? Para saber que nuestra voluntad no está determinada por ninguna causa, deberíamos conocer cada posible causa en todo el universo. Nada podría escapar a nuestra mente. *Ser conscientes del libre albedrío exigiría la omnisciencia.* Por tanto, no hay conciencia de libre albedrío: lo que sus exponentes consideran conciencia de libre albedrío es simplemente la inconsciencia del determinismo.[12]

Finalmente, el derecho que Pinnock afirma que él y otros tendrían de hacer a Dios causa responsable del pecado si Dios hubiera decretado todas las cosas, se aplica con igual fuerza, aunque por una razón diferente, en contra del punto de vista del *laissez-faire*: si Dios determinó que Él *no* controlaría los pensamientos y actos de sus criaturas racionales, sino que les dio la libertad de pensar y hacer como les plazca, entonces esas mismas personas, siendo los pecadores que son, le acusarían en el juicio por sus pecados, ya que Él no evitó que cayesen en los pecados que les condenan.[13] Warfield elabora bien este punto:

> Un Dios que... crease una criatura que Él... no controlase ... dejaría de ser un ser moral. Es un acto inmoral crear algo que... no controlaremos. La única justificación para crear cualquier cosa es que... la controlaremos. Si un hombre fabricara cierta cantidad de un explosivo altamente inestable en los pasillos de un asilo de huérfanos, y cuando estallase tratara de excusarse a sí mismo diciendo que él había determinado que no los controlaría, nadie consideraría válida su excusa. ¿Qué derecho tendría a fabricarlos, diríamos, a menos que hubiera determinado controlarlos?
>
> Suponer que Dios ha creado un universo (o incluso un solo ser) a cuyo control renuncia, es acusarle de una inmoralidad similar. ¿Qué derecho tenía a crearlo, si Él... no lo iba a controlar? No es un acto moral el perpetuar el caos.[14]

Estos hechos apuntan a lo inadecuado e irrelevante de la solución de Pinnock (y del arminianismo) al problema que se propone resolver, es decir, cómo Dios puede hacer a los hombres responsables por sus acciones. La *permisión* divina y la *libertad* humana simplemente no resuelven las dificultades como Pinnock presume que lo hacen.

Una norma defectuosa para la construcción teológica

Aparentemente, Pinnock está poco preocupado porque su doctrina de la libertad humana se derive de lo que la *gente* piensa, dice y siente acerca de sí misma. Dado que tienen la intuición de ser libres, pareciera que para Pinnock no solo deben ser libres, sino que también esta libertad percibida es un «indicio importante» de la verdadera naturaleza de la realidad misma (65). Pero es extremadamente peligroso basar cualquier doctrina en la intuición humana en lugar de hacerlo en la palabra de autoridad de Dios. Muchas personas piensan de sí mismas que, además de libres, son básicamente buenas. Piensan que han sido, por así decirlo, «concebidas inmaculadamente», y que no son los pecaminosos transgresores que las Escrituras declaran que son. ¿Hemos de concluir que son esencialmente buenos porque tienen esta intuición acerca de sí mismos? Incluso una lectura superficial de la Biblia descubrirá cuán lejos de la verdad está esta «intuición humana», esta «autopercepción fundamental» acerca de sí mismos (véase Gn. 6:5; Sal. 58:3; Jer. 17:9; Lucas 11:13; Ro. 3:10–18, 23; Gl. 5:19–21; Ef. 2:1–3; 4:17–19). Tal y como están erradas en su afirmación de bondad nativa, las personas están igualmente lejos de la verdad, como veremos desde las Escrituras, cuando afirman (1) que son agentes libres no determinados en ningún sentido por el eterno decreto

---

[12] Clark, *Religion, Reason and Revelation*, 229, énfasis añadido.
[13] Se ha de recordar aquí que Adán, en respuesta a la pregunta de Dios: «¿Has comido del árbol de que yo te mandé no comieses?», culpó a Dios de su pecado por implicación diciendo «La mujer que me diste por compañera me dio del árbol, y yo comí» (Gn. 3:12).
[14] Benjamin B. Warfield, «Some Thoughts on Predestination», en *Selected Shorter Writings of Benjamin B. Warfield*, ed. John E. Meeter (Nutley, N.J.: Presbyterian and Reformed, 1970), 1:104.

de Dios, ni bajo el gobierno de la providencia soberana, y (2) que su libertad sin calificativos es y puede ser la «única condición previa» de la responsabilidad moral.

LA PERSPECTIVA BÍBLICA

La Biblia en ninguna parte sugiere que los hombres sean libres de la voluntad de decreto de Dios o del gobierno providencial. De hecho, en todas partes afirma justo lo contrario. Enseña que el propósito eterno de Dios y su providencial ejecución de este determinan todas las cosas. Es por eso que Calvino escribió:

La voluntad de Dios es, y justamente debe ser, la causa de todas las cosas que son. Porque si esta tiene alguna causa, algo debe precederla, y estaría atada, por así decirlo, a ese algo. No es lícito imaginar esto; la voluntad de Dios es tan altamente la norma de la justicia que, cualquier cosa que Él quiera, por el hecho mismo de que lo quiere, ha de considerarse justo. Cuando, por tanto, le preguntamos a Dios por qué ha hecho así, hemos de responder: porque lo ha querido. Pero si vamos más allá para preguntar por qué lo quiso así, estamos buscando algo mayor y más alto que la voluntad de Dios, y eso no puede encontrarse.[15]

Esto está de acuerdo con las claras enseñanzas de la Escritura. De hecho, resulta asombrosa lo disposición de ésta a afirmar la voluntad de decreto de Dios que lo abarca todo, y su «santa, sabia y poderosa preservación y gobierno de todas Sus criaturas y todos sus actos». Ciertamente la Biblia está más dispuesta a hacerlo que aquellos teólogos que niegan completamente tales cosas, pensando cuando lo hacen que están haciendo un servicio a Dios.

El único Dios vivo y verdadero, dice la Biblia, es el soberano Gobernante del universo (Sal. 103:19; 115:3; 135:6). Además del hecho de que Dios creó el universo de acuerdo con su eterno propósito en primer lugar, la Biblia enseña que por su providencia Él lo supervisa, así como todas las cosas que existen en él. Él hace *todas* las cosas según el designio de su voluntad (Ef. 1:11). Él hace que *todas* las cosas obren para bien (para conformidad a la imagen de Cristo) para aquellos que le aman, para los que han sido llamados conforme a su propósito (Ro. 8:28). Por Él, por medio de Él y para Él son *todas* las cosas (Ro. 11:36; 1 Co. 8:6)—desde la subida al trono y deposición de los reyes terrenales, al vuelo y caída de los pajarillos (Dn. 4:31–32; Mt. 10:29), desde la determinación de los tiempos y fronteras de las naciones de la tierra, al número de cabellos de la cabeza de un hombre (Hechos 17:26; Mt. 10:30). El rey David reconoció estas verdades hace mucho cuando, bendiciendo a Dios, exclamó:

Tuya es, Oh Jehová, la magnificencia y el poder, la gloria, la victoria y el honor; porque todas las cosas que están en los cielos y en la tierra son tuyas. Tuyo, Oh Jehová, es el reino, y tú eres excelso sobre todos. Las riquezas y la gloria proceden de ti, y tú dominas, sobre todo; en tu mano está la fuerza y el poder, y en tu mano el hacer grande y el dar poder a todos. Ahora pues, Dios nuestro, nosotros alabamos y loamos tu glorioso nombre. Porque ¿quién soy yo, y quién es mi pueblo, para que pudiésemos ofrecer voluntariamente cosas semejantes? Pues todo es tuyo, y de lo recibido de tu mano te damos. (1 Cr. 29:11–14)

El rey Josafat también declaró a Dios Soberano absoluto: «Jehová Dios de nuestros padres, ¿no eres tú Dios en los cielos, y tienes dominio sobre todos los reinos de las naciones? ¿No está en tu mano tal fuerza y poder, que no hay quien te resista?» (2 Cr. 20:6).

Las Escrituras están repletas de ilustraciones de la soberanía de Dios sobre toda la creación, relacionando su propósito y predeterminación divinos con todos los eventos del mundo, no menos con el mal que con el bien, y todos se remontan al eterno, sabio y buen diseño de Dios para glorificar a su Hijo y, en definitiva, a sí mismo (Ef. 3:11; Hechos 2:23; Ro. 8:29; 1 Co. 15:28). Conforme el lector medita acerca de los siguientes ejemplos, hemos de tener en mente la útil distinción que Geerhardus Vos traza entre el decreto divino conforme

---

[15] Calvino, *Institución*, III.xxiii.2, énfasis añadido.

se expresa en el Antiguo Testamento y cómo este se expresa en el Nuevo:

> Tanto la elección como la preterición son vistas de forma preferente en el Antiguo Testamento como algo que emerge en el control de los asuntos de la historia. Lo que esta etapa de revelación nos describe es a Dios actuando como resultado de Su voluntad eterna, más que queriendo hacer algo justo antes de Su actuación en el tiempo. Teniendo esto en mente, percibimos que se habla de la preterición con tanta frecuencia y énfasis como de su contraparte [la elección], no solo en las relaciones nacionales y colectivas, sino también con referencia a los individuos. En el Nuevo Testamento, aunque el modo histórico de ver cómo el decreto se realiza no se abandona, el trasfondo eterno del mismo, un mundo ideal en Dios se revela más claramente tal y como existe por encima de todo tiempo.[16]

Ilustraciones del Antiguo Testamento

1. Dios, de acuerdo con su propósito en gracia, decidió la posición de bendición de todos los personajes principales del Génesis—Noé, Abraham, Isaac, Jacob, y José (Gn. 6:8; 12:1–3; 17:19–21; 21:12–13; 25:23; 45:7–8; véase Neh. 9:6–7).

2. ¿Hemos de creer que fue solamente un accidente lo que llevó a Rebeca al pozo para dar la bienvenida al siervo de Abraham? (Gn.24:12–27), ¿o que lo fue el que guió a la hija del faraón hasta la arquilla en la que descansaba el bebé Moisés (Éx. 2:1–10)?

3. José declaró que el malvado tratamiento que había recibido a manos de sus hermanos formaba parte esencial del plan divino para salvar a la familia de Jacob durante la intensa hambruna que había de venir algunos años después.

Génesis 45:7: «Dios me envió delante de vosotros [de sus hermanos], para preservaros posteridad sobre la tierra, y para daros vida por medio de gran liberación».

Génesis 50:20: «Vosotros [sus hermanos] pensasteis mal contra mí, más Dios lo encaminó a bien, para hacer lo que vemos hoy, para mantener en vida a mucho pueblo».

4. Job, que vivió probablemente durante la era patriarcal, afirma la soberanía de Dios sobre los hombres y todos los asuntos de la vida cuando responde a los «médicos nulos» de sus amigos en Job 12:10–23:

> En su mano está el alma de todo viviente, y el hálito de todo el género humano... Con Dios está la sabiduría y el poder; Suyo es el consejo y la inteligencia. Si él derriba, no hay quien edifique... Con él está el poder y la sabiduría; Suyo es el que yerra, y el que hace errar. El hace andar despojados de consejo a los consejeros, y entontece a los jueces. El rompe las cadenas de los tiranos... Priva del habla a los que dicen verdad, y quita a los ancianos el consejo. El derrama menosprecio sobre los príncipes, y desata el cinto de los fuertes... El multiplica las naciones, y él las destruye; esparce a las naciones, y las vuelve a reunir.

5. De acuerdo con Job 36:32 (LBLA), el Señor «ordena [incluso al relámpago] dar en el blanco». Además, las setenta y tantas preguntas que Dios dirige a Job posteriormente en los capítulos 38–41 son asombrosamente profundas y penetrantes, y el número de esferas sobre las que afirma ejercitar su soberanía resulta impactante (véase Job 42:2).

6. Durante los sucesos que llevaron al éxodo de Egipto, Dios habló de sí mismo como Aquel que hace «al mudo y al sordo, al que ve y al ciego» (Éx 4:11). También dispuso cada uno de los detalles del éxodo para subrayar la gran verdad salvadora de que es Él quien ha de tomar la iniciativa y salvar a Su pueblo elegido si han de ser salvados, porque ellos eran incapaces de salvarse a sí mismos. Durante Su conversación con Moisés antes del éxodo de Egipto, Dios declaró que Él endurecería el corazón de Faraón durante las diez plagas precisamente

---

[16] Vos, «The Biblical Importance of the Doctrine of Preterition», *The Presbyterian* 70, no. 36 (1900), 9–10. Véase también H. Bavinck, *The Doctrine of God* (Grand Rapids, Mich.: Baker, 1977), 339–44.

Dios y el Hombre

para (véase el לְמַעַן, *lᵉmaꜥan*, «para», en Éx. 10:1; 11:9) «mostrar entre ellos» sus señales, de forma que pudiera colocar a *Su* soberano poder en el más alto relieve, a fin de que tanto Egipto como Israel supieran que Él es Dios. El texto de Éxodo 3–14 nos informa que esta repetida demostración del poder soberano de Dios se cumplió por medio de Su también repetido endurecimiento del corazón de Faraón.

Para afirmar que la actividad de Dios en esta historia solo ha de ser vista como un endurecimiento reactivo, *condicional* y *judicial* en lugar de un endurecimiento más definitivo, *discriminativo* y *distintivo*, algunos teólogos han argumentado que Dios endureció el corazón de Faraón solo *después* de que él hubiera endurecido su propio corazón. Sin embargo, una valoración cuidadosa de los datos bíblicos muestra que no hay nada en todo el contexto del Éxodo que sugiera que ese es el enfoque adecuado para este *crux interpretum*.[17] Ciertamente el corazón de Faraón era el de un pecador antes de este suceso, y también somos informados en tres ocasiones de que el Faraón endureció su corazón,[18] pero estos hechos por sí solos no exigen que digamos que él debió endurecer su corazón contra Israel después de la primera confrontación (Éx. 7:6–13). En la providencia de Dios, el faraón podía haberse convencido igual de fácil y resueltamente de que lo más sabio era dejar marchar a Israel tras la primera confrontación. Un cuidadoso examen del texto bíblico mostrará, no solo que se dice diez veces que Dios endureció el corazón de Faraón,[19] sino que también Dios declaró a Moisés en dos ocasiones, incluso antes de que comenzara la serie de confrontaciones entre este y Faraón, que endurecería el corazón de Faraón, «y [por causa de ello] multiplicaré en la tierra de Egipto mis señales y mis maravillas» (Éx. 4:21; 7:3). La primera vez que se dice que el corazón de Faraón se endureció, el texto expresamente declara que fue «como Jehová lo había dicho» (Éx. 7:13), indicando de forma clara que el endurecimiento se produjo debido a la promesa de endurecerlo que Dios había hecho previamente. Además, la primera vez que se dice que Faraón «endureció su corazón», se nos informa de nuevo que fue así «como Jehová lo había dicho» (8:15; véase también 8:19; 9:12, 35). Pablo más tarde declararía en Romanos 9 que, en esta actividad de endurecimiento, Dios estaba simplemente ejerciendo su derecho soberano como alfarero para hacer con lo suyo como le plazca (Ro. 9:17–18, 21). En el contexto del Éxodo, Dios, de hecho, declaró a Faraón que la razón por la que este había sido levantado y colocado en el trono de Egipto (o «preservado» en el trono, según algunos traductores interpretan el hebreo) fue para mostrarle su poder, y para proclamar su nombre a lo largo de la tierra (Éx. 9:16; véase también Ro. 9:17). Resulta evidente tanto por Éxodo como por Romanos que Faraón y Egipto estaban a disposición de un Soberano absoluto.[20]

---

[17] Véase G. K. Beale, «An Exegetical and Theological Consideration of the Hardening of Pharaoh's Heart in Exodus 4–14 and Romans 9», *Trinity Journal* 5 (1984): 129–54.

[18] Éxodo 8:15, 32; 9:34. Los otros versículos que se citan como evidencia de que Faraón endureció su corazón (Éx. 7:13, 14, 22; 8:19; 9:7, 35) simplemente declaran que el corazón de Faraón «se endureció», dejando sin contestar la cuestión de quién provocó el endurecimiento.

[19] Éxodo 4:21; 7:3; 9:12; 10:1; 10:20; 10:27; 11:10; 14:4; 14:8; 14:17; véase también Deuteronomio 2:30; Josué 11:20; Salmos 105:25; Romanos 9:18.

[20] En su *Divine Election* (Grand Rapids, Mich.: Eerdmans, 1960) G. C. Berkouwer aborda el asunto del endurecimiento del corazón de Faraón (212–16; 244–53). Manteniendo su preocupación principal, es decir, el evitar que la elección y reprobación en el decreto divino sean igualmente definitivas, declara que «hemos de tener cuidado de no adjuntar [a la soberanía de Dios al endurecer el corazón de los no elegidos] *ninguna interpretación determinista*» (249; énfasis añadido), y también que «el endurecimiento no es resultado de un decreto fatídico, sino un acto de Dios que manifiesta su juicio sobre la *auto*-determinación pecaminosa del hombre» (251; énfasis añadido). Pero estas afirmaciones simplemente fallan al enfrentarse con pasajes como los que hay en la misma historia del Éxodo, Lucas 22:22, Hechos 2:23, 4:27, 28; 17:26, Romanos 9:10–24; 11:5–10, y Efesios 1:4–11, que inconfundiblemente hablan del consejo predeterminado de un Dios con propósito, que abraza la diferenciación que existe entre elegidos y no elegidos, así como entre el pecado y maldad. Berkouwer está cegado a lo obvio por su determinación en ver que las enseñanzas de todos estos pasajes no están relacionadas en modo alguno con los decretos divinos, sino más bien restringidas solamente a la historia de salvación (212–13), y, por tanto, a una conexión que es solo de «lo uno o lo otro» con respecto a Cristo y su salvación. ¡Como si la historia de salvación y las alternativas que existen en el evangelio no hubieran de relacionarse con el decreto eterno de Dios!

Aunque hemos de insistir en lo igualmente definitivas que son la elección y reprobación en el decreto divino, no hemos de hablar de una identidad exacta de la causalidad divina que está tras ellas. Porque, aunque la elección divina es la única causa de raíz de la salvación del pecador, la reprobación divina toma en cuenta el pecado del reprobado, aparte del cual su condenación nunca debería concebirse, y por el cual Dios no es el responsable en modo alguno (véase la Confesión de Fe, III/vii). John Murray con acierto nos advierte:

Las distinciones necesarias que han de observarse con respecto a la *causalidad* entre la elección para vida... y «reprobación» para muerte... no interfieren en lo más mínimo con aquella verdad que es la verdadera cuestión del asunto, esto es, la pura soberanía de la diferenciación inherente en el consejo de la voluntad de Dios... No se viola el que sean igualmente definitivos. Dios diferenció entre los hombres en Su decreto eterno; *Él* hizo que se diferenciaran. Y finalmente, la única explicación de esta diferenciación es la soberana voluntad de Dios. 3 John Murray, *Collected Writings of John Murray* (Edinburgh: Banner of Truth), 4:330.)

Finalmente, cuando Berkouwer insta, en contra de H. Hoeksema, que el endurecimiento de corazón no es el propósito de la predicación a los no elegidos, estoy de

7. Dios declaró que controlaría los corazones de los hombres de forma que ninguno desearía la tierra de un israelita cuando estos se presentaran ante Él tres veces al año (Éx. 34:24).

8. Durante la conquista de Transjordania, Moisés volvió a presentar a Dios como el que endurece los corazones de los reyes: «Mas Sehón... no quiso que pasásemos por el territorio suyo; porque Jehová tu Dios había endurecido su espíritu, y obstinado su corazón para entregarlo en tu mano» (Dt. 2:30).

9. En la víspera de la conquista de Canaán, Moisés informó a Israel que Dios los había elegido para ser un pueblo para su posesión (véase Amós 3:2), basándose, no en el mérito de Israel, sino en el condescendiente amor y gracia de Dios:

Deuteronomio 4:37: «Y por cuanto él amó a tus padres, escogió a su descendencia después de ellos, y te sacó de Egipto con su presencia y con su gran poder».

Deuteronomio 7:6–8: «Jehová tu Dios te ha escogido para serle un pueblo especial, más que todos los pueblos que están sobre la tierra. No por ser vosotros más que todos los pueblos os ha querido Jehová y os ha escogido, pues vosotros erais el más insignificante de todos los pueblos; sino por cuanto Jehová os amó, y quiso guardar el juramento que juró a vuestros padres, os ha sacado Jehová con mano poderosa».

Deuteronomio 9:4–6: «No pienses en tu corazón cuando Jehová tu Dios los haya echado de delante de ti, diciendo: Por mi justicia me ha traído Jehová a poseer esta tierra; pues por la impiedad de estas naciones Jehová las arroja de delante de ti. No por tu justicia, ni por la rectitud de tu corazón entras a poseer la tierra de ellos, sino por la impiedad de estas naciones Jehová tu Dios las arroja de delante de ti, y para confirmar la palabra que Jehová juró a tus padres Abraham, Isaac y Jacob. Por tanto, sabe que no es por tu justicia que Jehová tu Dios te da esta buena tierra para tomarla; porque pueblo duro de cerviz eres tú».

Deuteronomio 10:15: «Solamente de tus padres se agradó Jehová para amarlos, y escogió su descendencia después de ellos, a vosotros, de entre todos los pueblos, como en este día».

10. Durante la conquista de Canaán, «No hubo ciudad que hiciese paz con los hijos de Israel, salvo los heveos que moraban en Gabaón; todo lo tomaron en guerra. Porque esto vino de Jehová, que endurecía el corazón de ellos para que resistiesen con guerra a Israel, para destruirlos... como Jehová lo había mandado a Moisés» (Jos. 11:19-20). De nuevo aquí, el origen de la dureza del corazón de la gente es trazado hasta la providencia del Señor.

11. La obsesión de Sansón con la mujer filistea de Timnat «esto venía de Jehová, porque él buscaba ocasión contra los filisteos» (Jue. 14:4).

12. Los malvados hijos de Elí no escucharon el sabio consejo de su padre, que los habría salvado, «porque Jehová había resuelto hacerlos morir» (1 S 2:25).

13. Durante la rebelión de Absalom contra David, aunque el consejo de Ahitofel era militarmente superior al de Husai, Absalom decidió seguir el de este último «porque Jehová había ordenado que el acertado consejo de Ahitofel se frustrara, para que Jehová hiciese venir el mal sobre Absalón» (2 S. 17:14).

14. De acuerdo con Proverbios 8:22–31, Dios, actuando bajo la guía de su eterna sabiduría, que «poseía en el principio..., antes de sus obras», fraguó «desde el principio» un plan incluyendo todo lo que ha de suceder, y gobierna Su universo hasta los particulares más pequeños de acuerdo con ese plan, para cumplir su perfecto e inmutable propósito.

15. El que Roboam no prestara atención al ruego del pueblo, que pedía ser aliviado del yugo de los pesados impuestos y opresiva labor, resultó en la división del reino unido, «porque era designio de Jehová» (1 Reyes 12:15).

---

acuerdo, en el sentido de que no es el único propósito. Pero sí es un propósito. Muchas Escrituras afirman que el endurecimiento de corazón es un efecto, y, por tanto, un propósito de la predicación a los no elegidos (véase Is. 6:9–13; Marcos 4:11–12; Juan 9:39; 12:38–40; 2 Co. 2:15-16).

16. Amasías de Judá no prestó atención a la advertencia que le hizo Joás de Israel «porque era la voluntad de Dios, que los quería entregar en manos de sus enemigos, por cuanto habían buscado los dioses de Edom» (2 Cr. 25:20).

17. Pasajes como los anteriores ilustran la verdad de Proverbios 21:1 «Como los repartimientos de las aguas, así está el corazón del rey en la mano de Jehová; a todo lo que quiere lo inclina». (véase Jue. 7:22; 9:23; 1 S 18:10 -11; 19:9– 10; 2 Cr. 18:20 -22; Esdras 1:1– 2; 7:27).

18. El salmista declara que el número de los días del hombre está ordenado por Dios antes de nacer (Sal. 31:15; 39:5; 139:16).

19. El salmista traza el origen de las bendiciones de la salvación a la elección divina cuando canta: «Bienaventurado el que tú escogieres y atrajeres a ti, para que habite en tus atrios» (Sal. 65:4).

20. El salmista también exclama: «Nuestro Dios está en los cielos; todo lo que quiso ha hecho» (Sal. 115:3). De nuevo, declara: «Todo lo que Jehová quiere, lo hace, en los cielos y en la tierra, en los mares y en todos los abismos» (Sal. 135:6).

21. El hombre sabio de Proverbios 16 aclama el gobierno soberano de Dios sobre los hombres cuando declara: «Del hombre son las disposiciones del corazón; más de Jehová es la respuesta de la lengua» (Pr. 16:1); una vez más, «todas las cosas ha hecho Jehová para sí mismo, Y aun al impío para el día malo»; y aún una vez más, «El corazón del hombre piensa su camino; más Jehová endereza sus pasos»; finalmente, «La suerte se echa en el regazo; más de Jehová es la decisión de ella» (v. 33). Véanse también las siguientes afirmaciones del mismo estilo:

Proverbios 19:21: «Muchos pensamientos hay en el corazón del hombre; más el consejo de Jehová permanecerá».

Proverbios 20:24: «De Jehová son los pasos del hombre; ¿Cómo, pues, entenderá el hombre su camino?»

Proverbios 21:30: «No hay sabiduría, ni inteligencia, ni consejo, contra Jehová».

22. Isaías declaró la asombrosa soberanía de Dios sobre Asiria cuando escribió que, bajo el gobierno soberano de Dios, Asiria vendría contra Israel a causa de sus últimas transgresiones, a pesar de que el pueblo de Asiria «no lo pensará así, ni su corazón lo imaginará de esta manera» (Is. 10:6–7).

23. El mismo profeta declaró que todas las cosas pasan de acuerdo con el decreto eterno e irresistible de Dios:

Isaías 14:24, 27: «Ciertamente se hará de la manera que lo he pensado, y será confirmado como lo he determinado... Porque Jehová de los ejércitos lo ha determinado, ¿y quién lo impedirá?».

Isaías 46:10, 11: «Anuncio lo por venir desde el principio, y desde la antigüedad lo que aún no era. Que digo: Mi consejo permanecerá, y haré todo lo que quiero... Yo hablé, y lo haré venir; lo he pensado, y también lo haré».

24. A través del mismo profeta, Dios declaró que es Él, el Señor, quien forma y crea las tinieblas: «que hago la paz y creo la adversidad. Yo Jehová soy el que hago todo esto» (Is. 45:7).

25. Haciéndose eco del mismo tema, Amós pregunta retóricamente: «¿Habrá algún mal en la ciudad, el cual Jehová no haya hecho?» (Amós 3:6).

26. Por medio de Habacuc, Dios reveló a Judá que iba a traer a los neo-babilonios a la tierra para castigar a Judá por sus pecados (Hab 1:5–6), de nuevo, apuntando a su gobierno soberano de los corazones de los reyes y las naciones.

27. Daniel informó a Nabucodonosor en base a la visión divina (Dn. 4:17) que «el Altísimo

tiene el dominio en el reino de los hombres, y lo da a quien él quiere» (4:31–32). Luego, después de esta humillante experiencia, el castigado rey babilónico bendijo al Altísimo con las siguientes palabras: «[Su] dominio es sempiterno, y su reino por todas las edades. Todos los habitantes de la tierra son considerados como nada; y Él hace según su voluntad en el ejército del cielo, y en los habitantes de la tierra, y no hay quien detenga su mano, y le diga: ¿Qué haces?» (vv. 34–35).

28. Quizás ninguna declaración resume la actitud del testimonio del Antiguo Testamento de la impresionante soberanía de Dios sobre hombres y naciones con más majestad que Isaías 40:15, 17, 22, 23:

He aquí que las naciones le son como la gota de agua que cae del cubo,
y como menudo polvo en las balanzas le son estimadas;
he aquí que hace desaparecer las islas como polvo...
Como nada son todas las naciones delante de él;
y en su comparación serán estimadas en menos que nada,
y que lo que no es...
Él está sentado sobre el círculo de la tierra,
cuyos moradores son como langostas...
Él convierte en nada a los poderosos,
y a los que gobiernan la tierra hace como cosa vana.

Las afirmaciones del Antiguo Testamento dejan abundantemente claro que Dios es absolutamente soberano en su mundo, que su soberanía se extiende al gobierno de todas sus criaturas y todos sus pensamientos y acciones, y que su gobierno de las personas en particular, hasta los detalles más minúsculos, está de acuerdo con su sabio y santo propósito tanto para el mundo como para la criatura racional que Él creó.

Ilustraciones del Nuevo Testamento

El Nuevo Testamento es incluso más explícito en su enseñanza que el Antiguo, insistiendo en la soberanía de Dios sobre la vida y la salvación:

1. Jesús enseña que los sucesos más minúsculos están directamente controlados por su Padre celestial. Es Él quien alimenta a las aves del cielo (Mt. 6:26) y viste las flores del campo (Mt. 6:28). Ni un pajarillo está olvidado por Dios o cae al suelo aparte de su voluntad, y los cabellos mismos de nuestra cabeza están contados (Mt. 10:29-30).

2. Inmediatamente después de ser rechazado por ciertas ciudades de Galilea, Jesús oró: «Te alabo, Padre, Señor del cielo y de la tierra, porque escondiste estas cosas de los sabios y de los entendidos, y las revelaste a los niños. Sí, Padre, porque así te agradó» (Mt. 11:25-26).

3. También dijo: «Toda planta que no plantó mi Padre celestial, será desarraigada» (Mt. 15:13).

4. En otra ocasión Jesús enseñó expresamente que nadie viene a Él al menos que primero el Padre actúe de manera salvadora a su favor:

Juan 6:44-45: «Ninguno puede venir a mí, si el Padre que me envió no le trajere... Escrito está en los profetas: Y serán todos enseñados por Dios. Así que, todo aquel que oyó al Padre, y aprendió de él, viene a mí».

Juan 6:65: «Ninguno puede venir a mí, si no le fuere dado del Padre».

5. En la misma línea Jesús declaró en Su oración sacerdotal de Juan 17:

Juan 17:2: «[Padre] como le has dado [al Hijo] potestad sobre toda carne, para que dé vida eterna a todos los que le diste».

Juan 17:6: «He manifestado tu nombre a los hombres que del mundo me diste».

Juan 17:9: «Yo ruego por ellos; no ruego por el mundo, sino por los que me diste; porque tuyos son».

Juan 17:12: «Ninguno de ellos se perdió, sino el hijo de perdición, para que la Escritura se cumpliese».

6. Juan traza el origen del rechazo de Israel hacia Jesús a la obra de enceguecimiento y endurecimiento de Dios: «Por esto no podían creer, porque... Cegó los ojos de ellos, y endureció su corazón; para que no vean con los ojos, y entiendan con el corazón, y se conviertan» (Juan 12:37–40; véase Is. 6:9–10; 4:11 -12 -12; Ro. 9:18 -24; 11:32). Aquí podemos ver en el Nuevo Testamento la misma doctrina de «endurecimiento» del Antiguo Testamento.

7. De manera similar, Jesús dijo: «No me elegisteis vosotros a mí, sino que yo os elegí a vosotros, y os he puesto para que vayáis y llevéis fruto, y vuestro fruto permanezca» (Juan 15:16). Y en otra ocasión Él dijo: «Porque muchos son llamados, y pocos escogidos» (Mt. 22:14).

8. Ante Pilato, Jesús declaró: «Ninguna autoridad tendrías contra mí, si no te fuese dada de arriba» (Juan 19:11).

9. Pedro declaró inequívocamente que el tratamiento hacia y la muerte por crucifixión perpetrada contra el Hijo de Dios por hombres impíos estaba de acuerdo con el «determinado consejo y anticipado conocimiento de Dios» (Hechos 2:23)— evidencia desde la Escritura de que el eterno decreto de Dios incluía el ordenamiento anticipado del mal (véase también en conexión con esto Mt. 18:7; 26:24; Marcos 14:21; Lucas 17:1; 22:22).

10. La iglesia primitiva de Jerusalén en su totalidad afirmó con gusto la soberanía de Dios sobre la vida en general, y específicamente reafirmó que todo lo que Herodes, Pilato, los soldados romanos y los líderes religiosos judíos habían hecho a Jesús fue «para hacer cuanto tu mano y tu consejo habían antes determinado que sucediera» (Hechos 4:28).

11. Lucas en tres ocasiones apunta en el libro de Hechos a la elección y la obra preveniente de Dios en la salvación de los gentiles individuales.

Hechos 13:48: «Y creyeron todos los que estaban ordenados para vida eterna».

Hechos 16:14: «El Señor abrió el corazón de ella para que estuviese atenta a lo que Pablo decía».

Hechos 18:27: «Llegado [Apolos] allá, fue de gran provecho a los que por la gracia habían creído».

En consecuencia, Lucas adscribe el crecimiento de la iglesia a la mano del Señor (Hechos 11:21) o a la actuación directa de Él (Hechos 14:27; 18:10).

12. Santiago apunta que Dios, la fuente de «toda buena dádiva», «de su voluntad, nos hizo nacer por la palabra de verdad, para que seamos primicias de sus criaturas» (Santiago 1:17–18) y «Ha elegido Dios a los pobres de este mundo, para que sean ricos en fe y herederos del reino que ha prometido a los que le aman» (Santiago 2:5).

13. En el extendido pasaje de Romanos 8:28–39 Pablo traza el origen de todas las bendiciones redentoras finalmente al conocimiento anticipado de Dios (entendido como el amor pactual de Dios, no la mera presciencia) y la predestinación: «los que antes conoció [los que amó por anticipado], también los predestinó... ¿Quién acusará a los escogidos de Dios?».

14. En Romanos 9, en vista de los elevados privilegios de Israel como pueblo de Dios en el Antiguo Testamento, y los extremos a los que Dios había llegado para prepararlos para la llegada del Mesías, Pablo aborda la anomalía del rechazo oficial de Israel hacia Cristo. Se encarga de este tema en este punto por dos motivos: en primer lugar, es consciente de que si la justificación es solamente por fe (como había defendido antes), resultando irrelevante la carrera, alguien podría preguntarse: «¿Qué hay de todas las promesas que Dios hizo a Israel

Dios y el Hombre

como nación? ¿Acaso no han demostrado ser sin efecto?» Él sabe que, a menos que pueda dar una respuesta a esta cuestión, la integridad de la Palabra de Dios estaría en duda, como mínimo en la mente de algunos. Esto a su vez plantea una posible segunda cuestión: «Si las promesas de Dios demostraron quedar sin efecto para Israel, ¿qué seguridad tiene el cristiano de que esas promesas divinas que ha recibido, implícitas en la gran teología de Romanos 3–8, no acabaran quedando también sin efecto?» Por esto, aborda el tema de la incredulidad de Israel. Su explicación en una sola frase es esta: *Las promesas de Dios a Israel no han fallado, porque Dios nunca prometió salvar a todos los israelitas; Dios prometió a salvar al «Israel» elegido (el verdadero) dentro de Israel (Ro. 9:6).* Él demuestra esto destacando el hecho de que, desde el principio, no toda la simiente natural de Abraham fue considerada por Dios como «hijos de Abraham»—Ismael fue excluido de ser un hijo de la promesa por divina disposición de elección soberana (9:7–9).

Ahora bien, pocos judíos en los días de Pablo hubieran tenido dificultades con la exclusión de Ismael del pacto de gracia de Dios. Pero alguno podría haber planteado como hipótesis que el rechazo de Ismael como «hijo» de Abraham se debió a que, aunque era simiente de este, también era hijo de la sierva Agar, y no de Sara, así como al hecho de que Dios sabía que él «perseguía al que había nacido según el Espíritu» (Gl. 4:29; véase Gn. 21:9; Sal. 83:5–6). Dicho de otra forma, se podría defender que Dios hizo distinción entre Isaac e Ismael, no por la divina elección soberana de aquel, sino porque tenían dos madres terrenales diferentes y por la posterior hostilidad de Ismael hacia Isaac (conocida por Dios de antemano). El hecho de las dos madres es bastante cierto, y tiene algo de importancia *figurativa*, como el mismo Pablo defiende en Gálatas 4:21–31.[21] Pero Pablo ve claramente que el principio que opera en la selección de Isaac por encima de Ismael es el de una discriminación soberana y divina, no basada en circunstancias humanas. Para que su lector no pase por alto el principio que gobernó la elección de Isaac (y del resto de los que son salvos), Pablo refuerza su posición añadiendo la consideración de Jacob y Esaú. En este caso no existían dos madres, sino que había un solo padre (Isaac) y una sola madre (Rebeca), y, de hecho, los dos muchachos eran gemelos, incluso siendo Esaú (como Ismael antes que él) el mayor, y, por tanto, el que normalmente recibiría un trato preferencial reservado para el primogénito. Además, la discriminación divina fue hecha *antes* de su nacimiento, *antes* de que ninguno de ellos hubiera hecho algo bueno o malo. Notemos Romanos 9:11–13:

> Pues no habían aún nacido, ni habían hecho aún ni bien ni mal, para que el propósito de Dios conforme a la elección permaneciese, no por las obras sino por el que llama, se le dijo: El mayor servirá al menor. Como está escrito: A Jacob amé, más a Esaú aborrecí.

Es claro que para Pablo tanto la elección («a Jacob amé») como la reprobación («a Esaú aborrecí») tienen su origen en el soberano decreto de Dios de discriminación entre los hombres.[22]

Dado que Romanos 9:13 es una cita de Malaquías 1:2, 3, que fue escrito al final de la historia canónica del Antiguo Testamento, el teólogo arminiano defiende que la elección de Dios de Jacob y su rechazo de Esaú están tratando acerca de las naciones, y tienen su origen

---

[21] En el pasaje de Gálatas, Agar y Sara simbolizan respectivamente la salvación por obras de guardado de la ley y aquella que es por gracia por medio de la fe. El propósito de Pablo es defender que no es suficiente con solamente ser hijo de Abraham. Los judaizantes, que estaban tratando de ser hijos de Abraham por medio de guardar la ley, necesitaban que les recordaran que Abraham tuvo *dos* hijos, y que el que era su hijo según la «manera ordinaria» (es decir, por el esfuerzo humano) era un esclavo, y en realidad no era hijo de Abraham en absoluto.

[22] Berkouwer niega que Romanos 9–11 pueda utilizarse para establecer «un *locus de praedestinatione* como análisis de una elección o rechazo individual» (*Divine Election*, 210) o que deba utilizarse para descubrir en ello un «sistema de cosmología en el que todo se deduce de Dios como causa principal» (211). En particular, en la infundada presunción de que pasajes como Romanos 9:22 han de restringirse en su diseño a mostrar «los actos de elección de Dios durante el curso de la historia» (214), disputa la exposición que hace Calvino de este pasaje, afirmando que «la predestinación de Faraón para ruína ha de referirse al consejo pasado y aun así oculto de Dios» (213). Su hermenéutica dialéctica, que gobierna toda su discusión, sale a la superficie en comentarios tales como «los objetos de la ira (contra su voluntad y en la ira de Dios) están sujetos a los actos majestuosos y misericordiosos de Dios... Así, Romanos 9:22, que parece conllevar una fuerte sugerencia de paralelismo, en realidad lo niega y nos apunta la libertad de los actos de Dios, *que abre ventanas en todas direcciones* [¡sombras de Barth!]». No estoy persuadido de que las conclusiones de Berkouwer hagan justicia a la enseñanza de Pablo. Creo que Calvino es un mejor exégeta en este punto.

en la presciencia de Dios, que sabía de la existencia pecaminosa de Edom y su despreciable tratamiento hacia Israel en la historia. (Ez 35:5). Pero por las tres razones siguientes, esta interpretación introduce un elemento de mérito humano que es extraño a todo el argumento de Pablo en Romanos 9, y que distorsiona totalmente su punto.

a. El concepto de Malaquías está en contra de ello. El argumento mismo que el profeta trata de elaborar es que, después de elegir a Jacob por encima de Esaú, Dios continuó amando a Jacob, a pesar de que la historia de Jacob (la de Israel) era similar a la de Esaú (Edom) en cuanto a su fidelidad al pacto, y que rechazó a Esaú a causa de su impiedad.

b. Inyectar en el pensamiento de Pablo el grado más leve de una idea de mérito o demérito humano como fundamento del tratamiento de Dios con los gemelos, es ignorar la clara afirmación de Pablo: «pues no habían aún nacido, ni habían hecho aún ni bien ni mal, para que el propósito de Dios conforme a la elección permaneciese, no por las obras sino por el que llama, se le dijo...».

c. Inyectar en el pensamiento de Pablo la idea de mérito o demérito humano convierte en superflua e irrelevante la objeción anticipada que se presenta inmediatamente después al argumento de Pablo, reflejada en las preguntas: «¿Qué diremos, pues? ¿Que hay injusticia en Dios?» A nadie se le ocurriría acusar a Dios de injusticia si se hubiera relacionado con Jacob y Esaú estrictamente en base al mérito o demérito humano. En cambio, es precisamente porque Pablo había declarado que Dios no se relacionó con los gemelos en base al mérito humano, sino únicamente de acuerdo con su propio propósito electivo, que el apóstol anticipaba la pregunta: «¿Por qué esto no hace a Dios injusto y arbitrariamente autoritario?» Resulta dudoso que ningún arminiano se vea confrontado jamás con la pregunta que Pablo anticipa en este punto, porque la doctrina arminiana de la elección se basa en la presciencia que Dios tiene acerca de la fe y buenas obras de los hombres. Únicamente el calvinista, que insiste que Dios se relaciona con los elegidos «solamente según su gracia libre y amor, sin ninguna presciencia de fe o buenas obras, o perseverancia en ninguna de ellas, o ninguna otra cosa en la criatura tal como condiciones o causas que la muevan a ello, para alabanza de su gloriosa gracia» (WCF, III/v) se enfrentará a esta acusación específica de que Dios es injusto.

También aprendemos de Romanos 9:11–13 que el principio *electivo* en el propósito eterno de Dios sirve y funciona solamente junto con el principio de *gracia* que gobierna toda verdadera salvación. Nótese la expresión de Pablo: «para que el propósito de Dios conforme a la elección permaneciese, no por las obras sino por el que llama». La conexión entre la gracia de Dios y su propósito electivo se muestra de forma dramática al discriminar entre Jacob y Esaú, sucediendo esto, como Pablo dijo, cuando «no habían aún [μήπω, *mēpō*] nacido, ni habían hecho aún ni bien ni mal» (véase Gn. 25:22–23). Pablo explica el motivo para la discriminación divina con las palabras: «no por [ἐκ, *ek*] las obras sino [ἐκ, *ek*] por el que llama [a salvación]» (Ro. 9:12).[23] Esto es equivalente a decir «no por las obras, sino de acuerdo con la gracia que elige». Pablo enseña aquí que el propósito electivo de Dios no es, como sucede en el paganismo, «un destino ciego e ilegible» del que «cuelga un misterio impersonal, incluso por encima de los dioses», sino que sirve el propósito inteligible de «resaltar el carácter *gratuito* de la gracia».[24] De hecho, Pablo se refiere más tarde a «la elección de la gracia» (Ro. 11:5). El resultado de todo esto es simplemente decir: «Si hay elección incondicional, hay gracia; si no hay elección incondicional, ¡entonces no hay gracia!». Dicho de otra forma: Decir «gracia soberana» es exclamar una redundancia, porque

---

[23] BAGD, *A Greek-English Lexicon of the New Testament and Other Early Christian Literature*, 2d ed. (Chicago: University Press, 1958), 235, 3, i, para apoyar su lectura de *ek*.
[24] Geerhardus Vos, *Biblical Theology* (Grand Rapids, Mich.: Eerdmans, 1954)), 108, 110.

Dios y el Hombre

para que exista alguna gracia hacia la criatura que no la merece, se *requiere* que Dios sea soberano al exhibir su distribución.

En Romanos 9:15–18 y 9:20–23 Pablo responde a dos objeciones a su enseñanza sobre la elección divina, disponiéndolas en forma de pregunta: (a) «¿Qué diremos, pues? ¿Que hay injusticia en Dios?» (9:14)—la cuestión de la *justicia divina* (o rectitud)—y (b) «Pero me dirás: "¿Por qué, pues, inculpa?" porque ¿quién ha resistido a su voluntad?» (9:19)—la cuestión de la *libertad humana.* En respuesta a ambas objeciones, simplemente apela al derecho soberano y absoluto que Dios tiene para hacer con los hombres como le plazca a fin de lograr sus propios y santos fines.

En Romanos 9:15–18, en respuesta a la primera pregunta (la cuestión de la justicia o rectitud divina), Pablo contrasta a Moisés—su ejemplo de elegido sobre el cual Dios ha determinado soberanamente mostrar su misericordia (v. 15; véase también v. 23)—y Faraón—su ejemplo de no elegido al cuál Dios ha determinado levantar para (ὅπως, *hopōs*) mostrar por él su poder y publicar su nombre en toda la tierra (v. 17; véase también v. 22), Pablo primero declara: «[La misericordia que salva] no depende del que quiere, ni del que corre, sino de Dios que tiene misericordia» (9:16). Por medio de esta afirmación Pablo deja claro que los tratos salvadores de Dios con los hombres están fundados en consideraciones electivas y de decreto, sin consideración a la voluntad u obrar humanos (véase también Juan 1:13). Luego Pablo concluye: «De manera que [Dios] de quien quiere, tiene misericordia, y al que quiere endurecer, endurece» (v. 18), dando respuesta a la pregunta con respecto a la justicia de Dios en vistas de su actividad de elección y reprobación (véase 9:11–13), apelando directamente al soberano derecho de Dios para hacer con los hombres y mujeres como le plazca a fin de exhibir la verdad: todo bien espiritual en el hombre es fruto solamente de Su gracia.

Luego, en Romanos 9:20–23, en respuesta a la segunda pregunta (la pregunta de la libertad humana), después de la represión: «Mas antes, oh hombre, ¿quién eres tú, para que alterques con Dios?», Pablo emplea la familiar metáfora del Antiguo Testamento acerca del alfarero y el barro (véase Is. 29:16; 45:9; 64:8; Jer. 18:6) y pregunta: «¿O no tiene potestad el alfarero sobre el barro, para hacer de la misma masa [la humanidad vista de forma general] un vaso para honra y otro para deshonra?»

Por supuesto, Pablo espera una respuesta afirmativa a esta pregunta retórica. Nos enseña que (1) el *alfarero* fabrica, en su soberanía, ambos tipos de vasos, y (2) que hace *ambos* de la misma *masa* de barro. La metáfora claramente implica que la determinación de la naturaleza y propósito de un vaso en particular (ya sea para un uso noble o común) es un derecho soberano del alfarero, *aparte de cualquier consideración acerca de la condición previa del barro.* Esto a su vez sugiere que Dios determinó soberanamente la naturaleza y propósito tanto de los elegidos como de los no elegidos, a fin de cumplir con sus propios y santos fines, aparte de la consideración de cualquier condición previa que pueda o no haber estado presente en ellos (de nuevo, véase 9:11–13). Proverbios 16:4, en mi opinión, expresa adecuadamente el foco de atención de la metáfora: «Todas las cosas ha hecho Jehová para sí mismo, y aun al impío para el día malo». Así que, de nuevo aquí, Pablo apela una vez más al derecho soberano y absoluto que Dios tiene para hacer con los hombres como le plazca a fin de lograr sus propios y santos fines. Y Pablo registra su apelación a la soberanía de Dios sin matizaciones, incluso aunque entiende que «el hombre que no entiende las profundidades de la sabiduría divina ni las riquezas de la elección, que quiere solo vivir en su creencia de la no arbitrariedad de sus propias obras y moralidad, solo puede ver arbitrariedad en la libertad soberana de

Dios».²⁵ Esta característica de la metáfora del alfarero pone su énfasis en la voluntad divina como la única causa final y determinante para la distinción entre los elegidos y no elegidos.

La Palabra de Dios a Israel no ha fallado, afirma Pablo a modo de resumen, porque los tratos de Dios con los hombres no están finalmente determinados por ninguna cosa que hagan, sino por el propio propósito discriminante de Dios. Por tanto, los cristianos pueden dar por seguro que, habiendo puesto Dios su amor sobre ellos desde toda la eternidad por Su disposición soberana, nada los puede separar del amor de Dios que es Cristo Jesús, Señor nuestro (Ro. 8:28-39).

Para mucha gente, incluso los cristianos, esta enseñanza plantea la cuestión de la arbitrariedad de Dios. Incluso Geerhardus Vos, al comentar sobre Romanos 9:11–13, reconoce, «el riesgo de exponer la soberanía divina a la acusación de arbitrariedad»²⁶ y Pablo estaba dispuesto a correr el riesgo con tal de subrayar el hecho de que la elección *por gracia* de Jacob (y la correspondiente reprobación de Esaú) fue decidida antes de que ellos hubieran hecho bien o mal (de hecho, fue decidida desde la eternidad). Los teólogos arminianos eliminarían para los lectores de Vos las palabras «el riesgo de» y simplemente dirían que el punto de vista reformado de la elección expone a Dios a la acusación de arbitrariedad en sus tratos con los hombres. ¿Qué se puede decir en respuesta a esta acusación? ¿Imputa el entendimiento reformado de la elección (el cual insistiremos que es también el entendimiento paulino) arbitrariedad a Dios cuando afirma que Dios discriminó entre un hombre y otro antes de que nacieran? ¿No es esto lo que Pablo dice? ¿No lo hizo Dios sin considerar ninguna condición o causa en ellos (o la ausencia de estas)? ¿No es lo que quiere decir Pablo con su «no por obras» y su «antes de que hubieran hecho ni bien ni mal»?

Como Pablo diría (9:14): «¡En absoluto!» *Los tratos de Dios con los hombres nunca son arbitrarios* si lo que quieren decir los arminianos por la palabra «arbitrario» es actuar de una forma en una ocasión y de forma diferente en otra, es decir, a la ligera o de forma inconsistente, o que Dios elija actuar sin respeto a ninguna norma o razón, es decir, caprichosamente. Los pensadores reformados niegan imputar tal comportamiento a Dios. Insisten en que Dios siempre actúa de una forma consistente con la selección previa y asentada que hace de los hombres, y dicha selección fue determinada sabiamente *en interés del* principio de la gracia (véase Ro. 9:11-12; 11:5). Dado que Pablo reconocía que en el grado, aunque fuera pequeño, en el que a un individuo se le permite ser el factor decisivo en recibir y producir los beneficios subjetivos de la gracia para su transformación «se detrae en la misma proporción del monergismo de la gracia divina y de la gloria de Dios»,²⁷ él llama la atención hacia «la discriminación soberana de Dios entre un hombre y otro, para hacer el apropiado énfasis sobre la verdad de que *solamente su gracia* es la fuente de todo bien espiritual que pueda encontrarse en el hombre».²⁸ Es justo decir que, si Dios eligió de la forma en que lo hizo, desde la profundidad infinita de las *riquezas de su sabiduría y conocimiento* (11:33), a fin de poder de manifestar su *gracia* (9:11), *entonces no eligió de manera arbitraria o caprichosa*. Dicho de otra forma, no es necesario que la condición que gobierna la razón para elegir de la forma en que lo hizo descanse en la criatura. (De hecho, por la naturaleza misma del caso, la condición no podía descansar en la criatura. Si lo hiciera, entonces la criatura sería el agente determinante en la salvación y se convertiría entonces en Dios para todas las intenciones y propósitos). Si había una razón sabia en Dios para elegir de la forma en que lo hizo (y la había, siendo esta la de poder mostrar su gracia como única

---

[25] Berkouwer, *Divine Election*, 109.
[26] Vos, *Biblical Theology*, 109.
[27] Ibid., 108.
[28] Ibid., 110, énfasis añadido.

causa del bien espiritual en los hombres), entonces no eligió caprichosamente. Por supuesto, «pueden existir muchos otros motivos [es decir razones] para la elección, desconocidos e imposibles de conocer para nosotros». Eso es verdad. Pero, como Vos nos recuerda: «*sí* conocemos esta razón, y, al conocerla, sabemos que, sean cuales sean las otras razones que puedan existir, no pueden estar relacionadas con ninguna condición ética meritoria de los objetos que Dios elige».[29]

Pablo concluye su discurso sobre la predestinación diciendo: «Porque de Él, y por Él, y para Él, son todas las cosas» (Ro. 11:36).

15. En otro contexto, Pablo escribe: «Por Él [por Dios] estáis vosotros en Cristo Jesús» (1 Co. 1:30), cuyo trabajo efectivo considera fruto de la elección divina (1:23–28).

16. Pablo enunció la soberanía de Dios y la predestinación de los hombres para adopción como hijos en forma doxológica en Efesios 1:3–14:

> Bendito sea el Dios y Padre de nuestro Señor Jesucristo, que nos bendijo con toda bendición espiritual en los lugares celestiales en Cristo, según *nos escogió en Él antes de la fundación del mundo*, para que fuésemos santos y sin mancha delante de Él, en amor habiéndonos predestinado para ser adoptados hijos suyos por medio de Jesucristo, según el puro afecto de su voluntad, *para alabanza de la gloria de su gracia*, con la cual nos hizo aceptos en el Amado... En él asimismo tuvimos herencia, *habiendo sido predestinados conforme al propósito del que hace todas las cosas según el designio de su voluntad*, a fin de que seamos *para alabanza de su gloria*. (Énfasis añadido)

17. Pablo continúa insistiendo: «Dios os ha escogido [a los cristianos] desde el principio para salvación» (2 Ts. 2:13), y que Dios salvó a los cristianos «no conforme a... obras, sino según el propósito suyo y la gracia que... fue dada [a los cristianos] en Cristo Jesús antes de los tiempos de los siglos» (2 Ti. 1:9).

18. Como ejemplo final, Pedro contrasta a los que desobedecen diciendo «a lo cual fueron... destinados» con los que creen, el origen de cuya fe traza al hecho de que son un «linaje escogido» (1 P. 2:8–9).

Se podrían citar decenas de otros ejemplos (p. ej. 2 Ts. 2:11; Ap. 17:17) al mismo efecto, mostrando que Dios es representado en la Escritura tanto como Gobernante soberano sobre el mundo y todas sus criaturas, como soberano Salvador de los pecadores.

Por tanto, queda claro que Pinnock en particular y el arminianismo en general están en un grave error cuando rechazan el punto de visto calvinista de la predestinación, que enseña que el decreto soberano de Dios determina los actos y destinos humanos. La Biblia enseña que Dios, para manifestación de Su propia gloria, predestinó a algunos hombres y ángeles para la vida eterna y pre-ordenó a otros a la muerte eterna.

POR QUÉ DIOS NO ES EL AUTOR DEL PECADO NI CAUSA IMPUTABLE DEL MISMO

Si Dios ha decretado todo lo que sucede y por su santísima, sapientísima y poderosa providencia gobierna a todas sus criaturas y sus actos para cumplir con sus propios y santos fines, ¿cómo entender esto de manera en que Dios no se convierta en autor del pecado y el hombre sea el responsable?

Para ser bíblicos, es importante desde el principio afirmar sin equivocación que Dios ha ordenado todo lo que sucede. Como declara la Confesión de Fe de Westminster, Dios es la única «primera causa» definitiva de todas las cosas (V/ii). Hemos de confesar junto con Calvino que la voluntad de Dios «es, y justamente debe ser, la causa de todas las cosas que son».[30] Pero Dios no es el autor del pecado ni causa imputable del mismo. Y hemos de insistir en esto por tres razones. La primera es simplemente esta: La Biblia enseña que «Dios es luz, y no hay ningunas tinieblas en él» (1 Juan 1:5), y que no tienta a nadie a pecar (Santiago

---

[29] Ibid.
[30] Calvino, *Institución*, III.xxiii.2.

1:13). La segunda razón es esta: Aunque ciertamente ha decretado todas las cosas, Dios decretó que dichas cosas sucedieran *de acuerdo a la naturaleza de «causas secundarias»,* ya sea (1) *necesariamente,* como en el caso de los planetas moviéndose en sus órbitas, (2) *libremente,* es decir, voluntariamente, sin que se violente la voluntad de la criatura, o (3) *contingentemente,* es decir, con la debida consideración a las contingencias de los hechos en el futuro, como cuando informó a David lo que Saúl y los ciudadanos de Keila le *harían si David permaneciese en la ciudad* (1 S. 23:9-13). Por tanto, *cualquier pecado que sobrevenga procede sólo de hombres y ángeles y no de Dios.* En conexión con esto, Warfield observa:

El que cualquier cosa (buena o mala) suceda en el universo de Dios se debe... a Su ordenación positiva y activa concurrencia, mientras que la cualidad moral del suceso, considerado en sí mismo, tiene su raíz en el carácter moral del agente subordinado, que actúa según las circunstancias y los motivos operativos en cada situación... Por tanto, todas las cosas encuentran unidad en Su plan eterno; y no solo su unidad, sino también su justificación; incluso el mal, aunque retiene su cualidad maligna y aborrecible para el santo Dios y ciertamente se tratará como aborrecible, no sucede aparte de Su provisión ni en contra de Su voluntad, sino que aparece en el mundo que Él creó solo como instrumento por medio del cual Él obra para un bien mayor.[31]

Lejos de violar la voluntad de la criatura o arrebatarle su libertad o contingencia, el decreto de Dios estableció que aquello que harían, lo harían (en condiciones normales) libremente (Confesión de Fe de Westminster, III/i; V/ii, iv). La ocurrencia de la palabra «libremente» puede sorprender a algunos lectores. ¿Cómo puede hablar de «libertad» un cristiano reformado si Dios ha decretado cada uno de sus pensamientos y acciones? La solución se encuentra en el significado de la palabra. La teología reformada no niega que los hombres tengan voluntad (es decir, mentes que eligen) o que los hombres ejerciten su voluntad incontables veces al día. Al contrario, la teología reformada afirma felizmente estas dos proposiciones. Lo que la teología reformada niega es que la voluntad de un hombre sea libre alguna vez del decreto de Dios, de su propio intelecto, limitaciones, enseñanza paterna, hábitos y del poder del pecado (en esta vida). Resumiendo, no existe tal cosa como la *libertad de indiferencia*; esto es, nadie tiene una voluntad que sea una isla en sí misma y no se vea determinada o afectada por nada.

Además, la teología reformada no se opone a hablar del «libre albedrío», «libertad» o «agencia libre» del hombre (estas frases pueden encontrarse en la Confesión de Fe de Westminster y en los escritos, por ejemplo, de A. A. Hodge, John Murray, y Gordon Clark, cuyas convicciones reformadas son incuestionables), siempre y cuando no se asigne a dichas frases la construcción arminiana del libre albedrío como libertad de indiferencia. De acuerdo con la teología reformada, si un acto se realiza *voluntariamente,* es decir, de manera *espontánea* sin violentar la voluntad, entonces ese acto es *libre*.[32] Esto se reconoce felizmente a fin de excluir las conclusiones del determinismo de Hobbes o Skinner, que insisten en que la voluntad del hombre es forzada o determinada mecánica, genética o químicamente por una absoluta necesidad de la naturaleza. Lo que todo esto significa es que, si en el momento el hombre *quería* hacer aquello que estaba considerando por razones suficientes para él, entonces la teología reformada declara que actuó *libremente.* Dicho de otra forma, la teología reformada afirma que existe una *libertad de espontaneidad.* Es en este sentido que utilicé el término «libremente» con anterioridad. Para ilustrarlo: ¿Era consciente Adán de la prohibición y la advertencia con respecto al árbol del conocimiento del bien y del mal en el momento en que comió de su fruto? La teología reformada dirá que sí. ¿Tenía Adán la capacidad y poder para hacer la voluntad *preceptiva* de Dios con respecto a dicho fruto? La teología reformada dirá que sí. ¿Llegó Adán al punto cognitivo en el que *quería* comer el fruto *por razones suficientes para él?* La teología reformada dirá de nuevo que sí. (Además la teología reformada, en oposición al arminianismo, insistirá en este punto diciendo que, precisamente porque Adán tenía sus razones, no estaba ejerciendo una voluntad «indiferente»). ¿Fue forzado Adán a comer del fruto en contra de su voluntad? La teología

---

[31] Benjamin B. Warfield, «Predestination», en *Biblical and Theological Studies* (Filadelfia: Presbyterian and Reformed, 1952), 283-84.
[32] Véase A. A. Hodge, *Outlines of Theology* (Edinburgh: Banner of Truth, 1972), 287-88.

reformada dirá que no. Por tanto, dado que Adán actuó con conocimiento, voluntad, espontáneamente, por razones suficientes para él, y sin ser violentado en su voluntad, la teología reformada insiste en que era un agente libre en su transgresión. Pero si alguno pregunta: ¿Era Adán totalmente libre del decreto eterno de Dios?, la teología reformada dirá, por supuesto, que no. ¿Podía haber hecho Adán algo diferente? De nuevo, desde el punto de vista del decreto divino, la respuesta es no. Contestar estas preguntas de cualquier otra manera es simplemente anular la enseñanza de la Escritura en cuanto a que Dios, que obra todo conforme a Su eterno propósito (Ef. 1:11), se propuso desde antes de la fundación del mundo de salvar a una multitud de pecadores que caerían en Adán (véase la Confesión de Fe de Westminster, V/iv; VI/i; IX/ii). Henry Stob dice esto de manera magníficamente sucinta:

> Los calvinistas no son «*librealbedristas*». Ciertamente afirman que el hombre es libre, que es un agente moral que no está atrapado en el engranaje de las cosas o determinado por meros antecedentes naturales. Pero comprenden que existe algo además de la libertad de la voluntad. El hombre es libre, es decir, puede bajo circunstancias ordinarias hacer lo que quiere. Pero la voluntad no es libre, esto es, no existe un punto de visión más allá de la voluntad desde la que esta pueda determinarse a sí misma. La voluntad del hombre responde a su naturaleza, que es lo que es por el pecado o por la soberana gracia de Dios. Todo esto establece la responsabilidad, porque *no se requiere nada más para hacer responsable a un hombre que el actuar con el consentimiento de su voluntad, sin importar cuánto pueda estar determinada.*[33]

Así pues, dado que Dios decretó que todas las cosas sucederían *de acuerdo con la naturaleza de causas secundarias*, lo cual significa, en el caso de los hombres, que actuarían libre y espontáneamente, cualquier pecado que cometan procede de ellos y no de Dios. Él no peca, ni es el autor del pecado. Solo pecan las causas secundarias que son conscientes de sí mismas y se autodeterminan.

Aún existe una tercera razón resulta claro que Dios no es causa imputable y que solo el hombre es responsable por su pecado. Esto puede mostrarse mediante un análisis cuidadoso de lo que *significa* la responsabilidad, y la *condición necesaria* para ella. *Responsabilidad* es una palabra que todo teólogo emplea, pero en cuyo significado pocos se molestan en pensar.

Como sugiere el elemento principal de la palabra, *responsabilidad* hace referencia a la obligación de dar explicaciones o informar de nuestros actos ante un legislador. Para ilustrarlo, cuando un juez atiende un caso sobre un accidente automovilístico que implica a dos vehículos, intenta determinar quién es «responsable», es decir, quién de los dos conductores tiene la obligación de dar explicaciones a la corte de tráfico por una violación de este. Resumiendo, un hombre es un agente moral *responsable* si puede ser y será requerido para dar explicaciones ante un legislador por cualquier infracción que cometa contra la ley impuesta sobre él por dicho legislador. El si la persona tiene o no libre albedrío en el sentido arminiano del término (la libertad de indiferencia) es irrelevante para la cuestión de la responsabilidad. Insistir en que sin libre albedrío un hombre no puede ser hecho responsable legítimamente por su pecado, es fracasar completamente en la apreciación del significado de la palabra. *El libre albedrío no tiene nada que ver con el establecimiento de responsabilidad.* Lo que convierte a una persona en «responsable» es que exista un legislador por encima de ella y que este haya declarado que le exigirá dar explicaciones ante él por sus pensamientos, palabras y actos. Por tanto, si el Legislador divino determinó que exigiría a todo ser humano dar explicaciones personalmente ante Él por sus pensamientos, palabras y actos, entonces todo ser humano es «responsable», ya sea libre en el sentido arminiano o no. En otras palabras, *lejos de que la soberanía de Dios haga imposible la responsabilidad humana, es justamente porque Dios es el Soberano absoluto que los hombres son responsables ante Él.*

---

[33] Henry Stob, *Ethical Reflection* (Grand Rapids, Mich.: Eerdmans, 1978), 152, énfasis añadido).

Si el Dios soberano ha determinado que los hombres darán respuesta por sus pensamientos, palabras y actos, entonces esa determinación los hace responsables ante Él por sus pensamientos, palabras y actos.

Un tratamiento bíblico completo de todas las bases de responsabilidad humana también incluirá el tratamiento de (1) el conocimiento innato que el hombre tiene de la ley de Dios, y (2) la doctrina del pecado original. Los hombres son causa imputable de los pecados que cometen si *saben* hacer el bien, pero no lo hacen, incluso si son incapaces de hacerlo (Lucas 12:47; Ro. 8:7). Dios también ha determinado que los hombres son responsables por el pecado de Adán por el principio de cabeza representativa e imputación legal (Ro. 5:12-19). Es claro que el libre albedrío no es en modo alguno una condición previa para la responsabilidad por el pecado imputado, sin embargo, Pablo enseña que los hombres son responsables ante Dios por el pecado de Adán de todas formas. Así pues, el libre albedrío en el sentido arminiano no es un requisito previo necesario para que el hombre sea responsable por su pecado. La condición previa para la responsabilidad es que exista un legislador.

Del análisis anterior sobre la condición previa para la responsabilidad debería resultar evidente por qué Dios no puede ser causa imputada o responsable por el pecado. Los hombres son responsables por sus pensamientos, palabras y actos porque existe un legislador que los llamará a cuentas (Ro. 14:12). Pero Dios no es «responsable» por sus pensamientos, palabras y actos porque no existe un legislador sobre Él al que tenga que rendir cuentas. Al contrario de lo que algunos piensan, Él no está obligado a guardar los Diez Mandamientos como lo están las criaturas humanas. Los Diez Mandamientos son sus preceptos revelados para los hombres. No se aplican a Él como norma ética que deba seguir. No puede adorar a otro Dios porque no existe ninguno. No puede deshonrar a Su padre ni a Su madre porque no tiene padres (no estamos considerando la encarnación en estos momentos), no puede asesinar, porque toda vida es suya para hacer como le plazca, no puede robar porque ya le pertenecen todas las cosas, no puede mentir porque su naturaleza no lo permite, no puede codiciar nada que no le pertenezca porque, de nuevo, todo es suyo. Y dado que es el Soberano absoluto del universo, no puede ser llamado a rendir cuentas por un legislador superior (no existe dicho ser) por cualquier cosa que haga u ordene hacer a otro. Debido a que es soberano, cualquier cosa que decrete o que haga está de acuerdo con su eterno decreto y su apropiado derecho, simplemente porque Él es el Soberano absoluto. ¿Decretó Él la horrible crucifixión de Cristo? La Biblia dice que lo hizo. Por tanto, era apropiado y correcto que lo hiciera. ¿Predestinó a algunos hombres en Cristo antes de la fundación del mundo para ser sus hijos, mientras que ordenó previamente a otros para la ira y deshonra por sus pecados? La Biblia dice que lo hizo. Por tanto, era apropiado y correcto que lo hiciera. ¿Determinó que llamaría a cuentas a los hombres por sus transgresiones contra Él? La Biblia dice que lo hizo. Entonces es apropiado y correcto que Dios nos considere imputables, causas responsables de nuestro pecado.

Hemos aclarado las razones por las que los teólogos reformados creen que pueden afirmar sin dudar la predestinación que Dios hace de todas las cosas en general y Su soberanía en la salvación en particular, y aun así negar al mismo tiempo que Dios es el Autor del pecado y que las personas tienen libre albedrío en el sentido arminiano del término. La primera es simplemente la clara enseñanza bíblica (véanse las muchas ilustraciones citadas) de que Dios ha ciertamente decretado y está en control de todas las cosas, pero no peca al hacerlo. La segunda es que Dios ordenó que todas las cosas sucedieran de acuerdo con la naturaleza de causas secundarias, ya sea necesaria, libre, o contingentemente, sin hacer violencia a la voluntad de la criatura. La tercera es el significado de responsabilidad y la clara percepción reformada de que la soberanía divina, lejos de ser un impedimento para la responsabilidad

Dios y el Hombre

humana como el arminiano imagina, es en definitiva la condición previa para ella.

UNA TEODICEA BÍBLICA

Ya que Dios decretó como parte de su plan eterno que todos los hombres pecaran (Ro. 11:32–36), y que solo algunos hombres fueran redimidos de los efectos de la caída de Adán, surge la pregunta *¿Por qué lo hizo?* Y la segunda pregunta podría ser, *¿existe algún modo en que podamos justificar sus acciones ante los hombres?*

Sugeriría la siguiente dirección como la única posible en la cual mirar para encontrar una teodicea bíblica (y por tanto defendible). *Dios consideró que el fin último que decretó era lo suficientemente grande y glorioso como para justificar tanto el plan divino en sí mismo, como que surgiera el mal incidental junto con el camino ordenado previamente para el fin grande y glorioso de su plan.* ¿Pero existe o puede existir un fin así? Sí, ciertamente existe un fin así. Pablo puede declarar: «Tengo por cierto que las aflicciones del tiempo presente [que son ordenadas por Dios, el lector puede acudir a 2 Co. 11:23–33 y 12:7–10 para ver un ejemplo de los sufrimientos de Pablo] no son comparables con la gloria venidera que en nosotros ha de manifestarse»; de nuevo: «Porque esta leve tribulación momentánea produce en nosotros un cada vez más excelente y eterno peso de gloria» (Ro. 8:18; 2 Co. 4:17; 1 Co. 2:7). ¿Y cuál es ese fin anticipado y destinado para nosotros? Es este: Algún día los elegidos serán conformados a la imagen de Cristo—nuestro *mayor* bien, de acuerdo con Romanos 8:28–29. Pero nuestra conformidad a la semejanza de Cristo no es el único fin del propósito eterno de Dios. Si concluimos que *nosotros* somos el centro del propósito de Dios o que su propósito termina al final sobre nosotros, cumpliendo *nuestra* glorificación, no hemos penetrado suficientemente en él. En lugar de eso, nuestra glorificación es solo un medio para un fin mayor. De hecho, para el mayor fin concebible: Que el Hijo de Dios [N.B: *no* Adán] «sea el primogénito [es decir, ocupe el lugar de mayor honor] entre muchos hermanos» (Ro. 8:29), y todo para la alabanza de la gloria de su gracia (Ef. 1:6, 10, 12, 14; 2:7).

El punto de mencionar a Adán en la afirmación anterior es este: de la comparación que Pablo hace entre Adán y Cristo en Romanos 5:12–19 como cabezas representativas de los dos pactos, es necesario insistir en que si Adán hubiera pasado su prueba con éxito en el jardín, habría sido *confirmado* en santidad, pasando del estado de ser capaz de pecar *(posse peccare)* a un estado en el que no sería capaz de hacerlo *(non posse peccare)*, y todos sus descendientes hubieran recibido *su* justicia por imputación legal. Pero entonces, sus descendientes (tú y yo), sabiendo el resultado de esta prueba, habríamos mirado con gratitud hacia Adán, que aún viviría entre nosotros, como nuestro «Salvador» del pecado y de la muerte y como «justicia nuestra». Entonces Dios tendría que haber compartido eternamente Su gloria con la criatura, y se habría negado a Su propio y amado Hijo el papel mediador que lleva a Su señorío mesiánico sobre los hombres para la gloria de Su padre (véase Flp. 2:6–11). Según esto, Dios decretó «permitir [la caída], habiéndose propuesto ordenarla para Su propia gloria» (Confesión de fe de Westminster, VI/i).

En cuanto a «los otros», algún día, los no elegidos, irrevocablemente endurecidos en su rebelión contra Dios, sufrirán la ira de Dios por su pecado en eterna perdición «para alabanza de Su gloriosa justicia». Consideremos a Faraón, que es el tipo del Antiguo Testamento y ejemplo paulino de hombre no elegido. Dios declara: «Yo te he puesto para mostrar en ti mi poder, y para que mi nombre sea anunciado en toda la tierra» (Éx. 9:16; Ro. 9:17). Resulta evidente por esta declaración divina que Faraón, el enemigo de Dios y su pueblo, sirvió el propósito divino de ser instrumento para mostrar el poder de Dios y su exaltación final en la tierra, proveyendo también el trasfondo sobre el que Dios podría, por contraste, «hacer notorias las riquezas de su gloria [es decir, su gracia y misericordia], las mostró para con los vasos de misericordia que él preparó de antemano para gloria,» (Ro. 9:23).

Consideremos otro ejemplo: En Apocalipsis (19:1–4), después de que la «Gran Babilonia» escatológica, el epítome simbólico de la maldad humana y Satánica es destruida, el cielo se llena con el grito exultante de una gran multitud:

¡Aleluya! Salvación y honra y gloria y poder son del Señor Dios nuestro; porque sus juicios son verdaderos y justos; pues ha juzgado a la gran ramera que ha corrompido a la tierra con su fornicación, y ha vengado la sangre de sus siervos de la mano de ella.

Otra vez dijeron:

¡Aleluya! Y el humo de ella sube por los siglos de los siglos.

Aquí se nos muestra el *fin definitivo* de todas las cosas en el cielo y en la tierra: *La glorificación de Dios mismo,* sin límites ni calificativos, en las alabanzas de sus santos por Su juicio contra sus enemigos, y por Su marcado contraste, mostrando a ellos (que merecían el mismo juicio) Su incomparablemente gran gracia en Cristo Jesús. ¡Y *ese* objetivo es considerado por Dios razón suficiente para decretar lo que ha decretado, incluyendo incluso el hecho y presencia del mal en el mundo!

UNA CRÍTICA DE LOS ERRORES ESPECÍFICOS DE PINNOCK

Solo queda dirigir alguna crítica final al punto de vista de Pinnock acerca de los cuatro temas que extrae de Génesis, defendiendo el caso del glorioso decreto de Dios que determina todas las cosas.

La creación y caída de Adán

Por supuesto, Pinnock se encuentra en lo correcto cuando afirma directa la creación y la caída de Adán. En una época en la que la historicidad de estos sucesos se niega por todas partes, es refrescante esta franqueza. Se ha de dar crédito a Pinnock por su fidelidad al testimonio bíblico en relación con dichos sucesos. Pero en lo que respecta a esto, excepto por el obvio hecho de que Dios afirmó de manera soberana su derecho a determinar todos los detalles de la creación y a imponer restricciones sobre Adán como lo hizo, el relato del Génesis no entra en la cuestión del determinismo divino de forma didáctica en una u otra manera. Si la primera pareja estaba libre del determinismo divino ha de decidirse en base a una afirmación que Dios haga acerca del asunto. La Biblia hace esto en sus afirmaciones didácticas generales con respecto a la determinación soberana que Dios hace de todas las cosas, lo cual no solo se cumple en el Génesis, sino también en muchos otros lugares, como ya hemos visto (véase, por ejemplo, Ro. 11:32–36; Ef. 1:11). La aseveración de Pinnock acerca de que Adán era completamente libre de toda influencia divina, derivando dicha percepción del carácter *imago Dei* del hombre, plantea preguntas. Exegéticamente, no ofrece ni una sola palabra para sustentar su declaración de que la *imago Dei* se define en términos de libertad *de* la voluntad de decreto de Dios.

Lo que Pinnock se niega a enfrentar en su capítulo es el hecho de que la Caída del hombre, sin mencionar también su creación, fue precedida (de hecho, eternamente) por una toma de decisiones por parte de Dios (véase Ef. 1:3–4) con intención salvadora. Por esta toma de decisiones, a la que los pensadores reformados se refieren como «pacto de redención», Dios determinó antes de la creación del mundo, manteniendo su eterno propósito (Ef. 3:11), efectuar una expiación para los elegidos por medio de Cristo Jesús, que directamente abordaría los efectos de la caída histórica. Ya que esto es así, necesariamente se desprende que la Caída del hombre fue un aspecto integral y esencial del eterno e inmutable propósito de Dios. Si no se afirma esto, bien se están permitiendo proposiciones contradictorias sin resolver en nuestro pensamiento teológico (como que «El decreto de Dios no sabe nada de la Caída del hombre» y «Dios decretó salvar a los elegidos de la Caída»), o bien anular el significado de la preposición *pro* (que significa «antes») en los grandes verbos («antes conoció», «predestinó») de los pasajes que enseñan la elección eterna.

La degeneración acumulativa del hombre

En esta área, como hemos visto, Pinnock niega la imputación legal del pecado de Adán a la raza humana. Pero precisamente, Romanos 5:12–19 enseña dicha imputación de forma expresa.[34] Aunque es cierto que una «situación social distorsionada» es un factor que contribuye al cenagal universal de pecado en el que se encuentra el hombre, ese factor por sí solo no es suficiente como explicación única para la descripción bíblica de la condición del hombre desde la caída (véase Ro. 1:18 -32; 3:10; 1 Co. 2:14; Ef. 2:1–3; 4:17–18). Si todo lo que logró ese acto de desobediencia de Adán fue abrir el camino a un mal ejemplo y un camino alternativo, que los apartaría del propósito de Dios para ellos, para todos los hombres que le siguen (como dice la explicación de Pinnock), esto difícilmente explica que *todos los hombres hayan seguido el ejemplo de Adán*.

La gracia contractiva de Dios

La Biblia es bastante explícita en cuanto a cuál sería la respuesta del pecador a las aperturas de gracia de Dios si se le permitiera determinarlas. Las consideraría locura (1 Co. 2:14) y se negaría a someterse a ellas (Ro. 8:7). Además, una forma de gracia que solamente colocara la salvación ante los hombres perdidos, sabiendo Dios que, como pecadores, son incapaces de recibirla sin una poderosa ayuda divina que no se les va a entregar, no es gracia en absoluto. Sería una charada y una burla a la condición desvalida del hombre. Pero la gracia de Dios no solo hace que la salvación esté disponible, ¡sino que, de hecho, salva a los hombres! La salvación es del Señor (Jonás 2:9)—este es el tema unificado y consistente de la Escritura. El hombre no contribuye nada que sea finalmente determinante a su salvación—*ninguna buena obra* (Ef. 2:8– 9; 2 Ti 1:9; Tit. 3:5) porque no tiene ninguna que pueda encomendarle de manera salvadora al favor de Dios (Is. 64: 6 (Ro. 3:10–18, 23), *ninguna fe* (Hch. 11:18; 13:48; 16:14; 18:27; Flp. 1:29) porque tiene una mente «que *no* se sujeta a la ley de Dios [esto es, depravada], *ni tampoco* puede [esto es, incapaz]» (Ro. 8:7; 1 Co. 2:14), *tampoco el ejercicio de la voluntad* (Juan 1:12–13; Ro. 9:16) porque su voluntad no regenerada es esclava del pecado (Ro. 6:17, 19, 20; 7:14–25) y está muerta hacia Dios (Ef. 2:1). De principio a fin las Escrituras enseñan que los hombres, cuando acuden a Dios para salvación, lo hacen porque Dios los llama de forma efectiva: «Bienaventurado el que tú escogieres y atrajeres a ti, para que habite en tus atrios» (Sal. 65:4). Como Pinnock enseñaría, los hombres no vienen porque *ellos* tengan la voluntad de hacerlo; vienen porque *Dios* quiere que ellos tengan la voluntad de hacerlo. Solamente el Dios trino salva a los hombres, y solamente a Dios pertenece toda la gloria tal y como está escrito: «Para que, como está escrito: El que se gloría, gloríese en el Señor» (1 Co. 1:31).

* * * * *

Comencé este capítulo diciendo que, si se les da su espacio a las Escrituras, la teología de una persona estará centrada en Dios porque la gloria de Dios es algo central para sí mismo. Creo haber mostrado que el Dios soberano ha ordenado previamente todo lo que sucede para su propia gloria, y que gobierna a todas sus criaturas y todas sus acciones para su propia gloria, a fin de cumplir con sus propios y santos fines. Creo haber mostrado con igual claridad que Él es el único Salvador de los hombres. Aunque los hombres toman sus decisiones e inician acciones que bien honran o violan la voluntad preceptiva revelada de Dios para ellos,

---

[34] El lector puede consultar el tratamiento que hace John Murray de estos versículos en *The Epistle to the Romans* (Grand Rapids, Mich.: Eerdmans, 1959), 1.178–206, para una exposición completa, pero sea suficiente decir aquí que cualquier interpretación de dichos versículos que rechace la imputación legal del pecado de Adán a su raza, pone en cuestión la imputación legal de la justicia de Cristo, que es la otra mitad de la comparación que realiza Pablo.

Dios y el Hombre

la voluntad de decreto de Dios nunca se ve frustrada, así como tampoco lo son Sus sabios planes o Su propósito eterno. Además, aunque los hombres incrédulos y muchos cristianos sinceros pero equivocados nieguen el derecho soberano de Dios de decretar todas las cosas o, aunque busquen compartir su gloria con Él, la mente cristiana informada por la Escritura se humillará ante el Dios de la Escritura y cantará:

Busqué al Señor, y después supe
Que Él movió mi alma a buscarle buscándome a mí.
No es que yo encontrara, Oh verdadero Salvador,
No, fui encontrado por ti.

Extendiste tu mano y tomaste la mía;
Caminé y no me hundí en el mar azotado por la tormenta,
No fue tanto que yo me aferrase a ti,
Como que Tú, querido Señor, me agarraras a mí.

Encuentro, camino, amo, pero, Oh, todo
Ese amor es solo mi respuesta, a ti, Señor;
Porque Tú estabas de antemano, largo tiempo atrás, con mi alma,
Siempre me amaste.

11 | LA OBRA DE DIOS EN LA CREACIÓN Y EN LA PROVIDENCIA

En el «propósito eterno [de Dios], según el consejo de su propia voluntad, en virtud del cual ha preordenado, para su propia gloria, todo lo que sucede» (Catecismo Menor, Pregunta 7), Dios «ejecuta sus decretos en las obras de creación y de providencia» (Pregunta 8)..[1]

LA OBRA DE CREACIÓN DE DIOS

Agrado a Dios Padre, Hijo y Espíritu Santo, para la manifestación de la gloria de su poder, sabiduría y bondad eternas, crear o hacer de la nada, en el principio, el mundo y todas las cosas que en él están, ya sean visibles o invisibles, en el lapso de seis días, y todas muy buenas.

Después que Dios hubo creado todas las demás criaturas, creo al hombre, varón y hembra …a la imagen de Dios. (Confesión de Fe de Westminster, IV/i-ii)

LA INTEGRIDAD HISTÓRICA DE GÉNESIS 1-11

Debido a que los primeros once capítulos de Génesis figuran de forma tan significativa en la enseñanza bíblica sobre el origen y la naturaleza del universo, la antropología bíblica, y la salvación en sí misma, es necesario decir algo sobre su integridad como historia fiable y digna de confianza contra la visión moderna que los trata en el mejor de los casos como una *saga* religiosa, es decir, un relato mítico que, si bien no es realmente histórica, sin embargo, intenta transmitir una verdad religiosa.

El problema en estos capítulos para muchos académicos, expresado sencillamente, es el carácter distintamente *sobrenatural* de los eventos que registran, tales como los siguientes:

1. La creación del universo *ex nihilo*, como un aspecto especial de la creación general de todas las cosas, más específicamente la creación del hombre por el acto directo de Dios. (Debido a la naturaleza supuestamente «precientífica» de los eventos que Génesis 1 y 2 registran, la tendencia en la vida moderna intelectual secularista, influenciada como está por el dictamen dogmático infundado del cientificismo moderno de la evolución cósmica y biológica, es considerar los así llamados dos relatos de la creación en Génesis 1 y 2 como cosmogonías hebreas antiguas comparables en naturaleza al mitológico *Enuma Elish* de la antigua Babilonia).

2. El arreglo del pacto de Dios con Adán.

3. La caída de Adán con sus efectos resultantes sobre la raza (en relación con este evento leemos de una serpiente que habla, dos árboles cuyo fruto imparte vida y muerte respectivamente, y querubines que guardan el árbol de la vida con una espada de fuego).

4. La extraordinaria longevidad de los patriarcas antediluvianos.

5. El diluvio universal

6. El incidente de la torre de Babel

---

[1] La providencia de Dios aquí debe entenderse como que incluye tanto a «Su santísima, sabia y poderosa preservación y gobierno de todas Sus criaturas y todas sus acciones» en y a lo largo de la historia humana *general* (Catecismo Menor, Pregunta 11) y sus actos especiales de providencia en y relacionado con la historia de la salvación (*Heilsgeschichte*).

Se remite al lector a las siete razones exegéticas en la parte uno, capítulo cinco (pp. 117-118), para la integridad histórica de los primeros once capítulos de Génesis. Es vital que la iglesia resista la tendencia secularista actual y continuar insistiendo en que los primeros once capítulos de Génesis son historia confiable, preservada del error por la supervisión del Espíritu Santo (2 Pedro 1:20-21; 2 Timoteo 3:15-17). Ciertamente podemos encontrar dificultades en la interpretación de algunos detalles de Génesis 1-11, porque estamos trabajando exegética y hermenéuticamente con relatos narrativos altamente circunscritos, muy comprimidos y no técnicos del principio de todo el universo, pero estas dificultades interpretativas son infinitamente preferibles a las dificultades científicas y filosóficas que confrontan a los intérpretes modernos que proponen propuestas no teístas a los temas del origen del universo, la presencia del mal en el mundo y los males espirituales y morales del hombre.

¿CREACIÓN EX NIHILO?

La doctrina cristiana tradicional de una creación original ex nihilo, basada en Génesis 1 y 2 y, en particular, en los tres primeros versículos del Génesis, ha sido atacada en los últimos años desde una perspectiva adicional a la de la comunidad científica. Cada vez más, las traducciones modernas de Génesis (por ejemplo, NEB, NRSV), que representan el consenso de la erudición del Antiguo Testamento, han rechazado la traducción tradicional que se encuentra en versiones como la KJV, RV, ASV, NIV y NKJV, y la han reemplazado por una traducción que suprime, en el proverbial trazo de la pluma, la doctrina de la *creatio ex nihilo* en los capítulos primero y segundo del Génesis. Por supuesto, esta doctrina no se enseña solo en Génesis, se afirma decenas y decenas de veces a lo largo de las Escrituras, sino que pone en peligro la integridad teológica de estos otros versículos si el único relato que trata explícitamente de la creación del universo permite, si de hecho no enseña, la eternidad de la materia. En consecuencia, tengo la intención de considerar un par de traducciones típicas para aclarar las razones de su traducción de reemplazo, y exponer nuevamente el caso para la comprensión tradicional de Génesis 1:1-3.

La Nueva Versión Judía (NJV)

La primera de las traducciones es una publicación distintivamente judía. En 1955 la Jewish Publication Society of America nombró un comité de siete académicos para preparar una nueva traducción inglesa de las Escrituras hebreas, la primera traducción de este tipo patrocinada por la sociedad desde 1917. Posteriormente en 1962 la primera parte apareció bajo el título, *The Torah, The Five Books of Moses: A New Translation of the Holy Scriptures According to the Masoretic Text*. Este New Jewish Version (NJV) traduce los tres primeros versículos como sigue:

> 1 Cuando Dios comenzó a crear el cielo y la tierra — 2 la tierra estaba sin forma y vacía, con tinieblas sobre la superficie del abismo y un viento de Dios recorría las aguas — 3 Dios dijo: «Hágase la luz», y hubo luz.

Una nota de pie de página sobre el versículo uno dice «o 'En el principio Dios creó'» y una segunda nota de pie de página sobre el versículo dos dice «otros 'el Espíritu de'». Un análisis cuidadoso de estas dos notas revela que la primera reconoce la traducción tradicional como una posibilidad por la palabra introductoria «o». Por la palabra «otros» en la segunda nota, el editor en jefe, Harry M. Orlinsky, explica que la lectura tradicional fue «excluida por completo como una traducción alternativa».[2] No es mi propósito en esta ocasión defender la traducción tradicional de רוּחַ אֱלֹהִים, *rûaḥ 'elōhîm*, por «el Espíritu de Dios», pero dos razones para la traducción tradicional se pueden señalar:

---

[2] Harry M. Orlinsky, «The New Jewish Version of the Torah», *Journal of Biblical Literature* 82 (1963): 252–253.

1. En cualquier otro lugar donde aparece la frase en el Antiguo Testamento, se refiere al Espíritu de Dios y jamás a un viento poderoso (Ver, por ejemplo, Éxodo 31:3; Números 24:2; 1 Samuel 10:10; 2 Crónicas 24:20; Ezequiel 11:24).

2. El participio מְרַחֶפֶת, *meraḥepet*, tradicionalmente traducido «se movía» y que describe la acción de אֱלֹהִים, *rûaḥ ʾelōhîm*, no describe la acción del viento. En Deuteronomio 32:11 un verbo con la misma raíz describe la acción de un águila que revolotea sobre sus crías. La idea en Génesis 1:2 es que el Espíritu Santo, como un agente activo en la creación, revolotea sobre la tierra inhabitada, listo para cumplir el decreto divino. Es un hecho sumamente revelador que, en su defensa de la traducción de la NJV, Orlinsky no diga ni una palabra sobre el participio usado con רוּחַ אֱלֹהִים, *rûaḥ ʾelōhîm*, sino que más bien recopile testimonios antiguos en apoyo de su traducción.[3] En todos los casos, este testimonio puede ser descartado como débil y poco convincente o simplemente indicando que «viento» en lugar de «Espíritu» gozó de cierta aceptación entre los eruditos judíos. Lo más probable es que esta versión judía simplemente refleje un prejuicio sectario en contra de la frase, ya que brinda apoyo a la visión trinitaria de Dios que tiene el cristiano. En consecuencia, diría que debería mantenerse la traducción tradicional de la frase «el Espíritu de Dios».

Regresemos al problema surgido por la construcción judía de los tres primeros versículos y la traducción variante sugerida en la primera nota de pie de página. La explicación de Orlinsky señala al hecho de que la traducción tradicional —reconocida en la nota de pie de página por la palabra «o»— es al menos gramaticalmente posible en la opinión de los traductores. O al menos eso pensaban en 1962, porque en la versión de 1965 de la NJV la nota de pie de página se modificó para que diga «otros» en vez de «o», indicando, según Orlinsky en el artículo antes mencionado, «una versión tradicional que ya no se considera sostenible, pero es digna de mención por su carácter familiar y a veces significativo» (xiv). Dicho cambio apunta, al menos, al estado fluctuante en que la moderna opinión académica vive y se mueve y tiene su existencia. Pero sea como fuere, el cuerpo de la revisión no sufrió ningún cambio esencial. Todavía considera al versículo 1 como una cláusula temporal, el versículo 2 como tres cláusulas circunstanciales, y el versículo 3 como la cláusula principal de la afirmación de apertura de Génesis. Esto significa, por supuesto, que los dos primeros versículos están subordinados gramatical y sintácticamente al versículo 3. La implicación de esta traducción es obvia. Los versículos ahora no dicen absolutamente nada sobre una creación de la nada o sobre el comienzo de la materia. Al contrario, implican la preexistencia, si no la eternidad, de la materia. El efecto de tal enseñanza en la teología cristiana apenas necesita ser establecido. En última instancia, alteraría todo el pensamiento cristiano, en las áreas de la dogmática y la experiencia cristiana, no menos que en la biología y la ciencia.

La Anchor Bible (AB) Génesis

El Génesis de Ephraim A. Speiser, publicado en 1964, también pide un cambio en la traducción tradicional de Génesis 1:1-3. Esta traducción también abre con las palabras:

> 1 Cuando Dios se dispuso a crear el cielo y la tierra, 1 el mundo era entonces un desierto sin forma, con tinieblas sobre los mares y solo un viento imponente recorría las aguas, 3 Dios dijo: «Hágase la luz». Y hubo luz.

Una vez más, e incluso en un sentido elevado debido a la introducción puramente arbitraria del «entonces» en el versículo 2, los primeros dos versículos están subordinados al tercero gramatical y sintácticamente.

Este manejo de estos versículos no es completamente nuevo. Con pequeñas variaciones

---

[3] Harry M. Orlinsky, "The Rage to Translate: The New Age of Bible Translations," en *Genesis* (New York: Harper, 1966).

este «punto de vista subordinado [de los primeros dos versículos al tercero]» fue sugerido por Rashi, el expositor judío, en el siglo once, por Heinrich Ewald en el siglo diecinueve, y por otros académicos de nuestro tiempo. Por ejemplo, Theophile J. Meek adoptó esta construcción.[4] El *The Wesminster Study Edition of the Holy Bible* (1948) establece en una nota de pie de página su preferencia por esta construcción sobre la tradicional. La traducción de Moffatt su ejemplo. Y la *Revised Standard Version* (RSV), aunque sigue la traducción tradicional en el texto, inserta una nota de pie de página «o cuando Dios comenzó a crear». Incluso Merrill F. Unger se siente obligado a decir que los primeros tres versículos de Génesis no dicen nada sobre la creación de la nada, escapando a las implicaciones de su afirmación afirmando que un período de tiempo debe ser postulado *antes* de Génesis 1:1 durante el cual el estudiante de la Biblia debe colocar la creación original y la caída de los ángeles. En otras palabras, Génesis 1:1-3 describe una recreación posterior.[5]

Las razones para una alteración tan radical del significado de estos versículos, alejándolas del tradicional, ciertamente deben ser convincentes. ¿Cuáles son? Básicamente dos: la *cultural* y la *gramatical*.

La razón cultural

El relato de la creación de Génesis se argumenta, siendo una cosmogonía del Oriente Próximo debe colocarse dentro de su medio cultural. Cuando se hace esto se ve que hay una notable similitud entre su relato de la creación y otras cosmogonías del Oriente Próximo, particularmente en que todas ellas acuerdan en la preexistencia de la materia en el tiempo del primer acto creativo. Específicamente. (1) el relato babilónico, popularmente titulado *Enuma Elish*, y (2) el así llamado segundo relato de la creación en Génesis 2:4b-2:5 se citan como pruebas de este hecho. (Unger no afirma esta razón cultural).

Es cierto que el *Enuma Elish* no comienza con una cláusula temporal —«Cuando por encima de los cielos no se había [todavía] nombrado, [y] debajo de la tierra no había [todavía] existido como tal»— y es igualmente cierto que las líneas 3 –8 puede interpretarse como otra cláusula temporal (o posiblemente dos) o como pensamientos circunstanciales con la cláusula principal introducida en la línea 9: «Entonces fueron creados los dioses». También es cierto que las similitudes entre Génesis 1 y el *Enuma Elish* existen. Pero estas similitudes ¿son suficientes razón para insistir que el de Génesis reconoce, como lo hace el *Enuma Elish*, la preexistencia de la materia? ¿No podrían deberse estas similitudes a una fuente común de información original que se originó de un hecho real? El cristianismo teísta clásico cree que Moisés fue capacitado por la inspiración del Espíritu Santo para registrar el verdadero relato de la creación con precisión, purgado de todas las crudas incrustaciones mitológicas y politeístas que se encuentran en otros relatos. Ciertamente uno no puede encontrar un politeísmo primitivo en el registro mosaico. ¿Por qué entonces insisten en que el registro mosaico debe enseñar la preexistencia de la materia? Quizá aquellos que lo hacen deban admitir que lo hacen, no sobre una base empíricamente establecida y objetiva fundamentada en una exégesis cuidadosa, sino más bien sobre la suposición *a priori* de que el relato de la creación de Génesis *no* es único entre las cosmogonías antiguas, que *no* es un relato inspirado de lo que realmente sucedió en el principio de la historia de la tierra sino más bien una construcción literaria de un relato antiguo de la así llamada escuela sacerdotal de la historia tardía israelita.

Con respecto al uso de Génesis 2:4b-25 como una ilustración de otro relato de la creación

---

[4] Ver la traducción de Meek de Génesis para *The Bible: An American Translation* (Chicago: University of Chicago Press, 1931).
[5] Ver Merrill F. Unger, «Rethinking the Genesis Account of Creation» *Bibliotheca Sacra* 115 (Enero 1958): 28, y su *Unger's Bible Handbook* (Chicago: Moody, 1966), 226.

dentro de las Escrituras mismas que comienza con una cláusula temporal, seguida de ideas circunstanciales, la cláusula principal se introduce en el versículo 7, este pasaje no debe ni puede emplearse como un paralelo a Génesis 1:1-3 por tres razones: Primero, tal punto de vista asume desde el principio que Génesis 2:4b-25 es un segundo relato de la creación, una suposición que está lejos de ser probada o aceptada universalmente, más bien, el contenido de Génesis 2 sugiere que es mucho más probable que sea un relato más detallado del sexto día creativo de Génesis 1.

En segundo lugar, la división de Génesis 2:4 en dos partes es arbitraria y hermenéuticamente sospechosa. La primera parte (2: 4a) está hecha para servir como suscripción al relato de la creación de Génesis 1:1–2:3, y la segunda parte (2:4b) se interpreta como la cláusula temporal inicial del segundo relato de creación —una división que es absolutamente esencial para el punto de vista de que Génesis 2:4bss. es un paralelo preciso de Génesis 1:1-3. Pero la división se hace solo con el interés de tener un segundo relato paralelo de la creación en Génesis 2. Es hermenéuticamente sospechoso en que, si la frase en 2: 4a —«Estas son las generaciones de los cielos y la tierra»— sea interpretado como una posdata del pasaje anterior, ¡es la *única* vez de las once veces que se usa en Génesis donde se agrega a un pasaje anterior en lugar de permitir que sirva como un sobrescrito para un pasaje siguiente!

Tercero, la sintaxis en los dos relatos en realidad difiere, con Génesis 2:4b que contiene un constructo infinitivo hebreo en el mismo lugar crucial, un hecho que marca la diferencia en la forma en que los dos versículos deben ser traducidos. En cualquier traducción 2:4b debe considerarse como una cláusula subordinada de la presencia de un constructo infinitivo, mientras que Génesis 1:1 debe traducirse como una declaración independiente, un hecho que la primera nota de pie de página de la NJV (1962) sobre Génesis 1:1 reconoció fácilmente.

Concluyo que la razón cultural de la «perspectiva de subordinación» de Génesis 1:1-2 no es convincente. Pero ¿qué pasa con la razón gramatical? La razón para aceptar o rechazar la traducción propuesta de cualquier pasaje de la Escritura debe basarse en última instancia en consideraciones gramaticales y exegéticas sólidas que se encuentran en el pasaje mismo. Por lo tanto, debemos analizar la razón gramatical del cambio de traducción ofrecido.

La razón gramatical
Se dice que la forma particular del primer grupo de palabras en Génesis 1:1 (בְּרֵאשִׁית, *berēʾsît*, tomado en el estado constructo) exige que el versículo se traduzca como una cláusula temporal, literalmente, «En el principio de la creación de Dios», que normalmente se suaviza a «Cuando Dios comenzó a crear», y se dice que las cláusulas del versículo 2, tomadas como cláusulas sustantivas o circunstanciales, requieren una traducción que muestre las circunstancias de las que hablan como existentes en el momento del decreto divino del versículo 3.

Nada está mal con la traducción del versículo 3 en ninguna de las traducciones modernas mencionadas antes. El versículo 3 no se relaciona realmente con el problema que tenemos ante nosotros. Tampoco es un problema que las tres cláusulas del versículo 2 se interpreten como cláusulas sustantivas o circunstanciales que están subordinadas al versículo tercero («Ahora que la tierra está vacía y sin forma, con tinieblas sobre la faz del abismo, y el Espíritu de Dios flotando sobre la faz de las aguas, Dios dijo: 'Sea la luz, y fue la luz'»). Pero el tratamiento del versículo 1 es el problema.

Toda la cuestión de si traducir Génesis 1:1 como «en el principio creó Dios los cielos y la tierra», o como una cláusula temporal de significado «Cuando Dios comenzó a crear los cielos y la tierra», gira en torno al primer grupo de palabras en Génesis, traducido tradicionalmente

«En el principio». Esta palabra está compuesta por la preposición בְּ, *bᵉ*, que significa «en», y el sustantivo רֵאשִׁית, *rēʾšît*, que significa «principio». El sustantivo es inarticulado, no tiene artículo, y en cuanto concierne a su forma podría estar en estado absoluto o en estado constructo. Ahora bien, hay que admitir, cuando un sustantivo definido está en estado constructo, es inarticulado y deriva su definición del siguiente sustantivo definido o idea verbal. Por tanto, los académicos modernos argumentan que ya que בְּרֵאשִׁית, *bᵉrēʾšît*, es inarticulado, (1) está en relación con lo que sigue, (2) por lo tanto, se define por la siguiente idea verbal, y (3) en consecuencia, debe traducirse literalmente: «En el principio de la creación de Dios», que se resuelve de forma bastante natural en el pensamiento temporal: «Cuando Dios comenzó a crear». (Un sustantivo en estado constructo normalmente es seguido, es cierto, por otro sustantivo mientras que aquí es seguido por el verbo finito בָּרָא, *bārāʾ*, pero debe admitirse que dicha construcción también es un uso semítico genuino, como se evidencia por la ocurrencia de esta construcción en Éxodo 4:13; 6:28; Levítico 14:46; Deuteronomio 4:15; 1 Samuel 5:9; 25:15; Salmos 16:3; 58:9; 81:6; Isaías 29:1; Oseas 1:2).

Pero ¿la omisión del artículo en בְּרֵאשִׁית, *bᵉrēʾšît*, exige que el sustantivo se interprete en una relación de constructo con el siguiente verbo finito? No necesariamente, porque en Isaías 46:10 esta misma palabra es inarticulada, y sin embargo, está claramente en estado absoluto: «el que declara desde [el] principio el fin». Por tanto, la mera ausencia del artículo no es prueba suficiente, por sí sola, para determinar el estado del sustantivo רֵאשִׁית, *rēʾšît*. La decisión debe tomarse a la luz de otras consideraciones, y por ellas estoy en deuda con las siguientes percepciones exegéticas de Edward J. Young:[6]

1. En el texto hebreo בְּרֵאשִׁית, *bᵉrēʾšît*, se acentúa con un acento disyuntivo, indicando que la palabra tiene su propio acento independiente y que de esta forma fue construido por los Masoretas como un sustantivo absoluto.
2. Sin excepción las versiones antiguas consideraron בְּרֵאשִׁית, *bᵉrēʾšît*, como un absoluto.
3. En el Antiguo Testamento cuando un sustantivo constructo precede a un verbo finito, el hecho de constructividad es evidente, ya sea de la forma del sustantivo en constructo o de las exigencias del contexto de que el sustantivo sea así tomado. Ninguna de estas condiciones está presente en Génesis 1:1. De hecho, el contexto, específicamente el verbo finito בָּרָא, *bārāʾ*, favorece el estado absoluto, porque mientras que el verbo es empleado frecuentemente con el acusativo del *producto* producido, jamás es empleado en un contexto donde un acusativo del *material* empleado en el acto creativo es mencionado, que sería el caso aquí si בְּרֵאשִׁית, *bᵉrēʾšît*, se interpretara como un sustantivo constructo. Incluso Gerhard Von Rad, el erudito de la crítica de las formas del Antiguo Testamento, se siente obligado a escribir: «Dado que la materia preexistente nunca se menciona en conexión con esta actividad [denotada por בָּרָא, *bārāʾ*], la idea de *creatio ex nihilo* está relacionada con ella».[7]

Es preferible, por lo tanto, ver בְּרֵאשִׁית, *bᵉrēʾšît*, como un sustantivo absoluto en la analogía de Ἐν ἀρχῇ, *en archē*, de Juan 1:1, e interpretar el versículo 1 como una gran declaración resumida de la creación del universo de la nada, como se ha traducido tradicionalmente.

¿Por qué considerar el versículo 1 como una «gran declaración resumida» de todo lo que sigue? Primero, porque la frase «los cielos y la tierra» es lo que se conoce como un «par antonímico» en el idioma hebreo, que representa nuestro «universo», pero más que eso, el «universo bien ordenado». Segundo, porque en los versículos que siguen al versículo 1, el lector realmente ve los actos consecutivos de Dios mediante los cuales creó «el universo bien

---

[6] Edward J. Young, *Studies in Genesis One* (Philadelphia: Presbyterian and Reformed, 1964), 5–7.
[7] Gerhard Von Rad, *Old Testament Theology*, traducción de D. M. G. Stalker (New York: Harper & Row, 1962), 1:142.

ordenado» del versículo 1. Ciertamente, esta visión del asunto, en las palabras de Edward J. Young, ve, con respecto al versículo 2, «ninguna declaración explícita de la creación de la materia primigenia de la que el universo que conocemos fue formado»,[8] pero tenemos todas las razones para inferir su origen de la mano de Dios por un acto *ex nihilo* de la declaración resumida del versículo 1.

La siguiente paráfrasis de Génesis 1:1-3 reúne los diversos puntos y matices que fueron señalados a través de la exposición:

> 1 En el principio, Dios creó el universo bien ordenado. 2 Ahora, con respecto a la tierra, originalmente creada por Dios vacía y sin forma, con tinieblas sobre la faz del abismo y el Espíritu de Dios flotando sobre la faz de las aguas, 3 Dios dijo: «Sea la luz». Y hubo luz.

Algunos objetan que esta construcción tiene a Dios creando originalmente un «caos» —una adscripción insultante, se dice, de la naturaleza divina. Pero tal objeción se basa en una percepción *a priori* injustificada de lo que Dios debía o no debía hacer de acuerdo con las perfecciones de su naturaleza. La objeción supone que una tierra originalmente sin forma como un primer acto creativo de su parte es impropia de su carácter. Pero esto no puede demostrarse y, por lo tanto, no debe suponerse. El énfasis de Génesis 1 mismo parece estar no en el *poder* de Dios para crear —esto se supone y se muestra en todas partes— sino en su habilidad creativa como un arquitecto para «construir» del material originalmente creado, complementando con material creado posteriormente, un mundo bello capaz de sostener vida creada.

A la luz de esta exposición podemos reafirmar la convicción cristiana histórica de que el Dios Trino creó el universo de la nada y que el Hijo y el Espíritu fueron coagentes del Padre al crear el universo. La participación del Hijo en la actividad creativa original es declarada en estas Escrituras

Juan 1:2-3: «Este era en el principio con Dios. Todas las cosas por él fueron hechas, y sin él nada de lo que ha sido hecho, fue hecho».

Colosenses 1:16: «Porque en él fueron creadas todas las cosas, las que hay en los cielos y las que hay en la tierra, visibles e invisibles; sean tronos, sean dominios, sean principados, sean potestades; todo fue creado por medio de Él y para Él».

Hebreos 1:2: «en estos postreros días nos ha hablado por el Hijo, a quien constituyó heredero de todo, y por quien asimismo hizo el universo».

Las Escrituras enseñan que el Espíritu Santo estuvo involucrado en la obra de creación también:

Job 26:13: «Su espíritu adornó los cielos». (Ver también Salmos 104:30).

Finalmente, el escritor de Hebreos declara llanamente que Dios creó el universo de la nada: «Por la fe entendemos haber sido constituido el universo por la palabra de Dios, de modo que lo que se ve fue hecho de lo que no se veía» (Hebreos 11:3).

LOS DÍAS DE LA CREACIÓN

Mucho se ha escrito sobre la duración de los días de la creación, si fueron días ordinarios de veinticuatro horas, períodos de larga duración, alguna combinación de días y eras, o simplemente un marco literario no histórico o un dispositivo nemotécnico destinado a servir como un medio mediante el cual la información sobre la actividad divina en la creación podría presentarse de una forma agradable y útil desde el punto de vista estético. No puedo discernir ninguna razón, ya sea desde la Escritura o desde las ciencias humanas, para apartarme del punto de vista de que los días del Génesis fueron días ordinario de veinticuatro horas.[9] Los

---

[8] Young, *Studies in Genesis One*, 11.
[9] Se dice a menudo, al igual que Hugh Ross en *The Fingerprint of God*, 2a ed. (Orange, California: Promise, 1991), que «muchos de los padres de la iglesia primitiva y otros eruditos bíblicos interpretaron los días de la creación de Génesis 1 como largos períodos de tiempo. La lista incluye... Agustín, y más tarde Santo Tomás de Aquino,

siguientes puntos favorecen este punto de vista:

1. La palabra «día» (יוֹם, *yôm*), en el singular, dual y plural, aparecen unas 2,225 veces en el Antiguo Testamento con la preponderancia abrumadora de estas ocurrencias designando el ciclo ordinario cotidiano. Normalmente, el significado preponderante de un término debe mantenerse a menos que las consideraciones contextuales fuercen otro punto de vista. Como afirma Robert Lewis Dabney con respecto al significado de יוֹם, *yôm*, en Génesis 1: «La narrativa [de Génesis 1] parece histórica, y no simbólica, y, por tanto, la fuerte presunción inicial es, que todas sus partes deben ser tomadas en su sentido obvio... el día natural es el significado literal y primario de [*yôm*]. Ahora bien, se entiende que, al construir cualquier documento, mientras estamos dispuestos a adoptar, a demanda del contexto, el significado derivado o tropical, volvemos al ordinario, cuando no existe tal demanda en el contexto».[10] No existe dicha exigencia contextual en Génesis 1.

2. La frase recurrente, «Y fue la tarde y la mañana [tomados juntos] un día, etc.» (1:5, 8, 13, 19, 23, 31), sugiere mucho. Las palabras calificativas, «tarde y mañana», agregadas aquí a cada una de estas afirmaciones recurrentes ocurren juntas fuera de Génesis en 30 versículos (e.g., Ex. 18:13; 27:21). En cada ejemplo estas palabras son empleadas para describir un día ordinario.

3. En los otros 476 casos en el Antiguo Testamento donde יוֹם, *yôm*, se encuentra en conjunción con un número cardinal u ordinal, e.g., Ex. 12:15; 24:16; Lv. 12:3, jamás significa alguna otra cosa que un día normal y literal.

4. Con la creación del sol «para que señoree el día» y la luna «para señoree la noche» que sucede en el cuarto día (Gn. 1:16-18), los días cuatro al seis habrían sido casi con certeza días ordinarios. Esto sugeriría que el séptimo también habría sido un día ordinario.[11] Todo esto sugeriría a su vez, si podemos suponer que la tierra si la tierra estaba girando sobre su eje en ese momento, que los días uno al tres habrían sido días ordinarios también.

5. Si seguimos el principio de *analogia Scripturae* de hermenéutica enunciado en la Confesión de Fe de Westminster en el sentido de que «la regla infalible de interpretación de la Escritura es la Escritura misma: y por lo tanto, cuando hay una pregunta sobre el verdadero y pleno sentido de cualquier Escritura (que no es múltiple, sino una), debe ser escudriñada y conocida por otros lugares que hablen más claramente» (I/ix), entonces el punto de vista del «día ordinario» tiene más recomendación, ya que Moisés fundamenta el mandamiento con respecto a la observancia del Sabbat del séptimo día en el hecho de la actividad divina ejemplar: «Porque en seis días hizo Jehová los cielos y la tierra, el mar, y todas las cosas que en ellos hay, y reposó en el séptimo día» (Ex 20:11; ver también 31:15-17).

---

por nombrar algunos» (141). Andrew Dickson White está mucho más cerca de la verdad cuando afirma que «hasta un período casi en la memoria viva [en 1896], se sostuvo, virtualmente 'siempre, en todas partes y por todos', que el universo, que ahora vemos fue creado literal y directamente... en un instante o en seis días» (*A History of the Warfare of Science with Theology* [New York: D. Appleton, 1896], 60). De hecho, Agustín dijo repetidamente que Dios creó el universo ex nihilo y que los «días» del Génesis, como Ernan McMullin resume su punto de vista en *Evolution and Creation* (Notre Dame: University Press, 1985), fueron «etapas en el conocimiento angelical de la creación», los «días» en sí mismos ocurren en «un instante indivisible, de modo que todas las clases de cosas mencionadas en Génesis fueron realmente hechas simultáneamente» (11-12). Agustín incluso estuvo dispuesto a decir que «desde Adán hasta el diluvio hubo 2262 años según los datos de cálculo en nuestras versiones de las Escrituras» (*The City of God*, libro 15, capítulo 8), no una cronología de acuerdo con un punto de vista evolucionista del origen del universo. En cuanto a Santo Tomás de Aquino, en ninguna parte declara explícitamente que los días son edades, de hecho, afirma: «Las palabras un día se utilizan cuando se instituye el día por primera vez, para denotar que un día se compone de veinticuatro horas» (*Summa theologica*, Pregunta 74, Artículo 3).

Si bien Lutero y Calvino interpretaron los días del Génesis como días ordinarios, es cierto que algunos teólogos conservadores posteriores, como Charles Hodge y Benjamin B. Warfield, estuvieron dispuestos a interpretar los días del Génesis como períodos de duración indefinida.

Ver Jack Lewis, «The Days of Creation: An Historical Survey of Interpretation», *Journal of Theological Studies* 32, no. 4 (1989): 433-455, para una revisión de lo que los padres de la iglesia dijeron sobre los días de Génesis 1.

[10] Robert Lewis Dabney, *Lectures in Systematic Theology* (1878; reimpresión, Grand Rapids, Michigan: Zondervan, 1972), 254-55.

[11] Un argumento que se repite a menudo para que los días de Génesis 1 se interpreten como largos períodos de tiempo es que, dado que el relato bíblico no emplea para el séptimo día la frase final «y la tarde y la mañana fueron el séptimo día», el Sabbat del séptimo día todavía continúa. Yo sugeriría que debido a que la actividad divina en el día de reposo difería en carácter de la de los primeros seis días (descanso frente al trabajo), se agregó una fórmula final diferente para indicar no solo el final del séptimo día sino también el final de la semana de la creación: «y para el séptimo día Dios terminó la obra que había hecho; y descansó el séptimo día de toda su obra que había hecho» (traducción del autor). Estas palabras sugieren el final del séptimo día con tanta seguridad como lo hacen las palabras «Y fue la tarde y la mañana el primer día».

Otro argumento insta a que el séptimo día de Génesis 2:1-3 está representado en el Salmo 95:7-11 y Hebreos 4:3-6 como un día de descanso abierto (pero finito). Pero estos pasajes pueden interpretarse fácilmente como una referencia al descanso escatológico del creyente, del cual el descanso del día Sabbat de reposo es el tipo (que es la razón por la que los cristianos deben observar el cuarto mandamiento hoy).

Dios y el Hombre

6. En las 858 apariciones del plural «días» (יָמִים, *yāmîm*) en el Antiguo Testamento (ver Ex 20:11), sus referentes son siempre días ordinarios. Las edades nunca se expresan con la palabra יָמִים, *yāmîm*.

7. Finalmente, si Moisés hubiera tenido la intención de expresar la idea de siete «edades» en Génesis 1, podría haber empleado el término עוֹלָם, *ôlām*, que significa «edad» o «período de duración indeterminada».

LA EDAD DEL UNIVERSO

Una pregunta relacionada tiene que ver con la edad del universo. Algunos eruditos evangélicos han insistido en que simplemente determinando la fecha de nacimiento de Abraham y luego sumando las edades de los patriarcas enumerados en las genealogías de Génesis 5 y 11 en el momento en que cada uno engendró a su sucesor, uno puede determinar cuándo fue creado Adán y en consecuencia (asumiendo que los días del Génesis son días ordinarios) cuando se creó el universo mismo. Este procedimiento ha arrojado una fecha para la creación del universo de alrededor del 4004 a.C. (fecha de Ussher). Pero el problema no puede resolverse de manera tan simple por varias razones:

1. Las conexiones ancestrales entre la gente en la Escritura son a menudo abreviadas. Por ejemplo, Mateo 1:1 representa a Abraham como el padre de David y David como el padre de Jesús, ambas mitades de esta porción de la genealogía de Jesús omiten muchas generaciones. En Mateo 1:8 leemos que «Joram engendró a Uzías», pero esto omite tres generaciones, a saber, Ocozías, Joás y Amasías. Luego leemos en Éxodo 6:20 que Amram (por Jocabed) engendró a Aarón y Moisés, dando la impresión de que Amram fue el padre inmediato de Moisés. Pero de Números 3:17-19, 17-28, aprendemos que en los días de Moisés los amranitas, junto con las familias de los tres hermanos de Amram (Izhar, Hebrón y Uziel), contaba con 8600 varones, de los cuales 2630 estaban entre los 30 y 50 años de edad (Nm. 4:35-36). Muy claramente, Amram fue un ancestro de Moisés y Aarón, separado de ellos por un lapso de unos 300 años —a menos que queramos concluir que Moisés tenía ¡más de 8500 primos hermanos varones vivos!.

2. El número total de años para los varios patriarcas no se suma ni en Génesis 5 ni en Génesis 11. Esto sugiere que las listas genealógicas no están completas, particularmente cuando notamos que Moisés sumó juntos los dos números que se dan en relación con cada antediluviano en Génesis 5.

3. El nombre y años de Cainán (Lc. 3:36) debe colocarse entre Sala y Arfaxad en la lista de Génesis 11.

4. Con la adición del nombre de Cainán en Génesis 11, las genealogías de Génesis 5 y 11 enumeran diez patriarcas, el décimo en cada caso tiene tres hijos. Esta simetría sugiere que el principio de selectividad más que la exhaustividad regía la compilación de las listas.

5. Se proporciona información que es irrelevante para una cronología estricta. La información adicional es dada principalmente para inculcarnos «el vigor y la grandeza de la humanidad en aquellos viejos tiempos de la mejor época del mundo».[12]

6. Los patriarcas posdiluvianos no pudieron haber sido contemporáneos de Abraham. Pero si la interpretación estricta de Génesis 11 es correcta, todos los patriarcas posdiluvianos, incluido Noé, todavía estarían vivos cuando Abraham tenía cincuenta años. Tres de los que nacieron antes de que la tierra fuera dividida por el incidente de Babel (Sem, Sela y Heber)

---

[12] Ver Benjamin B. Warfield, *Biblical and Theological Studies* (Philadelphia: Presbyterian and Reformed, 1952), 244. Estoy en deuda con Morris y el *The Genesis Flood* de Whitcomb, 474–478, para algunas razones enlistadas.

habrían sobrevivido a Abraham. Y Eber, el padre de Peleg no solo habría sobrevivido a Abraham, sino que también habría vivido dos años después de que Jacob llegó a Mesopotamia para trabajar para Labán. Pero ¿por qué entonces Génesis 10:25 declararía que el incidente de Babel tuvo lugar en los días de Peleg si todos los patriarcas posdiluvianos de esa época todavía estaban vivos? ¿Y por qué Génesis 25:8 diría de Abraham, que murió a los 175 años de edad, «murió en una buena vejez, anciano y lleno de años», si los tres antepasados que le sobrevivieron vivieron respectivamente 600, 433 y 434 años?

7. La interpretación estricta de Génesis 11 colocaría al diluvio en el año 2459 a.C., 292 años antes del nacimiento de Abraham (asumiendo que 2167 a.C. fue la fecha de nacimiento de Abraham). Pero hay buena evidencia de que las culturas del Oriente Próximo tienen un registro arqueológico continuo (basada sobre niveles de ocupación y cronología de cerámica) que se remonta al menos al quinto milenio a.C. Parece imposible encajar un diluvio en el tercer milenio antes de Cristo en dicho marco.

De este modo, la Biblia no nos da base para determinar la fecha precisa para la semana de la creación de Génesis. La fórmula genealógica empleada en Génesis 5 y 11 debería entenderse como: «X vivió X número de años y engendró [el padre ancestral que engendró] y, Y X vivió después de engendrar [el padre ancestral que engendró] y, X número de años, y engendró [otros] hijos e hijas».

Por otro lado, tampoco hay razón para creer que el universo y la tierra en particular tienen miles de millones de años de antigüedad, como insisten muchos astrónomos y geólogos. Una creación real requeriría que algunos aspectos del universo vinieran de la mano del creador con una apariencia de edad. Por ejemplo, Adán en la misma hora que fue creado tendría la apariencia de ser un hombre maduro de años. Luego el trastorno geológico en el tiempo del diluvio (ver Gn. 7:11; 2 P. 3:6) también podría explicar mucho de la evidencia geológica de una tierra antigua que se exhibe en su «columna geológica» (que existe realmente como tal solo en los libros de texto de geología y en ninguna parte del registro terrestre real). Además, los diversos métodos científicos (e.g., el fechado por carbono catorce, el fechado por potasio-argón, el fechado por termoluminiscencia) empleados para datar los fósiles y la cerámica son sospechosos, siendo imprecisos y contradictorios en sus hallazgos. En consecuencia, simplemente no podemos descubrir la edad de la tierra o del hombre sobre la base de ninguna evidencia que tengamos hasta la fecha. Pero la tendencia de la Escritura, que limita las brechas conocidas en sus genealogías a decenas y centenas de años y no a miles y millones de años, parece ser hacia una tierra relativamente joven y una historia relativamente corta de la historia del hombre a la fecha.

El Propósito del Universo Creado

El universo creado existe como un despliegue incomparable de la gloria de Dios. David declaro en el Salmo 19:1-4:

Los cielos declaran la gloria de Dios,
La vasta extensión muestra su obra.
Día tras día «derraman palabras»;
Noche tras noche demuestran conocimiento.
No tienen habla, no hay palabras;
No se escucha ningún sonido de ellos.
Su «voz» sale a toda la tierra,
Sus palabras hasta los confines del mundo. *(traducción del autor)*

La palabra hebrea traducida en el versículo 1 como «declaran» es מְסַפְּרִים, $m^e sapp^e rîm$, el participio plural masculino Piel de la raíz סָפַר, $sāpar$, que significa literalmente, según W.

Gesenius, «rayar, raspar, por lo tanto, inscribir o escribir», según Brown, Driver y Briggs, «contar, recontar, numerar» y, según Koehler-Baumgartner, «contar, dar a conocer». La idea de «inscribir» o «contar» parece ser intrínseca a la palabra y aquí se atribuye figurativamente a los cielos. Los cielos y la inmensidad del espacio están ansiosamente (fuerza de Piel) y continuamente (fuerza del participio) «escribiendo» sin el uso de palabras (19:3) la gloria de Dios, es decir, el peso ineludible de la pura divinidad de Dios.

Luego en Romanos 1:20 Pablo declara: «Porque las cosas invisibles de él, su eterno poder y deidad, se hacen claramente visibles desde la creación del mundo, siendo entendidas por medio de las cosas hechas». Aquí de nuevo las Escrituras testifican de la revelación de Dios en la naturaleza a la humanidad de alguno de sus atributos.

En ninguna parte encontramos ninguna garantía en la Escritura para concluir que Dios alguna vez tuvo la intención de proporcionar la base para los esfuerzos de una teología metodológica natural para erigir un prolegómeno filosófico sobre el cual luego colocaría otras creencias derivadas de la revelación.[13] J. I. Packer está absolutamente en lo correcto cuando insiste (1) que no necesitamos la teología natural para obtener información acerca de Dios, (2) que no reforzamos nuestra posición bíblica invocando la teología natural, (3) que todos sus argumentos de la existencia de Dios son lógicamente flojos y pueden ser debatidos sin cesar, (4) el método especulativo para construir una teología es inapropiado, y (5) siempre hay riesgo (incluso diría que es un hecho ineludible) de que los cimientos que pone la teología natural resulten ser demasiado estrechos para construir todos los énfasis de la Escritura sobre los que se basan.[14]

En su propósito eterno Dios intencionalmente integró tanto el propósito de la creación como tal, así como las ordenanzas de la creación en el plan redentor que cumplió en Cristo. Indicaciones de esto son (1) el hecho de que el reposo de la creación del séptimo día es hecho el símbolo del descanso del Sabbat al cual entrará el pueblo redimido de Dios en el Escatón (Gn. 2:2; Heb. 4:4-11), (2) la observancia posterior del Sabbat, basado en el descanso de la creación de Dios, conmemoró el éxodo redención (Dt. 5:15), (3) el hecho de que Dios tenía la intención de la ordenanza original desde el principio como una representación terrenal de la relación entre Cristo y su iglesia redimida (Gn. 2:24; Mt. 19:4-6; Ef. 5:30-32), y (4) el hecho de que Dios «sometió a la creación a frustración» específicamente debido al pecado humano (Gn. 3:17-18), determinando que en empatía con los redimidos «gemiría como en dolores de parto hasta el momento presente», y que, por «su propia liberación de la servidumbre a la decadencia», tienen que «esperar ansiosamente la revelación de los hijos de Dios» en el momento de su resurrección física, cuando sus cuerpos serán redimidos, momento en el que la creación también «serán llevada a la gloriosa libertad de los hijos de Dios» (Ro. 8:19-23). La creación entonces fue pensada como el escenario en el que el diseño redentor de Dios se promulga y se cumple, no tenía la intención de proporcionar a la mente especulativa datos neutrales sobre la base de los cuales el incrédulo puede concluir que posiblemente haya una entidad indefinida detrás de ellos. Pablo vio el propósito de la creación de manera muy diferente, escribiendo: «Dios creó todas las cosas para que la esplendorosa sabiduría de Dios ahora se dé a conocer, a través de la iglesia, a los principados y potestades en los reinos celestiales» (Ef. 3:9-10). Entonces, la razón de ser de la creación es servir a los fines

---

[13] Para justificar su esfuerzo por erigir un «primer piso» empírico para su teología revelada del «segundo piso», los defensores de la teología natural metodológica siempre citan Romanos 1: 19-21 como apoyo bíblico. Pero Pablo no está empleando el argumento cosmológico del empirista (que se mueve de las cosas a Dios) para la existencia de Dios en Romanos 1. Más bien, pasando de Dios al hombre, declara que Dios se ha revelado a las personas en y por la creación del mundo y que ellos «ven tan claramente» la evidencia para Él que, cuando la suprimen como lo hacen y dejan de adorarlo y servirlo (1:18), son culpables ante Él. Pablo (o cualquier otro escritor bíblico) nunca representa el universo creado como la única evidencia probable de la existencia de Dios. El teólogo natural pasa por alto el hecho de que, dada la ceguera espiritual y la dureza de corazón de la humanidad desde la caída, es sólo «por la fe», que es un regalo de Dios, que podemos «entender que el universo se formó por mandato de Dios, así que lo que se ve no fue hecho de lo visible» (Heb. 11:3).

[14] J. I. Packer, «Theism for Our Time», en *God Who Is Rich in Mercy*, ed., Peter T. O'Brien and David G. Peterson, (Grand Rapids, Michigan: Baker, 1986), 12–14.

redentores de Dios.

LAS OBRAS DE LA PROVIDENCIA DE DIOS

Dios, el gran creador de todas las cosas, sostiene, dirige, dispone y gobierna todas las criaturas, acciones y cosas, desde las más grandes hasta las más pequeñas, mediante su providencia sabia y santa, de acuerdo con su presciencia infalible, y su libre e inmutable consejo de su propia voluntad, para alabanza de la gloria de su sabiduría, poder, justicia, bondad y misericordia.

Aunque, en relación con la presciencia y el decreto de Dios, la causa primera, todas las cosas suceden de manera inmutable e infalible, sin embargo, por la misma providencia, les ordena que caigan, de acuerdo con la naturaleza de las segundas causas, ya sea necesaria, libre o contingentemente.

Dios, en Su providencia ordinaria, hace uso de los medios, pero es libre de trabajar fuera, por encima y contra ellos, a su voluntad.

El poder todopoderoso, la sabiduría inescrutable y la bondad infinita de Dios se manifiestan hasta ahora en su providencia, que se extiende hasta la primera caída y todos los demás pecados de los ángeles y los hombres; y que no por un simple permiso, sino que se ha unido a ella en una delimitación más sabia y poderosa, y de otro modo ordenándolos y gobernándolos, en una múltiple dispensación, para sus propios fines santos; sin embargo, así como su pecaminosidad procede únicamente de la criatura, y no de Dios, quien, siendo santísimo y justo, no es ni puede ser el autor o aprobador del pecado.

Como la providencia de Dios, en general, llega a todas las criaturas, así, de una manera muy especial, cuida de su iglesia y dispone todas las cosas para su bien. (Confesión de Fe de Westminster, V/ i-iv, vii)

SUS OBRAS ORDINARIAS DE PROVIDENCIA

Bueno es Jehová para con todos,
Y sus misericordias sobre todas sus obras.
Tu reino es reino de todos los siglos,
Y tu señorío en todas las generaciones.
Los ojos de todos esperan en ti,
Y tú les das su comida a su tiempo.
Abres tu mano,
Y colmas de bendición a todo ser viviente.
Justo es Jehová en todos sus caminos,
Y misericordioso en todas sus obras. (Sal. 145:9, 13, 15-17).

Lo que el salmista declara aquí la Biblia lo respalda en todas partes, a saber, que con una *previsión* prudente Dios «provee», mantiene, sostiene y gobierna su creación —cada parte de ella (ver, e.g., Neh 9:6; Hch.17:25, 28; Heb 1:3). Mientras que la palabra «providencia» (Latín providencia, «previsión, premeditación») no es una palabra bíblica *per se*, la idea que transmite está presente en todas partes en las declaraciones *ad hoc* de las Escrituras a este efecto (ver Sal 136:25). Un corolario de la insistencia de la Escritura es que todo el universo es dependiente sobre el poder sustentador y del cuidado de su creador.

Con la Confesión de Fe —de hecho con la Escritura misma— la iglesia debe hacer una distinción entre la «providencia ordinaria [o «general»]» de Dios y su «providencia especial» (V/iii, vii), queriendo decir por la primera, por ejemplo, lo que el salmista exalta a Dios en el Salmo 145 —que con amor y compasión tierna sostiene y cuida de todas sus criaturas (los teólogos hablan de esto como la «gracia común» de Dios)—, y por la segunda aquellas actividades divinas específicas que miran directamente a la salvación de sus elegidos (es decir, su «gracia especial»). Pero uno debe tener cuidado, cuando distingue entre su providencia ordinaria («común» o «general») y la especial, de no interpretar estos «tipos» de providencia para querer decir que Dios está conduciendo *dos* obras una al lado de la otra sin ninguna relación entre ellas. Escrituralmente, esto simplemente no es así. Ya que trabajaré con el esquema, debo explicar cómo es que la providencia «ordinaria» de Dios se relaciona con su providencia «especial» y le sirve. Comienzo con la advertencia de T.H.L. Parker:

> Debemos resistir la tentación de pensar en la providencia de manera general e independiente de Cristo. Sería posible recurrir a ciertos Salmos y al sermón de la montaña, por ejemplo, para inventar una doctrina de la relación de Dios con su creación que no tuviera nada que ver con Jesucristo. Pero como es en Cristo donde se establece esta relación, intentar comprenderla aparte de Él sería una mala interpretación desde el principio. En Jesucristo, Dios ha establecido la relación entre Él y sus criaturas, prometiendo llevar a cabo su propósito en la creación hasta su conclusión triunfal. La relación primordial con Adán, renovada con Noé (Gn. 6:21-22), no es menor en Cristo que el pacto con Abraham o Moisés. El mediador que es el Verbo encarnado establece esta relación, y en Él Dios se convierte en el Dios de los hombres y ellos se convierten en su pueblo. (También debe considerarse que el mediador establece la relación entre Dios y sus criaturas distintas del hombre). Como su Dios, asumirá la responsabilidad de su existencia terrenal.[15]

Estoy totalmente de acuerdo con Parker, y diría que nunca se debe separar ningún aspecto de la providencia de Dios de la relación ἐν Χριστῷ, *en Christō*, que existe entre Dios y su creación, ya que todos los tratos de Dios con su creación están mediados a través de Cristo. Hacerlo así proporciona al teólogo natural del fundamento que necesita para conducir su empresa teológica sin pensar, al principio al menos, en Cristo el creador y sostenedor de todas las cosas. Las Escrituras no permitirán dicha empresa, sin embargo, insistiendo en que Cristo no solo es el co-creador con el Padre y el Espíritu del universo, sino su sostenedor también:

Juan 17:2: «como le has [el Padre] dado [al Cristo] potestad sobre toda carne, para que dé vida eterna a todos los que le diste [providencia especial]».

Colosenses 1:16-17: «Porque en él fueron creadas todas las cosas. Y él es antes de todas las cosas, y todas las cosas en él subsisten [συνέστηκεν, *sunestēken*, es decir, tienen su integración ordenada]».

Hebreos 1:3: «quien sustenta [φέρων, *pherōn*] todas las cosas con la palabra de su poder, habiendo efectuado [ποιησάμενος, *poiēsamenos*] la purificación de nuestros pecados por medio de sí mismo, se sentó a la diestra de la Majestad en las alturas». (Aquí hay una hermosa fusión del gobierno providencial de Cristo de la historia humana en general y la «historia santa» de la redención. Incluso mientras estaba colgado de la cruz como nuestro redentor, continuó siendo el sustentador del mundo).

Esto significa entonces, citando de nuevo a Parker, que

> la creación es el escenario en el que se representan los tratos de Dios con la humanidad. La providencia es la obra misericordiosa de Dios de su propósito en Cristo, que resulta en su trato con el hombre. Nosotros... decimos que desde el principio Dios ha ordenado el curso de los acontecimientos hacia Jesucristo y su encarnación. Desde el punto de vista bíblico, la historia del mundo y las historias de vida personal sólo poseen significado a la luz de la encarnación. La pequeña historia sórdida de la lujuria en el trato de Judá con Tamar (Gn. 38) tiene su lugar en la genealogía del Mesías (Mt. 1:3). César Augusto estaba en el trono de Roma por el bien del bebé desconocido en su pesebre.[16]

Jesús enseñó que Dios «hace salir su sol sobre malos y buenos, y que hace llover sobre justos e injustos» (Mt. 5:45), y Pablo declaró que Dios «si bien no se dejó a sí mismo sin

---

[15] T. H. L. Parker, «Providence of God», en *Evangelical Dictionary of Theology* (Grand Rapids, Michigan: Baker, 1984), 890.

[16] Ibid., 890-891.

testimonio, haciendo bien, dándonos lluvias del cielo y tiempos fructíferos, llenando de sustento y de alegría nuestros corazones» (Hch. 14:17), y también que «él es quien da a todos vida y aliento y todas las cosas …y les ha prefijado el orden de los tiempos, y los límites de su habitación; para que busquen a Dios, si en alguna manera, palpando, puedan hallarle, aunque ciertamente no está lejos de cada uno de nosotros. Porque en él vivimos, y nos movemos, y somos» (Hch. 17:25-28). El sabio y bondadoso cuidado providencial de Dios, que beneficia a los paganos física y materialmente como lo hace y, por lo tanto, testifica de la presencia de Dios entre ellos finalmente sirve para fines redentores y, según Romanos 1:18-23, también deja a los hombres «indefensos» cuando no reconocen a Él como Dios y lo adoran (ver Ro. 1:20: εἰς τὸ εἶναι αὐτοὺς ἀναπολογήτους, *eis to einai autous anapologētous*) .[17] Así que en este punto también, como señala Parker, «la providencia está incluida en la doctrina de la reconciliación».[18]

La Biblia también dice que Dios no solo da a la humanidad, sino que también a todos los seres vivos, las necesidades para el sustento de la vida. Por ejemplo, según el Salmo 104:10-30, Dios provee no solo para la humanidad sino para todas las demás cosas vivientes también:

Hace que manantiales derramen agua en los barrancos;
fluyen entre todas las montañas.
Dan agua a todas las bestias del campo;
Los asnos monteses apagan su sed;
Las aves del cielo anidan junto a las aguas;
cantan entre las ramas ...
Hace crecer pasto para el ganado, ...
Los leones rugen por su presa
y buscan su alimento de Dios ...
Todos estos te miran
para darles su comida en el momento oportuno.
Cuando se lo das
lo recogen;
cuando abres tu mano,
están satisfechos con las cosas buenas.

En Mateo 6:25-34 se les recuerda a los discípulos (¡por su creador mismo!) estas mismas verdades, que «las aves del cielo, que no siembran, ni siegan, ni recogen en graneros; y vuestro Padre celestial las alimenta», y que «la hierba del campo que hoy es, y mañana se echa en el horno, Dios la viste así—con lirios». De estas relaciones providenciales que el Padre mantiene fielmente con las aves y los lirios del campo bajo su cuidado benéfico, Jesús inmediatamente extrae la lección para sus discípulos de que el Padre celestial también conoce las necesidades de sus hijos e hijas que han confiado en su Hijo, quienes son «Mucho más valioso a sus ojos que los pájaros y las flores», y que también los proveerá. Así que, una vez más, la providencia general de Dios es arrastrada al campo de las consideraciones redentoras y hecha para servirles. En la misma línea, Pablo insta a los cristianos a estar contentos con su comida y ropa, ya que «Dios, que da vida a todo ... nos da abundantemente de todo para nuestro disfrute» (1 Ti. 6:8, 13, 17; ver también Ro. 8:32). En resumen, las obras «ordinarias» de la providencia de Dios revelan a los hombres, ya sea que lo reconozcan o no, que no están gobernados por la casualidad o el destino, sino por el Dios que finalmente «establece llevar a cabo sus propósitos de providencia en la encarnación de su Hijo».[19]

---

[17] Ver también el comentario de John Murray's comment en su artículo «Common Grace», *Collected Writings of John Murray* (Edinburgh: Banner of Truth, 1977), 2:106, en el sentido de que «sólo porque son buenos dones y manifestaciones de la bondad y misericordia de Dios ... el abuso de ellos trae mayor condenación y demuestra la mayor inexcusable impenitencia».
[18] Parker, «*Providence of God*», 891.
[19] Ibid., 891.

Dios y el Hombre

En un sentido real, entonces, dado el hecho de que ahora tiene que ver con un mundo *caído*, lo que ahora estamos llamando las obras «ordinarias» de Dios de la providencia son una manifestación de su gracia común para los pecadores que no lo merecen y un mundo bajo su maldición. De hecho, John Murray discute este aspecto de la providencia divina bajo la rúbrica de la gracia común.[20] Pero aquí de nuevo, solo hemos intercambiado un idioma por otro, pero la substancia sigue siendo la misma, porque la gracia común también sirve a los propósitos de la gracia especial. Con respecto a ésta última Murray escribe:

> El propósito redentor de Dios se encuentra en el centro de la historia de este mundo. Si bien no es el único propósito que se está cumpliendo en la historia y si bien no es el único propósito al que todos los demás pueden estar subordinados,[21] sin embargo, es sin duda la corriente central de la historia. Sin embargo, es en el contexto más amplio de la historia donde se realiza el propósito redentor de Dios. Ya hemos descubierto que este contexto más amplio es una dispensación de la bondad y la paciencia divinas. En otras palabras, es esa esfera de la vida o la amplia corriente de la historia proporcionada por la gracia común la que proporciona la esfera de operación para el propósito especial de Dios de redención y salvación. Esto simplemente significa que este mundo sostenido y preservado por la gracia de Dios es la esfera y plataforma sobre la cual sobrevienen las operaciones de la gracia especial y en la cual la gracia especial obra para el cumplimiento de su propósito salvífico y la perfección de todo el cuerpo de los elegidos. La gracia común recibe entonces al menos una explicación [Murray no se arriesga a adivinar con respecto a otra explicación] del hecho de la gracia especial, y la gracia especial tiene su condición previa y su esfera de operación en la gracia común. Sin la gracia común, la gracia especial no sería posible porque la gracia especial no tendría material del cual erigir su estructura. Es la gracia común la que proporciona no solo la esfera en la cual, sino también el material a partir del cual, el edificio debidamente enmarcado puede crecer hasta convertirse en un templo santo en el Señor. Es la raza humana preservada por Dios, dotada de varios dones por Dios, en un mundo sostenido y enriquecido por Dios, subsistiendo a través de los medios de diversas actividades y campos de trabajo, lo que provee a los sujetos para la gracia redentora y regeneradora ... Para concluir ... la gracia común proporciona la esfera de operación de la gracia especial y la gracia especial, por lo tanto, proporciona una [yo diría que «la»] razón de la gracia común.[22]

Una vez más se nos recuerda que las obras ordinarias de Dios de la providencia no son ajenas a sus obras especiales de providencia, sino que, de hecho, encuentran su *raison d'être* en el servicio que prestan a sus obras especiales de providencia. Dicho bíblicamente, «Y sabemos que a los que aman a Dios, todas las cosas les ayudan a bien [su providencia general], esto es, a los que conforme a su propósito [un acto de su providencia especial] son llamados» (Ro. 8:28).

SUS OBRAS ESPECIALES DE PROVIDENCIA

Además de sus obras ordinarias de providencia por las cuales sostiene todas las cosas en general en orden para poder tener la arena mundial esencial para el logro de sus fines salvíficos y el grupo humano del que surgirán sus elegidos, Dios mismo se ha relacionado con la humanidad a través de la historia bajo dos arreglos pactuales —el pacto de obras y el pacto de gracia— con el propósito especial de ejecutar su obra salvífica y sobre la base de la cual sus elegidos realmente realizan su «gran salvación».

Antes de que la Confesión de Fe de Westminster describa estos dos pactos separada e individualmente, ofrece este comentario introductorio sobre el concepto de pacto como tal:

> La distancia entre Dios y la criatura es tan grande, que aun cuando las criaturas racionales le deben

---
[20] Murray, «Common Grace», 104-106.
[21] Con la única excepción del fin al que sirve la redención misma, la gloria de Dios, que tanto Murray como yo reconocemos, discutiría esta afirmación. De hecho, el mismo Murray cita Isaías 1:9 y Mateo 13:28-29 (y podría agregar versículos como Gn. 18:23-33; 39:5 y Jn. 17:2) como evidencia bíblica de que la gracia común aparece para extenderse a los hombres no regenerados precisamente debido al principio de gracia especial. También admite que «cuáles puedan ser los otros fines promovidos por la gracia común, podría ser inseguro concluir», sin ofrecer ninguna sugerencia sobre cuáles podrían ser.
[22] Murray, «Common Grace», 2:113, 116.

obediencia como a su Creador, sin embargo, ellas no podrán nunca tener plenitud con Él cómo su bienaventuranza o galardón, si no es por alguna condescendencia voluntaria por parte de Dios, habiéndole placido a Este expresarla por medio de su pacto. (VII/i)

Lo que es instructivo sobre esta declaración es, primero, su visión de que los hombres deben su obediencia a Dios simplemente sobre la base de la relación creador-criatura existente entre ellos. Esto señala a la verdad de que *no* es sobre la base del pacto de obras que Dios estableció con Adán, como algunos podrían pensar, que la humanidad adquirió la obligación de servir a Dios. Incluso si Él no hubiera hecho más por ellos que sostenerlos por su providencia ordinaria y decirles lo que tenían que hacer para complacerlo, Adán y sus descendientes todavía estarían obligados para con Él como su creador a rendirle toda la obediencia debida como sus criaturas racionales. Por consiguiente y, en segundo lugar, la declaración introductoria destaca la verdad de que el propósito de la condescendencia de Dios hacia ellos *pactualmente* es estricta y solamente para que la humanidad «tenga plenitud con Él como su bienaventuranza o galardón». Esto subraya la verdad de que ambos pactos tenían la intención, cada uno a su manera, para el máximo beneficio y bienaventuranza de sus elegidos.

EL PACTO DE OBRAS

La doceava pregunta del Catecismo Menor pregunta: «¿Qué acto particular de providencia ejecutó Dios respecto del hombre, en el estado en que éste fue creado?» Su respuesta es reveladora en que, respondiendo como lo hace a una cuestión sobre la providencia especial de Dios, coloca específicamente el pacto de obras dentro de la arena de la providencia especial de Dios: «Cuando Dios hubo creado al hombre, hizo con él un pacto de vida bajo condición de perfecta obediencia, prohibiéndole comer del árbol del conocimiento del bien y del mal, bajo pena de muerte». La Confesión de Fe, de hecho, es tan clara sobre este punto específico, como lo es el Catecismo Menor, estableciendo solo que «El primer pacto hecho con el hombre fue un pacto de obras, (1) en el que se prometía la vida a Adán, y en éste a su posteridad, (2) bajo la condición de una obediencia personal perfecta» (VII/ii, ver también XIX/i). Una comparación de las dos declaraciones muestra que los teólogos de Westminster hablaron del primer pacto tanto como un pacto de vida como de un pacto de obras, la primera designación enfatiza la «bendición y recompensa» del hombre por la obediencia, la última enfatizaba su obligación de obedecer bajo los términos del pacto.

En el plan de Dios, «Nuestros primeros padres, dejados a su libre albedrío, cayeron del estado en que fueron creados, pecando contra Dios» (Catecismo Menor, Pregunta 13), Adán bajo los términos del pacto se corrompió, de este modo, no sólo él mismo, sino también a toda la humanidad que desciende de él por generación ordinaria (Ro 5:12-19; ver también Catecismo Menor, Preguntas 14-19). La caída de Adán hizo que el establecimiento de ese segundo pacto, el pacto con el que se relaciona principalmente la historia bíblica, el pacto de gracia fuera necesario y posible.[23]

---

[23] Algunos pensadores reformados contemporáneos han cuestionado la existencia y presencia de un pacto de obras en Génesis 2-3. John Murray prefiere hablar simplemente de la «administración adánica», instando a que (1) el término pacto de obras «no es feliz, por la razón de que los elementos de gracia que entran en la administración no están debidamente provistos por el término 'obras'» y (2) «no está designado como un pacto en las Escrituras ... El pacto en las Escrituras denota la confirmación de la promesa obligada por juramento e involucra una seguridad que la economía adámica no otorgó» («La administración adánica», en *Collected Writings of John Murray* [Edinburg: Banner of Truth, 1977], 2:49). Pero Murray no aclara qué es lo que administra una «administración adánica». Además, es discutible si los «elementos de la gracia» se inmiscuyen en el punto crítico de la «administración», es decir, en el punto de la toma de decisiones de Adán. Finalmente, está claro en Oseas 6:7 que la relación entre Dios y Adán debe interpretarse como un pacto («Cómo Adán, han quebrantado el pacto»). Por lo tanto, Murray presume exactamente lo que debe probarse cuando dice que el pacto siempre se usa solo en referencia a una provisión que es redentora.

W. Wilson Benton Jr., en su artículo, «Federal Theology: Review for Revision» (*Through Christ's Word* [Phillipsburg, NJ: Presbyterian and Reformed, 1985], 180-204), sostiene que el esquema de dos pactos de la teología federal en general, y la Confesión de Fe de Westminster en particular, no es bíblica, pero se debe principalmente al pensamiento *político* de la época, a un renovado interés por la historia de la revelación y a la influencia de la lógica ramista, con su énfasis en el método deductivo y la dicotomización de ideas. Pero estas influencias por sí solas no pueden explicar la teología federal o mostrar cómo la teología federal produce los efectos nefastos que Benton ve que produce la teología federal.

EL PACTO DE GRACIA Y «HEILSGESCHICHTE»

Después de que el hombre, por su caída, se ha hecho incapaz de vivir por un pacto de obras, y debido a que Dios ha elegido desde la eternidad a algunos hombres para la vida eterna, al Señor «agrado a Dios hacer un segundo pacto, (1) llamado comúnmente el pacto de gracia», para liberar a los elegidos «para librarles del estado de pecado y miseria, y llevarlos al estado de salvación por medio de un Redentor» (Catecismo Menor, Pregunta 20). Bajo los términos del pacto de gracia, Dios «libremente a los pecadores vida y salvación por Cristo, exigiéndoles la fe en Él para que puedan ser salvos, (2) y prometiendo dar su Espíritu Santo a todos aquellos que ha ordenado para vida, dándoles así voluntad y capacidad para creer» (Confesión de Fe de Westminster, VII/iii).

Que los teólogos de Westminster tenían una sensibilidad real hacia el carácter *«Heilsgeschichte»* («historia de la salvación») de la Biblia bajo el pacto de gracia se evidencia de las descripciones acompañantes del pacto de gracia «bajo la ley» y «bajo el evangelio». Sabían que, aunque el plan redentor de Dios fue inicialmente revelado con el *protevangelium* divino de Génesis 3:15, su revelación más completa se desarrolló progresivamente sobre «el principio de sucesivos acuerdos de Berith- [pactos-], como marcando la introducción de nuevos períodos» de «Historia de la salvación».[24] En otras palabras, el «pacto de gracia» general fue históricamente promovido y administrado después de Génesis 3:15 por los pactos históricos de Dios con Noé (Gn. 6:18; 9: 8-17), Abraham (Gn. 12:1-3; 15:18; 17:7-14; 22:15-18), Israel (Ex. 19:5; 24:6-8; Dt. 29:1), David (2 S. 7:11-16; 1 Cr. 17:10-14), y finalmente a través de la administración del Nuevo Pacto (Jer. 31:31-34; Lc. 22:20; 2 Co. 3:6; Heb. 8:8-13), siendo el mismo Jesucristo el mediador del nuevo pacto entre Dios y sus elegidos (Heb. 9:15). En consecuencia, la Confesión de Fe resume el desarrollo histórico y el desarrollo del pacto de gracia en las siguientes palabras:

> Este pacto era ministrado de un modo diferente en el tiempo de la ley y en el del Evangelio. Bajo la ley se ministraba por promesas, profecías, sacrificios, la circuncisión, el cordero pascual y otros tipos y ordenanzas entregados al pueblo judío; y todos señalaban al Cristo que había de venir, y eran suficientes y eficaces en aquel tiempo por la operación del Espíritu Santo, para instruir y edificar a los elegidos en fe en el Mesías prometido, por quien tenían plena remisión de pecado y salvación eterna. A este pacto se le llama el Antiguo Testamento.
>
> Bajo el Evangelio, cuando Cristo la sustancia fue manifestado, las ordenanzas por las cuales se ministra este pacto son: la predicación de la Palabra, la administración de los sacramentos del Bautismo y de la Cena del Señor; y aún cuando son menos en número y ministradas con más sencillez y menos gloria exterior, sin embargo, en ellas el pacto se muestra a todas las naciones, así a los judíos como a los gentiles, con más plenitud, evidencia y eficacia espiritual, y se le llama el Nuevo Testamento. Con todo, no hay dos pactos de gracia diferentes en sustancia, sino uno y el mismo bajo diversas dispensaciones. (VII/v-vi)

Todo esto significa que las obras especiales de la providencia de Dios como relacionadas con el pacto de gracia incluyen grandes eventos históricos como la provisión de una cobertura para nuestros primeros padres (Gn. 3:21), la preservación de Noé y su familia en el tiempo del diluvio (Gn. 6:8), el llamado de Abraham, la liberación del éxodo de Israel de Egipto (*el tipo del Antiguo Testamento de la redención*), la preservación de Dios de su nación escogida Israel a lo largo de su historia a pesar de sus muchas fallas, el envío de su único Hijo al mundo como el antitipo del Nuevo Testamento del cordero pascual del Antiguo Testamento, la edificación de la iglesia, la obra de la cruz de Cristo, la manifestación del Espíritu en pentecostés, la conversión de Saulo de Tarso, la segunda venida de Cristo, la resurrección de todos los hombres de la muerte en el Escatón, el juicio de vivos y muertos, y la introducción

---

[24] Geerhardus Vos, *Biblical Theology* (Grand Rapids, Michigan: Eerdmans, 1949), 25.

en los nuevos cielos y nueva tierra.

EL PROCESO REVELADOR Y LOS MILAGROS

La característica final de la providencia especial a ser considerada aquí es (1) la actividad reveladora de Dios, que acompaña su actividad redentora, que produjo las Santas Escrituras, y (2) los milagros de poder que proporcionaron los órganos de revelación a lo largo del camino, sus credenciales autenticadoras como portavoces de Dios.

EL PROCESO REVELADOR

El proceso revelador que produjo las Santas Escrituras no está representado en la Escritura como un fin en sí mismo. Más bien, sirvió al propósito redentor más primario de Dios. En Efesios 1:8-9 Pablo indica que Dios ha bendecido a la iglesia no solo redentoramente sino también de forma revelada. En Cristo, escribe, «tenemos redención, incluso el perdón de los pecados, según las riquezas de su gracia con que nos ha colmado con toda sabiduría e inteligencia, *haciéndonos conocer el misterio de su voluntad*, según su buena voluntad que se propuso en Cristo». Es sorprendente cómo Pablo pasa fácilmente de la obra redentora de Dios a su obra de revelación como medio para explicar la primera. Geerhardus Vos aclara la influencia del proceso revelador en el proceso redentor en las siguientes palabras:

> La revelación no está aislada por sí misma, sino que está (en lo que concierne a la revelación especial) inseparablemente unida a otra actividad de Dios, a la que llamamos redención. Ahora bien, la redención no puede ser más que históricamente sucesiva, porque se dirige a las generaciones de la humanidad que nacen a lo largo de la historia. La revelación es la interpretación de la redención, por lo tanto, debe desarrollarse en episodios como lo hace la redención. Y, sin embargo, también es obvio que los dos procesos no son del todo co-extensivos, porque la revelación llega a su fin en un punto en el que la redención aún continúa. Para comprender esto, debemos tener en cuenta una distinción importante dentro de la esfera de la redención misma. La redención es en parte objetiva y central, en parte subjetiva e individual. Por lo primero, designamos los actos redentores de Dios, que tienen lugar en nombre de la persona humana, pero fuera de ella. Con este último designamos aquellos actos de Dios que entran en el sujeto humano. A los actos objetivos los llamamos centrales porque, ocurriendo en el centro del círculo de la redención, conciernen a todos por igual y no necesitan ni pueden repetirse. Tales actos objetivos centrales son la encarnación, la expiación, la resurrección de Cristo. Los actos en la esfera subjetiva se denominan individuales, porque se repiten en cada individuo por separado. Tales actos subjetivos-individuales son regeneración, justificación, conversión, santificación, glorificación. Ahora bien, la revelación acompaña únicamente al proceso de redención objetivo-central, y esto explica por qué la redención se extiende más allá de la revelación. Insistir en la redención subjetivo-individual que la acompaña implicaría que se ocupó de cuestiones de interés privado y personal, en lugar de tratar colectivamente las preocupaciones comunes del mundo de la redención. Sin embargo, esto no significa que el creyente no pueda, por su experiencia subjetiva, recibir iluminación de la fuente de revelación en la Biblia, porque debemos recordar que continuamente junto con el proceso objetivo, se estaba llevando a cabo el trabajo de aplicación subjetiva y que gran parte de la esto se refleja en las Escrituras. La redención subjetivo-individual no comenzó cuando cesó la redención objetivo-central, existió junto a ella desde el principio.[25]

En otras palabras, según Vos, debido a que los eventos objetivo-centrales de la redención han sido suficiente y plenamente explicados por los escritores del Antiguo y Nuevo Testamentos, no hay necesidad de más revelación especial (ver 2 Ti. 3:36-17). No obstante, debido a que la redención subjetiva-individual ocurrió simultáneamente con los eventos objetivo-centrales de la redención y fue tratada en consecuencia en la completa elucidación de las realidades de la redención por los escritores bíblicos, ya que nuestras propias experiencias individuales no

---

[25] Vos, *Biblical Theology*, 14-15.

son y no pueden ser diferentes a las experiencia de los santos en la Escritura, se nos instruye a apelar a la representación escritural de su experiencia para una dirección autorizada respecto a nuestro propio caminar diario (ver, e.g., Heb 11).

La insistencia de Vos de que la revelación especial ha llegado a su fin no debería perturbar a nadie, especialmente cuando se recuerda que incluso el proceso de revelación que produjo nuestra Biblia no fluyó ininterrumpidamente. Entre Génesis 49:1-27 y Éxodo 3:4 hubo un «apagón» de comunicación divina por alrededor de cuatrocientos años. Luego con el fallecimiento de Malaquías, ocurrió otro «apagón» de cuatrocientos años antes de que el ángel Gabriel se apareciera al sacerdote Zacarías. Estos primeros «apagones» de la revelación muestran la naturalidad del «apagón» de revelación que ha estado en vigor desde el cierre del canon del Nuevo Testamento.

Hemos sugerido hasta este punto, por lo tanto, un esquema relacional entre el proceso de revelación y el proceso de redención, a saber, que la revelación especial primariamente sirve a los eventos no repetibles, objetivos e históricos de redención como la explicación de ésta última a los hombres.

MILAGROS QUE AUTENTIFICAN

El segundo elemento en esta providencia especial que estamos considerado, que debe estar relacionada con el proceso de revelación, son los «milagros de poder» de la Biblia como el cambio de agua en vino de Jesús, el calmar las tormentas, sanar al incurable, y resucitar muertos (a diferencia de los actos sobrenaturales de gracia actuales tales como la regeneración de Dios de las almas sin vida de los pecadores o el responder sus oraciones).

No simpatizo con el argumento de muchos teólogos de que los milagros de poder son simplemente intervenciones de Dios en los asuntos humanos en formas que van en contra de los procesos conocidos u observables, pero que en realidad no violan las leyes de la naturaleza. Algunos pueden ser así, pero otros son claramente contrarios a las leyes de la naturaleza, como la transformación del agua en vino por parte de Jesús, y me parece que está sirviendo demasiado a la hostilidad del hombre moderno hacia toda la idea de lo sobrenatural para definir milagros bíblicos que se vacían de su singularidad sobrenatural. Creo que la Confesión de Fe refleja con mayor precisión la verdadera situación cuando dice: «Dios en su providencia ordinaria hace uso de medios; a pesar de esto, Él es libre para obrar sin ellos, sobre ellos y contra ellos, según le plazca» (V/iii, énfasis añadido).

Los «milagros de poder» bíblicos no ocurren al azar, sin ton ni son, en la historia de la salvación. Al contrario, la Biblia sugiere que sirven al proceso de revelación al autenticar las credenciales de los órganos humanos de revelación especial que llevan a los hombres la verdad redentora de Dios. Este hecho ha sido observado por muchos académicos reformados. Por ejemplo, Juan Calvino escribe:

> [Nuestros adversarios] no cesan de asaltar nuestra doctrina y de reprocharla y difamarla con nombres que la hacen odiada o sospechosa. La llaman «nueva» y «de nacimiento reciente». La reprochan como «dudosa e incierta». Preguntan qué milagros la han confirmado... Primero, al llamarla «nueva» hacen un gran mal a Dios, cuya Sagrada Palabra no merece ser acusada de novedad. De hecho, no dudo en absoluto de que sea nueva para ellos, ya que para ellos tanto el mismo Cristo como su evangelio son nuevos. Pero el que sabe que esta predicación de Pablo es antigua, que «Jesucristo murió por nuestros pecados y resucitó para nuestra justificación», no encontrará nada nuevo entre nosotros.
>
> Que haya sido desconocida y enterrada durante mucho tiempo es culpa de la impiedad del hombre. Ahora, cuando nos ha sido restaurada por la bondad de Dios, su pretensión de antigüedad debería ser admitida al igual que el ciudadano que regresa recupera sus derechos.

La misma ignorancia los lleva a considerarla dudosa e incierta. Esto es precisamente de lo que se queja el Señor a través de su profeta, que «el buey conocía a su dueño, y el asno el pesebre de su amo, pero su propia gente no lo conocía». Pero por mucho que bromeen sobre su incertidumbre, si tuvieran que sellar *su* doctrina con su propia sangre, y a costa de su vida, se podría ver cuánto significaría para ellos. Todo lo contrario, es nuestra seguridad, que no teme ni a los terrores de la muerte ni siquiera al tribunal de Dios.

Al exigirnos milagros, actúan deshonestamente. Porque no estamos forjando un evangelio nuevo, sino que estamos reteniendo *ese mismo evangelio cuya verdad todos los milagros que Jesucristo y sus discípulos obraron para confirmar*. Pero, comparados con nosotros, tienen un poder extraño: ¡incluso hasta el día de hoy pueden confirmar su fe con continuos milagros! De hecho, alegan milagros que pueden perturbar una mente que de otro modo estaría en reposo: ¡son tan tontos y ridículos, tan vanidosos y falsos! Y, sin embargo, incluso si estos fueran prodigios maravillosos, no deberían ser en ningún momento contra la verdad de Dios, porque el nombre de Dios debería ser santificado siempre y en todas partes, ya sea por milagros o por el orden natural de las cosas.

Quizás este tono falso podría haber sido más deslumbrante si las Escrituras no nos hubieran advertido sobre el propósito legítimo y el uso de los milagros. Porque Marcos enseña que las señales que acompañaban a la predicación de los apóstoles se establecieron para confirmarla [Mr. 16:20]. *De la misma manera, Lucas relata que nuestro «Señor ... dio testimonio de la palabra de su gracia», cuando estas señales y prodigios fueron hechos por las manos de los apóstoles* [Hch. 14:3]. *Muy parecida a esta es la palabra del apóstol: que la salvación proclamada por el evangelio ha sido confirmada en el hecho de que «el Señor lo ha testificado con señales, prodigios y diversas maravillas»* [Heb. 2:4]. *Cuando escuchemos que estos son los sellos del evangelio, ¿los convertiremos para la destrucción de la fe en el evangelio? Cuando escuchemos que fueron designados solo para sellar la verdad, ¿los emplearemos para confirmar falsedades? ...* Y también podemos recordar adecuadamente que Satanás tiene sus milagros, que, aunque son trucos engañosos más que verdaderos poderes, son de tal clase que inducen a error a los ingenuos y a los ignorantes. Los magos y encantadores siempre se han destacado por sus milagros. La idolatría se ha nutrido de milagros maravillosos, pero éstos no son suficientes para sancionar para nosotros la superstición de los magos o de los idólatras.

Los donatistas de antaño abrumaron la sencillez de la multitud con este ariete: que eran poderosos en milagros. Por lo tanto, ahora respondemos a nuestros adversarios como Agustín luego respondió a los donatistas: el Señor nos hizo desconfiar de estos hacedores de milagros cuando predijo que los falsos profetas con señales mentirosas y diversas maravillas llegarían a llevar incluso a los elegidos (si es posible) al error. Y Pablo advirtió que el reinado del Anticristo sería «con todo poder, señales y prodigios mentirosos». Pero estos milagros, dicen, no los hacen los ídolos, ni los magos, ni los falsos profetas, sino los santos. ¡Como si no entendiéramos que «disfrazarse de ángel de luz» es el arte de Satanás! ... ¿Qué diremos, sino que siempre ha sido, y siempre será, un castigo muy justo de Dios «enviar a aquellos» que no han recibido el amor de la verdad «un fuerte engaño para hacerles creer una mentira»? A nosotros, entonces, no nos faltan los milagros [se refiere a los del Nuevo Testamento], milagros seguros, no sujetos a burla. Por el contrario, esos «milagros» que nuestros adversarios señalan en su propio apoyo son meras ilusiones de Satanás, porque alejan al pueblo de la verdadera adoración de su Dios hacia la vanidad..[26]

En la misma forma Warfield se acerca al propósito de los milagros bíblicos. Habla de «la inseparable relación de los milagros con la revelación, como su marca y credencial, o más concretamente, del resumen de toda revelación, finalmente, en Jesucristo». Los milagros, escribe,

no aparecen vagamente en las páginas de la Escritura, aquí, allá y en otros lugares con indiferencia, sin razón atribuible. Pertenecen a períodos de revelación y aparecen solo cuando Dios le habla a

---

[26] Calvino, Institutes, "Prefatory Address to King Francis I of France" (énfasis añadido).

su pueblo a través de mensajeros acreditados, declarando sus propósitos de gracia..[27]

Esta percepción de los milagros como las credenciales de autenticación o portadores de revelación.[28] recibe una verificación sorprendente en las Escrituras mismas. Por ejemplo, en el Antiguo Testamento, el gran período de revelación especial conocido como mosaísmo (Éxodo a Deuteronomio) surgió en relación y como resultado del gran evento (tipológico) redentor de la redención del pueblo de Dios del Éxodo de Egipto. Moisés —él mismo como cauce central de esa revelación— recibió testimonio de su autenticidad como el portavoz de Dios de todos los milagros del éxodo mismo (ver Ex. 4:1-9) y de los milagros registrados en Números (ver Nm. 12:1-1; 17:1-8; 21:5-9). El posterior cuerpo de revelación conocido como profetismo, que abarcó la historia de Israel desde la conquista bajo Josué hasta tiempos postexílicos, no debe interpretarse como no relacionado o desconectado del primer cuerpo de revelación, en la medida en que el profetismo, trata como lo hace por su material de revelación tanto histórica como exhortivamente con la comunidad mosaica fundada en el éxodo, continuó explicando y desarrollando las implicaciones de la redención mosaica anterior (ver, por ejemplo, Jos. 1:5-17; 2:10-11; 4:23; 9:24; Ez. 23; Mal. 4:4). Los milagros del profetismo, a su vez, sirvieron para autenticar los órganos reveladores del profetismo. Considere los siguientes ejemplos:

1 Reyes 17:17-24: Después de que Elías resucitó al hijo de la viuda de entre los muertos, ella exclamó: «Ahora conozco que tú eres varón de Dios, y que la palabra de Jehová es verdad en tu boca».

1 Reyes 18:36-39: En su conflicto posterior con los profetas de Baal en el monte Carmelo, Elías oró: «Jehová Dios de Abraham, de Isaac y de Israel, sea hoy manifiesto que tú eres Dios en Israel, y que yo soy tu siervo, y que por mandato tuyo he hecho todas estas cosas. Respóndeme, Jehová, respóndeme, para que conozca este pueblo que tú, Oh Jehová, eres el Dios... Entonces cayó fuego de Jehová, y consumió el holocausto, la leña, las piedras y el polvo, y aun lamió el agua que estaba en la zanja».

2 Reyes 1:10: «Y Elías respondió y dijo al capitán de cincuenta: Si yo soy varón de Dios, descienda fuego del cielo, y consúmate con tus cincuenta. Y descendió fuego del cielo, que lo consumió a él y a sus cincuenta». (ver también 1:12; 20:8-11; Dn. 2)

La *revelación* del Antiguo Testamento, cuando se ve correctamente, es entonces en esencia unitaria en su preocupación por explicar la *redención* del Antiguo Testamento, tanto en principio como en forma tipológica, y de ese modo preparar el camino para su cumplimiento anti tipológico en la era del Nuevo Testamento. *Y los milagros de la era del Antiguo Testamento autenticaron a Moisés y a los profetas como hombres de Dios.*

Todo esto concuerda con la representación del Nuevo Testamento de que la redención del Antiguo Testamento presagió por sus principios revelados, y señaló hacia adelante, su gran antitipo culminante del Nuevo Testamento: la redención objetivamente histórica lograda por Cristo en su encarnación. Luego, todo el corpus de revelación del Nuevo Testamento, relacionado con el corpus del Antiguo Testamento como el cumplimiento está relacionado con la promesa, proporcionó la explicación reveladora especial culminante del complejo de eventos redentores históricos del Nuevo Testamento. *Y los milagros de la era del Nuevo Testamento autenticaron a su vez a Cristo y a sus apóstoles como portadores de este nuevo corpus de revelación.* Considera este testimonio del Nuevo Testamento:

---

[27] Benjamin B. Warfield, *Miracles: Yesterday and Today* (Grand Rapids, Michigan: Eerdmans, n.d.), 25–26. Ver también Richard B. Gaffin Jr., «A Cessationist View», en *Are Miraculous Gifts for Today?* ed. Wayne A. Grudem (Grand Rapids, Michigan: Zondervan, 1996), 25–64; Robert L. Saucy, «An Open But Cautious View», 103–112, y Richard B. Gaffin, «A Cessationist Response to Robert L. Saucy», 149–151, en el mismo volumen.

[28] Esta percepción se llama hoy, lamentable e inexactamente, la «Visión de Warfield». Ya hemos visto que Calvino la abrazó, y lo hizo sobre la misma base que lo hizo Warfield: la enseñanza de las Escrituras.

Juan 5:36: «Mas yo tengo mayor testimonio que el de Juan; porque las obras que el Padre me dio para que cumpliese, las mismas obras que yo hago, dan testimonio de mí, que el Padre me ha enviado».

Juan 10:38: «Mas si las hago, aunque no me creáis a mí, creed a las obras [ἔργοις, *ergois*], para que conozcáis y creáis que el Padre está en mí, y yo en el Padre».

Hechos 14:3: «Por tanto, se detuvieron allí mucho tiempo, hablando con denuedo, confiados en el Señor, el cual daba testimonio [μαρτυροῦντι, *martyrounti*] a la palabra de su gracia, concediendo que se hiciesen por las manos de ellos señales y prodigios [σημεῖα καὶ τέρατα, *sēmeia kai terata*]».

2 Corintios 12:12: «Con todo, las señales de apóstol han sido hechas entre vosotros en toda paciencia, por señales, prodigios y milagros».

Hebreos 2:3-4: «¿cómo escaparemos nosotros, si descuidamos una salvación tan grande? La cual, habiendo sido anunciada primeramente por el Señor, nos fue confirmada por los que oyeron, testificando Dios juntamente con ellos, con señales y prodigios y diversos milagros y repartimientos del Espíritu Santo según su voluntad».

Ahora es posible ampliar el esquema redención-revelación propuesto antes al paradigma de redención-revelación-milagro. Si lo que hemos sugerido es correcto, el paradigma significa que la revelación especial posterior a la caída sirve a los eventos históricos irrepetibles de la redención como la explicación de estos últimos (ver arriba la explicación de Vos), mientras que los milagros de poder a su vez sirven a los órganos de la revelación especial al convertirse en las credenciales de autenticación de los últimos (ver arriba la afirmación de Warfield). Son los eventos históricos irrepetibles de la redención los que exigen una explicación especial de la revelación, es la revelación especial a su vez que exige una autenticación milagrosa. Donde el primero está ausente, no hay necesidad del segundo, donde el segundo está ausente, no hay necesidad del tercero. Cuando el primero ha sido suficiente y permanentemente interpretado (en forma escrita) por el segundo, y el segundo suficientemente autenticado por el tercero, ya no había necesidad de la continuación ni del segundo ni del tercero, y de hecho el proceso revelador y la ocurrencia de milagros de poder autenticadores han cesado (ver Confesión de Fe de Westminster, I/i).[29] Por el contrario, una vez que el segundo y el tercero habían ocurrido, los eventos de redención tomaron su lugar en el mundo como hechos incontrovertibles explicados y autenticados de historia mundial y humana.[30]

* * * * *

En las páginas anteriores hemos investigado las obras de la creación y providencia de Dios. Enfatizamos tanto el origen *ex nihilo* del universo, insistiendo que según Génesis 1:1-3 «entendemos haber sido constituido el universo por la palabra de Dios, de modo que lo que se ve fue hecho de lo que no se veía» (Heb. 11:3), como que el hombre debe su existencia a un acto directo de Dios (Gn. 2:7). También hemos mostrado también que según el testimonio

---

[29] Los teólogos carismáticos han instado a que la declaración de Jesús, «El que en mí cree, las obras que yo hago, él las hará también; y aún mayores hará, porque yo voy al Padre» (Jn. 14:12), garantiza la continuación de los milagros de poder en la iglesia a lo largo de esta era. Pero como escribe León Morris en *The Gospel According to John* (Grand Rapids, Michigan: Eerdmans, 1971), 645, nota de pie de página 29, 646:

Notar que ἔργα [*erga*] no se repite con μείζονα [*meizona*].... Jesús no está hablando de hacer milagros, sino de un servicio de un tipo más general... Lo que Jesús quiere decir lo podemos ver en las narraciones de los Hechos. Hay algunos milagros de curación, pero el énfasis está en las poderosas obras de conversión. Solo en el día de Pentecostés se agregaron más creyentes al pequeño grupo de creyentes que durante toda la vida terrenal de Cristo. Allí vemos un cumplimiento literal de «obras mayores que estas hará».

[30] Para una mayor discusión, ver Robert L. Reymond, *What About Continuing Revelations and Miracles in the Presbyterian Church Today?* (Phillipsburg, N.J.: Presbyterian and Reformed, 1977).

consensuado de la Escritura todo el universo es dependiente a cada momento de su creador para sostenerlo. Dios, que es el único auto contenido y auto suficiente, «Él es quien da a todos vida y aliento y todas las cosas» (Hch. 17:25; 1 Co. 4:7).

En este capítulo también insto a que las consideraciones *redentoras* están en última instancia detrás de todas las actividades de Dios relacionadas con el universo creado, actividades que incluyen tanto la obra de la creación en sí misma como sus obras de providencia. En su propósito eterno Dios determinó que su Hijo tendría una novia conformada a su imagen (Ro. 8:29), y que tendría un pueblo especial que residiera en un estado glorificado «nuevos cielos y nueva tierra», todo para la alabanza de la gloria de su gracia (Ef. 1:16, 12, 14). Y ese propósito lo ejecutó en y por sus obras de la creación y providencia.

Muchos teólogos enseñan que Dios tenía un propósito más original para su universo, cuyo propósito tuvo que dejarse de lado, debido a la caída de su vicegerente de su estado creado de integridad (*status integritatis*), en favor de ese propósito que finalmente persiguió y que ha llevado a la creación de la iglesia en el mundo. Pero no encuentro que esto se enseñe en ninguna parte de las Escrituras. Más bien encuentro a Pablo declarando que Dios «creó todas las cosas; para que [ἵνα, *hina*] la multiforme sabiduría de Dios sea ahora dada a conocer por medio de la iglesia a los principados y potestades en los lugares celestiales, conforme al propósito eterno que hizo [o propuso] en Cristo Jesús nuestro Señor», (Ef. 3:9-11). Lo encuentro expresando el mismo pensamiento con diferentes palabras cuando habla del «misterio [de Dios] de su voluntad, según su beneplácito, el cual se había propuesto [eternamente] en sí mismo, de reunir todas las cosas en Cristo, en la dispensación del cumplimiento de los tiempos, así las que están en los cielos, como las que están en la tierra» (Ef. 1:9-10). Todos los demás propósitos divinos (y hay innumerables otros propósitos divinos menores), todas las demás motivaciones divinas, están subordinadas a que Dios cumpla su única determinación general de glorificar a su Hijo como «el Primogénito entre muchos hermanos» y como el Señor de la iglesia. y en el proceso finalmente para glorificarse a sí mismo (Fil. 2:11; 1 Co. 15:28). Ni por un momento su obra de creación *per se* o cualquier obra de la providencia ha tenido un propósito independiente o que rivalice en significado con el propósito redentor de Dios en Cristo, y todo esto para su propia gloria.

12 | EL PUNTO DE VISTA BÍBLICO DEL HOMBRE

Después que Dios hubo creado todas las demás criaturas, creó al hombre, varón y hembra, con alma racional e inmortal, dotados de conocimiento, rectitud y santidad verdadera, a la imagen de Dios, teniendo la ley de Dios escrita en su corazón, y capacitados para cumplirla; sin embargo, con la posibilidad de que la transgredieran dejados a su libre albedrío que era mutable. Además de esta ley escrita en su corazón, recibieron el mandato de no comer del árbol de la ciencia del bien y del mal, y mientras guardaron este mandamiento, fueron felices, gozando de comunión con Dios, y teniendo dominio sobre las criaturas (Confesión de Fe de Westminster IV/ii).

Nuestros primeros padres, seducidos por la sutileza y tentación de Satanás, pecaron al comer del fruto prohibido. Quiso Dios, conforme a su sabio y santo propósito, permitir este pecado habiendo propuesto ordenarlo para su propia gloria

Por este pecado cayeron de su rectitud original y perdieron la comunión con Dios, y por tanto quedaron muertos en el pecado, y totalmente corrompidos en todas las facultades y partes del alma y cuerpo.

Siendo ellos el tronco de la raza humana, la culpa de este pecado les fue imputada, y la misma muerte en el pecado y la naturaleza corrompida se transmitieron a la posteridad que desciende de ellos, según la generación ordinaria (Confesión de Fe de Westminster VI/i-iii).

¿Qué es el hombre? ¿Simplemente el «resultado de colocaciones accidentales de átomos»?.[1] ¿La etapa más evolucionada hasta la fecha del primate? ¿Se encuentra el *homo sapiens* en primer lugar entre las especies del mundo? Según la Biblia, ninguna de estas ideas populares actuales captura lo que es el hombre en esencia. Más bien, el hombre es una criatura de Dios. De hecho, es la corona de la obra de la actividad creativa de Dios; particularmente la «imagen de Dios» con quien Dios ha entrado en pacto, y como una criatura de pacto, el hombre es en consecuencia *homo religiosus* antes que *homo sapiens*. Pero como un libro escrito sobre y para los quebrantadores del pacto, la Biblia también nos cuenta sobre la caída de Adán de su «era dorada» original de integridad creada, y sobre la terrible condición en que se encuentran todos los hombres en su estado crudo y natural como resultado de su caída; una condición que solo puede ser revertida por la redención a través de Jesucristo y la obra del Espíritu Santo.

EL HOMBRE COMO CRIATURA PACTUAL DE DIOS

Génesis 1:26-27 y 2:5-25 juntos comprenden el relato bíblico de la creación del hombre. La Biblia definitivamente enseña la creación del hombre por un acto directo de Dios. No hay indicios de que sea el producto de una evolución naturalista o teísta. Pero ¿cuál es el lugar del hombre en el arreglo creacional de las cosas? El testimonio bíblico es que el hombre ocupa una posición del más alto significado en el orden de la creación, como se muestra por los siguientes detalles de la narrativa de Génesis:

---

[1] Así Bertrand Russell, «A Free Man's Worship», en *Why I Am Not a Christian*, ed. Paul Edwards (New York: Simon & Schuster, 1957), 107.

Dios y el Hombre

1. La creación del hombre sucede como el último gran evento del día sexto de la semana de la creación, como el clímax de la actividad de Dios. Claramente, Dios pretendía que todo lo que había hecho antes de la creación del hombre fuera una preparación para la creación de este último.

2. El mismo patrón de expresión que introduce los detalles de los actos consecutivos de la creación –muy uniforme hasta que el relato alcanza la creación del hombre– sufre un cambio notable en 1:26. En vez de la fórmula «Y dijo Dios: 'Sea'» (1:3, 6, 9, 14, 20, 24), somos confrontados con la expresión nueva: «Y Dios dijo [no 'sea el hombre' sino]: 'Hagamos al hombre'», sugiriendo casi una pausa en la actividad divina con respecto al solemne consejo divino.

3. Solo el hombre es descrito como habiendo sido creado a la imagen de Dios (Gn. 1:26-27).

4. Se le otorga al hombre el dominio sobre la creación de Dios como vice regente de Dios (1:26-28; 2:19-20). David exclamó con respecto al hombre como vice regente de Dios en el Salmo 8:3-8:

    Cuando veo tus cielos,
    obra de tus dedos,
    La luna y las estrellas
    que tú formaste,
    Digo: Qué es el hombre, para que tengas de él memoria,
    Y el hijo del hombre, para que lo visites
    Le has hecho poco menor que los ángeles,
    Y lo coronaste de gloria y de honra.
    Le hiciste señorear sobre las obras de tus manos;
    Todo lo pusiste debajo de sus pies:
    Ovejas y bueyes, todo ello,
    Y asimismo las bestias del campo,
    Las aves de los cielos y los peces del mar;
    Todo cuanto pasa por los senderos del mar.

Estos versículos no deben leerse para inferir la insignificancia del hombre ante los confines impenetrables del universo celestial. Al contrario, David, contemplando la magnificencia de los cielos, está asombrado por el estatus exaltado que Dios ha otorgado al hombre y expresa su asombro por la intensa pregunta de 8:4. El comentario inspirado de David sobre Génesis 1-2 incluso sugiere que Dios ve al hombre como su acto culminante de la creación.

5. La creación del hombre recibe atención especial en Génesis 2:5-25, que *no* es un «segundo relato» de la creación que difiera en muchos detalles del relato de Génesis 1, sino un relato más detallado de las actividades creativas del sexto día en dicho pasaje. Génesis 1, por así decirlo, da una descripción general de la semana de la creación como un todo, luego se concentra en Génesis 2 en la creación del hombre.

6. El hombre se distingue de los animales de una manera muy especial en Génesis 2. No solo es hecho su gobernante en la narrativa de Génesis 1, sino que también *solo en la nariz del hombre* Dios sopla el «aliento [נְשָׁמָה, *nᵉšāmåh*]» de vida (Gn. 2:7). El único contexto en donde los expositores sostienen que el [נְשָׁמָה, *nᵉšāmåh*], se identifica también con los animales es Génesis 7:21-22; pero una lectura cuidadosa del texto revelará que el [נְשָׁמָה, *nᵉšāmåh*] de 7:22 tiene como su referente a «todo hombre» al final de 7:21, es decir, los versículos deben leerse «y todo hombre –todos en tierra seca [que excluye a los ocupantes del arca] en cuyas narices estaba la נְשָׁמָה, *nᵉšāmåh*, de la vida murió». Con el don del נְשָׁמָה, *nᵉšāmåh*, de vida, Dios impartió al hombre más que el simple principio de vida física, que poseían igualmente los animales. Junto con el principio de vida humana (Ver Job 33:4: «El Espíritu de Dios me hizo,

el נְשָׁמָה, *nᵉšāmåh* del Todopoderoso me ha dado vida»), Dios impartió al hombre a través de su don del נְשָׁמָה, *nᵉšāmåh*, de vida al menos otras dos cosas que distinguen claramente al hombre de los animales:

a. La comprensión espiritual de Dios y su ley moral. Job 32:8 dice: «Ciertamente espíritu hay en el hombre, y el soplo נְשָׁמָה, *nᵉšāmåh* del Omnipotente le hace que entienda [תְּבִינֵם, *tᵉḇînēm*]». A la luz del debate que se desarrolla a lo largo del libro de Job, en que Job y sus «miserables consejeros» intentan analizar los caminos de Dios respecto a los hombres, el joven Eliú claramente da a entender con su palabra «comprensión» la comprensión espiritual, que, según Pablo, incluye no solo una consciencia de Dios sino también las obras de su ley moral «escritas en el corazón»:

> Porque cuando los gentiles que no tienen ley [es decir, el beneficio de la revelación especial de la ley], hacen *por naturaleza* [φύσει, *physei*] lo que es de la ley, éstos, aunque no tengan ley, son ley para sí mismos, mostrando la *obra de la ley escrita en sus corazones* (Ro. 2:14-15a).

b. Consciencia. Proverbios 20:27 dice: «Lámpara de Jehová es el espíritu נְשָׁמָה, *nᵉšāmåh* del hombre, la cual escudriña lo más profundo del corazón». Claramente aquí el נְשָׁמָה, *nᵉšāmåh* como lo indica su actividad de «búsqueda», es consciencia, ese sentido humano del deber moral y la capacidad de distinguir entre el bien y el mal moral. Por su conocimiento innato de Dios y su ley moral, y su sentido de bien y mal moral, el hombre es claramente superior a los animales.

7. Es al hombre que Dios da la capacidad del discurso racional. De hecho, es al hombre que Dios mismo habla, ennobleciéndolo y honrándolo sobre los animales.

8. Finalmente, es con el hombre que Dios entra en pacto. Aunque la palabra hebrea para «pacto» (בְּרִית, *bᵉrît*) no aparece hasta Génesis 6:18, (1) los elementos de un pacto entre Dios y el hombre están presentes en Génesis 1-2 (dos partes, una condición establecida, la bendición de la vida eterna prometida por la obediencia, la pena de muerte declarada por la desobediencia) y (2) Oseas 6:7 claramente habla de un pacto con Adán («Como Adán, ellos rompen el pacto»). Después se dirá más sobre el pacto de obras.

LOS ELEMENTOS CONSTITUYENTES DE LA NATURALEZA HUMANA

El hombre, situado de manera única entre los diversos órdenes creados, también es único en cuanto a su naturaleza. Cierto que es material o cuerpo, en el sentido de que posee un cuerpo físico. Pero el testimonio de las Escrituras es que el hombre es más que un simple cuerpo material. Los cristianos han interpretado este testimonio de diferentes maneras.[2]

Monismo («hombre completo»)

Comenzaré con la visión de G. C. Berkouwer del «hombre completo».[3] Berkouwer sostiene que la «humanidad» en la Biblia siempre se define en términos de relación (*relationis*) y no de ser (*entis*). Es decir, el interés específico de la Biblia sobre el hombre no es en su «alma» ni en su «corazón», entendido como una *substantia* inmaterial, sino simplemente en el hombre *en relación* con Dios. Según Berkouwer, la Escritura *siempre* ve al hombre *solo* como un «uno» total ante Dios, y no tiene interés ni en la tricotomía ni en la dicotomía. Términos como «alma» y «espíritu», argumenta Berkouwer, son intercambiables, flexibles e imprecisos, y no están pensados

> para dar a una antropología científica el estatus de doctrina de la iglesia o enseñanza bíblica. Solo desean señalar la ineludible orientación hacia Dios del hombre, para decir que el hombre es más que los componentes químicos de su carne. El hombre tal como está constituido, tal como existe en sí mismo, abstraído de su relación con Dios, no le interesa a la Biblia y, por lo tanto, no es un

---

[2] Los dos artículos de John Murray, «The Nature of Man» y «Trichotomy», en *Collected Writings of John Murray* (Edinburgh: Banner of Truth, 1977), vol. 2, constituyen un tratamiento extremadamente profundo de todo este tema.
[3] G. C. Berkouwer, *Man: The Image of God* (Grand Rapids, Michigan: Eerdmans, 1962), 194–233.

objeto propio de la preocupación teológica..[4]

Berkouwer reconoce que su rechazo de la noción del alma humana como una entidad óntica separable del cuerpo «va en contra de la piadosa creencia de que en la muerte el alma se separa para estar 'con el Señor'». Pero insiste en que:

> debemos pensar en el futuro del hombre, no en términos de la parte del hombre que está con Cristo, sino en términos de la victoria de Cristo sobre el pecado y la muerte, de la resurrección total, de los actos gloriosos de Dios que aún se esperan en la venida de Cristo para establecer la tierra nueva. El estado del hombre en el «entre tiempos» debemos dejarlo como una de las cosas ocultas. La Escritura misma «no nos ayuda en la búsqueda de una conclusión antropológica analizable»..[5]

Pronto veremos, para decirlo sin rodeos, que esto es una tontería, pero debemos reconocer ahora que su punto de vista está motivado por la preocupación, muy apropiada, de que cualquier análisis que distinga entre «partes constituyentes» dentro del «hombre total» corre el riesgo de hacer del alma la parte valiosa y semejante a Dios del hombre, mientras que el cuerpo es lo que arrastra al alma al pecado y la corrupción. Tal noción debe rechazarse por ser considerada completamente antibíblica. Ambas entidades ontológicas son valiosas y significativas para Dios. Pero Smedes hace correctamente una serie de preguntas:

> Sobre el tema profundamente difícil del hombre, Berkouwer ha enfrentado adecuadamente la cuestión de si…su disputa no es con una psicología anticuada, y si, por lo tanto, ¿puede que no sea necesario rechazar la vieja ontología del cuerpo y el alma una vez que se separa de la vieja psicología?... ¿no es posible que la clásica distinción ontológica entre alma y cuerpo todavía se ajuste mejor a la representación religiosa y redentora del hombre?... dado el hecho de que el hombre, después de la muerte, está en casa con el Señor mientras su cuerpo se pudre en la tumba, y dado el hecho de que la Biblia habla de una separación del alma del cuerpo, ¿no es posible que la noción anterior encaje mejor tanto con la esperanza piadosa como con la sugerencia bíblica? Y, después de aclarar nuestras mentes de la psicología prescindible que se adjuntó a la distinción cuerpo-alma, ¿qué tendría de malo suponer que el hombre es un alma sustancial, y que el hombre de quien se ocupa la Biblia es el hombre completo, cuerpo y alma, en su unidad misteriosa pero indivisible? Berkouwer [en otro lugar] insiste en que las naturalezas «sin mezcla y sin confusión» de Cristo no impiden su unidad genuina en el Cristo único. ¿Por qué el hombre no debería ser una unidad –de un tipo y nivel diferente al de la unidad de Cristo, de hecho– entre dos realidades ontológicas distintas? ¿No podríamos tener a ambos, el «hombre completo» en relación dinámica con Dios y el hombre completo en una unidad de entidades ontológicamente distintas, cuerpo y alma?.[6]

De los comentarios de Smede debería quedar claro que cualquier otra cosa que uno pueda decir, la Biblia no nos permitirá ver al hombre simplemente como el «hombre completo» en relación con Dios. Él es o una criatura dicotómica (cuerpo / alma) o tricotómica (cuerpo / alma / espíritu) en relación con Dios.

Tricotomía

El tricotomista debe admitir, junto con el dicotomista y de acuerdo con Berkouwer, que hay una cierta «imprecisión» en ocasiones en el uso que hace la Biblia de la terminología pertinente. Uno solo tiene que considerar las varias citas del Nuevo Testamento de Deuteronomio 6:5, por ejemplo, para ver esto. Donde Lucas 10:27 dice que debemos amar a Dios con todo nuestro corazón (καρδία, *kardia*) y alma (ψυχή, *psychē*) y fuerza (ἰσχύς, *ischys*) y mente (διάνοια, *dianoia*), Mateo 22:37 dice que debemos amar a Dios con todo nuestro corazón, alma y mente, omitiendo las fuerzas, mientras que Marcos informa en 12:30 que debemos amar a Dios con todo nuestro corazón, alma, mente y fuerzas (invirtiendo el orden de las dos últimas palabras de Lucas), y en 12:33 para que amemos a Dios con todo nuestro

---
[4] Lewis B. Smedes, «G. C. Berkouwer» en *Creative Minds in Contemporary Theology* (Grand Rapids, Michigan: Eerdmans, 1966), 84.
[5] Ibid.
[6] Ibid., 93-94.

corazón y entendimiento (συνέσεως, *syneseōs*) y fuerza, usando otra palabra para «mente» y omitiendo «alma» por completo. En total, se emplean cinco palabras diferentes sin siquiera mencionar el cuerpo. Seguramente, nadie insistiría, sobre la base de esta serie de palabras conectadas por «y», que cada una de estas palabras se refiere a una entidad inmaterial, ontológicamente distinta, y que, por lo tanto, Lucas era un quintocotomista, Mateo era un cuadricotomista y Marcos era sextocotomista. Con Berkouwer, todos debemos admitir que estas advertencias paralelas simplemente dicen que debemos amar a Dios con todo nuestro ser. De manera similar, recomendaría que los tres pasajes que los tricotomistas proponen regularmente en apoyo de la tricotomía no trazan realmente una distinción ontológica entre «alma» y «espíritu», como lo demostrarán las siguientes exposiciones:

1 Corintios 15:44: «[El cuerpo] se siembra cuerpo natural [ψυχικόν, *psychikon*], resucita un cuerpo espiritual [πνευματικόν, *pneumatikon*, es decir, sobrenatural]. Si hay cuerpo natural, también hay un cuerpo espiritual [es decir, sobrenatural]» (NVI).

Aquí el tricotomista insiste en que afirmar que no hay diferencia entre «alma» y «espíritu» es afirmar que no hay distinción entre el cuerpo antes de la resurrección y el cuerpo resucitado. Pero precisamente, porque es evidente que hay una diferencia entre estos dos cuerpos, continúa, es igualmente claro que hay una distinción ontológica entre alma y espíritu.

Sin embargo, señalaría que el sujeto implicado de ambos verbos («sembrado», «resucitado») es el *mismo* sujeto, el cuerpo, y que la misma palabra σῶμα, *sōma*, es utilizada en ambos casos, sugiriendo que es el *mismo* cuerpo numéricamente el que es sembrado y resucitado. Si las dos palabras realmente querían decir entidades ontológicas totalmente distintas, entonces el cuerpo que es resucitado no es el mismo cuerpo que es sembrado. Pablo sin duda pretendía simplemente decir que el «cuerpo con alma», es decir, el cuerpo cuyos atributos lo adecúan para la vida *natural* durante esta era, será tan transformado que, como el «cuerpo espiritual», se adaptará a la vida que la persona que está asociada con el Cristo resucitado vivirá en la situación *sobrenatural* de la nueva tierra.

1 Tesalonicenses 5:23: «Y el mismo Dios de paz os santifique por completo [ὁλοτελεῖς, *holoteleis*]; y todo [ὁλόκληρον, *holoklēron*] vuestro ser, espíritu, alma y cuerpo, sea guardado irreprensible para la venida de nuestro Señor Jesucristo».

El tricotomista insiste en que la conjunción «y» entre «espíritu» y «alma» pretende que sean vistos como entidades separadas. Pero insisto, en primer lugar, que no es menos precario argumentar que «espíritu» y «alma» se refieren aquí a entidades separadas e inmateriales sobre la base del «y» entre ellas, que argumentar que corazón y alma y fuerza y mente en Lucas 10:27 se refieren a entidades inmateriales separadas debido al repetido «y» ahí. En segundo lugar, el adverbio «completo» y el adjetivo «todo» en el versículo sugieren fuertemente que el énfasis del versículo está en el hombre cristiano visto aquí en su totalidad como el «hombre completo».

Hebreos 4:12: «Porque la palabra de Dios es viva y eficaz, y más cortante que toda espada de dos filos; y penetra [la Palabra de Dios] hasta partir el alma y el espíritu… y discierne los pensamientos y las intenciones del corazón».

Aquí el tricotomista insiste, debido a que el alma se puede «dividir» del espíritu, en que es evidencia de que son dos entidades ontológicas separadas y distintas. Pero esto es ignorar el hecho de que «alma» y «espíritu» son genitivos gobernados por el participio «dividir». El versículo dice que la Palabra de Dios «divide» el alma, incluso el espíritu. Pero no dice que la Palabra de Dios divida entre alma y espíritu (eso requeriría una palabra como μεταξύ, *metaxu*) o que divida el alma del espíritu. El versículo no pretende esto más de lo que pretende, cuando continúa diciendo que la Palabra es el juez de los pensamientos y de las intenciones del corazón (de nuevo, dos genitivos gobernados por el sustantivo «discernir»), que los *pensamientos* y las *intenciones* sean cosas ontológicamente distintas. Claramente, las intenciones son simplemente un tipo de pensamiento. Lo que en realidad dice el versículo es que la Palabra de Dios puede penetrar en los recovecos más profundos del espíritu de un hombre y juzgar sus propios pensamientos, incluso las intenciones secretas de su corazón.

Si bien estos versículos no ofrecen apoyo al punto de vista tricotómico, este punto de vista erróneo de la estructura constitutiva del hombre se ha convertido en la base para la adhesión de otros puntos de vista erróneos tanto en la cristología (apolinarianismo) como en el área de la santificación (el punto de vista de que es el espíritu del cristiano que se regenera, su alma permanece sin regenerar, y que es esta condición la que explica la lucha dentro de él para vivir con rectitud o sin rectitud).

Dicotomía

El dicotomista afirma que la Biblia enseña que las partes constituyentes del hombre son el cuerpo material y el alma inmaterial (o espíritu) –dos entidades ontológicas distintas– que están en una unión misteriosa y vital, e interactúan en lo que Berkhof llama la «unión de vida».[7] En otras palabras, no es solo pura materia ni puro espíritu sino una maravillosa dualidad en la unidad y unidad en la dualidad. El apoyo escritural para este punto de vista incluye los versículos siguientes:

Génesis 2:7: «Entonces Jehová Dios formó al hombre del polvo de la tierra, y sopló en su nariz aliento [נְשָׁמָה, $n^e \check{s}\bar{a}m\mathring{a}h$] de vida, y fue el hombre un ser viviente».

Eclesiastés 12:7: «y el polvo vuelva a la tierra, como era, y el espíritu vuelva a Dios que lo dio». (Esto parece ser un comentario sobre Génesis 2:7).

Mateo 10:28: «Y no temáis a los que matan el cuerpo, más el alma no pueden matar; temed más bien a aquel que puede destruir el alma *y* el cuerpo en el infierno». (Énfasis añadido).

Aquí nuestro Señor deja claro que una persona tiene una entidad que los hombres pueden matar. La llama el cuerpo (σῶμα, *sōma*). Pero tiene otra entidad que los hombres no pueden matar. La llama el alma (ψυχή, *psychē*). Por su uso de la construcción καί … καί, *kai … kai*, en la segunda parte del versículo, que gramaticalmente significa «tanto …como», Jesús enseña claramente que las partes constituyentes del hombre son *dos*, a saber, «cuerpo» y «alma». Esta es la razón por la que pudo decir al ladrón agonizante: «De cierto te digo que hoy *estarás* conmigo en el paraíso» (Lucas 23:43, énfasis añadido).

2 Corintios 5:1-10: «Porque sabemos que si nuestra morada terrestre, este tabernáculo [el cuerpo], se deshiciere, tenemos de Dios un edificio [es decir, el cuerpo resucitado] …gemimos, deseando ser revestidos de aquella nuestra habitación celestial; pues así seremos hallados vestidos, y no desnudos [es decir, nuestras almas]… entre tanto que estamos en el cuerpo, estamos ausentes del Señor… quisiéramos estar ausentes del cuerpo, y presentes al Señor. Por tanto, procuramos también, o ausentes o presentes, serle agradables».

Filipenses 1:21-24: «Porque para mí el vivir es Cristo, y el morir es ganancia. Mas si el vivir en la carne resulta para mí en beneficio de la obra, no sé entonces qué escoger. Porque de ambas cosas estoy puesto en estrecho, teniendo deseo de partir y estar con Cristo, lo cual es muchísimo mejor; pero quedar en la carne es más necesario por causa de vosotros».

Debido a esta evidencia, todos los credos reformados adoptan el punto de vista dicotómico del hombre. De nuevo, La Confesión de Fe de Westminster será suficiente para ilustrar el punto.

---

[7] Louis Berkhof, *Systematic Theology* (Grand Rapids, Michigan: Eerdmans, 1932), 195.

> Los cuerpos de los hombres después de la muerte vuelven al polvo y ven corrupción; pero sus almas (que ni mueren ni duermen), teniendo una subsistencia inmortal, vuelven inmediatamente a Dios que las dio. Las almas de los justos… son recibidas en los más altos cielos… Las almas de los malvados son arrojadas al infierno… Fuera de estos dos lugares, para *las almas separadas de sus cuerpos*, la Escritura no reconoce ningún otro (XXXII/i, énfasis añadido).

Está claro que la Confesión de Fe considera que la gente tiene una entidad ontológica que les permite morir y ver corrupción. La Escritura llama a esta entidad, el cuerpo. Pero los hombres *son* otra entidad ontológica, y tienen por tanto una subsistencia inmortal que nunca muere ni duerme cuando deja el cuerpo en la muerte. La Biblia llama a esta entidad el alma o espíritu. Es claro que la Confesión de Fe de acuerdo con las Escrituras claramente enseña aquí el punto de vista dicotómico del hombre.

Esto no sugiere que la Santa Escritura *jamás* pretenda hacer alguna distinción en el uso de «espíritu» y «alma». H.D. MacDonald ha captado muy bien la distinción matizada entre «espíritu» y «alma» cuando escribe:

> Independientemente de cómo se utilicen, *ambos términos se refieren a la naturaleza interior del hombre* frente a la carne o el cuerpo, la cual se refiere al aspecto exterior del hombre como existente en el espacio y el tiempo. Entonces, en referencia a la naturaleza psíquica del hombre, «espíritu» denota que la vida tiene su origen en Dios y «alma» denota *la misma vida* constituida en el hombre. El espíritu es la profundidad interior del ser del hombre, el aspecto superior de su personalidad. El alma expresa la individualidad especial y distintiva del hombre. El *pneuma* es la naturaleza inmaterial del hombre que mira hacia Dios, la *psique* es *la misma naturaleza* del hombre que mira hacia la tierra y toca las cosas de los sentidos..[8]

El origen del alma

Antes de que dejemos este tema por completo, se debe decir algo sobre el origen del alma humana. Con el rechazo virtualmente unánime de la idea de la preexistencia de las almas planteada por Platón, por Orígenes, y por otros padres alejandrinos, porque carece de apoyo escritural, la iglesia, a lo largo de la historia del dogma, ha enmarcado el origen del alma en términos ya sea del «creacionismo» o del «traducianismo».

El punto de vista creacionista, que enfatiza la naturaleza *vertical* de los actos de Dios, sostiene que el alma de cada ser humano es *creada inmediatamente* por Dios y unida al cuerpo ya sea en la concepción, en el nacimiento o en algún momento entre estos dos eventos. Se basa primariamente en cinco textos: Génesis 2:7, Eclesiastés 12:7, Isaías 57:16, Zacarías 12:1 y Hebreos 12:9.

El punto de vista traducianista (latín *tradux*, «rama» o «brote»), que insiste en que Dios lleva a cabo su obra «vertical» primariamente en y a través de medios *horizontales* o *intermedios*, sostiene que después de la inmediata creación de Adán, tanto el cuerpo como el alma de cada individuo son formados inmediatamente y propagados por la generación natural efectuada por la unión sexual del varón y hembra. Apela principalmente a cuatro textos: Génesis 2:2, 21 (interpretado por 1 Co. 11:8), Romanos 5:12 y Hebreos 7:9-10.

Berkouwer concluye su tratamiento de la controversia declarando que todo el tema es ilegítimo, ya que se concentra en el origen del alma, mientras que la Biblia se ocupa solo del origen del «hombre completo ante Dios»..[9] Insta al rechazo total del dilema. Si bien estoy de acuerdo con Kuyper y Bavinck en que las Escrituras no nos brindan datos suficientes para concluir decisivamente a favor de una u otra posición, y también que ninguno de los dos puntos de vista nos ayuda a comprender la naturaleza del hombre de una manera que el otro no lo hace, yo mismo me siento atraído por el punto de vista traducianista por las siguientes

---

[8] H. D. MacDonald, «Man, Doctrine of», en *Evangelical Dictionary of Theology*, ed. Walter A. Elwell (Grand Rapids, Michigan: Baker, 1984), 678; énfasis añadido.
[9] Berkouwer, *Man: The Image of God*, 284, 292, 295, 307.

razones:

1. Parece ser que las Escrituras asumen por todas partes que, a través de la concepción, los padres humanos «engendran» y «conciben» no solo un cuerpo físico, sino toda la descendencia, cuerpo y alma. Cuando Charles Hodge, él mismo un creacionista acérrimo, para evitar la conclusión de que Dios crea almas pecaminosas, declara: «No sabemos cómo la agencia de Dios está conectada con la operación de las causas segundas, hasta qué punto esa agencia es mediata y hasta qué punto es inmediata», y después admite en su discusión posterior sobre el pecado original: «Además, es un hecho histórico universalmente admitido, que el *carácter, dentro de ciertos límites, es transmisible de padres a hijos*. Cada nación, tribu separada e incluso cada familia extensa de hombres, tiene sus peculiaridades físicas, mentales, sociales y morales que *se propagan de generación en generación*»,[10] ha abandonado su creacionismo, porque si Dios crea *inmediatamente* las almas en la concepción o al nacer, las características mentales y morales de los padres no pueden *propagarse*.

2. El creacionismo solo permite la conexión física o corpórea entre Adán y su descendencia y tiene que explicar cómo las almas humanas, creadas inmediatamente por Dios y no por los padres biológicos, se vuelven malas, mientras que el traducianismo tiene una respuesta lista para explicar por qué el individuo es culpable del pecado de Adán y, por lo tanto, es corrupto: el pecado de Adán «fue imputado; y la misma muerte en el pecado y la naturaleza corrompida [fueron] *transmitidas* a toda [su] posteridad que desciende de [él] ellos según la *generación ordinaria*» (Confesión de Fe de Westminster, VI/iii).

Cualquiera que sea la conclusión sobre este asunto, está bastante claro que la visión reduccionista de Berkouwer de la naturaleza del hombre como simplemente el «hombre completo ante Dios» no es bíblica y no se puede seguir con seguridad.

EL HOMBRE COMO LA *IMAGO DEI*

La respuesta de la Biblia a las preguntas: «¿Es la humanidad distinta de todas las demás formas de vida animada y, de ser así, de qué manera?» puede enmarcarse en una frase: «El hombre y solo el hombre es la imagen de Dios (*imago Dei*)». Pero ¿qué es esta «imagen» y cómo ha entendido la iglesia ésta «imagen» que distingue al hombre de toda otra vida animada?

Los datos bíblicos y su significado sintáctico

La idea aparece por primera vez en Génesis 1:26, donde leemos que Dios, en solemne consejo consigo mismo, dijo: «Hagamos [un probable reflejo de la Trinidad de personas en la esencia divina] al hombre a nuestra imagen [בְּצַלְמֵנוּ, *beṣalmēnû*], según nuestra semejanza [כִּדְמוּתֵנוּ, *cidmûtēnû*]». Muy temprano en el pensamiento cristiano se trazó una distinción entre los dos términos, quizás debido a la traducción de la LXX, εἰκόνα καὶ ὁμοίωσιν (*eikōna kai homoiōsin*, «imagen y semejanza»), que también se refleja en el *et* de la Vulgata Latina entre las frases. Ireneo y Tertuliano vieron el primer término (צֶלֶם, *ṣelem*) como una referencia a los rasgos corporales y el último (דְמוּת, *demût*) a la naturaleza espiritual del hombre. Clemente de Alejandría y Orígenes, rechazando esta forma de entender el tema, insistieron en que «imagen» denota las características del hombre en cuanto hombre, mientras que «semejanza» se refiere a cualidades que no son esenciales para la «la humanidad» del hombre, sino que pueden cultivarse o perderse. Atanasio, Ambrosio, Agustín y Juan de Damasco en su propio tiempo estaban persuadidos de que este último punto de vista era correcto. Los escolásticos de la Edad Media continuaron insistiendo en esta distinción entre los sustantivos, concibiendo que el primero incluye los poderes intelectuales de la razón y la libertad, y el segundo como

---

[10] Charles Hodge, *Systematic Theology*, 2:69, 253.

la santidad y rectitud originales (*dona superaddita*). En consecuencia, en la teología católica romana, en y por la caída el hombre perdió la «semejanza» mientras aún conservaba como hombre la imagen de Dios. Por lo tanto, el hombre caído está esencialmente *privado* de los «dones supra adicionales» de santidad y justicia, pero no está moralmente *depravado* en todo su ser. De hecho, ni siquiera está en un estado de pecado, sino solo en un estado de tendencia a pecar..[11]

Los reformadores rechazaron la distinción entre los dos términos y consideraron que la justicia pertenecía originalmente a la naturaleza misma del hombre. Lutero consideró la imagen exclusivamente en términos de rectitud original y concluyó, por lo tanto, que la imagen de Dios se perdió por completo en la caída (los luteranos, por lealtad a Lutero, generalmente han seguido a su homónimo). Calvino no estuvo de acuerdo, considerando que la imagen reside principalmente en el entendimiento o en el corazón, es decir, en el alma y sus poderes, pero él también sugirió que «ninguna parte del hombre, ni siquiera su cuerpo», no está adornada en ningún sentido con algunos rayos de su gloria. En otras palabras, la imagen incluía, para Calvino, tanto las dotes naturales como las cualidades espirituales de la justicia original (conocimiento, justicia, santidad). Toda la imagen, según Calvino, ha sido afectada por la caída, y solo la justicia original se ha perdido por completo. Ésta es la explicación de la imagen que se ha vuelto generalmente aceptable en la tradición reformada. Hoy es bastante común ver la imagen definida *formalmente* en términos de personalidad (racionalidad, emoción y responsabilidad moral) y *materialmente* en términos de un verdadero conocimiento de Dios. La caída provocó una gran debilidad en la primera (propensión al error en el pensamiento, depresión en la emoción, juicio erróneo en la responsabilidad moral) y una grave distorsión (pero no una demolición total) del segundo. Pero los efectos de la caída en ambas áreas de la imagen fueron suficientemente horribles para que Pablo pueda describir justificadamente a los hombres como «muertos» en sus pecados en el sentido de que están espiritualmente muertos hacia Dios y al amor a la justicia.

¿Estaban en lo correcto los reformadores al rechazar toda distinción entre «imagen» y «semejanza»? Afirmaría que lo estaban, y por las razones siguientes:

1. No hay una *waw* conjuntiva (y) entre las frases en el hebreo. Como ya hemos notado, es cierto que la LXX y la Vulgata insertaron una καί, *kai*, y una *et* respectivamente, que puede ser parte de la razón de los primeros esfuerzos por encontrar una distinción entre ellos.
2. Tanto Génesis 1:27 como 9:6 emplean solo צֶלֶם, (*ṣelem*, «imagen»), considerando aparentemente que una palabra es suficiente para explicar la idea completa.
3. Génesis 5:1 solo emplea דְּמוּת, (*dᵉmût*, «semejanza»), y con la preposición בְּ, *bᵉ*, que se añadió a צֶלֶם, *ṣelem*, en Génesis 1:26. Esto de nuevo sugiere que una palabra es suficiente para expresar la idea completa.
4. En Génesis 5:3 ambos términos son empleados, pero el versículo invierte tanto el orden de los términos como el uso de las preposiciones que se encuentran en Génesis 1:26.
5. En Colosenses 3:10 (ver también 1:15 y 2 Co. 4:4) solo se encuentra «imagen» (εἰκών, *eikōn*), mientras que en Santiago 3:9 solo se emplea «semejanza» (ὁμοίωσις, *homoiōsis*), de nuevo sugiriendo que cualquiera de los dos términos expresa suficientemente la idea original.

---

[11] El Catecismo de la Iglesia Católica (1994) declara: «[El pecado original] es un pecado ... transmitido por propagación a toda la humanidad, es decir, por la transmisión de una naturaleza humana *privada de la santidad y la justicia originales*» (Párrafo 404, énfasis añadido). También establece que «el pecado original no tiene el carácter de falta personal en ninguno de los descendientes de Adán. *Es una privación de la santidad y la justicia* originales, pero la naturaleza humana no ha sido totalmente corrompida: está herida en los poderes naturales que son propios: sujeta a la ignorancia, al sufrimiento y al dominio de la muerte; e inclinada al pecado –una inclinación al mal que se llama 'concupiscencia'» (Párrafo 405, énfasis añadido). Por lo tanto, según la teología católica romana, el estado caído del hombre es una *recaída* al estado de naturaleza pura (*status naturae purae*) que no es un estado de pecado, sino solo el estado de tendencia a pecar. El *Catecismo* continúa afirmando que la enseñanza de Roma «fue articulada en el siglo XVI [en el Concilio de Trento], en oposición a la Reforma Protestante», cuyos primeros líderes «enseñaron que el pecado original ha pervertido radicalmente al hombre y destruido su libertad» (párrafo. 406).

A la luz de esta información, hoy día los términos son vistos generalmente como afirmando el hecho enfática o intensivamente de que únicamente el hombre refleja a Dios, es decir, el hombre tal como fue creado era la «*misma* imagen» o «*perfecta* semejanza» de Dios.

Pero ¿de qué manera precisa Dios planeó que el hombre lo reflejara? ¿Cuál es el significado de esta «misma imagen»? ¿Cómo fue (es) el hombre un «reflejo» de Dios?

LA NATURALEZA DE LA IMAGEN

Si bien hoy en día existe un consenso generalizado entre los estudiosos de que no se debe establecer una distinción entre «imagen» y «semejanza», no existe tal consenso con respecto a lo que es o significa la «imagen misma».

Algunos estudiosos (ej. Buswell)[12] sugieren que la imagen en el hombre (o al menos un aspecto de ella) es su dominio sobre la creación. Pero Génesis 1:26 parece indicar que el dominio iba a ser un otorgamiento sobre el portador de la imagen de Dios, una investidura basada y supeditada al hecho de que el hombre es la imagen de Dios. El versículo 28, donde el dominio se hace realidad mediante su actual otorgamiento al hombre, sigue la acción del versículo 27 donde el hombre es creado y ya está ante Dios y el mundo como imagen de Dios. En otras palabras, es debido a que el hombre es la imagen de Dios que Dios le otorga dominio sobre el mundo.

Otros (ej. Barth)[13] abogan por una construcción cristológica de la imagen. Citando Colosenses 1:15 y 2 Corintios 4:4, donde se hace referencia a Cristo como el εἰκὼν τοῦ θεοῦ, *eikōn tou theou*, enseñan que Cristo es el *verdadero* hombre, el hombre *real*, y que su humanidad es la «original» y que la nuestra es la «derivada». Participamos de *su* humanidad, no de la de Adán, ni él de la nuestra. Basando sus comentarios en Romanos 5:12-19, Barth escribe:

> La naturaleza esencial y original del hombre se encuentra ... no en Adán [para Barth, Adán no es el individuo histórico de Génesis 1-3, sino el hombre *tipológico*, es decir, todos somos Adán] sino en Cristo... Adán puede interpretarse sólo a la luz de Cristo y no al revés.
>
> ... La existencia humana, tal como está constituida por nuestra relación con Adán... no tiene una realidad independiente, estatus o importancia propia... [Y la relación entre Adán y nosotros es] la relación que existe original y esencialmente entre Cristo y nosotros.[14]

Además de los matices universalistas en dicha construcción, a la luz de los versículos (1) que representan a Adán como el *primer* hombre y a Cristo como el *segundo* (y último) hombre (1 Co. 15:45-49), y (2) que describen a Cristo en su encarnación como volviéndose como *nosotros* y tomando *nuestra* humanidad sobre sí (Fil. 2:7b, Heb. 2:14, 17; Ro. 8:3), insistirían en que la construcción, el εἰκὼν τοῦ θεοῦ, *eikōn tou theou*, ha sido interpretada incorrectamente. Yo sugeriría que Cristo es «la imagen de Dios» porque es la Deidad y porque como tal en su encarnación tomó nuestra carne. Entonces, como hombre Él es tanto el ideal realizado como la meta de la gloria humana (Ro. 8:29; 2 Co. 3:18).

Más tradicionalmente, los estudiosos reformados, empleando una «restauración hermenéutica», han abogado por una construcción personal/moral de la imagen. Al determinar con precisión a qué es *restaurado* el hombre caído a través de Cristo, mediante una «lectura retrospectiva» directa, han insistido en que la imagen de Dios es verdadera justicia, santidad y un verdadero conocimiento de Dios. Apelan a los dos siguientes textos en particular:

---

[12] J. Oliver Buswell Jr., *A Systematic Theology of the Christian Religion* (Grand Rapids, Michigan: Zondervan, 1962), 1:233–235.
[13] Karl Barth, *Christ and Adam*, traducción T. A. Smail (1957; reimpresión, New York: Macmillan, 1968). Ver la crítica del punto de vista de Barth de John Murray en «Karl Barth on Romans 5» en *The Epistle to the Romans* (Grand Rapids, Michigan: Eerdmans, 1968), Apéndice D, I, 384–90.
[14] Barth, *Christ and Adam*, 29-30.

Efesios 4:21-24: «si en verdad le habéis oído, y habéis sido por él enseñados, conforme a la verdad que está en Jesús. En cuanto a la pasada manera de vivir, despojaos del viejo hombre, que está viciado conforme a los deseos engañosos, y renovaos en el espíritu de vuestra mente, y vestíos del nuevo hombre, creado según Dios [κατὰ θεὸν, *kata theon*] en la justicia y santidad de la verdad [δικαιοσύνῃ καὶ ὁσιότητι τῆς ἀληθείας, *dikaiosynē kai hosiotēti tēs alētheias*]».

Colosenses 3:10: «y revestido del nuevo, el cual conforme a la imagen [κατ' εἰκόνα, *kat eikona*] del que lo creó se va renovando hasta el conocimiento [ἐπίγνωσιν, *epignōsin*] pleno».

La alusión en estos versículos a Génesis 1:26-27 es inescapable, y la renovación a través de Cristo es descrita en términos de verdadera justicia y santidad en el primer versículo y en términos de conocimiento («conocimiento» es quizá el equivalente dinámico colosense de la «justicia y santidad» efesia) en el segundo versículo. Acordemente, los credos reformados entienden que la imagen original en Génesis 1:26 son estas «virtudes de imagen renovada». Por ejemplo, la Confesión de Fe (IV/ii) declara:

> Después que Dios hubo creado todas las demás criaturas, creo al hombre, varón y hembra, con alma racional e inmortal, dotados de conocimiento, rectitud y santidad verdadera, a la imagen de Dios.

Charles Hodge sostiene que ἐπίγνωσιν (*epignōsin*, «conocimiento») se refiere al conocimiento (verdadero) *de Dios*, ya que la palabra tiene este sentido en Colosenses 1:6, 9, 27-28; 2:2-3; que δικαιοσύνη (*dikaiosynē*, «justicia») se refiere a la rectitud moral *hacia el prójimo*, es decir, la justicia, y que ὁσιότητι (*hosiotēti*, «santidad») se refiere a la relación dirigida a Dios conocida como *piedad hacia Dios*.[15] Esto significa que estas tres «virtudes de imagen renovada» no son abstracciones religioso-éticas, sino más bien indican relaciones correctas con Dios y el prójimo. Esto a su vez afirma que la imagen debe definirse tanto en términos de *entis* como en términos de *relationis*. Dios creó al hombre a su imagen, es decir, con un conocimiento criatural, aunque verdadero de Dios, con justicia para con su prójimo (virtud que originalmente se expresó en la relación de Adán con Eva y viceversa) y piedad (fidelidad del pacto) hacia Dios. Cuando Adán cayó, aunque todavía conservaba la imagen en el sentido formal de que el hombre sigue siendo *homo religiosus* y *homo sapiens*, la imagen *material* que debía «reflejar» mediante la justicia hacia el prójimo y la fidelidad del pacto hacia Dios se estropeó terriblemente tanto en él como en su posteridad. La imagen material se restaura en principio solo mediante la salvación en Cristo, la «imagen de Dios» anti típica e ideal.

> El primer pacto hecho con el hombre fue un pacto de obras, en el que se prometía la vida a Adán, y en él a su posteridad, bajo la condición de una obediencia personal perfecta. (Confesión de Fe de Westminster, VII/ii).

La palabra hebrea para «pacto» es בְּרִית, *bᵉrît*, y aparece unas 285 veces en el Antiguo Testamento. El pacto que Dios hizo originalmente con Adán fue un pacto de soberanía divinamente arreglado en el que, por el lado divino, Dios se obligó a sí mismo tanto a la promesa como a la amenaza mientras que, por el lado humano, se esperaba que Adán obedeciera las estipulaciones pactuales que estaban acompañadas por la promesa de bendición de Dios y la amenaza de sanción por desobediencia.

La base exegética para la presencia de un Pacto en Génesis 2

Aunque la palabra «pacto» no aparece en Génesis 2, hay cuatro razones para considerar el arreglo entre Dios y Adán como un pacto como enseña la Confesión de Fe de Westminster

---

[15] Charles Hodge, *A Commentary on the Epistle to the Ephesians* (Grand Rapids, Michigan: Eerdmans, 1954), 265–266.

(VII/i, ii):

1. La palabra בְּרִית, *bᵉrît*, no tiene que usarse realmente en el momento en que se hace un pacto para que un pacto esté presente, como es claro de 2 Samuel 7, donde, aunque no se emplea la palabra, según el Salmo 89:19-37, Dios pactualmente prometió a David que su casa dinástica gobernaría sobre Israel.
2. Los elementos del pacto (partes, estipulación, promesa y amenaza) están presentes.
3. Oseas 6:7, «Mas ellos, cual Adán, traspasaron el pacto», afirma por implicación que el pecado de Adán fue una «transgresión del pacto». Algunos comentadores sugieren que la frase «como Adán» debería traducirse «como hombres», pero esto es introducir un desatino en el texto, porque ¿de qué otra manera, podrían transgredir los contemporáneos de Oseas que «como hombres»? Otros comentadores han querido enmendar la frase «como Adán» (כְּאָדָם, *kᵉʾāḏām*) a «en Adán» (בְּאָדָם, *bᵉʾāḏām*), y luego hablan de alguna transgresión que ocurrió en el pueblo de ese nombre mencionado en Josué 3:16. Pero las Escrituras guardan silencio con respecto a dicho evento. Parece mejor mantener el sentido más obvio de la frase.[16]
4. Los paralelos del Nuevo Testamento entre Adán y Cristo (Ro. 5:12-19; 1 Co. 15:22, 45-49) implican que tal como Cristo era el representante federal (foedus: «pacto») del nuevo pacto (Lc. 22:20; Heb. 9:15), así también Adán actuó como el representante federal de un arreglo pactual.

La naturaleza del pacto de Génesis 2

¿Cómo caracterizamos este pacto entre Dios y Adán? Hoy en día lo más común es llamarlo pacto de obras (Confesión de Fe, VII/ii; XIX/i) o un pacto de vida (Catecismo Mayor, Pregunta 20; Catecismo Menor, Pregunta 12). La primera caracterización enfatiza que la confirmación en la justicia que Dios le daría a Adán después de que este último sostuviera con éxito su prueba, necesariamente se lo daría a Adán en *justicia* y que lo que Adán recibiera lo recibiría como *recompensa o mérito* por su obediencia; esta última caracterización especifica la naturaleza de la recompensa que Adán y su posteridad recibirían si obedeciera a Dios.

Un número creciente de eruditos bíblicos de hoy, dirigidos por Daniel P. Fuller, están expresando su descontento con la caracterización anterior, afirmando que todo lo que Adán recibió de la mano de Dios habría sido inmerecido y un regalo de «gracia» (esta gracia se entiende, sin embargo, más en términos de la bondad de Dios al establecer las condiciones del nuevo pacto que en términos de la aplicación soberana de Dios de la salvación a los elegidos).[17] Él se niega explícitamente a ver un contraste obra/gracia en la relación divino-humana en cualquier parte de la historia, incluso antes de la caída. En su *Gospel and Law: Contrast or Continuum?* insiste en un «continuo» de «gracia» divina en todos los tratos de Dios con el hombre, incluso en sus tratos anteriores a la caída con Adán.

La ironía en todo esto es que Fuller declara que esta «gracia» realiza su obra de justificación a través de lo que llama la «obra, u obediencia, de fe»,[18] insistiendo en que muchos pasajes de la Escritura hacen de las buenas obras la *causa instrumental* de la

---

[16] Así también Benjamin B. Warfield, «Hosea 6:7: Adam or Man?» en *Selected Shorter Writings of Benjamin B. Warfield*, ed J. E. Meeter (Nutley, N.J.: Presbyterian and Reformed, 1970), 1:116-129.
[17] Daniel Fuller, *Gospel and Law: Contrast or Continuum?* (Grand Rapids, Michigan: Eerdmans, 1980), 103, 109, 118-120.
[18] Daniel Fuller, «A Response on the Subjects of Works and Grace», *Presbuterion* 9, no. 1–2 (1983):79. Este artículo fue una respuesta a la reseña de O. Palmer Robertson del libro de Fuller aparecido en *Presbuterion* 8, no. 1 (1982). 84–91. Ver también la respuesta de W. Robert Godfrey al debate en su «Back to Basics: A Response to the Robertson-Fuller Dialogue» y el «Of Work and Grace», de Meredith G. Kline los cuales aparecieron en *Presbuterion*, 9, no. 1–2 (1983). Ver también el más popular de Kline «Covenant Theology Under Attack», en de *New Horizons* (Feb. 1994), 3–5.

justificación (es rápido en insistir que dichas buenas obras no son meritorias)..[19] Por consiguiente, un punto de vista que insiste en la «gracia» en todas partes termina con la verdadera gracia en ninguna parte y una especie de principio de obras en todas partes, con su representación de la relación entre las obras y la justificación peligrosamente cerca de lo que los teólogos de la baja Edad Media hubieran llamado obras que no tienen mérito condigno sino congruente..[20] Una cosa es ciertamente clara de la representación de Fuller de todo este asunto: se ha apartado del principio *sola fide* de la Reforma Protestante.

Meredith G. Kline declara que la construcción de Fuller es un «error de proporciones gigantescas» e insiste en que la justicia, *no gracia*, es el principio que gobernante y el elemento de continuidad tanto en los pactos pre caída como en los pactos redentivos. Ofrece la siguiente explicación para su juicio:

> La necesidad de afirmar el principio de las obras tradicionales [en Génesis 2] se vuelve clara si nos concentramos en el tema de la justificación en los tratos del pacto de Dios con Adán y Cristo. Si el primer Adán hubiera cumplido obedientemente las estipulaciones del pacto de Dios con él, entonces seguramente habría sido digno de ser declarado justo por su Señor. La justificación de Adán se habría basado en sus obras y habría sido precisamente lo que merecían esas buenas obras. El hecho de que Dios declarara justo a Adán habría sido un acto de justicia, puro y simple. De hecho, cualquier otro veredicto habría sido una injusticia. No hay absolutamente ninguna garantía para oscurecer el carácter de obras de tal logro de justificación introduciendo la idea de la gracia en el análisis teológico de la misma.
>
> El rechazo del principio de las obras [con referencia a Adán] se extiende en la lógica de [esta construcción] al segundo Adán. [Norman Shepherd] señala que la relación de pacto es una relación padre-hijo y de esto concluye que la gracia de los padres, no cualquier reclamo de justicia estricta, explica cualquier trato favorable que el hombre recibe de Dios, su Padre. Pero si la eliminación de la justicia simple como principio rector se debe a la presencia de una relación padre-hijo, la mera justicia no podría explicar la respuesta de Dios a la obediencia de su Hijo, el segundo Adán, más de lo que podría explicar su trato con el primer Adán. Esto significa que en la teología [Fuller/Shepherd], desarrollada consistentemente, la obra de obediencia realizada por Jesucristo no mereció un veredicto de justificación de su Padre. La justificación del segundo Adán no fue entonces según el principio de las obras en contraste con la gracia, sino que encontró su explicación en la operación de un principio que involucra algún tipo de gracia –una gracia requerida debido a la insuficiencia de la obra de Cristo para satisfacer los reclamos de justicia..[21]

Pero el rechazo del mérito total de la obra de Cristo tiene implicaciones devastadoras para la doctrina de la justificación a través de la imputación de la justicia de Cristo a los creyentes, porque si la obediencia de Cristo no tiene valor meritorio, tampoco ha sido hecha una satisfacción penal por nuestros pecados ni hay una justicia preceptiva disponible que nos sea imputada.

Para justificar su uso del término «gracia» en lugar de «obras» para describir el carácter del pacto antes de la caída, los defensores del enfoque de Fuller han instado a que la bendición por ser otorgada a Adán por su obediencia (vida eterna) habría excedido tanto el valor de su obediencia, que el concepto de simple justicia es inadecuado como una descripción del fundamento de la relación de pacto anterior a la caída entre Dios y el hombre. En consecuencia, instan a que solo podemos hablar del fundamento de este pacto en términos de gracia. Pero como observa correctamente Kline, esta presunta disparidad del valor entre la obediencia que se debe rendir y la recompensa a ser otorgada es muy debatible, primero, ya

---

[19] «La obediencia de la fe» (ὑπακοὴ πίστεως, *hypakoē pisteōs*) es una expresión paulina, es verdad (Ro. 1:5; 16:26). Pero el genitivo debe interpretarse como un genitivo de origen y traducirse como «obediencia que fluye de la fe» o como un genitivo aposicional que significa «obediencia que consiste en fe».

[20] En su *The Harvest of Medieval Theology* (Grand Rapids, Michigan: Eerdmans, 1967), 471–472 Heiko Obermann define el mérito congruente (o «medio») como «mérito que cumple con el estándar de la generosidad de Dios», en contraposición al mérito condigno (o «pleno»), que es un mérito que merece la gracia que recibe.

[21] Kline, «Of Works and Grace», 88–89.

que en la medida en que la obediencia de Adán hubiera glorificado a Dios lo habría complacido, hubiera tenido *infinito* valor. Toda obediencia a Dios es infinita en su valor. En segundo lugar, si permitimos que el factor de los valores relativos se convierta en juez de justicia, tendríamos que acusar al Padre de injusticia hacia su Hijo, ya que la expiación de su Hijo fue suficiente en su valor para toda la humanidad, pero no recibe de su Padre a todos los hombres sino solo a los elegidos. Podemos evitar una conclusión tan blasfema, escribe Kline:

> solo si reconocemos que la justicia de Dios debe definirse y juzgarse en términos de lo que Él estipula en sus pactos. Así, el compromiso específico del Padre en la alianza eterna era dar al Hijo los elegidos como recompensa por su obediencia, y eso es precisamente lo que recibe el Hijo, no falta ni uno. A juzgar por los términos estipulados en su pacto, no hubo injusticia, sino justicia perfecta. De la misma manera, no hubo gracia en la recompensa del Padre al Hijo. Fue un caso de simple justicia. El Hijo se ganó esa recompensa. Fue un pacto de obras, y la obediencia del Hijo (activa y pasiva) fue meritoria.
>
> Lo que fue cierto en el arreglo del pacto con el segundo Adán también habrá sido cierto en el pacto con el primer Adán, porque el primero era un tipo del segundo (Ro. 5:14) precisamente con respecto a su función como líder federal en el gobierno divino. En consecuencia, el pacto anterior a la caída también fue un pacto de obras, y ahí, también, Adán habría merecido plenamente las bendiciones prometidas en el pacto, si hubiera cumplido obedientemente el deber estipulado en dicho pacto. Por grandes que fueran las bendiciones a las que el buen Dios se comprometió, concederlas no habría implicado ni un gramo de gracia. Juzgados por los términos estipulados en el pacto, las bendiciones habrían sido merecidas por simple justicia.[22]

La característica representativa del pacto de obras

Hay una característica sumamente importante del pacto de obras que exige un tratamiento especial, y esta es la naturaleza de la elación entre Adán y la raza que el pacto implicaba, sobre cuya base el pecado de Adán se convirtió en el pecado de la raza humana.

De su análisis de Romanos 5:12-19, John Murray concluye que la relación claramente implicaba:

> algún tipo de solidaridad existente entre el «uno» [Adán] y el «todos» [la raza humana] con el resultado de que el pecado contemplado puede considerarse, al mismo tiempo y con igual relevancia, como el pecado del «uno» o como el pecado de «todos».[23]

Pero ¿cuál es la naturaleza de esta «solidaridad»? ¿Es la unión *natural* entre Adán y su posteridad? O ¿es la unión *representativa* entre Adán como la cabeza federal de la raza humana y la raza misma?

Al comenzar nuestra propia exposición de Romanos 5:12-19, señalamos que la expresión διὰ τοῦτο (*dia touto*, «debido a esto») que comienza en el versículo 12 remite a la expresión «en su vida» en el versículo 10. Es claro que el siguiente ὥσπερ (*hōsper*, «tal como») introduce una prótasis. ¿Dónde está su apódosis? Algunos expositores han insistido en que la apódosis también se encuentra en el versículo 12, comenzando con el καὶ οὕτως (*kai houtōs*, «y así»). Pero cuando Pablo introduce sus apódosis después de ὡς, *hōs* o ὥσπερ, *hōsper*, lo hace regularmente, no con καὶ οὕτως, *kai houtōs*, sino con οὕτως καὶ; (*houtos kai*, «así también»), como en los versículos 5:15, 18, 19, 21; 6:4; y 11:30. Entonces, ¿dónde está la apódosis después del ὥσπερ, *hōsper*, si no en el versículo 12? Es el οὕτως καὶ, *houtōs kai*, del versículo 18 con la cláusula original ὥσπερ, *hōsper*, del versículo 12 introducida nuevamente en un lenguaje diferente por el ὡς, *hōs* del versículo 18. La idea sería entonces:

Versículo 12: Por esto [estar en Cristo], *así como* por un hombre el pecado y la muerte entró al mundo, y la muerte vino a todos los hombres por cuanto todos pecaron–

Versículos 13-17: Un excurso comienza [versículos 13-14] con la frase «todos pecaron»

---

[22] Kline, «Covenant Theology Under Attack», 4.
[23] John Murray, *The Imputation of Adam's Sin* (Grand Rapids, Michigan: Eerdmans, 1959), 21.

al final del versículo 12 en el que Pablo deja claro que se refiere a «todos pecaron en la transgresión de Adán», luego un segundo excurso [versículos 15-17] sigue en el que muestra que si bien Adán es en verdad un «tipo» de Cristo [fin del versículo 14], Cristo y el don de la gracia de Dios a través de Él logran mucho más que el fracaso de Adán al revertir la operación del juicio divino, no sólo contra el pecado de Adán, sino también contra «muchas transgresiones» [versículo 16])–

Versículo 18: Entonces [habiendo resuelto ciertas cuestiones en los dos excursos], *como* por una sola transgresión [el juicio vino] a todos los hombres [en Adán] a la condenación [nota: esta es una reformulación de la cláusula «tal como» del versículo 12], *así también* por un acto de justicia, [vino la dádiva] a todos los hombres [en Cristo].[24] para justificación de vida.

Versículo 19: [Pablo ahora resume todo] Porque, *así como* por la desobediencia de un solo hombre [Adán] los muchos [en Adán] fueron hechos pecadores, *así también* por la obediencia de un Hombre [Cristo] los muchos [en Cristo] fueron constituidos justos.

El punto principal del pasaje gira en torno al término «uno» (εἷς, *heis*), que aparece doce veces. Note en estos versículos el punto reiterado de que «en la caída de Adán todos pecamos», es decir, por alguna razón el único (primer) pecado del único hombre Adán Dios lo considera como el pecado de todos:

Versículo 12: «Por *un* hombre entró el pecado en el mundo, y por ese pecado [vino] la muerte, y así a todos los hombres vino la muerte, por cuanto todos pecaron [en Adán]» (esta última frase entre corchetes se argumenta en el excurso de los versículos 13-14).

Versículo 15: «Por la transgresión de *uno* murieron muchos».

Versículo 16: «Y el don no es como de aquel *uno* que pecó... el juicio [surgió] de *una* [transgresión] para condenación [a todos los hombres]» (el último paréntesis es del versículo 18).

Versículo 17: «Por la transgresión de *uno* la muerte reinó por medio de *uno* [Adán]».

Versículo 18: «Por *una* sola transgresión [el juicio vino] a todos los hombres para condenación».

Versículo 19: «Por la desobediencia de *un* solo hombre, los muchos fueron designados pecadores».

Pablo no podría haber sido más claro respecto a la solidaridad del «un hombre» y «los muchos». Y no pudo haber sido más claro en su insistencia en que el pecado de Adán es, en cierto sentido, el pecado de todos. Algunos teólogos (Pinnock, por ejemplo), es cierto, rechazan la idea de que el pecado de Adán es también el pecado de la raza humana y, por tanto, el fundamento sobre el que se basa la condenación de esta. Pero todo esfuerzo por forzar cualquier otro significado en las palabras de Pablo se hace añicos en la roca de la exégesis rigurosa y destruye el terreno en el que se basa la salvación del hombre, la justicia ajena de Jesucristo. Porque considere el lado correspondiente de la analogía del apóstol:

Versículo 14: «Adán, que es un tipo [con respecto a su jefatura federal] del que viene».

Versículo 15: «Gracia... y abundó el don por gracia para muchos, siendo [la gracia] de un solo hombre Jesucristo».

Versículo 16: «Los que reciben la abundancia de la gracia y el don de la justicia reinarán en vida por medio de Jesucristo».

---

[24] Los universalistas esotéricos y los arminianos insisten en que el segundo «todos los hombres» de Pablo en Romanos 5:18 se interprete tan amplia y extensamente como su primer «todos los hombres» en el versículo, es decir, que toda la raza humana sea su referente. Si bien estoy de acuerdo en que ambas apariciones de πάντας ανθρώπους, *pantas anthrōpous*, en 5:18 deben traducirse como «todos los hombres», instaría, como sugiere mi traducción anterior, a que se interpreten dentro de sus «universos» en el pasaje. El primero se refiere a «todos los hombres» en Adán, el segundo se refiere a «todos los hombres» en Cristo.

La misma idea debería aplicarse al empleo de Pablo de οἱ πολλοί (*hoi polloi*, «los muchos») en 5:19; el primero se refiere a «los muchos» en Adán, el segundo se refiere a «los muchos» en Cristo.

Versículo 18: «Por *un* acto de justicia [vino la dádiva] a todos los hombres para la justificación de vida».

Versículo 19: «Por la obediencia de *un* [hombre], los muchos serán constituidos justos».

Versículo 21: «La gracia reina por la justicia ... por Jesucristo nuestro Señor».

Claramente, para Pablo hay una conexión entre el pecado de Adán y el pecado y la condenación de la raza humana. ¿Cómo se explica esa conexión? Warfield clasificó las explicaciones más recientes que se han ofrecido de la siguiente manera:[25]

El punto de vista agnóstico

Este punto de vista, sostenido por R.W. Landis, acepta el hecho de la transmisión de la culpa de Adán y la depravación de la raza humana, pero se abstiene de elaborar una teoría de la transmisión o de la relación de la culpa con la corrupción.

El punto de vista realista

Este punto de vista, postulado, por ejemplo, por William G.T. Shedd y James Henry Thornwell, rechaza la idea de la imputación del pecado de Adán y sostiene que la «naturaleza humana» debe ser vista genérica y numéricamente como una *sola* unidad. Propone que Adán poseía toda la naturaleza humana y que toda la humanidad, estando presente en Adán como humanidad genérica, se corrompió por su propio acto apóstata en Adán. Los hombres individuales no son sustancias separadas, sino manifestaciones de la misma sustancia genérica. Son numéricamente uno en naturaleza. La razón por la que todos los hombres son responsables por el pecado de Adán es porque *de hecho* (realmente) pecaron en Adán antes de que comenzara la individualización de la naturaleza humana.

Sin embargo, este punto de vista no puede explicar el por qué los descendientes de Adán hoy día son hechos responsables solo por su *primer* pecado (ver «el pecado» en el versículo 12, la «transgresión» en los versículos 16 y 18) y no por todos sus pecados posteriores, sin mencionar los pecados de todas las generaciones de antepasados que siguieron a Adán y que precedieron a cualquier hombre en particular hoy. Además, destruye el paralelo que Pablo establece entre Adán y Cristo (ver su «*así como… así también*»). Los hombres no son justos porque ellos mismos *realmente hacen* justicia en Cristo. Son constituidos justos porque la justicia de Cristo les es forensemente imputada (contada). El paralelo de Pablo requeriría la conclusión correlativa de que los hombres no son injustos en última instancia porque *en realidad cometieron* injusticia en Adán, sino porque la injusticia de Adán les es imputada. No afirmar esto destruye el paralelo que Pablo traza entre Adán y Cristo. John Murray escribe al respecto:

> Dado que la analogía instituida entre Adán y Cristo [en Ro. 5] es tan evidente, es necesario seguramente asumir que el tipo de relación que Adán sostiene con los hombres sigue el modelo de la relación que Cristo sostiene con los hombres. Para poner el caso al revés, seguramente el tipo de relación que Cristo sostiene con los hombres es según el modelo que Adán sostiene con los hombres (ver Ro. 5:14).[26]

Murray continúa argumentando, y pienso que correctamente, que ya que la jefatura *natural* o seminal no es y jamás puede ser descriptiva de la relación de Cristo con los hombres, y ya que la relación entre Cristo y los justificados, por lo tanto, debe ser una representación vicaria, debemos asumir que la relación entre Adán y su posteridad, sobre la base de la cual se imputa su único (primer) pecado, es también de *representación vicaria*.[27] Este es el argumento central del punto de vista federal que ahora revisaremos.

---

[25] Benjamin B. Warfield, «Imputation», en *New Schaff-Herzog Encyclopaedia of Religious Knowledge* (reimpresión, Grand Rapids, Michigan: Baker, 1977), 5:465–467.
[26] Murray, *Imputation*, 39.
[27] Ibid, 40.

El punto de vista federal (imputación inmediata)

Este punto de vista, sostenido por Charles Hodge y John Murray, parece estar mucho más de acuerdo con la analogía paulina entre Adán y Cristo que el punto de vista realista, ya que es el único punto de vista que hace justicia a ambas partes de la analogía. No niega ni por un momento la unión natural entre Adán y su posteridad, pero insisten en que la unión *natural* solo determinó la «dirección de la aplicación» que asumió el principio gobernante de la unión *representativa*. Decidido a hacer justicia al principio representativo que es el único que gobierna la relación entre Cristo y el justificado, considera la relación entre el primer pecado de Adán y el pecado de la raza humana como fundamentado también en la *representación federal*. En otras palabras, solo porque Adán fue el representante federal de la raza humana en el pacto de obras, en su justo juicio Dios imputó la primera transgresión de Adán a esta raza que estaba relacionada federalmente con él. Charles Hodge, un imputacionista *inmediato* (cuyo punto de vista discutimos más adelante), creyó, sin embargo, que lo que Dios imputó solo era *reatus poenae*, la obligación judicial para satisfacer la justicia divina, o la obligación de castigar, y no *reatus culpae* (la responsabilidad de la culpabilidad). Pero seguramente sería una violación de la justicia si Dios hiciera como culpable del castigo a una persona a quien no considera al mismo tiempo culpable del pecado que está siendo castigado. Murray, considero que, de manera más consistente, insiste en que Romanos 5 pretende que entendamos que tanto *reatus culpae* como *reatus poenae*, y no solo este último, fueron imputados a la raza humana. De hecho, insiste en que Dios imputó a la raza, como un implicado de la solidaridad representativa de la raza con Adán, tanto la culpa de Adán como la corrupción de Adán (es decir, su disposición al pecado). Después de todo, señala, Pablo no dice que Dios solo imputó la responsabilidad de Adán al castigo, sino que imputó el *pecado* mismo de Adán (que necesariamente implica tanto culpabilidad como corrupción) a la raza.

El punto de vista de la «nueva escuela» (imputación mediata)

Este punto de vista, sostenido por hombres como Joshua Placaeus y Henry B. Smith (con variaciones), niega que el primer pecado de Adán fuera inmediata o directamente imputado a sus descendientes. Más bien, sugiere que los descendientes de Adán derivan su corrupción de él debido a su solidaridad racial con él, y solo entonces Dios, sobre la base de esta corrupción antecedente (o a través del *medio* de esta corrupción), les imputa la culpa de la apostasía de Adán. En otras palabras, los hombres no nacen corruptos porque Dios les imputa el pecado de Adán; más bien, Dios les imputa el pecado de Adán porque son corruptos. En resumen, «su condición no está basada sobre su estatus legal, sino que su estatus legal se basa en su condición».[28] Los *imputacionistas inmediatos* insisten, por otro lado, que Dios soberanamente imputó el pecado de Adán inmediatamente, es decir, directamente, a sus descendientes, y que, *como resultado* (si uno sigue a Berkhof), Dios entonces quiso que la corrupción de Adán se transmitiera a la raza humana, o (si uno sigue a Murray) que Dios imputó inmediatamente, como una implicación de la solidaridad de la raza humana con Adán, tanto la culpa de Adán como su corrupción a la raza.

Sobre la base de la analogía paulina en Romanos 5, el punto de vista de la «imputación inmediata» es considerado como el correcto desde cualquier punto de vista, porque los hombres no son considerados justos en Cristo porque en cierto sentido sean antecedentemente justos. Más bien, son considerados justos sobre la base de la justicia inmediatamente imputada de Cristo, y es esta justificación puntual la que necesariamente conduce a su santificación progresiva.

En conclusión, insisto en que el paralelo Adán/Cristo en Romanos 5 enseña que, bajo los

---

[28] Berkhof, *Systematic Theology*, 243.

términos del pacto de obras, el pecado de Adán fue imputado a la raza humana únicamente sobre la base de la *representación federal* de Adán de la raza humana, y que el primer pecado de Adán *per se*, que conlleva tanto la culpa como la corrupción de ese pecado, fue inmediatamente imputado a la raza humana, y su castigo y corrupción fueron transmitidos a toda su posteridad descendiendo de él por generación ordinaria.

La normatividad continua del pacto

El pacto de obras refleja el hecho de que la obligación más fundamental del hombre, la criatura, para con Dios, su Creador, siempre ha sido, lo es ahora y siempre será la obediencia a la voluntad del Creador. Como criatura del *pacto* (y por tanto siempre como *hacedor* del pacto o como *quebrantador* del pacto), el hombre siempre está relacionado en última instancia con Dios sobre una base legal (pactual). Acordemente, si bien el pacto de obras ya no está en vigor como el marco probatorio para la humanidad, sigue siendo normativo de las siguientes maneras:

1. En la obligación que impone al hombre de rendir siempre a Dios perfecta obediencia a la ley moral, refleja la obligación de la criatura racional de obedecer a su Creador, cuya obediencia es siempre necesaria y apropiada para su aprobación.

2. La sentencia dictada y el castigo infligido en Génesis 3 continúa vigente; los hombres representados por Adán son todavía culpables delante de Dios y sujetos a la muerte sobre la base de los términos del pacto de obras original (Ro. 5:12-14; 18-19).

3. El principio, «¡Haz y vive!» (declarado en el Nuevo Testamento, «Al que venciere, le daré [Dios] a comer del árbol de la vida, el cual está en medio del paraíso de Dios»), todavía es operativo (Ap. 2:7; ver también Lv. 18:5; Ro. 10:5; Gal. 3:12) en que la aprobación divina de la verdadera justicia humana es un principio eterno de justicia divina (aunque desde la caída nadie, con la excepción de Cristo, en su estado natural puede cumplir con esta condición).

4. Precisamente la misma obligación de una obediencia personal, perfecta y perpetua que Dios impuso a Adán como el representante federal de la raza humana por el pacto de obras, Dios lo impuso sobre Cristo, el «segundo hombre» y «postrer Adán» (ver 1 Co. 15:45, 47), quien por su obediencia logró la salvación de los elegidos representados por Él (Ro. 5:18-19). Esto significa que debido a que nosotros como hombres perdidos en Adán ya no somos inocentes o estamos en período de prueba, *nuestro* carácter y conducta ya no puede ser el fundamento que determina nuestra aprobación delante de Dios (*es* el fundamento de nuestra desaprobación), pero con respecto a todos aquellos que representa Cristo, el carácter y conducta de Cristo es el fundamento determinante de su aprobación delante de Dios.

Es cierto que el pacto de obras *per se* no contenía ninguna disposición para la redención del pecado en el caso de que Adán cayera, pero este hecho no debe interpretarse en el sentido de que el pacto de obras ya no está en vigor o fue anulado y está sin efecto por la entrada del pacto de gracia. Más bien, el pacto de gracia debe verse como proveyendo la provisión redentora requerida como un «revestimiento pactual» de segundo nivel sobre el pacto de obras. Lo que esto significa es que Cristo, el «segundo hombre», se ofreció, representando a pecadores que no pudieron guardar el pacto (es en *su* representación de estos pecadores indignos y en todo lo que esto implica para ellos que la gracia del pacto de gracia se exhibe), y como el «postrer Adán» cumplió (donde Adán no lo hizo) todos los requisitos del pacto a favor de ellos al satisfacer tanto las demandas preceptivas y penales del pacto de obras.

EL HOMBRE QUEBRANTA EL PACTO

La naturaleza de la caída

Nuestros primeros padres, seducidos por la sutileza y tentación de Satanás, pecaron al comer del fruto prohibido. Quiso Dios, conforme a su sabio y santo propósito, permitir este pecado habiendo propuesto ordenarlo para su propia gloria (Confesión de Fe de Westminster VI/i).

¿Cuál fue la naturaleza precisa del pecado de Adán según Génesis 3? Al comenzar, es importante que recordemos que Génesis 3 es Sagrada Escritura e historia auténtica. Aquellos puntos de vista críticos que niegan a Génesis 3 todo significado histórico en referencia a la pecaminosidad y depravación de la humanidad, prefiriendo ver en él cualquier cosa, desde leyendas etiológicas (para explicar, por ej., por qué la gente usa ropa, por qué las serpientes caminan sobre su vientre y por qué les desagradan a la gente, por qué morimos) hasta mitos semíticos antiguos (ej., Adán, el dios tierra, y su compañera, Eva, la serpiente tierra), en palabras de J. Barton Payne, muestran «total desprecio por la analogía de las Escrituras».[29]

El evento que estamos a punto de considerar en los primeros versículos de Génesis 3 fue tanto una como una tentación. Geerhardus Vos observa:

> Hay una diferencia entre la probación y la tentación y, sin embargo, aparecen aquí [en Génesis 3] como dos aspectos de la misma transacción... Podemos decir que lo que fue, desde el punto de vista de Dios, una probación, el poder del mal lo usó para inyectarle el elemento de tentación. La diferencia consiste en esto, que detrás de la probación hay un bien, detrás de la tentación un propósito maligno, pero ambos trabajan con el mismo material. Por supuesto, es necesario mantener a Dios libre de tentar a nadie con malas intenciones (cf. Stg. 1:13). Pero también es importante insistir en la probación como parte integral del plan divino con respecto a la humanidad. Incluso si no hubiera existido un tentador, o se hubiera proyectado a sí mismo en la crisis, incluso así se habría encontrado alguna forma de someter al hombre a la probación, aunque es imposible para nosotros conjeturar qué hubiera sido.[30]

Volviendo ahora a nuestra exposición, nos enfrentamos inmediatamente en 3:1 con la presencia de la «serpiente» como el tentador obrando en contraposición a Dios. A lo largo de la historia del dogma, esta «presencia» ha sido considerada constantemente como una criatura literal bajo el control de Satanás. La sugerencia de Buswell de que la serpiente no es un animal literal, sino el mismo Satanás designado como «la Serpiente»,[31] es atractiva porque alivia al intérprete de tener que explicar a la mente escéptica moderna el hecho de una serpiente parlante, pero tal punto de vista parece difícilmente posible, primero, en vista de que su «astucia» es comparada y declarada superior a las (otras) criaturas del campo, peculiar sin duda si la serpiente era el arcángel Satanás, y segundo, porque en 3:14 la maldición se describe en términos aplicables a una serpiente literal. Con respecto a la idea misma de una «serpiente que habla», puede ser que lo que tenemos aquí en realidad fuera simplemente un caso de ventriloquía: Satanás hablando detrás. Pero si la serpiente realmente habló, debe señalarse que esto no es más extraño que el otro ejemplo en las Escrituras de un animal que habla, es decir, el asno de Balaam, que no solo habló palabras de represión a Balaam, sino que vio al ángel del Señor. (Nm. 22:28-30). El incidente de Balaam sugiere que todo lo que se necesita para que un animal hable es simplemente el poder suficiente para hacerlo. Que un poder demoníaco puede tomar el control de la mente de otra criatura y hablar por su boca está claro en los evangelios. Vos hace una observación interesante aquí: «Lejos de que en ello hubiera algo imposible [Satanás hablando a través de la serpiente], una estrecha analogía en los endemoniados de los Evangelios, a través de cuya boca hablan los demonios».[32] Pero

---

[29] J. Barton Payne, *Theology of the Older Testament* (Grand Rapids, Michigan: Zondervan, 1962), 216. Ver Job Job 31:33; Oseas 6:7; Romanos 5:12–19; 16:20; 2 Corintios 11:3; 1 Timoteo 2:13–14.
[30] Geerhardus Vos, *Biblical Theology* (Grand Rapids, Michigan: Eerdmans, 1949), 43.
[31] Buswell, *Systematic Theology*, 1:265–66.
[32] Vos, *Biblical Theology*, 44.

como quiera que expliquemos la habilidad de la serpiente para hablar, debemos reconocer esto: que en este capítulo se la representa implícitamente como estando bajo el control de Satanás y cumpliendo sus órdenes.

En el hebreo, la primera cláusula de 3:1 es una cláusula sustantiva indicando una condición existente en la serpiente en el momento de la acción del verbo principal. Es decir, 3:1 debe traducirse: «La serpiente, siendo más astuta que cualquiera de las otras bestias del ampo que Yahvé Dios había hecho, dijo...» Esto sugiere que debemos esperar encontrar en *lo que dijo* una idea muy sutil y astuta. Y, de hecho, eso sucede. Para ver esto debemos determinar si su observación es una pregunta o una declaración de los hechos. El tema gira en torno al significado de אַף כִּי, *ap kî*, introduciendo el comentario de la serpiente. Porque אַף, *ap*, literalmente «en verdad», es una partícula *intensiva*, el *Hebrew Lexicon* Brown, Driver y Briggs, tomando la oración como una pregunta (aunque una ה, h, interrogativa no está presente), traduce: «¿*Realmente* ha dicho Dios?».[33] El *Hebrew Lexicon* Koehler-Baumgartner Hebrew coincide, traduciendo: «¿Es *verdad* que Dios dijo?».[34] Ambos léxicos reconocen la presencia de la partícula intensiva, pero por sus interpretaciones uno puede fácilmente concluir que la implicación en el «realmente» es que la serpiente estaba tratando de hacer que Eva considerara si Dios, en efecto, había dicho lo que la serpiente citó que dijo. Por supuesto, Dios no había dicho que no podían comer de ninguno de los árboles del jardín. Pero si esta era la intención de la serpiente, es decir, hacer que la mujer considerara si Dios realmente había dicho lo que la serpiente lo representó diciendo, uno debe concluir no solo que su pregunta fue apenas sutil, sino también que falló en su intención, porque Eva, en su respuesta, dio una interpretación más precisa de lo que Dios había dicho que lo que la serpiente dijo.

Ephraim A. Speiser parece haber capturado con mayor precisión la fuerza del אַף, *ap kî*, cuando traduce: «A pesar de que Dios les ha dicho que no deben comer de cualquiera de los árboles del jardín...».[35] Nótese que, por esta construcción de la idea de la serpiente, él afirma el error como si fuera un hecho. *Exige* corrección. Nótese también que su declaración es una oración incompleta, que consiste solo de una prótasis. Si bien nunca sabremos cómo iba a terminar su oración, ya que la mujer lo interrumpió para *corregir* su premisa, no importa cuál haya sido su apódosis (quizás, «te das cuenta, claro, que hay que comer para vivir. ¿Qué vas a hacer para satisfacer tu necesidad?»), la prótasis, tal como aparecía, todavía requeriría de corrección porque ninguna apódosis se habría basado en la prótasis contraria al hecho. Nótese finalmente que, mediante dicha afirmación, la mujer centrándose en la necesidad de corregir la prótasis falsa, se vería atraída a la conversación quizá antes de que se diera cuenta de la anomalía del habla de la criatura. Luego, al proporcionar la corrección necesaria a la premisa contraria a los hechos, la mujer fue colocada inmediatamente en el papel de una *autoridad en asuntos religiosos*. Ella había demostrado una «comprensión superior» de los caminos de Dios a la de la serpiente, y al hacerlo había perdido, en su sentida superioridad intelectual sobre ella, cualquier sentimiento de miedo que de otro modo podría haber sentido.

La exageración de la serpiente, hábilmente elaborada («de todo árbol») forzó a Eva para reconocer y admitir explícitamente ante un tercero su estatus *restringido*. Payne ha notado correctamente que «el tentador estaba buscando aquí no el *cuestionamiento* del hombre del mandamiento de Dios, sino más bien ¡su admisión!».[36] Su afirmación errónea forzó a la mujer a centrarse en la prohibición de Dios y a reconocer que estaba restringida por otro. Que su

---

[33] Francis Brown, S. R. Driver, y Charles A. Briggs, *A Hebrew and English Lexicon of the Old Testament* (1907; reprint, Oxford: Clarendon, 1966), 65, 2.2.
[34] Koehler-Baumgartner, *Lexicon in Veteris Testament Libros* (Grand Rapids, Michigan: Eerdmans, 1958), 74, 6.
[35] Ephraim A. Speiser, *Genesis* (Garden City, N.Y.: Doubleday, 1964), 21, 23.
[36] Payne, *Theology of the Older Testament*, 217.

estatus restringido estaba sobresalía en su mente, es evidente por su comentario adicional: «ni lo tocaréis», lo que ella añadió a la restricción de Dios. Vos está de acuerdo y comenta:

> En la forma más o menos indignada de esta negación, ya se advierte que la mujer había empezado a contemplar la posibilidad de que Dios la estuviera restringiendo severamente ... más aún, la forma inexacta en que cita las palabras de Dios va en esa dirección: «no comeréis de él, ni lo tocaréis». En esta introducción injustificada de la negación del privilegio de «tocar», la mujer delata un sentimiento, como si, después de todo, las medidas de Dios habrían sido demasiado duras..[37]

Si Vos tiene razón al sugerir que Eva ya estaba dando una señal de que sentía que estaba siendo severamente restringida, su respuesta a la primera afirmación de la serpiente claramente indica que estaba consciente de que estaba restringida.

El hecho de que la serpiente obligara a Eva a considerar las palabras precisas de la prohibición de Dios, le recordó también el castigo declarado por Dios por la desobediencia («ciertamente morirás»). Pero, habiendo recordado nuevamente su estado restringido, aparentemente sintió que si representaba su estado restringido como una *caridad benévola* de parte de Dios («para que no muriera») podría justificar su satisfacción de vivir bajo tal restricción y al hacerlo «salvar las apariencias» ante este tercero frente a ella, porque no estaría accediendo a la *autoridad* sino a una benevolente preocupación. La visión popular que sugiere que la mujer aumentó la prohibición y *redujo* la pena por desobediencia no entiende el «para que no muráis». Lo que en realidad parece haber hecho fue «interpretar» la clara prohibición de Dios solo como la *advertencia de otro experto, que de hecho podría estar equivocado (ver su «para que no muráis»), y que estaba hablando con benevolencia y no emitiendo un mandato divino basado en la simple autoridad*, siendo imposible explicar a un tercero la conformidad a esta autoridad, a menos que uno alegremente reconozca su condición de criatura y reconozca de buena gana su deleite de vivir bajo tal autoridad. Es como si estuviera diciendo: «Él recomendó que no comiéramos porque realmente estaba preocupado por nuestro bienestar». Esto, al menos, parece claro: Eva parece haber sentido la necesidad de defender su aceptación de su estatus restringido tan pronto como se vio obligada a reconocerlo.

Inmediatamente, aprovechando la ventaja de haber percibido tanto la admisión de la mujer de su estado restringido como de su expresión de sumisión voluntaria a la benevolente preocupación de Dios, aunque no necesariamente a su autoridad, la serpiente desafió directamente el castigo declarado de Dios por desobediencia sobre la base de lo que, dice, era el verdadero motivo detrás de la prohibición de Dios. «Estás equivocada», dice en efecto, «al interpretar la prohibición como una advertencia; de hecho, tenía la intención de ser una orden. Aquel a quien te has sometido está intentando extender su autoridad, sin ninguna justificación, sobre ti. Estás igualmente equivocada al interpretar la declaración de "muerte" simplemente como un reflejo de una preocupación benévola; de hecho, tenía la intención de ser una amenaza. Pero puedes creer que la prohibición es hueca y que la pena es una amenaza vana: *ciertamente no morirás*. El verdadero motivo de Dios es egoísta, ya que se ve amenazado por *tu* potencial si comes del fruto del árbol del conocimiento del bien y del mal: *ser como Él*. Dios sabe que el día que comas de su fruto se te abrirán los ojos, es decir, adquirirás el conocimiento de los misterios del bien y del mal, y serás como Dios, conocedores del bien y del mal. Dado que su motivo es falso, puedes creer que su prohibición también es injustificada y su amenaza de castigo por desobediencia son meras palabras».

¿Cuál fue la respuesta de Eva a la imputación blasfema de la serpiente de falsedad y maligna motivación a Dios? Ya avergonzada por el espectro de la sumisión a la autoridad en

---

[37] Vos, *Biblical Theology*, 46.

presencia de este tercero y aparentemente sacudida en su lealtad como una criatura del pacto a su Creador, Eva falló en defender el honor de Dios evidenciado por su silencio. Más bien, concluyó que el árbol era bueno para comer, agradable a la vista, y «codiciable para alcanzar sabiduría». (La afirmación de 3:6, «Y vio la mujer que el árbol era...», significa, «cuando la mujer llegó a la conclusión de que el árbol era...») Estas palabras dejan claro que la mujer había llegado a una posición de *creer* las palabras de la serpiente en lugar de las palabras de Dios. Sus acciones subsecuentes fueron simplemente consistentes con su nueva comprensión de la situación: «tomó de su fruto, y comió; y dio también a su marido, que estaba con ella, el cual comió, así como ella». Una acción de parte de ambos que era simplemente la «señal» y el «sello» de que en sus corazones ya habían dejado de ser cumplidores del pacto y, en cambio, se habían convertido en quebrantadores del pacto.

La frase, «[que estaba] con ella» en 3:6 (LBLA) es significativa. Muestra que Adán estuvo presente durante toda la conversación entre la serpiente y su esposa y que había abdicado de su papel de cabeza sobre su esposa. Aunque permaneció en silencio, él, no menos que Eva, se negó a defender el honor de Dios cuando la serpiente atacó su integridad. Permitió que su esposa lo instruyera para ignorar la prohibición de Dios (ver 3:17), en lugar de instruirla a resistir el engaño de la serpiente.[38] Según Pablo (1 Ti. 2:14), mientras que la mujer fue claramente engañada, Adán transgredió la prohibición de Dios, consciente, deliberada y voluntariamente.

¿Qué ocurrió precisamente aquí? Nuestros primeros padres permitieron que Satanás desafiara la palabra de Dios con respecto al árbol y le diera una interpretación alternativa. Cuando la pareja permaneció en silencio ante la mentira de Satanás y así demostró su disposición a rechazar la autoridad de Dios sobre ellos y su falta de voluntad para tomar su palabra simplemente sobre la base de su autoridad soberana, en efecto le permitieron a Satanás reducir la palabra de Dios a una mera *hipótesis* en el mejor de los casos y una mentira en el peor, cuya invalidez podría demostrarse mediante pruebas científicas. Sin embargo, esto significa que el centro de autoridad para el hombre se había desplazado de Dios hacia sí mismo. Adán y Eva llegaron a creer que debían ser su propia autoridad, que tenían el derecho de determinar para sí mismos por experimentación lo que es verdad y lo que es falso. Por supuesto, el hecho de que «experimentaron» deja claro que en el momento en que comieron ya habían creído que la hipótesis de la serpiente con respecto al árbol era cierta, porque si hubieran realmente creído que su experimento los habría llevado a la muerte, difícilmente lo habrían probado. Esto muestra, como dice Pablo, que los hombres jamás son verdaderamente autónomos, sino más bien caminan ya sea en obediencia a Dios o según el príncipe de la potestad del aire (Ef. 2:2). Pero Adán y Eva pensaron que eran ellos quienes determinaban el curso a seguir, que solo ejercían su derecho autónomo a determinar por sí mismos lo verdadero, lo bueno y lo bello. Se convirtieron, en su entendimiento, en su propia autoridad, y sus descendientes caídos desde entonces han reclamado una autonomía similar de Dios.

Cuán superficial, entonces, es la burla que se escucha a menudo sobre toda la situación en Génesis 3 que atribuye a Dios una «rabieta» simplemente porque alguien cometió el acto trivial de «comerse un trozo de manzana». La transgresión de Adán fue mucho más que eso, fue en esencia el rechazo deliberado de la criatura a la autoridad de Dios y un acto de rebelión deliberada contra el Creador. Era el hombre reclamando la postura de autonomía y libertad con respecto a Dios. Era el hombre creyendo que tenía el derecho de determinar por sí mismo

---

[38] La gente a menudo se pregunta qué habría hecho Dios si Eva hubiera comido el fruto, pero Adán se hubiera negado tomarlo. Es innecesario especular porque nunca hubo un momento en el que Eva fuera pecadora, pero Adán siguiera impecable, y no había ninguna posibilidad de que Adán hubiera rechazado el fruto. Su presencia con Eva durante todo el evento también lo involucró en transgresión. Habiendo abdicado de su liderazgo protector sobre ella, él la acompañó en su transgresión y le permitió desobedecer a Dios, transgrediendo él mismo. En resumen, cuando Eva cayó, Adán también cayó; de hecho, él ya había caído.

lo que sería *metafísicamente* («seréis como Dios»), lo que sabría *epistemológicamente* («como Dios, conociendo el bien y el mal») y cómo se comportaría *éticamente*. («Ella tomó y comió… su esposo comió»). Fue el hombre que prestó atención al llamado de Satanás de adorar a la criatura en lugar de al Creador. La autoridad era lo que estaba en juego, y el hombre decidió en contra de Dios y su propio favor.

SIETE EFECTOS DE LA CAÍDA

Por este pecado [nuestros primeros padres] cayeron de su rectitud original y comunión con Dios, y así quedaron muertos en pecado, y totalmente contaminados en todas las partes y facultades del alma y del cuerpo.

> Siendo ellos la raíz de toda la humanidad, la culpa de este pecado les fue imputada;[39] y la misma muerte en el pecado y la naturaleza contaminada se transmitieron a la toda la posteridad que desciende de ellos por generación ordinaria (Confesión de Fe de Westminster, VI/ii-iii).

En un sentido real uno podría argumentar que todo lo demás en la Escritura después de Génesis 3:1-6, con la excepción de los efectos de las operaciones de la gracia divina, es de una u otra forma un efecto de la caída; que todo lo que ha ocurrido y de este modo contribuido a hacer la historia humana en su aspecto pervertido lo que es, es el resultado de la caída. Y por supuesto, esto es correcto. Sin embargo, lo que nos preocupa aquí, es una determinación de los efectos más obvios e inmediatos de la primera transgresión de Adán. Sugeriría siete de esos efectos.

1. Nuestros primeros padres perdieron su inocencia legal/moral y su rectitud original, y quedaron sujetos a la culpa real y corrupción moral (a lo que Murray se refiere como «revolución interna»). Como consecuencia de la transgresión voluntaria del hombre, se nos informa en el versículo 6 que «los ojos de ambos fueron abiertos», es decir, que ellos ahora conocían por experiencia su bondad creada anterior como un recuerdo y el hecho de su desobediencia como una consciencia real de culpa. Esta conciencia de culpa se mostró primero como pena o vergüenza con respecto a su propia desnudez física en presencia del otro. Esta vergüenza, atribuida en el texto a su desnudez física en presencia del otro, no era más que el *reflejo* de la desnudez interior de la conciencia culpable ante Dios obrando en la esfera de lo exterior. La desnudez *per se* no es motivo de vergüenza, ya que antes de su caída, «ambos, el hombre y su mujer, estaban desnudos y no se avergonzaban» (2:25). La desnudez física ante otro en presencia de quien no debería sentir vergüenza se convierte en una vergüenza solo para las mentes agobiadas por el pecado. (El hecho de que hombres y mujeres en cualquier lugar hoy en día parezcan en su pecaminosidad no experimentar vergüenza por su desnudez ante otros donde realmente deberían sentir vergüenza no significa que no sean pecadores, más bien, significa que han *cauterizado sus conciencias* con respecto a su pecaminosidad y maldad, lo cual es una condición aún más nefasta).

Los delantales de hojas de higuera (3:7) que fabricaron nuestros primeros padres para cubrir su desnudez representan sus esfuerzos por aliviar su vergüenza y, en consecuencia, para deshacerse de su sentimiento de culpa moral que se expresaba a través de la vergüenza por su desnudez física. Su acto posterior de esconderse de Dios cuando vino a ellos también retrata poderosamente el hecho de su culpabilidad ante Dios. Es cierto que Adán encontró el origen de su temor a Dios en su sensación de desnudez física (3:10), pero Dios «no permite que el hombre trate lo físico como si fuera una razón suficiente para su sensación [de miedo],

---

[39] La Confesión de Fe de Westminster no es bíblica cuando sugiere que el pecado de la primera pareja fue imputado a sus descendientes que descienden de ellos por generación ordinaria. En ninguna parte de las Escrituras se dice que el pecado de Eva haya sido imputado a la humanidad. Adán era el líder federal o pactual de la raza humana. En consecuencia, en todas partes de las Escrituras se dice que el pecado de Adán fue imputado a la raza.

sino que obliga al hombre a reconocer en el miedo el reflejo de lo ético».[40] Le preguntó a Adán: «¿Quién te dijo que estabas desnudo?» Fue por supuesto la conciencia despierta, esa «lámpara del Señor» en el pecho de todo hombre (Pr 20:27), que le había informado. Entonces Dios lo lleva inmediatamente de regreso a la verdadera base de su temor: el hecho de su desobediencia: «¿Has comido...?» La desobediencia y el sentimiento de culpa real que naturalmente brota de ella es la verdadera raíz del complejo «vergüenza/desnudez/temor de Dios».

Que nuestros primeros padres ahora son no solo realmente culpables delante de Dios, sino también moralmente corruptos en todo su ser, también es evidente inmediatamente por el hecho de que su primera transgresión es seguida inmediatamente por una serie de transgresiones. Ahora, su naturaleza es actuar según su nueva condición pecaminosa. Vemos a Adán y luego a Eva rechazando reconocer abiertamente su acto voluntario de desobediencia y asumir la culpa por ello. Adán culpa a su esposa e, indirectamente, a Dios mismo de su situación. Eva luego culpa a la serpiente. Y en 3:22, Dios declara que Adán estaba ahora en tal estado mental que en realidad trataría de idear un plan de como poder arrebatar la fruta del árbol de la vida, aunque no tuviera ya el derecho a ello. ¡Cuán rápido y completamente se corrompió el hombre! En una palabra, Adán y Eva ahora son *pecadores*.

Por consiguiente, la palabra hebrea para «pecado» (חַטָּאת, *ḥaṭṭāʾt*, que significa «errar al blanco», Jue 20:16) aparece muy temprano en el registro de Génesis (4:7).

2. La imagen de Dios, reflejada originalmente tanto por Adán como por Eva como individuos y por la comunidad humana que componían en términos de un verdadero conocimiento de Dios y preocupación por la justicia hacia el prójimo, fue inmediatamente fracturada y distorsionada (a lo que se refiere Murray como «revolución en la familia humana»). Esto es evidente en el sentido de vergüenza que cada uno de nuestros padres originales sintió en la presencia del otro y en la presencia de Dios. También se refleja en la preocupación egoísta por su propio bienestar que cada uno mostró ante el sonido del acercamiento de Dios. Se nos informa en 3:8 no que el hombre y su esposa se escondieron juntos, sino, como dice literalmente el hebreo, que «el hombre se escondió y la mujer se escondió». Fue un caso de «sálvese quien pueda». Finalmente, como ya hemos notado, Adán culpó a la mujer por su difícil situación (3:12).

Este es uno de los resultados más tristes de la caída. Dios había perdido el perfecto (creado) reflejo de sí mismo, el análogo de su propio carácter trino, en su universo. Se debe recordar que el hombre y la mujer, de acuerdo con la intención declarada por Dios para ellos, fueron creados en una relación justa y santa a fin de que pudieran reflejar al Dios Creador en su creación. Pero mírenlos ahora, ajenos y hostiles en su actitud no solo hacia Dios, sino también el uno hacia el otro.

3. La comunión entre Dios y el hombre estaba rota. Ahora existía una verdadera alienación entre Dios y el hombre, la enemistad de Dios siendo santa y completamente justificada, la enemistad del hombre siendo impía e injustificada. La verdadera enemistad del lado de Dios se ilustra por su sentencia judicial de la pareja a la muerte y por su expulsión del jardín y de sí mismo (que de hecho es la esencia de la muerte). El camino de regreso al árbol de la vida se vuelve imposible para siempre por la espada de fuego que gira constantemente (el símbolo de la justicia de Dios) y los querubines (los guardianes de la santidad de Dios) (Ex. 25:18–22; 26:1, 31; 36:8, 35; 37:7–9; Nm. 7:89; 1 S. 4:4; 2 S. 6:2; 22:11; Sal. 18:10; Ez. 1:5–28).

La enemistad del lado humano hacia Dios se refleja en el hecho de que la pareja se escondió de Dios por miedo, y segundo, por la imputación tácita de Adán de la culpa de su

---

[40] Vos, *Biblical Theology*, 53.

condición caída a Dios en su explicación «La mujer que me diste por compañera me dio del árbol, y yo comí» (3:12).

4. El medio ambiente del hombre fue maldecido y, en consecuencia, la productividad de la naturaleza se vio afectada por las espinas y las malas hierbas (a lo que Murray se refiere como «revolución cósmica»). Dios le dijo a Adán: «Maldita será la tierra por tu causa... Te producirá espinos y cardos» (3:17-18). Bildad diría más tarde que debido al pecado humano –el «inconveniente» en el universo– incluso «las estrellas no son puras a los ojos de Dios» (Job 25:5). Y Pablo escribiría más tarde que «la creación fue sujetada a vanidad, no por su propia voluntad, sino por causa del que la sujetó» y que esta sujeción impuesta se refleja en la «esclavitud a la corrupción» de toda la creación y su «gemir como en dolores de parto hasta el día de hoy» (Ro. 8:20-22).

En consecuencia, a Adán se le dijo que comería de los frutos de la tierra «con doloroso trabajo todos los días de tu vida» y «con el sudor de tu frente» (3:17, 19).

5. El hombre y la mujer fueron condenados judicialmente y en consecuencia castigados (a lo que se refiere Murray como «desintegración de la constitución del hombre»). Primero fue sentenciada Eva. Su castigo consistió en sufrir durante la maternidad y en el deseo que trabajaría implacablemente dentro de ella llevándola a dominar a su esposo (ver la expresión similar en Gn. 4:7 para apoyar este punto de vista). Aunque se afirma en relación con la sentencia de Adán como cabeza de la raza humana, por implicación Eva también fue sentenciada a muerte –física con respecto al cuerpo, espiritual con respecto al alma– como es evidente del hecho de que fue expulsada, junto con Adán, del «jardín de Dios» (Ez. 28:13) y lejos del árbol de la vida.

La sentencia de Adán consistió, primero, en trabajo *doloroso*, no trabajo *per se* (ver 2:15), sino en trabajo que se caracterizaría como una verdadera lucha por la subsistencia. Segundo, interpretando 3:19 («hasta que vuelvas a la tierra») como una sentencia judicial, Adán fue sentenciado a la muerte física. A este respecto comenta J. Barton Payne:

> No había... ninguna razón natural por la que el hombre tuviera que morir. La muerte vino más bien como castigo por el pecado ... Se puede apelar a las palabras de Dios, «polvo eres, y al polvo volverás» (3:19) para corroborar la inevitabilidad «natural» de la muerte solo sacando las palabras de su contexto. Porque constituyen una sentencia judicial, pronunciada como resultado de la caída del hombre, perderían su significado como una maldición si se consideraran descriptivos del estado natural previo del hombre.[41]

Finalmente, como un tercer aspecto de su maldición judicial, y para simbolizar el estado alienado de Adán en la muerte espiritual, Dios «lo sacó del huerto del Edén, para que labrase la tierra de que fue tomado» (3:23).

6. Por la imputación forense de Dios de la primera transgresión de Adán a todos sus descendientes por generación ordinaria, «toda la humanidad perdió la comunión con Dios, está bajo su ira y maldición, y por eso está expuesta a las miserias de esta vida, a la muerte misma, y a los dolores del infierno para siempre». De acuerdo con el principio representativo, que descubrimos en nuestra exposición de Romanos 5, era un aspecto integral del pacto de obras, que cuando Adán pecó, todos los que descendían de él por generación ordinaria pecaron en él y cayeron con él en su primera transgresión.

7. La necesidad más grande e inmediata del hombre es ahora la gracia divina, que Dios declaró que proporcionaría en y por un redentor que, en y por su propia herida mortal, finalmente destruiría el reino del mal de Satanás. Mediante el proto-evangelio de Génesis 3:15, Dios puso en vigencia el «pacto de gracia» que en su forma abrahámica llegó a ser

---

[41] Payne, *Theology of the Older Testament*, 220.

salvíficamente definitivo para todos los tiempos venideros.

EL ESTADO NATURAL DEL HOMBRE CAÍDO

De esta corrupción original, por la cual estamos completamente indispuestos, incapaces y opuestos a todo bien, y enteramente inclinados a todo mal, proceden todas nuestras transgresiones actuales.

> Todo pecado, ya sea original o actual, siendo una transgresión de la justa ley de Dios y contrario a ella, por su propia naturaleza trae culpabilidad sobre el pecador, por lo que este queda bajo la ira de Dios, y de la maldición de la ley, y por lo tanto sujeto a la muerte, con todas las miserias espirituales, temporales y eternas (Confesión de Fe de Westminster, VI/iv, vi).

Podemos resumir el punto de vista de la Biblia del estado natural del hombre caído bajo tres encabezados.

Depravación total

Primero, el hombre en su estado crudo y natural, tal como proviene del útero, es moral y espiritualmente corrupto en disposición y carácter. Cada parte de su ser –su mente, su voluntad, sus emociones, sus afectos, su conciencia, su cuerpo– ha sido afectado por el pecado (esto es lo que se entiende por la doctrina de la depravación total). Su entendimiento está oscurecido, su mente está enemistada con Dios, su voluntad de actuar es esclava de su entendimiento oscurecido y su mente rebelde, su corazón es corrupto, sus emociones están pervertidas, sus afectos naturalmente gravitan hacia lo que es malo e impío, su conciencia no es digna de confianza y su cuerpo está sujeto a la mortalidad. Las Escrituras están repletas de tales representaciones de la condición del hombre caído, como lo verificarán los siguientes versículos:

Génesis 6:5-6: «Y vio Jehová que... todo designio de los pensamientos del corazón de ellos [del hombre] era de continuo solamente el mal».

Génesis 8:21: «dijo Jehová en su corazón: ...el intento del corazón del hombre es malo desde su juventud».

1 Reyes 8:46: Salomón declaró que «porque no hay hombre que no peque» contra Dios.

Salmos 14:1-3: «Dice el necio [נָבָל, nā<u>b</u>al, denota al hombre espiritual y moralmente deficiente, que es descriptivo de cada hombre fuera de Cristo] en su corazón: No hay Dios. Se han corrompido, hacen obras abominables; No hay quien haga el bien. Jehová miró desde los cielos sobre los hijos de los hombres, Para ver si había algún entendido, Que buscara a Dios. Todos se desviaron, a una se han corrompido; No hay quien haga lo bueno, no hay ni siquiera uno».

Salmos 51:5 (cf. 51:7): David declaró: «He aquí, en maldad he sido formado, y en pecado me concibió mi madre».

Salmos 58:3: «Se apartaron los impíos desde la matriz; se descarriaron hablando mentira desde que nacieron».

Salmos 130:3: «JAH, si mirares a los pecados, ¿Quién, Oh Señor, podrá mantenerse?».

Salmos 143:2: «Y no entres en juicio con tu siervo; Porque no se justificará delante de ti ningún ser humano.

Eclesiastés 7:20: «Ciertamente no hay hombre justo en la tierra, que haga el bien y nunca peque».

Eclesiastés 9:3: «el corazón de los hijos de los hombres está lleno de mal y de insensatez en su corazón durante su vida».

Isaías 53:6: «Todos nosotros [los elegidos de Dios] nos descarriamos como ovejas, cada cual se apartó por su camino».

Isaías 64:6 (cf. 64:5): «Si bien todos nosotros somos como suciedad, y todas nuestras justicias como trapo de inmundicia».

Jeremías 17:9: «Engañoso es el corazón más que todas las cosas, y perverso; ¿quién lo conocerá?»

Lucas 11:13: «Pues si vosotros, siendo malos, sabéis dar buenas dádivas a vuestros hijos»

Juan 5:42: «Mas yo os conozco, que no tenéis amor de Dios en vosotros».

Romanos 1:29-32 (ver también 1:18-28): Pablo afirma que los hombres, «estando atestados de toda injusticia, fornicación, perversidad, avaricia, maldad; llenos de envidia, homicidios, contiendas, engaños y malignidades; murmuradores, detractores, aborrecedores de Dios, injuriosos, soberbios, altivos, inventores de males, desobedientes a los padres, necios, desleales, sin afecto natural, implacables, sin misericordia; quienes habiendo entendido el juicio de Dios, que los que practican tales cosas son dignos de muerte, no sólo las hacen, sino que también se complacen con los que las practican».

Romanos 3:9-23: «judíos y a gentiles, que todos están bajo pecado. Como está escrito [luego sigue una acusación de catorce puntos contra toda la raza humana —todos tomados de los Salmos con una excepción]... *por cuanto todos pecaron* [πάντες γὰρ ἥμαρτον, *pantes gar hēmarton*] y *están destituidos* [ὑστεροῦνται, *hysterountai*] de la gloria [justicia] de Dios».

Gálatas 3:22: «Más la Escritura lo encerró todo bajo pecado, para que la promesa que es por la fe en Jesucristo fuese dada a los creyentes».

Efesios 2:1-3: A los creyentes efesios, Pablo escribe: «Y Él os dio vida a vosotros, cuando estabais muertos en vuestros delitos y pecados, en los cuales anduvisteis en otro tiempo, siguiendo la corriente de este mundo, conforme al príncipe de la potestad del aire, el espíritu que ahora opera en los hijos de desobediencia, entre los cuales también todos nosotros vivimos en otro tiempo en los deseos de nuestra carne, haciendo la voluntad de la carne y de los pensamientos, y éramos por naturaleza hijos de ira, lo mismo que los demás».

Efesios 4:17-19: Las naciones viven «en la vanidad de su mente, teniendo el entendimiento entenebrecido, ajenos de la vida de Dios por la ignorancia que en ellos hay, por la dureza de su corazón; los cuales, después que perdieron toda sensibilidad, se entregaron a la lascivia para cometer con avidez toda clase de impureza».

1 Juan 1:8, 10: «Si decimos que no tenemos pecado, nos engañamos a nosotros mismos, y la verdad no está en nosotros. Si decimos que no hemos pecado, le hacemos a él mentiroso, y su palabra no está en nosotros».

1 Juan 5:19: «el mundo entero está bajo el maligno».

De estos y muchos otros pasajes que podrían citarse, es claro que la Biblia afirma la *depravación total* (es decir, generalizada) de la humanidad caída. Con esto no quiero decir que la gente *actúe* tan mal como realmente es por naturaleza, ya que varias manifestaciones de la gracia restrictiva común de Dios, como su conciencia innata de Dios y de sus juicios (*sensus deitatis*), se lo impiden (Ro. 1:20-21, 32), las obras de la ley escritas en sus corazones y conciencias (Ro. 2:15) y el gobierno civil (Ro. 13:1-5). Quiero decir, más bien, que todos los hombres están corruptos en la totalidad de su ser y que cada parte, poder y facultad de su naturaleza (mente, intelecto, emociones, voluntad, conciencia, cuerpo) son afectados por la caída.[42]

Con respecto a los efectos noéticos del pecado, nada de lo anterior pretende decir o implicar que la caída de Adán lo llevó y a su progenie a un estado de irracionalidad bruta (es decir, la inhabilidad de la razón). Porque la gracia común de Dios se extiende a ellos (Jn. 1:9),[43] los hombres caídos son capaces de montar y seguir un argumento lógico. De lo

---

[42] Ver Berkhof, *Systematic Theology*, 246–47.
[43] Como ya hemos señalado, la Biblia afirma que Dios ha mostrado y continúa mostrando una medida de favor o bondad inmerecida hacia sus criaturas en general. Les proporciona el sustento que necesitan para su bienestar físico. Refrena los efectos del pecado tanto en los individuos como en la sociedad y permite a los no regenerados realizar el bien cívico, es decir, lograr cosas que promuevan el bienestar de los demás. No es la menor prueba de su bondad común el haber sostenido a los hombres en

contrario, la caída podría bien haber tenido el efecto de llevar a los hombres a una sinrazón animal. Pero debido a los efectos del pecado sobre ellos, los hombres ahora deben enfrentar el hecho de que, a pesar de la ayuda de la gracia común, hay muchas cosas que los obstaculizan mientras construyen sus ciencias –falsedad, errores no intencionales, fallas en el razonamiento lógico, autoengaño, auto fraudes, la intrusión de la fantasía en la imaginación, influencias negativas intencionales o no de las mentes de otros sobre las suyas, debilidad física que influencia la psique humana total, relaciones de vida desorganizadas, el efecto de la desinformación y las inexactitudes aprendidas de un ámbito de la ciencia sobre las ideas de otros reinos, el egoísmo pecaminoso, el debilitamiento de las energías mentales, la desorganización interna de las armonías vitales y, lo que es más importante, su desapego del ποῦ στῶ, *pou stō*,[44] que se encuentra sólo en el conocimiento revelado de Dios, que es el único que justifica el conocimiento humano y del único desde el que puede lanzarse el verdadero predicamento humano. Todos y cada uno de estos efectos del pecado pueden llevar a hombres y mujeres en su búsqueda de conocimiento a una ignorancia irreconocible y, por lo tanto, inadmisible.

Es evidente también de estos pasajes que los reformadores eran mucho más sensibles de la enseñanza total de la Escritura respeto a la condición del hombre caído de lo que lo eran los apologistas católico-romanos del Concilio de Trento y sus seguidores modernos.[45]

Incapacidad total

En segundo lugar, debido a que el hombre está total o enteramente corrompido, es *incapaz de cambiar su carácter o de actuar de una manera distinta a su corrupción*. Es incapaz de discernir, de amar, o de escoger las cosas que agradan a Dios. Como dice Jeremías: «¿Mudará el etíope su piel, y el leopardo sus manchas? Así también, ¿podréis vosotros hacer bien, estando habituados a hacer mal?» (Jer. 13:23). La Biblia afirma específicamente muchos «no puedes» (οὐ δύναται, *ou dynatai)* del hombre.

Mateo 7:18: «No puede el buen árbol dar malos frutos, ni el árbol malo dar frutos buenos».

Juan 3:3, 5: «el que no naciere de nuevo, no puede ver el reino de Dios …el que no naciere de agua y del Espíritu, no puede entrar en el reino de Dios».

Juan 6:44, 65: «Ninguno puede venir a mí, si el Padre que me envió no le trajere… ninguno puede venir a mí, si no le fuere dado del Padre».

Juan 14:17: «el Espíritu de verdad, al cual el mundo no puede recibir, porque no le ve, ni le conoce».

Juan 15:4-5: «el pámpano no puede llevar fruto por sí mismo, si no permanece en la vid, así tampoco vosotros, si no permanecéis en mí. Yo soy la vid… separados de mí nada podéis hacer».

Romanos 8:7-8: «los designios de la carne …no se sujetan a la ley de Dios, ni tampoco pueden; y los que viven según la carne no pueden agradar a Dios».

1 Corintios 2:14: «Pero el hombre natural no percibe las cosas que son del Espíritu de Dios, porque para él son locura, y no las puede entender, porque se han de discernir espiritualmente».

Santiago 3:8: «ningún hombre puede domar la lengua».

Apocalipsis 14:3: «nadie podía aprender el cántico sino aquellos… que fueron redimidos de entre los de la tierra».

---

sus empresas científicas y la búsqueda de la verdad sobre sí mismos y el universo físico, lo que les permitió hacer muchos descubrimientos muy fructíferos. Sino que los esfuerzos del científico no regenerado solo tienen éxito porque, sin saberlo, está «tomando capital prestado» de un universo cristiano-teísta donde la uniformidad en la naturaleza y el significado ordenado de los hechos están garantizados por Dios y su plan.

[44] Por *pou stō* (ver la primera parte, capítulo cinco), quiero decir el compromiso definitivo del corazón de cualquier clase desde el cual una persona lanza toda su argumentación y predicación. Para un cristiano debería ser el conocimiento trascendente revelado de Dios.

[45] Ver la nota de pie de página once de este capítulo.

Estas dos condiciones humanas demuestran que el hombre en su estado natural no sólo *está moral y espiritualmente corrupto, sino también es incapaz del entendimiento, los afectos y la voluntad de actuar* que, en su conjunto, le permiten estar sujeto a la ley de Dios, responder al evangelio de la gracia, apreciar las cosas del Espíritu, hacer las cosas que agradan a Dios y amarlo.

Se han planteado dos objeciones específicas contra estas doctrinas de la depravación e incapacidad total.

Objeción 1: «La enseñanza de que el hombre es totalmente corrupto y no puede agradar a Dios es un consejo de desesperación para los perdidos y sólo los anima a demorarse en responder al evangelio».

Lo contrario es cierto. Es solo cuando un hombre sabe que es pecador e incapaz de ayudarse a sí mismo que buscará ayuda fuera de sí y se entregará a las misericordias de Dios. Nada destruye más el alma que la creencia del pecador de que es justo y/o capaz de remediar su situación por sí mismo. Y precisamente esta actitud es fomentada por la enseñanza de que el hombre es naturalmente capaz de hacer siempre que quiera lo que es bueno a los ojos de Dios. Alentar tal convicción es verdaderamente hundir a los hombres en el autoengaño, y ese es ciertamente un consejo de desesperación.

Objeción 2: «¿Cómo se puede reconciliar la enseñanza de la depravación y la incapacidad total con los mandamientos de Dios? ¿No presuponen los mismos mandamientos de Dios la capacidad humana para cumplirlos? ¿Se puede exigir justamente a un hombre que haga aquello para lo que no tiene la capacidad necesaria?»

Dios trata con el hombre según su *obligación*, no según la medida de su capacidad. Antes de la caída, el hombre tenía tanto la obligación como la capacidad de obedecer a Dios. Como resultado de la caída, retuvo la primera, pero perdió la segunda. La incapacidad del hombre para obedecer, que surge de la corrupción moral de su naturaleza, no le quita la obligación de amar a Dios con todo su corazón, alma, mente y fuerzas, y a su prójimo como a sí mismo. Su obligación de obedecer a Dios permanece intacta. Si Dios trata con el hombre hoy día de acuerdo con su capacidad de obedecer, tendría que reducir sus demandas morales hasta el punto de desvanecerse. Por el contrario, si determinamos la medida de la capacidad del hombre a partir de las amplias obligaciones implícitas en los mandatos divinos, entonces necesitaríamos predicar la *capacidad total* del hombre, es decir, todos tendríamos que adoptar la posición pelagiana, porque los mandatos de Dios cubren *todo* el horizonte de la obligación moral.

En un intercambio que tuve con Robert H. Schuller en las páginas de *Presbuterion: Covenant Seminary Review* sobre la doctrina de la pecaminosidad del hombre,[46] Schuller declaró que «una vez que una persona cree que es un 'indigno pecador' es de dudarse si realmente puede aceptar honestamente la gracia salvadora que Dios ofrece en Jesucristo». Luego escribió:

Creo que el hombre tiene una incapacidad total, no una depravación total. Si una persona es totalmente depravada, debe ser fusilado, gaseado en la cámara o colgado del cuello hasta que muera. La incapacidad total significa que es totalmente incapaz de ganarse su propia salvación, pero depende completamente de la gracia de Dios en Jesucristo y del poder del Espíritu Santo para la regeneración y santificación. La depravación total son palabras que, tomadas literalmente, son irresponsables, poco inteligentes y destructivas, ¡no redentoras! Además, son ideados por teólogos humanos y no son escriturales. La incapacidad total

---
[46] *Presbuterion* 10, no. 1–2 Primavera/Otoño (1984).

contiene compasión y encaja en el espíritu del evangelio que produce personas que se vuelven humildemente dependientes de la bondad de Dios y de la gracia de nuestro Señor y Salvador Jesucristo.

Sentí en ese momento y todavía siento que esas son declaraciones realmente extrañas, proviniendo como lo hacen de alguien que afirma permanecer en la tradición reformada. Así que le señalé que según la parábola de Jesús sobre el fariseo y el recaudador de impuestos fue «el publicano, estando lejos, no quería ni aun alzar los ojos al cielo, sino que se golpeaba el pecho, diciendo: Dios, sé propicio a mí, pecador. Os digo que éste descendió a su casa justificado antes que el otro; porque cualquiera que se enaltece, será humillado; y el que se humilla será enaltecido» (Lc. 18:13-14). Y luego le dije:

Dices que te suscribes los Cánones de Dort con una excepción: rechazas la depravación total en deferencia a la incapacidad total. Lo que luego dices sobre la persona que imaginas como totalmente depravada me hace preguntarme si entiendes lo que la fe reformada quiere decir con la doctrina. Ahora bien, no hace falta decir que esta no es una desviación menor de tu parte de los Cánones de Dort. De hecho, es, en mi opinión, la raíz del problema con tu «hermenéutica de la autoestima» y la razón por la que no puedes hacer justicia a la expiación sustitutiva. Por supuesto, de tu rechazo declarado de la depravación total no está del todo claro si es el adjetivo «total» o el sustantivo «depravación» lo que te ofende. Si es solo el adjetivo al que te opones, y el resultado es que estás dispuesto a afirmar que el hombre es *parcialmente* depravado, entonces, por supuesto, todavía tienes el problema de explicar qué parte o facultad del hombre no está depravada, y cómo es que el hombre no se ve afectado por el pecado en esta área –no es una tarea pequeña, te lo puedo asegurar. Si lo que estás negando es la depravación *per se*, entonces la única conclusión que puedo sacar es que debes creer que el hombre es esencialmente bueno, pero que está psicológicamente desnutrido debido a su baja autoestima, y que su total incapacidad de «ganarse su propia salvación» surge de un trastorno psicológico y no de una naturaleza moralmente corrupta y hostil a Dios. Pero, en cualquier caso, tienes el problema de cuadrar tu punto de vista del hombre con pasajes de las Escrituras como [Sal 14:2-3; Jer 17:9; Ro 3:9-18; Ef 2:1-3 y 4:17-19] que afirman tanto la corrupción como la omnipresencia de esa corrupción en todo el corazón humano.

Concluí esta sección de nuestro intercambio con el comentario de que Pablo:
representa la depravación y la incapacidad como una sola pieza [es decir, no existen separadas una de la otra] ... porque el hombre es por naturaleza corrupto y malvado (totalmente depravado), no puede (incapacidad total) inclinarse hacia el bien espiritual. Escribe en Romanos 8:7: «los designios de la carne... no se sujetan a la ley de Dios, ni tampoco pueden». La primera cláusula afirma lo que entendemos por depravación, mientras que la segunda se refiere a lo que entendemos por incapacidad. Pero ... ambos son condenatorios, ... ambos son ciertos.

Debe subrayarse que es esta doctrina bíblica de la total corrupción e incapacidad del hombre la que hace necesaria la visión reformada de la soteriología (por supuesto, no solo es necesaria, es también bíblica). Es solo porque los cristianos generalmente no creen esta enseñanza que están dispuestos a albergar una soteriología sinérgica en que ambos, Dios y el hombre, contribuyen con algo para la salvación del hombre, con el hombre incluso contribuyendo con la parte decisiva. Pero donde los hombres pecaminosos han visto que están tan corruptos y empobrecidos espiritualmente que no pueden hacer *nada* para rectificar su condición perdida, allí los hombres reverencian la fe reformada, porque entienden que no traen a su salvación sino nada más que su pecaminosidad de la que necesitan ser salvados.

Culpa verdadera

Tercero, debido a la corrupción e incapacidad del hombre de agradar a Dios, él merece

Dios y el Hombre

castigo, porque su pecado no solo es un mal real, moralmente equivocado, la violación de la ley de Dios y, por lo tanto, indeseable, odioso, feo, desagradable, sucio, algo que no debería ser; sino que también es la contradicción de la perfección de Dios, no puede sino encontrar su desaprobación e ira, y es *condenable* en el sentido más fuerte de la palabra porque *deshonra* a Dios. Dios debe reaccionar con indignación santa. No puede ser de otra manera. Y aquí nos encontramos cara a cara, como declara John Murray:

> con un «no puedo» divino que no denota debilidad divina sino fuerza eterna, no reproche sino gloria inestimable. No puede negarse a sí mismo. Ser complaciente con lo que es la contradicción de su propia santidad sería una negación de sí mismo. De modo que la ira contra el pecado es el correlato de su santidad. Y esto solo quiere decir que la justicia de Dios exige que el pecado reciba su retribución. La pregunta no es en absoluto: ¿Cómo puede Dios, siendo lo que es, enviar a los hombres al infierno? La pregunta es: ¿Cómo puede Dios, siendo lo que es, salvarlos del infierno?.[47]

* * * * *

¡Qué obra tan excelente es un hombre! ¡Cuán noble en su razón! ¡Qué infinita facultad! En forma y emoción, ¡qué expresivo y admirable! ¡En acción, tan parecido a un ángel! ¡En aprensión, tan parecido a un dios! ¡La belleza del mundo! ¡El modelo de los animales! ... esta quintaesencia del polvo.

Esta breve descripción del hombre de *Hamlet* (2.2.315-322) es asombrosamente hermosa y emocionalmente conmovedora. Muchos eruditos sobre Shakespeare afirman que aquí Shakespeare estaba dando expresión a la nueva actitud del Hombre del Renacimiento hacia la gloria del hombre. Podría ser el caso. Pero en la medida en que estas palabras son poéticamente descriptivas del hombre como recién salido de la mano de su Creador en la creación, nos ayudan a sentir algo de la gloria culminante que fue el hombre para la semana de actividad creativa de Dios. Pero ellos solo cuentan parte del relato. Adán, siendo dejado a la libertad de su propia voluntad, como hemos visto, «transgredió el pacto [de Dios]» (Os. 6:7) y sumergió a toda la raza humana junto con él al estado de pecado y miseria.

Es este estado de cosas que subyace y hace necesaria la obra de Jesucristo. Este trasfondo de creación/caída es el contexto de la Biblia para la obra de Cristo en la cruz. Negar el estado original de integridad del hombre o su obstinada caída en el estado de corrupción y miseria es robarle a la cruz el único contexto en el que tiene algún significado. Acepte el relato bíblico de la «edad de oro» del hombre y su posterior rebelión contra Dios, y la cruz se ajusta exacta y perfectamente a la necesidad del hombre. Por esta razón, tan impopular como esta enseñanza es hoy en muchos lugares, es imperativo que el cristiano reformado continúe proclamando y enseñando la doctrina de la total pecaminosidad e incapacidad del hombre. Porque si los hombres no son corruptos, ¡no necesitan los beneficios salvadores de la cruz! Si los hombres no son pecadores incapaces de salvarse a sí mismos, ¡no necesitan al Salvador! Si los hombres no están perdidos, ¡no necesitan las misericordias del Señor! Solo cuando los hombres, por la gracia habilitadora de Dios, se vean a sí mismos como realmente son – pecadores, incapaces de salvarse a sí mismos y culpables ante Dios– clamarán con Augustus Toplady:

Roca de la eternidad, hendida para mí,
Déjame esconderme en ti;
Que el agua y la sangre,

---

[47] John Murray, "The Nature of Sin", en *Collected Writings of Joh Murray* (Edinburgh: Banner of Truth), 1977, 2:81-82.

Dios y el Hombre

Que de tu costado fluyó,
Sea la doble cura del pecado,
Límpiame de su culpa y poder.

La obra de mis manos
No puede satisfacer las demandas de tu ley;
Mi celo no podría descansar,
Mis lágrimas fluir eternamente
Pero el pecado no podría expiar;
Solo y solo tú debes salvar.
Nada en mis manos traigo,
Simplemente a tu cruz me aferro;
Desnudo vengo a ti para vestirme,
Impotente miro a ti por gracia;
Inmundo a la fuente vuelo,
Lávame, Salvador, o muero.

Tercera Parte

Nuestra "Salvación tan grande"

13 | EL PLAN ETERNO DE DIOS DE LA SALVACIÓN

> Por el decreto de Dios, para manifestación de Su gloria, algunos hombres y ángeles son predestinados para la vida eterna...
>
> Estos ángeles y hombres, así predestinados... son designados de forma particular e inmutable, y su número es tan cierto y definido, que no puede aumentarse o disminuirse.
>
> Aquellos de la humanidad que están predestinados para vida, Dios, antes de echar los cimientos del mundo, de acuerdo a Su propósito eterno e inmutable, y al consejo secreto y buen agrado de Su voluntad, los ha elegido, en Cristo para gloria eterna, y esto de Su sola gracia y amor libres, sin ninguna visión anticipada de fe, buenas obras o perseverancia en ninguno de ellos, ni ninguna otra cosa en la criatura que sea condición o motivo para moverle a hacerlo, y todo para alabanza de la gloria de Su gracia.
>
> Así como Dios ha designado a los escogidos para la gloria, también, por el propósito eterno y completamente libre de Su voluntad, pre-ordenó todos los medios para ello. Cualquiera de los que son escogidos, habiendo caído en Adán y siendo redimidos por Cristo, son llamados de forma efectiva por Él mediante la operación del Espíritu a su debido tiempo, siendo justificados, adoptados, santificados y guardados por Su poder, por medio de la fe, para salvación.
>
> La doctrina de este elevado misterio de la predestinación ha de manejarse con especial prudencia y cuidado... (Confesión de Fe de Westminster, III/iii-vi, viii)

La expresión «plan eterno de salvación de Dios» con frecuencia se utiliza en los tratados evangelísticos para referirse a tres o cuatro cosas que Dios requiere del pecador para ser salvo, tales como:(1) «Reconoce que eres un pecador y necesitas ser salvado», (2) «Cree que Jesús murió en la cruz por los pecadores», (3) «Pide a Dios que perdone tus pecados», y (4) «Pon tu confianza en Jesús». Aunque es cierto que estas son cosas que el pecador debe hacer para ser salvo, difícilmente constituyen el contenido del *plan eterno de salvación* de Dios. Solo un nivel degradado de conciencia teológica, como el que es bastante común en nuestros días, sugeriría esto. Es más apropiado decir que, lo que esta expresión designa, es «el orden de los decretos».[1] en la mente de Dios (Ef. 3:11).

Un Dios que creara el mundo y dirigiera su curso de sucesos sin ningún plan o propósito previo (o que no lo dirigiera en absoluto), sería irresponsable. Sin embargo, la Biblia tiene mucho que decir acerca del propósito divino que gobierna este mundo y los hombres que en él habitan. Acerca del plan de Dios, Benjamín B. Warfield justamente apunta:

> El que Dios actúa según un plan en todas sus actividades, es algo que se da por hecho en el teísmo. Al establecer un Dios personal, esta cuestión está ya cerrada. Persona significa propósito: precisamente lo que distingue a una persona de una cosa es que sus formas de actuar tienen propósito, que todo lo que hace está dirigido a un fin, y se procede a ese fin a través de la selección de medios. Si creemos en un Dios personal, entonces, y mucho más siendo teístas y creyendo en el control inmediato de este Dios personal del mundo que ha

---

[1] John Murray explica este término de la siguiente forma: «Los elementos distintivos incluidos en el diseño o plan han sido considerados con frecuencia distintos decretos. Si se adopta este término, entonces la expresión «el orden de los decretos» significa lo mismo que el orden que los distintos elementos de salvación sostienen los unos con los otros en el consejo eterno de Dios» («The Plan of Salvation», en *Collected Writings of John Murray* [Edinburgh: Banner of Truth, 1977], 2:124).

creado, hemos de creer en un plan que subyace en todo lo que Dios hace, y que, por tanto, es también un plan de salvación. La única pregunta que se puede plantear no es con respecto a la realidad, sino a la naturaleza de este plan.[2]

Antes de examinar los detalles del plan eterno de salvación, es importante considerar en primer lugar la significativa evidencia bíblica acerca de la existencia de este, y los elementos centrales de su contenido.

EL HECHO Y ELEMENTOS CENTRALES DEL ETERNO PLAN DE DIOS

Puede que el lector tenga reticencias, si no una resistencia total, hacia cualquier debate sobre los decretos de Dios que busque entender el orden lógico en que Él planeó lo que hizo, pero una simple presentación de materiales bíblicos básicos acerca del plan debería ayudar a calmar sus sospechas de que «nos estamos apresurando a entrar donde los ángeles temen pisar».[3] Seguramente Dios desea que tratemos de entender lo que ha revelado con respecto a su plan.

EL PROPÓSITO ETERNO DE DIOS

En Efesios 3:11 Pablo habla del «propósito eterno de Dios [πρόθεσιν, *prothesin*] que cumple en Cristo Jesús, Señor nuestro» (traducción del autor). En este punto, es adecuado realizar cinco breves comentarios:

1. La palabra griega que se traduce como «propósito» de forma bastante apropiada, y que también puede traducirse como «plan» o «resolución»[4] está en singular: Dios tiene *un* propósito o plan que lo abarca todo (por supuesto, con muchas partes diferentes, como veremos).

2. Pablo describe el propósito o plan de Dios como su «propósito eterno» (πρόθεσιν τῶν αἰώνων, *prothesin tōn aiōnōn*; lit., «propósito de las edades»), con la intención de expresar mediante el genitivo adjetival que nunca hubo un momento en el que Dios tuvo una mente en blanco, o un tiempo en el que el plan de Dios con todas sus partes no estuviera plenamente determinado. No hubo un instante en el que «finalmente se decidiera» acerca de nada. *Siempre* tuvo el plan, y dentro del plan mismo no existe un factor cronológico *per se*. Las distintas partes del plan han de verse como algo que permanece en una relación lógica o teleológica, más que en una relación cronológica de unos con otros.

3. La persona y obra de Jesucristo son claramente parte del «plan eterno» de Dios, porque Pablo dice que Dios lo «cumplió» o «efectuó» (ἐποίησεν, *epoiēsen*) «en Cristo Jesús nuestro Señor». La afirmación de Efesios 1:9 está estrechamente relacionada, y se hace eco de la misma verdad: Pablo afirma ahí que «el misterio de su voluntad [de Dios] [θελήματος, *thelēmatos*], según su beneplácito, el cual se había propuesto (προέθετο, *proetheto*) efectuar en Cristo—siendo ese «beneplácito que se había propuesto» el «de reunir todas las cosas en Cristo, así las que están en los cielos, como las que están en la tierra». Aquí aprendemos que el plan eterno de Dios, que gobierna *todos* sus caminos y obras en el cielo y en la tierra, se *propuso* cumplirlo en Cristo. Cristo, como Alfa y Omega de Dios, está en el principio, en el

---

[2] Benjamin B. Warfield, *The Plan of Salvation* (Grand Rapids, Mich.: Eerdmans, n. d.), 14–15.
[3] Muchos cristianos de hoy desean suprimir cualquier estudio acerca del eterno plan de Dios por miedo a que la doctrina de la elección destruya la certeza cristiana de la salvación, o por temor a que sea perjudicial para su entendimiento acerca del «libre albedrío» del hombre. Calvino nos advirtió en contra de esto:
  La Escritura es la escuela del Espíritu Santo, en la cual, al no omitirse nada que sea necesario o útil conocer, no se enseña nada sino lo que es conveniente que se conozca. Por tanto, hemos de evitar privar a los creyentes de cualquier cosa que se revele en la Escritura acerca de la predestinación, no vaya a ser que impíamente los defraudemos de la bendición de Su Dios o acusemos y menospreciemos al Espíritu Santo por haber publicado lo que de ninguna manera es beneficioso suprimir... Pero aquellos que son tan cuidadosos o temerosos que desean enterrar la predestinación para no disturbar sus débiles almas, ¿Cómo justificarán su arrogancia cuando indirectamente acusan a Dios de ser estúpidamente irreflexivo, como si no hubiera podido prever el peligro que ellos sienten haber sabiamente encontrado? Por tanto, cualquiera que amontona odio sobre la doctrina de la predestinación, reprocha abiertamente a Dios, como si Este, sin darse cuenta, hubiera permitido que se introdujera algo dañino para la iglesia. (*Institución de la religión cristiana*, III. xxi. 3, 4)
[4] BAGD, *A Greek-English Lexicon* (Cambridge: Cambridge University Press, 1957), 713, 2.

centro, y en el fin de su propósito eterno.

4. Este propósito o plan eterno, ocupándose directa y centralmente con Jesucristo como lo hace, se ocupa directa y centralmente de igual forma con asuntos *sotéricos*. En los versículos inmediatamente precedentes a esta referencia al «propósito eterno que hizo en Cristo Jesús nuestro Señor», Pablo declara que Dios «creó todas las cosas para que la multiforme sabiduría de Dios sea ahora dada a conocer *por medio de la iglesia [redimida]* a los principados y potestades en los lugares celestiales» (3:9–10). Luego continúa su afirmación con las palabras del 3:11 al efecto de que la actividad indicada en el 3:9–10 fue «conforme al [κατὰ, *kata*] propósito eterno que cumplió en Cristo Jesús nuestro Señor» (traducción del autor). *La iglesia de Jesucristo—la comunidad de redimidos—también permanece en Jesucristo al comienzo, centro y final del propósito eterno de Dios.*

Esta característica sotérica del propósito divino recibe apoyo de los otros pasajes en los que Pablo se refiere al propósito de Dios. En Romanos 8:28, Pablo declara que los cristianos «conforme a su propósito son llamados [a la salvación]». En Efesios 1:11 dice que los cristianos «tuvimos herencia [de Dios], habiendo sido predestinados conforme al propósito del que hace todas las cosas según el designio de su voluntad». Y en 2 Timoteo 1:9, Pablo afirma que «[Dios] nos salvó y llamó con llamamiento santo, no conforme a nuestras obras, sino según el propósito suyo y la gracia que nos fue dada en Cristo Jesús antes de los tiempos de los siglos».

5. También aprendemos de Romanos 9:11–13 que el principio *electivo* en el propósito eterno de Dios sirve y funciona solamente junto con el principio de *gracia* que gobierna toda verdadera salvación. Pablo escribe:

> Pues no habían aún nacido, ni habían hecho aún ni bien ni mal, para que el propósito de Dios conforme a la elección permaneciese, no por las obras sino por el que llama, se le dijo: El mayor servirá al menor. Como está escrito: A Jacob amé, más a Esaú aborrecí.

Aquí vemos la conexión entre la gracia de Dios y su propósito electivo mostrándose de forma dramática al discriminar entre Jacob y Esaú. Esto sucede, como Pablo apunta, cuando «no habían aún, nacido, ni habían hecho aún ni bien ni mal», (véase Gn. 25:22–23). Como instamos en el capítulo diez, Pablo aclara la *proporción* que está detrás y gobierna la discriminación divina señalada por la frase «para que el propósito de Dios conforme [κατά, *kata*] a la elección permaneciese [es decir, pudiera seguir siendo inmutable]», en términos de la frase siguiente: «no por [ἐκ, *ek*] las obras sino por [ἐκ, *ek*] el que llama [para salvación}».[5] que es equivalente a decir «no por obras, sino por gracia». Pablo enseña aquí que el propósito electivo de Dios no es, como sucede en el paganismo, «un destino ciego e ilegible» del que «cuelga un misterio impersonal, incluso por encima de los dioses», sino que sirve el propósito inteligible de «resaltar el carácter *gratuito* de la gracia».[6] De hecho, Pablo se refiere posteriormente al remanente «escogido por gracia» (Ro. 11:5).

De todo esto podemos concluir que Dios tiene un solo propósito o plan eterno, y en el centro de ese plan está Jesucristo y su iglesia. Este plan por tanto involucra también cuestiones como la elección de Dios, la predestinación, y el llamamiento efectivo de los pecadores hacia sí mismo para crear por medio de ellos a la iglesia, que a su vez sirve como vehículo para mostrar, no la gloria del hombre (véase Ro. 9:12; 2 Ti 1:9), sino las muchas caras (πολυποίκιλος, *polypoikilos*) de la infinita gracia y *sabiduría* de Dios (Ef. 3:10)— siendo lo último un sinónimo del plan en sí mismo.

---

[5] Véase BAGD, 235, 3, i, para su interpretación de *ek*.
[6] Geerhardus Vos, *Biblical Theology* (Grand Rapids, Mich.: Eerdmans, 1954)), 108, 110.

LA OBRA DE LA CRUZ DE CRISTO EN EL PLAN

En Lucas 22:22 Jesús enseña a sus discípulos que «el Hijo del Hombre va [a la cruz], según lo que está [divinamente] determinado [κατὰ τὸ ὁρισμένον, *kata to horismenon*]». Haciéndose eco de la misma verdad, en Hechos 2:23, Pedro proclamó: «A éste, entregado por el determinado consejo [τῇ ὁρισμένῃ βουλῇ, *tē horismenē boulē*] y anticipado conocimiento [προγνώσει, *prognōsei*] de Dios, prendisteis y matasteis por manos de inicuos, crucificándole». Tanto en la afirmación de Jesús como en la de Pedro, la iglesia debería encontrar una razón indisputable para creer que la cruz de Cristo era central para el eterno plan de Dios. Según esto, en Hechos 4:24–28 toda la iglesia confesó a Dios que Herodes y Poncio Pilato, junto con los gentiles y los líderes de Israel, habían hecho a Jesús «cuanto tu mano y tu consejo habían antes determinado [προώρισεν, *proōrisen*] que sucediera». Además, es posible que sea el plan eterno de salvación de Dios en y por medio de la cruz de Cristo lo que Hebreos 13:20 intenta expresar cuando habla de la «sangre del pacto eterno». Si se refiere a esto, entonces, una vez más, la cruz se presenta como un aspecto central del propósito eterno de Dios. Aprendemos de estos versículos que no solo Cristo, sino también su muerte sacrificial fueron parte integral del decreto divino.

LA PRESCIENCIA DE DIOS Y LA PREDESTINACIÓN DE LOS ELEGIDOS EN EL PLAN

De Romanos 8:29–30 aprendemos otros aspectos del plan o eterno propósito de Dios. Pablo dice al cristiano que «Los que antes [el Padre] conoció [προέγνω, *proegnō*—es decir, sobre los que él puso Su corazón con amor pactual], también los predestinó [προώρισεν, *proōrisen*] para que fuesen hechos conformes a la imagen de su Hijo. . . Y a los que predestinó [προώρισεν, *proōrisen*], a estos también llamó [ἐκάλεσεν, *ekalesen*—es decir, en la historia]». De esto resultan claras dos cosas:

1. En su plan eterno (nótense los prefijos προ, *pro*, [«antes»] en los primeros dos verbos) Dios «antes conoció» (esto es, «puso su corazón sobre ellos») a ciertas personas, y «predestinó» que fueran conformadas a la semejanza de Su Hijo. En este mismo contexto (Ro. 8:33) Pablo llama a aquellos que Dios ha amado siempre «escogidos de Dios».

¿Por qué hemos interpretado la construcción verbal «antes conoció» (προέγνω, *proegnō*) como lo hemos hecho? Con uniformidad, los teólogos reformados han reconocido que el verbo hebreo יָדַע (*yāḏa*‹, «conocer» ; que aparece en Gn. 1:4, 18:19; Éx. 2:25; Sal. 1:6; 144:3; Jer. 1:5; Os. 13:5; Amós 3:2) y el verbo griego γινώσκω (*ginōskō*, «conocer»; que aparece en Mt. 7:22-23; 1 Co. 8:3; 2 Ti. 2:19) pueden significar algo como «conocer íntimamente», «poner el afecto sobre», o «considerar de forma amorosa y especial a», y que el verbo προέγνω, *proegnō*, de Romanos 8:29 quiere expresar algo próximo a este significado, más que al sentido de la simple presciencia.[7]

Los teólogos reformados también entienden que lo que Pablo quiere decir aquí no es que Dios puso su amor sobre los escogidos desde la eternidad porque *viera anticipadamente* su fe o buenas obras, o la perseverancia en ellos, ni ninguna otra condición o causa.[8] Afirmar que lo hizo, no solo introduce circunstancias y condiciones en el contexto, sino que también se opone a la enseñanza de Romanos 9:11–13, que afirma que la elección es de acuerdo a la gracia, y no de acuerdo a las obras, a la de Efesios 1:4, que enseña que Dios nos escogió antes de la creación del mundo «para que fuésemos santos» y no porque Él vio que *seríamos* santos,

---

[7] Para una excelente discusión del significado de «antes conoció» en Romanos 8:29, véase David N. Steele y Curtis C. Thomas, *Romans: An Interpretive Outline* (Philadelphia: Presbyterian and Reformed, 1963), Apéndice C, 131–37.

[8] Incluso si Dios hubiera elegido a los hombres en base a su fe vista con antelación, y/o sus buenas obras, como los arminianos afirman, ya que la fe en Jesucristo no es algo nativo al corazón humano, sino que es un regalo de Dios que no se entrega a todos (Ef. 2:8–9) y ya que las buenas obras son producto de la obra de Dios en los hombres tanto para el querer como para el hacer de acuerdo a su buen propósito (Flp. 2:13), la salvación seguiría siendo completamente de Dios, y los hombres no harían ninguna contribución decisiva a la misma.

y a la de 2 Timoteo 1:9, que enseña que nos salvó y nos llamó a una vida santa, no por nada que hubiéramos hecho, sino por *su propio* propósito y gracia eternos.

2. También aprendemos de la estrecha construcción gramatical entre los verbos «predestinó» y «llamó» que lo que Dios planeó en la eternidad, lo ejecuta en este mundo. Así que existe una clara conexión entre su plan y la ejecución de su plan. Él es el Autor de ambas cosas. El uno es el «plano» para el otro. El otro es «la puerta en marcha histórica» del uno.

LA ELECCIÓN DE LOS HOMBRES EN EL PLAN

En Efesios 1:4–5 Pablo dice a la iglesia que Dios Padre «nos escogió [ἐξελέξατο, *exelexato*] en él [Cristo] antes de la creación del mundo, para que fuésemos santos y sin mancha delante de él. En amor nos predestinó [προορίσας, *proorisas*] para ser adoptados como hijos suyos por medio de Jesucristo, según el beneplácito de su voluntad». En esta doxología, Pablo afirma claramente que, desde la eternidad, Dios había elegido al cristiano para santidad y lo había predestinado para ser hijo. E hizo esto, escribe Pablo, «según el buen propósito de su voluntad» (véase también esta misma preocupación en Ef. 1:9, 11). Murray escribe: «Es jugar con la clara implicación de los términos, y con el repetido énfasis aquí

> el imponer sobre las expresiones cualquier factor determinante que surja de la voluntad del hombre. Si podemos suponer que la diferenciación que involucra la predestinación procede o es determinada por alguna decisión soberana de parte de los mismos hombres, contradecimos lo que el apóstol celosamente afirma mediante su elocuente reiteración. Si quería decir algo con estas expresiones en los versículos 5, 9 y 11, es que la predestinación de Dios, y su voluntad para salvación, proceden de la pura soberanía y absoluta determinación de su consejo. Es la incondicionada e incondicional elección de la gracia de Dios».[9]

En 2 Tesalonicenses 2:13, Pablo informa a sus lectores «hermanos amados por el Señor», de que Dios «os [ha] escogido [εἵλατο, *heilato*] desde el principio [ἀπαρχὴν, *aparchēn*] para salvación». Este versículo, sumado a los versículos previamente citados, destaca la verdad de que, desde la eternidad, Dios está determinado en una actividad salvadora que tendría como resultado la salvación de sus bienamados hijos del pecado y de la muerte.

Todo esto debería aclarar que ningún cristiano puede tener dudas legítimas de la *realidad* del plan eterno de salvación de Dios. Así pues, cuando los teólogos reformados hablan del plan eterno de salvación de Dios o del propósito eterno de Dios, se refieren a Su toma de decisiones salvadora con respecto a Cristo y Su obra sobre la cruz, y a la elección y predestinación de los hombres para salvación en Él.

LA NATURALEZA DEL PLAN ETERNO DE DIOS

Teniendo ante nosotros estos datos escriturales, podemos volver a la discusión acerca de la naturaleza del decreto eterno. Antes de que Warfield ofreciera a sus lectores su propia opinión con respecto a este asunto en su *The Plan of Salvation*, desarrolló su tratamiento del plan salvador de Dios contrastándolo con el fondo de las «diferentes concepciones» del mismo que se han ofrecido en la historia de la iglesia.

¿QUIÉN SALVA A LOS HOMBRES?

La «hendidura más profunda» que separa a las personas que se hacen llamar cristianas, según Warfield, es aquella que distingue el concepto «naturalista» de la salvación que algunos sostienen, del concepto «sobre naturalista» que afirman otros.[10] La visión naturalista, que él llama «auto-soterismo» («auto salvación») y que la iglesia ha designado como «pelagianismo», tomando el nombre de Pelagio, el monje británico de finales del siglo IV y

---

[9] Murray, «The Plan of Salvation», 127.
[10] Warfield, *The Plan of Salvation*, 16–18.

principios del V que la propuso, afirma que los hombres pueden salvarse a sí mismos, que *sus poderes nativos son tales, que son capaces de hacer todo lo que Dios exige de ellos para salvación*. El punto de vista sobre naturalista, designado como «agustinianismo» tomando el nombre de Agustín (354-430) obispo de Hipona, que vigorosamente resistió la enseñanza de Pelagio, insiste en que *los hombres son incapaces de salvarse a sí mismos, y que todos los poderes esenciales para la salvación del alma han de provenir de Dios*. Aunque no de hecho, el agustinianismo triunfó de manera formal sobre el pelagianismo en el 418 d. C., siendo este último condenado en el Decimosexto Concilio de Cartago. En este triunfo conciliar, Warfield destaca que «se estableció de una vez por todas que el cristiano seguiría siendo una religión, y una religión para pecadores, y no se corrompería para convertirse en un simple sistema ético, adecuado solamente para los justos que no necesitan salvación».[11] Dicho de otra forma, la iglesia de Jesucristo, única en este respecto a todas las religiones del mundo, en los momentos más álgidos de su credo es «sobre naturalista» o «agustiniana» en cuanto a su concepción sotérica, y todo cristiano *debería ser* en este sentido «agustiniano» en sus creencias con respecto a la salvación.

No quiero sugerir que Agustín fue siempre consistente con este principio sobre naturalista, ya que, simplemente examinando el registro histórico, podemos ver que no fue así. En Agustín podemos encontrar tanto la doctrina de salvación por gracia por medio de la fe como la de la salvación dispensada por medio de la iglesia y sus sacramentos.[12] La primera puede encontrarse expresada, por ejemplo, en sus *Confesiones* cuando escribe: «Tú me convertiste a ti, de forma que ya no busqué más. . . ninguna de las promesas de este mundo» (8. 12), y de nuevo, «Por tu don he llegado totalmente, no a querer lo que quería, sino a querer lo que tú querías» (9. 1). Claramente, Agustín entendió que su conversión era enteramente obra de la gracia de Dios. Pero también en sus *Confesiones* podemos encontrar lo segundo: «Reconocí el acto de tu voluntad, y alabe tu nombre, regocijándome en fe. Pero esta fe no me deja sentirme seguro acerca de mis pecados pasados, ya que tu bautismo aún no ha llegado para remitirlos» (9. 4). Agustín entonces declara que, después de que Ambrosio lo hubiera bautizado, «toda la ansiedad acerca de nuestra vida pasada se esfumó» (9. 6). Warfield parece bastante justificado al observar que la Reforma Protestante, especialmente del lado Reformado, fue una revolución de la doctrina de gracia de Agustín contra la doctrina de la iglesia, «una revolución. . . contra el ver la gracia canalizada por medio de los sacramentos. . . una revolución, en todas las expresiones reformadoras, contra la noción de que la predestinación fluía solamente a través de las estrechas hendiduras de las ordenanzas de la iglesia. Fue, por contraste, una afirmación del entendimiento de Agustín sobre la perdición humana, sobre la atadura a lo que es tenebroso y maligno, sobre la indispensabilidad de la gracia y la gloria del evangelio, por razón de Aquel en la que las buenas noticias tomaron y toman forma».[13]

Notemos también que el pelagianismo, ya que mujeres y hombres nacen con corazones pelagianos, no murió al ser condenado por el concilio en el 418 d. C. sino que solo se ocultó bajo la superficie, «fastidiando a la Iglesia con formas modificadas de sí mismo, alteradas lo justo para escapar la letra de la condenación de la Iglesia».[14] Por ejemplo, volvió a aparecer de inmediato en la negación semipelagiana de la necesidad de una *gracia preveniente* para salvación. Esto se oponía al Segundo Concilio de Orange del 529 d. C.[15] Pero, aunque ese

---
[11] Ibid., 36.
[12] Véase Louis Berkhof, *Teología sistemática* (Grand Rapids, Mich.: Eerdmans, 1941), 559.
[13] David F. Wells, *Turning to God* (Grand Rapids, Mich.: Baker, 1989), 84.
[14] Warfield, *The Plan of Salvation*, 36.
[15] Alister E. McGrath Apunta que los primeros pronunciamientos del Decimosexto Concilio de Cartago eran «vagos en varios puntos que mostraban ser significativos, y fueron revisados en lo que generalmente se considera como el concilio más importante de la iglesia temprana en tratar con la doctrina de la justificación, el Segundo

concilio salvó a la iglesia del semipelagianismo, la traicionó con la negación semi-semi-pelagiana de la *irresistibilidad* del libre albedrío humano a esa gracia previniente. Esta idea teológica, a pesar de las recurrentes protestas a lo largo de los siglos de hombres como Gottschalk, Bradwardine, Wycliffe,y Hus, fue sistematizada finalmente por Aquino, y declarada en el Concilio de Trento (1545) la posición oficial de aquellas iglesias que estaban en comunión con la Roma de la Contrarreforma. Los reformados del siglo XVI, como acabamos de apuntar, rechazaron la posición sinergista de la soteriología católica romana[16] y regresaron a los mejores y más tempranos puntos de vista del Agustín tardío y a la perspectiva inspirada de Pablo en sus cartas a los romanos y los gálatas.

Dado que el pelagianismo, sea cual sea la forma que tome, es una amenaza para el principio de *solus Christus, sola gratia, sola fide* al afirmar como lo hace que el hombre merece al menos alguna medida de crédito por efectuar su salvación, si no en su inicio, al menos en su cooperación con esa gracia que la inicia, la iglesia siempre ha de estar en guardia para asegurar que este principio de *solus Christus, sola gratia, sola fide* de la Sagrada Escritura permanece como la única base definitiva de la salvación.

¿CÓMO SALVA DIOS A LOS HOMBRES?

Entre los sobre-naturalistas (que es como decir de manera general entre los cristianos, ya que estos están de acuerdo en que Dios salva a los hombres), existe una división sobre la cuestión de los *medios* por los que Dios efectúa Su salvación. Las iglesias «sacerdotales», por ejemplo, la Iglesia Católica Romana, defiende que Dios trata de manera *mediadora* con el alma, que ha impuesto «instrumentalidades sobrenaturalmente imbuidas» (los sacramentos) entre Él y el pecador, siendo los poderes esenciales para la salvación del alma mediados *ex opere operato* al pecador por medio de dichas instrumentalidades. Es decir, los sacramentos hacen que la gracia fluya a sus receptores por la simple administración de ellos «sin ninguna acción o movimiento del alma en los receptores acomodándose inteligentemente a la gracia que significan».[17] Podríamos añadir de pasada que el punto de vista *ex opere operato* de Roma acerca de los sacramentos, que fue elaborado en la Edad Media y en el Concilio de Trento (véase la Sesión 7, Cánones 6–8), el Concilio Vaticano Segundo (1962–1965) no hizo nada para alterarlo de ninguna forma sustancial.[18] Roma defiende que, por medio del sacramento fundacional del bautismo, el pecador es librado de la responsabilidad del pecado original (Aquino declaró que el bautismo «abre la puerta del cielo»), y que por medio de los sacramentos de la Misa y la penitencia se elimina la responsabilidad de los pecados después del bautismo. De esta forma, *la iglesia institucional* se convierte por medio de sus ministraciones sacramentales en la fuente y transmisora de la gracia salvadora a los hombres, o como John Murray dice, «la iglesia es la depositaria de salvación y los sacramentos los medios por los que se transmite».[19] Si se lleva a cabo de forma consistente, la visión sacerdotal insta a que *aparte de las ministraciones sacramentales de gracia de la iglesia, no*

Concilio de Orange, convocado en el 529». Además, apunta:

Ningún otro concilio fue convocado para discutir la doctrina de la justificación entre el [529] y 1545, cuando el Concilio de Trento se reunió para debatir dicha doctrina, entre muchas otras. Por tanto, existió un periodo de más de un milenio durante el cual el oficio doctrinal de la iglesia guardó silencio sobre el tema de la justificación... La erudición reciente ha establecido que ningún teólogo de la Edad Media citó jamás las decisiones del Segundo Concilio de Orange, ni mostró la más mínima conciencia de la existencia de dichas decisiones... Por eso, los teólogos de la Edad Media se vieron obligados a basar su enseñanza sobre la justificación en los cánones del Concilio de Cartago, que simplemente eran incapaces de soportar la carga impuesta sobre ellos. La cada vez mayor precisión de los términos técnicos empleados en las escuelas teológicas inevitablemente llevó a que los términos poco precisos del Concilio de Cartago fueran interpretados de una forma ajena a la intención de aquellos que originalmente los emplearon. (*Luther's Theology of the Cross* [Oxford:Blackwell, 1985], 11-12)

[16] Allí donde el Protestantismo ha colocado su «solamente» o *solus* («solo», como en *sola Scriptura, solus Christus, sola gratia, sola fide, soli Deo gloria*), la teología católica romana siempre ha continuado colocando su «ambos» o *et* («y» como en Escritura *y* tradición, Cristo *y* María, gracia *y* naturaleza, fe *y* obras). Todos esos «y» son consecuencia del compromiso de Roma con el punto de vista de Aquino acerca de la «analogía de ser» entre Dios y la creación, que Roma considera ser fundamentalmente buena a pesar de la Caída. Estoy de acuerdo con Karl Barth cuando dijo: «Considero la *analogia entis* una invención del Anticristo, y pienso que por ella uno no puede volverse católico» (*Church Dogmatics*, trans. G. T. Thomson [Edinburgh:T. & T. Clark, 1936], 1:1, x.

[17] Robert L. Dabney, *Lectures in Systematic Theology* (1878; reedición, Grand Rapids, Mich. :1972), 739.

[18] Véase F. S. Piggin, «Roman Catholicism», en *Evangelical Dictionary of Theology*, ed. Walter A. Elwell (Grand Rapids, Mich.: Baker, 1984), 957.

[19] Murray, «The Plan of Salvation», 124.

existe salvación. Esta visión sacerdotal es esencialmente semipelagiana en cuanto a que su doctrina sobre la penitencia sustituye el entendimiento agustiniano del pecado como algo que deshonra al Dios santo y eterno, por un moralismo vacío que define el pecado como la infracción de reglas, lo cual puede compensarse mediante buenas obras. Warfield objeta el concepto sacerdotal de la salvación en base a otros tres motivos:

1. El motivo de la *distanciación*: «El sistema sacerdotal separa el alma del contacto directo con una dependencia inmediata del Espíritu Santo de Dios, como fuente de todas sus actividades llenas de gracia. Interpone entre el alma y la fuente de toda gracia un cuerpo de instrumentalidades, tentándola a depender de ellas, y traicionando así al alma con un concepto mecánico de la salvación».
2. El motivo de la *despersonalización:* «El sacerdotalismo ignora completamente la personalidad de Dios Espíritu Santo, como si fuera una fuerza natural que opera, no cuándo, dónde y cómo le plazca, sino de manera uniforme y regular siempre que sus actividades son realizadas».
3. El motivo de la «*deificación*» del sacerdocio: «Esto obviamente implica. . . la sujeción al Espíritu Santo en sus operaciones de gracia al control de los hombres. . . el Espíritu Santo se convierte en un instrumento que la Iglesia, que es el medio de gracia, utiliza para obrar la salvación».[20]

Opuesto al sacerdotalismo está el evangelicalismo adoptado por todo protestantismo *consistente*, que insiste en que el alma no debe depender de ninguna instrumentalidad intermedia para su salvación, sino que siempre debe depender directa, inmediata y solamente de Dios. El evangelicalismo insiste, no solo en que es Dios quien salva, sino que salva obrando de forma *inmediata* sobre el alma por Su Palabra y Espíritu cuando el evangelio se proclama adecuadamente, y los misterios del evangelio se administran de forma apropiada. El evangelicalismo insta a que *donde el Espíritu obra, allí surge la iglesia,* y, además, que *aparte de esa iglesia que emerge donde el Espíritu obra, no hay salvación.*

¿EN QUIÉN REALIZA DIOS LA OBRA DE SALVACIÓN?

El protestantismo organizado, unido formalmente por la visión evangélica de la salvación en oposición a la visión sacerdotal, ha sufrido división con respecto a quiénes son objeto de las misericordias salvadoras de Dios. Los «universalistas» evangélicos, o arminianos, discípulos de Jacobo Arminio (1560–1609), afirman que «Todo lo que Dios hace buscando la salvación del hombre pecador, no lo hace para hombres individuales, sino por todos los hombres de igual manera, sin hacer distinciones».[21] En oposición a este esquema universalista, está la visión «particularista» de las iglesias reformadas o calvinistas. Ciertamente, su visión del particularismo divino en la salvación es la marca distintiva de la teología de las iglesias reformadas.[22]

Las iglesias reformadas afirman que es solamente Dios quien salva (la confesión sobrenatural), y si Él salva por la operación directa e inmediata del Espíritu por y con la Palabra puesta sobre el alma (la confesión evangélica), y si todo lo que hace al buscar la salvación de los hombres lo hace directamente a todos los hombres y por todos de igual manera, sin distinción (la confesión universalista), parece lógico concluir que todos los

---

[20] Warfield, *The Plan of Salvation*, 66–67. Los términos descriptivos son propios.
[21] Ibid., 69. Véase también Roger R. Nicole, «Arminius, James», en *The Encyclopedia of Christianity* (Wilmington, Del.: National Foundation for Christian Education, 1964), 1:405–11, y J. Kenneth Grider, «Arminianism», en *Evangelical Dictionary of Theology*, 79–81. El «arminianismo» como término general, con su insistencia en la libertad de la voluntad, puede ser aceptado al menos en este punto por la iglesia católica romana, la ortodoxa griega, la luterana melactoniana (no por Lutero mismo), la metodista, y muchas iglesias bautistas.
[22] Warfield, *The Plan of Salvation*, 87.

hombres serán salvos. Pero ya que ni la Escritura, ni la historia, ni la experiencia cristiana dan cabida a esta conclusión, alguna de las premisas de las partes evangélicas que contienden ha de relajarse, bien sea la premisa sobre-naturalista o la universalista.

Se ha de defender, o bien que no es Dios y solo Dios quien obra la salvación, sino que el disfrutarla depende en algún punto decisivo de algo que el hombre hace o es..., o bien se ha de defender que las actividades de gracia de Dios al buscar la salvación no son, después de todo, completamente universales...; si no es así, sería inevitable conceder que todos los hombres son salvados. [23]

Los teólogos arminianos reconocen la fuerza de esta observación; en consecuencia, declaran que la razón por la que algunas personas son salvas y otras se pierden, a pesar del hecho de que las operaciones salvadoras de Dios se presentan a todos sin excepción, es que el grupo de los salvos acepta, ejercitando el libre albedrío, algunos aspectos de dichas operaciones cuando Dios las extiende a ellos, mientras que el grupo de los perdidos (de nuevo en ejercicio del libre albedrío), los rechaza. Resumiendo, la premisa sobre-naturalista se relaja. Pero como apunta Warfield, esto significa que, en el punto decisivo, es algo *que el hombre hace o en lo que se convierte* lo que determina si es salvo o se pierde. Para preservar la premisa universalista, el universalista evangélico relaja la premisa sobre-naturalista original e introduce en el punto decisivo el principio auto-sotérico pelagiano, siendo el resultado una salvación «semi-pelagiana» (en parte de Dios, en parte del hombre) y «cooperativa» (la razón por la que ha de llamarse «semi-pelagianismo» y no «semi-agustinianismo» es que, en el punto decisivo, es la parte del *hombre* la que finalmente determina quién se salva y quién no):

> El resultado que, el intentar entender las operaciones de gracia de Dios en búsqueda de la salvación universalmente, inevitablemente lleva al naufragio de una u otra forma... del principio sobre-naturalista, en base al cual todas las iglesias cristianas profesan estar unidas. Ya sea que este universalismo tome una forma sacerdotal o una que lo libera de toda atadura con las transacciones terrenales, siempre termina transfiriendo el factor verdaderamente decisivo en la salvación de Dios al hombre.[24]

Para evitar este «naufragio» del principio sobre-naturalista o agustiniano, y preservar de la Escritura tanto las enseñanzas sobre-naturalistas (fundamentalmente cristianas) como las evangélicas (fundamentalmente protestantes), la parte reformada (calvinista) del movimiento protestante afirma que la razón por la que todos los hombres no son salvos es que Dios no obra sus operaciones salvadoras en los corazones de todos ellos sin excepción, sino solo en los corazones individuales y particulares de los escogidos, uno por uno. Resumiendo, las iglesias reformadas reemplazan la premisa «universalista» del protestantismo no reformado con la premisa «particularista», y, según esto, intiman que «los hombres deben en cada uno de los casos su salvación a Él, y no solo a la oportunidad general para ser salvos. Por tanto, a Él y solamente a Él pertenece en cada caso toda la gloria, y nadie puede compartirla.[25] Así, el principio particularista preserva tanto el principio sobre-naturalista fundamental del cristianismo como religión redentora de Dios, como el carácter sustitutorio de la obra de Cristo en la cruz.

¿POR QUIÉN HIZO CRISTO SU OBRA EN LA CRUZ?

No solo es que el universalista evangélico relaje el principio sobre-naturalista que es el cimiento del teísmo cristiano, sino que, para ser consistente, también debe rechazar el carácter sustitutorio de la expiación de Cristo, en favor de lo que llama la teoría gubernamental de la

---

[23] Ibid., 70.
[24] Ibid., 84.
[25] Ibid., 23,

expiación.[26] Esto necesariamente se desprende de su reconocimiento de que, si todo lo que Dios hizo buscando la salvación de los hombres lo hizo por todos ellos de igual forma, y si Cristo expió sustitutoriamente todos los pecados de los hombres (la doctrina de la expiación ilimitada o indefinida), entonces todos los hombres serían salvos. Sin embargo, ya que reconoce que, de hecho, todos los hombres no son salvos, y ya que en su pensamiento nadie puede recibir ningún beneficio de la obra de Cristo que no reciban también otros (y aquellos que finalmente se pierden obviamente no reciben la salvación), entiende la obra de la cruz de Cristo de tal manera que en sí misma no posee ni tiene intención de poseer la eficacia intrínseca para, de hecho, salvar a nadie. De acuerdo con esto, dentro de las filas del universalismo evangélico, allí donde todavía se discute la expiación sustitutoria en el sentido de que la muerte de Cristo pagó la pena por el pecado, es (como el teólogo arminiano J. Kenneth Grider reconoce en su artículo «Arminianism» en el *Evangelical Dictionary of Theology*) una «extensión que proviene del calvinismo»

> En las décadas recientes, se ha producido cierta extensión del calvinismo al arminianismo. Es por eso que muchos arminianos cuya teología no es muy precisa, dicen que Cristo pagó la pena por nuestros pecados. Sin embargo, este punto de vista es extraño al arminianismo. Los arminianos enseñan que Cristo murió por todas las personas, por tanto, lo que hizo no podía haber sido pagar la pena por el pecado, ya que entonces nadie habría ido a la perdición eterna. El arminianismo enseña que Cristo sufrió por todos de manera que el Padre pudiera perdonar a aquellos que se arrepienten y creen; su muerte es tal que todos verían que el perdón es costoso, y se esforzarían por parar la anarquía en el mundo gobernado por Dios.[27]

Esta es la teoría gubernamental de la expiación. Su enseñanza germinal se encuentra en Arminio, pero fue su estudiante, el teólogo-abogado Hugo Grotius (1583–1645), el que detalló esta idea en su *De satisfactione Christi* (1617).

> Quizás este es el lugar para responder a una de las razones que Grider ofrece en favor del punto de vista arminiano. Él nos informa que los arminianos sienten que Dios padre no sería perdonador en absoluto si su justicia tuviera satisfacción en el suceso que, de hecho, la justicia necesita: el castigo. Entienden que solo puede existir castigo o perdón, no ambas cosas—entendiendo, p. ej., que un niño es bien castigado o perdonado, perdonado después de que el castigo se haya cumplido.[28]

Pero esta idea (que imagina el castigo y el perdón como una antítesis incompatible), no reconoce que, en todo perdón verdadero (tanto humano como divino), la parte ofendida está soportando vicariamente sobre ella la ofensa y el castigo que debería pagar la parte que ofende. Por usar la ilustración de Grider, cuando un padre verdaderamente perdona a su hijo arrepentido y no inflige un castigo judicial sobre él, lo que está sucediendo es que el padre está soportando de forma vicaria sobre sí mismo tanto la ofensa del niño contra él como el castigo que la ofensa del niño merece, siendo «el soportar vicario del pecado» que realiza el padre precisamente el fundamento por el que puede extender con justicia el perdón a su hijo. El castigo y el perdón están ambos presentes: no existe incompatibilidad entre ellos. De forma similar, en el perdón divino, Cristo (que no es una tercera parte desinteresada, sino que, como Hijo de Dios, era Él mismo la parte ofendida (junto con toda la deidad), soportó en sí mismo tanto la ofensa como el castigo de aquellos que el Padre le entregó, siendo su «soportar vicario del pecado» precisamente el fundamento sobre el cual la deidad puede justamente extender el perdón a aquellos por los que Cristo murió.

---

[26] La teoría gubernamental de la expiación niega que la muerte de Cristo tuviera la intención de pagar la pena por el pecado (o una sustitución penal), sino que más bien fue un *ejemplo* penal de la terrible y trágica naturaleza del pecado, de forma que el perdón divino («pasando por alto» la exigencia del castigo hacia el pecador) pudiera emitirse sin tener el efecto de debilitar el honor o cumplimiento de las exigencias morales de Dios a los ojos del público. Los que proponen esta teoría afirman que la sociedad no se tomaría en serio la necesidad de ser gobernados moralmente por Dios a menos que, en lugar de castigar a los pecadores, Dios ofreciera como sustitución una gran medida que fuera desagradable y llena de dolor.
[27] Grider, «Arminianism», 80.
[28] Ibid.

También, en respuesta a Grider, si la muerte de Cristo sobre la cruz no tenía la intención de ser una ofrenda por el pecado para pagar la pena del pecado de nadie, sino que más bien, por medio de cualquier poder emotivo que pueda afirmar, para ilustrar a los hombres lo que merecen penalmente sus pecados a manos de un Dios justo, entonces no es solo que ningún pecado del hombre esté todavía sin expiar, sino que la muerte de Cristo es inútil, porque no se cumple que los hombres pecadores concluyeran de su muerte que «el perdón es costoso» y que deberían «esforzarse por parar la anarquía en el mundo que Dios gobierna».

El esquema amiraldiano

Mientras que todos los cristianos reformados están comprometidos con el principio particularista en la salvación, algunos teólogos reformados llamados «amiraldianos» por Moise Amyraut (Amyraldus) (1596–1664) de la escuela teológica de Saumur en Francia, que desarrolló este esquema (también conocidos como «universalistas hipotéticos», «post-redencionistas», «ante-aplicacionistas» y «calvinistas de cuatro puntos» por razones que serán aclaradas después), se unen con los universalistas evangélicos en su punto de vista acerca de la obra de Cristo en la cruz y mantienen que la Biblia enseña que Cristo murió por todos los hombres sin excepción. [29] Sostienen que en esto es al menos un aspecto de la actividad divina que busca la salvación de los hombres y que, a la vez es *universal*. Pero ¿cómo puede ajustarse este aspecto universalista de la actividad divina al aspecto particularista que es la marca distintiva del punto de vista soteriológico reformado (o calvinista)?

Los teólogos amiraldianos resuelven para sí mismos la tensión entre el particularismo soteriológico (el cuál están convencidos que la Biblia enseña) y el propósito universalista de la obra de Cristo en la cruz (el cual también están convencidos que la Biblia enseña) analizando el plan eterno de salvación de Dios y proponiendo una disposición u orden específico de sus distintas partes (o decretos, véase fn. 1). Según ellos, este orden justifica su punto de vista soteriológico.

El orden amiraldiano de los distintos elementos principales o decretos del plan eterno de salvación de Dios es el siguiente:

1. el decreto para crear el mundo y (todos) los hombres
2. el decreto de que (todos) los hombres caerían
3. el decreto para redimir a (todos) los hombres por la obra de Cristo en la cruz
4. *la elección de algunos de los hombres caídos para la salvación en Cristo (y la reprobación de los demás)
5. el decreto para aplicar los beneficios redentores de Cristo a los elegidos.

Incluso un análisis superficial del planteamiento amiraldiano muestra que los primeros tres decretos son universales con respecto a sus referentes (por eso inserto la palabra «todos» entre paréntesis), siendo los dos últimos particulares, y posponiéndose el decreto discriminativo de elegir a algunos hombres para salvación (marcado por el *) hasta la *cuarta* posición en el esquema, colocándose *inmediatamente después* el decreto de redimir a los hombres (de ahí que se llame «post-redencionismo») e *inmediatamente antes* el decreto de aplicar los beneficios redentores de Cristo (de ahí su nombre «ante-aplicacionismo»).

Organizando Dios sus decretos de esta forma, el amiraldiano propone que en el «propósito eterno» único de Dios, su primer decreto se relaciona con la creación del mundo y de *todos los hombres* que lo poblarían. Su segundo decreto se relaciona con la caída de Adán, y en él

---

[29] Véase Roger R. Nicole, «Amiraldism», en la *The Encyclopedia of Christianity* (Wilmington, Del.: The National Foundation for Christian Education, 1964), 1:184–93. El punto de vista de Amyraut tiene su origen en su tutor, John Cameron (1580–1626), ministro de la iglesia reformada de Burdeos, que sirvió como profesor en las escuelas de Saumur y Montauban, y finalmente en la Universidad de Glasgow. En su *Eschantillon de la doctrine de Calvin touchant la predestination* (1636), Amyraut afirmó que Calvino se adhería a la expiación universal. Los amiraldistas contemporáneos también mantienen que su posición es esencialmente la de Juan Calvino (pero véase el capítulo 18, fn. 3).

de *todos los hombres* que descienden de él por generación ordinaria. El tercer decreto se relaciona con la obra de Cristo en la cruz, y, ya que en el orden no aparece todavía ningún «decreto de distinción», el referente de su obra son *todos los hombres* sin excepción o distinción. El amiraldiano defiende que los pasajes bíblicos que adscriben una referencia universal a la obra de Cristo en la cruz («todos los hombres» —Juan 12:32; Ro. 5:18; 8:32; 11:32; 2 Co. 5:14-15; 1 Ti. 2: 5– 5; Tit. 2:11; Heb. 2:9; «mundo» —Juan 3:16; 1 Juan 2:2; 2 Co. 5:19) reflejan necesariamente un orden en el que el decreto para salvar a los hombres por medio de la obra de Cristo en la cruz *precede* a cualquier decreto a fin de discriminar entre los hombres.

Dado que algunos pasajes bíblicos también mencionan claramente el hecho de la elección, el amiraldiano reconoce que se ha de dar un lugar a este factor en el plan eterno de salvación. Por tanto, lo incluye en su esquema de buena gana, colocando el decreto de elección, que discrimina entre los hombres, *después* del «decreto de la obra de la cruz» (cuya posición, según defienden, preserva el diseño «ilimitado» y justifica la presencia de pasajes bíblicos que hablan de la obra de Cristo en la cruz en términos universales) pero *antes* del decreto que trata de su aplicación. Por supuesto, una vez se introduce la discriminación, ha de dársele su lugar en cualquier decreto que la siga. El resultado del ordenamiento amiraldiano es que la *ejecución de la discriminación divina no se produce en el punto del logro redentor de Cristo, sino en el punto de la aplicación redentora del Espíritu.*

Aunque este esquema hace que el amiraldiano preserve el derecho de considerarse «calvinista» (ya que da cabida al principio particularista, sello distintivo del calvinismo), aquellas iglesias dentro del mundo reformado que han adoptado la Confesión Belga, el Catecismo de Heidelberg, los Cánones de Dort y la Confesión de Fe de Westminster, lo han rechazado de manera uniforme por tres razones básicas:

1. El amiraldianismo es una forma del calvinismo lógicamente inconsistente, en el sentido de que su esquema hace que las personas de la deidad obren con propósitos enfrentados: por decreto el Hijo murió con la intención de salvar a todos los hombres, y por decreto el Espíritu aplica los beneficios salvadores de Cristo solo a algunos hombres. La obra de cada persona anula la intención de la otra.

2. Dado que el Hijo y el Espíritu, por sus obras respectivas, están simplemente ejecutando el «propósito eterno» del Padre para ellos, el amiraldianismo implica que existe en los decretos bien un elemento *cronológico*, que tiene el efecto de anular la eternidad del propósito divino, o uno *irracional*, que tiene el efecto de imputar confusión al propósito divino. Cualquiera de estos elementos ataca la naturaleza de Dios. Warfield adecuadamente pregunta:

> ¿Cómo es posible defender que Dios entregó a Su Hijo para morir por todos los hombres por igual y sin distinción, y a la vez declarar que cuando entregó a su Hijo, ya tenía la intención de que Su muerte no tuviera efecto para todos los hombres por igual y sin distinción, sino solo por aquellos a quienes seleccionaría para ser sus beneficiarios (a los cuales... dado que es Dios y no existe secuencia de tiempo en sus decretos, ya había seleccionado)?[30]

Warfield responde su propia pregunta:

> Mientras Dios sea Dios... es imposible defender que Dios tenga la intención de que el regalo de Su Hijo sea para todos los hombres por igual y sin distinción, y, al mismo tiempo, que tenga la intención de que dicho regalo no salve a todos, sino solamente a un grupo selecto para los cuáles Él mismo provee. La esquematización del orden de los decretos presentada por los amiraldianos necesariamente implica una relación cronológica de precedencia y secuencia entre los decretos [nota del autor: o la otra alternativa, que, tal y como hemos sugerido arriba, es la irracionalidad

---

[30] Warfield, *The Plan of Salvation*, 94.

dentro de la mente divina], que, si se asume [cualquiera de ellas] resulta en la abolición de Dios.[31]
3. Al instar que la Biblia enseña que tanto por decreto divino como en la historia, la muerte de Cristo, representada por él como no restringida con respecto a sus referentes, tenía la intención de salvar a todos los hombres sin excepción (la doctrina de la expiación ilimitada), el amiraldianismo debe necesariamente unir fuerzas con el universalismo armininano, el cual, como hemos visto, comparte este aspecto de su visión[32] y dar la espalda completamente a una verdadera expiación *sustitutoria*, «que es tan preciosa para los calvinistas como lo es su particularismo, y a la cual se debe mucho del celo de dicho particularismo».[33] Pero esto, hiere fatalmente en el corazón al cristianismo como religión redentora de Dios, ya que (a menos que estemos preparados para afirmar la salvación final universal de todos los hombres) no podemos tener una expiación con un valor salvador intrínsecamente infinito y, al mismo tiempo, una expiación de extensión universal. Podemos tener lo uno o lo otro, pero no ambos.

Si Cristo propició *de verdad* por Su muerte la ira de Dios, nos reconcilió con Dios, y pagó la pena por el pecado (que es lo que significa una expiación de infinito valor intrínseco), y si Él *sacrificialmente* fue sustituto por (περί, *peri*), en favor de (ὑπέρ, *hyper*), para (διά, *dia*), y en lugar de (ἀντί, *anti*) los pecadores, entonces se desprende que para todos aquellos por los que Él hizo Su obra en la cruz sustitutoriamente, ya hizo todo lo que es necesario para procurar su salvación, y así garantizar que serán salvos. Pero ya que ni la Escritura, ni la historia, ni la experiencia cristiana tolerará la conclusión de que todos los hombres se han convertido, se están convirtiendo o se convertirán en cristianos, hemos de concluir que Cristo no murió salvadoramente por todos los hombres, sino solamente por algunos, es decir, por los escogidos de Dios.[34]

Si, por otra parte, Cristo hizo su obra para todos los hombres sin excepción, y si no tenía la intención de que sus beneficios se aplicaran a ningún hombre en ningún sentido que no tuviera intención de aplicar a cualquier otro hombre de manera distributiva, ya que, de nuevo, ni la Escritura, ni la historia, ni la experiencia cristiana permiten la conclusión de que todos los hombres son salvos, necesariamente se desprende que Cristo en realidad no murió ni salvadora ni sustitutoriamente por ningún hombre, porque no hizo nada por aquellos que son salvos que no hiciera por aquellos que se pierden, y lo que no hizo por los perdidos fue salvarlos. También se desprende de manera necesaria que, ya que Cristo por Su muerte no procuró *de hecho* nada que garantice la salvación de ningún hombre, y aun así algunos son salvos, lo más que podemos afirmar de Su obra es que, de alguna forma, hizo a todos los hombres salvables. Pero el punto de vista más elevado de la expiación que podemos alcanzar siguiendo este camino es el punto de vista gubernamental, que sostiene que Cristo, al morir, en realidad no pago la pena del pecado de ningún hombre. Lo que hizo su muerte fue demostrar lo que su pecado merece a manos de un Gobernador y Juez del universo justo, y permite que Dios los perdone con justicia si *en base a otras cosas*, tales como *su* fe, *su* arrepentimiento, *sus* obras y *su* perseverancia, cumplen con sus exigencias. Esto significa, por supuesto, que la salvación *real* de aquellos que se salvan finalmente tiene su origen y depende de manera decisiva sobre algo que no es la obra de Aquel que es el único que puede salvar a los hombres, es decir, depende de algo que aquellos que son salvados hacen por ellos mismos. Sin embargo, esto arranca de la obra del Salvador en la cruz todo su valor salvador intrínseco, y reemplaza la visión cristocéntrica de la Escritura con una visión auto-sotérica de pelagianismo.

---

[31] Ibid., 94.
[32] Véase H. Orton Wiley, *Christian Theology* (Kansas City: Beacon Hill, 1959), 2: 246–47.
[33] Warfield, *The Plan of Salvation*, 94.
[34] Véase la parte tres del capítulo dieciocho, «El plan divino tras la obra de Cristo en la cruz» para un argumento más completo.

EL PRINCIPIO QUE GOBIERNA EL ORDEN DE LOS DECRETOS

La mayoría de los calvinistas han seguido dos órdenes, conocidos tradicionalmente como «infralapsarianismo» y «supralapsarianismo». El primero de ellos propone que una disposición histórica representa mejor el principio que gobierna la mente divina, y el segundo, que este principio es mejor representado por una disposición teleológica.

Infralapsarianismo: El principio histórico

El testimonio del calvinismo consistente, muy consciente de los peligros inherentes en el amiraldismo, concuerda en que, sin importar la disposición de los decretos que adoptemos finalmente, el decreto para salvar los hombres por Cristo y el decreto para aplicar los beneficios salvadores a ellos por el Espíritu Santo deben aparecer en el orden de los decretos *lógicamente* (no cronológicamente) *después* del decreto que los distingue o escoge. Con este simple ajuste, todas las dificultades del amiraldismo son eliminadas. Según esto, Cristo muere por los *escogidos* y el Espíritu aplica este beneficio a ellos; ambos trabajan ambos de manera unida y consistente para cumplir el propósito redentor único del Padre: Salvar a los *escogidos*. De acuerdo con esto, todo calvinismo consistente eleva el decreto de discriminación de Dios desde la cuarta posición, donde lo inserta el amiraldista, al menos hasta la tercera posición en el orden de los decretos tal y como sigue (como veremos, el supralapsarianismo lo coloca en una posición aún más alta):

1. el decreto para crear el mundo y (todos) los hombres
2. el decreto de que (todos) los hombres caerían
3. *la elección de algunos de los hombres caídos para la salvación en Cristo (y la reprobación de los demás)
4. el decreto para redimir a los escogidos por la obra de Cristo en la cruz
5. el decreto para aplicar los beneficios redentores de Cristo a los elegidos.

La disposición propuesta representa el esquema calvinista conocido como «sub— o infralapsarianismo». El término literalmente significa «por debajo [*sub*] o después [*infra*] de la caída [*lapsus*]», y denota la posición del decreto discriminador con respecto al decreto lapsariano (de la caída)—es decir, *inmediatamente después* del decreto acerca de que los hombres caerían. De acuerdo con los Cánones de Dort (véase el primer encabezamiento de doctrina del sínodo, artículos VII, X),[35] los calvinistas más consistentes exponen este esquema porque representa a Dios distinguiendo entre los hombres *como pecadores*, lo cual, según ellos defiende, representa a Dios como lleno de gracia y amoroso hacia el pecador *escogido*, así como santo y justo hacia el pecador *reprobado*. Avanzar el decreto discriminatorio hacia cualquier posición *antes* del decreto con respecto a la caída, según argumentan contra los supralapsarianos («antes [*supra*] de la caída»), hace ver que Dios discrimina entre los hombres *como hombres* en lugar de hacerlo como pecadores, lo cual a su vez le hace parecer arbitrario, por decir poco, si es que no le hace parecer también el autor del pecado.

Los calvinistas supralapsarianos han presentado las seis objeciones siguientes contra el esquema infralapsariano:

---

[35] Los cánones de Dort, aunque en su práctica y sustancia son infralapsarianos, no están estructurados de tal forma que resulte imposible para los supralapsarianos suscribirse a ellos de forma honesta e inteligente, como resulta evidente del hecho de que Francisco Gomarus y Gisbertus Voetius, miembros del Sínodo y ambos firmes supralapsarianos, se suscribieron a ellos. La Confesión de Fe de Westminster no compromete a nada—véase el artículo de Benjamin B. Warfield's «Predestination in the Reformed Confessions», en *Studies in Theology* (New York:Oxford University Press, 1932), 228–30. En él escribe:

> Algunas de las [confesiones reformadas] son explícitamente infralapsarianas, y ninguna de ellas excluye, ni mucho menos se opone con polémica al infralapsarianismo. Ninguna de ellas es explícitamente supralapsariana: muchas, sin embargo, dejan la cuestión entre supra e infralapsarianismo completamente al lado, abriendo la puerta a ambos. Además, ninguna de ellas polemiza en contra del supralapsarianismo. A la vista de estos hechos, es difícil que exista la posibilidad de hablar de credos reformados amplia y marcadamente infralapsarianos... Algunas confesiones reformadas definen explícitamente el infralapsarianismo: ninguna afirma nada que no esté en consonancia con este punto de vista. Por otra parte, en la mayoría de las confesiones, no se afirma nada inconsistente con el supralapsarianismo tampoco. Esta mayoría incluye varios de los documentos más ampliamente aceptados [tales como, de acuerdo con Warfield, el Catecismo de Heidelberg, la Segunda Confesión Helvética, y la Confesión de fe de Westminster].

Véase también a John Murray para una opinión similar en «Calvin, Dort, and Westminster on Predestination—A Comparative Study», incluido en *Crisis in the Reformed Churches* (Grand Rapids, Mich.: Reformed Fellowship, 1968), 154–55.

1. El esquema infralapsariano no puede dar cuenta de la elección y reprobación de los ángeles. Existen «ángeles escogidos» (1 Ti. 5:21), pero no fueron escogidos de una totalidad de su orden vista como *caída* (como el esquema infralapsariano muestra que sucede con los hombres escogidos), ya que los ángeles escogidos nunca cayeron. Berkhof, quien parece (aunque solo ligeramente) favorecer la postura infralapsariana, reconoce esto cuando escribe:

La predestinación de los ángeles solo puede entenderse como supralapsariana. Dios no escogió a los ángeles de entre un cierto número de una masa caída de ángeles. . . la predestinación de los ángeles favorecería la posición supralapsariana, porque solo puede concebirse según dicho esquema.[36]

Además, los ángeles que cayeron, aunque eran criaturas de Dios con la misma necesidad de redención que los hombres caídos, no conocerán ningún esfuerzo divino por redimirles (véase Heb. 2:16; 2 P. 2:4; Jud. 6). Aparentemente, por motivos propios suficientes, Dios concedió mediante decreto la gracia y perseverancia en santidad a algunos ángeles, y la negó a otros. Si Dios hizo esto con respecto al destino de los ángeles, ¿no lo hizo, por usar una expresión infralapsariana, «arbitrariamente» (aunque en este punto podríamos usar una palabra más apropiada y no peyorativa como «soberanamente»)? Y, si lo hizo así, ¿existe alguna razón por la que no debería haber hecho lo mismo con respecto al destino de los hombres? Es cierto, por supuesto, que la base del trato de Dios con un orden de sus criaturas (los ángeles) puede no ser el mismo que sus tratos hacia otro orden de sus criaturas (la humanidad), pero si se ha de dar peso a algo, es un hecho que la analogía entre los ángeles y los hombres escogidos favorece más al esquema supralapsariano de lo que lo hace con el infralapsariano.

2. Aunque la preocupación infralapsariana por presentar la reprobación que Dios hace de algunos pecadores como un acto de justicia (lo cual se evidencia porque se coloca el decreto de discriminación *después* del decreto que se ocupa de la caída) llama a una precaución apropiada contra cualquier representación de Dios que sugiera que actúa hacia los hombres caprichosamente y sin propósito, si lo que desea sugerir con esto es que la reprobación que Dios hace de estos pecadores es *simplemente* un acto de justicia (solo de condenación) que en ningún sentido conlleva también la lógicamente anterior determinación soberana de «pasarlos por alto» y dejarlos en su pecado (preterición), el resultado hace que la reprobación sea solamente un decreto *condicional*, una posición que está de acuerdo con lo que los arminianos defienden: que Dios no determina el destino de ningún hombre, sino que simplemente decretó *reaccionar* en misericordia o justicia a las acciones de los hombres.[37]

---

[36] Berkhof, *Teología Sistemática*, 113, 121.

[37] Los arminianos regularmente enseñan que Dios no produce positivamente el mal moral; más bien permite al pecador actuar por sí mismo (véase James Arminius, *The Writings of James Arminius* [Grand Rapids, Mich. : Baker, 1977], 3:450). John H. Gerstner (*A Predestination Primer* [Winona Lake, Indiana:Alpha Publications, 1980], 7) también parece afirmar esto cuando escribe:

La elección es lo que se llama un decreto positivo, y la reprobación normalmente se considera un decreto permisivo... [Por lo anterior] queremos indicar que Dios, desde toda la eternidad pre-ordena que algunas acciones sean para vida eterna iniciándolas, instigándolas, energizándolas, o dando poder para ellas... Esto se llama «positivo» porque Dios, de hecho, hace algo. Él, de hecho, produce el acto en la persona... Lo que se pretende decir [con el término anterior] es esto: de acuerdo con este decreto, Dios predestina los actos de los hombres pecadores ordenando todas las circunstancias que llevan a que el pecador escoja el mal sin inclinarle, disponerle, o dar energías al pecador para cometer la mala obra. Dios simplemente permite al reprobado que, de sí mismo y su propia instigación o inclinación, haga aquello que es malo... En esta situación, Dios se abstiene de actuar positivamente.

En el mismo espíritu, Gerstner escribe en otro lugar: «Es solo la maldad del corazón humano, y no el decreto de Dios, lo que hace que los hombres rechacen los ofrecimientos de Dios y Su evangelio».

Pero esta distinción significa que, aunque los pecadores escogidos no lo hagan, como mínimo, los pecadores reprobados actúan independientemente de Dios. Refiero al lector a Éxodo 4:21, 7:3, Salmos 105:25, y Proverbios 21:1 como refutación bíblica suficiente al punto de vista de Gerstner de una reprobación que actúa como un «decreto permisivo». Véase también a Juan Calvino, *Concerning the Eternal Predestination of God* (Cambridge: James Clarke, 1961), 174–77, escrito como refutación hacia Albertus Pigius y Georgius de Sicilia, por su rechazo (y el de Agustín) hacia la representación que hace Gerstner de la relación de Dios con los malos actos de los hombres reprobados.

El error de Gerstner surge, al menos en parte, de su insistencia en que el albedrío del hombre es libre: «No existe ningún poder que conozcamos en este mundo que pueda, de hecho, forzar nuestra voluntad... Los poderes de este mundo pueden hacer virtualmente cualquier cosa que quieran, pero esa área es invulnerable e impenetrable para cualquiera y cualquier cosa, es decir, la soberanía de nuestra propia voluntad... Ni siquiera Dios Todopoderoso, una vez que me ha dado la facultad de elegir, puede hacerme, obligarme o forzarme a elegir» (29). Por supuesto, si esto fuera cierto, Dios no podría «iniciar, instigar, energizar o dar fuerzas» al pecador escogido para elegir el camino de la vida eterna, ya que él también sería «invulnerable e impenetrable» a los avances de Dios. Pero Daniel 4:35, Juan 6:44, y una multitud de otros versículos contradicen la afirmación de Gerstner.

Entonces, tan pronto como el infralapsariano reconoce (como debe hacerlo si quiere distanciarse del arminianismo) que el pecado no es la causa *definitiva* de la reprobación, y que Dios, quien obra *todas* las cosas de acuerdo al consejo de Su voluntad (Ef. 1:11), decretó la caída del hombre y por su decreto de reprobación, que involucra tanto la preterición (el «pasar por alto») como la condenación (véase la Confesión de Fe de Westminster, III/vii), determinó el destino del pecador no escogido, su insistencia contra el supralapsariano en que el decreto discriminador no ha de avanzarse a ninguno posición anterior al decreto concerniente a la caída para que Dios no parezca ser el responsable por el pecado y arbitrario en sus tratos con los hombres, pierde toda su fuerza. ¿Por qué? Porque el infralapsariano también debe visualizar la preterición de Dios con respecto a los no escogidos como algo finalmente basado completa y solamente en la voluntad soberana de Dios, aparte de la consideración del hecho de su pecado.[38] En consecuencia, la posición infralapsariana simplemente no elimina la dificultad de la que busca encargarse. Además, el si Dios discrimina entre los hombres viéndolos simplemente como hombres (como una disposición supralapsariana sugiere) o si discrimina entre ellos vistos como pecadores, supone poca diferencia para cada uno de los rebeldes objetores humanos. Para ellos, un Dios que determina dejar incluso a un hombre en su pecado cuando podría salvarlo, difícilmente es menos arbitrario y cruel que un Dios que determinó a algunos hombres para condenación desde el principio. Dicho de otra forma, desde la perspectiva de las simples consideraciones pecaminosas humanas, Dios sigue siendo «arbitrario» si estaba en posición de determinar salvar a todos los pecadores, pero determinó salvar solo a ciertos pecadores y dejar al resto en su pecado y luego condenarlos. De nuevo, Berkhof observa con acierto:

> El infralapsariano... no puede mantener la idea de que la reprobación es un acto de justicia divina pura y simplemente, dependiente del pecado del hombre. En este último análisis, él también debe declarar que es un acto del beneplácito de Dios, si quiere evitar caer en campo arminiano... [Su] lenguaje puede sonar más tierno que el de los supralapsarianos, pero está más inclinado a ser malentendido, y, finlmente, muestra transmitir la misma idea.[39]

3. El esquema infralapsariano, al adherirse a que el principio *histórico* gobierna el orden de los decretos, y al disponer el orden de los decretos de forma que refleja el orden histórico de los sucesos que dichos decretos determinan (como, de hecho, el esquema amiraldista también hace), no puede mostrar ninguna conexión de propósito entre las distintas partes del plan *per se*. En un único plan consistente y con propósito, asumimos que todos y cada uno de los elementos del plan deberían necesitar al siguiente, de forma que exista una cohesión de propósito en el conjunto. La disposición histórica simplemente no puede demostrar, por

---

[38] Calvino, en su *Comentario* sobre Romanos (9:11, 30) afirma que «la mayor causa» (*suprema causa*) de la reprobación es «el puro y simple beneplácito de Dios», mientras que la «causa próxima» (*propinqua causa*) es «la maldición que todos heredamos de Adán». La Confesión de Fe de Westminster, III/vii, declara:

> Al resto de la humanidad [es decir, los no elegidos], a Dios le plació, de acuerdo con el inescrutable consejo de Su voluntad por el cual extiende o retira misericordia según le place, pasarla por alto para la gloria de Su soberano poder sobre Sus criaturas, ordenándolas para deshonra e ira por su pecado, para alabanza de Su gloriosa justicia.

Con respecto a esta afirmación, John Murray escribe:

> La precisión de la formulación resulta evidente en la distinción que se dibuja entre las dos expresiones «pasarla por alto» y «ordenándolas». La primera no se modifica, la segunda sí. No se da razón para pasarlas por alto excepto la soberana voluntad de Dios. *Si se hubiera mencionado el pecado como razón, entonces todos habrían sido pasados por alto* [énfasis añadido]. La diferenciación [entre los hombres] encuentra su explicación plenamente en la voluntad soberana de Dios y con respecto a este ingrediente, la única razón es que «a Dios le plació... pasarla por alto». Pero cuando se contempla la ordenación para deshonra e ira, el fundamento de esa deshonra e ira exige ser mencionado. Y este es el pecado. De ahí que en este caso se añada: «ordenándolas para deshonra e ira por su pecado».
>
> ... Se puede alegar que la *Confesión* representa la infracción judicial y el demérito como el único factor [sic] relevante para ser ordenado para la deshonra y la ira, que lo que se ha llamado «reprobación» en distinción de la preterición es algo puramente judicial. La *Confesión* es elocuente a la hora de evitar esta idea y solo la lectura superficial de estos términos podría llevar a tal interpretación. Las cláusulas anteriores, «a Dios le plació, de acuerdo con el inescrutable consejo de Su voluntad por el cual extiende o retira misericordia según le place, pasarlas por alto para la gloria de Su soberano poder sobre Sus criaturas», gobiernan tanto la expresión «ordenarlas para deshonra e ira por su pecado» tanto como la expresión «pasarlas por alto». Por tanto, la voluntad soberana de Dios está operativa en la ordenación para deshonra e ira tanto como para pasarlas por alto. Un análisis cuidadoso demostrará la necesidad de esta construcción. ¿Por qué algunos son ordenados para deshonra e ira cuando otros que lo merecen igualmente no lo son? La única explicación es la soberana voluntad de Dios. La *base* para la deshonra y la ira es solo el pecado. Pero la razón por la que los no escogidos son ordenados para esta deshonra e ira cuando otros, los escogidos, no lo son, es la soberana diferenciación por parte de Dios, y no existe otra respuesta a esta cuestión. («Calvin, Dort, and Westminster on Predestination», 154–55).

[39] Berkhof, *Teología Sistemática*, 122–24.

ejemplo, por qué o cómo el decreto de crear *necesita* el siguiente decreto que se encarga de la caída, o por qué el decreto con respecto a la caída *necesita* el siguiente decreto de particularización.

4. Dado que el esquema infralapsariano no puede mostrar la necesidad lógica entre los dos primeros decretos (el de la creación y el de la caída) y los tres decretos sotéricos siguientes, «no puede dar una respuesta específica a la cuestión de por qué Dios decretó crear el mundo y permitir la caída».[40] Debe referir estos elementos a algún propósito general en Dios («¿Por su gloria general como Creador?») que no tenga una conexión discernible con los elementos centrales redentores en el «propósito eterno» de Dios, y esta separación entre creación y redención podría utilizarse para justificar el dualismo de la teología natural.[41] Berkhof da cuenta de esta objeción con las palabras:

La posición infralapsariana no hace justicia a la unidad del decreto divino, sino que representa en una medida demasiado grande a los distintos miembros de dicho decreto como partes desconectadas. En primer lugar, Dios decreta crear el mundo para la gloria de su nombre, lo cual significa, entre otras cosas, que determinó que sus criaturas racionales vivieran de acuerdo con la ley divina implantada en sus corazones, y que deberían alabar a su Creador. Luego decretó permitir la caída, por la que el pecado entra al mundo. Esto parece ser una frustración al plan original, o, como mínimo, una importante modificación de este, ya que Dios no continúa decretando el glorificarse por la obediencia voluntaria de *todas* sus criaturas racionales. Finalmente, siguen los decretos de elección y reprobación, los cuales solo significan una ejecución parcial del plan original.[42]

5. El esquema infralapsariano, al adherirse a un orden *histórico* de los decretos, invierte la forma en que l mente racional planea y actúa. El esquema infralapsariano se traslada desde los *medios* (si, de hecho, los decretos anteriores pueden considerarse medios en absoluto, desconectados como lo están en propósito de los decretos posteriores) al *fin*, mientras que «al planear, la mente racional pasa del fin a los medios en un movimiento de retroceso, de forma que, lo que primero es un plan, al final se convierte en un logro»[43] y, según esto, lo que se planea en último lugar es lo primero en cumplirse.

6. El esquema infralapsariano no encaja bien con la enseñanza de ciertos pasajes clave de la Escritura como sí lo hace el esquema supralapsariano. En Romanos 9:14–18 y 9:19–24 Pablo responde a dos objeciones a su enseñanza sobre la elección divina, las cuales dispone en forma de pregunta:(a) «¿Qué diremos, pues? ¿Que hay injusticia en Dios?»—la cuestión de la justicia divina, y (b) «Pero me dirás: ¿Por qué, pues, inculpa? Porque ¿quién ha resistido a su voluntad? —la cuestión de la libertad humana. Ahora bien, si Pablo hubiera estado pensando en términos infralapsarianos, habría encontrado suficiente el responder ambas preguntas con algo como esto: «Mas antes, *oh pecador*, ¿quién eres tú para cuestionar la justicia de Dios? Ya que todos caímos en pecado, Dios podría justamente rechazarnos a todos. En misericordia ha determinado salvar a algunos de nosotros, a la vez que abandona al resto a su justa condenación». Pero no hizo esto. Como veremos, en respuesta a ambas objeciones, simplemente apela al derecho soberano y absoluto que Dios tiene para hacer con los hombres como le plazca a fin de lograr sus propios y santos fines.

En Romanos 9:15–18, en respuesta a la primera pregunta (la cuestión de la justicia divina), contrasta a Moisés—su ejemplo de elegido sobre el cual Dios ha determinado soberanamente

---

[40] Ibid., 121.
[41] Un infralapsariano podría justificarse como teólogo natural argumentando que no es necesario tomar en cuenta ni las incapacidades del hombre debidas a su estado caído ni las consideraciones redentoras cuando se valora el propósito de la creación y su carácter revelador, ya que, en su esquema, el decreto de la creación no se relaciona con los decretos siguientes.
[42] Berkhof, *Teología Sistemática*, 124.
[43] Ibid., 119.

mostrar su misericordia (v. 15; véase también v. 23)—y Faraón—su ejemplo de no elegido al cuál Dios ha determinado levantar *para* [ὅπως, *hopōs*] mostrar por él su poder y publicar su nombre en toda la tierra (v. 17; véase también v. 22), Pablo concluye: «De manera que de quien quiere, tiene misericordia, y al que quiere endurecer, endurece» (v. 18). Como acabamos de decir, aquí él responde a la cuestión con respecto a la justicia de Dios en vistas de su actividad de elección y reprobación por medio de una apelación directa al derecho soberano de Dios para hacer con los hombres lo que le plazca de forma que pueda exhibir la verdad de que todo bien espiritual en el hombre es fruto solamente de su gracia (véase también Ro. 9:11–13 y el capítulo diez de esta obra).

Luego, en Romanos 9: 20b –24, en respuesta a la segunda pregunta (la pregunta de la libertad humana), después de su represión: «Mas antes, oh hombre, ¿quién eres tú, para que alterques con Dios?» Pablo emplea la familiar metáfora del Antiguo Testamento acerca del alfarero y el barro (véase Is. 29:16; 45:9; [44] 64:8; Jer. 18:6) y pregunta: «¿No tiene potestad el alfarero sobre el barro, para hacer de la misma masa [la humanidad vista de forma general] un vaso para honra y otro para deshonra?» Pablo está enseñando que (1) el *alfarero* fabrica soberanamente *ambos tipos* de vasos, y (2) que hace *ambos* de la *misma* masa de barro. La metáfora sugiere que la determinación de la naturaleza y propósito de un vaso en particular (ya sea para un uso noble o común) es un derecho soberano del alfarero, *aparte de cualquier consideración de la condición previa del barro*. Esto a su vez sugiere que Dios determinó soberanamente la naturaleza y propósito tanto de los escogidos como de los no escogidos a fin de cumplir con sus propios y santos fines*, aparte de la consideración de cualquier condición previa que pueda o no haber estado presente en ellos* (véase 9:11–13). Así que, al igual que antes, en respuesta a la segunda objeción a su doctrina, Pablo simplemente apela de nuevo al derecho soberano y absoluto que Dios tiene para hacer con sus criaturas como le plazca a fin de lograr sus propios y santos fines. Y deja constancia de su apelación sin calificativos. (Debe notarse de pasada que a ningún arminiano le harían jamás ninguna de estas preguntas).

Esta característica de la metáfora significa que, como mínimo, no existe obligación escritural para colocar en el orden el decreto que discrimina después de aquel que trata la caída. Además, pone el énfasis en la voluntad divina como causa única, definitiva y determinante para la distinción entre escogidos y no escogidos, punto que el esquema supralapsariano enfatiza.

Por supuesto, el infralapsariano está de acuerdo en que la voluntad divina es la única causa determinante para la distinción entre escogidos y no escogidos, pero insiste en que el «barro» del que Pablo habla aquí es la humanidad ya caída y vista así por Dios (véase p. ej., los comentarios de Hodge y Murray). Pero si este fuera el caso, Dios solo necesitaría hacer *un* tipo de vaso del barro: aquellos vasos que son para uso noble. No necesitaría hacer vasos para uso común, porque estarían ya representados por el barro «pecaminoso». La metáfora expresamente afirma que el alfarero hace del barro *ambos* tipos de vasos, lo que sugiere que no tienen un carácter particular (bueno o malo) de antemano que necesariamente *determine* al alfarero a la creación de un vaso para uno u otro uso. Esta característica de la metáfora también favorece el esquema supralapsariano.

Luego, en Efesios 3:9–10 Pablo enseña que Dios «creó todas las cosas; *para que* [ἵνα, *hina*] la multiforme sabiduría de Dios sea ahora dada a conocer por medio de la iglesia a los principados y potestades en los lugares celestiales, conforme al propósito eterno que hizo en

---

[44] Isaías va incluso más allá que Pablo al pronunciar un lamento contra aquellos que cuestionen el derecho soberano de su Creador para hacer con sus criaturas como le plazca.

Cristo Jesús nuestro Señor». Aquí, según instan los supralapsarianos, Pablo enseña que Dios creó el universo, y que ese acto creativo refleja su decreto de creación previo, no como un fin en sí mismo, sino como un medio para un fin. ¿Y cuál es ese fin? En otra parte (Ro. 1:20), Pablo enseña que al glorificar el poder de su Hacedor y Su «habilidad arquitectónica (cosa que ninguna obra de Dios, simplemente por serlo, puede evitar), la creación sirve el aspecto condenatorio del decreto de particularización, dejando a aquellos hombres que aleguen ignorancia de Dios en el juicio final sin excusa [ἀναπολογήτους, *anapologētous*]».[45] Pero en Efesios 3:9–10 Pablo afirma que el fin por el que todas las cosas fueron creadas no es solamente este, sino más bien, y de forma más primordial, el de proveer un escenario y todas las condiciones necesarias para que la actividad *redentora* de Dios se manifieste de manera que Él pueda mostrar, *por medio de la iglesia redimida*, Su multiforme sabiduría (o plan) a los gobernantes y autoridades del ámbito celestial.

Como notamos en el capítulo diez, algunas indicaciones más de que Dios, en Su «propósito eterno», integró el propósito de creación y sus ordenanzas en el plan principal de redención que cumplió en Cristo, son (1) el hecho de que el descanso al realizar la creación era un símbolo del reposo del Sábado al que el pueblo de Dios entrará en el Escatón (Gn. 2:2; Heb. 4:4–11), (2) el hecho de que Dios, desde el principio, tenía la intención de que la ordenanza original del matrimonio fuera una representación terrenal de la relación entre Cristo y la iglesia redimida (Gn. 2:24; Mt. 19:4–6; Ef. 5:30–32), y (3) el hecho de que Dios «sujetó la creación a vanidad» específicamente por causa del pecado humano (Gn. 3:17–18), determinando que, en empatía con los redimidos, esta «gemiría con dolores de parto hasta ahora» y que por «su liberación de la esclavitud de la corrupción» tendría que «esperar ansiosamente la revelación de los hijos de Dios» que se producirá en el momento de su resurrección física, cuando sus cuerpos sean redimidos. En ese tiempo, también la creación será llevada a «la libertad gloriosa de los hijos de Dios» (Ro. 8:19-23).

En resumen, los supralapsarianos afirman que el esquema infralapsariano (1) implica que Dios tenía la intención de que la creación sirviera algún propósito distinto de Su propósito redentor final, que es el fin último de la historia, y esa construcción teológica también podría utilizarse para justificar una teología natural no escritural, (2) corre el riesgo de fallar a la hora de reflejar con la claridad que debería que Dios decretó y basó la predestinación y ordenación previa de los hombres pura y solamente en consideraciones soberanas dentro de sí mismo, y (3) finalmente, como afirma Berkouwer, «no resuelve nada».[46]

Supralapsarianismo: El principio teleológico

A la luz de estas dificultades con la disposición infralapsariana del orden de los decretos divinos, los supralapsarianos, incluyendo pensadores reformados tan eminentes como Teodoro de Beza de Ginebra, William Whitaker y William Perkins en la Iglesia de Inglaterra del siglo XVI, Francisco Gomar y Gisbertus Voetius en la Holanda del siglo XVII, William Twisse, primer prolocutor de la Asamblea de Westminster, y en tiempos más recientes Geerhardus Vos, ofrecen otra disposición. Pero la mayoría de los supralapsarianos, después de colocar el decreto de discriminación en primera posición, por algún motivo inexplicable abandonan la idea supralapsariana de que «al planificar, la mente racional pasa del final a los medios en un movimiento hacia atrás» y ordenan los decretos restantes, no en orden retrospectivo, sino en el orden en el que los sucesos a los que se refieren ocurrieron históricamente (el efecto de esto quedará aclarado conforme continuemos). Así, la disposición supralapsariana más común (aunque inconsistente) es la siguiente:

---

[45] Véase John Murray, *Romans* (Grand Rapids, Mich.: Eerdmans, 1968), in loc.
[46] G. C. 20 Berkouwer *Divine Election* (Grand Rapids, Mich.: Eerdmans, 1960), 273.

1. *la elección de algunos de los hombres para la salvación en Cristo (y la reprobación de los demás)
2. el decreto para crear el mundo y ambos tipos de hombres
3. el decreto de que todos los hombres caerían
4. el decreto para redimir a los escogidos, que ahora son pecadores, por la obra de Cristo en la cruz
5. el decreto para aplicar los beneficios redentores de Cristo a esos pecadores escogidos.

Un análisis de este orden de los decretos mostrará (dado que el decreto discriminante está colocado a la cabeza de todos los demás que le siguen en el orden en que los sucesos a los que se refieren tuvieron lugar en la historia), que Dios, en el punto de la discriminación, se ve como distinguiendo entre hombres simplemente como hombres, ya que el decreto de la caída no se encuentra hasta el punto tres.

Otros supralapsarianos, tales como (posiblemente) Jerónimo Zanchius (1516–1590),[47] Johannes Piscator (1546–1625), Herman Hoeksema (d. 1965),[48] y Gordon H. Clark (1902–1985),[49] han sugerido, con variaciones menores entre ellos, que los decretos deberían disponerse en el siguiente orden:

1. *la elección de algunos hombres pecadores para la salvación en Cristo (y la reprobación del resto de la humanidad pecadora, a fin de dar a conocer las riquezas de la misericordia de Dios a los escogidos)
2. el decreto para aplicar los beneficios redentores de Cristo a esos pecadores escogidos.
3. el decreto para redimir a los escogidos por la obra de Cristo en la cruz
4. el decreto de que todos los hombres caerían
5. el decreto para crear el mundo y los hombres

En este último esquema el decreto discriminante permanece en la primera posición, colocándose la creación en la última. También ha de notarse que, *al contrario de lo que sucede con el esquema anterior*, Dios se presenta discriminando entre hombres vistos como pecadores, y no entre hombres vistos simplemente como hombres. La elección y salvación de estos pecadores escogidos en Cristo se convierte en el decreto que unifica todas las partes del propósito eterno único de Dios. Esta revisión del esquema más común aborda la objeión infralapsariana de que el supralapsarianismo representa a Dios como discriminando entre hombres vistos simplemente como hombres, y no entre hombres vistos como pecadores. El cómo es que este esquema revisado es capaz de representar a Dios discriminando entre hombres como pecadores, tal y como hace el esquema infralapsariano (pero por un motivo obviamente diferente), es algo que quedará claro según expliquemos los dos principios que gobiernan la mencionada revisión del orden supralapsariano.

La primacía del principio particularizador

Dado que están persuadidos de que la Escritura coloca la gracia de Dios que particulariza en Jesucristo, quien es el Alfa y la Omega, el comienzo, el centro y el fin de todas las obras y sendas de Dios, los supralapsarianos que ofrecen el orden revisado (o consistentemente supralapsariano), hacen que el principio que particulariza sea el primordial, el que unifica el eterno propósito de Dios (lo cual, por cierto, es una preocupación que todos los supralapsarianos comparten). Estos supralapsarianos creen que es tanto apropiado como necesario disponer los decretos de tal forma que cada uno de ellos sirva a su principio primordial. Según esto, posponen a la cuarta y quinta posición el decreto sobre la caída y el de creación, tras los decretos explícitamente redentores, a fin de hacer que la caída e incluso la creación misma sirvan al propósito particularista de Dios. En contra de la afirmación

---

[47] Véase Jerónimo Zanchius, *The Doctrine of Absolute Predestination*, trad. Augustus M. Toplady (Grand Rapids, Mich.: Baker, 1977). Richard A. Muller en *Christ and the Decree* (Grand Rapids, Mich.: Baker, 1986) argumenta que Zanchius era un infralapsariano (112), pero Otto Gründler mantiene que, de hecho, era supralapsariano (*Die Gotteslehre Girolami Zanchis und irhe Bedeutung für seine Lehre von der Prädestination* [Neukirchen, 1965], 112). Véase también L. Leblanc, *Theses Theologicae* (London, 1683), 183.
[48] Herman Hoeksema, *Reformed Dogmatics* (Grand Rapids, Mich.: Reformed Free Publishing Association, 1966), 161–65.
[49] Gordon H. Clark, «The Nature of Logical Order» (ensayo no publicado presentado en la Tercera Reunión Anual de la Evangelical Theological Society).

infralapsariana de que «la creación en la Biblia nunca se representa como un medio para ejecutar el propósito de elección y reprobación»,[50] todos los supralapsarianos insisten en que el mundo creado nunca ha de verse como algo que se opone a la actividad redentora de Dios, divorciándolo del propósito que tiene Dios de particularizar, el cual es la preocupación final de Su «propósito eterno» y completa algunos propósitos generales no relacionados con la obra redentora de Cristo. Insisten en esto en base a que representar a la creación de esta forma destruye la unidad del propósito eterno único de Dios, y proporciona una base dentro del decreto eterno mismo para el desarrollo de una teología natural no bíblica. Como hemos visto, están persuadidos de que Efesios 3:9–11 expresamente afirma que el propósito de la creación sirve al propósito redentor de Dios, y que esto se sugiere en Romanos 1:20 y 8:19–23. Resumiendo, están persuadidos

1. de que Dios creó todas las cosas *para* poder mostrar *a través de la comunidad de los redimidos, su iglesia,* la gloria de su sabiduría y gracia de acuerdo con Su propósito eterno, el cual cumplió en Cristo Jesús nuestro Señor;[51]

2. que determinó que la creación, por la revelación de Su «eterno poder y deidad» condenaría a los reprobados; y

3. que, por su agonía reflexiva y éxtasis, la creación empatizaría con la agonía y éxtasis de la iglesia.

Consideración de dos objeciones exegéticas

En primer lugar, con respecto a Efesios 3:9–10, los infralapsarianos argumentan que la cláusula ἵνα, *hina,* que da comienzo en el versículo 10 no debería conectarse sintácticamente con la cláusula de participio que inmediatamente la precede en el versículo 9, «en Dios, que creó todas las cosas», sino a la penúltima cláusula de participio del versículo 9 «[el misterio] escondido desde los siglos en Dios». Por medio de esta construcción, sugieren que Pablo quería enseñar que Dios escondió la administración del «misterio» de la iglesia a los hombres en siglos pasados para poder revelarlo a los gobernantes y autoridades del reino celestial ahora en este tiempo por medio de Su predicación (y la de los otros apóstoles). Los infralapsarianos adoptan para su defensa en apoyo de esta interpretación la anterior enseñanza de Pablo en Efesios 3:4–6.

Por supuesto, los supralapsarianos no niegan que la predicación de Pablo jugó una parte (de hecho, una muy significativa) en el dar a conocer por medio de la iglesia «madura», a un grado en el que no podría haberse dado a conocer por la iglesia «joven» en tiempos pasados, la multiforme sabiduría de Dios a los gobernantes y autoridades del reino celestial. Pero insisten en que los infralapsarianos cometen dos errores al rechazar la cláusula de participio más próxima en la frase como aquella a la que la cláusula ἵνα, *hina,* def 3:10 debería adherirse (la cual es el antecedente más cercano y la que los expertos en gramática recomendarían normalmente cuando se busca el antecedente de una palabra que la sigue). (1) Como Gordon Clark apunta, reducen la cláusula más próxima a «una excrecencia sin significado en el versículo».[52] Charles Hodge escribe, por ejemplo: «las palabras "que creó todas las cosas", son enteramente subordinadas y no esenciales... y podrían omitirse sin afectar de manera material al sentido del pasaje».[53] Pero esto hace que la frase no sirva ningún propósito inteligible, ya que difícilmente era necesario que Pablo identificara al Dios del que hablaba como Dios «que creó todas las cosas», o que enseñara a sus lectores el *hecho* de que su Dios

---

[50] Charles Hodge, *Systematic Theology* (Grand Rapids, Mich.: Eerdmans, 1954)), 2: 318.
[51] Véase Efesios 1:6, 12, 14; 2:7, donde Pablo declara que todo lo que Dios ha hecho por el cristiano (de acuerdo con Su propósito eterno) lo ha hecho «para alabanza de la gloria de su gracia, con la cual nos hizo aceptos en el Amado», y «para mostrar en los siglos venideros las abundantes riquezas de su gracia en su bondad para con nosotros en Cristo Jesús».
[52] Gordon H. Clark, *The Philosophy of Gordon H. Clark* (Philadelphia: Presbyterian and Reformed, 1968), 482.
[53] Charles Hodge, *A Commentary of the Epistle to the Ephesians* (Grand Rapids, Mich.: Eerdmans, 1954), 172.

creó todas las cosas, algo que seguramente sabían. (2) en efecto divorcian la creación del propósito que Dios tiene de *particularizar* en Cristo, y dejan que tenga, por implicación, una *raison d'être* que se mueve en una dirección distinta que la *raison* redentora. Pero esto implica que Dios tiene (o tenía) *dos* propósitos no directamente relacionados: un propósito general que la creación (que incluía al hombre no caído) había de cumplir de alguna manera (y que hubo de ser abandonado cuando el hombre, la parte humana de la creación, cayó), y un propósito redentor específico. Esto a su vez implica que el propósito redentor de Dios no era al principio central y principal de Su propósito eterno, sino que incluso era algo subordinado al propósito más general de la creación y el hombre. Para evitar estas implicaciones, que son altamente cuestionables, los supralapsarianos defienden que es mucho mejor reconocer la presencia de la cláusula de participio más próxima como el antecedente de la cláusula ἵνα, *hina,* que la sigue, y concederle toda su fuerza como idea que «dirige» hacia el versículo 3:10.

En segundo lugar, en su interpretación alternativa a la enseñanza de Pablo en Romanos 8:19-23, los infralapsarianos defienden que los supralapsarianos dan demasiada importancia a la relación entre la creación y la iglesia cuando interpretan la «reacción» de la creación a las condiciones redentoras de la iglesia como algo «reflexivo». Pero no podemos evitar la «relación reflexiva» por parte de la creación. Es seguro que existe una relación reflexiva divinamente impuesta entre la creación y las fortunas cambiantes de la iglesia (Pablo expresamente lo afirma así). Además, él declara que la iglesia no espera la liberación de la creación de su esclavitud a la corrupción, sino que es justo al contrario: la creación espera lo que expresamente se dice que es la «redención» completa y final de la iglesia. En otras palabras, las «fortunas» de la creación son directamente dependientes de las consideraciones redentoras. Así pues, ¿qué mejor manera hay de describir la relación de la iglesia y la creación que como «reflexiva»?

El principio de propósito que gobierna la mente racional
Todos los supralapsarianos afirman como segunda consideración (aunque solo aquellos que afirman el esquema revisado ofrecen un orden de los decretos consistente con ella) que en todo plan con propósito la mente racional es gobernada por el principio de determinar primero el fin a conseguir, y luego los distintos medios apropiados para conseguir dicho fin, y, en el caso de los medios del plan, en los que cada uno de ellos se convierte en un «fin» de los medios inmediatamente *siguientes,* la mente racional los determina en un orden que *retrocede* desde el fin u objetivo hacia los medios necesarios para el cumplimiento de ese fin último. La mente racional reconoce que solo de esta forma cada elemento del plan tiene propósito y contribuye a la coherencia del plan completo. ¡Y Dios hace planes con propósito!

Para ilustrarlo: supongamos que un que alguien que planifica racionalmente decide comprar un automóvil. Este es el fin que persigue. Solo una vez determinado este fin, determinará los medios apropiados para conseguirlo. (De hecho, una mente racional es capaz de hacer ambas cosas instantáneamente. Mediante la frase «solo una vez» queremos expresar un orden lógico o teleológico, no cronológico). Un comprador de autos racional nunca saldría primero de su casa con veinte mil dólares en el bolsillo para *después* determinar el fin para el que su acción habría de ser un medio, porque entiende que su acción debe significar algo. *El fin siempre precede a los medios en una mente racional.*

Aquel que planifica racionalmente también se da cuenta de que, si quiere cumplir con su objetivo, entonces debe *ejecutar* los medios que determine esenciales para ese fin en un orden particular. Por ejemplo, supongamos que el comprador del automóvil ha determinado que entre el punto en el que se encuentra (en la cama, en casa y sin automóvil) y el fin que se ha propuesto, existen cinco medios necesarios para que se convierta en el propietario de un auto. (1) salir de la cama, (2) salir de casa, (3) llegar al vendedor de autos, (4) acordar con el vendedor el precio de venta, y (5) gestionar un préstamo con su banco por esa suma. El comprador racional se da cuenta de que no puede gestionar el préstamo de la suma pactada, luego pactar con el vendedor el precio de compra del coche, más tarde llegar al concesionario para hablar con el vendedor, después salir de casa, y finalmente salir de la cama. Un comprador racional nunca trataría de ejecutar los medios para lograr su fin de forma que frustrasen su plan y le llevaran al fracaso.

Pero existe otro aspecto de una planeación *racional* que no siempre se tiene en cuenta. ¿Cómo actúa la mente racional para determinar los medios necesarios para alcanzar un fin determinado? Porque reconoce que cada medio de una cadena con propósito, excepto el último (visto desde el punto del fin determinado), es necesariamente el «objetivo» del medio que le precede. Y dado que es siempre necesario pasar de un fin al medio y del medio al fin, la mente racional no comenzará desde el punto en el que se encuentra y determinará en primer lugar, desde ese punto, el medio para el fin. Más bien, la mente racional (en el caso de los hombres pueden hacer esto a veces sin darse cuenta, y otras veces serán muy conscientes de estarlo haciendo) comenzará determinando el fin y luego, en un movimiento que retrocede, trabajará su plan hacia atrás, hasta el punto en el que se encuentra en ese momento. Solo de esta forma cada medio da una respuesta con propósito a la necesidad del medio anterior. Usando la ilustración del comprador del automóvil una vez más: El comprador ha determinado que comprará un auto (este es su objetivo final). Pero para hacer esto (dadas sus presentes circunstancias), determina que su primer medio para este objetivo final (el cual se convierte en «final» de cualquier segundo medio que determine como necesario), ha de ser negociar un préstamo con su banco por la suma que se pacte. Pero para hacer esto, determina que su segundo medio para este objetivo final (el cual se convierte en «fin» de cualquier tercer medio que determine como necesario), ha de pactar con el vendedor el precio de compra del vehículo. Sin embargo, para hacerlo, determina que como tercer medio para su objetivo final (convirtiéndose este tercer medio en el «fin» de cualquier cuarto medio que determine como necesario), ha de llegar al concesionario de autos. Pero para hacer esto, determina que su cuarto medio para este objetivo final (el cual se convierte en «fin» de cualquier quinto medio que determine como necesario), ha de salir de casa. Y para hacer esto, determina como quinto medio para su objetivo final (lo cual significa que se convierte en el «fin» de cualquier sexto medio que determine necesario, aunque en nuestra ilustración es el último medio y, por tanto, no se convierte en un fin), ha de salir de la cama. En una planificación con propósito, cada elemento del plan necesariamente da respuesta a la necesidad del elemento que le precede, de forma que exista propósito en cada miembro, y que todo el plan esté gobernado por la coherencia. Esta es, de hecho, la forma en que la mente verdaderamente racional propone o planea, y no tendremos problemas en aceptarlo si reconocemos (1) que la mente con propósito siempre determina el fin antes de determinar los medios para lograrlo, y (2) que cada medio en cualquier plan necesariamente es el «fin» de los medios que le siguen.

Un punto final: Es muy importante notar que, cuando la persona que planifica racionalmente, si actúa con propósito, ponen en marcha finalmente el plan, ejecuta los medios en el orden precisamente inverso al que estos se determinaron. *Aquello que es lo último en el plan es lo primero en llevarse a cabo, y lo que es primero en el plan es lo último en cumplirse.*

Todos los supralapsarianos se toman en serio la verdad bíblica de que Dios, como Dios racional y de propósito, debe *necesariamente* hacer todo lo que hace con un propósito. Para ellos es inconcebible que Dios decrete crear el mundo sin propósito alguno, o que lo cree con algún propósito no relacionado con su propósito final. De acuerdo con esto, a la luz de su percepción de la forma en que la mente racional planea y luego ejecuta su plan (¿y quién negaría que Dios es racional, ya que la única alternativa consistente con tal negación es que es irracional?), los supralapsarianos *más consistentes* instan a que el orden del plan eterno de Dios es el inverso del orden en que lo ejecuta. Ya que Dios comenzó a ejecutar su propósito eterno creando primero el mundo, el decreto para crear el mundo es el último en el plan, y ya que el propósito eterno de Dios culmina con los pecadores redimidos alabándole en el Escatón por la gloria de su gracia que particulariza, hecha suya por medio de la obra de la cruz de Cristo (véase 2 Ts. 1:7–10; Ap. 19:1–8; 21:9–27; 22:1–5), el decreto para hacer que esto suceda es lo primero en el plan. En otras palabras, aunque la *ejecución* del propósito divino es ciertamente «infralapsariana» en el sentido de que la actividad redentora histórica de Dios necesariamente sigue a la caída histórica, el plan mismo es supralapsariano. Pero, aunque todos los supralapsarianos comparten la misma percepción básica de los principios que gobiernan el orden de los decretos, muchos han fracasado en elaborar el orden de los decretos de forma consistente con su propia percepción de las cosas y, como resultado, han hecho un mal servicio a su causa. Al colocar el decreto discriminatorio en primer lugar y luego simplemente disponer los decretos restantes en el orden histórico, abandonan el principio de propósito en la ordenación, que es el único que relaciona el decreto de discriminación con la caída del hombre, y, acaban representando a Dios como alguien que discrimina entre hombres como hombres (ya que solo pueden ser considerados pecadores después del decreto con respecto a la caída), abriéndose así a la acusación infralapsariana que ya hemos tratado. El supralapsariano consistente, sin embargo, se somete al siguiente orden de decretos, el cual refleja (como de nuevo se ha de enfatizar), no un orden cronológico, sino teleológico, dentro del plan divino:

*1. Para la alabanza de la gloria de su gracia Dios eligió a algunos hombres *pecadores* (nota: para revelar la gloria de Su *gracia*, él ve a estos hombres como transgresores de su ley desde el principio; el cómo es que esto puede ser así se determina en el cuarto decreto) para la salvación en Cristo (Ef. 1:3–14) y para alabanza de su gloriosa justicia reprobó al resto de la humanidad pecadora.[54]

Para cumplir con este fin, él determinó que

2. el Espíritu Santo *aplicaría* los beneficios redentores *ya logrados* a los pecadores escogidos de la era del Nuevo Testamento y esos mismos beneficios redentores *de manera anticipada* a los pecadores escogidos de la era del Antiguo Testamento, siendo esta la primera condición necesaria para logran el fin original que se había determinado.

Para cumplir con este medio (que necesariamente se convierte en un segundo «fin») determinó que

3. Cristo, de hecho, *redimiría* a los pecadores escogidos tanto de la era del Nuevo como del Antiguo Testamento por la obra de la cruz, siendo esta la segunda condición necesaria si el Espíritu Santo había de poseer los beneficios redentores para poder aplicarlos.

Para lograr este medio y proveer el contexto que hiciera que la obra de Cristo en la cruz tuviera significado (lo cual se convierte necesariamente en un tercer «fin»), determinó que

4. los hombres caerían en Adán, su cabeza federal, siendo esta la tercera condición necesaria, ya que los beneficios redentores de Cristo debían tener alguien en necesidad de redención

---

[54] Por supuesto, incluso el decreto de reprobación no es un fin en sí mismo; más bien sirve al decreto de elección. Véase la enseñanza de Pablo en Romanos 9:22–23, acerca de que el decreto de reprobación sirve el objetivo de dar a conocer las riquezas de la gloria de Dios (esto es, su misericordiosa gracia) a los elegidos, a quienes Él «preparó de antemano para gloria».

para poder escogerlo.

Para cumplir con este medio (que necesariamente se convierte en un cuarto «fin») determinó que

5. entraría en un pacto de obras con el primer hombre «en el que se prometía vida a Adán y a su posteridad sobre la condición de una obediencia personal y perfecta» (Confesión, VII/ii), convirtiéndolo así en *cabeza federal* de la raza también, y luego «permitiendo» que, providencialmente, la cabeza federal cayese, pero esto no «por un mero permiso, sino también limitándolos de manera sapientísima y poderosísima, ordenándolos y gobernándolos. . . en una dispensación multiforme para sus propios fines santos» (Confesión, V/iv; véase también VI/i), y aun así para limitar, ordenar y gobernar toda la tentación adámica de tal forma que «la pecaminosidad de ella proceda solamente de la criatura, y no de Dios, quien, siendo supremamente santo y justo, no es ni puede ser el autor o aprobador del pecado» (Confesión, V/iv; véase también III/i), formando todas estas características del plan la necesaria quinta condición si los hombres habían de experimentar una caída moral y ética.

Para cumplir con este medio (que necesariamente se convierte en un quinto «fin»), es decir, para que un «lapso» moral del hombre sucediese, determinó que

6. crearía a Adán en una condición de santidad *(status integritatis)* pero también una condición mutable *(posse pecarre et posse non pecarre)* «para que pudiera caer de ella» (Confesión de Fe de Westminster, IX/ii).

Para cumplir con este medio (que necesariamente se convierte en un sexto «fin»), esto es, para proporcionar el escenario necesario en el que esto pudiera tener lugar, y para hacerlo con una demostración de sus atributos tan evidente que dejara a los hombres caídos que negaran su existencia sin excusa, Él determinó que

7. crearía el universo (y ya que este es el último medio en el plan, no se convierte en un séptimo «fin» que requiera más medios).

Esta revisión de la disposición supralapsariana más común, ya que parte del propósito eterno único, se integra teleológicamente con todo aspecto que la sigue, permitiendo que Dios discrimine entre hombres vistos como pecadores desde el principio.

Luego, cuando Él puso Su plan en ejecución (en orden inverso al orden en que las distintas partes aparecen a su plan) creó al mundo y a Adán y entró en pacto con él, convirtiéndolo en cabeza federal de la raza. Luego Adán cayó y todos los hombres descendientes de él por generación ordinaria cayeron con él. Después Cristo redimió a los escogidos del Antiguo Testamento por Su obra *anticipada* en la cruz (por ellos) y a los escogidos del Nuevo Testamento por Su obra en la cruz *cumplida*, aplicando el Espíritu Santo *anticipadamente* sus beneficios redentores a los escogidos del Antiguo Testamento y aplicando sus beneficios redentores *cumplidos* a los escogidos del Nuevo Testamento, llevando todo esto a que Dios logre finalmente el objetivo que determinó (aumentado por la reprobación de los no escogidos) para alabanza de su gloriosa gracia electiva en Cristo hacia los pecadores que no la merecen. Cada ocurrencia histórica tiene propósito, porque es la ejecución de un aspecto del propósito eterno único de Dios, que da respuesta no cronológicamente sino *teleológicamente* a la necesidad del aspecto inmediatamente precedente del plan.

CONSIDERACIÓN DE CUATRO OBJECIONES TEOLÓGICAS

Además de las dos dificultades exegéticas ya consideradas, los infralapsarianos, tales como Roger R. Nicole, tienen ciertas dificultades teológicas con esta visión supralapsariana (aunque Nicole reconoce que esta ordenación de los distintos decretos en un propósito eterno es «muy atractiva» y posee una «lúcida simplicidad»), *la primera* de estas objeciones es que ya que el decreto para crear a los seres humanos aparece en la posición más alejada desde el primero, estas personas (ya sea vistas como pecadores escogidos y reprobados o simplemente como hombres escogidos y reprobados) solo pueden ser consideradas en el punto de su elección o reprobación como «simples posibilidades» y no como *reales*, es decir, solo pueden considerarse como entidades que no existen, y que no pueden contemplarse como creadas, sino, *como mucho* solo como hombres potenciales o creables. ¿Pero cómo puede Dios determinar ninguna condición particular para entidades que todavía no ha determinado crear? Como Charles Hodge, siguiendo a Francis Turretin, escribió: «De un *Non Ens*... no se puede determinar nada». El propósito de salvar o condenar, debe, de necesidad, seguir al propósito de crear en el orden del pensamiento... El propósito de crear, de necesidad, en el orden natural, precede al propósito de redimir».[55] La respuesta supralapsariana a esta objeción es doble:

1. Si el infralapsariano está en lo correcto cuando insiste en que Dios no puede determinar nada con respecto a una entidad cuya existencia no ha decretado aún, entonces Dios no podría ni siquiera determinar crear el mundo y los seres humanos (el primer decreto de los infralapsarianos). Ya que esas entidades necesitarán poseer algunas características, el decreto para crearlas necesariamente involucraría la determinación previa de dichas características, y, de acuerdo con la prescripción infralapsariana, antes de crearlas, no son entidades acerca de las que se pueda determinar nada. Además, si Dios debe determinar crear los seres humanos antes que pueda determinar todas y cada una de las características posteriores acerca de ellos (por ejemplo, si serán malos o amorales o buenos, y si ocurre esto, si seguirán siendo buenos o se volverán malos, y si sucede esto, si los castigará o redimirá, y después si los redimirá a todos o solo a algunos (el orden histórico infralapsariano), entonces se desprende que Dios no decreta su primer acto teniendo en vistas el último, ¡lo cual significa que no decreta nada con un *propósito*! Por tanto, ya que el infralapsariano según su orden debe afirmar que Dios podría determinar características para el mundo y los seres humanos, así como acciones propias, de forma *anticipada* a su decreto para crearlos, ha de estar dispuesto a reconocer que Dios podría *determinar* fines últimos para las personas de forma lógica, antes incluso de su decreto para crearlas. Si, sin embargo, persiste en objetar que Dios no puede determinar propósito alguno para el mundo y la humanidad hasta que primero haya decretado crearlos, está diciendo por implicación que Dios decretó la existencia de cosas sin rima ni razón, y eso es adscribir una irracionalidad inherente a los decretos de Dios, apartándose del teísmo cristiano por completo.
2. Aunque es verdad que la creación de los seres humanos no había sido decretada aún en el momento del orden de propósitos en el que fueron escogidos o reprobados, ya que el decreto de Dios es eterno y no tiene antecedencia *cronológica* o subsecuencia en él, nunca existió un momento en el que las personas, vistas como personas *creadas*, no existieran *ciertamente* en él. De hecho, el primer decreto y el decreto «final», al tener que ver con la humanidad vista tanto como gente pecadora como creada, hicieron necesarios (teleo)lógicamente los decretos de creación. De acuerdo con esto, su existencia como personas *creadas* era real y cierta decretalmente en la mente divina tanto en el punto del primer decreto como lo era en el punto del quinto.

En segundo lugar, y particularmente es de nuevo Roger Nicole quien plantea esta objeción, se acusa de que «surgen serias dificultades del intento de ver el orden de los decretos como inversos a la historia». Nicole ilustra su preocupación de la manera siguiente:

> La relación de la aplicación de la salvación por el Espíritu Santo a la obtención de la salvación por Cristo es idéntica para todos los escogidos. Pero Abraham y Agustín no están en el mismo lado

---

[55] Hodge, *Systematic Theology*, 2:318.

cronológico de la cruz [¡su punto con esto es que el decreto de aplicación de salvación parece partirse en dos, apareciendo tanto *antes* como *después* del decreto para proveer la salvación por medio de Cristo! —nota del autor]. Pareciera, por tanto, que el orden histórico no es, después de todo, un espejo preciso de las relaciones lógicas en la mente de Dios.[56]

Pero resulta extraño que Nicole registre esta objeción contra el esquema propuesto porque, si no se puede argumentar nada más, esto se aplica de igual forma a su orden infralapsariano en el que el decreto para redimir a los escogidos por la obra de la cruz de Cristo va seguido por el decreto para aplicar los beneficios redentores de Cristo a los escogidos. Incluso en esta disposición, si no se argumenta nada más, el decreto de aplicación debe dividirse en dos para efectuar la salvación de los escogidos antes de la cruz y la de aquellos escogidos después de la misma. No obstante, es posible decir algo más, y, de hecho, tanto el infralapsariano como el supralapsariano pueden hacerlo. Y es esto: existe una cierta medida de distorsión en el hablar acerca de solo cinco decretos, tal y como los tenemos en ambos esquemas. Como Clark afirma:

> La distorsión sucede, no por partir el único [eterno decreto divino] en cuatro [o cinco], sino por detenerse arbitrariamente en cuatro [o cinco, o seis o siete] y no continuar enumerando todas las particularidades del decreto unitario. La discusión lapsariana ordinaria se refiere al decreto de creación. Pero el primer capítulo de Génesis utiliza el verbo crear para aplicarlo a tres ocasiones. Incluso la primera ocurrencia comprende las dos anteriores, existen dos actos creativos, y otros quedan implícitos en el texto. Por tanto, el decreto de creación ha de subdividirse. La caída del hombre es un decreto bastante unificado, pero incluso esta puede dividirse en distintas partes: la aproximación a Eva, la persuasión de Adán por parte de Eva, y la desobediencia en sí. Cuando llegamos al decreto para proveer y aplicar la salvación, este se divide en millones de partes. Para los propósitos de la discusión lapsariana, la aplicación de la salvación a los escogidos se ha tratado como unitaria, pero en realidad podemos hablar del decreto para aplicar la salvación a Abraham y el decreto para aplicarla a Agustín. El decreto ha de dividirse en tantas partes como personas son llamadas y salvadas individualmente. El que Cristo muriera entre las fechas de Abraham y Agustín es irrelevante.
>
> La consecuencia del problema lapsariano es esta: El decreto para aplicar la salvación a Agustín es teleológicamente anterior al decreto para aplicar la salvación a Abraham, porque la vida de Abraham tiene la salvación de Agustín como uno de sus propósitos: «En ti serán benditas todas las familias de la tierra».[57]

En tercer lugar, los infralapsarianos acusan al esquema supralapsariano de que, en su celo por colocar el decreto que particulariza de Dios al comienzo de todo lo que planeó para los hombres, representa la caída de Adán con demasiada severidad. Siendo un acto de rebelión de parte de Adán contra Dios, y significando la ruina espiritual y miseria de, como mínimo, algunos hombres, es representada como parte *necesaria* del plan divino (de hecho, incluso como un suceso «afortunado» para los escogidos, en el sentido de que abrió el camino para su salvación en Cristo). A esta objeción los supralapsarianos responden con una serie de preguntas: «¿Decretó Dios la caída de acuerdo con vuestro entendimiento del orden de los decretos?». El infralapsariano como Warfield (que es un infralapsariano), reconoce[58] que si responde esta pregunta negativamente se aparta, no solo del calvinismo, sino también del teísmo cristiano genuino. Por tanto, cuando reconoce que Dios decretó la caída, el supralapsariano tiene una segunda pregunta: «¿Tenía Dios un propósito en mente cuando lo hizo?». De nuevo, el infralapsariano sabe que, si responde negativamente, se aparta del calvinismo y también del teísmo cristiano. Por tanto, cuando reconoce que Dios decretó la

---

[56] Roger Nicole, «The Theology of Gordon Clark», en *The Philosophy of Gordon H. Clark*, 397.
[57] Gordon H. Clark, «Reply to Roger Nicole», en *The Philosophy of Gordon H. Clark*, 483–84.
[58] Véase Warfield, *The Plan of Salvation*, 111, fn. 81.

caída con un propósito, el supralapsariano hace una tercera pregunta: «¿Jugaba ese propósito algún papel en el plan redentor o en algún otro plan?». De nuevo, el infralapsariano sabe que si responde: "En algún otro plan», debe admitir, en primer lugar, que no sabe nada acerca del contenido de ese otro plan, y, segundo, que este otro plan (cualquiera que sea su contenido) ha sido frustrado en tanto en cuanto al propósito *redentor* en Cristo aborda directamente la caída y las exigencias producidas por ella (que él afirma tenían la intención de cumplir un papel en otro plan). Esto está claro por el hecho de que el propósito *redentor* de Dios invierte la caída y sus efectos para las personas escogidas y para la naturaleza misma (véase Ro 5:12–19; 8:19–23). Cuando reconoce, como debe, que la caída cumple un papel con propósito en el plan redentor de Dios, el supralapsariano finalmente pregunta: «¿En qué diferimos entonces, ya que ninguno de nosotros cree que el pecado es bueno *per se* y ya que ambos creemos que el pecado es intrínsecamente malo y procede solamente de la naturaleza de causas secundarias, ya que ninguno de nosotros cree que Dios es causa imputable del pecado, y ya que ambos creemos que Dios decretó desde la eternidad que los aspectos redentores de su propósito que particulariza abordarían la caída y sus efectos en favor de los escogidos?». ¿No debemos ambos reconocer entonces que Dios decretó la caída y sus efectos para proveer la condición desde la que Cristo redimiría a los escogidos de Dios? Y si es así, ¿no estamos defendiendo precisamente lo mismo?

El supralapsariano está profundamente comprometido con la creencia de que la caída solo tuvo importancia como un hecho real de la historia si se le permite estar en la historia redentora de la Escritura como medio para un fin en relación con el plan eterno de redención único de Dios, en base (junto con las otras bases ya ofrecidas) de que el estado de *los escogidos como hijos de Dios en Cristo por gracia divina* es un fin mayor, más glorioso y más digno de alabanza que el estado de *todos los hombres como hijos de Dios en Adán no caído por justicia divina*.

En cuarto y último lugar, los infralapsarianos afirman que el esquema supralapsariano es una especulación excesivamente pretenciosa al analizar la forma en que Dios planea. Es mejor, dicen, estar satisfechos con un orden histórico de los decretos, más modesto y menos pretencioso. Una vez más, la respuesta supralapsariana es doble:

1. La acusación infralapsariana de que el supralapsariano es «pretenciosamente especulativo» porque intenta determinar el principio que gobernó la mente divina cuando Dios decretó lo que hizo, carece de ninguna fuerza real, ya que el infralapsariano también, tras analizar el propósito divino, ofrece su orden de decretos como orden de la mente divina, sugiriendo tácitamente un principio que la gobierna. Simplemente se trata de determinar cuál de los dos es el principio más probable, el histórico o el teleológico, y el supralapsariano está convencido de que su conclusión es la más bíblica y refleja con más claridad el carácter con propósito de la mente de Dios.
2. El supralapsariano niega que su disposición sea una «especulación pretenciosa» o «la invención de un intelecto humano sin más ayuda». Más bien insiste que es simplemente el resultado de (1) la exégesis de la información divinamente revelada acerca de la naturaleza y los caminos de Dios y (2) las deducciones «santificadas» y legítimas «por buena y necesaria consecuencia» (Confesión de Fe de Westminster, I/vi), basadas sobre los resultados de una labor exegética.

En mi opinión, la visión supralapsariana del plan eterno de salvación de Dios tiene la ventaja exegética y deductiva. Satisface mejor que la visión infralapsariana las exigencias de las enseñanzas pertinentes de la Escritura, integra de forma más inteligible la miríada de partes del propósito divino único para magnificar la gracia de Dios que particulariza en Jesucristo, y aclara mejor el principio teleológico que gobierna todo el orden de los decretos de Dios, que hace todo lo que hace con un propósito y como aspecto de su propósito eterno único global.

A algunos puede parecer que al punto de vista supralapsariano le falta calidez evangélica y que no lleva a una predicación del evangelio que sea sincera y fervorosa. Pero ninguna característica de este punto de vista prohíbe al supralapsariano defender, junto con los calvinistas infralapsarianos, que la actividad redentora de Dios en Cristo (con su comienzo, centro y fin de toda su sabiduría, caminos y obras) ha de ser central también en la proclamación de la iglesia. Se gloría en la cruz como exhibición especial de la gracia de Dios a la humanidad pecadora, y reconoce que la proclamación del evangelio, con la bendición del Espíritu que la capacita, es el medio ordenado por Dios para alcanzar a los pecadores perdidos para Cristo. Tal y como pudo declarar sin contradicción el apóstol que escribió Romanos 9 y Efesios 1: «[No] estimo preciosa mi vida para mí mismo, con tal que acabe mi carrera con gozo, y el ministerio que recibí del Señor Jesús, para dar testimonio del evangelio de la gracia de Dios». (Hechos 20:24) y también pudo escribir: «Pues si anuncio el evangelio, no tengo por qué gloriarme; porque me es impuesta necesidad; y ¡ay de mí si no anunciare el evangelio!» (1 Co. 9:16), y «A mí, que soy menos que el más pequeño de todos los santos, me fue dada esta gracia de anunciar entre los gentiles el evangelio de las inescrutables riquezas de Cristo» (Ef 3:8), por tanto, el supralapsariano sabe que la misma carga santa que debe emplear Dios por alcanzar a los perdidos también ha de ser la suya. Además, lejos de ser un impedimento para llevar a cabo la Gran Comisión, el supralapsariano ve, junto con el infralapsariano, que esta doctrina de la predestinación es una garantía y seguridad de que su ministerio no será en vano. Mientras predica el evangelio a personas de todos los lugares, sabe que Dios, por su palabra y Espíritu *llamará* a sus escogidos para salvación. Antes que los detractores concluyan entonces que su juicio negativo es justo, debido a alguna falta en el punto de vista infralapsariano mismo, quizás deberían examinarse y ver si su evaluación no se debe al hecho de que, simplemente, les incomoda una visión de la salvación que coloca la soberanía de Dios sobre las vidas y destinos de las personas tan manifiestamente al frente de todos sus caminos y obras en ellas. Ninguna doctrina señala el *soli Deo gloria* más, y ninguna doctrina humilla a los orgullosos más que la visión supralapsariana de la predestinación. Ni siquiera al cristiano más santo debería sorprenderle hallar que su corazón reacciona en contra de ella al principio.

Pero sea lo que sea lo que finalmente decidimos acerca de estos debates (y que no deberían convertirse en la base de una lucha entre calvinistas), si un cristiano descubre tras su examen que su insatisfacción con el particularismo del punto de vista calvinista es debida al deseo por un sistema doctrinal que permita a los hombres contribuir de alguna forma definitiva y decisiva por su salvación (y este es el tema más serio), entonces hemos de decir con todo el respeto que no ha aprendido ni el ABC del cristianismo como religión redentora de la gracia divina.

Antes de que avancemos para considerar el programa pactual de Dios y la ejecución de su eterno plan de salvación en la historia, solo queda apuntar en conclusión que los dogmáticos reformados, en su mayor parte (p. ej. , Louis Berkhof) han llegado a designar este eterno orden de los decretos como el *pactum salutis* o «pacto de redención» para distinguirlo de la ejecución concreta y tangible en la historia de los aspectos redentores específicos del mismo decreto eterno, que ellos designan como «pacto de gracia».[59] Parece haber alguna justificación para esta designación (1) en el hecho de que las personas de la Deidad determinaron, antes de la fundación del mundo, el papel que cada uno cumpliría en la redención de los escogidos, y (2) en las palabras de Hebreos 13:20, donde el autor habla de «la sangre del *pacto eterno* [διαθήκης αἰωνίου, *diathēkēs aiōniou*]».

Es cierto que algunos académicos reformados han preferido otras designaciones para el orden de los decretos. Por ejemplo, J. Cocceius habló de él como «consejo de paz». Warfield estuvo satisfecho con referirse a él como «el plan de salvación». Murray prefirió nombrarlo «la economía intra-trinitaria de la salvación».[60] La Confesión de Fe de Westminster habla simplemente de «el decreto eterno de Dios» (véase el título del capítulo tres). Pero, sin importar el término que se adopte finalmente, Murray está seguramente en lo correcto cuando escribe:

La verdad implicada es de plena importancia. Porque no solamente es apropiado, sino obligatorio, que descubramos en el plan de salvación tal y como fue diseñado eternamente y ejecutado en el tiempo la grandeza de las disposiciones de la divina sabiduría y el amor por parte de las distintas personas de la Deidad, y reconozcamos las distintivas prerrogativas y funciones de cada persona y las relaciones que llegamos a sostener con cada persona conforme nos hacemos partícipes de la gracia de Dios. Después de todo, nuestro estudio del plan de salvación no producirá fruto que permanezca a menos que el plan cautive nuestra devoción al Dios triuno en la particularidad de la gracia que cada persona concede en la economía de la redención, y en la particularidad de la relación que se constituye por la asombrosa gracia del Padre, Hijo, y el Espíritu Santo.[61]

---

[59] La caída histórica, ocurrida de acuerdo con el decreto eterno, es tratada dentro de lo que los académicos reformados llaman el «pacto de obras». Por ejemplo, la Confesión de Fe de Westminster declara: «El primer pacto hecho con el hombre era un pacto de obras, en el que la vida se prometía a Adán, y a su posteridad en él, sobre la condición de una obediencia personal y perfecta. Habiéndose hecho el hombre incapaz por su caída de la vida por ese pacto, al Señor le agradó hacer un segundo pacto, comúnmente llamado pacto de la gracia» (VIII/ii–iii).
[60] Murray, «The Plan of Salvation», 130.
[61] Ibid., 131.

14 | LA UNIDAD DEL PACTO DE LA GRACIA

La doctrina de los pactos es una doctrina peculiarmente reformada. Así escribe Geerhardus Vos en su artículo principal, «La Doctrina del Pacto en la Teología Reformada» (The Doctrine of the Covenant in Reformed Theology).[1] Con la Reforma viene un regreso general al estudio de la Escritura utilizando la hermenéutica gramática/histórica/bíblica, y los reformadores suizos en particular regresaron a la idea raíz de la Biblia de la preeminencia de la gloria de Dios no solo en la creación sino también en la salvación. Fue natural entonces que desarrollaran el concepto bíblico de los pactos como los instrumentos mediante los cuales Dios determinó dar gloria a sí mismo por la salvación de los elegidos a través de la obra mediadora de su Hijo y las ministraciones de su Espíritu y Palabra. La teología del pacto, entonces, emergió en suelo suizo, particularmente en Génova en el pensamiento de Calvino y en Zürich en los escritos de Ulrico Zwinglio (1484-1531), quienes como resultado de sus debates con los anabaptistas hicieron del pacto el principal argumento para el entendimiento reformado del bautismo infantil,[2] y en los sermones de Johann Heinrich Bullinger (1504-1575).[3] En su «*Del Único y Eterno Pacto de Dios*» (*Of the One and Eternal Testament or Covenant of God*), el primer tratado de la historia de la iglesia sobre el pacto como tal, Bullinger argumenta que toda la Escritura debe ser vista a la luz del pacto abrahámico en que Dios misericordiosamente ofrece darse a sí mismo a los hombres y a cambio requiere que los hombres «caminen delante de Él y sean perfectos». Calvino hace un uso amplio de la idea del pacto en su *Institución* (ver, e.g., II. ix-xi), pero debido a que desarrolló su *Institución* a lo largo de líneas trinitarias el concepto del pacto no es el principio arquitectónico o director en esa obra.[4]

La influencia del reformador de Génova de la Suiza francófona y de los reformadores de Zürich de la Suiza germánica fue generalizada y duradera. Ellos influenciaron a los teólogos de Heidelberg, Caspar Olevianus (1536-1587) y Zacarias Ursinus (1534-1583), ambos hombres habiendo estudiado con Calvino en Génova y ambos habiendo pasado tiempo en Zürich también. Olevianus escribió más tarde *The Substance of the Covenant of Grace Between God and the Elect* (1585), y Ursino aplicó el concepto de pacto en su Catecismo Mayor (1612).[5] Sus ideas respectivamente, de un pacto previo a la creación entre Dios el

---

[1] Geerhardus Vos, «The Doctrine of the Covenant in Reformed Theology», en *Redemptive History and Biblical Interpretation: The Shorter Writings of Geerhardus Vos*, ed. Richard B. Gaffin Jr. (Phillipsburg, N.J.: Presbyterian and Reformed, 1980), 234.
[2] La opinión común de que «todas las cosas protestantes» se originaron con Martín Lutero es bastante errónea. William Cunningham observa acertadamente:
 El importante movimiento del que podría decirse que Zwinglio fue el originador y jefe, fue totalmente independiente de Lutero, es decir, Lutero no fue en modo alguno, directa o indirectamente, la causa o la ocasión de que Zwinglio se viera inducido a abrazar los puntos de vista que promulgaba o a adoptar el rumbo que seguía. Zwinglio había sido inducido a abrazar los principios rectores de la verdad protestante y a predicarlos en 1516, el año anterior a la publicación de las tesis de Lutero, y es bastante seguro, que todo el tiempo continuó pensando y actuando por sí mismo, bajo su propio juicio y responsabilidad, derivando sus puntos de vista de su propio estudio personal e independiente de la Palabra de Dios. Este hecho muestra cuán inexacto es identificar la Reforma con Lutero, como si todos los reformadores derivaran sus opiniones de él y simplemente siguieran su ejemplo al abandonar la iglesia de Roma y organizar iglesias aparte de su comunión. Muchos en este momento, en diferentes partes de Europa, fueron llevados a estudiar las Sagradas Escrituras, y fueron inducidos a derivar de este estudio puntos de vista de la verdad divina sustancialmente los mismos, y decididamente opuestos a los que generalmente inculcados en la iglesia de Roma. («Zwingle, and the Doctrine of the Sacraments», en *The Reformers and the Theology of the Reformation* [1862; reimpresión, Londres: Banner of Truth, 1967], 213–214)
[3] Ver *Decades* de Bullinger, cinco libros de diez largos sermones cada uno, que fueron estructurados enteramente por la idea del pacto
[4] Paul Helm reúne evidencia en su artículo «Calvin and the Covenant: Unity and Continuity», *Evangelical Quarterly* 55 (1981): 65-81, para mostrar, sin embargo, que todas las características esenciales de la teología del pacto —el pacto de redención entre el Padre y el Hijo, el pacto de obras (en forma elemental) entre Dios y Adán, y el pacto de gracia entre Dios y los redimidos— tienen raíces claras en la teología de Calvino.
[5] Ver *Catecismo Mayor* de Ursino, preguntas 1, 2, 9, 19, 20, 86, 131, 147, 223.

Nuestra Salvación tan Grande

Padre y Dios el Hijo para la salvación de los hombres y un pacto de ley previo a la caída entre Dios y Adán que prometió vida por obediencia perfecta y amenazó con muerte por la desobediencia resultó en el desarrollo de la teología del pacto de hombres tales como Johannes Cocceius (1603-1669) en los Países Bajos..[6]

Los reformadores suizos también influenciaron el desarrollo de la teología del pacto en Inglaterra. Muchos predicadores y académicos habían huido a Génova y Zürich durante el reinado de la reina Mary, y Calvino y Bullinger habían mantenido correspondencia con ellos. Por consiguiente, Robert Rollock y Robert Howie en Escocia, Thomas Cartwright, John Preston, Thomas Blake, y John Ball en Inglaterra, y James Ussher en Irlanda todos desarrollaron y escribieron sus teologías a lo largo de líneas pactuales. Las *Decades* de Bullinger fueron también traducidas al inglés en 1577 y se convirtieron en là guía teológica oficial para el clero que no había obtenido una maestría. Influenciados como lo estaban por los trabajos de estos hombres, los redactores de la Confesión de Westminster colocaron el concepto del pacto en primer plano de sus deliberaciones confesionales, dando estatus de credo al pacto de obras y al pacto de gracia..[7] Sobre el primero la Confesión afirma:

VII/ii. El primer pacto hecho con el hombre fue un pacto de obras, en el que se prometía la vida a Adán, y en éste a su posteridad, bajo la condición de una obediencia personal perfecta.

De la expresión tangible y concreta de los aspectos específicamente redentores del decreto eterno de Dios (el *pactum salutis* o «pacto de redención») en la historia de la creación, los teólogos de Westminster hablan del «pacto de gracia». De este pacto la Confesión de Fe de Westminster dice lo siguiente:

VII/iii. El hombre, por su caída, se hizo incapaz para la vida [el primer pacto] que tenía mediante aquel pacto, por lo que agrado a Dios hacer un segundo pacto, llamado comúnmente el Pacto de gracia,.[8] según el cual Dios ofrece libremente a los pecadores vida y salvación por Cristo, exigiéndoles la fe en ÉL para que puedan ser salvos, y prometiendo dar su Espíritu Santo a todos aquellos que ha ordenado para vida, dándoles así voluntad y capacidad para creer.

Sin usar la siguiente frase con tantas palabras, la Confesión de Fe de Westminster afirma claramente «la unidad del pacto de gracia y la unidad del pueblo de Dios en todas las edades»:

VII/v. *Este pacto* era ministrado de un modo diferente en el tiempo de la ley y en el del Evangelio. *Bajo la ley* se ministraba por promesas, profecías, sacrificios, la circuncisión, el cordero pascal y otros tipos y ordenanzas entregados al pueblo judío; *y todos señalaban al Cristo que había de venir*, y eran suficientes y eficaces en aquel tiempo por la operación del Espíritu Santo, *para instruir y edificar a los elegidos en fe en el Mesías prometido*, por quien tenían plena remisión de pecado y salvación eterna. A este pacto se le llama el Antiguo Testamento. (Énfasis añadido)

VII/vi. *Bajo el Evangelio*, cuando Cristo la sustancia fue manifestado, las ordenanzas por las cuales se ministra *este pacto* son: la predicación de la Palabra, la administración de los sacramentos del Bautismo y de la Cena del Señor; y aun cuando son menos en número y ministradas con más sencillez y menos gloria exterior, sin embargo, en ellas el pacto se muestra a todas las naciones,

---

[6] Ver *Doctrine of the Covenant and Testaments of God* de Cocceius, publicado en 1648.

[7] Esto no significa que la teología del pacto sea simplemente «hecha por el hombre» y que apareció en escena por primera vez durante la Reforma. Los reformadores suizos conocían bien la literatura patrística primitiva, citando extensamente a los primeros padres, y encontraron en ellos muchos matices de la teología del pacto. Después de la era de Agustín, el estudio bíblico languideció y, como resultado, los padres de la iglesia no desarrollaron la teología del pacto. Pero Vos ha notado correctamente que una vez que los reformadores volvieron a la iglesia a un estudio de las Escrituras e insistieron en que Dios debería recibir la preeminencia en todas las cosas, particularmente con respecto al hombre y su relación con Dios,

[este principio] se divide inmediatamente en tres partes: 1. Toda la obra del hombre tiene que descansar sobre una obra antecedente de Dios, 2. En todas sus obras el hombre debe mostrar la imagen de Dios y ser un medio para la revelación de las virtudes de Dios, 3. Esto último no debe ocurrir de manera inconsciente o pasiva, sino que la revelación de las virtudes de Dios debe proceder por la vía del entendimiento y la voluntad y por la vía de la vida consciente, y llegar activamente a la expresión externa. («The Doctrine of the Covenant», p. 242)

Vos luego procede a mostrar cómo esta triple exigencia se abordó en la doctrina del pacto, con el *pacto de redención* eterno convirtiéndose en el lugar de descanso para los tres requisitos, y el *pacto de obras* y el *pacto de gracia*, que fluye del pacto de redención, cada uno a su manera cumpliendo las demandas de las tres partes. Ver Vos, «The Doctrine of the Covenant», pp. 242-267. Ver también Donald Macleod, «Covenant Theology», en *Dictionary of Scottish Church History and Theology*, ed. Nigel M. de S. Cameron (Downers Grove, Ill.: InterVarsity Press, 1993), 214-218, para una excelente descripción general del desarrollo histórico de la teología del pacto.

[8] El Nuevo Pacto, si bien es para el pecador elegido un «pacto de gracia», fue para Cristo, el mediador y cabeza del pacto, el «pacto de obras» original, que requería de él obediencia personal, perfecta y perpetua. Como el «postrer Adán» y el «segundo hombre del cielo» (1 Co 15:45, 47), cumplió perfectamente con las obligaciones del pacto de obras.

así a los judíos como a los gentiles, con más plenitud, evidencia y eficacia espiritual, y se le llama el Nuevo Testamento. *Con todo, no hay dos pactos de gracia diferentes en sustancia, sino uno y el mismo bajo diversas dispensaciones.* (Énfasis añadido)

Estas descripciones del pacto de gracia expresamente señalan que el pacto es uno, el pacto después de la cruz es simplemente administrado (para emplear los términos que describen las dos administraciones como tales que son utilizadas específicamente para describir sus respectivos sacramentos) con «más simplicidad», «menos gloria exterior», y más plenitud, evidencia y eficacia espiritual para todas las naciones. También subraya la verdad de que las «promesas, profecías, sacrificios, circuncisión, el cordero pascual, y otros tipos y ordenanzas» de la primera administración, todas apuntan hacia Cristo, y fueron suficientes y eficaces, a través de la operación del Espíritu, para «instruir y edificar a los elegidos en la fe en *el Mesías prometido*». La Confesión de Fe de Westminster señala este mismo punto después, aunque en un entorno más directamente esotérico y en diferentes palabras, cuando declara:

Aún cuando la obra de la redención no fue consumada por Cristo sino hasta después de su encarnación, sin embargo, la virtud, la eficacia y los beneficios de ella, fueron comunicados a los elegidos en todas las épocas transcurridas desde el principio del mundo en y por medio de *las promesas, tipos y sacrificios, en los cuales Cristo fue revelado* y señalado como la simiente de la mujer que heriría a la serpiente en la cabeza, y como el cordero inmolado desde el principio del mundo, siendo él, el mismo ayer, hoy y siempre. (VIII/vi, énfasis añadido)

Si bien la influencia de la obra de la asamblea de Westminster duro poco tiempo en la misma Inglaterra, siendo sofocada por la restauración de Charles II al trono inglés en 1660, su Confesión de Fe y Catecismos fueron adoptados por la Iglesia de Escocia y después por las iglesias presbiterianas en la América colonial. A través de estas iglesias la teología del pacto de la asamblea ha tenido desde la década de 1640 una influencia creciente sobre la teología protestante en general alrededor del mundo, incluso en las iglesias que jamás han adoptado formalmente la Confesión de Fe de Westminster y los Catecismos como propios.

Frente a la representación de Westminster del pacto de gracia como siendo único en todas las edades, a través de la ejecución del cual es creado el único pueblo de Dios —la iglesia de Jesucristo— que comprende a todos los elegidos en todas las edades, se encuentra la interpretación de la escuela dispensacional de la historia salvífica. Los académicos dispensacionales clásicos uniformemente definen una dispensación como «un período de tiempo durante el cual el hombre es probado al respecto de la obediencia a una revelación específica de la voluntad de Dios».[9] Por ejemplo, Charles C. Ryrie define una dispensación como «una economía distinguible en el desarrollo del programa de Dios» para el mundo visto como un hogar, durante el cual el hombre de «economía distinguible» es responsable «a la revelación particular dada en ese momento».[10] Ya que estos académicos difieren ampliamente entre ellos mismos sobre cuantas dispensaciones hay (la *Scofield Reference Bible* encuentra siete: inocencia, consciencia, gobierno humano, promesa, ley, gracia y reino) y cómo el material de las Escrituras debe dividirse correspondientemente entre ellas, no es posible presentar aquí un esquema dispensacional que represente la opinión de cada dispensacionalista. Pero dicha lista no es necesaria ya que, independientemente de que esquema particular pueda abrazar un académico dispensacional determinado, todos estarán de acuerdo con la declaración doctrina del Dallas Theological Seminary, el seminario dispensacional líder en los Estados Unidos si no en el mundo, en que tres de estas dispensaciones o reglas de vida son objeto de una extensa revelación en las Escrituras, es

---

[9] Ver la nota sobre Génesis 1:28 tanto en la *Scofield Reference Bible* como en la *New Scofield Reference Bible*.
[10] Charles C. Ryrie, «Dispensation, Dispensationalism», *Evangelical Dictionary of Theology*, ed. Walter A. Elwell (Grand Rapids, Michigan: Baker, 1984), 322.

decir, la dispensación de la ley mosaica, la presente dispensación de la gracia, y la futura dispensación del reino milenial.

De estas tres dispensaciones, la declaración doctrinal inmediatamente afirma: «Creemos que estas son distintas y no deben entremezclarse o confundirse, ya que son cronológicamente sucesivas». Y mientras que la declaración doctrinal afirma que la «salvación en cálculo divino» siempre es 'por gracia a través de la fe', y descansa sobre la base de la sangre derramada de Cristo», califica esta afirmación al declarar

> que fue históricamente imposible que [los santos del Antiguo Testamento] hubieran tenido como objeto consciente de su fe al Hijo encarnado y crucificado, el Cordero de Dios (Jn. 1:29), y que es evidente que no comprendieron como nosotros que los sacrificios representaban a la persona y la obra de Cristo [y] que no entendieron el significado redentor de las profecías y los tipos con respecto a los sufrimientos de Cristo (1 P. 1:10-12), por lo tanto, creemos que su fe hacia Dios se manifestó de otras maneras como se muestra en el largo registro de Hebreos 11:1-40 [cuya fe fue manifestada] les fue contada por justicia.

De este modo según la enseñanza dispensacional, mientras que los santos del Antiguo Testamento (incluyendo a Moisés, David, Isaías y todos los demás grandes profetas) fueron salvos por gracia a través de la fe, no fueron salvos mediante la fe consciente en un sufrimiento de Cristo, ya que (1) «fue históricamente imposible que tuvieran como objeto consciente de su fe al Hijo encarnado y crucificado, al Cordero de Dios», (2) «no comprendieron… que los sacrificios representaban la persona y la obra de Cristo», y (3) «no entendieron el significado redentor de las profecías y los tipos respecto a los sufrimientos de Cristo».

La declaración doctrinal no explica claramente por qué estas tres cosas fueron históricamente imposibles para los santos del Antiguo Testamento, pero la *New Scofield Reference Bible* (1967), como lo hizo la original *Scofield Reference Bible* antes de ella (1917), nos proporciona la explicación dispensacional estándar cuando comenta sobre la proclamación de Jesús en Mateo 4:17, «Arrepentíos, porque el reino de los cielos se ha acercado»:

> La expresión bíblica «se ha acercado» nunca es una afirmación positiva de que la persona o cosa dicha que se ha acercado aparecerá inmediatamente, sino solo que *ningún evento conocido o predicho* debe intervenir. Cuando Cristo apareció al pueblo judío, lo siguiente, en el orden de la revelación como estaba entonces, debería haber sido el establecimiento del reino davídico. En el conocimiento de Dios, *todavía no revelado*, reside el rechazo del reino y del rey, el largo período de la forma misteriosa del reino, la predicación mundial de la cruz y la vocación de la iglesia. Pero esto *todavía estaba encerrado en los secretos consejos de Dios* (Mt. 13:11, 17; Ef. 3:3-12).[11]

La declaración doctrinal del Dallas Seminary establece esencialmente el mismo punto solo que con un lenguaje algo distinto cuando afirma: «*en el cumplimiento de la profecía* [ver la frase de Scofield arriba, «en el orden de revelación como estaba entonces»] [el Hijo eterno de Dios] vino primero a Israel como su mesías rey, y… siendo rechazado por esa nación, Él, *según el consejo eterno de Dios* [ver la frase de Scofield, «encerrado en el consejo secreto de Dios»], dio su vida como rescate por todos». (énfasis añadido)

Por supuesto, si nadie antes del tiempo del ministerio público de Jesús sabía sobre el rechazo del mesías, este era presente, la proclamación mundial de la cruz, o el llamado de la iglesia, porque Dios no había revelado ninguna de estas cosas a los hombres antes de ese tiempo, entonces la fe del santo del Antiguo Testamento no podría haber estado dirigida hacia la persona y obra del Cristo sufriente como su objeto salvador. Pero esta no ha sido la confesión histórica de la Iglesia, que no ha dudado en cantar:

---

[11] *New Scofield Reference Bible*, 996, énfasis añadido.

En la cruz de Cristo me glorío,
Elevándome sobre los naufragios del tiempo;
Toda la luz de la historia sagrada
Se reúne en torno a su cabeza sublime.

Es difícil concebir dos perspectivas evangélicas sobre la fe del Antiguo Testamento que difieran más radicalmente. La perspectiva del pacto enfatiza la unidad y la continuidad de la historia de la redención. La primera insiste en que los santos del Antiguo Testamento fueron salvados a través de la fe consciente en el futuro, anticipando la obra sacrificial del mesías prometido en su favor. El segundo insiste, ya que los santos del Antiguo Testamento *no sabían* sobre su futura obra sacrificial porque Dios no se los había revelado, que fueron salvos a través de una «fe [general] hacia Dios …manifestada de otras maneras». A este respecto estos dos sistemas teológicos son mutuamente excluyentes. Uno puede ser perdonado si llegara a la conclusión de que estos dos puntos de vista defienden *diferentes* planes de salvación en el Antiguo Testamento, el *primero* insistiendo sobre la necesidad de la fe en la persona y la obra sacrificial del mesías venidero para salvación, el *segundo* insistiendo sobre la necesidad de la fe en Dios para salvación que en realidad estaba desprovista de cualquier conocimiento consciente de que «sin el derramamiento de sangre [la del Mesías] no hay perdón» (Heb. 9:22). Pero esto significa, ya que los académicos dispensacionales felizmente afirman que el santo del Nuevo Testamento cree para salvación con una fe que tiene precisamente la obra de la muerte del Mesías como su objeto salvífico, que, desde la perspectiva de los santos antes y después de la cruz, hay *al menos dos* diferentes planes de salvación en la Escritura.

Yo digo «al menos dos diferentes planes de salvación» porque los académicos dispensacionalistas realmente insisten en que la fe salvífica en Dios del Antiguo Testamento se manifestó en «distintas *maneras*», dependiendo de la dispensación, y para probar el punto ellos refieren al «largo registro de Hebreos 11:1-40». E insisten en que los claros ejemplos de las dos distintas «formas de fe» en el registro mismo del Antiguo Testamento por los cuales Dios se relacionó con los hombres es, *primero*, la «dispensación de la promesa», viviendo bajo los términos del pacto abrahámico, cuya dispensación llegó a su fin cuando los descendientes de Abraham «aceptaron apresuradamente la ley» en el Sinaí y «cambiaron la gracia por la ley»,[12] y, *segundo*, la inmediatamente siguiente «dispensación de la ley» durante la cual Dios «puso a prueba» a la nación de Israel con respecto al tema de su «fe en Él» fue (1) «la obediencia legal como la condición de salvación»[13] y (2) una futura esperanza que miraba hacia la llegada del mesías, no como un salvador sufriente, sino como un rey conquistador davídico. Según la enseñanza dispensacional, el Mesías como un salvador sufriente no podría haber sido un objeto adecuado para la fe de Israel, así como Él como rey de Israel «no podía ser el objeto adecuado de fe para los gentiles».[14] En otras palabras, la era mosaica fue un período de tiempo durante el cual Dios expresamente *excluyó* la fe en la muerte del Mesías como «¡un objeto adecuado de fe!». En consecuencia, los académicos dispensacionales enseñan que los salvos de la era mosaica (Israel «bajo la ley») son el pueblo terrenal de Dios sujeto a un destino bendito, mientras que los salvos de esta era (la iglesia

---

[12] Biblia de referencia Scofield (SRB), nota sobre Génesis 12:1. La *New Scofield Reference Bible* (NSRB) no dice esto, pero aún insiste en que «como prueba específica de la mayordomía de Israel de la verdad divina, la dispensación de la promesa fue reemplazada, aunque no anulada, por la ley que fue dada en el Sinaí». (nota sobre Gn 12:1). Y la NSRB todavía declara en Éxodo 19:5, al igual que la SRB, «Lo que bajo la ley era condicional es, bajo la gracia, dado gratuitamente a todo creyente. El «si» del versículo 5 es la esencia de la ley como un método de trato divino … Para Abraham, la promesa precedió al requisito, en el Sinaí, el requisito precedió a la promesa. En el Nuevo Pacto se sigue el orden abrahámico». Pero ¿qué significan tales declaraciones si no significan que, según la ley, el «requisito» (obediencia legal) era la condición de la promesa de salvación?
[13] *Scofield Reference Bible*, nota sobre Juan 1:17.
[14] *Scofield Reference Bible*, nota sobre Juan 12:23: «Un Cristo encarnado, rey de los judíos, no podía ser objeto de fe apropiado para los gentiles, aunque los judíos deberían haber creído en Él como tal. Para los gentiles [!] el grano de trigo debe caer en la tierra y morir, Cristo debe ser levantado en la cruz y creído como sacrificio por el pecado, como simiente de Abraham, no de David».

«bajo la gracia») son el pueblo celestial de Dios sujetos a otro destino bendito. Como afirma Ryrie explícitamente en el mismo artículo arriba referido, los dispensacionalistas distinguen el programa de Dios para Israel de su programa para la iglesia. De este modo la iglesia no comienza en el Antiguo Testamento sino en el día de Pentecostés, y la iglesia actualmente no está cumpliendo las promesas hechas a Israel en el Antiguo Testamento que todavía no se han cumplido.[15]

Dos edades distintas con dos contenidos distintos de fe, y como resultado dos pueblos de Dios distintos con dos destinos distintos, con estas dos edades y dos pueblos nunca «entremezclados o confundidos, ya que son cronológicamente sucesivos», no sea que uno caiga en el error del «galacianismo» (la mezcla de la ley y la gracia, las obras y la fe, que Pablo condenó con vehemencia en su carta a las iglesias gálatas) —este es el entendimiento dispensacional de la relación entre el Israel del Antiguo Testamento y la iglesia del Nuevo Testamento.[16]

Debe quedar claro a partir de este resumen de su interpretación del período mosaico y la relación entre ese período y esta era presente que la escuela dispensacional repudia conscientemente la *unidad* del pacto de gracia y la *unidad* del pueblo de Dios en todas las edades. En consecuencia, debería ser igualmente claro, si la Confesión de Fe es correcta, que el dispensacionalismo está mal, y si el dispensacionalismo es correcto, entonces la Confesión de Fe está mal. Sugeriría que las siguientes cinco líneas de argumentación sitúan más allá de toda duda razonable la posición de Westminster.

CINCO ARGUMENTOS PARA LA UNIDAD DEL PACTO

A. Una vez que el pacto de gracia se expresó en las promesas espirituales del pacto abrahámico, el pacto abrahámico se volvió salvíficamente definitivo para todas las edades por venir.

Inmediatamente después de la trágica transgresión de Adán del «pacto de obras», que había sido impuesto soberanamente sobre él por su creador (Gn. 3:1-7; ver Os. 6:7), a los oídos de Adán Dios dijo a la serpiente, y por extensión a Satanás mismo: «Y pondré enemistad entre ti y la mujer, y entre tu simiente y la simiente suya; ésta te herirá en la cabeza, y tú le herirás en el calcañar» (Gn. 3:15). Los teólogos han reconocido desde hace mucho tiempo en estas palabras tanto la inauguración del «pacto de gracia» como la primera promesa misericordiosa de Dios a los hombres de la salvación del pecado. No sin una buena razón entonces ha sido designada esta divina promesa la «primera proclamación del evangelio» (*protevangelium*). La promesa se da en «forma de semilla», lo que es bastante cierto, pero Dios claramente estableció que alguien fuera de la raza humana misma («la simiente de la mujer»), aunque

---

[15] Ryrie, «Dispensation, Dispensationalism», 322. Usando Ryrie, la SRB y la NSRB como lo he hecho, he descrito lo que se consideraría generalmente como la descripción «clásica» del dispensacionalismo (aunque Darrell L. Bock se refiere a la visión dispensacionalista de Ryrie como una versión «revisada» del dispensacionalismo clásico). Hay un movimiento hoy en día dentro de los círculos dispensacionalistas, denominado por sus proponentes como «dispensacionalismo progresivo», el motivo de «oferta, rechazo, aplazamiento y cumplimiento del reino sólo en el futuro», del dispensacionalismo clásico y declara lo contrario, que la iglesia está cumpliendo las promesas espirituales hechas al Israel del Antiguo Testamento. En resumen, estos dispensacionalistas ponen más énfasis en las continuidades entre las dispensaciones que los dispensacionalistas «clásicos». Ver Robert L. Saucy, *The Case for Progressive Dispensationalism* (Grand Rapids: Zondervan, 1993), y Craig A. Blaising y Darrell L. Bock, *Progressive Dispensationalism* (Wheaton: Victor, 1993).

Nadie puede decir, por supuesto, si el «dispensacionalismo progresivo» con su rechazo implícito de la doctrina «clave» del dispensacionalismo clásico, es decir, su rígida separación de Israel y la iglesia, seguirá siendo para siempre el dispensacionalismo y no se convertirá en una forma de pacto anterior al milenialismo. (ver la evaluación de Walter A. Elwell, «Dispensacionalist of the third kind», *Christianity Today* 38/10 [12 de septiembre de 1994] p. 28: «El dispensacionalismo [progresivo] más nuevo se parece tanto al premilenialismo no dispensacionalista que uno lucha por ver cualquier diferencia real»). Pero en el momento actual, el «dispensacionalismo progresivo» todavía es claramente dispensacional en su compromiso y declaraciones y en ningún sentido es un pacto. Al Mawhinney acertó cuando comentó: «Los autores [del dispensacionalismo progresista] no son teólogos del pacto con piel de cordero ... Están buscando un cambio significativo dentro de su propia tradición».

[16] Los dispensacionalistas modernos debaten entre ellos sobre el «principio básico» del dispensacionalismo. La mayoría insistiría en que el primer principio del dispensacionalismo es que la Biblia debe interpretarse literalmente y su significado no debe ser «espiritualizado». Surge la pregunta: ¿Por qué debe interpretarse así la Biblia? Sugiero que esta es la única hermenéutica que permite a los dispensacionalistas trazar la distinción que necesitan entre Israel y la iglesia, y que detrás de esta distinción, que ve a Israel como «bajo la ley» y a la iglesia como «bajo la gracia», está la más fundamental preocupación por evitar la herejía del galacianismo, es decir, la mezcla de la ley y la gracia.

fatalmente herido en el conflicto, destruiría a la serpiente (Satanás).

De acuerdo con esta promesa, Dios extendió su gracia a ciertos descendientes antediluvianos de Adán, por ejemplo, a Abel (Gn. 4:4; Heb. 11:4), a Enoc (Gn. 5:22-23; Heb. 11:5), y a Noé (Gn. 6:8–9; ver «mi pacto» en 6:18).[17] y a la familia de Noé (Gn. 6–8). Pero este período entre la caída y el diluvio debe reconocerse, vio solo una demostración mínima de gracia restrictiva y salvadora, como lo demuestra el hecho de que la raza humana llegó a la ruina moral y fue juzgada. Sin duda, esto fue para que la verdadera naturaleza del pecado pudiera ser revelada.[18] La situación tampoco fue muy diferente durante la era posdiluviana anterior al llamado de Abraham. Hay algunos indicios de las operaciones de la gracia especial o redentora en este período de la historia humana, como la identidad de Yahvé como «el Dios de Sem» y la promesa implícita de la gracia divina a los descendientes de Jafet, que «habitarían en las tiendas de Sem» (9:26-27), pero nuevamente la característica principal de este período es el juicio divino en la forma de confusión de lenguas en Babel (Gn. 11:1-11) y la consiguiente dispersión del pueblo posdiluviano sobre la faz de la tierra (Gn. 10) como castigo por la expresión manifiesta de orgullo de la raza (Gn. 11:4). La decadencia moral humana en este período subrayó nuevamente el poder del pecado para corromper. En resumen, los dos énfasis de los primeros once capítulos del Génesis son el hecho omnipresente y el poder de la pecaminosidad humana y el santo culatazo de Dios contra el pecado en todas sus formas. Y aunque vemos evidencias de las operaciones divinas de la gracia salvífica de acuerdo con el pacto de gracia, es igualmente cierto que lo vemos sólo mínimamente mostrado.

Pero con el llamado de Abraham, el pacto de gracia experimentó un avance notable, definitivo para todos los tiempos por venir. El instrumento de ese avance es el pacto que Dios hizo con Abraham que garantizó y aseguró la bendición de salvación para «todas las familias de la tierra». Tan significantes son las promesas de la gracia en el pacto abrahámico, que se encuentran en Génesis 12:1–3; 13:14–16; 15:18–21; 17:1–16; 22:16–18, que no es una exageración declarar estos versículos, desde la perspectiva pactual, como los versículos más importantes en la Biblia. El hecho de que la Biblia abarque los miles de años entre la creación del hombre y Abraham en solo once capítulos, con la llamada de Abraham en Génesis 12, sugiere que la información dada en los primeros once capítulos de la Biblia tenía la intención de ser preparatoria del «trasfondo» de la revelación del pacto abrahámico. La revelación subsecuente a ella revela que *todo lo que Dios ha hecho de forma salvadora en gracia desde la revelación del pacto abrahámico es el resultado y el producto de ella*. En otras palabras, una vez que el pacto de gracia se ha expresado en las promesas salvíficas del pacto abrahámico —que Dios sería el Dios de Abraham y de sus descendientes (17:7), y que en Abraham todas las naciones de la tierra serían benditas (12:3; Ro. 4:13)— *todo lo que Dios ha hecho desde el momento presente lo ha hecho para cumplir su pacto con Abraham (y de este modo su plan eterno de redención)*. Esto sugiere que la divina ejecución del programa de salvación previsto en el pacto de gracia, desde Génesis 12 en adelante, debe verse en términos de las promesas salvíficas contenidas en el pacto abrahámico.[19] Esta línea de

---

[17] Aunque la palabra «pacto» aparece por primera vez en Génesis 6:18, el hecho de que aparezca con el sufijo pronominal y la forma Hiphil del verbo קוּם, *qûm*, «establecer», en lugar de כָּרַת, *kāraṭ*, «cortar, hacer», sugiere que este pacto no se hizo por primera vez en los días de Noé, sino que ya existía y se estaba extendiendo hasta la era de Noé.

[18] Ver Geerhardus Vos, *Biblical Theology* (Grand Rapids, Michigan: Eerdmans, 1954), 56.

[19] Sin duda, Abraham y sus descendientes recibieron promesas temporales, terrenales, de una tierra en el pacto abrahámico (Gn. 13:15; 15:18; 17:8). Pero las promesas de la tierra nunca fueron primarias y centrales para la intención del pacto, y Dios nunca imaginó un cumplimiento literal y completo de estas promesas bajo las condiciones del Antiguo Testamento. Más bien, el cumplimiento de las promesas de la tierra debe verse como el resultado de las promesas salvíficas más básicas y esenciales, y para su cumplimiento tendrán que esperar la salvación final y completa de los elegidos de Dios en el Escatón (Ro. 8:19-23).

Digo esto porque la Biblia declara que Abraham habitó en la tierra prometida del Antiguo Testamento «como en un país extranjero, habitando en tiendas» (Heb. 11:9) y nunca la poseyó (Hch.7:25), ya que, como con tantas otras de las promesas de Dios hechas durante los días de «sombra» del Antiguo Testamento *Heilsgeschichte* (Col. 2:17), esperaba el cumplimiento final de esta promesa, en los días de la «sustancia» del Nuevo Testamento *Heilsgeschichte*, es decir, en el

evidencia demuestra la unidad del pacto de gracia desde Génesis 3 hasta los confines del futuro.

Si esta representación del significado salvífico del pacto abrahámico para la unidad del pacto de gracia parece ser una exageración, las siguientes declaraciones de la revelación divina posterior deberían suficientes para justificarla:

1. Es el pacto abrahámico y ningún otro el que Dios confirmó después con Isaac (Gn. 17:19; 26:3-4) y con Jacob (Gn. 28:13-15; 35:12).
2. Dios redimió a los descendientes de Jacob de Egipto (cuyo acto redentor es el tipo del Antiguo Testamento de la redención en Cristo en el Nuevo Testamento) para mantener la promesa del pacto a Abraham: «Dios escuchó sus gemidos y se acordó de su pacto con Abraham, con Isaac, y con Jacob» (Ex. 2:24; ver 4:5).
3. Una y otra vez a lo largo de la historia de Israel en los tiempos del Antiguo Testamento, los autores inspirados rastrean la continua extensión de la gracia divina y la misericordia de Dios a Israel directamente a su fidelidad a las promesas de su pacto a Abraham:

Éxodo 32:12-14: «'Vuélvete del ardor de tu ira, y arrepiéntete de este mal contra tu pueblo. Acuérdate de Abraham, de Isaac y de Israel tus siervos, a los cuales has jurado por ti mismo...' Entonces Jehová se arrepintió del mal que dijo que había de hacer a su pueblo».

Éxodo 33:1 (dicho inmediatamente después del incidente del becerro de oro): «Anda, sube de aquí, tú y el pueblo que sacaste de la tierra de Egipto, a la tierra de la cual juré a Abraham, Isaac y Jacob, diciendo: 'A tu descendencia la daré'».

Levítico 26:42: «Entonces yo me acordaré de mi pacto con Jacob, y asimismo de mi pacto con Isaac, y también de mi pacto con Abraham me acordaré, y haré memoria de la tierra».

Deuteronomio 1:8: «Mirad, yo os he entregado la tierra; entrad y poseed la tierra que Jehová juró a vuestros padres Abraham, Isaac y Jacob».

Deuteronomio 4:31: «porque Dios misericordioso es Jehová tu Dios; no te dejará, ni te destruirá, ni se olvidará del pacto que les juró a tus padres». (Ver Dt. 4:37)

Deuteronomio 7:8: «sino por cuanto Jehová os amó, y quiso guardar el juramento que

---

cielo nuevo y tierra nueva del Escatón, cuya patria «es mejor, es decir, celestial» (Heb. 11:16), cuya «ciudad [la iglesia redimida; Ap. 21:9-27] tiene fundamentos, cuyo arquitecto y constructor es Dios» (Heb. 11:10), y en los cuales él sería «el heredero del mundo» (Ro. 4:13).

O. Palmer Robertson, en su *Understanding the Land of the Bible* (Phillipsburg, N.J.: Presbyterian and Reformed, 1996), pp. 7–13, proporciona un estudio breve pero útil del concepto de tierra en la Escritura:

La «tierra» como factor de importancia teológica comienza con «el paraíso». ... En esta «tierra» llamada «paraíso», el hombre podría servir a su Dios y encontrar un propósito significativo para la vida.

Como consecuencia de [la rebelión de Adán], el primer hombre y la primera mujer se vieron expulsados de esta tierra de dicha ...

Pero una promesa divina le dio esperanza [al hombre caído]. Había una «tierra», una tierra que fluía leche y miel. En algún lugar delante de él lo encontraría, porque Dios se había propuesto redimir al hombre ..., restaurarlo a la tierra de bendición que había perdido.

Este destello de esperanza encontró expresión concreta en la promesa dada a Abraham. Como acto supremo de fe, el patriarca abandonó la tierra de sus padres y se convirtió en un extraño errante, siempre en camino hacia una «tierra» que Dios había prometido.

Abraham llegó a la tierra, pero nunca la poseyó ... murió sin tener más que una parcela de entierro familiar (Gn. 23:17-20). Toda su experiencia de vida lo obligó a mirar más allá de las circunstancias temporales presentes en las que vivía, a «la ciudad que tiene fundamentos, cuyo arquitecto y constructor es Dios» (Heb. 11:10, NKJV).

... Moisés y sus contemporáneos vagaron por el desierto del Sinaí durante cuarenta años, y Moisés murió en la fe, sin haber recibido la promesa (Heb. 11:39).

Bajo el liderazgo general de Josué, la gente conquistó la tierra, recibiendo de manera limitada el paraíso que Dios había prometido. Pero rápidamente se hizo evidente que este territorio no podía ser el paraíso definitivo. Los cananeos invictos permanecieron como «avispones». ... [Y debido al pecado de Israel durante todo el período de la monarquía, finalmente] la tierra fue devastada, el pueblo desterrado. Descuidando persistentemente las leyes de Dios, llegaron a ser conocidos como *lo-ammi*, que significa «no mi pueblo» (Os. 1:9). La tierra fértil tomó la apariencia de un desierto, una morada de chacales, búhos y escorpiones... El paraíso, incluso en su forma de sombra del antiguo pacto, les fue quitado.

[Incluso la restauración de la «segunda mancomunidad»] no podía ser el paraíso. Pero el regreso a «la tierra» y la reconstrucción del templo señalan el camino ... La gloria de este pequeño templo sería mayor que la gran estructura de Salomón, y la riqueza de todas las naciones fluiría hacia él (Hg. 2:9).

Todo este lenguaje hiperbólico, ¿qué podría significar?

Significaba que Dios tenía algo mejor... La promesa de la tierra se cumpliría nada menos que con un paraíso restaurado. Como Isaías había predicho anteriormente, el lobo se acostaría con el cordero y un niño los guiaría (Is. 11:6). Ya no reinarían más el pecado y la tristeza, ni los espinos infestarían la tierra.

Cuando Cristo realmente vino, la perspectiva bíblica sobre la «tierra» experimentó una revisión radical... Al inaugurar su ministerio público en la Galilea de los gentiles a lo largo de una ruta comercial pública, Jesús estaba haciendo una declaración. Esta tierra serviría de trampolín para todas las naciones. El reino de Dios [el tema central de la enseñanza de Jesús] abarcaba un ámbito que se extendía mucho más allá de las fronteras del antiguo Israel. Como indica Pablo tan claramente, la promesa de Abraham desde la perspectiva del nuevo pacto significaba que él sería heredero del cosmos (Ro. 4:13).

Las implicaciones radicales de que Jesús apunte su ministerio hacia todo el mundo en lugar de limitarse a la tierra de Canaán deben apreciarse plenamente. Al establecer esta perspectiva en su ministerio, Jesús abrió el camino para que el «tipo» del antiguo pacto fuera reemplazado por el «antitipo» del nuevo pacto. La imagen de un regreso a una «tierra» que fluye leche y miel fue reenfocada en un rejuvenecimiento que abarcaría todo el orden creado por Dios. No solo Canaán se beneficiaría en el establecimiento del reino del Mesías. El cosmos entero se regocijaría en la renovación que trajo esta novedad de vida.

juró a vuestros padres, os ha sacado Jehová con mano poderosa, y os ha rescatado de servidumbre». (Ver Dt. 9:5; 10:15)

Deuteronomio 9:27: «Acuérdate de tus siervos Abraham, Isaac y Jacob; no mires a la dureza de este pueblo, ni a su impiedad ni a su pecado».

Deuteronomio 29:12-13: «para que entres en el pacto de Jehová tu Dios, y en su juramento, que Jehová tu Dios concierta hoy contigo, para confirmarte hoy como su pueblo, y para que él te sea a ti por Dios, de la manera que él te ha dicho, y como lo juró a tus padres Abraham, Isaac y Jacob».

Josué 21:44: «Y Jehová les dio reposo alrededor, conforme a todo lo que había jurado a sus padres».

Josué 24:3-4: «Y yo tomé a vuestro padre Abraham del otro lado del río, y lo traje por toda la tierra de Canaán, y aumenté su descendencia, y le di Isaac. A Isaac di Jacob y Esaú».

Salmos 105:8-10, 42-43: «Se acordó para siempre de su pacto..., [el] cual concertó con Abraham, y de su juramento a Isaac. La estableció a Jacob por decreto, A Israel por pacto sempiterno... Porque se acordó de su santa palabra Dada a Abraham su siervo. Sacó a su pueblo con gozo. Con júbilo a sus escogidos».

2 Reyes 13:23: «Mas Jehová tuvo misericordia de ellos, y se compadeció de ellos y los miró, a causa de su pacto con Abraham, Isaac y Jacob; y no quiso destruirlos ni echarlos de delante de su presencia hasta hoy».

1 Crónicas 16:15-17: «El hace memoria de su pacto perpetuamente, Y de la palabra que él mandó para mil generaciones; Del pacto que concertó con Abraham, Y de su juramento a Isaac; El cual confirmó a Jacob por estatuto, Y a Israel por pacto sempiterno».

Miqueas 7:20: «Cumplirás la verdad a Jacob, y a Abraham la misericordia, que juraste a nuestros padres desde tiempos antiguos».

Nehemías 9:7-8: «Tú eres, Oh Jehová, el Dios que escogiste a Abram, y lo sacaste de Ur de los caldeos, y le pusiste el nombre Abraham; y hallaste fiel su corazón delante de ti, e hiciste pacto con él... y cumpliste tu palabra, porque eres justo».

4. Tanto María como Zacarías declararon la primera venida de Jesucristo, incluyendo el mismo acto de la encarnación, ser una parte constituyente vital del cumplimiento de la promesa pactual misericordiosa de Dios a Abraham:

Lucas 1:54-55: «Socorrió a Israel su siervo, Acordándose de la misericordia, de la cual habló a nuestros padres, para con Abraham y su descendencia para siempre».

Lucas 1:68-73: «Bendito el Señor Dios de Israel, que ha visitado... Y acordarse de su santo pacto; Del juramento que hizo a Abraham nuestro padre».

Cabe señalar de paso que, mientras que los cristianos de hoy principalmente solo celebran la encarnación del Hijo de Dios en la época navideña, María y Zacarías, colocando este evento en el contexto de su alianza, vieron razón en su venida para celebrar la fidelidad de la alianza de Dios con su pueblo. ¡En su conciencia del significado más amplio del evento y las palabras de alabanza que esa conciencia evocó de ellos, vemos que la teología bíblica en su mejor expresión está siendo elaborada y expresada!

5. Jesús mismo la simiente de Abraham (Mt. 1:1; Gal. 3:16), declaro que Abraham «se gozó de que había de ver mi día; y lo vio, y se gozó» (Jn. 8:56).

6. Pedro declaró que Dios envío a Jesús para bendecir a la nación judía de acuerdo con la promesa que dio a Abraham en Génesis 12:3, a fin de que se volvieran de su maldad (Hch. 3:25-26).

7. Pablo declaro que Dios, cuando prometió a Abraham que «serán benditas en ti todas las familias de la tierra» (Gn. 12:3), estaba declarando que iba a justificar a los gentiles por la fe

y estaba anunciando el evangelio por adelantado a Abraham (Gal. 3:8). Por consiguiente, establece que *todos* los creyentes «son bendecidos [por justificación] con el creyente Abraham (Gal. 3:9).

8. Pablo también declaro que «Cristo Jesús vino a ser [γεγενῆσθαι, *gegenēsthai*] siervo de la circuncisión …para confirmar [εἰς τὸ βεβαιῶσαι, *eis to bebaiōsai*] las promesas hechas a los padres, y para que los gentiles glorifiquen a Dios por su misericordia (Ro. 15:8-9).

9. Pablo además declaro que Cristo murió en la cruz, llevando la maldición de la ley, «para que [ἵνα, *hina*] en Cristo Jesús la bendición de Abraham alcanzase a los gentiles, a fin de que [ἵνα, *hina*] por la fe recibiésemos [es decir, judíos y gentiles] la promesa del Espíritu (Gal. 3:13-14). Los dos clausulas ἵνα, *hina* están coordinadas, la segunda una elaboración de la primera. Dios, habiendo librado a su pueblo del pacto entre los judíos de la maldición de la ley a través de la obra de la cruz de Cristo, por esa misma obra de la cruz es libre de actuar igualmente en gracia con los gentiles, con ambos judíos y gentiles recibiendo el Espíritu prometido a través de la fe.

10. Pablo declaró además que la ley mosaica, introducido siglos después de que Dios haya dado sus promesas pactuales a Abraham y su simiente, "Esto, pues, digo: El pacto previamente ratificado por Dios para con Cristo, la ley que vino cuatrocientos treinta años después, no lo abroga, para invalidar la promesa. Porque si la herencia es por la ley, ya no es por la promesa; pero Dios la concedió a Abraham mediante la promesa" (Gal. 3:16-17).

11. Pablo también declaró (1) que Abraham es el «padre de todo creyente» tanto entre judíos como gentiles (Ro. 4:11-12), y (2) que todos los que pertenecen a Cristo «son simiente de Abraham, y herederos según la promesa» que Dios dio a Abraham (Gal. 3:29).

12. Finalmente, Cristo describió el estado de gloria futuro en términos de los redimidos «tomando su lugar en el banquete con Abraham, Isaac y Jacob en el reino de los cielos» (Mt. 8:11).

Estos pasajes de la Escritura dejan claro que las promesas de Dios, dadas pactualmente a Abraham, de que sería el Dios de Abraham y de sus descendientes (espirituales) después de él para siempre (Gen. 17:7-8) se extienden temporalmente hasta los más lejanos alcances del futuro e incluyen dentro de su brújula a toda la comunidad de los redimidos. Esto es solo para decir que el pacto abrahámico, en la perspectiva específica que presenta de la salvación de toda la iglesia de Dios, es idéntica al programa salvífico del pacto de gracia, de hecho, es idéntico con el pacto de gracia en sí mismo. Ello también significa que las bendiciones del pacto de gracia que los creyentes hoy día disfrutan bajo las sanciones de la economía del Nuevo Testamento están fundadas sobre el pacto que Dios hizo con Abraham. Dicho de otra manera, el «nuevo pacto» mismo es simplemente la «extensión y el desarrollo [administrativo] del pacto abrahámico».[20] De este modo el alcance temporal y espiritual del pacto abrahámico establece y asegura la unidad y continuidad orgánica de la única iglesia de Dios compuesta del pueblo de Dios viviendo tanto antes como después de la cruz.

B. El Éxodo de Egipto —el tipo del Antiguo Testamento par excellence de la redención bíblica— por arreglo divino exhibió los mismos grandes principios que gobernaron la obra de expiación de Cristo, tanto en sus aspectos cumplidos como aplicados, en el Nuevo Testamento, enseñando así a los elegidos en Israel acerca de la salvación por gracia mediante la fe en la obra expiatoria de la mediación del Mesías.

Como una característica principal del fundamento del Antiguo Testamento para la verdad de que «las cosas que se escribieron antes, para nuestra enseñanza se escribieron» (Ro. 15:4; ver

---

[20] John Murray, *Christian Baptism* (Philadephia: Presbyterian and Reformed, 1962), 46.

1 Co. 10:1-11, donde Pablo emplea el éxodo y ciertos eventos subsecuentes en el desierto para este propósito pastoral), la gran redención del éxodo del pueblo de Dios de Egipto (y el registro inspirado de Moisés de ella) comunicó las formas redentoras de Dios a su pueblo del Antiguo Testamento como lo haría más tarde con nosotros, su pueblo del Nuevo Testamento.

Que no se esté leyendo demasiado sobre el evento del éxodo para caracterizarlo como un evento redentor lo confirma el hecho de que el texto bíblico lo representa precisamente de esa manera:

Éxodo 6:6: «yo os sacaré de debajo de las tareas pesadas de Egipto, y os libraré de su servidumbre, y os redimiré [וְגָאַלְתִּי, $w^e g\bar{a}$ˌ$alt\hat{i}$] con brazo extendido, y con juicios grandes».

Éxodo 15:13: «Condujiste en tu misericordia a este pueblo que redimiste [גָּאַלְתָּ, $g\bar{a}$ˌ$alt\bar{a}$]».

Deuteronomio 7:8: «sino por cuanto Jehová os amó...os ha sacado Jehová con mano poderosa, y os ha rescatado [וַיִּפְדְּךָ, $wayyipd^ek\bar{a}$] de servidumbre».

Deuteronomio 9:26: «Oh Señor Jehová, no destruyas a tu pueblo y a tu heredad que has redimido [פָּדִיתָ, $p\bar{a}\underline{d}\hat{i}\underline{t}\bar{a}$] con tu grandeza, que sacaste de Egipto con mano poderosa».

El Éxodo también es descrito como «la salvación de Yahvé (יְשׁוּעַת יהוה, $y^e\hat{s}\hat{u}$ˌ$a\underline{t}$ yhwh, Ex. 14:13), Moisés también escribió: «Así salvó [וַיּוֹשַׁע, $wayy\hat{o}\hat{s}a$ˌ] Jehová aquel día a Israel de mano de los egipcios» (Ex. 14:30). Después Esteban aplico el título «redentor» (λυτρωτής, $lytr\bar{o}t\bar{e}s$) a Moisés, un tipo de Cristo (Hch. 7:35).

Lejos de convertirse después del Sinaí en una nación que vivía bajo las limitaciones impuestas divinamente por el *legalismo*, el pueblo de la teocracia mosaica, habiendo sido liberado de la esclavitud como resultado de la gran actividad redentora de Dios en el evento del Éxodo, se convirtió en la «posesión preciada de Dios», «un reino de sacerdotes y una nación santa» (Ex. 19:5-6; Dt. 7:6) para anunciar «las virtudes de aquel que os llamó de las tinieblas a su luz admirable» (ver 1 P. 2:9). En el Éxodo Dios reveló los siguientes cuatro principales principios salvíficos que regulan toda verdadera salvación, enseñó a Israel sobre la fe en Cristo, y unen indisolublemente las «soteriologías» del Antiguo y Nuevo Testamentos en una «gran salvación».

1. La redención del éxodo, tanto en propósito como en ejecución, originada en la gracia soberana, amorosa y electora de Dios. Este principio es afirmado expresamente en Deuteronomio 7:6-8:

> Porque tú eres pueblo santo para Jehová tu Dios; Jehová tu Dios *te ha escogido* para serle un pueblo especial, más que todos los pueblos que están sobre la tierra. No por ser vosotros más que todos los pueblos, os ha querido Jehová y os ha escogido, pues vosotros erais el más insignificante de todos los pueblos; sino por cuanto Jehová os *amó*, y quiso guardar el juramento que juró a vuestros padres [el juramento mismo se basaba en la gracia soberana de elección —Heb. 6:13-18], os ha sacado Jehová con mano poderosa, y os ha *rescatado* de servidumbre, de la mano de Faraón rey de Egipto. (énfasis añadido)

Y está implícito en la descripción de la nación de Dios como su «primogénito» en Éxodo 4:22-23 (ver Dt. 14:1; Is. 1:2–3; 43:6; 63:16; 64:8; Jer. 3:4; 31:9; Os. 11:1; Mal. 1:6; 2:10), la filiación por la naturaleza misma del caso siendo *nonmeritorius* y más aún ya que la filiación de Israel no era una filiación por naturaleza (solo Dios el Hijo es un Hijo de Dios por naturaleza) sino por adopción (Ro. 9:4).

En la ejecución real del éxodo es altamente significativo que había poca diferencia religiosa o moral entre la nación de Egipto y los descendientes de Jacob en Egipto: ambos pueblos eran idólatras (Ex. 12:12; Jos. 24:14; Ez. 23:8, 19, 21; pero ver Dt. 26:7 para evidencia de que un «remanente» todavía adoraba a Yahvé) y era pecador (Dt. 9 6-7). Por consiguiente, fue Dios mismo quien tuvo que «hacer una distinción» entre los egipcios y los israelitas (Ex. 8:22-23;

9:4, 25-26; 10:22-23; 11:7).

2. La redención del Éxodo fue lograda por el poder omnipotente de Dios y no por la fuerza del hombre (Ex. 3:19-20). Cada detalle del evento del éxodo fue divinamente arreglado para destacar la verdad salvífica de que es Dios quién tiene que salvar a su pueblo porque ellos son incapaces de salvarse a sí mismos. Dios permitió a Moisés intentar primero la liberación de Israel por su propia estrategia y fuerza, y le permitió fallar (Ex. 2:11-15; Hch. 7:23-29). Luego envió a Moisés de regreso a Egipto con la vara de Dios en su mano para «hacer señales milagrosas con ella» (Ex. 4:17). El mismo Dios prometió, precisamente para «multiplicar» sus signos, que pondría su *poder* en el rescate más audaz posible y esto para que tanto Egipto como Israel supieran que él es Dios, que él endurecería el corazón de Faraón a lo largo del curso de las plagas, y así lo hizo (Ex. 7:3; 10:1–2; 11:9; ver Ro. 9:17). Y el cántico de Moisés en Éxodo 15 tiene como tema único la alabanza de Dios por su gran poder para salvar. No debería haber ninguna duda en la mente de nadie después del evento cuyo poder había efectuado la redención de Israel.

3. La redención del éxodo, a pesar de los dos hechos anteriores de que surgió del propósito electivo de la gracia de Dios y fue lograda por su poder, en realidad libró solo a aquellos que se valieron de la expiación del pecado otorgada por el recubrimiento eficaz de la sangre del cordero pascual (Ex. 12:12-13, 21-23, 24-27). Esta verdad subraya el hecho de que la redención bíblica no es simplemente liberación por poder, sino también liberación por precio.[21]

Que el cordero pascual era un «sacrificio» se declara expresamente en Éxodo 12:27, 34:25 y 1 Corintios 5:7. Como principio bíblico, dondequiera que la sangre de un sacrificio sea derramada y aplicada como Dios ha ordenado para que Él detenga su juicio, se ha efectuado la expiación o «cobertura» del pecado. En consecuencia, la redención del éxodo llegó a su punto culminante precisamente en términos de una expiación sustitutiva requerida divinamente en la que el pueblo tenía que depositar su confianza si quería ser redimido. Como sugeriremos más adelante, Moisés pudo haberles informado del significado cristológico del cordero pascual.

4. La redención del éxodo resultó en la creación de una nueva comunidad liberada de la esclavitud para servir a su nuevo redentor y Señor misericordioso. Una y otra vez Dios ordenó a faraón: «Deja ir a mi pueblo para que me sirva" (ver Ex. 3:18; 4:23; 5:1; 7:16; 8:1, 20; 9:1, 13; 10:3). La Biblia no sabe nada de un pueblo de Dios que nace como resultado de su actividad redentora y luego continua bajo el poder hostil de su antiguo amo (Ro. 6:6, 17–22; 7:4–6, 23–25; 8:2–4; 2 Co. 5:15, 17). Aunque Faraón sugirió compromisos que habrían resultado en menos que la completa liberación de Israel (Ex. 8:25, 28; 10:11, 24), Moisés no quiso aceptarlos. En consecuencia, Israel dejo Egipto *completamente* (Ex. 12:37; 13:20), se volvió un pueblo *guiado* (Ex. 13:21-22) y un pueblo que *cantaba* (Ex. 15), que tenía sus *sacramentos* (Ex. 14:21–23; 16:4, 13–15; 17:1–6; ver 1 Co. 10:2–4), y cuya *perseverancia* en sus batallas de peregrinaje era dependiente a últimas cuentas de la intercesión del «hombre al mando» y no de su propia fuerza y estrategia (Ex. 17:8-16). Y lejos de que Israel «aceptara precipitadamente la ley» en Sinaí y «cayera de la gracia» cuando la nación prometió su obediencia a la ley de Dios, el mismo prefacio de los diez mandamientos (Ex. 20:1-2) coloca estas diez obligaciones dentro del contexto de y los presenta como el resultado anticipado de la redención que habían apenas experimentado. Así que fue a través de la misma obediencia de Israel a los mandamientos de Dios que la nación debía *evidenciar* delante de las naciones circundantes que era la «posesión preciosa» de Dios, su «reino de sacerdotes», y «una nación

---
[21] Ver la parte tres, capítulo diecisiete, «El Carácter de la Obra de la Cruz de Cristo» para el argumento completo.

santa» —precisamente de la misma manera en que la iglesia de hoy día evidencia delante del mundo que observa su relación con Dios. Pedro informa a los cristianos que ellos, como Israel en los tiempos del Antiguo Testamento, son un «linaje escogido, real sacerdocio, nación santa, pueblo adquirido por Dios, para que anunciéis las virtudes de aquel que os llamó de las tinieblas a su luz admirable» (1 P. 2:9). Y los cristianos, tal como lo haría Israel a través de su obediencia a las leyes de Dios, deben mostrar sus alabanzas como «extranjeros y peregrinos en el mundo», «manteniendo buena vuestra manera de vivir entre los gentiles; para que... glorifiquen a Dios en el día de la visitación, al considerar vuestras buenas obras» (1 P. 2:11-12).

C. Moisés y los profetas profetizaron sobre los eventos de la era del Nuevo Testamento, incluida la muerte y resurrección de Cristo.
Los escritores del Nuevo Testamento, siguiendo el ejemplo de su Señor, regularmente justificaron la existencia y naturaleza de la iglesia de Jesucristo basándolos en la profecía del Antiguo Testamento. A continuación, se muestran algunos de los ejemplos más claros:

1. Jesús dijo: «las Escrituras [del Antiguo Testamento]... dan testimonio de mí» (Jn. 5:39); también dijo: «[Moisés] escribió acerca de mí» (Jn. 5:46). Jesús enseña aquí que hay referencias a Él en el Pentateuco, la referencia específica en su mente en esta ocasión probablemente sea el «profeta como Moisés» de Deuteronomio 18:15.
2. Jesús también declaró que Isaías 53 «debe cumplirse en mí, porque lo [que está escrito] acerca de mí tiene cumplimiento» (Lc. 22:37; ver también Mt. 26:24, 31, 54, 56; Lc. 18:31; Hch. 8:32–35).
3. Inmediatamente después de su resurrección, Jesús dijo a los discípulos del camino de Emaús: "¡Qué insensatos sois y qué tardos de corazón para creer todo lo que los profetas han dicho! ¿No tenía el Mesías que sufrir estas cosas y luego entrar en su gloria?» Luego Lucas informa que «comenzando con Moisés y todos los profetas, [Jesús] les explicó [διερμήνευσεν, *diermēneusen*] lo que se decía en todas las Escrituras acerca de Él» (Lc. 24:25-27; ver Jn. 13:18; 19:24, 28, 36-37; 20:9). Jesús declara específicamente aquí que Moisés y los profetas predijeron que el Mesías sufriría las mismas cosas que Él mismo acababa de soportar. E insinúa que los discípulos del camino a Emaús deberían haber sabido acerca de estas cosas como resultado de la profecía del Antiguo Testamento.

Los cristianos de hoy a menudo desean haber escuchado la interpretación de Jesús del Antiguo Testamento en esa ocasión. Pero pueden estar seguros de que tanto los sermones de los apóstoles registrados en Hechos (la «segunda obra» de Lucas) como las mismas cartas apostólicas, en la misma forma en que interpretan cristológicamente el Antiguo Testamento, reflejan las principales características de la exposición de Cristo en el camino a Emaús.
4. Además de sus numerosas bien conocidas citas del Antiguo Testamento en sus sermones y cartas que respaldan sus enseñanzas sobre Cristo y su obra (Ver, por ejemplo, Hch. 2:17-21, 25-28, 34; 1 P. 2:6-8, 22), Pedro le dijo a la multitud judía en Jerusalén: «Mas ahora, hermanos, sé que por ignorancia lo habéis hecho, como también vuestros gobernantes. Pero Dios ha cumplido así lo que había antes anunciado por boca de todos sus profetas, que su Cristo había de padecer» (Hch. 3:17-18), y luego, después de citar la referencia predictiva de Moisés a Cristo en términos del «profeta como yo», declaró: «Y todos los profetas desde Samuel en adelante, cuantos han hablado, también han anunciado estos días [Nuevo Testamento]» (Hch. 3:22-24).
5. En otra ocasión, Pedro declaró: «De éste dan testimonio todos los profetas, que todos los

que en él creyeren, recibirán perdón de pecados por su nombre» (Hch. 10:43). Aquí Pedro enseña que los profetas del Antiguo Testamento señalaron al mesías, descrito precisamente en términos de aquel que sufriría y resucitaría de los muertos en el contexto de Hechos 10, como el objeto de la fe del Antiguo Testamento.

6. En 1 P. 1:10-12, Pedro escribió que los profetas del Antiguo Testamento (1) «hablaron de la gracia que había de venir *a ustedes* ['elegidos de Dios, extranjeros en el mundo']» (2) que ellos «Buscaron intensamente y con el mayor cuidado, tratando de averiguar el tiempo y las circunstancias a las que el Espíritu de Cristo en ellos estaba señalando cuando predijo los sufrimientos de Cristo y las glorias que seguirían», y (3) que en respuesta a su búsqueda, «les fue revelado que no se servían a sí mismos sino a ustedes, cuando hablaron de las cosas que ahora les han dicho los que les han predicado el evangelio por el Espíritu Santo enviado del cielo».

Cabe señalar que, de acuerdo con la declaración doctrinal de Dallas, este pasaje de Pedro enseña que los santos del Antiguo Testamento (esto incluiría a los profetas del Antiguo Testamento) «no entendieron el significado redentor de las profecías y tipos acerca de los sufrimientos de Cristo» (ver también a este respecto la traducción muy engañosa de la New American Standard Bible: «qué persona o qué tiempo»). Pero esto no es lo que dice Pedro. Más bien, dice que fue solo el tiempo y las circunstancias (τίνα ἢ ποῖον καιρὸν, *tina ē poion kairon*, literal «cuál o qué tipo de tiempo») de los sufrimientos del Mesías y «las glorias posteriores a estas cosas» lo que investigaron intensamente y con mucho cuidado, pero ciertamente no dice que ignoraran los sufrimientos del Mesías como tales.[22] En otras palabras, el «'o' de Pedro no es disyuntivo (como si se hicieran dos preguntas contrastadas) sino conjuntivo (una pregunta que podría decirse de cualquier manera): '¿Qué o qué tipo de período es este?'».[23] Este hecho es confirmado por la descripción de Pedro de la respuesta reveladora de Dios que respondió a la intensa búsqueda de los profetas. Trataba únicamente del *factor tiempo* de la profecía mesiánica. Les reveló, no *de quién* eran los sufrimientos de los que hablaban —esto aparentemente ya lo sabían—, sino *cuándo* iban a ocurrir los sufrimientos del Mesías. Se les informó que sus sufrimientos no ocurrirían en su propio tiempo sino en una época posterior (ver, por ejemplo, Dn. 2:44; 9:2, 24-27), al comienzo de esta era presente en la que los hombres predican el evangelio por el Espíritu Santo enviado del cielo.

7. Además de las muchas citas bien conocidas en sus sermones y cartas, también muy numerosas para enlistarlas aquí, que respalda sus puntos de vista de Cristo, su muerte, y su justificación por fe (ver, e.g., Ro. 4:3-8), Pablo en sus viajes misioneros regularmente «discutió con ellos [con los judíos], declarando y exponiendo por medio de las Escrituras, que era necesario que el Cristo padeciese, y resucitase de los muertos» (Hch. 17:2-3). Por ejemplo, en la sinagoga en Antioquia de Pisidia enseñó que «los habitantes de Jerusalén y sus gobernantes… no conociendo a Jesús, ni las palabras de los profetas que se leen todos los días de reposo, las cumplieron al condenarle…. Y habiendo cumplido todas las cosas que de él estaban escritas, quitándolo del madero, lo pusieron en el sepulcro» (Hch. 13:27-30). Más allá de toda duda los profetas del Antiguo Testamento escribieron sobre un Mesías sufriente.

8. Pablo también declaró que «el evangelio acerca del Hijo de Dios… Jesucristo nuestro Señor», para el cual había sido apartado «que Él [Dios] había prometido antes por sus profetas en las santas Escrituras» (Ro. 1:2-3). Pablo expresamente declara aquí que los profetas del

---

[22] BAGD, ποῖος, *poios*, *A Greek English Lexicon*, 691, 1, a, a, traduce la frase «que tiempo o que tipo de tiempo», que expresiones repetitivas Blass-Debrunner sugiere que puede ser una «tautología de énfasis» (*A Greek Grammar of the New Testament*, 155, sec. 298 [2].
[23] R. C. H. Lenski, *The Interpretation of the Epistles of St. Peter, St. John and St. Jude* (Minneapolis: Augsburg, 1945), 45.

Antiguo Testamento escribieron sobre «el evangelio según el Hijo de Dios… Jesucristo nuestro Señor».

9. Pablo también escribió que «Cristo murió por nuestros pecados» y «resucitó al tercer día, conforme a las Escrituras» (1 Co. 15:3-4). De este pasaje también aprendemos que las Escrituras del Antiguo Testamento hablaban de la muerte y resurrección del Mesías.

10. Mientras se defendía ante Agripa, Pablo testificó que estaba siendo juzgado solo por su enseñanza acerca de «la esperanza de la promesa que hizo Dios a nuestros padres… promesa cuyo cumplimiento esperan que hayan de alcanzar nuestras doce tribus, sirviendo constantemente a Dios de día y de noche. Por esta esperanza…, soy acusado por los judíos. (Hch. 26:6-7). Luego explicó lo que quería decir con la esperanza de Israel al declarar que a lo largo de su largo ministerio misionero de unos treinta años nunca había dicho nada «fuera de las cosas que los profetas y Moisés dijeron que habían de suceder: Que el Cristo había de padecer, y ser el primero de la resurrección de los muertos, para anunciar luz al pueblo y a los gentiles» (Hch. 26:22-23). De estos versículos queda claro que Pablo creía que la esperanza del Antiguo Testamento de la que Moisés y los profetas testificaron era la muerte, resurrección y ministraciones salvadoras del Mesías, que «iluminan» que el mismo Mesías proclamaría tanto directamente como a través de sus apóstoles al pueblo judío y a los gentiles (ver Ef. 2:17; 4:21).

11. Mientras estaba bajo arresto domiciliario en Roma, Pablo dijo a los líderes judíos: «por la esperanza de Israel estoy sujeto con esta cadena [ἕνεκεν … τῆς ἐλπίδος τοῦ Ἰσραὴλ, *heneken … tēs elpidos tou Israēl*]» (Hch. 28:20), que la esperanza fue la muerte, resurrección y ministerio del Mesías. Luego Lucas nos dice que Pablo de la mañana a la tarde «les explicó y les declaró el Reino de Dios y trató de convencerlos acerca de Jesús por la Ley de Moisés y los Profetas» (28:23). Es inconcebible que el autor de Gálatas y Romanos haya hablado de Jesús de la noche a la mañana de las Escrituras del Antiguo Testamento y no haya dicho nada sobre los sufrimientos de Cristo (ver Hch. 13:27–30; 17:2–3; 26:22–23).

12. Santiago, moderando el concilio de Jerusalén reunido en debate en Hechos 15, declaró en el versículo 15 que «con esto concuerdan las palabras de los profetas [συμφωνοῦσιν, *symphōnousin*]» las actividades misioneras de los apóstoles entre los gentiles, y procede a citar Amós 9:11-12 como una breve descripción de lo que Dios había previamente revelado en tiempos del Antiguo Testamento que haría a favor de los gentiles en la era presente.

Los académicos dispensacionales han argumentado que el verbo συμφωνοῦσιν, *symphōnousin*, significa en este contexto «están de acuerdo con», no «hablan de», y simplemente indica que las políticas misioneras que se observan en relación con el evangelismo gentil en la época actual están en armonía con las políticas a seguir en la futura era del reino judío —el verdadero referente de la profecía de Amós. Pero aparte del hecho de que tal interpretación impone un despropósito en el texto, ya que el concilio de Jerusalén apenas necesitó ser informado de que las políticas misioneras prescritas por Dios a lo largo de la historia son consistentes entre sí de época en época, este es un ejemplo clásico de «alcance teológico» para evitar lo obvio. Si no hay conexión entre las «palabras de los profetas [del Antiguo Testamento]» citadas y la actividad misionera de esta era presente, más allá del mero hecho de que el carácter (según los dispensacionalistas, imprevisto) de la actividad misionera actual de la iglesia entre los gentiles «encaja con» el carácter (según los dispensacionalistas, predicho) de la actividad misionera judía entre los gentiles en la segunda mitad del «período de tribulación de siete años» del dispensacionalista justo antes de que Cristo regrese y en su milenio, uno se queda sin ninguna explicación perceptible de la cita de Santiago de la profecía de Amós en este contexto. De hecho, por esta línea de razonamiento se le hace introducir una irrelevancia que no tiene relación con el tema ante el concilio.

Si el dispensacionalista responde que Santiago citó a Amós para justificar, a la luz de lo que supuestamente se iba a hacer en el período de la tribulación y el milenio, la propiedad del carácter del evangelismo gentil en la época actual, debe reconocer que Santiago violó uno de los cánones cardinales de la hermenéutica dispensacional ya que, según el pensamiento dispensacional, uno nunca debe intentar justificar una verdad o actividad para una dispensación argumentando desde la normatividad de esa verdad o actividad en otra dispensación. Hacerlo es «confundir las dispensaciones» —un pecado capital en la hermenéutica dispensacional. Además, si Santiago utilizó una práctica de la era del reino para demostrar que los gentiles no deberían estar circuncidados ahora, no es evidente cómo se sigue su conclusión de lo que los dispensacionalistas alegan en otra parte será la práctica en la era del reino, ya que ellos argumentan sobre la base de Ezequiel 44:9 ¡que los creyentes gentiles deben ser circuncidados en la era del reino! Si Santiago realmente estaba intentando justificar una práctica de la era de la iglesia a partir de una práctica de la era del reino futura, y si hubiera sostenido la interpretación dispensacional de Ezequiel 44:9, debería haber llegado a la conclusión opuesta —¡que la circuncisión era esencial para la salvación de los gentiles! Uno solo puede concluir que la interpretación dispensacional no hace justicia ni a la declaración de Santiago en el versículo 15 ni a su cita de apoyo de Amós 9:11-12.

Claramente, según los escritores inspirados del Nuevo Testamento, Moisés y los profetas predijeron el ministerio y la muerte del Mesías, esta era presente, y la predicación mundial del evangelio y, por lo tanto, el llamamiento de la iglesia en esta era presente. La evidencia de todo esto es completa y segura, y es lamentable que algunos eruditos evangélicos realmente se esfuercen por evitar el testimonio del Nuevo Testamento a este respecto.

D. La iglesia de Jesucristo es la expresión del día presente del único pueblo de Dios cuyas raíces se remontan a Abraham.

La iglesia de Jesucristo es en su primera «constitución personal» fue en su naturaleza y membresía judía (ver Hch. 1:8; 2:5-6, 22, 36), y fue solo después de algunos años que esta iglesia judía comenzó a evangelizar a las naciones (Hch. 10). Pero incluso después de que los cristianos judíos dentro de la iglesia se volvieron una minoría debido a la gran cantidad de gentiles que se estaban convirtiendo, el Nuevo Testamento lo deja claro, en conformidad con los detalles de la profecía del Nuevo Testamento en Jeremías 31:31-34 (ver Lc. 22:20; 2 Co. 3:6; Heb. 8:8-13; 9:15), que, cuando los gentiles se volvieron cristianos, *entraron en la comunión de esa comunidad del pacto designada por la profecía del «nuevo pacto» en Jeremías 31:31 como «la casa de Israel y la casa de Judá»*.

Debido al gran número de gentiles en la iglesia de hoy, es muy difícil para muchos cristianos pensar de la iglesia de Jesucristo de la cual son miembros privilegiados (por «iglesia» aquí me refiero a la *verdadera* iglesia, es decir, el cuerpo de santos realmente regenerados) como el pueblo escogido de Dios, el verdadero (*no* el Nuevo) «Israel» espiritual. Pero la evidencia del Nuevo Testamento respalda esta identificación.

1. Cuando Jesús describió al hombre excomulgado de la iglesia que construiría (Mt. 16:18) como «gentil y publicano» (ὁ ἐθνικὸς καὶ ὁ τελώνης, *ho ethnikos kai ho telōnēs*) (Mt. 18:17), es claro que su suposición era que su iglesia era «Israel».
2. A la iglesia efesia, claramente una iglesia gentil, Pablo escribió:

> Por tanto, acordaos de que en otro tiempo vosotros, los gentiles en cuanto a la carne, erais llamados «incircuncisión» por la llamada «circuncisión» hecha con mano en la carne. En aquel tiempo

estabais sin Cristo, alejados de la ciudadanía de Israel [πολιτείας τοῦ Ἰσραὴλ, *politeias tou Israēl*] y ajenos [ξένοι, *xenoi*] a los pactos de la promesa, sin esperanza y sin Dios en el mundo. Pero ahora en Cristo Jesús, vosotros que en otro tiempo estabais lejos, habéis sido hechos cercanos por la sangre de Cristo. (2:11-13)

Pablo enseña aquí que el estado bienaventurado al que los gentiles de Éfeso (que antes estaban «lejos») ahora han sido «acercados» incluye a Cristo, de quien habían sido separados, y la *esperanza*, y *Dios*, que no habían sido sus posesiones antes (el primero, cuarto y quinto elementos de la lista de Pablo). Pero Pablo también dice que habían sido excluidos de la ciudadanía en Israel y que habían sido extranjeros a los pactos de la promesa (el segundo y tercer punto). Dado que Pablo sugiere que la primera, cuarta y quinta de sus condiciones previas se han revertido, parecería razonable que también tenga la intención de enseñar que la segunda y la tercera condición también se han revertido. ¿Con qué autoridad se pueden eliminar estos dos de la lista de Pablo de las cinco condiciones que, según él, Dios se dirigió en Cristo a favor de los gentiles? En consecuencia, insto a que Pablo está enseñando aquí que los cristianos gentiles ahora son ciudadanos del (verdadero) Israel y beneficiarios de los pactos de la promesa. Y parece decir esto mismo en 2:19 cuando, resumiendo, escribe: «Así que ya no sois extranjeros [ξένοι, *xenoi*] ni advenedizos [πάροικοι, *paroikoi*], sino conciudadanos [συμπολῖται, *sympolitai*] de los santos, y miembros de la familia de Dios [οἰκεῖοι τοῦ θεοῦ, *oikeioi tou theou*]».

3. A las iglesias gentiles en Galacia, Pablo describió a aquellos que repudian el legalismo judaico y que «nunca se jactan sino en la cruz de nuestro Señor Jesucristo» como «el Israel de Dios» (6:12-16). (Es posible que Pablo pretendiera referirse exclusivamente a los cristianos judíos con esta expresión, pero es igualmente posible que pretendiera referirse a la iglesia de Jesucristo *per se*, compuesta por judíos *y* gentiles).

4. A la iglesia gentil de Filipos, Pablo describió a los «que adoran por el Espíritu de Dios, que se glorían en Cristo Jesús y no confían en la carne» como «la circuncisión [verdadera]» (Fil. 3:3), un término del Antiguo Testamento, como señala en Efesios 2:11, que la nación de Israel había llegado a usar como una designación de sí misma.

5. La metáfora de Pablo de los dos árboles de olivo (Ro. 11:16-24) también refleja esta misma percepción: los brotes de un olivo silvestre, es decir, los gentiles, están siendo injertados en el olivo cultivado, es decir, Israel. De este último árbol muchas ramas naturales, es decir, los judíos, habían sido desgajadas. Este árbol, dice Pablo, tiene una «raíz santa» (los patriarcas, ver Ro. 11:28). Claramente, Pablo visualiza a los cristianos gentiles salvos como «brotes injertados» en el verdadero «Israel de fe». Y con la misma claridad, es en este mismo olivo cultivado (que ahora incluye multitudes de «brotes salvajes») que las «ramas naturales» elegidas del Israel étnico (Pablo habla de ellas como «todo Israel», Ro. 11:26) están siendo injertadas nuevamente a través de su llegada a la fe en Jesucristo a lo largo de esta era..[24]

6. Empleando Amós 9:11-12 como lo hizo en Hechos 15:16-17, Santiago designa a la iglesia a la cual el «remanente de los hombres», incluso «todos los gentiles que llevan mi nombre», estaban siendo dirigidos a través de la actividad misionera de Pedro y Pablo como el «tabernáculo caído de David» de Amós que Dios ya estaba incluso en proceso de «reconstruir» precisamente por medio de sacar de los gentiles un pueblo para sí mismo y hacerlos miembros de la iglesia de Jesucristo. Pero para Santiago representar a la iglesia de Jesucristo como «el tabernáculo caído de David» que Amós predijo que sería «reconstruido» significa que Santiago creía que los profetas hablaron de esta era y de la iglesia de esta era,

---

[24] Un cuadro útil que describe la metáfora del olivo de Pablo se puede encontrar en David N. Steele and Curtis C. Thomas, *Romans: An Interpretive Outline* (Philadelphia: Presbyterian and Reformed, 1963), 100–101.

que los gentiles estaban siendo atraídos al «tabernáculo caído de David» —el término pintoresco de Amós para el Israel espiritual— y que existe una continuidad ininterrumpida entre el pueblo de Dios en el Antiguo Testamento y los cristianos en el Nuevo Testamento. Es de esta «reconstrucción» del tabernáculo caído de David que Hageo habla cuando predijo que Dios algún día haría «temblar a todas las naciones, y vendrá.[25] el deseado de todas las naciones; y llenaré de gloria esta casa» (2:7).

7. El hecho de que en el curso de su descripción de la vida cristiana y la vida de la iglesia misma los escritores del Nuevo Testamento se basan en gran medida en las citas, terminología y conceptos del Antiguo Testamento (por ejemplo, antes de su salvación, Pablo escribe, que los cristianos habían estado «esclavizados al pecado», la idea de la esclavitud tiene sus raíces en el hecho de la esclavitud de Israel en Egipto, Ro. 6:17-22, Cristo es el «sumo sacerdote» y «cordero pascual» de los cristianos, Heb. 9:11-14; 1 Co. 5:7, el bautismo cristiano es la «circuncisión cristiana», Col. 2:11-12, los cristianos ofrecen «sacrificios» de alabanza y buenas obras, Heb 13:15-16, los cristianos viven bajo el gobierno de «ancianos», 1 Ti. 3:1-7; Tit. 1:5-9; Heb 13:17) claramente enseña que no vieron una línea de demarcación entre Israel y la iglesia como hoy insta la escuela dispensacional.

E. La condición requerida para la salvación es idéntica tanto en el Antiguo como en el Nuevo Testamento: los elegidos fueron salvos, son salvos y serán salvos solo por gracia a través de la fe en la obra (anticipada o cumplida) del Mesías.

Los académicos dispensacionales sostienen que ningún santo del Antiguo Testamento podría haber sido salvo a través de la fe consciente en la obra de muerte del Mesías, simplemente porque el conocimiento de este evento estaba «aún encerrado en los consejos secretos de Dios»..[26] La Confesión de Westminster, por otro lado, afirma que el Espíritu Santo empleó «promesas, profecías, sacrificios, la circuncisión, el cordero pascual y otros tipos y ordenanzas ..., *todos* prefigurando al Cristo por venir», en sus operaciones salvadoras del Antiguo Testamento «para instruir y edificar en *la fe* a los elegidos en *el Mesías prometido*, por quien tuvieron la remisión completa de los pecados y la salvación eterna» (VII/v, énfasis añadido). Solo las Escrituras deberían decidir el tema: comenzaré con los datos del Nuevo Testamento y retrocederé a la era del Antiguo Testamento.

1. Pablo le escribió a Timoteo que «desde la niñez has sabido las Sagradas Escrituras [el Antiguo Testamento], las cuales te pueden hacer sabio para la salvación por la fe que es en Cristo Jesús» (2 Ti. 3:15). Aparentemente, Pablo creía que el Antiguo Testamento contenía información reveladora sobre «la salvación mediante la fe en el Mesías».

2. Pablo argumentó su doctrina de la justificación por la fe solamente, aparte de todas las obras humanas, citando en apoyo de ella las palabras de David en el Salmo 32:1-2 (Ro. 4:6-7) y el ejemplo de Abraham que «creyó en Dios, y le fue contado por justicia» (Gn. 15:6; Ro. 4:1-3). Lo último que Pablo hubiera querido que alguien creyera es que la suya era una «nueva doctrina». A la luz de estos ejemplos del Antiguo Testamento, Pablo nunca se le habría ocurrido decir: «Sabemos cómo se salva el santo del Nuevo Testamento, es salvo por gracia mediante la fe en Cristo, pero ¿cómo se salvó el santo del Antiguo Testamento?» En cambio, habría invertido el orden de la oración: «Sabemos cómo se salvó el santo del Antiguo Testamento: fue salvo por gracia mediante la fe en el Mesías, es mejor que nos aseguremos

---

[25] Con NASB y NEB, diría que el «deseo de todas las naciones» aquí probablemente no sea Cristo. El verbo «vendrá» (וּבָאוּ, ûḇāʾû) es plural, por lo que su sujeto, el sustantivo colectivo «deseo» (חֶמְדַּת, ḥemdat) también es plural. La frase debe traducirse: «Las cosas preciosas [las personas y las riquezas de los elegidos] de todas las naciones vendrán». Para un punto de vista opuesto, ver Walter C. Kaiser Jr., *Hard Sayings of the Old Testament* (Downers Grove, Ill.: InterVarsity Press, 1988), 235-37.
[26] *Scofield Reference Bible*, 996.

de ser salvos de la misma manera, porque no hay otra manera de ser salvos».

3. Desde el comienzo de su ministerio, durante su ministerio temprano en Judá (Jn. 2:13–4:3), Jesús mismo habló de su muerte venidera (Jn 3:14, por implicación también en Mt. 9:15; Mr. 2:20; Lc. 5:35) y resurrección (Jn. 2:19-22). No hay ninguna indicación en los evangelios de un cambio en la enseñanza de Jesús de una promesa anterior a los judíos de un reino judío terrenal a pronunciamientos posteriores sobre su propia muerte. Habló de su muerte desde el principio. Encontramos más bien un cambio en el énfasis de menos a más alusiones a su muerte. Escribe Vos:

> Nuestro Señor simplemente da por sentado que habrá una brecha entre sus seguidores y el mundo. Y, dado que la causa de la ruptura se coloca en su identificación con Él, la suposición subyacente es, sin duda, que el mismo conflicto está reservado para el maestro mismo, solo que de una manera mayor. Y no hay ningún punto en la vida de Jesús en el que se pueda decir que esta actitud mental comenzó por primera vez. Los días «soleados» y tranquilos de la «bella Galilea» son, cuando se explotan en tal sentido, una pura ficción. *Nunca hubo en la vida de Jesús un período optimista original seguido más tarde por un período pesimista.* Así como la crisis que se avecinaba no lo abatió hacia el final, tampoco su relativa lejanía lo volvió optimista al principio. La intrusión de un pensamiento tan aterrador como el pensamiento de su muerte, en la forma específica que le pertenece, debe haber sido, no podía dejar atrás la evidencia de un impacto repentino. Pero no hay evidencia de tal conmoción repentina en los evangelios.[27]

4. Ningún dispensacionalista representaría a Juan el Bautista como un profeta del Nuevo Testamento, y con toda razón. Como precursor de Jesucristo, fue el último de los profetas del Antiguo Testamento, ministrando con el espíritu y el poder de Elías. Jesús mismo dijo: «todos los profetas y la ley profetizaron hasta Juan. Y si están dispuestos a aceptarlo, él es el Elías que había de venir» (Mt. 11:9-14). En consecuencia, se le representa con mayor frecuencia en el papel del profeta severo que exige el arrepentimiento de sus oyentes, bautizando solo a aquellos que evidenciaron el fruto del arrepentimiento. Él era eso, pero también fue un notable testigo evangélico de Cristo, identificando a Jesús, el que viene después de él, no solo como el *Mesías* (Jn. 3:28) en cuyas manos residen las prerrogativas tanto de la salvación como del juicio (Mt. 3:10-12) sino también como el *cordero de Dios que quita el pecado del mundo* (Jn. 1:29) —una clara alusión a la muerte sacrificial del Mesías y muy probablemente extraída de Isaías 53:7, 10-12.[28] ¿Y qué tenía que ver la gente con él entonces? «Dijo al pueblo que creyeran en [πιστεύσωσιν εἰς, pisteusōsin eis] el que venía después de él, es decir, en Jesús» (Hch. 19:4). Aquí está el último de los profetas del Antiguo Testamento, al comienzo mismo de su ministerio, proclamando que sus oyentes deberían creer en el Cristo, quien moriría por los pecados del mundo, por su salvación —lo mismo que los dispensacionalistas sostienen fue «¡todavía encerrado en los secretos consejos de Dios!».

5. Si bien la evidencia del Nuevo Testamento indica que el concepto de un Mesías sufriente en el primer tercio del siglo primero d.C. no estaba extendido, habiendo sido eclipsado tanto en las escuelas teológicas oficiales de ese tiempo (que habían enfatizado tanto aspectos particulares de la profecía mesiánica que en un grado considerable tergiversaron la imagen total del Antiguo Testamento) como en la imaginación popular que se aferraban al concepto de un Mesías gobernante nacionalista, el *Nunc Dimittis* de Simeón (Lc. 2:29-32), con su frase «luz para revelación a los gentiles», aludiendo a Isaías 42:6 y 49:6, ilustra que al menos un círculo dentro de la judería del primer siglo (los elegidos) identificó al siervo de Isaías con el

---

[27] Geerhardus Vos, *The Self-Disclosure of Jesus* (1926; reprint, Phillipsburg, N.J.: Presbyterian and Reformed, 1978), 278–279 (énfasis añadido).
[28] Se han hecho muchas sugerencias con respecto a lo que Juan el Bautista habría querido decir con su identificación de Jesús como el «cordero de Dios» (véase León Morris, The Gospel According to John [Grand Rapids, Michigan: Eerdmans, 1971], 144–148, para un examen de estas sugerencias). Si bien Morris no está preparado para señalar la referencia del Antiguo Testamento que proporcionó el trasfondo para esta descripción de Jesús, sí afirma que Juan, el autor del Evangelio, al citar al Bautista «está haciendo una alusión general al sacrificio» (147). Y debemos asumir que el autor del Evangelio no habría utilizado la descripción del Bautista en un sentido que el Bautista no habría querido.

Mesías. Además, su oráculo en Lucas 2:34-35, por su profecía: «Este niño es ... para ser una señal contra la que se hablará ... Y una espada traspasará tu propia alma también», da a entender que el mismo círculo entendió (sin duda de Isaías 53) que habría una dimensión trágica en el ministerio del Mesías.

6. Volviendo al Antiguo Testamento, en Zacarías 12:10 (y debemos notar que cualquier cosa que Dios dijera sobre el Mesías antes del día de Zacarías habría ayudado a los elegidos de su día a entenderlo mejor) Yahvé declaró que la casa de David y los habitantes de Jerusalén algún día «mirarán a mí, a quien traspasaron, y llorarán», y nuevamente en 13:7 él ordenó: «Levántate, oh espada, contra el pastor, y contra el hombre compañero mío. Hiere al pastor, y serán dispersadas las ovejas». Ambos versículos son considerados por el Nuevo Testamento como profecías que se cumplieron en la crucifixión de Cristo (ver Jn. 19:37; Ap. 1:7 y Mt 26:31; Mr. 14:27).

7. Setecientos años antes de Cristo, Isaías profetizó la muerte sustitutiva y expiatoria del Mesías en Isaías 53. Podemos inferir legítimamente que *lo que Isaías escribió, sin duda también lo proclamó en el mercado* (ver Is. 20:2-3, Jer. 13:1-11 y Ez.4:4-8, 5:1-12, 24:15-24, para ejemplos vívidos de cómo el profeta del Antiguo Testamento «llevó su mensaje» a la gente de su propia generación). Y podemos estar seguros de que lo que él proclamó en el mercado, el Espíritu Santo capacitó a los elegidos en Israel (Ro. 11:7), aunque un remanente (Is. 10:22; Ro. 9:27), para entender y creer para la salvación de sus almas.

No estoy sosteniendo que todos los elegidos del siglo VIII a.C. entendieron tanto como el santo promedio del Nuevo Testamento lo hace acerca de Cristo. Pero estoy consciente de que con respecto a lo que el cristiano promedio de hoy sabe acerca de Él, es sorprendentemente poco, tampoco niego que algunos santos del Antiguo Testamento pueden haber tenido una comprensión más profunda de las cosas de Cristo que algunos santos de hoy. Tampoco digo que todos los elegidos del siglo VIII a.C. tenían la misma comprensión de estos asuntos. Porque, así como entre cualquier generación dada de verdaderos cristianos uno puede encontrar casi todos los grados de conocimiento y comprensión desde el casi «desconocimiento» de algunos cristianos hasta esa profundidad de conocimiento y perspicacia que posee un Calvino, así también sin duda hubo grados de comprensión entre los elegidos del período del Antiguo Testamento. Algunos habrían poseído sólo el mínimo de comprensión del mensaje de Isaías acerca de la muerte sustitutiva del Mesías, pero lo suficiente para ser salvos, mientras que otros, sin el conocimiento del tiempo y las circunstancias (1 P. 1:10-11) habría percibido claramente que Isaías estaba profetizando el sufrimiento y la muerte del Siervo-Mesías del Señor a favor de ellos.

8. Anteriormente en la misma profecía (7:14) Isaías había anunciado que el Mesías nacería de una virgen y sería «Dios con nosotros» —una predicción de la encarnación (el lector debe recordar aquí que la declaración doctrinal de Dallas sostiene que el santo del Antiguo Testamento podría no haber sabido nada sobre la encarnación). Luego describió a este niño maravilloso que *nacería* para nosotros con el título cuádruple, «Admirable consejero, Dios fuerte, Padre eterno, Príncipe de paz» (9:6) —otra alusión profética a la encarnación. De nuevo, no existe razón para dudar que el Espíritu Santo iluminó a los elegidos para entender al menos algo de las implicaciones en estos hechos sobre el Mesías.

9. Trescientos años antes de que Isaías hablara lo que dijo acerca del Mesías (y debemos notar que cualquier cosa que Dios dijera acerca del Mesías *antes* de Isaías habría ayudado a los elegidos de los días de Isaías a comprenderlo mejor), David profetizó que los «reyes de la tierra... y los gobernantes se reunirían [en rebelión] contra el Señor y contra su Mesías» para deshacerse de sus restricciones sobre ellos (Sal. 2:2; ver Hch. 4:25-28). En consecuencia, en

el Salmo 22:16 David habló de la crucifixión del Mesías, mientras que en el Salmo 16: 9-11 habló de su resurrección de entre los muertos. Lo que es particularmente interesante acerca del último Salmo es que Pedro, al comentarlo, argumenta que David no podría haber estado hablando de sí mismo en él ya que «murió y fue sepultado, y su tumba está aquí hasta el día de hoy». Pero, prosigue Pedro, David, al ver lo que le esperaba porque era profeta, habló de la resurrección del Mesías (Hch. 2:25–31; ver el uso similar de Pablo del Sal. 16:10 en Hch. 13:35–37), esta resurrección implica necesariamente su muerte previa. Entonces, en estos salmos, David, el gran antepasado real del Mesías, expresó un conocimiento del rechazo, la muerte y la resurrección de su Hijo mayor. Y lo que sabía bajo la inspiración del Espíritu, David lo expuso a través de sus salmos inspirados a su pueblo para que ellos también lo supieran. Nuevamente, no hay razón para dudar de que el Espíritu Santo usó la enseñanza de David sobre el Mesías, revelada a través de sus salmos, para llevar a David y a otros hombres y mujeres elegidos a una confianza salvadora en la obra redentora anticipada del Mesías.

10. Por la legislación Levítica que Moisés le había dado a la nación cuatrocientos años antes que David (y recuerda nuevamente que cualquier cosa que Dios hubiera revelado previamente a Israel habría ayudado a los elegidos a entender mejor a David), Israel fue instruido en el gran principio del perdón. mediante la muerte sustitutiva de un sacrificio perfecto. Una y otra vez en ese cuerpo de material legislativo, se instruye al israelita culpable a «que ponga su mano sobre la cabeza del holocausto [sin defecto], y será aceptado en su nombre para hacer expiación por él» (Lv. 1:4; 3:2, 8, 13; 4:4, 15, 24, 29, 33; Nm. 8:12). El significado salvífico de este ritual no se dejó a la mente especulativa para que lo «desempaquetara», sino que se explica claramente en relación con el chivo expiatorio del día de la expiación: una vez al año, el sumo sacerdote elegía dos machos cabríos y sacrificaba uno de ellos como ofrenda por el pecado, y luego debía «poner ambas manos sobre la cabeza del macho cabrío vivo y confesar sobre él toda la maldad y rebelión de los israelitas —todos sus pecados— y *ponerlos sobre la cabeza del macho cabrío*. Enviará el macho cabrío al desierto al cuidado de un hombre designado para la tarea. *El macho cabrío llevará sobre sí todos sus pecados* a un lugar solitario, y el hombre lo soltará en el desierto» (Lv. 16:21-22). En este ritual se enseñaba el gran principio salvífico de que la salvación llega al pecador que busca el perdón por sus propios esfuerzos, que se acerca a Dios mediante la muerte en sacrificio de un perfecto sustituto ofrecido en su lugar, y cuyos pecados se imputan al sacrificio. J. I. Packer entiende muy bien la actividad relativa al chivo expiatorio como una «dramatización» de lo que ocurrió en el sacrificio del *otro* macho cabrío:

> El [otro] macho cabrío es el que realmente cuenta. La acción con el chivo expiatorio es solo una imagen de lo que sucede a través del [otro] macho cabrío. El [otro] macho cabrío se mata y se ofrece como ofrenda por el pecado de la manera normal. Así se hizo expiación por el pueblo de Israel. El destierro del chivo expiatorio al desierto fue un dispositivo ilustrativo para dejar claro al pueblo de Dios que su pecado realmente ha sido quitado.
>
> Cuando el autor de Hebreos habla de Cristo logrando lo que tipificó el día de la expiación [Heb 9:11-14] —nuestra perfecta y permanente limpieza del pecado— no se centra en el macho cabrío que se fue al desierto, sino en el animal que el sumo sacerdote ofrecía en sacrificio una vez al año ... la sangre de Cristo [cumple] todo el patrón del ritual del Día de la Expiación..[29]

Todo esto se llevó a cabo en relación con el servicio en el tabernáculo —una estructura, no debe pasarse por alto, que fue construida «según el modelo que se le mostró a Moisés en el monte» (Ex. 25:9, 40; 26:30; Hch. 7:44), un modelo, afirma el autor de Hebreos, que era una copia y sombra del verdadero tabernáculo celestial en el que Cristo mismo entró con su propia

---

[29] J. I. Packer, «Sacrifice and Satisfaction», en *Our Savior God: Man, Christ, and the Atonement*, ed. James M. Boice (Grand Rapids, Michigan: Baker, 1980), 131–132.

sangre como sumo sacerdote del hombre redimido (Heb. 8:2, 5). ¿Y cuándo y dónde fue esa entrada? *La «entrada al santuario celestial» de Cristo ocurrió cuando asumió su papel de sumo sacerdote como mediador del nuevo pacto en la encarnación, ¡y el lugar santísimo fue su cruz!* Por lo tanto, el sistema levítico prefiguró la obra de sacrificio de Cristo, quien salvó a los elegidos en Israel cuando pusieron su fe en él, ya que fue prefigurado por los tipos terrenales dentro de ese sistema.

11. Incluso antes, en el tiempo del éxodo de Israel de Egipto, las mismas lecciones esenciales habían sido enseñadas en conexión con la sangre del cordero pascual: «Y la sangre os será por señal en las casas donde vosotros estéis; y veré la sangre y pasaré de vosotros, y no habrá en vosotros plaga de mortandad cuando hiera la tierra de Egipto» (Ex. 12:13; ver 1 Co. 5:7). De nuevo, podemos estar seguros de que el Espíritu Santo mediante palabras como estas instruyó y construyó la fe de los elegidos en la muerte del Mesías, que fue representado simbólica y tipológicamente en la muerte del sacrificio pascual.

12. Pero ¿sabía la nación de Israel algo acerca del Mesías y su muerte durante la era mosaica para entender que el toro o el macho cabrío que los culpables traían al altar para sacrificar simbolizaban la muerte sacrificial del Mesías? El autor de Hebreos declara expresamente que Moisés, el gran líder y legislador de Israel, «consideraba como más riquezas que los tesoros de Egipto el vituperio de Cristo [τὸν ὀνειδισμὸν τοῦ Χριστοῦ, *ton oneidismon tou Christou*], porque esperaba el galardón… Porque vio al Invisible» (Heb. 11:26-27). Y Jesús declaró que Moisés personalmente había escrito sobre él (Jn. 5:46–47). Una fe que mira hacia el futuro, una fe que escribió sobre el Mesías, una fe consciente de la desgracia que le sobrevendría a Cristo, y una fe que prefirió «la comunión de participar en sus sufrimientos» a las glorias de su propia época: esta era la fe de Moisés. Y podemos suponer que Moisés compartió su entendimiento con su pueblo.

13. De Abraham, Cristo mismo afirmó: «Abraham… se regocijó al pensar en ver mi día, y lo vio y se regocijó» (Jn. 8:56). Como sucedió con Moisés después de él, la fe de Abraham se dirigió no solo hacia Dios de alguna manera general, sino también hacia el Mesías que había de venir. No esperaba que alguna bendición temporal se convirtiera en suya en su propio tiempo, porque como dice de él el autor de Hebreos: «Por la fe [anticipando «el día de Cristo»] habitó como extranjero en la tierra prometida como en tierra ajena…, porque esperaba [ἐξεδέχετο, *exedecheto*] la ciudad que tiene fundamentos, cuyo arquitecto y constructor es Dios» (11:9-10). De hecho, de todos los elegidos de esa época y de los descendientes de Abraham (11:12), el autor de Hebreos afirma una fe similar que miraba al futuro, de hecho, al cielo mismo:

> Conforme a la fe murieron todos estos sin haber recibido lo prometido, sino mirándolo *de lejos* [πόρρωθεν, *porrōthen*], y creyéndolo, y saludándolo, y confesando que eran extranjeros y peregrinos sobre la tierra. Porque los que esto dicen, claramente dan a entender que buscan una patria; pues si hubiesen estado pensando en aquella de donde salieron, ciertamente tenían tiempo de volver. Pero anhelaban [ὀρέγονται, *oregontai*] una mejor, esto es, celestial; por lo cual Dios no se avergüenza de llamarse Dios de ellos; porque les ha preparado una ciudad. (11: 13-16)

14. Hay indicios de esta fe en la futura liberación del Mesías incluso en tiempos pre-abrahámicos: «De estos también profetizó Enoc, séptimo desde Adán, diciendo: He aquí, vino el Señor con sus santas decenas de millares» (Jud. 14). El referente pretendido del título «Señor» parece ser claramente el Mesías, como lo demuestran sus apariciones con «Cristo» en los versículos 4, 17, 21 y 25. Y una variante textual significativa en realidad dice Ἰησοῦς, *Iēsous*, en Judas 5, acerca de dicha variante Bruce M. Metzger escribe: «Los principios críticos parecen requerir la adopción de Ἰησοῦς [*Iēsous*] que, sin duda, es la lectura mejor

atestiguada entre los testigos griegos y versionales.».[30] Uno debe concluir que Judas veía al Mesías como presente (en su estado preencarnado) y activo a lo largo de la historia del Antiguo Testamento.

15. Abel demostró que entendía el principio de la necesidad de la expiación sustitutiva con sangre cuando «por fe ofreció un mejor sacrificio que el que ofreció Caín» (Gn 4:3-5; Heb. 11:4). Su ofrenda del rebaño, su muerte tipificando la «simiente de la mujer» (Gn. 3:15) quien al aplastar la cabeza de la serpiente sería herido de muerte, sin duda reflejaba lo que el Espíritu Santo le había enseñado a través de las instrucciones de sus padres acerca del significado del *protevangelium*, su necesidad de una «cobertura» de sangre delante de Dios, y la relación entre los dos.

16. Finalmente ¿cómo supieron los padres de Abel acerca de la necesidad de una «cobertura» de sangre delante de Dios? De su observación de la muerte de un animal por parte de Dios, incluso antes de que fueran desterrados del jardín del Edén, y que les hiciera prendas de vestir con la piel del animal (Gn. 3:21) y muy probablemente por su propia instrucción directa para ellos. Esta obra divina, que resultó dura para el *protevangelium* de Dios (Gn. 3:15), según el cual la simiente de la mujer destruiría el poder de la serpiente a través de su propia obra de muerte, ilustró el significado de la «cobertura» de la muerte de esa simiente. Sobre la actividad de Dios aquí, Meredith G. Kline escribe:

> Este remedio [vestir a Adán y Eva] para el obstáculo a su acercamiento a Dios (ver 3:10) simboliza el propósito de Dios de restaurar a los hombres a la comunión con Él. La vergüenza de los pecadores, como problema religioso, no podía ser cubierta por sus propios esfuerzos (ver 3:7). Implícito en la provisión de Dios está un acto de sacrificio de animales, lo que es explícito, sin embargo, no es el modo de sacrificio, sino el resultado del remedio.[31]

Estas cinco líneas de argumento reivindican la teología del pacto de la fe reformada y muestran que el dispensacionalismo clásico está equivocado cuando niega que el santo del Antiguo Testamento tuviera alguna conciencia del sufrimiento del futuro Mesías en su lugar. Demuestran claramente que la salvación siempre ha sido de una pieza en las Escrituras, que el pacto de gracia es un pacto y que el pueblo de Dios es un solo pueblo.

UN DESCARGO DE RESPONSABILIDAD Y UNA RESPUESTA

Ciertamente no pretendo sugerir que a los elegidos del Antiguo Testamento se les dio toda la información acerca de Cristo que el Nuevo Testamento contiene acerca de su persona y obra. Vos ha observado con razón que «no es histórico llevar de regreso a la mentalidad del A.T. nuestra conciencia doctrinal *desarrollada* de estos asuntos».[32] Por otro lado, es posible abordar el tema de la comprensión de la redención por parte de los santos del Antiguo Testamento de manera tan unilateral desde la perspectiva «bíblico-teológica» que uno permite a la hermenéutica de esa disciplina dominar el principio de la «analogía de la fe» de la teología sistemática y, como resultado, ni la enseñanza del Antiguo Testamento en sí, ni lo que los escritores del Nuevo Testamento informan o implican expresamente que el Antiguo Testamento quiso decir y que los santos del Antiguo Testamento conocían sobre el Mesías sufriente y su resurrección de entre los muertos reciben su merecido.[33]

En mi opinión, Vos mismo comete este error en su capítulo sobre «El Contenido de la Primera Revelación Redentiva Especial» cuando interpreta la «simiente de la mujer» en Génesis 3:15 en un sentido colectivo más que personal: «en cuanto a la palabra 'simiente' no

---

[30] Bruce M. Metzger, *A Textual Commentary on the Greek New Testament* (New York: United Bible Societies, 1971), 726.
[31] Meredith G. Kline, «Genesis», *The New Bible Commentary Revised*, ed. D. Guthrie and J. A. Motyer (Grand Rapids, Michigan: Eerdmans, 1970), 85.
[32] Vos, *Biblical Theology*, 64, emphasis supplied.
[33] Ver mi interacción con Walter C. Kaiser Jr., *Toward an Exegetical Theology: Biblical Exegesis for Preaching and Teaching* (Grand Rapids, Mich.: Baker, 1981), en la parte uno, capítulo dos, pp. 51–52 a este respecto.

hay razón para apartarse del sentido colectivo en ningún caso. La simiente de la serpiente *debe* ser colectiva, y esto determina el sentido de la simiente de la mujer».[34] Pero no se sigue necesariamente que, debido a que la simiente de la serpiente es colectiva, la simiente de la mujer también deba ser colectiva. Yo diría que fue precisamente de Cristo que Dios habló, tal como insistió Pablo que fue precisamente Cristo que Dios habló después en su referencia a la «simiente» de Abraham en Génesis 13:15 y 17:18 (Gal. 3:16). Además, es inexplicable por qué Vos no hace nada de la «herida mortal» que la «simiente de la mujer» experimentará en su conflicto con la *serpiente* (nota: *no* la simiente de la serpiente), afirmando solo que el *protevangelium* prometió que «de alguna manera fuera del género humano vendrá un golpe fatal que aplastará la cabeza de la serpiente».[35] Yo diría, sobre la base de la clara alusión a su muerte en el *protevangelium*, que desde el comienzo mismo de la historia redentora la esperanza eterna de los santos fue hecha descansar en la triunfante «obra de conflicto» llevada a cabo por «la simiente de la mujer herida de muerte».

Vos también se niega a ver la institución divina del sacrificio expiatorio en Génesis 3:21, llegando incluso a afirmar que «el pentateuco no contiene ningún registro de la institución del sacrificio ni en su aspecto expiatorio ni en su aspecto consagratorio».[36] Y cuando escribe sobre el contenido de la fe de Abraham, toma la misma posición:

> El tipo de fe [de Abraham] es una fe en la interposición creativa de Dios. Confía en Él para llamar a las cosas que no son como si fuesen [ver Ro. 4:17-23]. *Esto no significa, por supuesto, que el contenido objetivo de la fe del patriarca fuera doctrinalmente idéntico al del N.T. creyente. Pablo no comete el anacronismo de decir que la fe de Abraham tenía por objeto la resurrección de Cristo de entre los muertos.* Lo que quiere decir es que la actitud de fe hacia la resurrección de Isaac y la actitud hacia la resurrección [de Cristo] son idénticas en el punto de fe capaz de confrontar e incorporar lo sobrenatural.[37]

Sin embargo, si se tienen en cuenta todos los datos acumulados en este capítulo, en particular la declaración del propio Jesús de que Abraham «se regocijó con la idea de ver mi día; él lo vio y se alegró» y las reiteraciones del Nuevo Testamento de que las Escrituras del Antiguo Testamento («comenzando con Moisés y todos los profetas») testificaron que «el Mesías padecerá y resucitará de los muertos al tercer día, y el arrepentimiento y el perdón de los pecados serán predicados en su nombre a todas las naciones» (Lc. 24:25–27, 45–47; Jn. 5:39, 46; Hch. 3:24; 10:43; 13:27–30; 26:22–23 ; 1 P. 1:10-12), la conclusión obvia es que los santos del Antiguo Testamento, incluido Abraham, el padre de los fieles, sabían mucho más sobre el sufrimiento del Mesías de lo que generalmente se les atribuye, e infinitamente más sobre Él de lo que el dispensacionalista permitiría, ya que insiste en que no sabían nada en absoluto.

---

[34] Vos, *Biblical Theology*, 54. Muy interesante, después de que él insta a que es el sentido colectivo el que debe colocarse en la «simiente de la mujer», Vos escribe:
 indirectamente, *se insinúa* la posibilidad de que al dar este golpe fatal la simiente de la mujer se concentre en una sola persona, porque debe notarse que no es la simiente de la serpiente sino la serpiente misma cuya cabeza será magullada. En la primera mitad de la maldición se contrastan las dos semillas, aquí la simiente de la mujer y la serpiente. Esto sugiere que, en el clímax de la lucha, la simiente de la serpiente estará representada por la serpiente, de la misma manera [es decir, en el clímax de la lucha] la simiente de la mujer *puede encontrar representación* en una sola persona. (54–55, énfasis añadido)
Pero habiendo dicho esto, Vos luego retrocede y declara:
 Sin embargo, no se nos garantiza que busquemos aquí una referencia personal exclusiva al Mesías, como si sólo Él se refiriera a «la simiente de la mujer». La revelación del A.T. se aproxima al concepto de un Mesías personal muy gradualmente. (55)
Meredith G. Kline parece estar de acuerdo con la posición básica de Vos:
 Entre tu semilla y su semilla. Más allá de la mujer, toda la familia de la verdadera humanidad, convirtiéndose en su simiente espiritual por fe, permanecerá en conflicto continuo con aquellos descendientes del Adán caído que manifiestan obstinadamente su filiación espiritual al diablo ... *Él te herirá en la cabeza, y tú herirás su calcañar.* El 'tú' que todavía está luchando en el futuro remoto apunta más allá de la simple serpiente a Satanás. Este enfoque en un individuo desde un lado en relación con el eventual encuentro sugiere que *Él* tampoco es la simiente de la mujer colectivamente, sino su campeón individual. («Génesis», *The New Bible Commentary: Revised* [Londres: Inter-Varsity Press, 1970], 85)
Pero si el «él» puede ser (Vos) o debe ser (Kline) interpretado no colectivamente sino como un individuo, ¿por qué «la simiente de la mujer» no es también un individuo, ya que es el antecedente del «él»? ¿Debemos creer, contrariamente a la Confesión de Fe de Westminster, I/ix, que la «simiente» aquí tiene un significado dual?
[35] Vos, *Biblical Theology*, 54.
[36] Ibid., 173.
[37] Ibid, 99-100.

CRÍTICA DEL FUNDAMENTO BÍBLICO DE LOS DISPENSACIONALISTAS

Los dispensacionalistas citan muchos pasajes del Nuevo Testamento en los cuales la palabra «misterio» (μυστήριον, *mystērion*) aparece para apoyar su punto de vista de que los santos del Antiguo Testamento no sabían nada sobre un Mesías sufriente. Sostienen que el rechazo del rey y su sufrimiento y muerte fueron «misterios» bíblicos, es decir, hechos cuyo conocimiento Dios había mantenido «encerrado en los concilios secretos de Dios» hasta que los reveló a los hombres a través de Jesús y su santos apóstoles y profetas. Es cierto, como afirma BAGD, que «nuestro lit. usa [μυστήριον, mystērion] para referirse a los pensamientos, planes y dispensaciones secretos de Dios que están ocultos fr. la razón humana, así como fr. toda otra comprensión por debajo del nivel divino, y por lo tanto debe ser revelada a aquellos a quienes están destinadas».[38] El significado de la palabra no está en disputa entre intérpretes dispensacionales y reformados, es el contenido de los «misterios» lo que es objeto de controversia.

Mateo 13:11, 17, 34-35

En Mateo 13 encontramos siete de las parábolas del «reino de los cielos» de Jesús —el sembrador y las cuatro clases de tierra, el trigo y la cizaña, la semilla de mostaza, la levadura, el tesoro escondido en el campo, la perla de gran valor y la red. Jesús declaró que revelaron ciertos «misterios» del reino de los cielos (Mt. 13:11), explicando lo que quiso decir con «misterios» al decir que «que muchos profetas y justos desearon ver lo que veis, y no lo vieron; y oír lo que oís, y no lo oyeron» (13:17). Mateo agregó que Jesús habló en parábolas «para que se cumpliese lo dicho por el profeta [Asaf], cuando dijo: Abriré en parábolas mi boca; declararé cosas escondidas desde la fundación del mundo» (13:34–35; ver Sal. 78:2). El dispensacionalista entiende que Jesús quiere decir con estas parábolas que estaba revelando por primera vez en la historia que Él y el reino mesiánico serían rechazados y que «el largo período de la forma misteriosa del reino», todo el cual era desconocido a los profetas del Antiguo Testamento, seguiría. Pero sugiero que este es un ejemplo de ver en el pasaje lo que uno ya desea encontrar allí.

Lo primero que debe establecerse es el significado de la frase «el reino de los cielos». Los dispensacionalistas clásicos sostienen que «el reino de los cielos» debe distinguirse del «reino de Dios», refiriéndose el primero al reino milenario literal, terrenal, davídico, mientras que el segundo se refiere al reino universal de Dios en general. Fue al primero, instan estos dispensacionalistas, al que Jesús proclamó que estaba «cerca» en su primera venida (Mt. 4:17). Pero estas frases son en realidad «variaciones lingüísticas de la misma idea» (Ladd), como lo demuestra su identidad de significado en Mateo 19:23-24 y su uso paralelo en los evangelios sinópticos. Es decir, donde Mateo dice «el reino de los cielos», Marcos y Lucas dicen «el reino de Dios» (ver, por ejemplo, Mt. 13:11; Mr. 4:11; Lc. 8:10 y Mt. 19:14; Mr. 10:14; Lc. 18:17). Ambos términos se refieren al gobierno o reino soberano de Dios, ya sea en gracia o en juicio.

Ahora bien, ¿qué pasaba con el reino o gobierno de Dios que Jesús declaró que «había estado oculto» a los hombres antes de su venida? Por Daniel 2 y otros pasajes, los judíos ya sabían acerca del reino de Dios. Además, el cuadro que da Daniel 2:34-35, 44-45 acerca de la venida del reino de Dios es uno que implica el derrocamiento cataclísmico y escatológico de todos los reinos de este mundo. Daniel 2 enseñó a los judíos que cuando llegara el reino de Dios, no toleraría competencia. Aplastaría todo poder y autoridad terrenal ante él, llenaría toda la tierra y perduraría para siempre. En consecuencia, era este mismo «reino en el poder» lo que los judíos del primer siglo en general estaban anticipando. Y si Jesús de hecho había

---

[38] BAGD, 532.

ido por ahí ofreciendo este reino a los judíos, como insisten estos dispensacionalistas, es inexplicable, particularmente a la luz de su despliegue de sus poderosos «poderes» (δυνάμεις, *dynameis*; ver Mt. 11:20-23; 13:54, 58; Lc. 10:13; 19:37), por qué los judíos lo rechazaron. Pero Jesús, mediante sus parábolas del reino de los cielos en Mateo 13, reveló que el reino de Dios, que era desde la perspectiva del Antiguo Testamento «una unidad indivisa», se desarrollaría en dos etapas.[39] La segunda etapa —la fase escatológica— del reino de Dios, Jesús enseñó, vendría de hecho como lo había profetizado Daniel, manifestándose con el regreso del Hijo del Hombre en poder y gran gloria (Mt. 25:31-46). Pero antes de que viniera con *poder*, Jesús enseñó mediante estas parábolas del «misterio», que el reino había venido *primero* en gracia, también en su propia persona (ver Mt. 13:37), viniendo gradualmente, llegando en gran parte a la esfera interna e invisible de la vida espiritual, y tolerando las imperfecciones en sus súbditos e incluso la resistencia del sistema mundial y el reino de Satanás. En su "forma misteriosa", como George E. Ladd explica las parábolas,

> El reino ha llegado entre los hombres, pero no con un poder que obligue a toda rodilla a inclinarse ante su gloria, es más bien como semilla arrojada en la tierra que puede ser fructífera o infructuosa según se reciba (Mt. 13:3-8). El reino ha llegado, pero el orden actual no se ha alterado, los hijos del reino y los hijos del maligno crecen juntos en el mundo hasta la siega (Mt. 13:24-30; 36-43). El reino de Dios ciertamente ha llegado a los hombres, no como un nuevo orden glorioso, sino como la semilla de mostaza proverbial. Sin embargo, su insignificancia no debe despreciarse. Este mismo reino será un día un gran árbol (Mt. 13:31-32). En lugar de un poder transformador del mundo, el reino está presente en una forma casi imperceptible como un poco de levadura escondida en un cuenco de masa. Sin embargo, este mismo reino todavía llenará la tierra como la masa leudada llena el cuenco (Mt. 13:33).
>
> La venida del reino de Dios en humildad en lugar de gloria fue una revelación completamente nueva y asombrosa. Sin embargo, dijo Jesús, los hombres no deben ser engañados. Aunque la manifestación actual del reino es en humildad —de hecho, su portador fue condenado a muerte como un criminal condenado— es, sin embargo, el reino de Dios y, como un tesoro enterrado o una perla de valor incalculable, su adquisición amerita cualquier costo o sacrificio (Mt. 13:44-46). El hecho de que la actividad actual del reino iniciará un movimiento que incluirá tanto a los hombres malos como a los buenos no debe llevar a un malentendido de su verdadera naturaleza. Es el reino de Dios, un día dividirá lo bueno de lo malo en la salvación y el juicio escatológicos (Mt. 13:47-50).[40]

Jesús enseñó por medio de las «parábolas misteriosas» ¡precisamente lo contrario de lo que dicen los dispensacionalistas! Lejos de ofrecer a los judíos el reino de Dios en poder, declaró que les estaba proclamando primero (y luego a otros hombres) el reino espiritual de Dios en el corazón, que trae «justicia, paz y gozo en el Espíritu Santo». (Ro.14:17) —un reino que los hombres pudieron resistir y que la mayoría de los judíos, de hecho, rechazaron debido a la dureza de sus corazones (Mt 13:13-15). En consecuencia, crucificaron al portador del evangelio del reino por engañador y blasfemo, ¡en cumplimiento de las profecías del Antiguo Testamento!

Efesios 3:2–6, 9; Colosenses 1:25-27

Otros dos pasajes que los dispensacionalistas clásicos usan regularmente para argumentar que el santo del Antiguo Testamento no pudo haber sabido nada del «rechazo del reino y del rey, el largo período de la forma misteriosa del reino, la predicación mundial de la cruz, y el llamamiento de la Iglesia» son Efesios 3:2–9 y Colosenses 1:25–27. Estos dos pasajes dicen esencialmente lo mismo, y los dispensacionalistas citan ambos debido a la referencia en cada uno al «misterio» que «no se dio a conocer» antes de que los apóstoles y los profetas del

---

[39] Ver Vos, *Biblical Theology*, 399-411.
[40] George Eldon Ladd, «Kingdom of Christ, God, Heaven», en *Evangelical Dictionary of Theology*, 609–610.

Nuevo Testamento lo revelaran:

Efesios 3:2–6, 9: «si es que habéis oído de la administración de la gracia de Dios que me fue dada para con vosotros; que por revelación me fue declarado el misterio, como antes lo he escrito brevemente [ver Ef. 1:9-10], leyendo lo cual podéis entender cuál sea mi conocimiento en *el misterio de Cristo, misterio que en otras generaciones no se dio a conocer a los hijos de los hombres, como ahora es revelado a sus santos apóstoles y profetas por el Espíritu*: que los gentiles son coherederos y miembros del mismo cuerpo, y copartícipes de la promesa en Cristo Jesús... y de aclarar a todos cuál sea la dispensación *del misterio escondido desde los siglos en Dios*». (énfasis añadido)

Colosenses 1:25-27: «de la cual fui hecho [un] ministro [de su cuerpo que es la iglesia (ver v.24)], según la administración de Dios que me fue dada para con vosotros, para que anuncie cumplidamente la palabra de Dios —*el misterio que había estado oculto desde los siglos y edades, pero que ahora ha sido manifestado a sus santos*. A quienes Dios quiso dar a conocer las riquezas de la gloria de este misterio entre los gentiles; que es Cristo en vosotros, la esperanza de gloria». (énfasis añadido)

Una lectura cuidadosa del pasaje de Efesios revelará que el «misterio» que no fue revelado a las generaciones antes de Cristo como fue revelado a los apóstoles y profetas de Cristo fue *que los gentiles debían ser coherederos, miembros del cuerpo de Cristo y copartícipes con los judíos de la promesa en Cristo Jesús*. En este último pasaje, el «misterio» que no fue revelado es *Cristo en ustedes, la esperanza de gloria*. Hay dos comentarios en orden: (1) Pablo no dice en el pasaje de Efesios que el misterio que no se dio a conocer en las generaciones anteriores fue el rechazo del rey, o que el misterio se había ocultado a las generaciones anteriores en un sentido absoluto. El Antiguo Testamento testificó acerca de las bendiciones futuras que los gentiles compartirían con los judíos (ver Gn. 9:26-27; 12:3 [ver Gal. 3:8]; 22:18; 26:4; 28:14; Sal. 67; 72:8-11, 17; 87; Is. 11:10; 49:6; 54:1-3 [ver Gal. 4:27]; 60:1-3; Os. 1:10 [ver Ro. 9:24–25]; Am. 9:11–12 [ver Hch 15:13–18]; Mal. 1:11). Lo que no se reveló tan claramente en los tiempos del Antiguo Testamento fue que los gentiles estarían «sobre una base de perfecta igualdad» (Hendriksen) con los judíos en el cuerpo de Cristo, la iglesia. (2) Es extender el significado de las palabras de Pablo más allá del límite legítimo interpretar esta declaración en Efesios como una enseñanza de que «el rechazo del reino y del rey, el largo período de la forma misteriosa del reino, la predicación mundial de la cruz, y el llamamiento de la iglesia» estaban, hasta que los apóstoles hablaron de ellos, «aún encerrados en los secretos consejos de Dios». Charles Hodge ha escrito perspicazmente sobre Efesios 3:5–6:

> Que los gentiles debían participar de las bendiciones del reinado del Mesías y estar unidos como un solo cuerpo con los judíos en su reino, no solo es predicho con frecuencia por los antiguos profetas, sino que el mismo Pablo cita repetida y extensamente sus declaraciones sobre este tema para probar que lo que enseñó estaba de acuerdo con el Antiguo Testamento, ver Ro. 9:25–33. Por lo tanto, debe hacerse hincapié en la palabra *como*. Esta doctrina no fue revelada anteriormente como, es decir, no tan completa o claramente como bajo el evangelio ...
>
> El misterio que se dio a conocer a los apóstoles y profetas de la nueva dispensación fue ... que los gentiles *son*, de hecho y por derecho, coherederos, del mismo cuerpo, y partícipes de esta promesa. La forma en que se predijo el llamado de los gentiles en el Antiguo Testamento llevó a la impresión general de que iban a participar de las bendiciones del reinado del Mesías al convertirse en judíos, al ser prosélitos fusionados en la antigua teocracia, que iba a permanecer en todas sus peculiaridades. [No quedó tan claro entonces como lo ha sido en el Evangelio] que la teocracia misma iba a ser abolida, y una nueva forma de religión iba a ser introducida, diseñada y adaptada por igual para toda la humanidad, bajo la cual la distinción entre judíos y gentiles iba a ser eliminado. *Esta catolicidad del evangelio fue la revelación expansiva y promotora que se hizo*

a los apóstoles y que los elevó de sectarios a cristianos.[41]

Con referencia a la descripción un tanto críptica de Pablo del «misterio» en Colosenses 1:27 como «Cristo en vosotros, la esperanza de gloria», donde nuevamente habla de la inclusión corporativa de los gentiles dentro del cuerpo de Cristo, sin duda está asumiendo e implicando las mismas verdades básicas que elaboró en Efesios 3:2-6, 9. Pero nuevamente, las declaraciones de Pablo no enseñan las conclusiones radicales que los dispensacionalistas desean sacar de ellas, a saber, que los santos del Antiguo Testamento no sabían que el Mesías sería rechazado y sufriría o que se debe hacer una distinción entre el Israel del Antiguo Testamento «bajo la ley» y la iglesia del Nuevo Testamento «bajo la gracia», y que estos pueblos son *dos* pueblos de Dios que «no deben mezclarse ni confundirse, ya que son cronológicamente sucesivos».

DOS CONSECUENCIAS TRÁGICAS

No es mi intención entrar aquí en una discusión de las afirmaciones debatibles del dispensacionalismo con respecto a la pretribulación, el rapto premilenial de la iglesia, el período de siete años de tribulación que precede al milenio, el restablecimiento de la teocracia judía durante el milenio (no estoy cuestionando aquí el premilenialismo histórico como tal), y el regreso en esa «era del reino» judío a los requisitos del Antiguo Testamento de la circuncisión y el ceremonialismo de los sacrificios de animales. Estos son asuntos que se recogen y abordan más apropiadamente en el estudio de la escatología.[42] Pero algo debe decirse aquí acerca de dos implicaciones trágicas de la interpretación dispensacional de la Escritura.

La Justificación inconsciente del Dispensacionalismo de la Crucifixión

Ya hemos notado que a pesar del hecho de que Jesús mismo declaró que había venido al mundo para proclamar primero el evangelio del reino de gracia (Mt.13), para «buscar y salvar lo que estaba perdido» (Lc. 19:10) y que «no había venido para ser servido, sino para servir, y para dar su vida en rescate por muchos» (Mr. 10:45), y a pesar de que Pablo enseña que «Cristo Jesús vino al mundo para salvar a los pecadores» (1 Ti. 1:15), los dispensacionalistas clásicos insisten en que cuando Cristo vino por primera vez a Israel, se ofreció a establecer el reino davídico literal, terrenal, material y de mil años de duración. Si esto fuera realmente cierto, entonces los dispensacionalistas virtualmente apoyan a esos (falsos) testigos en el momento de su juicio que lo acusaron de oponerse a la Roma política (Lc. 23:1-2). Y *¡Cristo habría sido ejecutado con justicia bajo la ley romana como insurrecto y revolucionario!*

Por supuesto, de hecho, no es cierto. Cuando las multitudes trataron de convertirlo en su rey por la fuerza, rechazó la idea (Jn. 6:15). El reino que proclamó a su generación fue el gobierno espiritual de Dios en el corazón de las personas. En ese momento había dos funcionarios romanos en la tierra formalmente responsables de determinar si Jesús estaba intentando establecer un reino terrenal que desafiaría los poderes de Roma —Pilato y Herodes. Pero ninguno lo acusó de este crimen. Después de examinarlo y analizar su afirmación de que, aunque en verdad era un rey, su reino no era de este mundo, Pilato lo exoneró del cargo de insurrección política (Jn. 18:33–38). Por tanto, fue crucificado injusta e ilegalmente. A pesar de todo esto, los dispensacionalistas continúan sosteniendo que hasta que fue oficialmente rechazado por el liderazgo religioso judío, Él continuó ofreciendo establecer un reino judío terrenal que derrocaría los poderes de Roma, lo que de ser cierto ¡lo

---

[41] Charles Hodge, *A Commentary on the Epistle to the Ephesians* (Grand Rapids, Michigan: Eerdmans, 1954), 162–163, 164–165, énfasis añadido.
[42] Ver la parte cinco, capítulo veinticinco. Ver también O. T. Allis, *Prophecy and the Church* (Philadelphia: Presbyterian and Reformed, 1945), y Anthony A. Hoekema, *The Bible and the Future* (Grand Rapids, Michigan: Eerdmans, 1979).

hacía legalmente responsable como líder revolucionario a la ejecución bajo la ley romana!

La Sugerencia implícita del dispensacionalismo de que la cruz no era absolutamente imprescindible para la salvación del pecador

La clásica afirmación dispensacional de que lo siguiente que debería haber ocurrido cuando Jesús vino, en lo que respecta a la revelación predictiva, fue el establecimiento del reino davídico, implica que los profetas del Antiguo Testamento no habían dicho nada sobre la obra expiatoria del Mesías. En consecuencia, los dispensacionalistas sostienen que Jesús, de acuerdo con las profecías de la revelación del Antiguo Testamento, primero ofreció el reino davídico a los judíos, y que no fue hasta que el liderazgo religioso judío lo rechazó oficialmente que comenzó a enseñar que moriría por los hombres (pero ver Jn. 2:19 y 3:14 donde Jesús alude a su muerte en su *primer* ministerio en Judea).

Esta interpretación implica que Jesús en realidad enseñó durante un tiempo (y que también permitió que los judíos creyeran durante un tiempo) que, si la nación de Israel lo aceptaba como su rey, perdonaría a la nación de sus pecados sobre la base de su fe en Él como su rey mesiánico y, en consecuencia, que no necesitaría morir por ellos. Entonces Dios habría perdonado a los gentiles sobre una base diferente a la que ahora conocemos como la obra de Cristo en la cruz. ¿Pero sobre qué otra base?

Algunos dispensacionalistas han sugerido que el sistema ceremonial de sacrificios de animales del Antiguo Testamento se habría convertido en una obligación perpetua para los gentiles, a pesar del hecho de que el autor de Hebreos declara que la sangre de toros y machos cabríos nunca puede quitar el pecado (10:4) y tiene valor y significado solo cuando simboliza y tipifica la sangre del cordero de Dios anti tipológico.

Otros dispensacionalistas han sostenido que Cristo de hecho todavía habría muerto —que, si la nación judía lo hubiera recibido como su rey mesiánico, entonces, no los judíos sino las autoridades *romanas* se habrían movido contra Él como un «César» rival judío y lo crucificarían proporcionando, por tanto, la base soteriológica para el establecimiento del reino de gracia tanto para judíos como para gentiles. Pero este escenario tiene sus propios problemas. Para empezar, las Escrituras proféticas predijeron que serían los judíos quienes rechazarían a su Mesías y se moverían para que lo crucificaran (Sal. 2:1–2 [ver Hch. 4:25–28], Zac. 12:10). Además, en ninguna parte de las Escrituras se representa el reino de Dios en poder como dependiente para su entrada o establecimiento terrenal de su recepción por un solo hombre o grupo de hombres. Según la Escritura, cuando *llegue*, no le pedirá a la humanidad permiso para manifestarse ni sentirá obligación alguna de presentarle sus credenciales. Cuando llegue, eliminará toda oposición que se le presente. Cuando venga, vendrá como una roca poderosa que rompe en pedazos todo lo que se interpone en su camino (Dn. 2:34, 44). Cuando llegue, vendrá como una hoz en la cosecha (Mr. 4:29). Cuando venga, vendrá como el relámpago (Mt. 24:27). Daniel 2:44–45, en particular, enseña que cuando Cristo establezca su reino en poder, «no será jamás destruido, ni será el reino dejado a otro pueblo; desmenuzará y consumirá a todos estos reinos [que le precedieron], pero él permanecerá para siempre». ¿Se puede realmente creer, entonces, si los judíos solo lo hubieran aceptado como su rey y si Cristo hubiera procedido entonces a establecer el «reino de Dios en poder» (y uno debe recordar que no es en absoluto evidente que tal reino fuera a durar sólo mil años; Dn. 2:44-45; 7:14, 18, 27; y 2 P. 1:11 declaran que el suyo es un reino eterno), que los romanos habrían poseído el poder militar para apresarlo contra su voluntad y ejecutarlo, o que hubiera permitido que lo crucificaran? Las Escrituras en ninguna parte permiten un escenario tan hipotético. La afirmación dispensacional de que Jesús realmente ofreció establecer el reino terrenal de Dios en poder en su primera venida si tan sólo los judíos lo recibieran como su rey es un grave error.

La solución a todas las dificultades creadas por el dispensacionalismo es la gloriosa doctrina de la unidad del pacto de gracia y la unidad del pueblo de Dios en todas las edades, como lo afirma tan claramente la Confesión de Fe de Westminster. En su representación del único pacto de gracia como norma salvífica para los hombres a lo largo de todos los tiempos, evita las discontinuidades y dificultades soteriológicas del sistema dispensacional, toma en serio lo que dice el Nuevo Testamento acerca de la fe de los santos del Antiguo Testamento y retiene la fe en la obra expiatoria del Mesías —primero en su carácter *anticipado* del Antiguo Testamento y luego en su carácter *consumado* del Nuevo Testamento— como condición necesaria para la salvación en todas las edades.

15 | EL CRISTO SOBRENATURAL DE LA HISTORIA

El Hijo de Dios, la segunda persona de la Trinidad, siendo verdadero y eterno Dios, igual y de una sustancia con el Padre, habiendo llegado la plenitud del tiempo, tomó sobre sí la naturaleza humana con todas sus propiedades esenciales y con sus debilidades comunes, más sin pecado. Fue concebido por el poder del Espíritu Santo en el vientre de la virgen María, de la sustancia de ella...

El Señor Jesús ...fue crucificado y murió, fue sepultado y permaneció bajo el poder de la muerte, aun cuando no vio corrupción. Al tercer día se levantó de entre los muertos con el mismo cuerpo que tenía cuando sufrió, con el cual también ascendió al cielo y allí está sentado a la diestra del padre. (Confesión de Fe de Westminster, VIII/ii, iv)

Cuando haya llegado el momento, es decir, en el tiempo señalado por Dios —cuando la diáspora judía se haya extendido por todo el imperio romano y el Antiguo Testamento se haya traducido al griego, abriendo los ojos del mundo griego a su poder teológico y belleza, cuando la *pax Romana* se extendió por la mayor parte del mundo conocido con grandes caminos y la lengua griega que unía el imperio de los Césares y hacía posible los viajes y el comercio en una escala antes imposible, cuando el pensamiento filosófico griego se había atrofiado en el escepticismo, sin ofrecer esperanza en la sabiduría humana para mejorar el mundo antiguo (1 Co. 1:19-21), cuando el llamado mundo civilizado, como resultado, se había hundido tan bajo moralmente (Ro. 1:21-32) que incluso los paganos estaban clamando para el alivio de la inmoralidad desenfrenada que los rodeaba— de acuerdo con el Antiguo Testamento, «promesas, profecías, sacrificios ... y otros tipos y ordenanzas ..., todos señalaban al Cristo que había de venir» (Confesión de Fe de Westminster, VII/v), «Dios envió su Hijo, nacido de mujer, nacido bajo la ley» (Gal. 4:4) como Mesías y mediador del pacto de gracia.

Sin dejar de ser todo lo que era y es como segunda persona de la santísima Trinidad, el Hijo eterno de Dios tomó en unión consigo mismo en la única persona divina lo que antes no había poseído —incluso un conjunto completo de atributos humanos— y se hizo plena y verdaderamente hombre por nosotros los hombres y por nuestra salvación. Jesús de Nazaret fue y es ese Dios-hombre.[1]

La historicidad y la verdadera humanidad del hombre Jesús *bar* José de Nazaret rara vez se cuestiona hoy en día.[2] Nuestro Señor se llama a sí mismo (Jn. 8:40) y es muchas veces

---
[1] La Encarnación debe verse como un acto de suma y no como un acto de resta. Consulta el capítulo siguiente.
[2] No siempre ha sido así. La verdadera humanidad de Jesús fue cuestionada temprano en la era cristiana por las sectas gnósticas (y más tarde por los maniqueos), quienes enseñaron que su cuerpo no era real, sino simplemente fantasmal y una mascarada, que solo parecía real. Este punto de vista, al que se opusieron los apóstoles (ver 1 Jn 4:2; 5:6) y el padre apostólico Ignacio en particular, ha llegado a ser llamado «docetismo», del verbo griego δοκέω, *dokeō*, que significa «parecer». En los concilios

llamado por otros, «hombre» (ἄνθρωπος, *anthrōpos*) (Mt. 8:27; 26:72, 74; Mr. 14:71; 15:39; Lc. 23:4, 6, 14, 47; Jn. 4:29; 5:12; 7:46; 9:11, 16, 24; 10:33; 11:47; 18:17, 29; 19:5). Ἀνήρ (anēr, «hombre, varón») también se usa para Él en Juan 1:30; Hechos 2:22; 17:31. El autor de Hebreos declara que Jesús «participó en [nuestra] humanidad» y fue «hecho como sus hermanos en todo» (Heb. 2:14, 17). Su ascendencia humana viene dada por Mateo, quien remonta su linaje hasta David y Abraham (Mt. 1:1-17), y por Lucas, quien lo remonta incluso hasta Adán (Lc. 3:23-37). Lucas informa a sus lectores de un incidente en la vida de Jesús que tuvo lugar cuando tenía doce años (2:41-51) y concluye esta sección de su evangelio declarando que «Jesús crecía en sabiduría y estatura, y en el favor de Dios y el hombre» (2:52). Su historicidad está asegurada por el hecho de que se nos dice que dirigió su ministerio terrenal durante el reinado de Tiberio César cuando Poncio Pilato era gobernador de Judea, Herodes era tetrarca de Galilea y Anás y Caifás eran sumos sacerdotes en Jerusalén (Lc. 3:1-2). Los evangelistas lo describen como alguien que se cansaba de un viaje, se sentaba junto a un pozo para tener un momento de respiro y pedía agua para saciar su sed (Jn. 4), de hecho, como alguien que podría estar tan cansado de las labores del día que podía dormir profundamente durante una tormenta embravecida en el mar (Mr. 4:37–38). La gente conocía a su padre y a su madre (Jn. 1:45; 6:42; 7:27). Escupió en el suelo e hizo un barro curativo con su saliva (9:6). Lloró por el dolor que la muerte de Lázaro trajo a María y Marta (11:35) y se enfureció contra la muerte que había traído tal dolor (11:33, 38). Estaba turbado o perplejo en espíritu al contemplar su inminente muerte en la cruz (12:27). Aquí hay claramente un hombre para quien la muerte no era amiga, que instintivamente retrocedió contra ella como un enemigo poderoso al que temer y resistir. Una corona de espinas fue presionada sobre su cabeza (19:2) y fue herido en la cara (19:3). En su crucifixión (seguramente evidencia de su humanidad) se pone especial atención en la lanza clavada en su costado, de la cual brotó sangre y agua de la herida (19:34). Y después de su resurrección en al menos dos ocasiones mostró a sus discípulos las heridas en sus manos y costado (20:20, 27) e incluso desayunó con ellos junto al mar de Galilea (21:9-14).

Benjamin B. Warfield también muestra que las narraciones del evangelio describen a Jesús como un hombre que estaba sujeto a toda la gama de emociones humanas (sin pecado): compasión o piedad (e.g., Mt 9:36; 14:14; Mr. 1:41; Lc 7:13), misericordia (e.g., Mt. 9:27; Mr 10:47-48; Lc 17:13), amor (e.g., Mr. 10:21; Jn. 11:3, 5, 36), ira (Mr. 3:5), indignación o irritación (Mr. 10:14), gozo (Jn. 17:13), dolor (Mr. 3:5), perplejidad (Jn. 12:27), abatimiento, horror y angustia (Mt. 26:37, 38; Mr. 14:34), y maravilla o asombro (Mt. 8:10; Mr. 6:6; Lc. 7:9).[3] Aquí claramente no hay un Cristo docético.

Pero mientras que la verdadera humanidad de Jesús hoy día raramente es puesta en duda, el sobrenaturalismo generalizado que el Nuevo Testamento atribuye tanto a su persona como a su obra es explicada regularmente como mitología fraudulenta.[4] Asumiendo entonces lo que incluso el mundo está dispuesto a conceder, a saber, la existencia histórica del rabí palestino del primer siglo llamado Jesús de Nazaret, será mi propósito en este capítulo abordar las características principales del sobrenaturalismo que el Nuevo Testamento le atribuye y demostrar la legitimidad y propiedad que retrato el Nuevo Testamento sobre Él. Consideraremos en orden la concepción virginal de Jesús, sus milagros, su transfiguración, su resurrección de entre los muertos, y su ascensión al cielo.

---

ecuménicos de los siglos IV y V, la iglesia tuvo que oponerse a las tendencias docéticas posteriores que aparecieron en las formas de apolinarianismo, eutiquianismo y monofisismo, todas derivadas de la escuela catequética de Alejandría.

[3] Benjamin B. Warfield, "On the Emotional Life of Our Lord," in *The Person and Work of Christ* (Philadelphia: Presbyterian and Reformed, 1950), 93–145.

[4] Ver, e.g., la obra del seminario de Jesús.

LA HISTORICIDAD DE LA CONCEPCIÓN VIRGINAL DE JESÚS
Los datos bíblicos

En palabras de J. Gresham Machen, «es perfectamente claro que el Nuevo Testamento enseña el nacimiento virginal de Cristo, sobre eso no puede haber duda. No hay ninguna duda seria en cuanto a la *interpretación* de la Biblia sobre este punto».[5] La enseñanza bíblica se encuentra en Isaías 7:14 («la virgen concebirá»),[6] Mateo 1:16 («de la cual [fem.] nació Jesús»), 1:18 («antes de que se juntasen, se halló que había concebido del Espíritu Santo», 1:20 («lo que en ella es engendrado es del Espíritu Santo»), 1:22–23 («Todo esto aconteció para que [ἵνα, *hina*] se cumpliese lo dicho [τὸ ῥηθὲν, *a rhēthen*] por el Señor por medio del profeta: 'He aquí, la virgen concebirá y dará a luz un hijo...'»), 1:25 («Pero no la conoció [José] hasta que dio a luz un hijo»), Lucas 1:27 («a una virgen ... y el nombre de la virgen era María»), 1:34 («¿Cómo será esto? Pues no conozco varón»), 1:35 («El Espíritu Santo vendrá sobre ti, y el poder del Altísimo te cubrirá con su sombra. Por lo cual el Santo ser que nacerá, será llamado — [después de todo, él es] Hijo de Dios»), y 3:23 («hijo, según se creía, de José»). Nota también las reflexiones de María en Lucas 2:19 y 2:51b, las insinuaciones sarcásticas en Marcos 6:3 de que algo (¿ilegitimidad?) fue inusual en el nacimiento de Jesús (ver paralelos en Mt. 13:55 y Lc. 4:22), así como en las sugerencias de Juan 8:41 y 9:29, y la referencia de Pablo «nacido de mujer» en Gálatas 4:4. La tradición es unánime de que la concepción de Jesús ocurrió fuera del matrimonio. En otras palabras, tenemos que ver con una concepción virginal o con una concepción ilegítima. Y la Biblia respalda claramente al primero como base de los rumores del segundo.

Solo dos escritores del Nuevo Testamento —Mateo y Lucas— mencionan directamente la concepción virginal de Jesús, pero son los únicos dos que registran su nacimiento. En cuanto a si otros escritores del Nuevo Testamento sabían de su concepción virginal, ciertamente parece probable que Pablo, trabajando tan de cerca como lo hizo con Lucas y estando familiarizado con el evangelio de Lucas como él (ver 1 Ti 5:18 y Lc 10:7), lo habría sabido. Y también es muy probable que Juan, al escribir su evangelio después de Mateo y Lucas, también lo supiera. Ciertamente entendió que «el Verbo se hizo carne» (1:14) por nacimiento humano (19:37) y que tenía una madre humana (2:1; 19:25). Y a la luz de sus declaraciones recurrentes de que Jesús «vino de arriba» (3:31; 8:23), «descendió del cielo» (6:38), «vino del Padre al mundo» (16:27, 28), y «fue enviado por el Padre» (5:36; 6:57; 10:36), Juan habría tenido que creer que alguna forma de intervención sobrenatural se inmiscuyó en el punto de la concepción humana de Jesús si todos estos rasgos que él informa acerca de Jesús deben armonizarse. Esto está claro: ningún escritor del Nuevo Testamento dice nada que contradiga el testimonio de Mateo y Lucas.

El testimonio de la Iglesia

La iglesia ha visto uniformemente la concepción virginal literal de Jesús en las narrativas de nacimiento de Mateo y Lucas, como está evidenciado por los testimonios unificados de Ireneo (Asia Menor y Galia), Ignacio (Antioquía de Siria), Tertuliano (Norte de África), Justino Mártir (Éfeso y Roma) y el Antiguo Símbolo Bautismal Romano en el segundo siglo.[7] hasta los grandes credos de la iglesia en la actualidad (ver el Credo de los Apóstoles, el Credo Niceno actual, la Definición de Calcedonia, el llamado Credo Atanasiano [*homo est ex substantia matris*, es decir, «Él es hombre por la sustancia [naturaleza] de su madre»], la

---

[5] J. Gresham Machen, *The Virgin Birth of Christ* (New York: Harper & Row, 1930), 382.
[6] Ver Robert L. Reymond, *Jesus, Divine Messiah: The Old Testament Witness* (Ross-shire, Scotland: Christian Focus Publications, 1990), 23–42, para una exposición de la profecía del Emanuel de Isaías 7:14.
[7] Para referencias específicas en los escritos de estos primeros padres, ver Machen, *Virgin Birth*, 2-43. Por supuesto, hubo algunas sectas que rechazaron la historia de la concepción virginal de Cristo (los judíos ebionitas, el hereje Marción), pero entendieron claramente que las narraciones del nacimiento pretendían informar la historia y no el mito.

Confesión de Augsburgo, artículo III, la Confesión Belga, artículo XVIII, la Confesión de Fe de Westminster, capítulo VIII , y los Treinta y nueve artículos, art. II). La sugerencia actual de algunos eruditos modernos de que Mateo (en particular) estaba escribiendo «midrash» (la expansión y embellecimiento de la historia real con lo «no histórico») simplemente no está probada. De hecho, existe una pregunta real sobre si el midrash era un género literario común en el momento en que Mateo escribió. Está claro, en cualquier caso, que los padres de la iglesia primitiva no entendieron la narrativa del nacimiento de Mateo como un midrash. Entonces, cuando hombres como E. Brunner, W. Pannenberg y los académicos del Seminario de Jesús niegan el hecho de la concepción virginal de Jesús, no es solo el testimonio del Nuevo Testamento sino también veinte siglos de testimonio consistente y universal de la iglesia lo que rechazan —no alguna pequeña desviación de la doctrina cristiana por parte de cualquier hombre en cualquier época. Por tanto, acepto el hecho de la concepción virginal de Jesús,[8] y simplemente me interesa aquí extraer las implicaciones que tiene para la naturaleza de su persona.

Dado entonces el hecho de su concepción virginal, ¿cuál era su propósito relativo a Jesús mismo?

El propósito de la concepción virginal

Quizá debamos comenzar nuestra respuesta a esta pregunta subrayando dos cosas que *no* debemos decir que fue su propósito. Primero, no debemos entender las narrativas del nacimiento como la enseñanza de que la concepción virginal de Jesús de María era la causa o fuente eficiente de su deidad. Geerhardus Vos muy apropiadamente afirma que mientras que «existe una verdad en la cercana conexión establecida entre el nacimiento virginal de nuestro Señor y su deidad», sería «un error colgar la deidad en el nacimiento virginal como su fuente o razón fundamental». Hacerlo así «llevaría a rebajar la idea de la deidad misma».[9] Lo que intentamos destacar aquí es el obvio hecho de que «ni los padres humanos pecadores o santos podrían producir una descendencia *que es Dios*. Eso está más allá de su humanidad. ¡Y ni una madre virgen humana podría hacer esto!».[10] Existe otro fundamento para creer que Jesucristo es Dios, a saber, el hecho de que, como Dios el Hijo, era plena y verdaderamente Dios antes de y aparte de su concepción virginal. Ni la concepción virginal produjo un híbrido o un tipo de semidios, una descendencia de la unión entre un dios (el Espíritu Santo) y una mujer humana, quién ni era completamente dios ni hombre sino solo un mitad-dios y mitad-hombre. Esto es simplemente mitología para lo cual *no* hay garantía escritural. Otro propósito subyace a la concepción virginal de Jesús.

Segundo, la concepción virginal de Jesús por María a través del poder del Espíritu Santo no fue, probablemente, la causa eficiente de la no pecaminosidad de Jesús (ver 2 Co. 5:21;

---

[8] Mis razones para creer en la concepción virginal de Cristo en el vientre de la virgen María mediante el poder del Espíritu Santo son: primero, la enseñanza *bíblica*, que, por supuesto, es primordial; segundo, el peso del testimonio histórico de la iglesia; tercero, la razón teísta cristiana, es decir, la concepción virginal de Jesús es simplemente un aspecto del sobrenaturalismo total de la Escritura y del teísmo cristiano en general; si uno puede creer, por ejemplo, Génesis 1:1, o que Dios habla a los hombres en las Escrituras, o en los milagros de Jesús, o que resucitó de entre los muertos y ascendió a su Padre, es pedir solo un poco más para creer que Jesús fue concebido virginalmente; cuarto, la razón psicológica: sólo la concepción virginal puede explicar la voluntad de María de ser incluida en la compañía de los que adoraban a Jesús como Hijo de Dios (Hch. 1:14); se pone a prueba la credulidad de uno aceptar que María podría haber creído que su Hijo murió por sus pecados y que era su divino Salvador merecedor de su adoración si supiera en su corazón que su origen era como el de cualquier otro hombre y que había sido concebido entre el matrimonio; quinto, las razones teológicas: (1) la concepción virginal de Jesús es la explicación bíblica de la encarnación, y (2) mientras que la concepción virginal no es necesariamente la explicación total de la impecabilidad de Jesús, es un hecho que si Jesús hubiera sido la descendencia de la unión de un padre y una madre humanos, tal generación natural habría implicado depravación (Jn 3:6) e implicado a Jesús en el primer pecado de Adán (Ro 5:12, 19); y sexto, las razones *apologéticas* o *polémicas*: (1) si Jesús no fue concebido virginalmente, entonces la Biblia está equivocada y deja de ser una guía confiable en asuntos de fe (ver Machen, *Virgin Birth*, 382-387); (2) si Jesús no fue concebido virginalmente, quedan serios vacíos en cualquier esfuerzo por comprender la persona de Cristo y la encarnación (Machen, *Virgin Birth*, 387-395); y (3) si Jesús fue concebido como todos los demás hombres, entonces estuvo bajo la maldición adánica como el resto de nosotros que descendemos de Adán por generación natural, y no habría sido un salvador aceptable de los hombres ante Dios. Pero esto significaría a su vez el fin del cristianismo como religión redentora, ya que entonces no habría nadie que pudiera ofrecerse a Dios como un sacrificio aceptable e inmaculado para satisfacer la justicia divina y reconciliar a Dios con el hombre. Me doy cuenta de que este último punto asume una doctrina particular del pecado («pecado original y racial») y una visión particular de la expiación («satisfacción»), pero es un hecho que la Biblia enseña esta doctrina del pecado (Ro 5:12-19) y este tipo de expiación —el tipo de expiación que Jesús logró con su vida sin pecado y su muerte sustitutiva en la cruz. Se remite al lector al artículo de Warfield, «The Supernatural Birth of Jesus», *Biblical and Theological Studies* (Filadelfia: Presbyterian and Reformed, 1952), 157–168, para el argumento adicional a favor de la necesidad salvífica del nacimiento virginal de Cristo.

[9] Geerhardus Vos, *The Self-Disclosure of Jesus*, rev. ed. (Phillipsburg, N.J.: Presbyterian and Reformed, 1978), 191, pie de página 15.

[10] Kenneth S. Kantzer, «The Miracle of Christmas», *Christianity Today* 28, no. 18 (1984): 15.

Heb. 4:15). Cómo mínimo, es muy improbable que la concepción virginal de Jesús fuera esencial a su no pecaminosidad, como algunos teólogos han alegado, porque «el pecado original [o racial]» se transmite a través de la línea *masculina*, porque las mujeres también comparten la pecaminosidad de la raza humana y son corruptas por ello, y esta pecaminosidad generalizada también abarcó a María, que poseía una naturaleza pecaminosa, cometía pecados y confesó su necesidad de un salvador (Lc. 1:47). Toda la evidencia bíblica, por no mencionar la biológica, sugiere que la mujer contribuye igualmente a la estructura física, espiritual y psíquica de la descendencia humana que proviene de la generación natural. Es sorprendente, por ejemplo, que, en su gran Salmo penitenciario, es específicamente a su madre a quién mencionó David cuando traza el acto pecaminoso de su naturaleza pecaminosa: «En pecado», declara, «me concibió mi madre» (Sal. 51:5). Por lo tanto, hay razón para asumir, que, excepto por una obra divina especial de preservación más allá de la concepción virginal misma, María habría transmitido la inclinación humana al pecado a su primogénito. Incluso Juan Calvino estaba dispuesto a afirmar lo mismo:

> Liberamos a Cristo de toda mancha, no solo porque fue engendrado de su madre sin copulación con el hombre, sino porque fue santificado por el Espíritu para que la generación pudiera ser pura y sin mancha, como habría sido verdad antes de la caída de Adán..[11]

Lucas 1:35 también sugiere lo mismo, si interpretamos ἅγιον (*hagion*, «santo») como un predicado y lo entendemos en el sentido moral/ético. John Murray también contempla la misma posibilidad, aunque con cierto grado de reserva:

> [La preservación de Jesús de la contaminación] puede residir enteramente en la procreación sobrenatural, porque puede ser que la depravación se transmita en la generación natural. [Nota que él no coloca la transmisión del pecado racial en la línea masculina *per se* aquí, sino más bien en la «generación natural» que involucra la unión del hombre y la mujer.] En cualquier caso, la generación natural habría implicado la depravación (Juan 3:6). Sin embargo, puede que no sea correcto encontrar toda la explicación de la impecabilidad de Jesús en ausencia de una procreación natural. Así que bien puede ser que la preservación de la mancha del pecado (ver Salmo 51:5) requiriera otro factor sobrenatural, a saber, la preservación desde la concepción hasta el nacimiento del niño Jesús de la contaminación que de otro modo habría procedido de su madre humana..[12]

Obviamente, se debe tener mucho cuidado en cualquier explicación del fundamento de la no pecaminosidad de Jesús. Pero hasta que sepamos mucho más de lo que sabemos sobre la generación y la reproducción humana, sería prudente abstenernos de colgar la no pecaminosidad de Jesús simplemente del hecho obvio de que en la concepción virginal el factor masculino ha sido eliminado en su generación humana. En cualquier caso, parece bastante seguro decir que, incluso si la no pecaminosidad de Jesús es un efecto secundario de la concepción virginal, su no pecaminosidad no fue el efecto que su concepción virginal pretendía producir principalmente.

Entonces, ¿cuál fue el propósito principal de la concepción virginal de Jesús? Antes de responder directamente a esta pregunta, es apropiado señalar que la concepción de Jesús en el útero de una madre humana, aunque de naturaleza virginal, seguida de su desarrollo normal en el útero de esa madre humana, y su paso completamente normal de ese útero humano al mundo al nacer, como se registra tanto en Mateo como en Lucas, son características de su origen humano que nos aseguran y garantizan que Jesús fue y es verdadera y plenamente humano. La Biblia es bastante inflexible en que la humanidad plena y verdadera de Jesús de ninguna manera se vio amenazada o perjudicada por el milagro de su concepción virginal, sino todo lo contrario, al ser concebido por una madre humana, Él «compartió» nuestra

---

[11] John Calvin, *Institutes of the Christian Religion*, trans. Ford Lewis Battles (Philadelphia: Westminster Press, 1960), II 13 4; 481
[12] John Murray, «The Person of Christ», *Collected Writings of John Murray* (Edinburgh: Banner of Truth, 1977), 2:135; ver también J. Oliver Buswell Jr., *A Systematic Theology of the Christian Religion* (Grand Rapids, Mich.: Zondervan, 1962), 1:251; 2:57.

humanidad (Heb. 2:14), y fue «como» nosotros en todos los sentidos (Heb. 2:17). La objeción de algunos de que la concepción virginal excluye la posibilidad de que nuestro Señor sea verdadera y plenamente hombre es hipotética e indemostrable.

Cuando penetramos en el propósito primario misterioso y maravilloso del milagro de navidad, pienso que debemos concluir que ambos evangelistas pretenden que entendamos *antes que cualquier otra cosa* que, mediante la concepción virginal, «el verbo [preexistente] se hizo carne» (Jn. 1:14). La concepción virginal de María, en otras palabras, fue el medio por el cual *Dios se hizo hombre*, el medio por el cual quién «por amor a vosotros se hizo pobre, siendo rico, para que vosotros con su pobreza fueseis enriquecidos» (2 Co. 8:9). Es la respuesta de la Biblia a la pregunta que surge naturalmente cuando uno escucha que Jesucristo es Dios-hombre: «¿cómo sucedió esto?» La concepción virginal es el medio efectivo del «acontecimiento Emanuel» (Is. 7:14; Mt. 1:22-23) que hizo a Dios hombre con nosotros sin unir al Hijo de Dios a una segunda persona (humana), que seguramente habría tenido el efecto de una generación *natural*. Pero mediante la concepción virginal de María, Dios el Hijo, sin dejar de ser lo que es —la segunda persona de la Santa Trinidad, el Hijo eterno y el Verbo de Dios, unió en su naturaleza divina en la única persona divina del Hijo nuestra *naturaleza humana* (no una *persona humana*) y así vino a estar «con nosotros» como «Emanuel». Cualquier otro propósito sugerido para la concepción virginal de Jesús, cualquiera que sea la verdad que pueda contener, palidece hasta la insignificancia a la luz gloriosa de esta clara razón para ello. Y cuando esto se perciba claramente, uno reconocerá que las narraciones de los nacimientos de Mateo y Lucas ocupan el lugar que les corresponde junto con todas las otras líneas de evidencia en el Nuevo Testamento para la deidad de Jesucristo y, por lo tanto, para la doctrina clásica de una cristología de la encarnación.

LA HISTORICIDAD DE LOS MILAGROS DE JESÚS
LOS DATOS BÍBLICOS

Los siguientes milagros de sanidad específicos de Jesús, que tienen que ver con aliviar el sufrimiento humano, son mencionados en los evangelios: (1) el hijo del oficial del rey (Jn. 4:46–54), (2) La suegra de Pedro (Mt. 8:14–17; Mr. 1:29–31; Lc 4:38–40), (3) la mujer con la hemorragia de sangre (Mt. 9:20–22; Mr. 5:25–34; Lc. 8:43–48), (4) el siervo del centurión (Mt. 8:5–13; Lc. 7:1–10), (5) el hombre que sufre de hidropesía (Lc. 14:1–6), (6) el ciego (Mt. 9:27–31; Jn. 9:1–7; Mt. 20:29–34; Mr. 10:46–52; Lc. 18:35–43), (7) el sordomudo (Mr. 7:31–37), (8) los paralíticos y cojos (Mt. 9:1–8; Mr. 2:1–12; Lc. 5:17–26; Jn. 5:1–15; Mt. 12:9–13; Mr. 3:1–5; Lc. 6:6–10; 13:10–17), (9) leprosos (Mt. 8:1–4; Mr. 1:40–45; Lc. 5:12–16; 17:11–19), y (10) la oreja de Malco (Lc. 22:49–51). Uno también debe mencionar aquí que los exorcismos de demonios de Jesús, que en su dominio sobre las fuerzas de Satanás que demostraron, señalaron de una manera única su autoridad divina y el asalto mesiánico contra el reino cósmico del mal y el pecado (Mt. 8:28–34; Mr. 5:1–20; Lc 8:26–39; Mr. 1:23–27; Lc. 4:33–37; Mt. 15:21–28; Mr. 7:24–30; Mt. 17:14–21; Mr. 9:14–29; Lc. 9:37–43) y la resurrección de la hija de Jairo (Mt. 9:18–19, 23–26; Mr. 5:22–24, 35–43; Lc. 8:41–42, 49–56), el hijo de la viuda (Lc. 7:11–16), y Lázaro (Jn. 11:1–54).

Además de estos ejemplos específicos de curación, tenemos varias declaraciones narrativas generales que se encuentran en todos los evangelios sinópticos:

Mateo 4:23-24: «Y recorrió Jesús toda Galilea… sanando toda enfermedad y toda dolencia en el pueblo. Y se difundió su fama por toda Siria; y le trajeron todos los que tenían dolencias, los afligidos por diversas enfermedades y tormentos, los endemoniados, lunáticos y paralíticos; y los sanó».

Mateo 8:16: «Y cuando llegó la noche, trajeron a él muchos endemoniados; y con la palabra echó fuera a los demonios, y sanó a todos los enfermos»

Mateo 9:35: «Recorría Jesús todas las ciudades y aldeas… sanando toda enfermedad y toda dolencia en el pueblo».

Mateo 14:14: «Y saliendo Jesús, vio una gran multitud, y tuvo compasión de ellos, y sanó a los que de ellos estaban enfermos»

Mateo 14:35-36: «y trajeron a él todos los enfermos; y le rogaban que les dejase tocar solamente el borde de su manto; y todos los que lo tocaron, quedaron sanos».

Mateo 15:30-31: «Y se le acercó mucha gente que traía consigo a cojos, ciegos, mudos, mancos, y otros muchos enfermos; y los pusieron a los pies de Jesús, y los sanó; de manera que la multitud se maravillaba, viendo a los mudos hablar, a los mancos sanados, a los cojos andar, y a los ciegos ver».

Todas las declaraciones generales anteriores son solo del evangelio de Mateo. También se encuentran declaraciones en el mismo sentido en Marcos 1: 32–34, 39; 3:10; 6:56; Lucas 4:40; 6: 17-19; 9:11.

Mateo y Lucas también informan de la descripción general de Jesús de su ministerio en su respuesta a la pregunta de Juan el Bautista: «Los ciegos ven, los cojos andan, los leprosos son curados, los sordos oyen y los muertos resucitan» (Mt. 11:4-5; Lc. 7:22).

Jesús además declaró que, si sus «poderes» que se habían realizado en Corazín, Betsaida y Capernaum se hubieran hecho en Tiro, Sidón e incluso Sodoma, esas ciudades antiguas se habrían arrepentido (Mt. 11:20-24; Lc. 10:12-13). Incluso sus enemigos reconocieron su autoridad sobre los demonios (Mt. 12:22-32; Mr. 3:20-30; Lc. 11:14-23).

Además de sus propias obras de sanidad, Jesús dio a sus doce discípulos la autoridad «sobre los espíritus inmundos, para que los echasen fuera, y para sanar toda enfermedad y toda dolencia» (Mt. 10:1), incluyendo incluso la autoridad para resucitar muertos (Mt. 10:8), y Marcos nos informa que «echaban fuera muchos demonios, y ungían con aceite a muchos enfermos, y los sanaban» (Mr. 6:13). Luego más tarde, comisionó a setenta (y dos) discípulos para ir y hacer lo mismo (Lc. 10:1, 9, 17, 19). Con una exageración perdonable, Benjamin B. Warfield escribe: «Durante un tiempo, la enfermedad y la muerte deben haber sido casi desterradas de la tierra».[13]

A estas «señales y prodigios» que tienen que ver con el alivio del sufrimiento humano, hay que agregar los llamados milagros de la naturaleza, como (1) la transformación del agua en vino (Jn. 2:1-11), (2) las dos capturas milagrosas de peces (Lc. 5: 1-11; Jn. 21: 1-14), (3) el apaciguamiento de la tormenta (Mt. 8:23-27; Mr. 4:35-41; Lc. 8:22–25), (4) la alimentación de los cinco mil (Mt. 14:15-21; Mr. 6:34-44; Lc. 9:12-17; Jn. 6:5-14), (5) el caminar sobre el mar (Mt. 14:22-27; Mr. 6:45-52; Jn. 6:16-21), (6) la alimentación de los cuatro mil (Mt. 15:32-39; Mr. 8:1-10), (7) la moneda de cuatro dracmas en la boca del pez (Mt. 17:24-27), y (8) la maldición de la higuera (Mt. 21:18-22; Mr. 11:12-14, 20-21).

RESPUESTAS CRÍTICAS

Si el registro del Nuevo Testamento aquí es confiable, nunca ha habido alguna otra era del mundo que haya sido testigo de un despliegue tan deslumbrante de «maravillas», «señales», «poderes» y «obras» de Dios. Muchos esfuerzos han sido invertidos a través de los siglos para explicar las obras de poder de Jesús, algunas explicaciones más especulativas, algunas más racionalistas que otras, pero todas teniendo como objetivo principal la reducción de Jesús

---

[13] Benjamin B. Warfield, «The Historical Christ» en *The Person and Work of Christ* (Philadelphia: Presbyterian and Reformed, 1950), 31.

a dimensiones humanas manejables. Baruch Spinoza (1632-1677), el filósofo racionalista alemán, por ejemplo, argumentó en su «Tratado Teologico-Político» (*Tractatus Theologico-politicus*) (1670) que Dios era un Dios de un orden tan inmutable que, si obrara un milagro, ya que ese milagro sería entonces tanto la ley de Dios como la ley de la naturaleza que violaba, violaría el orden inmutable que había decretado para las leyes de la naturaleza y así se contradeciría a sí mismo. David Hume (1711-1776), el escéptico escocés y filósofo empirista de la ilustración, argumentó en sus «*Ensayos sobre Milagros*» (*Essays on Miracles*), una sección de sus «*Ensayos filosóficos sobre la Comprensión Humana*» (*Philosophical Essays Concerning Human Understanding*) (1748), que el único caso en que la evidencia de un milagro podría prevalecer sobre la evidencia en su contra sería esa situación en la que la falsedad o el error de los testigos declarantes sería un milagro mayor que el milagro que atestiguan. Friedrich Schleiermacher (1768-1834), a menudo llamado el padre de la teología protestante liberal, sostuvo en su «*La Fe Cristiana*» (*The Christian Faith*) (1821) que los «milagros» de Cristo eran tales solo para aquellos respecto de quienes se hicieron primero, pero no milagros en sí mismos, siendo sólo la anticipación de los descubrimientos de las leyes que gobiernan en el reino de la naturaleza. Según Schleiermacher, por la providencia de Dios, Cristo simplemente poseía un conocimiento más profundo de las leyes de la naturaleza que cualquier otro hombre antes o después de Él, y fue capaz de evocar desde los rincones ocultos de la naturaleza aquellas leyes que ya estaban en funcionamiento en ellos para emplearlos en beneficio de otros. Otro teólogo alemán del mismo período, Heinrich Paulus (1761-1851), en su «*Manual exegético sobre los tres primeros evangelios*» (*Exegetical Handbook Concerning the First Three Gospels*) (3 vols., 1830-1833) argumentó que los evangelistas no tenían la intención de que sus informes se entendieran como milagros sino solo como hechos ordinarios de la experiencia diaria. Así Cristo no sanó a un paralítico en Betesda, sino solo detectó a un impostor, no convirtió el agua en vino en Caná, sino que solo trajo nueva provisión de vino cuando el de la casa ya se había agotado, no multiplicó los panes, sino que distribuyó los propios y los guardados por los discípulos, dio un ejemplo de liberalidad, que fue rápidamente seguido por otros que tenían provisiones, y de esta forma hubo suficientes para todos; no curó la ceguera de otra forma que cualquier oculista habilidoso pudiera hacerlo, —que, de hecho, observaron [los evangelistas], es claro, porque con sus propios labios declaró que necesitaba luz para tan delicada operación— «Me es necesario hacer las obras del que me envió, entre tanto que el día dura; la noche viene, cuando nadie puede trabajar» (Jn. 9:4); no caminó sobre el mar, sino sobre la orilla, no le dijo a Pedro que encontrara una moneda en la boca del pez sino que capturara todos los peces que se pudieran vender por ese dinero; no limpió a un leproso, sino que lo declaró limpio; no resucitó a Lázaro, sino que adivinó de la descripción de su enfermedad que solo estaba desmayado, y felizmente lo encontró como había adivinado..[14]

Luego estaba David Strauss (1808-1874), otro teólogo alemán, quien bajo la influencia del pensamiento hegeliano, en su famosa «*La Vida de Jesús, Examinada Críticamente*» (*Life Of Jesus, Critically Examined*) (2 vols., 1835-1836), argumentó que los elementos sobrenaturales en los evangelios, incluidos los milagros de Jesús, fueron simplemente un «mito» helenístico, creado entre la muerte de Cristo y la escritura de los evangelios en el siglo II. Rudolf Bultmann también adoptó una posición no muy diferente en su conclusión a la de Strauss. Y Joachim Jeremias, en su «*Teología del Nuevo Testamento*» *New Testament Theology* (I) (traducción inglesa, 1971), después de análisis críticos literarios y lingüísticos, comparaciones con historias de milagros rabínicos y helenísticos, y análisis de forma crítica

---

[14] Citado por Richard C. Trench, *Notes on the Parables of Our Lord* (London: SPCK, 1904), 82–83.

de las historias de milagros individuales, sostiene que uno se queda con sólo un «núcleo histórico» de curaciones «psicógenas» (exorcismos) y curaciones a través de "terapia abrumadora», en resumen, curaciones producidas por poderes psíquicos. G. Vermes en su *«Jesús El Judío»* (*Jesus the Jew*) (1973) adopta un enfoque diferente, categorizando a Jesús como un «carismático» similar a otros «carismáticos galileos» como Honi el dibuja círculos y Hanina ben Dosa. En *«Jesús El Mago»* (*Jesus the Magician*) (1978), Morton Smith, como sugiere el título de su libro, hace que Jesús sea simplemente un mago. *«Jesús y las limitaciones de la historia»* (*Jesus and the Constraints of History*) (1982) de A. E. Harvey no es tan radical en sus negaciones como los dos libros anteriores, pero reduce los milagros auténticos de Jesús a ocho en número —los que tratan de la curación de los sordos, mudos, ciegos y el cojo.

RESPUESTAS EVANGÉLICAS

Una respuesta separada y detallada en apoyo a la historicidad y autenticidad de cada una de las obras poderosas de Jesús requeriría mucho más espacio del que es posible aquí. Es suficiente decir que esto ha sido hecho por hombres tales como R.C. Trench en «*Notas sobre los milagros de nuestro Señor*» (Notes on the Miracles of our Lord) (Cap.5, «*Los asaltos a los Milagros*»), J.B. Mozely en «*Ocho Lecturas sobre Milagros*» *(Eight Lectures on Miracles)*, J. Gresham Machen en «*Cristianismo y Liberalismo*» *(Christianity and Liberalism)* (ver cap.5, «*Cristo*»), C.S. Lewis en «*Milagros*» (*Miracles*), Bernard Ramm en «Evidencia Cristiana Protestante» (*Protestant Christian Evidence)s* (ver cap.5, «Refutación a Aquellos que niegan los Milagros»), H. van der Loos en «*Los Milagros de Jesús*» (*The Miracles of Jesus)*, Norman L. Geisler en «*Milagros y Pensamiento Moderno*» (*Miracles and Modern Thought)*, Craig L. Bomberg en «*La verdad de los Evangelios: ¿son los Evangelios historia fiable?»* (*Gospel Truth: Are the Gospels Reliable History?)* (ver cap.3, «Milagros»), y Robert B. Strimple, *«La Búsqueda Moderna por el Jesús Real»* (The *Modern Search for the Real Jesus)*. Se ha mostrado una y otra vez que cada afirmación del Cristo sobrenatural y sus milagros como siendo espurios o explicables racionalmente es el resultado de un juicio a priori sobre la naturaleza de Dios y el mundo.

Por supuesto, el cristiano reconoce que coloca la cuestión de la historicidad y autenticidad de los milagros de Jesús, primero, dentro del contexto total del teísmo cristiano *per se*. «Una vez admitido», escribe Machen, «la existencia de un Dios personal, hacedor y gobernador del mundo, no se pueden establecer límites temporales o de otro tipo al poder creativo de Dios. Una vez admitido que Dios creó el mundo, no se puede negar que podría participar en la creación otra vez»..[15] Y segundo, el cristiano coloca la cuestión de la historicidad y autenticidad de los milagros de Jesús en el contexto más estrecho de la ocasión específica y necesaria de la realidad del pecado y sus efectos. Se da cuenta de que la única esperanza del hombre de conquistar el pecado yace en la ayuda sobrenatural que viene de fuera de la condición humana..[16] Cree que esta necesidad se satisface plenamente en el salvador sobrenatural que dio evidencia de su origen y carácter sobrenatural a través, entre otros medios, de las obras de los milagros. Concede, en otras palabras, el hecho del Dios infinito y personal de la Escritura y las exigencias de la humanidad causadas por el pecado, y ninguna barrera filosófica o histórica permanece en el camino de la historicidad de ninguno de los milagros o sobrenaturalismos de la Escritura. La clara probabilidad de los milagros de los evangelios se sigue por norma como un aspecto natural del teísmo cristiano.

---

[15] J. Gresham Machen, *Christianity and Liberalism* (Grand Rapids, Michigan: Eerdmans, 1923), 102.
[16] Ibid., 104-106.

Su significado

Ahora bien, dentro del contexto del teísmo bíblico, el peso de los milagros de Jesús, separada y colectivamente, apunta, según el propio testimonio de Jesús, una doble conclusión. Testifican de la llegada de la era mesiánica en la persona del Mesías (Mt. 12:28), pero también testifican de su propio carácter divino como el Hijo de Dios que visitó este pobre planeta de una misión de misericordia (Mt. 20:28; Mr. 10:45) para buscar y salvar lo que se había perdido. Considerando el propio testimonio de Jesús respecto al significado de su obra milagrosa:

Juan 5:36

En el contexto de Juan 5, donde se pueden encontrar sus más asombrosas series de afirmaciones de igualdad para con Dios, Jesús dijo que, además del testimonio de Juan el Bautista (5:33-35), el testimonio del Padre (5:37, sin duda incluyendo si no la intención específica de la confirmación del cielo en el momento de su «comisión» bautismal), y el testimonio de las Escrituras del Antiguo Testamento (5:39, 46), «porque las obras que el Padre me dio para que cumpliese, las mismas obras que yo hago, dan testimonio de mí, que el Padre me ha enviado» (5:36). Estas obras únicas —únicas porque fueron «obras... que ningún otro ha hecho» (15:24), únicas porque ellas «llevan la marca distintiva de su origen divino»—[17] subrayaron, dice, su singularidad como alguien no de origen humano sino como alguien que «envió el Padre» del cielo.

Juan 10:24-25, 37-38

En estos versículos, en respuesta directa a la demanda de los líderes religiosos, «Si eres el Mesías, dínoslo claramente», Jesús respondió: «Te lo dije, pero no crees. Los milagros que hago en el nombre de mi Padre hablan por mí». Luego dijo: «No me crean a menos que haga lo que hace mi Padre. Pero si lo hago, aunque no me crean, crean en los milagros, para que aprendan y comprendan que el Padre está en mí y yo en el Padre». Con estas palabras, Jesús afirma que sus milagros dan testimonio tanto de su investidura mesiánica como de una íntima unión espiritual entre el Padre y Él mismo.

Juan 14:11

En su discurso del aposento alto, después de hacer las afirmaciones de que «todo el que me ve a mí, ha visto al Padre» (Jn. 14:9) y que Él y el Padre estaban en unión personal el uno con el otro (14:10-11), Jesús instó a sus discípulos a que le creyeran por sus propias palabras, pero si tenían alguna duda acerca de sus palabras, entonces «al menos», dijo, «por las obras mismas crean». Una vez más, sus obras, declaró, testificaban de su naturaleza y misión divinas.

Mateo 11:4-5; Lucas 7:22

Como confirmación a Juan el Bautista de que Él era en verdad «el que había de venir», es decir, el Mesías divino, Jesús dijo a los discípulos de Juan: «Regresen e infórmenle a Juan lo que oyen y ven: los ciegos reciben la vista, los cojos andan, los leprosos se curan, los sordos oyen, los muertos resucitan y la buena nueva se predica a los pobres». Jesús da a entender claramente que sus milagros validaron y autenticaron el hecho de que con Él había llegado la era mesiánica.

Mateo 9: 1–8; Marcos 2:1–12; Lucas 5:17-26

En esta ocasión, Jesús reivindicó su derecho a perdonar el pecado —una prerrogativa solo de Dios— al sanar al paralítico.[18]

---

[17] Leon Morris, *The Gospel According to John* (Grand Rapids, Michigan: Eerdmans, 1971), 328.
[18] El lector también debe notar el testimonio de Juan y Pedro a este respecto. Por su primer milagro, Juan nos informa en 2:11, Jesús «reveló su gloria». ¿Y qué gloria fue esa? simplemente «la gloria del único [Hijo] que vino del lado de su Padre» (Jn 1:14). Entonces, qué es lo que Juan dice que este milagro significaba sino la gloria de Jesús como ¡el divino Hijo de Dios!

De este modo, las obras milagrosas de Jesús como eventos en la historia autenticaron sus enseñanzas y fueron en sí mismas indicaciones directas e inmediatas de la presencia de la era mesiánica y del carácter divino de Jesús como rey mesiánico.

LA HISTORICIDAD DE LA TRANSFIGURACIÓN DE JESÚS

Su trasfondo

La gran confesión de Pedro en Cesárea de Filipo de que Jesús era «el Cristo, el Hijo del Dios viviente» (Mt. 16:16; ver Mr. 8:29; Lc. 9:20) marcó el inicio de un nuevo énfasis en la instrucción de Jesús a sus discípulos. Ahora que estaban plenamente convencidos de que era el Mesías, Jesús comenzó (ἤρξατο, ērxato) a enfatizar la necesidad de su muerte y resurrección.[19] (en este último evento, como el medio instrumental para su entronización a la diestra del Padre, aparentemente pensó en ello de manera «taquigráfica» tanto para su resurrección *como* para su ascensión, ya que no dice nada sobre este último evento, sino que lo asume cuando más tarde habla de su parusía) (Mt. 16:21; Mr. 8:31; Lc. 9:22). Ahora era tanto posible como necesario para Jesús que infundiera el concepto mesiánico con el contenido del canto del siervo de Isaías 52:13-53:2 y corregir las asociaciones puramente nacionalistas que permanecían en la mente de los discípulos (ver Mt. 16:22-23; Mr. 9:32-33; 10:35-37; Lc. 9:46). Así que, desde ese momento hasta el final de su ministerio, incluso aunque sus discípulos no lo entendieron (Mr. 9:32; Lc. 18:34), mantuvo constante y prominentemente delante de ellos el hecho de su «partida que estaba a punto de cumplir en Jerusalén» (Mt. 17:22–23; 20:17–19, 22, 28; 21:39; 26:2, 11–12, 24, 28; Mr. 9:31; 10:32–34, 38, 45; 12:8; 14:8, 21, 24; Lc. 9:51, 53; 13:33; 17:11; 18:31–33; 22:20).

Pero Jesús no solo comenzó a hablar más seguido que antes sobre *su* sufrimiento y muerte, en este contexto también les informó que su discípulo debe estar preparado para morir también y jamás debe avergonzarse de Él, si no «el Hijo del Hombre se avergonzará de él cuando venga en su gloria y en la gloria de su Padre y de los santos ángeles» (Lc. 9:23-26; ver Mt. 16:24-27; Mr. 8:34-37). Todos los evangelistas sinópticos informan que inmediatamente después de esta referencia a su regreso en gloria (que es en sí mismo un reclamo implícito a la investidura mesiánica), nuestro Señor declaró luego crípticamente: «hay algunos de los que están aquí, que no gustarán la muerte, hasta que hayan visto al Hijo del Hombre viniendo en su reino» (Mt. 16:28).[20] Sin duda, estas pretendían ser palabras de aliento para contrarrestar la aprensión que debían haber invocado sus anteriores palabras sobre el martirio. Este dicho críptico les exigía implícitamente ver su pasión y su propia persecución en el contexto de la suya y (por extensión) su propia gloria última y eterna.

C.E.B. Cranfield resume siete sugerencias que han sido propuestas para el referente satisfactorio de este dicho,[21] cualquiera de los cuales debe preferirse al punto de vista

---

El comentario inicial de Pedro (Hch 2:22) en su sermón del día de pentecostés también es muy revelador: «Jesús de Nazaret, un hombre del cual Dios testificó con milagros, prodigios y señales que realizó por medio de Él en medio de ustedes» (ver Hch 10: 38–39). Aquí Pedro da testimonio del valor autenticador de los milagros de Jesús —ellos testificaron de la aprobación de Dios del «hombre» Jesús. Pero entonces esto significa que Dios también aprobó su enseñanza, y en esa enseñanza afirmó ser el Hijo de Dios, uno con el Padre y en posesión de los derechos y privilegios de la deidad.

[19] Este incidente en Cesarea de Filipo no debe considerarse como el punto de aparición de una doctrina totalmente nueva en la enseñanza de Jesús. Más bien, señala sólo el comienzo de un nuevo énfasis sobre una doctrina que se puede encontrar en sus primeras enseñanzas (ver Jn 2:19-22; 3:14; por implicación también en Mt 9:15; Mr 2:20; Lc 5:35).

[20] Los otros sinópticos informan que este «Hijo del Hombre» dice esencialmente lo mismo. El relato de Lucas dice simplemente: «hasta que vean el reino de Dios» (9:27), lo cual, debido a que en todos los evangelios el reino de Dios y la persona de Jesús como el Mesías están unidos, entiendo que significa «hasta que ven el reino del divino Mesías». El relato de Marcos dice: «hasta que vean que el reino de Dios ha venido con poder» (9:1), lo que agrega la idea de que el reino del Mesías habrá venido acompañado de manifestaciones indicativas de la presencia de la omnipotencia divina. Ver Royce G. Gruenler, «Son of Man», en *Evangelical Dictionary of Theology*, 1036, para conocer la opinión de que Jesús emplea el título en un sentido corporativo tanto aquí como en Mateo 10:23.

[21] C.E.B. Cranfield, *The Gospel According to Saint Mark* (Cambridge: Cambridge University Press, 1966), 285–288. Los siete, brevemente, son los siguientes: (1) el uso que Dodd hace de él en apoyo de su punto de vista de la «escatología realizada», (2) la opinión de que «no gustará la muerte» se refiere a la muerte espiritual, de la cual los discípulos fieles estarán exentos, (3) La opinión de Michaelis de que el significado es que habrá al menos algunos que tendrán el privilegio de no morir antes de la parusía, pero que no se sabe cuándo vivirán y no implica que deben pertenecer a los contemporáneos de Jesús, (4) la destrucción de Jerusalén en el año 70 d.C., (5) pentecostés, (6) la opinión de Vincent Taylor de que Jesús se estaba refiriendo a una manifestación visible de la regla de Dios mostrada para que los hombres la vean en la vida de la comunidad electa, y (7) la transfiguración.

ampliamente sostenido de que Jesús esperaba equivocadamente que su parusía tuviera lugar dentro del tiempo de vida de esa generación de discípulos. Para mí, junto con Cranfield,[22] William L. Lane,[23] y (sospecharía) la mayoría de evangélicos, creo que Jesús se refería a su transfiguración, que tuvo lugar una semana después, y que los tres evangelios sinópticos colocan inmediatamente después del dicho:

1. La frase «algunos de los que están aquí» se referiría a su «círculo íntimo» de discípulos, Pedro, Santiago y Juan, que fueron los únicos presentes en la transfiguración.
2. La frase «no gustarán la muerte» es decir, «no morirán», encuentra la explicación de su presencia en la referencia que acababa de hacer nuestro Señor a la necesidad de que el discípulo «tome su cruz» y «pierda su vida por mí». El argumento de algunos de que, si la transfiguración de Jesús se convierte en el referente completo del comentario de Jesús, entonces el «algunos» en la primera frase implicaría que al menos algunos, si no todos los demás presentes, morirían en los próximos días es seguramente un *non sequitur*. Porque si bien el comentario de Jesús implica que la mayoría de los presentes no verían esto por sí mismos durante su vida, no significa que necesariamente deban morir antes de que *algunos* lo vieran.
3. La frase «hasta que hayan visto» encaja bien con el énfasis sostenido en la narrativa de la transfiguración en el círculo íntimo de los discípulos que lo ven en su resplandor «sobrenatural». (Ver las frases «se transfiguro delante de ellos» y «lo que han visto» en Mt.17: 2, 9; las frases «se transfiguro delante de ellos», «apareció delante de ellos» y «lo que habían visto» en Mr. 9:2, 4, 9, y las frases «vieron su gloria» y «lo que habían visto» en Lc. 9:32, 36.)
4. La frase «el Hijo del hombre viniendo en su reino» (Marcos: «con poder»), como nota Cranfield, «no es una descripción injusta de lo que los tres vieron en el monte de la transfiguración»,[24] porque la transfiguración de Jesús fue, aunque momentánea, sin embargo, una manifestación real y atestiguada de su poder y gloria soberanos que señalaban hacia adelante, como una muestra anticipada, a su parusía cuando su reino vendría «con poder y gloria [permanentes]» (Mr. 13:26).

SU HISTORICIDAD

El punto de vista de Bultmann de que el relato de la transfiguración «es una historia de pascua proyectada hacia atrás al tiempo de vida de Jesús»,[25] es decir, una aparición legendaria de resurrección desplazada equivocadamente y colocada en el material anterior a la resurrección continúa encontrando apoyo hoy día. Pero solo se necesita decir que G.A. Boobyer[26] y C.H. Dodd,[27] han demostrado que nada sobre el relato de la transfiguración se parece a las apariciones posteriores a la resurrección. Por ejemplo, todos los relatos de las apariciones de la resurrección en los evangelios comienzan con Jesús estando ausente, mientras que aquí está presente desde el principio. De nuevo, en todos los relatos de las apariciones de la resurrección de Jesús, la palabra hablada de Jesús es prominente, mientras que aquí guarda silencio en lo que respecta a cualquier estímulo o instrucción a sus discípulos. Habla, pero a Moisés y a Elías sobre *su* futura muerte (Lc. 9:31). Por otra parte, la presencia de Moisés y Elías aquí es extraña, si esta es una aparición de resurrección, ya que ninguna figura del más

---

[22] Ibid., 287-288.
[23] William L. Lane, *The Gospel of Mark* (Grand Rapids, Michigan: Eerdmans, 1974), 313–314.
[24] Cranfield, *The Gospel According to Saint Mark*, 288.
[25] Rudolf Bultmann, *Theology of the New Testament*, trad. Kendrick Grobel (London: SCM Press, 1952), 1:26, 27, 30, 45, 50.
[26] G. H. Boobyer, *St. Mark and the Transfiguration Story* (Edinburgh: T. & T. Clark, 1942), 11–16.
[27] C. H. Dodd, «The Appearances of the Risen Christ: An Essay in Form Criticism of the Gospels», en *Studies in the Gospels*, ed. D. E. Nineham (Oxford: Blackwell, 1955), 9–35. Ver también J. Schiewind, *Das Evangelium Nach Markus* (Göttingen: Vandenhoeck & Ruprecht, 1949), 123.

allá jamás aparece al mismo tiempo con Él en las apariciones genuinas de resurrección. Finalmente, este relato no contiene ninguna de las que uno podría haber esperado si es una aparición en el contexto en el que Pedro está presente como un discípulo lleno de culpa (ver Jn. 21). En consecuencia, Dodd concluye:

> Para contrastar estos puntos de diferencia, no puedo encontrar un solo punto de semejanza. Si se ha de evocar la teoría de una apariencia desplazada después de la resurrección para la comprensión de esta difícil *perícopa*, debe hacerse sin ningún apoyo de la crítica de las formas y, de hecho, en los dientes de la presunción que establece el análisis formal.[28]

En contra del punto de vista de Lohmeyer[29] y otros de que es una expresión no histórica y simbólica de una «convicción teológica» respecto a Jesús, derivada de imágenes extraídas de la fiesta de los tabernáculos del Antiguo Testamento (ver la referencia de Pedro a las «enramadas»), Cranfield califica los detalles en el relato que son muy extrañas en la perícopa solo como una afirmación teológica creada por la iglesia primitiva, tal como los «seis días» de Marcos y el uso de Pedro de «rabí» y su absurda declaración sobre las «enramadas». Es poco probable que el título de rabí y la declaración irreflexiva de Pedro hayan sido puestos en la boca del principal apóstol si la iglesia post pascual estaba creando una narrativa simbólica con una declaración teológica sobre Jesús como su propósito.[30] Un análisis más objetivo concluiría que Marcos pretendía relatar algo que realmente sucedió.

Finalmente, el τὸ ὅραμα, *to horama* de Mateo, («la visión», 17:9), que yo traduciría por «lo que has visto», no tiene por qué significar que lo que se relata aquí ocurrió meramente en una visión que los discípulos habían tenido. Tres hechos se contraponen de manera reveladora a la opinión de que la transfiguración de Jesús fue simplemente una experiencia visionaria compartida por los tres discípulos. Primero, una visión única no es compartida, al menos normalmente, por una pluralidad de personas al mismo tiempo. En segundo lugar, ὅραμα, *horama*, puede usarse para referirse a lo que se ve de manera ordinaria (ver Dt. 28:34). Y tercero, Lucas declara expresamente que los discípulos «habían tenido mucho sueño», pero fue cuando «despertaron del todo» que «vieron su gloria y a los dos hombres que estaban con él» (9:32).

Todo lo relacionado con los relatos de los evangelios sugiere que los evangelistas tenían la intención de informar de un evento que realmente sucedió, que otros podrían haber visto si hubieran estado presentes, y no se ha presentado ningún argumento que derribe la visión tradicional de la iglesia que representa la transfiguración como un hecho real en la vida de Jesús y en la vida de los tres discípulos. Por tanto, presumiré la historicidad del hecho y procederé a su exposición.

LA «METAMORFOSIS» EN SÍ

Todos los relatos comienzan informando al lector que una semana después de la profecía críptica de Jesús,[31] Jesús llevó a Pedro, Santiago y Juan a la montaña.[32] Solo Lucas agrega, «para orar». Y mientras estaba orando, se nos dice, Jesús se «transfiguró» (μετεμορφώθη, *metemorphōthē*) delante de ellos. Se destacan para comentar dos aspectos de su apariencia física: su rostro (pero esto probablemente incluyó todo su cuerpo también debido a la referencia a su vestimenta) y su ropa. Mientras que Lucas simplemente afirma que «la apariencia de su rostro se hizo otra» (9:29), Mateo escribe: «resplandeció su rostro como el

---

[28] Dodd, «The Appearances of the Risen Christ», 25.
[29] E. Lohmeyer, *Das Evangelium des Markus* (Göttingen: Vandenhoeck & Ruprecht, 1937), 173–181.
[30] Cranfield, *The Gospel According to Saint Mark*, 293–294.
[31] El «después de seis días» de Mateo y Marcos podría ubicar el evento en el séptimo día, especialmente si ocurrió en la noche después del cierre del sexto día, mientras que el «unos ocho días después» de Lucas, por cálculo inclusivo, como en Juan 20:26, también significa «en el séptimo día». En cualquier caso, el ὡσεί, *hōsei*, («sobre») de Lucas sugiere que estaba consciente de que su número de días era una aproximación a la cifra de los otros evangelios.
[32] Ver Walter L. Liefeld, «Theological Motifs in the Transfiguration Narratives», en *New Dimensions in New Testament Study*, R. N. Longenecker and M. C. Tenney (Grand Rapids, Michigan: Zondervan, 1974), 167, nota de pie de página 27, para una defensa interesante del monte Merón, en lugar del más tradicional monte Tabor o monte Hermón, como el lugar más probable de la transfiguración. Menciono este hecho para subrayar el carácter histórico de la transfiguración.

sol» (17:2). Y ya que Mateo simplemente afirma que «sus vestidos se hicieron blancos como la luz» (17:2), Marcos agrega que se volvieron «muy blancos, como la nieve, tanto que ningún lavador en la tierra los puede hacer tan blancos» (9:3), y Lucas escribe que era «blanco y resplandeciente» (9:29). Si esta transformación tuvo lugar en la noche, como algunos detalles en el relato lucano sugiere (ver 9:32, 37), la escena que se desarrolló ante los discípulos debe haber sido aún más temible (Mr. 9:6).

Esta «transfiguración» en la apariencia de Jesús, Lucas la caracteriza en dos palabras: fue una revelación de «su gloria» (9:32), una sustanciación momentánea de la esencia de su profecía en Lucas 9:26 donde menciona «su gloria». Debido a que Lucas declara que Moisés y Elías, cuya aparición es mencionada por los tres sinópticos, también aparecieron en «glorioso esplendor» (9:31), uno podría al principio no estar dispuesto a dar demasiado énfasis de la transfiguración de Jesús en lo que respecta a esa característica en los relatos que indican algo único sobre Él, y concluir que la gloria combinada de los tres es simplemente indicativa del «sobrenaturalismo» de la ocasión. Pero Pedro declararía más tarde que, al ver lo que vieron, los discípulos fueron hechos «testigos oculares de [Jesús] μεγαλειότης, [*megaleiotēs*]» (2 P. 1:16), es decir, de su «grandeza», «sublimidad», o «majestad». No dice nada sobre Moisés y Elías. Esta palabra se usa solo en otras dos ocasiones en el Nuevo Testamento, como un atributo de Dios en Lucas 9:43 y de la diosa Diana de Éfeso en Hechos 19:27, una palabra que puede designar claramente la gloria de la deidad. Para Pedro, la palabra asumió también la idea de poder divino (ver δύναμις, *dynamis*, 2 P. 1:16). De modo que la «metamorfosis» de Jesús fue una manifestación visible, podemos concluir con seguridad, de su «gloria» divina (Lc. 9:32) y «majestad» (2 P. 1:16), revelada en «poder» (2 P. 1:16).

La Voz desde la nube

En respuesta a la declaración irreflexiva de Pedro invocada por esta visión maravillosa («Maestro, bueno es para nosotros que estemos aquí; y hagamos tres enramadas, una para ti, otra para Moisés, y otra para Elías» [Mr. 9:5]), para eliminar incluso la más remota noción de que estas tres «gloriosas» figuras deben ser consideradas en cualquier sentido «iguales en poder y gloria», Dios apareció teofánicamente en la forma de una nube brillante que los envolvió, y una voz desde la nube dijo: «Este es mi Hijo amado, en quien tengo complacencia; a él oíd» (Mt. 17:5-6). Mientras que la voz del Padre desde el cielo en su bautismo *confirmó a Jesús* su legítimo derecho a su filiación, aquí da fe a sus discípulos de su posición única como el Hijo de Dios. Aquí, como ahí, estas palabras señalaron la filiación divina personal y esencial de Jesús como el fundamento y el presupuesto antecedente de su investidura mesiánica a la que se alude en las palabras finales, «a Él oíd», palabras reminiscentes de Deuteronomio 18:15, «Profeta de en medio de ti, de tus hermanos, como yo [es decir, Moisés, recuerda su presencia aquí en esta ocasión], te levantará Jehová tu Dios; a él oiréis». Pedro fue confirmado después que la voz fue la de Dios el Padre y que la declaración del Padre «honraba» y «glorificaba» al Señor Jesucristo (2 P. 1:17). Aquí, entonces, en el testimonio del Padre de su Hijo, agregado a la característica de la transfiguración en sí, encontramos la segunda indicación en los relatos de la transfiguración de la deidad esencial de Jesús.

La pregunta de los discípulos

Al bajar de la montaña el día siguiente (Lc. 9:27), los discípulos preguntaron a Jesús: «¿Por qué, pues, dicen los escribas que es necesario que Elías venga primero?» (Mt. 17:10; Mr. 9:11). Su mención de Elías, por supuesto, fue motivada por el hecho de que acababan de verlo. Pero ¿qué estaba detrás de su pregunta sobre él? No puede caber duda de que era algo en la profecía de Malaquías que ahora los dejaba perplejos. Malaquías había dicho que

«Elías» vendría *antes* que el Señor viniera (3:1), antes del gran y terrible día del Señor (4:5), que acaban de ver «en miniatura». La implicación de su pregunta sobre la identidad de Jesús no debe perderse: los discípulos vieron a Jesús como el «Señor que había de venir» de Malaquías, el Yahvé del Antiguo Testamento. Pero el orden de las apariciones históricas — Jesús había aparecido primero, luego Elías— les parecía el inverso de lo que había predicho Malaquías. Esta aparente inversión del orden del profeta les estaba creando el dilema que provocó su pregunta. Jesús resolvió su problema informándoles que «Elías» (en la persona de Juan el Bautista) había venido primero, a quien Jesús había seguido entonces como el Señor de «Elías». Por su exposición de la profecía de Malaquías aquí, Jesús hizo un reclamo inconfundible de ser el Señor de los ejércitos, el mensajero del pacto, quien había prometido que vendría después de la llegada de «Elías», su mensajero.

Todo el relato de la transfiguración está repleto —resplandeciente podría ser la palabra más apropiada— con indicaciones de la esencia divina de Jesús. No es de extrañar que quienes niegan su deidad estén solícitos en reducir este evento a leyenda o mito. Pero los relatos se mantienen, a pesar de los intentos de la erudición crítica de convertirlos en algo que no son, y así prestan su voz combinada al testimonio más amplio de las Escrituras sobre la filiación divina esencial de Jesús en la deidad.

LA HISTORICIDAD DE LA RESURRECCIÓN DE JESÚS

Jesús fue crucificado como un insurrecto por las autoridades romanas por instigación de los líderes religiosos judíos. Pocos, si hay algunos, negarían esto en la actualidad. Pero en palabras de Pablo, Él «resucitó al tercer día según las Escrituras» (1 Co. 15:4). Esta cita destaca lo que bien puede tomarse como el gran tema tanto del Nuevo Testamento como de la proclamación de la iglesia.

Los cristianos debieran admitir, dado el entorno judío del primer siglo en que ocurrió la resurrección de Jesús, que esto no era del todo lo que la nación de Israel esperaba. No quiero sugerir con este comentario ni que el Antiguo Testamento no tuviera ninguna doctrina de la resurrección porque seguramente si la tenía (ver Dn. 12:2), que los judíos del primer siglo no creían en la resurrección de los muertos, porque es un hecho bien conocido que muchos judíos creían, de hecho, en la resurrección (ver Hch. 23:6-8). Pero creían que la resurrección de los muertos ocurriría en el futuro al final del mundo. Pero de repente, había aquí un pequeño grupo de hombre proclamando, no en un lugar apartado como Azoto, sino en la misma Jerusalén —el centro político religioso de la nación— que Dios había resucitado a Jesús de entre los muertos. No solo era una enseñanza muy extraña para el oído judío, también era una enseñanza extremadamente ofensiva para la mayoría de ellos, incluyendo a Saulo de tarso, porque Jesús había sido ejecutado como un blasfemo en una cruz romana, lo que significaba que había muerto bajo la maldición de Dios (Dt. 21:23), con la sanción de la máxima corte de la nación, el sanedrín.

Los discípulos de Jesús creían, sin embargo, que había de peso para dicha proclamación, porque a pesar de las amenazas, persecución física y el martirio, continuaban predicado que había resucitado de entre los muertos. ¿Cuáles fueron estas razones? Diría que dos grandes hilos de evidencia entrelazados los convencieron más allá de toda duda razonable de que Jesús había resucitado de entre los muertos tal como había dicho que haría.[33] Estos hilos de

---

[33] Jesús mismo habló de su resurrección en Juan 2:19-21, Mateo 12:40, 16:21 (Mr. 8:31; Lc 9:22), 17: 9 (Mr..9:9), 17:23 (Mr. 9:31), 20:19 (Mr. 10:34; Lc 18:33) (ver también Mt. 27:63; Mr. 14:58; Lc. 24:6-7). Ciertamente, la veracidad de todo lo que Jesús enseñó se pone en tela de juicio si no resucitó de entre los muertos como dijo que lo haría. De hecho, no es demasiado insistir en que si Jesús se levantó de entre los muertos como dijo que lo haría, el evangelio es verdadero, si no se levantó, es falso. Y la «fe» que creería que ha resucitado, si de hecho no resucitó de entre los muertos, sería vana e inútil (1 Co. 15:17).

evidencia son la tumba vacía y el hecho y carácter de sus numerosas apariciones físicas después de la crucifixión. Cada una de estas exige algún comentario.

EL PRIMER HILO DE EVIDENCIA: LA TUMBA VACÍA

Todos los cuatro evangelios informan de que al tercer día después de que Jesús había sido crucificado y sepultado sus discípulos descubrieron que su cuerpo había desaparecido de la tumba en que había sido colocado (Mt. 28:6; Mr. 16:5-6; Lc. 24:3; 6, 22-24; Jn. 20:5-8). Casi de inmediato, como ya se señaló, los discípulos comenzaron a proclamar su convicción de que Jesús había resucitado de entre los muertos. Ahora bien, si la tumba, de hecho, todavía había contenido su cuerpo, las mujeres y más tarde Pedro y Juan habían ido a la tumba equivocada (una eventualidad muy improbable a la luz de Mt. 27:61; Mr. 15:47; Lc. 23:55), podemos estar seguros de que las autoridades, tanto judías como romanas, habrían corregido el error de los discípulos acompañándolos a la tumba correcta para mostrarles que la tumba todavía contenía sus restos físicos.

Muchos eruditos críticos a lo largo de los años han sentido que es necesario admitir que la tumba estaba indudablemente vacía, pero han suavizado el borde de su concesión al mismo tiempo al avanzar teorías como la teoría del cuerpo robado y la teoría del desmayo para explicar por qué estaba vacío.

La teoría del cuerpo robado

Si el cuerpo de Jesús fue removido por manos humanas, fueron las manos de sus discípulos, sus enemigos o de ladrones de tumbas profesionales. Ahora bien, si sus discípulos habían robado el cuerpo, que fue la primera explicación que se inventó para explicar la desaparición de su cuerpo (Mt. 28:12-15), uno aún debe enfrentarse a la pregunta de cómo sus discípulos pudieron haber superado a los guardias romanos (quienes, según Mt. 27:62–66, había sido colocados ahí con el propósito expreso de evitar que sus discípulos robaran su cuerpo) y cómo podrían haber quitado la piedra sin ser detectados. La única explicación posible es que toda la guardia romana debe haberse quedado dormida, que de nuevo fue la primera explicación que se ofreció.

Pero es muy improbable que los discípulos temerosos y desorganizados hubieran intentado tal hazaña. Y es incluso más improbable que los guardias romanos se hubieran quedado dormidos en guardia, ya que hacerlo habría significado un castigo seguro y severo. Sin embargo, estas dos «improbabilidades» tendrían que haber ocurrido simultáneamente si quiere sostenerse esta explicación para el hecho de la tumba vacía. Además, cualquier oyente de mente dura habría rechazado inmediatamente la última explicación de los guardias de lo que había ocurrido, porque si de hecho todos ellos se habían quedado dormidos no habrían sabido quién se había robado el cuerpo (ver Mt. 28:13). Hay un problema más: si los discípulos habían sido responsables de la desaparición de su cuerpo —una perspectiva muy improbable a la luz de su reacción a todo lo que acababa de sucederle a Jesús (ver Jn. 20:19)— entonces debemos creer que salieron y proclamaron como hecho histórico una mera ficción que sabían que habían ideado, y que, cuando se enfrentaron así a la persecución y las amenazas de ejecución, como muchos de ellos, ninguno de ellos reveló jamás que todo era un engaño. Este escenario es muy improbable, los mentirosos e hipócritas no son la materia de la que están hechos los mártires.

Si los enemigos de Jesús (los líderes religiosos) organizaron la remoción de su cuerpo, uno debe preguntarse por qué hicieron lo único que habría contribuido tanto como cualquier otra cosa a la idea misma que estaban solícitos en evitar que surgiera (ver Mt. 27:62–66). Y si, de hecho, tenían su cuerpo en su poder o sabían de su paradero, uno debe preguntarse por qué no lo presentaron ni tampoco presentaron testigos confiables que pudieran explicar la desaparición del cuerpo y demostrar que los discípulos estaban equivocados cuando comenzaron a proclamar que Jesús había resucitado de entre los muertos.

Atribuir el hecho de la tumba vacía a los ladrones de tumbas es la posibilidad menos probable de todas, ya que es inmiscuirse en la historia con una explicación para la que no hay ni una pizca de evidencia. Además, los guardias romanos no solo habrían impedido que los ladrones lo hicieran, sino que también, incluso si de alguna manera hubieran podido evitar ser detectados y hubieran procedido a saquear la tumba, difícilmente, habiéndolo desenvuelto primero, hubieran llevado el cuerpo desnudo de Jesús con ellos, dejando sus envolturas de la tumba atrás y esencialmente intactas (Jn. 20:6-7).

La teoría del desmayo
En cuanto a la teoría del desmayo, si aceptamos el juicio de Albert Schweitzer (ver su *Vom Reimarus Zu Wrede* [1906], titulado *The Quest of the Historical Jesus* en la traducción al inglés), David Strauss asestó el «golpe mortal» a este punto de vista hace ciento cincuenta años, pero uno ocasionalmente la escucha surgiendo como una posibilidad en las discusiones hoy día. Esta teoría mantiene que Jesús no murió realmente en la cruz, sino que solo había caído en un estado de coma, y que en la tumba revivió y se abrió paso entre los guardias hacia sus discípulos, que luego concluyeron que había resucitado de entre los muertos. Él murió poco después.

Pero creer esto empuja el límite de la credibilidad más allá de todos los límites aceptables. Requiere que uno crea que aquellos responsables de su ejecución fueron incompetentes tanto los verdugos como los jueces del estado de sus víctimas crucificadas cuando realizaban el *crurifragium* (la fractura de las piernas) en ellos (ver Jn. 19:31-33). También requiere que uno crea que Jesús —aunque sufre el insoportable dolor de las manos y los pies heridos, sin mencionar la pérdida de sangre, la debilidad física y la conmoción en todo su sistema que naturalmente habría resultado de la terrible experiencia del crucifixión en sí y la falta de cuidado humano y nutrición física— de alguna manera sobrevivió a la herida en su costado, la preparación de su cuerpo para la sepultura, y el frío de la tumba, y luego empujó la gran piedra de la entrada de la tumba con las manos heridas y se abrió camino con los pies lastimados y pasó a los guardias romanos hacia la ciudad el lugar donde sus discípulos estaban escondidos y ahí convenció a sus seguidores que Él —un hombre demacrado— ¡era el Señor de la vida! Este escenario esta seguramente más allá de toda posibilidad. Libros tales como «La Trama de la Pascua» (The *Passover Plot*) de Hugh Schonfield y «El Rollo de Jesús» (*The Jesus Scroll*) de Donovan Joyce son solo variaciones sobre el mismo tema y no son tomados seriamente por la comunidad académica.

Pero si algunos académicos críticos han reconocido el hecho de la tumba vacía y han intentado (sin éxito) ofrecer explicaciones de ella, otros simplemente han declarado que la tumba vacía no era una parte esencial de la historia original de la resurrección, que la iglesia creó solo después el «hecho» para fortalecer sus historias de las apariciones de resurrección. Esto no es verdad. La tumba vacía era parte de la proclamación de la iglesia desde el principio (ver Hch. 2:31; 1 Co. 15:4). Es simplemente una enseñanza errónea que afirma que los primeros discípulos creían que podía haber una resurrección real sin una tumba vacía. G.C. Berkouwer ha observado correctamente:

> No la tumba vacía, sino la resurrección de Cristo es el gran hecho soteriológico, pero como tal, la resurrección está inseparablemente conectada con la tumba vacía y es impensable sin ella. Es absolutamente contrario a las Escrituras eliminar el mensaje de la tumba vacía y seguir hablando del Señor viviente. Los evangelios describen su resurrección en relación con datos históricos,

momentos y lugares de su aparición. La Escritura en ninguna parte apoya la idea de que Él viva independientemente de una resurrección corporal y una tumba vacía..[34]

La conclusión es evidente: el teólogo que descarta la tumba vacía como irrelevante para el mensaje cristiano pero que todavía habla de «la resurrección de Jesús» no quiere decir con su «resurrección» lo que significa el Nuevo Testamento o lo que la iglesia ha querido decir tradicionalmente con eso. Se ha convertido más en una «idea» salvadora que en un evento salvador. Pero tal punto de vista de la resurrección habría sido rechazado de plano por la iglesia primitiva como si no hubiera resurrección en absoluto.

Hemos defendido hasta este punto el hecho de la tumba «vacía». Pero ahora debemos señalar que tal descripción no es del todo precisa, ya que la tumba no estaba completamente vacía. No solo se aparecieron ángeles a las mujeres en la tumba y les anunciaron que Jesús había resucitado (Mr. 16:5-7; Lc. 24:3-7), sino también Lucas (24:12) y Juan (20:5–7) mencionan la presencia de sus ropas funerarias vacías. Las tiras de lino en las que había sido envuelto el cuerpo de Jesús todavía estaban allí, con la tela que había estado alrededor de su cabeza doblada y tendida sola, separada del lino. Las sábanas vacías de la tumba sugieren que no solo el cuerpo de Jesús no había sido perturbado por manos humanas (porque es extremadamente improbable que un amigo o enemigo hubiera desenvuelto el cuerpo antes de llevárselo), sino también que el cuerpo que había sido atado dentro del envoltorio simplemente había pasado a través de ellos, dejando atrás los envoltorios como una crisálida vacía. Es muy significativo que, según el propio testimonio de Juan (Jn. 20:3-9), fue cuando vio los envoltorios de la tumba vacía dentro de la tumba vacía que él mismo llegó a comprender que Jesús había resucitado de entre los muertos.

EL SEGUNDO HILO DE EVIDENCIA: LAS APARICIONES DE JESÚS DESPUÉS DE LA CRUCIFIXIÓN

El segundo gran hilo de evidencia, después del hecho de la tumba vacía, son las muchas apariciones después de la crucifixión que nuestro Señor hizo a sus discípulos bajo diversas circunstancias y en numerosos lugares. El Nuevo Testamento registra al menos diez de tales apariciones, cinco de ellas ocurrieron en ese primer día de pascua, y las otras cinco ocurrieron durante los siguientes cuarenta días preliminar a e incluyendo el día de su ascensión.

Apareció primero a las mujeres que habían salido de la tumba (Mt. 28:8-10),.[35] y luego a María Magdalena, que había regresado a la tumba después de decirle a Pedro y a Juan lo que ella y otras mujeres habían visto (Jn. 20:10-18). Luego apareció a Cleofás y al otro discípulo (no nombrado) en el camino a Emaús (Lc. 24:13-35), y luego a Pedro, sin duda en algún momento de esa misma tarde (Lc. 24:34; 1 Co. 15:5). Su última aparición en ese día histórico fue a los «doce» (realmente diez ya que Judas y Tomas no estaban presentes) en el aposento alto (Lc. 24:34-43; Jn. 20:20-28; 1 Co. 15:5). Lo que es muy significativo en esta última ocasión es el hecho de que Jesús invitó a los discípulos a tocarlo para asegurarse de que realmente era Él quien estaba entre ellos, y comió un trozo de pescado asado en su presencia como prueba de que su cuerpo era materialmente real y no meramente un fantasma.

Una semana después se apareció de nuevo a sus discípulos, estando Tomás esta vez presente con los demás (Jn. 20:26-29). Una vez más, Jesús alentó la confianza en la realidad y los hechos de su resurrección, esta vez invitando a Tomás a meter los dedos en las heridas de las manos y el costado. Luego Jesús se apareció a siete discípulos junto al mar de Galilea, «la tercera vez que Jesús se apareció a sus discípulos», y preparó y desayunó con ellos (Jn. 21:1–22). Luego se apareció a los once en una montaña de Galilea (Mt. 28:16-20),

---

[34] G. C. Berkouwer, *The Work of Christ*, trans. Cornelius Lambregste (Grand Rapids, Michigan: Eerdmans, 1965), 184.
[35] Marcos 16: 9 declara que Jesús «se apareció primero a María Magdalena», y este bien puede ser el caso. Pero apareciendo como aparece en el final largo de Marcos 16, hay algunas dudas en cuanto a la autenticidad y veracidad de esta declaración. Los relatos de las apariciones, en mi opinión, se armonizan más fácilmente si uno tiene a Jesús apareciéndose primero a las mujeres mientras se alejaban apresuradamente de la tumba (Mt. 28:8-9), y luego a María, que siguió a Pedro y a Juan de regreso a la tumba después de informarles que la tumba estaba vacía (ver Jn 20:1–18). Pero una armonización aún es posible incluso si Jesús se apareció primero a María Magdalena.

posiblemente también en esta ocasión en la que se apareció a más de quinientos discípulos a la vez, muchos de los cuales todavía estaban vivos en el tiempo que Pablo escribió 1 Corintios (1 Co. 15:6). Luego se apareció a Santiago, su medio hermano (1 Co. 15:7), y finalmente a los once nuevamente con ocasión de su ascensión al cielo (Lc. 24:44-52; Hch. 1:4-9; 1 Co. 15:7). También debemos notar su aparición a Saulo de Tarso algún tiempo después.

Visto como «evidencia» es cierto, por supuesto, que el solo hecho de la tumba vacía no prueba que Jesús resucitó de los muertos, pero indica que algo había sucedido a su cuerpo. Las numerosas apariciones de Jesús después de la crucifixión explican mejor lo que había sucedido a su cuerpo: *había resucitado de entre los muertos*. Y el hecho de que las apariciones ocurrieron (1) a individuos (María, Pedro, Santiago), a un par de discípulos, a pequeños grupos, y a grandes asambleas, (2) a mujeres y hombres, (3) en público y en privado, (4) a diferentes horas del día, y (5) tanto en Jerusalén como en Galilea, elimina toda probabilidad de que estas apariciones fueran simplemente alucinaciones. Un individuo puede tener una alucinación, pero es muy improbable que grupos completos y grandes compañías de personas tengan ¡la misma alucinación al mismo tiempo!

Debe tenerse en cuenta una característica muy significativa de los relatos evangélicos de las apariciones de Jesús —carecen de la suave «artificialidad» que siempre resulta cuando los hombres engañosos han conspirado para hacer plausible una historia artificial. Uno encuentra inmediatamente numerosas dificultades para armonizar los cuatro relatos de las diversas apariciones posteriores a la resurrección. Además, según el registro del evangelio, fueron las mujeres las que descubrieron por primera vez la tumba vacía, y fue a las mujeres a las que Jesús apareció por primera vez después de su resurrección. Dado el hecho de que el testimonio de las mujeres era virtualmente inútil en ese momento, es muy poco probable que, si los discípulos hubieran conspirado juntos para inventar las historias de la tumba vacía y las diversas apariciones de Jesús, hubieran comenzado su relato con un detalle significativo que casi con certeza lo habría desacreditado desde un principio. Entonces, a pesar del hecho de que podría haber sido más deseable desde el punto de vista de los discípulos poder decir que los hombres habían descubierto por primera vez la tumba vacía y que fue a los hombres a quienes Jesús apareció por primera vez, esta característica en su forma actual en los relatos de los evangelios obliga a la conclusión de que simplemente no sucedió de esa manera, y que, preocupados por informar lo que, de hecho, había sucedido, los discípulos informaron el evento en consecuencia. Esta característica del registro del evangelio le da al relato un tono de verdad.

Yo sugeriría que estos dos grandes hilos de datos del Nuevo Testamento —la tumba vacía y las numerosas apariciones de Jesús después de la crucifixión— ponen más allá de toda duda legítima la facticidad y la historicidad de la resurrección de Jesús de entre los muertos.

Además de estas dos líneas de argumentación, uno puede también mencionar, por su valor inferencial para la historicidad de la resurrección, (1) la transformación de los discípulos del desaliento paralizante el día de su muerte a la fe y la certeza unos días después de su muerte, (2) la posterior conversión de Saulo de Tarso, y (3) el cambio del día de adoración para los cristianos del séptimo al primer día de la semana, cada uno de estos hechos requieren para su explicación dicho evento detrás de él como es provisto por la resurrección de Cristo.

PUNTOS DE VISTAS CRÍTICOS A CONSIDERACIÓN

Para muchos académicos críticos actuales las historias de aparición registradas en los evangelios son leyendas. Pero lo que es intrigante es que, mientras estos mismos académicos no están preparados para admitir que Jesús realmente resucitó corporalmente de entre los muertos, la mayoría, si no todos, reconocerán la historicidad de la muerte de Jesús por crucifixión bajo Poncio Pilato, la subsiguiente desesperación de sus discípulos, sus experiencias «pascuales» que entendieron como apariciones para ellos de Jesús resucitado, su transformación resultante y la posterior conversión de Saulo. En resumen, para muchos estudiosos de hoy, si bien la resurrección de Jesús no debe interpretarse como un evento histórico, los discípulos, admitirán, tuvieron algunas experiencias subjetivas sobre la base de las cuales proclamaron que Jesús había resucitado de la muerte y se les había aparecido. ¿Qué debemos responder a esto?

Con respecto a la afirmación de que las historias de aparición son creaciones posteriores de la iglesia, es significativo que los académicos del Nuevo Testamento en números cada vez mayores estén defendiendo que las declaraciones de Pablo en 1 Corintios 15:3-5 (el primer relato escrito de las apariciones de la resurrección, desde 1 Corintios fue escrito antes de los evangelios canónicos) reflejan el contenido de un credo cristiano primitivo casi oficial mucho más antiguo que 1 Corintios mismo (cuya carta fue escrita probablemente en la primavera del 56 d.C. desde Éfeso) que circuló dentro de la comunidad *palestina* de creyentes.[36] Esta afirmación se basa en (1) las referencias de Pablo a su «enseñanza» a los corintios lo que primero había «recibido», términos que sugieren que estamos tratando con una pieza de la «tradición», (2) el paralelismo estilizado del material «enseñado» mismo (ver las cuatro cláusulas ὅτι, *hoti*, y las frases κατὰ τὰς γραφάς, *kata tas graphas* repetidas en el primero y tercero de ellos), (3) el «Cefas» arameo para Pedro, sugiere un contexto palestino para esta tradición, (4) la descripción tradicional de los discípulos como «los doce», y (5) la omisión de las apariciones a las mujeres de la lista. Si Pablo, de hecho, había «recibido» algo de esta «tradición», por ejemplo, que con respecto a las apariciones de Jesús a Pedro y a Santiago (referidas en 15:5, 7; ver también Hch. 13:30-31) directamente de Pedro y Santiago mismos durante su primera visita a Jerusalén tres años después de su conversión (ver Hch. 9:26-28; Gal. 1:18-19), lo que es muy probable, entonces esta perícopa refleja lo que aquellos que fueron los primeros testigos de los eventos que habían tenido lugar en Jerusalén estaban enseñando en suelo *palestino* entre *cinco y ocho* años después de la crucifixión. Esto claramente implica que el material en 1 Corintios 15:3b-5 está basado en el testimonio *temprano* de testigos oculares *palestinos* y difícilmente es la reflexión de informes legendarios que surgieron mucho después dentro de las llamadas comunidades judeo helenísticas o gentiles helenísticas de fe. Simplemente no hubo tiempo suficiente, con los discípulos originales todavía presentes en Jerusalén para corregir las historias falsas que pudieran surgir acerca de Jesús, para que los legendarios agregados de esta naturaleza hayan surgido y se hayan convertido en una característica respetada de la «tradición». La presencia de esta «confesión temprana» sugiere fuertemente que las historias de apariciones en los evangelios canónicos no son historias legendarias basadas en fuentes no palestinas, como han insistido muchos eruditos bultmannianos.

Ahora bien, es significativo que virtualmente todos los académicos críticos en la actualidad están preparados para admitir que los discípulos poco después de la muerte de Jesús experimentaron una notable transformación en actitud, con la confianza y la certeza desplazando repentina y abruptamente su desaliento y desesperación anteriores. Incluso

---

[36] Günther Bornkamm, por ejemplo, se refiere a la enumeración de Pablo de las apariciones del Cristo resucitado en 1 Corintios 15:3–7 como «el más antiguo y confiable texto de pascual… formulado mucho antes de Pablo». Dice de esta «antigua forma» que se «lee casi como un registro oficial» (*Jesus of Nazareth* [New York: Harper and Brothers, 1960], 182). Ver también Wolfhart Pannenberg, *Jesus—God and Man* (Philadelphia: Westminster, 1968), 90–91. Se pueden encontrar tratamientos excelentes de este punto de vista generalmente aceptado en George E. Ladd, «Revelation and Tradition in Paul», en *Apostolic History and the Gospel*, ed. W. Ward Gasque and Ralph Martin (Exeter: Paternoster, 1970), 223–230; Grant R. Osborne, *The Resurrection Narratives: A Redactional Study* (Grand Rapids: Baker, 1984), 221–225; y Gary R. Habermas, *Ancient Evidence for the Life of Jesus* (Nashville: Thomas Nelson, 1984), 124–127.

Bultmann admite la historicidad de su «experiencia de pascua».[37] y concede que fue su confianza recién nacida que creó la iglesia como un movimiento misionero. ¿Qué efectuó esta transformación? Si uno responde, como hacen algunos estudiosos, que era su creencia de que habían visto a Jesús vivo, debo señalar que esto es tautológico: uno en el análisis final simplemente está diciendo que su creencia de que habían visto a Jesús vivo dio lugar a su *fe* en la resurrección de Jesús. Todavía nos queda la pregunta: ¿Qué hizo que creyeran que habían visto a Jesús vivo y en persona? Algún evento anterior tuvo que afectar su creencia de que habían visto al Señor resucitado. ¿Qué era? Si se responde que una experiencia visionaria, es decir, una alucinación, fue el acontecimiento que dio origen a su fe pascual, cabe preguntarse qué provocó esta experiencia visionaria. Las opiniones varían. Algunos eruditos (G. Lampe, E. Schweizer y G. Bornkamm, por ejemplo) han sostenido que las apariciones de la resurrección eran imágenes mentales que el ego espiritual del Jesús incorpóreo en realidad comunicó a sus discípulos del cielo, que las apariciones de la resurrección, en otras palabras, fueron actividades reales de parte de un Jesús «espiritualizado» en las que entabló un genuino trato personal con sus discípulos. Otros han sostenido que la experiencia de ver a Jesús después de su crucifixión fue un fenómeno puramente natural, simplemente el trabajo de la autosugestión. Bultmann, por ejemplo, sugiere que la «intimidad personal» de Jesús con ellos durante los días de su ministerio entre ellos comenzó a alimentar en ellos tan buenos recuerdos que comenzaron a experimentar «visiones subjetivas» de Él e imaginar que lo veían vivo.[38] Michael Goulder, en la primera de sus dos contribuciones a «El Mito de Dios Encarnado» (*The Myth of God Incarnate*), remonta la creencia en la resurrección de Jesús a Pedro, quien, perteneciendo a ese tipo psicológico, dice, cuyas creencias están más fortalecidas que debilitadas cuanto más aparentemente refutadas son, sufrió una «conversión experimentada en forma de visión» e imaginó que vio a Jesús en esa primera mañana de pascua. Esa noche les contó a los otros discípulos su experiencia, y tan grande es el poder de la histeria dentro de una pequeña comunidad que por la noche, en [el hechizo hipnótico (?) de] la luz de las velas, con [la situación emocional altamente cargada de] el miedo al arresto sigue siendo una fuerza, y la esperanza de una resolución en ciernes en ellos también [¿pero sobre qué terreno?], parecía como si el Señor entrara a través de la puerta cerrada hacia ellos y se fuera de nuevo. Así que [ahora observa cuán sin esfuerzo llega Goulder a su conclusión] ... la experiencia de la pascua fusionó una fe que llevaría a Jesús a la divinidad, y sus enseñanzas a todos los rincones del mundo.[39]

Ahora bien, además del hecho de que todos estos puntos de vista (1) dejan sin explicar el hecho de la tumba vacía y (2) no logran aceptar la variedad de detalles en los muchos relatos de las apariciones mismas, George E. Ladd ha señalado muy correctamente que las visiones no ocurren arbitrariamente. Experimentarlas requiere ciertas condiciones previas de parte de los sujetos involucrados, precondiciones que faltaban completamente en los discípulos de Jesús. Imaginar a los discípulos alimentando afectuosos recuerdos de Jesús después de su muerte, anhelando verlo de nuevo, sin esperar que realmente muriera, es contrario a toda la evidencia que poseemos. Retratar a los discípulos tan llenos de esperanza debido a que el

---

[37] Rudolf Bultmann escribe: «La resurrección en sí misma no es un evento de la historia pasada. Todo lo que puede establecer la crítica histórica es el hecho de que los primeros discípulos llegaron a creer en la resurrección» («New Testament and Mythology», en *Kerygma and Myth*, ed. Hans-Werner Bartsch [Londres: SPCK, 1972], 1:42). Donald Guthrie, sin embargo, tiene razón al insistir en este punto en una explicación de su «fe de Pascua»:

Surge de inmediato la necesidad más urgente de una explicación del «acontecimiento del surgimiento de la fe pascual». El hecho es que el escepticismo de Bultmann sobre la relevancia de la investigación histórica sobre la base de la fe cristiana excluye la posibilidad de una explicación satisfactoria de cualquier evento, ya sea la resurrección real o el surgimiento de la fe pascual. El uno no está en una posición diferente al otro. El surgimiento de la fe exige una actividad sobrenatural tanto como la resurrección misma, sobre todo porque surgió en las condiciones más adversas. (*New Testament Theology* [Leicester: Inter-Varsity Press, 1981], 183).

[38] Las palabras reales de Bultmann son las siguientes: «El historiador puede quizás hasta cierto punto explicar esa fe a partir de la intimidad personal que los discípulos habían disfrutado con Jesús durante su vida terrena, y así reducir las apariencias de la resurrección a una serie de apariencias subjetivas» (*Kerygma and Myth*, 42).

[39] Michael Goulder, «Jesus, The Man of Universal Destiny», en *The Myth of God Incarnate*, ed. John Hick (Philadelphia: Westminster, 1977), 59.

impacto de Jesús en ellos produjo que su fe fácilmente superara la barrera de la muerte y postula a Jesús como su Señor vivo y resucitado requeriría una reescritura radical de la tradición evangélica. Si bien puede que no sea halagador para los discípulos decir que su fe podría resultar solo de alguna experiencia objetivamente real, esto es en realidad lo que registran los Evangelios.[40]

Incluso Bornkamm, uno de los más influyentes estudiantes de Bultmann, tiene que admitir «el milagro de la resurrección no tiene una explicación satisfactoria en la naturaleza interna de los discípulos», porque como el mismo reconoce:

> Los hombres y mujeres que se encuentran con Cristo resucitado [en los evangelios] han llegado al final de su sabiduría. Alarmados y perturbados por su muerte, dolientes, deambulan por la tumba de su Señor en su amor indefenso, tratando por medios lamentables —como las mujeres en la tumba— de detener el proceso y el olor de la corrupción, los discípulos se amontonaban temerosos como animales en una tormenta (Jn. 20:19 ss.). Así es, también, con los dos discípulos en el camino a Emaús en la noche del día de pascua, sus últimas esperanzas, también, están destruidas. Uno tendría que poner de cabeza todas las historias de pascua si quisiera presentar a estas personas en las palabras de Fausto: «Están celebrando la resurrección del Señor, porque ellos mismos han resucitado». No, ellos mismos no han resucitado. Lo que experimentan es miedo y duda, y lo que sólo poco a poco despierta alegría y júbilo en sus corazones es justamente esto: ellos, los discípulos, en este día de pascua, son los marcados por la muerte, pero el crucificado y sepultado está vivo.[41]

Continúa diciendo que de ninguna manera era «el mensaje de la resurrección de Jesús... solo un producto de la creencia de la comunidad», y concluye que «es igualmente cierto que las apariciones de Cristo resucitado y la palabra de sus testigos han dado, en primer lugar, surgimiento a esta fe».[42] Estoy de acuerdo e insistiría en que la «experiencia objetivamente real» de los discípulos, de la que habló Ladd antes, llega a ellos como el resultado de «muchas pruebas convincentes» (Hch. 1:3) de su resurrección que les fueron dadas por las numerosas apariciones materiales de Jesús después de la resurrección. Nada menos que su resurrección real puede explicar tanto la tumba vacía y la transformación de los discípulos de la duda y la tristeza a la fe y la alegría del mártir. Y no debemos ni necesitamos buscar otra explicación como base de su fe pascual.

LA HISTORIDAD DE LA ASCENSIÓN DE JESÚS

LOS DATOS BÍBLICOS

Tanto en su evangelio como en los Hechos, Lucas registra que Jesús, al completar su ministerio de cuarenta días antes de la ascensión, corporalmente «ascendió a los cielos». Empleó tres verbos para describir este evento crucial: ἀνεφέρετο, *anephereto,* «fue llevado» (Lc. 24:51), ἀνελήμφθη, *anelēmphthē*, «fue recibido» (Hch. 1:2, 11; ver ἀναλήμψεως, *analēmpseōs*, en Lc. 9:51), and ἐπήρθη, *epērthē*, «fue alzado» (Hch. 1:9). De los cuatro escritores de los evangelios, solo Lucas registra el relato histórico de la ascensión de Jesús,[43] pero no es de ninguna manera el único escritor del Nuevo Testamento que refiere al evento. Pedro, informa Lucas, se refirió a ello en el aposento alto poco después de ocurrido (Hch. 1:22) y lo mencionó después en sus sermones (2:33-35; 3:21; 5:31), también escribe sobre él directamente en 1 Pedro 3:22. La declaración de Esteban en Hechos 7:56 presupone que ocurrió en el pasado. Pablo presupone su realidad histórica en sus referencias al estar de Cristo a la diestra del Padre en Romanos 8:34 y Colosenses 3:1, alude a ello en sus palabras

---

[40] George E. Ladd, «The Resurrection of Jesus Christ», en *Christian Faith and Modern Theology*, ed. Carl F. H. Henry (Grand Rapids, Michigan: Baker, 1964), 270–271.
[41] Bornkamm, *Jesus of Nazareth*, 184–185.
[42] Ibid., p. 183. El lector debe recordar, sin embargo, que Bornkamm defiende la opinión de que las apariciones de la resurrección de Jesús fueron visiones enviadas desde el cielo y no de naturaleza física.
[43] El final largo de Marcos (16:19-20) registra que Jesús «fue llevado [ἀνελήμφθη, *anelēmphthē*] al cielo y se sentó a la diestra de Dios». Esta sección es textualmente sospechosa, pero refleja una tradición que concuerda con el informe lucano. De hecho, parece haberse basado principalmente en el testimonio de Lucas.

de Efesios 1:20-22; 2:6 y Filipenses 2:9-11, y expresamente lo menciona en Efesios 4:8-10 y 1 Timoteo 3:16. El escritor de Hebreos lo presupone en 1:3, 13; 2:9; 8:1; 10:12 y 12:2, y expresamente lo refiere en 4:14; 6:20 y 9:24. Juan nos informa de que Jesús mismo a menudo aludía a ello (Jn. 6:62; 7:33-34; 8:21; 13:33; 14:2, 28; 16:7-10; 20:17), y que «sabiendo... que había salido de Dios, y a Dios iba» (13:3). Finalmente, es claro que Jesús lo presuponía en su testimonio ante el sanedrín en su juicio cuando dijo: «veréis al Hijo del hombre sentado a la diestra del poder de Dios» (Mt. 26:64; Mr. 14:62; Lc. 22:69).

La escuela de Bultmann, como era de esperarse, relega la ascensión de Cristo al reino de la leyenda, escribe el propio Bultmann:

> Según 1 Co. 15:5-8, donde Pablo enumera las apariciones del Señor resucitado como las ofrece la tradición, la resurrección de Jesús significó simultáneamente su exaltación, no fue sino hasta más tarde que se interpretó la resurrección como un regreso temporal a la vida en la tierra, y esta idea dio lugar a la historia de la ascensión.[44]

Esta construcción refleja su aversión general a la «intrusión» de lo sobrenatural en el reino de la historia de la tierra, la ascensión reflejando particularmente para él el llamado concepto mitológico (no científico) del «universo de tres pisos» del mundo antiguo. Pero como afirma Donald Guthrie, esta no es la construcción que debería colocarse en los datos de ascensión:

> El movimiento ascendente [de la figura física de Jesús] es casi el único método posible de representar pictóricamente la extracción. Los ejemplos del Antiguo Testamento de Enoc y Elías presentan ciertos paralelos. Inevitablemente se introduce una noción espacial, pero esto no es el eje principal de la descripción de Hechos. El foco recae en la protección de la nube, precisamente como en el relato de la transfiguración... La realidad de la ascensión no se ve en el movimiento hacia arriba tanto como en el hecho de que marca el cese del período de las apariciones confirmatorias.[45]

B.F. Wescott, igualmente, nos ayuda comentando sensiblemente sobre la naturaleza de la ascensión en estas palabras:

> [Jesús] pasó más allá de la esfera de la existencia sensible del hombre hacia la presencia abierta de Dios. La elevación física era una parábola hablada, un símbolo elocuente, pero no la verdad a la que apuntaba ni la realidad que presagiaba. El cambio que Cristo reveló por la ascensión no fue un cambio de lugar, sino un cambio de estado, no local sino espiritual. Aún a partir de las necesidades de nuestra condición humana, el cambio espiritual se representó sacramentalmente, por así decirlo, en una forma externa.[46]

En otras palabras, los «lugares celestiales» de la expresión bíblica no deben concebirse en dimensiones espaciales como «allá arriba», sino en dimensiones espirituales a las que la existencia corpórea glorificada de Jesús fue capaz de adaptarse sin dejar de ser verdaderamente humana, de acuerdo con su actividad descrita en Lucas 24:31, 36 y Juan 20:19, 26. Por lo tanto, Berkouwer concluye muy correctamente:

> Solo una crítica severa de la Biblia puede llevar a uno a negar la ascensión e incluso a su completa eliminación del *kerigma* apostólico original... Para la iglesia siempre ha sido una fuente de consuelo saber que Cristo está en el cielo con el Padre. Y frente a la negación tanto de la *ascensio* como de la *sessio* por ser contrarias a la «concepción del mundo moderno», la iglesia puede continuar, sobre la base de la Sagrada Escritura, hablando de estos hechos con sencillez de fe.[47]

Aún otros académicos críticos sostienen que la tradición temprana de la ascensión en la iglesia tenía a Cristo ascendiendo al cielo directamente de la cruz sin intervención de la resurrección y el ministerio antes de la ascensión. Rastros de esto supuestamente se

---

[44] Bultmann, *Theology of the New Testament*, 1:45
[45] Donald Guthrie, *New Testament Theology* (Leicester: Inter-Varsity Press, 1981), 395. Ver también Gordon H. Clark, «Bultmann's Three-Storied Universe», en *A Christianity Today Reader*, ed. Frank E. Gabelein (New York: Meredith, 1966), 173-176.
[46] B. F. Westcott, *The Revelation of the Risen Lord* (London: Macmillan, 1898), 180.
[47] Berkouwer, *The Work of Christ*, 206, 234.

encuentran en el himno primitivo cristiano citado por Pablo en Filipenses 2:6-11, porque ahí la humillación y exaltación de Cristo es contrastada con ninguna mención de su sepultura y resurrección. El evangelio de Juan también se supone que refleja esta enseñanza de la «ascensión desde la cruz» en versículos tales como 12:23 y 13:21, donde Juan cita a Jesús en el sentido de que su hora de muerte también significaría su glorificación. El autor de Hebreos también se dice que ha favorecido la idea de que Jesús ascendió al cielo desde la cruz, debido a declaraciones tales como la de 10:12: «pero Cristo, habiendo ofrecido una vez para siempre un solo sacrificio por los pecados, se ha sentado a la diestra de Dios». De nuevo, se hace hincapié, de que no hay mención aquí de la resurrección o del ministerio antes de la ascensión de Cristo.

Se puede decir muchas cosas sobre este esfuerzo para explicar la ascensión en términos no literales, no históricos. Primero, aparentemente el canon operativo (pero erróneo) de exégesis aquí es este: si un escritor del Nuevo Testamento no menciona la resurrección y el ministerio antes de la ascensión de Cristo en cada contexto donde menciona la exaltación de Cristo o su sentarse a la diestra del Padre, uno debiera concluir que ya sea que él mismo no estaba al tanto de la resurrección y el subsecuente ministerio antes de la ascensión o que la tradición que cita no estaba al tanto de estos eventos. Pero es un *non sequitur*, e ello impone la exigencia altamente artificial sobre el escritor del Nuevo Testamento de siempre mencionar la resurrección, el ministerio antes de la ascensión y la ascensión dondequiera que menciona el sentarse de Cristo a la diestra de Dios. Segundo, tal afirmación ignora completamente el hecho de que todos los escritores del Nuevo Testamento refieren en otro lugar —de hecho, en las mismas obras donde la llamada ascensión de la cruz supuestamente se enseña— a la resurrección después de la crucifixión de Cristo: por Pablo, por ejemplo, en Gálatas 1:1; 1 Tesalonicenses 1:10, 4:14; Hechos 17:31, 26:23; 1 Corintios 15: 4, 12-20; Romanos 1:4, 4:25, 6:4, 5, 9, 7:4, 8:11, 34; Efesios 1:20; Filipenses 3:10; Colosenses 1:18, 2:12, 3: 1; 2 Timoteo 2:8; por Juan en Juan 2:19–21, 20:1–29, 21:1–22; y por el autor de Hebreos en Hebreos 13:20. Además, Pablo menciona los «muchos días» que transcurren entre la resurrección y la ascensión de Cristo (Hechos 13:31). Tercero, lo que Berkouwer dice en defensa del autor de Hebreos, es decir, que la única forma en que estos académicos críticos pueden interpretar la obra de esta manera es proceder con la siguiente fórmula: «la gloria de Cristo en Hebreos menos Hebreos 13:20 es igual a la ascensión 'de la cruz'»,[48] se puede decir en defensa de todos los escritores del Nuevo Testamento: la única forma en que se pueden usar para apoyar la idea de que Cristo ascendió al cielo directamente desde la cruz es ignorar todas las referencias en sus escritos sobre la resurrección de Cristo, sus apariciones posteriores a la resurrección y su ministerio anterior a la ascensión. Solo se puede concluir que estos académicos tienen muy poca confianza en la veracidad de los evangelios y las epístolas.

SU SIGNIFICADO

Para los discípulos, la ascensión de Cristo significó su *separación* de ellos, no «con respecto a su deidad, majestad, gracia y Espíritu» (Catecismo de Heidelberg, Pregunta 47, ver también la Pregunta 46), por supuesto, porque su comunión espiritual con ellos permanece intacta y sin perturbaciones como una realidad espiritual genuina e incluso mejorada, sino solo respecto a su presencia física entre ellos. Cristo mismo habló sobre esta separación en lugares tales como Lucas 5:35; Juan 7:33; 12:8; 13:33; 14:30 and 16:10 (ver también 1 P. 1:8; 1 Jn. 3:2).[49]

---

[48] Ibid., 208.
[49] Aquí estoy siguiendo la tradición reformada más que la luterana, que la última tradición mantiene, debido a su peculiar doctrina de la *communicatio idiomatum*, que Cristo es, en virtud de la unión de las dos naturalezas en la única persona de Cristo, físicamente ubicuo y, por lo tanto, físicamente presente «en, con y debajo» de los elementos de la cena del Señor.

Con respecto a Cristo mismo, las Escrituras virtualmente agotan el lenguaje, las imágenes y las metáforas «triunfalistas» disponibles, para describir el significado de la ascensión de Cristo para él. Así como su resurrección fue el medio para su ascensión y, por lo tanto, un aspecto significativo de su exaltación total, así su ascensión a su vez fue el medio para su exaltación y entronización culminantes (*sessio*) a la diestra del Padre como el Santo, Señor, Cristo, Príncipe y Salvador del mundo (Hch. 2:27, 33-36; 5:31; Ro. 8:34; Col. 3:1; Fil. 2:9-11; Heb. 1:3). Si su ascensión fue «en gloria» (1 Ti. 3:16), exaltándolo así «más alto que todos los cielos» (Ef. 4:10; Heb. 7:26), también es ahora «coronado con toda gloria y honor» (Heb .2:9), «a Él están sujetos ángeles, autoridades y potestades» (1 P. 3:22), con «todo bajo sus pies», excepto el Padre (1 Co. 15:26; Ef. 1: 22a), sentándose «sobre todo principado y autoridad y poder y señorío, y sobre todo nombre que se nombra, no solo en este siglo, sino también en el venidero» (Ef.1:21). Dios le ha «dado» también el ser «cabeza sobre todas las cosas a la iglesia, la cual es su cuerpo, la plenitud de Aquel que todo lo llena en todo» (Ef. 1:22-23), de hecho, que llena «todo el universo» (τὰ πάντα, *ta panta*) con su poder y señorío (Ef. 4:10). En suma, ahora ocupa el «más alto lugar» (Fil. 2:9) de gloria y honor (Heb. 2:9) que el cielo puede permitirse, y a Él pertenece *de jure* y *de facto* los títulos de «Señor de todos». (Hch. 10:36; Ro. 10:12) y Señor sobre los demás señores (Hch. 2:36; Fil. 2:9b; Ap. 19:16), «para que en el nombre de Jesús se doble toda rodilla de los que están en los cielos, y en la tierra, y debajo de la tierra; 11 y toda lengua confiese que Jesucristo es el Señor» (Fil. 2:10-11a). La naturaleza de su señorío le autoriza soberanamente para otorgar dones de todo y de cualquier tipo a los hombres como le plazca (Ef. 4:7-8, 11).

Por lo tanto, está claro que después de su resurrección y ascensión (estos dos eventos pueden interpretarse muy correctamente juntos, aunque el primero precedió al segundo por cuarenta días, como el medio colectivo de dos etapas para su exaltación al señorío), como el fruto y recompensa por sus trabajos en la tierra, a Jesús como el mesías se le concedió el señorío supremo y el dominio universal sobre los hombres. Esto también lo sugiere (1) su propia declaración en Mateo 28:18: «Toda autoridad me ha sido dada en el cielo y en la tierra», donde habla de ese señorío mesiánico que recibió *de jure* en su resurrección, pero que en realidad comenzó a ejercer *de facto* universalmente desde el cielo en su ascensión y sentarse actual a la diestra del Padre (sugeriría que sus referencias en Mt. 11:27 y Jn. 17:2 a un dominio «delegado» poseído deben entenderse en el contexto del pacto de redención en los concilios de la eternidad), (2) por la declaración de Pedro: «Dios lo hizo [ἐποίησεν, *epoiēsen*: «nombró», «constituyó»] Señor y Cristo» (Hch. 2:36) después de su resurrección y ascensión —otra declaración de su asunción *de facto* del reinado mediador como el Dios-hombre, ya que Jesús fue evidentemente a la vez Señor y mesías por designación divina desde el momento de su encarnación, y (3) por la declaración de Pablo: «por lo cual [διὸ καὶ, *dio kai*] [obra terrenal] Dios lo exaltó al lugar más alto y le dio el nombre, el nombre 'sobre todo'», es decir, el título de «Señor» (Fil. 2:9).

Teológicamente sería un error fatal deducir de todo esto que Jesús como el Hijo de Dios, quién (aunque en unión con nuestra carne) continuó infinitamente trascendiendo todas las limitaciones de la criatura, se convirtió en «Señor» solo en su exaltación y adquirió *como el Hijo de Dios* solo entonces *de jure* y *de facto* dominio universal. Nunca debemos olvidar que, para Pedro, fue «nuestro Dios y salvador Jesucristo» que «nos rocía con su sangre» (2 P. 1:1; 1 P. 1:2). Para Pablo igualmente, fue «el Señor de Gloria» (ὁ κύριος τῆς δόξης, *ho kyrios tēs doxēs*), esta expresión significa «el Señor a quién pertenece la gloria como su derecho nativo», quién también era «Dios sobre todo» (Ro. 9:5) y «nuestro gran Dios» (Tit. 2:13), que fue crucificado por nosotros (1 Co. 2:8). Como Dios el Hijo, entonces, Jesús, por supuesto, continuó como siempre había hecho sosteniendo todas las cosas por la palabra de su poder (Heb. 1:3) y para ejercer los poderes y derechos señoriales que eran intrínsecamente suyos como el ser divino (ver Calvino, Institución, II.13.4). En consecuencia, cuando estos apóstoles nos dicen que Cristo Jesús fue «designado» Señor o fue «exaltado» y «se le dio» autoridad y el título de «Señor» en su ascensión, es necesario que entendamos que estas cosas se dijeron de Él en su papel mediador como el mesías. Es oportuno decir estas cosas de Él, pero sólo porque Él, «el Hijo», que es intrínseca y esencialmente «rico», que es «Señor» por derecho de naturaleza, se había dignado *primero* a tomar consigo nuestra «carne», haciéndose así «pobre» (2 Co. 8:9). Fue como el mesías divino-humano, entonces, que «adquirió» o «se le dio» en su ascensión autoridad *de facto* para ejercer el dominio mediador. No fue entonces la exaltación sino la «humillación» previa la que fue la «extraña experiencia»[50] para el Hijo como Dios. Por el contrario, no fue la humillación sino la «exaltación» lo que fue la «nueva experiencia» para el Hijo *como el mesías divino-humano*. Si vamos a tomar la historia, y específicamente la historia redentora, debemos decir esto en serio. Debemos estar dispuestos a decir que, en cierto sentido, la exaltación supuso para el Hijo una experiencia que antes no había sido suya. Esta «nueva experiencia» fue dominio universal, no como Dios *per se*, por supuesto, sino como el mesías divino-humano y como el mediador divino-humano entre Dios y el hombre. Incluso aprendemos en otra parte que este dominio mediador es una autoridad delegada temporalmente. Cuando Él y su Padre hayan subyugado finalmente a todos sus enemigos y los nuestros, entonces entregará al Padre no su filiación[51] sino esta autoridad delegada como el mesías, y su dominio mediador especial será «reabsorbido» en el dominio universal y eterno del Dios Trino (1 Co. 15:24-28). En suma, la ascensión significó para el Hijo, como mesías divino-humano, la asunción de las prerrogativas de la investidura mesiánica a escala universal, derechos que ya eran suyos por derecho de naturaleza como Dios Hijo, pero que «ganó» o fue «premiado» como Hijo encarnado por cumplir con las obligaciones propias del estado de humillación intrínseco a la investidura mesiánica.

Fue este Cristo, en precisamente los términos de este su glorioso señorío, que fue hecho central para toda la predicación apostólica temprana. Los apóstoles señalaron deliberadamente las implicaciones del señorío exclusivo de Cristo sobre el mundo para sus audiencias. No hay mención del pluralismo religioso en su predicación. Para ellos había una exclusividad y finalidad sobre la revelación de Dios a los hombres en Jesucristo (Mt. 21:37; Mr. 12:16; Heb. 1:1). Para ellos, debido a lo que Cristo es, la obra que hizo, el lugar que ocupa en el presente, y el título que porta, «en ningún otro hay salvación; porque no hay otro nombre bajo el cielo, dado a los hombres, en que podamos ser salvos» (Hch. 4:12). Para ellos, como Jesús mismo dijo, solo Él es el camino, la verdad y la vida (Jn. 14:6). Para ellos, Él es el único mediador entre Dios y los hombres (1 Ti. 2:5). También Él es el único que, como Señor, juzgará a los vivos y a los muertos en su aparición (Hch. 10:42; 17:31; Ro. 14:9; 2 Ti. 4:1). Y Él es aquel cuya ofrenda una vez por todas de sí mismo como sacrificio para satisfacer la justicia divina es lo único aceptable para Dios Padre, el representante «legal» de la deidad, en la «gran transacción» de la redención y la cancelación del pecado (Heb. 9:24-26), y cuya intercesión sumo sacerdotal sola cuenta con la aprobación del Padre (Ro. 8:34; Heb. 7:24-25; 1 Jn. 2:1). A la luz de sus exclusivos reclamos para Él, no es sorprendente que la bendición y el poder de Dios descansaran sobre los esfuerzos evangelísticos de los apóstoles.

---

[50] La frase es de Benjamin B. Warfield (ver su *The Lord of Glory* [1907; reimpresión, Grand Rapids, Michigan: Baker, 1974], 225).
[51] Herman Ridderbos observa que «cuando se menciona la consumación de la obra de redención de Cristo, en las palabras de 1 Corintios 15:28 (cuando el Hijo haya sujetado todas las cosas al Padre, entonces Él mismo se sujetará a Él, para que Dios puede ser todo en todos), esto no puede significar el fin de la filiación. Más bien, habrá que juzgar la 'postexistencia' del Hijo que se pretende aquí a la luz de lo que en otros lugares se declara tan claramente sobre su preexistencia» (*Paul: An Outline of His Theology*, traducción de John Richard DeWitt [Grand Rapids, Michigan: Eerdmans, 1975], 69).

Hemos dicho suficiente sobre estas características relatadas de la vida y el ministerio de Jesús para concluir que nada sobre ellas justifica su rechazo como ahistóricas o mitológicas. Aquellos que los rechazan como ahistóricos o mitológicos lo hacen por motivos críticos y filosóficos altamente cuestionables con los que simplemente se sienten más cómodos psicológica y religiosamente. En consecuencia, pasaremos ahora a una consideración de lo que dijo la iglesia primitiva sobre el Jesús histórico que fue concebido virginalmente, que hizo obras poderosas durante sus días de ministerio, que se transfiguró ante sus discípulos, que al tercer día después de la muerte resucitó, quien algunos días después ascendió al cielo, y quien es el único camino al Padre.

16 | EL CRISTO DE LOS PRIMEROS CONCILIOS

En Cesárea de Filipo, Jesús preguntó a sus discípulos: «¿Quién dicen los hombres que es el Hijo del Hombre?» (Mt. 16:13). Más tarde, el martes de la semana de pasión, después de que los fariseos, saduceos y maestros de la ley hubieran terminado con sus preguntas, Jesús les planteó: «¿Qué pensáis del Cristo? ¿De quién es hijo?» (Mt. 22:41-46). Estas penetrantes preguntas, tal y como sucede con nosotros, forzaron a ellos y más tarde a la primera iglesia a reflexionar sobre la persona de Jesucristo. ¿Es Jesús el Cristo de Dios? Y si es así, ¿de quién es Hijo? ¿Es Él solamente Hijo de David o es también el Hijo de Dios? ¿El tener una correcta visión de Él implica adscribirle necesariamente una deidad inherente, intrínseca y ontológica?

La Biblia, y particularmente el Nuevo Testamento, nos presentan a Jesús como Dios y hombre. Verdadero Dios en que cuanto a que Él es la encarnación real del eterno Hijo de Dios. Verdadero hombre en tanto que es el hijo virginalmente concebido de María.[1] De acuerdo con esto, la dogmática cristiana ha abordado con legitimidad la enseñanza bíblica sobre la persona de Cristo en dos *loci* teológicos diferentes. Cuando se usa la teología apropiada, Su deidad es enfatizada como un aspecto principal de la doctrina de la Trinidad. En una teología correcta Su humanidad se enfatiza con propiedad como un aspecto principal de la encarnación, un evento histórico que a su vez se incluye en la soteriología, ya que sucedió solo por razón de lograr la redención de los escogidos de Dios por la obra de Cristo en la cruz.

En este capítulo, quiero dar las líneas generales de lo que la iglesia primitiva hizo con la información bíblica acerca de la persona y naturalezas de Cristo, y analizar su trabajo. En ningún lugar de la Escritura se avanza una fórmula de *cómo* se ha de entender y mostrar ante la fe de las personas el hecho de que Jesús es tanto Dios como hombre al mismo tiempo, es decir, el cómo es posible que dos cosas metafísicamente incompatibles (lo infinito y lo finito, lo eterno y lo temporal, lo inmutable y lo mutable) se unan de verdad en un Jesucristo de Nazaret indivisible. Esta cuestión de cómo ha de entenderse la encarnación se introdujo necesariamente en las mentes de los pensadores de la iglesia primitiva, y cada vez con más fuerza, resultando sus reflexiones sobre el tema extremadamente extrañas en ocasiones, al tratar con lo que es obviamente un asunto muy formidable y altamente complejo. No debería sorprendernos que el proceso de dar respuesta a esta cuestión llevara varios siglos, antes de que se alcanzara una definición general que llegara a satisfacer al amplio segmento de la cristiandad que aún asigna a la Escritura un papel normativo como regla de fe. Esta historia de desarrollo doctrinal que lleva a la Definición de Calcedonia de mitades del siglo V y a algunos refinamientos posteriores será brevemente estudiada en este capítulo.[2]

---

[1] Véase la parte dos, capítulo ocho para un tratamiento más completo.
[2] Se pueden encontrar más detalles en *The Ante-Nicene Fathers* y *The Nicene and Post-Nicene Fathers* (reediciones; Grand Rapids, Mich.: Eerdmans, 1989), Philip Schaff, *History of the Christian Church*, vols. 1–3 (Grand Rapids, Mich.: Eerdmans, 1882), Reinhold Seeberg, *Text-Book of the History of Doctrines* (1895; reedición, Grand Rapids, Mich.: Baker, 1977), Louis Berkhof, *The History of Christian Doctrine* (1937; reedición, London: Banner of Truth, 1969), Kenneth Scott Latourette, *A*

Nuestra Salvación tan Grande

LOS PADRES APOSTÓLICOS

Los «padres apostólicos» reciben este nombre porque vivieron durante la época de los apóstoles y fueron autores de los escritos post-canónicos más tempranos. El grupo incluye a Bernabé de Alejandría, que escribió entre el 70 d. C. y 100 d. C, Hermas, que escribió probablemente en la primera parte del siglo II d. C., Clemente de Roma, que escribió alrededor del 97 d. C., Policarpo, un presbítero de Esmirna, quien murió alrededor del 155 d.C., Papías de Hierápolis en Asia Menor, qué murió alrededor del 130 d.C., e Ignacio de Antioquía, muerto alrededor del 107 d.C. De acuerdo con Ireneo (c. 130–c. 200), Policarpo y Papías fueron discípulos de Juan, y según Origen (c. 185–c. 254), Clemente de Roma es el Clemente mencionado en Filipenses 4:3, aunque esta identificación es discutible.

Doctrinalmente pueden juzgarse como «apostólicos» porque básicamente reprodujeron el pensamiento de los apóstoles. En ellos no existe una gran cantidad de reflexión teológica que progrese hacia una definición doctrinal. Con respecto a su doctrina de Dios, son uniformemente monoteístas y escriben libremente de Dios como Padre, Hijo y Espíritu Santo, y de Cristo tanto como Dios y hombre, pero «no dan testimonio de ser conscientes de las implicaciones y problemas que rodean a esto».[3] Lo que Seeberg declara acerca de Bernabé puede afirmarse de manera general de todos ellos: «Preservan (de) las ideas fundamentales del periodo apostólico de una forma relativamente pura».[4] Bernabé afirma la preexistencia de Cristo y Su actividad creativa divina. Como Hijo de Dios, apareció en carne humana y sufrió en la cruz. Regresará algún día como Juez en divina omnipotencia. Para Hermas, Cristo es el Hijo de Dios, quien es «anterior a toda su creación», exaltado por encima de los ángeles, y es quien sostiene el mundo. Se hizo hombre para purificar a los hombres. También para Clemente, Cristo es el Hijo de Dios, exaltado por encima de los ángeles, quien vino al mundo habiendo sido enviado por Dios para liberarnos. En su carta a los Filipenses, Policarpo da por hecho que sus lectores creen que Jesús es divino, que fue enviado a la tierra en una misión de misericordia, y que ahora es glorificado y exaltado por encima del cielo y la tierra. Pero probablemente es Ignacio, firme opositor al gnosticismo, quien es más explícito en sus exclamaciones cristológicas: Cristo es «Dios» (ό θεός, *ho theos*), «nuestro Dios», y «mi Dios», «el unigénito del Padre», y «el Señor». Existió junto con el Padre antes del inicio de los tiempos, pero se hizo hombre y ahora es «carnal pero espiritual, nacido, pero no engendrado». Proviniendo de Dios tanto eternamente como por concepción virginal, Cristo es «el Hijo de Dios». Proviniendo de María, Él es «el Hijo del Hombre» (Ignacio se equivoca aquí con su entendimiento del título «Hijo del Hombre»). Después de completar su obra, incluyendo la pasión, Él «se levantó» (y «fue levantado») de la muerte y regresó al Padre.[5]

Apenas existe ninguna lucha en Clemente (si es que existe alguna) con las problemáticas implicaciones de hablar de Dios como Padre, Hijo y Espíritu Santo, o de Cristo como Dios y hombre. Aunque estos padres uniformemente hablan de Cristo como Hijo de Dios, activo tanto en la obra de creación como en el Antiguo Testamento, como Él mismo Dios, que apareció en carne en el cumplimiento del tiempo, la conclusión de Seeberg acerca de su contribución a las definiciones de la doctrina de Dios y la cristología, parece justificada: «no encontramos nada definido doctrinalmente [es decir, nada definitivo] con respecto a la preexistencia [de Cristo]... a su relación con el Padre, al método de encarnación, o a la

---

History of Christianity (New York: Harper, 1953), J. N. D. Kelly, *Early Christian Creeds* (New York: D. McKay, 1972) y *Early Christian Doctrines*, rev. ed. (New York: Harper and Row, 1978), Geoffrey W. Bromiley, *Historical Theology: An Introduction* (Grand Rapids, Mich.: Eerdmans, 1978), David F. Wells, *The Person of Christ* (Westchester, Ill.: Crossway, 1984), y Gerald Bray, *Creeds, Councils and Christ* (Leicester, U.K.: Inter-Varsity Press, 1984).
[3] Berkhof, *The History of Christian Doctrine*, 40.
[4] Seeberg, *Text-Book*, 1:70.
[5] Ibid., 1:55–82, proporciona una descripción detallada de la visión teológica de estos primeros padres de la iglesia.

relación de lo divino y humano en su persona».[6] Esto es entendible en el sentido de que no se vieron confrontados con las aberraciones que afligirían a la iglesia en las controversias cristológicas de los siglos IV y V. Al no haber tenido ni la procedencia teológica ni el clima histórico suficiente para definirse, los primeros padres simplemente no necesitaron urgentemente una reflexión teológica más profunda acerca de las implicaciones de las enseñanzas de estos desarrollos aberrantes,

LOS APOLOGISTAS

En el siglo II d. C. comenzó a aumentar la oposición contra el cristianismo desde diferentes frentes. Tanto por su defensa de un monoteísmo estricto en el que Dios se ve como una Mónada única personal, como por sus puntos de vista respecto a la necesidad de guardar la ley, la circuncisión y la naturaleza política y nacionalista de su esperanza mesiánica, el judaísmo continuó rechazando a Cristo, considerándolo un engañador y un blasfemo, y a los cristianos como idólatras (tal como ya sucedió en el siglo I). Es cierto, por supuesto, que cualquier fuerza colectiva que el judaísmo pueda haber tenido dentro de la nación de Israel antes del 70 d.C. para incitar a la hostilidad del pueblo o del imperio contra la fe cristiana, se disipó en el siglo II, ya que los judíos mismos, después de la destrucción de Jerusalén en el año 70 d.C. y la rebelión de Bar Kochba en el año 135 d. C., se convirtieron en un pueblo cada vez más desplazado. Esta situación, emparejada con el hecho de que la fe cristiana ya no estaba extrayendo conversos principalmente de la nación judía sino más bien de la sociedad pagana, significó que los apologistas cristianos cada vez tuvieron menos necesidad de responder a la oposición judaista. En lugar de eso, a la luz del hecho de que el imperio mismo estaba considerando la fe cristiana cada vez más como una religión separada y distinta y no como una secta judía, los padres del siglo II tuvieron que dar respuesta a las acusaciones del estado y corregir la errónea opinión pública pagana.

Por supuesto, no se produjo un total menosprecio por la opinión judía. Justino escribió su *Diálogo con Trifón*, e Ireneo y otros respondieron a ciertas sectas judías descuidadamente «cristianizadas», tales como los ebionitas y los elcesaitas, quienes habían rechazado la concepción virginal de Jesús y su deidad, sin duda como concesión al judaísmo. Los ebionitas insistían en que Jesús fue el hijo de José y María, y que fue investido con el Espíritu de Dios en su bautismo, asignándosele así el oficio de profeta. Por su piedad, se convirtió en el Hijo de Dios, marcando una senda legalista para la salvación de todos los hombres. Los elcesaitas, que eran más especulativos filosóficamente hablando (Seeberg describe su pensamiento como «gnosticismo en la esfera del judaísmo cristiano»)[7] y estrictamente ascéticos, creían que Cristo era un ángel y el verdadero profeta del Dios único después de Adán y Moisés, pero no Dios mismo. Añadieron a la eucaristía supersticiones mágicas y astrológicas, evidenciando la tendencia sincretista de la secta por absorber dentro de sí tanto elementos cristianos como paganos. Estas sectas continuaron durante un tiempo como pequeñas minorías, sin suponer nunca una gran amenaza para el esparcimiento del evangelio.

No se puede decir lo mismo acerca de la oposición que comenzó a producirse desde el paganismo mismo. Escritores tales como los paganos Luciano, el autor satírico, y Celso, el filósofo, emitieron lacerantes ataques contra el cristianismo. Además, un tercer escritor pagano, Porfirio el neoplatónico, continuó con esta línea hasta el siglo III. Luciano consideraba a los cristianos crédulos y simplistas, mientras que Celso objetaba las afirmaciones exclusivas de la iglesia. Haciendo suyas algunas de las objeciones judías al

---

[6] Ibid., 1:78. Véase también Bromiley, *Historical Theology*, 4–5, 7.
[7] Seeberg, *Textbook*, 1:89.

cristianismo, criticó gran parte de la historia bíblica por sus milagros y absurdidades, y expresó su repugnancia por las doctrinas cristianas de la encarnación y la crucifixión. Al defender que los cristianos, al negarse a conformarse al estado, socavaban su fuerza y poder de resistencia, se dirigió a ellos apasionadamente para que abandonaran su intolerancia religiosa y política.[8]

El ataque de Celso recibió su respuesta más definitiva de Origen en el siglo siguiente, pero ya en el siglo II, espoleados por las acusaciones de que los cristianos eran caníbales porque «comían la sangre y la carne» incluso de sus propios hijos en la eucaristía, y las de que se implicaban (ya que se reunían en secreto de noche) en todo tipo de orgías sexuales, ciertos padres (conocidos ahora como los apologistas) «trataron de suavizar el temperamento de las autoridades y del pueblo en general en contra del cristianismo» refutando las acusaciones realizadas contra ellos. Intentaron convertir la fe cristiana en aceptable para las clases educadas presentándola como «la filosofía más elevada y segura» y enfatizando su racionalidad.[9] En conexión con estas refutaciones y esfuerzos filosóficos, intentaron también exponer la absurdidad e inmoralidad de la religión pagana. Generalmente hay acuerdo en decir que con estos padres—siendo los más importantes de ellos Justino Mártir (c. 100–165 d.C.), Taciano (c. 160 d.C.), Atenágoras (c. 170), alumno de Justino (que años más tardes fundó la secta gnóstica de los encratitas pero que parece haber sido el primero en avanzar una doctrina de Dios como Tres en Uno), y Teófilo de Antioquía (del tardío siglo II d.C., el primero en usar para la Deidad la palabra *Triada*)— nació la «teología cristiana» post-canónica.

No hay duda de que los apologistas deseaban ser fieles a la Escritura. Desafortunadamente, en su esfuerzo por hacer que la fe cristiana fuera aceptable a los paganos culturizados, presentaron la doctrina de Dios en términos demasiado platónicos, y la doctrina del Logos usando una forma de pensamiento demasiado filónica. Además, no hicieron una clara distinción entre lo que la gente puede conocer de Dios en base a la revelación natural y lo que solo pueden conocer por medio de la revelación especial. Justino, por ejemplo, afirmó que ciertos filósofos griegos (Sócrates, Heráclito) eran cristianos en cuanto a que vivían de acuerdo con el Logos.

Aunque eran monoteístas, su representación de Dios era tal que «la verdadera naturaleza del Dios viviente no encuentra expresión. No hay un avance más allá del simple concepto abstracto de que el Ser Divino es una Existencia absoluta sin atributos».[10] Aunque Él es el Creador y Preservador del mundo, es invisible, no engendrado, eterno, inabordable, sin pasiones, y *sin nombre*.

Cuando hablaban del Hijo, empleaban el término *Logos* por deferencia al atractivo que tenía entre las clases culturizadas. Su percepción de este parece más estoica (o filónica) que bíblica: «Para ellos el Logos, tal y como existía eternamente en Dios, era simplemente la razón divina, sin una existencia personal» Con vistas a la creación del mundo, sin embargo, Dios generó el Logos desde su propio Ser, dándole así existencia personal... Para exponerlo brevemente, Cristo es la razón divina, inmanente en Dios, a la cual Dios dio una existencia separada, y por medio de la cual, se reveló a sí mismo».[11]

---

[8] Frank L. Cross, ed., *The Oxford Dictionary of the Christian Church* (London: Oxford University Press, 1958), 256.
[9] Berkhof, History of Christian Doctrine, 56.
[10] Seeberg, *Textbook*, 1:113; véase también Berkhof, *History of Christian Doctrine*, 58.
[11] Berkhof, *History of Christian Doctrine*, 58. Seeberg caracteriza esta cristología del Logos de la siguiente forma: Originalmente Dios estaba solo, pero por virtud de su facultad de razonamiento... Él tenía en su interior el Logos, que le pertenecía. Por un simple ejercicio de su voluntad, el Logos salió... Es la primogénita obra del Padre... Acerca de la forma en que el Logos se originó se dice: «Este poder fue engendrado del poder del Padre y su consejo; pero no por medio de una separación, como si la naturaleza del Padre s viera distribuida..., y aquello que se aparta de él resulta ser también el mismo y no disminuye de aquello de lo que fue tomado» [citando el *Diálogo*, de Justino 128, 61, 100]. Él no es un ángel, sino divino, divino [θεός, *theos*], pero no Dios mismo [ὁ θεός, *ho theos*]. Con respecto al Padre, Él es algo distinto... otro... y es tal en número, pero no en mente... Cristo es, por tanto, la Razón inmanente en Dios, a la cuál Dios concedió una existencia separada. Como Razón divina, no solo estuvo operativa en la creación y los profetas del Antiguo Testamento, sino también en los hombres

Aunque hablaron del Espíritu profético y divino, hicieron poco por explicar Su ser y persona. Pero no hay dudas de que la Triada divina es un aspecto definido de su pensamiento religioso, y de que mostraron cierta conciencia de los problemas que envolvían a un concepto así—«El ser conscientes de este misterio constituye para ellos el problema más profundo».[12] Desafortunadamente, en el mismo grado en que ofrecían una solución, parecían sugerir una subordinación real y marcada del Logos a Dios, no solo en su forma de operación, sino de su subsistencia personal. Como resultado, Bromiley habla, por ejemplo, del «trinitarismo confuso» de Justino.

Con respecto a la encarnación, afirmaron con claridad que el Logos se hizo hombre, naciendo de la virgen María, y, por tanto, era tanto Dios como hombre, estando escondida su deidad por la carne. A este respecto, es interesante destacar que Justino habla de las «dos naturalezas» de Cristo. En cuanto al propósito de la encarnación, como los padres apostólicos antes que ellos, no tenían una doctrina de la salvación bien definida y cimentada bíblicamente, ya que retratan la salvación en gran medida con términos legalistas y moralistas, y a Cristo como el primero y principal Maestro, que nos instó a una nueva ley y una vida virtuosa que se vería recompensada tras la resurrección.

Para resumir, aunque de forma deficiente, los apologistas trataron la relación del Logos con Dios y expresaron una conciencia del profundo misterio que hay en afirmar la existencia de un Dios que es una triada divina, y hemos de concluir que representan un avance en el esfuerzo de la iglesia por abordar su doctrina de Dios a la luz de la Encarnación y Pentecostés. Sin embargo, interpretaron la preexistencia del Hijo en gran medida en términos de conceptos estoicos o filónicos del Logos, subordinando así el Hijo de Dios al Padre en cuanto a su subsistencia esencial y personal, por lo que hemos de juzgar que sus esfuerzos apologéticos no fueron doctrinalmente sanos, y que también resultaron inadecuados en su definición. Esto es así por mucho que los honremos por sus intentos de «contextualizar» sus convicciones religiosas en términos entendibles para los «culturizados despreciadores» de sus días.

LOS PADRES ANTIGNÓSTICOS

Si existió una «herejía cristiana» en el siglo II que amenazó la pureza doctrinal de la iglesia más que ninguna otra, esta fue el gnosticismo. No podemos hacer nada mejor en nuestro empeño por realizar una definición clara de este «otro evangelio» que citar a Bromiley:

> Los maestros [por ejemplo Valentino, Basílides, Hermógenes] que normalmente se agrupaban bajo el título de «gnósticos» mezclaban las enseñanzas cristianas de tal manera con las especulaciones de su tiempo, que no quedaba nada que fuera distintivamente cristiano. El hecho de si hacían esto como cristianos, acomodando el evangelio a otros conceptos, o como paganos, adoptando pedazos y trozos del evangelio, supone poca diferencia en el resultado...
>
> Los gnósticos desarrollaron complicadas teosofías que variaban mucho en sus detalles. Sin embargo, algunas convicciones generalmente compartidas estaban subyacentes en los desarrollos individuales. De acuerdo con ellos, el verdadero Dios se encuentra a una gran distancia de este mundo, salvándose esta brecha por una extraña multitud de intermediarios. Un poder menor, el Demiurgo, creó el universo material. El espíritu y la materia, en ocasiones identificados como el bien y el mal, se enfrentan en una antítesis dualista. La condición del hombre consiste en la alienación de su espíritu o alma (que proviene del Dios verdadero), en su cuerpo, que es obra del Demiurgo (quien para Marción es el Dios de juicio del Antiguo Testamento, distinguiéndose y oponiéndose al Padre lleno de gracia de Jesucristo). El Dios verdadero envía a Cristo para rescatar el alma. Sin embargo, Cristo no puede encarnarse verdaderamente [debido a la antítesis entre

---

sabios del mundo pagano. (*Text-Book*, 1:113–14)
[12] Seeberg, *Text-Book*, 1:114.

espíritu y materia]; o bien se asocia temporalmente con Jesús hombre [la herejía del adopcionismo], o simplemente toma la apariencia y no la realidad de un cuerpo físico [la herejía del docetismo]. La salvación consiste en un rescate del aprisionamiento en el cuerpo, y conlleva una vida de ascetismo, abstrayéndose al máximo de las necesidades del cuerpo, aunque algunos gnósticos permiten el libertinaje basándose en que el cuerpo mismo no puede salvarse ni puede afectar al alma redimida. Los gnósticos ven [o veían] sus enseñanzas como conocimiento *(gnosis)* que estaba a un nivel más elevado de fe.[13]

Los dos grandes padres antignósticos del siglo II fueron Ireneo de Lyon (c. 130–c. 200) y Tertuliano de Cartago (c. 160–c. 220). Este último fue el primer teólogo cristiano en escribir en latín, y es considerado por muchos como uno de los dos más grandes teólogos occidentales del periodo patrístico (junto con Agustín). También es el padre al que la iglesia debe su vocabulario del posterior desarrollo trinitario, al ser el primero (en su obra *Contra Praxeas*) en aplicar el término «Trinidad» a lo que él se refería como tres «personas» divinas (*personae*) en una «sustancia», «esencia» o «naturaleza» divina (*substantia*).

Estos dos padres se opusieron con fuerza a la distinción gnóstica entre el Dios verdadero y el Creador del mundo. Ireneo etiquetó este concepto como una blasfemia nacida del engaño del diablo. Para ambos solo existe un Dios, que es el Creador, Preservador y Redentor, un Espíritu inteligente, justo y bueno, que puede ser conocido, no mediante la especulación, sino solamente por medio de la revelación. Esta percepción de Dios lleva a Seeberg a notar que, en contraste con el gnosticismo, su concepto de Dios «muestra de nuevo características vivas y concretas, particularmente en Ireneo. Él es el Dios activo que lleva a cabo la creación y la redención. Él es el Dios viviente, que es justo y misericordioso... y que se revela históricamente en Cristo.[14]

Pero estos dos padres se acercan a los temas de la tri-personalidad de Dios y de la cristología de manera distinta. Ireneo iba literalmente por detrás de los apologistas, y regresó al enfoque de Ignacio (siendo este el motivo de que algunos lo juzguen como una figura gris del «orden establecido»), declinando la especulación sobre el origen del Logos o el modo de generación del Hijo. Es suficiente conocer que el Hijo, como Logos, existió desde toda la eternidad junto con el Padre, y que ha revelado el Padre tanto a los ángeles como a los hombres. Además, ya que Dios solo puede ser conocido a través de Dios, y como solamente el Hijo conoce al Padre y lo revela, el Hijo es Dios Revelador. El Espíritu, como Sabiduría de Dios, ocupa para Ireneo también una posición personal al lado del Hijo.

Así pues, Ireneo percibía conscientemente al Dios viviente como «triada» en su vida espiritual: «Porque siempre están presentes para Él la Palabra y la Sabiduría, el Hijo y el Espíritu, a través de quienes, y en quienes Él hizo todas las cosas libre y espontáneamente», escribió (*Contra las herejías* 4.20.1, 3; véase 5.6.1).

---

[13] Bromiley, *Historical Theology*, 18. Algunos eruditos liberales defienden que el gnosticismo debería considerarse como una de las muchas formas válidas del cristianismo primitivo, y que es solamente debido a que la facción «ortodoxa» era la más poderosa de entre muchos grupos «gnósticos» helenizados que pudo categorizar al gnosticismo como heterodoxo y expulsarlo de la «auténtica» iglesia. Pero esta aseveración asume falsamente que existía una facción «ortodoxa» unificada, cuyos voceros colaboraban contra una facción gnóstica igualmente unida. Tales entidades no existían. Lo que sin duda jugó un papel importante en la formación de una hostilidad colectiva contra el pensamiento gnóstico, fue el hecho de que se utilizaba una Regla de Fe (*regula fidei*) bastante uniforme como fórmula bautismal. Tertuliano alude en varias ocasiones a una *regula fidei*, la cual cita en su tratado *Sobre el velo de las vírgenes* (1, 3). Su similitud con lo que hoy conocemos como Credo de los Apóstoles resulta impactante:

La regla de fe que es inalterable y una en todas partes... nos enseña a creer en un Dios todopoderoso, creador del mundo, y en Su Hijo Jesucristo, nacido de la Virgen María, crucificado bajo Poncio Pilato, levantado al tercer día de los muertos, llevado al cielo, sentado ahora a la diestra del Padre, destinado a venir a juzgar a los vivos y a los muertos por medio de la resurrección de la carne.

Parece mucho más probable que la razón por la que la iglesia se opuso al gnosticismo es que los pastores y teólogos reconocían que este se desviaba de la Regla de Fe, y lo rechazaron porque era este, y no la Regla de Fe, el que se desviaba de la Escritura (para más acerca de la Regla de Fe, véase Seeberg, *Text-Book*, 1:82–86, y M. E. Osterhaven, «Rule of Faith», en *Evangelical Dictionary of Theology*, ed. Walter A. Elwell [Grand Rapids, Mich.: Baker, 1984], 961–62).

Además, si la facción ortodoxa en realidad no era más que una facción «gnóstica» más grande que exponía una filosofía atractiva para la élite de la sociedad pagana, existen motivos para pensar que el cristianismo habría seguido el mismo camino que los grupos gnósticos: Se hubiera convertido en exclusivo y sectario, y hubiera sido considerado tan inocuo como las escuelas filosóficas. Pero «el hecho de que el cristianismo se expandiera al nivel de las masas, que fuera temido y perseguido considerándose un gran peligro popular, y que las escuelas filosóficas, lejos de reconocerlo como hermano, lo atacaran considerándose una superstición irracional indigna de un buen intelecto, es suficiente para refutar la teoría liberal» (Bray, *Creeds, Councils and Christ*, 74).

[14] Seeberg, *Text-Book*, 1:121.

Finalmente, para Ireneo estaba claro que Juan 1 enseña una encarnación verdadera, a través de la cual, como suceso histórico, el Logos eterno se convirtió en el Jesús histórico. Jesucristo, el Verbo en unión con la carne humana, es tanto verdadero Dios como verdadero hombre. Además, en contra de la enseñanza gnóstica, expresamente negó que Cristo (el Logos) se apartase de Jesús justo antes de su muerte, insistiendo en lo contrario «que Aquel que nació como Jesucristo es el Hijo de Dios, y que es el mismo que sufrió y se levantó de los muertos» (*Contra las herejías* 3.16.5; véase 18.5). Por tanto, para Ireneo existía una unión continuada entre el Logos y su carne desde su concepción virginal, pasando por la existencia histórica de Jesucristo hasta, incluyendo, y extendiéndose más allá de su resurrección de los muertos.

De los dos, Tertuliano es un teólogo más «exploratorio» o seminal. Mientras que Ireneo generalmente se contentó con afirmar los hechos de la Fe (la existencia de Un Dios como Triada, la Encarnación del Logos en Jesús de Nazaret), Tertuliano se esforzó por explicar el cómo se originaba la *persona* del Hijo y del Espíritu y la relación de ambos con el Padre. Al hacerlo, cayó en una subordinación no escritural del Hijo y el Espíritu al Padre, pero hemos de notar que en el proceso de elaborar esta concepción de Dios, empleó terminología que la iglesia halló extremadamente útil en su teología nicena posterior.

Para Tertuliano, el Dios único es el Dios Trino. Una «Trinidad». Sin embargo, parece ser que para él el Logos era originalmente la razón *impersonal* en Dios, porque tuvo un comienzo: «Hubo un tiempo en que... el Hijo no era... que hizo un Padre al Señor» (*Contra Hermógenes* 3, 18). Pero al haber sido engendrado por Dios con vistas a la creación del mundo, y al ser procedente de Él, es tanto una sustancia real *(propria substantia)*—participando de la misma sustancia del Padre—como una persona distinta *(persona)*, a la cual pertenecen palabra, razón y poder. De forma similar, el Espíritu, como tercera *persona* participa de la misma *substantia* divina única: «En todas partes», escribe en *Contra Praxeas* (12), «Sostengo una sustancia coherente en tres». Además, declara (en *Contra Praxeas* 2):

No como si el Único fuere todas las cosas porque todas son del Uno, sino [que es uno] por medio de la unidad de sustancia; y, aun así, se preserva el misterio de la economía que dispone la unidad en una trinidad, colocando en orden el Padre, el Hijo y el Espíritu Santo. Son Tres, no en condición, sino en orden, no en sustancia, sino en forma, no en poder, sino en aspecto, pero de una misma sustancia, y de una misma condición, y de un mismo poder, porque es un Dios, del cual se derivan estos órdenes, formas y aspectos, en el nombre del Padre, y del Hijo, y del Espíritu Santo.

Desafortunadamente, estos «órdenes, formas y aspectos» de los que habla Tertuliano son mostrados «en la forma cruda de una participación inferior y superior» de las personas en la sustancia divina.[15] Por ejemplo, escribe: «Porque el Padre es la plena sustancia, pero el Hijo es una derivación y porción del todo» (*Contra Praxeas* 9, 26).

Sobre la encarnación misma, Tertuliano fue bastante escritural: El Logos preexistente se hizo hombre, «asumiendo la carne» al nacer de la virgen María. Al decidirse por el uso de una forma de hablar de las naturalezas como «sustancias», Tertuliano pudo hablar del Logos «encarnado» diciendo que poseía dos «sustancias» en la unidad de una «persona»: «Así, una consideración de las *dos sustancias* presenta a hombre y a Dios: aquí nacido, allá no nacido; aquí carne, allá Espíritu; aquí débil, allá poderoso; aquí muriendo, allá viviendo» (*Del cuerpo de Cristo* 5, 18), las dos sustancias, «sin confundirse, pero *combinadas en una persona,* Jesús, Dios y hombre» (*Contra Praxeas* 27), actuando «separadamente, cada una en su propia condición [estatus]» (ibid.).

---

[15] Berkhof, *Historia de las doctrinas cristianas*, 66.

También dijo que la «sustancia» humana de Cristo era a su vez la unión de otras dos «sustancias» (la corporal y la espiritual). Así que no hay duda de que Tertuliano hizo plena justicia a la verdadera humanidad de Cristo.

Concluyendo, dado que estos padres vivieron y trabajaron en tiempos anteriores a las luchas que llevaron al Concilio de Nicea y posteriores, su ortodoxia habría sido juzgada en su propio tiempo por la Escritura tal, y como era interpretada por las altamente circunscritas Reglas de Fe utilizadas en la fórmula bautismal, las cuales, por cierto, continuaban estandarizándose en su forma, acercándose cada vez más hacia lo que ahora conocemos como el Credo de los Apóstoles. En consecuencia, aunque su doctrina del Logos era inferior a la Escritura, Tertuliano fue considerado «ortodoxo» para los estándares de su tiempo. Sin duda él creía representar el cristianismo escritural. En el sentido y grado que su fe era «Trinitaria», afirmando como lo hizo la deidad del Hijo y del Espíritu y el hecho de la encarnación del Hijo, Tertuliano fue verdaderamente cristiano. Pero tenemos que entender que, después del Concilio de Nicea, una persona que exponía su forma particular de la subordinación del Hijo al Padre habría sido con razón juzgada como «heterodoxa».

ORÍGENES DE ALEJANDRÍA

Volviéndonos ahora a Orígenes (c. 185–c. 254), nos trasladamos no solo al siglo III d.C. sino también de vuelta al Este, para considerar la visión teológica que se originó en una de las grandes escuelas catequéticas del periodo ante niceno. El tercer catequista de la escuela de Alejandría (siguiendo a Panteno y a su propio mentor, Clemente), fue Orígenes, que se convirtió en el mayor erudito bíblico (véase su *Hexapla* y sus comentarios sobre la Escritura) y filósofo-teólogo (véase su *De principiis*) de su tiempo. Pero lamentablemente, debemos reconocer que los escritos de Orígenes eran seriamente defectuosos debido a su compromiso con el platonismo.

Como teólogo cristiano, Orígenes fue por supuesto monoteísta. Pero su representación de Dios fue más griega que bíblica en muchos aspectos importantes. Para él, Dios es Ser (οὐσια, *ousia*) e impasible, más allá de ninguna necesidad. Orígenes sí afirmó que Dios es personal, el Creador, Preservador y Gobernador del mundo, y que es justo y bueno. En estas afirmaciones su adiestramiento cristiano resulta evidente. También era trinitario, y se refería libremente y con frecuencia al Padre, el Hijo y el Espíritu Santo. Pero su trinitarismo era deficiente, ejerciendo durante siglos una influencia dañina en la iglesia.

Orígenes, siguiendo los pasos de Clemente y Filón, creyó que las Escrituras debían interpretarse a diferentes niveles, comenzando con el sentido más literal (e inferior), luego el sentido moral/espiritual, hasta llegar al sentido anagógico «de acuerdo con el cual la revelación de Dios sobre la tierra correspondía a la realidad de Dios en el cielo, como en un espejo».[16] En esto detectamos la influencia platónica sobre él. Es en este nivel anagógico que Orígenes desarrolló su trinitarismo. Gerald Bray explica:

> [El sentido anagógico de la Escritura significa que] si el Verbo se volvió carne al nacer de una virgen, entonces este hecho del nacimiento ha de tener una realidad correspondiente en el cielo. Tertuliano y los que le precedieron no supieron explicar la generación del Hijo de Dios fuera de categorías de pensamiento espaciotemporales. Debido a esto, su tendencia había sido decir que el Hijo (y el Espíritu) habían sido latentes en Dios Padre desde la eternidad, y solamente habían emergido cuando deseó crear el mundo.
>
> Orígenes atajó este problema con su uso de la analogía. El nacimiento en el tiempo de la tierra reflejaba el nacimiento en la eternidad en el cielo, por tanto, era eternamente engendrado del Padre,

---
[16] Bray, Creeds, Councils and Christ, 80.

y era erróneo suponer que existió un tiempo en el que el Hijo no hubiera existido. El Hijo era una réplica exacta del Padre (Hebreos 1:3) y por tanto compartía plenamente su eterna naturaleza.[17]

Según esto, dado que el Padre, por un acto de Su voluntad, generaba eternamente al Hijo desde sí mismo, Orígenes habló del Hijo como un Ser con la misma esencia (ὁμοούσια, *homoousia*) que el Padre. Pero si es de la misma esencia que el Padre (οὐσια, *ousia*, en el griego es equivalente al latín *substantia* de Tertuliano), es sin embargo una ὑπόστασις, *hypostasis* (el griego equivalente en Orígenes al *persona* en latín de Tertuliano) distinta. «Adoramos al Padre de verdad y al verdadero Hijo, siendo dos cosas en ὑπόστασις, *hypostasis*, pero una en igualdad de pensamiento y armonía, y en igualdad de voluntad» (*Contra Celso* 8.12).

Completando su doctrina de la Trinidad, Orígenes afirmó que el Padre, al reproducirse a sí mismo en el Hijo, se reproduce también, a través del Hijo, en el Espíritu.

Superficialmente, esto parece ser una importante mejora sobre el trinitarismo de Tertuliano, en el cual el Logos y el Espíritu parecen ser originalmente una razón (y sabiduría) impersonales en Dios. Y en un aspecto lo es, ya que, para Orígenes, a diferencia de Tertuliano, el Hijo siempre disfrutó de una existencia personal junto con el Padre. Pero una breve reflexión revela que el trinitarismo de Orígenes continuaba siendo deficiente en otro aspecto. En la idea de Orígenes, el Dios único es principalmente Dios Padre, el único que es «sin causa» y «auto existente», mientras que el Hijo, que deriva Su Ser eternamente del Padre, no *de forma necesaria* sino por un acto de la voluntad del Padre a través de un engendramiento eterno, no es *auto* existente, y por tanto carece de un obvio atributo de la deidad. El Espíritu, que es eternamente reproducido por el Padre por medio del Hijo, aunque es «no creado», sigue siendo inferior, y también carece del atributo de la *auto* existencia. Además, de acuerdo con Orígenes, el Espíritu no opera en la creación en su conjunto, ya que esa es la esfera de operación del Hijo, sino solamente en los santos. Esta percepción es el motivo de que Orígenes esté dispuesto a referirse al Hijo como un «segundo Dios», y no absolutamente Bueno y Verdadero, sino simplemente «bueno y verdadero», como emanación e imagen del Padre (*De principiis* 1. 2. 13). Esta es también la razón por la que está dispuesto a decir que «El Espíritu Santo es inferior [al Hijo], y se extiende solamente a los santos» (*De principiis* 1. 3. 5, 8).

Además, existe otra forma en el que el sentido anagógico que Orígenes tiene de la Escritura, al aplicarse al Hijo, lo convierte en esencialmente dependiente del Padre y le niega el atributo de la aseidad. Bray explica:

> Orígenes también sabía que la revelación del evangelio representaba a Cristo haciendo la voluntad de su Padre que le había enviado. De esto se desprendía [anagógicamente] que el Hijo siempre había hecho la voluntad del Padre, y esta subordinación de obediencia era, de manera similar, parte de la naturaleza eterna del Hijo. Era igual, pero en segundo lugar, y por tanto, dependiente de Aquel que lo había engendrado.[18]

Todo esto deja claro que la construcción trinitaria de Orígenes era adolecía de serios defectos. Siendo esto así, su punto de vista sobre la encarnación también era deficiente. Al mantener su idea no bíblica de la preexistencia de todas las almas humanas, Orígenes defendió que el alma humana de Cristo había existido previamente, y que había experimentado una interpenetración completa con el Logos. Era esta alma llena del Logos la que se había hecho carne, y la que daba lugar al vínculo entre el Logos y la naturaleza material de Jesús. Para Orígenes, Jesús sufrió, murió y resucitó, pero, después de la ascensión, la humanidad se vio absorbida por el Logos divino, de forma que «ya no era otro distinto del Logos, sino el mismo

---

[17] Ibid., 80–81.
[18] Ibid., 81.

con él». Como hombre ahora está «en todas partes e impregna el universo» (*De principiis* 2. 11. 6). La verdadera humanidad de Cristo se ve empañada según esta idea, si no totalmente abandonada.

Al reflexionar sobre estas doctrinas de Orígenes acerca de Dios y Cristo, y sin mencionar otras varias afirmaciones doctrinales extrañas que realizó, sería bastante fácil desde el punto de vista de una era posterior el preguntarnos por qué no habría que considerarlo simplemente como un hereje temprano. De hecho, tanto Él como Tertuliano fueron condenados por herejes ya fuera en un sínodo de Constantinopla en el 543 d.C. o en el Quinto Concilio Ecuménico (el Segundo Concilio de Constantinopla) en el 553 d.C. (los académicos no están seguros de en cuál fue). Pero juzgándolo por los estándares de su día (las Reglas de Fe), estaba dentro de los límites de la ortodoxia. Continúa manteniendo un lugar en las primeras filas de los teólogos cristianos tempranos, simplemente porque es muy importante para entender la historia de la doctrina cristiana posterior. Después de su muerte en el 254 d.C. sus ideas teológicas continuaron influenciando el pensamiento de los dos o tres siglos siguientes a lo largo de la confusión de las grandes controversias cristológicas. De hecho, Bray observa que:

> Rara vez se aprecia lo mucho que Orígenes fue responsable de los problemas que surgieron durante [los dos siglos siguientes] Cuando Atanasio disputaba contra Arrio sobre la interpretación correcta de la divinidad de Cristo, ambos estaban siguiendo a Orígenes, tal y como cada uno de ellos lo entendía. Atanasio partía de la igualdad que implicaba la eterna generación, y argumentaba [Nota del autor: creo que equivocadamente] que esto eliminaba cualquier forma de subordinación. Arrio, por otra parte, asumía la subordinación eterna del Hijo al Padre y argumentaba a partir de ella que debía de carecer en algo de la naturaleza del Padre, y, por tanto, no podía haber disfrutado del estado de igualdad que la generación eterna implicaba.[19]

MONARQUIANISMO

Antes de considerar las controversias específicas que surgieron en las grandes decisiones conciliares con respecto a Dios y a Cristo, es necesario decir algo acerca de lo que algunos teólogos describen como la herejía más destacada del siglo III, el monarquianismo. En general, era «un intento por enfatizar el monoteísmo [Tertuliano: «la monarquía del Dios único»] en contra de aquellos que hacían de Jesucristo, como encarnación del Logos, un segundo Dios, o [cuando se introduce también la acción del Espíritu Santo] lo que era, en efecto, triteísmo, una creencia en tres Dioses».[20] Resumiendo, fue una acusación de aquellas cristologías del Logos particulares que estaban siendo propuestas por Tertuliano y Orígenes (y Justino antes que ellos), en las que el Logos era descrito como un «segundo Dios», o como Alguien que ha de ser adorado junto con el Padre a pesar de que hubo un tiempo en que no existió personalmente. En conexión con esto Seeberg escribe:

> Los educados intentos por definir la relación de Cristo con el Padre (Logos, o segundo Dios) estaban lejos de ser satisfactorios. Cristo era considerado como «un Dios», y su naturaleza humana afirmada. [Y es cierto que] la cristología del Logos estaba, en lo principal, estructurada [intencionalmente] para salvaguardar la unidad de Dios. Pero cuando el Logos, procedente del Padre, asume una existencia independiente, es considerado «el segundo Dios», y por tanto se pone en peligro el monoteísmo. El monarquianismo hizo un esfuerzo por reconciliar el monoteísmo, que era el tesoro más precioso del cristianismo en contraste con el mundo pagano, con la divinidad de Cristo sin recurrir al «segundo Dios».[21]

Existían dos tipos básicos de monarquianismo: el que ha venido a llamarse «dinámico» (o «dinamístico») y el monarquianismo «modalístico». El primero es una forma de

---
[19] Ibid., 83. Véase también Latourette, *History of Christianity*, 152.
[20] Latourette, History of Christianity, 143.
[21] Seeberg, *Text-Book*, 1:163.

adopcionismo que a veces es referenciado como samosatianismo, y comúnmente se asocia con Pablo de Samósata, obispo de Antioquía en el tercer cuarto del siglo III. Él reconocía que el Logos ciertamente era de la misma esencia que el Padre (*homoousios*, «misma esencia»), pero insistió en que esto era así porque el Logos era simplemente un poder racional impersonal en Dios, y no una segunda persona distinta en la Deidad. (En su construcción, el Espíritu es una simple manifestación de la gracia del Padre). Al penetrar a Jesús hombre cada vez más, el Logos lo divinizó de forma que es digno de la honra divina, pero no Dios en el sentido estricto de la palabra (un punto de vista que no se aleja mucho en su resultado de los posteriores puntos de vista unitario y sociniano). De esta forma se mantenía el monoteísmo, pero a costa de la subsistencia personal del Logos. Los puntos de vista samosatianos, incluyendo el empleo del término ὁμοούσια, *homoousia*, fueron condenados por el sínodo de Antioquía en el 268 d.C. (ya que este término se utilizaba para despersonalizar el Logos).

El segundo tipo de monarquianismo (modalista) se le conoce tanto como patripasianismo, ya que enseña que el Padre mismo en una forma diferente (el Hijo) se había encarnado y sufrido, como también con el término sabelianismo, por su más famoso exponente Sabelio (principios del siglo III). Sabelio, insistiendo también en que el Hijo era ὁμοούσια, *homoousia*, con el Padre en interés de su variante del modalismo, enseñó que el Padre, Hijo y el Espíritu Santo solo eran diferentes formas de nombrar al Dios personal único, que se correspondían con «diferentes momentos en la vida de la Persona Divina única, llamada unas veces Padre, otras Hijo, y otras Espíritu» (Warfield). Es decir, la Mónada única divina (que él llamaba «Padre del Hijo»), se revelaba a sí mismo como Padre en la creación y en la entrega de la ley, como Hijo tal y como se reveló en la redención, y como Espíritu al revelarse como dador de gracia. En resumen, los términos describen modos de revelación del Dios único. De nuevo, el monoteísmo y la deidad del Logos y del Espíritu, se mantienen, pero una vez más a costa de la subsistencia personal del Hijo y del Espíritu.

LA CONTROVERSIA ARRIANA Y EL CONCILIO DE NICEA

Se han revisado suficientes antecedentes *teológicos* para fijar el escenario en el que se produjeron las grandes decisiones conciliares surgidas de los conflictos que arreciaron durante los siglos IV y CV d.C. así como los sucesos que llevaron a ellos. Pero existe además un antecedente *histórico* a través de las controversias cristológicas. Comenzando con Nerón en el siglo I d.C. y terminando con Diocleciano en los primeros años del siglo IV, el Imperio Romano había lanzado diez grandes persecuciones contra el cristianismo en su intento por erradicarlo de su territorio. Pero Constantino se convirtió en emperador en el 306 d.C. (y emperador único en el 323). Constantino creyó haber recibido ayuda divina de un báculo en forma de cruz cuando invadió Italia en el 312 d.C., y declaró una política de tolerancia en favor del cristianismo en el 313 d.C. Esto llevó a que cada vez más personas comenzaran a favorecer la fe cristiana por encima de las religiones paganas del imperio. Cuando las luchas doctrinales en la iglesia surgieron y amenazaron con dividir, no solo la iglesia, sino también el imperio, el emperador mismo se vio interesado por el resultado de estas. Por esto, Constantino y los emperadores que le sucedieron comenzaron a jugar un papel activo en la decisión de las disputas, convocando los concilios y hasta contribuyendo en los debates en un esfuerzo por mantener la unidad de la iglesia, y, por extensión, la del imperio. En consecuencia, aunque la iglesia se había reunido en muchas ocasiones en sínodos regionales antes del Concilio de Nicea en el 325 d.C., y había llegado a decisiones importantes en ellos, las decisiones de los concilios tomaron una importancia mayor a la hora de guiar a los fieles, tanto porque el emperador los convocaba como porque tenían un carácter «ecuménico». El

Nuestra Salvación tan Grande

emperador no dictaba la sustancia de las decisiones (al menos no la mayoría del tiempo), a pesar de que puede haberlo intentado. Con el gobierno de Constantino las decisiones conciliares ecuménicas cobraron una nueva importancia para la iglesia y para el reino.

La crisis doctrinal en la que nos interesaremos ahora surgió alrededor del 318 d.C. cuando Arrio (c. 250–c. 336), un presbítero de Alejandría comenzó a exponer su punto de vista sobre la persona de Cristo (en realidad se trataba simplemente de la cristología del siglo III llevada a su conclusión lógica), en oposición a Alejandro, obispo de Alejandría, quien sospechaba era sabeliano.

Arrio estaba familiarizado con la Escritura, y creía fervientemente que sus enseñanzas se alineaban con ciertos textos probatorios tales como Proverbios 8:22, Juan 14:28, y Colosenses 1:15. También sabía que existía una rama importante de tradición de la iglesia que estaba de su lado. Por ejemplo, sabía que Justino y Tertuliano habían enseñado que existió un tiempo en el que el Logos no tenía subsistencia personal, y que Dios Padre había engendrado su Verbo (Hijo) y su Sabiduría (Espíritu) con vistas a la creación del mundo. Sabía también que Orígenes había enseñado que el Hijo era subordinado al Padre, no solo en la tierra, sino también en el cielo. Además, sabía que el Sínodo de Antioquía en el 268 d.C. había condenado el empleo del término ὁμοούσια, *homoousia*, para describir la relación del Hijo con el Padre. Creía también que, si el Hijo había de distinguirse del Padre, si el Padre era Dios, y si estas otras cosas eran verdad, entonces el Hijo no podía ser Dios en el mismo sentido. Por tanto, concluyó que:

> Existió un tiempo en el que Dios estuvo solo, en el que todavía no era Padre, y después se convirtió en Padre. El Hijo no siempre fue. Ya que todas las cosas vienen al ser desde el no ser, y así como todas las cosas creadas y hechas, han comenzado a ser, este Logos de Dios también llegó a ser de cosas que no existían, y hubo un tiempo en el que no fue, y en que no era antes de ser engendrado, pero también tuvo un comienzo de ser creado. (De su *Thalia*, citado por Atanasio)

De acuerdo con esto, enseñó que el Logos o Hijo de Dios, a diferencia del Padre, no es alguien no engendrado. Tampoco es una parte de Aquel no engendrado, ni parte de algo que existiera previamente. En lugar de eso, fue creado como «principio de las obras de Dios» (Pr 8:22); y antes de ser creado o de comenzar a ser, no existía. Como ser creado, a pesar de ser el primero y más elevado de ellos, tuvo un principio y no era del mismo Ser (ὁμοούσια, *homoousia*) que el Padre. Arrio también declaró que al Logos se le dieron los títulos de Dios e Hijo de Dios «así como también todos los demás», al compartir la gracia.

También negó que existan dos naturalezas no disminuidas en Cristo, afirmando en lugar de esto que la naturaleza del Hijo tomó el lugar del alma humana en el Cristo histórico. Resumiendo, lo que el Hijo tomó en unión a sí mismo fue simplemente la carne del hombre llamado Jesús.

Alejandro se opuso inmediatamente a Arrio, liderando dos sínodos en Alejandría para condenarle. Arrio buscó entonces refugio en Eusebio, obispo de Nicomedia, quien era partidario y amigo suyo. Tanto Alejandro como Arrio continuaron aireando sus puntos de vista en conflicto cada vez con mayor amplitud, hasta que pareció que la iglesia en esa zona del imperio acabaría dividiéndose.

Preocupado de que el imperio podría romperse también si eso sucedía, Constantino convocó el Primer Concilio de Nicea en el 325 d.C. al que atendieron más de trescientos obispos, la mayoría de la parte oriental del imperio. Entre las facciones en conflicto de Arrio (con dos obispos) y Alejandro (con unos treinta) hubo otras dos facciones divididas más o menos igualitariamente. Una de ella con inclinaciones semi-arrianas liderada por Eusebio de Nicomedia, quien había dado refugio a Arrio, y la otra liderada por el historiador de la iglesia

Eusebio de Cesárea, con inclinaciones semi-alejandrinas y también a las enseñanzas de Orígenes.

Lo que tuvo lugar en el concilio constituye uno de los capítulos más asombrosos de la historia de la iglesia. Eusebio de Nicomedia, representando la causa arriana, presentó la confesión de dicha causa en primer lugar. Fue rotundamente derrotado, y el documento rasgado en pedazos en presencia de todo el mundo. Luego Eusebio de Cesárea presento una «confesión origenística» (Seeberg), que estaba redactada de tal manera que tanto arrianos como alejandrinos podían haber incluido sus respectivas posiciones en ella. En parte decía:

Creemos... en un Señor Jesucristo, el Logos de Dios, Dios de Dios, luz de luz, vida de vida, el Hijo unigénito, el primogénito de toda creación, engendrado del Padre antes de todos los tiempos, por medio del cual todas las cosas fueron hechas.

Descontentos con este documento de compromiso, Alejandro y su ayudante Atanasio (c. 296–373) propusieron una alternativa que sustituía la palabra «Logos» por «Hijo», y la frase «vida de vida» por «verdadero Dios de verdadero Dios», añadiendo las frases «de la sustancia [οὐσια, ousia] del Padre», y «no creado» después de «engendrado», «[de] la misma sustancia [ὁμοούσιον, homoousion] del Padre», y, finalmente, «en el cielo y en la tierra» después de la última cláusula citada arriba. La confesión alternativa tiene por tanto la siguiente redacción:

Creemos... en un Señor Jesucristo, el Hijo de Dios, engendrado del Padre, unigénito, esto es, de la sustancia del Padre, Dios de Dios, luz de luz, verdadero Dios de verdadero Dios, engendrado, no creado, [de] la misma sustancia del Padre, por medio del cual todas las cosas fueron hechas, en el cielo y en la tierra.[22]

También añadieron la siguiente afirmación, dirigida directamente a la facción arriana:

Pero la santa y apostólica iglesia condena a aquellos que dicen que hubo [un tiempo] en el que no era, y que Él fue hecho de cosas que no existen, o de otra, [hypostasis], o οὐσια, [ousia], diciendo que el Hijo de Dios es mutable, o que cambia.

Lo que ocurrió entonces es un ejemplo destacado de la soberana providencia de Dios dirigiendo su iglesia a toda la verdad, ya que, después de un considerable debate acerca de si el concilio debería suscribir el término ὁμοούσιος (homoousios, «misma sustancia») o el término ὁμοιούσιος (homoiousios, «similar sustancia») como descripción más adecuada de la relación del Hijo al Padre (el famoso «debate sobre una *iota* griega», estando Constantino a favor de la primera), el concilio abrumadoramente aprobó la afirmación «alejandrina» presentada como alternativa, siendo esta firmada por todos los obispos, con la excepción de Arrio y otros cinco, incluyendo incluso al obispo de Nicomedia, quien no aprobó sin embargo el pasaje condenatorio.[23] Los que se resistieron fueron prontamente desterrados del imperio (aunque solo temporalmente) por el emperador.

Al morir Alejandro en el 328 d.C., Atanasio se convirtió en obispo de Alejandría y estableció el liderazgo de la facción ortodoxa. Continuó defendiendo incansablemente la doctrina de la Homoousia del Hijo, hasta su muerte en el 373 d.C. En cinco ocasiones diferentes, durante un total de diecisiete años, fue desterrado por emperadores volubles, incluyendo el mismo Constantino. Pero debido a que Atanasio continuó firme en su defensa de la plena deidad del Hijo, teniendo que hacerlo en ocasiones prácticamente en solitario, su nombre ocupa un lugar de reverencia en los anales de la historia de la iglesia como principal contendiente por la fe que una fue entregada a todos los santos.[24]

---

[22] Véase la parte dos, capítulo nueve, para mi valoración crítica de la doctrina Nicena acerca de la generación eterna del Hijo por parte del Padre.
[23] Es muy impactante que los padres Nicenos estuvieran dispuestos a aceptar el mismo término que había sido condenado anteriormente por el sínodo de Antioquía en el 268 d.C. en su debate con el sabelianismo. Sabelio había preferido el término «misma esencia» (que fue condenado) en su interés de negar las distinciones personales dentro de la deidad. Por tanto, en la controversia anterior, en interés de mantener la *persona* de Jesús separada del Padre, la iglesia insistió en la «similar esencia» de Jesús con el Padre. Pero cuando la plena deidad de Jesús se convirtió en un problema, la iglesia afirmó su «misma esencia» con el Padre. Véase Berkouwer, *Person of Christ*, 61–63, para su discusión de esto.
[24] Para una excelente revisión de resumen de las enseñanzas de Atanasio, véase Seeberg, *Text-Book*, 1:206–15.

Nuestra Salvación tan Grande

En los años inmediatamente siguientes al Concilio de Nicea, el arrianismo continuó ejerciendo influencia en áreas importantes del imperio, expandiéndose incluso hacia Arabia, donde Mahoma entró en contacto con sus enseñanzas (lo cual explica por qué él dice lo que dice acerca de Jesús en el Corán). Pero generalmente se acepta que la controversia fue decidida cuando el Concilio de Constantinopla, reunido en el 381 d.C. reafirmó la afirmación Nicena. La doctrina de la Homoousia era ahora un dogma de la iglesia,[25] y fue empleada posteriormente como prueba de ortodoxia.

APOLINARISMO Y EL CONCILIO DE CONSTANTINOPLA

El arrianismo tardó en morir tras el Concilio de Nicea, pero, finalmente, Atanasio, apoyado por los así llamados tres grandes capadocianos (Gregorio Nacianceno, Basilio de Cesárea, y Gregorio de Nisa, el hermano menor de Basilio), ganó la guerra. Con su esfuerzo, los teólogos capadocianos pudieron reunir el apoyo de una mayoría suficientemente grande de obispos orientales, de forma que el Primer Concilio de Constantinopla, convenido a requerimiento del Emperador Teodosio I en el 381 d.C. reafirmó la afirmación Nicena en una forma no estrictamente igual a la del Concilio mismo, pero lo suficientemente parecida, en lo que hoy se conoce como Credo Niceno. (Los académicos más escrupulosamente precisos se refieren a él como Credo Niceno-Constantinopolitano).[26] Al apoyar el concilio la formulación Nicena, la causa arriana estuvo irremediablemente perdida, así como cualquier esperanza de que su cristología pudiera ser adoptada y declarada ortodoxa.

Pero la fórmula Nicena no cerró todos los debates cristológicos. En cierto sentido, solo aseguró que el debate continuaría, porque aunque afirmaba que Cristo era verdaderamente Dios y que era el Dios encarnado, dejaba sin resolver la cuestión de cómo es que a la vez es Dios y hombre. Varias respuestas estaban por llegar, siendo la primera la de Apolinar (c. 310–c. 390), obispo de Laodicea, amigo cercano de Atanasio, y acérrimo defensor de la doctrina nicena de la Homoousia. Como representante de la «cristología del Verbo hecho carne» de la escuela catequética alejandrina,[27] Apolinar declaró que, aunque en todos los demás hombres el cuerpo, el alma y el espíritu coexisten en una unión (tricotomía), en Cristo solo lo hicieron el cuerpo humano y el alma, siendo desplazado el espíritu humano por el Logos divino. Así, aunque Cristo era Dios perfecto, carecía de una humanidad completa, y esta es una condición que Apolinar no tuvo reparos en declarar. Berkouwer explica el motivo para esta formulación de la siguiente forma: Apolinar razonaba que si el Logos hubiera asumido una naturaleza completamente humana, tendría que haber adoptado también la variabilidad humana y el pecado. Dado que es cierto que Jesucristo es inmutable, es imposible que se uniera a un espíritu humano variable. Una verdadera unión solamente es posible cuando el Logos, como principio de autoconciencia y autodeterminación, *toma el lugar del espíritu humano*, en lugar de asumirlo... La unión en Cristo no fue, por tanto, una unión del Logos con una naturaleza completa, sino una unión que se llevó a cabo por la interpenetración del Logos y la naturaleza humana. El Logos es el principio activo, el que mueve, y la naturaleza humana es la receptora pasiva de su acción.[28]

---

[25] Por «dogma de la iglesia» me refiero a cualquier doctrina que la iglesia crea que las Escrituras enseñan, y que la iglesia haya definido oficialmente. Se ha de recordar que la definición de la iglesia está subordinada a la Escritura, y ha de sujetarse a ser redefinida si un entendimiento mayor de la Escritura dictara la necesidad de hacerlo.
[26] Como se dijo en la parte dos, capítulo nueve, el Concilio de Constantinopla quizás hubiera añadido a la exposición Nicena la doctrina de la eterna procesión del Espíritu desde el Padre (solo después, en el Tercer Concilio de Toledo del 589, se adoptó la afirmación de que el Espíritu también procede del Hijo).
[27] Véase Wells, *Person of Christ*, 100–2, 104–6, para una discusión de la cristología de la palabra hecha carne, y del sentido en que Apolinar ejemplificó sus postulados principales. Para un análisis en profundidad, véase R. V. Seller, *Two Ancient Christologies: A Study in the Christological Thought of the Schools of Alexandria and Antioch in the Early History of Christian Doctrine* (London: SPCK, 1954).
[28] Berkouwer, *Person of Christ*, 64–65.

El efecto de la construcción de Apolinar fue reducir la completa humanidad de Cristo a algo inferior a la humanidad de los hombres, cayendo en la categoría de una forma de docetismo.

En reacción a esto, los padres capadocianos argumentaron que esta fórmula de la unidad de las naturalezas en Cristo no hacía justicia a su plena humanidad, e insistieron, en palabras de Gregorio Nacianceno, que «lo que no se ha asumido, no se puede restaurar; es lo que está unido con Dios lo que se salva». Así que, además de su condena al arrianismo, el (primer) Concilio de Constantinopla también condenó el punto de vista de Apolinar, y, al hacerlo, afirmó que Cristo era «verdadero hombre» (véase la cláusula: «descendió... y se encarnó del Espíritu Santo y María la Virgen»).

Así, el siglo IV dio testimonio de dos decisiones conciliares ecuménicas con respecto a la persona de Cristo: Nicea afirmó su verdadera deidad; Constantinopla afirmó su verdadera humanidad; y ambos concilios unidos protegieron el misterio de la unión personal de las dos naturalezas contra el monofisismo (el «una naturaleza»—ismo), que intentaba moverse en una dirección rechazando, reduciendo, o descuidando la otra.

NESTORIANISMO Y EL CONCILIO DE ÉFESO

Aunque es uno de los concilios ecuménicos menos admirables por las sórdidas intrigas políticas y personales que fueron tan prominentes en la determinación de su resultado, el Concilio de Éfeso, ordenado por el Emperador Teodosio II en el 431 d.C., realizó una destacada contribución doctrinal a la resolución de las luchas cristológicas de la iglesia temprana.

La iglesia entró en el siglo V enfrentando nuevos problemas y controversias. Nestorio (que murió c. 451), obispo de Constantinopla y firme defensor tanto de la deidad de Cristo (Nicea) como de su humanidad (Constantinopla), tomó parte en una controversia sobre si resultaba apropiado referirse a María como θεοτόκος (*theotokos*, literalmente, «portadora de Dios», pero desafortunadamente traducido a nuestro idioma como «Madre de Dios»). Como representante de la «cristología Verbo-hombre» de la escuela de Antioquía,[29] y celoso por la *distinción* entre la verdadera deidad y la verdadera humanidad de Cristo, Nestorio declaró una preferencia por el término Χριστοτόκος (*Christotokos,* literalmente, «portadora de Cristo»), razonando que el Logos, al ser divino y absolutamente inmutable, no fue dado a luz. Solo puede decirse esto de su vestidura o templo, es decir, su naturaleza humana. Por tanto, el hombre Cristo es al único al que puede adscribirse el nacimiento, sufrimiento y la muerte. El Jesús hombre fue el «órgano de la divinidad». De esta forma, el Logos como Dios está estrictamente diferenciado del hombre.[30]

Además, aunque no negó la unión del Logos y la naturaleza humana de Jesús, Nestorio insistió en que, en su unión con Cristo, cada una de las dos naturalezas retuvo su propio πρόσωπον (*prosōpon*, literalmente «máscara, rostro»), con lo cual probablemente quería significar la idea de «apariencia» o «atributos».

Cirilo (que murió c. 444), obispo de Alejandría que había de ser el principal antagonista de Nestorio, declaró que no debía haber dudas en referirse a María como θεοτόκος, *theotokos*. Preocupado por la *unidad* de la persona de Cristo, argumentó que, dado que el sujeto personal del Dios-hombre, el Logos, era el mismo en relación con ambas naturalezas, y que, dado que ninguna naturaleza se expresaba sino en unión y conjunción de la otra, no solo era apropiado, sino esencial considerar a María como «portadora de Dios».

---

[29] Véase Wells, *Person of Christ*, 102–3, 106–8, para una discusión de la «cristología Verbo-hombre» y cómo Nestorio reflejó sus intereses principales.
[30] Seeberg, *Textbook*, 1:261.

Nestorio entendió que Cirilo estaba diciendo que Cristo, al ser una persona, poseía solamente una naturaleza, resultado de la fusión de su deidad y humanidad, y que esa fusión solo podía significar que tanto la naturaleza humana como la divina se veían truncadas (una forma de entenderlo que ganaba crédito por el hecho de que Cirilo habló de «una naturaleza tras la unión» y recurrió a la idea del *communicatio idiomatum* (la transferencia de propiedades entre las dos naturalezas), como medio para asegurar la unión de las mismas.

Cirilo, por otra parte, acusando a Nestorio de puntos de vista los cuales los académicos de hoy no están convencidos de que fueran suyos, dedujo del hecho de que Nestorio no se refiera a María como «portadora de Dios», que este creía que ella era la madre de un simple hombre que estuvo en unión con Dios. De esa forma se le acusó de ser un adopcionista de tradición samosatiana. En consistencia con esto, debido a que dijo que cada naturaleza tenía su propio πρόσωπον, *prosōpon*, se dijo también que Nestorio enseñaba que Cristo era «dos personas», destruyendo así la unidad de la persona única de Cristo. Cirilo decía que, si siguiésemos a Nestorio, seríamos redimidos por los sufrimientos de un simple hombre...; un hombre se habría convertido en «el camino, la verdad y la vida» para nosotros...; adoraríamos a un hombre portador de Dios...; cuando somos bautizados por Cristo y en Él, seríamos bautizados en un hombre...; en la cena del Señor, participaríamos de la carne y la sangre de un hombre... Por tanto, el mundo cristiano se vería robado por Nestorio de todos los tesoros que en el Cristo histórico posee.[31]

A una persona no estudiada, todo esto le pueden parecer sutilezas o simplemente un asunto de «minuciosidad teológica». Pero es cualquier cosa menos eso. Sin darse cuenta, al negarse a describir a María como «portadora de Dios», Nestorio estaba planteando una cuestión de vital importancia: ¿Se refería el prefijo θεός, *theos*, en θεοτόκος, *theotokos*, a la divina *naturaleza* del Logos o a su *persona*?[32] Su respuesta parecía sugerir que María no podía ser la madre de ninguno de las dos cosas. Cirilo, por otra parte, vio claramente que María era la madre de la *persona* del Logos, aunque se ha de decir que su exposición de esta percepción no estaba falta de ambigüedad, ya que habló de «una naturaleza después de la unión». No era una cuestión sin importancia la que estos dos padres debatían. «el verdadero punto de controversia», escribe Seeberg, «es si Jesús hombre estaba controlado por el Logos, o si era Dios mismo quien nació, vivió, enseñó, trabajó, y murió entre nosotros».[33]

No puede haber dudas, a la luz de la Escritura, que el entendimiento de Cirilo acerca del asunto del θεοτόκος, *theotokos*, tenía una mejor percepción. Pero el debate no se iba a zanjar de forma pacífica. Debido a que la disputa había sido aireada con tal amplitud, y habiendo apelado cada uno de los contendientes al obispo de Roma para ser vindicado, el emperador convocó a un concilio para zanjar el asunto. Se había de reunir el 7 de Junio del 431 en Éfeso. Ambos antagonistas llegaron a la ciudad a tiempo, pero por alguna razón los obispos orientales se retrasaron indebidamente hasta el 26 de junio. Después de esperar durante más de dos semanas a que llegaran los obispos antioqueños, Cirilo, sin autoridad, convocó el concilio él mismo el 22 de junio, a pesar de las protestas no solo de Nestorio y sesenta y ocho obispos, sino también de la misma comisión imperial. El concilio, con un número de unos doscientos obispos, procedió a escuchar los cargos contra «el impío Nestorio», y luego lo destituyo considerándolo un «nuevo Judas», y condenando sus enseñanzas. Cuatro días después, cuando llegaron los obispos de Antioquía, convocaron su propio concilio bajo Juan de Antioquía y en presencia del comisionado imperial, y, aunque eran solamente cuarenta y

---

[31] Ibid., 1:262.
[32] Bray, *Creeds, Councils and Christ*, 155.
[33] Seeberg, *Text-Book*, 1:263.

tres, destituyeron a Cirilo. La comisión del emperador también anuló la decisión que la asamblea de obispos de Cirilo había emitido acerca de Nestorio. Tres delegados del obispo de Roma, que por ese tiempo habían llegado con instrucciones de ponerse del lado de Cirilo, supieron de las acciones conciliares. Juan de Antioquía informó que no tendría tratos con personas excomulgadas y destituidas (Cirilo); por tanto, el concilio de Cirilo, que ahora estaba en presencia de los legados de Roma, se convocó de nuevo el 10 de julio y volvió a condenar las ideas de Nestorio. Al haber tomado un mal giro los sucesos, y haberse frustrado sus esperanzas de un acuerdo pacífico, el emperador ordenó en agosto que los obispos volvieran a casa, destituyó tanto a Cirilo como a Nestorio, y ordenó su arresto. Cirilo eludió el arresto y regresó a su hogar en Alejandría, clamando victoria porque una mayoría de obispos había defendido su posición en dos ocasiones. Nestorio se confinó en un monasterio de forma voluntaria, y vivió el resto de su vida como un hombre quebrantado, creyendo que había sido terriblemente maltratado, y escribiendo extensamente en su propio favor.

Dos años después del concilio de Éfeso, en el 433 d.C., Cirilo y Juan de Antioquía elaboraron un *Formulario de reunión* que concedía en su mayor parte lo que Cirilo había buscado, pero trataba ligeramente el tema de la comunicación de los atributos entre las dos naturalezas. El *Formulario* afirmó que Cristo era «Dios perfecto y hombre perfecto, comprendiendo un alma racional y un cuerpo», y declaró que en Él se había producido una unión de dos naturalezas, por lo que confesamos a un Cristo, a un Hijo y a un Señor. De acuerdo con esta concepción de la unión sin confusión, confesamos que la santa Virgen es Theotokos, porque el Logos divino fue encarnado y hecho hombre, y desde la misma concepción unió a sí mismo el templo que fue tomado de ella.

Juan recibió por esta afirmación el reconocimiento de la plena humanidad de Cristo y la distinción de las dos naturalezas; Cirilo la unicidad de la persona, la unión de las dos naturalezas y el θεοτόκος, *theotokos*. Además, Juan estuvo de acuerdo en reconocer las asambleas de Cirilo en Éfeso como «el Concilio de Éfeso». Teniendo la paz a su alcance, Sixto III, obispo de Roma, ratificó las decisiones del concilio de Cirilo. Lo que es aún más significativo es que el Concilio de Calcedonia, que se reunió solo unos pocos años después, certificó el concilio de Cirilo como tercer concilio ecuménico y ratificó algunas de las cartas de Cirilo contra Nestorio (aunque no todas).

La insistencia principal de Cirilo en una persona única y la unión no dividida de las dos naturalezas se mantuvo finalmente, y con corrección, a pesar de los «medios violentos» (Hodge) que empleó para establecer su postura. El resultado final indica que la iglesia quiso expresar que en la persona única de Cristo no existe separación entre las dos naturalezas. Nunca han de dividirse.

La definición cristológica para la iglesia estaba tomando una forma discernible y definida: Cristo es tanto Dios como hombre, pero en la persona única de Cristo sus dos naturalezas no han de tener división. Ante cualquier otra cosa que la iglesia diga acerca de la persona de su Señor, estas son las líneas de delimitación dentro de las que tiene que trabajar.

EUTIQUIANISMO Y EL CONCILIO DE CALCEDONIA

Apenas se había asentado la polvareda tras la adopción del *Formulario de reunión* antes de que Eutiquio (c. 378–454), líder de un monasterio en Constantinopla, comenzara a denunciar que el *Formulario* era nestoriano, y propagase el punto de vista (no tan distinto al del mismo Cirilo), de que «nuestro Señor tenía dos naturalezas antes de la unión [es decir, de la encarnación], pero después de la unión... [solo existía] una». Esto suponía la defensa de un estricto monofisismo,[34] en el que la naturaleza resultante era la confusión de las naturalezas divina y humana.

En un sínodo en Constantinopla en el 448 d.C. sobre el que presidía Flaviano, obispo de Constantinopla, Eutiquio fue destituido de su oficio y excomulgado. Eutiquio apeló esta decisión al emperador y a varios obispos, incluyendo el obispo de Roma. Flaviano también escribió a Roma en su propia defensa. El obispo de Roma en este tiempo era León I «el Magno» quien, según Latourette, era «uno de los hombres más capaces que nunca se hubiera sentado en el trono de Pedro».[35] En apoyo de la postura flaviana, escribió su ahora famoso *Tomo* (también conocido como «Epístola dogmática»), en el cual, basando sus observaciones particularmente en Tertuliano y Agustín, expuso «con destacada claridad, precisión y vigor la doctrina cristológica de la iglesia latina».[36] Cuando Dióscoro, obispo de Alejandría, se puso del lado de Eutiquio y pidió al emperador convocar un concilio, el emperador Teodosio II ordenó que se celebrara uno en Éfeso en el 449 d.C. Dióscoro dominó el concilio con un «terrorismo brutal»[37] y se negó incluso a permitir que el *Tomo* de León se leyese. Al asistir principalmente obispos monofisistas, el concilio restituyó a Eutiquio y destituyó a Flaviano. Dióscoro entonces excomulgó a León y designó a un obispo alejandrino para que tomase su lugar como obispo de Roma. El emperador aceptó la decisión de este «Segundo Concilio de Éfeso», pero el poder de Dióscoro duró poco, ya que el emperador murió el año siguiente. Accediendo a la petición de León de un nuevo concilio para contraordenar las acciones del así llamado «Concilio de Latrocinio» del 449 d.C. el emperador Marciano ordenó que se celebrara en Calcedonia en el 451 d.C. Fue presidido por la comisión del emperador, atendiendo este personalmente a la sexta sesión, siendo la mayor asamblea hasta ese momento. Atendieron a él alrededor de seiscientos obispos. John Leith escribe acerca de su constitución:

> La decisión cristológica de Calcedonia ilustra lo católica que era la teología en la antigua iglesia. Tres escuelas principales de teología se habían visto involucradas en las controversias cristológicas y estaban representadas en Calcedonia: Alejandría, Antioquía y la cristiandad occidental. El resultado final no podía haberse producido por ninguna de estas escuelas de pensamiento por sí mismas. El Concilio de Calcedonia fue verdaderamente católico en el alto grado en que fue resultado de la sabiduría teológica compartida de la iglesia.[38]

La primera acción del concilio fue volver a afirmar el Credo Niceno tanto en su forma original («el Credo de los trescientos dieciocho santos padres en Nicea») y su forma constantinopolitana («el Credo Constantinopolitano»). También declaró que el Concilio de Cirilo en Éfeso en el 431 era el tercer concilio ecuménico, y adoptó las dos cartas de Cirilo contra Nestorio como refutación del nestorianismo y el *Tomo* de León como refutación del Eutiquianismo. Es interesante notar que el concilio no declaró que el *Tomo* de León fuera un dogma de la iglesia como él hubiera deseado, sin duda para no dar demasiada autoridad a la diócesis romana. Luego escribió un nuevo credo, justificando la necesidad de este por el auge de las herejías del apolinarismo, nestorianismo y eutiquianismo. Hasta el día de hoy, la Definición de Calcedonia sigue siendo «la piedra de toque de la ortodoxia cristológica» y «la suprema expresión de una fe bíblica y ortodoxa».[39] Dice así:

---

[34] Bray, *Creeds, Councils and Christ*, 158, apunta a que el problema de Eutiquio era resultado de una «confusión terminológica» que Cirilo siempre había buscado y que se reflejaba en su dicho: «De las dos naturalezas, una naturaleza».
[35] Latourette, *History*, 171. No apoyo la descripción que hace Latourette de la diócesis romana.
[36] «The Tome of Leo», en *The Oxford Dictionary of the Christian Church*, ed. Frank Cross, 1366.
[37] Seeberg, *Text-Book*, 1:268. Por ejemplo, los delegados de León fueron encarcelados, y muchos delegados de Antioquía golpeados.
[38] John H. Leith, ed., *Creeds of the Church*, rev. ed. (Atlanta: John Knox, 1973), 34. Leith también cita a Albert C. Outler a efectos de que Calcedonia es el lugar en el que «la historia del pensamiento cristiano en el Nuevo Testamento fue explicada en un equilibrio exacto, a fin de desalentar las cuatro maneras favoritas por las que las "energías" humanas y divinas del evento de Cristo se malentendían comúnmente» (35). A la luz del perspicaz comentario de Outler, solo podemos contener el aliento por su disposición a referirse a Cristo como «el evento de Cristo» y a sus naturalezas como «energías».
[39] Bray, *Creeds, Councils and Christ*, 151, 163. Véase también Joseph H. Hall («Council of Chalcedon» en *Evangelical Dictionary of Theology*) que describe la Definición de Calcedonia como «el estándar de la ortodoxia cristológica» (204), y G.C. Berkouwer (*The Person of Christ*) quien la declara ser «una brújula para la

De acuerdo entonces con los santos Padres [nicenos], enseñamos unánimemente [a los cristianos] a confesar a uno y el mismo Hijo, nuestro Señor Jesucristo: la misma deidad perfecta en la misma perfecta humanidad, verdadero Dios y verdadero hombre, el mismo de una mente racional y cuerpo, consustancial con el Padre de acuerdo a la deidad y consustancial con nosotros de acuerdo a la humanidad, como nosotros en todas las cosas excepto en el pecado; engendrado del Padre antes de los tiempos de acuerdo a la deidad y el mismo en los últimos tiempos, para nosotros y para nuestra salvación, [nacido] de María la Virgen, la portadora de Dios, de acuerdo a la humanidad. Uno y el mismo Cristo, Hijo, Señor, Unigénito, dado a conocer *en dos naturalezas* [ἐν δύο φύσεσιν, *en duo physesin*], sin confusión [ἀσυγχύτως, *asunchytōs*], sin cambio [ἀτρέπτως, *atreptōs*], sin división [ἀδιαιρέτως, *adiairetōs*], sin separación [ἀχωρίστως, *achōristōs*], sin que en modo alguno la distinción de las naturalezas se elimine por la unión, sino que la propiedad de cada naturaleza se preserva y concurre en *una persona* [εἰς ἕν πρόσωπον, *eis hen prosōpon*] y en una subsistencia [μίαν ὑπόστασιν, *mian hypostasin*], sin partirse o dividirse en dos personas, sino uno y el mismo Hijo y Unigénito, Dios, Verbo, el Señor Jesucristo, como los profetas de antiguo [declararon] con respecto a Él, y el mismo Señor Jesucristo nos enseñó, y el Credo [Niceno] de nuestros Padres nos entregó.

Análisis de la Definición de Calcedonia y su cristología

Como afirmación *apologética*, la Definición abordó todos los problemas con respecto a la persona de Cristo que habían plagado la iglesia.

1. Contra los docetistas, declaró que el Señor Jesucristo era perfecto en humanidad, verdaderamente hombre, consustancial (ὁμοούσιον, *homoousion*) con nosotros en humanidad, y nacido de María.
2. Contra los adopcionistas samosatianos insistió en la subsistencia personal del Logos «engendrado del Padre antes de los tiempos».
3. Contra los sabelianos distinguió al Hijo del Padre tanto por los títulos «Padre» e «Hijo» como por su referencia a que el Padre habían engendrado al Hijo antes de los tiempos.[40]
4. Contra los arrianos afirmó que el Señor Jesucristo era perfecto en deidad, verdaderamente Dios y consustancial con el Padre.
5. Contra los apolinaristas, que habían reducido la humanidad de Jesús a un cuerpo y un «alma animal» (ψυχὴ ἄλογος, *psychē alogos*), declaró que Jesús tenía un «alma racional» (ψυχὴ λογική, *psychē logikē*), esto es, un «espíritu».
6. Contra los nestorianos, describió a María como θεοτόκος, *theotokos*, no para exaltar a María en lo más mínimo, sino para afirmar la verdadera deidad de Dios y el hecho de una encarnación real, y habló a lo largo de todo el documento de *un* y el *mismo* Hijo, y *una* persona y *una* subsistencia, que no se separa o se divide en dos personas, y cuyas naturalezas están *en unión* sin división y sin separación.
7. Finalmente, en contra de los eutiquianos, confesó que en Cristo existían *dos* naturalezas sin confusión y sin cambio, siendo la propiedad de cada naturaleza preservada y concurrente en una persona.

Como afirmación *ecuménica*, declaró a los «cristologistas del Verbo hecho carne» de la escuela alejandrina (que tendían a ser monofisistas), que habrían de hacer la paz con la idea de las dos naturalezas en Cristo, la divina y la humana, y que la persona única del Hijo, que era y es divina desde todos los tiempos, tomó en unión con su naturaleza divina en la persona divina única una naturaleza humana, sin confusión y sin cambio. Además, a los «cristologistas del Verbo-hombre» de la escuela de Antioquía, que tendían a hacer mucha

---

iglesia de épocas posteriores» (69).
[40] Véase la parte dos, capítulo nueve, para mi crítica de la doctrina nicena de la generación eterna.

distinción entre las naturalezas, les declaró que tendrían que entenderse con el hecho de que el Señor Jesús era *uno y el mismo* Hijo, *uno y el mismo* Cristo, Hijo, Señor, Unigénito, y *uno y el mismo* Hijo y Unigénito, Dios, Verbo, el Señor Jesucristo, que es *una* persona y *una* subsistencia, no separada o dividida en dos personas, y cuyas naturalezas son sin división, sin separación.

Finalmente, como afirmación *clarificadora,* trazó una línea de demarcación entre una «persona» como entidad sustantiva autoconsciente, y una «naturaleza» que consiste en un complejo de atributos, asentando el significado de la terminología, que era un tanto fluido al resultar elusivo, y había sido durante mucho tiempo fuente de malentendidos y divisiones en la iglesia. Bray escribe:

> El concilio aclaró que *persona* e *hipóstasis* eran lo mismo, no algo diferente como había dicho Nestorio. También afirmó que la *persona/hipóstasis* era un principio por derecho propio, que no había de deducirse de la naturaleza. Además, sostuvo que en Cristo solo existe una *persona/hipóstasis*, la del divino Hijo de Dios. La naturaleza humana de Jesús no tenía una *hipóstasis* propia, que en lenguaje común quiere decir que Jesús no habría existido si el Hijo no hubiera entrado en el vientre de María. No había «hombre» aparte de este acto divino.[41]

Esta construcción de la persona de Cristo como «una persona con dos naturalezas», siendo dicha persona la del Hijo de la Unidad intra-trinitaria, ha acarreado la acusación, vertida desde algunos campos modernos, de que la Definición es docética, o, cuanto menos, reduccionista, en tanto en cuanto niega a la naturaleza humana una personalidad humana. Esta acusación requiere una respuesta.

Aunque es verdad que la Definición niega que el Hijo de Dios, que ya era una persona dentro de la Trinidad, tomara en unión consigo mismo a una persona humana, insistiendo en su lugar que lo que tomó fue un conjunto pleno de atributos humanos (la doctrina conocida como *anhipóstasia*, literalmente «sin persona»), estos padres ni por un momento habrían pensado que Jesús, como hombre, era impersonal. Jesús era personal, como hombre, en virtud de la unión de su humanidad en la persona de Dios. En otras palabras, como persona, el Hijo de Dios dio identidad personal a la naturaleza humana que había asumido, sin perder ni comprometer su naturaleza divina. Ni por un momento, *el hombre* que era Jesús existió aparte de la unión de naturalezas en la persona divina única, pero esto también significa que *el hombre* que era Jesús, desde el momento de la concepción, era personal por virtud de la unión de la naturaleza humana en el Hijo divino. Wells lo expresa de la manera siguiente:

> La Definición afirmó que el Verbo divino se unió a una naturaleza humana… no a una persona. Esto significa que todas las cualidades y poderes humanos estaban presentes en Jesús, pero el ego, el sujeto autoconsciente que actuaba, era, de hecho, una unión compuesta de lo humano y lo divino.[42]

Esta explicación de la personalidad de la naturaleza humana de Jesús ha venido a ser conocida como la doctrina de la *enhipostasia*, y tiene su origen en las reflexiones teológicas formales de Leoncio de Bizancio (c. 485–c. 543) (o Leoncio de Jerusalén—en esto existe incertidumbre) y Juan de Damasco (c. 675–c. 749), quien mantuvo que en la encarnación la humanidad de Cristo, que era ciertamente personal desde el momento de la concepción virginal derivaba su personalidad, como hemos dicho, de la persona del Hijo.[43] Es cierto sin embargo que esta misma construcción estaba implícita dentro de la Definición de Calcedonia

---

[41] Ibid., 161.
[42] Wells, *Person of Christ*, 108.
[43] F. LeRon Shults, «A Dubious Christological Formula: From Leontius of Byzantium to Karl Barth», *Theological Studies* 57 (September 1996): 431–46, argumentando que el error tiene su origen en el influyente fallo de Friederich Loof a la hora de entender a Leoncio de Bizancio, declara que la formulación tuvo su origen en la erudición protestante, y no en Leoncio.

antes de que estos padres posteriores escribieran sus teologías, al declarar esta que Jesucristo era una persona con dos naturalezas, no dos personas teniendo cada una de ellas su correspondiente naturaleza.

Aún debemos extraer otra implicación de la enseñanza acerca de la «única persona» de la definición. Significa que no hay dos «conciencias de sí mismo» en Jesús. Antes de la Encarnación el Hijo era consciente de ser divino, pero después y por esta misma encarnación, el Hijo único seguía siendo consciente de ser divino y también consciente de ser humano. Ningún teólogo en el mundo cristiano y reformado ha dado una expresión más cuidadosa a la doctrina calcedónica de la *anhipostasia* que John Murray. Escribe:

La doctrina [de la persona del Hijo] católica [universal] ha sido al efecto de que la naturaleza humana no era en sí misma hipostática, es decir, personal. Solo había una persona, y esta persona era divina. Esto se ha conocido como el postulado calcedonio de la *anhipostasia* de la naturaleza humana... ¿Hace justicia la *anhipostasia* al [énfasis de la Escritura en que Jesús era un hombre]? ¿No está todo lo que pertenece a la personalidad humana necesariamente involucrado en tales designaciones [las que se hacen de Jesús como ἀνήρ, *anēr*, y ἄνθρωπος, *anthrōpos*]? Se han de realizar dos aclaraciones: En primer lugar, puede que no sea posible para nosotros dar una expresión adecuada en nuestra formulación, y particularmente en la formulación de Calcedonia, a todo lo que involucra la humanidad de nuestro Señor. Es decir, puede que no podamos diseñar una fórmula precisa que pueda guardar la unidad de su persona, por una parte, y la integridad de su humanidad por la otra.

En segundo lugar, es posible dar al término «persona» una connotación en nuestro contexto moderno y aplicarla a la naturaleza humana de Cristo, sin por eso infringir la *unicidad* de su persona humana y divina. En otras palabras, el término «naturaleza» puede ser demasiado abstracto para expresar todo lo que implica su humanidad y el término «persona» es necesario para expresar la humanidad que es suya verdaderamente.

Al mismo tiempo parece haber una gran verdad en la insistencia sobre la personalidad única en la Definición de Calcedonia. No hay ejemplos de nuestro Señor hablando o actuando en términos de una simple personalidad humana. En las distintas situaciones que nos relata el registro de los Evangelios, es destacable que Él se identifica a sí mismo como alguien que mantiene con el Padre Su relación única como Hijo unigénito, como el único cuya identidad, cuyo ser, puede concebirse en tales términos. Es verdad que habla y actúa como alguien humano y que es intensamente consciente de su humana identidad. Él muestra las limitaciones inseparables de esta identidad, y también las limitaciones prescritas por la tarea que se le encomendó cumplir en su naturaleza humana. Pero es altamente significativo que en las situaciones en las que su identidad humana y las limitaciones que acompañan a esta identidad y a su comisión son más evidentes, aparece la profunda conciencia de su relación filial y de su identidad divina (véase Mt. 24:36; 26:39, 42, 53; Juan 12:27. Véase también Juan 5:26, 27; 17:1; Ro. 1:3; Heb. 5:7–9; I Juan 1:7). En tales contextos, sus experiencias en virtud de ser humano quedan expuestas en primer plano en toda la intensidad de su ser. Pero, justo en ese momento, la conciencia intra-divina de Su condición de hijo está también en primer plano, definiendo Su persona. La conclusión parece ser que nunca se puede pensar en la *auto*identidad de nuestro Señor y en Su *auto*conciencia en términos de naturaleza humana solamente. No se puede predicar de Él la personalidad sin que esta traiga a la vista su identidad específicamente divina. Existen dos centros de conciencia, pero no de autoconciencia.

Dentro de esto es digno de especial atención observar cómo, en conexión con el sacrificio que Cristo ofrece en naturaleza humana, siempre es Él quien se muestra ofreciéndose a sí mismo, y en los distintos contextos se identifica y define en términos divinos (Juan 10:17, 18; 17:4; Ro. 8:32-34; Flp. 2:6–8; Heb. 1:3).

El Hijo de Dios no se convirtió en personal por medio de la encarnación. Él se encarnó, pero no hubo una suspensión de la identidad divina que tenía de sí mismo. Su yo ha de definirse en estos términos. Jesús era Dios-hombre, no Dios y hombre estrictamente hablando.[44]

En otro lugar escribe:

La ortodoxia católica ha defendido que la naturaleza humana de nuestro Señor no era hipostática o personal. En lenguaje del Símbolo de Calcedonia, las propiedades de cada naturaleza concurrían «en una persona y una subsistencia, no separada ni dividida en dos personas, sino en uno y el mismo Hijo, unigénito, Dios el Verbo, el Señor Jesucristo». ...

Hemos de ser conscientes del posible peligro inherente en traspasar a nuestro contexto moderno los términos utilizados en las formulaciones y defensa de la *anhipostasia* en el siglo V; debemos estar alerta en todo momento en mantener la verdadera y completa humanidad de nuestro Señor, y utilizar aquellos términos proporcionados por el uso en nuestros días que mejor se adecúen a este propósito. No obstante, para este autor, no resulta en absoluto aparente que se nos exija hablar en términos de la «personalidad humana» de Jesús, ni tampoco que el desarrollo del pensamiento y el lenguaje sea tal que necesitemos abandonar el lenguaje o intención del Símbolo de Calcedonia. Parecería más bien que el interés central y la insistencia de Calcedonia son suficientemente aparentes, y necesitan ser preservados. Esta necesidad puede verse desde distintos ángulos. La consideración básica, sin embargo, es teológico-bíblica.

En las distintas situaciones del registro del Evangelio en las que encontramos a nuestro Señor revelándose, parece existir un hecho marcado y relevante: Él se reconoce como alguien que mantiene una relación única con el Padre como Hijo eterno y unigénito. Para ser más precisos en el punto de nuestra presente discusión, Él habla y actúa como alguien cuyo *Ser* mismo, cuya identidad de *sí mismo* ha de definirse en esos términos. Ciertamente es verdad que habla y actúa como alguien que es verdaderamente humano y que es, por tanto, consciente de su humana identidad. De esa forma muestra, no solo la realidad de su naturaleza humana, sino también la intensa conciencia del significado y propósito de dicha identidad humana. Pero incluso en aquellas situaciones en las que las limitaciones inseparables de Su identidad humana resultan más aparentes, y particularmente en las limitaciones prescritas por la tarea específica que le fue encomendada en Su naturaleza humana, es cuando brilla la profunda conciencia de Su *propia* identidad intra-divina. Este tipo de evidencia indicaría que el centro de Su conciencia de *sí mismo* era su condición de Hijo específicamente divina. Sin embargo, no pretendemos decir que la divina condición de Hijo o *hipóstasis* tomara el lugar de Su centro humano de conciencia en Su vida humana... Simplemente que cuando Su conciencia humana pasaba al primer plano en la realidad de Sus intrínsecas limitaciones y la realidad de las limitaciones impuestas por las exigencias de Su obra divina, incluso entonces, la conciencia de Su condición intra-divina de Hijo estaba también al frente a la hora de definir Su Persona. Tales consideraciones deberían constreñirnos como mínimo de dudar si separarnos de la formulación de Calcedonia. Al presente revisor le parece que la doctrina católica de la *anhipostasia* descansa sobre la información del Nuevo Testamento y evidencia una enseñanza bastante profunda de las implicaciones del testimonio que nuestro Señor da de sí mismo. La *anhipostasia* simplemente significaría que por muy integral que sea para el Hijo *encarnado* Su naturaleza humana, y por muy imposible que sea pensar de su persona en abstracción de Su naturaleza humana, predicar la «personalidad» de su naturaleza humana sería contrario a la evidencia de que la identidad que Él tiene de sí mismo jamás puede concebirse o definirse meramente en términos de naturaleza humana. Esto no podría expresarse diciendo que Su personalidad humana nunca podría concebirse aparte de Su personalidad divina. Más bien es que la idea misma de la personalidad nunca podría predicarse de Él sin que esta traiga a la vista su identidad específicamente divina. Y, si esto es así, no es factible hablar de su «personalidad humana».[45]

---

[44] John Murray, «The Person of Christ», in *Collected Writings of John Murray* (Edinburgh: Banner of Truth, 1977), 2: 137–38.
[45] John Murray, reseña de D. M. Baillie, *God Was in Christ*, en *Collected Writings of John Murray* (Edinburgh: Banner of Truth, 1982), 3: 342–43.

Para concluir, en mi opinión la Definición de Calcedonia continúa sin ser superada como afirmación apologética, ecuménica y clarificadora en cuanto a la persona de Cristo. Ningún otro credo humano que se haya escrito captura tan bien el equilibrio exacto de la Escritura, ni permite que todo lo que la Escritura dice acerca del Dios Hijo encarnado tenga su justo lugar. Ciertamente la Definición de Calcedonia es infinitamente preferible a aquellas construcciones cristológicas modernas que se niegan a reflejar la totalidad del testimonio de la Escritura acerca de Cristo, y que hablan de Él como un ejemplar de la especie humana muy especial, pero que, cuando todo está dicho, sigue siendo un simple hombre.

No todos en la cristiandad han compartido o comparten mi opinión. De hecho, casi inmediatamente después de que el concilio mismo hubiera sido suspendido, los monofisistas, principalmente localizados en la iglesia Oriental, no aprobaron la inclusión de la frase «en dos naturalezas». En el Segundo Concilio de Constantinopla, convocado por el Emperador Justiniano I en el 553 d.C., y a pesar de no repudiar la Definición de Calcedonia, intentaron mediante sus Doce Anatemas que la Definición fuera más digerible para la interpretación alejandrina. Pero cuando la herejía monofisista dio semilla a la herejía monotelista («una voluntad»), y aunque sus defensores negaban la implicación de que su punto de vista rayaba en el monofisismo y por tanto ponía en peligro la plena y verdadera humanidad de Cristo, el Tercer Concilio de Constantinopla, convocado por el Emperador Constantino IV en el 680 d. C. reafirmó la Definición de Calcedonia y añadió una frase afirmando que en Cristo hay dos voluntades (θελήματα, *thelēmata*) y dos operaciones (ἐνέργεται, *energetai*), estando la operación y voluntad humana en todo momento sujeta a la operación y voluntad divina. Además, algo muy curioso acerca de este añadido es que recurría dos veces al lenguaje mismo de la afirmación de Calcedonia—«sin confusión, sin cambio, sin división, sin separación»— para definir la relación entre estas dos voluntades y operaciones en el Señor Jesucristo. Así pues, las controversias mofisistas y monotelistas de los dos siglos posteriores al Concilio de Calcedonia han de juzgarse en su centro como recaídas en las contradicciones que en Calcedonia ya se habían superado sustancialmente. Además, aunque por supuesto siguió existiendo una discusión de la fórmula de Calcedonia a lo largo de la Edad Media y el periodo de la Reforma, no se produjo ningún desafío significativo en contra de su cristología hasta la así llamada Ilustración Europea (*Die Aufklärung*) del siglo XVIII, que, por supuesto, se oponía a toda religión sobrenatural. Resumiendo, la Definición de Calcedonia del siglo V había de convertirse en la piedra de toque de la ortodoxia cristológica en la cristiandad católica durante los mil quinientos años siguientes, sobreviviendo incluso a la división de la iglesia entre oriental y occidental en el 1054 d. C. y luego, dentro de la cristiandad occidental, a la división de esa iglesia entre católica romana y protestante en el siglo XVI. Ha continuado teniendo la lealtad de la iglesia universal hasta la actualidad. De hecho, hoy en día, en los credos que forman la base de la mayoría de las iglesias confesionales se puede encontrar el lenguaje y la doctrina de la Definición de Calcedonia en los artículos que tratan la persona de Cristo.

SEPARACIONES DE LA DEFINICIÓN

La cristiandad católica no se ha mantenido siempre y en todo lugar fiel a lo que confesó en Calcedonia. Por ejemplo, en las iglesias luteranas surgió una forma de eutiquismo que sirve a la peculiar visión de esa iglesia acerca de la relación del cuerpo de Cristo con los elementos físicos de la Cena del Señor. Esto puede verse en la representación luterana de la *communicatio idiomatum* («comunicación de atributos»), por la cual la naturaleza divina de nuestro Señor en su concepción virginal virtualmente «divinizó» Su naturaleza humana, comunicándole sus atributos. Así, los luteranos insisten en que su naturaleza humana es ubicua, y está presente físicamente en realidad «en, con y bajo» los elementos de los sacramentos de la Cena del Señor. Pero esta construcción cristológica, en palabras de Charles Hodge, «no forma parte del cristianismo católico».[46]

Incluso aquellos más celosos por defender el trascendente misterio de la encarnación y la verdadera deidad y humanidad de Cristo como verdades definidas por Calcedonia, no siempre lo han hecho con consistencia doctrinal. Por ejemplo, cuando muchos pastores evangélicos y laicos describen el efecto que tuvo sobre el Hijo de Dios asumir la naturaleza humana, con demasiada frecuencia emplean una fórmula «kenótica» sin darse cuenta. La kénosis fue propuesta formalmente por primera vez por Gottfried Thomasius (1802–1875), un teólogo alemán luterano, y ha sido perpetuada, con variaciones, por A. M. Fairbairne, F. Godet, C. Gore, A. B. Bruce, H. R. Mackintosh, O. Quick, V. Taylor, y muchos otros. Millard J. Erickson es un cristologista kenótico contemporáneo.[47] En general, la teoría defiende el punto de vista de que Dios Hijo «se vació» (ἐκένωσεν, *ekenōsen;* véase Flp 2:7) o despojó de ciertos atributos divinos, tales como la omnipresencia y la omnisciencia (o del uso de ellos) cuando asumió la carne humana. Consideremos por un momento los efectos de esta postura sobre el atributo de la omnipresencia del Hijo. En varias ocasiones le he preguntado a pastores evangélicos: «Después de la encarnación, ¿seguía teniendo el atributo de la omnipresencia la Segunda Persona de la Trinidad, o estaba limitada al cuerpo humano que había asumido?» Muchos han optado por lo segundo, implicando esto necesariamente que, en la Encarnación, Dios Hijo se despojó del atributo de estar siempre presente en todo lugar de forma inmediata en Su universo, el universo que Él creó. Pero los atributos divinos no son características separadas y distintas de la esencia divina, de tal forma que Dios pueda ponerlos a un lado como se quita un alfiler y seguimos teniendo el alfiletero. La esencia divina se expresa precisamente en la suma total de sus atributos. Defender que Dios Hijo se vació de tan siquiera una característica en el estado de humillación es lo mismo que decir que aquel que se encarnó, aunque quizás sea más que un hombre, tampoco es Dios. Pero como escribió una vez el obispo Moule, un Salvador que no es Dios «es un puente roto en el lugar más alejado».

La representación uniforme del Nuevo Testamento y de la cristología de Calcedonia es que la encarnación fue un acto de suma, no de resta. Sin dejar de ser aquello que es como Dios eternamente, el Hijo se unió a lo que no era, haciendo que la naturaleza humana le fuera propia. Durante los días de su ministerio terrenal, aunque demostró de forma general todas las características de los hombres exceptuando el pecado, también declaró en numerosas ocasiones ser el Dios eterno (Juan 8:58), afirmando para sí mismo la omnipresencia en Mateo 18:20 y 28:20, dando evidencia de su omnisciencia en Juan 1:57, 2:25, 4:29, y 11:11–14, y

---

[46] Charles Hodge, *Systematic Theology* (1871; reedición, Grand Rapids, Mich.: Eerdmans, 1952)), 2: 418. El tratamiento completo que realiza Hodge y su análisis crítico del punto de vista luterano de la persona de Cristo puede encontrarse en 407-18. Resumiendo, el punto de vista luterano afirma que la naturaleza humana de Cristo, después de asumir dimensiones divinas por habérsele comunicado atributos divinos en la unión de naturalezas de la persona divina única, bien oculto o se desligó de sus dimensiones divinas (una forma de kenosis que afectaba solamente a la naturaleza humana «divinizada») durante los días del ministerio terrenal de Cristo. Sin embargo, los luteranos afirman que en la resurrección su naturaleza humana se manifestó en sus dimensiones divinas. Las iglesias reformadas prefieren hablar de una «comunión de atributos» entre las naturalezas y la persona de Cristo. Es la persona de Cristo la que es tanto divina como humana, y las naturalezas comunican sus atributos a Su persona, pero no las unas a las otras. Este punto de vista es más cercano a la Definición de Calcedonia.

[47] En su *Christian Theology* (Grand Rapids, Mich.: Baker, 1984), 2:735, Erickson defiende que el Hijo de Dios se vació, no de la forma de Dios, sino de su igualdad con Dios, aceptando «ciertas limitaciones sobre el funcionamiento de sus atributos divinos». Por ejemplo, aunque el Hijo «seguía teniendo el poder para estar en todas partes... estaba limitado en el ejercicio de este poder por la posesión de un cuerpo humano». Argumenta de forma parecida en su posterior *The Word Became Flesh* (Grand Rapids, Mich.: Baker, 1991), afirmando que, en la Encarnación, el Hijo voluntariamente decidió «restringir el ejercicio independiente de algunos atributos divinos».

Declara que las restricciones impuestas sobre la divinidad de Cristo por Su cuerpo humano significaban que solamente podía estar en un lugar físico al mismo tiempo. Tomó la decisión voluntaria de limitar el ejercicio de Su omnipresencia durante un cierto periodo de tiempo. Esto no implica que no pudiera haber revocado Su decisión en cualquier momento. Había decidido que, aproximadamente desde el 4 a. C. hasta el 29 d. C. no tendría un uso libre de su omnipresencia. *No se trata de que estuviera fingiendo que no podía utilizarla; realmente no podía.* Del mismo modo, cuando Jesús preguntaba durante cuánto tiempo había sufrido un niño una enfermedad, o cuando profesaba que no sabía el momento de Su segunda venida, *no estaba fingiendo.* Había escogido sujetar Su omnisciencia al efecto velador u ocultador de Su humanidad. Por un tiempo, entregó Su conocimiento intuitivo de muchas de las cosas que Dios sabe. (549, énfasis añadido)

Él reconoce que el punto de vista que presenta es «una especie de teología kenótica» (551). Sin embargo, se remite al lector al argumento en la parte dos, capítulo ocho, en el que se demuestra que no existe base exegética en Filipenses 2.6–7 para pensar que Cristo «se vaciara» de nada en la Encarnación. Su «vaciamiento» no se refiere a Su encarnación, sino a Su «derramamiento» en la muerte como nuestro sumo sacerdote. Por tanto, todo el argumento de Erickson se basa en una exégesis defectuosa.

ejercitando poder divino, por ejemplo, al calmar la tormenta (Marcos 4:39) y la autoridad divina para perdonar pecados (Marcos 2:10). Juan nos informa de que los discípulos contemplaron Su gloria, la gloria del Hijo único, Dios mismo, que está en el seno del Padre (Juan 1:14–18). Y el autor de Hebreos declara que, aun cuando se ofrecía por nuestros pecados sobre la cruz, estaba al mismo tiempo sustentando todas las cosas por la palabra de su poder (Heb. 1:3).

Aunque no hemos de adscribir a los padres de la iglesia, los concilios o los credos la misma autoridad que le adscribimos a la Santa Escritura, puede al menos demostrarse que la cristología kenótica nunca formó parte de la ortodoxia cristológica. Por ejemplo, Cirilo de Alejandría, que dirigió la oposición ortodoxa contra Nestorio en el Concilio de Éfeso, escribió en una carta a su oponente:

> [El Verbo eterno] se sujetó a sí mismo al nacimiento por nosotros, y nació como hombre de una mujer, *sin apartar lo que Él era;* sino que, aunque asumió carne y sangre, *continuó siendo lo que era, Dios en esencia y en verdad.* Tampoco decimos que su carne fue cambiada a la naturaleza de la divinidad, ni que la inefable naturaleza del Verbo de Dios fuera apartada por la naturaleza de la carne; porque *él no ha cambiado y es absolutamente inmutable, siendo el mismo siempre, de acuerdo con las Escrituras.* Ya que, aunque era visible, y era un niño en pañales, e *incluso en el seno de su Madre Virgen, llenaba toda la creación como Dios,* y era compañero en el gobierno con Aquel que lo engendró, ya que la Deidad no tiene cantidad y dimensión, y no puede tener límites.[4][8]

Y como también hemos visto, la Definición de Calcedonia declara que Jesucristo posee «dos naturalezas sin confusión, sin cambio, sin división, sin separación, sin que en modo alguno la distinción de las naturalezas se elimine por la unión, sino que *la propiedad de cada naturaleza se preserva*» (énfasis añadido).

Está claro entonces, tanto por la Escritura como por la historia de la iglesia, que la cristología kenótica no puede afirmar ser una fórmula cristológica ortodoxa. En lugar de eso, es una mancha en el rostro de la cristología histórica, y debería repudiarse como una heterodoxia reduccionista respecto a la deidad de Cristo.

Otro ejemplo de imprecisión doctrinal entre aquellos que son más celosos por mantener una cristología calcedónica bíblica, se relaciona con el conocimiento humano de Jesús. Aunque muchos cristianos están bien dispuestos a defender la deidad plena e ilimitada de Jesucristo, mi experiencia ha sido que no son tan celosos por salvaguardar su humanidad plena e ilimitada. Aunque nunca afirmarían, como hacen los luteranos, que el Hijo de Dios al unir las naturalezas humana y divina en una sola Persona comunicó los atributos de la primera a la segunda, de forma que la naturaleza humana es físicamente ubicua, he escuchado a muchos atribuir la «divinización» de su conocimiento a otros medios, es decir, a la resurrección de Cristo y Su ascensión.

He escuchado decir muchas veces que, aunque nuestro Señor es verdad que no conocía todas las cosas *como hombre* durante los días de Su ministerio terrenal (Él mismo lo dijo en Marcos 13:32), sí que conoce todo *ahora* como hombre en su estado de exaltación, después de Su resurrección y ascensión. Pero esta idea concede poderes a la resurrección y ascensión de Cristo que simplemente no tienen ni nunca tuvieron la intención de tener. Su glorificación en modo alguno alteró la humanidad esencial que tuvo antes de su resurrección, convirtiéndola en algo distinto o diferente de aquella que asumió en la encarnación. Concedo que entró en el estado de gloria, lo cual conlleva las condiciones de la existencia posterior a la resurrección. Pero su humanidad, incluso en su estado glorificado, no asumió la infinitud de Dios. Era un verdadero hombre antes de su resurrección y sigue siéndolo a través de todas

---

[48] De «The Epistle of Cyril to Nestorius with the XII Anathematisms», en *A Select Library of Nicene and Post-Nicene Fathers of the Christian Church*, ed. Philip Schaff and Henry Wace, Second Series (Grand Rapids, Mich.: Eerdmans, 1956), 14:202, énfasis añadido.

las épocas. Es todo lo que el hombre es, con todo lo que involucra ser un hombre. Si tomamos la realidad de de su humanidad con sus limitaciones inherentes tan seriamente como lo hizo la Definición de Calcedonia cuando hablaba de las dos naturalezas de Cristo «sin confusión, sin cambio... sin que en modo alguno la distinción de las naturalezas se elimine por la unión, sino que *la propiedad de cada naturaleza se preserva*», entonces debemos afirmar que Cristo, como hombre, sigue siendo finito en su conocimiento para siempre. Como escribe Warfield:

> La teología reformada que felizmente heredamos nunca ha dudado en enfrentar el hecho [de que todo lo que el hombre es como hombre, Cristo lo es en la eternidad] y regocijarse en ello, con todas sus implicaciones. En lo que respecta al conocimiento, por ejemplo, no ha dudado en reconocer que Cristo, como hombre, tenía un conocimiento finito y ha de continuar teniéndolo para siempre. Declara que la naturaleza humana es siempre finita, y no más capaz del *charismata* infinito, que de la infinita *idiomata* o atributos de la naturaleza divina, por lo que es cierto que el conocimiento de la naturaleza humana de Cristo no es ni puede ser nunca la infinita sabiduría del mismo Dios. La teología reformada no tiene reservas, por tanto, en confesar las limitaciones del conocimiento de Cristo como hombre, y no tiene temor en exagerar la perfección y lo completo de Su humanidad.[49]

Esto, por supuesto, significa que Cristo es *como Dios* autoconscientemente infinito en sabiduría y conocimiento, y, *como hombre* conscientemente finito en sabiduría y conocimiento, y ambas cosas al mismo tiempo. Por supuesto, en esto hay un elemento de ese misterio trascendente de la encarnación, y un ejemplo del tipo de dificultad que hace que algunos tropiecen con la imagen que los Evangelios dibujan de Él. ¿Cómo puede alguien ser tanto omnisciente como finito en conocimiento al mismo tiempo? Algunos teólogos, por ejemplo J. Oliver Buswell Jr., han sugerido que la respuesta descansa en postular dos «niveles» de conciencia en Jesús: un nivel de conciencia activa en el que Jesús como hombre creció en sabiduría y conocimiento como hacen otros hombres, y en el que reconoció ignorar algunas cosas, y otro nivel (¿subconsciente?) en el que, como Hijo de Dios, sabía todas las cosas al mismo tiempo. En cualquier momento de su vida, en teoría, podía haber llamado a Su nivel de conciencia activo cualquier dato de conocimiento que deseara del almacén infinito de conocimiento divino que tenía en posesión. Pero antes de la encarnación, en el eterno decreto con respecto a Su ministerio en la tierra, se había determinado que en Su conciencia activa se limitaría *solamente* a la información que está a disposición de otros hombres guiados por el Espíritu.[50] No estoy completamente convencido de que esta particular forma de verlo sea la respuesta, ya que no explica cómo es que Jesús en muchas ocasiones dio claras evidencias de poseer un conocimiento consciente que no está normalmente disponible ni siquiera a hombres guiados por el Espíritu. De hecho, tuvo incluso conciencia de ser divino. Thomas Morris propone una solución de «dos mentes» que solventa esta dificultad en cierto grado. Sugiere que la mente humana (limitada) de Cristo no tenía acceso al contenido de la mente (ilimitada) divina a menos que esta última le permitiese el acceso.[51] Probablemente nunca descubramos la verdadera solución a este problema. Pero si nos sujetamos a la Escritura, hay algo que no hemos de hacer para librarnos de esta dificultad, y es echar mano de un conjunto de sus representaciones, establecer «nuestra posición» y descartar el resto. Por ejemplo, con respecto al tema de su conocimiento, Jesús se representa en los Evangelios

> como alguien que no conoce algún asunto u otro (Marcos 13:32), [pero] igualmente se presenta como alguien que sabe todas las cosas (Juan 20:17; 17:30). Si se le representa como alguien que

---

[49] Benjamin B. Warfield, «The Human Development of Jesus», en *Selected Shorter Writings of Benjamin B. Warfield*, ed. John E. Meeter (Nutley, N.J.: Presbyterian and Reformed, 1970), 1:162.
[50] J. Oliver Buswell Jr., *A Systematic Theology of the Christian Religion* (Grand Rapids, Mich.: Zondervan, 1963), 2:30.
[51] Thomas Morris, *The Logic of God* (Ithaca, N.Y.: Cornell University Press, 1986), 88–107.

adquiere información desde fuera, haciendo preguntas y expresando sorpresa, también se le presenta como alguien que sabe sin información humana todo lo que sucede o ha sucedido (como la oración secreta de Natanael en Juan 1:47), la vida entera de la mujer samaritana (Juan 4:29), los pensamientos mismos de sus enemigos (Mt 9:4), todo lo que hay en el hombre (Juan 2:25). Tampoco son dos tipos de hechos que se mantengan separados—están más bien entrelazados de la forma más asombrosa. Si bien sabe de la enfermedad de Lázaro por medio de informantes humanos (Juan 11:3, 6), también sabe que está muerto sin que nadie humano le informe (Juan 11:11, 14); si pregunta «¿Dónde le pusisteis?» y llora junto con la desconsolada hermana, sabe desde el principio (Juan 11:11) lo que Su poder realizaría para el alivio de Su dolor.[52]

Al estar confrontados como lo estamos por el gran misterio de la encarnación, la tentación es negar una de las series de datos escriturales, y eso es precisamente lo que han hecho muchos en nuestra generación. Hoy día está particularmente de moda negar la cara divina de Su vida dual, explicando que se trata de mitología del siglo I. Pero es precisamente este camino de elegir solo una parte de los datos (un camino que tantos tomaron en las controversias que llevaron al Concilio de Calcedonia) el que los padres de Calcedonia se negaron a tomar. Como resultado de la Definición de Calcedonia, esta apreciada herencia permanece hasta el día de hoy. Warfield escribe que esta definición:

> No es algo a lo que se llegara fácilmente o sin un estudio largo y minucioso del material escritural. Cualquier otra solución que se probó no fue suficiente; es en esta en que la Iglesia encontró descanso, y en ella ha descansado hasta nuestros días. No se exagera al decir que solo en ella pueden hallar justicia y un ajuste armonioso las distintas representaciones de la Biblia. Si es cierta, entonces todo lo que es verdad acerca de Dios y de igual forma todo lo que es verdad acerca del hombre, puede atribuirse a Cristo,. Se toman en cuenta todos los fenómenos, sin violentar ninguno. Si no es cierta, podemos decir con seguridad que el puzle continúa siendo irresoluble.[53]

Al ser así, la caracterización de la Definición que a veces se escucha, y que dice que con sus cuatro adverbios es esencialmente negativa en su enseñanza, es ciertamente inadecuada, si no totalmente errónea. La Definición es bastante positiva en aquello que afirma sobre Cristo, declarando que él es (1) una persona que es (2) tanto verdaderamente divina por virtud de su Deidad como verdaderamente humana por virtud de la concepción virginal, que también es (3) tanto consustancial con el Padre de acuerdo con Su deidad, como consustancial con nosotros de acuerdo con Su humanidad, (4) sin que la distinción de Sus dos naturalezas sea eliminada en forma alguna por la unidad de su persona, sino que (5) las propiedades de cada naturaleza se preservan y (6) concurren en una persona, es decir, en una subsistencia. Los «cuatro grandes adverbios negativos de Calcedonia» son solo una pequeña parte de la Definición total, aunque es cierto que no son una parte insignificante. Aunque describen la relación de las naturalezas en una persona en términos de indicar cómo *no* han de relacionarse dichas dos naturalezas, lo hace con la motivación positiva de apartar todos los intentos de aclarar el acto divino de la Encarnación «mediante categorías en las que la unidad [de la Persona] ha de ceder a la dualidad [de las naturalezas] o la dualidad [de las naturalezas] a la unidad [de la Persona]».[54]

Un comentario final: Aunque tengo en alta estima la Definición de Calcedonia, no es mi intención sugerir que debería haber sido el «punto terminal» de la reflexión cristológica en el sentido de que cualquier otra reflexión sobre la Encarnación después de ella haya estado y esté fuera de orden. Los dogmas, por muy reverenciados y por mucho que se conviertan en tradiciones honradas por el tiempo, han de verse sujetos en todas sus expresiones y en todo tiempo a la Palabra de Dios, y es la investigación ininterrumpida en la *Escritura* la que debe

---

[52] Warfield, «Human Development», 1:163.
[53] Ibid., 1:165.
[54] Berkouwer, *Person of Christ*, 95.

finalmente guiar a la iglesia.[55] De hecho, en la presente discusión he resaltado seis áreas en las que una reflexión posterior sobre la persona de Cristo ha probado ser muy beneficiosa para nuestro entendimiento de Él, esto es, la *enhipostasia* de Leoncio de Bizancio, la decisión ditelética del 680 d.C., el así llamado *extra-Calvinisticum* que surgió en los diálogos luteranos reformados, la oposición reflexiva a las cristologías kenóticas de los siglos XIX y XX, la insistencia de Warfield sobre la finitud eterna del hombre Jesús, y la sugerencia de Murray de dos conciencias pero solo una *auto*conciencia en Jesucristo. Pero todas estas conclusiones están implícitas en la Definición, y es significativo que incluso en estas áreas de reflexión que van más allá, vemos la intención de ser fieles al importante tema de que Jesucristo sea considerado Dios-hombre. Este el tema central de la Definición misma, y a ese grado refleja su visión: El Cristo de la Escritura es el Verbo de Dios hecho carne. La Definición nunca debería emplearse para sofocar la reflexión sobre la Escritura. También insistiría con Berkouwer en que

En Calcedonia se da una voz de «¡Alto!» que ciertamente continúa resonando contra toda forma de especulación que intente penetrar en el misterio [de la persona humana y divina] más allá de lo que se permite a la luz de la revelación.[56]

Dicho de otra forma, la Definición de Calcedonia marca un punto terminal legítimo a todas las especulaciones que desechan ya sea la doctrina de la «persona Única» o de las «dos naturalezas» eliminando la super-naturalidad de la Encarnación y el Cristo Encarnado. Y la historia está repleta de ejemplos que justifican la frecuente afirmación de que «cuando alguien se mueve más allá de los límites de Calcedonia, ha decidido elegir una herejía».

Creo que resulta útil para el cristiano ver a través de las luchas de nuestros predecesores espirituales una forma por la que podamos sistematizar la gran cantidad de datos que las Escrituras contienen respecto a la persona de Jesucristo. Este capítulo ha seguido estas luchas desde los padres apostólicos, los apologistas, los padres anti agnósticos y Orígenes, y luego a través de la oposición conciliar de la iglesia al arrianismo y el sabelianismo en Nicea en el 325 d.C., el apolinarismo y el monarquismo en Constantinopla en el 381 d.C., el nestorianismo en Éfeso en el 431 d.C. y el Eutiquismo en Calcedonia en el 451. d.C. He sugerido que la Definición de Calcedonia ha capturado con mayor precisión y plenitud que cualquier otra afirmación por si sola todo lo que la Escritura enseña acerca de Cristo, Aquel que está en el centro de la confesión Cristiana. Esta Definición fue producto de una asamblea de hombres de iglesia de todos los rincones del imperio, y representaba a las tres escuelas principales de pensamiento cristológico, que juntas lucharon durante tanto tiempo por entender a Aquel que era su Señor. Instaría a que una labor tan larga y concienzuda no fuera desechada de manera arrogante.

---

[55] Ibid., 90, 91.
[56] Ibid., 88.

17 | EL CARÁCTER DE LA OBRA DE CRISTO EN LA CRUZ

La obra de la cruz de nuestro Señor Jesucristo, quién es el alfa y la omega, está en el principio, el centro, y el fin de la eterna voluntad de Dios y de todos sus caminos y obras. La obra de la cruz de Cristo es terreno sagrado. Es el lugar «santísimo» de la iglesia. John Murray describe la obra de la cruz de nuestro Señor como «el más solemne espectáculo en toda la historia, un espectáculo sin paralelo, único, no repetido e irrepetible» y el sitio de «la declaración más misteriosa que jamás haya ascendido de la tierra al cielo, '¿Dios mío, Dios mío, ¿por qué me has abandonado?'» Contemplándolo, somos espectadores de una maravilla cuya alabanza y gloria no se agotará en la eternidad. Es el Señor de la gloria, el Hijo de Dios encarnado, el Dios-hombre, bebiendo la copa que el Padre eterno le dio, la copa del dolor de la agonía indescriptible. Casi dudamos en decirlo. Pero debe decirse. Es dios en nuestra naturaleza desamparado por Dios. El grito del árbol maldito demuestra nada menos que el abandono que es la paga del pecado... No hay reproducción o paralelo en la experiencia de los arcángeles o de los grandes santos. El débil paralelo aplastaría al más santo de los hombres y al más poderoso de la hueste angelical..[1]

Como la fianza de los elegidos en el plan eterno de salvación, y el cumplimiento de las promesas del pacto de Dios a Abraham (Lc. 1:54-55, 68-73; Ro. 15:8-9; Gal. 3:8-9, 13-14), y como el mediador del pacto de gracia y el único redentor de los elegidos de Dios, el Señor Jesucristo realizó su obra salvífica en su representación en su triple oficio de *profeta* (Dt. 18:15; Lc. 4:18-21; 13:33; Hch. 3:22), *sacerdote* (Sal. 110:4; Heb. 3:1; 4:14-15; 5:5-6; 6:20; 7:26; 8:1), y *rey* (Is. 9:6–7; Sal. 2:6; 45:6; 110:1–2; Lc. 1:33; Jn. 18:36–37; Heb. 1:8; 2 P 1:11; Ap. 19:16). Los teólogos se refieren a estos como los tres oficios de Cristo, junto con todas las otras designaciones cristológicas tales como apóstol, pastor, intercesor, consejero y cabeza de la iglesia estando subsumidas bajo uno o más de estos tres oficios generales.

Cumpliendo su oficio de profeta, Cristo, (1) afirmó traer el mensaje del Padre (Jn. 8:26-28; 12:49-50), (2) proclamado el mensaje del Dios al pueblo (Mt. 4:17) y a nosotros, sus discípulos (M.t 5-7), y (3) anunciado o predicho eventos futuros (Mt. 24-25; Lc. 19:41-44). Todavía hoy continúa ejerciendo su obra como profeta al «revelarnos por su palabra [Jn. 16:12-15] y Espíritu [1 P. 1:10-11] la voluntad de Dios para nuestra salvación» (Catecismo menor, Pregunta 24) y edificación (Ef. 4:11-13).

Ejecutando su oficio de sumo sacerdote, Cristo (1) se ofreció asimismo a Dios como un sacrificio para satisfacer la justicia divina y reconciliar la iglesia de Dios (Ro. 3:26; Heb. 2:17; 9:14, 28) e (2) intercede y continúa intercediendo por todos aquellos que vienen a Dios por Él (Jn. 17:6-24; Heb. 7:25; 9:24).

Realizando su oficio de rey, Cristo (1) llama a sus elegidos salir del mundo para volverse un pueblo para sí mismo (Is. 55:5; Jn. 10:16, 27), (2) les da oficiales, leyes por las cuales

---

[1] John Murray, *Redemption—Accomplished and Applied* (Grand Rapids, Michigan: Eerdmans, 1955), 77–78.

visiblemente los gobierna (1 Co. 5:4-5; 12:28; Ef. 4:11-12; Mt. 18:17-18; 28:19-20; 1 Ti. 3:1-13; 5:20; Tit. 1:5-9; 3:10), (3) los preserva y apoya en todas sus tentaciones y sufrimientos (Ro. 8:35-39; 2 Co .12:9-10), (4) refrena y vence a todos sus enemigos (Hch. 12:17; 18:9-10; 1 Co. 15:25), (5) poderosamente ordena todas las cosas para su propia gloria y su bien (Mt. 28:19-20; Ro. 8:28; 14:11; Col. 1:18) y (6) finalmente toma venganza de sus enemigos que no conocen a Dios y quienes no obedecen el evangelio (Sal. 2:9; 2 Ts. 1:18).

Esta delineación de los tres oficios generales de Cristo indica que Él los ejerce tanto en el estado de su humillación como en el estado de su exaltación (Is. 9:6-7; Sal. 2:6; Ap. 19:16). Es decir, uno no debe pensar que fueron sus ministerios profético y sacerdotal que ejerció antes de su muerte y sepultura mientras que es su oficio regio el que ha ejercido desde su resurrección, las Escrituras lo representan como ejerciendo los tres oficios en ambos estados.

Al ocupar estos oficios, Cristo cumple y satisface todas las necesidades de los hombres. «Como profeta se enfrenta al problema de la ignorancia del hombre, proporcionándole conocimiento. Como sacerdote, se enfrenta al problema de la culpa del hombre, proporcionándole justicia. Como rey, se enfrenta al problema de la debilidad y dependencia del hombre, proporcionándole poder y protección».[2] En este capítulo, se considerará especialmente el oficio de nuestro Señor como sacerdote.

La obra de la cruz es central para la fe cristiana y su proclamación, debido a quién estuvo ahí y a lo que hizo. Con los apóstoles la iglesia afirma que fue el Hijo eterno de Dios, el verbo que se hizo carne, el Señor de la gloria, quién murió en el Calvario (Ro. 9:5; Tit. 2:13; Heb. 1:8; 2 P. 1:1; Jn. 1:1, 14; 20:28; 1 Co. 2:8). Por consiguiente, en sus mejores momentos, la iglesia se ha «gloriado solo en la cruz» (Gal. 6:14) y ha «decidido no saber nada entre «las naciones» excepto a Cristo crucificado» (1 Co. 2:2). Lo ha hecho así a pesar de que sabe que la predicación de la cruz es «piedra de tropiezo para los judíos y locura para los gentiles» (1 Co. 1:23). Lo ha hecho, no solo porque sabe que «por la locura de la predicación [el mensaje de la cruz] agradó a Dios salvar a los creyentes» (1 Co. 1:18, 21), sino también porque reconoce que la cruz de Cristo es «poder y sabiduría de Dios» (1 Co. 1:24).

Para Pablo caracterizar la cruz de Cristo en la forma como lo hizo en 1 Corintios 1:24 —«poder y sabiduría de Dios»— implica que Dios logró una verdadera gran salvación a través de la obra de la cruz del Señor de gloria. Uno puede bosquejar los contornos trascendentales de esa «tan grande salvación» simplemente examinando lo que afirman las epístolas del Nuevo Testamento sobre el «cuerpo», la «sangre», la «cruz» y la «muerte» de Cristo, palabras que tomadas en sus contextos representan esa gran obra en términos de un sacrificio «ver también 1 Co. 5:7; Heb. 7:27; 9:26, 28; 10:10, 12, 14).

EL CUERPO DE CRISTO

El Nuevo Testamento afirma lo siguiente sobre los logros del «cuerpo» de Cristo, esta palabra se refiere en los contextos citados a su cuerpo ofrecido en sacrificio a Dios:

Romanos 7:4: los cristianos han «*muerto* [ἐθανατώθητε, *ethanatōthēte*] a la ley mediante el cuerpo de Cristo».

Colosenses 1:22: Dios los ha «reconciliado [ἀποκατήλλαξεν, *apokatēllaxen*] en su cuerpo [de Cristo] de carne, por medio de la muerte, para presentaros santos y sin mancha e irreprensibles delante de él».

Hebreos 10:10: Los cristianos «somos santificados [ἡγιασμένοι, *hēgiasmenoi*] mediante la ofrenda del cuerpo de Jesucristo hecha una vez para siempre».

---

[2] James Benjamin Green, *A Harmony of the Westminster Presbyterian Standards* (Richmond: John Knox, 1951), 65–66.

1 Pedro 2:24: Jesús «quien llevó [ἀνήνεγκεν, *anēnenken*] él mismo nuestros pecados en su cuerpo sobre el madero, para que nosotros, estando muertos a los pecados, vivamos a la justicia; y por cuya herida fuisteis sanados [ἰάθητε, *iathēte*].

LA SANGRE DE CRISTO

El Nuevo Testamento afirma lo siguiente sobre los logros de la «sangre» de Cristo, la palabra *sangre* en estos versículos debe interpretarse como una abreviatura teológica de su muerte *sacrificial*.[3]

Hechos 20:28: Dios «ganó [περιεποιήσατο, *periepoiēsato*] [a la iglesia] por su propia sangre» (o «a través de la sangre de su [Hijo])».

Romanos 3:25: «a quien Dios puso [προέθετο, *proetheto*] como propiciación [ἱλαστήριον, *hilastērion*] por medio de la fe en su sangre, para manifestar su justicia, a causa de haber pasado por alto, en su paciencia, los pecados pasados». (ver también Heb 2:17; 1 Jn 2:2; 4:10)

Romanos 5:9: Los cristianos «estando ya justificados [δικαιωθέντες, *dikaiōthentes*, es decir, perdonados y constituidos justos] en su sangre».

Efesios 1:7: Los cristianos «tenemos redención [ἀπολύτρωσιν, *apolytrōsin*] por su sangre, el perdón de pecados». (ver Col 1:14, donde Pablo se refiere directamente a «redención», virtualmente como un sinónimo «del perdón de los pecados»).

Efesios 2:12-13: Los cristianos gentiles «que en otro tiempo estabais lejos, *habéis sido hechos cercanos* [ἐγενήθητε ἐγγὺς, *egenēthēte engys*] [a Cristo, a la ciudadanía de Israel, a los beneficios del pacto de la promesa, a esperanza, y a Dios mismo] por la sangre de Cristo».

Colosenses 1:20: Dios tuvo a bien a través de Cristo «*reconciliar* [ἀποκαταλλάξαι, *apokatallaxai*] consigo todas las cosas, así las que están en la tierra como las que están en los cielos, haciendo la paz [εἰρηνοποιήσας, *eirēnopoiēsas*] mediante la sangre de su cruz».

Hebreos 9:12: Cristo «por su propia sangre, entró una vez para siempre en el Lugar Santísimo, *habiendo obtenido* [εὑράμενος, *heuramenos*] eterna redención [λύτρωσιν, *lytrōsin*].

Hebreos 9:14: La sangre de Cristo «*limpiará* [καθαριεῖ, *kathariei*] vuestras conciencias de obras muertas para que sirváis al Dios vivo».

1 Pedro 1:2, 18-19: Los elegidos de Dios fueron elegidos «para ser rociados con la sangre de Jesucristo», que representa la muerte de Cristo como una muerte en sacrificio en cumplimiento del sistema típico de sacrificio del Antiguo Testamento en el que la sangre de toros y machos cabríos se rociaba ceremonialmente sobre las personas y los objetos para ser limpiados. Además, es por su «sangre preciosa» que los creyentes «fuisteis rescatados [ἐλυτρώθητε, *elytrōthēte*]» de su antigua forma de vida vacía.

1 Juan 1:7: «la sangre de Jesucristo su Hijo nos *limpia* [καθαρίζει, *katharizei*] de todo pecado».

Apocalipsis 1:5: Cristo «nos amó, y nos lavó [λύσαντι, *lysanti*] de nuestros pecados con su sangre».

Apocalipsis 5:9-10: Cristo «nos has *redimido* [ἠγόρασας, *ēgorasas*] para Dios, de todo linaje y lengua y pueblo y nación; y nos has *hecho* [ἐποίησας, *epoiēsas*] para nuestro Dios reyes y sacerdotes, y reinaremos sobre la tierra».

---

[3] Alan Stibbs demuestra que la *sangre* es «una palabra-símbolo para muerte» en su *The Meaning of the Word «Blood» in Scripture* (London: Tyndale, 1948), 10, 12, 16, 30.

LA CRUZ DE CRISTO

Pablo declara lo siguiente sobre los logros de la «cruz» —de nuevo, una abreviatura metafórica para la muerte sacrificial de Cristo:

Efesios 2:16: «mediante la cruz *reconciliar* [ἀποκαταλλάξῃ, *apokatallaxē*] con Dios a ambos [judíos y gentiles] en un solo cuerpo, *matando* [ἀποκτείνας, *apokteinas*] en ella [o «sobre»] las enemistades [de Dios].

Colosenses 1:20: «*haciendo la paz* [εἰρηνοποιήσας, *eirēnopoiēsas*] mediante la sangre de su cruz».

Colosenses 2:14-15: «anulando [ἐξαλείψας, *exaleipsas*] el acta de los decretos que había contra nosotros, que nos era contraria, *quitándola de en medio* [ἦρκεν ἐκ τοῦ μέσου, *ērken ek tou mesou*] y clavándola en la cruz, y despojando [ἀπεκδυσάμενος, *apekdysamenos*] a los principados y a las potestades, *los exhibió* [a ellos] *públicamente* [ἐδειγμάτισεν ἐν παρρησίᾳ, *edeigmatisen en parrēsia*], *triunfando* [θριαμβεύσας, *thriambeusas*] sobre ellos en la cruz».

LA MUERTE DE CRISTO

Finalmente, el Nuevo Testamento afirma lo siguiente sobre los logros de la «muerte» de Cristo:

Romanos 5:10: «Porque si siendo enemigos, *fuimos reconciliados* [κατηλλάγημεν, *katēllagēmen*] con Dios por la muerte de su Hijo».

Colosenses 1:21-22: «Y a vosotros también, que erais en otro tiempo extraños y enemigos en vuestra mente, haciendo malas obras, ahora *os ha reconciliado* [ἀποκατήλλαξεν, *apokatēllaxen*] …por medio de la muerte [de Cristo], para presentaros santos y sin mancha e irreprensibles delante de él».

Hebreos 2:9-10: «Pero vemos a aquel que fue hecho un poco menor que los ángeles, a Jesús, coronado de gloria y de honra, a causa del padecimiento de la muerte, para que por la gracia de Dios gustase la muerte por todos. Porque convenía a aquel [Dios]… que, habiendo de llevar muchos hijos a la gloria, perfeccionase por aflicciones al autor de la salvación de ellos.

Hebreos 2:14-15: «Así que, por cuanto los hijos participaron de carne y sangre, él [Cristo] también participó de lo mismo, *para destruir* [καταργήσῃ, *katargēsē*] por medio de la muerte al que tenía el imperio de la muerte, esto es, al diablo, y librar [ἀπαλλάξῃ, *apallaxē*] a todos los que por el temor de la muerte estaban durante toda la vida sujetos a servidumbre».

Hebreos 9:15: «Así que, por eso es mediador de un nuevo pacto, para que interviniendo muerte para la remisión [εἰς ἀπολύτρωσιν, *eis apolytrōsin*] de las transgresiones que había bajo el primer pacto, los llamados reciban la promesa de la herencia eterna.

Otros versículos, si utilizar el sustantivo «muerte», también hablan de lo que Cristo logró cuando «murió»:

Juan 12:24: Si «…cae en la tierra y muere», la muerte de Cristo «lleva mucho fruto».

Romanos 5:6: «Porque Cristo, cuando aún éramos débiles, a su tiempo murió por los impíos».

Romanos 5:8: «aún pecadores, Cristo murió por nosotros».

1 Corintios 15:3: «Cristo murió por nuestros pecados, conforme a las Escrituras».

2 Corintios 5:15: «y por todos murió, para que los que viven, ya no vivan para sí, sino para aquel que murió y resucitó por ellos».

1 Tesalonicenses 5:10: Cristo «quien murió por nosotros para que… vivamos juntamente con él».[4]

LA OBEDIENCIA DE CRISTO EN LA TOTALIDAD DE SU VIDA

Es evidente de estas diversas caracterizaciones de los logros de la obra de la cruz de Cristo que fue una obra de proporciones cósmicas y eternas, con significado para *Dios*, para los *ángeles*, ambos santos y demoníacos, para los *hombres*, para elegidos y no elegidos, y para la *creación misma*. Antes de considerar estos logros a detalle, es necesario, primero, señalar que en el fundamento de toda la rica y variada terminología que las Escrituras emplean para describir la obra de la cruz de Cristo, hay una característica unificadora, completa y omnipresente de toda su vida y ministerio, que es tan esencial a su obra de la cruz que sin ella ninguna de estas cosas que las Escrituras dicen sobre la misma podrían haberse dicho con algún grado de propiedad. Esa característica es la obediencia es *la obediencia de Cristo* (ver Ro. 5:18). Muy correctamente Juan Calvino escribió: «Ahora alguno preguntará, como ha abolido Cristo el pecado, desterró la separación entre nosotros y Dios, y adquirió justicia para hacer a Dios favorable y bondadoso para con nosotros. A esto podemos replicar en general que Él ha logrado esto para nosotros con todo el curso de su obediencia».[5]

LOS DATOS BÍBLICOS

El Nuevo Testamento habla explícitamente de la obediencia de Cristo solo tres veces (pero es significativo que dos de los sucesos relacionan la obediencia de Cristo directamente con su sufrimiento y muerte): (1) «por la *obediencia* [ὑπακοῆς, *hypakoēs*] de uno, los muchos serán constituidos justos» (Ro. 5:19), (2) «se humilló a sí mismo, haciéndose *obediente* [ὑπήκοος, *hypēkoos*] hasta la muerte» (Fil. 2:8), y (3) «por lo que padeció aprendió la obediencia» (Heb. 5:8). Pero se alude al concepto en muchos otros lugares, por ejemplo, (4) en los muchos contextos en que Cristo es llamado «siervo» (Is. 42:1; 52:13; 53:11; Fil. 2:7; ver también Mt. 20:28; Mr. 10:45), (5) en los numerosos pasajes donde Él declaro que su propósito al venir a la tierra era hacer la voluntad del Padre (Sal. 40:7; Jn. 5:30; 8:28–29; 10:18; 12:49; 14:31; Heb. 10:7), (6) en su testimonio y en el de otros respecto a su vida sin pecado (Mt. 27:4, 19–23; Mr. 12:14; Lc. 23:4, 14–15; Jn. 8:46; 18:38; 19:4–6; 2 Co. 5:21; Heb. 4:15; 7:26), (7) en los dos pasajes en Hebreos (2:10-18; 5:8-10) donde se dice que fue «perfeccionado» a través de su sufrimiento, y (8) en los pasajes que afirman su sumisión a toda autoridad apropiada y a la ley divina misma (Mt. 3:15; Lc. 2:51–52; 4:16; Gal .4:4).

Todo esto muestra que fue como un Hijo obediente que Cristo hizo todo lo que realizó en la cruz. Fue un Hijo obediente que se ofreció a sí mismo de una vez por todas como un sacrificio para satisfacer la justicia divina y reconciliarnos con Dios. Fue como un Hijo obediente que «dio su vida en rescate por muchos» (Mt. 20:28; Mr. 10:45) y «llevó él mismo nuestros pecados en su cuerpo sobre el madero» (1 P. 2:24). Y fue como un Hijo obediente

---

[4] Este énfasis sostenido en la expiación realizada por Cristo en la cruz destaca cuán equivocado está Karl Barth cuando rechaza la distinción que hace la Biblia entre la persona y la obra de Cristo e insiste en que su persona es su obra y su obra es su persona:

«Es en el hecho particular y de la manera particular en que Jesucristo es verdadero Dios, verdadero hombre y verdadero Dios-hombre que Él obra, y obra en el hecho y sólo en el hecho de que Él este uno y no otro. Su ser como éste es historia [Geschichte], y su historia [Geschichte] es su ser». (Church Dogmatics, traducción de Geoffrey W. Bromiley [Edimburgo: T. & T. Clark, 1961], IV / 1, 128)

Al «actualizar» la encarnación en un proceso continuo, con el interés de interpretar a Jesucristo como «evento», Barth concluye erróneamente:

… el ser de Jesucristo, la unidad del ser del Dios vivo y este hombre vivo, se produce en el evento de la existencia concreta de este hombre. Es un ser, pero un ser en la historia [Geschichte]. El Dios misericordioso está en esta historia, así está el hombre reconciliado, así ambos están en su unidad. Y lo que ocurre en esta historia [Geschichte], y por tanto en el ser de Jesucristo como tal, es la expiación. Jesucristo no es lo que es —el verdadero Dios, el verdadero hombre, el verdadero Dios-hombre— para que, como tal, signifique, haga y cumpla algo más que es la expiación. Sino que su ser como Dios y hombre y Dios-hombre consiste en el acto completo de reconciliación del hombre con Dios. (*Church Dogmatics*, IV / 1, 126–7)

¡Para Barth Jesucristo es el acto de reconciliación! Pero según las Escrituras, el Verbo se hizo carne para morir una muerte reconciliadora, y su obra mediadora de redención en el Calvario se cumplió una vez para siempre (ἐφάπαξ, *ephapax*) en la historia y ahora es una obra terminada, quedando solo para ser aplicada. a los elegidos de Dios. Para obtener una exposición y un análisis más completos y detallados del pensamiento de Barth sobre este tema, consultar mi monografía, *Barth's Soteriology* (Filadelfia: Presbyterian and Reformed, 1967).

[5] John Calvin, *Institutes of the Christian Religion*, trans. Ford Lewis Battles (Philadelphia: Westminster Press, 1960), II.xvi.5.

que Él hizo «la paz mediante la sangre de su cruz» (Col. 1:20). Su obediencia es el «paraguas» domina su obra en sus muchas caracterizaciones bíblicas.

EL CARÁCTER DE SU OBEDIENCIA

Murray ha capturado bellamente el carácter de la obediencia de Cristo en cuatro términos: su interioridad, su progresividad, su clímax y su dinámica.[6]

Por su *interioridad* quiere decir que la obediencia de Cristo siempre vino de su corazón como una entrega voluntaria y gozosa de sí mismo a la voluntad y ley de su Padre, jamás fue meramente artificial y externa, ejecutada mecánica y superficialmente. Toda su vida fue de deleite al hacer la voluntad del Padre.

Por su *progresividad* entiende lo que las Escrituras implican cuando registran que Él «crecía… en gracia para con Dios y los hombres.» (Lc. 2:52), que fue «perfeccionado» (Heb. 2:10; 5:9), y que «aprendió obediencia» (Heb. 5:8). Ya que nuestro Señor siempre fue moralmente puro, este proceso de perfección y aprendizaje no debe interpretarse como queriendo decir que aprendió obediencia en la misma manera en que los cristianos lo hacen, moviéndose de un estado de desobediencia a un estado de obediencia mediante el proceso de santificación. Más bien, quiere decir que mientras se movía en perfecta obediencia a la voluntad de Dios de una prueba a la siguiente a lo largo de toda su vida, su voluntad de obedecer se hizo cada vez más resuelta, incluso frente a pruebas más duras y severas, en su determinación de hacer la voluntad de su Padre. Este proceso fue necesario para prepararlo para enfrentar la prueba final de la cruz.

Al hablar de su *clímax* Murray busca hacer justicia a lo que se representa por la Escritura misma como la prueba sin precedentes que Jesús enfrentó en su experiencia de Getsemaní (Mt. 26:36–46; Mr. 14:32–42; Lc. 22:39–44) y luego finalmente en la obra de la cruz misma.

Finalmente, por su *dinámica* Murray tiene la intención de subrayar los medios designados divinamente por los cuales nuestro Señor aprendió la obediencia esencial para la plena ejecución de la tarea mesiánica —a saber, su sufrimiento (Heb. 2:10; 5:8). Sus pruebas, tentaciones, privaciones y sufrimiento físico todos se convirtieron en instrumentos en manos de su Padre por los cuales Cristo fue «perfeccionado» como el autor de la salvación, para que pudiera volverse todo lo que tenía que ser y resistir todo lo que tenía que resistir para llevar muchos hijos a la gloria.

EL PROPÓSITO DE SU OBEDIENCIA

Los teólogos reformados se han interesado con el propósito que yace detrás de la vida y ministerio obediente de Cristo porque han discernido que tanto el derecho de Cristo para llevar a cabo la tarea mesiánica como el Mesías-Salvador de Dios y como el último Adán de la raza y la salvación de aquellos a quienes vino a salvar directamente dependen de su obediencia personal, perfecta y perpetua a la ley de Dios. Para aclarar esto, acostumbran a distinguir entre la obediencia *activa* y *pasiva* de Cristo. Sin embargo, debido a que nada de lo que hizo lo realizó pasivamente, es decir, resignadamente sin el completo deseo y voluntad de su parte —porque mientras que es cierto que *fue ofrecido* (Heb. 9:28, προσενεχθείς, *prosenechtheis*), es igualmente cierto que *se ofreció a sí mismo* (Heb 7:27, ἑαυτὸν ἀνενέγκας, *heauton anenenkas*; 9:14, ἑαυτὸν προσήνεγκεν, *heauton prosēnenken*; ver también Jn 10:18)— estos no son términos satisfactorios. Los términos «preceptivo» y «penal» deben preferirse a «activo» y «pasivo» respectivamente, el primero referido a la completa obediencia de Cristo a todas las prescripciones de la ley divina, el último referido a su obediencia voluntaria en llevar todas las sanciones impuestas por la ley contra su pueblo por causa de sus transgresiones. Por la primera —su obediencia preceptiva— hizo disponible una

---

[6] John Murray, «The Obedience of Christ», en *Collected Writings of John Murray* (Edinburgh: Banner of Truth, 1977), 2:151–157.

justicia perfecta ante la ley que es imputada o contada a aquellos que ponen su confianza en Él. Por la segunda —su obediencia penal— llevó en sí mismo por imputación legal la pena debida por su [el de los creyentes N. del T.] pecado. Su obediencia preceptiva y penal, entonces, particularmente en la medida en que esta última llegó a expresarse en la obra de su cruz, es la base de la justificación de Dios de los pecadores (ver Ro. 5:9), por cuyo acto divino ellos son *perdonados* (porque sus pecados fueron cargados a Cristo que obedientemente llevó las sanciones de la ley contra ellos) y *aceptados como justos* a los ojos de Dios (porque la obediencia preceptiva o perfecta justicia de Cristo les es imputada a través de la fe). Con agradecida alabanza el cristiano adora al salvador por su obediencia a la voluntad y la ley del Padre. Sin ella, ¡no habría salvación!

La obra de la cruz de Cristo como una obra obediente de sacrificio (presuposición: pecado y culpa humanos)

Muchas veces a través del Nuevo Testamento, como ya hemos notado, la obra de la cruz de Cristo está representada como una *obra de sacrificio*. Los siguientes versículos refieren a Cristo tanto como el «sumo sacerdote» según el orden de Melquisedec que se ofreció a sí mismo a Dios, como el «Cordero de Dios» que fue hecho un «sacrificio» y una «ofrenda» a Dios.

Su obra como Sumo Sacerdote

La obra de la cruz de Cristo está representada en Hebreos 7:26-27 y 9:11-14 como la obra de un sumo sacerdote [ἀρχιερεύς, *archiereus*] quién se ofreció a sí mismo como un sacrificio a Dios. También se le adscribe una «sacerdocio» inmutable [ἱερωσύνη, *hierōsynē*] en Hebreos 7:24.

Hebreos 7:26-27: «tal sumo sacerdote nos convenía... esto lo hizo una vez para siempre, ofreciéndose a sí mismo».

Hebreos 9:11-14: «Pero estando ya presente Cristo, sumo sacerdote..., no por sangre de machos cabríos ni de becerros, sino por su propia sangre, entró una vez para siempre en el Lugar Santísimo, habiendo obtenido eterna redención».

Su obra como el Cordero de Dios

Jesús es descrito tanto como el «cordero» de Dios (ἀμνός, *amnos*) que «quita los pecados del mundo» (Jn 1:29; ver 1:36), cuya «sangre preciosa como un cordero sin mancha y sin contaminación» ha redimido a los cristianos (1 P. 1:19), y como el «Cordero» (ἀρνίον, *arnion*) que «con tu sangre nos has redimido para Dios» (Ap. 5:8-9) y en cuya sangre los hombres «han lavado sus ropas, y las han emblanquecido» (Ap. 7:14).

Su obra como un sacrificio

1 Corintios 5:7: «nuestra pascua [τὸ πάσχα, *to pascha*], que es Cristo, *ya fue sacrificada* [ἐτύθη, *etythē*] por nosotros». (ver Mr. 14:12; Lc 22:7 para el uso paralelo de la misma raíz verbal [θύω, *thuō*] en relación con el cordero pascual).

Efesios 5:2: «Cristo nos amó, y se entregó a sí mismo por nosotros... *sacrificio* [θυσίαν, *thysian*] a Dios».

Hebreos 9:23: «Fue, pues, necesario que ...las cosas celestiales fuesen purificadas... con mejores *sacrificios* [θυσίαις, *thysiais*] que estos».

Hebreos 9:26: «en la consumación de los siglos, se presentó una vez para siempre por el *sacrificio* [θυσίας, *thysias*] de sí mismo».

Hebreos 10:12: «pero Cristo, habiendo ofrecido una vez para siempre un solo *sacrificio* por los pecados, se ha sentado a la diestra de Dios».

Su obra como ofrenda

Efesios 5:2: «Cristo nos amó, y se entregó a sí mismo por nosotros, *ofrenda* [προσφορὰν, *prosphoran*] ... a Dios *en olor fragante*».

Hebreos 7:27: «porque esto lo hizo una vez para siempre, *ofreciéndose a sí mismo* [ἑαυτὸν ἀνενέγκας, *heauton anenenkas*]».

Hebreos 9:14: «Cristo... *se ofreció a sí mismo* [ἑαυτὸν προσήνεγκεν, *heauton prosēnenken*] ... a Dios».

Hebreos 9:28: «Cristo fue ofrecido [προσενεχθεὶς, *prosenechtheis*] una sola vez para llevar los pecados de muchos».

Hebreos 10:10: «En esa voluntad somos santificados mediante la ofrenda [προσφορᾶς, *prosphoras*] del cuerpo de Jesucristo hecha una vez para siempre».

Hebreos 10:12: «pero Cristo, habiendo ofrecido [προσενέγκας, *prosenenkas*] una vez para siempre un solo sacrificio por los pecados, se ha sentado a la diestra de Dios».

Hebreos 10:14: «porque con una sola ofrenda [προσφορᾷ, *prosphora*] hizo perfectos para siempre a los santificados».

Es por este testimonio generalizado que Murray escribe: «Esta en la faz del Nuevo Testamento que la obra de Cristo es interpretada como sacrificio»..[7] Es también debido al testimonio de la muerte de Cristo como sacrificio por el pecado que la iglesia ha abrazado muchos himnos que hablan de la «sangre» de Cristo y su muerte como un sacrificio, tal como el de Isaac Watts:

> No toda la sangre de las bestias
> inmoladas en los altares judíos,
> podría dar paz a la conciencia culpable,
> o lavar la mancha:
>> Pero Cristo, el Cordero celestial,
> Quita todos nuestros pecados,
> Un sacrificio de nombre más noble
> y sangre más rica que ellos.

La importancia de su muerte como sacrificio

Debido a que el oído evangélico está acostumbrado a dicho lenguaje, la afirmación de que Cristo se ofreció a sí mismo a Dios en la cruz como un sacrificio puede no parecer muy importante. Pero está repleta de implicaciones. Ya que el sistema sacrificial del Antiguo Testamento es el trasfondo obvio del material de la obra de la cruz del Nuevo Testamento, el material del Nuevo Testamento que habla de la muerte de Cristo como sacrificio desde luego presupone (1) la *perfección* sin pecado de Cristo, ya que cualquier sacrificio aceptable a Dios tenía que ser «sin mancha» (Ex. 12:5; 1 P. 1:19); (2) la *imputación* o transferencia del pecado del pecador a Cristo sobre la analogía de la legislación levítica (Lv. 1:4; 3:2, 8, 13; 4:4, 15, 24, 29, 33; 16:21–22; Nm. 8:12; ver Is. 53:4, 5, 6, 7, 8, 10, 11, 12); (3) la *substitución* resultante de Cristo en el lugar y sitio de ((ἀντί, *anti*—Mt. 20:28; Mr. 10:45), *debido a* (διά, *dia*—1 Co. 8:11; 2 Co. 8:9), *por* (περί, *peri*—Mt. 26:28; Ro. 8:3; 1 P. 3:18; 1 Jn. 2:2; 4:10), y *en representación de* (ὑπέρ, *hyper*—Mr. 14:24; Lc. 22:19, 20; Jn. 6:51; 10:11, 15; Ro. 5:6, 8; 8:32; 14:15; 1 Co. 11:24; 15:3; 2 Co. 5:15, 21; Gal. 1:4; 2:20; 3:13; Ef. 5:2, 25; 1 Ts. 5:10; 1 Ti. 2:6; Tit. 2:14; Heb. 2:9; 10:12; 1 P. 2:21; 3:18; 1 Jn. 3:16) aquellos pecadores cuyos pecados le han sido imputados, y (4) la *expiación* necesaria o cancelación de *sus* pecados. Como ha escrito Geerhardus Vos: «Dondequiera que [en el sistema de sacrificios] haya matanza y manipulación de la sangre, hay expiación»..[8]

---

[7] Murray, *Redemption—Accomplished and Applied*, 24. Ver también el ataque al intento de librar al Nuevo Testamento de la idea de la muerte de Cristo como sacrificio de Benjamin B. Warfield: «Christ Our Sacrifice», en *The Person and Work of Christ* (Philadelphia: Presbyterian and Reformed, 1950), 391–426.

[8] Geerhardus Vos, *Biblical Theology* (Grand Rapids, Michigan: Eerdmans, 1948), 135. Ver su discusión extendida del sistema sacrificial mosaico, 172–190.

Estos cuatro principios teológicos, tomados juntos, justifican la conclusión, basada sobre la verdad de que la muerte de Jesús es retratada en el Nuevo Testamento como una muerte *sacrificial*, que la muerte de Cristo obtuvo la eliminación o expiación jurídica de los pecados de aquellos por quienes murió. También significa, por el principio de substitución necesariamente implícito dentro de la representación escritural de su muerte como sacrificial, que todo lo demás que Cristo hizo en y por su obra de la cruz —apartando la ira de Dios, quitando su hostilidad, liberando de la condenación de la ley, y la liberación de la culpa y del poder del pecado— se ha cumplido necesariamente para los que el Padre escogió en Él antes de la fundación del mundo.

Se debe subrayar aquí un punto más. Uno a menudo escucha declarar a la iglesia liberal que la Biblia se opone a todo sacrificio humano, y en ocasiones uno puede escuchar al cristiano evangélico hacer eco del mismo pensamiento. Pero como observa Vos:

> Es bueno ser cauteloso en comprometerse con esa opinión crítica, porque golpea el corazón mismo de la expiación. El rechazo de la «teología de la sangre» como un remanente de un tipo bárbaro de religión primitiva descansa en dicha base... No el sacrificio de la vida humana como tal, sino el sacrificio de la vida humana pecaminosa promedio, es desaprobado por el A.T.[9]

En otras palabras, lo que debe entender el evangélico muy claramente es que *todo* el sistema sacrificial del Antiguo Testamento tiene significado y valor solo porque apunta tipológicamente hacia un sacrificio *humano* —el sacrificio del Jesús sin pecado. De hecho, no es ir demasiado lejos insistir en que, si el sistema de sacrificios del Antiguo Testamento no hubiera encontrado su cumplimiento anti tipológico en la muerte de Cristo, si el culto sacerdotal en Israel simplemente reflejaba el pensamiento de culto del cercano oriente a mediados del segundo milenio antes de Cristo, Moisés, lejos de ser «el gran legislador del mundo», fue uno de los más grandes bárbaros que jamás haya existido.

Como evidencia de que Dios no se opuso en *principio* a todo sacrificio humano, uno solo tiene que recordar que fue Dios mismo quién «no escatimó ni a su propio Hijo, sino que lo entregó por todos nosotros» (Ro. 8:32) y quiso «quebrantarlo, sujetándole a padecimiento» (Is. 53:10). Dios no se opuso en *principio* a todo sacrificio humano sino solo al sacrificio humano *pecaminoso* porque dicho sacrificio no prevalecerá ante Él. Pero solo es por el sacrificio *humano* sin pecado en el que se convirtió el mismo Hijo de Dios, que es el único que prevalece ante Dios, que cualquiera será perdonado e irá al cielo cuando muera.

La obra obediente de la cruz de propiciación de Cristo (presuposición: la ira divina)

La categoría bajo la cual ahora vemos la obra de la cruz de Cristo deriva del grupo de palabras ἱλάσκεσθαι, *hilaskesthai*. Cuatro veces el Nuevo Testamento representa su logro en la cruz por algún derivado de este verbo:

Romanos 3:25: a quien Dios puso como propiciación por medio de la fe en su sangre, para manifestar su justicia, a causa de haber pasado por alto, en su paciencia, los pecados pasados.[10]

Hebreos 2:17: Cristo «debía ser en todo semejante a sus hermanos, para venir a ser misericordioso y fiel sumo sacerdote en lo que a Dios se refiere, para *expiar* [ἱλάσκεσθαι, *hilaskesthai*] los pecados del pueblo».

1 Juan 2:2: «y si alguno hubiere pecado, abogado tenemos para con el Padre, a Jesucristo el justo. Y él es *la propiciación* [ἱλασμός, *hilasmos*] por nuestros pecados; y no solamente por los nuestros, sino también por los de todo el mundo».

---

[9] Ibid., 106-107.
[10] Leon Morris argumenta que ἱλαστήριον, *hilastērion*, no significa aquí «propiciatorio», como se ha argumentado a menudo, sino más bien «una cosa propiciatoria», ya que no es Cristo sino la cruz el lugar de la aspersión (*The Apostolic Preaching of the Cross* [Londres: Tyndale, 1955], 172).

1 Juan 4:10: Dios «nos amó a nosotros, y envió a su Hijo *en propiciación* [ἱλασμὸν, *hilasmon*] por nuestros pecados».

¿Expiación o propiciación?

La comprensión básica de este grupo de palabras como «un sacrificio que aparta la ira de Dios, quitando el pecado» no ha quedado sin respuesta. Fue primeramente el académico de Cambridge, C.H. Dodd, quién lideró este desafío. Dodd argumento en muchos lugares que el significado transmitido por el grupo de palabras es el de expiación (la cancelación del pecado), *no* el de propiciación (apartar la ira de Dios).[11] Si bien él reconoce que tenía el significado de «aplacar a una persona enojada» en la literatura griega tanto clásica como pagana popular, insistió en que este significado estaba ausente en el judaísmo helenístico, como está representado en la Septuaginta. Su argumento es doble esencialmente: (1) que la Septuaginta a veces traduce las palabras de la raíz verbal hebrea כָּפַר (*kāpar*, «expiar») por palabras griegas distintas de ἱλάσκεσθαι, *hilaskesthai*, que significan «purificar» o «cancelar», y (2) que la Septuaginta en ocasiones emplea ἱλάσκεσθαι, *hilaskesthai*, para traducir palabras hebreas distintas de las de כָּפַר, kāpar, que significan «limpiar» o «perdonar». Aquí está su resumen: «el judaísmo helenístico, como está representado en la LXX, no considera el culto como un medio para apaciguar el disgusto de la deidad, sino como un medio de liberar al hombre del pecado».[12] Concluye que los cuatro casos del Nuevo Testamento deben ser interpretados de acuerdo con el entendimiento que prevaleció dentro del judaísmo helenístico. También argumentó que «la ira de Dios» no denota una actitud hostil de parte de Dios hacia los pecadores sino solo el «inevitable proceso de causa y efecto en un universo moral» conforme al cual el desastre sigue al pecado.[13] La posición de Dodd también ha sido fomentada por A.T. Hanson[14] y se refleja en las traducciones RSV y NEB de los versículos en cuestión. También ha sido seguido sin saberlo por muchos en el nivel pastoral. Por ejemplo, Robert H. Schuller nos informa que es porque «fabricamos nuestras propias imágenes de Dios... que el ser humano inconverso *imagina* que Dios está enojado en lugar de amar». Es debido a nuestros temores, escribe, que «nos hemos imaginado [a Dios] como una figura amenazante en lugar de una figura redentora».[15]

Se han registrado muchas críticas rigurosas al argumento de Dodd.[16] Tanto Leon Morris como Rober Nicole señalan que Dodd cometió dos errores: (1) su evidencia extrabíblica estaba incompleta, y (2) no puso suficiente atención a la enseñanza bíblica.

Con respecto a su primer error, la evaluación de Dodd de los datos en la Septuaginta ignora los libros de los Macabeos, que contienen muchos pasajes que hablan de que se evitará «la ira del Todopoderoso». También pasa por alto el hecho de que el significado de «aplacar» para el grupo de palabras prevalece en los escritos de Josefo y Filón. F. Büchsel, notan, demostró que en la Primera Epístola de Clemente y el Pastor de Hermas el grupo de palabras claramente significa «propiciar» a Dios.[17] Morris concluye: «A través de la literatura griega, bíblica y no bíblica por igual, ἱλασμός [*hilasmos*] significa 'propiciación'. Ahora no podemos

---

[11] Ver C.H. Dodd, «Ἱλάσκεσθαι [*hilaskesthai*]. Its Cognates, Derivatives and Synonyms, in the Septuagint», *Journal of Theological Studies* 32 (1931): 352–360. Este artículo fue republicado en C.H. Dodd, *The Bible and the Greeks* (London: Hodder and Stoughton, 1935). Ver también su Moffatt New Testament Commentaries on *Romans* (London: Hodder & Stoughton, 1932) y *The Johannine Epistles* (London: Hodder & Stoughton, 1946).
[12] Dodd, *The Bible and the Greeks*, 93.
[13] Dodd, *Romans*, 23.
[14] A. T. Hanson, *The Wrath of the Lamb* (London: SPCK, 1959), 192.
[15] Robert Schuller, *Self-Esteem: A New Reformation* (Waco, Tex.: Word, 1982), 66, emphasis supplied. See my review of Schuller's book in *Presbuterion* 9 (Spring-Fall 1983): 1–2, 93–96, y su respuesta y mi réplica en *Presbuterion* 10 (Spring–Fall 1984): 1–2, 111–122.
[16] Ver Leon Morris, «The Use of Ἱλάσκεσθαι [*hilaskesthai*] etc. in Biblical Greek», *The Expository Times* 72, no. 8 (1951): 227–33, «The Meaning of HILASTERION in Rom III.25», en *New Testament Studies*, 2:33–43, y su *Apostolic Preaching*. Ver también Roger R. Nicole, «C. H. Dodd and the Doctrine of Propitiation», *Westminster Theological Journal* 17, no. 2 (1955): 117–157.
[17] Friedrich Büchsel, «ἱλάσκομαι [*hilaskomai*]», en *Theological Dictionary of the New Testament*, ed. Gerhard Kittel, trans. Geoffrey W. Bromiley (Grand Rapids, Michigan: Eerdmans, 1965), 3:300–323.

decidir que nos gusta más otro significado».[18] Y Nicole juzga qué si la teoría de Dodd con respecto al uso de este grupo de palabras en la Septuaginta y el Nuevo Testamento es correcta, eso significaría que esas fuentes «forman un tipo de isla lingüística con pocos precedentes en épocas anteriores, poca confirmación de los contemporáneos y ¡ningún seguimiento en años posteriores!».[19]

Con respecto a su segunda crítica, tanto Morris como Nicole muestran que la idea de la ira de Dios está «obstinadamente arraigada en el Antiguo Testamento, donde es mencionada 585 veces»[20] por no menos de veinte diferentes palabras hebreas que subrayan la indignación de Dios contra el pecado y el mal.[21] También muestran que hay numerosas ocasiones cuando las raíces verbales כָּפַר, kāpar, y ἱλάσκεσθαι, hilaskesthai —empleada por la Septuaginta para traducir כָּפַר, kāpar— se refieren a propiciar la ira de ambos hombres (por ejemplo, Gn. 32:20; Pr. 16:14) y de Dios (por ejemplo, véase Ex. 32:10 con 32:30, Nm. 16:41–50; 25:11–13; ver también LXX, Zac. 7 :2, 8:22, Mal. 1:9).[22]

Puede demostrase que el asunto no es distinto en el Nuevo Testamento. Mientras que uno podría concebiblemente argumentar que los dos casos en Hebreos 2:17 y 1 Juan 4:10 simplemente significa que Jesús canceló o quitó el pecado, los casos en Romanos 3:25 y 1 Juan 2:2 no admitirá dicha interpretación. En Romanos 1:18-3:20, la sección da lugar a la sección en que ocurre (3:21-31), Pablo argumenta no solo el caso del pecado humano universal, sino que en el proceso de hacerlo también se refiere directamente a la ira de Dios en 1:18 (ver su exhibición en 1:24, 26, 28, 32), 2:5 (ver 2:16), 8 y 3:5 (ver también Jn. 3:36; 1 Ts. 1:10). Morris concluye correctamente: «La ira ha ocupado un lugar tan importante en el argumento que conduce a esta sección [3:21–31] que estamos justificados al buscar alguna expresión que indique su cancelación en el proceso que produce la salvación».[23] Y John Murray observa:

> La esencia del juicio de Dios contra el pecado es su ira, su santo retroceso contra lo que es la contradicción de sí mismo (cf. Ro. 1:18). Si Cristo llevó vicariamente el juicio de Dios sobre el pecado, y *negarlo es quitarle sentido a su sufrimiento hasta la muerte y particularmente al abandono en el Calvario*, entonces eliminar de este juicio lo que pertenece a su esencia es socavar la idea del cargar con el pecado vicario y sus consecuencias. Así que la doctrina de la propiciación no debe ser negada o su agudeza de ninguna manera atenuada.[24]

En 1 Juan 2:1, la referencia a Jesús como nuestro abogado ante el Padre cuando pecamos, específicamente en su carácter de justo, implica que aquel ante quien aboga por nuestra causa, quien representa a la divinidad trina ofendida, está disgustado con nosotros. En consecuencia, la descripción de Jesús que sigue inmediatamente en 1 Juan 2:2 seguramente sugiere que es su defensa ante el Padre específicamente en su carácter como nuestro ἱλασμός, *hilasmos*, lo que elimina ese desagrado divino. Pero esto significa que la defensa de Jesús como nuestro ἱλασμός, *hilasmos*, dado que su referente es hacia Dios, es de naturaleza propiciatoria y no simplemente expiatoria (esta última idea, por supuesto, no está completamente ausente de la idea de propiciación). Por extensión, esto proporciona el control interpretativo del significado de la misma palabra dos capítulos más adelante en 1 Juan 4:10 donde se obtiene la misma situación contextual. Claramente, la evidencia exegética apunta decisivamente en la dirección de la idea de propiciación.

---

[18] Leon Morris, *The Cross in the New Testament* (Leicester, U.K.: Paternoster, 1965), 349.
[19] Nicole, «C. H. Dodd and the Doctrine of Propitiation», 132.
[20] Leon Morris, «Propitiation», en *Evangelical Dictionary of Theology*, ed. Walter A. Elwell (Grand Rapids, Michigan: Baker, 1984), 888.
[21] Morris, *Apostolic Preaching*, 149. El Nuevo Testamento sigue la guía del Antiguo Testamento aquí, empleando ὀργή, *orgē* y θύμος, *thumos* (Mt 3:7; Lc 3:7; 21:23; Jn 3:36; Ro 1:18; 2:5, 8; 3:5; 4:15; 5:9; 9:22; 12:19; Ef 2:3; 5:6; Col 3:6; 1 Ts 1:10; 2:16; 5:9; Heb 3:11; 4:3; Ap 6:16, 17; 11:18; 14:10–19; 15:1, 7; 16:1, 19; 19:15).
[22] Ver la discusión de George E. Ladd en *A Theology of the New Testament* (Grand Rapids, Michigan: Eerdmans, 1974), 429–433.
[23] Morris, *Apostolic Preaching*, 169.
[24] John Murray, «The Atonement», en *Collected Writings of John Murray* (Edinburgh: Banner of Truth, 1977), 2:145, énfasis añadido.

Lo mismo ocurre con la siguiente consideración teológica: si este grupo de palabras significa solo expiación, la pregunta debe hacerse y responderse: ¿Cuál sería el resultado para los hombres si no hay expiación? Cuando mueran en su pecado, ¿no enfrentarían el desagrado divino? ¡Así es, seguramente! Pero ¿no es esta otra manera de decir que Cristo con su muerte satisface la justicia divina y quita el desagrado de Dios, es decir, propicia a Dios? ¡Seguro que lo parece!

Concluiríamos, entonces, que no hay justificación para apartarse del entendimiento tradicional de este grupo de palabras en la literatura del Nuevo Testamento como denotando apaciguamiento o propiciación. Por el contrario, creemos que la evidencia en cada coyuntura crítica respalda el entendimiento tradicional. En consecuencia, procederemos a sacar nuestras conclusiones teológicas asumiendo que, aunque la idea básica en el grupo de palabras ἱλάσκεσθαι, *hilaskesthai*, es «compleja», sin embargo, «evitar la ira [mediante una ofrenda] parece representar un sustrato persistente de significado a partir del cual todos los usos pueden ser naturalmente explicados».[25]

La referencia hacia Dios en la propiciación

Todo esto significa que esencial una mayor revisión en el pensamiento de las mentes cristianas acostumbradas a ver la obra de la cruz de Cristo como dirigida principalmente, no solamente, hacia los hombres. A la luz del hecho de que Pablo y Juan (y probablemente el autor de Hebreos también) expresamente lo representan como una obra *propiciatoria*, es importante reconocer que la obra de la cruz de Cristo tenía una referencia *hacia Dios*. De hecho, si uno reflexiona, aunque sea por un momento sobre la condición pecaminosa de la raza humana frente al carácter santo de Dios, se vuelve claro que su referencia *hacia Dios fue la referencia primaria de la cruz*. La Biblia enseña claramente la doctrina de la *ira de Dios*. Enseña que Dios está enojado con el pecador, y que su ira santa contra el pecador debe ser aplacada si el pecador ha de escapar de su castigo debido. Es por esta razón que una *muerte* ocurrió en el Calvario. Cuando miramos al Calvario y contemplamos al Salvador muriendo por nosotros, ¡debemos ver en su muerte no primero nuestra salvación sino nuestra condenación siendo cargada y llevada por Él!

La ira de Dios, por supuesto, no debe interpretarse en ninguna manera como una furia caprichosa, incontrolada o irracional. Ni es Dios mismo malicioso, vengativo o rencoroso. La ira de Dios simplemente es su indignación instintiva santa y la oposición establecida de su santidad al pecado, que, por ser justo, se expresa en el castigo judicial. Es su «divina repulsión personal al mal» y su «oposición personal vigorosa» a él».[26] Es su «antagonismo constante, implacable, incesante e intransigente contra el mal en todas sus formas y manifestaciones».[27] En suma, la repulsión instintiva y vehemente al pecado exige, si los pecadores han de ser perdonados alguna vez, que sus pecados sean castigados. Por consiguiente, por encima de todo, fue esta demanda en Dios mismo —que su santidad ofendida (que cuando se confronta con el pecado debe reaccionar contra él en el derramamiento colérico del juicio divino) debe ser «satisfecha»— lo que necesitó la obra de la cruz de Cristo. Cuando Cristo murió, debido a su infinito valor como el Hijo de Dios delante del Padre quién se erige como el representante legal de la divinidad trina, pagó completamente la pena por nuestro pecado y de esa forma y, por tanto, pago por completo la deuda que nuestro pecado había acumulado delante de Dios. En suma, «hizo suficiente» para «satisfacer» (Lat. *satis*, «suficiente», *facere*, «hacer») completamente las demandas de la gloria de la santidad y justicia ofendida de Dios. Por tanto,

---

[25] Morris, *Apostolic Preaching*, 169.
[26] Morris, *The Cross in the New Testament*, 190–91.
[27] John Stott, *The Cross of Christ* (Downers Grove, Ill.: InterVarsity Press, 1986), 173.

hablamos del «punto de vista de la satisfacción» de la expiación de Cristo. Aparte de la obra de la muerte de Cristo, Dios solo podría haber continuado en un estado «no propiciado», y los pecadores habrían tenido que cargar con la pena por sus pecados ellos mismos. Pero ya que ellos jamás podrían «hacer suficiente» para satisfacer la justifica divina, tendrían que haber cargado con el castigo por sus pecados *eternamente* en sí mismos.

Isaac Watts dio expresión en un himno al carácter propiciatorio de la obra de la cruz de Cristo en los siguientes hermosos versos:

Jesús, mi gran sumo sacerdote, ofreció su sangre y murió;
Mi conciencia culpable no busca otro sacrificio.
Su sangre poderosa expió una vez,
y ahora suplica ante el trono.
   A la mano de esta amada fianza encomendaré mi causa;
Él responde y cumple las leyes quebrantadas de su Padre.
He aquí mi alma en libertad puesta;
Mi Fiador pagó la terrible deuda.
   Mi Abogado aparece para mi defensa en lo alto;
El Padre inclina sus oídos y *pasa su trueno.*
No todo lo que el infierno o el pecado pueden decir
Hará desviar su corazón, su amor.

Sin embargo, ni una palabra de la exposición anterior pretende sugerir que fue la obra de la muerte de Cristo que hizo que Dios fuera *misericordioso* hacia el pecador. P.T. Forsyth ha expresado este punto de forma sucinta y bien: «La expiación no procura gracia, fluye de la gracia».[28] M.A.C. Warren afirma: «[En la cruz] no vemos un intento de cambiar la mente de Dios sino la expresión de esa mente».[29] Y John Stott declara:

No se puede enfatizar demasiado que el amor de Dios es la fuente, no la consecuencia, de la expiación... Dios no nos ama porque Cristo murió por nosotros; Cristo murió por nosotros porque Dios nos amó. Si es la ira de Dios la que necesita ser propiciada, es el amor de Dios el que hizo la propiciación. Si se puede decir que la propiciación «cambió» a Dios, o que por ella se cambió a sí mismo, aclaremos que no cambió de la ira al amor, o de la enemistad a la gracia, ya que su carácter es inmutable. Lo que cambió la propiciación fue su trato con nosotros.[30]

Fue el mismo Dios que exigió satisfacción por el pecado quién en gracia proveyó en su Hijo el «sacrificio que apartaría su ira, quitando el pecado» (Ro. 3:25). La expiación jamás debe representarse como sugiriendo que fue el Padre quién odió al pecador, que fue el Hijo quién amó al pecador, y que su obra en la cruz ganó al Padre para la clemencia o extorsionó la actitud de gracia del Padre hacia el pecador en contra de su voluntad. No solo la Escritura traza el plan completo de salvación de regreso al amor electivo del Padre (Ef. 3:11; 13-14; Ro. 8:29; 2 Ti. 1:19), la Escritura no solo delinea la ejecución de su plan de regreso al amor del Padre (Jn. 3:16, «de tal manera amó Dios al mundo que ha dado a su Hijo unigénito»; Ro. 5:8, «Mas Dios muestra su amor para con nosotros, en que siendo aún pecadores, Cristo murió por nosotros»), sino también incluso en los mismos pasajes donde se representa la obra de la muerte de Cristo como un sacrificio propiciatorio dirigido hacia las exigencias de la divinidad para que la justicia divina sea satisfecha, es la provisión del Padre y el amor del Padre que se enfatiza como la fuente de la que fluye su actividad propiciatoria. Considera:

Romanos 3:25: «a quien Dios puso como propiciación por medio de la fe en su sangre, para manifestar su justicia, a causa de haber pasado por alto, en su paciencia, los pecados pasados».

---

[28] P. T. Forsyth, *The Cruciality of the Cross* (London: Hodder & Stoughton, 1909), 78.
[29] M. A. C. Warren, *The Gospel of Victory* (London: SCM, 1995), 21.
[30] Stott, *Cross of Christ*, 174.

1 Juan 4:9-10: «En esto se mostró el amor de Dios para con nosotros, en que Dios envió a su Hijo unigénito al mundo, para que vivamos por él. 10 En esto consiste el amor: no en que nosotros hayamos amado a Dios, sino en que él nos amó a nosotros, y envió a su Hijo en propiciación por nuestros pecados».

Con respecto a la afirmación de Dodd de que la ira de Dios simplemente es «el proceso inevitable de causa y efecto [que se desarrolla] en un universo moral» y no una hostilidad divina real hacia los hombres, Leon Morris ha señalado que dicho proceso de ira sería «impersonal» y como tal sin sentido, porque, pregunta, ¿cuál es el significado de un proceso impersonal de ira en un universo genuinamente teísta?[31]

Algunos teólogos han objetado la realidad de la ira de Dios instando que el amor (que Dios seguramente tiene y es) y la ira en la misma persona son incompatibles. Pero Murray correctamente insiste en que el amor y la ira no son contradictorios. Pueden coexistir en su mayor intensidad en la misma persona al mismo tiempo. La ira no debe equipararse con el odio. No reconocer esta simple verdad... es el error capital de quienes formulan la objeción en cuestión. Es un error incomprensible. Debido a la compatibilidad del amor y la ira como coexistentes, el cargar la ira por parte del Hijo de Dios, preeminentemente sobre el madero maldito, la imposición vicaria de la ira de Dios contra aquellos a quienes el Padre ama invenciblemente no solo es comprensible, sino que pertenece a la esencia de la doctrina de que Cristo llevó nuestros pecados en su propio cuerpo sobre el madero como la manifestación suprema del amor del Padre. La gloria de Dios no es sólo amor. También es santidad. Y debido a que Él es santidad, su santo celo arde contra el pecado, y por tanto contra los pecadores. Porque sólo como característica de los pecadores existe el pecado. La propiciación que Dios hizo de su propio Hijo es la provisión del amor del Padre, a fin de que la santidad sea reivindicada y satisfechas sus exigencias. Así, y sólo así, el propósito y el impulso de su amor podrían realizarse de manera compatible y para la gloria de las múltiples perfecciones de su carácter... Y así debemos decir que este amor del Padre no fue en ningún momento más intensamente que en el ejercicio cuando el Hijo estaba bebiendo activamente la copa de la condenación absoluta, cuando estaba soportando como sustituto el precio total de la ira del Padre... ¡Qué amor por los hombres para que el Padre ejecute sobre su propio Hijo el precio total de la ira santa, para que nunca la probemos![32]

También James Denney ha señalado en esta misma conexión: «Si la muerte propiciatoria de Jesús se elimina del amor de Dios, podría ser injusto decir que el amor de Dios es despojado de todo significado, pero es ciertamente despojado su significado apostólico».[33]

Por supuesto, ciertamente no pretendo sugerir que el Padre, para *mostrar* su amor y justicia, obligó al Hijo de forma involuntaria para convertirse en el sacrificio propiciatorio. Porque no solo la Escritura nos informa que el Hijo de Dios «me amó y se entregó a sí mismo por mí» (Gal. 2:20), que Él «nos amó y se entregó a sí mismo por nosotros, ofrenda y sacrificio a Dios (Ef. 5:2), y que Él «nos amó, y nos lavó de nuestros pecados con su sangre» (Ap. 1:5; ver también Jn. 10:18; Heb. 7:27; 9:14), pero también incluso en Hebreos 2:17 donde se nos dice que Cristo realizó su obra como sumo sacerdote «para expiar [εἰς τὸ ἱλάσκεσθαι, *eis to hilaskesthai*] los pecados del pueblo», el autor enfatiza que Cristo lo hizo como «un sumo sacerdote misericordioso [ἐλεήμων, *eleēmōn*]».

Pero también hay que decir inmediatamente que el amor de Cristo, aunque tan intenso como el del Padre, «no está en su perspectiva bíblica a menos que percibamos que es amor

---

[31] Leon Morris, *New Testament Theology* (Grand Rapids, Mich.: Academie, 1986), 63.
[32] Murray, *Collected Writings*, 2:145–47.
[33] James Denney, *The Death of Christ* (London: Hodder and Stoughton, 1900), 152.

constreñido y ejercido en cumplimiento de la voluntad del Padre, y la voluntad del Padre como el propósito brotando de su amor invencible».[34] ¡Esto es sólo para decir que el amor del Hijo no fue tan intenso y tan determinante en sus acciones que hubiera dispuesto morir por los hombres aunque el Padre no hubiera determinado salvarlos! En la economía de la salvación, el Hijo actúa siempre de acuerdo con la voluntad del Padre. Pero en la economía de la salvación, precisamente porque el Padre en amor determinó salvarlos, el Hijo en amor libre y voluntario accedió a sufrir vicariamente su ira que merecían sus pecados. Así, la obra obediente de la cruz de Cristo fue una obra de propiciación voluntaria.

La obra de reconciliación de la cruz obediente de Cristo (presuposición: La alienación divina)

La categoría bajo la cual consideramos ahora la obra de la cruz de Cristo —la de la reconciliación— se basa con seguridad sobre cuatro pasajes principales en que se emplean palabras del grupo de palabras -ἀλλάσσω, -*allassō*, cuyo significado («reconciliar») es indiscutible.

Romanos 5:10-11: «Porque si siendo enemigos, *fuimos reconciliados* [κατηλλάγημεν, *katēllagēmen*] con Dios por la muerte de su Hijo, mucho más, estando reconciliados [καταλλαγέντες, *katallagentes*], seremos salvos por su vida. Y no solo esto, sino que también nos gloriamos en Dios por el Señor nuestro Jesucristo, por quien hemos recibido ahora la reconciliación [καταλλαγὴν, *katallagēn*].

2 Corintios 5:17-21: «De modo que, si alguno está en Cristo, nueva criatura es; las cosas viejas pasaron; he aquí todas son hechas nuevas. Y todo esto proviene de Dios, quien nos *reconcilió* [καταλλάξαντος, *katallaxantos*] consigo mismo por Cristo, y nos dio el ministerio de la *reconciliación* [καταλλαγῆς, *katallagēs*]; que Dios estaba en Cristo reconciliando consigo al mundo, no tomándoles en cuenta a los hombres sus pecados, y nos encargó a nosotros la palabra de la reconciliación. Así que, somos embajadores en nombre de Cristo, como si Dios rogase por medio de nosotros; os rogamos en nombre de Cristo: *Reconciliaos* [καταλλάγητε, *katallagēte*] con Dios. 21 Al que no conoció pecado, por nosotros lo hizo pecado, para que nosotros fuésemos hechos justicia de Dios en él».

Efesios 2:14-17: «Porque él es nuestra paz, que de ambos pueblos hizo uno, derribando la pared intermedia de separación, aboliendo en su carne las enemistades, la ley de los mandamientos expresados en ordenanzas, para crear en sí mismo de los dos un solo y nuevo hombre, haciendo la paz, y mediante la cruz *reconciliar* [ἀποκαταλλάξῃ, *apokatallaxē*] con Dios a ambos en un solo cuerpo, matando en ella las enemistades. Y vino y anunció las buenas nuevas de paz a vosotros que estabais lejos, y a los que estaban cerca».

Colosenses 1:19-22: «por cuanto agradó al Padre que en él habitase toda plenitud, y por medio de él *reconciliar* [ἀποκαταλλάξαι, *apokatallaxai*] consigo todas las cosas, así las que están en la tierra como las que están en los cielos, haciendo la paz mediante la sangre de su cruz. Y a vosotros también, que erais en otro tiempo extraños y enemigos en vuestra mente, haciendo malas obras, ahora os ha reconciliado [ἀποκατήλλαξεν, *apokatēllaxen*] en su cuerpo de carne, por medio de la muerte, para presentaros santos y sin mancha e irreprensibles delante de él».

¿Distanciamiento de Dios o del hombre?

Debido a las repetidas referencias en estos pasajes a la obra de la cruz como un evento de reconciliación, esta caracterización del logro de su muerte no es discutida. Se reconoce por todas partes que su obra de muerte, interpretada como una obra de reconciliación, presupuso que existía un estado de distanciamiento entre Dios y el hombre por causa del pecado

---
[34] Murray, *The Atonement*, 2:144.

humano, y que su muerte eliminó ese distanciamiento o enemistad. Pero lo que se debate es de quién fue el distanciamiento o enemistad que fue abordada y eliminada por la obra de la cruz de Cristo. Ambos Dios y el hombre, es cierto, se distanciaron uno del otro —siendo el distanciamiento de Dios del hombre, tanto santo como completamente justificado por la rebelión del hombre contra Él, siendo el distanciamiento del hombre tanto impío como completamente injustificado, el reflejo de su rebelión contra Dios en el área de su relación personal con Dios. Ahora bien, ¿la obra de la cruz de Cristo vista como un acto de reconciliación termina con el distanciamiento de Dios o con el del hombre? ¿Denota una vez más una referencia hacia Dios de la expiación, vista ahora simplemente desde una perspectiva diferente de la de la propiciación, o hemos descubierto como tal una caracterización de la expiación que atribuye una referencia a ella?

A menudo se dice que, mientras que la muerte de Cristo propició a Dios, reconcilió al hombre. Pero ¿la muerte del Hijo de Dios, incluso la sangre preciosa de la cruz eliminó la enemistad del hombre contra Dios o alteró o cambió la actitud del hombre hacia Dios? La forma en que el inglés traduce este grupo de palabras griegas para sugerirlo así, porque nunca la traducción del inglés dice que Dios fue reconciliado con el hombre sino, todo lo contrario, que (voz activa) Dios *reconcilió* al mundo a sí mismo o (voz pasiva) que los hombres *han sido reconciliados* con Dios. Tanto la historia como la experiencia cristiana afirmarían, sin embargo, que los hombres no han terminado con su impía hostilidad hacia Dios. La raza humana, en general, o detesta la cruz y todo lo que implica sobre la condición moral/ética del hombre con una vehemencia y desprecio desenfrenados o mira la cruz con indiferencia. Pablo lo dijo así: ¡la cruz para el judío es piedra de tropiezo, para el gentil es locura! Difícilmente es cierto entonces que los hombres, en su mayor parte, debido a la obra de la cruz de Cristo, ahora aman a Dios y viven para honrarlo y glorificarlo. Al contrario, la mayoría de los hombres han vivido y muerto odiándolo, sin glorificarlo ni darle gracias, prefiriendo cambiar la gloria del Dios inmortal por imágenes hechas a semejanza del hombre mortal y de aves y animales y reptiles (ver Ro. 1:21–23).

Por las siguientes razones exegéticas la mayoría de los teólogos reformados han insistido en que la traducción al inglés del grupo de palabras -ἀλλάσσω, -*allassō*, solo aparentemente (no sustantivamente) apoyan la referencia hacia el hombre y que la obra de la cruz de Cristo como un acto de reconciliación debe una vez más ser interpretado como haciendo referencia hacia Dios. Instan a que, al pagar la pena debida a los elegidos por su pecado, expiando así el pecado en su favor, Cristo eliminó la base del distanciamiento de Dios con respecto a ellos, logrando la paz con Dios como resultado. Por ejemplo, Charles Hodge escribe sobre Efesios 2:16:

> Ni los términos en inglés ni en griego... indican si el cambio efectuado es mutuo o solo de un lado... Si la reconciliación efectuada por Cristo entre el hombre y Dios resulta de un cambio interior en los hombres, o de la propiciación de Dios —o si ambas ideas deben incluirse, está determinada *no por el significado de la palabra, sino por el contexto y la analogía de la Escritura*. Cuando se dice que Cristo reconcilió a los hombres con Dios, el significado es que Él propició a Dios, satisfizo las demandas de su justicia, y así hizo posible que Él pudiera ser justo y, sin embargo, justificar a los impíos. Esto es claro, porque siempre se dice que la reconciliación se efectúa por la muerte, la sangre, la cruz de Cristo, y el propósito inmediato de un sacrificio es propiciar a Dios, y no convertir al oferente o a aquel por quien se hace la ofrenda. Lo que en un lugar se expresa diciendo que Cristo nos reconcilió con Dios, en otro lugar se expresa diciendo que Él fue una propiciación, o hecho propiciación por nuestros pecados..[35]

Murray hace eco de este sentimiento:

---

[35] Charles Hodge, *Commentary on the Epistle to the Ephesians* (Grand Rapids, Michigan: Eerdmans, 1954), 138, énfasis añadido.

> Cuando examinamos la Escritura... de cerca encontraremos [que] no es nuestra enemistad contra Dios lo que pasa a primer plano en la reconciliación sino el alejamiento de Dios de nosotros. Este distanciamiento de parte de Dios surge, de hecho, de nuestro pecado, es nuestro pecado que provoca esta reacción de su santidad. Pero es el alejamiento de Dios de nosotros el que es traído a primer plano ya sea que la reconciliación sea vista como una acción o como un resultado.[36]

La evidencia exegética favorece el punto de vista de que la obra reconciliadora de Cristo en la cruz se centró principalmente en Dios se encuentra en los cuatro pasajes.

Romanos 5:10-11

La evidencia a partir de este pasaje incluye los siguientes puntos: (1) La «paz con Dios» (εἰρήνην πρὸς τὸν θεὸν, *eirēnēn pros ton theon*), que está en el comienzo de este pasaje como la gracia específica a la que fuimos introducidos como efecto de la justificación (5:1-2), se corresponde más estrechamente con la idea de la eliminación del distanciamiento de Dios a través de la muerte de Cristo, que se vuelve entonces en el fundamento de nuestra paz para con Él, que con la idea de que dejemos a un lado nuestra hostilidad activa hacia Dios. (2) En consecuencia, la palabra «enemigos» (ἐχθροὶ, *echthroi*) en 5:10 más probablemente debería interpretarse en sentido pasivo («aborrecido por Dios») más que con el activo («aborreciendo a Dios»).[37] En otras palabras, la palabra «enemigos» no destaca nuestro aborrecimiento impío de Dios sino más bien el santo aborrecimiento de Dios de nosotros.[38] Contra el trasfondo de la afirmación de la primera afirmación de Pablo de que ahora tenemos paz para con Dios, parece que Pablo pretende decir: «En el mismo momento en que Dios se alejó de nosotros, es decir, sintió una santa hostilidad hacia nosotros, fuimos reconciliados con Dios [cuyo verbo pasivo, cuando se traduce activamente, significa, «Dios nos reconcilió consigo mismo»] por la muerte de su Hijo». Esta construcción destaca la verdad que Pablo destaca en 5:8 que la obra de la muerte de Cristo fue una demostración señalada del amor de Dos hacia nosotros. Es decir, en el mismo momento cuando tenía toda la razón para aborrecernos y, de hecho, sintió una hostilidad santa hacia nosotros, sin embargo, por amor a nosotros nos salvó. Esta más allá de toda posibilidad que Pablo quisiera decir: «En el mismo momento en que éramos enemigos de Dios, fuimos reconciliados con Dios por la muerte de su Hijo», lo que significa que nuestra hostilidad hacia Dios fue eliminada por la muerte del Hijo de Dios, una operación que de hecho no se produjo. Es claramente la hostilidad activa de Dios hacia los hombres y los medios que Él proporcionó para eliminarla en lugar de la actitud de los hombres hacia Dios lo que está al frente de la enseñanza de Pablo sobre la reconciliación. (3) Ambas formas verbales («fuimos reconciliados» y «habiendo sido reconciliados») están en tiempo aoristo, lo que sugiere que la eliminación específica de la alienación o la reconciliación resultante que Pablo tenía en mente ocurrió puntualmente con la «muerte del Hijo de Dios» y ya es un hecho *consumado*. Tal cambio de actitud claramente puede ser cierta solo de Dios y solo con referencia a los elegidos ya que la mayoría de los hombres continúan en su enemistad hacia Dios. (4) El sorprendente paralelismo entre «Pues mucho más, *estando ya justificados* en su sangre» de Pablo en 5:9, donde la justificación en vista es claramente objetiva y forense (ya sea que la sangre de Cristo sea vista como la preparación del terreno para nuestra justificación o como constituyéndonos justos) y en el que la referencia no es un cambio subjetivo en el hombre, y su afirmación paralela, «mucho más, *estando reconciliados* [a través de la muerte de su Hijo]» en 5:10, sugiere que la reconciliación pretendida en 5:10 también ocurrió en la esfera de lo objetivo del juicio y la actitud divina. (5) Finalmente, el

---

[36] Murray, *Redemption—Accomplished and Applied*, 34.
[37] Ver BAGD, ἐχθρός [*echthros*] en *A Greek-English Lexicon of the New Testament*, 331, para estos significados sugeridos de los sentidos activo y pasivo.
[38] La ocurrencia de «enemigos» en Romanos 11:28, donde su paralelismo con el pasivo «amados» indica que es la enemistad de Dios hacia Israel a lo que Pablo se refiere, sugiere que la referencia de la palabra en 5:10 puede ser la misma enemistad divina.

paralelismo sorprendente entre el «estando ya justificados… por él seremos salvos *de la ira* [de Dios]» en 5:9, donde la referencia a nuestra salvación de la ira divina claramente caracteriza la muerte de Cristo como un sacrificio propiciatorio y de esta forma en referencia a Dios, y su «estando reconciliados, seremos salvos [(implícito) de la misma ira] por su vida» en 5:10 implica que la obra reconciliadora puntual de Cristo que nos salvará de la ira divina fue también hacia Dios en su referencia.

2 Corintios 5:17-21

La evidencia de estos pasajes incluye: (1) Como el pasaje previo, la forma verbal en la frase «quien nos reconcilió consigo mismo por Cristo» en 5:18 está en el tiempo aoristo, sugiriendo nuevamente que la eliminación del distanciamiento ocurrió puntualmente con la muerte de Cristo y ya es un hecho *consumado*. Pero tal descripción del efecto del acto reconciliador de Cristo solo puede ser verdad son referencia a Dios y solo con referencia a aquellos por quienes Cristo murió ya que la mayoría de los hombres continúan en enemistad con Dios. (2) La construcción perifrástica de Pablo en 5:19 («estaba… reconciliando», ἦν… καταλλάσσων, *ēn… katallassōn*) coloca la actividad reconciliadora en el pasado como un hecho consumado. (3) Pablo expone el carácter de la obra reconciliadora de Dios en 5:19 expresamente en términos de dos actos *forenses* complementarios, uno negativo y otro positivo. Dios estaba reconciliando al mundo consigo mismo, dice Pablo, al no imputar sus pecados a los hombres (5:19; argumentaré en el próximo capítulo que la referencia aquí es a los elegidos) y también al imputarlos a Cristo (5:21). Esto significa que Pablo estaba viendo la obra de reconciliación como un evento pasado, objetivo y forense y no como una operación subjetiva en curso en los corazones de los hombres. (4) La declaración de Pablo de que Dios nos ha dado el «ministerio de la reconciliación» (5:18) mediante el cual proclamamos «la palabra de la reconciliación» de Dios (5:19) como si Él mismo estuviera rogando a los hombres (5:20) no puede significar que debemos proclamar a los hombres que Cristo ha quitado su enemistad activa contra Dios por medio de su cruz. Más bien, predicamos a los hombres con la esperanza específica de que Cristo, a través de su aplicación soberana de los beneficios de su obra redentora, pueda eliminar su enemistad contra Dios. Debemos proclamar a los hombres que la obra de la cruz de Cristo ha abordado la exigencia de la enemistad de Dios hacia todos aquellos por quienes murió, y que ha hecho posible que Dios se despoje de su enemistad hacia ellos. (5) En consecuencia, el imperativo «Reconciliaos con Dios» (5:20) debe entenderse como la llamada de Dios a los elegidos para que se aprovechen de su actitud reconciliadora hacia ellos, hecha posible a través de la obra de la cruz de Cristo, y no por su llamamiento a ellos de dejar a un lado su enemistad hacia Él (aunque en la actividad regeneradora del Espíritu se lleva a cabo esta gran obra). Esto queda claro de por otra ocurrencia en el Nuevo Testamento donde se emite una obligación similar. En Mateo 5:24 Jesús dice: «reconcíliate [διαλλάγηθι, *diallagēthi*] primero con tu hermano». Superficialmente uno podría entender que la interpretación en inglés de las palabras de Jesús significa que el adorador estaba albergando enemistad en su corazón contra su hermano, y que debía desechar *su* enemistad antes de adorar a Dios. Pero si esta fuera la intención de Jesús, como dice Murray, parece no haber una buena razón por la cual el adorar necesitaría dejar el altar para hacerlo. El altar es el mejor lugar para arrepentirse de la mala voluntad hacia el otro. La situación que Jesús describe, de hecho, representa al hermano distante como alejado y albergando enemistad contra el adorador. Por consiguiente, es la enemistad del hermano que está en primer plano de la reconciliación que Jesús aquí visualiza a la cual se debe dirigir la actividad reconciliadora del adorador. El imperativo de Jesús debe significar entonces algo del orden de «haz lo necesario para quitar el distanciamiento *de tu hermano*, aprovéchate de los términos de reconciliación que te ofrece tu hermano». El mandato de Jesús «reconciliaos», interpretado así, no se centra en la enemistad de la persona a la que se ordena que se reconcilie (puede que ni siquiera haya habido ninguna), sino en el distanciamiento en la mente de la persona con quien se hace la reconciliación. En consecuencia, el mandato de Pablo, «reconciliaos [καταλλάγητε, katallagēte] con Dios», en 2 Corintios 5:20 por analogía sugeriría que la intención principal detrás de la amonestación de Pablo no es que los hombres debieran alejar su enemistad contra Dios (esto sucede en la aplicación a ellos de los beneficios de la salvación adquiridos por Cristo) sino más bien que deben tomar ventaja de la actitud reconciliadora de Dios hacia los hombres, efectuada por la obra reconciliadora de Cristo, y aprovechar de los términos de reconciliación ofrecidos (por supuesto, solo los elegidos lo harán así). Es decir, Pablo está diciendo que nuestro mensaje debe ser, «reciban la oferta de reconciliación en Cristo que Dios les hace ahora, acepten su oferta de la hoja de olivo».

Efesios 2:14-17
La evidencia aquí incluye: (1) como en los dos pasajes previos, el verbo «reconciliar» en 2:16 está en el tiempo aoristo, indicando que la reconciliación fue un hecho consumado, efectuado por la obra de Cristo en la cruz. (2) La «enemistad» (ἔχθραν, echthran) en 2:14 describe la mutua hostilidad que existía entre judíos y gentiles. La obra de Cristo abordó esta hostilidad mutua «para crear en sí mismo de los dos un solo y nuevo hombre, haciendo la paz [entre ellos]». Hasta aquí esa enemistad mutua. Ahora el (hina, «para que») de 2:15 gobierna no solo el verbo de crear en 2:15 sino también el verbo de reconciliar en 2:16. En otras palabras, Pablo nos informa que Cristo hizo lo que hizo en la cruz no solo para *crear* de los dos —judíos y gentiles— un hombre nuevo sino también para *reconciliar* a ambos con Dios. La segunda obra era necesaria porque hubo *otra* enemistad que tenía que abordarse, a saber, la enemistad de Dios contra ambos judíos y gentiles. Que Pablo alude a la enemistad de Dios cuando escribe: «mediante la cruz reconciliar con Dios a ambos en un solo cuerpo, matando [ἀποκτείνας, apokteinas] en ella [la cruz] las enemistades [ἔχθραν, echthran]» es claro del contexto. Dado que la noción inmediata precedente de reconciliación es hacia Dios en su referencia (τῷ θεῷ, tō theō), claramente es la enemistad de Dios que Pablo valientemente dice que Cristo «mato» por su muerte. Hodge comenta sobre este segundo suceso de «enemistad»:

> La *enemistad* en este lugar... muchos entienden que es la enemistad entre los judíos y los gentiles... Se recomienda a favor de esta interpretación que no es natural hacer que la palabra *enemistad* en este versículo y en el versículo 15 se refiera a cosas diferentes... es [dicen] la enemistad entre judíos y gentiles y su unión de lo que trata el apóstol. Pero esa idea acababa de expresarse antes. Es perfectamente pertinente al objetivo del apóstol mostrar que la unión entre los judíos y los gentiles se efectuó mediante la reconciliación de ambos, mediante la muerte expiatoria [de Cristo], con Dios. El primero fluye del segundo. A este respecto, las palabras «habiendo matado en ella la enemistad», sirven para explicar la declaración de que la cruz de Cristo nos reconcilió con Dios. Su muerte satisfizo la justicia, propició a Dios, es decir, eliminó su ira o su enemistad hacia los pecadores... Esta opinión se sustenta en las representaciones constantemente recurrentes de las Escrituras.[39]

Es como si Pablo estuviera diciendo que había un «enemigo» (ἐχθρός, echthros, de la misma raíz griega que ἔχθρα [echthra, «enemistad»]) contra nosotros en Dios que necesitaba ser «muerto». Y en el curso de su propia muerte, de hecho, precisamente en su muerte, dice Pablo, nuestro salvador «mató» o asestó el golpe mortal a ese enemigo —la enemistad de Dios o la santa hostilidad contra nosotros, y reconcilió tanto a judíos como a gentiles en un cuerpo *para Dios*. Así se dice aquí que la obra de muerte de Cristo, en su carácter

---
[39] Hodge, *Ephesians*, 139-140.

reconciliador, ha eliminado la enemistad de Dios, no la del hombre hacia el nuevo hombre creado por Cristo. (3) Según 2:17-18, Cristo, «habiendo venido» a su iglesia después de su resurrección, proclamó la paz a ambos gentiles y judíos. Esta paz, efectuada por su obra de muerte, es claramente paz para con Dios (ver Ro. 5:1) «porque», declara Pablo, «por medio de Él los unos y los otros tenemos entrada por un mismo Espíritu *al Padre*». Estos datos indican que la obra de reconciliación de Cristo aquí es interpretada como teniendo total referencia hacia Dios.

Colosenses 1:19-22

La evidencia en este pasaje incluye: (1) Los verbos «reconciliar» y «ha reconciliado» en Colosenses 1:20-21 están ambos una vez más en el tiempo aoristo. (2) Dios consumó esta reconciliación a través de Cristo, «haciendo la paz [también en el tiempo aoristo] mediante la sangre de su cruz» (1:20) y «en su cuerpo de carne, por medio de la muerte» (1:22). De nuevo, debe notarse que es la *muerte* de Cristo que reconcilió a Dios con los hombres, pero la muerte de Cristo *per se* no eliminó el distanciamiento impío que la mayoría de gente tiene hacia Dios. Fue su propio distanciamiento hacia aquellos por quienes Cristo murió a lo que Dios mismo se dirigió a través de Cristo, y que tomó medidas para eliminar mediante la muerte de Cristo en la cruz.

Los datos escriturales que hemos examinado indican que la obra de muerte de Cristo interpretada como una obra de reconciliación abordó el distanciamiento de Dos hacia aquellos por quienes Cristo murió, y que al pagar Cristo la pena que debíamos por el pecado el deseo de Dios de bendecirnos se realizó, ya que no podría haber sido aparte de esa obra. Si bien Cristo no podría haber muerto por nosotros si Dios no nos hubiera amado, es igualmente cierto que Dios «no sería lo que es si Cristo no hubiera muerto» (Denney). Es decir, Dios no podría haberse reconciliado con nosotros y solo podría haber continuado en su hostilidad santa hacia nosotros si Cristo no hubiera muerto por nosotros. Claramente, la obra de la cruz de Cristo en su carácter reconciliador tenía principalmente una referencia hacia Dios. Y el cristiano se deleitará cantando con Charles Wesley:

Levántate, alma mía, levántate, sacúdete los temores culpables:
El sacrificio sangrante en mi favor aparece:
Ante el trono mi fiador está de pie,
Mi nombre está escrito en sus manos.
    Él siempre vive en lo alto, p*ara interceder por mí,*
Su amor redentor, *para suplicar su preciosa sangre*;
Su sangre expió por todas las razas,
Y rocía ahora el trono de la gracia.
    Cinco heridas sangrantes que lleva, recibidas en el Calvario;
derraman oraciones eficaces, suplican enérgicamente por mí;
¡Perdónalo, oh perdona, claman,
y no dejes morir al pecador redimido!
    Mi Dios está reconciliado; Su voz perdonadora escucho;
Él me posee por su hijo, ya no puedo temer;
Con confianza ahora me acerco,
y «¡Padre, Abba, Padre!» llorar.

¿Pagano o cristiano?

¿Es pagano insistir en que Dios requirió la obra de la cruz de Cristo para que pudiera ser no solo propicio hacia los hombres sino también para estará favorablemente dispuesto hacia ellos? Los teólogos liberales siempre han pensado así. Pero en todas las demás religiones los hombres intentan propiciar a sus dioses y ganarlos para la clemencia a través de alguna actividad de su parte. Sin embargo, el cristianismo declara que «Dios estaba en Cristo reconciliando consigo al mundo» (2 Co.5:19), que incluso en el momento cuando tenía justa causa para alejarse de nosotros, «demostró su amor para con nosotros» reconciliándonos con Él a través de la muerte de su Hijo. En consecuencia, no hemos ganado la reconciliación con Dios. No podemos ni necesitamos hacerlo, ya que Dios ha en gracia nos lo ha concedido gratuitamente. Como afirma Pablo: «hemos recibido la reconciliación» (Ro. 5:11). Esto *no* es paganismo. Es exactamente lo opuesto del paganismo. Mientras que todas las demás religiones del mundo representan a los hombres buscando a sus dioses, el cristianismo representa a Dios como buscando a los hombres. Dicho trato divino con los hombres es único entre las religiones mundiales. Es simplemente la forma en que el Dios único y verdadero, que es amor (1 Jn. 4:8), actuó en gracia hacia nosotros. Como declara Juan: «En esto se mostró el amor de Dios para con nosotros, en que Dios envió a su Hijo unigénito al mundo, para que vivamos por él. En esto consiste el amor: no en que nosotros hayamos amado a Dios, sino en que él nos amó a nosotros, y envió a su Hijo en propiciación por nuestros pecados» (1 Jn. 4:9-10). «Mirad cuál amor nos ha dado el Padre, para que seamos llamados hijos de Dios» (1 Jn. 3: 1a)

La obra de redención obediente de la cruz de Cristo (presuposición: esclavitud o servidumbre)

¿Liberación por poder o redención por precio?

No se puede dudar legítimamente que esa obra de la cruz de Cristo debe verse como una obra de liberación por un gran poder. Pablo llama a Cristo «de Sion el Libertador [ὁ ῥυόμενος, *ho rhyomenos*]» (Ro. 11:26). También declara que Cristo lo «libro de su cuerpo de muerte (Ro. 7:24, ῥύσεται, *rhysetai*) y que «liberó» a los cristianos en general de la ira venidera (1 Ts. 1:10, τὸν ῥυόμενον, *ton rhyomenon*). Sin embargo, E.F. Harrison ha observado perspicazmente que mientras Pablo «puede contentarse con el uso de ῥύεσθαι [*rhuesthai*] cuando establece la relación de la obra salvífica de Cristo por nosotros con respecto a los poderes angélicos hostiles (Col. 1:13), sin embargo, cuando pasa a la contemplación del perdón de nuestros pecados debe cambiar su terminología al de la redención (Col. 1:14)».[40]

Los académicos arminianos interpretan esta obra redentora del Señor de gloria puramente en términos de liberación por el poder *aparte del precio*. Este es un error de proporciones trágicas. R.W. Lyon, un teólogo arminiano que no quiere tener nada que ver con una verdadera expiación sustitutiva penal, comente precisamente este error cuando escribe: «cuando las ideas de un rescate están vinculadas con la actividad salvífica de Dios, la idea del precio no está presente».[41] Lyon entonces expresamente interpreta tanto el gran tipo de redención de Antiguo Testamento —la liberación del éxodo— como su antitipo del Nuevo Testamento —la obra de la cruz de Cristo— de acuerdo con este principio declarado:

> Lo más importante es que la idea de rescate (redimir) está... vinculada con la liberación de Egipto (por ejemplo, Dt. 7:8) y el regreso de los exiliados (por ejemplo, Is. 35:10). En ambos escenarios el foco ya no está en el precio pagado sino en la liberación lograda y la libertad obtenida.
>
> Por lo tanto, cuando el NT habla de rescate con referencia a la obra de Cristo, la idea no es de transacción, como si se hiciera un trato y se pagara un precio. Más bien, el enfoque está en el *poder* (I Corintios 1:18) de la cruz para salvar. En el famoso dicho de rescate de Marcos 10:45, Jesús habla de su muerte venidera como un medio de liberación para muchos. El contraste está entre su propia muerte solitaria y la liberación de muchos. En el NT los términos de rescate y compra, que en otros contextos sugieren un intercambio económico o financiero, hablan de las consecuencias o resultados (1 Co. 7:23).[42]

---

[40] E. F. Harrison, «Redeemer, Redemption», en *Evangelical Dictionary of Theology*, 919.
[41] R. W. Lyon, «Ransom», en *Evangelical Dictionary of Theology*, 907.
[42] Ibid., 907–8. Así también F. Büchsel, «λύτρον [*lytron*]» *Theological Dictionary of the New Testament*, ed. Gerhard Kittel, traducción Geoffrey W. Bromiley (Grand Rapids, Michigan: Eerdmans, 1965), 4:355.

En su día Warfield habló de aquellos que instaban a esta interpretación sobre la iglesia como «ayudando en el lecho de muerte de una palabra [digna]».[43] Además, en su magnífico estudio de «The New Testament Terminology of Redemption»,[44] Warfield demostró cuidadosamente, frente a las opiniones contrarias de Westcott, Oltramare, y Ritschl específicamente, que el grupo de palabras λυτρο-, *lytro*-, siempre mantiene su sentido nativo de *rescate* como el modo de liberación a través de toda la historia de la literatura griega profana, la Septuaginta (donde se emplea para traducir el grupo de palabras hebreas de גָּאַל, *gā᾿al*, פָּדָה, *pādåh*, y כָּפַר, *kāpar*), el material del Nuevo Testamento y la literatura patrística temprana. Enfaticé en el capítulo catorce que el éxodo fue una liberación redentora efectuada por el precio de rescate del cordero pascual. Si bien no puede haber duda de que esa liberación antigua (tipológica) fue efectuada por el poder de Dios, también fue posible salvíficamente solo por el derramamiento de la sangre del cordero pascual y la aplicación de su sangre en los marcos de las puertas de los hogares de los israelitas, expiando así los pecados del pueblo. Insisto en el mismo significado para la obra anti típica de redención del Nuevo Testamento a través de Cristo. Harrison, con una sensibilidad mucho mayor a la intención y la analogía de las Escrituras que Lyon, observa:

> La ocurrencia de numerosos pasajes en el AT donde se afirma la redención en términos que no incluyen explícitamente el elemento de rescate ha llevado a muchos eruditos a concluir que la redención vino a significar liberación sin alguna insistencia sobre un rescate como condición o base. La manifestación del poder de Dios en la liberación de su pueblo parece a veces ser el único énfasis (Dt. 9:26). Pero, por otro lado, no hay ningún indicio en la dirección de la exclusión de un rescate. La idea del rescate bien puede asumirse como un factor que se mantiene en segundo plano por la prominencia dada al elemento de poder necesario para la liberación.[45]

Murray está de acuerdo:

> La idea de redención no debe reducirse a la noción general de liberación. El lenguaje de la redención es el lenguaje de la compra y más específicamente del rescate. Y rescate es la obtención de una liberación mediante el pago de un precio.[46]

Como mostraremos ahora, los grupos de palabras relevantes del Nuevo Testamento (λυτρόω, lytroō, ἀγοράζω, agorazō y περιποιέω, peripoieō [una vez]) en todas partes apoyan esta conclusión.

El Testimonio de Jesús

Jesús abrió su mente a los hombres con respecto a la misión de su vida en Mateo 20:28 y Marcos 10:45, donde indicó que su ministerio terrenal terminaría en un acto de sacrificio propio que serviría como «rescate por muchos [λύτρον ἀντὶ πολλῶν, *lytron anti pollōn*]». En este dicho, destacó el hecho de que veía su muerte cercana como una muerte sacrificial ofrecida como rescate en lugar de (ἀντὶ, *anti*) otros. Luego, en la última pascua con sus discípulos, subrayó la misma verdad cuando instituyó la cena del Señor: «Esto es mi cuerpo que por [ὑπὲρ, *hyper*] vosotros es dado», dijo, y también, «esta copa es el nuevo pacto en mi sangre que por [ὑπὲρ, *hiper*] vosotros se derrama [Mt. 26:28—«por (περὶ, *peri*) muchos para el perdón de los pecados»]» (Lc. 22:19–20; ver también Jn. 10:11, 15). Además, Jesús aplicó expresamente la muerte vicaria del siervo sufriente de Isaías 53 a sí mismo en Lucas 22:37. Claramente, Jesús creía y enseñaba que la liberación del pecado no era simplemente una cuestión de poder. Era un asunto que requería el pago de un precio por el perdón.

---

[43] Benjamin B. Warfield, «Redeemer and Redemption», en *The Person and Work of Christ* (Philadelphia: Presbyterian and Reformed, 1950), 345.
[44] Warfield, *The Person and Work of Christ*, 429–75.
[45] Harrison, «Redeemer, Redemption», 918–919.
[46] Murray, *Redemption—Accomplished and Applied*, 42.

El Testimonio de Pedro
Pedro escribe: «fuisteis rescatados [ἐλυτρώθητε, *elytrōthēte*, «rescatados»] no con cosas corruptibles, como oro o plata, sino con la sangre preciosa de Cristo, como de un cordero sin mancha y sin contaminación» (1 P. 1:18-19). En contraste con la plata y el oro, la sangre de Cristo se interpreta aquí claramente como un precio pagado por el perdón.

El Testimonio de Juan
Juan utiliza el grupo de palabras ἀγοράζω, *agorazō*, —terminología comercial del mercado— para enseñar la misma verdad: que la liberación redentora implica un precio de pago. Informa que escuchó a los veinticuatro ancianos en el cielo cantando delante del cordero: «Digno eres... porque tú fuiste inmolado, y con tu sangre nos has redimido [ἠγόρασας, *ēgorasas*] [a los hombres] para Dios» (Ap. 5:9). Escuchó a la multitud del cielo cantar más tarde delante del Cordero, y nos dice que nadie podía aprender la canción excepto «aquellos que fueron redimidos [οἱ ἠγορασμένοι, *hoi ēgorasmenoi*]» (14:3), y dice que estos redimidos: «Estos son los que siguen al Cordero por dondequiera que va. Estos fueron redimidos ἠγοράσθησαν, *ēgorasthēsan*] de entre los hombres» (14:4).

El Testimonio del Autor de Hebreos
Este escritor también, por el contraste que establece en el contexto del «rescate» entre la sangre de los machos cabríos y los becerros y la propia sangre de Cristo, subraya el carácter de precio de la sangre de Cristo: «no por sangre de machos cabríos ni de becerros, sino por su propia sangre, entró una vez para siempre en el Lugar Santísimo, habiendo obtenido eterna redención [λύτρωσιν, *lytrōsin*] [de este modo]» (Heb. 9:12). Él dice también en 9:15 que «interviniendo muerte para la *remisión* [ἀπολύτρωσιν, *apolytrōsin*]».

El Testimonio de Pablo
Es Pablo quién nos da el mayor desarrollo de la doctrina. Enseñó en concierto con su Salvador (Mr. 10:45), que Jesús «se dio a sí mismo en rescate [ἀντίλυτρον ὑπὲρ πάντων, *antilytron hyper pantōn*] por todos» (1 Ti. 2:6, notar su interesante empleo de ambos ἀντί, *anti*, e ὑπέρ, *hyper*—, «un rescate en vez de [y] por el bien de». Y Jesús «se dio a sí mismo por nosotros *para redimirnos* [λυτρώσηται, *lytrōsētai*] [rescatar] de toda iniquidad» (Tit. 2:14). En consecuencia, Pablo se refiere a la «redención» (ἀπολύτρωσις, *apolytrōsis*) que tenemos a través de la sangre o muerte de Cristo siete veces.

En Romanos 3:24–27, él pregunta: «siendo justificados gratuitamente por su gracia, mediante la redención que es en Cristo Jesús, a quien Dios puso como propiciación por medio de la fe en su sangre..., ¿Dónde, pues, está la jactancia?» Aquí, en un solo contexto donde la «redención» es la idea rectora del todo, Pablo habla de esa redención como «por Cristo Jesús» y «en su sangre», como una redención *propiciatoria*, y como una redención que compró nuestra *justificación por medio de la fe*. Esto demuestra que Murray tiene razón cuando escribe:

> [La esclavitud a la que nos ha enviado nuestro pecado] es multiforme. En consecuencia, la redención como compra o rescate recibe una amplia variedad de referencias y aplicaciones. ... No podemos separar artificialmente la redención como rescate de las otras categorías en las que debe interpretarse la obra de Cristo. Estas categorías no son más que aspectos desde los cuales se debe considerar la obra de Cristo realizada una vez por todas y, por lo tanto, puede decirse que se *interpenetran* entre sí..[47]

En Efesios 1:7 y Colosenses 1:14 Pablo afirma que en Cristo «tenemos redención por su sangre [«por su sangre» se omite en Colosenses], el perdón de pecados». Debe tomarse de la

---

[47] Ibid., 43, 48, énfasis añadido. Es a la luz de este hecho que Murray podría titular su libro como lo hizo. Es extremadamente importante notar el hecho de la interpenetración aquí —que la obra *redentora* de Cristo en el Calvario propició, reconcilió y compró la justificación por gracia a través de la fe— ya que ocupará un lugar destacado en nuestra discusión posterior sobre el diseño divino detrás de la obra de la cruz de Cristo.

interpenetración de la redención y el perdón aquí, el último acumulándose al cristiano a través de la obtención de la primera.

En cuatro contextos pablo habla de nuestra redención escatológicamente. En Romanos 8:23 se refiere al futuro «redención del cuerpo», pero «no en el sentido de que la redención estará operativa entonces por primera vez, sino que la redención asegurada por Cristo y aplicada al perdón del alma se luego extendida para incluir el cuerpo también, para que la salvación sea llevada a su consumación prevista».[48] En Efesios 1:14 y 4:30 se refiere a nuestra redención final de todo mal, como lo hizo Jesús en Lucas 21:28, que sucederá en el «día de la redención». Aquí Pablo subraya la gran verdad de que la redención de Cristo, que obtuvo el sello del Espíritu para todos aquellos por quienes murió, *asegura nuestra salvación final*. De la misma manera, en 1 Corintios 1:30, el orden de las palabras de los tres sustantivos en la declaración de Pablo de que Jesucristo es nuestra «sabiduría de Dios, es decir, nuestra *justicia*, *santificación* y *redención*», casi con seguridad pretende que el tercer sustantivo se interprete como refiriéndose a nuestra redención en la consumación escatológica. Aquí el apóstol afirma que la obra de la cruz de Cristo aseguró nuestra justificación, nuestra santificación y nuestra redención final. Una vez más, debemos insistir en que esta redención escatológica se basa en la redención asegurada por Cristo en el Calvario, como lo indican muchas características que rodean estos tres versículos (ver Ef. 1:7; 4:32; 5:2; 1 Co. 1:18–25).

Cambiando ahora al grupo de palabras ἀγοράζω, *agorazō*, en 1 Corintios 6:19–20 Pablo escribe: «No sois vuestros, porque habéis sido comprados por precio [ἠγοράσθητε τιμῆς, *ēgorasthēte timēs*]», y siendo así, declara en 7:23: «Por precio habéis sido comprados [τιμῆς ἠγοράσθητε, *timēs ēgorasthētes*]: no os hagáis esclavos de los hombres». Y en Gálatas 3:13 escribe: «Cristo nos redimió [ἐξηγόρασεν, *exēgorasen*] de la maldición de la ley, hecho por nosotros maldición por nosotros», y en 4:4–5 enseña que Dios «envió a su Hijo… para que redimiese [ἵνα… ἐξαγοράσῃ, *hina… exagorasē*] a los que están bajo la ley».

Finalmente, a los ancianos efesios Pablo declaró «apacentar la iglesia del Señor, la cual ganó [περιεποιήσατο, *periepoiēsato*] por su propia sangre» (Hch 20:28).

En conclusión, la obra de la cruz de Cristo se ve en el material del Nuevo Testamento como un acto redentor, y en cada instancia, ya sea en el contexto inmediato o cercano, el precio del rescate que pagó (su sangre o muerte), que es lo que hizo que su obra redentora en naturaleza esté indicada.[49] Y es sólo la perversidad teológica lo que lleva a los hombres a negar esto y a insistir más bien en que la redención y el rescate simplemente hablan de liberación a través del poder.

La referencia hacia Dios de la redención

En la iglesia primitiva y medieval muchos padres —entre ellos luminarias tales como Ireneo, Clemente de Alejandría, Orígenes, Basilio, los dos Gregorios, Cirilo de Alejandría, Juan Damasceno, Hilario, Rufino, Jerónimo, Agustín, León el Grande, y tan tardíos como Bernardo y Lutero— sostuvieron que la muerte de Cristo como rescate fue pagado a Satanás que entonces soltó su dominio sobre los elegidos de Dios.

Este punto de vista, que concebía que la obra de la cruz de Cristo terminaría con Satanás, desaparecería gradualmente por falta de apoyo escritural. Pero surgió la pregunta, ¿a quién entonces se le pagó la muerte de Cristo como «rescate»? Y la respuesta, por supuesto, debe ser: la muerte de Cristo como rescate fue pagada a Dios, cuya santidad y justicia habían sido

---

[48] Harrison, «Redeemer, Redemption», 918.
[49] Argumentaré en el próximo capítulo que la ocurrencia de ἀγοράσαντα, *agorasanta* en 2 Pedro 2:1 no pertenece a la redención, debido a la ausencia de cualquier mención del precio pagado.

ofendidas por la transgresión de su ley por parte del hombre. Anselmo vio la falacia en la visión patrística y correctamente declaró:

> Así como Dios no le debía nada al diablo sino castigo, así... todo lo que se le exigía al hombre, se lo debía a Dios y no al diablo.[50]

Así que una vez más debemos concluir que la obra de la cruz de Cristo en su carácter redentor tiene una dirección hacia Dios.

Las referencias hacia el hombre de la redención

Tal como encontramos que la obra de la cruz de Cristo interpretada como propiciación y reconciliación, así también con su obra de la cruz interpretada como redención: el Nuevo Testamento representa la actividad redentora de Cristo, en su carácter objetivo, como un hecho *consumado*. En *cada* ejemplo se utilizó el tiempo aoristo para describir su obra redentora en la cruz («para dar» —Mt. 20:28; Mr. 10:45; «rescatar» —1 P. 1:18-19; «entero una vez para siempre..., obtenido» —Heb. 9:12; «ha tenido lugar» —Heb. 9:15; «dio» —1 Ti. 2:6; Tit. 2:14; «mostrado públicamente» —Ro. 3:25; «compró» o «adquirió» o «compró» —1 Co. 6:20; 7:23; Gal. 3:13; 4:5; Ap. 5:9; 14:3, 4; Hch. 20:28). En resumen, los pasajes afirman que cuando Jesús murió, su muerte en realidad redimió, en realidad procuró o compró todo lo esencial para la liberación de aquellos por quienes murió. Pero a diferencia de la propiciación y la reconciliación, a las que se les debe dar únicamente una referencia hacia Dios, hay razón para ver la muerte de Cristo, como un acto redentor, que también tiene una referencia hacia el hombre. El rescate y la redención presuponen nuestra esclavitud, y están «dirigidos a la esclavitud a la que nuestro pecado nos ha entregado».[51] Entonces, ¿qué procuró específicamente su muerte?

Con referencia a *la ley de Dios*, (1) Él nos redimió de la *maldición* de la ley, es decir, de su justa *condenación* hacia nosotros, haciéndose maldición por nosotros, es decir, cargando su justa condenación de nosotros vicariamente (Gal. 3:13). Esta característica redentora asegura que ya no haya más condenación esperando a aquellos que están en Cristo Jesús (Ro. 8:1), es decir, garantiza nuestra justificación delante de Dios. (2) Él liberó al pueblo de Dios de cualquier otra necesidad de la esclavitud *pedagógica* implícita en el ceremonialismo de la economía salvífica del Antiguo Testamento (Gal. 3:23; 4:2-5; 5:1). Esta característica redentora asegura nuestros plenos derechos como «hijos maduros». Como escribe Murray:

> La gracia del NT [frente a la gracia del AT] aparece en esto: que por la redención consumada y por la fe en Cristo (ver Gal. 3:26) todos sin distinción (Gal. 3:28) son instaurados en la plena bendición de la filiación, sin tener que pasar la preparación tutelar correspondiente a la disciplina pedagógica del período del AT. No hay recapitulación en el ámbito individual de lo obtenido en la historia de la revelación y realización progresivas.[52]

(3) Él redimió al cristiano de cualquier necesidad de obtener por sí mismo, para ser salvo, una justicia ante Dios. Cristo es nuestra justicia (1 Co. 1:30), y Él es el fin de la observancia de la ley para justicia de todo creyente (Ro. 10:4).

Con referencia al pecado, un corolario cercano del referente anterior en la medida en que el pecado es transgresión de la ley de Dios, (1) Él nos redimió de la culpa del pecado (Mt. 26:28; Ef. 1:7; Col. 1:14; Heb. 9:15), al llevar nuestro pecado en nuestro lugar. Es decir, procuró para aquellos cuya culpa cargó con su liberación de la condenación de la ley. (2) Él nos redimió del poder y la infructuosidad del pecado (Ro. 6:21–22; 7:4–6; Tit. 2:14; 1 P. 1:18–19). Murray habla de esta liberación del poder del pecado como el «aspecto triunfal de la redención» en lo que se refiere al pueblo cristiano.[53] En virtud de la unión espiritual real

---

[50] Anselm, *Cur Deus Homo*, trans. Sidney Norton Deane (LaSalle, Illinois: Open Court, 1959), Book II, Chapter XIX, 285–86. See appendix D.
[51] Murray, *Redemption—Accomplished and Applied*, 43.
[52] John Murray, «Adoption», en *The Encyclopedia of Christianity* (Wilmington, Del.: The National Foundation for Christian Education, 1964), 1:71.
[53] Murray, *Redemption—Accomplished and Applied*, 48.

que existe entre Cristo y todos aquellos por quienes murió (Ro. 6:1–10; 7:4–6; 2 Co. 5:14–15; Ef. 2:1–7; Col. 3:1–4), las Escrituras afirman de ellos que murieron al dominio y poder del pecado y que viven para servir a aquel que murió por ellos. Es esta unión la que asegura al cristiano su santidad definitiva y progresiva.

Hay una segunda exigencia con la que se relaciona este «aspecto triunfal» de la actividad redentora de Cristo —la destrucción del reino de las tinieblas de Satanás. Esto nos lleva a la categoría final bajo la cual la obra de la cruz de Cristo debe verse.

La obra de destrucción de la cruz obediente de Cristo (presuposición: un reino del mal)

En un pasaje sorprendente sobre el papel de Satanás en la rebelión de nuestros primeros padres contra Dios, Murray escribe:

> Detrás de todo lo que es visible y tangible en el pecado de este mundo hay poderes espirituales invisibles. Satanás es el dios de este mundo, el príncipe de la potestad del aire, el espíritu que ahora obra en los hijos de desobediencia. El archienemigo del reino de Dios no son los poderes visibles alineados contra él, porque detrás de estos agentes y manifestaciones visibles del mal está el ingenio, la astucia, el diseño malicioso, la instigación y la actividad implacable del diablo y sus ministros. Fue esto de lo cual Pablo estaba plenamente consciente cuando dijo, «Porque no tenemos lucha contra sangre y carne, sino contra principados, contra potestades, contra los gobernadores de las tinieblas de este siglo, contra huestes espirituales de maldad en las regiones celestes» (Ef. 6:12). Debido a que hemos cedido al impacto de las presuposiciones naturalistas, y al sesgo anti sobrenaturalista y anti preternaturalista, somos demasiado propensos en estos días a descartar esta verdad de la revelación cristiana. Somos propensos a descartarlo en nuestra construcción e interpretación de las fuerzas de la iniquidad. En la medida en que lo hacemos, nuestro pensamiento no es cristiano.[54]

Los nombres y títulos de Satanás

Las Escrituras confirman la veracidad de la intuición de Murray. Satanás, al que se hace referencia en la Escritura con los nombres de Abadón y Apolión (Ap. 9:11), Belcebú (Mt. 12:24; Lc. 11:15) y Belial (2 Co. 6:15), pero no Lucifer (Is. 14:12, KJV), se representa como el acusador de los hermanos (Ap. 12:10; ver Job 1–2, Zac. 3:1), la serpiente antigua (Ap. 12:9), el ángel del abismo (Ap. 9:11), el diablo (Ap. 12:9 et al.), nuestro enemigo (Mt. 13:25, 28, 39; 1 P. 5:8), el maligno (Mt. 5:37; 6:13; 13:19, 38; Ef. 6:16; 2 Ts. 3:3; 1 Jn. 2:13–14; 3:12; 5:18–19), el padre de la mentira y asesino de las almas de los hombres (Jn. 8:44), príncipe de los demonios (Mt. 9:34; 12:24; Mr. 3:22; Lc. 11:15), príncipe de este mundo (Jn. 12:31; 14:30; 16:11), el soberano del reino del aire (Ef. 2:2), y el tentador (Mt. 4:3; 1 Ts. 3:5).

Acciones de Satanás

Si bien no tiene rienda suelta sobre los hombres debido a las limitaciones y restricciones divinamente impuestas (ver Job 1:12; 2:6; Mt. 12:29; Ap. 20:2-3), se dice que Satanás, no obstante, se enfurece contra los hombres (Ap. 12:12), ronda como león rugiente buscando devorar a los hijos de los hombres (1 P. 5:8), obra en los hijos de desobediencia (Ef. 2:2), ciega las mentes de los incrédulos para que no puedan ver la luz del evangelio de la gloria de Cristo (2 Co. 4:4), aleja a los hombres de Dios para que le sirvan (1 Ti. 5:15), lleva cautivos a los hombres para hacer su voluntad (2 Ti. 2:26), engaña a las naciones (Ap. 12:9; 20:3, 7), siembra cizaña en el campo del mundo (Mt. 13:25), obstruye las misiones mundiales (1 Ts. 2:18), se disfraza de ángel de luz (2 Co. 11:14), hace la guerra contra los santos (Ap. 12:17), echa a los cristianos a la cárcel (Ap. 2:10), oprime con enfermedad física y mental (Hch. 10:38), miente y asesina (Jn. 8:44), y tiene (bajo Dios) el poder de la muerte (Heb. 2:14).

---

[54] John Murray, «The Fall of Man» en *Collected Writings of John Murray* (Edinburgh: Banner of Trust), 2:67-68.

Específicamente, fue Satanás quien tentó a Adán a pecar (Gn. 3:1–5), quien acusó a Job de servir a Dios con fines de lucro (Job 1–2) y quien lo afligió con angustia física y mental (Job 2:7), quien deseó el cuerpo de Moisés (Jud. 9), quien incitó a David a pecar (1 Cr. 21:1), quien acusó a Josué el sumo sacerdote de pecado (Zac. 3:1), quien tentó a Jesús a pecar (Mt. 4:11), que incapacitó a una mujer durante dieciocho años (Lc. 13:11, 16), que incitó a Pedro a oponerse a la muerte de Jesús (Mt. 16:23; Mr. 8:33), que pidió permiso para zarandear a Pedro como trigo (Lc. 22:31), quien puso en el corazón de Judas el traicionar a Cristo (Jn. 13:2) y luego entró en Judas (Jn. 13:27), quien llenó el corazón de Ananías para que mintiera contra el Espíritu Santo (Hch. 5:3), y que atormentó a Pablo con un aguijón en la carne (2 Co. 12:7).

Aspectos-Poderes del Reino de las Tinieblas

Además de las muchas referencias a los demonios en las Escrituras, particularmente en los evangelios, las Escrituras hablan de «poderes-aspectos» definidos del reino de las tinieblas de Satanás, porque se refiere al «reino de las tinieblas» (Lc. 22:53; ver Lc. 4:6; Hch. 26:18; Col. 1:13) y a la «hora de las tinieblas» (Lc. 22:52), de principados y potestades (Ef. 6:12; Col. 2:15), a potestades de este mundo obscuro (Ef. 6:12), y a fuerzas espirituales del mal en el reino celestial que el hombre que no tiene toda la armadura de Dios no puede resistir (Ef. 6:12-13). Satanás trama planes (Ef. 6:11) y «trampas» (2 Ti. 2:26), nombra subordinados demoníacos para supervisar sus intereses entre las naciones (Dn. 10:11–11:1), es el «padre» de muchos hombres vistos como sus «hijos» (Jn. 8:44; Hch. 13:10), e inspira religiones falsas (1 Co. 10:20), organizaciones religiosas y adoradores (Ap. 2:9; 3:9).

La actividad triunfante de Cristo sobre Satanás

De esta forma había una necesidad de una obra redentora de Cristo para conquistar «el maligno reino de poder de Satanás» y nulificar sus poderes y efectos. Murray observa: «Es muy significativo que la obra de Cristo, que es tan central en nuestra fe cristiana, es esencialmente *una obra de destrucción que termina con el poder y la obra de Satanás*. Esta no es una característica periférica o incidental de la redención. Es un aspecto integral de su cumplimiento.»[55] En esta misma conexión, escribe: «Es seguramente significativo… que la primera promesa de la gracia redentora, el primer rayo de luz redentora que cayó sobre nuestros primeros padres, fue en términos de la destrucción del tentador».[56] En consecuencia, ocho pasajes del Nuevo Testamento hablan específicamente de la confrontación entre Cristo —la «simiente de la mujer» —y Satanás y su simiente, y dan algunas sugerencias sobre cómo sucedió que en el mismo acto de Satanás «atacando [mortalmente] su calcañar», Cristo «le aplastó la cabeza».

1 Juan 3:8c

«Para esto apareció el Hijo de Dios, para *deshacer* [λύσῃ, *lysē*] las obras del diablo». Si bien Juan nos da poco detalle más allá del simple hecho aquí, informa a sus lectores que una razón básica por la que Cristo vino fue deshacer las obras del diablo «porque el diablo peca desde el principio» (1 Jn. 3:8b). Es importante en esta conexión, que este es el primer uso del título, «el Hijo de Dios», en esta epístola, sugiriendo que Juan particularmente intentaba enfatizar la dignidad y autoridad *divina* de aquel que se opuso a Satanás en el conflicto. El verbo significa literalmente «podía desatar», sugiriendo que la obra de la cruz de Cristo deshizo las ataduras por las cuales las obras del diablo se habían mantenido unidas. En otras palabras, él y sus filas han sido fragmentados o disipados por la cruz.

Mateo 12:29; Lucas 11:21-22

---

[55] Murray, «*Fall of Man*», 2:68, énfasis agregado.
[56] Murray, *Redemption—Accomplished and Applied*, 49.

En la ocasión cuando fue acusado de expulsar demonios por el poder del «príncipe de los demonios» (Mt. 12:22-24), después de distanciarse de tal relación señalando el absurdo de dicha sugerencia (12:25-28), Jesús preguntó: ¿cómo puede alguno entrar en la casa del hombre fuerte, y saquear sus bienes, si primero no le *ata* [δήση, *dēsē*]? Y entonces podrá *saquear* [διαρπάσει, *diarpasei*] su casa». Aquí Jesús declara que, al resistir y rechazar antes la tentación de Satanás (Mt. 4:1-11), incluso aunque Satanás había estado «armado» (καθωπλισμένος, *kathōplismenos*—Lc. 11:21) mientras que Él mismo había estado en un estado de debilidad física, había mostrado ser superior (ἰσχυρότερος αὐτοῦ, *ischyroteros autou*—Lc. 11:22) a Satanás en poder espiritual y había, por tanto, «atado al hombre fuerte», es decir, «le vence [νικήση, *nikēsē*], le quita todas sus armas en que confiaba» (Lc. 11:22). Ahora, dijo, puede «saquear su casa» o «repartir el botín» (Lc. 11:22). Jesús declara con estos comentarios que Satanás había sido derrotado personalmente en un conflicto de uno a uno consigo mismo, y que su «dominio» sobre los hijos de los hombres se estaba desmoronando. Los mismos demonios parecen haberse dado cuenta de que estaban sirviendo a un líder derrotado, porque le preguntaron a Jesús en una ocasión: «¿Has venido aquí antes del tiempo [es decir, el tiempo señalado del juicio] para atormentarnos?» (Mt. 8:29).

Juan 12:31

«En un contexto que está preñado de alusiones a la necesidad y resultados de la cruz»,[57] Jesús dijo: «Ahora es el juicio de este mundo; ahora el príncipe de este mundo será echado fuera. [ἐκβληθήσεται ἔξω, *ekblēthēsetai exō*]». Nuestro Señor declara que por la obra de su cruz estaba dando el golpe decisivo al poder de Satanás sobre este mundo con respecto a aquellos por quienes murió. Satanás encontró su pareja en Cristo el guerrero y solo actúa hoy como un enemigo derrotado. En consecuencia, Pablo puede asegurar a sus lectores en Roma que «Y el Dios de paz aplastará en breve a Satanás bajo vuestros pies» (Ro. 16:20).

Juan 16:11

En el aposento alto, la noche de su traición, Jesús declaró que el Espíritu Santo convencería al mundo del juicio venidero porque, por su propio triunfo sobre el pecado en la cruz y sobre la muerte en la resurrección, «el príncipe de este mundo ha sido ya juzgado [κέκριται, *kekritai*]».

1 Corintios 15:24-26

Describiendo el reino presente de Cristo, Pablo escribe: «[Cristo] cuando entregue el reino al Dios y Padre, cuando *haya suprimido* [καταργήση, *katargēsē*] todo dominio, toda autoridad y potencia. Porque preciso es que él reine hasta que haya puesto a todos sus enemigos debajo de sus pies». Destrucción —aquí de nuevo está el tema que fue sugerido en Mateo 12:29 y Lucas 11:21-22. Por su obra de la cruz Cristo «nulificó» o «hizo inoperante» el poder de Satanás sobre aquellos por quienes murió (cómo lo hizo así su obra de la cruz, Pablo lo esclarece magníficamente en el siguiente pasaje de Colosenses), para que el mido a la muerte no los esclavice más. Por consiguiente, Pablo representa incluso a la muerte misma como «nuestra» (1 Co. 3:21-23), su aguijón (pecado) ha sido quitado (1 Co. 15:55-56). Muy apropiadamente John Owen habló de «la muerte de la muerte en la muerte de Cristo».

Colosenses 2:13c-15

«[Dios] *perdonándoos* [χαρισάμενος, *charisamenos*] todos los pecados, *anulando* [ἐξαλείψας, *exaleipsas*] el acta de los decretos que había contra nosotros, que nos era contraria, quitándola de en medio y clavándola en la cruz, y *despojando* [ἀπεκδυσάμενος, *apekdysamenos*] [por tanto] a los principados y a las potestades, los exhibió públicamente, *triunfando* [θριαμβεύσας, *thriambeusas*] sobre ellos en la cruz». Lo que Pablo quiere decir

---

[57] Ibid.

es esto: cuando Cristo murió públicamente en la cruz por los suyos, pagó la pena, soportó la maldición y murió la muerte que merecían sus pecados, cumpliendo plenamente todas las sanciones penales de la ley («el acta de los decretos que había contra nosotros, que nos era contraria»). Es el hecho de que los hijos de Dios son transgresores de su ley lo que siempre ha sido la única base de las acusaciones de Satanás contra ellos. Pero cuando Cristo pagó el castigo por sus pecados, Dios lo «despojó» de ese terreno y «triunfó» sobre el reino de Satanás.

Hebreos 2:14-15

En este pasaje final la obra de la cruz de Cristo se describe, como lo fue en Juan 12:31, como una obra dirigida directamente a Satanás por el bien de sus hermanos e hijos: «Así que, por cuanto los hijos participaron de carne y sangre, él también participó de lo mismo, para destruir [καταργήσῃ, *katargēsē*] por medio de la muerte al que tenía el imperio de la muerte, esto es, al diablo, y librar [ἀπαλλάξῃ, *apallaxē*] a todos los que por el temor de la muerte estaban durante toda la vida sujetos a servidumbre».

¡La obra de la cruz de Cristo fue una obra redentora de destrucción y conquista! Por ella demostró ser vencedor de Satanás y aseguró para los suyos su victoria sobre éste. Por consiguiente, viviendo su experiencia cristiana en unión con Cristo y protegidos por «toda la armadura» de Dios (la verdad, la justicia, la constancia, la fe, la esperanza de salvación y la Palabra de Dios), los cristianos vencen el reino de las tinieblas a través de su Dios, Padre de las misericordias y Dios de todo consuelo, «el cual nos lleva siempre en triunfo [θριαμβεύοντι, *thriambeuonti*] en Cristo Jesús» (2 Co. 2:14). Lo hacen al resistirlo (Stg. 4:7; 1 P. 5:9), por el ejercicio de la fe (Mt. 17:20; 1 Jn. 5:4), por la oración (Mt. 9:29), usando «la espada del Espíritu, que es la Palabra de Dios» (Ef. 6:17; ver Mt. 4:4, 7, 10), por la sangre del Cordero (Ap. 12:11), y en el poder de su nombre (Lc. 10:17).

Resumen de las categorías bíblicas de la obra de la cruz de Cristo

La *expiación* de sus pecados a través del obediente *sacrificio de sí mismo* en su lugar, la *satisfacción* de la justicia divina y, por tanto, la *propiciación* de la ira divina respecto a ellos, la eliminación del alejamiento divino hacia ellos (*reconciliación*), su *redención* de la maldición de la ley y el poder y la infructuosidad del pecado, y la *destrucción de reino del diablo* que los tenía cautivos y esclavos —estos son los logros de la obra de la cruz de Cristo en favor de todos aquellos por quienes murió. Estas son las categorías que emplea la Escritura para caracterizar su obra de muerte, cada una presuponiendo, como hemos visto, una exigencia particular que debía ser abordada por esa obra.

La absoluta necesidad de la obra de la cruz de Cristo

¿Fue todo esto —la obra salvífica de sacrificio, propiciación, reconciliación, redención y destrucción— realmente necesario para que los elegidos fueran salvos? Esta cuestión, en la superficie, podría parecer superflua: «por supuesto, era necesario», alguien podría responder. «¿No enseña la Biblia que la obra de la cruz de Cristo es la única base sobre la cual los hombres pueden salvarse?» Pero tal respuesta no aborda el problema real planteado por la pregunta, que es: ¿Podría Dios haber salvado a sus elegidos de muchas *otras* maneras, o estaba obligado a salvarlos de la manera en que lo hizo, por la obra de Cristo? Dicho de otra manera, ¿fue la obra de la cruz de Cristo *absolutamente* necesaria si Dios quería salvar a los elegidos, o fue necesaria solo debido a su previa determinación divina después de la deliberación de salvar a algunos de esa manera?

Agustín,[58] Tomás de Aquino,[59] y algunos de los primeros reformadores, incluyendo aparentemente incluso Calvino,[60] adoptaron lo que se conoce como el punto de vista de la «necesidad hipotética» de la expiación. Este punto de vista, si bien no niega que Dios decretó salvar a su pueblo por la obra de la cruz de Cristo, sostiene que «había otros modos posibles de liberación para Él».[61] además de la expiación vicaria de Cristo. Dicho de otra manera, «si bien Dios *podía* salvar sin una expiación, sin embargo, de acuerdo con su decreto soberano, no lo hizo así», porque «[la obra de la cruz de Cristo] es la forma en que el mayor número de ventajas concurren y la forma en que la gracia se exhiba más maravillosamente».[62]

Muchos teólogos protestantes (e.g., F. Turretin, Charles y A.A. Hodge, Robert Lewis Dabney, Louis Berkhof, J. Oliver Buswell, John Murray), sin embargo, han defendido por lo que se conoce como el punto de vista de la «necesidad absoluta consecuente».[63] Murray explica la expresión de esta manera:

> La palabra «consecuente» en esta designación señala al hecho de que el decreto o voluntad de Dios para salvar a alguien es de gracia libre y soberana. Salvar a los hombres perdidos *no era de absoluta necesidad* sino del soberano beneplácito de Dios. Sin embargo, los términos «absoluta necesidad», indican que Dios, *habiendo elegido a algunos para vida eterna por su simple beneplácito*, estaba bajo la necesidad de lograr este propósito a través del sacrificio de su propio Hijo, una necesidad que surge de las perfecciones de su propia naturaleza. En una palabra, si bien no era intrínsecamente necesario que Dios salvara, sin embargo, dado que la salvación se había propuesto, era necesario asegurar esta salvación a través de una satisfacción que solo podía obtenerse mediante el sacrificio sustitutivo y la redención comprada con sangre. (énfasis añadido).[64]

En otras palabras, según la explicación de Murray, la «absoluta necesidad» es necesaria debido a las perfecciones de Dios, pero solo como una consecuencia de la determinación *antecedente* libre y soberana de Dios de salvar a los hombres. La determinación antecedente misma de salvar a los hombres originada en la soberanía o «simple beneplácito» de Dios. Este punto de vista se insta por las siguientes razones:

1. Muchos pasajes del Nuevo Testamento crean una fuerte presunción a favor de una absoluta necesidad de parte de Dios para salvar a los elegidos en la forma que, de hecho, hizo, a saber, por la cruz de Cristo. El autor de Hebreos dice que convenía (ἔπρεπεν, *eprepen*), al llevar muchos hijos a la gloria, que Dios perfeccionase al autor de la salvación de ellos por medio del sufrimiento, añadiendo que Cristo debía ser hecho semejante (ὤφειλεν... ὁμοιωθῆναι, *ōpheilen... homoiōthēnai*) a sus hermanos (Heb. 2:10, 17; ver también 7:26). En 9:23 el mismo escritor declara: «Era necesario [ἀνάγκη, *anangkē*] que [el tabernáculo del desierto] se purificara con [sacrificios de animales], pero era [necesario que] las cosas celestiales mismas [se purificaran] con mejores sacrificios». Que la necesidad de la que aquí se habla es una necesidad absoluta surge del hecho de que las cosas celestiales en este contexto se llaman el santuario «verdadero» (ἀληθινῶν, *alēthinōn*) (9:24), no verdadero en oposición a «falso» o real como opuesto a «irreal», sino verdadero en oposición a terrenal, temporal y provisional, es decir, verdadero en el sentido de celestial, eterno y final. «Cuando pensamos en el

---

[58] Augustine, *On the Trinity*, 13.10.
[59] Thomas Aquinas, *Summa theologica*, III.46.2, 3.
[60] Calvino (Institución, II.xii.1) escribe: «Si alguien pregunta por qué [la expiación] es necesaria, no ha habido una necesidad simple (para usar la expresión común) o absoluta. Más bien, ha surgido de un decreto celestial, del cual dependía la salvación de los hombres. Nuestro Padre misericordiosísimo decretó lo que era mejor para nosotros».
[61] F. Turretin, *Institutes of Elenctic Theology* (Phillipsburg, N.J.: Presbyterian and Reformed, 1994), 2:418 (tema 14, pregunta 10).
[62] Murray, *Redemption—Accomplished and Applied* 11–12.
[63] Ibid., 12. ver Turretin, *Institutes*, tema 14, pregunta 10; Charles Hodge, *Systematic Theology* (1871; reimpresión, Grand Rapids, Michigan: Eerdmans, 1952), 2:486–89; A. A. Hodge, *The Atonement* (1907; reimpresión, Grand Rapids, Michigan: Baker, 1974), 234–39; Robert Lewis Dabney, *Lectures in Systematic Theology* (1878; reimpresión, Grand Rapids, Michigan: Zondervan, 1972), 486–99; Louis Berkhof, *Systematic Theology* (Grand Rapids, Michigan: Eerdmans, 1932), 367–72; J. Oliver Buswell Jr., *A Systematic Theology of the Christian Religion* (Grand Rapids, Michigan: Zondervan, 1962), 2:85–88; Murray, *Redemption—Accomplished and Applied*, 9–18.
[64] Ibid.

sacrificio de Cristo como ofrecido en conexión con cosas que responden a esa caracterización..., ¿no es imposible pensar en este sacrificio como sólo hipotéticamente necesario?».[65]

2. Cada pecado que comete una persona lleva consigo un disvalor, es decir, cada pecado, debido a que viola el carácter santo del Dios infinito, merece castigo infinito y ninguna compensación dada por el pecado al legislador justo del universo jamás sería cometer un acto de desobediencia contra Él, justo delante de sus ojos en el más mínimo grado. Pero si cada pecado es de un disvalor infinito, entonces los medios de retribución por ese pecado que la naturaleza santa de Dios exige debe por necesidad ser de valor infinito, hecho que excluye cualquier ofrenda a la santidad ofendida de Dios distinta o menor que la obra infinitamente eficaz de Cristo en el Calvario.

3. Incluso el conocido versículo Juan 3:16 sugiere que la única alternativa a Dios dando a su Hijo por los pecadores era la perdición eterna de los pecadores.

4. Debido a la santidad y justicia inviolable de Dios, una persona para ser aceptada por Él debe ser perfectamente santa y justa. Sin embargo, este hecho ordena el acto del Padre de justificar a los pecadores, ya que los pecadores no se pueden hacer justos ellos mismos. Pablo declara expresamente: «porque si la ley dada pudiera vivificar, la justicia fuera verdaderamente por la ley» (Gal. 3:21).

5. Las Escrituras representan el costoso carácter de la obra de la cruz de Cristo como la demostración Suprema y señal del amor infinito de Dios por los pecadores (Jn. 3:16; Ro. 5:8; 1 Jn. 3:1; 4:10). Pero ¿habría el Padre dado a su único Hijo a la muerte de cruz si no hubiera sido absolutamente necesario —sí, es decir, otra manera de lograr los mismos fines salvíficos hubiera sido posible? ¿Y habría sido la cruz la demostración suprema y señalada del amor infinito de Dios por los pecadores si no hubiera habido una necesidad absoluta de ella? El costo de la obra de la muerte de Cristo, si es realmente una representación del gran amor de Dios, ¿no requiere que sea absolutamente necesario para la salvación de los pecadores?

En este punto afirmo todos los argumentos anteriores para la «absoluta necesidad» de la expiación. Mi único problema es con la palabra de Murray «consecuente», porque ella sugiere que Dios era perfectamente libre de salvar o no. También sugiere que hubo un momento en el decreto divino cuando Dios deliberó si salvaría a algunos hombres o no, y un segundo momento cuando deliberó si los salvaría por estos medios o por aquellos. Pero el decreto de Dios es tanto eterno como inmutable. Y tales cuestiones como si salvaría a algunos hombres o los salvaría de la forma en que lo hizo fueron determinaciones eternas e inmutables de su decreto. Por lo tanto, su propósito eterno e inmutable *hace* todas las cosas absolutamente necesarias. Proponer que lo pudo haber planteado de otra forma que como lo hizo es suponer que la omnisciencia de Dios y su decreto eterno podrían haber sido distintos de como son. Proponer que algo pudiera haber sido distinto de lo que es, es suponer que Dios podría haber sido distinto de lo que es. Pero esto es imposible porque él es el Dios eterno e inmutable. Un Dios que podría haber decidido no crear simplemente no es el Dios de las Escrituras. Del mismo modo, un Dios que podría haber determinado no salvar a algunos hombres o que podría haber determinado salvarlos de una manera diferente a la que lo hizo, no es el Dios eterno e inmutable de las Escrituras. Por lo tanto, Dios tenía que salvar a los elegidos por su decreto eterno e inmutable, y tenía que salvarlos de la manera en que lo hizo por las perfecciones específicas de su carácter. Suponer lo contrario es concluir que el propósito eterno de Dios tuvo en algún momento un grado de mutabilidad que es extraño al carácter

---
[65] Murray, *Redemption—Accomplished and Applied*, 16.

inmutable de Dios. Así que insistiría como una sexta, y quizás la razón más reveladora de la necesidad absoluta de la expiación de Cristo, simplemente el decreto eterno e inmutable de Dios mismo. Su decreto todavía permite, de hecho, requiere, que la salvación sea por gracia soberana y gratuita basada en su beneplácito soberano ya que ninguna causa externa a Él lo obligó a decretar como lo hizo.

Por supuesto, si por «consecuente» se quiere decir solo *lógicamente* consecuente, entonces no tendría problema con la palabra, porque significaría que la determinación eterna para salvar a los hombres solo es lógicamente *antecedente* a la determinación eterna para salvarlos por Cristo. Pero entonces, por supuesto, estamos planteando una vez más una «necesidad absoluta», solo ahora, con referencia al decreto de salvar del todo, deberíamos hablar de una «necesidad absoluta antecedente».

Por estas razones instaría que la obra de la cruz de Cristo era absolutamente indispensable para la salvación de los hombres del pecado. Nada menos que la muerte vicaria de Cristo era necesaria por la eternidad e inmutabilidad del decreto de Dios, por su propio carácter santo, y por las exigencias de la situación pecaminosa humana provocada por la caída de Adán.

La perfección de la obra de la cruz de Cristo

Precisamente porque la suya fue una muerte sacrificial real, no imaginaria ni hipotética en que llevó vicariamente su maldición, pagó su deuda, soportó su *rechazo judicial* por Dios, como lo evidencia su clamor de abandono en la cruz, y murió su muerte, Cristo verdaderamente consumó y procuró todo lo esencial para la salvación de los elegidos. En suma, no simplemente abrió el camino de salvación para todos los hombres y prometió ayudarlos si ellos también hacían algo para procurarlo y mantenerlo propio. Tampoco hizo simplemente posible la salvación de los elegidos. Más bien, en realidad hizo todo lo necesario para asegurar infaliblemente la salvación de los elegidos, su pueblo, sus ovejas, los suyos, incluso aquellos que el Padre le dio. Murray dice aquí que la obra expiatoria de Cristo fue «tan perfecta y final que no deja responsabilidad penal por ningún pecado del creyente».[66]

Esa «perfección» Murray la explicó bajo cuatro expresiones: su objetividad histórica, su finalidad, su unicidad, y su eficacia intrínseca.[67] Por su *objetividad histórica* se quiere decir que Cristo logró una obra objetiva en la historia mundial hace dos mil años *completamente aparte* de «cualquier participación o contribución» de parte de aquellos que son sus beneficiarios. Esto se insta contra cualquier punto de vista que sugiera que la expiación debe interpretarse «en términos de los efectos éticos que se calcula que produzca en nosotros» y contra la neo ortodoxia, que defiende que el «evento de expiación» siempre es una teofanía directa fuera de la historia ordinaria en la historia primordial (*Urgeschichte*) en que Cristo se vuelve «contemporáneo» a las religiones existentes.

Por su *finalidad* se entiende que la obra objetiva de Cristo de expiación es «una obra completa, jamás repetida e irrepetible». Esto es simplemente tomar seriamente el grito de victoria de Cristo desde la cruz, «consumado es» (Jn. 19:30; τετέλεσται, *tetelestai*), frente a la teología católica romana, que enseña que además de la obra de satisfacción de Cristo el fiel por su sufrimiento ya sea en esta vida o en el purgatorio también debe hacer satisfacción por sus pecados.

Por su *unicidad* se entiende que Cristo y solo Cristo, como Él mismo dijo, es «el camino, la verdad y la vida. Nadie viene al Padre sino es por mí» (Jn. 14:6); como dijo Pedro, «porque no hay otro nombre bajo el cielo, dado a los hombres, en que podamos ser salvos» (Hch. 4:12); y como dijo Pablo, «Porque hay… un solo mediador entre Dios y los hombres,

---

[66] Ibid., 51.
[67] Ibid., 52-58.

Jesucristo hombre» (1 Ti. 2:5). Por quién es, la investidura mesiánica que llevó, y la singular tarea de salvar a los pecadores que vino a realizar (1 Ti. 1:15), solo Él *podía* expiar el pecado, propiciar la ira divina, eliminar el distanciamiento de Dios, redimir a los pecadores de la maldición de la ley y la culpa y poder del pecado, y poner de rodillas el reino de Satanás. Entendiendo esto, Calvino afirmó que todas nuestras necesidades pueden y deben ser satisfechas en Cristo:

> Vemos que toda nuestra salvación y todas sus partes están comprendidas en Cristo. Por lo tanto, debemos tener cuidado de no derivar la menor parte de ella de ningún otro lugar. Si buscamos la salvación, el mismo nombre de Jesús nos enseña que es «de Él». Si buscamos otros dones del Espíritu, se encontrarán en su unción. Si buscamos fuerza, está en su dominio; si la pureza, en su concepción; si la mansedumbre, aparece en su nacimiento... Si buscamos la redención, está en su pasión; si es absolución, en su condenación; si remisión de la maldición, en su cruz; si satisfacción, en su sacrificio; si la purificación, en su sangre; si la reconciliación, en su descenso a los infiernos; si mortificación de la carne, en su tumba; si novedad de vida, en su resurrección; si la inmortalidad, en la mismo; si herencia del reino celestial, en su entrada al cielo; si protección, si seguridad, si provisión abundante de todas las bendiciones, en su reino; si espera tranquila del juicio, en el poder que le ha sido dado para juzgar. En breve, puesto que en Él abunda la rica reserva de todo tipo de bien, bebamos hasta saciarnos de esta fuente, y de ninguna otra..[68]

La teología reformada insta a la unicidad de la obra de la cruz de Cristo frente a la noción de la teología liberal que «el principio de autosacrificio está operativo en el pecho de todo ser santo y amoroso» cuando se enfrenta al pecado, y que todo cristiano puede vicariamente «seguir en sus pasos».

Finalmente, por su *eficacia intrínseca* se entiende que la obra de la cruz de Cristo es «intrínsecamente adecuada para satisfacer todas las exigencias creadas por nuestro pecado» y que *procuró* todos los beneficios esenciales para la salvación plena de los elegidos. Esto se insta en contra de la insistencia arminiana de que la obra de muerte de Cristo simplemente hizo posible la salvación para todos los hombres, pero en sí misma no salvó a ningún hombre.

La Confesión de Fe de Westminster (VIII/v) establece todo lo que hemos estado argumentado en este capítulo de manera bastante simple en una oración:

> El Señor Jesucristo, por su perfecta obediencia y por el sacrificio de sí mismo que ofreció una sola vez por el Espíritu eterno de Dios, ha satisfecho plenamente a la justicia de su Padre, y compro para aquellos que éste le había dado, no solo la reconciliación, sino también una herencia eterna en el reino de los cielos.

---

[68] Calvino, Institución, II.xvi.19.

18 | EL DESIGNIO DIVINO TRAS LA OBRA DE CRISTO EN LA CRUZ

> Así como Dios ha designado a los escogidos para la gloria, también, por el propósito eterno y completamente libre de Su voluntad, pre-ordenó todos los medios para ello. Cualquiera de los que son elegidos, tras haber caído en Adán y ser redimidos por Cristo, son llamados de forma efectiva por Él mediante la operación del Espíritu a su debido tiempo, siendo justificados, adoptados, santificados y guardados por Su poder por medio de la fe para salvación. No existe ningún otro redimido por Cristo, llamado de forma efectiva, justificado, adoptado, santificado y salvo sino solamente los escogidos. (Confesión de Fe de Westminster, III/vi)
>
> El Señor Jesús, por Su perfecta obediencia y Su sacrificio que ofreció una vez a Dios por medio del eterno Espíritu, ha. . . adquirido. . . una herencia eterna en el reino de los cielos para todos aquellos que el Padre le ha dado. (Confesión de Fe de Westminster, VIII/v)

En su gran libro «La Cruz de Cristo» (*The Cross of Christ*),[1] John R. W. Stott afirma que, en su muerte, Cristo cumplió una expiación sustitutiva real por la que pago la pena, soportó la maldición y murió la muerte que nuestros pecados merecen, sufriendo todas las consecuencias *penales* de nuestros pecados, y satisfaciendo la justicia divina. En el curso de su argumento, citando en su apoyo al erudito luterano Joachim Jeremias acerca de los «muchos» mencionados en Isaías 53:12 y Marcos 10:45, Stott declara que Cristo murió de forma «inclusiva» (es decir, «la totalidad consta de muchos»), y «no exclusiva» (queriendo decir «muchos pero no todos»). Murió por «los impíos tanto entre los judíos como entre los gentiles».[2] Por supuesto, esta última afirmación representa la convicción de los cristianos amiraldistas, luteranos y arminianos, quienes insisten en una expiación de extensión universal, sin restricciones en su designio.

En contraposición a este punto de vista ampliamente aceptado, los cristianos que están comprometidos con una visión de la fe reformada con consistencia interna creen que Jesucristo murió para salvación solo por los escogidos (ellos acostumbran a afirmar con respecto a esto que la muerte de Cristo es «*eficiente* solamente para los escogidos» — *efficaciter tantum pro electi*s).[3] Por supuesto, estos cristianos afirman felizmente que, en lo

---

[1] John R. W. Stott, *The Cross of Christ* (Downers Grove, Ill.: InterVarsity Press, 1986).
[2] Ibid., 146–47. Véase mi crítica del libro de Stott en *Presbuterion: Covenant Seminary Review* XIII, 1 (1987), 59–63.
[3] La «L» en el acrónimo calvinista TULIP se refiere a esta doctrina de la expiación limitada. (Véase apéndice E.)

Los «universalistas calvinísticos» tales como R. T. Kendall, sostienen que Juan Calvino no enseñó la doctrina de la expiación limitada y que su posición es, en esencia, la misma que la de Calvino. Aunque Calvino no escribió un tratado explícito acerca de la extensión de la expiación, al menos en lo que sabemos nunca entró en conflicto con los defensores contemporáneos de la expiación limitada. El hecho de que suscribía una expiación limitada o definida parece claro por ciertas afirmaciones que realizó. Por ejemplo, al comentar acerca del «el cual quiere que todos los hombres sean salvos» de 1 Timoteo 2:4, niega expresamente que Pablo esté hablando de hombres individuales, y afirma que, en lugar de eso, Pablo «simplemente afirma que no existen pueblos ni categorías en el mundo que estén excluidas de la salvación». Comentando el versículo 5, Calvino escribe:

El término universal *todos* siempre debería referirse a clases de hombres, y no a personas: como si dijera que fueron redimidos por la muerte de Cristo no solo los judíos, sino también los gentiles, y no solo las personas de posición humilde, sino también los príncipes.

Comentando sobre la cláusula de Juan «y no solamente por los nuestros» en 1 Juan 2:2, afirma:

Aunque. . . concedo que lo que se ha dicho [por los académicos, es decir, que el sufrimiento de Cristo fue suficiente para todo el mundo, pero solo eficiente para los elegidos] es verdad, niego que esto sea adecuado a este pasaje, porque lo que pretendía Juan no era otra cosa que hacer este beneficio común a toda la Iglesia. Así, bajo la palabra *todo* o *la totalidad*, no está incluyendo a los reprobados, sino indicando a aquellos que creerían, así como los que estaban dispersos por las distintas partes del mundo.

Aquí Calvino excluye explícitamente a los reprobados de la propiciación de Cristo, y presenta la cláusula «todo el mundo» como refiriéndose a todos a través de las distintas partes del mundo, los cuales participarían de la salvación por medio de la fe, sin distinción de raza o tiempo.

En su respuesta a Tilemann Heshusius, un defensor luterano de la presencia corpórea de Cristo en la Cena del Señor, Calvino escribe:

Me gustaría saber cómo los impíos pueden comer la carne de Cristo, que no fue crucificado por ellos, y cómo pueden beber la sangre que no fue derramada para expiar su pecado. (*Tracts and Treatises* [Beveridge's edition], 2:527)

Para un tratamiento más amplio del punto de vista de Calvino, véase Roger R. Nicole, «John Calvin's View of the Extent of the Atonement», *Westminster*

que respecta a su valor intrínseco e infinito, es *suficiente* para salvar a toda la humanidad *si ese hubiera sido su diseño* (acostumbran a hablar de la muerte de Cristo como «*suficiente para todos*»—*sufficienter pro omnibus*). Esto significa que, si las personas de la Deidad hubieran determinado salvar a más gente de la que salvaron, Cristo no hubiera tenido que hacer más de lo que, de hecho, hizo. Por supuesto tampoco podría haber hecho menos de lo que hizo, si la Deidad hubiera determinado salvar menos pecadores. Los cristianos reformados también reconocen que las personas no escogidas pueden y reciben algunos beneficios inferiores a la salvación, como los frutos de la obra salvadora de Cristo. No solo es que por virtud de su suficiencia salvadora universal la muerte expiatoria de Cristo sea un fundamento para predicar el evangelio a *todo* hombre, mujer y niño sin discriminación, como apunta Warfield,[4] sino que también, como dice Roger R. Nicole:

> El hecho de que Cristo viniese al mundo proveyó un cierto derramamiento de gracia común. Justificó la extensa paciencia de Dios con la humanidad y, a consecuencia de esto, quizás dio un nuevo ímpetu a esta paciencia. Hay un aplazamiento para la humanidad en general que es resultado de la obra de Jesucristo.[5]

¿Cuál es la evidencia escritural de la doctrina acerca de que la expiación, en su diseño, fue particular y definida, y no universal e indefinida? Dicho de otra forma: ¿Por qué los calvinistas creen que Cristo murió salvíficamente solo por hombres y mujeres particulares—los escogidos de Dios—y no por la humanidad en general?

DIEZ LÍNEAS DE EVIDENCIA PARA LA DOCTRINA DE LA REDENCIÓN PARTICULAR

EL VOCABULARIO PARTICULARISTA DE LA ESCRITURA

Las Escrituras mismas particularizan quiénes son aquellos por los que Cristo murió. Los beneficiarios de la obra de Cristo en la cruz son nombrados de las siguientes formas: «La casa de Israel y con la casa de Judá», esto es, la iglesia o el «verdadero Israel» (Jer. 31:31; Lucas 22:20; Heb. 9:15); Su «pueblo» (Mt. 1:21); Sus «amigos» (Juan 15:13); Sus «ovejas» (Juan 10:11, 15); Su «cuerpo» la «iglesia» (Ef. 5:23-26; Hch. 20:28); los «escogidos» (Ro. 8:32-34); los «muchos» (Is. 53:12; Mt. 20:28; 26:28; Mr. 10:45); «nosotros» (Tit. 2:14); y «por mí» (Gal. 2:20).

Es verdad que, en cuanto a la lógica, una afirmación de particularidad en sí misma no excluye la universalidad. Esto puede verse por el principio de subalternación en la lógica aristotélica, que afirma que, si todo S es P, entonces se puede inferir que algunos S son P, pero, sin embargo, no puede inferirse del hecho de que algunos S sean P que todos los S no sean P. Un ejemplo es cuestión es el «mí» de Gálatas 2:20: el hecho de que Cristo murió por Pablo de forma individual no significa que Cristo murió solamente por Pablo y nadie más.

Pero también debería ser evidente que uno de estos términos que particularizan (los «escogidos») claramente conlleva que algunos son excluidos de la intención salvadora y la obra salvífica de Cristo. Además, ciertos detalles en los demás pasajes sugieren que el pueblo escogido por el que Cristo murió está en relación de gracia con Aquel que los distingue, una relación que es *de un tipo diferente* a la relación que tienen otras personas, y es *por causa de esa relación* que Él realizó Su obra en la cruz por ellos. Por ejemplo, Cristo declaró que Él, como buen Pastor, daría su vida por sus ovejas (Juan 10:11, 15). Pero ¿cómo es que alguien se convierte en Su oveja? ¿Creyendo en Él? En absoluto. Jesús *no* dijo (como a menudo se

---

Theological Journal 47 (Fall 1985):197–225, y Paul Helm, *Calvin and the Calvinists* (Edinburgh:Banner of Truth, 1982).
[4] Benjamin B. Warfield, *The Plan of Salvation* (Grand Rapids:Mich. :Eerdmans, n. d.), 31.
[5] Roger R. Nicole, «Particular Redemption», in *Our Savior God:Man, Christ, and the Atonement*, ed. James M. Boice (Grand Rapids, Mich. :Baker, 1980), 166–67. Véase también Francis Turretin, *The Atonement of Christ* (Grand Rapids, Mich.: Baker, 1978), 124–25, y R. B. Kuiper, *For Whom Did Christ Die?*(Grand Rapids, Mich. :Baker, 1982), 82–84.

afirma): «No sois mis ovejas porque no creéis», sino: «no creéis, porque [ὅτι, *hoti*] no sois de mis ovejas, Mis ovejas oyen [creen] mi voz, y yo las conozco, y me siguen» (Juan 10:26–27). [6] De esto podemos inferir que, a menos que alguien *ya* sea en cierto sentido una de sus ovejas, no cree, y también que alguien que cree en Él *se debe* a que *ya* es, en cierto sentido, una de sus ovejas. Pero si alguien ya es en algún sentido una de sus ovejas antes de llegar a la fe, y en base de esa relación de «pastor oveja» Cristo realiza Su obra en la cruz por la oveja y esta responde creyendo en Él, entonces esa relación solo puede ser resultado de una gracia distintiva y, por tanto, una relación diferente de aquella que los demás mantienen con Él.

Otro ejemplo se encuentra en Efesios 5:25, donde Pablo enseña, en primer lugar, que Cristo *amó* a la iglesia y se *entregó* a sí mismo por ella. De la yuxtaposición de estos dos verbos podemos inferir que la iglesia disfrutaba de una existencia especial y una posición ante Cristo en la que este la «amaba» *antes* de «entregarse» por ella, y que Su amor por Su iglesia fue el poder que motivó que se «entregase» *por ella*. En segundo lugar, Pablo enseña que el esposo ha de amar a su esposa *así como* (καθὼς, *kathōs*) Cristo amó a la iglesia y se entregó a sí mismo por ella. Pero si Cristo no ama a Su iglesia de alguna forma especial, *una forma distinta* a la que ama a otras personas, y si el esposo ha de amar a su esposa, *así como* Cristo amó a la iglesia, entonces el esposo ha de amar a todas las demás mujeres de la forma en que ama a su esposa—¡Esta ética es ciertamente grotesca! Para que la comparación de Pablo tenga algún significado para sus lectores, el amor de Cristo por Su iglesia debe considerarse un amor distintivo, un amor especial y particular.

Por tanto, los términos que particularizan pueden, y de hecho indican un grupo exclusivo por el que Cristo murió, y este es un hecho que los que proponen una expiación universal solo pueden negar ignorando detalles en los contextos en los que dichos términos aparecen.

EL AMOR REDENTOR DE DIOS NO INCLUYE A LOS ÁNGELES CAÍDOS

El hecho innegable de que el amor redentor del Dios trino no abarque a los ángeles caídos, deja claro que no es un amor ilimitado o universal (Heb. 2:16). Existen «ángeles escogidos» (1 Ti. 5:21) que claramente fueron escogidos según fundamentos supra-lapsarianos, ya que no se escogieron de una masa de ángeles vistos como caídos. También existen ángeles caídos para los cuales no se ha hecho ningún esfuerzo divino por redimir ni se hará, aunque son criaturas tan necesitadas de redención como los hombres (2 P. 2:4; Jud. 6). Se concede que los ángeles caídos pertenecen a un tipo orden diferente de creación a la humanidad, y que Dios soberanamente determinó tratar con (como mínimo algunas) personas caídas de manera diferente a lo que ha tratado con los ángeles caídos. Pero la naturaleza no redentora de Sus tratos con los ángeles caídos plantea cuanto menos la posibilidad de que el amor redentor de Dios por la humanidad puede no ser necesariamente ilimitado ni tampoco universal.

LA CONDICIÓN IRREVERSIBLE DE LOS HOMBRES CAÍDOS QUE YA ESTABAN EN EL INFIERNO CUANDO CRISTO MURIÓ

A menos que estemos dispuestos a decir que Cristo dio a todos los muertos una segunda oportunidad para arrepentirse (algunos dirían una «primera oportunidad»), resulta imposible suponer que Cristo murió con la intención de salvar a aquellos cuyo destino eterno *ya* había sido sellado en su muerte, y que estaban *ya* en el infierno en el momento de morir Jesús. Claramente, Él no murió con la intención de salvarles.

Haciendo una exégesis errónea de Efesios 4:8–10 y 1 Pedro 3:19, algunos expositores instan que todos estos muertos recibieron una segunda oportunidad de arrepentirse después

---

[6] Notemos además las palabras anteriores de Jesús en Juan 8:47: «El que es de Dios [esto es, el que pertenece a Dios], las palabras de Dios oye; por esto no las oís vosotros, porque no sois de Dios [no pertenecéis a Dios]». Resulta claro que «pertenecer a Dios» es la causa que actúa como requisito previo para escuchar (creer) la Palabra de Dios. Y este «pertenecer a Dios» es la relación de ser escogido.

de que Cristo murió, pero el autor de Hebreos disputa esto con su enseñanza sin calificativos: «Está establecido para los hombres que mueran una sola vez, y después de esto el juicio» (Heb. 9:27). La enseñanza de Jesús en Su parábola del hombre rico y Lázaro también sugiere que nuestro destino tras la muerte es *irreversible* y final: «una gran sima *está puesta* [ἐστήρικται, *estēriktai*, la pasiva perfecta de στηρίζω, *stērizō*, que significa «ha sido fijada y se mantendrá así permanentemente] de manera que los que quisieren pasar de aquí a vosotros, no pueden, ni de allá pasar acá». (Lucas 16:26). Es claro que el peso del testimonio de la Escritura está en contra de la doctrina de la «segunda (o primera)» oportunidad. Según esto, Cristo no murió por todos.

EL NÚMERO LIMITADO DE PERSONAS QUE, POR DISPOSICIÓN DIVINA, ESCUCHA EL EVANGELIO

Resulta difícil creer que el Dios Trino tuviera la intención de que la muerte de Cristo fuera por todos los hombres, mujeres y niños, de forma que la bendición de esta fuera disfrutada a condición de que creyeran en Él, cuando Dios no ha dispuesto que todos escuchen el evangelio. Aunque es cierto que Cristo ha ordenado que Su iglesia lleve el evangelio a las naciones, es igualmente cierto que muchas personas a lo largo del curso de los siglos han vivido y muerto en tinieblas espirituales, sin haber escuchado nunca el evangelio. Además, la evidencia bíblica indica que Dios, al determinar cómo ha hecho los receptores de la revelación especial y al gobernar las direcciones geográficas de la historia misionera, determinó que algunas personas no escucharan el evangelio. Por ejemplo, a lo largo de la historia de Israel en el Antiguo Testamento, Dios se relacionó con dicha nación de una forma en la que nunca lo hizo con las naciones gentiles. Él dejó a las naciones gentiles «alejados de la ciudadanía de Israel y ajenos a los pactos de la promesa, sin esperanza y sin Dios en el mundo» (Ef .2:12). A lo largo de los tiempos del Antiguo Testamento, «ha dejado a todas las gentes andar en sus propios caminos» (Hechos 14:16) y «pasado por alto» su ignorancia en el sentido de que no hizo nada directamente para vencerla (Hechos 17:30). Los oráculos de Dios fueron confiados exclusivamente a Israel (Ro. 3:1–2). El salmista incluso evoca una alabanza al Señor porque «Ha manifestado sus palabras a Jacob, Sus estatutos y Sus juicios a Israel. No ha hecho así con ninguna otra de las naciones; y en cuanto a Sus juicios, no los conocieron. Aleluya». (Sal. 147:19–20). Además, Dios adoptó solamente Israel como hijo (Ro. 9:4). Como Dios declaró a Israel a través de Amós: «A vosotros solamente he conocido ["amado en mi pacto"] de todas las familias de la tierra» (Amós 3:2). De acuerdo con esto, la presencia Shekinah de Dios solo habitaba entre ellos. Con ellos hizo Sus pactos, a ellos reveló Su ley, solamente ellos poseyeron los servicios del templo que los instruyeron en los caminos salvíficos de Dios y Sus promesas, suyos fueron los patriarcas, y de ellos vino el Mesías de acuerdo con la carne, que es, sobre todo, el siempre bendito Dios (Ro. 9:4–5). Durante Su ministerio terrenal, Cristo alabó a Su Padre, el Señor del cielo y de la tierra, porque había *escondido* los misterios del evangelio de los sabios y entendidos, y los había revelado a «los niños» (Mt. 11:25), apuntando a que el motivo de las acciones de Su Padre fue que así le agradó (11:26). También declaró que solo le conocen aquellos a quienes el Padre les revela (11:27). En su segundo viaje misionero, Pablo y sus compañeros «atravesando Frigia y la provincia de Galacia, les fue prohibido por el Espíritu Santo hablar la palabra en Asia; y cuando llegaron a Misia, intentaron ir a Bitinia, pero el Espíritu no se lo permitió. Y pasando junto a Misia, descendieron a Troas» (Hechos 16:6–8). Como resultado el evangelio se esparció hacia el oeste, adentrándose en Europa, y no hacia el este hacia Asia, y muchos asiáticos murieron sin escuchar hablar jamás acerca de Cristo. Resulta claro que la cuestión de quién escucha el evangelio está bajo el gobierno providencial del Dios soberano, y que Él ha dispuesto la historia del evangelio de tal manera que muchos nunca escucharán acerca de Cristo. Es impensable suponer entonces que Dios envió a Su Hijo para salvar a personas quienes, por la disposición de su propia providencia, nunca escuchan el evangelio de forma que puedan creer y ser salvos..[7]

EL SERVICIO COMO SUMO SACERDOTE DE JESÚS RESTRINGIDO SOLAMENTE A LOS ESCOGIDOS

Es altamente improbable que la obra de sacrificio e intercesión como sumo sacerdote de Cristo, que son dos partes de una obra armoniosa, fuera llevado a cabo con diferentes objetivos en vista, el uno (el sacrificio) por toda la humanidad, y el otro (la intercesión) solamente por algunos. Ya que Jesús expresamente declaró que su obra de *intercesión* se realiza *no* en favor del mundo, sino por los escogidos («no ruego por el mundo», dijo, «sino por los que [tú, el Padre] me diste», y luego oró, «No ruego solamente por estos, sino también por los que han de creer en mí por la palabra de ellos» [Juan 17:9, 20; véase Lucas 22:31–32], es decir, por los escogidos de Dios [véase Ro. 8:32–34]), la consistencia de propósito exige que Su obra *sacrificial* fuera realizada en favor del mismo grupo por el que realiza Su obra *intercesora*. ¡Es difícil de creer que Cristo se negaría a interceder por una parte de aquellos por cuyos pecados hizo expiación por medio de su sangre!.[8]

LA VOLUNTAD Y OBRA SALVÍFICA PARTICULAR DEL PADRE

Debido a la unidad esencial y teleológica de la Deidad, resulta impensable suponer que la obra sacrificial de Cristo entre en conflicto con la intención salvífica general del Padre. Cristo mismo declaró que Él había venido a hacer la voluntad del Padre (Mt. 26:39; Juan 6:38; Heb. 10:7). En otras palabras, existe armonía y consistencia entre la voluntad y obra salvífica del Padre y la voluntad y obra salvífica del Hijo. Pero las Escrituras nos presentan la voluntad y obra salvífica del Padre (por ejemplo, al conocer, predestinar, llamar, justificar y glorificar) expresamente como particular y definida en lo que respecta a sus objetos (véanse los muchos pasajes que declaran que Dios Padre, antes de la fundación del mundo, escogió a ciertas personas en Cristo para salvación, tales como Ro. 8:28–30, 33; 9:11–23; 11:6–7, 28; Ef. 1:4–5, 11; 2 Ts. 2:13; 2 Ti. 1:9). La armonía entre la intención salvífica del Padre y la del Hijo exige que el propósito de Cristo en Su obra en la cruz sea tan particular y definido como el propósito de salvación del Padre, y que termine sobre los mismos objetivos. Esto es simplemente decir que la obra de Cristo en la cruz fue llevada a cabo para salvación en favor de los escogidos—aquellos que el Padre le había dado (Juan 17:2, 6, 9, 24), aquellos que el Padre trajo a Él (Juan 6:44), a quienes el Padre enseñaría a acudir a Él (Juan 6:45), y a quienes el Padre capacitaría para acudir a Él (Juan 6:65). Es impensable creer que Cristo diría: «Reconozco, Padre, que tu elección y tu intención para salvación termina solo sobre una porción de la humanidad, pero, como mi amor es más inclusivo y expansivo que el tuyo, no estoy satisfecho con morir solo por aquellos que escogiste. Voy a morir por todos».

---

[7] Véase John Owen, *The Death of Death in the Death of Christ* (London: Banner of Truth, 1959), 126–28.

[8] R. T. Kendall argumenta en favor de la posición contraria, diciendo que Cristo murió de igual manera por todos los hombres, pero solo intercede por los escogidos: «El decreto de elección. . . no se hace efectivo en la muerte de Cristo, sino en Su ascensión e intercesión a la diestra del Padre» (*Calvin and English Calvinism to 1649* [New York:Oxford University Press, 1979], 16). Él razona que, sin creer en que Cristo murió de igual forma por todos, no puede existir seguridad de salvación, ya que, si fuera de otra forma ¿cómo podría el pecador estar seguro de que Cristo murió por él? «Si Cristo no hubiera muerto por todos, no podríamos tener seguridad de que nuestros pecados han sido expiados a ojos de Dios» (14). Pero cuando Kendall hace que el punto decisivo en el que la elección divina se vuelve efectiva no sea la cruz, sino la intercesión de Cristo simplemente está trasladando el problema de la seguridad desde la obra de Cristo en la cruz a la de Su obra de intercesión. Porque ¿cómo puede el pecador saber que Cristo está intercediendo por *él?* No puede. En cambio, un calvinista consistente sabe que Cristo intercede por él en el cielo porque sabe que Cristo murió por él en el Calvario.

Kendall insiste en que su punto de vista es también el de Calvino (13–14), aunque no existe un académico de Calvino anterior a él que le haya asignado este punto de vista.

La muerte al pecado y la resurrección a una vida nueva de todos aquellos por quienes Cristo murió

La Escritura dice que todos aquellos por los que Cristo murió, por virtud de su unión espiritual con Él, han muerto junto con Cristo y renacido con Él a una nueva vida (Ro. 6:5–11; 2 Co. 5:14-15). Esta brecha definitiva con la antigua vida de pecado da la base para una santificación progresiva e *inevitable* que se experimenta y que fluye de la unión con Cristo (Ro. 6:14, 17– 22). Pero ni la Escritura, ni la historia, ni la experiencia cristiana justifican la conclusión de que toda la humanidad ha vivido, vive, o vivirá sus vidas como vencedores sobre el poder del pecado por virtud de y en el poder de esa unión con Cristo de la cual hablan las Escrituras. Esta victoria solo puede adjudicarse a los creyentes en Cristo, solo a los «santos» que «murieron con Él y resucitaron con Él en vida nueva» (Ro. 6:2–4), quienes «ya no viven para sí, sino para aquel que murió y resucitó por ellos» (2 Co. 5:15). Según esto se desprende que «todos» por los que Cristo murió para salvación son equivalentes a los escogidos de Dios, a los «santos» de Cristo, esto es, su iglesia, y debemos restringirnos a ello en nuestro pensamiento.[9]

La implicación de la particularidad del don de la fe, que es una bendición «adquirida», para la obra de la cruz de Cristo, que es acto que la «procura»

La Biblia enseña que la fe en Jesucristo es una necesidad absolutamente indispensable para la salvación. Pero esa fe no es natural al corazón humano caído (véase Ro. 8:7; 1 Co. 2:14). (John H. Gerstner declara: «Comparado con el obtener fe de un corazón que es completamente hostil e incrédulo, hacer un bolso de seda de la oreja de una cerda o sacar sangre de un nabo es un juego de niños».[10]) Por el contrario, la Escritura deja claro que la fe en Jesucristo es un regalo espiritual que tiene origen en su gracia divina (Hechos 13:48; 16:14; 18:27; Ef. 2:8–9; Flp. 1:29). Además, la Escritura deja claro que «toda bendición espiritual en los lugares celestiales en Cristo» que reciben los hombres, la reciben en virtud de la relación ἐν Χριστῷ, *en Christō*, y la obra de Cristo en la cruz, que la «procura» (Ef. 1: 3 (Ro. 8:32; 1 Co. 4:7; Gal. 3:13–14). Como declara el Catecismo Mayor de Westminster en su pregunta 57: «Cristo, por Su mediación, ha procurado redención, junto con todos los demás beneficios del pacto de gracia». Podemos concluir que la fe en Jesucristo es una de las gracias espirituales salvadoras que la muerte de Cristo procuró para todos aquellos por quienes murió. Pero como «no es de todos la fe» (2 Ts. 3:2) ni tampoco todos tendrán fe al final (Mt. 7:22–23; 25:46), y como es imposible imaginar que Dios Padre, Cristo Jesús mismo, o el Espíritu Santo vayan a rechazar el conceder a aquellos por los que Cristo murió cualquier bendición que Su muerte procuró para ellos, hemos de concluir que Cristo no murió para salvación por todos los hombres. Si fuera de otra forma, a todos se les concedería la gracia de la fe.

Pero aunque Dios no ha dado a todos el don de la fe, siendo esta la única forma por medio de la cual pueden tomar y hacer suyo al Cristo que salva y en Él tener la justicia salvadora que Él procuró, Pablo nos informa que los «escogidos», el «remanente escogido por gracia», que son aquellos por los que Cristo murió, han recibido una «justicia que es por [el regalo de la] fe» (Ro. 11:6–7; en este contexto se está refiriendo a los judíos escogidos, pero el mismo principio seguramente se extiende a los gentiles escogidos también [véase Ro. 9:30–31]).

Este argumento se aplica igualmente al don del arrepentimiento, que fue adquirido para personas en particular, pero no para todos. (Hechos 5:31; 11:18; 2 Ti. 2:25).

---

[9] Véase John Murray, *Redemption—Accomplished and Applied* (Grand Rapids, Mich.: Eerdmans, 1955)), 69– 71.
[10] John H. Gerstner, «The Atonement and the Purpose of God», en *Our Savior God: Man, Christ, and the Atonement*, ed. James M. Boice (Grand Rapids, Mich.: Baker, 1978), 109.

LA EFICACIA INTRÍNSECA DE LA OBRA DE CRISTO EN LA CRUZ ES NECESARIAMENTE EXCLUSIVISTA

Las Escrituras dejan claro que Cristo en la cruz no sufrió una muerte potencialmente *sacrificial*, sino real (1 Co. 5:7; Heb 9:23, 26; 10:24), haciéndose allí pecado (2 Co. 5:21) y maldición (Gal. 3:13) como sustituto *por* otros (περί, *peri*—Ro. 8:3; Gal.1:4; 1 P. 3:18), como sustituto *en nombre de* otros ὑπέρ, *hyper*—Ro. 5:6–8; Marcos 14:15; Juan 2:13; 12:38, 20; 1 Co. 15:3; 2 Co. 5:15; Heb. 2:9), como sustituto *en favor de* otros (διά, *dia*—1 Co. 8:11), y como sustituto *en representación o en lugar de* otros (ἀντί, *anti*—Mt. 20:28; Marcos 10:45), pagando la pena, soportando la maldición, y muriendo la muerte por todos aquellos por los que murió. Cristo, por Su obra en la muerte verdaderamente (1) *destruyó* las obras del diablo (1 Juan 3:8; Heb. 2:14–15; Col. 2:14–15), (2) *propició* (al satisfacer las demandas de la justicia divina) la ira de Dios (Ro. 3:25; Heb. 2:17; 1 Juan 2:2; 4:10), (3) *reconcilió* con Dios (Ro. 5:10-11; 2 Co. 5:18–20; Ef. 2:16; Col. 1:20–21), y (4) *redimió* de la maldición de la ley, la culpa y el poder del pecado (Gal. 3:13; Ef. 1:7; Col. 1:14; Tit. 2:14) a todos aquellos por quienes murió como sacrificio. Si hizo Su obra en la cruz por toda la humanidad, entonces todos los pecados de la humanidad han sido expiados. Pero entonces toda la humanidad sería salva, porque ¿qué es lo que aparta a cualquier hombre del cielo sino su pecado? A menos que Dios castigue el pecado dos veces: Una vez en la persona de Cristo y luego de nuevo en la persona del pecador no arrepentido. Pero las Escrituras no nos permiten adherirnos a la salvación universal de toda la humanidad, o a la promulgación de un doble castigo por parte de Dios. La única conclusión a la que podemos llegar con justicia es que Cristo no hizo Su obra en la cruz por todos; más bien la hizo solamente por algunos, por los pecados de esas personas. John Owen argumentó con propiedad que Dios impuso la ira que se le debía, y Cristo soportó el dolor del infierno, bien por todos los pecados de todos los hombres, por todos los pecados de algunos hombres, o por algunos pecados de todos los hombres. Si es esto último (algunos pecados de todos los hombres), entonces todos tienen pecados por los que responder, y, por tanto, nadie será salvo, porque si Dios entra en juicio con nosotros, aunque fuera por toda la humanidad, por un único pecado, no habrá carne que se justifique a Su vista: «Si mirares a los pecados, ¿Quién, oh Señor, podrá mantenerse?» Sal. 103:3. ...Si es lo segundo, es lo que afirmamos, que Cristo murió en lugar de y sufrió por todos los pecados de todos los escogidos del mundo. Si es lo primero, ¿Por qué entonces no todos son librados del castigo de todos sus pecados? Tú dirás, «Por su incredulidad; ellos no creen». Pero, esta incredulidad, ¿es un pecado o no? Si no lo es, ¿por qué habrían de ser castigados por ella? Si sí lo es, entonces o bien Cristo soportó el castigo debido a ella, o no lo hizo. Si lo hizo, ¿Entonces por qué debe su incredulidad evitar que participen en el fruto de Su muerte más que sus otros pecados? Si no lo hizo, entonces Él no murió por todos sus pecados. Que escojan la opción que deseen.[11]

El razonamiento de Owen es impecable. Ilustra como una expiación general o universal cae bajo el peso de un análisis lógico.

Existe una cuarta alternativa, que, en mi opinión, es blasfema: El punto de vista de que la muerte de Cristo no pagó la pena de los pecados de nadie. Este es el camino que han elegido seguir los teólogos liberales, como también lo han hecho los arminianos consistentes, quienes, por razones diferentes a las del liberalismo, niegan una expiación *sustitutoria*, prefiriendo la teoría gubernamental de Grotius. Esta teoría afirma que, en su muerte, Cristo soportó el *sufrimiento* que merece el pecado humano para ilustrar lo que el justo Gobernante del universo piensa que el ser humano merece, y esto a su vez para mantener el justo gobierno

---

[11] John Owen, *The Death of Death*, 61–62; véase también 137; véase además Turretin, *Atonement of Christ*, 159–60.

que hace Dios del mundo si y cuando perdona a los hombres en base a otros motivos (es decir, *su* arrepentimiento, *su* fe, etc.)—pero al hacer esto no tomó el lugar de ningún hombre ni soportó tampoco la *pena* o la *maldición* que merece el pecado humano.[12]

UNA EXPIACIÓN DE ALTO VALOR NECESARIAMENTE EXCLUYE UNA DE EXTENSIÓN UNIVERSAL

A menos que estemos listos para afirmar la salvación universal final de toda la humanidad (que es tan patentemente contraria a la Biblia que la ignoraremos completamente como posible opción), no podemos tener una expiación de valor intrínseco infinito, y, además, que tenga extensión universal. Podemos tener lo uno o lo otro, pero no ambos.

Si la naturaleza de su obra de expiación es tal que por Su muerte Cristo *verdaderamente* propició la ira de Dios, eliminó el sentido de alienación santo de Dios, y pagó el precio por el pecado que la justicia ofendida de Dios requería (que es lo que queremos decir cuando hablamos de una expiación de un infinito valor intrínseco), y si hizo esta obra *sacrificialmente,* queriendo decir que lo hizo por, en nombre de, en representación de, y en lugar de los pecadores, entonces se desprende que para aquellos pecadores a favor de los cuales hizo esta obra, como Charles H. Spurgeon escribió: «Cristo murió de tal forma que infaliblemente aseguró [su] salvación. . . de manera que por la muerte de Cristo no solo pudieran salvarse, sino son salvos, deben ser salvos, y no tienen ninguna posibilidad de correr el peligro de ser otra cosa que salvos».[13] Pero entonces esto exige que concluyamos que Cristo no murió para salvación por todos—ya que ni la Escritura, ni la historia, ni la experiencia cristiana tolerarán la conclusión de que todos han sido, están siendo, o serán salvos—sino solo algunas personas, los que el Padre le ha dado.

Si, por otra parte, Cristo hizo Su obra en la cruz, cualquiera que esta sea (y aquellos que defienden una expiación de extensión universal deben aclarar con precisión que es lo que Cristo hizo en la cruz si no hizo realmente una propiciación, reconciliación y redención, y después deben cuadrar su punto de vista con la Escritura), y lo hizo en vistas de la salvación de toda persona sin excepción, sin hacer por nadie en particular nada que no hiciera por cada una de las otras personas distributivamente (que es lo que queremos decir cuando hablamos de una expiación de extensión universal), hemos de concluir (1) que Cristo no murió para salvación ni como sustituto de nadie, ya que no hizo nada por aquellos que son salvos que no hiciera también por aquellos que se pierden, y aquello que no hizo por los perdidos fue salvarles, y (2) que la muerte de Cristo en realidad no procuró nada que garantice la salvación de nadie, sino que solo hizo que, de alguna forma inexplicable, todos fueran salvables (Lo cual de acuerdo con Lucas 16:26 y Heb 9:27, es en realidad manifiestamente imposible en el caso de aquellos que ya estaban en el infierno). Su salvación entonces debe, de necesidad, tener su origen en otra cosa distinta de la obra de la cruz de Cristo, es decir, en sus propias obras y voluntad. Pero debería resultar claro para todos que esta construcción priva la obra de Cristo en la cruz de su intrínseco valor salvador infinito. Esto es pelagianismo, y hace que la salvación recaiga finalmente en el mérito humano. Como insiste Warfield:

> Lo que tenemos para elegir es o bien una expiación de alto valor o una de amplia extensión. Ambas no son compatibles. Y esta es la verdadera objeción del calvinismo al esquema [universal] que se presenta como una mejora sobre su sistema: Universaliza la expiación a costas de su valor intrínseco, y el calvinismo exige una expiación realmente sustitutoria, que verdaderamente salve.[14]

---

[12] Véase H. Orton Wiley, *Christian Theology* (Kansas City: Beacon Hill, 1959), 2:246–47; J. Kenneth Grider, «Arminianismo», en *Evangelical Dictionary of Theology*, ed. Walter A. Elwell (Grand Rapids, Mich. :Baker, 1984), 80.
[13] Citado por J. I. Packer en su ensayo introductorio a Owen, *The Death of Death*, 14.
[14] Warfield, *The Plan of Salvation*, 95–96.

Con frecuencia los cristianos arminianistas insisten en respuesta que esta enseñanza particularista es fría y sin corazón. Pero en su sermón sobre 2 Corintios 5:14–15, J. Gresham Machen observó:

> La gente dice que el calvinismo es un credo severo y duro. ¡Cuán amplia y consoladora, dicen ellos, es la doctrina de la expiación universal, la enseñanza de que Cristo murió de igual manera por todos los hombres sobre la cruz! ¡Cuán estrecha y áspera, dicen, es la doctrina calvinista, esa enseñanza de la «expiación limitada» (uno de los «cinco puntos» del calvinismo), esa doctrina de que Cristo murió por los escogidos de Dios en un sentido en que no lo hizo por los que no son salvos!
>
> Pero ¿sabéis amigos míos?, es sorprendente que los hombres digan eso. Es sorprendente que consideren que la doctrina de la expiación universal es consoladora. En realidad, es una doctrina muy sombría. Ah, si existiese una doctrina de salvación universal en lugar de una de expiación universal, sin duda sería de mucho consuelo; sin duda sería maravillosamente conforme a lo que nosotros, en nuestra escasa sabiduría habríamos pensado que debería haber sido el curso del mundo. Pero una expiación universal sin una salvación universal es ciertamente una doctrina fría y sombría. Decir que Cristo murió igualmente por todos los hombres y que no todos son salvos, decir que Cristo murió por la humanidad simplemente como masa, y que la elección de aquellos que son salvos de entre la masa depende de su mayor receptividad comparada con otros, decir eso, es una doctrina que quita del evangelio mucha de su dulzura y gozo. Del frío universalismo de ese credo arminiano, de nuevo con renovada gratitud, nos volvemos al calor y tierno individualismo de nuestra fe reformada, la cual creemos que está de acuerdo con la Santa Palabra de Dios. Gracias a Dios que, mientras contemplamos a Cristo sobre la cruz, podemos decir a todos no solo: «Él murió por la masa de la humanidad, y qué contento estoy de estar en medio de esa masa», sino: «Él me amó y se entregó por mí; mi nombre fue escrito desde toda la eternidad sobre Su corazón, y cuando colgó de la cruz y sufrió allí, Él pensó en mí, incluso en mí, como en alguien por quien, en Su gracia, estaba dispuesto a morir».[15]

Exposición de los pasajes supuestamente universalistas

El eterno propósito de Dios (Ef. 3:11) nunca obra para lograr objetivos simplemente generales, sino que lo hace para cumplir con objetivos específicos y particulares. Sin embargo, las Escrituras de muchas formas indican que el Dios de los objetivos particulares con frecuencia los cumple a través de medios generales. Por ejemplo:

1. el Dios «que nos da todas las cosas en abundancia para que las disfrutemos» (1 Ti. 6:17), a fin de que sus hijos pudieran disfrutar los pájaros y las flores (lo cual es Su fin particular), ha poblado la tierra con pájaros y flores con lo que se podría describir como un «pródigo abandono» (Sus medios generales);

2. el Dios de Jonás, para hacerlo volver de Tarsis hacia Nínive (lo cual era Su fin particular), envió una tormenta tan fuerte que el barco en el que navegaban amenazó con romperse (y cualquier otro barco que estuviera en el mar en aquel día se habría visto también amenazado), además *todos* los marineros, motivados por el temor, lo tiraron por la borda (Sus medios generales Jonás 1:4–17);

3. el Dios de la profecía, para hacer que María llegara a Belén a tiempo para el nacimiento de Cristo y cumplir Miqueas 5:2, que afirma que el Mesías nacería en Belén (lo cual era Su fin particular), se movió en el corazón del pagano César Augusto para que emitiera el decreto de debía elaborarse un censo de *todo* el mundo romano. Este censo exigía que todos volviesen a su propia ciudad para registrarse (Su medio general; Lucas 2:1–7);

4. el Dios de salvación, para que Cristo pudiera dar vida eterna a todos los que le dio (Su fin particular), le dio potestad [mediadora] sobre toda carne (Su medio general; Juan 17:2).

---

[15] J. Gresham Machen, *God Transcendent and Other Sermons*, ed. Ned B. Stonehouse (Grand Rapids, Mich.: Eerdmans, 1949), 136.

Así también, el Dios de salvación, para salvar a Sus escogidos (Su fin particular), ha ordenado que el evangelio sea proclamado no simplemente a los escogidos, sino a todos los hombres en todas partes (Su medio general) y que todos los hombres deberían arrepentirse (Hechos 17:30). En este modo de operación divina descansa la explicación del carácter *universal* de la Gran Comisión de Cristo a Su iglesia: Mientras la iglesia de Dios proclama el evangelio de la obra salvadora del Hijo de Dios mediante *todo* medio legítimo, en *toda* ocasión posible, a personas *en todo lugar*, el Espíritu de Dios, obrando por medio de y con la Palabra en los corazones particulares, aplica los beneficios que Cristo procuró para ellos a los escogidos de Dios.

Y si simplemente recordamos que la proclamación del evangelio ofrece la bendición de salvación a las personas (ya sean escogidas[16] o no) a condición del arrepentimiento y la fe en Jesucristo, será evidente que la objeción que se hace a la redención particular diciendo que si Cristo murió para salvación solo de los escogidos no puede existir una proclamación indiscriminada *sincera* de los beneficios del evangelio a los hombres en general, carece de sustancia. No solo la iglesia, sino también Dios pueden asegurar con sinceridad a todo aquel que escucha el evangelio que, *si* se arrepiente y cree, Cristo lo salvará. En conexión con esto, Roger R. Nicole insta a que la oferta del evangelio ha de ser universal con respecto al rango, tiempo y distribución. Sin embargo, muestra de forma convincente utilizando analogías bien conocidas que «las características que algunos consideran indispensables para la sinceridad en la oferta del evangelio», esto es, una provisión, una expectativa, y una ayuda extrema, no son de hecho indispensables para tener una oferta sincera. Concluye que «el requisito previo esencial para una oferta sincera» es simplemente este: que, si observan los términos de la oferta, aquello que se ofrece se concederá. En conexión con la oferta del evangelio los términos son que una persona se arrepienta y crea. Siempre que eso sucede, la salvación, de hecho, se confiere. . . Lejos de socavar la oferta sincera del evangelio, la doctrina de la expiación definida da firmeza al llamado. Provee que lo que se ofrece sea una salvación real, y no hipotética. No utiliza el cumplimiento de una condición irrealizable para el pecador como requisito previo para la salvacion.[17]

¿Qué sucede con aquellos versículos de la Escritura que relacionan la obra salvadora de Cristo o la voluntad salvadora de Dios directamente con «todos» los hombres, tales como Juan 12:32; Romanos 3:22–24; 5:18; 8:32; 11:32; 2 Corintios 5:14–15; 1 Timoteo 2:4, 6; 4:10; Tito 2:11; Hebreos 2:9; y 2 Pedro 3:9? ¿Y qué sucede con aquellos versículos que declaran que lo que Cristo hizo fue morir para salvación del «mundo» como Juan 3:16; 1 Juan 2; y 2 Corintios 5:19? Finalmente, ¿qué sucede con aquellos versículos que sugieren que aquellos por los que Cristo murió pueden perecer, tales como Romanos 14:15b; 1 Corintios 8:11; y 2 Pedro 2:1? ¿Acaso estas tres clases de versículos no debilitan, si no echan totalmente por tierra, la interpretación particularista de la expiación?

Los pasajes del «todo»

Con respecto a los versículos que se alegan, en virtud de la presencia de alguna forma de la palabra griega πᾶς (*pas*, «todo» o «cada»), afirmando que enseñan una referencia universal para la obra de salvación de Jesucristo (Juan 12:32; Ro. 3:22–24; 5:18; 8:32; 1 Co. 15:22; 2 Co. 5:14–15; 1 Ti. 2:5– 5; Tit. 2:11; Heb. 2:9) o un voluntad salvadora universal por parte de

---

[16] No hemos de olvidar que los escogidos, antes de su conversión a Cristo, «éramos por naturaleza hijos de ira, lo mismo que los demás [en la humanidad]» (Ef. 2:3). Es decir, como dice G. C. Berkouwer (*The Triumph of Grace in the Theology of Karl Barth*, trad. [Grand Rapids, Mich. :Eerdmans, 1956], 253), para los escogidos existe una transición real en la historia desde la ira a la gracia.

Karl Barth, que adopta una especie de universalismo salvífico, insta a que todo el mundo está *ya* reconciliado con Dios por la encarnación de Cristo y solo necesita ser informado por el evangelista de su estatus de ya reconciliado. Pero esto es colocar el «ya» en el lugar incorrecto. De acuerdo con Juan 3:18, aquellos que no creen no están ya «en Cristo» sino que «ya han sido condenados».

[17] Roger R. Nicole, «Covenant, Universal Call and Definite Atonement», *Journal of the Evangelical Theological Society* (September 1995):403–12.

Dios (Ro. 11:32; 1 Ti. 2:4; 2 P. 3:9), se debe decir desde el principio que nuestra respuesta es que la frase «todos los hombres» no es una expresión autodefinida. Siempre ha de interpretarse en el universo del discurso en que sucede. Aunque es cierto que puede referirse a cada individuo sin excepción en algunos contextos (véase p. ej. Ro 3:23; 5:18a; pero incluso ahí existe *una* excepción), con frecuencia resulta aparente de que no puede ser así. Una revisión de unos cuantos versículos que no son críticos para la presente discusión en los que aparece πᾶς, *pas*, ilustrará que la palabra «todos» siempre necesita interpretarse con sensibilidad a su contexto, y a la luz del principio de *analogia Scripturae*.

Mateo 10:22
Cuando Jesús informó a sus discípulos que serían «aborrecidos de todos [ὑπὸ πάντων, *hypo pantōn*] por causa de mi nombre», a buen seguro con ese «todos» no quería decir que todos sin excepción les odiarían, sino más bien algunos no cristianos en todos los estratos sociales de la vida. Muchos ni siquiera los conocerían para poder odiarles. Además de esto, por supuesto, los cristianos los aman.

Hechos 26:4
Cuando Pablo declaró: «Mi vida, pues, desde mi juventud,… la conocen todos los judíos [πάντες (οἱ) Ἰουδαῖοι, *pantes (hoi) Ioudaioi*]», seguramente no tenía intención de sugerir que todos los judíos del mundo conocían la historia de su vida. Su intención con este «todos» era referirse solo a los líderes religiosos de Israel que habían podido experimentar asociaciones sociales y formales con Él.

1 Corintios 15:27
Consideremos ahora el «todas las cosas» (πάντα, *panta*) en este versículo. Dada la situación específica que gobernaba la presencia de las palabras «todas las cosas» en Salmos 8:6 («Todo lo pusiste debajo de sus pies») y el punto que quería elaborar cuando citó el Salmo 8:6 en 1 Corintios 15:27, Pablo sintió que era necesario añadir esta advertencia: «Cuando dice que "todas las cosas" han sido sujetadas a Él, claramente se exceptúa aquel [Dios mismo] que sujetó a Él todas las cosas», a fin de evitar que alguien pudiera concluir que «todo» significaba todo *sin excepción*. Dicho de otra forma, aquí encontramos a Pablo interpretando de manera apropiada la palabra «todas las cosas» dentro del «universo» de Salmos 8:6, y concluyendo que «todas las cosas» no significa *necesariamente* «todo»—Dios mismo debía excluirse en esta ocasión. Así, vemos a Pablo haciendo aquello que los arminianos insisten que no deben hacer los calvinistas (restringir el significado de un «todo» a algo inferior al «todos sin excepción»).

Joel 2:28; Hechos 2:17
Otros dos ejemplos en los que el término universal «todo» debe interpretarse con cuidado son Joel 2:28 y Hechos 2:17, la cita que hace el Nuevo Testamento de la profecía de Joel. Incluso los teólogos arminianos no enseñan que el «toda carne» de estos pasajes significa que Dios algún día derramará Su Espíritu sobre todos los hombres sin excepción. Cuando Pedro citó Joel 2:28 el día de Pentecostés, aplicó específicamente el «toda carne» (πᾶσαν σάρκα, *pasan sarka*) sobre la que el Espíritu de Dios se derramaría de forma más inmediata, a aquellos de «la casa donde estaban sentados», quienes acababan de ser llenos del Espíritu. De esta forma los *distinguió de* todos los otros en el entorno de Jerusalén, muchos de los cuales nunca recibirían el Espíritu.

El contexto tanto en Joel como en Hechos deja claro que Dios, con su referencia a «toda carne», estaba prometiendo que derramaría Su Espíritu sobre todo tipo de personas que formarían la comunidad de los redimidos (véase el «vuestros hijos y vuestras hijas», «vuestros ancianos. . . y vuestros jóvenes», «sobre los siervos y sobre las siervas»).

Resumiendo, el «toda carne» de la profecía de Joel se refiere claramente a *todos los redimidos sin distinción*, y hacer que el pasaje se refiera a *todas las personas sin excepción* sería una interpretación tergiversada de la Escritura.

1 Timoteo 6:10
Una vez más, ningún intérprete responsable al leer la frase «todos los males» (πάντων τῶν κακῶν, *pantōn tōn kakōn*) en 1 Timoteo 6:10, afirmaría que el amor al dinero es la raíz de *toda* la maldad que nunca se haya planeado o perpetrado por seres racionales. En ningún sentido podría haber sido el amor al dinero la causa de la caída de Satanás, ni tampoco tiene nada que ver con muchos de los pecados que los seres humanos cometen. Pablo obviamente estaba escribiendo en términos generales y no técnicos, como las versiones modernas de 1 Timoteo reconocen cuando traducen la frase como «todo tipo de males» (NASB, NVI), significando «muchos tipos de males». Así que, de nuevo, no puede decirse que el «todo» no tenga excepciones.

Juan 12:32
Llegando ahora a los pasajes pertinentes a la cuestión que nos ocupa, debería resultar obvio que cuando el Salvador declaró en Juan 12:32 que por su muerte atraería a «todos» (πάντας, *pantas*) a sí mismo, no estaba pensando en que toda la humanidad sin excepción vendría a Él. Ni la historia ni las afirmaciones que el mismo Jesús realiza en otras partes (p. ej. Mt 25:31–46; Juan 5:28–29; 6:70–71; 17:12) admiten tal interpretación. Más bien, ya que Su afirmación va inmediatamente después de que ciertos griegos hubieran pedido verle (Juan 12:20–23), e inspirado por su petición, Jesús, pensando en términos obviamente *nacionalistas* dijo lo que dijo con la intención de expresar que no solo los judíos sino también los griegos (representando las naciones gentiles en general) vendrían a conocer el atractivo y beneficios de Su amor redentor. Estas características en las enseñanzas de nuestro Señor a Sus discípulos sin duda proporcionaron la matriz para su propio pensamiento y enseñanza después, y demuestran lo equivocado que está Joachim Jeremias (a quien Stott cita en su *The Cross of Christ*) cuando en su *The Eucharistic Words of Jesus*,[18] afirma que el «muchos» de Jesús en Su dicho acerca del gran rescate de Marcos 10:45 «no es exclusivo ("muchos pero no todos"), sino inclusivo en la forma semítica de su discurso ("la totalidad, que consiste en muchos"), incluyendo a "los impíos tanto entre judíos como gentiles"»,

Romanos 3:22–24
En este pasaje el «todos» de Romanos 3:23 es ciertamente universal (exceptuando a Dios, Cristo, y los santos ángeles, por supuesto). Pero como aparentemente es el antecedente del participio presente pasivo (δικαιούμενοι, *dikaioumenoi*, «ser justificado») que está al inicio del versículo 24, se dice que el «todos» enseña la provisión sotérica de Dios en Cristo, que es tan universal como el pecado del versículo 23. El argumento funciona así: La redención y propiciación a las que se refieren los versículos 3:24, 25 (al ser aspectos de la obra de Cristo en la cruz) sirven como base para el acto de justificación de Dios al que se refieren los versículos 3:24, 26. Pero dado que la actividad de justificación de Dios modifica el «todos pecaron» del 3:23 (el cual, a la luz de la ocurrencia de la misma frase en Romanos 5:12 sin duda incluye la imputación del pecado de Adán a toda la humanidad que desciende de él por generación ordinaria), se desprende entonces que la obra de Cristo en la cruz es tan extensiva en la provisión que pretende como lo es la condición de pecado de los hombres.

Toda la fuerza de este argumento descansa en la suposición de que el principio de las palabras «siendo justificados» en el versículo 24, ha de relacionarse directamente con el anterior «todos pecaron» del versículo 23 («todos pecaron, y están destituidos. . . [los mismos

---

[18] Joachim Jeremias, *The Eucharistic Words of Jesus* (Oxford: Oxford University Press, 1955), 228–29.

"todos"] siendo justificados»). Sin embargo, la sintaxis de este pasaje no está tan clara. Dudo que ningún académico del griego esté en desacuerdo con la observación de John Murray acerca de que el participio del versículo 24 «no parece estar en relación con lo que le precede de una forma que sea fácilmente inteligible».[19] No solo es que el sentido del pasaje apoye la información de Murray, sino que el universalismo sotérico *real* que se produce por implicación de tal conexión sintáctica, también hace que esta sea, en el mejor de los casos, tenue. De acuerdo con esto, muchos comentaristas, incluyendo a Murray, instan a que el «siendo justificados» del versículo 3:24 debería conectarse sintácticamente con el 3:22a («la justicia de Dios por medio de la fe en Jesucristo, para todos los que creen en él. . . siendo justificados. . .»), y los versículos 3:22b–23 considerarse un paréntesis a la idea principal de la frase. Esto es posible, aunque en mi opinión, no es probable, ya que el participio «siendo justificados» en el 3:24 está en caso nominativo, mientras que el «todos los que creen» está en caso acusativo.

Por tanto, propondría otra posibilidad sintáctica, a saber: que se ha de colocar un punto al final del versículo 23, y que el participio del 3:24, al haber sido expresado por Pablo en plural nominativo debido a la atracción de los varios plurales que existen en el contexto inmediatamente anterior, y al tener una intención causal, debería iniciar la prótasis de una nueva frase. Es decir, debería traducirse, «Dado que estamos siendo justificados. . .» Y la apódosis de la frase comenzaría entonces en el 3:27: «. . .,¿Dónde, pues, está la jactancia?». La frase se leería entonces así:

3:24: Dado que estamos siendo justificados gratuitamente por su gracia mediante la redención que es en Cristo Jesús [del versículo 25—«por medio de la fe en Su sangre»],

[3:25-26: Prosigue un corto excurso hablando del propósito de Dios para la obra redentora de Cristo—«a quien Dios "puso" como propiciación… para "manifestar" Su justicia», cuando perdonó a los santos del Antiguo Testamento, y «" manifestar" en este tiempo su justicia, a fin de que él sea el justo, y el que justifica al que es de la fe de Jesús»],

3:27: ¿Dónde, pues, está la jactancia? [respondiendo a la jactancia del mundo, que se implica en el versículo 3:19]? Queda excluida. ¿Por cuál ley? ¿Por la de las obras? No, sino por la ley de la fe.

Esta disposición tiene pleno sentido, elimina la dificultad sintáctica antes mencionada, y también el universalismo implícito y la expiación universal que los arminianos ven en el pasaje.

Romanos 5:18b

Por el contexto resulta aparente que tal y como Pablo quería que la primera ocurrencia de «todos los hombres» en el versículo 18a se refiriese en su universo teológico (el «un solo pecado» de Adán) a aquellos que «en Adán» eran representados por él (de hecho, en ese momento, a todos los hombres excepto Cristo), también en el 18b quería que, por medio de la cláusula «por la justicia de uno vino a todos los hombres [πάντας ἀνθρώπους, *pantas anthrōpous*] la justificación de vida», la segunda frase sobre «todos los hombres» se refiriese dentro de su universo teológico (la «justicia de uno» de Cristo y la justificación para vida a la que conduce), no a todos los hombres sin excepción, sino a todos aquellos que están «en Cristo» (ἐν Χριστῷ, *en Christō*), esto es, los que son representados por Él. Lo mismo hemos de decir del segundo uso que hace Pablo de «los muchos» (οἱ πολλοί, *hoi polloi*) en el 5:19 y de su afirmación, «también en Cristo todos serán vivificados» en 1 Corintios 15:22. En el último caso, claramente quiere decir que «todos [los hombres]» que están en Cristo serán

---
[19] John Murray, *The Epistle to the Romans* (Grand Rapids, Mich.: Eerdmans, 1968), 1:113–14.

vivificados; la única alternativa sería concluir que Pablo está enseñando una resurrección para salvación universal.[20]

Romanos 8:32

Aquellos a quien Pablo se refiere con «todos nosotros» (ἡμῶν πάντων, *hēmōn pantōn*) en Romanos 8:32 se ha de limitar claramente al universo contextual del pasaje, que son aquellos a quienes Dios predestina, llama, justifica y glorifica (8:30), aquellos que ha escogido (8:33), aquellos por los que Cristo intercede (8:34), y aquellos a los que nunca nada separará del amor de Dios en Cristo Jesús (8:35–39). Claramente, el «todos» al que Pablo se refiere en Romanos 8:32 son los escogidos.[21]

Romanos 11:32

En este versículo, Pablo escribe: «Porque Dios sujetó a todos en desobediencia, para [ἵνα, *hina*] tener misericordia de todos [τοὺς πάντας, *tous pantas*]». El arminiano defiende que debería entenderse que la segunda mitad del versículo enseña que el alcance de la misericordia de Dios es tan extenso y engloba tanto como la desobediencia de los hombres de la que se habla en la primera mitad del versículo, y esto significa que Dios pretende Su salvífica misericordia para todos los hombres sin excepción. Se han de decir dos cosas en respuesta a esto: En primer lugar, resulta increíble que el arminiano utilice este versículo para enseñar su universalismo, porque, al mismo tiempo, para dar lugar a que la libertad humana sea el factor decisivo en la salvación de los hombres, debe ignorar completamente la lección principal del mismo, que es que Dios es el sujeto soberano de ambos verbos. Él es a quién se le asigna la soberanía en primer lugar para encerrar a «todos» en desobediencia, a fin de poder mostrar misericordia a todos. ¿Dónde está el lugar para la voluntad humana como factor decisivo en la salvación de esta declaración paulina (véase Ro. 9:11–16)? En segundo lugar, como en otros lugares, el doble «todos» debe ser interpretado por el contexto, así que solo citaré la exposición que hace Warfield del versículo:

No debemos permitirnos apartar la vista del hecho de que todo el extremo de la afirmación del capítulo nueve [de Romanos] se repite en el once (xi. 4–10); de modo que no existe un cambio de concepto o lapso de consecución observable según el argumento se desarrolla, ni salimos de la doctrina de la predestinación del capítulo nueve mientras llegamos al once. Esto se cumple incluso si nos dirigimos de inmediato a la declaración de cierre en el xi. 32, a la cual con frecuencia se nos apunta como clave de toda la sección—y ciertamente lo es: «Porque Dios sujetó a todos en desobediencia, para tener misericordia de todos». En vistas de esto, no se puede elaborar una afirmación más explícita del control e iniciativa divinos que esta; simplemente es otra declaración de que Él tiene misericordia del que tendrá misericordia de la forma y en el orden en que quiera tenerla. Y ciertamente no es posible leerlo como una declaración de salvación universal, reduciendo completamente la exposición precedente a un mero seguimiento de los distintos caminos por los que el Padre común lleva a cada uno de los individuos que corren en sus distintas carreras, hacia una meta común. Está de más apuntar que, si se hace esto, todo el argumento se vuelve inútil, y el apóstol se hace culpable de una enorme exageración en tono y lenguaje donde, en realidad, solo encontramos una impresionante solemnidad surgida en momentos de natural angustia. Nos es suficiente observar que el versículo no puede sostener dicho sentido en este contexto. Resulta muy claro que su propósito no es minimizar, sino magnificar el sentimiento de absoluta dependencia de la misericordia divina, y avivarnos a la aprehensión del misterio de los justos y amorosos caminos de Dios, y nada resulta más claro que el hecho de que esa referencia al doble «todos»

---

[20] Véase Owen, *The Death of Death*, 240–41.
[21] Véase Murray, *Redemption—Accomplished and Applied*, 65–69.

se vea agotada por las dos clases que se nombran en el contexto inmediato, —de forma que no pueden tomarse de forma individual, sino, por así decirlo, racial. La intrusión de un sentimiento individualista o universalista que es tan dominante en la conciencia moderna al interpretar esta sección nos arroja en realidad a una confusión inextricable de la misma. Nada puede estar más lejos del punto de vista nacionalista y universalista en el que fue escrito, y desde el que únicamente puede entenderse a San Pablo cuando expresa que, al rechazar a la mayoría de los judíos de aquella época, Dios no ha abandonado a Su pueblo, sino que, actuando solo como lo hizo frecuentemente en el pasado, está cumpliendo Su promesa hasta su mismo corazón, a la vez que desecha la hojarasca. [22]

Claramente el doble «todos» en el 11:32 debe entenderse en el sentido «nacionalista-universalista», refiriéndose a todos los *escogidos* judíos y gentiles, (véase la comparación «pues como. . . así también» del 11:30–31).[23]

2 Corintios 5:14–15

Ya he demostrado que los «todos» (πάντων, οἱ πάντες, *pantōn, hoi pantes*) de 2 Corintios 5:14–15 por los que Cristo murió no pueden referirse a todos los hombres sin excepción, sino a aquellos que, por virtud de su unión con Cristo, «ya no viven para sí, sino para aquel que murió y resucitó por ellos» (p. 678). Concluir otra cosa e insistir en que el apóstol está afirmando que Cristo murió por todos sin excepción, requeriría que el intérprete también concluyese, como ya hemos visto, que todos los hombres que han vivido, sin excepción, así como los que viven ahora y vivirán, lo harán para honra y gloria de Cristo.

En su sermón sobre 2 Corintios 5:14–15 al que nos referimos antes, J. Gresham Machen plantea la pregunta de qué quería decir Pablo con la palabra «todos» en este pasaje. Él concluye:

> Bueno, supongo que nuestros hermanos cristianos que están en otras iglesias, aquellos que se oponen a la fe reformada, pueden verse tentados a hacer que la palabra «todos» signifique en este pasaje «todos los hombres»; pueden tener la tentación de hacer que se refiera a toda la raza humana. Pueden verse tentados a dar a las palabras la interpretación: «Cristo murió por todos los hombres de todas partes, sean cristianos o no». Pero si se vieran tentados a tomar ese significado, deben resistir la tentación, ya que este pasaje es en realidad muy peligroso para ellos si se enfatiza para apoyar su punto de vista.
>
> En primer lugar, el contexto está claramente en contra de ello. . . En todo este pasaje Pablo habla, no de la relación de Cristo con todos los hombres, sino de la relación de Cristo con la Iglesia.
>
> En segundo lugar, el punto de vista de que «Cristo murió por todos» significa que «Cristo murió por todos los hombres» demuestra ser demasiado. Lo que Pablo dice en este pasaje acerca de aquellos por lo que Cristo murió no encaja con aquellos a los que simplemente se les ofrece el evangelio; solamente encaja con aquellos que aceptan el evangelio para salvación de sus almas. ¿Puede decirse esto de todos los hombres, incluyendo aquellos que rechazan el evangelio o nunca lo han escuchado? ¿Puede decirse que murieron cuando Cristo murió sobre la cruz? ¿Puede decirse de ellos que ya no viven para sí mismos, sino para Cristo que murió por ellos? Ciertamente estas cosas no pueden decirse de todos los hombres, y, por tanto, la palabra «todos» no significa todos los hombres.[24]

1 Timoteo 2:5–6

La afirmación de Pablo: «Jesucristo. . . el cual se dio a sí mismo en rescate por todos [πάντων, *pantōn*]», debe interpretarse en armonía con su anterior «Dios nuestro Salvador, el cual quiere [θέλει, *thelei*] que todos los hombres [πάντας ἀνθρώπους, *pantas anthrōpous*] sean salvos» (2:3–4). No hay posibilidad de hacer que la afirmación anterior de Pablo signifique que Dios

---

[22] Benjamin B. Warfield, «Predestination», en *Biblical and Theological Studies* (Filadelfia: Presbyterian and Reformed, 1952), 314–15.
[23] Calvino interpreta el segundo «todos» de este versículo como referido a «clases de hombres» (*Institución*, III. xxiv. 16).
[24] Machen, *God Transcendent*, 134–35; véase también Owen, *The Death of Death*, 238–40, y Murray, *Redemption—Accomplished and Applied*, 71–72.

por decreto quiere la salvación de todos los hombres sin excepción, y esto no solo porque tal interpretación implicaría que todos los hombres sin excepción serán salvos, lo cual se niega en versículos como Mateo 7:23 y Mateo 25:46, sino también porque tal interpretación entra en conflicto con varias declaraciones paulinas y del Nuevo Testamento al efecto de que, antes de la creación del mundo, Dios escogió solamente a algunos hombres para salvación (véase de nuevo Ro. 8:28–30; 9:11–23; 11:6–7, 28; Ef. 1:4–5, 11; 2 Ts. 2:13; 2 Ti.1:9). Tampoco es probable que Pablo quiera decir que Dios *desea* la salvación de todos los hombres sin excepción, porque, a buen seguro, lo que Dios *desea* que suceda, lo habría *decretado* para que sucediese.[25] Por tanto, la afirmación anterior de Pablo se entiende mejor pensando que Dios quiere (esto es, decreta) salvar (a algunos de) todas las *categorías* de hombres, pero no a todos los hombres sin excepción. Esta interpretación recibe el apoyo del posterior «todo tipo de males» en el 6:10, el cual ya hemos considerado, y del anterior uso que Pablo hace del «todos los hombres» (πάντων ἀνθρώπων, *pantōn anthrōpōn*) en el 2:1, que también es mejor tomarlo de esta forma. No solo es que hacer «rogativas, oraciones, peticiones y acciones de gracias» por *todos* los hombres sin excepción sería algo positivamente malo, ya que tales oraciones tendrían que ser ofrecidas también por los muertos y aquellos que hayan cometido el «pecado de muerte», lo cual Juan desaconseja (1 Juan 5:16), sino que también la siguiente frase de Pablo en el 2:2a, «por los reyes y por todos los que están en eminencia» indica que estaba pensando en términos de *categorías* de hombres (es decir, en todo tipo de hombres) al instar a que se hagan «rogativas, oraciones, peticiones y acciones de gracias, por todos los hombres». Resumiendo, Pablo insta a que las oraciones se ofrezcan a favor de todas las *clases* de hombres (incluso reyes y gobernantes) porque Dios ha querido que todas las *clases* de hombres (incluso reyes y gobernantes) se salven. Por tanto, cuando Pablo declara en el 2:5–6 que Cristo «se dio a sí mismo en rescate por todos» sin duda presume que se entenderá, dado el contexto anterior, que quiere decir que Cristo murió por *hombres particulares en todas esas categorías de hombres*, las cuales Dios quiere salvar. Posteriormente, cuando describe al Dios viviente como «Salvador de todos los hombres, mayormente de los que creen» (1 Ti. 4:10),[26] sin duda presume de nuevo que se entenderá, dado el contexto previo, que quiere decir que Dios es el Salvador de los *creyentes*, que se encuentran entre todas las *categorías* de hombres.[27]

Tito 2:11

Con respecto a Tito 2:11, los académicos no están de acuerdo sobre si el dativo «todos los hombres» (πᾶσιν ἀνθρώποις, *pasin anthrōpois*) debería conectarse sintácticamente con el verbo «se ha manifestado» o con el sustantivo adjetival «salvación», es decir, si Pablo se refería a que «la gracia... [que es] para salvación se ha manifestado a todos los hombres» o

---

[25] Algunos teólogos reformados enseñan que Dios puede, y de hecho desea fervientemente, anhela que suceda ardientemente, y de hecho obra por llevar a efecto cosas que no ha decretado que sucedan. Basando sus conclusiones en sus exposiciones de Deuteronomio 5:29, Ezequiel 18:23, 32; 33:11; Mateo 23:37; y 2 Pedro 3:9, John Murray afirma en «The Free Offer of the Gospel», *Collected Writings of John Murray* (Edinburgh: Banner of Truth, 1982), que Dios se presenta a sí mismo como un Dios «que fervientemente desea cumplir algo que Él no ha decretado suceder en ejercicio de su soberana voluntad» que Él «expresa un ardiente deseo por cumplir ciertas cosas que Él no ha decretado que sucedan en su inescrutable consejo», que Él «desea... que se cumpla aquello que no quiere en su decreto», que Cristo «quiso que se concediera Su gracia protectora y salvadora a aquellos que ni Él ni el Padre habían decretado salvar y proteger», que «Dios no quiere que nadie perezca. Su deseo es más bien que todos entren a la vida eterna viniendo al arrepentimiento», y, finalmente, que «existe un amor benevolente en Dios hacia el arrepentimiento y salvación incluso de aquellos que no ha decretado salvar» (4:119, 130, 131–32). John H. Gerstner afirma de forma similar, aunque sin el apoyo escritural que se requiere, en *A Predestination Primer* (Winona Lake, Ind. : Alpha Publications, 1979) 36–37, que Dios sinceramente «se esfuerza con hombres que sabe que ha predestinado que perecerán», que «Dios, que conoce todas las cosas, incluyendo el hecho de que ciertas personas le rechazarán y no creerán a pesar de todos los esfuerzos, continúa trabajando con ellos para persuadirlos a que crean», y que «Dios, que conoce la futilidad de ciertos esfuerzos para convertir a ciertas personas, se toma dichos esfuerzos que sabe que serán fútiles».
Si siguiéramos esta trayectoria de razonamiento hasta su fin lógico, podríamos también concluir que quizás Cristo, aunque conocía la futilidad de su esfuerzo, murió para salvar a aquellos a quienes su Padre y Él habían decretado no salvar después de todo. Todos estos tipos de razonamiento imputan irracionalidad a Dios, y los pasajes sobre los que Murray se apoya para tomar sus conclusiones pueden interpretarse, de manera legítima, de forma que el cristiano no se vea forzado a imputar tal irracionalidad a Dios. Para ver esas otras interpretaciones, refiero al lector a John Gill, *The Cause of God and Truth* (Grand Rapids, Mich.: Sovereign Grace, 1971), 4–6, 22–26, 28, 62.

[26] Μάλιστα, *malista*, puede transmitir el sentido de una definición más exacta («esto es») de acuerdo con S. K. Skeat, «"Especially the Parchments":A Note on 2 Timothy IV. 13», *Journal of Theological Studies* 30 (1979):173–77.

[27] Véase Calvino, *Institución*, III. xxiv. 16; Owen, *The Death of Death*, 231–35.

«la gracia... se ha manifestado para salvación a todos los hombres». La segunda construcción es más probable ya que el sustantivo adjetival «salvación» precede inmediatamente al dativo «todos los hombres». Pero para nuestros propósitos presentes, supone poca diferencia la construcción preferida, ya que resulta evidente por la Escritura, historia, y experiencia cristiana, que la gracia que se ha manifestado en Jesucristo no es para *salvación* de todos los hombres sin excepción. Ni la gracia salvífica ha *aparecido* a todos los hombres sin excepción, ni mucho menos los ha salvado. Por supuesto es cierto que la gracia salvadora apareció de manera muy especial cuando Cristo vino «para nosotros los hombres y para nuestra salvación», y sustenta el prospecto de salvación para *todo aquel que cree*. Ciertamente en este aspecto hay una universalidad con respecto a la gracia salvadora de Dios en Cristo. Pero más allá de este sentido de universalidad, por las razones ya mencionadas, es muy probable que ni siquiera los arminianos insistirían en afirmar que el «todos los hombres» es literal de forma que abarca a todos los seres humanos sin excepción. De hecho, como ya hemos visto en otra parte, dado que Pablo se refiere en el contexto inmediatamente anterior a «ancianos» y «ancianas», a «mujeres jóvenes» y «[hombres] jóvenes», a «siervos» y «amos», lo más probable es que esté pensando en términos de *categorías* de hombres (incluyendo incluso a los esclavos), y no en todo el mundo sin excepción (nótese la γὰρ, *gar,* que conecta en el 2:11). Tampoco es una carece de importancia que el énfasis en el contexto del pasaje se traslade inmediatamente del «todos los hombres» a la comunidad de los redimidos (véase la palabra «enseñándonos» que inmediatamente sigue, así como «vivamos»), de nuevo proporcionando el sentido de que «todos los hombres» a quienes la gracia se ha manifestado para salvación se definen en términos de la comunidad de redimidos, la iglesia (nótese: «todos los hombres, enseñándonos»...). Pablo declara acerca de esa comunidad (que está a la vista por el uso del «nosotros»), que Cristo «se dio a sí mismo por nosotros para redimirnos de toda iniquidad y purificar para sí un pueblo *propio* [περιούσιον, *periousion*], celoso de buenas obras» (2:14). Así, en el contexto mismo en el que algunos defenderían una universalidad distributiva para la obra de expiación de Cristo, el énfasis lo reciben la *particularidad* de la intención tras la obra de Cristo en la cruz y la *especialidad* de la comunidad de redimidos que resulta de dicha obra.

Hebreos 2:9

La afirmación de Hebreos 2:9 al efecto de que Jesús fue hecho un poco inferior que los ángeles «para que por la gracia de Dios gustase la muerte por todos [παντὸς, *pantos*]» ha sido interpretada por los que proponen una expiación universal con el significado de que la muerte de Cristo tiene importancia para todos los hombres sin excepción. Pero esta interpretación no se sostiene exegéticamente. Aquellos por quienes «gustó la muerte», es decir, murió, son inmediatamente descritos como aquellos «muchos hijos» que Dios quería traer a la gloria (2:10), los «santificados» que son de la misma familia que el que santifica (2:11), los «hermanos» a cuya semejanza fue hecho cuando se convirtió en hombre (2:11, 12, 17), los «hijos» de Cristo, que Dios le ha dado (2:13), y la «descendencia de Abraham» a la que vino a socorrer. No hay nada en el contexto que apoye una aplicación universalista de la muerte de Cristo por todos los hombres sin excepción. Al contrario, todo el contexto sugiere que el autor con su «todos» se refiere a aquellos que son de Cristo.[28]

2 Pedro 3:9

Finalmente, hay una afirmación de 2 Pedro 3:9 que los universalistas alegan que también enseña una voluntad salvadora universal en Dios: «[El Señor] es paciente para con vosotros, no queriendo [μὴ βουλόμενός, *mē boulomenos*] que ninguno [τινας, *tinas*] perezca, sino que

---

[28] Véase Owen, *The Death of Death*, 237–38.

todos [πάντας, *pantas*] procedan al arrepentimiento». Una vez más, el universo contextual no permite esta conclusión. En el 3:8, Pedro se dirige a aquellos a quienes escribe como «amados» (ἀγαπητοί, *agapētoi*), un término que en todas partes se reconoce como identificativo de los cristianos, o de los escogidos de Dios. Luego se dirige a ellos y les dice: «[El Señor] es paciente con *vosotros [ὑμᾶς, *hymas*]» (refiriéndose a los cristianos a quienes se dirige),[29] ofreciendo como base de esta promesa para reafirmarlos la siguiente verdad axiomática: «no queriendo que ninguno [de ustedes, escogidos] perezca, sino que todos [ustedes] procedan al arrepentimiento». Claramente, el referente de este «ninguno» son los cristianos escogidos a los que ha estado hablando y su «todos» se refiere a los escogidos de Dios en su totalidad; su punto es la preocupación de Dios por la iglesia: el Señor, dice, está retrasando su venida para poder llevar a todos los escogidos al arrepentimiento. Defender lo contrario, es decir, defender que Dios no quiere que ninguno de esos perezca, sino que todos los hombres vengan al arrepentimiento y que por tanto tiene la misma voluntad y pensamiento para todas y cada una de las personas del mundo (incluso aquellos a quienes nunca da a conocer su voluntad y ni siquiera llama al arrepentimiento si nunca escuchan ni una sola vez Su camino de salvación), es algo que no está muy lejos de la necedad y la locura extrema.[30]

Los pasajes acerca del «mundo»

Además de los versículos ya mencionados, los defensores de una expiación universal e indefinida también quieren llevar a su terreno otros versículos que contienen la palabra «mundo» (κόσμος, *kosmos*). Por ejemplo, alegan que el uso que Juan hace de la palabra «mundo» en Juan 3:16, su referencia a «todo el mundo» en 1 Juan 2:2, y el empleo que hace Pablo de la palabra «mundo» en 2 Corintios 5:19 colocan su postura más allá de toda duda. Estos defensores deben por supuesto suponer que la palabra «mundo» en estos versículos se refiere necesariamente a todos los hombres, y, de hecho, a «todas las personas sin excepción». ¿Pero es así? Como hemos hecho notar con respecto a la frase «todos los hombres», la palabra «mundo» tampoco es un término que se define a sí mismo, sino que puede tener una variedad de significados.[31] Por ejemplo, aunque ciertamente es verdad que en algunos versículos (por ejemplo, Ro. 3:19) «mundo» se refiere a todos los hombres (aunque incluso aquí existe la excepción de Cristo), en Romanos 1:8 y Colosenses 1:6 «mundo» es una referencia al «mundo» del Imperio Romano; en Romanos 11:12 «mundo» se refiere al «mundo gentil» en contraste con Israel; en Juan 17:9 «mundo» se refiere a otros hombres en oposición a los discípulos de Cristo, estando estos últimos exceptuados del grupo que se designa con «mundo»; y en 1 Juan 2:15 «mundo» conlleva una connotación ética, siendo sinónimo del maligno sistema que se opone a Dios y es hostil a todo lo que Él es y lo que aprueba.

Juan 3:16

Según esto, cuando Juan declara «de tal manera amó Dios al mundo, que ha dado a su Hijo unigénito, para que todo aquel que en él cree, no se pierda, más tenga vida eterna» (Juan 3:16), probablemente tenía la intención de referirse con la palabra «mundo» a lo mismo a que se refería en 1 Juan 2:15. En la brillante exposición de Warfield acerca de Juan 3:16, después de demostrar que la palabra «mundo» no puede referirse a todos los hombres sin distinción sin difamar el amor de Dios que se enfatiza en el versículo, ofrece la siguiente observación acerca de dicha palabra:

---

[29] *The Greek New Testament* (United Bible Societies) concede al «vosotros» una calificación A. Bruce M. Metzger, *Textual Commentary on the New Testament* (New York:United Bible Societies, 1971), 705, escribe:«En lugar del ὑμᾶς, *hymas* el Textus Receptus, siguiendo autoridades textuales secundarias (incluyendo el K 049 *Byz Lect*), se lee ἡμᾶς, [*hēmas*, "nosotros"]». La doctrina de la que hablamos aquí no se ve afectada por ninguna de estas dos lecturas.

[30] Owen, *The Death of Death*, 236. Calvino defiende que lo que Pedro quiere decir aquí es que Dios quiere que se salven aquellos a quienes lleva al arrepentimiento, y luego argumenta que Dios, en cuyas manos descansa la autoridad para conceder el arrepentimiento, no tiene la voluntad de concederlo a todos los hombres sin excepción. (*Institución*, III. xxiv. 16).

[31] Véase Owen, *The Death of Death*, 192–93.

[El término «mundo»] aquí no implica tanto extensión como intensidad. Su primera connotación es ética, y el punto en el que se emplea no sugiere que el mundo es tan grande que se requiere una gran cantidad de amor para abarcarlo todo, sino que el mundo es tan maligno que se requiere un tipo de amor grandioso para amarlo en absoluto, y mucho más para amarlo como Dios lo ha amado cuando entregó a su Hijo por él. . . El pasaje no tenía la intención de enseñar, y ciertamente no enseña que Dios ama a todos los hombres igual, visitando a cada uno de ellos con las mismas manifestaciones de su amor: e igual de poco intenta enseñar o enseña que su amor está confinado solamente a unos pocos individuos escogidos de manera especial, seleccionados del mundo. Lo que intenta hacer es despertar en nuestros corazones un sentido de asombro, maravilla, y del misterio del amor de Dios por un mundo pecador, que se concibe aquí no cuantitativamente, sino cualitativamente pecador de forma muy distintiva.[32]

1 Juan 2:2:

Con respecto a 1 Juan 2:2, cuando Juan escribe: «Y él es la propiciación por nuestros pecados; y no solamente por los nuestros, sino también por los de todo el mundo» Murray escribe:

Podemos encontrar varias razones por las que Juan diría «por los de todo el mundo» sin implicar en lo más mínimo que su intención era enseñar lo que los proponentes de la expiación universal defienden. Existe una buena razón por la que Juan diría «por los de todo el mundo» aparte de la suposición de la expiación universal.

1. Era necesario para Juan avanzar el *alcance* de la propiciación de Jesús. No estaba limitada en su virtud y eficacia al círculo inmediato de discípulos que habían visto, escuchado y tocado al Señor en los días de su peregrinar sobre la tierra (véase I Juan 1:1–3), ni tampoco al círculo de creyentes que estuvo directamente bajo la influencia del testimonio apostólico (*véase* I Juan 1:3, 4). La propiciación que el mismo Jesús es extiende su virtud, eficacia e intención a todos aquellos en toda nación que, por medio del testimonio apostólico, vienen a tener comunión con el Padre y el Hijo (*véase* 1 Juan 1:5–7). En este sentido, en la propiciación se abarca toda nación, parentesco, pueblo y lengua. Era muy necesario que Juan. . . enfatizara el universalismo étnico del evangelio. . .

2. Era necesario que Juan enfatizara la *exclusividad* de Jesús como propiciación. Esta expiación es la única y específica para la remisión del pecado. [En otras palabras, si el mundo tiene alguna propiciación en absoluto, esta es Jesús]. Propondría que este es el sentido en el que 1 Juan 4:14 y también Juan 4:42 han de tomarse: Cuando Juan en este punto, y anteriormente los samaritanos, declaran que Jesús es «el Salvador del mundo», lo que están diciendo es que Él y solamente Él es «el Salvador para el mundo». [Nota del autor: Si no lo es, entonces el mundo no tiene Salvador].

3. Era necesario que Juan recordase a sus lectores la *perpetuidad* de la propiciación de Jesús. Es esta propiciación la que persevera como tal a través de todos los tiempos. . .

Por tanto, el *alcance*, la *exclusividad* y la *perpetuidad* de la propiciación proporcionan suficiente razón para que Juan afirme: «no solamente por los nuestros, sino también por los de todo el mundo». Y no es necesario suponer que Juan estaba enunciando una doctrina de propiciación sea de extensión distributivamente universal.[33]

2 Corintios 5:19

Finalmente, con respecto a la afirmación de Pablo en 2 Corintios 5:19: «Dios estaba en Cristo reconciliando consigo al mundo, no tomándoles en cuenta a los hombres sus pecados», es suficiente con notar que el «mundo» en la mente de Pablo no puede haber sido todos los hombres sin excepción, porque a este «mundo» de hombres, como inmediatamente afirma después, Dios no le estaba tomando en cuenta sus pecados. Es manifiesto que esto no se cumple para todos los hombres distributivamente y con sentido universal. Además, el «mundo» del 5:19 se refiere al «nos» del 5:18, de quienes además se dice en el 5:21 que Cristo fue hecho pecado por ellos para que estos fueran hechos justicia de Dios en Él (de

---

[32] Warfield, «God's Immeasurable Love», en *Biblical and Theological Studies* (Philadelphia: Presbyterian and Reformed, 1952), 516.
[33] Murray, *Redemption—Accomplished and Applied*, 73–74. Véase también Roger R. Nicole, «The Case for Definite Atonement», *Bulletin of the Evangelical Theological Society*, 10, no. 4 (Fall 1967):206.

nuevo esto no describe a toda la humanidad sin excepción). Resulta manifiesto que el «mundo» aquí es el de los creyentes perdonados, que están siendo declarados justos a la vista de Dios solo por la justicia de Cristo imputada a ellos, recibida solamente por medio de la fe.[34]

Los pasajes acerca de que los «cristianos pueden perecer»

Tanto los teólogos luteranos como los arminianos defienden que Romanos 14:15b, 1 Corintios 8:11 y 2 Pedro 2:11 enseñan de forma concluyente que los hombres por los que Cristo murió pueden aún perecer, rechazando la doctrina reformada de una expiación particular y definida. De su conclusión acerca de que en aquellos por los que Cristo murió se incluyen hombres que pueden perecer al final, infieren que la muerte de Cristo debe haber sido universal y general en su diseño, y, por tanto, *no* intrínsecamente salvífica.

Una respuesta exhaustiva a esta alegación nos llevaría de necesidad a una profunda discusión acerca de la doctrina de la perseverancia, un tema del que nos encargaremos al final del siguiente capítulo. Baste aquí decir que las Escrituras afirman la doctrina de la perseverancia de los santos en muchas partes (p. ej., Sal. 73:2, 23–24; Juan 6:37–39; 10:28–30; Ro. 5:9–10; 8:30, 38–39; 11:29; 1 Co. 1:8–9; 3:15; Flp. 1:6; 2 Ti. 1:12; 1 P. 1:5; Heb. 7:25; 1 Juan 2:19). Consecuentemente, podemos estar seguros de que estos versículos que se nos presentan no enseñan que todos los hombres por los que Cristo murió pueden verdaderamente perecer al final. Entonces ¿qué pretenden enseñar?

Romanos 14:15b; 1 Corintios 8:11

Tanto en Romanos 14 como en 1 Corintios 8, Pablo está tratando esencialmente con el mismo asunto: cuestiones de conciencia de los «hermanos débiles» en la fe en su experiencia cristiana. En el contexto del primer pasaje, insta al «hermano fuerte» a no convertirse en tropiezo para el hermano débil: «No hagas que por la comida tuya se pierda [ἀπόλλυε, *apollue*] aquel por quien Cristo murió» (Ro. 14:15b), y en el segundo pasaje dice al «hermano fuerte»: «Por el conocimiento tuyo [el cual el hermano débil no tiene, es decir, que lo que comemos no nos gana aprobación ante Dios], se perderá [ἀπόλλυται, *apollytai*] el hermano débil por quien Cristo murió» 1 Co. 8:11). Los arminianos sostienen que con la palabra ἀπόλλυμι, *apollymi,* Pablo enseña en estos versículos que los cristianos por los que Cristo murió pueden al final perecer eternamente. Se admite que esta palabra significa perdición en *otros* varios contextos (por ejemplo, Mt. 10:28; 1 Co. 1:18; 2 Co. 4:3). Pero ciertas consideraciones hacen que este significado sea muy improbable en *estos* contextos. En Romanos 14:4, Pablo declara que el siervo del Señor sea débil o fuerte, «estará firme, porque poderoso es el Señor para hacerle estar firme». En el 14:8 declara que «Así pues, sea que vivamos, o que muramos [tanto los fuertes como los débiles], del Señor somos». Además, en el 14:15a, justo antes de amonestar al hermano fuerte, dice: «si por causa de la comida tu hermano es contristado [λυπεῖται, *lypeitai*], ya no andas conforme al amor». En 1 Corintios 8:12, inmediatamente después de haber hablado de que el hermano fuerte, por su conocimiento, «pierde» al hermano débil, habla de que cuando el hermano fuerte come «peca contra los hermanos e hiere [τύπτοντες, *typtontes*] su débil conciencia». «Contristar» y «herir» la conciencia de un hermano débil son asuntos muy serios sin duda, pero estos verbos sugieren condiciones que están muy por debajo de una verdadera perdición. Además, en contextos más remotos de ambas cartas, Pablo expresamente habla de la eterna seguridad del cristiano (véase Ro. 5:9–10; 8:30, 38–39; 11:29; 1 Co. 1:8–9; 3:15).

Resulta claro que Pablo considera la presunción de «libertad» en Cristo que hace el hermano fuerte ante el más débil es un pecado serio (1 Co. 8:9)—incluso emplea el fuerte

---

[34] Véase Owen, *The Death of Death*, 227–28; Gary D. Long, *Definite Atonement* (Nutley, N. J.: Presbyterian and Reformed, 1976), 99–107.

verbo ἀπόλλυμι, *apollymi,* para subrayar el efecto que sus actos tendrán sobre el hermano débil. Con la misma claridad considera el dañino efecto sobre el hermano débil de estos actos como un asunto grave. Pero si Pablo estuviera pensando aquí en los destinos eternos, y si de verdad creyese que un cristiano por el que Cristo murió puede *finalmente* perecer, nos podríamos preguntar legítimamente por qué trató en estos contextos solo con la perdición potencial del hermano débil, y por qué no advirtió al hermano fuerte, cuya ofensa podía ser tan influyente como para resultar en la perdición de otro hermano (siendo su pecado mucho más horrendo en virtud de su madurez espiritual) de que, en comparación, enfrentaría un fin incluso más horrible. Hace más justicia al contexto próximo y al más lejano concluir que Pablo, profundamente consciente de que todo pecado es «perdición» en cuanto a que pone una carga terrible sobre el crecimiento espiritual y testimonio de un cristiano si no se enfrenta, está preocupado con los serios problemas que un hermano fuerte insensible en su descuidado uso de su libertad en Cristo podría crear sobre la conciencia del hermano débil. Así, apela al hermano fuerte, en base a que Cristo ha muerto por su hermano débil también, a que se preocupe por las necesidades de dicho hermano. Pero no hay justificación para concluir que Pablo tenía en vistas que el resultado de la exhibición de insensibilidad hacia el hermano débil por el que Cristo murió iba a resultar en que este apostatase de la fe y terminara perdiéndose. Más bien, está caracterizando el resultado de «perdición» para el hermano débil en ambos contextos en términos de un «tropiezo» (πρόσκομμα, *proskomma,* σκάνδαλον, *skandalon*—Ro. 14:13; πρόσκομμα, *proskomma*—1 Co. 8:9, σκανδαλίζει, *skandalizei*—8:13), sugiriendo que el hermano débil resulta debilitado en su caminar con Cristo, inhibiéndose su crecimiento en gracia y volviéndolo inefectivo en su caminar a ojos del mundo. Estos resultados son lo bastante serios para provocar que Pablo utilice la palabra ἀπόλλυμι, *apollymi,* y que apele a la muerte de Cristo en favor del hermano débil, sin necesidad de alegar el terrible final del hermano débil, como hacen los cristianos arminianos.

2 Pedro 2:1

Los arminianos defienden que Pedro, al hablar de los «falsos maestros» que «negarán al Señor [δεσπότην, *despotēn*] que los rescató [ἀγοράσαντα, *agorasanta*] atrayendo sobre sí mismos destrucción repentina», claramente enseña que aquellos que han sido redimidos por Cristo pueden finalmente perecer, lo que implica que la muerte de Cristo no garantiza o procura infaliblemente la salvación de aquellos por quienes murió, y, por tanto, no tiene eficacia salvadora intrínseca. Pero Gary D. Long observa con respecto a la raíz verbal del participio ἀγοράσαντα, *agorasanta,* que:

> de sus treinta ocurrencias en el Nuevo Testamento, ἀγοράζω [*agorazō*] nunca se utiliza en un contexto soteriológico (a menos que II Pedro 2:1 sea la excepción) sin que el término técnico «precio» (τιμῆς, [*timēs*], un término técnico para la sangre de Cristo) o su equivalente se haga explícito en el contexto (véase 1 Co. 6:20; 7:23; Ap. 5:9; 14:3, 4)…Cuando se traduce con el significado de «comprar», ya sea en un contexto soteriológico o no, siempre se menciona un precio del pago, o este se hace explícito por el contexto... en los contextos en los que no se menciona el precio o se implica, ἀγοράζω, [*agorazō*] puede con frecuencia traducirse como «adquirir» u «obtener».[35]

Concluye, tras tomar el análisis de dos palabras griegas y enfrentarlo con su empleo en la Septuaginta y el Nuevo Testamento, que lo que Pedro en realidad quiere decir en 2 Pedro 2:1, aludiendo como lo hace a Deuteronomio 32:6 (en el 2:13 alude vagamente a Deuteronomio 32:5), es que Cristo, el Señor soberano, adquirió [u «obtuvo»] las inmundicias y manchas de los falsos maestros (2 P. 2:13) para convertirlos en parte de la nación del pacto de Dios en la

---
[35] Long, *Definite Atonement*, 72.

carne porque los había creado, dentro del misterio de su providencia, con el propósito de llevar gloria para sí mismo al ordenarlos de antemano para condenación (véase 2 P.2:12; Judas 4).[36]

Si Long está en lo correcto, lo que los cristianos arminianos defienden ser una afirmación con graves implicaciones soteriológicas para los particularistas, ¡resulta que al final no es una afirmación soteriológica en absoluto! En lugar de mostrar a Cristo en Su papel como Salvador, Pedro, al referirse a Cristo en Su papel de Creador Soberano, está afirmando que estos falsos maestros negaban que Cristo era su Creador y el Soberano a quien pertenecían.

* * * * *

Esta breve exposición de los pasajes problemáticos principales ha demostrado que, cuando se analizan con cuidado, no enseñan que la obra redentora de Cristo es distributivamente coextensiva con la raza humana al completo, ni tampoco que aquellos por los que Cristo murió pueden perecer. En cada uno de los casos alguna consideración del contexto limita el alcance de Su obra en la cruz, siendo inferior a todos los hombres de manera distributiva y sin excepción (o elimina del contexto completamente Su obra en la cruz, como en el caso de 2 Pedro 2:1). Murray concluyó su propio tratamiento de la extensión de la expiación con los siguientes comentarios:

Podemos rápidamente ver... que, aunque los términos universales a veces se utilizan en conexión con la expiación, no podemos afirmar que dichos términos establezcan la doctrina de la expiación universal. En algunos casos... se puede mostrar que el universalismo todo-inclusivo se excluye considerando el contexto inmediato. En otros casos, existen razones igualmente adecuadas por las que los términos universales deberían emplearse sin implicar una extensión distributivamente universal. Por tanto, no existe un apoyo concluyente para la doctrina de la expiación universal que pueda derivarse de las expresiones universalistas. La cuestión debe determinarse en base a otras evidencias... Resulta fácil para los proponentes de la expiación universal hacer una apelación descuidada a unos cuantos textos. Pero este método no es digno de un serio estudiante de la Escritura. Es necesario que descubramos lo que la redención y la expiación significan realmente. Y cuando examinamos la Escritura, hallamos que la gloria de la cruz de Cristo está ligada a la efectividad de su logro. Cristo nos redimió para Dios por Su sangre, se entregó como rescate para poder liberarnos de toda iniquidad. La expiación es una sustitución eficaz.[37]

Toda esta discusión ha demostrado que solamente existen dos alternativas. El lector debe escoger entre puntos de vista mutuamente excluyentes acerca de la expiación; no puede sostener ambos a la vez de manera consistente. O bien adoptará, junto con los cristianos reformados consistentes, que tras la obra de la cruz de Cristo estaba el propósito divino de efectuar una expiación particular y definida de infinito valor intrínseco capaz de revertir, y que de hecho revierte los efectos de infinita desgracia de los pecados de los escogidos, o adoptará, junto con los amiraldistas, luteranos y cristianos arminianos, una expiación universal la cual, aunque expansiva y global en su diseño, resulta inefectiva en sus logros por el hecho de que por sí misma no procura la salvación de nadie y, de hecho, fracasa a la hora de salvar las multitudes para las cuales se diseñó.

Puede haber resultado impactante para el arminiano que adopta la doctrina de la expiación universal el que haya sugerido, como hice anteriormente (p. 681), que su punto de vista de

---

[36] Ibid., 76–77. Long también se refiere a Romanos 9:20–24 en conexión con esto.
[37] Murray, *Redemption—Accomplished and Applied*, 75.

los logros de la obra de expiación de Cristo no es mejor que el de un teólogo liberal, pero es un hecho. El teólogo liberal, al hallar repulsiva la idea de una expiación sustitutoria, insiste en que Cristo *no murió por nadie*. Según esto, defiende que un cristiano es alguien que, desafiado por la hermosura de la vida pura de Cristo y sus enseñanzas éticas, determina por un acto de la voluntad que seguirá sus pasos. Por otra parte, el arminiano que adopta la doctrina de la expiación universal, insiste en que Cristo «*murió por todos los hombres*». Según esto, el cristiano arminiano defiende que un cristiano es alguien que, convencido de su pecado, determina por un acto de su voluntad que aceptará a Cristo como su Salvador y permanecerá en Él. ¡Pero en ninguno de los dos puntos de vista la muerte de Cristo paga *per se* la pena del pecado de nadie! (Algunos arminianos, de forma inconsistente, adoptan una expiación sustitutoria que paga la pena por el pecado). En los sistemas teológicos de ambos, ¡son finalmente las personas mismas quienes determinan si se convertirán en cristianos o no por un acto de su voluntad! Esto es trágico, ya que la muerte expiatoria de Cristo es vaciada de su valor intrínseco por ambos sistemas, y el principio pelagiano proyecta una gran sombra sobre los dos (siendo en el sistema arminiano solo un poco inferior a la que proyecta sobre el sistema liberal). Esto es así a pesar de que el primero busca ser conscientemente supernaturalista en su soteriología, mientras que el segundo intenta ser conscientemente anti-supernaturalista.

Por la gloria y honra de Cristo, los cristianos calvinistas han de humillarse ante el soberano Dios trino de salvación, reconociendo su pereza en la tarea de evangelizar el mundo y, siempre que exista, el pecado de orgullo intelectual por el hecho de que es a ellos a quienes Dios ha confiado estas gloriosas verdades. Han de orar además para que Dios por su Palabra y Espíritu (porque ¿acaso no es Él quien da el crecimiento después de todo?) atraiga a muchos otros cristianos a abrazar a un Salvador que salva en realidad y verdad, y que luego, a su vez, ¡proclamen sin compromisos y con poder entre todas las naciones el infinito e infalible valor de los logros salvadores de Cristo por Su pueblo!

19 | LA APLICACIÓN DE LOS BENEFICIOS DE LA OBRA DE CRISTO EN LA CRUZ

> A todos aquellos para quienes Cristo compro redención, les aplica y comunica cierta y eficazmente la misma; intercediendo por ellos revelándolos en la palabra y por medio de ella los misterios de la salvación; persuadiéndoles eficazmente por su Espíritu a creer y a obedecer; y gobernando sus corazones por su palabra y Espíritu, venciendo a todos sus enemigos por su gran poder y sabiduría, de tal manera y forma que sea más de acuerdo con su maravillosa e inescrutable dispensación. (Confesión de Fe de Westminster, VIII/viii)

En la cruz, de acuerdo con el plan eterno del Dios Triuno y en cumplimiento de la profecía del Antiguo Testamento, nuestro Señor Jesucristo «realiza el oficio de Sacerdote al ofrecerse una sola vez como sacrificio para satisfacer la justicia divina, y reconciliarnos con Dios» (Catecismo Menor de Westminster, pregunta 25), comprando de esa forma nuestra redención (pregunta 29). Por esta obra Él logró la expiación (la *acquisitio salutis*), indicando que lo había hecho gritando de júbilo desde su cruz: «¡Consumado es!». El tema que nos ocupa en este capítulo es, ¿cómo el pecador elegido se vuelve partícipe de los logros de Cristo en el Calvario? Dicho de otra manera, la obra de la cruz de Cristo, finalizada e intrínsecamente eficaz, está delante de la humanidad. ¿Cómo «entra» el pecador elegido en sus virtudes y beneficios? La respuesta que damos aquí nos lleva al área de la *aplicación* (aquí hablamos de la *applicatio* u *ordo salutis*) y responde la pregunta, ¿cómo el pecador electo participa de la redención comprada por Cristo?

Muchos cristianos responderían con la simple afirmación paulina: «Cree en el Señor Jesucristo, y serás salvo» (Hch. 16:31). Y, por supuesto, no puede haber duda de que la fe en Cristo es absolutamente necesaria para la salvación, y que antes de que el pecador pueda reclamar cualquiera de los beneficios de la obra de la cruz de Cristo debe arrodillarse humildemente delante del Señor de gloria crucificado, que hoy día se sienta a la diestra del Padre en el cielo, y descansar solo en Él para salvación. Pero ciertamente algo más debe decirse, porque ¿cómo pueden los pecadores que está muertos en sus transgresiones y pecados creer? Y ¿Por qué un pecador cree en Cristo y otro va a la tumba en incredulidad?

De hecho, tampoco esto no es todo lo que Pablo y otros autores del Nuevo Testamento dicen respecto al asunto —¡en lo absoluto! Al contrario, ellos enseñan que detrás de la fe del pecador en Cristo, así como detrás de toda otra gracia espiritual que ejecuta, está la actividad salvífica del Dios Triuno. En otras palabras, enseñan (1) que «la salvación es del Señor», no solo en el punto de realización sino también en el punto de aplicación. Además, dejan claro (2) que la aplicación divina de la salvación no es «un acto simple e indivisible» sino más bien se compone de una «serie de actos y procesos».[1] Finalmente, ellos dejan igualmente claro

---

[1] John Murray, *Redemption—Accomplished and Applied* (Grand Rapids, Mich.: Eerdmans, 1955), 80.

(3) que esta «serie de actos y procesos» sigue un orden muy definido, llevando a los teólogos a concluir que puede hablar de estas series como el «orden de salvación» (*ordo salutis*).[2]

GARANTÍA ESCRITURAL PARA LOS ASPECTOS Y EL ORDEN DE APLICACIÓN

Ni un solo versículo de la Escritura menciona cada acto y proceso en el *ordo salutis*, pero una cuidadosa recopilación de las enseñanzas de muchos pasajes del Nuevo Testamento producirá un orden de aplicación hecho de diez aspectos o partes básicas.

LA ESTRUCTURA DEL *ORDO* EN ROMANOS 8:29-30

Llamamiento eficaz, justificación y glorificación

En el capítulo octavo de Romanos, donde establece las razones por la glorificación cierta y final del cristiano, Pablo afirma lo siguiente:

> (28) Y sabemos que a los que aman a Dios, todas las cosas les ayudan a *bien* [εἰς ἀγαθόν, *eis agathon*], a los que conforme a su propósito son *llamados*; (29) porque a los que de antemano *conoció*, los *predestinó* para que fueran hechos conformes a la imagen de su Hijo, para que Él sea el Primogénito entre muchos hermanos. (30) Y a los que predestinó, a ésos [τούτους, *toutous*—el mismo grupo que predestinó, no otro grupo o parte de ese grupo] *llamó*; y a los que llamó, los [τούτους, *toutous*—el mismo grupo que llamó, no otro grupo o parte de ese grupo] *justificó*; y aquellos a quienes justificó, a aquellos [τούτους, *toutous*—el mismo grupo que justificó, no otro grupo o parte de ese grupo] *glorificó*. (*traducción del autor*)

En este pasaje Pablo especifica los tres actos en el orden de aplicación: llamamiento eficaz, justificación, y glorificación. Hay también cuando menos cinco indicaciones en el pasaje de que hay un orden fijo secuencial en la mente del apóstol cuando los coloca en el orden que lo hizo:

1. En el versículo 28 Pablo dice que el llamamiento cristiano era «según» el propósito de Dios, sugiriendo claramente, a la luz del hecho de que el propósito de Dios se explica en el versículo 29 en términos de su *pre*ciencia y *pre*destinación,[3] que su propósito o plan divino precede al llamado del cristiano —y eso eternamente. Invertir el orden de «llamado [después de la creación del mundo] de acuerdo con el propósito [precreación]» a «propósito [precreación] según el llamado [poscreación]» es destruir la frase.

2. En el versículo 29 «hay una progresión de pensamiento desde la presciencia a la predestinación» que «no nos permite revertir los elementos implicados».[4] Es decir la presciencia precede propiamente a la predestinación en la medida en que la presciencia, en tanto que «centra la atención en el amor distintivo de Dios por el cual los hijos de Dios fueron elegidos», nos deja desinformados respecto al destino al cual fueron destinados.[5] Es precisamente esta información la que proporciona la cláusula de la predestinación. El primer verbo indica la *fuente última* de nuestra salvación mientras que el segundo verbo indica la *meta última* de nuestra salvación. Claramente, con la misma progresión evidente en Efesios 1:4-5 («en amor [equivalente a «presciencia»] habiéndonos predestinado» — ἐν ἀγάπῃ προορίσας, *en agapē proorisas*), los dos verbos en el versículo 29 evidencian una progresión de pensamiento que no puede revertirse.

3. Presciencia y predestinación en el versículo 29 tienen el prefijo con la preposición πρό, *pro* («antes»). Estos dos verbos, componentes del único «propósito» eterno de Dios mencionado en el versículo 28, obviamente precede a los tres verbos que siguen, ya que

---

[2] Ver Louis Berkhof, *Systematic Theology* (Grand Rapids, Mich.: Eerdmans, 1949), 415-17.
[3] El punto de referencia desde el cual el «pre» en la presciencia y el «pre» en la predestinación toman su significado es la creación del mundo (ver Ef. 1:4-5).
[4] Murray, *Redemption—Accomplished and Applied*, 83.
[5] John Murray, *The Epistle to the Romans* (Grand Rapids, Mich.: Eerdmans, 1968), 1:318.

ninguno de los tres tiene dicho prefijo. Ellos hablan del propósito de Dios antes de los actos creativos de Génesis 1, mientras que los tres verbos refieren a hechos que ocurren después de la creación del mundo, evidenciando el orden secuencial de «precreación, poscreación».

4. Claramente el orden entre la presciencia de Dios (el primero de los cinco verbos) y la glorificación del cristiano (el último de los cinco verbos) refleja un orden secuencial. Argumentar que la glorificación presente del cristiano debe preceder secuencialmente a la presciencia de Dios destruiría de nuevo el significado del pasaje.

5. Los tres actos poscreacionales en el versículo 30 —llamamiento eficaz, justificación, glorificación— relacionados entre sí evidencian un orden secuencial, ya que claramente la glorificación del cristiano, entendida como incluyendo su plena conformidad ética y moral con el Hijo de Dios, sólo puede *seguir a* su llamado efectivo a la comunión con Él (1 Co. 1:9). Su llamado a la comunión con Cristo seguramente precede a su conformidad a su semejanza. Y debido a la evidente presencia de orden secuencial en todo el resto del pasaje, podemos suponer que Pablo también pretendía que entendiéramos que el llamado eficaz del cristiano precede también a su justificación. De hecho, dado que la glorificación es el *terminus ad quem* del *ordo*, tenemos todas las razones para suponer que Pablo estaba pensando en términos de «extremidades» cuando mencionó estos tres aspectos poscreacionales del *ordo* y, por lo tanto, pretendía que consideráramos el acto de Dios del llamamiento como *terminus ad quo* del *ordo*.

Por estas cinco razones es seguro concluir que Pablo nos da en este pasaje tres actos en el orden de aplicación y que su orden secuencial es el del llamado eficaz primero, justificación el segundo, y glorificación el tercero. Aquí entonces tenemos un marco, en el cual puede integrarse los aspectos restantes del *ordo*, como sigue:

La posición de arrepentimiento para vida en el marco estructural

Mientras que Pablo, en respuesta a la pregunta del carcelero de Filipos, «¿Qué debo hacer para ser salvo? Respondió: «*Cree* en el Señor Jesucristo» (Hch. 16:31), Pedro, en respuesta a la pregunta de la gente, «¿qué debemos hacer [a la luz del hecho de que hemos crucificado al Mesías?» respondió: «Arrepentíos, y bautícese cada uno de vosotros en el nombre de Jesucristo para perdón de los pecados» (Hch. 2:38). En Hechos 20:21 Pablo les recordó a los ancianos en Mileto que había testificado «a judíos y a gentiles acerca del *arrepentimiento* para con Dios, y de la *fe* en nuestro Señor Jesucristo». Y a los tesalonicenses, escribe, «cómo os convertisteis [en fe] de los ídolos a Dios [y en arrepentimiento]» (1 Ts. 1:9). Es bastante claro que hay una coordinación o concomitancia entre el arrepentimiento y la fe, de modo que deben interpretarse correctamente como gracias interdependientes, cada una de las cuales ocurre en conjunción con el ejercicio verdadero y adecuado del otro. Por consiguiente, el arrepentimiento para vida en el *ordo* debe aparecer coordinadamente con la fe en Cristo, incluso aunque, como veremos, es esta última respuesta la única que es el instrumento que conduce a la justificación. Por lo tanto, el arrepentimiento, como respuesta al llamamiento eficaz de Dios, sigue al llamamiento eficaz y precede a la justificación. Entonces tenemos el orden: llamamiento eficaz, arrepentimiento para vida, justificación y glorificación.

La posición de la fe en Jesucristo en el marco estructural

En todo lugar el Nuevo Testamento deja claro que la fe en Jesucristo es la precondición instrumental de la justificación delante de Dios, pero en ninguna parte se afirma esta verdad más claramente que en Gálatas 2:16:

> sabiendo que el hombre no es justificado por las obras de la ley, sino por la fe [διὰ πίστεως, *dia pisteōs*] de Jesucristo, nosotros también *hemos creído en* [ἐπιστεύσαμεν εἰς, *episteusamen eis*] Jesucristo, *para ser justificados por la fe* [ἵνα δικαιωθῶμεν ἐκ πίστεως, *hina dikaiōthōmen ek*

pisteōs] de Cristo y no por las obras de la ley, por cuanto por las obras de la ley nadie será justificado. (ver también Ro. 1:17; 3:22, 26, 28, 30; 5:1; Gal. 3:24; Fil. 3:9)

Por lo tanto, la fe en Jesucristo (como concomitante con el arrepentimiento para vida) debe preceder a la justificación como su *prius* lógico (no cronológico).

Además, debido a las decenas de pasajes que representan a la fe en Jesucristo como la respuesta humana al llamado divino a los hombres a creer en Cristo (e.g., Hch. 16:31) y a entrar así a la comunión con Jesucristo (1 Co. 1:9), la respuesta de fe en el orden de aplicación debe posicionarse en la estructura entre llamamiento y justificación. Así tenemos el orden: llamamiento eficaz, las respuestas concomitantes del arrepentimiento para vida y la fe en Jesucristo, justificación, y glorificación.

Las posiciones de la adopción y la regeneración en el marco estructural
Adopción

El lugar de adopción en el *ordo salutis* puede derivarse a partir de una exégesis de Juan 1:12-13:

> Mas a todos los que le *recibieron* [ἔλαβον, *elabon*], a los que creen en su nombre, les dio potestad [ἐξουσίαν, *exousian*] de ser hechos hijos de Dios; los cuales no son engendrados [ἐγεννήθησαν, *egennēthēsan*], de sangre, ni de voluntad de carne, ni de voluntad de varón, sino de Dios.

Lo primero que debe notarse en este pasaje es que el *acto* de «recibir» a Cristo (un aoristo) y el continuo «creer en su nombre» (un participio presente) ambos refieren a la gracia de la fe en Jesucristo, el primero viendo a la fe en Cristo como el instrumento designado que se «apropia» de Cristo y sus beneficios desde la perspectiva de su *inicio*, el segundo viendo esa misma fe en Cristo como el instrumento designado por el cual el cristiano *continúa* apropiándose de los beneficios de Cristo a través de toda su experiencia cristiana.

Juan declara en la cláusula que *sigue* inmediatamente la frase «a todos los que le recibieron» (su referencia a la fe vista de manera incipiente) que a ellos Cristo «les dio potestad de ser hechos hijos de Dios». La frase «dio potestad [autoridad] de ser hechos hijos», como es claro del significado de la palabra «legal» «autoridad» (ἐξουσίαν, *exousian*),[6] no refiere a la regeneración sino a la gracia de adopción «por la cual somos recibidos en el número de los hijos de Dios, y tenemos el derecho a todos los privilegios de los hijos de Dios» (Catecismo Menor de Westminster, pregunta 34). Claramente, Juan aquí enseña que la fe en Cristo es la precondición lógica (no cronológica) necesaria para la adopción, tal como lo es para la justificación, y a la inversa, esa adopción presupone la fe en Cristo como el instrumento a través del cual el creyente obtiene el beneficio de la filiación adoptiva. Pero ya que Dios no adoptaría a alguien en su familia cuyos pecados no hubiera perdonado y que no hubiera sido aceptado por Él como justo, tenemos razón suficiente para suponer que la adopción sigue necesariamente lógicamente (no cronológicamente) no solo a la fe —el punto que acabamos de establecer— sino también a la justificación. De esta forma tenemos el orden: llamamiento eficaz, arrepentimiento para vida y fe en Jesucristo, justificación, adopción en la familia de Dios, y glorificación.

Señalaré aquí de pasada y desarrollaré más adelante la verdad de que, junto con el acto de adopción de Dios, Él sella al hijo de Dios con el Espíritu de adopción que mora en nosotros.

Regeneración

¿Por qué algunas personas se arrepienten y responden por fe en Cristo al llamamiento divino a la fe mientras que otras no? En cuanto a los que creen en el nombre de Cristo, Juan dice inmediatamente en Juan 1:13: «los cuales [Estos] no son engendrados [ἐγεννήθησαν, *egennēthēsan*] de sangre, ni de voluntad de carne, ni de voluntad de varón, sino de Dios».

---
[6] Ver Berkhof, *Systematic Theology*, 516.

Con esta referencia particular a la actividad de «engendrar» de Dios, Juan se refiere a la regeneración, y claramente sugiere con su declaración que, mientras que la fe es la condición previa instrumental para la justificación y la adopción, la regeneración es la condición previa necesaria y la causa eficiente de la fe en Jesucristo. En resumen, la regeneración precede causalmente a la fe.

Este orden secuencial de «la regeneración como la causa, la fe en Jesucristo como el efecto» es apoyado por las declaraciones de Jesús en Juan 3:3, 5. Cuando Jesús enseña que solo aquellos que han sido «engendrados *de arriba*» (ἄνωθεν, *anōthen*),[7] pueden «ver» y «entrar» al reino de Dios (expresiones figurativas para «actividades de fe»), seguramente pretende que la regeneración es esencial para la fe como el prius causal de esta última.

La declaración de Juan en 1 Juan 5:1: «Todo aquel que cree [πιστεύων, *pisteuōn*] que Jesús es el Cristo ha sido nacido [γεγέννηται, *gegennētai*] de Dios», también confirma la relación secuencial de causa y efecto entre la regeneración como causa y la fe como efecto Es cierto que, si uno restringiera su evaluación del significado que Juan pretendía dar a este único versículo, posiblemente podría argumentar que Juan, por su referencia a la regeneración, simplemente estaba diciendo algo más, en una forma descriptiva, acerca de todo aquel que cree que Jesús es el Cristo —que «ha sido engendrado por Dios», pero que no necesita ser entendido como sugiriendo que existe una relación de causa y efecto entre la actividad regeneradora de Dios y la fe salvadora. Pero cuando uno toma en cuenta lo que dice Juan en 1 Juan 3:9a que «Todo aquel que es nacido [γεγεννημένος, *gegennēmenos*] de Dios, no practica el pecado, porque [ὅτι, *hoti*] la simiente de Dios permanece en él» y luego en 1 Juan 3:9b que «y no puede pecar, porque [ὅτι, *hoti*] es nacido [γεγέννηται, *gegennētai*—la palabra en 5:1] de Dios», definitivamente encontramos una relación de causa y efecto entre la actividad regeneradora de Dios como la causa y el no pecar del cristiano como un efecto de esa actividad regeneradora. Luego cuando posteriormente hace la simple afirmación en 1 Juan 5:18 de que «todo aquel que ha nacido [tiempo perfecto] de Dios, no practica el pecado», aunque no lo dice en tantas palabras, seguramente es apropiado, debido a su patrón de habla anterior en 1 Juan 3:9, para entenderlo en el sentido de que la causa detrás de uno de no pecar es la actividad regeneradora de Dios. Lo que es significativo en 5:18 para 5:1 es su forma de hablar. Cuando Juan declara en 5:1 que todo aquel que *cree* (πιστεύων, *pisteuōn*) que Jesús es el Cristo *ha nacido* (γεγέννηται, *gegennētai*) de Dios, es altamente improbable que pretendía simplemente decir sobre el cristiano, además del hecho de que cree que Jesús es el Cristo, que también ha sido engendrado por Dios y nada más. Su patrón de habla establecido sugeriría que pretendía decir que la actividad regeneradora de Dios es la *causa* de la creencia de alguien de que Jesús es el Cristo, e inversamente que dicha fe es el efecto de la obra regeneradora.[8]

Cuando uno agrega a esto la insistencia de Pablo en Efesios 2:1–4 de que él y los cristianos en general habían estado espiritualmente muertos en sus delitos y pecados hasta que Dios, «que es rico en misericordia, por su gran amor con que nos amó, aun estando nosotros muertos en pecados, nos dio vida [συνεζωοποίησεν, *synezōopoiēsen*, el término paulino para la regeneración] juntamente con Cristo», no se puede evitar la conclusión de que la obra regeneradora de Dios debe preceder causalmente a la respuesta de fe del hombre al llamado de Dios a la fe.

En consecuencia, la regeneración debe posicionarse antes del arrepentimiento para vida y la fe en Jesucristo en el *ordo salutis* como la causa de ambas. Pero ya que Romanos 8:29-30

---

[7] En todos los demás lugares donde aparece en el evangelio de Juan—3:31; 19:11, 23: ἄνωθεν, *anōthen*, significa «desde arriba».
[8] Ver Murray, *Redemption—Accomplished and Applied*, 100–103.

claramente enseña que la glorificación es el *último* acto en el *ordo*, lo que implica, cuando Pablo habla antes del llamado, que pretendía enseñar que el llamado eficaz es el *primer* acto en la «serie de actos y procesos» en el *ordo*, podemos seguramente concluir que la regeneración sigue al llamado o es la fuerza efectiva dentro del llamado que hace que el llamamiento de Dios sea eficaz (más adelante argumentaré el caso de la última posibilidad).

Por consiguiente, ahora hemos establecido el orden de aplicación siguiente: llamado eficaz, regeneración, arrepentimiento para vida y fe en Jesucristo, justificación, adopción, glorificación.

La posición de la santificación definitiva en el marco estructural

Si bien la santificación generalmente se considera solo como una obra progresiva que sigue a la justificación y la adopción, el Nuevo Testamento a menudo también la representa como un acto *definitivo* «de una vez por todas» (ver Hch. 20:32—τοῖς ἡγιασμένοις, *tois hēgiasmenois* [«con todos los santificados»; Hechos 26:18—«para que reciban, por la fe que es en mí, perdón de pecados y herencia entre los santificados»; 1 Co. 1:2—«santificados en Cristo Jesús, llamados a ser santos»]; 1 Co. 6:11—«ya habéis sido santificados»; Ef. 5:26—«para santificarla, habiéndola purificado»). Por tanto, el *ordo salutis* debe incluir un lugar para la santificación definitiva. Siendo un acto definitivo que sigue a la fe en Cristo (ver Hch. 26:18, arriba), debe ser colocado en el *ordo* como un acto concomitante con la justificación y la adopción (que también siguen a la fe en Cristo) que precede a la santificación progresiva. De ahí el orden: llamamiento eficaz, regeneración, arrepentimiento para vida y fe en Jesucristo, justificación, santificación definitiva, adopción, glorificación.

Las posiciones de la santificación progresiva y la perseverancia en santidad en el marco estructural

Siendo, como su nombre lo indica, un «proceso continuo más que un acto momentáneo como el llamado, la regeneración, la justificación y la adopción» que «comienza… en la regeneración, encuentra su base en la justificación y deriva su gracia energizante de la unión con Cristo»,[9] la santificación progresiva viene propiamente después de la justificación y adopción en el *ordo*. Un proceso de por vida de morir más y más al pecado y vivir más y más a la justicia comienza necesariamente en el momento en que el pecador es regenerado. Y mientras el cristiano crece «en la gracia y el conocimiento del Señor y Salvador Jesucristo» (2 P. 3:18), al mismo tiempo también persevera en la santidad por medio de la habilitación divina (Fil. 3:13–14). En consecuencia, esta perseverancia en la santidad debe situarse en el *ordo* como concomitante del proceso santificador.

El orden de aplicación completa

De todo esto, ha surgido el siguiente orden de aplicación. Los aspectos concomitantes del orden se destacan disponiéndolos en columnas verticales bajo cinco encabezados que indican que aspectos son completamente actos divinos y que aspectos implica la actividad humana trabajando tanto en respuesta como en conjunto con la actividad iniciada divinamente. Debe notarse que las primeras tres columnas no reflejan ocurrencias cronológicas, ya que en el momento en que el pecador es regenerado, en ese momento se arrepiente y pone su confianza en la obra salvadora de Cristo, y en ese mismo momento Dios justifica, santifica definitivamente, y lo adopta y sella. Estas columnas reflejan la conexión lógica (o causal) entre los diversos aspectos.

---

[9] Ibid., 87.

2 Actos Divinos	2 Actividades Divinos-Humanos	3 Actos Divinos	2 Actividades Divinas-Humanas	1 Acto Divino
		(5) Justificación		
	(3) Arrepentimiento para vida		(8) Santificación Progresiva	
(1) Llamamiento Eficaz, a través		(6) Santificación Definitiva		(10) Glorificación
	(4) Fe en Jesucristo		(9) Perserverancia en Santidad	
		(7) Adopción (y el el sello del Espíritu)		

Nota de paso aquí que este orden de aplicación refleja la aplicación de la salvación como se efectúa dentro del mundo post creación. Pero de acuerdo con el principio de la planificación intencional en la mente divina (ver mi discusión en el capítulo trece), el orden en el plan eterno mismo es el inverso preciso de su ejecución real, retrocediendo desde la glorificación, como fin último, a través de varios procesos y actos (vistos como medios) siguiendo ese fin determinado en orden inverso de regreso a llamar como los diversos medios para la glorificación. Incluso los dos aspectos del propósito divino estipulados en Romanos 8:29 deben verse como sirviendo al fin último (ver «a fin de que él sea») de glorificar al Hijo de Dios como el primogénito entre muchos hermanos.

LOS ACTOS Y PROCESOS ESPECÍFICOS EN EL ORDEN DE APLICACIÓN

Ahora consideraremos cada acto o proceso en esta serie separadamente y en orden, pero una breve sinopsis de la aplicación de la salvación suscitada por este orden de aplicación puede ser útil desde el principio.

La aplicación de la salvación, comprada en su totalidad por la actividad redentora de Cristo, comienza con el llamamiento irresistible de Dios el Padre al pecador elegido espiritualmente muerto, emitido normalmente en y por la proclamación del evangelio, para entrar a la comunión con Jesucristo. El Espíritu de Cristo, obrando por y con ese llamado, regenera al pecador elegido espiritualmente muerto, capacitándolo así para arrepentirse de sus pecados y en fe para recibir y descansar solo en Cristo para salvación, en cuya actividad es unido a Jesucristo. En el momento en que cree en Cristo, Dios lo perdona de todos sus pecados y lo declara justo a sus ojos, lo santifica definitivamente, lo adopta en su familia y lo sella para el día de la redención con el Espíritu de adopción que mora en él. El pecador, ahora un cristiano, comienza a experimentar el proceso de santificación progresiva de por vida, tiempo durante el cual también persevera en santidad por el poder del Espíritu Santo, siendo el fin y meta de toda esta serie de actos y procesos su glorificación, a cuyo estado finalmente es llevado en el Escatón al regreso de Cristo. En ese momento estará completamente conformado a la imagen del Hijo de Dios, su *summum bonum*, y Cristo será entonces en el sentido más alto posible «el primogénito entre muchos hermanos».

DOS ACTOS DIVINOS

Llamiento Eficaz

A todos aquellos a quienes Dios ha predestinado para vida, y a ellos solamente, le agrada en su tiempo señalado y aceptado, llamar eficazmente por su palabra y Espíritu, fuera del estado de pecado y muerte en que están por naturaleza, a la gracia y salvación por Jesucristo; iluminando espiritual y salvadoramente su entendimiento, a fin de que comprendan las cosas de Dios; quitándoles el corazón de piedra y dándoles uno de carne; renovando sus voluntades y por su potencia todopoderoso, induciéndoles hacia aquello que es bueno, y trayéndoles eficazmente a Jesucristo; de tal manera que ellos vienen con absoluta libertad, habiendo recibido por la gracia de Dios la voluntad de hacerlo.

Este llamamiento eficaz es solamente de la libre y especial gracia de Dios y de ninguna otra cosa prevista en el hombre; el cual es en esto enteramente pasivo, hasta que, siendo vivificado y renovado por el Espíritu Santo, es capacitado por medio de esto para responder a este llamamiento y para recibir la gracia ofrecida y trasmitida en él.

Los otros no elegidos, aunque sean llamados por el ministerio de la palabra y tengan algunas de las operaciones comunes del Espíritu, sin embargo, nunca vienen verdaderamente a Cristo, y por lo tanto no pueden ser salvos; mucho menos pueden los hombres que no profesan la religión cristiana ser salvos de otra manera, aun cuando sean diligentes en ajustar sus vidas a la luz de la naturaleza y a la ley de la religión que profesan; y el afirmar y sostener que lo pueden lograr así, es muy pernicioso y detestable. (Confesión de Fe de Westminster, X/i–ii, iv)

Estas declaraciones expresan *in nuce* la sustancia de la doctrina bíblica del llamamiento eficaz a través de la regeneración.

Su carácter e intención

Llevado a cabo de acuerdo con su propósito eterno (Ro. 8:28–29; 2 Ti. 1:9), el llamado eficaz de Dios es celestial en su origen (κλήσεως ἐπουρανίου, *klēseōs epouraniou*—Heb. 3:1), santo en su carácter (κλήσει ἁγίᾳ, *klēsei hagia*—2 Tim. 1:9), irrevocable una vez emitido (ἀμεταμέλητα, *ametamelēta*—Ro. 11:29; ver también 1 Co. 1:8–9; 1 Ts. 5:23–24), y hacia el cielo en su destino (τῆς ἄνω κλήσεως, *tēs anō klēseōs*—Fil. 3:14). Por ella Dios convoca al pecador elegido (ver 1 Co. 1:26-30) a la comunión con Cristo (1 Co. 1:9), lo llama de las tinieblas a su luz admirable (1 P. 2:9), lo llama a su reino y gloria (1 Ts. 2:12; 2 Ts. 2:14; 1 P. 5:10) y finalmente a la cena escatológica de las bodas del Cordero (Ap. 19:9) y a la vida eterna (1 Ti. 6:12). Por ella se llama al cristiano a la libertad de la ley (Gal. 5:13), a una sola esperanza (Ef. 4:4), a la santidad (1 Ts. 4:7; ver Ro. 1:7; 1 Co. 1:2), a seguir a Cristo soportando el sufrimiento por hacer el bien (1 P. 2:21; 3:9), y tener relaciones sociales humanas pacíficas (1 Co. 7:15; Col. 3:15). En una oración, se exhorta a los cristianos a «andar de manera adecuada [ἀξίως, *axiōs*] a la vocación con que [fueron] llamados» (Ef. 4:1).

Su relación con la presentación externa del evangelio

El llamamiento eficaz, como el acto de iniciación en el *ordo salutis*, bajo circunstancias normales ocurre junto con la proclamación externa o exterior o la presentación del evangelio de Cristo (2 Ts. 2:14). Digo «bajo circunstancias normales», porque hay personas, tal como los niños que mueren en la infancia y los elegidos con retraso mental, que son incapaces de ser llamados por la predicación externa de la Palabra (Confesión de Fe de Westminster, X/iii). Ya que Mateo 22:14 utiliza la palabra «llamados» para describir la invitación general a los pecadores de entrar en el reino de los cielos («muchos son los llamados [κλητοί, *klētoi*], pocos los escogidos»), es apropiado hablar de un llamamiento externo general y universal. Por ambos el Espíritu y la iglesia dicen a los pecadores en todo lugar, «ven» (Ap. 22:17).

Simplemente no es correcto, como ocasionalmente he oído expresar, representar a la iglesia como la única fuente de la invitación externa o exterior para la salvación. Después de todo, es la Palabra de Dios la que la iglesia proclama. En otras palabras, es *Dios mismo*, en la proclamación de la iglesia de su Palabra, quién llama externamente a toda clase de gente al arrepentimiento para vida y a la fe en Cristo (Is. 45:22; 55:1; Mt. 11:27; Hch. 17:30-31; Ap. 22:17). Y cuando la iglesia proclama el evangelio correctamente, dejará claro a sus oyentes que es el llamado de Dios el que está proclamando.

Es importante por tres razones insistir no sólo en que la iglesia convoque a la humanidad, sino también en que Dios mismo convoque a la humanidad en la proclamación del evangelio: (1) se cumple así el requisito de los muchos pasajes que atribuyen a Dios la convocatoria al arrepentimiento y a la fe; (2) El reclamo de Dios sobre el pecador como su Señor soberano se mantiene y se afirma; y (3) la santidad y la justicia de Dios y su bondad y compasión hacia los pecadores se revelan, acentuando así las verdades gemelas que, por un lado, odia su pecado y su forma de vida autodestructiva y los juzgará si persisten en ellos, y que, por otro lado, llama a las personas pecadoras a apartarse de su amor por pecar y buscar su perdón en Cristo.

Sin embargo, es absolutamente necesario recordar aquí que la Biblia también deja claro que a la raza humana a quién Dios emite su llamado general por y a través de la iglesia está espiritualmente muerta (Ef. 2:1) y corrupta (Sal. 14:1-3), y que su mente colectiva «no se sujeta a la ley de Dios [esto es depravación], ni tampoco puede» (Ro. 8:7). Por consiguiente, es muy entendible que dichas personas concluyan, cuando se sientan bajo la proclamación del evangelio, que están escuchando solo la voz de un predicador irrelevante. Pero muy a menudo, cuando el pecador escucha la voz del predicador, algo sucede. Misteriosamente, imperceptiblemente, ya no escucha simplemente la voz del predicador, en vez de eso, lo que ahora escucha también es la voz de Dios llamándolo a la comunión con su Hijo, y responde a Cristo en fe. ¿Qué sucedió? Las Escrituras dirían que Dios ha «llamado eficazmente» a un pecador elegido a sí mismo.

Es cierto que la palabra «eficaz» nunca aparece en las Escrituras como adjetivo antes del sustantivo «llamar» o como adverbio antes del verbo. Pero cuando Romanos 8:30 declara que a todos aquellos a quienes Dios llama, también los justifica, es evidente que el llamado aquí previsto no es simplemente el llamado general que la gente puede resistir y rechazar; su llamamiento es irresistible, porque Dios justifica a todos los que llama, hecho que implica que todos los que llama en el sentido previsto en Romanos 8:30 responden a su llamamiento con fe. Esto significa que, junto con su llamado externo a todo tipo de personas en todas partes como el medio divinamente designado para llevarlos al arrepentimiento y la fe, el llamamiento «irrevocable» (Ro. 11:29), irresistible y *eficaz* de Dios también se manifiesta, en su tiempo señalado y aceptado, a todos los que Él predestinó para vida.

La fuerza «efectiva» en el llamamiento eficaz
La persona de la divinidad a quién se atribuye mayormente el llamado eficaz a la fe en Cristo es a Dios el Padre (Ro. 8:30; 1 Co. 1:9; Gal. 1:15; Ef. 1:17-18; 1 Ts. 5:23-24; 2 Ts. 2:13-14; 2 Ti. 1:9; 1 P. 5:10; y Jn. 3:1). Hay quizá dos ejemplos donde se dice que Cristo hace el llamado (1 Co. 7:22; 2 P. 1:3; ver también Mt. 9:13; Mc. 2:17; Lc. 5:32). En cuanto a las personas en general, no puede haber duda, a la luz de su muerte espiritual en delitos y pecados, que son «totalmente pasivas» respecto al llamado eficaz de Dios, como afirma la Confesión de Fe. Murray tiene toda la razón entonces, cuando insiste en que el llamamiento eficaz «no debe definirse en términos de las respuestas que los llamados dan a este acto de la gracia de Dios», y que es una actividad en la cual la pura soberanía de la gracia de Dios, única operativa en el cumplimiento de la expiación, también está operativa en el comienzo del proceso de aplicación. Murray amplía este punto:

> El hecho de que el llamamiento es un acto de Dios, y solo de Dios, debe inculcar en nosotros el monergismo en la iniciación de la salvación en la secuencia real. Nos volvemos partícipes de la redención por un acto de Dios que nos instaura en el reino de la salvación, y todos los cambios correspondientes en nosotros y en nuestras actitudes y relaciones son el resultado de las fuerzas salvíficas trabajando dentro del reino en el cual, por la soberanía y acto eficaz de Dios, hemos sido conducidos. El llamado, como aquello por lo que el propósito predestinante comienza a tener efecto, es en este aspecto del monergismo divino conforme al patrón de la predestinación misma. Es de Dios y solo de Dios.[10]

---

[10] John Murray, «The Call», en *Collected Writings of John Murray*, (Edinburgh: Banner of Truth, 1977), 2:166; ver también su *Redemption—Accomplished and Applied*, 93–94.

Murray tiene toda la razón, entonces, cuando insiste en que el llamamiento de Dios «lleva en su seno toda la eficacia operativa por la cual se hace efectivo».[11] Es decir, el mandato divino «¡Arrepentíos y creed!» con referencia al pecador elegido, misteriosa y poderosamente le permite hacer lo que antes no podía hacer. De hecho, el llamado de Dios debe ser de alguna manera intrínsecamente eficaz, ya que el hombre llamado está muerto en sus delitos y pecados y no puede hacer nada para avanzar en su salvación hasta que esté capacitado para hacerlo. Esta eficacia intrínseca en el llamado divino es lo que Pedro tenía en mente cuando escribió: «Siendo renacidos [ἀναγεγεννημένοι, *anagegennēmenoi*], no de simiente corruptible, sino de incorruptible, por la Palabra de Dios que vive y permanece para siempre» (1 P. 1:23). Es lo que Santiago quiso decir cuando escribió: «Él de su voluntad [βουληθεὶς, *boulētheis*] [por Él], nos hizo nacer [ἀπεκύησεν, *apekuēsen*] por la palabra de verdad» (Stg. 1:18).[12]

Sin embargo, creo que Murray es demasiado restrictivo en su visión de los efectos del llamado de Dios. Insiste, pero no ofrece ningún apoyo escritural para su argumento, que en realidad uno *solo* se une a Cristo,[13] y que es desde esta unión *real* con Cristo de donde fluye toda otra gracia salvadora internamente operativa, incluyendo la regeneración. Murray concibe la regeneración, no como la fuerza efectiva en el llamado eficaz de Dios como la Confesión de Fe claramente hace,[14] sino como una obra divina que viene *después* del llamado efectivo de Dios y *antes* de la respuesta humana, y que «proporciona el vínculo entre el llamado y la respuesta de parte de la persona llamada».[15]

Pero ¿es el llamamiento eficaz *per se*, aparte de la regeneración, la que *realmente* une a uno con Cristo? Por supuesto, no puede haber duda de que la regeneración es una gracia salvadora fluyendo desde la comunión ἐν Χριστῷ, *en Christō*; después de todo, «nos dio vida juntamente con Cristo» (Ef. 2:5) y «somos hechura suya [de Dios], creados en Cristo Jesús para buenas obras» (Ef. 2:10). Pero ¡esto es verdad de *toda* otra bendición espiritual también (Ef. 1:3), *incluyendo el llamamiento eficaz de Dios* (ver Gal. 1:6 —«del que los llamó por la gracia de Cristo»; 2 Ti. 1:9 —«quien nos salvó y llamó… según el propósito suyo y la gracia que nos fue dada en Cristo Jesús antes de los tiempos de los siglos»)! El pecador elegido no es llevado por el llamamiento eficaz de Dios a la relación ἐν Χριστῷ, *en Christō*, por primera vez. Más bien, es *porque* el pecador elegido fue «escogido *en Cristo* antes de la creación del mundo» y porque estaba *en Cristo* cuando Cristo murió por él, al cual Dios llama efectivamente. El mismo Murray lo afirma cuando escribe, de acuerdo con Efesios 1:3-4, que «aquellos que serán salvos ni siquiera fueron contemplados por el Padre en el último consejo de su amor predestinador aparte de la unión con Cristo», y cuando él escribe, de acuerdo con Romanos 6:2–11 y Efesios 1:7, que «es… porque el pueblo de Dios estaba en Cristo cuando él dio su vida en rescate y los redimió con su sangre, que la salvación les ha sido asegurada».[16] Murray ciertamente también tiene razón cuando declara que «no nos convertimos en participantes *reales* de Cristo hasta que la redención se aplique efectivamente».[17] Pero tampoco nos convertimos en participantes *reales* de Cristo hasta que nos hayamos arrepentido de nuestros pecados y hayamos puesto nuestra confianza en él, *que son efectos de la regeneración*. En otras palabras, *estar* en comunión «en Cristo» y *convertirse* en un participante real de Cristo son *dos cosas diferentes*: el pecador elegido siempre ha estado «en

---

[11] Murray, *Redemption—Accomplished and Applied*, 86.
[12] Ver Berkhof, *Systematic Theology*, 473–476, para los argumentos bíblicos y teológicos en apoyo del punto de vista reformado de que el Espíritu Santo obra inmediatamente por y con la Palabra proclamada en el corazón del pecador elegido, frente al punto de vista luterano de que el Espíritu Santo obra *mediatamente* a través de la instrumentalidad de la Palabra proclamada.
[13] Murray, *Redemption—Accomplished and Applied*, 93.
[14] Ver también Berkhof, *Systematic Theology*, 470.
[15] Murray, *Redemption—Accomplished and Applied*, 94.
[16] Ibid., 162.
[17] Ibid., 165

Cristo», pero en *realidad* no se convierte en un participante de Cristo (como un efecto de la relación «en Cristo» y la regeneración) hasta que confíe en Él. En resumen, si Murray quiere decir por «unión real con Cristo» simplemente la relación «en Cristo», seguramente esto no es un efecto del llamado efectivo de Dios. El pecador elegido ya está incluido en él — eternamente, lo cual es la razón misma por la que Dios lo llama a la fe en Cristo en primer lugar. Si por «unión real con Cristo» quiere decir la *participación* real de Cristo y todos los beneficios redentores en Él, como la justificación, esto viene solo a través del instrumento de la fe, que es un efecto de la regeneración.

Mientras que esto significa que el llamamiento efectivo del Padre no lleva al pecador a una unión real con Cristo aparte de la actividad regeneradora del Espíritu, sí significa que el llamado efectivo del Padre —solo el primero de un verdadero número incontable de beneficios redentores aplicados adquiridos por la obra de la cruz de Cristo por aquellos que *ya* están «en Él»— es efectivo a través de la obra regeneradora del Espíritu de Dios, que el Espíritu ejecuta por y con el llamamiento de Dios en los corazones del elegido, para efectuar la fe que une al pecador con Cristo.[18] Las normas de Westminster señalan claramente la regeneración dentro de la brújula del llamamiento eficaz. Murray está siendo demasiado crítico cuando culpa la definición del Catecismo Menor porque «interpreta el llamamiento específicamente como la acción del Espíritu Santo, cuando las Escrituras lo refieren específicamente a Dios el Padre».[19] *Es* Dios el Padre quien convoca —eso es suficientemente cierto. Pero, como declara la propia Confesión de Fe de Murray, el Padre «se complace... en llamar eficazmente, por su Palabra y Espíritu» (X/i). Y el Catecismo Menor —que es solo eso, un catecismo *menor* para niños— simplemente resume la declaración confesional más larga al referirse al llamamiento eficaz al «Espíritu de Dios [es decir, Dios el Padre]».

Pero no quiero dejar la impresión de que el Espíritu por quién el Padre efectivamente llama al elegido es solo *su* Espíritu, y que no hay ninguna actividad concurrente por parte del Hijo en la actividad regeneradora del Espíritu. Al contrario, las Escrituras enseñan que el llamamiento eficaz de los elegidos es una actividad en la que están comprometidas las tres personas de la deidad, y que el Espíritu que regenera no es sólo el Espíritu del Padre, sino también el Espíritu de Cristo (ver Ro. 8:9–10; ver también la Confesión de Fe de Westminster, XIV/i). Las Escrituras testifican que es de Cristo que la obra bautismal (regeneradora) del Espíritu «desciende sobre» los elegidos (Mt. 3:11; Mc. 1:8; Lc. 3:16; Jn. 1:33) y que fue Cristo quien derramó su Espíritu en el día de pentecostés (Jn. 15:26; Hch. 2:33). Nada es más erróneo que la percepción que existe en la mente cristiana popular que, salvo por su presente obra de intercesión a la diestra del Padre en nombre de los santos, el Cristo resucitado está relativamente inactivo hoy día, el Espíritu Santo siendo ahora la persona de la divinidad a quién se le ha confiado principalmente la tarea de aplicar los beneficios de la obra de la cruz consumada de Cristo a los hombres. Sensible a todo el material escritural, la Confesión de Fe (VIII/viii) describe la presente obra de entronización de Cristo incluyendo dentro de su alcance la aplicación de la redención:

> A todos aquellos para quienes Cristo compro redención, *les aplica y comunica cierta y eficazmente la misma*; intercediendo por ellos revelándolos en la palabra y por medio de ella los misterios de la salvación; *persuadiéndoles eficazmente por su Espíritu* a creer y a obedecer; y gobernando sus corazones *por su palabra y Espíritu*, venciendo a todos sus enemigos por su gran poder y sabiduría, de tal manera y forma que sea más de acuerdo con su maravillosa e inescrutable dispensación. (énfasis agregado)

---

[18] Ver Morton H. Smith, «Effectual Calling», en *The Encyclopedia of Christianity* (Marshallton, Del.: National Foundation for Christian Education, 1972), 4:23–26. Ver también J. I. Packer, «Call, Calling», en *Evangelical Dictionary of Theology*, ed. Walter A. Elwell (Grand Rapids, Mich.: Baker, 1984), 184.
[19] Murray, «The Call», *Collected Writings*, 2:165.

Aquí los artífices de la Confesión solo expresan con diferentes palabras lo que dicen en otros lugares cuando afirman que Cristo ejerce los oficios de profeta, sacerdote y rey, no solo en su estado de humillación sino también en su estado de exaltación (Catecismo Menor, Preguntas 23-28).

Resumen de la doctrina

«El llamamiento eficaz es la obra del Espíritu de Dios, mediante el cual, convenciéndonos de nuestro pecado y miseria, ilumina nuestras mentes con el conocimiento de Cristo, y renovando nuestra voluntad, nos persuade y nos capacita para abrazar a Jesucristo, quien nos es ofrecido gratuitamente en el evangelio» (Catecismo Menor, Pregunta 31). Por la obra regeneradora de su Espíritu, Dios el Padre llama irresistiblemente, normalmente junto con la proclamación del evangelio de la iglesia, al pecador electo a la comunión con, y al reino de, su Hijo Jesucristo. Su llamado se hace efectivo por la obra vivificadora del Espíritu de Dios Padre y Dios Hijo en los corazones de los elegidos.

Por la obra regeneradora del Espíritu, el pecador elegido (1) es vivificado espiritualmente, abriéndolo y disponiéndolo favorablemente a las cosas del Espíritu, que antes eran locura para él (1 Co. 2:14), (2) está convencido de su pecado, (3) es iluminado a la suficiencia total del Salvador Jesucristo como Él es ofrecido en el evangelio, y (4) es renovado en su voluntad, haciéndolo así dispuesto (¡ningún pecador es llevado a Cristo en contra de su voluntad!) y capaz de abrazar a Jesucristo como su Salvador y Señor. En otras palabras, la obra del Espíritu hace que el pecador esté dispuesto y sea capaz de arrepentirse y creer, pero su arrepentimiento y su creencia *per se* no son aspectos del llamado efectivo en sí. Son sus respuestas divinamente efectuadas al llamado eficaz de Dios que, en conjunto, son indicativas de su conversión.

Regeneración (Nuevo Nacimiento)

Los datos bíblicos

Los redactores de los estándares de Westminster no ofrecen capítulos o preguntas separados y distintos sobre la regeneración, prefiriendo tratar esta doctrina, como ya hemos señalado, dentro del contexto del llamamiento eficaz. Pero las Escrituras tienen mucho que decir sobre esta obra de gracia del Espíritu. Pablo emplea la palabra παλιγγενεσία (*palingenesia*, «regeneración») solo una vez con referencia a la renovación espiritual de un individuo: «nos salvó, no por obras de justicia que nosotros hubiéramos hecho, sino por su misericordia, por el lavamiento de la regeneración y por la renovación en el Espíritu Santo» (Tit. 3:5). Pero él elabora la noción doctrina en otros lados bajo la terminología de (1) resurrección vivificante con Cristo (Ef. 2:5—«aun estando nosotros muertos en pecados, nos dio vida juntamente con Cristo»; Col. 2:13—«estando muertos en pecados y en la incircuncisión de vuestra carne, os dio vida juntamente con él»; ver también Ro. 4:17) y (2) la obra divina de la nueva creación (2 Co. 5:17— «si alguno está en Cristo, nueva criatura es»; Gal. 6:15—«una nueva creación»; Ef. 2:10—«somos hechura suya, creados en Cristo Jesús»). Pedro y Santiago, como notamos en otro contexto, hablaron respectivamente de Dios «engendrando de nuevo» (1 P. 1:23) y «haciendo nacer» (Stg. 1:18).

Sin embargo, es particularmente Juan, siguiendo la enseñanza del mismo Jesús, quien es en un sentido único el «teólogo del nacer de arriba». Juan registra «el discurso de nacer de arriba» [Jn. 3:3, 7—γεννηθῆναι ἄνωθεν, *gennēthēnai anōthen*]» de Jesús en Juan 3:1–15, y se refiere once veces al «engendramiento» de Dios, en Juan 1:13 («quienes fueron engendrados por Dios»), 1 Juan 2:29 («por él ha sido engendrado»), 3:9 («el que ha sido engendrado por Dios», «por Dios ha sido engendrado»), 4:7 («por Dios ha sido engendrado»), 5:1 («por Dios ha sido engendrado», «el que engendró», «el que ha sido engendrado por él»),

5:4 («todo lo que ha sido engendrado por Dios»), y 5:18 («el que ha sido engendrado por Dios», «el engendrado por Dios»).

Sus efectos

Por su obra divina el pecador es re-creado en y a una vida nueva, se le limpia o «lava» la contaminación de su corazón (Ez. 36:25–26; Jn. 3:5; Tit. 3:5), y está capacitado para «ver» y «entrar» al reino de Dios por fe (Jn. 3:3, 5). También está capacitado para creer en Jesús (Jn. 1:12-13), creer que Jesús es el Cristo (1 Jn. 5:1), amar a otros, particularmente otros cristianos (1 Jn. 4:7; 5:1); y hacer justicia evitar la vida de pecado (1 Jn. 3:9; 5:18).

Su monergismo divino

Jesús enseñó el *monergismo divino* en la regeneración cuando declaró: «Ninguno puede venir a mí, si el Padre que me envió no le trajere [ἑλκύσῃ, $helkys\bar{e}$]» (Jn. 6:44), «todo aquel que oyó al Padre, y aprendió de él, viene a mí» (Jn. 6:45), y «Y dijo: Por eso os he dicho que ninguno puede venir a mí, si no le fuere dado [ᾖ δεδομένον, $\bar{e}\ dedomenon$] del Padre» (Jn. 6:65). De la analogía que hizo entre la operación natural del viento y la obra regeneradora del Espíritu (Jn. 3:8), Jesús enseñó, además de la *facticidad* («el viento sopla») y la *eficacia* («y oyes su sonido»») de este último, ambos la *soberanía* («El viento sopla donde quiere») y el *inescrutable misterio* («ni sabes de donde viene ni a donde va») de la obra regeneradora del Espíritu. Y cuando Jesús declara que es absolutamente necesario (δεῖ, *dei*) el nacer «de lo alto» para la fe (Jn 3:7), jamás predica el «nacer de lo alto» en el modo imperativo como si su oyente pudiera de su propio poder producirlo. Mediante su metáfora de un «engendramiento de lo alto» para describir la obra vivificadora del Espíritu, Jesús subrayó su *monergismo divino*. J.I. Packer observa:

> Los infantes no inducen ni cooperan en su propia procreación y nacimiento, los que están «muertos en vuestros delitos y pecados» tampoco pueden impulsar la operación vivificadora del Espíritu de Dios dentro de ellos (ver Ef. 2:1–10). La vivificación espiritual es un ejercicio libre, y misterioso para el hombre, del poder divino (Jn. 3:8), no explicable en términos de la combinación o cultivo de los recursos humanos existentes (Jn. 3:6), no causado o inducido por ningún esfuerzo humano (Jn. 1:12-13) o méritos (Tit. 3:3-7) y, por lo tanto, no debe equipararse ni atribuirse a ninguna de las experiencias, decisiones y actos a los que da lugar y por los cuales puede saberse que ha tenido lugar.[20]

La metáfora de Jesús apunta a cuan erróneo es la construcción sinérgica del arminianismo de la regeneración, que hace de la renovación espiritual del hombre dependiente de su cooperación con la gracia, y la visión del liberalismo de la redención, que niega completamente la necesidad de la gracia preveniente. La regeneración es la precondición de arrepentimiento para vida y fe en Jesucristo, no depende de éstos para su aparición en la vida cristiana.

Resumen de la doctrina

La regeneración no es el *reemplazo* de la sustancia de la naturaleza humana caída con otra sustancia, ni simplemente *el cambio en una o más de las facultades* de la naturaleza espiritual caída, ni el *perfeccionamiento* de esta. Más bien, es la implantación subconsciente del *principio* de la nueva vida espiritual en el alma, efectuando un cambio instantáneo en todo el hombre, intelectual, emocional y moralmente,[21] y capacitando al pecador electo para responder en arrepentimiento y fe a la proclamación externa o pública del evangelio dirigida a su conocimiento consciente y voluntad. Ningunas palabras extrabíblicas han capturado mejor tanto el monergismo divino como los efectos inevitables de la obra regeneradora del

---

[20] J. I. Packer, «Regeneration», en *Evangelical Dictionary of Theology*, 925.
[21] Berkhof, *Systematic Theology*, 468.

Espíritu que los siguientes versículos del gran himno de Charles Wesley, «Y puede ser que yo gane»:

Durante mucho tiempo, mi espíritu aprisionado estuvo
atado en el pecado y en la noche de la naturaleza;
Tu ojo difundió un rayo vivificante,
desperté, la mazmorra llameaba con luz;
Mis cadenas cayeron, mi corazón quedó libre,
me levanté, salí y te seguí.

Todo esto se ilustra en el caso de Lidia, de quien Lucas escribe: «estaba oyendo; y el Señor abrió el corazón de ella para que estuviese atenta a lo que Pablo decía» (Hch. 16:14).

DOS ACTIVIDADES DIVINO-HUMANAS (CONVERSIÓN)

Arrepentimiento para Vida

El arrepentimiento para vida es una gracia evangélica, y esta doctrina referente a ella debe ser predicada por cada ministro del Evangelio, tanto como la de fe en Cristo.

Al arrepentirse, un pecador se aflige por sus pecados y los odia, movido no sólo por la vista y el sentimiento del peligro, sino también por lo inmundo y odioso de ellos que son contrarios a la santa naturaleza y a la justa ley de Dios. Y al comprender la misericordia de Dios en Cristo para los que están arrepentidos, se aflige y odia sus pecados, de manera que se vuelve de todos ellos hacia Dios, proponiéndose y esforzándose para andar con él en todos los caminos de sus mandamientos.

Aun cuando no debe confiarse en el arrepentimiento como una satisfacción por el pecado o una causa de perdón para este, ya que el perdón es un acto de la pura gracia de Dios en Cristo; sin embargo, es de tanta necesidad para todos los pecadores que ninguno puede esperar perdón sin arrepentimiento.

Así como no hay pecado tan pequeño que no merezca la condenación, así tampoco ningún pecado es tan grande que pueda condenar a los que se arrepienten verdaderamente.

Los hombres no deben quedar satisfechos con un arrepentimiento general de sus pecados, sino que es el deber de todo hombre procurar arrepentirse específicamente de sus pecados específicos. (Confesión de Fe de Westminster, XV/i-v)

Un aspecto de la predicación evangélica

Debido a que los sabios redactores de la Confesión de Fe de Westminster entendieron la propensión humana a querer ser aceptado por otros, se dieron cuenta de que el ministro del evangelio podría verse tentado a proclamar la fe en Jesucristo como la única respuesta necesaria a la proclamación del evangelio, al descuido de predicar el arrepentimiento como igualmente necesario para el perdón de los pecados. Entendieron muy bien que cuando se hace esto, la «fe en Jesucristo» que el ministro suscita del pecador se abstrae de la necesidad de salvación *del pecado*, el contexto que da su significado a la fe en Jesucristo. Tal «fe», en ausencia del llamado y la respuesta del arrepentimiento, inevitablemente adquiere las dimensiones del «decisionismo fácil», que no es fe verdadera en absoluto. Por lo tanto, incluso antes de definir la doctrina del arrepentimiento, le recuerdan al ministro que predicar el arrepentimiento no debe considerarse como un elemento extraño o perturbador en la proclamación del evangelio. Al contrario, lo describen como un aspecto de la predicación evangélica. E insisten en que nadie puede esperar el perdón sin el arrepentimiento, aunque no se debe descansar en él como si fuera en sí mismo una satisfacción por el pecado o la causa del perdón, porque el arrepentimiento *per se* no es ni puede ser ninguna de las dos cosas.[22]

---

[22] Zane Hodges, para preservar la gracia gratuita del evangelio de lo que él percibe como legalismo, niega que el arrepentimiento sea necesario para la salvación. Hodges declara que es un «error» y «un asunto extremadamente serio... cuando el arrepentimiento... se hace una condición para la vida eterna» (*Absolutely Free! A Biblical Reply*

Los datos bíblicos

¿Cuál es la base bíblica para la insistencia de que el ministro del evangelio debe proclamar el arrepentimiento para vida junto con el llamado a la fe en Jesucristo? El Antiguo Testamento emplea las dos raíces verbales שׁוּב (*šûḇ*, «volver», «regresar») y נָחַם (*nāḥam*, «arrepentirse») cuando llama por o habla de arrepentimiento:

Isaías 55:7: «Deje [יַעֲזֹב, *yaʿazōḇ*] el impío su camino, y el hombre inicuo sus pensamientos, y vuélvase [וְיָשֹׁב, *weyāšōḇ*] a Jehová, el cual tendrá de él misericordia, y al Dios nuestro, el cual será amplio en perdonar».

Joel 2:12-13: «Por eso pues, ahora, dice Jehová, convertíos שֻׁבוּ, [*šuḇû*] a mí con todo vuestro corazón, con ayuno y lloro y lamento. Rasgad vuestro corazón, y no vuestros vestidos, y convertíos [וְשׁוּבוּ, *wešûḇû*] a Jehová vuestro Dios; porque misericordioso es y clemente, tardo para la ira y grande en misericordia, y que se duele del castigo».

Ezequiel 33:11: «Diles: Vivo yo, dice Jehová el Señor, que no quiero la muerte del impío, sino que se vuelva el impío de su camino, y que viva. Volveos, volveos [שׁוּבוּ שׁוּבוּ, *šûḇû šûḇû*] de vuestros malos caminos; ¿por qué moriréis, oh casa de Israel?»

Job 42:5-6: «De oídas te había oído; Mas ahora mis ojos te ven. Por tanto, me aborrezco, Y me arrepiento [וְנִחַמְתִּי, *weniḥamtî*] en polvo y ceniza».

Jeremías 8:6: «Escuché y oí; no hablan rectamente, no hay hombre que se arrepienta [נִחָם, *niḥām*] de su mal, diciendo: ¿Qué he hecho? Cada cual se volvió a su propia carrera, como caballo que arremete con ímpetu a la batalla»

Los dos grupos de palabras que denotan arrepentimiento en el Nuevo Testamento provienen principalmente de μετανοέω, *metanoeō*, (34 veces) y μετάνοια, *metanioia*, (22 veces), que significan «cambiar de opinión» y «un cambio de opinión» respectivamente, y secundariamente de στρέφω, *strephō*, y ἐπιστρέφω, *epistrephō*, que significan literalmente «girar» y «dar la vuelta» respectivamente (pero ambos se traducen consistentemente como «convertir» o «ser convertido»), y μεταμέλομαι, *metamelomai*, que significa «convertirse en preocupado por el después».

El Cristo glorificado puso fuera de toda duda que el arrepentimiento debe ser parte de la proclamación del evangelio, cuando declaró en la tarde de su resurrección de entre los muertos: «y les dijo: Así está escrito, y así fue necesario que el Cristo padeciese, y resucitase de los muertos al tercer día; y que se predicase [κηρυχθῆναι, *kērychthēnai*] en su nombre el arrepentimiento [μετάνοιαν εἰς, *metanoian eis*] y el perdón de pecados en todas las naciones» (Lc. 24:46-47). Cómo hizo Juan el Bautista antes de Él (Mt. 3:2, 8, 11; Mc. 1:4; Lc. 3:3, 8; Hch. 13:24; 19:4), Jesús mismo predicó arrepentimiento en el modo imperativo (Mt. 4:17; Mc. 1:15), caracterizó el propósito mismo detrás de su venida al pueblo en términos de llamar a los pecadores al arrepentimiento (Lc. 5:32), advirtió a los pecadores que a menos que se arrepientan perecerían (Lc. 13: 3, 5) y a menos que se convirtieran (στραφῆτε, *straphēte*) y se volvieran como niños pequeños, jamás entrarían al reino de los cielos (Mt. 18:3), denunció ciudades enteras que no se arrepentían mientras elogiaba a Nínive por arrepentirse ante la predicación de Jonás (Mt. 11:20–21; 12:41; Lc. 10:13; 11:32), y declaró que el cielo se regocija por un pecador que se arrepiente (Lc. 15:7, 10). Los apóstoles, en sus misiones de predicación a través de Galilea, «predicaban que los hombres se arrepintiesen» (Mc. 6:12), continuaron siendo fieles a este aspecto de la comisión de su Señor a lo largo del libro de los Hechos (Pedro en Hch. 2:38; 3:19; 8:22; Pablo en Hch. 17:30; 20:21; 26:20). El autor de

---

to Lordship Salvation [Grand Rapids: Zondervan, 1989], 125, 160). Insiste en que el arrepentimiento «no es esencial para la transacción salvadora como tal», y que es solo una condición para tener comunión con Dios (*¡Absolutely Free!* 160). ¡Tal enseñanza es increíble, porque significa que los impenitentes pueden recibir la vida eterna y ser salvos, ¡aunque nunca abandonen su pecado ni tengan comunión con Dios!

Hebreos indica que «el arrepentimiento de obras muertas» es un primer principio de la doctrina de Cristo (Heb. 6:1).

Su «carácter de don» obtenido por la obra de la cruz y efectuado por la regeneración
Como respuesta al llamamiento eficaz y soberano de Dios que fue logrado por la obra de la cruz de Cristo (como lo es cada bendición espiritual que recibe el cristiano) y hecho efectivo por sus operaciones regeneradoras del Espíritu en el alma, el arrepentimiento para vida está representado en la Escritura como un don de Dios. El salmista oraba «Oh Dios, restáuranos… y seremos salvos» (Salmos 80:3, 7, 19) y Efraín y Jeremías oraban respectivamente: «conviérteme, y seré convertido» (Jer. 31:18; Lam. 5:21). Pedro declaró que Dios exaltó a Cristo a su diestra y como príncipe y salvador «para *dar* a Israel arrepentimiento y perdón de pecados» (Hch. 5:31, énfasis agregado). Al escuchar el testimonio de Pedro respecto a la conversión de la casa de Cornelio, la iglesia de Jerusalén «¡De manera que también a los gentiles *ha dado* [ἔδωκεν, *edōken*] Dios arrepentimiento para vida!» (Hch. 11:18, énfasis agregado). Y Pablo instruye a Timoteo que el siervo del Señor debe corregir amablemente la oposición no cristiana «por si quizá Dios les conceda [δώη, *dōē*] que se arrepientan para conocer la verdad» (2 Ti. 2:25, énfasis agregado).

Su distinción de la mera «tristeza mundana»
La tristeza según Dios por el pecado que lleva al verdadero arrepentimiento, caracterizada (1) en Hechos 11:18 como «arrepentimiento para vida», (2) en 2 Corintios 7:10 como «arrepentimiento para salvación, de que no hay que arrepentirse», y (3) en 2 Timoteo 2:25 como «arrepentimiento que conduce al conocimiento de la verdad», debe distinguirse de lo que Pablo llama en 2 Corintios 7:10 «tristeza del mundo [que] produce muerte».[23]

La «tristeza del mundo [que] produce muerte» de Pablo es ampliamente ilustrada por la tristeza del joven rico y de Judas. El joven rico, cuando escuchó las exigencias de Jesús para el discipulado, «se puso muy triste» (Lc. 18:23). Pero la suyo fue una «tristeza mundana», porque, siendo «muy rico», consideraba su riqueza de más valor que el privilegio de seguir a Jesús. Así que se alejó. Otra vez, cuando Judas vio que Jesús había sido condenado «devolvió arrepentido las treinta piezas de plata» (Mt. 27:3). Pero el suyo fue un «arrepentimiento mundano» porque no llevaba al «arrepentimiento que no deja remordimientos y conduce a la salvación». En cambio, lo llevó al suicidio. Pero a los Corintios Pablo escribe:

> Ahora me gozo, no porque hayáis sido contristados, sino porque fuisteis contristados para arrepentimiento; porque habéis sido contristados según Dios… Porque la tristeza que es según Dios produce *arrepentimiento para salvación, de que no hay que arrepentirse*; pero la tristeza del mundo produce muerte. Porque he aquí, *esto mismo* de que hayáis sido contristados según Dios, ¡qué solicitud produjo en vosotros, qué *defensa*, qué *indignación*, qué *temor*, qué *ardiente afecto*, qué *celo*, y qué *vindicación*! (énfasis agregado)

Las Escrituras son claras en que los hombres pueden sentir arrepentimiento por sus pecados por varias razones. Pero a menos que su tristeza por el pecado sea su respuesta al sentido no solo de peligro sino también de la inmundicia y odio por sus pecados como contrarios a la naturaleza santa de la ley justa de Dios, que entonces los obliga a odiar sus pecados de tal manera que se vuelven de ellos a Dios con pleno propósito y se esfuerzan por caminar con Él en todos los caminos de sus mandamientos, debe ser juzgado como mera «tristeza del mundo que produce muerte». El dolor según Dios, la respuesta del pecador a la obra regeneradora del Espíritu en su alma que normalmente acompaña a la predicación evangélica de la doctrina del arrepentimiento, produce «un arrepentimiento para salvación, de que no hay que arrepentirse».

---
[23] Lo que Pablo llama «tristeza mundana» se denomina «desgaste» (attritio) en la teología escolástica medieval y católica romana, lo que significa contrición imperfecta que no es suficiente para el perdón, a lo que él llama «arrepentimiento para vida» la teología católica romana lo designa como «contrición» (contritio).

Resumen de la doctrina

«El arrepentimiento para vida es una gracia salvadora, por la cual un pecador, con un verdadero sentimiento de su pecado, y comprendiendo la misericordia de Dios en Cristo, con dolor y aborrecimiento de su pecado, se aparta del mismo para ir a Dios, con pleno propósito y esfuerzo para una nueva obediencia» (Catecismo Menor, Pregunta 87). Como implica la raíz en μετανοέω, *metanoeō*, and μετάνοια, *metanoia*, (las palabras más comunes para arrepentimiento en el Nuevo Testamento), implica un cambio radical y consciente de *visión* (el intelecto), cambio de *sentimiento* (las emociones), y cambio de propósito (la voluntad) con respecto a Dios, nosotros mismos, el pecado, y la justicia. *Reconocemos* que somos pecadores y que nuestro pecado implica una culpa *personal*, corrupción e impotencia ante Dios; nos afligimos con «tristeza según Dios» por los pecados que hemos cometido contra el Dios justo y santo; y *resolvemos* buscar perdón y la limpieza de Dios a través de la sangre de Cristo que es la única que satisface la justicia ofendida de Dios. Así que al volvernos de nuestros pecados en arrepentimiento nos volvemos a Cristo en fe para salvación.

Fe en Jesucristo

La gracia de la fe, por la cual se capacita a los elegidos para creer para la salvación de sus almas, es la obra del Espíritu de Cristo en sus corazones, y es hecha ordinariamente por el ministerio de la palabra; también por la cual, y por la administración de los sacramentos y por la oración, se aumenta y se fortalece.

Por esta fe, un cristiano cree que es verdadera cualquier cosa revelada en la Palabra, porque la autoridad de Dios mismo habla en ella; y esta fe actúa de manera diferente sobre aquello que contiene cada pasaje en particular; produciendo obediencia hacia los mandamientos, temblor ante las amenazas, y abrazando las promesas de Dios para esta vida y para la que ha de venir. Pero los principales hechos de la fe salvadora son: aceptar, recibir y descansar sólo en Cristo para la justificación, santificación y vida eterna, por virtud del pacto de gracia.

Esta fe es diferente en grados: débil o fuerte; puede ser atacada y debilitada frecuentemente y de muchas maneras, pero resulta victoriosa; creciendo en muchos hasta obtener la completa seguridad a través de Cristo, quien es tanto el autor como el consumador de nuestra fe. (Confesión de Fe de Westminster, XIV/i-iii, énfasis agregado)

Con la Biblia, la Confesión de Fe de Westminster no está interesada en la fe vista simplemente como un acto psíquico, sino en la «fe salvadora», que como «fe salvadora general» (fides generalis) acepta la Biblia como la Palabra de Dios y, en consecuencia, la religión cristiana. como verdadera (Jn. 2:22; 4:50; 5:46–47; 12:38; Hch. 24:14), y como «fe salvadora especial» (fides specialis) mira solo a Jesucristo para justificación, santificación y vida eterna.[24] Es a esto último a lo que se limita el Catecismo Menor.

La naturaleza de la «fe salvífica»

Según las Escrituras, la «fe salvadora» se compone de tres elementos constituyentes[25]: conocimiento (*notitia*), asentimiento (*assensus*) y confianza (*fiducia*).[26] Warfield explica:

No se puede decir que creamos o confiemos en una cosa o persona de la que no tenemos *conocimiento*; «fe implícita».[27] en este sentido es un absurdo. Por supuesto, no se puede decir que

---

[24] Ver Berkhof, *Systematic Theology*, 506.
[25] Ver Benjamin B. Warfield, «On Faith in Its Psychological Aspects» en *Biblical and Theological Studies* (Philadelphia: Presbyterian and Reformed, 1952), 402–403.
[26] De manera típicamente escolástica, Francis Turretin (y a su manera Herman Witsius también) agrega cuatro aspectos adicionales al acto de fe: el aspecto de refugio, el aspecto de recepción y unión, el aspecto de reflejo, y el aspecto de confianza y consuelo (*Institutes of Elenctic Theology*, ed. James T. Dennison Jr. [Phillipsburg, NJ: Presbyterian and Reformed, 1994], 2:561–563). En mi opinión, los primeros tres de estos «aspectos» están involucrados en la verdadera *fiducia*. La última es el resultado o consecuencia necesaria de la fe salvadora y no forma parte de la esencia de la fe como tal.
[27] El término «fe implícita» (*fides implicita*), se refiere a la enseñanza católica romana de que mientras los «fieles» acepten como verdadero «lo que la iglesia cree», no es absolutamente esencial que conozcan el contenido objetivo de esa «fe». En otras palabras, la fe implícita es una fe que es mero asentimiento sin contenido de conocimiento. El juicio de Warfield es justo: tal fe es un absurdo porque desde la perspectiva bíblica no es fe en absoluto. Ver Confesión de Fe, XX/ii.

creamos o que confiemos en la cosa o persona cuya valía de nuestra creencia o *confianza* no se ha obtenido. E igualmente no se puede decir que creamos aquello de lo que desconfiamos demasiado como para *comprometernos* con ello.[28]

Cada uno de estos elementos exige algún comentario.

1. Conocimiento (*notitia*) es el fundamento cognitivo o base de la fe salvífica. La Biblia insiste en que «la fe es por el oír, y el oír, por la palabra de Dios» (Ro. 10:17), que los hombres deben amar «la verdad para ser salvos» (2 Ts. 2:10), y habla de «se arrepientan para conocer la verdad» (2 Ti. 2:25). En suma, la fe salvífica se basa en el testimonio divino. No sabe nada de la noción moderna de que la fe es el enemigo del conocimiento y que repudia toda fundamentación en la verdad proposicional, expresada en sentimientos tales como «es cuando uno no puede o no sabe lo que debe creer» y «no importa lo que uno crea con tal de que sea sincero». Estos sentimientos, por supuesto, son simplemente supersticiones vacías y equivalen a la salvación por ignorancia y/o por sinceridad, que en lo absoluto es salvación. También hieren mortalmente al cristianismo en el corazón. Al contrario, la Biblia se gloría y deleita en el conocimiento y la verdad proposicional como el fundamento de la fe verdadera y caracteriza a la «fe» desprovista de conocimiento como «creer la mentira» que lleva a condenación (2 Ts. 2:11-12). Por consiguiente, la Biblia a menudo destaca el aspecto de conocimiento de la fe salvífica empleando la construcción πιστεύω ὅτι (*pisteuō hoti*), seguido de una verdad proposicional, para indicar el contenido de conocimiento de la fe salvífica:

Hebreos 11:6: «Pero sin fe es imposible agradar a Dios; porque es necesario que el que se acerca a Dios crea que le hay, y que es galardonador de los que le buscan».

Juan 8:24: «porque si no creéis que yo soy, en vuestros pecados moriréis»

Juan 11:42: «pero lo dije por causa de la multitud que está alrededor, para que crean que tú me has enviado»

Juan 14:11: «Creedme que yo soy en el Padre, y el Padre en mí»

Juan 16:27: «pues el Padre mismo os ama, porque… habéis creído que yo salí de Dios» (ver también 16:30).

Juan 20:31: «Pero estas se han escrito para que creáis que Jesús es el Cristo, el Hijo de Dios, y para que creyendo, tengáis vida en su nombre.

Romanos 10:9: «que si creyeres en tu corazón que Dios le levantó [a Jesús] de los muertos, serás salvo»

1 Tesalonicenses 4:14: «Porque si creemos que Jesús murió y resucitó»

1 Juan 5:1: «Todo aquel que cree que Jesús es el Cristo, es nacido de Dios»

1 Juan 5:5: «¿Quién es el que vence al mundo, sino el que cree que Jesús es el Hijo de Dios?»

En esta característica de la fe salvífica «yace la importancia de la doctrina respecto a Cristo. La doctrina define la identidad de Cristo, la identidad en términos de los cuales confiamos nuestro ser a Él. La doctrina consiste en proposiciones de fe».[29]

2. Asentimiento (*assensus*) refiere a la convicción intelectual o cognitiva de que el conocimiento que uno ha adquirido de Cristo es, de hecho, factualmente cierto y que la provisión del evangelio de Cristo corresponde exactamente a las necesidades espirituales reales de uno (no necesariamente «sentidas»). Sin este elemento la fe se vuelve simplemente un misticismo, porque colocar la confianza de uno en lo que ha escuchado o leído, pero no creer que es verdad simplemente es un «salto existencial» al abismo de lo absurdo.

---

[28] Warfield, «On Faith in Its Psychological Aspects» 402–403, énfasis agregado.
[29] Murray, «Faith», *Collected Writings*, 2:258

Es importante darse cuenta de que es totalmente posible que una persona no regenerada conozca las proposiciones del evangelio y tenga una comprensión aguda de cómo contribuyen a la proclamación del evangelio en su conjunto y aun así no crea que son verdaderas o que abordan sus necesidades espirituales más profundas. Rudolf Bultmann, por ejemplo, tenía una comprensión intelectual del contenido del evangelio cristiano tan buena como la de los teólogos más ortodoxos, pero negó que Jesús realmente nació de una virgen, realizó los poderosos milagros que se le atribuyen, murió en la cruz como sacrificio por el pecado, y resucitó de entre los muertos. Él creía más bien que las proposiciones del evangelio eran simplemente una forma del primer siglo de la antropología existencial heideggeriana del siglo XX que abordaba la necesidad «de este mundo» del hombre de una «existencia auténtica».

El Nuevo Testamento indica este elemento en la fe salvadora con mayor frecuencia mediante la construcción de πιστεύω (pisteuō, «*creer*») con el dativo de la persona o proposición a la que se da el asentimiento (ver Mt. 21:25, 32; Mc. 11: 31; Lc. 1:20; 20:5; Jn. 2:22; 4:21, 50; 5:24, 38, 46, 47; 6:30; 8:31, 45, 46; 10:37, 38; 12:38; 14:11; Hch. 8:12; 16:34; 18:8; 24:14; 27:25; Ro. 4:3; 10:16; 1 Co. 11:18; Gal. 3: 6; 2 Ts. 2:11, 12; 2 Ti. 1:12; Tit. 3:8; Stg. 2:23; 1 Jn. 3:23; 4:1; 5:10).

3. Con respecto a la *confianza* (*fiducia*), «así como el asentimiento es el conocimiento que se convierte en convicción, así la fiducia es la convicción que se convierte en confianza».[30] Y es particularmente este tercer elemento de *confianza* o seguridad el que es el acto más característico de la fe salvífica, ya que el pecador transfiere cognitiva, afectiva y conscientemente toda confianza en el perdón, justicia y lejos de sí mismo y de sus propios recursos en completo y total abandono a Cristo, a quien recibe con alegría y en quien sólo descansa enteramente para su salvación. Es esencial que la fe incluya este tercer elemento. De otra manera, la fe de uno es la «fe» intelectual de los demonios quienes «creen que Dios es uno» (Stg. 2:19) y que creen que Jesús es tanto el Hijo de Dios como su juez (Mt. 8:29) pero que, debido a que no tienen afección cognitiva por Cristo —al contrario, cognitivamente lo odian— rechazan confiar en Él.

Mientras que el Antiguo Testamento emplea principalmente la raíz אמן, *'āman*, en la raíz Hiphil para designar este reposo confiado (Gn. 15:6; Ex. 14:31; Sal. 106:12; 116:10; Is. 28:16; 53:1),[31] el Nuevo Testamento usa principalmente las siguientes construcciones para expresar la confianza del pecador en el Hijo de Dios para la salvación: πιστεύω ἐν (*pisteuō en*, «creer en») con el dativo (Juan 3:15; Hechos 13:39), πιστεύω ἐπί (*pisteuō epi*, «creer en») con el dativo (Lc. 24,25; Ro. 9,33; 10,11; 1 Ti. 1,16; 1 P. 2,6), πιστεύω ἐπί (*pisteuō epi*, «creer en») con acusativo (Mt. 27:42; Hch. 9:42; 11:17), y finalmente, πιστεύω εἰς (*pisteuō eis*, «creer en») con acusativo (Mt. 18:6; Mc. 9:42; Jn. 1:12; 2:11, 23; 3:16, 18 [dos veces], 36; 4:39; 6:29, 35, 40; 7:5, 31, 38, 39, 48; 8:30; 9:35, 36; 10:42; 11:25, 26, 45, 48; 12:11, 36, 37, 42, 44 [tres veces], 46; 14:1 [dos veces], 12; 16:9; 17:20; Hch. 10:43; 14:23; 16:31; 19:4; 22:19; Ro. 4:5, 24; 10:14; Gal. 2:16; Fil. 1:29; 1 P. 1:8; 1 Jn. 5:10 [dos veces], 13). Las ocurrencias de πιστεύω, *pisteuō*, con la preposición εἰς, *eis*, son por mucho la construcción más común para expresar el completo reposo y confianza del pecador en Cristo solamente. Pero todas estas expresiones de creer «en» o «sobre» o «en» Jesús connotan, por lo menos, que uno cree que Jesús siempre dice la verdad y que lo que la Biblia enseña acerca de Él

---

[30] Ibídem. Gordon H. Clark en *Religion, Reason and Revelation* (Philadelphia: Presbyterian and Reformed, 1961), 88–100, y *Faith and Saving Faith* (Jefferson, Maryland: Trinity Foundation, 1983), basando su conclusión en el hecho de que el «corazón» de la Biblia es semánticamente equivalente no a las propias emociones sino al *yo más profundo* de uno mismo con un énfasis preponderante incluso aquí sobre el intelecto del yo, argumenta que incluso *fiducia*, así como *notitia* y *assensus*, es esencialmente intelectual. Estoy de acuerdo con esto, pero insisto en que esta fiducia intelectual incluye dimensiones afectivas y volitivas, ya que Pablo insiste en que los salvos no deben simplemente conocer y creer, sino también amar al Señor Jesucristo (1 Co 16:22).

[31] Ver Gesenius-Kautzsch-Cowley, *Gesenius' Hebrew Grammar*, 2da ed. (Oxford: Clarendon, 1910), 145, 53e, que representa el Hiphil de esta raíz expresando «el entrar en una cierta condición y más allá, el estar en lo mismo», y por lo tanto traduce el verbo como «confiar en».

también es siempre verdad, porque la fe salvífica implica necesariamente creer verdades proposicionales acerca de Él.

Expresiones figurativas tales como mirar a Jesús (comparar Nm. 21:9 y Jn. 3:14-15), comer su carne y beber su sangre (Jn. 6:50-58; ver también 4:14), recibirlo y venir a Él (Jn. 1:12; 5:40; 6:44, 65; 7:37-38) también describen la actividad de la fe en Cristo.

Su carácter psíquico humano

Algunos teólogos neo-ortodoxos, por ejemplo, Emil Brunner, Fredrich Gogarten, y Karl Barth, en su celo de enfatizar el trascendente, carácter de fe *sola gratia*, han negado que la fe salvífica es un acto psíquico humano en absoluto. La fe «cruza hacia lo absolutamente trans-subjetivo, es una negación de la actividad humana... cae fuera del campo de la psicología», y «pone ambos pies del otro lado de la experiencia humana» (Brunner). La fe 'no es un órgano neutral que acepta la revelación divina, pertenece en sí misma a la revelación'. No es una función de 'este lado' que toma para sí 'el otro lado', 'es en sí algo del otro lado, es un milagro'» (Gogarten). «Todo lo humano en la fe es 'indigno de fe'... el hombre nuevo es el *sujeto* de la fe. Pero ¿quién es este sujeto, este hombre nuevo? 'Este sujeto no soy yo, en cuanto sujeto, en cuanto es lo que es, es decir, absolutamente objetivo, es totalmente otro y todo excepto lo que soy'». «La fe 'no es un acto del hombre, sino la creencia divina original'» (Barth).[32] En suma, la correlación entre fe y justificación, para estos pensadores, ya no es «subjetividad humana (fe)—objetividad divina (justificación)». Sólo hay subjetividad divina, Dios hace el creer.

Por supuesto, la fe en Jesucristo no es una reacción *natural* al evangelio, no es nativa al depravado corazón humano. En esta medida, estos pensadores estuvieron en lo correcto. Porque, como hemos instado, la fe en Cristo es la respuesta inevitable de la obra del Espíritu por parte de los elegidos al evangelio, un efecto de la actividad regeneradora del Espíritu Santo en conjunto con el ministerio de la Palabra. Pero así concebido sigue siendo un acto humano. Precisamente porque el hombre no puede en sí mismo responder en fe salvífica a las propuestas de la gracia de Dios, la correlación entre la fe salvífica y la promesa divina, entre la fe salvífica y la justificación, entre la fe salvífica y la santificación, no se convierte, en palabras de Berkouwer en «un monólogo divino en el cual el hombre de un simple teléfono a través del cual Dios se dirige a sí mismo».[33] *Es la persona regenerada, no Dios, quién cree en Cristo*. Pero en la fe justificadora y santificadora de este regenerado en Cristo, que el Espíritu genera en su corazón, la soberanía de la *sola gratia* de la salvación no es desdeñada sino afirmada. El milagro y la soberanía de la gracia siguen ahí.

La función instrumental de la fe

Los reformadores vieron que no es la fe *per se* la que salva, sino Cristo quien salva a través o por medio de la fe del pecador en Él:

> El *poder salvador* de la fe reside... no en sí mismo, sino en el Salvador Todopoderoso en quien descansa. Nunca es debido a su naturaleza formal como un acto psíquico que la fe se concibe en las Escrituras como salvadora, como si este estado de ánimo o actitud del corazón fuera en sí mismo una virtud con derecho a Dios como recompensa... No es fe que salva, sino la fe en Jesucristo... En sentido estricto, ni siquiera es la fe en Cristo la que salva, sino Cristo el que salva por la fe. El poder salvador reside exclusivamente, no en el acto de fe o la actitud de fe o la naturaleza de la fe, sino en el objeto de la fe; ... no podríamos malinterpretar más radicalmente [la representación bíblica de la fe] que transfiriendo a la fe incluso la fracción más pequeña de esa energía salvadora que se atribuye en las Escrituras únicamente a Cristo mismo.[34]

---

[32] Esta cita de Brunner, Gogarten, y Barth está tomada de G. C. Berkouwer, *Faith and Justification* (Grand Rapids, Mich.: Eerdmans, 1954), 172–175.
[33] Ibid., 178 179.
[34] Warfield, «Faith» en *Biblical and Theological Studies* (Philadelphia: Presbyterian and Reformed, 1952), 424–425.

La claridad de visión de los reformadores respecto a la función instrumental de la fe con el depósito real del poder salvífico siendo Cristo mismo y solo Cristo resultó de su reconocimiento de que la Escritura en todos lados representa a la fe salvadora como (1) el don de gracia, (2) el opuesto diametral de guardar la ley respecto a su referente, y (3) la única respuesta humana al llamamiento eficaz de Dios que se corresponden con la gracia. Miraremos ahora estas características de la fe salvadora.

El «carácter de don» de la fe salvífica adquirido por la obra de la cruz de Cristo y efectuado por la regeneración

Como en el caso del arrepentimiento para vida, la fe en Jesucristo es descrita en la Escritura como una «gracia salvífica», es decir, como un *don* salvador. La fe salvífica, como el arrepentimiento para vida y «toda [otra] bendición espiritual en los lugares celestiales», fue divinamente provista en la elección (Ef.1:3-4), obtenida para los elegidos por la obra de la cruz de Cristo, y realmente forjada en ellos, como un segundo efecto de la actividad regenerador del Espíritu, en conjunto con el ministerio de la Palabra. Los siguientes versículos de la Escritura ponen el «carácter de don» de la fe salvífica más allá de la duda:

Hechos 13:46-48: Pablo declaró a los judíos de Antioquía de Pisidia, después de que habían blasfemado la Palabra de Dios: «más puesto que la desecháis, y no os juzgáis dignos de la vida eterna, he aquí, nos volvemos a los gentiles». Lucas luego informa que los gentiles a quienes Pablo se volvió «se regocijaban y glorificaban la palabra del Señor, y creyeron todos los que *estaban ordenados* [ἦσαν τεταγμένοι, *ēsan tetagmenoi*] para vida eterna».

Lucas aquí enseña que, a diferencia de los judíos blasfemos que repudiaron la Palabra de Dios y *se juzgaron a sí mismos indignos* de la vida eterna (acción reflexiva), la recepción de la Palabra de Dios por los gentiles creyentes se debió al hecho de que *habían sido ordenados* para vida eterna (voz pasiva). Cuando esta voz pasiva se interpreta activamente, es evidente que Lucas trazó la recepción creyente de los gentiles de la Palabra de Dios hasta su elección divina como la fuente última desde la cual se originó su fe.

Hechos 16:14: «el Señor abrió el corazón de ella para que estuviese atenta a lo que Pablo decía». Claramente, la respuesta del corazón de Lidia a la palabra de Pablo fue una respuesta de fe, pero fue impulsada por la obra de regeneración del Señor de «abrir» o iluminar su corazón a ella.

Hechos 18:27: Apolos «fue de gran provecho a los que por la gracia habían creído».

Efesios 2:8-9: A los Efesios Pablo escribe: «Porque por gracia sois salvos por medio de la fe; y esto [τοῦτο, *touto*] no de vosotros, pues es don de Dios; no por obras, para que nadie se gloríe». Incluso aunque la «fe» sea un sustantivo femenino en el griego y «esto» es un pronombre demostrativo neutro, todavía es completamente posible que Pablo pretendió enseñar que la «fe», el antecedente más cercano posible, es el antecedente del pronombre «esto» y, por consiguiente, que la fe salvífica es un don de Dios. Es permisible en la sintaxis griega que el pronombre neutro se refiera antecedentemente a un sustantivo femenino, particularmente cuando sirve para hacer más prominente el asunto al que se refiere previamente (ver, por ejemplo, «tu salvación [σωτηρίας, *sōtērias*], y esto [τοῦτο, *touto*] de Dios» (Fil. 1:28; ver también 1 Co. 6:6, 8).[35] Los únicos otros posibles antecedentes de τοῦτο, *touto*, son (1) el sustantivo femenino dativo anterior «gracia» (χάριτι, *chariti*) que no necesita ser definida como un «don de Dios», (2) la idea nominal de «salvación» (σωτηρία, *sōtēria*) implícita en la idea verbal «has sido salvado», que Pablo ya ha dado a entender es un regalo por su uso de χάριτι, *chariti*, y como «gracia» (χάριτι, *chariti*) y «fe» (πίστεως, *pisteōs*)

---

[35] Ver Abraham Kuyper, *The Work of the Holy Spirit*, trad. H. deVries (Grand Rapids, Mich.: Eerdmans, 1946), chapter 39, 407–414, por su argumento que apoya esta interpretación de Efesios 2:8–9.

también es femenino en griego, o (3) toda la noción precedente de «salvación por gracia a través de fe», lo que, por supuesto, equivale a decir que la fe, junto con la gracia y la salvación, es el don de Dios.[36] Teniendo en cuenta, es inevitable la conclusión de que la fe en Jesucristo es un don de Dios. Sin importar cómo se haga exégesis del texto, cuando se tienen en cuenta todos sus rasgos, es inevitable la conclusión de que la fe en Jesucristo es un don de Dios.

Filipenses 1:29: A los filipenses Pablo escribe: «Porque a vosotros *os es concedido* [ἐχαρίσθη, *echaristhē*] a causa de Cristo, ...que creáis en él.»

El carácter de la fe salvífica como lo diametralmente opuesto a la observancia de la Ley
Con una gloriosa regularidad monótona Pablo opone la fe a toda observancia de la ley como su opuesto diametral en cuanto a referente. Mientras que la segunda se basa en el esfuerzo humano del guardián de la ley que *mira a sí mismo* para dar satisfacción ante Dios, la primera repudia y *mira completamente lejos de todo esfuerzo humano* a la obra de la cruz de Cristo, quien solo por su muerte sacrificial dio satisfacción ante Dios. Dios para los hombres.

Romanos 3:20-22: «ya que por las obras de la ley ningún ser humano será justificado delante de él... Pero ahora, aparte de la ley, se ha manifestado la justicia de Dios, testificada... la justicia de Dios por medio de la fe en Jesucristo, para todos los que creen en él».

Romanos 3:28: «Concluimos, pues, que el hombre es justificado por fe sin las obras de la ley».

Romanos 4:5: «más al que no obra, sino cree en aquel que justifica al impío, su fe le es contada por justicia».

Romanos 4:14: «Porque si los que son de la ley son los herederos [de Abraham], vana resulta la fe».

Romanos 10:4: «porque el fin de la ley es Cristo, para justicia a todo aquel que cree».

Gálatas 2:16: «el hombre no es justificado por las obras de la ley, sino por la fe de Jesucristo».

Gálatas 3:11: «Y que por la ley ninguno se justifica para con Dios, es evidente, porque: El justo por la fe vivirá».

Filipenses 3:9: «y ser hallado en él, no teniendo mi propia justicia, que es por la ley, sino la [justicia] que es por la fe de Cristo». (Ver también Ro. 3:20; 4:2; Gal. 2:20-21; Tit. 3:5).

De dichos versículos es claro que Pablo enseñó que la justificación es «solo por fe» (*sola fide*). La iglesia Católica Romana siempre ha objetado el uso de esta *sola* («sola») adjunta a *fide*, que en ninguna parte Pablo dice «solo» cuando habla de la fe que justifica, y que donde la Biblia agrega *sola* a *fide* cuando habla de la justificación declara: «Vosotros veis, pues, que el hombre es justificado por las obras, y *no* solamente por la fe» (Stg. 2:24). Todo esto es verdad, pero insistiré, como las citas arriba indican, que cuando Pablo declara (1) que un hombre es justificado «por fe sin [χωρὶς, *chōris*] las obras de la ley», (2) que el hombre «que no obra, sino cree en aquel que justifica al impío» es el hombre a quién Dios considera como justo, (3) que un hombre «no es justificado por las obras de la ley sino por la fe», y (4) que «por la ley ninguno se justifica para con Dios... porque: El justo por la fe vivirá» está afirmando la «soledad» de la fe como el «único» instrumento de la justificación con tanta seguridad como si hubiera usado la palabra «solo», y lo está afirmando incluso con más vigor que si simplemente hubiera empleado μόνος, *monos* («solo») cada vez. Martín Lutero respondió a la crítica de que la palabra «solo» no aparece en Romanos:

> Nota... sí Pablo no afirma con más vehemencia que yo que la sola fe justifica, aunque no usa la palabra solo (*sola*), que yo he usado. Porque el que dice: Las obras no justifican, sino la fe justifica,

---

[36] A. T. Robertson, *A Grammar of the Greek New Testament in the Light of Historical Research* (Nashville, Tenn.: Broadman, 1934), 704, insta a que el pronombre demostrativo se refiera a «la idea de salvación» en la cláusula anterior.

ciertamente afirma con más fuerza que la fe justifica que el que dice: Sólo la fe justifica... Puesto que el apóstol no atribuye nada [a las obras], sin duda atribuye todo a la fe sola.³⁷

Juan Calvino también, aunque reconoce que μόνος, *monos*, no aparece en la exposición de la justificación de Pablo, insiste en que el pensamiento está, no obstante, ahí:

Ahora el lector ve cuán justamente los sofistas de hoy en día critican nuestra doctrina, cuando decimos que el hombre es justificado por la fe sola. No se atreven a negar que el hombre es justificado por la fe porque se repite muy a menudo en las Escrituras. Pero como la palabra «solo» no se expresa en ninguna parte, no permiten que se haga esta adición. ¿Es así? Pero ¿qué responderán a estas palabras de Pablo donde afirma que la justicia no puede ser de la fe a menos que sea gratuita? ¿Cómo concordará una dádiva con las obras?... ¿No atribuye con bastante firmeza el que toma todo de las obras todo a la fe solamente? ¿Qué significan, ruego, estas expresiones: «Su justicia se ha manifestado aparte de la ley» y «El hombre es justificado gratuitamente» y «Aparte de las obras de la ley»?³⁸

Ya que Pablo jamás representa a la fe como una buena obra —de hecho, Pablo siempre contrapone la fe a las obras como recibir y descansar sobre lo que Dios ha hecho por nosotros en Cristo y nos ofrece gratuitamente— luego solo es por fe que los pecadores son justificados.³⁹

El carácter de la fe salvífica se corresponde solo con la salvación por gracia

Pablo es explícito en que si la salvación debe efectuarse por la gracia de Dios (favor inmerecido), solo puede ser por fe, cuya naturaleza como un acto psíquico mira más allá de los recursos humanos nativos del que cree a la obra de satisfacción del Salvador.

Romanos 4:16: «[La promesa de Dios a Abraham] es por fe, para que sea por gracia».

Romanos 11:6: «Y si [un remanente judío salvo] por gracia, ya no es por obras [cuyas «obras» para Pablo están opuestas a la fe]; de otra manera, la gracia ya no es gracia».

Gálatas 5:4: «Ustedes... los que por la ley os justificáis [lo que es diametralmente opuesto a ser justificado por la fe]; de la gracia habéis caído».

Recuerdo en una ocasión escuchar a un predicador bien conocido decir: «No sé por qué la salvación es por fe en Jesucristo. Dios solo declaró que esa es la forma que debe ser, y tenemos que aceptarlo porque Dios lo dijo». Estaba sorprendido, porque este predicador debía saber bien por qué la salvación es por fe. Debía saberlo porque Pablo le dijo: «[La salvación] es por fe [aparte de las obras], para que sea por gracia» (Ro. 4:16). Si Dios fuera a permitir la intrusión de las obras humanas en la adquisición de la salvación en algún grado, la salvación no podría ser solo por gracia. La salvación por gracia y la salvación por obras son mutua y totalmente excluyentes. En resumen, debido a que la salvación es por gracia, debe ser por fe en Jesucristo, cuya naturaleza de fe es alejarse totalmente de las obras propias para dedicarse a la obra de otro a favor de uno.

Resumen de la doctrina

«La fe en Jesucristo es una gracia salvadora, por la cual le recibimos y descansamos únicamente en Él para salvación, según Él nos es ofrecido en el evangelio» (Catecismo

---

³⁷ Martin Luther, *What Luther Says*, ed. Ewald M. Plass (St. Louis: Concordia, 1959), 2:707–708.
³⁸ Juan Calvino, *Institutes of the Christian Religion*, trad. Ford Lewis Battles (Philadelphia: Westminster Press, 1960), III.xi.19. Para una explicación de Santiago James 2:24, ver la sección sobre la justificación.
³⁹ La declaración programática, «Evangélicos y católicos juntos: la misión cristiana en el tercer milenio», que apareció en la edición de mayo de 1994 de *First Things*, margina las muchas diferencias teológicas que existen entre el cristianismo protestante y el catolicismo romano cuando sus autores afirman su acuerdo sobre el Credo de los Apóstoles y sobre la proposición de que «somos justificados por la gracia por medio de la fe en Cristo» (sección uno) y luego, sobre esta base «confesional», llama a poner fin al proselitismo de los comulgantes de los demás y a un ecumenismo misionológico que coopera en la evangelización y la nutrición espiritual (sección cinco).
La palabra «solo» después de la palabra «fe» en la proposición de la declaración sobre la justificación truena por su ausencia. Tal como está escrita, la declaración es una capitulación a la comprensión no bíblica de la justificación del catolicismo, porque nunca en el debate entre Roma y los primeros reformadores protestantes nadie de ninguno de los lados negó que los pecadores deben ser justificados por la fe. Toda la controversia en el siglo XVI en esta área giraba en torno a si los pecadores eran justificados solo por la fe o por la fe y las buenas obras que ganaban mérito ante Dios. Los reformadores protestantes, siguiendo a Pablo (comparar todo su argumento en Gálatas), sostuvieron que el entendimiento de Roma era «otro evangelio que no es evangelio en absoluto» y que el camino que sigue el pecador aquí conduce al cielo o al infierno.
Ver R.C. Sproul, «Only One Gospel», en *The Coming Evangelical Crisis*, ed. John H. Armstrong (Chicago: Moody, 1996), 107–117.

Menor, Pregunta 86). Junto con el arrepentimiento para vida, es la respuesta humana divinamente efectuada al llamado eficaz de Dios del pecador elegido a la comunión con su Hijo. Se efectúa, como también lo es el verdadero arrepentimiento, normalmente en conjunción con el ministerio de la Palabra de Dios y por las operaciones regeneradoras de Dios el Espíritu Santo en el espíritu humano.

Debido al (1) *mandato universal* de Dios emitido a todos los hombres para que se arrepientan (Hch. 17:30), (2) su *invitación universal* extendido a todos los hombres a venir a Él en y por fe (Is. 45:22; Mt. 11:28; Ap. 22:17), y (3) la *toda suficiencia de la obra de la cruz de Cristo* para salvar a los pecadores, ningún pecador necesita temer que Cristo rechazará salvarlo o que no es capaz de salvarlo si se arrepiente y viene a Él. En estas grandes verdades reside la garantía de que Cristo es capaz y quiere salvar a *cada* pecador que se arrepienta y crea.

Tan pronto como el pecador, en respuesta al llamamiento efectivo de Dios, se vuelve de su pecado y pone su confianza en Jesucristo y su obra vicaria en la cruz, «uniéndonos así a Cristo mediante el [su] llamamiento eficaz» (Catecismo Menor, Pregunta 30), Dios Padre hace inmediatamente tres cosas: lo justifica, lo santifica definitivamente y lo adopta en su familia. Cada uno de estos actos divinos requiere alguna exposición. Pero antes de discutir los grandes beneficios que «los que son eficazmente llamados participan en esta vida» (Catecismo Menor, Pregunta 32), primero se debe decir algo acerca de la naturaleza de la unión del cristiano con Cristo a través de la fe.

Unión con Cristo

En relación con la discusión del llamado eficaz, insto a que a través de la fe en Cristo el pecador que fue escogido «en Cristo» desde toda la eternidad está *realmente* unido a Cristo. Esto se corresponde con la declaración del Catecismo Menor que «El Espíritu Santo nos aplica la redención comprada por Cristo, obrando fe en nosotros, y uniéndonos así a Cristo mediante el llamamiento eficaz» (Pregunta 30), y proporciona la razón fundamental para tratar nuestra unión con Cristo en este punto en el *ordo*. Como vimos ahí, esto está en contradicción con la insistencia de Murray de que es el llamado eficaz el que *realmente* une a uno a Cristo y que es esta unión con Cristo que luego une a uno con la gracia internamente operativa de la regeneración que capacita al pecador para arrepentirse y creer.

Sin embargo, Murray ciertamente tiene razón cuando insiste que la comunión «en Cristo» (ἐν Χριστῷ, *en Christō*) entre entre Cristo y el individuo elegido no surge primero cuando el pecador pone su fe en Cristo. Más bien, es una comunión que abarca todo en sus referencias sotéricas, que Dios toma e incluye dentro de todo lo que ha hecho, está haciendo y hará en favor del pecador (ver Ef. 1:3: «con toda bendición espiritual en los lugares celestiales en Cristo»).

Los datos bíblicos

Tenemos primeramente las declaraciones explícitas de la propia Escritura, entre las cuales están los siguientes textos representativos:

Efesios 1:4: «[El Padre] nos escogió en él [ἐν αὐτῷ, *en autō*] antes de la fundación del mundo». Como observa Murray, este versículo enseña que «aquellos que serán salvos ni siquiera fueron contemplados por el Padre en el último consejo de su amor predestinador aparte de la unión con Cristo—ellos fueron escogidos en Cristo. Tan lejos como podemos remontar la salvación hasta su fuente, encontramos la "unión con Cristo"; no es algo añadido; está ahí desde el principio».[40]

---

[40] Murray, *Redemption—Accomplished and Applied*, 162.

Aunque esto es verdad, las Escrituras no nos permitirán creer que, debido a que Dios eligió a ciertas personas en Cristo desde toda la eternidad, ellos siempre, por lo tanto, han disfrutado de la plenitud de su favor en la historia y que para ellos no hay transición de la ira a la gracia en la historia. Las Escrituras toman la realidad de la creación, la caída histórica, y la historia misma con total seriedad y jamás enfatizan la elección eterna de Dios en tal medida que reduzca a cero la importancia de la realidad de la creación y la historia de la creación, que Dios providencialmente ordena y gobierna para sus propios fines santos. Al contrario, aunque ellos son eternamente amados «según la elección» hasta que el elegido confía en Cristo como su Salvador, son *realmente* «por naturaleza hijos de ira» (Ef. 2:3) y están «separados de Cristo... sin esperanza y sin Dios en el mundo» (Ef. 2:12).[41] Es solo cuando son traídos a la fe en Cristo por su llamamiento eficaz que los elegidos *realmente* se vuelven partícipes de Cristo y de las bendiciones salvíficas de su obra de la cruz. Como con la nación de Israel, así todos los elegidos, aunque «amados según elección», son «enemigos según el evangelio» de Dios hasta que se arrepienten y confían en su Hijo.

Romanos 6:6: «sabiendo esto, que nuestro viejo hombre fue crucificado juntamente con él». Aquí Pablo habla de la unión del creyente con Cristo en su muerte.

Romanos 6:5: «Porque si fuimos plantados juntamente con él en la semejanza de su muerte, así también lo seremos en la de su resurrección». Aquí Pablo habla de la unión del creyente con Cristo en su resurrección (ver también Ef. 2:6).

Efesios 1:6-7: «en el Amado, en quien tenemos redención por su sangre, el perdón de pecados». Es «en Cristo», Pablo anuncia aquí, que tenemos redención y perdón.

Efesios 2:10: «Porque somos hechura suya, creados en Cristo Jesús». Aquí Pablo relaciona la génesis de la aplicación de la redención al pecador a la comunión «en Cristo».

Efesios 1:13: «habiendo creído en él, fuisteis sellados con el Espíritu Santo de la promesa».

1 Corintios 1:5: «porque en todas las cosas fuisteis enriquecidos en él, en toda palabra y en toda ciencia». Aquí Pablo relaciona la *santificación*, a la comunión «en Cristo» (ver también Jn. 15:4; 1 Jn. 2:5-6).

Romanos 5:10: «mucho más, estando reconciliados, seremos salvos por su vida». Aquí Pablo relaciona la seguridad del cristiano tanto para esta era como para la venidera a la comunión «en Cristo».

1 Tesalonicenses 4:14, 16: «traerá Dios con Jesús a los que durmieron en él... los muertos en Cristo resucitarán primero». Si algo señala la indisolubilidad y la continuidad de la unión del cristiano con Cristo es el hecho de que *incluso en la muerte* su cuerpo, «estando unidos con Cristo, descansan en Cristo en su tumba hasta la resurrección».

1 Corintios 15:22: «en Cristo todos serán vivificados». Es en Cristo que el cristiano será resucitado de los muertos en el Escatón.

Romanos 8:17: «para que juntamente con él seamos glorificados».

A partir de estas pocas referencias representativas es claro que la unión con Cristo «abarca la amplia extensión de salvación desde su fuente última en la elección eterna de Dios a su culminación en la glorificación de los elegidos. No es simplemente una fase de la aplicación de la redención, subyace cada aspecto de la redención tanto en su cumplimiento como en su aplicación».[42]

---

[41] Véase Romanos 11:28, donde Pablo puede decir de la raza judía que ambos son "amados [por Dios] desde el punto de vista de la elección" y "enemigos [declarados por Dios] desde el punto de vista del evangelio", y ambos al mismo tiempo. hora.
[42] Murray, *Redemption—Accomplished and Applied*, 165.

Las Escrituras ofrecen varias *figuras* llamativas para ilustrar la unión del creyente con Cristo, tales como (1) la relación entre las piedras de un edificio (creyentes) y la principal piedra del ángulo del edificio (Cristo) (Ef. 2:19–22; 1 P. 2:4–5), (2) la relación entre los pámpanos de una vid (creyentes) y la vid principal misma (Cristo) (Jn. 15:1–8), (3) la relación entre los miembros de un cuerpo (creyentes) y la cabeza del cuerpo (Cristo) (Ef. 4:15-16), (4) la relación entre una esposa (creyentes) y un esposo (Cristo) (Ef. 5:22-23), (5) el pacto (federal) relación entre la raza que descendió de Adán por generación ordinaria y Adán mismo (Ro. 5:12-19; 1 Co. 15:22, 48-49), y (6) ¡incluso la relación que existe entre las personas de la divinidad (Jn. 14:23; 17:21–23)!

La realidad de la unión

A la luz del hecho de que la unión del creyente con Cristo es eminentemente «espiritual y mística» (Catecismo Mayor, Pregunta 66), lo que es decir que el vínculo de esa unión es de y por el Espíritu Santo mismo y de esta forma aprehendida por la inteligencia humana solo en el constructo de Palabra/fe, se puede dudar de su realidad. Pero las Escrituras dejan claro que, aunque es espiritual y místico, esta unión no material con Cristo es tan real como si hubiera un cordón umbilical que los uniera, extendiéndose «hasta el final» desde Cristo en el cielo hasta el creyente en la tierra. Ya que la misma existencia del cristiano como cristiano, así como su crecimiento en gracia (Ro. 6:1-14) y su esperanza de gloria (Col. 1:27) están fundamentados en su unión espiritual con Cristo, de quién deriva toda su fuerza y poder para vivir la vida cristiana (2 Co. 12:9), negar o ignorar la unión de uno con Cristo no es solo negar o ignorar un aspecto cardinal de la vida cristiana sino también abrir el camino a la ruina del alma y el retraso del crecimiento del cristiano en gracia. Por otro lado, el pecado no reinará como rey en la vida del cristiano que, en virtud de su unión en la muerte de Cristo al pecado, conscientemente se conoce y se considera seriamente muerto al pecado y vivo para Dios en Cristo Jesús (Ro. 6:10–14). Aquí radica el significado de la unión del cristiano con Cristo para el caminar diario del cristiano.

Resumen de la doctrina

La unión con Cristo es el manantial del que brotan todas las bendiciones espirituales del cristiano: el arrepentimiento y la fe, el perdón, la justificación, la adopción, la santificación, la perseverancia y la glorificación. Elegidos en Cristo antes de la creación del mundo, y unidos en la mente divina a Cristo en su muerte y resurrección, los elegidos, en respuesta al llamado eficaz de Dios, están realmente unidos a Cristo mediante el don de la fe de Dios. Su unión con Cristo no es en ningún sentido el efecto de la causalidad humana. «La unión que los elegidos tienen con Cristo es obra de la gracia de Dios, por la cual se unen espiritual y místicamente, pero real e inseparablemente, a Cristo como su cabeza y esposo» (Catecismo Mayor, Pregunta 66). En virtud de su unión real con Cristo el esposo en su muerte y resurrección, el cristiano, como «esposa» de Cristo, es perdonado de su pecado y liberado de la ley —su anterior «esposo»— y hecho capaz de hacer lo que él nunca pudo hacer antes, a saber, «dar fruto santo para Dios» (Ro. 7:4–5). En la medida en que el cristiano «se considera muerto al pecado, pero vivo para Dios en Cristo Jesús» (Ro. 6:11), es decir, en la medida en que el cristiano toma en serio la realidad de su unión obrada por el Espíritu con Cristo, en esa medida encontrará su santificación definitiva llegando a su expresión actual en su santificación experiencial o progresiva. La santidad del caminar diario del cristiano depende directamente de su unión con el Salvador.

TRES ACTOS DIVINOS
Justificación

A los que Dios llama de una manera eficaz, también justifica gratuitamente, no infundiendo justicia en ellos sino perdonándolos sus pecados, y contando y aceptando sus personas como justas; no por algo obrado en ellos o hecho por ellos, sino solamente por causa de Cristo; no por imputarles la fe misma, ni el acto de creer, ni alguna otra obediencia evangélica como su justicia, sino imputándoles la obediencia y satisfacción de Cristo y ellos por la fe, le reciben y descansan en él y en su justicia. Esta fe no la tienen de ellos mismos. Es un don de Dios.

La fe, que así recibe a Cristo y descansa en Él y en su justicia, es el único instrumento de justificación; aunque no está sola en la persona justificada, sino que siempre va acompañada por todas las otras gracias salvadoras, y no es fe muerta, sino que obra por amor.

Cristo, por su obediencia y muerte, saldó totalmente la deuda de todos aquellos que así son justificados, e hizo una apropiada, real y completa satisfacción a la justicia de su Padre en favor de ellos. Sin embargo, por cuanto Cristo fue dado por el Padre para los justificados y su obediencia y satisfacción fueron aceptadas en su lugar, y ambas gratuitamente; no porque hubiera alguna cosa en ellos, su justificación es solamente de pura gracia; para que las dos, la exacta justicia y la rica gracia de Dios, puedan ser glorificadas en la justificación de los pecadores.

Desde la eternidad, Dios decreto justificar a todos los elegidos; y en el cumplimiento del tiempo, Cristo murió por sus pecados, y resucitó para su justificación. Sin embargo, ellos no son justificados sino hasta que Cristo les es realmente aplicado, por el Espíritu Santo, en el debido tiempo.

Dios continúa perdonando los pecados de aquellos que son justificados; y aunque ellos nunca pueden caer del estado de justificación, sin embargo, pueden, por sus pecados, caer bajo el desagrado paternal de Dios y no tener la luz de su rostro restaurada sobre ellos hasta que se humillen, confiesen sus pecados, pidan perdón y renueven su fe y su arrepentimiento

La justificación de los creyentes bajo el Antiguo Testamento era, en todos estos respectos, una y la misma con la justificación de los creyentes bajo el Nuevo Testamento. (Confesión de Fe de Westminster, XI/i-vi)

La doctrina de la justificación es el corazón y núcleo del evangelio, las «buenas nuevas» que Dios solo por gracia justifica a los pecadores solo por la fe en Cristo aparte de las obras de la ley. Esta centralidad de la justificación solo por fe es evidente por el hecho de que cuando Pablo comienza a aclarar el «evangelio de Dios», declarando que «en el evangelio la justicia de Dios se revela, una justicia que es por fe, desde el principio hasta el fin» (Ro. 1:17; ver también Gal. 3:8), lo hace en términos de justificación por fe.[43] En consecuencia, se debe tener mucho cuidado al enseñar esta doctrina no sea que uno termine declarando «otro evangelio», que en realidad no es un evangelio en absoluto. Para ilustrar, uno ocasionalmente escucha justificación definido popularmente como Dios «buscándome como si nunca hubiera pecado». Este es un ejemplo de una verdad (muy) parcial volviéndose virtualmente una falsedad, ya que nada se dijo en dicha definición respecto al fundamento de la justificación o la instrumentalidad a través de la cual se obtuvo la justificación. Mucho más exacto, el Catecismo Menor define la justificación como «un acto de la libre gracia de Dios, mediante la cual Él perdona todos nuestros pecados, y nos acepta como justos ante sus ojos, únicamente en virtud de la justicia de Cristo que nos es imputada, y que recibimos por la fe únicamente (Pregunta 33).

---

[43] La palabra «Evangelios» se usa para designar las cuatro «vidas de Jesús» inspiradas que sirven (con Hechos) como una especie de «prólogo histórico» para el Nuevo Testamento visto como un documento de pacto. Estos libros proporcionan principalmente en sus descripciones inspiradas de la vida de Cristo la base histórica de algo más que el Nuevo Testamento llama el «evangelio de Dios», a saber, las buenas nuevas para la humanidad con respecto al significado salvífico de la vida, muerte y resurrección de Cristo.

Así definida frente la representación trágicamente defectuosa de Roma,[44] la justificación *per se* no dice nada sobre la transformación subjetiva que comienza necesariamente a ocurrir dentro de la vida interior del cristiano a través de la infusión progresiva de gracia que comienza con el nuevo nacimiento (cuya transformación subjetiva la Escritura ve como una santificación progresiva). Más bien, la justificación se refiere al juicio *totalmente* objetivo de Dios, totalmente forense respecto a la posición del pecador delante de la ley, por cuyo juicio forense Dios declara que el pecador es justo a sus ojos debido a la imputación de su pecado a Cristo, sobre cuya base es perdonado, y la imputación de la perfecta obediencia de Cristo a Él, sobre cuyo fundamento es constituido justo delante de Dios. En otras palabras «más al que no obra, sino cree en aquel[45] que justifica al impío» (Ro. 4:5),[46] Dios lo *perdona* de todos sus pecados (Hch. 10:43; Ro. 4:6-7)[47] y lo *constituye* justo al imputarle o contarle la justicia de Cristo a él (Ro. 5:1, 19; 2 Co. 5:21).[48] Y sobre la base de que Él constituye justo al hombre impío por su acto de imputación, Dios declara simultáneamente que el hombre impío es justo ante sus ojos. El hombre impío ahora justificado es entonces, para emplear la expresión de Lutero, *simul iustus et peccator* («simultáneamente justo y pecador»).

La doctrina de la justificación significa entonces que a los ojos de Dios el impío, ahora «en Cristo», ha guardado perfectamente la ley moral de Dios, lo que también significa a su vez que «en Cristo» ha amado perfectamente a Dios con todo su corazón, alma, mente, y fuerza y a su prójimo como a sí mismo. Significa que la fe salvífica se dirige al hacer y morir de Cristo solo (*solus Christus*) y no a las buenas obras o la experiencia interior del creyente. Significa que la justicia del cristiano delante de Dios está *en el cielo* a la diestra de Dios en Jesucristo y *no en la tierra* dentro del creyente. Significa que la base de nuestra justificación es la obra vicaria de Cristo *por* nosotros, no la obra de gracia del Espíritu *en* nosotros. Significa que la justica de fe de la justificación no es personal sino vicaria, no infundida sino imputada, no experiencial sino judicial, no psicológica sino legal, no propia sino una justicia ajena a nosotros y externa de nosotros (*iustitia alienum et extra nos*), no ganada sino

---

[44] El Catecismo de la Iglesia Católica (1994), citando el Concilio de Trento (Sexta Sesión, Capítulo VII, 1547), declara: «La justificación no es sólo la remisión de los pecados, sino también *la santificación y renovación del hombre interior*» (párrafo 1989, énfasis agregado). También dice: «En el bautismo se confiere la justificación» y por él Dios «*nos hace interiormente justos* por el poder de su misericordia» (párrafo 1992, énfasis agregado).

En su reseña de *Faith Alone: The Evangelical Doctrine of Justification* de R. C. Sproul (Grand Rapids, Michigan: Baker, 1995), que apareció en *Christianity Today* (7 de octubre de 1996) bajo el título «Betraying the Reformation? An Evangelical Response», Donald G. Bloesch no está de acuerdo con Sproul porque «no parece haberse mantenido al tanto de los notables intentos en la discusión ecuménica en curso para cerrar el abismo entre Trento y el protestantismo evangélico» (54). Para ilustrar este acercamiento, Bloesch señala que un número cada vez mayor de eruditos católicos romanos, especialmente en estudios bíblicos, están reconociendo el impulso forense o legal del concepto de justificación del Nuevo Testamento, mientras que los eruditos protestantes ahora reconocen que la justificación también tiene una dimensión mística y, por lo tanto, es más que una mera imputación. (54)

Luego culpa a Sproul por concebir de manera demasiado estrecha las opciones que son posibles en cualquier diálogo católico romano-protestante. Sproul permitiría solo tres formas de avanzar en la discusión: (1) los evangélicos abandonarían la *sola fide*, (2) Roma adoptaría la *sola fide* y (3) las dos partes estarían de acuerdo en que la *sola fide* no es esencial para el evangelio. Bloesch escribe: «Sin embargo, puede haber otra opción: reafirmar los problemas del pasado de una manera nueva que tenga en cuenta tanto la gracia soberana de Dios como la responsabilidad humana de vivir una vida de obediencia en el poder de esta gracia» (55).

Pero Sproul, de hecho, hace numerosas referencias al Catecismo de la Iglesia Católica de 1994, la declaración católica romana oficial más reciente sobre la justificación. Las discusiones ecuménicas más recientes no han recibido la aprobación papal oficial. Y el documento de 1983 «Justificación por la fe», al que Bloesch alude como que muestra «nuevas formas de enunciar la doctrina de la justificación sin comprometer los principios de la Reforma o la fe católica» (54), en mi opinión, no logra resolver la tensión entre la partes sobre el tema: ¿Es la justificación por la fe en la obra de Cristo solamente o es por la fe en la obra de Cristo más algo que el hombre justificado debe hacer? (ver *Justification by Faith: Lutherans and Catholics in Dialogue VII*, ed. H. George Anderson, T. Austin Murphy, y Joseph A. Burgess (Minneapolis: Augsburg, 1985).

También me gustaría saber cuál es la «dimensión mística» en la justificación, y me pregunto quiénes son los teólogos evangélicos que representan la justificación como «mera imputación». Yo no, y creo que Sproul tampoco.

Finalmente, estaría de acuerdo con Sproul en que solo hay tres opciones. Tan pronto como Bloesch intenta sugerir una cuarta, tergiversa cuál es realmente el problema que divide al protestantismo y Roma y trae la doctrina de la santificación a la doctrina de la justificación, que es pedirle al protestantismo que abandone su posición *sola fide* y adopte la posición de Roma.

[45] Sería erróneo hablar del objeto de la fe que justifica como como siendo solo Cristo. Tanto en Romanos 4:5 como en Romanos 4:24 Pablo declara que el objeto de la fe salvadora es también el Padre, Aquel que justifica a los impíos y que resucitó a Jesús de entre los muertos.

[46] Sobre la base de la declaración de Pablo en Romanos 4:5 en el sentido de que Dios «justifica al impío»—la misma frase griega usada en la LXX en Éxodo 23:7 e Isaías 5:23 de juicios corruptos por parte de jueces humanos que Dios no tolerará— J. I. Packer declara que la doctrina de la justificación de Pablo es una «doctrina sorprendente» («Justification», *Evangelical Dictionary of Theology*, 595). Porque Pablo no solo declara que Dios hace precisamente lo que ordenó a los jueces humanos que no hicieran, sino que también declara en Romanos 3:25-26 que lo hace de una manera diseñada precisamente para «mostrar su justicia» (Ro. 3:25-26). Pablo alivia lo que de otro modo sería un problema de teodicea al enseñar que Dios justifica a los impíos sobre bases justas, es decir, que las demandas de la ley de Dios sobre ellos han sido completamente satisfechas por la acción y muerte de Jesucristo en su lugar.

[47] Ver Hechos 10:43: «que todos los que crean en él creyeren, recibirán perdón de pecados», y Romanos 4:6-7: «Como también David habla de la bienaventuranza del hombre a quien Dios atribuye justicia sin obras, diciendo: Bienaventurados aquellos cuyas iniquidades son perdonadas, Y cuyos pecados son cubiertos».

[48] Ver Romanos 5:1: «habiendo sido justificados por la fe», y 5:19: «así también por la obediencia de un hombre, los muchos serán constituidos justos» (traducción del autor).

dada por gracia (*sola gratia*) por fe en Cristo que en sí misma es un regalo de gracia. También significa en su carácter declarativo que la justificación posee una dimensión escatológica, porque equivale al veredicto divino del Escatón siento traído hacia el tiempo presente y se pronuncia aquí y ahora respecto al pecador creyente. Por el acto de Dios de justificar al pecador a través de la fe en Cristo, el pecador, por así decirlo, ha sido llevado, «antes de tiempo», al tribunal final y ya lo ha superado con éxito, habiendo sido absuelto de todos y cada uno de los cargos presentados ¡en su contra! La justificación entonces, debidamente concebida, contribuye de manera decisiva a la doctrina calvinista de la seguridad y la seguridad eterna del creyente. Veamos ahora con mayor detalle algunas de las características específicas de la justificación.

Su carácter como sentencia legal
El grupo de palabras principales del Antiguo Testamento que trata sobre la justificación viene de la raíz verbal צדק, *ṣādaq*, y el grupo de palabras del Nuevo Testamento viene del verbo δικαιόω, *dikaioō*. Murray demuestra que «hay un uso generalizado del significado forense de la raíz צדק [*ṣādaq*] en las raíces Qal, Hiphil, y Piel y el único caso de Hithpael... no es esencialmente diferente»,[49] y que lo mismo es cierto de δικαιόω, *dikaioō*, en ambos la Septuaginta y el Nuevo Testamento.[50] Leon Morris señala que «los verbos con terminación en -όω [-*oō*] y que refieren a cualidades morales tienen un sentido declarativo, no significan «hacer___».[51]

Que la justificación es un juicio forense objetivo, en oposición a una transformación subjetiva, se evidencia, en primer lugar, por el significado del término mismo en los siguientes contextos:

Deuteronomio 25:1: «Si hubiere pleito entre algunos, y acudieren al tribunal para que los jueces los juzguen, estos absolverán [Hiphil] al justo, y condenarán al culpable». Al justificar al justo, los jueces no estaban haciendo al hombre justo, más bien, estaban declarándolo ser lo que la evidencia presentada en el caso demandaba, y lo que era de hecho.

Job 32:2: Según a Eliú, Job «se justificaba [Piel] a sí mismo más que a Dios». En opinión de Eliú, Job estaba arguyendo su inocencia delante de Dios, es decir, declarándose justo delante de Dios.

Proverbios 17:15: «El que justifica [Hiphil] al impío, y el que condena al justo, Ambos son igualmente abominación a Jehová» (ver también Ex. 23:7; Is. 5:23). Este es obviamente un proverbio dirigido hacia los jueces de la tierra. Aquel juez que por soborno (ver Pr. 17:23) declaraba al malvado como justo o al justo ser culpable provocaba la ira del Señor.

Lucas 7:29: «justificaron a Dios», es decir, declararon o reconocieron a Dios como justo, obviamente no lo hicieron así (ver también 10:29; 16:15).

Esa justificación es un juicio objetivo forense, en oposición a una transformación subjetiva, se evidencia, segundo, por el hecho de que la antítesis de la justificación es invariablemente la condenación, cuyo último término es claramente una determinación jurídica o forense, por ejemplo:

Deuteronomio 25:1: «Si hubiere pleito entre algunos, y acudieren al tribunal para que los jueces los juzguen, estos absolverán al justo, y condenarán al culpable». (ver también Pr 17:15)

---

[49] Murray, «Appendix A: Justification», en *The Epistle to the Romans*, 1:336–362, especialmente 339. El tratamiento de Murray de la justificación en este apéndice es uno de los mejores disponibles en inglés.
[50] Ibid., 1:339–40, 351.
[51] Leon Morris, *New Testament Theology* (Grand Rapids, Michigan: Academie, 1986), 70. Compárese con ἀξιόω, *axioō*, «considerar digno», no «hacer digno», ὁμοιόω, *homoioō*, «declarar ser como», no «hacer como».

1 Reyes 8:32: «juzgarás a tus siervos, condenando al impío… justificando al justo para darle conforme a su justicia». (ver también 2 Cr. 6:23)

Mateo 12:37: «Porque por tus palabras serás justificado, y por tus palabras serás condenado»

Romanos 5:16: «el juicio vino a causa de un solo pecado para condenación, pero el don vino a causa de muchas transgresiones para justificación»

Romanos 8:33-34: «Dios es el que justifica. ¿Quién es el que condenará?».

Que la justificación es un juicio forense objetivo, en oposición a una transformación subjetiva, se evidencia, en tercer lugar, por consideraciones contextuales que sitúan el acto de justificar en el contexto de los juicios jurídicos. Por ejemplo:

Salmos 143:2: «Y no entres en juicio con tu siervo; Porque no se justificará [es decir, será justificado] delante de ti ningún ser humano».

Romanos 3:19-20: «Pero sabemos que todo lo que la ley dice, lo dice a los que están bajo la ley, para que toda boca se cierre y todo el mundo quede bajo el juicio de Dios; 20 ya que por las obras de la ley ningún ser humano será justificado [es decir, declarado justo] delante de él».

Romanos 8:33: «¿Quién acusará a los escogidos de Dios? Dios es el que justifica».[52]

Esta evidencia bíblica deja claro que la justificación es una determinación jurídica o forense hecha por un juez.

La justicia de la justificación

Algunos han interpretado la justicia contemplada en la justificación como el acto psíquico de la fe en Cristo y han insistido en que Génesis 15:6 enseña esto: «y creyó a Jehová y le fue contado [es decir, su fe] por justicia». (ver también Ro. 4:3, 5, 9, 22, 23; Gal. 3:6; Stg. 2:23). Sin embargo, nuestro acto de fe nunca se representa en el Nuevo Testamento como el fundamento o la causa de nuestra justicia. Si esto fuera así, la fe se convertiría en una obra meritoria, idea a la que se opone en todas partes el apóstol Pablo, que contrapone la fe en Cristo a toda obra humana. Se dice que somos justificados «por la fe» (el dativo simple—Ro. 3:28, 5:2), «por la fe» (ἐκ, *ek*, con el genitivo—Ro. 1:17; 3:30; 4:16 (dos veces), 5:1; 9:30; 10:6; Gal. 2:16; 3:8, 11, 24; Heb. 10:38), «mediante la fe» (διά, *dia*, con el genitivo—Ro. 3:22, 25, 30; Gal. 2:16; Fil. 3:9), «sobre la fe» (ἐπί, *epi*, con el genitivo—Fil. 3:9), y «según la fe» (κατά, *kata*, con el acusativo—Heb. 11:7). Pero nunca se dice que somos justificados «debido a la fe» o «a causa de la fe» (διά, *dia*, con el acusativo). En otras palabras, el acto psíquico de fe no es la justicia de la justificación. Esa distinción las Escrituras la reservan para la justicia de Dios de Cristo solamente. La fe en Cristo es simplemente la respuesta salvadora del pecador regenerado al llamamiento eficaz de Dios, por medio del cual se le imputa la justicia de Cristo, el único fundamento de la justificación. Murray observa a este respecto:

> La consideración que parece más relevante que cualquier otra [al interpretar la fórmula de Génesis 15:6] es que la justicia contemplada en la justificación es una justicia por fe en contraste con la justicia por obras y el énfasis recae en tal medida sobre este hecho de que, aunque es una justicia de Dios, sin embargo, es también y con igual énfasis una justicia de fe. En realidad, estas dos características son correlativas: es la justicia de Dios ejercida sobre nosotros debido a que es por fe, y es por fe que nos volvemos beneficiarios de esta justicia porque es una justicia de Dios. Tan indispensable es esta complementación en la justificación de los impíos que la justicia puede llamarse «la justicia de Dios» o «la justicia de fe» sin implicar en lo más mínimo que la fe sostiene la misma relación con esta justicia que Dios hace. De la misma manera, en la fórmula de Génesis

---

[52] Ver la discusión de Berkhof, *Systematic Theology*, 510–511.

15:6, la fe puede considerarse como aquello que se cuenta por justicia sin que ello implique que mantiene la misma relación con la justificación como la justicia de Dios. La justicia es una justicia de Dios y es una justicia de fe. Pero es una justicia de Dios porque es de propiedad divina, es una justicia de la fe porque se ejerce sobre nosotros por la fe. Cuando se dice que la fe es imputada por justicia, esta variación de la fórmula está justificada por la correlatividad de la justicia y la fe, y es en términos de esta correlatividad que la fórmula debe interpretarse y no en términos de ecuación._[53]

Frente a la polémica de Roma de que justicia de la justificación debe interpretarse en términos de «la santificación y la renovación del hombre interior», es decir, en términos de que el cristiano «se haga cada vez más justo interiormente» a través de la impartición o infusión de la gracia santificante_[54] está la insistencia bíblica (y protestante) de que la justifica de justificación no es una justicia que venga a través de algún esfuerzo de nuestra parte ni una justicia infundida o generada en nosotros por el Espíritu Santo. Más bien, la justicia de la justificación, como ya hemos dicho, es la justicia de Dios objetiva de Jesucristo, que Dios el Padre, en el mismo acto de justificar al impío, le *imputa, constituyéndolo* así legalmente justo a sus ojos (acto «constitutivo» que, por supuesto, ningún juez humano puede realizar cuando se le presenta una parte culpable).

Que la justicia de la justificación es la justicia de Dios del mismo Cristo divino, que nos es imputada o contada en el momento en que depositamos nuestra confianza en Él (ver la justificación como un acto consumado en Ro. 5:1—«*habiendo sido* justificados»), es ampliamente testificado cuando las Escrituras enseñan que somos justificados (1) en Cristo (Is. 45:24–25; Hch. 13:39; Ro. 8:1; 1 Co. 6:11; Gal. 2:17; Fil. 3:9), (2) por la obra de la muerte de Cristo (Ro. 3:24–25; 5:9; 8:33–34), (3) no por nuestra propia justicia, sino por la justicia de Dios (Is. 61:10; Ro. 1:17; 3:21–22; 10:3; 2 Co. 5:21; Fil. 3:9) y (4) por la justicia y obediencia de Cristo (Ro. 5:17–19). En resumen, el único fundamento de la justificación es la perfecta justicia divina de Cristo que Dios Padre imputa a todo pecador que pone su confianza en la obediencia y satisfacción de su Hijo. Dicho de otra manera, en el momento en que el pecador, por la fe en Jesucristo, se aparta de todo recurso humano y descansa sólo en Cristo, el Padre le imputa la obediencia preceptiva (activa) de su amado Hijo y lo acepta como justo ante sus ojos. Y el pecador, ahora cristiano, puede (y en lo que se refiere a su justicia ante Dios debe) cantar a partir de entonces, en las palabras de Horatius Bonar:

Ni lo que han hecho mis manos
puede salvar mi alma culpable;
Ni lo que ha soportado mi carne
fatigada puede sanar mi espíritu.

Ni lo que siento ni lo que hago
puede darme paz con Dios;
Ni todas mis oraciones, suspiros y lágrimas
pueden soportar mi terrible carga.

Sólo tu obra, oh Cristo,
puede aliviar este peso del pecado;
Sólo tu sangre, oh Cordero de Dios,
puede darme paz interior.

Ninguna otra obra, salvo la tuya,
ninguna otra sangre servirá;

---

[53] Murray, *The Epistle to the Romans*, 1:358–359.
[54] Ver Concilio de Trento, Sexta Sesión: «Decreto sobre la Justificación», particularmente los capítulos siete a diez y los cánones nueve a doce. De acuerdo con los escolásticos medievales como Tomás de Aquino, el Catecismo de la Iglesia Católica (1994), citando a Trento, define la justificación como «no sólo la remisión de los pecados [por el bautismo] sino también la santificación y renovación del hombre interior» (párrafo 1989), y por justificación, se informa al lector, Dios «nos hace interiormente justos» (párrafo 1992), de hecho, la justificación «implica la santificación de todo el ser [del hombre interior]» (párrafo 1995, énfasis en el original).
  John H. Gerstner («Aquinas Was a Protestant», Tabletalk [mayo de 1994]: 13–15, 52) ha argumentado que Aquino tenía una visión protestante de la justificación. Para una respuesta a esto, véase Robert L. Reymond, "Dr. John H. Gerstner on Thomas Aquinas as a Protestant", *Westminster Theological Journal* 59, no. 1 (1997): 113–121.

Ninguna fuerza, salvo la divina,
puede llevarme con seguridad.

Y con Nikolaus Ludwig von Zinzendorf:
Jesús, tu sangre y justicia
son mi belleza, mi glorioso vestido;
'En medio de mundos llameantes,
en estos ataviados,
con alegría levantaré mi cabeza.
Audaz me mantendré en tu gran día;
porque ¿quién pondrá algo a mi cargo?
Totalmente absuelto a través de estos estoy,
del pecado y el miedo, de la culpa y la vergüenza.

Objeciones a la doctrina protestante

Las siguientes seis objeciones se han planteado contra la enseñanza de que solo por la fe en Cristo, completamente aparte de las obras de la ley, Dios inmediatamente perdona a la persona impía de todos sus pecados y lo constituye justo a sus ojos al imputarle la justicia de Cristo: (1) dicha enseñanza promueve la vida licenciosa y obstaculiza el desarrollo de una conducta verdaderamente ética, (2) la enseñanza de Santiago sobre la justificación por fe y obras la contradice, (3) el hecho de que el juicio final es según obras en las cuales hay una distribución correspondiente de recompensa a los fieles la contraviene, (4) se opone el hecho de que el cristiano necesita continuar buscando el perdón de Dios para sus pecados a lo largo de su vida, (5) la justificación, así interpretada, fundamenta la vida cristiana en una «ficción legal», un «como si» no de acuerdo con la verdad, y (6) la doctrina protestante conlleva graves implicaciones para millones de cristianos profesantes dentro de la cristiandad.

1. Con respecto a la afirmación de que la enseñanza de la justificación solo por la fe lleva a una actitud laxa hacia el pecado, Pablo mismo había respondido a esta objeción (ver Ro. 3:8), que en sí misma implica que el entendimiento protestante de la justificación concuerda con la enseñanza de Pablo (una buena prueba de la corrección de la teología de uno es si uno recibe las mismas objeciones que Pablo encontró). Pablo enfrenta esta objeción de frente con su doctrina de la unión del cristiano con Cristo (Ro. 6-7; 2 Co. 5:14-15; Gal. 3:1-5). Entendió que para fundamentar su llamado al cristiano para caminar santamente en alguna otra cosa que en la salvación solo por gracia a través de la fe solo llevaría al legalismo, la justicia propia y la frustración final. Sabía también que el cristiano, unido por gracia a Cristo en su muerte al pecado y su resurrección a una vida nueva (Ro. 6:14), no querría pecar, de hecho, sino que lo hará en agradecimiento por su salvación inmediata y desear necesariamente vivir por Aquel que murió por él (2 Co. 5:15).

2. Los apologistas católicos han instado (ver la sexta sesión del Concilio de Trento, capítulos siete y diez) a que Santiago 2:14-26 es un correctivo a la enseñanza protestante (no la paulina) de que la justificación es solo por fe completamente aparte de las obras, porque expresamente declara: «el hombre es justificado por las obras, y *no* solamente por la fe» (Stg. 2:24). Pero un análisis cuidadoso de la enseñanza de Santiago descubrirá que «en Santiago el acento [recae] sobre el carácter *probatorio* de las buenas obras, mientras que en la polémica paulina el acento recae sin duda sobre el [carácter de justificación] judicialmente constitutivo y declarativo».[55] Pablo y Santiago claramente quieren decir algo distinto por «justificado», «fe», y «obras», y recurren a diferentes eventos en la vida de Abraham para apoyar sus diferentes aplicaciones de Génesis 15:6.

---

[55] Murray, *Epistle to the Romans*, 1:351.

Mientras que Pablo entiende por «justificado» el acto *real* de parte de Dios por el cual perdona e imputa la justicia al impío, Santiago entiende por «justificado» el veredicto que Dios *declara* cuando el hombre *realmente* (previamente) justificado ha *demostrado* su estado de justicia real por la obediencia y buenas obras..[56]

Mientras que Pablo entiende por «fe» el reposo confiado en los méritos de Cristo solo para el perdón y la justicia, Santiago se dirige a aquellos cuya «fe» tendía, si no se había convertido ya, en un intelectualismo ortodoxo y frío, desprovisto de amor por los demás. los hermanos

Mientras que Pablo, cuando repudia las «obras», se está refiriendo a «las obras de la ley», es decir, cualquier obra de *cualquier* tipo realizada con el fin de adquirir mérito, Santiago entiende por «obras» actos de bondad hacia aquellos en necesidad realizada como fruto y evidencia del estado actual de justificación y una fe verdadera y vital (Stg. 2:14-17).

Mientras que a Pablo le preocupa la cuestión de cómo un hombre puede lograr una posición correcta ante Dios, y recurre a Génesis 15:6 para encontrar su respuesta, a Santiago le preocupa la cuestión de cómo debe *demostrar* un hombre que en *realidad* está justificado ante Dios. y tiene *verdadera* fe, y recurre a Génesis 22:9-10, como el «cumplimiento» *probatorio* de Génesis 15:6 (ver Gn. 22:12), para encontrar su respuesta (Stg. 2:21; ver también su δεῖξόν [*deixon*, «muéstrame»] y δείξω [*deixō*, «te mostraré»] en 2:18; y su βλέπεις [*blepeis*, «tú ves»] en 2:22 y ὁρᾶτε [*horate*, «tú ves»] en 2:24).

Y aunque Pablo creía con todo su corazón que los hombres son justificados por la fe sola, insiste tan fuertemente como Santiago en que tal fe, por sí *sola*, no es verdadera sino fe muerta: «porque en Cristo Jesús ni la circuncisión vale algo, ni la incircuncisión, sino [lo que cuenta] la fe que obra por el amor» (Gal. 5:6), cuyo significado apenas difiere de la expresión de Santiago: «¿No ves que la fe [de Abraham] actuó juntamente con sus obras, y que la fe se perfeccionó por las obras? (Stg. 2:22). Pablo también puede hablar de la «obra de fe del cristiano [τοῦ ἔργου τῆς πίστεως, *tou ergou tēs pisteōs*]» (1 Tes. 1:3). Y en el mismo contexto en el que afirma que somos salvos por gracia mediante la fe y «no por obras», Pablo puede declarar que somos «creados en Cristo Jesús para buenas obras, las cuales Dios preparó de antemano para que anduviésemos en ellas» (Ef. 2:8–10). En suma, mientras que para Santiago «la fe sin obras es muerta», para Pablo «la fe que obra por el amor» es inevitable si es verdadera fe. No hay contradicción entre ellos (ver Confesión de Fe de Westminster, XVI: «De las buenas obras»).

3. Roma también afirma que el hecho de que el juicio final sea según las obras, sobre la base del cual el principio del juicio se distribuyen las recompensas a los fieles, es una indicación más de que una persona no logra una posición justa ante Dios solo por la fe, sino por la fe y las obras de satisfacción que merecen un mérito congruente..[57] Ahora bien, no se puede negar que las Escrituras representan uniformemente el juicio final como un juicio por obras (Sal. 62:12; Ec. 12:14; Mt. 16:27; 25:31–46; Jn. 5:29; Ro. 2:5–10; 1 Co. 3:13; 4:5; 2 Co. 5:10; Gal. 6:7–9; 1 P. 1:17; ver también Confesión de fe de Westminster, XXXIII/i), y que proclaman la promesa de recompensas por vivir fielmente (Ex. 20:5–6; Pr. 13:13; 25:21–22; Mt. 5:12;

---

[56] Que se debe hacer una distinción entre el acto real de justificación de Dios por el cual perdona y constituye justo al pecador y su subsiguiente acto de declaración de justificación por el cual absuelve abiertamente al pecador justificado ante otros es confirmado por las acciones de nuestro Señor en relación con la mujer que lavó sus pies en Lucas 7:36–50. Él declara abiertamente a Simón el fariseo y a la mujer misma que sus muchos pecados fueron perdonados «porque amó mucho» (vv. 47–48). Pero es evidente que ya había sido perdonada en alguna ocasión anterior, porque sus actos de devoción al Señor —fruto y evidencia de una fe viva— se debían, afirma, a que ya le habían «cancelado la deuda». (vv. 41–43). La cadena de eventos entonces es la siguiente: En alguna ocasión anterior Jesús la había perdonado (su justificación actual). Esto provocó en ella tanto amor por Él como actos de devoción hacia Él. Esta evidencia externa de su estado justificado evocó de Cristo su declaración abierta de que ella fue perdonada (su justificación declarada).

[57] Roma distingue entre mérito *condigno* o pleno (*meritum de condigno*), que impone a Dios la obligación de recompensarlo, y mérito congruente o una especie de «medio» o mérito proporcionado (*meritum de congruo*), que, si bien no obliga a Dios, es lo suficientemente meritorio como para que sea «congruente» o «apropiado» que Dios lo recompense. Santo Tomás de Aquino argumentó que las obras del cristiano, si se contemplan únicamente en términos de la obra del Espíritu Santo dentro de él, podrían considerarse como un mérito condigno, pero cuando se contemplan en términos del individuo mismo, deberían considerarse como un mérito congruente, ya que ningún acto humano merece plenamente la recompensa de la salvación. Los reformadores sostuvieron que todo lo que se habla de mérito, salvo el de Cristo, está fuera de lugar dentro del contexto de la doctrina bíblica de la salvación por gracia.

6:1, 2, 4, 16, 18, 20; 10:41; 19:29; Lc. 6:37–38; Col. 3:23–24; 2 Ti. 4:7–8; Heb. 11:26). Pero afirmar, por un lado, que los hombres son justificados por la sola fe completamente aparte de las obras de la ley, y, por el otro, que el juicio final es según las obras, es afirmar dos cosas completamente diferentes que en ninguna manera son contradictorios entre sí. El hombre justificado, justificado solo por la fe, producirá buenas obras «en obediencia a los mandamientos de Dios [como] los frutos y la evidencia de una fe verdadera y viva» (Confesión de fe de Westminster, XVI/ii). Estos trabajos, como Murray discierne cuidadosamente,

> hechas en fe, desde el motivo de amar a Dios, en obediencia a la voluntad revelada de Dios y hasta el fin de su gloria son intrínsecamente buenos y aceptables a Dios. Como tales serán el criterio de recompensa en la vida venidera… Debemos mantener …la justificación completa e irrevocable por gracias a través de la fe y aparte de las obras, y al mismo tiempo, la recompensa futura según las obras. En referencia a estas dos doctrinas es importante observar lo siguiente: (i) *Esta recompensa futura no es justificación* y en nada contribuye a aquello que constituye la justificación. (ii) *Esta recompensa futura no es salvación*. La salvación es por gracia y no como una recompensa por las obras por las que somos salvos. (iii) La recompensa se refiere a la posición que una persona debe ocupar en la gloria *y no hace referencia al don de la gloria en sí*. Si bien la recompensa es por gracia, sin embargo, el estándar o criterio de juicio por el cual se determinará el grado de recompensa son las buenas obras. (iv) *Esta recompensa no se administra debido a que las buenas obras ganen o merezcan recompensa*, sino porque Dios se agrada misericordiosamente en recompensarlas. Es decir, es una *recompensa por gracia*.[58]

Dos conclusiones están claramente en orden. Primero, la razón del por qué las Escrituras están dispuestas a afirmar un juicio final según las obras es que las buenas obras son lo que son —obras (1) hechas por personas aceptadas por Dios a través de Cristo, (2) que proceden de su Espíritu, (3) y que son hechas en fe, (4) desde el motivo de amar a Dios, (5) En obediencia a la voluntad revelada de Dios, y (6) para su gloria —*solo los cristianos manifestarán tales obras*.[59] Pero dichas obras, como «los frutos y evidencias de una fe verdadera y viva», solo sirven para subrayar la verdad de que la salvación no está fundamentada en última instancia en buenas obras, sino en la obra salvífica llena de gracia de toda la Deidad.

En cuanto a las obras de los hombres no regenerados, cuyo sacrificio, la Escritura dice, son detestables al Señor (Pr. 15:8), y cuyo «arar», es decir, toda «labranza» en la vida, según Proverbios 21:4 (así Heb.), la Confesión de Fe de Westminster declara que las obras hechas por hombres no regenerados, aun cuando por su esencia puedan ser cosas que Dios ordena, y de utilidad tanto para ellos como para otros, sin embargo, porque proceden de un corazón no purificado por la fe y no son hechas en la manera correcta de acuerdo con la Palabra, ni para un fin correcto, (la gloria de Dios); por lo tanto, son pecaminosas, y no pueden agradar a Dios ni hacer a un hombre digno de recibir la gracia de parte de Dios. Y a pesar de esto el descuido de las obras por parte de los no regenerados es más pecaminoso y desagradable a Dios. (XVI/vii)

Segundo, la razón por la que la Escritura están dispuestas a afirmar la distribución de las recompensas a los cristianos como un resultado del juicio final es porque ellas fluyen, jamás de ningún sentido de deuda de parte de Dios hacia los cristianos como si sus labores las merecieran o lo pusieran en deuda, sino siempre desde su misericordia y gracia hacia ellos. Juan Calvino habla con sensibilidad de como Dios muestra a sus hijos misericordia a través de la promesa de recompensas cuando escribe:

---

[58] Murray, «Justification», *Collected Writings*, 2:221, énfasis agregado.
[59] No estoy diciendo aquí que los no cristianos no puedan realizar actos de justicia civil en esta vida, porque ciertamente pueden hacerlo, pero tales actos no constituyen aquellas «buenas obras» que en el juicio serán juzgadas como fruto de una verdadera fe en Cristo.

Las Escrituras no nos dejan ninguna razón para ser exaltados a los ojos de Dios. Más bien, todo su fin es refrenar nuestro orgullo, humillarnos, derribarnos y aplastarnos por completo. Pero nuestra debilidad, que inmediatamente se derrumbaría y caería si no se sostuviera en esta expectativa y aliviara su propio cansancio con este consuelo, se alivia de esta manera.

Primero, que cada uno considere consigo mismo cuán difícil sería para él partir y renunciar no solo a todas sus posesiones sino también a sí mismo. Sin embargo, es con esta primera lección que Cristo inicia a sus discípulos, es decir, a todos los piadosos. Entonces Él los entrena de tal manera a lo largo de la vida bajo la disciplina de la cruz que no pueden fijar sus corazones en el deseo o la confianza en los beneficios presentes. En resumen, por lo general los trata de tal manera que dondequiera que miren, hasta donde se extiende este mundo, se enfrentan únicamente a la desesperación... Para que no caigan en medio de estas grandes tribulaciones, el Señor está con ellos, advirtiéndoles que mantengan la cabeza en alto, para dirigir más lejos sus ojos para encontrar en él esa bienaventuranza que no ven en el mundo. *A esta bienaventuranza la llama «premio», «gratificación», «recompensa», no sopesando el mérito de las obras, sino dando a entender que es una compensación de sus miserias, tribulaciones, calumnias, etc*. Por eso, nada nos impide, con precedente escritural, de llamar a la vida eterna «recompensa», porque en ella el Señor recibe a su propio pueblo del trabajo al reposo, de la aflicción a un estado próspero y deseable, de la tristeza al gozo, de la pobreza a la opulencia, de la desgracia a la gloria. En suma, cambia en mayores bienes todos los males que han sufrido. Así también, no estará de más si consideramos que la santidad de vida es el camino, no ciertamente el que da acceso a la gloria del reino de los cielos, sino por el cual los elegidos por su Dios son llevados a su revelación. Porque a Dios le agrada glorificar a los que ha santificado.

… ¿Qué tan absurdo es, cuando Dios nos llama a un fin, que miremos en la otra dirección? Nada es más claro que se promete una recompensa por las buenas obras para aliviar la debilidad de nuestra carne con algún consuelo, pero no para hinchar nuestro corazón con vanagloria. Quien, pues, deduce el mérito de las obras de esto, o sopesa las obras y la recompensa juntas, se aleja mucho del plan de Dios. (Institución, III, xviii, 4)

Que los santos del cielo reconozcan que todo lo que reciben de la mano del Señor es por pura misericordia y jamás como su justo merecimiento lo confirma la imagen de Apocalipsis 4:10-11, donde vemos a los veinticuatro ancianos «echar sus coronas» que han recibido de Él ante el trono de Dios mientras cantan, «digno eres de recibir la gloria y la honra y el poder». Su acción simbólica sugiere que todo lo que recibimos de Dios, incluso nuestras recompensas en el juicio final nos vienen por gracia. En última instancia es Él quien hace la obra en y a través de nosotros y, sin embargo, *nos* recompensa por ello (ver Fil. 2:12-13).

4. Roma también declara que si en su acto de justificar a los impíos, Dios perdona instantáneamente todo pecado —pasado, presente, y futuro— como afirma la enseñanza protestante (ver Ro. 4:6-8), entonces no habría necesidad para el cristiano de diario buscar el perdón divino para su pecado, lo que se le requiere hacer en pasajes tales como Mateo 6:12 y Lucas 11:4. Pero esta objeción surge de una falla en distinguir entre la ira de Dios, de la cual el estado justificado del cristiano lo libera, y el desagrado paternal de Dios, que el cristiano aún puede provocar por sus pecados diarios y por los cuales necesita buscar el perdón mientras crece en gracia. Las Escrituras no permitirán al cristiano escoger entre la justificación, por la cual ha sido jurídicamente perdonado y liberado de la ira venidera, y su santificación permanente, un aspecto necesario de la cual es buscar el perdón por sus transgresiones cotidianas que entristecen al Espíritu Santo de Dios y evocan el desagrado de su Padre celestial. *El cristiano debe afirmar ambas cosas* —el hecho de que ha sido completamente perdonado jurídicamente (su justificación) y también el hecho de que sus pecados cotidianos son una ofensa a su Padre en el cielo, cuyo perdón diario necesita para crecer en gracia como debe (su santificación). La Confesión de Fe de Westminster destaca esta distinción:

Dios continúa perdonando los pecados de aquellos que son justificados; y aunque ellos nunca pueden caer del estado de justificación, sin embargo, pueden, por sus pecados, caer bajo el desagrado paternal de Dios y no tener la luz de su rostro restaurada sobre ellos hasta que se humillen, confiesen sus pecados, pidan perdón y renueven su fe y su arrepentimiento. (XI/v)

Roma insta, como también Sanday y Headlam que, si la justificación es solo forense, «la vida cristiana está hecha para tener su comienzo en una ficción».[60] Pero esta objeción se debe a una falla en darse cuenta de que Dios no trata al pecador justificado *como si* fuera justo delante de Él cuando en realidad no lo es. Al contrario, el pecador justificado es *de hecho* justo a sus ojos por la relación «en Cristo» en la que se encuentra (2 Co. 5:21), en dicha comunión la justicia de Cristo le es realmente imputada.[61] Es la insistencia de Roma de que la justicia de la justificación es infundida y no imputada que está en la base de esta objeción. Pero el error de Roma aquí es serio, porque convierte el mismo evangelio de Dios —la enseñanza de la justificación solo por fe— en una verdadera ficción.

5. Finalmente, la doctrina protestante pone en entredicho la salvación de millones de cristianos a través de la historia. Este argumento, hecho en nuestro tiempo incluso por algunos protestantes,[62] contra una aplicación rígida de la doctrina protestante de la justificación por la fe sola, sostiene que si Dios justifica solo a aquellos que renuncian conscientemente a toda confianza en cualquiera y todas las obras de justicia que han hecho o alguna vez harán y confiarán solo en la obra vicaria de la cruz de Cristo, entonces uno debe concluir que la gran mayoría de los cristianos profesantes a lo largo de la historia no fueron ni son salvos. Este vasto grupo incluiría, se nos informa, tales padres de la iglesia como Atanasio, Agustín, Anselmo, y Aquino quienes como a favor del sacerdocio creyeron en una regeneración bautismal y, porque confundieron justificación y santificación, creyeron también en la necesidad de obras de penitencia para salvación. Contra esta rigidez protestante se insiste en que tal como Dios predestina *solo por gracia* a los arminianos quienes tienen un entendimiento defectuoso de la doctrina de la elección, así también justifica *solo por fe* a los católicos romanos, entre otros, cuyo entendimiento de la justificación difiere (es decir, no afirma la justificación «solo por fe») de la clásica doctrina de la justificación protestante.

Sin embargo, este argumento apunta no tanto contra la «rigidez» del protestantismo como contra la insistencia de Pablo (1) en que hay un solo evangelio: la justificación por la fe sola en la obra de Cristo solamente (Ro. 3:27, 28; 4: 5; 10:4; Gal. 2:16; 3:10–11, 26; Fil. 3:8–9), (2) que cualquier otro «evangelio» no es el evangelio, (3) que aquellos que enseñan cualquier otro «evangelio» están bajo el anatema de Dios (Gal. 1:8–9), y (4) que aquellos que confían en cualquier grado en sus propias obras para su salvación anulan la gracia de Dios (Ro. 11:5–6), anulan la obra de la cruz de Cristo (Gal. 2:21; 5:2), se hacen deudores para guardar toda la ley (Gal. 5:3), y al llegar a ser tales «caen de la gracia» (Gal. 5:4), es decir, se ponen de nuevo bajo la maldición de la ley.

En cuanto a los cuatro padres mencionados arriba —y muchos otros como ellos[63]— no es mi lugar ni el de sus defensores asegurar al mundo cristiano que seguramente Dios los justificó solo por la fe, aunque ellos mismos no sostuvieron una visión *sola fide* de justificación. Juzgar una salvación individual le corresponde a la providencia de Dios y solo

---

[60] William Sanday and Arthur C. Headlam, *Romans*, International Critical Commentary (New York: Scribner, 1923), 36.
[61] Ver George la exposición de Eldon Ladd de 2 Corintios 5:21 en *A Theology of the New Testament* (1974; reimpresión, Grand Rapids, Michigan: Eerdmans, 1987), 466, sobre este tema.
[62] Timothy George, «Letters to the Editor», *Christianity Today*, Vol. 40, No. 9 (August 12, 1996): 8.
[63] J.L. Neve, *A History of Christian Thought* (Philadelphia: Muhlenberg, 1946), i, 37–39, documenta cuidadosamente en los padres apostólicos cuán rápidamente después de la era de Pablo —sin duda debido a las influencias paganas y judías externas y al tirón del corazón pelagiano— el énfasis en sus predicaciones y escritos sobre soteriología cayó más y más sobre las obras y su mérito y moralismo. Es uno de los hechos más tristes de la historia de la iglesia que desde la era post-apostólica en adelante, la iglesia cayó más y más en un grave error soteriológico, con la gracia y la fe dando paso al legalismo y la realización de buenas obras como el camino pronunciado de salvación. Solo en raras ocasiones, y ni siquiera completamente en Agustín, la voz de Pablo se volvió a escuchar claramente antes de la Reforma del siglo XVI. Véase también J. N. D. Kelly, *Early Christian Doctrine* (Londres: Adam & Charles Black, 1958), 163–164, 165, 168–169, 177–178, 184.

a ella. Por lo tanto, no especularé de una u otra manera sobre su salvación. Pero diré que nuestra actitud debe, con Pablo, ser: «sea Dios veraz, y *todo* hombre mentiroso» (Ro. 3:4). Lo que quiero decir con esto en el presente contexto es que la clara enseñanza de la Palabra de Dios debe ser mantenida y no debemos buscar razones para evitarla, incluso si la alternativa nos fuerza a concluir que *estos* padres —y *todos* los demás como ellos— no fueron salvos.

Resumen de la doctrina

Pablo define el «evangelio de Dios», que también es el «evangelio de Cristo» (Ro. 1:1, 9), específicamente en términos de justificación por fe —solo fe— en los logros de la obediencia de Cristo y la obra de la cruz, completamente aparte de guardar la ley (Ro. 1:16–17; 3:21–22, 27–28; 4:5–8; 5:1, 9, 17–19). Y la forma en que emplea el término indica que consideraba a la justificación como una absolución objetiva divina respecto al estatus del pecador delante de la ley condenatoria de Dios y no como una mejora subjetiva del pecador a través de la infusión de la gracia santificante. Este era el evangelio que Pablo predicaba —«por Él se os anuncia el perdón de los pecados, y por Él todo aquel que cree es justificado de todas las cosas, de las cuales vosotros no pudisteis ser justificados por la ley de Moisés» (Hch. 13:38-39, traducción del autor). Y pronunció un anatema[64] sobre todos y cada uno de los que enturbiarían las corrientes de la gracia con sus esfuerzos legalistas para contribuir de alguna manera a su justicia ante Dios (Gal. 1:6–9; 2:11–21; 3:1–14; 5:1–4; 6:12–16). J. I. Packer dice como resumen de la doctrina bíblica de la justificación:

> Define la importancia salvífica de la vida y muerte de Cristo relacionando ambas a la ley de Dios (Ro. 3:24 ss.; 5:16 ss.). Despliega la justicia de Dios condenando y castigando al pecado, su misericordia al perdonar y aceptar a los pecadores, y su sabiduría al ejercer ambos atributos armoniosamente a través de Cristo (Ro. 3:23 ss.). Deja claro lo que es la fe —creer en la muerte expiatoria y la resurrección justificante de Cristo (Ro. 4:23 ss.; 10:8 ss.), y confiar solo en Él para justicia (Fil. 3:8-9). Deja claro lo que es la moralidad cristiana —guardar la ley por gratitud al Salvador cuyo don de justicia hizo innecesario guardar la ley para ser aceptado (Ro. 7:1-6; 12:1-2). Explica todos los indicios, profecías, y ejemplos de salvación en el AT (Ro. 1:17; 3:21; 4:1 ss.). Derroca el exclusivismo judío (Gal. 2:15 ss.) y proporciona la base sobre la cual el cristianismo se vuelve una religión para el mundo (Ro. 1:16; 3:29-30). Es el corazón del evangelio.[65]

Muy correctamente Martín Lutero declaro que la doctrina paulina de la justificación por sola fe es el artículo por el cual la iglesia permanece o cae (*articulus stantis vel cadentis ecclesiae*), con Juan Calvino declarando que es «la principal bisagra sobre la que gira la religión» (*Institución*, 3:II.I).[66] Y al rechazar expresamente esta enseñanza como se hizo en el Concilio de Trento (ver Sesión sexta, canones nueve al doce), cuyo rechazo no solo jamás se ha repudiado sino que también se ha afirmado tan recientemente como el *Catecismo de la Iglesia Católica* de 1994, la Iglesia Católica Romana testifica de su propia condición apóstata. Y al rechazar esta doctrina, Roma ha venido a ser heredera de otros cien males, incluyendo la mariología, el sistema de indulgencias y la doctrina de las obras de supererogación por parte de «santos» cuyo «mérito *de congruo*» se coloca en el «tesoro de méritos» de Roma para ser dispensado a través de indulgencias papales.

Santificación Definitiva

Generalmente se piensa en la santificación como un proceso, y ciertamente hay un sentido en el que lo es. Pero el Nuevo Testamento presenta a menudo al cristiano como alguien que ha

---

[64] «Anatema» (ἀνάθεμα, *anathema*) en Gálatas 1:8–9 (ver Ro 9:3; 1 Co 16:22) se deriva de la preposición ἀνά (*ana*, «arriba»), τίθημι (*tithēmi*, «colocar o establecer»), y μα (*ma*, un sustantivo que termina con significado pasivo). Por lo tanto, significa «algo establecido o colocado [delante de Dios]», y es simplemente la expresión del Nuevo Testamento del principio חֵרֶם (*herem*, «dedicado») del Antiguo Testamento de entregar algo o alguien a Dios para su destrucción. Ver BAGD, Ἀνάθεμα [*anathema*], *A Greek-English Lexicon of the New Testament*, 54, no. 2.
[65] James I. Packer, «Justification», en *Evangelical Dictionary of Theology*, 593.
[66] Ver la exposición de Lutero del Salmo 130:4 en su *Werke* (Weimar: Böhlar, 1883 to present), 40/3:352,3: «... quia isto articulo stante stat Ecclesia, ruente ruit Ecclesia».

sido *santificado* y, por lo tanto, como alguien que ha sido definitivamente constituido de alguna manera y sobre alguna base santo (ver Hch. 20:32; 26:18; 1 Co 1:2; 6:11; Ef. 5:26, nótese el tiempo perfecto de ἁγιάζω, *hagiazō* en las tres primeras referencias y el tiempo aoristo en las dos últimas referencias, así como los numerosos casos en los que se llama a los cristianos «santos» o «santos»).

Los datos bíblicos
Evidencia adicional de la santificación definitiva de Dios del creyente incluye:

Romanos 6:2, 6: «hemos muerto [ἀπεθάνομεν, *apethanomen*] al pecado... nuestro viejo hombre fue crucificado [συνεσταυρώθη, *synestaurōthē*] [con Él]».

Romanos 6:18: «y libertados [ἐλευθερωθέντες, *eleutherōthentes*] del pecado, vinisteis a ser siervos [ἐδουλώθετε, *edoulōthete*] de la justicia».

Romanos 7:4-6: «Así también vosotros, hermanos míos, habéis muerto [ἐθανατώθητε, *ethanatōthēte*] a la ley... mientras estábamos [ἦμεν, *ēmen*] en la carne... Pero ahora estamos libres [κατηργήθημεν, *katērgēthēmen*] de la ley, por haber muerto [ἀποθανόντες, *apothanontes*] para aquella en que estábamos sujetos».

1 Pedro 2:24: «para que nosotros, estando muertos [ἀπογενόμενοι, *apogenomenoi*] a los pecados, vivamos a la justicia».

1 Pedro 4:1-2: «Puesto que Cristo ha padecido [παθόντος, *pathontos*] por nosotros en la carne, vosotros también armaos del mismo pensamiento; pues quien ha padecido [ὁ παθὼν, *ho pathōn*] en la carne, terminó con el pecado, para no vivir el tiempo que resta en la carne, conforme a las concupiscencias de los hombres, sino conforme a la voluntad de Dios»

El significado de estas afirmaciones
A través de su lenguaje de muerte y de liberación de la esclavitud, este material bíblico muestra un contraste radical entre la existencia precristiana del creyente y la vida que vive como cristiano. Afirma que todo cristiano es definitivamente santificado en el momento en que confía en Cristo (ver Hch. 26:18—«los que han sido santificados por la fe que es en mí»). Murió *al* pecado y ha sido liberado *del* pecado.[67] En consecuencia, las Escrituras hablan de cada cristiano como un «santo» o «santo» (ὁ ἅγιος, *ho hagios*; ver, por ejemplo, Ef. 1:1; Fil. 1:1; Col. 1:2).

Este contraste solo puede significar que para el cristiano hay una hendidura, una brecha, una traducción tan real y decisivamente verdadera en la esfera de la relación moral y religiosa como en la experiencia ordinaria de la muerte. Hay una brecha definitiva e irreversible con el reino en el cual el pecado reina en y hasta la muerte... Con respecto a cada criterio por el cual la vida moral y espiritual debe ser evaluado, hay una diferenciación absoluta. Esto significa que hay una brecha decisiva y definitiva con el poder y el servicio del pecado en el caso de cada uno que ha venido bajo el control de las provisiones de la gracia.[68]

El fundamento de la ruptura del cristiano con el pecado
Así como el fundamento de la justificación del cristiano es la obediencia imputada de Cristo, cuyo beneficio salvífico recibe todo cristiano en el momento en que se hace partícipe de Cristo por la fe, así también el fundamento de la santificación definitiva del cristiano es su unión espiritual real con Cristo en su muerte, sepultura y resurrección (Ro. 6:1-14; 2 Co. 5: 14-15), a la cual la unión salvadora es *realmente* llevada a todo cristiano en el momento en que se convierte en partícipe de Cristo a través de la fe. En otras palabras, el cristiano no sólo es considerado por Dios como justo frente a la ley, sino que también es *constituido santo* por

---

[67] Ver el éxodo redentor, por el cual el pueblo de Dios fue librado de Egipto de una vez por todas y por completo. Este evento de éxodo es el suelo del Antiguo Testamento en el que se arraiga la imagen del Nuevo Testamento de la liberación del pecado.
[68] Murray, «Definitive Sanctification», en *Collected Writings*, 2:279-280.

Dios frente al poder y dominio del pecado. No es simplemente la santidad *posicional* la que se prevé en la santificación definitiva: es una ruptura *existencial* real con el reino y dominio del pecado, ruptura que es creada por la unión espiritual real del cristiano con Cristo en su muerte y resurrección, y que es tan decisiva y definitivas como lo son la muerte y la resurrección de Cristo. Murray habla del significado de la unión espiritual vital entre Cristo y el creyente para su santificación definitiva:

> Tan íntima es la unión entre Cristo y su pueblo, que fueron hechos partícipes con Él en [su muerte y resurrección]   y, por lo tanto, murieron al pecado, resucitaron con Cristo en el poder de su resurrección, y tienen por fruto la santidad, y al final la vida eterna… la brecha decisiva y definitiva con el pecado que ocurre al principio de la vida cristiana es necesaria por el hecho de que la muerte de Cristo fue decisiva y definitiva. Es solo porque no podemos permitir ninguna reversión o repetición de la muerte de Cristo en el madero que no podemos permitir ningún compromiso sobre la doctrina de que cada creyente ha muerto al pecado y que ya no vive bajo su dominio. El pecado ya no lo señorea. Equivocarse aquí es atacar la definitividad de la muerte de Cristo. Asimismo, la entrada decisiva y definitiva a la vida nueva en el caso de todo creyente la exige el hecho de que la resurrección de Cristo fue decisiva y definitiva. Así como no podemos permitir ninguna reversión o repetición de la resurrección, tampoco podemos permitir ningún compromiso sobre la doctrina de que cada creyente es un hombre nuevo, que el viejo hombre ha sido crucificado, que el cuerpo del pecado ha sido destruido y que, como hombre nuevo en Cristo Jesús, sirve a Dios en la novedad que no es otra que la del Espíritu Santo de quien se ha hecho morada y su cuerpo el templo..[69]

Resumen de la doctrina
La doctrina de la santificación definitiva no significa que el cristiano realmente alcance, personal y existencialmente, la perfección sin pecado en el momento en que confía en Cristo; esto no dejaría lugar a la santificación progresiva. Además, la completa santificación espera la venida de nuestro Señor Jesucristo (1 Ts. 5:23). Y el cristiano que dice que no tiene pecado se engaña a sí mismo y no hay verdad en él (1 Jn. 1:8). Pero lo que significa es que todo cristiano, en el momento en que se vuelve cristiano, en virtud de su unión con Cristo, es instantáneamente constituido un «santo» y entra a una nueva relación con respecto al antiguo reino del pecado en su vida y con Dios mismo, en dicha nueva relación cesa de ser un esclavo del pecado y se vuelve un siervo de Cristo y de Dios. Y el cristiano debe tomar esta ruptura con el pecado, constituida por su unión con Cristo, tan seriamente como Dios lo hace y dejar de «presentar los miembros de su cuerpo al pecado como instrumentos de iniquidad» y comenzar a «presentarse a Dios como uno que vive de entre los muertos, y sus miembros como instrumentos [o siervos] de justicia para Dios» (Ro. 6:13, 19). Tiene la seguridad de Pablo de que «el pecado no se enseñoreará de él» (Ro. 6:14).

La Adopción y el Sello del Espíritu

Dios se digna conceder a todos aquellos que son justificados en y por su único Hijo Jesucristo, que sean participes de la gracia y adopción: por la cual ellos son contados dentro del número, y gozan de las libertades y privilegios de los hijos de Dios; están marcados con su nombre, reciben el espíritu de adopción; tienen acceso confiadamente al trono de la gracia; están capacitados para clamar, Abba, Padre; son compadecidos, protegidos, proveídos, y corregidos por él como por un padre; sin embargo, nunca desechados, sino sellados para el día de la redención, y heredan las promesas, como herederos de salvación eterna. (Confesión de Fe de Westminster, XII)

Adopción

El pecador habiendo sido perdonado y constituido justo a los ojos de Dios (es decir, justificado) y constituido santo a través de la unión con Cristo (es decir, santificado

---

[69] Ibid., 2:289, 293.

definitivamente), Dios también lo constituye legalmente como su hijo y lo adopta en su familia. Mientras que la doctrina de la justificación habla de la relación del cristiano con Dios como el *legislador y juez* (declara que ha sido jurídicamente absuelto de todas y cada una de las transgresiones de la ley, y así liberado para siempre de la ira de Dios), mientras que la doctrina de la santificación definitiva habla de la relación del cristiano con Dios como *su nuevo maestro* (declara que ya no es más esclavo del pecado y que ahora es siervo de Dios), así la doctrina de la adopción habla de la relación filial del cristiano con Dios *como su Padre* (declara que él es un hijo de Dios y que Dios es su Padre celestial).

Los datos bíblicos

La terminología que nos interesa aquí son los sustantivos υἱός (*huios*, «hijo» —2 Co. 6:18; Gal. 3:26; 4:6–7; Heb. 2:10; 12:5–8; Ap. 21:7), τέκνον (*teknon*, «niño» —Jn. 1:12; 11:52; 1 Jn. 3:1, 10; 5:2; Ro. 8:16, 21; 9:8; Ef 5:1; Fil 2:15) y παιδίον (*paidion*, «pequeño niño» —Heb. 2:13–14), los tres indican la relación filial que el cristiano mantiene con Dios el Padre en virtud del acto adoptivo del Padre (υἱοθεσία, *huiothesia* —Ro. 8:15, 23; Gal. 4:5; Ef. 1:5 [ver también Ro. 9:4]). Aunque υἱοθεσία, *huiothesia*, no se emplea en la Septuaginta, debido a que la nación de Israel es vista como el «hijo» de Dios en Ex. 4:22, Os. 11:1, Is. 1:2 y en otros lugares, Pablo habla de la nación de «adopción» nacional de Israel en el momento del éxodo en Romanos 9:4. Luego, de la adopción del cristiano, dispuesta en el orden teológico bíblico en el que ocurren las acciones divinas de las que hablan los varios versículos, Pablo escribe:

Efesios 1:4-5: «en amor habiéndonos [el Padre] predestinado para ser adoptados hijos suyos por medio de Jesucristo». Aquí en este único versículo Pablo nos informa de la raíz última (predestinación) y el fin supremo (filiación) de nuestra salvación. A la luz del hecho de que Pablo (1) hace sonar esta nota de «adopción» al principio de Efesios, (2) se refiere al «Padre» en momentos críticos de Efesios (1:2, 3, 17; 2:18; 3:14; 4:6; 5:20; 6:23), (3) lo representa como el sujeto de la mayoría de los verbos que hablan de la actividad divina, y (4) desarrolla el andar del cristiano en términos del andar de un «hijo» ante el Padre (5:1, 8), sugiero que así como Romanos es el tratado de Pablo sobre la justificación, Efesios en un sentido especial es el tratado de Pablo sobre la paternidad de Dios y la doctrina de la adopción.

Gálatas 4:4-6: «Pero cuando vino el cumplimiento del tiempo, Dios envió a su Hijo, nacido de mujer y nacido bajo la ley, para que redimiese a los que estaban bajo la ley, a fin de que recibiésemos la adopción de hijos. Y por cuanto sois hijos [por adopción], Dios envió a vuestros corazones el Espíritu de su Hijo [por naturaleza], el cual clama: ¡Abba,[70] Padre!».

Romanos 8:15-16: «Pues no habéis recibido el espíritu de esclavitud para estar otra vez en temor, sino que habéis recibido el espíritu de adopción, por el cual clamamos: ¡Abba, Padre! El Espíritu mismo da testimonio a nuestro espíritu, de que somos hijos de Dios».

Romanos 8:23: «…nosotros mismos, que tenemos las primicias[71] del Espíritu, nosotros también gemimos dentro de nosotros mismos, esperando la adopción, la redención de nuestro cuerpo».

Estos cuatro versículos, ordenados, proporcionan una teología bíblica de la doctrina de la adopción: (1) en amor el Padre predestinó la adopción de los creyentes en Cristo antes de la fundación del mundo; (2) el Padre envió a su Hijo al mundo para hacer la obra redentora objetiva necesaria para la salvación de su pueblo de la condenación de la ley y la elevación

---

[70] Se ha convertido en un lugar común entre los evangélicos afirmar que «Abba» significa algo del orden de nuestro «papá» informal. Sin embargo, este no es el caso. «Abba», la transliteración anglicanizada del griego Αββα, *Abba*, que a su vez es la transliteración del arameo אבא, *·abbā·*, como aclara la traducción de Pablo (ὁ πατήρ, *ho patēr*, «Padre»), significa «Oh Padre». El sufijo א, *ā*, adjunto a אב (·*āḇ*, «padre») es simplemente el artículo arameo usado vocativamente.

[71] El don de Dios de su Espíritu Santo a su hijo como las «primicias» (τὴν ἀπαρχὴν, *tēn aparchēn*) de la próxima cosecha completa (con τοῦ πνεύματος, *tou pneumatos*, interpretado como un genitivo aposicional), garantiza que el cristiano finalmente recibirá su plena adopción al recibir su cuerpo resucitado glorificado (Ro 8:23).

por adopción lejos de la disciplina tutelar de la economía mosaica bajo la cual como hijos adoptivos habían vivido en tiempos pasados, al estatus de hijos plenos y maduros (Gal. 4:1-2); (3) el Padre envió el Espíritu de su Hijo, que también es el Espíritu de adopción, al corazón del creyente, asegurándolo subjetivamente que es hijo del Padre y capacitándolo para clamar «Abba, Padre»; y (4) el hijo de Dios, habiendo recibido el Espíritu de adopción como las primicias de su adopción, espera la etapa final de su adopción en el escatón, cuando su incluso su cuerpo caído mortal será redimido de su corrupción y llevado a un estado de gloria como el de su Señor (Fil. 3:21). La teología bíblica de adopción, entonces, abarca (1) el amor del Padre desde toda la eternidad, (2) la redención de esclavitud pasada, (3) un estatus y forma de vida presente, y (4) una expectación futura de gloria.

Una acción legal con consecuencias eternas
Tanto el término de Pablo υἱοθεσία, *huiothesia*, como la expresión de Juan en Juan 1:12—«dio autoridad de ser hechos hijos»— indican que la adopción contempla una acción por parte del Padre que constituye forensemente y no subjetivamente transformando el carácter. Mediante la adopción, el estatus de filiación se otorga legalmente al creyente, y aquellos teólogos (p. ej., Murray, Packer) que insisten en que el estatus del cristiano del que habla esta doctrina es el "ápice de la gracia redentora y el privilegio" y el "epítome de la gracia". son ciertamente correctos. Porque mientras que la justificación aborda la cuestión de la relación de uno con la ley, y la santificación definitiva aborda la cuestión de la relación de uno con el poder del pecado, la adopción aborda la cuestión de la relación de uno con el mismo Dios Padre. Pablo mismo sugiere fuertemente el estado exaltado previsto por la adopción cuando relaciona la adopción del cristiano en Efesios 1:5 con el amor predestinador del Padre, como dice Murray: «Aquí tenemos la fuente última y el privilegio más alto reunidos».[72] Pablo lo hace. lo mismo cuando concluye su exposición del estatus privilegiado de los creyentes judíos y gentiles en Efesios 2:18-19 con las palabras: "por medio de Él, ambos tenemos acceso al Padre en un solo Espíritu. Así que ya no sois extraños ni advenedizos, sino conciudadanos de los santos, y miembros de la familia [οἰκεῖοι, *oikeioi*] de Dios." ¿Pueden los cristianos disfrutar de alguna bienaventuranza o privilegio más alto que el acceso a Dios Padre a través de su Hijo y Espíritu del que disfrutan como miembros de su casa? ¿Qué bienaventuranza puede reemplazar la bienaventuranza de simplemente ser un hijo del Dios santo? No hay ninguna, ni justificación, ni santificación, por grandes que sean estos privilegios.

Como consecuencias de su estatus constituido como hijo de Dios, los siguientes privilegios adicionales se acumulan inmediatamente para cada creyente: (1) el cristiano tiene el nombre del Padre colocado en él (Ef. 2:19; 3:14-15), estando así seguro de que tiene la protección y provisión del Padre, (2) está sellado con el Espíritu Santo (Ef. 1:13), (3) ella o él inmediatamente se vuelve hermana o hermano de Cristo, siendo Cristo el «Hijo primogénito [es decir, el hermano mayor] entre muchos hermanos» (Ro. 8:17), (4) esperándolo en el cielo es su «herencia incorruptible, incontaminada e inmarcesible» (1 P. 1:4), y (5) está seguro de que entrará en su herencia porque «sois guardados [«guardado, protegido» —φρουρουμένους, *phrouroumenous*] por el poder de Dios mediante la fe, para alcanzar la salvación que está preparada para ser manifestada en el tiempo postrero» (1 P. 1:5).

En cuanto a sus *responsabilidades*, (1) como hijo amado el creyente debe andar en amor (Ef. 5:1-2), (2) como hijo de luz debe andar en la luz y denunciar las obras infructuosas de las tinieblas (Ef. 5:8-11), (3) se le advierte que experimentará el amor que castiga del Padre cuando se descarríe (Heb. 12:6-8), y (4) como miembro de la familia en la casa de Dios, todos

---

[72] Murray, «Adoption», *Collected Writings*, 2:230.

los demás cristianos son sus hermanos y hermanas, para ser amados y animados en la fe (1 Jn. 4:20-21; 5:1-20; Ro. 5:14).

Resumen de la doctrina

«La adopción es un acto de la libre gracia de Dios, por la cual somos recibidos en el número de los hijos de Dios, y tenemos el derecho a todos los privilegios de los hijos de Dios» (Catecismo Menor, Pregunta 34). Esta simple definición nos recuerda que la adopción es (1) la determinación objetiva del Padre respecto al creyente, determinada sobre su fe en Cristo, (2) otorgada por su libre gracia (ver 1 Jn. 3:1), y (3) el acto mediante el cual el creyente se vuelve un hijo de Dios. La adopción es el más alto privilegio disponible para los hijos caídos de Adán, y todos sus privilegios corresponden al que disfruta de la condición de heredero de todas las promesas de Dios y de la salvación eterna —acceso al trono de gracia del Padre, su piedad, protección, provisión y castigo, y el sello de su Espíritu hasta el día de la redención.

El sello del Espíritu Santo

El Espíritu del Hijo de Dios, que también es el Espíritu de adopción, no solo testifica con los espíritus de los cristianos de que son hijos de Dios, sino también, como «prenda garante [ἀρραβών, *arrabōn*] de su herencia» (notar aquí la terminología legal de la filiación),[73] los sella como la posesión de Dios para el día de la redención escatológica (Ef. 4:30; 2 Co. 5:5).

Los datos bíblicos

Pablo proporciona los datos bíblicos respecto al sellado del Espíritu en dos lugares:

Efesios 1:13-14: «Después de haber creído, en Él fuisteis marcados con un sello [ἐσφραγίσθητε, *esphragisthēte*] por el Espíritu Santo de la promesa, el cual es depósito en garantía [ἀρραβών, *arrabōn*] nuestra herencia». (*traducción del autor*)

Nótese que el sellamiento del Espíritu, como la justificación, la santificación definitiva y la adopción, sigue a la creencia del cristiano como una de las consecuencias de la fe salvadora. Nótese también que este sellamiento está representado por el tiempo aoristo como un hecho consumado, lo que sugiere que así como el Espíritu es el testigo de que el cristiano es hijo de Dios y como tal heredero de Dios (Ro. 8:16-17), también el Espíritu de adopción que mora en nosotros, dado junto con el acto constitutivo de adopción de Dios, se convierte también al mismo tiempo en la «prenda de garantía» de la herencia total del creyente y en la «marca» o «sello» de que el creyente pertenece a la familia de Dios para el último día de redención (ver Ef. 4:30; 2 Co. 5:5).

2 Corintios 1:21-22: «Y el que nos confirma con vosotros en Cristo, y el que nos ungió, es Dios, el cual también nos ha sellado [σφραγισάμενος, *sphragisamenos*], y nos ha dado las arras del Espíritu [ἀρραβῶνα τοῦ πνεύματος, *arrabōna tou pneumatos*] en nuestros corazones».

Nota que el tiempo del verbo sellar aquí, como en Efesios 1:13, es aoristo, indicando que para el creyente el sellamiento es un hecho consumado, que sin duda ocurre en el momento de la adopción del creyente. Nota también que de nuevo que el Espíritu que mora en nosotros es la garantía de propiedad de Dios (interpreto πνεύματος, *pneumatos*, como un genitivo aposicional), lo que garantiza que el creyente es un hijo de Dios para siempre.

La naturaleza del sello del Espíritu

De estas declaraciones virtualmente idénticas aprendemos que, dependiendo de nuestra fe en Cristo, Dios no solo nos justifica, no solo nos santifica definitivamente, no solo nos adopta en su familia, sino también nos *sella* en Cristo por el Espíritu de Dios, quién es el «la primera

---

[73] En su *The Bible and the Future* (Grand Rapids, Michigan: Eerdmans, 1979), Anthony A. Hoekema escribe sobre ἀρραβών, *arrabōn*, la transliteración griega de la palabra prestada semítica עֲרָבוֹן, *arābōn*: «Uno quizás podría traducir la palabra 'pago inicial' o 'primera cuota', si no fuera por el hecho de que, en el mundo actual, un pago inicial no garantiza el pago de la totalidad de la suma adeudada. De ahí que la palabra *arrabon* se traduzca mejor como prenda o garantía» (62).

cuota» («depósito de garantía») de nuestra herencia final gloriosa. ¿Qué significa esto? Lo primero que debe notarse es que no estamos hablando aquí sobre eventos cronológicamente relacionados. El sellamiento del Espíritu (tal como es verdad de la justificación, la santificación definitiva y la adopción) no sigue cronológicamente a la confianza. Es decir, uno no confía en Cristo en un momento y el Espíritu Santo lo sella en Cristo al siguiente. Más bien, estamos simplemente instando a que la fe en Cristo es la causa instrumental del sellamiento. Es decir, en el momento en que uno confía en Cristo, en *ese mismo momento* el Espíritu Santo lo sella en Cristo. Pero sería cierto decir que el sellamiento del Espíritu depende de esa confianza.

Luego debe notarse que el «sellamiento» *es* la morada del Espíritu Santo, quien es Él mismo el «sello». Pablo enseña que el Espíritu Santo, siendo Él mismo la «prenda [ἀρραβὼν, *arrabōn*] de nuestra herencia» (Ef. 1:14; 2 Co. 1:22; 5:5), se convierte —por su «garantía de morada» de que el cristiano en que habita es un hijo de Dios para siempre— tanto en el «sello» que marca la *propiedad* de Dios del cristiano como en el pago inicial de *autenticación o la primera cuota* que garantiza la herencia completa del cristiano en el Escatón de cada bendición espiritual en el cielo en Cristo.

Su distinción del bautismo del Espíritu Santo
El sello del Espíritu del creyente en Cristo no debiera confundirse con el bautismo del Espíritu Santo. El bautismo del Espíritu Santo es la obra del Cristo glorificado y es el equivalente a la obra regeneradora del Espíritu. Precede y es la precondición de la fe en Cristo, mientras que el sellamiento del Espíritu sigue a la fe en Cristo. Lucas registra cuatro «bautismos del Espíritu» o «venidas» del Espíritu en Hechos —Hechos 2, judíos; Hechos 8, samaritanos; Hechos 10, gentiles; Hechos 19, seguidores de Juan— marcando con ellos los pasos estratégicos en la extensión de la iglesia y enseñando así que no hay sino *una* iglesia en la que todos los convertidos son bautizados por el mismo Espíritu —ya sea judíos, samaritanos, gentiles, o seguidores de Juan.[74] En otras palabras, los cuatros «pentecosteses» en Hechos *como eventos* tuvieron importancia reveladora en el proceso no repetible de la *heilgeschichtlich*. Tenían la intención de enseñar que solo hay «un cuerpo, y un Espíritu, como fuisteis también llamados en una misma esperanza de vuestra vocación; un Señor, una fe, un bautismo, un Dios y Padre de todos, el cual es sobre todos, y por todos, y en todos» (Ef. 4:4-6), independientemente de la mezcla humana dentro de él. Por lo tanto, los «bautismos del Espíritu» como eventos en Hechos no debe ser vistos como sucesos continuos y normativos en la historia de la iglesia. El Cristo glorificado dejó claro de estos *heilsgeschichtlich* «bautismos del Espíritu» que la gente de todos las razas y trasfondos sociales son «son coherederos y miembros del mismo cuerpo, y copartícipes» (Ef. 3:6). Siendo esto así, no hay más necesidad por la continuidad de tales eventos *reveladores*.

Pero mientras Lucas testifica de la gran verdad de la unicidad del pueblo de Dios al registrar estas «venidas del Espíritu», en ningún lado expone su importancia *soteriológica*. Esta exposición la proporciona Pablo, quién lo hace en una sola frase «Porque por un solo Espíritu *fuimos todos bautizados* [ἡμεῖς πάντες... ἐβαπτίσθημεν, *hēmeis pantes... ebaptisthēmen*] en un cuerpo, sean judíos o griegos, sean esclavos o libres; y a todos se nos dio a beber de un mismo Espíritu» (1 Co. 12:13). Lo que Pablo quiere decir aquí es que este «bautismo del Espíritu» —que es el acto conjunto tanto del Cristo glorificado como del Espíritu Santo que todo cristiano ha experimentado (ver el πάντες de Pablo, *pantes*)—

---

[74] Los discípulos de Juan eran el único grupo del primer siglo que tenía algún fundamento para pensar que poseía alguna legitimidad como secta separada e independiente. En esto estaban equivocados, por supuesto, y por su bautismo en el Espíritu, Cristo estaba declarando que esta secta tenía que renunciar a su independencia y dejarse absorber por la Iglesia de Cristo.

une en una unidad espiritual a gente de diversas extracciones raciales [«sean judíos o griegos» de Pablo] y diversos trasfondos sociales [su «sean esclavos o libres»] para que formen el cuerpo de Cristo —la *ekklesia*... el hecho de la unicidad de la *ekklesia* es [según Pablo] el significado teológico de las muchas extensiones de pentecostés en Hechos.[75]

Los cuatro «pentecosteses» en Hechos (Hch. 2, 8, 10, 19) deben entenderse entonces a la luz de la visión de Ladd. Teológicamente, señalan la obra bautismal del Espíritu —de la cual el sacramento del bautismo es el signo y sello— mediante el cual las personas racial y culturalmente diversas son regeneradas, limpiadas y colocadas en el único cuerpo espiritual de Cristo.

Su distinción de la llenura del Espíritu
La obra de sellamiento del Espíritu también debe distinguirse de la actividad de la llenura del Espíritu. La actividad de la llenura del Espíritu sigue a la obra del sellamiento del Espíritu, continúa en la vida del cristiano, y está involucrada en y es un aspecto de la santificación progresiva del cristiano.

Los pasajes clave aquí son Efesios 5:18-21 y Colosenses 3:15-17. En el pasaje de Efesios Pablo introduce sus instrucciones con un mandato que contiene dos imperativos: «No os embriaguéis con vino, en lo cual hay disolución; antes bien *sed llenos del Espíritu* [πληροῦσθε ἐν πνεύματι, *plērousthe en pneumati*]». Lo primero que hay que subrayar es el significado del segundo imperativo en sí mismo. Es un mandato (un imperativo), está dirigido a toda la comunidad cristiana (el imperativo es plural), el mandato debe observarse continuamente (el imperativo está en el tiempo presente), y nos llama, no a técnicas o fórmulas sectarias, sino a una *apertura creyente* a la obra del Espíritu en nosotros (está en la voz pasiva, mejor traducida: «Deja que el Espíritu te llene continuamente»). A la luz del imperativo contrastante, Pablo está ordenando que nunca debemos caer «bajo la influencia» del «espíritu embriagador» del vino, sino que debemos vivir siempre bajo la «influencia embriagante» del Espíritu que, lejos de quitarnos de nosotros nuestro autocontrol (que el alcohol como droga depresiva hace), en realidad nos estimula por primera vez en todo lo que hace que una persona se comporte lo mejor y más alto, incluido el autocontrol (Gal. 5:22).

El paralelo colosense dice, no «deja que el Espíritu te llene», sino «La palabra de Cristo more [ἐνοικείτω, *enoikeitō*] en abundancia en vosotros (Col. 3:16), también un imperativo presente. Estas dos ideas, ambas destacando una influencia *subjetiva* y divina, son prácticamente idénticas. Ser lleno del Espíritu es ser habitado por la palabra de Cristo, ser habitado por la palabra de Cristo es ser lleno del Espíritu. Uno jamás debe separar el Espíritu de la palabra de Cristo o la palabra de Cristo del Espíritu. El Espíritu obra por y con la palabra de Cristo. La palabra de Cristo obra por y con el Espíritu.

Pablo articula el resultado y la evidencia de esta obra conjunta del «llenarnos» del Espíritu y del «habitarnos» de la palabra de Cristo por los cinco participios presentes que califican la llenura del Espíritu en Efesios 5:19-21:

1. Hablando (λαλοῦντες, *lalountes*) entre vosotros con salmos, con himnos y cánticos espirituales (esto compañerismo cristiano),
2. Cantando (ᾄδοντες, *adontes*) y alabando (ψάλλοντες, *psallontes*) al Señor en vuestros corazones (esto es la adoración cristiana en espíritu y en verdad);
3. Dando siempre gracias (εὐχαριστοῦντες, *eucharistountes*) por todo al Dios y Padre (esto es gratitud cristiana), en el nombre de nuestro Señor Jesucristo. Y,

---

[75] Ladd, *Theology of the New Testament*, 347.

4. Someteos (ὑποτασσόμενοι, *hypotassomenoi*) unos a otros en el temor de Dios (esposas y maridos, hijos y padres, esclavos y amos, esta es la demostración cristiana de la mansedumbre y la dulzura del mismo Cristo en las relaciones personales).

Pablo enseña virtualmente lo mismo en Colosenses 3:15-17. Después de amonestar a los colosenses a «la palabra de Cristo more en abundancia en vosotros», inmediatamente sigue su amonestación, como lo hace en Efesios, con una serie de cuatro participios presentes que muestran resultado (evidencia):

1. Enseñándoos (διδάσκοντες, *didaskontes*) y exhortándoos (νουθετοῦντες, *nouthetountes*) unos a otros (compañerismo cristiano) en toda sabiduría
2. Cantando (ᾄδοντες, *adontes*) con gracia en vuestros corazones al Señor (adoración cristiana) con salmos e himnos y cánticos espirituales. Y
3. Todo lo que hacéis, sea de palabra o, de hecho, hacedlo todo en el nombre del Señor Jesús, dando gracias (εὐχαριστοῦντες, *eucharistountes*) a Dios Padre por medio de él (gratitud cristiana).

Como hizo en Efesios, Pablo luego sigue estos participios con mandatos para esposas y esposos, hijos y padres, y esclavos y amos de comportarse unos con otros como deben ser los cristianos y como lo justifican sus respectivas posiciones.

El cristiano que evidencia estas cosas en su vida está «siendo lleno del Espíritu», es decir, está «permitiendo que la palabra de Cristo more en abundancia en él». No necesita practicar ciertas técnicas sectarias o recitar ciertos encantamientos sectarios o «mantras cristianos» para recibir la llenura del Espíritu. Solo necesita cultivar estas cosas permaneciendo humilde y creyentemente abierto al Espíritu que obra por y con la palabra de Cristo en su corazón.

Resumen de la doctrina

El sellamiento del Espíritu, que debe distinguirse del bautismo del Espíritu y la llenura del Espíritu, es ese acto de Dios, realizado en relación con su acto de adopción, por el cual sella al creyente para el día final de la redención por la presencia interior del Espíritu de adopción, cuya morada es el «pago inicial» garantizador de la herencia completa y final del cristiano.

DOS ACTIVIDADES DIVINO-HUMANAS

Santificación Progresiva

Aquellos que son llamados eficazmente y regenerados, teniendo un nuevo corazón y creado un nuevo espíritu en ellos, son además santificados real y personalmente por medio de la virtud de la muerte y la resurrección de Cristo, por su Palabra y Espíritu que mora en ellos; el dominio del pecado sobre el cuerpo entero es destruido, y las diversas concupiscencia de él son debilitadas y mortificadas más y más, y los llamados son más y más fortalecidos y vivificados en todas las gracias salvadoras, para la práctica de la verdadera santidad, sin la cual ningún hombre verá al Señor.

Esta santificación se efectúa en todo hombre, aunque es incompleta en esta vida. Todavía quedan algunos remanentes de corrupción en todas partes, de donde surge una continua e irreconciliable batalla; la carne lucha contra el Espíritu, y el Espíritu contra la carne.

En dicha batalla, aunque la corrupción que aún queda puede prevalecer mucho por algún tiempo, sin embargo, a través del continuo suministro de fuerza de parte del Espíritu Santificador de Cristo, la parte regenerada triunfa: y así crecen en gracia los santos, perfeccionando la santidad en el temor de Dios. (Confesión de Fe de Westminster, XIII/i-iii)

Los datos Bíblicos
El grupo de palabras del Antiguo Testamento que especifican la santidad de vida del creyente viene primariamente de la raíz hebrea קָדַשׁ, qāḏaš:

Éxodo 19:6: «Y vosotros me seréis un reino de sacerdotes, y gente santa»

Levítico 11:44-45: «Porque yo soy Jehová vuestro Dios; vosotros por tanto os santificaréis, y seréis santos, porque yo soy santo... Porque yo soy Jehová, que os hago subir de la tierra de Egipto para ser vuestro Dios: seréis, pues, santos, porque yo soy santo»

Levítico 19:2: «Habla a toda la congregación de los hijos de Israel, y diles: Santos seréis, porque santo soy yo Jehová vuestro Dios»

El grupo de palabras principal del Nuevo Testamento que aborda el mismo asunto viene del verbo ἁγιάζω, *hagiazō*:

Juan 17:17: «Santifícalos [ἁγίασον, *hagiason*] en tu verdad; tu palabra es verdad».

1 Tesalonicenses 5:23: «Y el mismo Dios de paz os santifique [ἁγιάσαι, *hagiasai*] por completo».

Empleando el adjetivo ἅγιος, *hagios*, Pedro convoca al cristiano a la santidad y cita el mandamiento del Antiguo Testamento para fortalecer su demanda:

1 Pedro 1:15-16: «sino como aquel que os llamó es santo, sed también vosotros santos [ἅγιοι, *hagioi*] en toda vuestra manera de vivir; porque escrito está: Sed santos, porque yo soy santo».

Un sustantivo significativo a este respecto es ἁγιασμός, *hagiasmos*. Tenga en cuenta las siguientes ocurrencias:

1 Tesalonicenses 4:3: «pues la voluntad de Dios es vuestra santificación; que os apartéis de fornicación».

1 Tesalonicenses 4:7: «Pues no nos ha llamado Dios a inmundicia, sino a santificación»

Hebreos 12:14: «Seguid la paz con todos, y la santidad, sin la cual nadie verá al Señor».

Otro sustantivo significativo que especifica la obligación del cristiano de perfeccionar un caminar santo es ἁγιωσύνη, *hagiōsynē*:

2 Corintios 7:1: «Así que, amados, puesto que tenemos tales promesas, limpiémonos de toda contaminación de carne y de espíritu, perfeccionando la santidad en el temor de Dios»

La naturaleza de la vida santificada
A lo largo de su vida, desde el momento de su regeneración y conversión hasta el momento de su elevación final a la gloria celestial, el cristiano, en virtud de su unión con la muerte y resurrección de Cristo y por el poder de la palabra de Dios y del Espíritu que mora en él, experimentará necesariamente la santificación progresiva, este proceso debe entenderse negativamente en términos de hacer morir las obras de la carne que aún permanecen en él y positivamente en términos de crecimiento en todas las gracias salvadoras.[76] Considérese primero la justificación bíblica para el lado negativo de la santificación progresiva:

Romanos 8:13: «porque si vivís conforme a la carne, moriréis; más si por el Espíritu hacéis morir las obras de la carne, viviréis».

Colosenses 3:5: «Haced morir [νεκρώσατε, *nekrōsate*], pues, lo terrenal en vosotros: fornicación, impureza, pasiones desordenadas, malos deseos y avaricia, que es idolatría».

Cabe señalar que estas dos admoniciones de hacer morir las malas obras del cuerpo siguen inmediatamente a la insistencia de Pablo de que el creyente ha muerto al pecado (Ro. 6–7; Col. 3:3). Claramente, Pablo esperaba que el cristiano conformara su experiencia procesal con el pecado a su muerte definitiva al pecado.

---

[76] Ver Berkhof, *Systematic Theology*, 533

Con respecto al lado positivo de la santificación progresiva se pueden citar los siguientes versículos:

Romanos 12:2: «sino transformaos [μεταμορφοῦσθε, *metamorphousthe*] por medio de la renovación de vuestro entendimiento».

2 Corintios 3:18: «Por tanto, nosotros todos, mirando a cara descubierta como en un espejo la gloria del Señor, somos transformados [μεταμορφούμεθα, *metamorphoumetha*] de gloria en gloria en la misma imagen».

Efesios 4:11-16: «[Cristo] a fin de perfeccionar a los santos [dio hombres espiritualmente dotados]..., para la edificación del cuerpo de Cristo, hasta *que todos lleguemos* [καταντήσωμεν, *katantēsōmen*] a la unidad de la fe y del conocimiento del Hijo de Dios, a un varón perfecto, a la medida de la estatura de la plenitud de Cristo; para que ya no seamos niños... sino... *crezcamos* [αὐξήσωμεν, *auxēsōmen*] en todo en aquel que es la cabeza, esto es, Cristo, de quien todo el cuerpo, bien concertado y unido entre sí por todas las coyunturas que se ayudan mutuamente, según la actividad propia de cada miembro, *recibe su crecimiento* [αὔξησιν... ποιεῖται, *auxēsin ...poieitai*] para ir edificándose en amor».

Filipenses 1:9: «Y esto pido en oración, que vuestro amor abunde aún más y más en ciencia y en todo conocimiento».

Filipenses 3:13-14: «Hermanos, yo mismo no pretendo haberlo ya alcanzado; pero una cosa hago: olvidando ciertamente lo que queda atrás, y *extendiéndome* [ἐπεκτεινόμενος, *epekteinomenos*] a lo que está delante, *prosigo* [διώκω, *diōkō*] a la meta, al premio del supremo llamamiento de Dios en Cristo Jesús.

Colosenses 1:9-10: «no cesamos... de pedir que seáis llenos del conocimiento de su voluntad... para que andéis como es digno del Señor... *creciendo* [αὐξανόμενοι, *auxanomenoi*] en el conocimiento de Dios».

1 Tesalonicenses 3:12-13: «Y el Señor os haga crecer [πλεονάσαι, *pleonasai*] y abundar en amor unos para con otros..., que sean afirmados vuestros corazones, irreprensibles en *santidad* [ἁγιωσύνη, *hagiōsynē*] delante de Dios nuestro Padre, en la venida de nuestro Señor Jesucristo».

1 Pedro 2:2: «desead, como niños recién nacidos, la leche espiritual no adulterada, para que por ella *crezcáis* [αὐξηθῆτε, *auxēthēte*] para salvación».

2 Pedro 3:18: «creced [αὐξάνετε, *auxanete*] en la gracia y el conocimiento de nuestro Señor y Salvador Jesucristo».

El Nuevo Testamento claramente se niega a respaldar una experiencia cristiana carnal como un statu quo legítimo. Concibe la vida cristiana como una vida que consiste en morir y vivir al mismo tiempo —de *morir* cada vez más al pecado y vivir cada vez más en la justicia.

El triple patrón de la vida santificada

Las Escrituras no dejan en duda el tema del patrón según el cual el cristiano debe conformar su vida. Establecen un patrón triple distinto e inequívoco de santidad según el cual debe modelar su andar cristiano, a saber, la santidad ética de Dios, su voluntad preceptiva, y Cristo mismo.

1. Desde que el hombre fue creado originalmente a la imagen de Dios (Gn. 1:26-27) y, según Pablo, es recreado por la gracia conforme a la imagen de Dios en conocimiento y verdadera justicia y santidad (Ef. 4:24; Col. 3:10), las Escrituras llaman al cristiano a emular *la santidad ética de Dios mismo*: «sed santos, porque yo soy santo» (Lv. 11:44-45; 19:2; 1 P. 1:15-16). Ver también las amonestaciones: «Sed perfectos [en vuestra misericordia], como vuestro

Padre que está en los cielos es perfecto [en su misericordia]» (Mt. 5:48; Lc. 6:36); «perdonándoos… como también Dios os perdonó» (Ef. 4:32; Col. 3:13).

2. La revelación define que la semejanza a Dios según la cual la vida de los cristianos debe modelarse concretamente en términos de conformidad a su *voluntad preceptiva* para ellos — la ley moral o diez mandamientos (Ex. 20:1-17; Dt. 5:6-21). Es decir, es el decálogo que es la norma ética para el modo de vida del pacto del cristiano.

Sin embargo, hablar sobre la ética cristiana y la ley al mismo tiempo para muchos cristianos es rozar el borde del legalismo, si no entrar en él. Esto, por supuesto, es una noción equivocada. La definición adecuada de legalismo la da el *Shorter Oxford Dictionary*: «adherencia a la ley en oposición al evangelio; la doctrina de la justificación por las obras, o la enseñanza que tiene el sabor de ella». Este significado histórico del término debe tenerse en cuenta, ya que, como señala David C. Jones en su nota de conferencia sobre ética cristiana, es demasiado común en el siglo XX encontrar que el término se usa para «adherirse a los preceptos de Dios como la norma de la moralidad», que es algo totalmente diferente. Por tal mal uso del término, las connotaciones negativas del legalismo se transfieren a la moralidad del protestantismo ortodoxo. La doctrina de la justificación solo por la fe libera a este último de la acusación de legalismo. Aun así, una posición ética podría «saber» a legalismo si no presta la atención adecuada a la unión con Cristo como la dinámica ética de la vida cristiana (ver Ro. 6:1–14) y a la obra capacitadora del Espíritu Santo en santificación. Tal no es el caso de la Confesión de Fe de Westminster, que afirma la necesidad de que «el Espíritu de Cristo subyugue y capacite la voluntad del hombre para hacer libre y alegremente lo que la voluntad de Dios, revelada en la ley, requiere que se haga» (XIX/vii). Una ética verdaderamente bíblica se preocupa por la obediencia a los preceptos de Dios hechos posibles por el Espíritu de vida en Cristo Jesús (Ro. 8:4). Es esta «manera de vida y comportamiento lo que la Biblia requiere y lo que produce la fe de la Biblia».[77]

Este uso de la ley para la ética cristiana ha llegado a denominarse como el «tercer uso de la ley», siendo los otros dos usos, primero, sus estándares morales que han de servir como regla de toda la justicia civil verdadera, y segundo, su obra «tutorial» de convencer a los pecadores, a través de la agencia del Espíritu Santo, de sus pecados y así conducirlos a cristo para que puedan ser justificados por fe (Gal. 3:24).

Algunos luteranos, aplicando su paradigma ley-evangelio, rechazan este tercer uso de la ley (aunque fue claramente enseñado por Melanchthon y la *Fórmula de Concordia*, Art. VI), temiendo que introdujera el legalismo a la experiencia cristiana. Los dispensacionalistas, temiendo la herejía del «Galacianismo», también rechazaron la noción de que los cristianos están bajo la llamada ley mosaica. Por ejemplo, Lewis Sperry Chafer declara que los cristianos no están obligados a obedecer el decálogo como tal y cita la declaración de Pablo de que «no estamos bajo la ley sino bajo la gracia» para probarlo (Ro. 6:15; ver Gal. 3:24-25).[78] Estos cristianos argumentan que Pablo enseña que la ley ha sido cumplida y, por lo tanto, abolida en Cristo. Ellos están vinculados a Cristo, declaran y, por lo tanto, están obligados solo a servirle a Él. ¿Pero el Nuevo Testamento deroga el carácter normativo del decálogo para la vida y práctica cristianas? Debidos a que es a Pablo en particular a quién se acredita de enseñar esto, es importante que consideremos esta cuestión de la enseñanza de Pablo sobre la relación del cristiano con la ley.[79]

---

[77] John Murray, *Principles of Conduct* (Grand Rapids, Michigan: Eerdmans, 1957), 12.
[78] Lewis Sperry Chafer (*Systematic Theology*, [1947; reimpresión, Grand Rapids, Michigan: Kregel, 1993], 4:209) escribe: «¿Deben los cristianos recurrir al decálogo como base del gobierno divino en su vida diaria? La Escritura responde a esta pregunta con una afirmación positiva: 'No estáis bajo la ley, sino bajo la gracia'».
[79] Estoy en deuda con las conversaciones con George W. Knight III por varias de las siguientes ideas sobre la enseñanza de Pablo sobre la relación del cristiano con la ley. Ver también Murray, principios de conducta, capítulo 8.

Desde el principio, llama la atención notar que este gran apóstol de la justificación por la sola fe, completamente aparte de las obras de la ley, todavía puede hablar de la ley de Dios como santa, justa, espiritual y buena (Ro. 7:12, 14, 16) y puede afirmar que todo el mundo es responsable ante Dios porque todos los hombres están «bajo la ley» (Ro. 3:19). Argumenta que su evangelio, lejos de anular la ley, más bien la confirma (Ro. 3:31). Deja en claro que la obediencia es conformidad con la voluntad de Dios y que la voluntad de Dios proporciona las normas o estándares específicos para la obediencia cristiana. Aquí, como en el caso del contenido del mensaje del evangelio mismo, las normas o estándares a veces se presumen o asumen y no siempre se establecen específicamente. Sin embargo, a veces, la base o el estándar se establece de manera muy significativa. En estos lugares queda claro que el carácter fundamental de la ética de Pablo es la voluntad o ley preceptiva revelada de Dios.

La norma o estándar en la ética de Pablo es, primero, la ley de Dios conocida por todos los hombres porque están hechos a la imagen de Dios: «quienes habiendo entendido el juicio [τὸ δικαίωμα, *to dikaiōma*] de Dios, que los que practican tales cosas [como las enlista en 1:29-31] son dignos de muerte, no solo las hacen, sino que también se complacen con los que las practican» (Ro. 1:32). La premisa fundamental de Pablo aquí es que los hombres son conscientes de la enseñanza moral básica de Dios dada a conocer a través de la revelación general de Dios para ellos (ver Ro. 1:26, 27; 2:14ss; 1 Co. 11:14). Así es que Pablo habla de la conciencia (συνείδησις, *syneidēsis*), el proceso autoevaluativo autoconsciente de evaluar el grado de éxito o integridad moral de uno, dentro de los hombres porque están hechos a la imagen de Dios (ver Ro. 2:15). Esto no quiere decir que la conciencia del hombre sea una norma independiente, sino que la conciencia del hombre es una escala que registra o refleja dentro de él su propia conciencia de la norma de Dios. *Su conciencia da testimonio de la presencia de la norma de Dios dentro de él.*

Sin embargo, Pablo no utiliza esta perspectiva de los cristianos muy a menudo. De estos últimos Pablo habla de informar la conciencia por medio de la revelación de la Palabra de Dios. Así que no presume que la consciencia del hombre no necesita más instrucción. Pero Romanos 1:32 indica que, al nivel más rudimentario de la existencia humana, la ordenanza o la ley de Dios se entiende como la norma de la ética o conducta humanas. Este aspecto de la ordenanza de la ley de Dios Pablo lo desarrolla desde su más rudimentaria e implícita presencia a un despliegue explícito del carácter normativo de la ley de Dios.

Para Pablo la ley moral de Dios, que los cristianos deben obedecer, se revela en las Escrituras —especialmente (pero no exclusivamente) en el decálogo:

Romanos 7:7: «¿Qué diremos, pues? ¿La ley es pecado? En ninguna manera. Pero yo no conocí el pecado sino por la ley; porque tampoco conociera la codicia, si la ley no dijera: No codiciarás».

Romanos 8:4-13: «La obra de Cristo y del Espíritu en referencia a la santificación y la obediencia se describe en términos no de Cristo sino de los requisitos de la ley que se cumplen *en* o *por nosotros* (ἐν ἡμῖν, *en hēmin*). Aquí vemos a Pablo colocando la ética en este marco principal: Cristo nos ha redimido para permitirnos obedecer los requisitos morales de la ley, y el Espíritu Santo nos está capacitando para caminar en los requisitos de la ley. De la declaración de Pablo en 8:7 de que la mente impía no puede sujetarse a la ley de Dios, debemos inferir que la mente piadosa sí puede. Toda la enseñanza moral que sigue en Romanos puede verse en un sentido real como una declaración de los requisitos de la ley.

Romanos 12:1-2: Cuando Pablo, comenzando en Romanos 12, aborda el asunto de la realización moral de la justificación, lo hace retomando su énfasis anterior sobre la ley de Dios. Ahora lo hace hablando de la ley bajo el sinónimo de «la voluntad de Dios» (τὸ θέλημα τοῦ θεοῦ, *to thelēma tou theou*), describiendo aquí la voluntad de Dios en términos similares a los que había usado antes para describir la ley (comparar su «buena, agradable y perfecta voluntad de Dios» con su descripción anterior en 7:13 de la ley como «santa, justa y buena»). Aquí Pablo llama al cristiano a usar su mente renovada para discernir y obedecer la ley de Dios.

Romanos 13:9-10: Antes de pasar al problema específico de la carne ofrecida a los ídolos, Pablo concluye su sección general sobre ética citando la mayor parte de la segunda mitad de los diez mandamientos: «Porque: No adulterarás, no matarás, no hurtarás, no dirás falso testimonio, no codiciarás, y cualquier otro mandamiento, en esta sentencia se resume: Amarás a tu prójimo como a ti mismo. El amor no hace mal al prójimo; así que el cumplimiento de la ley es el amor». Pablo indica que los cuatro mandamientos que menciona (el sexto, el séptimo, el octavo y el décimo) no comprenden toda la ley al agregar las palabras «y cualquier otro mandamiento». Y su apelación al decálogo como aquello que cumple la ley del amor demuestra la pertinencia permanente y perdurable de la ley. El llamado específico de Pablo a la obligación de amar también le recuerda al cristiano que su estándar (el de Pablo) es el mismo que Jesús había indicado en su resumen de los Diez Mandamientos: «Amarás a tu prójimo como a ti mismo» (Pablo cita Lv. 19:18 en Ro. 13:9; ver Mc. 12:31; Mt. 7:12). Correlaciona «amor» y «ley» al decir en 13:10 que «el cumplimiento de la ley es el amor». Pablo vuelve a decir aquí entonces que la norma de ética es la ley. La forma misma en que puede llevarse a cabo o cumplirse es por la actitud y acción del amor. Como dice Pablo en Gálatas 5:6, 13, es a partir de la «nueva vida» del cristiano en Cristo que la fe obra a través del amor. En resumen, *la norma o estándar de la vida cristiana es la ley, y el poder motivador para guardarla es la nueva vida en Cristo, es decir, la vida en el Espíritu, que se manifiesta como una vida de obediencia, es decir, de amor.*

El amor encuentra su dirección y sus parámetros en la ley de Dios. El amor no es algo sin contenido o solo un sentimiento cálido e indefinido, ni es algo que puede colocarse en oposición a la ley. La ley no necesita ser una «letra muerta», pero tampoco es una entidad con su propia fuerza inherente. El amor expresa el verdadero intento y dirección de la ley como el bien de Dios para el hombre y como el camino en que los hombres expresan adecuadamente su amor a Dios y al hombre en el reino ético.

1 Corintios 7:19: Aquí Pablo exhorta a los cristianos a entender que «La circuncisión nada es, y la incircuncisión nada es, sino el guardar los mandamientos de Dios». Dice esencialmente lo mismo que en Gálatas 5:6: «en Cristo Jesús ni la circuncisión vale algo, ni la incircuncisión, sino la fe que obra por el amor» (el amor siendo visto aquí como el cumplimiento activo de los mandamientos). Contrariamente a lo que la mayoría de los estudios han concluido, al establecer la circuncisión, en sí misma un mandato de Dios, en contraste con los «mandamientos», como lo hace en 1 Corintios 7:19, Pablo hace una distinción entre lo ético y lo ceremonial, es decir, entre los aspectos permanentes y temporales de la ley.

1 Timoteo 1:8-11: Pablo insiste aquí en que el propósito de la ley, de hecho, su propósito continuo, es ético. No debe interpretarse como los falsos maestros estaban haciendo. De este modo la ley no es «hecha» para el «justo», es decir, para el hombre obediente que ya moldea su vida de acuerdo con ellas. Al decir esto, Pablo no está negando la relevancia de la ley para los cristianos, sino más bien está insistiendo en su dimensión *ética*. En 1:9-10 virtualmente resume los Diez Mandamientos en su orden del Antiguo Testamento,[80] y con la aplicación más fuerte y clara —siguiendo el ejemplo de la aplicación del Antiguo Testamento en Éxodo

---

[80] See George W. Knight III, *The Pastoral Epistles* (Grand Rapids, Michigan: Eerdmans, 1992), 82–87.

21 y otros lugares— establece la peor expresión de la violación de cada mandamiento para recordar a la congregación el enfoque de estos mandamientos, es decir, al pecador. Por ejemplo, a aquellos a quienes el pecado tienta a ser inmorales en el ámbito sexual, el mandamiento dice, «no cometerás adulterio». Así Pablo recuerda a sus lectores del uso ético y legal de la ley. Por lo tanto, querer usar este pasaje en referencia al hombre justo u obediente en otro aspecto que en su significado ético está equivocado. Finalmente, Pablo cierra esta sección diciendo que la ley manda para refrenar todo lo que es contrario a la enseñanza sólida del evangelio (1 Ti. 1:10-11). De este modo, de nuevo vemos que la ética de la ley y la del evangelio son esencialmente uno y la misma.

Efesios 6:2-3: Aquí Pablo cita el quinto mandamiento de que los hijos deben honrar a sus padres: «Honra a tu padre y a tu madre, que es el primer mandamiento con promesa; para que te vaya bien, y seas de larga vida sobre la tierra».

Lo hace con la suposición de que la comunidad cristiana reconocería y aceptaría el significado permanente de la ley. Él no cita la ley para hacerla vinculante, sino porque es vinculante. Y cita este mandamiento como parte de un todo, uno entre otros (ver su «que es el primer mandamiento con promesa») que ellos conocerían, reconocerían y seguirían. Cita los mandamientos con la misma soltura y suposición con que se refiere al evangelio (que además no siempre es nombrado por su nombre o repetido sino asumido).

El enfoque de la segunda tabla de los Diez Mandamientos, es decir, a los pecadores, a menudo se puede encontrar en las advertencias de Pablo contra el pecado, por ejemplo, contra la inmoralidad sexual, el hurto, la codicia y el falso testimonio (ver Ef. 4:25, 28; 5:3, 5; Col. 3:5, 9; 1 Co. 6:9-10), pero por supuesto no de una manera rígida o simplemente citatoria.

Pablo también subraya el enfoque de la ley en los pecadores al citar otros pasajes del Antiguo Testamento para establecer su enseñanza ética (ver, por ejemplo, el final de Ro. 12, Ef. 4:25–26; 5:31; 1 Co. 9:8–12; 11:8, 9; 14:34; 1 Ti. 5:17-18). De hecho, gran parte de las enseñanzas positivas de Pablo simplemente las encuentra en el Antiguo Testamento y las reitera para sus lectores. En este enfoque siguió la enseñanza del propio Jesús (en el sermón de la montaña, por ejemplo) que reflejaba las normas de su Padre e interpretaba correctamente la ley del Antiguo Testamento.

1 Corintios 9:20-21: Aquí Pablo declara que «no estando yo sin ley de Dios, sino bajo la ley de Cristo». En términos de sus exigencias ceremoniales Pablo no estaba bajo la ley, en términos de su código moral como la ley de Dios y de Cristo, él estaba bajo ella.

2 Timoteo 3:16-17: Aquí Pablo informa a Timoteo que la *totalidad de la Escritura*, en un sentido real *la* ley *(torah)* de Dios, es útil para enseñar, reprender, corregir e instruir en justicia, a fin de que el hombre de Dios sea enteramente equipado para toda buena obra.

Ladd está en lo correcto entonces cuando concluye que Pablo nunca piensa en la ley como abolida. Sigue siendo la expresión [ética] de la voluntad de Dios... La permanencia de la ley se refleja... en el hecho de que Pablo apela a mandatos específicos de la Ley como norma para la conducta cristiana... [Por ejemplo, de Ro. 13:8–10 y Ef. 6:2] es claro que la ley [en sus exigencias éticas] sigue siendo la expresión de la voluntad de Dios para la conducta, incluso para aquellos que ya no están bajo la ley... la ley como expresión de la voluntad de Dios es permanente._[81]

Otros escritores del Nuevo Testamento también citan directamente algunos de los mandamientos. Por ejemplo, Santiago cita el sexto y el séptimo mandamientos: «Porque cualquiera que guardare toda la ley, pero ofendiere en un punto, se hace culpable de todos. Porque el que dijo: No cometerás adulterio, también ha dicho: No matarás. Ahora bien, si no

---

[81] Ladd, *Theology of the New Testament*, 509–510.

cometes adulterio, pero matas, ya te has hecho transgresor de la ley» (Stg. 2:10-11). Es importante para nuestro presente propósito que Santiago en el versículo 10 enuncia el principio de la *totalidad unitaria* de la ley. Esto ciertamente implica que, si el sexto y el séptimo mandamientos todavía son normativos para la iglesia de Cristo y para la sociedad en general, así también los otros ocho.

De hecho, los escritores del Nuevo Testamento aluden a cada mandamiento en un lugar y otro en sus cartas a las iglesias: los *primeros tres* mandamientos están detrás de muchas de las afirmaciones de Romanos 1:21-30, 2:22, 1 Corintios 6:9, Efesios 5:5, Colosenses 3:5, Santiago 2:19, 19, y Apocalipsis 21:7; el *cuarto* mandamiento detrás de la designación del primer día de la semana —el día de adoración cristiano— como «el día del Señor» (Hch. 20:7, 1 Co. 16:2, y Ap. 1:10, ver Is. 58:13);[82] el *quinto* mandamiento detrás de las declaraciones en Romanos 1:30, Efesios 6:2–3, Colosenses 3:20 y 1 Timoteo 1:9; el *sexto* mandamiento detrás de declaraciones en Romanos 1:29, 13:9, 1 Timoteo 1:9–10, Santiago 2:11, 1 Juan 3:15 y Apocalipsis 21:8; el *séptimo* mandamiento detrás de declaraciones en Romanos 2:22, 13:9, 1 Corintios 6:9, Efesios 5:3, 1 Tesalonicenses 4:3, 1 Timoteo 1:10, Santiago 2:11, Apocalipsis 21:8; el *octavo* mandamiento detrás de declaraciones en Romanos 2:21, 13:9, 1 Corintios 6:10, Efesios 4:28, 1 Timoteo 1:10; el *noveno* mandamiento detrás de declaraciones en Romanos 13:9, Efesios 4:25, Colosenses 3:9, 1 Timoteo 1:10 y Apocalipsis 21:8; y el *décimo* mandamiento detrás de declaraciones en Romanos 1:29; 7:7–8, 13:9, 1 Corintios 6:10, Gálatas 5:26, Efesios 5:5, Colosenses 3:5 y Hebreos 13:5. Además, los dos grandes mandamientos de amor del Antiguo Testamento —amar a Dios con todo el corazón, el alma, la mente y las fuerzas, y amar al prójimo como a uno mismo (Dt. 6:5; Lv. 19:18), que son hermosamente neotestamentarios, tanto en alcance como en concepto, se declaran afirmaciones resumidas de los Diez Mandamientos (ver Mt. 22:37–40; Mc. 12:29–31; Ro. 13:8–9). ¡Ciertamente el cristiano debe obedecer estos mandamientos! De hecho, Jesús dijo a sus discípulos: «Si me amáis, guardad mis mandamientos» (Juan 14:15), y nuevamente, «Vosotros sois mis amigos, si hacéis lo que yo os mando» (Juan 15:14). Y Juan declaró: «Y en esto sabemos que nosotros le conocemos, si guardamos sus mandamientos» (1 Juan 2:3), y luego definió el amor a Dios en términos de obediencia a su ley: «este es el amor a Dios, que guardemos sus mandamientos» (1 Juan 5:3).

Ernest F. Kevan, teólogo británico y autor de *The Grace of Law*, está de acuerdo con respecto a la continua normatividad de la ley:

> No hay ningún indicio en ninguna parte del Nuevo Testamento de que la ley haya perdido su validez en el más mínimo grado, ni hay ninguna sugerencia de su derogación. Por el contrario, el Nuevo Testamento enseña sin ambigüedades que los Diez Mandamientos siguen siendo vinculantes para todos los hombres.[83]

Los cristianos reformados niegan que «el tercer uso» de la ley coloca al cristiano bajo la ley como un pacto de obras, insistiendo más bien que

> La ley moral obliga por siempre a todos, tanto a los justificados, como a los que no lo están, a la obediencia de ella; y esto no sólo en consideración a la naturaleza de ella sino también con respecto a la autoridad de Dios, el Creador, quien la dio. Cristo, en el evangelio, en ninguna manera abroga esta ley, sino que refuerza nuestra obligación de cumplirla.

---

[82] Ver mi argumento ampliado, «Lord's Day Observance: Man's Proper Response to the Fourth Commandment», *Presbuterion: Covenant Seminary Review* 13:1 (primavera de 1987): 7–23. Ver también Richard B. Gaffin Jr., «A Sabbath Rest Still Awaits the People of God», en *Pressing Toward the Mark*, ed. CG Dennison y RC Gamble (Philadelphia: Committee for the Historian of the Orthodox Presbyterian Church, 1986), 33–51, quien argumenta en contra de la opinión de que el mandamiento del sábado ha sido abolido en Cristo al mostrar que el sábado semanal es una señal del futuro descanso sabático de Hebreos 3:7–4:13: «negar esto es suponer que para el escritor la señal semanal ha cesado, aunque la realidad a la que apunta es todavía futura—nuevamente, una suposición poco probable. ¿Qué razón podría explicar tal ruptura, por cesación, de signo y realidad incumplida?» (47).
[83] Ernest F. Kevan, en su Tyndale Biblical Theology Lecture, July 4, 1955.

Aunque los verdaderos creyentes no están bajo la ley como un pacto de obras para ser justificados o condenados; sin embargo, es de gran utilidad tanto para ellos como para otros; ya que como una regla de vida les informa de la voluntad de Dios y de sus deberes, les dirige y obliga a andar en conformidad con ella; les descubre también la pecaminosa contaminación de su naturaleza, corazón y ida; de tal manera, que cuando ellos se examinan delante de ella, puedan llegar a una convicción más profunda de su pecado, a sentir humillación por él y un odio contra él; junto con una visión más clara de la necesidad que tienen de Cristo, y de la perfección de su obediencia. También la ley moral es útil para los regenerados para restringir su corrupción, puesto que prohíbe el pecado; y las amenazas de ella sirven para mostrar lo que merecen aún sus pecados, y qué aflicciones puedan esperar por ellos en esta vida; aun cuando estén libres de la maldición con que amenaza la ley. Las promesas de ella, de un modo semejante, manifiestan a los regenerados que Dios aprueba la obediencia y cuáles son las bendiciones que deben esperar por el cumplimiento de esta; aunque no se deba a ellos por la ley como un pacto de obras; así que, si un hombre hace lo bueno y deja de hacer lo malo porque la ley le manda aquello y le prohíbe esto, no es evidencia de que esté bajo la ley, sino bajo la gracia.

Los usos de la ley ya mencionados no son contrarios a la gracia del Evangelio, sino que concuerdan armoniosamente con él; el Espíritu de Cristo subyuga y capacita la voluntad del hombre para que haga alegre y voluntariamente lo que requiere la voluntad de Dios, revelada en la ley.

(Confesión de Fe de Westminster, XIX/v-vii, ver también las exposiciones extensas de la ley de Dios tanto el catecismo mayor (Preguntas 91-148) como en el menor (Preguntas 39-81)

3. Dado que Cristo «nació bajo la ley» y cumplió perfectamente todos sus preceptos, y dado que la conformidad a la imagen de Cristo es el fin predestinado por el Padre para ellos (Ro. 8:29), no es de extrañar que Cristo mismo sea puesto ante los ojos del cristiano como el tercer patrón para la vida cristiana —«la suprema exhibición de ese patrón que es el modelo de santificación».[84] Cristo declara: «Porque *ejemplo* [ὑπόδειγμα, *hypodeigma*] os he dado, para que como yo os he hecho, vosotros también hagáis» (Jn. 13:15). Pablo ordena: «Haya, pues, en vosotros este sentir que hubo también en Cristo Jesús» (Fil. 2:5). Y Pedro escribe: «Pues para esto fuisteis llamados; porque también Cristo padeció por nosotros, dejándonos ejemplo [ὑπογραμμὸν, *hypogrammon*], para que sigáis sus pisadas» (1 P. 2:21). Como el cristiano, a través de la gracia habilitadora de Cristo, «mirando a cara descubierta como en un espejo la gloria del Señor, somos transformados de [una etapa de] gloria en [la siguiente etapa de] gloria en la misma imagen, como por el Espíritu del Señor» (2 Co. 3:18).

La meta de la vida santificada

El último punto arriba nos subraya la verdad de que, ante todo, la meta de la santificación progresiva (como es cierto para todos los aspectos de nuestra salvación —ver Ef. 1:6, 12, 14), a medida que somos transformados de gloria en gloria, es la gloria de Dios misma:

Romanos 5:2: «por quien [Cristo] también tenemos entrada por la fe a esta gracia en la cual estamos firmes, y nos gloriamos en la esperanza de la gloria de Dios [es decir, nuestra glorificación final].

Filipenses 1:11: «llenos de frutos de justicia que son por medio de Jesucristo, para gloria y alabanza de Dios»

1 Tesalonicenses 2:12: «y os encargábamos que anduvieseis como es digno de Dios, que os llamó a su reino y gloria»

1 Pedro 5:10: «Mas el Dios de toda gracia, que nos llamó a su gloria eterna en Jesucristo, después que hayáis padecido un poco de tiempo, él mismo os perfeccione, afirme, fortalezca y establezca».

---

[84] Murray, «The Pattern of Sanctification» en *Collected Writings*, 2:308.

Los agentes e instrumentos que efectúan la vida santificada
Los cristianos no pueden santificarse por sus propios esfuerzos más de lo que pueden los pecadores justificarse por sus propios esfuerzos. Las Escrituras insisten en que es Dios quien debe efectuar la santificación del cristiano por su propia gracia y poder:

Juan 17:17: «Santifícalos en tu verdad; tu palabra es verdad». Aquí está la ayuda del Padre que Jesús está invocando en favor de la santificación de sus discípulos».

Romanos 8:13-14: «porque si vivís conforme a la carne, moriréis; más si por el Espíritu hacéis morir las obras de la carne, viviréis. Porque todos los que son guiados por el Espíritu de Dios, estos son hijos de Dios».

1 Tesalonicenses 5:23: «Y el mismo Dios de paz os santifique por completo». De nuevo el referente de la frase «el Dios de paz» es probablemente el Padre.

2 Corintios 3:18: «nosotros todos… somos transformados de gloria en gloria en la misma imagen, como [viene] por el Espíritu del Señor». Aquí el referente de la última frase es también Cristo o el Espíritu de Cristo.

Aunque el crecimiento en la gracia es divinamente energizado, no sugeriría ni por un momento que el cristiano deba ser pasivo en su crecimiento espiritual. Al contrario, *debe estar completa y conscientemente comprometido en su santificación*. Pedro llama al cristiano a ser «diligente en hacer firme su vocación y elección» mediante la práctica de la excelencia moral, el dominio propio, la perseverancia, la piedad y el afecto fraternal (2 P. 1:5–10), y Pablo aconseja a los cristianos: «ocupaos [κατεργάζεσθε, *katergazesthe*] en vuestra salvación con temor y temblor» (Fil. 2:12). Podríamos llenar varias páginas con pasajes con este mismo énfasis (ver, por ejemplo, Ro. 12:1–3, 9–21; 13:7–14; 2 Co. 7:1; Gal. 5:13–16; Ef. 4:17–32; Fil. 3:10–17; 4:4–9; Col. 3:1–25; 1 Ts. 5:8–22; Heb. 12:14–16; 13:1–9; Stg. 1:19–27; 2:14–26; 3:13–18; 1 P. 1:13–25; 2:11–17; 2 P. 3:14–18; 1 Jn. 2: 3–11; 3:17–24). Pero en el mismo contexto en el que Pablo insta al cristiano filipense a trabajar en su salvación, Pablo le recuerda que lo hace «porque [γάρ, *gar*] Dios es el que en vosotros produce [ἐνεργῶν, *energōn*] así el querer como el hacer, por su buena voluntad» (Fil. 2:13). Murray comenta:

> La obra de Dios en nosotros no se suspende porque trabajemos, ni nuestro trabajo se suspende porque Dios obra. Tampoco la relación es estrictamente de cooperación como si Dios hiciese su parte y nosotros hiciéramos la nuestra para que la conjunción o coordinación de ambos produjera el resultado requerido. Dios obra en nosotros y nosotros también trabajamos. Pero la relación es que porque Dios trabaja nosotros trabajamos. Toda obra de salvación de nuestra parte es el efecto de la obra de Dios en nosotros, no el querer excluyendo el hacer y no el hacer excluyendo el querer, sino tanto el querer como el hacer.[85]

Tampoco pueden los cristianos, porque su santificación es efectuada en última instancia por Dios, «no deben degenerar en negligentes, como si no estuviesen obligados a obrar aparte de un impulso especial del Espíritu, sino que deben ser diligentes en avivar la gracia de Dios que está en ellos» (Confesión de Fe de Westminster, XVI/iii). No solo deben ser obedientes con fe en la tarea de cumplir con sus deberes y responsabilidades normales como esposos, esposas, padres, hijos, empleadores y empleados cristianos, simplemente porque saben que Dios espera eso de ellos, sino que también deben con fe activamente aprovechar la ayuda divina en los medios o instrumentos especiales que Dios provee para su crecimiento espiritual, siendo los principales entre ellos los siguientes:

---

[85] Murray, *Redemption*, 148–149.

1. La lectura y la predicación de la Palabra de Dios (ver Jn. 17:17 —«santifícalos en la verdad, tu palabra es verdad»; Hch. 20:32 —«Y ahora, hermanos, os encomiendo a Dios, y a la palabra de su gracia, que tiene poder para sobreedificaros y daros herencia con todos los santificados»; ver también el Catecismo Menor, Preguntas 89-90);
2. El recibir y atender los sacramentos de la iglesia (ver Gal. 3:27 —«porque todos los que habéis sido bautizados [por el Espíritu] en Cristo, de Cristo estáis revestidos [cuya verdad espiritual es significada por el sacramento del bautismo]»; Ro. 6:3, 11 —«¿O no sabéis que todos los que hemos sido bautizados en Cristo Jesús, hemos sido bautizados en su muerte?... Así también [a la luz de su bautismo en la muerte de Cristo] vosotros consideraos muertos al pecado»; 1 Co. 11:24-25 —«esto es mi cuerpo que por vosotros es partido; haced esto en memoria de mí… Esta copa es el nuevo pacto en mi sangre; haced esto todas las veces que la bebiereis, en memoria de mí»; ver también el Catecismo Menor, Preguntas 91-97);
3. Oraciones de adoración, confesión, acción de gracias, y súplica (ver Fil. 4:6 —«Por nada estéis afanosos, sino sean conocidas vuestras peticiones delante de Dios en toda oración y ruego, con acción de gracias»; 1 Jn. 5:14 —«Y esta es la confianza que tenemos en Él que, si pedimos alguna cosa conforme a su voluntad, él nos oye»; Stg. 4:2 —«pero no tenéis lo que deseáis, porque no pedís»; ver también el Catecismo Menor, Preguntas 98-107).
4. La comunión con los santos en la asamblea reunida (ver Hch. 2:42, 46 —«Y perseveraban en la doctrina de los apóstoles, en la comunión [κοινωνία, koinōnia], unos con otros, en el partimiento del pan y en las oraciones. Y perseverando unánimes cada día en el templo, y partiendo el pan en las casas, comían juntos con alegría y sencillez de corazón»; Heb. 10:24-25 —«Y considerémonos unos a otros para estimularnos al amor y a las buenas obras; no dejando de congregarnos, como algunos tienen por costumbre, sino exhortándonos; y tanto más, cuanto veis que aquel día se acerca»; y finalmente,
5. Todas las providencias de la vida que Dios obra en conjunto para perfeccionar en ellos lo que les ha predestinado, a saber, la conformidad con la imagen de su Hijo (Ro. 8:28-29, 35-39).

Resumen de la doctrina

«La santificación es la obra de la libre gracia de Dios, mediante la cual todo el ser humano es renovado según la imagen de Dios, y es capacitado para morir más y más al pecado, y vivir para la justicia» (Catecismo Menor, Pregunta 35). Está claro en las Escrituras, desde principio a fin, que Dios desea que su pueblo camine en santidad delante de Él. Y así andará *su* pueblo. Porque, así como no hay santificación que no esté precedida por la justificación, así también *no hay justificación que no sea seguida por la santificación*. La demanda escritural y la expectativa de santidad en el cristiano deben incitar al cristiano profesante en quién no hay hambre y sed de justicia a examinarse para ver si realmente está en la fe (2 Co. 13:5).

Esto no quiere decir que el pueblo de Dios no experimentará conflicto con el pecado y la tentación. Gálatas 5:17 les asegura que lucharán contra la carne.[86] Pero también les asegura que «a través del contínuo suministro de fuerza de parte del Espíritu Santificador de Cristo, la parte regenerada triunfa: y así crecen en gracia los santos, perfeccionando la santidad en el temor de Dios» (Confesión de Fe de Westminster, XIII/iii). La mayor necesidad de los hijos cristianos es ver a sus padres caminar con Cristo. La mayor necesidad de una congregación es ver a su pastor viviendo en verdadera piedad. Y la mayor necesidad de la iglesia hoy día es andar delante del Señor.

---

[86] Romanos 7:14–25 no es una descripción de la lucha del cristiano con el pecado. Es la descripción de Pablo de sí mismo como el inconverso Saulo de Tarso, ahora despertado de su letargo espiritual y convencido por la realidad de su pecaminosidad, luchando aún más que antes para agradar a Dios a través de sus esfuerzos por guardar la ley. Consultar el Apéndice F.

La Perseverancia de los Santos

A quienes Dios ha aceptado en su Amado, y que han sido llamados eficazmente y santificados por su Espíritu, no pueden caer ni total ni definitivamente del estado de gracia, sino que ciertamente han de perseverar en él hasta el fin, y serán salvados eternamente.

Esta perseverancia de los santos depende no de su propio libre albedrío, sino de la inmutabilidad del decreto de elección, que fluye del amor gratuito e inmutable de Dios el Padre; de la eficacia del mérito y de la intercesión de Jesucristo; de la morada del Espíritu, y de la simiente de Dios que está en los santos; y de la naturaleza del pacto de gracia, de todo lo cual surge también la certeza y la infalibilidad de la perseverancia.

No obstante esto, es posible que los creyentes, por las tentaciones de Satanás y del mundo, por el predominio de la corrupción que queda en ellos, y por el descuido de los medios para su preservación caigan en pecados graves; y por algún tiempo permanezcan el ellos; por lo cual atraerán el desagrado de Dios; contristarán a su Espíritu Santo; se verán excluidos en alguna medida de sus gracias y consuelos; tendrán sus corazones endurecidos; y sus conciencias heridas; lastimarán y escandalizarán a otros, y atraerán sobre sí juicios temporales. (Confesión de Fe de Westminster, XVII/i-iii)

Al mismo tiempo que su pueblo está creciendo en santidad a través del poder de Dios, también están «guardados [φρουρουμένους, *phrouroumenous*] por el poder de Dios mediante la fe, para alcanzar la salvación que está preparada para ser manifestada en el tiempo postrero» (1 P. 1:5). Esta obra de «guardar» de Dios efectúa la perseverancia, o quizá mejor, la *preservación* de los santos.

Es extremadamente importante que el lector entienda correctamente lo que se quiere decir por la perseverancia o preservación de los santos. No significa que todo el que *profesa* ser cristiano tiene asegurada la vida eterna. Ni significa que todo aquel que satisfaga a algún organismo examinador de una iglesia local con respecto a su elegibilidad para la membresía de la iglesia esté seguro para la eternidad. La Confesión de Fe de Westminster muy adecuadamente nos recuerda que «los hipócritas y otros hombres no regenerados pueden vanamente engañarse a sí mismos con esperanzas falsas y presunciones carnales de estar en el favor de Dios y en estado de salvación; cuya esperanza perecerá» (XVIII/i). Lo que significa es que cada *verdadero* hijo de Dios, es decir, cada persona a quién el Padre escoge en Cristo antes de la fundación del mundo y por quién Cristo murió, a quién el Padre llamó efectivamente por su Palabra y Espíritu al arrepentimiento para con Dios y la fe en Jesucristo, y a quién en consecuencia justificó y adoptó en su familia, y que, por consiguiente, crece en gracia, jamás vendrá a condenación. *Esa* persona jamás podrá perderse finalmente y está eternamente segura. En virtud de la gracia preservadora de Dios, ella o él ciertamente persevera en el estado de salvación y serán final y eternamente salvos.

Los datos bíblicos

El testimonio bíblico está repleto de garantías para el hijo de Dios de que una vez que es verdadera y genuinamente salvo, está salvado para siempre.

Salmos 37:23-24: «Por Jehová son ordenados los pasos del hombre, Y él aprueba su camino. Cuando el hombre cayere, no quedará postrado, Porque Jehová sostiene su mano».

Salmos 73:1-2, 23: «Ciertamente es bueno Dios para con Israel, Para con los limpios de corazón. En cuanto a mí, *casi* se deslizaron mis pies; Por *poco* resbalaron mis pasos... Con todo, yo siempre estuve contigo; Me tomaste de la mano derecha».

Juan 6:37-40: Jesús dijo: «Todo lo que el Padre me da [una referencia al llamado eficaz del Padre, que a su vez está fundamentado en su elección eterna], vendrá a mí [esto subraya lo irresistible de su llamado]; y al que a mí viene, no le echo fuera [οὐ μὴ ἐκβάλω, *ou mē ekbalō*—notar el doble negativo que significa énfasis]. Porque he descendido del cielo, no para hacer mi voluntad, sino la voluntad del que me envió. Y esta es la voluntad del Padre, el que me envió: Que de todo lo que me diere, no pierda yo nada, sino que lo resucite en el día postrero. Y esta es la voluntad del que me ha enviado: Que todo aquel que ve al Hijo, y cree en él, tenga vida eterna; y yo le resucitaré en el día postrero.

Una característica de la promesa altamente significante de Jesús aquí es que establece que vino a hacer la voluntad del Padre, y que la voluntad del Padre para Él es que no pierda a ninguno de todos los que el Padre le dio para salvación, sino que los resucite en el día postrero. Esto significa que si el Hijo no salva inicialmente a todos los que el Padre le da o finalmente consuma su salvación en el escatón resucitándolos de la muerte a la gloria, habrá violado la voluntad de su Padre para Él. Esto, podemos estar seguros, nunca lo hará. En consecuencia, Jesús enseña aquí la certeza de la salvación de los elegidos, desde su iniciación hasta su consumación.

Juan 10:28-29: «y yo les doy [mis ovejas que me siguen] vida eterna; y no perecerán jamás [de nuevo un negativo doble que significa énfasis], ni nadie las arrebatará de mi mano. Mi Padre que me las dio [notar esta referencia a la elección y llamado efectivo del Padre], es mayor que todos, y nadie las puede arrebatar de la mano de mi Padre».

Para que alguien no insista incorrectamente en que es *solo porque* sus ovejas *continúan* siguiéndolo (ver v.27) que están seguras, debo señalar aquí lo que subrayé en el capítulo dieciocho (p.), a saber, que no en última instancia no se vuelve una de las ovejas de Cristo por creer en Él. Jesús expresamente rechaza esta posición en Juan 10:26 cuando dice: «pero vosotros no creéis, porque no sois de mis ovejas, como os he dicho». Más que decir que los hombres no son sus ovejas porque no creen en Él, Jesús dice que no creen en Él precisamente porque no son sus ovejas. En otras palabras, primero el Padre los debe haber elegido y llamado, es decir, deben primero ser sus ovejas, antes de que puedan venir a Él, es decir, creer en Él. Entonces, respecto a aquellos que son sus ovejas en virtud de la elección y del llamado eficaz del Padre, Jesús declara: «Mis ovejas [el «mis» es enfático en griego] oyen mi voz, y yo las conozco, y me siguen»; es decir, como su pastor, las conoce, y como sus ovejas, lo siguen y escuchan *como algo natural*. Y de aquellos que son sus ovejas, dice Jesús que *jamás* perecerán, y que *nadie* las arrebatará o podrá arrebatarlas de sus y de las manos del Padre. Aquí Jesús afirma la seguridad eterna del santo en términos de esa preciosa relación Pastor-oveja que prevalece eternamente entre Él y los suyos.

Romanos 5:8b-10: «siendo aún pecadores, Cristo murió por nosotros. Pues mucho más, estando ya justificados en su sangre, por él seremos salvos de la ira. Porque si siendo enemigos, fuimos reconciliados con Dios por la muerte de su Hijo, mucho más, estando reconciliados, seremos salvos por su vida»

La línea de razonamiento de Pablo aquí toma la forma de un *argumentum a fortiori*, instando a que si es verdad que Cristo hizo lo que hizo por nosotros mientras que éramos pecadores y enemigos de Dios, *cuanto más cierto*, habiendo sido justificados y habiendo sido reconciliados por su obra de la cruz, ¡seremos salvos de la ira venidera por su vida vivida por nosotros! Si, mientras éramos no salvos, su muerte efectuó nuestra justificación y reconciliación, su vida de intercesión garantiza aún más nuestra futura y final salvación.

Romanos 8:30-39: «Y a los que predestinó, a estos también llamó; y a los que llamó, a estos también justificó; y a los que justificó, a estos también glorificó [ἐδόξασεν, *edoxasen*]».

Aquí el apóstol representa la glorificación de aquellos que fueron predestinados, llamados, y justificados por el tiempo aoristo, prolépticamente «dando a entender la certeza de su cumplimiento».[87] Respecto a su certeza de glorificación, Murray afirma adecuadamente: «Si los santos pueden apostatar y finalmente perderse, luego los llamados y justificados pueden

---

[87] Murray, *Romans*, 1:321.

apostatar y perderse. Pero eso es lo que el apóstol inspirado dice que no sucederá y no puede suceder —a quién Dios llama y justifica también lo glorifica»,[88] y continúa diciendo, de nuevo muy adecuadamente, que uno «podría basar el argumento para la doctrina de la perseverancia en este pasaje».[89]

A la luz de la certeza de nuestra gloria final y salvación eterna que enuncia en 8:30, Pablo lanza una serie de cinco preguntas retóricas en los versículos 31–39: (1) Si Dios es por nosotros, ¿quién contra nosotros? Ciertamente Dios no, y Él es el único que realmente cuenta, porque «El que no escatimó ni a su propio Hijo, sino que lo entregó por todos nosotros, (2) ¿cómo no nos dará también con él todas las cosas [necesarias para el cumplimiento de su propósito para nosotros]?», nota que todos los beneficios necesarios para el cumplimiento del propósito de Dios para nosotros los recibimos con Cristo, indicando que «tan grande es ese don [del Hijo de Dios], tan maravillosas son sus implicaciones, tan trascendentales en sus consecuencias que todas las gracias en menor proporción están seguras de otorgamiento gratuito».[90] (3) ¿Quién acusará a los elegidos de Dios? Ciertamente no Dios, y él es el único que realmente cuenta, ya que es Él quien los justificó. (4) ¿Quién es el que condena? Cristo ciertamente no, y también Él es el único que realmente cuenta, ya que es Él «el que murió; más aún, el que también resucitó, el que además está a la diestra de Dios, el que también intercede por nosotros». (5) ¿Qué nos separará del amor de Cristo? Ciertamente no son problemas, penalidades, persecución, hambre, desnudez, peligro o espada (8:35–36), porque estas son simplemente algunas de las «todas las cosas» que Dios está obrando juntas para nuestro bien (8:28), sobre las cuales «somos más que vencedores por medio de aquel que nos amó» (8:37). Ciertamente ni la muerte ni la vida ni los ángeles ni los demonios ni las cosas presentes ni las cosas futuras ni los poderes ni las alturas ni las profundidades, porque nada en toda la creación «podrá separarnos del amor de Dios que es en Cristo Jesús Señor nuestro». La glorificación final de los elegidos de Dios, argumenta Pablo aquí, es infaliblemente cierta.

1 Corintios 1:8-9: «el cual [Dios] también os confirmará hasta el fin, para que seáis irreprensibles en el día de nuestro Señor Jesucristo. Fiel es Dios, por el cual fuisteis llamados a la comunión con su Hijo Jesucristo nuestro Señor».

1 Corintios 3:15: «Si la obra de alguno [algún cristiano] se quemare, él sufrirá pérdida, si bien él mismo será salvo, aunque así como por fuego».

Filipenses 1:6: «estando persuadido de esto, que el que comenzó en vosotros la buena obra, la perfeccionará hasta el día de Jesucristo».

Hebreos 7:25: «por lo cual puede también salvar perpetuamente a los que por él se acercan a Dios, viviendo siempre para interceder por ellos»

1 Pedro 1:5: «que sois [ustedes] guardados por el poder de Dios mediante la fe, para alcanzar la salvación que está preparada para ser manifestada en el tiempo postrero».

Respuesta a las objeciones

Los cristianos arminianos que creen que los cristianos pueden caer de la gracia y perderse finalmente han presentado tres clases de textos contra los aducidos arriba para la preservación de los santos. Primero está esa clase de pasajes que sugieren que el cristiano está seguro *solo si* persevera en la fe hasta el fin. Aquí uno puede citar los siguientes versículos:

Mateo 24:13: «Mas el que persevere hasta el fin, este será salvo». (Ver también Mc. 13:13; Lc. 21:19; Ro. 2:7).

---

[88] Murray, *Redemption*, 157.
[89] Ibid., 158.
[90] Murray, *Romans*, 1:326.

Juan 8:31: «Si vosotros permaneciereis en mi palabra, seréis verdaderamente mis discípulos».

Juan 15:6: «El que en mí no permanece, será echado fuera como pámpano, y se secará; y los recogen, y los echan en el fuego, y arden».

1 Corintios 9:27: «sino que golpeo mi cuerpo, y lo pongo en servidumbre, no sea que, habiendo sido heraldo para otros, yo mismo venga a ser eliminado».

1 Corintios 15:1-2: «Además os declaro, hermanos, el evangelio que os he predicado, el cual también recibisteis, en el cual también perseveráis; por el cual asimismo, si retenéis la palabra que os he predicado, sois salvos, si no creísteis en vano».

Colosenses 1:22-23: «ahora os ha reconciliado en su cuerpo de carne, por medio de la muerte, para presentaros santos y sin mancha e irreprensibles delante de él; si en verdad permanecéis fundados y firmes en la fe, y sin moveros de la esperanza del evangelio que habéis oído».

Hebreos 3:6, 14: «pero Cristo como hijo sobre su casa, la cual casa somos nosotros, si retenemos firme hasta el fin la confianza y el gloriarnos en la esperanza [firmes hasta el fin]... Porque somos hechos participantes de Cristo, con tal que retengamos firme hasta el fin nuestra confianza del principio».

Hebreos 10:36, 39: «porque os es necesaria la paciencia, para que, habiendo hecho la voluntad de Dios, obtengáis la promesa... Pero nosotros no somos de los que retroceden para perdición, sino de los que tienen fe para preservación del alma»

Estas varias condiciones —aguantar hasta el fin, permanecer en Cristo y su Palabra, continuar en la fe o aferrarse a ella— ¿no son esenciales para la salvación final de uno? Y donde no existen, ¿puede el cristiano profesante esperar ser salvo finalmente? A la primera pregunta, el calvinista respondería enfáticamente de forma afirmativa, y a la segunda, respondería igualmente de forma enfática de manera negativa. Estas respuestas pueden sorprender a algunos cristianos arminianos, pero los cristianos calvinistas, debido a una preocupación genuina por oponerse al quietismo y al antinomianismo dentro de los círculos evangélicos, son tan celosos en insistir en estas condiciones como medios de salvación como los arminianos. Charles Hodge, por ejemplo, cuyas convicciones calvinistas no están en duda, comentando sobre 1 Corintios 10:12 («Así que, el que piensa estar firme, mire que no caiga»), escribe:

> Esto puede referirse... a la seguridad de la salvación... La falsa seguridad de la salvación comúnmente descansa sobre el fundamento de nuestra pertenencia a un cuerpo privilegiado (la iglesia), o a una clase privilegiada (los elegidos). Ambas son igualmente falaces. *Ni los miembros de la iglesia ni los elegidos pueden salvarse a menos que perseveren en santidad*, y no pueden perseverar en santidad sin vigilancia y esfuerzo continuos._[91]

Pero donde el arminiano defiende que el verdadero creyente puede de hecho no perseverar hasta el fin y, después de todo, perderse finalmente, el calvinista está convencido de que el verdadero creyente, *de hecho, perseverará*, y para dicho fin tomará seriamente las advertencias y condiciones para la salvación de la Escritura.

«Pero», pregunta el arminiano, «si los verdaderos cristianos de hecho perseverarán hasta el final de todos modos, ¿por qué estas advertencias, que a menudo conllevan la amenaza de destrucción eterna, incluso emitidas por los escritores bíblicos? ¿No son innecesarias si los cristianos no se pueden perder?

El calvinista responde: «Son emitidos por la misma razón que Pablo, a pesar de que Dios le había asegurado con motivo del inminente naufragio registrado en Hechos 27 que 'no habrá

---

[91] Charles Hodge, *A Commentary on the First Epistle to the Corinthians*, (London: Banner of Truth Trust, 1958), 181, énfasis agregado.

ninguna pérdida de vida entre vosotros, sino solamente de la nave' [27:22, 24, 34], advirtió al centurión y a los soldados que a menos que los marineros que intentaban escapar en el bote salvavidas permanecieran en el barco, los que permanecieran en el barco no podrían salvarse [27:31]. Aunque Pablo estaba seguro de su 'salvación', también sabía que el medio de su salvación era que todos permanecieran a bordo del barco. Así emitió su advertencia, y tuvo el efecto deseado: 'los soldados cortaron las amarras del esquife y lo dejaron perderse' y en su momento 'todos se salvaron saliendo a tierra' [27:44]». El calvinista toma en serio el hecho de que Dios ordena no sólo el fin sino también todos los medios para el fin, y uno de los medios para su salvación final es la perseverancia del cristiano en la fe hasta el fin, sin los cuales el fin tampoco se logra ni es alcanzable. El calvinista percibe claramente que una de las formas en que Dios efectúa este medio de perseverancia en los elegidos es advertirles de las consecuencias de no perseverar hasta el final.[92] G.C. Berkouwer nunca consideraría ninguna representación de la perseverancia que eliminaría la responsabilidad del cristiano para buscar la santidad, pero él también insiste en que el propósito de la amonestación bíblica es el de asegurar la perseverancia de los santos. Escribe:

> Cualquiera que vea una contradicción entre la doctrina [reformada] de la perseverancia y las innumerables advertencias de las Santas Escrituras, ha abstraído la perseverancia de la fe. *La fe en sí misma no puede hacer nada más que escuchar a dichas advertencias y recorrer el camino de permanecer en ellas.* Porque la advertencia distingue la verdadera confianza, que mira todo desde la gracia, y la otra «posibilidad», que se rechaza sobre la base de Cristo y la iglesia. Así que la advertencia es al mismo tiempo tanto recuerdo como llamada. Señala el camino del error a aquellos que recorrer el camino de la salvación, y los exhorta a mantenerse solo en el verdadero camino... *Estas advertencias, también, tienen como su fin la perseverancia de la iglesia, que precisamente en este camino se establece en esa dirección única, que es y que debe permanecer irreversible — ¡la dirección de muerte a vida!*[93]

La segunda clase de pasajes que los arminianos usan como evidencia de que los cristianos puede finalmente perderse consiste en versículos que parecen enseñar que los hermanos cristianos por quienes Cristo murió todavía pueden perecer finalmente (Ro. 14:15; 1 Co. 8:11). Al final del último capítulo (pp. 698-701) sugiero que, mientras que Pablo emplea formalmente el «lenguaje de perdición» en estos contextos para impactar al hermano fuerte del serio daño espiritual que puede infligir sobre el hermano débil si no es sensible a los escrúpulos de este último, ciertos detalles en estos y sus contextos más distantes exigen que nos detengamos antes de llegar a la conclusión que los arminianos extraen de ellos. Se insta al lector revisar la exposición en el capítulo previo.

También son posibles otras maneras de interpretar estos pasajes. Hodge, por ejemplo, interpreta estos pasajes apelando al pasaje del «naufragio» en Hechos 27. Considera los comentarios de Hodge sobre este último versículo («¿Y por tu conocimiento perecerá el hermano débil por quien Cristo murió?») que se aplicaría igualmente al primero también:

> El lenguaje de Pablo en este versículo parece asumir que aquellos por quienes Cristo murió pueden perecer. Por lo tanto, pertenece a la misma categoría que aquellos numerosos pasajes que hacen la misma suposición con respecto a los elegidos. Si estos últimos son consistentes con la certeza de la salvación de todos los elegidos, entonces este pasaje es consistente con la certeza de la salvación de aquellos por quienes Cristo murió específicamente. Era absolutamente cierto que ninguno de los compañeros de Pablo en el naufragio iba a perder en aquella ocasión la vida, porque estaba predicha y prometida la salvación de toda la compañía y, sin embargo, el apóstol dijo que si a los marineros se les permitía llevarse las barcas, los que quedaran a bordo no podrían salvarse. Esta apelación aseguró el cumplimiento de la promesa. Entonces, Dios les dice a los elegidos que, si

---

[92] Ver Berkhof, *Systematic Theology*, 548, D, 3, a.
[93] Ver Berkhof, *Systematic Theology*, 548, D, 3, a.

apostatan, perecerán, previene su apostasía. Y de la misma manera, la enseñanza bíblica de que aquellos por quienes Cristo murió perecerán si violan su conciencia, previene su transgresión o los lleva al arrepentimiento. Los propósitos de Dios abarcan tanto los medios como el fin. Si fallan los medios, fallará el fin. Asegura el fin asegurando los medios. Es tan cierto que aquellos por quienes Cristo murió serán salvos, como que los elegidos serán salvos. Sin embargo, en ambos casos se habla del evento como condicional. No sólo existe la posibilidad, sino la absoluta certeza de que perecerán si se apartan. Pero esto es precisamente lo que Dios ha prometido prevenir.[94]

Quizá la interpretación de Hodge es la correcta, quizá la mía en el último capítulo lo es. Pero independientemente de cuál es la correcta, ambas interpretaciones demuestran que los detalles de los pasajes no *requieren* la interpretación arminiana. Y hasta que se presente algún dato irrefutable que *exija* la construcción arminiana, no se debe permitir que estos versículos anulen los pasajes claros sobre preservación de las Escrituras.

Finalmente, la tercera clase de pasajes se compone de aquellos versículos que se dicen que afirman que los cristianos han caído, pueden caer, o caerán del estado de salvación y finalmente se perderán:

Mateo 24:10, 12: «Muchos tropezarán [σκανδαλισθήσονται, *skandalisthēsontai*] entonces… el amor de muchos se enfriará [ψυγήσεται, *psygēsetai*].

1 Timoteo 1:19: «…desechando la cual naufragaron [ἐναυάγησαν, *enauagēsan*] en cuanto a la fe algunos».

1 Timoteo 4:1: «Pero el Espíritu dice claramente que en los postreros tiempos algunos apostatarán [ἀποστήσονταί, *apostēsontai*] de la fe».

2 Timoteo 4:10: «porque Demas me ha desamparado [ἐγκατέλιπεν, *enkatelipen*]».

Hebreos 6:4-6: «Porque es imposible que los que una vez fueron iluminados y gustaron del don celestial, y fueron hechos partícipes del Espíritu Santo, y asimismo gustaron de la buena palabra de Dios y los poderes del siglo venidero, *y recayeron* [παραπεσόντας, *parapesontas*], sean otra vez renovados para arrepentimiento, crucificando de nuevo para sí mismos al Hijo de Dios y exponiéndole a vituperio».

2 Pedro 2:20-22: «Ciertamente, si habiéndose ellos escapado de las contaminaciones del mundo, por el conocimiento del Señor y Salvador Jesucristo, enredándose otra vez en ellas son vencidos, su postrer estado viene a ser peor que el primero. Porque mejor les hubiera sido no haber conocido el camino de la justicia, que después de haberlo conocido, volverse atrás [ὑποστρέψαι ἐκ, *hypostrepsai ek*] del santo mandamiento que les fue dado».

¿Que enseñan estos pasajes, si es que no enseñan que los cristianos pueden caer del estado de salvación y perderse? *Enseñan que hay algo como «la fe temporal» que no es verdadera fe en Cristo en lo absoluto.* La Confesión de Fe de Westminster habla de algunos que «aunque sean llamados por el ministerio de la palabra (1) y tengan algunas de las operaciones comunes del Espíritu», sin embargo, «nunca vienen verdaderamente a Cristo, y por lo tanto no pueden ser salvos» (X/iv). En su parábola del sembrador y los cuatro tipos de semilla, Jesús informó a sus discípulos de antemano, que para que no se desanimaran indebidamente cuando sucediera, que algunos a quienes proclamarían la Palabra de Dios la recibirían «inmediatamente con gozo», pero luego, porque «no tienen raíz firme en sí mismos, sino que son temporales [πρόσκαιροί, *proskairoi*], cuando surge la aflicción o la persecución por causa de la Palabra, luego tropiezan» (Mt. 13:20–21, traducción del autor). Reflexionando sobre las palabras de nuestro Señor aquí, Murray escribe:

Debemos apreciar las longitudes y las alturas a las que una fe temporal puede llevar a quienes la tienen… [Esta experiencia temporal] llama nuestra atención en el lenguaje de la epístola a los

---
[94] Hodge, *First Corinthians*, 149 (sobre 8:11)

Hebreos cuando habla de aquellos «que una vez fueron iluminados y gustaron del don celestial y fueron hechos partícipes del Espíritu Santo y gustaron de la buena palabra de Dios y de los poderes del siglo venidero» (Heb. 6:5-6) ... Es esta misma [experiencia] que Pedro trata en 2 Pedro 2:20–22 [donde] Pedro tiene en mente a personas que tenían el conocimiento del Señor y Salvador Jesucristo, que habían conocido el camino de la justicia, y que habían escapado así de las contaminaciones del mundo pero que se habían vuelto a enredar en estas contaminaciones y se habían apartado del santo mandamiento que se les había dado, de modo que «les ha acontecido lo del verdadero proverbio: El perro vuelve a su vómito, y la puerca lavada hasta revolcarse en el cieno». La Escritura misma, por lo tanto, nos lleva a la conclusión de que es posible tener una experiencia muy edificante, ennoblecedora, reformadora y estimulante del poder y la verdad del evangelio, entrar en contacto tan cercano con las fuerzas sobrenaturales que operan en el reino de gracia de Dios que estas fuerzas producen efectos en nosotros que a la observación humana apenas se distinguen de los producidos por la gracia regeneradora y santificadora de Dios y, sin embargo, no son participantes de Cristo y herederos de la vida eterna.[95]

Es necesario enfatizar que aquellas personas que tienen solo esta fe temporal nunca fueron los elegidos de Dios y nunca fueron regenerados, y por lo tanto no son verdaderos creyentes. La mayor evidencia individual de que esto es así es el hecho de que se apartaron de la fe. Los arminianos acusan a los calvinistas que insisten en que aquellos que se apartan nunca fueron verdaderamente cristianos en primer lugar de recurrir a un subterfugio profano. Pero ése no es el caso. Solo se hacen eco del mismo Juan, quien escribió sobre maestros anticristos que habían desertado de la comunidad: «Salieron de nosotros, pero no eran de nosotros [οὐκ ἦσαν ἐξ ἡμῶν, *ouk ēsan ex hēmōn*]; porque si hubiesen sido de nosotros, habrían permanecido con nosotros; pero salieron para que se manifestase que no todos son de nosotros» (1 Juan 2:19).

La seguridad de la salvación

«¿Cómo entonces puede el cristiano tener seguridad de la salvación? Señalan los arminianos. «Porque si la gente descrita en estos pasajes, que seguramente *creyeron* antes de su deserción de la fe que eran verdaderos cristianos, de hecho, nunca lo fueron realmente, ¿sobre qué fundamentos puede cualquier cristiano saber con seguridad que es realmente salvo? ¿Cómo puede estar seguros qué no se han engañado a sí mismos y que no se apartaran de la fe como ellos?

Estas preguntas plantean una cuestión que atañen al estado mental del cristiano profesante, a saber, la seguridad subjetiva de que es, de hecho, un cristiano, que, debido a las numerosas razones a las que recurre la gente en su pensamiento —algunas apropiadas, algunos inapropiadas— como pruebas de que son cristianos, pueden volverse extremadamente complejas. Además, estas preguntas realmente deben ser motivo de preocupación para el arminiano, así como para los cristianos calvinistas, porque ellos también deben admitir la posibilidad de que una persona pueda *creer* que es cristiano cuando, de hecho, no lo es.

A pesar de la complejidad de este tema, sin embargo, el calvinista insiste en que ciertas proposiciones todavía siguen siendo innegablemente ciertas. La primera es que hay algo como una *falsa* seguridad (que puede fluir de lo que hemos llamado aquí fe temporal) de que uno está en el favor de Dios y el estado de salvación (ver Confesión de Fe de Westminster XVIII/i). Además, sin dudarlo, insistiría en que es esta *falsa* seguridad que esta gente en los versículos citados arriba tiene. También insistiría en que faltaba algún fruto vital o evidencia de salvación genuina en su «experiencia cristiana» lo que desmintió su seguridad y, para los que disciernen, así como su profesión. La falta de fruto, si se habían examinado a la luz de la Escritura, muy probablemente ellos mismos habrían podido discernirlo. Por ejemplo, en el caso de Hebreos 6 la falta de fruto fue la total ausencia de *crecimiento en el entendimiento*

---

[95] Murray, *Redemption*, 152–53.

incluso de la «enseñanza elemental sobre Cristo» —un fruto que seguramente «acompaña la salvación» (ver Heb. 5:11-14; 6:9), mientras que en 2 Pedro 2 el caso de la falta de fruto fue la completa ausencia en los falsos maestros de *cualquier afecto religioso santo* (ver la caracterización de Pedro de ellos en 2:3 como codiciosos y engañosos, en 2:9 como injustos, en 2:10 como siguiendo «la carne, andan en concupiscencia e inmundicia, y desprecian el señorío», y en 2:10-19 como «esclavos de corrupción», atrevidos, arrogantes y blasfemos).

Pero tan seguro como cree que uno puede albergar «falsas esperanzas y presunciones carnales» de que está en un estado de salvación, el calvinista está igualmente persuadido de que «los que creen verdaderamente en el Señor Jesús y le aman con sinceridad, esforzándose por andar con toda buena conciencia delante de él, *pueden en esta vida, estar absolutamente seguros* de que están en el estado de gracia, y pueden regocijarse en la esperanza de la gloria de Dios; y tal esperanza nunca les hará avergonzarse» (Confesión de Fe de Westminster, XVIII/i, énfasis agregado). Él cree que esta seguridad verdadera y cierta es dada por el Espíritu de Dios, obrando por y con la Palabra (Ro. 8:15-16), y se encuentra detrás de estas afirmaciones bíblicas:

Romanos 8:38: «Por lo cual estoy seguro [πέπεισμαι, *pepeismai*] de que ni la muerte, ni la vida, ni ángeles, |ni principados, ni potestades, ni lo presente, ni lo por venir, ni lo alto, ni lo profundo, ni ninguna otra cosa creada nos podrá separar del amor de Dios, que es en Cristo Jesús Señor nuestro». (Ver también el «sabemos [οἴδαμεν, *oidamen*]» de 8:28).

2 Timoteo 1:12: «porque yo sé [οἶδα, *oida*] a quién he creído, y estoy seguro [πέπεισμαι, *pepeismai*] que es poderoso para guardar mi depósito para aquel día».

1 Juan 2:3: «Y en esto sabemos [γινώσκομεν, *ginōskomen*] que nosotros le conocemos, si guardamos sus mandamientos».

1 Juan 3:14: «Nosotros sabemos [οἴδαμεν, *oidamen*] que hemos pasado de muerte a vida, en que amamos a los hermanos.

1 Juan 4:13: «En esto conocemos [γινώσκομεν, *ginōskomen*] que permanecemos en él, y él en nosotros, en que nos ha dado de su Espíritu».

1 Juan 5:13: «Estas cosas os he escrito a vosotros que creéis en el nombre del Hijo de Dios, *para que sepáis* [εἰδῆτε, *eidēte*] que tenéis vida eterna».

Es la certeza del cristiano de la gloria eterna lo que Augustus Toplady inmortalizó en el siguiente himno:

La obra que comenzó su bondad,
El brazo de su fuerza la completará;
Su promesa es sí y amén,
y nunca se ha perdido todavía.
Las cosas futuras, ni las cosas que son ahora,
ni todas las cosas de abajo o de arriba,
pueden hacerle renunciar a su propósito,
o separar mi alma de su amor.
 Mi nombre de la palma de sus manos
La eternidad no borrará;
Impreso en su corazón permanece,
En marcas de gracia indeleble.
Sí, aguantaré hasta el fin,
tan seguro como que se da la garantía;
Más felices, pero no más seguros,
Los espíritus glorificados en el cielo.

Tal seguridad de la salvación y de la vida eterna brota de (1) una comprensión inteligente de la naturaleza de la salvación (2 P. 1:2, 3, 5-6, 8; 3:18), (2) el reconocimiento de la inmutabilidad de los dones y llamamiento de Dios (Ro. 11:29), (3) obediencia a los mandamientos de Dios (1 J. 2:3), (4) auto examen (2 Co. 13:5), (5) y el testimonio interno del Espíritu Santo que «da testimonio a nuestro espíritu, de que somos hijos de Dios» (Ro. 8:15-16; Gal. 4:6).[96]

Es el deber de todo cristiano verdadero cultivar dicha seguridad a través «del uso correcto de los medios [de gracia] ordinarios» (Confesión de Fe de Westminster, XVIII/iii). Pedro insta a los cristianos a «hacer firme vuestra vocación y elección» (2 P. 1:10). Pero ya sea por inmadurez en el entendimiento de la naturaleza de su salvación o por debilidad de la fe debido a la negligencia en cultivar su fe o a la desobediencia a los mandamientos de Dios, mundanalidad, falta de oración, o algún otro pecado, algunos «verdaderos creyentes pueden ser, en diversas maneras, zarandeada, disminuida o interrumpida» (Confesión de Westminster, XVIII/iv). En otras palabras, Dios no permitirá que los verdaderos creyentes persistan en su inmadurez o en su pecado y al mismo tiempo continúen disfrutando de una paz de conciencia incesante y gozo en el Espíritu Santo (ver Sal. 32:4; 38:2; 51:12). Él castigará a sus «verdaderos hijos» (Hebreos 12:6–8), y su «mano de convicción» se hará cada vez más pesada sobre ellos. En las palabras de la Confesión de Fe de Westminster, ellos «atraerán el desagrado de Dios… se verán excluidos en alguna medida de sus gracias y consuelos… y atraerán sobre sí juicios temporales» (XVII/iii). Si persisten en su descarrío, incluso les quitará la luz de su semblante y les permitirá perder la seguridad de la salvación, que es seguramente el estado mental emocional que subyace al clamor de David: «No me eches de delante de ti, Y no quites de mí tu santo Espíritu» (Sal. 51:11). Y no les devolverá la luz de su rostro «hasta que se humillen, confiesen sus pecados, pidan perdón y renueven su fe y su arrepentimiento» (Confesión de Westminster, XI/v). Pero incluso en su estado de reincidencia,

> Por débil que sea la fe de un creyente verdadero, por muy severas que puedan ser sus tentaciones, por muy perturbado que pueda estar su corazón respecto a su propia condición, nunca está, respecto a la consciencia, en la condición que precede al ejercicio de la fe. La consciencia del creyente difiere en todo un diámetro de la de un incrédulo. En el punto más bajo de la fe, esperanza y amor su consciencia jamás cae al nivel del incrédulo en su punto más alto de confianza y seguridad.[97]

Para citar las palabras de la Confesión de Westminster una vez más: los cristianos reincidentes «nunca quedan totalmente destituidos de aquella simiente de Dios, y de la vida de fe, de aquel amor de Cristo y de los hermanos, de aquella sinceridad de corazón y conciencia del deber. De todo lo cual, por la operación del Espíritu, esta seguridad puede ser revivida en su debido tiempo; y por todo lo cual, mientras tanto, los verdaderos creyentes son sostenidos para que no caigan en la desesperación total» (XVIII/iv). Como lo hizo con Pedro el reincidente, el Señor continuará apoyando a sus hijos descarriados aun cuando los castigue cuando fallen en crecer o cuando caigan en pecado (Lc. 22:31-32, 54-61; 24:34; Mc. 16:7; Jn. 21:15-19). Pero aquellos quienes solo profesen externamente a Cristo y no sean verdaderamente salvos, no conocerán ni el testimonio interior del Espíritu, por un lado, ni la disciplina del Padre por el otro, sino, al contrario, continuarán fundando cualquier confianza que tengan de que están en un estado de gracia en falsas esperanzas y presuposiciones carnales, cuya esperanza perecerá.

No afirmar la seguridad eterna de los verdaderamente salvos, y realmente enseñar, como lo hacen los arminianos, que aquellos a quienes el Padre eligió, llamó y justificó, y a quienes también da gratuitamente, junto con el don de su Hijo, todas las cosas necesarias para su

---

[96] Ver Westminster Confession of Faith, XVIII/ii. Ver también Murray, «The Assurance of Faith», *Collected Writings*, 2:270–273.
[97] Murray, «The Assurance of Faith», *Collected Writings*, 2:265.

salvación, enseñar que aquellos por quienes el Hijo pagó la pena del pecado al llevar su maldición y morir su muerte, procurando así su salvación, y enseñar que aquellos a quienes el Espíritu Santo ha regenerado y sellado para el día de la redención todavía pueden finalmente perder su salvación y nunca ser glorificados debido a alguna acción de su parte es verdaderamente un consejo desacertado de desesperación. Porque además del insulto que tal enseñanza lanza contra la divinidad trina, virtualmente coloca a cada cristiano más allá de los límites de la salvación final, ya que hace que su logro de la salvación final se vuelva en última instancia sobre su propia voluntad humana vacilante y sus esfuerzos mientras busca «mantenerse él mismo firme en la fe». Pero ningún cristiano es capaz de mantenerse por pura fuerza de voluntad en el estado de salvación.

Resumen de la doctrina

«Los verdaderos creyentes, por razón del amor inmutable de Dios, del decreto de éste y de su pacto de dar a ellos perseverancia, de su unión inseparable con Cristo, de la intercesión continua de éste por ellos, y del Espíritu y simiente de Dios que mora en los mismos: no pueden caer ni total ni finalmente del estado de gracia, sino que serán guardados por el poder de Dios por medio de la fe para salvación» (Catecismo Mayor, Pregunta 79). Esta fuera de toda duda que el cristiano, en virtud de todas las provisiones salvíficas de Dios, será preservado hasta su glorificación final. Lo que los pastores deben entender es que el criterio del verdadero discipulado es *la permanencia en las palabras de Jesús*, y que la prueba de una fe verdadera es *la perseverancia en la verdadera piedad* hasta el fin. Mucho del problema que tienen con la gente en sus congregaciones es que profesa a Cristo, pero vive impíamente, sin compromiso, podría solucionarse si proclamaran el señorío de Cristo y la naturaleza del verdadero discipulado, y dejar claro que, mientras que el santo de Dios será preservado por el poder de Dios, *también perseverará en un andar piadoso* a lo largo de su vida hasta el fin. Y donde ese andar piadoso en la verdadera piedad no es real, ningún cristiano profeso tiene el derecho de asumir que de hecho es cristiano, y ningún pastor tiene el derecho de asegurarle que es simplemente un «cristiano carnal». Al contrario, se le debe aconsejar que se examine a sí mismo para ver si está en la fe, y si insiste en que lo está, entonces se le debe aconsejar que debe renovar su arrepentimiento hacia Dios y su fe en Jesucristo. Para él, negarse a hacerlo es falsificar su profesión y debería hacerlo sujeto de la disciplina de la iglesia.

UN ACTO DIVINO FINAL

Glorificación

Los cuerpos de los hombres después de la muerte vuelven al polvo y ven la corrupción, pero sus almas (que ni mueren ni duermen), teniendo una subsistencia inmortal, vuelven inmediatamente a Dios que las dio. Las almas de los justos, siendo entonces hechas perfectas en santidad, son recibidas en los más altos cielos en donde contemplan la faz de Dios en luz y gloria, esperando la completa redención de sus cuerpos... Fuera de estos dos lugares [los más altos cielos y el infierno] para las almas separadas de sus cuerpos, la Escritura no reconoce ningún otro.[98]

---

[98] La Iglesia Católica Romana enseña la existencia del *Limbus Infantum* donde van las almas de los infantes no bautizados después de la muerte, en cuyo estado permanecen sin sufrimiento y, sin embargo, sin la visión de Dios. No hay fundamento en las Escrituras para tal lugar. Esa iglesia también enseña que la gran masa de cristianos, que solo están imperfectamente santificados (es decir, justificados) en esta vida, muriendo en comunión con la iglesia, van al purgatorio, donde «se someten a la purificación [al sufrir en los fuegos del purgatorio], a fin de alcanzar la santidad necesaria para entrar en el gozo del cielo» (*Catecismo de la Iglesia Católica*, párrafo 1030). Esta última enseñanza, basada en 2 Macabeos 12:45 y una exégesis muy forzada de 1 Corintios 3:15, 1 Pedro 1:7 y Judas 22-23, se puede encontrar en forma de semilla en Tertuliano, donde las oraciones por los muertos son mencionadas, en Orígenes, quien habla de una purificación por fuego al final del mundo por la cual todos los hombres y ángeles serán restaurados al favor de Dios, y en Agustín, quien expresó dudas sobre algunos aspectos de esto. Fue específicamente Gregorio el Grande (590-604), «quien dio forma a la doctrina y la conectó de tal manera con la disciplina de la iglesia, que la convirtió en el motor efectivo del gobierno y de los ingresos, ha permanecido desde entonces» (Charles Hodge, *Systematic Theology*, 3:770). Finalmente se formuló y proclamó un artículo de fe en los Concilios de Florencia (1439-1445) y Trento (1545-1563). Los protestantes ven correctamente todo el dogma del purgatorio no solo como «otro de esos crecimientos extraños que se han adherido como un tumor maligno a la teología de la Iglesia Católica Romana» (R. Laird Harris, *Fundamental Protestant Doctrines* [folleto], V :7), sino también como una promulgación doctrinal ideada en interés de sostener el sacerdocio romano y todo el sistema de indulgencias, la principal fuente de ingresos de la Iglesia Católica.

Roma enseña, debido a que «existe un vínculo perenne de caridad entre los fieles que ya han llegado a su patria celestial, los que expían sus pecados en el purgatorio y los que aún son peregrinos en la tierra», que los cristianos que viven en la tierra pueden ayudar a los que sufren en el purgatorio llegar al cielo comprando «indulgencias» (remisiones ante Dios del pecado) en su favor. Un elaborado esquema doctrinal subyace a esta enseñanza. Roma enseña que la iglesia está en posesión de un «tesoro de mérito supererogatorio» (*thesaurus supererogationis meritorum*) que consiste en el valor infinito de la obra redentora de Cristo, «las oraciones y buenas obras [de

Los que se encuentren vivos en el último día, no morirán, sino que serán transformados, y todos los muertos serán resucitados con sus mismos cuerpos, y no con otros, aunque con diferentes cualidades, los cuales serán unidos otra vez a sus almas para siempre.

...los cuerpos de los justos, por su Espíritu, para honra; serán hechos entonces semejantes al cuerpo glorioso de Cristo. (Confesión de Fe de Westminster, XXXII/i-iii).[99]

Dios ha establecido un día en el cual juzgará al mundo con justicia por Jesucristo, a quien todo poder y juicio es dado por el Padre...

El propósito de Dios al establecer este día es la manifestación de la gloria de su misericordia en la salvación eterna de los elegidos, y la de su justicia en la condenación de los reprobados que son malvados y desobedientes. Pues entonces los justos entrarán a la vida eterna y recibirán la plenitud de gozo y refrigerio que vendrá de la presencia del Señor; pero los malvados que no conocen a Dios ni obedecen el Evangelio de Jesucristo, serán arrojados al tormento eterno y castigados con perdición perpetua, lejos de la presencia del Señor y de la gloria de su poder.

Así como Cristo quiso que estuviésemos ciertamente persuadidos de que habrá un día de juicio, tanto para disuadir a todos los hombres de pecar, como para el mayor consuelo de los piadosos en su adversidad; así también mantendrá ese día desconocido para los hombres, para que se desprendan de toda seguridad carnal y estén siempre vigilando porque no saben a qué hora vendrá el Señor; y estén siempre listos para decir: Ven, Señor Jesús; ven pronto. Amén. (Confesión de Fe de Westminster, XXXIII/i-iii)

Los tiempos de la salvación

Las Escrituras hablan de la salvación en los tres tiempos:

1. El tiempo pasado: el cristiano ha sido salvado de la culpa y el castigo del pecado (Lc. 19:9 — «Hoy *ha venido* [ἐγένετο, *egeneto*] la salvación a esta casa»; Ef. 2:8 —«Porque por gracia *sois salvos* [ἐστε σεσῳσμένοι, *este sesōsmenoi*] por medio de la fe»; 2 Ti. 1:9 —«[Dios] quien *nos salvó* [σώσαντος, *sōsantos*]»; Tit. 3:5 —nos salvó [ἔσωσεν, *esōsen*]... por su misericordia»;

2. El tiempo presente: el cristiano está siendo salvado del poder del pecado (1 Co. 1:18 —«a los que *se salvan* [σῳζομένοις, *sōzomenois*], esto es, a nosotros, es poder de Dios»; 1 Co. 15:2 —«por el cual asimismo... *sois salvos* [σῴζεσθε, *sōzesthe*]»; 2 Co. 2:15 —«Porque para Dios somos grato olor de Cristo en los que *se salvan* [σῳζομένοις, *sōzomenois*]»), y

3. El tiempo futuro: el cristiano será completamente salvo algún día de la misma presencia del pecado (ver Ro. 5:9. 10 —«por él *seremos salvos* [σωθησόμεθα, *sōthēsometha*] de la ira»; 13:11 —«porque ahora está más cerca de nosotros nuestra salvación que cuando creímos»; 1 Co. 3:15 —«él mismo *será salvo* [σωθήσεται, *sōthēsetai*], aunque, así como por fuego»; 1 Ts. 5:8 —«habiéndonos vestido... con la esperanza de salvación como yelmo»; 1 P. 1:5 —«que sois guardados por el poder de Dios mediante la fe, para alcanzar la salvación que está preparada para ser manifestada en el tiempo postrero»).

Durante varios capítulos ahora hemos considerado los tiempos pasados y presentes de la salvación. Con esta fase final del *ordo salutis*, pasamos al tiempo futuro de nuestra salvación—glorificación.

---

supererogación] de la santísima Virgen María», que son «verdaderamente inmensas, insondables, e incluso prístinas en su valor ante Dios», así como «las oraciones y buenas obras [de supererogación] de todos los santos» que por sus buenas obras «alcanzaron su propia salvación y al mismo tiempo cooperaron en salvar a sus hermanos en la unidad del cuerpo místico» (ver *Indulgentiarum doctrina* del Papa Pablo VI, 5). A cambio de la compra de indulgencias, el Papa dispensa de este «tesoro de la iglesia», a través de la administración de los sacerdotes, los méritos de Cristo, María y los santos en nombre y en beneficio de los seres queridos del comprador que sufren en el Purgatorio (ver *Catecismo de la Iglesia Católica*, párrafo 1471-1479) Entonces, la iglesia Católica Romana enseña oficialmente que la salvación es por el mérito de Cristo más las buenas obras de los santos, que también tienen mérito ante Dios —otra expresión de su filosofía de la *analogia entis* en la esfera de la soteriología.

[99] El destino final de los impíos se tratará en la quinta parte, capítulo veintiséis.

La naturaleza de la glorificación

La salvación individual abarca no solo los tres tiempos del tiempo, sino también toda la persona: alma y cuerpo. Dios no estará satisfecho con su obra salvífica por nuestro bien hasta que estemos delante de Él como un pueblo salvo en Cristo, redimidos en espíritu y cuerpo; ni nuestra «tan grande salvación» será consumada hasta que Él haya hecho realidad nuestra plena y final glorificación. En consecuencia, si bien hay un tiempo en que la muerte misma ahora sirve al cristiano (ver 1 Co. 3:22 —«la muerte… todo es vuestro») en que «al morir, las almas de los creyentes son hechas perfectas en santidad, y pasan inmediatamente a la gloria» (Catecismo Menor, Pregunta 37a; ver 2 Co. 5:8; Fil. 1:21-23; Heb. 12:23; Ap. 14:13), es, sin embargo, cierto que «sus cuerpos, estando todavía unidos a Cristo, efectivamente reposan en sus sepulcros hasta la resurrección» (Catecismo Menor, Pregunta 37b). En otras palabras, mientras que el estado intermedio de los creyentes en el cielo, realizado en su voluntad cuando Dios llama a sus hijos a sí mismo a través de la muerte, es un estado más bendito que el actual (Fil. 1:21-23), no es el mejor y más glorioso estado. Por consiguiente, la muerte no es la última experiencia que los cristianos deberían anhelar. Más bien, su esperanza bendita es la aparición gloriosa (o la aparición de la gloria) de su gran Dios y Salvador Jesucristo (Tit. 2:13), en cuya venida los que han muerto en la fe y los que están vivos en el tiempo de su venida.

> He aquí, os digo un misterio: No todos dormiremos; pero todos seremos transformados, en un momento, en un abrir y cerrar de ojos, a la final trompeta; porque se tocará la trompeta, y los muertos serán resucitados incorruptibles, y nosotros seremos transformados. Porque es necesario que esto corruptible se vista de incorrupción, y esto mortal se vista de inmortalidad. Y cuando esto corruptible se haya vestido de incorrupción, y esto mortal se haya vestido de inmortalidad, entonces se cumplirá la palabra que está escrita: Sorbida es la muerte en victoria. (1 Co. 15:51-54).

«Los creyentes, levantándose en gloria en la resurrección, serán públicamente reconocidos, y absueltos en el día del juicio, y serán perfectamente bendecidos en el pleno goce de Dios para toda la eternidad» (Catecismo Menor, Pregunta 38). Su estado de bienaventuranza, como la consecuencia de su total y abierta absolución en el juicio (su justificación *declarada*), será aún más evidente por su contraste con el estado de los impíos (ver Ro. 9:22-23). Porque mientras ellos entrarán a la vida eterna y recibirán la plenitud del gozo y refrigerio de la presencia del Señor, los impíos que no conocieron u obedecieron al Señor Jesús pagarán la pena de la destrucción eterna lejos de su presencia que los aprueba y de la gloria de su poder.

En este momento los cristianos entrarán a su estado glorificado, la meta hacia la cual la Divinidad Trina ha estado conduciendo incansablemente desde el momento de la creación, y ese fin último que era el primero de los decretos en el plan eterno de salvación.

El significado de la glorificación de los cristianos para la Creación

Con la llegada de su plena «adopción como hijos» a través de la redención de sus cuerpos en la resurrección (Ro. 8:23), la renovación de la creación misma también sucederá (Ro. 8:19-21). La creación será «libertada de la esclavitud de corrupción, a la libertad gloriosa de los hijos de Dios». Pedro describe el mundo que entonces será —el cumplimiento de Isaías 65:17 y 66:22— como «cielos nuevos y tierra nueva, en los cuales mora la justicia» (2 P. 3:13). Juan declara que en el estado de «nuevos cielos y nueva tierra», «no habrá muerte, ni habrá más llanto, ni clamor, ni dolor; porque las primeras cosas pasaron» (Ap. 21:4). Los eruditos bíblicos han debatido si la condición de «los nuevos cielos y la nueva tierra» involucra simplemente la renovación del universo presente o una completa destrucción seguida por una recreación *ex nihilo*. La preponderancia de la evidencia sugiere el primero —una renovación— pero la transformación del universo será tan completa que, a todos los efectos, introducirá un orden de existencia radicalmente nuevo.

En este momento y de esta manera se realizará finalmente la «promesa de la tierra» de Dios a Abraham y a su simiente.

El significado de su glorificación para los propios cristianos

En su estado glorificado los creyentes, habiendo recibido la plenitud de su adopción por la resurrección de sus cuerpos de entre los muertos (Ro. 8:23), serán conformados plenamente a la semejanza del Hijo de Dios. Porque a su venida, el Señor Jesucristo, «el cual transformará el cuerpo de la humillación nuestra, para que sea semejante al cuerpo de la gloria suya, por el poder con el cual puede también sujetar a sí mismo todas las cosas» (Fil. 3:21). Además, los creyentes entonces reflejarán plenamente el carácter santo de su Salvador (Ro. 8:29), siendo sus voluntades «perfeccionadas e inmutablemente libres para hacer solamente el bien, en el estado de gloria» (Confesión de Fe de Westminster, IX/v). «Este es el fin más alto concebible para los seres creados, el fin más alto concebible no solo por los hombres sino también por Dios mismo. Dios mismo no podía contemplar o determinar un destino superior para sus criaturas».[100] Murray observa que, aunque Cristo será el «primogénito» en ese momento (Ro. 8:29), un término que se refiere a prioridad y supereminencia, su voluntad será a

> supereminencia entre hermanos y, por lo tanto, la supereminencia involucrada no tiene significado excepto en esa relación. Por lo tanto, aunque no se puede subestimar la preeminencia que pertenece al Hijo como primogénito, la interdependencia es igualmente necesaria. La gloria otorgada a los redimidos se deriva de la relación que mantienen con el «primogénito». Pero el carácter específico involucrado en ser el «primogénito» se deriva de la relación que mantiene con los redimidos en esa capacidad. Por lo tanto, deben ser glorificados juntos.[101]

No es de extrañar entonces que Pablo pueda informar a los cristianos, que originalmente fueron llamados «para alcanzar la gloria [εἰς περιποίησιν δόξης, *eis peripoiēsin doxēs*] de nuestro Señor Jesucristo» (2 Ts. 2:14) y que «juntamente con [συνδοξασθῶμεν, *syndoxasthōmen*] él seamos glorificados» (Ro. 8:17), que «las aflicciones del tiempo presente no son comparables con la gloria venidera que en nosotros ha de manifestarse» (8:18), de hecho, que «esta leve tribulación momentánea produce en nosotros un cada vez más excelente y *eterno peso de gloria* [αἰώνιον βάρος δόξης, *aiōnion baros doxēs*]» (2 Co. 4:17).

El significado de la glorificación para la Iglesia para Cristo

Entendido en términos de su conformidad a la semejanza gloriosa de Cristo y su llegada a su *summum bonum*, la glorificación de la iglesia es, sin embargo, no el *terminus ad quem* del propósito divino. Porque la determinación de Dios de conformar «una gran multitud, la cual nadie podía contar, de todas naciones y tribus y pueblos y lenguas» (Ap. 7:9) a la semejanza de su Hijo bienamado fue designada como un medio para efectuar un fin todavía más alto — la fase final de su glorificación de su Hijo y su Salvador y rey mesiánico. Pablo enseña esto cuando declara que la conformidad final de la iglesia a Cristo es «para que él sea el primogénito [πρωτότοκος, *prōtotokos*] entre muchos hermanos» (Ro. 8:29). Murray escribe:

> Hay un fin último que es más definitivo que la glorificación del pueblo de Dios. Es la preeminencia de Cristo, y esa preeminencia vindicada y ejemplificada en la fase final de su glorificación. 'Primogénito' refleja la *prioridad* y *supremacía* de Cristo (ver Col. 1:15, 18; Heb. 1:6; Ap. 1:5). La gloria de Dios es siempre suprema y definitiva. Y la gloria suprema de Dios se manifiesta en la glorificación del Hijo... Pero la gloria para el pueblo de Dios solo se ve realzada por el énfasis puesto en la preeminencia de Cristo. Porque es *entre muchos hermanos* que Cristo es el primogénito. Que sean clasificados como hermanos trae al pensamiento de la glorificación con Cristo el misterio más profundo de la comunidad. La relación fraterna se subsume bajo el fin último

---

[100] Murray, «The Goal of Sanctification», *Collected Writings*, 2:316.
[101] Ibid., 2:315.

del decreto de predestinación. Esto significa que la *preeminencia* del Hijo como primogénito lleva consigo la *eminencia* correlativa de los hijos de Dios. La dignidad única del Hijo realza la dignidad otorgada a los muchos hijos que serán llevados a la gloria...

Vemos así cómo, en la realización final de la meta de la santificación, se ejemplifica y se reivindica en toda su amplitud, medida que tambalea nuestro pensamiento en razón de su estupenda realidad, la verdad inscrita en todo el proceso de la redención, desde su comienzo en la gracia de elección del Padre (ver Ef. 1:4; Ro. 8:29) hasta su consumación en la adopción (Ro. 8:23; Ef. 1:5), que Cristo en todos sus oficios como redentor nunca debe concebirse aparte de la iglesia, y la iglesia no debe concebirse aparte de Cristo. Hay correlatividad en la elección, hay correlatividad en la redención una vez cumplida, hay correlatividad en el ministerio mediador que Cristo sigue ejerciendo a la diestra del Padre, y hay correlatividad en la consumación, cuando Cristo venga el segundo tiempo sin pecado para los que le buscan para salvación.[102]

Y así con la glorificación de la iglesia y la glorificación —aún más definitiva— acompañante de Cristo mismo, llegamos a ese momento en la ejecución de la obra de Dios hacia el cual se mueve toda la historia. Dios no estará finalmente satisfecho hasta que Cristo y su iglesia sean completa y finalmente glorificados, para alabanza de su Hijo y de su más santo nombre (Fil. 2:11), y eso para toda la eternidad.

Resumen de la doctrina

La glorificación no debe confundirse con ese beneficio que los creyentes reciben en la muerte cuando su alma es hecha perfecta en santidad y pasa inmediatamente a gloria (Catecismo Menor, Pregunta 37). La muerte introduce al creyente en lo que se denomina el «estado intermedio» del alma, que es ciertamente «ganancia» y «mucho mejor» que este estado presente (Fil. 1:21, 23). Pero el estado intermedio del alma no es lo que Pablo tiene en mente cuando habla de la glorificación de los creyentes. Más bien, la glorificación habla de ese estado final en el que todos los creyentes entran juntos en la resurrección, cuando siendo levantados en gloria o transformados, son abiertamente absueltos en el Día del Juicio, y hechos perfectamente bienaventurados, como coherederos con Jesucristo, en el pleno disfrute de Dios por toda la eternidad (Catecismo Menor, Pregunta 38).

A la luz de la gloria incomparable que espera a los hijos e hijas de Dios, todos los beneficios de los que disfrutan por sola gracia, es apropiado concluir este tratamiento de la aplicación de la salvación con las palabras del gran himno de Robert Murray McCheyne:

Cuando este mundo pasajero termine,
cuando se haya hundido el sol deslumbrante,
cuando estemos con Cristo en la gloria,
contemplando la historia final de nuestra vida, —
entonces, Señor, no sabré plenamente,
hasta entonces, cuánto debo.
Cuando oiga a los malvados gritar
sobre las rocas y las colinas para que caigan,
cuando los vea sobresaltarse y retroceder
al borde del diluvio de fuego, —
entonces, Señor, no sabré plenamente,
hasta entonces, cuánto debo.

Cuando esté ante el trono,
vestido con una belleza que no es mía,
cuando te vea tal como eres,
te ame con un corazón sin pecado, —

---

[102] Ibíd., 2:316–17.

entonces, Señor, no sabré plenamente,
hasta entonces, cuánto te debo.

Cuando oiga la alabanza del cielo,
fuerte como truenos al oído,
fuerte como el ruido de muchas aguas,
dulce como la melodiosa voz del arpa, —
entonces, Señor, no sabré plenamente,
hasta entonces, cuánto debo.

Elegido no para bien en mí,
despertado de la ira para huir,
Escondido en el costado del Salvador,
por el Espíritu santificado, —
Enséñame, Señor, en la tierra a mostrar,
por mi amor, cuánto debo.

Cuarta Parte
La Iglesia

La Iglesia

20 | LA NATURALEZA Y EL FUNDAMENTO DE LA IGLESIA

La palabra inglesa *church* (N. del T.: iglesia), así como la escocesa *kirk* y la alemana *Kirche*, se derivan del griego κυριακός, *kyriakos*, que significa «perteneciente al Señor». La frase griega τό κυριακόν, *to kyriakon*, vino a utilizarse como el lugar en el que los cristianos se reunían para adorar, y con el tiempo también se extendió al pueblo mismo como «edificio espiritual» del Señor.

Como resultado, la palabra *church* se ha venido utilizando en las Biblias en idioma inglés como traducción, no de la palabra griega de la cual se deriva (que, por cierto, solo aparece dos veces en el Nuevo Testamento griego y en ninguno de los casos se usa para describir al pueblo de Dios),[1] sino que *church* es la palabra que, como convención, los traductores eligieron para traducir la palabra griega ἐκκλησία, *ekklēsia*, («congregación»), que se encuentra en 114 ocasiones en el Nuevo Testamento griego, y significa otra cosa distinta. Debido a esto, las traducciones inglesas han perdido un rico matiz de la Escritura relacionado con el pueblo de Dios, que la siguiente discusión tratará de recuperar.

LA «ASAMBLEA» EN EL ANTIGUO TESTAMENTO

En el capítulo trece de la parte tres, defendí la unidad del pacto de gracia y la unicidad del pueblo de Dios en todas las épocas. Allí presenté cinco líneas de evidencia acerca de la unicidad del pueblo de Dios (Sus escogidos) a través de todos los tiempos. En base a ese estudio podemos afirmar aquí que la iglesia en la Escritura está compuesta de todos los redimidos de todos los tiempos, salvos por gracia por la fe personal en la obra sacrificial de Jesucristo, «la simiente de la mujer» (Gn. 3:15) y el Mesías sufriente (Is. 53:5–10).

La iglesia de Dios en los tiempos del Antiguo Testamento tenía sus raíz inicial y profética en el *protoevangelium* (Gn. 3:15) y de forma pactual en los patriarcas del Génesis (Ro. 11:28), y floreció principalmente dentro de la nación de Israel. Aunque esta iglesia no era equivalente *per se* a la nación de Israel, siempre hubo algunos—y algunas veces muchos, o la mayoría [2]—dentro de dicha nación que nunca fueron más que la simiente física de Abraham, que nunca poseyeron más que la circuncisión externa de la carne,[3] y que, por tanto, nunca fueron la simiente espiritual de Abraham. La verdadera iglesia del Antiguo Testamento era la simiente espiritual de Abraham, ese «Israel» dentro de la nación del que Pablo habla en Romanos 9:6–8. La verdadera comunidad pactual de Dios fue, y siempre ha sido, el remanente *dentro* de la comunidad externa de la nación (Is. 10:22; Ro. 9:27). Sin embargo, dado que Israel era una nación que Dios había «adoptado» de entre todas las naciones del mundo por medio del éxodo (Amós 3:2), y dado que en medio de ella había determinado habitar en su gloria Shekinah y que había hecho pacto con ella y le había entregado la ley, el

---
[1] Véase 1 Corintios 11:20, donde se rEf iere a la «cena del Señor», y Apocalipsis 1:10, donde se rEf iere al «día del Señor».
[2] En apoyo de la «mayoría» mencionada aquí, el lector puede consultar 1 Reyes 19:18, donde Dios informó a Elías que solamente tenía siete mil en la tierra que no se habían inclinado a Baal. Este pequeño remanente de verdaderos adoradores se representa en el contexto precedente, no por el poderoso viento, el terremoto, o el fuego, sino por el «silbo apacible».
[3] Según Romanos 4:11, el ritual externo de la circuncisión simbolizaba y sellaba una justicia de Dios que viene por medio de la fe *aparte de la circuncisión*.

La Iglesia

servicio del templo y las promesas (Ro. 9:4–5), el Antiguo Testamento trata caritativamente a la nación de Israel *per se* cómo pueblo de Dios. Pero, por supuesto, a esta nación también dirá Dios: «*Si* diereis oído a mi voz, y guardareis mi pacto, vosotros seréis mi especial tesoro sobre todos los pueblos; porque mía es toda la tierra. Y vosotros me seréis un reino de sacerdotes, y gente santa» (Ex. 19:5–6; énfasis añadido).

Como resultado de la redención del éxodo, se llegaron a utilizar dos palabras en particular para designar al pueblo de Dios en el Antiguo Testamento hebreo: עֵדָה, *ēḏåh*, y קָהָל, *qāhāl*. La primera es del verbo יָעַד, *yā'aḏ*, que significa «citar» o «acordar una reunión». Así, el sustantivo עֵדָה, *ēḏåh*, significa algo del orden de «reunión por cita», «asamblea» o «congregación» y al parecer por el uso acabó refiriéndose a la congregación de Israel, ya fuese que estuviera o no reunida en asamblea. De entre las dos palabras esta es de lejos la más común desde Éxodo a Números, pero raramente se encuentra en los libros posteriores del Antiguo Testamento. La segunda palabra, que ciertamente no está ausente de Pentateuco pero que es más común en Crónicas, Esdras y Nehemías, proviene del verbo קָהַל, qahal, que significa «reunirse en asamblea». Así, el sustantivo קָהָל, *qāhāl*, significa «asamblea» o «congregación» y por el uso parece que acabó refiriéndose a la congregación reunida en asamblea (véase Nm. 20:6, 10; Dt. 5:22; 9:10; 10:4; 18:16; 23 passim; 31:30; Jos. 8:35; Jue. 20:2; 21:5, 8; 1 S. 17:47; 1 R. 8:14, 22, 55, 65).[4] En algunos pocos contextos (p. ej., Ex. 12:6; Nm. 14:5) encontramos que ambas palabras se emplean juntas (קְהַל־עֵדָה, *qᵉhal 'ēḏåh*), con el significado de «la asamblea de la congregación [«de Israel», o «de los hijos de Israel»]. En Levítico 16:33 se dice que la expiación ha de hacerla «todo el pueblo de la congregación» (כָּל־עַם הַקָּהָל, *kol-'am haqqāhāl*).

Esta «congregación» era gobernada al principio por Moisés, el sacerdocio levítico, y los ancianos de Israel. Además, incluso después de establecerse la teocracia bajo Saúl y David, los levitas y ancianos de Israel siguieron jugando un papel significativo en el gobierno de la nación, como se evidencia por las muchas referencias a ello en 1 y 2 Samuel, 1 y 2 Reyes, 1 y 2 Crónicas, Esdras, y los escritos de los profetas.[5]

La Septuaginta tradujo con el término συναγωγή, *synagōgē*, («lugar de reunión» o «lugar de la asamblea») los términos. עֵדָה, *ēḏåh*, casi en todas sus ocurrencias y קָהָל, *qāhāl*, normalmente en el Pentateuco. Pero particularmente en Deuteronomio (véase, p. ej. , «la congregación de Jehová», 23:1–3) y en los posteriores libros del Antiguo Testamento, קָהָל, *qāhāl*, fue traducido usando ἐκκλησία, *ekklēsia* (de ἐκκαλέω, *ekkaleō*, que tiene el significado de «convocar [en asamblea]», de ahí el término «asamblea» o «congregación»).[6] Este último hecho resulta pertinente para nuestro estudio, ya que es la palabra ἐκκλησία, *ekklēsia*, la que los autores del Nuevo Testamento emplearon como término general para nombrar al pueblo de Dios tanto como corporación local como global.[7]

Nos podríamos preguntar cómo un término del Antiguo Testamento aparentemente gris como קָהָל, (*qāhāl*, «congregación») tomó una importancia teológica tal que ἐκκλησία, *ekklēsia*, su traducción en la Septuaginta se convirtió en el término más común del Nuevo Testamento para designar al pueblo de Dios.

---

[4] J. Y. Campbell, «The Origin and Meaning of the Christian Use of the Word Ἐκκλησία [*Ekklēsia*]», *The Journal of Theological Studies* 49 (1948):133.
[5] Günther Bornkamm, «"Elders" in the Constitutional History of Israel and Judah», *Theological Dictionary of the New Testament* (Grand Rapids, Mich. : Eerdmans, 1968), 6:655–58, escribe:«La historia de la era de los jueces y la monarquía nos muestra el poder que recaía en manos [de los ancianos] especialmente en tiempos de guerra, y lo aconsejable que era para los reyes gobernantes, o su oposición, el ganarlos para su causa» (657). Véase también Robert S. Rayburn, «Three Offices: Minister, Elder, Deacon», *Presbuterion: Covenant Seminary Review* 12 (1986):108–10, para una breve discusión de la condición de anciano en Israel.
[6] Esteban empleó esta palabra en su dEfensa ante el Sanedrín cuando dijo de Moisés: «Este es aquel Moisés que estuvo en *la congregación* [τῇ ἐκκλησίᾳ, *tē ekklēsia*] en el desierto» (Hechos 7:38; quizás en alusión a Dt 9:10).
[7] Véase Louis Berkhof, *Teología sistemática* (Grand Rapids: Eerdmans, 1941), 556–57, para algunos de los usos más importantes de ἐκκλησία, *ekklēsia*, en el Nuevo Testamento.

La Iglesia

Para contestar a esta pregunta, hemos de recordar que tal y como el suceso del éxodo llegó a ser visto como *el* suceso redentor *por excelencia*,[8] en la historia de Israel, también la congregación de la nación ante el rostro del Señor en el Sinaí que surgió de ese hecho redentor fue visto como *la* congregación *por excelencia*. De acuerdo con Moisés en el Deuteronomio (que en sí mismo es un documento de renovación de pacto, creado cuarenta años más tarde entre Dios e Israel en los llanos de Moab), lo que Israel debía recordar para siempre y enseñar a las sucesivas generaciones era que «El día que estuviste delante de Jehová tu Dios en Horeb, cuando Jehová… dijo: Reúneme el pueblo, para que yo les haga oír mis palabras» (4:10). La Septuaginta traduce el mandato de Dios «Reúneme el pueblo» con las palabras Ἐκκλησίασον πρός με τὸν λαόν, *Ekklēsiason pros me ton laon*. Además, añade las palabras τῇ ἡμέρᾳ τῆς ἐκκλησίας, *tē hēmera tēs ekklēsias*, («en el día de la asamblea») después de «en Horeb».[9] Resumiendo, la redención del éxodo llevó a la congregación de Israel, y esta congregación se convirtió en *definitiva* para Israel. Señaló el punto más álgido de la redención de Dios. En esta congregación el pueblo debía estar «delante de Dios», algo que representaba solemnidad y adoración, y habían de estar para escuchar las palabras de Dios y recibir Su ley.

La idea del pueblo de Dios congregándose en Su presencia también se muestra vívidamente en la descripción del tabernáculo como la «tienda de reunión». A la puerta de la tienda el pueblo se congregaba, y allí las reuniones tenían lugar entre Dios y Su pueblo congregado.

En la historia de Israel tuvieron lugar otras grandes asambleas nacionales. Por ejemplo, tras la muerte de Moisés, Josué hizo una convocatoria y recordó a «todo Israel» en el Monte Ebal sus obligaciones en el pacto (Jos. 8:30-35). Y justo antes de su propia muerte, Josué de nuevo convocó a todas las tribus de Israel en Siquem y renovó el pacto. David convocó una gran asamblea para asegurar la sucesión de Salomón al trono (1 Cr. 28:2, 8; 29:10). En aquella ocasión, de acuerdo con la Septuaginta, David bendijo al Señor «delante de toda la congregación [ἐνώπιον τῆς ἐκκλησίας, *enōpion tēs ekklēsias*]» (29:10). Más tarde Salomón dedicó el templo, después de congregar una vasta asamblea en Jerusalén (2 Cr. 7:8). De pie, sobre una plataforma elevada hecha para ese propósito, Salomón oró al Señor «en presencia de toda la congregación de Israel» (2 Cr. 6:12). Josafat, al verse amenazado con la invasión de Moab y Amón, convocó la «asamblea de Judá» en el templo, y allí «estaba Jahaziel… sobre el cual vino el Espíritu de Jehová en medio de la reunión» (2 Cr.. 20:14). Cuando Joás, el joven rey, fue coronado, Joiada hizo que se congregaran en el templo todos los líderes de las familias israelitas, y allí «todo Judá» hizo un pacto en la casa de Dios con el rey (2 Cr. 23:3). Cuando Ezequías purificó el templo y celebró la Pascua, festividades que no se habían visto desde los días de Salomón (2 Cr. 30:26), congregó al pueblo y «se alegró... toda la congregación» (2 Cr. 30:25). Joel llamó a la renovación espiritual en este día precisamente en términos de «santificad la reunión ἐκκλησίαν, *ekklēsian*» (2:16). Y después del exilio, Nehemías convocó una gran asamblea y les hizo prometer obedecer la ley, «y respondió toda la congregación: ¡Amén!» (Neh. 5:13; 2 Esdras 15:13).

Además de estas congregaciones que fueron convocadas para la renovación pactual, el pueblo de Israel fue instruido a reunirse tres veces al año en asamblea festiva delante del

---

[8] Caracterizar el éxodo como *el* suceso redentor por excelencia del Antiguo Testamento no es demasiado. Es algo que se deduce de que el texto bíblico lo presente precisamente de esa forma. Consideremos los siguientes textos:
    Éxodo 6:6: «Os libraré de su servidumbre, y os redimiré con brazo extendido, y con juicios grandes».
    Éxodo 15:13: «Condujiste en tu misericordia a este pueblo que redimiste».
    Deuteronomio 7:8: «Sino por cuanto Jehová os amó, y,,, os ha sacado Jehová con mano poderosa, y os ha rescatado de servidumbre». (Véase también 9:4–6)
    Deuteronomio 9:26: «Oh Señor Jehová, no destruyas a tu pueblo y a tu heredad que has redimido con tu grandeza, que sacaste de Egipto con mano poderosa».
El éxodo también se describe como la «salvación» de Jehová (Ex. 14:13), escribiendo Moisés: «Así salvó Jehová aquel día a Israel de mano de los egipcios» (Ex. 14:30). Posteriormente, Esteban aplicó a Moisés el título de «libertador» (Hechos 7:35), quien (dice él) estuvo «en la ἐκκλησίᾳ, *ekklesia*, en el desierto» (7:38). Para un índice de ejemplo acerca de cómo el resto del Antiguo Testamento entendía el éxodo, véanse Sal. 77:11–15; 111:9; Is. 43:1.

[9] La frase en este lugar no aparece en el texto masorético, pero sí en 9:10, 10:4, y 18:16. La Septuaginta repite la frase en el 9:10 y el 18:16 pero la omite en el 10:4.

La Iglesia

Señor (en pascua, pentecostés y la fiesta de los tabernáculos), y a traer sus ofrendas y adoración (Ex. 23:14–17; Lv. 23).

Todo esto muestra que Israel era una nación que constantemente se veía convocada a congregarse ante el Señor y/o sus representantes en los momentos de renovación pactual y crisis nacional. Estas asambleas nacionales históricas que marcaban la reforma y la renovación del pacto, así como las asambleas festivas del pueblo delante de su Dios del pacto, nos muestran la importancia de la «congregación» en estas ocasiones. El «entrar a la congregación y presentarse delante de Dios» era equivalente a ser contado, al menos externamente, entre el pueblo de Dios. De hecho, la congregación del pacto constituía el pueblo de Dios y se convertía en una expresión externa y visible del «reino de Dios» redimido sobre la tierra. Como observa John Murray: «La congregación del pueblo de Dios no fue una etapa pasajera en la historia de Israel; no fue efímera. . . fue una característica permanente de la identidad de Israel».[10]

Está claro que el trasfondo en el Antiguo Testamento para la palabra word ἐκκλησία, *ekklēsia*, es rico en significado teológico. Es la expresión más vívida del reino redimido de Dios, mostrando al Dios soberano como Aquel que habita en medio de su pueblo y que los convoca a congregarse delante de él. Han de encontrarse con Él porque Él está entre ellos. Además, la inmediatez de su presencia convoca al pueblo y evoca su adoración. Su presencia exige que el pueblo de Dios se presente ante Él, tal y como el pueblo de un rey terrenal era requerido a hacerlo. Como escribe Edmund P. Clowney: «Su congregación no es una actividad entre muchas por parte de una nación ya existente. Como pueblo de Dios, fueron llevados a existencia por su redención y se les dio su identidad en congregación pactual».[11]

LA «CONGREGACIÓN» EN EL ANTIGUO TESTAMENTO

Es bastante obvio que el Antiguo Testamento proporciona el trasfondo para la representación de la iglesia en el Nuevo Testamento como la ἐκκλησία, *ekklēsia* de Dios.[1,2] En este momento querría concentrarme en esta palabra. Como hemos visto, es una palabra que expresa más vívidamente que quizás ninguna otra lo que significaba en el Antiguo Testamento ser tanto el pueblo como la comunidad pactual de Dios, es decir, ser la posesión redimida de Dios *congregada ante Él* para adorarle y escuchar Su ley.[13]

EL USO DE JESÚS DE *EKKLĒSIA*

En los Evangelios Jesús usó el término ἐκκλησία, *ekklēsia*, en solo dos versículos: Mateo 16:18 y Mateo 18:17 (en dos ocasiones).[14] Ambos son bastante significativos.

Mateo 16:18

---

[10] John Murray, «The Nature and Unity of the Church», en *Collected Writings of John Murray* (Edinburgh: Banner of Truth, 1977), 2:322.
[11] Edmund Clowney, *The Biblical Doctrine of the Church* (programa de estudios para clase sin publicar, Westminster Theological Seminary), capítulo 1, «The Covenant People of God», 23.
[12] El trasfondo del Antiguo Testamento nos muestra lo inadecuada que es la idea de que el significado básico de ἐκκλησία, *ekklēsia*, en el Nuevo Testamento es, como la etimología sugiere, «los llamados afuera», es decir, gente «llamada fuera del mundo». ¿Pero llamados a dónde? Si no decimos más de lo que la etimología de la palabra sugiere, la iglesia queda en una condición «no congregada».
[13] Además de su término más común ἐκκλησία, *ekklēsia*, el Nuevo Testamento emplea muchas otras expresiones figurativas para describir la iglesia: un rebaño (Juan 10:16), el cuerpo de Cristo (1 Co. 12:27; Ef. 1:23; Col. 1:18), el templo de Dios (o del Espíritu Santo) (1 Co. 3:16; 2 Co. 6:16; Ef. 2:21–22; 2 Ts. 2:4), la nueva Jerusalén (Heb. 12:22), la Jerusalén celestial (Ap. 21:2), la columna y baluarte de la verdad (1 Ti. 3:15), la sal de la tierra (Mt. 5:13), la luz del mundo (Mt. 5:14), una carta de Cristo (2 Co. 3:2–3), pámpanos (de la vid) (Juan 15:5), el olivo (Ro. 11:13–24), labranza de Dios (1 Co. 3:9), edificio de Dios (1 Co. 3:9), la señora elegida (2 Juan 1), la esposa o novia de Cristo (Ef. 5:22–31; Ap. 21:9), portadores de vestidos de boda (Mt. 22:1–14; Ap. 19:7), conciudadanos de los santos (Ef. 2:19), familia de Dios (Ef. 2:19), extranjeros en el mundo (1 P. 1:1; 2:11; Heb. 11:13), embajadores (2 Co. 5:18–21), el pueblo de Dios (1 P. 2:9–10), linaje escogido (1 P. 2:9), nación santa (1 P. 2:9), un real sacerdocio (1 P. 2:9), la circuncisión (Flp. 3:3–11), hijos de Abraham (Gl. 3:29; Ro. 4:16), el tabernáculo de David (Hechos 15:16), el remanente (Ro. 9:27; 11:5–7), Israel (Gl. 6:15–16), escogidos de Dios (Ro. 8:33), los fieles en Cristo Jesús (Ef. 1:1), una nueva creación (2 Co. 5:17), un nuevo hombre (Co. 3:10), el reino de Dios (o de los cielos) (Mt. 13), discípulos (Mt. 28:19), el camino (Hechos 9:2; 19:9, 23; 22:4; 24:14, 22), esclavos de Dios, de Cristo, y de la justicia (Ro. 6:18, 22), hijos de Dios (Ro. 8:14), la hermandad (1 P. 2:17; 5:9), y cristianos (Hechos 11:26). Véase Paul Minear, *Images of the Church in the New Testament* (Philadelphia: Westminster, 1977), para descripciones y figuras representativas de la iglesia en el Nuevo Testamento.
[14] Estoy suponiendo el origen dominical y la autenticidad de las afirmaciones en ambos versículos, y refiero al lector a Robert L. Reymond, *Jesus, Divine Messiah: The New Testament Witness* (Phillipsburg, N. J.: Presbyterian and Reformed, 1990), 50–51, 176–78, y al comentario de Mateo de D. A. Carson en *The Expositor's Bible Commentary* (Grand Rapids, Mich. :Zondervan, 1984), 8:366–67, 69, para las razones y discusión.

En este punto en el ministerio de Jesús, Su enseñanza había apartado a muchos. El viaje hasta Cesárea de Filipo apuntaba a la misión gentil que comenzaría con el rechazo de Israel. En este punto de vital importancia en su ministerio, Jesús sabía que los atribulados discípulos necesitaban más instrucciones con respecto a su próxima muerte y la propia posición de ellos en el reino. Además, si las multitudes le estaban rechazando, ¿qué futuro tenía Su reino? Y si el liderazgo religioso de la nación se oponía a Él, ¿cómo podía ser el Mesías? Las dos preguntas de Jesús, «¿Quién dicen los *hombres* que soy?» y «¿*Vosotros* [pl.] quién decís que soy?» muestran que Jesús era consciente de los polos opuestos de opinión que se ampliaban con respecto a Él y establecen el entorno para el tutelaje adicional de los discípulos. Pedro, con la ayuda de la iluminación del Padre, respondió por los Doce: «Tú eres el Cristo, el Hijo del Dios viviente». Dado que la respuesta de Pedro colocaba a Jesús por encima de todos los profetas como Mesías divino, Jesús bendijo a Pedro y le declaró literalmente: «Yo también te digo, que tú eres Pedro [Πέτρος, *Petros*—lit., "una piedra"], y sobre esta roca [πέτρα, *petra*] edificaré mi ἐκκλησία, [*ekklēsia*] y las puertas del Hades no prevalecerán contra ella».[15] Muy al principio del ministerio de Jesús, en la ocasión en que Andrés le presentó a Simón por primera vez, Jesús le dijo: «Tú eres Simón, hijo de Jonás; tú serás llamado Cefas (que quiere decir, Pedro) [Κηφᾶς, o "una cefas"; transliteración griega del arameo כֵּיפָא, *kêpā*]». Juan añade, «que quiere decir, Pedro [Πέτρος, *Petros*, o "una piedra"]» (Juan 1:42; véase también Marcos 3:16). Por tanto, está claro que cuando Jesús dijo en esta ocasión posterior en Cesárea de Filipo «tú eres Pedro», no estaba dando a Pedro un *nuevo* nombre o título por primera vez. Lo que estaba haciendo era *explicar* a Simón cuál era la intención que había detrás de la primera asignación de su nombre. Tanto el contexto previo como el posterior y las palabras a continuación («y sobre esta roca edificaré mi asamblea...»), explican Su intención.

Desde la Edad Media, la Iglesia Católica Romana ha defendido que Jesús pretendía enseñar que Pedro iba a ser el primer papa (de Roma, por supuesto), y, como tal, el líder supremo de la cristiandad. Esta supremacía sería transmitida a cada obispo de Roma que sucediera a Pedro. Esto es capturado de manera dramática por la inscripción en latín que rodea la entabladura que está justo por debajo de la cúpula mayor de la basílica de San Pedro en Roma: *Tu es Petrus, et super hanc petram aedificabo Ecclesiam meam*.[16] Según esto, el catecismo católico de *Baltimore* afirma:

Cristo dio poderes especiales en Su Iglesia a San Pedro convirtiéndole en la cabeza de los apóstoles y el maestro principal y gobernante de toda la Iglesia. Cristo no quería que el poder especial de maestro principal y gobernante de toda la iglesia fuera ejercido por San Pedro en solitario, sino que este poder fuera transmitido a su sucesor, el Papa, el Obispo de Roma, que es el Vicario de Cristo en la tierra y la cabeza visible de la Iglesia.[17]

---

[15] Jesús sin duda quería hacer un juego de palabras con las palabras «Pedro» y «piedra», pero no creo que haya que entender nada especial de que en griego la primera palabra sea masculina y la segunda femenina. Aunque es cierto que πετρος, *petros*, se usaba para referirse a una piedra suelta en lugar de un estrato de roca y πετρα, *petra*, designaba la roca sobre la que se podía edificar un edificio (véase Mt. 7:24–25), y aunque el uso de tales palabras es precisamente el que la lengua griega requería, esta fina distinción no es posible en arameo, que es probablemente el idioma en que Jesús hablaba. En su afirmación original, Jesús probablemente empleó el arameo כֵּיפָא, *kêpā*, en ambos lugares.

[16] Roma también afirma que la basílica de San Pedro está construida sobre la tumba de Pedro. En su mensaje navideño de 23 de diciembre de 1950, el Papa Pío XII anunció que, como resultado de las excavaciones realizadas en 1939 bajo la basílica de San Pedro, «se había encontrado la tumba del príncipe de los apóstoles». Pero Oscar Cullmann, en su *Peter: Disciple—Apostle—Martyr* (Philadelphia: Westminster, 1953), 153, después de examinar cuidadosamente los informes escritos de dicha excavación, concluyó:

Las investigaciones arqueológicas no nos permiten dar respuesta afirmativa o negativa a la cuestión de si Pedro está sepultado en Roma. La tumba de Pedro no puede identificarse. Las pruebas reales del martirio de Pedro en Roma siguen derivándose de testigos literarios indirectos...

[17] *Baltimore Catechism. The New Confraternity Edition of the Official Revised 1949 Edition* (New York: Benzinger, 1952), XX. El *Catecismo de la Iglesia Católica* (1994) también afirma a este respecto:

El Señor hizo «roca» de Su Iglesia solamente a Pedro. Le entregó las llaves de Su Iglesia y le instituyó pastor de todo el rebaño. «El oficio de atar y desatar que fue entregado a Pedro también se asignó al colegio de apóstoles unidos a su cabeza». Este oficio pastoral de Pedro y los otros apóstoles pertenece al cimiento mismo de la Iglesia, y continúa por medio de los obispos bajo la supremacía del Papa.

El Papa, Obispo de Roma y sucesor de Pedro, «es la fuente y fundamento perpetuo y visible de la unidad de los obispos y de toda la compañía de los fieles... el Pontífice romano, por razón de su oficio como Vicario de Cristo y pastor de toda la Iglesia, tiene un poder que siempre puede ejercer sin obstáculos». (para. 881–82)

La Iglesia

La Iglesia Católica Romana ha empleado este dogma para reclamar autoridad para atar las conciencias de los hombres por su interpretación de la Escritura, para añadir nuevas doctrinas que en la Escritura no se enseñan, y para reinterpretar las claras enseñanzas de la Escritura. Lo ha hecho en primer lugar distinguiendo a Pedro de los demás apóstoles, y luego afirmando que su autoridad apostólica continúa en la línea única de obispos de Roma.

Es cierto que en los primeros años de la era del Nuevo Testamento, Pedro era un líder entre los apóstoles. Se puede incluso defender que era «el primero entre iguales» (*primus inter pares*) pero sin «primacía de poder» (*primatus potestates*). Existen 140 referencias a Pedro en los cuatro Evangelios, alrededor de 30 más que todas las referencias a los demás discípulos juntas. Encabeza la lista de los doce apóstoles en cada uno de los listados que se dan en el Nuevo Testamento (Mt. 10:2 [nótese el «primero» de Mateo en este versículo]; Marcos 3:16; Lucas 6:14; Hechos 1:13), y se incluye en el «círculo íntimo» de discípulos (Pedro, Jacobo y Juan), de aquellos únicos que vieron ciertos sucesos milagrosos tales como la transfiguración de Jesús; él es portavoz de los discípulos en muchas ocasiones (Mt. 15:15; 17:24–25; 19:27; Juan 6:68–69); es él quien caminó con Jesús sobre el mar (Mt. 14:28–29); es él a quien Jesús específicamente encargó «confirma a tus hermanos» (Lucas 22:32). Estaba al cargo en la selección de aquel que iba a tomar el puesto de Judas en Hechos 1; fue quien predicó el primer «sermón cristiano» en el día de Pentecostés en Hechos 2, convirtiendo a muchos Judíos al Camino; Lucas registra sus actividades (junto con las de Juan) en la primera mitad del libro de Hechos; fue Él a quien Dios eligió para ser el misionero que tomaría parte especial en favor de la salvación de los gentiles en la casa de Cornelio en Hechos 10; suyo fue el primer testimonio registrado por Lucas en la asamblea de Jerusalén en Hechos 15; su nombre aparece en primer lugar en la «lista oficial» que hace Pablo[18] de aquellos a quienes Cristo se apareció después de Su resurrección (1 Co. 1 5:5); y Pablo incluso se refiere a él (junto con Jacobo y Juan) como «pilar» en la iglesia de Jerusalén (Gal. 2:9). Sin embargo, la forma que tiene Roma de entender la prioridad de Pedro derivada de Mateo 16:18 (y de unos cuantos versículos relacionados como Lucas 22:31–32 y Juan 21:16) fuerza al versículo a decir algo que no dice. Para que este versículo tuviera un peso doctrinal como ese, el apologista católico romano debería demostrar *exegéticamente,* y no simple afirmar de manera dogmática, lo siguiente:

1. que por la referencia a «esta roca» en su explicación, Jesús estaba refiriéndose a Pedro personal y exclusivamente;

2. que la autoridad apostólica que pertenecía a Pedro *podría* transmitirse a sus «sucesores papales» y que, *de hecho*, fue transmitida a ellos mientras que la autoridad apostólica de los otros apóstoles *no* podía y de hecho *no* fue transmitida a sus sucesores;

3. que Jesús quería extender la promesa que hizo a Pedro a los «sucesores papales» de éste a lo largo de todo el periodo de la iglesia hasta el fin de la época de esta; y

4. que, aunque la promesa de Jesús a Pedro podía y debía extenderse *cronológicamente* a sus «sucesores papales», no podía extenderse *geográficamente,* sino que había de restringirse en su transmisión a un obispo cada vez que solo ministra en *una* ciudad particular (es decir, la ciudad de Roma) entre las muchas ciudades en las que Pedro ministró. Calvino expresó el punto de la siguiente forma: «¿Con qué derecho vinculan [los apologistas romanos] a un lugar esta dignidad que le fue dada sin mencionar lugar?» (*Institución*, IV. vi. 11).

El apologista católico romano debe ser capaz no solo de afirmar de manera dogmática que Pedro se convirtió de verdad en primer obispo de Roma, sino de demostrarlo *históricamente*. Pero ¿cuáles son los hechos? Tanto Ireneo como Eusebio de Cesárea dicen que Lino,

---

[18] Una lista no resumida habría incluido las apariciones de Jesús a las mujeres que corrían alejándose de la tumba (Mt. 28:8–9) y a María, que siguió a Pedro y a Juan de vuelta a la tumba después de informarles de que esta estaba vacía (véase Juan 20:1–18).

La Iglesia

mencionado en 2 Timoteo 4:21, fue el primer obispo de Roma.[19] El que Pedro muriese en Roma, como la antigua tradición afirma, es una posibilidad distinta (véase 1 P. 5:13, donde «Babilonia» ha sido entendida por los comentaristas uniformemente como una metáfora que se refiere a Roma), pero el hecho de que pastorease la iglesia es seguramente una ficción, como incluso algunos académicos de la comunión romana reconocen. La traducción en latín que Jerónimo hace de Eusebio (no la copia griega del mismo Eusebio), registra que Pedro ministró en Roma durante veinticinco años,[20] pero si hemos de creer a Philip Schaff (así como a muchos otros historiadores de la iglesia), esto es «un error cronológico colosal».[21] Pablo escribió su carta a la iglesia en Roma al principio del 57 d. C., pero en dicha carta no se dirigió a Pedro o se refirió a él como pastor de la iglesia. Además, en el último capítulo de la epístola, extendió su saludo a veintiocho amigos de Roma, pero no hizo ninguna mención a Pedro, lo cual hubiera sido un olvido muy notorio, y, de hecho, una afrenta si Pedro estaba «gobernando» la iglesia romana en ese tiempo. Más tarde, cuando Pablo estuvo en Roma, desde donde escribió sus cuatro cartas en prisión durante su primer encarcelamiento en el 60–62 d. C., cuando «recibía a todos los que a él venían» (Hechos 28:30), y en su última carta pastoral durante su segundo encarcelamiento alrededor del 64 d. C., en la que extendió saludos a los receptores de su epístola de parte de diez personas específicas en Roma, de nuevo no hay ninguna mención a Pedro. Aquí tenemos un periodo de tiempo de unos siete años (57–64 d. C.) en el que Pablo se relacionó con la iglesia romana como emisario y residente, pero no dijo ni una palabra que sugiriese que Pedro estaba en Roma.

Si Pedro estaba en Roma y fue simplemente ignorado por Pablo, ¿qué hemos de concluir de él cuando éste declaró a los filipenses: «pues a ninguno tengo del mismo ánimo [aparte de Timoteo], y que tan sinceramente se interese por vosotros. Porque todos buscan lo suyo propio, no lo que es de Cristo Jesús» (Flp. 2:20–21)? Además, cuando más tarde escribió a Timoteo, dijo: «Solo Lucas está conmigo... En mi primera defensa ninguno estuvo a mi lado, sino que todos me desampararon» (2 Ti. 4:11, 16). ¿Dónde estaba Pedro entonces? ¿Y qué hay de la afirmación que hace Pablo en Gálatas 2:7 –8 acerca de que a Pedro se le habían confiado los esfuerzos misioneros hacia los judíos? ¿Hemos de concluir que Pedro había desobedecido esa confianza y se había marchado a ministrar en Roma? No lo creo. Porque tal y como Pablo escribió varias de sus cartas a las iglesias que había fundado, parece que Pedro, escribiendo desde Babilonia a los judíos cristianos dispersos en el Ponto, Galacia, Capadocia, Asia y Bitinia (véase su empleo de la palabra διασπορά, *diaspora*, en 1 Pedro 1:1) , estaba escribiendo a personas que él había evangelizado en aquellos lugares. El único atisbo que tenemos en los escritos de Pablo acerca del ministerio de Pedro se encuentra en 1 Corintios 9:5, donde sugiere que Cefas, acompañado por su esposa (véase Mt. 8:14), era un evangelista itinerante que llevaba a cabo la tarea que los otros apóstoles le habían confiado. De estos datos hemos de concluir que, si Pedro alcanzó Roma como dice la tradición, su propósito probablemente fue hacer una visita más bien casual a la iglesia allí, y que habría llegado poco tiempo antes de su muerte, la cual, de acuerdo con la tradición, ocurrió durante la persecución de Nerón.

El apologista católico romano ha de ser capaz de dar respuesta a las siguientes cuestiones a fin de proporcionar una satisfacción razonable que esté de acuerdo con la Escritura:

---

[19] Ireneo dice esto en su *Contra las herejías* III. iii. 3; Eusebio, que probablemente sigue la estela de Ireneo, lo hace en su *Historia eclesiástica* III. ii.
[20] Véase Jerónimo, *Lives of Illustrious Men*, capítulo 1, en *Nicene and Post-Nicene Fathers*, ed. Philip Schaff y Henry Wace (Grand Rapids, Mich.: Eerdmans, 1989) III, 361.
[21] Philip Schaff, *History of the Christian Church* (1910; reedición, Grand Rapids, Mich.: Eerdmans, 1962)), 1:252.

La Iglesia

1. ¿Por qué Marcos y Lucas, al registrar también la conversación de Jesús y Pedro en Cesárea de Filipo, omiten toda referencia a esa parte en la que Jesús supuestamente concede a Pedro prioridad sobre los otros apóstoles, siendo este un punto que para Roma es el corazón y centro mismo del ministerio de enseñanza de nuestro Señor?

2. ¿Por qué el Nuevo Testamento, después de la confesión en Cesárea de Filipo, relata más errores de Pedro que de cualquier otro de los apóstoles? Me estoy refiriendo a (1) su rechazo ante el anuncio que hizo Jesús de que moriría, Mateo 16:22–23; (2) la comparación que hace de Jesús al mismo nivel con Moisés y Elías en el Monte de la Transfiguración, Mateo 17:4–5; (3) su negativa a dejar que Jesús le lavase los pies y el dictarle los términos sobre cómo habría de hacerlo, Juan 13:8–9; (4) su adormecimiento mientras Jesús oraba en Getsemaní, Mateo 26:36–45; (5) su precipitado uso de la espada, Mateo 26:51–54; (6) su protesta de infalible fidelidad seguida de sus tres negaciones de Jesús, registradas en los cuatro evangelios; (7) su curiosidad acerca del futuro de Juan, que le ganó una represión de tipo: «eso no es asunto tuyo» (Juan 21:21–22); (8) su enérgica negativa a comer lo que Dios había declarado puro (Hechos 10:10–16); además, (9) incluso tras la resurrección de Cristo, el derramamiento del Espíritu, y su propio ministerio en Jerusalén, su traición al evangelio de pura gracia en Antioquía, actuando de forma tan comprometedora que provocó la represión pública de Pablo, Gálatas 2:11–14.

¿Dónde está la infalibilidad y la garantía de pureza y continuidad del evangelio en este hombre? No basta con responder que Pedro era solo infalible en lo que enseñó *ex cátedra,* y que estos errores solo destacan su verdadera unidad con la humanidad pecadora en general. «Las acciones hablan más alto que las palabras», y seguramente en el caso citado en último lugar, la actuación de Pedro, que más que probablemente estuvo acompañada de alguna palabra de explicación por su parte a la iglesia de Antioquía, traicionó la pureza del evangelio de gracia.

3. ¿Por qué pueden los discípulos seguir disputando acerca de quién de ellos era el mayor después del incidente en Cesárea de Filipo (Mt. 18:1; 20:20–28; Lucas 22:24)? Aparentemente no entendieron que la afirmación de Jesús hubiere concedido a Pedro ninguna prioridad sobre ellos. Si Cristo hubiera querido con su pronunciamiento en Cesárea de Filipo que Pedro se convirtiera en su vicario y líder de toda la cristiandad, ¿por qué no aclarar la confusión de los discípulos de una vez por todas diciéndoselo directamente?

4. Si Pedro era la cabeza de la iglesia, ¿por qué le enviaron a él a investigar el avivamiento samaritano, en lugar de ser él quien enviara a alguien (Hechos 8:14)?

5. Si Pedro era la cabeza indiscutible e infalible de la iglesia, ¿por qué los otros apóstoles y la hermandad en general sintieron que podían poner en tela de juicio su implicación en el incidente de Cornelio (Hechos 11:1–18)?

6. ¿Por qué Pablo enumera a Pedro solo como una de las «columnas» en Jerusalén, y en segundo lugar tras Jacobo (Gal. 2:9)? ¿Y por qué en el concilio de Jerusalén en Hechos 15, sobre el que obviamente presidía Jacobo, Pedro es simplemente el primer orador y no el presidente? ¿Por qué no se sometió a Pedro todo el asunto en lugar de al concilio, y por qué la decisión no se emitió como una deliberación «petrina» en lugar de un decreto «apostólico»?

7. ¿Por qué puede Pablo decir acerca del liderazgo de Jerusalén (Jacobo, Pedro y Juan), que «tenían reputación de ser algo»: «lo que hayan sido en otro tiempo nada me importa; Dios no hace acepción de personas» (Gal. 2:6)?

8. Si Pedro era el obispo y pastor de Roma, y si era la práctica establecida de Pablo «predicar el evangelio, no donde Cristo ya hubiese sido nombrado, para no edificar sobre fundamento ajeno» (Ro. 15:20; véase 2 Co. 10:16), ¿Por qué declara que había anhelado ir a Roma y se

había propuesto muchas veces ir allí «para comunicaros algún don espiritual, a fin de que seáis confirmados» y «para tener también entre vosotros algún fruto, como entre los demás gentiles» (Ro. 1:11-13)? ¿Acaso esta actividad por Parte de Pablo no habría negado su propia política misionera y habría sido una afrenta al ministerio de Pedro? ¿Es que estas palabras no sugieren que ningún apóstol había trabajado en Roma?

9. ¿Por qué Pablo se describe a sí mismo como un simple «apóstol de Jesucristo» una «piedra viva» entre muchas y un «anciano también con ellos» (1P. 1:1, 5: 1)?

10. ¿Por qué, si Pedro era la cabeza viva y terrenal de la iglesia en ese tiempo, desparece completamente de la historia de Lucas después de Hechos 15, habiendo muy pocas referencias a él en el resto del Nuevo Testamento aparte de por sus propias dos cartas?

11. ¿Por qué en la literatura patrística más temprana Pablo es venerado tanto como Pedro, hecho que admiten los académicos católicos romanos?

12. Juan, el «discípulo amado» y apóstol, que aparentemente vivió tras la muerte de Pedro, ¿Se habría sometido al obispo de Roma (Lino o Clemente) que sucediera a Pedro?

13. ¿Por qué ningún obispo de Roma anterior a Calixto I (223 d. C.), quien, por cierto, aprobó una forma de modalismo,[22] utilizó el pasaje de Mateo 16 para apoyar la primacía del obispado romano? ¿Y por qué cuando lo hizo fue reprendido por contemporáneos tan notables como Tertuliano, que rechazó totalmente la idea de que el dicho de Jesús se aplicase a obispos posteriores, o Firmiliano, obispo de Cesárea en Capadocia, que se opuso a la idea de que el obispado romano tiene derecho por sucesión al «trono» de Pedro?

14. Esto plantea una pregunta mayor y más principal, es decir, aunque no hay duda de que la iglesia de Roma era influyente,[23] ¿Por qué no hay indicaciones en los dos primeros siglos de la era cristiana de que el resto de la iglesia reconociese a la iglesia romana como superior o que le concediesen ninguna soberanía sobre la cristiandad?[24]

15. ¿Por qué los cuatro primeros concilios ecuménicos (cuyas decisiones doctrinales se consideran ortodoxas de forma general por todos los cristianos, incluyendo a los protestantes) no dicen ni hacen nada que permita ni la más mínima defensa de la afirmación de la supremacía del obispo romano, sino que, de hecho, en varios casos aprobaron decretos o cánones a los que se oponían el obispo de Roma o sus agentes, siendo el primer concilio en afirmar explícitamente la supremacía del obispo romano el IV Concilio de Letrán, celebrado bajo el Papa Inocencio III en 1215?

16. ¿Cómo puede evitar la teología católica romana la acusación de «afirmar la consecuencia» o «razonar en círculo» (*petitio principii*) en este asunto, cuando convierte un dogma altamente cuestionable, como es la primacía del obispo Romano, en base para afirmar que solamente ella está justificada para proclamar cualquier dogma, incluyendo la primacía del obispo romano sobre la totalidad de la iglesia?

La exégesis de Roma sobre Mateo 16 y su afirmación dogmática y desarrollada históricamente de tener la primacía autorizada en el mundo cristiano, simplemente no puede demostrarse y sustentarse desde la Escritura. Esta afirmación es ciertamente uno de los grandes bulos impuestos sobre la cristiandad profesante, y sobre él descansa todo el sistema sacerdotal papal.[25]

---

[22] Véase J. N. D. Kelly, *Early Christian Doctrine* (London:Adam & Charles Black, 1958), 123–24.
[23] Juan Calvino *(Institución,* IV. vi. 16) ofreció las siguientes tres razones para el prestigio de la iglesia romana temprana: (1) Prevaleció la opinión de que Pedro había fundado y pastoreado la iglesia de Roma; (2) debido a que Roma era la capital del imperio, los líderes de la iglesia en Roma probablemente eran más conocidos, hábiles y experimentados que los demás líderes; (3) debido a que la mitad occidental de la iglesia no se vio tan atribulada por la controversia doctrinal como la mitad oriental, los obispos depuestos de sus oficios en el este, Grecia y África con frecuencia buscaron refugio en Roma y el apoyo del obispo romano a su causa.
[24] El apologista católico romano H. Burn-Murdock admite esto en *The Development of the Papacy* (London: Faber & Faber, 1954), 130f., cuando escribe: «Ninguno de los escritos de los dos primeros siglos describe a San Pedro como obispo de Roma».
[25] Para un tratamiento más detallado, véase William Cunningham, «The Papal Supremacy», en *Historical Theology* (1862; reedición, Edinburgh: Banner of Truth,

La Iglesia

Aunque es cierto que Jesús dijo que sobre «esta roca» Él iba a edificar su «iglesia», el si esta frase tiene a Pedro como antecedente y en qué sentido iba él a edificar sobre él su «iglesia», han sido tema de considerables controversias. Por ejemplo, Orígenes, haciendo su usual distinción entre la letra y la intención espiritual del texto, instó a que, de acuerdo a la letra, la roca de la explicación de Jesús se refería a Pedro, mientras que el Espíritu tenía en mente a todos aquellos que llegan a ser lo que era Pedro.[26] Tertuliano declaró explícitamente que el poder de atar y desatar fue entregado a Pedro *de manera personal* en aquel momento y lugar, y que no se transmitió al obispo de Roma.[27] Cipriano sostuvo que Jesús estaba dirigiéndose a todo el cuerpo de obispos al hablar a Pedro, ya que, según dice, más tarde invistió a todos los apóstoles en «una sociedad de iguales tanto en honra como en poder». También afirmó que Jesús habló específicamente a Pedro solo para destacar la necesidad de la *unidad* de la iglesia.[28] Crisóstomo, seguido de Gregorio de Nisa, Isidoro de Pelusio, el padre latino Hilario, y los padres griegos más tardíos Teodoreto, Teófanes, Teofilacto y Juan Damasceno, sostuvieron que la «roca» en la explicación de Jesús era la fe de la confesión de Pedro. Agustín en sus últimos años creyó que la roca no era Pedro, sino Cristo mismo.[29] Durante la Edad Media, el obispo romano utilizó el pasaje de forma regular para afirmar una primacía eclesiástica, como si no fuera posible entenderlo de otra manera. Pero Lutero regresó a Agustín en este punto («La roca es el Hijo de Dios, Jesucristo mismo y nadie más»), e insistió que la característica «pétrea» de Pedro se aplicaba, no a su persona, sino solamente a su fe en Jesús, que era la Roca.[30] Calvino también defendió que la Roca era Cristo y que, al dirigirse a Pedro como «Roca», Cristo estaba dirigiéndose tanto a él como también a otros creyentes en el sentido de que el vínculo de la fe en Cristo es la base sobre la que la iglesia crece.[31] Zuinglio enseño que Pedro solo es el tipo de aquel que cree en Cristo como única Roca.[32] Se puede decir con seguridad que todos los reformadores creyeron que la verdadera Roca de la iglesia es Jesucristo, siendo Pedro la «roca», no en cuanto a su persona, sino en cuanto a ser el tipo de todo aquel que confía en Jesús como Mesías y Dios.[33]

En otro trabajo he defendido que, por su confesión, Pedro declaró su convicción de que Jesús era tanto el Mesías largamente prometido en el Antiguo Testamento como el divino Hijo de Dios.[34] Fue en respuesta a su declaración exclamativa: «¡Tú eres [σὺ εἶ, *su ei*] el

---

1960), 1:207–26.
[26] Orígenes, sobre Mateo 16:18: «roca significa cada discípulo de Cristo».
[27] Tertuliano, *Sobre la modestia* xxi.
[28] Cipriano, *Los renegados*, Epístola 26. 1; *La unidad de la iglesia católica*, Tratado 1. 4.
[29] Agustín, *Exposición sobre el Salmo 61*, para. 3: «Pero para que la iglesia pueda edificarse sobre la Roca, ¿quién ha hecho la Roca? Escuchemos a Pablo decir: "Y la Roca era Cristo". Por tanto, sobre Él hemos sido edificados»; *Sermón 26 Sobre lecciones del Nuevo Testamento*, para. 1: «Porque viendo que Cristo es la Roca (Petra), Pedro es el pueblo cristiano... [Cristo dijo] "... sobre esta Roca que has confesado, sobre esta Roca que has reconocido, diciendo: 'Tú eres el Cristo, el Hijo del Dios viviente', edificaré mi Iglesia, es decir, sobre mí, el Hijo del Dios viviente, 'edificaré mi iglesia'. Te edificaré sobre mí, no a mí sobre ti». Para. 2: «Pedro [fue] edificado sobre la Roca, no la Roca sobre Pedro». Véase también *Sobre la Trinidad* II. 17. 28.
[30] Martín Lutero, *What Luther Says* (Saint Louis: Concordia, 1959), 2:1070, para. 3412: «El papa es el mayor blasfemo de Dios al aplicarse a sí mismo el noble pasaje que habla solamente de Cristo». Quiere ser la roca, y que la iglesia descanse sobre él... Por tanto, hemos de asegurarnos de permanecer solo con el simple significado de que Cristo es el Cimiento sobre el que la iglesia ha de permanecer». Véase Lutero, *Obras*, 17. II. 449f.
[31] Juan Calvino, sobre Mateo 16:18 *Institución*, IV. vi. 6.
[32] Ulrico Zuinglio, «On the Lord's Supper», *Zuinglio y Bullinger*, vol. 24 de la *Library of Christian Classics* (Philadelphia: Westminster, 1953), 192–93: «Los papistas pueden quejarse de que no utilizamos el sentido natural cuando se trata de decir: "Tú eres Pedro, es decir, una piedra, o roca, y sobre esta roca edificaré mi iglesia". ¿Quiere eso decir que caemos en el error si no nos sujetamos al simple sentido natural...? En absoluto. Porque hallamos que solo Cristo es la roca, solo Cristo es la cabeza, solo Cristo es la vid en la que somos guardados con seguridad. Por tanto, Cristo mismo es la roca sobre la que la iglesia se edifica, y ese es el sentido natural de las palabras. Tal y como la aplica el papado, las palabras no son naturales».
[33] El arzobispo Peter Richard Kenrick preparó un ensayo sobre este tema para ser entregado en el Concilio Vaticano I (1870). Finalmente, el ensayo no fue entregado en el concilio, sino publicado después junto con otras reflexiones bajo el título *An Inside View of the Vatican Council*, ed. Leonard Woolsey Bacon (New York: American Tract Society, 1871). En él, Kenrick apuntó que en la antigüedad se sostuvieron cinco interpretaciones de la palabra «roca»: (1) La primera declaraba que la iglesia fue edificada sobre Pedro, siendo respaldada por 17 padres. (2) La segunda entendía que las palabras se referían a todos los apóstoles, siendo Pedro simplemente el primado, esta fue la opinión de 8 padres. (3) La tercera afirmó que las palabras se aplicaban a la fe que Pedro profesó, y fue adoptada por 44 padres, incluyendo algunos de los más importantes y representativos. (4) La cuarta declaró que había que entender que las palabras se referían a Jesucristo, y que la iglesia se edificaba sobre Él. Este fue el punto de vista de 16 padres. (5) La quinta entendió que el término «roca» se aplicaba a los mismos fieles quienes, al creer en Cristo, estaban siendo convertidos en piedras vivas en el templo de su cuerpo, opinión mantenida por muy pocos (7–8). Estas estadísticas muestran que el punto de vista que acabó convirtiéndose en normativo para Roma está lejos de estar claro, y que, al ser sostenido alrededor de 20 por ciento de los primeros padres, está muy lejos de ser el punto de vista normativo para la iglesia primitiva. Véase también W. Griffith Thomas, *The Principles of Theology* (London: Longmans, Green, 1930), 470–71.
Véase además la apelación del obispo Josef Strossmayer al Vaticano I en los meses de cierre del debate sobre la infalibilidad papal (véase *Against the World: The Trinity Review, 1978–1988* [Hobbs, N. M.: Trinity Foundation, 1996], 225–30).
[34] Reymond, *Jesus, Divine Messiah: The New Testament Witness*, 50–51, 176–78.

La Iglesia

Cristo, ¡el Hijo del Dios viviente!" que Jesús le respondió a Pedro: «¡Y yo también te digo, que tú eres [σὺ εἶ, *su ei*] Pedro [lit!, "una roca"]!» Es importante destacar que, en su exclamación, Pedro no empleó un nombre propio para designar a Jesús, sino que le adscribió dos títulos, el primero de ellos funcional (Cristo), y el segundo ontológico (Hijo del Dios viviente). Sugeriría del paralelismo en las dos cláusulas σὺ εἶ, *su ei,* que Jesús puede haber tenido la intención de responder de la misma forma. Es decir, puede que no haya empleado Πέτρος, *Petros,* como nombre propio. Más bien, puede que, del mismo modo, solo le estuviese adscribiendo un título: «¡Tú eres una roca!» Y al capitalizar la palabra griega Πέτρος, *Petros,* traducción griega del arameo כֵּיפָא, *kêpā*, que con toda probabilidad Jesús utilizó, los editores de nuestras ediciones críticas del Nuevo Testamento griego pueden habernos hecho extraviar. Jesús quizás quiso decir, no «Tú eres Pedro», sino «¡Tú eres una roca!», con el significado de «¡Eres [verdaderamente] una roca [al describirme como lo acabas de hacer]!».

Si es así, cuando Jesús continuó diciendo, «y *sobre esta roca* [nota: no dice "sobre ti"] edificaré mi "iglesia"», puede haber querido decir que era sobre la *descripción* «rocosa» que Pedro hizo de Él como Mesías e Hijo del Dios viviente, sobre ese entendimiento que el Padre le había revelado en su gracia, y no sobre Pedro *personalmente,* que Él cimentaría su iglesia. Esto significaría, resumiendo, que el «lecho de piedra» mismo de la iglesia es la propia investidura mesiánica de Cristo y su ontológica existencia como Segunda Persona de la Deidad, tal y como Pablo escribió más tarde: «Nadie puede poner otro fundamento que el que está puesto, el cual es Jesucristo» (1 Co. 3:11; véase también 1 Co. 10:4: «y la roca era Cristo [ἡ πέτρα δὲ ἦν ὁ Χριστός, *hē petra de ēn ho Christos*]»). Al confesar, el mismo Pedro era «una roca».

Pero es muy posible que Jesús quisiera decir que sobre Pedro edificaría su iglesia en algún sentido. Creo que a veces nuestra reluctancia «protestante» a admitir esta posibilidad juega en a favor del apologista romano, posibilidad que recibe apoyo del versículo siguiente, donde Jesús declaró a Pedro: «Te daré [singular] las llaves del reino de los cielos,[35] y cualquier cosa que tú [singular] ates en la tierra habrá sido atado en el cielo, y cualquier cosa que desates [singular] en la tierra, habrá sido desatada en el cielo» (16:19, traducción del autor).[36]

Incluso así, la confesión que hace Pedro de Jesús como Cristo e Hijo del Dios viviente no puede excluirse de la referencia a Pedro como «una roca». Es decir, la roca que sirve como fundamento de la iglesia, no es Pedro personalmente como hombre, sino Pedro como *apóstol*

---

[35] La frase «las llaves del reino de los cielos» denota simbólicamente autoridad en el reino, así que Jesús en Mateo 16 está otorgando «autoridad para edificar el reino» a Pedro. Pero esta autoridad no ha de interpretarse unilateralmente (como normalmente se hace debido al contexto de Mateo 18:17), como si solo se relacionara con la disciplina de la iglesia. La frase en Mateo 16 continúa la declaración positiva de Jesús acerca de que Él «edificará» su iglesia. Además, Jesús declara que, mediante estas llaves, Pedro ataría y desataría. Por tanto, la autoridad para abrir y cerrar las puertas del reino de los cielos a los hombres que Jesús concede a Pedro (y al resto de los discípulos en Mateo 18) debe verse como algo que incluye la autoridad para proclamar el liberador evangelio y para tomar medidas disciplinarias a fin de asegurar que la iglesia se mantiene pura. Jesús «edificará» su «asamblea» por medio de ambas. También existe un aspecto polémico en la afirmación de nuestro Señor, porque al entregar esta «autoridad para edificar el reino» a su iglesia, estaba diciendo que no eran los rabís que «se sientan en la cátedra de Moisés» los que poseían «las llaves de la ciencia» (Lucas 11:52), sino la «asamblea» que le confesaba.
Geerhardus Vos defiende en su *The Teaching of Jesus Concerning the Kingdom of God and the Church* (reedición; Nutley, N. J.: Presbyterian and Reformed, 1972), 81, que la autoridad para atar y desatar va más allá de la autoridad para imputar y perdonar pecados, y que se refiere a «la administración de los asuntos de la casa [de Dios] en general». Cuando tenemos en cuenta que esta autoridad también fue dada a los otros apóstoles, y que su enseñanza doctrinal se convirtió en fundamento de la iglesia (Ef. 2:20), la idea amplia de Vos acerca de la intención de Jesús es enteramente posible.

[36] El «habrá sido atada» y el «habrá sido desatada» de mi traducción del texto griego de Mateo 16:19 (y 18:18) reflejan el hecho de que, subyacente a ambos, se encuentra una construcción verbal conocida como futuro perfecto pasivo perifrástico. Henry J. Cadbury en «The Meaning of John 20:23, Matthew 16:19, and Matthew 18:18», *Journal of Biblical Literature* 58 (1939):253, insta a que «el futuro simple parece... tan adecuado como lo puede ser cualquier traducción al inglés» para esta construcción griega. Pero J. R. Mantey, tanto en «The Mistranslation of the Perfect Tense in John 20:23, Mt. 16:19, and Mt. 18:18» en el mismo número del jornal y en «Evidence That the Perfect Tense in John 20:23 and Matthew 16:19 Is Mistranslated», *Journal of the Evangelical Theological Society* 16, no. 3 (1973):129–38, demuestra que las traducciones que he presentado arriba son las únicas traducciones al inglés que capturan la fuerza del griego. Así pues, si el atar y desatar del que Jesús está hablando aquí se corresponden con el «retener» y «perdonar» los pecados de los hombres (véase Juan 20:23; véase Ap. 1:5), esto solo puede significar que aquellos a los que la iglesia lleva a la fe por medio de la proclamación del evangelio son ya escogidos de Dios, y que aquellos que finalmente rechazan el mensaje son los que finalmente serán excomulgados por la iglesia, y que son ya no escogidos.
Roma afirma que Jesús estaba instituyendo el poder sacerdotal de la absolución en Juan 20:22 (*Catechism of the Catholic Church*, para. 976). Pero el verbo «sopló» es aorístico y no tiene objeto específico, sugiriendo una expulsión *singular* de aliento sobre *todos* los discípulos presentes, no solo sobre algunos entre ellos. ¡Y los apóstoles no eran los únicos que estaban allí en esa ocasión! Este acto mostraba el acercamiento de Jesús en el día de Pentecostés; véase Hechos 1:5, 8; 2:2, 4, 33.

que confiesa (y confesando específicamente lo que hizo, es decir, la verdad revelada acerca de que Jesús era el Cristo e Hijo del Dios viviente).

Esta es la interpretación que exige la secuela que encontramos en el pasaje siguiente (Mt. 16:22–23). Allí Jesús llama a Pedro por otro nombre: Satanás. Tal y como Pedro había hablado por revelación del Padre, ahora se convierte en portavoz del diablo. Al confesar que Jesús era el Cristo, él era la roca. Al tentar a Jesús a rechazar la cruz, es Satanás. Se le llama Satanás solo en referencia directa a su palabra de seducción. Aparte de esa expresión, esta designación no es aplicable. Jesús no está declarando que el hombre Pedro sea Satanás en términos de sus cualidades personales, ni su condición satánica es un *character indelibilis*. Pedro es Satanás en cuanto a que habla por Satanás. [Esto por analogía exige que entendamos que] Pedro es la roca en cuanto a que habla por Dios.[37]

Aquí tenemos la prueba exegética principal acerca de que Pedro es la roca solo en su oficio como apóstol confesante, que habla la Palabra de Dios.

Además, ha de notarse que varios días después Jesús dio al resto de los apóstoles la misma autoridad de reino que se le había dado a Pedro: «De cierto os digo [plural], que todo lo que atéis [plural] sobre la tierra habrá sido atado en el cielo, y todo lo que desatéis [plural] sobre la tierra habrá sido desatado en el cielo» (Mt. 18:18, traducción del autor). Hizo lo mismo en la noche de su resurrección cuando «sopló [sobre los discípulos], y les dijo: Recibid el Espíritu Santo. Cualesquiera pecados que vosotros [plural] perdonéis, han sido perdonados; cualesquiera que vosotros [plural] retengáis, han sido retenidos» (Juan 20:22–23, traducción del autor). ¿Qué debemos entender de esta promesa similar a los otros discípulos? Sugeriría que Jesús estaba infiriendo lo que Pablo afirmaría después de forma explícita, es decir, que su iglesia sería edificada «sobre el fundamento de los apóstoles y profetas, siendo la principal piedra del ángulo Jesucristo mismo,» (Ef. 2:20; véase 1 Co. 10:4). También lo que Juan más tarde describiría simbólicamente como un aspecto de la «novia» de Cristo: «Y el muro de la ciudad tenía doce cimientos, y sobre ellos los doce nombres de los doce apóstoles del Cordero» (Ap. 21:14).

Cierto es que la totalidad de la doctrina del Nuevo Testamento da una cierta prioridad a Pedro entre los doce originales, pero esta prioridad, por usar la frase de Jack Dean Kingsbury, parece haber sido de naturaleza «de salvación [o redención] histórica» es decir, Pedro ocupó una posición *primus inter pares* durante el marco de tiempo específico de la «historia de salvación» en la que vivió.[38] El Nuevo Testamento no restringe el fundamento de la iglesia solo a él, sino que la cimenta en el apostolado al completo, no con respecto a sus personas como tales, sino con respecto a su oficio en la iglesia como maestros autorizados de doctrina que confiesan verdad acerca de Jesús.

¿Qué podemos entonces decir acerca de la «congregación» de Jesús en base a sus palabras de Mateo 16:18? En primer lugar, los discípulos no parecían tener ninguna dificultad para entender a Jesús al hablar de edificar su ἐκκλησία, *ekklēsia*.[39] Eso puede deberse al hecho de que el concepto estaba enraizado en la recurrente representación que hace la Septuaginta de Israel como «congregación» o «asamblea» de Dios. En segundo lugar, es Jesús en definitiva, y no los hombres, el que «edificará» su iglesia. Como sabio maestro constructor que edifica una casa, Jesús edificará su iglesia. En tercer lugar, su «edificación» o, más específicamente

---

[37] Clowney, *Biblical Doctrine of the Church*, 2:108–09.
[38] Jack Dean Kingsbury, «The Figure of Peter in Matthew's Gospel as a Theological Problem», *Journal of Biblical Literature* 98, no. 1 (1979):67–83.
[39] Ya que seguramente Jesús estaba hablando en arameo en esta ocasión, probablemente empleó la palabra קְהָלָא, *qᵉhālā*, un préstamo del hebreo, o כְּנִשְׁתָּא, *qᵉništā*, el equivalente corriente arameo para συναγωγή, *synagogē*. Véase K. L. Schmidt, ἐκκλησία [*ekklēsia*], *Theological Dictionary of the New Testament*, 3:525. Jesús, por supuesto, probablemente sabía griego y pudo haber dicho ἐκκλησία, *ekklēsia*—había sido carpintero en Nazaret y sus alrededores, y eso habría exigido realizar negocios en griego; habló a la mujer sirofenicia, que era griega en Marcos 7:26; cuando habló de «ir con quien me envió», los judíos se preguntaron si iba a ir a la dispersión entre los griegos para enseñarles, Juan 7:35; ciertos griegos sintieron la libertad de pedir hablar con Él, Juan 12:20; finalmente, habló a Pilato, que probablemente no habría entendido arameo o hebreo, y posiblemente empleaba el griego.

su «templo» (Ef. 2:20–21) será invencible: las puertas mismas del Hades (¿el poder de la muerte?) no prevalecerán contra él.[40] En cuarto lugar, Jesús edificará sobre la «roca» de su propia persona como Cristo y divino Hijo de Dios, ya que esta «roca» encuentra su expresión en su doctrina y la de sus apóstoles, las cuales tienen autoridad. En quinto lugar, su ἐκκλησία, *ekklēsia*, compuesta de aquellos que, como Pedro, confiesan su papel mesiánico y condición divina de Hijo, será la «iglesia [o "congregación"] del Cristo». En sexto lugar, su ἐκκλησία, *ekklēsia*, se convertiría en el vehículo de autoridad a lo largo de esta era (véase «las llaves del reino de los cielos») para llevar a cabo la voluntad predeterminada del cielo «atando» (es decir, «reteniendo») los pecados de los no escogidos, por el carácter de «olor de muerte» que tiene para ellos (2 Co. 2:16) la proclamación del evangelio y/o de la disciplina de la iglesia, y «desatando» (es decir, «perdonando») los pecados de los hombres escogidos por el carácter de «olor de vida» que tiene para ellos (2 Co. 2:16) la misma proclamación y/o disciplina de la iglesia. Estas dos actividades de la iglesia («atar» y «desatar», de acuerdo con la voluntad del cielo que predetermina) se convierten en los medios por los que, a lo largo de los siglos Jesús «edifica» su «iglesia». En séptimo lugar, la afirmación de Jesús sugiere que su «iglesia» sería una entidad *mundial*, porque esa parece ser la connotación de la palabra. Finalmente, el hecho de que a las «piedras de fundación» de su «iglesia» se les de las llaves del *reino de los cielos* indica que existe una conexión directa entre la iglesia y el reino. En otras palabras, al confiarnos en fe salvadora al Cristo que se expone en la doctrina de los apóstoles, entramos a la iglesia del Mesías, que es además la expresión redentora presente del reino de los cielos entre los hombres. Como escribió Pablo más tarde: «[El Padre] nos ha librado de la potestad de las tinieblas, y trasladado al reino de su amado Hijo» (Col. 1:13).

Mateo 18:17

La única otra ocasión en la que Jesús empleó ἐκκλησία, *ekklēsia*, en los evangelios fue en conexión con sus instrucciones a los discípulos con respecto a los pasos apropiados a seguir en la disciplina de la iglesia. Si un miembro pecador de la «iglesia» rechaza la represión de otro miembro y luego de dos o más miembros (¿ancianos?), Jesús instruyó que el que originalmente le había reprobado (εἰπὲ, *eipe*, es singular) había de tomar el tercer paso: «dilo a la ἐκκλησίᾳ [*ekklēsia*]; y si no oyere a la ἐκκλησίας, [*ekklēsias*] tenle [singular] por gentil [ὁ ἐθνικὸς, *ho ethnikos*] y publicano [ὁ τελώνης, *ho telōnēs*]».

La caracterización que hace Jesús de aquellos que están fuera de su ἐκκλησία, *ekklēsia*, resulta interesante. Si alguien es, por medio de los pasos prescritos de disciplina expulsado al «exterior» de la ἐκκλησία, *ekklēsia*, aquellos que están dentro son instruidos a considerarle por su estado de «fuera de la iglesia» como el «gentil» o impopular cobrador de impuestos romanos, que más que probablemente estaba extorsionando sumas de impuestos mayores de las que se debían (véase Lucas 3:12–13; 19:2–8) y que, además, si era judío, se había convertido en un proscrito de la sociedad. Resumiendo, *ambas caracterizaciones describen al pecador impenitente excomulgado en términos de lo que sería con respecto a su relación con Israel*. Esto significa pues que Jesús, al realizar esta afirmación, estaba pensando en su ἐκκλησία, *ekklēsia*, en términos de ser la verdadera comunidad de Israel, ya que, de acuerdo al uso israelita común del término, ser un israelita era lo opuesto de ser un gentil y ser un gentil lo opuesto a ser un israelita.

Notemos dos puntos más. En primer lugar, la palabra ἐκκλησία, *ekklēsia*, no solo puede designar la entidad mundial que se sugiere en Mateo 16:18, sino que también puede

---

[40] El sí κατισχύσουσιν, *katischysousin*, se entiende como que el Hades es la fuerza invasora («no vencerá») o se entiende a la iglesia como fuerza atacante («no prevalecerá contra») es asunto de debate entre los comentaristas. Dados los hechos de que (1) las «puertas» como parte de la muralla son estáticas y no forman el avance, y (2) que la iglesia sin duda ha de invadir un mundo poblado de hijos de Satanás y «llevar cautivo todo pensamiento a la obediencia a Cristo», me inclino por la segunda interpretación.

La Iglesia

emplearse para describir la congregación individual local, como hace aquí. En segundo lugar, la ἐκκλησία, *ekklēsia*, de Jesús ha de verse, no solo como la asamblea del Mesías y la expresión redentora del reino de Dios, sino también como el «Israel de Dios» (véase Gal. 6:16). Además, los gentiles que entren a esta ἐκκλησία, *ekklēsia*, como Pablo declararía más tarde, «han sido hechos cercanos» a la «ciudadanía [πολιτείας, *politeias*] de Israel» y a los «pactos de la promesa» (Ef. 2:12–13), y en esta nueva relación se han convertido en «la circuncisión, los que en espíritu servimos a Dios y nos gloriamos en Cristo Jesús, no teniendo confianza en la carne» (Flp. 3:3; véase también la metáfora de Pablo acerca de los dos olivos en Ro. 11:16–24), y, junto con los judíos escogidos, son el «nuevo hombre» de Dios (Ef. 2:14-16). La ἐκκλησία, *ekklēsia*, de Jesús es entonces la verdadera «asamblea del Señor» del Nuevo Testamento, y, por tanto, la expresión de continuación del «Israel» espiritual dentro del Israel nacional del Antiguo Testamento del que Pablo habla (Ro. 9:6). Es decir, tal y como existía un verdadero «Israel» espiritual dentro del Israel nacional del Antiguo Testamento, así también la ἐκκλησία, *ekklēsia* de Jesús como Israel de Dios existe dentro de la cristiandad profesante. Y tal como el Israel del Antiguo Testamento era el reino teocrático nacional de Dios, también la ἐκκλησία, *ekklēsia*, de Jesús es el reino teocrático sotérico de Dios, siendo el Mesías el soberano y sus miembros responsables de obedecerle en cada mandato (Mt. 28:20).

LA *EKKLĒSIA* EN HECHOS 1–12

En el libro de Hechos, Lucas emplea alguna forma de la palabra ἐκκλησία, *ekklēsia*, hasta en 21 ocasiones para referirse a la iglesia: en 2:47 (lectura occidental); 5:11; 7:38 (acerca de la congregación mosaica en el desierto, en el Antiguo Testamento); 8:1, 3; 9:31; 11:22, 26; 12:1, 5; 13:1; 14:23, 27; 15:3, 4, 22, 41; 16:5; 18:22; y 20:17, 28. En estos versículos se utiliza el singular para designar toda la compañía de creyentes de una localidad (8:1), así como varias congregaciones en distintos lugares (9:31). El singular es dominante (refiriéndose a los creyentes en Jerusalén, 11:22; 12:1, 5; 15:4, 22; a los creyentes en Antioquía de Siria, 11:26; 13:1; 14:27; 15:3; a los creyentes de Cesárea, 18:22; y a los creyentes de Éfeso, 20:17, 28). El plural ocurre en el 9:31 (posiblemente); en 15:41; y 16:5. La expresión κατ' ἐκκλησίαν, *kat ekklēsian*, en el 14:23 significa «en toda la iglesia». Un uso destacado de la palabra ocurre en Hechos 15:22, donde se refiere a los *representantes* de las iglesias de Antioquía y Jerusalén en el concilio de Jerusalén como «toda la iglesia» (ὅλῃ τῇ ἐκκλησίᾳ, *holē tē ekklēsia;* véase 5:11; véase también 2 Cr. 23:3 a este respecto). Otra ocurrencia particularmente destacable se encuentra en el 20:28, donde leemos acerca de «la iglesia del Señor». Sobre este uso, K. L. Schmidt escribe:

> Nunca encontramos epítetos ornamentales [que acompañen a ἐκκλησία, *ekklēsia*, en Hechos]. El único atributo, si podemos llamarlo así, es el genitivo τοῦ θεοῦ [*tou theou*]. Este genitivo tiene origen en el Antiguo Testamento. Incluso cuando no sucede, deberíamos entenderlo, porque de lo contrario el pleno significado de ἐκκλησία [*ekklēsia*] no puede apreciarse. La congregación de la Iglesia de Dios siempre contrasta o incluso es opuesta a otras formas de sociedad. Esto está claro desde la primera referencia en Hch 2:47, que menciona previamente al λαός [*laos*] ο κόσμος [*kosmos*] (D). [41]

Lucas habla de la ἐκκλησία, *ekklēsia*, en Hechos 1–12 de distintas formas. Primero presenta a sus lectores la iglesia como 120 «hermanos» (1:15) [42] a quienes Jesús instruyó permanecer en la ciudad de Jerusalén hasta que recibieran poder de lo alto por la obra bautismal de su

---

[41] K. L. Schmidt, «ἐκκλησία [*ekklēsia*]», *Theological Dictionary of the New Testament*, 3:505.
[42] Este no era el número total de discípulos de Jesús en ese momento. Había también 500 discípulos en Galilea (1 Co. 15:6). Quizás Lucas hace mención aquí de los 120 para relacionar el suceso de Pentecostés con la dedicación del templo Salomónico, donde la «congregación» reunida para la dedicación fue encabezada por 120 sacerdotes haciendo sonar trompetas (2 Cr. 5:12). En ambas ocasiones, el «templo» fue lleno con el Espíritu de Dios.

La Iglesia

Espíritu (Hechos 1:5, 8) para ser testigos «en Jerusalén, en toda Judea, en Samaria, y hasta lo último de la tierra» (Lucas 24:49; Hechos 1:8). Los «hermanos» del Mesías vivían bajo la autoridad de los apóstoles (Hechos 1:13–15) y recibieron el derramamiento de su «soplo» en el día de Pentecostés (véase Juan 20:22), lo cual mostraba una vez más que Él era tanto Señor como Cristo (Hechos 2:36) y que estaba presente en su iglesia por su Espíritu, como dijo que lo estaría (Mt. 28:20). Pedro proclamó el señorío mesiánico y el hecho de la resurrección de Cristo en su sermón de Pentecostés, y llamó a sus oyentes al arrepentimiento y la fe en Él, lo que dio como resultado que alrededor de tres mil personas se unieran a los «hermanos» del Mesías. Estas personas «perseveraban en la doctrina de los apóstoles, en la comunión unos con otros, en el partimiento del pan y en las oraciones» (Hechos 2:42), compartiendo lo que tenían los unos con los otros «según la necesidad de cada uno» (Hechos 2:44–45; véase 4:32–37), y «perseverando unánimes cada día. . . comían juntos con alegría y sencillez de corazón, alabando a Dios, y teniendo favor con todo el pueblo» (2:46–47). Lucas concluye su relato en este punto: «Y el Señor añadía cada día [recordemos aquí el "edificaré" de Jesús] a la ἐκκλησία, *ekklēsia*, [la lectura occidental; aunque probablemente habría de ser "a su número"] los que habían de ser salvos» (2:47). Un corto tiempo después, tras la curación por parte de Pedro del hombre cojo en el templo, y en respuesta su segundo sermón (ver Hechos 3), la congregación de Jerusalén creció hasta un total de cinco mil personas (4:4).

Tras no mucho tiempo, después de que el Sanedrín amenazar a Pedro y a Juan por predicar acerca de la resurrección de Jesús, regresaron «a los suyos [τοὺς ἰδίους, *tous idious*]» (Hechos 4:23; véase 24:23), una deliciosa descripción de la hermandad cristiana típica de Lucas.

Un empleo de las «llaves» por parte de Pedro en disciplina de la iglesia que inspiraría temor sucedió en conexión con el incidente de Ananías y Safira (Hechos 5:1–10). Cayó un gran temor sobre «toda la iglesia» en Jerusalén y sobre todos aquellos que escucharon de ello, con asombrosos resultados: en primer lugar, «ninguno se atrevía a juntarse con ellos; más el pueblo los alababa grandemente»; en segundo lugar, «los que creían en el Señor aumentaban más, gran número así de hombres como de mujeres» (5:11–14; esta nota de Lucas nos asegura que el uso juicioso de la disciplina de la iglesia en busca de la pureza dentro de ella no tiene por qué resultar en un número pequeño de miembros, sino que puede, de hecho, cuando se hace para la gloria de Dios, acabar en una bendición mayor para el agrandamiento numérico de la iglesia de Cristo).

En Hechos 6:1–6, refiriéndose Lucas a la iglesia en Jerusalén como «los discípulos» por primera vez (6:1, οἱ μαθηταί, *hoi mathētai*), el ministerio diaconal de la iglesia se estructura formalmente, ya que siete hombres (ἄνδρας, *andras*) fueron asignados para supervisar la tarea de cuidar de las viudas descuidadas en la iglesia. Esteban, uno de los siete diáconos, fue acusado más tarde de blasfemia, siendo llevado ante el Sanedrín. La acusación específica contra Esteban era que estaba hablando contra la tierra, la ley y el templo, declarando que Jesús iba a destruir el templo y alterar las costumbres que Moisés les había entregado. La defensa de Esteban (Hechos 7), que es más larga que cualquier otro discurso registrado en los Hechos, es altamente significativa en la forma en que prepara para la misión gentil, porque en ella él argumenta que la adoración a Dios no puede estar ligada a una tierra y un lugar como puede ser el templo—una idea impensable para el Sanedrín, cuyos miembros habrían defendido que la destrucción del templo significaría el fin de toda verdadera adoración de Dios, si no el fin del mundo (véase Mt. 24:2–3).

Al mismo que tiempo que Esteban los acusaba de resistir siempre al Espíritu Santo, ilustrando el espíritu de rebelión «duro de cerviz» de Israel, repasando la historia de la nación y mostrando cómo sus padres habían resistido a los líderes designados por Dios (Hechos 7:9,

27–28, 35, 39–43), apuntó que Dios se había aparecido a Abraham en *Mesopotamia* y *Harán*, que había estado con José en *Egipto*, que había hablado a Moisés desde la zarza ardiendo en *el desierto de Sinaí* (el cual el mismo Dios había declarado «tierra sagrada»), y que Isaías había declarado que el Altísimo no habita en casas hechas por manos humanas, ya que el cielo es su trono y la tierra el estrado de sus pies. Esteban estaba declarando que la *«congregación»* del *Mesías no puede ligarse a un lugar*, sino que está presente en cualquier lugar que el Espíritu de Dios haga su obra de creación y regeneración. En resumen, llamó a una reestructuración radical de la vida judía para hacer de Jesús el centro de la fe, adoración y pensamiento judíos, en lugar de las cosas santas tradicionales como tierra, ley y templo. Su posterior martirio precipitó el brote de persecución contra la iglesia de Jerusalén y, como resultado, la dispersión de los miembros de esa iglesia a lo largo de Judea y Samaria. Felipe en particular, otro de los siete diáconos, proclamó a Cristo no solo en Samaria, donde fue plantada una iglesia, sino también al eunuco de Etiopía y luego desde Azoto (Asdod) en la costa, hasta tan al norte como Cesárea (véase Hechos 18:22). El Mesías estaba edificando su iglesia, tal y como dijo que lo haría (véase Hechos 1:8).

Pedro usó entonces las llaves del reino para «abrir de par en par» las puertas de la «asamblea» al mundo gentil por medio del incidente de Cornelio (Hechos 10:1–11:18, particularmente 10:45; 11:1, 18).[43]

LA *EKKLĒSIA* EN SANTIAGO

Dado que Santiago ocupó un lugar tan prominente en la iglesia primitiva, (Hechos 12:17; Gal. 1:19; 2:9, 12) y en el concilio de Jerusalén, y dada la datación tan temprana de su carta (escrita casi con total seguridad desde Jerusalén antes del concilio mismo), parece que estamos en un punto apropiado para decir algo acerca de su doctrina de la iglesia.

Santiago escribió su carta alrededor del 45–48 d. C. a «las doce tribus [es decir, judíos cristianos] que están en la dispersión [¿aquellos esparcidos en tiempos de la persecución «saulina» de Hechos 8?]» (1:1). Estos cristianos están adorando en sus «sinagogas», esto es, sus «asambleas» cristianas locales (2:2). La doctrina de Santiago acerca de la iglesia parece ser más de tipo espiritual que organizacional. Al referirse a los cristianos como «hermanos míos amados» (2:5), claramente entiende la iglesia como una «hermandad» en el Señor. Apenas dice nada acerca de la iglesia organizada, aunque aparentemente los maestros jugaron un papel importante en las asambleas con las que estaba familiarizado (3:1). También se refiere a «los ancianos de la iglesia [τοὺς πρεσβυτέρους τῆς ἐκκλησίας, *tous presbyterous tēs ekklēsias*]» (5:14), aconsejándoles en sus obligaciones pastorales de visitar a los enfermos y ministrar sus necesidades espirituales y físicas.

De su resumen oral posterior en el concilio de Jerusalén, que encontramos en Hechos 15, sabemos que basaba su doctrina de la naturaleza y función de la iglesia en las Escrituras del Antiguo Testamento, declarando que las palabras de los profetas «con esto concuerdan [συμφωνοῦσιν, *symphōnousin*]», esto es, con las actividades misioneras realizadas por Pedro, Pablo y Bernabé entre los gentiles. Citó Amós 9:11–12 como descripción resumida de lo que Dios había declarado que haría en favor de los gentiles en tiempos del Antiguo Testamento. Empleando la predicción de Amós, Santiago designó la asamblea a la cual el «resto de los hombres», incluso «todos los gentiles, sobre los cuales es invocado mi nombre» estaban siendo llevados como el «tabernáculo [caído] de David», es decir, el verdadero Israel espiritual. Incluso entonces, Dios estaba en proceso de «reedificarlo» (recordemos la promesa

---

[43] En el capítulo veintiséis hablo con cierto detalle acerca del incidente de Cornelio, ya que se está empleando hoy para ilustrar la afirmación de que las personas no necesitan confiar en Cristo para ser salvas.

La Iglesia

de Jesús de «edificar» su iglesia), y hacerlo sacando de los gentiles un pueblo para sí, convirtiéndolos en miembros de la iglesia. El representar como lo hizo a la iglesia de Jesucristo como «el tabernáculo de David, que está caído» y que Amós predijo que había de ser «reedificado», significa que Santiago creía (1) que los profetas habían hablado de esta época y de la iglesia en ella, (2) que los gentiles que estaban siendo llevados al tabernáculo caído de David contribuían a su reedificación, y (3) que existe una continuidad ininterrumpida entre el pueblo de Dios en el Antiguo Testamento y los cristianos en esta era presente.

LA *EKKLĒSIA* EN HECHOS 13–28

Con la conversión de Saulo de Tarso y sus labores misioneras, el avance del evangelio a lo largo del mundo romano había de disfrutar de un éxito sin precedentes. Transformó a la iglesia de ser una simple secta a ser una religión para el mundo. El apóstol Pablo fundó iglesias locales no solo en el reino nabateo donde trabajó inmediatamente después de su conversión (Gal. 1:17),[44] en Siria y en Cilicia (Gal. 1:21), y en la Siria Antioquía, que estableció como cuartel general misionero (véase Hechos 11:26; 13:1; 14:27; 15:3), sino también a lo largo de Asia Menor, Macedonia, Grecia, e incluso quizás tan al oeste como España (véase Hechos 14:23; 20:17; Gal. 1:2; 1 Ts. 1:1; 2 Ts. 1:1; 1 Co. 1:2; 2 Co. 1:1; Col. 4:16; Flm. 2; Ro. 15:24).

Mientras informa sobre el ministerio de Pablo, Lucas dice algunas cosas destacadas sobre la ἐκκλησία, *ekklēsia*. Escribe que, con el regreso de Pablo a Tarso después de su primera visita a Jerusalén tres años después de su conversión «la ἐκκλησία [*ekklēsia*, sing.] tenía paz *por toda Judea, Galilea y Samaria*; y eran *edificadas* [mismo verbo que en Mt. 16:18]; andando en el temor del Señor, y se acrecentaban fortalecidas por el Espíritu Santo» (Hechos 9:31). Relata que la ἐκκλησία, *ekklēsia*, en Antioquía comisionó a Pablo y Bernabé para enviarlos a su obra (Hechos 13:1–3), que Pablo y Bernabé «constituyeron [χειροτονήσαντες, *cheirotonēsantes*][45] ancianos en *cada iglesia* [κατ᾽ἐκκλησίαν, *kat ekklēsian*]» a través de Galacia (Hechos 14:23), que las iglesias locales eran cuerpos que «encaminaban» y «recibían», así como la ἐκκλησία, *ekklēsia*, en Antioquía envió al grupo de Pablo al concilio de Jerusalén y la ἐκκλησία, *ekklēsia*, en Jerusalén recibió al grupo de Antioquía (Hechos 15:3, 4), que Pablo viajó a través de Siria y Cilicia confirmando a la ἐκκλησία, *ekklēsia*, (15:41), y que las ἐκκλησίαι, *ekklēsiai*, aumentaban en número cada día (16:5).

En conexión con el informe de Lucas acerca del concilio de Jerusalén, se ha de notar que, una vez que la iglesia por medio de sus representantes determinó las actuaciones que se debían seguir con respecto a la cuestión de la circuncisión de los gentiles (y aquí vemos en acción el gobierno de la iglesia por parte de los ancianos), la carta del concilio (probablemente bosquejada por Santiago) se envió a las congregaciones locales (véase 15:22–31) y fue entregada por Pablo y Silas como «decretos» o «mandatos» (16:4; τὰ δόγματα, *ta dogmata*).

---

[44] En algún momento durante el periodo al que Lucas se refiere como «muchos días» en el 9:23, Saulo viajó a Arabia (Gal. 1:17). Algunos dicen que fue allí para tener tranquilidad, para reorganizar su mente teológicamente a la luz de su experiencia en el camino de Damasco; otros dicen que fue para predicar a Cristo. Yo apoyo la segunda visión por dos razones:

1. Probablemente sus tres días de ceguera en Damasco fueron suficientes para que su mente se reorientara. Su propia narración (en Gálatas) relaciona estrechamente su visita a Arabia con su llamado a predicar entre los gentiles (véase 1:17 y 1:16); el punto de su referencia al escribir a los conversos gálatas era enfatizar que comenzó a desempeñar su llamado antes de ir a Jerusalén para ver allí a los apóstoles, de manera que nadie pudiera decir que fueron ellos (o ninguna otra autoridad en la tierra) los que le comisionaron para ser apóstol de los gentiles.

2. Por «Arabia» Pablo muy probablemente se refería al reino Nabateo en este contexto, que era fácilmente accesible desde Damasco. En ese tiempo gobernaba Aretas IV (9 a. C.—40 d. C.). Pareciera por lo que dice en 2 Corintios 11:32–33 que lo que Pablo buscó en Arabia no fue simplemente un tranquilo retiro. En esta reminiscencia más tardía, recuerda una humillante experiencia: «En Damasco, el etnarca del rey Aretas guardaba la ciudad de los damascenos para prenderme, pero fui descolgado del muro en un canasto por una ventana, y escapé de sus manos» (traducción del autor) ¿Por qué habría el etnarca nabateo de ser hostil a Pablo si simplemente había pasado su tiempo en Arabia en tranquila contemplación? Si, en cambio, había pasado su tiempo allí predicando, bien podía haber agitado problemas en su contra, atrayendo la poca amistosa atención de las autoridades.

[45] El verbo χειροτονέω, *cheirotoneō*, significa «escoger a mano alzada» o «designar» Como en esta acción participativa parece que Pablo y Bernabé eran los sujetos, probablemente designaron ancianos en esas ciudades de Galacia, pero con la concurrencia de las congregaciones.

La Iglesia

Se esperaba un cumplimiento universal, dada la mutua sumisión que se supone que existía entre las congregaciones de iglesias locales.

Quizás la nota más significativa sobre la naturaleza de la iglesia es el informe de Lucas acerca de la afirmación de Pablo a los ancianos efesios, en la que el apóstol describe la iglesia de la ciudad de Éfeso como un «rebaño» y a los ancianos mismos como «obispos» (plural de ἐπίσκοπος, *episkopos,* de la cual se deriva la palabra «obispo») a quienes el Espíritu Santo había asignado para «apacentar [ποιμαίνειν, *poimainein*] la iglesia del Señor, la cual Él ganó por su propia sangre [o "la sangre de su propio (Hijo)"]» (Hechos 20:28). La iglesia pertenece a Dios. La adquirió por medio de la sangre de su Hijo. En su carácter es como un rebaño de ovejas que necesita pastores, porque los salvajes lobos (falsos maestros) vendrán a atraer discípulos tras de ellos. Los ancianos, asignados como obispos por el Espíritu Santo, han de ser pastores que cuidan y guardan la iglesia.

LA *EKKLĒSIA* EN LAS CARTAS DE PABLO

En la mente de Pablo, las congregaciones locales de creyentes, que con frecuencia se reunían en las casas de cristianos adinerados (Ro. 16:5, 23; 1 Co. 16:19; Col. 4:15; Flm. 2), son «iglesias», como puede verse en su disposición para usar el nombre en plural (Ro. 16:4, 16; 1 Co. 7:17; 14:33; 2 Co. 8:18; 11:8; 28; 12:13). También puede hablar de la «iglesia» en un cierto lugar, tales como Cencrea (Ro. 16:1), en Corinto (1 Co. 1:2; 2 Co. 1:1), en Laodicea (Col. 4:16), y en Tesalónica (1 Ts. 1:1; 2 Ts. 1:1). Además, habla de «iglesias» dentro de provincias completas, tales como las iglesias en Judea (Gal. 1:22; 1 Ts 2:14), Galacia (Gal. 1:21; 1 Co. 16:1), Asia (1 Co. 16:19), y Macedonia (2 Co. 8:1).

Pablo ve que estas reuniones locales y regionales de santos componen *la* iglesia a través del mundo (1 Co. 10:32; 11:22; 12:28), que es el «cuerpo» de Cristo (Ef. 1:22; Col. 1:18, 24; Ro. 12:4–5; 1 Co. 12:12–27; Ef. 4:4) y la «esposa» de Cristo (Ef. 5:25–27, 31–32). Por esta razón el juzga completamente apropiado pedir a todos los cristianos de cada iglesia que establezcan el patrón de sus vidas de acuerdo con el mismo estándar de conducta (1 Co. 4:17; 7:17; 14:33), y espera que los cristianos que viven en un área ayuden a los cristianos pobres de otra zona si tienen capacidad para hacerlo (1 Co. 16:1–3; 2 Co. 8:1–4).

Finalmente, puede usar el término ἐκκλησία, *ekklēsia,* para referirse a todos los cristianos fieles que han estado o estarán unidos a Cristo como Salvador de ellos, tanto en el cielo como en la tierra—aquello que los teólogos llaman «la iglesia invisible» (Ef. 1:22; 3:10, 21; 5:23–25, 27, 32; Col. 1:18, 24).

En ocasiones Pablo añade un atributo o definición de predicado al nombre ἐκκλησία, *ekklēsia,* principalmente el genitivo τοῦ θεοῦ (*tou theou,* «de Dios») que se añade tanto al singular (Gal. 1:13; 1 Co. 1:2; 10:32; 11:22; 15:9; 2 Co. 1:1; Hechos 20:28; 1 Ti. 3:5, 15) como al plural (2 Ts. 1:4; 1 Co. 11:16). Pero también habla de «las iglesias de Cristo [τοῦ Χριστοῦ, *tou Christou*]» (Ro. 16:16), «las iglesias... que eran en Cristo [ἐν Χριστῷ, *en Christō*]" (Gal. 1:22), y «las iglesias de Dios en Cristo Jesús» (1 Ts. 2:14). En una ocasión habla de «las iglesias de los santos» (1 Co. 14:33). En su expresión «a la iglesia de Dios que está en Corinto» (1 Co. 1: 2a), que está ligada a «todos los que en cualquier lugar invocan el nombre de nuestro Señor Jesucristo» (1 Co. 1:2d), esto intima que Pablo está pensando en la «iglesia de Dios» en términos universales en este punto, siendo Corinto uno de los lugares donde esta se manifiesta.

Otra destacada caracterización de la iglesia se encuentra en 1 Timoteo 3:15, donde Pablo habla de «la iglesia del Dios viviente, columna y baluarte de la verdad». La iglesia debe

La Iglesia

«sostener en alto», como en un pilar, la verdad absoluta del cristianismo sobre la que ella misma se asienta.

Es específicamente en Efesios y Colosenses donde encontramos la doctrina más desarrollada de Pablo acerca de la iglesia. La iglesia es el cuerpo de Cristo, siendo éste su Cabeza (Ef. 1:22, 23; 2:16; 4:4, 12, 16; 5:30; Col. 1:18, 24; 2:19; 3:15), y la esposa de Cristo (Ef. 5:22-32).

Las tres cartas pastorales de Pablo (1 y 2 Timoteo y Tito) proporcionan mucha instrucción acerca del gobierno de la iglesia y «cómo [tanto oficiales como laicos] deben conducirse en la casa de Dios, que es la iglesia del Dios viviente» (1 Ti. 3:15).

LA *EKKLĒSIA* EN HEBREOS

Para el autor de Hebreos (¿Pablo quizá?) la iglesia es «la casa de Dios» (Heb. 3:6), el «pueblo errante de Dios» para quien todavía queda un reposo sabático (véase el tema del «desierto» en Heb. 3:7–4:13; 11:9, 13; 13:14), y también son «hermanos» del Sumo Sacerdote (2:17). Sus líderes cristianos judíos no están congregados en el Monte Sinaí, como hizo la iglesia del Antiguo Testamento (12:18–21), sino que se han acercado «al monte de Sion, a la ciudad del Dios vivo, Jerusalén la celestial, a miríadas de ángeles en gozosa congregación [πανηγύρει, *panēgyrei*], a la congregación de los primogénitos [ἐκκλησίᾳ πρωτοτόκων, *ekklēsia prōtotokōn*] cuyos nombres están inscritos en el cielo, a Dios el Juez de todos, a los espíritus de los justos hechos perfectos [véase Heb. 12:1], a Jesús el Mediador del nuevo pacto, y a la sangre rociada que habla mejor que la de Abel» (12:22–24, traducción del autor).

¿Qué quiere decir cuando habla de que los cristianos se han acercado a miríadas de ángeles en gozosa congregación, y a la ἐκκλησία, *ekklēsia*, de los primogénitos cuyos nombres están escritos en el cielo?

En referencia a las «miríadas de ángeles en gozosa congregación», hemos de recordar cuando Moisés habló de la «congregación de Jacob» en Deuteronomio 33:4. Precedió sus afirmaciones declarando que Dios «vino de Sinaí... entre diez millares de santos» (Dt. 33:2; véase también Hechos 7:53; Gal. 3:19; Heb. 2:2). Aquí vemos a los santos ángeles y el pueblo de Israel reunidos en una gran congregación. Una vez más, en el Salmo 68, cuando David describe la marcha de Israel a través del desierto, leemos que Dios, «Aquel del Sinaí» que decide reinar desde ese monte (Sal. 68:8, 16), «viene del Sinaí a su santuario» junto con «carros de Dios [que] se cuentan por veintenas de millares de millares» (68:17). En su procesión está su pueblo Israel a quienes se les ordena: «Bendecid a Dios en las congregaciones» (68:26). Así que de nuevo vemos a Dios, como Rey que reina desde el Sinaí, rodeado de la congregación celestial de ángeles e invocando a la congregación terrenal a reunirse ante Él en su santuario. Esta misma gran congregación de «santos» celestiales y terrenales es ahora más gloriosa que nunca, porque la congregación está ante el monte de Sión, el asiento del trono de Dios, el cual el autor de Hebreos tiene en mente cuando dice que la iglesia cristiana se ha acercado a «miríadas de ángeles en gozosa congregación».[4,6]

También acudir a «la ἐκκλησία [*ekklēsia*] de los primogénitos cuyos nombres están escritos en los cielos» resalta la verdad de que la iglesia, que se compone de «primogénitos», está en santa congregación ante el Rey de dicha congregación como heredera única con Cristo (véase Ro. 8:17; Gal. 4:7). El hecho de que se diga que los nombres de estos «primogénitos»

---

[46] La insistencia de Pablo en que las mujeres lleven velos en la congregación pública «por causa de los ángeles» (1 Co. 11:10) casi con total seguridad significa que él consideraba que la iglesia, cuando se congregaba, lo hacía en la presencia de los ángeles de Dios, que esperan ver que todo se hace decentemente y en orden. Véase el *Documento de Damasco* 4QDᵇ, XV:15–17: «Necios, lunáticos, simples e imbéciles, los ciegos, los mutilados, los cojos, los ciegos y los menores, ninguno de estos puede entrar en medio de la comunidad, por los santos ángeles [que están en medio de ella]»

están escritos en los papeles de la congregación en el cielo indica que son miembros *permanentes* y herederos en la congregación del reino (recordemos en este punto la inscripción de la congregación que se toma en el Sinaí en Números 1, y la inscripción de los gentiles en la congregación descrita en el Salmo 87). La entrada a esta congregación sigue al arrepentimiento de obras muertas y la fe en Dios, e involucra el bautismo (6:1; véase 10:22–23, que también parece ser una alusión al bautismo cristiano).

Aunque dice poco acerca de la adoración formal en la iglesia, el autor de Hebreos exhorta a los cristianos a no dejar de congregarse (ἐπισυναγωγὴν, *episynagōgēn*) juntos (10:25). Cuando se congregan, han de hacerlo siendo conscientes de que Cristo mismo «alabará a Dios en medio de la congregación» (2:12), y con el propósito de exhortarse mutuamente (10:25).

No se dice nada acerca del gobierno de la iglesia más allá del hecho de que los «pastores» que proclamen la Palabra de Dios a aquellos de quienes son responsables, dan un piadoso ejemplo de fe ante las congregaciones reunidas, vigilan las almas a su cuidado como aquellos que deben rendir cuentas, y, por tanto, han de ser obedecidos (13:7, 17).

LA *EKKLĒSIA* EN LAS CARTAS DE PEDRO

Pedro no utiliza la palabra ἐκκλησία, *ekklēsia*, en sus cartas, lo que resulta extraño si recordamos que fue a él específicamente a quien Jesús estaba hablando cuando declaró que edificaría su ἐκκλησία, *ekklēsia*, sobre Pedro como «apóstol confesante» y por su confesión revelada. Sin embargo, en sus cartas resulta bastante aparente que tiene una visión altamente desarrollada de la naturaleza espiritual de la iglesia. Para él la iglesia está compuesta de «expatriados de la dispersión... elegidos según la presciencia de Dios Padre en santificación del Espíritu, para obedecer y ser rociados con la sangre de Jesucristo» (1 P. 1:1–2, 17; 2:11), «los que habéis alcanzado, por la justicia de nuestro Dios y Salvador Jesucristo, una fe igualmente preciosa que la nuestra», y «Gracia y paz... multiplicadas, en el conocimiento de Dios y de nuestro Señor Jesús» (2 P. 1:1–2).

Como tal, la iglesia es el *verdadero templo* hecho de «piedras vivas... edificados como casa espiritual y sacerdocio santo, para ofrecer sacrificios espirituales aceptables a Dios por medio de Jesucristo» (1 P. 2:5). Y dado que el Israel «natural» del Antiguo Testamento tropezó sobre la «piedra puesta en Sion», sobre Aquel que Dios quería que fuese «principal piedra del ángulo» de su templo espiritual, no accidental, sino providencialmente (1 P. 2:6–8), la iglesia es también el *verdadero Israel de Dios*: «linaje escogido, real sacerdocio, nación santa, pueblo adquirido por Dios, para que anunciéis las virtudes de aquel que os llamó de las tinieblas a su luz admirable» (1 P. 2:9; véase Ex. 19:5–6). Hubo un tiempo en que los lectores de Pedro «no eran pueblo», pero ahora son «pueblo de Dios» (1 P. 2:10), «siervos de Dios» (1 P. 2:16), la hermandad de los creyentes (1 P. 2:17), y «la grey de Dios» (1 P. 5:2).

Pero para Pedro, la iglesia no es un simple organismo espiritual. También es una organización concreta y tangible en un mundo muy real y maligno, un mundo en el que el diablo anda alrededor como león rugiente buscando a quién devorar (1 P. 5:8), u mundo gobernado por reyes y gobernadores (1 P. 2:13–14) y que está poblado por hombres que por lo general son hostiles a los cristianos, y, en particular, por falsos maestros que se oponen a la verdad (2 P. 2). En este mundo, la iglesia está formada por hombres «libres» (1 P. 2:16) que son esclavos (1 P. 2:18), por esposas que han de aprender a ser sumisas incluso a maridos incrédulos (1 P. 3:1–6), por esposos que han de aprender a ser considerados con sus esposas (1 P. 3:7), por ancianos (1 P. 5:1), y jóvenes (5:5)—todos bajo la autoridad, en primer lugar, del «Pastor y Obispo de vuestras almas» (1 P. 2:25), en segundo lugar, de las Escrituras

La Iglesia

proféticas que son «la palabra de Dios que vive y permanece» (1 P. 1:10–12, 16, 23–25; 2:6, 7, 8, 22; 3:10–12, 14–15; 4:18; 5:5; 2 P. 1:19; 3:2a), en tercer lugar, de los apóstoles de Cristo (1:1; 5:1; 2 P. 3:2b), y en cuarto lugar, de los «ancianos» designados, que han de servir como «pastores» y «obispos de la grey de Dios» (1 P. 5:1–2), pero «no [dice Pedro a los ancianos] por fuerza, sino voluntariamente; no por ganancia deshonesta, sino con ánimo pronto; no como teniendo señorío sobre los que están a vuestro cuidado, sino siendo ejemplos de la grey» (1 P. 5:2b–3).

Alude al bautismo, empleando simbólicamente las aguas del diluvio de Génesis para aclarar su importancia (1 P. 3:21; véase también el «rociados» en el 1:2): así como las aguas del diluvio separaron el mundo actual del antiguo, Pedro afirma que el bautismo cristiano «ahora nos salva (no quitando las inmundicias de la carne, sino como la aspiración de una buena conciencia hacia Dios) por la resurrección de Jesucristo».

LA *EKKLĒSIA* EN JUDAS

La palabra ἐκκλησία, *ekklēsia*, no aparece en esta breve carta, y Judas ofrece muy pocos datos para discernir su eclesiología completa. Pero algo está claro: para Judas la iglesia es una entidad *espiritual* formada por «los llamados, santificados en Dios Padre, y guardados en Jesucristo» (v. 1). La iglesia vive bajo la soberanía y señorío de Jesucristo (v. 4) y la enseñanza de sus apóstoles (v. 17). Sus lectores han experimentado la «misericordia y paz y amor» de Dios en abundancia (v. 2). Están unidos por su «común salvación» (v. 3), poseen un cuerpo fijado de verdad cristiana, que él etiqueta como «la fe que ha sido una vez dada a los santos» (v. 3) y comen juntos en ágapes (ταῖς ἀγάπαις, *tais agapais*) de amor (v. 12). Han de edificarse sobre su «santísima fe» y orar en el Espíritu Santo (v. 20), deben mostrar misericordia a los de fuera y guardarse de la corrupción de la carne (v. 23), y deben evangelizar, «arrebatándolos del fuego» (v. 23). Judas no dice nada acerca de los líderes de la iglesia o de la estructura organizacional de la misma.

LA *EKKLĒSIA* EN LAS CARTAS DE JUAN

Por su uso de ἐκκλησία, *ekklēsia*, en 3 Juan 6 y 9, Juan se refiere específicamente a una iglesia local. No dice en sus epístolas nada directamente acerca de la organización de la iglesia o sus oficiales. Pero resulta aparente que la iglesia, para Juan, es una comunidad distinguible, ya que insta a los cristianos a amarse unos a otros y a estar dispuestos a entregar sus vidas por sus hermanos (1 Juan 3:16). Otra indicación de esto es el hecho de que los falsos maestros son retirados de su comunión (1 Juan 2:19; véase 4:1). en 3 Juan 7–9 Juan afirma que la iglesia debería sentir la responsabilidad de apoyar a los misioneros, porque estos «hermanos» no reciben nada de «los gentiles» (τῶν ἐθνικῶν, *tōn ethnikōn*), sugiriendo con esta palabra que la iglesia es el «Israel» de Dios. Finalmente, Juan muy probablemente se dirige a una iglesia local en 2 Juan 1, refiriéndose a ella como «la señora elegida y... sus hijos», advirtiéndole que no tenga nada que ver con las enseñanzas que «no perseveran» en la enseñanza de Cristo (2 Juan 10–11). Obviamente, Juan está preocupado porque su comunidad de fe continúe siendo distinta, moralmente pura, sin verse afectada por el docetismo gnóstico, más particularmente el cerintianismo.[47]

Quizás la referencia de Juan en 1 Juan 2:20, 27 acerca del «la unción que vosotros recibisteis de él» es una alusión a la obra de regeneración que el bautismo simboliza. Si se refiere al sacramento, no podemos inferir nada acerca del ritual más allá de la práctica misma.

---

[47] Cerinto era un hereje gnóstico que negaba la encarnación de Cristo. De acuerdo con Ireneo, citando a Policarpo, Juan, tras reunirse con Cerinto en un baño público, se negó a permanecer bajo el mismo techo con él, no fuera a ser que el techo se desplomase.

LA *EKKLĒSIA* EN EL APOCALIPSIS DE JUAN

La iglesia en el Apocalipsis de Juan es múltiple y local (véanse los caps. 2 y 3), y aun así, una y espiritual. Su unidad se representa por la imagen del Cristo exaltado sosteniendo las iglesias locales en su diestra (Ap. 1:16), caminando en medio de ellas (2:1), y dirigiéndose a todas ellas, aconsejándolas escuchar lo que el Espíritu dice a las iglesias.

Vemos en Apocalipsis tanto la iglesia militante como la triunfante. En la primera, las palabras de Apocalipsis habían de ser leídas en voz alta (Ap. 1:3), reflejando la práctica de la lectura pública de la Palabra en las iglesias congregadas, muy probablemente en el día del Señor (1:10). La iglesia es presentada como «reyes y sacerdotes para Dios» (1:6; 5:10) y como el «verdadero Israel» como se ve en las expresiones que encontramos en el 2:9 y el 3:8 y de su representación como las «doce tribus de Israel» en Apocalipsis 7 y 14. También es la Novia del Cordero (19:7–8; 21:9). Mediante esta última referencia se enlaza con la Nueva Jerusalén, cuyas doce puertas tienen los nombres de las doce tribus de Israel, y cuyos cimientos tienen el nombre de los doce apóstoles, un simbolismo que sugiere mucho la enseñanza reformada y la unidad del pueblo de Dios en todas las épocas.

En el Apocalipsis, mientras esa porción de la iglesia que está en la tierra es una iglesia perseguida, la iglesia del cielo es vista con frecuencia como una iglesia que adora, canta y ensalza la grandeza de Dios y del Cordero (Ap. 4 y 5), y que alaba a Dios por la destrucción escatológica de Babilonia (cap. 19), mientras la iglesia martirizada clama a Dios en el cielo para que juzgue y vengue su sangre sobre los que moran en la tierra (6:10). La vemos llevada a la plenitud y glorificación final como esposa del cordero bajo la imagen de la «gran ciudad santa de Jerusalén, que descendía del cielo, de Dios» (21:9–22:5).

* * * * *

En este estudio hemos visto que la iglesia, desde la perspectiva del Antiguo Testamento, es la «congregación» redimida, que está en pie en la presencia de Dios y sus santos ángeles para adorar y servir a Yahveh. Desde la perspectiva del Nuevo Testamento, la iglesia, que es también la «congregación» de Dios, está específicamente fundada sobre Jesucristo como Cristo e Hijo del Dios viviente, y en sus apóstoles que le confiesan como maestros autorizados de doctrina. Es la comunión espiritual de los santos y una red mundial de comunidades locales bajo el gobierno de los ancianos, que se reúnen a nivel local y regional para dirigir los asuntos de la iglesia en su conjunto. La iglesia finalmente será glorificada como esposa del Cordero.

La Iglesia

21 | LOS ATRIBUTOS Y LAS MARCAS DE LA IGLESIA

La iglesia de la era del Nuevo Testamento, esencialmente una con la iglesia de la antigua dispensación, viene a consistir en iglesias particulares a través del imperio romano en las cuales los verdaderos creyentes en la obra consumada del Señor Jesucristo se reunían para adorar al Dios Trino. Desde el principio la iglesia fue vista esencialmente como la elegida de Dios y una comunión de santos viviendo bajo la autoridad apostólica, y como el cuerpo de Cristo y la comunión del Espíritu. En su expresión externa «terrenal», una mezcla de personas malvadas con estos verdaderos creyentes siempre fue una posibilidad y a menudo una realidad. Donde dicha mezcla se volvía evidente, se tomaron medidas disciplinarias para regresar a la iglesia a un estado de (relativa) pureza (ver Ro. 16:17-18; 1 Co. 5:1-5; 2 Co. 2:5-10; 2 Ts. 3:6; Tit. 3:10-11; 2 Jn. 9-11).

Después de la destrucción de Jerusalén en 70 d.C., cuando ya no se consideraba que la iglesia existiera dentro de la vida nacional de Israel, se percibía cada vez más que había tenido una existencia independiente todo el tiempo, habiendo sido guardada por el poder de Dios y nutrida por Cristo y su Espíritu. A través del incidente de Cornelio todas las fronteras nacionales fueron barridas y la iglesia se convirtió en una comunidad supranacional y multirracial de creyentes. Para cumplir con el llamado de su soberano a la catolicidad étnica (Mt. 28:19-20), la iglesia tenía que volverse una institución misionera, llevando el evangelio de la salvación a todas las naciones del mundo. El génesis de esta universalización de la iglesia está preservada para nosotros en el relato de Lucas de las labores misioneras de Pablo.

La estructura organizacional de la iglesia en los tiempos del Nuevo Testamento era «presbiteriana» en el gobierno. Es decir, la iglesia, bajo el señorío y reinado de Cristo, estaba gobernada por pluralidades de ancianos en asambleas locales individuales (Hch. 11:30; 14:23; 20:17, 18; Stg. 5:14; Fil. 1:1; 1 Ti. 3:1, 2; 5:1, 17, 19; Tit. 1:5, 7; 1 P. 5:1), quien tenía la responsabilidad de enseñar y gobernar, de pastorear y ejercer vigilancia, y de ordenar hombres a oficios cuando se reunían en el presbiterio (πρεσβυτέριον, *presbyterion*, 1 Ti. 4:14; 2 Ti. 1: 6), y que en ocasiones se reunía con otros presbiterios regionales para resolver cuestiones de doctrina que preocupan a la iglesia en general. (Hch. 15).

LOS ATRIBUTOS DE LA VERDADERA IGLESIA (O ASAMBLEA)

Casi inmediatamente después de la era de los apóstoles comenzó a aparecer un declive doctrinal y organizativo rápido y aparente que se alejaba de la enseñanza apostólica.[1] Como resultado, los líderes de la iglesia primitiva comenzaron a sentir la necesidad de determinar los atributos por los cuales se podía identificar a la iglesia verdadera. Debido a que este movimiento tendía a concentrarse en las características externas de la iglesia, la iglesia rápidamente comenzó a ser vista como una institución externa gobernada por un obispo que era un sucesor directo de los apóstoles y que, en consecuencia, estaría (se suponía) en

---
[1] Los historiadores de la iglesia son bastante unánimes en su observación de que la iglesia en muchas áreas del mundo entonces conocido se apartó rápidamente del evangelio puro y la enseñanza de los apóstoles y comenzó a adoptar puntos de vista defectuosos de la Trinidad y la persona y obra de Cristo, y abogar por Pelagio y adoptar puntos de vista defectuosos de la Trinidad y la persona y obra de Cristo, y defender versiones pelagianas y sacerdotalistas de la salvación.

La Iglesia

posesión de la verdadera tradición apostólica. En consecuencia, para el siglo III d.C., algunos padres de la iglesia estaban poniendo un fuerte énfasis en el obispado como institución. Cipriano, obispo de Cartago (d. 258), «consideraba a los obispos como los verdaderos sucesores de los apóstoles» e instó a que los obispos juntos «formaran un colegio, llamado episcopado, que como tal constituía la unidad de la Iglesia. La unidad de la Iglesia estaba así basada en la unidad de los obispos».[2] Para Cipriano el criterio de pertenencia a la iglesia era la sumisión al obispo, y fuera de esa sumisión no había salvación.[3] La máxima suele citarse como *Extra ecclesiam nulla salus* o *Salus extra ecclesiam non est*. Agustín (354-430), quien definió a la iglesia como la *sancta congregatio omnium fidelium salvandorum* («la asamblea santa de todos los fieles que se salvan») y como la *fidelium predestinatorum et iustificatorum* (la «fieles elegidos y justificados») en su tratado *De unitate ecclesiae*, también se adhirió a la idea chipriota de que la autoridad apostólica continuaba a través de la sucesión de los obispos. En consecuencia, él también enseñó que aquel para quien la iglesia institucional con su gracia sacramental no es madre, no tiene a Dios como Padre.

En el Antiguo Símbolo Romano (dado por Rufino, c. 390), el precursor del credo de los apóstoles, se hizo referencia simplemente a «la santa iglesia». La forma recibida del credo de los apóstoles (adoptada c. 700) habla de «la santa iglesia católica». En el primer concilio ecuménico celebrado en Nicea (d.C. 325), se hizo referencia en el credo del concilio a «la iglesia católica y apostólica». Los redactores del credo niceno-constantinopolitano (381 d.C.) confesaron: «[Creemos] en una santa iglesia católica y apostólica [εἰς μίαν ἁγίαν καθολικὴν καὶ ἀποστολικὴν ἐκκλησίαν, *eis mian hagian katholikēn kai apostolikēn ekklēsian*]». Aquí observamos por primera vez los cuatro atributos que se usaron cada vez más en la iglesia antigua y medieval para describir a la iglesia verdadera —*una, santa, católica, apostólica*— recibiendo la sanción del credo y conciliar. Visto bíblicamente, estos cuatro atributos son descripciones apropiadas de la iglesia de Cristo.[4]

LA UNICIDAD DE LA IGLESIA

La iglesia es una en virtud de su unión con Cristo. Todos sus miembros son bautizados por un Espíritu en un cuerpo teniendo una cabeza y un Señor. Hay un edificio con un fundamento, un rebaño bajo un pastor. Las disensiones y las divisiones entre los cristianos obscurecen la unicidad del cuerpo de Cristo. Por lo tanto, tenemos varios llamados en las epístolas para la unidad a través de la paciencia y el amor. Jesús y Pablo enseñan particularmente la «unicidad» de la iglesia, como hecho e ideal a lograr. Jesús declaró:

Juan 10:14-16: «Yo soy el buen pastor; y conozco mis ovejas, y las mías me conocen, así como el Padre me conoce, y yo conozco al Padre; y pongo mi vida por las ovejas. También tengo otras ovejas que no son de este redil; aquellas también debo traer, y oirán mi voz; y habrá [μία, *mia*] un rebaño, y un [εἷς, *heis*] pastor».

Y oró:

Juan 17:20-23: «Mas no ruego solamente por estos, sino también por los que han de creer en mí por la palabra de ellos, para que todos sean uno [ἕν, *hen*]; como tú, oh Padre, en mí, y yo en ti, que también ellos sean uno en nosotros; para que el mundo crea que tú me enviaste. La gloria que me diste, yo les he dado, para que sean uno [ἕν, *hen*], así como nosotros somos uno [ἕν, *hen*]. Yo en ellos, y tú en mí, para que sean perfectos en unidad [ἕν, *hen*], para que

---

[2] Louis Berkhof, *Systematic Theology* (Grand Rapids: Eerdmans, 1941), 558.
[3] Ver Cyprian's treatise, *The Unity of the Church*, y sus *Epistles*, 73.21.
[4] Ocasionalmente se encuentra expresada una cierta insatisfacción sólo con estos cuatro atributos. H. Bavinck, por ejemplo, en su *Gereformeede Dogmatiek*, trad. William Hendriksen (Kampen: Kok, 1930; reimpresión, Carlisle, Pensilvania: Banner of Truth, 1977), 4:308, insta a que se agreguen los atributos de indefectibilidad e infalibilidad a estos cuatro. Si bien no tengo un celo particular para restringir el número de atributos de la iglesia a cuatro, sí creo que una reflexión adecuada sobre los cuatro atributos universalmente reconocidos implicará también otras características esenciales de la iglesia. Por ejemplo, ¿no están implícitos los atributos de Bavinck de «indefectibilidad» e «infalibilidad» en la «apostolicidad» de la iglesia cuando este atributo se entiende correctamente?

La Iglesia

el mundo conozca que tú me enviaste,[5] y que los has amado a ellos como también a mí me has amado».

Pablo a través de su largo ministerio trabajó para asegurar que la iglesia de Cristo fuera una,[6] donde quiera insistía en que las iglesias gentiles debían contribuir alegremente para las necesidades de la iglesia judía y que la iglesia judía debía aceptar humildemente la ayuda de sus benefactores gentiles. Escribe:

Romanos 15:5-6: «Pero el Dios de la paciencia y de la consolación os dé entre vosotros un mismo sentir según Cristo Jesús, 6 para que unánimes, a una voz, glorifiquéis al Dios y Padre de nuestro Señor Jesucristo»

Gálatas 3:28: «Ya no hay judío ni griego; no hay esclavo ni libre; no hay varón ni mujer; porque todos vosotros sois uno en Cristo Jesús».

1 Corintios 1:10-13: «Os ruego, pues, hermanos, por el nombre de nuestro Señor Jesucristo, que habléis todos una misma cosa, y que no haya entre vosotros divisiones, sino que estéis perfectamente unidos en una misma mente y en un mismo parecer. Porque he sido informado acerca de vosotros, hermanos míos, por los de Cloé, que hay entre vosotros contiendas. Quiero decir, que cada uno de vosotros dice: Yo soy de Pablo; y yo de Apolos; y yo de Cefas; y yo de Cristo. ¿Acaso está dividido Cristo? ¿Fue crucificado Pablo por vosotros? ¿O fuisteis bautizados en el nombre de Pablo? (ver también 3:1-9).

1 Corintios 12:12-13: «Porque, así como el cuerpo es uno, y tiene muchos miembros, pero todos los miembros del cuerpo, siendo muchos, son un solo cuerpo, así también Cristo. 13 Porque por un solo Espíritu fuimos todos bautizados en un cuerpo, sean judíos o griegos, sean esclavos o libres; y a todos se nos dio a beber de un mismo Espíritu».

Efesios 2:14-16: «Porque él es nuestra paz, que de ambos pueblos hizo uno, derribando la pared intermedia de separación, 15 aboliendo en su carne las enemistades, la ley de los mandamientos expresados en ordenanzas, para crear en sí mismo de los dos un solo y nuevo hombre, haciendo la paz, 16 y mediante la cruz reconciliar con Dios a ambos en un solo cuerpo, matando en ella las enemistades».

Efesios 4:3-6: «solícitos en guardar la unidad del Espíritu en el vínculo de la paz; 4 un cuerpo, y un Espíritu, como fuisteis también llamados en una misma esperanza de vuestra vocación; 5 un Señor, una fe, un bautismo, 6 un Dios y Padre de todos, el cual es sobre todos, y por todos, y en todos».

Filipenses 2:2: «completad mi gozo, sintiendo lo mismo, teniendo el mismo amor, unánimes, sintiendo una misma cosa».

Colosenses 3:12-14: «Vestíos, pues, como escogidos de Dios, santos y amados, de entrañable misericordia, de benignidad, de humildad, de mansedumbre, de paciencia; soportándoos unos a otros, y perdonándoos unos a otros si alguno tuviere queja contra otro. De la manera que Cristo os perdonó, así también hacedlo vosotros. Y sobre todas estas cosas vestíos de amor, que es el vínculo perfecto».[7]

---

[5] Es evidente que la unidad entre los cristianos por la que nuestro Señor ora aquí debe ser una unidad visible si, mientras ora, el mundo debe aprender de ella que el Padre lo ha enviado. G. C. Berkouwer declara acertadamente que «la iglesia no puede ser vista como una realidad presente escondida, mística, misteriosa, llena de riqueza interior, que el mundo no puede percibir... Huir aquí a la continua pecaminosidad de la iglesia como una 'explicación' de su desunión o en la seguridad de que una unidad escondida puede sobrevivir en la división no toma en serio la oración de Cristo... Debido a su función y propósito al relacionar la salvación con el mundo, uno no puede jactarse aquí de una solidaridad que es suficiente a los ojos de Dios, sino que uno debe pensar en los ojos del mundo» (*The Church* [Grand Rapids, Mich.: Eerdmans, 1976], pág. 45).

[6] Saulo de Tarso, en la sabiduría divina, ciertamente era el hombre adecuado para satisfacer la necesidad especial que enfrentaba la iglesia —del primer siglo— unir las principales culturas del imperio romano y evitar una brecha irreconciliable entre los miembros judíos y gentiles de la comunidad de Cristo. Estaba dispuesto y era capaz de moverse entre griegos y paganos, abordar sus cuestiones filosóficas y construir iglesias compuestas principalmente de gentiles. Pero debido a que también era un judío ferviente, no hizo una ruptura despiadada con el cristianismo judaico, incluso cuando la cuestión de la relación entre judíos y gentiles en la iglesia dificultaba la comunión. Aunque era «el apóstol de los gentiles», permaneció en el más alto sentido como un hebreo de hebreos hasta el final (ver Ro. 9:1–5).

[7] Pablo no es tan realista como para creer que las falsas enseñanzas nunca surgirían en la iglesia. En consecuencia, puede decir a la iglesia de Corinto, a la que convoca a la unidad, que reconoce que «es necesario que haya diferencias entre vosotros para que se vea quién de vosotros tiene la aprobación de Dios» (1 Co. 11:19). Esta «necesidad» no es una necesidad del destino, sino simplemente una expresión de los «actos de la naturaleza pecaminosa» (Gal. 5:19-20), de los cuales la iglesia siempre debe cuidarse. Ver el análisis perspicaz de J. Oliver Buswell Jr. de 1 Co. 11:18–19 en su *Systematic Theology*, 1:426–28, en el que argumenta que la existencia

La Iglesia

La Confesión de Fe de Westminster claramente resume todo esto con las siguientes palabras:
> Los santos, por profesión, están obligados a mantener una comunión y un compañerismo santos en la adoración a Dios y a realizar los otros servicios espirituales que promueven su edificación mutua; (1) y también a socorrerse los unos a los otros en las cosas externas, de acuerdo con sus diferentes habilidades y necesidades. Esta comunión debe extenderse, según Dios presente la oportunidad, a todos aquellos que en todas partes invocan el nombre del Señor Jesús. (XXVI/ii)

LA SANTIDAD DE LA IGLESIA

La iglesia es definitivamente santa en un sentido absoluto en el sentido de que está «en Cristo». Es progresivamente santa en un sentido relativo en el sentido de que su santificación es progresiva, se origina en el hombre interior y encuentra expresión en la vida exterior. Como dice Calvino: «La iglesia es santa... en el sentido de que avanza diariamente y aún no es perfecta, progresa día a día, pero aún no ha alcanzado su meta de santidad».[8] También es santa en cuanto que está separada del mundo en su consagración a Cristo. Escuchemos a Jesús, Pedro y Pablo nuevamente:

Juan 17:15-19: «No ruego que los quites del mundo, sino que los guardes del mal. No son del mundo, como tampoco yo soy del mundo. Santifícalos en tu verdad; tu palabra es verdad. 18 Como tú me enviaste al mundo, así yo los he enviado al mundo. 19 Y por ellos yo me santifico a mí mismo, para que también ellos sean santificados en la verdad»

1 Corintios 3:16-17: «¿No sabéis que sois templo de Dios, y que el Espíritu de Dios mora en vosotros? 17 Si alguno destruyere el templo de Dios, Dios le destruirá a él; porque el templo de Dios, el cual sois vosotros, santo es».

2 Corintios 6:14-7:1: «No os unáis en yugo desigual con los incrédulos; porque ¿qué compañerismo tiene la justicia con la injusticia? ¿Y qué comunión la luz con las tinieblas? 15 ¿Y qué concordia Cristo con Belial? ¿O qué parte el creyente con el incrédulo? 16 ¿Y qué acuerdo hay entre el templo de Dios y los ídolos? Porque vosotros sois el templo del Dios viviente, como Dios dijo: Habitaré y andaré entre ellos, Y seré su Dios, Y ellos serán mi pueblo. Por lo cual, Salid de en medio de ellos, y apartaos, dice el Señor, Y no toquéis lo inmundo; Y yo os recibiré, Y seré para vosotros por Padre, Y vosotros me seréis hijos e hijas, dice el Señor Todopoderoso. Así que, amados, puesto que tenemos tales promesas, limpiémonos de toda contaminación de carne y de espíritu, perfeccionando la santidad [ἁγιωσύνην, *hagiōsynēn*] en el temor de Dios.

Efesios 4:24: «y vestíos del nuevo hombre, creado según Dios en la justicia y santidad de la verdad»

Efesios 5:25-27: «Maridos, amad a vuestras mujeres, así como Cristo amó a la iglesia, y se entregó a sí mismo por ella, 26 para santificarla, habiéndola purificado en el lavamiento del agua por la palabra, 27 a fin de presentársela a sí mismo, una iglesia gloriosa, que no tuviese mancha ni arruga ni cosa semejante, sino que fuese santa y sin mancha».

1 Tesalonicenses 5:23-24: «Y el mismo Dios de paz os santifique por completo; y todo vuestro ser, espíritu, alma y cuerpo, sea guardado irreprensible para la venida de nuestro Señor Jesucristo. Fiel es el que os llama, el cual también lo hará».

---

de las denominaciones cristianas, sin duda, se puede atribuir con demasiada frecuencia a la «naturaleza pecaminosa» manifestándose ya sea en forma de enseñanza falsa o práctica falsa o ambas (y en estos casos realmente un verdadero escándalo ante Dios), no es necesariamente pecaminoso. La división por el bien de mantener la pureza del evangelio a veces es necesaria y correcta. Buswell pregunta: «¿Deberían... aquellos que con toda sencillez y honestidad creen que la verdad debe ser defendida y expuesta sobre ciertos temas de las Escrituras... ser los culpables de las 'disensiones'?... No,... las disensiones son necesarias para que la verdad pueda ser vindicada. Aquellos que disienten en interés de la verdad no son los que deben ser culpados por la disensión» (1:428). De hecho, debe recordarse que el mismo Pablo ordena a los cristianos en 2 Co. 6:14-17:

No os unáis en yugo desigual con los incrédulos; porque ¿qué compañerismo tiene la justicia con la injusticia? ¿Y qué comunión la luz con las tinieblas? 15 ¿Y qué concordia Cristo con Belial? ¿O qué parte el creyente con el incrédulo? 16 ¿Y qué acuerdo hay entre el templo de Dios y los ídolos? Porque vosotros sois el templo del Dios viviente, como Dios dijo: Habitaré y andaré entre ellos, Y seré su Dios, Y ellos serán mi pueblo. Por lo cual, Salid de en medio de ellos, y apartaos, dice el Señor, Y no toquéis lo inmundo; Y yo os recibiré.

[8] Juan Calvino, Institución, IV.i.17.

1 Pedro 1:15-16; 2:9: «sino, como aquel que os llamó es santo, sed también vosotros santos en toda vuestra manera de vivir; porque escrito está: Sed santos, porque yo soy santo... Mas vosotros sois linaje escogido, real sacerdocio, nación santa».

Argumentamos en la tercera parte, capítulo diecinueve, que la santidad, como un aspecto del *ordo salutis* relativo al santo individual, es a la vez definitiva y progresiva. Lo mismo debe decirse de la verdadera iglesia como asamblea *corporativa* de los santos —que su santidad es *definitiva*, en el sentido de que, en unión con Cristo, ha ocurrido una ruptura radical con el pecado y la inmundicia con respecto a ella, y progresiva, en el sentido de que, habiendo Dios declarado su justificación, su santificación debe y seguirá *inevitablemente*. En otras palabras, así como el cristiano individual, que es *simul iustus et peccator* («al mismo tiempo justo y pecador»), crecerá en santidad, así la verdadera iglesia, que también es *simul iustus et peccator*, crecerá en santidad y consagración a Cristo.

LA CATOLICIDAD DE LA IGLESIA

Este tercer atributo se deriva de la catolicidad étnica del evangelio ordenado por la gran comisión y del carácter de la iglesia como la expresión visible de la obra reconciliadora de Cristo delante de todo el mundo.

La catolicidad o «universalidad» de la iglesia debe ser entendida no solo geográficamente sino también social y continuamente. Las iglesias que son segregacionistas o exclusivistas en su membresía (el actual método de crecimiento de la iglesia que busca alcanzar solo a un segmento de la sociedad es culpable en este punto) contradice este aspecto fundamental de la naturaleza de la iglesia y comete la «falacia petrina» (ver Hch. 10:13-15) de exigir para la membresía de la iglesia alguna cualificación más allá de lo que el mismo Señor de la iglesia ha estipulado. Los siguientes pasajes de la Escritura se relacionan con este atributo de la iglesia:

Mateo 28:19: «Por tanto, id, y haced discípulos a todas las naciones, bautizándolos en el nombre del Padre, y del Hijo, y del Espíritu Santo».

Gálatas 3:28: «Ya no hay judío ni griego; no hay esclavo ni libre; no hay varón ni mujer; porque todos vosotros sois uno en Cristo Jesús».

Colosenses 3:11: «donde no hay griego ni judío, circuncisión ni incircuncisión, bárbaro ni escita,[9] siervo ni libre, sino que Cristo es el todo, y en todos»

Apocalipsis 5:9-10: «y cantaban un nuevo cántico, diciendo: Digno eres de tomar el libro y de abrir sus sellos; porque tú fuiste inmolado, y con tu sangre nos has redimido para Dios, de todo linaje y lengua y pueblo y nación; y nos has hecho para nuestro Dios reyes y sacerdotes, y reinaremos sobre la tierra»

Apocalipsis 7:9: «Después de esto miré, y he aquí una gran multitud, la cual nadie podía contar, de todas naciones y tribus y pueblos y lenguas, que estaban delante del trono y en la presencia del Cordero».

LA APOSTOLICIDAD DE LA IGLESIA

Karl Barth ha afirmado correctamente que ser «apostólico» significa estar «en el discipulado, en la escuela, bajo la autoridad normativa, instrucción y dirección de los apóstoles, de acuerdo con ellos, escuchándolos y aceptando su mensaje».[10] Por consiguiente, la apostolicidad debe ocuparse primariamente con una adherencia fiel a la doctrina de los apóstoles, que les fue comunicada por revelación sobrenatural e inscrita a través de ellos por inspiración sobrenatural. Así como la verdadera simiente de Abraham son aquellos que caminan en la fe

---

[9] Los escitas eran una tribu de guerreros y nómadas que montaban a caballo de Siberia Occidental que vivieron en el área del Mar Negro-Caspio desde alrededor del año 2000 a.C. Se convirtieron en intermediarios en el comercio de Rusia, especialmente en cereales y esclavos. Los judíos los consideraban como ejemplos de la forma más baja de bárbaros. En la iglesia ninguno debe ser considerado así.
[10] Karl Barth, *Church Dogmatics* (Edinburg: T. & T. Clark, 1960), 4/I,714.

de Abraham, independientemente de su descendencia lineal, así también la iglesia apostólica es aquella que camina en la fe de los apóstoles, independientemente del tema de la «sucesión ininterrumpida». Sólo la conformidad con la doctrina de los apóstoles garantiza la apostolicidad de la iglesia. La apostolicidad nunca puede ni debe ser vista meramente en términos de sucesión organizativa hasta los apóstoles, ya que tal sucesión en sí misma, incluso si fuera demostrable, no garantiza la pureza doctrinal. Los siguientes pasajes hablan de este atributo de la iglesia:

Mateo 10:40: «El que a vosotros [sus apóstoles] recibe, a mí me recibe; y el que me recibe a mí, recibe al que me envió».

Lucas 10:16: «El que a vosotros oye, a mí me oye; y el que a vosotros desecha, a mí me desecha; y el que me desecha a mí, desecha al que me envió»

Juan 13:20: «De cierto, de cierto os digo: El que recibe al que yo enviare, me recibe a mí; y el que me recibe a mí, recibe al que me envió».

En los tres versículos anteriores, nuestro Señor, quien es Él mismo «el Apóstol a quien confesamos» (Heb. 3:1), deja en claro que sus apóstoles designados eran sus representantes y portavoces autorizados y facultados, y que escuchar o rechazar a sus apóstoles es escucharlo o rechazarlo.

Juan 17:20: «Mas no ruego solamente por estos, sino también por los que han de creer en mí por la palabra de ellos».

Hechos 2:42: «Y perseveraban en la doctrina de los apóstoles, en la comunión unos con otros, en el partimiento del pan y en las oraciones».

Gálatas 1:6-9: «Estoy maravillado de que tan pronto os hayáis alejado del que os llamó por la gracia de Cristo, para seguir un evangelio diferente. No que haya otro, sino que hay algunos que os perturban y quieren pervertir el evangelio de Cristo. Mas si aun nosotros, o un ángel del cielo, os anunciare otro evangelio diferente del que os hemos anunciado, sea anatema. Como antes hemos dicho, también ahora lo repito: Si alguno os predica diferente evangelio del que habéis recibido, sea anatema».

Efesios 2:20: «edificados sobre el fundamento de los apóstoles y profetas, siendo la principal piedra del ángulo Jesucristo mismo».

Hebreos 1:1-2; 2:1-3: «Dios, habiendo hablado muchas veces y de muchas maneras en otro tiempo a los padres por los profetas, en estos postreros días nos ha hablado por el Hijo… Por tanto, es necesario que con más diligencia atendamos a las cosas que hemos oído, no sea que nos deslicemos. Porque… ¿cómo escaparemos nosotros, si descuidamos una salvación tan grande? La cual… nos fue confirmada por los que oyeron».

Apocalipsis 21:14: «Y el muro de la ciudad tenía doce cimientos, y sobre ellos los doce nombres de los doce apóstoles del Cordero».

Estos versículos afirman que la iglesia puede afirmar correctamente ser «apostólica» solo en el sentido y en el grado en que continúa adherida a su fundamento original, a saber, el evangelio y enseñanzas apostólicas. El Señor resucitado estaba tan preocupado por la continua «apostolicidad» de su iglesia, quien en los días de su ministerio terrenal había advertido que falsos profetas aparecerían dentro de ella (Mt. 24:11, 24; Mc. 13:22), que elogió a la iglesia en Éfeso porque «has probado a los que se dicen ser apóstoles, y no lo son, y los has hallado mentirosos» (Ap. 2:2). Sin duda el criterio para dicha prueba incluía aquella ya expuesta en el Antiguo Testamento —si ocurrían las predicciones de los profetas y si sus declaraciones estaban de acuerdo con la fe revelada a Israel (Dt. 13:1-3; 18:20-22). A estas la iglesia del Nuevo Testamento agrega la prueba de si alguien que clama ser un apóstol era un testigo junto con los otros apóstoles de la resurrección de Cristo (Hch. 1:22), si proclamaba

La Iglesia

al mismo Cristo y el mismo evangelio que enseñaban los otros apóstoles (Gal. 1:8-9; 1 Co. 15:11; 2 Co. 11:4), si enseñaba que Jesucristo había venido en carne (1 Jn. 4:1-3), si realizaba las cosas que marcaban a un apóstol —señales, maravillas, y milagros (2 Co. 12:12)— y si estaba dispuesto a sufrir dificultades y persecución por la causa de Cristo y su pueblo (2 Co. 12:13-13:13).[11]

LA INTERPRETACIÓN PAPAL DE LOS ATRIBUTOS

Por varias razones (ninguna bíblica, como vimos en el capítulo anterior), el obispo de Roma llegó a ser visto cada vez más como el «primero entre iguales» *con* «primacía de poder» dentro de la estructura jerárquica de la iglesia medieval. El papado tal como lo conocemos realmente comenzó alrededor del 590. A Gregorio I (c. 540–604), el «padre del papado medieval», se le atribuye el mérito de establecer el poder político temporal del papado dentro del Sacro Imperio Romano. La determinación papal de dominar la vida de todos los hombres en Europa recibió más apoyo de la falsificada «Donación de Constantino» (que se fechará probablemente durante el siglo VIII o IX), en la que se dice que Constantino cedió a Silvestre I (314-335) la primacía sobre Antioquía, Constantinopla, Alejandría y Jerusalén, y dominio sobre toda Italia, incluida Roma y las «provincias, lugares y *ciudades*» de la mitad occidental del imperio. (La autenticidad del documento fue cuestionada y su falsedad demostrada en el siglo XV por Nicolás de Cusa y Lorenzo Valla). La «edad de oro» del papado se alcanzó durante los llamados reinados papales de Gregorio VII (c. 1021–1085), Inocente III (1160-1216) y Bonifacio VIII (1234-1303). Gregorio VII ganó la lucha contra los gobernantes laicos por el derecho de la iglesia a hacer nombramientos sin interferencia laica. También reclamó el poder temporal completo en la cristiandad occidental. Inocencio III estaba decidido a hacer cumplir, extender y definir la *plenitudo potestatis* de la sede romana, incluso insistiendo en la bula *Venerabilem* en que el papado tenía el «derecho y la autoridad» para examinar al hombre que los electores imperiales eligieron emperador, y que el nombramiento de un emperador entraba dentro de la esfera de la autoridad papal «principalmente» y «finalmente». Bonifacio VIII, uno de los grandes defensores del poder absoluto del papado, en su bula *Unam Sanctam*, una defensa de la jurisdicción del papa sobre todas las criaturas declaró:

> Estamos obligados por la fe a creer y sostener —y creemos firmemente y confesamos sinceramente— que hay una sola Iglesia Santa Católica y Apostólica, y que fuera de esta Iglesia no hay salvación ni perdón de los pecados... De esta sola y única Iglesia hay un cuerpo y una cabeza —no dos cabezas, como un monstruo— a saber, Cristo, y el vicario de Cristo es Pedro, y el sucesor de Pedro... Por lo tanto, si los griegos u otros dicen que no estaban comprometidos con Pedro y sus sucesores, necesariamente confiesan que no son de las ovejas de Cristo, porque el Señor dice en Juan, «Hay un solo rebaño y un solo pastor». Y aprendemos de las palabras del Evangelio que en esta Iglesia y en su poder hay dos espadas, la espiritual y la temporal. Porque cuando los apóstoles dijeron: «He aquí» (es decir, en la Iglesia, ya que fueron los apóstoles quienes hablaron) «hay dos espadas» —el Señor no respondió, «Es demasiado», sino «Es suficiente».

En consecuencia, la iglesia de la Edad Media llegó a ser considerada cada vez menos como la *communio sanctorum* y cada vez más en términos de la estructura jerárquica externa, visible y temporal, compuesta por círculos concéntricos de sacerdotes, obispos, arzobispos y cardenales, todos finalmente encabezados por el Papa. Roma llegó a interpretar *institucionalmente* los atributos de la iglesia: es decir, la unidad de la iglesia se definió en

---

[11] Algunos defensores de un tipo de quietismo no bíblico han instado, basándose en versículos como 1 Tesalonicenses 4:9 y 1 Juan 2:27, a que los cristianos, habiendo recibido todos la unción del Espíritu (τò χρῖσμα, *to chrisma*), es decir, su morada (ver «permanece en ti») en la regeneración, no necesitan preocuparse por la doctrina apostólica porque «su unción [morada] os enseña acerca de todas las cosas». Pero este punto de vista ignora la enseñanza bíblica de que el Espíritu que mora en nosotros enseña a la iglesia por medio de la Palabra apostólica. La declaración de Juan no deja de lado la utilidad y necesidad del pastor/maestro dada por Cristo (Ef. 4:11) en la iglesia. De hecho, estaba actuando como su maestro cuando escribió esas mismas palabras. En su contexto, el versículo significa que sus lectores no estaban a merced de los maestros gnósticos que afirmaban que la iglesia necesitaba escucharlos para adquirir el conocimiento necesario para su avance en los misterios de Dios.

términos de la sumisión de la iglesia al papa como el único vicario de Cristo en el mundo,[12] se dijo que la santidad de la iglesia era tanto la santidad de la gracia sacramental invertida en los sacramentos, particularmente en la misa, y transmitida desde el altar por el sacerdocio, y las obras-justicia (semi-pelagianas) de «hacer lo que os corresponde» (*facere quod in se est*) que Guillermo de Occam y otros apoyaron,[13] la catolicidad de la iglesia fue afirmada no solo porque la iglesia dominó Europa sino también porque la iglesia reclamó como sus posesiones dondequiera que se plantaran las banderas de España y Portugal, las potencias marítimas colonizadoras en Europa, en el Nuevo Mundo,[14] y finalmente, la *apostolicidad* de la iglesia, instó Roma, llegó a manifestarse en términos de la autoridad apostólica del Papa que supuestamente obtuvo a través de la sucesión apostólica directa de Pedro en virtud de su asiento en el «trono de Pedro». Ludwig Ott escribe:

> En la sucesión ininterrumpida de los obispos desde los apóstoles aparece más claramente el carácter apostólico de la iglesia. Basta señalar la sucesión apostólica de la iglesia romana, porque el obispo romano es la cabeza de toda la iglesia y vehículo del poder doctrinal infalible. En consecuencia, la iglesia apostólica y la enseñanza apostólica no falsificada están donde está Pedro o su sucesor.[15]

El *Catecismo de la Iglesia Católica* (1994) también declara:

> La iglesia es apostólica porque «está fundada sobre los apóstoles» y «sigue siendo enseñada, santificada y guiada por los apóstoles hasta el regreso de Cristo, a través de sus sucesores en el oficio pastoral: el colegio episcopal, «por los presbíteros, en unión con el sucesor de Pedro, el pastor supremo de la Iglesia». (párrafo 857, énfasis añadido)

LAS «MARCAS» PROTESTANTES DE LA VERDADERA IGLESIA

Esta iglesia católica ha sido más visible en unos tiempos que en otros. Y las iglesias específicas que son parte de ella, son más puras o menos puras, de acuerdo como se enseñe y se abrace la doctrina del Evangelio, se administren los sacramentos y se celebre con mayor o menor pureza el culto público en ellas. (Confesión de Fe de Westminster, XXV/iv)

Warfield estaba bastante justificado cuando observó que la reforma protestante, especialmente del lado reformado, fue la rebelión de la doctrina de la gracia de Agustín contra su doctrina de la iglesia, «una rebelión… contra ver la gracia canalizada a través de los sacramentos… una rebelión, en todas las expresiones reformadoras, en contra de la noción de que la predestinación se filtraba solo a través de las estrechas grietas de las ordenanzas de la iglesia. Era, por el contrario, una afirmación de la comprensión de Agustín sobre la

---

[12] Así hoy, según el Catecismo de la Iglesia Católica (1994): «El Papa, obispo de Roma y sucesor de Pedro, 'es la fuente y el fundamento perpetuos y visibles de la unidad tanto de los obispos como de toda la compañía de los fieles'» (párrafo 882). El Catecismo también declara que la unidad de la iglesia está «asegurada por el vínculo visible de la comunión» exhibido en la «sucesión apostólica por el sacramento del Orden Sagrado» (párrafo 815), y cita la *Lumen gentium* del Vaticano II (noviembre 1964, 8, 2) para corroboración: «Esta única Iglesia de Cristo, … constituida y organizada como sociedad en el mundo actual, subsiste en la Iglesia Católica, que es gobernada por el sucesor de Pedro y por los obispos en comunión con él» (párrafo 816).

[13] El *Catecismo de la Iglesia Católica* (1994) declara que es en la iglesia, unida a Cristo, donde se ha depositado «la plenitud de los medios de salvación», y que es por estos medios que «adquirimos la santidad» (párrafo 824).

[14] De manera similar, mediante sus pronunciamientos del Vaticano II, Roma ha definido su catolicidad para los tiempos modernos y futuros de tal manera que la «iglesia católica» virtualmente y en última instancia incluye no solo a aquellos que están en la estructura visible gobernada por el pontífice romano y sus obispos, sino también, en primer lugar, los bautizados «hermanos separados» de las iglesias ortodoxa y protestante (*Lumen gentium*, 15), en segundo lugar, los judíos, porque «la fe judía, a diferencia de otras religiones no cristianas, es ya una respuesta a la revelación de Dios en el Antiguo Pacto» (Catecismo, párrafo 839), porque a los judíos pertenecen todos los privilegios descritos en Romanos 9:4–5 (párrafo 839), y porque con los cristianos «esperan la venida del Mesías» (párrafo 840) tercero, los musulmanes, porque «profesan tener la fe de Abraham, y adoran con nosotros al Dios único y misericordioso» (*Lumen gentium*, 16), cuarto, el mundo religioso en general, porque «toda la bondad y la verdad se encuentran en [las religiones del mundo]» son «una preparación para el Evangelio y dado por aquel que ilumina a todos los hombres para que al fin tengan vida» (*Lumen gentium*, 16; ver también su *Nostra aetate*, 2, y la exhortación apostólica del Papa Pablo VI, *Evangelii nuntiandi*, 53), y finalmente, incluso aquellos «que, sin culpa propia, no conocen el evangelio de Cristo o su Iglesia, pero que sin embargo busquen a Dios con un corazón sincero y, movidos por la gracia, procuren en sus acciones hacer su voluntad tal como la conocen a través de los dictados de su conciencia, también ellos pueden alcanzar la salvación eterna» (*Lumen gentium*, 16, ver también Denzinger-Schönmetzer, *Enchiridion Symbolorum*, 3866–3872). ¡Este es el evangelismo misionero mundial efectuado por redefinición!

[15] Ludwig Ott, *Fundamentals of Catholic Dogma* (St. Louis, Mo.: Herder, 1960), 308. Debe decirse que no ha ocurrido ningún cambio sistémico de ninguna consecuencia en el catolicismo romano desde la Edad Media. El Concilio de Trento (1545-1563) condenó todas las verdades de la Reforma. El Vaticano I (1869-1870), convocado por Pío IX, afirmó claramente la infalibilidad del pontífice romano, declarando sus enseñanzas como «irreformables por sí mismas», y no por el consentimiento de la iglesia, «cuando habla *ex cathedra*, es decir, cuando en el ejercicio del oficio de pastor y doctor de todos los cristianos, en virtud de su suprema autoridad apostólica, define una doctrina sobre la fe o las costumbres de ser sostenida por la iglesia universal». El Vaticano II declaró en su *Constitución Dogmática de la Iglesia* (1964) que «el pontífice romano, en razón de su oficio de vicario de Cristo, es decir, y de pastor de toda la iglesia, tiene potestad plena, suprema y universal sobre toda la iglesia, un poder que siempre puede ejercer sin trabas» (*Lumen gentium*, 22; Catecismo [1994], párrafo 882). El artículo 25 establece que las proclamaciones de doctrina del Papa «por sí mismas, y no por el consentimiento de la iglesia, son justamente llamadas irreformables».

perdición humana, la esclavitud de lo que es oscuro y malo, la indispensabilidad de la gracia, la gloria del evangelio por causa de aquel en quien la buena nueva tomó y toma forma».[16]

John Wycliffe (c. 1329–1384), la «Estrella de la mañana de la Reforma», en su *De potestate papae* sostuvo que las afirmaciones del Papa no estaban fundamentadas en las Escrituras, que su salvación no era más segura que la de cualquier otro hombre, y que el único criterio de la rectitud de sus actos era su conformidad con las Escrituras. Denunció a la curia[17] romana como una «sinagoga de Satanás» y despreció la misa romana como una blasfemia. Comenzó a traducir la Biblia al inglés e instó a que todo hombre fuera libre de leer e interpretar las Escrituras por sí mismo. En su *Tractatus de ecclesia* definió a la iglesia como la *congregatio omnium predestinatorum* («asamblea de todos los predestinados [a la salvación]»). Los *prescitum*, es decir, los conocidos de antemano o preordenados a la condenación, no son parte de la iglesia.

Jan Hus (c. 1369–1415), el «prerreformador» bohemio y mártir traicionado, estuvo bajo la influencia de Wycliffe y en su *De ecclesia* declaró que «dos personas justas congregadas juntas en el nombre de Cristo constituyen, con Cristo como cabeza, una santa iglesia particular… Pero la santa iglesia católica, es decir, universal, es la totalidad de los predestinados, o todos los predestinados, presentes, pasados y futuros».

Martín Lutero (1483-1546), en su rebelión contra el sistema de indulgencias, finalmente rechazó el reclamo del obispo romano de la sucesión apostólica de Pedro y la infalibilidad de los concilios generales de la iglesia. Repudió la noción de Roma de un sacerdocio especial que dispensa la salvación a través de los sacramentos y volvió a la visión del Nuevo Testamento de la iglesia principalmente como una *communio sanctorum* en la que todo creyente es sacerdote ante Dios (1 P. 2:9; Ap. 1:6; 5:9–10). Con Lutero nació la Reforma protestante del siglo XVI, cuyas iglesias se volvieron claramente «luteranas» en Alemania y Escandinavia y decididamente "calvinistas" en Suiza, Francia, Escocia e Inglaterra.

Los polemistas católicos romanos, trabajando con su comprensión de los cuatro atributos de la iglesia, respondieron declarando que estas iglesias «protestantes» no podían ser la verdadera iglesia porque no exhibían los atributos de la iglesia. No solo no eran uno con Roma, sino que, dado que ambos rechazaron el sacerdotalismo de Roma y ordenaron ministros que no tenían consagración episcopal, no tenían gracia para dispensar y, por lo tanto, no podían ser santos. No solo no eran católicos, estando situados solo en el norte de Europa, sino que también, dado que habían renunciado a la autoridad del Papa, no eran apostólicos y, por lo tanto, se habían apartado de la iglesia.

Los líderes de la causa protestante se sintieron obligados por las exigencias de este debate, por lo tanto, a definir más cuidadosamente cómo se identificaría a la verdadera iglesia. Esto lo hicieron introduciendo en el debate su concepto de las «marcas» (*notae*) de la iglesia. Berkouwer explica:

Examinando la historia de la iglesia, nos encontramos con una distinción llamativa… a saber, la distinción entre los atributos y las marcas de la iglesia. A primera vista, la distinción es poco clara, ya que cabría esperar que la iglesia pueda ser conocida y delimitada con precisión por medio de sus «atributos». Sin embargo, una inspección más cercana muestra que hay un motivo explícito subyacente a esta distinción, que desempeñó un papel de gran alcance en la controversia entre Roma y la Reforma y estaba relacionado con la cuestión de cómo se deben ver los atributos de la Iglesia… el juicio de la reforma consistía en que todavía no se había dicho todo cuando sólo se había hecho referencia a los atributos de la Iglesia. Al hablar de las marcas de la iglesia, las *notae*

---

[16] David F. Wells, *Turning to God* (Grand Rapids, Mich.: Baker, 1989), 84.
[17] La curia romana (*curia Romana*) es la corte papal, que incluye a todos los funcionarios y autoridades que asisten al Papa en el gobierno de la Iglesia Católica Romana.

ecclesiae, la Reforma introdujo un criterio por el cual la iglesia podía, y tenía que ser, probada en cuanto a si realmente era la iglesia.

… La noción de *notae*, con sus implicaciones inequívocas de crítica y prueba, se dirige contra toda presunción de la presencia y verificabilidad de los atributos —en otras palabras, contra toda eclesiología estática, en la que todo se decide simplemente sobre la base de que una iglesia «existe» y que posee una serie de «atributos» inmediatamente reconocibles e inexpugnables. En última instancia, una eclesiología tan estática ya no deja espacio para la discusión sobre la realidad eclesiástica… en la Reforma fue precisamente la *notae* la que adquirió un significado decisivo, con el resultado de que era imposible usar los «atributos» apologéticamente como una realidad apriorística no amenazado e inexpugnable.

… llama la atención … que las cuatro palabras en sí nunca fueron discutidas, ya que los reformadores no optaron por otros «atributos». … Incluso después de la Reforma, a pesar de todas las diferencias de interpretación que aparecieron con respecto a las cuatro palabras, este uso [«una, santa, católica y apostólica»] permaneció igual. Pero en medio de esta terminología consonante, la noción reformadora de la *notae* siguió siendo un elemento inquietante. A través de las *notae*, los reformadores querían indicar desde la Palabra de Dios «cuál es la verdadera Iglesia, ya que todas las sectas que hay en el mundo toman para sí el nombre de Iglesia» (Confesión Belga, Art. 29).[18]

En esta misma conexión, Clowney escribe:

En respuesta [a los cargos de Roma] los reformadores no rechazaron los atributos de la iglesia de Nicea. Rechazaron la forma en que los católicos romanos los vincularon a todos al papado institucional. La gracia de Dios no es un bien para dispensar. Encontrar la verdadera iglesia no es una cuestión de localizar al Papa (¡aunque incluso eso podría ser complicado por los Papas rivales!). Hay una catolicidad tanto del tiempo como del espacio. La iglesia romana podría pretender estar esparcida por todo el mundo, pero había roto su vínculo con la iglesia primitiva al corromper la doctrina cristiana.[19]

En consecuencia, los reformadores, particularmente los luteranos, insistieron en que al menos dos marcas distinguieran a la iglesia verdadera de la falsa. Los reformadores posteriores agregarían una tercera.[20] Donde estas están presentes, allí está presente la única iglesia santa, católica y apostólica, donde están ausentes, cualquier otra cosa que la iglesia bajo consideración pueda pretender tener o que de hecho tenga, no es la verdadera iglesia, la *ecclesia vera*. ¿Qué son estas marcas?

LA VERDADERA PROCLAMACIÓN DE LA PALABRA DE DIOS

La primera marca, y la que los reformadores enfatizaron más, fue la fidelidad a y la pura y verdadera proclamación de la Palabra de Dios. Emplearon versículos como los siguientes para sostener su punto:

Juan 8:31, 47: «Si vosotros permaneciereis en mi palabra, seréis verdaderamente mis discípulos… El que es de Dios, las palabras de Dios oye».

Juan 14:23: «El que me ama, mi palabra guardará».

Gálatas 1:8-9: «Mas si aun nosotros, o un ángel del cielo, os anunciare otro evangelio diferente del que os hemos anunciado, sea anatema. Como antes hemos dicho, también ahora lo repito: Si alguno os predica diferente evangelio del que habéis recibido, sea anatema».

2 Tesalonicenses 2:15: «Así que, hermanos, estad firmes, y retened la doctrina que habéis aprendido, sea por palabra, o por carta nuestra».

2 Timoteo 3:16-4:4: «Toda la Escritura es inspirada por Dios, y útil para enseñar, para redargüir, para corregir, para instruir en justicia, a fin de que el hombre de Dios sea perfecto, enteramente preparado para toda buena obra. Te encarezco delante de Dios y del Señor Jesucristo, que juzgará a los vivos y a los muertos en su manifestación y en su reino, que

---

[18] Berkouwer, *The Church*, 13-14.
[19] Edmund Clowney, *Living in Christ's Church* (Philadelphia: Great Commission, 1986), 129.
[20] Ver la útil discusión de Clowney de las tres «marcas» en *Living in Christ's Church*, 130-136.

prediques la palabra; que instes a tiempo y fuera de tiempo; redarguye, reprende, exhorta con toda paciencia y doctrina. Porque vendrá tiempo cuando no sufrirán la sana doctrina, sino que, teniendo comezón de oír, se amontonarán maestros conforme a sus propias concupiscencias, y apartarán de la verdad el oído y se volverán a las fábulas».

1 Juan 4:1-3: «Amados, no creáis a todo espíritu, sino probad los espíritus si son de Dios; porque muchos falsos profetas han salido por el mundo. En esto conoced el Espíritu de Dios: Todo espíritu que confiesa que Jesucristo ha venido en carne, es de Dios; y todo espíritu que no confiesa que Jesucristo ha venido en carne, no es de Dios; y este es el espíritu del anticristo, el cual vosotros habéis oído que viene, y que ahora ya está en el mundo».

2 Juan 9-11: «Cualquiera que se extravía, y no persevera en la doctrina de Cristo, no tiene a Dios; el que persevera en la doctrina de Cristo, ese sí tiene al Padre y al Hijo. Si alguno viene a vosotros, y no trae esta doctrina, no lo recibáis en casa, ni le digáis: ¡Bienvenido! Porque el que le dice: ¡Bienvenido! participa en sus malas obras».

LA CORRECTA ADMINISTRACIÓN DE LOS SACRAMENTOS

Para los reformadores la segunda marca de la verdadera iglesia era la correcta administración de los sacramentos, basada en pasajes tales como los siguientes:

1 Corintios 10:14-17, 21: «Por tanto, amados míos, huid de la idolatría. Como a sensatos os hablo; juzgad vosotros lo que digo. La copa de bendición que bendecimos, ¿no es la comunión de la sangre de Cristo? El pan que partimos, ¿no es la comunión del cuerpo de Cristo? Siendo uno solo el pan, nosotros, con ser muchos, somos un cuerpo; pues todos participamos de aquel mismo pan. No podéis beber la copa del Señor, y la copa de los demonios; no podéis participar de la mesa del Señor, y de la mesa de los demonios».

1 Corintios 11:23-30: «Porque yo recibí del Señor lo que también os he enseñado: Que el Señor Jesús, la noche que fue entregado, tomó pan; y habiendo dado gracias, lo partió, y dijo: Tomad, comed; esto es mi cuerpo que por vosotros es partido; haced esto en memoria de mí. Asimismo, tomó también la copa, después de haber cenado, diciendo: Esta copa es el nuevo pacto en mi sangre; haced esto todas las veces que la bebiereis, en memoria de mí. Así, pues, todas las veces que comiereis este pan, y bebiereis esta copa, la muerte del Señor anunciáis hasta que él venga. De manera que cualquiera que comiere este pan o bebiere esta copa del Señor indignamente, será culpado del cuerpo y de la sangre del Señor. Por tanto, pruébese cada uno a sí mismo, y coma así del pan, y beba de la copa. Porque el que come y bebe indignamente, sin discernir el cuerpo del Señor, juicio come y bebe para sí. Por lo cual hay muchos enfermos y debilitados entre vosotros, y muchos duermen.

EL EJERCICIO FIEL DE LA DISCIPLINA DE LA IGLESIA

La tercera marca de los reformadores fue el ejercicio fiel de la disciplina de la iglesia. Aquí emplearon pasajes como los siguientes:

Mateo 18:17: «Si [un hermano pecador] no los oyere a ellos [dos o tres cristianos preocupados], dilo a la iglesia; y si no oyere a la iglesia, tenle por gentil y publicano»

Hechos 20:28-31a: «Por tanto, mirad por vosotros, y por todo el rebaño en que el Espíritu Santo os ha puesto por obispos, para apacentar la iglesia del Señor, la cual él ganó por su propia sangre. Porque yo sé que después de mi partida entrarán en medio de vosotros lobos rapaces, que no perdonarán al rebaño. Y de vosotros mismos se levantarán hombres que hablen cosas perversas para arrastrar tras sí a los discípulos. Por tanto, velad».

Romanos 16:17-18a: «Mas os ruego, hermanos, que os fijéis en los que causan divisiones y tropiezos en contra de la doctrina que vosotros habéis aprendido, y que os apartéis de ellos. Porque tales personas no sirven a nuestro Señor Jesucristo, sino a sus propios vientres».

1 Corintios 5:1-5, 13: «De cierto se oye que hay entre vosotros fornicación, y tal fornicación cual ni aun se nombra entre los gentiles; tanto que alguno tiene la mujer de su padre. Y vosotros estáis envanecidos. ¿No debierais más bien haberos lamentado, para que fuese quitado de en medio de vosotros el que cometió tal acción?

Ciertamente yo, como ausente en cuerpo, pero presente en espíritu, ya como presente he juzgado al que tal cosa ha hecho. En el nombre de nuestro Señor Jesucristo, reunidos vosotros y mi espíritu, con el poder de nuestro Señor Jesucristo, el tal sea entregado a Satanás para destrucción de la carne, a fin de que el espíritu sea salvo en el día del Señor Jesús... Quitad, pues, a ese perverso de entre vosotros».

1 Corintios 14:33, 40: «pues Dios no es Dios de confusión, sino de paz... hágase todo decentemente y con orden».

Gálatas 6:1: «Hermanos, si alguno fuere sorprendido en alguna falta, vosotros que sois espirituales, restauradle con espíritu de mansedumbre, considerándote a ti mismo, no sea que tú también seas tentado».

Efesios 5:6, 11: «Nadie os engañe con palabras vanas, porque por estas cosas viene la ira de Dios sobre los hijos de desobediencia. Y no participéis en las obras infructuosas de las tinieblas, sino más bien reprendedlas».

2 Tesalonicenses 3:14-15: «Si alguno no obedece a lo que decimos por medio de esta carta, a ese señaladlo, y no os juntéis con él, para que se avergüence. 15 Mas no lo tengáis por enemigo, sino amonestadle como a hermano».

1 Timoteo 1:20: «de los cuales son [los que han rechazado una buena conciencia y han naufragado en su fe] Himeneo y Alejandro, a quienes entregué a Satanás para que aprendan a no blasfemar».

1 Timoteo 5:20: «A los [ancianos] que persisten en pecar, repréndelos delante de todos [ver Gal. 2:11-14], para que los demás también teman»

Tito 1:10-11: «Porque hay aún muchos contumaces, habladores de vanidades y engañadores, mayormente los de la circuncisión, 11 a los cuales es preciso tapar la boca; que trastornan casas enteras, enseñando por ganancia deshonesta lo que no conviene»

Tito 3:10: «Al hombre que cause divisiones, después de una y otra amonestación deséchalo»

Apocalipsis 2:14-16a: «Pero tengo unas pocas cosas contra ti: que tienes ahí a los que retienen la doctrina de Balaam, que enseñaba a Balac a poner tropiezo ante los hijos de Israel, a comer de cosas sacrificadas a los ídolos, y a cometer fornicación. Y también tienes a los que retienen la doctrina de los nicolaítas, la que yo aborrezco. Por tanto, arrepiéntete».

Apocalipsis 2:20: «Pero tengo unas pocas cosas contra ti: que toleras que esa mujer Jezabel, que se dice profetisa, enseñe y seduzca a mis siervos a fornicar y a comer cosas sacrificadas a los ídolos»

Por supuesto, mientras que las tres marcas son pruebas apropiadas de la iglesia verdadera y extremadamente importantes, las tres realmente no están coordinadas. Mientras que el segundo y el tercero son necesarios para el bienestar de la iglesia, no son necesarios para el ser de la iglesia. Sólo el primero es realmente necesario para el ser de la iglesia. Sobre este punto Berkhof comenta:

> En rigor, puede decirse que la verdadera predicación de la Palabra y su reconocimiento como norma de doctrina y de vida, es la única marca de la Iglesia. Sin ella no hay Iglesia, y determina la correcta administración de los sacramentos y el fiel ejercicio de la disciplina eclesiástica.[21]

---

[21] Berkhof, Systematic Theology, 577. Calvino escribe a este respecto: «esta es la marca permanente con la que nuestro Señor ha sellado la suya: 'Todo el que es de la verdad oye mi voz» [Juan 18:37]... ¿Por qué obedezcan voluntariamente como locos en buscar la iglesia cuando Cristo la ha marcado con una señal inequívoca, que, dondequiera que se vea, no puede dejar de mostrar la iglesia allí, mientras que donde está ausente no queda nada que pueda dar el verdadero sentido de la iglesia? Pablo

TESTIMONIO CONFESIONAL DE LAS MARCAS DE LA IGLESIA VERDADERA

Es bastante fácil documentar el significado de estas marcas para los reformadores y sus iglesias a partir de los credos nacionales que escribieron. Lutero insistió en que la iglesia se vuelve visible, no donde está presente el gobierno de obispos, cardenales y papas, sino donde la Palabra se proclama apropiadamente y los sacramentos se administran puramente. Aprobó la Confesión de Augsburgo (redactada por Melanchthon en 1530) que establece en la primera parte:

> VIII. También se enseña entre nosotros que una Iglesia santa debe continuar para siempre. Pero la Iglesia es la congregación de los santos [*congregatio Sanctorum*] en la que se enseña correctamente el Evangelio y se administran correctamente los sacramentos según el Evangelio.
>
> VIII.... la Iglesia propiamente dicha no es otra cosa que la congregación de los santos y de los verdaderos creyentes [*congregatio Sanctorum et vere credentium*].

Y en la *Apología de la Confesión de Augsburgo* (1531) leemos:

> VII/VIII. Admitimos que en esta vida los hipócritas y los malvados se mezclan con la iglesia y son miembros de la iglesia de acuerdo con las asociaciones externas de las marcas de la iglesia, es decir, la Palabra, la confesión y los sacramentos... (4)
>
> Sin embargo, la iglesia no es simplemente una asociación de vínculos y ritos externos como otros gobiernos cívicos, sino que es principalmente una asociación de fe y del Espíritu Santo en los corazones de los hombres. Para hacerla reconocible, esta asociación tiene signos exteriores, la enseñanza pura del Evangelio y la administración de los sacramentos en armonía con el Evangelio de Cristo. Solo esta iglesia se llama el cuerpo de Cristo, que Cristo renueva, consagra y gobierna por su Espíritu... (5-6)
>
> Los hipócritas y los hombres malvados están ciertamente asociados con la verdadera iglesia en lo que se refiere a las ceremonias externas. Pero cuando llegamos a definir la iglesia, debemos definir lo que es el cuerpo viviente de Cristo y es la iglesia tanto de hecho como de nombre. Debemos entender qué es lo que principalmente nos hace miembros y miembros vivos de la iglesia. Si vamos a definir la iglesia como sólo una organización exterior que abarca tanto a los buenos como a los malos, entonces los hombres no entenderían que el reino de Cristo es la justicia del corazón y el don del Espíritu Santo, sino que lo considerarían sólo como la observancia externa de ciertas devociones y rituales (12-13).

La Confesión de Ginebra de 1536 establece:

> 18. La señal propia para discernir correctamente la iglesia de Jesucristo es que su santo evangelio sea predicado, proclamado, oído y guardado pura y fielmente, que sus sacramentos sean debidamente administrados, aunque haya algunas imperfecciones y faltas, como siempre habrá entre los hombres.

Juan Calvino (1509–1564) también afirmó que la iglesia es esencialmente una *communio sanctorum*. Y en la Confesión de Fe francesa, que preparó en 1559, escribe:

> XXVII. ... creemos que es importante discernir con cuidado y prudencia cuál es la verdadera Iglesia, pues se ha abusado mucho de este título. Decimos, pues, según la Palabra de Dios, que es la compañía de los fieles que se ponen de acuerdo en seguir su Palabra, y la religión pura que ella enseña; que avanzan en ella toda la vida, creciendo y confirmándose más en el temor de Dios a medida que sienten la necesidad de crecer y seguir adelante...
>
> XXVIII. En esta creencia declaramos que, propiamente hablando, no puede haber Iglesia donde no se reciba la Palabra de Dios, ni se haga profesión de sujeción a ella, ni uso de los sacramentos. Por lo tanto, condenamos las asambleas papales, ya que la pura Palabra de Dios está desterrada de

---

nos recuerda que la iglesia no fue fundada sobre los juicios de los hombres, no sobre los sacerdocios, sino sobre la enseñanza de los apóstoles y profetas» (Institutos, IV.ii.4).

ellas, sus sacramentos están corrompidos, o falsificados, o destruidos, y todas las supersticiones e idolatrías están en ellos....[22]

XXIX. En cuanto a la verdadera Iglesia, creemos que debe regirse según el orden establecido por nuestro Señor Jesucristo. Que haya pastores, superintendentes y diáconos, para que la verdadera doctrina tenga su curso, para que los errores sean corregidos y suprimidos, y los pobres y todos los que están en aflicción sean ayudados en sus necesidades; y que se celebren asambleas en el nombre de Dios, para que grandes y pequeños sean edificados.

XXX. Creemos que todos los verdaderos pastores, dondequiera que estén, tienen la misma autoridad e igual poder bajo una sola cabeza, un solo obispo soberano y universal, Jesucristo; y que, en consecuencia, ninguna Iglesia reclamará ninguna autoridad o dominio sobre ninguna otra.

La Confesión de Fe Escocesa de 1560 también declaró:

XVI. Así como creemos en un solo Dios, Padre, Hijo y Espíritu Santo, también creemos constantemente que desde el principio ha habido, y ahora hay, y hasta el fin del mundo habrá una sola iglesia, es decir, una compañía y multitud de hombres escogidos de Dios, que rectamente le adoran y abrazan por la verdadera fe en Cristo Jesús, que es la única cabeza de la misma Iglesia, que es también el cuerpo y esposa de Cristo Jesús, cuya iglesia es católica, que es, universal, porque contiene a los elegidos de todas las edades, de todos los reinos, naciones y lenguas, sean de los judíos, o sean de los gentiles, que tienen comunión y sociedad con Dios Padre, y con su Hijo Cristo Jesús, por la santificación de su Espíritu Santo: y por eso se llama la comunión, no de los profanos, sino de los santos, que como ciudadanos de la Jerusalén celestial, tienen la fruición de los beneficios más inestimables, a saber, un solo Dios, un Señor Jesús, una fe y un bautismo: fuera de tal iglesia, no hay ni vida ni felicidad eterna. Y, por lo tanto, aborrecemos completamente la blasfemia de aquellos que afirman que los hombres que viven de acuerdo con la equidad y la justicia serán salvos, cualquiera que sea la religión que hayan profesado. Porque, así como sin Jesucristo no hay vida ni salvación, así nadie será partícipe de ellas, sino el que el Padre ha dado a su Hijo Cristo Jesús, y los que en el tiempo vienen a Él, confiesan su doctrina y creen en Él, [y esto] comprende a los hijos de padres fieles. Esta Iglesia es invisible, conocida sólo por Dios, el único que sabe a quién ha elegido, y comprende también (como se dice) a los elegidos que han de partir, comúnmente llamados la Iglesia triunfante, y a los que aún viven y luchan contra el pecado y Satanás como vivirán en el más allá.

La Confesión Belga de 1561 también confiesa:

XXVIII. Creemos y profesamos una Iglesia católica o universal, que es una santa congregación y asamblea de verdaderos creyentes cristianos, esperando toda su salvación en Jesucristo, siendo lavados por su sangre, santificados y sellados por el Espíritu Santo. Esta Iglesia ha existido desde el principio del mundo, y existirá hasta el fin del mismo, lo cual es evidente de esto, que Cristo es un rey eterno, lo cual, sin súbditos no puede ser. Y esta santa Iglesia es preservada o sostenida por Dios contra la cólera del mundo entero, aunque a veces (por un tiempo) parezca muy pequeña, y, a los ojos de los hombres, reducida a nada: como durante el peligroso reinado de Acab, cuando sin embargo el Señor le reservó siete mil hombres, que no habían doblado la rodilla ante Baal. Además, esta santa Iglesia no está confinada, atada o limitada a ciertos lugares o a ciertas personas, sino que está extendida y dispersa por todo el mundo, y, sin embargo, está reunida y unida con el corazón y la voluntad, por el poder de la fe, en un mismo espíritu.

XXVIII. Creemos, siendo esta santa congregación una asamblea de los que se salvan, y fuera de ella no hay salvación, que ninguna persona, cualquiera que sea el estado o condición en que se encuentre, debe sustraerse a vivir en un estado separado de ella, sino que todos los hombres tienen el deber de reunirse y unirse a ella, mantener la unidad de la Iglesia, sometiéndose a la doctrina y disciplina de la misma, inclinando el cuello bajo el yugo de Jesucristo, y como miembros recíprocos

---

[22] Si bien Calvino repudió el papado como institución, todavía estaba dispuesto a reconocer la presencia del pueblo de Dios en la iglesia romana. Ver su citada declaración en Instituciones, IV.iii.12 (el estudiante de eclesiología haría bien en leer la sección completa), donde, después de un prolongado y acalorado rechazo del papado, escribe: «Yo las llamo iglesias en la medida en que el Señor conserva maravillosamente en ellos un remanente de su pueblo, por lamentablemente disperso y esparcido que sea, y en la medida en que quedan algunas marcas de la iglesia, especialmente aquellas marcas cuya eficacia ni las artimañas del diablo ni la depravación humana pueden destruir. Pero, por otra parte, porque en ellos han sido borradas aquellas marcas a las que debemos prestar particular atención en este discurso, digo que cada una de sus congregaciones y todo su cuerpo carecen de la forma legítima de la iglesia».

La Iglesia

del mismo cuerpo, sirviendo a la edificación de los hermanos, según los talentos que Dios les ha dado. Y para que esto se observe mejor, es deber de todos los creyentes, según la Palabra de Dios, separarse de los que no pertenecen a la Iglesia, y unirse a esta congregación, dondequiera que Dios la haya establecido, aunque los magistrados y los edictos de los príncipes estén en contra, aunque sufrieran la muerte o el castigo corporal. Por tanto, todos los que se apartan de la misma, o no se unen a ella, obran contra la ordenanza de Dios.

XXIX. Creemos que debemos discernir con diligencia y circunspección de la Palabra de Dios cuál es la verdadera Iglesia, ya que todas las sectas que hay en el mundo toman el nombre de Iglesia. Pero no hablamos aquí de la compañía de hipócritas, que están mezclados en la Iglesia con los buenos, pero no son de la Iglesia, aunque estén externamente en ella, sino que decimos que el cuerpo y la comunión de la verdadera Iglesia deben distinguirse de todas las sectas que se llaman Iglesia. Las marcas por las que se conoce a la verdadera Iglesia son estas: si en ella se predica la pura doctrina del evangelio, si mantiene la pura administración de los sacramentos tal como los instituyó Cristo, si la disciplina de la iglesia se ejerce para castigar el pecado, en fin, si todas las cosas son ordenadas según la pura Palabra de Dios, todo lo contrario, a ella rechazado, y Jesucristo reconocido como la única Cabeza de la Iglesia. En esto puede conocerse ciertamente la verdadera Iglesia, de la cual nadie tiene derecho a separarse...

En cuanto a la Iglesia falsa, se atribuye más poder y autoridad a sí misma y a sus ordenanzas que a la Palabra de Dios, y no se someterá al yugo de Cristo. Tampoco administra los sacramentos, como lo ordenó Cristo en su Palabra, sino que les agrega y quita como le parece conveniente, confía más en los hombres que en Cristo, y persigue a los que viven santamente según la Palabra de Dios y la reprende por sus errores, avaricia e idolatría. Estas dos Iglesias son fácilmente conocidas y distinguidas entre sí.

Los treinta y nueve artículos de la Iglesia de Inglaterra (1563) declararon:

XIX. La Iglesia visible de Cristo es una congregación de hombres fieles, en la cual se predica la pura Palabra de Dios, y los sacramentos se administran debidamente según la ordenanza de Cristo, en todas aquellas cosas que necesariamente son requisitos para la misma. Como han errado la iglesia de Jerusalén, Alejandría y Antioquía, así también la iglesia de Roma ha errado, no sólo en su forma de vida y ceremonias, sino también en asuntos de fe.

La Confesión de Fe de Westminster (1646) afirma:

XXV. La Iglesia católica o universal, que es invisible, consiste en el número total de los elegidos, que han sido, son o serán reunidos en uno, bajo Cristo, su cabeza, y es la esposa, el cuerpo, la plenitud de aquel que todo lo llena en todo.

La Iglesia visible, que también es católica o universal bajo el evangelio (no confinada a una nación como antes bajo la ley) se compone de todos aquellos, en todo el mundo, que profesan la religión verdadera, y de sus hijos, y es el reino del Señor Jesucristo, la casa y familia de Dios, fuera de la cual no hay posibilidad ordinaria de salvación.

A esta Iglesia católica visible, Cristo le ha dado el ministerio, los oráculos y las ordenanzas de Dios, para recoger y perfeccionar a los santos, en esta vida, hasta el fin del mundo, y lo hace por su propia presencia y Espíritu, según su promesa, las hace efectivas.

Esta Iglesia católica ha sido a veces más, a veces menos visible. Y las iglesias particulares, que son miembros de ellas, son más o menos puras, según se enseñe y se abrace la doctrina del evangelio, se administren las ordenanzas y se celebre en ellas un culto público más o menos puro.

Las iglesias más puras bajo el cielo están sujetas tanto a la mezcla como al error, y algunas se han degenerado tanto que ya no son iglesias de Cristo, sino sinagogas de Satanás. Sin embargo, siempre habrá una Iglesia en la tierra para adorar a Dios según su voluntad.

No hay otra cabeza de la Iglesia sino el Señor Jesucristo: ni el Papa de Roma puede en ningún sentido ser cabeza de ella, sino que es ese Anticristo, ese hombre de pecado e hijo de perdición, el que se exalta a sí mismo en la Iglesia contra Cristo, y todo lo que se llama Dios.[23]

---

[23] La cláusula que comienza «pero es que el Anticristo...» ha sido eliminada por algunas denominaciones presbiterianas, como la Iglesia Presbiteriana en América (PCA).

La Iglesia

Finalmente, podemos citar el *Libro de Orden* de la Iglesia de la Iglesia Presbiteriana en América (PCA):

> Nuestro bendito Salvador, para la edificación de la Iglesia visible, que es su cuerpo, ha designado oficiales no sólo para predicar el Evangelio y administrar los Sacramentos, sino también para ejercer disciplina para la preservación tanto de la verdad como del deber. Corresponde a estos oficiales y a toda la Iglesia en cuyo nombre actúan, censurar o expulsar a los erróneos y escandalosos, observando en todo caso las normas contenidas en la Palabra de Dios. (Prefacio, II, 3)

También afirma:

> Todos estas [diferentes denominaciones de cristianos profesantes en todo el mundo] que mantienen la Palabra y los Sacramentos en su integridad fundamental deben ser reconocidos como verdaderas ramas de la Iglesia de Jesucristo. (2-2)

* * * * *

En este capítulo hemos señalado, primero, cómo los primeros padres de la iglesia llegaron a describir a la iglesia como «una santa católica y apostólica», segundo, cómo el papado pervirtió el significado de estos atributos para servir a los objetivos institucionales de la iglesia romana, y tercero, cómo respondieron los reformadores al introducir las «marcas» de la iglesia como la prueba adecuada para determinar cómo se identificaría la «única santa iglesia católica y apostólica».

Aplicando las marcas de la iglesia de los reformadores a la situación eclesiástica, según los credos de la reforma, la iglesia invisible es universal y consiste en todo el cuerpo de los elegidos de todas las épocas tanto en el cielo como en la tierra, es decir, todos los verdaderos creyentes en el Señor Jesucristo. En otras palabras, la iglesia invisible es simplemente la iglesia como *Dios la ve*. La iglesia visible «una, santa, católica y apostólica» es la comunidad cristiana en todo el mundo tal *como la vemos*, representada por las muchas iglesias locales individuales del mundo donde la Palabra de Dios se enseña correctamente, donde los sacramentos se administran correctamente y donde se intenta fielmente a través de la disciplina eclesiástica quitar la paja que impediría el libre ejercicio de la predicación fiel y la correcta administración de los sacramentos. Algunas iglesias se han alejado tanto de la doctrina apostólica que virtualmente se han convertido en ninguna iglesia, como es el caso de las iglesias bajo el gobierno de Roma. Pero incluso dentro de ellas, a pesar del papado institucional, hay un remanente de verdaderos creyentes.

22 | LA AUTORIDAD Y LOS DEBERES DE LA IGLESIA

LA AUTORIDAD DE LA IGLESIA

De acuerdo con la santa Escritura, la iglesia de Jesucristo tiene autoridad (ἐξουσία, *exousia*). ¿Cuál es la fuente de esta autoridad? ¿Y su naturaleza? ¿Cómo debe la iglesia manifestar su autoridad?

Su fuente

La autoridad es un atributo que es intrínseco únicamente a la soberanía. El Dios trino, como Rey soberano (מֶלֶךְ, *melek,* βασιλεύς, *basileus*) del universo (Sal. 10:16; 24:7–10; 29:10; 47:2, 7; 95:3; Jer. 10:10; 1 Ti. 1:17; 6:15; Ap. 19:16) tiene el dominio y autoridad últimos sobre todas las cosas (Sal. 22:28; 145:13; Dn. 7:14). Pero en la economía eterna de la redención que detallamos en la parte tres, capítulo trece (p. 502), como pacto de redención, el Padre confió esta autoridad a su Hijo, el Señor Jesucristo, como uno de los aspectos de su investidura mesiánica, además de como recompensa por su obediente labor (véase Sal. 2:8–9; 8:6 [véase1 Co. 15:25–27]; 110:1–7). El Señor Jesucristo declaró expresamente en diversas ocasiones que el Padre le había investido, como mesiánico Hijo del Hombre, con soberanía universal:

Mateo 11:27: «Todas las cosas me fueron entregadas por mi Padre».

Mateo 28:18: «Y Jesús se acercó y les habló diciendo: Toda potestad me es dada en el cielo y en la tierra». (Este es un ejemplo del empleo de la pasiva divina y significa: «Dios me ha dado toda autoridad en el cielo y en la tierra»).

Juan 5:22, 27: «Porque el Padre a nadie juzga, sino que todo el juicio dio al Hijo... y también [el Padre] le dio autoridad [al Hijo] de hacer juicio, por cuanto es el Hijo del Hombre».

Juan 17:2: «[Padre] como le has dado [al Hijo] potestad sobre toda carne, para que dé vida eterna a todos los que le diste».

Apocalipsis 2:27: «yo también la he recibido [la autoridad] de mi Padre».

Por el contenido de sus enseñanzas, la forma de estas (véase Mt. 7:29; Mc. 1:22, 27; Lc. 4:32), y sus poderosos milagros, tales como la curación de un hombre cojo (Mt. 9:8), sus exorcismos de demonios (Mc. 1:27; Lc. 4:36), y el cómo calmó la tormenta (Mc. 4:39–41), Jesús ejemplificó y reflejó la autoridad divina que poseía como Dios y Mesías.[1] En virtud de su naturaleza divina e investidura mesiánica, el Señor Jesucristo es Soberano del mundo y Rey y Cabeza de su iglesia.

A su vez, Jesús, como Cabeza soberana, ha investido a su iglesia, como cuerpo suyo que es, con autoridad para hacer ciertas cosas en su nombre y representación. Los versículos siguientes nos hablan de la autoridad que Jesús dio primero a los Doce:

---

[1] Para más datos de apoyo del Nuevo Testamento, véase Robert L. Reymond, *Jesus, Divine Messiah. The New Testament Witness* (Phillipsburg, N.J.: Presbyterian and Reformed, 1990), capítulo 2.

Mateo 10:1 (Marcos 3:14–15; 6:7; Lucas 9:1): «[Jesús] llamando a sus doce discípulos, les dio autoridad sobre los espíritus inmundos, para que los echasen fuera, y para sanar toda enfermedad y toda dolencia». (Véase el capítulo completo de Mateo, acerca de cómo, en autoridad, instruyó a sus discípulos sobre cómo debían llevar a cabo sus ministerios en su nombre)

Mateo 16:19: «Y a ti [Pedro] te daré las llaves [un símbolo de autoridad] del reino de los cielos; y todo lo que atares en la tierra habrá sido atado en los cielos; y todo lo que desatares en la tierra habrá sido desatado en los cielos». (Traducción del autor). [2]

Mateo 18:18: «De cierto os digo que todo lo que atéis [vosotros, los discípulos] en la tierra, habrá sido atado en el cielo; y todo lo que desatéis en la tierra, habrá sido desatado en el cielo».

Mateo 28:18–19: «Toda potestad me es dada en el cielo y en la tierra. Por tanto, id, y haced discípulos a todas las naciones, bautizándolos en el nombre del Padre, y del Hijo, y del Espíritu Santo; enseñándoles que guarden todas las cosas que os he mandado». Aquí vemos que, fluyendo de su autoridad universal, Jesús autoriza a los doce (y también a la iglesia) a discipular las naciones.

Lucas 10:19: «He aquí os doy potestad de hollar serpientes y escorpiones [Jesús se está refiriendo aquí a los poderes demoníacos], y sobre toda fuerza del enemigo, y nada os dañará».

Lucas 24:46–48: «[Jesús] les dijo: Así está escrito, y así fue necesario que el Cristo padeciese, y resucitase de los muertos al tercer día; y que se predicase en su nombre el arrepentimiento y el perdón de pecados en todas las naciones, comenzando desde Jerusalén. Y vosotros sois testigos de estas cosas».

Juan 14:26: «Mas el Consolador, el Espíritu Santo, a quien el Padre enviará en mi nombre, él os enseñará todas las cosas, y os recordará todo lo que yo os he dicho»

Juan 16:13–15: «Pero cuando venga el Espíritu de verdad, él os guiará a toda la verdad; porque no hablará por su propia cuenta, sino que hablará todo lo que oyere, y os hará saber las cosas que habrán de venir. Él me glorificará; porque tomará de lo mío, y os lo hará saber. Todo lo que tiene el Padre es mío; por eso dije que tomará de lo mío, y os lo hará saber».

Juan 20:21, 23: «Entonces Jesús les dijo otra vez: Paz a vosotros. Como me envió el Padre, así también yo os envío... A quienes remitiereis los pecados, les son remitidos; y a quienes se los retuviereis, les son retenidos».

Hechos 1:8b: «y me seréis testigos en Jerusalén, en toda Judea, en Samaria, y hasta lo último de la tierra».

Más tarde, el Señor Jesucristo salvó también a Pablo, invistiéndole con autoridad apostólica y comisionándolo a llevar el evangelio, no solo a Israel, sino también y especialmente a los gentiles. Además de los relatos que encontramos en Hechos acerca del llamado y la contribución de Pablo, esto también puede observarse en los siguientes versículos y pasajes:

Hechos 9:15: «Instrumento escogido me es [Pablo], para llevar mi nombre en presencia de los gentiles, y de reyes, y de los hijos de Israel» (véase también Hechos 22:10, 15)

Hechos 20:24: «[No] estimo preciosa mi vida para mí mismo, con tal que acabe mi carrera con gozo, y el ministerio que recibí del Señor Jesús, para dar testimonio del evangelio de la gracia de Dios».

Hechos 26:16–18: Jesús contestó a la pregunta de Pablo: «Pero levántate, y ponte sobre tus pies; porque para esto he aparecido a ti, para ponerte por ministro y testigo de las cosas

---

[2] Véase capítulo veinte, nota al pie 35 para una discusión del simbolismo de las «llaves».

que has visto, y de aquellas en que me apareceré a ti... librándote de tu pueblo, y de los gentiles, a quienes ahora te envío, para que abras sus ojos, para que se conviertan de las tinieblas a la luz, y de la potestad de Satanás a Dios».

Gálatas 1:11–12: «Mas os hago saber, hermanos, que el evangelio anunciado por mí, no es según hombre; pues yo ni lo recibí ni lo aprendí de hombre alguno, sino por revelación de Jesucristo».

2 Corintios 10:8: «Porque, aunque me gloríe algo más todavía de nuestra autoridad [plural de autor], la cual el Señor nos dio para edificación y no para vuestra destrucción, no me avergonzaré;»

2 Corintios 13:10: «Por esto os escribo estando ausente, para no usar de severidad cuando esté presente, conforme a la autoridad que el Señor me ha dado para edificación, y no para destrucción».

Así pues, los apóstoles actuaban como agentes con autoridad, como embajadores de Cristo. Además, aquella parte de sus enseñanzas que el Espíritu Santo consideró apropiado y necesario preservar de forma escrita e inspirada «para una mejor preservación y propagación de la verdad y el más seguro establecimiento y consuelo de la iglesia contra la corrupción de la carne, y de la maldad de Satanás y del mundo» (Confesión de Fe de Westminster, I/i) tiene también autoridad en la vida de la iglesia en asuntos de fe y conducta (2 Ti. 3:16–4:2; 1 Ts. 5:27; 2 Ts. 3:14; Col. 4:16; Ap. 1:3).

Finalmente, para la edificación de toda la iglesia, el Señor Jesús ha ordenado que ciertos oficios continúen a perpetuidad en su iglesia, y ha dotado con su autoridad a aquellos que ostentan dichos servicios:

Efesios 4:8, 10–11: «Subiendo a lo alto, llevó cautiva la cautividad, y dio dones a los hombres. ... El que descendió, es el mismo que también subió por encima de todos los cielos para llenarlo todo. Y él mismo constituyó a unos, apóstoles; a otros, profetas; a otros, evangelistas; a otros, pastores y maestros, para la edificación del cuerpo de Cristo».[3]

Por tanto, aquí se encuentra la respuesta a nuestra primera pregunta: El Dios trino, y Jesucristo en particular, es la única y definitiva fuente de autoridad de la iglesia. Esto significa que sea cual sea la autoridad que tenga la iglesia, la tiene solo en virtud del acto divino de investidura. No posee por sí misma ninguna autoridad intrínseca. Pero al estar detrás la autoridad de Dios, que la respalda y le da poder, la iglesia tiene tras de su enseñanza y actividades una autoridad muy real que engloba muchas cosas, cuando estas enseñanzas y actividades se encuentran en armonía con la Palabra de Dios y se llevan a cabo bajo la dirección del Espíritu Santo.

El prefacio del *Libro de Orden de la Iglesia* de La Iglesia Presbiteriana en América declara:

Jesucristo, sobre cuyos hombros descansa el gobierno, cuyo nombre es Admirable consejero, Dios fuerte, Padre eterno, Príncipe de paz; lo dilatado de cuyo imperio y paz no tendrán límite; que se sienta sobre el trono de David y sobre su reino, disponiéndolo y confirmándolo en juicio y en justicia desde ahora y para siempre.(Isaías 9:6–7); que tiene todo el poder en el cielo y en la tierra que le ha sido entregado por el Padre, quien lo resucitó de los muertos y lo sentó a su derecha, sobre todo principado y autoridad, poder y señorío, y sobre todo nombre que se nombra, no sólo en este siglo, sino también en el venidero, y que sometió todas las cosas debajo de sus pies, y lo dio por cabeza sobre todas las cosas a la iglesia, la cual es su cuerpo, la plenitud de Aquel que todo lo llena en todo.(Efesios 1:20–23); Él que subió por encima de todos los cielos para llenarlo todo,

---

[3] Cristo, por su propia disposición divina, no ha hecho que los oficios de apóstol y profeta sean perpetuos en la iglesia. Al ser edificios que formaron los fundamentos de la iglesia, desaparecieron de la vida de ésta con el paso de la era apostólica. La iglesia tiene en su haber los escritos autorizados de los apóstoles, preservados en el canon del Nuevo Testamento.

La Iglesia

recibió dones para su iglesia, y dio todos los oficios necesarios para la edificación de la misma y el perfeccionamiento de sus santos (Efesios 4:10–12).

Jesús, el Mediador, el único Sacerdote, Profeta, Rey, Salvador y Cabeza de la Iglesia, contiene en sí mismo, por eminencia, todos los oficios de su iglesia, y las Escrituras le atribuyen muchos de sus nombres. Él es Apóstol, Maestro, Pastor, Ministro, Obispo y el único Legislador en Sión.

A su majestad, desde su trono de gloria, le corresponde enseñar a la iglesia por medio de su Palabra y Espíritu a través del ministerio de los hombres, ejerciendo por medio de ellos su propia autoridad y haciendo cumplir sus propias leyes, para la edificación y establecimiento de su Reino.

Cristo, como Rey, ha dado a los oficiales de su iglesia oráculos y ordenanzas, y ha ordenado de forma especial su sistema de doctrina, gobierno, disciplina y adoración, estando todas estas cosas expresamente establecidas en la Escritura, o siendo deducidas por buena y necesaria consecuencia de ella, de las cuales Él ordena que nada se le añada ni nada se le quite.

SU NATURALEZA

La naturaleza de la autoridad de la iglesia es exclusivamente espiritual y moral si la comparamos con la autoridad civil y legislativa del estado, que también ha sido divinamente establecida (Ro. 13:1–7). Esta última autoridad con frecuencia se manifiesta de forma físicamente coercitiva contra la violencia humana y el desorden público. Es decir, la autoridad de la iglesia es estrictamente ministerial y declarativa, no imperial, magistral, o legislativa. La iglesia no tiene ningún batallón de soldados o fuerza policial. La iglesia medieval estaba fatalmente equivocada cuando avaló, bajo la bula *Ad extirpanda* (1252) de Inocencio IV, el empleo de la tortura para quebrantar la voluntad de los herejes y forzarlos a retractarse, y cuando penalizó a los impenitentes con la confiscación de bienes, encarcelamientos, y su rendición al «brazo secular», lo cual significaba morir en la hoguera. En particular, en 1479, la Inquisición española, bajo el reinado de Fernando V e Isabel, tomó como objetivo a los judíos, musulmanes, y posteriormente a los protestantes, y, bajo el mando de su primer gran inquisidor, Tomás Torquemada, quemó alrededor de dos mil personas por herejía, expulsando también del Santo Imperio Romano a los judíos que se negaron a bautizarse. La iglesia estaba equivocada cuando en los siglos XI al XIII lanzó las cruzadas (ocho o nueve en total) para recuperar la Tierra Santa de manos del Islam. Martín Lutero se equivocaba cuando llamó a los príncipes alemanes a utilizar la espada contra los anabaptistas en 1531 y 1536. Los líderes protestantes de Ginebra, incluyendo a Juan Calvino,[4] se equivocaron cuando quemaron a Servet por hereje. Los reformadores ingleses bajo el gobierno de Enrique VIII, Eduardo VI, e Isabel I, se equivocaron cuando emplearon la autoridad secular para perseguir a los católicos romanos. También los reconstruccionistas teonómicos de nuestros días están igual de equivocados cuando llaman al estado a ejecutar a los falsos profetas, brujas, adúlteros y homosexuales.[5]

La iglesia ha de dirigirse a las necesidades morales y espirituales de hombres y mujeres que, antes de su salvación, son por naturaleza esclavos del pecado y Satanás, y quienes, después de su salvación, necesitan instrucción en los detalles del vivir su santísima fe ante un mundo que es testigo de ello. Esto no quiere decir que la iglesia no deba hablar en contra de la injusticia política y de los abusos morales del estado (debe estar dispuesta a hablar contra los abusos morales siempre que sucedan). Pero los oficiales de la iglesia nunca deben recurrir

---

[4] William Cunningham, «John Calvin», en *The Reformers and the Theology of the Reformation* (1862; reedición, Londres: Banner of Truth, 1967), 314-33, acumula evidencias que exoneran en cierto grado a Calvino. Aun así, las acciones de Calvino no pueden defenderse a la luz de la Biblia. Como el mismo Cunningham declara: «Nadie puede defender… [la conducta de Calvino hacia Servet], a menos que esté preparado para defender también la legalidad de ejecutar a los herejes» (316).

[5] Greg Bahnsen, *Theonomy in Christian Ethics*, 2ª ed. (Phillipsburg, N.J.: Presbyterian and Reformed, 1984), *By This Standard: The Authority of God's Law Today* (Tyler, Tex.: Institute for Christian Economics, 1985), *No Other Standard: Theonomy and Its Critics* (Tyler, Tex.: Institute for Christian Economics, 1985), Gary North, *Political Polytheism* (Tyler, Tex.: Institute for Christian Economics, 1992), y Gary Demar, *Ruler of the Nations* (Tyler, Tex.: Institute for Christian Economics, 1987) todos ellos desean ver como el estado moderno adopta una legislación que refleje los patrones mosaicos. Para una apreciación crítica de sus puntos de vista, véase Robert Lewis Dabney, *Lectures in Systematic Theology* (Grand Rapids, Mich.: Baker, 1985), 869-75; William S. Barker y W. Robert Godfrey, eds., *Theonomy: A Reformed Critique* (Grand Rapids, Mich.: Zondervan, 1990), y David W. Hall, *Savior or Servant? Putting Government in Its Place* (Oak Ridge, Tenn.: Covenant Foundation, 1996), 372-76.

La Iglesia

a la fuerza física a fin de establecer un apoyo para la iglesia en la comunidad humana que buscan alcanzar para Cristo.

Esta naturaleza espiritual y ministerial de la autoridad de la iglesia se enseña en los siguientes pasajes:

Mateo 20:25–28: «Entonces Jesús, llamándolos [a sus discípulos], dijo: Sabéis que los gobernantes de las naciones se enseñorean de ellas, y los que son grandes ejercen sobre ellas potestad. Mas entre vosotros no será así, sino que el que quiera hacerse grande entre vosotros será vuestro servidor, y el que quiera ser el primero entre vosotros será vuestro siervo; como el Hijo del Hombre no vino para ser servido, sino para servir, y para dar su vida en rescate por muchos». (Véase el paralelo en Lucas 22:24–26)

Mateo 26:51–52: «Pero uno de los que estaban con Jesús, extendiendo la mano, sacó su espada, e hiriendo a un siervo del sumo sacerdote, le quitó la oreja. Entonces Jesús le dijo: Vuelve tu espada a su lugar; porque todos los que tomen espada, a espada perecerán».

Lucas 9:54–56: «Viendo [una aldea samaritana que se oponía a Jesús] sus discípulos Jacobo y Juan, dijeron: Señor, ¿quieres que mandemos que descienda fuego del cielo, como hizo Elías, y los consuma? Entonces volviéndose él, los reprendió, diciendo... Y se fueron a otra aldea».

Juan 18:36–37: «Respondió Jesús [a Pilato]: Mi reino no es de este mundo; si mi reino fuera de este mundo, mis servidores pelearían para que yo no fuera entregado a los judíos; pero mi reino no es de aquí. Le dijo entonces Pilato: ¿Luego, eres tú rey? Respondió Jesús: Tú dices que yo soy rey. Yo para esto he nacido, y para esto he venido al mundo, para dar testimonio a la verdad. Todo aquel que es de la verdad, oye mi voz».

2 Corintios 10:3–5: «Pues, aunque andamos en la carne, no militamos según la carne; porque las armas de nuestra milicia no son carnales, sino poderosas en Dios para la destrucción de fortalezas, derribando argumentos y toda altivez que se levanta contra el conocimiento de Dios, y llevando cautivo todo pensamiento a la obediencia a Cristo».

Efesios 6:10–18a: «Por lo demás, hermanos míos, fortaleceos en el Señor, y en el poder de su fuerza. Vestíos de toda la armadura de Dios, para que podáis estar firmes contra las acechanzas del diablo. Porque no tenemos lucha contra sangre y carne, sino contra principados, contra potestades, contra los gobernadores de las tinieblas de este siglo, contra huestes espirituales de maldad en las regiones celestes. Por tanto, tomad toda la armadura de Dios, para que podáis resistir en el día malo, y habiendo acabado todo, estar firmes. Estad, pues, firmes, ceñidos vuestros lomos con la verdad, y vestidos con la coraza de justicia, y calzados los pies con el apresto del evangelio de la paz. Sobre todo, tomad el escudo de la fe, con que podáis apagar todos los dardos de fuego del maligno. Y tomad el yelmo de la salvación, y la espada del Espíritu, que es la palabra de Dios; orando en todo tiempo con toda oración y súplica en el Espíritu».

1 Pedro 5:1–3: «Ruego a los ancianos que están entre vosotros, yo anciano también con ellos, y testigo de los padecimientos de Cristo, que soy también participante de la gloria que será revelada: Apacentad la grey de Dios que está entre vosotros, cuidando de ella, no por fuerza, sino voluntariamente; no por ganancia deshonesta, sino con ánimo pronto; no como teniendo señorío sobre los que están a vuestro cuidado, sino siendo ejemplos de la grey».

La Iglesia

LAS OBLIGACIONES DE LA IGLESIA
LA OBLIGACIÓN DE ADORAR Y SERVIR A DIOS

Dado que el hombre, al ser creado a imagen de Dios, es *homo religiosus* incluso antes de ser *homo sapiens*, la primera obligación de todo hombre es adorar y servir al Creador (Ro. 1:18-25). La Confesión de Fe de Westminster nos recuerda esto cuando declara:

> La luz de la naturaleza muestra que hay un Dios, que tiene señorío sobre todo; que es bueno y hace bien a todos, y que, por tanto, ha de ser temido, amado, alabado, clamarse a Él, confiar en Él, y servirle con todo el corazón, con toda el alma, y con todas las fuerzas. (XXI/i)

Si esta es la primera obligación del hombre simplemente por ser criatura de Dios, mucho más, en vista del hecho de que la iglesia ha podido experimentar las misericordias redentoras de Dios, es su primera obligación adorar y servir al Dios trino (Ro. 12:1). Pedro declara que la iglesia es «linaje escogido, real sacerdocio, nación santa, pueblo adquirido por Dios, para que anunciéis las virtudes de aquel que os llamó de las tinieblas a su luz admirable» (1 P. 2:9; véase Sal. 145:6; Is. 43:21). Pablo nos informa de que todo lo que Dios ha hecho por nosotros en lo que respecta a la salvación, lo ha hecho «para alabanza de la gloria de su gracia» (Ef. 1:6, 12, 14). Por tanto, declara a la iglesia: «Si, pues, coméis o bebéis, o hacéis otra cosa, hacedlo todo para la gloria de Dios» (1 Co. 10:31). Además, oró para que Dios diese a la iglesia «un mismo sentir según Cristo Jesús, para que unánimes, a una voz, glorifiquéis al Dios y Padre de nuestro Señor Jesucristo» (Ro. 15:5–6). Según escribe Pedro, la iglesia también ha de vivir a ojos del mundo de manera que provoque alabanzas a Dios en los de fuera: «Amados, yo os ruego como a extranjeros y peregrinos, que os abstengáis de los deseos carnales que batallan contra el alma, manteniendo buena vuestra manera de vivir entre los gentiles; para que en lo que murmuran de vosotros como de malhechores, glorifiquen a Dios en el día de la visitación, al considerar vuestras buenas obras». (1 P. 2:11; véase Mt. 5:16). Principalmente, la iglesia ha de verse como un «trofeo» de la misericordia y la gracia de Dios, y considerar que su obligación principal es vivir ante Dios en doxología, alabándole tanto en su fe como en su comportamiento por su sobreabundante gracia.

Pero, así como la iglesia está ligada al deber de adorar y servir a Dios como primera obligación, es igualmente cierto que la iglesia (como, de hecho, todos los hombres) debe adorar a Dios como este indica. Esto significa

1. que toda adoración ha de ser dirigida solamente a Dios, y solo por mediación de Cristo (Confesión de Fe de Westminster, XXI/ii);
2. en dicha adoración, la oración ha de «hacerse en nombre del Hijo, por la ayuda de su Espíritu, de acuerdo con su voluntad, con entendimiento, reverencia, humildad, fervor, fe, amor, y perseverancia, y si es vocal, hacerse en una lengua conocida» (XXI/iii), y solo hacerse por «cosas lícitas». Además, cuando se haga por hombres, solo por aquellos que «vivan o hayan de vivir, pero no por los muertos, ni por aquellos de quienes se pueda conocer que han pecado de muerte» (XXI/iv).
3. que «la lectura de las Escrituras con temor piadoso; una predicación sólida, y una escucha consciente de la palabra en obediencia a Dios, con entendimiento, fe y reverencia, cantando salmos con gracia en el corazón, así como la debida administración y digno recibimiento de los sacramentos instituidos por Cristo, forman todos parte de la ordinaria adoración religiosa de Dios» (XXI/v);
4. que «Dios ha de ser adorado en espíritu y en verdad en todo lugar; así como diariamente por las familias en privado, y en lo secreto cada uno por sí mismo, y más solemnemente en

La Iglesia

las congregaciones públicas, cuando Dios por su palabra o providencia llame a ellas. Y éstas no han de descuidarse ni desecharse voluntariamente o por descuido» (XXI/vi); y, finalmente, 5. que la adoración pública de Dios debe incluir la congregación de la iglesia en el día del Señor, que ha de «guardarse santo para el Señor, en el que los hombres, después de preparar debidamente sus corazones, y tras ordenar de antemano sus asuntos cotidianos, no solo observan un santo descanso durante el día al completo de sus labores, palabras y pensamientos acerca de sus empleos y recreaciones mundanas, sino que también se toman todo el tiempo en ejercicios públicos y privados de adoración, y obras de necesidad y misericordia» (XXI/vii, viii).

Este enfoque a la adoración cristiana refleja y es gobernado por lo que se ha llegado a conocer como el «principio regulador», que se afirma de la manera siguiente en la Confesión de Fe de Westminster:

Solamente Dios es Señor de la conciencia, y *la ha dejado libre de doctrinas de hombres, que sean, en cualquier cosa, contrarias a su Palabra; o añadidas a ella si* [6]*se trata de asuntos de fe o adoración.* Así, creer tales doctrinas, u obedecer esos mandamientos, es traicionar la verdadera libertad de conciencia, y exigir una fe implícita y una obediencia ciega y absoluta, es destruir la libertad de conciencia y de razón. (XX/ii)

… La manera aceptable de adorar al Dios verdadero está instituida por Él mismo, y, por tanto, limitada por su propia voluntad revelada, a fin de no ser adorado de acuerdo con la imaginación e inventos del hombre, ni a las sugerencias de Satanás, bajo ninguna representación visible o de alguna otra forma no prescrita en la Santa Escritura. (XXI/i; véase también el *Catecismo Mayor*, preguntas 108–9; *Catecismo Menor*, preguntas 50–51)

Según el principio de adoración de la Reforma (que no es más que la aplicación de los reformadores de su postura principal de *sola Scriptura* al área de la adoración),[7] la verdadera adoración puede incluir solamente aquellos asuntos que Dios ha ordenado expresamente en la Escritura o que pueden deducirse de la misma por una buena y necesaria consecuencia (como el bautismo de infantes),[8] mientras que una falsa adoración es cualquier cosa que se haga para adorar a Dios que no se haya prescrito expresamente.[9] Enfrentado a este principio de la Reforma está el principio católico romano, que argumenta que la verdadera adoración puede llevarse a cabo, no solo en la forma que Dios ha prescrito, sino también de otras maneras, siempre y cuando no se encuentren expresamente prohibidas por Dios, mientras que la falsa adoración es solo aquella expresamente condenada o prohibida por Él. Así, en la adoración católica romana se hacen cosas que no están permitidas por la Escritura, tales como venerar a María y otros santos, a los cuales se invoca para pedir ayuda e interceder ante Dios. También se emplean como ayudas para la adoración fotografías, imágenes y reliquias. Pero las Escrituras nos advierten en contra de la adoración a Dios en formas que Él no haya prescrito expresamente. Moisés le dio instrucciones a Israel:

---

[6] La mayoría de las ediciones de la Confesión de Fe de Westminster que se publican hoy colocan una coma en lugar de un punto y coma después de «Palabra», y reemplazan el «si se trata de» con «en». Esto es una versión corrompida del texto original que tiene su origen en la edición de Dunlop de 1719, y que implica que los teólogos de Westminster tenían la intención de limitar la libertad de conciencia ante doctrinas de hombres en cualquier cosa que fuera contraria a la Palabra de Dios *solamente* en las esferas de la fe y la adoración. Esta conclusión es contraria a su convicción de que la conciencia siempre está ligada, como principio universal absoluto, a obedecer a Dios en *toda* esfera de la vida; nunca está obligada a operar en oposición a su Palabra. Lo que intentaban decir es que, en asuntos de fe y adoración, la conciencia no solo es libre de lo que es contrario a la Palabra de Dios, sino también de lo que se «añada» a ella, es decir, está libre de aquellas cosas que no se afirman en la Palabra ni son deducibles de la misma por una buena y necesaria consecuencia.

[7] J. I. Packer rechaza el principio regulador en base a que es una «innovación puritana» («The Puritan Approach to Worship», *Diversity in Unity* [ensayos leídos en la Conferencia puritana y de estudios reformados, en diciembre de 1963; disponible en Londres: *The Evangelical* magazine, 1964], 4–5). Aunque se puedan decir muchas cosas de este principio, debemos decir que *no* es una innovación puritana, ya que Calvino afirmó que «cualquier cosa que no sea ordenada, no somos libres para escogerla» (*Tracts and Treatises on the Doctrine and Worship of the Church* [reedición; Grand Rapids, Mich.: Eerdmans, 1958], 2:118, 122).

[8] Tanto el «principio regulador» de la Escritura como la *Confesión de Fe de Westminster* (I/vi) permiten deducciones desde la Escritura por «buena y necesaria consecuencia» en asuntos de fe y práctica. El bautismo de infantes es una de esas deducciones «buenas y necesarias», porque el Nuevo Testamento no revoca el mandato del Antiguo Testamento a dar una señal del pacto a los hijos del pacto.

[9] Los reformadores reconocieron que «algunas *circunstancias* con respecto a la adoración a Dios [que son] comunes a las sociedades y actos humanos… han de ordenarse por la luz de la naturaleza y la prudencia cristiana, de acuerdo con las reglas generales de la palabra, que siempre han de observarse» (Confesión de Fe de Westminster, I/vi), tales como el lugar y momento para congregarse en el día del Señor y el orden de los distintos elementos de adoración prescritos en el servicio.

La Iglesia

> Cuando Jehová tu Dios haya destruido delante de ti las naciones adonde tú vas para poseerlas, y las heredes, y habites en su tierra, guárdate que no tropieces yendo en pos de ellas, después que sean destruidas delante de ti; no preguntes acerca de sus dioses, diciendo: De la manera que servían aquellas naciones a sus dioses, yo también les serviré. No harás así a Jehová tu Dios; porque toda cosa abominable que Jehová aborrece, hicieron ellos a sus dioses; pues aún a sus hijos y a sus hijas quemaban en el fuego a sus dioses. *Cuidarás de hacer todo lo que yo te mando; no añadirás a ello, ni de ello quitarás.* (Dt. 12:29–32, énfasis añadido)

Nadab y Abiú fueron consumidos por el fuego del Señor porque «ofrecieron... fuego extraño, que él nunca les mandó» (Lv. 10:1–2). Coré, Datán, Abiram y On fueron engullidos en un terremoto porque insistieron en su derecho a quemar incienso ante Dios sin mediación sacerdotal, y, después de este juicio, Dios ordenó a Eleazar que tomase los incensarios de «estos que pecaron», los batiesen en láminas, y cubriera el altar de bronce con ellos como señal a Israel de que «ningún extraño que no sea de la descendencia de Aarón se acerque para ofrecer incienso delante de Jehová» (Nm. 16:36-40). El rey Uzías fue azotado con lepra porque intentó usurpar el privilegio sacerdotal de quemar incienso en el templo (2 Cr. 26:16–19). El pecado de Israel al edificar lugares altos y ofrecer a sus hijos en ellos a Baal era que estaban haciendo «cosa [dice Dios] que no les mandé, ni hablé, ni me vino al pensamiento» (Jer. 19:5). Jesús mismo declaró que cuando «dejando el mandamiento de Dios os aferráis a la tradición de los hombres» en su adoración a Dios, dicha adoración es «en vano» (Marcos 7:7–8). Él le habló a la mujer samaritana acerca del carácter de la verdadera adoración: «Vosotros adoráis lo que no sabéis; nosotros adoramos lo que sabemos; porque la salvación viene de los judíos. Mas la hora viene, y ahora es, cuando los verdaderos adoradores adorarán al Padre en espíritu y en verdad; porque también el Padre tales adoradores busca que le adoren. Dios es Espíritu; y los que le adoran, en espíritu y en verdad es necesario que adoren». (Juan 4:22–24).[10] Y Pablo amonesta a los colosenses en contra de un ascetismo voluntario en la adoración:

> Pues si habéis muerto con Cristo en cuanto a los rudimentos del mundo, ¿por qué, como si vivieseis en el mundo, os sometéis a preceptos tales como: No manejes, ni gustes, ni aun toques (en conformidad a mandamientos y doctrinas de hombres), cosas que todas se destruyen con el uso? Tales cosas tienen a la verdad cierta reputación de sabiduría en culto voluntario, en humildad y en duro trato del cuerpo; pero no tienen valor alguno contra los apetitos de la carne. (Col. 2:20–23)

G. I. Williamson está plenamente justificado cuando apunta refiriéndose al principio regulador:

> Si admitimos que la verdadera adoración no está limitada a la voluntad revelada de Dios, si permitimos por una vez que el hombre pueda añadir tan siquiera un solo elemento a la adoración divina se vuelve muy difícil refutar los perversos argumentos y distinciones entre *latria* y *doulia* [que Roma ofrece] y entre la adoración «directa» e «indirecta». No es posible salvaguardar la pureza de la adoración excepto si nos adherimos con persistencia y conscientemente a este principio [regulador]: Lo que se ordena es correcto, y lo que no se ordena, es erróneo.[11]

Por tanto, a fin de mantener su salud y bienestar espiritual, la iglesia debe tener en mente continuamente la importancia de este principio regulador en todo lo que hace para adorar a Dios. Según esto, la tradición de adoración reformada tiene varias cosas que decir a esta generación de cristianos con respecto al tema de la adoración.[12]

---

[10] Adorar a Dios «en espíritu y en verdad» significa, según Leon Morris, que «debe ser adorado de forma adecuada [a Él como Espíritu que da la vida]. El hombre no puede dictaminar cómo se le adora. Debe acercarse solo de la forma que el Espíritu de Dios abre para Él». (*The Gospel According to John* [Grand Rapids, Mich.: Eerdmans, 1971], 272).

[11] G. I. Williamson, *The Westminster Confession of Faith for Study Classes* (Philadelphia: Presbyterian and Reformed, 1964), 162.

[12] Para el siguiente material que trata con la tradición de adoración reformada, me he basado en el ensayo no publicado «Why Plant and Grow PCA Churches», del que soy coautor junto con Terry L. Johnson, pastor de la Independent Presbyterian Church, en Savannah, Georgia.

La Iglesia

En primer lugar, la tradición de adoración reformada debería recordar a toda generación que la adoración de Dios es la tarea más importante del cristiano. Es la razón principal por la que un cristiano debería ir a la iglesia: para adorar a Dios. En el clima actual de la iglesia, esta idea es radical. No obstante, los cristianos deben ir a la iglesia, *no* para evangelizar, ni para crear un entorno «amigable para el consumidor» para las personas que no son miembros de una iglesia, *ni siquiera* es el propósito principal el beneficiarse de la comunión con otros cristianos, y, desde luego *no* es para recibir lecciones y devocionales, sino para adorar a Dios. Los cristianos también deben de entender que el evangelismo y la obra misionera no son las tareas más importantes que tiene la iglesia. Como John Piper argumenta en *Let the Nations Be Glad,* ¡estas tareas se llevan a cabo en las naciones solo porque no existe entre ellas adoración al Dios verdadero![13]

En segundo lugar, los cristianos reformados tienen que convencer a esta generación de que su tradicional «principio regulador» para la adoración debería ser el principio que gobierne toda adoración cristiana, es decir, que los cristianos al adorar solo deben hacer aquello que Dios ordena, y percibir claramente que «lo que no se ordena está prohibido». De igual forma, deben rechazar conscientemente el dicho de que «lo que no está expresamente prohibido es permisible» (véase de nuevo Gn. 4:4–5; Lv. 10:1–2; Nm. 16–17; 2 Cr. 26:16–19; Jer. 19:5; Mt. 15:9; Marcos 7:6–13; Juan 4:22–24; 14:6; Col. 2:20–23). Este enfoque dará como resultado una adoración bíblica, espiritual, simple, reverente y de peso. El resultado será una adoración centrada en Dios, una adoración que es sustancial y que transforma vidas. Prohibirá una adoración de carácter superficial, complicada por el ritual, estimulada mediante artificios y de tono frívolo.

Cualquiera que se tome el tiempo para estudiarlo, habrá de concluir que la adoración en las iglesias evangélicas de esta generación se acerca a la bancarrota (hablando de forma general). No existe motivo alguno, ni mucho menos una garantía bíblica ni para el orden ni para mucho de lo que sucede en muchos servicios evangélicos hoy día. El hecho del asunto es que gran parte de la «adoración» evangélica, simplemente no es verdadera adoración. Durante décadas, las iglesias evangélicas han estado realizando sus servicios para los incrédulos. Tanto el servicio relativista de generaciones pasadas como el servicio para «personas que buscan» de la actualidad se ven moldeados por la misma preocupación: resultar atractivos para aquellos que no pertenecen a una iglesia. Por eso no es sorprendente que en ninguno de los dos casos haya mucho que pueda llamarse cristianos adorando. Como resultado, muchos evangélicos que han pasado años asistiendo a estos servicios de adoración encuentran que sus almas se secan, y han comenzado a anhelar otras cosas. Así, se han vuelto vulnerables al atractivo del misterio de los servicios litúrgicos jerarquizados. Es por eso que algunos hoy están en el «camino de Canterbury»[14] o desertando hacia la ortodoxia griega o el catolicismo romano. Otros, que han sido espectadores durante años en sus servicios de adoración, se están viendo atrapados por la adoración participativa de los servicios carismáticos.

La respuesta a estos problemas en la adoración contemporánea no se encuentra en adoptar el estilo de una tradición eclesiástica que sea extraña a la tradición litúrgica reformada. Lamentablemente, algunos pastores reformados han visto las deserciones antes mencionadas como un llamado a imitar a sus «exitosos rivales». Así, han acabado adoptando la «fórmula ganadora» de estas atrayentes iglesias. En consecuencia, cuando entramos en prácticamente cualquier iglesia reformada de la actualidad en el día del Señor en este país, no podemos saber

---

[13] John Piper, *Let the Nations Be Glad!* (Grand Rapids, Mich.: Baker, 1993).
[14] Véase Robert E. Webber, *Evangelicals on the Canterbury Trail* (Waco, Texas: Word, 1985).

a ciencia cierta si se nos pedirá adorar de manera «tradicional» o «contemporánea», litúrgica o no litúrgica, formal o de avivamiento. Esto es lamentable, y, a la larga, dañino para la promulgación de la fe reformada. La verdadera cura para los problemas en la adoración contemporánea se encuentra en la adoración simple, espiritual, sustancial y seria de la liturgia y fe reformada. El cristiano nunca debe olvidar que, en Cristo, el adorador disfruta de la comunión con el Dios vivo y verdadero quien, *incluso para los no creyentes*, es, según el autor de Hebreos «fuego consumidor». En consecuencia, aunque la adoración cristiana ha de ser ciertamente gozosa y llena de alegría (Sal. 149:2), el autor de Hebreos nos insta a que ha de llevarse a cabo, «con temor y reverencia» (μετὰ εὐλαβείας καὶ δέους, *meta eulabeias kai deous*) (Heb 12:28-29). El Dios trino de la fe reformada es una Deidad que inspira reverencia, es absolutamente soberano, infinitamente justo, lleno de gracia e incomprensible. No será muy conocido ni servido como tal por personas que se alimentan de predicaciones rutinarias rituales o de avivamiento, o de coros emocionales y canciones gospel. Nuestro Dios ha de ser adorado con la mente, así como con el corazón. La fe en Él exige entendimiento, y el entendimiento de las congregaciones cristianas crece principalmente al verse alimentado por el cántico de himnos y salmos, y por las oraciones y predicación de los servicios públicos de adoración. Por esto, las iglesias reformadas no pueden adoptar formas de adoración que solo sean «litúrgicas» o de poca profundidad teológica, y esperar seguir siendo sanas bíblicamente, reformadas y presbiterianas durante mucho tiempo. La teología reformada, como todos los sistemas de teología, debe tener una forma de adoración por medio de la cual comunicarse y expresarse. Si se descuida esa forma de adoración, la teología reformada deja de ser significativa.

¿Qué debe, por tanto, incluir una adoración reformada? Incluirá un canto congregacional que sea teológicamente sano. Para esto recomiendo el nuevo *Trinity Hymnal*. También incluiría el muy descuidado cántico de los salmos, que expresa el rango completo de emociones humanas en la adoración. Los salmos bíblicos son realistas en maneras que no lo son muchos himnos, y en las que los coros difícilmente lo serán. También hacen contraste de los justos con los impíos, destacan el conflicto entre ellos, y motivan a una espiritualidad valiente y militante, tal y como la conocían y vivían nuestros antecesores hugonotes y puritanos. Para esto recomiendo el *Trinity Psalter*.[15] Especialmente para aquellas iglesias en que un cantar regular de los salmos sea una novedad.

La adoración reformada contendrá y hará énfasis en una predicación expositiva basada en la Biblia que tenga solidez hermenéutica, siendo esta la única regla de fe y práctica infalible, tal y como se interpreta en la Confesión de Fe de Westminster y los dos *Catecismos de Westminster*.

La adoración reformada también incluirá la contemplación de la santa ley de Dios, guardando el paradigma ley/evangelio para ayudar al adorador a entender su vileza ante Dios (segundo uso) y promover su empleo como guía de la conducta cristiana (tercer uso). Nuestra época carnal y antinomiana tiene una desesperada necesidad de una saludable dosis de la ley de Dios. Los cristianos evangélicos se han vuelto moralmente perezosos, llenos de excusas y relativistas. Por encima de todas las demás, es la tradición reformada la que ha dado prominencia a la lectura y meditación sobre la ley de Dios.[16] Una contemplación regular de la santa ley de Dios en la adoración servirá de mucho para curar a esta época de su rampante

---

[15] El *Trinity Hymnal* y el *Trinity Psalter* son publicados por Great Commission Publications, Inc., localizada en Filadelphia, Pennsylvania.
[16] Si tiene dudas, el lector debería consultar la Confesión de Fe de Westminster, XVI/i-ii y XIX/v-vi, así como los Catecismos Mayor (Preguntas 97–148) y Menor (Preguntas 41–81).

La Iglesia

inmoralidad y «cristianismo carnal», y restaurar en el mundo la verdadera piedad personal, las responsabilidades de los padres y los hijos, y la ética de trabajo protestante.

¿Qué debería excluirse en una adoración reformada? Debería excluirse todo lo que Dios no ordena, todos los anuncios (que pueden realizarse antes del llamado a la adoración), y cualquier otra cosa que no contribuya directamente a la adoración de Dios prescrita en la Biblia.

La iglesia que quiera reflejar estos principios reformados en la adoración seguirá una liturgia («orden del servicio») semejante al siguiente:

LITURGIA DE LA PALABRA

Un orden de servicio que se sugiere, omitiendo la Liturgia del aposento alto (que es preferible pero opcional).

Preparación para la palabra
Llamado a la adoración (hablado, utilizando quizás la cita de un salmo o una coral). (Si se ha de observar la liturgia del aposento alto, el ministro que preside puede extender el llamado a la adoración desde la Mesa, después del cual puede ascender al púlpito).
Un himno o salmo de alabanza y/o adoración, o, para abrir, una oración de adoración y súplica por la gracia e iluminación divinas, llevando quizás a la oración al unísono del Padre Nuestro. (Si el ministro prefiere que sea un himno o alabanza lo que siga a este llamado a la adoración, entonces debería continuar el himno de apertura con una oración de invocación en la que adore a Dios e invoque su bendición sobre la adoración de la congregación).
Lección del Antiguo Testamento que confronte a los adoradores con la majestuosa soberanía de Dios y su pecaminosidad
Oración de confesión y petición de perdón (ya sea pastoral, corporativa o responsorial)
Seguridad de perdón
Himno o salmo de acción de gracias por la gracia de Dios.
Ofrenda
Oración de intercesión
Lección del Nuevo Testamento,
que ofrece instrucción para la vida cristiana
Proclamación de la Palabra
Himno de preparación del corazón para la recepción de la Palabra de Dios
Oración pastoral pidiendo iluminación
Lectura de la Escritura del sermón
Sermón
Oración por la aplicación
Himno o salmo de respuesta a la proclamación de la Palabra de Dios
Bendición (si no hay liturgia del aposento alto, la cual es opcional)
Liturgia del aposento alto
(Opcional, siguiendo al himno responsorial) [17]
Invitación a asistir a la mesa del Señor a los verdaderos creyentes, y guarda de la mesa de los no creyentes

---

[17] Juan Calvino se resistió a la separación de los sacramentos y la Palabra en dos servicios distintos, lo cual se refleja en que la Liturgia del aposento alto sea opcional. Defendió que la celebración de la Cena debería ir ligada cada semana a la Palabra predicada, para dar forma a un punto álgido natural hacia el servicio del domingo. Comenzando su servicio desde la Mesa con la confesión de pecados y las frases de la Escritura asegurando el perdón de estos, ascendía al púlpito mientras se cantaba un salmo métrico y predicaba, actuando en su «capacidad profética». Normalmente no lo hacía durante más de media hora. Luego, actuando en su «capacidad sacerdotal», regresaba a la Mesa, ofrecía a Dios las oraciones de intercesión de la congregación, y, sin ninguna interrupción, daba las palabras de institución y una exhortación seria que incluía guardar la mesa de los incrédulos. Después distribuía los elementos. Tras una breve amonestación, un himno, una oración de acción de gracias y la *Nunc dimittis*, finalizaba el servicio con una bendición.

Himno de adoración y acción de gracias por la gracia de Dios en Cristo (opcional)
Recitación congregacional del Credo de los Apóstoles
Palabras de institución
Oración para la consagración y para apartar los elementos
Distribución del pan
Distribución de la copa
Oración de acción de gracias
Himno o salmo de alabanza
Bendición[18]

La adoración reformada también enfatizará la observancia del día de reposo, reconociendo que el cuarto mandamiento no solo la requiere, sino que también, como dice Charles Hodge: «Si los hombres quieren que el conocimiento [de la resurrección de Jesús] acabe muriendo, pueden descuidar el mantener santo el primer día de la semana; si desean que ese suceso se conozca y recuerde en todas partes, que consagren ese día a la adoración del Salvador resucitado».[19] Una vez más, es la tradición reformada la que sustituyó el calendario de la iglesia por la observancia semanal del día de reposo (excepto por lo que se llaman los cinco días de fiesta evangélicos).[20] Cualquier intento por recuperar una espiritualidad reformada haría bien en estudiar con cuidado la mejor literatura puritana acerca de la observancia del día del Señor. El observar el día del Señor no solo nos provee de un tiempo para orar, leer la Escritura, y meditar sin prisas durante todo el día, sino que se convierte en el día alrededor del cual se organiza el resto de la semana. Si alguien sabe que va a dedicar un día a asuntos espirituales y eliminar todas las distracciones seculares, también sabrá que debe organizar los otros seis días restantes de tal forma que pueda cumplir con sus otras obligaciones.

Hemos dicho que es precisamente haciendo solo las cosas que Dios ordena que le adoramos como debemos. Por tanto, no estaremos adorándole de verdad si hacemos cualquier cosa para Él que Él no nos ordene. Así pues, nos corresponde a nosotros ver con más detalle los deberes específicos que las Escrituras ordenan a la iglesia.

EL DEBER DE DAR TESTIMONIO DE LA VERDAD DIVINA

La iglesia de Jesucristo, por la autoridad investida en ella por Él mismo, tiene la responsabilidad, como «columna y baluarte de la verdad» (1 Ti. 3:15), de declarar al mundo entero fuera de ella, así como a ella misma el «Así dice el Señor» de la santa Escritura. Jesucristo comisionó a la iglesia para que se «predicase en su nombre el arrepentimiento y el perdón de pecados en todas las naciones» (Lucas 24:47; véase Mt. 28:18–19). Y, bajo inspiración, el apóstol Pablo escribe:

2 Corintios 5:20: «Somos embajadores en nombre de Cristo, como si Dios rogase por medio de nosotros; os rogamos en nombre de Cristo: Reconciliaos con Dios».

1 Timoteo 4:13: «Entre tanto que voy, ocúpate en la lectura, la exhortación y la enseñanza».

2 Timoteo 2:2, 15; 4:2: «Lo que has oído de mí ante muchos testigos, esto encarga a hombres fieles que sean idóneos para enseñar también a otros... Procura con diligencia

---

[18] Para el lector que quiera saber más acerca de la adoración reformada, recomendaría Nathaniel Micklem, ed. *Christian Worship* (Oxford: Oxford University Press, 1936); John M. Barkley, *The Worship of the Reformed Churches* (Richmond: John Knox, 1967); David Lachman and Frank J. Smith, eds., *Worship in the Presence of God* (Greenville: Greenville Presbyterian Theological Press, 1992); Donald Macleod, *Presbyterian Worship* (Atlanta: John Knox, 1980, revised); William D. Maxwell, *A History of Christian Worship* (1936; reedición, Grand Rapids: Baker, 1982); James Hastings Nichols *Corporate Worship in the Reformed Tradition* (Philadelphia: Westminster, 1968); Robert G. Rayburn, *O Come Let Us Worship* (Grand Rapids, Mich.: Baker, 1980); Hughes Oliphant Old, *The Patristic Roots of Reformed Worship* (Zurich: Theologischer Verlag, 1975), *The Shaping of the Reformed Baptismal Rites in the Sxteenth Century* (Grand Rapids, Mich.: Eerdmans, 1992), y su más popular *Worship That Is Reformed According to Scripture* (Atlanta: John Knox, 1986); y *Leading in Worship: A Handbook for Presbyterian Students and Ministers Drawing upon the Biblical and Historic Forms of the Reformed Tradition*, ed. Terry L. Johnson (Oak Ridge, Tenn.: Covenant Foundation, 1996).

[19] Charles Hodge, *Systematic Theology* (1871; reedición, Grand Rapids, Mich.: Eerdmans, 1952), 3: 330.

[20] Véase Hughes Oliphant Old, «Rescuing Spirituality from the Cloister», *Christianity Today* 38, no. 7 (June 20, 1994): 28.

La Iglesia

presentarte a Dios aprobado, como obrero que no tiene de qué avergonzarse, que usa bien la palabra de verdad... que prediques la palabra; que instes a tiempo y fuera de tiempo; redarguye, reprende, exhorta con toda paciencia y doctrina».

Tito 2:1, 7–8: «Pero tú habla lo que está de acuerdo con la sana doctrina... en la enseñanza mostrando integridad, seriedad, palabra sana e irreprochable».

Todo esto significa que la iglesia siempre ha de estar comprometida con el estudio, la predicación y la enseñanza de la Palabra de Dios.

También significa que la iglesia debe reflexionar con profundidad en la verdad de la Palabra de Dios, y enmarcar lo que en ella encuentre en símbolos y confesiones, a fin de producir mejor en sus miembros un claro entendimiento de sus doctrinas. El Nuevo Testamento llama nuestra atención una y otra vez hacia tales «confesiones» como en 2 Tesalonicenses 2:15—«la doctrina», Romanos 6:17—la «forma de doctrina», Judas 3—«la fe que ha sido dada una vez a los santos», 1 Timoteo 6:20—«lo que se te ha encomendado», y la «palabra fiel» de las cartas pastorales de Pablo (1 Ti. 1:15; 3:1; 4:8–9; 2 Ti. 2:11–13; Tito 3:3–8). Estos términos y frases descriptivas nos indican que, ya en día de los apóstoles, el proceso teológico de reflexionar sobre la Escritura y compararla consigo misma, cotejando, deduciendo y dando forma a afirmaciones doctrinales para formularlas en credos que se aproximaban al carácter de las confesiones de una iglesia, ya había comenzado[21] (ejemplos de esta formulación en credos pueden verse en Ro. 1:3–4; 10:9; 1 Co. 12:3; 15:3–4 y 1 Ti. 3:16, así como la «palabra fiel» de las pastorales).[22]

Todo esto significa que la iglesia tiene el deber de capacitar las sucesivas generaciones de sus hijos como ministros, a fin de perpetuar la proclamación de la verdad de la Palabra de Dios. A su vez, esto significa que la iglesia debe dar la capacidad a sus hijos e hijas de involucrarse en la disciplina intelectual del estudio teológico basado en las santas Escrituras, financiando y apoyando escuelas de adiestramiento y seminarios, y luego apoyándolos en su búsqueda y propagación de la verdad bíblica.

El mandato de la iglesia a testificar de la verdad también significa, por supuesto, que la iglesia no tiene autoridad para predicar o enseñar nada más que la Palabra de Dios (lo cual incluye, por supuesto, aquello que pueda deducirse de la Palabra de Dios por buena y necesaria consecuencia).

Para tener una Escritura de «así dice el Señor» que proclamar, la iglesia es responsable de preservar tanto las Escrituras mismas como sus verdades contra todos los ataques y perversiones de la verdad, «[contendiendo] ardientemente por la fe que ha sido una vez dada a los santos» (Judas 3). Como escribe Berkhof, la iglesia «tiene la tarea enorme y llena de responsabilidad de defender la verdad contra las fuerzas de la incredulidad y del error».[23] Por esto, debe estar dispuesta a involucrarse en la apologética bíblica y filosófica, científica e histórica. A sus fieles ayudantes, el apóstol Pablo escribió las siguientes instrucciones:

---

[21] James Benjamin Green escribe en el prefacio a *A Harmony of the Westminster Presbyterian Standards* (Philadelphia: John Knox, 1951):

Un credo, un sistema de doctrina, es una necesidad. Es una necesidad del pensamiento. Es una necesidad del carácter. Es una necesidad de instrucción Es una necesidad de comunión y cooperación. Un sistema convincente de doctrina es una necesidad intelectual y educacional. Si la iglesia quiere edificar a su pueblo, unificarlo y movilizarlo, debe educarles en su credo de forma concienzuda. Algunos no piensan de esta forma, critican los credos; exigen un cristianismo sin ellos, una religión sin teologías. Esta exigencia podría llamarse sinsentido piadoso. Podemos incluso dejar fuera el "piadoso", llamémoslo sinsentido. Decir de un hombre que no tiene credo, es lo mismo que decir que no tiene inteligencia ni carácter.

Concuerdo de todo corazón. De hecho, ya sea que lo sepa o no, toda iglesia tiene un credo. Puede llamarse afirmación de fe, o puede que no esté escrito, pero habrá un credo (como veremos si intentamos unirnos a una congregación bautista «sin credo» sin estar de acuerdo en pasar por el bautismo por inmersión). Las iglesias «sin credo» tienen también un método *hermenéutico* elaborado que las gobierna en su exégesis, aunque no lo hayan reconocido o articulado. Me parece preferible, por ser más honesto, afirmar claramente la teología que defiende nuestra iglesia, que afirmar que es «sin credo» mientras que, de hecho, se sostiene un conjunto complejo de dogmas.

Véase también David W. Hall, ed., *The Practice of Confessional Subscription* (Lanham. Md.: University Press of America, 1995).

[22] Un resumen de estudio de este material puede hallarse en J. N. D. Kelly, «Creedal Elements in the New Testament», *Early Christian Creeds* (London: Longmans, Green, 1950).

[23] Louis Berkhof, *Systematic Theology* (Grand Rapids, Mich.: Eerdmans, 1941), 595.

1 Timoteo 1:3– 4, 7: «Como te rogué que te quedases en Éfeso, cuando fui a Macedonia, para que mandases a algunos que no enseñen diferente doctrina, ni presten atención a fábulas y genealogías interminables... queriendo ser doctores de la ley, sin entender ni lo que hablan ni lo que afirman».

2 Timoteo 1:13–14: «Retén la forma de las sanas palabras que de mí oíste, en la fe y amor que es en Cristo Jesús. Guarda el buen depósito por el Espíritu Santo que mora en nosotros».

2 Timoteo 2:25: «que con mansedumbre corrija a los que se oponen [al siervo del Señor], por si quizá Dios les conceda que se arrepientan para conocer la verdad».

Tito 1:9–11: «[El anciano ha de ser]retenedor de la palabra fiel tal como ha sido enseñada, para que también pueda exhortar con sana enseñanza y convencer a los que contradicen. Porque hay aún muchos contumaces, habladores de vanidades y engañadores, mayormente los de la circuncisión, a los cuales es preciso tapar la boca; que trastornan casas enteras, enseñando por ganancia deshonesta lo que no conviene».

Y Pedro escribe:

1 Pedro 3:15: «Santificad a Dios el Señor en vuestros corazones estad siempre preparados para presentar defensa con mansedumbre y reverencia ante todo el que os demande razón de la esperanza que hay en vosotros».

EL DEBER DE EVANGELIZAR Y HACER CRECER LA IGLESIA

Evangelizar y hacer crecer la iglesia es un deber que forma parte de la anterior obligación de la iglesia a dar testimonio de la verdad divina. Esto se encuentra implícito en la Gran Comisión de Cristo a su iglesia para «hacer discípulos de todas las naciones» (Mt. 28:18–20), para «[predicar] en su nombre el arrepentimiento y el perdón de pecados en todas las naciones» (Lucas 24:47), y para ser sus testigos «hasta lo último de la tierra» (Hechos 1:8). Pablo declaró que Cristo había dado evangelistas a la iglesia (Ef. 4:11)—siendo Felipe un ejemplo principal en el Nuevo Testamento—e instruyó a Timoteo como pastor a hacer «*obra de evangelista*» [ἔργον εὐαγγελιστοῦ, *ergon euangelistou*]" (2 Ti. 4:5). Al cumplir con este deber, la iglesia ha de tener cuidado de hacerlo de forma que no ignore o niegue la soberanía de Dios en la salvación. Esto quiere decir que el mensaje del evangelista debe estar controlado por una teología calvinista, y que el evangelista mismo debe evitar todas las artimañas pelagianas y arminianas en su método de evangelización.[24]

En este contexto, me gustaría llamar la atención sobre las doctrinas «presbiterianas» de la sucesión del pacto y la alimentación del pacto. Robert S. Rayburn está sin duda en lo correcto al afirmar «que, de lejos, la mayor parte de la iglesia cristiana en cualquier tiempo y lugar (exceptuando el momento histórico en el que el evangelio alcanza a un lugar y un pueblo por primera vez), la forman aquellos que nacieron y fueron criados en familias cristianas».[25] Según esto, cuando la iglesia contempla su crecimiento, ya sea de manera cuantitativa o cualitativa, no puede permitirse ignorar la responsabilidad por sus propios hijos. La iglesia siempre debe recordar que (1) «Es la voluntad y el propósito declarado de Dios que su gracia salvadora corra por las líneas de las generaciones» (Gn. 17:7–9; Ex. 20:6; Dt. 6:6–7; Sal. 103:17–18; Is. 44:3; 54:13; 59:21; Jer. 32:38– 39; Ez. 37:25; Hechos 2:38–39; 16:14–15, 31; 1 Co. 7:14), y (2) «el paradigma bíblico es que los hijos del pacto crezcan en fe desde la infancia» (Sal. 22:9; 71:6; Ef. 6:4; 2 Ti. 3:15). Ya que sus hijos son miembros de la comunidad del pacto, los padres cristianos tienen el cargo de alimentar a sus hijos en la fe y amor cristianos, «y esa alimentación, cuando se lleva a cabo con fidelidad, se convierte en un

---

[24] Véase James I. Packer, *Evangelism and the Sovereignty of God* (Leicester, U.K.: Inter-Varsity, 1961).
[25] Robert S. Rayburn, «The Presbyterian Doctrines of Covenant Children, Covenant Nurture, and Covenant Succession», *Presbyterian* 22/2 (1996): 96, 98, 103, 109.

instrumento divino para su despertar a la vida espiritual». Rayburn tiene razón cuando concluye su discusión declarando:

> La apropiación por fe [que hace la iglesia] de esta promesa y el invocarla [la sucesión pactual] es el medio designado para adornar la iglesia con una generación tras otra de grandes multitudes de siervos y soldados cristianos que alcanzan la vida adulta bien enseñados, fuertes en la fe, animados por el amor por Dios y por el hombre, sabiendo de los caminos del mundo y el diablo, pulidos en las formas de la verdadera hermandad cristiana, recibiendo la sombra del espectro del último día, teniendo ánimo para negarse ellos mismos y tomar su cruz a fin de ser contados por dignos de mayores cosas por Cristo y el Reino. La iglesia no solo carece en la actualidad de cristianos con esa resolución y esa mentalidad que no es de este mundo, de cristianos que estén preparados para la guerra espiritual, sino que, de hecho, está desangrándose, permitiendo que sus propios niños acaben en el mundo. El evangelismo cristiano nunca supondrá una diferencia decisiva en nuestra cultura cuando se trate simplemente de un esfuerzo por reponer las bajas que se producen debido a la extendida deserción desde nuestro propio campo. El evangelio siempre fracasará a la hora de llamar la atención y de llevar convicción cuando se observa que grandes cantidades de aquellos que crecieron bajo su influencia lo acaban abandonando por el mundo. Recuperar nuestra herencia presbiteriana e inscribir la doctrina de la sucesión del pacto sobre el corazón de la familia y la iglesia habrá de tener un maravilloso efecto que produzca solemnidad y vigor. Pondrá a los padres cristianos a trabajar seriamente en la alimentación espiritual de sus hijos, preparándoles y requiriéndoles que vivan la vida de fe del pacto, y la obligación a la que su Dios y Salvador les llamó al principio de la vida. Además, al ser siempre conscientes del gran efecto del ejemplo parental, abandonarán el camino fácil, viviendo sin vergüenza y con gozo una vida de devoción y obediencia que adorne y ennoblezca la fe a ojos de sus hijos. Y esto harán, abrazando la doctrina bíblica, no sea que el Señor en el gran día les diga: «Tomasteis los hijos e hijas que tuvisteis para mí, y los sacrificasteis a los ídolos».

Los distintivos doctrinales reformados son además absolutamente esenciales para el *verdadero* crecimiento de la iglesia.[26] Puede que resulte extraña esta afirmación, ya que, desafortunadamente, en nuestro tiempo las iglesias reformadas son más conocidas por su énfasis sobre la doctrina que por su evangelismo y crecimiento de la iglesia. Pero la historia misma da testimonio del hecho de que la vasta mayoría de los grandes misioneros y evangelistas del pasado han sido calvinistas, incluyendo a John Bunyan, Richard Baxter y todos los puritanos, George Whitefield, Jonathan Edwards y casi todos los líderes del Gran Despertar (Los Wesley son la excepción, etiquetados por J.I. Packer por sus esfuerzos como «calvinistas confundidos»), Charles Spurgeon, todos los líderes del movimiento misionero moderno, desde William Carey y los bautistas en Inglaterra, Henry Venn y la Iglesia de Inglaterra, Adoniram Judson y los americanos, y, por supuesto, la Iglesia de Escocia. La fe reformada posee un legado en este aspecto que ha sido honrado por Dios, y tiene mucho que decir a nuestra generación.

El problema en nuestros días, que da lugar a un crecimiento de la iglesia altamente cuestionable, es doble: Por una parte, *estamos contemplando como la confianza en el mensaje del evangelio mengua*. Incluso la iglesia evangélica muestra síntomas de estar perdiendo confianza en el poder para convencer y convertir del mensaje del evangelio. Es por eso que un número cada vez mayor de iglesias prefiere sermones sobre la vida familiar y la salud psicológica. Nos estamos viendo superados por lo que Os Guinness llama las revoluciones terapéuticas y administrativas. Parece que el mensaje vencedor es aquel que ayuda a las personas a resolver sus problemas temporales, mejora su autoestima, y les hace sentirse bien consigo mismos. En este clima cultural, predicar la ley, el pecado, el arrepentimiento y la cruz ha desaparecido, incluso en las iglesias evangélicas. La iglesia se ha vuelto «amigable

---

[26] He extraído el material siguiente que trata del crecimiento de la iglesia de mi «Why Plant and Grow PCA Churches».

al usuario», «orientada al consumidor», y, como resultado, las iglesias evangélicas están siendo inundadas de «gracia barata» (como diría Bonhoeffer). El «evangelio» de hoy día es, con demasiada frecuencia, un evangelio sin costo, sin arrepentimiento, sin compromiso, sin discipulado, y, por tanto «otro evangelio», y según esto, no es evangelio en absoluto. El origen de esto puede trazarse al hecho de que demasiada gente hoy día ha llegado a creer que es así como se ha de hacer crecer a la iglesia.[27]

Por otra parte, *estamos contemplando como la confianza en la predicación como medio por el que se esparce el evangelio mengua.* Como resultado, la predicación en las iglesias evangélicas está dejando su lugar a presentaciones multimedia, dramatizaciones, danzas, «tiempos de compartir», sermoncillos, y devocionales de tipo «cómo hacer que...» Cada vez más, la predicación se ve como algo desfasado y poco efectivo. Las técnicas de negocios como el telemarketing son hoy día populares en el movimiento de crecimiento de la iglesia. Las iglesias así infectadas buscan también multiplicar los programas para lograr su crecimiento. Financian conferencias y seminarios sobre cualquier tema concebible bajo el sol; subdividen sus congregaciones entre solteros y casados, padres solteros y divorciados, gente de «treinta y tantos» y de «veintitantos», adolescentes, desempleados, los que fueron abusados de niños y los químicamente dependientes, todo en un intento de elaborar programas para todos ellos.[28] Y cuando una persona se une a la iglesia, la sabiduría convencional dice que dicha iglesia y el ministro deben satisfacer cualquier necesidad que sienta tener. De acuerdo con esto, los ministros se han convertido en administradores, facilitadores y motivadores, en cualquier cosa menos en heraldos del consejo de Dios, y todo esto porque han perdido la confianza en la predicación de la Palabra de Dios como medio principal para hacer crecer la iglesia y a los cristianos individualmente.

¿Cuál es la respuesta? ¡Una confianza restaurada en la doctrina reformada de la soberanía de Dios en la salvación! Cuando los predicadores bien educados, confiados en sí mismos, atraen la atención sobre ellos utilizando la música, la narración de historias, la histeria o la exageración, o apelan al «sentimiento de valía» de quienes les observan para producir «decisiones», resulta evidente que no entienden la depravación de la humanidad, ni la suya ni la de su audiencia, o no actuarían de esta forma. ¿Por qué digo esto? Porque un entendimiento bíblico y por la experiencia de la depravación del hombre y la necesidad de la iniciativa soberana de Dios en la salvación produce humildad, el antítesis mismo de la confianza humana en uno mismo, es decir, produce confianza solamente en Dios.

Los ministros del evangelio deberían leer 1 Corintios 1:26–31 con cuidado, dejando que Pablo les instruya de nuevo acerca de que la elección de Dios destruye el orgullo humano y elimina cualquier jactancia delante de Él. Debería recordárseles que solamente Dios puede convertir a un pecador, que solamente Dios puede criar a un santo, y que nadie puede jactarse en este asunto de la salvación porque Dios lo hace todo (véase 1 Co. 3:5–7). Ni el predicador ni el converso pueden llevarse el crédito. La salvación es completamente obra de Dios. «Mas por él estáis vosotros en Cristo Jesús» (1 Co. 1:30; véase Flp. 1:28). De esta forma, pueden ser reafirmados en que podemos predicar el simple mensaje del evangelio de la cruz, sin

---

[27] Los líderes cristianos que quieran escapar de la masacre que la influencia de nuestra cultura provoca sobre la iglesia americana, deberían leer David F. Wells, *No Place for Truth Or Whatever Happened to Evangelical Theology* (Grand Rapids, Mich.: Eerdmans, 1993) y su secuela *God in the Wasteland: The Reality of Truth in a World of Fading Dreams* (Grand Rapids, Mich.: Eerdmans, 1994), Os Guinness, *No God but God: Breaking with the Idols of Our Age* (con John Seel como coautor; Chicago: Moody, 1992) y *Dining with the Devil: The Megachurch Movement Flirts with Modernity* (Grand Rapids, Mich.: Baker, 1993), Mark A. Noll, *The Scandal of the Evangelical Mind* (Grand Rapids, Mich.: Eerdmans, 1994), y David W. Hall, «On Not Having a Strategy for the New Decade: A Slightly Contrarian Plea», (Oak Ridge, Tenn.: Covenant Foundation [190 Manhattan Avenue], n.d.), en el que Hall insta a la iglesia contemporánea a volver a adoptar como suya la estrategia del apóstol Pablo, que expuso su «estrategia futurista» en su encargo a Timoteo en 2 Timoteo 4:1–5.
[28] Aunque no hay nada impropio en estos intentos por satisfacer las necesidades de estos grupos siempre y cuando estos esfuerzos no disminuyan la primacía de la predicación bíblica en la vida de la iglesia, podríamos todavía preguntarnos si la percepción de que esto es lo que *debemos* hacer para ministrar efectivamente a la vuelta del milenio, no es en sí mismo una manifestación de que la confianza en el atractivo y poder universal del evangelio se desvanece.

adornos, brillos ni glamour, sabiendo que Dios lo utilizará para salvar almas y edificar la iglesia.

Luego, los ministros del evangelio deberían estudiar 1 Corintios 2:1-5 y dejar que Pablo les vuelva a enseñar que la predicación no necesita acicalarse mediante el uso de las habilidades oratorias en griego más finas, ni las metodologías de comunicación modernas. Tampoco el mensaje del evangelio necesita argumentos aristotélicos ni análisis freudianos para hacerlo «relevante». Y en esto soy audaz para decir que es solamente la teología reformada la que suple el apuntalamiento teológico necesario para hacer posible una verdadera dependencia en Dios en la proclamación del evangelio. ¿Cuándo vendrá el avivamiento? Diría con cierta confianza que vendrá cuando, después de todos sus fracasos por producir un avivamiento, los ministros evangélicos dejen de recurrir y confiar en las habilidades oratorias y las inteligentes técnicas organizacionales para forzar el crecimiento de la iglesia, y prediquen de nuevo con el poder de Dios la simple y prístina Palabra de otro mundo al hombre, confiando en Dios para hacer su obra.

No estoy sugiriendo que los predicadores reformados sean o debieran ser no intelectuales. Lo que intento decir es que el entendimiento reformado del evangelio con sus implicaciones bíblicas acerca de la depravación humana, elección incondicional, expiación particular, gracia irresistible, y perseverancia en santidad no deben ignorarse o atenuarse en interés del crecimiento de la iglesia, y que solo cuando la iglesia proclame incesantemente y sin compromisos el mensaje de «Cristo y este crucificado» como espada del evangelismo, y todo el consejo de Dios para el crecimiento cristiano, que vendrá el verdadero avivamiento.

Todo verdadero avivamiento viene solamente de Cristo. El verdadero avivamiento no se logra mediante el esfuerzo y el trabajo humanos. La última iglesia del mundo que será visitada por una renovación espiritual será aquella que piense que puede producirla. (Siempre me entristece ver los enormes anuncios en el frontal de muchas iglesias, anunciando que van a tener un avivamiento en tal fecha. Se verán decepcionados). En cierto sentido, el avivamiento ni siquiera se «ora para que venga», aunque una gran cantidad de oración efectiva haya estado siempre detrás de los grandes periodos de despertar espiritual. No, la fuente de todo verdadero avivamiento no es sino Cristo, el que bautiza a su pueblo. Es Él y solamente Él quien puede avivar a su iglesia (Is. 57:15). Además, toda oración efectiva por parte del pueblo de Dios *antes* de que el derrame bendición, es solo la respuesta a una actitud particular del corazón que Él, en su gracia, les infunde, la actitud de un espíritu humilde, de un corazón contrito y quebrantado. La iglesia de Jesucristo necesita que el soplo del revitalizador Espíritu de Cristo barra a través de ella en este tiempo, llamándola de vuelta a la verdad, infundiéndola con audacia y coraje, fortaleciéndola para grandes obras. Y si ese soplo no está presente en la iglesia, es, sin duda, porque los cristianos no están pidiendo su perdón por abandonar la proclamación prístina de la cruz en el poder del Espíritu Santo.

Es necesario recordar a los ministros que Dios no mira principalmente lo externo, sino el corazón. ¿Y qué es lo que ve Él cuando mira más allá de nuestros finos atuendos y nuestro mejor decoro social? ¿Acaso ve corazones ministeriales que han pasado «tiempo en el Sinaí» (por emplear una antigua frase reformada holandesa) así como en el Calvario, que han sido hechos conscientes de que aparte de ser bañado en la gracia de Dios el corazón humano es engañoso por sobre todas las cosas y perverso? ¿Ve corazones ministeriales que laten con verdadera humildad delante de Él? ¿Ve corazones ministeriales que entienden que sin Él no pueden hacer nada bueno? ¿O es posible que vea corazones altivos y orgullosos que insisten en hacer las cosas a su manera? ¿Ve corazones que aún no han llegado al fin de sí mismos?

La Iglesia

¿Ve corazones que aún están dispuestos a probar otro manual de «cómo hacerlo» antes de hundirse en una humilde desesperación ante Él?

¿De verdad los ministros evangélicos quieren un avivamiento genuino en sus iglesias y en la iglesia norteamericana a nivel global? ¡Por supuesto que sí! Si es así, deben clamar continuamente a Dios. Deben hacerlo públicamente, desde sus púlpitos, y en privado desde sus aposentos, porque ese quebrantamiento de espíritu delante de Él es lo único que Dios honra con su presencia vivificante. ¡Deben importunar al cielo con nuevas profundidades de humildad ante Él, a fin de que Él les agasaje con su poder desde lo alto! Y cuando este Espíritu les de poder, deben ser fieles a la fe reformada al plantar iglesias, ¡y también en sus métodos para hacerlas crecer! El no hacerlo hará que incurran en el desagrado divino por su hipocresía.

EL DEBER DE ADMINISTRAR LOS SACRAMENTOS

Dado que trataremos los sacramentos en el capítulo acerca de los medios de gracia, no diremos nada aquí acerca de ellos, aparte del hecho de que la iglesia es responsable de administrarlos, y esto de acuerdo con la Palabra de Dios.

EL DEBER DE MINISTRAR A LOS SANTOS

La iglesia tiene el alto privilegio y el solemne deber de ministrar, es decir, nutrir y edificar, a los santos de Dios.[29]

La naturaleza del ministerio

La idea raíz en el verbo común que el Nuevo Testamento utiliza para referirse a «ministerio» διακονέω, *diakoneō*, es «esperar a la mesa», «proveer o cuidar» (usándose a menudo para referirse al trabajo de las mujeres), y, más generalmente, «servir». Aunque «servir» no era algo muy digno a ojos de los griegos, siendo considerado el «gobernar» algo más propio para la estación de un hombre, el pensamiento hebreo no hallaba nada indigno en «servir», aunque cada vez más en el judaísmo se elevó la idea de que el servicio rendido en favor de Dios y el prójimo era una obra meritoria.

Jesús, conectando su visión del servicio al mandamiento del Antiguo Testamento acerca de amar al prójimo, purificó el concepto judaista del servicio de sus distorsiones legalistas, volviendo incluso el discipulado sobre el servicio, tanto hacia Él como hacia otros (Juan 12:26), Al dar la vuelta a la estimación popular de la relación entre servir y ser servido, tal y como nota H. W. Beyer, «[Jesús] ve en [el servicio amoroso] aquello que convierte a un hombre en discípulo»:[30]

Lucas 22:25–27: «Pero él les dijo: Los reyes de las naciones se enseñorean de ellas, y los que sobre ellas tienen autoridad son llamados bienhechores; mas no así vosotros, sino sea el mayor entre vosotros como el más joven, y el que dirige [ὁ ἡγούμενος, *ho hēgoumenos*], como el que sirve [ὁ διακονῶν, *ho diakonōn*]. Porque, ¿cuál es mayor, el que se sienta a la mesa, o el que sirve? ¿No es el que se sienta a la mesa? Mas yo estoy entre vosotros como el que sirve».

El registro que hace Marcos de este dicho de Jesús es también muy instructivo:

Mateo 20:25–28: «Entonces Jesús, llamándolos [a sus discípulos], dijo: Sabéis que los gobernantes de las naciones se enseñorean [κατακυριεύουσιν, *katakyrieuousin*] de ellas, y los que son grandes ejercen sobre ellas potestad [κατεξουσιάζουσιν, *katexousiazousin*]. Mas entre vosotros no será así, sino que el que quiera hacerse grande entre vosotros será vuestro servidor [διάκονος, *diakonos*], y el que quiera ser el primero entre vosotros será vuestro siervo

---

[29] Estoy en deuda con la lección de clase no publicada de David C. Jones sobre los deberes de la iglesia por algunas de las ideas en esta sección.
[30] H. W. Beyer, «διακονέω [*diakoneō*] in the New Testament», *Theological Dictionary of the New Testament*, 2:84. La observación de Beyer es un sano correctivo al cliché que normalmente se oye acerca de que «el amor es la única insignia del discipulado Cristiano»

[δοῦλος, *doulos*]; como el Hijo del Hombre no vino para ser servido, sino para servir [διακονῆσαι, *diakonēsai*], y para dar su vida en rescate por muchos».

Llama la atención lo amplio que es el círculo de actividades del ministerio cristiano que dibuja el Nuevo Testamento. Jesús engloba dentro del término «servir» muchas actividades diferentes, que incluyen dar comida y bebida, extender cobijo, proveer de ropa y visitar a los enfermos y a aquellos que están en prisión:

Mateo 25:37–40: «Entonces los justos le responderán diciendo: Señor, ¿cuándo te vimos hambriento, y te sustentamos, o sediento, y te dimos de beber? ¿Y cuándo te vimos forastero, y te recogimos, o desnudo, y te cubrimos? ¿O cuándo te vimos enfermo, o en la cárcel, y vinimos a ti? Y respondiendo el Rey, les dirá: De cierto os digo que en cuanto lo hicisteis a uno de estos mis hermanos más pequeños, a mí lo hicisteis.

Los apóstoles presentan la predicación y enseñanza en términos de ser un «ministro [διακονία, *diakonia*] de la Palabra» (Hechos 6:4; véase 2 Co. 5:18), o incluso un «deber sacerdotal» (ἱερουργοῦντα, *hierourgounta*), en el hecho de que, al proclamar el evangelio, los conversos se convierten en «ofrenda agradable a Dios» (Ro. 15:16). De hecho, Pedro declara que *todo* χάρισμα, *charisma*, del tipo que sea que un cristiano posee, es un don espiritual que ha de utilizarse en servicio para otros:

1 Pedro 4:10-11: «Cada uno según el don que ha recibido, minístrelo [διακονοῦντες, *diakonountes*] a los otros, como buenos administradores de la multiforme gracia de Dios. Si alguno habla, hable conforme a las palabras de Dios; si alguno ministra, ministre conforme al poder que Dios da, para que en todo sea Dios glorificado por Jesucristo».

De manera similar, Pablo escribe:

Romanos 12:6–7: «De manera que, teniendo diferentes dones, según la gracia que nos es dada, si el de profecía, úsese conforme a la medida de la fe; o si de servicio, en servir; o el que enseña, en la enseñanza; el que exhorta, en la exhortación; el que reparte, con liberalidad; el que preside, con solicitud; el que hace misericordia, con alegría».

Entonces el autor de Hebreos insta lo siguiente a sus lectores:

Hebreos 10:24–25: «Y considerémonos unos a otros para estimularnos al amor y a las buenas obras; no dejando de congregarnos, como algunos tienen por costumbre, sino exhortándonos; y tanto más, cuanto veis que aquel día se acerca».

Hebreos 13:1–3: «Permanezca el amor fraternal. No os olvidéis de la hospitalidad, porque por ella algunos, sin saberlo, hospedaron ángeles. Acordaos de los presos, como si estuvierais presos juntamente con ellos; y de los maltratados, como que también vosotros mismos estáis en el cuerpo.

Hebreos 13:15–16: «Así que, ofrezcamos siempre a Dios, por medio de él, sacrificio de alabanza, es decir, fruto de labios que confiesan su nombre. Y de hacer bien y de la ayuda mutua no os olvidéis; porque de tales sacrificios se agrada Dios».

La Confesión de Fe de Westminster resume nuestro punto de la siguiente manera:

> Los santos, por su profesión, están obligados a mantener una santa compañía y comunión en la adoración a Dios, y al realizar otros servicios espirituales que tiendan a su mutua edificación; así como a la ayuda mutua en las cosas externas, de acuerdo con sus distintas capacidades y necesidades. Esta comunión, según Dios ofrezca oportunidad, ha de extenderse a todos aquellos que, en todo lugar, invocan el nombre del Señor Jesús. (XXVI/ii)

El objetivo del ministerio

El propósito y objetivo únicos de que el Espíritu entregue a los cristianos distintos dones es edificar el cuerpo de Cristo y hacer crecer a los santos en amor. Ningún don espiritual debería utilizarse jamás de forma egoísta, para edificar solamente a su receptor:

1 Corintios 14:12, 26: «Así también vosotros; pues que anheláis dones espirituales, procurad abundar en ellos para edificación [πρὸς τὴν οἰκοδομὴν, *pros tēn oikodomēn*] de la iglesia... Cuando os reunís, cada uno de vosotros tiene salmo, tiene doctrina, tiene lengua, tiene revelación, tiene interpretación. Hágase todo para edificación [πρὸς οἰκοδομὴν, *pros oikodomēn*]».

Efesios 4:15–16: «Siguiendo la verdad en amor, crezcamos en todo en aquel que es la cabeza, esto es, Cristo, de quien todo el cuerpo, bien concertado y unido entre sí por todas las coyunturas que se ayudan mutuamente, según la actividad propia de cada miembro».

EL DEBER DE GOBERNAR SUS ASUNTOS

Las Escrituras dejan claro que «Dios no es Dios de confusión, sino de paz» (1 Co. 14:33), y que desea que se «haga todo decentemente y con orden» en su iglesia (1 Co. 14:40). Dios ha dado a la iglesia una autoridad para «orden» en las siguientes áreas:

Autoridad para hacer cumplir las leyes de Cristo

Ya hemos argumentado que la iglesia ha sido autorizada, no magisterial sino ministerialmente, a enseñar a los cristianos a obedecer todo lo que Cristo les ha mandado (Mt. 28:20). Esta obligación, de forma general, es la obligación de todo cristiano individualmente hacia sus hermanos y hermanas en Cristo:

Romanos 15:14: «Pero estoy seguro de vosotros, hermanos míos, de que vosotros... podéis amonestaros los unos a los otros».

Colosenses 3:16: «La palabra de Cristo more en abundancia en vosotros, enseñándoos y exhortándoos unos a otros en toda sabiduría».

1 Tesalonicenses 5:11: «Animaos unos a otros, y edificaos unos a otros, así como lo hacéis».

En un sentido oficial y especial, es el deber de los ancianos de la iglesia:

Hechos 20:28: «Mirad por vosotros, y por todo el rebaño en que el Espíritu Santo os ha puesto por obispos, para apacentar la iglesia del Señor, la cual él ganó por su propia sangre».

1 Timoteo 3:5: «[El anciano] cuidará de la iglesia de Dios».

Tito 1:7, 9: «el obispo sea irreprensible, como administrador de Dios... retenedor de la palabra fiel tal como ha sido enseñada, para que también pueda exhortar con sana enseñanza y convencer a los que contradicen».

Hebreos 13:17: «Obedeced a vuestros pastores, y sujetaos a ellos; porque ellos velan por vuestras almas, como quienes han de dar cuenta; para que lo hagan con alegría, y no quejándose, porque esto no os es provechoso».

1 Pedro 5:2: «Apacentad la grey de Dios que está entre vosotros».

Autoridad para elaborar constituciones y manuales de orden en la iglesia

Para asegurar que todas las cosas se hagan decentemente y con orden, para dar a conocer a la membresía y al mundo lo que cree en su doctrina, para declarar los términos de admisión a su comunión y las cualificaciones de sus ministros y miembros, así como todo el sistema de gobierno interno que Cristo ha designado, para delinear el método apropiado de investidura de los ministros, y para promover su propia pureza y bienestar, las iglesias tienen el derecho y la obligación de elaborar «constituciones» para ellas mismas, y tales constituciones son «conforme a las reglas generales de la Palabra, que siempre han de observarse» (Confesión de Fe de Westminster, I/vi). La Constitución de la Iglesia Presbiteriana en América consiste de su estándar doctrinal avanzado en la Confesión de Fe de Westminster junto con el Catecismo Mayor y Menor y el Libro de Orden de la Iglesia, que se compone de «La forma de gobierno», «Las reglas de disciplina», y «El directorio para la adoración de Dios» (Libro de Orden de la Iglesia, Prefacio III).

La Iglesia

Autoridad para disciplinar a los rebeldes y réprobos

Tal y como Dios autorizó a Israel, en su carácter «teocrático» a poner a aquellos que cometieron pecados «con soberbia» bajo anatema (חֵרֶם, *herem)*, para ser castigados con el exterminio, también el Señor Jesucristo ha dado a su iglesia la autoridad para disciplinar a los rebeldes y réprobos, a fin de promover su pureza y bienestar (Mt. 16:19; 18:15–18 ; Juan 20:23). Tal y como por la predicación de la Palabra los impíos son separados doctrinalmente de los santos, por la disciplina de la iglesia se separa autoritativamente lo profano de lo sagrado.

El ejercicio de la disciplina es de extrema importancia para la gloria de Dios y de Cristo, para la pureza de la iglesia, y para reclamar a los miembros desobedientes (Ro. 16:17; 1 Co. 5:1–5; Gal. 6:1; 2 Ts. 3:14–15; 1 Ti. 1:20; Tito 3:10). Sin embargo, la autoridad de disciplina que Cristo ha dado a su iglesia es para edificar la iglesia, no para destruirla (2 Co. 10:8; 13:10). Por tanto, se ha de ejercer en misericordia y no en ira (Gal. 6:1). En esto, la iglesia ha de tomar el papel de una tierna madre (1 Ts. 2:7), corrigiendo a sus hijos para su bien, para que todos en ella puedan presentarse intachables en el día del Señor Jesús.

Autoridad para separarse a sí misma del error y la incredulidad

Las iglesias son más o menos apostólicas, es decir, más doctrinalmente puras u ortodoxas, de acuerdo con el grado en que el evangelio y la doctrina de los apóstoles sean enseñadas y adoptadas por ellas; y, aunque algunas iglesias son más fieles que otras a la hora de confesar el sistema de doctrina que se enseña en las santas Escrituras, incluso las iglesias más puras están sujetas al error, y de hecho yerran a veces.[31]

Al cristiano siempre debe preocuparle el error en la iglesia, y debería esforzarse caritativamente por librar a la iglesia de error. Sin embargo, un cristiano no debería repudiar a su iglesia a la ligera, incluso cuando perciba errores en ella. Las diferencias de opinión sobre lo que no es esencial no deberían ser la base de la división en una congregación o denominación local. Una división por causas ligeras es «cismática», entendiéndose el cisma como una separación formal e injustificada de la iglesia. Pablo habla acerca de esta separación injustificada en 1 Corintios 1:10: «Os ruego, pues, hermanos, por el nombre de nuestro Señor Jesucristo, que habléis todos una misma cosa, y que no haya entre vosotros divisiones [σχίσματα, *schismata*]» (véase también 1 Co. 11:18; 12:25). Si una iglesia cristiana está proclamando fielmente la Palabra de Dios, administrando los sacramentos de acuerdo con la institución de Cristo, y ejercita fielmente la disciplina, esa iglesia es una verdadera iglesia de Dios, y un repudio de esta es impío y niega a Dios y a Cristo, aunque pueda existir algún error en ella.

Pero la Biblia reconoce que existen circunstancias que pueden surgir que obliguen al cristiano a separarse de su iglesia. El Nuevo Testamento griego emplea dos nombres principalmente para describir situaciones terribles en la iglesia: apostasía (ἀποστασία, *apostasia*) y herejía (αἵρεσις, *hairesis*):

2 Tesalonicenses 2:3: «Nadie os engañe en ninguna manera; porque no vendrá sin que antes venga la apostasía [ἀποστασία, *apostasia*] ».

1 Timoteo 4:1: «El Espíritu dice claramente que en los postreros tiempos algunos apostatarán [ἀποστήσονται, *apostēsontai*] de la fe, escuchando a espíritus engañadores y a doctrinas de demonios».

2 Pedro 2:1: «[Los falsos maestros] introducirán encubiertamente herejías [αἱρέσεις, *haireseis*] destructoras». (véase también 1 Co. 11:19; Gal. 5:20; y Tito 3:10)

---

[31] Estoy en deuda con David C. Jones por las ideas de esta sección.

La Iglesia

En el uso general «apostasía» ha venido a referirse a una renuncia total de la fe cristiana, que «herejía» se ve como algo más atomista, tal como cualquier doctrina subversiva que profese ser cristiana (por supuesto, una herejía «sistémica» apenas es distinguible de la apostasía).

El Nuevo Testamento establece los siguientes principios para proteger a la iglesia en una situación así, manteniendo su pureza doctrinal:

1. Se encomienda a los ancianos que guarden la iglesia salvaguardando la verdad (Hechos 20:28–30; Tito 1: 9; Véase también 1 Juan 4:2–3). El Nuevo Testamento es realista acerca de los problemas que la iglesia tendrá con los falsos maestros. Los citados pasajes presuponen que la fe cristiana tiene un contenido definido, y que existen ciertas verdades principales que son absolutamente necesarias para la misma.
2. Los apóstatas y herejes deben abandonar la iglesia (1 Juan 2:18–19). *No* es cismático, sino que, de hecho, resulta bastante apropiado que los anticristos se separen a sí mismos de la iglesia Cristiana. No obstante, con frecuencia, se establecen en la iglesia. ¿Qué ha de hacerse con ellos entonces?
3. Los herejes impenitentes que no abandonan la iglesia han de ser disciplinados (Ro. 16:17; Tito 3:10; 2 P. 2:1–3; 2 Juan 10–11; Ap. 2:2, 14–15, 20). Así como hubo falsos profetas en Israel, también hay y habrá falsos maestros en la iglesia. Así como los primeros fueron sujetos a disciplina, los segundos también deben serlo, *mutatis mutandis*, es decir, por excomunión en lugar de ejecución.
4. Separarse de la iglesia local o de la denominación resulta apropiado cuando esta no disciplina a los herejes (2 Co. 6:14-18). Si una iglesia rechaza la disciplina por errores teológicos que subvierten los cimientos del evangelio y se convierte teológicamente pluralista en la práctica (aunque pueda retener una confesión ortodoxa por la que promete guiarse), esa iglesia se ha vuelto «herética» en tanto que ya no está bajo la autoridad de Dios, y los que son ortodoxos están obligados a apartarse de ella para dar testimonio de las marcas de la iglesia.

EL DEBER DE HACER OBRAS DE BENEVOLENCIA Y MISERICORDIA

Los pobres, especialmente aquellos cuya pobreza es resultado de la opresión, ocupan un lugar especial en el corazón de Dios (Dt. 15:11; 24:14–15; Sal. 35:10; 113:7; 132:15; 140:12; Pr. 17:5; 19:17). Él estipuló específicamente que los jueces del Antiguo Testamento debían defender la causa de los débiles y huérfanos, mantener los derechos de los pobres y oprimidos, rescatar a los débiles y necesitados, y librarlos de las manos de los impíos (Sal. 82:3–4). Dios pronunció juicio contra los legisladores que hacían leyes injustas y decretos opresivos «para apartar del juicio a los pobres, y para quitar el derecho a los afligidos de mi pueblo» (Is. 10:1–2).

Una característica de los justos es que se preocupan de que haya justicia para los pobres (Pr. 29:7; 31:20), a la vez que se menciona que un pecado específico de Samaria y Judá es que «no fortaleció la mano del afligido y del menesteroso» (Ez. 16:49; 22:29). Dios prometió longevidad al rey que juzgara a los pobres con justicia (Pr. 29:14; véase 31:8–9), mientras Daniel 4:27 sugiere que el pecado que llevó al rey Nabucodonosor a la humillación y la vergüenza fue su deficiencia en hacer «misericordias para con los oprimidos». Además, en una llamativa afirmación, leemos que el Señor ungió al Mesías de forma particular para predicar buenas nuevas a los pobres (Is. 61:1; véase Lucas 4:18).

Nuestro Señor recordó a la iglesia que «Siempre tendréis a los pobres con vosotros, y cuando queráis les podréis hacer bien» (Marcos 14:7). Posteriormente, los apóstoles dispusieron la

La Iglesia

designación de los diáconos, que tenían la delicada y responsable tarea de ejecutar la obra de benevolencia cristiana en referencia con todos los necesitados de la iglesia (Hechos 6:1 –6: véase 1 Ti.) 3:8–12). Santiago definió «La religión pura y sin mácula delante de Dios» en términos de «visitar a los huérfanos y a las viudas en sus tribulaciones» (Santiago 1:27). Pablo exhortó a los cristianos gálatas: «hagamos bien a todos, y mayormente a los de la familia de la fe» (Gal. 6:10), instó a los ancianos efesios a «ayudar a los necesitados, y recordar las palabras del Señor Jesús, que dijo: Más bienaventurado es dar que recibir» (Hechos 20:35), amonestó al creyente efesio a que «trabaje, haciendo con sus manos lo que es bueno, para que tenga qué compartir con el que padece necesidad» (Ef. 4:28), y aconsejó a la iglesia corintia, como había hecho previamente con las iglesias cristianas, a contribuir a las necesidades de los santos en Jerusalén (1 Co. 16:1–2; 2 Co. 9 d.C.). Instruyó a Timoteo a que la iglesia debía cuidar de las viudas que están en necesidad (1 Ti. 5:16). Juan hace a sus lectores una punzante pregunta: «Pero el que tiene bienes de este mundo y ve a su hermano tener necesidad, y cierra contra él su corazón, ¿cómo mora el amor de Dios en él?» Él responde su propia pregunta instando a la iglesia: «Hijitos míos, no amemos de palabra ni de lengua, sino de hecho y en verdad» (1 Juan 3:17–18). Resulta claro que la iglesia tiene el deber diaconal de ayudar a los pobres y necesitados, primero aquellos que están entre ellos, y luego a los pobres a nivel general. Berkhof apunta con acierto:

> Se ha de temer que esta función de la iglesia sea tristemente descuidada hoy en muchas congregaciones. Hay cierta tendencia a proceder con la suposición de que se puede dejar con seguridad a cargo del Estado la provisión *incluso de los pobres de la iglesia.* Pero, al actuar en base a dicha suposición, la iglesia descuida su sagrado deber, empobrece su propia vida espiritual, se roba a sí misma el gozo que se experimenta en ministrar las necesidades de aquellos que sufren necesidad, y priva a aquellos que sufren dificultades, que están agobiados por las preocupaciones de la vida, y que, con frecuencia, están completamente desalentados del consuelo, el gozo y la luz de las ministraciones espirituales del amor cristiano, que, como norma, son algo completamente ajeno a la obra de caridad administrada por el estado.[32]

* * * * *

En este capítulo hemos tratado con los temas generales de la autoridad de la iglesia y sus deberes. Hemos argumentado que la autoridad de la iglesia no es nativa intrínsecamente a ella misma, sino resultado de que Cristo autoriza a la iglesia a ministrar en su lugar y en su nombre. La naturaleza de esta autoridad es ministerial y declarativa, no magistral y físicamente coercitiva. Siempre hemos de tener presente que «el brazo de la carne nos fallará», y resistir toda tentación a utilizar armamento carnal para cumplir con la obra del Señor.

También hemos mencionado los deberes que tiene la iglesia de adorar y servir a Dios, dar testimonio de su verdad, evangelizar el mundo, hacer crecer la iglesia y nutrir a sus jóvenes, administrar los sacramentos, ministrar a los santos, gobernar sus asuntos, y realizar obras de benevolencia y misericordia. De nuestro repaso acerca de sus deberes podemos ver lo extensivas que son las responsabilidades de la iglesia ante Dios y el mundo que la observa. No hay siervo de Cristo que sea en sí mismo suficiente para estas cosas. Entendemos con Moisés que, a menos que la hermosura de Jesús descanse sobre la obra de nuestras manos y la establezca, de ella emanará el hedor de la muerte (Sal. 90). Junto con el apóstol Pablo, hemos de ser muy conscientes de que como «tenemos este tesoro [es decir, nuestro

---

[32] Berkhof, *Teología Sistemática*, 602.

ministerio] en vasos de barro» nuestra única esperanza de tener algún fruto de nuestras labores es la «excelencia del poder... de Dios» que, en su gracia, opera en nosotros (2 Co. 4:7). Pero podemos ministrar con confianza de que su gracia es suficiente para nosotros, porque es cuando somos débiles que somos fuertes, ya que el poder de Cristo se perfecciona en nuestra debilidad (2 Co. 11:9).

23 | EL GOBIERNO DE LA IGLESIA

El Señor Jesús como Rey y Cabeza de su Iglesia, ha designado en ella un gobierno dirigido por oficiales de la iglesia, diferentes de los magistrados civiles.

A estos oficiales han sido entregadas las llaves del reino de los cielos, en virtud de lo cual tienen poder respectivamente para retener y remitir pecados, para cerrar aquel reino a los que no se arrepienten tanto por la palabra como por la disciplina; y para abrirlo a los pecadores arrepentidos, por el ministerio del Evangelio, y por la absolución de la disciplina según lo requieran las circunstancias. (Confesión de Fe de Westminster, XXX/i–ii)

Para el mejor gobierno y mayor edificación de la iglesia debe haber tales asambleas como las comúnmente llamadas sínodos o concilios, y corresponde a los presbíteros [pastores] y otros oficiales [ancianos gobernantes] de las determinadas iglesias, en virtud de su oficio y del poder [autoridad] que Cristo les ha dado para edificación y no para destrucción, convocar tales asambleas, y reunirse en ellas con tanta frecuencia como juzguen conveniente para el bien de la iglesia.

Corresponde a los sínodos y a los concilios determinar, como magistrados, en las controversias de fe y casos de conciencia, establecer reglas e instrucciones para el mejor orden en el culto público a Dios y en el gobierno de su iglesia, recibir reclamaciones en casos de mala administración y determinar con autoridad en las mismas. Tales decretos y determinaciones, si concuerdan con la palabra de Dios, deben ser recibidos con reverencia y sumisión, no sólo por su concordancia con la palabra, sino también por el poder [autoridad] por el cual son hechos, siendo éste una ordenanza de Dios instituida en su Palabra.

Todos los sínodos o concilios desde los tiempos de los apóstoles ya sean generales o particulares, pueden errar, y muchos han errado; por eso es que no deben ser la regla de fe o de conducta, sino una ayuda para ambas (Confesión de Fe de Westminster, XXXI/i–iii)

Jesucristo, como rey y cabeza de su iglesia, ha dado a su pueblo todos los oráculos, ordenanzas y oficiales necesarios para su edificación y maduración en este mundo. En su oficio mesiánico como rey, desde su trono de gloria gobierna y enseña a su pueblo por su Palabra y Espíritu a través del ministerio de estos oficiales designados. Además, ha ordenado para su iglesia, para que todas las cosas se hagan decentemente y en orden, un sistema de gobierno, cuyos detalles están expresamente establecidos en la Escritura o deducibles de ella por inferencia buena y necesaria.

Se ha convertido en un lugar común en muchos círculos de la iglesia decir que las Escrituras no requieren ninguna forma particular de gobierno de la iglesia. La forma que emplea una iglesia dada se dice, puede determinarse sobre una base *ad hoc* o pragmática. Cualquier cosa que funcione en un momento dado en un lugar dado es permisible siempre y cuando promueva la paz y la pureza en la iglesia. Pero este punto de vista no se ajusta a la enseñanza de las Escrituras o a la evidencia de la historia de la iglesia primitiva. No tengo la intención de sugerir con este último comentario que haya unanimidad de opinión sobre la forma prescrita de gobierno que la iglesia debe promulgar, porque cualquiera que sepa algo sobre la historia de la iglesia sabrá que se han propuesto cuatro formas distinguibles de gobierno de la iglesia (con variaciones y combinaciones de estas) a lo largo del tiempo: la forma presbiteriana, la forma episcopal, la forma congregacional y la forma erastiana.

¿Es una de estas formas la forma bíblica, y si es así, cuál? Al considerar las cuatro alternativas propuestas, haríamos bien en mantener ante nosotros la advertencia de John Murray con respecto a este asunto tan importante:

La iglesia es la iglesia de Dios y de Cristo, y sus objetivos y funciones son prescritos por su cabeza, su constitución determinada y sus oficiales diseñados y nombrados por Él.

Tal vez ninguna doctrina del Nuevo Testamento confiere más santidad a este hecho que el hecho de que la iglesia es el cuerpo de Cristo que Él ha comprado con su propia sangre. Lo que los ancianos u obispos gobiernan es la posesión comprada con sangre de Cristo, lo que costó la agonía de Getsemaní y la sangre del madero maldito del Calvario. Era lo que estaba cautivo del pecado, Satanás y la muerte, y Cristo lo redimió como su propia posesión preciosa. Ahora es su cuerpo, y Él es la cabeza. ¿Cómo nos atreveremos a manejar ese cuerpo, cómo nos atreveremos a dirigir sus asuntos, excepto cuando podamos alegar la autoridad de Cristo? La iglesia como cuerpo de Cristo no debe ser gobernada de acuerdo con la sabiduría y conveniencia humanas, sino de acuerdo con las prescripciones de aquel en quien se esconden todos los tesoros de sabiduría y conocimiento.[1]

PRESBITERIANISMO

La palabra «presbiteriano» es la transliteración inglesa del griego πρεσβύτερος, *presbyteros,* que puede significar «anciano» en el sentido de titular de un cargo (en otros contextos puede referirse simplemente a un anciano). Πρεσβυτέριον, *presbiterion,* que se encuentra en Lucas 22:66, Hechos 22:5 y 1 Timoteo 4:14, significa «consejo de ancianos».[2] La palabra griega ἐπίσκοπος, *episkopos,* que significa «supervisor» u «obispo», es otra designación para el anciano, como es evidente por el uso de Pablo de la palabra en Hechos 20:17, 28, Tito 1:5, 7 y Filipenses 1:1.

SU HISTORIA

El presbiterianismo tiene una larga historia en la Biblia. Moisés, los sacerdotes y levitas, los jueces e incluso los reyes de Israel, fueron todos asistidos en su gobierno de la nación, con el permiso de Dios, por los «ancianos de Israel [o lo más sorprendente, 'ancianos de la congregación']» (Ex. 3:16, 18; 4:29; 17:5-6; 18:13-27; 19:7; 24:1, 9-11; Lv. 4:15; 9:1–2; Nm. 11:14–25; Dt. 5:23; 22:15–17; 27:1; Jos. 7:6; 8:33; Jud. 21:16; 1 R. 8:1–3; 1 Cr. 21:16; Sal. 107:32; Ez. 8:1, etc.). Esta práctica continuó dentro de Israel en la era del Nuevo Testamento, como es evidente en Lucas 22:66, donde se nos informa que Jesús fue llevado ante el «presbiterio» judío en Jerusalén: «Al amanecer, el *concilio de los ancianos* [πρεσβυτέριον, *presbiterion*] del pueblo, tanto los principales sacerdotes como los maestros de la ley, se reunieron, y Jesús fue guiado ante ellos» (ver también Hch. 22:5).

Es esta práctica de gobierno por parte de los ancianos, iniciada y presente desde los días del mosaísmo en adelante, la que estaba detrás de la práctica de Pablo de nombrar (χειροτονήσαντες, *cheirotonēsantes*)[3] una pluralidad de ancianos (Hch. 14:23) en cada iglesia que plantó, para gobernarla y supervisarla. Más tarde instruiría a Tito para que nombrara (καταστήσῃς, *katastēsēs*)[4] ancianos «en toda ciudad» (Tit. 1:5; ver también Hch.

---

[1] John Murray, «Government in the Church of Christ», en *Collected Writings of John Murray* (Edimburgo: Banner of Truth, 1976), 1:265
[2] En un extraño giro etimológico πρεσβύτερος, *presbiteros,* es la raíz de nuestra palabra inglesa «sacerdote», extraña, digo, porque los ministros presbiterianos serían los últimos funcionarios de la iglesia en representarse a sí mismos como «sacerdotes», aunque felizmente reconocerían su «deber sacerdotal [ἱερουργοῦντα, *hierourgounta*] de proclamar el evangelio de Dios, para que los gentiles se conviertan en una ofrenda aceptable para Dios, santificada por el Espíritu Santo» (Ro 15:16).
[3] El verbo χειροτονέω, *cheirotoneō*, literalmente significa «elegir, elegir levantando la mano». La acción descrita aquí probablemente significa que Pablo como apóstol simplemente nombró ancianos cuando plantó una iglesia por primera vez, tal como lo hacen a menudo los misioneros hoy en día. Este «nombramiento» no impidió, sin embargo, que buscara la voluntad de la iglesia en el asunto pidiendo a la congregación una mano alzada.
[4] El verbo καθίστημι, *kathistēmi*, significa simplemente «nombrar».

11:30; 15:2; 20:17; Stg. 5:14; 1 P. 5:1–2). Luego, con el fallecimiento de los apóstoles de la escena, las iglesias continuarían siendo gobernadas por consejos de ancianos elegidos por el pueblo, como lo implican las listas de Pablo de cualificaciones para el liderazgo de ancianos en 1 Timoteo 3 y Tito 1.

LOS DEBERES DE LOS ANCIANOS

Así como su Salvador, el Buen Pastor, miró con compasión a las multitudes y las vio como ovejas que no tenían pastor (Jn. 10:11, 14; Mt. 9:36), así también los ancianos deben mirar «por vosotros, y por todo el rebaño en que el Espíritu Santo os ha puesto por obispos, para apacentar [ποιμαίνειν, *poimainein*] la iglesia del Señor, la iglesia de Dios» (Hch. 20:28).[5] Pedro también instruyó a los ancianos: «Apacentad la grey de Dios que está entre vosotros, cuidando de ella, no por fuerza, sino voluntariamente; no por ganancia deshonesta, sino con ánimo pronto; 3 no como teniendo señorío sobre los que están a vuestro cuidado, sino siendo ejemplos de la grey». (1 P. 5:2–3). Estos versículos implican claramente que los ancianos, como pastores del rebaño de Dios, son responsables de:

1. Evitar que los miembros de su rebaño se extravíen. Esto implica instrucción y advertencia. Un anciano debe ser capaz y estar listo para enseñar a los que están bajo su cuidado.[6] Esto significa, por supuesto, que debe trabajar fielmente para adquirir un conocimiento de la Palabra de Dios a fin de enseñarla.

2. Perseguir a sus miembros cuando se extravíen. Esto implica represión, corrección y, en algunos casos, el ejercicio de la disciplina de la iglesia. Por supuesto, los ancianos deben intentar por instrucción privada y amonestación corregir a un miembro errante de su rebaño en la etapa más temprana de una deserción espiritual o moral, antes de que estalle el pecado abierto y censurable que requeriría medidas más duras de disciplina.

3. Proteger a sus miembros de los lobos que enseñan la falsa doctrina y las malas prácticas que entrarán entre ellos. Esto implica una aplicación meticulosa y cuidadosa de los requisitos de admisión para la membresía de la iglesia, y un esfuerzo constante para cultivar en la gente una aprehensión perspicaz de la distinción entre verdad y error.

4. Llevar a su rebaño al redil y verter aceite en sus heridas y dales agua pura para saciar su sed. Esto implica preocupación pastoral y consuelo. Los ancianos deben ser muy conscientes del hecho de que muchos de su pueblo serán quebrantados en espíritu y heridos por muchas y variadas razones. Deben estar listos, siempre que se conozca la necesidad, para visitar a los enfermos, atar la caña rota, levantar la mano caída, fortalecer la rodilla debilitada y abanicar el pabilo que humea en una llama brillante y saludable.[7]

CUALIFICACIONES DE LOS ANCIANOS

Para facilitar el cuidado fiel del pastor para el rebaño de Dios, Pablo enumera las calificaciones del anciano (supervisor, obispo) en 1 Timoteo 3:2–7 y Tito 1:6–9. En una palabra, el anciano debe ser un hombre piadoso. El anciano, insiste,

1. debe vivir una vida que sea irreprochable, es decir, ser intachable, y tener una buena reputación con los no creyentes (1 Ti. 3:2, 7; Tit. 1:6);

---

[5] A menudo he pensado que los pastores se beneficiarían enormemente de leer algunos libros sobre cómo son las ovejas, cuáles son sus necesidades y qué implica pastorearlas, porque es un hecho que bajo un hombre un rebaño luchará, morirá de hambre y sufrirá dificultades interminables, mientras que bajo otro ese mismo rebaño florecerá y prosperará contento. Recomendaría, primero, un estudio cuidadoso de Ezequiel 34, luego W. Phillip Keller, *A Shepherd Looks at Psalm 23* (Grand Rapids, Michigan: Zondervan, 1970), y J. Douglas MacMillan, *The Lord Our Shepherd* (Bryntirion, U.K.: Evangelical Press of Wales, 1983).

[6] Basando su estudio en Hechos 20:28, Richard Baxter (1615–1691) en *The Reformed Pastor* (reimpresión; Edimburgo: Banner of Truth, 1974) insta a los pastores a catequizar diligentemente no solo a los niños, sino también a todos los adultos de sus rebaños que estén dispuestos a aceptar tal entrenamiento.

[7] Adapté estos cuatro puntos de Murray, «Government in the Church of Christ», I:265–267.

2. debe ser el esposo de una sola esposa (1 Ti. 3:2; Tit. 1:6);[8]

3. debe ser templado, autocontrolado, respetable, hospitalario, gentil, recto, santo y disciplinado, y uno que ama lo que es bueno (1 Ti. 3:2; Tit. 1:8);

4. no debe ser dado a la embriaguez, ni ser violento, autoritario, de mal genio, pendenciero, perseguidor de ganancias deshonestas, o amante del dinero (1 Ti. 3:3; Tit. 1:7);

5. debe administrar bien a su propia familia, y velar por que sus hijos, que han de ser creyentes, le obedezcan con el debido respeto y no estén abiertos a la acusación de ser rebeldes y desobedientes (1 Ti. 3:4; Tit. 1:6);

6. debe ser capaz de cuidar de la iglesia de Dios y supervisar la obra de Dios (1 Ti. 3:5; Tit. 1:7);

7. no debe ser un converso reciente (1 Ti. 3:6);

8. debe aferrarse firmemente al mensaje digno de confianza tal como ha sido enseñado (Tit. 1:9); y

9. debe ser capaz de enseñar y, por lo tanto, de animar a otros por medio de la sana doctrina y de refutar a los que se oponen a esta enseñanza (1 Ti. 3:2; Tit. 1:9).

EL DIACONADO

Los diáconos, elegidos por primera vez para ayudar a los apóstoles (Hch. 6:1–7), fueron designados a partir de entonces para ayudar a los ancianos. La lista de cualificaciones de Pablo para el diácono se encuentra en 1 Timoteo 3:8–12. El diácono, ordena,

1. debe ser digno de respeto y sincero, literalmente, no «de dos caras» (3:8);

2. no debe entregarse a mucho vino (3:8);

3. no debe buscar ganancias deshonestas (3:8);

4. debe ser el *esposo de una esposa* (μιᾶς γυναικὸς ἄνδρες, *mias gynaikos andres*) (3:12), cuya esposa también debe ser digna de respeto, no una habladora maliciosa, sino templada y confiable en todo (3:11);[9]

5. debe manejar bien a sus hijos y su hogar (3:12);

6. debe aferrarse a las verdades profundas de la fe con la conciencia tranquila (3:9); y

7. debe ser probado antes de recibir la tarea diaconal (3:10).

Por lo tanto, las iglesias cristianas deben ser gobernadas por consejos de ancianos espiritualmente calificados y servidas por diáconos espiritualmente calificados elegidos por el pueblo.[10]

---

[8] Esta calificación (1 Ti. 3:2, 12; Tit. 1:6; lit. «una sola mujer [tipo de] hombre», μιᾶς γυναικὸς ἄνδρα, *mias gynaikos Andra*) se ha interpretado de diversas maneras. Algunos intérpretes insisten en que su intención es ordenar que un funcionario de la iglesia se case. Otros declaran que significa que un funcionario solo puede casarse una vez, es decir, un hombre que ha enviudado o divorciado y luego se ha vuelto a casar no debe ocupar un cargo. El designio más probable de esta calificación es la prohibición de que un polígamo masculino ocupe un cargo en la iglesia.

[9] Edmund Clowney en *The Church* (Downers Grove, Ill.: InterVarsity Press, 1995), basando su argumento en la descripción de Pablo de Febe en Romanos 16:1 como un διάκονον [*diakonon*, 'siervo, ayudante, diácono'] de la iglesia en Cencrea, y sobre la referencia de Pablo a las «mujeres» en 1 Timoteo 3:11, concluye que las mujeres pueden legítimamente ocupar el cargo de diácono (231–235). Otros estudiosos también, como C. E.B. Cranfield (*A Critical and Exegetical Commentary on the Epistle to the Romans* [T. & T. Clark, 1986], 2:781), hacen el mismo caso.

Pero no estoy convencido de que estos versículos respalden la posición de que las mujeres pueden ocupar un cargo diaconal oficial, porque Pablo declara expresamente en 1 Timoteo 3:12 que los diáconos deben ser «del tipo de hombres de una sola mujer» que deben administrar bien a sus hijos y hogares. Creo que Febe era una «sierva» piadosa y «ayudante» de la iglesia en Cencrea y que las mujeres a las que se hace referencia en 1 Timoteo 3:11 se entienden mejor como esposas de diáconos.

[10] Mientras que los hombres y mujeres cristianos portan la imagen de Dios (Gn. 1:26-27) y ambos son coherederos de la gracia de la vida (1 P. 3:7), solo los hombres deben ser elegidos para los oficios de anciano y diácono en la iglesia de Cristo. Esto es evidente a partir de los siguientes datos:

Anciano: Primero, Pablo prohíbe expresamente a las mujeres enseñar o ejercer autoridad sobre los hombres, más bien, deben estar calladas en las iglesias (1 Ti. 2:12; 1 Co. 14:33b-36). Dado que los ancianos deben llevar a cabo estas mismas funciones, las mujeres necesariamente tienen prohibido ocupar este cargo. Segundo, las listas de requisitos para el anciano tanto en 1 Timoteo 3:2-7 como en Tito 1:6-9 asumen que los ancianos van a ser hombres: un anciano debe ser «hombre de una sola mujer» y «debe administrar bien su propia familia y ver que sus hijos le obedezcan con el debido respeto». En tercer lugar, con raras excepciones (p. ej., Débora y Hulda; ver Jue. 4–5 y 2 R. 22:14–20), existe un patrón constante de liderazgo masculino entre el pueblo de Dios a lo largo de toda la Biblia. Jesús mismo nombró solo a hombres como sus apóstoles. Una iglesia que ordene a una mujer para el cargo de anciano está haciendo caso omiso del testimonio consistente de las Escrituras que se opone a tal acción, así como de tres mil quinientos años de historia bíblica y de la iglesia.

Diácono: Primero, cuando surgió el problema de la distribución equitativa de alimentos a las viudas en la iglesia primitiva, los apóstoles ordenaron expresamente a la iglesia que eligiera a siete hombres (ἄνδρας, *andras*) para supervisar la distribución de alimentos (Hch. 6:1-6). En segundo lugar, la lista de requisitos de Pablo para el diácono en 1 Timoteo 3:8-13 asume que el diácono va a un hombre: debe ser «hombre de una sola mujer» y «debe administrar bien a sus hijos y su casa» (1 Ti. 3:12).

Conexionalismo presbiteriano

Más allá del gobierno de las iglesias locales por parte de los ancianos, es importante señalar también que las iglesias del Nuevo Testamento estaban conectadas o unidas por un gobierno común. El principio de responsabilidad mutua, dependencia y sumisión entre las iglesias se enseña en varios lugares de las Escrituras, por ejemplo, en Hechos 8:14, donde la iglesia de Jerusalén envió a Pedro y Juan para investigar la obra de Felipe en Samaria, y en Hechos 13:1-3 y 14:27, donde los misioneros fueron enviados por la iglesia de Antioquía quienes luego regresaron a Antioquía e informaron sobre el estado de las iglesias gentiles que habían fundado. Pero el texto principal para demostrar la naturaleza conexional de las iglesias de la iglesia primitiva es Hechos 15, donde se nos informa de la apelación hecha por la iglesia de Antioquía a los apóstoles y ancianos en Jerusalén, quienes se reunieron con ellos en un concilio deliberativo y luego *juntos* tomaron una decisión en forma de una «carta», llamada en Hechos 16:4 τὰ δόγματα (*ta dogmata*, «reglas, reglamentos, leyes, decretos»).[11] El concilio de Jerusalén envió esta carta no sólo a la iglesia de Antioquía que planteó la cuestión, sino también a las iglesias de Siria y Cilicia (Hch. 15:23), con toda la expectativa de que sus instrucciones serían atendidas y vistas como ley de la iglesia por todas estas iglesias. Claramente, estas congregaciones no eran independientes y autónomas. Más bien, eran mutuamente sumisas, dependientes y responsables la una de la otra.

Este conexionalismo se ha desarrollado en la historia de la iglesia presbiteriana en términos de una gradación de tres (o más) niveles de «jurisdicción judicial»: (1) el consejo local de ancianos, elegido por la congregación y conocido como la sesión o consistorio, que tiene la supervisión de la fe y la vida de la congregación local,[12] (2) el presbiterio, compuesto por representantes de las sesiones y los ministros ordenados de las iglesias en un área geográfica prescrita, que se reúne en momentos designados y ejerce supervisión, coordina el trabajo de, y da asesoría y consejo a las diversas iglesias locales en su área de responsabilidad, y (3) la asamblea general, compuesta por representantes de ancianos y los ministros ordenados de todos los presbiterios, que se reúne anualmente y permite a todas las iglesias tener una voz en la guía de los asuntos espirituales y prácticos de la iglesia en una región o país.

Dentro de esta misma historia presbiteriana, sin embargo, ha habido alguna diferencia de opinión expresada en cuanto a si la autoridad de la iglesia reside principalmente en la sesión de la iglesia local o en el tribunal más alto, generalmente nombrado como la «asamblea general». Algunos presbiterianos escoceses han instado a una especie de «presbiterianismo aristocrático» en el que la autoridad parecería estar investida en los tribunales más altos y luego delegada hacia abajo. William Cunningham explica:

Los presbiterianos de este país [Escocia] en la época de la Asamblea de Westminster, tenían quizás ideas algo más altas y aristocráticas del poder y la autoridad de los titulares de cargos eclesiásticos y los tribunales eclesiásticos que las que habían sido generalmente mantenidas por los reformadores del siglo anterior, no es que hubiera una diferencia de opinión muy marcada o definitiva... entre ellos sobre este tema, sino [para estos presbiterianos

---

Ver George W. Knight III, *The Role Relationship of Men and Women*, rev. ed., (Chicago: Moody, 1985) y John Piper y Wayne Grudem, eds., *Recovering Biblical Manhood and Womanhood* (Wheaton: Crossway, 1991), caps. 9 y 20, para el argumento completo. Ver también Benjamin B. Warfield, «Paul on Women Speaking in Church», *The Presbyterian* (30 de octubre de 1919): 8–9, para una insistencia incondicional en la necesidad de que las mujeres estén absolutamente en silencio en todas las reuniones públicas de adoración de la iglesia.

[11] John Murray escribe en «The Government of the Church», *Collected Writings of John Murray* (Edinburgh: Banner of Truth, 1977), 2:344: «Es aún más sorprendente que la iglesia haya recurrido a tal deliberación, y a este método de resolver un problema, ya que era la era de la revelación especial».

[12] Murray sabiamente comenta en «Government in the Church of Christ», I:262:

Mientras que la supervisión [de los ancianos] está sobre la iglesia, no es sobre algo de lo cual los ancianos mismos estén excluidos. Los ancianos no son señores sobre la herencia de Dios, ellos mismos son del rebaño y deben ser ejemplos para él. La Escritura tiene una forma única de enfatizar la unidad y la diversidad, y en este caso, la diversidad que reside en el gobierno ejercido se mantiene en la debida proporción al recordar que los ancianos mismos también están sujetos al gobierno que ejercen sobre los demás. Los ancianos son miembros del cuerpo de Cristo y están sujetos al mismo tipo de gobierno del que son administradores.

La Iglesia

posteriores surgió esta disposición «algo aristocrática» para] mantenerse más bien a distancia de cualquier cosa que pudiera parecer favorecer el congregacionalismo. En consecuencia, no hay nada directo o explícito sobre el tema del lugar y la posición del pueblo en la regulación general de los asuntos eclesiásticos ... nada, de hecho, sino la declaración general ... que Cristo ha dado el ministerio a la iglesia.[13]

Louis Berkhof (siguiendo en compañía de William Cunningham y James Bannerman), por otro lado, captura la esencia de la expresión más democrática del gobierno de la iglesia presbiteriana, en la que la autoridad se confiere a la sesión de la iglesia local y luego se delega hacia arriba, en los siguientes cinco principios:

1. Cristo es la Cabeza de su iglesia y la Fuente de toda su autoridad;
2. Cristo ejerce su autoridad en su iglesia en última instancia por medio de la Palabra de Dios y su Espíritu;
3. Cristo ha dotado tanto a los miembros ordinarios como a los oficiales de su iglesia con autoridad, y los oficiales reciben la autoridad adicional que se requiere para el desempeño de sus respectivos deberes;
4. Cristo ha provisto para el ejercicio específico de la autoridad por parte de órganos representativos (ancianos) que son apartados para el mantenimiento de la doctrina, la adoración y la disciplina; y
5. La autoridad de la iglesia reside principalmente en la sesión de la iglesia local, con presbiterios y asambleas generales que poseen sólo la autoridad que les otorgan las diversas iglesias locales.[14]

Los primeros cuatro principios de Berkhof son sólidos y les doy una aprobación cordial, pero con el quinto principio de Berkhof debo hacer una excepción. Insto a que cada «corte» en el presbiterianismo, si el «sistema judicial graduado» es bíblico en absoluto (y Berkhof cree que lo es), debería tener y necesariamente tendría su propia autoridad intrínseca peculiar de sí mismo, porque si Cristo ciertamente ha autorizado niveles graduales de tribunales, los niveles superiores poseen necesaria e intrínsecamente precisamente la autoridad que les ha otorgado en su autorización de Él para existir. La reunión de la «asamblea general» en Hechos 15, para ilustrar, no preguntó a las varias iglesias locales en Siria y Cilicia si podría emitirles una carta dogmática. La asamblea de Jerusalén creía que tenía la autoridad para hacerlo, y en consecuencia lo hizo. Samuel Rutherford, aunque parece haber favorecido la construcción más aristocrática del presbiterianismo, da expresión a esta perspectiva intermedia que niega tanto una autoridad descendente como ascendente entre las cortes cuando escribió:

A una congregación [Cristo] le ha dado, por una afluencia inmediata de sí mismo, un poder político de la Iglesia intrínsecamente en ella, derivado de nada más que inmediatamente de Jesucristo, y el objeto de este poder son aquellas cosas que conciernen a una Congregación; y esa misma Cabeza y Señor ha dado inmediatamente un poder intrínseco al Presbiterio, en cosas que son puramente clásicas, y que sin la derivación interviniente de una Congregación inferior al Presbiterio, ascendiendo, o sin ningún flujo derivado de una Iglesia visible sinodal, nacional o católica, por descenso.[15]

---

[13] William Cunningham, *Historical Theology* (1870; reimpresión, London: Banner of Truth, 1960), 1:57.
[14] Para su completa descripción y defensa de esta concepción del sistema presbiteriano del gobierno de la iglesia, ver Louis Berkhof, Systematic Theology (Grand Rapids, Michigan: Eerdmans, 1932), 581-592.
[15] Samuel Rutherford, *The Due Right of Presbyteries, or, A Peaceable Plea for the Government of the Church of Scotland* (London: E. Griffin, for R. Whittaker and A. Crook, 1644), 383.

La Iglesia

Independientemente de lo que uno decida finalmente con respecto a estas expresiones variantes del presbiterianismo (como indiqué anteriormente, yo mismo apoyo la posición intermedia), sigue siendo cierto que fue la forma presbiteriana de gobierno de la iglesia —una que es a la vez conciliar y conexional— la que prevaleció hasta el final del siglo III,[16] cuando bajo la influencia de Cipriano (195-258), obispo de Cartago, las formas episcopales comenzaron a tomar el control. (El presbiterianismo fue restablecido por Juan Calvino en Ginebra en el siglo XVI). Pero la primera forma de gobierno de la iglesia fue presbiteriana. *Si entonces uno está buscando una forma de gobierno de la iglesia que sea bíblica y apostólica, el presbiterianismo es eso.*[17]

EPISCOPADO

La forma episcopal[18] (o prelática)[19] de gobierno de la iglesia se puede encontrar hoy en día en la iglesia Católica Romana, las iglesias Ortodoxa Griega y Ortodoxa Rusa, la iglesia de Inglaterra, la iglesia Episcopal en los Estados Unidos y la iglesia Metodista Unida en los Estados Unidos. Esta forma de gobierno de la iglesia requiere una categoría distinta de oficiales de la iglesia, generalmente conocida como un sacerdocio, compuesto por arzobispos, obispos y rectores (o vicarios), para gobernar la iglesia y tener la autoridad final en la toma de decisiones en la iglesia local. (La iglesia Metodista Unida es una excepción aquí con respecto a la nomenclatura.) En el caso de la iglesia Católica Romana, además de estos oficiales, el Papa de Roma, como cabeza suprema de esa iglesia, nombra periódicamente arzobispos «probados» para su colegio de cardenales, quienes a su vez gobiernan sobre los arzobispos, obispos y sacerdotes locales en todo el mundo. Y las iglesias ortodoxas tienen sus Patriarcas, que son similares en autoridad en sus respectivas iglesias al pontífice romano, aunque no reclaman infalibilidad como lo hace el Papa. Esta forma de gobierno de la iglesia también se llama un gobierno «jerárquico»,[20] especialmente cuando se refiere a la iglesia Católica Romana. Los oficiales de estas iglesias afirman que se encuentran en una larga línea de sucesión sacerdotal que se remonta a los apóstoles originales.

Es reconocido incluso por sus defensores que la forma episcopal o prelática de gobierno de la iglesia no se menciona en ninguna parte del Nuevo Testamento. Pero sus defensores instan a que el episcopado no está prohibido por el Nuevo Testamento y sea una consecuencia natural del desarrollo de la iglesia. E. A. Litton (1813-1897), por ejemplo, declara: «Ninguna orden de obispos diocesanos aparece en el Nuevo Testamento», pero luego aborta el significado de esta concesión agregando:

La evidencia está a favor de la suposición de que el episcopado surgió de la Iglesia misma, y por un proceso natural. El Presbiterio, cuando se reunía para consulta, naturalmente elegiría a un presidente para mantener el orden; primero temporalmente, pero con el tiempo con una autoridad permanente... Por lo tanto, es probable que en un período temprano hubiera surgido un episcopado informal en cada Iglesia. Como los Apóstoles fueron uno por uno removidos... tal oficio asumiría una cada vez mayor importancia y sería investida con mayor poder.[21]

Además, Litton argumenta que el episcopado debe mantenerse ya que (según él dice) ha demostrado ser beneficioso para la iglesia y dado que hay un beneficio en que el sacerdote

---

[16] Ignacio de Antioquía (d.C. 107) es posiblemente la única voz disidente durante este período al presentar una distinción entre el obispo y el anciano, pero «incluso sus escritos son discutiblemente no prelácticos» (ver Joseph H. Hall, «History and Character of Church Government», en *Paradigms in Polity: Classic Readings in Reformed and Presbyterian Church Government*, editado por David W. Hall y Joseph H. Hall [Grand Rapids, Michigan: Eerdmans, 1994], pág. 5).
[17] Ver Hall, «History and Character of Church Government», Thomas Witherow, «The Apostolic Church: Which Is It? » y «Earliest Textual Documentation», en *Paradigms in Polity*, 3–11, 35–52, 55–61, para apoyo bibliográfico y bíblico respectivamente para el presbiterianismo temprano.
[18] La palabra episcopal deriva etimológicamente de la palabra griega ἐπίσκοπος, *episkopos*, que significa «supervisor, obispo».
[19] Prelado se remonta a través del inglés medio hasta el latín *praelatia*, de *praefero*, que significa «poner delante».
[20] La palabra «jerárquico» deriva etimológicamente de las raíces griegas ἱερ- (hier- «que tiene que ver con cosas 'sacerdotales'») y ἀρχ- (arco- «principio, primero»), y significa literalmente «el poder o autoridad del sumo sacerdote». Alude a la autoridad que ejercen los sacerdotes en su orden descendente de rango.
[21] Edward Arthur Litton, *Introduction to Dogmatic Theology*, ed. Philip E. Hughes (1882, 1892; reimpresión, London: James Clarke, 1960), 401.

La Iglesia

pueda decir que su autoridad, en lo que respecta a su comisión externa, le ha llegado de la ascendencia directa de los apóstoles. El renombrado J.B. Lightfoot (1828-1889), reconociendo también que el sistema presbiteriano era el que prevalecía en la iglesia del Nuevo Testamento, sostuvo que «el episcopado fue creado a partir del presbiterio», pero más como una cosa de conveniencia que de derecho divino.[22] Charles Gore (1853-1932), un anglo-católico de la Alta Iglesia, no estuvo de acuerdo con esta explicación del origen del episcopado, sosteniendo que es de derecho divino y que los obispos locales, «como el círculo de doce alrededor de su maestro», son los sucesores de los apóstoles y, por lo tanto, de Cristo mismo y siempre tuvieron autoridad sobre los presbíteros.[23]

Es suficiente decir en respuesta que el episcopado no recibe ningún apoyo del Nuevo Testamento. Si ha sido beneficioso o no para la iglesia es muy discutible, dependiendo de la visión de uno de su desarrollo en la historia de la iglesia desde Cipriano, cuyos puntos de vista del episcopado dieron lugar eventualmente en el período medieval temprano al papado y a las muchas herejías doctrinales posteriores del papado y abusos políticos y sociales de poder. En cuanto a la afirmación de la iglesia Católica Romana y los otros organismos de la iglesia episcopal de que su autoridad ha llegado a ellos a través de una línea ininterrumpida de sucesión desde los propios apóstoles hasta el presente, es suficiente decir, primero, que tal afirmación simplemente no está respaldada por la historia y no es verificable, y segundo, que incluso si una sucesión tan ininterrumpida fuera cierta en algún caso, tal sucesión episcopal *per se* no transmitiría ninguna autoridad particular o garantizaría la apostolicidad a la persona tan agraciada. La mera sucesión apostólica ininterrumpida no es el criterio del Nuevo Testamento para la autoridad ministerial.

CONGREGACIONALISMO

La forma congregacional, a veces llamada independiente, de gobierno de la iglesia, propugnada por eminentes teológicos como John Owen y Jonathan Edwards, aboga por el autogobierno para cada congregación local.[24] La autoridad gobernante final reside dentro de la congregación misma, pero la cuestión de quién en la congregación local ejerce la autoridad *final* difiere de una congregación a otra. Wayne Grudem distingue cinco formas de gobierno dentro del congregacionalismo: la forma de «anciano único (o pastor)», la forma de «ancianos locales plurales», la forma de «junta corporativa», la forma de «democracia pura» y la forma de «no gobierno sino el Espíritu Santo» (el propio Grudem propugna el segundo de estos).[25] Aun cuando, por razones de conveniencia, las iglesias congregacionales entren en una relación comunitaria o «denominacional» entre sí, todas y cada una de las acciones tomadas por tales asociaciones se consideran sólo como consultivas y no se consideran vinculantes para ninguna iglesia local en particular.

Los siguientes argumentos para la forma de gobierno de «un solo anciano (pastor)/varios diáconos» —el sistema seguido por la gran mayoría de las iglesias independientes, ciertamente las más pequeñas— se establecen en la *Teología Sistemática* de Augustus Hopkins Strong:[26] (1) el Nuevo Testamento no requiere que una iglesia tenga una pluralidad de ancianos, (2) Santiago como el único pastor de la iglesia en Jerusalén (tan fuerte) proporciona el patrón que las iglesias deben seguir para gobernarse a sí mismas, (3) 1 Timoteo

---
[22] J. B. Lightfoot, *The Epistle to the Philippians*, rev. ed. (Grand Rapids, Michigan: Zondervan, 1974), 95, y su disertación sobre «The Christian Ministry» 195 ss. Edwin Hatch (1835–1889) coincide en su 1880 Bampton Lectures, publicadas después bajo el título *The Organization of the Early Christian Churches* (London: Longmans, Green, 1901), 39, 99.
[23] Charles Gore, *The Church and the Ministry*, rev. ed. (London: Longmans, Green, 1919), 302–03, 348–49
[24] La mejor exposición de la independencia es todavía la de Robert W. Dale's classic, *Congregational Church Polity* (London: Hodder & Stoughton, 1885).
[25] Wayne Grudem, *Systematic Theology* (Grand Rapids, Mich.: Zondervan, 1994), 928–936.
[26] Augustus H. Strong, *Systematic Theology* (Philadelphia: Judson, 1907), 914–917.

3:2 y Tito 1:7 se refieren a «el obispo» (en singular) mientras que, por el contrario, 1 Timoteo 3:8 lee «diáconos» (en plural), y (4) el «ángel» en cada una de las siete iglesias en Apocalipsis 2 y 3 se interpreta mejor como el pastor, lo que significa que cada iglesia no tenía muchos, sino solo un obispo/anciano o pastor.

Con respecto al primer argumento de Strong, se insta al lector a simplemente leer Hechos 14:23, Tito 1:5, Santiago 5:14 y 1 Pedro 5:1, donde una pluralidad de ancianos parece estar presente en cada congregación. En cuanto al segundo, es suficiente llamar la atención del lector sobre Hechos 15:2, donde se indica claramente que una pluralidad de ancianos está presente en la iglesia de Jerusalén. Con respecto a su tercero, debe notarse que 1 Timoteo fue escrito a Timoteo, quien estaba trabajando en Éfeso (1:3), cuya iglesia, según Hechos 20:17, claramente tenía una pluralidad de ancianos, e incluso en 1 Timoteo 5:17 Pablo habla de «ancianos». En cuanto al singular «anciano» en Tito 1:7, uno sólo necesita notar el versículo 5, donde Pablo ordena a Tito que «designe ancianos [plural] en cada ciudad». Con respecto al cuarto punto de Strong, es suficiente a modo de refutación decir nuevamente que la iglesia de Éfeso en Apocalipsis 2:1-7, según Hechos 20:17, tenía varios ancianos. Así que quienquiera o lo que sea que fuera el «ángel» de la iglesia en Éfeso (¿el anciano que enseña?), su presencia no impedía que una pluralidad de ancianos sirviera allí.

El congregacionalismo, con su rechazo de todo conexionalismo significativo entre los cuerpos cristianos locales, no está en armonía con la Palabra de Dios. Además, como señala Berkhof:

> la teoría de que cada iglesia es independiente de todas las demás iglesias no logra expresar la unidad de la Iglesia de Cristo, tiene un efecto desintegrador y abre la puerta a todo tipo de arbitrariedad en el gobierno de la iglesia. No hay apelación de ninguna de las decisiones de la iglesia local.[27]

ERASTIANISMO

Nombrado en honor a Tomás Erasto (1524-1583), un teólogo suizo que expuso sus puntos de vista en su *Explicatio Gravissimae Quaestionis* (1589), el erastianismo es lo opuesto a ese sistema teocrático que dominó en Europa durante los mil años posteriores a Constantino, en el que el estado se sometió cada vez más a la iglesia hasta que de muchas maneras la iglesia gobernó el estado. El defensor de la forma erastiana de gobierno de la iglesia sostiene que es el derecho y la función del estado dirigir y gobernar la iglesia y ejercer la disciplina eclesiástica y excomulgar a los miembros. Los oficiales de la iglesia son simplemente predicadores y maestros de la Palabra, sin autoridad para dirigir y gobernar más allá de lo que el magistrado civil les otorga.

Esta forma de gobierno eclesiástico se sigue en la iglesia estatal luterana de Alemania y en Inglaterra, donde el monarca británico reinante es considerado como el jefe y protector de la iglesia «establecida» de Inglaterra. (En el caso de la iglesia de Inglaterra, el erastianismo se combina con el episcopado). Dos miembros de la Asamblea de Westminster, John Lightfoot y Thomas Coleman, aceptaron la noción del «magistrado civil piadoso» legislando y supervisando la comunidad de fe de la que era miembro. Y, por supuesto, es cierto que la propia Asamblea de Westminster fue convocada y servida a instancias del parlamento inglés, la mayoría de cuyos miembros eran fuertes erastianos que querían que el gobierno de la iglesia dependiera absolutamente del parlamento.

Sin embargo, esta forma de gobierno de la iglesia, al igual que con el episcopado y el congregacionalismo, no recibe el apoyo de la enseñanza del Nuevo Testamento. Además, William M. Hetherington señala muy correctamente:

---

[27] Berkhof, *Systematic Theology*, 580–81.

La Iglesia

> El objetivo directo [del erastianismo] es la abolición de los tribunales espirituales, y en lo que respecta a los establecimientos, ha tenido éxito, porque no se trata de un tribunal espiritual que no pueda reunirse sin el permiso de la autoridad civil, o donde no sólo sus decisiones puedan ser revisadas y revocadas por uno de otro carácter, sino donde los propios jueces puedan ser castigados por sus juicios concienzudos. Y dado que el Señor Jesucristo instituyó un gobierno en su iglesia, la pérdida de las cortes espirituales es la pérdida de ese gobierno, y necesariamente la pérdida de la unión directa con la cabeza y el rey de la iglesia, —que es, en otras palabras, más claras, la pérdida de la vida espiritual y la verdadera religión._[28]

En resumen, Cristo es el rey y la cabeza de su iglesia, y ha determinado que gobernará su iglesia a través de un sistema de tribunales espirituales y conexionales compuesto por pluralidades de ancianos calificados.

LA IMPORTANCIA DEL GOBIERNO DE LA IGLESIA PRESBITERIANA

¿Por qué es importante el asunto del gobierno de la iglesia en general y del gobierno de la iglesia presbiteriana en particular? Porque el presbiterianismo no solo es la forma bíblicamente más sólida de gobierno de la iglesia, sino que también proporciona la forma más confiable, justa y pacífica para que la iglesia determine su dirección, sus principios, sus prácticas y sus prioridades, y resuelva sus diferencias. Perder el equilibrio en el gobierno de la iglesia en una dirección y uno termina con la tiranía episcopal. Perder el equilibrio en la otra dirección y uno tiene anarquía congregacional, seguida de la tiranía de unos o pocos. Por supuesto, el Espíritu de Dios siempre debe animar el presbiterianismo, pero la forma misma es dada por Dios e importante.

No es exagerado decir que la iglesia cristiana en nuestros días está a punto de autodestruirse debido a su abandono del gobierno bíblico de la iglesia. ¿Cómo? Porque, por un lado, en el caso del episcopado, abundan las congregaciones locales que no tienen recurso cuando un eclesiástico autoritario en los altos cargos fuerza sus decisiones sobre ellas. La forma apostólica de gobierno eclesiástico liberará a estas iglesias de tal tiranía jerárquica, porque es nada menos que tiranía cuando los burócratas eclesiásticos dominan sobre las congregaciones locales y fuerzan a sacerdotes o ministros no deseados sobre ellas o les niegan los sacerdotes y ministros que solicitan. (Tales prácticas ocurren regularmente hoy en día). El republicanismo del gobierno bíblico y de la iglesia primitiva es la respuesta a la opresión eclesiástica.

Por otro lado, hay demasiados ministros y demasiadas iglesias que no rinden cuentas a nadie hoy en día. Grandes áreas del cristianismo estadounidense están en un estado de anarquía porque las iglesias y los pastores son una ley en sí mismos, que no responde a nadie. Las iglesias contemporáneas que adoran a los héroes, influenciadas como lo han estado por esta cultura de adoración a los mismos, han elevado a los hombres talentosos a un estatus de celebridad tal, que la carne mortal no puede soportar las alturas. Uno no debería sorprenderse entonces cuando aparecen las indiscreciones sexuales, una tasa de divorcio entre los ministros tan alta como el promedio nacional y la mala administración financiera por parte de tales líderes de la iglesia. El poder sigue corrompiendo. El pastor (o iglesia) que no responde a nadie inevitablemente experimenta la deformación de las prioridades bajo la influencia de sus prejuicios privados. Comprensiblemente, se producen hechos escandalosos. El impacto colectivo de estos escándalos casi diarios de la iglesia está casi arruinando el testimonio cristiano en nuestra generación. ¿La población realmente respeta a la iglesia estadounidense? Un pequeño porcentaje lo hace, tal vez, pero lo que la iglesia piensa sobre cuestiones morales

---

[28] William M. Hetherington, *History of the Westminster Assembly of Divines* (Edmonton, Alberta: Still Waters, 1993), 367.

La Iglesia

realmente no le importa a la mayoría de las personas. Y los ministros, ¿cómo les va en la opinión pública?

En un estudio reciente que mide el prestigio social, en una escala de uno a cien, los ministros ocuparon el quincuagésimo segundo lugar, junto con los capataces de las fábricas y los operadores de las centrales eléctricas, muy por debajo de los médicos y abogados con los que les gustaría ser confundidos. En otra encuesta nacional, *solo el 16 por ciento del público expresó confianza en su liderazgo religioso.*[29]

¿No es vital entonces que el principio de gobierno por una pluralidad de ancianos que a su vez son responsables ante otros ancianos sea restaurado en la vida de las iglesias?

El gobierno de la iglesia no es una irrelevancia. El ministerio de la iglesia y el gobierno de la iglesia no pueden separarse. Un camino hacia la renovación de la iglesia y el crecimiento de la iglesia, por lo tanto, es la restauración de la forma bíblica de gobierno de la iglesia en la iglesia estadounidense, ya que el gobierno representativo y conexional de la iglesia proporciona los «controles y equilibrios» esenciales necesarios para mantener a la iglesia en el camino correcto y protegerla de la tiranía, por un lado, y de la anarquía, por el otro.

---

[29] David F. Wells, *No Place for Truth* (Grand Rapids, Michigan: Eerdmans, 1994), 113 (énfasis añadido).

La Iglesia

24 | LOS MEDIOS DE GRACIA DE LA IGLESIA

A esta [la] iglesia católica visible ha dado Cristo el ministerio, los oráculos y los sacramentos de Dios, para reunir y perfeccionar a los santos en esta vida y hasta el fin del mundo; y por su propia presencia y espíritu, de acuerdo con su promesa los hace eficientes para ello. (Confesión de Fe de Westminster, XXV/iii)

El cristiano ha de crecer en gracia y en el conocimiento de su Señor y Salvador Jesucristo. Así como su cuerpo físico requiere alimentos nutritivos para crecer físicamente, también necesita alimento espiritual para crecer espiritualmente. Este «alimento» espiritual que Dios ha provisto para el crecimiento cristiano en gracia los teólogos se refieren como los «medios de gracia».

Dios el Padre a través de la coagencia del Señor Jesucristo y su Espíritu Santo es la fuente última de toda gracia. Pablo escribe:

Bendito sea el Dios y Padre de nuestro Señor Jesucristo, que nos bendijo *con toda bendición espiritual* en los lugares celestiales *en Cristo*. ... para que el Dios de nuestro Señor Jesucristo, el Padre de gloria, os dé *espíritu* de sabiduría y de revelación en el conocimiento de él ...porque por medio de *Él* [Cristo] los unos y los otros [judíos y gentiles] tenemos entrada por un mismo *Espíritu* al Padre. (Ef. 1:3, 17; 2:18; énfasis añadido)

Ahora, mientras que el Dios Trino puede impartir bendiciones salvíficas como la regeneración directa e inmediatamente al espíritu humano aparte de los medios, normalmente «bendice» a su pueblo por o a través de «los medios de la gracia». ¿Cuáles son estos «medios» por los cuales Dios nos comunica los beneficios de la mediación de Cristo?

La iglesia de Jesucristo, debido a que es la única comunidad en el mundo que posee el mensaje de gracia que Cristo y su Espíritu usan para la reunión de los elegidos de Dios y la edificación y construcción del cuerpo espiritual de Cristo, puede ser vista como el único «medio *institucional* de gracia [especial]» para el mundo. Además, dado que Dios obra todo, incluida la muerte misma, en la vida del cristiano para conformarlo cada vez más a una semejanza espiritual de Cristo (Ro. 8:28-29), la *providencia* de Dios puede ser considerada como un «medio de gracia» para el cristiano. Pero la expresión habitualmente se ha empleado de una manera más circunscrita.

En la literatura confesional de la Asamblea de Westminster, la expresión completa ocurre solo una vez: en el Catecismo Mayor, pregunta 195, donde se nos informa que debemos orar para que Dios «otorgue y bendiga todos los medios de gracia». Pero el Catecismo Mayor pretende lo mismo cuando pregunta:

Pregunta 153: ¿Qué es lo que Dios requiere de nosotros para que escapemos de la ira y maldición que hemos merecido por razón de las trasgresiones de la ley?

R. Para que escapemos de la ira y maldición de Dios que hemos merecido por razón de las trasgresiones de la ley, él requiere de nosotros el arrepentimiento para con Dios y la fe en nuestro Señor Jesucristo y el uso diligente de los medios externos por los que Cristo nos comunica los beneficios de su mediación. (ver Catecismo Menor, Pregunta 85, para prácticamente la misma respuesta).

Pregunta 154: ¿Cuáles son los medios externos por los que Cristo nos comunica los beneficios de su mediación?

R. Los medios externos y ordinarios por los que Cristo comunica a su iglesia los beneficios de su mediación, son *todas sus ordenanzas; especialmente la palabra, los sacramentos y la oración;*[1] *todos los cuales son eficaces para la salvación de los elegidos.* (ver Catecismo Menor, Pregunta 88, para prácticamente la misma respuesta).

Aquí se nos proporciona el esquema general para nuestro presente estudio sobre los medios de la gracia. Trataremos estos medios bajo los encabezados que el Catecismo Mayor nos proporciona, a saber, Palabra, sacramentos y oración.

Sin embargo, antes de examinar estos medios de gracia por separado, quisiera hacer tres observaciones generales. Primero, estos medios de gracia no son instrumentos no *comunes* sino de gracia *especial*, específicamente, de esa «salvación a todos los hombres, enseñándonos que, renunciando a la impiedad y a los deseos mundanos, vivamos en este siglo sobria, justa y piadosamente» (Tit. 2:11-12). Segundo, estos medios de gracia *no* funcionan, como sostiene la teología católica romana, *ex opere operato*,[2] siempre y cuando el receptor no ponga ningún obstáculo (*obex*) a su obra en el camino. Tampoco la Palabra tiene en sí misma el poder intrínseco para convertir a los hombres y producir santidad en ellos, como sostienen los luteranos. Por el contrario, Dios y sólo Dios es la causa eficiente de toda gracia salvífica. En consecuencia, debe hacer su obra salvadora por y con estos medios inmediatamente en los corazones de los hombres si, de hecho, se convierten en instrumentos de gracia. Tercero, la gracia salvadora no está tan integral o inexorablemente relacionada con los sacramentos que no pueda haber salvación sin ellos. En ningún sentido se niega la gracia salvadora, ya sea en especie o en grado, al cristiano que en la providencia de Dios nunca tiene la oportunidad de recibir el bautismo o la comunión con el Señor en su mesa (ver, por ejemplo, el ladrón penitente en la cruz). Dios puede y de hecho transmite sus beneficios salvíficos a los hombres en y por la Palabra solamente, siendo los sacramentos obligatorios sólo en vista del precepto divino, y su negligencia voluntaria resulta en el empobrecimiento espiritual, de la misma manera que toda desobediencia voluntaria lleva consigo efectos destructivos sobre el alma.

LA PALABRA DE DIOS COMO MEDIO DE GRACIA

La Asamblea de Westminster abordó el tema de la Sagrada Escritura bajo dos rúbricas principales en su material confesional: (1) en el capítulo uno de la Confesión de Fe de Westminster, donde las Escrituras son tratadas *teológicamente* como la única y fundamental base y norma (*principium unicum* y *principium cognoscendi externum*) para toda la doctrina cristiana,[3] y (2) en las Preguntas 155–160 del Catecismo Mayor (ver también el material paralelo en Catecismo Menor, Preguntas 88–90), donde las Escrituras son tratadas

---

[1] Debido a que la oración es «un fruto de la gracia de Dios», aunque, como admite Berkhof, puede convertirse a su vez en un instrumento para fortalecer la vida espiritual, él prefiere ver «solo la Palabra y los sacramentos como medios de gracia, es decir, como canales objetivos que Cristo ha instituido en la iglesia, y a los cuales Él normalmente se une en la comunicación de Su gracia» (Louis Berkhof, Systematic Theology [Grand Rapids, Michigan: Eerdmans, 1932], 604–605). Estrictamente hablando, Berkhof tiene razón, y su posición recibe algún apoyo de la Confesión de Fe misma cuando habla solo de «la predicación de la palabra, y la administración de los sacramentos del bautismo y la cena del Señor» como las ordenanzas en las que el pacto de gracia es dispensado (VII/vi). Pero cuando se considera (1) que la oración «nos acerca a Dios, que es la fuente de todo bien», (2) que «la comunión con Él, la conversación con Él pone en ejercicio todos los afectos de gracia, reverencia, amor, gratitud, sumisión, fe, gozo y devoción» (Charles Hodge, Systematic Theology [Grand Rapids, Michigan: Eerdmans, n.d.], 3:708), parece completamente apropiado tratar la oración, aunque seguramente es un fruto de la gracia, como en sí mismo también un medio de gracia.

[2] Literalmente, «por la obra realizada». Ludwig Ott en *Fundamentals of Cathoilc Dogma*, 5ª ed. (St. Louis, Mo.: Herder, 1962), escribe: «La fórmula '*ex opere operato*' afirma, negativamente, que la gracia sacramental no se confiere en razón de la actividad subjetiva del receptor, y positivamente, que la gracia sacramental es causada por el signo sacramental que opera válidamente» (130).

[3] Ver la primera parte para mi tratamiento de las Escrituras como la base y la norma para la teología cristiana.

La Iglesia

ministerialmente como un medio de gracia. Es con la Escritura como el *más importante* de los medios de gracia disponibles para la iglesia que estamos actualmente interesados.

El Catecismo Mayor establece la visión reformada de la Palabra de Dios como un medio de gracia en las siguientes preguntas y respuestas:

Pregunta 155: ¿Cómo es hecha eficaz la palabra para la salvación?

R. El Espíritu de Dios hace de la lectura de la palabra, y especialmente de la predicación de ella, un medio eficaz para iluminar, convencer y humillar a los pecadores, sacándolos de sí mismos y conduciéndolos a Cristo, conformándolos a su imagen y subyugándolos a su voluntad; fortaleciéndolos contra las tentaciones y corrupciones, edificándolos en su gracia y afirmando el corazón de ellos en santidad y consuelo por medio de la fe para salvación.

Pregunta 156: ¿La Palabra de Dios debe ser leída por todos?

R. Aunque no a todos les es permitido leer la palabra de Dios públicamente a la congregación, sin embargo, toda clase de personas está obligada a leerla para sí misma y con sus familias; para lo cual las Santas Escrituras deben traducirse del original al lenguaje común.

Pregunta 157: ¿Cómo debe leerse la palabra de Dios?

R. Las Santas Escrituras deben leerse con estimación alta y reverente del valor de ellas, con la persuasión firme de que son la verdadera palabra de Dios y de que sólo él puede capacitarnos para entenderlas; con el deseo de conocer, creer y obedecer la voluntad de Dios revelada en ellas, con diligencia y atención tanto al contenido como a la extensión; con meditación, aplicación, abnegación y oración.

Pregunta 158: ¿Por quién debe ser predicada la palabra de Dios?

R. La palabra de Dios debe ser predicada sola mente por aquellos que están dotados de las cualidades necesarias de un modo suficiente, y que han sido llamados y aprobados de la manera debida para este oficio.

Pregunta 159: ¿Cómo debe ser predicada la palabra de Dios por los que son llamados para ello?

R. Los que son llamados para trabajar en el ministerio de la palabra deben predicar doctrina sana, con *diligencia*, a tiempo y fuera de tiempo; *plenamente*, no con palabras persuasivas de humana sabiduría, sino con demostración del Espíritu y con poder, con *fidelidad*, dando a conocer todo el consejo de Dios; con sabiduría, adaptándose a las necesidades y capacidades de los oyentes; con *celo* con amor ferviente a Dios y a las almas de su pueblo; con *sinceridad*, buscando la gloria de Dios, y la conversión, edificación, y salvación de las almas [énfasis añadido].

Pregunta 160: ¿Qué se requiere de aquellos que oyen la palabra predicada?

R. De aquellos que oyen la palabra predicada se requiere que la atiendan con diligencia, preparación, y oración; que comprueben lo que oyen con las Escrituras y; que reciban la verdad con fe; amor, mansedumbre, y prontitud de ánimo, como la palabra de Dios; meditando y conferenciando sobre ella, guardándola en el corazón, y manifestando los frutos de ella en la vida.

LA EFICACIA DE LA PALABRA

Estas preguntas y respuestas del Catecismo reflejan la visión claramente reformada de las Escrituras como un medio de gracia. Implícita en este punto de vista está la convicción de que la Biblia en su totalidad es la Palabra inspirada e inerrante del Dios viviente, hecha posesión de la iglesia a través de procesos reveladores e inspiradores divinamente gobernados, y por lo tanto es la única expresión proposicional de la voluntad de Dios para su iglesia.

Los luteranos evangélicos, que comparten esta visión de la naturaleza de la Escritura como la Palabra de Dios, no respaldan la idea, sin embargo, de que es el Espíritu de Dios quien debe, inmediata y directamente, hacer que la lectura y la predicación de la Palabra sean efectivas para la salvación (ver Catecismo Mayor, Pregunta 155). Siguiendo el ejemplo del propio Lutero, quien declaró que la Palabra escrita de Dios posee un poder intrínseco porque,

La Iglesia

como Lutero creía, el Espíritu de Dios nunca se separa de ella,[4] el teólogo luterano Robert Preus, instando a que el poder del Espíritu haya sido comunicado a la Palabra de acuerdo con la voluntad de Dios, escribe:

> La Palabra de Dios escrita y predicada tiene el poder *intrínseco* de convertir a todos los hombres indiscriminadamente. Por lo tanto, en virtud de la ordenación y comunicación divinas, la Escritura y el [¿predicado?] La Palabra de Dios está *intrínsecamente* dotada de poder para regenerarse y convertirse.[5]

El problema con esta insistencia luterana de que la Palabra escrita y predicada lleva intrínsecamente dentro de sí todo el poder necesario para convertir a todos los hombres es que este punto de vista no puede explicar de una manera que armonice con la enseñanza de la Escritura sobre la salvación el por qué todos los hombres que leen o escuchan la Palabra, por lo tanto, no se convierten inmediatamente y sin excepción. La respuesta luterana debe, por supuesto, «recurrir... a la doctrina del libre albedrío del hombre»,[6] y así los luteranos niegan la irresistibilidad del poder intrínseco de conversión que reclaman para la Palabra escrita y predicada, como admite Preus:

> La eficacia de la Palabra se extiende a todos los hombres en todas partes. Siempre es el propósito de Dios y de su Palabra que todos los hombres se conviertan y sean salvos. Pero la eficacia de la Palabra no es irresistible.[7]

La iglesia reformada, sin embargo, insiste en que la salvación de los hombres está siempre bajo el gobierno directo y soberano de Dios, que la salvación es siempre directamente del Señor, y, por lo tanto, que el Espíritu Santo debe dar testimonio, inmediata y directamente, *por y con* la Palabra en los corazones de los hombres si han de responder con arrepentimiento y fe a la Palabra de Dios. Como declara la Confesión de Fe:

> Todos aquellos a quienes Dios ha predestinado a la vida, y sólo a aquellos, Él se complace, en Su tiempo designado y aceptado, efectivamente para llamar, *por Su Palabra y Espíritu*, fuera de ese estado de pecado y muerte, en el que están por naturaleza, a la gracia y la salvación, por Jesucristo. (X/i, sin cursivas en el original)

En resumen, la posición reformada sobre la eficacia de la Palabra como medio de gracia es que, aunque la Biblia es la palabra misma de Dios, se hace eficaz como un medio de gracia especial, no intrínseca o automáticamente, sino sólo por la obra inmediata y directa del Espíritu Santo en los corazones de sus lectores y oyentes.[8] La iglesia reformada enfatiza que la impartición de la vida espiritual es siempre soberanamente con Dios el Espíritu que es el dador de la vida. Es decir, donde y cuando el Espíritu obra efectivamente en los corazones humanos por y con la Palabra de Dios (y sólo allí y entonces), la Palabra es irresistiblemente eficaz como medio de gracia en la salvación de los hombres perdidos y la edificación de los santos en la fe.

EL MINISTERIO DE LA PALABRA

Ha complacido a Dios, particularmente «agradó a Dios salvar a los creyentes por la locura de la predicación [τοῦ κηρύγματος, *tou kērygmatos*]» (1 Co. 1:21). Debido a que la verdadera predicación debe estar basada bíblicamente, el Catecismo Mayor (Pregunta 159) amonesta al ministro de la Palabra de Dios a predicar la «sana doctrina». Esto significa, por supuesto, que debe predicar la Palabra de Dios como Dios quiere que sea predicada. El Catecismo luego

---

[4] Martin Luther, *Sämmtliche Schriften*, ed. J. G. Walch (St. Louis: Concordia, 1881–1930), 4:307; 8:288; 18:215, 1811; 51:377–388.
[5] Robert Preus, *The Inspiration of Scripture* (Edinburgh: Oliver and Boyd, 1957), 170, 183 (énfasis añadido).
[6] Berkhof, *Teología Sistemática*, 611.
[7] Preus, *Inspiration of Scripture*, 189.
[8] Dos versículos en particular parecen apoyar la afirmación luterana de que la Palabra de Dios es intrínsecamente eficaz, a saber, Santiago 1:18: «Él, de su voluntad, nos hizo nacer *por la palabra* [λόγῳ, *logō*] de verdad», y 1 Pedro 1:23: «siendo renacidos, no *de* [ἐκ, *ek*] simiente corruptible, sino de incorruptible, *por* [διά, *Diámetro*] la palabra de Dios que vive y permanece para siempre». No puede haber duda de que en ambos casos la «palabra» a la que se hace referencia es la palabra predicada del evangelio, pero una lectura cuidadosa de estas declaraciones debe llevar a uno a la conclusión de que en ambos versículos la palabra predicada de Dios no es la *eficaz* sino más bien el *instrumental* causa de la regeneración (ver el simple dativo de medios en Santiago y el διά, *Diámetro*, con el genitivo en 1 Pedro) empleado por Dios el Espíritu Santo en su obra de regeneración. Es Dios, dice Santiago, quien «da a luz [ἀπεκύησεν, *apekyēsen*]» a los hombres, haciéndolo *a través de* la palabra de verdad.

usa seis adverbios para describir *cómo* debe predicar esta doctrina: diligentemente, claramente, fielmente, sabiamente, celosamente y sinceramente, y luego proporciona una frase explicativa para cada adverbio.

Siempre debe tener en cuenta que su autoridad como ministro está subordinada a la autoridad de la Escritura (1 P. 4:11), y que puede afirmar que su mensaje es autoritativo solo en la medida en que coincida con la verdad de la Escritura misma.

También debe tener en cuenta que su autoridad es ministerial y declarativa, no magisterial y legislativa. Es decir, su autoridad es la autoridad de Dios mismo cuando proclama la Palabra de Dios y ministra como embajador de Cristo en lugar de Cristo. Pero no debe ofenderse cuando sus auditores examinan las Escrituras, como lo hicieron los bereanos (Hch. 17:11), para ver si lo que está predicando es cierto. Por el contrario, debe animarlos a examinar la Palabra escrita de Dios por sí mismos. Tampoco tiene la autoridad para promulgar nuevas leyes para las conciencias de los hombres o para derogar las leyes de las Escrituras que algunos pueden pensar que los vinculan demasiado severamente.

Finalmente, debe mantener continuamente ante sí metas que honren a Dios para su ministerio de la Palabra. Antes que todo, debe «con diligencia presentar[se]te a Dios aprobado, como obrero que no tiene de qué avergonzarse, que usa bien la palabra de verdad» (2 Tim. 2:15). En otras palabras, debe aspirar a agradar a Dios. Debe proclamar «todo el consejo Dios» (Hch. 20:27), y proclamarla en su «debida y apropiada proporción»,[9] es decir, de acuerdo con los énfasis y los equilibrios de la Escritura. Entonces también debe amar las almas de los hombres con una pasión sincera y ministrar la Palabra para efectuar su conversión, edificación y salvación final.

LOS SACRAMENTOS COMO MEDIO DE GRACIA

Los sacramentos son señales y sellos santos del pacto de gracia, instituidos directamente por Dios, para representar a Cristo y a sus beneficios y para confirmar nuestra participación en él, y también para establecer una distinción visible entre aquellos que pertenecen a la iglesia y el resto del mundo, y para obligarlos solamente al servicio de Dios en Cristo, conforme a Su Palabra.

Hay en cada sacramento una relación espiritual o unión sacramental entre la señal y la cosa significada; de donde llega a suceder que los hombres y efectos del uno se atribuyen al otro.

La gracia que se manifiesta en los sacramentos o por ellos, mediante su uso correcto no se confiere por algún poder que hay en ellos; ni depende la eficacia de un sacramento de la piedad o intención del que lo administra, sino de la obra del Espíritu, y de la palabra de la institución; la cual contiene junto con un precepto que autoriza el uso del sacramento, una promesa de bendición para los que lo reciben dignamente.

Sólo hay dos sacramentos instituidos por Cristo Nuestro Señor en el Evangelio; y son el Bautismo y la Cena del Señor; ninguno de los cuales debe ser administrado sino por un ministro de la palabra legalmente ordenado.

Los sacramentos del Antiguo Testamento, en cuanto a las cosas espirituales significadas y manifestadas por ellos, eran en sustancia los mismos del Nuevo. (Confesión de Fe de Westminster, XXVII/i–v)

Antes de que la Confesión trate los sacramentos por separado, trata de los sacramentos juntos de una manera general, pero no porque busque analizar «la esencia» de un sacramento antes de una consideración de los sacramentos individuales, «porque la naturaleza de los sacramentos se centra precisamente en la especificidad concreta del bautismo y la Cena del Señor en la revelación histórica en Jesucristo».[10] La Confesión no está interesada en algún tipo de teología natural o «sacramentología» que preceda a los sacramentos concretos y en la

---

[9] J. Oliver Buswell Jr., *Systematic Theology* (Grand Rapids, Mich.: Eerdmans, 1962), 1:424.
[10] G. C. Berkouwer, *The Sacraments*, trad. Hugo Bekker (Grand Rapids, Michigan: Eerdmans, 1969), 9–10.

La Iglesia

que deben encajar. Los trata primero juntos solo por el bien de la claridad y para abordar ciertas preguntas que han surgido en la historia de la iglesia, y todo lo que dice, incluso entonces, sobre los «sacramentos» en general lo dice a la luz de las declaraciones bíblicas sobre los dos sacramentos bíblicos concretos.

La palabra «sacramento», por la que no tengo un cariño particular, proviene del latín *sacramentum*, que significa «cosa sagrada». Se convirtió en un término en la iglesia medieval que designa el bautismo y la Cena del Señor (así como los cinco falsos «sacramentos» de Roma) como resultado de la traducción de la Vulgata de μυστήριον (*mystērion*, «cosa secreta») por *sacramentum* en Efesios 1:9, 3:9, 5:32, Colosenses 1:27, 1 Timoteo 3:16, y Apocalipsis 1:20, 17:7, aunque μυστήριον, *mystērion*, nunca se usa ni para el bautismo ni para la Cena del Señor en el Nuevo Testamento griego.[11]

«Las dos definiciones más simples y generalmente aceptadas de la palabra 'sacramento'] son la de Agustín y la otra de Pedro Lombardo».[12] Agustín, obispo de Hipona (m. 430), definió un sacramento como un «signo sagrado» (*sacrum signum*),[13] mientras que Pedro Lombardo (m. 1164) definió un sacramento como «una forma visible de una gracia invisible» (*invisibilis gratiae visibilis forma*) y «un signo de la gracia de Dios y la forma y causa de una gracia invisible» (*signum ... gratiae Dei et invisibilis gratiae forma ... et causa existat*).[14]

Según la teología católica romana desde los primeros tiempos medievales hasta nuestros días, los sacramentos son «signos perceptibles (palabras y acciones) accesibles a nuestra naturaleza humana» que «hacen presente eficazmente la gracia que significan».[15] Los sacramentos

> actúan *ex opere operato* (literalmente, «por el hecho mismo de que la acción se realiza»), es decir, en virtud de la obra salvífica de Cristo, realizada de una vez por todas. Se deduce que «el sacramento no es obrado por la justicia del celebrante o del receptor, sino por el poder de Dios» [una cita de Aquino, *Summa theologica*, III.68.8]. Desde el momento en que se celebra un sacramento de acuerdo con la intención de la Iglesia, el poder de Cristo y su Espíritu actúan en y a través de ella.[16]

Y «para los creyentes los sacramentos de la Nueva Alianza son *necesarios para la salvación*».[17]

La Asamblea de Westminster definió un sacramento como «una santa ordenanza instituida por Cristo en su Iglesia, para significar, sellar y aplicar a aquellos que están dentro del pacto de gracia, los beneficios de su mediación; para fortalecer y acrecentar la fe y otras gracias, para obligarlos a la obediencia, para testificar y mantener el amor y comunión del uno con el otro, y distinguirlos de los que están fuera» (Catecismo Mayor, Pregunta 162). Y aunque es algo pecaminoso descuidar deliberadamente los sacramentos, sin embargo, la gracia y la salvación no están tan inseparablemente anexadas a ellos que ninguna persona pueda ser regenerada o salvada sin ellos.

En contra de la insistencia de Roma de que hay siete sacramentos (el bautismo, la confirmación, la Eucaristía, la penitencia, la extremaunción, las órdenes sagradas y el matrimonio),[18] los reformadores protestantes y las iglesias que siguen su ejemplo han

---

[11] Algunos comentaristas piensan que Pablo puede haberse estado refiriendo a los sacramentos en 1 Corintios 4:1, donde habla de sí mismo y de Pedro como «administradores de los misterios de Dios [οἰκονόμους μυστηρίων θεοῦ, *oikonomous mystērion theou*]». Pero esta comprensión de μυστήριον, *mystērion*, va en contra de su sentido uniforme en el corpus paulino para designar una verdad que llega a los hombres por revelación divina. Los «misterios» en 1 Corintios 4:1 se refieren a las verdades reveladas del evangelio.
[12] Hodge, *Systematic Theology*, 3:486.
[13] Ver Augustín, *La Ciudad de Dios*, X, 5.
[14] Ver Peter Lombard, *Sentences*, IV, I, 4.
[15] *Catechism of the Catholic Church* (1994), párrafo 1084.
[16] Ibid., párrafo 1128.
[17] Ibid., párrafo 1129, énfasis original.
[18] Ver la liberación del Concilio de Florencia (1438-1445): «Por el bautismo renacemos espiritualmente y por la confirmación crecemos en la gracia y somos fortalecidos en la fe, renaciendo y fortalecidos nos alimentamos con el alimento divino de la Eucaristía. Si por el pecado enfermamos del alma, la penitencia nos cura espiritualmente, la extremaunción nos cura en el espíritu, y también en el cuerpo, en cuanto es bueno para el alma. Por las órdenes sagradas se gobierna la iglesia y se le da crecimiento

La Iglesia

insistido en que "sólo hay dos sacramentos ordenados por Cristo nuestro Señor en el Evangelio; es decir, el Bautismo y la Cena del Señor" (Westminster Confession of Faith, XVII/iv).[19]

En contra de la afirmación de Roma de que los sacramentos funcionan *ex opere operato*, es decir, sin depender de ninguna manera del receptor, infunden causalmente gracia sobrenatural en el alma que no se resiste a ella,[20] los protestantes en general y la Asamblea de Westminster en particular declararon que los sacramentos «llegan a ser medios eficaces de salvación, no por alguna virtud que haya en ellos, o en aquel que los administra, sino sólo por la bendición de Cristo, y la obra de su Espíritu en aquellos que por la fe los reciben [— Catecismo Menor, Pregunta 91], y las bendiciones de Cristo que los instituyó» (Catecismo Mayor, Pregunta 161).

En contra de la opinión de Roma de que para los creyentes los sacramentos del Nuevo Pacto son necesarios para la salvación, Berkhof, reflejando el testimonio consentido de los reformadores, escribe:

Que [los sacramentos] no son absolutamente necesarios para la salvación, se sigue: (1) del carácter espiritual libre de la dispensación del evangelio, en la que Dios no ata su gracia al uso de ciertas formas externas [es discutible si alguna vez lo hizo—autor], Juan 4:21, 23; Lucas 18:14; (2) del hecho de que la Escritura menciona sólo la fe como la condición instrumental de la salvación, Juan 5:24; 6:29; 3:36; Hechos 16:31; (3) del hecho de que los sacramentos no originan la fe, sino que la presuponen, y se administran donde se asume la fe, Hechos 2:41; 16:14, 15, 30, 33; 1 Corintios 11:23–32; y (4) del hecho de que muchos fueron realmente salvos sin el uso de los sacramentos. Pensar en los creyentes antes de la época de Abraham y en el ladrón penitente en la cruz.[21]

Yo agregaría que Pablo declara expresamente que Abraham mismo fue justificado por la fe algunos años *antes* de ser circuncidado (Ro. 4:9-10).

En contra de la «suposición de Roma de que los sacramentos contienen todo lo que es necesario para la salvación de los pecadores, no necesitan interpretación y, por lo tanto, hacen que la Palabra sea bastante superflua como medio de gracia»[22], la Asamblea de Westminster afirma que la gracia que se exhibe en los sacramentos es conferida por «la obra del Espíritu y la Palabra de institución, que contiene, junto con un precepto que autoriza el uso del mismo, una promesa de beneficio para los receptores dignos» (Confesión de Fe de Westminster, XVII/v). Esta declaración refleja la visión reformada de que, si bien tanto la Palabra como los sacramentos (1) tienen el mismo autor, (2) el mismo contenido central (Cristo), y (3) requieren fe como el medio por el cual su contenido es apropiado, la Palabra ciertamente tiene prioridad sobre los sacramentos en que la Palabra es (1) esencial para la salvación mientras que los sacramentos no lo son, (2) engendra y fortalece la fe, mientras que los

---

espiritual, por el matrimonio se le da crecimiento corporal». Ver también el primero de los Cánones del Concilio de Trento sobre los Sacramentos en General (1547): «Si alguno dijere que los sacramentos de la Nueva Ley no fueron todos instituidos por nuestro Señor Jesucristo, o que haya más o menos de siete... o que alguno de estos siete no sea verdadera e intrínsecamente sacramento, sea anatema». Se remite al estudiante de teología al tratamiento de Juan Calvino de los cinco falsos sacramentos de Roma en sus Instituciones, IV. xix.

[19] Juan 13:15 (los sinópticos guardan silencio aquí, pero ver 1 Ti. 5:10) no debe interpretarse en el sentido de que el lavado de pies debe ser un tercer sacramento observado por la iglesia. Solo de la manera más general, el hecho de que nuestro Señor lave los pies de sus discípulos significa su actividad redentora. Es mucho más probable que el lavado de los pies de sus discípulos tuviera la intención de ser un ejemplo de humildad para enseñarles (y a nosotros) que los cristianos deben estar listos, en el servicio de por vida para Él, para realizar el servicio más humilde para los demás.

[20] Ver Tomás de Aquino, *Summa theologica*, Pregunta 62, Artículo 11, y los Cánones sexto, séptimo y octavo del Concilio de Trento sobre los Sacramentos en General:

«6. Si alguno dijere que los sacramentos de la nueva ley no contienen la gracia que significan, o que no la confieren a los que no la obstaculizan, como si fueran signos exteriores de gracia o de justicia, recibida por la fe y ciertas señales de la profesión cristiana, por las cuales entre los hombres se distinguen los creyentes de los incrédulos, sea anatema.

7. Si alguno dijere que la gracia, en cuanto a la parte de Dios concierne, no se imparte a través de los sacramentos siempre y a todos los hombres, aunque los reciban correctamente, sino solo algunas veces y a algunas personas, sea anatema.

8. Si alguno dijere que por los sacramentos de la nueva ley la gracia no se confiere *ex opere operato* [es decir, por el rito exterior mismo], sino que basta la fe en la promesa divina para obtener la gracia, sea anatema.»

Citado de *Creeds of the Churches*, ed. John Leith, edición revisada (Richmond: John Knox, 1973), 425–426. Se remite al lector al capítulo de Berkouwer sobre «The Efficacy of the Sacraments» en su *The Sacraments*, 56–89, para una excelente discusión desde una perspectiva reformada de la doctrina católica romana *ex opere operato*.

[21] Berkhof, *Systematic Theology*, 618–619.
[22] Ibid., 616.

La Iglesia

sacramentos solo la fortalecen, y (3) está destinada a todo el mundo, mientras que los sacramentos son solo para la iglesia.

En contra de la visión popular de los sacramentos, que a menudo designa la visión zwingliana (pero no está del todo claro que el propio Zwinglio la adoptara),[23] que instaría a que sus elementos materiales no son más que meras «representaciones» de ciertas verdades espirituales, que deben observarse solo como actos de obediencia a Cristo que ordena su observancia, y que la Cena en particular no es más que una ceremonia conmemorativa, la tradición reformada insiste en que como «signos» y «sellos» de la alianza de gracia,[24] los sacramentos son medios de gracia en los que Cristo mismo está *realmente presente espiritualmente* y se ofrece a sí mismo y los beneficios de su muerte a los cristianos que lo reciben y esos beneficios en humildad y fe.[25] Su presencia y su oferta de gracia son objetivas y de ninguna manera son *creadas* por la fe, porque donde no hay arrepentimiento y fe, tal compromiso sin fe trae juicio, como dice 1 Corintios 11:29–31. Donde hay arrepentimiento y fe, los sacramentos son eficaces, pero sólo por «la bendición de Cristo, y la obra de su Espíritu en aquellos que por la fe los reciben.» (Catecismo Menor, Pregunta 91).

Esta enseñanza de la presencia espiritual real de Cristo y sus beneficios en los sacramentos y, en consecuencia, de la eficacia de los sacramentos como instrumentos espirituales que confieren gracia salvadora se basa en la visión reformada de que hay tres aspectos en ambos sacramentos: (1) los elementos visibles y las acciones observables que son los signos externos y sellos de las gracias espirituales, (2) las propias gracias espirituales (como la justicia de la fe, el perdón de los pecados, la comunión con Cristo en su muerte y resurrección, es decir, Cristo mismo en su pasión y todas sus riquezas espirituales) que son significadas y selladas por los elementos visibles y las acciones observables, y (3) la «relación espiritual, o unión sacramental» entre los signos y sellos mismos, por un lado, y las gracias espirituales que significan y confirman, por el otro. *Es esta unión espiritual la que constituye la esencia del sacramento*, y es debido a esta unión que los sacramentos confieren gracia cuando se reciben en la fe. Es también debido a esta unión que los nombres y efectos de las señales y sellos se atribuyen a las gracias espirituales y viceversa (Confesión de Fe de Westminster, XXVII/ii; ver Gn. 17:10; Hch. 22:16; Ro. 6:3–4; Mt. 26:27–28; 1 Co. 5:7).

Antes de considerar los sacramentos por separado, podría ser útil observar de qué manera el bautismo y la cena del Señor son similares y de qué maneras son diferentes. Los dos sacramentos son iguales en el sentido de que ambos fueron instituidos por Cristo (Mt. 28:19; 1 Co. 11:23-25), ambos deben ser observados perpetuamente en la iglesia (Mt. 28:20; 1 Co. 11:26), ambos implican el empleo activo de elementos materiales (lavarse con agua, comer pan y beber vino), ambos son signos y sellos del pacto de gracia y pueden y se convierten en medios de gracia para aquellos que los reciben, y ambos sirven para delimitar la iglesia visible (Ro. 6:3-4; 1 Co. 10:16-17). Son diferentes en el sentido de que «el Bautismo sólo ha de administrarse una vez, con agua, para que sea un signo y un sello de nuestra regeneración y

---

[23] Geoffrey W. Bromiley escribe en *Zwinglio and Bullinger*, vol. 24 en *The Library of Christian Classics* (Filadelfia: Westminster, 1953):

Zwinglio no tenía intención de negar una presencia espiritual de Cristo en el sacramento [de la Cena del Señor]... Esta presencia ciertamente significa que la comunión es más que un signo 'desnudo', al menos para el creyente que la recibe... Porque en el sacramento tenemos que ver no sólo con los elementos sino con la presencia espiritual del mismo Cristo y la actividad soberana del Espíritu Santo. (179)

Y otra vez,

Zwinglio no discute que Cristo está verdaderamente presente en la Cena. Lo que él discute es que él está sustancialmente presente, presente en la sustancia de su carne y sangre, presente según su naturaleza humana... no desea negar la presencia de Cristo por completo, y la realidad de la presencia espiritual de Cristo implica algo muy lejano. más que un simple memorialismo. La Cena no puede ser meramente un rito conmemorativo cuando el conmemorado está Él mismo presente y activo entre los que celebran la fiesta. (183)

Ver también Roland Bainton, Here I Stand (Nueva York: Abingdon, 1950), 319.

[24] La representación reformada de los sacramentos como «señales» y «sellos» del pacto de gracia se basa en la declaración de Pablo en Romanos 4:11: «Y recibió la señal [σημεῖον, *sēmeion*] de la circuncisión, un sello [σφραγῖδα, *sphragida*] de la justicia que tuvo por la fe cuando aún era incircunciso».

[25] Ver el capítulo de Berkouwer sobre «The Real Presence», en *The Sacraments*, 219–243, para una excelente discusión de este tema frente a los puntos de vista romanistas y luteranos.

La Iglesia

de que estamos ingeridos en Cristo, y en que es administrado aun a los niños, mientras que la Cena del Señor debe administrarse con frecuencia, bajo los elementos de pan y vino, para representar y exhibir a Cristo como el alimento espiritual del alma y confirmar nuestra permanencia y crecimiento en él y en que sólo participan de dicho sacramento los que tienen la edad necesaria y que son capaces de examinarse a sí mismos». (Catecismo Mayor, Pregunta 177). Queda, por supuesto, demostrar estas características en los tratamientos que siguen.

BAUTISMO

El Bautismo es un sacramento del Nuevo Testamento, instituido por Jesucristo, no solo para admitir solemnemente en la iglesia visible a la persona bautizada, sino también para que sea para ella una señal y un sello del pacto de gracia, de su injerto en Cristo, de su regeneración, de la remisión de sus pecados, y de su rendición a Dios por Jesucristo, para andar en novedad de vida. Este sacramento, por institución propia de Cristo debe continuar en su Iglesia hasta el fin del mundo.

El elemento externo que ha de usarse en este sacramento es agua, con la cual ha de ser bautizada la persona en el nombre del Padre, del Hijo y del Espíritu Santo, por un ministro del Evangelio legalmente llamado para ello.

No es necesaria la inmersión de la persona en el agua, sin embargo, se administra correctamente el bautismo por la aspersión o efusión del agua sobre la persona.

No sólo han de ser bautizados los que de hecho profesan fe en Cristo y obediencia a Él, sino también los niños hijos de uno o de ambos padres creyentes.

Aun cuando el menosprecio o descuido de este sacramento sea un pecado grave, sin embargo, la gracia y la salvación no están tan inseparablemente unidas a ella, de manera que no pueda alguna persona ser regenerada o salvada sin el bautismo, o que todos los que son bautizados sean indudablemente regenerados.

La eficacia del bautismo no está ligada al preciso momento en que es administrado, sin embargo, por el uso correcto de este sacramento, la gracia prometida no solamente se ofrece, sino que realmente se manifiesta y se otorga por el Espíritu Santo a aquellos (sean adultos o infantes) a quienes corresponde aquella gracia, según el consejo de la propia voluntad de Dios; en su debido tiempo.

El sacramento del bautismo ha de administrarse una sola vez a cada persona. (Confesión de Fe de Westminster, XXVIII/i–vii)

Antecedentes del Antiguo Testamento

El Antiguo Testamento se refiere muchas veces a los lavados rituales. La ley prescribía el baño ritual para las personas consideradas ceremonialmente impuras (Lv. 14:8-9; 15). Aarón y sus hijos fueron lavados ceremonialmente en su ordenación al sacerdocio (Lv .8:5–6). También se prescribió la aspersión de los muebles empleados en el tabernáculo y el templo. Estos lavados rituales condujeron a su aplicación simbólica en la oración por la limpieza espiritual (Sal. 51:1–2; 7–10; ver Ezequiel 36:25–26). El bautismo de arrepentimiento de Juan en preparación para la venida del Mesías (Mt. 3:6, 11; Mc 1:4–5; Lc 3:3), dado el hecho de que su ministerio pertenecía a la era preparatoria del Antiguo Testamento (Mt. 11:13), muy probablemente debería ser visto como una limpieza ceremonial o ritual (que denota limpieza espiritual) de pie en este contexto del Antiguo Testamento.[26]

---

[26] Muchos académicos, algunos más cautelosos que otros, por ejemplo, Jean Steinmann (*Saint John the Baptist and the Desert Tradition*, traducido por Michael Boyes [Nueva York: Harper, 1958], pp. 58–61), Millar Burrows (*More Light on the Dead Sea Scrolls* [New York: Viking, 1958], pp. 56–63), y Charles H. H. Scobie (*John the Baptist* [Philadelphia: Fortress, 1964] pp. 34–40), sostienen o admiten que pudo haber habido alguna conexión entre el bautismo de arrepentimiento de Juan el Bautista y el bautismo de iniciación de la secta esenia en Qumrán.

Si bien se puede hacer un caso atractivo, si no es por una conexión directa entre Qumrán y Juan, al menos por la influencia de Qumrán sobre Juan, aún recomendaría precaución aquí porque, si bien tal influencia es posible, uno no debe perder de vista el hecho de que, si bien el estilo de vida personal de Juan era ascético, quizás incluso nazareo (Mt. 3:4; 11:18; Lc. 1:15; 7:33; ver Nm. 6:1–21; Jue. 13:5, 7); 1 S. 1:11), (1) su ministerio fue esencialmente profético (Mt. 3:1–12; 11:7–14; Mc. 1:2–3; Lc. 3:2–9; Jn. 1:23 –27) mientras que el de Qumrán era esotérico, (2) hizo un llamado amplio y público al arrepentimiento (Mt. 3:2, 8; Lc. 3:8) mientras Qumrán era solitario y monástico en su orientación, (3) exigió evidencia probatoria de arrepentimiento en los asuntos de la vida ordinaria (Lc. 3:8, 10–14), mientras que Qumrán exigió la sumisión a los rigores de la vida ascética, (4) él, como precursor del mesías, anunció que había venido (Jn. 1:29, 35) mientras Qumrán todavía esperaba su aparición, (5) tenía un conocimiento de la naturaleza del mesías y de su obra (Mt. 3:11-12; Jn. 1:29-35; 3:27-30) que Qumrán no tenía, (6) sus discípulos se sintieron en libertad de dejarlo y seguir a Jesús (Jn. 1:35–37) —de hecho, él los animó a hacerlo (Jn. 1:29; 35; Hch. 19:4)— mientras que los habitantes de Qumrán no se sintieron fácilmente con la libertad de dejar la secta, y (7) su bautismo fue precisamente lo que el Nuevo Testamento representa, es decir, un «bautismo de arrepentimiento» por el cual aquellos que se arrepintieron de sus pecados y fueron bautizados se convirtieron en miembros de la amplia comunidad pública de fe que esperaba la aparición del mesías y su doble

La Iglesia

Institución

Nuestro Señor mismo instituyó el sacramento del bautismo en la víspera de su ascensión cuando dio a sus discípulos la gran comisión: «Id y haced discípulos a todas las naciones, bautizándolos [βαπτίζοντες, *baptizontes*] en el nombre del Padre y del Hijo y del Espíritu Santo» (Mt. 28:19). La iglesia tiene entonces la sanción del cielo para bautizar a sus miembros, de hecho, no bautizarlos es desobediencia al cielo.

El participio presente en este versículo parece ser un participio de «medios». Es decir, Jesús parece representar el bautismo aquí como uno de los dos medios externos por los cuales las naciones deben ser hechas sus discípulos, «enseñándoles a obedecer todo lo que he mandado» (en la siguiente cláusula) siendo el segundo. No quiero sugerir que el bautismo simplemente como institución afecta *el* discipulado. Estoy pensando en el bautismo aquí como la ceremonia en relación con la cual los cristianos declaran públicamente normal y formalmente por primera vez su compromiso con Jesucristo.

Importación

Siguiendo a John Murray,[27] insto a que la importancia del bautismo se derive de los términos de su institución y de las varias referencias a él en el Nuevo Testamento. Cuando tomamos nuestro punto de partida de la fórmula que Jesús usó en su institución, a saber, «bautizar en el nombre» (βαπτίζοντες εἰς τὸ ὄνομα, *baptizontes eis to onoma;* ver 1 Co. 1:13, 15 — «bautizado en el nombre de Pablo»; 1 Co. 10:2— «bautizado en Moisés»), se hace evidente que la fórmula expresa una relación con la persona en quien o en cuyo nombre está siendo bautizada la persona.[28] El bautismo entonces básicamente denota el hecho de una relación. ¿Qué tipo de relación? Cuando se toman en cuenta pasajes como Romanos 6:3–6, 1 Corintios 12:13, Gálatas 3:27–28 y Colosenses 2:11–12 (ver exposiciones a continuación), queda claro que la naturaleza de la relación es una de *unión con Cristo*, más particularmente, la unión con Cristo en su crucifixión, muerte, sepultura y resurrección (no solo la unión con Él en los dos últimos). De esta unión básica el bautismo es el signo sacramental y el sello. Pero como Jesús habla de ser bautizado en el nombre del Padre, y del Hijo, y del Espíritu Santo, el bautismo también

> significa la unión con el Padre y el Hijo y el Espíritu Santo, y esto significa con las tres personas de la Trinidad, tanto en la unidad expresada por su posesión conjunta del nombre único como en la riqueza de la relación distintiva que cada persona de la Trinidad sostiene con el pueblo de Dios en la economía del pacto de gracia.[29]

Hay otro aspecto de la importancia del bautismo que no debe pasarse por alto. Debido a que la ordenanza implica el uso del elemento visible del agua y la acción observable de aplicar esa agua a la persona, y en vista de la enseñanza de Ezequiel 36:25–26, Juan 3:5, 1 Corintios 6:11 y Tito 3:5 con respecto al uso ceremonial del agua y el lavado para la limpieza, así como la enseñanza de Colosenses 2:11–12 donde la circuncisión (que es una señal de limpieza de la contaminación del pecado) está relacionada con el bautismo, el bautismo significa más específicamente la *limpieza* o purificación de la contaminación y culpa del pecado. Esta limpieza resulta de la unión del pecador con las personas de la deidad en sus respectivas labores en el *ordo salutis*.

Finalmente, debido a que el nombre mismo de la ordenanza es lo que es, a saber, el bautismo (βάπτισμα, *baptisma*), obviamente simboliza la obra espiritual dada a ese nombre

---

bautismo, mientras que el bautismo de iniciación de Qumrán fue para sus iniciados la puerta de entrada a esa secta monástica que se consideraba a sí misma como el nuevo Israel. Estas características del ministerio de Juan sugieren que era claramente diferente de las enseñanzas, expresiones y actitudes sectarias de Qumrán

[27] John Murray, *Christian Baptism* (Philadelphia: Presbyterian and Reformed, 1962), 5.

[28] Edmund Clowney en *The Church* (Downers Grove, Ill.: InterVarsity Press, 1995) dice al respecto: «El bautismo cristiano es una ceremonia de nombramiento. Al bautizado se le da un nombre... el nombre del Dios trino. El bautismo da a los cristianos su apellido, el nombre que llevan como los llamados hijos de Dios (Is. 43:6b-7)» (278). Se refiere a la bendición de Aarón en Números 6:24–27 y a la declaración de Pablo en Efesios 3:14–15 como apoyo.

[29] Murray, *Christian Baptism*, 7.

La Iglesia

en la Sagrada Escritura, a saber, la obra de Cristo de bautizar a su pueblo con el Espíritu Santo (véase Mt. 3:11; Mc. 1:8; Lc. 3:16; Jn. 1:33; Hch. 1:5; 2:33; 1 Co. 12:13), cuya obra los une a sí mismo y a las otras personas de la Trinidad en sus labores salvadoras de regeneración, purificación, justificación y limpieza.

Bautismos apostólicos en el Nuevo Testamento

Hay relativamente pocos casos —sólo once— de bautismos cristianos reales registrados en el Nuevo Testamento. Esto es notable, ya que los bautismos reales deben haber sido muy frecuentes en los días de los apóstoles. Las instancias registradas son las siguientes:

Bautismos reales registrados en el Nuevo Testamento

1.	Judíos	Hechos 2:37-41
2.	Samaritanos	Hechos 8:12-17
3.	El Eunuco Etíope	Hechos 8:35-38
4.	Pablo	Hechos 9:18; ver 22:16
5.	Cesáreos	Hechos 10:44-48
6.	Lidia	Hechos 16:13-15
7.	Carcelero Filipense	Hechos 16:30-34
8.	Corintios	Hechos 18:8
9.	Discípulos de Juan	Hechos 19:1-7
10.	Crispo y Gayo	1 Corintios 1:14
11.	Familia de Estéfanas	1 Corintios 1:16

Una cosa interesante a tener en cuenta acerca de los bautismos en Hechos es que se administran «sobre», «en» o «en» el nombre de Jesús (Hch. 2:38, ἐπὶ, *epi;* Hch. 8:16, εἰς, *eis;* Hch. 10:48, ἐν, *en;* Hch. 19:5, εἰς, *eis* ver también Gal. 3:27; Ro. 6:3) y no en el nombre del Dios trino como se especifica en la fórmula de Mateo 28. Si bien algunos críticos creen que esto prueba que Mateo 28:19 es «una redacción mateana posterior de una comisión apostólica más primitiva», yo sugeriría que Lucas simplemente está dando una forma abreviada de las palabras realmente utilizadas en la ceremonia bautismal, destacando por su uso del nombre de Jesús solo el hecho de que es a través de la mediación de Jesús que uno entra en unión con el Dios trino y el hecho de que estas personas estaban siendo admitidas a la iglesia *cristiana*.

Exposición de las referencias paulinas al bautismo

Las referencias al bautismo en las epístolas también son relativamente pocas, con solo una instancia no paulina (1 P. 3:21), y ninguna en el Apocalipsis.[30] Las ocho instancias paulinas son las siguientes: Gálatas 3:27, 1 Corintios 1:13–17 (6 veces); 10:2; 12:13; 15:29 (2 veces); Romanos 6:3–4; Efesios 4:5; y Colosenses 2:12.[31]

Gálatas 3:26–27: «pues todos sois hijos de Dios por la fe en Cristo Jesús; porque todos los que habéis sido bautizados en Cristo, de Cristo estáis revestidos». Creo que Pablo tiene en mente con su declaración aquí la obra bautismal de Cristo de bautizar a los elegidos por su Espíritu (porque seguramente no todos los que han sido bautizados por agua se han «vestido de Cristo»), por cuya obra son llevados a la unión con Él a través de la fe, su unión con Él se describe aquí metafóricamente como su «vestirse de Cristo» en el sentido de que uno se envolvería en una prenda.

---

[30] Estoy en deuda con la conferencia de clase inédita de David C. Jones sobre el bautismo por varias ideas en esta sección.

[31] La escasez de referencias paulinas al bautismo en sus epístolas no debe interpretarse en el sentido de que Pablo tenía en baja estima la ordenanza. Aunque él dirá que Cristo no lo envió a bautizar sino a evangelizar (1 Co. 1:17), cuando luego expone el significado del bautismo le da un alto significado (Ro. 6:3-4) y lo coloca al lado de un cuerpo, un Espíritu, una esperanza, un Señor, una fe, un Dios y Padre, «un bautismo» como razón adicional de la unidad del cuerpo de Cristo (Ef. 4:4-5).

1 Corintios 1:13–17; 10:2: Las seis referencias al bautismo en 1 Corintios 1 «confirman la práctica apostólica del bautismo tal como se refleja en Hechos, y son significativas teológicamente en el sentido de que presuponen la importancia relacional del bautismo cristiano (εἰς τὸ ὄνομα, *eis to onoma*), que también se expresa en 1 Corintios 10:2 (εἰς τὸν Μωυσῆν, *eis ton Mōysēn*)» (Jones). Jones también señala aquí la evidente primacía de la Palabra sobre la santa cena en la declaración de Pablo de que Cristo lo comisionó para *evangelizar* en lugar de bautizar, aunque, por supuesto, bautizó a algunos conversos iniciales como Crispo (ver Hch. 18:8) y Estéfanas (ver 1 Co. 16:15).

1 Corintios 12:13: «Porque por un solo Espíritu fuimos todos bautizados [ἐν ἑνὶ πνεύματι, *en heni pneumati*] en un cuerpo». Estoy totalmente de acuerdo con Jones aquí en que «no hay ninguna razón por la cual la preposición ἐν [*en*] no deba traducirse 'con' en lugar de 'por'. Cristo es el que 'bautiza' con el Espíritu Santo, Él es el agente y el Espíritu Santo es el 'elemento'». (Sin embargo, prefiero destacar en la preposición εἰς, *eis* —«*en* un solo cuerpo»— el carácter relacional de esta obra bautismal en lugar de la meta o propósito de esta obra, como sugiere Jones). También estoy de acuerdo con Jones cuando escribe:

> Que Cristo en lugar del Espíritu Santo es el agente de este bautismo es confirmado por la cláusula siguiente: «... y a todos se nos dio a beber de un mismo Espíritu». Por lo tanto, este pasaje no es una referencia directa al bautismo en agua, se refiere más bien al derramamiento del Espíritu Santo en el día de Pentecostés como un evento histórico-redentor definitivo del cual participan las generaciones posteriores de creyentes a medida que se incorporan al cuerpo de Cristo. El bautismo en agua, por supuesto, es el signo externo de la obra [purificadora] del Espíritu Santo en la vida del creyente individual, pero ese no parece ser el punto principal de este texto.

El punto de Jones es confirmado tanto por la voz pasiva como por el tiempo puntilloso del verbo ἐποτίσθημεν, *epotisthēmen*, «nos dieron de beber».

1 Corintios 15:29: «De otro modo, ¿qué harán los que se bautizan por los muertos [ὑπὲρ τῶν νεκρῶν, *hyper tōn nekrōn*], si en ninguna manera los muertos resucitan? ¿Por qué, pues, se bautizan por [ὑπὲρ] los muertos?» Como Jones señala, las dos referencias en este versículo al bautismo por los muertos son desconcertantes, por decir lo menos. Muchas son las sugerencias hechas por los comentaristas en cuanto al significado de Pablo aquí, pero ninguna solución actualmente en la escena está ganando terreno.[32] Por lo tanto, dado que es imposible saber con certeza lo que Pablo quiso decir con ello, no hay ninguna justificación en el texto o en el contexto de la conclusión de Jones de que «Pablo parece ver la práctica bajo una luz positiva». Uno solo puede concluir que, cualquiera que sea la práctica a la que alude, al menos seguramente la está empleando como un argumento *ad hominem* para la resurrección física contra aquellos en la iglesia de Corinto que la negaron.

Romanos 6:3–4: «¿O no sabéis que todos los que hemos sido bautizados en Cristo Jesús, hemos sido bautizados en su muerte? Porque somos sepultados juntamente con él para muerte por el bautismo». Aquí Pablo enseña que cuando el creyente está unido a Cristo a través del bautismo de Cristo por su Espíritu en su cuerpo, un cambio decisivo ocurre en él, de lo cual la ordenanza del bautismo es la señal externa y el sello, es decir, muere al reinado del pecado y vive por justicia. Si entonces la importancia del bautismo en agua es simbólicamente la de la unión con Cristo, se deduce que el bautismo confirma, es decir, sirve como el sello de, nuestra unión con él en su crucifixión, muerte, entierro y resurrección. Murray escribe: «el hecho de haber muerto al pecado es la premisa fundamental del pensamiento del apóstol... Lo que [él] tiene a la vista es la ruptura definitiva de una vez por todas con el pecado que

---

[32] De las más de doscientas [!] interpretaciones que se le han dado a este versículo, John D. Reaume en «Otra mirada a 1 Corintios 15:29, 'Baptized for the Dead'», *Bibliotheca Sacra* 152 (octubre-diciembre de 1995): 457–475, considera los nueve puntos de vista más probables y opta por el punto de vista que toma el ὑπὲρ, *hiper*, en el sentido de «debido a»: «debido a la influencia de los cristianos fallecidos». Ver también BAGD, «βαπτίζω [*baptizō*]», 2bg, 132, para otra literatura.

La Iglesia

constituye la identidad del creyente [con respecto a la cual el bautismo de ruptura es la señal y el sello]».³³

«En demostración de su premisa», señala Jones, «Pablo apela a la importancia del bautismo. El bautismo 'en Cristo' significa la unión con Cristo y la participación en todos los privilegios y bendiciones que residen en Él, la unión con Él en todos los aspectos de su trabajo como mediador, incluida su muerte, de la cual su entierro fue la confirmación inequívoca».

Efesios 4:5: «...un Señor, una fe, un bautismo». Aquí el «único bautismo» de Pablo parece referirse a la ordenanza del bautismo en agua «en la medida en que el versículo anterior ya ha hablado de 'un cuerpo y un solo Espíritu'» (Jones). El significado que el apóstol atribuye a la ordenanza se ve en su disposición a colocarla dentro del lugar del único cuerpo, un espíritu, una esperanza, un señor, una fe y un solo Dios y Padre de todos, que está sobre todo y a través de todos y en todos. Y su punto parece ser que «todos los que participan en el bautismo cristiano correctamente administrado son sujetos de una y la misma ordenanza con la misma importancia espiritual. Por lo tanto, el bautismo se erige [junto con las otras seis 'una' cosas mencionadas] como un testimonio contra la desunión en la iglesia» (Jones).

Colosenses 2:11–12: En estos versículos Pablo relata expresamente las dos ordenanzas de la circuncisión del Antiguo Testamento y el bautismo del Nuevo Testamento: «*En él también fuisteis circuncidados* [περιετμήθητε, *perietmēthēte*] con circuncisión no hecha a mano, al echar de vosotros el cuerpo pecaminoso carnal, en la circuncisión de Cristo; *sepultados con él en el bautismo [del Espíritu]*, en el cual fuisteis también resucitados con él, mediante la fe».

La relación entre la circuncisión del Antiguo Testamento y el bautismo del Nuevo Testamento se puede ver simplemente leyendo las palabras en cursiva: «*En él también fuisteis circuncidados..., sepultados con él en el bautismo*». Claramente, para Pablo, la importancia espiritual del sacramento del bautismo del Nuevo Testamento, la señal externa y el sello de la obra bautismal interna del Espíritu, es equivalente a la de la circuncisión del Antiguo Testamento.³⁴ Por la autoridad de Cristo y sus apóstoles, la iglesia en esta era administra el bautismo en lugar de la circuncisión. Pero lo hace con el entendimiento de que el significado espiritual del bautismo como señal es esencialmente el mismo que la ceremonia del Antiguo Testamento anterior, es decir, una señal de pacto del acto del Espíritu de purificación de la contaminación del pecado.

Modo

Con la excepción de aquellos en la tradición bautista que consideran la inmersión seguida de emersión como el único modo apropiado de bautismo, la posición y práctica católica (universal) de la iglesia occidental con respecto a la cuestión del modo apropiado de bautismo es que «no es necesaria la inmersión de la persona en el agua, sin embargo, se administra correctamente el bautismo por la aspersión o efusión del agua sobre la persona». (Confesión de Fe de Westminster, XXVIII/iii).³⁵

Los apologistas bautistas apoyan su afirmación sosteniendo que (1) βαπτίζω, *baptizō*, tiene la raíz que significa sumergir o sumergir,³⁶ (2) Juan 3:23 implica que la inmersión fue el modo de bautismo que Juan el Bautista empleó por el hecho de que estaba bautizando en

---

[33] John Murray, *Romans* (Grand Rapids, Mich.: Eerdmans, 1968), 1:213.
[34] Paul King Jewett, un teólogo bautista reformado, lo reconoce cuando escribe: «la única conclusión a la que podemos llegar es que las dos señales [la circuncisión y el bautismo], como ritos externos, simbolizan la misma realidad interna en el pensamiento de Pablo. Por lo tanto, se puede decir con justicia que la circuncisión es la contrapartida del bautismo cristiano en el Antiguo Testamento. Hasta ahora, el argumento reformado, a nuestro juicio, es bíblico. En este sentido, el bautismo, para citar el Catecismo de Heidelberg, 'ocupa el lugar de la circuncisión en el Nuevo Testamento'» (*Infant Baptism and the Covenant of Grace* [Grand Rapids, Michigan: Eerdmans, 1978], pág. 89).
[35] Ver el artículo de Warfield, «The Archaeology of the Mode of Baptism» en *Studies in Theology* (1932; reimpresión, Edinburgh: Banner of Truth, 1988), 345–386.
[36] Alexander Carson en su tratamiento clásico, *Baptism in Its Mode and Subjects* (Philadelphia: American Baptist Publication Society, 1845), argumenta que el significado fundamental de βαπτίζω, *baptizō*, es «sumergir, y nada más que sumergir», sin insinuación en la palabra misma el objeto «sumergido» debe ser retirado de la sustancia en la que ha sido sumergido. La emersión en el caso de la ordenanza del bautismo se sigue necesariamente como algo natural, ya que el sujeto vivo no puede quedar sumergido en el agua bautismal.

La Iglesia

Enón cerca de Salem «porque había mucha agua [ὕδατα πολλὰ, *hydata*, literalmente «muchas aguas»] allí», (3) descripciones del Nuevo Testamento de los actos reales del bautismo (Mt. 3:16; Mc. 1:9, 10; Hch. 8:36-39) apoyan la inmersión como el modo apropiado de bautismo, y (4) Romanos 6:3-6 y Colosenses 2:11-12 explícitamente hacen del entierro y la resurrección de Cristo el modelo para el modo de bautismo, es decir, así como Cristo fue enterrado, así también para representar su muerte al pecado, la parte bautizada debe sumergirse en agua, y así como Cristo resucitó de entre los muertos, así también para representar su resurrección a la novedad de la vida, la parte bautizada debe emerger del agua.

Ninguna de estas afirmaciones puede sostenerse. Con referencia al significado de βαπτίζω, *baptizō*,[37] aunque a veces puede significar «sumergir», hay varios contextos del Nuevo Testamento en los que *debe* significar simplemente «lavar», sin un modo específico de lavado indicado. Por ejemplo, ἐβαπτίσθη, *ebaptisthē*, difícilmente significa «estaba inmerso» en Lucas 11:38, donde se nos informa que cierto fariseo, «al notar que Jesús no *se lavó* primero [literalmente «no fue bautizado»] antes de la comida, se sorprendió». ¡Seguramente este fariseo no esperaba que Jesús (nótese que Jesús la *persona* es el sujeto de la acción verbal y no simplemente las manos de Jesús) fuera sumergido en agua antes de cada comida! Seguramente su sorpresa fue provocada por Jesús que no se lavaba ritualmente las manos antes de comer, de acuerdo con la ceremonia a la que se hace referencia en Mateo 15:2 y Marcos 7:3-4, muy probablemente de tener que verter agua sobre ellas (ver la práctica aludida en 2 R. 3:11 y Lc. 7:44).

Hablando de Marcos 7:3–4, en el versículo 4 leemos: «Y volviendo de la plaza, si no se lavan [βαπτίσωνται, *baptisōntai*, literalmente 'bautizarse'], no comen». Seguramente de nuevo, βαπτίσωνται, *baptisōntai*, no puede significar que «los fariseos y todos los judíos» *se sumergieran* cada vez que regresaban a casa del mercado.[38] El versículo 4 también se refiere al «lavado ceremonial [βαπτισμοὺς, *bautismal*] de tazas y utensilios y cuencos de cobre», con el Texto Recibido incluso agregando «y camas [κλινῶν, *klinōn*]». Si bien κλινῶν, *klinōn*, es textualmente sospechoso, al menos debe reconocerse que esta tradición textual no veía nada incongruente en la idea de «bautizar» camas (ver Lv. 15), un acto que podría llevarse a cabo de manera bastante simple si las camas en cuestión fueran rociadas, pero que sería bastante difícil si las camas, a veces bastante elaboradas en la construcción, fueran sumergidas.

Decir que Juan 3:23 implica algo sobre el modo de bautismo a partir de su aviso de que había «muchos [manantiales de] aguas» en Enón (cuyo nombre propio significa «manantiales») donde Juan estaba bautizando es un tramo de exégesis. Los «muchos manantiales» habrían sido necesarios para cualquier gran reunión de personas como las que vinieron al Bautista para escucharlo y recibir el bautismo de su mano, pero difícilmente con fines bautismales. ¡Habrían sido necesarios para el sostenimiento mismo de la vida! Y las corrientes de Israel que se forman a partir de manantiales suelen ser bastante poco profundas.

---

[37] James W. Dale argumenta en su monumental obra de cuatro volúmenes sobre el bautismo (Classic Baptism, Judaic Baptism, Johannic Baptism y Christic and Patristic Baptism) que βαπτίζω, *baptizō*, no significa «sumergir» (es decir, «poner en [y quitar de]») sino más bien «unir para permanecer juntos», con su significado «de ninguna manera gobernado por, o dependiente de, cualquier forma de acto» (Classic Baptism [1867; reimpresión, Phillipsburg, N.J.: Presbyterian and Reformed, 1989], 126). ¡Él muestra que la palabra en griego clásico significa una variedad de cosas, incluyendo sumergir, ahogar, empinar, desconcertar, mojar, teñir, verter, rociar y pigmentar! Concluye diciendo:

Bautismo es una palabra de múltiples facetas, ajustándose a los casos más diversos.

Agamenón fue bautizado, Baco fue bautizado, Cupido fue bautizado, Cleinías fue bautizada, Alejandro fue bautizado, Pantia fue bautizada, Otón fue bautizado, Caricles fue bautizado, y una multitud de otros fueron bautizados, cada uno diferente del otro en la naturaleza o el modo de su bautismo, o ambos.

Un ciego podría seleccionar más fácilmente cualquier color requerido del espectro, o un niño podría recorrer el laberinto de Creta más fácilmente que «los siete sabios de Grecia» declarar la naturaleza, o el modo, de cualquier bautismo dado por la ayuda desnuda de βαπτίζω, *baptizō*. (353–354)

Por lo tanto, Jay Adams en su prólogo al Bautismo clásico de Dale declara correctamente que «el bautismo en agua es una 'ordenanza de unión' apropiada que introduce permanentemente a los cristianos a la Iglesia visible, así como el bautismo en el Espíritu une permanentemente a los cristianos con la Iglesia invisible».

[38] Una lectura variante en א y B en realidad dice ῥαντίσωνται, *rhantisōntai*, literalmente, «rociar», siendo el pensamiento: «excepto que se rocíen [a sí mismos, o lo que sea] del mercado, no [lo comen]».

La Iglesia

Luego a menudo se argumenta que las expresiones, «bajaron al agua» y «salieron del agua», usadas en relación con el bautismo de Jesús (Mt. 3:16; Mc. 1:9, 10) y el del eunuco etíope (Hch. 8:36-39) indican que la inmersión seguida de emersión era el modo de bautismo practicado en estos casos. Pero una lectura cuidadosa del texto en cada caso mostrará que el acto del bautismo, cualquiera que sea el modo en que se estaba empleando, fue un acto separado que *siguió* al bajar y *precedió* a la salida del agua. Cabe señalar también, en el caso del bautismo del eunuco, que Lucas registra que tanto Felipe como el eunuco bajaron y salieron del agua. Claramente, estos actos de ninguna manera constituyeron ninguna parte del acto bautismal en sí. Por lo tanto, nada se puede determinar definitivamente a partir de estas expresiones con respecto al modo del acto bautismal en sí mismo que ocurrió entre los actos de bajar y subir.[39] Además, el Nuevo Testamento nunca describe el acto mismo del bautismo como bajar o salir del agua. Es una clara posibilidad que lo que hizo que el eunuco etíope pensara y solicitara el bautismo en primer lugar, leyendo Isaías 53: 7-8 como lo había estado haciendo, fue haber leído momentos antes de las palabras de Isaías 52:15: «Así [mi Siervo] rociará [יַזֶּה, *yazzeh*, es decir, limpiara] muchas naciones».[40] (Él también pudo haber estado familiarizado con Ezequiel 36:25: «Rociaré [וְזָרַקְתִּי], *weⁿzāraqtî*].[41] agua limpia sobre ti, y estarás limpio»). Por lo tanto, la preponderancia de la evidencia sugiere que el bautismo del eunuco se realizó por aspersión. Finalmente, también se puede observar que el acto de bajar al agua, digamos a las rodillas o los muslos, habría sido un procedimiento apropiado para un bautismo por aspersión o por vertido, haciendo que sea mucho más fácil para el bautizador elevar el agua desde la superficie del agua hasta la parte superior de la cabeza del sujeto.

En el caso del bautismo de Saulo, el bautismo de la casa de Cornelio y el de la casa del carcelero de Filipos, ya que cada uno de estos actos de bautismo se llevó a cabo dentro de un hogar (Hch. 9:11; 10:25; 16:32), y en el último caso en algún momento después de la medianoche (Hch. 16:33) pero antes del amanecer (v. 35), es prácticamente seguro que estos bautismos no habrían sido por inmersión, ya que pocos hogares en aquellos tiempos habrían tenido instalaciones para tal acto (y de nuevo en el último caso Pablo difícilmente habría llevado la casa del carcelero a un río después de la medianoche). Lo más probable es que se hayan realizado por aspersión.

Además, el autor de Hebreos caracteriza todas las aspersiones ceremoniales del Antiguo Testamento: la aspersión (ραντίζουσα, *rhantizousa*) de aquellos que eran ceremonialmente impuros con la sangre de cabras y toros y las cenizas de una novilla (9:13), la aspersión de Moisés (ἐράντισεν, *erantisen*) del rollo y toda la gente con la sangre de terneros mezclados con agua y lana escarlata (9:19), y su aspersión (ἐράντισεν, *erantisen*) del tabernáculo y todo lo que se usa en sus ceremonias con sangre (9:21), como «bautismos [βαπτισμοῖς, *baptismois*]», es decir, como «lavamientos ceremoniales» (9:10). Además, el mismo escritor

---

[39] Sin embargo, debido a que la venida del Espíritu en pentecostés se describe en términos de un «derramamiento» (Hch. 2:17–18, 33), porque tanto Juan el Bautista (Mt. 3:11) como Jesús (Hch. 1:5) llaman la venida del Espíritu en Pentecostés una obra del «bautismo» de Jesús, y debido a que tanto Juan como Jesús comparan la actividad bautismal del primero con la actividad bautismal del segundo, la insinuación es que el modo de la actividad bautismal anterior de Juan, como la del segundo, fue por efusión o aspersión.

[40] Mediante su estudio de יַזֶּה, *yazzeh*, el Hiphil imperfecto de נָזָה, *nāzâh*, en Isaías 52:15, en su *Studies in Isaiah* (Grand Rapids, Michigan: Eerdmans, 1954), 199–206, Edward J. Young demuestra que la raíz, que aparece veinticuatro veces en el Antiguo Testamento, es una palabra ritual técnica que se encuentra principalmente en la legislación levítica (ver Lv. 4:6; 6:27; 8:11; 14:7a; 16:14; Nm. 19:18) que denota la aspersión ceremonial con aceite, aceite y sangre, o agua, y significa «rociará» y no «sobresaltará» o «asombrará» como sugiere la Septuaginta θαυμάσονται, *thaumasontai*. A la luz de toda la evidencia, estoy de acuerdo con el juicio de Henri Blocher (*The Songs of the Servant* [London: Inter-Varsity, 1975], 61: «la carga de la prueba... recae en aquellos que rechazarían 'rociar'».

Cabe señalar que algunos fariseos le preguntaron a Juan el Bautista, después de haber negado que él era el Mesías, Elías o el Profeta: «¿Por qué, pues, bautizas?» (Jn. 1:25). ¿De dónde sacaron la idea de que el Mesías bautizaría? Sin una traducción como «rociar» en Isaías 52:15, no hay otra profecía en el Antiguo Testamento que lo diga expresamente. Pero entonces esto sugiere que el modo de bautizar de Juan era por aspersión, porque fue su actividad lo que provocó la pregunta de los fariseos en primer lugar. Lo vieron rociar, y conociendo la profecía de Isaías 52:15, le preguntaron si él era el Mesías.

[41] El Antiguo Testamento hebreo emplea dos raíces verbales, נָזָה, *nāzâh*, y זָרַק, *zāraq*, que significan «rociar», cuando se habla de lavados ceremoniales. Para conocer el uso de la primera, ver la nota de pie de página 40. La última raíz parece denotar una aspersión más intensa que la primera, ejecutada con toda la mano en lugar de con el dedo expresamente (Ex. 9:8; 29:20–21). Aparece treinta y cinco veces y, como la raíz anterior, se encuentra principalmente en la legislación levítica (por ejemplo, Ex. 24:6; Lv. 1:5, 11; 3:2, 8, 13; 2 R. 16:13, 15; Ez. 36:25; 43:18). *Combinadas, las aproximadamente sesenta referencias a varias aspersiones en el Antiguo Testamento, según el autor de Hebreos, ¡pueden describirse como «bautismos» (Heb. 9:10)!*

inmediatamente después, y Pedro también, hablan de los cristianos como «rociados» con la sangre de Cristo:

Hebreos 10:22: «acerquémonos con corazón sincero, en plena certidumbre de fe, purificados los corazones [ῥεραντίσμενοι, *rherantismenoi*] de mala conciencia, y lavados los cuerpos con agua pura». (Véase Ezequiel 36:25)

Hebreos 12:24: «[Han venido] a Jesús el Mediador del nuevo pacto, y a la sangre rociada [αἵματι ῥαντισμοῦ, *haimati rhantismou*] que habla mejor que la de Abel».

1 Pedro 1:2: «elegidos... para obedecer y ser rociados [ῥαντισμὸν, *rhantismon*] con la sangre de Jesucristo». (Ver Is. 52:15)

Seguramente el universo del discurso del libro de Hebreos justificaría la conclusión de que el autor habría considerado la «aspersión» del cristiano con la sangre de Cristo, el cumplimiento en el Nuevo Testamento del sacrificio tipológico del Antiguo Testamento, como un «bautismo» espiritual también. Y con la misma seguridad, «sería extraño si el bautismo con agua que representa la aspersión de la sangre de Cristo no pudiera realizarse correctamente y de manera más significativa por aspersión».[42]

Finalmente, la obra bautismal de Cristo (ver Mt. 3:11; Mc. 1:8; Lc. 3:16; Jn. 1:33; Hch. 1:5; 2:33; 1 Co. 12:13), por el cual bautiza a los elegidos por o con su Espíritu, se describe invariablemente en términos de que el Espíritu «viene» (Hch. 1:8, 19:6), es «derramado sobre» (Hch. 2:17, 33), o «cayendo sobre» (Hch. 10:44; 11:15). Notar también Romanos 5:5: «Dios ha derramado su amor en nuestros corazones por el Espíritu Santo». Ahora bien, ¿qué obra significa y sella la ordenanza externa del bautismo si no es la obra bautismal espiritual del salvador? Después de todo, ninguna otra obra salvadora se denomina «bautismo» en las epístolas del Nuevo Testamento. Por lo tanto, si la ordenanza del bautismo ha de significar la obra bautismal de Cristo, que se describe uniformemente en términos de efusión, entonces se deduce que la ordenanza debe reflejar el patrón efusionario de la obra bautismal de Cristo.

Con referencia al supuesto patrón de bautismo en Romanos 6:2-6 y Colosenses 2:11-12 como el de sepultura y resurrección, un análisis cuidadoso de estos pasajes mostrará que la tesis básica de Pablo es la unión del creyente con Cristo en su crucifixión, muerte, entierro y resurrección como el antídoto contra el antinomianismo. El bautismo por inmersión no refleja modalmente nuestra crucifixión con Cristo, que es uno de los cuatro aspectos de nuestra unión con Cristo que Pablo menciona en el pasaje de Romanos. Murray tiene razón cuando afirma:

> Es arbitrario seleccionar un aspecto [de nuestra unión con Cristo, a saber, el entierro] y encontrar en el lenguaje utilizado para exponerlo la esencia del modo de bautismo. Tal procedimiento es indefendible a menos que pueda llevarse a cabo de manera consistente. No se puede llevar a cabo consistentemente aquí [ya que el bautismo por inmersión no refleja ni puede reflejar visualmente nuestro ser colgados en la cruz con Cristo, que es tanto un aspecto de nuestra unión con Cristo en el pasaje como nuestro entierro con él] y, por lo tanto, es arbitrario e inválido.[43]

No debemos destacar más nuestra unión con Cristo en su sepultura y resurrección y hacer de estos dos aspectos de nuestra unión con Él el modelo para el modo de bautismo de lo que debemos apelar a Gálatas 3:27 («porque todos los que habéis sido bautizados en Cristo, de Cristo estáis revestidos», ver también Col 3:9–14) y argumentar sobre la base de su declaración que el bautismo debe llevarse a cabo exigiendo al nuevo cristiano vestirse con una túnica blanca, es decir, por un «bautismo de vestirse».

---

[42] Murray, *Christian Baptism*, 24.
[43] Ibid., 31. Cabe señalar también que Cristo no fue «sepultado» en absoluto en el sentido que requiere el modo bautista de bautismo. Es decir, su cuerpo no fue puesto bajo tierra. Más bien, su cuerpo fue depositado temporalmente en una nueva tumba como preparación para lo que sus discípulos pensaron que sería una sepultura permanente después de las festividades de la Pascua.

La Iglesia

El hecho es que *no hay una sola instancia registrada de un bautismo en todo el Nuevo Testamento donde la inmersión seguida de emersión sea el modo de bautismo*. La práctica bautista del bautismo por inmersión se basa simplemente en una exégesis defectuosa de las Escrituras. La ordenanza no debe representarse como un significado del entierro y la resurrección de Cristo (aspectos de la fase *cumplida* de su obra salvadora, que el sacramento de la cena del Señor conmemora), sino más bien su obra bautismal (la fase de *aplicación* de su obra salvadora). Por lo tanto, concluiría que «sumergir a la persona en el agua no es necesario, sino que el bautismo se administra *correctamente* vertiendo o rociando agua sobre la persona».

Paidobautismo

La Gran Comisión de Jesús ordenó a su iglesia hacer discípulos de todas las naciones, bautizarlos y enseñarles lo que Él ha mandado. Que todo esto se aplica a los adultos que aceptan el evangelio es cierto. Pero ¿qué pasa con los bebés y los niños pequeños de los conversos que reciben el mensaje del reino?[44] Jones plantea acertadamente las siguientes preguntas: «¿Son [estos pequeños, en virtud de la relación de sus padres con Cristo], también llevados a una nueva relación con Cristo a pesar de que son demasiado jóvenes intelectualmente para aprehender el evangelio y apropiarse de él para sí mismos en el ejercicio consciente del arrepentimiento y la fe? ¿Su incapacidad psicológica para cumplir con las condiciones requeridas de los adultos conversos hace que la idea del discipulado carezca de sentido en lo que respecta a los bebés y niños pequeños? O, ¿[se les debe otorgar su estatus de pacto y se les administrará el bautismo, y] deben ser discipulados junto con sus padres creyentes, dada la solidaridad de la unidad familiar?»

Estas son preguntas difíciles sobre las cuales los cristianos sinceros difieren fuertemente. Los paidobautistas reformados deben admitir que en ninguna parte del Nuevo Testamento se puede encontrar un mandamiento directo: «Bautizar a los bebés y niños pequeños de padres creyentes y tratarlos como miembros de la iglesia».[45] Por lo tanto, los antipaidobautistas argumentan que hacerlo es a la vez antibíblico y presuntuoso. Pero los paidobautistas reformados a modo de réplica, como señala Jones, registran los siguientes tres puntos:

1. Así como no hay un mandato directo de bautizar a estos niños y tratarlos como «pequeños cristianos», así también los antipaidobautistas deben reconocer que no hay un mandato directo de «Bautizar *sólo* a aquellos que hacen una profesión personal de fe». Su restricción del bautismo, entonces, sólo para aquellos que pueden y hacen una profesión creíble de fe en Cristo es tanto una deducción de las Escrituras como lo es la práctica del paidobautistas. Queda por ver si se trata de una deducción válida.

2. Los casos de bautismos del Nuevo Testamento que requirieron o presupusieron una profesión de fe creíble por parte de la persona o personas bautizadas no descartan *ipso facto* la práctica del paidobautismo en la medida en que estos casos no pueden hacerse normativos para la determinación de si el niño que está fuera del contexto de la apelación evangelística a los adultos (que es el «universo de discurso» habitual de los sujetos de las instancias

---

[44] Dado que este no es un tratado sobre el bautismo de infantes *per se*, debo resistir el impulso de escribir una larga exposición y defensa de la práctica y responder a las numerosas objeciones a la misma. Debe ser suficiente en este momento simplemente remitir al estudiante a los siguientes tratamientos útiles sobre el tema: Geoffrey W. Bromiley, *Children of Promise* (Grand Rapids, Michigan: Eerdmans, 1979), James M. Chaney, *William the Baptist* (Richmond, Virginia: Comité Presbiteriano de Publicaciones, 1877), Joachim Jeremias, *Infant Baptism in the First Four Centuries*, traducción por David Cairns (Filadelfia: Westminster, 1962), Murray, *Christian Baptism*, y Robert G. Rayburn, *What About Baptism?* (St. Louis, Missouri: Covenant College Press, 1957). También se recomiendan encarecidamente los siguientes artículos: Herbert S. Bird, «Professor Jewett on Baptism», *Westminster Theological Journal* 31 (1969): 145–61, y John R. DeWitt, «Children and the Covenant of Grace», *Westminster Theological Journal* 37 (1975): 239–255. Finalmente, Benjamin B. Warfield, «The Polemics of Infant Baptism» en *Studies in Theology* (Nueva York: Oxford University Press, 1932) es un clásico magistral que se opone al argumento antipaidobautista.

[45] Sin embargo, el bautismo de infantes no sería una violación del principio regulativo de la adoración si se puede demostrar que es una deducción válida de las Escrituras por una consecuencia buena y necesaria.

registradas del bautismo) es un receptor legítimo del bautismo. Tal determinación debe hacerse por otros motivos.

3. Los principios bíblicos tienen la fuerza de los mandamientos por inferencia buena y necesaria; como principio bíblico (y esto lo desarrollaremos) «la continuidad sacramental entre los testamentos es tan fuerte que *no* bautizar a los hijos de los creyentes requeriría alguna palabra explícita de derogación».[46]

Por lo tanto, está claro que tanto los antipaidobautistas como los paidobautistas argumentan a modo de inferencia a partir de premisas teológicas más fundamentales, centradas en gran medida en la relación entre los testamentos, con el primero enfatizando una discontinuidad dispensacional en este punto del pacto de gracia, el segundo enfatizando la continuidad del pacto de gracia respetando este asunto. Estoy convencido de que la posición paidobautistas recibe la orden de la Sagrada Escritura sobre la base de la siguiente línea de razonamiento.

Más allá de toda controversia, a lo largo de la historia el pueblo de Dios ha considerado a sus hijos como «una herencia del Señor» (Sal. 127:3) y como una bendición de Él (Sal. 128:3-4). En un sentido especial es esto cierto para los adherentes adultos de la fe reformada como esa fe se define en los grandes credos reformados. De acuerdo con estos credos reformados, no sólo los padres creyentes deben considerar a sus hijos como bendiciones de Dios, sino que también deben considerarlos como miembros genuinos tanto del pacto de gracia como de la iglesia de Dios (ver Catecismo de Heidelberg, Pregunta 74; Confesión de Fe de Westminster, XXV/ii). Además, precisamente porque estos credos ven a estos niños pequeños bajo esta luz, exigen que los padres cristianos reconozcan que ciertos derechos, incluido el derecho al bautismo,[47] corresponden a sus hijos que no pertenecen a la descendencia de padres incrédulos. Estos mismos padres también deben reconocer que negar a sus hijos estos derechos ordenados por Dios es virtualmente negar que poseen el estatus en el reino de Dios que Dios mismo les garantiza, y es cometer «gran pecado» contra Dios (Confesión de Fe de Westminster, XXVIII/v).

La posición paidobautistas reformada se basa, por supuesto, en la unidad del pacto de gracia y la unidad del pueblo de Dios en todas las épocas. Como Murray declara: «La premisa básica del argumento para el bautismo infantil es que la economía del Nuevo Testamento es el desarrollo y cumplimiento del pacto hecho con Abraham y que la implicación necesaria es la unidad y continuidad de la iglesia».[48]

Testimonio del Antiguo Testamento
La señal y el sello del pacto de gracia durante su administración «abrahámica», aprendemos de Génesis 17:1–16, fue la circuncisión.[49] Por dirección divina, bajo el pacto abrahámico, los niños varones debían recibir la señal del pacto en su octavo día de vida (17:12).[50] En

---

[46] Jones señala, a modo de analogía, que «no hay evidencia bíblica directa de que las mujeres participen de la cena del Señor; su participación se deriva de una inferencia teológica, que nadie cuestiona seriamente».
[47] El derecho del hijo del pacto al bautismo se basa, no solo en su estatus de pacto, sino también en el principio del pacto, enunciado por Pedro en Hechos 10:47, de que la señal del pacto no debe ser negada a aquellos a quienes pertenece lo que significa el pacto.
[48] Murray, *Christian Baptism*, 48. Ver la tercera parte, capítulo catorce, para el caso bíblico de la unidad del pacto de gracia y la unicidad del pueblo de Dios en todas las edades.
[49] La señal (circuncisión) y la realidad espiritual que significa (las verdades del pacto de gracia) están tan estrechamente relacionadas que Esteban está dispuesto a describir el pacto abrahámico por su señal. Afirma que Dios «dio a Abraham el pacto de la circuncisión» (Hch. 7:8).
[50] La circuncisión del Antiguo Testamento no era simplemente una insignia de identidad étnica, como el bautismo del Nuevo Testamento significó y selló la eliminación de la contaminación del pecado y la imputación de la justicia de la fe, teniendo como su importancia básica la unión con Dios. Esto no es simplemente una percepción paulina (ver Ro. 4:11) que se vuelve a leer en el Antiguo Testamento. Ya en los tiempos del Antiguo Testamento, la importancia del rito comenzó a transferirse metafóricamente al ámbito espiritual, y llegó a entenderse como una transmisión simbólica de la eliminación de la corrupción del pecado a través de la salvación (Ex. 6:13, 30; Lv. 19:23; 26:41; Dt. 10:16; 30:6; Jer. 4:4; 6:10; 9:25–26; ver Ro. 2:25–29; 4:11; Ef. 2:11; Fil. 3:3; Col. 2:11-12).
A menudo se pregunta por qué Dios seleccionó una señal del pacto en los tiempos del Antiguo Testamento que solo podía aplicarse a los niños varones. En respuesta, debe notarse que el mundo del Antiguo Testamento era un mundo patriarcal. Originalmente, su patriarcado era un patriarcado perfecto, que reflejaba la jefatura federal del varón en la condición edénica anterior a la caída. Después de la Caída, la cultura patriarcal continuó prevaleciendo por diseño divino (ver Gn. 3:16), pero ocurrieron muchas injusticias hacia las mujeres debido al estado caído de la humanidad (Gn. 6:2; 12:11-20; 16:3; 20:2). -18; 26:6-7; Dt. 24:1–4, ver Mt. 19:7–9). Sin embargo, Dios continuó honrando el arreglo patriarcal original del Edén, incluso en su carácter corrompido, y asignó al rito masculino de la circuncisión el papel de ser la señal de su pacto con Abraham. Debe notarse que la señal de la circuncisión, por los límites mismos de su aplicabilidad, permitió que la señal que la reemplazó (el

La Iglesia

consecuencia, Abraham circuncidó a Ismael, que ya tenía trece años (17:23–25), y más tarde a Isaac a los ocho días de edad (21:4).

Cabe señalar aquí que el *fundamento* de la aplicación de la señal del pacto a los niños era simplemente la institución divina. Lo mismo ocurre con el bautismo infantil: «Es una de las formas en que ha complacido a Dios administrar el pacto de gracia en el mundo, es una de las ordenanzas por medio de las cuales agrada a Dios cumplir sus propósitos del pacto de edad en edad y de generación en generación».[51] El fundamento del bautismo infantil no es entonces la elección presuntiva o la regeneración presuntiva, sino más bien la relación de pacto en la que se encuentra el niño y la ordenanza o el mandato de Dios. Cuando se les pregunta a los paidobautistas reformados: «¿Sobre qué base bautizáis a los bebés?», deben entender que es suficiente responder: «Porque nuestros bebés son hijos del convenio, y Dios ha mandado que los niños del pacto reciban la señal del pacto». Así como en el caso de los adultos que son bautizados por ordenanza divina sobre la base de una confesión inteligente y creíble y no sobre la base del juicio de la iglesia en el sentido de que la persona es uno de los elegidos de Dios o es regenerada, así la iglesia debe bautizar a sus bebés porque Dios requiere que los niños del pacto sean bautizados y por ninguna otra razón.

Las confirmaciones posteriores del pacto abrahámico con Isaac y Jacob indicaron que los niños dentro de la comunidad patriarcal debían ser considerados como de pie dentro de la brújula de la promesa del pacto:

Génesis 26:3–4: «Habita como forastero en esta tierra, y estaré contigo, y te bendeciré; porque a ti y a tu descendencia daré todas estas tierras, y confirmaré el juramento que hice a Abraham tu padre. Multiplicaré tu descendencia como las estrellas del cielo, y daré a tu descendencia todas estas tierras; y todas las naciones de la tierra serán benditas en tu simiente».

Génesis 28:13–14: «Te daré a ti y a tus descendientes la tierra en la que estás acostado. Tus descendientes serán como el polvo de la tierra, y te extenderás hacia el oeste y hacia el este, hacia el norte y hacia el sur. Todos los pueblos de la tierra serán bendecidos a través de ti y de tu descendencia».

La seriedad con la que Dios tomó tanto el estatus de pacto de los niños como su insistencia en que recibieran la señal del pacto se hace evidente por su advertencia: «Y el varón incircunciso, el que no hubiere circuncidado la carne de su prepucio, aquella persona será cortada de su pueblo; ha violado mi pacto» (Gn. 17:14). La misma seriedad divina se retrata sorprendentemente cuando Dios más tarde «le salió al encuentro, [en el viaje de regreso de este último a Egipto] y quiso matarlo» por no circuncidar a su hijo. «Entonces Séfora... cortó el prepucio de su hijo, y lo echó a sus pies... Así le dejó luego ir» (Ex. 4:24–26).

Que los bebés y los niños pequeños eran claramente considerados como miembros de la comunidad del pacto del Antiguo Testamento es evidente en muchos otros pasajes del Antiguo Testamento también. Se mencionan específicamente como presentes en la congregación de Israel en las llanuras de Moab cuando Moisés reconfirmó el pacto con la

---

bautismo en la era del Nuevo Testamento) significara por su capacidad de aplicación a ambos géneros la universalidad y extensión de la gracia a todas las naciones y la mayor ampliación de la libertad cristiana, la mayor valentía de acceso al trono de la gracia, y la comunicación más plena del Espíritu de Dios.

¿Cómo explicar la voluntad de Dios de reconocerse y adaptarse a una cultura patriarcal pecaminosa? La respuesta se encuentra en lo que dijo nuestro Señor acerca de la dureza del corazón de los hombres (Mt. 19:8). Así como Dios permitió que los hombres repudiaran a sus esposas por causas livianas en los tiempos del Antiguo Testamento debido a la dureza del corazón de los hombres (divorcios que acarreaban muchas injusticias para con estas mujeres), así también se adaptó, *en forma, pero nunca en el principio*, a la, aunque corrompida, cultura patriarcal del Antiguo Testamento que erróneamente sostenía que era el varón quien tenía un valor superior. Dios como Maestro vino a los «estudiantes» del mundo antiguo caído donde los encontró, en ignorancia ética, aceptó por un tiempo esta ignorancia porque no eran capaces de soportar instantáneamente un cambio total y radical, y comenzó a instruirlos en una verdadera ética y prepararlos para la era mesiánica venidera en la que se reconocería que el hombre y la mujer eran herederos juntos de la gracia de la vida. Nunca estando satisfecho con el lugar donde estaban sus alumnos, siempre insistía en que maduraran y abandonaran más y más sus malos pensamientos y caminos y buscaran más y más sus pensamientos y caminos santos.

[51] Murray, *Christian Baptism*, 56.

segunda generación después del éxodo de Egipto. Aquí están las palabras de Moisés que indican que los niños fueron incluidos en la confirmación del pacto en ese momento:

> Guardaréis, pues, las palabras de este pacto, y las pondréis por obra, para que prosperéis en todo lo que hiciereis. Vosotros todos estáis hoy en presencia de Jehová vuestro Dios; los cabezas de vuestras tribus, vuestros ancianos y vuestros oficiales, todos los varones de Israel; *vuestros niños*, vuestras mujeres... para que entres en el pacto de Jehová tu Dios, y en su juramento, que Jehová tu Dios concierta hoy contigo, para confirmarte hoy *como su pueblo*, y para que él te sea a ti por Dios, de la manera que él te ha dicho, y como lo juró a tus padres Abraham, Isaac y Jacob. (Dt. 29:9–13; énfasis añadido)

Por lo tanto, toda esa generación de israelitas fue circuncidada en Gilgal tan pronto como cruzó el Jordán hacia Canaán (Jos. 5:2-9).

Cuando los términos de este pacto se revisaron más tarde en el Monte Ebal bajo el liderazgo de Josué, de acuerdo con el requisito de Moisés (ver Dt. 31:10–13), «No hubo palabra alguna de todo cuanto mandó Moisés, que Josué no hiciese leer delante de toda la congregación de Israel, y de las mujeres, de *los niños*» (Jos. 8:35).

Cuando Josafat más tarde oró por la victoria militar de Judá sobre Moab y Ammón, «Y todo Judá estaba en pie delante de Jehová, con sus niños y sus mujeres y sus hijos» (2 Cr. 20:13; ver también 2 Cr. 31:18).

Y cuando los profetas llamaron al Israel del Antiguo Testamento al arrepentimiento, se requirió expresamente que los niños y los lactantes estuvieran presentes en las asambleas solemnes de Israel como una señal de arrepentimiento nacional:

Joel 2:15–16: «Tocad trompeta en Sion, proclamad ayuno, convocad asamblea. 16 Reunid al pueblo, santificad la reunión, juntad a los ancianos, congregad a los niños y a los que maman».

Testimonio del Nuevo Testamento

La práctica del Antiguo Testamento de contar a los niños entre el pueblo del pacto de Dios y hacer que se les administre la señal del pacto en la infancia no se deroga en ninguna parte del Nuevo Testamento. Al contrario,

> dado que el nuevo pacto se caracteriza por un mayor, no menor, privilegio y bendición, uno esperaría alguna palabra definida si se suponía que la práctica establecida (1900 años en vigor) debía suspenderse. Lo que uno encuentra en lugar de la derogación son indicaciones definitivas de que Dios continúa trabajando dentro de la solidaridad de la familia en la relación de pacto. (Jones).[52]

Para ver esto, tenga en cuenta los siguientes datos:

1. Cuando los discípulos de Jesús intentaron despedir a los padres que habían respondido al mensaje del reino y que traían a sus hijos («incluso los bebés» [καί τὰ βρέφη, *kai ta brephē*; Lc. 18:15) a Él para que los tocara y les diera su bendición, Jesús mandó a sus discípulos: «Dejad a los niños [τὰ παιδία, *ta paidia*] venir a mí, y no se lo impidáis; porque de los tales es el reino de Dios», pertenece, es decir, «a niños pequeños como estos [que tienen padres del convenio]», ¡no simplemente a los que son como niños pequeños, sino en realidad a estos mismos hijos del pacto! El pronunciamiento de Jesús deja en claro que los hijos del pacto

---

[52] Berkouwer comenta: «Contra aquellos que pedían una prueba bíblica directa en la que el bautismo de infantes fuera un mandato divino, los reformadores valientemente señalaron la injusticia de esta pregunta. En respuesta, preguntaron a sus críticos precisamente dónde dice la Biblia que esta relación fundamental del Pacto se rompe en el Nuevo Pacto» (*The Sacraments*, 175).

Murray, igualmente, cuestiona: «¿Revoca el Nuevo Testamento o proporciona algún indicio de revocación de un principio tan expresamente autorizado como el de la inclusión de los infantes en el pacto y su participación en la señal y el sello del pacto?... ¿Ha [esta práctica]] ha sido discontinuada? Nuestra respuesta a estas preguntas debe ser que no encontramos evidencia de revocación. En vista del hecho de que el nuevo pacto se basa en el pacto abrahámico y es el desarrollo de este, en vista de la identidad básica de significado que se atribuye a la circuncisión y al bautismo, en vista de la unidad y continuidad del pacto de gracia administrado en ambas dispensaciones, podemos afirmar con confianza que la evidencia de revocación o derogación es obligatoria si la práctica o el principio ha sido descontinuado bajo el Nuevo Testamento» (*Christian Baptism*, 52-53).

no deben ser excluidos como una cuestión de rutina de la nueva reunión del pueblo de Dios, la casa o familia de Dios, el reino de nuestro Señor Jesucristo. Jesús les da la bienvenida... y hace la afirmación de que el reino de Dios pertenece a tal. (Jones)

Jesús luego agrega: «De cierto os digo, que el que no recibe el reino de Dios como un niño, no entrará en él». Luego leemos: «tomándolos en los brazos, poniendo las manos sobre ellos, los bendecía» (Mc. 10:13–16; ver Mt. 19:13–15; Lc. 18:15–17). Ahora bien, la bendición de Jesús, seguramente verbal y audible, apenas fue comprendida por estos bebés y niños, pero esta ausencia de comprensión de su parte de ninguna manera anuló ni el hecho de la bendición misma de su parte ni la realidad de su inclusión en el pacto en el reino de Dios.[53]

2. En el Día de Pentecostés, cuando el Espíritu Santo se manifestó de manera única en cumplimiento de la gran profecía de Joel (Hch. 2:1–4; ver Jl. 2:28–32), en su sermón explicativo sobre este evento de época que inaugura la nueva dispensación del pacto de gracia, Pedro afirmó que «para vosotros es la promesa [del Espíritu Santo], y para *vuestros hijos* [τέκνοις, *teknois*], y para todos los que están lejos; para cuantos el Señor nuestro Dios llamare» (Hch. 2:39). Esta declaración petrina nos asegura que la antigua promesa que abrazó a los niños junto con sus padres continúa sin cesar en esta era. El comentario de Murray sobre las palabras de Pedro es pertinente:

> Nada podría anunciar de manera más visible y concluyente que este principio del gobierno misericordioso de Dios, por el cual los hijos junto con sus padres son los poseedores de la promesa del pacto de Dios, es plenamente operativo en el Nuevo Testamento, así como en el Antiguo, que este simple hecho de que con ocasión de Pentecostés Pedro tomó el estribillo del antiguo pacto y dijo: «La promesa es para ti y para tus hijos».[54]

3. Al menos dos veces en Hechos (16:15, 33, 34; ver 11:14; 16:31) y una vez en 1 Corintios (1:16) se hace referencia a lo que se ha llegado a denominar «bautismos domésticos», donde el adulto que vino a la fe claramente bautizó a su familia con él. Lucas informa que después de que Lidia respondió al mensaje de Pablo, «ella y los miembros de su familia fueron bautizados» (16:15). Mientras que Lucas declara que el Señor abrió *su* corazón para recibir las cosas habladas por Pablo, no dice nada de la fe de su familia y, sin embargo, ellos también fueron bautizados.

En el caso del carcelero de Filipos, hay un énfasis sostenido en esta perícopa (Hch. 16:31-34) solo en la fe del carcelero. Lucas nos informa que, después de que Pablo y Silas le habían instruido: «Cree [Πίστευσον, *pisteuson*, primer imperativo activo aoristo segundo masculino *singular*] en el Señor Jesús, y serás salvo, tú y tu familia», le hablaron la palabra del Señor «a él y todos los que estaban en su casa» presentes en ese momento (v. 32). Luego, después de que el carcelero había lavado las heridas de los prisioneros, «y en seguida se bautizó él con todos los suyos. Y llevándolos a su casa, les puso la mesa; y se regocijó con toda su casa de *haber* creído [πεπιστευκὼς —participio activo perfecto *nominativo singular* usado causalmente] a Dios». Si bien es prácticamente seguro que toda la familia del carcelero escuchó el evangelio, Lucas no dice nada en absoluto acerca de la creencia de su familia (pueden haberlo hecho, simplemente no lo sabemos). Más bien, destaca deliberadamente solo la fe del carcelero y, sin embargo, toda su familia también fue bautizada.[55]

---

[53] Clowney (*The Church*, 283) observa: «La bendición está siempre en el nombre divino. Dado que el bautismo cristiano es una ceremonia de nombramiento... la pregunta sobre el bautismo de infantes se compara con la bendición al final de un servicio de adoración [que también se realiza regularmente en el nombre divino]. ¿Incluye a los niños en los brazos de los padres creyentes que los cargan?» Su respuesta ampliada es afirmativa. Ver aquí Joel 2:15–16.

[54] Murray, *Christian Baptism*, 71.

[55] Aconsejaría que el paidobautistas no le dé mucha importancia a estos «bautismos domésticos», porque incluso si pudiera convencer al antipaidobautista de que en estos casos la familia del creyente fue bautizada sobre la base de la fe del creyente, mientras que tal punto de vista seguramente subraya el carácter de pacto de la familia cristiana, no puede probar que alguna de estas casas tuviera bebés o niños pequeños en ellas.

4. Pablo declara expresamente que los hijos [τὰ τέκνα, *ta tekna*] de incluso un padre cristiano son santos (ἅγια, *hagia*) (1 Co. 7:14). La preocupación de Pablo en este pasaje es mostrar que los matrimonios «mixtos», es decir, los matrimonios entre un creyente y un incrédulo son «santos», y él prueba el efecto santificador del cónyuge creyente en la relación matrimonial (que era el tema en cuestión) apelando al efecto santificador del padre creyente sobre los hijos de la unión matrimonial (que no estaba en cuestión). Dado que los hijos son «santos», el matrimonio no puede ser considerado como impío. Y dado que no puede querer decir con esta palabra excepcional «santo» que estos niños son realmente salvos por la relación que mantienen con el padre creyente, Pablo sin duda tenía la intención de atribuir el estado del pacto a los hijos de padres que son miembros de la iglesia de Jesucristo, la forma del Nuevo Testamento de la comunidad arraigada espiritualmente en el pacto con Abraham.

5. Pablo también presupone el estado del pacto de los niños cuando los incluye entre los «santos» en Éfeso (Ef. 1:1; 6:1).

6. El Nuevo Testamento habla del diluvio del Génesis y del éxodo de Egipto como «tipos» de bautismo cristiano. Pedro señala que Noé y sus hijos, junto con sus esposas, fueron «bautizados» por las aguas del diluvio (1 P. 3:20-21). Y Pablo declara que todo Israel fue «bautizado en Moisés en la nube y en el mar» (1 Co. 10:1-2).[56] En ambos «tipos» del Antiguo Testamento, un pueblo elegido fue liberado de la muerte, y en ambos el pacto se hace no sólo con individuos (Noé y Moisés) sino también con su familia y personas respectivamente, en ambos se incluían hijos y otros que no tenían fe en el Dios del pacto (Cam en el caso de Noé, los quejosos e idólatras del desierto en el caso de Moisés). Como comenta Geoffrey W. Bromiley:

> El punto no es simplemente que, en estas acciones, que son tipos de bautismo, los niños comparten la experiencia con sus padres. Es más bien que la acción del pacto de Dios no es con individuos aislados, sino con familias, o con individuos en familias, de modo que aquellos que pertenecen a los individuos también están separados como el pueblo de Dios y en un sentido muy especial entran dentro de la esfera del pacto divino.[57]

7. No deseo poner mucho peso en el testimonio de la iglesia primitiva con respecto a este asunto, ya que la Escritura por sí sola tiene autoridad para la doctrina y dado que el sacerdotalismo comenzó a surgir temprano en la historia de la iglesia y sin duda influyó en los puntos de vista de los primeros padres, pero es un hecho que hay evidencia de que el bautismo infantil se practicaba en la iglesia antigua. Justino Mártir (nacido en el siglo I) habla de aquellos que «fueron hechos discípulos de Cristo [presumiblemente por bautismo] desde la infancia [ἐκ παίδων, *ek paidōn*]».[58] Ireneo (c. 130–c. 200) afirmó: «[Cristo] vino a salvar a todos por medio de sí mismo —todos, digo, los que por medio de él nacen de nuevo [su referencia al nuevo nacimiento aquí casi con certeza se refiere al bautismo, ya que era un lugar común doctrinal en la iglesia primitiva, como dije, que el bautismo regeneraba el alma] a Dios —bebes, y niños, muchachitos, y jóvenes, y ancianos».[59] Tertuliano (145–220), mientras aconsejaba el aplazamiento del bautismo para los niños hasta que «hayan podido conocer a Cristo», reconoció que el bautismo infantil se practicaba comúnmente en su época. Que su consejo aquí es algo así como una anomalía puede ser ilustrado por el hecho de que también aconsejó posponer el bautismo para las personas solteras y viudas.[60] Orígenes (185–

---

[56] A. A. Hodge en su comentario, *The Confession of Faith* (1869; reimpresión; Edinburgh: Banner of Truth, 1992), 342–343, comenta irónicamente: «los egipcios que fueron sumergidos no fueron bautizados, y los israelitas que fueron bautizados no fueron sumergidos» y «la esencia misma de [la salvación de la familia de Noé de la cual se dice que el bautismo es anti tipológico] consistió en que no fueron sumergidos». Podría agregar que la familia de Noé fue «rociada» por la lluvia que cayó (Gn. 7:12–13).
[57] Bromiley, *Children of Promise*, 16.
[58] Justino Mártir, *Apología*, I.15.
[59] Ireneo, *Contra las Herejías*, II.xxii.4.
[60] Tertuliano, *Sobre el Bautismo*, xviii.

La Iglesia

254) escribe: «La iglesia ha recibido una tradición de los apóstoles [παράδοσις ἀποστολική, *paradosis apostolikē*] de dar el bautismo incluso a los niños».[61] En respuesta a una carta del obispo Fidus, Cipriano (c. 200–258) en el año 253 d.C. planteó la cuestión del bautismo infantil ante un concilio de 66 obispos, todos los cuales estuvieron de acuerdo en que los padres no debían esperar hasta el octavo día para bautizar a sus hijos, sino que debían bautizarlos tan pronto como el segundo o tercer día después del nacimiento.[62] Agustín, si bien atribuyó erróneamente poderes sacerdotales al bautismo infantil,[63] «dedujo del hecho de que fue generalmente practicado por la iglesia en todo el mundo, a pesar del hecho de que no fue instituido en concilios, que fue con toda probabilidad resuelto por la autoridad de los apóstoles».[64] Incluso el hereje Pelagio (finales del siglo IV y principios del V), deseando asegurar a sus oponentes de su ortodoxia, declaró: «Celebramos igualmente un bautismo, que debemos administrar a los niños en la misma fórmula sacramental que a los adultos».[65] A la luz de estos primeros testigos de la práctica, Berkhof parece estar justificado al concluir que la legitimidad de la práctica del bautismo infantil «no fue negada hasta los días de la Reforma, cuando los anabaptistas se opusieron a ella».[66]

Por lo tanto, a lo largo de la historia del Antiguo Testamento, la era del Nuevo Testamento y en la era de la iglesia misma, los hijos de los padres del pacto se representan expresamente como poseedores de un estatus en la comunidad del pacto. Los paidobautistas reformados creen, por lo tanto, que el bautismo de sus bebés y niños pequeños hoy en día es una deducción justificable de tres verdades bíblicas innegables:

1. los varones lactantes recibieron la señal y el sello del pacto de gracia bajo su administración en el Antiguo Testamento;
2. el pacto de gracia tiene continuidad y unidad orgánica, el pueblo de Dios es esencialmente uno en todas las épocas (ver de nuevo la tercera parte, capítulo catorce); y
3. uno no puede encontrar ninguna derogación en el Nuevo Testamento del mandamiento del Antiguo Testamento de colocar la señal del pacto de gracia sobre los hijos del pacto.

A. A. Hodge escribe:
> El único fundamento sobre el cual se podría obviar esta conclusión sería que Cristo en el evangelio explícitamente saca [a los hijos de los creyentes] de su antiguo derecho de nacimiento en la iglesia.[67]

Esto, por supuesto, no lo hizo. Los antipaidobautistas, por supuesto, insisten en que esto es precisamente lo que Cristo hizo en la gran comisión (Mt. 28:19), donde (así insisten) Cristo define a sus discípulos como *solo* aquellos que son bautizados y capaces de ser enseñados lo que Él ha ordenado. Pero es ciertamente un alcance teológico de proporciones gigantescas encontrar en las palabras de la gran comisión una derogación de los derechos de nacimiento del hijo del pacto, porque ambos «medios»—requisitos de la gran comisión (bautizo y enseñanza) pueden y se llevan a cabo regularmente en relación con los niños pequeños de las comuniones paidobautistas: son bautizados y desde sus primeros días son adoctrinados en todo lo que Cristo ha ordenado a sus discípulos que hagan. De hecho, si uno desea argumentar a partir de los requisitos estipulados en la gran comisión en cuanto a qué punto de vista se

---

[61] Orígenes, *Epístola a los Romanos*, V.9.
[62] Cipriano, *Epistle LVIII. To Fidus, on the Baptism of Infants*, 2–6.
[63] Ver, por ejemplo, su tratado, «On the Merits and Remission of Sins, and on the Baptism of Infants».
[64] Berkhof, *Systematic Theology*, 635.
[65] Agustín, *Sobre la Gracia de Cristo*, XXXV
[66] Berkhof, *Systematic Theology*, 635.
[67] Hodge, *The Confession of Faith*, 317.

adhiere más fielmente a la gran comisión, es el punto de vista paidobautistas, ¡ya que los antipaidobautistas no bautizan a sus hijos pequeños!

Para resumir, debido a que los niños pequeños, incluso los bebés de brazos, de los padres del pacto son hijos del pacto, no deben ser excluidos de la iglesia como el reino de Cristo. Y así como la señal del pacto de gracia se colocó sobre los hijos varones de los padres del pacto en los tiempos del Antiguo Testamento, así también la señal del pacto, que ahora es el bautismo, debe administrarse a los bebés varones y mujeres y a los hijos pequeños de los padres del pacto bajo la administración del Nuevo Testamento del mismo pacto. De hecho, para no hacerlo así la Confesión de Fe de Westminster lo describe como «gran pecado» (XXVIII/v). Y tan universalmente es todo esto sostenido y enseñado por los «padres» de la teología reformada que Geerhardus Vos cree que está justificado al escribir:

> Sólo porque las promesas de Dios han sido dadas a la asamblea de creyentes, en su totalidad, incluyendo su simiente, esta asamblea es también una madre que concibe hijos e hijas y es hecha para regocijarse en sus hijos por el Señor. El nombre «madre» significa este punto de vista verdaderamente reformado en distinción de otros términos como «institución de salvación».
>
> Por lo que podemos descubrir, los principales portavoces de la teología reformada están completamente de acuerdo en esto. Todos reconocen que la iglesia ha recibido tales promesas para su descendencia. Igualmente reconocen que la consideración de estas promesas es el corazón del fruto del consuelo que ofrece su visión del pacto. E insisten en que el recuerdo de la promesa debe funcionar como una razón urgente para despertar la simiente de la iglesia para abrazar el pacto con fe. En ambos lados, padres e hijos, esta convicción proporciona fuerza. La fuerza fue provista en los días de la antigüedad, en la edad de oro de las iglesias, un consuelo glorioso, encontrando su fruto más hermoso en la doctrina de la salvación de los hijos del pacto que mueren en la infancia.[68]

(Ver las palabras de David, 2 S 12:21–23)

Sin embargo, debido a las implicaciones prácticas de esta convicción teológica, Jones plantea otra serie de preguntas: «¿Cuál debería ser la actitud de la iglesia hacia los niños del pacto bautizados en la infancia a medida que crecen a los años de discreción? ¿Debería la iglesia recibirlos como miembros del cuerpo de Cristo, habiendo sido hechos discípulos en su bautismo? ¿O debería la iglesia considerarlos como fuera del cuerpo [de Cristo] hasta que se hagan discípulos a través del evangelismo, es decir, hasta el momento en que hagan una profesión de fe creíble o una «decisión» crítica para Cristo?» Con respecto a estas preguntas, incluso los gigantes teológicos reformados han diferido.

Escritores reformados anteriores, como Juan Calvino (*Institución*, IV.xvi.17), Teodoro Beza, Pedro Mártir Vermigli y Amandus Polanus, y algunos pensadores reformados posteriores como Warfield y Murray rechazan la idea de que el significado del paidobautismo se limita al privilegio externo o a la relación legal sin ninguna referencia a la gracia y bendición espiritual interna. Beza escribe: «No puede ser el caso que aquellos que han sido santificados por nacimiento y han sido separados de los hijos de incrédulos, no tengan la semilla y el germen de la fe».[69] (Si Beza hubiera sido más sensible a las implicaciones en los ejemplos de Ismael y Esaú, habría mostrado más cautela cuando escribió esto). Vermigli escribe con mayor cautela: «Asumimos que los hijos de los creyentes son santos, siempre y cuando al crecer no demuestren estar alejados de Cristo. No los excluimos de la iglesia, sino que los aceptamos como miembros, con la esperanza de que sean partícipes de la elección divina y tengan la gracia y el Espíritu de Cristo, así como son la simiente de los santos. Sobre esa base los bautizamos».[70] Según Polano, los hijos de los creyentes deben ser bautizados

---

[68] Geerhardus Vos, «The Doctrine of the Covenant in Reformed Theology», en *Redemptive History and Biblical Interpretation: The Shorter Writings of Geerhardus Vos*, ed. Richard B. Gaffin Jr. (Phillipsburg, N.J.: Presbyterian and Reformed, 1980), 263.
[69] Theodore Beza, *Confessio Christianae Fidei*, IV, 48.
[70] Peter Martyr Vermigli, *Loci communes*, IV.8.7.

«porque han sido comprados por la sangre de Cristo, han sido lavados de sus pecados, y poseen, por lo tanto, por la obra del Espíritu Santo, la cosa significada... Debido a que se les promete el Espíritu Santo, ellos poseen el Espíritu Santo».[71] Warfield sostiene que en el caso de los hijos de los creyentes, como en el caso de los que hacen una profesión de fe creíble, pueden ser reconocidos en el juicio de la caridad como pertenecientes a Cristo y recibidos como tales.[72] Murray escribe: «Los bebés bautizados deben ser recibidos como hijos de Dios y tratados en consecuencia».[73]

Otros escritores reformados se han expresado mucho más cautelosamente, satisfechos de afirmar simplemente que hay una simiente para el Señor entre la simiente de los creyentes. Aunque no niegan que los niños del pacto tienen derecho al bautismo del pacto, James Henley Thornwell y Robert Lewis Dabney, por ejemplo, sostuvieron que los hijos de los creyentes «deben ser considerados como 'del mundo y en la iglesia', y 'como no regenerados hasta que su fe personal y arrepentimiento sean evidentes'» (Jones).[74]

¿Cuál debe ser nuestra posición en esta cuestión? Creo que he demostrado que los bebés de padres creyentes deben ser vistos como miembros y bajo el gobierno y la protección de la iglesia de Cristo y deben ser tratados como tales. El directorio de la Asamblea de Westminster *para el Culto Público de Dios* (1645) emite las siguientes declaraciones sobre este asunto:

> Que la promesa se haga a los creyentes y a su simiente, y que la simiente y la posteridad de los fieles, *nacidos dentro de la iglesia* tienen, por su nacimiento, interés en el pacto, y derecho al sello de este, y a los privilegios externos de la iglesia, bajo el evangelio, no menos que los hijos de Abraham en el tiempo del Antiguo Testamento, el pacto de gracia, para la sustancia, siendo la misma, y la gracia de Dios, y el consuelo de los creyentes, más abundante que antes...
>
> Que el Hijo de Dios admitió a los niños pequeños en su presencia, abrazándolos y bendiciéndolos, diciendo: Porque de tales es el reino de Dios:
>
> Que los niños, por el bautismo, son recibidos solemnemente en *el seno de la iglesia visible*, distinguidos del mundo, y los que están fuera y unidos con los creyentes, y que todos los que son bautizados en el nombre de Cristo, renuncian, y por su bautismo están obligados a luchar contra el diablo, el mundo y la carne:
>
> Que *son cristianos [federalmente], y federalmente santos antes del bautismo*, y por lo tanto son bautizados.

Ni mis propias declaraciones ni las de la Asamblea de Westminster deben interpretarse como una defensa de la regeneración bautismal o la salvación bautismal, porque ninguna considera que el niño del pacto sea necesariamente regenerado o salvo en virtud de su estado de pacto o su bautismo.[75] Tampoco debe la posición que estoy instando aquí ser el terreno para la pereza con respecto a la responsabilidad del padre cristiano de criar a su hijo en la única fe verdadera. Porque el *directorio* continúa afirmando, al igual que la Confesión de Fe (XXVIII/vi), que la gracia *interior* del bautismo no está ligada al momento de su administración *externa* (un hecho evidente en el caso de Jacob, quien fue circuncidado cuando era un niño, pero para quien las verdades del pacto significadas y selladas por la circuncisión no se volvieron personales y reales hasta que luchó con Dios muchos años después en Peniel), más bien, «el fruto y el poder del mismo llegan a todo el curso de nuestra

---

[71] Amandus Polanus, *Syntagma theologiae Christianae* (esta era la teología sistemática de Polanus, y fue publicada en inglés en 1595 como *The Substance of Christian Religion*), VI.55. Polano también debería haber sido más sensible a las implicaciones de los ejemplos de Ismael y Esaú.
[72] Benjamin B. Warfield, «The Polemics of Infant Baptism», en *Studies in Theology* (New York: Oxford University Press, 1932), 389–390, 405–406.
[73] Murray, *Christian Baptism*, 59. Para los detalles históricos completos, ver Lewis Bevens Schenck, *The Presbyterian Doctrine of Children in the Covenant* (Yale: Yale University Press, 1940).
[74] Ver especialmente James Henry Thornwell, *Collected Writings* (Richmond: Presbyterian Committee of Publication, 1886), 4:333–341, 348. El abordaje de Dabney puede encontrarse en sus *Lectures in Systematic Theology*, Lecture LXVI, 792–795.
[75] Es cierto que algunos teólogos reformados (p. ej., Ursinus, Polanus, Cloppenburg, Voetius, Witsius) han enseñado que los hijos del pacto sin distinción, en virtud de su condición de hijos del pacto, son regenerados desde la primera infancia, están unidos a Cristo y por lo tanto tienen derecho al bautismo. Otros escritores reformados (p. ej., Zanchius, Ames, Spanheim, Ussher) dudan en hacer alguna estipulación en cuanto al tiempo de regeneración para los hijos del pacto. Me cuento entre este último grupo.

La Iglesia

vida». En consecuencia, todos los presentes en todos y cada uno de los bautismos de niños son amonestados a «mirar hacia atrás a su bautismo», a arrepentirse de sus pecados *contra el pacto* y a «mejorar y hacer el uso correcto de su bautismo».[76] A los padres se exhorta entonces en consideración de la gran misericordia de Dios a criar a su hijo «en el conocimiento y los fundamentos de la religión cristiana, y en la crianza y amonestación del Señor».

Antes del bautismo del niño, según el *directorio*, se debe dirigir al Señor y pedirle que «una al bautismo interior de su Espíritu con el bautismo externo de agua; haz de este bautismo al niño un sello de adopción, remisión del pecado, regeneración y vida eterna, y todas las demás promesas del pacto de gracia». *Después de* su bautismo, se le pedirá al Señor que «le enseñe por su Palabra y Espíritu, y haga que su bautismo sea efectivo para él, y así lo sostenga por su poder y gracia divinos, para que por la fe pueda prevalecer contra el diablo, el mundo y la carne, hasta que al final obtenga una victoria completa y final». Por lo tanto, el directorio prevé, como Jones afirma correctamente, «una relación dinámica y de por vida entre la fe [salvadora] [del bebé] [y el caminar cristiano, por un lado] y [su] bautismo [por el otro]».[77] Todo esto significa, observa acertadamente Jones, que «la familia cristiana sirve a los propósitos de gracia de Dios, no de ninguna manera mecánica, sino más bien a través de la responsabilidad parental de proporcionar nutrición espiritual para que el niño crezca en el conocimiento del Salvador» y ratifica por su propia profesión personal y compromiso cuando alcanza los años de discreción lo que su bautismo significó y selló desde su infancia, convirtiéndose así en un miembro comulgante de la iglesia de Cristo. Jones afirma, además:

> El propósito de Dios de ser nuestro Dios y el Dios de nuestros hijos no se cumple de otra manera que mediante la obediencia a su mandamiento confiando en su gracia (ver Gn- 18:16–18, Dt. 6:4–9). La clave para los padres [cristianos] [con respecto a la crianza de sus hijos en las cosas del Señor y su Espíritu] es confiar en la gracia [de Dios] y no poner confianza en la carne como si la conversión y la perseverancia de sus hijos fueran una conclusión inevitable.

En otras palabras, siempre deben tomar en serio su responsabilidad como padres del convenio y sentirse en libertad de hablar a sus hijos acerca de Cristo e instarlos a examinarse a sí mismos para ver si de hecho están «en la fe» (2 Co. 13:5).

Sin embargo, donde los padres son fieles al pacto, la expectativa es poder decir [a sus hijos del pacto] en las palabras de Pablo a Timoteo: «desde la niñez [ἀπὸ βρέφους, *apo brephous*] has sabido las Sagradas Escrituras, las cuales te pueden hacer sabio para la salvación por la fe que es en Cristo Jesús» (2 Ti. 3:15. Ver Salmos 22:9–10). (Jones)

En resumen, una familia cristiana, con el apoyo de una iglesia centrada en Dios y creyente en la Biblia, debe ser una escuela de Cristo. Y así como las escuelas, notoriamente, incluyen

---

[76] El Catecismo mayor, Pregunta 167, pregunta: «¿Cómo debemos aprovecharnos de nuestro bautismo? La respuesta dada es:
> El deber indispensable, pero muchas veces descuidado de aprovecharnos de nuestro bautismo, debe ser cumplido por nosotros toda nuestra vida, especialmente en el tiempo de la tentación, y cuando estamos presentes en la administración de él a otros, por una consideración seria y lleno de gratitud por su naturaleza y de los fines para el cual Cristo lo instituyó, los privilegios y beneficios conferidos y sellados por medio de él, y del voto solemne que hicimos; por ser humildes por nuestras debilidades pecaminosas, de nuestra falta de cumplimiento, de andar por el camino contrario a la gracia del bautismo y de nuestras promesas; por el crecimiento en la seguridad del perdón del pecado, y de todas las otras bendiciones selladas en nosotros por este sacramento; por derivar fuerza de la muerte y resurrección de Cristo, en quien somos bautizados, por la mortificación de la carne y avivamiento de la gracia, por los esfuerzos en vivir por la fe, por tener nuestra conversación en santidad y justicia, como aquellos que han entregado su nombre a Cristo, y andan en amor fraternal, como siendo bautizados por el mismo Espíritu en un cuerpo.

[77] Jones observa que el Sínodo de Nueva York y Filadelfia en 1729 adoptó la *Confesión de fe y los Catecismos de Westminster* como normas doctrinales y recomendó el uso del *Directorio de Culto de Westminster*. En 1788, el Sínodo ratificó su propio *Directorio para el Culto* [que luego fue] enmendado y ratificado por la Asamblea General en 1821. [Este Directorio] continuó en uso prácticamente sin cambios hasta el siglo XX.

Las diferencias entre el *Directorio* Americano y el de la [anterior] Asamblea de Westminster son bastante significativas. Toda la sección sobre la administración del bautismo en el *Directorio* Americano está muy abreviada, y esto se debe no simplemente a una reducción en la palabrería, sino a una reducción en el contenido. Por ejemplo, mientras que el *Directorio* de Westminster dio una definición completa de lo que sella el bautismo, la revisión estadounidense simplemente declaró que el bautismo es un sello de la justicia de la fe. No se da el significado del elemento [agua] y la acción [aspersión], y se omite la exhortación a los presentes a recordar su propio bautismo. La oración debe ofrecerse antes y después del bautismo, pero no se sugiere su contenido. Por lo tanto, la instrucción oficial dada por la iglesia presbiteriana en el momento del bautismo infantil se redujo significativamente, reflejando y contribuyendo con una disminución en el significado atribuido al sacramento. Además, en la instrucción que se da, el énfasis cambia sutilmente del niño al padre. Un capítulo posterior sobre la admisión a las ordenanzas del sellamiento introduce la idea de que los niños nacidos dentro del ámbito de la iglesia visible son dedicados a Dios en el bautismo. El *Directorio* de Westminster, por el contrario, agradecía a Dios por traer diariamente niños al seno de su iglesia, para que fueran partícipes de los inestimables beneficios adquiridos por Cristo.

La Iglesia

niños no enseñados (para eso existen las escuelas), así la familia cristiana debe instruir a sus hijos «santos» en la fe entregada de una vez por todas a los santos.

Eficacia

El Catecismo Mayor (Pregunta 154) afirma que los sacramentos «se hacen efectivos para los elegidos para su salvación». También declara (Pregunta 161) que los sacramentos «se convierten en medios efectivos de salvación» (ver también Catecismo Menor, Pregunta 91). A primera vista, estas declaraciones pueden parecer estar abogando por una salvación sacerdotal, pero nada podría estar más lejos de la verdad. Para la Asamblea de Westminster, al hablar de los sacramentos como «medios efectivos» de salvación, también declaró en un lenguaje inequívoco que los sacramentos son tales, «no por ningún poder en sí mismos, ni por ninguna virtud derivada de la piedad o intención de aquel por quien son administrados, sino sólo por la obra del Espíritu Santo [«en ellos que por fe los reciben» —Catecismo Menor, Pregunta 91], y la bendición de Cristo, por quien son instituidos». Esta declaración absuelve a sus autores de la acusación de una visión *ex opere operato* de los sacramentos. Porque afirman que no hay nada en los sacramentos *per se* que salve y que la piedad de su administrador no aporta nada a los sacramentos como medio de salvación. Más bien, la posición defendida insta a que los sacramentos se conviertan en medios efectivos de salvación para los elegidos sólo cuando Cristo los bendiga y como su Espíritu obra en los que por fe los reciben.

Marcos 16:16, Hechos 2:38 y Hechos 22:16 han sido citados por los sacerdotalistas para enseñar que el bautismo es esencial para el perdón de los pecados o al menos para la recepción del don del Espíritu Santo. Así que se debe dar alguna exposición con respecto a cada uno de estos versículos.

Marcos 16:16: «El que creyere y fuere bautizado, será salvo; más el que no creyere, será condenado». Debe notarse que este versículo aparece en el llamado final más largo del Evangelio (16: 9-20), que es apoyado por el Textus Receptus y algunos otros testigos tardíos, pero no por los manuscritos tempranos más confiables. También es cuestionado por Eusebio y Jerónimo.[78] Su precariedad textual-crítica, por lo tanto, hace que el versículo sea un terreno inestable para la defensa de cualquier forma de salvación bautismal.

Hechos 2:38: «Arrepentíos, y bautícese cada uno de vosotros en el nombre de Jesucristo para perdón de los pecados; y recibiréis el don del Espíritu Santo». Insto a que esa parte de la amonestación de Pedro relativa al bautismo («y bautícense, todos ustedes, en el nombre de Jesucristo») se interprete como un complemento subsidiario (que se lea mentalmente como si tuviera paréntesis a su alrededor) al pensamiento principal, que es «Arrepentíos... para el perdón de los pecados». Digo esto porque ni en el relato de Lucas de la comisión de Jesús a la iglesia en Lucas 24:47 ni en la predicación posterior de Pedro en Hechos 3:19 se dice nada sobre el bautismo. Si el bautismo fuera esencial para la salvación o para la recepción del perdón y el don del Espíritu Santo, la omisión de toda referencia a él en estos contextos por parte de Jesús y Pedro, respectivamente, sería extremadamente extraña, si no totalmente irresponsable (ver también la declaración de Pablo en 1 Co. 1:17, y su insistencia en la necesidad solo de la circuncisión del corazón, la contraparte espiritual del antiguo testamento del bautismo, en Ro. 2:26-29). Ned B. Stonehouse escribe a este respecto:

> En los diversos contextos en los que ha sido posible evaluar la cuestión de la posible relación entre el bautismo y el otorgamiento del Espíritu [Hch. 2, 8, 10, 19], ha sido inequívocamente claro que

---

[78] Ver Bruce M. Metzger, *A Textual Commentary on the Greek New Testament* (New York: United Bible Societies, 1971), 122–126, para una explicación del por qué este pasaje no debe considerarse como original del evangelio de Marcos.

La Iglesia

el bautismo no se concibe como conferir el Espíritu. Los dos están íntimamente asociados, y el don del Espíritu bien puede ser considerado como el concomitante normal del bautismo, pero nunca aparece como la consecuencia inevitable o inmediata del bautismo. Por lo tanto, sería precipitado insistir en que las palabras, «y recibiréis el don del Espíritu Santo», en 2:38 indican que el bautismo como tal confiere este don.

Además, Hechos 2:38 en sí mismo proporciona una razón para resistirse a la conclusión de que el don está condicionado al bautismo. Porque debe subrayarse que la demanda básica y primaria de Pedro es *el arrepentimiento*, y su pensamiento puede ser que la promesa del Espíritu está asegurada sobre la base de la conversión y no simplemente como consecuencia del bautismo. Esta interpretación se apoya al señalar el llamado de Pedro en Hechos 3:19: «arrepentíos y convertíos, para que sean borrados vuestros pecados; para que vengan de la presencia del Señor tiempos de refrigerio». El arrepentimiento traerá refrescamiento desde lo alto, evidentemente a través de la obra del Espíritu. Pero nada se dice acerca del bautismo. De manera similar, en Hechos 2:38 el bautismo puede estar subordinado al arrepentimiento. Que el acento cae más en el arrepentimiento que en el bautismo también gana apoyo de la observación de que en Lucas 24:47 el evangelio que se predica en el nombre de Cristo a todas las naciones se resume en términos de «arrepentimiento y remisión de los pecados».[79]

Dana y Mantey[80] sugieren un segundo enfoque interpretativo de este versículo, que también elimina el sacerdotalismo que algunos pretenden ver en él. Conservan la cláusula del bautismo como una parte importante del mandato de Pedro, pero instan a que la preposición εἰς, *eis*, que rige la frase «perdón de los pecados» se le dé fuerza causal: «debido al perdón de tus pecados». Si bien esta interpretación es una posibilidad, debe tenerse en cuenta que la ofrecen en interés de su convicción bautista compartida de que el bautismo debe seguir al perdón.

Hechos 22:16: «Bautízate y lava tus pecados». Con respecto a la cita de Pablo en Hechos 22:16 de las palabras de Ananías a él: «Ahora, pues, ¿por qué te detienes? Levántate y bautízate, y lava tus pecados, invocando su nombre», yo instaría a que la frase participial «invocando su nombre», modifique a la persona designada en el segundo imperativo, «lava», como el antecedente más cercano. Esto significa que la causa instrumental del «lavado» espiritual de Pablo no fue su bautismo *per se*, sino su «invocación» del nombre de Jesús que acompañó su bautismo, cuya ordenanza fue a su vez el signo visible de su «lavado» espiritual.

Entonces, ¿de qué manera el bautismo se convierte en un medio efectivo de salvación? ¿De qué manera contribuye el bautismo a la salvación de los elegidos?[81] La respuesta es simple y llana. Así como la circuncisión del Antiguo Testamento era una señal y un sello de justicia imputada recibidos a través de la fe aparte del rito de la circuncisión (Ro. 4:11), así también el bautismo del Nuevo Testamento, el sucesor sacramental de la circuncisión se vuelve efectivo para la salvación en su carácter de signo y sello de las verdades espirituales del nuevo pacto. *Como signo y sello es un medio de gracia (1) para «significar» y (2) para «confirmar» la gracia «a través de la fe aparte del rito del bautismo».*

Su carácter de signo

Dios no sólo salva a los elegidos uniéndolos a Cristo a través del ministerio de su Palabra y Espíritu, sino también, con la bendición de Cristo descansando sobre la ordenanza del bautismo y con su Espíritu obrando en aquellos que por fe la reciben, Dios por medio del acto bautismal.

---

[79] Ned B. Stonehouse, «Repentance, Baptism and the Gift of the Holy Spirit», en *Paul Before the Areopagus and Other New Testament Studies* (Grand Rapids, Michigan: Eerdmans, 1957), 83-84.
[80] Dana and Mantey, *A Manual Grammar of the Greek New Testament* (New York: Macmillan, 1927), 103-104.
[81] La administración del bautismo en presencia de los incrédulos tiene un ministerio de enseñanza y testimonio para ellos cuando va acompañado de las palabras de la institución, ya que significa vívidamente para los sentidos de los impíos su condición pecaminosa y perdida, las provisiones del evangelio y los privilegios de unión con Cristo. Pero no estamos interesados en este momento con este aspecto del carácter de señal y sello del bautismo. Nos preocupa más bien la eficacia del bautismo para aquellos que reciben la ordenanza.

La Iglesia

anuncia esa gran verdad [de su unión con Cristo] por una ordenanza que retrata visiblemente a nuestros sentidos la realidad de esta gracia. Es un testimonio que Dios se ha complacido en darnos para que podamos comprender mejor el alto privilegio de la unión con el Padre, el Hijo y el Espíritu Santo. Este es el propósito del bautismo como *señal*.[82]

Así, su bautismo se convierte en un medio (además pero no independiente de la Palabra), por y con la bendición de Dios, de sensibilizar a la mente cristiana creyente al estado de pacto privilegiado en el que se encuentra el hombre elegido. El bautismo como signo del pacto también le recuerda el pacto de gracia contra el *cual peca si* no es fiel a las verdades espirituales que significa. Así, su bautismo en su carácter de signo se convierte en un medio eficaz de santificación para el hombre cristiano y de esta manera es un medio de gracia para él.

Su sello o carácter «confirmante»

Así como Dios confirmó su promesa a Noé colocando el arco en la nube, así como Dios confirmó su promesa a Abraham por un juramento adicional (Heb. 6:17-18), así también Dios confirma, certifica, autentica y garantiza las verdades prometidas de su pacto con su pueblo al agregarle el sello confirmatorio del bautismo. Al agregar el bautismo como un sello autenticador a sus promesas del pacto,

> Dios nos proporciona [certificación adicional] para que podamos ser confirmados en la fe de su gracia. Por lo tanto, muestra más abundantemente la inmutabilidad de la relación del pacto para que podamos tener un fuerte consuelo.[83]

Todo esto es igualmente cierto para el niño bautizado. Concediendo el hecho de que Dios normalmente no hace que los niños elegidos sean psicológicamente capaces del ejercicio inteligente de la fe salvadora en su infancia,[84] el bautismo del niño en su carácter de «signo» y «sello» sigue siendo un signo de testimonio y un sello de confirmación de las verdades del pacto que significa y sella.[85] La eficacia de estas verdades del pacto, además, no está necesariamente ligada al momento en que se administra el bautismo, sino que es prometida, exhibida y conferida por el Espíritu Santo a los que (ya sea de edad o de niños) pertenece esa gracia, según el consejo de la propia voluntad de Dios, en el tiempo que Él haya señalado. Y como señal y sello, su bautismo lo defenderá contra el cargo de, o lo acusará de, infidelidad del pacto en el día del juicio, dependiendo de si el niño se relaciona con fe o no con ella cuando alcance los años de discreción.

Es una causa de gran preocupación para los paidobautistas reformados que multitudes de padres cristianos dentro de la cristiandad, bajo la influencia de la enseñanza antipaidobautista y dispensacional, sean totalmente ignorantes del estatus de pacto privilegiado que poseen sus hijos en virtud del hecho de que ellos, los padres, son cristianos. He escuchado a tales padres insistir en que sus hijos no son diferentes a los ojos de Dios que los paganos hasta que se vuelven a Cristo por fe, que la primera oración que Dios escuchará de ellos es el grito: «Dios, ten misericordia de mí, el pecador». Es interesante, sin embargo, observar a estos mismos padres instruyendo a sus hijos, incluso antes de que puedan hacer una profesión de fe creíble, a pensar en Dios el Padre como su Padre celestial y a rezar el «Padre Nuestro» con los miembros creyentes de la familia. Su práctica, inconsistente pero felizmente, es mejor que su teología. Aparentemente, estos padres cristianos asumen instintivamente que sus hijos son en

---

[82] Murray, *Christian Baptism*, 87.
[83] Ibid.
[84] Utilicé la palabra «normalmente» aquí porque los niños elegidos pueden ser y han sido, por la habilitación del Espíritu, hechos susceptibles a la obra de Dios de la gracia de la regeneración y de unirlos a Cristo mientras estaban en la infancia. Estoy pensando en Juan el Bautista, quien fue «lleno del Espíritu Santo desde el vientre de su madre» (Lc. 1:15), y quien «saltó en el vientre [de Isabel]» cuando su madre escuchó el saludo de María (Lc. 1:41). Ver también el testimonio del Mesías en cuanto a su relación con el Dios del pacto: «Pero tú eres el que me sacó del vientre; El que me hizo estar confiado desde que estaba a los pechos de mi madre. Sobre ti fui echado desde antes de nacer; Desde el vientre de mi madre, tú eres mi Dios» (Sal. 22:9-10).
[85] Tanto su carácter de «señal» y «sello» como las mismas verdades del pacto que el bautismo «significa» y «confirma» siguen siendo verdaderas y no se ven afectadas, ya sea que el niño alguna vez llegue a la fe o no.

algún sentido especiales para el Señor, a pesar de que no poseen la base teológica necesaria para justificar su suposición y sus acciones correspondientes.[86] Los paidobautistas reformados poseen esa base teológica, a saber, su apreciación bíblicamente justificada del estatus privilegiado de estos pequeños como hijos del pacto nacidos dentro de la comunidad de gracia del pacto. Por lo tanto, deben hacer más para educar a la iglesia en general con respecto a su concepto de la unidad del pacto de gracia y la unidad del pueblo de Dios en todas las épocas y las implicaciones de estos hechos para sus hijos del pacto.

La Cena del Señor

Nuestro Señor Jesús, la noche que fue entregado, instituyó el sacramento de su cuerpo y de su sangre, llamado la Cena del Señor, para que se observará en su Iglesia hasta el fin del mundo, para un recuerdo perpetuo del sacrificio de sí mismo en su muerte, para sellar en los verdaderos creyentes los beneficios de ella, para su alimentación espiritual y crecimiento en Él, para un mayor compromiso en y hacia todas las obligaciones que le deben a Cristo; y para ser un lazo y una prenda de su comunión con Él y de su mutua comunión, como miembros de su cuerpo místico.

En este sacramento Cristo no es ofrecido a su Padre, ni se hace ningún verdadero sacrificio por la remisión de los pecados de los vivos ni de los muertos; sino que solamente es una conmemoración del único ofrecimiento de sí mismo y por sí mismo en la cruz, una sola vez para siempre y una ofrenda espiritual de la mayor alabanza posible a Dios a causa de esto. Así que el sacrificio papal de la misa, como ellos le llaman, es la injuria más abominable al único sacrificio de Cristo, la única propiciación por todos los pecados de los elegidos.

El Señor Jesús, en este sacramento, ha designado a sus ministros que declaren al pueblo su palabra de institución, que oren y bendigan los elementos del pan y del vino, y que los aparten así del uso común para el servicio sagrado; que tomen y partan el pan, y beban de la copa y (participando ellos mismos), den de los dos elementos a los comulgantes; pero no a ninguno que no esté presente entonces en la congregación.

Las misas privadas o la recepción de este sacramento de un sacerdote o por cualquier otro privadamente; como también el negar la copa al pueblo; el adorar los elementos, el elevarlos o llevarlos de un lugar a otro para adorarlos y el guardarlos para pretendidos usos religiosos; todo esto es contrario a la naturaleza de este sacramento y a la institución de Cristo.

Los elementos exteriores de este sacramento, debidamente apartados para los usos ordenados por Cristo, tienen tal relación con el crucificado, que verdadera, aunque sólo sacramentalmente, se llaman algunas veces por el nombre de las cosas que representan, a saber: el cuerpo y la sangre de Cristo; no obstante, en sustancia y en naturaleza ellos todavía son verdadera y solamente pan y vino, como eran antes.

Esa doctrina que sostiene un cambio de sustancia del pan y del vino a la sustancia del cuerpo y de la sangre de Cristo, (llamada comúnmente transubstanciación), por la consagración del sacerdote, o de algún otro modo, es repugnante no sólo a la Escritura sino también a la razón y al sentido común; echa abajo la naturaleza del sacramento; y ha sido y es la causa de muchísimas supersticiones, y además una crasa idolatría.

Los que reciben dignamente este sacramento, participando exteriormente de los elementos visibles, también participan interiormente, por la fe, de una manera real y verdadera, aunque no carnal ni corporal, sino alimentándose espiritualmente de Cristo crucificado y recibiendo todos los beneficios de su muerte. El cuerpo y la sangre de Cristo no están entonces ni carnal ni corporalmente dentro, con o bajo el pan y el vino; sin embargo, están real pero espiritualmente presentes en aquella ordenanza para la fe de los creyentes, tanto como los elementos mismos lo están para sus sentidos corporales.

Aunque los ignorantes y malvados reciban los elementos exteriores en este sacramento, con todo, no reciben lo significado por ellos, sino que por acercarse indignamente son culpados del cuerpo y de la sangre del Señor para su propia condenación. Entonces, todas las personas ignorantes

---

[86] Robert Lewis Dabney establece el mismo punto en sus *Lectures in Systematic Theology*, lección 66, 795.

e impías como no son aptas para gozar de comunión con Él tampoco son dignas de acercarse a la mesa del Señor, y mientras permanezcan en ese estado, no pueden, sin cometer un gran pecado contra Cristo, participar de estos sagrados misterios, ni ser admitidos a ellos. (Confesión de Fe de Westminster, XXIX/1–viii; ver también Catecismo Mayor, Preguntas 168–175)

Terminología

La cena del Señor ha llegado a ser referida de varias maneras diferentes debido a la terminología del Nuevo Testamento asociada con ella. Se llama el «partimiento del pan» (Hch. 2:42; 1 Co. 10:16), «[santa] comunión», porque Pablo afirma que «la copa de acción de gracias» y «el pan que partimos» son «comunión» con la sangre y el cuerpo de Cristo y con los demás creyentes (1 Co. 10:16), la «mesa del Señor» (1 Co. 10:21), la «cena del Señor» (1 Co. 11:20), y la «eucaristía», sobre la base del uso de Pablo del participio aoristo εὐχαριστήσας, *eucharistēsas*, en 1 Corintios 11:24. Nunca se llama la «última cena» en las Escrituras (estrictamente hablando, este sacramento no fue instituido en la última *cena*, más bien, fue instituido en la última *pascua*[87]). Tampoco el término católico romano «misa» tiene algún apoyo bíblico, ya que se deriva del latín *missio*, un término utilizado en la liturgia romana para despedir a la gente (la expresión *Ite, missa est* es el final regular del rito romano).

Institución

Así como Jesús instituyó personal y expresamente el sacramento del bautismo (Mt. 28:19), así también instituyó personal y expresamente el sacramento de la cena del Señor. Los sinópticos declaran específicamente que lo hizo en el escenario de la celebración de la pascua pocas horas antes de su crucifixión.

Los tres sinópticos (Mt. 26:26; Mc. 14:22; Lc. 22:19) y Pablo (1 Co. 11:24) registran que Jesús, la noche en que fue traicionado, tomó pan y se lo dio a sus discípulos y dijo: «Este es mi cuerpo». Lucas (22:19) y Pablo (1 Co. 11:24) ambos registran que Jesús luego dijo en relación con el pan: «[continuamente] haced esto en memoria de mí». Tanto Mateo (26:28) como Marcos (14:24) registran que Jesús tomó la copa y dijo: «Esto es mi sangre del nuevo pacto que por muchos es derramada». Mateo añade en este punto: «para el perdón de los pecados». Lucas (22:20) y Pablo (1 Co. 11:25) afirman que Jesús dijo en este punto: «Esta copa es el nuevo pacto en mi sangre», y Lucas agrega: «que por vosotros se derrama». Sólo Pablo registra que Jesús dijo: «[continuamente] haced esto, todas las veces que la bebiereis, en memoria de mí» (1 Co. 11:25). Aunque existen estas pequeñas variaciones entre los relatos, todavía está bastante claro de los imperativos de Jesús: «*Continuamente haz esto* [esta es la fuerza del imperativo presente] en memoria de mí», que Él realmente instituyó esta ordenanza y que tenía la intención de que su iglesia observara esta ordenanza después de haberse apartado de ellos y haber regresado al cielo.

En el interés de mostrar la conexión directa entre la pascua y la cena del Señor, es importante que notemos, no solo su «configuración de la pascua», sino también que nuestro Señor usó elementos que ya se empleaban normalmente en la celebración de la pascua cuando instituyó la cena del Señor. R. T. Beckwith observa correctamente:

> Lo único nuevo que Cristo instituyó fue su interpretación de los elementos, *es decir*, sus palabras de institución, porque las acciones de gracias, la fracción del pan y la distribución de los elementos tuvieron lugar en cualquier comida judía formal, como muestra la literatura rabínica. Hubo, de hecho, palabras interpretativas en la comida de pascua, pero interpretaron los elementos en relación con la liberación del éxodo, no en relación con la nueva liberación a través de la muerte de Cristo.

---

[87] Los evangelios sinópticos sugieren que Jesús y sus discípulos celebraron la pascua durante las primeras horas del 15 de Nisán, es decir, al anochecer, en un año en que la pascua iba desde las 6:00 p. m. jueves a eso de las 6:00 p.m. el viernes, colocando así el momento de la crucifixión de Jesús en la mañana del viernes, mientras que siete versículos del evangelio de Juan (13:1, 27; 18:28; 19:14, 31, 36, 42) han convencido a la mayoría de los eruditos de que el cómputo de Juan asigna a la crucifixión de Jesús al jueves por la tarde en el momento de la matanza de los corderos pascuales en el templo en preparación para la pascua que se avecinaba. Para soluciones juiciosas a este problema, ver sus comentarios sobre Juan 2:13; 18:28; 19:14a por Leon Morris, *The Gospel According to John*, y D.A. Carson, *The Gospel According to John*.

Todo lo que nuestro Señor instituyó necesita ser realizado, pero lo distintivo son sus nuevas palabras interpretativas.[88]

Observancia

Con respecto a la cuestión de la frecuencia, el Nuevo Testamento no especifica con qué frecuencia una congregación debe observar la cena del Señor. Pablo afirma que Jesús simplemente dijo: «Haced esto todas las veces que la bebiereis, en memoria de mí» (1 Co. 11:25). En la Edad Media, Roma hizo que la misa fuera obligatoria para las personas solo anualmente. Zwinglio pidió una observancia trimestral (pascua, pentecostés, otoño y navidad), mientras que Calvino abogó por al menos una observancia semanal, pero a regañadientes se conformó con menos.

Con respecto a la liturgia a seguir, mientras que Roma ha embellecido la ordenanza con una gran cantidad de pompa y circunstancias humanamente concebidas, reflejando la teología transubstancial de esa iglesia, las iglesias protestantes, siguiendo los ejemplos de Cristo y Pablo, han mantenido su liturgia, en términos generales, bastante bíblica y simple. La Confesión de Fe de Westminster, por ejemplo, instruye sin arte a la iglesia de la siguiente manera: «El Señor Jesús, en este sacramento, ha designado a sus ministros que declaren al pueblo su palabra de institución, que oren y bendigan los elementos del pan y del vino, y que los aparten así del uso común para el servicio sagrado; que tomen y partan el pan, y beban de la copa y (participando ellos mismos), den de los dos elementos a los comulgantes» (XXIX/iii; ver también *Catecismo Mayor*, Pregunta 169).

En cuanto a los ministros de la ordenanza, en las iglesias reformadas la administración de la santa cena está restringida a los ministros de la Palabra, no porque se piense que cualquier poder sacerdotal reside en ellos en virtud de su ordenación, sino primero, porque (en la analogía de la admisión del sumo sacerdote a su oficio) «nadie toma para sí esta honra, sino el que es llamado por Dios» (Heb. 5:4), y segundo, por el deseo de asegurar el buen orden (Jones).

Con respecto a la cuestión de quiénes son los comulgantes apropiados en la cena, las Escrituras dejan en claro que la cena del Señor no es una «ordenanza de conversión». Es sólo para cristianos. El ministro que preside debe (1) advertir a todos contra la participación de los elementos *indignamente* (ἀναξίως, *anaxiōs*, 1 Co. 11:27, 29), que en el contexto de Corintios probablemente tenían referencia a la facticidad y el egoísmo de esa iglesia, para que no trajeran juicio sobre sí mismos; (2) advertir que todos los que participan deben «reconocer el cuerpo del Señor» como comulgan, es decir, deben ver los elementos en el contexto de la ordenanza, no como comida y bebida para el cuerpo físico, sino como el signo y sello de las verdades espirituales; y (3) convocar a todos al autoexamen (δοκιμαζέτω, *dokimazetō*, 1 Co. 11:28), para asegurar, entre otras cosas, que los que comulgan están en la fe (ver 2 Co. 13:5).

Debo decir de paso que si bien la posición reformada clásica ha restringido la comunión, precisamente debido a estas amonestaciones apostólicas, «sólo a los que son de años y capacidad para examinarse a sí mismos» (Catecismo Mayor, Pregunta 177), se ha montado un desafío reformado contemporáneo contra esta restricción, principalmente sobre los tres motivos de (1) la analogía entre la pascua y la cena del Señor, (2) la analogía entre el bautismo y la cena del Señor, y (3) la insistencia en que el llamado de Pablo al autoexamen debe restringirse a su «universo de discurso» contextual, es decir, a los adultos.[89] Pero debido a

---

[88] R. T. Beckwith, «Eucharist», en *New Dictionary of Theology* (Downers Grove, Ill.: InterVarsity Press, 1988), 236. Para obtener más información sobre el seder (orden del servicio) de la Pascua del primer siglo y su relación con la Cena del Señor, consulte véase Ceil y Moishe Rosen, Christ in the Passover (Chicago: Moody, 1978).
[89] Ver el «Minority Report» de Robert S. Rayburn adjunto al «Report of the Ad-Interim Committee to Study the Question of Paedocommunion», *Minutes of the Sixteenth General Assembly of the Presbyterian Church in America* (1988, 519-527).

La Iglesia

que la cena del Señor parece requerir la participación activa de quien recibe los elementos (se le insta a «tomar, comer, beber, hacer esto»), mientras que el bautismo por su propia naturaleza requiere que el receptor sea *pasivo* (nadie, ni siquiera un adulto, se bautiza a sí mismo), insto a que sea apropiado establecer una distinción entre los dos sacramentos a este respecto e incluir a los niños y jóvenes en el bautismo, pero para exigirles que maduren lo suficiente hasta el punto en que puedan examinarse a sí mismos antes de que se les permita venir a la mesa del Señor.[90]

La relación de la presencia de Cristo con los elementos

Tratando de exponer las palabras de nuestro Señor: «Este es mi cuerpo», los dogmáticos han instado a cuatro puntos de vista diferentes de la relación de la presencia de Cristo con los elementos de la cena del Señor.

El punto de vista católico romano— Transubstanciación

La iglesia Católica Romana enseña que, en el «milagro» de la misa, mientras que el pan y el vino continúan apareciendo a los sentidos como pan y vino, durante la oración de consagración del sacerdote los elementos realmente cambian de sustancia en el verdadero cuerpo físico y sangre de Cristo. En otras palabras, los elementos retienen los *accidentes* (lo que es incidental a una cosa) del pan y el vino, mientras que la *sustancia* (lo que es esencial para una cosa) de los elementos se convierte en el mismo cuerpo y sangre de Cristo.[91]

Los reformadores criticaron este punto de vista (1) por su falta de énfasis en el papel de la fe en la recepción de los beneficios espirituales de la ordenanza, concebido como una obra *ex opere operato,* sus beneficios son ingeridos por la boca y no por el corazón gobernado por la fe;[92] (2) por su ataque implícito a la obra terminada de Cristo en el Calvario en su carácter de «sacrificio propiciatorio sin sangre», y (3) por su carácter mágico, a diferencia de los milagros visibles de Cristo y del Nuevo Testamento en general que podrían ser vistos por creyentes y no creyentes por igual, este «milagro» no es visible para nadie.

El punto de vista luterano— Consubstanciación

Mientras que los luteranos no llaman a su punto de vista «consubstanciación» (lit., «con la sustancia»), los luteranos, siguiendo a Lutero, a quien le preocupaba que la ordenanza estuviera siendo trivializada en un símbolo vacío por Zwinglio, enseñan que mientras que el pan y el vino siguen siendo pan y vino, sin embargo, Cristo, a través de una unión física real con los elementos, está realmente presente corporalmente «en, con, y debajo» el pan y el vino.[93]

Tanto el punto de vista católico romano como el punto de vista luterano sostienen que el comulgante en realidad se está alimentando del cuerpo físico y la sangre de Cristo. Pero dado que ambos puntos de vista defienden que Cristo está físicamente presente en los elementos, surgen graves problemas teológicos en relación con la naturaleza de la humanidad de Cristo, ya que ambos deben atribuir el atributo de ubicuidad («en todas partes») a su humanidad.

---

[90] Clowney está de acuerdo, escribiendo en *The Church*:
La diferencia decisiva entre los dos sacramentos es que la cena requiere una participación activa y con discernimiento. De hecho, los comulgantes que toman y comen en memoria de la muerte de Cristo están realizando el sacramento además de recibirlo. Pablo advierte en contra de comer sin discernir el significado del sacramento (1 Co. 11:23–24). El Catecismo Mayor de Westminster, por lo tanto, limita la participación a «los que tienen edad y capacidad para examinarse a sí mismos». (284)

[91] RC Sproul sostiene que ha tenido que ocurrir un «doble milagro» en la representación de Roma: «se necesita un milagro para tener la sustancia de una cosa y los accidentes de otra, y se necesita otro milagro para tener los accidentes de algo y la sustancia de otra cosa». («Into the Sanctuary—Worshiping God in Spirit and Truth», Ligonier Ministries, 1994, el noveno de una serie de audios de nueve mensajes).

[92] Ver el capítulo de Calvino sobre el sacrilegio de la misa en su *Institución*, IV.xviii.

[93] La Confesión de Augsburgo de 1530 era una confesión luterana, pero cuando Melanchthon, como su autor original, la enmendó en 1540 para reflejar los cambios en su comprensión teológica (la *Variata*) y eliminó del décimo artículo sobre la Cena del Señor las palabras vere *adsint* («verdaderamente presente»), reemplazó la palabra *distribuantur* («distribuido») por *exhibeantur* («exhibido, presentado, expuesto»), y añadió *cum pane* («con el pan»), haciendo que el artículo enseñe que con el pan y el vino el cuerpo y la sangre de Cristo se muestran al comulgante, tanto Juan Calvino como Martín Bucero en buena conciencia lo firmaron.

La Iglesia

Pero esto es para destruir la verdadera humanidad de Cristo y abandonar la cristología de Calcedonia.[94]

El punto de vista zwingliano— Representación simbólica

En el otro extremo, los zwinglianos (pero no necesariamente el propio Zwinglio)[95] enseñan que los elementos son representaciones simbólicas visibles de la muerte de Cristo. Se dice que Cristo tenía la intención de que los elementos invocaran en la mente del comulgante el recuerdo de su muerte en su nombre.

Mientras que Lutero pensaba que Zwinglio (1) era un racionalista que no creería en Cristo cuando declaró del pan y el vino: «Este es mi cuerpo», «Esta es mi sangre», (2) no enfatizó adecuadamente el carácter de don de la cena, y (3) enfatizó demasiado a la deidad de Cristo en la cena para descuidar su humanidad, Zwinglio, a su vez, estaba persuadido de que la posición de Lutero (1) era «mágica», (2) no daba un lugar adecuado a la fe como instrumento receptor de la bendición espiritual de la cena, y (3) no hacía plena justicia al hecho de que Jesús, en cuerpo y alma, en realidad se fue al cielo en la ascensión y, por lo tanto, no está aquí en la tierra.

El punto de vista reformado— Presencia espiritual real

En concierto general con Juan Calvino, las iglesias reformadas enseñan, siguiendo la Confesión de Fe de Westminster, que el cuerpo y la sangre de Cristo (es decir, Cristo con todos los beneficios de su muerte expiatoria) están «real y verdadera, aunque no carnal ni corporal, sino alimentándose espiritualmente de Cristo crucificado y recibiendo todos los beneficios de su muerte» (Confesión de Fe de Westminster, XXIX/vii). La cena del Señor se convierte entonces para el «digno» comulgante en un medio de gracia, no automáticamente, sino a través de la bendición de Cristo y la obra del Espíritu Santo en aquel que por la fe recibe los elementos. Por medio de ellos, el Cristo crucificado se da espiritualmente a sí mismo y sus beneficios expiatorios al creyente para fortalecerlo y nutrirlo.

Debido a que «participa de un pan» en la Cena, el cristiano también comulga con sus muchos hermanos que son miembros del cuerpo de Cristo con él, renovando así su amor y comunión con ellos (1 Co. 10:17).

Mientras que las iglesias reformadas generalmente siguen el ejemplo de Calvino en su insistencia en que Cristo está «real, pero espiritualmente, presente» para los creyentes en la cena del Señor, no todos los teólogos reformados siguen la exposición de Calvino en cada detalle. Por ejemplo, Charles Hodge se refiere a la opinión de Calvino como «peculiar».[96] William Cunningham con menos moderación acusa que la doctrina de Calvino es «infructuosa», «casi tan ininteligible como la consubstanciación de Lutero» y «quizás, la mayor mancha en la historia de los trabajos de Calvino como instructor público»,[97] y Robert Lewis Dabney declara que es «extraño» y «no sólo incomprensible sino imposible».[98]

Cunningham hace sus comentarios debido a lo que percibe como el «esfuerzo de Calvino por sacar a relucir algo así como una influencia real ejercida por la naturaleza humana de Cristo sobre las almas de los creyentes... un esfuerzo que, por supuesto, fue totalmente

---

[94] No solo es cierto que la enseñanza luterana de la ubicuidad de la humanidad de Cristo realmente prueba demasiado, ya que sugiere que Cristo está físicamente presente no solo en la cena del Señor sino también en todas partes (¿qué ventajas tienen entonces los elementos de la cena como puntos sacramentales de su presencia?), pero también es igualmente cierto que esta enseñanza se aparta de la definición de Calcedonia, que declara expresamente que las dos naturalezas de Cristo no conocen confusión (ἀσυγχύτως, *asynchytōs*) ni cambio (ἀτρέπτως, *atreptōs*), con la «diferencia de las naturalezas de ninguna manera eliminada debido a la unión, sino que se conserva la propiedad de cada naturaleza».
[95] Ver nota de pie de página 23.
[96] Charles Hodge, *Systematic Theology*, 3:630.
[97] William Cunningham, «Zwingli, and the Doctrine of the Sacraments», en *The Reformers and the Theology of the Reformation* (Edinburgh: Banner of Truth, 1979 reimpresión), 240.
[98] Robert Lewis Dabney, *Lectures in Systematic Theology*, 810–11.

infructuoso y resultó solo en lo que era tan ininteligible como la consubstanciación de Lutero».[99]

Dabney escribe que Calvino, en su deseo de sanar la brecha entre luteranos y zwinglianos, enseñó que «la humanidad, así como la divinidad de Cristo, en una palabra, toda su persona, está espiritualmente, pero realmente presente, no a la boca corporal, sino a las almas de los verdaderos comulgantes, de modo que, aunque la humanidad esté solo en el cielo, todavía se alimenta de alguna manera inefable, pero real y literal, por las almas de los creyentes».[100] Continúa afirmando que la asamblea de Westminster, aunque no repudió la fraseología de Calvino de una manera marcada, «modificó todo lo que era insostenible y poco bíblico al respecto».[101] Ilustra estas modificaciones afirmando que los hombres de la asamblea

> dicen que los creyentes reciben y se alimentan espiritualmente de Cristo crucificado y de los beneficios de su muerte, no con Calvino, en su carne y sangre literales. Luego, la presencia que fundamenta esta recepción es sólo una presencia a nuestra fe, del cuerpo y la sangre de Cristo.[102]

Con respecto a las críticas de Cunningham y Dabney, es un hecho que Calvino enseña que, por el poder del Espíritu, la naturaleza humana de Cristo, aunque en el cielo y no dotada de ubicuidad, es sin embargo traída a nosotros (o tal vez mejor, por la fe somos elevados a ella) y que derivamos la vida espiritual de *alimentarnos específicamente de ella* por la fe:

> ya que [la carne de Cristo] está impregnada de plenitud de vida para ser transmitida a nosotros, se le llama con razón «dadora de vida» ... la carne de Cristo es como una fuente rica e inagotable que derrama en nosotros la vida que brota de la deidad hacia sí misma. Ahora bien, ¿quién no ve que la comunión de la carne y la sangre de Cristo es necesaria para todos los que aspiran a la vida celestial? (*Institución*, IV.17.9)

> Aunque parezca increíble que la carne de Cristo, separada de nosotros por una distancia tan grande, penetre en nosotros, para que se convierta en nuestro alimento, recordemos hasta qué punto el poder secreto del Espíritu Santo se eleva por encima de todos nuestros sentidos, y cuán tonto es desear medir su inconmensurabilidad por nuestra medida. (*Institución*, IV.17.10)

Calvino reconoció que «cómo ocurre esto, no me avergonzaré de confesar que es un secreto demasiado elevado para que mi mente lo comprenda o mis palabras lo declaren. Y, para hablar claramente, prefiero experimentar que entenderlo» (*Institución*, IV.17.32). Pero todavía creía que las Escrituras declaran que la carne y la sangre literales de Cristo son la vida del cristiano (Jn. 6:27, 33, 51-59; 1 Co. 6:15; Ef. 1:23; 4:15-16; 5:30; ver *Institución*, IV.17.9) y que, por lo tanto, la fidelidad exegética requería que aceptara que «su carne [es] el alimento de mi alma, su sangre su bebida» (*Institución*, IV.17.32). E insistió en que nuestro «comer su carne» y «beber su sangre» es provocado por la fe. Nuestro «comer» a Cristo, escribe, «no es otro comer que el de la fe, como no se puede imaginar otro... Digo que comemos la carne de Cristo creyendo, porque es hecha nuestra por la fe, y que este comer es el resultado y el efecto de la fe... porque yo [este comer] parece seguir de la fe» (*Institución*, IV.17.5).

Al instar a que los cristianos se alimenten por fe de la carne y la sangre literales de Cristo en la cena del Señor y que al hacerlo deriven de su *humanidad* las virtudes «vivificantes» que fluyen en ella desde la deidad, Calvino, por su lenguaje, aunque no por intención, se acerca peligrosamente a sugerir la apoteosis de la humanidad de Cristo y a transferir, al menos en la cena del Señor, los beneficios salvadores de la muerte expiatoria de Cristo directamente a su naturaleza humana ahora localizada en el cielo. Tal vez si Calvino hubiera sido más sensible a la inconveniencia de usar el lenguaje de Juan 6 para exponer la cena del Señor, no habría

---

[99] Cunningham, «Zwingli», 240.
[100] Dabney, *Lectures*, 810.
[101] Ibid., 811.
[102] Ibid.

La Iglesia

escrito como lo hizo y habría evitado el problema que ha preocupado a estos pensadores reformados posteriores. Calvino confía principalmente en Juan 6 para el lenguaje de «comer la carne de Cristo» y «beber su sangre» en la mesa del Señor.[103] Pero es extremadamente improbable que Jesús tuviera la intención de que sus palabras se interpretaran como lenguaje eucarístico o que se refiriera a la mesa del Señor en absoluto. Digo esto por cuatro razones:

1. El contexto está en contra. Jesús no estaba hablando a discípulos comprometidos (v. 66) sino a personas, incluidos los oponentes (vv. 41, 52, 59), que no habrían entendido que se refería a una ordenanza que aún no había instituido y sobre la cual Juan mismo no dice nada en su extenso relato de los acontecimientos en el aposento alto (Jn. 13-17). Leon Morris escribe:

> Nadie ha explicado satisfactoriamente por qué Juan debería querer que creamos que fue a tal audiencia que Jesús dio su enseñanza sobre un sacramento que debía ser observado solo por cristianos comprometidos. Tampoco nadie ha explicado por qué Jesús debería haber enseñado a esa audiencia acerca de un sacramento que no había sido instituido. No podrían haberlo entendido.[104]

2. «Carne» (σάρξ, *sarx*) no es la palabra que Jesús usó más tarde cuando instituyó la mesa del Señor. Allí empleó «cuerpo» (σῶμα, *sōma*). Como señala Morris: «La diferencia puede no ser grande, pero está ahí. [El lenguaje de Juan 6] no es la forma en que los primeros cristianos se referían a la comunión».[105] Además, cuando instituyó la cena del Señor nunca habló de «masticar» (ὁ τρώγων, *ho trōgōn;* lit., «el que continuamente mastica [o mastica]», Jn. 6:54, 56, 57, 58) su cuerpo o beber su sangre, habló más bien de comer el pan (1 Co. 11:26) que, dijo, es su cuerpo, y beber la copa, que, dijo, es su sangre.

3. Las palabras de Jesús en Juan 6 son absolutas. Sin la comida y la bebida específicas de las que habla aquí, uno no tiene vida en Él (Jn. 6:53). Pero es imposible creer que estaba enseñando a la gente aquí que la observancia de una ordenanza en particular, que aún no había instituido y sobre la cual Juan no dice nada en su evangelio, es necesaria para la vida eterna.

4. Las bendiciones de la vida eterna y la resurrección escatológica que declara resultan de «comer su carne» y «beber su sangre» (Jn. 6:53-58), Jesús enseña en este mismo pasaje, también fluyen de sus palabras (v. 63) y de creer en Él (vv. 35, 40, 47). «Venir a Él» y «creer en Él», dice Jesús, alivia el hambre y la sed espirituales (v. 35). En consecuencia, Jesús no está vinculando la vida eterna aquí a una ordenanza litúrgica. «Comer su carne», respondiendo al hambre de 6:35, y «beber su sangre», respondiendo a la sed de 6:35, es su manera metafórica de instar a sus oyentes a escuchar sus palabras y a confiar con todo su corazón en su próxima muerte expiatoria a la que alude en 6:51: «Este pan es mi carne que daré por la vida del mundo».

Mi diferencia aquí con algunos de los detalles de la exposición de Calvino de la cena del Señor no debe ser exagerada, porque creo que la interpretación de Calvino es en su mayor parte bíblica y la mejor guía general de la naturaleza de la presencia de Cristo en la cena del Señor.[106]

---

[103] Si bien Calvino niega expresamente que el discurso del pan de vida esté relacionado con la cena del Señor (ver sus comentarios de Jn. 6:53, 54), se aleja un poco de este juicio al declarar que «nada se dice aquí que no sea figurativamente representado, y realmente otorgado a los creyentes, en la cena del Señor; y Cristo incluso tuvo la intención de que la santa cena fuera, por así decirlo, un sello y una confirmación de este sermón».
[104] Leon Morris, *New Testament Theology* (Grand Rapids, Michigan: Academie, 1986), 285.
[105] Ibid., 286.
[106] Para una defensa de la exposición de Calvino como «nuestra mejor guía para la cena», ver W. Robert Godfrey, «This Is My Body», *Tenth: An Evangelical Quarterly*, ed. James M. Boice (Philadelphia: Philadelphia Conference on Reformed Theology, July 1981), 33–43.

La Iglesia

Importancia

La importancia de la cena del Señor puede abordarse y resumirse en los siguientes cinco epígrafes:

Una celebración conmemorativa

Así como la pascua iba a ser una celebración conmemorativa de la redención de la iglesia del Antiguo Testamento de Egipto (Ex. 12:11-14, 24-27; 13:8-10; Dt. 16:1-8), así también la cena del Señor, su antitipo del Nuevo Testamento, debe ser una celebración conmemorativa de la redención de la iglesia que «Cristo nuestra pascua» (1 Co. 5:7; ver Ex. 12:46) logró cuando murió como nuestro sacrificio en el momento de la pascua (Jn. 18:28; 19:36). Por ella, la iglesia mira hacia atrás a la realidad histórica de la obra de la cruz de Cristo y recuerda (ἀνάμνησις, *anamnēsis*, 1 Co. 11:24),[107] *no* recrea, y proclama (καταγγέλλετε, *katangellete*, 1 Co. 11:26) la muerte sacrificial de Cristo por la iglesia. El llamado de Cristo a «recordar» aquí está abordando no tanto la idea de que un hombre puede olvidar algo que ha aprendido, sino la incredulidad y la ingratitud en la que el corazón descuida y «permite ser reemplazado lo que nunca debe ser reemplazado».[108]

Una anticipación escatológica

Al mismo tiempo que mira hacia atrás a la realidad histórica de la pasión de Cristo, la cena del Señor espera con ansias la venida del reino escatológico. Jesús vinculó específicamente la cena del Señor con la perspectiva escatológica del reino de Dios cuando informó a sus discípulos que no volvería a comer la pascua con ellos «hasta que se cumpla en el reino de Dios» (Lucas 22:16), y luego, después de tomar la copa, dio gracias y dijo: «no beberé más del fruto de la vid, hasta que el reino de Dios venga» (22:18). La afirmación de Pablo de que «cada vez que coméis este pan y bebéis esta copa, proclamáis la muerte del Señor hasta que él venga» (1 Co. 11:26) también da a la cena del Señor una orientación escatológica.

La cena del Señor se da a la iglesia en su peregrinación por el mundo y tiene la intención de encender la esperanza escatológica de que *entonces*, en el Escatón, el conocimiento de la gloria del Señor cubrirá la tierra como las aguas cubren los lugares del mar. El comulgante «digno» también anticipa ese tiempo glorioso en el Escatón, al regreso de Cristo, cuando la iglesia como la novia perfeccionada de Cristo se sentará con Abraham, Isaac y Jacob en el reino de los cielos en la «cena de las bodas del Cordero» (Ap. 19:9) y beberá de nuevo con Cristo del fruto de la vid en el reino de su Padre (Mt. 26:29; Mc. 14:25; Lc. 22:18).

Un medio de gracia

Por su «digna» participación en la cena del Señor, el celebrante «comulga» por fe con el cuerpo y la sangre inmolados de su Señor, que fueron ofrecidos por él en la muerte como su sacrificio por el pecado (Jn. 6:50-58, 63-64; 1 Co. 10:16), experimentando así alimento espiritual, crecimiento en gracia y renovación de la acción de gracias y compromiso con Dios.[109] En otras palabras, la comunión prevista es más que un simple traer a la mente la muerte de Cristo, es una apropiación renovada de los beneficios espirituales de la redención de Cristo representados por los elementos. El Catecismo Mayor, Pregunta 170, amplía este aspecto de la cena del Señor en las siguientes palabras:

> Como el cuerpo y la sangre de Cristo no están corporal o carnalmente presentes en, con o bajo el pan y el vino en la Cena del Señor, y sin embargo están presentes espiritualmente a la fe del que recibe, no con menos verdad y realidad que los elementos mismos a los sentidos externos; así que

---

[107] Joachim Jeremias en su *Die Abendmahlsworte Jesu*, 2ª ed. (Göttingen: Vandenhoeck & Ruprecht, 1949) ha argumentado que el «haced esto en memoria mía» no es un llamado a los discípulos a recordar sino una invocación a Dios para que recuerden, es decir, «para que Dios recuerde» (117). Él apela a Hechos 10:4 y Marcos 14:9 en busca de apoyo, pero su argumento no llega a comprender el significado bíblico del verdadero recuerdo (la resistencia adecuada del corazón contra el acto de descuidar lo que nunca debe ser descuidado) y da un significado para la institución que simplemente no puede relacionarse significativamente con el Nuevo Testamento.
[108] Berkouwer, *The Sacraments*, 197.
[109] Recomiendo encarecidamente la lectura del tratamiento de Juan Calvino de la cena del Señor en sus *Instituciones*, IV.xvii.

los que participan dignamente del sacramento de la Cena del Señor, se alimentan del cuerpo y de la sangre de Cristo, no corporal o carnalmente, sino de una manera espiritual; y verdadera y realmente, por la fe reciben y se aplican a sí mismos a Cristo crucificado y a los beneficios de su muerte.

Una ordenanza exigente

El Catecismo Mayor, Pregunta 171, insta a aquellos que vendrían a la mesa a prepararse *antes de* venir a ella.

> por un examen de sí mismos, si están en Cristo, de sus pecados y necesidades, de la verdad y medida de su conocimiento, fe, arrepentimiento, amor a Dios y a los hermanos, caridad para con todos los hombres, perdón de aquellos que les han hecho mal, de sus deseos de obtener a Cristo, y de su nueva obediencia, así como por renovar el ejercicio de aquellas gracias, por meditación seria y oración ferviente.

Debo agregar que aquellos que vienen deben venir como si vinieran a una mesa de banquete, y deben venir con la expectativa de ser alimentados con la «comida más rica» disponible para la humanidad.

La pregunta 174 amonesta a aquellos que están recibiendo la cena del Señor *durante* el tiempo de su administración, que

> con toda atención y santa reverencia esperen en Dios en esta ordenanza, observando diligentemente las acciones y elementos sacramentales, discerniendo cuidadosamente el cuerpo del Señor, y meditando con ternura en su muerte y sufrimientos, y se sientan estimulados al ejercicio vigoroso de sus gracias; en juzgarse a sí mismos y entristecerse por su pecado, en tener una hambre y sed ardiente de Cristo, alimentándose de él por la fe, recibiendo de su plenitud, confiando en sus méritos, regocijándose en su amor, dando gracias por su favor, renovando su pacto con Dios y su amor para todos los santos.

Finalmente, la pregunta 175 insta a los cristianos *después* de haber recibido el sacramento de la cena del Señor.

> pensar seriamente cómo han obrado en ella y con cuál resultado; si hallan avivamiento y consuelo, bendecir a Dios, pedir la continuación de ello; velar contra las recaídas, cumplir sus votos, y animarse a la asistencia frecuente a esta ordenanza; pero si no encuentran ningún beneficio inmediato, revisar más escrupulosamente su preparación para el sacramento y su conducta durante el mismo y si pueden ser aprobados por Dios y por su propia conciencia, esperar el fruto a su tiempo debido; pero si ven que han salido vacíos de cada una de estas cosas, deben humillarse, y asistir en lo sucesivo con más cuidado y diligencia.

Una apologética reivindicativa

En la lucha a vida o muerte entre el cristianismo y el liberalismo teológico, de hecho contra todo antisobrenaturalismo, la cena del Señor, tanto por su carácter de signo (pan partido, fruto de la vid derramada, participación del receptor) como por las palabras de institución («mi cuerpo que es *para ustedes*», «mi sangre del nuevo pacto que se derrama *por muchos para el perdón de los pecados*»), se erige como una apologética reivindicativa de que la interpretación evangélica de la muerte de Cristo como una muerte sustitutiva y expiatoria por sacrificio (en contra de la representación de su muerte como la de un mártir en una causa noble o como la de un fanático equivocado) es la única visión verdadera y adecuada de la obra de la muerte de Cristo. La cena del Señor misma predica la expiación sustitutiva y proclama tanto la muerte sacrificial del Señor en nuestro favor como su regreso final al juicio.

LA ORACIÓN COMO MEDIO DE GRACIA

Pregunta 178: ¿Qué es la oración?

Respuesta: La oración es el ofrecimiento de nuestros deseos a Dios, e) en el nombre de Cristo, *f)* y por la ayuda de su Espíritu; *g)* confesando nuestros pecados *h)* y reconociendo con gratitud sus beneficios.

Pregunta 179: ¿Debemos orar a Dios solamente?

Respuesta: Dios es el único capaz de escudriñar los corazones, de oír las súplicas, perdonar los pecados y cumplir los deseos de todos; y solamente en él debe creerse, y asimismo debemos adorarle con culto religioso; y la oración, que es una parte de este culto, debe ser hecha por todos únicamente a él, y a ninguno otro.

Pregunta 180: ¿Qué es orar en el nombre de Cristo?

Respuesta: Orar en el nombre de Cristo, es, en obediencia a su mandamiento, y en confianza a sus promesas, pedir misericordia a él: r) no por el simple hecho de mencionar su nombre, s) sino por derivar un incentivo para orar, y nuestro aliento, fuerza y esperanza de hallar aceptación para nuestra súplica, en Cristo y en su mediación.

Pregunta 181: ¿Por qué debemos orar en el nombre de Cristo?

Respuesta: Lo pecaminoso del hombre, y su distancia de Dios por esta causa, como es tan grande que no podemos tener acceso a su presencia si no es por un mediador, y no habiendo en el cielo ni en la tierra ningún otro señalado o apto para esta obra gloriosa sino sólo Cristo, no debemos pedir en ningún otro nombre más que en el suyo.

Pregunta 182: ¿Cómo nos ayuda el Espíritu Santo a orar?

Respuesta: No sabiendo nosotros pedir lo que conviene el Espíritu ayuda nuestra flaqueza, capacitándonos para entender para quiénes, por qué y cómo debemos pedir; por obrar y vivificar en nuestro corazón (aunque no en todas las personas, ni en todos los tiempos en la misma medida), aquellas aprehensiones, afectos y gracias que son requisitos para el cumplimiento recto de este deber.

Pregunta 183: ¿Por quiénes debemos orar?

Respuesta: Debemos orar por toda la Iglesia que está sobre la tierra, por las autoridades y ministros; por nosotros mismos, por nuestros hermanos y también por nuestros enemigos, por toda clase de los hombres que viven a que vivirán; mas no por los muertos ni por aquellos que sabemos han cometido el pecado de muerte.

Pregunta 184: ¿Por cuáles cosas debemos orar?

Respuesta: Debemos orar por todas las cosas que tienden a la gloria de Dios, al bienestar de la iglesia, de nosotros mismos o al bien de los demás; pero no por ninguna cosa que sea ilícita.

Pregunta 185: ¿Cómo debemos orar?

Respuesta: Debemos orar con una aprehensión temerosa de la majestad de Dios, y con un sentimiento profundo de nuestra indignidad, necesidades y pecados; con contrición, gratitud y corazones ensanchados; con entendimiento fe, sinceridad, fervor, amor y perseverancia, esperando en él con sumisión humilde a su voluntad.

(Las preguntas 186–96 proporcionan una exposición del padre nuestro que cierra el Catecismo Mayor mismo).

Vocabulario bíblico

En el Antiguo Testamento, el sustantivo hebreo común para «oración» es תְּפִלָּה, *tepillåh*. Su verbo relacionado es הִתְפַּלֵּל, *hitpallēl*, el Hithpael de פלל, *pll*, que significa «orar». El sustantivo תְּהִלָּה, *tehillåh*, que significa «alabanza», y su verbo correspondiente הִלֵּל, *hillēl*, la Piel de הלל, *hll*, que significa «alabar», también se usan comúnmente para denotar oración y el acto de orar. También se encuentra el sustantivo תְּחִנָּה, *tehinnåh*, que significa «súplica». Verbos de pedir (שָׁאַל, *såʾal*), gemir (el Niphal de אנח, *ʾnh*), llorar (צָעַק, *såʿaq*), invocar (קָרָא בְּ, *qārāʾ be*) y llorar (בָּכָה, *bācåh*) también se usan para denotar las diversas formas que toma la oración en el Antiguo Testamento.[110]

El Nuevo Testamento emplea varios sustantivos diferentes para la oración. En Filipenses 4:6, por ejemplo, Pablo habla de «oración» (προσευχή, *proseuchē*), «petición» (δέησις, *deēsis*), «acción de gracias» (εὐχαριστία, *eucaristía*) y «peticiones» (αἴτημα, *aitēma*). En 1 Timoteo 2:1 y 4:5 emplea un quinto término, «intercesión» (ἔντευξις, *enteuxis*) para la

---

[110] Ver J. Herrmann, «Prayer in the Old Testament», bajo εὔχομαι [*euchomai*], *Theological Dictionary of the New Testament*, 2:785–800.

oración. Los verbos correspondientes a estos cinco sustantivos son προσεύχομαι, *proseuchomai,* δέομαι, *deomai,* εὐχαριστέω, *eucharisteō,* αἰτέω, *aiteō,* y ἐντυγχάνω, *entynchanō.* Juan (particularmente) emplea el verbo «pedir» (ἐρωτάω, *erōtaō,* [el sustantivo ἐρώτησις, *erōtēsis* no se usa en el Nuevo Testamento]). Santiago emplea el sustantivo εὐχή, *euchē,* y el verbo εὔχομαι, *euchomai,* de oración en 5:15-16._[111]

Oración en la Biblia

La primera implicación de la oración es que Dios está «realmente allí», personal y accesible en la adoración. La oración es la comunicación con Dios en la adoración de acuerdo con su voluntad revelada, sobre la cual Clowney escribe:

> Orar de acuerdo con la voluntad de Dios significa hacer de la palabra de Dios la guía para nuestras oraciones. La oración busca la voluntad de Dios en la fe, creyendo en su poder para responder en su universo creado (Mt. 21:21, 22). La fe no usa la oración simplemente como una técnica para alterar la conciencia [como a menudo es instado por los racionalistas y algunos hipercalvinistas], sino para dirigirse al Dios vivo. En la adoración alabamos a Dios por lo que hace y por quién es... La santidad de Dios exige la confesión del pecado, su gracia invita a suplicar perdón... En la comunión de oración expresamos nuestro amor a Dios y le ofrecemos el tributo de nuestras vidas. Por medio de la oración, la iglesia resiste los asaltos de Satanás (Mt. 26:41; Ef. 6:13-20); recibe nuevos dones de gracia (Hch. 4:31); busca la liberación, la sanidad y la restauración para los santos (Ef. 6:18; Stg. 5:15; 1 Jn. 5:16); apoya el testimonio del evangelio (Col. 4:3, 4); busca el regreso del Señor (Ap. 22:20); y, sobre todo, adora a aquel de quién, a través de quién, y para quién son todas las cosas._[112]

La primera referencia a la oración en la Biblia está en Génesis 4:26: «En aquel momento los hombres comenzaron *a invocar* [לִקְרֹא בְּ, *liqro'b^e*] el nombre del Señor». La oración se caracteriza en el período patriarcal por la misma expresión:

Génesis 12:8: «edificó [Abraham] allí altar a Jehová, *e invocó* [וַיִּקְרָא בְּ, *wayyiqrā b^e*] el nombre de Jehová».

Génesis 21:33: «Y plantó Abraham un árbol tamarisco [un árbol de hoja perenne] en Beerseba, e invocó [וַיִּקְרָא בְּ, *wayyiqrā b^e*] allí *llamó* el nombre del Jehová Dios Eterno».

En todas las promulgaciones legales del Pentateuco no hay nada acerca de la oración aparte de Deuteronomio 26:5-15, en cuyo pasaje se prescribe una liturgia que termina con la petición en 26:15 (pero ver 26:10, 13-14):

> Mira desde tu morada santa, desde el cielo, y bendice a tu pueblo Israel, y a la tierra que nos has dado, como juraste a nuestros padres, tierra que fluye leche y miel.

«La oración es omnipresente en todos los libros históricos del Antiguo Testamento, una prueba más de su lugar integral en la vida del pueblo de Dios» (Jones). Algunos de los ejemplos más prominentes de los libros históricos y proféticos son las oraciones de Ana en 1 Samuel 1:9–11 y 2:1–10, las oraciones de David en 1 Crónicas 16:8–36; 17:16–27; y 29:10–13, la oración de Salomón en 1 Reyes 8:22–61, la oración de Ezequías en 2 Reyes 19:15–19, la oración de Daniel en Daniel 9:4–19, y las oraciones de Nehemías en Nehemías 1:1–11; 2:2–8; 9:9–38.

Pero es particularmente en los Salmos, al menos setenta y tres de los cuales fueron compuestos por David, que la profundidad de la devoción y la amplitud del tema de la oración del Antiguo Testamento se conservan para nosotros. Oraciones «todavía normativas para el pueblo de Dios, guiando el contenido de todas las partes de la oración: adoración, confesión, acción de gracias y súplica. Junto con las oraciones apropiadas para la adoración colectiva

---
[111] Ver H. Greeven, «Prayer in the New Testament», bajo εὔχομαι [*euchomai*], *Theological Dictionary of the New Testament*, 2:803–808.
[112] Edmund Clowney, «Prayer, Theology of», *New Dictionary of Theology* (Downers Grove, Ill.: InterVarsity Press, 1988), 526–527.

La Iglesia

hay oraciones personales para la comunión, la protección y todas las gracias necesarias» (Jones).

Cuando pasamos a las páginas del Nuevo Testamento, observamos, como señala Clowney, que la oración era una parte constante de la vida devocional de nuestro Señor:

> Jesús, el Hijo de Dios encarnado, oró a su Padre celestial en comunión ininterrumpida. Comenzó su ministerio público en oración (Lc. 3:21). Oró en soledad antes del amanecer (Mc. 1:31), y marcó los puntos de inflexión de su ministerio con períodos de oración (Lc. 5,16; 6,12; 9,18). Antes de ir a la cruz agonizaba en oración, sometiéndose a la voluntad de su Padre (Mt. 26:36-44). Aquel que como sacerdote oraba por su pueblo (Jn. 17), se convirtió en el sacrificio para morir por él (Heb. 9:24-26). Como sumo sacerdote celestial, Cristo resucitado vive para interceder por los santos (Ro. 8:34; Heb. 7:24, 25; 1 Jn. 2:1)._[113]

Jesús también enseñó a sus discípulos que debían orar (Mt. 6:5–13; Lc. 11:1–13; 18:1–8). Y así vemos a la iglesia del Nuevo Testamento orando (Hch. 4:24-30). Las cartas de Pablo contienen muchas de sus oraciones, así como instrucciones sobre la oración. Y la iglesia perseguida y martirizada en el Apocalipsis ora continuamente.

Discursos significativos sobre la oración en la historia de la Iglesia

El *Tratado de Oración* de Orígenes (Περὶ εὐχῆς; *Peri euchēs*, generalmente citado por su título latino, *De oratione*) es uno de los primeros tratamientos completos de la oración en la historia de la iglesia._[114] En este tratado Orígenes hizo un estudio filológico de εὐχή, *euchē*, y προσευχή, *proseuchē*, discutió los prerrequisitos morales de la oración efectiva, es decir, el recogimiento de Dios, la preparación de la mente, el perdón de nuestros enemigos y la sumisión a Dios; discutió el tema filosófico de la oración a la luz del conocimiento previo de Dios, hizo exégesis de y expuso el padre nuestro, y ofreció consejos sobre varios aspectos prácticos de la oración (resumen de Jones). Concluyó con un resumen de las partes de la oración: adoración, acción de gracias, confesión y petición. Cada uno de nosotros, dice Orígenes, debe organizar nuestra oración de acuerdo con ellos:

> Estas secciones son las siguientes: de acuerdo con nuestra capacidad al principio y exordio de nuestra oración, debemos dirigir alabanzas a Dios a través de Cristo, que es alabado junto con Él en el Espíritu Santo, que también es himno; y después de esto cada uno debe colocar la acción de gracias, tanto general —enumerando con acción de gracias los beneficios de Dios para los muchos— como por aquellas cosas que cada uno ha recibido en privado de Dios; y después de la acción de gracias me parece que uno debe ser un amargo acusador de sus propios pecados ante Dios, y pedir primero sanidad para ser liberado del estado que conduce al pecado, y en segundo lugar para la remisión de lo que es pasado; y después de la confesión, en cuarto lugar me parece que debemos agregar la petición de los grandes y celestiales dones para nosotros mismos, y para las personas en general, y también para nuestras familias y amigos; y además de todo esto, nuestra oración debe terminar en alabanza a Dios a través de Cristo en el Espíritu Santo._[115]

Agustín también escribió una exposición del padre nuestro._[116] Y Calvino dedica un capítulo en los *Institutos* (III.xx.1–51) a la doctrina de la oración, en el que ofrece una justificación séxtuple para la oración:

> Por lo tanto, aunque, mientras nos volvemos aburridos y estúpidos hacia nuestras miserias, Él observa y mantiene la guardia en nuestro nombre, y a veces incluso nos ayuda sin preguntarnos, todavía es muy importante para nosotros invocarlo: *Primero*, para que nuestros corazones puedan ser disparados con un deseo celoso y ardiente de buscarlo, amarlo y servirlo, mientras nos acostumbramos en cada necesidad a correr a Él como a un ancla sagrada. *Segundo*, para que no entre en nuestros corazones ningún deseo y ningún anhelo del que debamos avergonzarnos de

---

[113] Ibid., 526.
[114] En esta sección me baso en la conferencia de Jones sobre la oración.
[115] Orígenes, *De oratione*, XXXIII.1.
[116] Ver su *Commentary on the Lord's Sermon on the Mount with Seventeen Related Sermons*, traducción Denis J. Kavanagh (New York: Fathers of the Church, 1951).

hacerlo testigo, mientras aprendemos a poner todos nuestros deseos ante sus ojos, e incluso a derramar todo nuestro corazón. *Tercero*, que estemos preparados para recibir sus beneficios con verdadera gratitud de corazón y acción de gracias, beneficios que nuestra oración nos recuerda que provienen de su mano. *Cuarto*, además, que, habiendo obtenido lo que estábamos buscando, y estando convencidos de que Él ha respondido a nuestras oraciones, deberíamos ser guiados a meditar en su bondad más ardientemente. Y *quinto*, que al mismo tiempo abracemos con mayor deleite aquellas cosas que reconocemos haber sido obtenidas por la oración. *Finalmente*, ese uso y experiencia pueden, de acuerdo con la medida de nuestra debilidad, confirmar su providencia, mientras entendemos no sólo que Él promete nunca fallarnos, y por su propia voluntad abre el camino para invocarlo en el mismo punto de necesidad, sino también que siempre extiende su mano para ayudar a los suyos, no mimándolos con palabras, sino defendiéndolos con la ayuda presente.[117]

Del tratamiento de Calvino de la doctrina de la oración, John McNeill declara:

> Este capítulo reflexivo y amplio, con su tono de calidez devota, ocupa su lugar en la vanguardia de las discusiones históricamente celebradas de la oración, como *la De oratione de Tertuliano*, Orígenes, περί εὐχῆς [*Peri euchēs*], Gregorio de Nisa, Sobre el padre nuestro, y los breves tratados de Agustín y de Hugo de San Víctor.[118]

La asamblea de Westminster dedicó grandes secciones tanto del Catecismo Mayor (Preguntas 178-196) como del Catecismo Menor (Preguntas 98-107) a la doctrina de la oración, declarando que la oración se encuentra entre los «medios externos y ordinarios por los cuales Cristo comunica a su iglesia los beneficios de su redención» (Catecismo Mayor, Pregunta 154). «Mientras que el tratamiento de Calvino de la doctrina de la oración cae bajo la soteriología, en el sistema de Westminster está conectado con la eclesiología, [construcciones, por supuesto, que] no son mutuamente excluyentes» (Jones). Su legitimidad como medio de gracia adicional, aunque ya es una manifestación de gracia, es evidente por el hecho de que la oración es la «primera expresión y ejercicio de la fe» (Jones): «Todo el que invoca [ἐπικαλέσηται, *epikalesētai*] el nombre del Señor será salvo» (Ro. 10:13). Debido a «su función instrumental en la santificación progresiva y la perseverancia», es así «coordinarse con la Palabra y los sacramentos como medios de gracia» (Jones).

Eficacia de la oración

En su comentario sobre Juan 7:37–39, Calvino dice algo que la mayoría de los cristianos sólo pueden leer con vergüenza:

> Que yacemos en la tierra pobres y hambrientos y casi desprovistos de bendiciones espirituales, mientras Cristo se sienta en gloria a la diestra del Padre, vestido con la más alta majestad del imperio, debe imputarse a nuestra pereza y a la estrechez de nuestra fe.

No puede haber duda de dónde se debe culpar a nuestra pobreza espiritual. Cada problema de pecado revela un problema de oración. No hay pecado que el cristiano cometa que no podría haber sido evitado por la oración. Jesús instruyó a sus discípulos: «Orad para que no entréis en tentación» (Mc. 14:38), y enseñó a sus discípulos a orar para que fueran liberados de la tentación y del maligno (Mt. 6:13; Lc. 11:4). Santiago declara: «No tenéis lo que deseáis porque no pedís [διὰ τὸ μὴ αἰτεῖσθαι ὑμᾶς, *dia to mē aiteisthai hymas*]» (4:2). La preposición διὰ, *dia*, con el infinitivo aoristo en el caso acusativo tiene un matiz causal aquí y enseña que hay una relación directa de causa («porque no pedís») y efecto («no tenéis») en el asunto de recibir las cosas que uno necesita de Dios.[119] A continuación se enumeran algunos de los textos clave de «pedir-recibir»:

---

[117] Calvino, *Institución*, III.xx.3.
[118] John T. McNeill, ed., Calvin: Institutes of the Christian Religion, vol. 21 de The Library of Christian Classics (Philadelphia: Westminster, 1960), 850.
[119] Por supuesto, como también dice Santiago (Stg. 4:3), cuando uno ora, puede estar pidiéndole cosas a Dios con motivos totalmente equivocados, en cuyo caso las oraciones de uno quedarían sin respuesta.

Mateo 6:5–13: «Y cuando ores, no seas como los hipócritas; porque ellos aman el orar en pie en las sinagogas y en las esquinas de las calles, para ser vistos de los hombres; de cierto os digo que ya tienen su recompensa. Mas tú, cuando ores, entra en tu aposento, y cerrada la puerta, ora a tu Padre que está en secreto; y tu Padre que ve en lo secreto te recompensará en público. Y orando, no uséis vanas repeticiones, como los gentiles, que piensan que por su palabrería serán oídos. No os hagáis, pues, semejantes a ellos; porque vuestro Padre sabe de qué cosas tenéis necesidad, antes que vosotros le pidáis. Vosotros, pues, oraréis así:

Padre nuestro que estás en los cielos,
santificado sea tu nombre.
Venga tu reino.
Hágase tu voluntad,
como en el cielo, así también en la tierra.
El pan nuestro de cada día, dánoslo hoy.
Y perdónanos nuestras deudas,
como también nosotros perdonamos a nuestros deudores.
Y no nos metas en tentación,
más líbranos del mal.

Mateo 7:7–11: «Pedid, y se os dará; buscad, y hallaréis; llamad, y se os abrirá. Porque todo aquel que pide, recibe; y el que busca, halla; y al que llama, se le abrirá. ¿Qué hombre hay de vosotros, que si su hijo le pide pan, le dará una piedra? ¿O si le pide un pescado, le dará una serpiente? Pues si vosotros, siendo malos, sabéis dar buenas dádivas a vuestros hijos, ¿cuánto más vuestro Padre que está en los cielos dará buenas cosas a los que le pidan?».

Juan 14:13–14: «Y todo lo que pidiereis al Padre en mi nombre, lo haré, para que el Padre sea glorificado en el Hijo. Si algo pidiereis en mi nombre, yo lo haré».

Juan 15:7, 16: «Si permanecéis en mí, y mis palabras permanecen en vosotros, pedid todo lo que queréis, y os será hecho... para que todo lo que pidiereis al Padre en mi nombre, él os lo dé».

Juan 16:23–26: «En aquel día no me preguntaréis nada. De cierto, de cierto os digo, que todo cuanto pidiereis al Padre en mi nombre, os lo dará. Hasta ahora nada habéis pedido en mi nombre; pedid, y recibiréis, para que vuestro gozo sea cumplido».

Romanos 8:26–27: «el Espíritu nos ayuda en nuestra debilidad; pues qué hemos de pedir como conviene, no lo sabemos, pero el Espíritu mismo intercede por nosotros con gemidos indecibles. 27 Mas el que escudriña los corazones sabe cuál es la intención del Espíritu, porque conforme a la voluntad de Dios intercede por los santos».

Efesios 3:20: «Y a Aquel que es poderoso para hacer todas las cosas mucho más abundantemente de lo que pedimos o entendemos, según el poder que actúa en nosotros».

Santiago 1:5–8: «Y si alguno de vosotros tiene falta de sabiduría, pídala a Dios, el cual da a todos abundantemente y sin reproche, y le será dada. Pero pida con fe, no dudando nada; porque el que duda es semejante a la onda del mar, que es arrastrada por el viento y echada de una parte a otra. No piense, pues, quien tal haga, que recibirá cosa alguna del Señor. El hombre de doble ánimo es inconstante en todos sus caminos».

1 Juan 3:21–22: «Amados, si nuestro corazón no nos reprende, confianza tenemos en Dios; 22 y cualquiera cosa que pidiéremos la recibiremos de él, porque guardamos sus mandamientos, y hacemos las cosas que son agradables delante de él».

1 Juan 5:14–15: «Y esta es la confianza que tenemos en él, que si pedimos alguna cosa conforme a su voluntad, él nos oye. Y si sabemos que él nos oye en cualquiera cosa que pidamos, sabemos que tenemos las peticiones que le hayamos hecho».

La Iglesia

Estos versículos plantean dos problemas que deben abordarse antes de concluir nuestro tratamiento de la oración. Primero, algunos cristianos han sostenido que orar *condicionalmente*, es decir, decirle a Dios, «si es tu voluntad», es incompatible con la oración de fe, pero esto es un error:

> Nosotros... pedimos con fe, cuando nos sometemos a la palabra de Dios y consentimos en su voluntad, y oramos para ser escuchados de acuerdo con la buena voluntad de nuestro Padre celestial. Porque la fe se somete a cada palabra y deseo de Dios.[120]

En segundo lugar, algunos cristianos piensan que la oración es incompatible con la soberanía de Dios: si Él ya lo ha ordenado todo, ¿por qué orar? Pero esto es pasar por alto el hecho de que Dios ordena no sólo los fines, sino también todos los medios para esos fines. La oración, en pocas palabras, es uno de los medios que Él ha ordenado que sus hijos deben usar para recibir sus bendiciones. Si esto es problemático, «este no es un problema exclusivo de la oración», escribe Jones, como la siguiente cita de Charles Hodge busca demostrar:

> Es cierto que las Escrituras enseñan tanto la preordenación como la eficacia de la oración. Los dos, por lo tanto, no pueden ser inconsistentes. Dios no ha determinado cumplir sus propósitos sin el uso de medios, y entre esos medios, las oraciones de su pueblo tienen su lugar apropiado. Si la objeción a la oración, fundada en la preordenación de los acontecimientos es válida, es válida contra el uso de los medios, en cualquier caso. Si no es razonable decir, «Si se preordena que debo vivir, no es necesario que coma», no es menos irrazonable para mí decir, «Si se preordena que reciba algún bien, no es necesario que lo pida». Si Dios ha preordenado para bendecirnos, Él ha preordenado que debemos buscar su bendición. La oración tiene la misma relación causal con el bien otorgado, como cualquier otro medio tiene con el fin con el que está conectado.[121]

«El ejemplo bíblico clásico» (Jones) de orar por una necesidad temporal que *no* fue concedida es 2 Corintios 12:8-9: «tres veces he rogado al Señor, que lo quite de mí [la espina de la carne de Pablo]. Y me ha dicho: Bástate mi gracia; porque mi poder se perfecciona en la debilidad». La experiencia de Pablo resalta la verdad simple pero profunda de que la oración no es el medio por el cual obtenemos de Dios lo que *queremos*. Más bien, «la oración es un medio que Dios usa para darnos lo que *Él* quiere».[122]

Hemos completado nuestra discusión de los tres medios de gracia, la Palabra de Dios, los dos sacramentos divinamente instituidos del bautismo y la cena del Señor, y la oración. Las tres son las ordenanzas designadas por Dios y los medios ordinarios a través de los cuales obra su gracia en los corazones de las personas pecadoras (en el caso de su Palabra) y sus propios hijos.

Su empleo fiel y digno fortalecerá al cristiano y lo equipará para cada buena obra en la vida. Su negligencia voluntaria solo puede resultar en pérdida espiritual. Los cristianos deben atender fielmente estas ayudas misericordiosas que el sabio Dios ha establecido para su crecimiento y salud espiritual.

---

[120] Zanchius, *Commentary on the Heidelberg Catechism*, 624.
[121] Hodge, *Systematic Theology*, 3:169.
[122] W. Bingham Hunter, *The God Who Hears* (Downers Grove, Ill.: InterVarsity Press, 1986), 12.

Quinta Parte
Las Ultimas Cosas

25 | LA ESCATOLOGÍA BÍBLICA

Le plació a Dios, en su eterno propósito, elegir y ordenar al Señor Jesús, su Hijo unigénito, para que fuese... el Profeta, Sacerdote y Rey, la Cabeza y Salvador de Su iglesia, el Heredero de todas las cosas, y el Juez del mundo...

En el tercer día [después de la muerte, el Señor Jesús] resucitó de los muertos, con el mismo cuerpo en el que sufrió, con el cual también ascendió al cielo, y allí está sentado a la diestra de su Padre, haciendo intercesión, y regresará para juzgar a los hombres y a los ángeles, al final del mundo. (Confesión de Fe de Westminster, VIII/i, iv, énfasis añadido)

La iglesia visible... es el reino del Señor Jesucristo. (Confesión de Fe de Westminster, XXV/vi)

Dios ha apartado un día en el que juzgará al mundo en justicia, por medio de Jesucristo, a quien todo poder y juicio han sido dados por el Padre. En ese día, no solo los ángeles apóstatas serán juzgados, sino también todas las personas que han vivido sobre la tierra se presentarán ante el tribunal de Cristo para dar cuenta de sus pensamientos, palabras y obras, y para recibir de acuerdo a lo que hayan hecho en el cuerpo, sea bueno o sea malo.

El objetivo de que Dios aparte este día es manifestar la gloria de su misericordia en la salvación eterna de los escogidos; y su justicia, en la condenación de los reprobados, que son impíos y desobedientes. Porque entonces, los justos irán a la vida eterna, y recibirán la plenitud de gozo y refrigerio que vendrá de la presencia del Señor; pero los impíos que no conocen a Dios, y que no obedecen el Evangelio de Jesucristo, serán arrojados a los tormentos eternos, y castigados con eterna destrucción de la presencia del Señor y de la gloria de su poder.

Tal y como Cristo quiere que estemos ciertamente persuadidos de que habrá un día del juicio, así para disuadir de pecado a todos los hombres como para gran consuelo de los piadosos en su adversidad, también hace que ese día sea desconocido para los hombres, a fin de que se sacudan de su seguridad carnal y siempre estén vigilantes, porque no saben la hora a la que vendrá el Señor; y para que siempre estén listos para decir, ven Señor Jesús, ven pronto, amén. (Confesión de Fe de Westminster, XXXIII/i-iii)

En su *Systematic Theology*, J. Oliver Buswell Jr. define la escatología como el «estudio sistemático de las eventualidades».[1] Esta área de la teología es la piedra angular de la teología sistemática, y todos los demás apartados de la teología encuentran su resolución en ella. Louis Berkhof, citando a Abraham Kuyper, apunta que:

todo otro apartado deja alguna pregunta sin responder, a la cual la escatología ha de proporcionar la respuesta. En la teología [propiamente dicha] está la pregunta de cómo Dios es final y perfectamente glorificado en la obra de sus manos, y cómo el consejo de Dios se realiza plenamente; en antropología está la pregunta de como la influencia disruptiva del pecado es vencida

---

[1] J. Oliver Buswell Jr., *A Systematic Theology of the Christian Religion* (Grand Rapids, Mich.: 96, 1963, 2: 295.

completamente; en la cristología la cuestión de cómo la obra de Cristo se ve coronada con una victoria perfecta; en soteriología la pregunta de cómo la obra del Espíritu Santo finalmente lleva a cabo la completa redención y glorificación del pueblo de Dios; y en eclesiología, la cuestión de la apoteósis final de la iglesia.[2]

De hecho, la escatología es tan importante para el pensamiento neotestamentario en general, que muchos teólogos contemporáneos del Nuevo Testamento afirmarían que la teología neotestamentaria *en su conjunto*, como teología del «cumplimiento del siglo» es, si no escatología *per se*, una escatología orientada en lo que respecta a todos sus énfasis soteriológicos principales y éticos.[3]

El material bíblico que trata este apartado de la teología ha abarcado tradicionalmente tanto las eventualidades *personales*, como la muerte, el estado del alma humana desprovista de su cuerpo, la resurrección del cuerpo, el juicio final y el destino eterno del individuo, como las eventualidades *cósmicas*, tales como el regreso de Cristo, la liberación de la creación de su esclavitud a la corrupción y el nuevo cielo y la nueva tierra. Aunque ambas áreas resultan vitales para una escatología bíblica completa, no debemos olvidar que la escatología personal, al resultar en la glorificación de los creyentes y la reprobación de los incrédulos, es en realidad un aspecto de la segunda área de eventualidades, que resulta en el punto álgido cósmico y la consumación del propósito eterno de Dios para el mundo, tal y como lo conocemos.

EL DEBATE SOBRE LA ESCATOLOGÍA

Antes de que consideremos el material bíblico acerca de nuestro tema, se ha de decir algo acerca del debate que sobre la escatología del Nuevo Testamento ha arreciado en los círculos académicos durante los últimos 150 años.

ESCATOLOGÍA CLÁSICA LIBERAL

El liberalismo clásico del siglo XIX y principios del XX, representado por teólogos tales como Adolf von Harnack (1851–1930), rechazaba totalmente la escatología de los Evangelios. Se decía que la escatología no pertenecía a las verdaderas enseñanzas de Jesús, sino que era producto de la ferviente atmósfera de la iglesia del siglo I. «El corazón del verdadero mensaje [de Jesús]» del que hay que separar la cáscara de cosas como la apocalíptica, «consistía en unas cuantas verdades universales tales como la paternidad de Dios, el infinito valor del alma individual, y la ética del amor»,[4] por medios de los cuales los hombres podrían y construirían el reino. Resumiendo, Jesús era principalmente un maestro moral. Este punto de vista ha sido completamente desacreditado, proponiéndose una variedad de enfoques alternativos a la escatología de Jesús en particular, y del Nuevo Testamento en general.

---

[2] Louis Berkhof, *Systematic Theology* (Grand Rapids, Mich.: Eerdmans, 1939), 665.

[3] Este énfasis reciente sobre la importancia de la escatología para el pensamiento del Nuevo Testamento es totalmente ajeno a un amplio segmento de la iglesia evangélica, a la cual se le ha enseñado durante años que solo existe un «libro profético» en el Nuevo Testamento, es decir, el Apocalipsis, y que se ha de leer literalmente. De ahí que una escatología premilenial sea el resultado prácticamente garantizado de un amarradero escatológico tan estrecho.
Al haber mencionado la escatología *premilenial* como lo he hecho, quizás sean necesarias algunas definiciones. La palabra latinizada «milenio», que significa «mil años», deriva su carga teológica de las seis referencias que se hacen en Apocalipsis 20:1–7 a «[los] mil años» ([τὰ] χίλια ἔτη, [*ta*] *chilia etē*). Así, los premilenialistas argumentan que, entre la época presente y el estado de eternidad habrá un reinado de Cristo de mil años, que se introduce por el regreso de Cristo. Es decir, el regreso de Cristo sucederá *antes* («pre») de que comience este periodo de mil años (este punto de vista también se conoce como «chiliasmo»). Los postmilenialistas, por otra parte, defienden que la expansión del evangelio terminará «cristianizando» el mundo, iniciando «una era dorada de justicia» sobre la tierra. Esta época dorada, que aún está en el futuro (y que puede tener una duración de mil años literales o no), se dice que es el periodo de mil años al que se alude en Apocalipsis 20. Terminará con la gran apostasía a la que se refiere 2 Tesalonicenses 2:3, de la cual se encargará Cristo mismo en su segunda venida. En otras palabras, de acuerdo con la enseñanza postmilenial, Cristo regresará *después* («post») del «milenio». Los amilenialistas (Jay Adams, que es uno de ellos, llama a este punto de vista «milenialismo realizado») consideran que los mil años de Apocalipsis 20 se refieren tanto a esta época como al estado intermedio de las almas entre la muerte y la resurrección de los cristianos martirizados durante esta época, lo cual sucederá en el regreso de Cristo.
Un tema relacionado con esto entre los premilenialistas, tiene que ver con la relación del arrebatamiento de la iglesia (1 Ts 4:16–17) con la así llamada semana setenta de Daniel, también conocido como periodo de la tribulación. Los pretribulacionistas afirman que Cristo arrebatará a la iglesia fuera del mundo siete años *antes* de su advenimiento, los midtribulacionistas insisten en que el arrebatamiento sucederá en *mitad* de la semana setenta de Daniel, mientras que los posttribulacionistas defienden que la iglesia permanecerá aquí sobre la tierra durante todo el periodo de la tribulación, y luego será arrebatada *después* de que termine el periodo de tribulación en el regreso de Cristo.

[4] George Eldon Ladd, *The Presence of the Future* (Grand Rapids, Mich.: Eerdmans, 1974), 4.

Las Ultimas Cosas

ESCATOLOGÍA CONSISTENTE

Albert Schweitzer (1875–1965) reconoció que los pronunciamientos no escatológicos del punto de vista liberal eran simples modernizaciones, es decir, proyecciones personales de eruditos individuales que escribieron sobre el tema, más que el resultado de análisis históricos. Apoyó y expandió el punto de vista de Johannes Weiss (1863–1914), acerca de que el elemento apocalíptico en las enseñanzas de Jesús no era la cáscara, sino el corazón de su enseñanza,[5] y en su *The Mystery of the Kingdom of God* (1906) y *The Quest of the Historical Jesus* (trad. al inglés, 1910), defendió que Jesús fue solo un hombre del siglo I, no del XIX, y que el género de la apocalíptica judía, por poco agradable que pudiera resultar para la mente del siglo XIX, era algo esencial al mensaje de Jesús. Siendo un «fanático iluso» que creía que era el Hijo del Hombre que había de venir, «desperdició su vida fútilmente en una ciega devoción a un loco sueño apocalíptico»[6]. Jesús enseñó que el reino de Dios, que era completamente futuro, vendría durante su vida. Para entender a Jesús se debe aplicar el motivo escatológico de forma *coherente* en todo momento (de ahí el nombre). Es decir, el mensaje de Jesús era *fundamental* y *exclusivamente* escatológico. Por ejemplo, el que Jesús enviase a los Doce, tenía el propósito de dar a las «ovejas perdidas de la casa de Israel» su última oportunidad de arrepentirse antes de la crisis final y la irrupción del reino de Dios. Cuando ni la parusia ni el sufrimiento «mesiánico» que se describe en Mateo 10 ocurrieron como había predicho (véase 10:23), supuestamente Jesús se dio cuenta de que se había equivocado (el primer «retraso de la parusia»), y así determinó tomar solo sobre Él las maldiciones mesiánicas, como rescate para «extorsionar» a Dios a que introdujese la nueva era. Pero al tomar conciencia de nuevo de su error sobre la cruz, murió como un hombre abandonado y completamente desilusionado (Mt. 27:46), un hombre que ocasionó su propia muerte en el esfuerzo de atraer algo que Dios no tenía intención de hacer. En lo que bien podría ser la afirmación más citada de su libro *Quest*, Schweitzer describe la muerte de Jesús de este modo:

> Sabiendo que Él es el Hijo del Hombre que había de venir, [Jesús] toma la rueda del mundo para hacerla moverse en su último giro, que es el de cerrar toda la historia ordinaria. La rueda se niega a girar, así que Él se tira sobre ella. Entonces la rueda se gira y lo aplasta. En lugar de atraer las condiciones escatológicas, las ha destruido. La rueda sigue girando, y el cuerpo destrozado de este Hombre inmensurablemente grande, que fue lo suficientemente fuerte como para pensar que era el gobernante espiritual de la humanidad y que podía doblegar la historia a su propósito, sigue colgando de ella. Esa es su victoria y su reinado.[7]

En realidad, por supuesto, una palabra más apropiada que «fuerte» en la última frase, sería «loco» o «iluso» desde el punto de vista de Schweitzer. Es más, en su punto de vista, el contenido escatológico de las enseñanzas de Jesús, aunque es central a Él, no tiene significado para nosotros hoy, aunque el mismo Jesús sí que lo tiene, en tanto en cuanto que su valor religioso es independiente del conocimiento histórico de Él como judío palestino del siglo I. Además, los hombres pueden seguir destilando de sus enseñanzas no escatológicas ciertos énfasis éticos, a pesar de que la suya fuese una «ética provisional», para el breve periodo de tiempo anterior a la irrupción del reino. La conclusión de F. Holmström da justo en el blanco:

> En consecuencia, la escatología de Schweitzer es, por tanto, una cristología liberal consecuente; su defensa formal de la escatología se convierte en realidad en una liquidación de la misma; su ética sigue siendo un moralismo que está aún más alejado incluso del verdadero cristianismo de lo que lo estaba la ética de Ritschl.[8]

---

[5] Johannes Weiss, *Jesus' Proclamation of the Kingdom of God*, trad. R. H. Hiers y D. L. Holland (Filadelfia: Fortress, 1971).
[6] Ladd, *The Presence of the Future*, 5.
[7] Albert Schweitzer, *The Quest of the Historical Jesus*, 3ra ed. (London: A. & C. Black, 1954), 368–69.
[8] F. Holmström, *Das Eschatologische Denken der Gegenwart* (Gütersloh, Alemania: Bertelsmann, 1936), 89, traducción de Hoekema.

LA ESCATOLOGÍA REALIZADA

La escatología realizada se asocia principalmente con el nombre del académico de Cambridge C.H. Dodd (1884–1973). Reaccionando con vigor a la unilateral «escatología consistente» de Dodd en su *The Parables of the Kingdom* (1935) y *The Apostolic Preaching and Its Developments* (1936), llegó al otro extremo, defendiendo que la escatología bíblica ya se había realizado, que Jesús, de hecho, había traído el reino de Dios. Su ministerio, muerte, resurrección, ascensión y Parusia —que son un suceso único y complejo—*constituyen* la presencia del reino. Según Dodd, Jesús no estaba muy preocupado por el futuro. «La escatología futura» se introdujo en el Nuevo Testamento como resultado de una reconstrucción posterior que hizo la iglesia del esquema de Jesús en base a la literatura apocalíptica cuando Él no regresó inmediatamente. Más que predecir lo que iba a suceder en algún futuro distante, *Jesús estaba introduciendo o inaugurando el reino de Dios allí y entonces.*

Según esto, la escatología no trata con las últimas cosas en ningún sentido temporal. Más bien se preocupa de cosas últimas, cosas de definitiva importancia. No habla del fin de la historia, sino de la «presencia de lo eterno» en la historia. El lenguaje apocalíptico es simplemente una forma de expresión antigua para esta verdad. El exégeta necesita entender que la resurrección, ascensión y Segunda Venida son tres expresiones distintas de la misma verdad.

Entre los críticos de Dodd están Joachim Jeremias (*The Parables of Jesus*, 1954) y Oscar Cullmann, quien en su *Christ and Time* (1951) dio su famosa ilustración acerca del día D, el día de la victoria decisiva en la muerte y resurrección de Cristo, a la que ha de seguir un día V. De esta forma, Cullmann preserva el «ya» y el «aún no» de la escatología del Nuevo Testamento.

LA ESCATOLOGÍA EXISTENCIAL

Rudolf Bultmann (1884–1976) en su *Theology of the New Testament* (1951) abandera la construcción escatológica existencialista. Proponiendo la idea de que cualquier momento crucial de decisión personal es «escatológico», Bultmann defiende que el Escatón es el *kairos* en el que el ser humano individual existente recibe la oportunidad de decidirse por una existencia auténtica. Así, la escatología se «realiza», no como Dodd defendía en el ministerio del Jesús histórico, quién (dice Bultmann) era solo un profeta apocalíptico judío que anunciaba la irrupción inmanente del reino de Dios, sino en la proclamación del *kerygma*, el cual, despojado de su mitología apocalíptica, llama a una decisión aquí y ahora:

> Lo esencial acerca del mensaje escatológico es la idea de que Dios opera en él [y eso exige decisión], y la idea da la existencia humana que contiene—*no la creencia de que el fin del mundo está próximo en el futuro.*[9]

Hendrikus Berkhof expresa un punto de vista similar:

> Vivimos y respiramos en un mundo de espacio y tiempo sin fin, producto de la evolución de muchos millones de años, que está gobernando por las mismas leyes en sus más lejanos lugares. No hay lugar para el cielo o el infierno, y menos aún para que alguien descienda del cielo a la tierra sobre una nube. Y no podemos creer en un cambio repentino y completo, una invasión que venga desde arriba y destruya violentamente la prolongada evolución.[10]

Como aspecto de su tesis, Bultmann también insta al método de exégesis de desmitologización en base a los diferentes estratos escatológicos percibidos en el Nuevo Testamento. Él cree ver ya a Juan «desmitologizando» a Pablo en el Nuevo Testamento («Para Juan la resurrección de Jesús, Pentecostés, y la *parusia* de Jesús son uno y el mismo

---

[9] Rudolf Bultmann, *Theology of the New Testament*, trad. Kendrick Grobel (London: SCM, 1971), 1:23 (énfasis añadido).
[10] Hendrikus Berkhof, *Well-Founded Hope* (Richmond: John Knox, 1969), 12. Pero véase 2 Pedro 3:4.

suceso»), este procedimiento de Juan, según Bultmann defiende, justifica hoy el método de desmitologización.

ESCATOLOGÍA DISPENSACIONAL

En esta tierra baldía de ideas creada por los mencionados académicos críticos en la primera mitad del siglo XX, barrieron los puntos de vista escatológicos del dispencionalismo. Dispuestos para cualquier cosa que sonase bíblica y que enseñase que Cristo ciertamente vendría algún día, la iglesia evangélica británica y la de los Estados Unidos dio la bienvenida al punto de vista pretribulacional y premilenial de esta nueva escuela de interpretación profética, fomentada principalmente por las ediciones de la *Biblia de referencia Scofield* de 1909 y 1917, y por la enseñanza del Dallas Theological Seminary, fundado por Lewis Sperry Chafer en 1924.

Los dispensacionalistas clásicos defendían que «cuando Jesús apareció al pueblo judío, lo siguiente en el orden de revelación tal y como estaba establecido entonces, debería haber sido el establecimiento del reino davídico». Pero también declaran: «en el conocimiento de Dios, *aún no revelado*, se encontraba el rechazo del reino y el Rey, el largo periodo de la forma en misterio del reino, la predicación mundial de la cruz y el llamado de la iglesia».[11] Entre las profecías del Antiguo Testamento con respecto a la bendición futura de Israel y la iglesia de esta era presente, según instan los dispensacionalistas, no existe conexión. El Antiguo Testamento simplemente no hablaba de esta era. Esta época es el «gran paréntesis vacío» en el tiempo profético. Por tanto, todas las profecías del Antiguo Testamento en cuanto a la bendición futura de Israel[12] esperan su cumplimiento en un milenio decididamente judío, que seguirá a esta «era de paréntesis de la iglesia». Este milenio estará precedido por un arrebatamiento pretribulacional de la iglesia, la «semana setenta» de Daniel, de gran tribulación tanto para los judíos como para el mundo, y la segunda venida de Cristo, quien gobernará las naciones con vara de hierro durante mil años. Después de este reinado de mil años, destruirá toda hostilidad que quede contra Él, oficiará el juicio del Gran Trono Blanco, y luego entregará su reino al Padre para que Dios pueda ser todo en todos.

Con tal confusión escatológica corriendo rampante por los círculos académicos en la actualidad, nunca ha existido una necesidad mayor de volver a la Escritura y ver lo que dice la Palabra de Dios con respecto a esta vital, importante y fundamental parte de la teología.[13] En las páginas siguientes, he intentado aunar toda la información bíblica pertinente para tal investigación, a fin de ayudar al lector a alcanzar conclusiones.

ESCATOLOGÍA DEL ANTIGUO TESTAMENTO

Jesús comenzó su ministerio público anunciando que «El tiempo se ha cumplido, y el reino de Dios [ἡ βασιλεία τοῦ θεοῦ, *hē basileia tou theou*] se ha acercado» (Marcos 1:15). Jesús no definió lo que quería decir mediante al uso de la frase «el reino de Dios» en ninguna parte. Esto sugiere que Él asumía que la idea y algo de su contenido resultaban familiares a sus oyentes por la enseñanza del Antiguo Testamento. Aunque la expresión «el reino de Dios» no se encuentra en el Antiguo Testamento, la idea ciertamente está presente en el hecho de las referencias a Dios como Rey tanto de Israel con frecuencia (Ex. 15:18; Nm. 23:21; Dt. 33:5; Sal. 84:3; Is. 43:15) como de toda la tierra (2 Reyes 19:15; Sal. 29:10; 47:2, 7; 96:10; 97:1; 99:1–4; 145:11–13; Is. 6:5; Jer. 10:7; 46:18; Dn. 2:44; 4:34–35).

---

[11] *New Scofield Reference Bible*, 996, énfasis añadido.
[12] Véase Anthony Hoekema, *The Bible and the Future* (Grand Rapids, Mich.: Eerdmans, 1979), 194–222, para su crítica del premilenialismo dispensacional en general, y su tratamiento de la profecía del Antiguo Testamento en particular. Oswald T. Allis, *Prophecy and the Church* (Filadelfia: Presbyterian and Reformed, 1945), también ofrece una crítica del dispensacionalismo y su escatología.
[13] Para un tratamiento más completo de este debate, el estudiante debería consultar Ladd, *The Presence of the Future*, 3–42, y el apéndice, «Recent Trends in Eschatology», en Hoekema, *The Bible and the Future*, 288–316.

George Eldon Ladd caracteriza el concepto del reino de Dios en el Antiguo Testamento de forma general como (1) una esperanza dinámica, (2) una esperanza escatológica, (3) una esperanza terrenal, (4) una esperanza orientada históricamente, y (5) una esperanza ética:[14]

Por esperanza *dinámica* Ladd se refiere a que Israel esperaba el «reino» (מלכות, *malkût*) de Dios, concibiéndolo principalmente como el reino, dominio, o gobierno de Dios, y solo de manera secundaria como un territorio sobre el que el reino se ejerce, y que habría de extenderse sobre los hombres y el mundo mismo (Sal. 145:11, 13).

Por esperanza *escatológica* el quiere decir que, debido a que Israel apostató alejándose cada vez más de Dios, los piadosos cada vez miraron menos hacia la historia como instrumento para producir el «reino», y los profetas hablaron cada vez más de una «irrupción» directa y cataclísmica, o de una visitación de Dios al fin de la historia para llevarla a una gloriosa consumación, redimiendo a su remanente y juzgando a los impíos y malvados.

Por esperanza *terrenal* se refiere a que la esperanza escatológica de redención de Israel siempre incluyó la tierra como «el escenario divinamente ordenado de la existencia humana» (Is. 11:9; 35:2, 7, 15; 65:17; 66:22).

Por esperanza *históricamente orientada* (a veces denominada «escorzo profético»), sostiene que los profetas tenían una esperanza *única* (aunque compleja), que abarcaba a la vez el futuro histórico más inmediato y el futuro escatológico final. Es decir, dado que carecían de la información completa con respecto al factor temporal en la profecía predictiva de los sucesos futuros (1 P 1:10–11), con frecuencia mezclaban sucesos futuros más inmediatos con el futuro final, sin preocuparse de una secuencia o cronología estricta (véase, p.ej., el concepto que los profetas tenían del Día del Señor).

Finalmente, por esperanza *ética* se refiere a que la promesa del reino futuro de Dios solo ofrecía esperanza a aquellos que eran fieles a Dios, y, por tanto «se coloca sobre Israel una exigencia ética constante, para que se vuelva de sus pecados y se someta a Dios». A los impenitentes solamente les espera el juicio.

Hemos de añadir que el concepto del reino del Antiguo Testamento también incluía la esperanza *mesiánica*. Geerhardus Vos aisla cinco aspectos esenciales de esa visión: (1) la imposición desde lo alto de un *gobierno sobre los hombres* que exige de ellos una sumisión absoluta (Gn. 49:10; Nm. 24:17–19); (2) el elemento de lo *escatológico,* que se refleja en la idea de que el Mesías será «el gran Rey final, que permanece en pie en el cierre del orden mundial presente e introduce el mundo venidero», este nuevo mundo no aparece en el curso natural de los sucesos, sino de forma catastrófica por una interposición divina (véase la segunda caracterización de Ladd) y, una vez llegue, llevará el sello de la eternidad, estando el Mesías mismo en el centro de su complejo escatológico (Sal. 2:8–12; 45:6; 110:1, 5–6; Is. 9:2–7; Dn. 2:44; 7:13–14; Mal. 3:2–3; 4:1–5); (3) inseparable del segundo, el *ingrediente sobrenatural que permea toda la visión*, presagiando la creación de un nuevo orden mundial de naturaleza diferente al actual, en el que se produce un retorno al estado paradisíaco que existía al principio de la historia (véase la tercera caracterización de Ladd) (Is. 11:1–9; 32:15; 65:17–25); (4) el componente de lo *sotérico* en el que tanto la salvación marcial como la espiritual son cumplidas por el Señor por medio de su Mesías, que libera a su pueblo del juicio divino y los introduce en la bienaventuranza del mundo venidero (véanse la segunda y quinta caracterizaciones de Ladd) (Is. 9:4–5; 11:1–16; Miq. 5:4–5a; Zac. 9:9–10); y (5) entretejido a través de todo esto, la *posición religiosa específica que el mismo Mesías ocupa*

---

[14] Ladd, *The Presence of the Future*, 45–75.

entre Dios y el hombre, comprendiendo básicamente su derecho a recibir adoración y su identificación con Dios.[15]

Anthony Hoekema resume su visión escatológica del Antiguo Testamento llamando la atención especialmente a siete conceptos revelacionales específicos en los que se encarna dicha visión. Según escribe, había, (1) *una expectativa por el redentor venidero,* revelado por primera vez como «simiente de la mujer» (Gn. 3:15), luego como «simiente de Abraham» (Gn. 22:18), luego como descendiente de la tribu de Judá (Gn. 49:10) y específicamente como hijo de David (2 S. 7:12–13), que vendría de una forma no completamente clara, pero única y definitiva y cumpliría los oficios de profeta (Dt. 18:15), sacerdote (Sal. 110:4), rey (Zac. 9:9), siervo sufriente de Dios (Is. 42:1–4; 49:5–7; 52:13–53:12), e hijo del hombre (Dn. 7:13–14); (2) *la anticipación del reino de Dios,* cuando el reino de Dios será plenamente experimentado, no solo por Israel, sino por todo el mundo (Dn. 2:44–45); (3) *el establecimiento de un nuevo pacto* con Israel, que sería el instrumento por el que Dios perdonaría a su pueblo sus pecados e idolatría (Jer. 31:31–34); (4) *la restauración de Israel* de su cautividad de naciones hostiles (Is. 11:11; Jer. 23:3; Ez. 36:24–28); (5) *el derramamiento del Espíritu* sobre toda carne (Joel 2:28–32); (6) *la aproximación del Día del Señor,* que supondría el juicio sobre las naciones incrédulas y la liberación del pueblo de Dios (Abd. 15–16; Joel 1:15; 2:1–17; Is 13; Amós 5:18–20; Sof 1:7, 14–16; Mal. 4:5); y (7) *la creación de los nuevos cielos y la nueva tierra* (Is. 11:6–9; 32:15; 35:7; 65:17; 66:22).[16]

En conexión con el Día del Señor que vendría, los profetas del Antiguo Testamento también visionaron la resurrección tanto de los justos como de los injustos (Job 19:25–27; Sal. 73:24–25; Is. 26:19; Dn. 12:2; véase Mt. 22:29–32; Heb. 11:10, 13–16, 19) y el juicio que seguiría (Sal. 50:4–6; Ec. 12:14; Mal. 3:2–5).

Todas estas cosas planeaban sobre el horizonte para el creyente del Antiguo Testamento, que no tenía un entendimiento claro de cuando estas cosas sucederían, ni un plano completo de cómo estos sucesos estarían relacionados temporalmente unos con otros. Según nos informa Pedro, incluso los profetas mismos, «inquirieron y diligentemente indagaron acerca de esta salvación, escudriñando qué persona y qué tiempo indicaba el Espíritu de Cristo que estaba en ellos, el cual anunciaba de antemano los sufrimientos de Cristo, y las glorias que vendrían tras ellos». Pero Pedro también afirma que al menos esto les había sido revelado—«que no para sí mismos, sino [para los fieles de una era por venir], administraban las cosas que ahora os son anunciadas por los que os han predicado el evangelio por el Espíritu Santo enviado del cielo» (1 P. 1:10-12).

ESCATOLOGÍA DEL NUEVO TESTAMENTO

La escatología del Nuevo Testamento comenzó precisamente allí donde la escatología del Antiguo Testamento se había visto suspendida (véase Mal. 3:1; 4:5–6), con los anuncios del ángel Gabriel a Elisabet y María acerca de los nacimientos de Juan, hijo de Zacarías, y Jesús. Con respecto a Juan, Gabriel declaró:

> Y hará que muchos de los hijos de Israel se conviertan al Señor Dios de ellos. E irá delante de él con el espíritu y el poder de Elías, para hacer volver los corazones de los padres a los hijos, y de los rebeldes a la prudencia de los justos, para preparar al Señor un pueblo bien dispuesto. (Lucas 1:16–17)

Zacarías, su padre, predijo acerca de Juan:

---

[15] Geerhardus Vos, *The Self-Disclosure of Jesus* (1926; reedición, Phillipsburg, N.J.: Presbyterian and Reformed, 1978), 17–31. Véase también Robert L. Reymond, *Jesus, Divine Messiah: The Old Testament Witness* (Ross-shire, Scotland: Christian Focus, 1990).
[16] Hoekema, *The Bible and the Future,* 3–12.

Y tú, niño, profeta del Altísimo serás llamado; porque irás delante de la presencia del Señor, para preparar sus caminos; (Lucas 1:76)

Claramente, Juan era el «precursor de Elías», a quien el Señor de los ejércitos (יהוה צְבָאוֹת, *yhwh ṣᵉḇā·ôṯ*) había dicho que enviaría antes de Él para preparar al pueblo para su venida, conclusión que el mismo Jesús corrobora en Mateo 11:14 y 17:11–13.[17] Con respecto al Hijo de María en particular, Gabriel anunció:

El Señor Dios le dará el trono de David su padre; y reinará [βασιλεύσει, *basileusei*] sobre la casa de Jacob para siempre, y su reino [βασιλείας, *basileias*] no tendrá fin. (Lucas 1:32–33)

Tanto María (Lucas 1:54–55) como Zacarías (Lucas 1:68–75) percibieron y celebraron los nacimientos de sus respectivos hijos como aspectos del cumplimiento por parte de Dios de la promesa de su pacto a Abraham, mientras que Simeón (Lucas 2:29–32) y Ana (Lucas 2:38) describieron después al bebé Jesús como la «salvación» de Dios, «luz para revelación a los gentiles y gloria de tu pueblo Israel» y, «la redención en Jerusalén». Simeón también dio a entender que el ministerio de Jesús incluiría una dimensión trágica (2:34–35).

LA ESCATOLOGÍA DE JUAN EL BAUTISTA

Como precursor de Jesús, Juan el Bautista convocó a la nación de Israel al arrepentimiento y a la fe en el Mesías venidero (véase Hechos 19:4), diciendo tanto «Arrepentíos, porque el reino de los cielos [ἡ βασιλεία[18] τῶν οὐρανῶν, *hē basileia tōn ouranōn*] se ha acercado [ἤγγικεν, *ēngiken*]" (Mt. 3:2) como «He aquí el Cordero de Dios, que quita el pecado del mundo» (Juan 1:29). Desarrollando su mensaje básico, Jesús proclamó:

Y *ya* [ἤδη, *ēdē*] también el hacha está puesta a la raíz de los árboles; por tanto, todo árbol que no da buen fruto es cortado y echado en el fuego. Yo a la verdad os bautizo en agua para arrepentimiento; pero el que viene tras mí, cuyo calzado yo no soy digno de llevar, es más poderoso que yo; él os bautizará en Espíritu Santo y fuego. Su aventador está en su mano, y limpiará su era; y recogerá su trigo en el granero, y quemará la paja en fuego que nunca se apagará. (Mt. 3:10–12)

Aquí vemos a Juan declarar que Israel había llegado a un punto crítico y definitivo en su historia («ya también el hacha está puesta a la raíz de los árboles»), y también vemos como le adscribe a Jesús las prerrogativas tanto de la salvación («bautizará en Espíritu Santo») como de juicio («y fuego»; véanse las ocurrencias de la palabra «fuego» al final de los vv. 10 y 12).[19] ¡Dios había visitado a su pueblo, y su reino había irrumpido en la historia! *¡En cierto sentido la escatología ya se había realizado!*

En el hecho de que Juan adscriba a Jesús las prerrogativas tanto de salvación como de juicio, a la vez que no hace distinción de tiempo entre las manifestaciones de estas prerrogativas, vemos un ejemplo clásico de lo que a Ladd se refiere como la esperanza única, aunque compleja, *históricamente orientada* de los profetas del Antiguo Testamento. Esta

---

[17] En Mateo 11:14 Jesús declaró a la multitud: «Y si queréis recibirlo, él [Juan el Bautista] es aquel Elías que había de venir». Luego, al bajar del monte el día siguiente a la transfiguración de Cristo (Lucas 9:27), los discípulos preguntaron a Jesús: «¿Por qué, pues, dicen los escribas que es necesario que Elías venga primero?» (Mt. 17:10; Marcos 9:11). Esta mención a Elías, por supuesto, fue motivada por el hecho de que le acababan de ver. Pero ¿qué era lo que había tras su pregunta acerca de Él? No hay duda de que había algo en la profecía de Malaquías que ahora les confundía. Malaquías había dicho que «Elías» vendría *antes* de que viniese el Señor (Mal. 3:1), *antes* del día del Señor, grande y terrible (Mal. 4:5), el cual acababan de ver «en miniatura». El lector no debe pasar por alto lo que implica la pregunta de los discípulos acerca de la identidad de Jesús. La única conclusión que podemos extraer es que, para ellos, Jesús (atestiguado como tal por la gloria de su deidad al brillar a través de su humanidad y por la voz celestial), era el «Señor que había de venir» de Malaquías, y el Jehová de los ejércitos del Antiguo Testamento, pero a ellos les parecía que el orden de sus apariciones históricas (primero había aparecido Jesús y después Elías) era el inverso de lo que Malaquías había predicho. Esta aparente inversión del orden del profeta era lo que para ellos producía el dilema que provocaba su pregunta. Jesús resolvió su problema informándoles de que «Elías» ciertamente había venido primero en la persona de Juan Bautista, a quien Jesús había seguido como «Señor de Elías». Aquí, por medio de su exposición de la profecía de Malaquías, Jesús identificó a Juan como el Elías prometido de Malaquías 4:5, e hizo una inconfundible declaración de ser Jehová de los Ejércitos, el Mensajero del Pacto, que había prometido venir *después* de la venida de «Elías», su mensajero.

[18] Como el Hebreo מַלְכוּת (*malkût*, «reino»), el βασιλεία (*basileia*, «reino») de los cielos (o de Dios) debe entenderse de manera dinámica, refiriéndose principalmente al reinado, dominio y gobierno de Dios, y, de forma secundaria, al territorio sobre el que el reinado se ejerce. Para las evidencias, véase Ladd, *The Presence of the Future*, 122–48.

[19] El que haya dos nombres —«con Espíritu» y «con fuego»— junto con solamente un verbo («bautizará») es un ejemplo de lo que, en hermenéutica, se llama un zeugma, que es una figura retórica que promueve la brevedad de expresión. Por lo general, el primer sustantivo se adapta directamente al verbo y el intérprete debe suplir un segundo verbo que se adapte mejor al segundo sustantivo. En este lugar, yo diría que el verbo «juzgar» se adapta mejor a «con fuego». El juicio contra Israel que Juan predijo vio su cumplimiento en la destrucción de Jerusalén en el 70 d.C 70.

esperanza englobaba tanto el futuro histórico inmediato como el futuro escatológico definitivo, viendo el futuro inmediato en términos del futuro definitivo, sin considerar una cronología o secuencia estricta. Y sin duda es esta ausencia de cronología en el mensaje de Juan lo que lo movió en prisión a enviar a sus discípulos para preguntar a Jesús: «¿Eres tú el que había de venir, o esperaremos a otro?» La pregunta que Juan planteó a Jesús surgió, no de una duda de su parte acerca de la veracidad de las afirmaciones mesiánicas de Jesús, sino de su impaciencia profética, basada en su limitado conocimiento, por la que consideraba que Jesús era lento en cumplir lo que él había anunciado que haría el Mesías cuando viniese (es decir, destruir a los impenitentes y llevar a su pueblo a la salvación definitva). Sus preguntas constituían una represión oblícua a Jesús, porque no veía evidencia en el ministerio de éste del justo juicio de Dios contra los pecadores—la segunda mitad de su descripción de la obra del Mesías.

La descripción que hizo Jesús de Juan como una «caña que no se agitaba» y como un hombre acostumbrado a circunstancias difíciles, que bajo circunstancias adversas de prisión no había comenzado a dudar del mensaje que había proclamado acerca de Él, tenía la intención de asegurar a la gente (ya que resultaba imperativo que la gente entendiese que el testimonio de Juan acerca de Jesús continuaba intacto y no había fallado) que Juan no había vacilado en su convicción acerca de su papel mesiánico simplemente porque estuviera en prisión.[20]

La escatología de Jesús

C. H. Dodd afirma que fue «el genuino pensamiento creativo» de Jesús lo que aunó «escrituras del [Antiguo Testamento] muy diversas... de manera que se interpretasen las unas a las otras en formas hasta ese momento insospechadas» dando como resultado una «resolución original y de largo alcance de la tensión» que existía entre varias características de la escatología del Antiguo Testamento (p. ej., el victorioso Rey-Sacerdote de David, el Siervo Sufriente de Isaías, el Hijo del Hombre de Daniel) y «un renovado entendicimiento de la misteriosa imaginería de la escatología apocalíptica».[21] Dodd está completamente en lo cierto. La iglesia necesita reconocer de forma renovada que Jesucristo no solo es su Salvador y Señor, sino también su «erudito profético» principal. Es de su enseñanza escatológica que la iglesia debería y debe derivar el paradigma programático dentro del cual colocar el resto de la escatología del Nuevo Testamento.

Cuando Jesús comenzó su ministerio público, declaró, en el mismo estilo que su precursor, pero con términos aún más agudos: «El tiempo *se ha cumplido* [Πεπλήρωται, *Peplērōtai*]. y el reino de Dios *se ha acercado* [ἤγγικεν, *ēngiken*];[22] arrepentíos, y creed en el evangelio» (Marcos 1:15). El Cristo de Lucas expresa la misma idea: «Hoy *se ha cumplido* [πεπλήρωται, *peplērōtai*] esta Escritura [Is. 61:1–2] delante de vosotros (Lucas 4:21). Mas tarde, Jesús declararía: «Desde los días de Juan el Bautista *hasta ahora* [ἕως ἄρτι, *hēos arti*], el reino de los cielos *ha estado avanzando con fuerza* [construyendo βιάζεται, *biazetai,* como una mitad], y *los violentos* [βιασταὶ, *biastai*] tratan de arrebatarlo [es decir, subvertirlo]» (Mt. 11:12; Lucas 16:16).[23] A los fariseos—que eran algunos de esos «violentos»—les declaró: «si yo

---

[20] Véase Geerhardus Vos, *Biblical Theology* (Grand Rapids, Mich.: Eerdmans, 1949), 337–38, para una representación similar de las preguntas de Juan—hechas en impaciencia, no en duda.

[21] C. H. Dodd, *According to the Scriptures* (London: Nisbet, 1952), 108–10.

[22] Considero ἤγγικεν, *ēngiken*, el activo perfecto de ἐγγίζω (*engizō*, «estar cerca»), con la intención aquí de lo que ἔφθασεν, *ephthasen,* el aoristo activo de φθάνω (*phthanō*, «llegar»), significa en Mateo 12:28 y Lucas 11:20, es decir, «ha llegado». Para un debate acerca del significado de estas dos palabras, véase Clarence T. Craig, «Realized Eschatology», *Journal of Biblical Literature* 56 (1937): 17–26, y Kenneth W. Clark, «Realized Eschatology», *Journal of Biblical Literature* 59 (1940): 367–83.

[23] George E. Ladd también considera el verbo como una voz media, pero entiendo los «violentos» como «grandes entusiastas» que quieren echar mano del reino, incluso por acciones radicales si es necesario (véase Marcos 9:43, 47; Luke 14:26) (*Theology of the New Testament* [Grand Rapids, Mich.: Eerdmans, 1974], 71), a pesar de que BAGD afirma que los otros tres usos de βιαστής, *biastes*, se utilizan todos en un «mal sentido». Pero incluso si βιάζεται, *biazetai,* se considerase como una pasiva («el reino de los cielos está siendo atacado violentamente» o «se está buscando el reino de Dios con un celo ardiente», la idea que específicamente intento establecer aquí sigue siendo la misma, es decir, que el reino de Dios llegó con la venida de Jesús, y en cierto sentido estaba presente allí y entonces en su persona y ministerio.

Las Ultimas Cosas

por el Espíritu de Dios echo fuera los demonios, ciertamente *ha llegado* [ἔφθασεν, *ephthasen*] a vosotros el reino de Dios» (Mt. 12:28; Lucas 11:20). Aún más tarde, cuando fue preguntado por los fariseos cuando vendría el reino de Dios, Jesús respondió: «El reino de Dios no vendrá con advertencia, ni dirán: Helo aquí, o helo allí; porque [γὰρ, *gar*] he aquí el reino de Dios está *entre vosotros* [ἐντὸς ὑμῶν, *entos hymōn;* o "dentro de vuestro alcance"]» (Lucas 17:20–21).[24] A los principales sacerdotes y ancianos de la nación que se le oponían, Jesús declaró: «Por tanto os digo, que el reino de Dios [que está «dentro de vuestro alcance»] será quitado de vosotros, y será dado a gente que produzca los frutos de él» (Mt. 21:43). A los expertos en la ley, Jesús declaró: «¡Ay de vosotros...! porque habéis quitado la llave de la ciencia [Mt. 23:13:. "El reino de los cielos"]. ; vosotros mismos no entrasteis, y a los que entraban se lo impedisteis» (Lucas 11:52). Finalmente, en la última comida de Pascua, Jesús declaró a sus discípulos: «Yo, pues, os asigno ["os doy por pacto"] un reino, como mi Padre me lo *asignó* [διέθετό, *dietheto*—"me dio por pacto"] a mí» (Lucas 22:29). Claramente, con la venida de Jesús a la nación de Israel, el reino o gobierno de Dios había irrumpido, en su propia persona, en la historia y en las vidas de su generación.

Y, aun así, Jesús también habló del reino de Dios como algo futuro que esperaba su venida (παρουσία, *parousia*)[25] en gloria cuando la plena manifestación de su poder haría presente el gobierno divino a lo largo del mundo. Por ejemplo, el enseñó a sus discípulos que debían orar, «Venga tu reino» (Mt. 6:10). Luego declaró:

> No todo el que me dice: «¡Señor, Señor!», entrará en el [futuro] reino de los cielos, sino el que hace la voluntad de mi Padre que está en los cielos. Muchos me dirán en aquel día: «Señor, Señor, ¿no profetizamos en tu nombre, y en tu nombre echamos fuera demonios, y en tu nombre hicimos muchos milagros? Entonces les declararé: «Nunca os conocí. ¡Apartaos de mí, hacedores de maldad!» (Mt. 7:21–23)

También afirmó:

> Os digo que vendrán muchos del oriente y del occidente, y se sentarán con Abraham, Isaac y Jacob en el reino de los cielos; pero los hijos del reino serán echados a las tinieblas de afuera; allí será el lloro y el crujir de dientes. (Mt. 8:11–12)

A los discípulos les prometió:

> De cierto os digo que en la regeneración [ἐν τῇ παλιγγενεσίᾳ, *en tē palingenesia*], cuando el Hijo del hombre se siente en el trono de su gloria, vosotros que me habéis seguido, también os sentaréis sobre doce tronos, para juzgar a las doce tribus de Israel. (Mt. 19:28)

En su discurso en el monte de los olivos, Jesús describió su venida y reino futuro de esta forma:

> Cuando el Hijo del hombre venga en su gloria y todos los santos ángeles con él, entonces se sentará en su trono de gloria, y serán reunidas delante de él todas las naciones; y apartará los unos de los otros, como aparta el pastor las ovejas de los cabritos. Y pondrá las ovejas a su derecha, y los cabritos a su izquierda. Entonces el Rey [ὁ βασιλεὺς, *ho basileus*, esto es, Él mismo] dirá a los de su derecha: Venid, benditos de mi Padre, heredad el reino [βασιλείαν, *basileian*] preparado para vosotros desde la fundación del mundo». (Mt. 25:31–34)

Finalmente, en la última comida de Pascua, Jesús informó a sus discípulos:

---

[24] Véase G. R. Beasley-Murray, *Jesus and the Kingdom of God* (Grand Rapids, Mich.: Eerdmans, 1986), 97–103, para la argumentación de esta traducción de ἐντὸς ὑμῶν, *entos hymōn*.

[25] Παρουσία, *parousia*, es el término principal en el Nuevo Testamento para denotar el regreso de Cristo. Se deriva de πάρειμι (*pareimi*, «estar presente, haber venido») y puede denotar «presencia» en contraste con «ausencia» (ἀπουσία, *apousia*), como en Filipenses 2:12, o puede denotar «venida» en el sentido de la *primera* etapa de estar presente, como en Filipenses 1:26 (BAGD, 629–30). En los evangelios, el término παρουσία, *parousia*, solo aparece en Mateo 24:3, 27, 37, 39. Su empleo en Pablo nos apunta a los pasajes clásicos de su escatología (1 Ts. 2:19; 3:13; 4:15; 5:23; 2 Ts. 2:1; 1 Co. 15:23). También aparece en referencia al regreso de Cristo en Santiago 5:7, 2 Pedro 1:16, 3:4, y 1 Juan 2:28. En general, parece enfatizar la presencia del Señor, que también ha de realizarse en su regreso a la tierra. Los otros términos del Nuevo Testamento para el Segundo Advenimiento son ἀποκάλυψις (*apokalypsis*, «revelación»; 2 Ts. 1:7, 10; 1 P. 1:7, 13; 4:13) y ἐπιφάνεια (*epiphaneia*, «aparición»; 2 Ts. 2:8; 1 Ti. 6:14; 2 Ti. 1:10 [aquí se refiere a la primera venida de Cristo], 4:1, 8; Tito 2:13). Lo primero implica que previamente estaba oculto (BAGD, 92), lo segundo una «espléndida aparición», «visible manifestación», o gloriosa exposición (BAGD, 304). El verbo φανερόω, (*phaneroō*, «dar a conocer, revelar, hacer evidente, aparecer»), de donde ἐπιφάνεια, *epiphaneia*, se deriva, se utiliza tanto para el primer como para el segundo advenimiento (Col. 3:4; 1 Ti. 3:16; Heb. 9:26; 1 P. 1:20; 5:4; 1 Juan 2:28; 3:2, 5, 8).

«No beberé más de este fruto de la vid hasta aquel día en que lo beba nuevo con vosotros en el reino de mi Padre». (Mt. 26:29)

Resulta claro que, para Jesús, la plena y final manifestación del reino de Dios estaba en el futuro.

En esta tensión entre el «ya» y el «todavía no» nos vemos confrontados con lo que los teólogos bíblicos han llamado el paradigma del Nuevo Testamento—que se puede rastrear hasta Jesús como originador del mismo—o «dualismo escatológico», es decir, en cierto sentido el reino de Dios ya ha venido; en otro sentido el reino de Dios aún debe venir. Lo que el Antiguo Testamento no había distinguido claramente en su aspecto cronológico, sino que había representado más bien como una unidad única y compleja, Jesús lo distingue ahora al hablar de la llegada del reino primero en gracia, y más tarde en un juicio con gran gloria y un poder cataclísmico.[26] Esto puede verse en las parábolas de Jesús acerca del reino de los cielos.

Sus parábolas del reino de los cielos

En Mateo 13 encontramos siete de las parábolas del «reino de los cielos» de Jesús—el sembrador y los cuatro tipos de tierra, el trigo y la cizaña, la semilla de mostaza, la levadura, el tesoro escondido en el campo, la perla de gran valor, y la red (Marcos 4:26–29 añade una octava—la semilla que crece). Jesús declaró que estas parábolas revelaban ciertos «misterios» del reino de los cielos (13:11). Explicó lo que quería decir con «misterios» diciendo que «muchos profetas y justos desearon ver lo que veis [nótese la presencia implícita del reino en lo que Jesús dice en este punto], y no lo vieron; y oír lo que oís, y no lo oyeron» (13:17, énfasis añadido), añadiendo Mateo mismo que Jesús hablaba en parábolas «para que se cumpliese [πληρωθῇ, *plērōthē*] lo dicho por el profeta [Asaf], cuando dijo: Abriré en parábolas mi boca; declararé cosas escondidas desde la fundación del mundo» (13:34–35; véase Sal. 78:2).

La escuela clásica dispensacional entiende que Jesús quería decir con estas palabras que estaba revelando, por primera vez en la historia, que Él y el reino mesiánico serían rechazados y que «el largo periodo del reino en forma de misterio», completamente desconocido para los profetas del Antiguo Testamento, vendría a continuación. Pero este es un ejemplo clásico de «alcance» hermenéutico, es decir, ver en en el pasaje lo que ya se desea encontrar en él. El punto de vista reformado es que Jesús estaba declarando que el reino de Dios había ciertamente llegado, pero primero lo había hecho en gracia (el «ya») antes de llegar en poder (el «todavía no»), una distinción que los profetas del Antiguo Testamento no habían visto claramente.

Lo primero que hay que establecer es el significado de la frase, «el reino de los cielos». Los dispensacionalistas clásicos defienden que «el reino de los cielos» debe distinguirse de «el reino de Dios», refiriéndose el primero al reino literal, terrenal, davídico y milenial, mientras que el segundo se refiere al reino universal de Dios en general. Fue el primero, según instan, el que Jesús tenía específicamente en mente cuando proclamó por primera vez que el reino de los cielos «se ha acercado» (Mt. 4:17). Pero las frases son en realidad variaciones liguísticas de la misma idea, como se evidencia de la identidad de significado dentro del compás de los dos versos de Mateo 19:23–24 y por su uso paralelo en los evangelios sinópticos, donde Mateo emplea «el reino de los cielos», Marcos y Lucas emplean «el reino de Dios» (véase, por ejemplo, Mt. 13:11; Marcos 4:11; Lucas 8:10 y Mt. 19:14;

---

[26] Hoekema en *The Bible and the Future* caracteriza la naturaleza de la escatología del Nuevo Testamento en tres frases: (1) «En el Nuevo Testamento se nos hace conscientes de que el gran suceso escatológico del Antiguo Testamento ha sucedido» (15); (2) «En el Nuevo Testamento también se nos hace conscientes de que lo que los autores del Antiguo Testamento parecían representar como un único movimiento, debe ahora reconocerse como algo que implica dos etapas: la presente era Mesiánica, y la era del futuro» (18); y (3) «La relación entre estas dos etapas escatológicas es que las bendiciones de la era presente son la prenda y garantía de las mayores bendiciones por venir» (20).

Marcos 10:14; Lucas 18:17). Ambos términos se refieren al gobierno soberano redentor de Dios en esos contextos.

Ahora bien, ¿qué hay del reino redentor o el gobierno de gracia de Dios que Jesús declaró que «había estado oculto» a los hombres antes de su venida? Claramente, los Judíos, en base a pasajes tales como Daniel 2, ya sabían acerca del reino de Dios. Además, la imagen que dan Daniel 2:34–35 y 44–45 con respecto al reino venidero de Dios incluye el derrocamiento cataclísmico y escatológico de todos los reinos de este mundo. Daniel 2 enseñó a los Judíos que, cuando el reino de Dios viniese, no tendría competencia. Aplastaría todo poder y autoridad terrenal ante él, llenaría toda la tierra, y duraría para siempre. De acuerdo con esto, era ese mismo «poder del reino» el que en su gran mayoría anticipaban los judíos en el siglo I, a causa de la opresión de Roma. Si Jesús de hecho hubiera caminado por ahí ofreciendo *éste* reino a los judíos, como insisten los dispensacionalistas, es inexplicable, particularmente a la luz de la demostración de sus grandes «poderes» (δυνάμεις, *dynameis*; véase Mt. 11:20–23; 13:54, 58; Lucas 10:13; 19:37), qué los judíos le rechazaran. Sin embargo, Jesús, por medio de sus parábolas del reino de los cielos en Mateo 13, reveló que el reino de Dios, que desde la perspectiva del Antiguo Testamento era una unidad compleja, pero individida, se desarrollaría en dos etapas.[27] La segunda etapa del reino de Dios (la fase de consumación), según enseñó Jesús, ciertamente vendría como Daniel había profetizado, manifestándose con la venida del Hijo del Hombre en gran poder y gloria (Mt. 25:31–46). Pero, antes de venir en *poder*, Jesús enseñó por estas parábolas de «misterio» que el reino había venido primero en *gracia*, también en su misma persona (véase Mt. 13:37), y venía gradualmente, llegando en gran medida en la esfera interna e invisible de la vida espiritual, y tolerando las imperfecciones en sus súbditos e incluso la resistencia del sistema del mundo y del reino de Satanás. En su «manifestación en misterio [es decir, no clara antes, pero *ahora* revelada]», como Ladd explica las parábolas:

> el reino ha llegado entre los hombres, pero no con el poder que obliga a toda rodilla a doblarse ante su gloria; es más bien como una semilla que se echa en el suelo, que puede ser fructífera o no dependiendo de su recepción (Mt. 13:3–8). El reino ha llegado, pero el presente orden no es interrumpido; los hijos del reino y los hijos del maligno crecen juntos en el mundo hasta la siega (Mt. 13:24–30; 36–43).[28] El reino de Dios ciertamente ha llegado a los hombres, no como un nuevo orden glorioso, sino como la proverbial semilla de mostaza. Sin embargo, su importancia no ha de menospreciarse. Este mismo reino, un día será un gran árbol (Mt. 13:31-32). En lugar de un poder transformador del mundo, el reino está presente de una forma casi imperceptible, como un poco de levadura escondida en un cuenco de masa. No obstante, este mismo reino aún ha de llenar la tierra [en este «presente siglo malo»—Gal. 1:4] como la masa leudada llena el cuenco (Mt. 13:33).

El reino de Dios en humildad en lugar de gloria fue una revelación completamente nueva y asombrosa. Aun así, según dijo Jesús, los hombres no debían engañarse. Aunque la presente manifestación del reino es en humildad (de hecho, su portador fue condenado y muerto como un criminal), *es*, no obstante, el reino de Dios. Y, como un tesoro enterrado o una perla de incalculable valor, su adquisición amerita cualquier costo o sacrificio (Mt. 13:44-46). El hecho de que la actividad presente del reino iniciará un movimiento que incluirá a hombres malos así como buenos, no nos debe llevar a malentender su verdadera naturaleza. *Es* el reino de Dios; un día separará a los buenos de los malos en un juicio y salvación escatológicos (Mt. 13:47–50).[29]

---

[27] Véase Vos, *Biblical Theology*, 399–411.
[28] La parábola del trigo y la cizaña es especialmente significativa para el estudio de la escatología, porque parece describir el curso de la historia del mundo entre el ministerio terrenal de Cristo y su regreso. Tanto el «trigo» como la «cizaña» aparentemente crecerán hasta la siega, excluyendo la visión postmilenial de un «mundo salvado». Sin embargo, la siega «al final del siglo» se elimina completamente la «cizaña», excluyendo tanto el periodo milenial como una multitud de personas no regeneradas sobre las cuales, de acuerdo con los premilenialistas, Cristo y los santos supuestamente tendrán un gobierno temporal durante ese periodo.
[29] George E. Ladd, «Kingdom of Christ, God, Heaven», *Evangelical Dictionary of Theology* (Grand Rapids, Mich.: Baker, 1984), 609–10.

Y podría añadir, en vistas de la parábola de Jesús de la semilla que crece sola (Marcos 4:26–29), que la irrupción *sobrenatural* del reino de Dios en la historia en la persona de Jesús, es el *milagro* del cielo, ¡es obra de *Dios*! El reino avanzará (aunque los hombres «no sepan cómo») únicamente por sí mismo [αὐτομάτη, *automatē*], por su propia vitalidad innata para reproducirse a sí mismo, ya sea que ellos «duerman o se levanten».

Así, cuando las parábolas de «misterio» del reino de Jesús se interpretan correctamente, se verá que Jesús, por medio de ellas, enseñó precisamente lo opuesto a lo que los dispensacionalistas dicen que enseñó. Lejos de ofrecer a los judíos el reino de Dios en poder (el cual rechazaron), Él declara que estaba proclamando primero a ellos (y luego a los demás hombres) el reinado espiritual de la gracia de Dios en y sobre los corazones de los hombres, que, como Pablo dice en Romanos 14:17, trae «justicia, paz y gozo en el Espíritu Santo», un reinado que los hombres podrían resistir y que la mayoría de los judíos, de hecho, rechazaron. Crucificaron al Portador del evangelio del reino como a un engañador y blasfemo, ¡cumpliendo así las profecías del Antiguo Testamento!

La paradigmática distinción que hace Jesús entre el presente «reino de gracia» y el futuro «reino de poder» es también el fundamento de (1) su distinción, y posteriormente la de los apóstoles, por una parte entre «este siglo» (Lucas 16:8; 20:34; Ro. 12:2; Gal. 1:4; Ef. 2:2), «este tiempo» (Lucas 18:30), y «esta era» (1 Ti. 6:17; 2 Ti. 4:10; Tit. 2:12), y, por otra, «aquel siglo» (Lucas 20:35), el «siglo venidero» (Marcos 10:30; Lucas 18:30; Mt. 12:32), o «los siglos venideros» (Ef. 2:7); y (2) la distinción de los escritores del Nuevo Testamento por un lado, de que ellos *estaban* en los «postreros días» (Hechos 2:17; 1 Ti. 3:1; Heb. 1:2; Santiago 5:3; 2 P. 3:3; Judas 18), los «postreros tiempos» (1 P. 1:20), y el «último tiempo» (1 Juan 2:18), y, por otro, su *anticipación* del «día postrero» (Juan 6:39, 40, 44, 54; 11:24; 12:48), la «final trompeta» (1 Co. 15:52), y el «tiempo postrero» (1 P. 1:5).

De acuerdo con esto, Pablo puede declarar que se han alcanzado: «los fines de los siglos» (1 Co. 10:11) y aún así hablar de «los siglos venideros» (Ef. 2:7), y el autor de Hebreos puede afirmar que Cristo se presentó «en la consumación de los siglos» (Heb. 9:26) y aún así hablar también del «siglo venidero» (Heb. 6:5) cuando Él venga «por segunda vez, sin relación con el pecado, para salvar a los que le esperan» (9:28).

Estas distinciones claramente enseñan que la era presente es el periodo *consumatorio* de la actividad *salvadora* de Dios, y es, por tanto «escatológica» en el sentido salvífico. Además, el reino presente de Cristo no es simplemente un reino junto con otros. Distinguiéndose en su naturaleza de todos los otros reinos—tan distinto como lo es un hombre de las bestias (Véase Dn. 7:2–14)—su reino de gracia es

> el único reino que puede atestiguar de manera decisiva que la vida es más definitva que la muerte, que la misericordia puede llegár más lejos que las arenas del pecado y la culpa, y que la esfera de Dios es mayor que los dominios del infierno. Señala la satisfacción de todas las necesidades humanas legítimas, el triunfo de la misericordia divina, la humanidad viviendo una vida adecuada a la eternidad, el regreso al hogar de la renovada comunidad de Dios. Es el reino que no puede verse frustrado por los reinos títere de Satanás, sino que los explica por lo que son realmente. Es el reino perdurable entre otros que se levantan solo para tener su momento de gloria y luego perecer.
>
> ... la venida de Jesús de Nazaret avanza la promesa profética del reino escatológico a la esfera del cumplimiento, y, si no es un cumplimiento total, de todas formas se realiza de forma crucialmente significativa...
>
> Jesús, en su propia persona, es la soberanía encarnada de Dios. Él vive esa soberanía en la carne. Manifiesta el reino de Dios entronizando la voluntad de creación de Dios y demostrando su señorío sobre Satanás. Jesús se conduce como Señor y verdadero Rey, gobernando sobre los corazones de los hombres, sobre los demonios, sobre la naturaleza en sus momentos más ficros, sobre la enfermedad, y venciendo a la muerte misma. Con la venida de Jesús, el reino no es

simplemente inmanente; gana la perspectiva más amplia de la incursión y la invasión. Jesús apunta a esta liberación de las víctimas de Satanás, y a su propia devastación de los demonios y lo demoníaco, todo lo cual atestigua que «el reino de Dios ha llegado a vosotros» (Lucas 11:20). Él revela el poder real de Dios en su actividad salvífica.[30]

La era por venir, al exhibir como lo hará la actividad de *juicio* consumadora de Dios y el comienzo del estado eterno del nuevo cielo y la nueva tierra, es «escatológica» en el sentido final y eterno. Esa era será inaugurada por el Rey en su venida en poder y gloria:

Vendrá con un séquito de seres celestiales, una escolta de ángeles, los cuales se negó a convocar cuando fue empalado en la cruz, pero que, como siervos de Dios, quedan a disposición de Cristo en esta vindicación final de los piadosos y castigo de los impíos.

A este clímax escatológico, nos dirigen no solo los profetas del Antiguo Testamento, sino también Jesús de Nazaret El cumplimiento pasado en el Nuevo Testamento no agota las predicciones de los profetas o las promesas de Jesús sobre la tierra, ni la enseñanza apostólica. En la era presente, la Iglesia... en su mejor momento... solo se aproxima [al reino], y en el peor, puede incluso hacer violencia al mismo. El mismo Jesucristo, y los apóstoles están de acuerdo, así como los autores del Antiguo Testamento en anticipación, hablan en principio y en hecho de la segunda venida de Cristo y la venida del reino... en su manifestación completa y consumada, un reino que viene a la tierra así como existe en el cielo, un reino temporal e histórico... que deja enanos a todos imperios mundiales.[31]

Su discurso en el Monte de los Olivos (Mt 24–25; Marcos 13; Lucas 21:3–36; 17:22–37)

En su discurso en el Monte de los Olivos, Jesús corrigió el pensamiento de los discípulos acerca de algunos de los aspectos de su Segundo Advenimiento, que pondrá fin a la «era actual» e inaugurará «la era por venir». Al hacerlo, dio a la iglesia la descripción más completa de ese suceso futuro y aquello que lo acompañará.

Su emplazamiento

El discurso en el Monte de los Olivos es literatura «profética / apocalíptica» En él Jesús se encarga de forma más sostenida que en ningún otro lugar de los sucesos del futuro, y específicamente de su Segundo Advenimiento. Para entender el oráculo profético de nuestro Señor aquí, primero hemos de colocarlo en su emplazamiento contextual.

Jesús había estado enseñando en el área del templo, y había concluido su tiempo allí pronunciando siete «ayes proféticos» (juicios inminentes) contra los maestros de la ley y los fariseos, por su religiosidad superficial, hipocresía, e incredulidad (Mt. 23:13-32). En sus apuntes finales, declaró que el juicio de Dios contra el pecado de la nación, que había estado acumulándose a lo largo de los siglos y que, en ese preciso momento estaba en proceso de culminar en el rechazo supremo de la nación hacia su Mesías, se derramaría sobre *esa* generación de Judíos:

Mateo 23:32, 35–36: «¡Vosotros también llenad la medida de vuestros padres!… para que venga sobre vosotros[32] toda [la culpa de las anteriores generaciones por] la sangre justa que se ha derramado sobre la tierra, , desde la sangre de Abel el justo hasta la sangre de Zacarías…,[33] a quien matásteis [pl.] entre el templo y el altar. De cierto os digo que todo esto

---

[30] Carl F. H. Henry, «Reflections on the Kingdom of God», *Journal of the Evangelical Theological Society* 35, no. 1 (1992): 42.
[31] Ibid., 45–46.
[32] Esta es una expresión de propósito divino, ya sea de acuerdo con los principios enunciados en Génesis 15:16 y Éxodo 20:5 o a la solidaridad unitaria y corporativa de Israel como nación. Más probablemente refleja ambas ideas (véase Jesús «a quien vosotros [pl.] matásteis»). John A. Broadus, *Commentary on the Gospel of Matthew* (Filadelfia: American Baptist Publication Society, 1886), 476, citando a Plumptre, escribe: «Los hombres hacen suya la culpa de las épocas pasadas, reproducen sus atrocidades, se identifican con ella; y, de esta forma, lo que parece un decreto arbitrario (visitar sobre los hijos los pecados de los padres), se convierte en tales casos en un juicio justo. Si se arrepienten, cortan la terrible cadena de pecado y castigo; pero si se endurecen en su maldad, heredan el castigo diferido de los pecados de sus padres, así como el de los suyos propios».
[33] Este Zacarías probablemente sea Zacarías, hijo de Joiada, que fue lapidado hasta la muerte en el patio del templo durante el reinado de Josías (2 Cr. 24:20–22). El canon hebreo tiene a Crónicas en el final, así que nuestro Señor parece sugerir que la culpa de todos estos casos, de Génesis hasta Crónicas, culminará sobre las cabezas de su generación. El Codex Sinaiticus omite «hijo de Berequías».

[ταῦτα, *tauta*, lit. "estas cosas"] vendrá sobre esta generación [τὴν γενεὰν ταύτην, *tēn genean tautēn*]».[34]

Luego, Jesús abandonó la zona del templo. Pero mientras se iba, sus discípulos le llamaron la atención a la hermosura y magnificencia del templo (Marcos 13:1; Lucas 21:5). La respuesta de nuestro Señor fue escueta: «¿Veis todo esto? De cierto os digo, que no quedará aquí piedra sobre piedra, que no sea derribada» (Mt. 24:2). No cabe duda de que con esto nuestro Señor estaba prediciendo la destrucción de Jerusalén, que tuvo lugar en el 70 d.C.

Pedro, Jacobo, Juan y Andrés (Marcos 13:3) se acercaron a Él en privado cuando estaba sentado en el Monte de los Olivos mirando el templo y le preguntaron: «¿cuándo serán estas cosas, y qué señal habrá de tu venida, [παρουσίας, *parousias*] y del fin del siglo?» (Mt. 24:3).[35] Lo primero que debemos notar es que los discípulos parecían creer que la destrucción del templo, la venida futura de Jesús y el fin del siglo sucederían todos al mismo tiempo. Jesús dio respuesta a sus preguntas en lo que nosotros conocemos ahora como el discurso del Monte de los Olivos. Sugeriría que debemos asumir que la contestación de Jesús no era solamente una *respuesta* a su pregunta con respecto al tiempo de la destrucción del templo, sino también un *correctivo* a su error en creer que los tres sucesos futuros que mencionaron sucederían simultáneamente. Es decir, su respuesta distingue temporalmente entre la destrucción del templo, que habría de suceder pronto y que acababa de predecir, y su propia venida al final del siglo en el futuro distante.

Una advertencia acerca de las falsas señales

Jesús comienza su discurso con una advertencia (Mt. 24:4–8). Informa a sus discípulos de que no deben dejarse engañar por la aparición de falsos mesías, la ocurrencia de guerras y rumores de guerras, el alzamiento de unas naciones en contra de otras y de reinos contra reinos, y por las hambrunas y los terremotos, que les hagan creer que su predicho juicio sobre Israel y la destrucción de Jerusalén eran inminentes. En otras palabras, tales cosas *no* deberían considerarse señales de que Jerusalén estaba a punto de ser destruida. Él declara expresamente: «aún no es el fin... todo esto será [solamente] principio de dolores».

Una amonestación a prepararse para las dificultades

Jesús entonces les alerta (Mt. 24:9–14) de que serán perseguidos y martirizados, de que muchos de sus seguidores abandonarán la fe, y que los falsos profetas aparecerían y engañarían a muchos, teniendo todo esto lugar presumiblemente antes de que el templo fuese destruido. Les insta a permanecer fieles hasta el final, y declara que el «final» no llegaría hasta que el evangelio hubiera sido predicado a «todo el mundo».

Si el «fin» de Mateo 24:14 no se refiere a la destrucción de Jerusalén y al «fin» de Israel como nación en el 70 d.C., sino más bien al «fin» asociado con el Escatón final y el fin del presente siglo malo, es decir, si Jesús ya llegó en el versículo 14 al fin de esta era, entonces ha de decirse que Jesús dejó sin contestar, al menos en la forma de su discurso en Mateo, la pregunta de los discípulos con respecto al tiempo de la destrucción de Jerusalén. Pero ya que la pregunta de los discípulos específicamente correspondía con el tiempo de la destrucción de Jerusalén, deberíamos esperar que esta fuera contestada. Por tanto, yo afirmaría que Jesús se estaba refiriendo aquí al «fin» del final de Israel como nación que siguió a la destrucción de Jerusalén en el 70 d.C.

---

[34] Algunos exégetas dispensacionalistas insisten en que las palabras griegas γενεὰν ταύτην, *genean tautēn*, en este punto significan «esta raza», es decir, el pueblo judío. Pero Mateo emplea γενεά, *genea*, de forma regular para significar «generación», es decir, un grupo de personas que vive en el mismo tiempo (Mt. 1:17, tres veces; 11:16; 12:39, 41, 45; 16:4; 17:17; véase también Lucas 17:25). Ya que lo que dice nuestro Señor aquí es cierto (que toda la culpa de los pecados de sus padres vendría sobre esa generación del siglo I, la cual estaba en el proceso de llenar la medida de los pecados de sus padres cometiendo el *mayor* crimen en la historia), no es sorprendente que declare más tarde con respecto a la destrucción de Jerusalén en el 70 d. C.: «porque habrá entonces gran tribulación, cual no la ha habido desde el principio del mundo hasta ahora, ni la habrá» (Mt. 24:21).

[35] Marcos registra las preguntas de los discípulos en el 13:4: «¿cuándo serán estas cosas? ¿Y qué señal habrá cuando todas estas cosas hayan de cumplirse? Lucas registra las mismas preguntas en el 21:7: «¿cuándo serán estas cosas? ¿y qué señal habrá cuando estas cosas estén para suceder?»

El hecho de que el evangelio se había proclamado a «todo el mundo [conocido por aquel entonces]» antes del 70 d.C. es algo que se expresa en otro testimonio del Nuevo Testamento:

Hechos 2:5, 11: «Moraban entonces en Jerusalén judíos, varones piadosos, de todas las naciones bajo el cielo». Y declararon: «les oímos hablar en nuestras lenguas las maravillas de Dios»

Romanos 1:8: «vuestra fe se divulga por todo el mundo».

Romans 10:17–18: «Así que la fe es por el oír, y el oír, por la palabra de Dios. Pero digo: ¿No han oído? Antes bien, Por toda la tierra ha salido la voz de ellos, y hasta los fines de la tierra sus palabras».

Colosenses 1:5–6, 23: «la palabra del evangelio... que ha llegado... a todo el mundo, y lleva fruto y crece... la esperanza del evangelio que habéis oído, el cual se predica en toda la creación que está debajo del cielo».

La señal de la destrucción de Jerusalén

Por medio de Mateo 24:14 nuestro Señor no había dado indicación a los discípulos de que alguna señal particular marcaría la destrucción inminente de Jerusalén. Pero en 24:15–21 lo hace:

Por tanto, cuando veáis en el lugar santo la abominación desoladora [τὸ βδέλυγμα τῆς ἐρημώσεως, *to bdelygma tēs erēmōseōs*]... entonces los que estén en Judea, huyan a los montes... Orad, pues, que vuestra huida no sea... en día de reposo; porque habrá entonces gran tribulación [θλῖψις μεγάλη, *thlipsis megalē*], cual no la ha habido desde el principio del mundo hasta ahora, ni la habrá».[36]

Aquí tenemos la respuesta de Jesús a la anterior pregunta acerca del «cuando» que le hicieron los discípulos: cuando vieran la «abominación desoladora» en el lugar santo, podían estar seguros de que el templo sería destruido pronto. ¿Qué es la «abominación desoladora [ἐρημώσεως, *erēmōseōs*]»? No se nos deja en la duda acerca de a qué se refiere, ya que en Lucas Jesús la interpreta para nosotros: «Pero cuando viereis a Jerusalén rodeada de ejércitos [de Roma], sabed entonces que su destrucción (o desolación) [ἐρήμωσις, *erēmōsis*] ha llegado» (Lucas 21:20; véase también Lucas 19:43–44; 23:28–31). Claramente, la señal de la destrucción inminente de Jerusalén era que la ciudad condenada sería rodeada por los ejércitos de Roma, que pusieron asedio a la ciudad en el 67 bajo Vespasiano, cuyo hijo Tito fracturó las murallas de Jerusalén y la destruyó en el 70 d.C.

Si no permitimos que Lucas 21:20 interprete la «abominación desoladora» de Mateo, insistiendo en que Lucas está hablando de la destrucción de Jerusalén en el 70 d.C. mientras que Mateo, aunque su entorno contextual es similar, habla de una destrucción mucho más tardía de la ciudad que ha de producirse en el «Escatón», entonces parecería que todo argumento acerca de la analogía de la Escritura está acabado, y que el principio de interpretar la Escritura por la Escritura está siendo totalmente rechazado.

También hay que tener en cuenta el entorno judaico de esta sección (véanse las referencias a «Judea», «en la azotea», «día de reposo»), pues ayuda a determinar el «universo» dentro del cual deben entenderse las palabras de nuestro Señor. La «gran tribulación» a la que se alude aquí ha de restringirse a la región Palestina. No existe apoyo escritural para universalizar la tribulación a la que Jesús se refiere aquí y aplicarla al mundo entero. Todo en el discurso de este punto restringe el universo de las afirmaciones de Jesús a Judea y a la destrucción de Jerusalén, que tuvo lugar en el 70 d.C.

Una advertencia acerca de los falsos mesías

---

[36] Véase la descripción que hace Josefo de la «tribulación» que los judíos de Jerusalén sufrieron bajo el asedio de la ciudad hecho por Tito (*La guerra de los judíos*, V.x—VI.vi).

Las Ultimas Cosas

En este punto nuestro Señor comienza a separar los sucesos que sus discípulos erróneamente habían unido en sus preguntas originales. Debido a que sabía que algunos pensarían que la destrucción de Jerusalén anunciaba la venida del Mesías, Jesús expresamente advierte a sus discípulos que no deberían dejar que nadie les persuadiera de ello (Mt. 24:23–27), porque nadie, declara, tendrá necesidad de decirle a otro que el Mesías ha regresado ni dónde puede encontrarlo cuando de verdad regrese al final del mundo. *Su* venida será tan pública y notable «como el relámpago que sale del oriente y se muestra hasta el occidente», sí, tan visible y directa como el vuelo de los buitres hacia un cadáver sin vida (Mt. 24:28).

La caída de Israel y el Jubileo

Llegamos ahora a lo que para muchos es la perícopa que podría llamarse «piedra de tropiezo» (Mt. 24:29–31). Es cierto que presenta algunas dificultades, aunque son superables. Por ejemplo, a causa de la palabra «inmediatamente» (Εὐθέως, *Eutheōs*) al principio del versículo 24:29 y el vívido lenguaje cataclísmico de dicho versículo, muchos dirán que esta perícopa solo puede estar describiendo los sucesos del Escatón y el Segundo Advenimiento de Cristo. Pero esto es un fallo a la hora de reconocer el carácter «profético/apocalíptico» de las palabras de Jesús aquí, las cuales con frecuencia usaron los profetas del Antiguo Testamento cuando querían señalar la venida del juicio de Dios sobre una nación específica, y buscaban anunciar la consiguiente caída de dicha nación.[37] Lo que Jesús realmente está diciendo es que, inmediatamente después de la destrucción de Jerusalén y acompañando a la misma, la nación de Israel, como nación, llegaría a su fin. ¡Su gloria se habrá marchado!

Pero si la destrucción de Jerusalén y el templo *no* había de ser vista como señal de que el Hijo del Hombre había regresado a la *tierra* (Véase 24:23–27), *había* de ser percibida como la señal de que la antigua dispensación con su templo terrenal hecho de manos, había sido reemplazada por la nueva era, con su templo hecho sin manos, y de que el Mediador del nuevo pacto había asumido su reinado mesiánico en el *cielo* (véase 24:30a, que se lee literalmente: «Entonces aparecerá la señal del Hijo del Hombre en el cielo», no «entonces aparecerá en el cielo la señal del Hijo del Hombre»).

«Entonces», declaró Jesús (24:30b), «lamentarán todas las tribus de la tierra [πᾶσαι αἱ φυλαὶ τῆς γῆς, *pasai hai phylai tēs gēs*] y verán al Hijo del Hombre viniendo sobre las nubes del cielo, con poder y gran gloria». Estas «tribus», que se refieren a las doce tribus de Israel esparcidas a lo largo del mundo conocido entonces, lamentarían por la temible venganza de Dios sobre la nación de Israel (los judíos escogidos entre ellos también lamentarían por verdadero arrepentimiento; véase Zac. 12:10). Además, estas tribus «verán [ὄψονται, *opsontai*] al Hijo del Hombre sentado viniendo sobre las nubes del cielo, con poder y gran gloria» —en el mismo sentido que Jesús dijo al sumo sacerdote y al concilio «veréis [ὄψεσθε, *opsesthe*] al Hijo del Hombre sentado a la diestra del poder de Dios, y viniendo en las nubes del cielo» (Mt. 26:64). Es decir, ellos «verían», es decir, «*experimentarían*» a lo largo de esa era, su ira venidera contra Israel como nación por su incredulidad (véase 1 Ts. 2:14-16).

Pero si bien sus juicios habrían de ser experimentados por los Judíos, con la misma seguridad las naciones gentiles disfrutarían (y continúan disfrutando) de las bendiciones del «año de jubileo».[38] Porque Jesús declara aquí que «enviará a sus mensajeros [esto es, a sus predicadores; ἀγγέλους, *angelous,* puede traducirse como "mensajeros" tal como en Mt. 11:10; Marcos 1:2; Lucas 7:24, 27; 9:52; Santiago 2:25] con gran voz de trompeta [σάλπιγγος, *salpingos;* resulta interesante que la palabra para la "proclamación" del

---

[37] Véase Joel 2:10, que describe la plaga de langostas del siglo IX a. C.. en Judá, el 2:31, que predice la caída de Israel (véase Hechos 2:16–21); el 3:15, que predice el Día final del Señor contra las naciones; Isaías 13:10 contra Babilonia; 34:4–5 contra Idumea; Ezequiel 32:7–8 contra Egipto; Sofonías 1:7, 14–16 contra Judá.
[38] «Jubileo», del hebreo יוֹבֵל, *yôbēl,* que significa «carnero», y que, por el uso, acabó significando «cuerno de carnero», es decir, «trompeta». De ahí que el «año de jubileo» fuera el año de libertad, anunciado a son de trompeta (Lv. 25:8–54; Is. 27:13; 61:1; Lucas 4:17–21).

evangelio, es decir, κήρυγμα, *kerygma*, viene de la raiz κηρύσσω, *kēryssō*, que significa "anunciar con trompeta o proclamar en voz alta"], y juntarán a sus escogidos, de los cuatro vientos, desde un extremo del cielo hasta el otro». (24:31). Así, a pesar de la destrucción de israel como nación, ¡Jesús declaró que la misión mundial de la iglesia a evangelizar el mundo continuaría!

Una parábola

Por medio de su parábola de la higuera, que sigue a continuación (24:32–33), Jesús enseñó a sus discípulos que «cuando veáis todas estas cosas [véase 23:36; 24:34], conoced que está [es decir, la venida del reino de Dios en juicio sobre Jerusalén—Lucas 21:31] cerca, a las puertas».

La frase «todas estas cosas» aquí y en el versículo siguiente, se refiere a la predicación mundial del evangelio y al asedio alrededor de Jerusalén por el ejército romano. Sería absurdo entender que Jesús está diciendo: «Cuando veáis la abominación desoladora, la tribulación mundial, el sol oscurecido, la luna no dando su luz, las estrellas cayendo, los poderes del cielo siendo conmovidos, al Hijo del hombre viniendo en las nubes, a todas las tribus de la tierra lamentando, y finalmente, a los elegidos siendo reunidos, sabed que el reino está cerca», porque su Segunda Venida ya habría llegado, y el reino de poder también.

El «texto del tiempo» crucial

Jesús entonces concluyó esta sección de su discurso declarando: «De cierto os digo, que no pasará esta generación hasta que todo esto acontezca» (Mt. 24:34). Este «texto acerca del tiempo» coloca más allá de todo cuestionamiento legítimo lo apropiado de la anterior interpretación de Mateo 24:4–33, por muy forzada que haya parecido en ocasiones al lector moderno, particularmente en 24:29–31. Sus discípulos le preguntaron «cuando» sería la destrucción del templo a la que se había referido en el 24:2, y Él respondió a su pregunta declarando que ocurriría en aquella generación (véase Mt. 23:36 para una confirmación adicional de este hecho), y sería precedida por la «señal» del ejército de Roma (la «abominación desoladora») que rodearía a Jerusalén.

El correctivo

Como muchos comentaristas reconocen, en el 24:36 el discurso de Jesús toma una nueva dirección,[39] continuando hasta el 25:46: «Pero del día y la hora [el tiempo de mi venida y del fin de esta era] nadie sabe, ni aun los ángeles de los cielos, sino solo mi Padre».[40] Previamente Él se había referido a «aquellos días» en plural (24:19, 22, 29); ahora habla «del día» en singular (24:36, 42, 44, 50; 25:13; see 7:22; 11:22, 24; 12:36). Anteriormente había mostrado una notable conciencia de cuándo ocurrirían ciertas cosas; ahora declara que «solo mi Padre» sabe el momento «del día». Resulta claro que ante Él se extiende un nuevo tema, el de su parusia. Desde este punto en su discurso, por su amonestación a vigilar y estar preparados— lo cual es un tema importante de sus parábolas acerca del mayordomo vigilante (24:43–44), los siervos sabios y malvados (24:45–51), las diez vírgenes (25:1–13) y los talentos (25:14–30)—proporciona el *correctivo* al concepto equivocado de sus discípulos, acerca de que la destrucción de Jerusalén, su Segunda Venida, y el Escatón todos sucederían simultáneamente, y distingue entre lo primero, que, como dijo, estaría precedido por una señal que los prepararía para ello y que ocurriría durante sus vidas, y entre los dos últimos, de los cuales el momento, dijo, «nadie sabe» excepto el Padre (24:36, 39, 42, 44, 50; 25:13) y en preparación de lo cual no ofreció ninguna señal, solo la amonestación «velad» (24:42).

---

[39] John A. Broadus escribe: «Desde el punto que hemos alcanzado ahora, la destrucción de Jerusalén desaparece rápidamente de nuestra vista... a través de esta [nueva] sección, todo sugiere de forma natural esa venida final de Cristo para juzgar, que solamente se pone en perspectiva en los párrafos de cierre del gran discurso» (*Matthew*, 494).

[40] Véase la parte dos, capítulo ocho (pp. 222–25), acerca de la Trinidad para mi discusión acerca de este versículo.

Las Ultimas Cosas

Hemos concluido nuestro tratamiento del discurso de Jesús, pero debo realizar una advertencia en este punto. Cada vez se vuelve más común hoy día el ver la representación que nuestro Señor hace aquí de su venida en gloria (Mt. 25:31–46, así como en Marcos 14:62 y en otras partes), no como su parusia *desde* el cielo, sino como su exaltación *en* el cielo, ya que en Daniel 7:13 la figura humana va sobre las nubes hacia Dios, que ha convocado a los ángeles a reunirse en la corte.[41] Pero yo tengo el convencimiento de que ese punto de vista está equivocado. Daniel 7:13 sucede en una visión que representa el surgimiento de imperios *terrenales* sucesivos, y que culmina en uno dirigido por un rey arrogante que hace la guerra contra los «santos» de Dios, «hasta que vino el Anciano de Días»—así se afirma en la explicación (7:22). Es decir, la visión registra una teofanía o manifestación de Dios en la escena de los alborotos causados por el rey antidios, y por eso la figura humana va sobre las nubes a recibir el reino que reemplaza a los reinos de este mundo. Normalmente en la Escritura una teofanía es desde el cielo a la tierra, para juicio o salvación, y esta no es una excepción. Interpretando la afirmación de Jesús a la luz de Daniel 7:13–14 (así como de 2:34–35, 44–45), afirmaría que Mateo 25:31–46 ciertamente habla de la Segunda Venida y el juicio final.

¿Calculó mal Jesús el momento de su Parusia?

Debido a tres versículos específicos en los sinópticos, algunos académicos del Nuevo Testamento tales como Albert Schweitzer (y su escuela de «escatología consistente»), Fritz Buri, Martin Werner, Oscar Cullmann, y Werner G. Kümmel afirman que Jesús creyó erróneamente que su regreso en poder y gloria como el Hijo del Hombre había de tener lugar muy pronto, de hecho, dentro del tiempo de vida de sus contemporáneos. Los versículos así llamados de «inminencia» son los siguientes:

Mateo 10:23: «De cierto os digo, que no acabaréis de recorrer todas las ciudades de Israel, antes que venga el Hijo del Hombre».

Marcos 9:1 (véanse los paralelos en Mt. 16:28; Lucas 9:27): «De cierto os digo que hay algunos de los que están aquí, que no gustarán la muerte hasta que hayan visto el reino de Dios venido con poder».

Marcos 13:30 (véanse los paralelos en Mt. 24:34: Lucas 21:32): «De cierto os digo, que no pasará esta generación hasta que todo esto acontezca».

Inicialmente se han de subrayar dos cosas en respuesta a esto: En primer lugar, Jesús afirmó expresamente que no conocía el día ni la hora de su regreso (Mt. 24:36; Marcos 13:32). Es decir, negó de manera enfática el conocer como hombre el «cuando» de su parusia. Ya que esto es así, no se debería interpretar ninguna otra afirmación suya de forma que nos fuerce a concluir que Él se equivocó al predecir el tiempo del fin.

En segundo lugar, antes de llegar a una conclusión afirmativa a la cuestión que estamos considerando, hemos de tener en cuenta la afirmación de Jesús a Simón el leproso de que «De cierto os digo que dondequiera que se predique este evangelio, en todo el mundo, también se contará lo que esta [la mujer que ungió su cabeza con perfume] ha hecho, para memoria de ella» (Marcos 14:9) lo que invita a pensar que habría un periodo de tiempo (posiblemente largo) antes de su parusia. Al mismo efecto están otras enseñanzas suyas, tales como (1), la parábola de las minas, que Lucas introduce con las palabras: «prosiguió Jesús y dijo una parábola, por cuanto… ellos pensaban que el reino de Dios se *manifestaría inmediatamente* [παραχρῆμα, μέλλει … ἀναφαίνεσθαι, *parachrēma mellei … anaphainesthai*]» (19:11), (2)

---

[41] Véase T. Colani en *Jesus Christ et les croyances messianiques de son temps* (Estrasburgo: Truettel y Wurtz, 1864), 20; M. J. Lagrange, *Evangile selon saint Marc* (Paris: Gabalda, 1922), 403; T. F. Glasson, *The Second Advent: The Origin of the New Testament Doctrine* (Londres: Epworth, 1945), 64–65; y su «The Reply to Caiaphas (Mark xiv. 62)», *New Testament Studies* 7 (1960), 91; J. A. T. Robinson, *Jesus and His Coming* (Nueva York: Abingdon, 1957), 45; y R. T. France, *Jesus and the Old Testament* (Grand Rapids, Mich.: Baker, 1982), 139–48.

Las Ultimas Cosas

la afirmación del siervo malvado, «Mi señor *tarda en venir* [Χρονίζει, *Chronizei*]», en la parábola de los siervos administrando la casa del amo (Mt. 24:45–51; véase el paralelo de Lucas en 12:41–48: «Mi señor *tarda en venir* [Χρονίζει ... ἔρχεσθαι, *chronizei ... erchesthai*]»), (3) su afirmación, «*Tardándose* el esposo [χρονίζοντος, *chronizontos*]», en la parábola de las diez vírgenes (Mt. 25:5), (4) su expresión, «después de *mucho tiempo* [πολὺν χρόνον, *polyn chronon*]», en la parábola de los talentos (Mt. 25:19), y (5) sus parábolas de la semilla de mostaza y la levadura, sugiriendo ambas que esta era abarcaría una considerable cantidad de tiempo.

En cuanto a la afirmación de nuestro Señor en Mateo 10:23 acerca de que los discípulos no habrían terminado de recorrer las ciudades de Israel con el mensaje del reino antes de que el Hijo del Hombre viniese, la venida a la que el Señor aludía podía referirse a (1) su aparición a los discípulos tras su resurrección en el momento de ordenarse la Gran Comisión o (2) a la destrucción de Jerusalén en el 70 d.C. o (3), viendo a los discípulos como representantes de toda la iglesia en base a las palabras de Jesús que incluían instrucciones hacia ellos con respecto a actividades aplicables a su iglesia a través de la historia (véase 10:16–22, 24–25, 26–39), la afirmación de nuestro Señor podría referirse a la continua obligación de la iglesia a hacer misión a Israel a lo largo de toda esta era. Personalmente, prefiero el segundo punto de vista.

Con respecto a la declaración de nuestro Señor en Marcos 9:1 (y los paralelos sinópticos) acerca de que algunos discípulos que estaban ante Él (grupo que incluía a una multitud además de los Doce) no gustarían la muerte antes de ver el reino de Dios viniendo con poder, sugeriría, como he escrito en otro lugar,[42] que Jesús se estaba refiriendo a su transfiguración, que tendría lugar en breve.

En cuanto al tercer versículo (Marcos 13:30 y sus paralelos sinópticos), ya hemos acordado en nuestro tratamiento del discurso en el Monte de los Olivos que por su expresión «estas cosas», Jesús se estaba refiriendo a la destrucción de Jerusalén, que tuvo lugar en el 70 d.C.

Por tanto, baste esto para decir que ninguno de estos «versículos de inminencia» exige que entendamos que Jesús creía que su parusia del Escatón sucedería dentro de su propia vida o la de sus contemporáneos. Toda la evidencia sinóptica sugiere lo contrario. Aunque Él no conocía como hombre el día y la hora de su venida, las presentó (hablando relativamente) como algo lejano en el futuro.

Resumen de la escatología de Jesús

La estructura del dualismo escatológico de Jesús puede resumirse en tres afirmaciones:

1. Dos eras (el presente siglo (malo) y el siglo venidero) son las que comprenden lo que resta de la existencia humana; no hay un periodo intermedio o era milenial en la escatología de Jesús.

2. Estas dos eras son consecutivas, es decir, no se solapan ni existe ninguna indicación de que haya un salto entre ellas, sino que la era por venir sigue inmediatamente a la era presente.[43]

3. El gran evento que marca una época y termina esta era inaugurando la venidera, es el glorioso regreso de Cristo y los sucesos que lo acompañan.

---

[42] Véase Robert L. Reymond, *Jesus, Divine Messiah: The New Testament Witness* (Phillipsburg, N.J.: Presbyterian and Reformed, 1990), 158–59, y la parte tres, capítulo quince, pp. 560–61, de esta obra.

[43] La afirmación de Jesús en Mateo 12:32 acerca de que la blasfemia contra el Espíritu Santo no sería perdonada ni en este siglo ni en el venidero, no habría podido servir como fórmula de algo absolutamente imperdonable si existiera un salto entre las dos eras.

Las Ultimas Cosas

Podríamos esperar entonces que todo lo demás que recaiga dentro del campo de la escatología del Nuevo Testamento se alinee con esta estructura. Ahora pasaremos a una valoración del resto de la escatología del Nuevo Testamento.

La escatología de Santiago

La escatología de Santiago es aquella que fue promulgada por Jesús—un «dualismo escatológico» que expone tanto el «ya» de una «escatología inaugurada» como el «aún no» de eventualidades futuras y cósmicas. Resulta evidente que Santiago enseñó lo primero por sus afirmaciones acerca de que, por la voluntad divina, el cristiano ya ha nacido de nuevo por la palabra implantada, que ya somos hijos redimidos de Dios (Santiago 1:8), y que la expansión multiétnica de la iglesia está cumpliendo la reedificación del «tabernáculo de David, que está caído» (Hechos 15:13–17) tal como se había predicho. También está claro que enseñó lo segundo de afirmaciones tales como «la venida del Señor se acerca» y «el juez está delante de la puerta» (Santiago 5:7–9), tiempo en el cual los santos heredarán el reino de Dios (Santiago 2:5).

Resumiendo, el Señor viene, y viene a juzgar la tierra «la ley [real] de la libertad» (Santiago 5:9; 2:8, 12–13). Los cristianos, como herederos del reino, han de esperar el reino que Dios ha prometido a los que le aman (2:5). ¡Santiago emplea su escatología como un incentivo práctico para el crecimiento en santidad (véase aquí 1 Juan 3:2–3; Ap. 22:17)!

No hace referencia o alusión a un periodo inmediato entre esta era y la era por venir, o a un futuro reino de paz de mil años sobre la tierra.

La escatología de Pablo

Confrontado en el camino a Damasco por el Mesías glorificado, que se identificó como Jesús de Nazaret (Hechos 9:3–6; 22:6–11), no llevó mucho tiempo a un hombre con el ingenio natural de Pablo —tres días habrían sido suficientes (véase Hechos 9:9)— el llegar a ciertas conclusiones. Las siguientes cosas se hicieron evidentes inmediatamente para Pablo por este encuentro:

1. Esteban, de cuya ejecución había formado parte, había visto, de hecho «los cielos abiertos, y al Hijo del Hombre que está a la diestra de Dios» (Hechos 7:56) tal y como él mismo declaró, y, según esto su propia experiencia vital como perseguidor de la iglesia tenía su origen en la ejecución de un inocente que estaba sirviendo al Mesías.

2. Lo que proclamaban los cristianos era, de hecho, correcto: Jesús ciertamente era el Mesías largamente esperado, injustamente crucificado y divinamente exonerado de todo mal, «declarado Hijo de Dios con poder» mediante la resurrección de los muertos (Ro. 1:4).

3. Los discípulos de Jesús—y no el Israel étnico con todos sus esfuerzos por establecer su propia justicia ante Dios—eran el pueblo del Mesías.

4. Si, de hecho, un pueblo que no observaba la ley como los fariseos prescribían eran el pueblo del Mesías, entonces la salvación no era por guardar la ley. En lugar de eso, era un regalo.[44]

5. Si la salvación mesiánica se estaba derramando sobre *judíos* por medio de la fe, aparte del cumplimiento de la ley, entonces esta salvación debía ser universal y apropiada también para los *gentiles* como *gentiles*.

---

[44] En conexión con esto, Ladd (*Theology of the New Testament*, 368–69) escribe:
El darse cuenta de que Jesús realmente era el Mesías fue revolucionario para la evaluación que hacía Saulo de todo el significado de la ley, porque era su celo mismo por la ley lo que había hecho que odiase a los cristianos y a su supuesto Mesías. Jesús no había sido condenado por hombres irreligiosos e inmorales, sino por judíos concienzudamente devotos que creían que estaban defendiendo la ley de Dios. Fue el judaísmo en su mejor expresión lo que puso a Jesús en la cruz. Si los esfuerzos de Pablo por establecer justicia por la ley lo habían cegado a la verdadera justicia de Dios en el Mesías (Ro. 10:3), entonces la Ley no podía ser un camino de justicia. El judaísmo debía estar equivocado al entender la Ley como un camino de justicia. Fue esta certeza la que llevó a Pablo a la convicción de que Cristo era el fin de la Ley como camino de justicia (Ro. 10:4).

Las Ultimas Cosas

6. Si su persecución de los cristianos era al mismo tiempo una persecución del Mesías mismo, entonces debía existir una unión íntima entre Él y ellos, del mismo orden, por ejemplo, que la relación que existe entre una cabeza y su cuerpo.

7. En la venida de Jesús el Mesías aparentemente también el reino mesiánico se había convertido, en cierto sentido, en una realidad presente.[45] Esta última deducción en particular exigía que Saulo revisase el entendimiento judaísta de la historia redentora, y comenzara a pensar escatológicamente dentro del marco de lo que ya había tenido ocasión de describir como un «dualismo escatológico».[46] Para comprender esto mejor, hemos de saber algo acerca de lo que Saulo habría creído como fariseo acerca de la historia redentora, antes de su conversión.

Continuó esperando [como los profetas habían predicho] el Día del Señor, la aparición del Mesías en poder y gloria, para establecer su reino escatológico. Pablo no rinde su esquema judío acerca de dos eras y el carácter maligno de la era actual (Gal. 1:4 [véase también Ro. 12:2; 1 Co. 1:20; 2:6–8; 2 Co. 4:4; 2 Ti. 4:10]) ... desde el punto de vista de la naturaleza, historia y cultura, el Reino de Dios continua siendo una esperanza escatológica.[47]

Pero Jesús era y es el Mesías, y si Él ya había traído a su pueblo su salvación mesiánica, algo había cambiado. Algo «nuevo» se había inyectado en la historia. ¿Qué era diferente ahora? Pablo llega a la conclusión, bajo la guía del Espíritu, que aunque el presente siglo malo obviamente continúa (Gal. 1:4), el reino de Dios del Escatón debe ser ya una realidad presente (a la que la gente ha sido llevada, Col. 1:13), incluso si el mundo no puee verlo (véase Marcos 4:11–12).[48] Esto resulta claro de las afirmaciones que se encuentran en sus cartas en su posterior proclamación (κήρυγμα, *kērygma*) al mundo pagano y a la iglesia:

1. Jesús entró a su reino mesiánico en su resurrección y ascensión (véase Hechos 13:30–41 [véase también en este punto Hechos 2:22–36]; 1 Co. 15:23–25; Col. 1:13). El Mesías, en otras palabras, ¡está reinando ahora, y seguirá haciéndolo hasta que haya puesto a todos sus enemigos (incluyendo a la muerte) bajo sus pies! Además, como 1 Corintios 15:25–26 sugiere, el reinado presente de Jesús se extiende en una continuidad sin interrupciones desde su ascensión al Gran Trono Blanco de juicio de Apocalipsis 20.

2. La resurrección escatológica de entre los muertos, que, en su pensamiento como fariseo pertenecía completamente a la era por venir, ya había comenzado con la resurrección de Jesús, que era «las primicias» (ἀπαρχή, *aparchē*) de la resurrección de todo su pueblo (1 Co. 15:21-23). Ladd escribe: «El punto importante aquí es que la resurrección de Cristo es el comienzo de la resurrección como tal, no un suceso aislado».[49]

3. El derramamiento escatológico del Espíritu, predicho por Joel para los «últimos días» (2:28–32; véase Hechos 2:17–21), ya ha comenzado con la entrega del Espíritu a los cristianos como el sello de las «arras» (ἀρραβών, *arrabōn*) asegurando la consumación de la transición hasta el «día de la redención» (2 Co. 1:22; 5:5; Ef. 1:14; 4:30).

---

[45] Si pareciera dudoso que Pablo pudiese haber inferido todo esto de su encuentro con Jesucristo en el camino de Damasco, el lector debería notar que Ladd está dispuesto a afirmar que «todo lo esencial de la teología de Pablo—Jesús como Mesías, el evangelio para los gentiles, la justificación por fe frente a las obras de Ley—está contenido en su experiencia en el camino de Damasco (*Theology of the New Testament*, 369). F. F. Bruce concuerda y escribe: «La experiencia de Pablo en el camino de Damasco... contenía en sí misma la totalidad de su mensaje apostólico» (*Paul: Apostle of the Heart Set Free* [1977; reedición, Grand Rapids, Mich.: Eerdmans, 1980], 188).

[46] Ladd, *Theology of the New Testament*, 369–75, 550. Herman Ridderbos llama a este dualismo escatológico el marco «redentor histórico escatológico» de referencia en su *Paul, An Outline of His Theology* (Grand Rapids, Mich.: Eerdmans, 1975)), 44– 46.

[47] Ladd, *Theology of the New Testament*, 369.

[48] Citando la ilustración del obispo Nygren sobre este último punto, John Marsh (*The Fulness of Time* [Londres: Nisbet, 1952]) escribe: «Cualquier persona que vive ahora en un mundo que ha sido liberado de la tiranía de los poderes malignos en ignorancia de, o en indiferencia hacia lo que Cristo ha hecho, está [viviendo] a. C. en el d. C.» (156).

[49] Ladd, *Theology of the New Testament*, 369–70. Véase también Vos, *The Pauline Eschatology*, 44–45.

Las Ultimas Cosas

4. La vida escatológica «en el Espíritu» ya ha comenzado.[50] El autor de Hebreos (¿Pablo?) declara en conexión con esto que los cristianos ya «gustaron... los poderes del siglo venidero» (Heb. 6:5).

5. La absolución judicial, que es propiamente el lado afirmativo del juicio escatológico por el Juez justo de toda la tierra al fin de la era, ya ha sucedido para los cristianos en la muerte y resurrección de Cristo (Ro. 5:1, 9; 4:25; Gal. 2:16).[51]

Todas estas verdades comprenden la razón por la que Pablo hablaba de la persona y obra de Cristo como «revelación de [el] misterio[ἀποκάλυψις μυστηρίου, *apokalypsis mystēriou*]». ¿Qué quiere decir? Anteriormente tratamos las parábolas de «misterio del reino» de Jesús (Mt. 13; véase Mt. 19:28, 25: 31–46). Ahí vemos que Jesús estableció el trabajo de base para el «dualismo escatológico» del Nuevo Testamento, enseñando que el reino de Dios ciertamente tenía que venir aún en poder y gloria, pero que había aparecido primero en gracia, es decir, *ya* había venido en su propia persona y ministerio (véase Marcos 1:15; Lucas 11:20; 17:20–21). Acerca de esta aparición particular en gracia, Jesús declaró (Mt. 13:17): «De cierto os digo, que muchos profetas y justos desearon ver lo que veis, y no lo vieron; y oír lo que oís, y no lo oyeron» Entonces Mateo realizó su comentario sobre las parábolas de «misterio del reino» de Jesús (13:34–35): «Todo esto habló Jesús por parábolas a la gente, y sin parábolas no les hablaba para que se cumpliese lo dicho por el profeta [Asaf, Sal 78:2]: «Abriré en parábolas mi boca; declararé [revelaré] cosas escondidas desde la fundación del mundo». En otras palabras, se trataba de una forma particular de «venida del reino» que había sido «escondida desde la fundación del mundo», es decir, hasta ahora no se había *distinguido o delineado claramente* en la revelación profética, y había sucedido *antes* de que el reino apareciese en poder. Esta «venida del reino», como hemos visto, asumía una modalidad de gracia. En lo que respecta al reino de Dios en su modalidad de gracia, Jesús había enseñado que (1), puede ser resistido y rechazado («los cuatro terrenos» Mt. 13:3–9, 18–23), (2) toleraría la existencia de un reino opuesto de maldad a lo largo de esta era («el trigo y la cizaña» Mt. 13:24–30, 36–43), (3) aunque sería pequeño e insignificante en su inicio, no debe despreciarse, porque algún día cubrirá la tierra («semilla de mostaza» y «levadura» Mt. 13:31–33), (4) es irresistible en su crecimiento, es decir, aunque emplee a hombres, su crecimiento no depende en un sentido final de la labor de los hombres («la semilla crece de sí misma», Marcos 4:26–29), (5) aunque sea despreciado por el mundo, sigue siendo lo más valioso que un hombre podrá obtener jamás («tesoro escondido» y «perla» Mt. 13:44–45), y finalmente (6) no tolerará para siempre la oposición del reino de maldad, porque los ciudadanos de dicho reino algún día serán destruidos (Mt. 13:47-50).

En armonía con su Señor, Pablo describió los sucesos redentores que habían tenido su inicio con la aparición de Cristo como «revelación de misterio» *del reino de Dios en su modalidad de gracia,* el «dado a conocer» de aquello que hasta ahora había sido «guardado en secreto» u «oculto». Por ejemplo:

1 Corintios 2:7–8: «hablamos sabiduría de Dios en misterio, la sabiduría oculta, la cual Dios predestinó antes de los siglos para nuestra gloria, la que ninguno de los príncipes de este siglo conoció; porque si la hubieran conocido, nunca habrían crucificado al Señor de gloria».
Romanos 16:25–26: «La predicación de Jesucristo, según la revelación del misterio que se ha mantenido oculto desde tiempos eternos, pero que ha sido manifestado ahora...»

---

[50] Ladd, *Theology of the New Testament*, 370–71.
[51] Ibid., 374. Véase también Vos, *The Pauline Eschatology*, 55.

Efesios 1:9-10: «dándonos a conocer el misterio de su voluntad, según su beneplácito, el cual se había propuesto en sí mismo, de reunir todas las cosas en Cristo, en la dispensación del cumplimiento de los tiempos».

Efesios 3:2-5: «Si es que habéis oído de la administración de la gracia de Dios que me fue dada para con vosotros; que por revelación me fue declarado el misterio... leyendo lo cual podéis entender cuál sea mi conocimiento en el misterio de Cristo, misterio que en otras generaciones no se dio a conocer a los hijos de los hombres, como ahora es revelado a sus santos apóstoles y profetas por el Espíritu».

Colosenses 1:25-27: «Según la administración de Dios que me fue dada para con vosotros, para que anuncie cumplidamente la palabra de Dios, el misterio que había estado oculto desde los siglos y edades, pero que ahora ha sido manifestado a sus santos, a quienes Dios quiso dar a conocer las riquezas de la gloria de este misterio entre los gentiles; que es Cristo en vosotros, la esperanza de gloria».

2 Timoteo 1:9b-10: «La gracia que nos fue dada en Cristo Jesús antes de los tiempos de los siglos, pero que ahora ha sido manifestada por la aparición de nuestro Salvador Jesucristo, el cual quitó la muerte y sacó a luz la vida [escatológica] y la inmortalidad por el evangelio».

Tito 1:2-3: «Dios, que no miente, prometió [la esperanza de la vida eterna] desde antes del principio de los siglos, y a su debido tiempo manifestó su palabra por medio de la predicación que me fue encomendada».

Todas estas verdades descansan tras las palabras de Pablo: «Pero cuando vino el cumplimiento del tiempo, Dios envió a su Hijo» (Gal. 4:4)

Todas estas verdades son las razones por las que Pablo declara: «He aquí ahora [es decir, durante la manifestación de gracia del reino de Dios antes del Escatón] el tiempo aceptable; he aquí ahora el día de salvación.» (2 Co. 6:2).

Todas estas verdades son las razones por las que Pablo—sabiendo que la idea misma de «novedad» es escatológica (véase «cielos nuevos y tierra nueva» Is. 65:17; 2 P. 3:11; Ap. 21:1; un «cántico nuevo» de los redimidos, Is. 42:10; Ap. 5:9; 14:3; una «cosa nueva» Is. 43:19)—dirá después de aquel que está «en Cristo»: «nueva criatura es; las cosas viejas pasaron; he aquí todas son hechas nuevas» (2 Co. 5:17), y que un «nuevo hombre» ha sido creado, que se compone de todos los que están en Cristo, ya sean judíos o gentiles (Ef. 2:15). ¡Ciertamente los cristianos son «gente del Escatón»!

Todas estas verdades son las razones por las que Pablo más tarde hablaría de los cristianos como aquellos «quienes *han alcanzado* [τὰ τέλη, *ta telē*] los fines de los siglos» (1 Co. 10:11), y los representaría como aquellos en cuya existencia ha sucedido una transformación radical (véase Ro. 6:17, 18, 22; 1 Co. 6:11)—lo que John Murray menciona como su «definitiva santificación».

Resumiendo, con la aparición de Jesús el Mesías en la historia redentora, el reino *escatológico* de Dios también apareció «antes del tiempo» y está presente incluso ahora en la historia de la tierra (véase Marcos 1:15; Mt. 13; Lucas 11:20); la vida *escatológica* (eterna) ya está presente en Cristo; la resurrección *escatológica* ya ha comenzado en la resurrección de Jesús; el Espíritu *escatológico* ya ha sido dado a la iglesia, y está presente en ella dándole poder; la vida *escatológica* en el Espíritu ya ha comenzado; y, finalmente, el veredicto del juicio *escatológico* (la absolución) ya ha sido entregado para todos aquellos que están en Cristo, y Dios ya ha absuelto de forma forense a su pueblo.

Las «cosas viejas [que] pasaron» para el cristiano no significan, sin embargo, el fin del siglo para todos. La «antigua era» que es mala (Gal. 1:4) continúa hasta la παρουσία, *parousia*, ahí en ese momento, por medio de un derrocamiento cataclísmico del reino del mal, el conocimiento de la gloria del Señor cubrirá la tierra como las aguas cubren la mar (Is. 11:9; Hab. 2:14). Sin embargo, esta era era antigua que continúa, *no* queda intacta y sin ser afectada: la «nueva era» ha irrumpido en ella, y en Cristo los hombres pueden ser librados del presente siglo malo (Gal. 1:4; Col. 1:13) y no se conforman durante más tiempo a la antigua era, sino que son «transformados por la renovación de su entendimiento» (Ro. 12:2), y, a su vez, invaden este presente siglo malo y derriban «argumentos y toda altivez que se levanta contra el conocimiento de Dios, y llevando cautivo todo pensamiento a la obediencia a Cristo» (2 Co. 10:5).

Siguiendo la estructura básica «redentora-histórica-escatológica» del dualismo escatológico de Jesús, todas estas verdades significaban para Pablo (quizás sin darse cuenta al principio) que, en medio de *esta* presente era mala, en medio de este «ahora», *antes* del amanecer de la Era por Venir, los aspectos salvíficos del «todavía no» de la era por venir ya se habían introducido «antes del tiempo» *en gracia*. «De una forma sorprendente [totalmente inesperada] *visible solamente para la fe* el fin del antiguo aeon y el amanecer del nuevo había llegado sobre la comunidad [cristiana]» y los cristianos ya no eran por más tiempo ciudadanos de esta era, sino que eran ya ciudadanos de la era por venir.[52] Ya son súbditos del «reino de Dios y de Cristo». «El nuevo mundo y su salvación ya están presentes, pero están escondidos en medio del antiguo mundo».[53] Como escribe Ladd:

Los sucesos de la consumación escatológica no están simplemente desconectados, descansando en el futuro acerca del cual especula Pablo. Más bien son sucesos redentores que ya han comenzado a desarrollarse dentro de la historia. Las bendiciones de la era por venir ya no están exclusivamente en el futuro; se han convertido en objeto de la experiencia presente.

La muerte de Cristo es un suceso escatológico. A causa de la muerte de Cristo, el hombre justificado ya está del lado de la era por venir del juicio escatológico, absuelto de toda culpa. Por virtud de la muerte de Cristo, el creyente ya ha sido librado de este presente siglo malo (Gal. 1:4). Ha sido trasladado del gobierno de las tinieblas y ahora conoce la vida del Reino de Cristo (Col. 1:13). En su cruz, Cristo ya ha derrotado a los poderes del mal que trajeron el caos al mundo (Col. 2:14ss).

La resurrección de Cristo es un suceso escatológico. El primer acto de la resurrección escatológica ha sido separado de la consumación escatológica y ha tenido lugar en la historia. Cristo ya ha abolido la muerte y mostrado la vida e inmortalidad de la era por venir en un suceso que ocurrió dentro de la historia (2 Ti. 1:10). Así, la luz y la gloria de la era por venir ya ha brillado en este mundo oscuro en la persona de Jesucristo (2 Co. 4:6)

Debido a estos sucesos escatológicos, el creyente vive la vida de la nueva era. *La frase misma que describe el estado del creyente, «en Cristo» es un término escatológico*. Estar «en Cristo» significa estar en la nueva era y experimentar su vida y poderes. «De modo que si alguno está *en Cristo*, nueva criatura es; las cosas viejas pasaron; he aquí todas son hechas nuevas» (2 Co. 5:17). El creyente ya ha experimentado la muerte y resurrección [en Cristo] (Ro. 6:3–4). Ha sido resucitado con Cristo y exaltado al cielo (Ef. 2:6), compartiendo la vida de ascensión y resurrección de su Señor.

Sin embargo, la experiencia de esta nueva vida de la Era por Venir no es un suceso secular de la historia del mundo, sino que es algo conocido solo para los creyentes. Estas buenas noticias de la nueva vida están ocultas a los incrédulos. Sus ojos están cegados, de forma que

---

[52] Ladd, *Theology of the New Testament*, 372.
[53] Ibid., 486.

no pueden verlas (2 Co. 4:4 [véase también Marcos 4:11–12]). Siguen estando en la oscuridad de la malvada era presente.

[Pero precisamente porque la etapa de consumación de la era por venir sigue estando en el futuro y aún no ha amanecido] el creyente vive en una tensión entre la teología experimentada y la anticipada. Ya está en el Reino de Cristo (Col. 1:13), pero espera la venida del Reino de Dios (1 Co. 15:50). Ya ha experimentado la nueva vida (2 Cor. 2:16), pero espera la herencia de la vida eterna (Gal. 6:8). Ya ha sido salvado (Ef. 2:5), pero todavía está esperando su salvación (Ro. 13:11). Ha sido resucitado a novedad de vida (Ro. 6:4), sin embargo, anhela la resurrección (2 Co. 5:4).[54]

Tal y como desde la perspectiva del Antiguo Testamento los «últimos días» predichos eran los no diferenciados pero complejos tiempos del Mesías, y tal como Jesús habló de esta era (los «últimos días» *salvíficos* predichos por el Antiguo Testamento) como la era de la obra *salvífica* del reino en los últimos días, siendo la era por venir el estado eterno y consumado del reino, Pablo también mantenía esta perspectiva. De hecho, como afirma Herman Ridderbos: «Bien se puede decir que Pablo no hace otra cosa que explicar la realidad escatológica que en la enseñanza de Cristo es llamada el Reino».[55] Y como afirma Vos, «desplegar la escatología de Pablo [en términos de dos eras, es decir, esta y la era por venir] es exponer toda su teología», no solo su enseñanza acerca del regreso de Cristo.[56] Pero, al interpretar lo que comúnmente se considera su escatología soteriológica, Pablo, sin distorsionar en modo alguno la estructura básica de la perspectiva de Jesús, deja claro que con la muerte y resurrección de Jesús, la era futura que *será* completamente realizada en una existencia sólida, en su principio *ya* ha sido realizada ahora con el actual reinado de Jesús en el cielo y salvíficamente en la tierra en la iglesia.[57] Por tanto concluiría que el paradigma escatológico de Pablo es similar al de su Señor—un dualismo escatológico.

Las etapas o secuencias en la escatología de Pablo pueden indicarse por los términos «estado presente», «estado intermedio», y «estado futuro». Consideraremos estos estados a continuación.

El estado presente

Pablo habla de que la obra de Cristo está cumpliendo la victoria final, y de que nosotros participamos aquí y ahora en completar de forma esencial, aunque no total, esa victoria final. Tan completa y compactamente como es posible hacerlo en un versículo (2 Ti. 1:10), Pablo declara que, por su acción en la historia, Cristo ha abolido la muerte, el espectro de los últimos tiempos, y ha traído vida e inmortalidad por medio del evangelio (véae Col. 2:14ss).

Nosotros, aquí y ahora, entramos en la vida y la inmortalidad y escapamos a la muerte (véase de nuevo 2 Ti. 1:10). Nuestro hombre interior (ὁ ἔσω, *ho esō*) experimenta ahora, en esta vida, una «muerte del fin de los tiempos» al pecado y una resurrección espiritual a la nueva vida (Ro. 6:3–4). Desde ya podemos hablar de haber sido transferidos del dominio de las tinieblas al reino del amado Hijo de Dios (Col. 1:13). Pablo puede hablar de que estamos sentados con Cristo ahora en lugares celestiales—John Murray describe este aspecto de la «escatología presente» como «escatología proyectiva»—(Ef. 2:6; véase Flp. 3:20, donde se nos informa de que somos ciudanos del cielo, y Col. 3:3, donde se nos informa que nuestras vidas están escondidas con Cristo en Dios).

La realidad de la novedad de nuestra existencia es tan tremenda, que podemos ser descritos como una nueva creación: «Si alguno está en Cristo, nueva criatura es; las cosas viejas

---

[54] Ibid., 551–52.
[55] Herman Ridderbos, *When the Time Had Fully Come: Studies in New Testament Theology* (Grand Rapids, Mich.: Eerdmans, 1957)), 48–9.
[56] Vos, *The Pauline Eschatology*, 11.
[57] Ibid., 38.

pasaron; he aquí todas son hechas nuevas» (2 Co. 5:17; véase Is. 65:17; 66:22). La era mesiánica ha venido y estamos en ella, y nos ha dado una nueva vida que nunca perecerá.

Pero esta nueva vida, por muy maravillosa que sea, no es todo lo que tendremos o seremos. Aún hay más por venir. Aunque nuestro nuevo hombre interior se renueva día a día, nuestro hombre exterior (ὁ ἔξω ἄνθρωπος, *ho exō anthrōpos*), el cuerpo, y todo el universo, espera la resurrección (2 Co. 4:16–18; Ro. 8:10ff). Ni nosotros ni ningún otro cristiano está gobernando y reinando ahora de la forma en que lo estaremos (1 Co. 4:8). Así pues, nuestra perspectiva ha de ser, por un lado, la de participar agradecida y humildemente en la victoria del hombre interior aquí, y, por otra, una anticipación expectante de la victoria del cuerpo y la del alma y cuerpo unidos en el Escatón en el nuevo cielo y la nueva tierra.

El estado intermedio

Pablo tenía por esperanza suya y de todos los demás creyentes el gran triunfo del regreso de Cristo y la resurrección. Este es el primer y principal consuelo que Él extiende a aquellos que están entristecidos (1 Ts. 4:13-18). Sin disminuir esta perspectiva, también habla de la provisión para los creyentes entre su muerte y resurrección, y es esto a lo que nos referimos como «estado intermedio», llamado así «solo y simplemente porque es temporal, y es así tanto para los justos como para los injustos».[58] Pablo resueltamente admite que el estado intermedio es de menor gloria que el final, y que tiene sus carencias si se compara con la gloria final que acompañará a los complejos sucesos en el regreso de Cristo.[59] Pero para el cristiano promete ser «ganancia» y «es mucho mejor» que esta presente existencia:

Filipenses 1:21–23: «Porque para mí el vivir es Cristo, y el morir es *ganancia* [κέρδος, *kerdos*]. Mas si el vivir en la carne resulta para mí en beneficio de la obra, no sé entonces qué escoger. Porque de ambas cosas estoy puesto en estrecho, teniendo deseo de partir y estar con Cristo, lo cual *es muchísimo mejor*; [πολλῷ μᾶλλον κρεῖσσον, *pollō mallon kreisson*]».

Aquí Pablo habla de estar con Cristo en la muerte, y nos informa de que este estado es *mucho mejor* o *mejor por mucho* que nuestra condición presente (v. 23). Ya que es un estado «con Cristo» y que es «mucho mejor» que el actual, debe al menos tener un gran aspecto de conciencia propia como la tenemos ahora, o la importancia de que estemos «con Cristo» o que estemos «mucho mejor» parecería tener poca o ninguna importancia. El argumento de Cullmann acerca del «deleite de los sueños» en un estado de sueño del alma, siendo esta la condición de los muertos benditos, no es persuasivo.[60]

Segunda de Corintios 5:1–10 contiene el tratamiento reflexivo más extenso y claro en el corpus paulino acerca del estado intermedio. Aquí Pablo habla de «estar ausentes del cuerpo, y presentes al Señor» (v.8). Esto parece hablar del tiempo entre la muerte del cristiano y su resurrección. El *crux interpretum* se centra alrededor de esta frase en el versículo 8, y los términos correlativos «morada», «edificio» y «eterna, en los cielos» (v. 1), así como los conceptos de «vestido » y «desnudo» (vv. 2–4).[61]

Mi entendimiento es que el tiempo presente «tenemos» (ἔχομεν, *echomen,* v. 1) y las referencias a «morada», «edificio», y «eterna, en los cielos» se refieren al cuerpo de resurrección, el cuál ciertamente «tenemos» en el sentido de que es una posesión prometida

---

[58] John Murray, «The Last Things», en *Collected Writings of John Murray* (Edimburgo: Banner of Truth, 1977), 2:401.
[59] Véase mi tratamiento de la glorificación final de los cristianos en el capítulo diecinueve, 797–800.
[60] Oscar Cullmann, «Immortality of the Soul and Resurrection of the Dead», *Harvard Divinity Bulletin*, 21 (1955–56), 5–36.
[61] El texto griego de The United Bible Societies (cuarta edición) tiene ἐκδυσάμενοι (*ekdysamenoi*, «desvestido») en 2 Corintios 5:3. Textualmente, parece estar apoyado solo por la mano original de D, las antiguas versiones latinas, y una f corregida, así como los Padres Tertuliano y el Speculum pseudo-augustino. Bruce M. Metzger (*A Textual Commentary on the Greek New Testament* [Nueva York: United Bible Societies, 1971], 579) informa a sus lectores que la mayoría del comité editorial, aunque reconoce que en base a la aseveración externa ἐνδυσάμενοι (*endysamenoi*, «vestido»), apoyada como lo está por P^{46}, ℵ, B, C, D^2, ψ, y la mayoría de las versiones, tiene un apoyo externo mucho más fuerte, optó por la lectura más débil «vívida y paradójica» («mientras que nosotros, aunque desvestidos, no seremos hallados desnudos») para evitar lo que percibían ser de otro modo una tautología banal («porque cuando estamos vestidos, no seremos hallados desnudos»). Sin embargo, dan a su elección una nota de D («un muy alto grado de duda»). Concurro con la opinión privada de Metzger de que «en vista de su apoyo externo superior, se debería adoptar la lectura ἐνδυσάμενοι [*endysamenoi*] siendo la lectura ἐκδυσάμενοι [*ekdysamenoi*] una alteración temprana para evitar una aparente tautología» (580). La nasv, niv y nkjv adoptan la lectura mejor atestiguada.

y segura. Los términos «deseando ser revestidos» (v. 2) y «desnudos» (v. 3) se refieren a los cristianos como estando con el Señor, con referencia a sus espíritus pero sin sus cuerpos de resurrección. El estado intermedio es, por tanto, un estado en el que estamos con el Señor pero sin nuestros cuerpos resucitados. De nuevo, el lenguaje, «ausentes del cuerpo» y «presentes al Señor» (v. 8), comparado con las frases «ausentes del Señor» y «estamos en el cuerpo» (v. 6), y la nota de preferencia sobre la primera condición por encima de nuestra presente experiencia terrenal (v. 8), apunta la realidad de la comunión personal con el Señor (en oposición a un estado de sueño del alma). Esto es así porque si ahora estamos «ausentes del Señor», y aún así conscientes de la comunión personal con él, seguramente «presentes al Señor» debe ser una comunión personal con Él *mejorada* en algún sentido.

Lo que Pablo prefería sería estar vivo en el regreso del Señor, y ser revestido con el cuerpo de resurrección sin despojarse del cuerpo mortal en la muerte (vv. 2–4). Pero incluso el estado intermedio es mucho mejor que esta existencia presente, acosado como está con el pecado, en el cual tenemos una comunión menos directa con el Señor (v. 6). Aquí, en este valle de lágrimas, los cristianos aún no le aman con corazones que no pecan, como será cuando de hecho estén en su presencia. Allí conocerán un gozo más intenso, un conocimiento mayor y una comunión más cercana con su exaltado Salvador y Señor. La relación de amor entre ellos y Él será inefablemente rapsódica.

El estado futuro

Para Pablo «el fin del propósito redentor de Dios es la restauración del orden a un universo que ha sido trastornado por la maldad y el pecado. Esto incluye el ámbito de la experiencia humana, el mundo espiritual (Ef. 1:10), e … incluso de la naturaleza misma. Dios finalmente reconciliará todas las cosas consigo por medio de Cristo».[62]

Toda la creación rendirá homenaje a Cristo. Esto implicará que se doblará toda rodilla en el cielo, en la tierra, y debajo de la tierra, y toda lengua confesará que Jesucristo es el Señor, para gloria de Dios Padre (Flp. 2:10-11). Esto vendrá como resultado de que Cristo someterá a todos sus enemigos, incluyendo la muerte misma (1 Co. 15:25-27). Luego, habiendo cumplido con su tarea mesiánica, se sujetará a sí mismo, el Hijo/Mesías, a Dios Padre, que había sujetado todas las cosas a su Hijo, para que el Dios Trino pueda ser todo en todo (1 Co. 15:28).

La creación será liberada. Este triunfo implicará la liberación final de la creación de su estado de esclavitud a causa del pecado del hombre a la libertad de la gloria de los hijos de Dios (Ro. 8:19-23).

Entonces la inmortalidad se introducirá por medio de la resurrección o transformación corporal. Para el creyente, el Escatón final involucrará bien ser resucitado de entre los muertos o ser transformado a la incorrupción mientras vive. En cualquiera de los casos, esto implicará la recepción de un cuerpo inmortal y un glorioso estado de eternidad y gloria por siempre en la presencia del Señor (Ro. 8:23; Flp. 3:21; 1 Ts. 4:13–18; 1 Co. 15:51–54; 2 Co. 5:4–5).

Entonces también serán resucitados los incrédulos (Hechos 24:15). Pablo no hace explícita en sus cartas esta característica del Escatón. De hecho, Hechos 24:15 es el único lugar en el Nuevo Testamento en el que podemos acreditar que Pablo cree en una resurrección de los injustos así como en una resurrección de los justos (aunque lo implica en 2 Co. 5:10). Para los impíos el tiempo de la consumación será un tiempo de juicio, cuando Cristo, habiéndoles resucitado en su venida, «[dará] retribución a los que no conocieron a Dios, ni obedecen al evangelio… los cuales sufrirán pena de eterna perdición, excluidos de la

---

[62] Ladd, *Theology of the New Testament*, 567.

presencia [favorable] del Señor y de la gloria de su poder, cuando venga en aquel día para ser glorificado en sus santos y ser admirado en todos los que creyeron» (2 Ts. 1:8–10). Pablo declara en otra parte que en «el día de la ira y de la revelación del justo juicio de Dios», a los contenciosos y que no obedecen a la verdad sino que obedecen a la injusticia, es decir, a los que hacen el mal, Dios les rendirá ira (ὀργή, *orgē*, el producto objetivo o cuestión actuando según un estado mental de justa ira) y enojo (θυμός, *thymos*-el estado mental subjetivo que da rienda suelta al ὀργή, *orgē*), tribulación (θλῖψις, *thlipsis*) y angustia (στενοχωρία, *stenochōria*) (Ro. 2:8–9).

Los creyentes serán juzgados entonces según sus obras, y recibirán recompensas de acuerdo a esto.[63] Pablo enseña que no solo los incrédulos, sino también los creyentes serán juzgados en el juicio del Escatón (Ro. 14:10, 12; 1 Co. 3:12–15; 2 Co. 5:10). Para aquellos que, persistiendo en hacer el bien, buscan gloria, honra e inmortalidad, es decir, para aquellos que hacen el bien como fruto de una fe viva en Cristo, Dios concederá vida eterna (ζωὴ αἰώνιον, *zōē aiōnion*), gloria (δόξα, *doxa*), honra (τιμή, *timē*), y paz (εἰρήνη, *eirēnē*; Ro. 2:7, 10). El *criterio* de este juicio serán sus obras. En lo que respecta a cómo es compatible la enseñanza del apóstol respecto al juicio según las obras con la doctrina bíblica de la salvación por gracia, John Murray declara que:

(1) Se ha de apreciar plenamente la distinción entre juicio de acuerdo a las obras y salvación de acuerdo a las obras. Lo segundo es totalmente contrario al evangelio que Pablo predicaba, no es algo implícito en un juicio de acuerdo a las obras, y es aquello contra lo que el contenido [de Romanos] se dirige. Pablo ni siquiera habla de juicio *en base a las obras* en referencia a los creyentes. (2) Los creyentes son justificados *solo* por fe, y son salvos *solo* por gracia. Pero es necesario añadir dos cualificaciones a estas proposiciones. (a) Nunca son justificados por una fe que está sola. (b) En la salvación no debemos enfatizar la gracia de tal forma que pasemos por alto la salvación misma. El concepto de la salvación incluye aquello *para* lo que somos salvos tanto como aquello *de* lo que somos salvos. Somos salvos para santidad y buenas obras (véase Ef. 2:10). Y la santidad se manifiesta a sí misma en buenas obras. (3) El juicio de Dios debe considerar a la persona en toda la extensión de su relación, y, por tanto, ha de tener en cuenta los frutos en los que la salvación resulta y que constituyen la condición de salvo. Lo que se considerará el juicio de Dios, no es la fe o justificación en sentido abstracto, sino éstas en adecuada relación a la suma total de elementos que comprenden un estado salvo. (4) El criterio para las buenas obras es la ley de Dios, y la ley de Dios no ha sido abrogada para el creyente. No está sin ley de Dios; está bajo la ley de Cristo (véase 1 Co. 9:21 [véase también Ro. 6:14]). El juicio de Dios no sería de acuerdo a la verdad si las buenas obras de los creyentes fuesen ignoradas. (5) Las buenas obras, como evidencias de la fe y salvación por gracia, son por tanto el criterio del juicio, y suponer que el principio «el cual pagará a cada uno conforme a sus obras» (2:6), no tiene relevancia para el creyente, sería excluir las buenas obras del lugar indispensable que ocupan en la doctrina bíblica de la salvación.[64]

James Buchanan ciertamente habría concurrido con el juicio de Murray, al escribir en su obra acerca de la justificación:

Todos los ministros fieles han hecho uso de ambas [doctrinas—una justificación presente por gracia, solo por fe, y un juicio futuro de acuerdo a las obras], para salvaguardar de igual forma contra el peligro del farisaico legalismo por una parte, y del Antinomianismo práctico por otra.[65]

---

[63] Los cristianos tendrán «buenas obras» en esta vida (Ef. 2:10), pero habrán sido obras imperfectas, «porque, en la parte en que son buenas, proceden del Espíritu [de Dios], y en la parte en que son nuestras, están contaminadas, y mezcladas con tanta debilidad e imperfección que no podrían soportar la severidad del juicio de Dios. No obstante, siendo aceptadas las personas de los creyentes por medio de Cristo, sus buenas obras también son aceptadas en él; no como si fueran en esta vida totalmente intachables e irreprochables a los ojos de Dios; sino que Él, mirándolas en su Hijo, se complace en aceptar y recompensar lo que es sincero, aunque vaya acompañado de muchas debilidades e imperfecciones» (Confesión de fe de Westminster, XVI/v-vi). Pero, aunque sus buenas obras sean imperfectas, serán solamente los cristianos los que tengan «buenas obras» en el juicio, como fruto y evidencia de una fe viva en Cristo. Y dado que la Biblia se toma este hecho en serio, no hay que dudar en decir que los cristianos serán juzgados de acuerdo con sus obras.

[64] John Murray, *Romans* (Grand Rapids, Mich.: Eerdmans, 1968), 1.78–79, véase también Leon Morris, *The Biblical Doctrine of Judgment* (Londres: Tyndale, 1978), 66f.

[65] James Buchanan, *The Doctrine of Justification* (Edinburgh: T. & T. Clark, 1867), 238–39.

El *asunto* a determinar en el juicio final con respecto a los creyentes, no será su justificación *per se*, sino sus recompensas por las buenas obras como índice y evidencia de su salvación por gracia por medio de la fe. Con respecto a este tema de las recompensas de los creyentes, John Murray escribe:

> Aunque introducir obras en conexión con la justificación anula el evangelio, las obras hechas en fe, motivadas por el amor a Dios, en obediencia a la voluntad revelada de Dios y con el fin de su gloria, son intrínsecamente buenas y aceptables para Dios. Como tales, serán el criterio de la recompensa en la vida venidera. Esto resulta aparente de pasajes tales como Mateo 10:41; 1 Corintios 3:8–9, 11–15; 4:5; 2 Corintios 5:10; 2 Timoteo 4:7. Por tanto, hemos de mantener la justificación completa e irrevocablemente por gracia por medio de la fe y apartada de las obras, y, al mismo tiempo, la futura recompensa, de acuerdo a las obras. En referencia a estas dos doctrinas, es importante observar lo siguiente:
>
> (i) Esta futura recompensa no es la justificación y no contribuye nada a aquello que la justificación constituye. (ii) Esta futura recompensa no es la salvación. La salvación es por gracia, y no somos salvos como recompensa por las obras. (iii) La recompensa tiene referencia al grado de gloria concedida en el estado de bendición, es decir, a la posición que la persona ocupará en la gloria, y no con respecto al regalo de la gloria misma. (iv) Esta recompensa no se administra porque las buenas obras ganen mérito o recompensa, sino porque Dios, en su gracia, se agrada de recompensarlas. Es decir, es una recompensa de gracia. (En el esquema romano, las buenas obras tienen un mérito real y constituyen la base del derecho a la vida eterna). Las buenas obras son recompensadas porque son intrínsecamente buenas y agradables a Dios. No son recompensadas porque ganen recompensa, sino que son recompensadas solo como labor, trabajo o servicio que es fruto de la gracia de Dios, conformado a su voluntad, y, por tanto, intrínsecamente bueno y agradable a Él. Ni siquiera podrían ser recompensadas de gracia si fueran principal e intrínsecamente malvadas.[66]

Algunos cristianos retroceden ante el pensamiento de que serán diferentes en el estado eterno con respecto al grado de recompensas reunido, argumentando que tales diferencias serían la base para que un cristiano se enseñorease de otro. Pero esto es olvidar que los santos glorificados serán perfeccionados en su amor, no solo por Dios, sino los unos por los otros. El cristiano con mayores recompensas amará perfectamente al que tiene menos, y no se exaltará sobre él. El cristiano con menos recompensas amará al que tiene mayores recompensas también de forma perfecta, y se regocijará con él en su bendito estado.

El «mecanismo de arranque» del estado futuro

Para Pablo, así como para los autores bíblicos, el «mecanismo de disparo» y punto de inicio para este complejo futuro de sucesos, para esta escatología colectiva, es el regreso corporal, visible y público de Cristo (1 Ts. 4:13–18; 2 Ts. 1:5–10, esp. v. 7; Flp. 3:20–21; 1 Co. 15:23). Pablo habla de «la manifestación gloriosa de nuestro gran Dios y Salvador Jesucristo» como la «esperanza bienaventurada» del cristiano (Tito 2:13). Cuando vuelva, Él resucitará al cristiano muerto, transformará al cristiano que viva, y arrebatará a ambos grupos en un solo cuerpo «para recibir al Señor» (1 Ts. 4:13–18), estos santos regresarán entonces inmediatamente a la tierra con Él, para participar en el juicio de los impíos transformados y resucitados (1 Co. 6:2).

Se pueden ver dos analogías al ascenso de los santos y luego su regreso inmediato con Cristo para el juicio de los impíos. En primer lugar, en el movimiento de las vírgenes prudentes, que fueron «a recibir al esposo» y luego lo acompañaron de vuelta al banquete de bodas (Mt. 25:1–13), y, en segundo lugar, en el movimiento de los cristianos romanos, que

---

[66] John Murray, «Justification», en *Collected Writings of John Murray* (Edimburgo: Banner of Truth, 1977), 2: 221–22.

«salieron a recibirnos [a Pablo y sus compañeros]» cuando se aproximaban a Roma, y luego regresaron con ellos (Hechos 28:15).

El regreso de Cristo (con todo lo que le acompaña, es decir, la resurrección de los muertos, el juicio final y el estado final) es el punto focal de la enseñanza de Pablo acerca de la escatología del futuro, y debería ser también el de todo cristiano. *No se puede permitir que otros problemas, interrogantes, dudas, desacuerdos, diversidades de puntos de vista, preguntas sin resolver, y controversias con respecto a la relación de otros sucesos con el advenimiento de Cristo en gloria, aparten este gran hecho o enturbien su significado y centralidad para el Escatón.* ¡Cristo vendrá, y los cristianos serán resucitados o transformados a una honra, poder e inmortalidad imperecederos (1 Co. 15:42–43)! Este conocimiento nos da consuelo personal con respecto a nuestro propio futuro y el de aquellos que ya han muerto (1 Ts. 4:13ss). También nos proporciona una perspectiva ética para vivir expectantes y cuidadosamente (1 Ts. 1:1–11; 1 P. 3:11–12; 1 Juan 3:2–3). Tal es siempre el subproducto de la esperanza de resurrección. Compensa una vida piadosa (1 Co. 15:56–58).

El regreso de Cristo es el siguiente suceso mesiánico importante que tenemos por delante. Ensombrece todo lo demás. Por eso Pablo puede hablar de todos los cristianos como aquellos que no solo están sirviendo al Dios viviente y verdadero, sino también aquellos que esperan «de los cielos a su Hijo» (1 Ts. 1:10).

¿Creía Pablo en el rapto pretribulacional de la Iglesia?
Los dispensacionalistas clásicos normalmente se han referido al rapto o «arrebatamiento» de los cristianos en el regreso de Cristo como un «rapto secreto» y han colocado su ocurrencia siete años antes de la venida de Cristo propiamente dicha. En sus libros y sermones se pueden encontrar todo tipo de descripciones dramáticas de los efectos de este rapto secreto sobre la comunidad mundial (todos con la intención de instigar el temor en el incrédulo y motivarle a confiar en Cristo). Pero cuando tomamos la descripción que Pablo hace del rapto dentro de su contexto bíblico total de manera seria, no es nada que sea «secreto» o «separado» de la venida de Cristo en poder y gloria. Digo esto por tres razones.

Primero, para argumentar su caso a favor del pretribulacionismo, los dispensacionalistas deben separar y de hecho separan la «perícopa del rapto» de Pablo (1 Ts. 4:13–18) de la perícopa inmediatamente anterior, que trata de con el comportamiento cristiano como «hijos de luz» en vistas del «Día del Señor» que se acerca (1 Ts. 5:1–11). Los sucesos de la primera perícopa, según los dispensacionalistas, ocurren siete años antes del Día del Señor, que viene después como un ladrón en la noche. Pero esta división cronológica entre las perícopas no tiene apoyo en el texto. La preocupación que ocasionó la «perícopa del rapto» de Pablo (1 Ts. 4:13–18) fue, en primer lugar, el tema del estado de los cristianos muertos, que era algo que preocupaba a los creyentes tesalonicenses. Él comienza su perícopa afirmando: «Tampoco queremos, hermanos, que ignoréis acerca de los que duermen [τῶν κοιμωμένων, *tōn koimōmenōn*]» (4:13). Luego trata la «venida» del Señor (4:15; τὴν παρουσίαν τοῦ κυρίου, *tēn parousian tou kyriou*), término que describe la segunda venida de Cristo (2 Ts. 2:8), afirmando que los cristianos estarán vivos y permanecerán en la tierra «hasta» (εἰς, *eis*) su «venida» y asegurándoles que Cristo resucitará a los cristianos muertos en ese momento, y que acompañarán a los cristianos vivos (glorificados) a su presencia. Después concluye esta sección instando a sus lectores: «alentaos unos a otros con estas palabras» (4:18). Entonces, sin ningún cambio discernible en cuanto al tema, inmediatamente recuerda a sus lectores que «el día del Señor vendrá así como ladrón en la noche» (5:2) y les insta a vivir hasta ese día vidas vigilantes y con dominio propio como «hijos de la luz». Luego regresa a su preocupación original y afirma que Cristo «murió por nosotros para que ya sea que velemos, o que durmamos [καθεύδωμεν, *katheudōmen*], vivamos juntamente con él» (5:10). Entonces repite su anterior amonestación a sus lectores «animaos unos a otros, y edificaos unos a otros» (5:11). La unidad de toda la sección al completo (4:13–5:11) resulta transparente. Debido a distintas ideas que son paralelas las unas con las otras en estas dos perícopas, no existe apoyo escritural para separarlas y hacer que se refieran a dos sucesos cronológicos apartados.

En segundo lugar, en 2 Tesalonicenses 2:1 Pablo sitúa la «venida» (παρουσία, *parousia*) del Señor y la «reunión» con Él bajo el régimen del mismo artículo, uniendo así las dos ideas y sugiriendo con fuerza que los dos sucesos ocurren simultaneamente. En Tito 2:13 sitúa la «esperanza bienaventurada», que normalmente los dispensacionalistas interpretan como una referencia al rapto, y la «manifestación gloriosa» de Cristo bajo el régimen del mismo artículo, uniendo de nuevo las dos ideas y sugiriendo que la «esperanza» del rapto y la «manifestación» son el mismo suceso.

Finalmente, de la declaración de Pablo acerca de que el «reposo» que tendrá la iglesia de sus tribulaciones y persecuciones no vendrá siete años antes sino «*cuando* se manifieste el Señor Jesús [ἐν τῇ ἀποκαλύψει, *en tē apokalypsei*] desde el cielo con los ángeles de su poder» (2 Ts. 1:7, énfasis añadido), siendo esta «manifestación» lo que describe solo unos versículos después como «resplandor [ἐπιφανείᾳ, *epiphaneia*] de su venida [παρουσίας, *parousias*]» (2 Ts. 2:8), queda bastante claro que la venida de Cristo y el consiguiente rapto del que se habla en 1 Tesalonicenses 4:15–17 no son sucesos separados ni el rapto es un «un suceso secreto y oculto, sino una irrupción [muy visible] en la historia de la gloria de Dios».[6.7] ¡La «voz de mando» del Señor, la voz del arcángel y la trompeta de Dios—todos anunciando la venida de Cristo—hacen de esta una de las perícopas más «estruendosas»de la Biblia! Lo digo de nuevo: La venida de Cristo y nuestro rapto hacia Él no son sucesos separados, ni el rapto es en secreto. ¡Es todo menos secreto!

¿Cuándo va a tener lugar la reunión de «todo Israel»?

Según Pablo, Dios tiene algo así como una actitud de «amor/odio» hacia el Israel étnico: «Así que en cuanto al evangelio, [los judíos] son enemigos[6.8] por causa de [la salvación de los gentiles]; pero en cuanto a la elección, son amados por causa de los padres» (Ro. 11:28). Hoy día, los judíos étnicos no cristianos («la Jerusalén actual»; ἡ νῦν Ἰερουσαλήμ, *hē nyn Ierousalēm*, Gal. 4:25), debido a que son judíos «exteriormente» (Ro. 2:28–29), esto es, debido a que buscan ante Dios una justicia que es «no por fe, sino como por obras de la ley» (Ro. 9:31–32; 10:3), no son en realidad hijos de Isaac, y, por tanto, no son «Israel» en absoluto (Ro. 9:6–9). En lugar de eso, en su incredulidad y rechazo de Cristo, «la Jerusalén actual» ¡es tan «hija de Agar» como lo era el mismo Ismael (Gal. 4:25)! Y tal como Ismael persiguió a Isaac (Gn. 21:9; Gal. 4:29), los israelitas incrédulos, como Pablo escribe:

> mataron al Señor Jesús y a sus propios profetas, y a nosotros nos expulsaron; y no agradan a Dios, y se oponen a todos los hombres, impidiéndonos hablar a los gentiles para que estos se salven; así colman ellos siempre la medida de sus pecados, pues vino sobre ellos la ira hasta el extremo. (1 Ts. 2:15-16).

Además dice que Dios les ha dado «espíritu de estupor, ojos con que no vean y oídos con que no oigan, hasta el día de hoy» (Ro. 11:8).[6.9]

---

[67] Ladd, *Theology of the New Testament*, 556. Véase también Vern S. Poythress, «2 Thessalonians 1 Supports Amillennialism», *Journal of the Evangelical Theological Society* 37, no. 4 (1994): 529–38, especialmente 529–30.

[68] El que es Dios quien considera a Israel enemigo suyo por el evangelio, y no Israel el que está considerando a Dios su enemigo, resulta claro del pensamiento paralelo en Romanos 11:28b, en el que Dios es el que ama a Israel en lo que respecta a la elección.

[69] En esta era, aunque la ceguera de Israel no es total (los judíos escogidos están exentos Ro. 9:27–29; 11:5), Israel *como nación* permanece bajo la ira y maldición de Dios, y, *como nación*, no tienen un pacto salvífico con Dios. No obstante, cuando haya entrado «la plenitud de los gentiles» (Ro. 11:25), el número total de judíos escogidos también habrá sido injertado «por fe en Jesucristo» en la iglesia, que es tanto el «verdadero Israel» como «el pueblo del pacto de Dios», y, en esa relación, esos judíos escogidos ya no serán «Ismael», sino que, en la iglesia son el verdadero «Israel de Dios».

Las Últimas Cosas

Aun así, Pablo también habla en Romanos 11 de una reunión en salvación de judíos étnicos de tal magnitud, que puede hablarse de que «todo Israel» será salvo (Ro. 11:26). Consideremos estas afirmaciones paulinas:

Romanos 11:2a: «No ha desechado Dios a su pueblo, al cual desde antes conoció»

Romanos 11:12: «cuánto más [riqueza será] su plena [τὸ πλήρωμα, *to plērōma*] restauración»

Romanos 11:15: «qué será su admisión [πρόσλημψις, *proslēmpsis*], sino vida de entre los muertos»

Romanos 11:23: «si no permanecieren en incredulidad, serán injertados, pues poderoso es Dios para volverlos a injertar».

Romanos 11:24: «¿cuánto más [que las ramas silvestre sin cultivar] estos, que son las ramas naturales [cultivadas], serán injertados en su propio olivo?».

Romanos 11:25–26: «ha acontecido a Israel endurecimiento [solo] en parte, hasta que haya entrado la plenitud [τὸ πλήρωμα, *to plērōma*] de los gentiles; y luego todo Israel será salvo».

Claramente, es el plan de Dios salvar a los escogidos en Israel. ¿Pero cuándo? ¿A lo largo de esta era o en algún momento en el futuro *después* de que la plenitud de los escogidos gentiles haya sido salva?

Los dispensacionalistas clásicos enseñan que después del rapto de la iglesia, ya sea durante toda la última mitad de la tribulación de siete años o justo antes del regreso de Cristo al final de la tribulación, o en su regreso mismo, Él salvará a «todo Israel» y reinará mil años sobre la nación restaurada desde un trono en Jerusalén. Incluso algunos eruditos no dispensacionalistas, tales como George E. Ladd (que es un premilenialista histórico) y John Murray (un postmilenialista), sitúan el momento de la reunión de la «plenitud» de Israel en el futuro, después de que la «plenitud» de los gentiles se haya cumplido. Basando su punto de vista en Romanos 11:12, 15, 26–32, que él describe como «los pasajes más relevantes» Murray afirma:

> Pablo ve una restauración de Israel como pueblo al favor del pacto de Dios y su bendición. En Romanos 11:15 no se puede eludir este punto de vista. El echar fuera a Israel (*apobole*) es el rechazo colectivo como pueblo (véase Mt. 21:43). La pregunta retórica a continuación implica que habrá una nueva recepción de ellos (*proslempsis*), una restauración de aquello de lo que habían sido rechazados. Pero el mismo aspecto colectivo ha de aplicarse a la restauración; si no, el contraste perdería su fuerza.[70]

Comentando sobre Romanos 11:26, Murray afirma:

> El apóstol está pensando en un tiempo *en el futuro,* cuando el endurecimiento de Israel terminará. Así como la plenitud, el recibimiento, y el injerto tienen esta referencia temporal, también debe tenerla la salvación de Israel.[71]

Basando sus afirmaciones en Romanos 11:12, y como resultado de la futura salvación étnica de Israel, Murray insiste en que

> allí aguarda a los gentiles, en su identidad distintiva como tales, una bendición del evangelio [la cuál él interpreta que significa «la expansión del éxito del evangelio y del reino de Dios»] que supera con mucho cualquier cosa experimentada durante el periodo de la apostasía de Israel, en una escala de la misma medida que la de su anterior desobediencia.[72]

Pero si la «plenitud» de los gentiles, la cual seguramente habla de la totalidad de los escogidos gentiles, ya se ha realizado salvíficamente antes de la «plenitud» de «todo Israel», ¿cómo puede la salvación en conjunto de Israel que vendrá después resultar en una bendición

---

[70] Murray, «The Last Things», 2:409.
[71] Murray, *Romans*, 2:98, énfasis añadido.
[72] Ibid., 79.

salvífica aún mayor para los gentiles, lo cual el 11:12 y el 11:15 parecen tener en perspectiva? Con respecto a esta aparente discrepancia en su interpretación, Murray escribe:

> Se podría objetar que esta interpretación hace incoherente la ensañanza de Pablo. Por un lado, la «plenitud» de Israel lleva una bendición sin precedente a los gentiles (vss. 12, 15). Por otro, «la plenitud de los gentiles» marca el fin del endurecimiento de Israel y su restauración (vs. 25). Pero no se perjudica a la coherencia de estas dos perspectivas si mantenemos en mente la interacción mútua para el aumento de la bendición entre judíos y gentiles. Hemos de aplicar el pensamiento del versículo 31, de que por la misericordia mostrada a los gentiles, Israel también puede obtener misericordia. Por la plenitud de los gentiles, Israel es restaurado (vs. 25); por la restauración de Israel, los gentiles se ven incomparablemente enriquecidos (vss. 12, 15). El único obstáculo para este punto de vista es la suposición sin apoyo alguno de que la «plenitud de los gentiles» es la consumación de la bendición para ellos, no dejando espacio para una expansión mayor de la bendición del evangelio. «La plenitud de los gentiles» denota una bendición sin precedentes para ellos, pero no excluye una bendición aún mayor que pueda venir después. Es a esta posterior bendición a la que contribuye la restauración de Israel.[73]

No estoy persuadido de que el razonamiento que hace Murray aquí sea sostenible. Si hay una bendición sin precedentes que «supera con mucho cualquier cosa experimentada durante el periodo de la apostasía de Israel» esperando al mundo gentil después de que haya entrado «la plenitud de los gentiles», la frase «la plenitud de los gentiles», que ciertamente quiere significar la totalidad salvífica de los escogidos gentiles, queda vacía de significado. La construcción exegética de Murray parece levantarse en interés de la visión postmilenial de la conversión de todo el mundo antes del regreso de Cristo.

Por cinco razones instaría a que la intención de Pablo, en lugar de esto, parece ser simplemente que Dios, tal como a través de esta era lleva la plenitud del número determinado (τὸ πλήρωμα, *to plērōma*) de gentiles escogidos a la fe en Cristo, y, por tanto, a la iglesia, también trae la plenitud del número divinamente determinado (τὸ πλήρωμα, *to plērōma*) de judíos escogidos (el «remanente», «todo Israel») a la fe en Cristo a través de la misma era, de forma que se alcanza simultáneamente la plenitud de ambos números.[74]

La primera razón para esto son las implicaciones que tiene el que Pablo emplee en Romanos 11:17 –24 la imagen de un solo olivo cultivado. Las ramas judías «cultivadas», aunque han sido «arrancadas» de este olivo, pueden volverse a injertar. «Todo pensamiento de un futuro separado, un tipo de salvación aparte, o un organismo espiritual aparte para los judíos salvos se excluye. ¡Su salvación se representa en términos de ser uno con con la totalidad del pueblo salvo de Dios, no en términos de un programa aparte para los judíos!»[75]

En segundo lugar, la frase que se traduce como «hasta» (ἄχρις οὗ, *achris hou*) en Romanos 11:25 tiene fuerza de un *terminus ad quem* en la que no existe la implicación de que una circunstancia que ha prevalecido vaya a ser revertida.[76] Lo que pretende significar esta frase en Romanos 11:25 es que la ceguera parcial de Israel se extiende hasta la llegada de la

---

[73] Ibid., 95–96.
[74] Así también Berkhof, *Teología Sistemática*, 698–700; William Hendriksen, *Israel in Prophecy* (Grand Rapids, Mich.: Baker, 1974), 39–52; G. C. Berkouwer, *The Return of Christ*, trad. James Van Oosterom (Grand Rapids, Mich.: Eerdmans, 1972), 323–58; Herman Ridderbos, *Paul: An Outline of His Theology* (Grand Rapids, Mich.: Eerdmans, 1975), 354–61; Hoekema, *The Bible and the Future*, 139–47; O. Palmer Robertson, «Is There a Distinctive Future for Ethnic Israel in Romans 11? » *Perspectives on Evangelical Theology*, ed. K. Kantzer y S. Gundry (Grand Rapids, Mich.: Baker, 1979), 209–27.
[75] Hoekema, *The Bible and the Future*, 139–47.
[76] Véase el empleo de «hasta» o «hasta que» en Mateo 24:38, Hechos 22:4, 1 Corintios 11:26; 15:25, y Hebreos 4:12. El punto del «hasta» en Mateo 24:38 no es que el comer y el beber, el casarse y el darse en casamiento que sucedían en los días de Noé, fueran reemplazados por una circunstancia diferente en el día en que Noé entró en el arca, sino que el «hasta» enfatiza la práctica constante que la gente hace de estas cosas hasta que vino el diluvio. Esas cosas cesaron al llegar la destrucción del diluvio. El punto del «hasta» en Hechos 22:4 no es que la persecución de Pablo cesara después de que los cristianos perseguidos morían, sino que más bien enfatiza que la persecución de Pablo continuaba hasta el punto de la muerte de los cristianos. El «hasta» en 1 Corintios 11:26 no pone el énfasis en el hecho de que llegará un día en el que los cristianos no celebrarán ya la Cena del Señor; más bien enfatiza que esta celebración continuará hasta el día en que Cristo regrese. El «hasta» en 1 Corintios 15:25 no significa que llegará un día en el que el Señor Cristo ya no reinará; más bien enfatiza que debe continuar reinando hasta que haya puesto todos sus enemigos bajo sus pies. Finalmente, el «hasta» de Hebreos 4:12 no significa que la penetración de la Palabra cese y que otra condición prevalecerá desde ese momento en adelante; más bien enfatiza que el proceso continúa tan lejos como es posible.

plenitud de los gentiles. No implica nada acerca de que se revierta esa condición después de que llegue la plenitud.

En tercer lugar, Pablo no dice en Romanos 11:25–26 que «ha acontecido a Israel endurecimiento en parte, hasta que haya entrado la plenitud de los gentiles, y *luego* [τότε, *tote*, εἶτα, *eita*, o ἔπειτα, *epeita*] todo Israel será salvo» enseñando con esto que la salvación de «todo Israel» sigue en el tiempo a la salvación del número pleno de los gentiles escogidos. Más bien, dice en el versículo 26: «y *luego* [οὕτως, *houtōs*—"así pues", "de esta manera"; compárese la fuerza de esta misma frase en el 5:12] todo Israel será salvo», enseñando así que en y por medio del destacado proceso de llamar al número completo de gentiles escogidos hacia sí mismo—lo cual «provoca a celos [a los judíos escogidos]»—Dios también atrae a Israel a sí mismo.

En cuarto lugar, Pablo claramente muestra enseñar esto por la colocación estratégica de un tercer «ahora» en Romanos 11:30–31:

Pues como vosotros [gentiles] también en otro tiempo erais desobedientes a Dios, pero *ahora* habéis alcanzado misericordia por la desobediencia de ellos [de los judíos], así también estos *ahora* han sido desobedientes, para que por la misericordia concedida a vosotros, ellos también alcancen [*ahora*] misericordia. (énfasis añadido)

El tercer «ahora» en esta afirmación, apoyado por ℵ, B, la mano original (y la tercera mano «correctora») de D y varios otros testigos menores,[77] declara que la misericordia divina está siendo mostrada a los judíos escogidos *ahora*, a través de *esta* era.

Finalmente, la afirmación de resumen que hace Pablo al concluir en el 11:32, «Porque Dios sujetó a todos en desobediencia, para tener misericordia de todos», da fuerza a la importancia actual del evangelio para los judíos tanto como para los gentiles.

Este punto de vista deja suficiente espacio para las conversiones de judíos al cristianismo a lo largo de esta era, de modo que se cumplan las exigencias de la «riqueza» (πλοῦτος, *ploutos*, 11:12) y «vida de entre los muertos» (ζωὴ ἐκ νεκρῶν, *zōē ek nekrōn*, 11:15) que Pablo ve que la salvación de «todo Israel» traerá al mundo.

Un tema final es la pregunta de la instrumentalidad específica que Dios empleará para hacer que se cumpla esta reunión de Israel. Muchos académicos dispensacionalistas instan a que el regreso de Cristo mismo será el instrumento que producirá esta reunión de los judíos. Para apoyarse, llaman la atención a la afirmación de Pablo en Romanos 11:26: «Vendrá de Sion el Libertador, que apartará de Jacob la impiedad». Pero no está claro que la «venida» del Libertador que se menciona aquí, sea la segunda venida de Cristo. Su primera venida es un referente igualmente probable (de hecho, creo que más probable). Además, no está claro en absoluto que el Sion que se menciona aquí sea el cielo. Podría referirse a la iglesia (Heb. 12:22), y Pablo intima que *siempre* (ὅταν, *hotan*) que Dios aparta los pecados de Jacob, se puede decir que Él ha «venido de Sion» a ellos, y que ha cumplido con ellos su pacto. La instrumentalidad de la proclamación del evangelio que realiza la iglesia satisface todos los detalles del 11:26 tan bien como lo hace la segunda venida de Cristo. Particularmente, esto parece ser así cuando recordamos que, cuando Pablo describe los efectos del regreso de Cristo en otras partes, no lo presenta como un suceso salvador en el sentido de que convierte de nuevo a los hombres. Es un suceso salvador solamente en el sentido de que libera a aquellos que ya son suyos de sus enemigos finales, que son juzgados por Él (véase 2 Ts. 1:6–10, esp.

---

[77] La cuarta edición revisada del UBS *Greek New Testament* coloca entre paréntesis este tercer «ahora» (νῦν, *nyn*) y le dan una valoración de C, indicando que «puede considerarse parte del texto, pero eso no puede tomarse como completamente cierto en el estado actual de la erudición textual neotestamentaria» (P2*). Metzger en su *Textual Commentary on the Greek New Testament* afirma que «la evidencia externa y las consideraciones internas están más bien equilibradas a la par» en cuanto a retener o eliminar el tercer νῦν en 11:31 pero considera que, después de sopesar todo, «parece mejor retener la νῦν en el texto» (527).

v. 8: «para dar retribución a los que no conocieron a Dios, ni obedecen al evangelio de nuestro Señor Jesucristo»).

Entonces, ¿cuál *es* la instrumentalidad que Dios está usando para llevar a Israel a sí mismo en esta era? En base a la profecía de Moisés de que Dios algún día haría que el idólatra Israel fuese movido «a celos con un pueblo que no es pueblo» (Dt. 32:21) y las afirmaciones de Pablo, primero, acerca de que «vino la salvación a los gentiles, para provocarles a celos» (Ro. 11:11) y luego de que el plan tras su propio ministerio a los gentiles era «provocar a celos a los de mi sangre, y hacer salvos a algunos de ellos» (11:14), sugeriría que las misericordias tangibles, concretas y visibles que llevan a efecto « la plenitud [τὸ πλήρωμα, *to plērōma*] de los gentiles» (11:25) son la instrumentalidad que Dios está utilizando para producir la «plena [τὸ πλήρωμα, *to plērōma*] restauración» de Israel (11:12; véase 11:31). Al lograr lo primero (véase el καὶ οὕτως, *kai houtōs* de Pablo—«y luego», «de esta forma», 11:26), Dios está haciendo que el Israel escogido esté «justamente celoso» de las multitudes de gentiles salvos, que están disfrutando de las bendiciones que por derecho eran originalmente suyas, y, de esa forma, está avivando su interés en los temas del evangelio—el «misterio» al que Pablo se refiere en el 11:25—llevándolos también a su «plenitud», y, de acuerdo con esto, a una bendición mayor aún para la iglesia en su conjunto, conforme ellos llevan sus dones espirituales a la iglesia.

¿Cuál debería ser la actitud de los cristianos hacia el Israel étnico?
Todo esto—por un lado el hecho de la incredulidad presente del Israel étnico y la ira de Dios mostrada hacia ellos, y por otro la esperanza confiada de Pablo en la salvación de la porción escogida de Israel y la bendición anexa que el «todo Israel» escogido está trayendo a la iglesia—supone un verdadero problema para los cristianos de hoy. ¿Cuál debería ser nuestra actitud hacia este pueblo por medio del cual, no solo vinieron las Escrituras de nuestro Antiguo Testamento, sino también nuestro Mesías y Salvador de acuerdo a la carne (Ro. 9:5), y, de hecho, nuestra salvación misma (Juan 4:22)? ¿No debería ser una actitud de gratitud, y no deberíamos hacer todo lo que esté en nuestro poder para que la parte de los judíos sea más aceptable hacia y en el mundo? Y aun así, ¿no ha rechazado el pueblo judío en su mayor parte al Salvador, declarando que es solo uno en una larga línea de mesías falsos, y no son estos mismos judíos, los que, cuando se les presiona, han de confesar que consideran a los cristianos idólatras que rinden adoración a un «simple hombre» tal y como lo hacen?

En respuesta, primero diría que ningún cristiano debería defender nada que ni siquiera recuerde remotamente a la discriminación contra los judíos (u otra raza cualquiera) por su etnia o religión. Al mismo tiempo, a la luz del hecho de que la única esperanza para la salvación de los judíos (y para los miembros de todos los demás grupos étnicos) reside en las provisiones del evangelio, sería ciertamente erróneo y, de hecho, falto de amor, que un cristiano alentara o apoyase a los judíos en forma alguna en el establecimiento y mantenimiento de su «judaismo» religioso, que para ellos es la base de su esperanza de salvación.[78] Pablo denunció cualquier esperanza de aceptación ante Dios que esté fundada en cualquier otra cosa que no sea la justicia imputada de Cristo, que ha de ser recibida solo por fe y solo en Cristo. Una justicia que se busque por medio de las buenas obras y el guardar la ley es fútil (Gal. 2:16). Por tanto, Pablo se convenció de que el judío debe abandonar su noción de aceptación por y ante Dios por su conexión racial con los patriarcas, y su lealtad a la justicia de la Torá (Ro. 2:17–29; Gal. 5:3–4) si quiere conocer alguna vez la conversión genuina a Dios por medio del arrepentimiento hacia Él y la fe en Jesucristo.

---

[78] Esto no es más que tomar en serio la unicidad y finalidad de Jesucristo como único Salvador y esperanza del mundo entero—de cada raza y cada nación.

Ciertamente es un extraño giro del pensamiento, si no una deslealtad abierta al evangelio, el que un cristiano ayude o incite al judío a retener los distintivos judíos que le proporcionan la base para su esperanza de salvación, a los cuales, si se aferran, solo los afirman en su incredulidad. Y, aun así, para hacer que la bendición de Génesis 12:3 sea suya, y para escapar de la maldición que se amenaza y se enuncia en el mismo versículo, muchos cristianos creen que Génesis 12:3 requiere que apoyen causas sionistas, y que se regocijen de cada «avance israelí» en el mundo, sin darse cuenta al hacerlo (1) de que mientras alienten al judío a continuar aferrándose a esta percepción antibíblica de lo que constituye ser judío y (2) que mientras que el judío continúe aferrándose al judaísmo como su religión, seguirán rechazando a Aquel que es la única esperanza de Israel.

De nuevo, con frecuencia se nos dice que para testificar a sus amigos judíos modernos, el cristiano debe asumir que la persona a la que testifica *ya cree* el Antiguo Testamento, y que lo único que falta es mostrarle que Cristo Jesús es aquel que los profetas predijeron. Ciertamente, esto es una valoración equivocada de la situación. ¿Podría alguien creer de verdad el Antiguo Testamento y no reconocer a Jesucristo como el Mesías, Salvador y Señor revelado en el mismo? La verdad real del asunto es que nadie que haya escuchado de Cristo y su obra expiatoria y luego le rechace, cree realmente en el Antiguo Testamento. Jesús mismo declaró expresamente: «Si creyeseis a Moisés, me creeríais a mí, porque de mí escribió él» (Juan 5:46). Cuando el judío moderno afirma «creer» y seguir la Torá, a pesar de que él bien puede decir que entiende la gracia que allí se enseña, también cree al mismo tiempo que debe vivir de una cierta forma si quiere ameritar y seguir siendo un «hijo de la Torá». Sin embargo, hacer esto es negar la provisión salvadora de la que la misma Torá habla.

¡Desde luego, los cristianos deberían amar al judío! Pero cuanto antes se de cuenta el cristiano que para ganar al judío para Cristo debe mostrarle la futilidad de cualquier esperanza de salvación que esté relacionada de forma alguna con el hecho de que tiene sangre de Abraham en sus venas (Mt. 3:9; Juan 1:13), de que es circuncidado (Ro. 2:25–29; Gal. 5:2–4; 6:15) y un «hijo de la Torá» practicante (Ro. 2:17–24; 3:9; Gal. 3:10; 4:21–5:1), antes se hará más efectivo su testimonio hacia dicho judío.

Por tanto, hemos de terminar donde comenzamos, haciéndonos eco del veredicto mismo de Dios. Tal y como es cierto de Dios que «en cuanto al evangelio, [los judíos] son [considerados sus] enemigos por causa de [la salvación de los gentiles]; pero en cuanto a la elección, son amados por causa de los padres» (Ro. 11:28), también debe ser cierto de los cristianos que deben amarlos como aquellos en quienes Dios cumplirá sus promesas de elección hechas a los patriarcas. Pero los cristianos deben también hacer todo lo que puedan, sin ser arrogantes hacia ellos (Ro. 11:18), para llevarlos al punto en el que abandonen todos y cada uno de sus distintivos religiosos étnicos en los cuales pueda descansar su esperanza de salvación. Los cristianos han de hacer esto por los judíos y por la causa del evangelio.

La apostasía y el hombre de pecado

A pesar de su expectativa de la «esperanza bienaventurada» del regreso de Cristo, Pablo indica que existen ciertos sucesos escatológicos que deben ocurrir primero, es decir, la apostasía y la revelación del hombre de pecado (2 Ts. 2:1–11), «un personaje destacado que aparecerá en la escena de este mundo justo antes del advenimiento de Cristo».[79] Pablo, de forma un tanto críptica, declara que, aunque el poder secreto de la iniquidad ya está en operación, el gobierno general de la ley civil, esto es, el gobierno civil, restingirá el poder de iniquidad «hasta que [el hombre de pecado] se levante de en medio [de la humanidad] [ἄρτι

---

[79] Murray, «Last Things», 2:410.

ἕως ἐκ μέσου γένηται, *arti heōs ek mesou genētai*]» (2 Ts. 2:7).[80] Entonces será revelado este inicuo—el Anticristo—y se opondrá y exaltará sobre todo lo que es llamado Dios o es objeto de culto, e incluso se establecerá en el templo de Dios (la iglesia), proclamándose Dios.[81] Pero Cristo matará a este inicuo con el espíritu de su boca y lo destruirá con el resplandor de su venida (2 Ts. 2:8).

¿Cómo hemos de relacionar la «plenitud» de los gentiles y judíos salvos y la bendición resultante que la posterior salvación trae a la iglesia (el «mundo» de Pablo Ro. 11:11, 12, 15), con estos sucesos escatológicos negativos? Responderé con este escenario: Por medio de la predicación del evangelio, llegará el día en que el número completo de los gentiles escogidos se alcance. Mientras esto se cumple, el «pueblo que antes conoció» escogido de Dios (el «todo Israel» escogido de Pablo), también habrá sido movido «a celos» para poner su confianza en su Mesías, y habrá sido injertado en su propio olivo, la iglesia de Jesucristo (11:23–24), logrando finalmente su «plenitud», y ese injerto progresivo a su vez probará ser la fuente de una bendición más rica para la iglesia en su conjunto. Pero *después* de esto se producirá la apostasía y la manifestación del hombre de iniquidad, que asumirá el papel de Dios en la iglesia, a quien Cristo destruirá con el espíritu de su boca en su venida.

El énfasis de Pablo en la expectación del regreso de nuestro Señor puede parecer en la superficie contradictorio con estos sucesos negativos al final de los tiempos. Pero, de hecho, Pablo escribió acerca de *esos* sucesos para corregir esa idea equivocada en los cristianos tesalonicenses, y debería servir ahora el mismo propósito. La perspectiva de expectación del regreso de Cristo debía continuar sin verse disminuida, pero no se podían ni debían extraer deducciones erróneas, tales como la idea de que no habría ningún suceso maligno que precediese éste regreso.

¿Creía Pablo en un reinado milenial?

El concepto de un reinado milenial *per se* de encuentra solamente en Apocalipsis 20, un libro de extenso simbolismo. Es más probable que el «milenio» de Juan deba entenderse simbólicamente, referido bien sea al presente reinado *espiritual* de los cristianos con Cristo (20:4a; véase Juan 5:24–25; Ro. 5:17; 14:17; Ef. 2:6; Col. 1:13) o al presente reinado de los santos martirizados en el estado intermedio (20:4b), o quizás incluso a ambos juntos, en lugar de entenderlo literalmente como un aspecto del Escatón (véase mi discusión sobre Apocalipdis más adelante en este mismo capítulo). Sea lo que fuese lo que Juan quería decir con su enseñanza, ciertamente no existe un periodo milenial claramente delineado en la escatología de Pablo.

El lugar más apropiado en el que Pablo podría haber hablado de ello si, de hecho, hubiera defendido un reino milenial de Cristo, es la perícopa en 1 Corintios 15:20 –26, pero en ella no se menciona. Los premilenialistas afirman que Pablo sí que alude al reino milenial en 1 Corintios 15:24 por su referencia al «reino» y en 15:25 por su frase, «que Él reine». Instan incluso a más, basándose en lo que llaman frases de «orden» (τάγμα, *tagma,* 15:23), «Cristo, las primicias» (ἀπαρχή, *aparchē*), «luego [ἔπειτα, *epeita*] los que son de Cristo, en su venida [παρουσία, *parousia*]», y «luego [εἶτα, *eita*] el fin», afirmando que el reino milenial de Cristo sucede entre la resurrección de los que son de Cristo en el tiempo del primer «luego» y la llegada del «fin» (es decir, el fin de la resurrección) en el momento del segundo «luego».

---

[80] La traducción tradicional de esta frase, «hasta que sea quitado de enmedio», entendido, como hacen los dispensacionalistas clásicos, como refiriéndose al Espíritu Santo, es, en mi opinión, altamente cuestionable. Μέσος, *mesos*, claramente significa «enmedio», y γένηται, *genētai*, el subjuntivo aoristo medio del deponente γίνομαι, *ginomai*, signfica «ser, convertirse, levantarse, aparecer», que se transmite mejor por una traducción en voz activa («viene» o «se levanta») más que la traducción en voz pasiva («es quitado»). Véase George E. Ladd, *The Blessed Hope* (Grand Rapids, Mich.: Eerdmans, 1956), 94–95. Para una argumentación en favor de la traducción tradicional, véase Rogers D. Aus. «God´s Plan and God´s Power. Isaiah 66 and the Restraining Factors of 2 Thess 2:6–7», *Journal of Biblical Literature* 96, no. 4 (1977): 537–53, particularmente 542–43.

[81] El pontífice romano se acerca peligrosamente a esto, si no es que lo hace, con su afirmación de ser el infalible vicario de Cristo sobre la tierra.

Llaman la atención sobre el empleo de εἶτα, *eita,* y ἔπειτα, *epeita,* en 1 Corintios 15:5, 7 y el uso de εἶτα, *eita,* en 1 Timoteo 2:13 y el 3:10 para apoyar la inserción de la brecha de mil años entre 1 Corintios 15:23 y 15:24.

¿Cómo responden los amilenialistas a la interpretación premilenial que inserta el milenio de Apocalipsis 20 entre los versículos 23 y 24? Vos observa:

> Se hace mucho del argumento de que εἶτα [*eita*] al comienzo del vs. 24 prueba un intervalo *substancial* entre la parusía y «el fin». Ha de concederse que, si el apóstol hubiera querido expresar ese pensamiento, εἶτα [*eita*] habría sido enteramente apropiado para ese propósito. Pero no es cierto que εἶτα [*eita*] esté fuera de lugar en el punto de vista [amilenial], es decir, si Pablo quería afirmar una *simple sucesión sin ningún intervalo prolongado.* Εἶτα [*eita*] puede usarse tanto como τότε [*tote*] para expresar una *secuencia momentaria de sucesos,* como puede verificarse de una comparación con los vss. 5, 6, 7 en este mismo capítulo, y con Jn xiii.4, 5. Por supuesto, se ha de asumir un intervalo breve en concepto lógico, al menos: «τὸ τέλος [*to telos*]» viene, hablando en términos de cronología estricta, después de la resurrección de οἱ τοῦ χριστοῦ [*hoi tou christou*]. Pero eso de ninguna manera abre la puerta a la intercalación de una chiliada redonda de años.[82]

BAGD también afirma que «en las enumeraciones [εἶτα, *eita*] a menudo sirve para poner las cosas en yuxtaposición sin referencia a una secuencia cronológica», convirtiéndose por tanto en «una palabra de transición en general» (p.ej., «a continuación», «entonces»).[83] Según esto, las palabras de «orden» como tales, no pueden soportar el peso que los premilenialistas quieren colocar sobre ellas. Para aquellos premilenialistas que instan a que esas palabras de «orden» son esenciales como secuencia de tiempo a fin de hacer espacio para la resurrección de los injustos en el «fin» después del milenio, el amilenialista observa que la perícopa solo trata el caso de la resurrección de aquellos que están en Cristo (véase «también en Cristo todos serán vivificados»). Pero cada cosa en su propio turno: Cristo, las primicias de aquellos que han dormido, es decir, de los cristianos (los impíos no están incluidos en esta relación); entonces, cuando Él venga, aquellos que pertenecen a Él.[84]

Para aquellos premilenialistas quienes, aunque no instan a que el apóstol tiene en mente una segunda resurrección aquí, aun así insisten en que el «reino» al que se refiere el 15:24 es el reino milenial, el amilenialista nota que, de acuerdo con 15:51–55 Cristo destruye la muerte, su *último* enemigo, *en* su venida, al llevar a cabo la resurrección. Esto significa que el reino que está en perspectiva en el 15:25 sucede *antes* de su venida (véase «Porque preciso es que él reine hasta [ἄχρι, *achri*] que haya puesto a todos sus enemigos [incluyendo su último enemigo, la muerte] debajo de sus pies»), y llega a su consumación *con* su venida y la resurrección que sigue, así como con el juicio escatológico que llega inmediatamente después, en cuyo momento (la frase de εἶτα, *eita,* —«luego el fin») Él entrega su reino mesiánico al Padre para que el Dios trino pueda ser todo en todos. Una cuidadosa reflexión sobre la perícopa mostrará que esta representación de las relaciones de los eventos referidos puede sostener y sostiene el «silogismo de estringencia» (Warfield). Murray comparte la misma visión:

> En los versículos 54, 55, la victoria sobre la muerte se conjunta con la resurrección de los justos, que, a su vez, se produce en la *parusia* (vs. 24), mientras que en los versículos 24–26 la anulación de la muerte es en el *telos.* No es factible considerar que el sorber de la muerte en victoria (vs. 54), y la destrucción de la muerte (vs. 26), se refieran a dos sucesos diferentes.[85]

---

[82] Geerhardus Vos, *The Pauline Eschatology* (Princeton, N.J.: Princeton University Press, 1930), 243, énfasis añadido.
[83] BAGD, *A Greek-English Lexicon of the New Testament,* 233.
[84] Pablo está asumiendo que sus lectores entienden que los incrédulos serán resucitados al mismo tiempo. Véase su «ha de haber resurrección [sing.] de los muertos, así de justos como de injustos» (Hechos 24:15).
[85] Murray, «Last Things», 2:406. También instaría a los estudiantes a leer la discusión de Ridderbos acerca del premilenialismo en su *Paul,* 556–59.

Las Ultimas Cosas

El reino de Cristo que Pablo prevé aquí es un reino de conquista, en el sentido de que es y será un triunfo espiritual sobre las fuerzas del mal conforme salva y subyuga a los escogidos a Dios, y finalmente los resucita de entre los muertos.

Algunos premilenialistas, reconociendo que el milenio no puede encontrarse en ningún otro lugar del Nuevo Testamento fuera de Apocalipsis 20 (lo cuál significa por inferencia que el Nuevo Testamento, en su mayor parte, es amilenial), aplican el principio bíblico/teológico de la progresividad de la revelación a esta condición, y proponen que ésta es una porción de revelación importante que fue entregada solamente a Juan como último apóstol vivo. Pero aunque tal cosa es teóricamente posible, no es probable que una característica tan importante para el complejo escatológico como es un reino intermedio milenial de Cristo en la tierra anterior a los nuevos cielos y la nueva tierra y al estado eterno, se haya mantenido a oculto a todos los apóstoles salvo a uno. ¿Cuál habría sido el propósito divino al no revelar esta característica del Escatón a la mayoría de los cristianos del siglo I? Además, tal enfoque exige que la posición «amilenial» del resto de la enseñanza escatológica del Nuevo Testamento se vea forzada al molde más estrecho y pictórico de la altamante simbólica visión del Apocalipsis, más específicamente en la perícopa única de diez versos de la visión apocalíptica. Aún más, esta propuesta se basa en la conclusión no probada y (hasta la fecha) improbable de que el Apocalipsis fue, de hecho, la última porción del Nuevo Testamento en escribirse. Muchos académicos disputan el datado tardío del Apocalipsis en base de la evidencia externa e interna (véase, p.ej., Ap. 7:1–8; 11:1–2; 13:18; [86] 17:10). Finalmente, la proclamación de asuntos escatológicos, fue, como hemos visto, un aspecto vital e integral del «evangelio» de Pablo, cuyo evangelio orientado escatológicamente era también predicado, como veremos, por los otros apóstoles, incluyendo a Juan (1 Co. 15:11). Estos hechos correlativos sugieren que todos los apóstoles predicaban esencialmente la misma visión escatológica. Para Juan, por tanto, proclamar un reinado milenial de Cristo posterior, que precedería al estado eterno de los «nuevos cielos y nueva tierra», lo cual ninguno de los otros apóstoles enseñó (como reconocen estos premilenialistas), podría interpretarse como que los otros apóstoles habían proclamado el error al enseñar que la resurrección de los hombres y la destrucción del «presente mundo» inaugurarían inmediatamente el estado de los «nuevos cielos y la nueva tierra», y no una era del reino intermedia.

Algunos premilenialistas instan que los amilenialistas no pueden detenerse en su posición amilenial, sino que se ven obligados por la línea de su argumento a continuar hasta el postmilenialismo. Porque si Cristo, argumentan, está actualmente reinando y debe continuar haciéndolo sin interrupción hasta que haya puesto a todos sus enemigos bajo sus pies, entonces el mundo de la humanidad debe, de necesidad, ser llevado finalmente a un estado de perfección moral virtual (la mayor afirmación del postmilenialismo), por medio de los efectos del evangelio y por el juicio de Cristo sobre los que lo rechazan *antes* de su regreso, siendo esta una representación de las condiciones del mundo en el momento del regreso de Cristo que los amilenialistas rechazan. Pero esta linea de razonamiento no es correcta. Si lo hiciera, enseñaría más de lo que los premilenialistas mismos querrían, porque si Pablo se refiere al reino milenial en 1 Corintios 15:24 y declara el reinado de Cristo sobre él, el cuál debe continuar hasta que haya puesto a todos sus enemigos bajo sus pies, entonces esta objeción contra el amilenialismo se registraría con igual fuerza contra su propia posición. Esto es así porque durante su supuesto milenio, Cristo eliminaría la posibilidad misma de la apostasía que el premilenialista afirma que ha de suceder después de que la era del reino termine (véase Ap. 20:7–9). Es decir, al poner todos sus enemigos bajos sus pies durante su

---

[86] Véase Metzger, *Textual Commentary on the Greek New Testament*, 751–52, sobre Apocalipsis 13:18.

reinado, Cristo llevaría el mundo de la humanidad a un estado de verdadera perfección moral, excluyendo así la existencia misma de ese «Gog y Magog» (Ap. 20:8), cuyos números son como las arenas de la costa, y que supuestamente se rebelan contra Él. Pero si el primelinanista admite, como debe hacerlo si quiere mantener su propio punto de vista, que la oposición pecaminosa a Cristo se levantará por un corto espacio de tiempo tras el milenio, entonces su argumento pierde fuerza y debe reconocer que Cristo podría regresar, no solo para resucitar a los suyos, sino también (como aspecto relacionado del complejo escatológico de eventos) para destruir a quienes están involucrados en la gran apostasía y los reprobados que han sido resucitados para estar ante Él en juicio, que es el punto mismo de los amilenialistas.

Los nuevos cielos y la nueva tierra

Como aspecto final de su visión del estado futuro, en Romanos 8:19–23 Pablo habla de la redención final (o «re-creación») del orden creado. Sobre esto, Ladd escribe:

> El estado final del Reino de Dios es un nuevo cielo y una nueva tierra. Esto expresa una teología de la creación que recorre toda la Biblia... una teología fundamental subyace a las expectativas [del Antiguo Testamento], a pesar de que ha de aclararse por medio de una revelación progresiva: que el destino final del hombre es terrenal. El hombre es una criatura, y Dios creó la tierra para ser el escenario de su existencia como criatura. Por tanto, así como la redención del hombre en el aspecto corporal de su ser exige la resurrección del cuerpo, también la redención de la misma creación física requiere una tierra renovada como escenario de su perfeccionada existencia.[87]

Como hemos hecho notar, después de que Cristo someta todos sus enemigos en su venida, con la inauguración de un nuevo cielo y una nueva tierra, Él entregará su reinado mesiánico, con la comisión y autoridad que le corresponden, al Padre. ¿Que significará para el Hijo esta sumisión propia al Padre?

No significará que desde ese momento no se le va a nombrar en realidad como el Hijo, o que no se le deberá ningún poder o dominio... El poder real de Cristo no necesita terminar en el punto en que transfiere a Dios la sujeción de todos los poderes.[88]

Después de todo, como Dios Él es la segunda persona de la Santa Trinidad, y continuará siendo el Hijo para siempre. Mientras retiene su realeza y señorío divinos y nativos, transferirá su señorío *mesiánico* con el que fue investido al Padre, para que el Dios Trino pueda comenzar un «dominio sin perturbaciones... sobre todas las cosas».[89] Su transferencia de autoridad simplemente «arroja luz sobre el hecho de que Cristo ha *completado* su tarea en perfección, y que la gloria de Dios, sin estar por más tiempo nublada por el poder del pecado y de la muerte, puede ahora revelarse en todo su esplendor».[90]

Los redimidos en el estado eterno estarán «siempre con el Señor» (1 Ts. 4:17). Esta es una importante descripción paulina de su condición. Pero Pablo emplea otras frases también para «dar expresión al contenido de esta vida con Cristo y al "todo" con el que Dios llenará todo de diversas formas: es ser salvos por su vida (Ro. 5:10); salvación con gloria eterna (2 Ti. 2:10); honra e inmortalidad (Ro. 2:7; 1 Co. 15: 42ss. 2 Ti. 1:10); eterno peso de gloria (2 Co. 4:17); cumplimiento de justicia y paz y gozo en el Espíritu Santo (Ro. 14:17). Todas [estas caracterizaciones] son conceptos de salvación, descripciones del don imperecedero de Dios, cada uno de los cuales tiene su propio contexto, origen, y detalles, y ofrece su propia contribución especial *para hacer que lo que es [ahora] inefable* (2 Co. 12:4) sea conocido en parte, incluso ahora».[91]

---

[87] Ladd, *Theology of the New Testament*, 631.
[88] Ridderbos, *Paul*, 561–62.
[89] Ibid., 561.
[90] Ibid., 561, énfasis añadido.
[91] Ibid., 562, énfasis añadido.

Tres preguntas finales

¿Esperaba Pablo que Jesús regresase en su propio tiempo de vida, lo cual es un dogma de la erudición crítica contemporánea? ¿Enseñó esto en sus primeras cartas y cambió su posición en sus cartas posteriores? ¿Qué hay de la expectación de Pablo a la luz de los dos mil años que han transcurrido desde su tiempo (el tema de la inminencia)?

¿Un regreso inmediato?

Con respecto a la primera pregunta, es verdad que Pablo utiliza la primera persona del plural «nosotros» en 1 Tesalonicenses 4:13–18 cuando habla de aquellos que estarán vivos en el regreso de Cristo, y que utiliza este «nosotros» en distinción de los cristianos que ya están muertos (τοῦ κοιμηθέντας, *tou koimēthentas*). ¿Pero significa esta única característica de sus escritos que esperaba estar entre los que vivían en la venida de Cristo? La aplicación de este método crítico de exégesis a otros pasajes llevará a la conclusión opuesta, que él esperaba estar muerto en el regreso del Señor (véase 1 Co. 6:14: «Dios, que levantó al Señor, también a nosotros nos levantará»; 2 Co. 4:14:. «el que resucitó al Señor Jesús, a nosotros también nos resucitará»). Su «nosotros» es bien el «nosotros» que caracteriza la forma de hablar de Pablo por medio de la cual se identifica a sí mismo con sus lectores y preocupaciones (p. ej., Ro. 3:31; 6:1, 15; 1 Co. 10:22; Ef. 4:14; 2 Ti. 2:12–13) o el «nosotros» facultativo que prevé una condición que pueda tener lugar bajo una variedad de circunstancias. La distinción «nosotros/ellos» es en realidad solo la distinción entre el cristiano que está muerto y el cristiano que está muerto en el regreso de Cristo. No se puede entender que el lenguaje de Pablo significa que pensó que él y todos los demás cristianos que estaban vivos cuando escribía seguirían estándolo cuando recibieran y leyesen su carta, y también cuando Cristo regresara. De otra manera, como Ridderbos nota, estaría atribuyendo «una cierta inmortalidad a sí mismo y a sus compañeros creyentes, algo que está completamente en conflicto con la forma en la que generalmente habla de su propia vida y muerte y la de sus compañeros creyentes (véase, p. ej., 1 Ts. 5:10; Ro. 14:7–9; 8:10, 11, por no mencionar pasajes tales como Fil. 1:22ss.; 2 Co. 4:11; 5: 1ss.; 2 Ti. 4:6, en el que la posibilidad, en parte incluso la expectación de morir antes de la venida de Cristo, se plantea explícitamente).»[92] En resumen, su lenguaje simplemente indica estar involucrado con sus lectores, lo cual, al analizarlo, significa «los cristianos que estemos vivos, quienesquiera que sean» (véase en esto particularmente 1 Ts. 5:10 donde Pablo pudo escribir: «quien murió por nosotros para que ya sea que velemos, o que durmamos, vivamos juntamente con él»).

¿Un cambio de parecer?

Con respecto a la segunda pregunta relacionada, no existe evidencia de que Pablo en sus primeras cartas esperase una παρουσία, *parousia* inminente, pero luego cambiara de punto de vista en sus cartas posteriores. Pablo escribió 1 Tesalonicenses 4:15 («nosotros que vivimos») alrededor del 50 d.C. y 2 Corintios 4:14 («a nosotros también nos resucitará con Jesús») alrededor del 56. Hasta la fecha, nadie ha explicado por qué él sostuvo un regreso de Cristo inminente durante alrededor de diecisiete años (desde su conversión alrededor del 33 al 50) y luego abandonó este punto de vista. Leon Morris escribe: «Las cartas [de Pablo] están demasiado juntas para cualquier argumento convincente de un cambio importante».[93] De hecho, su expectación escatológica es una característica de sus últimas cartas (véase Flp. 4:5; Tit. 2:13), tanto como la que caracteriza a sus cartas más tempranas.

¿Una expectativa errónea?

---

[92] Ibid., 491.
[93] Leon Morris, *New Testament Theology* (Grand Rapids, Mich.: Academie, 1986), 88, n. 29.

¿Y qué hay de su expectativa escatológica a la luz de que han pasado estos dos mil años desde la primera venida del Cristo? ¿Estaba equivocado Pablo en su expectativa? En absoluto, ya que Pablo nunca escribe como si nada pudiera suceder entre sus escritos y el regreso del Señor. Claramente, escribe de otra forma. Por ejemplo, enseña a los cristianos tesalonicenses que ciertamente algo debe suceder—la apostasía y aparición del hombre de pecado—antes de la venida del Señor. Esto no sustrae nada de su amonestación a vigilar en 1 Tesalonicenses 5:1-10 (especialmente el v. 6). Esta apostasía y la aparición del hombre de pecado simplemente deben suceder antes de la venida del Señor como aspectos del complejo de sucesos que se relaciona con el regreso de Cristo. La conciencia de la necesidad de estos sucesos guarda a los cristianos de creer que el Día del Señor ya ha llegado. Pero como estos aspectos del complejo escatológico bien pueden también llegar, desarrollarse, y suceder rápidamente sin avisar, su carácter intermedio no elimina la expectación de la venida del Señor. Dado que el regreso de Cristo es el gran suceso próximo en la historia, y que desde la perspectiva del creyente es el gran acto general de Dios, hemos de estar preparados para ello. Retrasar la preparación para la venida de Cristo hasta el tiempo de la apostasía y la aparición del hombre de pecado puede ser demasiado tarde.

Dios no estaba utilizando a Pablo o a los otros apóstoles para dar una tabla de tiempos u horario a los creyentes de la última generación de la historia de la tierra, sino para dar más bien una perspectiva acerca de la historia de la tierra. Por tanto, se ha de instar a toda generación a vivir en expectativa del regreso del Señor. Porque solo en esa expectativa el siervo vive adecuadamente y sirve bien en el tiempo intermedio que transcurre. Cualquier otra perspectiva da al cristiano nominal la razón misma que está buscando para retrasar la actividad y la obediencia (véase de nuevo 1 Ts. 5:11ss). Pero no es solo por esta razón que se indica un tiempo desconocido como tiempo del regreso de Cristo para cualquier hombre o generación específica. La única forma de que cualquier hombre o generación específica esté preparada para la venida del Señor es que se urja a todo hombre y generación a estar preparado.

LA ESCATOLOGÍA DE HEBREOS

Junto con otros autores del Nuevo Testamento, el autor de Hebreos (¿Pablo?) apoya con bastante claridad el «dualismo escatológico» del Nuevo Testamento del «ya» y el «todavía no» de la aparición del reino. Declara que Él y sus lectores estaban en los «últimos días» (ἐσχάτου τῶν ἡμερῶν τούτων, *eschatou tōn hēmerōn toutōn*, 1:2). Cristo ha venido «en la consumación de los siglos [ἐπὶ συντελείᾳ τῶν αἰώνων, *epi synteleia tōn aiōnōn*] se presentó una vez para siempre por el sacrificio de sí mismo para quitar de en medio el pecado» (9:26), y ya ha sido coronado con gloria y honor (2:9). Su reinado mesiánico ha comenzado en cuanto a que ya está sentado a la diestra del trono de la Majestad en el cielo, esperando que sus enemigos sean hechos el estrado de sus pies (1:3, 8, 13; 8:1; 10:12-13). El día de la «gran salvación» de Dios ha amanecido, y el rechazo de éste lleva al justo castigo (2:2-3). Los cristianos ya han gustado «los poderes del siglo venidero» (6:5), y han sido purificados (9:14), santificados (9:13; 10:10; 13:12), y perfeccionados (7:11; 10:14).

Sin embargo, el autor de Hebreos también habla de «el mundo venidero [τὴν οἰκουμένην τὴν μέλλουσαν, *tēn oikoumenēn tēn mellousan*]» (2:5) y del «siglo venidero [μέλλοντος αἰῶνος, *mellontos aiōnos*]» (6:5), que se inaugurará cuando Cristo «aparecerá por segunda vez, sin relación con el pecado, para salvar a los que le esperan» (9:28; véase también 10:37). Insiste en que «queda un reposo para el pueblo de Dios» (4:9) en el que debemos «[procurar]... entrar» por medio de la obediencia (4:11). Y prevé una «conmoción» cataclísmica en el futuro, de todo lo que puede conmoverse, para que la *única* cosa que no puede ser conmovida—el reino escatológico de Dios—permanezca (12:26–28; véase también 1:11–12). Claramente, aunque los cristianos disfrutan ya de los beneficios de la salvación del Mesías, su parusia consumará dicha salvación. Los cristianos han de continuar congregándose para recibir aliento mutuo, y aún más conforme «aquel día [del juicio] se acerca» (10:25). Aquellos que experimentan el juicio divino, tanto después de la muerte (9:27) como en la venida de Cristo, enfrentarán a Dios como «fuego consumidor» (10:27; 12:29; véase Dt. 4:24; 9:3), un Dios en cuyas manos es horrendo caer (10:31).

En ninguna parte hace el autor referencia o alusión a un periodo intermedio entre esta era y la del mundo venidero, o a ningún milenio.

Hay un asunto que corresponde a la representación que hace el autor del ministerio sumo sacerdotal de nuestro Señor, que exige comentarse a la luz de su dualismo escatológico. En algunos pasajes, parece enseñar que el servicio en el santuario del Antiguo Testamento no encarnaba realidades definitivas, que los sacerdotes levíticos servían en un santuario que era solamente «figura y sombra [ὑποδείγματι καὶ σκιᾷ, *hypodeigmati kai skia*] de las cosas celestiales» (8:5), y que Cristo en su ascensión entró en el «verdadero» lugar santísimo, llevando su propia sangre (9:12, 24), y *allí* purificó las realidades celestiales con mejores sacrificios que los sacrificios animales del sistema del Antiguo Testamento, es decir, con su propia sangre (9:23). Algunos académicos han sugerido que esta representación refleja un platonismo filónico.[94] Por ejemplo, F. D. V. Narborough, escribe:

> Mientras los apocalípticos judíos y cristianos veían la diferencia entre imperfección y perfección principalmente bajo las categorías del *tiempo*, distinguiendo entre esta era y la era por venir, el lenguaje de hebreos sugiere categorías de *espacio*, distinguiendo entre este mundo y el mundo celestial de las realidades espirituales.[95]

J. Hering concurre:

> Como Filón, nuestro autor acepta una especie de esquema filosófico y cosmológico que es más platónico que bíblico. Dos eones sucesivos... se ven reemplazados por dos planos coexistentes y sobreimpuestos—el mundo suprasensible y el mundo fenomenal. El primero contiene las ideas eternas que el segundo trata de encarnar materialmente. El primero, para Filón, es el «cielo» como lo es en nuestra epístola.[96]

Bruce Demarest escribe:

> El autor utiliza la distinción de Platón entre la forma ideal en el cielo y la copia imperfecta en la tierra para argumentar que el santuario levítico y los sacrificios son simples sombras de las realidades celestiales.[97]

Y Donald Guthrie afirma que «aquí puede haber... trazas o un trasfondo de la teoría platónica de las ideas».[98]

Según esto, a menudo se ha sugerido que el autor de Hebreos ha descartado el dualismo escatológico «horizontal» del «ya» y el «todavía no», que se encuentra en todas partes del Nuevo Testamento, y lo sustituye en su lugar por un dualismo platónico «vertical».

En respuesta se ha de subrayar que el autor de Hebreos, apartándose completamente de la cuestión de si emplea la rejilla platónica o no en su argumento, no ha abandonado el dualismo de una escatología presente «inaugurada» (el «ya») y una escatología futura no inaugurada (el «todavía no»), como ya hemos visto. En segundo lugar, en cuanto a su supuesto «platonismo», concurro con Martin H. Franzmann en que

---

[94] A menudo también se dice que el Evangelio de Juan refleja un dualismo metafísico platónico o filónico. Véase Ladd, *Theology of the New Testament*, 223–29.
[95] F. D. V. Narborough, *Hebrews* (Oxford: Clarendon, 1952), 43.
[96] J. Hering, *Hebrews* (Londres: Epworth, 1970), xii.
[97] Bruce Demarest, «Hebrews, Letter to the», *Baker Encyclopedia of the Bible*, 1:947.
[98] Donald Guthrie, *New Testament Introduction* (Downers Grove, Ill.: Inter–Varsity Press, 1970), 719.

La visión y empleo del Antiguo Testamento [del autor] nunca degenera en una simple alegoría; esto es, las figuras del Antiguo Testamento nunca simbolizan simplemente las verdades eternas, como en la interpretación alegórica del filósofo judío Filón; más bien, la historia del Antiguo Testamento se toma siempre en serio como tal. Y como tal, como historia, apunta más allá de sí misma hacia los últimos días [inaugurados en la encarnación de Cristo].[99]

Ladd está en lo correcto al decir que:
> no es exacto decir que Hebreos, como Filón, contrasta el mundo fenomenal con el nouménico, considerando el segundo como irreal y efímero. Hebreos aplica la idea de los dos mundos principalmente al culto del Antiguo Testamento. El tabernáculo con sus sacerdotes era una copia y sombra del santuario celestial. *Lo real ha llegado a los hombres en la vida y muerte históricas de Jesús de Nazaret.* La historia se ha convertido en el medio de lo eterno. No hay nada efímero o transitorio acerca de la vida y obra de Jesús. El suceso de Cristo es historia con una importancia eterna. Lo que Jesús hizo, lo hizo una vez para siempre (*ephapax*, 7:27; 9:12; 10:10).

Resulta difícil pensar que el autor de hebreos concibiera que Jesús, después de su ascensión, realmente entrara en un Lugar Santísimo literal en el cielo. De seguro dice, «Fue, pues, necesario que las figuras de las cosas celestiales fuesen purificadas así [con sacrificios de animales]; pero las cosas celestiales mismas, con mejores sacrificios que estos» (9:23). [Pero] es evidente por sí mismo que las cosas celestiales no experimentan contaminación del pecado, y por tanto no requieren limpieza… Una afirmación como esta debería dejar claro que Hebreos está describiendo las cosas celestiales en un lenguaje terrenal y simbólico. Lo que hizo Cristo en la cruz, aunque es un suceso en el espacio y en el tiempo, era en sí mismo un suceso en el mundo espiritual. La eternidad en este punto hace una intersección con el tiempo; lo celestial se encarna en lo terrenal; lo trascendental ocurre en lo histórico. La entrada de Cristo en el Lugar Santísimo y el rociamiento de [su] sangre para efectuar la limpieza y salvación eterna ocurrió cuando «se presentó... una vez para siempre por el sacrificio de sí mismo para quitar de en medio el pecado» (9:26).… Hebreos emplea el lenguaje litúrgico del Antiguo Testamento para representar el significado espiritual de lo que Jesús cumplió por su muerte sobre la cruz. Aquí, en la historia sobre la tierra, no es una sombra, sino la realidad misma.[100]

En otras palabras, *la entrada de Cristo en el santuario celestial sucedió cuando asumió su papel sumo sacerdotal como Mediador del nuevo pacto en la encarnación, ¡y el Lugar Santísimo fue su cruz!* Lo que estos académicos perciben que es en el autor una categoría nouménica de una cosmovisión platónica, en realidad es el «ya» histórico de su «escatología inaugurada», no siendo un platonismo filónico en absoluto.

LA ESCATOLOGÍA DE PEDRO

La escatología de Pedro es, más allá de todo cuestionamiento, el dualismo escatológico que hemos visto en otros autores del Nuevo Testamento. El aspecto del «ya» de su escatología es evidente en el hecho de que Cristo ha sido revelado «en los postreros tiempos [ἐπ' ἐσχάτου τῶν χρόνων, *ep eschatou tōn chronōn*]" (1 P. 1:20), y, lo que es más importante, *su reino mesiánico ya ha comenzado* (1 P. 3:22).[101] los cristianos ya han sido «rescatados de [la] vana manera de vivir» (1 P. 1:18), ya han sido «renacidos» (1 P. 1:23), y ya han sido llamados «de las tinieblas a su luz admirable» (1 P. 2:9). Ya son «el pueblo de Dios» (1 P. 2:10). Ya han sido devueltos al Pastor y Obispo de sus almas (1 P. 2:25). Y están ya «en los postreros días

---

[99] Martin Franzmann, *The Word of the Lord Grows* (St. Louis, Mo.: Concordia, 1961), 244–45.
[100] Ladd, *Theology of the New Testament*, 574–75.
[101] Véase también la declaración en Hechos 5:31: «A este [a Jesús], Dios ha exaltado con su diestra por Príncipe y Salvador, para dar a Israel arrepentimiento y perdón de pecados» y Hechos 3:21: «a quien de cierto es necesario que el cielo reciba hasta los tiempos de la restauración de todas las cosas, de que habló Dios por boca de sus santos profetas que han sido desde tiempo antiguo».

[ἐπ' ἐσχάτων τῶν ἡμερῶν, *ep eschatōn tōn hemerōn*]», como se evidencia del hecho de que los entusiastas gnósticos, que se levantarán entre ellos, negarán la venida de Cristo (2 P. 3:3–4). Ya les han sido dadas «todas las cosas que pertenecen a la vida y a la piedad... mediante [su] conocimiento de aquel que [los] llamó por su gloria y excelencia» (2 P. 1:3). Por medio de las «preciosas y grandísimas» promesas de Cristo, ya son «participantes de la naturaleza divina».[102] Y ya han «huido de la corrupción que hay en el mundo» por el conocimiento de nuestro Señor y Salvador Jesucristo (2 P. 1:4; 2:20). Ya están «confirmados en la verdad presente» (2 P. 1:12).

Los comentarios de Pedro en el día de Pentecostés son una «apologética» en forma de sermón a favor del presente y escatológico señorío y mesianismo de Jesús. Esto resulta aparente a lo largo de su sermón en Pentecostés, desde su comentario de apertura tras citar la profecía de Joel a la frase con la que concluye en Hechos 2:36: «Sepa, pues, ciertísimamente toda la casa de Israel, que a este Jesús a quien vosotros crucificasteis, Dios le ha hecho Señor y Cristo». Las afirmaciones de Pedro antes de este «pues» han de considerarse un argumento con la intención de reforzar esta conclusión. Él argumenta que David obviamente estaba hablando de la resurrección del Mesías en el Salmo 16, y no de la suya propia, porque él murió y vio corrupción, y no fue levantado a la vida; y dado que era un profeta inspirado, había sido informado de que la resurrección y entronización del Mesías, y por eso, bajo inspiración, había escrito acerca de estos asuntos. En su resurrección, el Mesías no se sentó en el trono terrenal de David. En lugar de eso, ascendió al cielo y se sentó en el trono de Dios. (Por supuesto, en el sentido de que cualquier trono en el que se siente el Hijo mesiánico de David se convierte en ese acto mismo en el trono davídico, el trono mismo de Dios se ha convertido en el «trono davídico»). David, de acuerdo con Pedro, dejó perfectamente claro que esta entronización divina es lo que tenía en mente, porque en el Salmo 16 tiene al Mesías resucitado diciendo: «En tu presencia hay plenitud de gozo; delicias a tu diestra para siempre» (16:11), y en el Salmo 110 nos informa que Yahweh dijo a su Mesías: «Siéntate a mi diestra, hasta que ponga a tus enemigos por estrado de tus pies» (Hechos 2:34–35).

¿Por qué usó Pedro la ocasión de Pentecostés para defender el caso del reinado y condición de Mesías de Jesús? Pedro deja muy clara la conexión: «Así que, exaltado por la diestra de Dios, y habiendo recibido del Padre la promesa del Espíritu Santo [nótese la implicación en su referencia al «Padre» de que el Mesías a la diestra «del Padre» está allí como «el Hijo»], ha derramado [es decir, Jesús] esto que vosotros veis y oís» (Hechos 2:33). Cuando recordamos el carácter «acreditador» de sus milagros anteriores (el punto que Pedro había subrayado al comenzar su discurso), resulta claro que, para Pedro, Pentecostés fue un testimonio adicional, tangible, concreto y milagroso de que Jesús ahora estaba reinando como Mesías. Es por eso que Pedro concluyó sus afirmaciones con un dogmático «Sepa, pues»: «Sepa pues, ciertísimamente toda la casa de Israel [a la luz de (1) los milagros que atestiguan, los cuales Dios realizó por medio de Jesús durante sus años de ministerio terrenal, los mismos que ustedes, mis oyentes no pueden negar, (2) las profecías de David en el Antiguo Testamento con respecto a su resurrección de los muertos y su presente entronización, y (3) el testimonio propio milagroso de Jesús desde el cielo acerca de que es Él quien bautiza a los hombres con el Espíritu], que a este Jesús que vosotros crucificasteis, Dios le ha hecho Señor y Cristo» (traducción del autor).

---

[102] Los cristianos no son «participantes de la naturaleza divina» en el sentido de serlo por medio de una apoteosis (es decir, convirtiéndose ellos mismos en divinos) como enseñaban los gnósticos, sino en el sentido contextual de que se vuelven incorruptibles e inmortales «en Cristo» en su reino eterno. En la misma línea, Pablo habla de nuestra «unión con Cristo».

Las Ultimas Cosas

Así, ¿cuál es entonces la importancia de lo sucedido en el día de Pentecostés? La enseñanza de C. H. Dodd es con respecto a este punto: «el Espíritu Santo que está en la iglesia es *la señal del actual poder y gloria de Cristo*».[103] Fue el Cristo resucitado el que estuvo activamente involucrado en Pentecostés, atestiguando una vez más, de forma grandiosa y climática, sus prerrogativas salvadoras como Señor y Mesías de Israel. Y así Pedro creyó y enseñó que los «postreros tiempos» (1 P. 1:20) habían llegado, y que Jesús *ya* está reinando como Mesías.

El aspecto de «aún no» de su visión escatológica resulta aparente del hecho de que Pedro también puede hablar de que Dios «envíe a Jesucristo... a quien de cierto es necesario que el cielo reciba hasta los tiempos de la restauración de todas las cosas» (Hechos 3:20–21), de «la salvación que está preparada para ser manifestada en el tiempo postrero» (1 P. 1:5), de «la gracia que se os traerá cuando Jesucristo sea manifestado» (1 P. 1:13), de «el día de la visitación [de Dios]» (1 P. 2:12), de aquel «que está preparado para juzgar a los vivos y a los muertos» (1 P. 4:5) en «el fin de todas las cosas [que] se acerca» (1 P. 4:7), y de «la gloria que será revelada» (1 P. 4:13; 5:1) que vendrá «cuando aparezca el Príncipe de los pastores» (1 P. 5:5), de cuya gloria eterna los cristianos también participarán (1 P. 5:10). Así que existe tanto un aspecto de «ya» como uno de «todavía no» en la escatología de Pedro.

De manera consistente con esto, en 2 Pedro 3, Pedro divide toda la historia cósmica en tres periodos: el primer periodo—«el mundo de entonces [ὁ τότε κόσμος, *ho tote kosmos*]»—que se extiende desde el principio de la creación al diluvio del Génesis (2 P. 3:5–6); el segundo periodo—«los cielos y la tierra que existen ahora [οἱ νῦν οὐρανοὶ καὶ ἡ γῆ, *hoi nyn ouranoi kai hē gē*]"—que se extienden desde el diluvio al Escatón (3:7); y el tercer periodo—«el reino eterno de nuestro Señor y Salvador Jesucristo» en los «cielos nuevos y tierra nueva [καινοὺς οὐρανοὺς καὶ γῆν καινὴν, *kainous ouranous kai gēn kainēn*] , en los cuales mora la justicia»—que se extenderá desde el Escatón a través de la eternidad (2 P. 1:11; 3:13). Por tanto, sus lectores han de hacer todo esfuerzo por afirmar su elección y llamado añadiendo a su fe las virtudes de la vida cristiana (2 P. 1:5–10), esforzándose por ser hallados sin mancha e irreprensibles, en paz con el Señor (2 P. 3:14), porque aun han de entrar a ese «reino eterno de nuestro Señor y Salvador Jesucristo» (2 P. 1:11). El día de juicio y destrucción de los impíos sigue esperando a los injustos (2 P. 2:9; 3:7). El «día del Señor [o de Dios] vendrá como ladrón» (2 P. 3:10a, 12), y en ese momento «los cielos pasarán con grande estruendo, y los elementos ardiendo serán deshechos, y la tierra y las obras que en ella hay serán quemadas» (2 P. 3:10). Pedro incluso declara que una responsabilidad principal de su ministerio de enseñanza era dar «a conocer el poder y la [segunda] venida [παρουσίαν, *parousian*] de nuestro Señor Jesucristo» (2 P. 1:16), la misma venida que los falsos maestros habían estado rechazando con burlas, diciendo «¿Dónde está la promesa de su "advenimiento"?» (2 P. 3:3–4). Como Pablo hizo antes que él (2 P. 3:15–16a; véase Ro. 2:4), Pedro explica el «retraso» de Cristo en su venida, el cuál los maestros gnósticos interpretaban como evidencia de que no iba a venir en absoluto, interpretando que, en realidad, es evidencia de la paciencia divina hacia los pecadores, dándoles tiempo para que se arrepientan y se salven (2 P. 3:9, 15).

Pedro no hace referencia o alusión a un periodo intermedio entre esta era y la que vendrá, ni a ningún milenio. Si hubiera creído en un reino milenial que seguiría a esta era, un lugar muy apropiado en el que podría haber hecho referencia a él se encuentra en 2 Pedro 3, pero no lo menciona, colocando toda la historia de la tierra en los tres marcos temporales que acabo de mencionar.

---

[103] C. H. Dodd, *The Apostolic Preaching and Its Developments* (New York: Harper, 1936), 42, énfasis añadido.

LA ESCATOLOGÍA DE JUDAS

La escatología de Judas parece ser el mismo «dualismo escatológico» que encontramos en Jesús, Pablo, Hebreos y Pedro, porque sus lectores están viviendo en el «postrer tiempo» (ἐσχάτου [τοῦ] χρόνου, *eschatou [tou] chronou*) (Judas 18), y aun así Jesús, según la profecía de Enoc, aún ha de venir (ἦλθεν, *ēlthen*, aoristo profético) con «sus santas decenas de millares» (v. 14).

Cuando venga, llevará a los cristianos «sin caída» y «con gran alegría» (v. 24) a su «vida eterna» (v. 21). Entonces conocerán la plenitud de la «gloria» de Dios (v. 24). También juzgará con fuego tanto a los impíos (vv. 15, 23), «para las cuales está reservada eternamente la oscuridad de las tinieblas» como a los ángeles caídos que han estado atados por cadenas eternas «para el juicio del gran día» (v. 6).

Judas no hace referencia o alusión a un periodo intermedio entre esta era y la que vendrá, ni a ningún milenio.

LA ESCATOLOGÍA DE JUAN

La escatología del Evangelio de Juan

Aunque es cierto, como anota Ladd, que el dualismo en el evangelio de Juan es «principalmente vertical, tratándose de un contraste entre dos mundos—el mundo de arriba y el de abajo» (véase Juan 3:13; 6:62; 8:23),[104] su evangelio contiene una «escatología horizontal»—un contraste entre esta era y la que está por venir. Este dualismo escatológico se muestra de las siguientes formas: por un lado, (1) Juan cita las profecías del Antiguo Testamento para mostrar que éste se cumplió en los hechos de la vida de Jesús (Juan 1:23; 2:17; 6:45; 12:13–15, 38–40; 13:18; 19:24, 36–37); (2) representa a Jesús como inaugurador de una nueva era que provee la realidad que en el Antiguo Testamento solo se anticipaba (Juan 1:17; 8:33–58); (3) emplea los mismos términos cuando habla de Jesús que utilizan los sinópticos—Mesías, Rey de Israel, Hijo del Hombre e Hijo de Dios; y (4) destaca la centralidad de Jesús en la historia de salvación por su uso repetido del «ahora» (4:23; 5:25; 12:31; 16:5; 17:5, 13) y «hora» (2:4; 8:20; 12:23) en los discursos de Jesús. Por otra parte, (1) ve la futura misión gentil de la iglesia en esta era (10:16; 11:52) y (2) puede hablar de «vida eterna» como una bendición en el futuro escatológico (3:36; 5:39; 12:25).

Juan no hace referencia o alusión a un periodo intermedio entre esta era y la que vendrá, ni a ningún milenio, en la escatología «horizontal» de su Evangelio.

La Escatología epistolar de Juan

Junto con los autores del Nuevo Testamento en general, la escatología epistolar de Juan puede caracterizarse como un simple «dualismo escatológico». Él enseña a sus lectores, por una parte, que la «luz verdadera ya alumbra» (1 Juan 2:8), que los cristianos ya han «pasado de muerte a vida [eterna]» (1 Juan 3:14), y que estaban viviendo en el «último tiempo» como se evidenciaba del hecho de que «han surgido muchos anticristos» (1 Juan 2:18; véase también el 4:3b, donde Juan declara que el espíritu del [futuro] Anticristo «ya está en el mundo»). Por otra parte, enseña que este mundo malo y sus deseos «pasa» (2:17), que Jesús regresará (2:28), y que cuando aparezca (2:28; 3:2), «el día del juicio» también llegará (4:17). Nosotros, que tenemos esperanza de ser como Él cuando venga, nos purificaremos (3:3), y de esta forma viviremos para estar confiados y no avergonzados en su venida (2:28).

Juan no hace referencia o alusión a un periodo intermedio entre esta era y la que vendrá, ni a ningún milenio, en su escatología epistolar.

La escatología en el Apocalípsis de Juan

---

[104] Ladd, *Theology of the New Testament*, 223.

Pero, ¿qué hay acerca de la revelación de Juan, también conocida como Apocalipsis? En el Apocalipsis se refiere al milenio, ¿no es así? Esta pregunta merece una respuesta extensa.

La «revelación [Ἀποκάλυψις, *Apokalypsis*] de Jesucristo» (que es un cierre adecuado para la enseñanza del Nuevo Testamento acerca de la escatología, pero lamentablemente el primer libro (y prácticamente el único) que la mayoría de los cristianos de a pie utilizan para dar forma a su punto de vista escatológico, se dirige como una carta encíclica a siete iglesias particulares de la provincia romana de Asia (Ap. 1:4, 11; caps. 2–3). Por supuesto, había más iglesias además de estas siete, pero el número siete sugiere la idea representativa de plenitud o totalidad, implicando que la revelación es para toda la iglesia. Por su propia descripción, el libro afirma ser una «profecía» (1:3; 22:7, 10, 18–19) en el sentido predictivo de la palabra (1:1, 19). Como tal, es el único libro de su especie en el Nuevo Testamento.

El libro también se distingue de otros escritos del Nuevo Testamento por sus muchos símbolos (números, extrañas bestias, descripciones crípticas), marcando todos ellos al libro como escatológico en su naturaleza. Dado su carácter escatológico, ha probado ser un libro excepcionalmente difícil de interpretar.

Métodos de interpretación

Principalmente, los intérpretes han seguido uno de los siguientes seis enfoques hacia el libro, siendo el primero, el cuarto y el sexto los más populares a día de hoy:

1. La visión preterista (del Latín, *praeter*, que significa «pasado»). Los intérpretes que defienden este enfoque afirman que, excepto en los últimos capítulos, Juan estaba hablando de hechos que ya estaban sucediendo (las persecuciones de Nerón) o que sucederían en su propio tiempo (la destrucción de Jerusalén). En otras palabras, las predicciones de prácticamente todo el libro ya se han cumplido. Los postmilenialistas encuentran este enfoque más de su gusto.

2. La visión historicista. Los intérpretes que defienden este enfoque instan a que el libro es una predicción profética de la historia de la iglesia desde los días apostólicos hasta el segundo advenimiento de Cristo, y que se refiere a sucesos en la historia tales como las invasiones musulmanas de Europa, el levantamiento del papado, la Reforma, y la Revolución francesa.

3. La visión simbólica o idealista. Aquellos intérpretes que siguen este enfoque sostienen que no era el propósito de Juan predecir el futuro o profetizar sucesos venideros precisos. Más bien, quería exponer por medio de símbolos principios espirituales básicos que gobiernan la vida de la iglesia a lo largo de todas las épocas de su peregrinaje terrenal.

4. La visión futurista extrema. Los intérpretes que siguen este enfoque defienden que, tras los tres primeros capítulos, el resto de la profecía expone los sucesos escatológicos que se cumplirán en el Escatón. En otras palabras, las predicciones de prácticamente todo el libro todavía han de cumplirse. Los dispensacionalistas premileniales y pretribulacionistas adoptan este enfoque.

5. La visión futurista moderada. Los intérpretes que siguen este enfoque sostienen que los acontecimientos que comienzan con el capítulo 7 se sitúan en el futuro, y asistirán a la disposición final de la voluntad divina para la historia humana.

6. La visión de paralelismo progresivo (o recapitulación). Los defensores de este punto de vista argumentan que las siete secciones de Apocalipsis cubren el periodo de la época de la iglesia que está entre el primer y segundo advenimiento desde perspectivas repetidas (pero diferentes en algunos aspectos), ascendiendo en un orden climático, haciendo un énfasis especial en el fin de los tiempos. Los amilenialistas defienden esta interpretación, y es este enfoque el que tomo personalmente.

Las Ultimas Cosas

Su autor

El mismo autor se identifica a sí mismo una vez como el «siervo Juan» de Dios, otra vez como «Juan, vuestro hermano, y copartícipe vuestro en la tribulación, en el reino y en la paciencia de Jesucristo» (1:9), y en dos ocasiones simplemente como «Juan» (1:4; 22:8). No existen razones para afirmar que este Juan es otro que el discípulo amado, autor del Evangelio que lleva su nombre y de las tres cartas adscritas a él. Su autor definitivo fue Jesús mismo, quien dijo: «Yo Jesús he enviado mi ángel para daros testimonio de estas cosas en las iglesias» (22:16).

Su lugar de origen

Juan vio las visiones del Apocalipsis durante su exilio en Patmos, una isla rocosa de alrededor de cinco por diez millas de tamaño, situada en la costa de Asia Menor en el Mar Egeo, a unas setenta millas al suroeste de Éfeso (1:9). Juan fue exiliado allí aparentemente bajo el gobierno del emperador Domiciano 81–96 d.C.). Puede haber escrito las visiones en ese momento, o poco después, cuando fue liberado.

Su fecha de composición

Este es un tema de vital importancia (de hecho, el *crux interpretum*) en la investigación del Apocalipsis, ya que si se determina la fecha de composición del libro, también se determinan ciertos límites para algunas de sus interpretaciones. Si el Apocalipsis, como profecía, fue compuesto alrededor del 95 o 96 d.C., hacia el final del reinado de Domiciano, entonces sus afirmaciones proféticas no pueden hallar su referencia o cumplimiento en ningún sentido en los sucesos de mediados o finales de los años 60. Pero si fue compuesto alrededor del 65 o 66 d.C. durante el reinado de Nerón (54–68), antes de la destrucción de Jerusalén en el 70 d.C., entonces puede concebirse que incluye alusiones proféticas a la primera persecución romana del cristianismo (64–67), la guerra judía con Roma (67–70), la muerte del primer perseguidor imperial del cristianismo (Nerón César, d. 68), las guerras civiles romanas (68–69), y la destrucción de Jerusalén y el templo en el 70 d.C.

La evidencia para una fecha tardía

¿Qué evidencia hay para una datación tardía de la composición del Apocalipsis? En primer lugar, y considerado por muchos como algo de suficiente peso como para zanjar el asunto, está el reputado testimonio de Ireneo (confirmado por Eusebio y Jerónimo), de que fue escrito hacia el final del reinado de Domiciano. Sus palabras exactas son:

> Si fuera necesario que el nombre [del anticristo] fuera revelado claramente en este tiempo presente [c. 180 to 190], habría sido dicho por aquel que contempló la visión apocalíptica [τὴν ἀποκάλυψιν, *tēn apokalypsin*]. Porque ἑωράθη [*heōrathē*] no hace mucho tiempo, sino casi en nuestros días, hacia el final del reino de Domiciano. (*Contra las herejías*, 5.30.3)

Los defensores de una fecha tardía instan a que el sujeto del verbo que dejé sin traducir (ἑωράθη, *heōrathē*) es «la visión apocalíptica» de la frase anterior. De acuerdo con esto, traducen el verbo como «fue vista». Este punto de vista tiene en su favor el hecho de que τὴν ἀποκάλυψιν, *tēn apokalypsin*, es el antecedente más cercano posible al sujeto que se implica en ἑωράθη, *heōrathē*.

Sin embargo, otros académicos instan a que esto no hace justicia al γάρ (*gar*, «porque») que introduce la frase. F. J. A. Hort, por ejemplo, argumenta que el γάρ, *gar,* es «algo sintácticamente difícil de considerar a menos que haga referencia a la idea *principal* de la frase anterior: "[el nombre de la Bestia] *habría sido dicho por aquel*"».[105] Su sugerencia es que el sujeto del verbo es «aquel que contempló la visión apocalíptica» es decir, Juan, quien

---

[105] Kenneth L. Gentry Jr., *Before Jerusalem Fell* (Tyler, Tex.: Institute for Christian Economics, 1989), 50.

vivió en el tiempo de Trajano (98 d.C.), y el verbo debería traducirse como «*él* fue visto». S. H. Chase lo explica de forma más completa:

> La afirmación de que la visión fue vista al cierre del reinado de Domiciano no suministra ninguna razón acerca de por qué los misteriosos números [666] deberían haber sido expuestos «por aquel que vio el apocalipsis», si éste hubiera juzgado necesaria tal exposición. Si, por otra parte, hacemos que el ἑωράθη [heōrathē] se refiera a San Juan, el significado es claro y simple. Podríamos expandir la frase de esta manera: «Si hubiere sido necesario que la explicación del nombre se hubiera proclamado a los hombres de nuestros propios días, dicha explicación habría sido dada por el autor del Libro. Porque el autor fue visto sobre la tierra, vivió y mantuvo conversación con sus discípulos no hace mucho, sino casi en nuestra propia generación. Así pues, por una parte, vivió años después de haber escrito el Libro, y tuvo abundante oportunidad de aclarar el acertijo si hubiera deseado hacerlo; y, por otra parte, ya que vivió casi en nuestra generación, si hubiera dado una explicación, está se habría preservado para nosotros».[106]

Así, el testimonio de Ireneo con respecto al tiempo de la recepción del Apocalipsis por parte de Juan como algo que fue «hacia el final del reinado de Domiciano», aunque es indisputablemente claro en opinión de muchos académicos, no es tan evidente para otros. Sin embargo, los últimos deben reconocer que la idea verbal en «fue visto» encaja más apropiadamente en la recepción de una «revelación» que en la afirmación de que Juan «vivió» hasta el reinado de Domiciano.

En segundo lugar está la disputa de que la adoración al emperador a la que se alude en Apocalipsis estaba más extendida en los días de Domiciano que en los de Nerón. Sin embargo, esto no está tan claramente definido como muchos defensores de una fecha tardía querrían hacer creer a sus audiencias.[107]

En tercer lugar está el argumento de que las persecuciones a las que se refiere el Apocalipsis concuerdan mejor con el reinado de Domiciano que con el de Nerón. De acuerdo con Martin Franzmann, por ejemplo, durante el reinado de Domiciano «el culto al emperador se propagó con gran celo en la provincia de Asia», y esto podría explicar el exilio de Juan en Patmos (1:9), el martirio de Antipas en Pérgamo (2:13), y las almas de los hombres que habían sido muertos por su testimonio clamando en voz alta por vindicación (6:9, 10).[108] Leon Morris explica que aunque la adoración al emperador no fue impuesta por los emperadores, al menos antes de Domiciano, «era la respuesta espontánea del pueblo en las provincias a la paz y el buen gobierno que debían a los romanos». Así, existía una demanda popular por la adoración al emperador, y los cristianos se encontraron muy fuera de sintonía», y, por tanto sujetos a persecución.[109] Por el contrario, Gentry argumenta que la evidencia para una persecución de cristianos a lo ancho y largo del imperio es escasa.[110]

El cuarto argumento es que a las siete iglesias de Asia Menor se les da apariencias descriptivas que reflejan un periodo de desarrollo a sus espaldas que no es posible en el tiempo de la persecución de Nerón. La evidencia que se presenta para esto es muy interesante, pero se ha de admitir que algo subjetiva, estando las distintas descripciones de las iglesias en Apocalipsis 2–3 abiertas a la interpretación de los detalles conocidos de un intérprete dado.[111]

La evidencia para una fecha temprana

Los defensores de una fecha temprana insisten en que el «testimonio propio» del libro favorece una fecha temprana para el tiempo de la visión, específicamente durante el reinado de Nerón, alrededor del 65 d.C.

---

[106] S. H. Chase, «The Date of the Apocalypse», *Journal of Theological Studies* 8 (1907): 431–32.
[107] Gentry, *Before Jerusalem Fell*, 261–84.
[108] *The Word of the Lord Grows*, 270–71.
[109] Leon Morris, *The Revelation of St. John* (Grand Rapids, Mich.: Eerdmans, 1969), 36, fn. 1
[110] Gentry, *Before Jerusalem Fell*, 285–99.
[111] Ibid., 318–30.

Las Ultimas Cosas

La primera evidencia, y en mi opinión la más fuerte, es la afirmación que se hace en el 17:10, que dice que, de los siete reyes simbolizados por las «siete cabezas» de la bestia escarlata, «Cinco de ellos han caído; uno es [ὁ εἷς ἔστιν, ho heis estin], y el otro aún no ha venido; y cuando venga, es necesario que dure breve tiempo». Dado que «Babilonia la grande, la madre de las rameras» es «la gran ciudad que reina sobre los reyes de la tierra» (17:18), y dado que las siete cabezas también representan siete colinas sobre las que se sienta la Gran Ramera (17:9), existen pocas dudas de que la «mujer» es la ciudad de Roma, capital del imperio. Entonces se dice que los reyes son siete emperadores, cinco de los cuales han gobernado, otro estaba gobernando en el momento del escrito, y uno gobernaría. «Todo lo que se necesita para determinar la cronología que se indica en Apocalipsis 17:10», escribe Gentry, «es que encontremos una serie de siete reyes, cinco de los cuales "hayan caído", el sexto de los cuales "esté" gobernando, y el último de los cuales tuviera un reinado corto. Aquel que "es" será el rey que estaba vivo y gobernando en el tiempo en que Juan escribió Apocalipsis».[112] Él sugiere que los cinco reyes son Julio César (49–44 a.C.), César Augusto (31 a.C.— 14 d.C.; véase Lucas 2:1), Tiberio César (14–37 d.C.; véase Lucas 3:1), Gayo César, también llamado Calígula (37–41 d.C.), y Claudio César (41–54 d.C.; véase Hechos 11:28; 18:2), el sexto Nerón (54–68 d.C.), y el séptimo Galba, que solo reinó desde Junio del 68 a Enero del 69. Esto sugeriría que Juan escribió el Apocalipsis durante el reinado de Nerón.

Gentry argumenta que esta conclusión recibe apoyo del críptico comentario de Juan en el 13:18: «Aquí hay sabiduría. El que tiene entendimiento, cuente el número de la [primera] bestia, pues es número de hombre. Y su número es seiscientos sesenta y seis». El único número que encaja de forma muy satisfactoria, según defiende Gentry, es נרון קסר, *nrôn qsr,* «Nerón César»—la grafía misma que aparece en un documento arameo de Murabba'at fechado en «el segundo año del emperador Nerón». El valor numérico del nombre se obtiene de la siguiente forma, leyendo de derecha a izquierda:

ר = 200; ס = 60; ק = 100; ן = 50; ו = 6; ר = 200; נ = 50

Ha de notarse que hay una variante textual en el versículo 13:18 en el manuscrito C y en algunos de los manuscritos conocidos por Ireneo y Ticonio, que dan como número de la bestia el 616. Metzger explica la variante de la siguiente forma:

Cuando las letras griegas se utilizan como numerales, la diferencia entre 666 y 616 es simplemente un cambio de ξ a ι (666 = χξς y 616 = χις). Quizás el cambio fue intencional, al ver que la forma griega para Nerón César escrita en caracteres hebreos (נרון קסר) es equivalente a 666, mientras que la forma latina para dicho nombre (נרו קסר) equivale a 616.[113]

De forma que lo que en principio parece echar por tierra la teoría de Nerón, según escribe Gentry «proporciona una destacable confirmación de la teoría».[114]

También ha de tenerse en cuenta que, tras el suicidio de Nerón el 9 de junio del 68, el imperio sufrió las Guerras Civiles y la usurpación del trono imperial por parte de tres emperadores (Galba, que reinó de junio del 68 a enero del 69; Otón, que sólo reinó del 15 de enero al 17 de abril del 69; y Vitelio, que reinó del 2 de enero al 22 de diciembre del 69). La afirmación en el 17:11: «La bestia que era, y no es, es también el octavo», parece requerir

---

[112] Ibid., 152.
[113] Metzger, *A Textual Commentary on the Greek New Testament*, 752.
[114] Gentry, *Before Jerusalem Fell*, 84.

que su referente sea Otón. Pero dado que la frase «el octavo» en realidad no tiene artículo, Gentry insta a que esto permite que se refiera a cualquier rey que vaya después. Él cree que se refiere a Vespasiano, que reinó del 1 de julio del 69 al 23 de junio del 79, y que restauró el orden y la estabilidad al imperio.

William Hendriksen, no obstante, con algo de justificación bíblica (véase Dn. 2, 7), entiende que estos siete «reyes» son en realidad siete imperios mundiales, y sugiere que los cinco primeros se refieren a la antigua Babilonia, Asiria, Nueva Babilonia, Medo-Persia y Greco-Macedonia, siendo el sexto el Imperio Romano y el séptimo «el título colectivo para todos los gobiernos anticristianos entre la caída de Roma y el imperio final del anticristo».[115] Y sugiere que el octavo es «el dominio final y más terrible del anticristo hacia el fin de la historia».[116] También sugiere que el número 666 significa simbólicamente «fracaso sobre fracaso sobre fracaso», siendo el 6 el número del hombre, que fue creado en el sexto día de Génesis 1 y que en sí mismo nunca podrá alcanzar el 7 (el número de la perfección).[117]

La segunda evidencia es la sugerencia que se hace en Apocalipsis 11:1–2 acerca de que Jerusalén y el templo todavía están en pie: «Entonces me fue dada una caña semejante a una vara de medir, y se me dijo: Levántate, y mide el templo de Dios, y el altar, y a los que adoran en él. Pero el patio que está fuera del templo déjalo aparte, y no lo midas, porque ha sido entregado a los gentiles; y ellos hollarán la ciudad santa cuarenta y dos meses». Los 42 meses se explican como sigue: Vespasiano, como general, puso asedio a Jerusalén al principio de la primavera del 67 d. C.; Jerusalén y el templo cayeron finalmente ante las fuerzas de Tito, su hijo, en septiembre, en el 70 d.C.—un tiempo que se aproxima a los 42 meses del 11:2.

Aunque concede que Juan probablemente vio el tiempo herodiano de Jerusalén en su visión, Hendriksen destaca con bastante acierto que esta evidencia «no tiene base» para fundamentar una fecha temprana, ya que «en una *visión* pueden verse cosas que ya no existen en la realidad literal».[118]

La tercera evidencia que puede presentarse para una fecha temprana son los indicadores de tiempo que la profecía enfatiza, relativos al cumplimiento de la supuesta predicción principal tal y como la entienden muchos defensores de una fecha temprana, es decir, el juicio divino sobre Israel en el 70 d.C. por su apostasía de Dios (1:7). Estos indicadores temporales, de acuerdo con esto, se traducen:

He aquí que viene con las nubes [en juicio],
 y todo ojo le verá,
 y los que le traspasaron [el liderazgo judío];
 y todos los linajes de la tierra [lit., las tribus de la tierra, αἱ φυλαὶ τῆς γῆς, *hai phylai tēs gēs*] harán lamentación por él.

¿Cuándo dice Juan que comenzará la inauguración de los sucesos de este tema? Según destacan los defensores de una fecha temprana, se nos dice en tres ocasiones en el primer capítulo de Apocalipsis que esos sucesos comenzarán *pronto*.

Apocalipsis 1:1: «La revelación de Jesucristo, que Dios le dio, para manifestar a sus siervos las cosas que deben suceder *pronto* [ἐν τάχει, *en tachei*]».

Apocalipsis 1:3: «Bienaventurado el que lee, y los que oyen las palabras de esta profecía, y guardan las cosas en ella escritas; porque el tiempo está *cerca* [ἐγγύς, *engys*]».

Apocalipsis 1:19: «Escribe las cosas que has visto, y las que son, y las que *han de ser* [μέλλει γενέσθαι, *mellei genesthai*] después de estas».

---

[115] William Hendriksen, *More Than Conquerors* (Grand Rapids, Mich.: Baker, 1961), 204.
[116] Ibid., 205.
[117] Ibid., 182.
[118] Ibid., 152.

Luego, en tres ocasiones en las cartas a las siete iglesias, Cristo declara su pronta venida en juicio:

Apocalipsis 2:16: «Por tanto, arrepiéntete; pues si no, vendré a ti *pronto* [ταχὺ, *tachy*], y pelearé contra ellos con la espada de mi boca».

Apocalipsis 3:10: «Por cuanto has guardado la palabra de mi paciencia, yo también te guardaré de la hora de la prueba que *ha de venir* [μελλούσης ἔρχεσθαι, *mellousēs erchesthai*] sobre el mundo entero, para probar a los que moran sobre la tierra».

Apocalipsis 3:11: «He aquí, yo vengo *pronto* [ταχὺ, *tachy*]; retén lo que tienes, para que ninguno tome tu corona».

Finalmente, cinco veces en el último capítulo somos informados de la (supuesta) inmediatez temporal del cumplimiento de la profecía:

Apocalipsis 22:6: «[El ángel] me dijo: Estas palabras son fieles y verdaderas. Y el Señor, el Dios de los espíritus de los profetas, ha enviado su ángel, para mostrar a sus siervos las cosas que deben suceder *pronto*[ἐν τάχει, *en tachei*]».

Apocalipsis 22:7: «He aquí, vengo *pronto* [ταχύ, *tachy*]. Bienaventurado el que guarda las palabras de la profecía de este libro».

Apocalipsis 22:10: «Y me dijo: No selles las palabras de la profecía de este libro, porque el tiempo está *cerca* [ἐγγύς, *engys*]».

Apocalipsis 22:12: «He aquí yo vengo *pronto* [ταχύ, *tachy*], , y mi galardón conmigo, para recompensar a cada uno según sea su obra».

Apocalipsis 22:20: «El que da testimonio de estas cosas dice: Ciertamente vengo en *breve* [ταχύ, *tachy*]. Amén; sí, ven, Señor Jesús».

No obstante, es discutible si el mismo verso puede restringirse a la venida de Cristo en juicio contra Israel en el 70 d.C., ya que αἱ φυλαὶ τῆς γῆς, *hai phylai tēs gēs*, puede significar «los pueblos de la tierra». La tésis de David Chilton en su *The Days of Vengeance* (siguiendo a Ray R. Sutton en su modelo pactual en *That You May Prosper: Dominion by Covenant*) acerca de que el Apocalipsis es la demanda del pacto de Dios contra Israel y acerca de que profetiza la caída de Jerusalén, es demasiado restrictiva.[119] Los juicios predichos a lo largo del libro, aunque se conceda el hecho de que se explican en términos apocalípticos, parecen abarcar al mundo entero.[120] Además, como apunta H. B. Swete esos indicadores temporales «deben interpretarse... de forma relativa a las medidas divinas de los tiempos».[121] Y, en el punto de vista del paralelismo progresivo, de hecho, estas cosas comienzan pronto.

El cuarto argumento en presentarse es la implicación de ciertas afirmaciones en el Apocalipsis acerca de que en el *Sitz im Leben* de la comunidad cristiana en Asia Menor todavía se operaba dentro de los círculos e instituciones judías, lo que simplemente no era el caso después de la destrucción del templo en el 70 d.C. Por ejemplo, Cristo declara a la iglesia de Esmirna (2:9): «Yo conozco tus obras, y tu tribulación, y tu pobreza (pero tú eres rico), y la blasfemia de los que se dicen ser judíos, y no lo son, sino sinagoga de Satanás». Y a la iglesia de Filadelfia (3:9), declara: «yo entrego de la sinagoga de Satanás a los que se dicen ser judíos y no lo son, sino que mienten; he aquí, yo haré que vengan y se postren a tus pies».

Estas afirmaciones parecen reflejar un *Sitz im Leben* en el que los cristianos se presentaban como verdaderos judíos. ¿Resulta creíble (pregunta Gentry), el pensar que los cristianos

---

[119] David Chilton, *The Days of Vengeance: An Exposition of the Book of Revelation* (Tyler, Tex.: Dominion, 1987). Chilton sigue el modelo pactual expuesto por R. Sutton en *That You May Prosper: Dominion by Covenant* (Tyler, Tex.: Institute for Christian Economics, 1987).

[120] R. Fowler White, «Reexamining the Evidence for Recapitulation in Rev 20:1–10», *Westminster Theological Journal* 51 (1989): 332, hace notar que el que Chilton pase por alto el hecho de Apocalipsis 6:12–17 y 16:17–21, como descripciones de juicios de proporciones cósmicas, que son paralelos con Apocalipsis 20:9–11 (cuyo último pasaje, según reconoce Chilton, es descriptivo del juicio escatológico cósmico en el regreso de Cristo) hace que su argumento general no sea convincente.

[121] H. B. Swete, *The Apocalypse of St. John* (Londres: Macmillan, 1922), 2.

habrían sentido la necesidad de hacer esto después de la destrucción de Jerusalén en el 70 d.C.?[122] Pero ya que los judíos aún habrían insistido después del 70 d.C. en que eran los verdaderos hijos de Abraham, puede que ciertamente los cristianos hubieran sentido esta necesidad. Incluso hoy, los cristianos, al testificar a sus amigos judíos, buscan demostrar que son ellos quienes son el verdadero Israel.

Debo concluir que la evidencia para las fechas propuestas no es concluyente. El Apocalipsis puede haber sido escrito alrededor del 65 o 66 d. C., antes de la destrucción de Jerusalén en el 70 d.C., o puede haber sido escrito alrededor del 95 d.C. hacia el fin del reinado de Domiciano. Me inclino hacia la fecha tardía porque no creo que los juicios del libro puedan restringirse en su aplicación principal, si no exclusiva, a Israel. Pero querría sugerir que interpretemos Apocalipsis con cierto grado de modestia, reuniendo sus lecciones obvias para nuestro aprendizaje en la fe, y dejando los asuntos menos claros para nuestro tiempo de aprendizaje cuando veamos al Revelador mismo cara a cara (22:4).

Su ocasión

Martin Franzmann captura las condiciones que llevaron a que se escribiese el Apocalipsis en las siguientes palabras:

> La situación que produjo la escritura [del Apocalipsis] es aclarada por el escrito mismo: las iglesias están siendo perturbadas por falsos maestros (Ap. 2:6, 14, 15), calumniada y acosada por los judíos, la «sinagoga de Satanás» (Ap. 2:9; 3:9), y soportando persecución (1:9), la cual había costado las vidas de algunos testigos fieles (Ap. 2:13; 6:9, 10) pero aún no había llegado a su punto álgido (Ap. 6:11). Juan mismo, desterrado en la isla de Patmos, «por causa de la palabra de Dios y el testimonio de Jesucristo» (1:9), escribe el relato de las visiones que le fueron concedidas allí, el registro de «la revelación de Jesucristo, que Dios le dio, para manifestar a sus siervos» (Ap. 1:1). Escribe para fortalecerlos en sus pruebas, tanto internas como externas, para poner ante ellos la grandeza y la certeza de su esperanza en Cristo, y para asegurarles su victoria, en Cristo, sobre todos los poderes del mal que ahora se han desatado en el mundo y, según todas las apariencias, están destinados a triunfar en la tierra. El libro es totalmente práctico, como todos los libros del Nuevo Testamento, diseñado para ser leído en los servicios de culto de las iglesias, como muestra la primera de las siete bienaventuranzas [véase 1:3; 14:13; 16:15; 19:9; 20:6; 22:7, 14] que pronuncia el libro: «Bienaventurado el que lee, y los que oyen las palabras de esta profecía, y guardan las cosas en ella escritas; porque el tiempo está cerca». (Ap. 1:3) [123]

Un bosquejo de su contenido

Antes de que veamos de verdad el bosquejo[124] resultaría útil exponer mi razón para sostener la interpretación de paralelismo progresivo del Apocalipsis. Una lectura cuidadosa del libro revelará que el fin del mundo (representado ya sea por la segunda venida de Cristo, el cataclismo cósmico, el juicio final, o una combinación de estos) no ocurre sólo una vez en el libro, es decir, en Apocalipsis 20-21, como los dispensacionalistas defienden. Por el contrario, está clara y marcadamente representada en siete visiones en el siguiente esquema. Una y otra vez el libro nos lleva de forma impactante al fin del mundo. Consideremos las siguientes referencias bíblicas:

1. La primera visión de las cartas a las siete iglesias, cada una de las cuales habla proféticamente y lleva al lector siete veces a la contemplación del juicio final que vendrá, y del estado eterno: *Éfeso*, 2:7: «Al que venciere, le daré a comer del árbol de la vida, el cual está en medio del paraíso de Dios»; *Esmirna*, 2:11: «El que venciere, no sufrirá daño de la segunda muerte»; *Pérgamo*, 2:17: «Al que venciere, daré... una piedrecita blanca, y en la

---
[122] Gentry, *Before Jerusalem Fell*, 223.
[123] Franzmann, *The Word of the Lord Grows*, 270. Véase también Beckwith, *The Apocalypse of John*, 208–13.
[124] Aquí sigo bastante de cerca el esquema de Hendriksen en *More than Conquerors*.

piedrecita escrito un nombre nuevo»; Tiatira, 2:25-27: «Pero lo que tenéis, retenedlo hasta que yo venga. Al que venciere y guardare mis obras hasta el fin, yo le daré autoridad sobre las naciones y las regirá con vara de hierro, y serán quebradas como vaso de alfarero"; *Sardis*, 3:3, 5: «Vendré sobre ti como ladrón, y no sabrás a qué hora vendré... El que venciere será vestido de vestiduras blancas; y no borraré su nombre del libro de la vida, y confesaré su nombre delante de mi Padre, y delante de sus ángeles»; *Filadelfia*, 3:10-12: «la hora de la prueba que ha de venir sobre el mundo entero..., yo vengo pronto... Al que venciere... escribiré sobre él ... el nombre de la ciudad de mi Dios, la nueva Jerusalén»; *Laodicea*, 3:16, 21: «Te vomitaré de mi boca... Al que venciere, le daré que se siente conmigo en mi trono»;

2. la segunda visión relativa a los sellos: 6:12-17, especialmente el versículo 17: «Porque el gran día de su ira *ha llegado* [ἦλθεν, *ēlthen*], ; ¿y quién podrá sostenerse en pie?»; 8:3–5 (nótese la descripción del juicio en 8:5, con el simbolismo del juicio de 4:5);

3. la tercera visión relativa a las trompetas: 10:7: «Sino que en los días de la voz del séptimo ángel, cuando él comience a tocar la trompeta, el misterio de Dios *se consumará*»; [ἐτελέσθη, *etelesthē*] 11:15: «Los reinos del mundo *han venido a ser* ['Εγένετο, *Egeneto*] de nuestro Señor y de su Cristo»; 11:18-19: «tu ira *ha venido* [ἦλθεν, *ēlthen*]. y el tiempo de juzgar a los muertos, y de dar el galardón a tus siervos los profetas, a los santos»; y la descripción del juicio cósmico en 11:19b;

4. La cuarta visión, relativa a la mujer, el dragón (Satanás) y sus ayudantes: 14:14-20, especialmente el versículo 15: «la hora de segar ha llegado, pues la mies de la tierra está madura» ; 14:16: «la tierra fue segada»; y 14:19: «Y el ángel arrojó su hoz en la tierra, y vendimió la viña de la tierra, y echó las uvas en el gran lagar de la ira de Dios»;

5. la quinta visión relativa a las siete últimas plagas: 15:1: «postreras; porque en ellas *se consumaba* [ἐτελέσθη, *etelesthē*] la ira de Dios»; 16:15-21, especialmente el versículo 17: «El séptimo ángel derramó su copa por el aire; y salió una gran voz del templo del cielo, del trono, diciendo: *Hecho está* [Γέγονεν, *Gegonen*]!» y, como en 8:5 y 11:19, la descripción del juicio cósmico en los versículos 18-21;

6. La sexta visión relativa a la caída de Babilonia: 19:11-21, especialmente el versículo 15: «De su boca sale una espada aguda, para herir con ella a las naciones, y él las regirá[125] con vara de hierro; y él pisa el lagar del vino del furor y de la ira del Dios Todopoderoso»;

7. La séptima visión, relativa a la perdición del dragón, con Cristo y su iglesia como vencedores finales: 20:9–15.

De ésto se deduce que el Apocalipsis debe leerse como una serie de visiones recurrentes, *paralelas* o recapitulativas que describen los terribles juicios que esperan a los impíos, y no como una serie de visiones que siguen cronológicamente a sus predecesoras.

Por lo tanto, sugiero el siguiente esquema:

I. Introducción, 1:1-8.
   A. Superscripción, 1:1-3: Jesús anuncia la revelación que el Padre le dio para que la mostrara a sus siervos. Se pronuncia la primera bendición («Bienaventurado el que lee [en voz alta], y los que oyen las palabras de esta profecía, y guardan las cosas en ella escritas»).
   B. Saludos del Dios Trino a las siete iglesias, 1:4-5a.

---

[125] Los premilenialistas interpretan esta referencia a que Cristo «gobernará» a las naciones como una alusión oblicua a su reinado milenial. Pero el verbo ποιμανεῖ, *poimanei*, no dice nada de «gobernar», sino que significa más bien «pastorear». La idea que se pretende transmitir es que Cristo «actuará como un pastor» ante las naciones enemigas que amenazan a su rebaño «desmenuzándolas como vasija de alfarero» (Sal. 2:9; Ap. 2:27).

C. Doxología, 1:5b-8. (El tema del libro se enuncia en el 1:7).
II. La iglesia y el mundo: persecución, venganza, protección y victoria, capítulos 1-11.

A. La primera visión, 1:9-3:22: La iglesia habitada por Cristo en el mundo. Esta visión, que ocurre en el Día del Señor, incluye una revelación del Cristo exaltado (1:12-20) y sus cartas a las siete iglesias de Asia Menor en medio de las cuales camina (capítulos 2 y 3). Parece abarcar todo el período entre los dos advenimientos de Cristo: desde su primera venida para derramar su sangre por su pueblo (1:5) hasta su venida en juicio (1:7). «Cada iglesia individual es, por así decirlo, un tipo que *no* indica un periodo definido en la historia, sino que describe condiciones que constantemente se repiten en la vida real de varias congregaciones».[126] Esto se muestra en el recurrente estribillo al final de cada carta (2:7, 11, 17, 29; 3:6, 13, 22): «El que tiene oído, oiga lo que el Espíritu dice a las iglesias». Cristo los elogia por sus fortalezas particulares y los condena por sus debilidades específicas; estas fortalezas y debilidades se hacen notar para beneficio de todas las otras iglesias desde entonces hasta el fin de la era. Se insta a cada una a considerar el juicio final y sus resultados.

B. La segunda visión, 4:1-8:5: La iglesia que sufre la prueba y la persecución; el libro con los siete sellos. Esta visión también parece abarcar esta época, con una imagen tanto del Cordero inmolado (5:6) como del juicio final (en 6:12–17 y 8:3–5). En esta visión vemos el salón del trono celestial, con las cuatro criaturas vivientes volando alrededor del trono, los veinticuatro ancianos (¿seres angelicales que simbolizan a las doce apóstoles del Nuevo Testamento?) adorando ante el trono, y los siete pergaminos sellados reposando en la mano de Dios—«el libro del destino humano»,[127] «que contiene los propósitos fijados por Dios para el futuro»[128] (4:1–5:5).

Cristo, el Cordero inmolado, es el único digno de abrir el pergamino y recibir así las alabanzas y la adoración del cielo (5:6–14). El Cordero abre los seis primeros sellos, que a su vez traen falsos mesías conquistadores, guerras, hambre, muerte (los llamados cuatro jinetes del Apocalipsis), las oraciones de los mártires en el cielo suplicando que Dios vengue sus muertes, y un gran terremoto que conduce al mundo al gran día del juicio (6:1-17). Antes de que se abra el séptimo sello, se produce un breve paréntesis para que los 144 000 santos de la tierra (la iglesia militante, número que simboliza la plenitud –no falta ninguno de ellos–) sean sellados y protegidos de la ira venidera (7:1-8; ver nota), mientras los santos del cielo (la iglesia triunfante, «los que han salido de la gran tribulación») alaban a Dios y al Cordero (7:9–17). Entonces se abre el séptimo sello, provocando primero un breve silencio en el cielo. Luego un ángel, en respuesta a las oraciones de los santos, lanza un incensario dorado de fuego a la tierra, provocando «truenos, y voces, y relámpagos, y un terremoto» (8:1–5), estos fenómenos apocalípticos describen gráficamente el derramamiento de la ira divina sobre los impíos. (Obsérvese que los siete sellos están divididos en dos partes, la 4 y la 3).

Nota: Los 144.000 de los versículos 7:1–8 no pueden ser el Israel literal, sino que deben ser el Israel espiritual, los elegidos de Dios, ya sean judíos o gentiles, debido a tres irregularidades en la forma en que Juan los describe, a saber: se menciona primero a Judá, se omite totalmente a Dan sin ninguna explicación, y se menciona a José en lugar de Efraín.[129]

---

[126] Hendriksen, *More Than Conquerors*, 22.
[127] Morris, *Apocalipsis*, 94.
[128] Bruce Metzger, *Oxford Annotated Bible*, 1495.
[129] Ladd, *Theology*, 627. Véase también C. R. Smith, «The Portrayal of the Church as the New Israel in the Names and Order of the Tribes in Revelation 7:5-8», *Journal*

C. La tercera visión, 8:6-11:19: La iglesia vengada, protegida, victoriosa; las siete trompetas de juicio que afectan al mundo. Del hecho de que a Juan se le diga que debe seguir profetizando (10:11) y de que los dos testigos (Moisés y Elías [...], que representan a todos los predicadores de la Palabra de Dios revelada) también se representan profetizando, se extrae que esta visión parece abarcar una vez más toda la dispensación evangélica, terminando con la consumación del misterio de Dios y el juicio final (10:7; 11:15, 18-19). En esta visión, Juan oye por primera vez el sonido de las seis primeras trompetas, las cuatro primeras de las cuales traen por turnos juicios divinos sobre la tierra, el mar, los ríos y los cuerpos celestes (8:6–13), y la quinta y la sexta (las dos primeras de los tres «ayes») liberan por turnos sobre el mundo a los demonios del abismo y a los cuatro ángeles del juicio atados en el Éufrates (la frontera oriental del Imperio Romano) (9:1–10, 14).

Antes de que suene la séptima trompeta, ya sea como parte de la sexta trompeta (el «segundo ay») o como interludio de la séptima trompeta (el tercer «ay»), se le ordena a Juan que coma el «librito» que está en la mano de un quinto ángel. Es dulce porque es la Palabra de Dios, y amargo, porque implica sus terribles juicios. A continuación se le dice que debe seguir profetizando a las naciones, es decir, debe informar de las visiones de la segunda parte del Apocalipsis, nuestros capítulos 12–22 (10:1–11). A continuación se le ordena que mida el templo y el altar de Dios y que cuente a los adoradores (cristianos), sin duda con vistas a preservarlos (11:1–2). Luego, después de que los dos testigos hayan profetizado y hayan sido muertos y elevados al cielo (¿el rapto de la iglesia?), se produce un fuerte terremoto (11:3–14).

Entonces suena la séptima y última trompeta (véase la «final trompeta» en 1 Co. 15:52), y fuertes voces del cielo declaran: «Los reinos del mundo han venido a ser de nuestro Señor y de su Cristo; y él reinará por los siglos de los siglos» (11:15). Los veinticuatro ancianos alaban a Dios en los versículos 11:17–18, pero hay que señalar que la aclamación anterior de Juan a Dios en tres tiempos como Aquel «que es, que era y que ha de venir (1:4)» se reduce aquí a los dos primeros tiempos: «que eres y que eras». Ya no es el que ha de venir; ¡Él ha venido! Entonces, como ocurrió al final del séptimo sello, aquí, después del sonido de la séptima y última trompeta, «hubo relámpagos, voces, truenos, un terremoto y grande granizo» (11:19). El «tiempo de juzgar a los muertos» (11:18) ha llegado de nuevo con un juicio ardiente; y «el misterio de Dios se consumará, como él lo anunció a sus siervos los profetas [ἐτελέσθη, *etelesthē*]» (10:7). (Nótese de nuevo que las siete trompetas están divididas en dos partes, las 4 y las 3).

III. Cristo y el dragón: persecución y victoria. En esta sección se observa un avance en el énfasis escatológico.

A. La cuarta visión, 12:1–14:20: La mujer y el Hombre-niño perseguidos por el dragón y sus ayudantes, las bestias y la ramera. Esta visión abarca claramente toda la era, comenzando con el nacimiento de Cristo (12:5) y terminando con una descripción escalofriante de su segunda venida (14:14-20). En palabras of Ladd, «representa, en términos vívidos y pintorescos, una batalla *durante edades* entre Satanás y el pueblo de Dios».[130] En esta visión, Satanás intenta matar al Hombre-niño (Cristo; véase 12:5) en su nacimiento. Luego, habiendo fracasado en ese intento, continúa su ataque sobre la mujer (la iglesia). Pero el Señor protege a la Iglesia durante sus tiempos de persecución (12:1–17). Satanás cuenta con la ayuda de «la bestia que sube del mar» (los gobiernos

---

for the Study of the New Testament 39 (1990): 111-18.
[130] Ladd, *Theology of the New Testament*, 625, énfasis añadido.

anticristianos del mundo; véase la nota 1) y «la bestia que sube de la tierra» (las religiones y filosofías anticristianas del mundo; véase la nota 2) en sus esfuerzos contra la Iglesia (13:1-18). Pero la iglesia, todo el número de los fieles simbolizado por los 144 000 que están ahora en el Monte Sión, es protegida y preservada (14:1-5). Tres ángeles son enviados para advertir a la humanidad de la proximidad del juicio de Dios (14:6-13; véase el v. 13: la segunda bendición del Apocalipsis: «Bienaventurados de aquí en adelante los muertos que mueren en el Señor»), que finalmente cae sobre Babilonia (la cual representa al mundo visto como el gran seductor de los corazones de los hombres para alejarlos de Dios), mientras Jesús viene, hoz en mano, a la gran cosecha de la tierra (14:14-20). La imagen de la sangre fluyendo «hasta los frenos de los caballos» en el 14:20 no debe entenderse literalmente, sino como una contribución al efecto general del terror del Escatón.

Nota 1: Los lectores de Juan habrían visto sin duda en su descripción de la bestia del mar una referencia al Imperio Romano anticristiano bajo el que vivían, y que, bajo Nerón, lanzó persecuciones estatales formales contra los cristianos (13:7). La cabeza de la bestia que había sido «herida de muerte, pero su herida mortal fue sanada» (13:3, 12, 14; véase 17:8, 11) tiene probablemente como trasfondo el mito *redivivus* de Nerón, que era muy conocido en algunas partes del imperio después del suicidio de Nerón, pero la herida mortal de la bestia debe tomarse probablemente como referencia a las Guerras Civiles que sobrevinieron después de la muerte de Nerón (68–69 d.C.) y su «curación» como referencia al resurgimiento del Imperio Romano bajo Vespasiano. La Roma del siglo I habría sido entonces la expresión actual de «la bestia del mar», que se ha perpetuado en los gobiernos anticristianos del mundo a lo largo de esta era.

Nota 2: La segunda bestia representa las religiones y filosofías anticristianas del mundo, porque Juan la llama más tarde «falso profeta», una descripción religiosa (16:13; 19:20). Utiliza sus poderes para engañar a la gente (13:14) y para imponer el culto a la primera bestia (13:12) mediante sanciones económicas (13:16-17).

B. La quinta visión, 15:1-16:21: La ira final sobre los impenitentes; las siete copas de la ira. Juan ve ahora a siete ángeles con las siete últimas plagas o copas de la ira (15:1-8). Al igual que con las trompetas anteriores, cuando los ángeles derraman sus copas de ira divina, las primeras seis plagas caen sucesivamente sobre la tierra, el mar, los ríos, los cuerpos celestes, el reino de la bestia y el río Éufrates (16:1-12).

Al igual que en la serie de sellos y trompetas, hay un brevísimo interludio antes de que se derrame la séptima copa en el que Jesús anuncia su venida como ladrón y pronuncia la tercera bendición del Apocalipsis (16:15: «Bienaventurado el que vela, y guarda sus ropas, para que no ande desnudo, y vean su vergüenza»).

Entonces el séptimo ángel derrama la séptima y última copa de la ira. De nuevo, como ocurrió al final de los sellos y las trompetas, «hubo relámpagos y voces y truenos, y un gran temblor de tierra, un terremoto tan grande... y... un enorme granizo» (16:18–21), representaciones simbólicas de la ira de Dios Todopoderoso derramándose, y «toda isla huyó, y los montes no fueron hallados» (16:20). Una vez más, la imagen de las piedras de granizo que pesan un talento cada uno y que caen sobre los hombres en 16:21 no debe entenderse literalmente, sino como algo que contribuye al efecto general de terror del Escatón.

C. La sexta visión, 17:1-19:21: La caída de «Babilonia la grande, la madre de las rameras» («Roma») y la Bestia Escarlata (el «Imperio romano»). En esta visión se le muestra a Juan lo que ocurre con la gran ramera y la bestia de forma particular. El mundo anticristiano de la seducción y del gobierno pasará a su debido tiempo por el juicio de Dios, hasta la aparición del reino del Anticristo, el rey «que era, y no es, es también el octavo; y es de entre los siete» (17). Pero él también «y va a la perdición» (17:11), pues a pesar de su grandeza Babilonia caerá (18:1–3). Ahora se advierte al pueblo de Dios que salga de ella (18:4). Entonces, lamentando por la ciudad caída, los reyes, los comerciantes y los marineros de la tierra llorarán y harán luto (18:9–19). Por medio del acto de arrojar una gran piedra de molino al mar, un ángel simboliza la destrucción total que vendrá sobre «la gran ciudad [del hombre]».

Entonces el cielo se regocija ante la noticia de que Babilonia será destruida y anuncia como respuesta que han llegado las bodas del Cordero y su novia (19:1–10; véase la cuarta bendición del Apocalipsis en 19:9: «Bienaventurados los que son llamados a la cena de las bodas del Cordero»). A continuación, Cristo regresa y aplasta el reino del Anticristo (19:11-21). Una vez más, la imagen de la ropa de Cristo «teñida en sangre» en el versículo 13 y las aves atiborrándose de «carnes de reyes y de capitanes, y carnes de fuertes, carnes de caballos» en los versículos 18 y 21 no deben entenderse literalmente, sino como una contribución al efecto general de terror.

D. La séptima visión, 20:1–22:5: La perdición del dragón; Cristo y su iglesia los vencedores finales. Esta visión comienza con Satanás siendo atado, lo cual ocurrió durante el ministerio de nuestro Señor aquí en la tierra (ver Mt. 12:29),[13] y termina con los santos en el nuevo cielo y la nueva tierra (21:1). En esta visión se le muestra a Juan lo que le sucede a Satanás. A lo largo de esta era (los «mil años») [13.2] la iglesia militante (20:4a) y la iglesia triunfante martirizada reinan con Cristo, habiendo sido regenerados por Él, cuya regeneración es la «primera resurrección» del 20:5 (véase Juan 5:24-25; Ef 2:4–6). La quinta bendición del Apocalipsis se pronuncia en el 20:6: «Bienaventurado y santo el que tiene parte en la primera resurrección [espiritual]». Aunque Satanás intenta organizar un último esfuerzo para derrocar el reino de Cristo por medio de la gran apostasía y el hombre de pecado (ver 2 Ts. 2), fracasa, y es arrojado al infierno (20:1-10). Luego sus secuaces del reino son llevados ante el gran trono blanco para el juicio, y ellos también son juzgados y arrojados al infierno (20:11–15).

Juan ve entonces, en un cielo nuevo y una tierra nueva, la ciudad santa, la nueva Jerusalén (la iglesia triunfante completa), que desciende de Dios y está preparada como una novia adornada para su esposo, en cuyo centro habita el Dios Trino entronizado (21:1–27) y de cuyo trono fluye el río del agua de la vida para la «sanidad» de todos los que viven en ella. Los redimidos «verán su rostro [Ladd: "la palabra más importante de todas, la que contiene todas las demás bendiciones del nuevo orden"]][13.3] y reinarán por los siglos de los siglos» (22:1–5). ¡Qué gloriosa conclusión para la redención que hace Dios de los suyos, y qué bendita esperanza!

IV. Epílogo, 22:6–21. El ángel que le mostró a Juan estas cosas testifica que lo que Juan ha visto es cierto (22:6). A continuación, Jesús promete que vendrá pronto y pronuncia la sexta bendición del Apocalipsis sobre los que presten atención a las palabras de la profecía (22:7: «Bienaventurado el que guarda las palabras de la profecía de este libro»). Entonces Juan testifica que vio y oyó estas cosas (22:8). Jesús vuelve a prometer que vendrá pronto (22:12), pronuncia la séptima y última bendición del Apocalipsis (22:14): «Bienaventurados los que

---

[132] El juicio de Gerrit C. Berkouwer parece sólido cuando escribe en su *The Return of Christ* (Grand Rapids, Mich.: Eerdmans, 1972):
¿Esta visión [de los mil años] pretende esbozar para nosotros una fase concreta de la *historia*?... La elección es inevitable: o bien no tocamos ninguna de las facetas de esta visión de «fin de la historia», o bien se acepta el hecho de que esta visión no es en absoluto un relato acerca de un futuro reino terrenal de paz, sino que es la revelación apocalíptica de la realidad de la salvación en Cristo, como telón de fondo de la realidad del sufrimiento y el martirio que aún continúan mientras el dominio de Cristo permanece oculto. (307)
[133] Ladd, *Theology of the New Testament*, 632.

lavan sus ropas, para tener derecho al árbol de la vida, y para entrar por las puertas en la ciudad»), y declara que fue Él quien dio este testimonio a las iglesias (22:16).

El Espíritu y la esposa (la iglesia) invitan ahora a beber del agua de vida (22:17). A continuación, Juan advierte que su revelación verbal de las siete visiones no ha de manipularse en modo alguno(22:18). Por tercera vez, Jesús promete venir (22:20), a lo que Juan responde con un simple: «Amén; sí, ven, Señor Jesús» (22:20). Concluye pronunciando una bendición sobre el pueblo de Dios (22:21).

El Apocalipsis, con sus recurrentes advertencias sobre el fin del mundo y el juicio final que espera a toda la humanidad, es una conclusión adecuada de la revelación del Nuevo Testamento. Su tema dominante es la victoria final de Cristo y su iglesia sobre todo enemigo. El día D ha llegado; ¡el día V es una certeza!

*****

En este capítulo he intentado demostrar que Jesús integró las enseñanzas de la escatología del Antiguo Testamento, centrándolas en Él mismo, y estableció el paradigma escatológico para todos los autores del Nuevo Testamento. Su «dualismo escatológico» abarcaba tanto un reino de la gracia, que fue inaugurado en su primera venida, como un reino de poder, que aparecerá cuando vuelva.

La escatología del Antiguo Testamento apuntaba tanto a la escatología del «ahora» (orientada a lo sotérico) como a la escatología del «todavía no» (consumación) de la era venidera, que comenzará con el regreso de Jesús. Pero la claridad escatológica quedó en espera de las enseñanzas proféticas de Jesús para poder distinguir estas dos eras. Todos los escritos del Nuevo Testamento proyectan la misma visión escatológica; ninguno de ellos enseña que haya que intercalar una era milenial entre el «este siglo» de Jesús y el «siglo venidero» (Mt. 12:32).

El próximo gran acontecimiento de la historia redentora será el regreso de Cristo, en el que toda la raza, los vivos y los muertos, comparecerá ante Él en la Gran Juicio para ser juzgada. La verdadera iglesia, habiendo sido resucitada en gloria, será entonces «abiertamente reconocida y absuelta en el Día del Juicio, y será hecha perfectamente bendita en el pleno disfrute de Dios por toda la eternidad» (Catecismo Menor, Pregunta 38), y los otros, habiendo sido resucitados también, experimentarán la deshonra y la ira por sus pecados por toda la eternidad. Después de que haya destruido todo dominio, autoridad y poder hostiles, con todos sus enemigos puestos bajo sus pies, Cristo entregará el reino a Dios Padre para que el Dios Trino sea todo en todos. Sí, ven, Señor Jesús.

26 | TENDENCIAS EN LA ESCATOLOGÍA EVANGÉLICA CONTEMPORÁNEA

Una última palabra precaución es en orden con respecto a tres tendencias inquietantes en los estudios escatológicos contemporáneos que se están haciendo sentir cada vez más dentro de ciertos barrios evangélicos.

LA NEGACIÓN DE UN RETORNO LITERAL DE CRISTO

Una especie de escatología realizada experimenta un ascenso. Con su peculiar interpretación preterista del Apocalipsis, ve todas las referencias del Nuevo Testamento al regreso de Cristo como cumplidas por el año 70 d.C. y, en consecuencia, niega por completo un futuro retorno literal de Cristo. Desde este punto de vista, solo una era dorada (el «reino de Dios» de las Escrituras) finalmente espera a la tierra y a sus habitantes a medida que el evangelio de Cristo «cristianiza» cada vez más a toda la tierra. El resultado es un reino universal de paz bajo el gobierno de Dios.

Tal punto de vista deja demasiadas preguntas sin respuesta, tales como, cómo los santos finalmente se perfeccionan, cómo la enfermedad y la muerte finalmente se superan, y cómo la redención del cuerpo y la glorificación de la naturaleza finalmente se logran. En palabras de Donald Guthrie,

La venida de Cristo marca el clímax de la historia de los siglos y forma una conclusión adecuada a los propósitos redentores de Dios en la historia humana. Aquellos que niegan el hecho de la segunda venida al atribuirle un significado totalmente espiritual se quedan con una visión de la historia humana que no tiene una conclusión efectiva. Una teología del Nuevo Testamento que no encuentra lugar para una segunda venida de Cristo debe ser necesariamente incompleta e insatisfactoria.[1]

CASTIGO ETERNO INTERPRETADO COMO ANIQUILACIÓN

Así como el Apocalipsis nos da una imagen del estado de la iglesia glorificada en el cielo en Apocalipsis 21:1-22:5 que es puro rapto, así también nos da una representación igualmente gráfica del infierno que es puro horror. En Apocalipsis 14:9–11 Juan declara que el que tiene la marca de la bestia «beberá del vino de la furia de Dios, que ha sido derramado con toda su fuerza en la copa de su ira», y que «será atormentado en fuego… y el humo de su tormento se eleva por los siglos de los siglos.[2] Y los que adoran a la bestia… no tienen descanso ni de día ni de noche». Aquí se dice que el *tormento consciente eterno* es el castigo de aquellos que tienen la marca de la bestia. En 19:20 Juan habla de «el lago de fuego que arde con azufre», y en 20:15 declara que «si el nombre de alguien no fue encontrado escrito en el libro de la

---

[1] Donald Guthrie, *New Testament Theology* (Downers Grove, Ill.: InterVarsity Press, 1970), 817.
[2] El comentario de John Stott sobre este pasaje en David L. Edwards y John Stott, Evangelical Essentials: A Liberal-Evangelical Dialogue (Downers Grove, Ill.: InterVarsity Press, 1988), 316, que "es el humo (evidencia de que el fuego ha hecho su obra) que 'sube por los siglos de los siglos'" es algo fácil, porque si bien es cierto que es el humo el que se dice que sube, también es cierto que es el humo de su tormento el que sube por los siglos de los siglos. También se dice de estas personas que no experimentan "descanso ni de día ni de noche", una expresión que difícilmente describe un estado de inexistencia.

vida, fue arrojado al lago de fuego», que es la «segunda muerte». De tales avisos joánicos como estos en el Apocalipsis está claro que el juicio divino que espera a los malhechores es cierto, justo y eterno.

Estas características del juicio escatológico han llevado a algunos teólogos evangélicos modernos que consideran que la doctrina del tormento consciente interminable es, si no intrínsecamente poco ética, al menos una reflexión sobre el lado misericordioso del carácter divino, a proponer la teoría de la aniquilación final del impenitente, cuerpo y alma.[3] De hecho, la comisión de doctrina de la iglesia de Inglaterra emitió un informe en enero de 1996, titulado «El misterio de la salvación», que declara:

> El infierno no es un tormento eterno, sino la elección final e irrevocable de lo que se opone a Dios tan completa y absolutamente que el único fin es el no-ser total.

Donald Guthrie tiene, por supuesto, razón cuando afirma que «la doctrina del castigo eterno no es una doctrina atractiva y el deseo de sustituirla por la opinión de que, en el juicio, las almas de los malvados dejarán de existir, es comprensible».[4] Pero, y con esto Guthrie estaría de acuerdo, la Biblia —que, después de todo, es nuestra única regla de fe para la doctrina del infierno— no respaldará tal sustitución. Tampoco tal sustitución es realmente más aceptable para la mente moderna que la visión tradicional, porque todavía tendría que llegar ese momento en que Dios aniquilaría al pecador arrojándolo al infierno, una noción igualmente repugnante para la mente moderna, que tendría a Dios para ser un Dios solo de amor. Sin embargo, nada menos que un evangélico estimado como John Stott presenta cuatro argumentos —relacionados a su vez con el lenguaje bíblico, las imágenes bíblicas, la justicia divina bíblica y el universalismo bíblico— para defender la aniquilación del impenitente. Su primer argumento presenta el punto básico de que, dado que la perdición eterna a menudo se describe en las Escrituras en términos de la «destrucción» del pecador, «parecería extraño ... si las personas que se dice que sufren destrucción no son destruidas».[5] En segundo lugar, sostiene que las imágenes del infierno como «fuego eterno» sugieren —ya que (escribe) «la función principal del fuego no es causar dolor, sino asegurar la destrucción, como atestiguan todos los incineradores del mundo»— que el pecador en el infierno debe ser consumido, no atormentado.[6] En tercer lugar está su afirmación de que una grave desproporción incompatible con la revelación bíblica de la justicia divina parecería existir entre «pecados cometidos conscientemente en el tiempo y el tormento experimentado conscientemente a lo largo de la eternidad».[7] Finalmente, argumenta que «la existencia eterna de los impenitentes en el infierno sería difícil de reconciliar con las promesas de la victoria final de Dios sobre el mal, o con los textos aparentemente universalistas que hablan de Cristo atrayendo a todos los hombres a sí mismo (Jn. 12:32), y de Dios uniendo todas las cosas bajo la dirección de Cristo (Ef. 1:10), reconciliando todas las cosas consigo mismo a través de Cristo (Col. 1:20), y llevar cada rodilla a inclinarse ante Cristo y toda lengua a confesar su señorío (Fil. 2:10-11), para

---

[3] Ver Edwards y Stott, *Evangelical Essentials*, 312–320. Clark H. Pinnock, en su libro «La destrucción de los finalmente impenitentes», *Criswell Theological Review* 4, no. 2 (1990): 246–247, es desenfrenado en su rechazo absoluto de la doctrina del infierno como tormento consciente eterno:

> Considero que el concepto de infierno como tormento sin fin en cuerpo y mente es una doctrina escandalosa, una enormidad teológica y moral, una mala doctrina de la tradición que necesita ser cambiada. ¿Cómo pueden los cristianos proyectar una deidad de tal crueldad y venganza cuyos caminos incluyen infligir tortura eterna a sus criaturas, por pecaminosas que hayan sido? Seguramente un Dios que haría tal cosa es más parecido a Satanás que a Dios, al menos por cualquier estándar moral ordinario, y por el evangelio mismo. Ciertamente el Dios y Padre de nuestro Señor Jesucristo no es un demonio, torturar a las personas sin fin no es lo que hace nuestro Dios.

Millard J. Erickson en su *The Evangelical Mind and Heart* (Grand Rapids, Michigan: Baker, 1993), 152, advierte a Pinnock que sea más templado:

> Si... uno va a describir el envío de personas a un castigo interminable como «crueldad y venganza», y un Dios que sería «más parecido a Satanás que a Dios», y «un monstruo sediento de sangre que mantiene un Auschwitz eterno», es mejor que esté muy seguro de que tiene razón. Porque si está equivocado, es culpable de blasfemia. Un curso de acción más sabio sería la moderación en las declaraciones de uno, por si acaso pudiera estar equivocado.

Vea mi artículo de revisión sobre la posición de Stott, «Dr. John Stott on hell», *Presbyterion*, 16, no. 1 (1990): 41–59. Ver también Robert A. Peterson, «A Traditionalist Response to John Stott's Arguments for Annihilation», *Journal of the Evangelical Theological Society* 37, no. 4 (1994): 553–568.

[4] Guthrie *Teología del Nuevo Testamento*, 892; véase toda su discusión del infierno, págs. 887-92.

[5] Edwards y Stott, *Fundamentos evangélicos*, 316.

[6] Ibid., 316.

[7] Ibid., 318.

que al final Dios sea 'todo en todo' o 'todo para todos' (1 Co. 15:28)».[8] Abordaré estos argumentos a su vez.

EL LENGUAJE DE LAS ESCRITURAS

La forma más fructífera de abordar el significado del lenguaje bíblico relacionado con la condición eterna del impenitente es citar los pasajes relevantes y comentar sobre aquellos cuyo significado puede no ser obvio.

La doctrina del castigo eterno del Antiguo Testamento

J. A. Motyer observa correctamente que, si bien «el Antiguo Testamento contiene sólo una sugerencia de diversidad de destino para los piadosos y los impíos», tan pronto como Cristo «trae la vida y la inmortalidad a la luz» que él

> también revela la pérdida eterna y la muerte, de modo que incluso el Hades, por lo demás equivalente al Seol, no puede rechazar un significado adicional. Esta maduración simultánea de la verdad con respecto a la ganancia y pérdida eternas es ignorada por todo intento de despojar al Nuevo Testamento de su sombría doctrina del castigo eterno.[9]

¿Cuáles son algunas de estas «sugerencias de diversidad de destino para los piadosos y los impíos» del Antiguo Testamento? Para comenzar, como evidencia de la distinción del Antiguo Testamento entre la liberación divina de los piadosos por un lado y la destrucción divina de los impíos por el otro, uno puede citar la destrucción de Sodoma y Gomorra. Mostrando la misericordia justa de Lot (Gn. 19:16), Dios liberó a Lot y a su familia de Sodoma. Luego leemos:

> El Señor hizo llover azufre ardiente sobre Sodoma y Gomorra, del Señor de los cielos... Temprano en la mañana, Abraham miró hacia Sodoma y Gomorra ... y vio humo denso que se elevaba de la tierra, como el humo de un horno. (Gn. 19:24, 27, 28)[10]

Entonces la insinuación de la pérdida eterna con respecto a los impíos se puede ver en el Antiguo Testamento חֵרֶם, *ḥerem*, principio. Recordemos, por ejemplo, que, al conquistar Israel a Sehón, Moisés escribió: «tomamos entonces todas sus ciudades y destruimos todas las ciudades [וַנַּחֲרֵם, *wannaḥarēm*], hombres, mujeres y niños; no dejamos ninguno» (Dt. 2:34); y que al conquistar Og, Israel no dejó «sobrevivientes» (Dt. 3:3), «matando [הַחֲרֵם, *haḥarēm*] en toda ciudad a hombres, mujeres y niños» (Dt. 3:6). Aquí vemos a Israel llevando a cabo el principio חֵרֶם (*ḥerem*, «consagrado» y, por lo tanto, «prohibido»): la entrega irrevocable de personas y cosas al Señor, a menudo destruyéndolas.

Los teólogos liberales y los librepensadores han encontrado este principio extremadamente desagradable y repulsivo, y en consecuencia han concluido que el Dios del Antiguo Testamento es bárbaro en extremo, gobernado por una ética subcristiana, y de ninguna manera debe identificarse con el amoroso «Dios y Padre de nuestro Señor Jesucristo». Pero Meredith G. Kline afirma con razón:

> En realidad, la ofensa tomada se toma en la teología y la religión de la Biblia en su conjunto. El Nuevo Testamento, también, advierte a los hombres del reino de la prohibición eterna donde los réprobos, dedicados a la ira, deben magnificar la justicia de Dios a quien han odiado. *Los juicios del infierno son el* principio חֵרֶם [*ḥerem*] *que llega a la manifestación plena y final*. Dado que la teocracia del Antiguo Testamento en Canaán era un símbolo divinamente designado del reino consumado de Dios, se encuentra en relación con él una anticipación intrusiva del patrón ético que se obtendrá en el juicio final y más allá.[11]

---

[8] Ibid., 319.
[9] J. A. Motyer, "Destruction," *Baker's Dictionary of Theology* (Grand Rapids, Mich.: Baker, 1960), 260.
[10] La destrucción de Sodoma es significativa porque a menudo se la cita más adelante como una advertencia del juicio divino que caerá sobre aquellos que pecan contra Dios (Dt. 29:23; Is. 1:9, 10; Jer. 23:14; 49:18; Lm. 4:6; Am. 4:11; Sof. 2:9; Mt. 10:15; Lc. 17:29; Ro. 9:29; Ap. 11:8). Particularmente instructivas son las dos referencias a la destrucción de Sodoma y Gomorra que se encuentran en 2 P. 2:6–9 y Jud. 7.
[11] Meredith G. Kline, *Treaty of the Great King* (Grand Rapids, Mich.: Eerdmans, 1963), 68, énfasis añadido; ver también Geerhardus Vos, *Biblical Theology* (Grand Rapids, Mich.: Eerdmans, 1949), 141, 143.

Apoyando esta percepción, el predicador de Eclesiastés declara: «Dios traerá toda obra a juicio, juntamente con toda cosa encubierta, sea buena o sea mala» (Ec. 12:14).

Luego están las dos declaraciones explícitas del Antiguo Testamento que apoyan la «diversidad del destino para los piadosos y los impíos» que se encuentran en Isaías 66:22-24 y Daniel 12:2:

Isaías 66:22–24: «Porque como los cielos nuevos y la nueva tierra que yo hago permanecerán delante de mí, dice Jehová, así permanecerá vuestra descendencia y vuestro nombre. Y de mes en mes, y de día de reposo en día de reposo, vendrán todos [los redimidos] a adorar delante de mí, dijo Jehová. [Notar aquí la sugerencia de vida y bendición eternas del propio Dios]. Y saldrán, y verán los cadáveres de los hombres que se rebelaron contra mí; porque su gusano nunca morirá, ni su fuego se apagará, y serán abominables [דְּרָאוֹן, *dērā᾿ôn*] a todo hombre [redimido]».

En su comentario sobre Isaías F. Delitzsch afirma aquí que דְּרָאוֹן, *dērā᾿ôn*, es la palabra más fuerte en hebreo para «abominación», y agrega:

> Es perfectamente obvio que la [imagen] en sí, como aquí se describe, debe parecer monstruosa e inconcebible, sin embargo, podemos suponer que se realiza. Está hablando del estado futuro, pero en cifras extraídas del mundo actual. El objeto de su predicción no es otro que la nueva Jerusalén del mundo venidero, y el tormento eterno de los condenados.[12] (La cita posterior de Jesús del versículo 24 en Marcos 9:48 [ver la discusión a continuación] confirma el comentario de Delitzsch.)

Daniel 12:2: «Y muchos de los que duermen en el polvo de la tierra serán despertados, unos para vida eterna [חַיֵּי עוֹלָם, *ḥayyê ᾿ôlām*], y otros para vergüenza y confusión perpetua [עוֹלָם דְּרָאוֹן, *dir᾿ôn ᾿ôlām*]».

La doctrina del castigo eterno del Nuevo Testamento

¿Cuál es la evidencia que apoya lo que Motyer denominó anteriormente la doctrina «madura» del Nuevo Testamento de tormento consciente interminable para los no arrepentidos? Además del testimonio de Juan del Apocalipsis, considere los siguientes datos del Nuevo Testamento:

Juan el Bautista

A las multitudes que vinieron a escucharlo, Juan el Bautista declaró: «[el Mesías] quemará [κατακαύσει, *katakausei*] la paja en fuego *que nunca se apagará* [ἀσβέστῳ, *asbestō*]». (Mt. 3:12)

Los aniquilacionistas argumentan que la acción representada por el verbo aquí no es una de «atormentar» la paja en fuego que nunca se apagará, sino una de «consumir» la paja. Pero este argumento ignora la analogía más completa de las Escrituras y deja sin explicar por qué Juan caracteriza el fuego como «que nunca se apagará». Sostener que el adjetivo «que nunca se apagará» significa que lo que es consumido instantáneamente por el fuego se consume para siempre[13] no explica realmente por qué el fuego se describe como que nunca se apagará. Si la paja es consumida por el fuego, como sostiene el aniquilacionista, no habría necesidad de que nunca se apague. Una vez que había «incinerada» la paja, podía ser apagada. No quiero decir que el infierno sea necesariamente un lugar de llama literal. Sin duda, gran parte del lenguaje de las Escrituras que describe el mundo invisible debe entenderse en sentido figurado. Pero el lenguaje figurativo, si es que tiene algún significado (y lo tiene), pretende algo literal, y es mi opinión que la figura del «fuego que nuca se apaga» aquí, a la luz de muchas otras referencias bíblicas, pretende al menos la interminable miseria consciente de dimensiones inconmensurables.

---

[12] F. Delitzsch, *The Prophecies of Isaiah* (1877 trans.; reprint, Grand Rapids, Mich.: Eerdmans), 2:517.
[13] Edwards and Stott, *Evangelical Essentials*, 316.

Jesucristo
Puede ser una sorpresa para algunos lectores que el apoyo más fuerte para la doctrina del tormento consciente interminable para los impenitentes se encuentre en la enseñanza de Jesucristo. *La iglesia cristiana y los pastores cristianos no son los autores de esta doctrina.* Más bien, Jesús, el redentor de los hombres, es más responsable que cualquier otra persona de la doctrina de la perdición eterna. Es Él, por lo tanto, *más que cualquier otro*, con quien los oponentes de la doctrina están en conflicto. Considera su testimonio:

Marcos 9:43: «mejor te es entrar en la vida manco, que teniendo dos manos ir al infierno [τὴν γέενναν, *tēn geennan*], al fuego que no puede ser apagado».

La palabra de Jesús traducida como «infierno» aquí es Gehenna, la forma aramea de «Valle de Hinom», y se deriva del topónimo hebreo en 2 Reyes 23:10, «Tofet [¿lugar de escupir?] que estaba en el Valle de Benei Hinnom», un centro de adoración idólatra desde la época de Acaz hasta Manasés al sur de Jerusalén, donde los niños eran quemados en fuego como ofrenda al dios Moloc (2 Cr. 28:3). Fue destruido por Josías, y de la tradición judía tardía (David Qimchi, c. d.C.1200) nos enteramos de que se hizo un vertedero de basura para la basura de la ciudad. Dado que el fuego ardía continuamente en este valle, Gehena se convirtió en un símbolo del «fuego que nunca se apaga» del infierno, un lugar de fuego perpetuo y repugnante (ver Is. 30:33 para el significado de Tofet, que se convirtió en un sinónimo del sitio en su conjunto: «Porque Tofet ya de tiempo está dispuesto y preparado... profundo y ancho, cuya pira es de fuego, y mucha leña; el soplo de Jehová, como torrente de azufre, lo enciende»).

Marcos 9:47–48: «mejor te es entrar en el reino de Dios con un ojo, que teniendo dos ojos ser echado al infierno, donde el gusano de ellos [es decir, su «gusano»] no muere, y el fuego nunca se apaga» (ver Is. 66:24; Mt. 18:9).

Porque los gusanos, las larvas de las moscas, normalmente se alimentan de la carne de un cadáver y finalmente se hacen con ella (Job 21:26; 24:20; Is. 14:11) mientras que aquí se dice que el «gusano» del pecador impenitente nunca muere, y porque se dice que el fuego del infierno nunca se apaga, Guthrie parece estar en lo correcto cuando afirma que la descripción de Jesús aquí del estado final del pecador impenitente es la de «un estado de castigo continuo».[14]

Mateo 5:22: «y cualquiera que le diga: Fatuo, quedará expuesto al infierno de fuego [τὴν γέενναν τοῦ πυρός, *tēn geennan tou pyros*]» (ver vv. 29, 30).

Mateo 7:13: «ancha es la puerta, y espacioso el camino que lleva a la perdición [ἀπώλειαν, *apōleian*, en este contexto significa «muerte [eterna]», la antítesis de la «vida» mencionada en el versículo 14], y muchos son los que entran por ella.

Mateo 8:12 (ver 22:13): «los hijos del reino serán echados a las tinieblas de afuera; allí será el lloro y el crujir de dientes».

Debido a que este «llanto y crujir de dientes», que sugiere, como lo hace, que *la ira consciente*, el dolor y la aflicción, existe en la «oscuridad exterior» del infierno, esta expresión también parece describir un estado de castigo continuo.

Mateo 10:15: «De cierto os digo que, en el día del juicio, será más tolerable el castigo para la tierra de Sodoma y de Gomorra, que para aquella ciudad». (ver también 11:22, 24; Lc. 10:12, 14)

El Nuevo Testamento enseña que habrá grados de castigo impuestos en el día del juicio al impenitente, dependiendo de asuntos tales como la cantidad de luz espiritual del pecador y su oportunidad de arrepentirse y creer. Mateo 10:15 (ver el «más tolerable» de Jesús) es

---

[14] Guthrie, *New Testament Theology*, 888.

una de esas expresiones de esta enseñanza. Es difícil, por decir lo menos, comprender cómo esta enseñanza puede ajustarse a la posición aniquilacionista si el resultado final del día del juicio para todos los impenitentes es el mismo, es decir, la aniquilación de todos, cuerpo y alma.

Mateo 10:28: «No temáis *a los que matan* [τῶν ἀποκτεννόντων, *tōn apoktennontōn*] el cuerpo, más el alma no pueden *matar* [ἀποκτεῖναι, *apokteinai*]; temed más bien a aquel que puede *destruir* [ἀπολέσαι, *apolesai*] el alma y el cuerpo en el infierno». (El paralelo de Lc. en 12:5 dice: «Temed a aquel después de [μετά, *meta,* con el acusativo] haber quitado la vida, tiene poder de echar al infierno [γέενναν, *geennan*]».)

Los aniquilacionistas argumentan que los términos de destrucción de Jesús aquí sugieren que la aniquilación es el fin del impenitente. Pero la «destrucción» no tiene por qué connotar aniquilación, es decir, el cese de la existencia. También puede connotar un estado de *existencia*, cuya naturaleza precisa debe ser determinada por cualquier y todo el lenguaje que califique esa existencia. En consecuencia, se puede decir que el impenitente es «destruido» cuando ha sido arrojado al infierno. Y el paralelo de Lucas (Lc. 12:5) sugiere precisamente esta connotación para la noción de destrucción de Mateo.

Mateo 13:42, 50: «y los echarán en el horno de fuego; allí será el lloro y el crujir de dientes». (ver Lc. 13:28)

Mateo 18:8: «mejor te es entrar en la vida cojo o manco, que teniendo dos manos o dos pies ser echado en el fuego eterno»; (18:9) «...que teniendo dos ojos ser echado en el infierno de fuego».

Mateo 23:33: «¡Serpientes, generación de víboras! ¿Cómo escaparéis de la condenación del infierno?»

Mateo 25:41: «Entonces dirá también a los de la izquierda: Apartaos de mí, malditos, al fuego eterno preparado para el diablo y sus ángeles». (ver Ap. 20:10)

Mateo 25:46: «E irán [los de su izquierda] estos al castigo eterno [κόλασιν αἰώνιον, *kolasin aiōnion*] y los justos a la vida eterna».

No puedo encontrar ninguna aparición de κόλασις, *kolasis,* donde connote aniquilación; más bien, parece en todos los casos significar «castigo». Ralph E. Powell señala correctamente que en esta última referencia «la misma palabra 'eterno' se aplica a la duración del castigo en el infierno que se usa para la duración de la dicha en el cielo».[15]

Mateo 26:24: «¡ay de aquel hombre por quien el Hijo del Hombre es entregado! Bueno le fuera a ese hombre no haber nacido». (Ver Mt. 18:6; Lc. 17:2)

Pero si el último final de Judas iba a ser la aniquilación de su alma y, por lo tanto, simplemente la inexistencia, ¿cómo su estado final es peor que su estado inexistente antes de su nacimiento?

Lucas 16:23, 24, 28: «en el Hades alzó sus ojos, estando en tormentos [βασάνοις, *basanois*]... «Estoy atormentado [βασάνου, *basanou*], en esta llama». (Ver también 12:5; 13:27)

Si bien uno no debe presionar cada detalle de las parábolas de nuestro Señor, aun así Jesús seguramente debe haber sido consciente de que sus oyentes lo entenderían aquí para enseñar que, después de la muerte física, el pecador impenitente soporta tormento consciente en las llamas del infierno. Que el sufrimiento literal e intenso es el significado pretendido por «tormento» y «agonía» no puede ser negado por ningún método razonable de exégesis. Como los aniquilacionistas comúnmente han hecho antes, Stott interpreta esta parábola en el sentido de que los hombres perdidos en el estado *intermedio* entre su muerte física y resurrección

---

[15] Ralph E. Powell, «Hell», *Baker Encyclopedia of the Bible* (Grand Rapids, Mich.: Baker, 1988), 1:954.

«llegarán a una comprensión inimaginablemente dolorosa de su destino. Pero [continúa] esto no es incompatible ... con su aniquilación final».[16]

Concedo que la parábola puede estar describiendo más inmediatamente el estado intermedio, pero no hay nada en la parábola que sugiera que el «tormento» del estado intermedio cesará para los perdidos después de su resurrección y juicio. Por el contrario, la descripción de Jesús de la «gran sima» entre los bienaventurados y los perdidos (que es sin duda un lenguaje metafórico) como «fija» (ἐστήρικται, estēriktai, el pasivo perfecto de στηρίζω, stērizō, es decir, «ha sido arreglado y continúa así») implica el carácter inmutable de la propiedad del impenitente en el infierno.

Juan 5:28–29: «No os maravilléis de esto; porque vendrá hora cuando todos los que están en los sepulcros oirán su voz; y los que hicieron lo bueno, saldrán a resurrección de vida; más los que hicieron lo malo, a resurrección de condenación».

Juan 15:6: «El que en mí no permanece, será echado fuera como pámpano, y se secará; y los recogen, y los echan en el fuego, y arden».

Demonios

Mateo 8:29: ¿Qué tienes con nosotros, Jesús, Hijo de Dios? ¿Has venido acá para atormentarnos antes de tiempo?» (Ver las referencias al tormento consciente en Lc. 16:23, 24, 28.)

Parecería que los demonios creen que el *tormento* consciente, no la aniquilación, les espera algún día.

Pablo

Con respecto a la enseñanza de Pablo con respecto al juicio de los incrédulos, Ridderbos escribe:

> Pablo declara la certeza de [juicio punitivo sobre los incrédulos y los impíos] de una manera inequívoca, en muchos aspectos con palabras que se han derivado de la predicación del juicio del Antiguo Testamento. Habla de ella como ruina, muerte, pago con una destrucción eterna...; ira, indignación, tribulación, angustia. Pero en ninguna parte es el cómo, el dónde o el cuánto tiempo «tratado» como un «sujeto» separado de la doctrina cristiana en las epístolas de Pablo que se han conservado para nosotros.[17]

Aquí están las declaraciones de Pablo:

Gálatas 1:9: «Si alguno os predica diferente evangelio del que habéis recibido, sea anatema [ἀνάθεμα, *anatema*]». Es decir, como lo hace literalmente, «ofrecido [a Dios]», «anatema» trae el principio *ḥerem* del Antiguo Testamento al Nuevo Testamento (ver 1 Co. 16:22).

1 Tesalonicenses 1:10: «[Jesús] nos libra de la ira venidera».

1 Tesalonicenses 5:3: "entonces vendrá sobre ellos destrucción [ὄλεθρος, *olethros*] repentina… y no escaparán».

Los aniquilacionistas presionan la palabra «destrucción» aquí para significar el cese de la existencia, pero yo instaría, sobre la base de la analogía de la Escritura, a que éste esté jugando con las palabras (ver mis comentarios sobre el siguiente versículo). Esta «destrucción», que viene como Pablo dice que sucederá sobre los impíos *de repente*, parece connotar más la noción general de la rapidez del juicio divino que viene sobre ellos, que una descripción específica de la naturaleza del final de ese juicio.

2 Tesalonicenses 1:9: «sufrirán pena de eterna perdición [ὄλεθρον αἰώνιον, *olethron aiōnion*], excluidos de la [aprobación] presencia del Señor».

---

[16] Edwards and Stott, *Evangelical Essentials*, 317–318.
[17] Ridderbos, *Paul*, 554.

Este es el único pasaje en el corpus paulino donde αἰώνιος, *aiōnios*, está explícitamente unido a ὄλεθρος, *olethros*. Vos hace algunos comentarios muy reveladores sobre esta expresión:

Esta es la declaración de la que se depende con mayor frecuencia para atenuar el doble principio de retribución eterna tradicionalmente atribuido al Apóstol. Al no ser factible modificar el valor escatológicamente constante de «aionios», el ataque se ha centrado en el sustantivo o sustantivos a los que se adjunta el adjetivo. A «Olethros» y «apoleia» se les ha dado la sensación de aniquilación. En lo que respecta a la declaración en 2 Ts. nadie puede negar que plantea un fuerte contraste entre el destino de los creyentes y el fin de sus perseguidores. Sólo que surge la pregunta de si el pensamiento de aniquilación es apto para servir como el malvado polo opuesto en un contraste tan fuertemente enfatizado por Pablo. Habrá que recordar de entrada que la «aniquilación» es una idea extremadamente abstracta, demasiado filosófica, de hecho, para encontrar un lugar natural dentro de los límites de la escatología bíblica realista, y menos aún, parecería, en este arrebato de vehemente indignación contra los enemigos del Evangelio. Visto de cerca, no es un concepto más fuerte sino más débil que el de la retribución prolongada con la que amenazar, de modo que, en lugar de contribuir a la agudeza de la oposición pretendida, en cierta medida borraría a esta última...

El problema de la relación de «olethros» y «apoleia» con la existencia o la inexistencia podría resolverse sin mucha dificultad, si los escritores estuvieran dispuestos a probar las declaraciones paulinas por referencia a las palabras de Jesús, porque este último por un lado usa «apoleia» del estado y Gehena del lugar de la destrucción eterna y por otro lado combina con estos los predicados más fuertes de la retribución incesante; cf Mt. v.29; vii.13; Mc. v.29, 30; ix. 43, 44, 46, 48; Lc. xii. 5... ¿Podría Pablo en un asunto como este haber mostrado menos severidad que Jesús?[18]

Vos responde a su propia pregunta: «En ninguno de [los pasajes donde Pablo emplea ἀπώλεια, *apōleia*] hay una falta notable de pathos, más bien lo contrario».[19] Además, describir la aniquilación del alma en términos de ser «excluida de la presencia [aprobatoria] del Señor» es una frase extraña, por decir lo menos.

Romanos 2:8–9: «pero ira y enojo a los que son contenciosos y no obedecen a la verdad, sino que obedecen a la injusticia; tribulación y angustia sobre todo ser humano que hace lo malo».

Las dos últimas descripciones aquí del fin del pecador (tribulación y angustia) no concuerdan fácilmente con la noción de cese de la existencia.

Romanos 2:12: «todos los que... han pecado ...serán juzgados».

Romanos 6:21, 23: «[Las cosas de las que ahora te avergüenzas] el fin de ellas es muerte [física y espiritual]... la paga del pecado es muerte».

Romanos 9:22: «Vasos de su ira, preparados para destrucción».

Romanos 14:10–12: «Porque todos compareceremos ante el tribunal de Cristo. Porque escrito esta: Vivo yo, dice el Señor, que ante mí se doblará toda rodilla, Y toda lengua confesará a Dios. De manera que cada uno de nosotros dará a Dios cuenta de sí».

1 Corintios 3:17: «Si alguno destruyere el templo de Dios, Dios le destruirá a él».

1 Corintios 16:22: «El que no amare al Señor Jesucristo, sea anatema [ἀνάθεμα, *anatema*]».

---

[18] Vos, *Pauline Eschatology*, 294.
[19] Ibid., 296, nota de pie de página 12.

2 Corintios 5:10: «Porque es necesario que todos nosotros comparezcamos ante el tribunal de Cristo, para que cada uno reciba según lo que haya hecho mientras estaba en el cuerpo, sea bueno o sea malo».

Filipenses 3:19: «el fin de los cuales será [los enemigos de la cruz de Cristo] perdición».

Santiago

Santiago declara: «[La lengua es] un fuego… [que] inflama la rueda de la creación, y ella misma es inflamada por el infierno» (Stg. 3:6). Ten en cuenta que Santiago no dice que la lengua, «inflamada por el infierno», es aniquilada por ese fuego, sino más bien que se convierte en sí misma en un «fuego», causando aún más daño.

El autor de Hebreos

El autor de Hebreos incluye entre las doctrinas «las enseñanzas elementales» y «fundacionales» (o «fundamentales») de la fe cristiana (la palabra inglesa, «fundamento», la traducción de θεμέλιον, *themelion,* aquí, es de la raíz latina de la que también derivamos nuestra palabra «fundamental») la doctrina del «juicio eterno» (κρίματος αἰωνίου, *krimatos aiōniou*) (6:2). De este juicio escribe:

Hebreos 9:27: «está establecido para los hombres que mueran una sola vez, y después de esto el juicio».

Nota que este versículo establece claramente que los hombres sobreviven a la experiencia de la muerte física, *después* de lo cual se presentan ante Dios en juicio.

Hebreos 10:26–27: «Porque si pecáremos voluntariamente después de haber recibido el conocimiento de la verdad, ya no queda más sacrificio por los pecados, sino una horrenda expectación de juicio, y de hervor de fuego que ha de devorar a los adversarios». (ver los versículos 28–31)

Los aniquilacionistas deben poner una construcción en estas palabras que no esté de acuerdo con la analogía de las Escrituras.

Hebreos 10:39: «Pero nosotros no somos de los que retroceden para perdición».

Hebreos 12:29: «Nuestro Dios es fuego consumidor».

Pedro

2 Pedro 2:4: «sino que arrojándolos al infierno [σειραῖς ζόφου ταρταρώσας, *seirais zophou tartarōsas*] los entregó a prisiones de oscuridad».

Tártaro es una palabra clásica para el lugar del castigo eterno.

Judas

Judas 7: «[Las ciudades de la llanura] fueron puestas, por ejemplo, sufriendo el castigo del fuego eterno».

Juan

Además de los textos ya citados en Apocalipsis, nota las siguientes palabras y frases en el evangelio de Juan: «pierda» [ἀπόληται, *apolētai*] (Jn. 3:16), «ya ha sido condenado» (3:18), y «la ira de Dios está sobre él [μένει, *menei*] sobre él» (3:36). Luego Juan nos informa en Apocalipsis 19:20, con respecto al destino de la bestia escatológica y el falso profeta, que «fueron arrojados vivos al lago de fuego que arde con azufre».

Juan declara acerca de Satanás mismo:

Apocalipsis 20:10: «Y el diablo que los engañaba [a las naciones] fue lanzado en el lago de fuego y azufre, donde estaban la bestia y el falso profeta; y serán atormentados día y noche por los siglos de los siglos».

Stott argumenta aquí que, dado que la bestia y el falso profeta «no son personas individuales sino símbolos del mundo en su variada hostilidad hacia Dios» (con cuyo punto de vista estoy de acuerdo esencialmente), como símbolos «no pueden experimentar dolor».[20] Me parece que se trata de un intento desesperado de explicar la clara importancia del pasaje. Seguramente el diablo es una persona, y si la bestia y el falso profeta son símbolos, seguramente representan en algún sentido a personas hostiles a Dios, sobre quienes Juan declara: «Serán atormentados [βασανισθήσονται, *basanisthēsontai*] día y noche por los siglos de los siglos».

Finalmente, Juan describe el juicio final en las siguientes palabras:

Y vi a los muertos, grandes y pequeños, de pie ante Dios; y los libros fueron abiertos, y otro libro fue abierto, el cual es el libro de la vida; y fueron juzgados los muertos por las cosas que estaban escritas en los libros, según sus obras. Y el mar entregó los muertos que había en él; y la muerte y el Hades entregaron los muertos que había en ellos; y fueron juzgados cada uno según sus obras. Y la muerte y el Hades fueron lanzados al lago de fuego. Esta es la muerte segunda. Y el que no se halló inscrito en el libro de la vida fue lanzado al lago de fuego. (Ap. 20:12–15)

El hecho de que en el juicio final cada persona será juzgada de acuerdo con lo que ha hecho implica que *los grados* de castigo serán impuestos por el juez de toda la tierra, quien hará lo correcto por todos (Gn. 18:25). Este pasaje también implica que el mismo destino espera al impenitente, que espera al diablo, a la bestia y al falso profeta, es decir, tormento día y noche por los siglos de los siglos.

Debo concluir de este estudio de los pasajes bíblicos que tratan del infierno que el único significado natural de estos varios textos, interpretados tanto individual como colectivamente, es que la imposición retributiva de la que hablan es un tormento consciente interminable para los impenitentes. Si estas afirmaciones hablan sólo de la aniquilación del alma, ninguna de ellas tiene la intención de enseñar que el pecador impenitente sufre conscientemente el tormento eterno después del juicio final, entonces debemos concluir que una gran mayoría de los eruditos de la iglesia durante veinte siglos han sabido poco acerca de la hermenéutica bíblica y no han hecho una exégesis adecuada.

La imaginería de las Escrituras

El segundo argumento de Stott es que las imágenes del infierno como fuego eterno sugieren la aniquilación, ya que «la función principal del fuego no es causar dolor, sino asegurar la destrucción».[21] Es cierto que el infierno se caracteriza en las Escrituras principalmente en términos de fuego. Pero va más allá de la evidencia para concluir de este hecho, como lo hace Stott, que «nuestra expectativa [de los efectos de este 'fuego']» sería la consumación o destrucción del impenitente. León Morris está de acuerdo:

Contra el fuerte cuerpo de enseñanza del NT de que hay un castigo continuo del pecado, no podemos poner un dicho que hable claramente del fin del castigo de los finalmente impenitentes. Aquellos que buscan una enseñanza diferente en el NT deben señalar posibles inferencias y explicaciones alternativas.[22]

Si las descripciones del infierno del Nuevo Testamento deben tomarse como imágenes en absoluto (y algunos detalles probablemente se interpreten así), entonces, así como cualquier calamidad terrenal es siempre más horrible de lo que una imagen de una palabra puede representarla, seguramente debemos entender las realidades que estos pasajes bíblicos buscan representar para ser *más*, no menos, horribles que sus representaciones de palabras.

---

[20] Edwards and Stott, *Evangelical Essentials*, 318.
[21] Ibid., 316.
[22] Leon Morris, «Eternal Punishment», *Evangelical Dictionary of Theology*, ed. Walter A. Elwell (Grand Rapids, Mich.: Baker, 1984), 370–371.

Justicia divina bíblica

Asumiendo correctamente que la justicia bíblica insiste en que la pena debe ser proporcional al mal hecho, Stott extrae de esto lo que en mi opinión es un *non sequitur*, a saber, que existiría una grave desproporción incompatible con la justicia entre los pecados cometidos conscientemente en la historia de la tierra y el tormento experimentado conscientemente a lo largo de la eternidad. Sobre esta base, Dios ni siquiera podría aniquilar al pecador por los pecados «cometidos en el tiempo», ya que la aniquilación es ciertamente eterna en duración.

Además, si el argumento de Stott es sólido, entonces la justicia en la retribución de Dios contra toda una serie de lo que la mayoría de la gente vería como pecados bastante insignificantes registrados en las Escrituras también es muy cuestionable. Para ilustrar lo que quiero decir aquí, considera que Dios convirtió a la esposa de Lot en una columna de sal porque miró hacia atrás a Sodoma y Gomorra (Gn. 19:26), el asesinato de Nadab y Abiú por parte de Dios por una irregularidad en sus deberes sacerdotales (Lv. 10:1-2), la orden de Dios de que un hombre sin nombre sea apedreado hasta la muerte porque tomó algunos palos en el sábado (Nm. 15:32-36), la descalificación de Dios de Moisés de entrar en la tierra prometida porque golpeó la roca dos veces en lugar de hablarle (Nm. 20:11), Dios ordenó a toda la familia de Acán que fuera ejecutada porque Acán robó algo que Dios había dicho que quería (Jos. 7:11, 25), el asesinato de Uzías por parte de Dios porque estabilizó el arca con su mano (2 S. 6:6-7), y la muerte de Ananías y Safira por mentirle a Pedro (Hch. 5:1-10). Pero más allá del debate, el mayor ejemplo de «injusticia» desde la perspectiva del mundo es que Dios inflige a toda la raza humana con muerte física y condenación porque Adán comió una pieza de fruta que lo prohibió (Gn. 3: 5-6; Ro. 5:12-19). Los sistemas de justicia del mundo concluirían que en ninguno de estos casos la reacción divina se ajustaba al crimen, que todos estos son solo «pequeños pecados», si son en realidad pecados, que apenas merecen la severa retribución que Dios impuso contra sus perpetradores.

Pero ¿son estos «pequeños pecados»? El hecho de que Stott quiera enfatizar que los hombres cometen tales pecados en el tiempo y no en la eternidad es irrelevante para la naturaleza y el alcance de su castigo. El único hecho relevante, como vio David, es que tales pecados —de hecho, todos los pecados— son transgresiones de la ley de Dios: «Contra ti, contra ti solo he pecado, y he hecho lo que es malo delante de tus ojos» (Sal. 51:4). Debido a que todo pecado es finalmente contra Dios, hay un demérito infinito sobre el pecado «más pequeño». Cada pecado entonces merece la ira y la maldición de Dios, porque el carácter justo y santo de Dios exige que cada pecado reciba su justa retribución. Tomás de Aquino señala:

> La magnitud del castigo coincide con la magnitud del pecado. Ahora bien, un pecado que está en contra de Dios es infinito, cuanto más alta es la persona contra la que se comete, más grave es el pecado —es más criminal golpear a un jefe de estado que a un ciudadano privado— y Dios es de infinita grandeza. Por lo tanto, se merece un castigo infinito por un pecado cometido contra él.[23]

Dios ciertamente ha dado evidencia a lo largo del Antiguo Testamento de que infligirá al pecador miserias temporales conscientes (ver el diluvio, Sodoma y Gomorra, las plagas de Egipto; las horribles amenazas de Lv. 26:14-39; Dt. 28:15-68; Hab. 1:5-11; y Mal. 4:1-6). De esto no puede haber duda. Si ha dado a conocer por la revelación posterior del Nuevo Testamento que la justicia final es servida sólo por el tormento eterno consciente del impenitente —cuya impenitencia, estamos informados, también continúa por toda la eternidad (ya que el verdadero arrepentimiento, que es un don de Dios, no será concedido; ver Ap. 16:11, 21)— entonces la criatura debe consentir en su juicio sabio y justo.

---

[23] Thomas Aquinas, *Summa theologica*, Ia2ae. 87, 4.

Universalismo bíblico

Stott no es un universalista sotérico. Está convencido de que la doctrina bíblica del juicio final que implica «una separación [entre los hombres] en dos destinos opuestos pero igualmente eternos» está demasiado profundamente arraigada en las Escrituras como para ser controvertida.[24] Un ejemplo de esta convicción por su parte es su rechazo total de la declaración del Papa Juan Pablo II: «El hombre, todo hombre, sin excepción alguna, ha sido redimido por Cristo, y ...con el hombre, con cada hombre sin ninguna excepción, Cristo está de alguna manera unido, incluso cuando el hombre no es consciente de ello».[25] Sin embargo, Stott sugiere que «los textos aparentemente universalistas» (Ef. 1:10; Col. 1:20; Fil. 2:10-11; 1 Co. 15:28) son más fáciles de reconciliar con las terribles realidades del infierno si el infierno significa la destrucción de los impenitentes y no su continua rebelión contra Dios y la correspondiente continua imposición de castigo de Dios sobre ellos.[26]

El universalista no será convencido por el razonamiento de Stott. Argumentará que un juicio que ocurre incluso en la aniquilación de un hombre derroca igualmente la importancia de estos pasajes universalistas. Las palabras de J. A. T. Robinson ilustran la preocupación del universalista:

> Cristo, en las antiguas palabras de Orígenes, permanece en la cruz mientras un pecador permanezca en el infierno. Eso no es especulación: es una declaración basada en la necesidad misma de la naturaleza de Dios. En un universo de amor no puede haber cielo que tolere una cámara de horrores, ni infierno para ninguno que al mismo tiempo no lo convierta en infierno para Dios.[27]

Estoy convencido de que el universalista es más consistente aquí que Stott, porque una vez que Stott trae estos «textos aparentemente universalistas» al debate como parte de su argumento a favor de la aniquilación, no puede encontrar ninguna garantía exegética en ellos para no llegar a la deducción del universalista de la salvación final de todos.

Insto a que la doctrina del infierno, tal como se entiende y propone históricamente, no es una infracción de la noción de la victoria final de Dios sobre el mal, ni es una infracción de su gozo final. La victoria sobre un enemigo puede manifestarse de más de una manera. La destrucción total de un enemigo es una de estas formas, sin duda. Pero su encarcelamiento merecido y permanente en trabajos forzados es igualmente una manifestación de victoria sobre un enemigo e igualmente podría caer ante la alabanza de la justicia del vencedor. En el caso de Dios y de su Cristo, enfrentados como estarán en el juicio con personas impenitentes culpables de pecados de infinito desvalor, el encarcelamiento eterno del pecador en el infierno no infringirá la victoria divina final sobre el mal, sino que en líneas duras exhibirá el triunfo divino sobre el pecado. Estoy de acuerdo con el juicio de James I. Packer de que «el Dios santo de la Biblia no es alabado menos por establecer la justicia castigando retributivamente a los malhechores (Ap. 19:1-5) que por el triunfo de su gracia (Ap. 19:6-10) [y] no se puede decir de Dios que expresar su santidad en merecida retribución empañe su gozo».[28]

Debo concluir que las doctrinas del juicio final y del infierno para los impenitentes y los incrédulos se encuentran entre las doctrinas *cardinales* de la fe cristiana (ver Confesión de Fe de Westminster, XXXII/i; XXXIII/ii) y ese tormento eterno consciente espera al pecador impenitente. Estas cosas se mencionan clara y llanamente en el Nuevo Testamento. Además, si Cristo llevó mi maldición y murió mi muerte en el Calvario, y si mi «castigo eterno»

---

[24] Solo el Nuevo Testamento enseña la última bifurcación del destino humano en más de cincuenta pasajes (Mt. 7:22, 23; 12:41, 42; 13:40-43; 24:51; 25:41-46; Mc. 12:9 ; Lc. 13:25-30; 16:19-28; 21:36; Jn. 5:22-30; 12:47, 48; 15:6; 22-25; 16:8-11; Hch. 17:31; 24:25; Ro 1:32; 2:2, 3, 5; 5:16, 18; 14:10; 1 Co. 5:13; 2 Co. 5:10; Gal. 6:7; 1 Ts. 4:6; 5:1-10; 2 Ts. 1:5-10; 2:3-12; 2 Ti. 4:1; Heb. 4:12; 13; 6:4-8; 10:26-31; Stg. 2:13; 4:12; 1 P. 2:7, 8, 23; 3:12; 4:17, 18; 2 P. 2:3-10; 3:7; 1 Jn. 3:7, 8; Jud. 4-6, 13 , 15; Ap. 14:7, 9-11, 17-20; 15:1; 16; 19:1-3, 11-21; 20:11-15; 22:15).
[25] Edwards y Stott, *Evangelical Essentials*, 319, 325. Para la declaración del Papa Juan Pablo Segundo, ver la encíclica papal *Redemptor Hominis* (1979), párrafo 14.
[26] Edwards y Sttot, *Evangelical Essentials*, 319.
[27] J. A. T. Robinson, *In the End God* (New York: Harper, 1968), 133.
[28] James I. Packer, "Is Hell Out of Vogue?" *Action* (Sept.—Oct. 1989), 11.

hubiera sido mi aniquilación final y total, cuerpo y alma (una cosa metafísicamente extraña incluso de contemplar), entonces el aniquilador debe estar preparado para declarar que Cristo experimentó, cuerpo y alma, al menos por un tiempo mi aniquilación, es decir, la inexistencia, una posición mucho más difícil de explicar y defender que la visión tradicional que sostiene que Él conscientemente soportó el sufrimiento y la separación de Dios a los que mis pecados me hicieron culpable. Incluso instaría, si el estado final del pecador impenitente es la inexistencia, que dejemos de hablar de la necesidad del hombre de la obra de Cristo en cualquier sentido *urgente*, porque si no hay infierno, interpretado como tormento consciente eterno, esperando al pecador no arrepentido, entonces no hay necesidad urgente de la obra de Cristo, las doctrinas de la gracia, la iglesia como la comunidad redentora en el mundo, y los incalculables sacrificios personales que los cristianos individuales y los misioneros cristianos hacen para llevar el evangelio hasta los confines de la tierra. Powell afirma con razón: «El rechazo o el descuido de esta doctrina tendrá efectos nefastos sobre la verdadera salud y misión de la iglesia».[29]

Es sólo porque el Apocalipsis toma en serio el hecho de un infierno eterno que concluye con el Espíritu y la iglesia instando a todos y cada uno de los que tienen sed a venir y tomar el regalo gratuito del agua de la vida (Ap. 22:17). Los estudiantes del Apocalipsis de Juan no han sido lo suficientemente conmovidos por su estudio del libro si no han sido movidos a tomar más en serio la evangelización de un mundo que está en curso de colisión con la ira de Dios.

LA NO NECESIDAD DE LA FE CONSCIENTE EN JESUCRISTO PARA LA SALVACIÓN FINAL

Los otros no elegidos, aunque sean llamados por el ministerio de la palabra y tengan algunas de las operaciones comunes del Espíritu, sin embargo nunca vienen verdaderamente a Cristo, y por lo tanto no pueden ser salvos; mucho menos pueden los hombres que no profesan la religión cristiana ser salvos de otra manera, aun cuando sean diligentes en ajustar sus vidas a la luz de la naturaleza y a la ley de la religión que profesan; y el afirmar y sostener que lo pueden lograr así, es muy pernicioso y detestable. (Confesión de Fe de Westminster, X/iv)

Una tercera tendencia inquietante dentro del evangelicalismo moderno en el área de la escatología es la noción de que no es necesario que las personas escuchen acerca de Cristo y conscientemente pongan su fe en él para ser salvos.[30] Hubo un tiempo en el pasado no muy lejano en que los líderes evangélicos estaban de acuerdo con respecto al destino eterno de los no evangelizados. La opinión común era que las personas fuera de la fe personal en Cristo están perdidas, y esta creencia fue uno de los principales motivos que impulsaron toda la empresa misionera evangélica. En consecuencia, era común al lenguaje evangélico (se podía escuchar en todos los lados) hablar de un «mundo perdido y moribundo» o un «mundo no

---

[29] Powell, «Hell», 1:955. Se han publicado varios trabajos excelentes en los últimos años que defienden la enseñanza histórica sobre el infierno como un lugar de tormento consciente eterno, entre ellos Robert A. Peterson, *Hell on Trial: The Case for Eternal Punishment* (Phillipsburg, N.J.: Presbyterian and Reformed, 1995) y Larry Dixon, *The Other Side of the Good News: Confronting the Contemporary Challenges to Jesus' Teaching on Hell* (Wheaton: BridgePoint, 1992).

[30] La Iglesia de Roma ha respaldado durante mucho tiempo esta posición, afirmando que aquellos «que, sin culpa propia, no conocen el evangelio de Cristo o su iglesia, pero que, sin embargo, buscan a Dios con un corazón sincero y, movidos por la gracia, traten en sus acciones de hacer su voluntad tal como la conocen a través de los dictados de su conciencia; esos también pueden alcanzar la salvación eterna» (Lumen gentium, 16; véase también Denzinger-Schönmetzer, *Enchiridion Symbolorum*, 3866–72).

Karl Rahner (1904–1984), un destacado inclusivista católico romano que acuñó la frase «cristiano anónimo», con la que se refería a un no cristiano que obtiene la salvación a través de la fe, la esperanza y el amor por la gracia de Cristo, que es mediada imperfectamente a través de su propia religión no cristiana, escribe en sus *Theological Investigations* (Nueva York: Seabury, 1966), 1:131, 132:

El cristianismo no confronta al miembro de una religión extra cristiana simplemente como un mero no cristiano, sino como alguien que puede y debe ser considerado en tal o cual aspecto como un cristiano anónimo... El anuncio del Evangelio no convierte a alguien simplemente en absolutamente abandonado por Dios y por Cristo en cristiano, pero convierte a un cristiano anónimo en alguien que ahora también conoce su fe cristiana en la profundidad de su ser dotado de gracia por la reflexión objetiva y en la profesión que toma forma social en la iglesia.

Si Rahner está en lo correcto, el mundo debería estar viendo un gran número de estos «cristianos anónimos» iluminados por el evangelio que se mudan de sus religiones al cristianismo debido a la difusión del evangelio en todo el mundo a través de los medios de comunicación. Pero hay poca evidencia de que esto esté sucediendo. Según Juan, lejos de ser ya «salvos» cuando les llega el evangelio, los no cristianos «ya» están condenados porque no tienen fe en Cristo (Jn. 3:18).

salvo». Pero hoy en día un número creciente de portavoces evangélicos están afirmando que esto simplemente no es así o que la Biblia no es clara en estos asuntos.

Como ejemplo de la posición anterior, Clark H. Pinnock declara: «No necesitamos pensar en la iglesia como el arca de la salvación, dejando a todos los demás en el infierno; más bien podemos pensar en ella como el testimonio elegido de la *plenitud* de la salvación que ha venido al mundo a través de Jesús».[31] En consecuencia, abraza la noción de que las personas de otras religiones serán salvadas por Cristo sin conocer a Cristo.[32]

Otros, aunque reconocen que Cristo es y siempre será el único salvador del hombre, argumentan que Él salva a algunos que nunca han oído hablar de Él a través de la revelación que está disponible para ellos en la naturaleza. Según Millard Erickson (un cauteloso defensor de esta posición), los elementos esenciales en este «mensaje del evangelio» en la naturaleza son

1) La creencia en un buen Dios poderoso. 2) La creencia de que él (el hombre) le debe a este Dios obediencia perfecta a su ley. 3) La conciencia de que no cumple con este estándar, y por lo tanto es culpable y condenado. 4) La comprensión de que nada de lo que él puede ofrecer a Dios puede compensarlo (o expiar) por este pecado y culpa. 5) La creencia de que Dios es misericordioso, y perdonará y aceptará a aquellos que se arrojen sobre su misericordia.[33]

«¿No puede ser», pregunta Erickson, «que, si un hombre cree y actúa según este conjunto de principios, esté relacionado redentoramente con Dios y reciba los beneficios de la muerte de Cristo, ya sea que conozca y entienda conscientemente los detalles de esa provisión o no?».[34]

Un portavoz de la posición agnóstica es John Stott. Stott cree que todos los hombres fuera de Cristo están perdidos, pero con respecto a la cuestión de la aniquilación final (la visión de Stott del «castigo eterno») de aquellos que nunca han oído hablar de Cristo, escribe: «Creo que la postura más cristiana es permanecer agnóstico en esta cuestión ... El hecho es que Dios, junto con las advertencias más solemnes sobre nuestra responsabilidad de responder al evangelio, no ha revelado cómo tratará con aquellos que nunca lo han escuchado».[35] Timothy Phillips, Aida Besancon Spencer y Tite Tienou también asumen una postura agnóstica aquí, afirmando que «prefieren dejar el asunto en manos de Dios».[36]

Estos son citados como oradores representativos de esta «nueva tendencia» con el fin de proporcionar una muestra de lo que ahora están siendo instados por algunos en los niveles más altos del evangelicalismo académico. Pero ¿pueden las personas ser salvadas a través de la revelación natural? ¿Guardan las Escrituras silencio acerca del destino de aquellos que no oyen hablar y ponen su confianza en Cristo? Respondería negativamente a ambas preguntas y daré mis razones para estas convicciones.

REVELACIÓN GENERAL Y CONDENACIÓN UNIVERSAL

Según las Sagradas Escrituras, todos los hombres fuera de Cristo están perdidos en el pecado: judíos y gentiles, hombres «buenos» y hombres "malos", los paganos en el lejano

---

[31] Clark H. Pinnock, «Acts 4:12—No Other Name Under Heaven», en *Through No Fault of Their Own*, ed. William V. Crockett y James G. Sigountos (Grand Rapids, Mich.: Baker, 1991), 113. Él defiende más plenamente esta posición en su *A Wideness in God's Mercy* (Grand Rapids, Mich.: Zondervan, 1992).
Argumentando el caso del exclusivismo salvífico clásico, Ronald H. Nash, *Is Jesus the Only Savior?* (Grand Rapids, Mich.: Zondervan, 1994), ofrece una exposición y una refutación exhaustivas tanto del pluralismo religioso de John Hick como del inclusivismo sotérico de Pinnock y Sanders.
[32] En su «Toward an Evangelical Theology of Religions», *Journal of the Evangelical Theological Society* 30, no. 3 (1990): 359–68, Pinnock defiende lo que él llama el «axioma de universalidad» (la gracia salvadora de Dios es para toda la raza, y él desea salvar a toda la raza) y el «axioma de particularidad» (la gracia salvadora de Dios viene sólo a través de Jesús).
[33] Millard Erickson, «Hope for Those Who Haven't Heard? Yes, but …, » *Evangelical Missions Quarterly*, 11, no. 2 (1975), 124.
[34] Erickson, «Hope for Those Who Haven't Heard? », 125. John Sanders, un pensador wesleyano, en su *No Other Name: An Investigation into the Destiny of the Unevangelized* (Grand Rapids, Mich.: Ferdmans, 1992) también apoya esta esperanza, a la que él llama «inclusivismo», insta a que las personas que nunca escuchan acerca de Cristo puedan ser salvas al ejercer la confianza salvadora en Dios como se les revela por medio de la revelación general.
[35] John Stott, *Evangelical Essentials*, 327.
[36] Ver *Through No Fault of Their Own*, 259, nota de pie de página 3.

Oriente y los paganos en Occidente. Todos pecaron en Adán y están continuamente destituidos de la gloria de Dios (Ro. 3:23). La paga de su pecado es muerte (Ro. 6:23). A pesar del hecho de que todos los pueblos y culturas reciben revelación general y, por lo tanto, poseen una conciencia tanto del poder eterno de Dios y la naturaleza divina (Ro. 1:19-20) como del abandono del pecado (Ro. 1:32), no glorifican a Dios como Dios ni le agradecen (Ro. 1:21), sino que pervierten su conocimiento de Él en formas indescriptibles de idolatría (Ro. 1:23). Los pueblos de este mundo aman las tinieblas y odian la luz del evangelio de Cristo porque sus obras son malas (Jn. 3:19-20). *Lejos de salvar al mundo, la revelación general se convierte en el fundamento de la justa condenación de Dios del mundo.* Dios ve al mundo entero como «bajo pecado»: «No hay justo, ni aún uno» (Ro. 3:9-10). Todos son por naturaleza hijos de ira (Ef. 2:3). Todos ya están bajo condenación (Ro. 3:19). Todos están alienados de la vida de Dios (Ef. 4:18), ignorantes de la verdad de Dios (Ro. 1:25), hostiles a la ley de Dios (Ro. 8:7), desobedientes a la voluntad de Dios (. 3:3), y sujetos a la ira de Dios (Jn. 3:19).

Estas declaraciones incluyen a los pueblos del mundo que nunca han escuchado el evangelio y que nunca han tenido la oportunidad de aceptar o rechazar a Cristo. Desde la perspectiva bíblica, realmente no existe tal cosa como el «noble salvaje», el «cristiano anónimo» de Rahner o el «santo pagano». Tales conceptos existen solo en la mente de antropólogos y sociólogos incrédulos y ciertos inclusivistas católicos y evangélicos. Los hombres están perdidos y bajo el juicio de Dios, no sólo porque pueden haber oído hablar de Cristo y luego haber rechazado a Cristo en algún momento de sus vidas, sino también (y más principalmente) porque son pecadores por naturaleza (pecaron «en Adán») y pecadores por la práctica, y en consecuencia no han podido vivir de acuerdo con la luz de la ley que poseen. Han pecado contra la revelación de Dios sin, las obras de su ley escritas en el corazón interior, y su conciencia acusadora (Ro. 2:14-15).

EL INCLUSIVISMO Y LA NECESIDAD DE LA FE EN CRISTO PARA LA SALVACIÓN

Las Escrituras enseñan la necesidad de la fe en Cristo para la salvación. Jesucristo declaró: «Yo soy el camino, la verdad y la vida. Nadie viene al Padre sino por mí» (Jn. 14:6). También enseñó que «el arrepentimiento y el perdón de los pecados deben ser predicados en su nombre a todas las naciones» (Lc. 24:46–47). Luego Pedro afirma enfáticamente: «Y en ningún otro hay salvación [ni en Buda, ni en Mahoma, ni siquiera en Moisés]; porque no hay otro nombre bajo el cielo, dado a los hombres, en que podamos salvos» (Hch. 4:12). Juan afirma enfáticamente: «Todo aquel que niega al Hijo, tampoco tiene al Padre. El que confiesa al Hijo, tiene también al Padre» (1 Jn. 2:23), y «El que tiene al Hijo, tiene la vida; el que no tiene al Hijo de Dios no tiene la vida» (1 Jn. 5:12). Y Pablo declara con igual claridad: «por la obediencia de uno [Jesucristo], los muchos serán constituidos justos» (Ro. 5:19b), y «Porqué hay un solo Dios, y un solo mediador entre Dios y los hombres, Jesucristo hombre» (1 Ti. 2:5). También escribe:

> «porque todo aquel que invocare el nombre del Señor, será salvo. ¿Cómo, pues, invocarán a aquel en el cual no han creído? ¿Y cómo creerán en aquel de quien no han oído? ¿Y cómo oirán sin haber quien les predique? ¿Y cómo predicarán si no fueren enviados? Como está escrito: ¡Cuán hermosos son los pies de los que anuncian la paz, de los que anuncian buenas nuevas!» (Ro. 10:13–15)

La clara implicación de esta serie de preguntas es que si los misioneros no son enviados a predicar a aquellos que no han oído hablar de Cristo para que puedan creer en Él, los no evangelizados no serán ni podrán ser salvos.

Pablo también declaró expresamente con respecto al destino de los hombres que no confían en Cristo: «todos los que sin ley han pecado, sin ley también perecerán [nota: Pablo no dice, «puede o será perdonado»]; y todos los que bajo la ley han pecado, por la ley serán juzgados» (Ro. 2:12). John Murray comenta aquí:

El contraste es ... entre los que estaban fuera del límite de la revelación especial y los que estaban dentro.

Con referencia a lo anterior, la enseñanza del apóstol es en el siguiente sentido: (1) La ley especialmente revelada no es la condición previa del pecado, «tantos como hayan pecado sin la ley». (2) Debido a que tales son pecadores, perecerán. El perecimiento al que se hace referencia no puede ser otro que el definido en los versículos anteriores como consistente en infligir la ira, la indignación y la resistencia de Dios a la tribulación y la angustia en contraste con la gloria, el honor, la incorrupción y la paz otorgadas a los herederos de la vida eterna. (3) Al sufrir esta perdición, no serán juzgados de acuerdo con una ley que no tenían, es decir, una ley especialmente revelada —«también perecerán *sin la* ley».[37]

Finalmente debemos notar que la acusación judicial de catorce puntos que incluye y se aplica a toda la raza humana en Romanos 3:9-20 establece que todos los humanos, judíos y gentiles, están bajo el poder del pecado y se quedarán sin palabras ante la barra de juicio de Dios. Por lo tanto, la muerte de Cristo es expuesta por Pablo en los siguientes versículos como la respuesta a este problema universal del pecado. La cruz no es una entre muchas maneras en que Dios trata con el pecado. Es la única base sobre la cual Dios justifica a cualquier pecador.

En resumen, la obra expiatoria de Cristo no es simplemente para los judíos o simplemente para una nación, tribu o idioma. Es la única manera de que alguien entre en comunión con Dios. La muerte, sepultura y resurrección de Cristo y la necesidad de fe personal en él se encuentran en la «vanguardia» del mensaje de la misión en el libro de los Hechos, ya que la obra de Cristo es la única base para la salvación. Y la fe personal consciente en Él es declarada en todas partes como esencial para la salvación de una persona (Ro. 3:26).

Los inclusivistas cuestionan si la fe consciente en Jesús es siempre esencial para la salvación. ¿Por qué hacen esto? Por tres razones principalmente. Primero, porque creen que los judíos en el Antiguo Testamento fueron salvos aparte de la fe consciente en Jesús, es decir, solo tenían la «forma» del evangelio cristiano sin su «contenido» del Nuevo Testamento. Pero esta es una premisa falsa, como demostré en la tercera parte, capítulo catorce, cuando traté de la unidad del pacto de gracia. Allí mostré que si bien es cierto que los elegidos del Antiguo Testamento no habrían conocido miríadas de detalles sobre el Cristo del Nuevo (como el tiempo específico de su venida o el nombre de su madre), sí entendieron que el Mesías moriría como su sustituto y que tenían que poner su confianza en su obra de muerte anticipada para ellos para su salvación.

En segundo lugar, estos inclusivistas se basan en lo que ven como la tradición bíblica de los «paganos santos» que fueron salvos a pesar de que se aferraron a creencias religiosas distintas del yavismo y el cristianismo. Se refieren aquí a personas como Melquisedec, Job, el sacerdote madianita Jetro, Naamán el Sirio, los magos orientales y el centurión romano Cornelio. Pero estas personas no eran «paganos santos». Melquisedec era un sacerdote del «Dios altísimo, dueño del cielo y de la tierra», a quien Abraham identifica como Yahvé (Gn. 14:22). Melquisedec era ciertamente un adorador de Yahvé, al igual que Job (Job 1:21), y como Jetro (Ex. 18:8-12) y Naamán (2 R. 5:15-18) llegaron a ser. Y aunque los magos eran probablemente astrólogos paganos antes de su observancia en el este de la «estrella especial»

---

[37] John Murray, *Romans*, 1:70.

Las Ultimas Cosas

del Mesías, a partir de ese momento se entregaron a la tarea de encontrar al «rey de los judíos» y adorarlo (Mt. 2:2, 10-12). En cada uno de estos casos podemos estar seguros de que el Espíritu Santo instruyó a estos santos elegidos del Antiguo Testamento y les ordenó que confiaran en el Mesías prometido.

Cornelio, descrito por Pinnock como «el santo pagano por excelencia del Nuevo Testamento»,[38] es aclamado como el mejor ejemplo de un hombre que fue salvo aparte de la fe en Cristo, a quien Pedro fue enviado para informarle que fue perdonado y salvado.[39] ¿No dice Dios de este "hombre devoto [εὐσεβὴς, *eusebēs*] y temeroso de Dios" que "dio generosamente a los necesitados y que oraba a Dios regularmente" (Hechos 10:2) que lo había hecho "limpio" (10:15)? ¿Y no afirma Pedro claramente que "Dios no muestra favoritismo, sino que acepta a hombres en cada nación que le temen y hacen lo que es correcto" (10:34-35)?

Pero estas declaraciones no deben interpretarse como que Cornelio era un hombre salvo. Digo esto por las siguientes razones:

1. A los igualmente «hombres devotos [εὐλαβεῖς, *eulabēs*]» de Hechos 2:5, Pedro declaró que tenían que arrepentirse si iban a recibir el perdón de los pecados (Hch. 2:38; ver también 3:19; 13:38–39). Por lo tanto, ser «devoto» en el sentido en que Lucas emplea sus términos en estos pasajes no debe interpretarse en el sentido de que los descritos por ellos fueron salvos.

2. Pedro más tarde afirma que fue por medio del mensaje que trajo a Cornelio, a saber, que «todos los que en él creyeren, recibirán perdón de pecados por su nombre» (ver 10:43), que Cornelio fue salvo (ver el «serás salvo» de Pedro, σωθήσῃ, *sōthēsē*, futuro indicativo pasivo; Hch. 11:14).

3. Los cristianos judíos de Jerusalén respondieron a la explicación de Pedro diciendo: «¡De manera que también a los gentiles ha dado Dios arrepentimiento para vida!» (Hch. 11:18), esta última expresión significa que el arrepentimiento *conduce a* la vida eterna y que hasta que los gentiles no se arrepientan y confíen en Cristo no tienen vida eterna.

Claramente, entonces, antes de que Pedro viniera y le predicara a Cristo, Cornelio *no* fue salvo. Pero tan seguramente como esto es así, es igualmente cierto que Cornelio *era* «limpio» en el sentido de que ya no debía ser visto como ceremonialmente «tabú», sino como un candidato legítimo para la evangelización.[40] Esta es claramente la propia interpretación de Pedro de su visión del «gran lienzo» en Hechos 10:28–29, donde leemos: «Vosotros sabéis cuán abominable es para un varón judío juntarse o acercarse a un extranjero; pero a mí me ha mostrado Dios [por la visión que Dios le había dado] que a ningún hombre llame [ceremonialmente] común o inmundo [es decir, un «intocable»]; por lo cual, al ser llamado, vine sin replicar». Uno puede decir legítimamente que todo el evento fue registrado no sólo para relatar la conversión de Cornelio, sino también para registrar la «conversión» de Pedro al evangelismo gentil.

Cornelio también fue «aceptado» (δεκτὸς, *dektos*) por Dios (este «aceptado» no es lo mismo que el «limpio» anterior, porque los «limpios» son todos en todas partes, mientras que los «aceptados» se dice que están *en* todas las naciones) en el sentido de que, dado que Cornelio estaba buscando a Dios sincera y genuinamente en la providencia de Dios y a

---

[38] Pinnock, *A Wideness in God's Mercy*, 165.
[39] Sanders en *No Other Name*, 254, escribe: «Cornelio ya era un creyente salvo antes de que llegara Pedro, pero no era un creyente cristiano».
[40] En los tiempos del Antiguo Testamento, Dios había «dejado que todas las naciones siguieran su propio camino» (Hch. 14:16) mientras preparaba a Israel para ser el depositario de la revelación especial y el originador racial del Mesías, y había «pasado por alto la ignorancia de las naciones» (Hch. 17:23) en el sentido de que no había tomado medidas directas para alcanzarlos de manera salvadora. Pero ahora que Cristo ha venido, Dios ordena a todas las personas en todas partes que se arrepientan (Hch. 17:30) y que pongan su fe en Cristo.

instancias del Espíritu, Dios tomó medidas para hacerle llegar el evangelio. En resumen, fue *aceptado* en el sentido de que era uno de los *elegidos* de Dios que se encuentran en todo el mundo y no solo dentro de la nación de Israel. Aunque no es tan explícito como yo, en que los «aceptados» aquí son los elegidos de Dios en cada nación a quienes Dios alcanzará con el evangelio, Everett F. Harrison está de acuerdo en que Cornelio no fue salvo antes de que Pedro le predicara:

> Dios está preparado para recibir a aquellos «en toda nación» que le temen y obran justicia, las mismas cosas que se notan acerca de Cornelio (10:2; ver Mt. 6:1–2). El significado [de la declaración de Pedro en 10:34–35] no es que tales personas sean salvadas (ver Hch. 11:14), sino que son candidatos adecuados para la salvación. Tal preparación requiere una seriedad espiritual que resultará en fe a medida que el Evangelio sea escuchado y recibido.[41]

Cornelio es representativo entonces, no de las personas que pueden y son salvadas aparte de la fe en Cristo (¡no hay ninguna!), sino de los elegidos inconversos en cada nación en todo el mundo que bajo la inspiración del Espíritu están «buscando a Dios de una manera extraordinaria»,[42] es decir, que en la providencia misericordiosa de Dios son atraídos por sus cuerdas de amor elegido para darse cuenta (1) de que ellos, como pecadores desesperados, deben encontrarse algún día con el único vivo y santo Dios con quien todos los hombres tienen que ver, y (2) que son incapaces de salvarse a sí mismos, y que, por lo tanto, oran día y noche para que Dios en su misericordia de alguna manera los encuentre aceptables a sus ojos. A estos Dios los salva a través de la empresa misionera al hacerles llegar las buenas nuevas de Jesucristo, tal como dispuso que el evangelio fuera llevado por Pedro a Cornelio.

En tercer lugar (y las dos razones anteriores surgen de este error más fundamental), los inclusivistas evangélicos creen que «las personas son salvadas por la fe, no por el contenido de su teología».[43] Pinnock declara:

> La fe en Dios es lo que salva, no poseer cierta información mínima. Una persona es salvada por la fe, incluso si el contenido de la fe es deficiente. El tema que a Dios le importa es la dirección del corazón, no el contenido de la teología.[44]

Pero ciertamente la fe salvadora debe ser dirigida al verdadero Dios, el Dios y Padre de nuestro Señor Jesucristo, y no a un sustituto idólatra o pagano de Él. Y el contenido de la fe salvadora debe tener a Cristo en su centro. De lo contrario, tal fe es vacía y no tiene ningún valor. Además, este «principio de fe» *per se*, originado como estos pensadores arminianos sostienen en la determinación y voluntad del hombre, constituye una obra pecaminosa que no puede salvar y está condenada en todas partes por las Escrituras, la fe *per se* no salva ni puede salvar. Hablando precisamente, ni siquiera es la fe en Jesucristo lo que salva. Es Jesucristo quien salva al pecador que por medio de la fe descansa en Él.

La Biblia pretende que los cristianos entiendan que las naciones están perdidas, no salvas, pereciendo sin un conocimiento de Cristo. Están bajo condenación divina, no sólo porque nunca han oído hablar de Cristo, sino más principalmente porque son pecadores por naturaleza y pecadores por práctica. Los cristianos deben orar para que Dios derrita sus propios corazones y elimine todo lo que ciegue sus ojos para que puedan ver el mundo como realmente es: ¡un mundo de hombres en el amplio camino que conduce a la llama eterna! Y luego deben orar para que Dios los empodere y los envíe a ese mundo que está amenazado por el fuego eterno con el mensaje del amor redentor.

¡*Laus Deo*!
¡*Soli Deo Gloria*!

---

[41] Everett F. Harrison, *Acts: The Expanding Church* (Chicago: Moody, 1975), 172.
[42] John Piper, *Let the Nations Be Glad* (Grand Rapids, Mich.: Baker, 1993), 146.
[43] Pinnock, *A Wideness in God's Mercy*, 157.
[44] Ibid., 158.

Apéndices

Apéndice A
Dos Cristologías Modernas

Un área actual de interés en la teología que destaca de manera sorprendente la gran necesidad de que la iglesia continúe comprometiéndose en la tarea de la teología bíblica es la cristología. Así como el tema central de la teología de la iglesia en el libro de los Hechos era cristológico (ver Hch. 9:22; 17:2–3; 18:28), así también hoy las propias preguntas sobre Cristo, «¿Qué piensas del Cristo? ¿De quién es hijo?» (Mt. 22:42), siguen ocupando el centro del debate teológico actual. La definición conciliar de Calcedonia en el año 451 d.C. que apoya a un Cristo de dos naturalezas ha sido objeto de críticas en la iglesia de nuestros días (véanse los ejemplos extremos de esto en los resultados del Seminario de Jesús y *The Myth of God Incarnate*).[1] El dogma de la iglesia que este único Señor Jesucristo es verdadero Dios y verdadero hombre en el sentido completo e íntegro de estos dos términos y que es ambos al mismo tiempo ha sido rechazado cada vez más, no solo (se alega) por motivos bíblicos, sino también como una contradicción en términos, una imposibilidad, de hecho, un completo absurdo. Como resultado, hoy en día se afirma ampliamente que la cristología, de una manera hasta ahora sin precedentes en la historia de la iglesia, está simplemente «en juego». La cristología es un «juego de pelota completamente nuevo».

La frase joánica, «el Verbo se hizo carne» (ὁ λόγος σὰρξ ἐγένετο, *ho logos sarx egeneto*), está en el centro del debate moderno y cristaliza el tema principal del debate actual: ¿La cristología de la iglesia debe ser una cristología «desde abajo», es decir, debe tomar su punto de partida en un Jesús humano («carne»), o debe ser una cristología «desde arriba», es decir, debe comenzar con el Hijo de Dios («la Palabra») venido a nosotros del cielo? Y, en cualquier caso, ¿cuál es precisamente el significado de la elección de los verbos de Juan, «llegó a ser»? Es claro que nunca ha sido mayor la necesidad de una reflexión teológica cuidadosa, bíblicamente regida, hermenéuticamente minuciosa, sobre la perenne pregunta: *¿Quién es Jesús de Nazaret?*

Cualquier respuesta a esta pregunta debe recordar desde el principio que el objetivo final de los primeros padres de la iglesia a lo largo de las décadas de controversia sobre este asunto (325-451 d. C.) era simplemente describir y defender la imagen verbal que los evangelios y el resto del Nuevo Testamento dibujan sobre Jesús de Nazaret. Ciertamente, la lucha partidaria y el rencor personal prevalecieron entre algunas personas involucradas en el debate y, en ocasiones, hicieron que la objetividad total fuera extremadamente difícil. Pero una lectura fiel de los padres nicenos y post-nicenos debe llevar a uno a la conclusión de que no fue su preocupación simplemente «tener las cosas a su manera» ni fue el deseo de idear una fórmula doctrinal tan intelectualmente absurda que sería una piedra de tropiezo para todos menos para los más crédulos que los impulsaba a hablar como lo hacían de Jesucristo como una persona de dos naturalezas. Más bien, es evidente que lo que en última instancia subyace a todo su esfuerzo fue simplemente la resolución fiel de exponer con tanta precisión como las palabras disponibles para ellos les permitían lo que el Nuevo Testamento dice acerca de Jesús. Si los términos de su credo eran a veces los términos de la filosofía anterior y actual, esos términos, sin embargo, sirvieron bien a la iglesia para comunicar quién declara la Biblia que es Jesús. Si los «cuatro grandes adverbios calcedonios» («sin confusión» [ἀσυγχύτως, *asynchytōs*], «sin cambio [o transmutación]» [ἀτρέπτως, *atreptōs*], «sin división» [ἀδιαιρέτως, *adiaretōs*], «sin separación» [ἀχω *achōristōs*]) describen no tanto cómo las dos naturalezas, la humana y la divina, deben estar relacionadas entre sí en la unidad de la única persona de Cristo, sino cómo no deben estar relacionadas,

---

[1] John Hick, ed., *The Myth of God Incarnate* (Philadelphia: Westminster, 1977). Los contribuidores fueron Don Cupitt, Michael Goulder, John Hick, Leslie Houlden, Dennis Nineham, Maurice Wiles, y Frances Young.

Apéndices

nuevamente puede y debe decirse que estos adverbios negativos estaban destinados a proteger lo que los padres creían que las Escrituras enseñaban claramente acerca de Jesús, así como el misterio de su persona, y ambos a la vez. Mi propio anhelo profundo es que la iglesia de hoy pueda ser tan fiel y perspicaz al evaluar la imagen de Jesús en los evangelios para nuestro tiempo como lo fueron nuestros antepasados espirituales para el suyo.

Sin embargo, me temo que no es solo una insatisfacción moderna con su uso de la terminología filosófica griega o la creencia de que los primeros padres simplemente fallaron en leer la Biblia con la precisión que podrían haberlo hecho lo que se encuentra detrás de las reconstrucciones totalmente nuevas y diferentes de Jesús actualmente producidos por doctores en la iglesia. Más bien, es una forma nueva y extraña de leer el Nuevo Testamento, traída por los «resultados seguros de la crítica de la ilustración», una nueva hermenéutica que refleja los cánones de interpretación que no se derivan de las Escrituras ni son sensibles a las reglas gramaticales/históricas de lectura de un texto antiguo —que está llevando a los eruditos actuales a dibujar retratos totalmente nuevos de Jesús. El Cristo que emerge de estos nuevos retratos ya no es uno cuyo propósito era revertir los efectos de la caída de Génesis 3 de un estado original de integridad moral y llevar a las personas al reino de Dios y a la vida eterna, sino uno que tenía como objetivo impactar a las personas en una «existencia auténtica» concebida existencialmente o en cualquier número de otras respuestas religiosas/psicológicas hacia Él.

Es muy adecuado preguntar a los creadores de estos «nuevos Cristos»: ¿Es realmente tal la mentalidad de los hombres modernos que son incapaces de creer en el Cristo calcedoniano y en la «proclamación mitificada» del Nuevo Testamento (así Bultmann)? ¿Es así que la ciencia moderna obliga a la necesidad de «desmitificar» la proclamación de la iglesia y reinterpretarla existencialmente? yo creo que no. De hecho, lo que me parece realmente sorprendente es cuántas cosas imposibles muchos hombres modernos son capaces de creer todos los días, como la idea de que este universo presente «se deterioró» espontáneamente a la existencia de la nada, o que el hombre es el producto únicamente de fuerzas latentes dentro de la naturaleza misma, o que la humanidad es esencialmente buena y moralmente perfectible a través de la educación y la manipulación social, o que la justicia y la moral no necesitan basarse en absolutos éticos teístas.

También es para preguntar: ¿Quién ha leído mejor y manejado con más cuidado el material bíblico sobre la persona y el propósito de Jesucristo —el cristólogo antiguo o el moderno?

EL CRISTO DE BULTMANN «DESDE ABAJO»

Rudolf Bultmann (1884–1976), un erudito de crítica de las formas del Nuevo Testamento,[2] en su comentario sobre el evangelio de Juan, cuando llega a Juan 1:14, escribe: «¡el Logos se hizo carne! Es el lenguaje de la mitología el que aquí se emplea», específicamente «el lenguaje mitológico del gnosticismo».[3] Para Bultmann, el énfasis en esta afirmación recae en la «carne» y su significado, de modo que «el revelador no es más que un hombre», porque eso es lo que significa «carne».[4] Además, la gloria del revelador (ΔΟΞΑ, *doxa*) «no se ve... *a través* de ΣΑΡΞ [*sarx*, «carne»]..., se ve en la ΣΑΡΞ [*sarx*] y en ningún otro lugar».[5]

Pero la afirmación de Juan no puede significar que al hacerse carne el Verbo dejó de ser el Verbo que estaba en el principio con Dios y que era Dios (Jn. 1:1), porque el mismo Verbo es también sujeto de la siguiente frase («y habitó entre nosotros») y porque la continuación de Juan a esta última frase es «y vimos su gloria, gloria como [ὡς, *hōs*, que denota aquí no solo comparación sino también identificación] del único[6] [Hijo] del Padre» a quien Juan luego describe en 1:18 como «el único [Hijo], Dios [mismo],[7] que está en el seno del Padre». Por lo tanto, la conclusión de Bultmann es insostenible cuando afirma, usando el «miramos» de Juan, que las afirmaciones de Juan reflejan la perspectiva de

---

[2] La «crítica de la formas» es un enfoque del estudio del evangelio que intenta penetrar más allá de los evangelios escritos e incluso más allá de las supuestas fuentes literarias más primitivas que los sustentan (*Ur-Markus*, Q, M, L) hasta las tradiciones orales del evangelio aún más primitivas, y examinar y clasificar las diversas «formas» o tipos de tradiciones allí descubiertas a la luz de sus supuestas fuentes religiosas y mitológicas.
[3] Rudolf Bultmann, *The Gospel of John* (Philadelphia: Westminster, 1971), 61.
[4] Ibid., 62. Ver también su declaración: «Es en su pura humanidad que él es el revelador» (63).
[5] Ibid., 62s., 69.
[6] La palabra traducida como «único» aquí es μονογενής, *monogenēs*, relacionada con γένος (*genos*, «tipo») y γίνομαι (*ginomai*, «llegar a ser»), no γεννάω (*gennaō*, «engendrar»). Literalmente significa «único en su clase» y destaca la filiación única del Hijo.
[7] Con respecto a la aparición de θεός, *theos*, aquí como un título cristológico, que está respaldado por P66, la mano original de א, B, la mano original de C, P75 y 33 y, por lo tanto, recibió una calificación B («casi seguro») en UBS4, Bruce M. Metzger escribe: «Con la adquisición de P66 y P75, ambos se leen θεός [*theos*], el apoyo externo de esta lectura se ha fortalecido notablemente» (*A Textual Commentary on the Greek New Testament* [Nueva York: United Bible Societies, 1971], 198).

Apéndices

la fe que ha entendido que la revelación de Dios se encuentra precisamente en la humanidad de Jesús. Bultmann alega además que las declaraciones de Juan no son declaraciones sobre el ser divino de Jesús, sino más bien la configuración mitológica del significado del hombre Jesús para la fe a la luz, no de quién es Él, sino de lo que nos hace,[8] y lo que hace para nosotros es llamarnos de nuestra ilusoria existencia en el mundo a la auténtica libertad. «De esta manera», declara Ridderbos, «Bultmann ha seguido encontrando en su interpretación de Juan 1:14 uno de los argumentos más poderosos para una interpretación antropológica del kerygma del Nuevo Testamento».[9]

El exégeta que no es un seguidor de la escuela existencial, individualista y altamente personal de Bultmann ciertamente objetará esta perspectiva. Porque aquí no queda ni siquiera un Cristo kenótico que una vez fue Dios y se despojó de su deidad, sino solo un Cristo existencial que en el ser nunca fue Dios, sino que es solo el revelador de Dios para la fe. Pero, por supuesto, la fe en tal construcción está desprovista de cualquier fundamento o facticidad histórica.

Las preguntas deben ser enfrentadas directamente: ¿Es la interpretación de Bultmann preferible a la de Calcedonia? ¿Es en algún sentido exegéticamente sostenible? ¿No es el lenguaje de Juan 1:14 el lenguaje de un *testigo ocular* (ver el «vimos» de Juan y su comentario sobre esta frase en 1 Jn. 1:1–3)? ¿Y Juan no declara que otros (ver el «nosotros») así como él mismo «vieron su gloria», gloria que luego identifica como la gloria del ser divino de la Palabra como «Hijo único del Padre»? Y que la gloria divina de Jesús era observable es evidente en cada página del evangelio de Juan, en cada señal-milagro que realizó, una gloria que ningún espectador podía pasar por alto ni el enemigo negar (ver 2:11; 3:2; 9:16; 11:45–48; 12:10–12, 37–41; ver también Hch. 2:22: «como vosotros mismos sabéis»; y Hch. 4:16: «y no podemos negarlo»).[10] Cuando llegó Tomás el gemelo a la fe en Jesús y gritó: «[Tú eres] mi Señor y mi Dios» (Jn. 20:28), no lo hizo porque un destello existencial que le trajo una nueva apreciación del significado del Jesús humano para la existencia humana lo dominó, sino porque su demanda de ver la huella de los clavos con sus propios ojos había sido misericordiosamente satisfecha (ver Jn. 20:25, 27, 29) y porque la única implicación posible de la aparición de la resurrección de Cristo para la naturaleza de su ser (ver Ro. 1:4) hizo su impacto ineludible sobre él.

La interpretación de Bultmann de Juan 1:14, sólo uno de los muchos ejemplos de lo que hoy se designa como una cristología «desde abajo»,[11] representa un extremo al que una teología defectuosa puede llevar a la iglesia —el extremo de retratar al Cristo de los evangelios como un mero hombre y sólo un hombre. Por supuesto, esta conclusión no sólo el cuarto evangelio sino también todo el Nuevo Testamento la encuentra intolerable. Como hemos visto en nuestra discusión sobre la Trinidad (parte dos, capítulo ocho), una exégesis cuidadosa muestra que θεός (*theos*, «Dios») se emplea al menos ocho o nueve veces como título cristológico en el Nuevo Testamento (Hch. 20: 28; Ro. 9:5; Tit. 2:13; Heb. 1:8; 2 P 1:1; Jn. 1:1, 18; 20:28; 1 Jn. 5:20; ver también Col. 2:9), con Jesús siendo llamado veintenas de veces κύριος (*kyrios*, «Señor»), la palabra griega empleada en la Septuaginta para traducir el Tetragrama no pronunciado (יהוה, *yhwh*). Los pasajes del Antiguo Testamento hablados o descriptivos de Yahvé, el Dios del pacto, se aplican libremente a Cristo en el Nuevo (Jn. 12:40–41; Ro. 10:13; Heb. 1:10–12; 1 P. 3:14–15). Se le atribuyen atributos y acciones divinas (Mt. 18:20; Mc. 2:5, 8; Jn. 8:58). El propio testimonio de Jesús evidencia su conciencia de su naturaleza divina (ver, por ejemplo, el famoso llamado «cuarto evangelio embrionario» en Mt. 11:25–28 y Lc. 10:21–22). A la luz de la abundancia de evidencia del Nuevo Testamento sobre su deidad, le lleva a uno más allá de los límites de la credulidad si se le pide que crea que los varios escritores del Nuevo Testamento, que vivieron y escribieron bajo diferentes circunstancias, lugares y tiempos, sin embargo, fueron todos seducidos por la misma mitología del gnosticismo. Más aún, esta conclusión es muy dudosa a la luz del hecho de que

---

[8] Bultmann, *John*, 69. Ver también su *Theology of the New Testament*, trans. Kendrick Grobel (New York: Scribner, 1955), 2: 62.
[9] Herman N. Ridderbos, «The Word Became Flesh», en *Through Christ's Word*, ed. W. Robert Godfrey y Jesse L. Boyd III (Phillipsburg, N.J.: Presbyterian and Reformed, 1985), 6. Por supuesto, porque, según Bultmann, la fe en el Cristo kerigmático no puede relacionarse con certeza alguna con la vida terrenal real de Jesús de Nazaret ni tiene por qué serlo, su cristología en su conjunto debe ser catalogada como una cristología radical «desde arriba». Pero, como he dicho, en sus comentarios sobre Juan 1:14 en el sentido de que «el revelador no es más que un hombre» y que la gloria del revelador (δόξα, *doxa*) «no se ve... a través de la σάρξ [sarx , «carne»] ..., se ve en el σάρξ [*sarx*] y en ningún otro lugar», refleja una cristología que se mueve «desde abajo» hacia «arriba».
[10] Es directamente pertinente a nuestro punto aquí observar en conexión con la primera señal-milagro de Cristo (Jn. 2:1-11) que Juan no dice que la fe de los discípulos era el camino para contemplar la gloria de Jesús, sino al contrario, que su milagro manifestó su gloria, y sus discípulos creyeron en él como consecuencia.
[11] El ejemplo más instructivo y plenamente desarrollado de una «cristología desde abajo» es *Jesus—God and Man* (Philadelphia: Westminster, 1968) de Wolfhart Pannenberg, en el que parte de la resurrección de Jesús, que intenta confirmar sobre la base de las tradiciones de la tumba vacía y de las apariciones la pretensión de deidad de Jesús, respecto de la cual Dios demostró su aprobación al resucitar a Jesús de entre los muertos.

Apéndices

el hecho mismo de un gnosticismo precristiano ha sido seriamente cuestionado por muchos académicos competentes.[12]

EL CRISTO DE KÄSEMANN «DESDE ARRIBA»

Uno de los estudiantes de Bultmann resulta muy interesante. Se trata de Ernst Käsemann, quien argumenta que el extremo opuesto está presente en Juan 1:14 —una cristología «desde arriba».[13] En su *The Testament of Jesus*, 1496F[14] Käsemann también trata con cierta extensión el significado de este verso. Argumenta que el evangelista pretende con ΣΑΡΞ, *sarx*, aquí «no el medio para velar la gloria de Dios en el hombre Jesús, sino todo lo contrario, revelar esa gloria ante todo ojo. La carne es el medio de la gloria».[15]

Según Käsemann, el Jesús de Juan, lejos de ser un hombre, es más bien la representación de un dios que camina sobre la faz de la tierra. Al comentar sobre la expresión, «el Verbo se hizo carne», pregunta: «¿No está esta declaración totalmente eclipsada por la confesión, 'contemplamos su gloria', de modo que recibe su significado de ella?».[16] Pensando que es así, Käsemann sostiene que el cuarto evangelio usa la vida terrenal de Jesús «simplemente como telón de fondo para el Hijo de Dios que avanza por el mundo».[17] Además, insta: «la gloria de Jesús determina toda la presentación [del evangelista] tan a fondo desde el principio que la incorporación y la posición de la narración de la pasión por necesidad se vuelven problemáticas»,[18] tan problemáticas, de hecho, que «uno está tentado a considerarlo como una mera posdata [*Nachklappt*] que tuvo que ser incluida porque Juan no podía ignorar esta tradición ni tampoco podría encajarla orgánicamente en su obra».[19] Tan grande es el énfasis de Juan en la gloria divina de Jesús que, según Käsemann, el cuarto evangelio en realidad se ha deslizado hacia un «docetismo ingenuo»[20]:

Juan [formuló quién era y es Jesús] a su manera. Al hacerlo, se expuso a peligros... Difícilmente se puede dejar de reconocer el peligro de su cristología de la gloria, a saber, el peligro del docetismo. *Está presente en una forma aún ingenua, irreflexiva.*[21]

En suma, Juan «fue capaz de dar una respuesta [a la cuestión del centro del mensaje cristiano] sólo en la forma de un docetismo ingenuo»,[22] la humanidad de Jesús realmente no juega ningún papel, ya que se encuentra «totalmente en la sombra» de la gloria de Jesús como «algo absolutamente no esencial».[23] «¿En qué sentido, pregunta Käsemann, es carne el que camina sobre el agua y atraviesa puertas cerradas, el que no puede ser capturado por sus enemigos, el que junto al pozo de Samaria está cansado y desea beber, pero no tiene necesidad de beber y tiene comida diferente de la que buscan sus discípulos?... ¿Cómo concuerda todo esto con la comprensión de una encarnación realista?».[24] Käsemann duda seriamente si «el 'verdadero hombre' de la teología de la encarnación posterior se vuelve creíble» en la cristología de Juan.[25]

¿Qué se puede decir sobre el extremo opuesto de Käsemann al de Bultmann? Uno solo puede aplaudir el énfasis de Käsemann en el carácter de «Dios mismo» de Jesús, pero seguramente Ridderbos tiene razón cuando comenta sobre Juan 1:14 escribe:

---

[12] Ver Edwin M. Yamauchi, *Pre-Christian Gnosticism: A Survey of the Proposed Evidence* (Grand Rapids, Mich.: Baker, 1983), particularmente el capítulo 12; C. H. Dodd, *The Interpretation of the Fourth Gospel* (Cambridge: Cambridge University Press, 1955); Raymond E. Brown, *The Gospel According to John I–XII* (Garden City, N.Y.: Doubleday, 1966), LVI; y los artículos de W. F. Albright y R. Casey en el Dodd *Festschrift, The Background of the New Testament and Its Eschatology*, ed. W. D. Davies and D. Daube (Cambridge: Cambridge University Press, 1956).
[13] Estoy en deuda con Ridderbos por llamar mi atención sobre este contraste entre maestro y alumno. Ver su «The Word Became Flesh», Through Christ´s Word, 3–22, especialmente 5.
[14] Ernst Käsemann, *The Testament of Jesus: A Study of the Gospel of John in the Light of Chapter 17* (Philadelphia: Fortress, 1978), 9–10.
[15] Ridderbos, «The Word Became Flesh», 6.
[16] Käsemann, *Testament*, 9-10.
[17] Ibid., 13.
[18] Ibid., 7.
[19] Ibid., 7.
[20] El docetismo, de la raíz griega δοκέω, *dokeō*, que significa «parecer» o «aparecer», fue uno de los primeros errores en la historia de la iglesia. Abogó por que Cristo en realidad no se convirtió en hombre, sino que solo pareció o apareció como tal. Cerinto (c. 85 d. C.) es el primer defensor conocido de esta enseñanza. Ignacio, Ireneo y Tertuliano defendieron la verdadera humanidad de Cristo contra esta enseñanza.
[21] Käsemann, Testament, 26, 77, énfasis añadido; ver también su declaración: «La afirmación, generalmente aceptada hoy, de que el cuarto evangelio es anti-docético, está completamente sin probar» (26, nota 41).
[22] Ibid., 26.
[23] Ridderbos, «The Word Became Flesh», 9.
[24] Käsemann, *Testament*, 9.
[25] Ibid., 10.

Apéndices

Egeneto, «llegó a ser», no está ahí por nada. Se trata seguramente de un nuevo modo de existencia. Además, no es accidental la presencia de *sarx*, «carne», que... indica al hombre en su debilidad, vulnerabilidad y transitoriedad. Por lo tanto, se ha dicho, no equivocadamente, que esta afirmación... ciertamente se aproxima a lo contrario de lo que cabría esperar si se hablara de un mundo docético... de pensamiento.[26]

Además, en ninguna parte la humanidad de Jesús es más evidente de una manera natural y no forzada que en el evangelio de Juan. Nuestro Señor se llama a sí mismo (Jn. 8:40) y es llamado por otros muchas veces «hombre» (ἄνθρωπος, *anthrōpos*) (Jn. 4:29; 5:12; 7:46; 9:11, 16, 24; 10: 33; 11:47; 18:17, 29; 19:5). Se cansa del viaje, se sienta junto a un pozo para un momento de descanso y pide agua para saciar su sed (Jn. 4). La gente conoce a su padre y a su madre (1:45; 6:42; 7:27). Escupe en el suelo y hace un lodo curativo con su saliva (9:6). Llora (11:35) y está turbado o perplejo (12:27).[27] Una corona de espinas es presionada sobre su cabeza (19:2) y es golpeado en la cara (19:3). En su crucifixión, sangre y agua fluyen de la estocada de la lanza (19:34). Y después de su resurrección les muestra a sus discípulos las heridas en sus manos y costado (20:20, 27) e incluso desayuna con ellos (21:9-14). Claramente, en la cristología de Juan tenemos que ver con «carne» (ver 1 Jn. 1:1-3; 4:2), un hombre en debilidad y vulnerabilidad, un «hombre verdadero». En la interpretación de Käsemann del Jesús de Juan, aunque ciertamente tenemos que ver con una cristología «desde arriba», Cristo es tan «totalmente otro» que su humanidad es solo un disfraz y no parte de una encarnación real.

¿Hacia dónde nos lleva precisamente el material del cuarto evangelio? Insto a que una lectura justa del testimonio de Juan en su totalidad retrata a un Jesús que es un verdadero hombre y que, al mismo tiempo, es más que un verdadero hombre. ¿Y en qué dirección se nos instruye a buscar el significado de este «más que»? Evidentemente, en su ser también el divino Hijo de Dios, que estaba con el Padre en el principio, que era y es Él mismo Dios, y que por nosotros los hombres y por nuestra salvación, sin dejar de ser Dios, se hizo hombre al tomar unión consigo mismo nuestra humanidad.

¿Qué pasa con la sugerencia de Käsemann de que la «teología de la gloria» (*theologia gloriae*) del cuarto evangelio domina tanto todo a su paso que realmente no hay lugar en el para una «teología de la cruz» (*theologia crucis*), que Juan la presenta sólo porque no puede ignorar la tradición? Yo diría que tal perspectiva surge de la propia visión filosófico-teológica de Käsemann en lugar de una exégesis directa y un análisis objetivo. La «teología de la cruz» encaja tan cómodamente en el evangelio de Juan como en los sinópticos o en el pensamiento de Pablo. Se introduce al principio en «he aquí el Cordero» del precursor (Jn. 1:29, 36) y continúa como un aspecto integral de la cristología de Juan, por ejemplo, en el ministerio temprano de Jesús en Judea cuando se refiere a la destrucción de su cuerpo (2:19, 21) y su ser levantado como la serpiente fue levantada en el desierto (3:14), en las varias referencias a la «hora» que había de venir sobre Jesús (2:4; 7: 30; 8:20; 12:23; 13:1; 17:1), en el discurso del buen pastor de Jesús donde revela que dará su vida por las ovejas (10:11, 15), y en su enseñanza del grano de semilla que debe morir (12:24). Debe entenderse claramente que la sugerencia de Käsemann de que el dogma de un Cristo divino violenta una «teología de la cruz» hiere al cristianismo como la religión redentora de Dios en su mismo corazón, ya que tanto la deidad de Cristo como su cruz son esenciales para la salvación del hombre. La implicación del punto de Käsemann es que uno puede tener una «teología de la gloria» o una «teología de la cruz», pero no puede tener ambas simultáneamente. Seguramente, sin embargo, estos dos están uno al lado del otro a lo largo del Nuevo Testamento. Pablo, cuya teología es específicamente una «teología de la cruz», ve precisamente en su cruz la gloria y el triunfo de Cristo sobre el reino del mal (Col. 2:15). El escritor de Hebreos afirma que es precisamente con su muerte que Jesús destruyó al diablo y liberó a los que estaban esclavizados por el miedo a la muerte (Heb. 2:14-15). No se puede permitir que la construcción de Käsemann permanezca sin oposición, contrasta un tema de las Escrituras con un segundo tema, igualmente de las Escrituras, que de ninguna manera es intrínsecamente contradictorio con él.

---

[26] Ridderbos, «The Word Became Flesh», 10. La referencia de Ridderbos en su «se ha dicho» aquí es a las opiniones de Rudolf Schnackenburg, *The Gospel según St John* (Nueva York: Crossroad, 1990), 1:268, y R. E. Brown, *The Gospel According to John I-XII*, 24. Pero uno podría agregar casi indefinidamente a esta lista los nombres de eruditos que ven a Juan oponiéndose conscientemente al docetismo por su declaración en Juan 1:14, por ejemplo, Leon Morris, The Gospel According to John (Grand Rapids, Mich.: Eerdmans, 1971), pág. 102, y F. F. Bruce, The Gospel of John, págs. 39-40.

[27] Véase Benjamin B. Warfield, «On the Emotional Life of Our Lord», en *The Person and Work of Christ* (Philadelphia: Presbyterian and Reformed, 1950), 93-145, para una exposición completa de la vida emocional muy humana de Jesús. Ver también la tercera parte, capítulo quince de esta obra.

Apéndices

¿Hay algún sentido, a la luz de estas conclusiones, en el que podamos hablar legítimamente de ambos tipos de cristología —«desde abajo» y «desde arriba»— en los evangelios? Yo creo que sí, pero en el sentido aclarado por el gran teólogo de Princeton, Benjamin B. Warfield, hace muchos años:

> El Evangelio de Juan no difiere de los otros evangelios como el evangelio del Cristo divino en contraposición a los evangelios del Cristo humano. Todos los evangelios son evangelios del Cristo divino... Pero el evangelio de Juan se diferencia de los demás evangelios en que toma del Cristo divino su punto de partida. Los otros comienzan en el plano de la vida humana. Juan comienza en las interrelaciones de las personas divinas en la eternidad.
>
> [Los evangelios sinópticos] todos comienzan con el hombre Jesús, a quien presentan como el Mesías en quien Dios ha visitado a su pueblo, o más bien, como Él mismo, Dios vino a su pueblo, según su promesa. El movimiento en ellos es de abajo hacia arriba... El movimiento en Juan, por el contrario, es de arriba hacia abajo. Parte del Verbo divino y desciende de Él al Jesús humano en quien se encarnó. Este Jesús, dicen los demás, es Dios. Este Dios, dice Juan, se convirtió en Jesús.[28]

En este apéndice he ilustrado lo que creo que es la tarea teológica y cómo se debe cumplir hoy. Nuestra tarea como pensadores y teólogos cristianos es simplemente escuchar y tratar de comprender y explicar, ya sea en forma de sermón, conferencia o credo, lo que escuchamos en las Sagradas Escrituras en su totalidad para beneficiar a la iglesia y mejorar la fiel propagación del único evangelio verdadero. Con humildad y las mejores herramientas de exégesis debemos sacar de la Escritura la verdad de Dios que en ella se revela, siendo siempre sensibles a todos sus matices bien equilibrados. Si hemos de emular a nuestro Señor, sus apóstoles y la iglesia del Nuevo Testamento, esa y sólo esa es nuestra tarea. Al hacerlo, debemos librar una guerra intelectual incansable contra todos los esfuerzos de las muchas filosofías hostiles que abundan a nuestro alrededor para influir en los resultados de nuestro trabajo.

¿Resolveremos todos los problemas de la doctrina de la iglesia de un Cristo de dos naturalezas con este método? En mi opinión, probablemente no. ¿Resolverá el teólogo todos los problemas que se han planteado contra el teísmo cristiano en general y resolverá todas las tensiones que los hombres pretenden ver en él? Probablemente no. ¡Pero esto no debe desviar al teólogo de la tarea misma! Porque es en su voluntad de continuar sometiendo su mente a toda la Escritura que el teólogo, como estudiante de la Palabra, más emula el ejemplo de su Señor (ver Mt. 4:4, 7, 10; 5:17–18; Lc. 24:27; Jn. 10:35). Y es en sumisión a las Escrituras que el teólogo, mientras realiza su tarea, refleja mejor ese carácter de discípulo al que ha sido llamado por la gracia.

Apéndice B
Los Antilegómena del Nuevo Testamento

En comparación con los escritos que la iglesia universalmente y siempre consideró como «canónicos» (los treinta y nueve libros del Antiguo Testamento y los veinte libros del Nuevo Testamento conocidos como *homologoumena* o libros «acordados», lo que lleva a cincuenta y nueve el número de libros indiscutibles del total de sesenta y seis escritos canónicos), los siete libros que llegaron a ser cuestionados (conocidos como los *antilegomena* o libros «discutidos»), a saber, Santiago, Hebreos, 2 Pedro, 2 Juan, 3 Juan, Judas, y Apocalipsis, no fueron tan importantes, hablando comparativamente, como los otros. De estos libros «en disputa», los más importantes, por supuesto, son Hebreos y Apocalipsis. En el caso de Hebreos, las objeciones, principalmente en occidente y particularmente en Roma, no fueron «originales» sino que surgieron tarde, no principalmente porque

---

[28] Benjamin B. Warfield, «John's First Word», *Selected Shorter Writings of Benjamin B. Warfield*, ed. John E. Meeter (Nutley, N.J.: Presbyterian and Reformed, 1970), 1:148–49. Millard Erickson habla del esfuerzo por integrar las cristologías «desde arriba» y «desde abajo» como el «modelo agustiniano» («creo para poder entender»), frente a lo que denomina modelos «fideísta» y «tomista» respectivamente, en los que se parte de la cristología del *kerygma* (es decir, «desde arriba»), que luego se emplea para interpretar e integrar los datos proporcionados por la indagación sobre el Jesús histórico («Christology from Above and Christology from Below», *Perspectives on Evangelical Theology*, 54).

Apéndices

se dudara de su autoría paulina, sino debido a la apelación Montanista a Hebreos 6:4.[1] En cuanto al Apocalipsis de Juan las objeciones, principalmente en oriente, también fueron tardías y surgieron como resultado de consideraciones dogmáticas antiquiliásticas.[2] Pero a fines del siglo IV, debido a los lazos ecuménicos que se habían desarrollado entre las diversas regiones de la iglesia, prácticamente todas las dudas regionales con respecto a estos siete libros del canon del Nuevo Testamento se habían resuelto. Y debido a la convicción cristiana casi universal de que el Señor de la iglesia había dado los veintisiete libros específicos del Nuevo Testamento, y solo esos libros, a Su pueblo, la iglesia durante los últimos mil seiscientos años ha restringido el canon del Nuevo Testamento a estos veintisiete libros del Nuevo Testamento comúnmente recibidos.

Nuestra discusión sobre la formación del canon en el capítulo tres puede haber parecido dar demasiado crédito a lo que G. E. Lessing (1729-1781) denominó la «zanja fea de la historia», es decir, que el pasado, por su propia naturaleza, es en el mejor de los casos solo indirectamente disponible para las generaciones posteriores, ya que la certeza religiosa no puede basarse en los cimientos inestables de la investigación histórica. Sin pretender de ninguna manera calificar la posición básica que adopté en el capítulo tres, algo puede, y tal vez debería, decirse en favor de la evidencia histórica de su «autoridad apostólica» y, por lo tanto, en apoyo de su canonicidad.

LA CARTA DE SANTIAGO

Santiago el justo, medio hermano de nuestro Señor, muy probablemente fue el autor de la carta que lleva el nombre de «Santiago». Digo esto por estas razones: si nos preguntamos cuál de los cuatro hombres nombrados Santiago en el Nuevo Testamento —*Santiago*, el hijo de Zebedeo y hermano de Juan, uno de los doce que fue martirizado por Herodes (Mt. 4:21; 10:2; 17:1; Mc. 10:35; 13:3; Lc 9:54; Hch. 1:13; 12:2); *Santiago* el menor, hijo de Alfeo, uno de los doce (Mt. 10:3; 27:56; Mc. 3:18; 15:40; Lc. 6:15; 24:10; Hch. 1:13); *Santiago*, el padre de Judas «no Iscariote» (Lc. 6:16; Hch. 1:13); o *Santiago*, el medio hermano del Señor (Mt. 13:55; Mc. 6:3)— si nos preguntamos, digo, cuál de estos cuatro podría y esperaría ser reconocido e identificado cuando se llama a sí mismo simplemente «Santiago, siervo de Dios y del Señor Jesucristo» y podría hablar con tanta autoridad al cristianismo judaico como lo hace en este escrito, la reflexión sobre lo que sabemos de los tres primeros —que es prácticamente nada— debería convencernos de que solo el último Santiago alcanzó el liderazgo especial entre los judíos cristianos en general, lo que podría justificar que su autor hiciera el amplio llamamiento que encontramos en esta carta.

Suponiendo entonces que este Santiago sea el autor, cuando se recuerda, primero, que una de las apariciones de Jesús después de su resurrección fue específicamente a Santiago (1 Co. 15:7), momento en el que presumiblemente llamó a su medio hermano a la fe salvadora en Él y a toda una vida de servicio; segundo, que Santiago ciertamente se movía en círculos apostólicos (Hch. 15; Gal. 2:9) y sin duda tenía respaldo apostólico cuando hablaba o escribía; tercero, que Pablo habla de Santiago como un «apóstol» y una «columna» en la iglesia (Gal. 1:19; 2:9); y cuarto, que Santiago desempeñó un papel dominante en el Concilio de Jerusalén al que asistieron Pedro y Pablo, resumiendo el argumento apostólico y probablemente preparando él mismo el «decreto apostólico» (Hch. 15:13-21), difícilmente se puede dudar de que los otros apóstoles claramente reconocieron que Santiago, como un «hombre apostólico», fue testigo de la resurrección de Jesús y un vocero histórico-redentor de la iglesia de la circuncisión. En consecuencia, el Señor llevó a su iglesia a reconocer la canonicidad intrínseca de su carta.

LA CARTA A LOS HEBREOS

Prácticamente lo único que se oye expresar hoy sobre la cuestión de la autoría de Hebreos es la opinión de Orígenes en el sentido de que solo Dios conoce la verdad real del asunto. No se reconoce tan comúnmente que el contexto de su comentario sugiere que, en su opinión, la carta era paulina —ciertamente en contenido, si no por la pluma real de Pablo. Escribe: «Si diera mi opinión, diría que *los pensamientos son los del apóstol*... Por lo tanto, si alguna iglesia sostiene que esta epístola es de Pablo, *sea alabada* por esto. Porque *no sin razón* los antiguos lo han transmitido como de Pablo» (citado por Eusebio, *Ecclesiastical History*, 6.25.14).

---

[1] Herman N. Ridderbos, *Redemptive History and the New Testament Scriptures*, segunda edición revisada (Phillipsburg, N.J.: Presbyterian and Reformed, 1988), 44.
[2] Ibid.

Apéndices

La carta, ciertamente, es anónima. Pero quienquiera que haya sido el autor, está claro que los destinatarios originales de la carta lo conocían, porque él los llama a orar para que les sea restaurado en breve (Heb. 13:18-24). ¿Podría ser Pablo el autor? En Egipto y el norte de África, la autoría de Pablo parece que nunca fue objeto de serias disputas, en Italia y particularmente en Roma, como ya hemos señalado, lo fue. Como evidencia de lo primero, si bien es cierto que Pablo en todos los demás casos que conocemos indicó su autoría por nombre, Eusebio (*Ecclesiastical History*, 6.14) nos informa que Clemente de Alejandría (155-215 d.C.) declaró que Pablo escribió la carta a los cristianos hebreos en hebreo y que Lucas la había traducido cuidadosamente al griego y la había publicado entre los cristianos de habla griega, y que Pablo había omitido su nombre aquí por deferencia a su Señor, a quien consideraba el verdadero apóstol de los hebreos (Heb. 3:1; ver Ro. 15:8) y también para evitar el prejuicio judío contra la carta que seguramente habría llegado si supieran que él la había escrito. Aunque se omite en el Canon Muratori (quizás debido al estado corrupto del texto de ese Canon), el mismo Eusebio lo agrupó con las «catorce» epístolas de Pablo *Ecclesiastical History*, 3.3), este llamativo aviso sin duda refleja una opinión anterior tal como se encuentra (1) en P46 (c. 200 d.C.) que ubica a Hebreos entre Romanos y 1 Corintios, (2) en el ancestro del Vaticano que lo ubica entre Gálatas y Efesios, y (3) en la mayoría de los antiguas copias griegas que lo ubican después de 2 Tesalonicenses, las tres posiciones implican autoría paulina. Clemente de Roma parece haberla usado ya en algún momento entre el 90 y el 100 d.C. Además, tanto Jerónimo (Jerusalén) como Agustín (África del Norte) lo citan como de Pablo. La evidencia interna también apoya la legitimidad de sugerir que Pablo podría haber sido el autor. Ciertamente es un paulinismo llamar a sus lectores a orar por él (ver Heb. 13:18 y 1 Ts. 5:25; Ro. 15:30–31; Ef. 6:19–20). Además, la referencia del autor a «nuestro hermano Timoteo» (13:23) seguramente tiene un «sonido paulino» (ver 1 Ts. 3:2; 2 Co. 1:1; Col. 1:1; Fil. 1). Además, existe una clara afinidad de lenguaje entre la carta y las cartas paulinas reconocidas (ver Heb. 1:4 y Fil. 2:9; Heb. 2:2 y Gal. 3:19; Heb. 2:10 y Ro. 11:36; Heb. 7:18 y Ro. 8:3; Heb. 7:27 y Ef. 5:2; Heb. 8:13 y 2 Co. 3:11; Heb. 10:1 y Col. 2:17; Heb. 10:33 y 1 Co. 4:9; Heb. 11:13 y Ef. 2:19; Heb. 12:22 y Gal. 4:25, 26). Finalmente, la persona y la obra de Cristo son centrales aquí como en las epístolas paulinas indiscutibles.

En mi opinión, se le ha dado demasiado peso a la afirmación de Hebreos 2:3 («…tan grande la salvación, la cual, habiendo sido anunciada primero por el Señor, nos fue confirmada por los que [le] oyeron») como siendo «el punto más significativo» *en contra* de la autoría paulina.[3] La declaración, por esta construcción, supuestamente enseña que el autor era un cristiano de «segunda generación» que había escuchado el evangelio de los apóstoles y que se convirtió como resultado de su predicación, excluyendo así a Pablo como autor porque afirma en Gálatas 1:12 que recibió el evangelio directamente de Cristo (ver Hch. 9:1–9). Pero Hebreos 2:3 no dice lo que esta construcción afirma que dice. No dice que el autor escuchó por primera vez el evangelio de los apóstoles y se convirtió por eso. Más bien, dice que el mensaje de salvación le fue confirmado (ἐβεβαιώθη, *ebebaiōthē*) por aquellos que habían escuchado al Señor, lo que implica que el autor ya estaba en posesión de él en el momento de su confirmación, una actividad que los apóstoles podrían haber hecho por Pablo en ocasión de su primera o segunda visita a Jerusalén de la que habla en Gálatas 1 y 2. Ciertamente las acciones de los apóstoles, como las describe Pablo en Gálatas 2, dan la apariencia de ser una «actividad confirmadora».

En cuanto a su estilo, gramática y contenido doctrinal, concedo que estos asuntos son marcadamente diferentes en algunos aspectos de las otras cartas de Pablo a iglesias e individuos específicos, pero los destinatarios específicos de Hebreos, su tema mismo, su propósito y el uso de Pablo de un amanuense (¿Lucas?) pudo haber tenido mucho que ver con el estilo y el vocabulario de la carta. No hay nada en el contenido de la carta que Pablo no pudiera haber escrito.[4] Pero cualquiera que sea la verdad del asunto, Dios guio a su iglesia a reconocer la canonicidad intrínseca de la carta.

LA CARTA DE JUDAS

---

[3] Simon J. Kistemaker, *Exposition of the Epistle to the Hebrews* (Grand Rapids: Baker, 1984), 7.
[4] Recomendaría que el lector consulte a R. Laird Harris, *Inspiration and Canonicity of the Bible* (Grand Rapids, Mich.: Zondervan, 1957), 263–270, quien examina minuciosamente la evidencia patrística y concluye que Hebreos es «una Epístola genuina de Pablo usando a Bernabé como su secretario» (269), aunque reconoce que otra persona pudo haber servido a Pablo como amanuense (Lucas es una fuerte posibilidad aquí). Algunos piensan que Bernabé podría haber sido el autor original, porque como levita (Hch. 4:36) habría estado familiarizado con el ritual del templo, y como «hijo de consolación» (Hch. 4:36) podría haber escrito simplemente tal «palabra de consolación» (13:22). Pero Donald Guthrie concluye apropiadamente que cualquier dato sólido sobre la autoría de Bernabé es «prácticamente inexistente» (New Testament Introduction, cuarta edición [Downers Grove, Ill.: Inter-Varsity Press, 1990], 675).

Apéndices

Si la carta de Judas fue escrita por Judas, hijo de Santiago y uno de los doce apóstoles originales (Lc. 6:16; Hch. 1:13; probablemente el «Lebeo, cuyo sobrenombre era Tadeo», Mt. 10:3), entonces la autoridad apostólica de la carta queda inmediatamente asegurada.

Si, como parece más probable, la carta es de la pluma de Judas, el hermano de Santiago el Justo (Judas 1) y medio hermano menor del mismo Jesús, ya que es improbable, como escribe Salmond, que «cualquier falsificador hubiera elegido una nombre comparativamente tan oscuro como el de Judas bajo el cual refugiarse»,[5] la relación de sangre de Judas con Jesús y con Santiago el Justo, aunque tal relación no aseguraría el carácter apostólico de la carta en sí misma, seguramente habría dado lugar a que cualquier carta de él tuviera cierta ventaja sobre otras cartas, en lo que a intereses se refiere. Y como testigo de la resurrección de Cristo y seguidor de Cristo (Hch. 1:14), Judas pudo haberse convertido en un «apóstol» en un sentido especial, es decir, un «hombre apostólico».

Independientemente de quién lo haya escrito, esto es lo que sabemos. Eusebio lo incluye entre los libros «de los que se habla en contra» porque no muchos de los padres anteriores lo mencionaron. Admite, sin embargo, que algunos lo habían hecho y que muchos en la iglesia la consideraban genuina (*Ecclesiastical History*, 2.23; 3.25). Jerónimo informa que fue cuestionado en algunos sectores porque parecía citar del libro de Enoc, «sin embargo, ha adquirido autoridad por la antigüedad y el uso, y se cuenta entre las Sagradas Escrituras» (*Catalog of Ecclesiastical Writers*, cap. 4). Sin embargo, no es seguro que Judas cite esta fuente, ya que es posible que se haya basado en la misma tradición judía que el libro de Enoc. Además, Pablo, cuya autoridad apostólica es incuestionable, también citó fuentes no inspiradas sin poner en peligro la apostolicidad y veracidad de su enseñanza.[6] Por lo tanto, el hecho de que Judas haya citado a Enoc no debe usarse para declarar contra la canonicidad del libro. En todo caso, Dios guió a su iglesia a reconocer su carácter de testigo inspirado de «la fe entregada una vez por todas a los santos».

LA SEGUNDA CARTA DE PEDRO

El autor se identifica como «Simón Pedro, siervo y apóstol de Jesucristo» (1:1), declara que el Señor le había hablado acerca de su muerte (1:14; véase Jn. 21:18–19), afirma haber sido testigo ocular y auditivo de la transfiguración de Cristo (1:16–18), afirma haber escrito a sus lectores una carta anterior (3:1), e implica que conoce a «nuestro querido hermano Pablo» (3:15-16). Todo esto proporciona una evidencia interna excepcionalmente sólida para aceptar la autoría petrina de 2 Pedro. Sin embargo, 2 Pedro fue probablemente el libro del Nuevo Testamento más controvertido durante los primeros tres siglos de la era cristiana. Si bien no hay evidencia de que alguna parte de la iglesia primitiva haya rechazado alguna vez la carta como «espuria»,[7] es cierto que Eusebio (*Ecclesiastical History*, 3.3), aunque «deja en claro que la mayoría [de los Padres] aceptó la epístola como auténtica»,[8] lo clasificó entre su lista de libros «discutidos» (los *antilegomena*) porque no había sido citado por «los antiguos presbíteros».

¿Cómo vamos a explicar la escasez de citas de los padres de la iglesia? ¿Por qué no se cita expresamente 2 Pedro más que durante los primeros siglos de la era cristiana? Se pueden decir varias cosas en respuesta. Primero, la naturaleza y la brevedad de la carta pueden explicar en parte la escasez de citas de esta. Como escribe Bigg: «Contiene muy pocas frases citables. Probablemente se cita muy raramente incluso en la actualidad».[9] Segundo, la iglesia fue inundada durante los siglos segundo y tercero con numerosas piezas de literatura petrina seudónima.

Naturalmente, surgirían algunas preguntas sobre cualquier epístola que pretenda ser petrina.[10] En tercer lugar, como sugiere Plumptre, «los falsos maestros condenados en la epístola harían un esfuerzo por desacreditarla y suprimirla en la medida de lo posible».[11] Finalmente, como Harrison sugiere que, debido a que era una epístola general, es decir, debido a que no estaba dirigida a una congregación específica, «ninguna congregación en particular se comprometió a... darla a conocer más

---

[5] S. D. F. Salmond, «The General Epistle of Jude», *The Pulpit Commentary* (Grand Rapids: Eerdmans, 1950), 22, vi.
[6] Pablo cita con aprobación a Arato de Cilicia (Hch 17:28), Epiménides de Creta (Tit 1:12) y Menandro, autor de la comedia griega *Thais* (1 Co 15:33).
[7] Guthrie, *New Testament Introduction*, 819.
[8] Guthrie, *New Testament Introduction*, 817.
[9] Charles Bigg, *A Critical and Exegetical Commentary on the Epistles of St. Peter and St. Jude* (ICC; Edinburgh: T. & T. Clark, 1902), 211.
[10] Guthrie, *New Testament Introduction*, 818.
[11] E. H. Plumptre, *The General Epistles of St. Peter and St. Jude* (Cambridge: University Press, 1879), 81.

Apéndices

ampliamente».¹² Todas estas razones podrían explicar la vacilación de algunos padres para aceptarla. Pero debe notarse que hay razón para creer que Judas usó material de él, tratándolo como si fuera autoritativo, de tal manera que las dos grandes versiones egipcias del Nuevo Testamento del siglo III, la *Boháirica* y la *Sahídica*, la incluyeron, que P72 la aceptó como canónica, que Orígenes la cita al menos seis veces como si fuera canónica para él, que Jerónimo la admitió en la Vulgata, y que los padres de la iglesia Atanasio, Epifanio, Ambrosio, Cirilo de Jerusalén, Hilario de Poitiers, Gregorio de Nacianceno, Basilio el Grande y Agustín la recibieron como canónica.¹³

LA SEGUNDA CARTA DE JUAN

Cuando llegamos a 2 Juan, llegamos a la segunda carta más corta en el Nuevo Testamento. Si permitimos treinta y seis letras para la línea antigua y contamos las letras de cada una, 2 Juan tendría treinta y dos líneas, 3 Juan no llega a treinta y una líneas. Habría ocupado una página de papel de papiro ordinario. En suma, no fue una carta larga y en contenido, hablando comparativamente, una carta bastante insignificante.

Aunque Eusebio (*Ecclesiastical History*, 3.25) enumera tanto a 2 Juan como a 3 Juan entre los *antilegomena*, la evidencia externa a su favor como cartas apostólicas, aunque escasa, sigue siendo importante. Ireneo (c. 140–203) en su *Contra las Herejías* (1.16.3; 3.16.8) cita dos veces de 2 Juan. Clemente de Alejandría (c. 155-c. 215) en su *Stromata* (2.15) habla de «la epístola más larga de Juan», mostrando que reconoció que Juan tenía al menos otra y una epístola más corta. El Canon Muratoriano (c. 170 d.C.), después de referirse a 1 Juan en conexión con el cuarto evangelio, habla de «dos epístolas de Juan que han sido mencionadas antes», mostrando que 2 Juan y 3 Juan fueron muy apreciadas en Roma antes de finales del siglo II. Cipriano, obispo de Cartago (c. 200–258), en su *Concerning the Baptism of Heretics* relata que Aurelio, obispo de Chullabi, citó 2 Juan 10–11 en el Concilio de Cartago (256 d. C.), y el Tercer Concilio de Cartago del 397 d.C. reconoció definitivamente su canonicidad. Alfred Plummer observa justificadamente: «…precisamente aquellos testigos que están más cerca de San Juan en el tiempo son favorables a la autoría apostólica, y parecen no conocer otra opinión».¹⁴

LA TERCERA EPÍSTOLA DE JUAN

Como insinuamos anteriormente, 3 Juan es la carta más corta del Nuevo Testamento, un poco menos de treinta y una líneas de longitud y ocupa una hoja de papiro de tamaño normal. Su brevedad, la poca importancia comparativa de su contenido, así como el hecho de que era una carta privada, hicieron que no fuera muy leída en las iglesias. Pero a pesar de estos obstáculos, el hecho de que esta carta se diera a conocer ampliamente y finalmente alcanzara un rango canónico formal, da testimonio de la solidez de la tradición que desde los primeros tiempos la había asignado al apóstol Juan.

Merrill C. Tenney, siguiendo a Edgar J. Goodspeed, sugiere que 2 Juan y 3 Juan «pueden haber sido escritas como 'cartas de presentación' [para su evangelio y 1 Juan], una a la iglesia, dirigida bajo la figura de la 'señora elegida', y la otra a Gayo, su pastor. Tenían la intención de ser notas privadas de consejo y saludo, donde el cuerpo principal de enseñanza estaba contenido en el evangelio y en la primera epístola».¹⁵ El mismo Goodspeed sostiene que las tres epístolas originalmente circularon como un corpus y que, en consecuencia, las autoridades antiguas se refirieron a ellas de manera diferente como primera, segunda y tercera carta.¹⁶

EL APOCALIPSIS DE JUAN

Debido tanto a su enigmática oscuridad como a las consideraciones dogmáticas antiquiliásticas expresadas en algunas regiones de la iglesia, el Apocalipsis de Juan llegó a figurar entre los *antilegomena* de la iglesia, pero Papías comenta sobre Apocalipsis 12; Justino Mártir (c. 100–165) en su *Diálogo con Trifón* (capítulo 81), escrito alrededor de 155–60 d. C., afirma que Juan, el apóstol de Cristo, recibió esta profecía de Cristo; Ireneo (m. 202 d. C.) en su *Contra las Herejías* citó prácticamente todos los capítulos del libro, lo aceptó como Escritura y atribuyó el libro a «Juan, el

---

[12] Everett F. Harrison, *Introduction to the New Testament* (Grand Rapids: Eerdmans, 1971), p. 415.
[13] Recomiendo mucho el artículo de Warfield, «The Canonicity of Second Peter», *Selected Shorter Writings* (editado por John Meeter; Presbyterian And Reformed, 1973), II, 48–79, *Second Peter Reconsidered* de E. M. B. Green (Londres: Tyndale, 1961), un admirable monografía de erudición original que combate hábilmente la afirmación de que 2 Pedro es una «falsificación piadosa» espuria (argumenta la prioridad de Judas sobre 2 Pedro), y la breve pero sustantiva defensa de Gleason L. Archer, Jr. autoría de 2 Pedro en su *Encyclopedia of Bible Difficulties* (Grand Rapids: Zondervan, 1982), 425–27.
[14] A. Plummer, *The Epistles of St. John* (Cambridge: University Press, 1889), 53.
[15] Merrill C. Tenney, *The New Testament, An Historical and Analytic Survey* (Grand Rapids, Mich.: Eerdmans, 1953), 375–76.
[16] Edgar J. Goodspeed, *An Introduction to the New Testament* (Chicago: University of Chicago Press, 1937), 324.

discípulo del Señor» (4.11; 5.26.1); Tertuliano (c. 150-c. 225) citaba con frecuencia del libro y lo aceptaba como obra del apóstol Juan; Clemente de Alejandría (155–215) y Orígenes (185–253) también aceptaron el Apocalipsis como Escritura inspirada escrita por el apóstol Juan; y el Canon Muratoriano (c. 170 d.C.) lo menciona como un libro universalmente reconocido en Roma. De hecho, después del año 215 d.C. no existía ninguna duda seria sobre su canonicidad en la iglesia occidental. Y a fines del siglo IV, la resistencia de la iglesia oriental había disminuido.

De este resumen se puede ver que hay datos históricos que se pueden citar en nombre de la «autoridad apostólica» de los llamados libros «disputados» del Nuevo Testamento. Por supuesto, en el análisis final, el cristiano debe descansar y descansará confiadamente en la suposición de que Dios guió a su iglesia en esos primeros cuatro siglos a reconocer lo que Él tenía la intención de que se incluyera en el canon del Nuevo Testamento, es decir, solo los veintisiete libros comúnmente recibidos: libros (1) que fueron inspirados por Él, (2) que podían y darían un testimonio veraz de los eventos centrales de la redención de la fe cristiana, y (3) que Él deseaba que la iglesia preservara para su continua solidez espiritual.

Apéndice C
La Historicidad de la Conversión de Pablo

Después de los acontecimientos del día de Pentecostés, el Cristo resucitado continuó mostrando su poder divino en los acontecimientos registrados en Hechos (ver la sugerente frase de Lucas al respecto, «todo lo que Jesús *comenzó* a hacer» en Hechos 1:1). Estos eventos de autenticación incluyeron la curación del hombre lisiado en la puerta del templo llamada La Hermosa (Hch. 3:6, 12–13, 16; 4:9–10), los muchos milagros realizados por medio de los apóstoles entre la gente (Hch. 5:12), la auto-revelación de Cristo a Esteban como «el Hijo del Hombre de pie a la diestra de Dios» en el momento de la muerte del primer mártir (7:55–56), y el llamado pentecostés samaritano (Hch. 8:14–17). Pero es discutible que ningún acto posterior a la ascensión del Cristo resucitado haya rivalizado jamás, en la importancia de su efecto sobre la vida mundial en curso de la iglesia, con su aparición a su archienemigo, Saulo de Tarso, en el camino a Damasco, en algún momento entre los años 32 y 35 d. C., cuyo registro se encuentra en Hechos 9:3–18; 22:6–16; y 26:12–18 (ver también 1 Co. 9:1; 15:8). De hecho, tan significativa es la conversión de Saulo al cristianismo que no es decir demasiado declarar que si *no* se convirtió como informan los relatos de Hechos, no sólo Lucas/Hechos (así como la integridad personal de Lucas como historiador cuidadoso) se traducen inmediata y directamente en un falso testimonio de la historia, sino también se invalida el corpus paulino como regla fidedigna de fe y de práctica, porque Pablo pretendía en todas sus cartas ser un apóstol legítimo, reuniendo todos los requisitos de quien quiere ser un apóstol, particularmente el que Pedro menciona en Hechos 1:22: «un testigo de su resurrección». Pablo afirmó haber «visto a Jesús nuestro Señor» (1 Co. 9:1). Afirmó que Jesús «al último de todos... se me apareció también a mí» (1 Co. 15:8). Afirmó que había recibido su comisión como apóstol «no de los hombres ni por [ningún] hombre, sino por Jesucristo» (Gal. 1:1). Y afirmó que ni recibió su evangelio ni fue enseñado por ningún hombre, sino todo lo contrario: «Lo recibí por revelación de Jesucristo» (uso ablativo del genitivo) (Gal. 1:12). Entonces, si Pablo no se convirtió como Hechos informa su conversión, entonces el corpus paulino ya no es una guía confiable en todo lo que dice con respecto a asuntos de fe y práctica, y también la iglesia misma, honrando a Pablo como lo ha hecho a través de los siglos como un verdadero apóstol de Jesucristo y basando gran parte de su teología en sus escritos, es un falso testigo de Dios. Pero no menos cierto es que si Pablo se convirtió como lo informa Hechos, entonces este solo evento de una manera única establece y valida no solo el carácter divino del Hijo de Dios sino también el origen celestial de la enseñanza de Pablo y la autenticidad de las enseñanzas de la iglesia.

No debería sorprender a nadie, entonces, saber que una vasta literatura ha crecido alrededor del hombre Pablo y el origen de su mensaje. De hecho, la literatura sobre la conversión de Pablo junto con sus implicaciones para su ministerio es tan absolutamente enorme que poco puedo hacer más que

Apéndices

recomendar algunos de los mejores tratamientos del tema.[1] Además, puedo hacer poco más que mencionar los tipos de teorías que se han presentado para explicar sobre bases naturalistas este evento extremadamente importante en la vida de Saulo de Tarso y ofrecer algunos comentarios a modo de refutación.

EXPLICACIONES RACIONALIZADORAS

Tres racionalizaciones extremas del evento son que Saulo sufrió un ataque epiléptico de algún tipo, o sufrió un golpe de calor, o vio un relámpago que lo cegó y asustó a su caballo (Hechos en ninguna parte menciona que Pablo estaba sobre un caballo) de modo que lo arrojó al suelo, y en el aturdimiento que siguió imaginó que había visto al Señor. Pero estas explicaciones no se han recomendado en general ni siquiera a la mente crítica.

Más popular es la opinión de que, bajo el estrés de su persecución fanática de la iglesia, Saulo sufrió un colapso mental en el camino a Damasco, y en este estado mental quebrantado imaginó que el Señor de aquellos a quienes perseguía lo había llamado a desistir en su persecución y en cambio servirle. Probablemente la explicación naturalista más popular es que Saulo estaba inconscientemente condicionado por la lógica de la posición cristiana, además de la cualidad dinámica de la vida de los cristianos y su fortaleza bajo la opresión. Luego, se dice, cuando pasó por esa experiencia de crisis que «cambió su estado de ánimo» en el camino a Damasco, cuya naturaleza precisa ahora no podemos recuperar (así que hay un aspecto agnóstico en esta sugerencia), se convenció debido a este previo precondicionamiento subconsciente de la mente de que debería convertirse en un seguidor de Cristo en lugar de su perseguidor.

Tales soluciones psicológicas/psicoanalíticas dejan demasiadas preguntas sin respuesta. Además de la imposibilidad de psicoanalizar a una persona que vivió hace casi dos mil años, ¿qué evidencia real hay de que Saulo sufriera un colapso mental? Ciertamente no estaba bajo un profundo complejo de culpa que surgía de sus actividades de acusación, porque estaba actuando bajo los auspicios de los principales sacerdotes (Hch. 9:2; 22:5; 26:10, 12) y creía que estaba haciendo un servicio a Dios. ¿Y cuál fue la naturaleza de la experiencia de crisis que la desencadenó? Preguntas como estas, y muchas más, deben responderse satisfactoriamente antes de que se pueda dar crédito a estas teorías.

Luego está Rudolf Bultmann, quien creía que todas esas representaciones del «sobrenaturalismo bíblico» son en realidad reflejos de la mitología gnóstica o de la apocalíptica judía. Pero su propia explicación de la conversión de Saulo es totalmente insatisfactoria, ya que no se ajusta en ningún grado al carácter histórico de la narración misma de los Hechos: «No habiendo sido un discípulo personal de Jesús, *fue ganado para la fe cristiana por el kerygma de la iglesia* helenística».[2] La opinión de James D. G. Dunn tampoco es mucho mejor: concluye que es imposible saber con seguridad si Jesús estaba «'allá afuera', vivo y dándose a conocer a Pablo». Todo lo que se puede decir con certeza, continúa Dunn, es que «Pablo mismo estaba convencido de que lo que vio era externo a él», pero puede haber estado «después de todo, todo 'en la mente'».[3]

LA EVIDENCIA BÍBLICA

Tales conclusiones francamente no concuerdan con la narración histórica de Lucas con respecto a la conversión de Pablo (relatada en tercera persona) en Hechos 9 o con los relatos posteriores de Pablo (relatados en primera persona) en Hechos 22 y 26, relatos que contó en ocasiones solemnes para defender su cargo y acciones bajo los auspicios del comandante romano y ante altos dignatarios del gobierno. Hay datos pertinentes que indican que su conversión no fue meramente inducida mentalmente, ni simplemente el resultado de la evangelización. Se nos informa expresamente que, mientras solo Saulo vio a Jesús, los hombres que viajaban con él oyeron una voz (Hch. 9:7), aunque no entendieron las palabras (22:9), y vieron la luz brillante (22:9; 26:13–14). Y si bien es cierto que

---

[1] Recomendaría George Lyttleton, *Observations on the Conversion and Apostleship of St. Paul* (1774), James Stalker, *The Life of St. Paul* (Edinburgh: T. & T. Clark, 1889), J. Gresham Machen, *The Origin of Paul's Religion* (1925; reimpresión, Grand Rapids, Mich.: Eerdmans, 1965), H. N. Ridderbos, *Paul and Jesus* (Philadelphia: Presbyterian and Reformed, 1957), Richard Longenecker, *Paul, Apostle of Liberty* (New York: Harper & Row, 1964) y *The Ministry and Message of Paul* (Grand Rapids, Mich.: Zondervan, 1971), F. F. Bruce, *Paul and Jesus* (Grand Rapids, Mich.: Baker, 1974) y *Paul: Apostle of the Free Spirit* (Exeter, U.K.: Paternoster, 1977), y S. Kim, *The Origin of Paul's Gospel* (Grand Rapids, Mich.: Eerdmans, 1981). Aquellos lectores interesados en una lectura adicional se les aconseja consultar la amplia bibliografía provista en estas obras.

[2] Rudolf Bultmann, *Theology of the New Testament*, trad. Kendrick Grobel (Londres: SCM, 1971), 1:187; énfasis original. Bultman quiere que la iglesia crea que Saulo, tarisco convencido de que lo era, simplemente llegó a creer en el evangelio y se alejó de todas sus convicciones, entrenamiento y amigos judíos con poca o ninguna fanfarria, una posición increíble.

[3] James D. G. Dunn, *Jesus and the Spirit* (Philadelphia: Westminster, 1975), 107–8.

Apéndices

Pablo más tarde llamaría al evento una «visión del cielo» (26:19), descripción que en sí misma le atribuye un carácter *ab extra* («del cielo»), los relatos dejan claro que su conversión no fue autoinducida subjetivamente en el subconsciente, sino que resultó de una acción iniciadora externa a él (9:3–4; 22:6–7; 26:13–14). En efecto, el Cristo ascendido se representa a sí mismo como el iniciador en 26,16: «He aparecido a ti» (ὤΦΘΗΝ ΣΟΙ, ōphthēn soi). Y Ananías dirá más tarde que Dios había elegido a Saulo «para ver al justo y oír las palabras de su boca» (22,14).

Cuando se toman en cuenta todos los hechos de Hechos 9, 22, 26 y 1 Corintios 15, el juicio de Richard Longenecker parece claramente justificado:

> Solo el encuentro de Damasco con Cristo fue lo suficientemente poderoso como para hacer que el joven rabino judío reconsiderara la muerte de Jesús. Solo su encuentro con el Cristo resucitado fue suficiente para demostrar que Dios había vindicado las pretensiones y la obra de aquel a quien se oponía. Humanamente hablando, Pablo era inmune al evangelio. Aunque estaba listo para seguir la evidencia hasta su conclusión, estaba seguro de que ninguna evidencia podría revocar el veredicto de la cruz, es decir, que Cristo murió la muerte de un criminal. Pero... el Dios eterno «se complació», como dice Pablo a modo de reminiscencia, «en revelarme a su Hijo» (Gal. 1:16). Así, Pablo fue arrestado por Cristo y hecho suyo (Fil. 3:12).[4]

EL PROPIO ARGUMENTO DE PABLO

En apoyo de su apostolado y de la «revelación» del evangelio que proclamó, no puedo presentar mejor argumento que el que Pablo mismo adujo en Gálatas 1:13–2:10 cuando defendía su autoridad apostólica y su mensaje. El asunto al que nos enfrentamos es: ¿Cuál fue el origen último del evangelio de Pablo y su comisión apostólica? Es evidente que pudo haber obtenido su evangelio y la autoridad para predicarlo de solo una de tres fuentes posibles.

FORMACIÓN JUDAÍSTICA

¿Obtuvo Pablo su evangelio de su vida anterior en el judaísmo? Hacer la pregunta es responderla. ¡Ciertamente no! El mismo Pablo nos describe esa experiencia en el judaísmo en cuatro momentos diferentes:

> Porque ya habéis oído acerca de mi conducta en otro tiempo en el judaísmo, que perseguía sobremanera a la iglesia de Dios, y la asolaba; y en el judaísmo aventajaba a muchos de mis contemporáneos en mi nación, siendo mucho más celoso de las tradiciones de mis padres. (Gal. 1:13–14)

> Yo de cierto soy judío, nacido en Tarso de Cilicia, pero criado en esta ciudad, instruido a los pies de Gamaliel, estrictamente conforme a la ley de nuestros padres, celoso de Dios, como hoy lo sois todos vosotros. (Hch. 22:3)

> Mi vida, pues, desde mi juventud, la cual desde el principio pasé en mi nación, en Jerusalén, la conocen todos los judíos; los cuales también saben que yo desde el principio, si quieren testificarlo, conforme a la más rigurosa secta de nuestra religión, viví fariseo. (Hch. 26:4–5)

> Aunque yo tengo también de qué confiar en la carne. Si alguno piensa que tiene de qué confiar en la carne, yo más: circuncidado al octavo día, del linaje de Israel, de la tribu de Benjamín, hebreo de hebreos; en cuanto a la ley, fariseo; en cuanto a celo, perseguidor de la iglesia; en cuanto a la justicia que es en la ley, irreprensible. (Fil. 3:4-6)

---

[4] Longenecker, *Ministry and Message of Paul*, 34–35. Debo agregar a la razón sugerida por Longenecker para la inmunidad de Saulo al evangelio, la razón adicional de que la fe en la obediencia de Cristo para la salvación seguramente era para él incompatible con su inclinación judaísta de depender de su propia obediencia a la ley para la salvación (ver Jacques Dupont, "The Conversion of Paul, and Its Influence on His Understanding of Salvation by Faith", en *Apostolic History and the Gospel*, editado por W. Ward Gasque y Ralph Martin [Exeter: Paternoster, 1970], 178–94). E. Sanders ha argumentado en su *Paul and Palestine Judaism* (Filadelfia: Fortress Press, 1977) que el judaísmo palestino no era una religión legalista de justicia por obras en la que el derecho ante Dios se ganaba mediante buenas obras en un sistema de justicia estricta. Es cierto, por supuesto, como señala Sanders, que en la literatura de la época se pueden encontrar referencias a la elección de Israel por parte de Dios y a su gracia y misericordia hacia la nación. Pero Sanders da demasiada importancia a estos hechos, ya que el judaísmo palestino también enseñaba que el hombre elegido estaba obligado, aunque lo hiciera de manera imperfecta, a obedecer la ley para permanecer en el pacto. Por lo tanto, el principio legalista todavía estaba presente y, en última instancia, gobernaba el estado sotérico del individuo. Pero Pablo correctamente vio que *cualquier* obligación de lograr una «justicia por obras» por parte del pecador negaría el principio de *sola gratia* por completo (Ro. 11:6). Para un análisis crítico detallado de la tesis de Sanders, véase Karl T. Cooper, «Paul and Rabbinic Soteriology», *Westminster Theological Journal* 44 (1982): 123–39.

Apéndices

Es evidente a partir de estas descripciones autobiográficas que Pablo no estaba proclamando como apóstol cristiano lo que había aprendido de su vida en el judaísmo. Por el contrario, como apóstol cristiano, dirigió la confianza de los hombres lejos de la observancia personal de la ley en la que había residido su propia confianza como fariseo, y hacia Jesucristo.

FORMACIÓN APOSTÓLICA Y AUTORIZACIÓN

¿Obtuvo Pablo entonces el evangelio que predicaba después de su conversión, si no a los pies de Gamaliel, a los pies de los apóstoles? El escribe:

> Pero cuando agradó a Dios, que me apartó desde el vientre de mi madre, y me llamó por su gracia, revelar a su Hijo en mí, para que yo le predicase entre los gentiles, no consulté en seguida con carne y sangre, ni subí a Jerusalén a los que eran apóstoles antes que yo; sino que fui a Arabia, y volví de nuevo a Damasco. (Gal. 1:15-17)

A este respecto, hay evidencia separada, si Pablo pretendía con esta referencia a Arabia referirse al reino nabateo, que Pablo no se dedicó simplemente a una vida de tranquila contemplación en Arabia después de su conversión, sino que de hecho comenzó inmediatamente a hacer misión en la población ahí. Él nos informa en 2 Corintios 11:32–33 que «el gobernador bajo el rey Aretas guardaba la ciudad de Damasco para prenderme». Pero uno no provoca el tipo de problema al que alude en este pasaje simplemente por la meditación. Esto sugeriría que mucho antes de que hiciera algún contacto con los apóstoles de Jerusalén, Pablo ya se había estado involucrando en el evangelismo de los gentiles.

Entonces Pablo nos informa bajo un juramento autoimpuesto (ver Gal. 1:20: «Os aseguro delante de Dios que lo que os escribo no es mentira») que pasaron tres años después de su conversión antes de que finalmente conociera a alguno de los apóstoles, y luego solo conoció a Pedro y Santiago, e incluso entonces fue solo por el espacio de quince días (Gal 1: 18-19). Sin duda, esta fue la visita que Lucas registra en Hechos 9:26–28, y aunque es probable que fue en ese momento cuando «recibió» los detalles precisos sobre las apariciones posteriores a la resurrección de Jesús, particularmente las de Pedro y Santiago, que más tarde «entregó» a los corintios en 1 Corintios 15:5–7, es evidente que, dado que no tuvieron oportunidad, los apóstoles no le confirieron ninguna autoridad en ese momento. Además, Pablo asegura a su lector: «Yo personalmente era desconocido para las iglesias de Judea» (Gal. 1:22). Luego, Pablo declara que pasaron otros once años (supongo que la teoría del sur de Galacia es correcta con respecto al primer viaje misionero de Pablo) antes de volver a ver a los apóstoles, esta vez con ocasión de su visita a Jerusalén para paliar el hambre registrada en Hechos. 11:27–30. En esta segunda visita a Jerusalén, Pablo nos informa: «Presenté [a los apóstoles] el evangelio que predico entre los gentiles» (Gal. 2:2). El resultado de esta presentación, que seguramente habría incluido su punto de vista sobre el mismo Cristo, fue que los apóstoles «no añadieron nada a mi mensaje» (2:6), sino por el contrario, vieron «que se me había confiado el evangelio» (2:7), que «Dios, que actuó en Pedro como apóstol de la circuncisión, también actuó en mí [como apóstol] a los gentiles» (2:8), y «me dio la diestra de comunión» (2:10). En otras palabras, de nuevo no le confirieron autoridad, sino que sólo reconocieron o «confirmaron» (Heb. 2:3) la autoridad que ya era suya y en virtud de la cual había estado comprometido en su ministerio apostólico entre los gentiles durante muchos años. Concluimos, entonces, que durante todo este período de catorce años (Gal. 2:1) —durante el período de tres años que precedió a su primera visita a Jerusalén y durante el período de once años que precedió a su segunda visita a Jerusalén— y comenzando inmediatamente después de su conversión (Hch. 9:20) Pablo estaba «proclamando a Jesús, que éste es el Hijo de Dios» (Hch. 9:20), «probando que éste es el Mesías» (9:22), y «predicando la fe que una vez trató de destruir» (Gal. 1:23), un ministerio que solo mucho más tarde sería personalmente y directamente reconocido o confirmado como auténtico por los otros apóstoles.

Autorización Divina

Ahora bien, si Pablo no estaba predicando lo que había aprendido durante su vida en el judaísmo, y si tampoco estaba predicando lo que había aprendido de los apóstoles originales, la única alternativa que queda es que estaba proclamando un evangelio que recibió como dice, en y desde su experiencia de conversión misma —«¡por revelación de Jesucristo!» (Gal. 1:12).

Esto no significa, por supuesto, que Saulo no supiera nada antes de su conversión acerca de Jesucristo o acerca de la enseñanza doctrinal de la iglesia acerca de Él. Sabía bastante bien algunas cosas y se había opuesto violentamente a ellas con bastante frecuencia. Lo que sí significa es que la aparición de Jesús después de la ascensión a Saulo en el camino a Damasco le obligó a adoptar un «paradigma hermenéutico» completamente nuevo en el que tuvo que colocar no solo su comprensión de la persona y la obra de Jesús, sino también su instrucción judaística anterior sobre la ley y gracia.[5]

Tampoco significa que Pablo no creció en su comprensión de Cristo durante esos catorce años, porque, de hecho, continuó creciendo en su conocimiento de Cristo hasta el final de su vida (Fil. 3:10-14). Lo que sí significa es que en todo su «crecimiento» nunca «se alejó» de esa primera clara «visión del cielo», como sugiere tan conmovedoramente James Stalker cuando escribe: «Toda su teología no es más que la explicación de su propia conversión».[6]

Apéndice D
El Punto de vista de la satisfacción de Anselmo respecto a la expiación

En 1098 d.C. Anselmo (1033-1109), arzobispo de Canterbury, completó la mayor de sus obras, *Cur Deus Homo* (*¿Por qué Dios [se hizo] hombre?*). No es un volumen *per se* sobre las dos naturalezas de Cristo en el que uno esperaría encontrar la evidencia que se presenta para la deidad completa e íntegra y la humanidad completa e íntegra de Cristo. Más bien, es un tratado sobre la expiación en el que rechazó la teoría antigua (y también medieval) de que la muerte de Cristo fue un rescate pagado al diablo, e interpretó la muerte de Cristo más bien a la luz de la justicia y la misericordia de Dios como *satisfacción* vicaria (*satis*, «bastante»; *facio*, «hacer») ofrecida a Dios Padre como representante legal de la Trinidad por los pecados del mundo. En una palabra, Anselmo argumentó que Dios no le debía nada al diablo y sus secuaces. Era el honor ofendido de Dios lo que requería reparación. Vio claramente que eran las exigencias que surgían del pecado del hombre, es decir, su depravación natural, su culpa real ante Dios y su incapacidad para satisfacerse a sí mismo, lo que hacía necesaria la encarnación y la obra de la cruz de Cristo.

Anselmo sostenía que el pecado del hombre, como falta de dar a Dios la conformidad a su voluntad que la criatura racional le debe, afrenta el honor de Dios y hace que el ofensor sea pasible de satisfacción. Dado que deshonrar al Dios infinito es peor que destruir innumerables mundos, incluso el pecado más pequeño tiene un desvalor infinito que ningún bien creado puede compensar con satisfacción. Aunque la naturaleza de Dios prohibía que sus propósitos fueran frustrados por la resistencia creada, su justicia requería que no pasara por alto una ofensa tan grande contra Él. Entonces, razonó Anselmo, (1) porque solo Dios puede hacer lo que es inconmensurablemente meritorio, (2) porque los humanos (a diferencia de los ángeles caídos) vienen en familias biológicas, y (3) porque la justicia permite que una ofensa de un miembro de la familia sea compensada por otro en su lugar —si dadas estas circunstancias, Dios se convirtiera en un miembro de la familia humana, podría saldar la deuda del hombre por él. De ahí, para Anselmo, la necesidad de la encarnación.

Para elaborar, el terrible pecado del hombre ha ofendido el honor del Dios infinitamente santo, y los justos requisitos de su justicia ofendida exigen satisfacción. Pero esta satisfacción no puede ser hecha por un ángel para los seres humanos, sino que debe ser lograda por un ser humano en cuanto que son los pecados de los seres humanos los que deben ser quitados de la vista de Dios. El autor de Hebreos, bajo inspiración, declara este hecho de esta manera:

Así que, por cuanto los hijos participaron de carne y sangre, él también participó de lo mismo... Porque

---

[5] Ver Machen, *Origin of Paul's Religion*, 144ss.
[6] Stalker, *Life of St. Paul*, 40. Ver también Margaret E. Thrall, «The Origin of Pauline Christology», en *Apostolic History and the Gospel*, ed. W. Ward Gasque and Ralph Martin (Exeter, U.K.: Paternoster, 1970), 304-16.

ciertamente no socorrió a los ángeles, sino que socorrió a la descendencia de Abraham. Por lo cual debía [ὤφειλεν, opheilen] ser en todo semejante a sus hermanos, para venir a ser misericordioso y fiel sumo sacerdote en lo que a Dios se refiere, para expiar los pecados del pueblo. (Heb. 2:14–17)

Pero como todo pecado, como hemos dicho, lleva en su seno un *desvalor infinito*, ya que es un atentado contra el Dios *infinitamente* santo y merece la ira y la maldición *infinitas* de Dios,1533F[1] la plena satisfacción exige una recompensa que sólo puede satisfacerse mediante el pago de un valor infinito. ¡Sin embargo, tal pago no puede ser hecho por ningún ser humano individual ni por otro ser humano pecador ni por toda la raza humana, sino solo por un ser acreditado con un valor infinito ante Dios, es decir, por Dios mismo! Aquel que hace tal satisfacción debe, por lo tanto, ser no sólo humano sino también Dios. De ahí la necesidad del Dios-hombre, Cristo Jesús, nuestro Señor. Y debido a que su naturaleza divina, de acuerdo con el decreto eterno,[2] comulga y, por lo tanto, concurre con el sufrimiento de su naturaleza humana en la única persona de Cristo en su obra de redención, el mérito de su obra de la cruz es de valor infinito y eterno.[3] El autor de Hebreos declara:

> Y los otros [sumos] sacerdotes llegaron a ser muchos, debido a que por la muerte no podían continuar; más este, por cuanto permanece para siempre, tiene un sacerdocio inmutable; por lo cual *puede también salvar perpetuamente a los que por él se acercan a Dios, viviendo siempre para interceder por ellos. Porque tal sumo sacerdote nos convenía* [ἔπρεπεν, *eprepen*]: *santo, inocente, sin mancha, apartado de los pecadores, y hecho más sublime que los cielos* (Heb. 7:23-26).

¿Cuánto más la sangre de Cristo, el cual *mediante el Espíritu eterno se ofreció a sí mismo sin mancha a Dios*, limpiará vuestras conciencias de obras muertas para que sirváis al Dios vivo? Y casi todo es purificado, según la ley, con sangre; y sin derramamiento de sangre no se hace remisión. *Fue, pues, necesario* ['Ἀνάγκη, *Anankē*] *que las figuras de las cosas celestiales fuesen purificadas así; pero [era necesario que] las cosas celestiales mismas [se purificaran], con mejores sacrificios que estos. Porque no entró Cristo en el santuario hecho de mano, figura del verdadero, sino en el cielo mismo para presentarse ahora por nosotros ante Dios* (Heb. 9:14, 22-24).

Es *este* estado de cosas —el hombre originalmente creado bueno, pero ahora caído, totalmente corrompido a través de la desobediencia deliberada e incapaz de satisfacerse a sí mismo— lo que Anselmo sostuvo que está detrás y hace necesaria la encarnación y la obra de la cruz de Jesucristo.

Apéndice E
Los Cinco Puntos del Calvinismo

El acrónimo TULIP representa los llamados cinco puntos del calvinismo, que son, en síntesis, los siguientes:

1. Depravación total. Tanto por el pecado original como por sus propios actos de pecado, toda la humanidad, excepto Cristo, en su estado natural es completamente corrupta y completamente mala, aunque los instrumentos de la gracia común de Dios les impiden vivir su corrupción en su plenitud. En consecuencia, son completamente incapaces de salvarse a sí mismos.

2. Elección incondicional. Antes de la creación del mundo, por su mera gracia gratuita y amor,

---

[1] Tomás de Aquino, *Summa theologica*, 1a2ac. 87, 4, dice con razón: «…la magnitud del castigo corresponde a la magnitud del pecado… Ahora bien, un pecado que es contra Dios es infinito, cuanto más alta es la persona contra quien se comete, más grave es el pecado —es más criminal golpear a un jefe de estado que a un ciudadano privado, y Dios es de una grandeza infinita. Por lo tanto, un castigo infinito es merecido por un pecado cometido contra Él».
[2] Juan Calvino, *Institución de la Religión Cristiana*, II.xvii.1, escribe: «Al discutir el mérito de Cristo, no consideramos que el principio del mérito esté en él, sino que volvemos a la ordenanza de Dios, la primera causa. Porque Dios solamente por su beneplácito lo nombró Mediador para alcanzarnos la salvación. Por eso es absurdo oponer el mérito de Cristo a la misericordia de Dios. Porque es regla común que una cosa subordinada a otra no esté en conflicto con ella. Por eso nada nos impide afirmar que el mérito de Cristo, subordinado a la misericordia de Dios, interviene también en nuestro favor. Tanto el favor gratuito de Dios como la obediencia de Cristo, cada uno en su grado, se oponen adecuadamente a nuestras obras. Aparte del beneplácito de Dios, Cristo no podría merecer nada, pero lo hizo porque había sido designado para apaciguar la ira de Dios con su sacrificio, y para borrar nuestras transgresiones con su obediencia».
[3] Cabe señalar aquí que la obra de la cruz de Cristo, si bien tiene un valor infinito y, por lo tanto, es suficiente para salvar innumerables mundos como el nuestro, fue particularista en su diseño y, por lo tanto, es salvíficamente eficiente solo para los elegidos.

Apéndices

Dios eligió a muchos pecadores indignos para la salvación completa y final sin ninguna previsión de fe o buenas obras o cualquier otra cosa en ellos como condiciones o causas que lo movieron a elegirlos. Es decir, el fundamento de su elección no está en ellos sino en Él.

3. Expiación limitada. Cristo murió con eficacia, es decir, verdaderamente salvadora, sólo por los elegidos, aunque la infinita suficiencia de su expiación y el llamado divino a todos a arrepentirse y confiar en Cristo proporcionan la garantía para la proclamación universal del evangelio a todos los hombres. Personalmente, prefiero los términos «expiación definida», «expiación particular» o «expiación eficaz» a «expiación limitada», tanto por un posible malentendido de la palabra «limitada» como porque cada evangélico «limita» la expiación ya sea en su diseño (el calvinista) o en su poder para lograr su propósito (el arminiano).

4. Gracia irresistible. Esta doctrina no significa que los no elegidos encontrarán irresistible la gracia de Dios, de hecho, la gracia salvadora de Dios ni siquiera se extiende a ellos. Tampoco significa que los elegidos encontrarán irresistible la gracia salvadora de Dios la primera vez que se les extienda, porque incluso los elegidos pueden resistir sus propuestas hacia ellos por un tiempo. Lo que sí significa es que los elegidos son incapaces de resistir para siempre las propuestas de gracia de Dios hacia ellos. En su tiempo señalado, Dios atrae a los elegidos, uno por uno, hacia sí mismo, eliminando su hostilidad y oposición hacia Él y su Cristo, haciéndolos dispuestos a abrazar a su Hijo.

5. La perseverancia de los santos. Los elegidos están eternamente seguros en Cristo, quien preserva a los suyos y les permite perseverar en Él hasta el fin. Esos cristianos profesos que han apostatado de la fe (1 Ti. 4:1), como dice Juan, «salieron de nosotros, pero no eran de nosotros; porque si hubiesen sido de nosotros, habrían permanecido con nosotros; pero salieron para que se manifestase que no todos son de nosotros.» (1 Jn. 2:19).

Apéndice F
¿A quién representa el hombre en Romanos 7:14-25?

Muchos de los expositores más capaces, que siguen la tradición de Agustín y la iglesia occidental en general, creen que Pablo pretendía que Romanos 7:14-25 fuera una descripción del cristiano en su lucha contra el poder del pecado que mora en él (p. ej., Juan Calvino, J. Fraser, F. A. Philippi, C. Hodge, J. Murray, C. E. B. Cranfield, John MacArthur). En mi opinión (compartida por J. A Bengel, H. A. W. Meyer, F. Godet, M. Stuart, W. Sanday y A. C. Headlam, J. Denney, J. Oliver Buswell Jr., A. Hoekema, M. Lloyd-Jones) sin embargo, el pasaje de Romanos no es una descripción de la lucha de la persona regenerada contra el pecado que mora en él. Más bien, basándose en su propia experiencia como Saulo, el fariseo guardián de la ley más celoso de su época (Hch. 22:3; 26:5; Gal. 1:14; Fil. 3:4-6) que se había dado cuenta a través de la ley, aplicada por el Espíritu, de su propia pecaminosidad innata, en este pasaje Pablo, con palabras provistas desde el punto de vista ilustrado que ahora era suyo como cristiano, expone tanto la impotencia del ego *no regenerado* para hacer el bien contra el poder del pecado que habita en nosotros como la «incapacidad» (ἀδύνατον, *adynaton* 8:3) y la «debilidad» (ἠσθένει, *ēsthenei* 8:3) de la ley debido a la depravación humana para liberar al ego no regenerado de la esclavitud del pecado.

Herman Ridderbos en su *Paul: An Outline of His Theology*,[1] está de acuerdo en que este pasaje no se refiere a la lucha cristiana contra el pecado. Sin embargo, rechaza la opinión de que «este ego de 7:7–25... deba tomarse en un sentido biográfico como una descripción de la experiencia personal de Pablo antes o durante su conversión» (129), prefiriendo más bien interpretar el pasaje como «contrastes y categorías histórico-redentoras» (129), es decir, el «yo» del pasaje representa al Israel del Antiguo Testamento y su experiencia con la ley. Yo sostengo, sin embargo, que esto es precisamente lo que Pablo pretendía —emplear su experiencia como el *inconverso* Saulo de Tarso, despertado de su letargo espiritual, convencido por la realidad de su pecaminosidad y luchando aún más que antes para agradar

---

[1] Herman Ridderbos, *Paul: An Outline of His Theology*, trad. John R. DeWitt (Grand Rapids, Mich.: Eerdmans, 1975), 126–30.

Apéndices

a Dios a través de sus esfuerzos en el cumplimiento de la ley, como una ilustración de la impotencia de la ley para santificar el corazón no regenerado y la frustración hasta la muerte que experimentará cualquier persona no regenerada que busque sinceramente alcanzar una justicia ante Dios sobre la base de su propia observancia de la ley. Digo esto por las siguientes razones:

1. Romanos 7:7–13 es claramente autobiográfico,[2] y destaca los hechos de que el pecado que moraba en Saulo de Tarso siempre había sido su problema y que la ley, aunque no es la fuente del pecado, porque es «santa, justa, buena, y espiritual» (7:12, 14), es impotente en relación con la producción del bien en el corazón pecador. El cambio de tiempo verbal del pasado al presente en 7:14 de ninguna manera afecta el carácter autobiográfico de 7:14-25. Los tiempos presentes en 7:14-25 tampoco deben indicar necesariamente la experiencia de Pablo en el momento en que escribe Romanos como apóstol y misionero cristiano maduro. El «presente histórico [o «dramático»]» es un uso bien conocido del tiempo presente en griego cuando el escritor deseaba hacer más vívido un evento o experiencia pasada para su lector.[3]

2. El hombre se describe a sí mismo como «carnal" (σάρκινός, *sarkinos*; 7:14), que según 8:6 es descriptivo del estado de muerte espiritual.

3. El hombre dice de sí mismo que ha sido «vendido como esclavo [πεπραμένος, *pepramenos*] al pecado» (7:14), es decir, es esclavo del pecado, que es descriptivo solo del hombre no regenerado. Las personas regeneradas «solían ser [ἦτε, *ēte*] esclavas del pecado» (6:17, 20), pero ahora «han sido liberadas del pecado» y ahora se han convertido en «esclavas de la justicia» (6:18, 22). Ellos, «fueron controlados por la naturaleza pecaminosa» (7:5), pero ahora (νυνὶ, *nyni*; 6:22) «no están controlados por la naturaleza pecaminosa sino por el Espíritu» (8:9), «habiendo muerto a lo que una vez los ataba» (7:6). Ellos «vivieron conforme a la naturaleza pecaminosa» (8:4), pero ahora están viviendo (περιπατοῦσιν, *peripatousin*) «conforme al Espíritu» (8:4b). y los requisitos de la ley están siendo «plenamente cumplidos» en ellos (8:4a).

4. El hombre dice de sí mismo que sus miembros están siendo dominados por el «pecado que habita en ellos» (ἡ οἰκοῦσα ἐν ἐμοὶ ἁμαρτία, *he oikousa en emoi hamartia*; 7:17, 20). Esto no es cierto para el cristiano porque está gobernado por el «Espíritu que mora en nosotros», si no está gobernado de esa manera, ¡no es cristiano en absoluto (8:9, 11)!

5. El hombre dice de sí mismo que «en mí... no mora el bien» (7:18), lo cual no es cierto del cristiano porque el Espíritu de Dios mora dentro de él (8:9, 11).

6. El hombre dice de sí mismo que una «ley [del pecado]» dentro de él «hace guerra contra [ἀντιστρατευόμενον, *antistrateuomenon*] la ley de su mente [es decir, su deseo de hacer el bien] y lo hace prisionero [αἰχμαλωτίζοντά, *aichmalōtizonta*] de la ley del pecado actuando dentro de sus miembros» (7:23). Aquí nuevamente enfatiza su esclavitud al pecado, lo cual no es cierto para el cristiano (6:14), porque el evangelio «lo ha librado de la ley del pecado y de la muerte» (8:2).

7. El hombre dice de sí mismo a lo largo del pasaje que no hace el bien que quiere hacer, más bien, continuamente hace, de hecho, realmente practica realmente lo que no quiere hacer (Epicteto, *Enchiridion*, 1. ii. c. 26, dice algo casi idéntico al del apóstol aquí). En resumen, el hombre en este pasaje está esclavizado por el pecado que mora en él y ve su estado como «miserable» y su cuerpo como la esfera en la que el pecado opera hasta la muerte (7:24). Esto no es cierto del cristiano ni puede ser descriptivo del cristiano.

8. El defensor del punto de vista agustiniano sostiene que la persona no regenerada no puede y no se «deleitará en la ley de Dios según el hombre interior» como el hombre en el pasaje dice que está haciendo (7:22), sólo los cristianos, insisten, pueden hacer eso. Pero lamento discrepar. Saulo de Tarso, como fariseo, hizo precisamente eso. Se puede decir legítimamente que a lo largo de su vida como un fariseo «se deleitaba en la ley de Dios con su mente» —la observancia de la ley era su misma razón de ser. Era un «hijo de la ley», estaba comprometido con ella y quería obedecerla. Pero cuando el décimo mandamiento verdaderamente «llegó a su interior» en algún momento con poder condenatorio (¿había codiciado el conocimiento de las Escrituras de Esteban y su poder exegético?) y lo hizo consciente de

---

[2] Murray, *The Epistle to the Romans* (Grand Rapids: Mich.: Eerdmans, 1959), 1: 248, 254.
[3] E. Blass and A. Debrunner, *A Greek Grammar of the New Testament*, trad. Robert W. Funk (Chicago: Chicago University Press, 1961), 167, para. 321.

Apéndices

su pecaminosidad interior, el pecado que siempre había habitado dentro de él «volvió a vivir» y «murió» (7:9). Pablo también declaró que la nación judía estaba «buscando» una justicia propia a través del cumplimiento de la ley (Ro. 9:31–32). Aparentemente, entonces, las personas no regeneradas pueden desear sinceramente ser obedientes a la ley. Su problema, como enseña el pasaje, es su impotencia para hacer lo que quieren hacer o saben que es correcto.

9. Algunos defensores del punto de vista agustiniano sostienen que Romanos 7:25b, como conclusión del argumento, describe una condición que solo es cierta para el cristiano: él «es esclavo de la ley de Dios en su mente, pero esclavo de la ley del pecado en sus miembros». Pero esta dicotomía radical entre lo que quiere hacer (el bien, la obediencia a la ley de Dios) y lo que de hecho practica continuamente (ver πράσσω, *prassō*, 7:19) (el mal, la transgresión de la ley) no es cierta para el cristiano. Romanos 7:25b es o

> a. una conclusión descriptiva del fariseo inconverso, pero profundamente convencido, Saulo de Tarso, luchando por obedecer la ley por su propio poder, con la frase anterior «Gracias a Dios» (7:25a) interviniendo simplemente el Pablo regenerado en el flujo de su argumento, ya que ocasionalmente hace una declaración de alabanza anacolutónica desde su punto de vista como cristiano (por ejemplo, Ef. 2: 5), destacando dónde encontró la solución a su lucha,

o es

> b. siguiendo a Theodor Zahn,[4] una pregunta retórica (tomando el ἄρα οὖν, *ara oun*, «Ahora pues», de 7:25 como ἄρα οὖν, *ara oun*, «¿Debo entonces?» que espera la respuesta negativa «¡Claro que no!»), con la frase anterior «Gracias a Dios» para ser interpretada como una parte esencial de la declaración de Pablo que marca el punto en el flujo de su argumento cuando se convirtió y, por lo tanto, el punto en el que cesó su lucha no victoriosa con el poder del pecado.

10. El hombre en Romanos 7:14–25 está luchando contra el poder del pecado y desea obedecer la ley de Dios. Pero está completamente derrotado por el poder del pecado que mora en él. Esto no es cierto para el cristiano que, aunque también experimenta una lucha contra el pecado (Gal. 5:16-18), se describe como victorioso en su lucha contra el poder del pecado debido a su nuevo maestro, el Espíritu de Cristo que mora en nosotros. Ridderbos escribe:

> Indudablemente se dice del hombre nuevo... que sigue en conflicto con la carne. Así, por ejemplo, en Gálatas 5:17 donde se dice: «el deseo de la carne es contra [NVI —«desea lo que es contrario a»'] el Espíritu [para impediros hacer el bien que el Espíritu quiere que hagáis], y el Espíritu contra [«quiere lo que es contrario a»] la carne… para impedir que hagáis [el mal que la carne quiere que hagáis]». Y de manera similar se les dice a los creyentes en Romanos 6:12 que el pecado no puede (continuar) reinando en sus cuerpos mortales, etc. Todo esto apunta a una batalla duradera, lucha, resistencia de la carne contra el Espíritu. Pero la distinción absoluta entre estos y otros pronunciamientos similares y la representación de Romanos 7 es que los primeros se pronuncian dentro de la posibilidad y certeza de la victoria (ver Ro. 6:14: «porque el pecado no se enseñoreará de vosotros; porque no estás bajo la ley, sino bajo la gracia»; Gal. 5.24: «más los que son de Cristo han crucificado la carne con sus pasiones y concupiscencias»), mientras que en Romanos 7 todo se dirige a esclarecer la situación de muerte del hombre, habiendo sido vendido al pecado, llevado cautivo por el poder superior del pecado... Los elementos enfrentados en Romanos 7 son... no (como en Gal. 5) el Espíritu y la carne, o (como en Ro. 6) la gracia y la ley, sino el ego humano, el «yo mismo» (¡v. 25!) y la carne, la ley de Dios y la ley del pecado. En la lucha entre esas partes, la victoria es para la carne y el pecado, y el ego se encuentra, a pesar de todo lo que quiera y desee, en esclavitud absoluta y en una situación de muerte. Otros poderes deben entrar en el campo, además del «yo-mismo» debe unirse a la batalla, si ha de venir la liberación. Lejos está de cualquier sugerencia de que, dado que aquí se menciona una discordia, esto podría proporcionar la prueba de que la lucha entre el viejo y el nuevo hombre se describe [en Romanos 7] a la manera de Gálatas 5:17.[5]

Algunos cristianos han empleado la visión agustiniana del pasaje para sustentar la teología antinomiana del «cristiano carnal». Recuerdo haber leído una vez un tratado antinomiano que realmente argumentaba, porque Pablo habla de su mala práctica aquí, «ya no soy yo quien lo hace,

---

[4] Theodor Zahn, *Der Briefe des Paulus an die Romer* (Leipzig: A. Deichert, 1910), 370ss.
[5] Ridderbos, *Paul: An Outline of His Theology*, 127.

sino el pecado que habita en mí» (lo que significa algo así como «mis malas obras muestran que soy impotente contra el pecado por mi propia fuerza, es decir, no soy mi propio amo [la frase «no soy yo quien lo hace»], sino más bien un esclavo del pecado que habita en mí y que me gobierna y controla») (7:17, 20), que el cristiano no necesita preocuparse por su práctica carnal ya que, después de todo, ¡no es él quien está pecando sino simplemente su naturaleza pecaminosa dentro de él que lo está haciendo! El antinomiano también ha usado la interpretación agustiniana del pasaje como excusa por el pecado en su vida cuando es confrontado por su pastor: «Bueno, me han enseñado que el hombre en Romanos 7 es el apóstol Pablo, el cristiano más maduro de su día, que nunca pudo hacer lo que quiso hacer, sino que pecó continuamente contra su voluntad. Si bien desearía no haber pecado, y odio cuando lo hago, supongo que, como Pablo, ¡soy solo el hombre carnal en Romanos 7! ¡Usar este pasaje de esta manera es una farsa! Nada de lo que Pablo escribió tuvo la intención de que el cristiano lo usara como excusa para tolerar el pecado en su vida, y ningún pasaje bíblico debería usarse para justificar una existencia cristiana «carnal». La Biblia denuncia la carnalidad *dondequiera* que se encuentre. Y espera que el cristiano denuncie su carnalidad (que tendrá) como una experiencia legítima de la existencia cristiana, y que repudie y supere los pensamientos y actividades carnales en su vida (que, no sin lucha, hará).

Es mejor, insisto, sostener que Pablo está describiendo su estado antes de su conversión en el camino a Damasco, pero, debido a que su conciencia ha sido despertada a su pecaminosidad, pero aún «da coces contra los aguijones» de las propuestas misericordiosas de Cristo (Hch. 26:14), un estado en el que está luchando desesperadamente en su propio poder para ser obediente a la ley y así agradar a Dios.

¿Por qué Pablo lleva a su lector cristiano a su lucha contra el pecado como fariseo convicto? En resumen, ¿cómo encaja esta pieza autobiográfica en el contexto y el argumento de la epístola? Pablo, en su argumento a favor de la justificación solo por la fe, sabe que ha dicho algunas cosas acerca de la ley que, si no se explican, podrían llevar al lector a la conclusión de que la ley de Dios es algo malo y pecaminoso. Por ejemplo, había dicho: «a través de la ley tomamos conciencia del pecado» (3:20); «La ley fue añadida para que aumentara el pecado» (5:20); y «las pasiones pecaminosas provocadas por la ley obraban en nuestros cuerpos» (7:5). Por lo tanto, hace una pausa en el desarrollo de su argumento en 7:7 para hacer la pregunta: «¿Es la ley pecado [es decir, una cosa pecaminosa]?» Usando su propia experiencia como fariseo como primer ejemplo, responde a esta pregunta con un rotundo «¡Ciertamente no!», desarrollando entonces el hecho de que no fue la ley lo que lo hizo codiciar, más bien, fue su naturaleza humana pecaminosa, aprovechando la oportunidad que le brindaba el mandamiento «santo, justo, bueno y espiritual», «No codiciarás», lo que produjo en él toda clase de malas codicias. No solo esto, dice Pablo, sino que su naturaleza humana pecaminosa, aprovechando la oportunidad brindada por la implacable demanda de obediencia del mandamiento, también lo «mató» (7:11). Él hace entonces la pregunta: «¿Lo que es bueno [la ley], entonces, se convirtió en muerte para mí?» (7:13). En otras palabras, ¿era la ley la «cosa que mata»? Él responde: «¡De ninguna manera!» y declara nuevamente que fue su naturaleza humana pecaminosa, a través del «buen» mandamiento que prohibía la codicia, que produjo en él la muerte y mostró, en su disposición a usar la ley santa para tal propósito, su «total pecaminosidad» (7:13). Es tanto este último punto —la «total pecaminosidad» de su naturaleza pecaminosa— como la impotencia de la ley en la lucha contra el pecado —que Pablo desarrolla en 7:14-25, argumentando que incluso cuando, como fariseo convicto, quería hacer el bien y obedecer a Dios, su naturaleza pecaminosa no se lo permitía y la ley no le ayudaba, por el contrario, la naturaleza pecaminosa «luchó contra la ley de su mente [su deseo de hacer el bien] y lo hizo prisionero de la ley del pecado que operaba dentro de sus miembros». Su conclusión: su estado no regenerado había sido una existencia «miserable», ¡tan miserable, de hecho, que clamaba por ser liberado de ella! Sin saber a dónde ir (porque todavía no creía que Jesús fuera el Mesías o que Jesús pudiera ayudarlo), sin embargo, continuó en su impotencia luchando contra la potencia del pecado hasta que su conversión en el camino de Damasco finalmente ¡lo liberó de su esclavitud al pecado (8:1–4)!

Así, Pablo restringe la fuente y el lugar del pecado al hombre, la segunda causa, y mientras reivindica la ley «santa, justa, buena y espiritual», muestra que es solo la dinámica instrumental que la naturaleza pecaminosa, suscitada por las prohibiciones de la ley, utiliza en su hostilidad hacia Dios para arremeter contra Dios esclavizando a su criatura moral en el pecado y la desobediencia, y al hacerlo destaca la «incapacidad» y la «debilidad» de la ley para liberar del cautiverio del pecado.

Apéndices

Bibliografía Teológica General Seleccionada
Brevemente Anotada

Tomas de Aquino. *Summa theologica*. 2 vols. *Great Books of the Western World*, vols. 19–20. Traducida por los padres de la English Dominican Province; revisada por Daniel J. Sullivan. Chicago: Encyclopaedia Brittanica, 1952.
Aquino (1225-1274), el representante más puro y maduro de la teología latina medieval y del sistema sacerdotal de Roma entre los escolásticos, y el «doctor angélico» del catolicismo romano, escribe su teología desde la perspectiva de la «naturaleza-gracia».
Agustín. *The City of God Against the Pagans*. 7 vols. En la Loeb Classical Library. Cambridge: Harvard University Press, 1969–1988.
———. *Confessions*. Traducido por E. B. Pusey. New York: John B. Alden, 1889.
———. *On the Trinity*. Traducido por A. W. Haddan. Edinburgh: T. & T. Clark, 1873.
Agustín (354–430), obispo de Hipona, padre de la teología ortodoxa, escribió muchos libros, entre los que destaca los citados. Tanto Roma como el protestantismo lo reclaman como propio, pero por distintas razones: la primera por su eclesiología y tendencias sacerdotales, el segundo por sus doctrinas de elección, pecado y gracia.
Bannerman, James. *Inspiration: The Infallible Truth and Divine Authority of the Holy Bible*. Edinburgh: T. & T. Clark, 1865.
———. *The Church of Christ: A Treatise on the Nature, Powers, Ordinances, Discipline, and Government of the Christian Church*. 1869. Reimpresión, Londres: Banner of Truth, 1960.
Bannerman (1807–1868), profesor de apologética y teología pastoral en New College, Edimburgo (1849–1868), escribe desde una perspectiva claramente reformada y presbiteriana.
Barth, Karl. *Church Dogmatics*. 12 vols. Traducido por Geoffrey W. Bromiley. Edinburgh: T. & T. Clark.
Este trabajo, a pesar de su punto de vista débil de la infalibilidad de la Escritura y su tergiversación de la fe reformada, constituye la contribución más importante a la teología protestante desde Schleiermacher. Barth (1886–1968), el teólogo más importante del siglo XX y líder del movimiento neo ortodoxo, hace de la cristología la pieza central de toda su teología.
Bavinck, Herman. *The Doctrine of God*. Traducido por William Hendriksen. 1951. Reimpresión, Carlisle, Pa.: Banner of Truth, 1977. Este es el volumen dos de la teología sistemática de cuatro volúmenes de Bavinck, *Gereformeerde Dogmatiek*.
———. *Our Reasonable Faith*. Translated by Henry Zylstra. 1956. Reimpresión, Grand Rapids: Baker, 1977.
Bavinck (1854–1921), profesor de teología sistemática en Kampen (1882–1902) y la Free University of Amsterdam (1902–1920), escribe desde una perspectiva calvinista holandesa.
Berkhof, Louis. *Introduction to Systematic Theology*. 1932. Reimpresión, Grand Rapids: Baker, 1979.
———. *Systematic Theology*. 4ta ed. Grand Rapids: Eerdmans, 1939.
Berkhof (1873–1957), profesor de teología sistemática en el Calvin Theological Seminary (1906–1944), escribe desde una perspectiva reformada. Su Teología sistemática ha sido el libro de texto estándar en los seminarios reformados de habla inglesa durante muchos años.
Berkouwer, Gerrit C. *Studies in Dogmatics*. 14 vols. Las traducciones al inglés publicadas en Grand Rapids: Eerdmans, 1952–1976. Los títulos en inglés son *The Church, Divine Election, Faith and Justification, Faith and Perseverance, Faith and Sanctification, General Revelation, Man: The Image of God, Holy Scripture, The Person of Christ, The Providence of God, The Return of Christ, The Sacraments, Sin*, y *The Work of Christ*.
Berkouwer (1903–1976), profesor de teología sistemática en la Free University of Amsterdam (1945–1976), escribe desde una perspectiva reformada un tanto crítica y está constantemente interactuando con otros teólogos holandeses, con la teología católica romana y con el arminianismo. Sus volúmenes sobre la revelación general, la obra de Cristo, la justificación y la santificación son muy buenos, sus volúmenes sobre las Escrituras y la elección, en mi opinión, no adoptan la posición clásica reformada sobre estos asuntos.
Boettner, Lorraine. *Immortality*. Philadelphia: Presbyterian and Reformed, 1962.
———. *The Millennium*. Philadelphia: Presbyterian and Reformed, 1958.
———. *The Reformed Doctrine of Predestination*. 1932. Grand Rapids: Eerdmans, 1951.
———. *Roman Catholicism*. Philadelphia: Presbyterian and Reformed, 1962.
———. *Studies in Theology*. Grand Rapids: Eerdmans, 1951.
Boettner (1901–1990) escribe desde una perspectiva claramente reformada y posmilenial. El seminarista, el

Apéndices

pastor y el laico inteligente encontrarán todas las obras de Boettner muy fáciles de leer y dignas de confianza.
    Boice, James Montgomery. *Foundations of the Christian Faith.* Edición revisada de un solo volumen. Downers Grove, Ill.: InterVarsity Press, 1986. Publicado previamente en 4 volúmenes: *The Sovereign God* (1978), *God the Redeemer* (1978), *Awakening to God* (1979), y *God and History* (1981).
Boice, pastor de la Tenth Presbyterian Church de Filadelfia, escribe popularmente desde una perspectiva reformada y presbiteriana. Los laicos encontrarán muy útiles los volúmenes de Boice.
    Boyce, James Pettigru. *Abstract of Systematic Theology.* 1887. Reimpresión, Christian Gospel Foundation, n.d.
Boyce (1827–1888), profesor de teología sistemática y polémica en el Southern Baptist Seminary en Louisville, Kentucky (1859–1888), escribe desde una perspectiva reformada y bautista.
    Brunner, Emil. *Dogmatics.* 3 vols. Traducido por Olive Wyon, David Cairns, and T. H. L. Parker. London: Lutterworth, 1949, 1954, 1962.
Brunner (1889–1966), profesor de teología sistemática y práctica en la Zurich University (1924–55), junto con Karl Barth, fue un líder del movimiento neo ortodoxo, cuya teología dialéctica fue influenciada por Kierkegaard.
    Buchanan, James. *The Doctrine of Justification.* 1867. Reimpresión, Grand Rapids: Baker, 1977.
Buchanan (1804–1870), escribiendo desde una perspectiva claramente protestante, nos proporciona el mejor tratamiento clásico de la doctrina bíblica de la justificación.
    Buswell, James Oliver, Jr. *A Systematic Theology of the Christian Religion.* 2 vols. Grand Rapids: Zondervan, 1962–1963.
Buswell (1895–1977), profesor de teología sistemática en el Covenant Theological Seminary (1956–1970), escribe desde una perspectiva reformada y presbiteriana y brinda interpretaciones interesantes y originales de muchos textos bíblicos. Su sistemática es muy legible.
    Calvino, Juan. *Institutes of the Christian Religion.* 2 vols. Edited by John T. McNeill. Traducido e indexado por Ford Lewis Battles. *The Library of Christian Classics*, vols. 20–21. Philadelphia: Westminster, 1960.
Calvino (1509–1564), reformador ginebrino y el mayor teólogo sistemático de la Reforma, escribe desde una perspectiva reformada. Sus Institución es la teología sistemática protestante más influyente jamás escrita.
    Chafer, Lewis Sperry. *Systematic Theology.* 7 vols. Más un volumen índice. Dallas: Dallas Seminary Press, 1947–48.
Chafer (1871–1952), primer presidente y profesor de teología sistemática en el Dallas Theological Seminary (1924–1952), escribe desde una perspectiva calvinista y dispensacional calificada.
    Charnock, Stephen. *The Complete Works of Stephen Charnock.* 5 vols. Edinburgh: James Nichol, 1864–1866.
    ———. *The Existence and Attributes of God.* 1797. Reprint, Grand Rapids: Sovereign Grace, 1971.
Charnock (1628-1680) escribe desde una perspectiva calvinista, puritana e inconformista. Estas obras son principalmente sus sermones, proporcionando una excelente representación de la predicación puritana.
    Chemnitz, Martin. *Examination of the Council of Trent.* Traducido por Fred Kramer. St. Louis, Missouri: Concordia, 1971.
    ———. *Justification: The Chief Article of Christian Doctrine.* Traducido por J. A. O. Preus. St. Louis, Missouri: Concordia, 1986.
    ———. *The Two Natures of Christ.* Translated by J. A. O. Preus. St. Louis, Missouri: Concordia, 1971.
Chemnitz (1522–1586), conocido también como el «segundo Martín» del luteranismo, definió por sus escritos y trabajos para los luteranos de segunda generación el corazón y la sustancia de la teología luterana.
    Clowney, Edmund P. *The Church.* Downers Grove, Ill.: InterVarsity Press, 1995.
Clowney (1917–), profesor de teología práctica en el Westminster Theological Seminary (1952–1984), escribe desde una perspectiva reformada y presbiteriana.
    Cunningham, William. *Historical Theology: A Review of the Principal Doctrinal Discussions in the Christian Church Since the Apostolic Age.* 2 vols. 1870. Reimpresión, Londres: Banner of Truth, 1960.
Cunningham (1805–1861), profesor de teología (1844) e historia de la iglesia (1845) en el Free Church College de Edimburgo, escribe desde una perspectiva reformada. Este trabajo erudito, su magnum opus, es virtualmente una teología sistemática.
    Dabney, Robert Lewis. *Lectures in Systematic Theology.* 1878. Reimpresión, Grand Rapids: Zondervan, 1972.
Dabney (1820–1898), profesor de teología sistemática en el Union Theological Seminary, Richmond (1853–1883), escribe desde una perspectiva claramente reformada y presbiteriana.
    Denney, James. *Studies in Theology.* 1895. Reimpresión, Grand Rapids: Baker, 1976.
Denney (1856–1917), profesor de teología sistemática y pastoral (1897–1900) y profesor de lengua y literatura

Apéndices

del Nuevo Testamento (1900–1915) en el Glasgow College, escribe desde una perspectiva ortodoxa contra el liberalismo protestante, pero está dispuesto a conceder que La Biblia puede contener errores menores.

Dick, John. *Lectures on Theology.* 4 vols. Edinburgh: Oliphant, 1834.
Dick (1764–1833), profesor de teología en la United Secession Church, Escocia (1820–1833), escribe desde una perspectiva claramente reformada y presbiteriana.

Edwards, Jonathan. *The Works of Jonathan Edwards.* 2 vols. Revisado y corregido por Edward Hickman. 1834. Reimpresión, Edinburgh: Banner of Truth, 1974.
Edwards (1703–1758), quizás el teólogo filosófico más grande de Estados Unidos escribe desde una perspectiva claramente reformada y puritana. Era congregacionalista.

Erickson, Millard. *Christian Theology.* Grand Rapids: Baker, 1985.
Erickson, profesor de teología sistemática en el Bethel Theological Seminary, St. Paul, Minnesota (1969–1991), escribe desde una perspectiva reformada y bautista moderada. Su cristología es kenótica en algunos aspectos.

Finney, Charles G. *Finney's Lectures on Systematic Theology.* Editado por J. H. Fairchild. 1878. Reimpresión, Grand Rapids: Eerdmans, 1953.
Finney (1792–1875), profesor de teología en Oberlin College (1836–1866), escribe desde una fuerte perspectiva arminiana y perfeccionista.

Frame, John M. *Apologetics to the Glory of God: An Introduction.* Phillipsburg, N.J.: Presbyterian and Reformed, 1994.
———. *The Doctrine of the Knowledge of God.* Phillipsburg, N.J.: Presbyterian and Reformed, 1987.
———. *Cornelius Van Til: An Analysis of His Thought.* Phillipsburg, N.J.: Presbyterian and Reformed, 1995.
Frame, profesor de apologética y teología sistemática en el Westminster Theological Seminary, Escondido, California, escribe desde una perspectiva reformada. Frame aboga por un enfoque multiperspectivo en la interpretación de las Sagradas Escrituras.

Garrett, James Leo. *Systematic Theology: Biblical, Historical and Evangelical.* 2 vols. Grand Rapids: Eerdmans, 1990, 1995.
Garrett, profesor de teología en el Southwestern Baptist Theological Seminary, Fort Worth, escribe desde una perspectiva bautista evangélica.

Geisler, Norman L., ed. *Inerrancy.* («The Chicago Statement on Biblical Inerrancy» [1978] aparece en 493–502). Grand Rapids: Zondervan, 1980.

Gill, John. *The Cause of God and Truth.* 1735–1738. Reimpresión, Grand Rapids: Baker, 1981.
Gill (1697-1771), pastor bautista puritano, escribe una defensa completa de la teología calvinista.

Grenz, Stanley J. *Theology for the Community of God.* Nashville, Tenn.: Broadman & Holman, 1994.
Grenz, profesor de herencia, teología y ética bautista en Carey Theological College y profesor de teología y ética en Regent College, Vancouver, escribe desde una perspectiva bautista evangélica.

Grudem, Wayne. *Systematic Theology: An Introduction to Biblical Doctrine.* Grand Rapids: Zondervan, 1994.
Grudem, profesor de teología bíblica y sistemática en Trinity Evangelical Divinity School, escribe desde una perspectiva reformada y bautista. Su teología sistemática es muy amena e informativa.

Henry, Carl F. H. *God, Revelation, and Authority.* 6 vols. Waco, Texas: Word, 1976–1983.
Henry (1913–), profesor de teología en el Fuller Theological Seminary (1947–1955) y editor de Christianity Today (1956–1968) escribe desde una perspectiva reformada mientras interactúa con muchas de las principales desviaciones académicas de la fe en nuestro tiempo.

Heppe, Heinrich. *Reformed Dogmatics: Set Out and Illustrated from the Sources.* Revisado y editado por Ernst Bizer. Traducido por G. T. Thompson. 1861. Reimpresión, Grand Rapids: Baker, 1978.
Heppe (1820–1879) proporciona una extensa colección de citas de escritores reformados anteriores ordenadas por temas según los temas de la teología sistemática.

Hodge, Archibald Alexander. *The Atonement.* 1907. Reimpresión, Grand Rapids: Baker, 1974.
———. *Outlines of Theology.* 1878. Reimpresión, Grand Rapids: Eerdmans, 1949.
Hodge (1823–1886), profesor de teología sistemática en el Princeton Theological Seminary (1877–1886), escribe de forma clásica desde una perspectiva reformada y presbiteriana.

Hodge, Charles. *Systematic Theology.* 3 vols. 1871–1873. Reimpresión, Grand Rapids: Eerdmans, 1970.
Hodge (1797–1878), profesor de teología sistemática en el Princeton Theological Seminary (1822–1878), escribe desde una perspectiva reformada y presbiteriana. Su Teología sistemática ha sido utilizada extensamente por pastores y teólogos desde el momento en que se publicó hasta el presente.

Hoeksema, Herman. *Reformed Dogmatics.* Grand Rapids: Reformed Free Publishing Association, 1966.
Hoeksema (m. 1965), profesor de dogmática en la the Theological School of the Protestant Reformed Churches, escribe desde una perspectiva reformada supralapsariana y niega que exista la gracia común para los no

Apéndices

elegidos.
Kuiper, R. B. *The Glorious Body of Christ: A Scriptural Appreciation of the One Holy Church*. Grand Rapids: Eerdmans, 1958.
Kuiper (1886–1966), profesor de teología práctica en el Westminster Theological Seminary, escribe desde una perspectiva reformada y presbiteriana.
Kuyper, Abraham. *Principles of Sacred Theology*. Traducido por J. Hendrik De Vries. 1894. Reimpresión, Grand Rapids: Eerdmans, 1954. Este es el volumen 1, pp. 1–53, y el volumen 2 en su totalidad de la introducción a la teología en tres volúmenes de Kuyper, *Encyclopaedie der Heilige Godgeleerdheid*.
Kuyper (1837–1920), fundador (1880) y profesor de teología sistemática en la Free University of Amsterdam, escribe desde una perspectiva claramente reformada (y presuposicional).
Ladd, George Eldon. *The Presence of the Future*. Grand Rapids: Eerdmans, 1974.
———. *Theology of the New Testament*. Grand Rapids: Eerdmans, 1974.
Ladd (1911–1982) escribe desde la perspectiva premilenial histórica o clásica no dispensacional.
Lewis, Gordon R., y Bruce Demarest. *Integrative Theology*. 3 vols. Grand Rapids: Zondervan, 1987–94.
Lewis y Demarest, profesores de teología sistemática en el Denver Seminary, escriben desde una perspectiva moderadamente calvinista y bautista.
Lutero, Martín. *The Bondage of the Will*. Traducido por Henry Cole. Grand Rapids, Baker, 1976.
Lutero (1483-1546), el gran líder alemán de la Reforma del siglo XVI responde a la Diatriba sobre el libre albedrío (1524) de Erasmus Desiderius, el principal humanista de la época, instando a la teología agustiniana del «albedrío no libre».
McGrath, Alister E. *Iustitia Dei: A History of the Christian Doctrine of Justification*. 2 vols. Cambridge: Cambridge University Press, 1986.
———. *Luther's Theology of the Cross*. Oxford: Blackwell, 1995.
McGrath, profesor de doctrina y ética cristiana en Wycliffe Hall, Oxford, escribe desde una perspectiva claramente protestante y anglicana.
Melanchthon, Philip. *Loci Communes*. Traducido por C. L. Hill. Boston: Meador, 1944.
Melanchthon (1497–1560), reformador alemán, colaborador de Lutero y sistematizador de la teología luterana, escribe desde una perspectiva protestante de primera generación. En sus propios escritos, se apartó de la fuerte defensa de la esclavitud de la voluntad de Lutero y (creen muchos intérpretes) de la doctrina de la consustanciación de Lutero.
Miley, John. *Systematic Theology*. 2 vols. Library of Biblical and Theological Literature, vols. 5–6. 1892, 1894. Reimpresión, Peabody, Mass.: Hendriksen, 1989.
Miley (1813–1895), profesora de teología sistemática en el Drew Theological Seminary, fue autora de la teología sistemática arminiana más erudita jamás escrita.
Murray, John. *Christian Baptism*. Philadelphia: Presbyterian and Reformed, 1962.
———. *Collected Writings of John Murray*. 4 vols. Carlisle, Pa.: Banner of Truth, 1976–82.
———. *The Imputation of Adam's Sin*. 1957. Reprint, Nutley, N.J.: Presbyterian and Reformed, 1977.
———. *Redemption—Accomplished and Applied*. Grand Rapids: Eerdmans, 1955.
Murray (1898–1975), profesor de teología sistemática en el Westminster Theological Seminary (1930–1966), escribe desde una perspectiva claramente bíblica, reformada y presbiteriana. Los estudiantes de teología encontrarán que todo lo que escribe Murray es muy informativo y digno de confianza.
Oden, Thomas C. *Systematic Theology* en tres volúmenes: *The Living God; The Word of Life; Life in the Spirit*. San Francisco: HarperCollins, 1987–1992.
Oden, profesor de teología en la Drew University, una vez un «liberal en llamas», escribe ahora desde lo que él mismo describe como una perspectiva ecuménica-vincentiana-anglicana-wesleyana antigua.
Ott, Ludwig. *Fundamentals of Catholic Dogma*. Editado por James Canon Bastible. Traducido por Patrick Lynch. St. Louis: Herder, 1955. Publicado primero en alemán en 1952.
Ott escribe desde la perspectiva católica romana tradicional.
Owen, John. *The Death of Death in the Death of Christ*. 1858. Reimpresión, Londres: Banner of Truth, 1959. Publicado primero en 1647.
Owen (1616-1683), un congregacionalista puritano, escribe aquí una defensa de la redención particular desde una perspectiva claramente calvinista. Ningún arminiano ha respondido jamás a su argumento.
Packer, J. I. *Concise Theology: A Guide to Historic Christian Beliefs*. Wheaton, Ill.: Tyndale House, 1993.
———. *Evangelism and the Sovereignty of God*. Chicago: InterVarsity Press, 1976.
———. *"Fundamentalism" and the Word of God: Some Evangelical Principles*. Grand Rapids: Eerdmans, 1958.
———. *Knowing God*. Downers Grove, Ill.: InterVarsity Press, 1973.
Packer, profesor de teología histórica y sistemática en Regent College, Vancouver (1979–), escribe desde una

Apéndices

perspectiva decididamente evangélica y reformada. Sus escritos son legibles, esclarecedores e informativos.
Pannenberg, Wolfhart. *Systematic Theology.* 2 vols. Traducido por Geoffrey W. Bromiley. Grand Rapids, Mich.: Eerdmans, 1991, 1994.
Pannenberg (1928–), profesor de teología sistemática, Protestant Theological Faculty, Universidad de Munich, enfatizando el enfoque crítico/histórico de la teología y particularmente de la cristología, presenta una «cristología desde abajo» que intenta pasar del hombre histórico Jesús al reconocimiento de su deidad.
Pieper, Francis. *Christian Dogmatics.* 4 vols. Traducido por Theodore Engelder *et al.* St. Louis: Concordia, 1950–57. Publicado primero en alemán en 1917–1924.
Pieper (1852–1931), presidente y profesor de teología en el Concordia Seminary, St. Louis (1878–1831), escribe desde una perspectiva claramente luterana del Sínodo de Missouri.
Radmacher, Earl D., and Robert D. Preus, eds. *Hermeneutics, Inerrancy, & the Bible.* («The Chicago Statement on Biblical Hermeneutics» [1982] aparecen en las páginas 881–904). Grand Rapids: Zondervan, 1984.
Reymond, Robert L. *Jesus, Divine Messiah: The Old Testament Witness.* Fearn, Ross–shire: Christian Focus, 1990.
———. *Jesus, Divine Messiah: The New Testament Witness.* Phillipsburg, N.J.: Presbyterian and Reformed, 1990.
———. *The Justification of Knowledge.* Phillipsburg, N.J.: Presbyterian and Reformed, 1976.
Ryrie, Charles C. *Basic Theology.* Wheaton, Ill.: Victor, 1986.
Ryrie, profesor de teología sistemática en el Dallas Theological Seminary (1953–1958, 1962–1983), escribe su introducción a la teología sistemática desde una perspectiva dispensacional y calvinista moderada.
Schaeffer, Francis A. *The Complete Works of Francis A. Schaeffer.* 5 vols. Westchester, Ill.: Crossway, 1982.
Schaeffer (1912-1984), fundador y maestro principal en L'Abri en Suiza, es conocido por su trilogía, , The God Who is There, Escape from Reason, and He Is There and He Is Not Silent (El Dios que está ahí, Escape de la razón y Él está ahí y no está en silencio). Escribe desde una perspectiva evangélica reformada. Su análisis de la cultura del siglo XX es perceptivo e informativo.
Shedd, William G. T. *Dogmatic Theology.* 3 vols. in 4. 1889. Reimpresión, Minneapolis: Klock and Klock, 1979.
Shedd (1820–1894), profesor de Biblia y teología en Union Seminary, Nueva York (1863–1893), escribe desde una perspectiva reformada y presbiteriana.
Sproul, R. C. *Essential Truths of the Christian Faith.* Wheaton, Ill.: Tyndale House, 1992.
———. *Faith Alone: The Evangelical Doctrine of Justification by Faith.* Grand Rapids: Baker, 1995.
Sproul, fundador y maestro de Ligonier Ministries, escribe desde una perspectiva reformada y presbiteriana.
Strong, Augustus H. *Systematic Theology.* Valley Forge, Pa.: Judson Press, 1907.
Strong (1836–1921), profesor de teología en el Rochester Theological Seminary (1872–1912), escribe desde una perspectiva calvinista y bautista moderada.
Thiessen, Henry Clarence. *Introductory Lectures in Systematic Theology.* 1949. Revised by Vernon D. Doerksen. Grand Rapids: Eerdmans, 1977.
Thiessen (1883–1947), profesor y presidente de la facultad de la Escuela de Graduados del Wheaton College, escribe desde una perspectiva dispensacional y bautista.
Thornwell, James Henley. *The Collected Writings of James Henley Thornwell.* 4 vols. Editado por John B. Adger. 1871–73. Reimpresión, Edinburgh and Carlisle, Pa.: Banner of Truth, 1974.
Thornwell (1812–1862), profesor de teología didáctica y polémica en el the Presbyterian Theological Seminary de Columbia, Carolina del Sur (1855–1862), escribe desde una perspectiva reformada y presbiteriana.
Turretin, Francis. *Institutes of Elenctic Theology.* 3 vols. Traducido por George Musgrave Giger. Editado por James T. Dennison Jr. Phillipsburg, N.J.: Presbyterian and Reformed, 1992–. Dos volúmenes publicados a la fecha.
Turretin (1623–1687), profesor de teología en la Academia de Ginebra (1653–1687), escribe desde una perspectiva calvinista, provista por su Institución por sus ministros presbiterianos estadounidenses su libro de texto en teología sistemática a lo largo del siglo XIX.
Vos, Geerhardus. *Biblical Theology: Old and New Testament.* Editado por Johannes G. Vos. Grand Rapids: Eerdmans, 1948.
———. *The Pauline Eschatology.* 1930. Reimpresión, Grand Rapids: Eerdmans, 1952.
———. *The Self-Disclosure of Jesus: The Modern Debate about the Messianic Consciousness.* 1926; versión corregida republicada en Grand Rapids: Eerdmans, 1954, y en Nutley, N. J.: Presbyterian and Reformed, 1976.
———. *The Teaching of Jesus Concerning the Kingdom of God and the Church.* 1903. Reimpresión, Grand

Apéndices

Rapids: Eerdmans, 1951, 1958; Nutley, N.J.: Presbyterian and Reformed, 1972.
Vos (1862–1949), profesor de teología bíblica en el Princeton Theological Seminary (1893–1932) y el «padre» de la teología bíblica evangélica, escribe desde una perspectiva bíblica/teológica reformada.

Warfield, Benjamin Breckenridge. *Biblical and Theological Studies.* Philadelphia: Presbyterian and Reformed, 1976.

———. *The Inspiration and Authority of the Bible.* Editado por Samuel G. Craig. Philadelphia: Presbyterian and Reformed, 1967.

———. *The Lord of Glory.* New York: American Tract Society, 1907.

———. *The Person and Work of Christ.* Philadelphia: Presbyterian and Reformed, 1950.

———. *The Plan of Salvation.* Edición revisada. Grand Rapids: Eerdmans, 1942.

———. *Selected Shorter Writings of B. B. Warfield.* 2 vols. Editado por John E. Meeter; Nutley: Presbyterian and Reformed, 1970–1973.

Warfield (1851–1921), profesor de teología didáctica y polémica en el Princeton Theological Seminary (1887–1921) y uno de los más grandes teólogos de Estados Unidos, escribe desde una perspectiva reformada y presbiteriana.

Watson, Richard. *Theological Institutes.* 2 vols. New York: G. Lane and P. Sandford, 1843. Publicado primero en 1823.

Watson (1781–1833) escribe desde una perspectiva arminiana y metodista.

Webb, Robert Alexander. *Christian Salvation: Its Doctrine and Experience.* 1921. Reprint, Harrisonburg, Va.: Sprinkle, 1985.

———. *The Reformed Doctrine of Adoption.* Grand Rapids: Eerdmans, 1947.

———. *The Theology of Infant Baptism.* 1907. Reimpresión, Harrisonburg, Va.: Sprinkle, 1981. Reimpresión de la edición de 1907.

Webb (1856–1919), profesor de apologética y teología sistemática en Presbyterian Theological Seminary of Kentucky en Louisville (1908–1919), escribe desde una perspectiva reformada y presbiteriana.

Wiley, H. Orton. *Christian Theology.* 3 vols. Kansas City, Mo.: Nazarene Publishing House, 1940–43.
Wiley, un teólogo de la Iglesia del Nazareno, escribe desde una perspectiva arminiana.

Dr. Robert L. Reymond fue decano y profesor de Teología Sistemática en Knox Theological Seminary en Fort Lauderdale, Florida. Enseñó teología en Covenant Theological Seminary (en St. Louis, Missouri) por más de 20 años. Obtuvo los títulos BA, MA y PhD de la Bob Jones University y completó estudios doctorales adicionales en Concordia Seminary y estudios pos-doctorales en Fuller Theological Seminary, New York University, Union Seminary (en Nueva York), y en casas de estudios de Tyndale, Cambridge y Rutherford. Dictó conferencias en Corea, Japón, Inglaterra, Escocia, Israel, Malawi, Sudáfrica y Jamaica. Ordenado en la Presbyterian Church in America, fue pastor de iglesias en Tennessee, Georgia, Missouri e Illinois. Sus escritos aparecieron en decenas de revistas académicas teológicas así como en obras de referencia de gran importancia incluyendo *Wycliffe Bible Encyclopedia*, *The Evangelical Dictionary of Theology*, y *The Evangelical Dictionary of the Bible*. Fue autor de varios libros incluyendo *A Christian View of Modern Science*, *Introductory Studies in Contemporary Theology*, *The Justification of Knowledge* y *Preach the Word*. Falleció el 20 de septiembre de 2013.

www.ingramcontent.com/pod-product-compliance
Lightning Source LLC
Chambersburg PA
CBHW080351030426
42334CB00024B/2839